Analytical Key
to the Old Testament

Analytical Key to the Old Testament

John Joseph Owens

Volume 4

Isaiah–Malachi

BAKER BOOK HOUSE
Grand Rapids, Michigan 49516

ISBN: 0-8010-6713-8

Third printing, July 1994

Library of Congress Cataloging-in-Publication Data

Owens, John Joseph, 1918–
     Analytical key to the Old Testament / John Joseph Owens
        p.   cm.
     Contents: —v. 4. Isaiah-Malachi.
     ISBN 0-8010-6713-8 (v. 4)
     1. English and Hebrew. 2. Bible. O.T.—Language, style.
3. Hebrew language—Inflection. 4. Hebrew language—Parts
of speech. I. Bible. O.T. Hebrew. Selections. 1989. II. Title.
PJ4731.B53094   1989
221.4'4—dc19   89-437
                                                      CIP

To

Mary Frances

my wife and best friend
whose consistent Christian life and love
have guided, inspired, and sustained me

Contents

Preface   ix
Abbreviations   xi

Isaiah   1
Jeremiah   205
Lamentations   449
Ezekiel   469
Daniel   691
Hosea   759
Joel   789
Amos   801
Obadiah   827
Jonah   831
Micah   841
Nahum   859
Habakkuk   867
Zephaniah   877
Haggai   887
Zechariah   895
Malachi   931

Preface

Translation is the art of transferring the thoughts expressed in one language and culture to the syntax, style, and words of a different language and culture. Much more is involved than the simple replacement of one Hebrew word with an English word. Even though there are many excellent translations, the original text and/or a translation must be interpreted for an understanding of the form, style, nuance, and context of the author. This analytical key seeks to provide the basic elements necessary for valid interpretation. Since it is very difficult to transfer one linguistic, sociological, religious context into a completely different milieu, it is imperative to examine the specific "building blocks" of the original writing in order to establish distinct boundaries of meaning.

This key is intended to assist the person who knows some Hebrew but has not retained interpretive or grammatical discernment. The user of this volume must supplement this information with his/her own interpretive skill. For instance, the use of a Hiph'il form when a Qal form is available is an important nuance. Since there are no such things as absolute synonyms, one must be alert to the specific grammatical structures utilized in the text.

It is the task of students, pastors, and theologians to interpret the biblical text for untrained readers. From a translation, one cannot be positive that the innuendos of the Hebrew text are properly understood. The interpreter should be alert to such things as the verbal structures, the presence or absence of the definite article, the construct relationships as distinguished from the adjectival construction, and the waw conjunctives and/or consecutives.

Since the conjunction as prefixed to an imperfect may take two different written forms, this phenomenon is regularly noted (the simple conjunction is noted as "conj." and the more complex form as "consec.").

Scholars disagree about the conjunction prefixed to a perfect. In earlier times, some interpreters reasoned that if the imperfect had two forms of a conjunction, it is only logical that the perfect could have two forms. However, the biblical text uses only one form for the conjunction. Therefore, this volume identifies the conjunction + perfect as "conj." It is the task of the interpreter to ascertain the syntax and meaning of these grammatical facts.

This key seeks to provide complete grammatical and lexicographical information for each word of the entire canon. Each form has been identified. The presence of definite articles, prepositions, and conjunctions is noted. Nouns are clearly explained as to usage and relationship. Each grammatical explanation provides the reader with information that must be used in defining the various shades of meaning.

Accuracy has been attempted throughout in such forms as construct relationships. Any noun with a pronominal suffix forms a construct relationship. A pronominal suffix with a verb forms a verb/direct object construction. No special note is taken of these.

The use of nouns/substantives/adjectives with the construct usage is indicated. Also, the definite article has been indicated only when it is grammatically present. Many translators have inserted or omitted articles due to linguistic considerations. Since it is the biblical text which is the object of interpretation, it is important to know what the original writers used or did not use.

This volume provides for each word the page number of the standard Hebrew-English dictionary (Francis Brown, S. R. Driver, and Charles A. Briggs, *A Hebrew and English Lexicon of the Old Testament* [Oxford: Clarendon, 1975]) on which that word's explanation begins.

This volume follows the Hebrew text chapter/verse by chapter/verse. Upon finding the desired chapter/verse, the reader can locate the term desired by following the Hebrew text at the left of the column.

The Hebrew text is the best complete Ben Asher text available (Rudolf Kittel, ed., *Biblia Hebraica Stuttgartensia* [Stuttgart: Württembergische Bibelanstalt]). When there has been an insoluble difficulty in the text, a variant reading may be provided from the better translations or grammars.

If the student has difficulty in following the biblical Hebrew text, he/she can identify the desired form from the English translation provided at the conclusion of each entry. Generally, the English translation will follow the Revised Standard Version. However, at times there will be a more literal translation to assist in identifying the elements of the Hebrew text.

Sample Entry

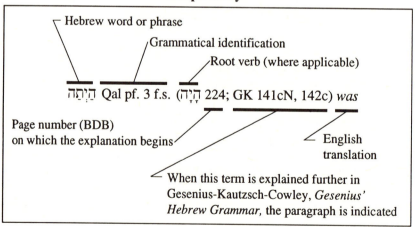

Abbreviations

abs.	absolute	Heb.	Hebrew	poss.	possible
abstr.	abstract	Hi.	Hiph'il	pr.	proper or pronoun
acc.	accusative	Hith.	Hithpa'el	prb.	probable
act.	active	Ho.	Hoph'al	prep.	preposition
adj.	adjective	hypoth.	hypothetical	pron.	pronoun
adv.	adverb			ptc.	participle
advers.	adversative	impf.	imperfect	Pu.	Pu'al
apoc.	apocopated	impv.	imperative		
art.	article	indecl.	indeclinable	Q	Qere
		indef.	indefinite		
BH	Biblia Hebraica	inf.	infinitive	rd.	read(s)
BHK	Biblia Hebraica Kittel	infra	below	redupl.	reduplicated
		intens.	intensive	rel.	relative
c.	common	interj.	interjection	Rob.	Robinson
card.	cardinal	interr.	interrogative	RSV	Revised Standard
cf.	compare				Version
coh.	cohortative	juss.	jussive		
coll.	collective			s.	singular
cond.	conditional	K	Kethiv	Sam.Pent.	Samaritan Pentateuch
conj.	conjunctive			segh.	segholate
consec.	consecutive	lit.	literal	sf.	suffix
crpt.	corrupt	loc.	locale	subst.	substantive
cstr.	construct	LXX	Septuagint	Syr.	Syriac
def.	definite (or defective)	m.	masculine	T.	Targum
defect.	defective	mlt.	many	temp.	temporal
dei.	deity	mng.	meaning	tr.	transposed
del.	delete	ms.(s)	manuscript(s)	txt.	text or textual
demons.	demonstrative				
dir.	direct	n.	noun	V	Vulgate
du.	dual	neg.	negative	v.	vide or see
dub.	dubious	Ni.	Niph'al	v.supra	see above
		num.	numeral	vol.	voluntative
encl.	enclitic			Vul.	Vulgate
epen.	epenthetic	obj.	object		
exclam.	exclamatory	ord.	ordinal	>	omits
				<	adds
f.	feminine	p.	plural	+	adds
fig.	figurative	part.	particle	Θ	Theodotion
gen.	genitive, generic,	pass.	passive	Σ	Symmachus
	gentilic	paus.	pausal		
gent.	gentilic	pers.	personal		
Ges.	Gesenius	pf.	perfect		
Gk.	Greek	Pi.	Pi'el		
GK	Gesenius-Kautzsch	pleon.	(full) pleonastic		

Isaiah

1:1

חֲזוֹן n.m.s. cstr. (302) *the vision of*

יְשַׁעְיָהוּ pr.n. (447) *Isaiah*

בֶּן־ n.m.s. cstr. (119) *the son of*

אָמוֹץ pr.n. (55) *Amoz*

אֲשֶׁר rel. (81) *which*

חָזָה Qal pf. 3 m.s. (302) *he saw*

עַל־יְהוּדָה prep.-pr.n. (397) *concerning Judah*

וִירוּשָׁלָ͏ִם conj.-pr.n. paus. (436) *and Jerusalem*

בִּימֵי prep.-n.m.p. cstr. (398) *in the days of*

עֻזִּיָּהוּ pr.n. (739) *Uzziah*

יוֹתָם pr.n. (222) *Jotham*

אָחָז pr.n. (28) *Ahaz*

יְחִזְקִיָּהוּ pr.n. (306) *Hezekiah*

מַלְכֵי n.m.p. cstr. (572) *kings of*

יְהוּדָה v.supra *Judah*

1:2

שִׁמְעוּ Qal impv. 2 m.p. (1033) *hear*

שָׁמַיִם n.m. du. (1029; GK 126e) *O heavens*

וְהַאֲזִינִי conj.-Hi. impv. 2 f.s. (24) *and give ear*

אֶרֶץ n.f.s. (75) *O earth*

כִּי יהוה conj.-pr.n. (217) *for Yahweh*

דִּבֵּר Pi. pf. 3 m.s. (180) *has spoken*

בָּנִים n.m.p. (119) *sons*

גִּדַּלְתִּי Pi. pf. 1 c.s. (152) *have I reared*

וְרוֹמַמְתִּי conj.-Polel pf. 1 c.s. (רום 926) *and brought up*

וְהֵם conj.-pers.pr. 3 m.p. (241) *but they*

פָּשְׁעוּ Qal pf. 3 c.p. (833) *have rebelled*

בִּי prep.-1 c.s. sf. *against me*

1:3

יָדַע Qal pf. 3 m.s. (393) *knows*

שׁוֹר n.m.s. (1004) *an ox*

קֹנֵהוּ Qal act.ptc.-3 m.s. sf. (I 888) *its owner*

וַחֲמוֹר conj.-n.m.s. (331) *and the ass*

אֵבוּס n.m.s. cstr. (7) *crib (of)*

בְּעָלָיו n.m.p.-3 m.s. sf. (127; GK 124i) *his master*

יִשְׂרָאֵל pr.n. (975) *Israel*

לֹא יָדַע neg.-Qal pf. 3 m.s. (393) *does not know*

עַמִּי n.m.s.-1 c.s. sf. (I 766) *my people*

לֹא הִתְבּוֹנָן neg.-Hithpalel pf. 3 m.s. paus. (בין 106) *does not understand*

1:4

הוֹי interj. (222; GK 147d) *Ah*

גּוֹי n.m.s. (156) *nation*

חֹטֵא Qal act.ptc. (306) *sinful*

עַם n.m.s. (I 766) *a people*

כֶּבֶד n.m.s. cstr. (458) *laden with*

עָוֹן n.m.s. (730) *iniquity*

1

זֶרַע n.m.s. cstr. (282; GK 128,l, x) *offspring of*

מְרֵעִים Hi. ptc. m.p. (949) *evildoers*

בָּנִים n.m.p. (119) *sons*

מַשְׁחִיתִים Hi. ptc. m.p. (1007) *who deal corruptly*

עָזְבוּ Qal pf. 3 c.p. (I 736) *they have forsaken*

אֶת־יְהוָה dir.obj.-pr.n. (217) *Yahweh*

נִאֲצוּ Pi. pf. 3 c.p. (610) *they have despised*

אֶת־קְדוֹשׁ dir.obj.-adj. m.s. cstr. (872) *the Holy One of*

יִשְׂרָאֵל pr.n. (975) *Israel*

נָזֹרוּ Ni. pf. 3 c.p. (זור 266) *they are utterly estranged*

אָחוֹר subst. (30) *(backwards)*

1:5

עַל מֶה prep. (II 752)-interr. (552; GK 37e, 137b) *why*

תֻכּוּ Ho. impf. 2 m.p. (נכה 645) *will you be smitten*

עוֹד adv. (728) *still*

תּוֹסִיפוּ Hi. impf. 2 m.p. (יסף 414) *that you continue*

סָרָה n.f.s. (694) *to rebel*

כָּל־רֹאשׁ n.m.s. cstr. (481; GK 127c,156d)-n.m.s. (910) *the whole head*

לָחֳלִי prep.-n.m.s. (318) *is sick*

וְכָל־לֵבָב conj.-v.supra (GK 127c)-n.m.s. (523) *and the whole heart*

דַּוָּי adj. (188) *faint*

1:6

מִכַּף־ prep.-n.f.s. cstr. (496) *from the sole of*

רֶגֶל n.f.s. (919) *the foot*

וְעַד־ conj.-prep. (III 723) *even to*

רֹאשׁ n.m.s. (910) *the head*

אֵין־ subst. cstr. (II 34; GK 152o) *there is no*

בּוֹ prep.-3 m.s. sf. *in it*

מְתֹם n.m.s. (1071) *soundness*

פֶּצַע n.m.s. (822) *but bruises*

וְחַבּוּרָה conj.-n.f.s. (289) *and sores*

וּמַכָּה conj.-n.f.s. (646) *and wounds*

טְרִיָּה adj. f.s. (382) *bleeding (fresh)*

לֹא־זֹרוּ neg.-Qal pf. 3 c.p. (זור III 266; GK 67m) *they are not pressed out*

וְלֹא חֻבָּשׁוּ conj.-neg.-Pu. pf. 3 c.p. (289) *or bound up*

וְלֹא רֻכְּכָה conj.-neg.-Pu. pf. 3 f.s. (939; GK 144b) *or softened*

בַּשָּׁמֶן prep.-def.art.-n.m.s. (1032) *with oil*

1:7

אַרְצְכֶם n.f.s.-2 m.p. sf. (75) *your country*

שְׁמָמָה n.f.s. (1031) *lies desolate*

עָרֵיכֶם n.f.p.-2 m.p. sf. (746) *your cities*

שְׂרֻפוֹת Qal pass.ptc. f.p. cstr. (976; GK 116,l,n) *are burned with*

אֵשׁ n.f.s. (77) *fire*

אַדְמַתְכֶם n.f.s.-2 m.p. sf. (9) *your land*

לְנֶגְדְּכֶם prep.-adv.-2 m.p. sf. (617) *in your very presence*

זָרִים Qal act.ptc. m.p. (266) *aliens*

אֹכְלִים Qal act.ptc. m.p. (37; GK 116n) *devour*

אֹתָהּ dir.obj.-3 f.s. sf. (GK 143a) *(it)*

וּשְׁמָמָה conj.-v.supra *it is desolate*

כְּמַהְפֵּכַת prep.-n.f.s. cstr. (246; GK 118x) *as overthrown by*

זָרִים v.supra *aliens*

1:8

וְנוֹתְרָה conj.-Ni. pf. 3 f.s. (יתר 451) *and ... is left*

בַּת־ n.f.s. cstr. (I 123) *the daughter of*

צִיּוֹן pr.n. (851) *Zion*

כְּסֻכָּה prep.-n.f.s. (697) *like a booth*

בְּכָרֶם prep.-n.m.s. paus. (501) *in a vineyard*

כִּמְלוּנָה prep.-n.f.s. (534) *like a lodge*

בְּמִקְשָׁה prep.-n.f.s. (II 903) *in a cucumber field*

כְּעִיר prep.-n.f.s. (746) *like a city*

נְצוּרָה Qal pass.ptc. f.s. (665) *besieged*

1:9

לוּלֵי neg.-conj. (530) *if ... not*

יהוה צְבָאוֹת pr.n. (217)-pr.n. (838) *Yahweh of hosts*

הוֹתִיר Hi. pf. 3 m.s. (יתר 451; GK 159x) *had left*

לָנוּ prep.-1 c.p. sf. *us*

שָׂרִיד n.m.s. (975) *survivors*

כִּמְעָט prep.-subst. paus. (589; GK 118x) *a few*

כִּסְדֹם prep.-pr.n. (690) *like Sodom*

הָיִינוּ Qal pf. 1 c.p. (224; GK 106p) *we should have been*

לַעֲמֹרָה prep.-pr.n. (771) *like Gomorrah*

דָּמִינוּ Qal pf. 1 c.p. (דמה 197) *(we) become*

1:10

שִׁמְעוּ Qal impv. 2 m.p. (1033) *hear*

דְּבַר־יְהוָה n.m.s. cstr. (182)-pr.n. (217) *the word of Yahweh*

קְצִינֵי n.m.p. cstr. (892) *rulers of*

סְדֹם pr.n. (690) *Sodom*

הַאֲזִינוּ Hi. impv. 2 m.p. (24) *give ear to*

תּוֹרַת n.f.s. cstr. (435) *the teaching of*

אֱלֹהֵינוּ n.m.p.-1 c.p. sf. (43) *our God*

עַם n.m.s. cstr. (I 766) *people of*

עֲמֹרָה pr.n. (771) *Gomorrah*

1:11

לָמָה־ prep.-interr.pr. (552) *what*

לִי prep.-1 c.s. sf. *to me*

רֹב־ n.m.s. cstr. (913) *the multitude of*

זִבְחֵיכֶם n.m.p.-2 m.p. sf. (257) *your sacrifices*

יֹאמַר יהוה Qal impf. 3 m.s. (55; GK 107f)-pr.n. (217) *says Yahweh*

שָׂבַעְתִּי Qal pf. 1 c.s. (959; GK 106g,117z) *I have had enough of*

עֹלוֹת n.f.p. cstr. (750) *burnt offerings of*

אֵילִים n.m.p. (I 17) *rams*

וְחֵלֶב conj.-n.m.s. cstr. (316) *and the fat of*

מְרִיאִים n.m.p. (597) *fed beasts*

וְדַם conj.-n.m.s. cstr. (196) *and the blood of*

פָּרִים n.m.p. (830) *bulls*

וּכְבָשִׂים conj.-n.m.p. (461) *or lambs*

וְעַתּוּדִים conj.-n.m.p. (800) *or he-goats*

לֹא חָפָצְתִּי neg.-Qal pf. 1 c.s. paus. (342; GK 106g) *I do not delight in*

1:12

כִּי conj. (GK 164d) *when*

תָבֹאוּ Qal impf. 2 m.p. (בוא 97) *you come*

לֵרָאוֹת prep.-Ni. inf.cstr. (ראה 906; GK 51,l) *to appear*

פָּנָי n.m.p.-1 c.s. sf. (815) *before me*

מִי־בִקֵּשׁ interr. (566)-Pi. pf. 3 m.s. (134; GK 106g) *who requires*

זֹאת demons.adj. f.s. (260) *this*

מִיֶּדְכֶם prep.-n.f.s.-2 m.p. sf. (388) *of your hand*

רְמֹס Qal inf.cstr. (942) *trampling of*

חֲצֵרָי n.m.p.-1 c.s. sf. paus. (I 346) *my courts*

1:13

לֹא תוֹסִיפוּ neg.-Hi. impf. 2 m.p. (יסף 414) *no more*

הָבִיא Hi. inf.cstr. (בוא 97) *bring*

מִנְחַת־ n.f.s. cstr. (585) *offerings (of)*

שָׁוְא n.m.s. (996) *vain*

קְטֹרֶת n.f.s. (882) *incense*

תּוֹעֵבָה n.f.s. (1072) *is an abomination*

הִיא pers.pr. 3 f.s. (214) *it*

לִי prep.-1 c.s. sf. *to me*

חֹדֶשׁ n.m.s. (II 294) *new moon*

וְשַׁבָּת conj.-n.f.s. (992) *and sabbath*

קְרֹא Qal inf.cstr. (894) *and the calling of*

מִקְרָא n.m.s. (896) *assemblies*

לֹא־אוּכַל neg.-Qal impf. 1 c.s. (יכל 407; GK 107f) *I cannot endure*

אָוֶן n.m.s. (19) *iniquity*

וַעֲצָרָה conj.-n.f.s. (783) *and solemn assembly*

1:14

חָדְשֵׁיכֶם n.m.p.-2 m.p. sf. (II 294) *your new moons*

וּמוֹעֲדֵיכֶם conj.-n.m.p.-2 m.p. sf. (417) *and your appointed feasts*

שָׂנְאָה Qal pf. 3 f.s. (971) *hates*

נַפְשִׁי n.f.s.-1 c.s. sf. (659) *my soul*

הָיוּ Qal pf. 3 c.p. (224) *they have become*

עָלַי prep.-1 c.s. sf. (GK 119aa) *to me*

לָטֹרַח prep.-n.m.s. (382; GK 102h) *a burden*

נִלְאֵיתִי Ni. pf. 1 c.s. (לאה 521) *I am weary of*

נְשֹׂא Qal inf.cstr. (669; GK 66b,76b,114c) *bearing them*

1:15

וּבְפָרִשְׂכֶם conj.-prep.-Pi. inf.cstr. (831; GK 60f,61e) *when you spread forth*

כַּפֵּיכֶם n.f. du.-2 m.p. sf. (496; GK 145n) *your hands*

אַעְלִים Hi. impf. 1 c.s. (I 761) *I will hide*

עֵינַי n.f.p.-1 c.s. sf. (744) *my eyes*

מִכֶּם prep.-2 m.p. sf. *from you*

גַּם כִּי־ adv. (168)-conj. *even though*

תַרְבּוּ Hi. impf. 2 m.p. (I 915) *you make many*

תְפִלָּה n.f.s. (813) *prayers*

אֵינֶנִּי subst.-1 c.s. sf. (II 34) *I will not*

שֹׁמֵעַ Qal act.ptc. (1033) *listen*

יְדֵיכֶם n.f. du.-2 m.p. sf. (388; GK 145n) *your hands*

דָּמִים n.m.p. (196; GK 124n) *blood*

מָלֵאוּ Qal pf. 3 c.p. paus. (569; GK 117z) *are full of*

1:16

רַחֲצוּ Qal impv. 2 m.p. (934) *wash yourselves*

הִזַּכּוּ Hith. impv. 2 m.p. (זכה 269; GK 54d) *make yourselves clean*

הָסִירוּ Hi. impv. 2 m.p. (סור 693) *remove*

רֹעַ n.m.s. cstr. (947) *the evil of*

מַעַלְלֵיכֶם n.m.p.-2 m.p. sf. (760; GK 128r) *your doings*

מִנֶּגֶד prep.-prep. (617) *from before*

עֵינָי n.f.p.-1 c.s. sf. paus. (744) *my eyes*

חִדְלוּ Qal impv. 2 m.p. (292) *cease*

הָרֵעַ Hi. inf.cstr. (רעע 949) *to do evil*

3

1:17

לִמְדוּ Qal impv. 2 m.p. (540) *learn*

הֵיטֵב Hi. inf.abs. (405; GK 113d) *to do good*

דִּרְשׁוּ Qal impv. 2 m.p. (205) *seek*

מִשְׁפָּט n.m.s. (1048) *justice*

אַשְּׁרוּ Pi. impv. 2 m.p. (80) *correct*

חָמוֹץ n.m.s. (330) *oppression*

שִׁפְטוּ Qal impv. 2 m.p. (1047) *defend*

יָתוֹם n.m.s. (450) *the fatherless*

רִיבוּ Qal impv. 2 m.p. (936; GK 117u) *plead for*

אַלְמָנָה n.f.s. (48) *the widow*

1:18

לְכוּ־ Qal impv. 2 m.p. (הָלַךְ 229) *come*

נָא part. of entreaty (609) *now*

וְנִוָּכְחָה conj.-Ni. impf. 1 c.p.-coh.he (יָכַח 406) *let us reason together*

יֹאמַר Qal impf. 3 m.s. (55) *says*

יהוה pr.n. (217) *Yahweh*

אִם־ hypoth.part. (49; GK 160a) *though*

יִהְיוּ Qal impf. 3 m.p. (224) *are*

חֲטָאֵיכֶם n.m.p.-2 m.p. (307) *your sins*

כַּשָּׁנִים prep.-def.art.-n.m.p. (1040) *like scarlet*

כַּשֶּׁלֶג prep.-def.art.-n.m.s. (1017; GK 126o) *as snow*

יַלְבִּינוּ Hi. impf. 3 m.p. (526) *they be as white*

אִם־ v.supra (GK 160a) *though*

יַאְדִּימוּ Hi. impf. 3 m.p. (10) *they are red*

כַתּוֹלָע prep.-def.art.-n.m.s. (I 1068) *like crimson (scarlet stuff)*

כַּצֶּמֶר prep.-def.art.-n.m.s. (856) *like wool*

יִהְיוּ Qal impf. 3 m.p. (224) *they may become*

1:19

אִם־ v.supra (GK 160a) *if*

תֹּאבוּ Qal impf. 2 m.p. (אָבָה 2) *you are willing*

וּשְׁמַעְתֶּם conj.-Qal pf. 2 m.p. (1033; GK 120e) *and obedient*

טוּב n.m.s. cstr. (375) *the good of*

הָאָרֶץ def.art.-n.f.s. (75) *the land*

תֹּאכֵלוּ Qal impf. 2 m.p. paus. (37) *you shall eat*

1:20

וְאִם־ conj.-v.supra (GK 160a) *but if*

תְּמָאֲנוּ Pi. impf. 2 m.p. (549) *you refuse*

וּמְרִיתֶם conj.-Qal pf. 2 m.p. (מָרָה 598) *and rebel*

חֶרֶב n.f.s. (352; GK 121c) *the sword*

תְּאֻכְּלוּ Pu. impf. 2 m.p. (אָכַל 37, GK 52e) *you shall be devoured by*

כִּי conj. *for*

פִּי n.m.s. cstr. (804) *the mouth of*

יהוה pr.n. (217) *Yahweh*

דִּבֵּר Pi. pf. 3 m.s. (180) *has spoken*

1:21

אֵיכָה exclam. (32; GK 148b) *how*

הָיְתָה Qal pf. 3 f.s. (224) *has become*

לְזוֹנָה prep.-Qal act.ptc. f.s. (275) *a harlot*

קִרְיָה n.f.s. (900) *the city*

נֶאֱמָנָה Ni. ptc. f.s. (52) *faithful*

מְלֵאֲתִי adj. f.s. cstr. (570; GK 90,1,95h) *she that was full of*

מִשְׁפָּט n.m.s. (1048) *justice*

צֶדֶק n.m.s. (841) *righteousness*

יָלִין Qal impf. 3 m.s. (533; GK 107b) *lodged*

בָּהּ prep.-3 f.s. sf. *in her*

וְעַתָּה conj.-adv. (773) *but now*

מְרַצְּחִים Pi. ptc. m.p. (953) *murderers*

1:22

כַּסְפֵּךְ n.m.s.-2 f.s. sf. (494; GK 126m) *your silver*

הָיָה Qal pf. 3 m.s. (224) *has become*

לְסִיגִים prep.-n.m.p. (691) *dross*

סָבְאֵךְ n.m.s.-2 f.s. sf. (685; GK 126m) *your wine*

מָהוּל Qal pass.ptc. (554) *mixed*

בַּמָּיִם prep.-def.art.-n.m.p. paus. (565) *with water*

1:23

שָׂרַיִךְ n.m.p.-2 f.s. sf. (978) *your princes*

סוֹרְרִים Qal act.ptc. m.p. (710) *are rebels*

וְחַבְרֵי conj.-adj. m.p. cstr. (288) *and companions of*

גַּנָּבִים n.m.p. (170) *thieves*

כֻּלּוֹ n.m.s.-3 m.s. sf. (481) *every one (of them)*

אֹהֵב Qal act.ptc. (12) *loves*

שֹׁחַד n.m.s. (1005) *a bribe*

וְרֹדֵף conj.-Qal act.ptc. (922) *and runs after*

שַׁלְמֹנִים n.m.p. (1024; GK 124f) *gifts*

יָתוֹם n.m.s. (450) *the fatherless*

לֹא יִשְׁפֹּטוּ neg.-Qal impf. 3 m.p. paus. (1047; GK 107g) *they do not defend*

וְרִיב conj.-n.m.s. cstr. (936) *and the cause (of)*

אַלְמָנָה n.f.s. (48) *the widow*

לֹא־יָבוֹא neg.-Qal impf. 3 m.s. (97) *does not come*

אֲלֵיהֶם prep.-3 m.p. sf. *to them*

1:24

לָכֵן prep.-adv. (485) *therefore*

נְאֻם n.m.s. cstr. (610) *says*

הָאָדוֹן def.art.-n.m.s. (10) *the Lord*

יהוה צְבָאוֹת pr.n. (217)-pr.n. (838) *Yahweh of hosts*

אֲבִיר adj. m.s. cstr. (7) *the Mighty One of*

יִשְׂרָאֵל pr.n. (975) *Israel*

הוֹי interj. (222) *Ah*

אֶנָּחֵם Ni. impf. 1 c.s. (636) *I will vent my wrath*

מִצָּרַי prep.-n.m.p.-1 c.s. sf. (III 865) *on my enemies*

וְאִנָּקְמָה conj.-Ni. impf. 1 c.s.-coh.he (667; GK 51p) *and avenge myself*

מֵאוֹיְבַי prep.-Qal act.ptc. m.p.-1 c.s. sf. paus. (33) *on my foes*

1:25

וְאָשִׁיבָה conj.-Hi. impf. 1 c.s.-coh.he (996) *I will turn*

יָדִי n.f.s.-1 c.s. sf. (388) *my hand*

עָלַיִךְ prep.-2 f.s. sf. *against you*

וְאֶצְרֹף conj.-Qal impf. 1 c.s. (864) *and will smelt away*

כַּבֹּר prep.-def.art.-n.m.s. (I 141; GK 118w) *as with lye*

סִיגָיִךְ n.m.p.-2 f.s. paus. (691) *your dross*

וְאָסִירָה conj.-Hi. impf. 1 c.s.-coh.he (693) *and remove*

כָּל־ n.m.s. cstr. (481) *all (of)*

בְּדִילָיִךְ n.m.p.-2 f.s. sf. paus. (95; GK 124,l) *your alloy*

1:26

וְאָשִׁיבָה conj.-Hi. impf. 1 c.s.-coh.he (996; GK 135m) *and I will restore*

שֹׁפְטַיִךְ Qal act.ptc. m.p.-2 f.s. sf. (1047) *your judges*

כְּבָרִאשֹׁנָה prep.-prep.-def.art.-adj. f.s. (911; GK 118sN) *as at the first*

וְיֹעֲצַיִךְ conj.-Qal act.ptc. m.p.-2 f.s. sf. (419) *and your counselors*

כְּבַתְּחִלָּה prep.-prep.-def.art.-n.f.s. (321; GK 118sN) *as at the beginning*

אַחֲרֵי־כֵן prep.cstr. (29)-adv. (485) *afterward*

יִקָּרֵא Ni. impf. 3 m.s. (894) *shall be called*

לָךְ prep.-2 f.s. sf. *(to) you*

עִיר n.f.s. cstr. (746) *the city of*

הַצֶּדֶק def.art.-n.m.s. (841) *righteousness*

קִרְיָה v.1:21 n.f.s. (900) *the city*

נֶאֱמָנָה Ni. ptc. f.s. (52) *faithful*

1:27

צִיּוֹן pr.n. (851) *Zion*

בְּמִשְׁפָּט prep.-n.m.s. (1048) *by justice*

תִּפָּדֶה Ni. impf. 3 f.s. (804) *shall be redeemed*

וְשָׁבֶיהָ conj.-Qal act.ptc. m.p.-3 f.s. sf. (996; GK 116i) *and those in her who repent*

בִּצְדָקָה prep.-n.f.s. (842) *by righteousness*

1:28

וְשֶׁבֶר conj.-n.m.s. cstr. (991) *shall be destroyed*

פֹּשְׁעִים Qal act.ptc. m.p. (833) *rebels*

וְחַטָּאִים conj.-n.m.p. (308; GK 147c) *and sinners*

יַחְדָּו adv. (403) *together*

וְעֹזְבֵי conj.-Qal act.ptc. m.p. cstr. (736) *and those who forsake*

יהוה pr.n. (217) *Yahweh*

יִכְלוּ Qal impf. 3 m.p. (477) *shall be consumed*

1:29

כִּי conj. *for*

יֵבֹשׁוּ Qal impf. 3 m.p. (101) *you (they) shall be ashamed*

מֵאֵילִים prep.-n.m.p. (IV 18) *of the oaks*

אֲשֶׁר rel. (81) *in which*

חֲמַדְתֶּם Qal pf. 2 m.p. (326; GK 144p) *you delighted*

וְתַחְפְּרוּ conj.-Qal impf. 2 m.p. (II 344) *and you shall blush*

מֵהַגַּנּוֹת prep.-def.art.-n.f.p. (171) *for the gardens*

אֲשֶׁר v.supra *which*

בְּחַרְתֶּם Qal pf. 2 m.p. (103) *you have chosen*

1:30

כִּי conj. *for*

תִהְיוּ Qal impf. 2 m.p. (224) *you shall be*

כְּאֵלָה prep.-n.f.s. (18) *like an oak*

נֹבֶלֶת Qal act.ptc. f.s. cstr. (615; GK 116i) *withers (of)*

עָלֶהָ n.m.p.-3 f.s. sf. (750; GK 91d) *whose leaf*

וּכְגַנָּה conj.-prep.-n.f.s. (171) *and like a garden*

אֲשֶׁר־מַיִם rel. (81)-n.m.p. (565) *water*

אֵין לָהּ subst.cstr. (II 34; GK 152o) *without*

1:31

וְהָיָה conj.-Qal pf. 3 m.s. (224) *and shall become*

הֶחָסֹן def.art.-adj. m.s. (340) *the strong*

לִנְעֹרֶת prep.-n.f.s. (654) *tow*

וּפֹעֲלוֹ conj.-n.m.s.-3 m.s. sf. (821; GK 93q) *and his work*

לְנִיצוֹץ prep.-n.m.s. (665) *a spark*

וּבָעֲרוּ conj.-Qal pf. 3 c.p. (I 128) *and shall burn*

שְׁנֵיהֶם n.m.p.-3 m.p. sf. (1040) *both of them*

יַחְדָּו adv. (403) *together*

וְאֵין conj.-subst.cstr. (II 34) *with none to*

מְכַבֶּה Pi. ptc. (459) *quench them*

5

2:1

הַדָּבָר def.art.-n.m.s. (182) *the word*

אֲשֶׁר rel. (81) *which*

חָזָה Qal pf. 3 m.s. (302) *saw*

יְשַׁעְיָהוּ pr.n. (447) *Isaiah*

בֶּן־ n.m.s. cstr. (119) *the son of*

אָמוֹץ pr.n. (55) *Amoz*

עַל־יְהוּדָה prep.-pr.n. (397) *concerning Judah*

וִירוּשָׁלָםִ conj.-pr.n. paus. (436; GK 154aN) *and Jerusalem*

2:2

וְהָיָה conj.-Qal pf. 3 m.s. (224) *it shall come to pass*

בְּאַחֲרִית prep.-n.f.s. cstr. (31) *in the latter*

הַיָּמִים def.art.-n.m.p. (398) *days*

נָכוֹן Ni. ptc. (465; GK 116r) *established*

יִהְיֶה Qal impf. 3 m.s. (224) *shall be*

הַר n.m.s. cstr. (249) *the mountain of*

בֵּית־ n.m.s. cstr. (108) *the house of*

יהוה pr.n. (217) *Yahweh*

בְּרֹאשׁ prep.-n.m.s. cstr. (910) *as the highest of*

הֶהָרִים def.art.-n.m.p. (249) *the mountains*

וְנִשָּׂא conj.-Ni. ptc. (669) *and shall be raised*

מִגְּבָעוֹת prep.-n.f.p. (148) *above the hills*

וְנָהֲרוּ conj.-Qal pf. 3 c.p. (625) *and shall flow*

אֵלָיו prep.-3 m.s. sf. *to it*

כָּל־ n.m.s. cstr. (481) *all (of)*

הַגּוֹיִם def.art.-n.m.p. (156) *the nations*

2:3

וְהָלְכוּ conj.-Qal pf. 3 c.p. (229) *and shall come*

עַמִּים n.m.p. (I 766) *peoples*

רַבִּים adj. m.p. (I 912) *many*

וְאָמְרוּ conj.-Qal pf. 3 c.p. (55) *and say*

לְכוּ Qal impv. 2 m.p. (229) *come*

וְנַעֲלֶה conj.-Qal impf. 1 c.p. (-coh.he?) (748) *let us go up*

אֶל־הַר־ prep.-n.m.s. cstr. (249) *to the mountain of*

יהוה pr.n. (217) *Yahweh*

אֶל־בֵּית prep.-n.m.s. cstr. (108) *to the house of*

אֱלֹהֵי n.m.p. cstr. (43) *the God of*

יַעֲקֹב pr.n. (784) *Jacob*

וְיֹרֵנוּ conj.-Hi. impf. 3 m.s.-1 c.p. sf. (יָרָה 434) *that he may teach us*

מִדְּרָכָיו prep.-n.m.p.-3 m.s. sf. (202) *his ways*

וְנֵלְכָה conj.-Qal impf. 1 c.p.-coh.he (הָלַךְ 229) *and that we may walk*

בְּאֹרְחֹתָיו prep.-n.f.p.-3 m.s. sf. (73) *in his paths*

כִּי conj. *for*

מִצִּיּוֹן prep.-pr.n. (851) *out of Zion*

תֵּצֵא Qal impf. 3 f.s. (יָצָא 422) *shall go forth*

תוֹרָה n.f.s. (435) *the law*

וּדְבַר־ conj.-n.m.s. cstr. (182) *and the word of*

יהוה pr.n. (217) *Yahweh*

מִירוּשָׁלָםִ prep.-pr.n. paus. (436) *from Jerusalem*

2:4

וְשָׁפַט conj.-Qal pf. 3 m.s. (1047) *he shall judge*

בֵּין prep. (107) *between*

הַגּוֹיִם def.art.-n.m.p. (156) *the nations*

וְהוֹכִיחַ conj.-Hi. pf. 3 m.s. (יָכַח 406) *and shall decide*

לְעַמִּים prep.-cf.2:3 n.m.p. (I 766) *for peoples*

רַבִּים adj. m.p. (I 912) *many*

וְכִתְּתוּ conj.-Pi. pf. 3 c.p. (510) *and they shall beat*

חַרְבוֹתָם n.f.p.-3 m.p. sf. (352) *their swords*

לְאִתִּים prep.-n.m.p. (III 88) *into plowshares*

וַחֲנִיתוֹתֵיהֶם conj.-n.f.p.-3 m.p. sf. (333; GK 91n) *and their spears*

לְמַזְמֵרוֹת prep.-n.f.p. (275) *into pruning hooks*

לֹא־יִשָּׂא neg.-Qal impf. 3 m.s. (נָשָׂא 669) *shall not lift up*

גּוֹי n.m.s. (156) *nation*

אֶל־גּוֹי prep.-n.m.s. (156) *against nation*

חֶרֶב n.f.s. (352) *sword*

וְלֹא־יִלְמְדוּ conj.-neg.-Qal impf. 3 m.p. (540) *neither shall they learn*

עוֹד adv. (728) *any more*

מִלְחָמָה n.f.s. (536) *war*

2:5

בֵּית n.m.s. cstr. (108) *O house of*

יַעֲקֹב pr.n. (784) *Jacob*

לְכוּ Qal impv. 2 m.p. (הָלַךְ 229) *come*

וְנֵלְכָה conj.-Qal impf. 1 c.p.-coh.he (הָלַךְ 229) *let us walk*

בְּאוֹר prep.-n.m.s. cstr. (21) *in the light of*

יהוה pr.n. (217) *Yahweh*

2:6

כִּי conj. *for*

נָטַשְׁתָּה Qal Pf. 2 m.s. (643; GK 44g) *thou hast rejected*

עַמְּךָ n.m.s.-2 m.s. sf. (I 766) *thy people*

בֵּית cf.2:5 n.m.s. cstr. (108) *the house of*

יַעֲקֹב pr.n. (784) *Jacob*

כִּי conj. *because*

מָלְאוּ Qal pf. 3 c.p. (569) *they are full*

מִקֶּדֶם prep.-n.m.s. (869) *from the east*

וְעֹנְנִים conj.-Po'el ptc. m.p. (II 778) *and of soothsayers*

כַּפְּלִשְׁתִּים prep.-def.art.-adj.gent. p. (814) *like the Philistines*

וּבְיַלְדֵי conj.-prep.-n.m.p. cstr. (409) *and with (the children of)*

נָכְרִים adj. m.p. (648) *foreigners*

יַשְׂפִּיקוּ Hi. impf. 3 m.p. (706) *they strike hands*

2:7

וַתִּמָּלֵא consec.-Ni. impf. 3 f.s. (569; GK 117z) *is filled with*

אַרְצוֹ n.f.s.-3 m.s. sf. (75) *their land*

כֶּסֶף n.m.s. (494) *silver*

וְזָהָב conj.-n.m.s. (262) *and gold*

וְאֵין conj.-subst.cstr. (II 34) *and there is no*

קֵצֶה n.m.s. (892) *end*

לְאֹצְרֹתָיו prep.-n.m.p.-3 m.s. sf. (69) *to their treasures*

וַתִּמָּלֵא v.supra *is filled with*

אַרְצוֹ v.supra *their land*

סוּסִים n.m.p. (692) *horses*

וְאֵין קֵצֶה v.supra-v.supra *and there is no end*

לְמַרְכְּבֹתָיו prep.-n.f.p.-3 m.s. sf. (939) *to their chariots*

2:8

וַתִּמָּלֵא v.supra 2:7 *is filled with*

אַרְצוֹ v.2:7 (GK 145m) *their land*

אֱלִילִים n.m.p. (47) *idols*

לְמַעֲשֵׂה prep.-n.m.s. cstr. (795) *to the work of*

יָדָיו n.f.p.-3 m.s. sf. (388) *their hands*

יִשְׁתַּחֲווּ Hith. impf. 3 m.p. (1005) *they bow down*

לַאֲשֶׁר prep.-rel. (81) *to what*

עָשׂוּ Qal pf. 3 c.p. (עשׂה I 793) *have made*

אֶצְבְּעֹתָיו n.f.p.-3 m.s. sf. (840; GK 145m) *their own fingers*

2:9

וַיִּשַׁח consec.-Ni. impf. 3 m.s. (1005) *so is humbled*

אָדָם n.m.s. (9) *man*

וַיִּשְׁפַּל consec.-Qal impf. 3 m.s. (1050) *and are brought low*

אִישׁ n.m.s. (35) *men*

וְאַל-תִּשָּׂא conj.-neg. (GK 109e)-Qal impf. 2 m.s. (669; GK 117g) *forgive not*

לָהֶם prep.-3 m.p. sf. *them*

2:10

בּוֹא Qal impv. 2 m.s. (97) *enter*

בַצּוּר prep.-def.art.-n.m.s. (849) *into the rock*

וְהִטָּמֵן conj.-Ni. impv. 2 m.s. (380) *and hide*

בֶּעָפָר prep.-def.art.-n.m.s. (779) *in the dust*

מִפְּנֵי prep.-n.m.p. cstr.(815) *from before*

פַּחַד n.m.s. cstr. (808) *the terror of*

יהוה pr.n. (217) *Yahweh*

וּמֵהֲדַר conj.-prep.-n.m.s. cstr. (214) *and from the glory of*

גְּאֹנוֹ n.m.s.-3 m.s. sf. (144) *his majesty*

2:11

עֵינֵי n.f.p. cstr. (744) *the looks (of)*

גַּבְהוּת n.f.s. cstr. (147) *haughty(ness) of*

אָדָם n.m.s. (9) *man*

שָׁפֵל Qal pf. 3 m.s. (1050; GK 112s) *shall be brought low*

וְשַׁח conj.-Qal pf. 3 m.s. (שׁחח 1005) *and shall be humbled*

רוּם n.m.s. cstr. (927) *the pride of*

אֲנָשִׁים n.m.p. (35) *men*

וְנִשְׂגַּב conj.-Ni. pf. 3 m.s. (960; GK 112s) *and will be exalted*

יהוה pr.n. (217) *Yahweh*

לְבַדּוֹ prep.-n.m.s.-3 m.s. sf. (II 94) *alone*

בַּיּוֹם prep.-def.art.-n.m.s. (398) *in day*

הַהוּא def.art.-demons.adj. m.s. (214) *that*

2:12

כִּי conj. *for*

יוֹם n.m.s. (398) *a day*

לַיהוה צְבָאוֹת prep.-pr.n. (217)-pr.n. (838) *Yahweh of hosts has*

עַל prep. *against*

כָּל- n.m.s. cstr. (481) *all that is*

גֵּאֶה adj. (144) *proud*

וָרָם conj.-Qal act.ptc. as adj. (926) *and lofty*

וְעַל conj.-prep. *(and) against*

כָּל- v.supra *all that is*

נִשָּׂא Ni. ptc. (669) *lifted up*

וְשָׁפֵל conj.-Qal pf. 3 m.s. (1050) *and high*

2:13

וְעַל conj.-prep. *(and) against*

כָּל- v.supra *all (of)*

אַרְזֵי n.m.p. cstr. (72) *the cedars of*

הַלְּבָנוֹן def.art.-pr.n. (526) *Lebanon*

הָרָמִים def.art.-Qal act.ptc. m.p. as adj. (926) *lofty*

וְהַנִּשָּׂאִים conj.-def.art.-Ni. ptc. m.p. (669) *and lifted up*

וְעַל conj.-v.supra *and against*

כָּל- v.supra *all (of)*

אַלּוֹנֵי n.m.p. cstr. (47) *the oaks of*

הַבָּשָׁן def.art.-pr.n. (143) *Bashan*

2:14

וְעַל conj.-prep. *(and) against*

כָּל־ n.m.s. cstr. (481) *all (of)*

הֶהָרִים def.art.-n.m.p. (249) *the mountains*

הָרָמִים def.art.-Qal act.ptc. m.p. as adj. (926) *high*

וְעַל v.supra *and against*

כָּל־הַגְּבָעוֹת v.supra-n.f.p. (148) *all (of) the hills*

הַנִּשָּׂאוֹת def.art.-Ni. ptc. f.p. (669) *lofty*

2:15

וְעַל כָּל־מִגְדָּל v.supra-v.supra-n.m.s. (153) *against every tower*

גָּבֹהַּ adj. m.s. (147) *high*

וְעַל כָּל־חוֹמָה v.supra-v.supra-n.f.s. (327) *and against every wall*

בְּצוּרָה Qal pass.ptc. f.s. (130) *fortified*

2:16

וְעַל כָּל־אֳנִיּוֹת v.supra-v.supra-n.f.p. cstr. (58) *(and) against all the ships of*

תַּרְשִׁישׁ pr.n. (II 1076) *Tarshish*

וְעַל כָּל־שְׂכִיּוֹת v.supra-v.supra -n.f.p. cstr. (967) *and against all (of) craft (of)*

הַחֶמְדָּה def.art.-n.f.s. (326) *the beautiful*

2:17

וְשַׁח cf.2:11 conj.-Qal pf. 3 m.s. (1005; GK 150o) *and shall be humbled*

גַּבְהוּת n.f.s. cstr. (147) *the haughtiness of*

הָאָדָם def.art.-n.m.s. (9) *man*

וְשָׁפֵל conj.-Qal pf. 3 m.s. (1050) *and shall be brought low*

רוּם cf.2:11 n.m.s. cstr. (927) *the pride of*

אֲנָשִׁים n.m.p. (35) *men*

וְנִשְׂגַּב cf.2:11 conj.-Ni. pf. 3 m.s. (960) *and will be exalted*

יהוה pr.n. (217) *Yahweh*

לְבַדּוֹ prep.-n.m.s.-3 m.s. sf. (94) *alone*

בַּיּוֹם cf.2:11 prep.-def.art.-n.m.s. (398) *in day*

הַהוּא def.art.-demons.adj. m.s. (214) *that*

2:18

וְהָאֱלִילִים conj.-def.art.-n.m.p. (47; GK 15f) *and the idols*

כָּלִיל adj. (483) *utterly*

יַחֲלֹף Qal impf. 3 m.s. (322) *shall pass away*

2:19

וּבָאוּ conj.-Qal pf. 3 c.p. (בוא 97) *and shall enter*

בִּמְעָרוֹת prep.-n.f.p. cstr. (792) *the caves of*

צֻרִים n.m.p. (849) *the rocks*

וּבִמְחִלּוֹת conj.-prep.-n.f.p. cstr. (320) *and the holes of*

עָפָר n.m.s. (779) *the ground*

מִפְּנֵי prep.-n.m.p. cstr. (815) *from before*

פַּחַד n.m.s. cstr. (808) *the terror of*

יהוה pr.n. (217) *Yahweh*

וּמֵהֲדַר conj.-prep.-n.m.s. cstr. (214) *and from the glory of*

גְּאוֹנוֹ n.m.s.-3 m.s. sf. (144) *his majesty*

בְּקוּמוֹ prep.-Qal inf.cstr.-3 m.s. sf. (877) *when he rises*

לַעֲרֹץ prep.-Qal inf.cstr. (791) *to terrify*

הָאָרֶץ def.art.-n.f.s. (75) *the earth*

2:20

בַּיּוֹם הַהוּא prep.-def.art.-n.m.s. (398)-def. art.-demons.adj. m.s. (214) *in that day*

יַשְׁלִיךְ Hi. impf. 3 m.s. (1020) *will cast forth*

הָאָדָם def.art.-n.m.s. (9) *men*

אֵת אֱלִילֵי dir.obj.-n.m.p. cstr. (47; GK 135n) *the idols (of)*

כַּסְפּוֹ n.m.s.-3 m.s. sf. (494) *their silver*

וְאֵת אֱלִילֵי conj.-v.supra-v.supra *and idols of*

זְהָבוֹ n.m.s.-3 m.s. sf. (262) *their gold*

אֲשֶׁר rel. (81) *which*

עָשׂוּ־לוֹ Qal pf. 3 c.p. (I 793; GK 145m)-prep.-3 m.s. sf. *they made for themselves*

לְהִשְׁתַּחֲוֹת prep.-Hith. inf.cstr. (1005) *to worship*

לַחְפֹּר פֵּרוֹת prep.-Qal inf.cstr. (343-344; GK 63i,84b,n)-n.f.p. (826-344) *to the moles*

וְלָעֲטַלֵּפִים conj.-prep.-def.art.-n.m.p. (742) *and to the bats*

2:21

לָבוֹא prep.-Qal inf.cstr. (97) *to enter*

בְּנִקְרוֹת prep.-n.f.p. cstr. (669) *the caverns of*

הַצֻּרִים def.art.-n.m.p. (849) *the rocks*

וּבִסְעִפֵי conj.-prep.-n.m.p. cstr. (703) *and the clefts of*

הַסְּלָעִים def.art.-n.m.p. (700) *the cliffs*

מִפְּנֵי cf.2:19 *from before*

פַּחַד cf.2:19 *the terror of*

יהוה cf.2:19 *Yahweh*

וּמֵהֲדַר cf.2:19 *and from the glory of*

גְּאוֹנוֹ cf.2:19 *his majesty*

בְּקוּמוֹ cf.2:19 *when he rises*

לַעֲרֹץ cf.2:19 *to terrify*

הָאָרֶץ cf.2:19 *the earth*

2:22

חִדְלוּ Qal impv. 2 m.p. (292; GK 119s) *turn away*

לָכֶם prep.-2 m.p. sf. *(you)*

מִן־הָאָדָם prep.-def.art.-n.m.s. (9) *from man*

אֲשֶׁר rel. (81) *which*

נְשָׁמָה n.f.s. (675) *is breath*

בְּאַפּוֹ prep.-n.m.s.-3 m.s. sf. (I 60) *in whose nostrils*

כִּי conj. *for*

בַּמֶּה prep.-def.art.-interr. (552) *of what*

נֶחְשָׁב Ni. ptc. (362; GK 116e) *account*

הוּא pers.pr. 3 m.s. (214) *is he*

3:1

כִּי conj. *for*

הִנֵּה interj. (243) *behold*

הָאָדוֹן def.art.-n.m.s. (10) *the Lord*

יהוה צְבָאוֹת pr.n. (217)-pr.n. (838) *Yahweh of hosts*

מֵסִיר Hi. ptc. (693; GK 116p) *is taking away*

מִירוּשָׁלַ͏ִם prep.-pr.n. (436) *from Jerusalem*

וּמִיהוּדָה conj.-prep.-pr.n. (397) *and from Judah*

מַשְׁעֵן n.m.s. (1044; GK 122v) *stay*

וּמַשְׁעֵנָה conj.-n.f.s. (1044) *and staff*

כֹּל n.m.s. cstr. (481) *the whole*

מִשְׁעַן n.m.s. cstr. (1044) *stay of*

לֶחֶם n.m.s. (536) *bread*

וְכֹל conj.-v.supra *and the whole*

מִשְׁעַן v.supra *stay of*

מָיִם n.m.p. paus. (565) *water*

3:2

גִּבּוֹר n.m.s. (150) *the mighty man*

וְאִישׁ conj.-n.m.s. cstr. (35) *and the (man of)*

מִלְחָמָה n.f.s. (536) *soldier (battle)*

שׁוֹפֵט Qal act.ptc. (1047) *the judge*

וְנָבִיא conj.-n.m.s. (611) *and the prophet*

וְקֹסֵם conj.-Qal act.ptc. (890) *the diviner*

וְזָקֵן conj.-n.m.s. (278) *and the elder*

3:3

שַׂר־ n.m.s. cstr. (978) *the captain of*

חֲמִשִּׁים num. p. (332) *fifty*

וּנְשׂוּא conj.-Qal pass.ptc. m.s. cstr. (669) *and a man of (one lifted up)*

פָנִים n.m.p. (815) *rank (face)*

וְיוֹעֵץ conj.-Qal act.ptc. (419) *the counselor*

וַחֲכַם conj.-adj. m.s. cstr. (314) *and the skilful*

חֲרָשִׁים n.m.p. (360) *workman*

וּנְבוֹן conj.-Ni. ptc. m.s. cstr. (465; GK 116k) *and the expert*

לָחַשׁ n.m.s. paus. (538) *in charms*

3:4

וְנָתַתִּי conj.-Qal pf. 1 c.s. (נָתַן 678) *and I will make*

נְעָרִים n.m.p. (654) *boys*

שָׂרֵיהֶם n.m.p.-3 m.p. sf. (978) *their princes*

וְתַעֲלוּלִים conj.-n.m.p. (760) *and babes*

יִמְשְׁלוּ Qal impf. 3 m.p. (605) *shall rule*

בָם prep.-3 m.p. sf. *over them*

3:5

וְנִגַּשׂ conj.-Ni. pf. 3 m.s. (נָגַשׂ 620) *and will oppress*

הָעָם def.art.-n.f.s. (75) *the people*

אִישׁ בְּאִישׁ n.m.s. (35)-prep.-v.supra *one another*

וְאִישׁ בְּרֵעֵהוּ conj.-v.supra-prep.-n.m.s.-3 m.s. sf. (945) *every man his fellow*

יִרְהֲבוּ Qal impf. 3 m.p. (923) *will be insolent*

הַנַּעַר def.art.-n.m.s. (654) *the youth*

בַּזָּקֵן prep.-def.art.-n.m.s. (278) *to the elder*

וְהַנִּקְלֶה conj.-def.art.-Ni. ptc. (II 885) *and the base fellow*

בַּנִּכְבָּד prep.-def.art.-Ni. ptc. (457) *to the honorable*

3:6

כִּי conj. *when*

יִתְפֹּשׂ Qal impf. 3 m.s. (1074) *takes hold*

אִישׁ n.m.s. (35) *a man*

בְּאָחִיו prep.-n.m.s.-3 m.s. sf. (26) *of his brother*

בֵּית n.m.s. cstr. (108; GK 118g) *in the house of*

אָבִיו n.m.s.-3 m.s. sf. (3) *his father*

שִׂמְלָה n.f.s. (971) *a mantle*

לְכָה prep.-2 m.s. sf. (GK 103g) *you have*

קָצִין n.m.s. (892) *leader*

תִּהְיֶה־ Qal impf. 2 m.s. (הָיָה 224) *you shall be*

לָנוּ prep.-1 c.p. sf. *our*

וְהַמַּכְשֵׁלָה conj.-def.art.-n.f.s. (506) *and heap of ruins*

הַזֹּאת def.art.-demons.adj. f.s. (260) *this*

תַּחַת prep. (1065) *shall be under*

יָדֶךָ n.f.s.-2 m.s. sf. (388) *your hand*

3:7

יִשָּׂא Qal impf. 3 m.s. (נָשָׂא 669; GK 117g) *he will speak out*

בַּיּוֹם הַהוּא prep.-def.art.-n.m.s. (398)-def.art.-demons.adj. m.s. (214) *in that day*

לֵאמֹר prep.-Qal inf.cstr. (55) *saying*

לֹא־אֶהְיֶה neg.-Qal impf. 1 c.s. (224; GK 156b) *I will not be*

חֹבֵשׁ Qal act.ptc. (289) *a healer*

9

וּבְבֵיתִי conj.-prep.-n.m.s.-1 c.s. sf. (108) *in my house*

אֵין לֶחֶם subst.cstr. (II 34)-n.m.s. (536) *there neither bread*

וְאֵין שִׂמְלָה conj.-v.supra-n.f.s. (971) *nor mantle*

לֹא תְשִׂימֻנִי neg.-Qal impf. 2 m.p.-1 c.s. sf. (I 962; GK 117ii) *you shall not make me*

קְצִין n.m.s. cstr. (892) *leader of*

עָם n.m.s. (I 766) *the people*

3:8

כִּי conj. *for*

כָשְׁלָה Qal pf. 3 f.s. (505) *has stumbled*

יְרוּשָׁלַם pr.n. (436) *Jerusalem*

וִיהוּדָה conj.-pr.n. (397) *and Judah*

נָפָל Qal pf. 3 m.s. paus. (656) *has fallen*

כִּי־ conj. *because*

לְשׁוֹנָם n.f.s.-3 m.p. sf. (546) *their speech*

וּמַעַלְלֵיהֶם conj.-n.m.p.-3 m.p. sf. (760) *and their deeds*

אֶל־יְהוָה prep.-pr.n. (217) *are against Yahweh*

לַמְרוֹת prep.-Hi. inf.cstr. (598) *defying*

עֵנֵי n.f.p. cstr. (744) *presence (eyes of)*

כְּבוֹדוֹ n.m.s.-3 m.s. sf. (458) *his glorious*

3:9

הַכָּרַת n.f.s. cstr. (648) *(the cut of)*

פְּנֵיהֶם n.m.p.-3 m.p. sf. (815) *their partiality (their face)*

עָנְתָה Qal pf. 3 f.s. (772) *witnesses*

בָּם prep.-3 m.p. sf. *against them*

וְחַטָּאתָם conj.-n.f.s.-3 m.p. sf. (308) *(and) their sin*

כִּסְדֹם prep.-pr.n. (690) *like Sodom*

הִגִּידוּ Hi. pf. 3 c.p. (נגד 616) *they proclaim*

לֹא כִחֵדוּ neg.-Pi. pf. 3 c.p. paus. (470) *they do not hide it*

אוֹי interj. (17) *Woe*

לְנַפְשָׁם prep.-n.f.s.-3 m.p. sf. (659) *to them*

כִּי־ conj. *for*

גָמְלוּ Qal pf. 3 c.p. (168) *they have brought*

לָהֶם prep.-3 m.p. sf. *upon themselves*

רָעָה n.f.s. (948) *evil*

3:10

אִמְרוּ Qal impv. 2 m.p. (55) *tell*

צַדִּיק adj. m.s. (843) *the righteous*

כִּי־טוֹב conj.-adv. (373) *that it shall be well with them*

כִּי־פְרִי conj.-n.m.s. cstr. (826) *for the fruit of*

מַעַלְלֵיהֶם n.m.p.-3 m.p. sf. (760) *their deeds*

יֹאכֵלוּ Qal impf. 3 m.p. paus. (37) *they shall eat*

3:11

אוֹי interj. (17) *Woe*

לְרָשָׁע prep.-n.m.s. (957) *to the wicked*

רָע adj. m.s. (948) *it shall be ill with him*

כִּי־ conj. *for*

גְמוּל n.m.s. cstr. (168) *what has done*

יָדָיו n.f.p.-3 m.s. sf. (388) *his hands*

יֵעָשֶׂה Ni. impf. 3 m.s. (I 793) *shall be done*

לוֹ prep.-3 m.s. sf. *to him*

3:12

עַמִּי n.m.s.-1 c.s. sf. (I 766) *my people*

נֹגְשָׂיו Qal act.ptc. m.p.-3 m.s. sf. (620; GK 124k, 145,l) *their oppressors*

מְעוֹלֵל Po'el ptc. (760) *children*

וְנָשִׁים conj.-n.f.p. (61) *and women*

מָשְׁלוּ Qal pf. 3 c.p. (605) *rule*

בוֹ prep.-3 m.s. sf. *over them*

עַמִּי v.supra *O my people*

מְאַשְּׁרֶיךָ Pi. ptc. m.p.-2 m.s. sf. (80) *your leaders*

מַתְעִים Hi. ptc. m.p. (תעה 1073) *mislead you*

וְדֶרֶךְ conj.-n.m.s. cstr. (202) *and the course of*

אֹרְחֹתֶיךָ n.m.p.-2 m.s. sf. (73) *your paths*

בִּלֵּעוּ Pi. pf. 3 c.p. paus. (118) *confuse*

3:13

נִצָּב Ni. ptc. (נצב 662) *has taken his place*

לָרִיב prep.-Qal inf.cstr. (936) *to contend*

יהוה pr.n. (217) *Yahweh*

וְעֹמֵד conj.-Qal act.ptc. (763) *he stands*

לָדִין prep.-Qal inf.cstr. (192; GK 115b) *to judge*

עַמִּים n.m.p. (I 766) *his people (peoples)*

3:14

יהוה pr.n. (217) *Yahweh*

בְּמִשְׁפָּט prep.-n.m.s. (1048) *into judgment*

יָבוֹא Qal impf. 3 m.s. (97) *enters*

עִם־זִקְנֵי prep.-n.m.p. cstr. (278; GK 128h) *with the elders of*

עַמּוֹ n.m.s.-3 m.s. sf. (I 766) *his people*

וְשָׂרָיו conj.-n.m.p.-3 m.s. sf. (978) *and princes*

וְאַתֶּם conj.-pers.pr. 2 m.p. (61; GK 154b) *it is you who*

בִּעַרְתֶּם Pi. pf. 2 m.p. (128) *have devoured*

הַכֶּרֶם def.art.-n.m.s. (501) *the vineyard*

גְּזֵלַת n.f.s. cstr. (160) *the spoil of*

הֶעָנִי def.art.-n.m.s. (776) *the poor*

בְּבָתֵּיכֶם prep.-n.m.p.-2 m.p. sf. (108) *in your houses*

3:15

מַלָּכֶם interr. (552; GK 37c)-prep.-2 m.p. sf. *what do you mean by*

תְּדַכְּאוּ Pi. impf. 2 m.p. (193) *crushing*

עַמִּי n.m.s.-1 c.s. sf. (I 766) *my people*

וּפְנֵי conj.-n.m.p. cstr. (815) *by ... the face of*

עֲנִיִּים adj. m.p. (776) *the poor*

תִּטְחָנוּ Qal impf. 2 m.p. (377) *grinding*

נְאֻם־אֲדֹנָי subst.cstr. (610)-n.m.s. (10) *says the Lord*

יהוה צְבָאוֹת pr.n. (217)-pr.n. (838) *Yahweh of hosts*

3:16

וַיֹּאמֶר consec.-Qal impf. 3 m.s. (55) *said*

יהוה pr.n. (217) *Yahweh*

יַעַן כִּי conj. (774)-conj. *because*

גָּבְהוּ Qal pf. 3 c.p. (146; GK 112nn) *are haughty*

בְּנוֹת n.f.p. cstr. (I 123) *the daughters of*

צִיּוֹן pr.n. (851) *Zion*

וַתֵּלַכְנָה consec.-Qal impf. 3 f.p. (הָלַךְ 229; GK 52n, 111r) *and walk*

נְטֻווֹת Qal pass.ptc. f.p. cstr. (639; GK 75v) *with outstretched*

גָּרוֹן n.m.s. (173) *neck*

וּמְשַׁקְּרוֹת conj.-Pi. ptc. f.p. cstr. (974) *glancing wantonly with*

עֵינָיִם n.f. du. paus. (744) *their eyes*

הָלוֹךְ Qal inf.abs. (הָלַךְ 229; GK 113u) *(walking)*

וְטָפֹף conj.-Qal inf.abs. (381) *mincing along*

תֵּלַכְנָה v.supra *as they go*

וּבְרַגְלֵיהֶם conj.-prep.-n.f.p.-3 m.p. sf. (919; GK 135o) *and with their feet*

תְּעַכַּסְנָה Pi. impf. 3 f.p. (747) *tinkling*

3:17

וְשִׂפַּח conj.-Pi. pf. 3 m.s. (705) *will smite*

אֲדֹנָי pr.n. (10) *the Lord*

קָדְקֹד n.m.s. cstr. (869) *the heads of*

בְּנוֹת n.f.p. cstr. (I 123) *the daughters of*

צִיּוֹן pr.n. (851) *Zion*

ויהוה conj.-pr.n. (217; GK 142f) *and Yahweh*

פָּתְהֵן n.f.s.-3 f.p. sf. (834; GK 91c, 91f) *their secret parts*

יְעָרֶה Pi. impf. 3 m.s. (788) *will lay bare*

3:18

בַּיּוֹם הַהוּא prep.-def.art.-n.m.s. (398)-def. art.-demons.adj. m.s. (214) *in that day*

יָסִיר Hi. impf. 3 m.s. (693) *will take away*

אֲדֹנָי pr.n. (10) *the Lord*

אֵת תִּפְאֶרֶת dir.obj.-n.f.s. cstr. (802) *the finery of*

הָעֲכָסִים def.art.-n.m.p. (747) *the anklets*

וְהַשְּׁבִיסִים conj.-def.art.-n.m.p. (987; GK 86gN) *the headbands*

וְהַשַּׂהֲרֹנִים conj.-def.art.-n.m.p. (962) *and the crescents*

3:19

הַנְּטִיפוֹת def.art.-n.f.p. (643) *the pendants*

וְהַשֵּׁירוֹת conj.-def.art.-n.f.p. (1057) *the bracelets*

וְהָרְעָלוֹת conj.-def.art.-n.f.p. (947) *and the scarfs*

3:20

הַפְּאֵרִים def.art.-n.m.p. (802) *the headdresses*

וְהַצְּעָדוֹת conj.-def.art.-n.f.p. (II 857) *the armlets*

וְהַקִּשֻּׁרִים conj.-def.art.-n.m.p. (905) *the sashes*

וּבָתֵּי conj.-n.m.p. (108) *the boxes (of) (houses)*

הַנֶּפֶשׁ def.art.-n.f.s. (659) *perfume*

וְהַלְּחָשִׁים conj.-def.art.-n.m.p. (538) *and the amulets*

3:21

הַטַּבָּעוֹת def.art.-n.f.p. (371) *the signet-rings*

וְנִזְמֵי conj.-n.m.p. cstr. (633) *and rings (of)*

הָאָף def.art.-n.m.s.paus. (I 60) *nose*

3:22

הַמַּחֲלָצוֹת def.art.-n.f.p. (323) *the festal robes*

וְהַמַּעֲטָפוֹת conj.-def.art.-n.f.p. (742) *the mantles*

וְהַמִּטְפָּחוֹת conj.-def.art.-n.f.p. (381) *the cloaks*

וְהָחֲרִיטִים conj.-def.art.-n.m.p. (355; GK 35f) *and the handbags*

3:23

וְהַגִּלְיֹנִים conj.-def.art.-n.m.p. (163) *the garments of gauze*

וְהַסְּדִינִים conj.-def.art.-n.m.p. (690) *the linen garments*

וְהַצְּנִיפוֹת conj.-def.art.-n.f.p. (857) *the turbans*

וְהָרְדִידִים conj.-def.art.-n.m.p. (921) *and the veils*

3:24

וְהָיָה conj.-Qal pf. 3 m.s. (224) *(and it was)*

תַחַת prep. (1065) *instead of*

בֹּשֶׂם n.m.s. (141) *perfume*

מַק n.m.s. (597) *rottenness*

יִהְיֶה Qal impf. 3 m.s. (224) *there shall be*

וְתַחַת conj.-v.supra *and instead of*

חֲגוֹרָה n.f.s. (292) *a girdle*

נִקְפָּה n.f.s. (669) *a rope*

וְתַחַת v.supra *and instead of*

מַעֲשֶׂה n.m.s. (795; GK 131b) *hair (work of art)*

מִקְשֶׁה n.m.s. (904) *well-set*

קָרְחָה n.f.s. (901) *baldness*

וְתַחַת v.supra *and instead of*

פְּתִיגִיל n.m.s. (836) *a rich robe*

מַחֲגֹרֶת n.f.s. cstr. (292) *a girding of*

שָׂק n.m.s. paus. (974) *sackcloth*

כִּי־תַחַת conj.-v.supra *instead of*

יֹפִי n.m.s. (421) *beauty*

3:25

מְתַיִךְ n.m.p.-2 f.s. sf. (607) *your men*

בַּחֶרֶב prep.-def.art.-n.f.s. (352) *by the sword*

יִפֹּלוּ Qal impf. 3 m.p. (נָפַל 656) *shall fall*

וּגְבוּרָתֵךְ conj.-n.f.s.-2 f.s. sf. (150) *and your mighty men*

בַּמִּלְחָמָה prep.-def.art.-n.f.s. (536) *in battle*

3:26

וְאָנוּ conj.-Qal pf. 3 c.p. (I 58) *and shall lament*

וְאָבְלוּ conj.-Qal pf. 3 c.p. (5) *and mourn*

פְּתָחֶיהָ n.m.p.-3 m.s. sf. (835) *her gates*

וְנִקָּתָה conj.-Ni. pf. 3 f.s. (נָקָה 667) *ravaged (cleaned out)*

לָאָרֶץ prep.-def.art.-n.f.s. (75) *upon the ground*

תֵּשֵׁב Qal impf. 3 f.s. (יָשַׁב 442) *she shall sit*

4:1

וְהֶחֱזִיקוּ conj.-Hi. pf. 3 c.p. (304) *shall take hold*

שֶׁבַע num. m.s. (987) *seven*

נָשִׁים n.f.p. (61) *women*

בְּאִישׁ אֶחָד prep.-n.m.s. (35)-num. m.s. (25) *of one man*

בַּיּוֹם הַהוּא prep.-def.art.-n.m.s. (398)-def.art.-demons.adj. m.s. (214) *in that day*

לֵאמֹר prep.-Qal inf.cstr. (55) *saying*

לַחְמֵנוּ n.m.s.-1 c.p. sf. (536) *our own bread*

נֹאכֵל Qal impf. 1 c.p. (אָכַל 37) *we will eat*

וְשִׂמְלָתֵנוּ conj.-n.f.s.-1 c.p. sf. (971) *and our own clothes*

נִלְבָּשׁ Qal impf. 1 c.p. paus. (527) *wear*

רַק adv. (956) *only*

יִקָּרֵא Ni. impf. 3 m.s. (894) *let be called*

שְׁמֵךְ n.m.s.-2 m.s. sf. (1027) *by your name*

עָלֵינוּ prep.-1 c.p. sf. *us*

אֱסֹף Qal impv. 2 m.s. (or inf.cstr.) (62) *take away*

חֶרְפָּתֵנוּ n.f.s.-1 c.p. sf. (357) *our reproach*

4:2

בַּיּוֹם הַהוּא prep.-def.art.-n.m.s. (398)-def.art.-demons.adj. m.s. (214) *in that day*

יִהְיֶה Qal impf. 3 m.s. (הָיָה 224) *shall be*

צֶמַח יהוה n.m.s. cstr. (855)-pr.n. (217) *the branch of Yahweh*

לִצְבִי prep.-n.m.s. (840) *beautiful*

וּלְכָבוֹד conj.-prep.-adj. m.s. (458) *and glorious*

וּפְרִי conj.-n.m.s. cstr. (826) *and the fruit of*

הָאָרֶץ def.art.-n.f.s. (75) *the earth*

לְגָאוֹן prep.-n.m.s. (144) *the pride*

וּלְתִפְאֶרֶת conj.-prep.-n.f.s. (802) *and glory*

לִפְלֵיטַת prep.-n.f.s. cstr. (812) *of the survivors of*

יִשְׂרָאֵל pr.n. (975) *Israel*

4:3

וְהָיָה conj.-Qal pf. 3 m.s. (224) *and*

הַנִּשְׁאָר def.art.-Ni. ptc. (983) *he who is left*

בְּצִיּוֹן prep.-pr.n. (851) *in Zion*

וְהַנּוֹתָר conj.-def.art.-Ni. ptc. (יָתַר 451) *and remains*

בִּירוּשָׁלַ͏ִם prep.-pr.n. (436) *in Jerusalem*

קָדוֹשׁ adj. m.s. (872) *holy*

יֵאָמֶר Ni. impf. 3 m.s. (55) *will be called*

לוֹ prep.-3 m.s. sf. *(to him)*

כָּל־הַכָּתוּב n.m.s. cstr. (481)-def.art.-Qal pass. ptc. (507) *everyone who has been recorded*

לַחַיִּים prep.-def.art.-n.m.p. (311) *for life*

בִּירוּשָׁלָ͏ִם v.supra paus. (436) *in Jerusalem*

4:4

אִם hypoth.part. (49) *when*

רָחַץ Qal pf. 3 m.s. (934; GK 106o,159nN) *shall have washed away*

אֲדֹנָי pr.n. (10) *the Lord*

אֵת צֹאַת dir.obj.-n.f.s. cstr. (844) *the filth of*

בְּנוֹת־ n.f.p. cstr. (I 123) *the daughters of*

צִיּוֹן pr.n. (851) *Zion*

וְאֶת־דְּמֵי conj.-dir.obj.-n.m.p. cstr. (196) *and the bloodstains of*

יְרוּשָׁלַ͏ִם pr.n. (436) *Jerusalem*

יָדִיחַ Hi. impf. 3 m.s. (דּוּחַ 188; GK 107,1) *cleansed*

מִקִּרְבָּהּ prep.-n.m.s.-3 f.s. sf. (899) *from its midst*

בְּרוּחַ prep.-n.f.s. cstr. (924) *by a spirit of*

מִשְׁפָּט n.m.s. (1048) *judgment*

וּבְרוּחַ conj.-v.supra *and by a spirit of*

בָּעֵר Pi. inf.abs. (I 128; GK 113e) *burning*

4:5

וּבָרָא conj.-Qal pf. 3 m.s. (135) *then ... will create*
יְהוָה pr.n. (217) *Yahweh*
עַל־כָּל־ prep.-n.m.s. cstr. (481) *over the whole*
מְכוֹן n.m.s. cstr. (467) *site of*
הַר־צִיּוֹן n.m.s. cstr. (249)-pr.n. (851) *Mount Zion*
וְעַל־ conj.-prep. *and over*
מִקְרָאֶהָ n.f.s.-3 f.s. sf. (896) *her assemblies*
עָנָן n.m.s. (777) *a cloud*
יוֹמָם adv. (401) *by day*
וְעָשָׁן conj.-n.m.s. (I 798) *and smoke*
וְנֹגַהּ conj.-n.f.s. cstr. (I 618) *and the shining of*
אֵשׁ n.f.s. (77) *a fire*
לֶהָבָה n.f.s. (529) *flaming*
לָיְלָה n.m.s. as adv. paus. (538) *by night*
כִּי עַל־ conj.-prep. *for over*
כָּל־ n.m.s. cstr. (481) *all (of)*
כָּבוֹד n.m.s. (II 458) *the glory*
חֻפָּה n.f.s. (I 342) *a canopy*

4:6

וְסֻכָּה conj.-n.f.s. (697) *and a pavilion*
תִּהְיֶה Qal impf. 3 f.s. (224) *it shall be*
לְצֵל־ prep.-n.m.s. (853) *for a shade*
יוֹמָם adv. (401) *by day*
מֵחֹרֶב prep.-n.m.s. (I 351) *from the heat*
וּלְמַחְסֶה conj.-prep.-n.m.s. (340) *and for a refuge*
וּלְמִסְתּוֹר conj.-prep.-n.m.s. (712) *and a shelter*
מִזֶּרֶם prep.-n.m.s. (281) *from the storm*
וּמִמָּטָר conj.-prep.-n.m.s. (564) *and rain*

5:1

אָשִׁירָה נָא Qal impf. 1 c.s.-coh.he (1010; GK 108b)-part.of entreaty (609) *let me sing*
לִידִידִי prep.-adj. m.s.-1 c.s. sf. (391) *for my beloved*
שִׁירַת דּוֹדִי n.f.s. cstr. (1010)-n.m.s.-1 c.s. sf. (187) *a song of love*
לְכַרְמוֹ prep.-n.m.s.-3 m.s. sf. (501) *concerning his vineyard*
כֶּרֶם n.m.s. (501) *a vineyard*
הָיָה Qal pf. 3 m.s. (224) *had*
לִידִידִי v.supra *my beloved*
בְּקֶרֶן prep.-n.f.s. (901) *on a hill*
בֶּן־שָׁמֶן n.m.s. cstr. (119; GK 128v)-n.m.s. paus. (1032) *very fertile*

5:2

וַיְעַזְּקֵהוּ consec.-Pi. impf. 3 m.s.-3 m.s. sf. (740) *he digged it*

וַיְסַקְּלֵהוּ consec.-Pi. impf. 3 m.s.-3 m.s. sf. (709) *and cleared it of stones*
וַיִּטָּעֵהוּ consec.-Qal impf. 3 m.s.-3 m.s. sf. (נטע 642; GK 117ee) *and planted it*
שֹׂרֵק n.m.s. (I 977) *with choice vines*
וַיִּבֶן consec.-Qal impf. 3 m.s. (בנה 124) *he built*
מִגְדָּל n.m.s. (153) *a watchtower*
בְּתוֹכוֹ prep.-n.m.s.-3 m.s. sf. (1063) *in the midst of it*
וְגַם־יֶקֶב conj.-adv. (168)-n.m.s. (428) *and a wine vat*
חָצֵב Qal pf. 3 m.s. (345) *hewed out*
בּוֹ prep.-3 m.s. sf. *in it*
וַיְקַו consec.-Pi. impf. 3 m.s. (קוה I 875; GK 114m) *and he looked for it*
לַעֲשׂוֹת prep.-Qal inf.cstr. (עשׂה I 793) *to yield*
עֲנָבִים n.m.p. (772) *grapes*
וַיַּעַשׂ consec.-Qal impf. 3 m.s. (עשׂה I 793) *but it yielded*
בְּאֻשִׁים n.m.p. (93) *wild grapes*

5:3

וְעַתָּה conj.-adv. (773) *and now*
יוֹשֵׁב Qal act.ptc. (442) *O inhabitants of*
יְרוּשָׁלַם pr.n. (436) *Jerusalem*
וְאִישׁ יְהוּדָה conj.-n.m.s. cstr. (35)-pr.n. (397) *and men of Judah*
שִׁפְטוּ־ Qal impv. 2 m.p. (1047; GK 110a) *judge*
נָא part.of entreaty (609) *I pray you*
בֵּינִי prep.-1 c.s. sf. (107) *between me*
וּבֵין כַּרְמִי conj.-prep. (107)-n.m.s.-1 c.s. sf. (501) *and my vineyard*

5:4

מַה־ interr. (552) *what*
לַעֲשׂוֹת prep.-Qal inf.cstr. (עשׂה I 793) *to do*
עוֹד adv. (728) *more*
לְכַרְמִי prep.-n.m.s.-1 c.s. sf. (501) *for my vineyard*
וְלֹא עָשִׂיתִי conj.-neg.-Qal pf. 1 c.s. (עשׂה I 793) *that I have not done*
בּוֹ prep.-3 m.s. sf. *in it*
מַדּוּעַ adv. (396; GK 150m) *when*
קִוֵּיתִי Pi. pf. 1 c.s. (קוה I 875; GK 75z) *I looked*
לַעֲשׂוֹת v.supra (GK 114k) *for it to yield*
עֲנָבִים n.m.p. (772) *grapes*
וַיַּעַשׂ consec.-Qal impf. 3 m.s. (עשׂה I 793) *why did it yield*
בְּאֻשִׁים n.m.p. (93) *wild grapes*

5:5

וְעַתָּה cf.5:3 conj.-adv. (773) *and now*

13

אֹודִיעָה־נָּא Hi. impf. 1 c.s.-coh.he (יָדַע 393)-part.of entreaty (609) *I will tell*

אֶתְכֶם dir.obj.-2 m.p. sf. *you*

אֵת אֲשֶׁר־ dir.obj.-rel. (81) *what*

אֲנִי עֹשֶׂה pers.pr. 1 c.s. (58)-Qal act.ptc. (I 793; GK 116d,p) *I will do*

לְכַרְמִי cf.5:4 prep.-n.m.s.-1 c.s. sf. (501) *to my vineyard*

הָסֵר Hi. inf.abs. (סור 693; GK 112u,113d,f) *I will remove*

מְשׂוּכָּתֹו n.f.s.-3 m.s. sf. (962) *its hedge*

וְהָיָה conj.-Qal pf. 3 m.s. (224; GK 114kN) *and it shall be*

לְבָעֵר prep.-Pi. inf.abs. (I 128) *devoured*

פָּרֹץ Qal inf.abs. (I 829; GK 113d,f) *I will break down*

גְּדֵרֹו n.m.s.-3 m.s. sf. (154) *its wall*

וְהָיָה v.supra *and it shall be*

לְמִרְמָס prep.-n.m.s. (942) *trampled down*

5:6

וַאֲשִׁיתֵהוּ conj.-Qal impf. 1 c.s.-3 m.s. sf. (1011; GK 117ii) *and I will make it*

בָתָה n.f.s. (144) *a waste*

לֹא יִזָּמֵר neg.-Ni. impf. 3 m.s. (II 274) *and it shall not be pruned*

וְלֹא יֵעָדֵר conj.-neg.-Ni. impf. 3 m.s. (II 727) *or hoed*

וְעָלָה conj.-Qal pf. 3 m.s. (748; GK 117z) *and shall grow up*

שָׁמִיר n.m.s. (I 1038) *briers*

וָשָׁיִת conj.-n.m. coll. paus. (1011) *and thorns*

וְעַל conj.-prep. *and*

הֶעָבִים def.art.-n.m.p. (728) *the clouds*

אֲצַוֶּה Pi. impf. 1 c.s. (845) *I will command*

מֵהַמְטִיר prep. (GK 119y)-Hi. inf.cstr. (565) *that they rain no more*

עָלָיו prep.-3 m.s. sf. *upon it*

מָטָר n.m.s. (564) *rain*

5:7

כִּי כֶרֶם conj.-n.m.s. cstr. (501) *for the vineyard of*

יְהוָה צְבָאֹות pr.n. (217)-pr.n. (838) *Yahweh of hosts*

בֵּית n.m.s. cstr. (108) *is the house of*

יִשְׂרָאֵל pr.n. (975) *Israel*

וְאִישׁ יְהוּדָה conj.-n.m.s. cstr. (35)-pr.n. (397) *and the men of Judah*

נְטַע n.m.s. cstr. (642) *are ... planting*

שַׁעֲשׁוּעָיו n.m.p.-3 m.s. sf. (1044) *his pleasant*

וַיְקַו consec.-Pi. impf. 3 m.s. (קוה I 875) *and he looked*

לְמִשְׁפָּט prep.-n.m.s. (1048) *for justice*

וְהִנֵּה conj.-interj. (243) *but behold*

מִשְׂפָּח n.m.s. (705) *bloodshed*

לִצְדָקָה prep.-n.f.s. (842) *for righteousness*

וְהִנֵּה v.supra *but behold*

צְעָקָה n.f.s. (858) *a cry*

5:8

הֹוי interj. (222; GK 147d) *woe*

מַגִּיעֵי Hi. ptc. m.p. cstr. (619) *to those who join*

בַיִת n.m.s. (108) *house*

בְּבַיִת prep.-v.supra *to house*

שָׂדֶה n.m.s. (961) *field*

בְשָׂדֶה prep.-n.m.s. (961) *to field*

יַקְרִיבוּ Hi. impf. 3 m.p. (897) *who add*

עַד אֶפֶס prep. (III 723; GK 112w)-n.m.s. cstr. (67) *until there is no more*

מָקֹום n.m.s. (879) *room*

וְהֹוּשַׁבְתֶּם conj.-Ho. pf. 2 m.p. (יָשַׁב 442; GK 116x,144p) *and you are made to dwell*

לְבַדְּכֶם prep.-n.m.s.-2 m.p. sf. (94) *alone*

בְּקֶרֶב prep.-n.m.s. cstr. (899) *in the midst of*

הָאָרֶץ def.art.-n.f.s. (75) *the land*

5:9

בְּאָזְנָי prep.-n.f.p.-1 c.s. sf. (23) *in my hearing*

יְהוָה צְבָאֹות pr.n. (217)-pr.n. (838) *Yahweh of hosts*

אִם־לֹא hypoth.part.-neg. (GK 149e) *surely*

בָּתִּים n.m.p. (108) *houses*

רַבִּים adj. m.p. (I 912) *many*

לְשַׁמָּה prep.-n.f.s. (I 1031) *desolate*

יִהְיוּ Qal impf. 3 m.p. (224) *shall be*

גְּדֹלִים adj. m.p. (152) *large*

וְטֹובִים conj.-adj. m.p. (I 373) *and beautiful*

מֵאֵין prep.-subst.cstr. (II 34; GK 152y) *without*

יֹושֵׁב Qal act.ptc. (442) *inhabitant*

5:10

כִּי conj. *for*

עֲשֶׂרֶת num. f.s. cstr. (796) *ten*

צִמְדֵּי־ n.m.p. cstr. (855; GK 93m) *acres of*

כֶרֶם n.m.s. (501) *vineyard*

יַעֲשׂוּ Qal impf. 3 m.p. (I 793) *shall yield*

בַּת אֶחָת n.f.s. (II 144)-num. m.s. paus. (25) *one bath*

וְזֶרַע conj.-n.m.s. cstr. (282) *a seed (of)*

חֹמֶר n.m.s. (III 330) *homer*

יַעֲשֶׂה Qal impf. 3 m.s. (עשׂה I 793) *shall yield*

אֵיפָה n.f.s. (35) *an ephah*

5:11

הוֹי interj. (222) *woe*

מַשְׁכִּימֵי Hi. ptc. m.p. cstr. (1014; GK 130a) *to those who rise early*

בַּבֹּקֶר prep.-def.art.-n.m.s. (133) *in the morning*

שֵׁכָר n.m.s. (1016) *strong drink*

יִרְדֹּפוּ Qal impf. 3 m.p. paus. (922; GK 120c) *that they may run after*

מְאַחֲרֵי Pi. ptc. m.p. cstr. (29) *who tarry late*

בַּנֶּשֶׁף prep.-def.art.-n.m.s. (676) *into the evening*

יַיִן n.m.s. (406; GK 156d) *till wine*

יַדְלִיקֵם Hi. impf. 3 m.s.-3 m.p. sf. (196) *inflame them*

5:12

וְהָיָה conj.-Qal pf. 3 m.s. (224; GK 112m) *they have*

כִּנּוֹר n.m.s. (490) *lyre*

וָנֶבֶל conj.-n.m.s. (614) *and harp*

תֹּף n.m.s. (1074) *timbrel*

וְחָלִיל conj.-n.m.s. (319) *and flute*

וָיַיִן conj.-n.m.s. (406) *and wine*

מִשְׁתֵּיהֶם n.m.p.-3 m.p. sf. (1059; GK 93ss) *at their feasts*

וְאֵת פֹּעַל conj.-dir.obj.-n.m.s. cstr. (821) *but ... the deeds of*

יהוה pr.n. (217) *Yahweh*

לֹא יַבִּיטוּ neg.-Hi. impf. 3 m.p. (613; GK 106,l) *they do not regard*

וּמַעֲשֵׂה conj.-n.m.s. cstr. (795; GK 141d) *or ... the work of*

יָדָיו n.f.p.-3 m.s. sf. (388) *his hands*

לֹא רָאוּ neg.-Qal pf. 3 c.p. (906) *see*

5:13

לָכֵן prep.-adv. (485) *therefore*

גָּלָה Qal pf. 3 m.s. (162; GK 106n) *go into exile*

עַמִּי n.m.s.-1 c.s. sf. (I 766) *my people*

מִבְּלִי prep.-adv. of neg. (115) *for want of*

דָּעַת n.f.s. paus. (395) *knowledge*

וּכְבוֹדוֹ conj.-n.m.s.-3 m.s. sf. (II 458) *their honored*

מְתֵי n.m.p. cstr. (607; GK 128t) *dying of* (lit.-men of)

רָעָב n.m.s. (944) *hunger*

וַהֲמוֹנוֹ conj.-n.m.s.-3 m.s. sf. (242) *and their multitude*

צִחֵה adj. m.s. cstr. (850) *parched with*

צָמָא n.m.s. (854) *thirst*

5:14

לָכֵן prep.-adv. (485) *therefore*

הִרְחִיבָה Hi. pf. 3 f.s. (931) *has enlarged*

שְׁאוֹל n.f.s. (982; GK 20f) *Sheol*

נַפְשָׁהּ n.f.s.-3 f.s. sf. (659) *its appetite*

וּפָעֲרָה conj.-Qal pf. 3 f.s. (822) *and opened*

פִּיהָ n.m.s.-3 f.s. sf. (804) *its mouth*

לִבְלִי־ prep.-adv. of neg. (115) *beyond*

חֹק n.m.s. (349) *measure*

וְיָרַד conj.-Qal pf. 3 m.s. (432; GK 112s) *and ... go down*

הֲדָרָהּ n.m.s.-3 f.s. sf. (214) *the nobility of Jerusalem* (lit.-her nobility)

וַהֲמוֹנָהּ conj.-n.m.s.-3 f.s. sf. (242) *and her multitude*

וּשְׁאוֹנָהּ conj.-n.m.s.-3 f.s. sf. (981) *her throng*

וְעָלֵז conj.-n.m.s. (759) *and he who exults*

בָּהּ prep.-3 f.s. sf. *in her*

5:15

וַיִּשַּׁח consec.-Ni. impf. 3 m.s. (1005) *is bowed down*

אָדָם n.m.s. (9) *man*

וַיִּשְׁפַּל־ consec.-Qal impf. 3 m.s. (1050; GK 111w) *and ... are brought low*

אִישׁ n.m.s. (35) *men*

וְעֵינֵי conj.-n.f. du. cstr. (744) *and the eyes of*

גְּבֹהִים n.m.p. (147) *the haughty*

תִּשְׁפַּלְנָה Qal impf. 3 f.p. (1050) *are humbled*

5:16

וַיִּגְבַּהּ consec.-Qal impf. 3 m.s. (147) *but ... is exalted*

יהוה צְבָאוֹת pr.n. (217)-pr.n. (838) *Yahweh of hosts*

בַּמִּשְׁפָּט prep.-def.art.-n.m.s. (1048) *in justice*

וְהָאֵל conj.-def.art.-n.m.s. (42) *and the ... God*

הַקָּדוֹשׁ def.art.-adj. m.s. (872) *holy*

נִקְדָּשׁ Ni. pf. 3 m.s. (or ptc.)(872; GK 111w) *shows himself holy*

בִּצְדָקָה prep.-n.f.s. (842) *in righteousness*

5:17

וְרָעוּ conj.-Qal pf. 3 c.p. (I 944) *then shall ... graze*

כְבָשִׂים n.m.p. (461) *the lambs*

כְּדָבְרָם prep.-n.m.s.-3 m.p. sf. (184; GK 118t) *as in their pasture*

וְחָרְבוֹת conj.-n.f.p. (352) *among the ruins*

מֵחִים n.m.p. (562; GK 142f) *fatlings*

גָּרִים Qal act.ptc. m.p. (גור I 157) *and kids* (aliens)

יֹאכֵלוּ Qal impf. 3 m.p. paus. (37) *shall feed*

5:18

הוֹי interj. (222) *woe*

מֹשְׁכֵי Qal act.ptc. m.p. cstr. (604) *to those who draw*

הֶעָוֹן def.art.-n.m.s. (730) *iniquity*

בְּחַבְלֵי prep.-n.m.p. cstr. (286) *with cords of*

הַשָּׁוְא def.art.-n.m.s. (996) *falsehood*

וְכַעֲבוֹת conj.-prep.-n.m.s. cstr. (721) *as with ... ropes*

הָעֲגָלָה def.art.-n.f.s. (722) *cart*

חַטָּאָה n.f.s. (308) *who (draw) sin*

5:19

הָאֹמְרִים def.art.-Qal act.ptc. m.p. (55) *who say*

יְמַהֵר Pi. impf. 3 m.s. (I 554) *let him make haste*

יָחִישָׁה Hi. impf. 3 m.s.-coh.he (301; GK 48d) *let him speed*

מַעֲשֵׂהוּ n.m.s.-3 m.s. sf. (795) *his work*

לְמַעַן prep. (775) *that*

נִרְאֶה Qal impf. 1 c.p. (906) *we may see it*

וְתִקְרַב conj.-Qal impf. 3 f.s. (897) *let ... draw near*

וְתָבוֹאָה conj.-Qal impf. 3 f.s.-coh.he (97; GK 48d) *and let it come*

עֲצַת n.f.s. cstr. (420) *the purpose of*

קְדוֹשׁ adj. m.s. cstr. (872) *the Holy One of*

יִשְׂרָאֵל pr.n. (975) *Israel*

וְנֵדָעָה conj.-Qal impf. 1 c.p.-coh.he (393; GK 108d) *that we may know it*

5:20

הוֹי interj. (222) *woe*

הָאֹמְרִים def.art.-Qal act.ptc. m.p. (55) *to those who call*

לָרַע prep.-def.art.-n.m.s. (948) *evil*

טוֹב n.m.s. (373) *good*

וְלַטּוֹב conj.-prep.-def.art.-n.m.s. (373) *and good*

רָע n.m.s. (948) *evil*

שָׂמִים Qal act.ptc. m.p. (I 962) *who put*

חֹשֶׁךְ n.m.s. (365) *darkness*

לְאוֹר prep.-n.m.s. (21) *for light*

וְאוֹר conj.-n.m.s. (21) *and light*

לְחֹשֶׁךְ prep.-n.m.s. (365) *for darkness*

שָׂמִים v.supra *who put*

מַר n.m.s. (600) *bitter*

לְמָתוֹק prep.-adj. m.s. (608) *for sweet*

וּמָתוֹק conj.-v.supra *and sweet*

לְמָר prep.-n.m.s. paus. (600) *for bitter*

5:21

הוֹי interj. (222) *woe*

חֲכָמִים adj. m.p. (314) *to those who are wise*

בְּעֵינֵיהֶם prep.-n.f. du.-3 m.p. sf. (744) *in their own eyes*

וְנֶגֶד conj.-prep. (617) *and ... in*

פְּנֵיהֶם n.m.p.-3 m.p. sf. (815) *their own sight*

נְבֹנִים Ni. ptc. m.p. (בין 106) *shrewd*

5:22

הוֹי interj. (222) *woe*

גִּבּוֹרִים n.m.p. (150) *to those who are heroes*

לִשְׁתּוֹת prep.-Qal inf.cstr. (שׁתה 1059) *at drinking*

יָיִן n.m.s. paus. (406) *wine*

וְאַנְשֵׁי־ conj.-n.m.p. cstr. (35) *and ... men*

חַיִל n.m.s. (298) *valiant*

לִמְסֹךְ prep.-Qal inf.cstr. (587) *in mixing*

שֵׁכָר n.m.s. (1016) *strong drink*

5:23

מַצְדִּיקֵי Hi. ptc. m.p. cstr. (842) *who acquit*

רָשָׁע adj. m.s. (957) *the guilty*

עֵקֶב adv.acc. (784) *for*

שֹׁחַד n.m.s. (1005) *a bribe*

וְצִדְקַת conj.-n.f.s. cstr. (842) *and the right of*

צַדִּיקִים adj. m.p. (843) *the innocent*

יָסִירוּ Hi. impf. 3 m.p. (693; GK 116x) *deprive*

מִמֶּנּוּ prep.-3 m.s. sf. (GK 145m) *(from him)*

5:24

לָכֵן prep.-adv. (485) *therefore*

כֶּאֱכֹל prep.-Qal inf.cstr. (37; GK 114r) *as ... devours*

קַשׁ n.m.s. (905; GK 115k) *the stubble*

לְשׁוֹן n.f.s. cstr. (546) *the tongue of*

אֵשׁ n.f.s. (77) *fire*

וַחֲשַׁשׁ conj.-n.m.s. cstr. (366) *and as dry grass*

לֶהָבָה n.f.s. (529) *in the flame*

יִרְפֶּה Qal impf. 3 m.s. (951) *sinks down*

שָׁרְשָׁם n.m.s.-3 m.p. sf. (1057) *so their root*

כַּמָּק prep.-def.art.-n.m.s. (597) *as rottenness*

יִהְיֶה Qal impf. 3 m.s. (224) *will be*

וּפִרְחָם conj.-n.m.s.-3 m.p. sf. (827) *and their blossom*

כָּאָבָק prep.-def.art.-n.m.s. (7) *like dust*

יַעֲלֶה Qal impf. 3 m.s. (748) *go up*

כִּי מָאֲסוּ conj.-Qal pf. 3 c.p. (549) *for they have rejected*

אֵת תּוֹרַת dir.obj.-n.f.s. cstr. (435) *the law of*

יהוה צְבָאוֹת pr.n. (217)-pr.n. (838) *Yahweh of hosts*

וְאֵת אִמְרַת conj.-dir.obj.-n.f.s. cstr. (57) *and the word of*

קְדוֹשׁ־ adj. m.s. cstr. (872) *the Holy One of*

יִשְׂרָאֵל pr.n. (975) *Israel*

נִאֵצוּ Pi. pf. 3 c.p. paus. (610) *have despised*

5:25

עַל־כֵּן prep.-adv. (485) *therefore*

חָרָה Qal pf. 3 m.s. (354) *was kindled*

אַף־יְהוָה n.m.s. cstr. (I 60)-pr.n. (217) *the anger of Yahweh*

בְּעַמּוֹ prep.-n.m.s.-3 m.s. sf. (I 766) *against his people*

וַיֵּט consec.-Qal impf. 3 m.s. (נָטָה 639) *and he stretched out*

יָדוֹ n.f.s.-3 m.s. sf. (388) *his hand*

עָלָיו prep.-3 m.s. sf. *against them*

וַיַּכֵּהוּ consec.-Hi. impf. 3 m.s.-3 m.s. sf. (645) *and smote them*

וַיִּרְגְּזוּ consec.-Qal impf. 3 m.p. (919) *and ... quaked*

הֶהָרִים def.art.-n.m.p. (249) *the mountains*

וַתְּהִי consec.-Qal impf. 3 f.s. (הָיָה 224) *and ... were*

נִבְלָתָם n.f.s.-3 m.p. sf. (615) *their corpses*

כַּסּוּחָה prep.-def.art.-n.f.s. (691) *as refuse*

בְּקֶרֶב prep.-n.m.s. cstr. (899) *in the midst of*

חוּצוֹת n.f.p. (299) *the streets*

בְּכָל־ prep.-n.m.s. cstr. (481) *for all (of)*

זֹאת demons.adj. f.s. (260; GK 136b) *this*

לֹא־שָׁב neg.-Qal pf. 3 m.s. (שׁוּב 996) *is not turned away*

אַפּוֹ n.m.s.-3 m.s. sf. (I 60) *his anger*

וְעוֹד conj.-adv. (728) *and ... still*

יָדוֹ n.f.s.-3 m.s. sf. (388) *his hand*

נְטוּיָה Qal pass.ptc. f.s. (639) *is stretched out*

5:26

וְנָשָׂא־ conj.-Qal pf. 3 m.s. (669) *he will raise*

נֵס n.m.s. (651) *a signal*

לַגּוֹיִם prep.-def.art.-n.m.p. (156) *for a nation*

מֵרָחוֹק prep.-n.m.s. (935) *afar off*

וְשָׁרַק conj.-Qal pf. 3 m.s. (1056) *and whistle*

לוֹ prep.-3 m.s. sf. (GK 145m) *for it*

מִקְצֵה prep.-n.m.s. (892) *from the ends of*

הָאָרֶץ def.art.-n.f.s. (75) *the earth*

וְהִנֵּה conj.-interj. (243) *and lo*

מְהֵרָה n.f.s. as adv. (555; GK 133kN) *swiftly*

קַל adj. as adv. (886) *speedily*

יָבוֹא Qal impf. 3 m.s. (97) *it comes*

5:27

אֵין־עָיֵף subst.cstr. (II 34)-adj. m.s. (746) *none is weary*

וְאֵין־כּוֹשֵׁל conj.-v.supra-Qal act.ptc. (505) *and none stumbles*

בּוֹ prep.-3 m.s. sf. *(in it)*

לֹא יָנוּם neg.-Qal impf. 3 m.s. (630) *none slumbers*

וְלֹא יִישָׁן conj.-neg.-Qal impf. 3 m.s. paus. (445) *or sleeps*

וְלֹא נִפְתַּח conj.-neg.-Ni. pf. 3 m.s. (I 834) *not ... is loosed*

אֵזוֹר n.m.s. cstr. (25) *a ... cloth (of)*

חֲלָצָיו n.f. du.-3 m.s. sf. (323) *waist (his loins)*

וְלֹא נִתַּק conj.-neg.-Ni. pf. 3 m.s. (נָתַק 683) *not broken*

שְׂרוֹךְ n.m.s. cstr. (976) *thong (of)*

נְעָלָיו n.f. du.-3 m.s. sf. (653) *sandal*

5:28

אֲשֶׁר חִצָּיו rel. (81)-n.m.p.-3 m.s. sf. (346) *their arrows*

שְׁנוּנִים Qal pass.ptc. m.p. (1041) *are sharp*

וְכָל־קַשְּׁתֹתָיו conj.-n.m.s. cstr. (481)-n.f.p.-3 m.s. sf. (905; GK 20h) *all their bows*

דְּרֻכוֹת Qal pass.ptc. f.p. (201) *bent*

פַּרְסוֹת n.f.p. cstr. (828) *hoofs (of)*

סוּסָיו n.m.p.-3 m.s. sf. (692) *their horses*

כַּצַּר prep.-def.art.-n.m.s. (IV 866) *like flint*

נֶחְשָׁבוּ Ni. pf. 3 c.p. paus. (362) *seem*

וְגַלְגִּלָּיו conj.-n.m.p.-3 m.s. sf. (165) *and their wheels*

כַּסּוּפָה prep.-def.art.-n.f.s. (693) *like the whirlwind*

5:29

שְׁאָגָה n.f.s. (980) *roaring*

לוֹ prep.-3 m.s. sf. *their*

כַּלָּבִיא prep.-def.art.-n.m.s. (522) *like a lion*

וְשָׁאַג Qal impf. 3 m.s. (980) *they roar*

כַּכְּפִירִים prep.-def.art.-n.m.p. (498) *like young lions*

וְיִנְהֹם conj.-Qal impf. 3 m.s. (625) *they growl*

וְיֹאחֵז conj.-Qal impf. 3 m.s. (28) *and seize*

טֶרֶף n.m.s. (383) *their prey*

וְיַפְלִיט conj.-Hi. impf. 3 m.s. (812) *they carry it off*

וְאֵין מַצִּיל conj.-subst.cstr. (II 34; GK 152,l)-Hi. ptc. (נָצַל 664) *and none can rescue*

5:30

וְיִנְהֹם conj.-Qal impf. 3 m.s. (625) *they will growl*

עָלָיו prep.-3 m.s. sf. *over it*

17

בַּיּוֹם הַהוּא prep.-def.art.-n.m.s. (398; GK 136b)
-def.art.-demons.adj. m.s. (214) *in that day*

כַּנַהֲמַת־ prep.-n.f.s. cstr. (625) *like the roaring of*

יָם n.m.s. (410) *the sea*

וְנָבַט conj.-Pi. pf. 3 m.s. (נָבַט 613) *and if one look*

לָאָרֶץ prep.-def.art.-n.f.s. (75) *to the land*

וְהִנֵּה־ conj.-interj. (243) *behold*

חֹשֶׁךְ n.m.s. (365) *darkness*

צַר n.m.s. (II 865) *and distress*

וָאוֹר conj.-n.m.s. (21) *and the light*

חָשַׁךְ Qal pf. 3 m.s. (364) *is darkened*

בַּעֲרִיפֶיהָ prep.-n.m.p.-3 f.s. sf. (791) *by its cloud*

6:1

בִּשְׁנַת־ prep.-n.f.s. cstr. (1040) *in the year*

מוֹת n.m.s. cstr. (560) *that ... died*

הַמֶּלֶךְ def.art.-n.m.s. (I 572) *King*

עֻזִּיָּהוּ pr.n. (739) *Uzziah*

וָאֶרְאֶה consec.-Qal impf. 1 c.s. (906; GK 111b) *I saw*

אֶת־אֲדֹנָי dir.obj.-pr.n. (10) *the Lord*

יֹשֵׁב Qal act.ptc. (442) *sitting*

עַל־כִּסֵּא prep.-n.m.s. (490) *upon a throne*

רָם Qal act.ptc. (926) *high*

וְנִשָּׂא conj.-Ni. ptc. (669) *and lifted up*

וְשׁוּלָיו conj.-n.m.p.-3 m.s. sf. (1002) *and his train*

מְלֵאִים Qal act.ptc. m.p. (569) *filled*

אֶת־הַהֵיכָל dir.obj.-def.art.-n.m.s. (228) *the temple*

6:2

שְׂרָפִים n.m.p. (II 977) *the seraphim*

עֹמְדִים Qal act.ptc. m.p. (763) *stood*

מִמַּעַל prep.-subst. (751; GK 119cc) *above*

לוֹ prep.-3 m.s. sf. *him*

שֵׁשׁ num. (995) *six*

כְּנָפַיִם n.f. du. (489; GK 88f) *wings*

שֵׁשׁ כְּנָפַיִם v.supra-v.supra *six wings*

לְאֶחָד prep.-num. (25; GK 134q) *each had*

בִּשְׁתַּיִם prep.-num. f. du. (1040) *with two*

יְכַסֶּה Pi. impf. 3 m.s. (491) *he covered*

פָּנָיו n.m.p.-3 m.s. sf. (815) *his face*

וּבִשְׁתַּיִם conj.-v.supra *and with two*

יְכַסֶּה v.supra *he covered*

רַגְלָיו n.f.p.-3 m.s. sf. (919) *his feet*

וּבִשְׁתַּיִם v.supra *and with two*

יְעוֹפֵף Polel impf. 3 m.s. (733) *he flew*

6:3

וְקָרָא conj.-Qal pf. 3 m.s. (894; GK 112k) *and called*

זֶה demons.pr. m.s. (260; GK 139eN) *one*

אֶל־זֶה prep.-demons.pr. (260) *to another*

וְאָמַר conj.-Qal pf. 3 m.s. (55) *and said*

קָדוֹשׁ קָדוֹשׁ קָדוֹשׁ adj. (872; GK 133k)-v.supra -v.supra *holy, holy, holy*

יהוה צְבָאוֹת pr.n. (217)-pr.n. (838) *Yahweh of hosts*

מְלֹא n.m.s. cstr. (571; GK 141,l) *is full of*

כָל־הָאָרֶץ n.m.s. cstr. (481)-def.art.-n.f.s. (75) *the whole earth*

כְּבוֹדוֹ n.m.s.-3 m.s. sf. (II 458) *his glory*

6:4

וַיָּנֻעוּ consec.-Qal impf. 3 m.p. (631) *and ... shook*

אַמּוֹת n.f.p. cstr. (III 52) *the foundations of*

הַסִּפִּים def.art.-n.m.p. (II 706) *the thresholds*

מִקּוֹל prep.-n.m.s. cstr. (876) *at the voice of*

הַקּוֹרֵא def.art.-Qal act.ptc. (894) *him who called*

וְהַבַּיִת conj.-def.art.-n.m.s. (108) *and the house*

יִמָּלֵא Ni. impf. 3 m.s. (894; GK 107b,107d,117z) *was filled with*

עָשָׁן n.m.s. (I 798) *smoke*

6:5

וָאֹמַר consec.-Qal impf. 1 c.s. (55) *and I said*

אוֹי־לִי interj. (17; GK 147d)-prep.-1 c.s. sf. *woe is me*

כִּי־נִדְמֵיתִי conj.-Ni. pf. 1 c.s. (דָּמָה II 198; GK 106n) *for I am lost*

כִּי אִישׁ conj.-n.m.s. cstr. (35) *for a man of*

טְמֵא־שְׂפָתַיִם n.m.s. cstr. (379; GK 128y)-n.f. du. (973) *unclean (of) lips*

אָנֹכִי pers.pr. 1 c.s. (58) *I am*

וּבְתוֹךְ conj.-prep.-n.m.s. cstr. (1063) *and in the midst of*

עַם־ n.m.s. cstr. (I 766) *a people of*

טְמֵא שְׂפָתַיִם v.supra-v.supra *unclean lips*

אָנֹכִי יוֹשֵׁב v.supra-Qal act.ptc. (442) *I dwell*

כִּי conj. *for*

אֶת־הַמֶּלֶךְ dir.obj.-def.art.-n.m.s. (I 572) *the King*

יהוה pr.n. (217) *Yahweh of*

צְבָאוֹת pr.n. (838) *hosts*

רָאוּ Qal pf. 3 c.p. (906) *have seen*

עֵינָי n.f. du.-1 c.s. sf. paus. (744) *my eyes*

6:6

וַיָּעָף consec.-Qal impf. 3 m.s. (733) *then flew*

אֵלַי prep.-1 c.s. sf. *to me*

אֶחָד num. (25) *one*

מִן־הַשְּׂרָפִים prep.-def.art.-n.m.p. (II 977) *of the seraphim*

וּבְיָדוֹ conj.-prep.-n.f.s.-3 m.s. sf. (388; GK 156b) *having in his hand*

רִצְפָּה n.f.s. (I 954; GK 94b) *a burning coal*

בְּמֶלְקָחַיִם prep.-n.m. du. (544) *with tongs*

לָקַח Qal pf. 3 m.s. (542; GK 155h) *he had taken*

מֵעַל הַמִּזְבֵּחַ prep.-prep.-def.art.-n.m.s. (258) *from the altar*

6:7

וַיַּגַּע consec.-Qal impf. 3 m.s. (נגע 619) *and he touched*

עַל־פִּי prep.-n.m.s.-1 c.s. sf. (804) *my mouth*

וַיֹּאמֶר consec.-Qal impf. 3 m.s. (55) *and said*

הִנֵּה interj. (243) *behold*

נָגַע Qal pf. 3 m.s. (619) *has touched*

זֶה demons.pr. m.s. (260) *this*

עַל־שְׂפָתֶיךָ prep.-n.f. du.-2 m.s. sf. (973) *your lips*

וְסָר conj.-Qal pf. 3 m.s. (693; GK 112x) *is taken away*

עֲוֹנֶךָ n.m.s.-2 m.s. sf. (730) *your guilt*

וְחַטָּאתְךָ conj.-n.f.s.-2 m.s. sf. (308) *and your sin*

תְּכֻפָּר Pu. impf. 3 f.s. paus. (497) *forgiven*

6:8

וָאֶשְׁמַע consec.-Qal impf. 1 c.s. (1033) *and I heard*

אֶת־קוֹל dir.obj.-n.m.s. cstr. (876) *the voice of*

אֲדֹנָי pr.n. (10) *the Lord*

אֹמֵר Qal act.ptc. (55) *saying*

אֶת־מִי dir.obj.-interr. (566; GK 117c, 137b) *whom*

אֶשְׁלַח Qal impf. 1 c.s. (1018) *shall I send*

וּמִי conj.-interr. (566) *and who*

יֵלֶךְ Qal impf. 3 m.s. (229) *will go*

לָנוּ prep.-1 c.p. sf. (GK 124gN) *for us*

וָאֹמַר consec.-Qal impf. 1 c.s. (55) *then I said*

הִנְנִי interj.-1 c.s. sf. (243) *here am I*

שְׁלָחֵנִי Qal impv. 2 m.s.-1 c.s. sf. (1018; GK 61g) *send me*

6:9

וַיֹּאמֶר consec.-Qal impf. 3 m.s. (55) *and he said*

לֵךְ Qal impv. 2 m.s. (הלך 229) *go*

וְאָמַרְתָּ conj.-Qal pf. 2 m.s. (55) *and say*

לָעָם prep.-def.art.-n.m.s. (I 766) *to ... people*

הַזֶּה def.art.-demons.adj. m.s. (260) *this*

שִׁמְעוּ שָׁמוֹעַ Qal impv. 2 m.p.-Qal inf.abs. (1033; GK 113r) *hear and hear*

וְאַל־תָּבִינוּ conj.-neg.-Qal impf. 2 m.p. (106) *but do not understand*

וּרְאוּ conj.-Qal impv. 2 m.p. (906) *see*

רָאוֹ Qal inf.abs. (906; GK 75n) *and see*

וְאַל־תֵּדָעוּ conj.-neg.-Qal impf. 2 m.p. paus. (393) *but do not perceive*

6:10

הַשְׁמֵן Hi. impv. 2 m.s. (I 1031) *make fat*

לֵב־הָעָם n.m.s. cstr. (523)-def.art.-n.m.s. (I 766) *the heart of ... people*

הַזֶּה def.art.-demons.adj. m.s. (260: GK 136b) *this*

וְאָזְנָיו conj.-n.f.p.-3 m.s. sf. (23) *and their ears*

הַכְבֵּד Hi. impv. 2 m.s. (457) *make heavy*

וְעֵינָיו conj.-n.f.p.-3 m.s. sf. (744) *and their eyes*

הָשַׁע Hi. impv. 2 m.s. (שעע 1044; GK 67v) *shut*

פֶּן־יִרְאֶה hypoth.part. (814)-Qal impf. 3 m.s. (906) *lest they see*

בְעֵינָיו prep.-n.f.p.-3 m.s. sf. (744) *with their eyes*

וּבְאָזְנָיו conj.-prep.-n.f.p.-3 m.s. sf. (23) *and with their ears*

יִשְׁמָע Qal impf. 3 m.s. (1033) *hear*

וּלְבָבוֹ conj.-n.m.s.-3 m.s. sf. (523) *and with their hearts*

יָבִין Qal impf. 3 m.s. (106) *understand*

וָשָׁב conj.-Qal pf. 3 m.s. or act.ptc. (שוב 996) *and turn*

וְרָפָא conj.-Qal pf. 3 m.s. (950; GK 144d) *and be healed*

לוֹ prep.-3 m.s. sf. *(to them)*

6:11

וָאֹמַר consec.-Qal impf. 1 c.s. (55) *then I said*

עַד־מָתַי prep. (III 723)-interr.adv. (607) *how long*

אֲדֹנָי pr.n. (10) *O Lord*

וַיֹּאמֶר consec.-Qal impf. 3 m.s. (55) *and he said*

עַד אֲשֶׁר prep.-rel. (81) *until*

אִם־שָׁאוּ hypoth.part. (49)-Qal pf. 3 c.p. (שאה I 980; GK 106o) *lie waste*

עָרִים n.f.p. (746) *cities*

מֵאֵין יוֹשֵׁב prep.-subst.cstr. (II 34)-Qal act.ptc. (442) *without inhabitant*

וּבָתִּים conj.-n.m.p. (108) *and houses*

מֵאֵין אָדָם v.supra (GK 152y)-n.m.s. (9) *without men*

וְהָאֲדָמָה conj.-def.art.-n.f.s. (9) *and the land*

תִּשָּׁאֶה Ni. impf. 3 f.s. (I 980; GK 121d) *is desolate*

שְׁמָמָה n.f.s. (1031) *utterly (desolate)*

19

6:12

וְרִחַק conj.-Pi. pf. 3 m.s. (934) *and removes far away*

יהוה pr.n. (217) *Yahweh*

אֶת־הָאָדָם dir.obj.-def.art.-n.m.s. (9) *men*

וְרַבָּה conj.-adj. f.s. (I 912; GK 67k) *and are many*

הָעֲזוּבָה def.art.-n.f.s. (I 737) *the forsaken places*

בְּקֶרֶב prep.-n.m.s. cstr. (899) *in the midst of*

הָאָרֶץ def.art.-n.f.s. (75) *the land*

6:13

וְעוֹד conj.-adv. (728) *and though*

בָּהּ prep.-3 f.s. sf. *in it*

עֲשִׂרִיָּה adj. num. f.s. (798) *a tenth*

וְשָׁבָה conj.-Qal pf. 3 f.s. (שׁוב 996; GK 112mm) *remain*

וְהָיְתָה conj.-Qal pf. 3 f.s. (224; GK 120d) *it will be*

לְבָעֵר prep.-Pi. inf.cstr. (128; GK 114kN) *burned*

כָּאֵלָה prep.-def.art.-n.f.s. (I 18) *like a terebinth*

וְכָאַלּוֹן conj.-prep.-def.art.-n.m.s. (47) *or an oak*

אֲשֶׁר rel. (81) *(which)*

בְּשַׁלֶּכֶת prep.-n.f.s. (I 1021; GK 52p) *when it is felled*

מַצֶּבֶת n.f.s. (663) *stump*

בָּם prep.-3 f.s. sf. *whose*

זֶרַע n.m.s. (282) *the seed*

קֹדֶשׁ n.m.s. (871) *holy*

מַצַּבְתָּהּ n.f.s.-3 f.s. sf. (663) *is its stump*

7:1

וַיְהִי consec.-Qal impf. 3 m.s. (224)

בִּימֵי prep.-n.m.p. cstr. (398) *in the days of*

אָחָז pr.n. (28) *Ahaz*

בֶּן־יוֹתָם n.m.s. cstr. (119)-pr.n. (222) *the son of Jotham*

בֶּן־עֻזִּיָּהוּ v.supra-pr.n. (739) *son of Uzziah*

מֶלֶךְ n.m.s. cstr. (I 572) *king of*

יְהוּדָה pr.n. (397) *Judah*

עָלָה Qal pf. 3 m.s. (748) *came up*

רְצִין pr.n. (954) *Rezin*

מֶלֶךְ־ v.supra *king of*

אֲרָם pr.n. (74) *Syria*

וּפֶקַח conj.-pr.n. (824) *and Pekah*

בֶּן־רְמַלְיָהוּ v.supra-pr.n. (942) *the son of Remaliah*

מֶלֶךְ־ v.supra *king of*

יִשְׂרָאֵל pr.n. (975) *Israel*

יְרוּשָׁלַ͏ִם pr.n. (436) *Jerusalem*

לַמִּלְחָמָה prep.-def.art.-n.f.s. (536) *to wage war*

עָלֶיהָ prep. (II 752)-3 f.s. sf. *against it*

וְלֹא יָכֹל conj.-neg.-Qal pf. 3 m.s. (407) *but they could not*

לְהִלָּחֵם prep.-Ni. inf.cstr. (535) *conquer*

עָלֶיהָ v.supra *it*

7:2

וַיֻּגַּד consec.-Ho. impf. 3 m.s. (נגד 616) *was told*

לְבֵית דָּוִד prep.-n.m.s. cstr. (108)-pr.n. (187) *the house of David*

לֵאמֹר prep.-Qal inf.cstr. (55) *(saying)*

נָחָה Qal pf. 3 f.s. (נוח 628) *is in league*

אֲרָם pr.n. (174; GK 122i) *Syria*

עַל־אֶפְרָיִם prep. (II 752)-pr.n. paus. (68) *with Ephraim*

וַיָּנַע consec.-Qal impf. 3 m.s. (נוע 631) *shook*

לְבָבוֹ n.m.s. cstr.-3 m.s. sf. (523) *his heart*

וּלְבַב conj.-n.m.s. cstr. (523) *and the heart of*

עַמּוֹ n.m.s. cstr.-3 m.s. sf. (I 766) *his people*

כְּנוֹעַ prep.-Qal inf.cstr. (631; GK 72q) *as ... shake*

עֲצֵי־יַעַר n.m.p. cstr. (781)-n.m.s. (420) *the trees of the forest*

מִפְּנֵי־רוּחַ prep.-n.m.p. cstr. (815)-n.f.s. (924) *before the wind*

7:3

וַיֹּאמֶר consec.-Qal impf. 3 m.s. (55) *and ... said*

יהוה pr.n. (217) *Yahweh*

אֶל־יְשַׁעְיָהוּ prep. (39)-pr.n. (447) *to Isaiah*

צֵא־נָא Qal impv. 2 m.s. (יצא 422)-part.of entreaty (609) *go forth*

לִקְרַאת prep.-Qal inf.cstr. (II 896) *to meet*

אָחָז pr.n. (28) *Ahaz*

אַתָּה pers.pr. 2 m.s. (61) *you*

וּשְׁאָר יָשׁוּב conj.-pr.n. (984) *and Shear-jashub*

בְּנֶךָ n.m.s. cstr.-2 m.s. sf. paus. (119) *your son*

אֶל־קְצֵה prep. (39)-n.m.s. cstr. (892) *at the end of*

תְּעָלַת n.f.s. cstr. (752; GK 95s) *the conduit*

הַבְּרֵכָה def.art.-n.f.s. (140) *pool*

הָעֶלְיוֹנָה def.art.-adj. f.s. (I 751) *the upper*

אֶל־מְסִלַּת prep. (39)-n.f.s. cstr. (700) *on the highway to*

שְׂדֵה n.m.s. cstr. (961) *field (of)*

כוֹבֵס Qal act.ptc. m.s. (462) *the fuller*

7:4

וְאָמַרְתָּ conj.-Qal pf. 2 m.s. (55) *and say*

אֵלָיו prep.-3 m.s. sf. (39) *to him*

הִשָּׁמֵר Ni. impv. 2 m.s. (1036; GK 113bb) *take heed*

וְהַשְׁקֵט conj.-Hi. impv. 2 m.s. (1052) *be quiet*

20

אַל־תִּירָא neg.-Qal impf. 2 m.s. (יָרֵא 431) *do not fear*

וּלְבָבְךָ conj.-n.m.s. cstr.-2 m.s. sf. (523) *and ... your heart*

אַל־יֵרַךְ neg.-Qal impf. 3 m.s. (רָכַךְ 939) *do not let ... be faint*

מִשְּׁנֵי prep.-n.m.p. cstr. (1039) *because of (these) two*

זַנְבוֹת n.m.p. cstr. (275) *stumps of*

הָאוּדִים def.art.-n.m.p. (15) *firebrands*

הָעֲשֵׁנִים def.art.-adj. m.p. (798) *smoldering*

הָאֵלֶּה def.art.-pers.pr. 3 m.p. (41) *these*

בָּחֳרִי־אַף prep.-n.m.s. cstr. (354)-n.m.s. cstr. (60) *at the fierce anger of*

רְצִין pr.n. (954) *Rezin*

וַאֲרָם conj.-pr.n. (74) *and Syria*

וּבֶן־רְמַלְיָהוּ conj.-n.m.s. cstr. (119)-pr.n. (942) *and the son of Remaliah*

7:5

יַעַן conj. (774) *because*

כִּי־ conj. (471) *(because)*

יָעַץ Qal pf. 3 m.s. (419) *has devised*

עָלֶיךָ prep.-2 m.s. sf. (752) *against you*

אֲרָם pr.n. (74) *Syria*

רָעָה n.f.s. (949) *evil*

אֶפְרַיִם pr.n. (68) *Ephraim*

וּבֶן־רְמַלְיָהוּ conj.-n.m.s. cstr. (119)-pr.n. (942) *and the son of Remaliah*

לֵאמֹר prep.-Qal inf.cstr. (55) *saying*

7:6

נַעֲלֶה Qal impf. 1 c.p. (748) *let us go up*

בִיהוּדָה prep.-pr.n. (397; GK 122i) *against Judah*

וּנְקִיצֶנָּה conj.-Hi. impf. 1 c.p.-3 f.s. sf. (קוץ 880) *and terrify it*

וְנַבְקִעֶנָּה conj.-Hi. impf. 1 c.p.-3 f.s. sf. (131) *and let us conquer it*

אֵלֵינוּ prep.-1 c.p. sf. (39) *for ourselves*

וְנַמְלִיךְ conj.-Hi. impf. 1 c.p. (573) *and set up*

מֶלֶךְ n.m.s. (I 572) *as king*

בְּתוֹכָהּ prep.-n.m.s. cstr.-3 f.s. sf. (1063) *in the midst of it*

אֵת בֶּן־טָבְאַל dir.obj.-n.m.s. cstr. (119)-pr.n. (370) *the son of Tabeel*

7:7

כֹּה אָמַר adv. (462)-Qal pf. 3 m.s. (55) *thus says*

אֲדֹנָי pr.n. (10) *the Lord*

יהוה pr.n. (217) *Yahweh*

לֹא תָקוּם neg.-Qal impf. 3 f.s. (קום 877; GK 122q) *it shall not stand*

וְלֹא תִהְיֶה conj.-neg.-Qal impf. 3 f.s. (הָיָה 224; GK 122q) *and it shall not come to pass*

7:8

כִּי conj. (471) *for*

רֹאשׁ אֲרָם n.m.s. cstr. (910)-pr.n. (74) *the head of Syria*

דַּמֶּשֶׂק pr.n. (199) *Damascus*

וְרֹאשׁ conj.-n.m.s. cstr. (910) *and the head of*

דַּמֶּשֶׂק v.supra *Damascus*

רְצִין pr.n. (954) *Rezin*

וּבְעוֹד conj.-prep.-adv. (728) *within*

שִׁשִּׁים n.indecl. (995) *sixty*

וְחָמֵשׁ conj.-n.m. (331) *and five*

שָׁנָה n.f.s. (1040) *years*

יֵחַת Qal impf. 3 m.s. (369) *will be broken in pieces*

אֶפְרַיִם pr.n. (68) *Ephraim*

מֵעָם prep.-n.m.s. (I 766; GK 119y) *so that it will no longer be a people*

7:9

וְרֹאשׁ conj.-n.m.s. cstr. (910) *and the head of*

אֶפְרַיִם pr.n. (68) *Ephraim*

שֹׁמְרוֹן pr.n. (1037) *Samaria*

וְרֹאשׁ v.supra *and the head of*

שֹׁמְרוֹן v.supra *Samaria*

בֶּן־רְמַלְיָהוּ n.m.s. cstr. (119)-pr.n. (942) *the son of Remaliah*

אִם conj. (49) *if*

לֹא תַאֲמִינוּ neg.-Hi. impf. 2 m.p. (52) *you will not believe*

כִּי conj. (471) *surely*

לֹא תֵאָמֵנוּ neg.-Ni. impf. 2 m.p. paus. (52) *you shall be established*

7:10

וַיּוֹסֶף consec.-Hi. impf. 3 m.s. (414) *again*

יהוה pr.n. (217) *Yahweh*

דַּבֵּר Pi. inf.cstr. (180) *spoke*

אֶל־אָחָז prep.-pr.n. (28) *to Ahaz*

לֵאמֹר prep.-Qal inf.cstr. (55)

7:11

שְׁאַל־לְךָ Qal impv. 2 m.s. (981)-prep.-2 m.s. sf. *ask*

אוֹת n.m.s. (16) *a sign*

מֵעִם prep.-prep. (767) *of*

יהוה pr.n. (217) *Yahweh*

אֱלֹהֶיךָ n.m.p.-2 m.s. sf. (43) *your God*

הַעֲמֵק Hi. impv. 2 m.s. (770; GK 113h) *let it be deep*

21

שְׁאֹלָה n.f.s.-dir.he (982; GK 29u) *as Sheol*

אוֹ conj. (14) *or*

הַגְבֵּהַ Hi. inf.abs. (146; GK 113h) *high*

לְמָעְלָה prep.-adv.-dir.he (751) *as heaven*

7:12

וַיֹּאמֶר consec.-Qal impf. 3 m.s. (55) *but ... said*

אָחָז pr.n. (28) *Ahaz*

לֹא־אֶשְׁאַל neg.-Qal impf. 1 c.s. (981) *I will not ask*

וְלֹא־אֲנַסֶּה conj.-neg.-Pi. impf. 1 c.s. (650) *and I will not put ... to the test*

אֶת־יהוה dir.obj.-pr.n. (217) *Yahweh*

7:13

וַיֹּאמֶר consec.-Qal impf. 3 m.s. (55) *and he said*

שִׁמְעוּ־נָא Qal impv. 2 m.p. (1033)-part.of entreaty (609) *hear then*

בֵּית n.m.s. cstr. (108) *O house of*

דָּוִד pr.n. (187) *David*

הַמְעַט interr.-n.m.s. (589; GK 133c) *is it too little*

מִכֶּם prep.-2 m.p. sf. *for you*

הַלְאוֹת Hi. inf.cstr. (521; GK 114a) *to weary*

אֲנָשִׁים n.m.p. (60) *men*

כִּי conj. (471) *that*

תַלְאוּ Hi. impf. 2 m.p. (521) *you weary*

גַּם adv. (168) *also*

אֶת־אֱלֹהָי dir.obj.-pr.n.-1 c.s. sf. paus. (43) *my God*

7:14

לָכֵן prep.-adv. (485) *therefore*

יִתֵּן Qal impf. 3 m.s. (נָתַן 678) *will give*

אֲדֹנָי n.m.p.-1 c.s. sf. (10) *the Lord*

הוּא pers.pr. 3 m.s. (214; GK 135aN,135c) *himself*

לָכֶם prep.-2 m.p. sf. *you*

אוֹת n.m.s. (16) *a sign*

הִנֵּה demons.part. (243) *behold*

הָעַלְמָה def.art.-n.f.s. (II 761; GK 126r) *a young woman*

הָרָה adj. f.s. (248) *is pregnant*

וְיֹלֶדֶת conj.-Qal act.ptc. f.s. (יָלַד 408) *and bearing*

בֵּן n.m.s. (119) *a son*

וְקָרָאת conj.-Qal pf. 3 f.s. (894; GK 74g,112t) *and shall call*

שְׁמוֹ n.m.s.-3 m.s. sf. (1027) *his name*

עִמָּנוּ אֵל pr.n. (769) *Immanuel*

7:15

חֶמְאָה n.f.s. (326) *curds*

וּדְבַשׁ conj.-n.m.s. (185) *and honey*

יֹאכֵל Qal impf. 3 m.s. (37) *he shall eat*

לְדַעְתּוֹ prep.-Qal inf.cstr.-3 m.s. sf. (יָדַע 393) *when he knows how*

מָאוֹס Qal inf.abs. (549; GK 113f) *to refuse*

בָּרָע prep.-def.art.-n.m.s. (II 948) *the evil*

וּבָחוֹר conj.-Qal inf.abs. (103; GK 113f) *and choose*

בַּטּוֹב prep.-def.art.-n.m.s. (III 375) *the good*

7:16

כִּי conj. (471) *for*

בְּטֶרֶם prep.-adv. (382) *before*

יֵדַע Qal impf. 3 m.s. (יָדַע 393) *knows how*

הַנַּעַר def.art.-n.m.s. (654) *the child*

מָאֹס Qal inf.abs. (549) *to refuse*

בָּרָע prep.-def.art.-n.m.s. (II 948) *the evil*

וּבָחֹר conj.-Qal inf.abs. (103) *and choose*

בַּטּוֹב prep.-def.art.-n.m.s. (II 375) *the good*

תֵּעָזֵב Ni. impf. 3 f.s. (I 736) *will be deserted*

הָאֲדָמָה def.art.-n.f.s. (9) *the land*

אֲשֶׁר rel. (81)

אַתָּה pers.pr. 2 m.s. (61) *you*

קָץ Qal act.ptc. m.s. (I 880) *are in dread*

מִפְּנֵי prep.-n.m.p. cstr. as prep. (818,#6) *before*

שְׁנֵי n.m. du. cstr. (1040) *two (of)*

מְלָכֶיהָ n.m.p.-3 f.s. sf. (I 572) *whose ... kings*

7:17

יָבִיא Hi. impf. 3 m.s. (97; GK 49a) *will bring*

יהוה pr.n. (217) *Yahweh*

עָלֶיךָ prep.-2 m.s. sf. (II 752) *upon you*

וְעַל־עַמְּךָ conj.-prep. (II 752)-n.m.s. cstr.-2 m.s. sf. (I 766) *and upon your people*

וְעַל־בֵּית conj.-prep. (II 752)-n.m.s. cstr. (108) *and upon ... house*

אָבִיךָ n.m.s.-2 m.s. sf. (3) *your father's*

יָמִים n.m.p. (398) *such days*

אֲשֶׁר rel. (81) *as*

לֹא־בָאוּ neg.-Qal pf. 3 c.p. (97) *have not come*

לְמִיּוֹם prep.-prep.-n.m.s. (398) *since the day*

סוּר־ Qal inf.cstr. (693) *departed*

אֶפְרַיִם pr.n. (68) *Ephraim*

מֵעַל prep.-prep. (IV 758) *from*

יְהוּדָה pr.n. (397) *Judah*

אֵת מֶלֶךְ dir.obj.-n.m.s. cstr. (I 572) *the king of*

אַשּׁוּר pr.n. (78) *Assyria*

7:18

וְהָיָה conj.-Qal pf. 3 m.s. (224; GK 49a)

בַּיּוֹם prep.-def.art.-n.m.s. (398) *in ... day*

הַהוּא def.art.-demons.adj. m.s. (216,#7) *that*

יִשְׁרֹק Qal impf. 3 m.s. (1056) *will whistle*

יהוה pr.n. (217) *Yahweh*

לַזְּבוּב prep.-def.art.-n.m.s. (256) *for the fly*

אֲשֶׁר rel. (81) *which*

בִּקְצֵה prep.-n.m.s. (892) *at the sources of*

יְאֹרֵי n.m.p. cstr. (384; GK 124e) *the streams of*

מִצְרָיִם pr.n. paus. (595) *Egypt*

וְלַדְּבוֹרָה conj.-prep.-def.art.-n.f.s. (I 184) *and for the bee*

אֲשֶׁר rel. (81) *which*

בְּאֶרֶץ prep.-n.f.s. cstr. (75) *in the land of*

אַשּׁוּר pr.n. (78) *Assyria*

7:19

וּבָאוּ conj.-Qal pf. 3 c.p. (בוא 97) *and they will ... come*

וְנָחוּ conj.-Qal pf. 3 c.p. (נוח 628) *and settle*

כֻּלָּם n.m.s.-3 m.p. sf. (481) *all*

בְּנַחֲלֵי prep.-n.m.p. cstr. (636) *in the ... ravines*

הַבַּתּוֹת def.art.-n.f.p. (144) *steep*

וּבִנְקִיקֵי conj.-prep.-n.m.p. cstr. (669) *and in the clefts of*

הַסְּלָעִים def.art.-n.m.p. (I 700) *the rocks*

וּבְכֹל conj.-prep.-n.m.s. cstr. (481) *and on all*

הַנַּעֲצוּצִים def.art.-n.m.p. (654) *the thornbushes*

וּבְכֹל v.supra *and on all*

הַנַּהֲלֹלִים def.art.-n.m.p. (I 625) *the pastures*

7:20

בַּיּוֹם prep.-def.art.-n.m.s. (398) *in ... day*

הַהוּא def.art.-demons.pr. m.s. (216) *that*

יְגַלַּח Pi. impf. 3 m.s. (164) *will shave*

אֲדֹנָי n.m.p.-1 c.s. sf. (10) *the Lord*

בְּתַעַר prep.-n.f.s. cstr. (789) *with a razor which*

הַשְּׂכִירָה def.art.-adj. f.s. (969; GK 126x) *is hired*

בְּעֶבְרֵי prep.-n.m.p. cstr. (I 719) *beyond*

נָהָר n.m.s. (625) *River*

בְּמֶלֶךְ prep.-n.m.s. cstr. (I 572) *with the king of*

אַשּׁוּר pr.n. (78) *Assyria*

אֶת־הָרֹאשׁ dir.obj.-def.art.-n.m.s. (910) *the head*

וְשַׂעַר conj.-n.m.s. cstr. (972) *and the hair of*

הָרַגְלָיִם def.art.-n.f. du. paus. (919) *the feet*

וְגַם conj.-adv. (168) *and ... also*

אֶת־הַזָּקָן dir.obj.-def.art.-n.m.s. (278) *the beard*

תִּסְפֶּה Qal impf. 3 f.s. (705) *it will sweep away*

7:21

וְהָיָה conj.-Qal pf. 3 m.s. (224)

בַּיּוֹם prep.-def.art.-n.m.s. (398) *in ... day*

הַהוּא def.art.-demons.adj. m.s. (216) *that*

יְחַיֶּה־ Pi. impf. 3 m.s. (חיה 310) *will keep alive*

אִישׁ n.m.s. (35) *a man*

עֶגְלַת n.f.s. cstr. (I 722) *a young*

בָּקָר n.m.s. (133) *cow*

וּשְׁתֵּי־ conj.-n.m. du. cstr. (1040) *and two*

צֹאן n.f. coll. (838) *sheep*

7:22

וְהָיָה conj.-Qal pf. 3 m.s. (224)

מֵרֹב prep.-n.m.s. cstr. (913) *because of the abundance of*

עֲשׂוֹת Qal inf.cstr. (עשה I 793) *which they give*

חָלָב n.m.s. (316) *milk*

יֹאכַל Qal impf. 3 m.s. (37) *he will eat*

חֶמְאָה n.f.s. (326) *curds*

כִּי־חֶמְאָה conj. (471)-v.supra *for ... curds*

וּדְבַשׁ conj.-n.m.s. (185) *and honey*

יֹאכֵל Qal impf. 3 m.s. (37) *will eat*

כָּל־הַנּוֹתָר n.m.s. cstr. (481)-def.art.-Ni. pass.ptc. m.s. (יתר 451) *every one that is left*

בְּקֶרֶב prep.-n.m.s. (899) *in*

הָאָרֶץ def.art.-n.f.s. (75) *the land*

7:23

וְהָיָה conj.-Qal pf. 3 m.s. (224)

בַּיּוֹם prep.-def.art.-n.m.s. (398) *in ... day*

הַהוּא def.art.-demons.adj. m.s. *that*

יִהְיֶה Qal impf. 3 m.s. (224) *will become*

כָל־ n.m.s. cstr. (481) *every*

מָקוֹם n.m.s. (879) *place*

אֲשֶׁר rel. (81)

יִהְיֶה־ v.supra *there used to be*

שָׁם adv. (1027) *where*

אֶלֶף n.m.s. (48) *a thousand*

גֶּפֶן n.f.s. (172) *vines*

בְּאֶלֶף prep.-n.m.s. (48) *worth a thousand*

כָּסֶף n.m.s. paus. (494; GK 134n) *shekels of silver*

לַשָּׁמִיר prep.-def.art.-n.m. coll. (III 1038) *briers*

וְלַשַּׁיִת conj.-prep.-def.art.-n.m. coll. (1011) *and thorns*

יִהְיֶה Qal impf. 3 m.s. (224) *will become*

7:24

בַּחִצִּים prep.-def.art.-n.m.p. (346) *and arrows*

וּבַקֶּשֶׁת conj.-prep.-def.art.-n.f.s. (905) *with bow*

יָבוֹא Qal impf. 3 m.s. (97) *men will come*

שָׁמָּה adv.-dir.he (1027) *there*

כִּי־שָׁמִיר conj. (471)-n.m. coll. (III 1038) *for ... briers*

וָשַׁיִת conj.-n.m. coll. (1011) *and thorns*

תִּהְיֶה Qal impf. 3 f.s. (224) *will be*

כָּל־הָאָרֶץ n.m.s. cstr. (481)-def.art.-n.f.s. (75) *all the land*

23

7:25

וְכֹל conj.-n.m.s. cstr. (481) *and as for all*

הֶהָרִים def.art.-n.m.p. (249) *the hills*

אֲשֶׁר rel. (81) *which*

בַּמַּעְדֵּר prep.-def.art.-n.m.s. (II 727) *with a hoe*

יֵעָדֵרוּן Ni. impf. 3 m.p. paus. (II 727) *used to be hoed*

לֹא־תָבוֹא neg.-Qal impf. 2 m.s. (97; GK 144h) *will not come*

שָׁמָּה adv.-dir.he (1027) *there*

יִרְאַת n.f.s. cstr. (432; GK 118,l) *for fear of*

שָׁמִיר n.m. coll. (III 1038) *briers*

וָשָׁיִת conj.-n.m. coll. paus. (1011) *and thorns*

וְהָיָה conj.-Qal pf. 3 m.s. (224) *but they will become*

לְמִשְׁלַח prep.-n.m.s. cstr. (1020) *a place where ... are let loose*

שׁוֹר n.m.s. (1004) *cattle*

וּלְמִרְמַס conj.-prep.-n.m.s. (942) *and where ... tread*

שֶׂה n.m.s. (961) *sheep*

8:1

וַיֹּאמֶר consec.-Qal impf. 3 m.s. (55) *then said*

יהוה pr.n. (217) *Yahweh*

אֵלַי prep.-1 c.s. sf. *to me*

קַח־לְךָ Qal impv. 2 m.s. (לקח 542)-prep.-2 m.s. sf. *take*

גִּלָּיוֹן n.m.s. (163) *a tablet*

גָּדוֹל adj. m.s. (152) *large*

וּכְתֹב conj.-Qal impv. 2 m.s. (507) *and write*

עָלָיו prep.-3 m.s. sf. *upon it*

בְּחֶרֶט prep.-n.m.s. cstr. (354) *in characters (with stylus)*

אֱנוֹשׁ n.m.s. (60) *common (man)*

לְמַהֵר שָׁלָל חָשׁ בַּז prep. (GK 119u)-pr.n. (Pi. inf. or Ptc. I 554; GK 52s)-n.m.s. (1021)-Qal act.ptc. (I 301)-n.m.s. (103; GK 29,l) *Belonging to Maher-shalal-hash-baz*

8:2

וְאָעִידָה conj.-Hi. impf. 1 c.s.-coh.he (עוד 729; GK 49e) *and I got to attest*

לִי prep.-1 c.s. sf. *for me*

עֵדִים n.m.p. (729) *witnesses*

נֶאֱמָנִים Ni. ptc. m.p. (52) *reliable*

אֵת אוּרִיָּה dir.obj.-pr.n. (22) *Uriah*

הַכֹּהֵן def.art.-n.m.s. (463) *the priest*

וְאֶת־זְכַרְיָהוּ conj.-dir.obj.-pr.n. (272) *and Zechariah*

בֶּן n.m.s. cstr. (119; GK 96) *the son of*

יְבֶרֶכְיָהוּ pr.n. (140) *Jeberechiah*

8:3

וָאֶקְרַב consec.-Qal impf. 1 c.s. (897) *and I went*

אֶל־הַנְּבִיאָה prep.-def.art.-n.f.s. (612) *to the prophetess*

וַתַּהַר consec.-Qal impf. 3 f.s. (הרה 247) *and she conceived*

וַתֵּלֶד consec.-Qal impf. 3 f.s. (ילד 408) *and she bore*

בֵּן n.m.s. (119) *a son*

וַיֹּאמֶר consec.-Qal impf. 3 m.s. (55) *then said*

יהוה pr.n. (217) *Yahweh*

אֵלַי prep.-1 c.s. sf. *to me*

קְרָא Qal impv. 2 m.s. (894) *call*

שְׁמוֹ n.m.s.-3 m.s. sf. (1027) *his name*

מַהֵר שָׁלָל חָשׁ בַּז pr.n. v.supra *Maher-shalal-hash-baz*

8:4

כִּי conj. *for*

בְּטֶרֶם prep.-adv. (382) *before*

יֵדַע Qal impf. 3 m.s. (ידע 393) *knows how*

הַנַּעַר def.art.-n.m.s. (654) *the child*

קְרֹא Qal inf.cstr. (894) *to cry*

אָבִי n.m.s.-1 c.s. sf. (3) *my father*

וְאִמִּי conj.-n.f.s.-1 c.s. sf. (51) *or my mother*

יִשָּׂא Qal impf. 3 m.s. (669; GK 144d) *will be carried away*

אֶת־חֵיל dir.obj.-n.m.s. cstr. (298) *the wealth of*

דַּמֶּשֶׂק pr.n. (199) *Damascus*

וְאֵת שְׁלַל conj.-dir.obj.-n.m.s. cstr. (1021) *and the spoil of*

שֹׁמְרוֹן pr.n. (1037) *Samaria*

לִפְנֵי prep.-n.m.s. cstr. (815) *before*

מֶלֶךְ n.m.s. cstr. (I 572) *the king of*

אַשּׁוּר pr.n. (78) *Assyria*

8:5

וַיֹּסֶף consec.-Hi. impf. 3 m.s. (יסף 414) *and again*

יהוה pr.n. (217) *Yahweh*

דַּבֵּר Pi. inf.cstr. (180) *spoke*

אֵלַי prep.-1 c.s. sf. *to me*

עוֹד adv. (728) *again*

לֵאמֹר prep.-Qal inf.cstr. (55) *(saying)*

8:6

יַעַן כִּי conj. (774)-conj. *because*

מָאַס Qal pf. 3 m.s. (549) *have refused*

הָעָם הַזֶּה def.art.-n.m.s. (I 766)-def.art.-demons. adj. m.s. (260) *this people*

אֵת מֵי dir.obj.-n.m.p. cstr. (565) *the waters of*

הַשִּׁלֹחַ def.art.-pr.n. (1019; GK 2dN) *Shiloah*

הַהֹלְכִים def.art.-Qal act.ptc. m.p. (229) *that flow*

לְאַט prep.-adv.acc. (31) *gently*

וּמְשׂוֹשׂ conj.-n.m.s. cstr. (965) *and melt in fear (exultation)*

אֶת־רְצִין prep. (II 85)-pr.n. (954; GK 130a) *before (in) Rezin*

וּבֶן־ conj.-n.m.s. cstr. (119) *and the son of*

רְמַלְיָהוּ pr.n. (942) *Remaliah*

8:7

וְלָכֵן conj.-prep.-adv. (485; GK 154b) *therefore*

הִנֵּה interj. (243) *behold*

אֲדֹנָי n.m.p.-1 c.s. sf. (10) *the Lord*

מַעֲלֶה Hi. ptc. (748) *is bringing up*

עֲלֵיהֶם prep.-3 m.p. sf. *against them*

אֶת־מֵי dir.obj.-n.m.p. cstr. (565) *the waters of*

הַנָּהָר def.art.-n.m.s. (625) *the River*

הָעֲצוּמִים def.art.-n.m.p. (783) *mighty*

וְהָרַבִּים conj.-def.art.-adj. m.p. (I 912) *and many*

אֶת־מֶלֶךְ dir.obj.-n.m.s. cstr. (I 572) *the king of*

אַשּׁוּר pr.n. (78) *Assyria*

וְאֶת־כָּל־ conj.-dir.obj.-n.m.s. cstr. (481) *and all*

כְּבוֹדוֹ n.m.s.-3 m.s. sf. (458) *his glory*

וְעָלָה conj.-Qal pf. 3 m.s. (748) *and it will rise*

עַל־כָּל־ prep.-n.m.s. cstr. (481) *over all*

אֲפִיקָיו n.m.p.-3 m.s. sf. (67) *its channels*

וְהָלַךְ conj.-Qal pf. 3 m.s. (229) *and go*

עַל־כָּל־ v.supra *over all*

גְּדוֹתָיו n.f.p.-3 m.s. sf. (152) *its banks*

8:8

וְחָלַף conj.-Qal pf. 3 m.s. (322) *and it will sweep on*

בִּיהוּדָה prep.-pr.n. (397) *into Judah*

שָׁטַף Qal pf. 3 m.s. (1009) *it will overflow*

וְעָבַר conj.-Qal pf. 3 m.s. (716) *and pass on*

עַד־צַוָּאר prep.-n.m.s. (848) *even to the neck*

יַגִּיעַ Hi. impf. 3 m.s. (נגע 619) *reaching*

וְהָיָה conj.-Qal pf. 3 m.s. (224)

מֻטּוֹת n.f.p. cstr. (642; GK 145o) *outspread*

כְּנָפָיו n.f.p.-3 m.s. sf. (489) *its wings*

מְלֹא n.m.s. cstr. (571) *will fill*

רֹחַב־ n.m.s. cstr. (931) *the breadth of*

אַרְצְךָ n.f.s.-2 m.s. sf. (75) *your land*

עִמָּנוּ אֵל pr.n. (prep.-1 c.p. sf.-n.m.s. (42)) *O Immanuel*

8:9

רֹעוּ Qal impv. 2 m.p. (רעע II 949; GK 110f) *Be broken you*

עַמִּים n.m.p. (I 766) *peoples*

וְחֹתּוּ conj.-Qal impv. 2 m.p. (חתת 369) *and be dismayed*

וְהַאֲזִינוּ conj.-Hi. impv. 2 m.p. (24; GK 110f) *give ear*

כֹּל n.m.s. cstr. (481) *all*

מֶרְחַקֵּי־ n.m.p. cstr. (935) *far*

אָרֶץ n.f.s. paus. (75) *countries*

הִתְאַזְּרוּ Hith. impv. 2 m.p. (25) *gird yourselves*

וָחֹתּוּ v.supra-v.supra *and be dismayed*

הִתְאַזְּרוּ v.supra *gird yourselves*

וָחֹתּוּ v.supra-v.supra *and be dismayed*

8:10

עֻצוּ Qal impv. 2 m.p. (עוץ 734) *take counsel*

עֵצָה n.f.s. (420) *together (counsel)*

וְתֻפָר conj.-Ho. impf. 3 m.s. (פרר I 830) *but it will come to nought*

דַּבְּרוּ Pi. impv. 2 m.p. (180) *speak*

דָבָר n.m.s. (182) *a word*

וְלֹא יָקוּם conj.-neg.-Qal impf. 3 m.s. (877) *but it will not stand*

כִּי conj. *for*

עִמָּנוּ אֵל pr.n. (prep.-1 c.p. sf.-n.m.s. (42)) *God is with us (Immanuel)*

8:11

כִּי conj. *for*

כֹה adv. (462) *thus*

אָמַר Qal pf. 3 m.s. (55) *spoke*

יְהוָה pr.n. (217) *Yahweh*

אֵלַי prep.-1 c.s. sf. *to me*

בְּחֶזְקַת prep.-n.f.s. cstr. (305; GK 45d) *with strong*

הַיָּד def.art.-n.f.s. (388) *hand*

וְיִסְּרֵנִי conj.-Qal impf. 3 m.s.-1 c.s. sf. (415; GK 59h) *and warned me*

מִלֶּכֶת prep.-Qal inf.cstr. (הלך 229) *not to walk*

בְּדֶרֶךְ prep.-n.m.s. cstr. (202) *in the way of*

הָעָם־הַזֶּה def.art.-n.m.s. (I 766)-def.art.-demons.adj. m.s. (260) *this people*

לֵאמֹר prep.-Qal inf.cstr. (55) *saying*

8:12

לֹא־תֹאמְרוּן neg.-Qal impf. 2 m.p. (55; GK 47m) *Do not call*

קֶשֶׁר n.m.s. (905) *conspiracy*

לְכֹל prep.-n.m.s. (481) *(to) all*

אֲשֶׁר־ rel. (81) *that*

יֹאמַר Qal impf. 3 m.s. (55) *call*

הָעָם הַזֶּה v.supra cf.8:11 *this people*

קֶשֶׁר v.supra paus. *conspiracy*

וְאֶת־מוֹרָאוֹ conj.-dir.obj.-n.m.s.-3 m.s. sf. (432; GK 117r) *and what they fear*

לֹא־תִירָאוּ neg.-Qal impf. 2 m.p. (431) *do not fear*

וְלֹא תַעֲרִיצוּ conj.-neg.-Hi. impf. 2 m.p. (791) *nor be in dread*

8:13

אֶת־יְהוָה dir.obj.-pr.n. (217) *Yahweh of*

צְבָאוֹת pr.n. (838) *hosts*

אֹתוֹ dir.obj.-3 m.s. sf. *him*

תַּקְדִּישׁוּ Hi. impf. 2 m.p. (872) *you shall regard as holy*

וְהוּא conj.-pers.pr. 3 m.s. (214) *let him be*

מוֹרַאֲכֶם n.m.s.-2 m.p. sf. (432) *your fear*

וְהוּא v.supra *and let him be*

מַעֲרִצְכֶם Hi. ptc.-2 m.p. sf. (791) *your dread*

8:14

וְהָיָה conj.-Qal pf. 3 m.s. (224) *and he will become*

לְמִקְדָּשׁ prep.-n.m.s. (874) *a sanctuary*

וּלְאֶבֶן conj.-prep.-n.f.s. cstr. (6) *and a stone of*

נֶגֶף n.m.s. (620) *offense*

וּלְצוּר conj.-prep.-n.m.s. cstr. (849) *and a rock of*

מִכְשׁוֹל n.m.s. (506) *stumbling*

לִשְׁנֵי prep.-num. m.p. cstr. (1040) *to both*

בָּתֵּי n.m.p. cstr. (108) *houses of*

יִשְׂרָאֵל pr.n. (975) *Israel*

לְפַח prep.-n.m.s. (809) *a trap*

וּלְמוֹקֵשׁ conj.-prep.-n.m.s. (430) *and a snare*

לְיוֹשֵׁב prep.-Qal act.ptc. cstr. (442) *to the inhabitants of*

יְרוּשָׁלָ͏ִם pr.n. paus. (436) *Jerusalem*

8:15

וְכָשְׁלוּ conj.-Qal pf. 3 c.p. (505) *and shall stumble*

בָם prep.-3 m.p. sf. *thereon*

רַבִּים n.m.p. (I 912) *many*

וְנָפְלוּ conj.-Qal pf. 3 c.p. (656) *they shall fall*

וְנִשְׁבָּרוּ conj.-Ni. pf. 3 c.p. (990) *and be broken*

וְנוֹקְשׁוּ conj.-Ni. pf. 3 c.p. (430) *they shall be snared*

וְנִלְכָּדוּ conj.-Ni. pf. 3 c.p. paus. (539) *and taken*

8:16

צוֹר Qal impv. 2 m.s. (צָרַר I 864; GK 67n) *bind up*

תְּעוּדָה n.f.s. (730) *the testimony*

חֲתוֹם Qal impv. 2 m.s. (367) *seal*

תּוֹרָה n.f.s. (435) *the teaching*

בְּלִמֻּדָי prep.-adj. m.p.-1 c.s. sf. paus. (541) *among my disciples*

8:17

וְחִכִּיתִי conj.-Pi. pf. 1 c.s. (חָכָה 314) *I will wait*

לַיהוָה prep.-pr.n. (217) *for Yahweh*

הַמַּסְתִּיר def.art.-Hi. ptc. (711) *who is hiding*

פָּנָיו n.m.p.-3 m.s. sf. (815) *his face*

מִבֵּית prep.-n.m.s. cstr. (108) *from the house of*

יַעֲקֹב pr.n. (784) *Jacob*

וְקִוֵּיתִי־ conj.-Pi. pf. 1 c.s. (קָוָה I 875; GK 75z) *and I will hope*

לוֹ prep.-3 m.s. sf. *in him*

8:18

הִנֵּה interj. (243) *behold*

אָנֹכִי pers.pr. 1 c.s. (58) *I*

וְהַיְלָדִים conj.-def.art.-n.m.p. (409) *and the children*

אֲשֶׁר rel. (81) *whom*

נָתַן־ Qal pf. 3 m.s. (678) *has given*

לִי prep.-1 c.s. sf. *me*

יְהוָה pr.n. (217) *Yahweh*

לְאֹתוֹת prep.-n.m.p. (16) *are signs*

וּלְמוֹפְתִים conj.-prep.-n.m.p. (68) *and portents*

בְּיִשְׂרָאֵל prep.-pr.n. (975) *in Israel*

מֵעִם יְהוָה prep.-prep.-pr.n. (217) *from Yahweh*

צְבָאוֹת pr.n. (838) *of hosts*

הַשֹּׁכֵן def.art.-Qal act.ptc. (1014) *who dwells*

בְּהַר prep.-n.m.s. cstr. (249) *on Mount*

צִיּוֹן pr.n. (851) *Zion*

8:19

וְכִי־ conj.-conj. (GK 164d) *and when*

יֹאמְרוּ Qal impf. 3 m.p. (55) *they say*

אֲלֵיכֶם prep.-2 m.p. sf. *to you*

דִּרְשׁוּ Qal impv. 2 m.p. (205) *consult*

אֶל־הָאֹבוֹת prep.-def.art.-n.m.p. (15) *the mediums*

וְאֶל־הַיִּדְּעֹנִים conj.-prep.-n.m.p. (396) *and the wizards*

הַמְצַפְצְפִים def.art.-Pilpel ptc. m.p. (צָפַף 861) *who chirp*

וְהַמַּהְגִּים conj.-def.art.-Hi. ptc. m.p. (הָנָה I 211) *and mutter*

הֲלוֹא־עַם interr.part.-neg.-n.m.s. (I 766) *should not a people*

אֶל־אֱלֹהָיו prep.-n.m.p.-3 m.s. sf. (43) *their God*

יִדְרֹשׁ Qal impf. 3 m.s. (205) *consult*

בְּעַד subst.cstr. (126) *on behalf of*

הַחַיִּים def.art.-n.m.p. (311) *the living*

אֶל־הַמֵּתִים prep.-def.art.-Qal act.ptc. m.p. (מות 559) (should they consult) *the dead*

8:20

לְתוֹרָה prep.-n.f.s. (435) *to the teaching*

וְלִתְעוּדָה conj.-prep.-n.f.s. (730) *and to the testimony*

אִם־לֹא hypoth.part. (49)-neg. *surely*

יֹאמְרוּ Qal impf. 3 m.p. (55) *which they speak*

כַּדָּבָר prep.-def.art.-n.m.s. (182) *for ... word*

הַזֶּה ddef.art.-demons.adj. m.s. (260) *this*

אֲשֶׁר rel. (81)

אֵין־לוֹ subst.cstr. (II 34)-prep.-3 m.s. sf. (GK 145m) *there is no*

שָׁחַר n.m.s. (1007) *dawn*

8:21

וְעָבַר conj.-Qal pf. 3 m.s. (716) *they will pass through*

בָּהּ prep.-3 f.s. sf. *the land (it)*

נִקְשֶׁה Ni. ptc. (904) *greatly distressed*

וְרָעֵב conj.-adj. m.s. (944; GK 118n) *and hungry*

וְהָיָה conj.-Qal pf. 3 m.s. (224) *and*

כִּי־יִרְעַב conj.-Qal impf. 3 m.s. (944) *why they are hungry*

וְהִתְקַצַּף conj.-Hith. pf. 3 m.s. (893) *they will be enraged*

וְקִלֵּל conj.-Pi. pf. 3 m.s. (886; GK 54k) *and will curse*

בְּמַלְכּוֹ prep.-n.m.s.-3 m.s. sf. (I 572) *their king*

וּבֵאלֹהָיו conj.-prep.-n.m.p.-3 m.s. sf. (43) *and their God*

וּפָנָה conj.-Qal pf. 3 m.s. (815) *and turn their faces*

לְמָעְלָה prep.-subst.-dir.he (751) *upwards*

8:22

וְאֶל־אֶרֶץ conj.-prep.-n.f.s. (75) *and to the earth*

יַבִּיט Hi. impf. 3 m.s. (נבט 613) *they will look*

וְהִנֵּה conj.-interj. (243) *but behold*

צָרָה n.f.s. (865) *distress*

וַחֲשֵׁכָה conj.-n.f.s. (365) *and darkness*

מְעוּף n.m.s. cstr. (734) *the gloom of*

צוּקָה n.f.s. (848) *anguish*

וַאֲפֵלָה conj.-n.f.s. (66) *and into thick darkness*

מְנֻדָּח Pu. ptc. (623) *they will be thrust*

8:23

כִּי conj. *but*

לֹא מוּעָף neg.-n.m.s. (734) *there will be no gloom*

לַאֲשֶׁר prep.-rel. (81) *for*

מוּצָק n.m.s. (II 848) *that was in anguish*

לָהּ prep.-3 f.s. sf. *her*

כָּעֵת prep.-def.art.-n.f.s. (773) *in the time*

הָרִאשׁוֹן def.art.-adj. (911) *former*

הֵקַל Hi. pf. 3 m.s. (קלל 886; GK 67v) *he brought into contempt*

אַרְצָה n.f.s.-loc.he (75; GK 90f) *the land*

זְבֻלוּן pr.n. (259) *Zebulun*

וְאַרְצָה conj.-v.supra *the land*

נַפְתָּלִי pr.n. (836) *Naphtali*

וְהָאַחֲרוֹן conj.-def.art.-n.m.s. (30) *but in the latter time*

הִכְבִּיד Hi. pf. 3 m.s. (457) *he will make glorious*

דֶּרֶךְ n.m.s. cstr. (202; GK 128h) *the way of*

הַיָּם def.art.-n.m.s. (410) *the sea*

עֵבֶר n.m.s. cstr. (719) *beyond*

הַיַּרְדֵּן def.art.-pr.n. (434) *the Jordan*

גְּלִיל n.m.s. cstr. (II 165) *Galilee of*

הַגּוֹיִם def.art.-n.m.p. (156) *the nations*

9:1

הָעָם def.art.-n.m.s. (I 766; GK 132g) *the people*

הַהֹלְכִים def.art.-Qal act.ptc. m.p. (229) *who walked*

בַּחֹשֶׁךְ prep.-def.art.-n.m.s. (365) *in darkness*

רָאוּ Qal pf. 3 c.p. (רָאָה 906; GK 106n) *have seen*

אוֹר n.m.s. (21) *a light*

גָּדוֹל adj. m.s. (152) *great*

יֹשְׁבֵי Qal act.ptc. m.p. cstr. (יָשַׁב 442; GK 130a) *those who dwell*

בְּאֶרֶץ prep.-n.f.s. cstr. (75) *in a land of*

צַלְמָוֶת n.m.s. (853) *deep darkness*

אוֹר v.supra *light*

נָגַהּ Qal pf. 3 m.s. (618; GK 106n) *has ... shined*

עֲלֵיהֶם prep.-3 m.p. sf. (II 752) *on them*

9:2

הִרְבִּיתָ Hi. pf. 2 m.s. (רָבָה 915) *thou hast multiplied*

הַגּוֹי def.art.-n.m.s. (156) *the nation*

לֹא neg. (GK 103g) *its* (lit.-*not*)

הִגְדַּלְתָּ Hi. pf. 2 m.s. (152) *thou hast increased*

הַשִּׂמְחָה def.art.-n.f.s. (970) *joy*

שָׂמְחוּ Qal pf. 3 c.p. (970) *they rejoice*

לְפָנֶיךָ prep.-n.m.p. cstr. as prep.-2 m.s. sf. (II 816) *before thee*

כְּשִׂמְחַת prep.-n.f.s. cstr. (970; GK 130a) *as with joy*

בַּקָּצִיר prep.-def.art.-n.m.s. (894) *at the harvest*

כַּאֲשֶׁר prep.-rel. (81) *as*

יָגִילוּ Qal impf. 3 m.p. (162) *men rejoice*

27

בְּחַלְּקָם prep.-Pi. inf.cstr.-3 m.p. sf. (323) *when they divide*

שָׁלָל n.m.s. (1021) *the spoil*

9:3

כִּי conj. *for*

אֶת־עֹל dir.obj.-n.m.s. cstr. (III 760) *the yoke of*

סֻבֳּלוֹ n.m.s. cstr.-3 m.s. sf. (687; GK 10h,20h,93q) *his burden*

וְאֵת מַטֵּה conj.-dir.obj.-n.m.s. cstr. (641; GK 135n) *and the staff for*

שִׁכְמוֹ n.m.s. cstr.-3 m.s. sf. (1014) *his shoulder*

שֵׁבֶט n.m.s. cstr. (986) *the rod of*

הַנֹּגֵשׂ def.art.-Qal act.ptc. m.s. (620) *oppressor*

בּוֹ prep.-3 m.s. sf. *his*

הַחִתֹּתָ Hi. pf. 2 m.s. (חָתַת 369; GK 67w) *thou hast broken*

כְּיוֹם prep.-n.m.s. cstr. (398; GK 118u) *as on the day of*

מִדְיָן pr.n. (193) *Midian*

9:4

כִּי conj. *for*

כָּל־סְאוֹן n.m.s. cstr. (481)-n.m.s. cstr. (684) *every boot of*

סֹאֵן Qal act.ptc. m.s. (684) *the one tramping*

בְּרַעַשׁ prep.-n.m.s. (950) *in battle tumult*

וְשִׂמְלָה conj.-n.f.s. (971) *and every garment*

מְגוֹלָלָה Poʻal ptc. f.s. (II 164) *rolled*

בְדָמִים prep.-n.m.p. (196; GK 124n) *in blood*

וְהָיְתָה conj.-Qal pf. 3 f.s. (הָיָה 224; GK 112mm,143d,146e) *will be*

לִשְׂרֵפָה prep.-n.f.s. (977) *burned*

מַאֲכֹלֶת n.f.s. cstr. (38) *as fuel for*

אֵשׁ n.f.s. (77) *the fire*

9:5

כִּי־יֶלֶד conj. (471)-n.m.s. (409) *for ... a child*

יֻלַּד־לָנוּ Pu. pf. 3 f.s. (408)-prep.-1 c.p. sf. *to us ... is born*

בֵּן n.m.s. (119) *a son*

נִתַּן־לָנוּ Ni. pf. 3 m.s. (נָתַן 678)-prep.-1 c.p. sf. *to us ... is given*

וַתְּהִי consec.-Qal impf. 3 f.s. (הָיָה 224) *and ... will be*

הַמִּשְׂרָה def.art.-n.f.s. (976) *the government*

עַל־שִׁכְמוֹ prep. (II 752)-n.m.s. cstr.-3 m.s. sf. (1014) *upon his shoulder*

וַיִּקְרָא consec.-Qal impf. 3 m.s. (894; GK 144d) *and ... will be called* (lit.-one will call)

שְׁמוֹ n.m.s. cstr.-3 m.s. sf. (1027) *his name*

פֶּלֶא יוֹעֵץ n.m.s. cstr. (810; GK 93k)-Qal act.ptc. m.s. (419) *Wonderful Counselor*

אֵל גִּבּוֹר pr.n. (II 42)-adj. m.s. (150) *Mighty God*

אֲבִי־עַד n.m.s. cstr. (3)-n.m.s. (723) *Everlasting Father*

שַׂר־שָׁלוֹם n.m.s. cstr. (978)-n.m.s. (1022) *Prince of Peace*

9:6

לְמַרְבֵּה prep.-n.m.s. cstr. (916; GK 5n) *of the increase of*

הַמִּשְׂרָה def.art.-n.f.s. (976) *his government*

וּלְשָׁלוֹם dconj.-prep.-n.m.s. (1022) *and of peace*

אֵין־קֵץ n.m.s. (34; GK 152u)-n.m.s. (893) *there will be no end*

עַל־כִּסֵּא prep. (II 752)-n.m.s. cstr. (490) *upon the throne of*

דָּוִד pr.n. (187) *David*

וְעַל־מַמְלַכְתּוֹ conj.-prep. (II 752)-n.f.s. cstr.-3 m.s. sf. (575) *and over his kingdom*

לְהָכִין prep.-Hi. inf.cstr. (כּוּן 465) *to establish*

אֹתָהּ dir.obj.-3 f.s. sf. *it*

וּלְסַעֲדָהּ conj.-prep.-Qal inf.cstr. (703)-3 f.s. sf. *and to uphold it*

בְּמִשְׁפָּט prep.-n.m.s. (1048) *with justice*

וּבִצְדָקָה conj.-prep.-n.f.s. (842) *and with righteousness*

מֵעַתָּה prep.-adv. (773) *from this time forth*

וְעַד־עוֹלָם conj.-prep. (724)-n.m.s. (III 761) *and for evermore*

קִנְאַת n.f.s. cstr. (888) *the zeal of*

יְהוָה pr.n. (217) *Yahweh of*

צְבָאוֹת n.m.p. (838) *hosts*

תַּעֲשֶׂה־ Qal impf. 3 f.s. (I 793) *will do*

זֹאת demons.pr. f.s. (260) *this*

9:7

דָּבָר n.m.s. (182) *a word*

שָׁלַח Qal pf. 3 m.s. (1018) *has sent*

אֲדֹנָי n.m.p.-1 c.s. sf. (10) *the Lord*

בְּיַעֲקֹב prep.-pr.n. (784) *against Jacob*

וְנָפַל conj.-Qal pf. 3 m.s. (656) *and it will light*

בְּיִשְׂרָאֵל prep.-pr.n. (975) *upon Israel*

9:8

וְיָדְעוּ conj.-Qal pf. 3 c.p. (393) *and ... will know*

הָעָם def.art.-n.m.s. (I 766) *the people*

כֻּלּוֹ n.m.s. cstr.-3 m.s. sf. (481; GK 127c,145c) *all*

אֶפְרַיִם pr.n. (68) *Ephraim*

וְיוֹשֵׁב conj.-Qal act.ptc. m.s. cstr. (442) *and the inhabitants of*

שֹׁמְרוֹן pr.n. (1037) *Samaria*

בְּגַאֲוָה prep.-n.f.s. (144) *in pride*

וּבְגֹדֶל conj.-prep.-n.m.s. cstr. (152) *and in arrogance of*

לֵבָב n.m.s. (523) *heart*

לֵאמֹר prep.-Qal inf.cstr. (55) *who say*

9:9

לְבֵנִים n.f.p. (527) *the bricks*

נָפָלוּ Qal pf. 3 c.p. paus. (656) *have fallen*

וְגָזִית conj.-n.f.s. (159) *but ... with dressed stones*

נִבְנֶה Qal impf. 1 c.p. (124) *we will build*

שִׁקְמִים n.f.p. (1054) *the sycamores*

גֻּדָּעוּ Pu. pf. 3 c.p. paus. (154) *have been cut down*

וַאֲרָזִים conj.-n.m.p. (72) *but ... cedars*

נַחֲלִיף Hi. impf. 1 c.p. (322) *we will put ... in their place*

9:10

וַיְשַׂגֵּב consec.-Pi. impf. 3 m.s. (960) *so ... raises*

יְהוָה pr.n. (217) *Yahweh*

אֶת־צָרֵי dir.obj.-n.m.p. cstr. (865) *adversaries*

רְצִין pr.n. (954) *Rezin*

עָלָיו prep.-3 m.s. sf. (757) *against them*

וְאֶת־אֹיְבָיו conj.-dir.obj.-Qal act.ptc. m.p. cstr.-3 m.s. sf. (33) *and ... their enemies*

יְסַכְסֵךְ Pilpel impf. 3 m.s. (I 696) *stirs up*

9:11

אֲרָם pr.n. (74) *Syria*

מִקֶּדֶם prep.-n.m.s. (869) *on the east*

וּפְלִשְׁתִּים conj.-pr.n. (814) *and the Philistines*

מֵאָחוֹר prep.-n.m.s. (30) *on the west*

וַיֹּאכְלוּ consec.-Qal impf. 3 m.p. (37) *devour*

אֶת־יִשְׂרָאֵל dir.obj.-pr.n. (975) *Israel*

בְּכָל־פֶּה prep.-n.m.s. cstr. (481; GK 127c)-n.m.s. (804) *with open mouth*

בְּכָל־זֹאת prep.-n.m.s. cstr. (481)-demons.pr. f.s. (260) *for all this*

לֹא־שָׁב neg.-Qal act.ptc. m.s. (996) *is not turned away*

אַפּוֹ n.m.s. cstr.-3 m.s. sf. (60) *his anger*

וְעוֹד conj.-n.as adv.acc. (728) *and ... still*

יָדוֹ n.f.s. cstr.-3 m.s. sf. (388) *his hand*

נְטוּיָה Qal pass.ptc. f.s. (639) *is stretched out*

9:12

וְהָעָם conj.-def.art.-n.m.s. (I 766) *the people*

לֹא־שָׁב neg.-Qal pf. 3 m.s. (996) *did not turn*

עַד־הַמַּכֵּהוּ prep. (II 724)-def.art.-Hi. act.ptc. m.s.-3 m.s. sf. (645; GK 116f) *to him who smote them*

וְאֶת־יְהוָה conj.-dir.obj.-pr.n. (217) *Yahweh of*

צְבָאוֹת n.m.p. (838) *hosts*

לֹא דָרָשׁוּ neg.-Qal pf. 3 c.p. paus. (205) *nor seek*

9:13

וַיַּכְרֵת consec.-Hi. impf. 3 m.s. (503) *so ... cut off*

יְהוָה pr.n. (217) *Yahweh*

מִיִּשְׂרָאֵל prep.-pr.n. (975) *from Israel*

רֹאשׁ n.m.s. (910) *head*

וְזָנָב conj.-n.m.s. (275) *and tail*

כִּפָּה n.f.s. (497) *palm branch*

וְאַגְמוֹן conj.-n.m.s. (8) *and reed*

יוֹם n.m.s. (398) *in ... day*

אֶחָד adj.num. (25) *one*

9:14

זָקֵן n.m.s. (278) *the elder*

וּנְשׂוּא־פָנִים conj.-Qal pass.ptc. m.s. cstr. (669)-n.m.p. (815) *and honored man*

הוּא pers.pr. 3 m.s. (214)

הָרֹאשׁ def.art.-n.m.s. (910) *is the head*

וְנָבִיא conj.-n.m.s. (611) *and the prophet*

מוֹרֶה־ Hi. ptc. m.s. cstr. (434) *who teaches*

שֶׁקֶר n.m.s. (1055) *lies*

הוּא pers.pr. 3 m.s. (214)

הַזָּנָב def.art.-n.m.s. (275) *is the tail*

9:15

וַיִּהְיוּ consec.-Qal impf. 3 m.p. (224)

מְאַשְּׁרֵי Pi. ptc. m.p. cstr. (80) *for those who lead*

הָעָם־ def.art.-n.m.s. (I 766) *people*

הַזֶּה def.art.-demons.adj. m.s. (260) *this*

מַתְעִים Hi. ptc. m.p. (1073) *lead them astray*

וּמְאֻשָּׁרָיו conj.-Pu. ptc. m.p. cstr.-3 m.s. sf. (80) *and those who are led by them*

מְבֻלָּעִים Pu. ptc. m.p. (118) *are swallowed up*

9:16

עַל־כֵּן conj. (IV 758)-adv. (487) *therefore*

עַל־בַּחוּרָיו prep. (II 752)-n.m.p. cstr.-3 m.s. sf. (104) *over their young men*

לֹא־יִשְׂמַח neg.-Qal impf. 3 m.s. (970) *does not rejoice*

אֲדֹנָי n.m.p.-1 c.s. sf. (10) *the Lord*

וְאֶת־יְתֹמָיו conj.-dir.obj.-n.m.p. cstr.-3 m.s. sf. (450) *and ... on their fatherless*

וְאֶת־אַלְמְנֹתָיו conj.-dir.obj.-n.f.p. cstr.-3 m.s. sf. (48) *and widows*

29

לֹא יְרַחֵם neg.-Pi. impf. 3 m.s. (933) *has no compassion*

כִּי conj. (471) *for*

כֻּלּוֹ n.m.s. cstr. (481)-3 m.s. sf. *every one*

חָנֵף adj. m.s. (338) *is godless*

וּמֵרַע conj.-Hi. ptc. m.s. (949) *and an evildoer*

וְכָל־פֶּה conj.-n.m.s. cstr. (481)-n.m.s. (804) *and every mouth*

דֹּבֵר Qal act.ptc. (180) *speaks*

נְבָלָה n.f.s. (615) *folly*

בְּכָל־זֹאת prep.-n.m.s. cstr. (481)-demons.adj. f.s. (260) *for all this*

לֹא־שָׁב neg.-Qal act.ptc. m.s. (996) *is not turned away*

אַפּוֹ n.m.s. cstr.-3 m.s. sf. (60) *his anger*

וְעוֹד conj.-n.as adv.acc. (728) *and ... still*

יָדוֹ n.f.s. cstr.-3 m.s. sf. (388) *his hand*

נְטוּיָה Qal pass.ptc. f.s. (639) *is stretched out*

9:17

כִּי־בָעֲרָה conj.-Qal pf. 3 f.s. (128) *for ... burns*

כָאֵשׁ prep.-n.f.s. (77) *like a fire*

רִשְׁעָה n.f.s. (958) *wickedness*

שָׁמִיר n.m. coll. (III 1038) *briers*

וָשַׁיִת conj.-n.m. coll. (1011) *and thorns*

תֹּאכֵל Qal impf. 3 f.s. (37) *it consumes*

וַתִּצַּת consec.-Qal impf. 3 f.s. (יצת 428) *it kindles*

בְּסִבְכֵי prep.-n.m.p. cstr. (687) *the thickets of*

הַיַּעַר def.art.-n.m.s. (420) *the forest*

וַיִּתְאַבְּכוּ consec.-Hith. impf. 3 m.p. (5) *and they roll upward*

גֵּאוּת n.f.s. cstr. (145) *in a column of*

עָשָׁן n.m.s. (798) *smoke*

9:18

בְּעֶבְרַת prep.-n.f.s. cstr. (720) *through the wrath of*

יהוה pr.n. (217) *Yahweh of*

צְבָאוֹת n.m.p. (838) *hosts*

נֶעְתַּם Ni. pf. 3 m.s. (עתם 801; GK 145o) *is burned*

אָרֶץ n.f.s. paus. (75) *the earth*

וַיְהִי consec.-Qal impf. 3 m.s. (224) *and ... are*

הָעָם def.art.-n.m.s. (I 766) *the people*

כְּמַאֲכֹלֶת prep.-n.f.s. cstr. (38) *like fuel for*

אֵשׁ n.f.s. (77) *the fire*

אִישׁ n.m.s. (35) *no man*

אֶל־אָחִיו prep. (39)-n.m.s. cstr.-3 m.s. sf. (26) *his brother*

לֹא יַחְמֹלוּ neg.-Qal impf. 3 m.p. paus. (328) *spares*

9:19

וַיִּגְזֹר consec.-Qal impf. 3 m.s. (160) *they snatch*

עַל־יָמִין prep.-n.f.s. (411) *on the right*

וְרָעֵב conj.-Qal pf. 3 m.s. (944) *but are still hungry*

וַיֹּאכַל consec.-Qal impf. 3 m.s. (37) *and they devour*

עַל־שְׂמֹאול prep.-n.m.s. (969) *on the left*

וְלֹא שָׂבֵעוּ conj.-neg.-Qal pf. 3 c.p. paus. (959) *but are not satisfied*

אִישׁ n.m.s. (35) *each*

בְּשַׂר־ n.m.s. cstr. (142) *flesh (of)*

זְרֹעוֹ n.f.s. cstr.-3 m.s. sf. (II 283) *his neighbor's (lit.-his arm)*

יֹאכֵלוּ Qal impf. 3 m.p. paus. (37) *devours*

9:20

מְנַשֶּׁה pr.n. (586) *Manasseh*

אֶת־אֶפְרַיִם dir.obj.-pr.n. (68) *Ephraim*

וְאֶפְרַיִם conj.-pr.n. (68) *and Ephraim*

אֶת־מְנַשֶּׁה dir.obj.-pr.n. (586) *Manasseh*

יַחְדָּו adv. (403) *together*

הֵמָּה pers.pr. 3 m.p. (241) *they*

עַל־יְהוּדָה prep. (757)-pr.n. (397) *are against Judah*

בְּכָל־זֹאת prep.-n.m.s. cstr. (481)-demons.adj. f.s. (260) *for all this*

לֹא־שָׁב neg.-Qal act.ptc. m.s. (996) *is not turned away*

אַפּוֹ n.m.s. cstr.-3 m.s. sf. (60) *his anger*

וְעוֹד conj.-n.as adv.acc. (728) *and ... still*

יָדוֹ n.f.s. cstr.-3 m.s. sf. (388) *his hand*

נְטוּיָה Qal pass.ptc. f.s. (639) *is stretched out*

10:1

הוֹי interj. (222) *Woe*

הַחֹקְקִים def.art.-Qal act.ptc. m.p. (חקק 349) *to those who decree*

חִקְקֵי־ n.m.p. cstr. (349; GK 10g,93bb) *decrees*

אָוֶן n.m.s. (19) *iniquitous*

וּמְכַתְּבִים conj.-Pi. ptc. m.p. (507) *and the writers*

עָמָל n.m.s. (765) *oppression*

כִּתֵּבוּ Pi. pf. 3 c.p. (507) *who keep writing*

10:2

לְהַטּוֹת prep.-Hi. inf.cstr. (נטה 639) *to turn aside*

מִדִּין prep.-n.m.s. (192) *from justice*

דַּלִּים n.m.p. (195) *the needy*

וְלִגְזֹל conj.-prep.-Qal inf.cstr. (159) *to rob of*

מִשְׁפַּט n.m.s. (1048) *their right*

עֲנִיֵּי adj. m.p. cstr. (776) *the poor of*

עַמִּי n.m.s.-1 c.s. sf. (I 766) *my people*

לִהְיוֹת prep.-Qal inf.cstr. (הָיָה 224) *that ... may be*

אַלְמָנוֹת n.f.p. (48) *widows*

שְׁלָלָם n.m.s.-3 m.p. sf. (1021) *their spoil*

וְאֶת־יְתוֹמִים conj.-dir.obj.-n.m.p. (450) *and that ... the fatherless*

יָבֹזּוּ Qal impf. 3 m.p. (בָּזַז 102; GK 114r) *they may make ... their prey*

10:3

וּמַה־ conj.-interr. (552) *What*

תַּעֲשׂוּ Qal impf. 2 m.p. (עָשָׂה I 793) *will you do?*

לְיוֹם prep.-n.m.s. cstr. (398) *on the day of*

פְּקֻדָּה n.f.s. (824) *punishment*

וּלְשׁוֹאָה conj.-prep.-n.f.s. (996) *in the storm*

מִמֶּרְחָק prep.-n.m.s. (935) *from afar*

תָּבוֹא Qal impf. 3 f.s. (בּוֹא 97) *which will come*

עַל־מִי prep.-interr. (566) *to whom*

תָּנוּסוּ Qal impf. 2 m.p. (נוּס 630) *will you flee*

לְעֶזְרָה prep.-n.f.s. (740) *for help*

וְאָנָה conj.-adv.-dir.he (33) *and where*

תַּעַזְבוּ Qal impf. 2 m.p. (I 736) *will you leave*

כְּבוֹדְכֶם n.m.s.-2 m.p. sf. (458) *your wealth*

10:4

בִּלְתִּי neg. (116; GK 163c) *nothing remains but*

כָּרַע Qal pf. 3 m.s. (502) *to crouch*

תַּחַת prep. (1065) *among*

אַסִּיר n.m.s. (64) *the prisoners*

וְתַחַת conj.-v.supra *or among*

הֲרוּגִים Qal pass.ptc. m.p. (246) *the slain*

יִפֹּלוּ Qal impf. 3 m.p. (נָפַל 656) *fall*

בְּכָל־זֹאת prep.-n.m.s. cstr. (481)-demons.adj. f.s. (260) *for all this*

לֹא־שָׁב neg.-Qal pf. 3 m.s. (שׁוּב 996) *is not turned away*

אַפּוֹ n.m.s.-3 m.s. sf. (I 60) *his anger*

וְעוֹד conj.-adv. (728) *and ... still*

יָדוֹ n.f.s.-3 m.s. sf. (388) *his hand*

נְטוּיָה Qal pass.ptc. f.s. (639) *is stretched out*

10:5

הוֹי cf.10:1 interj. (222) *Ah*

אַשּׁוּר pr.n. (78) *Assyria*

שֵׁבֶט n.m.s. cstr. (986) *the rod of*

אַפִּי n.m.s.-1 c.s. sf. (I 60) *my anger*

וּמַטֶּה conj.-n.m.s. (641) *the staff*

הוּא pers.pr. 3 m.s. (214) *(it)*

בְיָדָם prep.-n.f.s.-3 m.p. sf. (388) *(in their hand)*

זַעְמִי n.m.s.-1 c.s. sf. (276) *my fury*

10:6

בְּגוֹי prep.-n.m.s. (156) *against a nation*

חָנֵף adj. m.s. (338) *godless*

אֲשַׁלְּחֶנּוּ Pi. impf. 1 c.s.-3 m.s. sf. (שָׁלַח 1018) *I send him*

וְעַל־עַם conj.-prep.-n.m.s. cstr. (I 766) *and against the people of*

עֶבְרָתִי n.f.s.-1 c.s. sf. (720) *my wrath*

אֲצַוֶּנּוּ Pi. impf. 1 c.s.-3 m.s. sf. (צָוָה 845) *I command him*

לִשְׁלֹל prep.-Qal inf.cstr. (II 1021) *to take*

שָׁלָל n.m.s. (1021) *spoil*

וְלָבֹז conj.-prep.-Qal inf.cstr. (בָּזַז 102) *and seize*

בַּז n.m.s. (103) *plunder*

וּלְשִׂימוֹ conj.-prep.-Qal inf.cstr.-3 m.s. sf. (שִׂים 962) *and to (set) them*

מִרְמָס n.m.s. (942) *tread down*

כְּחֹמֶר prep.-n.m.s. cstr. (I 33) *like the mire of*

חוּצוֹת n.m.p. (299) *the streets*

10:7

וְהוּא conj.-pers.pr. 3 m.s. (214) *but he*

לֹא־כֵן neg.-adv. (485) *not so*

יְדַמֶּה Pi. impf. 3 m.s. (197) *does intend*

וּלְבָבוֹ conj.-n.m.s.-3 m.s. sf. (523) *and his mind*

לֹא־כֵן v.supra *not so*

יַחְשֹׁב Qal impf. 3 m.s. (362) *does think*

כִּי conj. *but*

לְהַשְׁמִיד prep.-Hi. inf.cstr. (שָׁמַד 1029) *to destroy*

בִּלְבָבוֹ prep.-v.supra *in his mind*

וּלְהַכְרִית conj.-prep.-Hi. inf.cstr. (כָּרַת 503) *and to cut off*

גּוֹיִם n.m.p. (156) *nations*

לֹא מְעָט neg.-subst. paus. (589) *not a few*

10:8

כִּי conj. *for*

יֹאמַר Qal impf. 3 m.s. (55) *he says*

הֲלֹא interr.-neg. *are not*

שָׂרַי n.m.p.-1 c.s. sf. (978) *my commanders*

יַחְדָּו adv. (403) *all*

מְלָכִים n.m.p. (I 572) *kings*

10:9

הֲלֹא interr.-neg. *Is not*

כְּכַרְכְּמִישׁ prep.-pr.n. (501; GK 21d) *like Carchemish*

כַּלְנוֹ pr.n. (484) *Calno*

אִם־לֹא hypoth.part. (49)-neg. *Is not*

כְּאַרְפַּד prep.-pr.n. (75) *like Arpad*

חֲמָת pr.n. (333) *Hamath*

אִם־לֹא v.supra *is not*

כְּדַמֶּשֶׂק prep.-pr.n. (199) *like Damascus*

שֹׁמְרוֹן pr.n. (1037) *Samaria*

10:10

כַּאֲשֶׁר prep.-rel. (81) *As*

מָצְאָה Qal pf. 3 f.s. (מָצָא 592) *has reached*

יָדִי n.f.s.-1 c.s. sf. (388) *my hand*

לְמַמְלְכֹת prep.-n.f.p. cstr. (575) *to the kingdoms of*

הָאֱלִיל def.art.-n.m.s. (47) *the idols*

וּפְסִילֵיהֶם conj.-n.m.p.-3 m.p. sf. (820) *whose graven images*

מִירוּשָׁלַ‍ם prep.-pr.n. (436; GK 133e) *greater than those of Jerusalem*

וּמִשֹּׁמְרוֹן conj.-prep.-pr.n. (1037) *and Samaria*

10:11

הֲלֹא interr.-neg. *shall I not*

כַּאֲשֶׁר prep.-rel. (81) *as*

עָשִׂיתִי Qal pf. 1 c.s. (עָשָׂה I 793) *I have done*

לְשֹׁמְרוֹן prep.-pr.n. (1037) *to Samaria*

וְלֶאֱלִילֶיהָ conj.-prep.-n.m.p.-3 f.s. sf. (47; GK 23d) *and her images*

כֵּן adv. (485) *thus*

אֶעֱשֶׂה Qal impf. 1 c.s. (עָשָׂה I 793) *shall I do*

לִירוּשָׁלַ‍ם prep.-pr.n. (436) *to Jerusalem*

וְלַעֲצַבֶּיהָ conj.-prep.-n.m.p.-3 f.s. sf. (781) *and her idols*

10:12

וְהָיָה conj.-Qal pf. 3 m.s. (224)

כִּי־ conj. *when*

יְבַצַּע Pi. impf. 3 m.s. (130) *has finished*

אֲדֹנָי n.m.p.-1 c.s. sf. (10) *the Lord*

אֶת־כָּל־ dir.obj.-n.m.s. cstr. (481) *all*

מַעֲשֵׂהוּ n.m.s.-3 m.s. sf. (795) *his work*

בְּהַר prep.-n.m.s. cstr. (249) *on Mount*

צִיּוֹן pr.n. (851) *Zion*

וּבִירוּשָׁלָ‍ם conj.-prep.-pr.n. (436) *and on Jerusalem*

אֶפְקֹד Qal impf. 1 c.s. (פָּקַד 823; GK 47d) *he (I) will punish*

עַל־פְּרִי־ prep.-n.m.s. cstr. (826) *(fruit of)*

גֹּדֶל n.m.s. cstr. (152) *(insolence)*

לְבַב n.m.s. cstr. (523) *the arrogant boasting of*

מֶלֶךְ־ n.m.s. cstr. (I 572) *the king of*

אַשּׁוּר pr.n. (78; GK 127a) *Assyria*

וְעַל־ conj.-prep. *and*

תִּפְאֶרֶת n.f.s. cstr. (802) *(boasting)*

רוּם n.m.s. cstr. (927) *haughty*

עֵינָיו n.f.p.-3 m.s. sf. (744) *(his eyes) his pride*

10:13

כִּי אָמַר conj.-Qal pf. 3 m.s. (55) *for he says*

בְּכֹחַ prep.-n.m.s. cstr. (470) *by the strength of*

יָדִי n.f.s.-1 c.s. sf. (388) *my hand*

עָשִׂיתִי Qal pf. 1 c.s. (עָשָׂה I 793) *I have done it*

וּבְחָכְמָתִי conj.-prep.-n.f.s.-1 c.s. sf. (315) *and by my wisdom*

כִּי conj. *for*

נְבֻנוֹתִי Ni. pf. 1 c.s. (בִּין 106) *I have understanding*

וְאָסִיר conj.-Hi. impf. 1 c.s. (סוּר 693; GK 107bN) *I have removed*

גְּבוּלֹת n.f.p. cstr. (148) *the boundaries of*

עַמִּים n.m.p. (I 766) *peoples*

וַעֲתִידֹתֵיהֶם conj.-n.f.p.-3 m.p. sf. (800) *and their treasures*

שׁוֹשֵׂתִי Po'el pf. 1 c.s. (שָׁסָה 1042; GK 6k,75z) *have plundered*

וְאוֹרִיד conj.-Hi. impf. 1 c.s. (יָרַד 432) *I have brought down*

כַּאבִּיר prep.-def.art.-adj. m.s. (7; GK 23d) *like a bull*

יוֹשְׁבִים Qal act.ptc. m.p. (יָשַׁב 442) *those who sat on thrones*

10:14

וַתִּמְצָא consec.-Qal impf. 3 f.s. (592) *has found*

כַּקֵּן prep.-def.art.-n.m.s. (890; GK 118w,126o) *like a nest*

יָדִי n.f.s.-1 c.s. sf. (388) *my hand*

לְחֵיל prep.-n.m.s. cstr. (298) *the wealth of*

הָעַמִּים def.art.-n.m.p. (I 766) *the peoples*

וְכֶאֱסֹף conj.-prep.-Qal inf.cstr. (62; GK 118w) *and as men gather*

בֵּיצִים n.f.p. (101; GK 132e) *eggs*

עֲזֻבוֹת Qal pass.ptc. f.p. (I 736) *that have been forsaken*

כָּל־ n.m.s. cstr. (481) *all*

הָאָרֶץ def.art.-n.f.s. (75) *the earth*

אֲנִי pers.pr. 1 c.s. (58) *I*

אָסַפְתִּי Qal pf. 1 c.s. paus. (62) *have gathered*

וְלֹא הָיָה conj.-neg.-Qal pf. 3 m.s. (224) *and there was none*

נֹדֵד Qal act.ptc. (622) *that moved*

כָּנָף n.f.s. (489) *a wing*

וּפֹצֶה conj.-Qal act.ptc. (822) *or opened*

פֶּה n.m.s. (804) *the mouth*

וּמְצַפְצֵף conj.-Pilpel ptc. (צָפַף 861) *or chirped*

10:15

הֲיִתְפָּאֵר interr.-Hith. impf. 3 m.s. (802) *shall ... vaunt itself*

הַגַּרְזֶן def.art.-n.m.s. (173) *the axe?*

עַל הַחֹצֵב prep.-def.art.-Qal act.ptc. (345) *over him who hews*

בּוֹ prep.-3 m.s. sf. *with it*

אִם hypoth.part. (49; GK 150h)

יִתְגַּדֵּל Hith. impf. 3 m.s. (152) *magnify itself*

הַמַּשּׂוֹר def.art.-n.m.s. (673) *the saw*

עַל מְנִיפוֹ prep.-Hi. ptc.-3 m.s. sf. (נוף I 631; GK 124k) *against him who wields it*

כְּהָנִיף prep.-Hi. inf.cstr. (631; GK 115i) *as if ... should wield*

שֵׁבֶט n.m.s. (986) *a rod*

אֶת מְרִימָיו dir.obj.-Hi. ptc. m.p.-3 m.s. sf. (926) *him who lifts it*

כְּהָרִים prep.-Hi. inf.cstr. (926) *as if ... should lift*

מַטֶּה n.m.s. (641) *a staff*

לֹא עֵץ neg.-n.m.s. (781; GK 152aN) *him who is not wood*

10:16

לָכֵן prep.-adv. (485) *therefore*

יְשַׁלַּח Pi. impf. 3 m.s. (1018) *will send*

הָאָדוֹן def.art.-n.m.s. (10) *the Lord*

יהוה צְבָאוֹת pr.n. (217; 838) *Yahweh of hosts*

בְּמִשְׁמַנָּיו prep.-n.m.p.-3 m.s. sf. (1032) *among his stout warriors*

רָזוֹן n.m.s. (I 931) *wasting sickness*

וְתַחַת conj.-prep. (1065) *and under*

כְּבֹדוֹ n.m.s.-3 m.s. sf. (458) *his glory*

יֵקַד Qal impf. 3 m.s. (יקד 428; GK 69f) *will be kindled*

יְקֹד n.m.s. (428) *a burning*

כִּיקוֹד prep.-n.m.s. cstr. (428) *like the burning of*

אֵשׁ n.f.s. (77) *fire*

10:17

וְהָיָה conj.-Qal pf. 3 m.s. (224) *will become*

אוֹר n.m.s. cstr. (21) *the light of*

יִשְׂרָאֵל pr.n. (975) *Israel*

לְאֵשׁ prep.-n.f.s. (77) *a fire*

וּקְדוֹשׁוֹ conj.-adj. m.s.-3 m.s. sf. (872) *and his Holy One*

לְלֶהָבָה prep.-n.f.s. (529) *a flame*

וּבָעֲרָה conj.-Qal pf. 3 f.s. (128) *and it will burn*

וְאָכְלָה conj.-Qal pf. 3 f.s. (37) *and devour*

שִׁיתוֹ n.m. coll.-3 m.s. sf. (1011; GK 93v) *his thorns*

וּשְׁמִירוֹ conj.-n.m.s.-3 m.s. sf. (I 1038) *and briers*

בְּיוֹם prep.-n.m.s. (398) *in ... day*

אֶחָד num. m.s. (25) *one*

10:18

וּכְבוֹד conj.-n.m.s. cstr. (458) *the glory of*

יַעְרוֹ n.m.s.-3 m.s. sf. (420) *his forest*

וְכַרְמִלּוֹ conj.-n.m.s.-3 m.s. sf. (I 502) *and of his fruitful land*

מִנֶּפֶשׁ prep.-n.f.s. (659) *both soul*

וְעַד בָּשָׂר conj.-prep.-n.m.s. (142) *and body*

יְכַלֶּה Pi. impf. 3 m.s. (477) *(the Lord) will destroy*

וְהָיָה conj.-Qal pf. 3 m.s. (224) *and it will be*

כִּמְסֹס prep.-Qal inf.cstr. (587; GK 67cc) *as when ... wastes away*

נֹסֵס Qal act.ptc. (I 651) *a sick man*

10:19

וּשְׁאָר conj.-n.m.s. cstr. (984) *the remnant of*

עֵץ n.m.s. cstr. (781) *the trees of*

יַעְרוֹ n.m.s.-3 m.s. sf. (420) *his forest*

מִסְפָּר n.m.s. (I 708) *so few*

יִהְיוּ Qal impf. 3 m.p. (הָיָה 224) *will be*

וְנַעַר conj.-n.m.s. (654) *that a child*

יִכְתְּבֵם Qal impf. 3 m.s.-3 m.p. sf. (כָּתַב 507) *can write them down*

10:20

וְהָיָה conj.-Qal pf. 3 m.s. (224)

בַּיּוֹם prep.-def.art.-n.m.s. (398) *in day*

הַהוּא def.art.-demons.adj. m.s. (214) *that*

לֹא יוֹסִיף neg.-Hi. impf. 3 m.s. (יָסַף 414) *no more*

עוֹד adv. (728)

שְׁאָר n.m.s. cstr. (984) *the remnant of*

יִשְׂרָאֵל pr.n. (975) *Israel*

וּפְלֵיטַת conj.-n.f.s. cstr. (812) *and the survivors of*

בֵּית n.m.s. cstr. (108) *the house of*

יַעֲקֹב pr.n. (784) *Jacob*

לְהִשָּׁעֵן prep.-Ni. inf.cstr. (1043) *will lean*

עַל מַכֵּהוּ prep.-Hi. ptc.-3 m.s. sf. (נכה 645) *upon him that smote them*

וְנִשְׁעַן conj.-Ni. pf. 3 m.s. (1043) *but will lean*

עַל יהוה prep.-pr.n. (217) *upon Yahweh*

קְדוֹשׁ adj. m.s. cstr. (872) *the Holy One of*

יִשְׂרָאֵל pr.n. (975) *Israel*

בֶּאֱמֶת prep.-n.f.s. (54) *in truth*

10:21

שְׁאָר n.m.s. (984) *a remnant*

יָשׁוּב Qal impf. 3 m.s. (שׁוּב 996) *will return*

שְׁאָר v.supra *the remnant of*
יַעֲקֹב pr.n. (784) *Jacob*
אֶל־אֵל prep.-n.m.s. (42) *to the God*
גִּבּוֹר adj. m.s. (150) *mighty*

10:22

כִּי אִם־ conj.-hypoth.part. (49) *for though*
יִהְיֶה Qal impf. 3 m.s. (הָיָה 224) *be*
עַמְּךָ n.m.s.-2 m.s. sf. (I 766) *your people*
יִשְׂרָאֵל pr.n. (975) *Israel*
כְּחוֹל prep.-n.m.s. cstr. (297) *as the sand of*
הַיָּם def.art.-n.m.s. (410) *the sea*
שְׁאָר n.m.s. (984) *only a remnant*
יָשׁוּב Qal impf. 3 m.s. (שׁוּב 996) *will return*
בּוֹ prep.-3 m.s. sf. *of them*
כִּלָּיוֹן n.m.s. (479) *destruction*
חָרוּץ Qal pass.ptc. (I 358) *is decreed*
שׁוֹטֵף Qal act.ptc. (1009; GK 117z) *overflowing with*
צְדָקָה n.f.s. (842) *righteousness*

10:23

כִּי conj. *for*
כָלָה n.f.s. (478) *a full end*
וְנֶחֱרָצָה conj.-Ni. ptc. f.s. (I 358) *as decreed*
אֲדֹנָי n.m.p.-1 c.s. sf. (10) *the Lord*
יהוה צְבָאוֹת pr.n. (217; 838) *Yahweh of hosts*
עֹשֶׂה Qal act.ptc. (I 793) *will make*
בְּקֶרֶב prep.-n.m.s. cstr. (899) *in the midst of*
כָּל־הָאָרֶץ n.m.s. cstr. (481)-def.art.-n.f.s. (75) *all the earth*

10:24

לָכֵן prep.-adv. (485) *therefore*
כֹּה־ adv. (462) *thus*
אָמַר Qal pf. 3 m.s. (55) *says*
אֲדֹנָי n.m.p.-1 c.s. sf. (10) *the Lord*
יהוה צְבָאוֹת pr.n. (217; 838) *Yahweh of hosts*
אַל־תִּירָא neg.-Qal impf. 2 m.s. (יָרֵא 431) *be not afraid*
עַמִּי n.m.s.-1 c.s. sf. (I 766) *O my people*
יֹשֵׁב Qal act.ptc. (יָשַׁב 442) *who dwell*
צִיּוֹן pr.n. (851) *in Zion*
מֵאַשּׁוּר prep.-pr.n. (78) *of the Assyrians*
בַּשֵּׁבֶט prep.-def.art.-n.m.s. (986; GK 119o) *with the rod*
יַכֶּכָּה Hi. impf. 3 m.s.-2 m.s. sf. (נָכָה 645; GK 58i,156d) *when they smite (you)*
וּמַטֵּהוּ conj.-n.m.s.-3 m.s. sf. (641) *and their staff*
יִשָּׂא־ Qal impf. 3 m.s. (נָשָׂא 669) *lift up*
עָלֶיךָ prep.-2 m.s. sf. *against you*

בְּדֶרֶךְ prep.-n.m.s. cstr. (202) *as did*
מִצְרָיִם pr.n. paus. (595) *the Egyptians*

10:25

כִּי־עוֹד conj.-adv. (728) *for*
מְעַט subst. (589) *in a very little*
מִזְעָר n.m.s. (277) *while*
וְכָלָה conj.-Qal pf. 3 m.s. (I 477) *while ... will come to an end*
זַעַם n.m.s. (276) *my indignation*
וְאַפִּי conj.-n.m.s.-1 c.s. sf. (I 60) *and my anger*
עַל־תַּבְלִיתָם prep.-n.f.s.-3 m.p. sf. (115) *to their destruction*

10:26

וְעוֹרֵר conj.-Polel pf. 3 m.s. (I 734) *and will wield*
עָלָיו prep.-3 m.s. sf. *against them*
יהוה צְבָאוֹת pr.n. (217; 838) *Yahweh of hosts*
שׁוֹט n.m.s. (1002) *a scourge*
כְּמַכַּת prep.-n.f.s. cstr. (646) *as when he smote*
מִדְיָן pr.n. (193) *Midian*
בְּצוּר prep.-n.m.s. cstr. (849) *at the rock of*
עוֹרֵב pr.n. (788) *Oreb*
וּמַטֵּהוּ conj.-n.m.s.-3 m.s. sf. (641) *and his rod*
עַל־הַיָּם prep.-def.art.-n.m.s. (410) *over the sea*
וּנְשָׂאוֹ conj.-Qal pf. 3 m.s.-3 m.s. sf. (669) *and he will lift it*
בְּדֶרֶךְ prep.-n.m.s. cstr. (202) *as he did in*
מִצְרָיִם pr.n. paus. (595) *Egypt*

10:27

וְהָיָה conj.-Qal pf. 3 m.s. (224) *and*
בַּיּוֹם prep.-def.art.-n.m.s. (398) *in ... day*
הַהוּא def.art.-demons.adj. m.s. (214) *that*
יָסוּר Qal impf. 3 m.s. (693) *will depart*
סֻבֳּלוֹ n.m.s.-3 m.s. sf. (687) *his burden*
מֵעַל prep.-prep. *from*
שִׁכְמֶךָ n.m.s.-2 m.s. sf. (I 1014) *your shoulder*
וְעֻלּוֹ conj.-n.m.s.-3 m.s. sf. (760) *and his yoke*
מֵעַל v.supra *from*
צַוָּארֶךָ n.m.s.-2 m.s. sf. (848) *your neck*
וְחֻבַּל conj.-Pu. pf. 3 m.s. (II 287) *and be destroyed*
עֹל n.m.s. (76o) *(a yoke)*
מִפְּנֵי־ prep.-n.m.p. cstr. (815) *(because of)*
שָׁמֶן n.m.s. (1032) *(fatness)*

10:28

בָּא Qal pf. 3 m.s. (בּוֹא 97) *he has come*
עַל־עַיַּת prep.-pr.n. (743) *to Aiath*
עָבַר Qal pf. 3 m.s. (716) *he has passed*

בְּמִגְרוֹן prep.-pr.n. (550) *through Migron*

לְמִכְמָשׂ prep.-pr.n. (485) *at Michmash*

יַפְקִיד Hi. impf. 3 m.s. (823) *he stores*

כֵּלָיו n.m.p.-3 m.s. sf. (479) *his baggage*

10:29

עָבְרוּ Qal pf. 3 c.p. (716) *they have crossed over*

מַעְבָּרָה n.f.s. (721) *the pass*

גֶּבַע pr.n. (148) *at Geba*

מָלוֹן n.m.s. (533) *lodge*

לָנוּ prep.-1 c.p. sf. *they (for us)*

חָרְדָה Qal pf. 3 f.s. (353) *trembles*

הָרָמָה def.art.-pr.n. (II 928) *Ramah*

גִּבְעַת pr.n. cstr. (II 149) *Gibeah of*

שָׁאוּל pr.n. (982) *Saul*

נָסָה Qal act.ptc. f.s. (נוס 630) *has fled*

10:30

צַהֲלִי Qal impv. 2 f.s. (843; GK 144m) *cry aloud*

קוֹלֵךְ n.m.s.-2 f.s. sf. (876) *(thy voice)*

בַּת־ n.f.s. cstr. (I 123) *O daughter of*

גַּלִּים pr.n. (164) *Gallim*

הַקְשִׁיבִי Hi. impv. 2 f.s. (904) *hearken*

לַיְשָׁה pr.n. (539) *O Laishah*

עֲנִיָּה Qal impv. 2 f.s.-3 f.s. sf. (?) (I 772; GK 132b) *Answer her*

עֲנָתוֹת pr.n. (779) *O Anathoth*

נָדְדָה Qal pf. 3 f.s. (622) *is in flight*

מַדְמֵנָה pr.n. (II 199) *Madmenah*

יֹשְׁבֵי Qal act.ptc. m.p. cstr. (ישׁב 442) *the inhabitants of*

הַגֵּבִים def.art.-pr.n. (155) *Gebim*

הֵעִיזוּ Hi. pf. 3 c.p. (עוז 731) *flee for safety*

10:32

עוֹד adv. (728) *very*

הַיּוֹם def.art.-n.m.s. (398) *this day*

בְּנֹב prep.-pr.n. (611) *at Nob*

לַעֲמֹד prep.-Qal inf.cstr. (763; GK 114k) *he will halt*

יְנֹפֵף Polel impf. 3 m.s. (נוף I 631) *he will shake*

יָדוֹ n.f.s.-3 m.s. sf. (388) *his fist*

הַר n.m.s. cstr. (249) *at the mount of*

בֵּית־ n.f.s. cstr. (I 123) *the daughter of*

צִיּוֹן pr.n. (851) *Zion*

גִּבְעַת n.f.s. cstr. (148) *the hill of*

יְרוּשָׁלָם pr.n. paus. (436) *Jerusalem*

10:33

הִנֵּה interj. (243) *behold*

הָאָדוֹן def.art.-n.m.s. (10) *the Lord*

יהוה צְבָאוֹת pr.n. (217; 838) *Yahweh of hosts*

מְסָעֵף Pi. ptc. (I 703) *will lop*

פֻּארָה n.f. coll. (802; GK 23c) *the boughs*

בְּמַעֲרָצָה prep.-n.f.s. (792) *with terrifying power*

וְרָמֵי conj.-Qal act.ptc. m.p. cstr. (926) *the great in*

הַקּוֹמָה def.art.-n.f.s. (879) *height*

גְּדוּעִים Qal pass.ptc. m.p. (154) *will be hewn down*

וְהַגְּבֹהִים conj.-def.art.-n.m.p. (147) *and the lofty*

יִשְׁפָּלוּ Qal impf. 3 m.p. paus. (1050) *will be brought low*

10:34

וְנִקַּף conj.-Ni. pf. 3 m.s. (נקף I 668) *he will cut down*

סִבְכֵי n.m.p. cstr. (687) *the thickets of*

הַיַּעַר def.art.-n.m.s. (420) *the forest*

בַּבַּרְזֶל prep.-def.art.-n.m.s. (137) *with an axe*

וְהַלְּבָנוֹן conj.-def.art.-pr.n. (526) *and Lebanon*

בְּאַדִּיר prep.-n.m.s. (12) *with its majestic trees*

יִפּוֹל Qal impf. 3 m.s. (נפל 656) *will fall*

11:1

וְיָצָא conj.-Qal pf. 3 m.s. (יצא 422) *there shall come forth*

חֹטֶר n.m.s. (310) *a shoot*

מִגֵּזַע prep.-n.m.s. cstr. (160) *from the stump of*

יִשָׁי pr.n. (445) *Jesse*

וְנֵצֶר conj.-n.m.s. (666) *and a branch*

מִשָּׁרָשָׁיו prep.-n.m.p. cstr. (1057)-3 m.s. sf. *out of his roots*

יִפְרֶה Qal impf. 3 m.s. (826) *shall grow*

11:2

וְנָחָה conj.-Qal pf. 3 f.s. (נוח 628) *and ... shall rest*

עָלָיו prep.-3 m.s. sf. *upon him*

רוּחַ n.f.s. cstr. (924) *the Spirit of*

יהוה pr.n. (217) *Yahweh*

רוּחַ v.supra *the spirit of*

חָכְמָה n.f.s. (315) *wisdom*

וּבִינָה conj.-n.f.s. (108) *and understanding*

רוּחַ v.supra *the spirit of*

עֵצָה n.f.s. (420) *counsel*

וּגְבוּרָה conj.-n.f.s. (150) *and might*

רוּחַ v.supra *the spirit of*

דַּעַת n.f.s. (395) *knowledge*

וְיִרְאַת conj.-n.f.s. cstr. (432; GK 128aN) *and the fear of*

יהוה pr.n. (217) *Yahweh*

11:3

וַהֲרִיחוֹ conj.-Hi. inf.cstr.-3 m.s. sf. (926) *and his delight*

בְּיִרְאַת prep.-n.f.s. cstr. (432) *shall be in the fear of*

יהוה pr.n. (217) *Yahweh*

וְלֹא־לְמַרְאֵה conj.-neg.-prep.-n.m.s. cstr. (909) *and ... not ... by what ... see*

עֵינָיו n.f.p. cstr.-3 m.s. sf. (744) *his eyes*

יִשְׁפּוֹט Qal impf. 3 m.s. (1047) *he shall ... judge*

וְלֹא־לְמִשְׁמַע conj.-neg.-prep.-n.m.s. cstr. (1036) *or ... by what ... hear*

אָזְנָיו n.f.p. cstr.-3 m.s. sf. (23) *his ears*

יוֹכִיחַ Hi. impf. 3 m.s. (יָכַח 406) *decide*

11:4

וְשָׁפַט conj.-Qal pf. 3 m.s. (1047) *but ... he shall judge*

בְּצֶדֶק prep.-n.m.s. (841) *with righteousness*

דַּלִּים adj. m.p. (195) *the poor*

וְהוֹכִיחַ conj.-Hi. pf. 3 m.s. (יָכַח 406) *and decide*

בְּמִישׁוֹר prep.-n.m.s. (449) *with equity*

לְעַנְוֵי־ prep.-n.m.p. cstr. (776) *for the meek of*

אָרֶץ n.f.s. (75) *the earth*

וְהִכָּה־ conj.-Hi. pf. 3 m.s. (נָכָה 645) *and he shall smite*

אֶרֶץ n.f.s. (75) *the earth*

בְּשֵׁבֶט prep.-n.m.s. cstr. (986) *with the rod of*

פִּיו n.m.s. cstr.-3 m.s. sf. (804) *his mouth*

וּבְרוּחַ conj.-prep.-n.f.s. cstr. (924) *and with the breath of*

שְׂפָתָיו n.f. du. cstr.-3 m.s. sf. (973) *his lips*

יָמִית Hi. impf. 3 m.s. (מוּת 559) *he shall slay*

רָשָׁע adj. m.s. (coll.) (957) *the wicked*

11:5

וְהָיָה conj.-Qal pf. 3 m.s. (224) *shall be*

צֶדֶק n.m.s. (841) *righteousness*

אֵזוֹר n.m.s. cstr. (25) *the girdle of*

מָתְנָיו n.m. du. cstr.-3 m.s. sf. (608) *his waist*

וְהָאֱמוּנָה conj.-def.art.-n.f.s. (53) *and faithfulness*

אֵזוֹר v.supra *the girdle of*

חֲלָצָיו n.f. du.-3 m.s. sf. (323) *his loins*

11:6

וְגָר conj.-Qal pf. 3 m.s. (גּוּר 157) *shall dwell*

זְאֵב n.m.s. (255) *the wolf*

עִם־כֶּבֶשׂ prep. (767)-n.m.s. (461) *with the lamb*

וְנָמֵר conj.-n.m.s. (649) *and the leopard*

עִם־גְּדִי prep. (767)-n.m.s. (152) *with the kid*

יִרְבָּץ Qal impf. 3 m.s. (918) *shall lie down*

וְעֵגֶל conj.-n.m.s. (722) *and the calf*

וּכְפִיר conj.-n.m.s. (498) *and the lion*

וּמְרִיא conj.-n.m.s. (597) *and the fatling*

יַחְדָּו adv. (403) *together*

וְנַעַר conj.-n.m.s. (654) *and a ... child*

קָטֹן adj. m.s. (882) *little*

נֹהֵג Qal act.ptc. m.s. (I 624) *shall lead*

בָּם prep.-3 m.p. sf. *them*

11:7

וּפָרָה conj.-n.f.s. (831) *the cow*

וָדֹב conj.-n.f.s. (179; GK 122e) *and the bear*

תִּרְעֶינָה Qal impf. 3 f.p. (I 944) *shall feed*

יַחְדָּו adv. (403) *together*

יִרְבְּצוּ Qal impf. 3 m.p. (918) *shall lie down*

יַלְדֵיהֶן n.m.p. cstr.-3 f.p. sf. (409) *their young*

וְאַרְיֵה conj.-n.m.s. (71) *and the lion*

כַּבָּקָר conj.-def.art.-n.m.s. (133) *like the ox*

יֹאכַל־ Qal impf. 3 m.s. (37) *shall eat*

תֶּבֶן n.m.s. (1061) *straw*

11:8

וְשִׁעֲשַׁע conj.-Pilpel pf. 3 m.s. (שָׁעַע II 1044) *shall play*

יוֹנֵק Qal act.ptc. m.s. (413) *the sucking child*

עַל־חֻר prep.-n.m.s. cstr. (359) *over the hole of*

פָּתֶן n.m.s. (837) *the asp*

וְעַל conj.-prep. (II 752) *and ... on*

מְאוּרַת n.f.s. cstr. (22) *den (of)*

צִפְעוֹנִי n.m.s. (861) *the adder*

גָּמוּל Qal pass.ptc. m.s. (168; GK 142f) *the weaned child*

יָדוֹ n.f.s. cstr.-3 m.s. sf. (388) *his hand*

הָדָה Qal pf. 3 m.s. (213) *shall put*

11:9

לֹא־יָרֵעוּ neg.-Hi. impf. 3 m.p. (רָעַע 949) *they shall not hurt*

וְלֹא־יַשְׁחִיתוּ conj.-neg.-Hi. impf. 3 m.p. (1007) *or destroy*

בְּכָל־ prep.-n.m.s. cstr. (481) *in all*

הַר n.m.s. cstr. (249) *mountain*

קָדְשִׁי n.m.s.-1 c.s. sf. (871) *my holy*

כִּי־מָלְאָה conj. (471)-Qal pf. 3 f.s. (569) *for ... shall be full*

הָאָרֶץ def.art.-n.f.s. (75) *the earth*

דֵּעָה n.f.s. (395; GK 114c,115d) *of the knowledge*

אֶת־יהוה dir.obj.-pr.n. (217) *of Yahweh*

כַּמַּיִם prep.-def.art.-n.m.p. (565) *as the waters*

לַיָּם prep.-def.art.-n.m.p. (410; GK 116fN,126z) *waters (the sea)*

מְכַסִּים Pi. ptc. m.p. (כָּסָה 491; GK 117n) *cover*

36

11:10

וְהָיָה conj.-Qal pf. 3 m.s. (224)
בַּיּוֹם prep.-def.art.-n.m.s. (398) *in ... day*
הַהוּא def.art.-demons.adj. m.s. (214) *that*
שֹׁרֶשׁ n.m.s. cstr. (1057) *the root of*
יִשַׁי pr.n. (445) *Jesse*
אֲשֶׁר rel. (81)
עֹמֵד Qal act.ptc. m.s. (763) *shall stand*
לְנֵס prep.-n.m.s. cstr. (651) *as an ensign to*
עַמִּים n.m.p. (I 766) *the peoples*
אֵלָיו prep.-3 m.s. sf. (39) *him*
גּוֹיִם n.m.p. (156) *the nations*
יִדְרֹשׁוּ Qal impf. 3 m.p. (205; GK 119gg) *shall ... seek*
וְהָיְתָה conj.-Qal pf. 3 f.s. (הָיָה 224) *shall be*
מְנֻחָתוֹ n.f.s. cstr.-3 m.s. sf. (629) *his dwellings*
כָּבוֹד n.m.s. (458) *glorious*

11:11

וְהָיָה conj.-Qal pf. 3 m.s. (224)
בַּיּוֹם prep.-def.art.-n.m.s. (398) *in ... day*
הַהוּא def.art.-demons.adj. m.s. (214) *that*
יוֹסִיף Hi. impf. 3 m.s. (יָסַף 414) *will extend ... yet*
אֲדֹנָי n.m.p.-1 c.s. sf. (10) *the Lord*
שֵׁנִית adj. num.ord. f.s. (1041) *a second time*
יָדוֹ n.f.s.-3 m.s. sf. (388) *his hand*
לִקְנוֹת prep.-Qal inf.cstr. (888) *to recover*
אֶת־שְׁאָר dir.obj.-n.m.s. cstr. (984) *the remnant of*
עַמּוֹ n.m.s. (I 766)-3 m.s. sf. *his people*
אֲשֶׁר rel. (81) *which*
יִשָּׁאֵר Ni. impf. 3 m.s. (I 983) *is left*
מֵאַשּׁוּר prep.-pr.n. (78) *from Assyria*
וּמִמִּצְרַיִם conj.-prep.-pr.n. (595) *from Egypt*
וּמִפַּתְרוֹס conj.-prep.-pr.n. (837) *from Pathros*
וּמִכּוּשׁ conj.-prep.-pr.n. (I 468) *from Ethiopia*
וּמֵעֵילָם conj.-prep.-pr.n. (I 743) *from Elam*
וּמִשִּׁנְעָר conj.-prep.-pr.n. (1042) *from Shinar*
וּמֵחֲמָת conj.-prep.-pr.n. (333) *from Hamath*
וּמֵאִיֵּי conj.-prep.-n.m.p. cstr. (15) *and from the coastlands of*
הַיָּם def.art.-n.m.s. (410) *the sea*

11:12

וְנָשָׂא conj.-Qal pf. 3 m.s. (669) *he will raise*
נֵס n.m.s. (651) *an ensign*
לַגּוֹיִם prep.-def.art.-n.m.p. (156) *for the nations*
וְאָסַף conj.-Qal pf. 3 m.s. (62) *and will assemble*
נִדְחֵי Ni. ptc. m.p. cstr. (נָדַח 623; GK 20m) *the outcasts of*
יִשְׂרָאֵל pr.n. (975) *Israel*

וּנְפֻצוֹת conj.-Ni. ptc. f.p. cstr. (נָפַץ II 659) *and ... the dispersed of*
יְהוּדָה pr.n. (397) *Judah*
יְקַבֵּץ Pi. impf. 3 m.s. (867) *gather*
מֵאַרְבַּע prep.-n.m.s. (916) *from the four*
כַּנְפוֹת n.f.p. cstr. (489) *corners of*
הָאָרֶץ def.art.-n.f.s. (75) *the earth*

11:13

וְסָרָה conj.-Qal pf. 3 f.s. (סוּר 693) *shall depart*
קִנְאַת n.f.s. cstr. (888) *the jealousy of*
אֶפְרַיִם pr.n. (68) *Ephraim*
וְצֹרְרֵי conj.-Qal act.ptc. m.p. cstr. (865) *and those who harass*
יְהוּדָה pr.n. (397) *Judah*
יִכָּרֵתוּ Ni. impf. 3 m.p. paus. (503) *shall be cut off*
אֶפְרַיִם pr.n. (68) *Ephraim*
לֹא־יְקַנֵּא neg.-Pi. impf. 3 m.s. (888) *shall not be jealous*
אֶת־יְהוּדָה dir.obj.-pr.n. (397) *Judah*
וִיהוּדָה conj.-pr.n. (397) *and Judah*
לֹא־יָצֹר neg.-Qal impf. 3 m.s. (צָרַר II 865) *shall not harass*
אֶת־אֶפְרָיִם dir.obj.-pr.n. paus. (68) *Ephraim*

11:14

וְעָפוּ conj.-Qal pf. 3 m.p. (עוּף I 733) *but they shall swoop down*
בְכָתֵף prep.-n.f.s. cstr. (?) (509; GK 93hh) *upon the shoulder of*
פְּלִשְׁתִּים pr.n. (814) *the Philistines*
יָמָּה n.m.s.-dir.he (410) *in the west*
יַחְדָּו adv. (403) *together*
יָבֹזּוּ Qal impf. 3 m.p. (בָּזַז 102) *they shall plunder*
אֶת־בְּנֵי dir.obj.-n.m.p. cstr. (119) *the people of*
קֶדֶם n.m.s. (869) *the east*
אֱדוֹם pr.n. (10) *Edom*
וּמוֹאָב conj.-pr.n. (555) *Moab*
מִשְׁלוֹחַ n.m.s. cstr. (1020) *they shall put forth ... against*
יָדָם n.f.s.-3 m.p. sf. (388) *their hand*
וּבְנֵי עַמּוֹן conj.-n.m.p. cstr. (119)-pr.n. (769) *and the Ammonites*
מִשְׁמַעְתָּם n.f.s.-3 m.p. sf. (1036) *shall obey them*

11:15

וְהֶחֱרִים conj.-Hi. pf. 3 m.s. (355) *and ... will utterly destroy*
יהוה pr.n. (217) *Yahweh*
אֵת לְשׁוֹן dir.obj.-n.m.s. cstr. (546) *the tongue of*

יָם־מִצְרַיִם n.m.s. cstr. (410)-pr.n. (595) *the sea of Egypt*

וְהֵנִיף conj.-Hi. pf. 3 m.s. (נוף 631) *and will wave*

יָדוֹ n.f.s.-3 m.s. sf. (388) *his hand*

עַל־הַנָּהָר prep.-def.art.-n.m.s. (625) *over the River*

בַּעְיָם prep.-n.m.s. cstr. (744) *with ... scorching*

רוּחוֹ n.f.s.-3 m.s. sf. (924) *his ... wind*

וְהִכָּהוּ conj.-Hi. pf. 3 m.s.-3 m.s. sf. (נכה 645) *and smite it*

לְשִׁבְעָה prep.-n.f.s. (987) *into seven*

נְחָלִים n.m.p. (636) *channels*

וְהִדְרִיךְ conj.-Hi. pf. 3 m.s. (201) *that men may cross*

בַּנְּעָלִים prep.-def.art.-n.f.p. (653) *dryshod*

11:16

וְהָיְתָה conj.-Qal pf. 3 f.s. (היה 224) *and there will be*

מְסִלָּה n.f.s. (700) *highway*

לִשְׁאָר prep.-n.m.s. cstr. (984) *for the remnant of*

עַמּוֹ n.m.s.-3 m.s. sf. (I 766) *his people*

אֲשֶׁר rel. (81) *which*

יִשָּׁאֵר Ni. pf. 3 m.s. (983) *is left*

מֵאַשּׁוּר prep.-pr.n. (78) *from Assyria*

כַּאֲשֶׁר prep.-rel. (81) *as*

הָיְתָה Qal pf. 3 f.s. (היה 224) *there was*

לְיִשְׂרָאֵל prep.-pr.n. (975) *for Israel*

בְּיוֹם prep.-n.m.s. cstr. (398) *when*

עֲלֹתוֹ Qal inf.cstr.-3 m.s. sf. (עלה 748) *they came up*

מֵאֶרֶץ prep.-n.f.s. cstr. (75) *from the land of*

מִצְרָיִם pr.n. paus. (595) *Egypt*

12:1

וְאָמַרְתָּ conj.-Qal pf. 2 m.s. (55) *you will say*

בְּיוֹם prep.-def.art.-n.m.s. (398) *in ... day*

הַהוּא def.art.-demons.adj. m.s. (214) *that*

אוֹדְךָ Hi. impf. 1 c.s.-2 m.s. sf. (ידה 392) *I will give thanks to thee*

יְהוָה pr.n. (217) *O Yahweh*

כִּי conj. *for though*

אָנַפְתָּ Qal pf. 2 m.s. (אנף 60) *thou wast angry*

בִּי prep.-1 c.s. sf. *with me*

יָשֹׁב Qal impf. 3 m.s. (juss.? GK 109k) (שוב 996) *turned away*

אַפְּךָ n.m.s.-2 m.s. sf. (I 60) *thy anger*

וּתְנַחֲמֵנִי conj.-Pi. impf. 2 m.s.-1 c.s. sf. (נחם 636) *and thou didst comfort me*

12:2

הִנֵּה interj. (243) *Behold*

אֵל n.m.s. (42) *God*

יְשׁוּעָתִי n.f.s.-1 c.s. sf. (447) *my salvation*

אֶבְטַח Qal impf. 1 c.s. (105) *I will trust*

וְלֹא אֶפְחָד conj.-neg.-Qal impf. 1 c.s. (808) *and will not be afraid*

כִּי־ conj. *for*

עָזִּי n.m.s.-1 c.s. sf. (738) *my strength*

וְזִמְרָת conj.-n.f.s. (I 274; GK 80g) (some +1 c.s. sf.) *and my song*

יָהּ pr.n. (219) *Yahweh*

יְהוָה pr.n. (217) *Yahweh*

וַיְהִי־לִי consec.-Qal impf. 3 m.s. (היה 224) -prep.-1 c.s. sf. *and he has become my*

לִישׁוּעָה prep.-n.f.s. (447) *salvation*

12:3

וּשְׁאַבְתֶּם־ conj.-Qal pf. 2 m.p. (980) *you will draw*

מַיִם n.m.p. (565) *water*

בְּשָׂשׂוֹן prep.-n.m.s. (965) *with joy*

מִמַּעַיְנֵי prep.-n.m.p. cstr. (745) *from the wells of*

הַיְשׁוּעָה def.art.-n.f.s. (447) *salvation*

12:4

וַאֲמַרְתֶּם conj.-Qal pf. 2 m.p. (55) *and you will say*

בַּיּוֹם prep.-def.art.-n.m.s. (398) *in ... day*

הַהוּא def.art.-demons.adj. m.s. (214) *that*

הוֹדוּ Hi. impv. 2 m.p. (ידה 392) *Give thanks*

לַיהוָה prep.-pr.n. (217) *to Yahweh*

קִרְאוּ Qal impv. 2 m.p. (894) *call*

בִשְׁמוֹ prep.-n.m.s.-1 c.s. sf. (1027) *upon his name*

הוֹדִיעוּ Hi. impv. 2 m.p. (ידע 393) *make known*

בָעַמִּים prep.-def.art.-n.m.p. (I 766) *among the nations*

עֲלִילֹתָיו n.f.p.-3 m.s. sf. (760) *his deeds*

הַזְכִּירוּ Hi. impv. 2 m.p. (269) *proclaim*

כִּי conj. *that*

נִשְׂגָּב Ni. ptc. (960) *is exalted*

שְׁמוֹ n.m.s.-3 m.s. sf. (1027) *his name*

12:5

זַמְּרוּ Pi. impv. 2 m.p. (I 274) *sing praises*

יְהוָה pr.n. (217) *to Yahweh*

כִּי conj. *for*

גֵּאוּת n.f.s. (145) *gloriously*

עָשָׂה Qal pf. 3 m.s. (I 793) *he has done*

מידעת ?Hi. ptc. f.s. (393; GK 116e) *let be known, is made known*

זֹאת demons.adj. f.s. (260) *this*

בְּכָל־ prep.-n.m.s. cstr. (481) *in all*

הָאָרֶץ def.art.-n.f.s. (75) *the earth*

12:6

צַהֲלִי Qal impv. 2 f.s. (I 843) *shout*

וָרֹנִּי conj.-Qal impv. 2 f.s. (רָנַן 943) *and sing for joy*

יוֹשֶׁבֶת Qal act.ptc. f.s. cstr. (יָשַׁב 442; GK 122s) *O inhabitant of*

צִיּוֹן pr.n. (851) *Zion*

כִּי־ conj. *for*

גָּדוֹל adj. m.s. (152) *great*

בְּקִרְבֵּךְ prep.-n.m.s.-2 f.s. sf. (899) *in your midst*

קְדוֹשׁ adj. m.s. cstr. (872) *the Holy One of*

יִשְׂרָאֵל pr.n. (975) *Israel*

13:1

מַשָּׂא n.m.s. cstr. (III 672) *the oracle of*

בָּבֶל pr.n. (93) *Babylon*

אֲשֶׁר rel. (81) *which*

חָזָה Qal pf. 3 m.s. (302) *saw*

יְשַׁעְיָהוּ pr.n. (447) *Isaiah*

בֶּן־אָמוֹץ n.m.s. cstr. (119)-pr.n. (55) *the son of Amoz*

13:2

עַל הַר־ prep.-n.m.s. (249) *on a ... hill*

נִשְׁפֶּה Ni. ptc. m.s. (שָׁפָה I 1045) *bare*

שְׂאוּ־נֵס Qal impv. 2 m.p. (נָשָׂא 669)-n.m.s. (651) *raise a signal*

הָרִימוּ קוֹל Hi. impv. 2 m.p. (רום 926)-n.m.s. (876) *cry aloud*

לָהֶם prep.-3 m.p. sf. *to them*

הָנִיפוּ Hi. impv. 2 m.p. (נוף I 631) *wave*

יָד n.f.s. (388) *the hand*

וְיָבֹאוּ conj.-Qal impf. 3 m.p. (בוא 97) *for them to enter*

פִּתְחֵי n.m.p. cstr. (835) *the gates of*

נְדִיבִים adj. m.p. (622) *the nobles*

13:3

אֲנִי pers.pr. 1 c.s. (I 58) *myself*

צִוֵּיתִי Pi. pf. 1 c.s. (צָוָה 845) *I have commanded*

לִמְקֻדָּשָׁי prep.-Pu. ptc. m.p.-1 c.s. sf. paus. (872) *my consecrated ones*

גַּם קָרָאתִי adv. (168)-Qal pf. 1 c.s. (קָרָא 894) *have summoned*

גִּבּוֹרַי n.m.p.-1 c.s. sf. (150) *my mighty men*

לְאַפִּי prep.-n.m.s.-1 c.s. sf. (I 60) *to execute my anger*

עַלִּיזֵי adj. m.p. cstr. (759; GK 135n) *exulting*

גַּאֲוָתִי n.f.s.-1 c.s. sf. (144) *my proudly ... ones*

13:4

קוֹל n.m.s. (876; GK 146b,147c) *hark*

הָמוֹן n.m.s. (242) *a tumult*

בֶּהָרִים prep.-def.art.-n.m.p. (249) *on the mountains*

דְּמוּת n.f.s. cstr. (198) *as of*

עַם־רָב n.m.s. (I 766)-adj. m.s. (I 912) *a great multitude*

קוֹל v.supra *hark*

שְׁאוֹן n.m.s. cstr. (981) *an uproar of*

מַמְלָכוֹת n.f.p. (575) *kingdoms*

גּוֹיִם n.m.p. (156) *of nations*

נֶאֱסָפִים Ni. ptc. m.p. (אָסַף 62) *gathering together*

יהוה צְבָאוֹת pr.n. (217, 838) *Yahweh of hosts*

מְפַקֵּד Pi. ptc. (פָּקַד 823) *is mustering*

צְבָא n.m.s. cstr. (838) *a host for*

מִלְחָמָה n.f.s. (536) *battle*

13:5

בָּאִים Qal act.ptc. m.p. (בוא 97) *they come*

מֵאֶרֶץ prep.-n.f.s. (75) *from a ... land*

מֶרְחָק n.m.s. (935) *distant*

מִקְצֵה prep.-n.m.s. cstr. (892) *from the end of*

הַשָּׁמָיִם def.art.-n.m.p. paus. (1029) *the heavens*

יהוה pr.n. (217) *Yahweh*

וּכְלֵי conj.-n.m.p. cstr. (479) *and the weapons of*

זַעְמוֹ n.m.s.-3 m.s. sf. (276) *his indignation*

לְחַבֵּל prep.-Pi. inf.cstr. (חָבַל II 287) *to destroy*

כָּל־הָאָרֶץ n.m.s. cstr. (481)-def.art.-n.f.s. (75) *the whole earth*

13:6

הֵילִילוּ Hi. impv. 2 m.p. (יָלַל 410) *wail*

כִּי קָרוֹב conj.-adj. (898) *for ... is near*

יוֹם יהוה n.m.s. cstr. (398)-pr.n. (217) *the day of Yahweh*

כְּשֹׁד prep.-n.m.s. (994; GK 118x) *as destruction*

מִשַּׁדַּי prep.-n.m. deity (994) *from the Almighty*

יָבוֹא Qal impf. 3 m.s. (בוא 97) *it will come*

13:7

עַל־כֵּן prep.-adv. (I 485) *therefore*

כָּל־יָדַיִם n.m.s. cstr. (481)-n.f. du. (388) *all hands*

תִּרְפֶּינָה Qal impf. 3 f.p. (רָפָה 951) *will be feeble*

וְכָל־ conj.-n.m.s. cstr. (481) *and every*

לְבַב n.m.s. cstr. (523) *heart (of)*

אֱנוֹשׁ n.m.s. (60) *man's*

יִמָּס Ni. impf. 3 m.s. (מָסַס 587) *will melt*

13:8

וְנִבְהָלוּ conj.-Ni. pf. 3 c.p. (בָּהַל 96) *and they will be dismayed*

צִירִים n.m.p. (IV 852) *pangs*

וַחֲבָלִים conj.-n.m.p. (286) *and agony*

יֹאחֵזוּן Qal impf. 3 m.p. (אָחַז 28; GK 47m) *will seize them*

כַּיּוֹלֵדָה prep.-def.art.-Qal act.ptc. f.s. (יָלַד 408) *like a woman in travail*

יְחִילוּן Qal impf. 3 m.p. (חוּל I 296) *they will be in anguish*

אִישׁ אֶל־רֵעֵהוּ n.m.s. (35)-prep. (GK 119gg) -n.m.s.-3 m.s. sf. (945) *one another*

יִתְמָהוּ Qal impf. 3 m.p. paus. (תָּמַהּ 1069) *they will look aghast at*

פְּנֵי לְהָבִים n.m.p. cstr. (815)-n.m.p. (529) *aflame*

פְּנֵיהֶם n.m.p.-3 m.p. sf. (815) *their faces*

13:9

הִנֵּה demons.part. (243) *behold*

יוֹם־יְהוָה n.m.s. cstr. (398)-pr.n. (217) *the day of Yahweh*

בָּא Qal pf. 3 m.s. or Qal act.ptc. (בּוֹא 97) *comes*

אַכְזָרִי adj. (470) *cruel*

וְעֶבְרָה conj.-n.f.s. (720) *with wrath*

וַחֲרוֹן אָף conj.-n.m.s. cstr. (354)-n.m.s. paus. (I 60) *and fierce anger*

לָשׂוּם prep.-Qal inf.cstr. (שׂוּם I 962) *to make*

הָאָרֶץ def.art.-n.f.s. (75) *the earth*

לְשַׁמָּה prep.-n.f.s. (I 1031) *a desolation*

וְחַטָּאֶיהָ conj.-adj. m.p.-3 f.s. sf. (308) *and its sinners*

יַשְׁמִיד Hi. impf. 3 m.s. (שָׁמַד 1029) *to destroy*

מִמֶּנָּה prep.-3 f.p. sf. *from it*

13:10

כִּי־כוֹכְבֵי conj.-n.m.p. cstr. (456) *for the stars of*

הַשָּׁמַיִם def.art.-n.m.p. (1029) *the heavens*

וּכְסִילֵיהֶם conj.-n.m.p.-3 m.p. sf. (II 493) *and their constellations*

לֹא יָהֵלּוּ neg.-Hi. impf. 3 m.p. (הָלַל I 237) *will not give*

אוֹרָם n.m.s.-3 m.p. sf. (21) *their light*

חָשַׁךְ Qal pf. 3 m.s. (364) *will be dark*

הַשֶּׁמֶשׁ def.art.-n.m.s. (1039) *the sun*

בְּצֵאתוֹ prep.-Qal inf.cstr.-3 m.s. sf. (יָצָא 422) *at its rising*

וְיָרֵחַ conj.-n.m.s. (437) *and the moon*

לֹא־יַגִּיהַּ neg.-Hi. impf. 3 m.s. (נָגַהּ 618) *will not shed*

אוֹרוֹ n.m.s.-3 m.s. sf. (21) *its light*

13:11

וּפָקַדְתִּי conj.-Qal pf. 1 c.s. (פָּקַד 823) *I will punish*

עַל־תֵּבֵל prep.-n.f.s. (385) *the world*

רָעָה n.f.s. (948) *for its evil*

וְעַל־רְשָׁעִים conj.-prep.-n.m.p. (957) *and the wicked*

עֲוֹנָם n.m.s.-3 m.p. sf. (730) *for their iniquity*

וְהִשְׁבַּתִּי conj.-Hi. pf. 1 c.s. (שָׁבַת 991) *I will put an end to*

גְּאוֹן n.m.s. cstr. (144) *the pride of*

זֵדִים adj. m.p. (267) *the arrogant*

וְגַאֲוַת conj.-n.f.s. cstr. (144) *and the haughtiness of*

עָרִיצִים adj. m.p. (792) *the ruthless*

אַשְׁפִּיל Hi. impf. 1 c.s. (שָׁפֵל 1050) *lay low*

13:12

אוֹקִיר Hi. impf. 1 c.s. (יָקַר 429) *I will make rare*

אֱנוֹשׁ n.m.s. (60) *men*

מִפָּז prep.-n.m.s. paus. (808) *more ... than fine gold*

וְאָדָם conj.-n.m.s. (9) *and mankind*

מִכֶּתֶם prep.-n.m.s. cstr. (508) *than the gold of*

אוֹפִיר pr.n. (20) *Ophir*

13:13

עַל־כֵּן prep.-adv. (485) *therefore*

שָׁמַיִם n.m.p. (1020) *the heavens*

אַרְגִּיז Hi. impf. 1 c.s. (רָגַז 919) *I will make tremble*

וְתִרְעַשׁ conj.-Qal impf. 3 f.s. (רָעַשׁ 950) *and ... will be shaken*

הָאָרֶץ def.art.-n.f.s. (75) *the earth*

מִמְּקוֹמָהּ prep.-n.m.s.-3 f.s. sf. (879) *out of its place*

בְּעֶבְרַת prep.-n.f.s. cstr. (720) *at the wrath of*

יהוה צְבָאוֹת pr.n. (217, 838) *Yahweh of hosts*

וּבְיוֹם conj.-prep.-n.m.s. cstr. (398) *in the day of*

חֲרוֹן אַפּוֹ n.m.s. cstr. (354)-n.m.s.-3 m.s. sf. (I 60) *his fierce anger*

13:14

וְהָיָה conj.-Qal pf. 3 m.s. (224) *and*

כִּצְבִי prep.-n.m.s. (II 840) *like a ... gazelle*

מֻדָּח Ho. ptc. m.s. (נָדַח 623) *hunted*

וּכְצֹאן conj.-prep.-n.f.s. (838) *or like sheep*

וְאֵין conj.-subst.cstr. (II 34) *with none to*

מְקַבֵּץ Pi. ptc. (867) *gather them*

אִישׁ n.m.s. (35) *every man*

אֶל־עַמּוֹ prep.-n.m.s.-3 m.s. sf. (I 766) *to his own people*

יִפְנוּ Qal impf. 3 m.p. (פָּנָה 815) *will turn*

וְאִישׁ conj.-v.supra *and every man*

אֶל־אַרְצוֹ prep.-n.f.s.-3 f.s. sf. (75) *to his own land*

יָנוּסוּ Qal impf. 3 m.p. (נוּס 630) *will flee*

13:15

כָּל־הַנִּמְצָא n.m.s. cstr. (481)-def.art.-Ni. ptc. (592 מָצָא) *whoever is found*

יִדָּקֵר Ni. impf. 3 m.s. (דָּקַר 201) *will be thrust through*

וְכָל־ conj.-n.m.s. cstr. (481) *and whoever*

הַנִּסְפֶּה def.art.-Ni. ptc. (סָפָה 705) *is caught*

יִפּוֹל Qal impf. 3 m.s. (נָפַל 656) *will fall*

בֶּחָרֶב prep.-def.art.-n.f.s. paus. (352) *by the sword*

13:16

וְעֹלְלֵיהֶם conj.-n.m.p.-3 m.p. sf. (760) *their infants*

יְרֻטְּשׁוּ Pu. impf. 3 m.p. (רָטַשׁ 936) *will be dashed in pieces*

לְעֵינֵיהֶם prep.-n.f.p.-3 m.p. sf. (744) *before their eyes*

יִשַּׁסּוּ Ni. impf. 3 m.p. (שָׁסָה 1042) *will be plundered*

בָּתֵּיהֶם n.m.p.-3 m.p. sf. (108) *their houses*

וּנְשֵׁיהֶם conj.-n.f.p.-3 m.p. sf. (61) *and their wives*

תִּשָּׁגַלְנָה Ni. impf. 3 f.p. (שָׁגַל 993) *ravished*

13:17

הִנְנִי demons.part.-1 c.s. sf. (243) *behold I*

מֵעִיר Hi. ptc. (עוּר 734) *am stirring up*

עֲלֵיהֶם prep.-3 m.p. sf. *against them*

אֶת־מָדַי dir.obj.-pr.n. paus. (552) *the Medes*

אֲשֶׁר־כֶּסֶף rel. (81)-n.m.s. (494) *who for silver*

לֹא יַחְשֹׁבוּ neg.-Qal impf. 3 m.p. (חָשַׁב 362) *have no regard*

וְזָהָב conj.-n.m.s. (262) *and in gold*

לֹא יַחְפְּצוּ־בוֹ neg.-Qal impf. 3 m.p. (חָפֵץ 342)-prep.-3 m.s. sf. *do not delight*

13:18

וּקְשָׁתוֹת conj.-n.f.p. (905) *their bows*

נְעָרִים n.m.p. (654) *the young men*

תְּרַטַּשְׁנָה Pi. impf. 3 f.p. (רָטַשׁ 936; GK 52n) *will slaughter*

וּפְרִי־ conj.-n.m.s. cstr. (826) *on the fruit of*

בֶטֶן n.f.s. (105) *the womb*

לֹא יְרַחֵמוּ neg.-Pi. impf. 3 m.p. paus. (רָחַם 933) *they will have no mercy*

עַל־בָּנִים prep.-n.m.p. (119) *children*

לֹא־תָחוּם neg.-Qal impf. 3 f.s. (חוּס 299) *will not pity*

עֵינָם n.f.s.-3 m.p. sf. (844) *their eyes*

13:19

וְהָיְתָה conj.-Qal pf. 3 f.s. (הָיָה 224) *and will be*

בָּבֶל pr.n. (93) *Babylon*

צְבִי n.m.s. cstr. (I 840) *the glory of*

מַמְלָכוֹת n.f.p. (575) *kingdoms*

תִּפְאֶרֶת n.f.s. cstr. (802) *the splendor (of)*

גְּאוֹן n.m.s. cstr. (144) *pride of*

כַּשְׂדִּים pr.n. (505) *the Chaldeans*

כְּמַהְפֵּכַת prep.-n.f.s. cstr. (246; GK 115d) *when ... overthrew*

אֱלֹהִים n.m.p. (43) *God*

אֶת־סְדֹם dir.obj.-pr.n. (690) *Sodom*

וְאֶת־עֲמֹרָה conj.-dir.obj.-pr.n. (771) *and Gomorrah*

13:20

לֹא־תֵשֵׁב neg.-Qal impf. 2 m.s. (יָשַׁב 442) *it will never be inhabited*

לָנֶצַח prep.-n.m.s. (I 664) *(for ever)*

וְלֹא תִשְׁכֹּן conj.-neg.-Qal impf. 2 m.s. (שָׁכַן 1014) *or dwelt in*

עַד־דּוֹר וָדוֹר prep.-n.m.s. (189)-conj.-n.m.s. (189) *for all generations*

וְלֹא־יַהֵל conj.-neg.-Pi. impf. 3 m.s. (אָהַל 14; GK 68k) *will not pitch his tent*

שָׁם adv. (1027) *there*

עֲרָבִי n.gent. (787) *Arab (steppe-dweller)*

וְרֹעִים conj.-Qal act.ptc. m.p. (רָעָה I 944) *no shepherds*

לֹא־יַרְבִּצוּ dneg.-Hi. impf. 3 m.p. (רָבַץ 918) *will (not) make their flocks lie down*

שָׁם v.supra (1027) *there*

13:21

וְרָבְצוּ conj.-Qal pf. 3 c.p. (רָבַץ 918) *but will lie down*

שָׁם adv. (1027) *there*

צִיִּים n.m.p. (II 850) *wild beasts*

וּמָלְאוּ conj.-Qal pf. 3 c.p. (מָלֵא 569) *and will be full of*

בָּתֵּיהֶם n.m.p.-3 m.p. sf. (108) *its houses*

אֹחִים n.m.p. (28) *howling creatures*

וְשָׁכְנוּ conj.-Qal pf. 3 c.p. (שָׁכַן 1014) *will dwell*

שָׁם v.supra *there*

בְּנוֹת יַעֲנָה n.f.p. (I 123)-n.f.s. (419) *ostriches*

וּשְׂעִירִים conj.-n.m.p. (III 972) *and satyrs*

יְרַקְּדוּ Pi. impf. 3 m.p. (רָקַד 955) *will dance*

41

שָׁם v.supra *there*

13:22

וְעָנָה conj.-Qal pf. 3 m.s. (I 772; GK 145o) *will cry*

אִיִּים n.m.p. (II 17) *Hyenas (jackals)*

בְּאַלְמְנוֹתָיו prep.-n.m.p.-3 m.s. sf. (74) *in its towers*

וְתַנִּים conj.-n.m.p. (1072) *and jackals*

בְּהֵיכְלֵי prep.-n.m.p. cstr. (228) *in the palaces*

עֹנֶג n.m.s. (772) *pleasant*

וְקָרוֹב conj.-adj. (898) *at hand (near)*

לָבוֹא prep.-Qal inf.cstr. בוא 97) *is close (to come)*

עִתָּהּ n.f.s.-3 f.s. sf. (773) *its time*

וְיָמֶיהָ conj.-n.m.p.-3 f.s. sf. (398) *and its days*

מָשֵׁךְ לֹא יִמָּשֵׁכוּ neg.-Ni. impf. 3 m.p. paus. 604) *will not be prolonged*

14:1

כִּי יְרַחֵם conj.-Pi. impf. 3 m.s. (רחם 933) *will have compassion*

יהוה pr.n. (217) *Yahweh*

אֶת־יַעֲקֹב dir.obj.-pr.n. (784) *on Jacob*

וּבָחַר conj.-Qal pf. 3 m.s. (103) *and will choose*

עוֹד adv. (728) *again*

בְּיִשְׂרָאֵל prep.-pr.n. (975) *Israel*

וְהִנִּיחָם conj.-Hi. pf. 3 m.s.-3 m.p. sf. (נוח 628) *and will set them*

עַל־אַדְמָתָם prep.-n.f.s.-3 m.p. sf. (9) *in their own land*

וְנִלְוָה conj.-Ni. pf. 3 m.s. (לוה I 530) *and ... will join*

הַגֵּר def.art.-n.m.s. (158) *aliens*

עֲלֵיהֶם prep.-3 m.p. sf. *them*

וְנִסְפְּחוּ conj.-Ni. pf. 3 c.p. (ספח I 705) *and will cleave*

עַל־בֵּית prep.-n.m.s. cstr. (108) *to the house of*

יַעֲקֹב pr.n. (784) *Jacob*

14:2

וּלְקָחוּם conj.-Qal pf. 3 c.p.-3 m.p. sf. (לקח 542) *and ... will take them*

עַמִּים n.m.p. (I 766) *the peoples*

וֶהֱבִיאוּם conj.-Hi. pf. 3 c.p.-3 m.s. sf. (בוא 97) *and bring them*

אֶל־מְקוֹמָם prep.-n.m.s.-3 m.p. sf. (879) *to their place*

וְהִתְנַחֲלוּם conj.-Hith. pf. 3 c.p.-3 m.p. sf. (נחל 635; GK 54f,57N,117w) *and will possess them*

בֵּית־יִשְׂרָאֵל n.m.s. cstr. (108)-pr.n. (975) *the house of Israel*

עַל אַדְמַת prep.-n.f.s. cstr. (9) *in the ... land of*

יהוה pr.n. (217) *Yahweh*

לַעֲבָדִים prep.-n.m.p. (712) *as male (slaves)*

וְלִשְׁפָחוֹת conj.-prep.-n.f.p. (1046) *and female slaves*

וְהָיוּ conj.-Qal pf. 3 c.p. (היה 224) *they will take*

שֹׁבִים Qal act.ptc. m.p. (שבה 985) *captive*

לְשֹׁבֵיהֶם prep.-Qal act.ptc. m.p.-3 m.p. sf. 985) *those who were their captors*

וְרָדוּ conj.-Qal pf. 3 c.p. (רדה I 921) *and rule*

בְּנֹגְשֵׂיהֶם prep.-Qal act.ptc. m.p.-3 m.p. sf. (נגש 620) *over those who oppressed them*

14:3

וְהָיָה conj.-Qal pf. 3 m.s. (224)

בְּיוֹם prep.-n.m.s. cstr. (398) *when*

הָנִיחַ Hi. inf.cstr. (נוח 628; GK 115g) *has given rest*

יהוה pr.n. (217) *Yahweh*

לְךָ prep.-2 m.s. sf. *you*

מֵעָצְבְּךָ prep.-n.m.s.-2 m.s. sf. (I 780) *from your pain*

וּמֵרָגְזֶךָ conj.-prep.-n.m.s.-2 m.s. sf. (919; GK 24s,102b) *and turmoil*

וּמִן־הָעֲבֹדָה conj.-prep.-def.art.-n.f.s. (715) *and the ... service*

הַקָּשָׁה def.art.-adj. f.s. (904) *hard*

אֲשֶׁר עֻבַּד־ rel. (81)-Pu. pf. 3 m.s. (עבד 712; GK 121b) *with which ... were made to serve*

בָּךְ prep. (GK 121f)-2 m.s. sf. paus. *you*

14:4

וְנָשָׂאתָ conj.-Qal pf. 2 m.s. (נשא 669; GK 49k) *you will take up*

הַמָּשָׁל def.art.-n.m.s. (605) *taunt*

הַזֶּה def.art.-demons.adj. m.s. (260) *this*

עַל־מֶלֶךְ prep.-n.m.s. cstr. (I 572) *against the king of*

בָּבֶל pr.n. (93) *Babylon*

וְאָמַרְתָּ conj.-Qal pf. 2 m.s. paus. (55; GK 49m)

אֵיךְ exclam. (32; GK 148b) *How*

שָׁבַת Qal pf. 3 m.s. (שבת 991) *has ceased*

נֹגֵשׂ Qal act.ptc. (נגש 620) *the oppressor*

שָׁבְתָה Qal pf. 3 f.s. (שבת 991) *ceased*

מַדְהֵבָה n.f.s. (923) *the insolent fury*

14:5

שָׁבַר Qal pf. 3 m.s. (990) *has broken*

יהוה pr.n. (217) *Yahweh*

מַטֵּה n.m.s. cstr. (641) *the staff of*

רְשָׁעִים n.m.p. (957) *the wicked*

שֵׁבֶט n.m.s. cstr. (986) *the scepter of*

מֹשְׁלִים Qal act.ptc. m.p. (מָשַׁל 605) *rulers*

14:6

מַכֶּה Hi. ptc. (נָכָה 645) *that smote*

עַמִּים n.m.p. (I 766) *the peoples*

בְּעֶבְרָה prep.-n.f.s. (720) *in wrath*

מַכַּת n.f.s. cstr. (646; GK 130a) *blows*

בִּלְתִּי סָרָה neg. (116)-n.f.s. (694) *unceasing*

רֹדֶה Qal act.ptc. (רָדָה I 921) *that ruled*

בָּאַף prep.-def.art.-n.m.s. (I 60) *in anger*

גּוֹיִם n.m.p. (156) *the nations*

מֻרְדָּף n.m.s. (923) *persecution*

בְּלִי חָשָׂךְ neg. (115)-Qal pf. 3 m.s. paus. (חָשַׂךְ 362; GK 117q) *unrelenting*

14:7

נָחָה Qal pf. 3 f.s. (נוּחַ 628) *is at rest*

שָׁקְטָה Qal pf. 3 f.s. (שָׁקַט 1052) *(and) quiet*

כָּל־הָאָרֶץ n.m.s. cstr. (481)-def.art.-n.f.s. (75) *the whole earth*

פָּצְחוּ Qal pf. 3 c.p. (פָּצַח 822) *they break forth*

רִנָּה n.f.s. (943) *into singing*

14:8

גַּם־בְּרוֹשִׁים adv. (168)-n.m.p. (141) *the cypresses*

שָׂמְחוּ Qal pf. 3 c.p. (שָׂמַח 970) *rejoice*

לְךָ prep.-2 m.s. sf. *at you*

אַרְזֵי n.m.p. cstr. (72) *the cedars of*

לְבָנוֹן pr.n. (526) *Lebanon*

מֵאָז prep.-adv. (23) *since*

שָׁכַבְתָּ Qal pf. 2 m.s. (שָׁכַב 1011) *you were laid low*

לֹא־יַעֲלֶה neg.-Qal impf. 3 m.s. (עָלָה 748) *no ... comes up*

הַכֹּרֵת def.art.-Qal act.ptc. (כָּרַת 503) *hewer*

עָלֵינוּ prep.-1 c.p. sf. *against us*

14:9

שְׁאוֹל pr.n. (982) *Sheol*

מִתַּחַת prep.-adv.accus. (1065) *beneath*

רָגְזָה Qal pf. 3 f.s. (רָגַז 919; GK 145t) *is stirred up*

לְךָ prep.-2 m.s. sf. *you*

לִקְרַאת prep.-Qal inf.cstr. (קָרָא 894) *to meet*

בּוֹאֶךָ Qal inf.cstr.-2 m.s. sf. (בּוֹא 97) *when you come*

עוֹרֵר Polel pf. 3 m.s. (עוּר I 734; GK 145t) *it rouses to greet*

לְךָ prep.-2 m.s. sf. *you*

רְפָאִים n.m.p. (I 952) *the shades*

כָּל־עַתּוּדֵי n.m.s. cstr. (481)-n.m.p. cstr. (800) *all who were leaders of (he-goats)*

אָרֶץ n.f.s. paus. (75) *the earth*

הֵקִים Hi. pf. 3 m.s. (קוּם 877; GK 145t) *it raises*

מִכִּסְאוֹתָם prep.-n.m.p.-3 m.p. sf. (490) *from their thrones*

כֹּל מַלְכֵי n.m.s. cstr. (481)-n.m.p. cstr. (I 572) *all who were kings of*

גוֹיִם n.m.p. (156) *the nations*

14:10

כֻּלָּם n.m.s.-3 m.p. sf. (481) *all of them*

יַעֲנוּ Qal impf. 3 m.p. (עָנָה I 772) *will speak*

וְיֹאמְרוּ conj.-Qal impf. 3 m.p. (55) *and say*

אֵלֶיךָ prep.-2 m.s. sf. *to you*

גַּם־אַתָּה adv. (168)-pers.pr. 2 m.s. (61) *you too*

חֻלֵּיתָ Pu. pf. 2 m.s. (חָלָה I 317) *have become as weak*

כָמוֹנוּ prep.-1 c.p. sf. *as we*

אֵלֵינוּ prep.-1 c.p. sf. *us*

נִמְשָׁלְתָּ Ni. pf. 2 m.s. paus. (מָשַׁל I 605) *you have become like*

14:11

הוּרַד Ho. pf. 3 m.s. (יָרַד 432) *is brought down*

שְׁאוֹל pr.n. (982) *to Sheol*

גְּאוֹנֶךָ n.m.s.-2 m.s. sf. (144) *your pomp*

הֶמְיַת n.f.s. cstr. (242) *the sound of*

נְבָלֶיךָ n.m.p.-2 m.s. sf. (II 614; GK 93ss) *your harps*

תַּחְתֶּיךָ prep.-2 m.s. sf. (1065) *beneath you*

יֻצַּע Ho. impf. 3 m.s. (יָצַע 426; GK 145o) *are the bed*

רִמָּה n.f.s. (942) *maggots*

וּמְכַסֶּיךָ conj.-Pi. ptc. m.p.-2 m.s. sf. (כָּסָה 491) *and your covering*

תּוֹלֵעָה n.f.s. (1069) *worms*

14:12

אֵיךְ exclam. (32; GK 148b) *how*

נָפַלְתָּ Qal pf. 2 m.s. (נָפַל 656) *you are fallen*

מִשָּׁמַיִם prep.-n.m.p. (1029) *from heaven*

הֵילֵל n.m. (237) *O Day Star (shining one)*

בֶּן־שָׁחַר n.m.s. cstr. (119)-n.m.s. paus. (1007) *son of Dawn*

נִגְדַּעְתָּ Ni. pf. 2 m.s. (גָּדַע 154) *you are cut down*

לָאָרֶץ prep.-def.art.-n.f.s. (75) *to the ground*

חוֹלֵשׁ Qal act.ptc. (חָלַשׁ 325) *you who laid low*

עַל־גּוֹיִם prep.-n.m.p. (156) *the nations*

14:13

וְאַתָּה conj.-pers.pr. 2 m.s. (61) *you*

43

אָמַרְתָּ Qal pf 2 m.s. (55) *said*

בִּלְבָבְךָ prep.-n.m.s.-2 m.s. sf. (523) *in your heart*

הַשָּׁמַיִם def.art.-n.m.p. (1029) *heaven*

אֶעֱלֶה Qal impf. 1 c.s. (עָלָה 748) *I will ascend to*

מִמַּעַל prep.-prep. (751) *above*

לְכוֹכְבֵי־אֵל prep.-n.m.p. cstr. (456)-n.m.s. (42) *the stars of God*

אָרִים Hi. impf. 1 c.s. (רום 926) *I will set on high*

כִּסְאִי n.m.s.-1 c.s. sf. (490) *my throne*

וְאֵשֵׁב conj.-Qal impf. 1 c.s. (יָשַׁב 442) *I will sit*

בְּהַר־ prep.-n.m.s. cstr. (249) *on the mount of*

מוֹעֵד n.m.s. (417) *assembly*

בְּיַרְכְּתֵי צָפוֹן prep.-n.m.p. cstr. (438)-n.f.s. (860) *in the far north*

14:14

אֶעֱלֶה Qal impf. 1 c.s. (עָלָה 748) *I will ascend*

עַל־בָּמֳתֵי prep.-n.f.p. cstr. (119; GK 87s) *above the heights of*

עָב n.m.s. (728) *the clouds*

אֶדַּמֶּה Hith. impf. 1 c.s. (דָּמָה I 197) *I will make myself like*

לְעֶלְיוֹן prep.-n.m.s. (751) *the Most High*

14:15

אַךְ adv. (36) *but*

אֶל־שְׁאוֹל prep.-pr.n. (982) *to Sheol*

תּוּרָד Ho. impf. 2 m.s. (יָרַד 432) *you are brought down*

אֶל־יַרְכְּתֵי־ prep.-n.m.p. cstr. (438) *to the depths of*

בוֹר n.m.s. (92) *the Pit*

14:16

רֹאֶיךָ Qal act.ptc. m.p.-2 m.s. sf. (רָאָה 906) *those who see you*

אֵלֶיךָ prep.-2 m.s. sf. *at you*

יַשְׁגִּיחוּ Hi. impf. 3 m.p. (שָׁגַח 993) *will stare*

אֵלֶיךָ v.supra *over you*

יִתְבּוֹנָנוּ Hithpolel impf. 3 m.p. paus. (בִּין 106) *ponder*

הֲזֶה interr.-demons.adj. m.s. (260) *Is this?*

הָאִישׁ def.art.-n.m.s. (35) *the man*

מַרְגִּיז Hi. ptc. (רָגַז 919) *who made tremble*

הָאָרֶץ def.art.-n.f.s. (75) *the earth*

מַרְעִישׁ Hi. ptc. (רָעַשׁ 950) *who shook*

מַמְלָכוֹת n.f.p. (575) *kingdoms*

14:17

שָׂם Qal act.ptc. (שׂוּם I 962) *who made*

תֵּבֵל n.f.s. (385) *the world*

כַּמִּדְבָּר prep.-def.art.-n.m.s. (184) *like a desert*

וְעָרָיו conj. (GK 116x)-n.f.p.-3 m.s. sf. (746) *and its cities*

הָרָס Qal pf. 3 m.s. paus. (הָרַס 248) *overthrew*

אֲסִירָיו n.m.p.-3 m.s. sf. (64) *his prisoners*

לֹא־פָתַח neg.-Qal pf. 3 m.s. (I 834) *who did not let go*

בָּיְתָה n.m.s.-dir.he (108; GK 117o) *home*

14:18

כָּל־ n.m.s. cstr. (481) *all*

מַלְכֵי n.m.p. cstr. (I 572) *the kings of*

גוֹיִם n.m.p. (156) *the nations*

כֻּלָּם n.m.s.-3 m.p. sf. (481) *(all of them)*

שָׁכְבוּ Qal pf 3 c.p. (שָׁכַב 1011) *lie*

בְכָבוֹד prep.-n.m.s. (II 458) *in glory*

אִישׁ n.m.s. (35) *each*

בְּבֵיתוֹ prep.-n.m.s.-3 m.s. sf. (108) *in his own tomb*

14:19

וְאַתָּה conj.-pers.pr. 2 m.s. (61) *but you*

הָשְׁלַכְתָּ Ho. pf. 2 m.s. (שָׁלַךְ 1020) *are cast out*

מִקִּבְרְךָ prep.-n.m.s.-2 m.s. sf. (868) *away from your sepulchre*

כְּנֵצֶר prep. (GK 126p)-n.m.s. (666) *like untimely birth (branch)*

נִתְעָב Ni. ptc. (תָּעַב 1073) *loathed*

לְבוּשׁ n.m.s. cstr. (528) *clothed with*

הֲרֻגִים Qal pass.ptc. m.p. (246) *the slain*

מְטֹעֲנֵי Pu. ptc. m.p. cstr. (טָעַן II 381; GK 29f) *those pierced by*

חָרֶב n.f.s. paus. (352) *the sword*

יוֹרְדֵי Qal act.ptc. m.p. cstr. (יָרַד 432) *who go down*

אֶל־אַבְנֵי־ prep. (GK 130a)-n.f.p. cstr. (6) *to the stones of*

בוֹר n.m.s. (92) *the Pit*

כְּפֶגֶר prep. (GK 126p)-n.m.s. (803) *like a dead body*

מוּבָס Ho. ptc. (בּוּס 100) *trodden under foot*

14:20

לֹא־תֵחַד neg.-Qal impf. 2 m.s. (יָחַד 402) *you will not be joined*

אִתָּם prep.-3 m.p. sf. *with them*

בִּקְבוּרָה prep.-n.f.s. (869) *in burial*

כִּי־אַרְצְךָ conj.-n.f.s.-2 m.s. sf. (75) *because your land*

שִׁחַתָּ Pi. pf. 2 m.s. (שָׁחַת 1007) *you have destroyed*

עַמְּךָ n.m.s.-2 m.s. sf. (766) *your people*

הָרַגְתָּ Qal pf. 2 m.s. paus. (הָרַג 246) *you have slain*

לֹא־יִקָּרֵא neg.-Ni. impf. 3 m.s. (קָרָא 894) *May ... (not) be named*

לְעוֹלָם prep.-n.m.s. (761) *nevermore*

זֶרַע n.m.s. cstr. (282) *the descendants of*

מְרֵעִים Hi. ptc. m.p. (רָעַע 949) *evildoers*

14:21

הָכִינוּ Hi. impv. 2 m.p. (כּוּן I 465) *prepare*

לְבָנָיו prep.-n.m.p.-3 m.s. sf. (119) *for his sons*

מַטְבֵּחַ n.m.s. (371) *slaughter*

בַּעֲוֹן prep.-n.m.s. cstr. (730) *because of the guilt of*

אֲבוֹתָם n.m.p.-3 m.p. sf. (3) *their fathers*

בַּל־יָקֻמוּ neg.adv. (115)-Qal impf. 3 m.p. (קוּם 877) *lest they rise*

וְיָרְשׁוּ conj.-Qal pf. 3 c.p. (יָרַשׁ 439) *and possess*

אָרֶץ n.f.s. paus. (75) *the earth*

וּמָלְאוּ conj.-Qal pf. 3 c.p. (מָלֵא 569) *and fill*

פְּנֵי־ n.m.p. cstr. (815) *the face of*

תֵבֵל n.f.s. (385) *the world*

עָרִים n.f.p. (746) *with cities*

14:22

וְקַמְתִּי conj.-Qal pf. 1 c.s. (קוּם 877) *I will rise up*

עֲלֵיהֶם prep.-3 m.p. sf. *against them*

נְאֻם subst.cstr. (610) *says*

יהוה צְבָאוֹת pr.n.-pr.n. (217, 838) *Yahweh of hosts*

וְהִכְרַתִּי conj.-Hi. pf. 1 c.s. (כָּרַת 503) *and will cut off*

לְבָבֶל prep.-pr.n. (93) *from Babylon*

שֵׁם n.m.s. (1027) *name*

וּשְׁאָר conj.-n.m.s. (984) *and remnant*

וְנִין conj.-n.m.s. (630) *offspring*

וָנֶכֶד conj.-n.m.s. (645) *and posterity*

נְאֻם־יהוה v.supra-v.supra *says Yahweh*

14:23

וְשַׂמְתִּיהָ conj.-Qal pf. 1 c.s.-3 f.s. sf. (שׂוּם I 962) *and I will make it*

לְמוֹרַשׁ prep.-n.m.s. cstr. (440) *a possession of*

קִפֹּד n.m.s. (891) *the hedgehog*

וְאַגְמֵי־ conj.-n.m.p. cstr. (8) *and pools of*

מָיִם n.m.p. paus. (565) *water*

וְטֵאטֵאתִיהָ conj.-Pilpel pf. 1 c.s.-3 f.s. sf. (טָאטָא 370; GK 55f) *I will sweep it*

בְּמַטְאֲטֵא prep.-n.m.s. cstr. (370; GK 113e) *with the broom of*

הַשְׁמֵד Hi. inf.abs. (1029) *destruction*

נְאֻם יהוה צְבָאוֹת v.supra-v.supra-v.supra *says Yahweh of hosts*

14:24

נִשְׁבַּע Ni. pf. 3 m.s. (שָׁבַע 989) *has sworn*

יהוה צְבָאוֹת v.supra *Yahweh of hosts*

לֵאמֹר prep.-Qal inf.cstr. (55) *(saying)*

אִם־לֹא hypoth.part. (49; GK 149b)-neg.

כַּאֲשֶׁר prep.-rel. (81) *as*

דִּמִּיתִי Pi. pf. 1 c.s. (דָּמָה I 197) *I have planned*

כֵּן adv. (485) *so*

הָיָתָה Qal pf. 3 f.s. paus. (הָיָה 224; GK 144b) *shall it be*

וְכַאֲשֶׁר conj.-v.supra *and as*

יָעַצְתִּי Qal pf. 1 c.s. (יָעַץ 419) *I have purposed*

הִיא demons.adj. f.s. (214) *so it*

תָקוּם Qal impf. 3 f.s. (קוּם 877) *shall stand*

14:25

לִשְׁבֹּר prep.-Qal inf.cstr. (שָׁבַר 990) *that I will break*

אַשּׁוּר pr.n. (78) *the Assyrian*

בְּאַרְצִי prep.-n.f.s.-1 c.s. sf. (75) *in my land*

וְעַל־הָרַי conj.-prep.-n.m.p.-1 c.s. sf. (249) *and upon my mountains*

אֲבוּסֶנּוּ Qal impf. 1 c.s.-3 m.s. sf. (בּוּס 100) *trample him under foot*

וְסָר conj.-Qal pf. 3 m.s. (סוּר 693) *and ... shall depart*

מֵעֲלֵיהֶם prep.-prep.-3 m.p. sf. *from them*

עֻלּוֹ n.m.s.-3 m.s. sf. (760) *his yoke*

וְסֻבֳּלוֹ conj.-n.m.s.-3 m.s. sf. (687) *and his burden*

מֵעַל שִׁכְמוֹ prep.-prep.-n.m.s.-3 m.s. sf. (I 1014) *from their shoulder*

יָסוּר Qal impf. 3 m.s. (סוּר 693) *(shall depart)*

14:26

זֹאת demons.adj. f.s. (260) *this is*

הָעֵצָה def.art.-n.f.s. (420) *the purpose*

הַיְּעוּצָה def.art.-Qal pass.ptc. f.s. (419) *that is purposed*

עַל־כָּל־ prep.-n.m.s. cstr. (481) *concerning the whole*

הָאָרֶץ def.art.-n.f.s. (75) *earth*

וְזֹאת conj.-v.supra *and this is*

הַיָּד def.art.-n.f.s. (388) *the hand*

הַנְּטוּיָה def.art.-Qal pass.ptc. f.s. (נָטָה 639) *that is stretched out*

עַל־כָּל־ prep.-n.m.s. cstr. (481) *over all*

הַגּוֹיִם def.art.-n.m.p. (156) *the nations*

14:27

כִּי־יְהוָה צְבָאוֹת conj.-pr.n.-pr.n. (217, 838) *for Yahweh of hosts*

יָעַץ Qal pf. 3 m.s. (יעץ 419) *has purposed*

וּמִי conj.-interr. (566) *and who*

יָפֵר Hi. impf. 3 m.s. (פרר I 830) *will annul it*

וְיָדוֹ conj.-n.f.s.-3 m.s. sf. (388; GK 116q) *His hand*

הַנְּטוּיָה def.art.-Qal pass.ptc. f.s. (נטה 639; GK 126k) *is stretched out*

וּמִי v.supra *and who*

יְשִׁיבֶנָּה Hi. impf. 3 m.s.-3 f.s. sf. (שוב 996) *will turn it back?*

14:28

בִּשְׁנַת־ prep.-n.f.s. cstr. (1040) *in the year that*

מוֹת n.m.s. cstr. (560) *died (death of)*

הַמֶּלֶךְ def.art.-n.m.s. (I 572) *King*

אָחָז pr.n. (28) *Ahaz*

הָיָה Qal pf. 3 m.s. (224) *came*

הַמַּשָּׂא הַזֶּה def.art.-n.m.s. (III 672)-def.art.-demons.adj. m.s. (260) *this oracle*

14:29

אַל־תִּשְׂמְחִי neg.-Qal impf. 2 f.s. (שמח 970) *rejoice not*

פְלֶשֶׁת pr.n. (814) *O Philistia*

כֻּלֵּךְ n.m.s.-2 f.s. sf. (481) *all of you*

כִּי נִשְׁבַּר conj.-Ni. pf. 3 m.s. (990) *that ... is broken*

שֵׁבֶט n.m.s. cstr. (986) *the rod which*

מַכֵּךְ Hi. ptc.-2 f.s. sf. (נכה 645) *smote you*

כִּי־מִשֹּׁרֶשׁ conj.-prep.-n.m.s. cstr. (1057) *for from the root (of)*

נָחָשׁ n.m.s. (638) *serpent's*

יֵצֵא Qal impf. 3 m.s. (יצא 422) *will come forth*

צֶפַע n.m.s. (861) *an adder*

וּפִרְיוֹ conj.-n.m.s.-3 m.s. sf. (826) *and its fruit*

שָׂרָף n.m.s. (I 977) *a serpent*

מְעוֹפֵף Polel ptc. (עוף 733) *flying*

14:30

וְרָעוּ conj.-Qal pf. 3 c.p. (רעה I 944) *and ... will feed*

בְּכוֹרֵי n.m.p. cstr. (114; GK 133h) *the first-born of*

דַּלִּים n.m.p. (195) *the poor*

וְאֶבְיוֹנִים conj.-n.m.p. (2) *and the needy*

לָבֶטַח prep.-n.m.s. (105) *in safety*

יִרְבָּצוּ Qal impf. 3 m.p. paus. (רבץ 918) *lie down*

וְהֵמַתִּי conj.-Hi. pf. 1 c.s. (מות 559; GK 72w) *but I will kill*

בָּרָעָב prep.-def.art.-n.m.s. (944) *with famine*

שָׁרְשֵׁךְ n.m.s.-2 f.s. sf. (1057) *your root*

וּשְׁאֵרִיתֵךְ conj.-n.f.s.-2 f.s. sf. (984) *and your remnant*

יַהֲרֹג Qal impf. 3 m.s. (הרג 246) *I (he) will slay*

14:31

הֵילִילִי Hi. impv. 2 f.s. (ילל 410) *wail*

שַׁעַר n.m.s. (1044) *O gate*

זַעֲקִי־ Pi. impv. 2 f.s. (זעק 277) *cry*

עִיר n.f.s. (746) *O city*

נָמוֹג Ni. pf. 3 m.s. (מוג 556; GK 72v) *Melt in fear*

פְּלֶשֶׁת pr.n. (814) *O Philistia*

כֻּלֵּךְ n.m.s.-2 f.s. sf. (481) *all of you*

כִּי מִצָּפוֹן conj.-prep.-n.f.s. (860) *for out of the north*

עָשָׁן n.m.s. (I 798) *smoke*

בָּא Qal pf. 3 m.s. (בוא 97) *comes*

וְאֵין conj.-subst.cstr. (II 34) *and there is no*

בּוֹדֵד Qal act. ptc. (בדד I 94) *straggler*

בְּמוֹעָדָיו prep.-n.m.p.-3 m.s. sf. (418) *in his ranks*

14:32

וּמַה־ conj.-interr. (552) *what*

יַּעֲנֶה Qal impf. 3 m.s. (ענה I 772) *will one answer*

מַלְאֲכֵי־ n.m.p. cstr. (521) *the messengers of*

גוֹי n.m.s. (156) *the nation?*

כִּי יְהוָה conj.-pr.n. (217) *Yahweh*

יִסַּד Pi. pf. 3 m.s. (יסד 413) *has founded*

צִיּוֹן pr.n. (851) *Zion*

וּבָהּ conj.-prep.-3 f.s. sf. *and in her*

יֶחֱסוּ Qal impf. 3 m.p. (חסה 340) *find refuge*

עֲנִיֵּי n.m.p. cstr. (776) *the afflicted of*

עַמּוֹ n.m.s.-3 m.s. sf. (I 766) *his people*

15:1

מַשָּׂא n.m.s. cstr. (III 672) *an oracle concerning*

מוֹאָב pr.n. (555) *Moab*

כִּי בְּלֵיל conj.-prep.-n.m.s. cstr. (538) *because in a night*

שֻׁדַּד Pu. pf. 3 m.s. (שדד 994) *is laid waste*

עָר pr.n. (I 786) *Ar*

מוֹאָב v.supra *Moab*

נִדְמָה Ni. pf. 3 m.s. (דמה II 198) *is undone*

כִּי בְּלֵיל v.supra *because in a night*

שֻׁדַּד v.supra *is laid waste*

קִיר־ pr.n. (II 885) *Kir*

מוֹאָב v.supra *Moab*

נִדְמָה v.supra *is undone*

15:2

עָלָה Qal pf. 3 m.s. (748) *has gone up*

הַבַּיִת def.art.-n.m.s. (108) *the daughter of* (lit.-*the house*)

וְדִיבֹן conj.-pr.n. (192) *(and) Dibon*

הַבָּמוֹת def.art.-n.f.p. (119) *to the high places*

לְבֶכִי prep.-n.m.s. paus. (113) *to weep*

עַל־נְבוֹ prep.-pr.n. (I 612) *over Nebo*

וְעַל מֵידְבָא conj.-prep.-pr.n. (567) *and over Medeba*

מוֹאָב pr.n. (555) *Moab*

יְיֵלִיל Hi. impf. 3 m.s. (יָלַל 410; GK 70d) *wails*

בְּכָל־ prep.-n.m.s. cstr. (481) *on every*

רֹאשָׁיו n.m.p.-3 m.s. sf. (910; GK 96) *head*

קָרְחָה n.f.s. (901) *is baldness*

כָּל־ n.m.s. cstr. (481) *every*

זָקָן n.f.s. (278) *beard*

גְּרוּעָה Qal pass.ptc. f.s. (גָּרַע 175) *is shorn*

15:3

בְּחוּצֹתָיו prep.-n.m.p.-3 m.s. sf. (299) *in the streets*

חָגְרוּ Qal pf. 3 c.p. (חָגַר 291) *they gird on*

שָׂק n.m.s. (974) *sackcloth*

עַל גַּגּוֹתֶיהָ prep.-n.m.p.-3 f.s. sf. (150) *on the housetops*

וּבִרְחֹבֹתֶיהָ conj.-prep.-n.f.p.-3 f.s. sf. (I 932) *and in the squares*

כֻּלֹּה n.m.s.-3 m.s. sf. (481) *every one*

יְיֵלִיל Hi. impf. 3 m.s. (יָלַל 410; GK 70d) *wails*

יֹרֵד Qal act.ptc. (יָרַד 432) *and melts*

בַּבֶּכִי prep.-def.art.-n.m.s. paus. (113) *in tears*

15:4

וַתִּזְעַק consec.-Qal impf. 3 f.s. (זָעַק 277) *cry out*

חֶשְׁבּוֹן pr.n. (II 363) *Heshbon*

וְאֶלְעָלֵה conj.-pr.n. (46) *and Elealeh*

עַד־יַהַץ prep.-pr.n. (397) *as far as Jahaz*

נִשְׁמַע Ni. pf. 3 m.s. (שָׁמַע 1033) *is heard*

קוֹלָם n.m.s.-3 m.p. sf. (876) *their voice*

עַל־כֵּן prep.-adv. (485) *therefore*

חֲלֻצֵי Qal pass.ptc. m.p. cstr. (חָלַץ II 323) *the armed men of*

מוֹאָב pr.n. (555) *Moab*

יָרִיעוּ Hi. impf. 3 m.p. (929) *cry aloud*

נַפְשׁוֹ n.f.s.-3 m.s. sf. (659) *his soul*

יָרְעָה לּוֹ Qal pf. 3 f.s. (יָרַע 438)-prep.-3 m.s. sf. *trembles*

15:5

לִבִּי n.m.s.-1 c.s. sf. (523) *my heart*

לְמוֹאָב prep.-pr.n. (555) *for Moab*

יִזְעָק Qal impf. 3 m.s. paus. (זָעַק 277) *cries out*

בְּרִיחֶהָ n.m.p.-3 f.s. sf. (138) *his fugitives (her bars)*

עַד־צֹעַר prep.-pr.n. (858) *to Zoar*

עֶגְלַת שְׁלִשִׁיָּה pr.n. (722) *to Eglath-shalishiyah (to third Eglath)*

כִּי מַעֲלֵה conj.-n.m.s. cstr. (751) *for at the ascent of*

הַלּוּחִית def.art.-pr.n. (532) *Luhith*

בִּבְכִי prep.-n.m.s. (113) *weeping*

יַעֲלֶה־בּוֹ Qal impf. 3 m.s. (עָלָה 748)-prep.-3 m.s. sf. *they go up*

כִּי דֶּרֶךְ conj.-n.m.s. cstr. (202) *on the road to*

חוֹרֹנַיִם pr.n. (357) *Horonaim*

זַעֲקַת־ n.f.s. cstr. (277) *a cry of*

שֶׁבֶר n.m.s. (991) *destruction*

יְעֹעֵרוּ Pilpel impf. 3 m.p. paus. (עוּר I 734; GK 72cc) *they raise*

15:6

כִּי־מֵי conj.-n.m.p. cstr. (565) *the waters of*

נִמְרִים pr.n. (649) *Nimrim*

מְשַׁמּוֹת n.f.p. (1031) *a desolation*

יִהְיוּ Qal impf. 3 m.p. (הָיָה 224) *are*

כִּי־יָבֵשׁ conj.-Qal pf. 3 m.s. (386) *is withered*

חָצִיר n.m.s. (II 348) *the grass*

כָּלָה Qal pf. 3 m.s. (477) *fails*

דֶשֶׁא n.m.s. (206) *the new growth*

יֶרֶק n.m.s. (438) *the verdure*

לֹא הָיָה neg.-Qal pf. 3 m.s. (224) *is no more*

15:7

עַל־כֵּן prep.-adv. (485) *therefore*

יִתְרָה n.f.s. (452; GK 155h) *the abundance*

עָשָׂה Qal pf. 3 m.s. (I 793) *they have gained*

וּפְקֻדָּתָם conj.-n.f.s.-3 m.p. sf. (824) *and what they have laid up*

עַל נַחַל prep.-n.m.s. cstr. (I 636) *over the Brook of*

הָעֲרָבִים def.art.-n.f.p. (II 788) *the Willows*

יִשָּׂאוּם Qal impf. 3 m.p.-3 m.p. sf. (נָשָׂא 669) *they carry away*

15:8

כִּי־הִקִּיפָה conj.-Hi. pf. 3 f.s. (נָקַף II 668) *for ... has gone round*

הַזְּעָקָה def.art.-n.f.s. (277) *a cry*

אֶת־גְּבוּל dir.obj.-n.m.s. cstr. (147) *the land of*

47

מוֹאָב pr.n. (555) *Moab*

עַד־אֶגְלַיִם prep. (GK 119hh)-pr.n. (8) *to Eglaim*

יְלָלָתָה n.f.s.-3 f.s. sf. (410) *the wailing*

וּבְאֵר אֵילִים conj.-pr.n. (91) *to Beer-elim*

יְלָלָתָה v.supra *the wailing*

15:9

כִּי מֵי conj.-n.m.p. cstr. (565) *for the waters of*

דִּימוֹן pr.n. (192) *Dibon*

מָלְאוּ Qal pf. 3 c.p. (מלא 569) *are full of*

דָם n.m.s. (196) *blood*

כִּי־אָשִׁית conj.-Qal impf. 1 c.s. (שׁית 1011) *yet I will bring*

עַל־דִּימוֹן prep.-pr.n. (192) *Dibon (Dimon)*

נוֹסָפוֹת Ni. ptc. f.p. (יסף 414) *even more*

לִפְלֵיטַת prep.-n.f.s. cstr. (812) *for those who escape*

מוֹאָב pr.n. (555) *Moab*

אַרְיֵה n.m.s. (71) *a lion*

וְלִשְׁאֵרִית conj.-prep.-n.f.s. cstr. (984) *for the remnant of*

אֲדָמָה n.f.s. (9) *the land*

16:1

שִׁלְחוּ־ Pi. pf. 3 c.p. (שׁלח 1018) *they have sent*

כַּר n.m.s. (II 503) *lambs*

מֹשֵׁל־ Qal act.ptc. cstr. (605) *to the ruler of*

אֶרֶץ n.f.s. (75) *the land*

מִסֶּלַע prep.-pr.n. (II 701) *from Sela*

מִדְבָּרָה n.m.s.-he dir. (II 184) *by the way of the desert*

אֶל־הַר prep.-n.m.s. cstr. (249) *to the mount of*

בַּת־צִיּוֹן n.f.s. cstr. (I 123)-pr.n. (851) *the daughter of Zion*

16:2

וְהָיָה conj.-Qal pf. 3 m.s. (224)

כְעוֹף־ prep. (GK 126p)-n.m.s. (733) *like ... birds*

נוֹדֵד Qal act.ptc. (נדד I 622) *fluttering*

קֵן n.m.s. (890) *nestlings*

מְשֻׁלָּח Pu. ptc. (שׁלח 1018) *scattered*

תִּהְיֶינָה Qal impf. 3 f.p. (היה 224) *are*

בְּנוֹת n.f.p. cstr. (I 123) *the daughters of*

מוֹאָב pr.n. (555) *Moab*

מַעְבָּרֹת n.f.p. (721) *at the fords*

לְאַרְנוֹן prep.-pr.n. (75) *of the Arnon*

16:3

הָבִיאִו Hi. impv. 2 f.s. (בוא 97) *give*

עֵצָה n.f.s. (420) *counsel*

עֲשׂוּ Qal impv. 2 m.p. (עשׂה I 793) *grant*

פְלִילָה n.f.s. (813) *justice*

שִׁיתִי Qal impv. 2 f.s. (שׁית 1011) *make*

כַלַּיִל prep.-def.art.-n.m.s. (538) *like night*

צִלֵּךְ n.m.s.-2 f.s. sf. (853) *your shade*

בְּתוֹךְ prep.-n.m.s. cstr. (1063) *at the height of*

צָהֳרַיִם n.m.p. paus. (I 843) *noon*

סַתְּרִי Pi. impv. 2 f.s. (סתר 711) *hide*

נִדָּחִים Ni. ptc. m.p. (נדח 623) *the outcasts*

נֹדֵד Qal act.ptc. (נדד I 622) *the fugitive*

אַל־תְּגַלִּי neg.-Pi. impv. 2 f.s. (גלה 162) *betray not*

16:4

יָגוּרוּ Qal impf. 3 m.p. (גור 157) *let sojourn*

בָךְ prep.-2 f.s. sf. *among you*

נִדָּחַי Ni. ptc. m.p.-1 c.s. sf. (נדח 623) *(my) outcasts of*

מוֹאָב pr.n. (555) *Moab*

הֱוִי־סֵתֶר Qal impv. 2 f.s. (היה 224)-n.m.s. (712) *be a refuge*

לָמוֹ prep.-3 m.s. sf. *to them*

מִפְּנֵי prep.-n.m.p. cstr. (815) *from*

שׁוֹדֵד Qal act.ptc. (שׁדד 994) *the destroyer*

כִּי־אָפֵס conj.-Qal pf. 3 m.s. (אפס 67) *when ... is no more*

הַמֵּץ def.art.-n.m.s. (568) *the oppressor*

כָּלָה Qal pf 3 m.s. (כלה I 477) *has ceased*

שֹׁד n.m.s. (I 994) *destruction*

תַּמּוּ Qal pf. 3 c.p. (תמם 1070) *has vanished*

רֹמֵס Qal act.ptc. (רמס 942; GK 145d) *he who tramples under foot*

מִן־הָאָרֶץ prep.-def.art.-n.f.s. (75) *from the land*

16:5

וְהוּכַן conj.-Ho. pf. 3 m.s. (כון I 465) *then will be established*

בַּחֶסֶד prep.-def.art.-n.m.s. (338) *in steadfast love*

כִּסֵּא n.m.s. (490) *a throne*

וְיָשַׁב conj.-Qal pf. 3 m.s. (442) *and will sit*

עָלָיו prep.-3 m.s. sf. *upon it*

בֶּאֱמֶת prep.-n.f.s. (54) *in faithfulness*

בְּאֹהֶל prep.-n.m.s. cstr. (13) *in the tent of*

דָּוִד pr.n. (187) *David*

שֹׁפֵט Qal act.ptc. (1047) *one who judges*

וְדֹרֵשׁ conj.-Qal act.ptc. (דרשׁ 205) *and seeks*

מִשְׁפָּט n.m.s. (1048) *justice*

וּמְהִר conj.-adj. m.s. cstr. (555) *and is swift*

צֶדֶק n.m.s. (841) *to do righteousness*

16:6

שָׁמַעְנוּ Qal pf. 1 c.p. (שׁמע 1033) *we have heard*

גְּאוֹן n.m.s. cstr. (144; GK 122v) *of the pride of*

מוֹאָב pr.n. (555) *Moab*

גֵּא adj. (144) *how proud*

מְאֹד adv. (547) *(very)*

גַּאֲוָתוֹ n.f.s.-3 m.s. sf. (144) *of his arrogance*

וּגְאוֹנוֹ conj.-n.m.s.-3 m.s. sf. (144) *his pride*

וְעֶבְרָתוֹ conj.-n.f.s.-3 m.s. sf. (720) *and his insolence*

לֹא־כֵן neg.-adv. (485) *are false (not so)*

בַּדָּיו n.m.p.-3 m.s. sf. (III 95) *his boasts*

16:7

לָכֵן prep.-adv. (485) *therefore*

יְיֵלִיל Hi. impf. 3 m.s. (יָלַל 410; GK 70d) *let wail*

מוֹאָב pr.n. (555) *Moab*

לְמוֹאָב prep.-v.supra *for Moab*

כֻּלֹּה n.m.s.-3 m.s. sf. (481) *every one*

יְיֵלִיל v.supra *let wail*

לַאֲשִׁישֵׁי prep.-n.f.p. cstr. (84) *for the raisin-cakes of*

קִיר־חֲרֶשֶׂת pr.n. (II 885) *Kir-hareseth*

תֶּהְגּוּ Qal impf. 2 m.p. (הָגָה I 211) *mourn*

אַךְ־נְכָאִים adv. (36)-adj. m.p. (644) *utterly stricken*

16:8

כִּי conj. *for*

שַׁדְמוֹת n.f.p. cstr. (995) *the fields of*

חֶשְׁבּוֹן pr.n. (II 363) *Heshbon*

אֻמְלָל Pulal pf. 3 m.s. (אָמַל 51; GK 145u) *languish*

גֶּפֶן n.f.s. cstr. (172) *the vine of*

שִׂבְמָה pr.n. (959) *Sibmah*

בַּעֲלֵי n.m.p. cstr. (127) *the lords of*

גּוֹיִם n.m.p. (156) *the nations*

הָלְמוּ Qal pf. 3 c.p. (הָלַם 240) *have struck down*

שְׂרוּקֶּיהָ n.m.p.-3 f.s. sf. (II 977) *its branches*

עַד־יַעְזֵר prep.-pr.n. (741) *to Jazer*

נָגָעוּ Qal pf. 3 c.p. paus. (נָגַע 619) *which reached*

תָּעוּ Qal pf. 3 c.p. (תָּעָה 1073; GK 75m) *and strayed*

מִדְבָּר n.m.s. (184) *to the desert*

שְׁלֻחוֹתֶיהָ n.f.p.-3 f.s. sf. (1020) *its shoots*

נִטְּשׁוּ Ni. pf. 3 c.p. (נָטַשׁ 643) *spread abroad*

עָבְרוּ Qal pf. 3 c.p. (עָבַר 716) *and passed over*

יָם n.m.s. (410) *the sea*

16:9

עַל־כֵּן prep.-adv. (485) *therefore*

אֶבְכֶּה Qal impf. 1 c.s. (בָּכָה 113) *I weep*

בִּבְכִי prep.-n.m.s. cstr. (113) *with the weeping of*

יַעְזֵר v.supra pr.n. (741) *Jazer*

גֶּפֶן cf.16:8 n.f.s. cstr. (172) *for the vine of*

שִׂבְמָה v.supra pr.n. (959) *Sibmah*

אֲרַיָּוֶךְ Pi. impf. 1 c.s.-2 f.s. sf. (רָוָה 924; GK 75dd) *I drench you*

דִּמְעָתִי n.f.s.-1 c.s. sf. (199) *with my tears*

חֶשְׁבּוֹן pr.n. (II 363) *O Heshbon*

וְאֶלְעָלֵה conj.-pr.n. (46) *and Elealeh*

כִּי־עַל conj.-prep. *for upon*

קֵיצֵךְ n.m.s.-2 f.s. sf. (884) *your fruit*

וְעַל־קְצִירֵךְ conj.-prep.-n.m.s.-2 f.s. sf. (I 894) *and your harvest*

הֵידָד n.m.s. (212) *the battle shout*

נָפָל Qal pf. 3 m.s. paus. (נָפַל 656) *has fallen*

16:10

וְנֶאֱסַף conj.-Ni. pf. 3 m.s. (אָסַף 62) *and are taken away*

שִׂמְחָה n.f.s. (970) *joy*

וָגִיל conj.-n.m.s. (I 162) *and gladness*

מִן־הַכַּרְמֶל prep.-def.art.-n.m.s. (I 502) *from the fruitful field*

וּבַכְּרָמִים conj.-prep.-def.art.-n.m.p. (501) *and in the vineyards*

לֹא־יְרֻנָּן neg.-Pu. impf. 3 m.s. (רָנַן 943; GK 121a) *no songs are sung*

לֹא יְרֹעָע neg.-Po. impf. 3 m.s. paus. (רָעַע 929; GK 72bb) *no shouts are raised*

יַיִן n.m.s. (406) *wine*

בַּיְקָבִים prep.-def.art.-n.m.p. (428) *in the presses*

לֹא־יִדְרֹךְ neg.-Qal impf. 3 m.s. (דָּרַךְ 201) *no ... treads out*

הַדֹּרֵךְ def.art.-Qal act.ptc. (דָּרַךְ 201; GK 144e) *treader*

הֵידָד cf.16:9 n.m.s. (212) *the vintage shout*

הִשְׁבַּתִּי Hi. pf. 1 c.s. (שָׁבַת 991) *is hushed (I have hushed)*

16:11

עַל־כֵּן prep.-adv. (485) *therefore*

מֵעַי n.m.p.-1 c.s. sf. (588) *my soul*

לְמוֹאָב prep.-pr.n. (555) *for Moab*

כַּכִּנּוֹר prep.-def.art.-n.m.s. (490) *like a lyre*

יֶהֱמוּ Qal impf. 3 m.p. (הָמָה I 211) *moans*

וְקִרְבִּי conj.-n.m.s.-1 c.s. sf. (899) *and my heart*

לְקִיר־חָרֶשׂ prep.-pr.n. (II 885) *for Kir-heres*

16:12

וְהָיָה conj.-Qal pf. 3 m.s. (224)

כִּי־נִרְאָה conj.-Ni. pf. 3 m.s. (רָאָה 906) *when ... presents himself*

כִּי־נִלְאָה conj.-Ni. pf. 3 m.s. (לָאָה 521) *when he wearies himself*

מוֹאָב pr.n. (555) *Moab*

49

עַל־הַבָּמָה prep.-def.art.-n.f.s. (119) *upon the high place*

וּבָא conj.-Qal pf. 3 m.s. (בּוֹא 97) *when he comes*

אֶל־מִקְדָּשׁוֹ prep.-n.m.s.-3 m.s. sf. (874) *to his sanctuary*

לְהִתְפַּלֵּל prep.-Hith. inf.cstr. (פָּלַל 813) *to pray*

וְלֹא יוּכָל conj.-neg.-Qal impf. 3 m.s. (407) *he will not prevail*

16:13

זֶה demons.adj. m.s. (260) *this is*

הַדָּבָר def.art.-n.m.s. (182) *the word*

אֲשֶׁר rel. (81) *which*

דִּבֶּר יהוה Pi. pf. 3 m.s. (180)-pr.n. (217) *Yahweh spoke*

אֶל־מוֹאָב prep.-pr.n. (555) *concerning Moab*

מֵאָז prep.-adv. (23) *in the past*

16:14

וְעַתָּה conj.-adv. (773) *but now*

דִּבֶּר יהוה Pi. pf. 3 m.s. (180)-pr.n. (217) *Yahweh says*

לֵאמֹר prep.-Qal inf.cstr. (55) *(saying)*

בְּשָׁלֹשׁ prep.-adj. m.s. (1025) *In three*

שָׁנִים n.f.p. (1040) *years*

כִּשְׁנֵי prep.-n.f.p. cstr. (1040) *like the years of*

שָׂכִיר adj. m.s. (969) *a hireling*

וְנִקְלָה conj.-Ni. pf. 3 m.s. (קָלָה II 885) *will be brought into contempt*

כְּבוֹד n.m.s. cstr. (458) *the glory of*

מוֹאָב pr.n. (555) *Moab*

בְּכֹל prep.-n.m.s. cstr. (481) *in spite of all*

הֶהָמוֹן def.art.-n.m.s. (242) *multitude*

הָרָב def.art.-adj. m.s. (I 912) *great*

וּשְׁאָר conj.-n.m.s. (984) *and those who survive*

מְעַט מִזְעָר subst. (589)-n.m.s. (277) *very few*

לוֹא כַבִּיר neg.-adj. m.s. (460) *and feeble*

17:1

מַשָּׂא n.m.s. cstr. (II 672) *an oracle concerning*

דַּמֶּשֶׂק pr.n. paus. (199) *Damascus*

הִנֵּה demons.part. (243) *behold*

דַּמֶּשֶׂק v.supra *Damascus*

מוּסָר Ho. ptc. (סוּר 693; GK 121b) *will cease to be (is removed)*

מֵעִיר prep.-n.f.s. (746; GK 119x) *(from) a city*

וְהָיְתָה conj.-Qal pf. 3 f.s. (הָיָה 224) *and will become*

מְעִי n.m.s. cstr. (590) *a heap of*

מַפָּלָה n.f.s. (658) *ruins*

17:2

עֲזֻבוֹת Qal pass.ptc. f.p. (736) *will be deserted*

עָרֵי n.f.p. cstr. (746) *cities (of)*

עֲרֹעֵר pr.n. (792) *forever (Aroer)*

לַעֲדָרִים prep.-n.m.p. (727) *for flocks*

תִּהְיֶינָה Qal impf. 3 f.p. (הָיָה 224) *they will be*

וְרָבְצוּ conj.-Qal pf. 3 c.p. (918) *which will lie down*

וְאֵין conj.-subst.cstr. (II 34) *and none*

מַחֲרִיד Hi. ptc. (חָרַד 353) *will make afraid*

17:3

וְנִשְׁבַּת conj.-Ni. pf. 3 m.s. (שָׁבַת 991) *will disappear*

מִבְצָר n.m.s. (131) *fortress*

מֵאֶפְרַיִם prep.-pr.n. (68) *from Ephraim*

וּמַמְלָכָה conj.-n.f.s. (575) *and kingdom*

מִדַּמֶּשֶׂק prep.-pr.n. (199) *from Damascus*

וּשְׁאָר conj.-n.m.s. cstr. (984) *and remnant of*

אֲרָם pr.n. (74) *Syria*

כִּכְבוֹד prep.-n.m.s. cstr. (458) *like the glory of*

בְּנֵי־יִשְׂרָאֵל n.m.p. cstr. (119)-pr.n. (975) *the children of Israel*

יִהְיוּ Qal impf. 3 m.p. (הָיָה 224) *will be*

נְאֻם n.m.s. cstr. (610) *says*

יהוה צְבָאוֹת pr.n.-pr.n. (217, 838) *Yahweh of hosts*

17:4

וְהָיָה conj.-Qal pf. 3 m.s. (224) *and*

בַּיּוֹם הַהוּא prep.-def.art.-n.m.s. (398)-def.art.-demons.adj. m.s. (214) *in that day*

יִדַּל Ni. impf. 3 m.s. (דָּלַל 195) *will be brought low*

כְּבוֹד n.m.s. cstr. (458) *the glory of*

יַעֲקֹב pr.n. (784) *Jacob*

וּמִשְׁמַן conj.-n.m.s. cstr. (1032; GK 128r) *and the fat of*

בְּשָׂרוֹ n.m.s.-3 m.s. sf. (142) *his flesh*

יֵרָזֶה Ni. impf. 3 m.s. (רָזָה 930) *will grow lean*

17:5

וְהָיָה conj.-Qal pf. 3 m.s. (224) *and it shall be*

כֶּאֱסֹף prep.-Qal inf.cstr. (אָסַף 62) *as when ... gathers*

קָצִיר n.m.s. (894)-some rd. קֹצֵר as Qal act.ptc. of קָצַר II 894) *the reaper (harvest)*

קָמָה n.f.s. (879) *standing grain*

וּזְרֹעוֹ conj.-n.m.s.-3 m.s. sf. (283; GK 122n) *and his arm*

שִׁבֳּלִים n.f.p. (II 987) *ears*

יִקְצוֹר Qal impf. 3 m.s. (קָצַר II 894) *harvests*

וְהָיָה v.supra *and (it shall be)*

כְּמַלְקֹט prep.-Pi. ptc. (לָקַט 544) *as when one gleans*

שִׁבֳּלִים v.supra *the ears of grain*

בְּעֵמֶק prep.-n.m.s. cstr. (770) *in the Valley of*

רְפָאִים pr.n. (952) *Rephaim*

17:6

וְנִשְׁאַר־בֹּו conj.-Ni. pf. 3 m.s. (שָׁאַר 983)-prep.-3 m.s. sf. *will be left in it*

עֹולֵלֹת n.f.p. (760) *gleanings*

כְּנֹקֶף זַיִת prep. (GK 118u)-n.m.s. cstr. (668)-n.m.s. (268) *as when an olive tree is beaten*

שְׁנַיִם num. m.p. (1040) *two*

שְׁלֹשָׁה num. f.s. (1025) *three*

גַּרְגְּרִים n.m.p. (176) *berries*

בְּרֹאשׁ אָמִיר prep.-n.m.s. cstr. (910)-n.m.s. (57) *in the top of the highest bough*

אַרְבָּעָה n.f.s. (916; GK 134s) *four*

חֲמִשָּׁה num. f.s. (331) *five*

בִּסְעִפֶיהָ prep.-n.m.p.-3 f.s. sf. (703; GK 131nN) *on the branches (of her)*

פֹּרִיָּה Qal act.ptc. f.s. (פָּרָה 826) *fruit tree*

נְאֻם־יְהוָה n.m.s. cstr. (610)-pr.n. (217) *says Yahweh*

אֱלֹהֵי יִשְׂרָאֵל n.m.p. cstr. (43)-pr.n. (975) *God of Israel*

17:7

בַּיֹּום הַהוּא prep.-def.art.-n.m.s. (398)-def.art.-demons.adj. m.s. (214) *in that day*

יִשְׁעֶה Qal impf. 3 m.s. (שָׁעָה 1043) *will regard*

הָאָדָם def.art.-n.m.s. (9) *men*

עַל־עֹשֵׂהוּ prep.-Qal act.ptc.-3 m.s. sf. (עָשָׂה I 793) *their Maker*

וְעֵינָיו conj.-n.f.p.-3 m.s. sf. (744) *and their eyes*

אֶל־קְדֹושׁ יִשְׂרָאֵל prep.-adj. m.s. cstr. (872)-pr.n. (975) *to the Holy One of Israel*

תִּרְאֶינָה Qal impf. 3 f.p. (רָאָה 906) *will look*

17:8

וְלֹא יִשְׁעֶה conj.-neg.-Qal impf. 3 m.s. (שָׁעָה 1043) *they will not have regard*

אֶל־הַמִּזְבְּחֹות prep.-def.art.-n.f.p. (258) *for the altars*

מַעֲשֵׂה יָדָיו n.m.s. cstr. (795)-n.f.p.-3 m.s. sf. (388) *the work of their hands*

וַאֲשֶׁר conj.-rel. (81) *and to what*

עָשׂוּ Qal pf. 3 c.p. (I 793) *have made*

אֶצְבְּעֹתָיו n.f.p.-3 m.s. sf. (840) *their fingers*

לֹא יִרְאֶה neg.-Qal impf. 3 m.s. (רָאָה 906) *they will not look*

וְהָאֲשֵׁרִים conj.-def.art.-pr.n. (81) *either the Asherim*

וְהַחַמָּנִים conj. (GK 154aN(b))-def.art.-n.m.p. (329; GK 35f) *or the altars of incense*

17:9

בַּיֹּום הַהוּא prep.-def.art.-n.m.p. (398)-def.art.-adj. m.s. (214) *in that day*

יִהְיוּ Qal impf. 3 m.p. (הָיָה 224) *will be*

עָרֵי n.f.p. cstr. (746) *cities (of)*

מָעֻזֹּו n.m.s.-3 m.s. sf. (731) *their strong*

כַּעֲזוּבַת prep.-n.f.s. cstr. (737) *like the deserted places of*

הַחֹרֶשׁ def.art.-n.m.s. (361) *the Hivites (the wood)*

וְהָאָמִיר conj.-def.art.-n.m.s. (57) *and the Amorites (and the highest bough)*

אֲשֶׁר rel. (81) *which*

עָזְבוּ Qal pf. 3 c.p. (עָזַב 736) *they deserted*

מִפְּנֵי prep.-n.m.p. (815) *because of (from the face of)*

בְּנֵי יִשְׂרָאֵל n.m.p. cstr. (119)-pr.n. (975) *the children of Israel*

וְהָיְתָה conj.-Qal pf. 3 f.s. (הָיָה 224) *and there will be*

שְׁמָמָה n.f.s. (1031) *desolation*

17:10

כִּי שָׁכַחַתְּ conj.-Qal pf. 2 f.s. (שָׁכַח 1013) *for you have forgotten*

אֱלֹהֵי n.m.p. cstr. (43) *the God of*

יִשְׁעֵךְ n.m.s.-2 f.s. sf. (446) *your salvation*

וְצוּר conj.-n.m.s. cstr. (849) *and the Rock of*

מָעֻזֵּךְ n.m.s.-2 f.s. sf. (731) *your refuge*

לֹא זָכָרְתְּ neg.-Qal pf. 2 f.s. paus. (269) *(you) have not remembered*

עַל־כֵּן prep.-adv. (485) *therefore*

תִּטְּעִי Qal impf. 2 f.s. (נָטַע 642; GK 20mN) *though you plant*

נִטְעֵי n.m.p. cstr. (642) *plants (of)*

נַעֲמָנִים n.m.p. (654) *pleasant(ness)*

וּזְמֹרַת conj.-n.f.s. (274) *and slips of*

זָר Qal act.ptc. m.s. (זוּר 266) *an alien god*

תִּזְרָעֶנּוּ Qal impf. 2 m.s.-3 m.s. sf. (זָרַע 281; GK 47k) *set out (sow)*

17:11

בְּיֹום prep.-n.m.s. cstr. (398) *on the day that*

נִטְעֵךְ n.m.s. cstr.-2 f.s. sf. (642) *you plant them (your planting)*

תְּשַׂגְשֵׂגִי Pilpel impf. 2 f.s. (שׂוּג II 691) *you make them grow (fence carefully)*

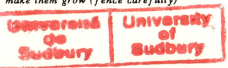

וּבַבֹּקֶר conj.-prep.-def.art.-n.m.s. (133) *and in the morning*

זַרְעֵךְ n.m.s.-2 f.s. sf. (282) *that you sow*

תַּפְרִיחִי Hi. impf. 2 f.s. פרח 827) *make them blossom*

נֵד n.m.s. (622; GK 72n) *will flee away (a heap)*

קָצִיר n.m.s. (894) *the harvest*

בְּיוֹם v.supra *in a day of*

נַחֲלָה Ni. ptc. f.s. (חלה 317) *grief*

וּכְאֵב conj.-n.m.s. (456) *and ... pain*

אָנוּשׁ Qal pass.ptc. (אנשׁ 60) *incurable*

17:12

הוֹי interj. (222) *Ah*

הֲמוֹן n.m.s. cstr. (242) *the thunder of*

עַמִּים רַבִּים n.m.p. (I 766)-adj. m.p. (913) *many peoples*

כַּהֲמוֹת prep.-Qal inf.cstr. (242) *like the thundering of*

יַמִּים n.m.p. (410) *the sea*

יֶהֱמָיוּן Qal impf. 3 m.p. (המה 242; GK 47m) *they thunder*

וּשְׁאוֹן conj.-n.m.s. cstr. (981) *roar of*

לְאֻמִּים n.m.p. (522) *nations (people)*

כִּשְׁאוֹן prep.-n.m.s. cstr. (981) *like the roaring of*

מַיִם n.m.p. (565) *waters*

כַּבִּירִים adj. m.p. (460) *mighty*

יִשָּׁאוּן Ni. impf. 3 m.p. (שׁאה I 980; GK 75u) *they roar*

17:13

לְאֻמִּים v.17:12 n.m.p. (522) *the nations*

כִּשְׁאוֹן v.17:12 prep.-n.m.s. cstr. (981) *like the roaring of*

מַיִם v.17:12 n.m.p. (565) *waters*

רַבִּים v.17:12 adj. m.p. (913) *many*

יִשָּׁאוּן v.17:12 Ni. impf. 3 m.p. (שׁאה I 980) *roar*

וְגָעַר conj.-Qal pf. 3 m.s. (גער 172) *but he will rebuke*

בּוֹ prep.-3 m.s. sf. *them*

וְנָס conj.-Qal pf. 3 m.s. (נוס 630) *they will flee*

מִמֶּרְחָק prep.-n.m.s. (935) *far away*

וְרֻדַּף conj.-Pu. pf. 3 m.s. (רדף 922) *chased*

כְּמֹץ prep.-n.m.s. cstr. (558) *like chaff on*

הָרִים n.m.p. (249) *mountains*

לִפְנֵי־רוּחַ prep.-n.m.p. cstr. (815)-n.f.s. (924) *before the wind*

וּכְגַלְגַּל conj.-prep.-n.m.s. (165) *and whirling dust*

לִפְנֵי סוּפָה v.supra prep.-n.m.p. cstr. (815)-n.f.s. (693) *before the storm*

17:14

לְעֵת prep.-n.f.s. cstr. (773) *at time (of)*

עֶרֶב n.m.s. (787) *evening*

וְהִנֵּה conj.-demons.part. (243) *behold*

בַּלָּהָה n.f.s. (117) *terror*

בְּטֶרֶם prep.-adv. (382) *before*

בֹּקֶר n.m.s. (133) *morning*

אֵינֶנּוּ subst.cstr.-3 m.s. sf. (II 34) *they are no more*

זֶה demons.adj. m.s. (260) *this is*

חֵלֶק n.m.s. cstr. (324) *the portion of*

שׁוֹסֵינוּ Qal act.ptc. m.p.-1 c.p. sf. (שׁסה 1042) *those who despoil us*

וְגוֹרָל conj.-n.m.s. (174) *and the lot*

לְבֹזְזֵינוּ prep.-Qal act.ptc. m.p.-1 c.p. sf. (בזז 102) *of those who plunder us*

18:1

הוֹי interj. (222) *Ah*

אֶרֶץ n.f.s. cstr. (75) *land of*

צִלְצַל n.m.s. cstr. (צלל I 852) *whirring of*

כְּנָפָיִם n.f. du. paus. (489) *wings*

אֲשֶׁר rel. (81) *which*

מֵעֵבֶר prep.-n.m.s. (719) *beyond*

לְנַהֲרֵי־ prep.-n.m.p. cstr. (625; GK 124e) *the rivers of*

כּוּשׁ pr.n. (468) *Ethiopia (Cush)*

18:2

הַשֹּׁלֵחַ def.art.-Qal act.ptc. (שׁלח 1018) *which sends*

בַּיָּם prep.-def.art.-n.m.s. (410) *by the Nile (sea)*

צִירִים n.m.p. (851) *ambassadors*

וּבִכְלֵי־ conj.-prep.-n.m.p. cstr. (479) *in vessels of*

גֹּמֶא n.m.s. (167) *papyrus*

עַל־פְּנֵי־ prep.-n.m.p. cstr. (815) *upon*

מַיִם n.m.p. (565) *waters*

לְכוּ Qal impv. 2 m.p. (הלך 229) *go*

מַלְאָכִים n.m.p. (521) *messengers*

קַלִּים adj. m.p. (886) *swift*

אֶל־גּוֹי prep.-n.m.s. (156) *to a nation*

מְמֻשָּׁךְ Pu. ptc. (משׁך 604) *tall*

וּמוֹרָט conj.-Pu. ptc. (מרט 598; GK 52s) *and smooth*

אֶל־עַם prep.-n.m.s. (I 766) *to a people*

נוֹרָא Ni. ptc. (ירא 431) *feared*

מִן־הוּא prep.-demons.adj. (214; GK 103n) *near*

וָהָלְאָה conj.-adv. (229) *and far*

גּוֹי n.m.s. (156) *a nation*

קַו־קָו n.m.s. (876)-n.m.s. (876) *mighty*

וּמְבוּסָה conj.-n.f.s. (101) *and conquering (down-treading)*

אֲשֶׁר־בָּזְאוּ rel. (81)-Qal pf. 3 c.p. (102) *whose ... divide*

נְהָרִים n.m.p. (625) *the rivers*

אַרְצוֹ n.f.s.-3 m.s. sf. (75) *(whose) land*

18:3

כָּל־יֹשְׁבֵי n.m.s. cstr. (481)-Qal act.ptc. m.p. cstr. (442 יָשַׁב) *all inhabitants of*

תֵּבֵל n.f.s. (385) *world*

וְשֹׁכְנֵי conj.-Qal act.ptc. m.p. cstr. (שָׁכַן 1014) *who dwell*

אָרֶץ n.f.s. paus. (75) *on earth*

כִּנְשֹׂא־ prep.-Qal inf.cstr. (נָשָׂא 669; GK 66b) *when is raised*

נֵס n.m.s. (651) *a signal*

הָרִים n.m.p. (249) *on mountains*

תִּרְאוּ Qal impf. 2 m.p. (רָאָה 906) *look*

וְכִתְקֹעַ conj.-prep.-Qal inf.cstr. (תָּקַע 1075) *when is blown*

שׁוֹפָר n.m.s. (1051) *a trumpet*

תִּשְׁמָעוּ Qal impf. 2 m.p. paus. (שָׁמַע 1033) *hear*

18:4

כִּי כֹה conj.-adv. (462) *for thus*

אָמַר יהוה Qal pf. 3 m.s. (55)-pr.n. (217) *Yahweh said*

אֵלַי prep.-1 c.s. sf. *to me*

אֶשְׁקוֹטָה Qal impf. 1 c.s.-coh.he (שָׁקַט 1052; GK 10h) *I will quietly*

וְאַבִּיטָה conj.-Hi. impf. 1 c.s.-coh.he (נָבַט 613) *look*

בִּמְכוֹנִי prep.-n.m.s.-1 c.s. sf. (467) *from my dwelling*

כְּחֹם prep.-n.m.s. (328) *like heat*

צַח adj. m.s. (850) *clear*

עֲלֵי־אוֹר prep. (poet. 752)-n.m.s. (21) *in sunshine*

כְּעָב prep.-n.m.s. cstr. (728) *like a cloud of*

טַל n.m.s. (378) *dew*

בְּחֹם prep.-n.m.s. cstr. (328) *in the heat of*

קָצִיר n.m.s. (894) *harvest*

18:5

כִּי־לִפְנֵי conj.-prep.-n.m.p. cstr. (815) *for before*

קָצִיר n.m.s. (894) *harvest*

כְּתָם prep.-Qal inf.cstr. (תָּמַם 1070) *when is over*

פֶּרַח n.m.s. (827) *blossom*

וּבֹסֶר conj.-n.m.s. (126; GK 142f,145q) *a grape (unripe)*

גֹּמֵל Qal act.ptc. (גָּמַל 168) *ripening*

יִהְיֶה Qal impf. 3 m.s. (הָיָה 224) *becomes*

נִצָּה n.f.s. (665) *flower (blossom)*

וְכָרַת conj.-Qal pf. 3 m.s. (כָּרַת 503) *he will cut off*

הַזַּלְזַלִּים def.art.-n.m.p. (272) *the shoots*

בַּמַּזְמֵרוֹת prep.-def.art.-n.f.p. (274) *with pruning hooks*

וְאֶת־הַנְּטִישׁוֹת conj.-dir.obj.-def.art.-n.f.p. (643) *and the branches*

הֵסִיר Hi. pf. 3 m.s. (סוּר 693) *spreading (he hath removed)*

הֵתַז Hi. pf. 3 m.s. (תַּז 1064; GK 29q,67v,72dd) *he will hew away*

18:6

יֵעָזְבוּ Ni. impf. 3 m.p. (עָזַב 736) *they shall be left*

יַחְדָּו adv. (403) *all of them (together)*

לְעֵיט prep.-n.m.s. cstr. (743) *to the birds of prey of*

הָרִים n.m.p. (249) *mountains*

וּלְבֶהֱמַת conj.-prep.-n.f.s. cstr. (96) *and to the beasts of*

הָאָרֶץ def.art.-n.f.s. (75) *the earth*

וְקָץ conj.-Qal pf. 3 m.s. (or Qal act.ptc.) (קִיץ 884; GK 73b) *and will summer*

עָלָיו prep.-3 m.s. sf. *upon them*

הָעַיִט def.art.-n.m.s. (743) *the birds of prey*

וְכָל־בֶּהֱמַת conj.-n.m.s. cstr. (481)-n.f.s. cstr. (96) *and all the beasts of*

הָאָרֶץ def.art.-n.f.s. (75) *the earth*

עָלָיו v.supra *upon them*

תֶּחֱרָף Qal impf. 3 f.s. paus. (חָרַף 358) *will winter*

18:7

בָּעֵת הַהִיא prep.-def.art.-n.f.s. (773)-def.art.-demons.adj. f.s. (214) *at that time*

יוּבַל־ Ho. impf. 3 m.s. (יָבַל 384) *will be brought*

שַׁי n.m.s. (1009) *gifts*

לַיהוה צְבָאוֹת prep.-pr.n. (217)-pr.n. (838) *to Yahweh of hosts*

עַם n.m.s. (I 766) *from a people*

מְמֻשָּׁךְ v.18:2 Pu. ptc. (מָשַׁךְ 604) *tall*

וּמוֹרָט conj.-Pu. ptc. (598; GK 52s) *and smooth*

וּמֵעַם conj.-prep.-n.m.s. (I 766) *and from a people*

נוֹרָא Ni. ptc. (יָרֵא 431) *feared*

מִן־הוּא v.18:2 prep.-demons.adj. m.s. (214; GK 103m) *near*

וָהָלְאָה conj.-adv. (229) *and far*

גּוֹי n.m.s. (156) *a nation*

קַו־קָו v.18:2 n.m.s. (876)-n.m.s. (876) *mighty*

53

וּמְבוּסָה v.18:2 conj.-n.f.s. (101) *and conquering*

אֲשֶׁר בָּזְאוּ rel. (81)-Qal pf. 3 c.p. (בָּזָא 102) *whose ... divide*

נְהָרִים n.m.p. (625) *rivers*

אַרְצוֹ n.f.s.-3 m.s. sf. (75) *whose land*

אֶל־מְקוֹם prep.-n.m.s. cstr. (879) *to the place of*

שֵׁם n.m.s. cstr. (1027) *the name of*

יהוה צְבָאוֹת pr.n. (217)-pr.n. (838) *Yahweh of hosts*

הַר־צִיּוֹן n.m.s. cstr. (249)-pr.n. (851) *Mount Zion*

19:1

מַשָּׂא n.m.s. cstr. (II 672) *an oracle concerning*

מִצְרָיִם pr.n. paus. (595) *Egypt*

הִנֵּה demons.part. (243) *behold*

יהוה pr.n. (217) *Yahweh*

רֹכֵב Qal act.ptc. (רָכַב 938) *is riding*

עַל־עָב קַל prep.-n.m.s. (728)-adj. m.s. (886) *on a swift cloud*

וּבָא conj.-Qal pf. 3 m.s. (בּוֹא 97) *and comes*

מִצְרַיִם pr.n. (595) *to Egypt*

וְנָעוּ conj.-Qal pf. 3 c.p. (נוע 631; GK 72 l) *and will tremble*

אֱלִילֵי n.m.p. cstr. (47) *the idols of*

מִצְרַיִם v.supra *Egypt*

מִפָּנָיו prep.-n.m.p.-3 m.s. sf. (815) *at his presence*

וּלְבַב conj.-n.m.s. cstr. (523) *and the heart of*

מִצְרַיִם pr.n. (595) *the Egyptians*

יִמַּס Ni. impf. 3 m.s. (מָסַס 587) *will melt*

בְּקִרְבּוֹ prep.-n.m.s.-3 m.s. sf. (899) *within them*

19:2

וְסִכְסַכְתִּי conj.-Pilpel pf. 1 c.s. (סָכַךְ 696?; cf. Ges.-Rob. p. 722) *and I will stir up (incite)*

מִצְרַיִם pr.n. (595) *Egyptians*

בְּמִצְרַיִם prep.-v.supra *against Egyptians*

וְנִלְחֲמוּ conj.-Ni. pf. 3 c.p. (לָחַם 535) *and they will fight*

אִישׁ־בְּאָחִיו n.m.s. (35)-prep.-n.m.s.-3 m.s. sf. (26) *every man against his brother*

וְאִישׁ בְּרֵעֵהוּ conj.-n.m.s. (35)-prep.-n.m.s.-3 m.s. sf. (945) *and every man against his neighbor*

עִיר בְּעִיר n.f.s. (746)-prep.-n.f.s. (746) *city against city*

מַמְלָכָה n.f.s. (575) *kingdom*

בְּמַמְלָכָה prep.-n.f.s. (575) *against kingdom*

19:3

וְנָבְקָה conj.-Ni. pf. 3 f.s. (בָּקַק II 132; GK 67dd) *and will be emptied out*

רוּחַ־מִצְרַיִם n.f.s. cstr. (924)-pr.n. (595) *the spirit of the Egyptians*

בְּקִרְבּוֹ prep.-n.m.s.-3 m.s. sf. (899) *within them*

וַעֲצָתוֹ conj.-n.f.s.-3 m.s. sf. (420) *and their plans*

אֲבַלֵּעַ Pi. impf. 1 c.s. (בָּלַע 118) *I will confound*

וְדָרְשׁוּ conj.-Qal pf. 3 c.p. (דָּרַשׁ 205) *and they will consult*

אֶל־הָאֱלִילִים prep.-def.art.-n.m.p. (47) *the idols*

וְאֶל־הָאִטִּים conj.-prep.-def.art.-n.m.p. (31) *and the sorcerers*

וְאֶל־הָאֹבוֹת conj.-prep.-def.art.-n.m.p. (13) *and the mediums (necromancers)*

וְאֶל־הַיִּדְּעֹנִים conj.-prep.-def.art.-n.m.p. (396) *and the wizards*

19:4

וְסִכַּרְתִּי conj.-Pi. pf. 1 c.s. (סָכַר 698) *and I will give over*

אֶת־מִצְרַיִם dir.obj.-pr.n. (595) *the Egyptians*

בְּיַד prep.-n.f.s. cstr. (388) *into a hand of*

אֲדֹנִים קָשֶׁה n.m.p. (10)-adj. m.s. (904; GK 124i,132h) *a hard master*

וּמֶלֶךְ עַז conj.-n.m.s. (572)-adj. m.s. (738) *and a fierce king*

יִמְשָׁל־בָּם Qal impf. 3 m.s. (מָשַׁל 605)-prep.-3 m.p. sf. *will rule over them*

נְאֻם הָאָדוֹן n.m.s. cstr. (610)-def.art.-n.m.s. (10) *says the Lord*

יהוה צְבָאוֹת pr.n. (217)-pr.n. (838) *Yahweh of hosts*

19:5

וְנִשְּׁתוּ conj.-Ni. pf. 3 c.p. (נָשַׁת 677) *and will be dried up*

מַיִם מֵהַיָּם n.m.p. (565)-prep.-def.art.-n.m.s. (410) *the waters of the Nile (from the sea)*

וְנָהָר conj.-n.m.s. (625) *and the river*

יֶחֱרַב Qal impf. 3 m.s. (חָרַב 351) *will be parched*

וְיָבֵשׁ conj.-Qal pf. 3 m.s. (יָבֵשׁ 386) *and be dry*

19:6

וְהֶאֶזְנִיחוּ conj.-Hi. pf. 3 c.p. (אָזַן II 276); GK 53g,p) *and will become foul*

נְהָרוֹת n.m.p. (625) *the canals*

דָּלְלוּ Qal pf. 3 c.p. (דָּלַל 195) *will diminish*

וְחָרְבוּ conj.-Qal pf. 3 c.p. (חָרַב 351) *and dry up*

יְאֹרֵי מָצוֹר n.m.p. cstr. (384)-pr.n. (596) *the branches of Egypt's Nile*

קָנֶה n.m.s. (889) *reeds*

וָסוּף conj.-n.m.s. (693) *and rushes*

קָמֵלוּ Qal pf. 3 c.p. paus. (קָמַל 888; GK 124e) *will rot away*

54

19:7

עָרוֹת n.f.p. (788) *bare places*

עַל־יְאוֹר prep.-n.m.s. (384) *by the Nile*

עַל־פִּי prep.-n.m.s. cstr. (804) *on the brink of*

יְאוֹר n.m.s. (384) *the Nile*

וְכֹל conj.-n.m.s. cstr. (481) *and all that*

מִזְרַע יְאוֹר n.m.s. cstr. (283)-n.m.s. (384) *is sown by the Nile*

יִיבַשׁ Qal impf. 3 m.s. (יָבֵשׁ 386) *will dry up*

נִדַּף Ni. pf. 3 m.s. (נָדַף 623) *be driven away*

וְאֵינֶנּוּ conj.-subst.-3 m.s. sf. (II 34) *and be no more*

19:8

וְאָנוּ conj.-Qal pf. 3 c.p. (אָנָה 58) *will mourn*

הַדַּיָּגִים def. art.-n.m.p. (186) *the fishermen*

וְאָבְלוּ conj.-Qal pf. 3 c.p. (אָבַל 5) *and lament*

כָּל־מַשְׁלִיכֵי n.m.s. cstr. (481)-Hi. ptc. m.p. cstr. (שָׁלַךְ 1020) *all who cast*

בַּיְאוֹר prep.-def.art.-n.m.s. (384) *in the Nile*

חַכָּה n.f.s. (335) *a fish-hook*

וּפֹרְשֵׂי conj.-Qal act.ptc. m.p. cstr. (פָּרַשׂ 831) *and who spread*

מִכְמֹרֶת n.f.s. (485) *nets*

עַל־פְּנֵי־מָיִם prep.-n.m.p. cstr. (815)-n.m.s. (565) *upon the water*

אֻמְלָלוּ Pulal pf. 3 c.p. paus. (אָמַל 51) *will languish*

19:9

וּבֹשׁוּ conj.-Qal pf. 3 c.p. (בּוֹשׁ 101) *will be in despair (be ashamed)*

עֹבְדֵי Qal act.ptc. m.p. cstr. (עָבַד 712) *the workers in*

פִּשְׁתִּים n.m.p. (833) *flax*

שְׂרִיקוֹת adj. f.p. (977) *combed*

וְאֹרְגִים conj.-Qal act.ptc. m.p. (אָרַג 71) *and the weavers*

חוֹרָי n.m.s. paus. (301; GK 86i) *white cotton*

19:10

וְהָיוּ conj.-Qal pf. 3 c.p. (הָיָה 224)

שָׁתֹתֶיהָ n.m.p.-3 f.s. sf. (1011) *those who are pillars of the land*

מְדֻכָּאִים Pu. ptc. m.p. (דָּכָא 193) *will be crushed*

כָּל־עֹשֵׂי n.m.s. cstr. (481)-Qal act.ptc. m.p. cstr. (I 793 עָשָׂה) *and all who work for*

שֶׂכֶר n.m.s. (969) *hire*

אַגְמֵי־נָפֶשׁ adj. m.p. cstr. (8; GK 128y)-n.f.s. (659) *will be grieved (of soul)*

19:11

אַךְ־אֱוִלִים adv. (36)-n.m.p. (17) *utterly foolish*

שָׂרֵי צֹעַן n.m.p. cstr. (978)-pr.n. (858) *the princes of Zoan*

חַכְמֵי יֹעֲצֵי adj. m.p. cstr. (314; GK 133h)-Qal act.ptc. m.p. cstr. (יָעַץ 419) *the wise counsellors of*

פַּרְעֹה pr.n. (829) *Pharaoh*

עֵצָה נִבְעָרָה n.f.s. (I 420)-Ni. ptc. f.s. (בָּעַר II 129) *stupid counsel*

אֵיךְ interr. (32) *how*

תֹּאמְרוּ Qal impf. 2 m.p. (55) *can you say*

אֶל־פַּרְעֹה prep.-pr.n. (829) *to Pharaoh*

בֶּן־חֲכָמִים n.m.s. cstr. (119)-adj. m.p. (314; GK 133h) *a son of the wise*

אֲנִי pers.pr. 1 c.s. (58) *I am*

בֶּן־מַלְכֵי־ v.supra-n.m.p. cstr. (572; GK 133h) *a son of kings*

קֶדֶם n.m.s. (869) *ancient*

19:12

אַיָּם interr.adv. (32)-3 m.p. sf. *where (they are)*

אֵפוֹא encl.part. (66) *then*

חֲכָמֶיךָ n.m.p.-2 m.s. sf. (314) *your wise men*

וְיַגִּידוּ conj. (GK 109f)-Hi. impf. 3 m.p. (נָגַד 616) *let them tell*

נָא part. of entreaty (609) *(I pray)*

לָךְ prep.-2 m.s. sf. paus. *you*

וְיֵדְעוּ conj. (GK 109f)-Qal impf. 3 m.p. (יָדַע 393; GK 142f) *and make known*

מַה־יָּעַץ interr. (552)-Qal pf. 3 m.s. (יָעַץ 419) *what ... has purposed*

יהוה צְבָאוֹת pr.n. (217)-pr.n. (838) *Yahweh of hosts*

עַל־מִצְרָיִם prep.-pr.n. paus. (595) *against Egypt*

19:13

נוֹאֲלוּ Ni. pf. 3 c.p. (יָאַל 383) *have become foolish*

שָׂרֵי צֹעַן n.m.p. cstr. (978)-pr.n. (858) *the princes of Zoan*

נִשְּׁאוּ Ni. pf. 3 c.p. (נָשָׁא II 674) *are deluded*

שָׂרֵי נֹף v.supra-pr.n. (592) *the princes of Memphis*

הִתְעוּ Hi. pf. 3 c.p. (תָּעָה 1073) *have led astray*

אֶת־מִצְרַיִם dir.obj.-pr.n. (595) *Egypt*

פִּנַּת n.f.s. cstr. (819) *the corner-stones of*

שְׁבָטֶיהָ n.m.p.-3 f.s. sf. (986) *her tribes*

19:14

יהוה pr.n. (217) *Yahweh*

מָסַךְ Qal pf. 3 m.s. (מָסַךְ 587) *has mingled*

בְּקִרְבָּהּ prep.-n.m.s.-3 f.s. sf. (899) *within her*

רוּחַ n.f.s. cstr. (924) *a spirit of*

עִוְעִים n.m.p. (730) *confusion*

וְהִתְעוּ conj.-Hi. pf. 3 c.p. (תָּעָה 1073) *and they have made stagger*

אֶת־מִצְרַיִם dir.obj.-pr.n. (595) *Egypt*

בְּכָל־ prep.-n.m.s. cstr. (481) *in all (of)*

מַעֲשֵׂהוּ n.m.s.-3 m.s. sf. (795) *her (his) doings*

כְּהִתָּעוֹת prep.-Ni. inf.cstr. (תָּעָה 1073) *as ... staggers*

שִׁכּוֹר adj. as subst. (1016) *a drunken man*

בְּקִיאוֹ prep.-n.m.s. (883)-3 m.s. sf. *in his vomit*

19:15

וְלֹא־יִהְיֶה conj.-neg.-Qal impf. 3 m.s. (הָיָה 224) *and there will be no*

לְמִצְרַיִם prep.-pr.n. (595) *for Egypt*

מַעֲשֶׂה n.m.s. (795) *thing (deed)*

אֲשֶׁר יַעֲשֶׂה rel. (81)-Qal impf. 3 m.s. (עָשָׂה 793) *which may do*

רֹאשׁ n.m.s. (910) *head*

וְזָנָב conj.-n.m.s. (275) *or tail*

כִּפָּה n.f.s. (497) *palm branch*

וְאַגְמוֹן conj.-n.m.s. (8) *or reed*

19:16

בַּיּוֹם הַהוּא prep.-def.art.-n.m.s. (398)-def.art.-demons.adj. m.s. (214) *in that day*

יִהְיֶה Qal impf. 3 m.s. (הָיָה 224) *will be*

מִצְרַיִם pr.n. (595) *the Egyptians*

כַּנָּשִׁים prep.-def.art.-n.f.p. (61) *like women*

וְחָרַד conj.-Qal pf. 3 m.s. (353) *and tremble*

וּפָחַד conj.-Qal pf. 3 m.s. (808) *with fear (and be in awe)*

מִפְּנֵי prep.-n.m.p. cstr. (815) *before*

תְּנוּפַת n.f.s. cstr. (632) *(the brandishing of)*

יַד־ n.f.s. cstr. (388) *the hand of*

יהוה צְבָאוֹת pr.n. (217)-pr.n. (838) *Yahweh of hosts*

אֲשֶׁר־הוּא rel. (81)-pers.pr. 3 m.s. (214) *which (he)*

מֵנִיף Hi. ptc. (נוּף 631) *shakes*

עָלָיו prep.-3 m.s. sf. *over them*

19:17

וְהָיְתָה conj.-Qal pf. 3 f.s. (הָיָה 224) *and will become*

אַדְמַת n.f.s. cstr. (9) *the land of*

יְהוּדָה pr.n. (397) *Judah*

לְמִצְרַיִם prep.-pr.n. (595) *to the Egyptians*

לְחָגָּא prep.-n.f.s. (291; GK 80h,95d) *a terror*

כֹּל אֲשֶׁר n.m.s. (481)-rel. (81) *everyone to whom*

יַזְכִּיר Hi. impf. 3 m.s. (זָכַר 270) *it is mentioned (he causes to remember)*

אֹתָהּ dir.obj.-3 f.s. sf. *it*

אֵלָיו prep.-3 m.s. sf. (GK 143b) *(to him)*

יִפְחָד Qal impf. 3 m.s. (פָּחַד 808) *will fear*

מִפְּנֵי prep.-n.m.p. cstr. (815) *because of*

עֲצַת n.f.s. cstr. (420) *the purpose of*

יהוה צְבָאוֹת pr.n. (217)-pr.n. (838) *Yahweh of hosts*

אֲשֶׁר־הוּא rel. (81)-pers.pr. 3 m.s. (214) *which (he)*

יוֹעֵץ Qal act.ptc. (יָעַץ 420) *has purposed*

עָלָיו prep.-3 m.s. sf. *against them*

19:18

בַּיּוֹם הַהוּא prep.-def.art.-n.m.s. (398)-def.art.-demons.adj. m.s. (214) *in that day*

יִהְיוּ Qal impf. 3 m.p. (הָיָה 224) *there will be*

חָמֵשׁ num. m.s. (331) *five*

עָרִים n.f.p. (746) *cities*

בְּאֶרֶץ prep.-n.f.s. cstr. (75) *in the land of*

מִצְרַיִם pr.n. (595) *Egypt*

מְדַבְּרוֹת Pi. ptc. f.p. (דָּבַר 180) *which speak*

שְׂפַת n.f.s. cstr. (973) *the language of*

כְּנַעַן pr.n. (I 488; GK 2a) *Canaan*

וְנִשְׁבָּעוֹת conj.-Ni. ptc. f.p. (שָׁבַע 989) *and swear allegiance*

לַיהוה צְבָאוֹת prep.-pr.n. (217)-pr.n. (838) *to Yahweh of hosts*

עִיר n.f.s. cstr. (746) *the city of*

הַהֶרֶס def.art.-n.m.s. (249) *the Sun (destruction)*

יֵאָמֵר Ni. impf. 3 m.s. (אָמַר 55) *will be called*

לְאֶחָת prep.-adj. (25) *(to) one (of these)*

19:19

בַּיּוֹם הַהוּא v.19:18 prep.-def.art.-n.m.s. (398)-def.art.-demons.adj. m.s. (214) *in that day*

יִהְיֶה Qal impf. 3 m.s. (הָיָה 224) *there will be*

מִזְבֵּחַ n.m.s. (258) *an altar*

לַיהוה prep.-pr.n. (217) *to Yahweh*

בְּתוֹךְ prep.-n.m.s. cstr. (1063) *in the midst of*

אֶרֶץ n.f.s. cstr. (75) *the land of*

מִצְרַיִם pr.n. paus. (595) *Egypt*

וּמַצֵּבָה conj.-n.f.s. (663) *and a pillar*

אֵצֶל־גְּבוּלָהּ prep. (69)-n.m.s. (147)-3 f.s. sf. *at its border*

לַיהוה prep.-pr.n. (217) *to Yahweh*

19:20

וְהָיָה conj.-Qal pf. 3 m.s. (224) *it will be*

לְאוֹת prep.-n.f.s. (85) *a sign*

וּלְעֵד conj.-prep.-n.m.s. (723) *and a witness*

לַיהוה prep.-pr.n. (217) *to Yahweh*

צְבָאוֹת pr.n. (838) *of hosts*

בְּאֶרֶץ prep.-n.f.s. cstr. (75) *in the land of*

מִצְרָיִם pr.n. paus. (595) *Egypt*

כִּי־יִצְעֲקוּ conj.-Qal impf. 3 m.p. (צעק 858) *when they cry*

אֶל־יְהוה prep.-pr.n. (217) *to Yahweh*

מִפְּנֵי prep.-n.m.p. cstr. (815) *because of*

לֹחֲצִים Qal act.ptc. m.p. (לחץ 537) *oppressors*

וְיִשְׁלַח conj.-Qal impf. 3 m.s. (שלח 1018) *he will send*

לָהֶם prep.-3 m.p. sf. *them*

מוֹשִׁיעַ Hi. ptc. (ישע 446) *a savior*

וָרָב conj.-Qal pf. 3 m.s. (ריב 936) *and will defend (strive for)*

וְהִצִּילָם conj.-Hi. pf. 3 m.s.-3 m.p. sf. (נצל 664) *and deliver them*

19:21

וְנוֹדַע conj.-Ni. pf. 3 m.s. (ידע 393) *and will make himself known*

יְהוה pr.n. (217) *Yahweh*

לְמִצְרַיִם prep.-pr.n. (595) *to the Egyptians*

וְיָדְעוּ conj.-Qal pf. 3 c.p. (ידע 393) *and will know*

מִצְרַיִם pr.n. (595) *the Egyptians*

אֶת־יְהוה dir.obj.-pr.n. (217) *Yahweh*

בַּיּוֹם הַהוּא prep.-def.art.-n.m.s. (398)-def.art.-demons.adj. m.s. (214) *in that day*

וְעָבְדוּ conj.-Qal pf. 3 c.p. (עבד 712) *and worship*

זֶבַח n.m.s. (257) *with sacrifice*

וּמִנְחָה conj.-n.f.s. (585) *and burnt offering*

וְנָדְרוּ conj.-Qal pf. 3 c.p. (נדר 623) *and they will make vows*

נֵדֶר n.m.s. (623) *(a vow)*

לַיהוה prep.-pr.n. (217) *to Yahweh*

וְשִׁלֵּמוּ conj.-Pi. pf. 3 c.p. paus. (שלם 1022) *and perform them*

19:22

וְנָגַף conj.-Qal pf. 3 m.s. (נגף 619) *and will smite*

יְהוה pr.n. (217) *Yahweh*

אֶת־מִצְרַיִם dir.obj.-pr.n. (595) *Egypt*

נָגֹף Qal inf.abs. (נגף 619) *smiting*

וְרָפוֹא conj.-Qal inf.abs. (רפא 950; GK 113s) *and healing*

וְשָׁבוּ conj.-Qal pf. 3 c.p. (שוב 996) *and they will return*

עַד־יְהוה prep.-pr.n. (217) *to Yahweh*

וְנֶעְתַּר conj.-Ni. pf. 3 m.s. (עתר 801) *and he will heed ... supplications*

לָהֶם prep.-3 m.p. sf. *their*

וּרְפָאָם conj.-Qal pf. 3 m.s.-3 m.p. sf. (רפא 950) *and heal them*

19:23

בַּיּוֹם הַהוּא v.19:21 *in that day*

תִּהְיֶה Qal impf. 3 f.s. (היה 224) *there will be*

מְסִלָּה n.f.s. (700) *a highway*

מִמִּצְרַיִם prep.-pr.n. (595) *from Egypt*

אַשּׁוּרָה pr.n.-dir.he (78) *to Assyria*

וּבָא conj.-Qal pf. 3 m.s. (בוא 97) *and will come*

אַשּׁוּר pr.n. (78) *the Assyrian*

בְּמִצְרַיִם prep.-pr.n. (595) *into Egypt*

וּמִצְרַיִם conj.-pr.n. (595) *and the Egyptian*

בְּאַשּׁוּר prep.-pr.n. (78) *into Assyria*

וְעָבְדוּ conj.-Qal pf. 3 c.p. (עבד 712) *and will worship*

מִצְרַיִם pr.n. (595) *the Egyptians*

אֶת־אַשּׁוּר prep. (II 85)-pr.n. (78) *with the Assyrians*

19:24

בַּיּוֹם הַהוּא v.19:21 *in that day*

יִהְיֶה Qal impf. 3 m.s. (היה 224) *will be*

יִשְׂרָאֵל pr.n. (975) *Israel*

שְׁלִישִׁיָּה num.adj. f.s. (1026) *the third (on par with other two)*

לְמִצְרַיִם prep.-pr.n. (595) *with Egypt*

וּלְאַשּׁוּר conj.-prep.-pr.n. (78) *and Assyria*

בְּרָכָה n.f.s. (139) *a blessing*

בְּקֶרֶב prep.-n.m.s. cstr. (899) *in the midst of*

הָאָרֶץ def.art.-n.f.s. (75) *the earth*

19:25

אֲשֶׁר בֵּרֲכוֹ rel. (81)-Pi. pf. 3 m.s.-3 m.s. sf. (ברך 138) *whom ... has blessed (him)*

יְהוה צְבָאוֹת pr.n. (217)-pr.n. (838) *Yahweh of hosts*

לֵאמֹר prep.-Qal inf.cstr. (55) *saying*

בָּרוּךְ Qal pass.ptc. (ברך 138) *Blessed be*

עַמִּי n.m.s.-1 c.s. sf. (766) *my people*

מִצְרַיִם pr.n. (595) *Egypt*

וּמַעֲשֵׂה conj.-n.m.s. cstr. (795) *and the work of*

יָדַי n.f.p.-1 c.s. sf. (388) *my hands*

אַשּׁוּר pr.n. (78) *Assyria*

וְנַחֲלָתִי conj.-n.f.s.-1 c.s. sf. (635) *and my heritage*

יִשְׂרָאֵל pr.n. (975) *Israel*

20:1

בִּשְׁנַת prep.-n.f.s. cstr. (1040) *in the year that*

בֹּא Qal inf.cstr. (בוא 97) *came*

57

תַרְתָּן n.m.s. title (1077) *the commander-in-chief*

אַשְׁדּוֹדָה pr.n.-dir.he (78) *to Ashdod*

בִּשְׁלֹחַ prep.-Qal inf.cstr. (שָׁלַח 1018; GK 115k) *who was sent*

אֹתוֹ dir.obj.-3 m.s. sf. *(who)*

סַרְגּוֹן pr.n. (709) *Sargon*

מֶלֶךְ n.m.s. cstr. (572) *the king of*

אַשּׁוּר pr.n. (78) *Assyria*

וַיִּלָּחֶם consec.-Ni. impf. 3 m.s. (לָחַם 535) *and fought*

בְּאַשְׁדּוֹד prep.-pr.n. (78) *against it (Ashdod)*

וַיִּלְכְּדָהּ consec.-Qal impf. 3 m.s.-3 f.s. sf. (לָכַד 539) *and took it*

20:2

בָּעֵת הַהִיא prep.-def.art.-n.f.s. (773)-def.art.-demons.adj. f.s. (214) *at that time*

דִּבֶּר Pi. pf. 3 m.s. (דָּבַר 180) *had spoken*

יהוה pr.n. (217) *Yahweh*

בְּיַד prep.-n.f.s. cstr. (388) *by (the hand of)*

יְשַׁעְיָהוּ pr.n. (447) *Isaiah*

בֶּן־אָמוֹץ n.m.s. cstr. (119)-pr.n. (55) *the son of Amoz*

לֵאמֹר prep.-Qal inf.cstr. (55) *saying*

לֵךְ Qal impv. 2 m.s. (הָלַךְ 229) *Go*

וּפִתַּחְתָּ conj.-Pi. pf. 2 m.s. (פָּתַח 834) *and loose*

הַשַּׂק def.art.-n.m.s. (974) *the sackcloth*

מֵעַל מָתְנֶיךָ prep.-prep.-n.m. du.-2 m.s. sf. (608) *from your loins*

וְנַעַלְךָ conj.-n.f.s.-2 m.s. sf. (653) *and your shoes*

תַּחֲלֹץ Qal impf. 2 m.s. (חָלַץ 322) *take off*

מֵעַל רַגְלֶיךָ prep.-prep.-n.f. du.-2 m.s. sf. (919) *from your feet*

וַיַּעַשׂ consec.-Qal impf. 3 m.s. (עָשָׂה 793) *and he had done*

כֵּן adv. (485) *so*

הָלֹךְ Qal inf.abs. (הָלַךְ 229) *walking*

עָרוֹם adj. m.s. (736; GK 113i) *naked*

וְיָחֵף conj.-adj. m.s. (405; GK 113i) *and barefoot*

20:3

וַיֹּאמֶר consec.-Qal impf. 3 m.s. (55) *(and) said*

יהוה pr.n. (217) *Yahweh*

כַּאֲשֶׁר prep.-rel. (81) *As*

הָלַךְ Qal pf. 3 m.s. (229) *has walked*

עַבְדִּי n.m.s.-1 c.s. sf. (713) *my servant*

יְשַׁעְיָהוּ pr.n. (447) *Isaiah*

עָרוֹם v.supra adj. (736) *naked*

וְיָחֵף v.supra conj.-adj. (405) *and barefoot*

שָׁלֹשׁ num. m.s. (1025) *three*

שָׁנִים n.f.p. (1040) *years*

אוֹת n.m.s. (16) *a sign*

וּמוֹפֵת conj.-n.m.s. (68) *and a portent*

עַל־מִצְרַיִם prep.-pr.n. (595) *against Egypt*

וְעַל־כּוּשׁ conj.-prep.-pr.n. (468) *and Ethiopia (Cush)*

20:4

כֵּן adv. (485) *so*

יִנְהַג Qal impf. 3 m.s. (נָהַג 624) *shall lead away*

מֶלֶךְ־אַשּׁוּר n.m.s. cstr. (572)-pr.n. (78) *the king of Assyria*

אֶת־שְׁבִי dir.obj.-n.m.s. cstr. (985) *the captives of*

מִצְרַיִם pr.n. (595) *Egypt*

וְאֶת־גָּלוּת conj.-dir.obj.-n.f.s. cstr. (163) *and the exiles of*

כּוּשׁ pr.n. (468) *Ethiopia (Cush)*

נְעָרִים n.m.p. (654) *young*

וּזְקֵנִים conj.-adj. m.p. (278) *and old*

עָרוֹם v.20:2,3 adj. (736; GK 118o) *naked*

וְיָחֵף v.20:2,3 conj.-adj. (405) *and barefoot*

וַחֲשׂוּפַי conj.-Qal pass.ptc. m.p. cstr. (?) (חָשַׂף 362; GK 87g) *uncovered (of)*

שֵׁת n.m.s. (1059) *buttocks*

עֶרְוַת n.f.s. cstr. (788) *to the shame of*

מִצְרָיִם pr.n. paus. (595) *Egypt*

20:5

וְחַתּוּ conj.-Qal pf. 3 c.p. (חָתַת 369) *then they shall be dismayed*

וָבֹשׁוּ conj.-Qal pf. 3 c.p. (בּוֹשׁ 101) *and confounded*

מִכּוּשׁ prep.-pr.n. (468) *because of Ethiopia*

מַבָּטָם n.m.s.-3 m.p. sf. (613) *their hope*

וּמִן־מִצְרַיִם conj.-prep.-pr.n. (595) *and of Egypt*

תִּפְאַרְתָּם n.f.s.-3 m.p. sf. (802) *their boast*

20:6

וְאָמַר conj.-Qal pf. 3 m.s. (55) *and will say*

יֹשֵׁב Qal act.ptc. m.s. cstr. (יָשַׁב 442) *the inhabitants of*

הָאִי def.art.-n.m.s. (15) *coastland*

הַזֶּה def.art.-demons.adj. m.s. (260) *this*

בַּיּוֹם הַהוּא prep.-def.art.-n.m.s. (398)-def.art.-demons.adj. m.s. (214) *in that day*

הִנֵּה־כֹה demons.part. (243)-adv. (462) *behold this*

מַבָּטֵנוּ n.m.s.-1 c.p. sf. (613) *in whom we hoped*

אֲשֶׁר־נַסְנוּ rel. (81)-Qal pf. 1 c.p. (נוּס 630) *to whom we fled*

שָׁם adv. (1027) *(there)*

לְעֶזְרָה prep.-n.f.s. (740) *for help*

לְהִנָּצֵל prep.-Ni. inf.cstr. (נָצַל 664) *to be delivered*

מִפְּנֵי prep.-n.m.p. cstr. (815) *from*

מֶלֶךְ n.m.s. cstr. (572) *the king of*

אַשּׁוּר pr.n. (78) *Assyria*

וְאֵיךְ conj.-interr.adv. (32) *and how*

נִמָּלֵט Ni. impf. 1 c.p. מָלַט 572) *shall we escape*
(be delivered)

אֲנַחְנוּ pers.pr. 1 c.p. (59) *we*

21:1

מַשָּׂא n.m.s. cstr. (672) *the oracle concerning*

מִדְבַּר־יָם n.m.s. cstr. (184)-n.m.s. (410) *the wilderness of the sea*

כְּסוּפוֹת prep.-n.f.p. (693) *as whirlwinds*

בַּנֶּגֶב prep.-def.art.-n.m.s. (616) *in the Negeb*

לַחֲלֹף prep.-Qal inf.cstr. (חָלַף 322; GK 114o) *sweep on*

מִמִּדְבָּר prep.-n.m.s. (184) *from the desert*

בָּא Qal pf. 3 m.s. בּוֹא 97) *it comes*

מֵאֶרֶץ prep.-n.f.s. (75) *from a ... land*

נוֹרָאָה Ni. ptc. f.s. (יָרֵא 431) *terrible*

21:2

חָזוּת קָשָׁה n.f.s. (303)-adj. f.s. (904) *a stern vision*

הֻגַּד־לִי Ho. pf. 3 m.s. (נָגַד 616; GK 121b) *is told to me*

הַבּוֹגֵד def.art.-Qal act.ptc. (בָּגַד 93) *the plunderer*

בּוֹגֵד Qal act.ptc. (בָּגַד 93) *plunders*

וְהַשּׁוֹדֵד conj.-def.art.-Qal act.ptc. (שָׁדַד 994) *and the destroyer*

שׁוֹדֵד Qal act.ptc. (שָׁדַד 994) *destroys*

עֲלִי Qal impv. 2 f.s. (עָלָה 748) *Go up*

עֵילָם pr.n. (743) *O Elam*

צוּרִי Qal impv. 2 f.s. (צוּר II 848; GK 72s) *lay siege*

מָדַי pr.n. (552) *O Media*

כָּל־אַנְחָתָה n.m.s. cstr. (481)-n.f.s. (58; GK 91e) *all (of) the sighing (she has caused)*

הִשְׁבַּתִּי Hi. pf. 1 c.s. (שָׁבַת 991; GK 44o) *I bring to an end*

21:3

עַל־כֵּן prep.-adv. (485) *therefore*

מָלְאוּ Qal pf. 3 c.p. (מָלֵא 569) *are filled with*

מָתְנַי n.m. du.-1 c.s. sf. (608) *my loins*

חַלְחָלָה n.f.s. (298) *anguish*

צִירִים n.m.p. (852) *pangs*

אֲחָזוּנִי Qal pf. 3 c.p.-1 c.s. sf. (אָחַז 28) *have seized me*

כְּצִירֵי prep.-n.m.p. cstr. (852) *like pangs of*

יוֹלֵדָה Qal act.ptc. f.s. (יָלַד 408) *a woman in travail*

נַעֲוֵיתִי Ni. pf. 1 c.s. (עָוָה 730) *I am bowed down*

מִשְּׁמֹעַ prep.-Qal inf.cstr. (שָׁמַע 1033) *so that I cannot hear*

נִבְהַלְתִּי Ni. pf. 1 c.s. (בָּהַל 96) *I am dismayed*

מֵרְאוֹת prep.-Qal inf.cstr. (רָאָה 906) *so that I cannot see*

21:4

תָּעָה Qal pf. 3 m.s. (תָּעָה 1073) *reels*

לְבָבִי n.m.s.-1 c.s. sf. (523) *my mind*

פַּלָּצוּת n.f.s. (814) *horror*

בִּעֲתָתְנִי Pi. pf. 3 f.s.-1 c.s. sf. (בָּעַת 129) *has appalled me*

אֵת נֶשֶׁף dir.obj.-n.m.s. cstr. (676) *the twilight (of)*

חִשְׁקִי n.m.s.-1 c.s. sf. (366) *I longed for (my pleasure)*

שָׂם Qal pf. 3 m.s. (שׂוּם 962) *(it) has been turned*

לִי prep.-1 c.s. sf. *for me*

לַחֲרָדָה prep.-n.f.s. (353) *into trembling*

21:5

עָרֹךְ Qal inf.abs. (עָרַךְ 789) *they prepare (preparing)*

הַשֻּׁלְחָן def.art.-n.m.s. (1020) *the table*

צָפֹה Qal inf.abs. (צָפָה 860) *they spread*

הַצָּפִית def.art.-n.f.s. (860) *the rugs*

אָכוֹל Qal inf.abs. (אָכַל 37) *they eat*

שָׁתֹה Qal inf.abs. (שָׁתָה 1059) *they drink*

קוּמוּ Qal impv. 2 m.p. (קוּם 877) *arise*

הַשָּׂרִים def.art.-n.m.p. (978) *O princes*

מִשְׁחוּ Qal impv. 2 m.p. (מָשַׁח 602) *oil*

מָגֵן n.m.s. (171) *the shield*

21:6

כִּי כֹה conj.-adv. (462) *for thus*

אָמַר Qal pf. 3 m.s. (55) *said*

אֵלַי prep.-1 c.s. sf. *to me*

אֲדֹנָי n.m.p.-1 c.s. sf. (10) *the Lord*

לֵךְ Qal impv. 2 m.s. (הָלַךְ 229) *Go*

הַעֲמֵד Hi. impv. 2 m.s. (עָמַד 763) *set*

הַמְצַפֶּה def.art.-Pi. ptc. (צָפָה 859) *a watchman*

אֲשֶׁר יִרְאֶה rel. (81)-Qal impf. 3 m.s. (רָאָה 906) *what he sees*

יַגִּיד Hi. impf. 3 m.s. (נָגַד 1616) *let him announce*

21:7

וְרָאָה conj.-Qal pf. 3 m.s. (906) *when he sees*

רֶכֶב n.m.s. (939) *riders*

צֶמֶד n.m.s. cstr. (855) *in pairs (a pair of)*

פָּרָשִׁים n.m.p. (832; GK 93dd) *horsemen*

רֶכֶב חֲמוֹר n.m.s. cstr. (939)-n.m.s. (331) *riders on asses*

רֶכֶב גָּמָל v.supra-n.m.s. (168) *riders on camels*

וְהִקְשִׁיב conj.-Hi. pf. 3 m.s. קשׁב (904) *let him listen*

קֶשֶׁב n.m.s. (904; GK 117a) *diligently*

רַב־קֶשֶׁב n.m.s. cstr. (912)-n.m.s. paus. (904) *very diligently*

21:8

וַיִּקְרָא consec.-Qal impf. 3 m.s. קרא 894) *then cried*

אַרְיֵה n.m.s. (71; GK 118r) *he who saw (as a lion)*

עַל־מִצְפֶּה prep.-n.m.s. (859) *upon a watchtower*

אֲדֹנָי n.m.p.-1 c.s. sf. (10) *O Lord*

אָנֹכִי עֹמֵד pers.pr. 1 c.s. (59)-Qal act.ptc. עמד 763) *I stand*

תָּמִיד n.m.s. (556) *continually*

יוֹמָם adv. (401) *by day*

וְעַל־מִשְׁמַרְתִּי conj.-prep.-n.f.s.-1 c.s. sf. (1038) *and at my post*

אָנֹכִי נִצָּב v.supra-Ni. ptc. נצב 662) *I am stationed*

כָּל־הַלֵּילוֹת n.m.s. cstr. (481)-def.art.-n.m.p. (538) *whole nights*

21:9

וְהִנֵּה־זֶה conj.-demons.part. (243)-demons.adj. m.s. (260; GK 136d) *and behold here*

בָא Qal pf. 3 m.s. (בּוֹא 97) *come*

רֶכֶב אִישׁ n.m.s. cstr. (939)-n.m.s. (35) *riders (of man)*

צֶמֶד n.m.s. cstr. (855) *in pairs*

פָּרָשִׁים n.m.p. (832) *horsemen*

וַיַּעַן consec.-Qal impf. 3 m.s. עָנָה 772) *and he answered*

וַיֹּאמֶר consec.-Qal impf. 3 m.s. (55) *(and said)*

נָפְלָה Qal pf. 3 f.s. נָפַל 656) *fallen*

נָפְלָה v.supra *fallen*

בָּבֶל pr.n. (93) *Babylon*

וְכָל־פְּסִילֵי conj.-n.m.s. cstr. (481)-n.m.p. cstr. (820) *and all the images of*

אֱלֹהֶיהָ n.m.p.-3 f.s. sf. (43) *her gods*

שִׁבַּר Pi. pf. 3 m.s. שָׁבַר 990) *he has shattered*

לָאָרֶץ prep.-def.art.-n.f.s. (75) *to the ground*

21:10

מְדֻשָׁתִי n.f.s.-1 c.s. sf. (190) *O my threshed one*

וּבֶן־גָּרְנִי conj.-n.m.s. cstr. (119)-n.m.s.-1 c.s. sf. (175) *and winnowed one*

אֲשֶׁר שָׁמַעְתִּי rel. (81)-Qal pf. 1 c.s. (1033) *what I have heard*

מֵאֵת prep.-prep. (II 85) *from*

יהוה צְבָאוֹת pr.n. (217)-pr.n. (838) *Yahweh of hosts*

אֱלֹהֵי יִשְׂרָאֵל n.m.p. cstr. (43)-pr.n. (975) *the God of Israel*

הִגַּדְתִּי Hi. pf. 1 c.s. נגד 616) *I announce*

לָכֶם prep.-2 m.p. sf. *to you*

21:11

מַשָּׂא n.m.s. cstr. (672) *the oracle concerning*

דּוּמָה pr.n. (189) *Dumah*

אֵלַי prep.-1 c.s. sf. *to me*

קֹרֵא Qal act.ptc. קרא 894; GK 116t) *one is calling*

מִשֵּׂעִיר prep.-pr.n. (973) *from Seir*

שֹׁמֵר Qal act.ptc. m.s. (1036) *Watchman*

מַה־מִלַּיְלָה interr. (552)-prep.-n.m.s. (538) *what of the night?*

שֹׁמֵר v.supra Qal act.ptc. (1036) *Watchman*

מַה־מִלֵּיל interr. (552)-prep.-n.m.s. (538; GK 90f,93w) *what of the night?*

21:12

אָמַר Qal pf. 3 m.s. (55) *says*

שֹׁמֵר Qal act.ptc. (1036) *the Watchman*

אָתָה Qal pf. 3 m.s. (אָתָה 87) *comes*

בֹקֶר n.m.s. (133) *Morning*

וְגַם־לָיְלָה conj.-adv. (168)-n.m.s. paus. (538) *and also the night*

אִם־תִּבְעָיוּן hypoth.part. (49)-Qal impf. 2 m.p. (126 בָּעָה; GK 29t,75u) *if you will inquire*

בְּעָיוּ Qal impv. 2 m.p. בָּעָה 126) *inquire*

שֻׁבוּ Qal impv. 2 m.p. שׁוּב 996) *back again*

אֵתָיוּ Qal impv. 2 m.p. אָתָה 87; GK 75rr,76d) *come*

21:13

מַשָּׂא n.m.s. (III 672) *the oracle*

בַּעְרָב prep.-n.m.s. paus. (787) *concerning Arabia*

בַּיַּעַר prep.-def.art.-n.m.s. (420) *in the thickets*

בַּעְרָב prep.-n.m.s. (787) *in Arabia*

תָּלִינוּ Qal impf. 2 m.p. לוּן (I 533) *you will lodge*

אֹרְחוֹת n.f.p. cstr. (73) *O caravans of*

דְּדָנִים adj.gent. p. (187) *Dedanites*

21:14

לִקְרַאת צָמֵא prep.-Qal inf.cstr. קרא (II 896)-adj. (854) *to (meet to help) the thirsty*

הֵתָיוּ Hi. impv. 2 m.p. (אָתָה 87; GK 76d) *bring*

מָיִם n.m.p. paus. (565) *water*

יֹשְׁבֵי Qal act.ptc. m.p. cstr. (יָשַׁב 442) *O inhabitants of*

אֶרֶץ תֵּימָא n.f.s. cstr. (75)-pr.n. (1066) *the land of Tema*

בְּלַחְמוֹ prep.-n.m.s. (536)-3 m.s. sf. *with (his) bread*

קִדְּמוּ Pi. pf. 3 c.p. (קָדַם 869) (rd. with LXX Pi. impv. 2 m.p.) *meet*

נֹדֵד Qal act.ptc. (נָדַד 622) *the fugitive*

21:15

כִּי־מִפְּנֵי conj.-prep.-n.m.p. cstr. (815) *for from*

חֲרָבוֹת n.f.p. (352) *the swords*

נָדָדוּ Qal pf. 3 c.p. paus. (622) *they have fled*

מִפְּנֵי v.supra *from*

חֶרֶב n.f.s. (352) *sword*

נְטוּשָׁה Qal pass.ptc. f.s. (נָטַשׁ 643) *drawn*

וּמִפְּנֵי conj.-v.supra *(and) from*

קֶשֶׁת n.f.s. (905) *the bow*

דְּרוּכָה Qal pass.ptc. f.s. (דָּרַךְ 201) *bent*

וּמִפְּנֵי v.supra *and from*

כֹּבֶד n.m.s. cstr. (458) *press of*

מִלְחָמָה n.f.s. (536) *battle*

21:16

כִּי־כֹה conj.-adv. (462) *for thus*

אָמַר אֲדֹנָי Qal pf. 3 m.s. (55)-n.m.p.-1 c.s. sf. (10) *the Lord said*

אֵלַי prep.-1 c.s. sf. paus. *to me*

בְּעוֹד prep.-adv. (728) *within*

שָׁנָה n.f.s. (1040) *a year*

כִּשְׁנֵי prep.-n.f. du. cstr. (1040) *according to the years of*

שָׂכִיר adj. (969) *a hireling*

וְכָלָה conj.-Qal pf. 3 m.s. (כָּלָה I 477) *(and) will come to an end*

כָּל־כְּבוֹד n.m.s. cstr. (481)-n.m.s. cstr. (458) *all the glory of*

קֵדָר pr.n. (871) *Kedar*

21:17

וּשְׁאָר conj.-n.m.s. cstr. (984; GK 127a,128a) *and the remainder of*

מִסְפַּר־ n.m.s. cstr. (708) *(the number of)*

קֶשֶׁת n.f.s. cstr. (905) *the archers of*

גִּבּוֹרֵי adj. m.p. cstr. (150) *the mighty men of*

בְּנֵי־קֵדָר n.m.p. cstr. (119)-pr.n. (871) *the sons of Kedar*

יִמְעָטוּ Qal impf. 3 m.p. paus. (מָעַט 589; GK 146a) *will be few*

כִּי יהוה conj.-pr.n. (217) *for Yahweh*

אֱלֹהֵי־ n.m.p. cstr. (43) *the God of*

יִשְׂרָאֵל pr.n. (975) *Israel*

דִּבֵּר Pi. pf. 3 m.s. (180) *has spoken*

22:1

מַשָּׂא n.m.s. cstr. (III 672) *the oracle concerning*

גֵּיא n.m.s. cstr. (161) *the valley of*

חִזָּיוֹן n.m.s. (303) *vision*

מַה־לָּךְ interr. (552)-prep.-2 f.s. sf. (GK 91e) *what do you mean?*

אֵפוֹא enclitic part. (66; GK 150,l) *(then)*

כִּי־עָלִית conj.-Qal pf. 2 f.s. (עָלָה 748) *that you have gone up*

כֻּלָּךְ n.m.s.-2 f.s. sf. (481) *all of you*

לַגַּגּוֹת prep.-def.art.-n.m.p. (150) *to the housetops*

22:2

תְּשֻׁאוֹת n.f.p. (996; GK 152d) *shoutings*

מְלֵאָה adj. f.s. (570; GK 117z) *is full*

עִיר הוֹמִיָּה n.f.s. (746)-Qal act.ptc. f.s. (הָמָה 242; GK 75v) *tumultuous city*

קִרְיָה עַלִּיזָה n.f.s. (900)-adj. f.s. (759; GK 126e) *exultant town*

חֲלָלַיִךְ n.m.p.-2 f.s. sf. (I 319) *your slain*

לֹא־חַלְלֵי neg.-n.m.p. cstr. (I 319; GK 128x) *are not slain with*

חֶרֶב n.f.s. (352) *the sword*

וְלֹא מֵתֵי conj.-neg.-Qal act.ptc. m.p. cstr. (מוּת 559) *or (not) dead*

מִלְחָמָה n.f.s. (536) *in battle*

22:3

כָּל־קְצִינַיִךְ n.m.s. cstr. (481)-n.m.p.-2 f.s. sf. (892) *all your rulers*

נָדְדוּ־ Qal pf. 3 c.p. (נָדַד 622) *have fled*

יַחַד adv. (403) *together*

מִקֶּשֶׁת prep.-n.f.s. (905) *without the bow*

אֻסָּרוּ Pu. pf. 3 c.p. paus. (אָסַר 63) *they were captured*

כָּל־נִמְצָאַיִךְ n.m.s. cstr. (481)-Ni. ptc. m.p.-2 f.s. sf. (מָצָא 592) *all of you who were found*

אֻסְּרוּ Pu. pf. 3 c.p. (63) *were captured*

יַחְדָּו adv. (403; Gk 119w) *(together)*

מֵרָחוֹק prep.-n.m.s. (935) *(from) far away*

בָּרָחוּ Qal pf. 3 c.p. paus. (בָּרַח 137) *though they had fled away*

22:4

עַל־כֵּן prep.-adv. (485) *therefore*

אָמַרְתִּי Qal pf. 1 c.s. (55) *I said*

שְׁעוּ Qal impv. 2 m.p. (שָׁעָה 1043) *look away*

מִנִּי prep.-1 c.s. sf. *from me*

אֲמָרֵר Pi. impf. 1 c.s. (מרר I 600) *let me "shew" bitterness*

בַּבְּכִי prep.-def.art.-n.m.s. paus. (113) *in weeping*

אַל־תָּאִיצוּ neg.-Hi. impf. 2 m.p. (אוץ 21) *do not labor*

לְנַחֲמֵנִי prep.-Pi. inf.cstr.-1 c.s. sf. (נחם 636) *to comfort me*

עַל־שֹׁד prep.-n.m.s. cstr. (994) *for the destruction of*

בַּת־עַמִּי n.f.s. cstr. (I 123)-n.m.s.-1 c.s. sf. (I 766) *the daughter of my people*

22:5

כִּי יוֹם conj.-n.m.s. cstr. (398; GK 128a) *for a day of*

מְהוּמָה n.f.s. (223; GK 133,l) *tumult*

וּמְבוּסָה conj.-n.f.s. (101; GK 133,l) *and trampling*

וּמְבוּכָה conj.-n.f.s. (100; GK 133,l) *and confusion*

לַאדֹנָי prep.-n.m.p.-1 c.s. sf. (10) *the Lord*

יהוה צְבָאוֹת pr.n. (217)-pr.n. (838) *Yahweh of hosts*

בְּגֵיא v.22:1 prep.-n.m.s. cstr. (161) *in the valley of*

חִזָּיוֹן v.22:1 n.m.s. (303) *vision*

מְקַרְקַר Pilpal ptc. (קרר II 903) *a battering down*

קִר n.m.s. (I 885) *walls*

וְשׁוֹעַ conj.-n.m.s. (II 1003) *and a shouting*

אֶל־הָהָר prep.-def.art.-n.m.s. (249) *to the mountains*

22:6

וְעֵילָם conj.-pr.n. (I 743) *and Elam*

נָשָׂא Qal pf. 3 m.s. (669) *bore*

אַשְׁפָּה n.f.s. (80) *the quiver*

בְּרֶכֶב אָדָם prep.-n.m.s. cstr. (939)-n.m.s. (9) *with chariots (riders consisting of men)*

פָּרָשִׁים n.m.p. (832) *and horsemen*

וְקִיר conj.-pr.n. (III 885) *and Kir*

עֵרָה Pi. pf. 3 m.s. (ערה 788) *uncovered*

מָגֵן n.m.s. (171) *the shield*

22:7

וַיְהִי consec.-Qal impf. 3 m.s. (היה 224)

מִבְחַר־ n.m.s. cstr. (104; GK 128r) *choicest (of)*

עֲמָקַיִךְ n.m.p.-2 f.s. sf. (770) *your valleys*

מָלְאוּ Qal pf. 3 c.p. (מלא 569) *were full of*

רֶכֶב n.m.s. paus. (939) *chariots*

וְהַפָּרָשִׁים conj.-def.art.-n.m.p. (832) *and the horsemen*

שֹׁת שָׁתוּ Qal inf.abs. (שית 1011)-Qal pf. 3 c.p. (1011) *took their stand*

הַשָּׁעְרָה def.art.-n.m.s.-loc.he (1044) *at the gates*

22:8

וַיְגַל consec.-Pi. impf. 3 m.s. (גלה 162) *he has taken away*

אֶת מָסַךְ dir.obj.-n.m.s. cstr. (697) *the covering of*

יְהוּדָה pr.n. (397) *Judah*

וַתַּבֵּט consec.-Hi. impf. 2 m.s. (נבט 613) *you looked*

בַּיּוֹם הַהוּא prep.-def.art.-n.m.s. (398)-def.art.-demons.adj. m.s. (214) *in that day*

אֶל־נֶשֶׁק prep.-n.m.s. cstr. (676) *to the weapons of*

בֵּית הַיַּעַר n.m.s. cstr. (108)-def.art.-n.m.s. paus. (420) *the house of the forest*

22:9

וְאֵת בְּקִיעֵי conj.-dir.obj.-n.m.p. cstr. (132) *and the breaches of*

עִיר־דָּוִד n.f.s. cstr. (746)-pr.n. (187) *the city of David*

רְאִיתֶם Qal pf. 2 m.p. (ראה 906) *you saw*

כִּי־רַבּוּ conj.-Qal pf. 3 c.p. (רבב I 912) *that were many*

וַתְּקַבְּצוּ consec.-Pi. impf. 2 m.p. (קבץ 867) *and you collected*

אֶת־מֵי dir.obj.-n.m.p. cstr. (565) *the waters of*

הַבְּרֵכָה def.art.-n.f.s. (140) *the ... pool*

הַתַּחְתּוֹנָה def.art.-adj. f.s. (1066) *lower*

22:10

וְאֶת־בָּתֵּי conj.-dir.obj.-n.m.p. cstr. (108) *and the houses of*

יְרוּשָׁלַם pr.n. (436) *Jerusalem*

סְפַרְתֶּם Qal pf. 2 m.p. (ספר 707) *you counted*

וַתִּתְּצוּ consec.-Qal impf. 2 m.p. (נתץ 683; GK 20m) *and you broke down*

הַבָּתִּים def.art.-n.m.p. (108) *the houses*

לְבַצֵּר prep.-Pi. inf.cstr. (בצר 130) *to fortify*

הַחוֹמָה def.art.-n.f.s. (327) *the wall*

22:11

וּמִקְוָה conj.-n.f.s. (876) *a reservoir*

עֲשִׂיתֶם Qal pf. 2 m.p. (עשה I 793) *you made*

בֵּין הַחֹמֹתַיִם prep.-def.art.-n.f. du. (327; GK 95o) *between the two walls*

לְמֵי prep.-n.m.p. cstr. (565) *for the water of*

הַבְּרֵכָה def.art.-n.f.s. (140) *the ... pool*

הַיְשָׁנָה def.art.-adj. f.s. (445) *old*

וְלֹא הִבַּטְתֶּם conj.-neg.-Hi. pf. 2 m.p. (נבט 613) *but you did not look*

אֶל־עֹשֶׂיהָ prep.-Qal act.ptc.-3 f.s. sf. (עשה I 793; GK 124k) *to him who did it*

וִיצְרָהּ conj.-Qal act.ptc.-3 f.s. sf. (יָצַר 427) *or for him who planned it*

מֵרָחוֹק prep.-n.m.s. (935) *long ago*

לֹא רְאִיתֶם neg.-Qal pf. 2 m.p. (רָאָה 906) *(not) have regard for*

22:12

וַיִּקְרָא consec.-Qal impf. 3 m.s. (I 894) *called*

אֲדֹנָי n.m.p.-1 c.s. sf. as pr.n. (10) *the Lord*

יהוה צְבָאוֹת pr.n. (217)-pr.n. (838) *Yahweh of hosts*

בַּיּוֹם הַהוּא prep.-def.art.-n.m.s. (398)-def.art. -demons.adj. m.s. (214) *in that day*

לִבְכִי prep.-n.m.s. (113) *to weeping*

וּלְמִסְפֵּד conj.-prep.-n.m.s. (704) *and mourning*

וּלְקָרְחָה conj.-prep.-n.f.s. (901) *to baldness*

וְלַחֲגֹר conj.-prep.-Qal inf.cstr. (חָגַר 291) *and girding with*

שָׂק n.m.s. (974) *sackcloth*

22:13

וְהִנֵּה conj.-interj. (243) *and behold*

שָׂשׂוֹן n.m.s. (965) *joy*

וְשִׂמְחָה conj.-n.f.s. (970) *and gladness*

הָרֹג Qal inf.abs. (הָרַג 246; GK 113d) *slaying*

בָּקָר n.m.s. (133; GK 113f) *oxen*

וְשָׁחֹט conj.-Qal inf.abs. (שָׁחַט 1006) *and killing*

צֹאן n.f.s. (838; GK 113f) *sheep*

אָכֹל Qal inf.abs. (אָכַל 37; GK 113dd) *eating*

בָּשָׂר n.m.s. (142) *flesh*

וְשָׁתוֹת conj.-Qal inf.abs. (שָׁתָה I 1059; GK 75n) *and drinking*

יַיִן n.m.s. paus. (406) *wine*

אָכוֹל Qal inf.abs. (אָכַל 37) *let us eat*

וְשָׁתוֹ conj.-Qal inf.abs. (שָׁתָה I 1059; GK 75n) *and drink*

כִּי מָחָר conj.-adv.acc. (563) *for tomorrow*

נָמוּת Qal impf. 1 c.p. (מוּת 559) *we die*

22:14

וְנִגְלָה conj.-Ni. pf. 3 m.s. (גָּלָה 162; GK 112ss) *has revealed himself*

בְּאָזְנָי prep.-n.f. du.-1 c.s. sf. (23) *in my ears*

יהוה צְבָאוֹת pr.n. (217)-pr.n. (838) *Yahweh of hosts*

אִם hypoth.part. (49; GK 149b,e) *surely not*

יְכֻפַּר Pu. impf. 3 m.s. (כָּפַר 497) *will be forgiven*

הֶעָוֹן הַזֶּה def.art.-n.m.s. (730)-def.art. -demons.adj. m.s. (260) *this iniquity*

לָכֶם prep.-2 m.p. sf. *you*

עַד-תְּמֻתוּן prep.-Qal impf. 2 m.p. (מוּת 559; GK 107c) *till you die*

אָמַר Qal pf. 3 m.s. (55) *says*

אֲדֹנָי n.m.p.-1 c.s. sf. as pr.n. (10) *the Lord*

יהוה צְבָאוֹת pr.n. (217)-pr.n. (838) *Yahweh of hosts*

22:15

כֹּה אָמַר adv. (462)-Qal pf. 3 m.s. (55) *thus says*

אֲדֹנָי v.22:14 pr.n. (10) *the Lord*

יהוה צְבָאוֹת pr.n. (217)-pr.n. (838) *Yahweh of hosts*

לֶךְ Qal impv. 2 m.s. (הָלַךְ) *come*

בֹּא Qal impv. 2 m.s. (בּוֹא 97) *go*

אֶל-הַסֹּכֵן prep.-def.art.-Qal act.ptc. (I 698) *to ... steward*

הַזֶּה def.art.-demons.adj. m.s. (260) *this*

עַל-שֶׁבְנָא prep.-pr.n. (987) *to Shebna*

אֲשֶׁר עַל- rel. (81)-prep. *who is over*

הַבָּיִת def.art.-n.m.s. paus. (108) *the household*

22:16

מַה-לְּךָ פֹה interr. (552)-prep.-2 m.s. sf.-adv.loc. (805) *what have you to do here*

וּמִי לְךָ פֹה conj.-interr. (566)-prep.-2 m.s. sf. -adv.loc. (805) *and whom have you here*

כִּי-חָצַבְתָּ conj.-Qal pf. 2 m.s. (חָצַב 345) *that you have hewn*

לְךָ פֹה prep.-2 m.s. sf.-adv.loc. (805) *for yourself here*

קָבֶר n.m.s. paus. (868) *a tomb*

חֹצְבִי Qal act.ptc. cstr. (חָצַב 345; GK 90m) *you who hew*

מָרוֹם n.m.s. (928) *on the height*

קִבְרוֹ n.m.s.-3 m.s. sf. (868; GK 144b) *a (his) tomb*

חֹקְקִי Qal act.ptc. (חָקַק 349; GK 90m for case ending) *and carve*

בַּסֶּלַע prep.-def.art.-n.m.s. (I 700) *in the rock*

מִשְׁכָּן n.m.s. (1015) *a habitation*

לוֹ prep.-3 m.s. sf. *for yourself (himself)*

22:17

הִנֵּה יהוה demons.part. (243)-pr.n. (217) *behold, Yahweh*

מְטַלְטֶלְךָ Pilpel ptc.-2 m.s. sf. (טוּל 376) *will hurl you away*

טַלְטֵלָה n.f.s. (376) *violently*

גָּבֶר n.m.s. paus. (I 149) *O you strong man*

וְעֹטְךָ conj.-Qal act.ptc.-2 m.s. sf. (עָטָה II 742) *he will seize on you*

עָטֹה Qal inf.abs. (II 742; GK 113r) *firm hold*

63

22:18

צָנוֹף Qal inf.abs. (צנף 857) (whirling)

יִצְנָפְךָ Qal impf. 3 m.s.-2 m.s. sf. (857) whirl you

צְנֵפָה n.f.s. (857) round and round

כַּדּוּר prep.-def.art.-n.m.s. (189; GK 118r) like a ball

אֶל־אֶרֶץ prep.-n.f.s. cstr. (75) into a ... land (of)

רַחֲבַת יָדַיִם adj. f.s. cstr. (I 932)-n.f.s. paus. (388) wide (broad of hands)

שָׁמָּה adv. (1027) there

תָמוּת Qal impf. 2 m.s. (מות 559) you shall die

וְשָׁמָּה conj.-adv. (1027) and there

מַרְכְּבוֹת n.f.p. cstr. (939) chariots (of)

כְּבוֹדֶךָ n.m.s.-2 m.s. sf. (II 458) your splendid

קְלוֹן n.m.s. cstr. (885) shame of

בֵּית אֲדֹנֶיךָ n.m.s. cstr. (108)-n.m.p.-2 m.s. sf. (10) your master's house

22:19

וַהֲדַפְתִּיךָ conj.-Qal pf. 1 c.s.-2 m.s. sf. (הדף 213) I will thrust you

מִמַּצָּבֶךָ prep.-n.m.s.-2 m.s. sf. (662) from your office

וּמִמַּעֲמָדְךָ conj.-prep.-n.m.s.-2 m.s. sf. (765) and from your station

יֶהֶרְסֶךָ Qal impf. 3 m.s.-2 m.s. sf. (הרס 248) he will cast you down

22:20

וְהָיָה conj.-Qal pf. 3 m.s. (224)

בַּיּוֹם הַהוּא prep.-def.art.-n.m.s. (398)-def.art. -demons.adj. m.s. (214) in that day

וְקָרָאתִי conj.-Qal pf. 1 c.s. (קרא 894) I will call

לְעַבְדִּי prep.-n.m.s.-1 c.s. sf. (713) my servant

לְאֶלְיָקִים prep.-pr.n. (45) Eliakim

בֶּן־חִלְקִיָּהוּ n.m.s. cstr. (119)-pr.n. (324) the son of Hilkiah

22:21

וְהִלְבַּשְׁתִּיו conj.-Hi. pf. 1 c.s.-3 m.s. sf. (לבש 527) and I will clothe him

כֻּתָּנְתֶּךָ n.f.s.-2 m.s. sf. (509) with your robe

וְאַבְנֵטְךָ conj.-n.m.s.-2 m.s. sf. (126) and your girdle

אֲחַזְּקֶנּוּ Pi. impf. 1 c.s.-3 m.s. sf. (חזק 304) will bind on him

וּמֶמְשַׁלְתְּךָ conj.-n.f.s.-2 m.s. sf. (606) and your authority

אֶתֵּן Qal impf. 1 c.s. (נתן 678) will commit

בְּיָדוֹ prep.-n.f.s.-3 m.s. sf. (388) to his hand

וְהָיָה conj.-Qal pf. 3 m.s. (224) and he shall be

לְאָב prep.-n.m.s. (3) a father

לְיוֹשֵׁב prep.-Qal act.ptc. (ישב 442) to the inhabitants of

יְרוּשָׁלַם pr.n. (436) Jerusalem

וּלְבֵית conj.-prep.-n.m.s. cstr. (108) and to the house of

יְהוּדָה pr.n. (397) Judah

22:22

וְנָתַתִּי conj.-Qal pf. 1 c.s. (נתן 678) and I will place

מַפְתֵּחַ n.m.s. cstr. (836) the key of

בֵּית־דָּוִד n.m.s. cstr. (108)-pr.n. (187) the house of David

עַל־שִׁכְמוֹ prep.-n.m.s.-3 m.s. sf. (1014) on his shoulder

וּפָתַח conj.-Qal pf. 3 m.s. (834) he shall open

וְאֵין conj.-subst.cstr. (II 34) and none

סֹגֵר Qal act.ptc. (688) shall shut

וְסָגַר conj.-Qal pf. 3 m.s. (688) and he shall shut

וְאֵין v.supra and none

פֹּתֵחַ Qal act.ptc. (834) shall open

22:23

וּתְקַעְתִּיו conj.-Qal pf. 1 c.s.-3 m.s. sf. (תקע 1075) and I will fasten him

יָתֵד n.f.s. (450) like a peg

בְּמָקוֹם prep.-n.m.s. (879) in a ... place

נֶאֱמָן Ni. ptc. m.s. (אמן 52) sure

וְהָיָה conj.-Qal pf. 3 m.s. (224) and he will become

לְכִסֵּא prep.-n.m.s. cstr. (490) a throne of

כָבוֹד n.m.s. (458) honor

לְבֵית אָבִיו prep.-n.m.s. cstr. (108)-n.m.s.-3 m.s. sf. (3) to his father's house

22:24

וְתָלוּ conj.-Qal pf. 3 c.p. (תלה 1067) and they will hang

עָלָיו prep.-3 m.s. sf. on him

כֹּל כְּבוֹד n.m.s. cstr. (481)-n.m.s. cstr. (458) the whole weight of

בֵּית־אָבִיו n.m.s. cstr. (108)-n.m.s.-3 m.s. sf. (3) his father's house

הַצֶּאֱצָאִים def.art.-n.m.p. (425) the offspring

וְהַצְּפִעוֹת conj.-def.art.-n.f.p. (861) and issue

כֹּל n.m.s. cstr. (481) every

כְּלֵי הַקָּטָן n.m.p. cstr. (479)-def.art.-adj. m.s. (881) small vessel

מִכְּלֵי הָאֲגָנוֹת prep.-n.m.p. cstr. (479; GK 128w) -def.art.-n.m.p. (8) from the cups (from the vessels of the basin)

וְעַד כָּל־ conj.-prep.-n.m.s. cstr. (481) to all

כְּלֵי הַנְּבָלִים n.m.p. cstr. (479; GK 128w)
-def.art.-n.m.p. (I 614) *the flagons (vessels*
of the pitchers)

22:25

בַּיּוֹם הַהוּא prep.-def.art.-n.m.s. (398)-def.art.
-demons.adj. m.s. (214) *in that day*

נְאֻם n.m.s. cstr. (610) *says*

יהוה צְבָאוֹת pr.n. (217)-pr.n. (838) *Yahweh of*
hosts

תָּמוּשׁ Qal impf. 2 f.s. (מוש I 559) *will give way*

הַיָּתֵד def.art.-n.f.s. (450) *the peg*

הַתְּקוּעָה def.art.-Qal pass.ptc. f.s. (תָּקַע 1075)
that was fastened

בְּמָקוֹם prep.-n.m.s. (879) *in a place*

נֶאֱמָן Ni. ptc. m.s. (אָמֵן 52) *sure*

וְנִגְדְּעָה conj.-Ni. pf. 3 f.s. (גָּדַע 154) *and it will*
be cut down

וְנָפְלָה conj.-Qal pf. 3 f.s. (נָפַל 656) *and fall*

וְנִכְרַת conj.-Ni. pf. 3 m.s. (כָּרַת 503) *and it will*
be cut off

הַמַּשָּׂא def.art.-n.m.s. (672) *the burden*

אֲשֶׁר־עָלֶיהָ rel. (81)-prep.-3 f.s. sf. *that was*
upon it

כִּי יהוה conj.-pr.n. (217) *for Yahweh*

דִּבֵּר Pi. pf. 3 m.s. (180) *has spoken*

23:1

מַשָּׂא n.m.s. cstr. (III 672) *the oracle concerning*

צֹר pr.n. (862) *Tyre*

הֵילִילוּ Hi. impv. 2 m.p. (יָלַל 410; GK 110k) *wail*

אֳנִיּוֹת n.f.p. cstr. (58) *O ships of*

תַּרְשִׁישׁ pr.n. (1076) *Tarshish*

כִּי־שֻׁדַּד conj.-Pu. pf. 3 m.s. (שָׁדַד 994) *for*
(Tyre) is laid waste

מִבַּיִת prep. (GK 119y)-n.m.s. (108) *without house*

מִבּוֹא prep. (GK 119y)-Qal inf.sctr. (בּוֹא 97) *or*
haven

מֵאֶרֶץ prep.-n.f.s. cstr. (75) *from the land of*

כִּתִּים pr.n. (508) *Cyprus*

נִגְלָה־לָמוֹ Ni. pf. 3 m.s. (גָּלָה 162)-prep.-3 m.p.
sf. *it is revealed to them*

23:2

דֹּמּוּ Qal impv. 2 m.p. *be still* (I דָּמַם *-be silent;*
II דָּמַם 199-*wail*)

יֹשְׁבֵי Qal act.ptc. m.p. cstr. (יָשַׁב 442) *O*
inhabitants of

אִי n.m.s. (15) *the coast*

סֹחֵר Qal act.ptc. m.s. cstr. (סָתַר 695) *O*
merchants of

צִידוֹן pr.n. (850) *Sidon*

עֹבֵר Qal act.ptc. (עָבַר 716) *passed over*

יָם n.m.s. (410) *sea*

מִלְאוּךְ Pi. pf. 3 c.p.-2 f.s. sf. (569) *they*
replenished you (some rd. מַלְאָכוֹ n.m.p.-3
m.s. sf. (521) *his messengers*)

23:3

וּבְמַיִם רַבִּים conj.-prep.-n.m.p. (565)-adj. m.p.
(912) *and on many waters*

זֶרַע n.m.s. cstr. (282) *the grain of*

שִׁחֹר pr.n. (1009) *Shihor*

קְצִיר n.m.s. cstr. (894) *the harvest of*

יְאוֹר pr.n. (384) *the Nile*

תְּבוּאָתָהּ n.f.s.-3 f.s. sf. (100) *your (her) revenue*

וַתְּהִי consec.-Qal impf. 2 m.s. (הָיָה 224) *you*
were

סְחַר n.m.s. cstr. (695) *the merchant of*

גּוֹיִם n.m.p. (156) *the nations*

23:4

בּוֹשִׁי Qal impv. 2 f.s. (בּוֹשׁ 101) *be ashamed*

צִידוֹן pr.n. (850) *O Sidon*

כִּי־אָמַר conj.-Qal pf. 3 m.s. (55) *for has spoken*

יָם n.m.s. (410) *sea*

מָעוֹז n.m.s. cstr. (731) *the stronghold of*

הַיָּם def.art.-n.m.s. (410) *the sea*

לֵאמֹר prep.-Qal inf.cstr. (55) *saying*

לֹא־חַלְתִּי neg.-Qal pf. 1 c.s. (חוּל I 296) *I have*
neither travailed

וְלֹא־יָלַדְתִּי conj.-neg.-Qal pf. 1 c.s. (יָלַד 408)
nor given birth

וְלֹא גִדַּלְתִּי conj.-neg.-Pi. pf. 1 c.s. (גָּדַל 152) *I*
have neither reared

בַּחוּרִים n.m.p. (104) *young men*

רוֹמַמְתִּי Polel pf. 1 c.s. (רוּם 926; GK 152z) *nor*
brought up

בְּתוּלוֹת n.f.p. (143) *virgins*

23:5

כַּאֲשֶׁר־ prep. (GK 118u)-rel. (81) *when*

שֵׁמַע n.m.s. (1034; GK 128h) *the report*

לְמִצְרָיִם prep.-pr.n. paus. (595) *to Egypt*

יָחִילוּ Qal impf. 3 m.p. (חוּל 296) *they will be in*
anguish

כְּשֵׁמַע prep.-v.supra n.m.s. cstr. (1034) *over the*
report about

צֹר pr.n. (862) *Tyre*

23:6

עִבְרוּ Qal impv. 2 m.p. (עָבַר 716) *pass over*

תַּרְשִׁישָׁה pr.n.-dir.he (1076) *to Tarshish*

הֵילִילוּ Hi. impv. 2 m.p. (יָלַל 410) *wail*

65

יֹשְׁבֵי Qal act.ptc. m.p. cstr. (יָשַׁב 442) *O inhabitants of*

אִי n.m.s. (15) *the coast*

23:7

הֲזֹאת interr.-demons.adj. f.s. (260) *is this?*

לָכֶם prep.-2 m.p. sf. *your (to you)*

עַלִּיזָה adj. f.s. (759; GK 126zN) *exultant city*

מִימֵי־קֶדֶם prep.-n.m.p. cstr. (398)-n.m.s. (869) *from days of old*

קַדְמָתָהּ n.f.s.-3 f.s. sf. (870) *whose origin*

יֹבִלוּהָ Hi. impf. 3 m.p.-3 f.s. sf. (יָבַל 384) *carried her*

רַגְלֶיהָ n.f. du.-3 f.s. sf. (919) *whose feet*

מֵרָחוֹק prep.-adj. m.s. (935) *afar*

לָגוּר prep.-Qal inf.cstr. (גּוּר I 157) *to settle*

23:8

מִי יָעַץ interr. (566)-Qal pf. 3 m.s. (יָעַץ 419) *who has purposed*

זֹאת demons.adj. f.s. (260) *this*

עַל־צֹר prep.-pr.n. (862) *against Tyre*

הַמַּעֲטִירָה def.art.-Hi. ptc. f.s. (עָטַר 742) *the bestower of crowns*

אֲשֶׁר סֹחֲרֶיהָ rel. (81)-Qal act.ptc. m.p.-3 f.s. sf. (695 סָחַר) *whose merchants*

שָׂרִים n.m.p. (977) *princes*

כִּנְעָנֶיהָ n.m.p.-3 f.s. sf. (v. כִּנְעֲנִי II 489) *whose traders*

נִכְבַּדֵּי־ Ni. ptc. m.p. cstr. (כָּבַד 457; GK 93pp) *were the honored of*

אָרֶץ n.f.s. paus. (75) *earth*

23:9

יְהוָה צְבָאוֹת pr.n. (217)-pr.n. (838) *Yahweh of hosts*

יְעָצָהּ Qal pf. 3 m.s.-3 f.s. sf. (יָעַץ 419) *has purposed it*

לְחַלֵּל prep.-Pi. inf.cstr. (חָלַל III 320) *to defile*

גְּאוֹן n.m.s. cstr. (144) *the pride of*

כָּל־צְבִי n.m.s. cstr. (481)-n.m.s. (839) *all glory*

לְהָקֵל prep.-Hi. inf.cstr. (קָלַל 886) *to dishonor*

כָּל־נִכְבַּדֵּי v.supra n.m.s. cstr. (481)-v.23:8 Ni. ptc. m.p. cstr. (כָּבַד 457) *all the honored of*

אָרֶץ n.f.s. paus. (75) *earth*

23:10

עִבְרִי Qal impv. 2 f.s. (עָבַר 716) *overflow*

אַרְצֵךְ n.f.s.-2 f.s. sf. (75) *your land*

כַּיְאֹר prep.-def.art.-n.m.s. (384) *like the Nile*

בַּת־תַּרְשִׁישׁ n.f.s. cstr. (I 123)-pr.n. (1076) *O daughter of Tarshish*

אֵין subst.cstr. (II 34) *there is no*

מֵזַח n.m.s. (561) *restraint*

עוֹד adv. (728) *any more*

23:11

יָדוֹ n.f.s.-3 m.s. sf. (388) *his hand*

נָטָה Qal pf. 3 m.s. (639) *he has stretched out*

עַל־הַיָּם prep.-def.art.-n.m.s. (410) *over the sea*

הִרְגִּיז Hi. pf. 3 m.s. (רָגַז 919) *he has shaken*

מַמְלָכוֹת n.f.p. (575) *kingdoms*

יְהוָה pr.n. (217) *Yahweh*

צִוָּה Pi. pf. 3 m.s. (צָוָה 845) *has given command*

אֶל־כְּנַעַן prep.-pr.n. (I 488) *concerning Canaan*

לַשְׁמִד prep.-Hi. inf.cstr. (שָׁמַד 1029; GK 53q) *to destroy*

מָעֻזְנֶיהָ n.m.p.-3 f.s. sf. (731; GK 20o) *its strongholds*

23:12

וַיֹּאמֶר consec.-Qal impf. 3 m.s. (55) *and he said*

לֹא־תוֹסִיפִי neg.-Hi. impf. 2 f.s. (יָסַף 414) *you will no (add)*

עוֹד adv. (728) *more*

לַעְלוֹז prep.-Qal inf.cstr. (עָלַז 759) *exult*

הַמְעֻשָּׁקָה def.art.-Pu. ptc. f.s. (עָשַׁק 799; GK 35b) *O oppressed*

בְּתוּלַת n.f.s. cstr. (143; GK 132b) *virgin*

בַּת־צִידוֹן n.f.s. cstr. (I 123; GK 130e)-pr.n. (850) *daughter of Sidon*

כִּתִּים pr.n. (508; GK 118f) *to Cyprus*

קוּמִי Qal impv. 2 f.s. (קוּם 877) *arise*

עֲבֹרִי Qal impv. 2 f.s. (עָבַר 716; GK 46e) *pass over*

גַּם־שָׁם adv. (168)-adv. (1027) *even there*

לֹא־יָנוּחַ neg.-Qal impf. 3 m.s. (נוּחַ 628) *(there) will have have no rest*

לָךְ prep.-2 f.s. sf. *(to) you*

23:13

הֵן interj. (II 243) *behold*

אֶרֶץ n.f.s. cstr. (75) *the land of*

כַּשְׂדִּים pr.n. (505) *the Chaldeans*

זֶה demons.adj. m.s. (260; GK 136dN) *this*

הָעָם def.art.-n.m.s. (I 766) *the people*

לֹא הָיָה neg.-Qal pf. 3 m.s. (224) *it was not*

אַשּׁוּר pr.n. (78) *Assyria*

יְסָדָהּ Qal pf. 3 m.s.-3 f.s. sf. (יָסַד 413) *they destined (Tyre)*

לְצִיִּים prep.-n.m.p. (II 850) *for wild beasts*

הֵקִימוּ Hi. pf. 3 c.p. (קוּם 877) *they erected*

בַּחִינָיו n.m.p.-3 m.s. sf. (103) *their siege-towers*

עֹרְרוּ Po'el pf. 3 c.p. (עָרַר II 792) *they razed*

אַרְמְנוֹתֶיהָ n.m.p.-3 f.s. sf. (74) *her palaces*

שָׂמָהּ Qal pf. 3 m.s.-3 f.s. sf. (שׂים I 962) *they made her*

לְמַפֵּלָה prep.-n.f.s. (658) *a ruin*

23:14

הֵילִילוּ Hi. impv. 2 m.p. (יָלַל 410) *wail*

אֳנִיּוֹת n.f.p. cstr. (58) *O ships of*

תַּרְשִׁישׁ pr.n. (1076) *Tarshish*

כִּי שֻׁדַּד conj.-Pu. pf. 3 m.s. (שׁדד 994) *for is laid waste*

מָעֻזְּכֶן n.m.s.-2 f.p. sf. (731) *your stronghold*

23:15

וְהָיָה conj.-Qal pf. 3 m.s. (224)

בַּיּוֹם הַהוּא prep.-def.art.-n.m.s. (398)-def.art. -demons.adj. m.s. (214) *in that day*

וְנִשְׁכַּחַת conj.-Ni. ptc. f.s. (שׁכח 1013; GK 44f,116p) *will be forgotten*

צֹר pr.n. (862) *Tyre*

שִׁבְעִים num. m.p. (988) *for seventy*

שָׁנָה n.f.s. (1040) *years*

כִּימֵי prep.-n.m.p. cstr. (398) *like the days of*

מֶלֶךְ אֶחָד n.m.s. (I 572)-num.adj. m.s. (25) *one king*

מִקֵּץ prep.-n.m.s. cstr. (893) *at the end of*

שִׁבְעִים v.supra *seventy*

שָׁנָה v.supra *years*

יִהְיֶה Qal impf. 3 m.s. (הָיָה 224) *it will happen*

לְצֹר prep.-pr.n. (862) *to Tyre*

כְּשִׁירַת prep. (GK 118t)-n.f.s. cstr. (1010) *as in the song of*

הַזּוֹנָה def.art.-n.f.s. (275) *the harlot*

23:16

קְחִי Qal impv. 2 f.s. (לָקַח 542) *take*

כִּנּוֹר n.m.s. (490) *a harp*

סֹבִּי Qal impv. 2 f.s. (סָבַב 685) *go about*

עִיר n.f.s. (II 746) *the city*

זוֹנָה Qal act.ptc. f.s. (275) *O harlot*

נִשְׁכָּחָה Ni. ptc. f.s. (שׁכח 1013) *forgotten*

הֵיטִיבִי Hi. impv. 2 f.s. (יָטַב 405) *make sweet (play skilfully)*

נַגֵּן Pi. inf.cstr. (נָגַן 618) *melody (touching strings)*

הַרְבִּי Hi. impv. 2 f.s. (רָבָה I 915) *(make) many*

שִׁיר n.m.s. (1010) *songs*

לְמַעַן prep. (775) *that*

תִּזָּכֵרִי Ni. impf. 2 f.s. paus. (זָכַר 269) *you may be remembered*

23:17

וְהָיָה conj.-Qal pf. 3 m.s. (224)

מִקֵּץ prep.-n.m.s. cstr. (893) *at the end of*

שִׁבְעִים num. m.p. (988) *seventy*

שָׁנָה n.f.s. (1040) *years*

יִפְקֹד Qal impf. 3 m.s. (פָּקַד 823) *will visit*

יהוה pr.n. (217) *Yahweh*

אֶת־צֹר dir.obj.-pr.n. (862) *Tyre*

וְשָׁבָה conj.-Qal pf. 3 f.s. (שׁוּב 996; GK 72,l) *and she will return*

לְאֶתְנַנָּה prep.-n.f.s.-3 f.s. sf. (1072; GK 91e) *to her hire*

וְזָנְתָה conj.-Qal pf. 3 f.s. (זָנָה 275) *and will play the harlot*

אֶת־כָּל־ prep. (II 85)-n.m.s. cstr. (481) *with all*

מַמְלְכוֹת n.f.p. cstr. (575) *the kingdoms of*

הָאָרֶץ def.art.-n.f.s. (75) *the world*

עַל־פְּנֵי prep.-n.m.p. cstr. (815) *upon the face of*

הָאֲדָמָה def.art.-n.f.s. (9) *the earth*

23:18

וְהָיָה conj.-Qal pf. 3 m.s. (224) *(and) will be*

סַחְרָהּ n.m.s.-3 f.s. sf. (696) *her merchandise*

וְאֶתְנַנָּה conj.-n.m.s.-3 f.s. sf. (1072) *and her hire*

קֹדֶשׁ n.m.s. (871) *dedicated*

לַיהוה prep.-pr.n. (217) *to Yahweh*

לֹא יֵאָצֵר neg.-Ni. impf. 3 m.s. (אָצַר 69) *it will not be stored*

וְלֹא יֵחָסֵן conj.-neg.-Ni. impf. 3 m.s. (חָסַן 340) *or hoarded*

כִּי לַיֹּשְׁבִים conj.-prep.-def.art.-Qal act.ptc. m.p. (יָשַׁב 442) *but for those who dwell*

לִפְנֵי prep.-n.m.p. cstr. (815) *before*

יהוה pr.n. (217) *Yahweh*

יִהְיֶה Qal impf. 3 m.s. (הָיָה 224) *will supply (be)*

סַחְרָהּ v.supra *her merchandise*

לֶאֱכֹל prep.-Qal inf.cstr. (אָכַל 37) *food (for eating)*

לְשָׂבְעָה prep.-n.f.s. (960) *abundant (to satiety)*

וְלִמְכַסֶּה conj.-prep.-n.m.s. (492) *and clothing*

עָתִיק adj. (801) *fine*

24:1

הִנֵּה יהוה interj. (243)-pr.n. (217) *behold, Yahweh*

בּוֹקֵק Qal act.ptc. (בָּקַק 132) *will lay waste*

הָאָרֶץ def.art.-n.f.s. (75) *the earth*

וּבוֹלְקָהּ Po'el ptc.-3 f.s. sf. (בָּלַק 118) *and make it desolate*

וְעִוָּה conj.-Pi. pf. 3 m.s. (עָוָה 730) *and he will twist*

67

פָּנֶיהָ n.m.p.-3 f.s. sf. (815) *its surface*

וְהֵפִיץ conj.-Hi. pf. 3 m.s. (פוץ 806) *and scatter*

יֹשְׁבֶיהָ Qal act.ptc. m.p.-3 f.s. sf. (יָשַׁב 442) *its inhabitants*

24:2

וְהָיָה conj.-Qal pf. 3 m.s. (224) *and it shall be*

כָּעָם prep.-def.art.-n.m.s. (I 766) *as with the people*

כַּכֹּהֵן prep.-def.art.-n.m.s. (463) *so with the priest*

כָּעֶבֶד prep.-def.art.-n.m.s. (713; GK 35g) *as with the slave*

כַּאדֹנָיו prep.-n.m.p.-3 m.s. sf. (10) *so with his master*

כַּשִּׁפְחָה prep.-def.art.-n.f.s. (1046) *as with the maid*

כַּגְּבִרְתָּהּ prep.-def.art.-n.f.s.-3 f.s. sf. (150; GK 127i-prb. "an intentional alliteration") *so with her mistress*

כַּקּוֹנֶה prep.-def.art.-Qal act.ptc. (קנה 888) *as with the buyer*

כַּמּוֹכֵר prep.-def.art.-Qal act.ptc. (569) *so with the seller*

כַּמַּלְוֶה prep.-def.art.-Hi. ptc. (לוה II 531) *as with the lender*

כַּלֹּוֶה prep.-def.art.-Qal act.ptc. (לוה II 531) *so with the borrower*

כַּנֹּשֶׁה prep.-def.art.-Qal act.ptc. (נשה I 674) *as with the creditor*

כַּאֲשֶׁר prep.-rel. (81) *so with*

נֹשֶׁא בוֹ Qal act.ptc. (נשא I 673; GK 116s)-prep. -3 m.s. sf. *the debtor (against him)*

24:3

הִבּוֹק תִּבּוֹק Ni. inf.abs. (בקק II 132; GK 67t)-Ni. impf. 3 f.s. (II 132) *shall be utterly laid waste*

הָאָרֶץ def.art.-n.f.s. (75) *the earth*

וְהִבּוֹז תִּבּוֹז conj.-Ni. inf.abs. (בזז 102; GK 67t) -Ni. impf. 3 f.s. (102) *and utterly despoiled*

כִּי יהוה conj.-pr.n. (217) *for Yahweh*

דִּבֶּר Pi. pf. 3 m.s. (דבר 180) *has spoken*

אֶת־הַדָּבָר הַזֶּה dir.obj.-def.art.-n.m.s. (182)-def. art.-demons.adj. m.s. (260) *this word*

24:4

אָבְלָה Qal pf. 3 f.s. (אבל 5) *mourns*

נָבְלָה Qal pf. 3 f.s. (נבל 615) *withers*

הָאָרֶץ def.art.-n.f.s. (75) *the earth*

אֻמְלְלָה Pulal pf. 3 f.s. (אמל 51) *languishes*

נָבְלָה v.supra *withers*

תֵּבֵל n.f.s. (385) *world*

אֻמְלָלוּ Pulal pf. 3 c.p. (אמל 51) *languish*

מְרוֹם n.m.s. cstr. (928) *(the height of)*

עַם־ n.m.s. cstr. (I 766) *(the people of)*

(הַמְּרוֹם עָם) (prb.rd.-the heavens with הָמְרוֹם עָם)

הָאָרֶץ def.art.-n.f.s. (75) *the earth*

24:5

וְהָאָרֶץ conj.-def.art.-n.f.s. (75) *the earth*

חָנְפָה Qal pf. 3 f.s. (חנף 337) *lies polluted*

תַּחַת prep. (II 1065) *under*

יֹשְׁבֶיהָ Qal act.ptc. m.p.-3 f.s. sf. (442) *its inhabitants*

כִּי־עָבְרוּ conj.-Qal pf. 3 c.p. (עבר 716) *for they have transgressed*

תוֹרֹת n.f.p. (435) *laws*

חָלְפוּ Qal pf. 3 c.p. (חלף 322) *violated*

חֹק n.m.s. (349) *statutes*

הֵפֵרוּ Hi. pf. 3 c.p. (פרר 830) *broken*

בְּרִית n.f.s. cstr. (136) *covenant (of)*

עוֹלָם n.m.s. (761) *everlasting*

24:6

עַל־כֵּן prep.-adv. (485) *therefore*

אָלָה n.f.s. (46) *a curse*

אָכְלָה Qal pf. 3 f.s. (אכל 37) *devours*

אֶרֶץ n.f.s. (75) *earth*

וַיֶּאְשְׁמוּ consec.-Qal impf. 3 m.p. (אשם 79) *and suffer for their guilt*

יֹשְׁבֵי בָהּ Qal act.ptc. m.p. cstr. (ישב 442) -prep.-3 f.s. sf. *its inhabitants*

עַל־כֵּן v.supra *therefore*

חָרוּ Qal pf. 3 c.p. (חרר I 359) *are scorched*

יֹשְׁבֵי v.supra *inhabitants of*

אֶרֶץ n.f.s. (75) *earth*

וְנִשְׁאַר conj.-Ni. pf. 3 m.s. (שאר 983) *and are left*

אֱנוֹשׁ n.m.s. (60) *men*

מִזְעָר n.m.s. (277) *few*

24:7

אָבַל Qal pf. 3 m.s. (5) *mourns*

תִּירוֹשׁ n.m.s. (440) *wine*

אֻמְלְלָה־ Pulal pf. 3 f.s. (אמל 51) *languishes*

גָּפֶן n.f.s. paus. (172) *vine*

נֶאֶנְחוּ Ni. pf. 3 c.p. (אנח 58) *sigh*

כָּל־שִׂמְחֵי־ n.m.s. cstr. (481)-adj. m.p. cstr. (970) *all merry (of)*

לֵב n.m.s. (524) *heart(ed)*

24:8

שָׁבַת Qal pf. 3 m.s. (991) *is stilled*

מְשׂוֹשׂ n.m.s. cstr. (965) *mirth of*
תֻּפִּים n.m.p. (1074) *timbrels*
חָדַל Qal pf. 3 m.s. (292) *has ceased*
שְׁאוֹן n.m.s. cstr. (981) *noise of*
עַלִּיזִים adj. m.p. (759) *jubilant*
שָׁבַת v.supra *is stilled*
מְשׂוֹשׂ v.supra *mirth of*
כִּנּוֹר n.m.s. (490) *lyre*

24:9

בַּשִּׁיר prep.-def.art.-n.m.s. (1010) *with singing*
לֹא יִשְׁתּוּ neg.-Qal impf. 3 m.p. (שׁתה 1059) *no more do they drink*
יָיִן n.m.s. paus. (406) *wine*
יֵמַר Qal impf. 3 m.s. (מרר I 600) *is bitter*
שֵׁכָר n.m.s. (1016) *strong drink*
לְשֹׁתָיו prep.-Qal act.ptc. m.p.-3 m.s. sf. (שׁתה 1059) *to those who drink it*

24:10

נִשְׁבְּרָה Ni. pf. 3 f.s. (שׁבר 990) *is broken down*
קִרְיַת־ n.f.s. cstr. (900) *city of*
תֹהוּ n.m.s. (1062) *chaos*
סֻגַּר Pu. pf. 3 m.s. (סגר 688) *is shut up*
כָּל־בַּיִת n.m.s. cstr. (481)-n.m.s. (108) *every house*
מִבּוֹא prep.-Qal inf.cstr. (בוא 97; GK 119x) *so that none can enter*

24:11

צְוָחָה n.f.s. (846) *an outcry*
עַל־הַיַּיִן prep.-def.art.-n.m.s. (406) *for (lack of) wine*
בַּחוּצוֹת prep.-def.art.-n.m.p. (299) *in the streets*
עָרְבָה Qal pf. 3 f.s. (ערב 788) *has reached its eventide*
כָּל־שִׂמְחָה n.m.s. cstr. (481)-n.f.s. (970) *all joy*
גָּלָה Qal pf. 3 m.s. (162) *is banished*
מְשׂוֹשׂ n.m.s. cstr. (965) *the gladness of*
הָאָרֶץ def.art.-n.f.s. (75) *the earth*

24:12

נִשְׁאַר Ni. pf. 3 m.s. (שׁאר 983) *is left*
בָעִיר prep.-def.art.-n.f.s. (746) *in the city*
שַׁמָּה n.f.s. (1031) *desolation*
וּשְׁאִיָּה conj.-n.f.s. (981) *into ruins*
יֻכַּת־ Ho. impf. 3 m.s. (כתת 510; GK 121d) *are battered*
שָׁעַר n.m.s. paus. (1044) *gate(s)*

24:13

כִּי כֹה conj.-adv. (462) *for thus*
יִהְיֶה Qal impf. 3 m.s. (היה 224) *it shall be*

בְּקֶרֶב prep.-n.m.s. cstr. (899) *in the midst of*
הָאָרֶץ def.art.-n.f.s. (75) *the earth*
בְּתוֹךְ prep.-n.m.s. cstr. (1063) *among*
הָעַמִּים def.art.-n.m.p. (766) *the nations*
כְּנֹקֶף prep.-n.m.s. cstr. (668) *as when is beaten*
זַיִת n.m.s. (268) *an olive tree*
כְּעוֹלֵלֹת prep.-n.f.p. (760) *as at the gleaning*
אִם־כָּלָה conj. (49)-Qal pf. 3 m.s. (כלה 477) *when is done*
בָצִיר n.m.s. (131) *the vintage*

24:14

הֵמָּה pers.pr. 3 m.p. (241) *they*
יִשְׂאוּ Qal impf. 3 m.p. (נשׂא 669) *lift up*
קוֹלָם n.m.s.-3 m.p. sf. (876) *their voices*
יָרֹנּוּ Qal impf. 3 m.p. (רנן 943) *they sing for joy*
בִּגְאוֹן prep.-n.m.s. cstr. (144) *over the majesty of*
יהוה pr.n. (217) *Yahweh*
צָהֲלוּ Qal pf. 3 c.p. (צהל 843) *they shout*
מִיָּם prep.-n.m.s. (410) *from the west (sea)*

24:15

עַל־כֵּן prep.-adv. (485) *therefore*
בָּאֻרִים prep.-def.art.-n.m.p. (22) *in the east*
כַּבְּדוּ Pi. impv. 2 m.p. (כבד 457) *give glory to*
יהוה pr.n. (217) *Yahweh*
בְּאִיֵּי prep.-n.m.p. cstr. (15) *in the coastlands of*
הַיָּם def.art.-n.m.s. (410) *the sea*
שֵׁם n.m.s. cstr. (1027) *to the name of*
יהוה v.supra *Yahweh*
אֱלֹהֵי n.m.p. cstr. (43) *the God of*
יִשְׂרָאֵל pr.n. (975) *Israel*

24:16

מִכְּנַף prep.-n.f.s. cstr. (489) *from the ends of*
הָאָרֶץ def.art.-n.f.s. (75) *the earth*
זְמִרֹת n.m.p. (274; GK 117q) *songs of praise*
שָׁמַעְנוּ Qal pf. 1 c.p. (שׁמע 1033) *we hear*
צְבִי n.m.s. (840) *glory*
לַצַּדִּיק prep.-def.art.-adj. m.s. (843) *to the Righteous One*
וָאֹמַר consec.-Qal impf. 1 c.s. (אמר 55) *but I say*
רָזִי־לִי n.m.s. (931)-prep.-1 c.s. sf. *I pine away*
רָזִי־לִי v.supra *I pine away*
אוֹי interj. (17) *woe*
לִי prep.-1 c.s. sf. *(to) is me!*
בֹּגְדִים Qal act.ptc. m.p. (בגד 93) *treacherous ones*
בָּגָדוּ Qal pf. 3 c.p. paus. (בגד 93) *deal treacherously*

69

וּבֶגֶד conj.-n.m.s. (I 93) *very (treachery)*

בּוֹגְדִים v.supra *treacherous ones*

בָּגָדוּ v.supra *deal treacherously*

24:17

פַּחַד n.m.s. (808) *terror*

וָפַחַת conj.-n.m.s. (809) *and the pit*

וָפָח conj.-n.m.s. paus. (809) *and the snare*

עָלֶיךָ prep.-2 m.s. sf. *upon you*

יוֹשֵׁב Qal act.ptc. m.s. (ישׁב 442) *O inhabitant of*

הָאָרֶץ def.art.-n.f.s. (75) *the earth*

24:18

וְהָיָה conj.-Qal pf. 3 m.s. (224)

הַנָּס def.art.-Qal act.ptc. m.s. (נוס 630) *he who flees*

מִקּוֹל prep.-n.m.s. cstr. (876) *at the sound of*

הַפַּחַד def.art.-n.m.s. (808) *the terror*

יִפֹּל Qal impf. 3 m.s. (נפל 656) *shall fall*

אֶל-הַפַּחַת prep.-def.art.-n.m.s. (809) *into the pit*

וְהָעוֹלֶה conj.-def.art.-Qal act.ptc. (עלה 748) *and he who climbs*

מִתּוֹךְ prep.-n.m.s. cstr. (1063) *out of (from the midst of)*

הַפַּחַת v.supra *the pit*

יִלָּכֵד Ni. impf. 3 m.s. (לכד 539) *shall be caught*

בַּפָּח prep.-def.art.-n.m.s. (809) *in the snare*

כִּי-אֲרֻבּוֹת conj.-n.f.p. (70) *for windows*

מִמָּרוֹם prep.-n.m.s. (928) *of heaven*

נִפְתָּחוּ Ni. pf. 3 c.p. paus. (פתח 834) *are opened*

וַיִּרְעֲשׁוּ consec.-Qal impf. 3 m.p. (רעשׁ 950) *and tremble*

מוֹסְדֵי n.m.p. cstr. (414) *the foundations of*

אָרֶץ n.f.s. paus. (75) *earth*

24:19

רֹעָה Qal inf.abs. (רעע 949; GK 67o) *utterly* (prb. רַע)

הִתְרֹעֲעָה Hithpo'el pf. 3 f.s. (רעע 949; GK 113w) *is broken*

הָאָרֶץ def.art.-n.f.s. (75) *the earth*

פּוֹר Qal inf.abs. (פרר 830) *asunder*

הִתְפּוֹרְרָה Hithpo'el pf. 3 f.s. (פרר 830) *is rent*

אָרֶץ n.f.s. (75) *earth*

מוֹט Qal inf.abs. (מוט 556) *violently*

הִתְמוֹטְטָה Hithpolel pf. 3 f.s. (מוט 556) *is shaken*

אָרֶץ n.f.s. paus. (75) *earth*

24:20

נוֹעַ תָּנוּעַ Qal inf.abs. (נוע 631)-Qal impf. 3 f.s. (631) *staggers*

אֶרֶץ n.f.s. (75) *earth*

כַּשִּׁכּוֹר prep.-def.art.-adj. m.s. (1016) *like a (the) drunken man*

וְהִתְנוֹדְדָה conj.-Hithpolel pf. 3 f.s. (נוד 626) *it sways*

כַּמְּלוּנָה prep.-def.art.-n.f.s. (434) *like a (the) hut*

וְכָבַד conj.-Qal pf. 3 m.s. (457) *lies heavy*

עָלֶיהָ prep.-3 f.s. sf. *upon it*

פִּשְׁעָהּ n.m.s.-3 f.s. sf. (833) *its transgression*

וְנָפְלָה conj.-Qal pf. 3 f.s. (נפל 656) *and it falls*

וְלֹא-תֹסִיף conj.-neg.-Hi. impf. 3 f.s. (יסף 414) *and not again*

קוּם Qal inf.cstr. (קום 877) *will rise*

24:21

וְהָיָה conj.-Qal pf. 3 m.s. (224)

בַּיּוֹם הַהוּא prep.-def.art.-n.m.s. (398)-def.art.-demons.adj. m.s. (214) *on that day*

יִפְקֹד Qal impf. 3 m.s. (פקד 823) *will punish*

יהוה pr.n. (217) *Yahweh*

עַל-צְבָא prep.-n.m.s. cstr. (838) *the host of*

הַמָּרוֹם def.art.-n.m.s. (928) *heaven*

בַּמָּרוֹם prep.-def.art.-n.m.s. (928) *in heaven*

וְעַל-מַלְכֵי conj.-prep.-n.m.p. cstr. (572) *and the kings of*

הָאֲדָמָה def.art.-n.f.s. (9) *the earth*

עַל-הָאֲדָמָה prep.-v.supra *on the earth*

24:22

וְאֻסְּפוּ conj.-Pu. pf. 3 c.p. (אסף 62) *they will be gathered together*

אֲסֵפָה verbal n.f.s. (63) *(a collecting)*

אַסִּיר n.m.s. (64) *as prisoners*

עַל-בּוֹר prep.-n.m.s. (92) *in a pit*

וְסֻגְּרוּ conj.-Pu. pf. 3 c.p. (סגר 688) *(and) they will be shut up*

עַל-מַסְגֵּר prep.-n.m.s. (689) *in a prison*

וּמֵרֹב conj.-prep.-n.m.s. cstr. (913) *and after many*

יָמִים n.m.p. (398) *days*

יִפָּקֵדוּ Ni. impf. 3 m.p. paus. (פקד 823; GK 117q) *they will be punished*

24:23

וְחָפְרָה conj.-Qal pf. 3 f.s. (חפר 344) *they will be confounded*

הַלְּבָנָה def.art.-n.f.s. (526) *the moon*

וּבוֹשָׁה conj.-Qal pf. 3 f.s. (בושׁ 101) *and ashamed*

הַחַמָּה def.art.-n.f.s. (328) *the sun*

כִּי־מָלַךְ conj.-Qal pf. 3 m.s. (572) *for will reign*

יהוה צְבָאוֹת pr.n. (217)-pr.n. (838) *Yahweh of hosts*

בְּהַר prep.-n.m.s. cstr. (249) *on Mount*

צִיּוֹן pr.n. (851) *Zion*

וּבִירוּשָׁלַםִ conj.-prep.-pr.n. (436) *and in Jerusalem*

וְנֶגֶד conj.-prep. (617) *and before*

זְקֵנָיו adj. m.p.-3 m.s. sf. (278) *his elders*

כָּבוֹד n.m.s. (458) *glory*

25:1

יהוה pr.n. (217) *Yahweh*

אֱלֹהַי n.m.p.-1 c.s. sf. (43) *my God*

אַתָּה pers.pr. 2 m.s. (61) *thou*

אֲרוֹמִמְךָ Polel impf. 1 c.s. (רום 926)-2 m.s. sf. *I will exalt thee*

אוֹדֶה Hi. impf. 1 c.s. (יָדָה 392) *I will praise*

שִׁמְךָ n.m.s.-2 m.s. sf. (1027) *thy name*

כִּי עָשִׂיתָ conj.-Qal pf. 2 m.s. (עָשָׂה 793) *for thou hast done*

פֶּלֶא n.m.s. (810) *wonderful things*

עֵצוֹת n.f.p. (420) *plans*

מֵרָחוֹק prep.-n.m.s. (935) *(formed) of old*

אֱמוּנָה n.f.s. (53) *faithful*

אֹמֶן n.m.s. (53) *sure*

25:2

כִּי שַׂמְתָּ conj.-Qal pf. 2 m.s. (שׂים 962) *for thou hast made*

מֵעִיר prep.-n.f.s. (746) *city*

לַגָּל prep.-def.art.-n.m.s. (164) *a heap*

קִרְיָה n.f.s. (900) *city*

בְּצוּרָה Qal pass.ptc. f.s. (בָּצַר 130) *fortified*

לְמַפֵּלָה prep.-n.f.s. (656) *a ruin*

אַרְמוֹן n.m.s. cstr. (74) *palace of*

זָרִים Qal act.ptc. m.p. (זוּר 266) *aliens*

מֵעִיר prep.-n.f.s. (746) *a city no more*

לְעוֹלָם prep.-n.m.s. (761) *for ever*

לֹא יִבָּנֶה neg.-Ni. impf. 3 m.s. (בָּנָה 124) *it will not be rebuilt*

25:3

עַל־כֵּן prep.-adv. (485) *therefore*

יְכַבְּדוּךָ Pi. impf. 3 m.p.-2 m.s. sf. (כָּבַד 457) *will glorify thee*

עַם־עָז n.m.s. (766)-adj. m.s. (738) *strong peoples*

קִרְיַת n.f.s. cstr. (900) *cities of*

גּוֹיִם n.m.p. (156) *nations*

עָרִיצִים adj. m.p. (792) *ruthless*

יִירָאוּךָ Qal impf. 3 m.p.-2 m.s. sf. (יָרֵא 431) *will fear thee*

25:4

כִּי־הָיִיתָ conj.-Qal pf. 2 m.s. (הָיָה 224) *for thou hast been*

מָעוֹז n.m.s. (731) *a stronghold*

לַדָּל prep.-def.art.-adj. m.s. (195) *to the poor*

מָעוֹז v.supra *a stronghold*

לָאֶבְיוֹן prep.-def.art.-adj. m.s. (2) *to the needy*

בַּצַּר־לוֹ prep.-def.art.-n.m.s. (865)-prep.-3 m.s. sf. *in his distress*

מַחְסֶה n.m.s. (340) *a shelter*

מִזֶּרֶם prep.-n.m.s. (281) *from storm*

צֵל n.m.s. (853) *a shade*

מֵחֹרֶב prep.-n.m.s. (351) *from heat*

כִּי רוּחַ conj.-n.f.s. cstr. (924) *for blast of*

עָרִיצִים adj. m.p. (792) *ruthless*

כְּזֶרֶם prep.-n.m.s. cstr. (281) *like a storm against*

קִיר n.m.s. (885) *a wall*

25:5

כְּחֹרֶב prep.-n.m.s. (351) *like heat*

בְּצָיוֹן prep.-n.m.s. (851) *in a dry place*

שְׁאוֹן n.m.s. cstr. (981) *noise of*

זָרִים Qal act.ptc. m.p. (זוּר 226) *aliens*

תַּכְנִיעַ Hi. impf. 2 m.s. (כָּנַע 488) *thou dost subdue*

חֹרֶב n.m.s. (351) *heat*

בְּצֵל prep.-n.m.s. cstr. (851) *by shade of*

עָב n.m.s. (728) *a cloud*

זְמִיר n.m.s. cstr. (274) *song of*

עָרִיצִים adj. m.p. (792) *ruthless*

יַעֲנֶה Qal impf. 3 m.s. (עָנָה III 776) *is stilled*

25:6

וְעָשָׂה conj.-Qal pf. 3 m.s. (793) *will make*

יהוה צְבָאוֹת pr.n. (217)-pr.n. (838) *Yahweh of hosts*

לְכָל־הָעַמִּים prep.-n.m.s. cstr. (481)-def.art.-n.m.p. (766) *for all people*

בָּהָר הַזֶּה prep.-def.art.-n.m.s. (249)-def.art.-demons.adj. m.s. (260) *on this mountain*

מִשְׁתֵּה n.m.s. cstr. (1059) *a feast of*

שְׁמָנִים n.m.p. (1032) *fat things*

מִשְׁתֵּה v.supra *a feast of*

שְׁמָרִים n.m.p. (II 1038) *wine on the lees*

שְׁמָנִים v.supra *fat things*

מְמֻחָיִם Pu. ptc. m.p. (מָחָה IV 562; GK 75dd,93ss) *full of marrow*

שְׁמָרִים v.supra *wine on the lees*

מְזֻקָּקִים Pu. ptc. m.p. (זָקַק 279) *well refined*

71

25:7

וּבִלַּע conj.-Pi. pf. 3 m.s. (בָּלַע 118) *and he will destroy*

בָּהָר הַזֶּה prep.-def.art.-n.m.s. (249)-def.art.-demons.adj. m.s. (260) *on this mountain*

פְּנֵי־הַלּוֹט n.m.p. cstr. (815)-def.art.-Qal act.ptc. (532 לוט; GK 72p) *(the face of) covering*

הַלּוֹט def.art.-Qal act.ptc. (532) *(which covereth)*

עַל־כָּל־ prep.-n.m.s. cstr. (481) *over all*

הָעַמִּים def.art.-n.m.p. (766) *peoples*

וְהַמַּסֵּכָה conj.-def.art.-n.f.s. (697) *(and) the veil*

הַנְּסוּכָה def.art.-Qal pass.ptc. f.s. (נָסַךְ II 651) *that is spread*

עַל־כָּל־ prep.-n.m.s. cstr. (481) *over all*

הַגּוֹיִם def.art.-n.m.p. (156) *nations*

25:8

בִּלַּע Pi. pf. 3 m.s. (בָּלַע 118) *he will swallow up*

הַמָּוֶת def.art.-n.m.s. (560) *death*

לָנֶצַח prep.-n.m.s. (I 664) *for ever*

וּמָחָה conj.-Qal pf. 3 m.s. (I 562) *and will wipe away*

אֲדֹנָי n.m.p.-1 c.s. sf. (10) *the Lord*

יהוה pr.n. (217) *Yahweh*

דִּמְעָה n.f.s. (199) *tears*

מֵעַל כָּל־ prep.-prep.-n.m.s. cstr. (481) *from all*

פָּנִים n.m.p. (815) *faces*

וְחֶרְפַּת conj.-n.f.s. cstr. (357) *and the reproach of*

עַמּוֹ n.m.s.-3 m.s. sf. (766) *his people*

יָסִיר Hi. impf. 3 m.s. (סוּר 693) *he will take away*

מֵעַל כָּל־ prep.-prep.-n.m.s. cstr. (481) *from all*

הָאָרֶץ def.art.-n.f.s. (75) *the earth*

כִּי יהוה conj.-pr.n. (217) *for Yahweh*

דִּבֵּר Pi. pf. 3 m.s. (180) *has spoken*

25:9

וְאָמַר conj.-Qal pf. 3 m.s. (55) *it will be said*

בַּיּוֹם הַהוּא prep.-def.art.-n.m.s. (398)-def.art.-demons.adj. m.s. (214) *on that day*

הִנֵּה demons.part. (243) *lo*

אֱלֹהֵינוּ n.m.p.-1 c.p. sf. (43) *our God*

זֶה demons.adj. m.s. (260) *this is*

קִוִּינוּ Pi. pf. 1 c.p. (קָוָה 875) *we have waited for*

לוֹ prep.-3 m.s. sf. *him*

וְיוֹשִׁיעֵנוּ conj.-Hi. impf. 3 m.s.-1 c.p. sf. (יָשַׁע 446) *that he might save us*

זֶה v.supra *this is*

יהוה pr.n. (217) *Yahweh*

קִוִּינוּ לוֹ v.supra-v.supra *we have waited for him*

25:10

כִּי־תָנוּחַ conj.-Qal impf. 3 f.s. (נוּחַ 628) *for will rest*

יַד־יהוה n.f.s. cstr. (388)-pr.n. (217) *the hand of Yahweh*

בָּהָר הַזֶּה prep.-def.art.-n.m.s. (249)-def.art.-demons.adj. m.s. (260) *on this mountain*

וְנָדוֹשׁ conj.-Ni. pf. 3 m.s. (דּוּשׁ 190) *and shall be trodden down*

מוֹאָב pr.n. (555) *Moab*

תַּחְתָּיו prep.-3 m.s. sf. (1065) *in his place*

כְּהִדּוּשׁ prep.-Ni. inf.cstr. (דּוּשׁ 190; GK 72v) *as is trodden down*

מַתְבֵּן n.m.s. (1062) *straw*

בְּמִי prep.-3 m.s. sf. *(in it)*

מַדְמֵנָה n.f.s. (199) *in a dung-pit*

25:11

וּפֵרַשׂ conj.-Pi. pf. 3 m.s. (פָּרַשׂ 831) *and he will spread out*

יָדָיו n.f.p.-3 m.s. sf. (388) *his hands*

בְּקִרְבּוֹ prep.-n.m.s.-3 m.s. sf. (899) *in the midst of it*

כַּאֲשֶׁר prep.-rel. (81) *as*

יְפָרֵשׂ Pi. impf. 3 m.s. (פָּרַשׂ 831) *spreads*

הַשֹּׂחֶה def.art.-Qal act.ptc. (שָׂחָה 965) *a (the) swimmer*

לִשְׂחוֹת prep.-Qal inf.cstr. (שָׂחָה 965) *to swim*

וְהִשְׁפִּיל conj.-Hi. pf. 3 m.s. (שָׁפֵל 1050) *but will lay low*

גַּאֲוָתוֹ n.f.s.-3 m.s. sf. (144) *his pride*

עִם אָרְבּוֹת prep. (767)-n.f.p. cstr. (70) *together with the skill of (tricks of)*

יָדָיו n.f.p.-3 m.s. sf. (388) *his hands*

25:12

וּמִבְצַר conj.-n.m.s. cstr. (131) *and the fortifications (of)*

מִשְׂגַּב n.m.s. cstr. (960) *high (secure height of)*

חוֹמֹתֶיךָ n.m.p.-2 m.s. sf. (327) *his (your) walls*

הֵשַׁח Hi. pf. 3 m.s. (שָׁחַח 1005) *he will bring down*

הִשְׁפִּיל Hi. pf. 3 m.s. (שָׁפֵל 1050) *lay low*

הִגִּיעַ Hi. pf. 3 m.s. (נָגַע 619) *cast*

לָאָרֶץ prep.-def.art.-n.f.s. (75) *to the ground*

נָגִילָה Qal impf. 1 c.p.-coh.he (גִּיל 162) *let us be glad*

וְנִשְׂמְחָה conj.-Qal impf. 1 c.p.-coh.he (שָׂמַח 970) *and (let us) rejoice*

בִּישׁוּעָתוֹ prep.-n.f.s.-3 m.s. sf. (447) *in his salvation*

עַד־עָפָר prep. (II 723)-n.m.s. (779) *even to dust*

26:1

בַּיּוֹם הַהוּא prep.-def.art.-n.m.s. (398)-def.art.
-demons.adj. m.s. (214) *in that day*

יוּשַׁר Ho. impf. 3 m.s. (שׁיר 1010) *will be sung*

הַשִּׁיר־הַזֶּה def.art.-n.m.s. (1010)-def.art.
-demons.adj. m.s. (260) *this song*

בְּאֶרֶץ prep.-n.f.s. cstr. (75) *in the land of*

יְהוּדָה pr.n. (397) *Judah*

עִיר־עָז־ n.f.s. (746)-adj. m.s. (738) *a strong city*

לָנוּ prep.-1 c.p. sf. *we have (to us)*

יְשׁוּעָה n.f.s. (446) *salvation*

יָשִׁית Qal impf. 3 m.s. (שׁית 1011) *he sets up*

חוֹמוֹת n.f.p. (327) *walls*

וָחֵל conj.-n.m.s. (298) *and bulwarks*

26:2

פִּתְחוּ Qal impv. 2 m.p. (פתח 834) *open*

שְׁעָרִים n.m.p. (1044) *the gates*

וְיָבֹא conj.-Qal impf. 3 m.s. (בוא 97) *that may
enter in*

גוֹי־צַדִּיק n.m.s. (156)-adj. m.s. (843) *righteous
nation*

שֹׁמֵר Qal act.ptc. (שׁמר 1036) *which keeps*

אֱמֻנִים n.m.p. (53) *faith*

26:3

יֵצֶר סָמוּךְ n.m.s. (428)-Qal pass.ptc. (סמך 701)
whose mind is stayed (lit.-a stedfast
purpose)

תִּצֹּר Qal impf. 2 m.s. (נצר I 665) *thou dost keep*

שָׁלוֹם שָׁלוֹם n.m.s. (1022)-n.m.s. (1022) *in
perfect peace (peace, peace)*

כִּי בְךָ conj.-prep.-2 m.s. sf. *because in thee*

בָּטוּחַ Qal pass.ptc. (בטח 105) *he trusts*

26:4

בִּטְחוּ Qal impv. 2 m.p. (בטח 105) *trust*

בַיהוָה prep.-pr.n. (217; GK 119iN) *in Yahweh*

עֲדֵי־עַד n.m.p. cstr. (I 723)-n.m.s. (I 723) *for
ever*

כִּי בְּיָהּ conj.-prep.-pr.n. (219) *for in Yah*

יְהוָה pr.n. (217) *Yahweh*

צוּר n.m.s. cstr. (849) *rock (of)*

עוֹלָמִים n.m.p. (761) *everlasting*

26:5

כִּי הֵשַׁח conj.-Hi. pf. 3 m.s. (שׁחח 1005) *for he
has brought low*

יֹשְׁבֵי Qal act.ptc. m.p. cstr. (ישׁב 442)
inhabitants of

מָרוֹם n.m.s. (928) *height*

קִרְיָה n.f.s. (900) *city*

נִשְׂגָּבָה Ni. ptc. f.s. paus. (שׂגב 960) *lofty*

יַשְׁפִּילֶנָּה Hi. impf. 3 m.s.-3 f.s. sf. (שׁפל 1050)
he lays it low

יַשְׁפִּילָהּ Hi. impf. 3 m.s.-3 f.s. sf. (שׁפל 1050)
lays it low

עַד־אֶרֶץ prep. (723)-n.f.s. (75) *to the ground*

יַגִּיעֶנָּה Hi. impf. 3 m.s.-3 f.s. sf. (נגע 619) *casts
it*

עַד־עָפָר prep.-n.m.s. (779) *to the dust*

26:6

תִּרְמְסֶנָּה Qal impf. 3 f.s.-3 f.s. sf. (רמס 942)
tramples it

רֶגֶל n.f.s. paus. (919) *foot*

רַגְלֵי n.f.p. cstr. (919) *feet of*

עָנִי adj. m.s. (776) *poor*

פַּעֲמֵי n.f. du. cstr. (821) *steps of*

דַּלִּים adj. m.p. (195) *needy*

26:7

אֹרַח n.m.s. (73) *way*

לַצַּדִּיק prep.-def.art.-adj. m.s. (843) *of the
righteous*

מֵישָׁרִים n.m.p. (449) *is level*

יָשָׁר adj. (449) *(level)*

מַעְגַּל n.m.s. cstr. (722) *path of*

צַדִּיק adj. m.s. (843) *righteous*

תְּפַלֵּס Pi. impf. 2 m.s. (פלס 814) *thou dost make
smooth*

26:8

אַף conj. (II 64) *(also)*

אֹרַח n.m.s. cstr. (73) *the path of*

מִשְׁפָּטֶיךָ n.m.p.-2 m.s. sf. (1048) *thy judgments*

יְהוָה pr.n. (217) *O Yahweh*

קִוִּינוּךָ Pi. pf. 1 c.p.-2 m.s. sf. (קוה 875) *we wait
for thee*

לְשִׁמְךָ prep.-n.m.s.-2 m.s. sf. (1027) *thy name (to
thy name)*

וּלְזִכְרְךָ conj.-prep.-n.m.s.-2 m.s. sf. (271)
memorial (and to thy memorial)

תַּאֲוַת־ n.f.s. cstr. (16) *desire of*

נָפֶשׁ n.f.s. paus. (659) *soul*

26:9

נַפְשִׁי n.f.s.-1 c.s. sf. (659; GK 144m) *my soul*

אִוִּיתִיךָ Pi. pf. 1 c.s.-2 m.s. sf. (אוה 16) *(I)
yearns for thee*

בַּלַּיְלָה prep.-def.art.-n.m.s. (538) *in the night*

אַף־רוּחִי conj. (II 64)-n.f.s.-1 c.s. sf. (924) *(also) my spirit*

בְּקִרְבִּי prep.-n.m.s.-1 c.s. sf. (899) *within me*

אֲשַׁחֲרֶךָ Pi. impf. 1 c.s.-2 m.s. sf. (שָׁחַר 1007) *earnestly seeks thee*

כִּי כַאֲשֶׁר conj.-prep.-rel. (81) *for when*

מִשְׁפָּטֶיךָ n.m.p.-2 m.s. sf. (1048) *thy judgments*

לָאָרֶץ prep.-def.art.-n.f.s. (75) *in the earth*

צֶדֶק n.m.s. (841) *righteousness*

לָמְדוּ Qal pf. 3 c.p. (לָמַד 540) *learn*

יֹשְׁבֵי Qal act.ptc. m.p. cstr. (יָשַׁב 442) *inhabitants of*

תֵבֵל n.f.s. (385) *world*

26:10

יֻחַן Ho. impf. 3 m.s. (חָנַן 335) *if favor is shown*

רָשָׁע adj. m.s. (957) *to the wicked*

בַּל־לָמַד neg. (115)-Qal pf. 3 m.s. (540; GK 159c) *he does not learn*

צֶדֶק n.m.s. (841) *righteousness*

בְּאֶרֶץ prep.-n.f.s. cstr. (75) *in the land of*

נְכֹחוֹת adj. f.p. (647) *uprightness*

יְעַוֵּל Pi. impf. 3 m.s. (עָוַל 732) *he deals perversely*

וּבַל־יִרְאֶה conj.-neg. (115)-Qal impf. 3 m.s. (רָאָה 906) *and does not see*

גֵּאוּת n.f.s. cstr. (145) *the majesty of*

יהוה pr.n. (217) *Yahweh*

26:11

יהוה pr.n. (217) *Yahweh*

רָמָה Qal pf. 3 f.s. (רוּם 926) *is lifted up*

יָדְךָ n.f.s.-2 m.s. sf. (388) *thy hand*

בַּל־יֶחֱזָיוּן neg. (115)-Qal impf. 3 m.p. paus. (חָזָה 302; GK 47m) *but they see it not*

יֶחֱזוּ Qal impf. 3 m.p. (חָזָה 302) *let them see*

וְיֵבֹשׁוּ conj.-Qal impf. 3 m.p. (בּוּשׁ 101) *and be ashamed*

קִנְאַת־ n.f.s. cstr. (888) *zeal for*

עָם n.m.s. (I 766) *people*

אַף־אֵשׁ conj. (64)-n.f.s. cstr. (77) *(also) the fire for*

צָרֶיךָ n.m.p.-2 m.s. sf. (III 865) *thy adversaries*

תֹאכְלֵם Qal impf. 3 f.s.-3 m.p. sf. (אָכַל 37) *let ... consume them*

26:12

יהוה pr.n. (217) *Yahweh*

תִּשְׁפֹּת Qal impf. 2 m.s. (שָׁפַת II 1046) *thou wilt ordain*

שָׁלוֹם n.m.s. (1022) *peace*

לָנוּ prep.-1 c.p. sf. *for us*

כִּי גַם conj.-adv. (168) *(for also)*

כָּל־מַעֲשֵׂינוּ n.m.s. cstr. (481)-n.m.p.-1 c.p. sf. (795) *all our works*

פָּעַלְתָּ Qal pf. 2 m.s. (פָּעַל 821) *thou hast wrought*

לָנוּ prep.-1 c.p. sf. *for us*

26:13

יהוה pr.n. (217) *O Yahweh*

אֱלֹהֵינוּ n.m.p.-1 c.p. sf. (43) *our God*

בְּעָלוּנוּ Qal pf. 3 c.p.-1 c.p. sf. (בָּעַל 127) *have ruled over us*

אֲדֹנִים n.m.p. (10) *lords*

זוּלָתֶךָ prep.-2 m.s. sf. (265) *besides thee*

לְבַד־ prep.-n.m.s. (II 94) *alone*

בְּךָ prep.-2 m.s. sf. *(in thee)*

נַזְכִּיר Hi. impf. 1 c.p. (זָכַר II 269) *we acknowledge*

שְׁמֶךָ n.m.s. paus.-2 m.s. sf. (1027) *thy name*

26:14

מֵתִים Qal act.ptc. m.p. (מוּת 559) *they are dead*

בַּל־יִחְיוּ neg. (115)-Qal impf. 3 m.p. (חָיָה 310) *they will not live*

רְפָאִים n.m.p. (I 952) *they are shades*

בַּל־יָקֻמוּ neg. (115)-Qal impf. 3 m.p. (קוּם 877) *they will not arise*

לָכֵן prep.-adv. (485) *to that end*

פָּקַדְתָּ Qal pf. 2 m.s. (פָּקַד 823) *thou hast visited*

וַתַּשְׁמִידֵם consec.-Hi. impf. 2 m.s.-3 m.p. sf. (שָׁמַד 1029) *with destruction ... them (and thou hast destroyed them)*

וַתְּאַבֵּד consec.-Pi. impf. 2 m.s. (אָבַד 1) *and wiped out*

כָּל־זֵכֶר n.m.s. cstr. (481)-n.m.s. (271) *all remembrance*

לָמוֹ prep.-3 m.p. sf. *of them*

26:15

יָסַפְתָּ Qal pf. 2 m.s. (יָסַף 414) *thou hast increased*

לַגּוֹי prep.-def.art.-n.m.s. (156) *the nation*

יהוה pr.n. (217) *O Yahweh*

יָסַפְתָּ v.supra *thou hast increased*

לַגּוֹי v.supra *the nation*

נִכְבָּדְתָּ Ni. pf. 2 m.s. paus. (כָּבַד 457) *thou art glorified*

רִחַקְתָּ Pi. pf. 2 m.s. (רָחַק 934) *thou hast enlarged*

כָּל־קַצְוֵי־ n.m.s. cstr. (481)-n.m.p. cstr. (892) *all borders of*

אָרֶץ n.f.s. paus. (75) *land*

26:16

יהוה pr.n. (217) *O Yahweh*

בַּצַּר prep.-def.art.-n.m.s. (II 865) *in distress*

פְּקָדוּךָ Qal pf. 3 c.p.-2 m.s. sf. (פקד 823) *they sought thee*

צָקוּן Qal pf. 3 c.p. (צוק II 845; GK 44 1,72o) *they poured out*

לַחַשׁ n.m.s. (538) *a (whisper of) prayer*

מוּסָרְךָ n.m.s.-2 m.s. sf. (416) *when thy chastening*

לָמוֹ prep.-3 m.p. sf. *upon them*

26:17

כְּמוֹ הָרָה conj. (455)-adj. f.s. (II 248) *like a woman with child*

תַּקְרִיב Hi. impf. 3 f.s. (קרב 897) *when she is near*

לָלֶדֶת prep.-Qal inf.cstr. (ילד 408) *her time (to give birth)*

תָּחִיל Qal impf. 3 f.s. (חול 296) *who writhes*

תִּזְעַק Qal impf. 3 f.s. (זעק 277) *and cries out*

בַּחֲבָלֶיהָ prep.-n.m.p.-3 f.s. sf. (286) *in her pangs*

כֵּן הָיִינוּ adv. (485)-Qal pf. 1 c.p. (היה 224) *so were we*

מִפָּנֶיךָ prep.-n.m.p.-2 m.s. sf. (815) *because of thee*

יהוה pr.n. (217) *O Yahweh*

26:18

הָרִינוּ Qal pf. 1 c.p. (הרה 247) *we were with child*

חַלְנוּ Qal pf. 1 c.p. (חול 296) *we writhed*

כְּמוֹ prep. (455) *as*

יָלַדְנוּ Qal pf. 1 c.p. (ילד 408) *we have brought forth*

רוּחַ n.f.s. (924) *wind*

יְשׁוּעֹת n.f.p. (447; GK 124e) *deliverance*

בַּל־נַעֲשֶׂה neg. (115)-Qal impf. 1 c.p. (עשה 793) *we have wrought no*

אֶרֶץ n.f.s. (75) *(in the) earth*

וּבַל־יִפְּלוּ conj.-neg. (115)-Qal impf. 3 m.p. (נפל 656) *and have not fallen*

יֹשְׁבֵי Qal act.ptc. m.p. cstr. (ישב 442) *inhabitants of*

תֵבֵל n.f.s. (385) *world*

26:19

יִחְיוּ Qal impf. 3 m.p. (חיה 310) *shall live*

מֵתֶיךָ Qal act.ptc. m.p. (מות 559) *thy dead*

נְבֵלָתִי n.f.s.-1 c.s. sf. (615; GK 95h,122s) *their (my) bodies* (נְבֵלָתָם-S,T)

יְקוּמוּן Qal impf. 3 m.p. (קום 877) *shall rise*

הָקִיצוּ Hi. impv. 2 m.p. (קיץ I 884) *awake*

וְרַנְּנוּ conj.-Pi. impv. 2 m.p. (רנן 943) *and sing for joy*

שֹׁכְנֵי Qal act.ptc. m.p. cstr. (שכן 1014) *O dwellers in*

עָפָר n.m.s. (779) *dust*

כִּי טַל אוֹרֹת conj.-n.m.s. cstr. (378)-n.f.p. (I 21) *for a dew of light*

טַלֶּךָ n.m.s.-2 m.s. sf. (378) *thy dew*

וָאָרֶץ רְפָאִים conj.-n.f.s. cstr. (75)-n.m.p. (952) *and on land of shades*

תַּפִּיל Hi. impf. 2 m.s. (נפל 656) *thou wilt let fall*

26:20

לֵךְ Qal impv. 2 m.s. (הלך 229) *come*

עַמִּי n.m.s.-1 c.s. sf. (I 766) *my people*

בֹּא Qal impv. 2 m.s. (בוא 97) *enter*

בַחֲדָרֶיךָ prep.-n.m.p.-2 m.s. sf. (293) *your chambers*

וּסְגֹר conj.-Qal impv. 2 m.s. (סגר 688) *and shut*

דְּלָתֶיךָ n.f.p.-2 m.s. sf. (195) *your doors*

בַּעֲדֶךָ prep.-2 m.s. sf. (126) *behind you*

חֲבִי Qal impv. 2 m.s. (חבה 285; GK 75qq) *hide yourselves*

כִמְעַט prep.-subst.cstr. (589) *for a little (of)*

רֶגַע n.m.s. (921) *while (moment)*

עַד־יַעֲבָור prep.-Qal impf. 3 m.s. (עבר 716) *until is past*

זָעַם n.m.s. paus. (276) *wrath*

26:21

כִּי־הִנֵּה conj.-demons.part. (243) *for behold*

יהוה pr.n. (217) *Yahweh*

יֹצֵא Qal act.ptc. (יצא 422) *is coming forth*

מִמְּקֹמוֹ prep.-n.m.s.-3 m.s. sf. (879) *out of his place*

לִפְקֹד prep.-Qal inf.cstr. (פקד 823) *to punish*

עֲוֹן n.m.s. cstr. (730) *for iniquity (of)*

יֹשֵׁב־ Qal act.ptc. m.s. (ישב 442) *the inhabitants of*

הָאָרֶץ def.art.-n.f.s. (75) *the earth*

עָלָיו prep.-3 m.s. sf. *their (upon them)*

וְגִלְּתָה conj.-Pi. pf. 3 f.s. (גלה 162) *and will disclose*

הָאָרֶץ v.supra *the earth*

אֶת־דָּמֶיהָ dir.obj.-n.m.p.-3 f.s. sf. (196) *the blood shed upon her*

וְלֹא־תְכַסֶּה conj.-neg.-Pi. impf. 3 f.s. (כסה 491) *and will no ... cover*

עוֹד adv. (728) *more*

עַל־הֲרוּגֶיהָ prep.-Qal pass.ptc. m.p.-3 f.s. sf. (הָרַג 246) *her slain*

27:1

בַּיּוֹם הַהוּא prep.-def.art.-n.m.s. (398)-def.art. -demons.adj. m.s. (214) *in that day*

יִפְקֹד Qal impf. 3 m.s. (פָּקַד 823) *will punish*

יהוה pr.n. (217) *Yahweh*

בְּחַרְבּוֹ prep.-n.f.s.-3 m.s. sf. (352) *with his sword*

הַקָּשָׁה def.art.-adj. f.s. (904) *hard*

וְהַגְּדוֹלָה conj.-def.art.-adj. f.s. (152) *and great*

וְהַחֲזָקָה conj.-def.art.-adj. f.s. (305) *and strong*

עַל לִוְיָתָן prep.-n.m.s. (531) *(upon) Leviathan*

נָחָשׁ n.m.s. (I 638) *serpent*

בָּרִחַ adj. m.s. (I 138) *fleeing*

וְעַל לִוְיָתָן conj.-v.supra-v.supra *(and) Leviathan*

נָחָשׁ v.supra *serpent*

עֲקַלָּתוֹן adj. m.s. (785) *twisting (crooked)*

וְהָרַג conj.-Qal pf. 3 m.s. (246) *and he will slay*

אֶת־הַתַּנִּין dir.obj.-def.art.-n.m.s. (1072) *the dragon*

אֲשֶׁר בַּיָּם rel. (81)-prep.-def.art.-n.m.s. (410) *that is in the sea*

27:2

בַּיּוֹם הַהוּא v.27:1 *in that day*

כֶּרֶם n.m.s. cstr. (501) *a vineyard (of)*

חֶמֶד n.m.s. (326) *pleasant*

עַנּוּ־ Pi. impv. 2 m.p. (עָנָה IV 777) *sing*

לָהּ prep.-3 f.s. sf. *of it*

27:3

אֲנִי יהוה pers.pr. 1 c.s. (58)-pr.n. (217) *I, Yahweh*

נֹצְרָהּ Qal act.ptc. m.s.-3 f.s. sf. (נָצַר 665) *its keeper*

לִרְגָעִים prep.-n.m.p. (921) *every moment*

אַשְׁקֶנָּה Hi. impf. 1 c.s.-3 f.s. sf. (שָׁקָה 1052) *I water it*

פֶּן conj. (814) *lest*

יִפְקֹד Qal impf. 3 m.s. (פָּקַד 823) *anyone harm*

עָלֶיהָ prep.-3 f.s. sf. *it*

לַיְלָה וָיוֹם n.m.s. (538)-conj.-n.m.s. (398) *night and day*

אֶצֳּרֶנָּה Qal impf. 1 c.s.-3 f.s. sf. (נָצַר 665; GK 60a) *I guard it*

27:4

חֵמָה n.f.s. (404; GK 117x) *wrath*

אֵין לִי subst.cstr. (II 34)-prep.-1 c.s. sf. *I have no*

מִי־יִתְּנֵנִי interr. (566)-Qal impf. 3 m.s.-1 c.s. sf. (678; נָתַן; GK 151b) *would that I had*

שָׁמִיר n.m.s. (1038) *thorns*

שַׁיִת n.m.s. (1011) *and briers*

בַּמִּלְחָמָה prep.-def.art.-n.f.s. (536) *to battle*

אֶפְשְׂעָה Qal impf. 1 c.s.-coh.he (פָּשַׂע 832; GK 10h,65b) *I would set out*

בָהּ prep.-3 f.s. sf. *against them*

אֲצִיתֶנָּה Hi. impf. 1 c.s.-3 f.s. sf. (יָצַת 428; GK 71) *I would burn them up*

יָחַד adv. paus. (403) *together*

27:5

אוֹ יַחֲזֵק conj. 14; GK 162a)-Hi. impf. 3 m.s. apoc. (חָזַק 304) *or let them lay hold*

בְּמָעוּזִּי prep.-n.m.s.-1 c.s. sf. (731) *of my protection*

יַעֲשֶׂה Qal impf. 3 m.s. (עָשָׂה 793) *let them make*

שָׁלוֹם n.m.s. (1022) *peace*

לִי prep.-1 c.s. sf. *with me*

שָׁלוֹם v.supra *peace*

יַעֲשֶׂה־ v.supra *let them make*

לִי prep.-1 c.s. sf. *with me*

27:6

הַבָּאִים def.art.-Qal act.ptc. m.p. (בּוֹא 97) *in days to come*

יַשְׁרֵשׁ Hi. impf. 3 m.s. apoc. (שָׁרַשׁ 1057) *shall take root*

יַעֲקֹב pr.n. (784) *Jacob*

יָצִיץ Qal impf. 3 m.s. (צוּץ I 847) *shall blossom*

וּפָרַח conj.-Qal pf. 3 m.s. (פָּרַח 827) *and put forth shoots*

יִשְׂרָאֵל pr.n. (975) *Israel*

וּמָלְאוּ conj.-Qal pf. 3 c.p. (מָלֵא 569) *and fill*

פְנֵי־תֵבֵל n.m.p. cstr. (815)-n.f.s. cstr. (385) *the whole world with (face of world of)*

תְּנוּבָה n.f.s. (626) *fruit*

27:7

הַכְמַכַּת interr.-prep.-n.f.s. cstr. (646) *as he smote (as the smiting of)*

מַכֵּהוּ Hi. ptc. m.s.-3 m.s. sf. (נָכָה 645) *those who smote them*

הִכָּהוּ Hi. pf. 3 m.s.-3 m.s. sf. (נָכָה 645) *has he smitten them*

אִם־כְּהֶרֶג interr. (50)-prep.-n.m.s. cstr. (247) *or as their slayers (as the slaughter of)*

הֲרֻגָיו Qal pass.ptc.-3 m.s. sf. (הָרַג 247) *were slain (ones being slain)*

הֹרָג Pu. pf. 3 m.s. (הָרַג 247) *have they been slain*

27:8

בְּמַאסְאָה prep.-Pilpel inf.cstr. (סֵאסֵא 684; GK 55f) *measure by measure* (cf.V,S,T) (Heb.-*by driving her away*)

בְּשַׁלְחָהּ prep.-Pi. inf.cstr.-3 f.s. sf. (שָׁלַח 1018) *by exile*

תְּרִיבֶנָּה Qal impf. 2 m.s.-3 f.p. sf. (רִיב 936) *thou didst contend with them*

הָגָה Qal pf. 3 m.s. (הָגָה II 212) *he removed*

בְּרוּחוֹ prep.-n.f.s.-3 m.s. sf. (924) *with his ... blast*

הַקָּשָׁה def.art.-adj. f.s. (904) *fierce*

בְּיוֹם prep.-n.m.s. cstr. (398) *in day of*

קָדִים n.m.p. (870) *east wind*

27:9

לָכֵן prep.-adv. (485) *therefore*

בְּזֹאת prep.-demons.adj. f.s. (260) *by this*

יְכֻפַּר Pu. impf. 3 m.s. (כָּפַר 498) *will be expiated*

עֲוֹן n.m.s. cstr. (730) *the guilt of*

יַעֲקֹב pr.n. (784) *Jacob*

וְזֶה conj.-demons.adj. m.s. (260) *and this will be*

כָּל־פְּרִי n.m.s. cstr. (481)-n.m.s. cstr. (826) *the full fruit of*

הָסֵר Hi. inf.cstr. (סוּר 693) *the removal of*

חַטָּאתוֹ n.f.s.-3 m.s. sf. (308) *his sin*

בְּשׂוּמוֹ prep.-Qal inf.cstr. (שׂוּם 962) *when he makes*

כָּל־אַבְנֵי n.m.s. cstr. (481)-n.f.p. cstr. (6) *all stones of*

מִזְבֵּחַ n.m.s. (258) *altar*

כְּאַבְנֵי־ prep.-n.f.p. cstr. (6) *like stones (of)*

גִר n.m.s. (162) *chalk*

מְנֻפָּצוֹת Pu. ptc. f.p. (נָפַץ 658) *crushed to pieces*

לֹא־יָקֻמוּ neg.-Qal impf. 3 m.p. (קוּם 877; GK 156f) *no ... will remain standing*

אֲשֵׁרִים pr.n. f.p. (81) *Asherim*

וְחַמָּנִים conj.-n.m.p. (329) *or incense altars*

27:10

כִּי עִיר conj.-n.f.s. (746) *for a ... city*

בְּצוּרָה Qal pass.ptc. f.s. (בָּצַר 130) *fortified*

בָּדָד n.m.s. (94) *solitary*

נָוֶה n.m.s. (627) *a habitation*

מְשֻׁלָּח Pu. ptc. m.s. (שָׁלַח 1018) *deserted*

וְנֶעֱזָב conj.-Ni. ptc. m.s. (עָזַב I 736) *and forsaken*

כַּמִּדְבָּר prep.-def.art.-n.m.s. (184) *like the wilderness*

שָׁם adv. (1027) *there*

יִרְעֶה Qal impf. 3 m.s. (רָעָה I 944) *grazes*

עֵגֶל n.m.s. (722) *calf*

וְשָׁם conj.-adv. (1027) *(and) there*

יִרְבָּץ Qal impf. 3 m.s. (918) *he lies down*

וְכִלָּה conj.-Pi. pf. 3 m.s. (כָּלָה I 477) *and strips*

סְעִפֶיהָ n.m.p.-3 f.s. sf. (703) *its branches*

27:11

בִּיבֹשׁ prep.-Qal inf.cstr. (יָבֵשׁ 386; GK 70aN) *when ... are dry*

קְצִירָהּ n.m.s.-3 f.s. sf. (II 894) *its boughs*

תִּשָּׁבַרְנָה Ni. impf. 3 f.p. (שָׁבַר 990) *they are broken*

נָשִׁים n.f.p. (61) *women*

בָּאוֹת Qal act.ptc. f.p. (בּוֹא 97) *come*

מְאִירוֹת Hi. ptc. f.p. (אוֹר 21) *make a fire*

אוֹתָהּ dir.obj.-3 f.s. sf. *of them*

כִּי לֹא conj.-neg. *for (not) without*

עַם־ n.m.s. cstr. (I 766) *a people (of)*

בִּינוֹת n.f.p. (108; GK 124e) *discernment*

הוּא demons.adj. m.s. (214) *this is*

עַל־כֵּן prep.-adv. (485) *therefore*

לֹא־יְרַחֲמֶנּוּ neg.-Pi. impf. 3 m.s.-3 m.s. sf. (רָחַם 933) *will not have compassion on them*

עֹשֵׂהוּ Qal act.ptc.-3 m.s. sf. (עָשָׂה I 793) *he who made them*

וְיֹצְרוֹ conj.-Qal act.ptc.-3 m.s. sf. (יָצַר 427) *he that formed them*

לֹא יְחֻנֶּנּוּ neg.-Qal impf. 3 m.s.-3 m.s. sf. (חָנַן I 335) *will show them no favor*

27:12

וְהָיָה conj.-Qal pf. 3 m.s. (224) *(and it shall be)*

בַּיּוֹם הַהוּא prep.-def.art.-n.m.s. (398)-def.art.-demons.adj. m.s. (214) *in that day*

יַחְבֹּט Qal impf. 3 m.s. (חָבַט 286) *will thresh out the grain*

יהוה pr.n. (217) *Yahweh*

מִשִּׁבֹּלֶת prep.-n.f.s. cstr. (987) *from (the flowing stream of)*

הַנָּהָר def.art.-n.m.s. (625) *the river*

עַד־נַחַל prep.-n.m.s. cstr. (636) *to the Brook of*

מִצְרָיִם pr.n. paus. (595) *Egypt*

וְאַתֶּם conj.-pers.pr. 2 m.p. (61) *and you*

תְּלֻקְּטוּ Pu. impf. 2 m.p. (לָקַט 544) *will be gathered*

לְאַחַד prep.-num.adj. cstr. (25) *one by*

אֶחָד num.adj. m.s. (25) *one*

בְּנֵי n.m.p. cstr. (119) *O people of*

יִשְׂרָאֵל pr.n. (975) *Israel*

27:13

וְהָיָה conj.-Qal pf. 3 m.s. (224) *and (it shall be)*

77

בַּיּוֹם הַהוּא prep.-def.art.-n.m.s. (398)-def.art.-demons.adj. m.s. (214) *in that day*

יִתָּקַע Ni. impf. 3 m.s. (תקע 1075) *will be blown*

בְּשׁוֹפָר prep.-n.m.s. (1051) *a ... trumpet*

גָּדוֹל adj. m.s. (152) *great*

וּבָאוּ conj.-Qal pf. 3 c.p. (בוא 97) *and will come*

הָאֹבְדִים def.art.-Qal act.ptc. m.p. (אבד 1) *those who were lost*

בְּאֶרֶץ prep.-n.f.s. cstr. (75) *in the land of*

אַשּׁוּר pr.n. (78) *Assyria*

וְהַנִּדָּחִים conj.-def.art.-Ni. ptc. m.p. (נדח 623) *and those who were driven*

בְּאֶרֶץ prep.-n.f.s. cstr. (75) *out of the land of*

מִצְרָיִם pr.n. paus. (595) *Egypt*

וְהִשְׁתַּחֲווּ conj.-Hithpalal pf. 3 c.p. (שׁחה 1005) *and worship*

לַיהוה prep.-pr.n. (217) *Yahweh*

בְּהַר prep.-n.m.s. cstr. (249) *on the mountain (of)*

הַקֹּדֶשׁ def.art.-n.m.s. (871) *holy (holiness)*

בִּירוּשָׁלָ͏ִם prep.-pr.n. paus. (436) *at Jerusalem*

28:1

הוֹי interj. (222) *Woe*

עֲטֶרֶת n.f.s. cstr. (742) *to the ... crown of*

גֵּאוּת n.f.s. cstr. (144) *proud (of)*

שִׁכֹּרֵי adj. m.p. cstr. (1016) *the drunkards of*

אֶפְרַיִם pr.n. (68) *Ephraim*

וְצִיץ conj.-n.m.s. cstr. (847) *and the flower of*

נֹבֵל Qal act.ptc. cstr. (נבל 615) *fading (of)*

צְבִי n.m.s. cstr. (840) *the beauty of*

תִּפְאַרְתּוֹ n.f.s.-3 m.s. sf. (802) *its glory*

אֲשֶׁר עַל־ rel. (81)-prep. *which is on*

רֹאשׁ n.m.s. cstr. (910) *head of*

גֵּיא־ n.m.s. cstr. (161; GK 128c) *the valley*

שְׁמָנִים n.m.p. (1032; GK 124e) *rich (fatness)*

הֲלוּמֵי Qal pass.ptc. m.p. cstr. (הלם 240) *those overcome with*

יָיִן n.m.s. paus. (406) *wine*

28:2

הִנֵּה demons.part. (243) *behold*

חָזָק adj. m.s. (305) *one who is mighty*

וְאַמִּץ conj.-adj. (55) *and strong*

לַאדֹנָי prep.-n.m.p.-1 c.s. sf. (10) *(to) the Lord*

כְּזֶרֶם prep.-n.m.s. cstr. (281) *like a storm of*

בָּרָד n.m.s. (135) *hail*

שַׂעַר n.m.s. cstr. (973) *a storm of*

קָטֶב n.m.s. paus. (881) *destruction*

כְּזֶרֶם v.supra *like a storm of*

מַיִם כַּבִּירִים n.m.p. (565)-adj. m.p. (460) *mighty waters*

שֹׁטְפִים Qal act.ptc. m.p. (1009) *overflowing*

הִנִּיחַ Hi. pf. 3 m.s. (נוח 628B) *he will cast down*

לָאָרֶץ prep.-def.art.-n.f.s. (75) *to the earth*

בְּיָד prep.-n.f.s. (388; GK 125c) *with violence (a hand)*

28:3

בְּרַגְלָיִם prep.-n.f. du. (919) *under foot*

תֵּרָמַסְנָה Ni. impf. 3 f.p. (רמס 942; GK 47k) *will be trodden*

עֲטֶרֶת v.28:1 n.f.s. cstr. (742) *the crown of*

גֵּאוּת n.f.s. cstr. (144) *proud (of)*

שִׁכּוֹרֵי adj. m.p. cstr. (1016) *the drunkards of*

אֶפְרָיִם pr.n. paus. (68) *Ephraim*

28:4

וְהָיְתָה conj.-Qal pf. 3 f.s. (224)

צִיצַת n.f.s. cstr. (847: GK 128w,135n) *and the flower of*

נֹבֵל Qal act.ptc. m.s. cstr. (615) *fading of*

צְבִי n.m.s. cstr. (840) *the beauty of*

תִּפְאַרְתּוֹ n.f.s.-3 m.s. sf. (802) *its glory*

אֲשֶׁר עַל־ rel. (81)-prep. *which is on*

רֹאשׁ n.m.s. cstr. (910) *head of*

גֵּיא n.m.s. cstr. (161) *valley of*

שְׁמָנִים n.m.p. (1032) *rich(ness)*

כְּבִכּוּרָהּ sprep.-n.f.s. (?3 f.s. sf.) (114; GK 91e) *like a first-ripe fig*

בְּטֶרֶם prep.-adv. (382) *before*

קָיִץ n.m.s. (884) *summer*

אֲשֶׁר יִרְאֶה rel. (81)-Qal impf. 3 m.s. (906) *when ... sees*

הָרֹאֶה def.art.-Qal act.ptc. m.s. (906; GK 144e) *a man (the one seeing)*

אוֹתָהּ dir.obj.-3 f.s. sf. *it*

בְּעוֹדָהּ prep.-adv.-3 f.s. sf. (728) *as soon as it is*

בְּכַפּוֹ prep.-n.f.s.-3 m.s. sf. (496) *in his hand*

יִבְלָעֶנָּה Qal impf. 3 m.s.-3 f.s. sf. (בלע 118) *he eats it up*

28:5

בַּיּוֹם הַהוּא prep.-def.art.-n.m.s. (398)-def.art.-demons.adj. m.s. (214) *in that day*

יִהְיֶה Qal impf. 3 m.s. (224) *will be*

יהוה צְבָאוֹת pr.n. (217)-pr.n. (838) *Yahweh of hosts*

לַעֲטֶרֶת prep.-n.f.s. cstr. (742) *a crown of*

צְבִי n.m.s. (840) *glory*

וְלִצְפִירַת conj.-prep.-n.f.s. cstr. (862) *and a diadem of*

תִּפְאָרָה n.f.s. (802) *beauty*

לִשְׁאָר prep.-n.m.s. cstr. (984) *to the remnant of*

עַמּוֹ n.m.s.-3 m.s. sf. (I 766) *his people*

28:6

וּלְרוּחַ conj.-prep.-n.f.s. cstr. (924; GK 119hh) *and a spirit of*

מִשְׁפָּט n.m.s. (1048) *justice*

לַיּוֹשֵׁב prep.-def.art.-Qal act.ptc. (442) *to him who sits*

עַל־הַמִּשְׁפָּט prep.-def.art.-n.m.s. (1048) *in judgment*

וְלִגְבוּרָה conj.-prep.-n.f.s. (150; GK 119hh) *and strength*

מְשִׁיבֵי Hi. ptc. m.p. cstr. (שׁוּב 998) *to those who turn back*

מִלְחָמָה n.f.s. (536) *battle*

שָׁעְרָה n.m.s.-loc.he (1044; GK 90i) *at the gate*

28:7

וְגַם־ conj.-adv. (168) *(and) also*

אֵלֶּה demons.adj. c.p. (41) *these*

בַּיַּיִן prep.-def.art.-n.m.s. (406) *with wine*

שָׁגוּ Qal pf. 3 c.p. (שָׁגָה 1993; GK 72,l) *reel*

וּבַשֵּׁכָר conj.-prep.-def.art.-n.m.s. (1016) *and with strong drink*

תָּעוּ Qal pf. 3 c.p. (תָּעָה 1073) *stagger*

כֹּהֵן n.m.s. (463) *priest*

וְנָבִיא conj.-n.m.s. (611) *and prophet*

שָׁגוּ v.supra *reel*

בַשֵּׁכָר v.supra *with strong drink*

נִבְלְעוּ Ni. pf. 3 c.p. (בָּלַע 118) *they are confused*

מִן־הַיַּיִן prep.-def.art.-n.m.s. (406) *with wine*

תָּעוּ v.supra *they stagger*

מִן־הַשֵּׁכָר prep.-def.art.-n.m.s. (1016) *with strong drink*

שָׁגוּ v.supra *they err*

בָּרֹאֶה prep.-def.art.-Qal act.ptc. (906) *in vision*

פָּקוּ Qal pf. 3 c.p. (פּוּק I 807) *they stumble*

פְּלִילִיָּה n.f.s. (813; GK 118g) *in giving judgment*

28:8

כִּי כָּל־ conj.-n.m.s. cstr. (481) *for all*

שֻׁלְחָנוֹת n.m.p. (1020; GK 127c) *tables*

מָלְאוּ Qal pf. 3 c.p. (מָלֵא 569) *are full of*

קִיא n.m.s. (883) *vomit*

צֹאָה n.f.s. (844) *filthiness*

בְּלִי מָקוֹם neg. (115)-n.m.s. (879) *no place*

28:9

אֶת־מִי dir.obj.-interr. (566) *whom*

יוֹרֶה Hi. impf. 3 m.s. (יָרָה 434) *will he teach*

דֵּעָה n.f.s. (395) *knowledge*

וְאֶת־מִי conj.-v.supra *and to whom*

יָבִין Hi. impf. 3 m.s. (בִּין 106) *will he explain*

שְׁמוּעָה n.f.s. (1035) *message*

גְּמוּלֵי Qal pass.ptc. m.p. cstr. (גָּמַל 168; GK 130a) *those who are weaned*

מֵחָלָב prep.-n.m.s. (316) *from milk*

עַתִּיקֵי adj. m.p. cstr. (801) *those taken*

מִשָּׁדָיִם prep.-n.m. du. paus. (994) *from breasts*

28:10

כִּי צַו conj. (GK 147c)-n.m.s. (846) *for it is precept*

לָצָו prep.-n.m.s. paus. (846; GK 102h) *upon precept*

צַו v.supra *precept*

לָצָו v.supra *upon precept*

קַו n.m.s. (II 876) *line*

לָקָו prep.-n.m.s. paus. (II 876) *upon line*

קַו v.supra *line*

לָקָו v.supra *upon line*

זְעֵיר n.m.s. (277) *a little*

שָׁם adv. (1027) *here*

זְעֵיר v.supra *a little*

שָׁם v.supra *there*

28:11

כִּי בְּלַעֲגֵי conj.-prep.-n.m.p. cstr. (541; GK 116b) *Nay, but by men of strong (by stammerings of)*

שָׂפָה n.f.s. (973) *lips*

וּבְלָשׁוֹן conj.-prep.-n.f.s. (546) *and with ... tongue*

אַחֶרֶת adj. f.s. (29) *alien*

יְדַבֵּר Pi. impf. 3 m.s. (180) *he will speak*

אֶל־הָעָם הַזֶּה prep.-def.art.-n.m.s. (I 766)-def.art.-demons.adj. m.s. (260) *to this people*

28:12

אֲשֶׁר אָמַר rel. (81)-Qal pf. 3 m.s. (55) *whom he has said*

אֲלֵיהֶם prep.-3 m.p. sf. *to (them)*

זֹאת demons.adj. f.s. (260) *this is*

הַמְּנוּחָה def.art.-n.f.s. (629) *rest*

הָנִיחוּ Hi. impv. 2 m.p. (נוּחַ 628) *give rest*

לֶעָיֵף prep.-def.art.-adj. m.s. (746) *to the weary*

וְזֹאת conj.-demons.adj. f.s. (260) *and this*

הַמַּרְגֵּעָה def.art.-n.f.s. (921) *repose*

וְלֹא אָבוּא conj.-neg.-Qal pf. 3 c.p. (אָבָה I 2; GK 23i) *yet they would not*

שְׁמוֹעַ Qal inf.cstr. (1033; GK 114m) *hear*

28:13

וְהָיָה conj.-Qal pf. 3 m.s. (224) *therefore will be*

79

לָהֶם prep.-3 m.p. sf. *to them*

דְּבַר־יהוה n.m.s. cstr. (182)-pr.n. (217) *the word of Yahweh*

צַו v.28:10 n.m.s. (846) *precept*

לָצַו prep.-n.m.s. paus. (846) *upon precept*

צַו v.supra *precept*

לָצַו v.supra *upon precept*

קַו n.m.s. (II 876) *line*

לָקָו prep.-n.m.s. paus. (II 876) *upon line*

קַו v.supra *line*

לָקָו v.supra *upon line*

זְעֵיר n.m.s. (277) *a little*

שָׁם adv. (1027) *here*

זְעֵיר v.supra *a little*

שָׁם v.supra *there*

לְמַעַן prep. (775) *that*

יֵלְכוּ Qal impf. 3 m.p. (הלך 229) *they may go*

וְכָשְׁלוּ conj.-Qal pf. 3 c.p. (505) *and fall*

אָחוֹר adv. (30) *backward*

וְנִשְׁבָּרוּ conj.-Ni. pf. 3 c.p. paus. (990) *and be broken*

וְנוֹקְשׁוּ conj.-Ni. pf. 3 c.p. (יקשׁ 430) *and snared*

וְנִלְכָּדוּ conj.-Ni. pf. 3 c.p. paus. (539) *and taken*

28:14

לָכֵן prep.-adv. (485) *therefore*

שִׁמְעוּ Qal impv. 2 m.p. (1033) *hear*

דְּבַר־יהוה n.m.s. cstr. (182)-pr.n. (217) *the word of Yahweh*

אַנְשֵׁי לָצוֹן n.m.p. cstr. (35)-n.m.s. (539) *you scoffers (men of scorning)*

מֹשְׁלֵי Qal act.ptc. m.p. cstr. (605) *who rule*

הָעָם הַזֶּה def.art.-n.m.s. (I 766)-def.art.-demons.adj. m.s. (260) *this people*

אֲשֶׁר בִּירוּשָׁלָם rel. (81)-prep.-pr.n. paus. (436) *in Jerusalem*

28:15

כִּי אֲמַרְתֶּם conj.-Qal pf. 2 m.p. (55) *because you have said*

כָּרַתְנוּ Qal pf. 1 c.p. (503) *we have made*

בְרִית n.f.s. (136) *a covenant*

אֶת־מָוֶת prep. (85)-n.m.s. (560) *with death*

וְעִם־שְׁאוֹל conj.-prep.-n.f.s. (982) *and with Sheol*

עָשִׂינוּ Qal pf. 1 c.p. (עשׂה 793) *we have*

חֹזֶה n.m.s. (302) *an agreement*

שׁוֹט n.m.s. (1002) *scourge*

שׁוֹטֵף Qal act.ptc. (1009) *overwhelming*

כִּי־עָבַר conj.-Qal impf. 3 m.s. (assuming first syllable) (716) *when passes through*

לֹא יְבוֹאֵנוּ neg.-Qal impf. 3 m.s.-1 c.p. sf. (בוא 97) *it will not come to us*

כִּי שַׂמְנוּ conj.-Qal pf. 1 c.p. (שׂום 962) *for we have made*

כָזָב n.m.s. (469) *lies*

מַחְסֵנוּ n.m.s.-1 c.p. sf. (340) *our refuge*

וּבַשֶּׁקֶר conj.-prep.-def.art.-n.m.s. (1055) *and in falsehood*

נִסְתָּרְנוּ Ni. pf. 1 c.p. paus. (סתר 711) *we have taken shelter*

28:16

לָכֵן prep.-adv. (485) *therefore*

כֹּה אָמַר adv. (462)-Qal pf. 3 m.s. (55) *thus says*

אֲדֹנָי יהוה n.m.p.-1 c.s. sf. (10)-pr.n. (217) *the Lord Yahweh*

הִנְנִי interj.-1 c.s. sf. (243; GK 155f) *behold I*

יִסַּד Pi. pf. 3 m.s. (יסד 413; prb.rd. יֹסֵד) *am laying*

בְּצִיּוֹן prep.-pr.n. (851; GK 119i) *in Zion*

אָבֶן n.f.s. paus. (6) *a stone*

אֶבֶן בֹּחַן n.f.s. cstr. (6)-n.m.s. (103) *a tested stone (stone of testing)*

פִּנַּת n.f.s. cstr. (819) *a cornerstone (of)*

יִקְרַת subst. f.s. cstr. (429; GK 130fN) *precious (of)*

מוּסָד מוּסָּד n.m.s. (414)-n.m.s. (414; GK 71) *a sure foundation*

הַמַּאֲמִין def.art.-Hi. ptc. (אמן 52) *he who believes*

לֹא יָחִישׁ neg.-Hi. impf. 3 m.s. (חושׁ 301) *will not be in haste*

28:17

וְשַׂמְתִּי conj.-Qal pf. 1 c.s. (שׂום 962) *and I will make*

מִשְׁפָּט n.m.s. (1048) *justice*

לְקָו prep.-n.m.s. paus. (II 876) *the line*

וּצְדָקָה conj.-n.f.s. (842) *and righteousness*

לְמִשְׁקָלֶת prep.-n.f.s. paus. (1054; GK 29u) *the plummet*

וְיָעָה conj.-Qal pf. 3 m.s. (יעה 418) *and will sweep away*

בָרָד n.m.s. (135) *hail*

מַחְסֵה n.m.s. cstr. (340) *refuge of*

כָזָב n.m.s. (469) *lies*

וְסֵתֶר conj.-n.m.s. (712; GK 142f) *and shelter*

מַיִם n.m.p. (565) *waters*

יִשְׁטֹפוּ Qal impf. 3 m.s. paus. (1009) *will overwhelm*

28:18

וְכֻפַּר conj.-Pu. pf. 3 m.s. (497; GK 145o) *then will be annulled*

בְּרִיתְכֶם n.f.s.-2 m.p. sf. (136) *your covenant*

אֶת־מָוֶת prep. (II 85)-n.m.s. (560) *with death*

וְחָזוּתְכֶם conj.-n.f.s.-2 m.p. sf. (303) *and your agreement*

אֶת־שְׁאוֹל prep. (II 85)-n.f.s. (982) *with Sheol*

לֹא תָקוּם neg.-Qal impf. 3 f.s. (877) *will not stand*

שׁוֹט n.m.s. (1002) *scourge*

שׁוֹטֵף Qal act.ptc. (1009) *overwhelming*

כִּי יַעֲבֹר conj.-Qal impf. 3 m.s. (716) *when passes through*

וִהְיִיתֶם conj.-Qal pf. 2 m.p. (224) *and you will be*

לוֹ prep.-3 m.s. sf. *by it*

לְמִרְמָס prep.-n.m.s. (942) *beaten down (for a trampling)*

28:19

מִדֵּי prep.-subst.cstr. (191) *as often as*

עָבְרוֹ Qal inf.cstr.-3 m.s. sf. (716) *it passes through*

יִקַּח Qal impf. 3 m.s. (לָקַח 542) *it will take*

אֶתְכֶם dir.obj.-2 m.p. sf. *you*

כִּי־בַבֹּקֶר conj.-prep.-def.art.-n.m.s. (133) *for morning*

בַּבֹּקֶר prep.-def.art.-n.m.s. (133) *by morning*

יַעֲבֹר Qal impf. 3 m.s. (716) *it will pass through*

בַּיּוֹם prep.-def.art.-n.m.s. (398) *by day*

וּבַלַּיְלָה conj.-prep.-def.art.-n.f.s. paus. (538) *and by night*

וְהָיָה conj.-Qal pf. 3 m.s. (224) *and it will be*

רַק־זְוָעָה adj. (56)-n.f.s. (266) *sheer terror*

הָבִין Hi. inf.cstr. (106) *to understand*

שְׁמוּעָה n.f.s. (1035) *message*

28:20

כִּי־קָצַר conj.-Qal pf. 3 m.s. (894) *for is (too) short*

הַמַּצָּע def.art.-n.m.s. (427) *the bed*

מֵהִשְׂתָּרֵעַ prep.-Hith. inf.cstr. (שָׂרַע 976) *(from) to stretch oneself on it*

וְהַמַּסֵּכָה conj.-def.art.-n.f.s. (651) *and the covering*

צָרָה n.f.s. (865; GK 133c) *(too) narrow*

כְּהִתְכַּנֵּס prep.-Hith. inf.cstr. (כָּנַס 488) *to wrap oneself in it*

28:21

כִּי כְהַר־ conj.-prep.-n.m.s. cstr. (249) *for as on Mount (of)*

פְּרָצִים pr.n. (II 829) *Perazim*

יָקוּם Qal impf. 3 m.s. (877) *will rise up*

יהוה pr.n. (217) *Yahweh*

כְּעֵמֶק prep.-n.m.s. (770; GK 118t) *as a valley*

בְּגִבְעוֹן prep.-pr.n. (149) *in Gibeon*

יִרְגָּז Qal impf. 3 m.s. paus. (919) *he will be wroth*

לַעֲשׂוֹת prep.-Qal inf.cstr. (I 793) *to do*

מַעֲשֵׂהוּ n.m.s.-3 m.s. sf. (795) *his deed*

זָר Qal pf. 3 m.s. or Qal act.ptc. (זוּר I 266; GK 132b) *strange is*

מַעֲשֵׂהוּ v.supra *his deed*

וְלַעֲבֹד conj.-prep.-Qal inf.cstr. (712) *and to work*

עֲבֹדָתוֹ n.f.s.-3 m.s. sf. (715) *his work*

נָכְרִיָּה adj. f.s. (649; GK 132b) *alien*

עֲבֹדָתוֹ v.supra *his work*

28:22

וְעַתָּה conj.-adv. (773) *now therefore*

אַל־תִּתְלוֹצָצוּ neg.-Hithpolel impf. 2 m.p. paus. (539; לִיץ) *do not scoff*

פֶּן־יֶחְזְקוּ conj. (814)-Qal impf. 3 m.p. (304) *lest be made strong*

מוֹסְרֵיכֶם n.m.p.-2 m.p. sf. (64) *your bonds*

כִּי־כָלָה conj.-n.f.s. (478) *for destruction*

וְנֶחֱרָצָה conj.-Ni. ptc. f.s. (I 358) *and strict decision*

שָׁמַעְתִּי Qal pf. 1 c.s. (1033) *I have heard*

מֵאֵת אֲדֹנָי prep.-prep. (II 85)-n.m.p.-1 c.s. sf. (10) *from the Lord*

יהוה צְבָאוֹת pr.n. (217)-pr.n. (838) *Yahweh of hosts*

עַל־כָּל־הָאָרֶץ prep.-n.m.s. cstr. (481)-def.art. -n.f.s. (75) *upon the whole land*

28:23

הַאֲזִינוּ Hi. impv. 2 m.p. (I 24) *give ear*

וְשִׁמְעוּ conj.-Qal impv. 2 m.p. (1033) *and hear*

קוֹלִי n.m.s.-1 c.s. sf. (876) *my voice*

הַקְשִׁיבוּ Hi. impv. 2 m.p. (904) *hearken*

וְשִׁמְעוּ v.supra *and hear*

אִמְרָתִי n.f.s.-1 c.s. sf. (57) *my speech*

28:24

הֲכֹל הַיּוֹם interr.part.-n.m.s. cstr. (481)-def.art. -n.m.s. (398) *continually?*

יַחֲרֹשׁ Qal impf. 3 m.s. (360) *does he plow*

הַחֹרֵשׁ def.art.-Qal act.ptc. (360; GK 144e) *he who plows*

81

לִזְרֹעַ prep.-Qal inf.cstr. (281) *for sowing*

יְפַתַּח Pi. impf. 3 m.s. (834) *does he open*

וִישַׂדֵּד conj.-Pi. impf. 3 m.s. (961) *and harrow*

אַדְמָתוֹ n.f.s.-3 m.s. sf. (9) *his ground*

28:25

הֲלוֹא אִם־ interr.part.-neg.-conj. (49) *when (is it not)*

שִׁוָּה Pi. pf. 3 m.s. (שָׁוָה I 1000) *he has leveled*

פָנֶיהָ n.m.p.-3 f.s. sf. (815) *its surface*

וְהֵפִיץ conj.-Hi. pf. 3 m.s. (פּוּץ I 806) *does he (not) scatter*

קֶצַח n.m.s. (892) *dill*

וְכַמֹּן conj.-n.m.s. (485) *(and) cummin*

יִזְרֹק Qal impf. 3 m.s. (284) *does he sow*

וְשָׂם conj.-Qal pf. 3 m.s. (שׂוּם 962) *and put*

חִטָּה n.f.s. (334) *wheat*

שׂוֹרָה (965) prb. dittography for following *in rows*

וּשְׂעֹרָה conj.-n.f.s. (972) *and barley*

נִסְמָן Ni. ptc. (702) *in its proper place*

וְכֻסֶּמֶת conj.-n.f.s. (493) *and spelt*

גְּבֻלָתוֹ n.f.s.-3 m.s. sf. (148) *its border*

28:26

וְיִסְּרוֹ conj.-Pi. pf. 3 m.s.-3 m.s. sf. (יָסַר 415; GK 112rr) *for he is instructed*

לַמִּשְׁפָּט prep.-def.art.-n.m.s. (1048) *aright (to the justice)*

אֱלֹהָיו n.m.p.-3 m.s. sf. (43) *his God*

יוֹרֶנּוּ Hi. impf. 3 m.s.-3 m.s. sf. (יָרָה 434) *teaches him*

28:27

כִּי לֹא conj.-neg. *(for) not*

בֶחָרוּץ prep.-def.art.-adj. m.s. (358) *with a threshing sledge*

יוּדַשׁ Ho. impf. 3 m.s. (דּוּשׁ 190) *is threshed*

קֶצַח n.m.s. (892) *dill*

וְאוֹפַן conj. (GK 152z)-n.m.s. cstr. (66) *nor is a wheel of*

עֲגָלָה n.f.s. (722) *a cart*

עַל־כַּמֹּן prep.-n.m.s. (485) *over cummin*

יוּסָּב Ho. impf. 3 m.s. (סָבַב 686) *is rolled over*

כִּי בַמַּטֶּה conj.-prep.-def.art.-n.m.s. (641) *but with a stick*

יֵחָבֶט Ni. impf. 3 m.s. (חָבַט 286) *is beaten out*

קֶצַח v.supra *dill*

וְכַמֹּן conj.-v.supra *and cummin*

בַּשָּׁבֶט prep.-def.art.-n.m.s. paus. (986) *with a rod*

28:28

לֶחֶם n.m.s. (536) *bread*

יוּדָק Ho. impf. 3 m.s. (דָּקַק 200; GK 112m,150a) *does one crush*

כִּי לֹא לָנֶצַח conj.-neg.-prep.-n.m.s. (664) *No, for ever*

אָדוֹשׁ Qal inf.abs. (as if from אָדַשׁ; דּוֹשׁ 190; GK 113wN) *(threshing)*

יְדוּשֶׁנּוּ Qal impf. 3 m.s.-3 m.s. sf. (דּוּשׁ 190) *does thresh it*

וְהָמַם conj.-Qal pf. 3 m.s. (הָמַם 243) *when he drives (noisily)*

גִּלְגַּל n.m.s. cstr. (166) *the wheel of*

עֶגְלָתוֹ n.f.s.-3 m.s. sf. (722) *his cart*

וּפָרָשָׁיו conj.-n.m.p.-3 m.s. sf. (832) *(and) his horses*

לֹא־יְדֻקֶּנּוּ neg.-Qal impf. 3 m.s.-3 m.s. sf. (דָּקַק 200) *he does not crush it*

28:29

גַּם־זֹאת adv. (168)-demons.adj. f.s. (260) *this also*

מֵעִם prep.-prep. *from*

יהוה צְבָאוֹת pr.n. (217)-pr.n. (838) *Yahweh of hosts*

יָצָאָה Qal pf. 3 f.s. paus. (422) *comes*

הִפְלִיא Hi. pf. 3 m.s. (פָּלָא 810) *he is wonderful*

עֵצָה n.f.s. (420) *in counsel*

הִגְדִּיל Hi. pf. 3 m.s. (152) *excellent*

תּוּשִׁיָּה n.f.s. (444) *in wisdom*

29:1

הוֹי interj. (222) *ho*

אֲרִיאֵל pr.n. f. (72) *Ariel*

אֲרִיאֵל v.supra *Ariel*

קִרְיַת n.f.s. cstr. (900; GK 130d) *city where*

חָנָה Qal pf. 3 m.s. (333) *encamped*

דָוִד pr.n. (187) *David*

סְפוּ Qal impv. 2 m.p. (יָסַף 414; GK 69hN) *Add*

שָׁנָה n.f.s. (1040) *year*

עַל־שָׁנָה prep.-v.supra *to year*

חַגִּים n.m.p. (290) *feasts*

יִנְקֹפוּ Qal impf. 3 m.p. paus. (נָקַף II 668; GK 19c,66f) *let run their round*

29:2

וַהֲצִיקוֹתִי conj.-Hi. pf. 1 c.s. (צוּק 847) *yet I will distress*

לַאֲרִיאֵל prep.-pr.n. (72) *Ariel*

וְהָיְתָה conj.-Qal pf. 3 f.s. (224) *and there shall be*

תַאֲנִיָּה n.f.s. (58) *moaning*

וַאֲנִיָּה conj.-n.f.s. (58) *and lamentation*

וְהָיְתָה v.supra *and she shall be*

לִּי prep.-1 c.s. sf. *to me*

כַּאֲרִיאֵל prep.-pr.n. f. (72) *like Ariel*

29:3

וְחָנִיתִי conj.-Qal pf. 1 c.s. (חָנָה 333) *and I will encamp*

כַדּוּר prep.-def.art.-n.m.s. (189) *round about* (lit. *like the circle*)

עָלָיִךְ prep.-2 f.s. sf. paus. *against you*

וְצַרְתִּי conj.-Qal pf. 1 c.s. (צוּר II 848) *and will besiege*

עָלַיִךְ prep.-2 f.s. sf. *you*

מֻצָּב n.m.s. (663) *with towers (intrenchment)*

וַהֲקִימֹתִי conj.-Hi. pf. 1 c.s. (קוּם 877) *and I will raise*

עָלַיִךְ v.supra *against you*

מְצֻרֹת n.f.p. (849) *siegeworks*

29:4

וְשָׁפַלְתְּ conj.-Qal pf. 2 f.s. (שָׁפֵל 1050; GK 120g) *then deep* (lit. *and you shall become low*)

מֵאֶרֶץ prep.-n.f.s. (75) *from earth*

תְּדַבֵּרִי Pi. impf. 2 f.s. (180) *you shall speak*

וּמֵעָפָר conj.-prep.-n.m.s. (780) *from ... in the dust*

תִּשַּׁח Ni. impf. 3 f.s. (שָׁחַח 1005) *shall come low*

אִמְרָתֵךְ n.f.s.-2 f.s. sf. (57) *your words*

וְהָיָה conj.-Qal pf. 3 m.s. (224) *shall come*

כְּאוֹב prep.-n.m.s. (15) *like a ghost*

מֵאֶרֶץ v.supra *from ground*

קוֹלֵךְ n.m.s.-2 f.s. sf. (876) *your voice*

וּמֵעָפָר v.supra *and out of the dust*

אִמְרָתֵךְ v.supra *your speech*

תְּצַפְצֵף Pilpel impf. 3 f.s. (צָפַף 861) *shall whisper*

29:5

וְהָיָה conj.-Qal pf. 3 m.s. (224) *but shall be*

כְּאָבָק prep.-n.m.s. (7) *like dust*

דַּק adj. m.s. (201) *small*

הֲמוֹן n.m.s. cstr. (242) *the multitude of*

זָרָיִךְ Qal act.ptc. m.p.-2 f.s. sf. (זוּר 266) *your foes* (lit. *strangers*)

וּכְמֹץ conj.-prep.-n.m.s. (558; GK 126p) *and like chaff*

עֹבֵר Qal act.ptc. (716) *passing*

הֲמוֹן v.supra *the multitude of*

עָרִיצִים adj. m.p. (792) *the ruthless*

וְהָיָה v.supra *and (it shall be)*

לְפֶתַע prep.-subst. (837) *suddenly*

פִּתְאֹם subst. (837; GK 133kN) *in an instant*

מֵעִם יְהוָה prep.-prep.-pr.n. (217) *by Yahweh of*

צְבָאוֹת pr.n. (838) *hosts*

תִּפָּקֵד Ni. impf. 2 m.s. (823; GK 144b) *you will be visited*

בְּרַעַם prep.-n.m.s. (947) *with thunder*

וּבְרַעַשׁ conj.-prep.-n.m.s. (950) *and with earthquake*

וְקוֹל conj.-n.m.s. (876) *and ... noise*

גָּדוֹל adj. m.s. (152) *great*

סוּפָה n.f.s. (693) *with whirlwind*

וּסְעָרָה conj.-n.f.s. (704) *and tempest*

וְלַהַב conj.-n.m.s. cstr. (529) *and the flame of*

אֵשׁ n.f.s. (77) *fire*

אוֹכֵלָה Qal act.ptc. f.s. paus. (37; GK 84a,s) *devouring*

29:7

וְהָיָה conj.-Qal pf. 3 m.s. (224) *and shall be*

כַּחֲלוֹם prep.-n.m.s. (321; GK 118t) *like a dream*

חֲזוֹן n.m.s. cstr. (302) *a vision of*

לַיְלָה n.m.s. (538) *night*

הֲמוֹן n.m.s. cstr. (242) *the multitude of*

כָּל־הַגּוֹיִם n.m.s. cstr. (481)-def.art.-n.m.p. (156) *all the nations*

הַצֹּבְאִים def.art.-Qal act.ptc. m.p. (838) *that fight*

עַל־אֲרִיאֵל prep.-pr.n. (72) *against Ariel*

וְכָל־צֹבֶיהָ conj.-n.m.s. cstr. (481)-Qal act.ptc. m.p.-3 f.s. sf. (צָבָא 838; GK 75gg) *(and) all that fight against her*

וּמְצֹדָתָהּ conj.-n.f.s.-3 f.s. sf. (II 845; GK 116i) *and her stronghold*

וְהַמְּצִיקִים conj.-def.art.-Hi. ptc. m.p. (צוּק I 847) *and distress*

לָהּ prep.-3 f.s. sf. *her*

29:8

וְהָיָה conj.-Qal pf. 3 m.s. (224) *(and it shall be)*

כַּאֲשֶׁר prep.-rel. (81) *as when*

יַחֲלֹם Qal impf. 3 m.s. (321) *dreams*

הָרָעֵב def.art.-n.m.s. (944) *the hungry man*

וְהִנֵּה conj.-interj. (243) *(and behold)*

אוֹכֵל Qal act.ptc. (37; GK 116s) *he is eating*

וְהֵקִיץ conj.-Hi. pf. 3 m.s. (קִיץ I 884) *and awakes*

וְרֵיקָה adj. f.s. (938) *not satisfied* (lit. *empty*)

נַפְשׁוֹ n.f.s.-3 m.s. sf. (659) *his appetite*

וְכַאֲשֶׁר conj.-prep.-rel. (81) *or as when*

יַחֲלֹם v.supra *dreams*

הַצָּמֵא def.art.-adj. m.s. (854) *the thirsty man*

וְהִנֵּה conj.-interj. (243) *(and behold)*

שֹׁתֶה Qal act.ptc. (1059) *he is drinking*

וְהָקִיץ v.supra *and awakes*

וְהִנֵּה v.supra *(and behold)*

עָיֵף adj. m.s. (746) *faint*

וְנַפְשׁוֹ conj.-n.f.s.-3 m.s. sf. (659) *with his thirst*

שׁוֹקֵקָה Qal act.ptc. f.s. paus. (שָׁקַק 1055; GK 84a,s) *not quenched*

כֵּן adv. (485) *so*

יִהְיֶה Qal impf. 3 m.s. (224) *shall be*

הֲמוֹן n.m.s. cstr. (242) *the multitude of*

כָּל־הַגּוֹיִם n.m.s. cstr. (481)-def.art.-n.m.p. (156) *all the nations*

הַצֹּבְאִים def.art.-Qal act.ptc. m.p. (838) *that fight*

עַל־הַר prep.-n.m.s. cstr. (249) *against Mount (of)*

צִיּוֹן pr.n. (851) *Zion*

29:9

הִתְמַהְמְהוּ Hithpalpel impv. 2 m.p. (מָהַהּ 554; GK 55g) *stupefy yourselves*

וּתְמָהוּ conj.-Qal impv. 2 m.p. (תָּמַהּ 1069) *and be in a stupor*

הִשְׁתַּעַשְׁעוּ Hithpalpel impv. 2 m.p. (שָׁעַע 1044) *blind yourselves*

וָשֹׁעוּ conj.-Qal impv. 2 m.p. (שָׁעַע 1044) *and be blind*

שָׁכְרוּ Qal pf. 3 c.p. (שָׁכַר 1016) *be drunk* (lit. *they are drunk*)

וְלֹא־יַיִן conj.-neg.-n.m.s. (406) *but not with wine*

נָעוּ Qal pf. 3 c.p. (נוּעַ 631; GK 72,l) *stagger* (lit. *they staggered*)

וְלֹא שֵׁכָר conj.-neg.-n.m.s. (1016) *but not with strong drink*

29:10

כִּי־נָסַךְ conj.-Qal pf. 3 m.s. (650) *for has poured out*

עֲלֵיכֶם prep.-2 m.p. sf. *upon you*

יהוה pr.n. (217) *Yahweh*

רוּחַ n.f.s. cstr. (924) *a spirit of*

תַּרְדֵּמָה n.f.s. (922) *deep sleep*

וַיְעַצֵּם consec.-Pi. impf. 3 m.s. (עָצַם 783) *and has closed*

אֶת־עֵינֵיכֶם dir.obj.-n.f.p.-2 m.p. sf. (744) *your eyes*

אֶת־הַנְּבִיאִים dir.obj.-def.art.-n.m.p. (611) *the prophets*

וְאֶת־רָאשֵׁיכֶם conj.-dir.obj.-n.m.p.-2 m.p. sf. (910) *and your heads*

הַחֹזִים def.art.-n.m.p. (302) *the seers*

כִּסָּה Pi. pf. 3 m.s. (491) *covered*

29:11

וַתְּהִי consec.-Qal impf. 3 f.s. (224) *and has become*

לָכֶם prep.-2 m.p. sf. *to you*

חָזוּת n.f.s. cstr. (303) *the vision of*

הַכֹּל def.art.-n.m.s. (481) *all this*

כְּדִבְרֵי prep.-n.m.p. cstr. (182) *like the words of*

הַסֵּפֶר def.art.-n.m.s. (706) *the book*

הֶחָתוּם def.art.-Qal pass.ptc. (חָתַם 367) *that is sealed*

אֲשֶׁר־יִתְּנוּ rel. (81)-Qal impf. 3 m.p. (נָתַן 678) *when men give*

אֹתוֹ dir.obj.-3 m.s. sf. *it*

אֶל־יוֹדֵעַ prep.-Qal act.ptc. (יָדַע 393) *to one who can read*

הַסֵּפֶר v.supra *(the book)*

לֵאמֹר prep.-Qal inf.cstr. (55) *saying*

קְרָא Qal impv. 2 m.s. (894) *read*

נָא־זֶה part.of entreaty-demons.adj. m.s. (260) *(I pray thee) this*

וְאָמַר conj.-Qal pf. 3 m.s. (55) *(and) he says*

לֹא אוּכַל neg.-Qal impf. 1 c.s. (יָכֹל 407) *I cannot*

כִּי חָתוּם הוּא conj.-Qal pass.ptc. m.s. (367) -pers.pr. 3 m.s. (214) *for it is sealed*

29:12

וְנִתַּן conj.-Ni. pf. 3 m.s. (678) *and when they give (is given)*

הַסֵּפֶר def.art.-n.m.s. (706) *the book*

עַל אֲשֶׁר prep.-rel. (81) *to one who*

לֹא־יָדַע neg.-Qal pf. 3 m.s. (393) *cannot read*

סֵפֶר n.m.s. (706) *(a book)*

לֵאמֹר prep.-Qal inf.cstr. (55) *saying*

קְרָא נָא־זֶה v.supra-v.supra *read this*

וְאָמַר conj.-Qal pf. 3 m.s. (55) *he says*

לֹא יָדַעְתִּי neg.-Qal pf. 1 c.s. (393) *I cannot read*

סֵפֶר n.m.s. (706) *(a book)*

29:13

וַיֹּאמֶר consec.-Qal impf. 3 m.s. (55) *and said*

אֲדֹנָי n.m.p.-1 c.s. sf. (10) *the Lord*

יַעַן כִּי prep. (774)-conj. *because*

נִגַּשׁ Ni. pf. 3 m.s. (נָגַשׁ 620) *draw near*

הָעָם הַזֶּה def.art.-n.m.s. (I 766)-def.art. -demons.adj. m.s. (260) *this people*

בְּפִיו prep.-n.m.s.-3 m.s. sf. (804) *with their mouth*

וּבִשְׂפָתָיו conj.-prep.-n.f. du.-3 m.s. sf. (973) *and with their lips*

כִּבְּדוּנִי Pi. pf. 3 c.p.-1 c.s. sf. (457) *honor me*

וְלִבּוֹ conj.-n.m.s.-3 m.s. sf. (523) *while their hearts*

רָחַק Pi. pf. 3 m.s. (934) *are far*

מִמֶּנִּי prep.-1 c.s. sf. *from me*

וַתְּהִי consec.-Qal impf. 3 f.s. (224) *and is*

יִרְאָתָם n.f.s.-3 m.p. sf. (432; GK 115d,142d) *their fear*

אֹתִי dir.obj.-1 c.s. sf. *of me*

מִצְוַת n.f.s. cstr. (846; GK 127a) *a commandment of*

אֲנָשִׁים n.m.p. (35) *men*

מְלֻמָּדָה Pu. ptc. f.s. (540) *learned by rote*

29:14

לָכֵן prep.-adv. (485) *therefore*

הִנְנִי interj.-1 c.s. sf. (243) *behold I*

יוֹסִף Qal act.ptc. (יָסַף 415; GK 50e,155f) *will again*

לְהַפְלִיא prep.-Hi. inf.cstr. (810) *do marvelous things*

אֶת־הָעָם־הַזֶּה dir.obj.-def.art.-n.m.s. (I 766) -def.art.-demons.adj. m.s. (260) *with this people*

הַפְלֵא Hi. inf.abs. (810; GK 113w) *wonderful*

וָפֶלֶא conj.-n.m.s. paus. (810) *and marvelous*

וְאָבְדָה conj.-Qal pf. 3 f.s. (1) *and shall perish*

חָכְמַת n.f.s. cstr. (315) *the wisdom of*

חֲכָמָיו adj. m.p.-3 m.s. sf. (314) *their wise men*

וּבִינַת conj.-n.f.s. cstr. (108) *and the discernment of*

נְבֹנָיו Ni. ptc. m.p.-3 m.s. sf. (בִּין 106) *their discerning men*

תִּסְתַּתָּר Hithpa'el impf. 3 f.s. (סָתַר 711) *shall be hid*

29:15

הוֹי interj. (222) *woe to*

הַמַּעֲמִיקִים def.art.-Hi. ptc. m.p. (עָמֹק 770) *those who make deep*

מֵיהוָה prep.-pr.n. (217) *from Yahweh*

לַסְתִּר prep.-Hi. inf.cstr. (סָתַר 711; GK 53q) *to hide*

עֵצָה n.f.s. (420) *counsel*

וְהָיָה conj.-Qal pf. 3 m.s. (224; GK 112n) *(and it shall be)*

בְמַחְשָׁךְ prep.-n.m.s. (365) *in dark*

מַעֲשֵׂיהֶם n.m.p.-3 m.p. sf. (795) *whose deeds*

וַיֹּאמְרוּ consec.-Qal impf. 3 m.p. (55) *and who say*

מִי interr. (566) *who*

רֹאֵנוּ Qal act.ptc.-1 c.p. sf. (רָאָה 906) *sees us*

וּמִי conj.-interr. (566) *(and) who*

יוֹדְעֵנוּ Qal act.ptc.-1 c.p. sf. (393) *knows us*

29:16

הַפְכְּכֶם n.m.s.-2 m.p. sf. (246; GK 147c) *you turn things upside down (Oh, your perversity)*

אִם־כְּחֹמֶר conj.-prep.-n.m.s. (330) *as clay*

הַיֹּצֵר def.art.-Qal act.ptc. (427) *the potter*

יֵחָשֵׁב Ni. impf. 3 m.s. (362; GK 150f) *shall be regarded?*

כִּי־יֹאמַר conj.-Qal impf. 3 m.s. (55) *that should say*

מַעֲשֶׂה n.m.s. (795) *the thing made*

לְעֹשֵׂהוּ prep.-Qal act.ptc.-3 m.s. sf. (793) *of its maker*

לֹא עָשָׂנִי neg.-Qal pf. 3 m.s.-1 c.s. sf. (עָשָׂה 793) *he did not make me*

וְיֵצֶר conj.-n.m.s. (428) *or the thing formed*

אָמַר Qal pf. 3 m.s. (55) *say*

לְיוֹצְרוֹ prep.-Qal act.ptc.-3 m.s. sf. (427) *of him who formed it*

לֹא הֵבִין neg.-Hi. pf. 3 m.s. (בִּין 106) *he has no understanding*

29:17

הֲלוֹא־עוֹד interr.part.-neg.-adv. (728) *is it not yet*

מְעַט מִזְעָר subst.cstr. (589)-n.m.s. (277) *a very little while*

וְשָׁב conj.-Qal pf. 3 m.s. (שׁוּב 996) *until ... shall be turned*

לְבָנוֹן pr.n. (526) *Lebanon*

לַכַּרְמֶל prep.-def.art.-n.m.s. (I 502) *into a fruitful field*

וְהַכַּרְמֶל conj.-def.art.-v.supra *and the fruitful field*

לַיַּעַר prep.-def.art.-n.m.s. (420) *as a forest*

יֵחָשֵׁב Ni. impf. 3 m.s. (362) *shall be regarded*

29:18

וְשָׁמְעוּ conj.-Qal pf. 3 c.p. (1033) *(and) shall hear*

בַיּוֹם־הַהוּא prep.-def.art.-n.m.s. (398)-def.art. -demons.adj. m.s. (214) *in that day*

הַחֵרְשִׁים def.art.-adj. m.p. (361) *the deaf*

דִּבְרֵי־ n.m.s. cstr. (182) *words of*

סֵפֶר n.m.s. (706) *a book*

וּמֵאֹפֶל conj.-prep.-n.m.s. (66) *and out of gloom*

וּמֵחֹשֶׁךְ conj.-prep.-n.m.s. (365) *and (out of) darkness*

עֵינֵי n.f.p. cstr. (744) *eyes of*

עוְרִים adj. m.p. (734) *blind (ones)*

תִּרְאֶינָה Qal impf. 3 f.p. רָאָה (906) *shall see*

29:19

וְיָסְפוּ conj.-Qal pf. 3 c.p. יָסַף (414) *(and) shall obtain (add)*

עֲנָוִים n.m.p. (776) *meek (ones)*

בַּיהוָה prep.-pr.n. (217) *in Yahweh*

שִׂמְחָה n.f.s. (970) *fresh joy*

וְאֶבְיוֹנֵי conj.-adj. m.p. cstr. (2; GK 128,l;132c, 133h) *and poor among*

אָדָם n.m.s. (9) *men*

בִּקְדוֹשׁ prep.-adj. m.s. cstr. (872) *in the Holy One of*

יִשְׂרָאֵל pr.n. (975) *Israel*

יָגִילוּ Qal impf. 3 m.p. גִּיל (162) *shall exult*

29:20

כִּי־אָפֵס conj.-Qal pf. 3 m.s. אָפֵס (67) *for shall come to nought*

עָרִיץ adj. m.s. (792) *ruthless*

וְכָלָה conj.-Qal pf. 3 m.s. (477) *and cease*

לֵץ Qal act.ptc. m.s. לִיץ (539) *scoffer*

וְנִכְרְתוּ conj.-Ni. pf. 3 c.p. (503) *and shall be cut off*

כָּל־שֹׁקְדֵי n.m.s. cstr. (481)-Qal act.ptc. m.p. cstr. (1052) *all who watch*

אָוֶן n.m.s. (19) *evil*

29:21

מַחֲטִיאֵי Hi. ptc. m.p. cstr. חָטָא (306) *who make ... out to be an offender*

אָדָם n.m.s. (9) *a man*

בְּדָבָר prep.-n.m.s. (182) *by a word*

וְלַמּוֹכִיחַ conj.-prep.-def.art.-Hi. ptc. m.s. (יכח 406) *and for him who reproves*

בַּשַּׁעַר prep.-def.art.-n.m.s. (1044) *in the gate*

יְקֹשׁוּן Qal impf. 3 m.p. קוֹשׁ (881) *lay a snare*

וַיַּטּוּ consec.-Hi. impf. 3 m.p. נָטָה (639) *and turn aside*

בַּתֹּהוּ prep.-def.art.-n.m.s. (1062) *with an empty plea*

צַדִּיק adj. m.s. (843) *him who is in the right*

29:22

לָכֵן prep.-adv. (485) *therefore*

כֹּה־אָמַר adv.-Qal pf. 3 m.s. (55) *thus says*

יהוה pr.n. (217) *Yahweh*

אֶל־בֵּית prep.-n.m.s. cstr. (108) *concerning the house of*

יַעֲקֹב pr.n. (784) *Jacob*

אֲשֶׁר פָּדָה rel. (81)-Qal pf. 3 m.s. (804) *who redeemed*

אֶת־אַבְרָהָם dir.obj.-pr.n. (4) *Abraham*

לֹא־עַתָּה neg.-adv. (773) *no more*

יֵבוֹשׁ Qal impf. 3 m.s. (בּוֹשׁ 101) *shall be ashamed*

יַעֲקֹב pr.n. (784) *Jacob*

וְלֹא עַתָּה conj.-v.supra *(and) no more*

פָּנָיו n.m.p.-3 m.s. sf. (815) *his face*

יֶחֱוָרוּ Qal impf. 3 m.p. חָוַר (301) *shall grow pale*

29:23

כִּי בִרְאֹתוֹ conj.-prep.-Qal inf.cstr.-3 m.s. sf. (906 רָאָה) *for when he sees*

יְלָדָיו n.m.p.-3 m.s. sf. (409; GK 131o) *his children*

מַעֲשֵׂה n.m.s. cstr. (795) *the work of*

יָדַי n.f. du.-1 c.s. sf. (388) *my hands*

בְּקִרְבּוֹ prep.-n.m.s.-3 m.s. sf. (899) *in his midst*

יַקְדִּישׁוּ Hi. impf. 3 m.p. (קָדַשׁ 872) *they will sanctify*

שְׁמִי n.m.s.-1 c.s. sf. (1027) *my name*

וְהִקְדִּישׁוּ conj.-Hi. pf. 3 c.p. (872) *(and) they will sanctify*

אֶת־קְדוֹשׁ dir.obj.-adj. m.s. cstr. (872) *the Holy One of*

יַעֲקֹב pr.n. (784) *Jacob*

וְאֶת־אֱלֹהֵי conj.-dir.obj.-n.m.p. cstr. (43) *and the God of*

יִשְׂרָאֵל pr.n. (975) *Israel*

יַעֲרִיצוּ Hi. impf. 3 m.p. (791) *will stand in awe of*

29:24

וְיָדְעוּ conj.-Qal pf. 3 c.p. (393) *and will come to (know)*

תֹּעֵי־ Qal act.ptc. m.p. cstr. (תָּעָה 1073) *those who err in*

רוּחַ n.f.s. (924) *spirit*

בִּינָה n.f.s. (108) *understanding*

וְרוֹגְנִים conj.-Qal act.ptc. m.p. (920) *and those who murmur*

יִלְמְדוּ Qal impf. 3 m.p. (540) *will accept (learn)*

לֶקַח n.m.s. (544) *instruction*

30:1

הוֹי interj. (222) *woe to*

בָּנִים n.m.p. (119) *children*

סוֹרְרִים Qal act.ptc. m.p. (710) *rebellious*

נְאֻם־יְהוָה n.m.s. cstr. (610)-pr.n. (217) *says Yahweh*

לַעֲשׂוֹת prep.-Qal inf.cstr. (793) *who carry out*

עֵצָה n.f.s. (420) *a plan*

וְלֹא מִנִּי conj.-neg.-prep.-1 c.s. sf. *but not mine*

וְלִנְסֹךְ conj.-prep.-Qal inf.cstr. (I 650) *and who make*

מַסֵּכָה n.f.s. (II 651) *a league*

וְלֹא רוּחִי conj.-neg.-n.f.s.-1 c.s. sf. (924) *but not of my spirit*

לְמַעַן prep.-conj. (775) *that*

סְפוֹת Qal inf.cstr. (יָסַף 414; GK 69hN) *they may add*

חַטָּאת n.f.s. (308) *sin*

עַל־חַטָּאת prep.-n.f.s. (308) *to sin*

30:2

הַהֹלְכִים def.art.-Qal act.ptc. m.p. (הָלַךְ 229) *who set out*

לָרֶדֶת prep.-Qal inf.cstr. (יָרַד 432) *to go down to*

מִצְרַיִם pr.n. (595) *Egypt*

וּפִי conj.-n.m.s.-1 c.s. sf. (804) *(and) my counsel*

לֹא שָׁאָלוּ neg.-Qal pf. 3 c.p. paus. (981) *without asking for*

לָעוֹז prep.-Qal inf.cstr. (עוּז 731; GK 72q) *to take refuge*

בְּמָעוֹז prep.-n.m.s. cstr. (731) *in the protection of*

פַּרְעֹה pr.n. (829) *Pharaoh*

וְלַחְסוֹת conj.-prep.-Qal inf.cstr. (חָסָה 340; GK 63i) *and to seek shelter*

בְּצֵל prep.-n.m.s. cstr. (853) *in the shadow of*

מִצְרָיִם pr.n. paus. (595) *Egypt*

30:3

וְהָיָה conj.-Qal pf. 3 m.s. (224) *therefore shall turn*

לָכֶם prep.-2 m.p. sf. *to you*

מָעוֹז n.m.s. cstr. (931) *the protection of*

פַּרְעֹה pr.n. (829) *Pharaoh*

לְבֹשֶׁת prep.-n.f.s. (102) *to shame*

וְהֶחָסוּת conj.-def.art.-n.f.s. (340) *and the shelter*

בְּצֵל־ prep.-n.m.s. cstr. (853) *in the shadow of*

מִצְרַיִם pr.n. (595) *Egypt*

לִכְלִמָּה prep.-n.f.s. (484) *to humiliation*

30:4

כִּי־הָיוּ conj.-Qal pf. 3 c.p. (224) *for though ... are*

בְצֹעַן prep.-pr.n. (858) *at Zoan*

שָׂרָיו n.m.p.-3 m.s. sf. (978) *his officials*

וּמַלְאָכָיו conj.-n.m.p.-3 m.s. sf. (521) *and his envoys*

חָנֵס pr.n. (337) *Hanes*

יַגִּיעוּ Hi. impf. 3 m.p. (נָגַע 619) *reach*

30:5

כֹּל n.m.s. (481) *every one*

הֹבִאישׁ Hi. pf. 3 m.s. (בּוּשׁ 101; GK 78b) *comes to shame*

עַל־עַם prep.-n.m.s. (I 766) *through a people*

לֹא־יוֹעִילוּ neg.-Hi. impf. 3 m.p. (יָעַל 418) *that cannot profit*

לָמוֹ prep.-3 m.p. sf. *them*

לֹא לְעֵזֶר neg.-prep.-n.m.s. (I 740) *neither (for) help*

וְלֹא לְהוֹעִיל conj.-neg.-prep.-Hi. inf.cstr. (יָעַל I 418) *nor profit*

כִּי לְבֹשֶׁת conj.-prep.-n.f.s. (102) *but shame*

וְגַם־לְחֶרְפָּה conj.-adv. (168)-prep.-n.f.s. (357) *and also disgrace*

30:6

מַשָּׂא n.m.s. cstr. (III 672) *an oracle on*

בַּהֲמוֹת n.f.p. cstr. (96) *the beasts of*

נֶגֶב n.m.s. (616) *the Negeb*

בְּאֶרֶץ prep.-n.f.s. cstr. (75) *through a land of*

צָרָה n.f.s. (865) *trouble*

וְצוּקָה conj.-n.f.s. (848) *and anguish*

לָבִיא n.f.s. (522) *lioness*

וָלַיִשׁ conj.-n.m.s. (I 539) *and lion*

מֵהֶם prep.-3 m.p. sf. (GK 135p) *from where (them)*

אֶפְעֶה n.m.s. (821) *viper*

וְשָׂרָף conj.-n.m.s. (I 977) *and serpent*

מְעוֹפֵף Polel ptc. (עוּף I 733) *flying*

יִשְׂאוּ Qal impf. 3 m.p. (נָשָׂא 669) *they carry*

עַל־כֶּתֶף prep.-n.f.s. cstr. (509) *on the backs of*

עֲיָרִים n.m.p. (747) *asses*

חֵילֵהֶם n.m.p.-3 m.p. sf. (298) *their riches*

וְעַל־דַּבֶּשֶׁת conj.-prep.-n.f.s. cstr. (185) *and on the humps of*

גְּמַלִּים n.m.p. (168) *camels*

אוֹצְרֹתָם n.m.p.-3 m.p. sf. (69) *their treasures*

עַל־עַם v.30:5 prep.-n.m.s. (I 766) *to a people*

לֹא יוֹעִילוּ neg.-Hi. impf. 3 m.p. (I 418) *that cannot profit them*

30:7

וּמִצְרַיִם conj.-pr.n. (595) *(and) Egypt*

הֶבֶל n.m.s. as adv. (210) *worthless*

וָרִיק conj.-n.m.s. as. adv.acc. (938) *and empty*

יַעְזֹרוּ Qal impf. 3 m.p. paus. (740) *help*

לָכֵן prep.-adv. (485) *therefore*

קָרָאתִי Qal pf. 1 c.s. (I 894) *I have called*

לָזֹאת prep.-demons.adj. f.s. (260) *her (for this)*

רַהַב n.m.s. as pr.n. (923) *Rahab*

הֵם pers.pr. 3 m.p. (241) *who (they)*

שֶׁבֶת n.f.s. paus. (II 992) *sits still*

30:8

עַתָּה adv. (773) *and now*

בּוֹא Qal impv. 2 m.s. (בּוֹא 97) *go*

כָּתְבָה Qal impv. 2 m.p.-3 f.s. sf. (507; GK 61f,135p) *write it*

עַל־לוּחַ prep.-n.m.s. (531) *on a tablet*

אִתָּם prep.-3 m.p. sf. (II 85) *before them*

וְעַל־סֵפֶר conj.-prep.-n.m.s. (706) *and in a book*

חֻקָּהּ Qal impv. 2 m.s.-3 f.s. sf. (חקק 349; or Qal inf.cstr.-3 f.s. sf.) *inscribe it*

וּתְהִי conj.-Qal impf. 3 f.s. (224) *that it may be*

לְיוֹם prep.-n.m.s. (398) *for time*

אַחֲרוֹן adj. (30) *to come (later)*

לָעֵד prep.-n.m.s. (I 723) *as a witness*

עַד־עוֹלָם prep.-n.m.s. (761) *for ever*

30:9

כִּי עַם conj.-n.m.s. cstr. (I 766) *for a people*

מְרִי n.m.s. (598) *rebellious*

הוּא pers.pr. 3 m.s. (214) *they*

בָּנִים n.m.p. (119) *sons*

כֶּחָשִׁים adj. m.p. (471) *lying*

בָּנִים v.supra *sons*

לֹא־אָבוּ neg.-Qal pf. 3 c.p. (אָבָה 2) *who will not (are not willing to)*

שְׁמוֹעַ Qal inf.cstr. (1033) *hear*

תּוֹרַת n.f.s. cstr. (435) *the instruction of*

יהוה pr.n. (217) *Yahweh*

30:10

אֲשֶׁר אָמְרוּ rel. (81)-Qal pf. 3 c.p. (55) *who say*

לָרֹאִים prep.-def.art.-n.m.p. (909) *to the seers*

לֹא תִרְאוּ neg.-Qal impf. 2 m.p. (רָאָה 906) *see not*

וְלַחֹזִים conj.-prep.-def.art.-n.m.p. (302) *and to the prophets*

לֹא תֶחֱזוּ־ neg.-Qal impf. 2 m.p. (חָזָה 302) *prophesy not*

לָנוּ prep.-1 c.p. sf. *to us*

נְכֹחוֹת adj. f.p. (647) *what is right*

דַּבְּרוּ־לָנוּ Pi. impv. 2 m.s. (180)-prep.-1 c.p. sf. *speak to us*

חֲלָקוֹת n.f.p. (325) *smooth things*

חֲזוּ Qal impv. 2 m.p. (חָזָה 302) *prophesy*

מַהֲתַלּוֹת n.f.p. (1122; *251b) *illusions*

30:11

סוּרוּ Qal impv. 2 m.p. (סוּר 693) *leave*

מִנִּי־דֶרֶךְ prep. (577; GK 102b)-n.m.s. (202) *the way*

הַטּוּ Hi. impv. 2 m.p. (נָטָה 640) *turn aside*

מִנִּי־אֹרַח prep. (577)-n.m.s. (73) *from the path*

הַשְׁבִּיתוּ Hi. impv. 2 m.p. (שָׁבַת 991) *let us hear* (lit. *remove*)

מִפָּנֵינוּ prep.-n.m.p.-1 c.p. sf. (815) *no more (from before us)*

אֶת־קְדוֹשׁ dir.obj.-adj. m.s. cstr. (872) *the Holy One of*

יִשְׂרָאֵל pr.n. (975) *Israel*

30:12

לָכֵן prep.-adv. (485) *therefore*

כֹּה אָמַר adv. (462)-Qal pf. 3 m.s. (55) *thus says*

קְדוֹשׁ v.30:11 adj. m.s. cstr. (872) *the Holy One of*

יִשְׂרָאֵל pr.n. (975) *Israel*

יַעַן conj. (774; GK 114d) *because*

מָאָסְכֶם Qal inf.cstr.-2 m.p. sf. (549; GK 61d,111v,114r) *you despise*

בַּדָּבָר הַזֶּה prep.-def.art.-n.m.s. (182)-def.art.-demons.adj. m.s. (260) *this word*

וַתִּבְטְחוּ consec.-Qal impf. 2 m.p. (105) *and trust*

בְּעֹשֶׁק prep.-n.m.s. (799) *in oppression*

וְנָלוֹז conj.-Ni. ptc. (לוז 531) *and perverseness*

וַתִּשָּׁעֲנוּ consec.-Ni. impf. 2 m.p. (שָׁעַן 1043) *and rely*

עָלָיו prep.-3 m.s. sf. *on them*

30:13

לָכֵן prep.-adv. (485) *therefore*

יִהְיֶה Qal impf. 3 m.s. (224) *shall be*

לָכֶם prep.-2 m.p. sf. *to you*

הֶעָוֹן הַזֶּה def.art.-n.m.s. (730)-def.art.-demons.adj. m.s. (260) *this iniquity*

כְּפֶרֶץ prep.-n.m.s. (829) *like a break*

נֹפֵל Qal act.ptc. (656; GK 116d) *about to collapse (falling)*

נִבְעֶה Ni. ptc. (בָּעָה 126) *bulging out*

בְּחוֹמָה prep.-n.f.s. (327) *in a ... wall*

נִשְׂגָּבָה Ni. ptc. f.s. paus. (960) *high*

אֲשֶׁר־פִּתְאֹם rel. (81)-subst. (837) *whose ... suddenly*

לְפֶתַע prep.-subst. (837) *in an instant*

יָבוֹא Qal impf. 3 m.s. (97) *comes*

שִׁבְרָהּ n.m.s.-3 f.s. sf. (991) *(its) crash*

30:14

וּשְׁבָרָהּ conj.-Qal pf. 3 m.s.-3 f.s. sf. (990) *(and he breaks it)*

כְּשֵׁבֶר prep.-n.m.s. cstr. (991) *like that (breaking) of*

נֵבֶל n.m.s. cstr. (I 614) *a vessel of*

יוֹצְרִים Qal act.ptc. m.p. (427) *potters*

כָּתוּת Qal pass.ptc. (כָּתַת 510; GK 113i) *smashed*

לֹא יַחְמֹל neg.-Qal impf. 3 m.s. (328; GK 156g) *so ruthlessly* (lit. *he does not spare*)

וְלֹא־יִמָּצֵא conj.-neg.-Ni. impf. 3 m.s. (593) *that is not found*

בִּמְכִתָּתוֹ prep.-n.f.s.-3 m.s. sf. (510) *among its fragments*

חֶרֶשׂ n.m.s. (360) *a sherd*

לַחְתּוֹת prep.-Qal inf.cstr. (חָתָה 367; GK 63i) *to take*

אֵשׁ n.f.s. (77) *fire*

מִיָּקוּד prep.-Qal pass.ptc. (428) *from the hearth*

וְלַחְשֹׂף conj.-prep.-Qal inf.cstr. (362) *or to dip up*

מַיִם n.m.p. (565) *water*

מִגֶּבֶא prep.-n.m.s. (146) *out of a cistern*

30:15

כִּי כֹה conj.-adv. (462) *for thus*

אָמַר Qal pf. 3 m.s. (55) *said*

אֲדֹנָי n.m.p.-1 c.s. sf. (10) *the Lord*

יהוה pr.n. (217) *Yahweh*

קְדוֹשׁ adj. m.s. cstr. (872) *the Holy One of*

יִשְׂרָאֵל pr.n. (975) *Israel*

בְּשׁוּבָה prep.-n.f.s. (1000) *in returning*

וָנַחַת conj.-n.f.s. (629) *and rest*

תִּוָּשֵׁעוּן Ni. impf. 2 m.p. paus. (יָשַׁע 446) *you shall be saved*

בְּהַשְׁקֵט prep.-Hi. inf.abs. as subst. (1053) *in quietness*

וּבְבִטְחָה conj.-prep.-n.f.s. (105) *and in trust*

תִּהְיֶה Qal impf. 3 f.s. (224) *shall be*

גְּבוּרַתְכֶם n.f.s.-2 m.p. sf. (150) *your strength*

וְלֹא אֲבִיתֶם conj.-neg.-Qal pf. 2 m.p. (אָבָה 2) *and you would not*

30:16

וַתֹּאמְרוּ consec.-Qal impf. 2 m.p. (55) *but you said*

לֹא־כִי neg.-conj. (471; v.#3e) *No! (but)*

עַל־סוּס prep.-n.m.s. (692) *upon horses*

נָנוּס Qal impf. 1 c.p. (נוּס 630) *we will speed*

עַל־כֵּן prep.-adv. (485) *therefore*

תְּנוּסוּן Qal impf. 2 m.p. (630) *you shall speed away*

וְעַל־קָל conj.-prep.-adj. m.s. (886) *and upon swift (steeds)*

נִרְכָּב Qal impf 1 c.p. paus. (רָכַב 938) *we will ride*

עַל־כֵּן v.supra *therefore*

יִקַּלּוּ Ni. impf. 3 m.p. (קָלַל 886) *shall be swift*

דֹּרְפֵיכֶם Qal act.ptc. m.p.-2 m.p. sf. (922) *your pursuers*

30:17

אֶלֶף אֶחָד n.m.s. (48)-num.adj. (25) *a thousand*

מִפְּנֵי גַּעֲרַת prep.-n.m.p. cstr. (815)-n.f.s. cstr. (172) *at the threat of*

אֶחָד v.supra *one*

מִפְּנֵי גַּעֲרַת v.supra *at the threat of*

חֲמִשָּׁה num. f.s. (331) *five*

תָּנֻסוּ Qal impf. 2 m.p. (נוּס 630) *you shall flee*

עַד אִם־ prep.-conj. (49) *till*

נוֹתַרְתֶּם Ni. pf. 2 m.p. (יָתַר 451) *you are left*

כַּתֹּרֶן prep.-def.art.-n.m.s. (1076) *like a flagstaff*

עַל־רֹאשׁ prep.-n.m.s. cstr. (910) *on the top of*

הָהָר def.art.-n.m.s. (249) *the mountain*

וְכַנֵּס conj.-prep.-def.art.-n.m.s. (651) *like a signal*

עַל־הַגִּבְעָה prep.-def.art.-n.f.s. (148) *on a hill*

30:18

וְלָכֵן conj.-prep.-adv. (485) *therefore*

יְחַכֶּה Pi. impf. 3 m.s. (חָכָה 314) *waits*

יהוה pr.n. (217) *Yahweh*

לַחֲנַנְכֶם prep.-Qal inf.cstr.-2 m.p. sf. (חָנַן 335; GK 67cc) *to be gracious to you*

וְלָכֵן v.supra *therefore*

יָרוּם Qal impf. 3 m.s. (רוּם 926) *he exalts himself*

לְרַחֶמְכֶם prep.-Pi. inf.cstr.-2 m.p. sf. (933) *to show mercy to you*

כִּי־אֱלֹהֵי conj.-n.m.p. cstr. (43) *for a God of*

מִשְׁפָּט n.m.s. (1048) *justice*

יהוה pr.n. (217) *is Yahweh*

אַשְׁרֵי n.m.p. cstr. (80) *blessed are*

כָּל־חוֹכֵי n.m.s. cstr. (481)-Qal act.ptc. m.p. cstr. (חָכָה 314) *all those who wait*

לוֹ prep.-3 m.s. sf. (GK 130a) *for him*

30:19

כִּי־עָם conj.-n.m.s. (I 766) *yea, O people*

בְּצִיּוֹן prep.-pr.n. (851) *in Zion*

יֵשֵׁב Qal impf. 3 m.s. (יָשַׁב 442) *who dwell*

בִּירוּשָׁלָ͏ִם prep.-pr.n. paus. (436) *at Jerusalem*

בָּכוֹ Qal inf.abs. (בָּכָה 113) *(weeping)*

לֹא תִבְכֶּה neg.-Qal impf. 2 m.s. (113) *you shall weep no more*

חָנוֹן Qal inf.abs. (335) *surely*

יָחְנְךָ Qal impf. 3 m.s.-2 m.s. sf. (חָנַן 335; GK 67r) *he will be gracious to you*

לְקוֹל prep.-n.m.s. cstr. (876) *at the sound of*

זַעֲקֶךָ Qal inf.cstr.-2 m.s. sf. (277) *your cry*

בְּשָׁמְעָתוֹ prep.-Qal inf.cstr.-3 m.s. sf. (1033; GK 45d) *when he hears it*

עָנָךְ Qal pf. 3 m.s.-2 m.s. sf. (עָנָה 772; GK 58g;77,ll) *he will answer you*

30:20

וְנָתַן conj.-Qal pf. 3 m.s. (678) *and though ... give*

לָכֶם prep.-2 m.p. sf. *you*

אֲדֹנָי n.m.p.-1 c.s. sf. (10) *the Lord*

לֶחֶם n.m.s. (536) *the bread of (which is)*

צָר n.m.s. (865) *adversity*

וּמַיִם conj.-n.m.p. (565; GK 131c) *and water (which is) of*

לַחַץ n.m.s. (537; GK 131c) *affliction*

וְלֹא־יִכָּנֵף conj.-neg.-Ni. impf. 3 m.s. (489) *yet will not hide himself*

עוֹד adv. (728) *any more*

מוֹרֶיךָ n.m.s.-2 m.s. sf. (435) *your Teacher*

וְהָיוּ conj.-Qal pf. 3 c.p. (224; GK 145m) *but shall*

עֵינֶיךָ n.f. du.-2 m.s. sf. (744) *your eyes*

רֹאוֹת Qal act.ptc. f.p. (906) *see*

אֶת־מוֹרֶיךָ dir.obj.-v.supra *your Teacher*

30:21

וְאָזְנֶיךָ conj.-n.f. du.-2 m.s. sf. (23) *and your ears*

תִּשְׁמַעְנָה Qal impf. 3 f.p. (1033) *shall hear*

דָבָר n.m.s. (182) *a word*

מֵאַחֲרֶיךָ prep.-prep.-2 m.s. sf. (29) *behind you*

לֵאמֹר prep.-Qal inf.cstr. (55) *saying*

זֶה demons.adj. m.s. (260) *this is*

הַדֶּרֶךְ def.art.-n.m.s. (202) *the way*

לְכוּ בוֹ Qal impv. 2 m.p. (הָלַךְ 229)-prep.-3 m.s. sf. *walk in it*

כִּי תַאֲמִינוּ conj.-Hi. impf. 2 m.p. (יָמַן 412) *when you turn to the right*

וְכִי תַשְׂמְאִילוּ conj.-conj.-Hi. impf. 2 m.p. (970 שְׂמֹאל; GK 56) *or when you turn to the left*

30:22

וְטִמֵּאתֶם conj.-Pi. pf. 2 m.p. (379) *then you will defile*

אֶת־צִפּוּי dir.obj.-n.m.s. cstr. (860) *covered (metal plating)*

פְּסִילֵי n.m.p. cstr. (820) *graven images*

כַּסְפֶּךָ n.m.s.-2 m.s. sf. (494; GK 135n) *your silver*

וְאֶת־אֲפֻדַּת conj.-dir.obj.-n.f.s. cstr. (65) *plated*

מַסֵּכַת n.f.s. cstr. (651) *molten images*

זְהָבֶךָ n.m.s.-2 m.s. sf. (262; GK 135n) *your gold*

תִּזְרֵם Qal impf. 2 m.s.-3 m.p. sf. (זָרָה 279) *you will scatter them*

כְּמוֹ דָוָה conj. (455)-adj. f.s. (188) *as unclean things*

צֵא Qal impv. 2 m.s (יָצָא 422) *begone*

תֹּאמַר לוֹ Qal impf. 2 m.s. (55)-prep.-3 m.s. sf. (GK 145m) *you will say to them*

30:23

וְנָתַן conj.-Qal pf. 3 m.s. (678) *and he will give*

מְטַר n.m.s. cstr. (564) *rain for*

זַרְעֲךָ n.m.s.-2 m.s. sf. (282) *(your) seed*

אֲשֶׁר־תִּזְרַע rel. (81)-Qal impf. 2 m.s. (279) *with which you sow*

אֶת־הָאֲדָמָה dir.obj.-def.art.-n.f.s. (9) *the ground*

וְלֶחֶם conj.-n.m.s. (536) *and grain*

תְּבוּאַת n.f.s. cstr. (100) *the produce of*

הָאֲדָמָה v.supra *the ground*

וְהָיָה conj.-Qal pf. 3 m.s. (224) *which will be*

דָשֵׁן adj. m.s. (206) *rich*

וְשָׁמֵן conj.-adj. m.s. (1032) *and plenteous*

יִרְעֶה Qal impf. 3 m.s. (I 944) *will graze*

מִקְנֶיךָ n.m.s.-2 m.s. sf. (889; GK 93ss) *your cattle*

בַּיּוֹם הַהוּא prep.-def.art.-n.m.s. (398)-def.art.-demons.adj. m.s. (214) *in that day*

כַּר n.m.s. (499) *pastures*

נִרְחָב Ni. ptc. m.s. as adj. (931) *large*

30:24

וְהָאֲלָפִים conj.-def.art.-n.m.p. (I 48) *and the oxen*

וְהָעֲיָרִים conj.-def.art.-n.m.p. (747) *and the asses*

עֹבְדֵי Qal act.ptc. m.p. cstr. (712) *that till*

הָאֲדָמָה def.art.-n.f.s. (9) *the ground*

בְּלִיל n.m.s. (117) *provender*

חָמִיץ adj. m.s. (330) *salted*

יֹאכֵלוּ Qal impf. 3 m.p. paus. (37) *will eat*

אֲשֶׁר־זֹרֶה rel. (81)-Qal act.ptc. (זָרָה 279; GK 52s) *which has been winnowed*

בָּרַחַת prep.-def.art.-n.f.s. (935) *with shovel*

וּבַמִּזְרֶה conj.-prep.-def.art.-n.m.s. (280) *and fork*

30:25

וְהָיָה conj.-Qal pf. 3 m.s. (224) *and there will be*

עַל־כָּל־ prep.-n.m.s. cstr. (481) *upon every*

הַר גָּבֹהַ n.m.s. (249)-adj. m.s. (147) *lofty mountain*

וְעַל כָּל־ conj.-v.supra *and every*

גִּבְעָה נִשָּׂאָה n.f.s. (148)-Ni. ptc. f.s. (669; GK 74i) *high hill*

פְּלָגִים n.m.p. (811) *brooks*

יִבְלֵי־מָיִם n.m.s. cstr. (385)-n.m.p. paus. (565) *running with water*

90

בְּיוֹם prep.-n.m.s. cstr. (398) *in a day of*

הֶרֶג רָב n.m.s. (247)-adj. m.s. (912) *great slaughter*

בִּנְפֹל prep.-Qal inf.cstr. (656) *when fall*

מִגְדָּלִים n.m.p. (153) *towers*

30:26

וְהָיָה conj.-Qal pf. 3 m.s. (224) *moreover will be*

אוֹר־ n.m.s. cstr. (21) *the light of*

הַלְּבָנָה def.art.-n.f.s. (526) *the moon*

כְּאוֹר prep.-n.m.s. (21) *as the light of*

הַחַמָּה def.art.-n.f.s. (328) *the sun*

וְאוֹר conj.-v.supra *and the light of*

הַחַמָּה v.supra *the sun*

יִהְיֶה Qal impf. 3 m.s. (224) *will be*

שִׁבְעָתַיִם n.f. du. (988; GK 134r) *sevenfold*

כְּאוֹר prep.-n.m.s. cstr. (21) *as the light of*

שִׁבְעַת num. f.s. cstr. (987) *seven (of)*

הַיָּמִים def.art.-n.m.p. (398) *days*

בְּיוֹם prep.-n.m.s. cstr. (398; GK 114r) *in the day when*

חֲבֹשׁ Qal inf.cstr. (289) *binds up*

יהוה pr.n. (217) *Yahweh*

אֶת־שֶׁבֶר dir.obj.-n.m.s. cstr. (991) *the hurt of*

עַמּוֹ n.m.s.-3 m.s. sf. (I 766) *his people*

וּמַחַץ conj.-n.m.s. cstr. (563) *and the wounds*

מַכָּתוֹ n.f.s.-3 m.s. sf. (646) *inflicted by his blow*

יִרְפָּא Qal impf. 3 m.s. (950) *heals*

30:27

הִנֵּה interj. (243) *behold*

שֵׁם־ n.m.s. cstr. (1027) *the name of*

יהוה pr.n. (217) *Yahweh*

בָּא Qal pf. 3 m.s. (בוֹא 97) *comes*

מִמֶּרְחָק prep.-n.m.s. (935) *from afar*

בֹּעֵר Qal act.ptc. (128) *burning*

אַפּוֹ n.m.s.-3 m.s. sf. (60) *his anger*

וְכֹבֶד conj.-n.m.s. cstr. (457) *and in thick (vehemence of)*

מַשָּׂאָה n.f.s. (673) *rising smoke (clouds)*

שְׂפָתָיו n.f. du.-3 m.s. sf. (973) *his lips*

מָלְאוּ Qal pf. 3 c.p. (569) *are full of*

זַעַם n.m.s. (276) *indignation*

וּלְשׁוֹנוֹ conj.-n.f.s.-3 m.s. sf. (546) *and his tongue*

כְּאֵשׁ prep.-n.f.s. (77) *like a fire*

אֹכָלֶת Qal act.ptc. f.s. paus. (37) *devouring*

30:28

וְרוּחוֹ conj.-n.f.s.-3 m.s. sf. (924) *his breath*

כְּנַחַל prep.-n.m.s. (636) *like a stream*

שׁוֹטֵף Qal act.ptc. (1009) *overflowing*

עַד־צַוָּאר prep.-n.m.s. (848) *up to the neck*

יֶחֱצֶה Qal impf. 3 m.s. (חצה 345) *reaches* (lit. *shall halve unto the neck;-reach to the neck and so divide the man in half*)

לַהֲנָפָה prep.-Hi. inf.cstr. (נוף I 631; GK 72z) *to sift* (lit. *swing*)

גוֹיִם n.m.p. (156) *nations*

בְּנָפַת prep.-n.f.s. cstr. (632) *with the sieve of*

שָׁוְא n.m.s. (996) *destruction*

וְרֶסֶן conj.-n.m.s. (943) *a bridle*

מַתְעֶה Hi. ptc. m.s. (תעה 1073) *that leads astray*

עַל לְחָיֵי prep.-n.m.p. cstr. (534) *on the jaws of*

עַמִּים n.m.p. (I 766) *peoples*

30:29

הַשִּׁיר def.art.-n.m.s. (1010) *the song*

יִהְיֶה לָכֶם Qal impf. 3 m.s. (224)-prep.-2 m.p. sf. *you shall have*

כְּלֵיל prep.-n.m.s. cstr. (538) *as in the night when*

הִתְקַדֶּשׁ־ Hith. inf.cstr. (872) *is kept holy*

חָג n.m.s. paus. (290) *a feast*

וְשִׂמְחַת conj.-n.f.s. cstr. (970) *and gladness of*

לֵבָב n.m.s. (523) *heart*

כַּהוֹלֵךְ prep.-def.art.-Qal act.ptc. (229) *as when one sets out*

בֶּחָלִיל prep.-def.art.-n.m.s. (319) *to (the sound of) the flute*

לָבוֹא prep.-Qal inf.cstr. (97) *to go*

בְּהַר־ prep.-n.m.s. cstr. (249) *to the mountain of*

יהוה pr.n. (217) *Yahweh*

אֶל־צוּר prep.-n.m.s. cstr. (849) *to the Rock of*

יִשְׂרָאֵל pr.n. (975) *Israel*

30:30

וְהִשְׁמִיעַ conj.-Hi. pf. 3 m.s. (1033) *and will cause to be heard*

יהוה pr.n. (217) *Yahweh*

אֶת־הוֹד dir.obj.-n.m.s. cstr. (217) *the majesty of*

קוֹלוֹ n.m.s.-3 m.s. sf. (876) *his voice*

וְנַחַת conj.-n.m.s. cstr. (639) *and the descending of*

זְרוֹעוֹ n.f.s.-3 m.s. sf. (283) *his arm*

יַרְאֶה Hi. impf. 3 m.s. (906) *to be seen*

בְּזַעַף prep.-n.m.s. cstr. (277) *in raging of*

אַף n.m.s. (60) *anger*

וְלַהַב conj.-n.m.s. cstr. (529) *and a flame of*

אֵשׁ n.f.s. (77) *fire*

אוֹכֵלָה Qal act.ptc. f.s. paus. (37) *devouring*

נֶפֶץ n.m.s. (658) *with a cloudburst*

וָזֶרֶם conj.-n.m.s. (281) *and tempest*

וְאֶבֶן conj.-n.f.s. cstr. (6) *and stones (of)*

בָּרָד n.m.s. (135) *hail*

30:31

בִּי־מִקּוֹל conj.-prep.-n.m.s. cstr. (876) *for at the voice of*

יהוה pr.n. (217) *Yahweh*

יֵחַת Qal impf. 3 m.s. (חתת 369) *will be terror-stricken*

אַשּׁוּר pr.n. (81) *the Assyrians*

בַּשֵּׁבֶט prep.-def.art.-n.m.s. (986; GK 156d) *when with the rod*

יַכֶּה Hi. impf. 3 m.s. (נכה 645) *he smites*

30:32

וְהָיָה conj.-Qal pf. 3 m.s. (224) *and will be*

כֹּל n.m.s. cstr. (481) *every*

מַעֲבַר n.m.s. cstr. (721) *stroke of (sweep)*

מַטֵּה n.m.s. cstr. (641) *a staff of*

מוּסָדָה n.f.s. (414) *punishment (appointed rod of punishment)*

אֲשֶׁר יָנִיחַ rel. (81)-Hi. impf. 3 m.s. (נוח 628) *which lays*

יהוה pr.n. (217) *Yahweh*

עָלָיו prep.-3 m.s. sf. *upon them*

בְּתֻפִּים prep.-n.m.p. (1074) *to (the sound of) timbrels*

וּבְכִנֹּרוֹת conj.-prep.-n.m.p. (490) *and lyres*

וּבְמִלְחֲמוֹת conj.-prep.-n.f.p. (536) *battling with*

תְּנוּפָה n.f.s. (632) *brandished arm*

וְנִלְחַם־ Ni. pf. 3 m.s. (535) *he will fight*

בָּה for בָּה prep.-3 f.s. sf. *with them*

30:33

כִּי־עָרוּךְ conj.-Qal pass.ptc. (789) *for has been prepared*

מֵאֶתְמוּל prep.-adv.acc. (1069) *long*

תָּפְתֶּה pr.n. (1075) *a burning place (Topheth)*

גַּם־הוּא adv. (168)-pers.pr. 3 f.s. (? m. 214; GK 32 1) *yea, it*

לַמֶּלֶךְ prep.-def.art.-n.m.s. (572) *for the king*

הוּכַן Ho. pf. 3 m.s. (כון 465) *is made ready*

הֶעְמִיק Hi. pf. 3 m.s. (770) *made deep*

הִרְחִב Hi. pf. 3 m.s. (931) *and wide*

מְדֻרָתָהּ n.f.s.-3 f.s. sf. (190) *its pyre*

אֵשׁ n.f.s. (77) *fire*

וְעֵצִים conj.-n.m.p. (781) *and wood*

הַרְבֵּה Hi. inf.abs. (רבה I 915) *in abundance*

נִשְׁמַת n.f.s. cstr. (675) *the breath of*

יהוה pr.n. (217) *Yahweh*

כְּנַחַל prep.-n.m.s. cstr. (636) *like a stream of*

גָּפְרִית n.f.s. (172) *brimstone*

בֹּעֲרָה Qal act.ptc. f.s. (128) *kindles*

בָּהּ prep.-3 f.s. sf. *it*

31:1

הוֹי interj. (222) *woe to*

הַיֹּרְדִים def.art.-Qal act.ptc. m.p. (ירד 432) *those who go down to*

מִצְרַיִם pr.n. (595) *Egypt*

לְעֶזְרָה prep.-n.f.s. (I 740) *for help*

עַל־סוּסִים prep.-n.m.p. (692) *on horses*

יִשָּׁעֵנוּ Ni. impf. 3 m.p. (שׁען 1043) *(they rely)*

וַיִּבְטְחוּ consec.-Qal impf. 3 m.p. (105) *who trust*

עַל־רֶכֶב prep.-n.m.s. (939) *in chariots*

כִּי רָב conj.-adj. (912) *because they are many*

וְעַל פָּרָשִׁים conj.-prep.-n.m.p. (832) *and in horsemen*

כִּי־עָצְמוּ conj.-Qal pf. 3 c.p. (עצם I 782) *because they are ... strong*

מְאֹד n.m.s. (547) *very*

וְלֹא שָׁעוּ conj.-neg.-Qal pf. 3 c.p. (שׁעה 1043) *but do not look*

עַל־קְדוֹשׁ prep.-adj. m.s. cstr. (872) *to the Holy One of*

יִשְׂרָאֵל pr.n. (975) *Israel*

וְאֶת־יהוה conj.-dir.obj.-pr.n. (217) *and Yahweh*

לֹא דָרָשׁוּ neg.-Qal pf. 3 c.p. paus. (205) *they do not consult*

31:2

וְגַם־הוּא conj.-adv. (168)-pers.pr. 3 m.s. (214) *and yet he*

חָכָם adj. m.s. (314; GK 141f) *is wise*

וַיָּבֵא consec.-Hi. impf. 3 m.s. (בוא 97) *and brings*

רָע adj. m.s. (948) *disaster*

וְאֶת־דְּבָרָיו conj.-dir.obj.-n.m.p.-3 m.s. sf. (182) *(and) his words*

לֹא הֵסִיר neg.-Hi. pf. 3 m.s. (סור 693) *he does not call back*

וְקָם conj.-Qal pf. 3 m.s. (קום 877) *but will arise*

עַל־בֵּית prep.-n.m.s. cstr. (108) *against house of*

מְרֵעִים Hi. ptc. m.p. (רעע 949) *evildoers*

וְעַל־עֶזְרַת conj.-prep.-n.f.s. cstr. (740) *and against helpers of*

פֹּעֲלֵי Qal act.ptc. m.p. cstr. (821) *those who work*

אָוֶן n.m.s. (19) *iniquity*

31:3

וּמִצְרַיִם conj.-pr.n. (595) *the Egyptians*

אָדָם n.m.s. (9) *are men*

וְלֹא־אֵל conj.-neg.-n.m.s. (42) *and not God*

וְסוּסֵיהֶם conj.-n.m.p.-3 m.p. sf. (692) *and their horses*

בָּשָׂר n.m.s. (142) *are flesh*

וְלֹא־רוּחַ conj.-neg.-n.f.s. (924) *and not spirit*

וַיהוה conj.-pr.n. (217) *when Yahweh*

יַטֶּה Hi. impf. 3 m.s. (נָטָה 639) *stretches out*

יָדוֹ n.f.s.-3 m.s. sf. (388) *his hand*

וְכָשַׁל conj.-Qal pf. 3 m.s. (505) *will stumble*

עוֹזֵר Qal act.ptc. (740) *the helper*

וְנָפַל conj.-Qal pf. 3 m.s. (656) *and will fall*

עָזֻר Qal pass.ptc. (740) *he who is helped*

וְיַחְדָּו conj.-adv. (403) *and together*

כֻּלָּם n.m.s.-3 m.p. sf. (481) *they all*

יִכְלָיוּן Qal impf. 3 m.p. (כָּלָה 477; GK 75u) *will perish*

31:4

כִּי כֹה conj.-adv. (462) *for thus*

אָמַר־ Qal pf. 3 m.s. (55) *said*

יְהוָה pr.n. (217) *Yahweh*

אֵלַי prep.-1 c.s. sf. *to me*

כַּאֲשֶׁר prep.-rel. (81) *as*

יֶהְגֶּה Qal impf. 3 m.s. (הָגָה I 211) *growls*

הָאַרְיֵה def.art.-n.m.s. (71) *the lion*

וְהַכְּפִיר conj.-def.art.-n.m.s. (498) *or the young lion*

עַל־טַרְפּוֹ prep.-n.m.s.-3 m.s. sf. (382) *over his prey*

אֲשֶׁר rel. (81) *and when*

יִקָּרֵא Ni. impf. 3 m.s. (894) *is called forth*

עָלָיו prep.-3 m.s. sf. *against him*

מְלֹא n.m.s. cstr. (571) *a band of*

רֹעִים Qal act.ptc. m.p. (רָעָה 944) *shepherds*

מִקּוֹלָם prep.-n.m.s.-3 m.p. sf. (876) *by their shouting*

לֹא יֵחָת neg.-Qal impf. 3 m.s. (369) *is not terrified*

וּמֵהֲמוֹנָם conj.-prep.-n.m.s.-3 m.p. sf. (242) *or at their noise*

לֹא יַעֲנֶה neg.-Qal impf. 3 m.s. (III 776) *daunted*

כֵּן יֵרֵד adv. (485)-Qal impf. 3 m.s. (יָרַד 432) *so will come down*

יְהוָה pr.n. (217) *Yahweh of*

צְבָאוֹת pr.n. (838) *hosts*

לִצְבֹּא prep.-Qal inf.cstr. (838) *to fight*

עַל־הַר־ prep.-n.m.s. cstr. (249) *upon Mount*

צִיּוֹן pr.n. (851) *Zion*

וְעַל־גִּבְעָתָהּ conj.-prep.-n.f.s.-3 f.s. sf. (148) *and upon its hill*

31:5

כְּצִפֳּרִים prep.-n.f.p. (861) *like birds*

עָפוֹת Qal act.ptc. f.p. (עוּף 733) *hovering*

כֵּן יָגֵן adv. (485)-Hi. impf. 3 m.s. (גָנַן 170) *will protect*

יְהוָה צְבָאוֹת pr.n. (217; GK 67p)-pr.n. (838) *Yahweh of hosts*

עַל־יְרוּשָׁלַ͏ִם prep.-pr.n. paus. (436) *Jerusalem*

גָּנוֹן Qal inf.abs. (170) *will protect*

וְהִצִּיל conj.-Hi. pf. 3 m.s. (נָצַל 664; GK 113t) *and deliver*

פָּסֹחַ Qal inf.abs. (820) *he will spare*

וְהִמְלִיט conj.-Hi. pf. 3 m.s. (572) *and rescue*

31:6

שׁוּבוּ Qal impv. 2 m.p. (996) *turn*

לַאֲשֶׁר prep.-rel. (81) *to him from whom*

הֶעְמִיקוּ Hi. pf. 3 c.p. (עָמֹק 770; GK 138fN,144p) *you (they) have deeply*

סָרָה n.f.s. (694) *revolted (apostasy)*

בְּנֵי n.m.p. cstr. (119) *people of*

יִשְׂרָאֵל pr.n. (975) *Israel*

31:7

כִּי בַיּוֹם conj.-prep.-def.art.-n.m.s. (398) *for in ... day*

הַהוּא def.art.-demons.adj. m.s. (214) *that*

יִמְאָסוּן Qal impf. 3 m.p. paus. (מָאַס 549) *shall cast away*

אִישׁ n.m.s. (35) *every one*

אֱלִילֵי n.m.p. cstr. (47) *idols of*

כַּסְפּוֹ n.m.s.-3 m.s. sf. (494) *his silver*

וֶאֱלִילֵי conj.-v.supra *and idols of*

זְהָבוֹ n.m.s.-3 m.s. sf. (262) *his gold*

אֲשֶׁר עָשׂוּ rel. (81)-Qal pf. 3 c.p. (עָשָׂה 793) *which have made*

לָכֶם prep.-2 m.p. sf. *for you*

יְדֵיכֶם n.f. du.-2 m.p. sf. (388) *your hands*

חֵטְא n.m.s. (307) *sinfully*

31:8

וְנָפַל conj.-Qal pf. 3 m.s. (656) *and shall fall*

אַשּׁוּר pr.n. (78) *the Assyrian*

בְּחֶרֶב prep.-n.f.s. (352) *by a sword*

לֹא־אִישׁ neg.-n.m.s. (35) *not of man*

וְחֶרֶב conj.-v.supra *and a sword*

לֹא־אָדָם neg.-n.m.s. (9; GK 152a) *not of man*

תֹּאכֲלֶנּוּ Qal impf. 3 f.s.-3 m.s. sf. (37) *shall devour him*

וְנָס לוֹ conj.-Qal pf. 3 m.s. or Qal act.ptc. (נוּס 630)-prep.-3 m.s. sf. *and he shall flee*

מִפְּנֵי־ prep.-n.m.p. cstr. (815; GK 125c) *from*

חֶרֶב n.f.s. (352) *a sword*

וּבַחוּרָיו conj.-n.m.p.-3 m.s. sf. (104) *and his young men*

לָמַס prep.-n.m.s. (586) *to forced labor*

יִהְיוּ Qal impf. 3 m.p. (224) *shall be*

31:9

וְסַלְעוֹ conj.-n.m.s.-3 m.s. sf. (700) *(and) his rock*

מִמָּגוֹר prep.-n.m.s. (159) *in terror*

יַעֲבוֹר Qal impf. 3 m.s. (716) *shall pass away*

וְחַתּוּ conj.-Qal pf. 3 c.p. (חתת 369) *and desert in panic (be dismayed)*

מִנֵּס prep.-n.m.s. (651) *a standard*

שָׂרָיו n.m.p.-3 m.s. sf. (978) *his officers*

נְאֻם־יהוה n.m.s. cstr. (610)-pr.n. (217) *says Yahweh*

אֲשֶׁר־אוּר לוֹ rel. (81)-n.m.s. (22)-prep.-3 m.s. sf. *whose fire*

בְּצִיּוֹן prep.-pr.n. (851) *in Zion*

וְתַנּוּר לוֹ conj.-n.m.s. (1072)-prep.-3 m.s. sf. *and whose furnace*

בִּירוּשָׁלָ͏ם prep.-pr.n. paus. (436) *in Jerusalem*

32:1

הֵן interj. (243) *behold*

לְצֶדֶק prep.-n.m.s. (841) *in righteousness*

יִמְלָךְ Qal impf. 3 m.s. (573) *will reign*

מֶלֶךְ n.m.s. (I 572) *a king*

וּלְשָׂרִים conj.-prep.-n.m.p. (978; GK 143e) *and princes*

לְמִשְׁפָּט prep.-n.m.s. (1048) *in justice*

יָשֹׂרוּ Qal impf. 3 m.p. (שׂרר 979) *will rule*

32:2

וְהָיָה־אִישׁ conj.-Qal pf. 3 m.s. (224)-n.m.s. (35) *each will be*

כְּמַחֲבֵא־ prep.-n.m.s. cstr. (285) *like a hiding-place from*

רוּחַ n.f.s. (924) *wind*

וְסֵתֶר conj.-n.m.s. cstr. (712) *(and) a covert from*

זָרֶם n.m.s. paus. (281) *tempest*

כְּפַלְגֵי־מַיִם prep.-n.m.p. cstr. (811)-n.m.p. (565) *like streams of water*

בְּצָיוֹן prep.-n.m.s. (851) *in a dry place*

כְּצֵל prep.-n.m.s. cstr. (853) *like shade of*

סֶלַע־כָּבֵד n.m.s. (700)-adj. m.s. (457) *a great rock*

בְּאֶרֶץ prep.-n.f.s. (75) *in a ... land*

עֲיֵפָה adj. f.s. (746) *weary*

32:3

וְלֹא תִשְׁעֶינָה conj.-neg.-Qal impf. 3 f.p. (שׁעע 1044) *will not be closed*

עֵינֵי n.f. du. cstr. (744) *eyes of*

רֹאִים Qal act.ptc. m.p. (906) *those who see*

וְאָזְנֵי conj.-n.f. du. cstr. (23) *and ears of*

שֹׁמְעִים Qal act.ptc. m.p. (1033) *those who hear*

תִּקְשַׁבְנָה Qal impf. 3 f.p. (904) *will hearken*

32:4

וּלְבַב conj.-n.m.s. cstr. (523) *(and) mind of*

נִמְהָרִים Ni. ptc. m.p. (מהר 554) *the rash*

יָבִין לָדַעַת Qal impf. 3 m.s. (106)-prep.-Qal inf.cstr. (ידע 393) *will have good judgment*

וּלְשׁוֹן conj.-n.f.s. cstr. (546) *and tongue of*

עִלְּגִים adj. m.p. (748) *stammerers*

תְּמַהֵר Pi. impf. 3 f.s. (554) *will readily*

לְדַבֵּר prep.-Pi. inf.cstr. (180) *speak*

צָחוֹת adj. f.p. (850) *distinctly*

32:5

לֹא־יִקָּרֵא neg.-Ni. impf. 3 m.s. (894) *will no ... be called*

עוֹד adv. (728) *more*

לְנָבָל prep.-adj. m.s. (614) *a fool*

נָדִיב adj. m.s. (622) *noble*

וּלְכִילַי conj.-prep.-n.m.s. (647) *nor a knave*

לֹא יֵאָמֵר neg.-Ni. impf. 3 m.s. (55) *said*

שׁוֹעַ adj. m.s. (447) *honorable*

32:6

כִּי נָבָל conj.-adj. m.s. (614) *for a fool*

נְבָלָה n.f.s. (615) *folly*

יְדַבֵּר Pi. impf. 3 m.s. (180) *speaks*

וְלִבּוֹ conj.-n.m.s.-3 m.s. sf. (523) *and his mind*

יַעֲשֶׂה־ Qal impf. 3 m.s. (793) *plots*

אָוֶן n.m.s. (19) *iniquity*

לַעֲשׂוֹת prep.-Qal inf.cstr. (793) *to practice*

חֹנֶף n.m.s. (338) *ungodliness*

וּלְדַבֵּר conj.-prep.-Pi. inf.cstr. (180) *(and) to utter*

אֶל־יהוה prep.-pr.n. (217) *concerning Yahweh*

תּוֹעָה n.f.s. (1073) *error*

לְהָרִיק prep.-Hi. inf.cstr. (ריק 937) *to leave unsatisfied*

נֶפֶשׁ n.f.s. cstr. (659) *craving of*

רָעֵב adj. m.s. (944) *hunger*

וּמַשְׁקֶה conj.-n.m.s. (II 1052) *and drink*

צָמֵא adj. m.s. (854) *thirsty*

יַחְסִיר Hi. impf. 3 m.s. (חסר 341) *to deprive*

32:7

וְכֵלַי conj.-n.m.s. (647) *(and) a knave*

כֵּלָיו n.m.p.-3 m.s. sf. (479) *knaveries (lit. his weapons)*

רָעִים adj. m.p. (I 948) *are evil*

הוּא pers.pr. 3 m.s. (214) *he*

זִמּוֹת n.f.p. (I 273) *wicked devices*

יָעָץ Qal pf. 3 m.s. paus. (יעץ 419) *devises*

לְחַבֵּל prep.-Pi. inf.cstr. (חבל 287) *to ruin*

עֲנָוִים adj. m.p. (776) *poor*

בְּאִמְרֵי־ prep.-n.m.p. cstr. (56) *with words of*
שֶׁקֶר n.m.s. (1055) *deception*
וּבְדַבֵּר conj. (GK 154aN)-prep.-Pi. inf.cstr. (180) *even when the plea of*
אֶבְיוֹן adj. m.s. (2) *needy*
מִשְׁפָּט n.m.s. (1048) *is right*

32:8

וְנָדִיב conj.-n.m.s. (622) *but he who is noble*
נְדִיבוֹת n.f.p. (622) *noble things*
יָעָץ Qal pf. 3 m.s. paus. (419) *devises*
וְהוּא conj.-pers.pr. 3 m.s. (214) *and he*
עַל־נְדִיבוֹת prep.-v.supra *by noble things*
יָקוּם Qal impf. 3 m.s. (877) *stands*

32:9

נָשִׁים n.f.p. (61) *women*
שַׁאֲנַנּוֹת adj. f.p. (983) *who are at ease*
קֹמְנָה Qal impv. 2 f.p. (877; GK 44o) *rise up*
שְׁמַעְנָה Qal impv. 2 f.p. (1033) *hear*
קוֹלִי n.m.s.-1 c.s. sf. (876) *my voice*
בָּנוֹת n.f.p. (123) *daughters*
בֹּטְחוֹת adj. f.p. (105) *complacent*
הַאְזֵנָּה Hi. impv. 2 f.p. (אָזַן 24; GK 44o) *give ear to*
אִמְרָתִי n.f.s.-1 c.s. sf. (57) *my speech*

32:10

יָמִים n.m.p. (398) *in a little more (days)*
עַל־שָׁנָה prep.-n.f.s. (1040) *than a year*
תִּרְגַּזְנָה Qal impf. 2 f.p. (רָגַז 9129) *you will shudder*
בֹּטְחוֹת adj. f.p. (105) *complacent women*
כִּי כָלָה conj.-Qal pf. 3 m.s. (477) *for will fail*
בָצִיר n.m.s. (131) *vintage*
אֹסֶף n.m.s. (63) *fruit harvest*
בְּלִי יָבוֹא neg. (115)-Qal impf. 3 m.s. (97) *will not come*

32:11

חִרְדוּ Qal impv. 2 m.p. (חָרַד 353) *tremble*
שַׁאֲנַנּוֹת v.32:9 adj. f.p. (983) *women who are at ease*
רְגָזָה Qal impv. 2 m.s. paus. (919; GK 48i) *shudder*
בֹּטְחוֹת adj. f.p. (105) *complacent ones*
פְּשֹׁטָה Qal impv. 2 m.s. (832; GK 48i) *strip*
וְעֹרָה conj.-Qal impv. 2 m.s. paus. (עָרַר II 792; GK 48i,67o) *and make yourselves bare*
וַחֲגוֹרָה conj.-Qal impv. 2 m.s. paus. (חָגַר 291; GK 48i) *and gird sackcloth*
עַל־חֲלָצָיִם prep.-n.f. du. (323) *upon your loins*

32:12

עַל־שָׁדַיִם prep.-n.m.p. (994) *upon your breasts*
סֹפְדִים Qal act.ptc. m.p. (704; GK 116s,144i) *beat (wail)*
עַל־שְׂדֵי־חֶמֶד prep.-n.m.p. cstr. (961)-n.m.s. (326) *for pleasant fields*
עַל־גֶּפֶן פֹּרִיָּה prep.-n.f.s. (172)-Qal act.ptc. f.s. (826) *for fruitful vine*

32:13

עַל אַדְמַת prep.-n.f.s. cstr. (9) *for the soil of*
עַמִּי n.m.s.-1 c.s. sf. (I 766) *my people*
קוֹץ n.m.s. (881) *in thorns*
שָׁמִיר n.m.s. (1038) *and briers*
תַּעֲלֶה Qal impf. 3 f.s. (748) *growing up*
כִּי עַל־כָּל־ conj.-prep.-n.m.s. cstr. (481) *yea, for all*
בָּתֵּי מָשׂוֹשׂ n.m.p. cstr. (108)-n.m.s. (965; GK 128c) *joyous houses*
קִרְיָה n.f.s. (900) *in a ... city*
עַלִּיזָה adj. f.s. (759) *joyful*

32:14

כִּי־אַרְמוֹן conj.-n.m.s. (74) *for a palace*
נֻטָּשׁ Pu. pf. 3 m.s. paus. (נָטַשׁ 643) *will be forsaken*
הֲמוֹן עִיר n.m.s. cstr. (242)-n.f.s. (746) *populous city*
עֻזָּב Pu. pf. 3 m.s. paus. (עָזַב 736) *deserted*
עֹפֶל n.m.s. (779) *hill*
וָבַחַן conj.-n.m.s. (103) *and watchtower*
הָיָה Qal pf. 3 m.s. (224) *will become*
בְעַד prep.cstr. (126) *(on behalf of, i.e. take the place of)*
מְעָרוֹת n.f.p. (792) *dens*
עַד־עוֹלָם prep.-n.m.s. (761) *for ever*
מְשׂוֹשׂ n.m.s. cstr. (965) *a joy of*
פְּרָאִים n.m.p. (825) *wild asses*
מִרְעֵה n.m.s. cstr. (945) *a pasture of*
עֲדָרִים n.m.p. (727) *flocks*

32:15

עַד־יֵעָרֶה prep.-Ni. impf. 3 m.s. (עָרָה 788) *until is poured*
עָלֵינוּ prep.-1 c.p. sf. *upon us*
רוּחַ n.f.s. (924) *Spirit*
מִמָּרוֹם prep.-n.m.s. (928) *from on high*
וְהָיָה conj.-Qal pf. 3 m.s. (224) *and becomes*
מִדְבָּר n.m.s. (184) *a wilderness*
לַכַּרְמֶל prep.-def.art.-n.m.s. (502) *the fruitful field*

וְהַכַּרְמֶל (Qere-וְהַכַּרְמֶל) conj.-def.art.-n.m.s. (502)
and the fruitful field

לַיַּעַר prep.-def.art.-n.m.s. (420) *the forest*

יֵחָשֵׁב Ni. impf. 3 m.s. חָשַׁב 362) *is deemed*

32:16

וְשָׁכַן conj.-Qal pf. 3 m.s. (1014) *then will dwell*

בַּמִּדְבָּר prep.-def.art.-n.m.s. (184) *in the wilderness*

מִשְׁפָּט n.m.s. (1048) *justice*

וּצְדָקָה conj.-n.f.s. (842) *and righteousness*

בַּכַּרְמֶל prep.-def.art.-n.m.s. (502) *in the fruitful field*

תֵּשֵׁב Qal impf. 3 f.s. יָשַׁב 442) *abide*

32:17

וְהָיָה conj.-Qal pf. 3 m.s. (224) *and will be*

מַעֲשֵׂה n.m.s. cstr. (795) *the effect of*

הַצְּדָקָה def.art.-n.f.s. (842) *(the) righteousness*

שָׁלוֹם n.m.s. (1022) *peace*

וַעֲבֹדַת conj.-n.f.s. cstr. (715) *and the result of*

הַצְּדָקָה v.supra *(the) righteousness*

הַשְׁקֵט Hi. inf.abs. שָׁקַט 1052; GK 113c) *quietness*

וָבֶטַח conj.-n.m.s. (105) *and trust*

עַד־עוֹלָם prep.-n.m.s. (761) *for ever*

32:18

וְיָשַׁב conj.-Qal pf. 3 m.s. (442) *will abide*

עַמִּי n.m.s.-1 c.s. sf. (I 766) *my people*

בִּנְוֵה prep.-n.m.s. cstr. (I 627) *in a habitation (of)*

שָׁלוֹם n.m.s. (1022) *peace(ful)*

וּבְמִשְׁכְּנוֹת conj.-prep.-n.m.p. cstr. (1015) *in dwellings (of)*

מִבְטַחִים n.m.p. (105; GK 124e) *secure(ness)*

וּבִמְנוּחֹת conj.-prep.-n.f.p. cstr. (629) *and in ... resting places*

שַׁאֲנַנּוֹת adj. f.p. (983) *quiet*

32:19

וּבָרַד conj.-Qal pf. 3 m.s. (135) (poss.rd. וְיָרַד 432--will go down) *and it shall hail*

בְּרֶדֶת prep.-Qal inf.cstr. (432 יָרַד) *utterly (in going down)*

הַיַּעַר def.art.-n.m.s. paus. (420) *the forest*

וּבַשִּׁפְלָה conj.-prep.-def.art.-n.f.s. (1050) *utterly (lit. in humiliation)*

תִּשְׁפַּל Qal impf. 3 f.s. (1050) *will be laid low*

הָעִיר def.art.-n.f.s. (746) *the city*

32:20

אַשְׁרֵיכֶם n.m.p.-2 m.p. sf. (80) *happy are you*

זֹרְעֵי Qal act.ptc. m.p. cstr. (זָרַע 281) *who sow*

עַל־כָּל־ prep.-n.m.s. cstr. (481) *beside all*

מָיִם n.m.p. paus. (565) *waters*

מְשַׁלְּחֵי Pi. ptc. m.p.cstr. (1018) *who let range free*

רֶגֶל־ n.f.s. cstr. (919) *the feet of*

הַשּׁוֹר def.art.-n.m.s. (1004) *the ox*

וְהַחֲמוֹר conj.-def.art.-n.m.s. (331) *and the ass*

33:1

הוֹי interj. (222) *woe*

שׁוֹדֵד Qal act.ptc. שָׁדַד 994) *destroyer*

וְאַתָּה conj.-pers.pr. 2 m.s. (61) *who yourself*

לֹא שָׁדוּד neg.-Qal pass.ptc. (994) *have not been destroyed*

וּבוֹגֵד conj.-Qal act.ptc. (93) *and treacherous one*

וְלֹא־בָנְדוּ conj.-neg. (GK 156f)-Qal pf. 3 c.p. (93) *none has dealt treacherously*

בּוֹ prep.-3 m.s. sf. *with whom*

כַּהֲתִמְךָ prep.-Hi. inf.cstr.-2 m.s. sf. (תָּמַם 1070; GK 67v,120b) *when you have ceased to*

שׁוֹדֵד Qal act.ptc. שָׁדַד 994) *destroy(ing)*

תּוּשַׁד Ho. impf. 2 m.s. (שָׁדַד 994; GK 53u) *you will be destroyed*

כַּנְּלֹתְךָ prep.-Hi. inf.cstr.-2 m.s. sf. (נָלָה 649; prb.rd. כְּכַלֹּתְךָ as Pi. inf.cstr. -כָּלָה 477; GK 20h,53q) *when you have made an end*

לִבְגֹּד prep.-Qal inf.cstr. (93) *of dealing treacherously*

יִבְגְּדוּ־בָךְ Qal impf. 3 m.p. (93)-prep.-2 m.s. sf. paus. (93) *you will be dealt treacherously*

33:2

יהוה pr.n. (217) *Yahweh*

חָנֵּנוּ Qal impv. 2 m.s.-1 c.p. sf. חָנַן 335) *be gracious to us*

לְךָ קִוִּינוּ prep.-2 m.s. sf.-Pi. pf. 1 c.p. (קָוָה I 875) *we wait for thee*

הֱיֵה Qal impv. 2 m.s. (224) *be*

זְרֹעָם n.f.s.-3 m.p. sf. *our (their) arm*

לַבְּקָרִים prep.-def.art.-n.m.p. (133) *every morning*

אַף־יְשׁוּעָתֵנוּ conj. (II 64)-n.f.s.-1 c.p. sf. (447) *(and) our salvation*

בְּעֵת prep.-n.f.s. cstr. (773) *in time of*

צָרָה n.f.s. (865) *trouble*

33:3

מִקּוֹל הָמוֹן prep.-n.m.s. cstr. (876)-n.m.s. (242) *at the thunderous noise*

נָדְדוּ Qal pf. 3 c.p. נָדַד 622) *flee*

עַמִּים n.m.p. (I 766) *peoples*

מֵרוֹמְמָתֶךָ prep.-n.f.s.-2 m.s. sf. (928) *at the lifting up of thyself*

נָפְצוּ Qal pf. 3 c.p. (659; GK 67dd) *are scattered*

גּוֹיִם n.m.p. (156) *nations*

33:4

וְאֻסַּף conj.-Pu. pf. 3 m.s. (אסף 62) *and is gathered*

שְׁלַלְכֶם n.m.s.-2 m.p. sf. (1021) *(your) spoil*

אֹסֶף n.m.s. cstr. (63) *as ... gathers*

הֶחָסִיל def.art.-n.m.s. (340) *the caterpillar*

כְּמַשַּׁק prep.-n.m.s. cstr. (1055; GK 85h) *as ... leap*

גֵּבִים n.m.p. (146) *locusts*

שֹׁקֵק Qal act.ptc. (1055) *men leap*

בּוֹ prep.-3 m.s. sf. *upon it*

33:5

נִשְׂגָּב Ni. ptc. (שׂגב 960) *is exalted*

יהוה pr.n. (217) *Yahweh*

כִּי שֹׁכֵן conj.-Qal act.ptc. (1014; GK 116s) *for he dwells*

מָרוֹם n.m.s. as adv. (928) *on high*

מִלֵּא Pi. pf. 3 m.s. (569) *he will fill*

צִיּוֹן pr.n. (851) *Zion*

מִשְׁפָּט n.m.s. (1048) *with justice*

וּצְדָקָה conj.-n.f.s. (842) *and righteousness*

33:6

וְהָיָה conj.-Qal pf. 3 m.s. (224) *and he will be*

אֱמוּנַת n.f.s. cstr. (53) *the stability of*

עִתֶּיךָ n.f.p.-2 m.s. sf. (773) *your times*

חֹסֶן n.m.s. cstr. (340) *abundance of*

יְשׁוּעֹת n.f.p. (447) *salvation*

חָכְמַת n.f.s. cstr. (but prb.rd. חָכְמָה n.f.s. 315; GK 130b) *wisdom*

וָדָעַת conj.-n.f.s. paus. (395) *and knowledge*

יִרְאַת n.f.s. cstr. (432) *the fear of*

יהוה pr.n. (217) *Yahweh*

הִיא demons.adj. f.s. (214) *(that)*

אוֹצָרוֹ n.m.s.-3 m.s. sf. (69) *is his treasure*

33:7

הֵן interj. (243) *behold*

אֶרְאֶלָּם n.m.s.-3 m.p. sf. (72) *the valiant ones*

צָעֲקוּ Qal pf. 3 c.p. (858) *cry*

חֻצָה n.m.s.-loc.he (299) *without*

מַלְאֲכֵי n.m.p. cstr. (521) *the envoys of*

שָׁלוֹם n.m.s. (1022) *peace*

מַר adj. as adv. (600) *bitterly*

יִבְכָּיוּן Qal impf. 3 m.p. (113; GK 75u) *weep*

33:8

נָשַׁמּוּ Ni. pf. 3 c.p. (שׁמם 1030) *lie waste*

מְסִלּוֹת n.f.p. (700) *highways*

שָׁבַת Qal pf. 3 m.s. (991) *ceases*

עֹבֵר אֹרַח Qal act.ptc. (716)-n.m.s. (73) *wayfaring man (one passing over a path)*

הֵפֵר Hi. pf. 3 m.s. (פרר I 830) *are broken*

בְּרִית n.f.s. (136) *covenants*

מָאַס Qal pf. 3 m.s. (549) *are despised*

עָרִים n.f.p. (746; but some rd. עֵדִים n.m.p. 729) *witnesses (cities)*

לֹא חָשַׁב neg.-Qal pf. 3 m.s. (362) *there is no regard for*

אֱנוֹשׁ n.m.s. (60) *man*

33:9

אָבַל Qal pf. 3 m.s. (5; GK 145t) *mourns (prb. 3 f.s. אָבְלָה)*

אֻמְלְלָה Pu. pf. 3 f.s. (אמל 51) *languishes*

אָרֶץ n.f.s. paus. (75) *land*

הֶחְפִּיר Hi. pf. 3 m.s. (II 344) *is confounded*

לְבָנוֹן pr.n. (526) *Lebanon*

קָמַל Qal pf. 3 m.s. (קמל 888; GK 29q) *withers away*

הָיָה Qal pf. 3 m.s. (224) *is*

הַשָּׁרוֹן def.art.-pr.n. (450) *Sharon*

כָּעֲרָבָה prep.-def.art.-n.f.s. (787) *like the desert*

וְנֹעֵר conj.-Qal act.ptc. (II 654) *shake off their leaves*

בָּשָׁן pr.n. (143) *Bashan*

וְכַרְמֶל conj.-pr.n. (II 502) *and Carmel*

33:10

עַתָּה אָקוּם adv. (773)-Qal impf. 1 c.s. (877) *now I will arise*

יֹאמַר Qal impf. 3 m.s. (55) *says*

יהוה pr.n. (217) *Yahweh*

עַתָּה אֵרוֹמָם adv. (773)-Hithpolal impf. 1 c.s. (926 רום; GK 54c) *now I will lift myself up*

עַתָּה אֶנָּשֵׂא v.supra-Ni. impf. 1 c.s. (669; GK 133,l) *now I will be exalted*

33:11

תַּהֲרוּ Qal impf. 2 m.p. (הרה I 247) *you conceive*

חֲשַׁשׁ n.m.s. (366) *chaff*

תֵּלְדוּ Qal impf. 2 m.p. (ילד 408) *you bring forth*

קַשׁ n.m.s. (905) *stubble*

רוּחֲכֶם n.f.s.-2 m.p. sf. (924) *your breath*

אֵשׁ n.f.s. (77) *is a fire*

תֹּאכַלְכֶם Qal impf. 3 f.s.-2 m.p. sf. (37) *that will consume you*

33:12

וְהָיוּ conj.-Qal pf. 3 c.p. (224) *and will be*

עַמִּים n.m.p. (I 766) *peoples*

מִשְׂרְפוֹת n.f.p. cstr. (977) *as if burned to*

שִׂיד n.m.s. (966) *lime*

קוֹצִים n.m.p. (I 881) *like thorns*

כְּסוּחִים Qal pass.ptc. m.p. (492) *cut down*

בָּאֵשׁ prep.-def.art.-n.f.s. (77) *in the fire*

יִצַּתּוּ Qal impf. 3 m.p. (יצת 428; GK 20i) *that are burned*

33:13

שִׁמְעוּ Qal impv. 2 m.p. (1033) *hear*

רְחוֹקִים adj. m.p. (935) *you who are far off*

אֲשֶׁר עָשִׂיתִי rel. (81)-Qal pf. 1 c.s. (עשׂה 793) *what I have done*

וּדְעוּ conj.-Qal impv. 2 m.p. (ידע 393) *and acknowledge*

קְרוֹבִים adj. m.p. (898) *who are near*

גְּבֻרָתִי n.f.s.-1 c.s. sf. (150) *my might*

33:14

פָּחֲדוּ Qal pf. 3 c.p. (808) *are afraid*

בְצִיּוֹן prep.-pr.n. (851) *in Zion*

חַטָּאִים adj. m.p. (308) *sinners*

אָחֲזָה Qal pf. 3 f.s. (אחז 28) *has seized*

רְעָדָה n.f.s. (944) *trembling*

חֲנֵפִים adj. m.p. (338) *godless ones*

מִי יָגוּר interr. (566)-Qal impf. 3 m.s. (157) *who can dwell*

לָנוּ prep.-1 c.p. sf. *among us*

אֵשׁ אוֹכֵלָה n.f.s. (77; GK 117bb)-Qal act.ptc. f.s. paus. (37; GK 84a,s) *with devouring fire*

מִי־יָגוּר v.supra *who can dwell*

לָנוּ v.supra *among us*

מוֹקְדֵי n.m.p. cstr. (428; GK 117bb) *with burnings (of)*

עוֹלָם n.m.s. (761) *everlasting*

33:15

הֹלֵךְ Qal act.ptc. (229) *he who walks*

צְדָקוֹת n.f.p. (842; GK 117rN) *righteously*

וְדֹבֵר conj.-Qal act.ptc. (180) *and speaks*

מֵישָׁרִים n.m.p. (449) *uprightly*

מֹאֵס Qal act.ptc. (549) *he who despises*

בְּבֶצַע prep.-n.m.s. cstr. (130) *gain of*

מַעֲשַׁקּוֹת n.f.p. (799) *oppressions*

נֹעֵר Qal act.ptc. (II 654) *who shakes*

כַּפָּיו n.f.p.-3 m.s. sf. (496) *his hands*

מִתְּמֹךְ prep.-Qal inf.cstr. (תמך 1069) *lest they hold*

בַּשֹּׁחַד prep.-def.art.-n.m.s. (1005) *a bribe*

אֹטֵם Qal act.ptc. (אטם 31) *who stops*

אָזְנוֹ n.f.s.-3 m.s. sf. (23) *ears*

מִשְּׁמֹעַ prep.-Qal inf.cstr. (1033) *from hearing of*

דָּמִים n.m.p. (196) *bloodshed*

וְעֹצֵם conj.-Qal act.ptc. (עצם II 783) *and shuts*

עֵינָיו n.f.p.-3 m.s. sf. (744) *his eyes*

מֵרְאוֹת prep.-Qal inf.cstr. (906; GK 119z) *from looking*

בְּרָע prep.-n.m.s. (II 948) *upon evil*

33:16

הוּא pers.pr. 3 m.s. (214) *he*

מְרוֹמִים n.m.p. (928; GK 124b) *on the heights*

יִשְׁכֹּן Qal impf. 3 m.s. (1014) *will dwell*

מְצָדוֹת n.f.p. cstr. (844) *fortresses of*

סְלָעִים n.m.p. (700) *rocks*

מִשְׂגַּבּוֹ n.m.s.-3 m.s. sf. (I 960) *his place of defense*

לַחְמוֹ n.m.s.-3 m.s. sf. (536) *his bread*

נִתָּן Ni. pf. 3 m.s. paus. (נתן 678) *will be given* (or Ni. ptc.)

מֵימָיו n.m.p.-3 m.s. sf. (565) *his water*

נֶאֱמָנִים Ni. ptc. m.p. (52) *will be sure*

33:17

מֶלֶךְ n.m.s. (I 572) *king*

בְּיָפְיוֹ prep.-n.m.s.-3 m.s. sf. (421) *in his beauty*

תֶּחֱזֶינָה Qal impf. 3 f.p. (חזה 302) *will see*

עֵינֶיךָ n.f.p.-2 m.s. sf. (744) *your eyes*

תִּרְאֶינָה Qal impf. 3 f.p. (ראה 906) *they will behold*

אֶרֶץ n.f.s. cstr. (75) *a land that*

מַרְחַקִּים n.m.p. (935) *stretches afar*

33:18

לִבְּךָ n.m.s.-2 m.s. sf. (524) *your mind*

יֶהְגֶּה Qal impf. 3 m.s. (הגה I 211) *will muse*

אֵימָה n.f.s. (33) *on terror*

אַיֵּה interr.adv. (32) *where is*

סֹפֵר Qal act.ptc. (707) *he who counted*

אַיֵּה v.supra *where is*

שֹׁקֵל Qal act.ptc. (1053) *he who weighed the tribute*

אַיֵּה סֹפֵר v.supra-v.supra *where is he who counted*

אֶת־הַמִּגְדָּלִים dir.obj.-def.art.-n.m.p. (153) *the towers*

33:19

אֶת־עַם dir.obj.-n.m.s. (766) *people*

נוֹעֵז Ni. ptc. as adj. (יָעֵז 418) *insolent*

לֹא תִרְאֶה neg.-Qal impf. 2 m.s. (906) *you will see no more*

עַם n.m.s. cstr. (I 766) *people of*

עִמְקֵי adj. m.p. cstr. (771) *unintelligible of (obscure)*

שָׂפָה n.f.s. (973) *speech (lip)*

מִשְּׁמוֹעַ prep.-Qal inf.cstr. (1033) *which you cannot comprehend*

נִלְעַג Ni. ptc. cstr. (541) *stammering in*

לָשׁוֹן n.f.s. (546) *a tongue*

אֵין בִּינָה subst.cstr. (II 34)-n.f.s. (108) *which you cannot understand*

33:20

חֲזֵה Qal impv. 2 m.s. (302) *look upon*

צִיּוֹן pr.n. (851) *Zion*

קִרְיַת n.f.s. cstr. (900) *city of*

מוֹעֲדֵנוּ n.m.s.-1 c.p. sf. (417) *our appointed feasts*

עֵינֶיךָ n.f.p.-2 m.s. sf. (I 744) *your eyes*

תִרְאֶינָה Qal impf. 3 f.p. (906) *will see*

יְרוּשָׁלַ͏ִם pr.n. (436) *Jerusalem*

נָוֶה n.m.s. (627) *a habitation*

שַׁאֲנָן adj. m.s. (983) *quiet*

אֹהֶל n.m.s. (13) *an ... tent*

בַּל־יִצְעָן neg. (115; GK 152t)-Qal impf. 3 m.s. paus. (צָעַן 858) *immovable*

בַּל־יִסַּע neg. (115)-Qal impf. 3 m.s. (נָסַע I 652) *will not be plucked up*

יְתֵדֹתָיו n.f.p.-3 m.s. sf. (450) *whose stakes*

לָנֶצַח prep.-n.m.s. (I 664) *for ever*

וְכָל־חֲבָלָיו conj.-n.m.s. cstr. (481)-n.m.p.-3 m.s. sf. (286) *and all of its cords*

בַּל־יִנָּתֵקוּ neg. (115; GK 152t)-Ni. impf. 3 m.p. paus. (נָתַק 683) *will not be broken*

33:21

כִּי אִם־ conj.-part. (474) *but*

שָׁם adv. (1027) *there*

אַדִּיר adj. m.s. (12) *in majesty*

יהוה pr.n. (217) *Yahweh*

לָנוּ prep.-1 c.p. sf. *for us*

מְקוֹם־ n.m.s. cstr. (879) *a place of*

נְהָרִים n.m.p. (625) *rivers*

יְאֹרִים n.m.p. (384) *streams*

רַחֲבֵי adj. m.p. cstr. (932) *broad of*

יָדָיִם n.f. du. paus. (388) *(hands) sides*

בַּל־תֵּלֶךְ neg. (115)-Qal impf. 3 f.s. (הָלַךְ 229) *cannot go*

בּוֹ prep.-3 m.s. sf. (*in it*) *where*

אֳנִי־שַׁיִט n.f.s. cstr. (58)-n.m.s. (1002) *galley with oars*

וְצִי אַדִּיר conj.-n.m.s. (850)-adj. m.s. (12) *stately ship*

לֹא יַעַבְרֶנּוּ neg.-Qal impf. 3 m.s.-3 m.s. sf. (716) *cannot pass (it)*

33:22

כִּי יהוה conj.-pr.n. (217) *for Yahweh*

שֹׁפְטֵנוּ Qal act.ptc.-1 c.p. sf. (1047) *is our judge*

יהוה pr.n. (217) *Yahweh*

מְחֹקְקֵנוּ Po'el ptc.-1 c.p. sf. (חָקַק 349) *is our ruler*

יהוה v.supra *Yahweh*

מַלְכֵּנוּ n.m.s.-1 c.p. sf. (I 572) *is our king*

הוּא pers.pr. 3 m.s. (214) *he*

יוֹשִׁיעֵנוּ Hi. impf. 3 m.s.-1 c.p. sf. (446) *will save us*

33:23

נִטְּשׁוּ Ni. pf. 3 c.p. (נָטַשׁ 643) *hangs loose*

חֲבָלָיִךְ n.m.p.-2 m.s. sf. paus. (I 286) *your tackle*

בַּל־יְחַזְּקוּ neg. (115)-Pi. impf. 3 m.p. (304) *it cannot hold firm*

כֵן־ n.m.s. cstr. (III 487) *the base of*

תָּרְנָם n.m.s.-3 m.p. sf. (1076) *their mast*

בַּל־פָּרְשׂוּ neg. (115; GK 152t)-Qal pf. 3 c.p. (831) *or keep spread out*

נֵס n.m.s. (651) *sail (ensign)*

אָז adv. (23) *then*

חֻלַּק Pu. pf. 3 m.s. (323) *will be divided*

עַד־ n.m.s. cstr. (II 724) *prey of*

שָׁלָל n.m.s. (1021) *spoil*

מַרְבֶּה n.m.s. (916) *in abundance*

פִּסְחִים adj. m.p. (820) *lame ones*

בָּזְזוּ Qal pf. 3 c.p. (102) *will take the prey*

בַז n.m.s. (103) *(prey)*

33:24

וּבַל־יֹאמַר conj.-neg. (115)-Qal impf. 3 m.s. (55) *and will not say*

שָׁכֵן adj. m.s. (1015) *an inhabitant*

חָלִיתִי Qal pf. 1 c.s. (חָלָה I 317) *I am sick*

הָעָם def.art.-n.m.s. (I 766) *the people*

הַיֹּשֵׁב def.art.-Qal act.ptc. (442) *who dwell*

בָּהּ prep.-3 f.s. sf. *there*

נְשֻׂא Qal pass.ptc. m.s. cstr. (669) *will be forgiven of*

עָוֹן n.m.s. (730) *iniquity*

34:1

קִרְבוּ Qal impv. 2 m.p. (I 897) *draw near*

גוֹיִם n.m.p. (156) *O nations*

לִשְׁמֹעַ prep.-Qal inf.cstr. (1033) *to hear*

וּלְאֻמִּים conj.-n.m.p. (522) *and O peoples*

הַקְשִׁיבוּ Hi. impv. 2 m.p. (904) *hearken*

תִּשְׁמַע Qal impf. 3 f.s. (1033) *let listen*

הָאָרֶץ def.art.-n.f.s. (75) *the earth*

וּמְלֹאָהּ conj.-n.m.s.-3 f.s. sf. (571) *and all that fills it*

תֵּבֵל n.f.s. (385) *world*

וְכָל־ conj.-n.m.s. cstr. (481) *and all that*

צֶאֱצָאֶיהָ n.m.p.-3 f.s. sf. (425) *comes from it*

34:2

כִּי קֶצֶף conj.-n.m.s. (I 893) *for ... is enraged (there is wrath)*

לַיהוה prep.-pr.n. (217) *(to) Yahweh*

עַל־כָּל־ prep.-n.m.s. cstr. (481) *against all*

הַגּוֹיִם def.art.-n.m.p. (156) *the nations*

וְחֵמָה conj.-n.f.s. (404) *and furious*

עַל־כָּל־ prep.-n.m.s. cstr. (481) *against all*

צְבָאָם n.m.s.-3 m.p. sf. (838) *their host*

הֶחֱרִימָם Hi. pf. 3 m.s.-3 m.p. sf. (I 355) *he has doomed them*

נְתָנָם Qal pf. 3 m.s.-3 m.p. sf. (678) *has given them over*

לַטָּבַח prep.-def.art.-n.m.s. paus. (I 370) *for slaughter*

34:3

וְחַלְלֵיהֶם conj.-n.m.p.-3 m.p. sf. (I 319) *(and) their slain*

יֻשְׁלָכוּ Ho. impf. 3 m.p. paus. (שָׁלַךְ 1020) *shall be cast out*

וּפִגְרֵיהֶם conj.-n.m.p.-3 m.p. sf. (803) *and their corpses*

יַעֲלֶה Qal impf. 3 m.s. (748) *shall rise*

בָּאְשָׁם n.m.s.-3 m.p. sf. (93) *their stench*

וְנָמַסּוּ conj.-Ni. pf. 3 c.p. (מָסַס 587) *shall flow*

הָרִים n.m.p. (249) *mountains*

מִדָּמָם prep.-n.m.s.-3 m.p. sf. (196) *with their blood*

34:4

וְנָמַקּוּ conj.-Ni. pf. 3 c.p. (מָקַק 596; GK 67t) *shall rot away*

כָּל־צְבָא n.m.s. cstr. (481)-n.m.s. cstr. (838) *all the host of*

הַשָּׁמַיִם def.art.-n.m.p. (1029) *the heaven*

וְנָגֹלּוּ conj.-Ni. pf. 3 c.p. (גָּלַל II 164) *and roll up*

כַּסֵּפֶר prep.-def.art.-n.m.s. (706) *like (the) a scroll*

הַשָּׁמַיִם v.supra (GK 126o) *the skies*

וְכָל־צְבָאָם conj.-n.m.s. cstr. (481)-n.m.s.-3 m.p. sf. (838) *and all their host*

יִבּוֹל Qal impf. 3 m.s. (נָבֵל 615) *shall fall*

כִּנְבֹל prep.-Qal inf.cstr. (נָבֵל 615) *like falling of*

עָלֶה n.m.s. (750) *leaves*

מִגֶּפֶן prep.-n.f.s. (172) *from a vine*

וּכְנֹבֶלֶת conj.-prep.-Qal act.ptc. f.s. (נָבֵל 615) *like falling*

מִתְּאֵנָה prep.-n.f.s. (1061) *from a fig tree*

34:5

כִּי־רִוְּתָה conj.-Pi. pf. 3 f.s. (רָוָה 924; GK 52k) *for ... has drunk its fill*

בַּשָּׁמַיִם prep.-def.art.-n.m.p. (1029) *in the heavens*

חַרְבִּי n.f.s.-1 c.s. sf. (III 352) *my sword*

הִנֵּה interj. (243) *behold*

עַל־אֱדוֹם prep.-pr.n. (10) *upon Edom*

תֵּרֵד Qal impf. 3 f.s. (יָרַד 432) *it descends*

וְעַל־עַם conj.-prep.-n.m.s. cstr. (I 766) *upon the people (of)*

חֶרְמִי n.m.s.-1 c.s. sf. (I 356) *I have doomed (my ban)*

לְמִשְׁפָּט prep.-n.m.s. (1048) *for judgment*

34:6

חֶרֶב n.f.s. (III 352) *a sword*

לַיהוה prep.-pr.n. (217) *Yahweh has*

מָלְאָה Qal pf. 3 f.s. (מָלֵא 569) *it is sated with*

דָּם n.m.s. (196) *blood*

הֻדַּשְׁנָה Hothpa'el pf. 3 f.s. (דָּשֵׁן 206; GK 54h) *it is gorged*

מֵחֵלֶב prep.-n.m.s. (I 316) *with fat*

מִדַּם prep.-n.m.s. cstr. (196) *with blood of*

כָּרִים n.m.p. (II 503) *lambs*

וְעַתּוּדִים conj.-n.m.p. (800) *and goats*

מֵחֵלֶב v.supra cstr. *with fat of*

כִּלְיוֹת n.f.p. cstr. (480) *kidneys of*

אֵילִים n.m.p. (I 17) *rams*

כִּי זֶבַח conj.-n.m.s. (I 257) *for a sacrifice*

לַיהוה prep.-pr.n. (217) *Yahweh has*

בְּבָצְרָה prep.-pr.n. (II 131) *in Bozrah*

וְטֶבַח גָּדוֹל conj.-n.m.s. (I 370)-adj. m.s. (152) *(and) a great slaughter*

בְּאֶרֶץ prep.-n.f.s. cstr. (75) *in the land of*

אֱדוֹם pr.n. (10) *Edom*

34:7

וְיָרְדוּ conj.-Qal pf. 3 c.p. (432) *(and) shall fall*

רְאֵמִים n.m.p. (910) *wild oxen*

עִמָּם prep.-3 m.p. sf. *with them*

וּפָרִים conj.-n.m.p. (830) *and young steers*

עִם־אַבִּירִים prep.-adj. m.p. (7) *with mighty bulls*
וְרֻוְּתָה v.34:5 conj.-Pi. pf. 3 f.s. (924; GK 52k) *(and) shall be soaked*
אַרְצָם n.f.s.-3 m.p. sf. (75) *their land*
מִדָּם prep.-n.m.s. (196) *with blood*
וַעֲפָרָם conj.-n.m.s.-3 m.p. sf. (779) *and their soil*
מֵחֵלֶב prep.-n.m.s. (I 316) *with fat*
יְדֻשָּׁן Pu. impf. 3 m.s. paus. (דָּשֵׁן 206) *made rich*

34:8

כִּי יוֹם conj.-n.m.s. cstr. (398) *for a day of*
נָקָם n.m.s. (668) *vengeance*
לַיהוה prep.-pr.n. (217) *Yahweh has*
שְׁנַת n.f.s. cstr. (1040) *a year of*
שִׁלּוּמִים n.m.p. (1024) *recompense*
לְרִיב prep.-n.m.s. cstr. (936) *for the cause of*
צִיּוֹן pr.n. (851) *Zion*

34:9

וְנֶהֶפְכוּ conj.-Ni. pf. 3 c.p. (הָפַךְ 245) *and shall be turned*
נְחָלֶיהָ ln.m.p.-3 f.s. sf. (636) *the stream of Edom (of her)*
לְזֶפֶת prep.-n.f.s. (278) *to pitch*
וַעֲפָרָהּ conj.-n.m.s.-3 f.s. sf. (779) *and her soil*
לְגָפְרִית prep.-n.f.s. (172) *into brimstone*
וְהָיְתָה conj.-Qal pf. 3 f.s. (224) *(and) shall become*
אַרְצָהּ n.f.s.-3 f.s. sf. (75) *her land*
לְזֶפֶת v.supra *pitch*
בֹּעֵרָה Qal act.ptc. f.s. paus. (128) *burning*

34:10

לַיְלָה n.m.s. (538) *night*
וְיוֹמָם conj.-adv. (401) *and day*
לֹא תִכְבֶּה neg.-Qal impf. 3 f.s. (כָּבָה 459) *it shall not be quenched*
לְעוֹלָם prep.-n.m.s. (761) *for ever*
יַעֲלֶה Qal impf. 3 m.s. (748) *shall go up*
עֲשָׁנָהּ n.m.s.-3 f.s. sf. (789) *its smoke*
מִדּוֹר prep.-n.m.s. (189) *from generation*
לָדוֹר prep.-n.m.s. (189) *to generation*
תֶּחֱרָב Qal impf. 3 f.s. (351) *it shall lie waste*
לְנֶצַח נְצָחִים prep.-n.m.s. cstr. (664; GK 102i) -n.m.s. (664) *for ever and ever*
אֵין עֹבֵר בָּהּ subst.cstr. (II 34)-Qal act.ptc. (716)-prep.-3 f.s. sf. *none shall pass through it*

34:11

וִירֵשׁוּהָ conj.-Qal pf. 3 c.p.-3 f.s. sf. (יָרַשׁ 439) *but shall possess it*

קָאַת n.f.s. (866; GK 80g) *hawk*
וְקִפּוֹד conj.-n.m.s. (891) *and porcupine*
וְיַנְשׁוֹף conj.-n.m.s. (676) *(and) owl*
וְעֹרֵב conj.-n.m.s. (788) *and raven*
יִשְׁכְּנוּ־בָהּ Qal impf. 3 m.p. (1012)-prep.-3 f.s. sf. *shall dwell in it*
וְנָטָה conj.-Qal pf. 3 m.s. (639) *he shall stretch*
עָלֶיהָ prep.-3 f.s. sf. *over it*
קַו־תֹהוּ n.m.s. cstr. (II 876; GK 21c)-n.m.s. (1062) *line of confusion*
וְאַבְנֵי־בֹהוּ conj.-n.f.p. cstr. (6)-n.m.s. (96) *and plummet of chaos*

34:12

חֹרֶיהָ n.m.p.-3 f.s. sf. (II 359) *its nobles*
וְאֵין־שָׁם conj.-subst.cstr. (II 34)-adv. (1027) *no ... there*
מְלוּכָה n.f.s. (574) *kingdom*
יִקְרָאוּ Qal impf. 3 m.p. (894) *they shall name it*
וְכָל־שָׂרֶיהָ conj.-n.m.s. cstr. (481)-n.m.p.-3 f.s. sf. (978) *and all its princes*
יִהְיוּ Qal impf. 3 m.p. (224) *shall be*
אָפֶס subst.paus. (67) *nothing*

34:13

וְעָלְתָה conj.-Qal pf. 3 f.s. (עָלָה 748) *(and) shall grow over*
אַרְמְנֹתֶיהָ n.m.p.-3 f.s. sf. (74) *its strongholds*
סִירִים n.m.p. (696) *thorns*
קִמּוֹשׂ n.m.s. (888) *nettles*
וָחוֹחַ conj.-n.m.s. (296) *and thistles*
בְּמִבְצָרֶיהָ prep.-n.m.p.-3 f.s. sf. (131) *in its fortresses*
וְהָיְתָה conj.-Qal pf. 3 f.s. (224) *it shall be*
נְוֵה תַנִּים n.m.s. cstr. (627)-n.m.p. (1072) *the haunt of jackals*
חָצִיר n.m.s. (I 347; GK 117z) *an abode*
לִבְנוֹת יַעֲנָה prep.-n.f.p. cstr. (I 123 #6)-n.f.s. (419) *for ostriches (daughters of greed)*

34:14

וּפָגְשׁוּ conj.-Qal pf. 3 c.p. (803) *and shall meet*
צִיִּים n.m.p. (851) *wild beasts*
אֶת־אִיִּים prep. (II 85)-n.m.p. (17) *with hyenas*
וְשָׂעִיר conj.-n.m.s. (III 972) *a satyr*
עַל־רֵעֵהוּ prep.-n.m.s.-3 m.s. sf. (II 945) *to his fellow*
יִקְרָא Qal impf. 3 m.s. (894) *shall cry*
אַךְ־שָׁם adv. (36)-adv. (1027) *yea, there*
הִרְגִּיעָה Hi. pf. 3 f.s. (II 921) *shall alight*
לִילִית n.f.s. (539) *a night hag (Lilith)*
וּמָצְאָה conj.-Qal pf. 3 f.s. (592) *and find*

לָהּ prep.-3 f.s. sf. *for herself*

מָנוֹחַ n.m.s. (I 629) *a resting place*

34:15

שָׁמָּה adv.-loc.he (1027) *there*

קִנְּנָה Pi. pf. 3 f.s. (קָנַן 890) *shall nest*

קִפּוֹז n.f.s. (891) *an owl (? arrow-snake)*

וַתְּמַלֵּט consec.-Pi. impf. 3 f.s. (מָלַט 572) *and lay*

וּבָקְעָה conj.-Qal pf. 3 f.s. (131) *and hatch*

וְדָגְרָה conj.-Qal pf. 3 f.s. (186) *and gather*

בְצִלָּהּ prep.-n.m.s.-3 f.s. sf. (853; some rd. as n.f.p.-3 f.s. sf. (101) *her eggs) in her shadow*

אַךְ־שָׁם adv. (36)-adv. (1027) *yea, there*

נִקְבְּצוּ Ni. pf. 3 c.p. (867) *shall be gathered*

דַיּוֹת n.f.p. (178) *kites*

אִשָּׁה n.f.s. (61) *each one*

רְעוּתָהּ n.f.s.-3 f.s. sf. (I 946) *with her mate*

34:16

דִּרְשׁוּ Qal impv. 2 m.p. (205) *seek*

מֵעַל־סֵפֶר prep.-prep.-n.m.s. cstr. (706) *from the book of*

יהוה pr.n. (217) *Yahweh*

וּקְרָאוּ conj.-Qal impv. 2 m.p. (894) *and read*

אַחַת adj. num. f.s. (25) *one*

מֵהֵנָּה prep.-demons.adj. f.p. (241) *of these*

לֹא נֶעְדָּרָה neg.-Ni. pf. 3 f.s. (III 727) *shall not be missing*

אִשָּׁה v.34:15 n.f.s. (61) *each*

רְעוּתָהּ n.f.s.-3 f.s. sf. (I 946) *with her mate*

לֹא פָקָדוּ neg.-Qal pf. 3 c.p. paus. (823) *shall not be (seek in vain or miss)*

כִּי־פִי conj.-n.m.s. cstr. (804) *for the mouth of* (rd.prb. פִּי יהוה = *the mouth of Yahweh*)

הוּא pers.pr. 3 m.s. (214) *he*

צִוָּה Pi. pf. 3 m.s. (845) *has commanded*

וְרוּחוֹ conj.-n.f.s.-3 m.s. sf. (924) *and his Spirit*

הוּא v.supra *(he)*

קִבְּצָן Pi. pf. 3 m.s.-3 f.p. sf. (867) *has gathered them*

34:17

וְהוּא־הִפִּיל conj.-pers.pr. 3 m.s. (214)-Hi. pf. 3 m.s. (נָפַל 656) *he has cast*

לָהֶן prep.-3 f.p. sf. *for them*

גּוֹרָל n.m.s. (174) *a lot*

וְיָדוֹ conj.-n.f.s.-3 m.s. sf. (388) *his hand*

חִלְּקַתָּה Pi. pf. 3 f.s.-3 f.s. sf. (I 323; GK 59g) *has portioned it out*

לָהֶם prep.-3 m.p. sf. *to them*

בַּקָּו prep.-def.art.-n.m.s. (II 876) *with the line*

עַד־עוֹלָם prep.-n.m.s. (761) *for ever*

יִירָשׁוּהָ Qal impf. 3 m.p.-3 f.s. sf. (439) *they shall possess it*

לְדוֹר prep.-n.m.s. (189) *from generation*

וָדוֹר conj.-n.m.s. (189) *to generation*

יִשְׁכְּנוּ־ Qal impf. 3 c.p. (1014) *they shall dwell*

בָהּ prep.-3 f.s. sf. *in it*

35:1

יְשֻׂשׂוּם Qal impf. 3 m.p.-3 m.p. sf. (שׂוּשׂ 965) *shall be glad*

מִדְבָּר n.m.s. (184) *wilderness*

וְצִיָּה conj.-n.f.s. (851) *and dry land*

וְתָגֵל conj.-Qal impf. 3 f.s. apoc. (גִּיל 162) *(and) shall rejoice*

עֲרָבָה n.f.s. (787) *desert*

וְתִפְרַח conj.-Qal impf. 3 f.s. (827) *and blossom*

כַּחֲבַצֶּלֶת prep.-def.art.-n.f.s. paus. (287) *like the crocus*

35:2

פָּרֹחַ Qal inf.abs. (827) *abundantly*

תִּפְרַח Qal impf. 3 f.s. (827) *it shall blossom*

וְתָגֵל conj.-Qal impf. 3 f.s. (גִּיל 162) *and rejoice*

אַף conj. (II 64) *(also)*

גִּילַת n.f.s. cstr. ? (162; GK 117q,130b) *with joy*

וְרַנֵּן conj.-Pi. inf.cstr. (רָנַן 943) *and singing*

כְּבוֹד n.m.s. cstr. (458) *the glory of*

הַלְּבָנוֹן def.art.-pr.n. (526) *Lebanon*

נִתַּן־לָהּ Ni. pf. 3 m.s. (678)-prep.-3 f.s. sf. *shall be given to it*

הֲדַר n.m.s. cstr. (214) *the majesty of*

הַכַּרְמֶל def.art.-pr.n. (II 502) *Carmel*

וְהַשָּׁרוֹן conj.-def.art.-pr.n. (450) *and Sharon*

הֵמָּה pers.pr. 3 m.p. (241) *they*

יִרְאוּ Qal impf. 3 m.p. (רָאָה 906) *shall see*

כְבוֹד־ n.m.s. cstr. (458) *the glory of*

יהוה pr.n. (217) *Yahweh*

הֲדַר n.m.s. cstr. (214) *the majesty of*

אֱלֹהֵינוּ n.m.p.-1 c.p. sf. (43) *our God*

35:3

חַזְּקוּ Pi. impv. 2 m.p. (304) *strengthen*

יָדַיִם רָפוֹת n.f. du. (388)-adj. f.p. (952) *weak hands*

וּבִרְכַּיִם conj.-n.f. du. (139) *and knees*

כֹּשְׁלוֹת Qal act.ptc. f.p. (505) *feeble*

אַמֵּצוּ Pi. impv. 2 m.p. paus. (אָמַץ 54) *make firm*

102

35:4

אִמְרוּ Qal impv. 2 m.p. (55) *say*

לְנִמְהֲרֵי־ prep.-Ni. ptc. m.p. cstr. מָהַר 554) *to those who are of a fearful (anxious)*

לֵב n.m.s. (524) *heart*

חִזְקוּ Qal impv. 2 m.p. (304) *be strong*

אַל־תִּירָאוּ neg.-Qal impf. 2 m.p. paus. (יָרֵא 431) *fear not*

הִנֵּה interj. (243) *behold*

אֱלֹהֵיכֶם n.m.p.-2 m.p. sf. (43) *your God*

נָקָם n.m.s. (668) *with vengeance*

יָבוֹא Qal impf. 3 m.s. (97) *will come*

גְּמוּל n.m.s. cstr. (168) *with the recompense*

אֱלֹהִים n.m.p. (43) *God*

הוּא יָבוֹא pers.pr. 3 m.s. (214)-Qal impf. 3 m.s. (97) *he will come*

וְיֹשַׁעֲכֶם conj.-Hi. impf. 3 m.s. (juss.)-2 m.p. sf. (446 יָשַׁע; GK 65f) *and save you*

35:5

אָז adv. (231) *then*

תִּפָּקַחְנָה Ni. impf. 3 f.p. פָּקַח 824) *shall be opened*

עֵינֵי n.f. du. cstr. (744) *the eyes of*

עִוְרִים adj. m.p. (734) *blind*

וְאָזְנֵי conj.-n.f. du. cstr. (23) *and ears of*

חֵרְשִׁים adj. m.p. (361) *deaf*

תִּפָּתַחְנָה v.supra *unstopped*

35:6

אָז adv. (231) *then*

יְדַלֵּג Pi. impf. 3 m.s. (194) *shall leap*

כָּאַיָּל prep.-def.art.-n.m.s. (19) *like (the) hart*

פִּסֵּחַ adj. m.s. (820) *lame man*

וְתָרֹן conj.-Qal impf. 3 f.s. (רָנַן 943) *and sing for joy*

לְשׁוֹן n.f.s. cstr. (546) *tongue of*

אִלֵּם adj. m.s. (48) *dumb*

כִּי־נִבְקְעוּ conj.-Ni. pf. 3 c.p. (בָּקַע 131) *for shall break forth*

בַמִּדְבָּר prep.-def.art.-n.m.s. (184) *in the wilderness*

מַיִם n.m.p. (565) *waters*

וּנְחָלִים conj.-n.m.p. (636) *and streams*

בָּעֲרָבָה prep.-def.art.-n.f.s. (787) *in the desert*

35:7

וְהָיָה conj.-Qal pf. 3 m.s. (224) *shall become*

הַשָּׁרָב def.art.-n.m.s. (1055) *the burning sand*

לַאֲגַם prep.-n.m.s. (8) *a pool*

וְצִמָּאוֹן conj.-n.m.s. (855) *and thirsty ground*

לְמַבּוּעֵי prep.-n.m.p. cstr. (616) *springs of*

מָיִם n.m.p. paus. (565) *water*

בִּנְוֵה prep.-n.m.s. cstr. (627) *haunt of*

תַנִּים n.m.p. (1072; GK 135p) *jackals*

רִבְצָהּ n.m.s.-3 f.s. sf. (918; GK 145m) (lit. *her resting place*) *a swamp*

חָצִיר n.m.s. (II 348) *grass*

לְקָנֶה prep.-n.m.s. (889) *reeds*

וָגֹמֶא conj.-n.m.s. (167) *and rushes*

35:8

וְהָיָה־שָׁם conj.-Qal pf. 3 m.s. (224)-adv. (1027) *and shall be there*

מַסְלוּל n.m.s. (700) *a highway*

וָדֶרֶךְ conj.-n.m.s. (202) *(and a way)*

וְדֶרֶךְ הַקֹּדֶשׁ conj.-n.m.s. cstr. (202)-def.art.-n.m.s. (871) *the Holy Way*

יִקָּרֵא Ni. impf. 3 m.s. (894) *it shall be called*

לָהּ prep.-3 f.s. sf. *(to it)*

לֹא־יַעַבְרֶנּוּ neg.-Qal impf. 3 m.s.-3 m.s. sf. (719) *shall not pass over it*

טָמֵא adj. m.s. (II 379) *unclean*

וְהוּא־לָמוֹ conj.-pers.pr. 3 m.s. (214)-prep.-3 m.p. sf. *and he is for them*

הֹלֵךְ דֶּרֶךְ Qal act.ptc. (הָלַךְ 229)-n.m.s. (202) *a wayfarer*

וֶאֱוִילִים conj.-adj. m.p. (17) *and fools*

לֹא יִתְעוּ neg.-Qal impf. 3 m.p. (תָּעָה 1073) *shall not err*

35:9

לֹא־יִהְיֶה neg.-Qal impf. 3 m.s. (224) *shall not be*

שָׁם adv. (1027) *there*

אַרְיֵה n.m.s. (71) *lion*

וּפְרִיץ חַיּוֹת conj.-n.m.s. cstr. (829; GK 84bf,132c) *nor any ravenous beast*

בַּל־יַעֲלֶנָּה neg. (115)-Qal impf. 3 m.s.-3 f.s. sf. (748) *shall come up on it*

לֹא יִמָּצֵא neg.-Ni. impf. 3 f.s. (592) *there shall not be found*

שָׁם v.supra *there*

וְהָלְכוּ conj.-Qal pf. 3 c.p. (229) *but shall walk (there)*

גְּאוּלִים Qal pass.ptc. m.p. (I 145) *redeemed*

35:10

וּפְדוּיֵי conj.-Qal pass.ptc. m.p. cstr. (פָּדָה 804) *and the ransomed of*

יהוה pr.n. (217) *Yahweh*

יְשֻׁבוּן Qal impf. 3 m.p. (שׁוּב 996) *shall return*

וּבָאוּ conj.-Qal pf. 3 c.p. (בּוֹא 97) *and come*

צִיּוֹן pr.n. (851) *to Zion*

בְּרִנָּה prep.-n.f.s. (I 943) *with singing*

וְשִׂמְחַת conj.-n.f.s. cstr. (970) *with joy (of)*

עוֹלָם n.m.s. (761) *everlasting*

עַל־רֹאשָׁם prep.-n.m.s.-3 m.p. sf. (910) *upon their heads*

שָׂשׂוֹן n.m.s. (965) *joy*

וְשִׂמְחָה conj.-n.f.s. (970) *and gladness*

יַשִּׂיגוּ Hi. impf. 3 m.p. (נָשַׂג 673) *they shall obtain*

וְנָסוּ conj.-Qal pf. 3 c.p. (נוס 630) *and shall flee away*

יָגוֹן n.m.s. (387) *sorrow*

וַאֲנָחָה conj.-n.f.s. (58) *and sighing*

36:1

וַיְהִי consec.-Qal impf. 3 m.s. (224) *(and it was)*

בְּאַרְבַּע prep.-num. m.s. (916) *in the four-*

עֶשְׂרֵה num. m.s. (797) *teenth*

שָׁנָה n.f.s. (1040) *year*

לַמֶּלֶךְ prep.-def.art.-n.m.s. (I 572) *of King*

חִזְקִיָּהוּ pr.n. (306) *Hezekiah*

עָלָה Qal pf. 3 m.s. (748) *came up*

סַנְחֵרִיב pr.n. (703) *Sennacherib*

מֶלֶךְ־ n.m.s. cstr. (I 572) *king of*

אַשּׁוּר pr.n. (78) *Assyria*

עַל כָּל־עָרֵי prep.-n.m.s. cstr. (481)-n.f.p. cstr. (746) *against all the cities (of)*

יְהוּדָה pr.n. (397) *Judah*

הַבְּצֻרוֹת def.art.-Qal pass.ptc. f.p. (בָּצַר 130) *fortified*

וַיִּתְפְּשֵׂם consec.-Qal impf. 3 m.s.-3 m.p. sf. (1047 תָּפַשׂ) *and took them*

36:2

וַיִּשְׁלַח consec.-Qal impf. 3 m.s. (1018) *and sent*

מֶלֶךְ־ n.m.s. cstr. (I 572) *the king of*

אַשּׁוּר pr.n. (78) *Assyria*

אֶת־רַב־שָׁקֵה dir.obj.-pr.n. (913 *the Rabshakeh* (prb.loan-word=chief of the officers)

מִלָּכִישׁ prep.-pr.n. (540) *from Lachish*

יְרוּשָׁלַ͏ְמָה pr.n.-dir.he (436) *to Jerusalem*

אֶל־הַמֶּלֶךְ prep.-def.art.-n.m.s. (I 572) *to King*

חִזְקִיָּהוּ pr.n. (306) *Hezekiah*

בְּחֵיל כָּבֵד prep.-n.m.s. cstr. (298; GK 128wN)-adj. m.s. (458) *with a great army*

וַיַּעֲמֹד consec.-Qal impf. 3 m.s. (763) *and he stood*

בִּתְעָלַת prep.-n.f.s. cstr. (752) *by the conduit of*

הַבְּרֵכָה def.art.-n.f.s. (140) *the pool*

הָעֶלְיוֹנָה def.art.-adj. f.s. (751) *the upper*

בִּמְסִלַּת prep.-n.f.s. cstr. (700) *on the highway to*

שְׂדֵה n.m.s. cstr. (961) *field of*

כוֹבֵס Qal act.ptc. (460) *a fuller (washer)*

36:3

וַיֵּצֵא consec.-Qal impf. 3 m.s. (יָצָא 422) *and there came out*

אֵלָיו prep.-3 m.s. sf. *to him*

אֶלְיָקִים pr.n. (45) *Eliakim*

בֶּן־ n.m.s. cstr. (119) *the son of*

חִלְקִיָּהוּ pr.n. (324) *Hilkiah*

אֲשֶׁר rel. (81) *who was*

עַל־הַבָּיִת prep.-def.art.-n.m.s. paus. (108) *over the household*

וְשֶׁבְנָא conj.-pr.n. (987) *and Shebna*

הַסֹּפֵר def.art.-n.m.s. (708) *the secretary*

וְיוֹאָח conj.-pr.n. (402) *and Joah*

בֶּן־אָסָף n.m.s. cstr. (119)-pr.n. (63) *the son of Asaph*

הַמַּזְכִּיר def.art.-Hi. ptc. m.s. (269) *the recorder*

36:4

וַיֹּאמֶר consec.-Qal impf. 3 m.s. (55) *and said*

אֲלֵיהֶם prep.-3 m.p. sf. *to them*

רַב־שָׁקֵה pr.n. (913) *the Rabshakeh*

אִמְרוּ־נָא Qal impv. 2 m.p. (55)-part.of entreaty *Say (I pray thee)*

אֶל־חִזְקִיָּהוּ prep.-pr.n. (306) *to Hezekiah*

כֹּה־אָמַר adv. (462)-Qal pf. 3 m.s. (55) *thus says*

הַמֶּלֶךְ def.art.-n.m.s. (I 572) *the king*

הַגָּדוֹל def.art.-adj. m.s. (152) *great*

מֶלֶךְ n.m.s. cstr. (I 572) *the king of*

אַשּׁוּר pr.n. (78) *Assyria*

מָה interr. (552) *on what*

הַבִּטָּחוֹן def.art.-n.m.s. (105) *confidence*

הַזֶּה def.art.-demons.adj. m.s. (260) *this*

אֲשֶׁר בָּטָחְתָּ rel. (81)-Qal pf. 2 m.s. paus. (105) *with which you are confident*

36:5

אָמַרְתִּי Qal pf. 1 c.s. (55) *(I say)*

אַךְ־ adv. (36) *that*

דְּבַר־שְׂפָתַיִם n.m.s. cstr. (182)-n.f. du. (973) *mere words (words of lips)*

עֵצָה n.f.s. (420) *strategy*

וּגְבוּרָה conj.-n.f.s. (150) *and power*

לַמִּלְחָמָה prep.-def.art.-n.f.s. (536) *for war*

עַתָּה adv. (773) *now*

עַל־מִי prep.-interr. (566) *on whom*

בָּטַחְתָּ Qal pf. 2 m.s. (105) *do you rely*

כִּי מָרַדְתָּ conj.-Qal pf. 2 m.s. (597) *that you have rebelled*

בִּי prep.-1 c.s. sf. *against me*

36:6

הִנֵּה interj. (243) *behold*

בָטַחְתָּ Qal pf. 2 m.s. (105) *you are relying*

עַל־מִשְׁעֶנֶת prep.-n.f.s. cstr. (1044) *on the staff of*

הַקָּנֶה def.art.-n.m.s. (889) *reed*

הָרָצוּץ def.art.-Qal pass.ptc. (954) *broken*

הַזֶּה def.art.-demons.adj. m.s. (260) *this*

עַל־מִצְרַיִם prep.-pr.n. (595) *on Egypt*

אֲשֶׁר יִסָּמֵךְ rel. (81)-Ni. impf. 3 m.s. (701) *who leans*

אִישׁ n.m.s. (35) *any man*

עָלָיו prep.-3 m.s. sf. *on it*

וּבָא conj.-Qal pf. 3 m.s. (בּוֹא 97) *(and comes)*

בְכַפּוֹ prep.-n.f.s.-3 m.s. sf. (496) *with his hand*

וּנְקָבָהּ conj.-Qal pf. 3 m.s.-3 f.s. sf. (נָקַב 666) *and pierces it*

כֵּן adv. (485) *such is (thus)*

פַּרְעֹה pr.n. (829) *Pharaoh*

מֶלֶךְ־ n.m.s. cstr. (I 572) *king of*

מִצְרַיִם pr.n. (595) *Egypt*

לְכָל־ prep.-n.m.s. cstr. (481) *to all*

הַבֹּטְחִים def.art.-Qal act.ptc. m.p. (105) *who rely*

עָלָיו prep.-3 m.s. sf. *on him*

36:7

וְכִי־תֹאמַר conj.-conj.-Qal impf. 2 m.s. (55) *but if you say*

אֵלַי prep.-1 c.s. sf. *to me*

אֶל־יהוה prep.-pr.n. (217) *on Yahweh*

אֱלֹהֵינוּ n.m.p.-1 c.p. sf. (43) *our God*

בָּטָחְנוּ Qal pf. 1 c.p. paus. (105) *we rely*

הֲלוֹא־הוּא interr.-neg.-pers.pr. 3 m.s. (214) *is it not he*

אֲשֶׁר הֵסִיר rel. (81)-Hi. pf. 3 m.s. (סוּר 693) *which has removed*

חִזְקִיָּהוּ pr.n. (306) *Hezekiah*

אֶת־בָּמֹתָיו dir.obj.-n.f.p.-3 m.s. sf. (119) *whose high places*

וְאֶת־מִזְבְּחֹתָיו conj.-dir.obj.-n.f.p.-3 m.s. sf. (258) *and altars*

וַיֹּאמֶר consec.-Qal impf. 3 m.s. (55) *saying*

לִיהוּדָה prep.-pr.n. (397) *to Judah*

וְלִירוּשָׁלַ͏ִם conj.-prep.-pr.n. (436) *and to Jerusalem*

לִפְנֵי prep.-n.m.p. cstr. (815) *before*

הַמִּזְבֵּחַ def.art.-n.m.s. (258) *... altar*

הַזֶּה def.art.-demons.adj. m.s. (260) *this*

תִּשְׁתַּחֲווּ Hithpalel impf. 2 m.p. (שָׁחָה 1005) *you shall worship*

36:8

וְעַתָּה conj.-adv. (773) *come now*

הִתְעָרֶב נָא Hith. impv. 2 m.s. (II 786)-part.of entreaty (609) *make a wager (I pray thee)*

אֶת־אֲדֹנִי prep. (II 85)-n.m.s.-1 c.s. sf. (10) *with my master*

הַמֶּלֶךְ def.art.-n.m.s. (I 572; GK 127f) *the king*

אַשּׁוּר pr.n. (78; GK 127f) *Assyria (prb.del.)*

וְאֶתְּנָה conj.-Qal impf. 1 c.s.-coh.he (נָתַן 678) *I will give*

לְךָ prep.-2 m.s. sf. *you*

אַלְפַּיִם n.m. du. (48) *two thousand*

סוּסִים n.m.p. (692) *horses*

אִם־תּוּכַל hypoth.part. (49)-Qal impf. 2 m.s. (יָכֹל 407) *if you are able*

לָתֶת prep.-Qal inf.cstr. (נָתַן 678) *to set*

לְךָ prep.-2 m.s. sf. *on your part*

רֹכְבִים Qal act.ptc. m.p. (938) *riders*

עֲלֵיהֶם prep.-3 m.p. sf. *upon them*

36:9

וְאֵיךְ conj.-adv. (32) *how then*

תָּשִׁיב Hi. impf. 2 m.s. (שׁוּב 996) *can you repulse*

אֵת פְּנֵי dir.obj.-n.m.p. cstr. (815) *(the faces of)*

פַּחַת אַחַד n.m.s. cstr. (808)-adj. s. cstr. (25) *a single captain of*

עַבְדֵי n.m.p. cstr. (713) *the servants of*

אֲדֹנִי n.m.s.-1 c.s. sf. (10) *my master*

הַקְּטַנִּים def.art.-adj. m.p. (I 881) *the least*

וַתִּבְטַח consec.-Qal impf. 2 m.s. (105) *when you rely*

לְךָ prep.-2 m.s. sf. (GK 119s,u) *(for yourself)*

עַל־מִצְרַיִם prep.-pr.n. (595) *on Egypt*

לְרֶכֶב prep.-n.m.s. (939) *for chariots*

וּלְפָרָשִׁים conj.-prep.-n.m.p. (832) *and for horsemen*

36:10

וְעַתָּה conj.-adv. (773) *moreover*

הַמִבַּלְעֲדֵי interr.-prep. (116) *is it without?*

יהוה pr.n. (217) *Yahweh*

עָלִיתִי Qal pf. 1 c.s. (עָלָה 748) *that I have come up*

עַל־הָאָרֶץ prep.-def.art.-n.f.s. (75) *against ... land*

הַזֹּאת def.art.-demons.adj. f.s. (260) *this*

לְהַשְׁחִיתָהּ prep.-Hi. inf.cstr.-3 f.s. sf. (שָׁחַת 1007) *to destroy it*

יהוה pr.n. (217) *Yahweh*

אָמַר Qal pf. 3 m.s. (55) *said*

אֵלַי prep.-1 c.s. sf. *to me*

עֲלֵה Qal impv. 2 m.s. (748) *go up*

אֶל־הָאָרֶץ prep.-def.art.-n.f.s. (75) *against ... land*

הַזֹּאת v.supra *this*

וְהַשְׁחִיתָהּ conj.-Hi. impv. 2 m.s.-3 f.s. sf. (1007) *and destroy it*

36:11

וַיֹּאמֶר consec.-Qal impf. 3 m.s. (55) *then said*

אֶלְיָקִים pr.n. (45) *Eliakim*

וְשֶׁבְנָא conj.-pr.n. (987) *and Shebna*

וְיוֹאָח conj.-pr.n. (402) *and Joah*

אֶל־רַב־שָׁקֵה prep.-pr.n. (913) *to the Rabshakeh*

דַּבֶּר־נָא Pi. impv. 2 m.s. (180)-part.of entreaty (609) *pray, speak*

אֶל־עֲבָדֶיךָ prep.-n.m.p.-2 m.s. sf. (713) *to your servants*

אֲרָמִית adv. (74) *in Aramaic*

כִּי שֹׁמְעִים conj.-Qal act.ptc. m.p. (1033) *for ... understand*

אֲנַחְנוּ pers.pr. 1 c.p. (58) *we*

וְאַל־תְּדַבֵּר conj.-neg.-Pi. impf. 2 m.s. (180) *(and) do not speak*

אֵלֵינוּ prep.-1 c.s. sf. *to us*

יְהוּדִית adv. (397; GK 2a) *in the language of Judah*

בְּאָזְנֵי prep.-n.f. du. cstr. (23) *within the hearing of*

הָעָם def.art.-n.m.s. (I 766) *the people*

אֲשֶׁר עַל־ rel. (81)-prep. *who are on*

הַחוֹמָה def.art.-n.f.s. (327) *the wall*

36:12

וַיֹּאמֶר consec.-Qal impf. 3 m.s. (55) *but said*

רַב־שָׁקֵה pr.n. (913) *Rabshakeh*

הַאֶל אֲדֹנֶיךָ interr.-prep.-n.m.p.-2 m.s. sf. (10) *to your master?*

וְאֵלֶיךָ conj.-prep.-2 m.s. sf. *and to you*

שְׁלָחַנִי Qal pf. 3 m.s.-1 c.s. sf. (1018) *has sent me?*

אֲדֹנִי n.m.s.-1 c.s. sf. (10) *my master*

לְדַבֵּר prep.-Pi. inf.cstr. (180) *to speak*

אֶת־הַדְּבָרִים dir.obj.-def.art.-n.m.p. (182) *words*

הָאֵלֶּה def.art.-demons.adj. c.p. (41) *these*

הֲלֹא interr.-neg. *and not?*

עַל־הָאֲנָשִׁים prep.-def.art.-n.m.p. (35) *to the men*

הַיֹּשְׁבִים def.art.-Qal act.ptc. m.p. (442) *sitting*

עַל־הַחוֹמָה prep.-def.art.-n.f.s. (327) *on the wall*

לֶאֱכֹל prep.-Qal inf.cstr. (37) *to eat*

אֶת־חֹרְאֵיהֶם dir.obj.-n.m.p.-3 m.p. sf. (351) *their own dung*

וְלִשְׁתּוֹת conj.-prep.-Qal inf.cstr. (שָׁתָה 1059) *and drink*

אֶת־שֵׁינֵיהֶם dir.obj.-n.m.p.-3 m.p. sf. (1010) *their own urine*

עִמָּכֶם prep.-2 m.p. sf. *with you (are doomed)*

36:13

וַיַּעֲמֹד consec.-Qal impf. 3 m.s. (763) *then stood*

רַב־שָׁקֵה pr.n. (913) *Rabshakeh*

וַיִּקְרָא consec.-Qal impf. 3 m.s. (I 894) *and called out*

בְּקוֹל־גָּדוֹל prep.-n.m.s. (876)-adj. m.s. (152) *in a loud voice*

יְהוּדִית adv. (397; GK 2a) *in the language of Judah*

וַיֹּאמֶר consec.-Qal impf. 3 m.s. (55) *(and said)*

שִׁמְעוּ Qal impv. 2 m.p. (1033) *hear*

אֶת־דִּבְרֵי dir.obj.-n.m.p. cstr. (182) *the words of*

הַמֶּלֶךְ הַגָּדוֹל def.art.-n.m.s. (I 572)-def.art.-adj. m.s. (152) *the great king*

מֶלֶךְ n.m.s. cstr. (I 572) *king of*

אַשּׁוּר pr.n. (78) *Assyria*

36:14

כֹּה אָמַר adv. (462)-Qal pf. 3 m.s. (55) *thus says*

הַמֶּלֶךְ def.art.-n.m.s. (I 572) *the king*

אַל־יַשִּׁא neg.-Hi. impf. 3 m.s. apoc. (II 674; GK 74,1) *do not let deceive*

לָכֶם prep.-2 m.p. sf. *you*

חִזְקִיָּהוּ pr.n. (306) *Hezekiah*

כִּי לֹא־יוּכַל conj.-neg.-Qal impf. 3 m.s. (407) *for he will not be able*

לְהַצִּיל prep.-Hi. inf.cstr. (נָצַל 664) *to deliver*

אֶתְכֶם dir.obj.-2 m.p. sf. *you*

36:15

וְאַל־יַבְטַח conj.-neg.-Hi. impf. 3 m.s. apoc. (105) *do not let ... make ... rely*

אֶתְכֶם dir.obj.-2 m.p. sf. *you*

חִזְקִיָּהוּ pr.n. (306) *Hezekiah*

אֶל־יְהוָה prep.-pr.n. (217) *on Yahweh*

לֵאמֹר prep.-Qal inf.cstr. (55) *by saying*

הַצֵּל Hi. inf.abs. (נָצַל 664) *surely*

יַצִּילֵנוּ Hi. impf. 3 m.s.-1 c.p. sf. (נָצַל 664) *will deliver us*

יְהוָה pr.n. (217) *Yahweh*

לֹא תִנָּתֵן neg.-Ni. impf. 3 f.s. (678) *will not be given*

הָעִיר הַזֹּאת def.art.-n.f.s. (746)-def.art.-demons.adj. f.s. (260) *this city*

בְּיַד מֶלֶךְ prep.-n.f.s. cstr. (388)-n.m.s. cstr. (I 572) *into the hand of the king of*

אַשּׁוּר pr.n. (78) *Assyria*

36:16

אַל־תִּשְׁמְעוּ neg.-Qal impf. 2 m.p. (1033) *do not listen*

אֶל־חִזְקִיָּהוּ prep.-pr.n. (306) *to Hezekiah*

כִּי כֹה conj.-adv. (462) *for thus*

אָמַר Qal pf. 3 m.s. (55) *says*

הַמֶּלֶךְ def.art.-n.m.s. (I 572; GK 127f) *the king*

אַשּׁוּר pr.n. (78) *Assyria*

עֲשׂוּ־ Qal impv. 2 m.p. (I 793) *make*

אִתִּי prep.-1 c.s. sf. (II 85) *with me*

בְרָכָה n.f.s. (139) *(a treaty of) peace*

וּצְאוּ conj.-Qal impv. 2 m.p. יָצָא 422; GK 110f) *and come out*

אֵלַי prep.-1 c.s. sf. *to me*

וְאִכְלוּ conj.-Qal impv. 2 m.p. (37; GK 110f) *then will eat*

אִישׁ־גַּפְנוֹ n.m.s. cstr. (35)-n.f.s.-3 m.s. sf. (172) *every one of his own vine*

וְאִישׁ תְּאֵנָתוֹ n.m.s. cstr. (35)-n.f.s.-3 m.s. sf. (1061) *and every one of his own fig tree*

וּשְׁתוּ conj.-Qal impv. 2 m.p. (שָׁתָה 1059; GK 110f) *and you will drink*

אִישׁ n.m.s. cstr. (35) *every one of*

מֵי־בוֹרוֹ n.m.p. cstr. (565)-n.m.s.-3 m.s. sf. (92) *the water of his own cistern*

36:17

עַד־בֹּאִי prep.-Qal inf.cstr.-1 c.s. sf. (בּוֹא 97) *until I come*

וְלָקַחְתִּי conj.-Qal pf. 1 c.s. (542; GK 114r) *and take away*

אֶתְכֶם dir.obj.-2 m.p. sf. *you*

אֶל־אֶרֶץ prep.-n.f.s. (75) *to a land*

כְּאַרְצְכֶם prep.-n.f.s.-2 m.p. sf. (75) *like your own land*

אֶרֶץ n.f.s. cstr. (75) *a land of*

דָּגָן n.m.s. (186) *grain*

וְתִירוֹשׁ conj.-n.m.s. (440) *and wine*

אֶרֶץ n.f.s. cstr. (75) *a land of*

לֶחֶם n.m.s. (536) *bread*

וּכְרָמִים conj.-n.m.p. (501) *and vineyards*

36:18

פֶּן conj. (814) *beware lest*

יַסִּית Hi. impf. 3 m.s. (סוּת 694) *mislead*

אֶתְכֶם dir.obj.-2 m.p. sf. *you*

חִזְקִיָּהוּ pr.n. (306) *Hezekiah*

לֵאמֹר prep.-Qal inf.cstr. (55) *by saying*

יהוה pr.n. (217) *Yahweh*

יַצִּילֵנוּ Hi. impf. 3 m.s.-1 c.p. sf. (נָצַל 664) *will deliver us*

הֲהַצִּילוּ interr.-Hi. pf. 3 m.p. (נָצַל 664) *have delivered?*

אֱלֹהֵי n.m.p. cstr. (43) *the gods of*

הַגּוֹיִם def.art.-n.m.p. (156) *the nations*

אִישׁ n.m.s. (35) *any*

אֶת־אַרְצוֹ dir.obj.-n.f.s.-3 m.s. sf. (75) *his land*

מִיַּד prep.-n.f.s. cstr. (388) *out of the hand of*

מֶלֶךְ n.m.s. cstr. (I 572) *the king of*

אַשּׁוּר pr.n. (78) *Assyria*

36:19

אַיֵּה adv. (32) *where are*

אֱלֹהֵי n.m.p. cstr. (43) *the gods of*

חֲמָת pr.n. (333) *Hamath*

וְאַרְפָּד conj.-pr.n. (75) *and Arpad*

אַיֵּה v.supra *where are*

אֱלֹהֵי v.supra *the gods of*

סְפַרְוָיִם pr.n. (709) *Sepharvaim*

וְכִי־הִצִּילוּ conj.-conj.-Hi. pf. 3 m.p. (נָצַל 664) *(and) have they delivered*

אֶת־שֹׁמְרוֹן dir.obj.-pr.n. (1037) *Samaria*

מִיָּדִי prep.-n.f.s.-1 c.s. sf. (388) *out of my hand*

36:20

מִי בְּכָל־ interr. (566)-prep.-n.m.s. cstr. (481) *who among all*

אֱלֹהֵי n.m.p. cstr. (43) *the gods of*

הָאֲרָצוֹת def.art.-n.f.p. (75) *countries*

הָאֵלֶּה def.art.-demons.adj. c.p. (41) *these*

אֲשֶׁר־הִצִּילוּ rel. (81)-Hi. pf. 3 c.p. (נָצַל 664) *have delivered*

אֶת־אַרְצָם dir.obj.-n.f.s.-3 m.p. sf. (75) *their countries*

מִיָּדִי prep.-n.f.s.-1 c.s. sf. (388) *out of my hand*

כִּי־יַצִּיל conj.-Hi. impf. 3 m.s. (נָצַל 664) *that ... should deliver*

יהוה pr.n. (217) *Yahweh*

אֶת־יְרוּשָׁלַ͏ִם dir.obj.-pr.n. (436) *Jerusalem*

מִיָּדִי v.supra *out of my hand*

36:21

וַיַּחֲרִישׁוּ consec.-Hi. impf. 3 m.p. (חָרַשׁ II 361) *but they were silent*

וְלֹא־עָנוּ conj.-neg.-Qal pf. 3 c.p. (עָנָה I 772) *and answered not*

אֹתוֹ dir.obj.-3 m.s. sf. *him*

דָּבָר n.m.s. paus. (182) *a word*

כִּי־מִצְוַת conj.-n.f.s. cstr. (846) *for the command of*

הַמֶּלֶךְ def.art.-n.m.s. (I 572) *the king*

הִיא pers.pr. 3 f.s. (214) *it was*

לֵאמֹר prep.-Qal inf.cstr. (55) *(saying)*

לֹא תַעֲנֻהוּ neg.-Qal impf. 2 m.p.-3 m.s. sf. (עָנָה I 772) *do not answer him*

36:22

וַיָּבֹא consec.-Qal impf. 3 m.s. (בּוֹא 97) *then came*

אֶלְיָקִים pr.n. (45) *Eliakim*

בֶּן־ n.m.s. cstr. (119) *son of*

חִלְקִיָּהוּ pr.n. (324) *Hilkiah*

אֲשֶׁר־עַל rel. (81)-prep. *who was over*

הַבַּיִת def.art.-n.m.s. (108) *the household*

וְשֶׁבְנָא conj.-pr.n. (987) *and Shebna*

הַסֹּפֵר def.art.-n.m.s. (708) *the secretary*

וְיוֹאָח conj.-pr.n. (398) *and Joah*

בֶּן־אָסָף n.m.s. cstr. (119)-pr.n. (63) *the son of Asaph*

הַמַּזְכִּיר def.art.-Hi. ptc. (269) *the recorder*

אֶל־חִזְקִיָּהוּ prep.-pr.n. (306) *to Hezekiah*

קְרוּעֵי Qal pass.ptc. m.p. cstr. (902) *rent*

בְּגָדִים n.m.p. (93) *garments*

וַיַּגִּידוּ consec.-Hi. impf. 3 m.p. (נָגַד 616) *and told*

לוֹ prep.-3 m.s. sf. *him*

אֵת דִּבְרֵי dir.obj.-n.m.p. cstr. (182) *the words of*

רַב־שָׁקֵה pr.n. (913) *the Rabshakeh*

37:1

וַיְהִי consec.-Qal impf. 3 m.s. (224) *(and it was)*

כִּשְׁמֹעַ prep.-Qal inf.cstr. (1033) *when ... heard it*

הַמֶּלֶךְ def.art.-n.m.s. (I 572) *King*

חִזְקִיָּהוּ pr.n. (306) *Hezekiah*

וַיִּקְרַע consec.-Qal impf. 3 m.s. (902) *he rent*

אֶת־בְּגָדָיו dir.obj.-n.m.p.-3 m.s. sf. (93) *his clothes*

וַיִּתְכַּס consec.-Hith. impf. 3 m.s. (כָּסָה 491) *and covered himself*

בַּשָּׂק prep.-def.art.-n.m.s. (974) *with sackcloth*

וַיָּבֹא consec.-Qal impf. 3 m.s. (בּוֹא 97) *and went into*

בֵּית n.m.s. cstr. (108) *the house of*

יְהוָה pr.n. (217) *Yahweh*

37:2

וַיִּשְׁלַח consec.-Qal impf. 3 m.s. (1018) *and he sent*

אֶת־אֶלְיָקִים dir.obj.-pr.n. (45) *Eliakim*

אֲשֶׁר־עַל rel. (81)-prep. *who was over*

הַבַּיִת def.art.-n.m.s. (108) *the household*

וְאֵת שֶׁבְנָא conj.-dir.obj.-pr.n. (987) *and Shebna*

הַסֹּפֵר def.art.-n.m.s. (708) *the secretary*

וְאֵת זִקְנֵי conj.-dir.obj.-n.m.p. cstr. (278) *and the senior (elders of)*

הַכֹּהֲנִים def.art.-n.m.p. (463) *priests*

מִתְכַּסִּים Hith. ptc. m.p. (כָּסָה 492) *clothed*

בַּשַּׂקִּים prep.-def.art.-n.m.p. (974) *with sackcloth*

אֶל־יְשַׁעְיָהוּ prep.-pr.n. (447) *to Isaiah*

בֶן־אָמוֹץ n.m.s. cstr. (119)-pr.n. (55) *the son of Amoz*

הַנָּבִיא def.art.-n.m.s. (611) *the prophet*

37:3

וַיֹּאמְרוּ consec.-Qal impf. 3 m.p. (55) *(and) they said*

אֵלָיו prep.-3 m.s. sf. *to him*

כֹּה אָמַר adv. (462)-Qal pf. 3 m.s. (55) *thus says*

חִזְקִיָּהוּ pr.n. (306) *Hezekiah*

יוֹם־צָרָה n.m.s. cstr. (398)-n.f.s. (I 865) *a day of distress*

וְתוֹכֵחָה conj.-n.f.s. (407) *(and) rebuke*

וּנְאָצָה conj.-n.f.s. (611) *and disgrace*

הַיּוֹם הַזֶּה def.art.-n.m.s. (398)-def.art.-demons.adj. m.s. (260) *this day is*

כִּי בָאוּ conj.-Qal pf. 3 c.p. (בּוֹא 97) *(for) have come*

בָנִים n.m.p. (119) *children*

עַד־מַשְׁבֵּר prep.-n.m.s. (991) *to birth (place of breach, i.e. mouth of womb)*

וְכֹחַ conj.-n.m.s. (470) *and strength*

אַיִן subst. (II 34; GK 152k) *there is no*

לְלֵדָה prep.-Qal inf.cstr. (יָלַד 408; GK 69m) *to bring forth*

37:4

אוּלַי adv. (II 19) *it may be that (perhaps)*

יִשְׁמַע Qal impf. 3 m.s. (1033) *heard*

יְהוָה pr.n. (217) *Yahweh*

אֱלֹהֶיךָ n.m.p.-2 m.s. sf. (43) *your God*

אֵת דִּבְרֵי dir.obj.-n.m.p. cstr. (182) *the words of*

רַב־שָׁקֵה pr.n. (913) *the Rabshakeh*

אֲשֶׁר שְׁלָחוֹ rel. (81)-Qal pf. 3 m.s.-3 m.s. sf. (1018) *whom ... has sent (him)*

מֶלֶךְ־ n.m.s. cstr. (I 572) *the king of*

אַשּׁוּר pr.n. (78) *Assyria*

אֲדֹנָיו n.m.p.-3 m.s. sf. (10) *his master*

לְחָרֵף prep.-Pi. inf.cstr. (357) *to mock*

אֱלֹהִים חַי n.m.p. (43)-adj. m.s. (311) *the living God*

וְהוֹכִיחַ conj.-Hi. pf. 3 m.s. (יָכַח 406) *and will rebuke*

בַּדְּבָרִים prep.-def.art.-n.m.p. (182) *the words*

אֲשֶׁר שָׁמַע rel. (81)-Qal pf. 3 m.s. (1033) *which ... has heard*

יְהוָה pr.n. (217) *Yahweh*

אֱלֹהֶיךָ n.m.p.-2 m.s. sf. (43) *your God*

וְנָשָׂאתָ conj.-Qal pf. 2 m.s. (669) *therefore lift up*

תְפִלָּה n.f.s. (813) *a prayer*

בְּעַד הַשְּׁאֵרִית prep. (126)-def.art.-n.f.s. (984) *for the remnant*

הַנִּמְצָאָה def.art.-Ni. ptc. f.s. (592) *that is left*

37:5

וַיָּבֹאוּ consec.-Qal impf. 3 m.p. (בוא 97) *when ... came*

עַבְדֵי n.m.p. cstr. (713) *the servants of*

הַמֶּלֶךְ def.art.-n.m.s. (I 572) *King*

חִזְקִיָּהוּ pr.n. (306) *Hezekiah*

אֶל־יְשַׁעְיָהוּ prep.-pr.n. (447) *to Isaiah*

37:6

וַיֹּאמֶר consec.-Qal impf. 3 m.s. (55) *said*

אֲלֵיהֶם prep.-3 m.p. sf. *to them*

יְשַׁעְיָהוּ pr.n. (447) *Isaiah*

כֹּה adv. (462) *(thus)*

תֹּאמְרוּן Qal impf. 2 m.p. (55) *say*

אֶל־אֲדֹנֵיכֶם prep.-n.m.p.-2 m.p. sf. (10) *to your master*

כֹּה אָמַר adv. (462)-Qal pf. 3 m.s. (55) *thus says*

יְהוָה pr.n. (217) *Yahweh*

אַל־תִּירָא neg.-Qal impf. 2 m.s. (ירא 431) *do not be afraid*

מִפְּנֵי prep.-n.m.p. cstr. (815) *because of*

הַדְּבָרִים def.art.-n.m.p. (182) *the words*

אֲשֶׁר שָׁמַעְתָּ rel. (81)-Qal pf. 2 m.s. (1033) *that you have heard*

אֲשֶׁר rel. (81) *with which*

גִּדְּפוּ Pi. pf. 3 m.p. (154) *have reviled*

נַעֲרֵי n.m.p. cstr. (654) *the servants of*

מֶלֶךְ n.m.s. cstr. (I 572) *the king of*

אַשּׁוּר pr.n. (78) *Assyria*

אוֹתִי dir.obj.-1 c.s. sf. *me*

37:7

הִנְנִי interj.-1 c.s. sf. (243) *behold I*

נוֹתֵן Qal act.ptc. (678) *will put*

בּוֹ prep.-3 m.s. sf. *in him*

רוּחַ n.f.s. (924) *a spirit*

וְשָׁמַע conj.-Qal pf. 3 m.s. (1033) *so that he shall hear*

שְׁמוּעָה n.f.s. (1035) *a rumor*

וְשָׁב conj.-Qal pf. 3 m.s. (שוב 996) *and return*

אֶל־אַרְצוֹ prep.-n.f.s.-3 m.s. sf. (75) *to his own land*

וְהִפַּלְתִּיו conj.-Hi. pf. 1 c.s.-3 m.s. sf. (נפל 656) *and I will make him fall*

בַּחֶרֶב prep.-def.art.-n.f.s. (352) *by the sword*

בְּאַרְצוֹ prep.-n.f.s.-3 m.s. sf. (75) *in his own land*

37:8

וַיָּשָׁב consec.-Qal impf. 3 m.s. (שוב 996) *(and) returned*

רַב־שָׁקֵה pr.n. (913) *The Rabshakeh*

וַיִּמְצָא consec.-Qal impf. 3 m.s. (592) *and found*

אֶת־מֶלֶךְ dir.obj.-n.m.s. cstr. (I 572) *the king of*

אַשּׁוּר pr.n. (78) *Assyria*

נִלְחָם Ni. ptc. (I 535) *fighting*

עַל־לִבְנָה prep.-pr.n. (526) *against Libnah*

כִּי שָׁמַע conj.-Qal pf. 3 m.s. (1033) *for he had heard*

כִּי נָסַע conj.-Qal pf. 3 m.s. (652) *that he had left*

מִלָּכִישׁ prep.-pr.n. (540) *Lachish*

37:9

וַיִּשְׁמַע consec.-Qal impf. 3 m.s. (1033) *now ... heard*

עַל־תִּרְהָקָה prep.-pr.n. (1076) *concerning Tirhakah*

מֶלֶךְ n.m.s. cstr. (I 572) *king of*

כּוּשׁ pr.n. (468) *Ethiopia (Cush)*

לֵאמֹר prep.-Qal inf.cstr. (55) *(saying)*

יָצָא Qal pf. 3 m.s. (422) *he has set out*

לְהִלָּחֵם prep.-Ni. inf.cstr. (535) *to fight*

אִתָּךְ prep. (II 85)-2 m.s. sf. paus. *against you*

וַיִּשְׁמַע consec.-Qal impf. 3 m.s. (1033) *and when he heard*

וַיִּשְׁלַח consec.-Qal impf. 3 m.s. (1018) *he sent*

מַלְאָכִים n.m.p. (521) *messengers*

אֶל־חִזְקִיָּהוּ prep.-pr.n. (306) *to Hezekiah*

לֵאמֹר v.supra *saying*

37:10

כֹּה adv. (462) *thus*

תֹּאמְרוּן Qal impf. 2 m.p. (55) *shall you speak*

אֶל־חִזְקִיָּהוּ prep.-pr.n. (306) *to Hezekiah*

מֶלֶךְ n.m.s. cstr. (I 572) *king of*

יְהוּדָה pr.n. (397) *Judah*

לֵאמֹר prep.-Qal inf.cstr. (55) *(saying)*

אַל־יַשִּׁאֲךָ neg.-Hi. impf. 3 m.s.-2 m.s. sf. (674) *do not let deceive you*

אֱלֹהֶיךָ n.m.p.-2 m.s. sf. (43) *your God*

אֲשֶׁר אַתָּה rel. (81)-pers.pr. 2 m.s. (61) *(which) you*

בּוֹטֵחַ Qal act.ptc. (105) *rely*

בּוֹ prep.-3 m.s. sf. *on whom*

לֵאמֹר v.supra *by promising* (lit. *by saying*)

לֹא תִנָּתֵן neg.-Ni. impf. 3 f.s. (678) *will not be given*

יְרוּשָׁלַ͏ִם pr.n. (436) *Jerusalem*

בְּיַד prep.-n.f.s. cstr. (388) *into the hand of*

מֶלֶךְ n.m.s. cstr. (I 572) *the king of*
אַשּׁוּר pr.n. (78) *Assyria*

37:11

הִנֵּה אַתָּה interj. (243)-pers.pr. 2 m.s. (61) *behold you*
שָׁמַעְתָּ Qal pf. 2 m.s. (1033; GK 150a) *have heard*
אֲשֶׁר rel. (81) *what*
עָשׂוּ Qal pf. 3 c.p. (עשׂה I 793) *have done*
מַלְכֵי n.m.p. cstr. (I 572) *the kings of*
אַשּׁוּר pr.n. (78) *Assyria*
לְכָל־ prep.-n.m.s. cstr. (481) *to all*
הָאֲרָצוֹת def.art.-n.f.p. (75) *lands*
לְהַחֲרִימָם prep.-Hi. inf.cstr.-3 m.p. sf. (חרם 355) *destroying them*
וְאַתָּה conj.-v.supra *and you*
תִּנָּצֵל Ni. impf. 2 m.s. (נצל 664) *shall be delivered*

37:12

הַהִצִּילוּ interr.-Hi. pf. 3 c.p. (נצל 664) *have delivered?*
אוֹתָם dir.obj.-3 m.p. sf. *them*
אֱלֹהֵי n.m.p. cstr. (43) *the gods of*
הַגּוֹיִם def.art.-n.m.p. (156) *the nations*
אֲשֶׁר־ rel. (81) *which*
הִשְׁחִיתוּ Hi. pf. 3 c.p. (שׁחת 1007) *destroyed*
אֲבוֹתַי n.m.p.-1 c.s. sf. (3) *my fathers*
אֶת־גּוֹזָן dir.obj.-pr.n. (157) *Gozen*
וְאֶת־חָרָן conj.-dir.obj.-pr.n. (35) *(and) Haran*
וְרֶצֶף conj.-pr.n. (954) *(and) Rezeph*
וּבְנֵי־ conj.-n.m.p. cstr. (119) *and the people of*
עֶדֶן pr.n. (727) *Eden*
אֲשֶׁר rel. (81) *who were*
בִּתְלַשָּׂר prep.-pr.n. (1067) *in Telassar*

37:13

אַיֵּה adv. (32) *where are*
מֶלֶךְ־ n.m.s. cstr. (I 572) *the king of*
חֲמָת pr.n. (333) *Hamath*
וּמֶלֶךְ conj.-n.m.s. cstr. (I 572) *(and) the king of*
אַרְפָּד pr.n. (75) *Arpad*
וּמֶלֶךְ v.supra *and the king*
לָעִיר prep.-def.art.-n.f.s. (746) *of the city of*
סְפַרְוָיִם pr.n. (708) *Sepharvaim*
הֵנַע pr.n. (245) *Hena*
וְעִוָּה conj.-pr.n. (731) *and Ivvah*

37:14

וַיִּקַּח consec.-Qal impf. 3 m.s. (לקח 542) *(and) received*
חִזְקִיָּהוּ pr.n. (306) *Hezekiah*

אֶת־הַסְּפָרִים dir.obj.-def.art.-n.m.p. (706; GK 124bN) *the letter(s)*
מִיַּד prep.-n.f.s. cstr. (388) *from the hand of*
הַמַּלְאָכִים def.art.-n.m.p. (521) *the messengers*
וַיִּקְרָאֵהוּ consec.-Qal impf. 3 m.s.-3 m.s. sf. (894; GK 124bN) *and read it*
וַיַּעַל consec.-Qal impf. 3 m.s. (עלה 748) *and went up*
בֵּית n.m.s. cstr. (108) *to the house of*
יהוה pr.n. (217) *Yahweh*
וַיִּפְרְשֵׂהוּ consec.-Qal impf. 3 m.s.-3 m.s. sf. (831) *and spread it*
חִזְקִיָּהוּ pr.n. (306) *Hezekiah*
לִפְנֵי prep.-n.m.p. cstr. (815) *before*
יהוה pr.n. (217) *Yahweh*

37:15

וַיִּתְפַּלֵּל consec.-Hith. impf. 3 m.s. (813) *and prayed*
חִזְקִיָּהוּ pr.n. (306) *Hezekiah*
אֶל־יהוה prep.-pr.n. (217) *to Yahweh*
לֵאמֹר prep.-Qal inf.cstr. (55) *(saying)*

37:16

יהוה pr.n. (217) *Yahweh of*
צְבָאוֹת pr.n. (838) *hosts*
אֱלֹהֵי n.m.p. cstr. (43) *God of*
יִשְׂרָאֵל pr.n. (975) *Israel*
יֹשֵׁב Qal act.ptc. m.s. (442) *who art enthroned*
הַכְּרֻבִים def.art.-n.m.p. (500) *above the cherubim*
אַתָּה־הוּא pers.pr. 2 m.s. (61)-pers.pr. 3 m.s. (214) *thou art (he)*
הָאֱלֹהִים def.art.-n.m.p. (43) *the God*
לְבַדְּךָ prep.-n.m.s.-2 m.s. sf. (94) *alone*
לְכֹל prep.-n.m.s. cstr. (481) *of all*
מַמְלְכוֹת n.f.p. cstr. (575) *the kingdoms of*
הָאָרֶץ def.art.-n.f.s. (75) *the earth*
אַתָּה עָשִׂיתָ pers.pr. (61)-Qal pf. 2 m.s. (עשׂה I 793) *thou hast made*
אֶת־הַשָּׁמַיִם dir.obj.-def.art.-n.m.p. (1029) *heaven*
וְאֶת־הָאָרֶץ conj.-dir.obj.-def.art.-n.f.s. (75) *and earth*

37:17

הַטֵּה Hi. impv. 2 m.s. (נטה 639) *incline*
יהוה pr.n. (217) *O Yahweh*
אָזְנְךָ n.f.s.-2 m.s. sf. (23) *thy ear*
וּשְׁמָע conj.-Qal impv. 2 m.s. paus. (1033; GK 10g) *and hear*
פְּקַח Qal impv. 2 m.s. (824) *open*
יהוה pr.n. (217) *O Yahweh*
עֵינֶךָ n.f. du.-2 m.s. sf. (744) *thy eyes*

וּרְאֵה conj.-Qal impv. 2 m.s. (906) *and see*

וּשְׁמַע conj.-Qal impv. 2 m.s. (1033) *and hear*

אֵת כָּל־ dir.obj.-n.m.s. cstr. (481) *all*

דִּבְרֵי n.m.p. cstr. (182) *the words of*

סַנְחֵרִיב pr.n. (703) *Sennacherib*

אֲשֶׁר שָׁלַח rel. (81)-Qal pf. 3 m.s. (1018) *which he has sent*

לְחָרֵף prep.-Pi. inf.cstr. (357) *to mock*

אֱלֹהִים חָי n.m.p. (43)-adj. m.s. (311) *the living God*

37:18

אָמְנָם adv. (53) *of a truth*

יהוה pr.n. (217) *O Yahweh*

הֶחֱרִיבוּ Hi. pf. 3 c.p. (חָרֵב II 351) *have laid waste*

מַלְכֵי n.m.p. cstr. (I 572) *the kings of*

אַשּׁוּר pr.n. (78) *Assyria*

אֶת־כָּל־ dir.obj.-n.m.s. cstr. (481) *all*

הָאֲרָצוֹת def.art.-n.f.p. (75) *the nations*

וְאֶת־אַרְצָם conj.-dir.obj.-n.f.s.-3 m.p. sf. (75) *and their lands*

37:19

וְנָתֹן conj.-Qal inf.abs. (678; GK 113f,z) *and have cast*

אֶת־אֱלֹהֵיהֶם dir.obj.-n.m.p.-3 m.p. sf. (43) *their gods*

בָּאֵשׁ prep.-def.art.-n.f.s. (77) *into the fire*

כִּי לֹא אֱלֹהִים conj.-neg.-n.m.p. (43) *for ... no gods*

הֵמָּה pers.pr. 3 m.p. (241) *they were*

כִּי אִם־ conj. (474) *but*

מַעֲשֵׂה n.m.s. cstr. (795) *the work of*

יְדֵי־ n.f. du. cstr. (388) *the hands of*

אָדָם n.m.s. (9) *men*

עֵץ n.m.s. (781) *wood*

וָאָבֶן conj.-n.f.s. (6) *stone*

וַיְאַבְּדוּם consec.-Pi. impf. 3 m.p.-3 m.p. sf. (1) *therefore they were destroyed*

37:20

וְעַתָּה conj.-adv. (773) *so now*

יהוה pr.n. (217) *Yahweh*

אֱלֹהֵינוּ n.m.p.-1 c.p. sf. (43) *our God*

הוֹשִׁיעֵנוּ Hi. impv. 2 m.s.-1 c.p. sf. (יָשַׁע 446) *save us*

מִיָּדוֹ prep.-n.f.s.-3 m.s. sf. (388) *from his hand*

וְיֵדְעוּ conj.-Qal impf. 3 m.p. (393) *that ... may know*

כָּל־מַמְלְכוֹת n.m.s. cstr. (481)-n.f.p. cstr. (575) *all the kingdoms of*

הָאָרֶץ def.art.-n.f.s. (75) *the earth*

כִּי־אַתָּה conj.-pers.pr. 2 m.s. (61) *that thou art*

יהוה pr.n. (217) *Yahweh*

לְבַדֶּךָ prep.-n.m.s.-2 m.s. sf. paus. (94) *alone*

37:21

וַיִּשְׁלַח consec.-Qal impf. 3 m.s. (1018) *then ... sent*

יְשַׁעְיָהוּ pr.n. (447) *Isaiah*

בֶן־אָמוֹץ n.m.s. cstr. (119)-pr.n. (55) *son of Amoz*

אֶל־חִזְקִיָּהוּ prep.-pr.n. (306) *to Hezekiah*

לֵאמֹר prep.-Qal inf.cstr. (55) *saying*

כֹּה־אָמַר adv. (462)-Qal pf. 3 m.s. (55) *thus says*

יהוה pr.n. (217) *Yahweh*

אֱלֹהֵי n.m.p. cstr. (43) *the God of*

יִשְׂרָאֵל pr.n. (975) *Israel*

אֲשֶׁר rel. (81) *because*

הִתְפַּלַּלְתָּ Hith. pf. 2 m.s. (813) *you have prayed*

אֵלַי prep.-1 c.s. sf. *to me*

אֶל־סַנְחֵרִיב prep.-pr.n. (703) *concerning Sennacherib*

מֶלֶךְ n.m.s. cstr. (I 572) *the king of*

אַשּׁוּר pr.n. (78) *Assyria*

37:22

זֶה demons.adj. m.s. (260) *this is*

הַדָּבָר def.art.-n.m.s. (182) *the word*

אֲשֶׁר־דִּבֶּר rel. (81)-Pi. pf. 3 m.s. (180) *which ... has spoken*

יהוה pr.n. (217) *Yahweh*

עָלָיו prep.-3 m.s. sf. *concerning him*

בָּזָה Qal pf. 3 f.s. (בּוּז I 100; GK 72,1) *she despises*

לְךָ prep.-2 m.s. sf. *you*

לָעֲגָה Qal pf. 3 f.s. (לָעַג 541) *she scorns*

לְךָ v.supra *you*

בְּתוּלַת n.f.s. cstr. (143; GK 130e) *the virgin*

בַּת־ n.f.s. cstr. (I 123) *daughter of*

צִיּוֹן pr.n. (851) *Zion*

אַחֲרֶיךָ prep.-2 m.s. sf. (29) *behind you*

רֹאשׁ n.m.s. (910) *her head*

הֵנִיעָה Hi. pf. 3 f.s. (נוּעַ 631) *she wags*

בַּת v.supra *the daughter of*

יְרוּשָׁלָ͏ִם pr.n. paus. (436) *Jerusalem*

37:23

אֶת־מִי dir.obj.-interr. (566) *whom*

חֵרַפְתָּ Pi. pf. 2 m.s. (357) *have you mocked*

וְגִדַּפְתָּ conj.-Pi. pf. 2 m.s. (154) *and reviled*

וְעַל־מִי conj.-prep.-interr. (566) *against whom*

הֲרִימוֹתָה Hi. pf. 2 m.s. (רוּם 926) *have you raised*

111

קוֹל n.m.s. (876) *your voice*

וַתִּשָּׂא consec.-Qal impf. 2 m.s. (נָשָׂא 669) *and lifted*

מָרוֹם n.m.s. (928) *haughtily (towards heaven)*

עֵינֶיךָ n.f. du.-2 m.s. sf. (744) *your eyes*

אֶל־קְדוֹשׁ prep.-adj. m.s. cstr. (872) *against the Holy One of*

יִשְׂרָאֵל pr.n. (975) *Israel*

37:24

בְּיַד prep.-n.f.s. cstr. (388) *by (the hand of)*

עֲבָדֶיךָ n.m.p.-2 m.p. sf. (713) *your servants*

חֵרַפְתָּ Pi. pf. 2 m.s. (357) *you have mocked*

אֲדֹנָי n.m.p.-1 c.s. sf. (10) *the Lord*

וַתֹּאמֶר consec.-Qal impf. 2 m.s. (55) *and you have said*

בְּרֹב prep.-n.m.s. cstr. (913) *with many (of)*

רִכְבִּי n.m.s.-1 c.s. sf. (939) *my chariots*

אֲנִי pers.pr. 1 c.s. (58) *I*

עָלִיתִי Qal pf. 1 c.s. (עָלָה 748) *have gone up*

מְרוֹם n.m.s. cstr. (928) *the heights of*

הָרִים n.m.p. (249) *the mountains*

יַרְכְּתֵי n.m. du. cstr. (438) *to the far recesses of*

לְבָנוֹן pr.n. (526) *Lebanon*

וְאֶכְרֹת conj.-Qal impf. 1 c.s. (כָּרַת 503) *I felled (cut off)*

קוֹמַת n.f.s. cstr. (879; GK 128r) *tallest (of)*

אֲרָזָיו n.m.p.-3 m.s. sf. (72) *its cedars*

מִבְחַר n.m.s. cstr. (104; GK 128r) *choicest (of)*

בְּרֹשָׁיו n.m.p.-3 m.s. sf. (141) *its cypresses*

וְאָבוֹא conj.-Qal impf. 1 c.s. (בּוֹא 97) *I came*

מְרוֹם v.supra *to height (of)*

קִצּוֹ n.m.s.-3 m.s. sf. (893) *its remotest*

יַעַר n.m.s. cstr. (420) *forest (of)*

כַּרְמִלּוֹ n.m.s.-3 m.s. sf. (502) *its densest (lit. its garden-land)*

37:25

אֲנִי קַרְתִּי pers.pr. 1 c.s. (58)-Qal pf. 1 c.s. (קוּר I 881) *I dug wells*

וְשָׁתִיתִי conj.-Qal pf. 1 c.s. (שָׁתָה 1059) *and drank*

מָיִם n.m.p. paus. (565) *waters*

וְאַחְרִב conj.-Hi. impf. 1 c.s. (351) *and I dried up*

בְּכַף־ prep.-n.f.s. cstr. (496) *with the sole of*

פְּעָמַי n.f.p.-1 c.s. sf. (821) *my foot*

כֹּל n.m.s. cstr. (481) *all*

יְאֹרֵי n.m.p. cstr. (384) *the streams of*

מָצוֹר pr.n. (596) *Egypt*

37:26

הֲלוֹא־ interr.-neg. *have not*

וְשָׁמַעְתָּ Qal pf. 2 m.s. (1033) *you heard*

לְמֵרָחוֹק prep.-prep.-adj. m.s. (935) *long ago*

אוֹתָהּ dir.obj.-3 f.s. sf. *it*

עָשִׂיתִי Qal pf. 1 c.s. (עָשָׂה I 793) *I determined*

מִימֵי prep.-n.m.p. cstr. (398) *from days of*

קֶדֶם n.m.s. (869) *old*

וִיצַרְתִּיהָ conj.-Qal pf. 1 c.s.-3 f.s. sf. (יָצַר 427) *I planned (formed) it*

עַתָּה adv. (773) *now*

הֲבֵאתִיהָ Hi. pf. 1 c.s.-3 f.s. sf. (בּוֹא 97) *what I bring to pass*

וּתְהִי conj.-Qal impf. 2 m.s. (224) *that you should*

לְהַשְׁאוֹת prep.-Hi. inf.cstr. (שָׁאָה I 980; GK 75qq,114h) *make crash*

גַּלִּים n.m.p. (164; GK 117ii) *heaps*

נִצִּים Ni. ptc. m.p. (נָצָה III 663) *ruins*

עָרִים n.f.p. (746) *cities*

בְּצֻרוֹת Qal pass.ptc. f.p. (130) *fortified*

37:27

וְיֹשְׁבֵיהֶן conj.-Qal act.ptc. m.p.-3 f.p. sf. (יָשַׁב 442) *while their inhabitants*

קִצְרֵי־ adj. m.p. cstr. (894) *shorn of*

יָד n.f.s. (388) *strength*

חַתּוּ Qal pf. 3 c.p. (חָתַת 369) *are dismayed*

וָבֹשׁוּ conj.-Qal pf. 3 c.p. (בּוֹשׁ 101) *and confounded*

הָיוּ Qal pf. 3 c.p. (224) *and have become*

עֵשֶׂב n.m.s. cstr. (793) *like plants of*

שָׂדֶה n.m.s. (961) *field*

וִירַק conj.-n.m.s. cstr. (438) *and like tender (green shoots of)*

דֶּשֶׁא n.m.s. (206) *grass*

חֲצִיר n.m.s. cstr. (II 348) *like grass on*

גַּגּוֹת n.m.p. (150) *the housetops*

וּשְׁדֵמָה conj.-n.f.s. (995 *field*) but some rd. (995 *blighted* שְׁדֵפָה)

לִפְנֵי prep.-n.m.p. cstr. (815) *before*

קָמָה n.f.s. (879) *it is grown (standing grain, i.e. before maturity)*

37:28

וְשִׁבְתְּךָ conj.-Qal inf.cstr.-2 m.s. sf. (יָשַׁב 442) *(and) your sitting down*

וְצֵאתְךָ conj.-Qal inf.cstr.-2 m.s. sf. (יָצָא 422) *and your going out*

וּבוֹאֲךָ conj.-Qal inf.cstr.-2 m.s. sf. (בּוֹא 97) *and coming in*

יָדָעְתִּי Qal pf. 1 c.s. paus. (393) *I know*

וְאֵת הִתְרַגֶּזְךָ conj.-dir.obj.-Hith. inf.cstr.-2 m.s. sf. (רָגַז 919; GK 114c) *and your raging*

אֵלָי prep.-1 c.s. sf. *against me*

37:29

יַעַן conj. (774) *because*

הִתְרַגֶּזְךָ Hith. inf.cstr.-2 m.s. sf. (919) *you have raged*

אֵלָי prep.-1 c.s. sf. *against me*

וְשַׁאֲנַנְךָ conj.-adj. m.s.-2 m.s. sf. (983) *and your arrogance*

עָלָה Qal pf. 3 m.s. (748) *has come*

בְּאָזְנָי prep.-n.f.p.-1 c.s. sf. paus. (23) *to my ears*

וְשַׂמְתִּי conj.-Qal pf. 1 c.s. (שׂום 962; GK 112nn) *(and) I will put*

חַחִי n.m.s.-1 c.s. sf. (296) *my hook*

בְּאַפְּךָ prep.-n.m.s.-2 m.s. sf. (I 60) *in your nose*

וּמִתְגִּי conj.-n.m.s.-1 c.s. sf. (607) *and my bit*

בִּשְׂפָתֶיךָ prep.-n.f. du.-2 m.s. sf. (973) *in your mouth (lips)*

וַהֲשִׁיבֹתִיךָ conj.-Hi. pf. 1 c.s.-2 m.s. sf. (שׁוב 996) *and I will turn you back*

בַּדֶּרֶךְ prep.-def.art.-n.m.s. (202) *on the way*

אֲשֶׁר־בָּאתָ rel. (81)-Qal pf. 2 m.s. (בוא 97) *which you came*

בָּהּ prep.-3 f.s. sf. *by (it)*

37:30

וְזֶה־לְּךָ conj.-demons.adj. m.s. (260)-prep.-2 m.s. sf. *and this shall be for you*

הָאוֹת def.art.-n.m.s. (16) *the sign*

אָכוֹל Qal inf.abs. (37; GK 113z,ee) *eat*

הַשָּׁנָה def.art.-n.f.s. (1040) *this year*

סָפִיחַ n.m.s. (II 705) *what grows of itself*

וּבַשָּׁנָה conj.-prep.-def.art.-n.f.s. (1040; GK 126b) *and in the ... year*

הַשֵּׁנִית def.art.-num.adj. f.s. (1041) *second*

שָׁחִיס n.m.s. (695) *what springs of the same*

וּבַשָּׁנָה v.supra *and in the ... year*

הַשְּׁלִישִׁית def.art.-num.adj. f.s. (1026) *third*

זִרְעוּ Qal impv. 2 m.p. (281; GK 113z) *sow*

וְקִצְרוּ conj.-Qal impv. 2 m.p. (894) *and reap*

וְנִטְעוּ conj.-Qal impv. 2 m.p. (642) *and plant*

כְרָמִים n.m.p. (501) *vineyards*

וְאִכְלוּ conj.-Qal impv. 2 m.p. (37) *and eat*

פִּרְיָם n.m.s.-3 m.p. sf. (826) *their fruit*

37:31

וְיָסְפָה conj.-Qal pf. 3 f.s. (יסף 414) *and ... shall again (add)*

פְּלֵיטַת n.f.s. cstr. (812) *the remnant of*

בֵּית־יְהוּדָה n.m.s. cstr. (108)-pr.n. (397) *the house of Judah*

הַנִּשְׁאָרָה def.art.-Ni. ptc. f.s. (983) *surviving*

שֹׁרֶשׁ n.m.s. (1057) *root*

לְמָטָּה prep.-adv. paus. (641) *downward*

וְעָשָׂה conj.-Qal pf. 3 m.s. (I 793) *and bear*

פְּרִי n.m.s. (826) *fruit*

לְמָעְלָה prep.-adv.-loc.he (751) *upward*

37:32

כִּי מִירוּשָׁלַ͏ִם conj.-prep.-pr.n. (436) *for out of Jerusalem*

תֵּצֵא Qal impf. 3 f.s. (יצא 422) *shall go forth*

שְׁאֵרִית n.f.s. (984) *a remnant*

וּפְלֵיטָה conj.-n.f.s. (812) *and a band of survivors*

מֵהַר צִיּוֹן prep.-n.m.s. cstr. (249)-pr.n. (851) *out of Mount Zion*

קִנְאַת n.f.s. cstr. (888) *the zeal of*

יהוה pr.n. (217) *Yahweh of*

צְבָאוֹת pr.n. (838) *of hosts*

תַּעֲשֶׂה־ Qal impf. 3 f.s. (I 793) *will accomplish*

זֹּאת demons.adj. f.s. (260) *this*

37:33

לָכֵן prep.-adv. (485) *therefore*

כֹּה־אָמַר adv. (462)-Qal pf. 3 m.s. (55) *thus says*

יהוה pr.n. (217) *Yahweh*

אֶל־מֶלֶךְ prep.-n.m.s. cstr. (I 572) *concerning the king of*

אַשּׁוּר pr.n. (78) *Assyria*

לֹא יָבוֹא neg.-Qal impf. 3 m.s. (97) *he shall not come*

אֶל־הָעִיר הַזֹּאת prep.-def.art.-n.f.s. (746)-def.art.-demons.adj. f.s. (260) *into this city*

וְלֹא־יוֹרֶה שָׁם conj.-neg.-Hi. impf. 3 m.s. (ירה 434)-adv. (1027) *or shoot there*

חֵץ n.m.s. (346) *an arrow*

וְלֹא־יְקַדְּמֶנָּה conj.-neg.-Pi. impf. 3 m.s.-3 f.s. sf. (869) *or come before it*

מָגֵן n.m.s. (171) *with a shield*

וְלֹא־יִשְׁפֹּךְ conj.-neg.-Qal impf. 3 m.s. (שׁפך 1049) *or cast up*

עָלֶיהָ prep.-3 f.s. sf. *against it*

סֹלְלָה n.f.s. (700) *a siege-mound*

37:34

בַּדֶּרֶךְ prep.-def.art.-n.m.s. (202) *by the way*

אֲשֶׁר־בָּא rel. (81)-Qal pf. 3 m.s. (בוא 97) *that he came*

בָּהּ prep.-3 f.s. sf. *by the same*

יָשׁוּב Qal impf. 3 m.s. (שׁוב 996) *he shall return*

וְאֶל־הָעִיר conj.-prep.-def.art.-n.f.s. (746) *and into ... city*

הַזֹּאת def.art.-demons.adj. f.s. (260) *this*

לֹא יָבוֹא neg.-Qal impf. 3 m.s. (97) *he shall not come*

נְאֻם־יְהוָה subst. s. cstr. (610)-pr.n. (217) *says Yahweh*

37:35

וְנַנּוֹתִי conj.-Qal pf. 1 c.s. (גָּנַן 170) *for I will defend*

עַל־הָעִיר הַזֹּאת prep.-def.art.-n.f.s. (746)-def.art.-demons.adj. f.s. (260) *this city*

לְהוֹשִׁיעָהּ prep.-Hi. inf.cstr.-3 f.s. sf. (יָשַׁע 446) *to save it*

לְמַעֲנִי prep.-prep.-1 c.s. sf. (775) *for my own sake*

וּלְמַעַן conj.-prep.-prep. (775) *and for the sake of*

דָּוִד pr.n. (187) *David*

עַבְדִּי n.m.s.-1 c.s. sf. (713) *my servant*

37:36

וַיֵּצֵא consec.-Qal impf. 3 m.s. (יָצָא 422) *and went forth*

מַלְאַךְ n.m.s. cstr. (521) *the angel of*

יְהוָה pr.n. (217) *Yahweh*

וַיַּכֶּה consec.-Hi. impf. 3 m.s. (נָכָה 645) *and slew*

בְּמַחֲנֵה prep.-n.m.s. cstr. (334) *in the camp of*

אַשּׁוּר pr.n. (78) *the Assyrians*

מֵאָה num. f.s. (547) *a hundred*

וּשְׁמֹנִים conj.-num. p. (1033) *and eighty-*

וַחֲמִשָּׁה conj.-num. f.s. (331) *five*

אֶלֶף n.m.s. (48) *thousand*

וַיַּשְׁכִּימוּ consec.-Hi. impf. 3 m.p. (שָׁכַם 1014) *and when men arose early*

בַבֹּקֶר prep.-def.art.-n.m.s. (133) *in the morning*

וְהִנֵּה conj.-interj. (243) *behold*

כֻלָּם n.m.s.-3 m.p. sf. (481) *these all*

פְּגָרִים n.m.p. (803) *bodies (corpses)*

מֵתִים Qal act.ptc. m.p. (מוּת 559) *dead*

37:37

וַיִּסַּע consec.-Qal impf. 3 m.s. (נָסַע 652) *then departed*

וַיֵּלֶךְ consec.-Qal impf. 3 m.s. (הָלַךְ 229) *and went home*

וַיָּשָׁב consec.-Qal impf. 3 m.s. (שׁוּב 996) *and returned*

סַנְחֵרִיב pr.n. (703) *Sennacherib*

מֶלֶךְ־ n.m.s. cstr. (I 572) *the king of*

אַשּׁוּר pr.n. (78) *Assyria*

וַיֵּשֶׁב consec.-Qal impf. 3 m.s. (יָשַׁב 442) *and dwelt*

בְּנִינְוֵה prep.-pr.n. (644) *at Nineveh*

37:38

וַיְהִי consec.-Qal impf. 3 m.s. (224) *and as he was*

הוּא pers.pr. 3 m.s. (214) *he*

מִשְׁתַּחֲוֶה Hithpalel ptc. (שָׁחָה 1005) *worshiping*

בֵּית נִסְרֹךְ n.m.s. cstr. (108)-pr.n. (652) *in the house of Nisroch*

אֱלֹהָיו n.m.p.-3 m.s. sf. (43) *his god*

וְאַדְרַמֶּלֶךְ conj.-pr.n. (12) *Adrammelech*

וְשַׂרְאֶצֶר conj.-pr.n. (974) *and Sharezer*

בָּנָיו n.m.p.-3 m.s. sf. (119) *his sons*

הִכֻּהוּ Hi. pf. 3 m.s.-3 m.s. sf. (נָכָה 645) *slew him*

בַחֶרֶב prep.-def.art.-n.f.s. (352) *with the sword*

וְהֵמָּה conj.-pers.pr. 3 m.p. (241) *and they*

נִמְלְטוּ Ni. pf. 3 c.p. (מָלַט 572) *escaped*

אֶרֶץ n.f.s. cstr. (75) *into the land of*

אֲרָרָט pr.n. (76) *Ararat*

וַיִּמְלֹךְ consec.-Qal impf. 3 m.s. (573) *and reigned*

אֵסַר־חַדֹּן pr.n. (64) *Esarhaddon*

בְּנוֹ n.m.s.-3 m.s. sf. (119) *his son*

תַּחְתָּיו prep.-3 m.s. sf. (1065) *in his stead*

38:1

בַּיָּמִים prep.-def.art.-n.m.p. (398) *in ... days*

הָהֵם def.art.-demons.adj. m.p. (241) *those*

חָלָה Qal pf. 3 m.s. (I 317) *became sick*

חִזְקִיָּהוּ pr.n. (306) *Hezekiah*

לָמוּת prep.-Qal inf.cstr. (559) *and was at the point of death*

וַיָּבוֹא consec.-Qal impf. 3 m.s. (בּוֹא 97) *and came*

אֵלָיו prep.-3 m.s. sf. *to him*

יְשַׁעְיָהוּ pr.n. (447) *Isaiah*

בֶן־אָמוֹץ n.m.s. cstr. (119)-pr.n. (55) *the son of Amoz*

הַנָּבִיא def.art.-n.m.s. (611) *the prophet*

וַיֹּאמֶר consec.-Qal impf. 3 m.s. (55) *and said*

אֵלָיו prep.-3 m.s. sf. *to him*

כֹּה־אָמַר adv. (462)-Qal pf. 3 m.s. (55) *thus says*

יְהוָה pr.n. (217) *Yahweh*

צַו Pi. impv. 2 m.s. (צָוָה 845) *set in order*

לְבֵיתֶךָ prep.-n.m.s.-2 m.s. sf. (108) *your house*

כִּי מֵת conj.-Qal act.ptc. (מוּת 559) *for ... shall die*

אַתָּה pers.pr. 2 m.s. (61) *you*

וְלֹא תִחְיֶה conj.-neg.-Qal impf. 2 m.s. (חָיָה 310) *you shall not recover*

38:2

וַיַּסֵּב consec.-Hi. impf. 3 m.s. (סָבַב 685) *then turned*

חִזְקִיָּהוּ pr.n. (306) *Hezekiah*

פָּנָיו n.m.p.-3 m.s. sf. (815) *his face*

אֶל־הַקִּיר prep.-def.art.-n.m.s. (885) *to the wall*

וַיִּתְפַּלֵּל consec.-Hith. impf. 3 m.s. (פָּלַל 813) *and prayed*

אֶל־יְהוָה prep.-pr.n. (217) *to Yahweh*

38:3

וַיֹּאמַר consec.-Qal impf. 3 m.s. (55) *and said*

אָנָּה interj. (58; GK 16fN) *I beseech thee*

יְהוָה pr.n. (217) *O Yahweh*

זְכָר־נָא Qal impv. 2 m.s. (269)-part. of entreaty (609) *remember now*

אֵת אֲשֶׁר dir.obj.-rel. (GK 157c) *how*

הִתְהַלַּכְתִּי Hith. pf. 1 c.s. (הָלַךְ 229) *I have walked*

לְפָנֶיךָ prep.-n.m.p.-2 m.s. sf. (815) *before thee*

בֶּאֱמֶת prep.-n.f.s. (54) *in faithfulness*

וּבְלֵב שָׁלֵם conj.-prep.-n.m.s. (524)-adj. m.s. (1023) *and with a whole heart*

וְהַטּוֹב conj.-def.art.-n.m.s. (375) *and what is good*

בְּעֵינֶיךָ prep.-n.f. du.-2 m.s. sf. (744) *in thy sight*

עָשִׂיתִי Qal pf. 1 c.s. (עָשָׂה I 793) *have done*

וַיֵּבְךְּ consec.-Qal impf. 3 m.s. (בָּכָה 113) *and wept*

חִזְקִיָּהוּ pr.n. (306) *Hezekiah*

בְּכִי גָדוֹל n.m.s. (113)-adj. m.s. (152) *bitterly (great weeping)*

38:4

וַיְהִי consec.-Qal impf. 3 m.s. (224) *then came*

דְּבַר־יְהוָה n.m.s. cstr. (182)-pr.n. (217) *the word of Yahweh*

אֶל־יְשַׁעְיָהוּ prep.-pr.n. (447) *to Isaiah*

לֵאמֹר prep.-Qal inf.cstr. (55) *(saying)*

38:5

הָלוֹךְ Qal inf.abs. (229; GK 113bb) *go*

וְאָמַרְתָּ conj.-Qal pf. 2 m.s. (55) *and say*

אֶל־חִזְקִיָּהוּ prep.-pr.n. (306) *to Hezekiah*

כֹּה־אָמַר adv. (462)-Qal pf. 3 m.s. (55) *thus says*

יְהוָה pr.n. (217) *Yahweh*

אֱלֹהֵי דָוִד n.m.p. cstr. (43)-pr.n. (187) *the God of David*

אָבִיךָ n.m.s.-2 m.s. sf. (3) *your father*

שָׁמַעְתִּי Qal pf. 1 c.s. (1033) *I have heard*

אֶת־תְּפִלָּתֶךָ dir.obj.-n.f.s.-2 m.s. sf. (813) *your prayer*

רָאִיתִי Qal pf. 1 c.s. (906) *I have seen*

אֶת־דִּמְעָתֶךָ dir.obj.-n.f.s.-2 m.s. sf. (199) *your tears*

הִנְנִי interj.-1 c.s. sf. (243) *behold I*

יוֹסִף Qal act.ptc. (יָסַף 414; GK 50e,155f) *will add*

עַל־יָמֶיךָ prep.-n.m.p.-2 m.s. sf. (398) *to your life (days)*

חֲמֵשׁ num. m.s. (331) *five*

עֶשְׂרֵה num. f.s. (797) *ten*

שָׁנָה n.f.s. (1040) *years*

38:6

וּמִכַּף conj.-prep.-n.f.s. (496) *and out of the hand of*

מֶלֶךְ־ n.m.s. cstr. (I 572) *the king of*

אַשּׁוּר pr.n. (78) *Assyria*

אַצִּילְךָ Hi. impf. 1 c.s.-2 m.s. sf. (נָצַל 664) *I will deliver you*

וְאֵת הָעִיר conj.-dir.obj.-def.art.-n.f.s. (746) *and ... city*

הַזֹּאת def.art.-demons.adj. m.s. (260) *this*

וְגַנּוֹתִי conj.-Qal pf. 1 c.s. (גָּנַן 170) *and defend*

עַל־הָעִיר הַזֹּאת prep.-def.art.-n.f.s. (746)-def.art.-demons.adj. f.s. (260) *this city*

38:7

וְזֶה־לְּךָ conj.-demons.adj. m.s. (260)-prep.-2 m.s. sf. *this is to you*

הָאוֹת def.art.-n.m.s. (16) *the sign*

מֵאֵת יְהוָה prep.-prep. (II 85)-pr.n. (217) *from Yahweh*

אֲשֶׁר יַעֲשֶׂה rel. (81)-Qal impf. 3 m.s. (I 793) *that will do*

יְהוָה pr.n. (217) *Yahweh*

אֶת־הַדָּבָר הַזֶּה dir.obj.-def.art.-n.m.s. (182)-def.art.-demons.adj. m.s. (260) *this thing*

אֲשֶׁר דִּבֵּר rel. (81)-Pi. pf. 3 m.s. (180) *that he has promised*

38:8

הִנְנִי interj.-1 c.s. sf. (263) *behold I*

מֵשִׁיב Hi. ptc. (שׁוּב 996) *will make turn back*

אֶת־צֵל dir.obj.-n.m.s. cstr. (853) *the shadow*

הַמַּעֲלוֹת def.art.-n.f.p. (752) *(on the steps)*

אֲשֶׁר יָרְדָה rel. (81)-Qal pf. 3 f.s. (יָרַד 432) *turned back*

בְמַעֲלוֹת prep.-n.f.p. cstr. (752) *on the dial of*

אָחָז pr.n. (28) *Ahaz*

בַּשֶּׁמֶשׁ prep.-def.art.-n.f.s. (1039) *by the sun*

אֲחֹרַנִּית adv. (30) *backwards*

עֶשֶׂר num. m.s. (796) *ten*

מַעֲלוֹת n.f.p. (752) *steps*

וַתָּשָׁב consec.-Qal impf. 3 f.s. (שׁוּב 996) *so turned back*

הַשֶּׁמֶשׁ def.art.-n.f.s. (1039) *the sun*

עֶשֶׂר v.supra *ten*

מַעֲלוֹת v.supra *steps*

בַּמַּעֲלוֹת prep.-def.art.-v.supra *by which (the steps)*

אֲשֶׁר יָרָדָה rel. (81)-Qal pf. 3 f.s. paus. (יָרַד 432) *it had declined*

38:9

מִכְתָּב n.m.s. (508) *a writing*

לְחִזְקִיָּהוּ prep.-pr.n. (306) *of Hezekiah*

מֶלֶךְ־ n.m.s. cstr. (I 572) *king of*

יְהוּדָה pr.n. (397) *Judah*

בַּחֲלֹתוֹ prep.-Qal inf.cstr.-3 m.s. sf. (חָלָה I 317; GK 114r) *after he had been sick*

וַיְחִי consec.-Qal impf. 3 m.s. (חָיָה 310) *and had recovered*

מֵחָלְיוֹ prep.-n.m.s.-3 m.s. sf. (318) *from his sickness*

38:10

אֲנִי אָמַרְתִּי pers.pr. 1 c.s. (58)-Qal pf. 1 c.s. (55) *I said*

בִּדְמִי prep.-n.m.s. cstr. (198) *in the noontide of*

יָמַי n.m.p.-1 c.s. sf. (398) *my days*

אֵלֵכָה Qal impf. 1 c.s.-coh.he (הָלַךְ 229; GK 108g) *I must depart*

בְּשַׁעֲרֵי prep.-n.m.p. cstr. (1044) *to the gates of*

שְׁאוֹל n.f.s. (982) *Sheol*

פֻּקַּדְתִּי Pu. pf. 1 c.s. (823; GK 121d) *I am consigned*

יֶתֶר n.m.s. cstr. (451) *the rest of*

שְׁנוֹתָי n.f.p.-1 c.s. sf. paus. (1040) *my years*

38:11

אָמַרְתִּי Qal pf. 1 c.s. (55) *I said*

לֹא־אֶרְאֶה neg.-Qal impf. 1 c.s. (906) *I shall not see*

יָהּ יָהּ pr.n. (219)-pr.n. (219) prb. dittography for יהוה *Yahweh*

בְּאֶרֶץ prep.-n.f.s. cstr. (75) *in the land of*

הַחַיִּים def.art.-n.m.p. (313) *the living*

לֹא־אַבִּיט neg.-Hi. impf. 1 c.s. (נָבַט 613) *I shall look ... no*

אָדָם n.m.s. (9) *upon man*

עוֹד adj. (728) *more*

עִם־יוֹשְׁבֵי prep.-Qal act.ptc. m.p. cstr. (יָשַׁב 442) *among inhabitants of*

חָדֶל n.m.s. paus. (293) *the world* (lit.-cessation)

38:12

דּוֹרִי n.m.s.-1 c.s. sf. (189) *my dwelling*

נִסַּע Ni. pf. 3 m.s. (נָסַע 652) *is plucked up*

וְנִגְלָה conj.-Ni. pf. 3 m.s. (גָּלָה 162) *and is removed*

מִנִּי prep.-1 c.s. sf. *from me*

כְּאֹהֶל prep.-n.m.s. cstr. (13) *like a tent of*

רֹעִי Qal act.ptc.-1 c.s. sf. or v. GK 90m; 944) *shepherd*

קִפַּדְתִּי Pi. pf. 1 c.s. (891) *I have rolled up*

כָאֹרֵג prep.-def.art.-Qal act.ptc. (70) *like a weaver*

חַיַּי n.m.p.-1 c.s. sf. (313) *my life*

מִדַּלָּה prep.-n.f.s. (I 195) *from the loom*

יְבַצְּעֵנִי Pi. impf. 3 m.s.-1 c.s. sf. (130) *he cuts me off*

מִיּוֹם prep.-n.m.s. (398) *from day*

עַד־לַיְלָה prep.-n.m.s. (538) *to night*

תַּשְׁלִימֵנִי Hi. impf. 2 m.s.-1 c.s. sf. (שָׁלַם 1022) *thou dost bring me to an end*

38:13

שִׁוִּיתִי Pi. pf. 1 c.s. (1000 שָׁוָה *I have smoothed*) some rd. שִׁוַּעְתִּי from שָׁוַע 1002 *I cry for help*

עַד־בֹּקֶר prep.-n.m.s. (133) *until morning*

כָּאֲרִי prep.-def.art.-n.m.s. (71) *like a lion*

כֵּן adv. (485) *(thus)*

יְשַׁבֵּר Pi. impf. 3 m.s. (990) *he breaks*

כָּל־ n.m.s. cstr. (481) *all*

עַצְמוֹתָי n.f.p.-1 c.s. sf. (782) *my bones*

מִיּוֹם prep.-n.m.s. (398) *from day*

עַד־לַיְלָה prep.-n.m.s. (538) *to night*

תַּשְׁלִימֵנִי v.38:12 Hi. impf. 2 m.s.-1 c.s. sf. (שָׁלַם 1022) *thou dost bring me to an end*

38:14

כְּסוּס prep.-n.m.s. (I 692) *like a swallow*

עָגוּר כֵּן n.m.s. (723) *a crane*

אֲצַפְצֵף Pilpel impf. 1 c.s. (צָפַף 861) *I clamor*

אֶהְגֶּה Qal impf. 1 c.s. (הָגָה I 211) *I moan*

כַּיּוֹנָה prep.-def.art.-n.f.s. (401) *like a dove*

דַּלּוּ Qal pf. 3 c.p. (דָּלַל 195) *are weary*

עֵינַי n.f.p.-1 c.s. sf. (744) *my eyes*

לַמָּרוֹם prep.-def.art.-n.m.s. (928) *with looking upward*

אֲדֹנָי n.m.p.-1 c.s. sf. (10) *O Lord*

עָשְׁקָה־לִּי n.f.s. (799)-prep.-1 c.s. sf. *I am oppressed*

עָרְבֵנִי Qal impv. 2 m.s.-1 c.s. sf. (II 786; GK 48iN,61fN) *be thou my security*

116

38:15

מַה־ interr. (552) *what*

אֲדַבֵּר Pi. impf. 1 c.s. (180) *can I say*

וְאָמַר־לִי conj.-Qal pf. 3 m.s. (55)-prep.-1 c.s. sf. *for he has spoken to me*

וְהוּא עָשָׂה conj.-pers.pr. 3 m.s. (214)-Qal pf. 3 m.s. (I 793) *and he himself has done it*

אֶדַּדֶּה Hithpael impf. 1 c.s. (דָּדָה 186; GK 55g) *has fled* (lit.-I walked deliberately)

כָּל־שְׁנוֹתַי n.m.s. cstr. (481)-n.f.p.-1 c.s. sf. (1040) *all of my years* but some rd. as n.f.p.-1 c.s. sf. (446)=*as my sleep*

עַל־מַר prep.-adj. m.s. cstr. (600) *because of the bitterness of*

נַפְשִׁי n.f.s.-1 c.s. sf. (659) *my soul*

38:16

אֲדֹנָי n.m.p.-1 c.s. sf. (10) *O Lord*

עֲלֵיהֶם prep.-3 m.p. sf. (10; GK 135p) *by these things*

יִחְיוּ Qal impf. 3 m.p. (311) *men live*

וּלְכָל־בָּהֶן conj.-prep.-n.m.s. cstr. (481)-prep.-3 f.p. sf. (GK 103g) *and in all these*

חַיֵּי רוּחִי n.m.p. cstr. (313)-n.f.s.-1 c.s. sf. (924) *the life of my spirit*

וְתַחֲלִימֵנִי conj.-Hi. impf. 2 m.s.-1 c.s. sf. (חָלַם I 321) *restore me to health*

וְהַחֲיֵנִי conj.-Hi. impv. 2 m.s.-1 c.s. sf. (חָיָה 310; GK 75mm) *and make me live*

38:17

הִנֵּה interj. (243) *lo*

לְשָׁלוֹם prep.-n.m.s. (1022) *for my welfare*

מַר־לִי מָר subst. (600)-prep.-1 c.s. sf.-subst. (600) paus. *that I had great bitterness*

וְאַתָּה conj.-pers.pr. 2 m.s. (61) *but thou*

חָשַׁקְתָּ Qal pf. 2 m.s. (חָשַׁק I 365 – *thou hast loved*) but rd. prb. חָשַׂכְתָּ 362; GK 119ff= *thou hast held back*

נַפְשִׁי n.f.s.-1 c.s. sf. (659) *my life*

מִשַּׁחַת prep.-n.f.s. cstr. (1001) *from the pit of*

בְּלִי subst. (115) *destruction*

כִּי הִשְׁלַכְתָּ conj.-Hi. pf. 2 m.s. (1020) *for thou hast cast*

אַחֲרֵי גֵוְךָ prep.cstr. (29)-n.m.s.-2 m.s. sf. (I 156) *behind my back*

כָּל־חֲטָאָי n.m.s. cstr. (481)-n.m.p.-1 c.s. sf. (307) *all my sins*

38:18

כִּי לֹא שְׁאוֹל conj.-neg.-n.f.s. (982) *for Sheol cannot*

תּוֹדֶךָּ Hi. impf. 3 f.s.-2 m.s. sf. (יָדָה 392) *thank thee*

מָוֶת n.m.s. (560) *death*

יְהַלְלֶךָ Pi. impf. 3 m.s.-2 m.s. sf. (II 237; GK 152z) *cannot praise thee*

לֹא־יְשַׂבְּרוּ neg.-Pi. impf. 3 m.p. (שָׂבַר II 960) *cannot hope*

יוֹרְדֵי־בוֹר Qal act.ptc. m.p. cstr. (432)-n.f.s. (91; GK 116h) *those who go down to the pit*

אֶל־אֲמִתֶּךָ prep.-n.f.s.-2 m.s. sf. (54) *for thy faithfulness*

38:19

חַי חַי adj. m.s. (311)-adj. m.s. (311) *the living, the living*

הוּא יוֹדֶךָ pers.pr. 3 m.s. (214)-Hi. impf. 3 m.s.-2 m.s. sf. (יָדָה 392) *he thanks thee*

כָּמוֹנִי הַיּוֹם prep.-1 c.s. sf.-def.art.-n.m.s. (398) *as I do this day*

אָב n.m.s. (3) *father*

לְבָנִים prep.-n.m.p. (119) *to children*

יוֹדִיעַ Hi. impf. 3 m.s. (יָדַע 393) *makes known*

אֶל־אֲמִתֶּךָ prep.-n.f.s.-2 m.s. sf. (54) *thy faithfulness*

38:20

יהוה pr.n. (217; GK 114i) *Yahweh*

לְהוֹשִׁיעֵנִי prep.-Hi. inf.cstr.-1 c.s. sf. (יָשַׁע 446) *will save me*

וּנְגִנוֹתַי conj.-n.f.p.-1 c.s. sf. (618; GK 86i) *and my stringed instruments*

נְנַגֵּן Pi. impf. 1 c.p. (618) *we will sing*

כָּל־יְמֵי n.m.s. cstr. (481)-n.m.p. cstr. (398) *all the days of*

חַיֵּינוּ n.m.p.-1 c.p. sf. (313) *our life*

עַל־בֵּית prep.-n.m.s. cstr. (108) *at the house of*

יהוה pr.n. (217) *Yahweh*

38:21

וַיֹּאמֶר consec.-Qal impf. 3 m.s. (55) *now had said*

יְשַׁעְיָהוּ pr.n. (447) *Isaiah*

יִשְׂאוּ Qal impf. 2 m.p. (נָשָׂא 669) *let them take*

דְּבֶלֶת n.f.s. cstr. (179) *a cake of*

תְּאֵנִים n.f.p. (1061) *figs*

וְיִמְרְחוּ conj.-Qal impf. 3 m.p. (מָרַח 598) *and apply*

עַל־הַשְּׁחִין prep.-def.art.-n.m.s. (1006) *to the boil*

וְיֶחִי conj.-Qal impf. 3 m.s. apoc. (חָיָה 311) *that he may recover*

117

38:22

וַיֹּאמֶר consec.-Qal impf. 3 m.s. (55) *also had said*

חִזְקִיָּהוּ pr.n. (306) *Hezekiah*

מָה אוֹת interr. (552)-n.m.s. (16) *what is the sign*

כִּי אֶעֱלֶה conj.-Qal impf. 1 c.s. (748) *that I shall go up*

בֵּית n.m.s. cstr. (108) *to the house of*

יְהוָה pr.n. (217) *Yahweh*

39:1

בָּעֵת הַהִוא prep.-def.art.-n.f.s. (773)-def.art. -demons.adj. f.s. (214) *at that time*

שָׁלַח Qal pf. 3 m.s. (1018) *sent*

מְרֹדַךְ בַּלְאֲדָן pr.n. (597; 114) *Merodach-baladan*

בֶּן־ n.m.s. cstr. (119) *the son of*

בַּלְאֲדָן pr.n. (114) *Baladan*

מֶלֶךְ־ n.m.s. cstr. (I 572) *king of*

בָּבֶל pr.n. (93) *Babylon*

סְפָרִים n.m.p. (706; GK 124bN) *envoys with letters*

וּמִנְחָה conj.-n.f.s. (585) *and a present*

אֶל־חִזְקִיָּהוּ prep.-pr.n. (306) *to Hezekiah*

וַיִּשְׁמַע consec.-Qal impf. 3 m.s. (1033) *for he had heard*

כִּי חָלָה conj.-Qal pf. 3 m.s. (317) *that he had been sick*

וַיֶּחֱזָק consec.-Qal impf. 3 m.s. (304) *and had recovered*

39:2

וַיִּשְׂמַח consec.-Qal impf. 3 m.s. (970; GK 15eN) *and welcomed*

עֲלֵיהֶם prep.-3 m.p. sf. *them*

חִזְקִיָּהוּ pr.n. (306) *Hezekiah*

וַיַּרְאֵם consec.-Hi. impf. 3 m.s.-3 m.p. sf. (רָאָה 906) *and he showed them*

אֶת־בֵּית dir.obj.-n.m.s. cstr. (108) *the house of*

נְכֹתֹה n.f.s.-3 m.s. sf. (649) *his treasure*

אֶת־הַכֶּסֶף dir.obj.-def.art.-n.m.s. (494) *the silver*

וְאֶת־הַזָּהָב conj.-dir.obj.-def.art.-n.m.s. (262) *the gold*

וְאֶת־הַבְּשָׂמִים conj.-dir.obj.-def.art.-n.m.p. (141) *(and) the spices*

וְאֵת הַשֶּׁמֶן הַטּוֹב conj.-dir.obj.-def.art.-n.m.s. (1032)-def.art.-adj. m.s. (II 373; GK 126x) *the precious oil*

וְאֵת כָּל־בֵּית conj.-dir.obj.-n.m.s. cstr. (481)-n.m.s. cstr. (108) *and all the house of*

כֵּלָיו n.m.p.-3 m.s. sf. (479) *his weapons (thus his armory)*

וְאֵת כָּל־אֲשֶׁר conj.-dir.obj.-v.supra-rel. (81) *all that*

נִמְצָא Ni. pf. 3 m.s. (or ptc.)(592) *was found*

בְּאֹצְרֹתָיו prep.-n.m.p.-3 m.s. sf. (69) *in his storehouse*

לֹא־הָיָה neg.-Qal pf. 3 m.s. (224) *there was not*

דָבָר n.m.s. (182) *a thing*

אֲשֶׁר rel. (81) *that*

לֹא־הֶרְאָם neg.-Hi. pf. 3 m.s.-3 m.p. sf. (רָאָה 906) *did not show them*

חִזְקִיָּהוּ pr.n. (306) *Hezekiah*

בְּבֵיתוֹ prep.-n.m.s.-3 m.s. sf. (108) *in his house*

וּבְכָל־ conj.-prep.-n.m.s. cstr. (481) *or in all*

מֶמְשַׁלְתּוֹ n.f.s.-3 m.s. sf. (606) *his realm*

39:3

וַיָּבֹא consec.-Qal impf. 3 m.s. (בּוֹא 97) *then came*

יְשַׁעְיָהוּ pr.n. (447) *Isaiah*

הַנָּבִיא def.art.-n.m.s. (611) *the prophet*

אֶל־הַמֶּלֶךְ prep.-def.art.-n.m.s. (I 572) *to King*

חִזְקִיָּהוּ pr.n. (306) *Hezekiah*

וַיֹּאמֶר consec.-Qal impf. 3 m.s. (55) *and said*

אֵלָיו prep.-3 m.s. sf. *to him*

מָה אָמְרוּ interr. (552)-Qal pf. 3 c.p. (55) *what did ... say*

הָאֲנָשִׁים def.art.-n.m.p. (35) *men*

הָאֵלֶּה def.art.-demons.adj. c.p. (41) *these*

וּמֵאַיִן conj.-prep.-subst. (II 34) *and whence*

יָבֹאוּ Qal impf. 3 m.p. (בּוֹא 97) *did they come*

אֵלֶיךָ prep.-2 m.s. sf. *to you*

וַיֹּאמֶר consec.-Qal impf. 3 m.s. (55) *(and) said*

חִזְקִיָּהוּ pr.n. (306) *Hezekiah*

מֵאֶרֶץ prep.-n.f.s. (75) *from a ... country*

רְחוֹקָה adj. f.s. (935) *far*

בָּאוּ Qal pf. 3 c.p. (בּוֹא 97) *they have come*

אֵלַי prep.-1 c.s. sf. *to me*

מִבָּבֶל prep.-pr.n. (93) *from Babylon*

39:4

וַיֹּאמֶר consec.-Qal impf. 3 m.s. (55) *he said*

מָה רָאוּ interr. (552)-Qal pf. 3 c.p. (רָאָה 906) *what have they seen?*

בְּבֵיתֶךָ prep.-n.m.s.-2 m.s. sf. (108) *in your house*

וַיֹּאמֶר v.supra *(and) answered*

חִזְקִיָּהוּ pr.n. (306) *Hezekiah*

אֵת כָּל־אֲשֶׁר dir.obj.-n.m.s. cstr. (481)-rel. (81) *all that is*

בְּבֵיתִי prep.-n.m.s.-1 c.s. sf. (108) *in my house*

רָאוּ Qal pf. 3 c.p. (רָאָה 906) *they have seen*

לֹא־הָיָה neg.-Qal pf. 3 m.s. (224) *there is not*

דָבָר n.m.s. (182) *a thing*

אֲשֶׁר rel. (81) *that*

לֹא־הִרְאִיתִים neg.-Hi. pf. 1 c.s.-3 m.p. sf. (רָאָה 906) *I did not show them*

בְּאוֹצְרֹתַי prep.-n.f.p.-1 c.s. sf. (69) *in my storehouses*

39:5

וַיֹּאמֶר consec.-Qal impf. 3 m.s. (55) *then said*

יְשַׁעְיָהוּ pr.n. (447) *Isaiah*

אֶל־חִזְקִיָּהוּ prep.-pr.n. (306) *to Hezekiah*

שְׁמַע Qal impv. 2 m.s. (1033) *hear*

דְּבַר־ n.m.s. cstr. (182) *the word of*

יהוה צְבָאוֹת pr.n. (217)-pr.n. (838) *Yahweh of hosts*

39:6

הִנֵּה interj. (243) *behold*

יָמִים n.m.p. (398) *days*

בָּאִים Qal act.ptc. m.p. (בּוֹא 97) *are coming*

וְנִשָּׂא conj.-Ni. pf. 3 m.s. (נָשָׂא 669) *when shall be carried*

כָּל־אֲשֶׁר n.m.s. cstr. (481)-rel. (81) *all that is*

בְּבֵיתֶךָ prep.-n.m.s.-2 m.s. sf. (108) *in your house*

וַאֲשֶׁר conj.-rel. (81) *and that which*

אָצְרוּ Qal pf. 3 c.p. (69) *have stored up*

אֲבֹתֶיךָ n.m.p.-2 m.s. sf. (3) *your fathers*

עַד־הַיּוֹם prep.-def.art.-n.m.s. (398) *until ... day*

הַזֶּה def.art.-demons.adj. m.s. (260) *this*

בָּבֶל pr.n. (93) *to Babylon*

לֹא־יִוָּתֵר neg.-Ni. impf. 3 m.s. (יָתַר 451) *shall not be left*

דָּבָר n.m.s. (182) *a thing*

אָמַר Qal pf. 3 m.s. (55) *says*

יהוה pr.n. (217) *Yahweh*

39:7

וּמִבָּנֶיךָ conj.-prep.-n.m.p.-2 m.s. sf. (119) *and some of your own sons*

אֲשֶׁר יֵצְאוּ rel. (81)-Qal impf. 3 m.p. (יָצָא 422) *who went out*

מִמְּךָ prep.-2 m.s. sf. *from you*

אֲשֶׁר תּוֹלִיד rel. (81)-Hi. impf. 2 m.s. (יָלַד 408) *who are born to you*

יִקָּחוּ Qal impf. 3 m.p. paus. (לָקַח 542) *shall be taken away*

וְהָיוּ conj.-Qal pf. 3 c.p. (224) *and they shall be*

סָרִיסִים n.m.p. (710) *eunuchs*

בְּהֵיכַל prep.-n.m.s. cstr. (228) *in the palace of*

מֶלֶךְ n.m.s. cstr. (I 572) *the king of*

בָּבֶל pr.n. (93) *Babylon*

39:8

וַיֹּאמֶר consec.-Qal impf. 3 m.s. (55) *then said*

חִזְקִיָּהוּ pr.n. (306) *Hezekiah*

אֶל־יְשַׁעְיָהוּ prep.-pr.n. (447) *to Isaiah*

טוֹב adj. m.s. (II 373) *is good*

דְּבַר־ n.m.s. cstr. (182) *the word of*

יהוה pr.n. (217) *Yahweh*

אֲשֶׁר דִּבַּרְתָּ rel. (81)-Pi. pf. 2 m.s. (180) *which you have spoken*

וַיֹּאמֶר v.supra *for he thought (said)*

כִּי יִהְיֶה conj.-Qal impf. 3 m.s. (224) *there will be*

שָׁלוֹם n.m.s. (1022) *peace*

וֶאֱמֶת conj.-n.f.s. (54) *and security*

בְּיָמָי prep.-n.m.p.-1 c.s. sf. paus. (398) *in my days*

40:1

נַחֲמוּ נַחֲמוּ Pi. impv. 2 m.p. (636)-v.supra *comfort, comfort*

עַמִּי n.m.s.-1 c.s. sf. (766) *my people*

יֹאמַר Qal impf. 3 m.s. (55; GK 107f) *says*

אֱלֹהֵיכֶם n.m.p.-2 m.p. sf. (43) *your God*

40:2

דַּבְּרוּ Pi. impv. 2 m.p. (180) *speak*

עַל־לֵב prep.-n.m.s. cstr. (523) *tenderly*

יְרוּשָׁלַ͏ִם pr.n. (436) *to Jerusalem*

וְקִרְאוּ conj.-Qal impv. 2 m.p. (894) *and cry*

אֵלֶיהָ prep.-3 f.s. sf. *to her*

כִּי מָלְאָה conj.-Qal pf. 3 f.s. (569) *that ... is ended*

צְבָאָהּ n.m.s.-3 f.s. sf. (838) *her warfare*

כִּי נִרְצָה conj.-Ni. pf. 3 f.s. (953) *that ... is pardoned*

עֲוֹנָהּ n.m.s.-3 f.s. sf. (730) *her iniquity*

כִּי לָקְחָה conj.-Qal pf. 3 f.s. (542) *that she has received*

מִיַּד יהוה prep.-n.f.s. cstr. (388)-pr.n. (217) *from Yahweh's hand*

כִּפְלַיִם n.m. du. (495) *double*

בְּכָל־ prep.-n.m.s. cstr. (481) *for all*

חַטֹּאתֶיהָ n.f.p.-3 f.s. sf. (308) *her sins*

40:3

קוֹל n.m.s. cstr. (876; GK 146b) *a voice*

קוֹרֵא Qal act.ptc. m.s. (894) *cries*

בַּמִּדְבָּר prep.-def.art.-n.m.s. (184) *in the wilderness*

פַּנּוּ Pi. impv. 2 m.p. (815) *prepare*

דֶּרֶךְ יהוה n.m.s. cstr. (202)-pr.n. (217) *the way of Yahweh*

יַשְּׁרוּ Pi. impv. 2 m.p. (יָשַׁר 448) *make straight*

בָּעֲרָבָה prep.-def.art.-n.f.s. (787) *in the desert*

מְסִלָּה n.f.s. (700) *a highway*

לֵאלֹהֵינוּ prep.-n.m.p.-1 c.p. sf. (43) *for our God*

40:4

כָּל־גֶּיא n.m.s. cstr. (481)-n.m.s. (161; GK 93v) *every valley*

יִנָּשֵׂא Ni. impf. 3 m.s. (669) *shall be lifted up*

וְכָל־הַר conj.-n.m.s. cstr. (481)-n.m.s. (249) *and every mountain*

וְגִבְעָה conj.-n.f.s. (148) *and hill*

יִשְׁפָּלוּ Qal impf. 3 m.p. (1050) *be made low*

וְהָיָה conj.-Qal pf. 3 m.s. (224) *shall become*

הֶעָקֹב def.art.-adj. m.s. (II 784) *the uneven ground*

לְמִישׁוֹר prep.-n.m.s. (449) *level*

וְהָרְכָסִים conj.-def.art.-n.m.p. (940) *and the rough places*

לְבִקְעָה prep.-n.f.s. (132) *a plain*

40:5

וְנִגְלָה conj.-Ni. pf. 3 m.s. (162) *and ... shall be revealed*

כְּבוֹד יהוה n.m.s. cstr. (458)-pr.n. (217) *the glory of Yahweh*

וְרָאוּ conj.-Qal pf 3 c.p. (906) *and shall see*

כָל־בָּשָׂר n.m.s. cstr. (481)-n.m.s. (142) *all flesh*

יַחְדָּו adv. (403) *together*

כִּי פִּי יהוה conj.-n.m.s. cstr. (804)-pr.n. (217) *for the mouth of Yahweh*

דִּבֵּר Pi. pf. 3 m.s. (180) *has spoken*

40:6

קוֹל n.m.s. (876; GK 146b) *a voice*

אֹמֵר Qal act.ptc. (55) *says*

קְרָא Qal impv. 2 m.s. (894) *cry*

וְאָמַר conj.-Qal pf. 3 m.s. (55; GK 112qq) *and I said*

מָה אֶקְרָא interr. (552)-Qal impf. 1 c.s. (894) *what shall I cry?*

כָּל־הַבָּשָׂר n.m.s. cstr. (481; GK 127c)-def.art. -n.m.s. (142) *all flesh*

חָצִיר n.m.s. (348) *grass*

וְכָל־חַסְדּוֹ conj.-v.supra-n.m.s.-3 m.s. sf. (338) *and all its beauty*

כְּצִיץ הַשָּׂדֶה prep.-n.m.s. cstr. (847)-def.art. -n.m.s. (961) *like the flower of the field*

40:7

יָבֵשׁ Qal pf. 3 m.s. (386) *withers*

חָצִיר n.m.s. (348) *grass*

נָבֵל Qal pf. 3 m.s. (615) *fades*

צִיץ n.m.s. (847) *the flower*

כִּי רוּחַ יהוה conj.-n.f.s. cstr. (924)-pr.n. (217) *when the breath of Yahweh*

נָשְׁבָה בּוֹ Qal pf. 3 f.s. (674)-prep.-3 m.s. sf. *blows upon it*

אָכֵן חָצִיר adv. (38)-n.m.s. (348) *surely ... is grass*

הָעָם def.art.-n.m.s. (766) *the people*

40:8

יָבֵשׁ חָצִיר v.40:7 *the grass withers*

נָבֵל צִיץ v.40:7 *the flower fades*

וּדְבַר־אֱלֹהֵינוּ conj.-n.m.s. cstr. (182)-n.m.p.-1 c.p. sf. (43) *but the word of our God*

יָקוּם Qal impf. 3 m.s. (877) *will stand*

לְעוֹלָם prep.-n.m.s. (761) *for ever*

40:9

עַל הַר־גָּבֹהַ prep.-n.m.s. (249)-adj. m.s. (147) *to a high mountain*

עֲלִי־לָךְ Qal impv. 2 f.s. (748; GK 119s)-prep.-2 f.s. sf. *get up*

מְבַשֶּׂרֶת Pi. ptc. f.s. (142) *herald of good tidings*

צִיּוֹן pr.n. (851) *O Zion*

הָרִימִי Hi. impv. 2 f.s. (926) *lift up*

בַּכֹּחַ prep.-def.art.-n.m.s. (470) *with strength*

קוֹלֵךְ n.m.s.-2 f.s. sf. (876) *your voice*

מְבַשֶּׂרֶת v.supra *herald of good tidings*

יְרוּשָׁלַ͏ִם pr.n. paus. (436) *O Jerusalem*

הָרִימִי v.supra *lift it up*

אַל־תִּירָאִי neg.-Qal impf. 2 f.s. (431) *fear not*

אִמְרִי Qal impv. 2 f.s. (55) *say*

לְעָרֵי יְהוּדָה prep.-n.f.p. cstr. (746)-pr.n. (397) *to the cities of Judah*

הִנֵּה interj. (243) *behold*

אֱלֹהֵיכֶם n.m.p.-2 m.p. sf. (43) *your God*

40:10

הִנֵּה interj. (243) *behold*

אֲדֹנָי יהוה n.m.p.-1 c.s. sf. (10)-pr.n. (217) *the Lord Yahweh*

בְּחָזָק prep.-n.m.s. (305; GK 119i) *with might*

יָבוֹא Qal impf. 3 m.s. (97) *comes*

וּזְרֹעוֹ conj.-n.f.s.-3 m.s. sf. (283) *and his arm*

מֹשְׁלָה Qal act.ptc. f.s. (605) *rules*

לוֹ prep.-3 m.s. sf. *for him*

הִנֵּה v.supra *behold*

שְׂכָרוֹ n.m.s.-3 m.s. sf. (969) *his reward*

אִתּוֹ prep.-3 m.s. sf. (85) *is with him*

וּפְעֻלָּתוֹ conj.-n.f.s.-3 m.s. sf. (821) *and his recompense*

לְפָנָיו prep.-n.m.p.-3 m.s. sf. (815) *before him*

40:11

כְּרֹעֶה prep.-Qal act.ptc. (944) *like a shepherd*

עֶדְרוֹ n.m.s.-3 m.s. sf. (727) *his flock*

יִרְעֶה Qal impf. 3 m.s. (944) *he will feed*

בִּזְרֹעוֹ prep.-n.f.s.-3 m.s. sf. (283) *in his arms*

יְקַבֵּץ Pi. impf. 3 m.s. (867) *he will gather*

טְלָאִים n.m.p. (378; GK 93x) *the lambs*

וּבְחֵיקוֹ conj.-prep.-n.m.s.-3 m.s. sf. (300) *in his bosom*

יִשָּׂא Qal impf. 3 m.s. (669) *he will carry them*

עָלוֹת Qal act.ptc. f.p. (732) *those that are with young*

יְנַהֵל Pi. impf. 3 m.s. (624) *gently lead*

40:12

מִי־מָדַד interr. (566)-Qal pf. 3 m.s. (551) *who has measured*

בְּשָׁעֳלוֹ prep.-n.m.s.-3 m.s. sf. (1043) *in the hollow of his hand*

מַיִם n.m.p. (565) *the waters*

וְשָׁמַיִם conj.-n.m. du. (1029) *and ... the heavens*

בַּזֶּרֶת prep.-def.art.-n.f.s. (284) *with a span*

תִּכֵּן Pi. pf. 3 m.s. (1067) *marked off*

וְכָל conj.-Qal pf. 3 m.s. (465) *and enclosed*

בַּשָּׁלִשׁ prep.-def.art.-n.m.s. (I 1026) *in a measure*

עֲפַר הָאָרֶץ n.m.s. cstr. (779)-def.art.-n.f.s. (75) *the dust of the earth*

וְשָׁקַל conj.-Qal pf. 3 m.s. (1053) *and weighed*

בַּפֶּלֶס prep.-def.art.-n.m.s. (813) *in scales*

הָרִים n.m.p. (249) *the mountains*

וּגְבָעוֹת conj.-n.f.p. (148) *and the hills*

בְּמֹאזְנָיִם prep.-n.m. du. paus. (24) *in a balance*

40:13

מִי־תִכֵּן interr. (566)-v.40:12 *who has directed*

אֶת־רוּחַ יהוה dir.obj.-n.f.s. cstr. (924)-pr.n. (217) *the Spirit of Yahweh*

וְאִישׁ conj.-n.m.s. (35) *or (who; one)*

עֲצָתוֹ n.f.s.-3 m.s. sf. (420) *as his counselor*

יוֹדִיעֶנּוּ Hi. impf. 3 m.s.-3 m.s. sf. (393) *has instructed him*

40:14

אֶת־מִי dir.obj.-interr. (566) *whom*

נוֹעָץ Ni. pf. 3 m.s. (419) *did he consult*

וַיְבִינֵהוּ consec.-Hi. impf. 3 m.s.-3 m.s. sf. (106) *for his enlightenment*

וַיְלַמְּדֵהוּ consec.-Pi. impf. 3 m.s.-3 m.s. sf. (540) *and who taught him*

בְּאֹרַח prep.-n.m.s. cstr. (73) *the path of*

מִשְׁפָּט n.m.s. (1048) *justice*

וַיְלַמְּדֵהוּ v.supra *and taught him*

דַעַת n.f.s. (395) *knowledge*

וְדֶרֶךְ conj.-n.m.s. cstr. (202) *and ... the way of*

תְּבוּנוֹת n.f.p. (108; GK 124e) *understanding*

יוֹדִיעֶנּוּ Hi. impf. 3 m.s.-3 m.s. sf. (393) *showed him*

40:15

הֵן interj. (243) *behold*

גּוֹיִם n.m.p. (156) *the nations*

כְּמַר prep.-n.m.s. cstr. (II 601) *like a drop*

מִדְּלִי prep.-n.m.s. (194) *from a bucket*

וּכְשַׁחַק conj.-prep.-n.m.s. cstr. (1007) *and as the dust*

מֹאזְנַיִם n.m. du. (24) *on the scales*

נֶחְשָׁבוּ Ni. pf. 3 c.p. paus. (362) *are accounted*

הֵן v.supra *behold*

אִיִּים n.m.p. (I 15) *the isles*

כַּדַּק prep.-def.art.-adj. m.s. (201) *like fine dust*

יִטּוֹל Qal impf. 3 m.s. (642) *he takes up*

40:16

וּלְבָנוֹן conj.-pr.n. (526) *Lebanon*

אֵין subst. cstr. (II 34) *would not*

דֵּי subst. cstr. (191) *suffice*

בָּעֵר Pi. inf.cstr. (128) *for fuel*

וְחַיָּתוֹ conj.-n.f.s.-3 m.s. sf. (312) *its beasts*

אֵין דֵּי v.supra *are not enough*

עוֹלָה n.f.s. (750) *for a burnt offering*

40:17

כָּל־הַגּוֹיִם n.m.s. cstr. (481)-def.art.-n.m.p. (156) *all the nations*

כְּאַיִן prep.-subst. (II 34) *are as nothing*

נֶגְדּוֹ prep. (617)-3 m.s. sf. *before him*

מֵאֶפֶס prep.-subst. (II 67) *as less than nothing*

וָתֹהוּ conj.-n.m.s. (1062) *and emptiness*

נֶחְשְׁבוּ־לוֹ Ni. pf. 3 c.p. (362)-prep.-3 m.s. sf. *they are accounted by him*

40:18

וְאֶל־מִי conj.-prep.-interr. (566) *to whom*

תְּדַמְּיוּן Pi. impf. 2 m.p. (197; GK 75dd) *will you liken*

אֵל n.m.s. (42) *God*

וּמַה־דְּמוּת conj.-interr. (552)-n.f.s. (198) *or what likeness*

תַּעַרְכוּ־לוֹ Qal impf. 2 m.p. (789; GK 15c)-prep.-3 m.s. sf. *compare with him*

40:19

הַפֶּסֶל def.art.-n.m.s. (820) *the idol*

נָסַךְ Qal pf. 3 m.s. (650) *casts*

חָרָשׁ n.m.s. (360) *a workman*

וְצֹרֵף conj.-Qal act.ptc. m.s. (864) *and a goldsmith*

בַּזָּהָב prep.-def.art.-n.m.s. (262) *with gold*

יְרַקְּעֶנּוּ Pi. impf. 3 m.s.-3 m.s. sf. (955) *overlays it*

וּרְתֻקוֹת conj.-n.f.p. cstr. (958) *chains of*

כֶּסֶף n.m.s. (494; GK 119hh) *silver*

צוֹרֵף Qal act.ptc. m.s. (864) *casts*

40:20

הַמְסֻכָּן def.art.-Pu. ptc. m.s. (II 698) *he who is impoverished*

תְּרוּמָה n.f.s. (929) *for an offering*

עֵץ n.m.s. (781) *wood*

לֹא־יִרְקַב neg.-Qal impf. 3 m.s. (955; GK 155f) *that will not rot*

יִבְחָר Qal impf. 3 m.s. (103) *chooses*

חָרָשׁ n.m.s. (360) *craftsman*

חָכָם adj. m.s. (314) *skilled*

יְבַקֶּשׁ־לוֹ Pi. impf. 3 m.s. (134)-prep.-3 m.s. sf. *he seeks out*

לְהָכִין prep.-Hi. inf.cstr. (465) *to establish*

פֶּסֶל n.m.s. (820) *an image*

לֹא יִמּוֹט neg.-Ni. impf. 3 m.s. (556; GK 156g) *that will not move*

40:21

הֲלוֹא תֵדְעוּ interr.part.-neg.-Qal impf. 2 m.p. (393 יָדַע) *have you not known?*

הֲלוֹא תִשְׁמָעוּ v.supra-Qal impf. 2 m.p. paus. (1033) *have you not heard?*

הֲלוֹא הֻגַּד v.supra-Ho. pf. 3 m.s. (נגד 616) *has it not been told?*

מֵרֹאשׁ prep.-n.m.s. (910) *from the beginning*

לָכֶם prep.-2 m.p. sf. *you*

הֲלוֹא הֲבִינֹתֶם v.supra-Hi. pf. 2 m.p. (בין 106) *have you not understood?*

מוֹסְדוֹת n.m.p. cstr. (414) *from the foundations of*

הָאָרֶץ def.art.-n.f.s. (75) *the earth*

40:22

הַיֹּשֵׁב def.art.-Qal act.ptc. (יָשַׁב 442) *it is he who sits*

עַל־חוּג prep.-n.m.s. cstr. (295) *above the circle of*

הָאָרֶץ def.art.-n.f.s. (75) *the earth*

וְיֹשְׁבֶיהָ conj.-Qal act.ptc. m.p.-3 f.s. sf. (יָשַׁב 442) *and its inhabitants*

כַּחֲגָבִים prep.-def.art.-n.m.p. (290) *are like grasshoppers*

הַנּוֹטֶה def.art.-Qal act.ptc. (נָטָה 639; GK 126b) *who stretches out*

כַדֹּק prep.-def.art.-n.m.s. (201) *like a curtain*

שָׁמַיִם n.m. du. (1029) *the heavens*

וַיִּמְתָּחֵם consec.-Qal impf. 3 m.s.-3 m.p. sf. (607) *and spreads them*

כָּאֹהֶל prep.-def.art.-n.m.s. (13) *like a tent*

לָשָׁבֶת prep.-Qal inf.cstr. paus. (יָשַׁב 442) *to dwell in*

40:23

הַנּוֹתֵן def.art.-Qal act.ptc. (נָתַן 678) *who brings*

רוֹזְנִים Qal act.ptc. m.p. (931) *princes*

לְאָיִן prep.-subst.paus. (34) *to nought*

שֹׁפְטֵי Qal act.ptc. m.p. cstr. (1047) *the rulers of*

אֶרֶץ n.f.s. (75) *the earth*

כַּתֹּהוּ prep.-def.art.-n.m.s. (1062) *as nothing*

עָשָׂה Qal pf. 3 m.s. (I 793) *makes*

40:24

אַף בַּל־ conj. (64)-neg. (115) *scarcely*

נִטָּעוּ Ni. pf. 3 c.p. (642) *are they planted*

אַף בַּל־ v.supra *scarcely*

זֹרָעוּ Pu. pf. 3 c.p. (281) *sown*

אַף בַּל־ v.supra *scarcely*

שֹׁרֵשׁ Poʻel pf. 3 m.s. (1057) *has taken root*

בָּאָרֶץ prep.-def.art.-n.f.s. (75) *in the earth*

גִּזְעָם n.m.s.-3 m.p. sf. (160) *their stem*

וְגַם־נָשַׁף conj.-adv. (168)-Qal pf. 3 m.s. (676) *when he blows*

בָּהֶם prep.-3 m.p. sf. *upon them*

וַיִּבָשׁוּ consec.-Qal impf. 3 m.p. (יָבֵשׁ 386) *and they wither*

וּסְעָרָה conj.-n.f.s. (704) *and the tempest*

כַּקַּשׁ prep.-def.art.-n.m.s. (905) *like stubble*

תִּשָּׂאֵם Qal impf. 3 f.s.-3 m.p. sf. (נָשָׂא 669) *carries them off*

40:25

וְאֶל־מִי conj.-prep.-interr. (566; GK 150m) *to whom then*

תְדַמְּיוּנִי Pi. impf. 2 m.p.-1 c.s. sf. (197) *will you compare me*

וְאֶשְׁוֶה conj.-Qal impf. 1 c.s. (שָׁוָה I 1000) *that I should be like him*

יֹאמַר Qal impf. 3 m.s. (55) *says*

קָדוֹשׁ adj. m.s. (872) *the Holy One*

40:26

שְׂאוּ־מָרוֹם Qal impv. 2 m.p. (נָשָׂא 669)-n.m.s. (928) *lift on high*

עֵינֵיכֶם n.f.p.-2 m.p. sf. (744) *your eyes*

וּרְאוּ conj.-Qal impv. 2 m.p. (רָאָה 906) *and see*

מִי־בָרָא interr. (566)-Qal pf. 3 m.s. (133) *who created*

אֵלֶּה demons. (41) *these*

הַמּוֹצִיא def.art.-Hi. ptc. m.s. (יָצָא 422) *he who brings out*

בְמִסְפָּר prep.-n.m.s. (708) *by number*

צְבָאָם n.m.s.-3 m.p. sf. (838) *their host*

לְכֻלָּם prep.-n.m.s.-3 m.p. sf. (481) *them all*

בְּשֵׁם prep.-n.m.s. (1027) *by name*

יִקְרָא Qal impf. 3 m.s. (894) *calling*

מֵרֹב prep.-n.m.s. cstr. (913) *by the greatness of*

אוֹנִים n.m.p. (20; GK 124e) *his might*

וְאַמִּיץ כֹּחַ conj.-adj. m.s. cstr. (55)-n.m.s. (470) *and because he is strong in power*

אִישׁ n.m.s. (35) *one*

לֹא נֶעְדָּר neg.-Ni. pf. 3 m.s. (עָדַר III 727) *is not missing*

40:27

לָמָּה prep.-interr. (552) *why*

תֹאמַר Qal impf. 2 m.s. (55) *do you say*

יַעֲקֹב pr.n. (784) *O Jacob*

וּתְדַבֵּר conj.-Pi. impf. 2 m.s. (דָּבַר 180) *and speak*

יִשְׂרָאֵל pr.n. (975) *O Israel*

נִסְתְּרָה Ni. pf. 3 f.s. (711) *is hid*

דַּרְכִּי n.f.s.-1 c.s. sf. (202) *my way*

מֵיהוה prep.-pr.n. (217) *from Yahweh*

וּמֵאֱלֹהַי conj.-n.m.p.-1 c.s. sf. (43) *by my God*

מִשְׁפָּטִי n.m.s.-1 c.s. sf. (1048) *my right*

יַעֲבוֹר Qal impf. 3 m.s. (722) *is disregarded*

40:28

הֲלוֹא יָדַעְתָּ interr.part.-neg.-Qal pf. 2 m.s. (יָדַע 393) *have you not known?*

אִם־לֹא שָׁמַעְתָּ hypoth.part.-neg.-Qal pf. 2 m.s. (1033) *have you not heard?*

אֱלֹהֵי עוֹלָם n.m.p. cstr. (43)-n.m.s. (761) *the everlasting God*

יהוה pr.n. (217) *Yahweh*

בּוֹרֵא Qal act.ptc. (135) *the Creator of*

קְצוֹת הָאָרֶץ n.f.p. cstr. (892)-def.art.-n.f.s. (75) *the ends of the earth*

לֹא יִיעַף neg.-Qal impf. 3 m.s. (יָעַף 419) *he does not faint*

וְלֹא יִיגָע conj.-neg.-Qal impf. 3 m.s. (יָגַע 388) *or grow weary*

אֵין חֵקֶר subst.cstr. (II 34)-n.m.s. (350) *is unsearchable*

לִתְבוּנָתוֹ prep.-n.f.s.-3 m.s. sf. (108) *his understanding*

40:29

נֹתֵן Qal act.ptc. (678) *he gives*

לַיָּעֵף prep.-def.art.-adj. m.s. (419) *to the faint*

כֹּחַ n.m.s. (470) *power*

וּלְאֵין אוֹנִים conj.-prep.-subst.cstr. (34; GK 152v) -n.m.p. (20) *and to him who has no might*

עָצְמָה n.f.s. (782) *strength*

יַרְבֶּה Hi. impf. 3 m.s. (I 915) *he increases*

40:30

וְיִעֲפוּ conj.-Qal impf. 3 m.p. (יָעֵף 419; GK 69q) *even ... shall faint*

נְעָרִים n.m.p. (II 654) *youths*

וְיִגָעוּ conj.-Qal impf. 3 m.p. (יָגַע 388) *and be weary*

וּבַחוּרִים conj.-n.m.p. (104) *and young men*

כָּשׁוֹל יִכָּשֵׁלוּ Qal inf.abs.-Ni. impf. 3 m.p. paus. (505) *shall fall exhausted*

40:31

וְקוֹיֵ יהוה conj.-Qal act.ptc. m.p. cstr. (קָוָה I 875; GK 8k)-pr.n. (217) *but they who wait for Yahweh*

יַחֲלִיפוּ Hi. impf. 3 m.p. (322) *shall renew*

כֹּחַ n.m.s. (470) *their strength*

יַעֲלוּ Qal impf. 3 m.p. (עָלָה 748) *they shall mount up*

אֵבֶר n.m.s. (7) *with wings*

כַּנְּשָׁרִים prep.-def.art.-n.m.p. (676) *like eagles*

יָרוּצוּ Qal impf. 3 m.p. (930) *they shall run*

וְלֹא יִיגָעוּ conj.-neg.-Qal impf. 3 m.p. (יָגַע 388) *and not be weary*

יֵלְכוּ Qal impf. 3 m.p. (229) *they shall walk*

וְלֹא יִיעָפוּ conj.-neg.-Qal impf. 3 m.p. (יָעֵף 419) *and not faint*

41:1

הַחֲרִישׁוּ Hi. impv. 2 m.p. (II 361)-GK 119gg) *listen in silence*

אֵלַי prep.-1 c.s. sf. *to me*

אִיִּים n.m.p. (15) *O coastlands*

וּלְאֻמִּים conj.-n.m.p. (522) *the peoples*

יַחֲלִיפוּ Hi. impf. 3 m.p. (322) *let ... renew*

כֹּחַ n.m.s. (470) *their strength*

יִגְּשׁוּ Qal impf. 3 m.p. (620) *let them approach*

אָז adv. (23) *then*

יְדַבֵּרוּ Pi. impf. 3 m.p. paus. (180) *let them speak*

יַחְדָּו adv. (403) *together*

לַמִּשְׁפָּט prep.-def.art.-n.m.s. (1048) *for judgment*

נִקְרָבָה Qal impf. 1 c.p.-coh.he (897) *let us draw near*

41:2

מִי הֵעִיר interr. (566)-Hi. pf. 3 m.s. (734) *who stirred up*

מִמִּזְרָח prep.-n.m.s. (280) *from the east*

צֶדֶק n.m.s. (841) *victory (righteousness)*

יִקְרָאֵהוּ Qal impf. 3 m.s.-3 m.s. sf. (894) *whom ... meets*

לְרַגְלוֹ prep.-n.f.s.-3 m.s. sf. (919) *at every step*

יִתֵּן Qal impf. 3 m.s. (678; GK 155n) *he gives up*

לְפָנָיו prep.-n.m.p.-3 m.s. sf. (815) *before him*

גּוֹיִם n.m.p. (156) *nations*

וּמְלָכִים conj.-n.m.p. (I 572) *so that ... kings*

יַרְדְּ Hi. impf. 3 m.s. (921; GK 75gg) *he tramples under foot*

יִתֵּן v.supra *he makes them*

כֶּעָפָר prep.-def.art.-n.m.s. (779; GK 35nN) *like dust*

חַרְבּוֹ n.f.s.-3 m.s. sf. (352) *with his sword*

כְּקַשׁ נִדָּף prep.-n.m.s. (905)-Ni. ptc. m.s. (623) *like driven stubble*

קַשְׁתּוֹ n.f.s.-3 m.s. sf. (905) *with his bow*

41:3

יִרְדְּפֵם Qal impf. 3 m.s.-3 m.p. sf. (922) *he pursues them*

יַעֲבוֹר Qal impf. 3 m.s. (716) *he passes on*

שָׁלוֹם n.m.s. (1022; GK 118q) *safely*

אֹרַח n.m.s. (73) *by paths*

בְּרַגְלָיו prep.-n.f.p.-3 m.s. sf. (919) *his feet*

לֹא יָבוֹא neg.-Qal impf. 3 m.s. (97) *have not trod*

41:4

מִי־פָעַל interr. (566)-Qal pf. 3 m.s. (821) *who has performed*

וְעָשָׂה conj.-Qal pf. 3 m.s. (I 793) *and done this*

קֹרֵא Qal act.ptc. (894) *calling*

הַדֹּרוֹת def.art.-n.m.p. (189) *the generations*

מֵרֹאשׁ prep.-n.m.s. (910) *from the beginning*

אֲנִי יהוה pers.pr. 1 c.s. (58)-pr.n. (217) *I, Yahweh*

רִאשׁוֹן adj. m.s. (911) *the first*

וְאֶת־אַחֲרֹנִים conj.-dir.obj.-adj. m.p. (30) *and with the last*

אֲנִי־הוּא pers.pr. 1 c.s. (58)-pers.pr. 3 m.s. (214; GK 135aN) *I am He*

41:5

רָאוּ אִיִּים Qal pf. 3 c.p. (רָאָה 906)-n.m.p. (15) *the coastlands have seen*

וַיִּירָאוּ conj.-Qal impf. 3 m.p. (יָרֵא 431) *and are afraid*

קְצוֹת הָאָרֶץ n.f.p. cstr. (892)-def.art.-n.f.s. (75) *the ends of the earth*

יֶחֱרָדוּ Qal impf. 3 m.p. paus. (353) *tremble*

קָרְבוּ Qal pf. 3 c.p. (897) *they have drawn near*

וַיֶּאֱתָיוּן consec.-Qal impf. 3 m.p. (87; GK 75u) *and come*

41:6

אִישׁ n.m.s. (35) *every one*

אֶת־רֵעֵהוּ dir.obj.-n.m.s.-3 m.s. sf. (945) *his neighbor*

יַעְזֹרוּ Qal impf. 3 m.p. (740) *helps*

וּלְאָחִיו conj.-prep.-n.m.s.-3 m.s. sf. (26) *and ... to his brother*

יֹאמַר Qal impf. 3 m.s. (55) *says*

חֲזָק Qal impv. 2 m.s. (304) *take courage*

41:7

וַיְחַזֵּק consec.-Pi. impf. 3 m.s. (304) *(and) encourages*

חָרָשׁ n.m.s. (360) *the craftsman*

אֶת־צֹרֵף dir.obj.-Qal act.ptc. (864) *the goldsmith*

מַחֲלִיק Hi. ptc. (325) *and he who smooths*

פַּטִּישׁ n.m.s. (809) *with the hammer*

אֶת־הוֹלֶם dir.obj.-Qal act.ptc. (240; GK 29f) *him who strikes*

פָּעַם n.f.s. (821) *the anvil*

אֹמֵר Qal act.ptc. (55) *saying*

לַדֶּבֶק prep.-def.art.-n.m.s. (180) *of the soldering*

טוֹב adj. m.s. (373) *good*

הוּא demons. (214) *it is*

וַיְחַזְּקֵהוּ consec.-Pi. impf. 3 m.s.-3 m.s. sf. (304) *and they fasten it*

בְמַסְמְרִים prep.-n.m.p. (702) *with nails*

לֹא יִמּוֹט neg.-Ni. impf. 3 m.s. (מוֹט 556) *so that it cannot be moved*

41:8

וְאַתָּה conj.-pers.pr. 2 m.s. (61) *but you*

יִשְׂרָאֵל pr.n. (975) *Israel*

עַבְדִּי n.m.s.-1 c.s. sf. (712) *my servant*

יַעֲקֹב pr.n. (784) *Jacob*

אֲשֶׁר rel. (81) *whom*

בְּחַרְתִּיךָ Qal pf. 1 c.s.-2 m.s. sf. (103; GK 138d) *I have chosen*

זֶרַע אַבְרָהָם n.m.s. cstr. (282)-pr.n. (4) *the offspring of Abraham*

אֹהֲבִי Qal act.ptc.-1 c.s. sf. (12) *my friend*

41:9

אֲשֶׁר rel. (81) *whom*

הֶחֱזַקְתִּיךָ Hi. pf. 1 c.s.-2 m.s. sf. (304) *you I took*

מִקְצוֹת prep.-n.f.p. cstr. (892) *from the ends of*

הָאָרֶץ def.art.-n.f.s. (75) *the earth*

וּמֵאֲצִילֶיהָ conj.-prep.-n.m.p.-3 f.s. sf. (69) *and from its farthest corners*

קְרָאתִיךָ Qal pf. 1 c.s.-2 m.s. sf. (894) *called*

וָאֹמַר consec.-Qal impf. 1 c.s. (55) *saying*

לְךָ prep.-2 m.s. sf. *to you*

עַבְדִּי־ n.m.s.-1 c.s. sf. (712) *my servant*

אַתָּה pers.pr. 2 m.s. (61) *you are*

בְּחַרְתִּיךָ Qal pf. 1 c.s.-2 m.s. sf. (103) *I have chosen you*

וְלֹא מְאַסְתִּיךָ conj.-neg.-Qal pf. 1 c.s.-2 m.s. sf. (549) *and not cast you off*

41:10

אַל־תִּירָא neg.-Qal impf. 2 m.s. (יָרֵא 431) *fear not*

כִּי עִמְּךָ־אָנִי conj.-prep.-2 m.s. sf.-pers.pr. 1 c.s. (58) *for I am with you*

אַל־תִּשְׁתָּע neg.-Hith. impf. 2 m.s. apoc. (שָׁעָה 1043; GK 75bb) *be not dismayed (gaze not about in anxiety)*

כִּי־אֲנִי אֱלֹהֶיךָ conj.-pers.pr. 1 c.s.-n.m.p.-2 m.s. sf. *for I am your God*

אִמַּצְתִּיךָ Pi. pf. 1 c.s.-2 m.s. sf. (אָמֵץ 54) *I will strengthen you*

אַף־עֲזַרְתִּיךָ conj. (64)-Qal pf. 1 c.s.-2 m.s. sf. (עָזַר 740) *I will help you*

אַף־תְּמַכְתִּיךָ conj. (64)-Qal pf. 1 c.s.-2 m.s. sf. (תָּמַךְ 1069) *I will uphold you*

בִּימִין prep.-n.f.s. cstr. (411) *with ... right hand*

צִדְקִי n.m.s.-1 c.s. sf. (841) *my victorious*

41:11

הֵן interj. (243) *behold*

יֵבֹשׁוּ Qal impf. 3 m.p. (בּוֹשׁ 101) *shall be put to shame*

וְיִכָּלְמוּ conj.-Ni. impf. 3 m.p. (483) *and confounded*

כֹּל n.m.s. cstr. (481) *all*

הַנֶּחֱרִים def.art.-Ni. ptc. m.p. (חָרָה 354) *who are incensed*

בָּךְ prep.-2 m.s. sf. *against you*

יִהְיוּ Qal impf. 3 m.p. (הָיָה 224) *shall be*

כְּאַיִן prep.-neg. (34) *as nothing*

וְיֹאבְדוּ conj.-Qal impf. 3 m.p. (אָבַד 1) *and shall perish*

אַנְשֵׁי n.m.p. cstr. (60) *those who*

רִיבֶךָ n.m.s.-2 m.s. sf. paus. (936) *strive against you*

41:12

תְּבַקְשֵׁם Pi. impf. 2 m.s.-3 m.p. sf. (134) *you shall seek those (them)*

וְלֹא תִמְצָאֵם conj.-neg.-Qal impf. 2 m.s.-3 m.p. sf. (מָצָא 592) *but you shall not find them*

אַנְשֵׁי מַצֻּתֶךָ n.m.p. cstr. (60; GK 135n)-n.f.s.-2 m.s. sf. (663) *those who contend with you*

יִהְיוּ Qal impf. 3 m.p. (הָיָה 224) *shall be*

כְּאַיִן prep.-neg. (34) *as nothing*

וּכְאֶפֶס conj.-prep.-neg. (67) *at all*

אַנְשֵׁי v.supra *those who*

מִלְחַמְתֶּךָ n.f.s.-2 m.s. sf. (536) *war against you*

41:13

כִּי אֲנִי conj.-pers.pr. 1 c.s. (58) *for I*

יהוה אֱלֹהֶיךָ pr.n. (217)-2 m.s. sf. (43) *Yahweh your God*

מַחֲזִיק Hi. ptc. (304) *hold*

יְמִינֶךָ n.f.s.-2 m.s. sf. (411) *your right hand*

הָאֹמֵר def.art.-Qal act.ptc. (55) *it is I who say*

לְךָ prep.-2 m.s. sf. *to you*

אַל־תִּירָא neg.-Qal impf. 2 m.s. (431) *fear not*

אֲנִי pers.pr. 1 c.s. (58) *I*

עֲזַרְתִּיךָ Qal pf. 1 c.s.-2 m.s. sf. (740) *will help you*

41:14

אַל־תִּירְאִי neg.-Qal impf. 2 f.s. (יָרֵא 431) *fear not*

תּוֹלַעַת n.f.s. cstr. (1069) *you worm (of)*

יַעֲקֹב pr.n. (784) *Jacob*

מְתֵי יִשְׂרָאֵל n.m.p. cstr. (607)-pr.n. (975) *you men of Israel*

אֲנִי עֲזַרְתִּיךָ pers.pr. 1 c.s. (58)-Qal pf. 1 c.s.-2 f.s. sf. (740) *I will help you*

נְאֻם־יהוה n.m.s. cstr. (610)-pr.n. (217) *says Yahweh*

וְגֹאֲלֵךְ conj.-Qal act.ptc.-2 f.s. sf. (145) *your redeemer is*

קְדוֹשׁ יִשְׂרָאֵל adj. m.s. cstr. (872)-pr.n. (975) *the Holy One of Israel*

41:15

הִנֵּה interj. (243) *behold*

שַׂמְתִּיךְ Qal pf. 1 c.s.-2 f.s. sf. (שׂוּם 962) *I will make of you*

לְמוֹרַג prep.-n.m.s. (558) *a threshing sledge*

חָרוּץ adj. m.s. (358) *sharp*

חָדָשׁ adj. m.s. (294) *new*

בַּעַל פִּיפִיּוֹת n.m.s. cstr. (127)-n.m.p. (804; GK 96) *and having teeth*

תָּדוּשׁ Qal impf. 2 m.s. (דושׁ 190) *you shall thresh*

הָרִים n.m.p. (249) *the mountains*

וְתָדֹק conj.-Qal impf. 2 m.s. (דקק 200) *and crush them*

וּגְבָעוֹת conj.-n.f.p. (148) *and the hills*

כַּמֹּץ prep.-def.art.-n.m.s. (558) *like chaff*

תָּשִׂים Qal impf. 2 m.s. (962) *you shall make*

41:16

תִּזְרֵם Qal impf. 2 m.s.-3 m.p. sf. (זרה 279) *you shall winnow them*

וְרוּחַ conj.-n.f.s. (924) *and the wind*

תִּשָּׂאֵם Qal impf. 3 f.s.-3 m.p. sf. (נשׂא 669) *shall carry them away*

וּסְעָרָה conj.-n.f.s. (704) *and the tempest*

תָּפִיץ Qal impf. 3 f.s. (פוץ 806) *shall scatter*

אוֹתָם dir.obj.-3 m.p. sf. *them*

וְאַתָּה conj.-pers.pr. 2 m.s. (61) *and you*

תָּגִיל Qal impf. 2 m.s. (גיל 162) *shall rejoice*

בַּיהוה prep.-pr.n. (217) *in Yahweh*

בִּקְדוֹשׁ prep.-adj. m.s. cstr. (872) *in the Holy One of*

יִשְׂרָאֵל pr.n. (975) *Israel*

תִּתְהַלָּל Hith. impf. 2 m.s. paus. (הלל 237) *you shall glory*

41:17

הָעֲנִיִּים def.art.-n.m.p. (776) *the poor*

וְהָאֶבְיוֹנִים conj.-def.art.-n.m.p. (2) *and needy*

מְבַקְשִׁים Pi. ptc.m.p. (134) *seek*

מַיִם n.m.p. (565) *water*

וָאַיִן conj.-neg. (34) *and there is none*

לְשׁוֹנָם n.m.s.-3 m.p. sf. (546) *their tongue*

בַּצָּמָא prep.-def.art.-n.f.s. (854) *with thirst*

נָשָׁתָּה Qal pf. 3 f.s. (נשׁת 677; GK 20i) *is parched*

אֲנִי יהוה pers.pr. 1 c.s. (58)-pr.n. (217) *I Yahweh*

אֶעֱנֵם Qal impf. 1 c.s.-3 m.p. sf. (772) *will answer them*

אֱלֹהֵי n.m.p. cstr. (43) *the God of*

יִשְׂרָאֵל pr.n. (975) *Israel*

לֹא אֶעֶזְבֵם neg.-Qal impf. 1 c.s.-3 m.p. sf. (עזב 736) *will not forsake them*

41:18

אֶפְתַּח Qal impf. 1 c.s. (834) *I will open*

עַל־שְׁפָיִים prep.-n.m.p. (1046) *on the bare heights*

נְהָרוֹת n.f.p. (625) *rivers*

וּבְתוֹךְ conj.-prep.-n.m.s. cstr. as prep. (1063) *and in the midst of*

בְּקָעוֹת n.f.p. (132) *the valleys*

מַעְיָנוֹת n.m.p. (745) *fountains*

אָשִׂים Qal impf. 1 c.s. (שׂום 962) *I will make*

מִדְבָּר n.m.s. (184) *the wilderness*

לַאֲגַם־מַיִם prep.-n.m.s. cstr. (8)-n.m.p. (565) *a pool of water*

וְאֶרֶץ צִיָּה conj.-n.f.s. cstr. (75)-n.f.s. (851) *and the dry land*

לְמוֹצָאֵי prep.-n.m.p. cstr. (425) *springs of*

מָיִם n.m.p. paus. (565) *water*

41:19

אֶתֵּן Qal impf. 1 c.s. (נתן 678) *I will put*

בַּמִּדְבָּר prep.-def.art.-n.m.s. (184) *in the wilderness*

אֶרֶז n.m.s. (72) *the cedar*

שִׁטָּה n.f.s. (1008) *the acacia*

וַהֲדַס conj.-n.m.s. (213) *the myrtle*

וְעֵץ שָׁמֶן conj.-n.m.s. cstr. (781)-n.m.s. paus. (1032) *and the olive*

אָשִׂים Qal impf. 1 c.s. (שׂום 962) *I will set*

בָּעֲרָבָה prep.-def.art.-n.f.s. (787) *in the desert*

בְּרוֹשׁ n.m.s. (141) *the cypress*

תִּדְהָר n.m.s. (187) *the plane*

וּתְאַשּׁוּר conj.-n.f.s. (81) *and the pine*

יַחְדָּו adv. (403) *together*

41:20

לְמַעַן prep.-prep. (775) *that*

יִרְאוּ Qal impf. 3 m.p. (ראה 906) *men may see*

וְיֵדְעוּ conj.-Qal impf. 3 m.p. (ידע 393) *and know*

וְיָשִׂימוּ conj.-Qal impf. 3 m.p. (שׂים 962) *may consider*

וְיַשְׂכִּילוּ conj.-Hi. impf. 3 m.p. (שׂכל 968) *and understand*

יַחְדָּו adv. (403) *together*

כִּי יַד־יְהוָה conj.-n.f.s. cstr. (388)-pr.n. (217) *that the hand of Yahweh*

עָשְׂתָה זֹאת Qal pf. 3 f.s. (עשׂה 793)-demons. adj. f.s. (260) *has done this*

וּקְדוֹשׁ יִשְׂרָאֵל conj.-adj. m.s. cstr. (872)-pr.n. (975) *the Holy One of Israel*

בְּרָאָהּ Qal pf. 3 m.s.-3 f.s. sf. (ברא 135) *has created it*

41:21

קָרְבוּ Pi. impv. 2 m.p. (897) *set forth*

רִיבְכֶם n.m.s.-2 m.p. sf. (936) *your case*

יֹאמַר יהוה Qal impf. 3 m.s. (55)-pr.n. (217) *says Yahweh*

הַגִּישׁוּ Hi. impv. 2 m.p. (שׁנג 620) *bring*

עֲצֻמוֹתֵיכֶם n.f.p.-2 m.p. sf. (783) *your proofs*

יֹאמַר v.supra *says*

מֶלֶךְ יַעֲקֹב n.m.s. cstr. (572)-pr.n. (784) *the King of Jacob*

41:22

יַגִּישׁוּ Hi. impf. 3 m.p. (שׁנג 620) *let them bring them*

וְיַגִּידוּ conj.-Hi. impf. 3 m.p. (נגד 616) *and tell*

לָנוּ prep.-1 c.p. sf. *us*

אֵת אֲשֶׁר dir.obj.-rel. (81) *what is to*

תִּקְרֶינָה Qal impf. 3 f.p. (899) *happen*

הָרִאשֹׁנוֹת def.art.-adj. f.p. (911) *the former things*

מָה הֵנָּה interr. (552)-demons. f.p. (241) *what they are*

הַגִּידוּ Hi. impv. 2 m.p. (נגד 616) *tell us*

וְנָשִׂימָה לִבֵּנוּ conj.-Qal impf. 1 c.p.-coh.he (962)-n.m.s.-1 c.p. sf. (523) *that we may consider them*

וְנֵדְעָה conj.-Qal impf. 1 c.s.-coh.he (ידע 393) *that we may know*

אַחֲרִיתָן n.f.s.-3 f.p. sf. (31) *their outcome*

אוֹ הַבָּאוֹת conj. (14)-def.art.-Qal act.ptc. f.p. (בוא 97) *or the things to come*

הַשְׁמִיעֻנוּ Hi. impv. 2 m.p.-1 c.p. sf. (1033) *declare to us*

41:23

הַגִּידוּ Hi. impv. 2 m.p. (נגד 616) *tell us*

הָאֹתִיּוֹת def.art.-Qal act.ptc. f.p. (אתה 87; GK 75v) *what is to come*

לְאָחוֹר prep.-subst. (30) *hereafter*

וְנֵדְעָה conj.-Qal impf. 1 c.p.-coh.he (ידע 393) *that we may know*

כִּי אֱלֹהִים conj.-n.m.p. (43) *that ... gods*

אַתֶּם pers.pr. 2 m.p. (61) *you are*

אַף־תֵּיטִיבוּ conj. (64)-Hi. impf. 2 m.p. (יטב 405) *do good*

וְתָרֵעוּ conj.-Hi. impf. 2 m.p. (רעע 949) *or do harm*

וְנִשְׁתָּעָה conj.-Hith. impf. 1 c.p.-coh.he (שׁעה 1043; GK 75,l) *that we may be dismayed*

וְנִרְא conj. (?) Qal impf. 1 c.p. (ירא 431; GK 48gN,109d) or Qal impf. 1 c.p. (ראה 906) *and terrified*

יַחְדָּו adv. (403) *together*

41:24

הֵן־אַתֶּם interj. (243)-pers.pr. 2 m.p. (61) *behold you are*

מֵאַיִן prep.-neg. (II 34) *nothing*

וּפָעָלְכֶם conj.-n.m.s.-2 m.p. sf. (821) *and your work*

מֵאָפַע prep.-n.m.s. (67) prb.rd. מֵאֶפֶס *is nought*

תּוֹעֵבָה n.f.s. (1072; GK 155n) *an abomination*

יִבְחַר בָּכֶם Qal impf. 3 m.s. (103)-prep.-2 m.p. sf. *is he who chooses you*

41:25

הַעִירוֹתִי Hi. pf. 1 c.s. (עור 734) *I stirred up*

מִצָּפוֹן prep.-n.f.s. (860) *one from the north*

וַיַּאת consec.-Qal impf. 3 m.s. (אתה 87; GK 23d,76d) *and he has come*

מִמִּזְרַח־שֶׁמֶשׁ prep.-n.m.s. cstr. (280)-n.f.s. (1039) *from the rising of the sun*

יִקְרָא Qal impf. 3 m.s. (894) *and he shall call*

בִּשְׁמִי prep.-n.m.s.-1 c.s. sf. (1027) *on my name*

וְיָבֹא conj.-Qal impf. 3 m.s. (בוא 97) *he shall trample (come)*

סְגָנִים n.m.p. (688) *on rulers*

כְּמוֹ־חֹמֶר prep.-n.m.s. (330) *as on mortar*

וּכְמוֹ יוֹצֵר conj.-prep.-Qal act.ptc. (יצר 427) *as the potter*

יִרְמָס־ Qal impf. 3 m.s. (942) *treads*

טִיט n.m.s. (376) *clay*

41:26

מִי־הִגִּיד interr. (566)-Hi. pf. 3 m.s. (נגד 616) *who declared it*

מֵרֹאשׁ prep.-n.m.s. (910) *from the beginning*

וְנֵדָעָה conj.-Qal impf. 1 c.p.-coh.he (ידע 393) *that we might know*

וּמִלְּפָנִים conj.-prep.-prep.-n.m.p. (815) *and beforetime*

וְנֹאמַר conj.-Qal impf. 1 c.p. (55) *that we might say*

צַדִּיק adj. m.s. (843) *he is right*

אַף אֵין־ conj. (64)-neg.cstr. (34) *there was none*

מַגִּיד Hi. ptc. (נגד 616) *who declared it*

אַף אֵין v.supra-v.supra *none*

מַשְׁמִיעַ Hi. ptc. (1033) *who proclaimed*

אַף אֵין־ v.supra-v.supra *none*

שֹׁמֵעַ Qal act.ptc. (1033) *who heard*

אִמְרֵיכֶם n.m.p.-2 m.p. sf. (56) *your words*

41:27

רִאשׁוֹן adj. m.s. (911) *first*

לְצִיּוֹן prep.-pr.n. (851) *to Zion*

הִנֵּה הֵנָּם interj. (243)-inter.-3 m.p. sf. (243) *behold, behold them*

וְלִירוּשָׁלַם conj.-prep.-pr.n. (436) *and to Jerusalem*

מְבַשֵּׂר Pi. ptc. (143) *a herald of good tidings*

אֶתֵּן Qal impf. 1 c.s. (נתן 678) *I give*

41:28

וְאֵרֶא conj.-Qal impf. 1 c.s. (רָאָה 906; GK 109h,159d) *but when I look*

וְאֵין אִישׁ conj.-neg. (34)-n.m.s. (35) *there is no one*

וּמֵאֵלֶּה conj.-prep.-demons. (41) *among these*

וְאֵין יוֹעֵץ conj.-neg. (34)-Qal act.ptc. (יעץ 419) *there is no counselor*

וְאֶשְׁאָלֵם conj.-Qal impf. 1 c.s.-3 m.p. sf. (שאל 981; GK 109h) *who, when I ask*

וְיָשִׁיבוּ conj.-Hi. impf. 3 m.p. (שוב 996) *gives*

דָבָר n.m.s. (182) *an answer*

41:29

הֵן interj. (243) *behold*

כֻּלָּם n.m.s.-3 m.p. sf. (481) *they are all*

אָוֶן n.m.s. (19) *a delusion*

אֶפֶס n.m.s. (67) *nothing*

מַעֲשֵׂיהֶם n.m.p.-3 m.p. sf. (795) *their works*

רוּחַ n.f.s. (924) *wind*

וָתֹהוּ conj.-n.m.s. (1062) *empty*

נִסְכֵּיהֶם n.m.p.-3 m.p. sf. (651) *their molten image*

42:1

הֵן interj. (243) *behold*

עַבְדִּי n.m.s.-1 c.s. sf. (712) *my servant*

אֶתְמָךְ־בּוֹ Qal impf. 1 c.s. (תמך 1071)-prep.-3 m.s. sf. *whom I uphold*

בְּחִירִי n.m.s.-1 c.s. sf. (103) *my chosen*

רָצְתָה Qal pf. 3 f.s. (רצה 953) *in whom ... delights*

נַפְשִׁי n.f.s.-1 c.s. sf. (659) *my soul*

נָתַתִּי Qal pf. 1 c.s. (נתן 678) *I have put*

רוּחִי n.f.s.-1 c.s. sf. (924) *my spirit*

עָלָיו prep.-3 m.s. sf. *upon him*

מִשְׁפָּט n.m.s. (1048) *justice*

לַגּוֹיִם prep.-def.art.-n.m.p. (156) *to the nations*

יוֹצִיא Hi. impf. 3 m.s. (יצא 422) *he will bring forth*

42:2

לֹא יִצְעַק neg.-Qal impf. 3 m.s. (858) *he will not cry*

וְלֹא יִשָּׂא conj.-neg.-Qal impf. 3 m.s. (נשא 669) *or lift up*

וְלֹא־יַשְׁמִיעַ conj.-neg.-Hi. impf. 3 m.s. (1033) *or make heard*

בַּחוּץ prep.-def.art.-n.m.s. (299) *in the street*

קוֹלוֹ n.m.s.-3 m.s. sf. (876) *his voice*

42:3

קָנֶה n.m.s. (889) *a reed*

רָצוּץ Qal pass.ptc. (954) *bruised*

לֹא יִשְׁבּוֹר neg.-Qal impf. 3 m.s. (990) *he will not break*

וּפִשְׁתָּה conj.-n.f.s. (834) *and a wick*

כֵהָה adj. f.s. (462) *dimly burning*

לֹא יְכַבֶּנָּה neg.-Pi. impf. 3 m.s.-3 f.s. sf. (459) *he will not quench*

לֶאֱמֶת prep.-n.f.s. (52) *faithfully*

יוֹצִיא Hi. impf. 3 m.s. (יצא 422) *he will bring forth*

מִשְׁפָּט n.m.s. (1048) *justice*

42:4

לֹא יִכְהֶה neg.-Qal impf. 3 m.s. (כהה 462) *he will not fail*

וְלֹא יָרוּץ conj.-neg.-Qal impf. 3 m.s. (רוץ 930; GK 67q) but rd. (רצץ 954) *or be discouraged*

עַד־יָשִׂים prep.-Qal impf. 3 m.s. (שום 962) *till he has established*

בָּאָרֶץ prep.-def.art.-n.f.s. (75) *in the earth*

מִשְׁפָּט n.m.s. (1048) *justice*

וּלְתוֹרָתוֹ conj.-prep.-n.f.s.-3 m.s. sf. (435) *and for his law*

אִיִּים n.m.p. (33) *the coastlands*

יְיַחֵלוּ Pi. impf. 3 m.p. (יחל 403) *wait*

42:5

כֹּה־אָמַר demons.adv. (462)-Qal pf. 3 m.s. (55) *thus says*

הָאֵל def.art.-n.m.s. (42) *God*

יהוה pr.n. (217) *Yahweh*

בּוֹרֵא Qal act.ptc. (135) *who created*

הַשָּׁמַיִם def.art.-n.m. du. (1029) *the heavens*

וְנוֹטֵיהֶם conj.-Qal act.ptc. m.s.-3 m.p. sf. (639; GK 93ss,124k) *and stretched them out*

רֹקַע Qal act.ptc. (955; GK 65d) *who spread forth*

הָאָרֶץ def.art.-n.f.s. (75) *the earth*

וְצֶאֱצָאֶיהָ conj.-n.m.p.-3 f.s. sf. (838) *and what comes from it*

נֹתֵן Qal act.ptc. m.s. (נתן 678) *who gives*

נְשָׁמָה n.f.s. (675) *breath*

לָעָם prep.-def.art.-n.m.s. (766) *to the people*

עָלֶיהָ prep.-3 f.s. sf. *upon it*

וְרוּחַ conj.-n.f.s. (924) *and spirit*

לַהֹלְכִים prep.-def.art.-Qal act.ptc. m.p. (הָלַךְ 229) *to those who walk*

בָּהּ prep.-3 f.s. sf. *in it*

42:6

אֲנִי יְהוָה pers.pr. 1 c.s. (58)-pr.n. (217) *I am Yahweh*

קְרָאתִיךָ Qal pf. 1 c.s.-2 m.s. sf. (894) *I have called you*

בְצֶדֶק prep.-n.m.s. (841) *in righteousness*

וְאַחְזֵק conj.-Hi. impf. 1 c.s. (חָזַק 304; GK 109k) *I have taken*

בְּיָדֶךָ prep.-n.f.s.-2 m.s. sf. (388) *you by the hand*

וְאֶצָּרְךָ conj.-Qal impf. 1 c.s.-2 m.s. sf. (נָצַר 665; GK 107bN) *and kept you*

וְאֶתֶּנְךָ conj.-Qal impf. 1 c.s.-2 m.s. sf. (נָתַן 678) *I have given you*

לִבְרִית עָם prep.-n.f.s. cstr. (136)-n.m.s. (766) *as a covenant to the people*

לְאוֹר גּוֹיִם prep.-n.m.s. cstr. (21)-n.m.p. (156) *a light to the nations*

42:7

לִפְקֹחַ prep.-Qal inf.cstr. (824) *to open*

עֵינַיִם n.f. du. (744) *the eyes*

עִוְרוֹת n.f.p. (734) *that are blind*

לְהוֹצִיא prep.-Hi. inf.cstr. (יָצָא 422) *to bring out*

מִמַּסְגֵּר prep.-n.m.s. (689) *from the dungeon*

אַסִּיר n.m.s. (63) *the prisoners*

מִבֵּית prep.-n.m.s. cstr. (108) *from (a house of)*

כֶּלֶא n.m.s. (476) *prison*

יֹשְׁבֵי Qal act.ptc. m.p. cstr. (יָשַׁב 442) *those who sit in*

חֹשֶׁךְ n.m.s. (365) *darkness*

42:8

אֲנִי יְהוָה pers.pr. 1 c.s. (58)-pr.n. (217) *I am Yahweh*

הוּא שְׁמִי demons.adj. m.s. (214)-n.m.s.-1 c.s. sf. (1024) *that is my name*

וּכְבוֹדִי conj.-n.m.s.-1 c.s. sf. (458) *my glory*

לְאַחֵר prep.-adj. m.s. (29) *to no other*

לֹא־אֶתֵּן neg.-Qal impf. 1 c.s. (נָתַן 678) *I give (not)*

וּתְהִלָּתִי conj.-n.f.s.-1 c.s. sf. (239) *nor my praise*

לַפְּסִילִים prep.-def.art.-n.m.p. (820) *to graven images*

42:9

הָרִאשֹׁנוֹת def.art.-n.f.p. (910) *the former things*

הִנֵּה־בָאוּ interj. (243)-Qal pf. 3 c.p. (בּוֹא 97) *behold, have come to pass*

וַחֲדָשׁוֹת conj.-n.f.p. (294) *and new things*

אֲנִי מַגִּיד pers.pr. 1 c.s. (58)-Hi. ptc. m.s. (נָגַד 616) *I now declare*

בְּטֶרֶם prep.-adv. (382) *before*

תִּצְמַחְנָה Qal impf. 3 f.p. (צָמַח 855) *they spring forth*

אַשְׁמִיע Hi. impf. 1 c.s. (1033) *I tell*

אֶתְכֶם dir.obj.-2 m.p. sf. *you*

42:10

שִׁירוּ Qal impv. 2 m.p. (שִׁיר 1010) *sing*

לַיהוָה prep.-pr.n. (217) *to Yahweh*

שִׁיר חָדָשׁ n.m.s. (1010)-adj. m.s. (294) *a new song*

תְּהִלָּתוֹ n.f.s.-3 m.s. sf. (239) *his praise*

מִקְצֵה prep.-n.m.s. cstr. (892) *from the end of*

הָאָרֶץ def.art.-n.f.s. (75) *the earth*

יוֹרְדֵי Qal act.ptc. m.p. cstr. (יָרַד 432) *let roar (those who go down)*

הַיָּם def.art.-n.m.s. (410) *the sea*

וּמְלֹאוֹ conj.-Qal inf.cstr.-3 m.s. sf. (569) *and all that fills it*

אִיִּים n.m.p. (33) *the coastlands*

וְיֹשְׁבֵיהֶם conj.-Qal act.ptc. m.p.-3 m.p. sf. (יָשַׁב 442) *and their inhabitants*

42:11

יִשְׂאוּ Qal impf. 3 m.p. (נָשָׂא 669) *let ... lift up*

מִדְבָּר n.m.s. (184) *the desert*

וְעָרָיו conj.-n.f.p.-3 m.s. sf. (746) *and its cities*

חֲצֵרִים n.m.p. (347) *the villages*

תֵּשֵׁב Qal impf. 3 f.s. (יָשַׁב 442) *that ... inhabits*

קֵדָר pr.n. (871) *Kedar*

יָרֹנּוּ Qal impf. 3 m.p. (רָנַן 943) *let ... sing for joy*

יֹשְׁבֵי Qal act.ptc. m.p. cstr. (יָשַׁב 442) *the inhabitants of*

סֶלַע pr.n. (701) *Sela*

מֵרֹאשׁ prep.-n.m.s. cstr. (910) *from the top of*

הָרִים n.m.p. (249) *the mountains*

יִצְוָחוּ Qal impf. 3 m.p. (צָוַח 846) *let them shout*

42:12

יָשִׂימוּ Qal impf. 3 m.p. (שׂוּם 962) *let them give*

לַיהוָה prep.-pr.n. (217) *to Yahweh*

כָּבוֹד adj. m.s. (458) *glory*

וּתְהִלָּתוֹ conj.-n.f.s.-3 m.s. sf. (239) *and his praise*

בָּאִיִּים prep.-def.art.-n.m.p. (33) *in the coastlands*

יַגִּידוּ Hi. impf. 3 m.p. (נָגַד 616) *declare*

42:13

יהוה pr.n. (217) *Yahweh*

כַּגִּבּוֹר prep.-def.art.-n.m.s. (150; GK 126p) *like a mighty man*

יֵצֵא Qal impf. 3 m.s. (יצא 422) *goes forth*

כְּאִישׁ prep.-n.m.s. cstr. (35) *like a man of*

מִלְחָמוֹת n.f.p. (536) *of war*

יָעִיר Hi. impf. 3 m.s. (עור 734) *he stirs up*

קִנְאָה n.f.s. (888) *his fury*

יָרִיעַ Hi. impf. 3 m.s. (929) *he cries out*

אַף־ conj. (64) *yea*

יַצְרִיחַ Hi. impf. 3 m.s. (863) *he shouts aloud*

עַל־אֹיְבָיו prep.-Qal act.ptc. m.p.-3 m.s. sf. (33) *against his foes*

יִתְגַּבָּר Hith. impf. 3 m.s. (149) *he shows himself mighty*

42:14

הֶחֱשֵׁיתִי Hi. pf. 1 c.s. (חשה 364) *I have held my peace*

מֵעוֹלָם prep.-n.m.s. (761) *for a long time*

אַחֲרִישׁ Hi. impf. 1 c.s. (361) *I have kept still*

אֶתְאַפָּק Hith. impf. 1 c.s. (אפק 67) *and restrained myself*

כַּיּוֹלֵדָה prep.-def.art.-Qal act.ptc. f.s. (408) *like a woman in travail*

אֶפְעֶה Qal impf. 1 c.s. (פעה 821) *I will cry out*

אֶשֹּׁם Qal impf. 1 c.s. (נשם 675) *I will gasp*

וְאֶשְׁאַף conj.-Qal impf. 1 c.s. (983) *and pant*

יָחַד adv. (403) *now (together)*

42:15

אַחֲרִיב Hi. impf. 1 c.s. (351) *I will lay waste*

הָרִים n.m.p. (249) *mountains*

וּגְבָעוֹת conj.-n.f.p. (148) *and hills*

וְכָל־עֶשְׂבָּם conj.-n.m.s. cstr. (481)-n.m.s.-3 m.p. sf. (793) *and all their herbage*

אוֹבִישׁ Hi. impf. 1 c.s. (יבש 386) *will dry up*

וְשַׂמְתִּי conj.-Qal pf. 1 c.s. (שום 962) *I will turn*

נְהָרוֹת n.f.p. (625) *the rivers*

לָאִיִּים prep.-def.art.-n.m.p. (15) *into islands*

וַאֲגַמִּים conj.-n.m.p. (8) *and pools*

אוֹבִישׁ v.supra *I will dry up*

42:16

וְהוֹלַכְתִּי conj.-Hi. pf. 1 c.s. (הלך 229) *and I will lead*

עִוְרִים n.m.p. (734) *the blind*

בְּדֶרֶךְ prep.-n.m.s. (202) *in a way*

לֹא יָדָעוּ neg.-Qal pf. 3 c.p. paus. (393) *that they know not*

בִּנְתִיבוֹת prep.-n.f.p. (677) *in paths*

לֹא־יָדְעוּ neg.-Qal pf. 3 c.p. (393) *that they have not known*

אַדְרִיכֵם Hi. impf. 1 c.s.-3 m.p. sf. (201) *I will guide them*

אָשִׂים Qal impf. 1 c.s. (שום 962) *I will turn*

מַחְשָׁךְ n.m.s. (365) *the darkness*

לִפְנֵיהֶם prep.-n.m.p.-3 m.p. sf. (815) *before them*

לָאוֹר prep.-def.art.-n.m.s. (21) *into light*

וּמַעֲקַשִּׁים conj.-n.m.p. (786) *and the rough places*

לְמִישׁוֹר prep.-n.m.s. (449) *into level ground*

אֵלֶּה demons.adj. (41) *these*

הַדְּבָרִים def.art.-n.m.p. (182) *the things*

עֲשִׂיתִם Qal pf. 1 c.s.-3 m.p. sf. (עשה 793) *I will do*

וְלֹא עֲזַבְתִּים conj.-neg.-Qal pf. 1 c.s.-3 m.p. sf. (736) *and I will not forsake them*

42:17

נָסֹגוּ Ni. pf. 3 c.p. (סוג 690) *they shall be turned*

אָחוֹר adv. (30) *back*

יֵבֹשׁוּ בֹשֶׁת Qal impf. 3 m.p. (בוש 101)-n.f.s. (102) *utterly put to shame*

הַבֹּטְחִים def.art.-Qal act.ptc. m.p. (105) *who trust*

בַּפָּסֶל prep.-def.art.-n.m.s. paus. (820) *in graven images*

הָאֹמְרִים def.art.-Qal act.ptc. m.p. (55) *who say*

לְמַסֵּכָה prep.-n.f.s. (651) *to molten images*

אַתֶּם pers.pr. 2 m.p. (61) *you*

אֱלֹהֵינוּ n.m.p.-1 c.p. sf. (43) *our gods*

42:18

הַחֵרְשִׁים def.art.-n.m.p. (361; GK 126e,f) *the deaf*

שְׁמָעוּ Qal impv. 2 m.p. paus. (1033) *hear you*

וְהַעִוְרִים conj.-def.art.-n.m.p. (734; GK 35g) *and the blind*

הַבִּיטוּ Hi. impv. 2 m.p. (נבט 613) *look*

לִרְאוֹת prep.-Qal inf.cstr. (ראה 906) *that you may see*

42:19

מִי עִוֵּר interr.part. (566)-adj. m.s. (734) *who is blind*

כִּי אִם־ conj. (471)-conj. (49) *but*

עַבְדִּי n.m.s.-1 c.s. sf. (712) *my servant*

וְחֵרֵשׁ conj.-adj. m.s. (361) *or deaf*

כְּמַלְאָכִי prep.-n.m.s.-1 c.s. sf. (521) *as my messenger*

אֶשְׁלָח Qal impf. 1 c.s. (1018) *whom I send*

מִי עִוֵּר v.supra *who is blind*

כְּמְשֻׁלָּם prep.-Pu. ptc. m.s. (1023) *as my dedicated one*

וְעָוֵּר conj.-adj. m.s. (734) *or blind*

כְּעֶבֶד יהוה prep.-n.m.s. cstr. (712)-pr.n. (217) *as the servant of Yahweh*

42:20

רָאִית Qal inf.abs. (רָאָה 906; GK 75n) or Kethiv rd. Qal pf. 2 m.s. *he sees (seeing or you see)*

רַבּוֹת adj. f.p. (912) *many things*

וְלֹא תִשְׁמֹר conj.-neg.-Qal impf. 2 m.s. (1036) *but does not observe them*

פָּקוֹחַ Qal inf.abs. (824) *are open*

אָזְנַיִם n.f. du. (23) *his ears*

וְלֹא יִשְׁמָע conj.-neg.-Qal impf. 3 m.s. (1033; GK 144p) *but he does not hear*

42:21

יהוה חָפֵץ pr.n. (217)-Qal pf. 3 m.s. (342) *Yahweh was pleased*

לְמַעַן צִדְקוֹ prep. (775)-n.m.s.-3 m.s. sf. (842) *for his righteousness' sake*

יַגְדִּיל Hi. impf. 3 m.s. (152; GK 120c) *to magnify*

תּוֹרָה n.f.s. (435) *his law*

וְיַאְדִּיר conj.-Hi. impf. 3 m.s. (12) *and make it glorious*

42:22

וְהוּא conj.-demons.adj. m.s. (214) *but this is*

עַם־בָּזוּז n.m.s. (766)-Qal pass.ptc. m.s. (102) *a people robbed*

וְשָׁסוּי conj.-Qal pass.ptc. (1042) *and plundered*

הָפֵחַ Hi. inf.abs. (פָּחַח 809) *they are trapped*

בַּחוּרִים prep.-def.art.-n.m.p. (359) *in holes*

כֻּלָּם n.m.s. cstr.-3 m.p. sf. (481) *all of them*

וּבְבָתֵּי כְלָאִים conj.-prep.-n.m.p. cstr. (108; GK 124q)-n.m.p. (476) *and in prisons*

הָחְבָּאוּ Ho. pf. 3 m.p. (285) *hidden*

הָיוּ לָבַז Qal pf. 3 c.p. (הָיָה 224)-prep.-n.m.s. (103) *they have become a prey*

וְאֵין מַצִּיל conj.-neg.cstr. (34)-Hi. ptc. m.s. (נָצַל 664) *with none to rescue*

מְשִׁסָּה n.f.s. (1042) *a spoil*

וְאֵין־אֹמֵר v.supra-Qal act.ptc. m.s. (55) *with none to say*

הָשַׁב Hi. impv. 2 m.s. (שׁוּב 996; GK 29q,72y) *restore*

42:23

מִי בָכֶם interr. (566)-prep.-2 m.p. sf. *who among you*

יַאֲזִין Hi. impf. 3 m.s. (24) *will give ear*

זֹאת demons.pr. f.s. (256) *to this*

יַקְשֵׁב Hi. impf. 3 m.s. (904) *will attend*

וְיִשְׁמַע conj.-Qal impf. 3 m.s. (1033) *and listen*

לְאָחוֹר prep.-subst. (30) *for the time to come*

42:24

מִי־ interr. (566) *who*

נָתַן Qal pf. 3 m.s. (678) *has given*

לִמְשׁוֹסָה prep.-n.f.s. (1042) *to a prey* or Pu. ptc. m.s. (1042) *to the spoiler*

יַעֲקֹב pr.n. (784) *Jacob*

וְיִשְׂרָאֵל conj.-pr.n. (975) *and Israel*

לְבֹזְזִים prep.-Qal act.ptc. m.p. (102) *to the robbers*

הֲלוֹא יהוה interr.-neg.-pr.n. (217) *Was it not Yahweh?*

זוּ demons. (262; GK 138g) *against whom*

חָטָאנוּ Qal pf. 1 c.p. (307) *we have sinned*

לוֹ prep.-3 m.s. sf.

וְלֹא־אָבוּ conj.-neg.-Qal pf. 3 c.p. (2) *and they would not*

בִּדְרָכָיו prep.-n.m.p.-3 m.s. sf. (202) *in whose ways*

הָלוֹךְ Qal inf.abs. (229; GK 113d,114mN) *walk*

וְלֹא שָׁמְעוּ conj.-neg.-Qal pf. 3 c.p. (1033) *and they would not obey*

בְּתוֹרָתוֹ prep.-n.f.s.-3 m.s. sf. (435) *whose law*

42:25

וַיִּשְׁפֹּךְ consec.-Qal impf. 3 m.s. (1049) *so he poured*

עָלָיו prep.-3 m.s. sf. *upon him*

חֵמָה אַפּוֹ n.f.s. (404; GK 131k)-n.m.s. (60) *the heat of his anger*

וֶעֱזוּז conj.-n.m.s. cstr. (738) *and the might of*

מִלְחָמָה n.f.s. (536) *battle*

וַתְּלַהֲטֵהוּ consec.-Pi. impf. 3 f.s. (לָהַט 529)-3 m.s. sf. *it set him on fire*

מִסָּבִיב prep.-n.m.s. (686) *round about*

וְלֹא יָדַע conj.-neg.-Qal pf. 3 m.s. (393) *but he did not understand*

וַתִּבְעַר־בּוֹ consec.-Qal impf. 3 f.s. (128)-prep.-3 m.s. sf. *it burned him*

וְלֹא־יָשִׂים conj.-neg.-Qal (Hi.) impf. 3 m.s. (962 שִׂים) *but he did not take it*

עַל־לֵב prep.-n.m.s. (523) *to heart*

43:1

וְעַתָּה conj.-adv. (773) *but now*

כֹּה־ adv. (462) *thus*

אָמַר Qal pf. 3 m.s. (55) *says*

131

יהוה pr.n. (217) *Yahweh*

בֹּרַאֲךָ Qal act.ptc.-2 m.s. sf. (135; GK 61h,74e,91d) *he who created you*

יַעֲקֹב pr.n. (784) *O Jacob*

וְיֹצֶרְךָ conj.-Qal act.ptc.-2 m.s. sf. (427) *he who formed you*

יִשְׂרָאֵל pr.n. (975) *O Israel*

אַל־תִּירָא neg.-Qal impf. 2 m.s. (431) *fear not*

כִּי conj. *for*

גְאַלְתִּיךָ Qal pf. 1 c.s.-2 m.s. sf. (I 145) *I have redeemed you*

קָרָאתִי Qal pf. 1 c.s. (894) *I have called*

בְשִׁמְךָ prep.-n.m.s.-2 m.s. sf. (1027) *you by name*

לִי־אָתָּה prep.-1 c.s. sf.-pers.pr. 2 m.s. (61) *you are mine*

43:2

כִּי־תַעֲבֹר conj. (GK 159ff)-Qal impf. 2 m.s. (716) *when you pass*

בַּמַּיִם prep.-def.art.-n.m.p. (565) *through the waters*

אִתְּךָ־אָנִי prep.-2 m.s. sf.-pers.pr. 1 c.s. (I 58; GK 159dd) *I will be with you*

וּבַנְּהָרוֹת conj.-prep.-def.art.-n.f.p. (625) *and through the rivers*

לֹא יִשְׁטְפוּךָ neg.-Qal impf. 3 m.p.-2 m.s. sf. (1009) *they shall not overwhelm you*

כִּי־תֵלֵךְ conj. (GK 159ff)-Qal impf. 2 m.s. (הָלַךְ 229) *when you walk*

בְּמוֹ־אֵשׁ prep. (91)-n.f.s. (77) *through fire*

לֹא תִכָּוֶה neg.-Ni. impf. 2 m.s. (כָּוָה 464) *you shall not be burned*

וְלֶהָבָה conj.-n.f.s. (529) *and the flame*

לֹא תִבְעַר־ neg.-Qal impf. 2 m.s. (128) *shall not consume*

בָּךְ prep.-2 m.s. sf. paus. *you*

43:3

כִּי אֲנִי conj.-pers.pr. 1 c.s. (I 58) *for I*

יהוה pr.n. (217) *Yahweh*

אֱלֹהֶיךָ n.m.p.-2 m.s. sf. (43) *your God*

קְדוֹשׁ adj. m.s. cstr. (872) *the Holy One of*

יִשְׂרָאֵל pr.n. (975) *Israel*

מוֹשִׁיעֶךָ Hi. ptc. m.s.-2 m.s. sf. (יָשַׁע 446) *your Savior*

נָתַתִּי Qal pf. 1 c.s. (נָתַן 678) *I give*

כָפְרֶךָ n.m.s.-2 m.s. sf. (I 497) *your ransom*

מִצְרַיִם pr.n. (595) *Egypt*

כּוּשׁ pr.n. (I 468) *Ethiopia*

וּסְבָא conj.-pr.n. (685) *and Seba*

תַּחְתֶּיךָ prep.-2 m.s. sf. (1065) *in exchange for you*

43:4

מֵאֲשֶׁר prep.-rel. (81) *because*

יָקַרְתָּ Qal pf. 2 m.s. (429) *you are precious*

בְעֵינַי prep.-n.f.p. cstr. (744)-1 c.s. sf. *in my eyes*

נִכְבַּדְתָּ Ni. pf. 2 m.s. (כָּבֵד 457) *honored*

וַאֲנִי conj.-pers.pr. 1 c.s. (I 58) *and I*

אֲהַבְתִּיךָ Qal pf. 1 c.s.-2 m.s. sf. (12) *love you*

וְאֶתֵּן conj.-Qal impf. 1 c.s. (נָתַן 678) *I give*

אָדָם n.m.s. (9) *men*

תַּחְתֶּיךָ prep.-2 m.s. sf. (1065) *in return for you*

וּלְאֻמִּים conj.-n.m.p. (522) *peoples*

תַּחַת prep. (1065) *in exchange for*

נַפְשֶׁךָ n.f.s.-2 m.s. sf. (659) *your life*

43:5

אַל־תִּירָא neg.-Qal impf. 2 m.s. (יָרֵא 431) *fear not*

כִּי אִתְּךָ conj.-prep.-2 m.s. sf. *for ... with you*

אָנִי pers.pr. 1 c.s. paus. (I 58) *I am*

מִמִּזְרָח prep.-n.m.s. (280) *from the east*

אָבִיא Hi. impf. 1 c.s. (97) *I will bring*

זַרְעֶךָ n.m.s.-2 m.s. sf. (282) *your offspring*

וּמִמַּעֲרָב conj.-prep.-n.m.s. (II 788) *and from the west*

אֲקַבְּצֶךָּ Pi. impf. 1 c.s.-2 m.s. sf. (867) *I will gather you*

43:6

אֹמַר Qal impf. 1 c.s. (55) *I will say*

לַצָּפוֹן prep.-def.art.-n.f.s. (I 860) *to the north*

תֵּנִי Qal impv. 2 f.s. (נָתַן 678) *give up*

וּלְתֵימָן conj.-prep.-n.f.s. (I 412) *and to the south*

אַל־תִּכְלָאִי neg.-Qal impf. 2 f.s. paus. (476) *do not withhold*

הָבִיאִי Hi. impv. 2 f.s. (בּוֹא 97) *bring*

בָנַי n.m.p.-1 c.s. sf. (119) *my sons*

מֵרָחוֹק prep.-n.m.s. (935) *from afar*

וּבְנוֹתַי conj.-n.f.p.-1 c.s. sf. (I 123; GK 122v) *and my daughters*

מִקְצֵה prep.-n.m.s. cstr. (892) *from the end of*

הָאָרֶץ def.art.-n.f.s. (75) *the earth*

43:7

כֹּל n.m.s. cstr. (481) *every*

הַנִּקְרָא def.art.-Ni. ptc. (894) *one who is called*

בִשְׁמִי prep.-n.m.s.-1 c.s. sf. (1027) *by my name*

וְלִכְבוֹדִי conj.-prep.-n.m.s.-1 c.s. sf. (458) *for my glory*

בְּרָאתִיו Qal pf. 1 c.s.-3 m.s. sf. (בָּרָא 135) *I created whom*

יְצַרְתִּיו Qal pf. 1 c.s.-3 m.s. sf. (יָצַר 427) *whom I formed*

אַף־עָשִׂיתִיו conj. (II 64)-Qal pf. 1 c.s.-3 m.s. sf. (I 793 עָשָׂה) and made

43:8

הוֹצִיא Hi. impv. 2 m.s.; GK 53m,69v,74,l) bring forth

עַם־עִוֵּר n.m.s. (I 766)-adj. (734) the people who are blind

וְעֵינַיִם conj.-n.f.p. (744) yet ... eyes

יֵשׁ subst. (441) have

וְחֵרְשִׁים conj.-adj. m.p. (361) who are deaf

וְאָזְנַיִם conj.-n.f.p. (23) yet ... ears

לָמוֹ prep.-3 m.s. sf. have (to them)

43:9

כָּל־הַגּוֹיִם n.m.s. cstr. (481)-def.art.-n.m.p. (156) all nations

נִקְבְּצוּ Ni. pf. 3 c.p. (867; GK 51c,106nN) let ... gather

יַחְדָּו adv. (403) together

וְיֵאָסְפוּ conj.-Ni. impf. 3 m.p. (אָסַף 62) and let assemble

לְאֻמִּים n.m.p. (522) the peoples

מִי interr. (566) who

בָּהֶם prep.-3 m.p. sf. among them

יַגִּיד Hi. impf. 3 m.s. (נָגַד 616) can declare

זֹאת demons.adj. (260) this

וְרִאשֹׁנוֹת conj.-adj. f.p. (911) and the former things

יַשְׁמִיעֻנוּ Hi. impf. 3 m.p.-1 c.p. sf. (1033) show us

יִתְּנוּ Qal impf. 3 c.p. (נָתַן 678) let them bring

עֵדֵיהֶם n.m.p.-3 m.p. sf. (729) their witnesses

וְיִצְדָּקוּ conj.-Qal impf. 3 m.p. paus. (צָדַק 842) to justify them

וְיִשְׁמְעוּ conj.-Qal impf. 3 m.p. (1033) and let them hear

וְיֹאמְרוּ conj.-Qal impf. 3 m.p. (55) and say

אֱמֶת n.f.s. (54) it is true

43:10

אַתֶּם pers.pr. 2 m.p. (61) you are

עֵדַי n.m.p.-1 c.s. sf. (729) my witnesses

נְאֻם־יְהוָה n.m.s. cstr. (610)-pr.n. (217) says Yahweh

וְעַבְדִּי conj.-n.m.s.-1 c.s. sf. (712) and my servant

אֲשֶׁר rel. (81) whom

בָּחַרְתִּי Qal pf. 1 c.s. paus. (103) I have chosen

לְמַעַן prep.-subst. (775) that

תֵּדְעוּ Qal impf. 2 m.p. (יָדַע 393) you may know

וְתַאֲמִינוּ לִי conj.-Hi. impf. 2 m.p. (אָמַן 52)-prep.-1 c.s. sf. and believe me

---

וְתָבִינוּ conj.-Qal impf. 2 m.p. (בִּין 106) and understand

כִּי־אָנִי conj.-pers.pr. 1 c.s. (I 58) that I

הוּא pers.pr. 3 m.s. (214; GK 135aN) he

לְפָנַי prep.-n.m.p.-1 c.s. sf. (815) before me

לֹא־נוֹצַר neg.-Ni. pf. 3 m.s. (יָצַר 427) no ... was formed

אֵל n.m.s. (42) god

וְאַחֲרַי conj.-prep.-1 c.s. sf. (29) nor ... after me

לֹא יִהְיֶה neg.-Qal impf. 3 m.s. (הָיָה 224) shall there be

43:11

אָנֹכִי אָנֹכִי pers.pr. 1 c.s. (I 58)-v.supra I, I

יהוה pr.n. (217) Yahweh

וְאֵין conj.-subst.cstr. (II 34) and there is no

מִבַּלְעָדַי prep.-prep.-1 c.s. sf. (116) besides me

מוֹשִׁיעַ Hi. ptc. m.s. (יָשַׁע 446) savior

43:12

אָנֹכִי pers.pr. 1 c.s. (I 58) I

הִגַּדְתִּי Hi. pf. 1 c.s. (נָגַד 616) declared

וְהוֹשַׁעְתִּי conj.-Hi. pf. 1 c.s. (יָשַׁע 446) and saved

וְהִשְׁמַעְתִּי conj.-Hi. pf. 1 c.s. (1033) and proclaimed

וְאֵין conj.-subst.cstr. (II 34) when there was no

בָּכֶם prep.-2 m.p. sf. among you

זָר Qal act.ptc. (זוּר 266) strange god

וְאַתֶּם conj.-pers.pr. 2 m.p. (61) and you

עֵדַי n.m.p.-1 c.s. sf. (729) my witnesses

נְאֻם־יְהוָה n.m.s. cstr. (610)-pr.n. (217) says Yahweh

וַאֲנִי conj.-pers.pr. 1 c.s. (I 58) and I am

אֵל n.m.s. (42) God

43:13

גַּם־ adv. (168) and also

מִיּוֹם prep.-n.m.s. (398) henceforth

אֲנִי pers.pr. 1 c.s. (I 58) I am

הוּא pers.pr. 3 m.s. (214; GK 135aN) He

וְאֵין conj.-subst.cstr. (II 34) there is none

מִיָּדִי prep.-n.f.s.-1 c.s. sf. (388) from my hand

מַצִּיל Hi. ptc. (נָצַל 664) who can deliver

אֶפְעַל Qal impf. 1 c.s. (821) I work

וּמִי conj.-interr. (566) and who

יְשִׁיבֶנָּה Hi. impf. 3 m.s.-3 f.s. sf. (שׁוּב 996) can hinder it?

43:14

כֹּה־אָמַר adv. (462)-Qal pf. 3 m.s. (55) thus says

יהוה pr.n. (217) Yahweh

133

גֹּאַלְכֶם Qal act.ptc.-2 m.p. sf. (I 145) *your Redeemer*

קְדוֹשׁ יִשְׂרָאֵל adj. m.s. cstr. (872)-pr.n. (975) *the Holy One of Israel*

לְמַעַנְכֶם prep.-subst.-2 m.p. sf. (775) *for your sake*

שִׁלַּחְתִּי Pi. pf. 1 c.s. (1018) *I will send*

בָּבֶלָה pr.n.-dir.he (93) *to Babylon*

וְהוֹרַדְתִּי conj.-Hi. pf. 1 c.s. (יָרַד 432) *and break down*

בְּרִיחִים n.m.p. (138) *bars*

כֻּלָּם n.m.s.-3 m.p. sf. (481) *all (of them)*

וְכַשְׂדִּים conj.-pr.n. (505) *and Chaldeans*

בָּאֳנִיּוֹת prep.-def.art.-n.f.p. (58) *(in the ships)*

רִנָּתָם n.f.s.-3 m.p. sf. (943) *(their) shouting*

43:15

אֲנִי יהוה pers.pr. 1 c.s. (I 58)-pr.n. (217) *I am Yahweh*

קְדוֹשְׁכֶם adj. m.s.-2 m.p. sf. (872) *your Holy One*

בּוֹרֵא Qal act.ptc. m.s. cstr. (135) *the Creator of*

יִשְׂרָאֵל pr.n. (975) *Israel*

מַלְכְּכֶם n.m.s.-2 m.p. sf. (I 572) *your King*

43:16

כֹּה אָמַר adv. (462)-Qal pf. 3 m.s. (55) *thus says*

יהוה pr.n. (217) *Yahweh*

הַנּוֹתֵן def.art.-Qal act.ptc. (678) *who makes*

בַּיָּם prep.-def.art.-n.m.s. (410) *in the sea*

דָּרֶךְ n.m.s. paus. (202) *a way*

וּבְמַיִם conj.-prep.-n.m.p. (565) *(and) in ... waters*

עַזִּים adj. m.p. (738) *mighty*

נְתִיבָה n.f.s. (677) *a path*

43:17

הַמּוֹצִיא def.art.-Hi. ptc. (יָצָא 422) *who brings forth*

רֶכֶב־ n.m.s. (939) *chariot*

וָסוּס conj.-n.m.s. (692) *and horse*

חַיִל n.m.s. (298) *army*

וְעִזּוּז conj.-adj. m.s. (739) *and warrior*

יַחְדָּו adv. (403) *(together)*

יִשְׁכְּבוּ Qal impf. 3 m.p. (1011) *they lie down*

בַּל־יָקוּמוּ neg. (115)-Qal impf. 3 m.p. (קוּם 877) *they cannot rise*

דָּעֲכוּ Qal pf. 3 c.p. (200) *they are extinguished*

כַּפִּשְׁתָּה prep.-def.art.-n.f.s. (834) *like a wick*

כָבוּ Qal pf. 3 c.p. (כָּבָה 459) *quenched*

43:18

אַל־תִּזְכְּרוּ neg.-Qal impf. 2 m.p. (269) *remember not*

רִאשֹׁנוֹת adj. f.p. (911) *the former things*

וְקַדְמֹנִיּוֹת conj.-adj. f.p. (870) *nor the things of old*

אַל־תִּתְבֹּנָנוּ neg.-Hithpolel impf. 2 m.p. (בִּין 106) *consider*

43:19

הִנְנִי interj.-1 c.s. sf. (243) *behold, I*

עֹשֶׂה Qal act.ptc. (עָשָׂה I 793) *am doing*

חֲדָשָׁה adj. f.s. (294) *a new thing*

עַתָּה adv. (773) *now*

תִצְמָח Qal impf. 3 f.s. (855) *it springs forth*

הֲלוֹא תֵדָעוּהָ interr.-neg.-Qal impf. 2 m.p.-3 f.s. sf. (393) *do you not perceive it?*

אַף conj. (II 64) *(also)*

אָשִׂים Qal impf. 1 c.s. (שׂוּם 962) *I will make*

בַּמִּדְבָּר prep.-def.art.-n.m.s. (184) *in the wilderness*

דֶּרֶךְ n.m.s. (202) *a way*

בִּישִׁמוֹן prep.-n.m.s. (445) *in the desert*

נְהָרוֹת n.f.p. (625) *rivers*

43:20

תְּכַבְּדֵנִי Pi. impf. 3 f.s.-1 c.s. sf. (457) *will honor me*

חַיַּת הַשָּׂדֶה n.f.s. cstr. (I 312)-def.art.-n.m.s. (961) *the wild beasts*

תַּנִּים n.m.p. (1072) *the jackals*

וּבְנוֹת יַעֲנָה conj.-n.f.p. cstr. (123)-n.f.s. (419) *and the ostriches*

כִּי־נָתַתִּי conj.-Qal pf. 1 c.s. (נָתַן 678) *for I give*

בַּמִּדְבָּר prep.-def.art.-n.m.s. (184) *in the wilderness*

מַיִם n.m.p. (565) *water*

נְהָרוֹת n.f.p. (625) *rivers*

בִּישִׁמֹן prep.-n.m.s. (445) *in the desert*

לְהַשְׁקוֹת prep.-Hi. inf.cstr. (1052) *to give drink*

עַמִּי n.m.s.-1 c.s. sf. (I 766) *to my people*

בְחִירִי n.m.s.-1 c.s. sf. (104) *(my) chosen*

43:21

עַם־זוּ n.m.s. (I 766)-rel. (262) *the people whom*

יָצַרְתִּי Qal pf. 1 c.s. (יָצַר 427) *I formed*

לִי prep.-1 c.s. sf. *for myself*

תְּהִלָּתִי n.f.s.-1 c.s. sf. (239) *my praise*

יְסַפֵּרוּ Pi. impf. 3 m.p. paus. (707) *that they might declare*

43:22

וְלֹא־אֹתִי conj.-neg.-dir.obj.-1 c.s. sf. *and ... not ... upon me*

קָרָאתָ Qal pf. 2 m.s. (894) *you did call*

יַעֲקֹב pr.n. (784) *O Jacob*

כִּי־יָגַעְתָּ conj.-Qal pf. 2 m.s. (388) *but you have been weary*

בִּי prep.-1 c.s. sf. *of me*

יִשְׂרָאֵל pr.n. (975) *O Israel*

43:23

לֹא־הֵבֵיאתָ neg.-Hi. pf. 2 m.s. (בוא 97) *you have not brought*

לִי prep.-1 c.s. sf. *me*

שֵׂה n.m.s. cstr. (961) *sheep for*

עֹלֹתֶיךָ n.f.p.-2 m.s. sf. (750) *your ... burnt offerings*

וּזְבָחֶיךָ conj.-n.m.p.-2 m.s. sf. (257) *or with your sacrifices*

לֹא כִבַּדְתָּנִי neg.-Pi. pf. 2 m.s.-1 c.s. sf. (457) *honored me*

לֹא הֶעֱבַדְתִּיךָ neg.-Hi. pf. 1 c.s.-2 m.s. sf. (712) *I have not burdened you*

בְּמִנְחָה prep.-n.f.s. (585) *with offerings*

וְלֹא הוֹגַעְתִּיךָ conj.-neg.-Hi. pf. 1 c.s.-2 m.s. sf. (388) (יגע) *or wearied you*

בִּלְבוֹנָה prep.-n.f.s. (I 526) *with frankincense*

43:24

לֹא־קָנִיתָ neg.-Qal pf. 2 m.s. (קנה 888) *you have not bought*

לִי prep.-1 c.s. sf. *me*

בַכֶּסֶף prep.-def.art.-n.m.s. (494) *with money*

קָנֶה n.m.s. (889) *sweet cane*

וְחֵלֶב conj.-n.m.s. cstr. (316) *or with the fat of*

זְבָחֶיךָ n.m.p.-2 m.s. sf. (257) *your sacrifices*

לֹא הִרְוִיתָנִי neg.-Hi. pf. 2 m.s.-1 c.s. sf. (924) *satisfied me*

אַךְ adv. (36) *but*

הֶעֱבַדְתַּנִי Hi. pf. 2 m.s.-1 c.s. sf. (712) *you have burdened me*

בְּחַטֹּאותֶיךָ prep.-n.f.p.-2 m.s. sf. (308) *with your sins*

הוֹגַעְתַּנִי Hi. pf. 2 m.s.-1 c.s. sf. (388) *you have wearied me*

בַּעֲוֹנֹתֶיךָ prep.-n.f.p.-2 m.s. sf. (730) *with your iniquities*

43:25

אָנֹכִי אָנֹכִי pers.pr. 1 c.s.-v.supra (I 58; GK 141h) *I, I*

הוּא pers.pr. 3 m.s. (214) *am He*

מֹחֶה Qal act.ptc. (562) *who blots out*

פְּשָׁעֶיךָ n.m.p.-2 m.s. sf. (833) *your transgressions*

לְמַעֲנִי prep.-subst.-1 c.s. sf. (775) *for my own sake*

וְחַטֹּאתֶיךָ conj.-n.f.p.-2 m.s. sf. (308) *and your sins*

לֹא אֶזְכֹּר neg.-Qal impf. 1 c.s. (269) *I will not remember*

43:26

הַזְכִּירֵנִי Hi. impv. 2 m.s.-1 c.s. sf. (269) *put me in remembrance*

נִשָּׁפְטָה Ni. impf. 1 c.p.-coh.he (1047) *let us argue*

יָחַד adv. (403) *together*

סַפֵּר אַתָּה Pi. impv. 2 m.s. (707)-pers.pr. 2 m.s. (61) *set forth your case*

לְמַעַן prep.-subst. (775) *that*

תִּצְדָּק Qal impf. 2 m.s. (842) *you may be proved right*

43:27

אָבִיךָ n.m.s.-2 m.s. sf. (3) *your father*

הָרִאשׁוֹן def.art.-adj. m.s. (911) *first*

חָטָא Qal pf. 3 m.s. paus. (306) *sinned*

וּמְלִיצֶיךָ conj.-Hi. ptc. m.p.-2 m.s. sf. (539) *and your mediators*

פָּשְׁעוּ Qal pf. 3 c.p. (833) *transgressed*

בִּי prep.-1 c.s. sf. *against me*

43:28

וַאֲחַלֵּל conj.-Pi. impf. 1 c.s. (III 320) *therefore I profaned*

שָׂרֵי n.m.p. cstr. (978) *the princes of*

קֹדֶשׁ n.m.s. (871) *the sanctuary*

וְאֶתְּנָה conj.-Qal impf. 1 c.s.-coh.he (נתן 678) *I delivered*

לַחֵרֶם prep.-def.art.-n.m.s. (I 356) *to utter destruction*

יַעֲקֹב pr.n. (784) *Jacob*

וְיִשְׂרָאֵל conj.-pr.n. (975) *and Israel*

לְגִדּוּפִים prep.-n.m.p. (154) *to reviling*

44:1

וְעַתָּה conj.-adv. (773) *but now*

שְׁמַע Qal impv. 2 m.s. (1033) *hear*

יַעֲקֹב pr.n. (784) *O Jacob*

עַבְדִּי n.m.s.-1 c.s. sf. (712) *my servant*

וְיִשְׂרָאֵל conj.-pr.n. (975) *Israel*

בָּחַרְתִּי Qal pf. 1 c.s. (103) *I have chosen*

בּוֹ prep.-3 m.s. sf. *whom*

44:2

כֹּה־אָמַר adv. (462)-Qal pf. 3 m.s. (55) *thus says*

135

יהוה pr.n. (217) *Yahweh*

עֹשֶׂךָ Qal act.ptc.-2 m.s. sf. (עשה I 793) *who made you*

וְיֹצֶרְךָ conj.-Qal act.ptc.-2 m.s. sf. (427) *who formed you*

מִבֶּטֶן prep.-n.f.s. (105) *from the womb*

יַעְזְרֶךָ Qal impf. 3 m.s.-2 m.s. sf. (740) *and will help you*

אַל-תִּירָא neg.-Qal impf. 2 m.s. (ירא 431) *fear not*

עַבְדִּי n.m.s.-1 c.s. sf. (712) *my servant*

יַעֲקֹב pr.n. (784) *Jacob*

וִישֻׁרוּן conj.-pr.n. (449) *Jeshurun*

בָּחַרְתִּי Qal pf. 1 c.s. (103) *I have chosen*

בּוֹ prep.-3 m.s. sf. *whom*

44:3

כִּי אֶצָּק-‎ conj.-Qal impf. 1 c.s. (יצק 427; GK 71) *for I will pour*

מַיִם n.m.p. (565) *water*

עַל-צָמֵא prep.-adj. m.s. (854) *on the thirsty land*

וְנֹזְלִים conj.-Qal act.ptc. m.p. (633) *and streams*

עַל-יַבָּשָׁה prep.-n.f.s. (387) *on the dry ground*

אֶצֹּק Qal impf. 1 c.s. (יצק 427) *I will pour*

רוּחִי n.f.s.-1 c.s. sf. (924) *my Spirit*

עַל-זַרְעֶךָ prep.-n.m.s.-2 m.s. sf. (282) *upon your descendants*

וּבִרְכָתִי conj.-n.f.s.-1 c.s. sf. (139) *and my blessing*

עַל-צֶאֱצָאֶיךָ prep.-n.m.p.-2 m.s. sf. (425) *on your offspring*

44:4

וְצָמְחוּ conj.-Qal pf. 3 c.p. (855) *they shall spring up*

בְּבֵין חָצִיר prep.-prep.-n.m.s. (II 348) *like grass (in among grass)*

כַּעֲרָבִים prep.-n.f.p. (II 788) *like willows*

עַל-יִבְלֵי-‎ prep.-n.m.p. cstr. (I 385) *by flowing streams of*

מָיִם n.m.p. paus. (565) *water*

44:5

זֶה demons. m.s. (260) *this one*

יֹאמַר Qal impf. 3 m.s. (55) *will say*

לַיהוָה prep.-pr.n. (217) *Yahweh's*

אָנִי pers.pr. 1 c.s. (I 58) *I am*

וְזֶה conj.-v.supra *another*

יִקְרָא Qal impf. 3 m.s. (894) *will call himself*

בְשֵׁם-‎ prep.-n.m.s. cstr. (1027) *by the name of*

יַעֲקֹב pr.n. (784) *Jacob*

וְזֶה v.supra *and another*

יִכְתֹּב Qal impf. 3 m.s. (507) *will write*

יָדוֹ n.f.s.-3 m.s. sf. (388) *on his hand*

לַיהוָה prep.-pr.n. (217) *Yahweh's*

וּבְשֵׁם conj.-prep.-n.m.s.cstr. (1027) *and by the name of*

יִשְׂרָאֵל pr.n. (975) *Israel*

יְכַנֶּה Pi. impf. 3 m.s. (כנה 487) *surname himself*

44:6

כֹּה-אָמַר adv. (462)-Qal pf. 3 m.s. (55) *thus says*

יהוה pr.n. (217) *Yahweh*

מֶלֶךְ-‎ n.m.s. cstr. (I 572) *the King of*

יִשְׂרָאֵל pr.n. (975) *Israel*

וְגֹאֲלוֹ conj.-Qal act.ptc. m.s.-3 m.s. sf. (I 145) *and his Redeemer*

יהוה צְבָאוֹת pr.n. (217)-pr.n. (838) *Yahweh of hosts*

אֲנִי pers.pr. 1 c.s. (I 58) *I am*

רִאשׁוֹן adj. m.s. (911) *the first*

וַאֲנִי conj.-v.supra *and I am*

אַחֲרוֹן adj. (30) *the last*

וּמִבַּלְעָדַי conj.-prep.-1 c.s. sf. (116) *besides me*

אֵין n.m.s. cstr. (II 34) *there is no*

אֱלֹהִים n.m.p. (43) *god*

44:7

וּמִי-‎ conj.-interr. (566) *and who*

כָמוֹנִי prep.-1 c.s. sf. *like me?*

יִקְרָא Qal impf. 3 m.s. (894) *let him proclaim it*

וְיַגִּידֶהָ conj.-Hi. impf. 3 m.s.-3 f.s. sf. (נגד 616) *let him declare*

וְיַעְרְכֶהָ conj.-Qal impf. 3 m.s.-3 f.s. sf. (789) *and set it forth*

לִי prep.-1 c.s. sf. *before me*

מִשּׂוּמִי prep.-Qal inf.cstr.-1 c.s. sf. (שׂום 962) *from my placing*

עַם-עוֹלָם n.m.s. (I 766)-n.m.s. (761) *an eternal people*

וְאֹתִיּוֹת conj.,-Qal act.ptc. f.p. (87) *and things to come*

וַאֲשֶׁר conj.-rel. (81) *and what is*

תָּבֹאנָה Qal impf. 3 f.p. (בוא 97) *to be*

יַגִּידוּ Hi. impf. 3 m.p. (נגד 616) *let them tell*

לָמוֹ prep.-3 m.p. sf. *us (them)*

44:8

אַל-תִּפְחֲדוּ neg.-Qal impf. 2 m.p. (808) *fear not*

וְאַל-תִּרְהוּ conj.-neg.-Qal impf. 2 m.p. (רהה 923) *nor be afraid*

הֲלֹא מֵאָז interr.-neg.-prep.-adv. (23) *not ... from of old?*

הִשְׁמַעְתִּיךָ Hi. pf. 1 c.s.-2 m.s. sf. (1033) *have I told you*

וְהִגַּדְתִּי conj.-Hi. pf. 1 c.s. (נגד 616) *and declared it?*

וְאַתֶּם conj.-pers.pr. 2 m.s. (61) *and you are*

עֵדָי n.m.p.-1 c.s. sf. paus. (729) *my witnesses*

הֲיֵשׁ interr.-subst. (441) *is there?*

אֱלוֹהַּ n.m.s. (42) *a God*

מִבַּלְעָדַי prep.-prep.-1 c.s. sf. (116) *besides me?*

וְאֵין conj.-subst.cstr. (II 34) *there is no*

צוּר n.m.s. (849) *Rock*

בַּל־יָדָעְתִּי neg.-Qal pf. 1 c.s. paus. (393) *I know not any*

44:9

יֹצְרֵי־ Qal act.ptc. m.p. cstr. (427) *who make*

פֶסֶל n.m.s. (820) *idols*

כֻּלָּם n.m.s.-3 m.p. sf. (481) *all (of them)*

תֹּהוּ n.m.s. (1062) *are nothing*

וַחֲמוּדֵיהֶם conj.-Qal pass.ptc. m.p.-3 m.p. sf. (326) *and the things they delight in*

בַּל־יוֹעִילוּ neg.-Hi. impf. 3 m.s. (יעל I 418) *do not profit*

וְעֵדֵיהֶם conj.-n.m.p.-3 m.p. sf. (729) *(and) their witnesses*

הֵמָּה pers.pr. 3 m.p. (241; GK 5n) *(they)*

בַּל־יִרְאוּ neg.-Qal impf. 3 m.p. (ראה 906) *neither see*

וּבַל־יֵדְעוּ conj.-neg.-Qal impf. 3 m.p. (393) *nor know*

לְמַעַן prep.-prep. (775) *that*

יֵבֹשׁוּ Qal impf. 3 m.s. (בושׁ 101) *they may be put to shame*

44:10

מִי־יָצַר interr. (566)-Qal pf. 3 m.s. (427) *who fashions*

אֵל n.m.s. (42) *a god*

וּפֶסֶל conj.-n.m.s. (820) *or an image*

נָסָךְ Qal pf. 3 m.s. paus. (650) *casts*

לְבִלְתִּי prep.-neg. (116) *for nothing*

הוֹעִיל Hi. inf.cstr. (יעל I 418) *that is profitable*

44:11

הֵן demons.part. (243) *behold*

כָּל־חֲבֵרָיו n.m.s. cstr. (481)-n.m.p.-3 m.s. sf. (288) *all his fellows*

יֵבֹשׁוּ v.44:9 Qal impf. 3 m.p. (בושׁ 101) *shall be put to shame*

וְחָרָשִׁים conj.-n.m.p. (360) *and the craftsmen*

הֵמָּה pers.pr. 3 m.p. (241) *(they)*

מֵאָדָם prep.-n.m.s. (9) *are but men*

יִתְקַבְּצוּ Hith. impf. 3 m.p. (867) *let ... assemble*

כֻּלָּם n.m.s.-3 m.p. sf. (481) *them all*

יַעֲמֹדוּ Qal impf. 3 m.p. (763) *let them stand forth*

יִפְחָדוּ Qal impf. 3 m.p. (808) *they shall be terrified*

יֵבֹשׁוּ v.supra *they shall be put to shame*

יָחַד adv. paus. (403) *together*

44:12

חָרַשׁ Qal pf. 3 m.s. (I 360) *fashions*

בַּרְזֶל n.m.s. (137) *the iron smith*

מַעֲצָד n.m.s. (781) *(an axe)*

וּפָעַל conj.-Qal pf. 3 m.s. (821) *and works*

בַּפֶּחָם prep.-def.art.-n.m.s. (809) *over the coals*

וּבַמַּקָּבוֹת conj.-prep.-def.art.-n.f.p. (I 666) *(and) with hammers*

יִצְּרֵהוּ Qal impf. 3 m.s.-3 m.s. sf. (יצר 427) *he shapes it*

וַיִּפְעָלֵהוּ consec.-Qal impf. 3 m.s.-3 m.s. sf. (821) *and forges it*

בִּזְרוֹעַ prep.-n.f.s. cstr. (283) *with ... arm*

כֹּחוֹ n.m.s.-3 m.s. sf. (470) *his strong*

גַּם־רָעֵב adv. (168)-Qal pf. 3 m.s. (944) *(also) he becomes hungry*

וְאֵין conj.-subst.cstr. (II 34) *and ... fails*

כֹּחַ n.m.s. (470) *his strength*

לֹא־שָׁתָה neg.-Qal pf. 3 m.s. (1059) *he drinks no*

מַיִם n.m.p. (565) *water*

וַיִּיעָף consec.-Qal impf. 3 m.s. (I 419) *and is faint*

44:13

חָרַשׁ עֵצִים n.m.s. cstr. (360)-n.m.p. (781) *the carpenter*

נָטָה Qal pf. 3 m.s. (639) *stretches*

קָו n.m.s. paus. (II 876) *a line*

יְתָאֲרֵהוּ Pi. impf. 3 m.s.-3 m.s. sf. (1061; GK 64i) *he marks it out*

בַּשֶּׂרֶד prep.-def.art.-n.m.s. (975) *with a pencil (stylus)*

יַעֲשֵׂהוּ Qal impf. 3 m.s.-3 m.s. sf. (I 793) *he fashions it*

בַּמַּקְצֻעוֹת prep.-def.art.-n.f.p. (893) *with planes*

וּבַמְּחוּגָה conj.-prep.-def.art.-n.f.s. (295) *and with a compass*

יְתָאֲרֵהוּ Pi. impf. 3 m.s.-3 m.s. sf. paus. (1061) *marks it*

וַיַּעֲשֵׂהוּ consec.-Qal impf. 3 m.s.-3 m.s. sf. (I 793) *he shapes it*

כְּתַבְנִית prep.-n.f.s. cstr. (125) *into the figure of*

אִישׁ n.m.s. (35) *a man*

כְּתִפְאֶרֶת prep.-n.f.s. cstr. (802) *with the beauty of*

אָדָם n.m.s. (9) *a man*

לָשֶׁבֶת prep.-Qal inf.cstr. (יָשַׁב 442) *to dwell*

בָּיִת n.m.s. paus. (108) *in a house*

44:14

לִכְרָת־לוֹ prep.-Qal inf.cstr. (503)-prep.-3 m.s. sf. *he cuts down*

אֲרָזִים n.m.p. (72) *cedars*

וַיִּקַּח consec.-Qal impf. 3 m.s. (לָקַח 542) *or he chooses*

תִּרְזָה n.f.s. (1076) *a holm tree*

וְאַלּוֹן conj.-n.m.s. (47) *or an oak*

וַיְאַמֶּץ־לוֹ consec.-Pi. impf. 3 m.s. (54)-prep.-3 m.s. sf. *and lets it grow strong*

בַּעֲצֵי־ prep.-n.m.p. cstr. (781) *among the trees of*

יָעַר n.m.s. paus. (420) *the forest*

נָטַע Qal pf. 3 m.s. (642) *he plants*

אֹרֶן n.m.s. (I 75) *a cedar*

וְגֶשֶׁם conj.-n.m.s. (II 177) *and the rain*

יְגַדֵּל Pi. impf. 3 m.s. (152) *nourishes it*

44:15

וְהָיָה conj.-Qal pf. 3 m.s. (224) *then it becomes*

לְאָדָם prep.-n.m.s. (9) *for a man*

לְבָעֵר prep.-Pi. inf.cstr. (128) *fuel*

וַיִּקַּח consec.-Qal impf. 3 m.s. (542) *he takes*

מֵהֶם prep.-3 m.p. sf. *a part of it*

וַיָּחָם consec.-Qal impf. 3 m.s. (328) *and warms himself*

אַף־יַשִּׂיק adv. (II 64)-Hi. impf. 3 m.s. (969; GK 66e) *(also) he kindles a fire*

וְאָפָה conj.-Qal pf. 3 m.s. (66) *and bakes*

לָחֶם n.m.s. paus. (536) *bread*

אַף־יִפְעַל־אֵל adv. (II 64)-Qal impf. 3 m.s. (821)-n.m.s. (42) *also he makes a god*

וַיִּשְׁתָּחוּ consec.-Hithpalel impf. 3 m.s. (apoc.) (1005) *and worships it*

עָשָׂהוּ Qal pf. 3 m.s.-3 m.s. sf. (I 793) *he makes it*

פֶסֶל n.m.s. (820) *a graven image*

וַיִּסְגָּד־ consec.-Qal impf. 3 m.s. (688) *and falls down*

לָמוֹ prep.-3 m.s. sf. (GK 103f3) *before it*

44:16

חֶצְיוֹ n.m.s.-3 m.s. sf. (345) *half of it*

שָׂרַף Qal pf. 3 m.s. (976) *he burns*

בְּמוֹ־אֵשׁ prep. (poet.)(91)-n.f.s. (77) *in the fire*

עַל־חֶצְיוֹ prep.-v.supra *over the half*

בָּשָׂר n.m.s. (142) *flesh*

יֹאכֵל Qal impf. 3 m.s. (37) *he eats*

יִצְלֶה Qal impf. 3 m.s. (852) *he roasts*

צָלִי n.m.s. (852) *meat*

וְיִשְׂבָּע conj.-Qal impf. 3 m.s. paus. (959) *and is satisfied*

אַף־יָחֹם adv. (II 64)-Qal impf. 3 m.s. (חָמַם 328) *also he warms himself*

וְיֹאמַר conj.-Qal impf. 3 m.s. (55) *and says*

הֶאָח interj. (210) *Aha*

חַמּוֹתִי Qal pf. 1 c.s. (חָמַם 328; GK 67ee) *I am warm*

רָאִיתִי Qal pf. 1 c.s. (906) *I have seen*

אוּר n.m.s. (I 22) *the fire*

44:17

וּשְׁאֵרִיתוֹ conj.-n.f.s.-3 m.s. sf. (984) *and the rest of it*

לְאֵל prep.-n.m.s. (42) *into a god*

עָשָׂה Qal pf. 3 m.s. (I 793) *he makes*

לְפִסְלוֹ prep.-n.m.s.-3 m.s. sf. (820) *his idol*

יִסְגּוֹד־לוֹ Qal impf. 3 m.s. (688)-prep.-3 m.s. sf. *and falls down to it*

וְיִשְׁתַּחוּ conj.-Hithpalel impf. 3 m.s. apoc. (1005) *and worships it*

וְיִתְפַּלֵּל conj.-Hith. impf. 3 m.s. (813) *he prays*

אֵלָיו prep.-3 m.s. sf. *to it*

וְיֹאמַר conj.-Qal impf. 3 m.s. (55) *and says*

הַצִּילֵנִי Hi. impv. 2 m.s.-1 c.s. sf. (664) *deliver me*

כִּי conj. *for*

אֵלִי n.m.s.-1 c.s. sf. (42) *my god*

אָתָּה pers.pr. 2 m.s. paus. (61) *thou art*

44:18

לֹא יָדְעוּ neg.-Qal pf. 3 c.p. (393) *they know not*

וְלֹא יָבִינוּ conj.-neg.-Qal impf. 3 m.p. (בִּין 106) *nor do they discern*

כִּי conj. *for*

טַח Qal pf. 3 m.s. (טָחַח 377) *he has shut*

מֵרְאוֹת prep.-Qal inf.cstr. (906) *so that they cannot see*

עֵינֵיהֶם n.f.p.-3 m.p. sf. (744) *their eyes*

מֵהַשְׂכִּיל prep.-Hi. inf.cstr. (968) *so that they cannot understand*

לִבֹּתָם n.m.p.-3 m.p. sf. (524) *their minds*

44:19

וְלֹא־יָשִׁיב אֶל־לִבּוֹ conj.-neg.-Hi. impf. 3 m.s. (שׁוּב 996)-prep.-n.m.s.-3 m.s. sf. (524) *no one considers*

וְלֹא דַעַת conj.-neg.-n.f.s. (395) *nor is there knowledge*

וְלֹא־תְבוּנָה conj.-neg.-n.f.s. (108) *or discernment*

לֵאמֹר prep.-Qal inf.cstr. (55) *to say*

חֶצְיוֹ n.m.s.-3 m.s. sf. (345) *half of it*

שָׂרַפְתִּי Qal pf. 1 c.s. (976) *I burned*

בְמוֹ־אֵשׁ prep.-n.f.s. (77) *in the fire*

וְאַף conj.-adv. (II 64) *also*

אָפִיתִי Qal pf. 1 c.s. (אָפָה 66) *I baked*

עַל־גֶּחָלָיו prep.-n.f.p.-3 m.s. sf. (160) *on its coals*

לֶחֶם n.m.s. (536) *bread*

אֶצְלֶה Qal impf. 1 c.s. (852) *I roasted*

בָשָׂר n.m.s. (142) *flesh*

וְאֹכֵל conj.-Qal impf. 1 c.s. (אָכַל 37) *and have eaten*

וְיִתְרוֹ conj.-n.m.s.-3 m.s. sf. (451) *the residue of it*

לְתוֹעֵבָה prep.-n.f.s. (1072) *an abomination*

אֶעֱשֶׂה Qal impf. 1 c.s. (I 793; GK 150a) *shall I make*

לְבוּל prep.-n.m.s. cstr. (385) *before a block of*

עֵץ n.m.s. (781) *wood*

אֶסְגּוֹד Qal impf. 1 c.s. (688) *shall I fall down*

44:20

רֹעֶה Qal act.ptc. (I 944) *he feeds*

אֵפֶר n.m.s. (68) *on ashes*

לֵב הוּתַל n.m.s. (523)-Ho. pf. 3 m.s. (תָּלַל II 1068) *a deluded mind (a heart which is deceived)*

הִטָּהוּ Hi. pf. 3 m.s.-3 m.s. sf. (נָטָה 639) *has led him astray*

וְלֹא־יַצִּיל conj.-neg.-Hi. impf. 3 m.s. (נָצַל 664) *and he cannot deliver*

אֶת־נַפְשׁוֹ dir.obj.-n.f.s.-3 m.s. sf. (659) *himself*

וְלֹא יֹאמַר conj.-neg.-Qal impf. 3 m.s. (55) *or say*

הֲלוֹא שֶׁקֶר interr.-neg.-n.m.s. (1055) *is there not a lie?*

בִּימִינִי prep.-n.f.s.-1 c.s. sf. (411) *in my right hand?*

44:21

זְכָר־אֵלֶּה Qal impv. 2 m.s. (269)-demons.adj. m.p. (41; GK 20f) *remember these things*

יַעֲקֹב pr.n. (784) *O Jacob*

וְיִשְׂרָאֵל conj.-pr.n. (975) *and Israel*

כִּי conj. *for*

עַבְדִּי־אָתָּה n.m.s.-1 c.s. sf. (712)-pers.pr. 2 m.s. (61) *you are my servant*

יְצַרְתִּיךָ Qal pf. 1 c.s.-2 m.s. sf. (יָצַר 427) *I formed you*

עֶבֶד־לִי n.m.s. (712)-prep.-1 c.s. sf. *my servant*

אַתָּה v.supra *you are*

יִשְׂרָאֵל pr.n. (975) *Israel*

לֹא תִנָּשֵׁנִי neg.-Ni. impf. 2 m.s.-1 c.s. sf. (נָשָׁה II 674; GK 57,117x) *you will not be forgotten by me*

44:22

מָחִיתִי Qal pf. 1 c.s. (מָחָה 562) *I have swept away*

כָעָב prep.-def.art.-n.m.s. (728) *like a cloud*

פְּשָׁעֶיךָ n.m.p.-2 m.s. sf. (833) *your transgressions*

וְכֶעָנָן conj.-prep.-def.art.-n.m.s. (77) *and ... like mist (cloud)*

חַטֹּאותֶיךָ n.f.p.-2 m.s. sf. (308) *your sins*

שׁוּבָה Qal impv. 2 m.s.-coh.he (שׁוּב 996) *return*

אֵלַי prep.-1 c.s. sf. *to me*

כִּי conj. *for*

גְאַלְתִּיךָ Qal pf. 1 c.s.-2 m.s. sf. (I 145) *I have redeemed you*

44:23

רָנּוּ Qal impv. 2 m.p. (רָנַן 943) *sing*

שָׁמַיִם n.m.p. (1029) *O heavens*

כִּי־עָשָׂה conj.-Qal pf. 3 m.s. (I 793) *for ... has done it*

יהוה pr.n. (217) *Yahweh*

הָרִיעוּ Hi. impv. 2 m.p. (רוּעַ 929) *shout*

תַּחְתִּיּוֹת adj. f.p. cstr. (1026) *O depths of*

אָרֶץ n.f.s. paus. (75) *the earth*

פִּצְחוּ Qal impv. 2 m.p. (822) *break forth*

הָרִים n.m.p. (249) *O mountains*

רִנָּה n.f.s. (943) *into singing*

יַעַר n.m.s. (420) *O forest*

וְכָל־עֵץ conj.-n.m.s. cstr. (481)-n.m.s. (781) *and every tree*

בּוֹ prep.-3 m.s. sf. *in it*

כִּי־גָאַל conj.-Qal pf. 3 m.s. (I 145) *for ... has redeemed*

יהוה pr.n. (217) *Yahweh*

יַעֲקֹב pr.n. (784) *Jacob*

וּבְיִשְׂרָאֵל conj.-prep.-pr.n. (975) *and ... in Israel*

יִתְפָּאָר Hith. impf. 3 m.s. paus. (I 802) *will be glorified*

44:24

כֹּה־אָמַר adv. (462)-Qal pf. 3 m.s. (55) *thus says*

יהוה pr.n. (217) *Yahweh*

גֹּאֲלֶךָ Qal act.ptc.-2 m.s. sf. (I 145) *your Redeemer*

וְיֹצֶרְךָ conj.-Qal act.ptc.-2 m.s. sf. (427) *who formed you*

מִבֶּטֶן prep.-n.f.s. (105) *from the womb*

אָנֹכִי pers.pr. 1 c.s. (I 58) *I am*

יהוה pr.n. (217) *Yahweh*

עֹשֶׂה Qal act.ptc. (I 793) *who made*

כֹּל n.m.s. (481) *all things*

נֹטֶה Qal act.ptc. (639) *who stretched out*

שָׁמַיִם n.m.p. (1029) *the heavens*

לְבַדִּי prep.-n.m.s.-1 c.s. sf. (II 94) *alone*

רֹקַע Qal act.ptc. m.s. cstr. (955; GK 65d) *who spread out*

הָאָרֶץ def.art.-n.f.s. (75) *the earth*

מִי אִתִּי interr.-prep.-1 c.s. sf. (II 85) *who was with me?*

44:25

מֵפֵר Hi. ptc. (פָּרַר I 830) *who frustrates*

אֹתוֹת n.m.p. cstr. (16) *the omens of*

בַּדִּים n.m.p. (III 95) *liars*

וְקֹסְמִים conj.-Qal act.ptc. m.p. (890) *and ... diviners*

יְהוֹלֵל Po'el impf. 3 m.s. (II 237) *makes fools of*

מֵשִׁיב Hi. ptc. (שׁוּב 996) *who turns*

חֲכָמִים n.m.p. (314) *wise men*

אָחוֹר adv. (30) *back*

וְדַעְתָּם conj.-n.f.s.-3 m.p. sf. (395) *and their knowledge*

יְשַׂכֵּל Pi. impf. 3 m.s. (סָכַל 698) *makes foolish*

44:26

מֵקִים Hi. ptc. (קוּם 877) *who confirms*

דְּבַר n.m.s. cstr. (182) *the word of*

עַבְדּוֹ n.m.s.-3 m.s. sf. (712) *his servant*

וַעֲצַת conj.-n.f.s. cstr. (420) *and ... the counsel of*

מַלְאָכָיו n.m.p.-3 m.s. sf. (521) *his messengers*

יַשְׁלִים Hi. impf. 3 m.s. (1022) *performs*

הָאֹמֵר def.art.-Qal act.ptc. (55) *who says*

לִירוּשָׁלַ͏ִם prep.-pr.n. (436) *of Jerusalem*

תּוּשָׁב Ho. impf. 3 f.s. (יָשַׁב 442) *she shall be inhabited*

וּלְעָרֵי conj.-prep.-n.f.p. cstr. (746) *and of the cities of*

יְהוּדָה pr.n. (397) *Judah*

תִּבָּנֶינָה Ni. impf. 3 f.p. (בָּנָה 124) *they shall be built*

וְחָרְבוֹתֶיהָ conj.-n.f.p.-3 f.s. sf. (352) *and ... their ruins*

אֲקוֹמֵם Polel impf. 1 c.s. (קוּם 877) *I will raise up*

44:27

הָאֹמֵר def.art.-Qal act.ptc. (55) *who says*

לַצּוּלָה prep.-def.art.-n.f.s. (846) *to the deep*

חֳרָבִי Qal impv. 2 f.s. (I 351) *be dry*

וְנַהֲרֹתַיִךְ conj.-n.m.p.-2 f.s. sf. (625) *your rivers*

אוֹבִישׁ Hi. impf. 1 c.s. (יָבֵשׁ 386) *I will dry up*

44:28

הָאֹמֵר def.art.-Qal act.ptc. (55) *who says*

לְכוֹרֶשׁ prep.-pr.n. (468) *of Cyrus*

רֹעִי Qal act.ptc.-1 c.s. sf. (I 944) *he is my shepherd*

וְכָל־חֶפְצִי conj.-n.m.s. cstr. (481)-n.m.s.-1 c.s. sf. (343) *and ... all my purpose*

יַשְׁלִם Hi. impf. 3 m.s. (1022; GK 53n) *he shall fulfill*

וְלֵאמֹר conj.-prep.-Qal inf.cstr. (55; GK 114p) *saying*

לִירוּשָׁלַ͏ִם prep.-pr.n. (436) *of Jerusalem*

תִּבָּנֶה Ni. impf. 3 f.s. (124) *she shall be built*

וְהֵיכָל conj.-n.m.s. (228) *and of the temple*

תִּוָּסֵד Ni. impf. 3 f.s. (2 m.s.) (יָסַד 413) *shall be laid*

45:1

כֹּה־אָמַר adv. (462)-Qal pf. 3 m.s. (55) *thus says*

יהוה pr.n. (217) *Yahweh*

לִמְשִׁיחוֹ prep.-n.m.s.-3 m.s. sf. (603) *to his anointed*

לְכוֹרֶשׁ prep.-pr.n. (468) *to Cyrus*

אֲשֶׁר־הֶחֱזַקְתִּי rel. (81)-Hi. pf. 1 c.s. (304) *whose ... I have grasped*

בִּימִינוֹ prep.-n.f.s.-3 m.s. sf. (411) *right hand*

לְרַד־ prep.-Qal inf.cstr. (רָדָה 921; GK 67p) *to subdue*

לְפָנָיו prep.-n.m.p.-3 m.s. sf. (815) *before him*

גּוֹיִם n.m.p. (156) *nations*

וּמָתְנֵי conj.-n.m. du. cstr. (608) *and the loins of*

מְלָכִים n.m.p. (I 572) *kings*

אֲפַתֵּחַ Pi. impf. 1 c.s. (I 834) *ungird*

לִפְתֹּחַ prep.-Qal inf.cstr. (I 834) *to open*

לְפָנָיו v.supra *before him*

דְּלָתַיִם n.f. du. (195) *doors*

וּשְׁעָרִים conj.-n.m.p. (1044) *that gates*

לֹא יִסָּגֵרוּ neg.-Ni. impf. 3 m.p. paus. (688) *may not be closed*

45:2

אֲנִי pers.pr. 1 c.s. (I 58) *I*

לְפָנֶיךָ prep.-n.m.p.-2 m.s. sf. (815) *before you*

אֵלֵךְ Qal impf. 1 c.s. (הָלַךְ 229) *will go*

וַהֲדוּרִים conj.-Qal pass.ptc. m.p. (213) *and ... the mountains*

אֲיַשֵּׁר Pi. impf. 1 c.s. (448; GK 70b) *level*

דְּלָתוֹת n.f.p. cstr. (195) *the doors of*

נְחוּשָׁה n.f.s. (639) *bronze*

אֲשַׁבֵּר Pi., impf. 1 c.s. (990) *I will break in pieces*

וּבְרִיחֵי conj.-n.m.p. cstr. (138) *and the bars of*

בַּרְזֶל n.m.s. (137) *iron*

אֲגַדֵּעַ Pi. impf. 1 c.s. (154) *cut asunder*

45:3

וְנָתַתִּי conj.-Qal pf. 1 c.s. (נָתַן 678) *I will give*

לְךָ prep.-2 m.s. sf. *you*

אוֹצְרוֹת n.f.p. cstr. (69) *the treasures of*

חֹשֶׁךְ n.m.s. (365) *darkness*

וּמַטְמֻנֵי conj.-n.m.p. cstr. (380) *and the hoards*

מִסְתָּרִים n.m.p. (712) *in secret places*

לְמַעַן prep. (775) *that*

תֵּדַע Qal impf. 2 m.s. (יָדַע 393) *you may know*

כִּי־אֲנִי conj.-pers.pr. 1 c.s. (I 58) *that it is I*

יְהוָה pr.n. (217) *Yahweh*

הַקּוֹרֵא def.art.-Qal act.ptc. (894) *who call*

בְּשִׁמְךָ prep.-n.m.s.-2 m.s. sf. (1027) *by your name*

אֱלֹהֵי n.m.p. cstr. (43) *the God of*

יִשְׂרָאֵל pr.n. (975) *Israel*

45:4

לְמַעַן prep. (775) *for the sake of*

עַבְדִּי n.m.s.-1 c.s. sf. (712) *my serevant*

יַעֲקֹב pr.n. (784; GK 131g) *Jacob*

וְיִשְׂרָאֵל conj.-pr.n. (975) *and Israel*

בְּחִירִי n.m.s.-1 c.s. sf. (104) *my chosen*

וָאֶקְרָא consec.-Qal impf. 1 c.s. (894; GK 111bN) *I call*

לְךָ prep.-2 m.s. sf. *you*

בִּשְׁמֶךָ prep.-n.m.s.-2 m.s. sf. paus. (1027) *by your name*

אֲכַנְּךָ Pi. impf. 1 c.s.-2 m.s. sf. (487) *I surname you*

וְלֹא יְדַעְתָּנִי conj.-neg.-Qal pf. 2 m.s.-1 c.s. sf. (393) *though you do not know me*

45:5

אֲנִי יְהוָה pers.pr. 1 c.s. (I 58)-pr.n. (217) *I am Yahweh*

וְאֵין conj.-subst.cstr. (II 34) *and there is no*

עוֹד adv. (728) *other*

זוּלָתִי prep.-1 c.s. sf. (265) *besides me*

אֵין v.supra *there is no*

אֱלֹהִים n.m.p. (43) *God*

אֲאַזֶּרְךָ Pi. impf. 1 c.s.-2 m.s. sf. (25) *I gird you*

וְלֹא יְדַעְתָּנִי conj.-neg.-Qal pf. 2 m.s.-1 c.s. sf. (393) *though you do not know me*

45:6

לְמַעַן prep. (775) *that*

יֵדְעוּ Qal impf. 3 m.p. (393) *men may know*

מִמִּזְרַח־ prep.-n.m.s. cstr. (280) *from the rising of*

שֶׁמֶשׁ n.f.s. (1039) *the sun*

וּמִמַּעֲרָבָה conj.-prep.-n.m.s.-(loc.he?) (II 788) *and from the west*

כִּי־אֶפֶס conj.-neg.part. (67) *that there is none*

בִּלְעָדָי subst.-1 c.s. sf. (116) *besides me*

אֲנִי יְהוָה pers.pr. 1 c.s. (I 58)-pr.n. (217) *I am Yahweh*

וְאֵין עוֹד conj.-subst.cstr. (II 34)-adv. (728) *and there is no other*

45:7

יוֹצֵר Qal act.ptc. (427) *I form*

אוֹר n.m.s. (21) *light*

וּבוֹרֵא conj.-Qal act.ptc. (135) *and create*

חֹשֶׁךְ n.m.s. (365) *darkness*

עֹשֶׂה Qal act.ptc. (I 793) *I make*

שָׁלוֹם n.m.s. (1022) *weal*

וּבוֹרֵא v.supra *and create*

רָע n.m.s. (948) *woe (evil)*

אֲנִי יְהוָה v.supra *I am Yahweh*

עֹשֶׂה v.supra *who do*

כָּל־אֵלֶּה n.m.s. cstr. (481)-demons.adj. m.p. (41) *all these things*

45:8

הַרְעִיפוּ Hi. impv. 2 m.p. (950) *shower*

שָׁמַיִם n.m.p. (1029) *O heavens*

מִמַּעַל prep.-subst. (751) *from above*

וּשְׁחָקִים conj.-n.m.p. (1007) *and ... the skies*

יִזְּלוּ־ Qal impf. 3 m.p. (נָזַל 633) *let ... rain down*

צֶדֶק n.m.s. (841) *righteousness*

תִּפְתַּח־ Qal impf. 3 f.s. (I 834) *let ... open*

אֶרֶץ n.f.s. (75) *the earth*

וְיִפְרוּ־ conj.-Qal impf. 3 m.p. (פָּרָה 826) *that may sprout forth*

יֶשַׁע n.m.s. (447) *salvation*

וּצְדָקָה conj.-n.f.s. (842) *and ... righteousness*

תַצְמִיחַ Hi. impf. 3 f.s. (855) *let it cause to spring up*

יַחַד adv. (403) *also*

אֲנִי יְהוָה pers.pr. 1 c.s. (I 58)-pr.n. (217) *I Yahweh*

בְּרָאתִיו Qal pf. 1 c.s.-3 m.s. sf. (135) *have created it*

45:9

הוֹי interj. (222) *woe*

רָב Qal act.ptc. (רִיב 936) *to him who strives*

אֶת־יֹצְרוֹ prep.-Qal act.ptc.-3 m.s. sf. (427) *with his Maker*

חֶרֶשׂ n.m.s. (360) *an earthen vessel*

אֶת־חַרְשֵׂי prep.-n.m.p. cstr. (360) *with the potter (potsherds of)*

אֲדָמָה n.f.s. (9) *(land)*

הֲיֹאמַר interr.part.-Qal impf. 3 m.s. (55) *does ... say?*

חֹמֶר n.m.s. (I 330) *the clay*

לְיֹצְרוֹ prep.-Qal act.ptc.-3 m.s. sf. (427) *to him who fashions it*

מַה־תַּעֲשֶׂה interr. (552)-Qal impf. 2 m.s. (I 793) *what are you making?*

וּפָעָלְךָ conj.-n.m.s.-2 m.s. sf. (821) *or your work*

אֵין־יָדַיִם subst.cstr. (II 34; GK 152u)-n.f. du. (388) *has no handles*

לוֹ prep.-3 m.s. sf.

45:10

הוֹי interj. (222) *woe*

אֹמֵר Qal act.ptc. (55) *to him who says*

לְאָב prep.-n.m.s. (3) *to a father*

מַה־תּוֹלִיד interr. (552)-Hi. impf. 2 m.s. (408) *what are you begetting?*

וּלְאִשָּׁה conj.-prep.-n.f.s. (61) *or to a woman*

מַה־תְּחִילִין interr. (552)-Qal impf. 2 f.s. (I 296; GK 47o) *with what are you in travail?*

45:11

כֹּה־אָמַר adv. (462)-Qal pf. 3 m.s. (55) *thus says*

יהוה pr.n. (217) *Yahweh*

קְדוֹשׁ יִשְׂרָאֵל adj. m.s. cstr. (872)-pr.n. (975) *the Holy One of Israel*

וְיֹצְרוֹ conj.-Qal act.ptc.-3 m.s. sf. (427) *and his Maker*

הָאֹתִיּוֹת interr.part.-Qal act.ptc. f.p. as subst. (87) *(of things to come)*

שְׁאָלוּנִי Qal impv. 2 m.p.-1 c.s. sf. (981) *will you question me*

עַל־בָּנַי prep.-n.m.p.-1 c.s. sf. (119) *about my children*

וְעַל־פֹּעַל יָדַי conj.-prep.-n.m.s. cstr. (821)-n.f.p.-1 c.s. sf. (388) *or concerning the work of my hands*

תְּצַוֻּנִי Pi. impf. 2 m.p.-1 c.s. sf. (845) *command me*

45:12

אָנֹכִי pers.pr. 1 c.s. (I 58) *I*

עָשִׂיתִי Qal pf. 1 c.s. (I 793) *made*

אֶרֶץ n.f.s. (75) *the earth*

וְאָדָם conj.-n.m.s. (9) *and man*

עָלֶיהָ prep.-3 f.s. sf. *upon it*

בָּרָאתִי Qal pf. 1 c.s. (135) *created*

אֲנִי יָדַי pers.pr. 1 c.s. (I 58)-n.f.p.-1 c.s. sf. (388) *(I) it was my hands that*

נָטוּ Qal pf. 3 c.p. (נָטָה 639) *stretched out*

שָׁמַיִם n.m.p. (1029) *the heavens*

וְכָל־צְבָאָם conj.-n.m.s. cstr. (481)-n.m.s.-3 m.p. sf. (838) *and all their host*

צִוֵּיתִי Pi. pf. 1 c.s. (צָוָה 845) *I commanded*

45:13

אָנֹכִי pers.pr. 1 c.s. (I 58) *I*

הַעִירֹתִהוּ Hi. pf. 1 c.s.-3 m.s. sf. (עוּר I 734) *have aroused him*

בְצֶדֶק prep.-n.m.s. (841) *in righteousness*

וְכָל־דְּרָכָיו conj.-n.m.s. cstr. (481)-n.m.p.-3 m.s. sf. (202) *and all his ways*

אֲיַשֵּׁר Pi. impf. 1 c.s. (448) *I will make straight*

הוּא־יִבְנֶה pers.pr. 3 m.s. (214)-Qal impf. 3 m.s. (124) *he shall build*

עִירִי n.f.s.-1 c.s. sf. (746) *my city*

וְגָלוּתִי conj.-n.f.s.-1 c.s. sf. (163) *and my exiles*

יְשַׁלֵּחַ Pi. impf. 3 m.s. (1018) *set free*

לֹא בִמְחִיר neg.-prep.-n.m.s. (I 564) *not for price*

וְלֹא בְשֹׁחַד conj.-neg.-prep.-n.m.s. (1005) *or reward*

אָמַר Qal pf. 3 m.s. (55) *says*

יהוה צְבָאוֹת pr.n. (217)-pr.n. (838) *Yahweh of hosts*

45:14

כֹּה אָמַר adv. (462)-Qal pf. 3 m.s. (55) *thus says*

יהוה pr.n. (217) *Yahweh*

יְגִיעַ מִצְרַיִם n.m.s. cstr. (388)-pr.n. (595) *the wealth of Egypt*

וּסְחַר־כּוּשׁ conj.-n.m.s. cstr. (695; GK 10g)-pr.n. (I 468) *and the merchandise of Ethiopia*

וּסְבָאִים conj.-pr.n. p. gent. (685) *and the Sabeans*

אַנְשֵׁי n.m.p. cstr. (35) *men of*

מִדָּה n.f.s. (I 551) *stature*

עָלַיִךְ prep.-2 f.s. sf. *to you*

יַעֲבֹרוּ Qal impf. 3 m.p. (716) *shall come over*

וְלָךְ יִהְיוּ conj.-prep.-2 f.s. sf.-Qal impf. 3 m.p. (הָיָה 224) *and be yours*

אַחֲרַיִךְ prep.-2 f.s. sf. (29) *(after) you*

יֵלֵכוּ Qal impf. 3 m.p. (הָלַךְ 229) *they shall follow*

בַּזִּקִּים prep.-def.art.-n.m.p. (II 279) *in chains*

יַעֲבֹרוּ Qal impf. 3 m.p. (716) *they shall come over*

וְאֵלַיִךְ conj.-prep.-2 f.s. sf. *to you*

יִשְׁתַּחֲוּוּ Hith. impf. 3 m.p. (1005) *and bow down*

אֵלַיִךְ v.supra *to you*

יִתְפַּלָּלוּ Hith. impf. 3 m.p. paus. (813) *they will make supplications*

אַךְ בָּךְ adv. (36)-prep.-2 f.s. sf. *with you only*

אֵל n.m.s. (42) *God*

וְאֵין עוֹד conj.-subst.cstr. (II 34)-adv. (728) *and there is no other*

אֶפֶס אֱלֹהִים subst.cstr. (67)-n.m.p. (43) *no god besides him*

45:15

אָכֵן adv. (38) *truly*

אַתָּה pers.pr. 2 m.s. (61) *thou art*

אֵל n.m.s. (42) *a God*

מִסְתַּתֵּר Hith. ptc. (סָתַר 711) *who hidest thyself*

אֱלֹהֵי n.m.p. cstr. (43) *O God of*

יִשְׂרָאֵל pr.n. (975) *Israel*

מוֹשִׁיעַ Hi. ptc. (446) *the Savior*

45:16

בּוֹשׁוּ Qal pf. 3 c.p. (בּוֹשׁ 101) *are put to shame*

וְגַם־נִכְלְמוּ conj.-adv. (168)-Ni. pf. 3 c.p. (483) *and confounded*

כֻּלָּם n.m.s.-3 m.p. sf. (481) *all of them*

יַחְדָּו adv. (403) *together*

הָלְכוּ Qal pf. 3 c.p. (229) *go*

בַּכְּלִמָּה prep.-def.art.-n.f.s. (484) *in confusion*

חָרָשֵׁי n.m.p. cstr. (360) *the makers of*

צִירִים n.m.p. (I 849) *idols*

45:17

יִשְׂרָאֵל pr.n. (975) *Israel*

נוֹשַׁע Ni. pf. 3 m.s. (יָשַׁע 446) *is saved*

בַּיהוה prep.-pr.n. (217) *by Yahweh*

תְּשׁוּעַת n.f.s. cstr. (448) *with salvation (of)*

עוֹלָמִים n.m.p. (761) *everlasting*

לֹא־תֵבֹשׁוּ neg.-Qal impf. 2 m.p. (בּוֹשׁ 101) *you shall not be put to shame*

וְלֹא־תִכָּלְמוּ conj.-neg.-Ni. impf. 2 m.p. (483) *or confounded*

עַד־עוֹלְמֵי עַד prep. (III 723)-n.m.p. cstr. (761)-n.m.s. (I 723) *to all eternity*

45:18

כִּי כֹה conj.-adv. (462) *for thus*

אָמַר־יְהוָה Qal pf. 3 m.s. (55)-pr.n. (217) *says Yahweh*

בּוֹרֵא Qal act.ptc. (135) *who created*

הַשָּׁמַיִם def.art.-n.m.p. (1029) *the heavens*

הוּא pers.pr. 3 m.s. (214) *he is*

הָאֱלֹהִים def.art.-n.m.p. (43) *God*

יֹצֵר Qal act.ptc. (427) *who formed*

הָאָרֶץ def.art.-n.f.s. (75) *the earth*

וְעֹשָׂהּ conj.-Qal act.ptc.-3 f.s. sf. (עָשָׂה I 793) *and made it*

הוּא pers.pr. 3 m.s. (214) *he*

כּוֹנְנָהּ Polel pf. 3 m.s.-3 f.s. sf. (כּוּן I 465) *established it*

לֹא־תֹהוּ neg.-n.m.s. (1062) *not a chaos*

בְרָאָהּ Qal pf. 3 m.s.-3 f.s. sf. (135) *he did create it*

לָשֶׁבֶת prep.-Qal inf.cstr. (יָשַׁב 442) *to be inhabited*

יְצָרָהּ Qal pf. 3 m.s.-3 f.s. sf. (427) *he formed it*

אֲנִי יְהוָה pers.pr. 1 c.s. (I 58)-pr.n. (217) *I am Yahweh*

וְאֵין עוֹד conj.-subst.cstr. (II 34)-adv. (728) *and there is no other*

45:19

לֹא בַסֵּתֶר neg.-prep.-def.art.-n.m.s. (712) *not ... in secret*

דִּבַּרְתִּי Pi. pf. 1 c.s. (180) *I did not speak*

בִּמְקוֹם אֶרֶץ prep.-n.m.s. cstr. (879)-n.f.s. cstr. (75) *in a land of*

חֹשֶׁךְ n.m.s. (365) *darkness*

לֹא אָמַרְתִּי neg.-Qal pf. 1 c.s. (55) *I did not say*

לְזֶרַע prep.-n.m.s. cstr. (282) *to the offspring of*

יַעֲקֹב pr.n. (784) *Jacob*

תֹהוּ n.m.s. (1062) *in chaos*

בַּקְּשׁוּנִי Pi. impv. 2 m.p.-1 c.s. sf. (134) *seek me*

אֲנִי יהוה v.45:18 *I Yahweh*

דֹּבֵר Qal act.ptc. (180) *speak*

צֶדֶק n.m.s. (841) *the truth*

מַגִּיד Hi. ptc. (נגד 616) *I declare*

מֵישָׁרִים n.m.p. (449) *what is right*

45:20

הִקָּבְצוּ Ni. impv. 2 m.p. (867) *assemble yourselves*

וָבֹאוּ conj.-Qal impv. 2 m.p. (בּוֹא 97) *and come*

הִתְנַגְּשׁוּ Hith. impv. 2 m.p. (620) *draw near*

יַחְדָּו adv. (403) *together*

פְּלִיטֵי n.m.p. cstr. (812) *survivors of*

הַגּוֹיִם def.art.-n.m.p. (156) *the nations*

לֹא יָדְעוּ neg.-Qal pf. 3 c.p. (393) *they have no knowledge*

הַנֹּשְׂאִים def.art.-Qal act.ptc. m.p. (669) *who carry about*

אֶת־עֵץ dir.obj.-n.m.s. cstr. (781) *wooden*

143

פְּסִלָם n.m.s.-3 m.p. sf. (820) *their ... idols*

וּמִתְפַּלְלִים conj.-Hith. ptc. m.p. (813) *and keep on praying*

אֶל־אֵל prep.-n.m.s. (42) *to a god*

לֹא יוֹשִׁיעַ neg.-Hi. impf. 3 m.s. (יָשַׁע 446) *that cannot save*

45:21

הַגִּידוּ Hi. impv. 2 m.p. (נָגַד 616) *declare*

וְהַגִּישׁוּ conj.-Hi. impv. 2 m.p. (נָגַשׁ 621) *and present your case*

אַף יִוָּעֲצוּ conj. (II 64)-Ni. impf. 3 m.p. (יָעַץ 419) *let them take counsel*

יַחְדָּו adv. (403) *together*

מִי interr. (566) *who?*

הִשְׁמִיעַ Hi. pf. 3 m.s. (1033) *told*

זֹאת demons. f.s. (260) *this*

מִקֶּדֶם prep.-n.m.s. (869) *long ago?*

מֵאָז prep.-adv. (23) *of old*

הִגִּידָהּ Hi. pf. 3 m.s.-3 f.s. sf. (נָגַד 616) *declared it*

הֲלוֹא אֲנִי inter..-neg.-pers.pr. 1 c.s. (I 58) *was it not I*

יהוה pr.n. (217) *Yahweh*

וְאֵין־עוֹד v.45:18 conj.-subst.cstr. (II 34)-adv. (728) *and there is no other*

אֱלֹהִים n.m.p. (43) *God*

מִבַּלְעָדַי prep.-1 c.s. sf. (116) *besides me*

אֵל־צַדִּיק n.m.s. (42)-adj. m.s. (843) *a righteous God*

וּמוֹשִׁיעַ conj.-Hi. ptc. (446) *and a Savior*

אַיִן subst. (II 34) *there is none*

זוּלָתִי prep.-1 c.s. sf. (265) *besides me*

45:22

פְּנוּ־ Qal impv. 2 m.p. (815) *turn*

אֵלַי prep.-1 c.s. sf. *to me*

וְהִוָּשְׁעוּ conj.-Ni. impv. 2 m.p. (יָשַׁע 446) *and be saved*

כָּל־אַפְסֵי־ n.m.s. cstr. (481)-n.m.p. cstr. (67) *all the ends of*

אָרֶץ n.f.s. (75) *the earth*

כִּי־אֲנִי־אֵל conj.-pers.pr. 1 c.s. (I 58)-n.m.s. (42) *for I am God*

וְאֵין עוֹד v.45:21 conj.-subst.cstr. (II 34)-adv. (728) *and there is no other*

45:23

בִּי prep.-1 c.s. sf. *by myself*

נִשְׁבַּעְתִּי Ni. pf. 1 c.s. (989) *I have sworn*

יָצָא Qal pf. 3 m.s. (422) *has gone forth*

מִפִּי prep.-n.m.s.-1 c.s. sf. (804) *from my mouth*

צְדָקָה n.f.s. (842) *in righteousness*

דָּבָר n.m.s. (182) *a word*

וְלֹא יָשׁוּב conj.-neg.-Qal impf. 3 m.s. (שׁוּב 996) *that shall not return*

כִּי־לִי conj.-prep.-1 c.s. sf. *to me*

תִּכְרַע Qal impf. 3 f.s. (502) *shall bow*

כָּל־בֶּרֶךְ n.m.s. cstr. (481)-n.f.s. (139) *every knee*

תִּשָּׁבַע Ni. impf. 3 f.s. (989) *shall swear*

כָּל־לָשׁוֹן n.m.s. cstr. (481)-n.f.s. (546) *every tongue*

45:24

אַךְ adv. (36) *only*

בַּיהוה prep.-pr.n. (217) *in Yahweh*

לִי אָמַר prep.-1 c.s. sf.-Qal pf. 3 m.s. (55) *it shall be said of me*

צְדָקוֹת n.f.p. (842) *are righteousness*

וָעֹז conj.-n.m.s. (738) *and strength*

עָדָיו prep.-3 m.s. sf. *to him*

יָבוֹא Qal impf. 3 m.s. (בּוֹא 97) *shall come*

וְיֵבֹשׁוּ conj.-Qal impf. 3 m.p. (בּוֹשׁ 101) *and be ashamed*

כֹּל הַנֶּחֱרִים n.m.s. cstr. (481)-def.art.-Ni. ptc. m.p. (354) *all who were incensed*

בּוֹ prep.-3 m.s. sf. *against him*

45:25

בַּיהוה prep.-pr.n. (217) *in Yahweh*

יִצְדְּקוּ Qal impf. 3 m.p. (842) *shall triumph*

וְיִתְהַלְלוּ conj.-Hith. impf. 3 m.p. (II 237) *and glory*

כָּל־זֶרַע n.m.s. cstr. (481)-n.m.s. cstr. (282) *all the offspring of*

יִשְׂרָאֵל pr.n. (975) *Israel*

46:1

כָּרַע Qal pf. 3 m.s. (502) *bows down*

בֵּל pr.n. (128) *Bel*

קֹרֵס Qal act.ptc. (902) *stoops*

נְבוֹ pr.n. (612) *Nebo*

הָיוּ Qal pf. 3 c.p. (הָיָה 224) *are*

עֲצַבֵּיהֶם n.m.p.-3 m.p. sf. (781) *their idols*

לַחַיָּה prep.-def.art.-n.f.s. (I 312) *on beasts*

וְלַבְּהֵמָה conj.-prep.-def.art.-n.f.s. (96) *and cattle*

נְשֻׂאֹתֵיכֶם Qal pass.ptc. f.p.-2 m.p. sf. (669) *these things you carry*

עֲמוּסוֹת Qal pass.ptc. f.p. (770) *are loaded*

מַשָּׂא n.m.s. (II 672) *as burdens*

לַעֲיֵפָה prep.-n.f.s. (746) *on weary beasts*

46:2

קָרְסוּ Qal pf. 3 c.p. (902) *they stoop*

כָּרְעוּ Qal pf. 3 c.p. (502) *they bow down*

יַחְדָּו adv. (403) *together*

לֹא יָכְלוּ neg.-Qal pf. 3 c.p. (407) *they cannot*

מַלֵּט Pi. inf.cstr. (572) *save*

מַשָּׂא v.supra *the burden*

וְנַפְשָׁם conj.-n.f.s.-3 m.p. sf. (659) *but themselves*

בַּשְּׁבִי prep.-def.art.-n.m.s. (985) *into captivity*

הָלָכָה Qal pf. 3 f.s. (הָלַךְ 229) *go*

46:3

שִׁמְעוּ Qal impv. 2 m.p. (1033) *hearken*

אֵלַי prep.-1 c.s. sf. *unto me*

בֵּית n.m.s. cstr. (108) *O house of*

יַעֲקֹב pr.n. (784) *Jacob*

וְכָל־ conj.-n.m.s. cstr. (481) *(and) all of*

שְׁאֵרִית n.f.s. cstr. (984) *the remnant of*

בֵּית v.supra *the house of*

יִשְׂרָאֵל pr.n. (975) *Israel*

הָעֲמֻסִים def.art.-Qal pass.ptc. m.p. (770) *who have been borne*

מִנִּי־בֶטֶן prep.poet. (with old gen. ending)-n.f.s. (105) *from your birth*

הַנְּשֻׂאִים def.art.-Qal pass.ptc. m.p. (669) *carried*

מִנִּי־רָחַם v.supra-n.m.s. paus. (933) *from the womb*

46:4

וְעַד־זִקְנָה conj.-prep.-n.f.s. (279) *even to your old age*

אֲנִי הוּא pers.pr. 1 c.s. (58)-pers.pr. 3 m.s. (214) *I am He*

וְעַד־שֵׂיבָה v.supra-n.f.s. (966) *and to gray hairs*

אֲנִי אֶסְבֹּל v.supra-Qal impf. 1 c.s. (687) *I will carry you*

אֲנִי עָשִׂיתִי v.supra-Qal pf. 1 c.s. (I 793) *I have made*

וַאֲנִי אֶשָּׂא conj.-v.supra-Qal impf. 1 c.s. (נָשָׂא 669) *and I will bear*

וַאֲנִי אֶסְבֹּל v.supra-v.supra *I will carry*

וַאֲמַלֵּט conj.-Pi. impf. 1 c.s. (572) *and will save*

46:5

לְמִי prep.-interr. (566) *to whom*

תְּדַמְיוּנִי Pi. impf. 2 m.p.-1 c.s. sf. (דָּמָה 197; GK 75dd) *will you liken me*

וְתַשְׁווּ conj.-Hi. impf. 2 m.p. (שָׁוָה I 1000) *and make me equal*

וְתַמְשִׁלוּנִי conj.-Hi. impf. 2 m.p.-1 c.s. sf. (מָשַׁל I 605) *and compare me*

וְנִדְמֶה conj.-Qal impf. 1 c.p. (דָּמָה 197) *that we may be alike*

46:6

הַזָּלִים def.art.-Qal act.ptc. m.p. (II 266) *those who lavish*

זָהָב n.m.s. (262) *gold*

מִכִּיס prep.-n.m.s. (476) *from the purse*

וְכֶסֶף conj.-n.m.s. (494) *and silver*

בַּקָּנֶה prep.-def.art.-n.m.s. (889) *in the scales*

יִשְׁקֹלוּ Qal impf. 3 m.p. paus. (1053) *weigh*

יִשְׂכְּרוּ Qal impf. 3 m.p. (968) *hire*

צוֹרֵף Qal act.ptc. m.s. (864) *a goldsmith*

וְיַעֲשֵׂהוּ conj.-Qal impf. 3 m.s.-3 m.s. sf. (I 793) *and he makes it into*

אֵל n.m.s. (42) *a god*

יִסְגְּדוּ Qal impf. 3 m.p. (688) *then they fall down*

אַף־יִשְׁתַּחֲוּוּ conj. (II 64)-Hith. impf. 3 m.p. (1005) *and worship*

46:7

יִשָּׂאֻהוּ Qal impf. 3 m.p.-3 m.s. sf. (נָשָׂא 669) *they lift it*

עַל־כָּתֵף prep.-n.f.s. (509) *upon their shoulders*

יִסְבְּלֻהוּ Qal impf. 3 m.p.-3 m.s. sf. (687) *they carry it*

וְיַנִּיחֻהוּ conj.-Hi. impf. 3 m.p.-3 m.s. sf. (נוּחַ 628) *they set it*

תַחְתָּיו prep.-3 m.s. sf. (1065) *in its place*

וְיַעֲמֹד conj.-Qal impf. 3 m.s. (763) *and it stands there*

מִמְּקוֹמוֹ prep.-n.m.s.-3 m.s. sf. (879) *from its place*

לֹא יָמִישׁ neg.-Hi. impf. 3 m.s. (I 559) *it cannot move*

אַף־יִצְעַק conj. (II 64)-Qal impf. 3 m.s. (858) *if one cries*

אֵלָיו prep.-3 m.s. sf. *to it*

וְלֹא יַעֲנֶה conj.-neg.-Qal impf. 3 m.s. (I 772) *it does not answer*

מִצָּרָתוֹ prep.-n.f.s.-3 m.s. sf. (865) *from his trouble*

לֹא יוֹשִׁיעֶנּוּ neg.-Hi. impf. 3 m.s.-3 m.s. sf. (446) *or save him*

46:8

זִכְרוּ־זֹאת Qal impv. 2 m.p. (269)-demons.adj. f.s. (260) *remember this*

וְהִתְאֹשָׁשׁוּ conj.-Hithpo'el impv. 2 m.p. paus. (84) *and consider*

הָשִׁיבוּ Hi. impv. 2 m.p. (שׁוּב 996) *recall it*

פּוֹשְׁעִים Qal act.ptc. m.p. (833) *you transgressors*

עַל־לֵב prep.-n.m.s. (523) *to mind*

46:9

זִכְרוּ Qal impv. 2 m.p. (269) *remember*

רִאשֹׁנוֹת adj. f.p. (911) *the former things*

מֵעוֹלָם prep.-n.m.s. (761) *of old*

כִּי אָנֹכִי conj.-pers.pr. 1 c.s. (59) *for I am*

אֵל n.m.s. (42) *God*

וְאֵין עוֹד conj.-subst.cstr. (II 34)-adv. (728) *and there is no other*

אֱלֹהִים n.m.p. (43) *I am God*

וְאֶפֶס conj.-n.m.s. (67) *and there is none*

כָּמוֹנִי prep.-1 c.s. sf. (453) *like me*

46:10

מַגִּיד Hi. ptc. (נגד 616) *declaring*

מֵרֵאשִׁית prep.-n.f.s. (912) *from the beginning*

אַחֲרִית n.f.s. (31) *the end*

וּמִקֶּדֶם conj.-prep.-n.m.s. (869) *and from ancient times*

אֲשֶׁר לֹא־נַעֲשׂוּ rel. (81)-neg.-Ni. pf. 3 c.p. (עשׂה I 793) *things not yet done*

אֹמֵר Qal act.ptc. (55) *saying*

עֲצָתִי n.f.s.-1 c.s. sf. (420) *my counsel*

תָקוּם Qal impf. 3 f.s. (877) *shall stand*

וְכָל־חֶפְצִי conj.-n.m.s. cstr. (481)-n.m.s.-1 c.s. sf. (343) *and all my purpose*

אֶעֱשֶׂה Qal impf. 1 c.s. (I 793) *I will accomplish*

46:11

קֹרֵא Qal act.ptc. (894) *calling*

מִמִּזְרָח prep.-n.m.s. (280) *from the east*

עַיִט n.m.s. (743) *a bird of prey*

מֵאֶרֶץ prep.-n.f.s. cstr. (75) *from a ... country*

מֶרְחָק n.m.s. (935) *far*

אִישׁ n.m.s. cstr. (35) *the man of*

עֲצָתוֹ n.f.s.-1 c.s. sf. (420) *my counsel*

אַף־דִּבַּרְתִּי conj. (II 64)-Pi. pf. 1 c.s. (180) *I have spoken*

אַף־אֲבִיאֶנָּה conj. (II 64)-Hi. impf. 1 c.s.-3 f.s. sf. (97) *and I will bring it to pass*

יָצַרְתִּי Qal pf. 1 c.s. (427) *I have purposed*

אַף־אֶעֱשֶׂנָּה conj. (II 64)-Qal impf. 1 c.s.-3 f.s. sf. (עשׂה I 793) *and I will do it*

46:12

שִׁמְעוּ Qal impv. 2 m.p. (1033) *hearken*

אֵלַי prep.-1 c.s. sf. *to me*

אַבִּירֵי n.m.p. cstr. (7) *you stubborn of*

לֵב n.m.s. (523) *heart*

הָרְחוֹקִים def.art.-adj. m.p. (935) *you who are far*

מִצְּדָקָה prep.-n.f.s. (842) *from deliverance*

46:13

קֵרַבְתִּי Pi. pf. 1 c.s. (897) *I bring near*

צִדְקָתִי n.f.s.-1 c.s. sf. (842) *my deliverance*

לֹא תִרְחָק neg.-Qal impf. 3 f.s. (934) *it is not far off*

וּתְשׁוּעָתִי conj.-n.f.s.-1 c.s. sf. (448) *and my salvation*

לֹא תְאַחֵר neg.-Pi. impf. 3 f.s. (29) *will not tarry*

וְנָתַתִּי conj.-Qal pf. 1 c.s. (678) *I will put*

בְּצִיּוֹן prep.-pr.n. (851) *in Zion*

תְּשׁוּעָה n.f.s. (448) *salvation*

לְיִשְׂרָאֵל prep.-pr.n. (975) *for Israel*

תִּפְאַרְתִּי n.f.s.-1 c.s. sf. (802) *my glory*

47:1

רְדִי Qal impv. 2 f.s. (יָרַד 432) *come down*

וּשְׁבִי conj.-Qal impv. 2 f.s. (יָשַׁב 442) *and sit*

עַל־עָפָר prep.-n.m.s. (779) *in the dust*

בְּתוּלַת n.f.s. cstr. (143) *O virgin*

בַּת־ n.f.s. cstr. (I 123) *daughter of*

בָּבֶל pr.n. (93) *Babylon*

שְׁבִי־ v.supra *sit*

לָאָרֶץ prep.-def.art.-n.f.s. (75) *on the ground*

אֵין־כִּסֵּא subst.cstr. (II 34)-n.m.s. (490) *without a throne*

בַּת־ v.supra *O daughter of*

כַּשְׂדִּים pr.n. (505) *the Chaldeans*

כִּי לֹא תוֹסִיפִי conj.-neg.-Hi. impf. 2 f.s. (יסף 414; GK 120c) *for you shall no more*

יִקְרְאוּ־לָךְ Qal impf. 3 m.p. (894)-prep.-2 f.s. sf. *be called*

רַכָּה adj. f.s. (940) *tender*

וַעֲנֻגָּה conj.-adj. f.s. (772) *and delicate*

47:2

קְחִי Qal impv. 2 f.s. (לָקַח 542) *take*

רֵחַיִם n.m. du. (932) *the millstones*

וְטַחֲנִי conj.-Qal impv. 2 f.s. (377) *and grind*

קָמַח n.m.s. paus. (887) *meal*

גַּלִּי Pi. impv. 2 f.s. (גָּלָה 162) *put off*

צַמָּתֵךְ n.f.s.-2 f.s. sf. (855) *your veil*

חֶשְׂפִּי־ Qal impv. 2 f.s. (362; GK 46d,63,l) *strip off*

שֹׁבֶל n.m.s. (987) *your robe*

גַּלִּי־ v.supra *uncover*

שׁוֹק n.f.s. (1003) *your legs*

עִבְרִי Qal impv. 2 f.s. (716) *pass through*

נְהָרוֹת n.m.p. (625) *the rivers*

47:3

תִּגַּל Ni. impf. 3 f.s. (apoc.?)(גָּלָה 162) *shall be uncovered*

עֶרְוָתֵךְ n.f.s.-2 f.s. sf. (788) *your nakedness*

גַּם תֵּרָאֶה adv. (168)-Ni. impf. 3 f.s. (906) *and shall be seen*

חֶרְפָּתֵךְ n.f.s.-2 f.s. sf. (357) *your shame*

נָקָם n.m.s. (668) *vengeance*

אֶקָּח Qal impf. 1 c.s. (לָקַח 542) *I will take*

וְלֹא אֶפְגַּע conj.-neg.-Qal impf. 1 c.s. (803) *and I will spare no*

אָדָם n.m.s. (9) *man*

47:4

גֹּאֲלֵנוּ Qal act.ptc.-1 c.p. sf. (I 145) *our Redeemer*

יהוה צְבָאוֹת pr.n. (217)-pr.n. (838) *Yahweh of hosts*

שְׁמוֹ n.m.s.-3 m.s. sf. (1027) *is his name*

קְדוֹשׁ adj. m.s. cstr. (872) *the Holy One of*

יִשְׂרָאֵל pr.n. (975) *Israel*

47:5

שְׁבִי Qal impv. 2 f.s. (יָשַׁב 442) *sit*

דוּמָם adv. (189; GK 100gN,118o) *in silence*

וּבֹאִי conj.-Qal impv. 2 f.s. (בּוֹא 97) *and go*

בַחֹשֶׁךְ prep.-def.art.-n.m.s. (365) *in darkness*

בַּת־ n.f.s. cstr. (I 123) *O daughter of*

כַּשְׂדִּים pr.n. (505) *the Chaldeans*

יָסַף כִּי לֹא תוֹסִיפִי conj.-neg.-Hi. impf. 2 f.s. (יָסַף 414) *for you shall no more*

יִקְרְאוּ־לָךְ Qal impf. 3 m.p. (894)-prep.-2 f.s. sf. *be called*

גְּבֶרֶת n.f.s. cstr. (150) *the mistress of*

מַמְלָכוֹת n.f.p. (575) *kingdoms*

47:6

קָצַפְתִּי Qal pf. 1 c.s. (893) *I was angry*

עַל־עַמִּי prep.-n.m.s.-1 c.s. sf. (I 766) *with my people*

חִלַּלְתִּי Pi. pf. 1 c.s. (III 320) *I profaned*

נַחֲלָתִי n.f.s.-1 c.s. sf. (635) *my heritage*

וָאֶתְּנֵם consec.-Qal impf. 1 c.s.-3 m.p. sf. (נָתַן 678) *I gave them*

בְּיָדֵךְ prep.-n.f.s.-2 f.s. sf. (388) *into your hand*

לֹא שַׂמְתְּ neg.-Qal pf. 2 f.s. (962) *you showed no*

לָהֶם prep.-3 m.p. sf. *them*

רַחֲמִים n.m.p. (933) *mercy*

עַל־זָקֵן prep.-n.m.s. (278) *on the aged*

הִכְבַּדְתְּ Hi. pf. 2 f.s. (457) *you made heavy*

עֻלֵּךְ n.m.s.-2 f.s. sf. (760) *your yoke*

מְאֹד adv. (547) *exceedingly*

47:7

וַתֹּאמְרִי consec.-Qal impf. 2 f.s. (55) *you said*

לְעוֹלָם prep.-n.m.s. (761) *for ever*

אֶהְיֶה Qal impf. 1 c.s. (224) *I shall be*

גְבָרֶת n.f.s. (150; GK 94g) *mistress*

עַד n.m.s. (I 723) *(of continuous existence)*

לֹא־שַׂמְתְּ neg.-Qal pf. 2 f.s. (שׂוּם 962) *so that you did not lay*

אֵלֶּה demons. c.p. (41) *these things*

עַל־לִבֵּךְ prep.-n.m.s.-2 f.s. sf. (523) *to heart*

לֹא זָכַרְתְּ neg.-Qal pf. 2 f.s. (269) *or remember*

אַחֲרִיתָהּ n.f.s.-3 f.s. sf. (31) *their end*

47:8

וְעַתָּה conj.-adv. (773) *now therefore*

שִׁמְעִי־ Qal impv. 2 f.s. (1033) *hear*

זֹאת demons. f.s. (260) *this*

עֲדִינָה adj. f.s. (I 726) *you lover of pleasures*

הַיּוֹשֶׁבֶת def.art.-Qal act.ptc. f.s. (יָשַׁב 442) *who sit*

לָבֶטַח prep.-n.m.s. (105) *securely*

הָאֹמְרָה def.art.-Qal act.ptc. f.s. (55) *who say*

בִּלְבָבָהּ prep.-n.m.s.-3 f.s. sf. (523; GK 144p) *in your (her) heart*

אֲנִי pers.pr. 1 c.s. (I 58) *I am*

וְאַפְסִי עוֹד conj.-subst.cstr. or 1 c.s. sf. (67; GK 90,1)-adv. (728) *and there is no one besides me*

לֹא אֵשֵׁב neg.-Qal impf. 1 c.s. (יָשַׁב 442) *I shall not sit*

אַלְמָנָה n.f.s. (48) *as a widow*

וְלֹא אֵדַע conj.-neg.-Qal impf. 1 c.s. (393) *or know*

שְׁכוֹל n.m.s. (1013) *the loss of children*

47:9

וְתָבֹאנָה conj.-Qal impf. 3 f.p. (בּוֹא 97) *shall come*

לָךְ prep.-2 f.s. sf. *to you*

שְׁתֵּי־אֵלֶּה n.f. du. cstr. (1040)-demons. c.p. (41) *these two things*

רֶגַע n.m.s. as adv. (921) *in a moment*

בְּיוֹם אֶחָד prep.-n.m.s. (398)-adj. m.s. (25) *in one day*

שְׁכוֹל n.m.s. (1013) *the loss of children*

וְאַלְמֹן conj.-n.m.s. (48) *and widowhood*

כְּתֻמָּם prep.-n.m.s.-3 m.p. sf. (1070) *in full measure*

בָּאוּ Qal pf. 3 c.p. (בּוֹא 97) *shall come*

עָלַיִךְ prep.-2 f.s. sf. *upon you*

בְּרֹב prep.-n.m.s. cstr. (913) *in spite of ... many*

כְּשָׁפַיִךְ n.m.p.-2 f.s. sf. (506) *your sorceries*

בְּעָצְמַת prep.-Qal inf.cstr. (I 782) *and the ... power of*

חֲבָרַיִךְ n.m.p.-2 f.s. sf. (I 288) *your enchantments*

מְאֹד adv. (547) *great*

47:10

וַתִּבְטְחִי consec.-Qal impf. 2 f.s. (105) *you felt secure*

בְרָעָתֵךְ prep.-n.f.s.-2 f.s. sf. (949) *in your wickedness*

אָמַרְתְּ Qal pf. 2 f.s. (55) *you said*

אֵין subst.cstr. (II 34) *no one*

רֹאָנִי Qal act.ptc.-1 c.s. sf. (906; GK 61h,75v,116f) *sees me*

חָכְמָתֵךְ n.f.s.-2 f.s. sf. (315) *your wisdom*

וְדַעְתֵּךְ conj.-n.f.s.-2 f.s. sf. (395) *and your knowledge*

הִיא שׁוֹבְבָתֶךְ pers.pr. 3 f.s. (214)-Polel pf. 3 f.s.-2 f.s. sf. (996; GK 59g) *(it) has led you astray*

וַתֹּאמְרִי consec.-Qal impf. 2 f.s. (55) *and you said*

בְלִבֵּךְ prep.-n.m.s.-2 f.s. sf. (523) *in your heart*

אֲנִי v.47:8 pers.pr. 1 c.s. (I 58) *I am*

וְאַפְסִי עוֹד v.47:8 conj.-subst.cstr. or 1 c.s. sf. (67; GK 90,l)-adv. (728) *and there is no one besides me*

47:11

וּבָא conj.-Qal pf. 3 m.s. (בּוֹא 97) *but shall come*

עָלַיִךְ prep.-2 f.s. sf. *upon you*

רָעָה n.f.s. (949) *evil*

לֹא תֵדְעִי neg.-Qal impf. 2 f.s. (יָדַע 393) *you cannot atone (know)*

שַׁחְרָהּ n.m.s.-3 f.s. sf. (1007) *(her dawn)*

וְתִפֹּל conj.-Qal impf. 3 f.s. (נָפַל 656) *shall fall*

עָלַיִךְ v.supra *upon you*

הֹוָה n.f.s. (217) *disaster*

לֹא תוּכְלִי neg.-Qal impf. 2 f.s. (יָכֹל 407) *you will not be able to*

כַּפְּרָהּ Pi. inf.cstr.-3 f.s. (397) *which ... expiate*

וְתָבֹא conj.-Qal impf. 3 f.s. (בּוֹא 97) *and shall come*

עָלַיִךְ v.supra *on you*

פִּתְאֹם adv.acc. (837) *suddenly*

שׁוֹאָה n.f.s. (996) *ruin*

לֹא תֵדְעִי neg.-Qal impf. 2 f.s. paus. (יָדַע 393) *of which you know nothing*

47:12

עִמְדִי־נָא Qal impv. 2 f.s. (763)-part. of entreaty (609) *stand fast*

בַחֲבָרַיִךְ prep.-n.m.p.-2 f.s. sf. (288) *in your enchantments*

וּבְרֹב conj.-prep.-n.m.s. cstr. (913) *and ... many*

כְּשָׁפַיִךְ n.m.p.-2 f.s. sf. (506) *your ... sorceries*

בַּאֲשֶׁר prep.-rel. (81; GK 138f) *with which*

יָגַעַתְּ Qal pf. 2 f.s. (388) *you have labored*

מִנְּעוּרָיִךְ prep.-n.m.p.-2 f.s. sf. paus. (655) *from your youth*

אוּלַי adv. (II 19) *perhaps*

תּוּכְלִי Qal impf. 2 f.s. (יָכֹל 407) *you may be able*

הוֹעִיל Hi. inf.cstr. (יָעַל I 418) *to succeed*

אוּלַי v.supra *perhaps*

תַּעֲרוֹצִי Qal impf. 2 f.s. (791) *you may inspire terror*

47:13

נִלְאֵית Ni. pf. 2 f.s. (לָאָה 521) *you are wearied*

בְּרֹב prep.-n.m.s. cstr. (913) *with ... many*

עֲצָתָיִךְ n.f.s.-2 f.s. sf. paus. (420) *your counsels*

יַעַמְדוּ־נָא Qal impf. 3 m.p. (763)-part. of entreaty (609) *let them stand forth*

וְיוֹשִׁיעֵךְ conj.-Hi. impf. 3 m.p.-2 f.s. sf. (יָשַׁע 446) *and save you*

הֹבְרֵי Qal act.ptc. m.p. cstr. (211) *those who divide*

שָׁמַיִם n.m.p. (1029) *the heavens*

הַחֹזִים def.art.-Qal act.ptc. m.p. (302) *who gaze*

בַּכּוֹכָבִים prep.-def.art.-n.m.p. (456) *at the stars*

מוֹדִיעִם Hi. ptc. m.p. (יָדַע 393) *who predict*

לֶחֳדָשִׁים prep.-def.art.-n.m.p. (II 294) *at the new moons*

מֵאֲשֶׁר prep.-rel. (81) *what (from what)*

יָבֹאוּ Qal impf. 3 m.p. (בּוֹא 97) *shall befall*

עָלַיִךְ prep.-2 f.s. sf. paus. *you*

47:14

הִנֵּה interj. (243) *behold*

הָיוּ Qal pf. 3 c.p. (הָיָה 224) *they are*

כְקַשׁ prep.-n.m.s. (905) *like stubble*

אֵשׁ n.f.s. (77) *fire*

שְׂרָפָתַם Qal pf. 3 f.s.-3 m.p. sf. (976) *consumes them*

לֹא־יַצִּילוּ neg.-Hi. impf. 3 m.p. (נָצַל 664) *they cannot deliver*

אֶת־נַפְשָׁם dir.obj.-n.f.s.-3 m.p. sf. (659) *themselves*

מִיַּד prep.-n.f.s. cstr. (388) *from the power of*

לֶהָבָה n.f.s. (529) *the flame*

אֵין־גַּחֶלֶת subst.cstr. (II 34)-n.f.s. (160) *no coal*

לַחְמָם prep.-Qal inf.cstr. (328; GK 28b,67cc) *for warming oneself*

אוּר n.m.s. (I 22) *no fire*

לָשֶׁבֶת prep.-Qal inf.cstr. (יָשַׁב 442) *to sit*

נֶגְדּוֹ prep.-3 m.s. sf. (617) *before (it)*

47:15

כֵּן adv. (I 485) *such*

הָיוּ־לָךְ Qal pf. 3 c.p. (הָיָה 224)-prep.-2 f.s. sf. *to you are*

אֲשֶׁר יָגַעַתְּ rel. (81)-Qal pf. 2 f.s. paus. (388; GK 138f) *those with whom you have labored*

סֹחֲרַיִךְ Qal act.ptc. m.p.-2 f.s. sf. (695) *who have trafficked with you*

מִנְּעוּרַיִךְ prep.-n.m.p.-2 f.s. sf. (655) *from your youth*

אִישׁ n.m.s. (35) *each*

לְעֶבְרוֹ prep.-n.m.s.-3 m.s. sf. (I 719) *in his own direction*

תָּעוּ Qal pf. 3 c.p. (1073) *they wander*

אֵין subst.cstr. (II 34) *there is no one*

מוֹשִׁיעֵךְ Hi. ptc. m.s.-2 f.s. sf. (יָשַׁע 446) *to save you*

48:1

שִׁמְעוּ־זֹאת Qal impv. 2 m.p. (1033)-demons. f.s. (260) *hear this*

בֵּית־ n.m.s. cstr. (108) *O house of*

יַעֲקֹב pr.n. (784) *Jacob*

הַנִּקְרָאִים def.art.-Ni. ptc. m.p. (894) *who are called*

בְּשֵׁם prep.-n.m.s. cstr. (1027) *by the name of*

יִשְׂרָאֵל pr.n. (975) *Israel*

וּמִמֵּי conj.-prep.-n.m.p. cstr. (565) *and from the loins of (waters of)*

יְהוּדָה pr.n. (397) *Judah*

יָצָאוּ Qal pf. 3 c.p. paus. (422) *who came forth*

הַנִּשְׁבָּעִים def.art.-Ni. ptc. m.p. (989) *who swear*

בְּשֵׁם prep.-n.m.s. cstr. (1027) *by the name of*

יהוה pr.n. (217) *Yahweh*

וּבֵאלֹהֵי conj.-prep.-n.m.p. cstr. (43) *and the God of*

יִשְׂרָאֵל pr.n. (975) *Israel*

יַזְכִּירוּ Hi. impf. 3 m.s. (269) *confess*

לֹא בֶאֱמֶת neg.-prep.-n.f.s. (54) *but not in truth*

וְלֹא בִצְדָקָה conj.-neg.-prep.-n.f.s. (842) *or right*

48:2

כִּי־מֵעִיר conj.-prep.-n.f.s. cstr. (746) *for after the ... city (of)*

הַקֹּדֶשׁ def.art.-n.m.s. (871) *holy*

נִקְרָאוּ Ni. pf. 3 c.p. paus. (894) *they call themselves*

וְעַל־אֱלֹהֵי conj.-prep.-n.m.p. cstr. (43) *and on the God of*

יִשְׂרָאֵל pr.n. (975) *Israel*

נִסְמָכוּ Ni. pf. 3 c.p. paus. (701) *stay themselves*

יהוה צְבָאוֹת pr.n. (217)-pr.n. (838) *Yahweh of hosts*

שְׁמוֹ n.m.s.-3 m.s. sf. (1027) *his name*

48:3

הָרִאשֹׁנוֹת def.art.-adj. f.p. (911) *the former things*

מֵאָז adv. (23) *of old*

הִגַּדְתִּי Hi. pf. 1 c.s. (נָגַד 616) *I declared*

וּמִפִּי conj.-prep.-n.m.s.-1 c.s. sf. (804) *from my mouth*

יָצְאוּ Qal pf. 3 c.p. (422) *they went forth*

וְאַשְׁמִיעֵם conj.-Hi. impf. 1 c.s.-3 m.p. sf. (1033) *and I made them known*

פִּתְאֹם adv. (837) *suddenly*

עָשִׂיתִי Qal pf. 1 c.s. (I 793) *I did them*

וַתָּבֹאנָה consec.-Qal impf. 3 f.p. (בוֹא 97) *and they came to pass*

48:4

מִדַּעְתִּי prep.-n.f.s.-1 c.s. sf. (395) *because I know*

כִּי קָשֶׁה conj.-adj. m.s. (904) *that ... obstinate*

אָתָּה pers.pr. 2 m.s. (61) *you are*

וְגִיד conj.-n.m.s. cstr. (161) *and ... sinew (of)*

בַּרְזֶל n.m.s. (137) *iron*

עָרְפֶּךָ n.m.s.-2 m.s. sf. (791) *your neck*

וּמִצְחֲךָ conj.-n.m.s.-2 m.s. sf. (594) *and your forehead*

נְחוּשָׁה n.f.s. (639) *brass*

48:5

וָאַגִּיד consec.-Hi. impf. 1 c.s. (נָגַד 616) *I declared*

לְךָ prep.-2 m.s. sf. *to you*

מֵאָז adv. (23) *from of old*

בְּטֶרֶם prep.-adv. (382) *before*

תָּבוֹא Qal impf. 3 f.s. (or 2 m.s.) (בוֹא 97) *they came to pass*

הִשְׁמַעְתִּיךָ Hi. pf. 1 c.s.-2 m.s. sf. (1033) *I announced them to you*

פֶּן־תֹּאמַר conj. (814)-Qal impf. 2 m.s. (55) *lest you should say*

עָצְבִּי n.m.s.-1 c.s. sf. (II 781) *my idol*

עָשָׂם Qal pf. 3 m.s.-3 m.p. sf. (עָשָׂה I 793) *did them*

וּפִסְלִי conj.-n.m.s.-1 c.s. sf. (820) *my graven image*

וְנִסְכִּי conj.-n.m.s.-1 c.s. sf. (651) *and my molten image*

צִוָּם Pi. pf. 3 m.s.-3 m.p. sf. (צָוָה 845) *commanded them*

48:6

שָׁמַעְתָּ Qal pf. 2 m.s. (1033) *you have heard*

חֲזֵה Qal impv. 2 m.s. (302) *now see*

כֻּלָּהּ n.m.s.-3 f.s. sf. (481) *all this*

וְאַתֶּם conj.-pers.pr. 2 m.p. (61) *and ... you*

הֲלוֹא תַגִּידוּ interr.-neg.-Hi. impf. 2 m.p. (נגד 616) *will you not declare it*

הִשְׁמַעְתִּיךָ Hi. pf. 1 c.s.-2 m.s. sf. (1033) *I make you hear*

חֲדָשׁוֹת adj. f.p. (294) *new things*

מֵעַתָּה prep.-adv. (773) *from this time forth*

וּנְצֻרוֹת conj.-Qal pass.ptc. f.p. (נצר I 665) *(and) hidden things*

וְלֹא יְדַעְתָּם conj.-neg.-Qal pf. 2 m.s.-3 m.p. sf. (יָדַע 393) *which you have not known*

48:7

עַתָּה adv. (773) *now*

נִבְרְאוּ Ni. pf. 3 c.p. (135) *they are created*

וְלֹא מֵאָז conj.-neg.-adv. (23) *not long ago*

וְלִפְנֵי־יוֹם conj.-prep.-n.m.p. cstr. (815)-n.m.s. (398) *before today*

וְלֹא שְׁמַעְתָּם conj.-neg.-Qal pf. 2 m.s.-3 m.p. sf. (1033) *you have never heard of them*

פֶּן־תֹּאמַר adv. (814)-Qal impf. 2 m.s. (55) *lest you should say*

הִנֵּה interj. (243) *behold*

יְדַעְתִּין Qal pf. 1 c.s.-3 f.p. sf. (393) *I knew them*

48:8

גַּם לֹא־ adv. (168)-neg. *never*

שָׁמַעְתָּ Qal pf. 2 m.s. (1033) *you have heard*

גַּם לֹא v.supra *never*

יָדַעְתָּ Qal pf. 2 m.s. (393) *you have known*

גַּם מֵאָז v.supra-adv. (23) *from of old*

לֹא־פִתְּחָה neg.-Pi. pf. 3 f.s. (I 834; GK 52k,157a) *has not been opened*

אָזְנֶךָ n.f.s.-2 m.s. sf. (23) *your ear*

כִּי יָדַעְתִּי conj.-Qal pf. 1 c.s. (393) *for I knew*

בָּגוֹד Qal inf.abs. (93) *very*

תִּבְגּוֹד Qal impf. 2 m.s. (93) *you would deal ... treacherously*

וּפֹשֵׁעַ conj.-Qal act.ptc. (833) *and that a rebel*

מִבֶּטֶן prep.-n.f.s. (105) *from birth*

קֹרָא לָךְ Pu. pf. 3 m.s. (894)-prep.-2 f.s. sf. *you were called*

48:9

לְמַעַן שְׁמִי prep. (775; GK 119hh)-n.m.s.-1 c.s. sf. (1027) *for my name's sake*

אַאֲרִיךְ Hi. impf. 1 c.s. (73) *I defer*

אַפִּי n.m.s.-1 c.s. sf. (I 60) *my anger*

וּתְהִלָּתִי conj.-n.f.s.-1 c.s. sf. (239) *for the sake of my praise*

אֶחֱטָם־לָךְ Qal impf. 1 c.s. (310)-prep.-2 f.s. sf. *I restrain it for you*

לְבִלְתִּי prep.-neg. (116) *that ... not*

הַכְרִיתֶךָ Hi. inf.cstr.-2 m.s. sf. (503) *I may ... cut you off*

48:10

הִנֵּה interj. (243) *behold*

צְרַפְתִּיךָ Qal pf. 1 c.s.-2 m.s. sf. (864) *I have refined you*

וְלֹא בְכָסֶף conj.-neg.-prep.-n.m.s. paus. (494) *but not like (with) silver*

בְּחַרְתִּיךָ Qal pf. 1 c.s.-2 m.s. sf. (103) *I have tried you*

בְּכוּר prep.-n.m.s. cstr. (468) *in the furnace of*

עֹנִי n.m.s. paus. (777) *affliction*

48:11

לְמַעֲנִי prep.-1 c.s. sf. (775) *for my own sake*

לְמַעֲנִי v.supra *for my own sake*

אֶעֱשֶׂה Qal impf. 1 c.s. (I 793) *I do it*

כִּי אֵיךְ conj.-interr. (32) *for how*

יֵחָל Ni. impf. 3 m.s. (320; GK 67t) *should my name be profaned*

וּכְבוֹדִי conj.-n.m.s.-1 c.s. sf. (458) *my glory*

לְאַחֵר prep.-adj. m.s. (29) *to another*

לֹא־אֶתֵּן neg.-Qal impf. 1 c.s. (נתן 678) *I will not give*

48:12

שְׁמַע Qal impv. 2 m.s. (1033) *hearken*

אֵלַי prep.-1 c.s. sf. *to me*

יַעֲקֹב pr.n. (784) *O Jacob*

וְיִשְׂרָאֵל conj.-pr.n. (975) *and Israel*

מְקֹרָאִי Pu. ptc.-1 c.s. sf. (894) *whom I called*

אֲנִי־הוּא pers.pr. 1 c.s. (I 58)-pers.pr. 3 m.s. (214) *I am He*

אֲנִי v.supra *I am*

רִאשׁוֹן adj. m.s. (911) *the first*

אַף אֲנִי conj. (II 64)-pers.pr. 1 c.s. (I 58) *and I am*

אַחֲרוֹן adj. (30) *the last*

48:13

אַף־יָדִי conj. (II 64)-n.f.s.-1 c.s. sf. (388) *my hand*

יָסְדָה Qal pf. 3 f.s. (413) *laid the foundation*
אֶרֶץ n.f.s. (75) *of the earth*
וִימִינִי conj.-n.f.s.-1 c.s. sf. (411) *and my right hand*
טִפְּחָה Pi. pf. 3 f.s. (381) *spread out*
שָׁמָיִם n.m.p. paus. (1029) *the heavens*
קֹרֵא אֲנִי Qal act.ptc. (894)-pers.pr. 1 c.s. (I 58) *when I call*
אֲלֵיהֶם prep.-3 m.p. sf. *to them*
יַעַמְדוּ Qal impf. 3 m.p. (763) *they stand forth*
יַחְדָּו adv. (403) *together*

48:14

הִקָּבְצוּ Ni. impv. 2 m.p. (867) *assemble*
כֻּלְּכֶם n.m.s.-2 m.p. sf. (481) *all of you*
וּשְׁמָעוּ conj.-Qal impv. 2 m.p. paus. (1033) *and hear*
מִי בָהֶם interr. (566)-prep.-3 m.p. sf. *who among them*
הִגִּיד Hi. pf. 3 m.s. (נגד 616) *has declared*
אֶת־אֵלֶּה dir.obj.-demons. c.p. (41) *these things*
יְהוָה pr.n. (217) *Yahweh*
אֲהֵבוֹ Qal pf. 3 m.s.-3 m.s. sf. (12) *loves him*
יַעֲשֶׂה Qal impf. 3 m.s. (I 793) *he shall perform*
חֶפְצוֹ n.m.s.-3 m.s. sf. (343) *his purpose*
בְּבָבֶל prep.-pr.n. (93; GK 119hh) *on Babylon*
וּזְרֹעוֹ conj.-n.f.s.-3 m.s. sf. (283) *and his arm*
כַּשְׂדִּים pr.n. (505) *shall be against the Chaldeans*

48:15

אֲנִי אֲנִי pers.pr. 1 c.s. (I 58)-v.supra *I even I*
דִּבַּרְתִּי Pi. pf. 1 c.s. (180) *have spoken*
אַף־קְרָאתִיו conj. (II 64)-Qal pf. 1 c.s.-3 m.s. sf. (894) *and called him*
הֲבִיאֹתִיו Hi. pf. 1 c.s.-3 m.s. sf. (בוא 97) *I have brought him*
וְהִצְלִיחַ conj.-Hi. pf. 3 m.s. (II 852) *and he will prosper*
דַּרְכּוֹ n.m.s.-3 m.s. sf. (202) *in his way*

48:16

קִרְבוּ Qal impv. 2 m.p. (897) *draw near*
אֵלַי prep.-1 c.s. sf. *to me*
שִׁמְעוּ־זֹאת Qal impv. 2 m.p. (1033)-demons. f.s. (260) *hear this*
לֹא מֵרֹאשׁ neg.-prep.-n.m.s. (I 910) *not from the beginning*
בַּסֵּתֶר prep.-def.art.-n.m.s. (712) *in secret*
דִּבַּרְתִּי Pi. pf. 1 c.s. (180) *I have spoken*
מֵעֵת prep.-n.f.s. (773) *from the time*
הֱיוֹתָהּ Qal inf.cstr.-3 f.s. sf. (224) *it came to be*

שָׁם אָנִי adv. (1027)-pers.pr. 1 c.s. paus. (I 58) *I have been there*
וְעַתָּה conj.-adv. (773) *and now*
אֲדֹנָי n.m.p.-1 c.s. sf. (10) *the Lord*
יְהוָה pr.n. (217) *Yahweh*
שְׁלָחַנִי Qal pf. 3 m.s.-1 c.s. sf. (1018) *has sent me*
וְרוּחוֹ conj.-n.f.s.-3 m.s. sf. (924) *and his Spirit*

48:17

כֹּה־אָמַר adv. (462)-Qal pf. 3 m.s. (55) *thus says*
יְהוָה pr.n. (217) *Yahweh*
גֹּאַלְךָ Qal act.ptc.-2 m.s. sf. (I 145; GK 93qq) *your Redeemer*
קְדוֹשׁ adj. m.s. cstr. (872) *the Holy One of*
יִשְׂרָאֵל pr.n. (975) *Israel*
אֲנִי יְהוָה pers.pr. 1 c.s. (I 58)-pr.n. (217) *I am Yahweh*
אֱלֹהֶיךָ n.m.p.-2 m.s. sf. (43) *your God*
מְלַמֶּדְךָ Pi. ptc.-2 m.s. sf. (540; GK 61h) *who teaches you*
לְהוֹעִיל prep.-Hi. inf.cstr. (יעל I 418) *to profit*
מַדְרִיכְךָ Hi. ptc.-2 m.s. sf. (201) *who leads you*
בְּדֶרֶךְ prep.-n.m.s. (202) *in the way*
תֵּלֵךְ Qal impf. 2 m.s. (הלך) *you should go*

48:18

לוּא conj. (530; GK 111x,151e) *O that*
הִקְשַׁבְתָּ Hi. pf. 2 m.s. (904) *you had hearkened*
לְמִצְוֹתָי prep.-n.f.p.-1 c.s. sf. (846) *to my commandments*
וַיְהִי consec.-Qal impf. 3 m.s. (היה 224) *then would have been*
כַנָּהָר prep.-def.art.-n.m.s. (625) *like a river*
שְׁלוֹמֶךָ n.m.s.-2 m.s. sf. (1022) *your peace*
וְצִדְקָתְךָ conj.-n.f.s.-2 m.s. sf. (842) *and your righteousness*
כְּגַלֵּי prep.-n.m.p. cstr. (164) *like the waves of*
הַיָּם def.art.-n.m.s. (410) *the sea*

48:19

וַיְהִי consec.-Qal impf. 3 m.s. (היה 224) *would have been*
כַחוֹל prep.-def.art.-n.m.s. (297) *like the sand*
זַרְעֶךָ n.m.s.-2 m.s. sf. (282) *your offspring*
וְצֶאֱצָאֵי conj.-n.m.p. cstr. (425) *and ... descendants*
מֵעֶיךָ n.m.p.-2 m.s. sf. (588) *your (belly)*
כִּמְעֹתָיו prep.-n.f.p.-3 m.s. sf. (589) *like its grains*
לֹא־יִכָּרֵת neg.-Ni. impf. 3 m.s. (503) *would never be cut off*

וְלֹא־יִשָּׁמֵד conj.-neg.-Ni. impf. 3 m.s. (1029) *or destroyed*

שְׁמוֹ n.m.s.-3 m.s. sf. (1027) *their name*

מִלְּפָנַי prep.-prep.-n.m.p.-1 c.s. sf. (815) *from before me*

48:20

צְאוּ Qal impv. 2 m.p. (יָצָא 422) *go forth*

מִבָּבֶל prep.-pr.n. (93) *from Babylon*

בִּרְחוּ Qal impv. 2 m.p. (137) *flee*

מִכַּשְׂדִּים prep.-pr.n. (505) *from Chaldea*

בְּקוֹל prep.-n.m.s. cstr. (876) *with a shout of*

רִנָּה n.f.s. (943) *joy*

הַגִּידוּ Hi. impv. 2 m.p. (נגד 616) *declare this*

הַשְׁמִיעוּ זֹאת Hi. impv. 2 m.p. (1033)-demons. f.s. (260) *proclaim it*

הוֹצִיאוּהָ Hi. impv. 2 m.p.-3 f.s. sf. (יָצָא 422) *send it forth*

עַד־קְצֵה prep.-n.m.s. cstr. (892) *to the end of*

הָאָרֶץ def.art.-n.f.s. (75) *the earth*

אִמְרוּ Qal impv. 2 m.p. (55) *say*

גָּאַל Qal pf. 3 m.s. (I 145) *has redeemed*

יהוה pr.n. (217) *Yahweh*

עַבְדּוֹ n.m.s.-3 m.s. sf. (712) *his servant*

יַעֲקֹב pr.n. (784) *Jacob*

48:21

וְלֹא צָמְאוּ conj.-neg.-Qal pf. 3 c.p. (854) *they thirsted not*

בָּחֳרָבוֹת prep.-def.art.-n.f.p. (352) *through the deserts*

הוֹלִיכָם Hi. pf. 3 m.s.-3 m.p. sf. (229) *when he led them*

מַיִם n.m.p. (565) *water*

מִצּוּר prep.-n.m.s. (849) *from the rock*

הִזִּיל Hi. pf. 3 m.s. (נָזַל 633) *he made flow*

לָמוֹ prep.-3 m.p. sf. *for them*

וַיִּבְקַע־ consec.-Qal impf. 3 m.s. (131) *he cleft*

צוּר n.m.s. (849) *the rock*

וַיָּזֻבוּ consec.-Qal impf. 3 m.s. (זוב 264) *and gushed out*

מָיִם n.m.p. paus. (565) *the water*

48:22

אֵין שָׁלוֹם subst.cstr. (II 34)-n.m.s. (1022) *there is no peace*

אָמַר Qal pf. 3 m.s. (55) *says*

יהוה pr.n. (217) *Yahweh*

לָרְשָׁעִים prep.-def.art.-n.m.p. (957) *for the wicked*

49:1

שִׁמְעוּ Qal impv. 2 m.p. (1033) *listen*

אִיִּים n.m.p. (15) *O coastlands*

אֵלַי prep.-1 c.s. sf. *to me*

וְהַקְשִׁיבוּ conj.-Hi. impf. 2 m.p. (904) *and hearken*

לְאֻמִּים n.m.p. (522) *you peoples*

מֵרָחוֹק prep.-adv. (935) *from afar*

יהוה pr.n. (217) *Yahweh*

מִבֶּטֶן prep.-n.f.s. (105) *from the womb*

קְרָאָנִי Qal pf. 3 m.s.-1 c.s. sf. (894) *called me*

מִמְּעֵי prep.-n.m.p. cstr. (588) *from the body of*

אִמִּי n.f.s.-1 c.s. sf. (51) *my mother*

הִזְכִּיר Hi. pf. 3 m.s. (269) *he named*

שְׁמִי n.m.s.-1 c.s. sf. (1027) *my name*

49:2

וַיָּשֶׂם consec.-Qal impf. 3 m.s. (962) *he made*

פִּי n.m.s.-1 c.s. sf. (804) *my mouth*

כְּחֶרֶב prep.-n.f.s. (352) *like a sword*

חַדָּה adj. f.s. (292) *sharp*

בְּצֵל prep.-n.m.s. cstr. (853) *in the shadow of*

יָדוֹ n.f.s.-3 m.s. sf. (388) *his hand*

הֶחְבִּיאָנִי Hi. pf. 3 m.s.-1 c.s. sf. (285) *he hid me*

וַיְשִׂימֵנִי consec.-Qal impf. 3 m.s.-1 c.s. sf. (962) *(and) he made me*

לְחֵץ prep.-n.m.s. (346) *a ... arrow*

בָּרוּר Qal pass.ptc. (141) *polished*

בְּאַשְׁפָּתוֹ prep.-n.f.s.-3 m.s. sf. (80) *in his quiver*

הִסְתִּירָנִי Hi. pf. 3 m.s.-1 c.s. sf. (711) *he hid me away*

49:3

וַיֹּאמֶר לִי consec.-Qal impf. 3 m.s. (55)-prep.-1 c.s. sf. *and he said to me*

עַבְדִּי־ n.m.s.-1 c.s. sf. (713) *my servant*

אַתָּה pers.pr. 2 m.s. (61) *you are*

יִשְׂרָאֵל pr.n. (975) *Israel*

אֲשֶׁר־בְּךָ rel. (81)-prep.-2 m.s. sf. *in whom*

אֶתְפָּאָר Hith. impf. 1 c.s. paus. (802) *I will be glorified*

49:4

וַאֲנִי conj.-pers.pr. 1 c.s. (58) *but I*

אָמַרְתִּי Qal pf. 1 c.s. (55) *said*

לְרִיק prep.-adj. m.s. (938) *in vain*

יָגַעְתִּי Qal pf. 1 c.s. (388) *I labored*

לְתֹהוּ prep.-n.m.s. (1062) *for nothing*

וְהֶבֶל conj.-n.m.s. (210) *and vanity*

כֹחִי n.m.s.-1 c.s. sf. (470) *my strength*

כִלֵּיתִי Pi. pf. 1 c.s. (477) *I have spent*

אָכֵן adv. (38) *yet surely*

מִשְׁפָּטִי n.m.s.-1 c.s. sf. (1048) *my right*

אֶת־יְהוָה prep. (85)-pr.n. (217) *with Yahweh*

וּפְעֻלָּתִי conj.-n.f.s.-1 c.s. sf. (821) *and my recompense*

אֶת־אֱלֹהָי prep. (85)-n.m.p.-1 c.s. sf. (43) *with my God*

49:5

וְעַתָּה conj.-adv. (773) *and now*

אָמַר יְהוָה Qal pf. 3 m.s. (55)-pr.n. (217) *Yahweh says*

יֹצְרִי Qal act.ptc. m.s.-1 c.s. sf. (427) *who formed me*

מִבֶּטֶן v.49:1 prep.-n.f.s. (105) *from the womb*

לְעֶבֶד prep.-n.m.s.-prep.-3 m.s. sf. (713) *to be servant*

לוֹ prep.-3 m.s. sf. *his*

לְשׁוֹבֵב prep.-Polel inf.cstr. (996) *to bring back*

יַעֲקֹב pr.n. (784) *Jacob*

אֵלָיו prep.-3 m.s. sf. *to him*

וְיִשְׂרָאֵל conj.-pr.n. (975) *and that Israel*

לֹא יֵאָסֵף neg. (rd. prep.-3 m.s. sf. לוֹ *to him*) -Ni. impf. 3 m.s. (60) *might be gathered*

וְאֶכָּבֵד conj.-Ni. impf. 1 c.s. (457) *for I am honored*

בְּעֵינֵי prep.-n.f. du. cstr. (744) *in the eyes of*

יְהוָה pr.n. (217) *Yahweh*

וֵאלֹהַי conj.-n.m.p.-1 c.s. sf. (43) *and my God*

הָיָה Qal pf. 3 m.s. (224) *has become*

עֻזִּי n.m.s.-1 c.s. sf. (738) *my strength*

49:6

וַיֹּאמֶר consec.-Qal impf. 3 m.s. (55) *he says*

נָקֵל Ni. pf. 3 m.s. (קלל 886; GK 67t) *it is too light a thing*

מִהְיוֹתְךָ prep.-Qal inf.cstr.-2 m.s. sf. (הָיָה 224) *that you should be*

לִי prep.-1 c.s. sf. *my*

עֶבֶד n.m.s. (713) *servant*

לְהָקִים prep.-Hi. inf.cstr. (קום 877) *to raise up*

אֶת־שִׁבְטֵי dir.obj.-n.m.p. cstr. (986) *the tribes of*

יַעֲקֹב pr.n. (784) *Jacob*

וּנְצִירֵי conj.-adj. m.p. cstr. (666) *and the preserved of*

יִשְׂרָאֵל pr.n. (975) *Israel*

לְהָשִׁיב prep.-Hi. inf.cstr. (שוב 996; GK 115a,142fN) *to restore*

וּנְתַתִּיךָ conj.-Qal pf. 1 c.s.-2 m.s. sf. (נתן 678) *I will give you*

לְאוֹר prep.-n.m.s. cstr. (21) *as a light to*

גּוֹיִם n.m.p. (156) *the nations*

לִהְיוֹת prep.-Qal inf.cstr. (הָיָה 224) *that ... may reach*

יְשׁוּעָתִי n.f.s.-1 c.s. sf. (447) *my salvation*

עַד־קְצֵה prep.-n.m.s. cstr. (892) *to the end of*

הָאָרֶץ def.art.-n.f.s. (75) *the earth*

49:7

כֹּה adv. (462) *thus*

אָמַר־ Qal pf. 3 m.s. (55) *says*

יְהוָה pr.n. (217) *Yahweh*

גֹּאֵל Qal act.ptc. m.s. cstr. (145) *the Redeemer of*

יִשְׂרָאֵל pr.n. (975) *Israel*

קְדוֹשׁוֹ adj. m.s.-3 m.s. sf. (972) *his Holy One*

לִבְזֹה־נֶפֶשׁ prep.-Qal inf.cstr. (בָּזָה 102)-n.f.s. (659) *to one deeply despised*

לִמְתָעֵב prep.-Pi. ptc. m.s. cstr. (1073) *abhorred by*

גּוֹי n.m.s. (156) *the nations*

לְעֶבֶד prep.-n.m.s. cstr. (713) *the servant of*

מֹשְׁלִים Qal act.ptc. m.p. (605) *rulers*

מְלָכִים n.m.p. (572) *kings*

יִרְאוּ Qal impf. 3 m.p. (רָאָה 906) *shall see*

וָקָמוּ conj.-Qal pf. 3 c.p. (קום 877) *and arise*

שָׂרִים n.m.p. (978) *princes*

וְיִשְׁתַּחֲווּ conj.-Hith. impf. 3 m.p. (1005) *and they shall prostrate themselves*

לְמַעַן prep.-subst. (775) *because of*

יְהוָה pr.n. (217) *Yahweh*

אֲשֶׁר rel. (81) *who*

נֶאֱמָן Ni. ptc. (אמן 52) *is faithful*

קְדֹשׁ adj. m.s. cstr. (872) *the Holy One of*

יִשְׂרָאֵל pr.n. (975) *Israel*

וַיִּבְחָרֶךָּ consec.-Qal impf. 3 m.s.-2 m.s. sf. (103; GK 111q) *who has chosen you*

49:8

כֹּה adv. (462) *thus*

אָמַר Qal pf. 3 m.s. (55) *says*

יְהוָה pr.n. (217) *Yahweh*

בְּעֵת prep.-n.f.s. cstr. (773) *in a time of*

רָצוֹן n.m.s. (953) *favor*

עֲנִיתִיךָ Qal pf. 1 c.s. (עָנָה I 772) *I have answered you*

וּבְיוֹם conj.-prep.-n.m.s. cstr. (398) *in a day of*

יְשׁוּעָה n.f.s. (447) *salvation*

עֲזַרְתִּיךָ Qal pf. 1 c.s.-2 m.s. sf. (740) *I have helped you*

וְאֶצָּרְךָ conj.-Qal impf. 1 c.s.-2 m.s. sf. (נצר 665) *I have kept you*

וְאֶתֶּנְךָ conj.-Qal impf. 1 c.s.-2 m.s. sf. (נתן 678) *and given you*

לִבְרִית prep.-n.f.s. cstr. (136) *as a covenant of*

153

עָם n.m.s. (I 766) *the people*

לְהָקִים prep.-Hi. inf.cstr. (קוּם 877) *to establish*

אֶרֶץ n.f.s. (75) *the land*

לְהַנְחִיל prep.-Hi. inf.cstr. (635) *to apportion*

נְחָלוֹת n.f.p. (635) *the heritages*

שֹׁמֵמוֹת Qal act.ptc. f.p. (1030) *desolate*

49:9

לֵאמֹר prep.-Qal inf.cstr. (55) *saying*

לַאֲסוּרִים prep.-Qal pass.ptc. m.p. (63) *to the prisoners*

צֵאוּ Qal impv. 2 m.p. (יָצָא 422) *come forth*

לַאֲשֶׁר prep.-rel. (81) *to those who are*

בַּחֹשֶׁךְ prep.-def.art.-n.m.s. (365) *in darkness*

הִגָּלוּ Ni. impv. 2 m.p. (גָּלָה 162) *appear*

עַל־דְּרָכִים prep.-n.m.p. (202) *along the ways*

יִרְעוּ Qal impf. 3 m.p. (רָעָה I 944) *they shall feed*

וּבְכָל־ conj.-prep.-n.m.s. cstr. (481) *on all*

שְׁפָיִים n.m.p. (1046) *bare heights*

מַרְעִיתָם n.f.s.-3 m.p. sf. (945) *shall be their pasture*

49:10

לֹא יִרְעָבוּ neg.-Qal impf. 3 m.p. (944) *they shall not hunger*

וְלֹא יִצְמָאוּ conj.-neg.-Qal impf. 3 m.p. (854) *or thirst*

וְלֹא־יַכֵּם conj.-neg.-Hi. impf. 3 m.s.-3 m.p. sf. (נָכָה 645) *neither ... shall smite them*

שָׁרָב n.m.s. (1055) *scorching wind*

וָשָׁמֶשׁ conj.-n.f.s. paus. (1039) *nor sun*

כִּי־ conj. *for*

מְרַחֲמָם Pi. ptc. m.s.-3 m.p. sf. (933) *he who has pity on them*

יְנַהֲגֵם Pi. impf. 3 m.s.-3 m.p. sf. (624) *will lead them*

וְעַל־ conj.-prep. *and by*

מַבּוּעֵי n.m.p. cstr. (616) *springs of*

מַיִם n.m.p. (565) *water*

יְנַהֲלֵם Pi. impf. 3 m.s.-3 m.p. sf. (624) *will guide them*

49:11

וְשַׂמְתִּי conj.-Qal pf. 1 c.s. (שׂוּם I 962) *and I will make*

כָּל־ n.m.s. cstr. (481) *all*

הָרַי n.m.p.-1 c.s. sf. (249) *my mountains*

לַדָּרֶךְ prep.-def.art.-n.m.s. paus. (202) *a way*

וּמְסִלֹּתַי conj.-n.f.p.-1 c.s. sf. (700) *and my highways*

יְרֻמוּן Qal impf. 3 m.p. (רוּם 926; GK 145u) *shall be raised up*

49:12

הִנֵּה־ interj. (243) *lo*

אֵלֶּה demons.adj. m.p. (41) *these*

מֵרָחוֹק prep.-adj. as adv. (935) *from afar*

יָבֹאוּ Qal impf. 3 m.p. (בּוֹא 97) *shall come*

וְהִנֵּה־אֵלֶּה conj.-v.supra-v.supra *and lo, these*

מִצָּפוֹן prep.-n.m.s. (860) *from the north*

וּמִיָּם conj.-prep.-n.m.s. (410) *and from the west*

וְאֵלֶּה conj.-v.supra *and these*

מֵאֶרֶץ prep.-n.f.s. cstr. (75) *from the land of*

סִינִים adj. gent. p. (696) *Syene*

49:13

רָנּוּ Qal impv. 2 m.p. (943) *sing for joy*

שָׁמַיִם n.m. du. (1029) *O heavens*

וְגִילִי conj.-Qal impv. 2 f.s. (גִּיל 162) *and exult*

אֶרֶץ n.f.s. (75) *O earth*

יִפְצְחוּ conj.-Qal impv. 2 m.p. (822) *break forth*

הָרִים n.m.p. (249) *O mountains*

רִנָּה n.f.s. (943) *into singing*

כִּי־ conj. *for*

נִחַם Pi. pf. 3 m.s. (637) *has comforted*

יהוה pr.n. (217) *Yahweh*

עַמּוֹ n.m.s.-3 m.s. sf. (I 766) *his people*

וַעֲנִיָּו conj.-adj. m.p.-3 m.s. sf. (776) *and on his afflicted*

יְרַחֵם Pi. impf. 3 m.s. (933) *will have compassion*

49:14

וַתֹּאמֶר consec.-Qal impf. 3 f.s. (55) *but ... said*

צִיּוֹן pr.n. (851) *Zion*

עֲזָבַנִי Qal pf. 3 m.s.-1 c.s. sf. (736) *has forsaken me*

יהוה pr.n. (217) *Yahweh*

וַאדֹנָי conj.-n.m.p.-1 c.s. sf. (10) *my Lord*

שְׁכֵחָנִי Qal pf. 3 m.s.-1 c.s. sf. (1013) *has forgotten me*

49:15

הֲתִשְׁכַּח interr.-Qal impf. 3 f.s. (1013) *can ... forget?*

אִשָּׁה n.f.s. (61) *a woman*

עוּלָהּ n.m.s.-3 f.s. sf. (732) *her sucking child*

מֵרַחֵם prep.-Pi. inf.cstr. (933) *that she should have no compassion*

בֶּן־ n.m.s. cstr. (119) *on the son of*

בִּטְנָהּ n.f.s.-3 f.s. sf. (105) *her womb*

גַּם־אֵלֶּה conj. (168; GK 160b)-demons.adj. c.p. (41) *even these*

תִּשְׁכַּחְנָה Qal impf. 3 f.p. (1013) *may forget*

וְאָנֹכִי conj.-pers.pr. 1 c.s. (58) *yet I*

לֹא אֶשְׁכָּחֵךְ neg.-Qal impf. 1 c.s.-2 f.s. sf. (1013) *will not forget you*

49:16

הֵן interj. (243) *behold*

עַל־כַּפַּיִם prep.-n.f. du. (496) *on the palms of my hands*

חַקֹּתִיךְ Qal pf. 1 c.s.-2 f.s. sf. (349) *I have graven you*

חוֹמֹתַיִךְ n.f.p.-2 f.s. sf. (327) *your walls*

נֶגְדִּי prep.-1 c.s. sf. (617) *before me*

תָּמִיד adv. (556) *continually*

49:17

מִהֲרוּ Pi. pf. 3 c.p. (554) *outstrip*

בָּנָיִךְ n.m.p.-2 f.s. sf. paus. (119) *your builders (your sons)*

מְהָרְסַיִךְ Pi. ptc. m.p.-2 f.s. sf. (248) *your destroyers*

וּמַחֲרִבַיִךְ conj.-Pi. ptc. m.p.-2 f.s. sf. (351) *and those who laid you waste*

מִמֵּךְ prep.-2 f.s. sf. *from you*

יֵצֵאוּ Qal impf. 3 m.p. paus. (יָצָא 422) *go forth*

49:18

שְׂאִי־ Qal impv. 2 f.s. (669) *lift up*

סָבִיב adv. (686) *round about*

עֵינַיִךְ n.f. du.-2 f.s. sf. (744) *your eyes*

וּרְאִי conj.-Qal impv. 2 f.s. (רָאָה 906) *and see*

כֻּלָּם n.m.s.-3 m.p. sf. (481) *they all*

נִקְבְּצוּ Ni. pf. 3 c.p. (867) *gather*

בָאוּ־לָךְ Qal pf. 3 c.p. (בּוֹא 97)-prep.-2 f.s. sf. *they come to you*

חַי־אָנִי adj. m.s. (311)-pers.pr. 1 c.s. (58; GK 32c) *as I live*

נְאֻם־יְהוָה n.m.s. cstr. (610)-pr.n. (217) *says Yahweh*

כִּי כֻלָּם conj.-n.m.s.-3 m.p. sf. (481) *them all*

כָעֲדִי prep.-def.art.-n.m.s. (725) *as an ornament*

תִּלְבָּשִׁי Qal impf. 2 f.s. (527) *you shall put on*

וּתְקַשְּׁרִים conj.-Pi. impf. 2 f.s.-3 m.p. sf. (905) *you shall bind them*

כַּכַּלָּה prep.-def.art.-n.f.s. (483) *as a bride*

49:19

כִּי conj. *surely*

חָרְבֹתַיִךְ n.f.p.-2 f.s. sf. (352) *your waste places*

וְשֹׁמְמֹתַיִךְ conj.-Qal act.ptc. f.p.-2 f.s. sf. (1030) *and your desolate places*

וְאֶרֶץ conj.-n.f.s. cstr. (75) *and ... land*

הַרְסֻתֵיךְ n.f.s.-2 f.s. sf. (249) *your devastated*

כִּי עַתָּה conj.-adv. (773) *surely now*

תֵּצְרִי Qal impf. 2 f.s. (I 864; GK 67dd) *you will be too narrow*

מִיּוֹשֵׁב prep.-Qal act.ptc. (442) *for inhabitants*

וְרָחֲקוּ conj.-Qal pf. 3 c.p. (934) *and ... will be far away*

מְבַלְּעָיִךְ Pi. ptc. m.p.-2 f.s. sf. (118) *those who swallowed*

49:20

עוֹד adv. (728) *yet*

יֹאמְרוּ Qal impf. 3 m.p. (55) *will say*

בְאָזְנַיִךְ prep.-n.f. du.-2 f.s. sf. (23) *in your ears*

בְּנֵי n.m.p. cstr. (119) *the children born in (sons of)*

שִׁכֻּלָיִךְ n.m.p.-2 f.s. sf. (1014) *the time of your bereavement*

צַר־לִי adj. m.s. (865)-prep.-1 c.s. sf. *too narrow for me*

הַמָּקוֹם def.art.-n.m.s. (879) *the place*

גְּשָׁה־לִּי Qal impv. 2 m.s.-loc.he (620)-prep.-1 c.s. sf. *make room for me*

וְאֵשֵׁבָה conj.-Qal impf. 1 c.s.-coh.he (442) *to dwell in*

49:21

וְאָמַרְתְּ conj.-Qal pf. 2 f.s. (55) *then you will say*

בִּלְבָבֵךְ prep.-n.m.s.-2 f.s. sf. (523) *in your heart*

מִי interr. (566) *who*

יָלַד־לִי Qal pf. 3 m.s. (408)-prep.-1 c.s. sf. *has borne me*

אֶת־אֵלֶּה dir.obj.-demons.adj. m.p. (41) *these*

וַאֲנִי conj.-pers.pr. 1 c.s. (58) *I*

שְׁכוּלָה adj. f.s. (1014) *bereaved*

וְגַלְמוּדָה conj.-adj. f.s. (166) *and barren*

גֹּלָה Qal act.ptc. f.s. (162) *exiled*

וְסוּרָה conj.-Qal pass.ptc. f.s. (693; GK 72p) *and put away*

וְאֵלֶּה conj.-demons.adj. m.p. (41) *but ... these*

מִי גִדֵּל interr. (566)-Pi. pf. 3 m.s. (152) *who has brought up*

הֵן interj. (243) *behold*

אֲנִי pers.pr. 1 c.s. (58) *I*

נִשְׁאַרְתִּי Ni. pf. 1 c.s. (983) *was left*

לְבַדִּי prep.-n.m.s.-1 c.s. sf. (94) *alone*

אֵלֶּה v.supra *these*

אֵיפֹה interr.adv. (32) *whence*

הֵם pers.pr. 3 m.p. (241) *(they)*

49:22

כֹּה אָמַר adv. (462)-Qal pf. 3 m.s. (55) *thus says*

155

אֲדֹנָי יְהוִה n.m.p.-1 c.s. sf. (10)-pr.n. (217) *the Lord Yahweh*

הִנֵּה interj. (243) *behold*

אֶשָּׂא Qal impf. 1 c.s. (669) *I will lift up*

אֶל־גּוֹיִם prep.-n.m.p. (156) *to the nations*

יָדִי n.f.s.-1 c.s. sf. (388) *my hand*

וְאֶל־עַמִּים conj.-prep.-n.m.p. (I 766) *and to the peoples*

אָרִים Hi. impf. 1 c.s. (926) *raise*

נִסִּי n.m.s.-1 c.s. sf. (651) *my signal*

וְהֵבִיאוּ conj.-Hi. pf. 3 c.p. (בוא 97) *and they shall bring*

בָּנַיִךְ n.m.p.-2 f.s. sf. (119) *your sons*

בְּחֹצֶן prep.-n.m.s. (346) *in their bosom*

וּבְנֹתַיִךְ conj.-n.f.p.-2 f.s. sf. (123) *and your daughters*

עַל־כָּתֵף prep.-n.f.s. (509) *on their shoulders*

תִּנָּשֶׂאנָה Ni. impf. 3 f.p. (669) *shall be carried*

49:23

וְהָיוּ conj.-Qal pf. 3 c.p. (הָיָה 224) *shall be*

מְלָכִים n.m.p. (572) *kings*

אֹמְנַיִךְ Qal act.ptc. m.p.-2 f.s. sf. (52; GK 122fN) *your foster fathers*

וְשָׂרוֹתֵיהֶם conj.-n.f.p.-3 m.p. sf. (I 979) *and their queens*

מֵינִיקֹתַיִךְ Hi. ptc. f.p.-2 f.s. sf. (413) *your nursing mothers*

אַפַּיִם n.m. du. (60) *with their faces*

אֶרֶץ n.f.s. (75; GK 156c) *to the ground*

יִשְׁתַּחֲווּ Hith. impf. 3 m.p. (1005) *they shall bow down*

לָךְ prep.-2 f.s. sf. *to you*

וַעֲפַר conj.-n.m.s. cstr. (779) *and the dust of*

רַגְלַיִךְ n.f. du.-2 f.s. sf. (919) *your feet*

יְלַחֵכוּ Pi. impf. 3 m.p. paus. (535) *lick*

וְיָדַעַתְּ conj.-Qal pf. 2 f.s. (393) *then you will know*

כִּי־אֲנִי conj.-pers.pr. (58) *that I*

יְהוָה pr.n. (217) *Yahweh*

אֲשֶׁר rel. (81) *those who ...*

לֹא־יֵבֹשׁוּ neg.-Qal impf. 3 m.p. (101) *shall not be put to shame*

קֹוָי Qal act.ptc. m.p.-1 c.s. sf. (875) *wait for me*

49:24

הֲיֻקַּח interr.-Ho. impf. 3 m.s. (542) *can ... be taken*

מִגִּבּוֹר prep.-adj. m.s. (150) *from the mighty*

מַלְקוֹחַ n.m.s. (544) *the prey*

וְאִם־ conj.-hypoth.part. *or*

שְׁבִי n.m. coll. cstr. (985) *the captives of*

צַדִּיק adj. m.s. (843) *a tyrant (righteous man)*

יִמָּלֵט Ni. impf. 3 m.s. (572) *be rescued*

49:25

כִּי־כֹה conj.-adv. (462) *surely thus*

אָמַר Qal pf. 3 m.s. (55) *says*

יְהוָה pr.n. (217) *Yahweh*

גַּם־שְׁבִי adv. (168)-n.m. coll. cstr. (985) *even the captives of*

גִּבּוֹר adj. m.s. (150) *the mighty*

יֻקָּח Ho. impf. 3 m.s. (לקח 542) *shall be taken*

וּמַלְקוֹחַ conj.-n.m.s. cstr. (544) *and the prey of*

עָרִיץ adj. m.s. (792) *the tyrant*

יִמָּלֵט Ni. impf. 3 m.s. (572) *be rescued*

וְאֶת־יְרִיבֵךְ conj.-dir.obj.-n.m.s.-2 f.s. sf. (937) *and those who contend with you*

אָנֹכִי pers.pr. 1 c.s. (58) *I*

אָרִיב Qal impf. 1 c.s. (936) *I will contend*

וְאֶת־בָּנַיִךְ conj.-dir.obj.-n.m.p.-2 f.s. sf. (119) *and ... your children*

אָנֹכִי v.supra *I*

אוֹשִׁיעַ Hi. impf. 1 c.s. (יָשַׁע 446) *I will save*

49:26

וְהַאֲכַלְתִּי conj.-Hi. pf. 1 c.s. (37) *I will make eat*

אֶת־מוֹנַיִךְ dir.obj.-Hi. ptc. m.p.-2 f.s. sf. (413) *your oppressors*

אֶת־בְּשָׂרָם dir.obj.-n.m.s.-3 m.p. sf. (142; GK 135,l) *their own flesh*

וְכֶעָסִיס conj.-prep.-def.art.-n.m.s. (779) *and as with wine*

דָּמָם n.m.s.-3 m.p. sf. (196; GK 135,l) *with their own blood*

יִשְׁכָּרוּן Qal impf. 3 m.p. (I 1016) *they shall be drunk*

וְיָדְעוּ conj.-Qal pf. 3 c.p. (393) *then ... shall know*

כָּל־בָּשָׂר n.m.s. cstr. (481)-n.m.s. (142) *all flesh*

כִּי אֲנִי conj.-pers.pr. 1 c.s. (58) *that I*

יְהוָה pr.n. (217) *Yahweh*

מוֹשִׁיעֵךְ Hi. ptc. m.s.-2 f.s. sf. (446) *your Savior*

וְגֹאֲלֵךְ conj.-Qal act.ptc.-2 f.s. sf. (145) *and your Redeemer*

אֲבִיר n.m.s. cstr. (7) *the Mighty One of*

יַעֲקֹב pr.n. (784) *Jacob*

50:1

כֹּה adv. (462) *thus*

אָמַר Qal pf. 3 m.s. (55) *says*

יְהוָה pr.n. (217) *Yahweh*

אֵי interr.adv. cstr. (32) *where*

זֶה demons. m.s. (260) *(this)*

סֵפֶר n.m.s. cstr. (706) *bill of*

כְּרִיתוּת n.f.s. cstr. (504) *divorce (of)*

אִמְּכֶם n.f.s.-2 m.p. sf. (51) *your mother's*

אֲשֶׁר rel. (81) *with which*

שִׁלַּחְתִּיהָ Pi. pf. 1 c.s.-3 f.s. sf. (1018) *I put her away*

אוֹ conj. (14) *or*

מִי interr.pr. (566) *which*

מִנּוֹשַׁי prep.-Qal act.ptc. m.p.-1 c.p. sf. (674) *of my creditors*

אֲשֶׁר־ rel. (81) *to whom*

מָכַרְתִּי Qal pf. 1 c.s. (569) *I have sold*

אֶתְכֶם dir.obj.-2 m.p. sf. *you*

לוֹ prep.-3 m.s. sf. *(to him)*

הֵן interj. (243) *behold*

בַּעֲוֺנֹתֵיכֶם prep.-n.m.p.-2 m.p. sf. (730) *for your iniquities*

נִמְכַּרְתֶּם Ni. pf. 2 m.p. (מָכַר 569) *you were sold*

וּבְפִשְׁעֵיכֶם conj.-prep.-n.m.p. cstr.-2 m.p. sf. (833) *and for your transgressions*

שֻׁלְּחָה Pu. pf. 3 f.s. (1018) *was put away*

אִמְּכֶם v.supra *your mother*

50:2

מַדּוּעַ adv. (396; GK 150m) *why*

בָּאתִי Qal pf. 1 c.s. (בוא 97) *when I came*

וְאֵין conj.-subst.cstr. (II 34) *was there no*

אִישׁ n.m.s. (35) *man*

קָרָאתִי Qal pf. 1 c.s. (894) *when I called*

וְאֵין v.supra-v.supra *was there no one*

עוֹנֶה Qal act.ptc. (772) *to answer*

הֲקָצוֹר interr.-Qal inf.abs. (894) *(really)*

קָצְרָה Qal pf. 3 f.s. (894) *is shortened*

יָדִי n.f.s.-1 c.s. sf. (388) *my hand*

מִפְּדוּת prep. (GK 133c)-n.f.s. (804) *that it cannot redeem*

וְאִם־אֵין־בִּי conj.-hypoth.part.-subst.cstr. (34) -prep.-1 c.s. sf. *or have I no*

כֹּחַ n.m.s. (470) *power*

לְהַצִּיל prep.-Hi. inf.cstr. (664) *to deliver*

הֵן interj. (243) *behold*

בְּגַעֲרָתִי prep.-n.f.s.-1 c.s. sf. (172) *by my rebuke*

אַחֲרִיב Hi. impf. 1 c.s. (351) *I dry up*

יָם n.m.s. (410) *the sea*

אָשִׂים Qal impf. 1 c.s. (שׂום 962) *I make*

נְהָרוֹת n.m.p. (625) *the rivers*

מִדְבָּר n.m.s. (184) *a desert*

תִּבְאַשׁ Qal impf. 3 f.s. (92) *stink*

דְּגָתָם n.f.s.-3 m.p. sf. (185) *their fish*

מֵאֵין prep. (GK 152y)-subst.cstr. (34) *for lack of*

מַיִם n.m.p. (565) *water*

וְתָמֹת conj.-Qal impf. 3 f.s. (מות 559) *and die*

בַּצָּמָא prep.-def.art.-n.m.s. (854) *of thirst*

50:3

אַלְבִּישׁ Hi. impf. 1 c.s. (527) *I clothe*

שָׁמַיִם n.m.p. (1029) *the heavens*

קַדְרוּת n.f.s. (871) *with blackness*

וְשַׂק conj.-n.m.s. (974) *and sackcloth*

אָשִׂים Qal impf. 1 c.s. (962) *make*

כְּסוּתָם n.f.s.-3 m.p. sf. (492) *their covering*

50:4

אֲדֹנָי n.m.p.-1 c.s. sf. (10) *the Lord*

יְהוָה pr.n. (217) *Yahweh*

נָתַן Qal pf. 3 m.s. (678) *has given*

לִי prep.-1 c.s. sf. *me*

לְשׁוֹן n.m.s. cstr. (546) *the tongue of*

לִמּוּדִים adj. m.p. (541) *those who are taught*

לָדַעַת prep.-Qal inf.cstr. (יָדַע 393) *that I may know how*

לָעוּת prep.-Qal inf.cstr. (736) *to sustain*

אֶת־יָעֵף dir.obj.-adj. (419) *him that is weary*

דָּבָר n.m.s. (182) *with a word*

יָעִיר Hi. impf. 3 m.s. (עוּר 734) *he wakens*

בַּבֹּקֶר בַּבֹּקֶר prep.-def.art.-n.m.s. (133)-v.supra *morning by morning*

יָעִיר v.supra *he wakens*

לִי אֹזֶן prep.-1 c.s. sf.-n.f.s. (23) *my ear*

לִשְׁמֹעַ prep.-Qal inf.cstr. (1033) *to hear*

כַּלִּמּוּדִים prep.-def.art.-adj. m.p. (541) *as those who are taught*

50:5

אֲדֹנָי n.m.p.-1 c.s. sf. (10) *the Lord*

יְהוָה pr.n. (217) *Yahweh*

פָּתַח־ Qal pf. 3 m.s. (834) *has opened*

לִי אֹזֶן prep.-1 c.s. sf.-n.f.s. (23) *my ear*

וְאָנֹכִי conj.-pers.pr. 1 c.s. (59) *and I*

לֹא מָרִיתִי neg.-Qal pf. 1 c.s. (מָרָה 598) *was not rebellious*

אָחוֹר adv. (30) *backward*

לֹא נְסוּגֹתִי neg.-Ni. pf. 1 c.s. (סוג 690) *turned not*

50:6

גֵּוִי n.m.s.-1 c.s. sf. (156) *my back*

נָתַתִּי Qal pf. 1 c.s. (נָתַן 678) *I gave*

לְמַכִּים prep.-Hi. ptc. m.p. (נָכָה 645) *to the smiters*

וּלְחָיַי conj.-n.m. du.-1 c.s. sf. (534) *and my cheeks*

לְמֹרְטִים prep.-Qal act.ptc. m.p. (598) *to those who pull out the beard*

פָּנַי n.m.p.-1 c.s. sf. (815) *my face*

לֹא הִסְתַּרְתִּי neg.-Hi. pf. 1 c.s. (711) *I hid not*

מִכְּלִמּוֹת prep.-n.f.p. (484) *from shame*
וָרֹק conj.-n.m.s. (956) *and spitting*

50:7

וַאדֹנָי conj.-n.m.p.-1 c.s. sf. (10) *for the Lord*
יהוה pr.n. (217) *Yahweh*
יַעֲזָר־לִי Qal impf. 3 m.s. (740)-prep.-1 c.s. sf. *helps me*
עַל־כֵּן prep.-adv. (485) *therefore*
לֹא נִכְלָמְתִּי neg.-Ni. pf. 1 c.s. paus. (483) *I have not been confounded*
עַל־כֵּן v.supra *therefore*
שַׂמְתִּי Qal pf. 1 c.s. (שׂים 962) *I have set*
פָנַי n.m.p.-1 c.s. sf. (815) *my face*
כַּחַלָּמִישׁ prep.-def.art.-n.m.s. (321) *like a flint*
וָאֵדַע consec.-Qal impf. 1 c.s. (יָדַע 393) *and I know*
כִּי conj. *that*
לֹא אֵבוֹשׁ neg.-Qal impf. 1 c.s. (בּוֹשׁ 101) *I shall not be put to shame*

50:8

קָרוֹב adj. (898) *is near*
מַצְדִּיקִי Hi. ptc. m.s.-1 c.s. sf. (842) *he who vindicates me*
מִי־יָרִיב interr.-Qal impf. 3 m.s. (רִיב 936) *who will contend*
אִתִּי prep.-1 c.s. sf. (85) *with me*
נַעַמְדָה Qal impf. 1 c.p.-coh.he (763; GK 15c,20f) *let us stand up*
יַחַד adv. (403) *together*
מִי־בַעַל interr.-n.m.s. cstr. (127) *who is (the lord of)*
מִשְׁפָּטִי n.m.s.-1 c.s. sf. (1048) *my adversary (my judgment)*
יִגַּשׁ Qal impf. 3 m.s. (נָגַשׁ 620) *let him come near*
אֵלָי prep.-1 c.s. sf. *to me*

50:9

הֵן interj. (243) *behold*
אֲדֹנָי n.m.p.-1 c.s. sf. (10) *the Lord*
יהוה pr.n. (217) *Yahweh*
יַעֲזָר־לִי Qal impf. 3 m.s. (740)-prep.-1 c.s. sf. *helps me*
מִי־הוּא interr.-demons.pr. m.s. (214; GK 136c) *who*
יַרְשִׁיעֵנִי Hi. impf. 3 m.s.-1 c.s. sf. (957) *will declare me guilty*
הֵן v.supra *behold*
כֻּלָּם n.m.s.-3 m.p. sf. (481) *all of them*
כַּבֶּגֶד prep.-def.art.-n.m.s. (93) *like a garment*

יִבְלוּ Qal impf. 3 m.p. (בָּלָה 115) *will wear out*
עָשׁ n.m.s. (799) *the moth*
יֹאכְלֵם Qal impf. 3 m.s.-3 m.p. sf. (37) *will eat them up*

50:10

מִי בָכֶם interr. (GK 137c)-prep.-2 m.p. sf. *who among you*
יָרֵא Qal act.ptc. m.s. cstr. (431) *fears*
יהוה pr.n. (217) *Yahweh*
שֹׁמֵעַ Qal act.ptc. (1033) *and obeys*
בְּקוֹל prep.-n.m.s. cstr. (876) *the voice of*
עַבְדּוֹ n.m.s.-3 m.s. sf. (713) *his servant*
אֲשֶׁר rel. (81) *who*
הָלַךְ Qal pf. 3 m.s. (229) *walks*
חֲשֵׁכִים n.f.p. (365) *in darkness*
וְאֵין conj.-subst.cstr. (34) *and has no*
נֹגַהּ n.f.s. (618) *light*
לוֹ prep.-3 m.s. sf. *(to him)*
יִבְטַח Qal impf. 3 m.s. (105) *yet trusts*
בְּשֵׁם prep.-n.m.s. cstr. (1027) *in the name of*
יהוה pr.n. (217) *Yahweh*
וְיִשָּׁעֵן conj.-Ni. impf. 3 m.s. (1043) *and relies*
בֵּאלֹהָיו prep.-n.m.p.-3 m.s. sf. (43) *on his God*

50:11

הֵן interj. (243) *behold*
כֻּלְּכֶם n.m.s.-2 m.p. sf. (481) *all you*
קֹדְחֵי Qal act.ptc. m.p. cstr. (869) *who kindle*
אֵשׁ n.f.s. (77) *a fire*
מְאַזְּרֵי Pi. ptc. m.p. cstr. (25) *who set alight (gird yourselves)*
זִיקוֹת n.f.p. (278: GK 20n) *brands*
לְכוּ Qal impv. 2 m.p. (הָלַךְ 229) *walk*
בְּאוֹר prep.-n.m.s. cstr. (I 22) *by the light of*
אֶשְׁכֶם n.f.s.-2 m.p. sf. (77) *your fire*
וּבְזִיקוֹת conj.-prep.-v.supra *and by the brands*
בִּעַרְתֶּם Pi. pf. 2 m.p. (129) *which you have kindled*
מִיָּדִי prep.-n.f.s.-1 c.s. sf. (388) *from my hand*
הָיְתָה־ Qal pf. 3 f.s. (224) *shall you have*
זֹּאת demons.adj. f.s. (260) *this*
לָכֶם prep.-2 m.p. sf. *(to) you*
לְמַעֲצֵבָה prep.-n.f.s. (781) *in torment*
תִּשְׁכָּבוּן Qal impf. 2 m.p. (1011) *you shall lie down*

51:1

שִׁמְעוּ Qal impv. 2 m.p. (1033) *hearken*
אֵלַי prep.-1 c.s. sf. *to me*
רֹדְפֵי Qal act.ptc. m.p. cstr. (922) *you who pursue*

צֶדֶק n.m.s. (841) *deliverance*

מְבַקְשֵׁי Pi. ptc. m.p. cstr. (134) *you who seek*

יהוה pr.n. (217) *Yahweh*

הַבִּיטוּ Hi. impv. 2 m.p. (נבט 613) *look*

אֶל־צוּר prep.-n.m.s. (849) *to the rock*

חֻצַּבְתֶּם Pu. pf. 2 m.p. (345; GK 155k) *you were hewn*

וְאֶל־מַקֶּבֶת conj.-prep.-n.f.s. cstr. (II 666) *and to the (excavation of)*

בּוֹר n.m.s. (92) *(pit) quarry*

נֻקַּרְתֶּם Pu. pf. 2 m.p. (נקר 669) *you were digged*

51:2

הַבִּיטוּ v.51:1 Hi. impv. 2 m.p. (נבט 613) *look*

אֶל־אַבְרָהָם prep.-pr.n. (4) *to Abraham*

אֲבִיכֶם n.m.s.-2 m.p. sf. (3) *your father*

וְאֶל־שָׂרָה conj.-prep.-pr.n. (II 979) *and to Sarah*

תְּחוֹלֶלְכֶם Polel impf. 3 f.s.-2 m.p. sf. (I 296) *who bore you*

כִּי־אֶחָד conj.-num.adj. (25) *for ... one*

קְרָאתִיו Qal pf. 1 c.s.-3 m.s. sf. (894) *I called him*

וַאֲבָרְכֵהוּ conj.-Pi. impf. 1 c.s.-3 m.s. sf. (138; GK 107bN) *and I blessed him*

וְאַרְבֵּהוּ conj.-Hi. impf. 1 c.s.-3 m.s. sf. (I 915; GK 107bN) *and made him many*

51:3

כִּי־נִחַם conj.-Pi. pf. 3 m.s. (636) *for ... will comfort*

יהוה pr.n. (217) *Yahweh*

צִיּוֹן pr.n. (851) *Zion*

נִחַם v.supra *he will comfort*

כָּל־ n.m.s. cstr. (481) *all*

חָרְבֹתֶיהָ n.f.p.-3 f.s. sf. (352) *her waste places*

וַיָּשֶׂם consec.-Qal impf. 3 m.s. (שׂום 962) *and will make*

מִדְבָּרָהּ n.m.s.-3 f.s. sf. (184) *her wilderness*

כְּעֵדֶן prep.-pr.n. (III 727) *like Eden*

וְעַרְבָתָהּ conj.-n.f.s.-3 f.s. sf. (787) *her desert*

כְּגַן־יהוה prep.-n.m.s. cstr. (171)-pr.n. (217) *like the garden of Yahweh*

שָׂשׂוֹן n.m.s. (965) *joy*

וְשִׂמְחָה conj.-n.f.s. (970) *and gladness*

יִמָּצֵא Ni. impf. 3 m.s. (592; GK 146e) *will be found*

בָהּ prep.-3 f.s. sf. *in her*

תּוֹדָה n.f.s. (392) *thanksgiving*

וְקוֹל conj.-n.m.s. cstr. (876) *and the voice of*

זִמְרָה n.f.s. (I 274) *song*

51:4

הַקְשִׁיבוּ Hi. impv. 2 m.p. (904) *listen*

אֵלַי prep.-1 c.s. sf. *to me*

עַמִּי n.m.s.-1 c.s. sf. (I 766) *my people*

וּלְאוּמִּי conj.-n.m.s.-1 c.s. sf. (522) *my nation*

אֵלַי v.supra *to me*

הַאֲזִינוּ Hi. impv. 2 m.p. (24) *give ear*

כִּי תוֹרָה conj.-n.f.s. (435) *for a law*

מֵאִתִּי prep.-prep.-1 c.s. sf. *from me*

תֵצֵא Qal impf. 3 f.s. (יצא 422) *will go forth*

וּמִשְׁפָּטִי conj.-n.m.s.-1 c.s. sf. (1048) *and my justice*

לְאוֹר prep.-n.m.s. cstr. (21) *for a light to*

עַמִּים n.m.p. (I 766) *the peoples*

אַרְגִּיעַ Hi. impf. 1 c.s. (II 921) *draws ... speedily*

51:5

קָרוֹב adj. (898) *near*

צִדְקִי n.m.s.-1 c.s. sf. (841) *my deliverance*

יָצָא Qal pf. 3 m.s. (422) *has gone forth*

יִשְׁעִי n.m.s.-1 c.s. sf. (447) *my salvation*

וּזְרֹעַי conj.-n.f.p.-1 c.s. sf. (283) *and my arms*

עַמִּים n.m.p. (I 766) *the peoples*

יִשְׁפֹּטוּ Qal impf. 3 m.p. (1047) *will rule*

אֵלַי prep.-1 c.s. sf. *for me*

אִיִּים n.m.p. (I 15) *the coastlands*

יְקַוּוּ Pi. impf. 3 m.p. (I 875) *wait for*

וְאֶל־זְרֹעִי conj.-prep.-n.f.s.-1 c.s. sf. (283) *and for my arm*

יְיַחֵלוּן Pi. impf. 3 m.p. (403) *they hope*

51:6

שְׂאוּ Qal impv. 2 m.p. (נשׂא 669) *lift up*

לַשָּׁמַיִם prep.-def.art.-n.m.p. (1029) *to the heavens*

עֵינֵיכֶם n.f. du.-2 m.p. sf. (744) *your eyes*

וְהַבִּיטוּ conj.-Hi. impv. 2 m.p. (נבט 613) *and look*

אֶל־הָאָרֶץ prep.-def.art.-n.f.s. (75) *at the earth*

מִתַּחַת prep.-adv.acc. (1065) *beneath*

כִּי־שָׁמַיִם conj.-n.m.p. (1029) *for the heavens*

כֶּעָשָׁן prep.-def.art.-n.m.s. (I 798) *like smoke*

נִמְלָחוּ Ni. pf. 3 c.p. (I 571) *will vanish*

וְהָאָרֶץ conj.-def.art.-n.f.s. (75) *the earth*

כַּבֶּגֶד prep.-def.art.-n.m.s. (93) *like a garment*

תִּבְלֶה Qal impf. 3 f.s. (בלה 115) *will wear out*

וְיֹשְׁבֶיהָ conj.-Qal act.ptc. m.p.-3 f.s. sf. (442) *and they who dwell in it*

כְּמוֹ־כֵן conj. (455)-adv. (I 485) *like gnats (in like manner)*

יְמוּתוּן Qal impf. 3 m.p. (מות 559) *will die*

וִישׁוּעָתִי conj.-n.f.s.-1 c.s. sf. (447) *but my salvation*

לְעוֹלָם prep.-n.m.s. (761) *for ever*

תִּהְיֶה Qal impf. 3 f.s. (הָיָה 224) *will be*

וְצִדְקָתִי conj.-n.f.s.-1 c.s. sf. (842) *and my deliverance*

לֹא תֵחָת neg.-Qal impf. 3 f.s. (חָתַת 369) *will never be ended*

51:7

שִׁמְעוּ Qal impv. 2 m.p. (1033) *hearken*

אֵלַי prep.-1 c.s. sf. *to me*

יֹדְעֵי Qal act.ptc. m.p. cstr. (יָדַע 393) *who know*

צֶדֶק n.m.s. (841) *righteousness*

עָם n.m.s. (I 766) *the people*

תּוֹרָתִי n.f.s.-1 c.s. sf. (435) *my law*

בְּלִבָּם prep.-n.m.s.-3 m.p. sf. (523) *in whose heart*

אַל־תִּירְאוּ neg.-Qal impf. 2 m.p. (יָרֵא 431) *fear not*

חֶרְפַּת n.f.s. cstr. (357) *the reproach of*

אֱנוֹשׁ n.m.s. (60) *men*

וּמִגִּדֻּפֹתָם conj.-prep.-n.m.p.-3 m.p. sf. (154) *and at their revilings*

אַל־תֵּחָתּוּ neg.-Qal impf. 2 m.p. paus. (369) *be not dismayed*

51:8

כִּי כַבֶּגֶד conj.-prep.-def.art.-n.m.s. (93) *for ... like a garment*

יֹאכְלֵם Qal impf. 3 m.s.-3 m.p. sf. (אָכַל 37) *will eat them up*

עָשׁ n.m.s. (II 799) *the moth*

וְכַצֶּמֶר conj.-prep.-def.art.-n.m.s. (856) *and ... like wool*

יֹאכְלֵם v.supra *will eat them*

סָס n.m.s. (703) *the worm (moth)*

וְצִדְקָתִי conj.-n.f.s.-1 c.s. sf. (842) *but my deliverance*

לְעוֹלָם prep.-n.m.s. (761) *for ever*

תִּהְיֶה Qal impf. 3 f.s. (הָיָה 224) *will be*

וִישׁוּעָתִי conj.-n.f.s.-1 c.s. sf. (447) *and my salvation*

לְדוֹר prep.-n.m.s. cstr. (189) *to (generation of)*

דּוֹרִים n.m.p. (189) *all generations*

51:9

עוּרִי Qal impv. 2 f.s. (עוּר I 734) *awake*

עוּרִי v.supra *awake*

לִבְשִׁי־ Qal impv. 2 f.s. (527) *put on*

עֹז n.m.s. (738) *strength*

זְרוֹעַ n.f.s. cstr. (283) *O arm of*

יהוה pr.n. (217) *Yahweh*

עוּרִי v.supra (GK 72s) *awake*

כִּימֵי prep.-n.m.p. cstr. (398; GK 118u) *as in days of*

קֶדֶם n.m.s. (869) *old*

דֹּרוֹת n.m.p. cstr. (189; GK 124q) *the generations of*

עוֹלָמִים n.m.p. (761) *long ago*

הֲלוֹא אַתְּ־ interr.part.-neg.-pers.pr. 2 f.s. (61) *was ... not thou*

הִיא demons.pr. f.s. (214) *it*

הַמַּחְצֶבֶת def.art.-Hi. ptc. f.s. cstr. (345) *that didst cut ... in pieces*

רַהַב pr.n. (923) *Rahab*

מְחוֹלֶלֶת Po'el ptc. f.s. (I 319) *that didst pierce*

תַּנִּין n.m.s. (1072) *the dragon*

51:10

הֲלוֹא אַתְּ־הִיא v.51:9 *was it not thou*

הַמַּחֲרֶבֶת def.art.-Hi. ptc. f.s. (I 351) *that didst dry up*

יָם n.m.s. (410) *the sea*

מֵי n.m.p. cstr. (565) *the waters of*

תְּהוֹם n.f.s. (1062) *the deep*

רַבָּה adj. f.s. (I 912) *great*

הַשָּׂמָה def.art.-Qal act.ptc. f.s. (שׂוּם I 962; GK 138k) *that didst make*

מַעֲמַקֵּי־ n.m.p. cstr. (771; GK 93pp) *the depths of*

יָם n.m.s. (410) *the sea*

דֶּרֶךְ n.m.s. (202) *a way*

לַעֲבֹר prep.-Qal inf.cstr. (716) *to pass over*

גְּאוּלִים Qal pass.ptc. m.p. (I 145) *for the redeemed*

51:11

וּפְדוּיֵי conj.-Qal pass.ptc. m.p. cstr. (פָּדָה 804) *and the ransomed of*

יהוה pr.n. (217) *Yahweh*

יְשׁוּבוּן Qal impf. 3 m.p. (שׁוּב 996) *shall return*

וּבָאוּ conj.-Qal pf. 3 c.p. (בּוֹא 97) *and come*

צִיּוֹן pr.n. (851) *to Zion*

בְּרִנָּה prep.-n.f.s. (943) *with singing*

וְשִׂמְחַת conj.-n.f.s. cstr. (970) *joy (of)*

עוֹלָם n.m.s. (761) *everlasting*

עַל־רֹאשָׁם prep.-n.m.s.-3 m.p. sf. (910) *upon their heads*

שָׂשׂוֹן n.m.s. (965) *joy*

וְשִׂמְחָה conj.-n.f.s. (970) *and gladness*

יַשִּׂיגוּן Hi. impf. 3 m.p. (673) *they shall obtain*

נָסוּ Qal pf. 3 c.p. (630) *shall flee away*

יָגוֹן n.m.s. (387) *sorrow*

וַאֲנָחָה conj.-n.f.s. (58) *and sighing*

51:12

אָנֹכִי pers.pr. 1 c.s. (58) *I*

אָנֹכִי v.supra *I*

הוּא pers.pr. 3 m.s. (214) *he*

מְנַחֶמְכֶם Pi. ptc.-2 m.p. sf. (636; GK 61h) *that comforts you*

מִי־אַתּ interr.pr. (566; GK 111m)-pers.pr. 2 f.s. (61) *who are you*

וַתִּירְאִי consec.-Qal impf. 2 f.s. (יָרֵא 431) *that you are afraid*

מֵאֱנוֹשׁ prep.-n.m.s. (60) *of man*

יָמוּת Qal impf. 3 m.s. (מוּת 559) *that dies*

וּמִבֶּן־אָדָם conj.-prep.-n.m.s. cstr. (119)-n.m.s. (9) *of the son of man*

חָצִיר n.m.s. (II 348) *grass*

יִנָּתֵן Ni. impf. 3 m.s. (נָתַן 678) *who is made like*

51:13

וַתִּשְׁכַּח consec.-Qal impf. 2 m.s. (1013) *and have forgotten*

יהוה pr.n. (217) *Yahweh*

עֹשֶׂךָ Qal act.ptc.-2 m.s. sf. (עָשָׂה I 793) *your Maker*

נוֹטֶה Qal act.ptc. (639) *who stretched out*

שָׁמַיִם n.m.p. (1029) *the heavens*

וְיֹסֵד conj.-Qal act.ptc. (413) *and laid the foundations of*

אָרֶץ n.f.s. (75) *the earth*

וַתְּפַחֵד consec.-Pi. impf. 2 m.s. (808; GK 52k) *and fear*

תָּמִיד adv. (556) *continually*

כָּל־הַיּוֹם n.m.s. cstr. (481)-def.art.-n.m.s. (398) *all the day*

מִפְּנֵי prep.-n.m.p. cstr. (815) *because of*

חֲמַת n.f.s. cstr. (404) *the fury of*

הַמֵּצִיק def.art.-Hi. ptc. (צוּק I 847) *the oppressor*

כַּאֲשֶׁר prep.-rel. (81) *when*

כּוֹנֵן Polel pf. 3 m.s. (465) *he sets himself*

לְהַשְׁחִית prep.-Hi. inf.cstr. (1007) *to destroy*

וְאַיֵּה conj.-interr.adv. (32) *and where*

חֲמַת v.supra *the fury of*

הַמֵּצִיק v.supra *the oppressor*

51:14

מִהַר Pi. pf. 3 m.s. (I 554) *shall speedily*

צֹעֶה Qal act.ptc. (858) *he who is bowed down*

לְהִפָּתֵחַ prep.-Ni. inf.cstr. (I 834) *be released*

וְלֹא־יָמוּת conj.-neg.-Qal impf. 3 m.s. (מוּת 559) *he shall not die*

לַשַּׁחַת prep.-def.art.-n.f.s. (1001) *to the Pit*

וְלֹא יֶחְסַר conj.-neg.-Qal impf. 3 m.s. (341) *neither shall fail*

לַחְמוֹ n.m.s.-3 m.s. sf. (536) *his bread*

51:15

וְאָנֹכִי conj.-pers.pr. 1 c.s. (59) *for I*

יהוה pr.n. (217) *Yahweh*

אֱלֹהֶיךָ n.m.p.-2 m.s. sf. (43) *your God*

רֹגַע Qal act.ptc. m.s. cstr. (I 920; GK 65d) *who stirs up*

הַיָּם def.art.-n.m.s. (410) *the sea*

וַיֶּהֱמוּ consec.-Qal impf. 3 m.p. (הָמָה 242) *so that ... roar*

גַּלָּיו n.m.p.-3 m.s. sf. (164) *its waves*

יהוה pr.n. (217) *Yahweh*

צְבָאוֹת pr.n. (838) *of hosts*

שְׁמוֹ n.m.s.-3 m.s. sf. (1027) *his name*

51:16

וָאָשִׂים consec.-Qal impf. 1 c.s. (שׂוּם I 962) *and I have put*

דְּבָרַי n.m.p.-1 c.s. sf. (182) *my words*

בְּפִיךָ prep.-n.m.s.-2 m.s. sf. (804) *in your mouth*

וּבְצֵל conj.-prep.-n.m.s. cstr. (853) *and in the shadow of*

יָדִי n.f.s-1 c.s. sf. (388) *my hand*

כִּסִּיתִיךָ Pi. pf. 1 c.s.-2 m.s. sf. (כָּסָה 491) *(I) hid you*

לִנְטֹעַ prep.-Qal inf.cstr. (642) *stretching out (plant)*

שָׁמַיִם n.m.p. (1029) *the heavens*

וְלִיסֹד conj.-prep.-Qal inf.cstr. (413) *and laying the foundations of*

אָרֶץ n.f.s. paus. (75) *the earth*

וְלֵאמֹר conj.-prep.-Qal inf.cstr. (55) *and saying*

לְצִיּוֹן prep.-pr.n. (851) *to Zion*

עַמִּי n.m.s.-1 c.s. sf. (I 766) *my people*

אָתָּה pers.pr. 2 m.s. paus. (61) *you are*

51:17

הִתְעוֹרְרִי Hithpolel impv. 2 f.s. (עוּר I 734) *rouse yourself*

הִתְעוֹרְרִי v.supra *rouse yourself*

קוּמִי Qal impv. 2 f.s. (877) *stand up*

יְרוּשָׁלִַם pr.n. (436) *O Jerusalem*

אֲשֶׁר rel. (81) *who*

שָׁתִית Qal pf. 2 f.s. (1059) *you ... have drunk*

מִיַּד prep.-n.f.s. cstr. (388) *at the hand of*

יהוה pr.n. (217) *Yahweh*

אֶת־כּוֹס dir.obj.-n.f.s. cstr. (468) *the cup of*

חֲמָתוֹ n.f.s.-3 m.s. sf. (404) *his wrath*

אֶת־קֻבַּעַת dir.obj.-n.f.s. cstr. (867) *the bowl of*

161

כֹוס v.supra (cup of)

הַתַּרְעֵלָה def.art.-n.f.s. (947; GK 128q) staggering

שָׁתִית v.supra who have drunk

מָצִית Qal pf. 2 f.s. (594) to the dregs

51:18

אֵין־ subst.cstr. (II 34) there is none

מְנַהֵל Pi. ptc. (624) to guide

לָהּ prep.-3 f.s. sf. her

מִכָּל־ prep.-n.m.s. cstr. (481) among all

בָּנִים n.m.p. (119) the sons

יָלָדָה Qal pf. 3 f.s. paus. (408) she has borne

וְאֵין conj.-v.supra there is none

מַחֲזִיק Hi. ptc. (304) to take

בְּיָדָהּ prep.-n.f.s.-3 f.s. sf. (388) by the hand (of her)

מִכָּל־בָּנִים v.supra among all the sons

גִּדֵּלָה Pi. pf. 3 f.s. paus. (152) she has brought up

51:19

שְׁתַּיִם num. f. du. (1040) two things

הֵנָּה demons.adj. f.p. (241; GK 122q) these

קֹרְאֹתַיִךְ Qal act.ptc. f.p.-2 f.s. sf. (II 896) have befallen you

מִי interr. (566) who

יָנוּד Qal impf. 3 m.s. (626) will condole

לָךְ prep.-2 f.s. sf. with you

הַשֹּׁד def.art.-n.m.s. (994) devastation

וְהַשֶּׁבֶר conj.-def.art.-n.m.s. (991) and destruction

וְהָרָעָב conj.-def.art.-n.m.s. (944) famine

וְהַחֶרֶב conj.-def.art.-n.f.s. (352) and sword

מִי interr. (566) who

אֲנַחֲמֵךְ Pi. impf. 1 c.s.-2 f.s. sf. (636; GK 47bN) will comfort you (may I comfort)

51:20

בָּנַיִךְ n.m.p.-2 f.s. sf. (119) your sons

עֻלְּפוּ Pu. pf. 3 c.p. (763) have fainted

שָׁכְבוּ Qal pf. 3 c.p. (1011) they lie

בְּרֹאשׁ prep.-n.m.s. cstr. (910) at the head of

כָּל־ n.m.s. cstr. (481) (all) every

חוּצוֹת n.f.p. (299) street

כְּתוֹא prep.-n.m.s. cstr. (1060) like an antelope in

מִכְמָר n.m.s. (485) a net

הַמְלֵאִים def.art.-adj. m.p. (570) they are full of

חֲמַת־ n.f.s. cstr. (404) the wrath of

יהוה pr.n. (217) Yahweh

גַּעֲרַת n.f.s. cstr. (172) the rebuke of

אֱלֹהָיִךְ n.m.p.-2 f.s. sf. paus. (43) your God

51:21

לָכֵן prep.-adv. (485) therefore

שִׁמְעִי־נָא Qal impv. 2 f.s. (1033)-part. of entreaty (609) hear

זֹאת demons.adj. f.s. (260) this

עֲנִיָּה adj. f.s. (776) you who are afflicted

וּשְׁכֻרַת conj.-Qal pass.ptc. f.s. cstr. (1016; GK 50f,130b) who are drunk

וְלֹא מִיָּיִן conj.-neg.-prep.-n.m.s. paus. (406) but not with wine

51:22

כֹּה־ adv. (462) thus

אָמַר Qal pf. 3 m.s. (55) says

אֲדֹנַיִךְ n.m.p.-2 f.s. sf. (10) your Lord

יהוה pr.n. (217) Yahweh

וֵאלֹהַיִךְ conj.-n.m.p.-2 f.s. sf. (43) your God

יָרִיב Qal impf. 3 m.s. (936) who pleads the cause of

עַמּוֹ n.m.s.-3 m.s. sf. (I 766) his people

הִנֵּה interj. (243) behold

לָקַחְתִּי Qal pf. 1 c.s. (542) I have taken

מִיָּדֵךְ prep.-n.f.s.-2 f.s. sf. (388) from your hand

אֶת־כֹּוס dir.obj.-n.m.s. cstr. (468) the cup of

הַתַּרְעֵלָה def.art.-n.f.s. (947) staggering

אֶת־קֻבַּעַת dir.obj.-n.f.s. cstr. (867) the bowl of

כֹּוס n.m.s. cstr. (468) (the cup of)

חֲמָתִי n.f.s.-1 c.s. sf. (404) my wrath

לֹא־תֹוסִיפִי neg.-Hi. impf. 2 f.s. (414) you shall (add) no

לִשְׁתּוֹתָהּ prep.-Qal inf.cstr.-3 f.s. sf. (1059) drink

עוֹד adv. (728) more

51:23

וְשַׂמְתִּיהָ conj.-Qal pf. 1 c.s.-3 f.s. sf. (I 962) and I will put it

בְּיַד־ prep.-n.f.s. cstr. (388) into the hand of

מֹוגַיִךְ Hi. ptc. m.p.-2 f.s. sf. (I 387) your tormentors

אֲשֶׁר־ rel. (81) who

אָמְרוּ Qal pf. 3 c.p. (55) have said

לְנַפְשֵׁךְ prep.-n.f.s.-2 f.s. sf. (659) to you

שְׁחִי Qal impv. 2 f.s. (1005) bow down

וְנַעֲבֹרָה conj.-Qal impf. 1 c.p.-coh.he (716) that we may pass over

וַתָּשִׂימִי consec.-Qal impf. 2 f.s. (I 962) and you have made

כָאָרֶץ prep.-def.art.-n.f.s. (75) like the ground

גֵּוֵךְ n.m.s.-2 f.s. sf. (I 156) your back

וְכַחוּץ conj.-prep.-def.art.-n.m.s. (299) and like the street

לַעֹבְרִים prep.-def.art.-Qal act.ptc. m.p. (716) for them to pass over

162

52:1

עוּרִי Qal impv. 2 f.s. (I 734) *awake*

עוּרִי v.supra *awake*

לִבְשִׁי Qal impv. 2 f.s. (527) *put on*

עֻזֵּךְ n.m.s.-2 f.s. sf. (738) *your strength*

צִיּוֹן pr.n. (851) *O Zion*

לִבְשִׁי v.supra *put on*

בִּגְדֵי n.m.p. cstr. (93) *garments (of)*

תִּפְאַרְתֵּךְ n.f.s.-2 f.s. sf. (802) *your beautiful*

יְרוּשָׁלִַם pr.n. (436) *O Jerusalem*

עִיר n.f.s. cstr. (746) *city*

הַקֹּדֶשׁ def.art.-n.m.s. (871) *the holy*

כִּי conj. *for*

לֹא יוֹסִיף neg.-Hi. impf. 3 m.s. (יָסַף 414; GK 120c) *there shall no (add)*

יָבֹא־בָךְ Qal impf. 3 m.s.-prep.-2 f.s. sf. (בּוֹא 97) *come into you*

עוֹד adv. (728) *more*

עָרֵל adj. m.s. (790) *the uncircumcised*

וְטָמֵא conj.-adj. m.s. (379) *and the unclean*

52:2

הִתְנַעֲרִי Hith. impv. 2 f.s. (II 654) *shake yourself*

מֵעָפָר prep.-n.m.s. (779) *from the dust*

קוּמִי Qal impv. 2 f.s. (897) *arise*

שְּׁבִי n.f.s. (985) *O captive*

יְרוּשָׁלִָם pr.n. (436) *Jerusalem*

הִתְפַּתְּחִו Hith. impv. 2 f.s. (I 834) *loose*

מוֹסְרֵי n.m.p. cstr. (64) *the bonds from*

צַוָּארֵךְ n.m.s.-2 f.s. sf. (848) *your neck*

שְּׁבִיָּה n.f.s. (985) *O captive*

בַּת־ n.f.s. cstr. (I 123) *daughter of*

צִיּוֹן pr.n. (851) *Zion*

52:3

כִּי־כֹה conj.-adv. (462) *for thus*

אָמַר Qal pf. 3 m.s. (55) *says*

יהוה pr.n. (217) *Yahweh*

חִנָּם adv. (336) *for nothing*

נִמְכַּרְתֶּם Ni. pf. 2 m.p. (569) *you were sold*

וְלֹא conj.-neg. *without (and not)*

בְּכֶסֶף prep.-n.m.s. (494) *money*

תִּגָּאֵלוּ Ni. impf. 2 m.p. paus. (I 145) *you shall be redeemed*

52:4

כִּי כֹה v.52:3 *for thus*

אָמַר v.52:3 *says*

אֲדֹנָי n.m.p.-1 c.s. sf. (10) *the Lord*

יהוה pr.n. (217) *Yahweh*

מִצְרַיִם pr.n. (595) *into Egypt*

יָרַד־עַמִּי Qal pf. 3 m.s. (432)-n.m.s.-1 c.s. sf. (I 766) *my people went down*

בָרִאשֹׁנָה prep.-def.art.-adj. f.s. (911) *at the first*

לָגוּר prep.-Qal inf.cstr. (157) *to sojourn*

שָׁם adv. (1027) *there*

וְאַשּׁוּר conj.-pr.n. (78) *and the Assyrian*

בְּאֶפֶס prep.-n.m.s. (67) *for nothing*

עֲשָׁקוֹ Qal pf. 3 m.s.-3 m.s. sf. (798) *oppressed them*

52:5

וְעַתָּה conj.-adv. (773) *now therefore*

מִי־לִי־פֹה interr.pr. (552)-prep.-1 c.s. sf.-adv. (805) *what have I here*

נְאֻם־יהוה n.m.s. cstr. (610)-pr.n. (217) *says Yahweh*

כִּי־ conj. *seeing that*

לֻקַּח Pu. pf. 3 m.s. (542) *are taken away*

עַמִּי n.m.s.-1 c.s. sf. (I 766) *my people*

חִנָּם adv. (336) *for nothing*

מֹשְׁלָו Qal act.ptc. m.p.-3 m.s. sf. (605) *their rulers*

יְהֵילִילוּ Hi. impf. 3 m.p. (יָלַל 410) *wail*

נְאֻם־יהוה n.m.s. cstr. (610)-pr.n. (217) *says Yahweh*

וְתָמִיד conj.-n.m.s. (556) *and continually*

כָּל־הַיּוֹם n.m.s. cstr. (481)-def.art.-n.m.s. (398) *all the day*

שְׁמִי n.m.s.-1 c.s. sf. (1027; GK 55b) *my name*

מִנֹּאָץ Hithpo'el ptc. (610; GK 55b) *is despised*

52:6

לָכֵן prep.-adv. (485) *therefore*

יֵדַע Qal impf. 3 m.s. (יָדַע 393) *shall know*

עַמִּי n.m.s.-1 c.s. sf. (I 766) *my people*

שְׁמִי n.m.s. (1027) *my name*

לָכֵן v.supra *therefore*

בַּיּוֹם הַהוּא prep.-def.art.-n.m.s. (398)-def.art. -demons.adj. m.s. (214) *in that day*

כִּי־אֲנִי־הוּא conj.-pers.pr. 1 c.s. (I 58)-pers.pr. 3 m.s. (214) *that it is I*

הַמְדַבֵּר def.art.-Pi. ptc. (180) *who speak*

הִנֵּנִי interj.-1 c.s. sf. (243) *here am I*

52:7

מַה־נָּאווּ interr. (552)-Pilel pf. 3 c.p. (610; GK 75x,106g) *how beautiful*

עַל־הֶהָרִים prep.-def.art.-n.m.p. (249) *upon the mountains*

רַגְלֵי n.f.p. cstr. (919) *the feet of*

מְבַשֵּׂר Pi. ptc. (142) *him who brings good tidings*

מַשְׁמִיעַ Hi. ptc. (1033) *who publishes*

שָׁלוֹם n.m.s. (1022) *peace*

מְבַשֵּׂר Pi. ptc. m.s. cstr. (142) *who brings good tidings of*

טוֹב adj. m.s. (I 373) *good*

מַשְׁמִיעַ v.supra *who publishes*

יְשׁוּעָה n.f.s. (447) *salvation*

אֹמֵר Qal act.ptc. (55) *who says*

לְצִיּוֹן prep.-pr.n. (851) *to Zion*

מָלַךְ Qal pf. 3 m.s. (573) *reigns*

אֱלֹהָיִךְ n.m.p.-2 f.s. sf. paus. (43) *your God*

52:8

קוֹל n.m.s. (876) *hark*

צֹפַיִךְ Qal act.ptc. m.p.-2 f.s. sf. (I 859) *your watchmen*

נָשְׂאוּ Qal pf. 3 c.p. (נשׂא 669; GK 146b) *lift up*

קוֹל v.supra *their voice*

יַחְדָּו adv. (403) *together*

יְרַנֵּנוּ Pi. impf. 3 m.p. paus. (943) *they sing for joy*

כִּי עַיִן conj.-n.f.s. (744) *for eye*

בְּעַיִן prep.-n.f.s. (744) *to eye*

יִרְאוּ Qal impf. 3 m.p. (ראה 906) *they see*

בְּשׁוּב prep.-Qal inf.cstr. (שׁוב 996; GK 117aN) *the return of*

יהוה pr.n. (217) *Yahweh*

צִיּוֹן pr.n. (8511) *to Zion*

52:9

פִּצְחוּ Qal impv. 2 m.p. (822) *break forth*

רַנְּנוּ Pi. impv. 2 m.p. (943) *into singing*

יַחְדָּו adv. (403) *together*

חָרְבוֹת n.f.p. cstr. (352) *you waste places of*

יְרוּשָׁלַם pr.n. (436) *Jerusalem*

כִּי conj. *for*

נִחַם Pi. pf. 3 m.s. (636) *has comforted*

יהוה pr.n. (217) *Yahweh*

עַמּוֹ n.m.s.-3 m.s. sf. (I 766) *his people*

גָּאַל Qal pf. 3 m.s. (I 145) *he has redeemed*

יְרוּשָׁלָ͏ם pr.n. paus. (436) *Jerusalem*

52:10

חָשַׂף Qal pf. 3 m.s. (362) *has bared*

יהוה pr.n. (217) *Yahweh*

אֶת־זְרוֹעַ dir.obj.-n.f.s. cstr. (283) *arm*

קָדְשׁוֹ n.m.s.-3 m.s. sf. (871) *his holy*

לְעֵינֵי prep.-n.f.p. cstr. (744) *before the eyes of*

כָּל־הַגּוֹיִם n.m.s. cstr. (481)-def.art.-n.m.p. (156) *all the nations*

וְרָאוּ conj.-Qal pf. 3 c.p. (ראה 906) *and ... shall see*

כָּל־אַפְסֵי n.m.s. cstr. (481)-n.m.p. cstr. (67) *all the ends of*

אָרֶץ n.f.s. (75) *the earth*

אֵת יְשׁוּעַת dir.obj.-n.f.s. cstr. (447) *the salvation of*

אֱלֹהֵינוּ n.m.p.-1 c.p. sf. (43) *our God*

52:11

סוּרוּ Qal impv. 2 m.p. (693) *depart*

סוּרוּ v.supra *depart*

צְאוּ Qal impv. 2 m.p. (יצא 422) *go out*

מִשָּׁם prep.-adv. (1027) *thence*

טָמֵא n.m.s. (379) *unclean thing*

אַל־תִּגָּעוּ neg.-Qal impf. 2 m.p. (נגע 619) *touch no*

צְאוּ v.supra *go out*

מִתּוֹכָהּ prep.-n.m.s.-3 f.s. sf. (1063) *from the midst of her*

הִבָּרוּ Ni. impv. 2 m.p. (ברר 140; GK 67t) *purify yourselves*

נֹשְׂאֵי Qal act.ptc. m.p. cstr. (669) *you who bear*

כְּלֵי n.m.p. cstr. (479) *the vessels of*

יהוה pr.n. (217) *Yahweh*

52:12

כִּי לֹא conj.-neg. *for not*

בְחִפָּזוֹן prep.-n.m.s. (342) *in haste*

תֵּצֵאוּ Qal impf. 2 m.p. paus. (יצא 422) *you shall go out*

וּבִמְנוּסָה conj.-prep.-n.f.s. (631) *and ... in flight*

לֹא תֵלֵכוּן neg.-Qal impf. 2 m.p. (הלך 229) *you shall not go*

כִּי־הֹלֵךְ conj.-Qal act.ptc. (229) *for ... will go*

לִפְנֵיכֶם prep.-n.m.p.-2 m.p. sf. (815) *before you*

יהוה pr.n. (217) *Yahweh*

וּמְאַסִּפְכֶם conj.-Pi. ptc. m.p.-2 m.p. sf. (62; GK 61h) *and ... your rearguard*

אֱלֹהֵי n.m.p. cstr. (43) *the God of*

יִשְׂרָאֵל pr.n. (975) *Israel*

52:13

הִנֵּה interj. (243) *behold*

יַשְׂכִּיל Hi. impf. 3 m.s. (968) *shall prosper*

עַבְדִּי n.m.s.-1 c.s. sf. (712) *my servant*

יָרוּם Qal impf. 3 m.s. (926) *he shall be exalted*

וְנִשָּׂא conj.-Ni. pf. 3 m.s. (669) *and lifted up*

וְגָבַהּ conj.-Qal pf. 3 m.s. (146) *and shall be high*

מְאֹד adv. (547) *very*

52:14

כַּאֲשֶׁר prep.-rel. (81) *as*

שָׁמְמוּ Qal pf. 3 c.p. (1030) *were astonished*

עָלֶיךָ prep.-2 m.s. sf. *at him (at you)*

רַבִּים adj. m.p. (I 912) *many*

כֵּן adv. (485) *so*

מִשְׁחַת n.m.s. (1008) *marred*

מֵאִישׁ prep.-n.m.s. (35) *beyond human semblance*

מַרְאֵהוּ n.m.s.-3 m.s. sf. (909) *his appearance*

וְתֹאֲרוֹ conj.-n.m.s.-3 m.s. sf. (1060; GK 93q) *and his form*

מִבְּנֵי prep.-n.m.p. cstr. (119) *beyond that of the sons of*

אָדָם n.m.s. (9) *men*

52:15

כֵּן adv. (485) *so*

יַזֶּה Hi. impf. 3 m.s. (נָזָה II 633) *shall he startle*

גּוֹיִם רַבִּים n.m.p. (156)-adj. m.p. (I 912) *many nations*

עָלָיו prep.-3 m.s. sf. *because of him*

יִקְפְּצוּ Qal impf. 3 m.p. (891) *shall shut*

מְלָכִים n.m.p. (I 572) *kings*

פִּיהֶם n.m.s.-3 m.p. sf. (804) *their mouths*

כִּי conj. *for*

אֲשֶׁר rel. (81) *that which*

לֹא־סֻפַּר neg.-Pu. pf. 13 m.s. (707) *has not been told*

לָהֶם prep.-3 m.p. sf. *them*

רָאוּ Qal pf. 3 c.p. (רָאָה 906) *they shall see*

וַאֲשֶׁר conj.-rel. (81) *and that which*

לֹא־שָׁמְעוּ neg.-Qal pf. 3 c.p. (1033) *they have not heard*

הִתְבּוֹנָנוּ Hithpolel pf. 3 c.p. paus. (106) *they shall understand*

53:1

מִי interr. (566; GK 151a) *who*

הֶאֱמִין Hi. pf. 3 m.s. (52) *has believed*

לִשְׁמֻעָתֵנוּ prep.-n.f.s.-1 c.p. sf. (1035) *what we have heard*

וּזְרוֹעַ conj.-n.f.s. cstr. (283) *and the arm of*

יְהוָה pr.n. (217) *Yahweh*

עַל־מִי prep.-interr. (566) *to whom*

נִגְלָתָה Ni. pf. 3 f.s. (גָּלָה 162) *has been revealed*

53:2

וַיַּעַל consec.-Qal impf. 3 m.s. (עָלָה 748) *he grew up*

כַּיּוֹנֵק prep.-def.art.-n.m.s. (413) *like a young plant*

לְפָנָיו prep.-n.m.p.-3 m.s. sf. (815) *before him*

וְכַשֹּׁרֶשׁ conj.-prep.-def.art.-n.m.s. (1057) *and like a root*

מֵאֶרֶץ prep.-n.f.s. cstr. (75) *out of ... ground (of)*

צִיָּה n.f.s. (851) *dry(ness)*

לֹא־תֹאַר neg.-n.m.s. (1061) *no form*

לוֹ prep.-3 m.s. sf. *he had*

וְלֹא הָדָר conj.-neg.-n.m.s. (214) *or comeliness*

וְנִרְאֵהוּ conj.-Qal impf. 1 c.p.-3 m.s. sf. (906) *that we should look at him*

וְלֹא־מַרְאֶה conj.-neg.-n.m.s. (909) *and no beauty*

וְנֶחְמְדֵהוּ conj.-Qal impf. 1 c.p.-3 m.s. sf. (326; GK 166a) *that we should desire him*

53:3

נִבְזֶה Ni. ptc. (102) *despised*

וַחֲדַל conj.-adj. cstr. (293) *and rejected*

אִישִׁים n.m.p. (35; GK 96) *by men*

אִישׁ n.m.s. cstr. (35) *a man of*

מַכְאֹבוֹת n.m.p. (456) *sorrows*

וִידוּעַ conj.-Qal pass.ptc. m.s. cstr. (יָדַע 393; GK 116,l) *and acquainted with*

חֹלִי n.m.s. paus. (318) *grief (sickness)*

וּכְמַסְתֵּר conj.-prep.-n.m.s. cstr. (712) *and as one ... hide*

פָּנִים n.m.p. (815) *their faces*

מִמֶּנּוּ prep.-3 m.s. sf. *from whom*

נִבְזֶה Ni. ptc. m.s. (102) *despised*

וְלֹא חֲשַׁבְנֻהוּ conj.-neg.-Qal pf. 1 c.p.-3 m.s. sf. (362) *and we esteemed him not*

53:4

אָכֵן adv. (38) *surely*

חֳלָיֵנוּ n.m.p.-1 c.p. sf. (318) *our griefs*

הוּא נָשָׂא pers.pr. 3 m.s. (214)-Qal pf. 3 m.s. (669) *he has borne*

וּמַכְאֹבֵינוּ conj.-n.m.p.-1 c.p. sf. (456) *and our sorrows (pains)*

סְבָלָם Qal pf. 3 m.s.-3 m.p. sf. (687) *carried*

וַאֲנַחְנוּ conj.-pers.pr. 1 c.p. (58) *yet we*

חֲשַׁבְנֻהוּ Qal pf. 1 c.p.-3 m.s. sf. (362; GK 117ii) *we esteemed him*

נָגוּעַ Qal pass.ptc. (619) *stricken*

מֻכֵּה Ho. ptc. m.s. cstr. (645) *smitten by*

אֱלֹהִים n.m.p. (43) *God*

וּמְעֻנֶּה conj.-Pu. ptc. (776) *and afflicted*

53:5

וְהוּא conj.-pers.pr. 3 m.s. (214) *but he*

מְחֹלָל Po'al ptc. (319) *was wounded*

מִפְּשָׁעֵנוּ prep.-n.m.s.-1 c.p. sf. (833) *for our transgressions*

מְדֻכָּא Pu. ptc. (193) *he was bruised*

מֵעֲוֹנֹתֵינוּ prep.-n.m.p.-1 c.p. sf. (730) *for our iniquities*

מוּסַר n.m.s. cstr. (416; GK 128q) *the chastisement that*

שְׁלוֹמֵנוּ n.m.s.-1 c.p. sf. (1022) *made us whole*

עָלָיו prep.-3 m.s. sf. *upon him*

וּבַחֲבֻרָתוֹ conj.-prep.-n.f.s.-3 m.s. sf. (289) *and with his stripes*

נִרְפָּא־ Ni. ptc. (950; GK 121a) *are healed*

לָנוּ prep.-1 c.p. sf. *we*

53:6

כֻּלָּנוּ n.m.s.-1 c.p. sf. (481) *all we*

כַּצֹּאן prep.-def.art.-n.f. coll. (838) *like sheep*

תָּעִינוּ Qal pf. 1 c.p. (1073) *have gone astray*

אִישׁ n.m.s. (35) *every one*

לְדַרְכּוֹ prep.-n.m.s.-3 m.s. sf. (202) *to his own way*

פָּנִינוּ Qal pf. 1 c.p. (815) *we have turned*

וַיהוה conj.-pr.n. (217) *and Yahweh*

הִפְגִּיעַ Hi. pf. 3 m.s. (803) *has laid*

בּוֹ prep.-3 m.s. sf. *on him*

אֵת עֲוֹן dir.obj.-n.m.s.cstr. (730) *the iniquity of*

כֻּלָּנוּ n.m.s.-1 c.p. sf. (481) *us all*

53:7

נִגַּשׂ Ni. pf. 3 m.s. (נגשׂ 620) *he was oppressed*

וְהוּא conj.-pers.pr. 3 m.s. (214) *and he*

נַעֲנֶה Ni. ptc. (III 776) *was afflicted*

וְלֹא יִפְתַּח־ conj.-neg.-Qal impf. 3 m.s. (834) *yet he opened not*

פִּיו n.m.s.-3 m.s. sf. (804) *his mouth*

כַּשֶּׂה prep.-def.art.-n.m.s. (961) *like a lamb*

לַטֶּבַח prep.-def.art.-n.m.s. (370) *to the slaughter*

יוּבָל Ho. impf. 3 m.s. (385) *is led*

וּכְרָחֵל conj.-prep.-n.f.s. (932) *and like a sheep*

לִפְנֵי prep.-n.m.p. cstr. (815) *before*

גֹזְזֶיהָ Qal act.ptc. m.p.-3 f.s. sf. (159) *its shearers*

נֶאֱלָמָה Ni. pf. 3 f.s. (47) *is dumb*

וְלֹא יִפְתַּח v.supra-v.supra *so he opened not*

פִּיו v.supra *his mouth*

53:8

מֵעֹצֶר prep.-n.m.s. (783) *by oppression*

וּמִמִּשְׁפָּט conj.-prep.-n.m.s. (1048) *and judgment*

לֻקָּח Pu. pf. 3 m.s. paus. (542) *he was taken away*

וְאֶת־דּוֹרוֹ conj.-prep. (85)-n.m.s.-3 m.s. sf. (189) *and as for his generation*

מִי interr. (566) *who*

יְשׂוֹחֵחַ Polel impf. 3 m.s. (967) *considered*

כִּי conj. *that*

נִגְזַר Ni. pf. 3 m.s. (160) *he was cut off*

מֵאֶרֶץ prep.-n.f.s. cstr. (75) *out of the land of*

חַיִּים adj. m.p. (311) *the living*

מִפֶּשַׁע prep.-n.m.s. cstr. (833) *for the transgression of*

עַמִּי n.m.s.-1 c.s. sf. (I 766) *my people*

נֶגַע n.m.s. (619) *stricken (a stroke)*

לָמוֹ prep.-3 m.s.sf. (GK 103fN) *(to him)*

53:9

וַיִּתֵּן consec.-Qal impf. 3 m.s. (נָתַן 678) *and they made*

אֶת־רְשָׁעִים prep. (85)-adj. m.p. (957) *with the wicked*

קִבְרוֹ n.m.s.-3 m.s. sf. (868) *his grave*

וְאֶת־עָשִׁיר conj.-prep. (85)-n.m.s. (799) *and with a rich man*

בְּמֹתָיו prep.-n.m.s.-3 m.s. sf. (560) *in his death*

עַל prep. (752; GK 160c) *although*

לֹא־חָמָס neg.-n.m.s. (329) *no violence*

עָשָׂה Qal pf. 3 m.s. (I 793) *he had done*

וְלֹא מִרְמָה conj.-neg.-n.f.s. (941) *and there was no deceit*

בְּפִיו prep.-n.m.s.-3 m.s. sf. (804) *in his mouth*

53:10

וַיהוה conj.-pr.n. (217) *yet ... Yahweh*

חָפֵץ Qal pf. 3 m.s. (342) *it was the will of*

דַּכְּאוֹ Pi. inf.cstr.-3 m.s. sf. (193) *to bruise him*

הֶחֱלִי Hi. pf. 3 m.s. (317; GK 74k,75ii) *he has put him to grief (made him sick)*

אִם־ hypoth.part. *when*

תָּשִׂים Qal impf. 3 f.s. (or 2 m.s.) (962) *he makes*

אָשָׁם n.m.s. (79) *an offering for sin*

נַפְשׁוֹ n.f.s-3 m.s. sf. (659) *himself*

יִרְאֶה Qal impf. 3 m.s. (906) *he shall see*

זֶרַע n.m.s. (282) *his offspring (seed)*

יַאֲרִיךְ Hi. impf. 3 m.s. (73) *he shall prolong*

יָמִים n.m.p. (398) *his days*

וְחֵפֶץ conj.-n.m.s. cstr. (343) *the will of*

יהוה pr.n. (217) *Yahweh*

בְּיָדוֹ prep.-n.f.s.-3 m.s. sf. (388) *in his hand*

יִצְלָח Qal impf. 3 m.s. paus. (852) *shall prosper*

53:11

מֵעֲמַל prep.-n.m.s. cstr. (765) *of the travail of*

נַפְשׁוֹ n.f.s.-3 m.s. sf. (659) *his soul*

יִרְאֶה Qal impf. 3 m.s. (906; GK 120h) *he shall see*

יִשְׂבָּע Qal impf. 3 m.s. paus. (959) *be satisfied*

בְּדַעְתּוֹ prep.-n.f.s.-3 m.s. sf. (395) *by his knowledge*

יַצְדִּיק Hi. impf. 3 m.s. (842) *shall make to be accounted righteous*

צַדִּיק adj. (843; GK 132b) *righteous one*

עַבְדִּי n.m.s.-1 c.s. sf. (712) *my servant*

לָרַבִּים prep.-def.art.-adj. m.p. (912; GK 117n) *many*

וַעֲוֹנֹתָם conj.-n.m.p.-3 m.p. sf. (730) *and ... their iniquities*

הוּא pers.pr. 3 m.s. (214) *he*

יִסְבֹּל Qal impf. 3 m.s. (687) *shall bear*

53:12

לָכֵן prep.-adv. (485) *therefore*

אֲחַלֶּק־ Pi. impf. 1 c.s. (323) *I will divide*

לוֹ prep.-3 m.s. sf. *him*

בָרַבִּים prep.-def.art.-adj. m.p. (912) *with the great*

וְאֶת־עֲצוּמִים conj.-prep. (85)-adj. m.p. (783) *and with the strong*

יְחַלֵּק Pi. impf. 3 m.s. (323) *he shall divide*

שָׁלָל n.m.s. (1021) *the spoil*

תַּחַת conj. (1065) *because*

אֲשֶׁר rel. (81) *(that)*

הֶעֱרָה Hi. pf. 3 m.s. (עָרָה 788) *he poured out*

לַמָּוֶת prep.-def.art.-n.m.s. (560) *to death*

נַפְשׁוֹ n.f.s.-3 m.s. sf. (659) *his soul*

וְאֶת־ conj.-prep. (85) *and with*

פֹּשְׁעִים Qal act.ptc. m.p. (833) *the transgressors*

נִמְנָה Ni pf. 3 m.s. (584) *was numbered*

וְהוּא conj.-pers.pr. 3 m.s. (214) *yet he*

חֵטְא־ n.m.s. cstr. (307) *the sin of*

רַבִּים adj. m.p. (912) *many*

נָשָׂא Qal pf. 3 m.s. (669) *bore*

וְלַפֹּשְׁעִים conj.-prep.-def.art.-Qal act.ptc. m.p. (833) *for the transgressors*

יַפְגִּיעַ Hi. impf. 3 m.s. (803) *made intercession*

54:1

רָנִּי Qal impv. 2 f.s. (943; GK 67ff) *sing*

עֲקָרָה adj. f.s. (785; GK 155f) *O barren one*

לֹא יָלָדָה neg.-Qal pf. 3 f.s. (408; GK 144p) *who did not bear*

פִּצְחִי Qal impv. 2 f.s. (822) *break forth*

רִנָּה n.f.s. (943) *into singing*

וְצַהֲלִי conj.-Qal impv. 2 f.s. (I 843) *and cry aloud*

לֹא־חָלָה neg.-Qal pf. 3 f.s. (I 296) *you who have not been in travail*

כִּי־רַבִּים conj.-adj. m.p. (I 912) *for will be more*

בְּנֵי־ n.m.p. cstr. (119) *the children of*

שׁוֹמֵמָה Qal act.ptc. f.s. (1030) *the desolate one*

מִבְּנֵי prep.-n.m.p. cstr. (119) *than the children of*

בְעוּלָה Qal pass.ptc. f.s. (127) *her that is married*

אָמַר Qal pf. 3 m.s. (55) *says*

יהוה pr.n. (217) *Yahweh*

54:2

הַרְחִיבִי Hi. impv. 2 f.s. (931) *enlarge*

מְקוֹם n.m.s. cstr. (879) *the place of*

אָהֳלֵךְ n.m.s.-2 f.s. sf. (13) *your tent*

וִירִיעוֹת conj.-n.f.p. cstr. (438) *the curtains of*

מִשְׁכְּנוֹתַיִךְ n.f.p.-2 f.s. sf. (1015) *your habitations*

יַטּוּ Hi. impf. 3 m.p. (נָטָה 639) *let be stretched out*

אַל־תַּחְשֹׂכִי neg.-Qal impf. 2 f.s. (362) *hold not back*

הַאֲרִיכִי Hi.impv. 2 f.s. (73) *lengthen*

מֵיתָרַיִךְ n.m.p.-2 f.s. sf (452) *your cords*

וִיתֵדֹתַיִךְ conj.-n.f.p.-2 f.s. sf. (450) *and your stakes*

חַזֵּקִי Pi. impv. 2 f.s. paus. (304) *strengthen*

54:3

כִּי־יָמִין conj.-n.f.s. (411) *for to the right*

וּשְׂמֹאול conj.-n.m.s. (969) *and to the left*

תִּפְרֹצִי Qal impf. 2 f.s. (I 829) *you will spread abroad*

וְזַרְעֵךְ conj.-n.m.s.-2 f.s. sf. (282) *and your descendants*

גּוֹיִם n.m.p. (156) *the nations*

יִירָשׁ Qal impf. 3 m.s. (439) *will possess*

וְעָרִים conj.-n.f.p. (746) *and the cities*

נְשַׁמּוֹת Ni ptc. f.p. (1030) *desolate*

יוֹשִׁיבוּ Hi. impf. 3 m.p. (יָשַׁב 442) *will people*

54:4

אַל־תִּירְאִי neg.-Qal impf. 2 f.s. (431) *fear not*

כִּי־לֹא־תֵבוֹשִׁי conj.-neg.-Qal impf. 2 f.s. (101) *for you will not be ashamed*

וְאַל־תִּכָּלְמִי conj.-neg.-Ni. impf. 2 f.s. (483) *be not confounded*

כִּי לֹא conj.-neg. *for ... not*

תַחְפִּירִי Hi. impf. 2 f.s. (II 344) *you will ... be put to shame*

כִּי בֹשֶׁת conj.-n.f.s. cstr. (102) *for the shame of*

עֲלוּמַיִךְ n.m.p.-2 f.s. sf. (761) *your youth*

תִּשְׁכָּחִי Qal impf. 2 f.s. (1013) *you will forget*

וְחֶרְפַּת conj.-n.f.s. cstr. (357) *and the reproach of*

אַלְמְנוּתַיִךְ n.f.p.-2 f.s. sf. (48; GK 91,l) *your widowhood*

לֹא תִזְכְּרִי־ neg.-Qal impf. 2 f.s. (269) *you will remember no*

עוֹד adv. (728) *more*

167

54:5

כִּי conj. *for*

בַּעֲלַיִךְ Qal act.ptc. m.p.-2 f.s. sf. (127; GK 124kN) *your husband*

עֹשַׂיִךְ Qal act.ptc. m.p.-2 f.s. sf. (I 793; GK 124k) *your Maker*

יהוה pr.n. (217) *Yahweh*

צְבָאוֹת pr.n. (838) *of hosts*

שְׁמוֹ n.m.s.-3 m.s. sf. (1027) *his name*

וְגֹאֲלֵךְ conj.-Qal act.ptc.-2 f.s. sf. (I 145) *and your Redeemer*

קְדוֹשׁ n.m.s. cstr. (841) *the Holy One of*

יִשְׂרָאֵל pr.n. (975) *Israel*

אֱלֹהֵי n.m.p. cstr. (43) *the God of*

כָּל־הָאָרֶץ n.m.s. cstr. (481)-def.art.-n.f.s. (75) *the whole earth*

יִקָּרֵא Ni. impf. 3 m.s. (894) *he is called*

54:6

כִּי־כְאִשָּׁה conj.-prep.-n.f.s. (61) *for ... like a wife*

עֲזוּבָה Qal pass.ptc. f.s. (I 736) *forsaken*

וַעֲצוּבַת conj.-Qal pass.ptc. f.s. cstr. (I 780) *and grieved in*

רוּחַ n.f.s. (924) *spirit*

קְרָאָךְ Qal pf. 3 m.s.-2 f.s. sf. (894; GK 58g) *has called you*

יהוה pr.n. (217) *Yahweh*

וְאֵשֶׁת conj.-n.f.s. cstr. (61) *a wife of*

נְעוּרִים n.m.p. (655) *youth*

כִּי conj. *when*

תִמָּאֵס Ni. impf. 3 f.s. (549) *she is cast off*

אָמַר Qal pf. 3 m.s. (55) *says*

אֱלֹהָיִךְ n.m.p.-2 f.s. sf. (43) *your God*

54:7

בְּרֶגַע prep.-n.m.s. (921) *for a ... moment*

קָטֹן adj. m.s. (882) *brief*

עֲזַבְתִּיךְ Qal pf. 1 c.s.-2 f.s. sf. (i 736) *I forsook you*

וּבְרַחֲמִים conj.-prep.-n.m.p. (933) *but with ... compassion*

גְּדֹלִים adj. m.p. (152) *great*

אֲקַבְּצֵךְ Pi. impf. 1 c.s.-2 f.s. sf. (867) *I will gather you*

54:8

בְּשֶׁצֶף prep.-n.m.s. cstr. (1009) *in overflowing (of)*

קֶצֶף n.m.s. (893) *wrath*

הִסְתַּרְתִּי Hi. pf. 1 c.s. (711) *I hid*

פָּנַי n.m.p.-1 c.s. sf. (815) *my face*

רֶגַע adv. (921) *for a moment*

מִמֵּךְ prep.-2 f.s. sf. *from you*

וּבְחֶסֶד conj.-prep.-n.m.s. (338) *but with ... love*

עוֹלָם n.m.s. (761) *everlasting*

רִחַמְתִּיךְ Pi. pf. 1 c.s.-2 f.s. sf. (933) *I will have compassion on you*

אָמַר Qal pf. 3 m.s. (55) *says*

גֹּאֲלֵךְ Qal act.ptc.-2 f.s. sf. (I 145) *your Redeemer*

יהוה pr.n. (217) *Yahweh*

54:9

כִּי־מֵי prep.-n.m.p. cstr. (565) *like the days of* (398; *for the waters of*)

נֹחַ pr.n. (629) *Noah*

זֹאת לִי demons.adj. f.s. (260)-prep.-1 c.s. sf. *this is ... to me*

אֲשֶׁר rel. (81) *as*

נִשְׁבַּעְתִּי Ni. pf. 1 c.s. (989) *I swore*

מֵעֲבֹר prep.-Qal inf.cstr. (716) *that ... should no more go over*

מֵי־נֹחַ n.m.p. cstr. (398)-pr.n. (629) *the waters of Noah*

עוֹד adv. (728) *(more)*

עַל־הָאָרֶץ prep.-def.art.-n.f.s. (75) *over the earth*

כֵּן adv. (485) *so*

נִשְׁבַּעְתִּי v.supra *I have sworn*

מִקְּצֹף prep.-Qal inf.cstr. (893) *that I will not be angry*

עָלַיִךְ prep.-2 f.s. sf. *with you*

וּמִגְּעָר־ conj.-prep.-Qal inf.cstr. (172) *and will not rebuke*

בָּךְ prep.-2 f.s. sf. *you*

54:10

כִּי הֶהָרִים conj.-def.art.-n.m.p. (249) *for the mountains*

יָמוּשׁוּ Qal impf. 3 m.p. (I 559) *may depart*

וְהַגְּבָעוֹת conj.-def.art.-n.f.p. (148) *and the hills*

תְּמוּטֶנָה Qal impf. 3 f.p. (556) *be removed*

וְחַסְדִּי conj.-n.m.s.-1 c.s. sf. (338) *but my steadfast love*

מֵאִתֵּךְ prep.-prep.-2 f.s. sf. (GK 103b) *from you*

לֹא־יָמוּשׁ neg.-Qal impf. 3 m.s. (I 559) *shall not depart*

וּבְרִית conj.-n.f.s. cstr. (136) *and covenant of*

שְׁלוֹמִי n.m.s.-1 c.s. sf. (1022) *my peace*

לֹא תָמוּט neg.-Qal impf. 3 f.s. (556) *shall not be removed*

אָמַר Qal pf. 3 m.s. (55) *says*

מְרַחֲמֵךְ Pi. ptc.-2 f.s. sf. (933) *who has compassion on you*

יהוה pr.n. (217) *Yahweh*

54:11

עֲנִיָּה adj. f.s. (776) *O afflicted one*

סֹעֲרָה Qal act.ptc. f.s. (704) *stormtossed*

לֹא נֻחָמָה neg.-Pi. pf. 3 f.s. (636; GK 152aN) *not comforted*

הִנֵּה interj. (243) *behold*

אָנֹכִי pers.pr. 1 c.s. (58) *I*

מַרְבִּיץ Hi. ptc. (918) *will set*

בַּפּוּךְ prep.-def.art.-n.m.s. (806) *in antimony*

אֲבָנַיִךְ n.f.p.-2 f.s. sf. (6) *your stones*

וִיסַדְתִּיךְ conj.-Qal pf. 1 c.s.-2 f.s. sf. (413) *and lay your foundations*

בַּסַּפִּירִים prep.-def.art.-n.m.p. (705) *with sapphires*

54:12

וְשַׂמְתִּי conj.-Qal pf. 1 c.s. (שׂום I 962) *I will make*

כַּדְכֹד n.m.s. (461; GK 21d) *agate*

שִׁמְשֹׁתַיִךְ n.f.p.-2 f.s. sf. (1039) *your pinnacles*

וּשְׁעָרַיִךְ conj.-n.m.p.-2 f.s. sf. (1044) *your gates*

לְאַבְנֵי prep.-n.f.p. cstr. (6) *stones of*

אֶקְדָּח n.m.s. (fiery glow) *carbuncles*

וְכָל־ conj.-n.m.s. cstr. (481) *and all*

גְּבוּלֵךְ n.m.s.-2 f.s. sf. (147) *your wall*

לְאַבְנֵי־ v.supra *stones*

חֵפֶץ n.m.s. (343) *precious*

54:13

וְכָל־ conj.-n.m.s. cstr. (481) *all*

בָּנַיִךְ n.m.p.-2 f.s. sf. (119) *your sons*

לִמּוּדֵי Qal pass.ptc. m.p. cstr. (54) *shall be taught by*

יהוה pr.n. (217) *Yahweh*

וְרַב conj.-adj. (I 912) *and great*

שְׁלוֹם n.m.s. cstr. (1022) *the prosperity of*

בָּנָיִךְ n.m.p.-2 f.s. sf. paus. (119) *your sons*

54:14

בִּצְדָקָה prep.-n.f.s. (842) *in righteousness*

תִּכּוֹנָנִי Hi. impf. 2 f.s. paus. (I 465; GK 54c) *you shall be established*

רַחֲקִי Qal impv. 2 f.s. (934; GK 110c) *you shall be far*

מֵעֹשֶׁק prep.-n.m.s. (799) *from oppression*

כִּי־ conj. *for*

לֹא תִירָאִי neg.-Qal impf. 2 f.s. (431) *you shall not fear*

וּמִמְּחִתָּה conj.-prep.-n.f.s. (369) *and from terror*

כִּי conj. *for*

לֹא־תִקְרַב neg.-Qal impf. 3 f.s. (897) *it shall not come near*

אֵלָיִךְ prep.-2 f.s. sf. *you*

54:15

הֵן hypoth.part. (II 243; GK 159w) *if*

גּוֹר יָגוּר Qal inf.abs.-Qal impf. 3 m.s. (II 158) *stirs up strife*

אֶפֶס n.m.s. (67) *it is not*

מֵאוֹתִי prep.-prep.-1 c.s. sf. *from me*

מִי־ interr. (566; GK 137c) *whoever*

גָר Qal pf. 3 m.s. (II 158) *stirs up strife*

אִתָּךְ prep.-2 f.s. sf. (85) *with you*

עָלַיִךְ prep.-2 f.s. sf. *because of you*

יִפּוֹל Qal impf. 3 m.s. (נָפַל 656) *shall fall*

54:16

הֵן interj. (243) *behold*

אָנֹכִי pers.pr. 1 c.s. (58) *I*

בָּרָאתִי Qal pf. 1 c.s. (135) *have created*

חָרָשׁ n.m.s. (360) *the smith*

נֹפֵחַ Qal act.ptc. (655) *who blows*

בְּאֵשׁ prep.-n.f.s. cstr. (77) *the fire of*

פֶּחָם n.m. coll. (809) *coals*

וּמוֹצִיא conj.-Hi. ptc. (יָצָא 422) *and produces*

כְלִי n.m.s. (479) *a weapon*

לְמַעֲשֵׂהוּ prep.-n.m.s.-3 m.s. sf. (795) *for its purpose*

וְאָנֹכִי conj.-v.supra *I also*

בָּרָאתִי v.supra *have created*

מַשְׁחִית Hi. ptc. (1007) *the ravager*

לְחַבֵּל prep.-Pi. inf.cstr. (II 287) *to destroy*

54:17

כָּל־כְּלִי n.m.s. cstr. (481)-n.m.s. (479) *every weapon*

יוּצַר Ho. impf. 3 m.s. (427) *that is fashioned*

עָלַיִךְ prep.-2 f.s. sf. *against you*

לֹא יִצְלָח neg.-Qal impf. 3 m.s. (II 852) *shall not prosper*

וְכָל־לָשׁוֹן conj.-n.m.s. cstr. (481)-n.f.s. (546) *and every tongue*

תָּקוּם־ Qal impf. 3 f.s. (877) *that rises*

אִתָּךְ prep.-2 f.s. sf. *against you*

לַמִּשְׁפָּט prep.-def.art.-n.m.s. (1048) *in judgment*

תַּרְשִׁיעִי Hi. impf. 2 f.s. (957) *you shall confute*

זֹאת demons.adj. f.s. (260) *this*

נַחֲלַת n.f.s. cstr. (635) *the heritage of*

עַבְדֵי n.m.p. cstr. (712) *the servants of*

יהוה pr.n. (217) *Yahweh*

וְצִדְקָתָם conj.-n.f.s.-3 m.p. sf. (842) *and their vindication*

מֵאִתִּי prep.-prep.-1 c.s. sf. (85) *from me*

נְאֻם־ n.m.s. cstr. (610) *says*

169

יהוה pr.n. (217) *Yahweh*

55:1

הוֹי interj. (222) *ho*

כָּל־צָמֵא n.m.s. cstr. (481)-adj. (854) *every one who thirsts*

לְכוּ (הָלַךְ 229) Qal impv. 2 m.p. *come*

לַמַּיִם prep.-def.art.-n.m.p. (565) *to the waters*

וַאֲשֶׁר conj.-rel. (81) *and ... who*

אֵין־לוֹ subst.cstr. (II 34)-prep.-3 m.s. sf. *he ... has no*

כֶּסֶף n.m.s. paus. (494) *money*

לְכוּ v.supra *come*

שִׁבְרוּ Qal impv. 2 m.p. (991) *buy*

וֶאֱכֹלוּ conj.-Qal impv. 2 m.p. (37) *and eat*

וּלְכוּ conj.-v.supra *come*

שִׁבְרוּ v.supra *buy*

בְּלוֹא־כֶסֶף prep.-neg.-n.m.s. (494) *without money*

וּבְלוֹא conj.-v.supra *and without*

מְחִיר n.m.s. (564) *price*

יַיִן n.m.s. (406) *wine*

וְחָלָב conj.-n.m.s. (316) *and milk*

55:2

לָמָּה interr.adv. (553) *why*

תִשְׁקְלוּ Qal impf. 2 m.p. (1053) *do you spend*

כֶּסֶף n.m.s. (494) *your money*

בְּלוֹא־לֶחֶם prep.-neg.-n.m.s. (536) *for that which is not bread*

וִיגִיעֲכֶם conj.-n.m.s.-2 m.p. sf. (388) *and your labor*

בְּלוֹא v.supra (GK 152aN) *for that which ... not*

לְשָׂבְעָה prep.-n.f.s. (960) *does ... satisfy*

שִׁמְעוּ שָׁמוֹעַ Qal impv. 2 m.p.-Qal inf.abs. (1033) *hearken diligently*

אֵלַי prep.-1 c.s. sf. *to me*

וְאִכְלוּ־ conj.-Qal impv. 2 m.p. (37) *and eat*

טוֹב adj. m.s. (375) *that which is good*

וְתִתְעַנַּג conj.-Hith. impf. 2 m.s. (772) *and delight yourselves*

בַּדֶּשֶׁן prep.-def.art.-n.m.s. (206) *in fatness*

נַפְשְׁכֶם n.f.s.-2 m.p. sf. (659) *yourselves*

55:3

הַטּוּ Hi. impv. 2 m.p. (639) *incline*

אָזְנְכֶם n.f.s.-2 m.p. sf. (23) *your ear*

וּלְכוּ conj.-Qal impv. 2 m.p. (229) *and come*

אֵלַי prep.-1 c.s. sf. *to me*

שִׁמְעוּ Qal impv. 2 m.p. (1033) *hear*

וּתְחִי conj.-Qal impf. 3 f.s. (חָיָה 310) *that ... may live*

נַפְשְׁכֶם n.f.s.-2 m.p. sf. (659) *your soul*

וְאֶכְרְתָה conj.-Qal impf. 1 c.s.-coh.he (503) *and I will make*

לָכֶם prep.-2 m.p. sf. *with you*

בְּרִית n.f.s. cstr. (136) *an ... covenant*

עוֹלָם n.m.s. (761) *everlasting*

חַסְדֵי n.m.p. cstr. (338; GK 93m) *love for*

דָוִד pr.n. (187) *David*

הַנֶּאֱמָנִים def.art.-Ni. ptc. m.p. (52) *sure*

55:4

הֵן interj. (243) *behold*

עֵד n.m.s. cstr. (729) *a witness to*

לְאוּמִּים n.m.p. (522) *the peoples*

נְתַתִּיו Qal pf. 1 c.s.-3 m.s. sf. (678) *I made him*

נָגִיד n.m.s. (617) *a leader*

וּמְצַוֵּה conj.-Pi. ptc. (845) *and commander*

לְאֻמִּים n.m.p. (522) *for the peoples*

55:5

הֵן interj. (243) *behold*

גּוֹי n.m.s. (156) *nations*

לֹא־תֵדַע neg.-Qal impf. 2 m.s. (393) *that you know not*

תִקְרָא Qal impf. 2 m.s. (894) *you shall call*

וְגוֹי conj.-n.m.s. (156) *and nations*

לֹא־יְדָעוּךָ neg.-Qal pf. 3 c.p.-2 m.s. sf. (393) *that knew you not*

אֵלֶיךָ prep.-2 m.s. sf. *to you*

יָרוּצוּ Qal impf. 3 m.p. (930) *shall run*

לְמַעַן prep.-prep. (775) *because of*

יהוה pr.n. (217) *Yahweh*

אֱלֹהֶיךָ n.m.p.-2 m.s. sf. (43) *your God*

וְלִקְדוֹשׁ conj.-prep.-adj. m.s. cstr. (872) *and of the Holy One of*

יִשְׂרָאֵל pr.n. (975) *Israel*

כִּי conj. *for*

פֵאֲרָךְ Pi. pf. 3 m.s.-2 m.s. sf. paus. (I 802) *he has glorified you*

55:6

דִּרְשׁוּ Qal impv. 2 m.p. (205) *seek*

יהוה pr.n. (217) *Yahweh*

בְּהִמָּצְאוֹ prep.-Ni. inf.cstr.-3 m.s. sf. (592) *while he may be found*

קְרָאֻהוּ Qal impv. 2 m.p.-3 m.s. sf. (894) *call upon him*

בִּהְיוֹתוֹ prep.-Qal inf.cstr.-3 m.s. sf. (הָיָה 224) *while he is*

קָרוֹב adj. (898) *near*

55:7

יַעֲזֹב Qal impf. 3 m.s. (I 736) *let ... forsake*

רָשָׁע adj. (957) *the wicked*

דַּרְכּוֹ n.m.s.-3 m.s. sf. (202) *his way*

וְאִישׁ conj.-n.m.s. cstr. (35) *and the ... man*

אָוֶן n.m.s. (19) *unrighteous*

מַחְשְׁבֹתָיו n.f.p.-3 m.s. sf. (364) *his thoughts*

וְיָשֹׁב conj.-Qal impf. 3 m.s. (שׁוב 996) *let him return*

אֶל־יְהוָה prep.-pr.n. (217) *to Yahweh*

וִירַחֲמֵהוּ conj.-Pi. impf. 3 m.s.-3 m.s. sf. (933) *that he may have mercy on him*

וְאֶל־אֱלֹהֵינוּ conj.-prep.-n.m.p.-1 c.p. sf. (43) *and to our God*

כִּי־יַרְבֶּה conj.-Hi. impf. 3 m.s. (915) *for he will abundantly*

לִסְלוֹחַ prep.-Qal inf.cstr. (699) *pardon*

55:8

כִּי conj. *for*

לֹא מַחְשְׁבוֹתַי neg.-n.f.p.-1 c.s. sf. (364) *my thoughts are not*

מַחְשְׁבוֹתֵיכֶם n.f.p.-2 m.p. sf. (364) *your thoughts*

וְלֹא דַרְכֵיכֶם conj.-neg.-n.m.p.-2 m.p. sf. (202) *neither are your ways*

דְּרָכָי n.m.p.-1 c.s. sf. (202) *my ways*

נְאֻם n.m.s. cstr. (610) *says*

יְהוָה pr.n. (217) *Yahweh*

55:9

כִּי־גָבְהוּ conj.-Qal pf. 3 c.p. (146) *for ... are higher*

שָׁמַיִם n.m. du. (1029) *the heavens*

מֵאָרֶץ prep.-n.f.s. paus. (75) *than the earth*

כֵּן adv. (485; GK 161b) *so*

גָּבְהוּ v.supra *are higher*

דְּרָכַי n.m.p.-1 c.s. sf. (202) *my ways*

מִדַּרְכֵיכֶם prep.-n.m.p.-2 m.p. sf. (202) *than your ways*

וּמַחְשְׁבֹתַי conj.-n.f.p.-1 c.s. sf. (364) *and my thoughts*

מִמַּחְשְׁבֹתֵיכֶם prep.-n.f.p.-2 m.p. sf. (364) *than your thoughts*

55:10

כִּי כַּאֲשֶׁר conj.-prep.-rel. (81) *for as*

יֵרֵד Qal impf. 3 m.s. (יָרַד 432) *come down*

הַגֶּשֶׁם def.art.-n.m.s. (177) *the rain*

וְהַשֶּׁלֶג conj.-def.art.-n.m.s. (1017) *and the snow*

מִן הַשָּׁמַיִם prep.-def.art.-n.m. du. (1029) *from heaven*

וְשָׁמָּה conj.-adv. (1027) *and ... thither*

לֹא יָשׁוּב neg.-Qal impf. 3 m.s. (996) *return not*

כִּי אִם conj.-hypoth.part. *but*

הִרְוָה Hi. pf. 3 m.s. (924) *water*

אֶת־הָאָרֶץ dir.obj.-def.art.-n.f.s. (75) *the earth*

וְהוֹלִידָהּ conj.-Hi. pf. 3 m.s.-3 f.s. sf. (408) *making it bring forth*

וְהִצְמִיחָהּ conj.-Hi. pf. 3 m.s.-3 f.s. sf. (855) *and sprout*

וְנָתַן conj.-Qal pf. 3 m.s. (678) *giving*

זֶרַע n.m.s. (282) *seed*

לַזֹּרֵעַ prep.-def.art.-Qal act.ptc. (281) *to the sower*

וְלֶחֶם conj.-n.m.s. (536) *and bread*

לָאֹכֵל prep.-def.art.-Qal act.ptc. (37) *to the eater*

55:11

כֵּן adv. (485) *so*

יִהְיֶה Qal impf. 3 m.s. (224) *shall be*

דְּבָרִי n.m.s.-1 c.s. sf. (182) *my word*

אֲשֶׁר יֵצֵא rel. (81)-Qal impf. 3 m.s. (יָצָא 422) *that goes forth*

מִפִּי prep.-n.m.s.-1 c.s. sf. (804) *from my mouth*

לֹא־יָשׁוּב neg.-Qal impf. 3 m.s. (996) *it shall not return*

אֵלַי prep.-1 c.s. sf. *to me*

רֵיקָם adv. (938) *empty*

כִּי אִם־ conj.-hypoth.part. *but*

עָשָׂה Qal pf. 3 m.s. (I 793) *it shall accomplish*

אֶת־אֲשֶׁר dir.obj.-rel. (81) *that which*

חָפַצְתִּי Qal pf. 1 c.s. (342) *I purpose*

וְהִצְלִיחַ conj.-Hi. pf. 3 m.s. (852) *and prosper*

אֲשֶׁר rel. (81) *in the thing for which*

שְׁלַחְתִּיו Qal pf. 1 c.s.-3 m.s. sf. (1018) *I sent it*

55:12

כִּי־ conj. *for*

בְשִׂמְחָה prep.-n.f.s. (970) *in joy*

תֵצֵאוּ Qal impf. 2 m.p. (422) *you shall go out*

וּבְשָׁלוֹם conj.-prep.-n.m.s. (1022) *and in peace*

תּוּבָלוּן Ho. impf. 2 m.p. (יָבַל 385) *be led forth*

הֶהָרִים def.art.-n.m.p. (249) *the mountains*

וְהַגְּבָעוֹת conj.-def.art.-n.f.p. (148) *and the hills*

יִפְצְחוּ Qal impf. 3 m.p. (822) *shall break forth*

לִפְנֵיכֶם prep.-n.m.p.-2 m.p. sf. (815) *before you*

רִנָּה n.f.s. (943) *into singing*

וְכָל־ conj.-n.m.s. cstr. (481) *and all*

עֲצֵי n.m.p. cstr. (718) *the trees of*

הַשָּׂדֶה def.art.-n.m.s. (961) *the field*

יִמְחֲאוּ־ Qal impf. 3 m.p. (561) *shall clap*

כָף n.f.s. (496) *their hands*

55:13

תַּחַת prep. (1065) *instead of*

הַנַּעֲצוּץ def.art.-n.m.s. (654) *the thorn*

יַעֲלֶה Qal impf. 3 m.s. (748) *shall come up*

בְּרוֹשׁ n.m.s. (141) *the cypress*

תַּחַת v.supra *instead of*

הַסִּרְפַּד def.art.-n.m.s. (710) *brier*

יַעֲלֶה v.supra *shall come up*

הֲדַס n.m.s. (213) *the myrtle*

וְהָיָה conj.-Qal pf. 3 m.s. (224) *and it shall be*

לַיהוָה prep.-pr.n. (217) *to Yahweh*

לְשֵׁם prep.-n.m.s. (1027) *for a memorial*

לְאוֹת prep.-n.m.s. (16) *for an ... sign*

עוֹלָם n.m.s. (761) *everlasting*

לֹא יִכָּרֵת neg.-Ni. impf. 3 m.s. (503) *shall not be cut off*

56:1

כֹּה adv. (462) *thus*

אָמַר Qal pf. 3 m.s. (55) *says*

יְהוָה pr.n. (217) *Yahweh*

שִׁמְרוּ Qal impv. 2 m.p. (1036) *keep*

מִשְׁפָּט n.m.s. (1048) *justice*

וַעֲשׂוּ conj.-Qal impv. 2 m.p. (עָשָׂה I 793) *and do*

צְדָקָה n.f.s. (842) *righteousness*

כִּי־קְרוֹבָה conj.-adj. f.s. (898) *for soon*

יְשׁוּעָתִי n.f.s.-1 c.s. sf. (447) *my salvation*

לָבוֹא prep.-Qal inf.cstr. (בּוֹא 97) *will come*

וְצִדְקָתִי conj.-n.f.s.-1 c.s. sf. (842) *and my deliverance*

לְהִגָּלוֹת prep.-Ni. inf.cstr. (גָּלָה 162) *be revealed*

56:2

אַשְׁרֵי n.m.p. cstr. (80) *blessed*

אֱנוֹשׁ n.m.s. (60) *the man*

יַעֲשֶׂה־ Qal impf. 3 m.s. (I 793) *who does*

זֹּאת demons.adj. f.s. (260) *this*

וּבֶן־אָדָם conj.-n.m.s. cstr. (119)-n.m.s. (9) *and the son of man*

יַחֲזִיק Hi. impf. 3 m.s. (304) *who holds ... fast*

בָּהּ prep.-3 f.s. sf. *it*

שֹׁמֵר Qal act.ptc. (1036) *who keeps*

שַׁבָּת n.f.s. (992) *the sabbath*

מֵחַלְּלוֹ prep.-Pi. inf.cstr.-3 m.s. sf. (III 320) *not profaning it*

וְשֹׁמֵר conj.-v.supra *and keeps*

יָדוֹ n.f.s.-3 m.s. sf. (388) *his hand*

מֵעֲשׂוֹת prep.-Qal inf.cstr. (עָשָׂה I 793) *from doing*

כָּל־רָע n.m.s. cstr. (481)-n.m.s. (948) *any evil*

56:3

וְאַל־יֹאמַר conj.-neg.-Qal impf. 3 m.s. (55) *let not ... say*

בֶּן־הַנֵּכָר n.m.s. cstr. (119)-def.art.-n.m.s. (648) *the foreigner*

הַנִּלְוָה def.art.-Ni. ptc. as n.m.s. (530; GK 138k) *who has joined himself*

אֶל־יְהוָה prep.-pr.n. (217) *to Yahweh*

לֵאמֹר prep.-Qal inf.cstr. (55) *(saying)*

הַבְדֵּל יַבְדִּילַנִי Hi. inf.abs. (95)-Hi. impf. 3 m.s.-1 c.s. sf. (95) *will surely separate*

יְהוָה pr.n. (217) *Yahweh*

מֵעַל עַמּוֹ prep.-prep.-n.m.s.-3 m.s. sf. (I 766) *from his people*

וְאַל־יֹאמַר conj.-neg.-Qal impf. 3 m.s. (55) *and let not ... say*

הַסָּרִיס def.art.-n.m.s. (710) *the eunuch*

הֵן interj. (243) *behold*

אֲנִי pers.pr. 1 c.s. (58) *I*

עֵץ n.m.s. (781) *a tree*

יָבֵשׁ adj. m.s. (386) *dry*

56:4

כִּי־כֹה conj.-adv. (462) *for thus*

אָמַר Qal pf. 3 m.s. (55) *says*

יְהוָה pr.n. (217) *Yahweh*

לַסָּרִיסִים prep.-def.art.-n.m.p. (710) *to the eunuchs*

אֲשֶׁר rel. (81) *who*

יִשְׁמְרוּ Qal impf. 3 m.p. (1036) *keep*

אֶת־שַׁבְּתוֹתַי dir.obj.-n.f.p.-1 c.s. sf. (992) *my sabbaths*

וּבָחֲרוּ conj.-Qal pf. 3 c.p. (103) *who choose*

בַּאֲשֶׁר prep.-rel. (81; GK 138f) *the things that*

חָפָצְתִּי Qal pf. 1 c.s. paus. (342) *please me*

וּמַחֲזִיקִים conj.-Hi. ptc. m.p. (304) *and hold fast*

בִּבְרִיתִי prep.-n.f.s.-1 c.s. sf. (136) *my covenant*

56:5

וְנָתַתִּי conj.-Qal pf. 1 c.s. (נָתַן 678; GK 112mm) *I will give*

לָהֶם prep.-3 m.p. sf. *(to them)*

בְּבֵיתִי prep.-n.m.s.-1 c.s. sf. (108) *in my house*

וּבְחוֹמֹתַי conj.-prep.-n.f.p.-1 c.s. sf. (327) *and within my walls*

יָד n.f.s. (388) *a monument*

וָשֵׁם conj.-n.m.s. (1027) *and a name*

טוֹב adj. m.s. (373) *better*

מִבָּנִים prep.-n.m.p. (119) *than sons*

וּמִבָּנוֹת conj.-prep.-n.f.p. (I 123) *and daughters*

שֵׁם עוֹלָם n.m.s. (1027)-adj. m.s. (761) *an everlasting name*

אֶתֶּן־לוֹ Qal impf. 1 c.s. (נָתַן 678)-prep.-3 m.s. sf. *I will give them*

אֲשֶׁר rel. (81) *which*

לֹא יִכָּרֵת neg.-Ni. impf. 3 m.s. (503) *shall not be cut off*

56:6

וּבְנֵי הַנֵּכָר conj.-n.m.p. cstr. (119)-def.art.-n.m.s. (648) *and the foreigners*

הַנִּלְוִים def.art.-Ni. ptc. m.p. (I 530) *who join themselves*

עַל־יְהוָה prep.-pr.n. (217) *to Yahweh*

לְשָׁרְתוֹ prep.-Pi. inf.cstr.-3 m.s. sf. (1058) *to minister to him*

וּלְאַהֲבָה conj.-prep.-Qal inf.cstr. (12) or n.f.s. (13) *to love*

אֶת־שֵׁם dir.obj.-n.m.s. cstr. (1027) *the name of*

יְהוָה pr.n. (217) *Yahweh*

לִהְיוֹת לוֹ prep.-Qal inf.cstr. הָיָה 224)-prep.-3 m.s. sf. *and to be his*

לַעֲבָדִים prep.-n.m.p. (712) *servants*

כָּל־שֹׁמֵר n.m.s. cstr. (481)-Qal act.ptc. (1036) *every one who keeps*

שַׁבָּת n.f.s. (992) *the sabbath*

מֵחַלְּלוֹ prep.-Pi. inf.cstr.-3 m.s. sf. (III 320) *and does not profane it*

וּמַחֲזִיקִים conj.-Hi. ptc. m.p. (304) *and holds fast*

בִּבְרִיתִי prep.-n.f.s.-1 c.s. sf. (136) *my covenant*

56:7

וַהֲבִיאוֹתִים conj.-Hi. pf. 1 c.s.-3 m.p. sf. (בוא 97) *these I will bring*

אֶל־הַר prep.-n.m.s. cstr. (249) *to ... mountain*

קָדְשִׁי n.m.s.-1 c.s. sf. (871) *my holy*

וְשִׂמַּחְתִּים conj.-Pi. pf. 1 c.s.-3 m.p. sf. (970) *and make them joyful*

בְּבֵית prep.-n.m.s. cstr. (108) *in my house of*

תְּפִלָּתִי n.f.s.-1 c.s. sf. (813) *(my) prayer*

עוֹלֹתֵיהֶם n.f.p.-3 m.p. sf. (750) *their burnt offerings*

וְזִבְחֵיהֶם conj.-n.m.p.-3 m.p. sf. (257) *and their sacrifices*

לְרָצוֹן prep.-n.m.s. (953) *will be accepted*

עַל־מִזְבְּחִי prep.-n.m.s.-1 c.s. sf. (258) *on my altar*

כִּי בֵיתִי conj.-n.m.s.-1 c.s. sf. (108) *for my house*

בֵּית־תְּפִלָּה n.m.s. cstr. (108)-n.f.s. (813) *a house of prayer*

יִקָּרֵא Ni. impf. 3 m.s. (894) *shall be called*

לְכָל־ prep.-n.m.s. cstr. (481) *for all*

הָעַמִּים def.art.-n.m.p. (I 766) *peoples*

56:8

נְאֻם n.m.s. cstr. (610) *says*

אֲדֹנָי n.m.p.-1 c.s. sf. (10) *the Lord*

יְהוִה pr.n. (217) *Yahweh*

מְקַבֵּץ Pi. ptc. m.s. (867) *who gathers*

נִדְחֵי Ni. ptc. m.p. cstr. (623; GK 20m) *the outcasts of*

יִשְׂרָאֵל pr.n. (975) *Israel*

עוֹד adv. (728) *yet others*

אֲקַבֵּץ Pi. impf. 1 c.s. (867) *I will gather*

עָלָיו prep.-3 m.s. sf. *to him*

לְנִקְבָּצָיו prep.-Ni. ptc. m.p.-3 m.s. sf. (867) *besides those already gathered (his gathered ones)*

56:9

כֹּל חַיְתוֹ n.m.s. cstr. (481)-n.f.s. cstr. (I 312) *all beasts of*

שָׂדַי n.m.s. paus. (961) *the field*

אֵתָיוּ Qal impv. 2 m.p. (אתה 87; GK 29t) *come*

לֶאֱכֹל prep.-Qal inf.cstr. (37) *to devour*

כָּל־חַיְתוֹ n.m.s. cstr. (481)-v.supra *all you beasts*

בַּיָּעַר prep.-def.art.-n.m.s. (420) *in the forest*

56:10

צֹפָו Qal act.ptc. m.p.-3 m.s. sf. (I 859) *his watchmen*

עִוְרִים adj. m.p. (734) *blind*

כֻּלָּם n.m.s.-3 m.p. sf. (481) *they are all*

לֹא יָדָעוּ neg.-Qal pf. 3 c.p. paus. (393) *without knowledge*

כֻּלָּם v.supra *they are all*

כְּלָבִים n.m.p. (476) *dogs*

אִלְּמִים adj. m.p. (48) *dumb*

לֹא יוּכְלוּ neg.-Qal impf. 3 m.p. (407) *they cannot*

לִנְבֹּחַ prep.-Qal inf.cstr. (613) *bark*

הֹזִים Qal act.ptc. m.p. (הזה 223) *dreaming*

שֹׁכְבִים Qal act.ptc. m.p. (1011) *lying down*

אֹהֲבֵי Qal act.ptc. m.p. cstr. (12) *loving*

לָנוּם prep.-Qal inf.cstr. (נום 630) *to slumber*

56:11

וְהַכְּלָבִים conj.-def.art.-n.m.p. (476) *the dogs*

עַזֵּי adj. m.p. cstr. (738) *have a mighty*

נֶפֶשׁ n.f.s. (659) *appetite*

לֹא יָדְעוּ neg.-Qal pf. 3 c.p. (393) *they never (know)*

שָׂבְעָה n.f.s. (960) *enough (satiety)*

וְהֵמָּה רֹעִים conj.-pers.pr. 3 m.p. (241)-Qal act.ptc. m.p. (I 944) *the shepherds*

לֹא יָדְעוּ v.supra *also have no*

הָבִין Hi. inf.cstr. (בין 106) *understanding*

כֻּלָּם n.m.s.-3 m.p. sf. (481) *they all*

173

לְדַרְכָּם prep.-n.m.s.-3 m.p. sf. (202) *to their own way*

פָּנוּ Qal pf. 3 c.p. (פָּנָה 815) *have turned*

אִישׁ n.m.s. (35) *each*

לְבִצְעוֹ prep.-n.m.s.-3 m.s. sf. (130) *to his own gain*

מִקָּצֵהוּ prep.-n.m.s.-3 m.s. sf. (892) *one and all (from his extremities)*

56:12

אֵתָיוּ Qal impv. 2 m.p. (אָתָה 87; GK 29t) *come*

אֶקְחָה־ Qal impf. 1 c.s.-coh.he (לָקַח 542) *let us get (let me get)*

יַיִן n.m.s. (406) *wine*

וְנִסְבְּאָה conj.-Qal impf. 1 c.p.-coh.he (684) *let us fill ourselves*

שֵׁכָר n.m.s. (1016) *strong drink*

וְהָיָה conj.-Qal pf. 3 m.s. (224) *and ... will be*

כָזֶה prep.-demons.adj. m.s. (260) *like this*

יוֹם n.m.s. (398) *day*

מָחָר n.m.s. (563) *tomorrow*

גָּדוֹל adj. m.s. (152) *great*

יֶתֶר מְאֹד n.m.s. cstr. (I 451)-n.m.s. (547) *beyond measure*

57:1

הַצַּדִּיק def.art.-n.m.s. (843) *the righteous man*

אָבָד Qal pf. 3 m.s. paus. (1) *perishes*

וְאֵין אִישׁ conj.-subst. m.s. cstr. (II 34)-n.m.s. (35) *and no one*

שָׂם Qal pf. 3 m.s. (שֹוּם I 962) *lays*

עַל־לֵב prep.-n.m.s. (523) *to heart*

וְאַנְשֵׁי־ conj.-n.m.p. cstr. (35) *men*

חֶסֶד n.m.s. (338) *devout*

נֶאֱסָפִים Ni. ptc. m.p. (62) *are taken away*

בְּאֵין prep.-subst.cstr. (II 34) *while no one*

מֵבִין Hi. ptc. (בִּין 106) *understands*

כִּי־מִפְּנֵי conj.-prep.-n.m.p. cstr. (815) *for ... from*

הָרָעָה def.art.-n.f.s. (948) *calamity*

נֶאֱסַף Ni. pf. 3 m.s. (62) *is taken away*

הַצַּדִּיק v.supra *the righteous man*

57:2

יָבוֹא Qal impf. 3 m.s. (97) *he enters*

שָׁלוֹם n.m.s. (1022) *into peace*

יָנוּחוּ Qal impf. 3 m.p. (628) *they rest*

עַל־מִשְׁכְּבוֹתָם prep.-n.f.p.-3 m.p. sf. (1012) *in their beds*

הֹלֵךְ Qal act.ptc. (229) *who walk*

נְכֹחוֹ adj.-3 m.s. sf. (647) *in their uprightness*

57:3

וְאַתֶּם conj.-pers.pr. 2 m.p. (61) *but you*

קִרְבוּ־ Qal impv. 2 m.p. (897) *draw near*

הֵנָּה adv. (I 244) *hither*

בְּנֵי n.m.p. cstr. (119) *sons of*

עֹנְנָה Qal (Poel) act.ptc. f.s. (II 778) *the sorceress*

זֶרַע n.m.s. cstr. (282) *offspring of*

מְנָאֵף Pi. ptc. (610) *the adulterer*

וַתִּזְנֶה consec.-Qal impf. 3 f.s. (or 2 m.s.) (275) *and the harlot*

57:4

עַל־מִי prep.-interr. (566) *of whom*

תִּתְעַנָּגוּ Hith. impf. 2 m.p. paus. (772) *are you making sport*

עַל־מִי v.supra *against whom*

תַּרְחִיבוּ Hi. impf. 2 m.p. (931) *do you open wide*

פֶּה n.m.s. (804) *your mouth*

תַּאֲרִיכוּ Hi. impf. 2 m.p. (73) *and put out*

לָשׁוֹן n.f.s. (546) *your tongue*

הֲלוֹא־אַתֶּם interr.part.-neg.-pers.pr. 2 m.p. (61) *are you not*

יִלְדֵי־ n.m.p. cstr. (409; GK 93m) *children of*

פֶּשַׁע n.m.s. (833) *transgression*

זֶרַע n.m.s. cstr. (282) *the offspring of*

שָׁקֶר n.m.s. paus. (1055) *deceit*

57:5

הַנֵּחָמִים def.art.-Ni. ptc. m.p. (328; GK 67u) *you who burn with lust*

בָּאֵלִים prep.-def.art.-n.m.p. (IV 18) *among the oaks*

תַּחַת כָּל־ prep. (1065)-n.m.s. cstr. (481) *under every*

עֵץ n.m.s. (781) *tree*

רַעֲנָן adj. (947) *green*

שֹׁחֲטֵי Qal act.ptc. m.p. cstr. (1006) *who slay*

הַיְלָדִים def.art.-n.m.p. (409) *your children*

בַּנְּחָלִים prep.-def.art.-n.m.p. (636) *in the valleys*

תַּחַת v.supra *under*

סְעִפֵי n.m.p. cstr. (703) *the clefts of*

הַסְּלָעִים def.art.-n.m.p. (700) *the rocks*

57:6

בְּחַלְּקֵי־ prep.-n.m.p. cstr. (325; GK 20h) *among the smooth stones of*

נַחַל n.m.s. (636) *the valley*

חֶלְקֵךְ n.m.s.-2 f.s. sf. (I 324) *your portion*

הֵם הֵם pers.pr. 3 m.p.-v.supra (241) *they, they*

גּוֹרָלֵךְ n.m.s.-2 f.s. sf. (174) *your lot*

גַּם־לָהֶם adv. (168)-prep.-3 m.p. sf. (*also*) *to them*

שָׁפַכְתְּ Qal pf. 2 f.s. (1049) *you have poured out*

נֶסֶךְ n.m.s. (651) *a drink offering*

הֶעֱלִית Hi. pf. 2 f.s. (עָלָה 748) *you have brought*

מִנְחָה n.f.s. (585) *a cereal offering*

הַעַל אֵלֶּה interr.part.-prep.-demons.adj. m.p. (41) *for these things?*

אֶנָּחֵם Ni. impf. 1 c.s. (636) *shall I be appeased*

57:7

עַל הַר־ prep.-n.m.s. (249) *upon a mountain*

גָּבֹהַּ adj. m.s. (147) *high*

וְנִשָּׂא conj.-Ni. ptc. m.s. (669) *and lofty*

שַׂמְתְּ Qal pf. 2 f.s. (שׂוּם I 962) *you have set*

מִשְׁכָּבֵךְ n.m.s.-2 f.s. sf. (1012) *your bed*

גַּם־שָׁם adv. (168)-adv. (1027) *and thither*

עָלִית Qal pf. 2 f.s. (עָלָה 748) *you went up*

לִזְבֹּחַ prep.-Qal inf.cstr. (256) *to offer*

זָבַח n.m.s. paus. (257) *sacrifice*

57:8

וְאַחַר conj.-prep. (29) *behind*

הַדֶּלֶת def.art.-n.f.s. (195) *the door*

וְהַמְּזוּזָה conj.-def.art.-n.f.s. (265) *and the doorpost*

שַׂמְתְּ Qal pf. 2 f.s. (שׂוּם I 962) *you have set up*

זִכְרוֹנֵךְ n.m.s.-2 f.s. sf. (272) *your symbol*

כִּי מֵאִתִּי conj.-prep.-prep.-1 c.s. sf. (85) *for deserting me*

גִּלִּית Pi. pf. 2 f.s. (162) *you have uncovered*

וַתַּעֲלִי consec.-Qal impf. 2 f.s. (748) *(and) you have gone up to it*

הִרְחַבְתְּ Hi. pf. 2 f.s. (931) *you have made wide*

מִשְׁכָּבֵךְ n.m.s.-2 f.s. sf. (1012) *your bed*

וַתִּכְרָת־ consec.-Qal impf. 2 f.s. (503; GK 47k) *you have made a bargain*

לָךְ prep.-2 f.s. sf. *for yourself*

מֵהֶם prep.-3 m.p. sf. *with them*

אָהַבְתְּ Qal pf. 2 f.s. (12) *you have loved*

מִשְׁכָּבָם n.m.s.-3 m.p. sf. (1012) *their bed*

יָד n.f.s. (388) *on nakedness (?)*

חָזִית Qal pf. 2 f.s. (302) *you have looked*

57:9

וַתָּשֻׁרִי consec.-Qal impf. 2 f.s. (I 1003) *you journeyed*

לַמֶּלֶךְ prep.-def.art.-n.m.s. (I 572) *to Molech* (v.574 *to the king*)

בַּשֶּׁמֶן prep.-def.art.-n.m.s. (1032) *with oil*

וַתַּרְבִּי consec.-Hi. impf. 2 f.s. (I 915) *and multiplied*

רִקֻּחָיִךְ n.m.p.-2 f.s. sf. (955) *your perfumes*

וַתְּשַׁלְּחִי consec.-Pi. impf. 2 f.s. (1018) *you sent*

צִירַיִךְ n.m.p.-2 f.s. sf. (II 851) *your envoys*

עַד־מֵרָחֹק prep.-prep.-adj. (935) *far off*

וַתַּשְׁפִּילִי consec.-Hi. impf. 2 f.s. (1050) *and sent down*

עַד־שְׁאוֹל prep.-pr.n. (982) *even to Sheol*

57:10

בְּרֹב prep.-n.m.s. cstr. (913) *with the length of*

דַּרְכֵּךְ n.m.s.-2 f.s. sf. (202) *your way*

יָגַעַתְּ Qal pf. 2 f.s. (388) *you were wearied*

לֹא אָמַרְתְּ neg.-Qal pf. 2 f.s. (55) *but you did not say*

נוֹאָשׁ Ni. ptc. (384) *it is hopeless*

חַיַּת n.f.s. cstr. (I 312) *life for*

יָדֵךְ n.f.s.-2 f.s. sf. (388) *your strength*

מָצָאת Qal pf. 2 f.s. (592) *you found*

עַל־כֵּן prep.-adv. (485) *and so*

לֹא חָלִית neg.-Qal pf. 2 f.s. (I 317) *you were not faint*

57:11

וְאֶת־מִי conj.-dir.obj.-interr. (566) *whom*

דָּאַגְתְּ Qal pf. 2 f.s. (178) *did you dread*

וַתִּירְאִי consec.-Qal impf. 2 f.s. (431) *and fear*

כִּי תְכַזֵּבִי conj.-Pi. impf. 2 f.s. paus. (469) *so that you lied*

וְאוֹתִי conj.-dir.obj.-1 c.s. sf. *and ... me*

לֹא זָכַרְתְּ neg.-Qal pf. 2 f.s. (269) *did not remember*

לֹא־שַׂמְתְּ neg.-Qal pf. 2 f.s. (I 962) *did not give*

עַל־לִבֵּךְ prep.-n.m.s.-2 f.s. sf. (523) *a thought* (lay it to heart of you)

הֲלֹא אֲנִי interr.part.-neg.-pers.pr. 1 c.s. (58) *have I not*

מַחְשֶׁה Hi. ptc. (364) *held my peace*

וּמֵעֹלָם conj.-prep.-n.m.s. (761) *even for a long time*

וְאוֹתִי conj.-dir.obj.-1 c.s. sf. *and ... me*

לֹא תִירָאִי neg.-Qal impf. 2 f.s. paus. (431) *you do not fear*

57:12

אֲנִי pers.pr. 1 c.s. (58) *I*

אַגִּיד Hi. impf. 1 c.s. (נָגַד 616) *will tell of*

צִדְקָתֵךְ n.f.s.-2 f.s. sf. (842) *your righteousness*

וְאֶת־מַעֲשַׂיִךְ conj.-dir.obj.-n.m.p.-2 f.s. sf. (795) *and your doings*

וְלֹא־יוֹעִילוּךְ conj.-neg.-Hi. impf. 3 m.p.-2 f.s. sf. (I 418) *but they will not help you*

57:13

בְּזַעֲקֵךְ prep.-Qal inf.str.-2 f.s. sf. (277) *when you cry out*

175

יַצִּילֵךְ Hi. impf. 3 m.p.-2 f.s. sf. (664) *let ... deliver you*

קִבּוּצַיִךְ n.m.p.-2 f.s. sf. (868) *your collection of idols*

וְאֶת־כֻּלָּם conj.-dir.obj.-n.m.s.-3 m.p. sf. (481) *them*

יִשָּׂא־רוּחַ Qal impf. 3 m.s. (נָשָׂא 669)-n.f.s. (924) *the wind will carry ... off*

יִקַּח־הָבֶל Qal impf. 3 m.s. (לָקַח 542)-n.m.s. paus. (I 210) *a breath will take away*

וְהַחוֹסֶה conj.-def.art.-Qal act.ptc. (340) *but he who takes refuge*

בִי prep.-1 c.s. sf. *in me*

יִנְחַל־ Qal impf. 3 m.s. (635) *shall possess*

אֶרֶץ n.f.s. (75) *the land*

וְיִירַשׁ conj.-Qal impf. 3 m.s. (439) *and shall inherit*

הַר־ n.m.s. cstr. (249) *mountain*

קָדְשִׁי n.m.s.-1 c.s. sf. (871) *my holy*

57:14

וְאָמַר conj.-Qal pf. 3 m.s. (55) *and it shall be said*

סֹלּוּ־סֹלּוּ Qal impv. 2 m.p.-v.supra (סָלַל I 699) *build up, build up*

פַּנּוּ־ Pi. impv. 2 m.p. (פָּנָה 815) *prepare*

דָּרֶךְ n.m.s. paus. (202) *the way*

הָרִימוּ Hi. impv. 2 m.p. (רוּם 926) *remove*

מִכְשׁוֹל prep.-Qal inf.cstr. (505) *every obstruction*

מִדֶּרֶךְ prep.-n.m.s. cstr. (202) *from ... way*

עַמִּי n.m.s.-1 c.s. sf. (I 766) *my people's*

57:15

כִּי כֹה conj.-adv. (462) *for thus*

אָמַר Qal pf. 3 m.s. (55) *says*

רָם Qal act.ptc. m.s. (926) *the high One*

וְנִשָּׂא conj.-Ni. ptc. m.s. (נָשָׂא 669) *and the lofty One*

שֹׁכֵן Qal act.ptc. (1014) *who inhabits*

עַד n.m.s. (I 723) *eternity*

וְקָדוֹשׁ conj.-adj. (872) *Holy*

שְׁמוֹ n.m.s.-3 m.s. sf. (1027) *whose name*

מָרוֹם n.m.s. (928) *the high place*

וְקָדוֹשׁ conj.-adj. m.s. (872) *and holy place*

אֶשְׁכּוֹן Qal impf. 1 c.s. (1014) *I dwell*

וְאֶת־דַּכָּא conj.-prep.-adj. m.s. (I 194) *and also with him who is of a contrite*

וּשְׁפַל־ conj.-adj. m.s. cstr. (1050) *and humble*

רוּחַ n.f.s. (924) *spirit*

לְהַחֲיוֹת prep.-Hi. inf.cstr. (חָיָה 310) *to revive*

רוּחַ n.f.s. cstr. (924) *spirit of*

שְׁפָלִים adj. m.p. (1050) *humble*

וּלְהַחֲיוֹת conj.-prep.-v.supra *and to revive*

לֵב n.m.s. cstr. (523) *heart of*

נִדְכָּאִים Ni. ptc. m.p. (193) *contrite*

57:16

כִּי לֹא conj.-neg. *for ... not*

לְעוֹלָם prep.-n.m.s. (761) *for ever*

אָרִיב Qal impf. 1 c.s. (936) *I will contend*

וְלֹא לָנֶצַח conj.-neg.-prep.-n.m.s. (664) *nor ... always*

אֶקְצוֹף Qal impf. 1 c.s. (893) *will I be angry*

כִּי־רוּחַ conj.-n.m.s. (924) *for ... the spirit*

מִלְּפָנַי prep.-prep.-n.m.p.-1 c.s. sf. (815) *from me*

יַעֲטוֹף Qal impf. 3 m.s. (III 742) *proceeds (spirit would faint before me)*

וּנְשָׁמוֹת conj.-n.f.p. (675) *and the breath of life*

אֲנִי pers.pr. 1 c.s. (58) *I*

עָשִׂיתִי Qal pf. 1 c.s. (I 793) *have made*

57:17

בַּעֲוֺן prep.-n.m.s. cstr. (730) *because of the iniquity of*

בִּצְעוֹ n.m.s.-3 m.s. sf. (130) *his covetousness*

קָצַפְתִּי Qal pf. 1 c.s. (893) *I was angry*

וְאַכֵּהוּ conj.-Hi. impf. 1 c.s.-3 m.s. sf. (נָכָה 645) *I smote him*

הַסְתֵּר Hi. inf.abs. (711; GK 113h) *I hid my face*

וְאֶקְצֹף conj.-Qal impf. 1 c.s. (893) *and was angry*

וַיֵּלֶךְ consec.-Qal impf. 3 m.s. (הָלַךְ 229) *but he went on*

שׁוֹבָב adj. (I 1000) *backsliding*

בְּדֶרֶךְ prep.-n.m.s. cstr. (202) *in the way of*

לִבּוֹ n.m.s.-3 m.s. sf. (523) *his own heart*

57:18

דְּרָכָיו n.m.p.-3 m.s. sf. (202) *his ways*

רָאִיתִי Qal pf. 1 c.s. (906) *I have seen*

וְאֶרְפָּאֵהוּ conj.-Qal impf. 1 c.s.-3 m.s. sf. (950) *but I will heal him*

וְאַנְחֵהוּ conj.-Hi. impf. 1 c.s.-3 m.s. sf. (634) *I will lead him*

וַאֲשַׁלֵּם conj.-Pi. impf. 1 c.s. (שָׁלֵם 1022) *and requite*

נִחֻמִים n.m.p. (637) *with comfort*

לוֹ prep.-3 m.s. sf. *him*

וְלַאֲבֵלָיו conj.-prep.-adj. m.p.-3 m.s. sf. (I 5) *for his mourners*

57:19

בּוֹרֵא Qal act.ptc. (135) *creating*

נוב n.m.s. cstr. (626) *the fruit of*

שְׂפָתָיִם n.f. du. (973) *the lips*

שָׁלוֹם שָׁלוֹם n.m.s.-v.supra (1022) *peace, peace*

לָרָחוֹק prep.-def.art.-n.m.s. (935) *to the far*

וְלַקָּרוֹב conj.-prep.-def.art.-adj. (898) *and to the near*

אָמַר Qal pf. 3 m.s. (55) *says*

יהוה pr.n. (217) *Yahweh*

וּרְפָאתִיו conj.-Qal pf. 1 c.s.-3 m.s. sf. (950) *and I will heal him*

57:20

וְהָרְשָׁעִים conj.-def.art.-n.m.p. (957) *but the wicked*

כַּיָּם prep.-def.art.-n.m.s. (410) *like the ... sea*

נִגְרָשׁ Ni. ptc. (176) *tossing*

כִּי conj. *for*

הַשְׁקֵט Hi. inf.abs. (1052; GK 113d) *rest*

לֹא יוּכָל neg.-Qal impf. 3 m.s. (יכל 407) *it cannot*

וַיִּגְרְשׁוּ consec.-Qal impf. 3 m.p. (176) *and ... toss up*

מֵימָיו n.m.p.-3 m.s. sf. (565) *its waters*

רֶפֶשׁ n.m.s. (952) *mire*

וָטִיט conj.-n.m.s. (376) *and dirt*

57:21

אֵין subst.cstr. (II 34) *there is not*

שָׁלוֹם n.m.s. (1022) *peace*

אָמַר Qal pf. 3 m.s. (55) *says*

אֱלֹהַי n.m.p.-1 c.s. sf. (43) *my God*

לָרְשָׁעִים prep.-def.art.-n.m.p. (957) *for the wicked*

58:1

קְרָא Qal impv. 2 m.s. (894) *cry*

בְגָרוֹן prep.-n.m.s. (173) *aloud (with throat)*

אַל־תַּחְשֹׂךְ neg.-Qal impf. 2 m.s. (362) *spare not*

כַּשּׁוֹפָר prep.-def.art.-n.m.s. (1051) *like a trumpet*

הָרֵם Hi. impv. 2 m.s. (רום 926) *lift up*

קוֹלֶךָ n.m.s.-2 m.s. sf. (876) *your voice*

וְהַגֵּד conj.-Hi. impv. 2 m.s. (נגד 616) *declare*

לְעַמִּי prep.-n.m.s.-1 c.s. sf. (I 766) *to my people*

פִּשְׁעָם n.m.s.-3 m.p. sf. (833) *their transgression*

וּלְבֵית conj.-prep.-n.m.s. cstr. (108) *to the house of*

יַעֲקֹב pr.n. (784) *Jacob*

חַטֹּאתָם n.f.p.-3 m.p. sf. (308) *their sins*

58:2

וְאוֹתִי conj.-dir.obj.-1 c.s. sf. *yet me*

יוֹם יוֹם n.m.s. (398)-n.m.s. (398) *daily*

יִדְרֹשׁוּן Qal impf. 3 m.p. (205) *they seek*

וְדַעַת conj.-n.f.s. cstr. (395) *and ... to know*

דְּרָכַי n.m.p.-1 c.s. sf. (202) *my ways*

יֶחְפָּצוּן Qal impf. 3 c.p. (342) *(they) delight*

כְּגוֹי prep.-n.m.s. (156) *as if they were a nation*

אֲשֶׁר־צְדָקָה rel. (81)-n.f.s. (842) *that ... righteousness*

עָשָׂה Qal pf. 3 m.s. (I 793) *did*

וּמִשְׁפַּט conj.-n.m.s. cstr. (1048) *and the ordinance of*

אֱלֹהָיו n.m.p.-3 m.s. sf. (43) *their God*

לֹא עָזָב neg.-Qal pf. 3 m.s. paus. (I 736) *did not forsake*

יִשְׁאָלוּנִי Qal impf. 3 m.p.-1 c.s. sf. (981) *they ask of me*

מִשְׁפְּטֵי־ n.m.p. cstr. (1048) *judgments*

צֶדֶק n.m.s. (841) *righteous*

קִרְבַת n.f.s. cstr. (898) *to draw near to*

אֱלֹהִים n.m.p. (43) *God*

יֶחְפָּצוּן v.supra *they delight*

58:3

לָמָּה prep.-interr. (552; GK 150m) *why*

צַמְנוּ Qal pf. 1 c.p. (צום 847) *have we fasted*

וְלֹא רָאִיתָ conj.-neg.-Qal pf. 2 m.s. (906) *and thou seest it not*

עִנִּינוּ Pi. pf. 1 c.p. (III 776) *why have we humbled*

נַפְשֵׁנוּ n.f.s.-1 c.p. sf. (659) *ourselves*

וְלֹא תֵדָע conj.-neg.-Qal impf. 2 m.s. (ידע 393) *and thou takest no knowledge of it*

הֵן interj. (243) *behold*

בְּיוֹם prep.-n.m.s. cstr. (398) *in the day of*

צֹמְכֶם n.m.s.-2 m.p. sf. (847) *your fast*

תִּמְצְאוּ־ Qal impf. 2 m.p. (592) *you seek*

חֵפֶץ n.m.s. (343) *your own pleasure*

וְכָל־ conj.-n.m.s. cstr. (481) *and all*

עַצְּבֵיכֶם n.m.p.-2 m.p. sf. (780; GK 20h) *your workers*

תִּנְגֹּשׂוּ Qal impf. 2 m.p. (נגשׂ 620; GK 19c) *(you) oppress*

58:4

הֵן interj. (243) *behold*

לְרִיב prep.-n.m.s. (936) *only to quarrel*

וּמַצָּה conj.-n.f.s. (II 663) *and to fight*

תָּצוּמוּ Qal impf. 2 m.p. (847) *you fast*

וּלְהַכּוֹת conj.-prep.-Hi. inf.cstr. (נכה 645) *and to hit*

בְּאֶגְרֹף prep.-n.m.s. cstr. (175) *with ... fist*

רֶשַׁע n.m.s. (957) *wicked*

לֹא־תָצוּמוּ neg.-v.supra *fasting ... not like yours*

כַּיּוֹם prep.-def.art.-n.m.s. (398) *this day*

לְהַשְׁמִיעַ prep.-Hi. inf.cstr. (1033) *will ... make be heard*

בַּמָּרוֹם prep.-def.art.-n.m.s. (928) *on high*

קוֹלְכֶם n.m.s.-2 m.p. sf. (876) *your voice*

58:5

הֲכָזֶה interr.-prep.-demons.adj. m.s. (260) *such*

יִהְיֶה Qal impf. 3 m.s. (הָיָה 224) *is*

צוֹם n.m.s. (847) *the fast*

אֶבְחָרֵהוּ Qal impf. 1 c.s.-3 m.s. sf. (103) *that I choose*

יוֹם n.m.s. (398) *a day*

עַנּוֹת Pi. inf.cstr. (III 776) *to humble*

אָדָם n.m.s. (9) *for a man*

נַפְשׁוֹ n.f.s.-3 m.s. sf. (659) *himself*

הֲלָכֹף interr.-prep.-Qal inf.cstr. (496) *is it to bow down*

כְּאַגְמֹן prep.-n.m.s. (8) *like a rush*

רֹאשׁוֹ n.m.s.-3 m.s. sf. (910) *his head*

וְשַׂק conj.-n.m.s. (974) *and sackcloth*

וָאֵפֶר conj.-n.m.s. (68) *and ashes*

יַצִּיעַ Hi. impf. 3 m.s. (יָצַע 426) *to spread*

הֲלָזֶה interr.-prep.-demons.adj. m.s. (260) *this?*

תִּקְרָא־ Qal impf. 2 m.s. (894) *will you call*

צוֹם n.m.s. (847) *a fast*

וְיוֹם conj.-n.m.s. (398) *and a day*

רָצוֹן n.m.s. (953) *acceptable*

לַיהוָה prep.-pr.n. (217) *to Yahweh*

58:6

הֲלוֹא זֶה interr.-neg.-demons.adj. (260) *is not this*

צוֹם n.m.s. (847) *the fast*

אֶבְחָרֵהוּ Qal impf. 1 c.s.-3 m.s. sf. (103) *that I choose*

פַּתֵּחַ Pi. inf.abs. (I 834) *to loose*

חַרְצֻבּוֹת n.f.p. cstr. (359) *the bonds of*

רֶשַׁע n.m.s. (957) *wickedness*

הַתֵּר Hi. infabs. (נָתַר II 684) *to undo*

אֲגֻדּוֹת n.f.p. cstr. (8) *the thongs of*

מוֹטָה n.f.s. (557) *the yoke*

וְשַׁלַּח conj.-Pi. inf.cstr. (1018) *to let go*

רְצוּצִים Qal pass.ptc. m.p. (954) *the oppressed*

חָפְשִׁים adj. m.p. (344) *free*

וְכָל־ conj.-n.m.s. cstr. (481) *and ... every*

מוֹטָה v.supra *yoke*

תְּנַתֵּקוּ Pi. impf. 2 m.p. paus. (683) *to break*

58:7

הֲלוֹא interr.-neg. *is it not?*

פָרֹס Qal inf.abs. (828) *to share*

לָרָעֵב prep.-def.art.-adj. m.s. (944) *with the hungry*

לַחְמֶךָ n.m.s.-2 m.s. sf. (536) *your bread*

וַעֲנִיִּים conj.-adj. m.p. (776) *the poor*

מְרוּדִים n.m.p. (924) *homeless*

תָּבִיא Hi. impf. 2 m.s. (בּוֹא 97) *bring*

בָיִת n.m.s. paus. (108) *into your house*

כִּי־תִרְאֶה conj.-Qal impf. 2 m.s. (906) *when you see*

עָרֹם adj. m.s. (736) *the naked*

וְכִסִּיתוֹ conj.-Pi. pf. 2 m.s.-3 m.s. sf. (I 491) *to cover him*

וּמִבְּשָׂרְךָ conj.-prep.-n.m.s.-2 m.s. sf. (142) *and from your own flesh*

לֹא תִתְעַלָּם neg.-Hith. impf. 2 m.s. paus. (I 761) *not to hide yourself*

58:8

אָז adv. (23) *then*

יִבָּקַע Ni. impf. 3 m.s. (131) *shall break forth*

כַּשַּׁחַר prep.-def.art.-n.m.s. (1007) *like the dawn*

אוֹרֶךָ n.m.s.-2 m.s. sf. (21) *your light*

וַאֲרֻכָתְךָ conj.-n.f.s.-2 m.s. sf. (74) *and your healing*

מְהֵרָה n.f.s. as adv.acc. (555) *speedily*

תִצְמָח Qal impf. 3 f.s. (855) *shall spring up*

וְהָלַךְ conj.-Qal pf. 3 m.s. (229) *shall go*

לְפָנֶיךָ prep.-n.m.p.-2 m.s. sf. (815) *before you*

צִדְקֶךָ n.m.s.-2 m.s. sf. (841) *your righteousness*

כְּבוֹד n.m.s. cstr. (458) *the glory of*

יהוה pr.n. (217) *Yahweh*

יַאַסְפֶךָ Qal impf. 3 m.s.-2 m.s. sf. (62) *shall be your rearguard*

58:9

אָז adv. (23) *then*

תִּקְרָא Qal impf. 2 m.s. (894) *you shall call*

וַיהוָה conj.-pr.n. (217) *and Yahweh*

יַעֲנֶה Qal impf. 3 m.s. (I 772) *will answer*

תְּשַׁוַּע Pi. impf. 2 m.s. (1002) *you shall cry*

וְיֹאמַר conj.-Qal impf. 3 m.s. (55) *and he will say*

הִנֵּנִי interj.-1 c.s. sf. paus. (243) *here I am*

אִם־תָּסִיר hypoth.part. (49)-Hi. impf. 2 m.s. (693) *if you take away*

מִתּוֹכְךָ prep.-n.m.s.-2 m.s. sf. (1063) *from the midst of you*

מוֹטָה n.f.s. (557) *the yoke*

שְׁלַח Qal inf.cstr. (I 1018; GK 115b) *the pointing of*

אֶצְבַּע n.f.s. (840) *the finger*

וְדַבֶּר־ conj.-Pi. inf.cstr. (180) *and speaking*

אָוֶן n.m.s. (19) *wickedness*

58:10

וְתָפֵק conj.-Hi. impf. 2 m.s. juss. (II 807) *if you pour out*

לָרָעֵב prep.-def.art.-adj. m.s. (944) *for the hungry*

נַפְשֶׁךָ n.f.s.-2 m.s. sf. (659) *yourself*

וְנֶפֶשׁ conj.-n.f.s. (659) *and the desire of*

נַעֲנָה Ni. ptc. f.s. (III 776) *the afflicted*

תַּשְׂבִּיעַ Hi. impf. 2 m.s. (959) *satisfy*

וְזָרַח conj.-Qal pf. 3 m.s. (280) *then shall rise*

בַּחֹשֶׁךְ prep.-def.art.-n.m.s. (365) *in the darkness*

אוֹרֶךָ n.m.s.-2 m.s. sf. (21) *your light*

וַאֲפֵלָתְךָ conj.-n.f.s.-2 m.s. sf. (66) *and your gloom*

כַּצָּהֳרָיִם prep.-def.art.-n.m.p. (I 843) *as the noonday*

58:11

וְנָחֲךָ conj.-Qal pf. 3 m.s.-2 m.s. sf. (נָחָה 634) *and will guide you*

יהוה pr.n. (217) *Yahweh*

תָּמִיד n.m.s. (556) *continually*

וְהִשְׂבִּיעַ conj.-Hi. pf. 3 m.s. (959) *and satisfy*

בְּצַחְצָחוֹת n.f.p. (850) *with good things*(?) (scorched regions)

נַפְשֶׁךָ n.f.s.-2 m.s. sf. (659) *your desire*

וְעַצְמֹתֶיךָ conj.-n.f.p.-2 m.s. sf. (782) *and your bones*

יַחֲלִיץ Hi. impf. 3 m.s. (323) *make strong*

וְהָיִיתָ conj.-Qal pf. 2 m.s. (הָיָה 224) *and you shall be*

כְּגַן prep.-n.m.s. (171) *like a garden*

רָוֶה adj. m.s. (924) *watered*

וּכְמוֹצָא conj.-prep.-n.m.s. cstr. (I 425) *like a spring of*

מַיִם n.m.p. (565) *water*

אֲשֶׁר rel. (81) *whose*

לֹא־יְכַזְּבוּ neg.-Pi. impf. 3 m.p. (469) *fail not*

מֵימָיו n.m.p.-3 m.s. sf. (565) *waters*

58:12

וּבָנוּ conj.-Qal pf. 3 c.p. (124) *shall be rebuilt*

מִמְּךָ prep.-2 m.s. sf. *your*

חָרְבוֹת n.f.p. cstr. (352) *ruins*

עוֹלָם n.m.s. (761) *ancient*

מוֹסְדֵי n.m.p. cstr. (414) *the foundation(s) of*

דּוֹר־וָדוֹר n.m.s. (I 189)-conj.-v.supra *many generations*

תְּקוֹמֵם Polel impf. 2 m.s. (קוּם 877) *you shall raise up*

וְקֹרָא לְךָ conj.-Pu. pf. 3 m.s. (894)-prep.-2 m.s. sf. *you shall be called*

גֹּדֵר Qal act.ptc. (154) *the repairer of*

פֶּרֶץ n.m.s. (I 829) *the breach*

מְשֹׁבֵב Polel ptc. (996) *the restorer of*

נְתִיבוֹת n.f.p. (677) *streets*

לָשָׁבֶת prep.-Qal inf.cstr. (יָשַׁב 442) *to dwell in*

58:13

אִם־תָּשִׁיב hypoth.part. (49)-Hi. impf. 2 m.s. (996 שׁוּב) *if you turn back*

מִשַּׁבָּת prep.-n.f.s. (992; GK 119hh) *from the sabbath*

רַגְלֶךָ n.f.s.-2 m.s. sf. (919) *your foot*

עֲשׂוֹת Qal inf.cstr. (I 793) *from doing*

חֲפָצֶיךָ n.m.p.-2 m.s. sf. (343) *your pleasure*

בְּיוֹם prep.-n.m.s. cstr. (398) *on ... day*

קָדְשִׁי n.m.s.-1 c.s. sf. (871) *my holy*

וְקָרָאתָ conj.-Qal pf. 2 m.s. (894) *and call*

לַשַּׁבָּת prep.-def.art.-n.f.s. (992) *the sabbath*

עֹנֶג n.m.s. (772) *a delight*

לִקְדוֹשׁ prep.-adj. m.s. cstr. (871) *and the holy day of*

יהוה pr.n. (217) *Yahweh*

מְכֻבָּד Pu. ptc. (457) *honorable*

וְכִבַּדְתּוֹ conj.-Pi. pf. 2 m.s.-3 m.s. sf. (457) *if you honor it*

מֵעֲשׂוֹת prep.-Qal inf.cstr. (I 793) *not going*

דְּרָכֶיךָ n.m.p.-2 m.p. sf. (202) *your own ways*

מִמְּצוֹא prep.-Qal inf.cstr. (592) *or seeking*

חֶפְצְךָ n.m.s.-2 m.s. sf. (343) *your own pleasure*

וְדַבֵּר conj.-Pi. inf.cstr. (180) *or talking*

דָּבָר n.m.s. (182) *idly*

58:14

אָז adv. (23) *then*

תִּתְעַנַּג Hith. impf. 2 m.s. (772) *you shall take delight in*

עַל־יהוה prep.-pr.n. (217) *in Yahweh*

וְהִרְכַּבְתִּיךָ conj.-Hi. pf. 1 c.s.-2 m.s. sf. (938) *and I will make you ride*

עַל־בָּמֳתֵי prep.-n.f.p. cstr. (119) *upon the heights of*

אָרֶץ n.f.s. (75) *the earth*

וְהַאֲכַלְתִּיךָ conj.-Hi. pf. 1 c.s.-2 m.s. sf. (37) *I will feed you*

נַחֲלַת n.f.s. cstr. (635) *with the heritage of*

יַעֲקֹב pr.n. (784) *Jacob*

אָבִיךָ n.m.s.-2 m.s. sf. (3) *your father*

כִּי conj. *for*

פִּי n.m.s. cstr. (804) *the mouth of*

יהוה pr.n. (217) *Yahweh*

דִּבֵּר Pi. pf. 3 m.s. (180) *has spoken*

59:1

הֵן interj. (243) *behold*

לֹא־קָצְרָה neg.-Qal pf. 3 f.s. (894) *is not shortened*

יַד־יהוה n.f.s. cstr. (388)-pr.n. (217) *Yahweh's hand*

מֵהוֹשִׁיעַ prep.-Hi. inf.cstr. (יָשַׁע 446) *that it cannot save*

וְלֹא־כָבְדָה conj.-neg.-Qal pf. 3 f.s. (457) *or dull*

אָזְנוֹ n.f.s.-3 m.s. sf. (23) *his ear*

מִשְּׁמוֹעַ prep.-Qal inf.cstr. (1033) *that it cannot hear*

59:2

כִּי־אִם conj.-hypoth.part. (474) *but*

עֲוֹנֹתֵיכֶם n.f.p.-2 m.p. sf. (730) *your iniquities*

הָיוּ Qal pf. 3 c.p. (הָיָה 224) *have*

מַבְדִּלִים Hi. ptc. m.p. (95) *made a separation*

בֵּינֵכֶם prep.-2 m.p. sf. *between you*

לְבֵין prep.-prep. *and (between)*

אֱלֹהֵיכֶם n.m.p.-2 m.p. sf. (43) *your God*

וְחַטֹּאותֵיכֶם conj.-n.f.p.-2 m.p. sf. (308) *and your sins*

הִסְתִּירוּ Hi. pf. 3 c.p. (711) *have hid*

פָּנִים n.m.p. (815) *his face*

מִכֶּם prep.-2 m.p. sf. *from you*

מִשְּׁמוֹעַ prep.-Qal inf.cstr. (1033) *so that he does not hear*

59:3

כִּי conj. *for*

כַּפֵּיכֶם n.f.p.-2 m.p. sf. (496) *your hands*

נְגֹאֲלוּ Ni. pf. 3 c.p. (II 146; GK 51h) *are defiled*

בַּדָּם prep.-def.art.-n.m.s. (196) *with blood*

וְאֶצְבְּעוֹתֵיכֶם conj.-n.f.p.-2 m.p. sf. (840) *and your fingers*

בֶּעָוֹן prep.-def.art.-n.m.s. (730) *with iniquity*

שִׂפְתוֹתֵיכֶם n.f.p.-2 m.p. sf. (973) *your lips*

דִּבְּרוּ־ Pi. pf. 3 c.p. (180) *have spoken*

שֶׁקֶר n.m.s. (1055) *lies*

לְשׁוֹנְכֶם n.f.s.-2 m.p. sf. (546) *your tongue*

עַוְלָה n.f.s. (732) *wickedness*

תֶהְגֶּה Qal impf. 3 f.s. (I 211) *mutters*

59:4

אֵין־ subst.cstr. (II 34) *no one*

קֹרֵא Qal act.ptc. (894) *enters suit*

בְצֶדֶק prep.-n.m.s. (841) *justly*

וְאֵין conj.-v.supra *no one*

נִשְׁפָּט Ni. ptc. (1047) *goes to law*

בֶּאֱמוּנָה prep.-n.f.s. (53) *honestly*

בָּטוֹחַ Qal inf.abs. (105) *they rely*

עַל־תֹּהוּ prep.-n.m.s. (1062) *on empty pleas*

וְדַבֶּר־ conj.-Pi. inf.abs. (180) *they speak*

שָׁוְא n.m.s. (996) *lies*

הָרוֹ Qal inf.abs. (הָרָה I 247) *they conceive*

עָמָל n.m.s. (765) *mischief*

וְהוֹלֵיד conj.-Hi. inf.abs. (יָלַד 408) *and bring forth*

אָוֶן n.m.s. (19) *iniquity*

59:5

בֵּיצֵי n.f.p. cstr. (101) *eggs (of)*

צִפְעוֹנִי n.m.s. (861) *adders'*

בִּקֵּעוּ Pi. pf. 3 c.p. (131) *they hatch*

וְקוּרֵי conj.-n.m.p. cstr. (881) *web (of)*

עַכָּבִישׁ n.m.s. (747) *the spider's*

יֶאֱרֹגוּ Qal impf. 3 m.p. (70) *they weave*

הָאֹכֵל def.art.-Qal act.ptc. (37) *he who eats*

מִבֵּיצֵיהֶם prep.-n.f.p.-3 m.p. sf. (101) *their eggs*

יָמוּת Qal impf. 3 m.s. (מוּת 559) *dies*

וְהַזּוּרֶה conj.-def.art.-Qal pass.ptc. f.s. (III 266; GK 73d,80i) *and from one which is crushed*

תִּבָּקַע Ni. impf. 3 f.s. (131) *is hatched*

אֶפְעֶה n.m.s. (821) *a viper*

59:6

קוּרֵיהֶם n.m.p.-3 m.p. sf. (881) *their webs*

לֹא־יִהְיוּ neg.-Qal impf. 3 m.p. (הָיָה 224) *will not serve*

לְבֶגֶד prep.-n.m.s. (93) *as clothing*

וְלֹא יִתְכַּסּוּ conj.-neg.-Hith. impf. 3 m.p. (491) *men will not cover themselves*

בְּמַעֲשֵׂיהֶם prep.-n.m.p.-3 m.p. sf. (795) *with what they make*

מַעֲשֵׂיהֶם n.m.p.-3 m.p. sf. (795) *their works*

מַעֲשֵׂי־אָוֶן n.m.p. cstr. (795)-n.m.s. (19) *are works of iniquity*

וּפֹעַל conj.-n.m.s. cstr. (821) *and deeds of*

חָמָס n.m.s. (329) *violence*

בְּכַפֵּיהֶם prep.-n.f.p.-3 m.p. sf. (496) *are in their hands*

59:7

רַגְלֵיהֶם n.f.p.-3 m.p. sf. (919) *their feet*

לָרַע prep.-def.art.-n.m.s. (948) *to evil*

יָרֻצוּ Qal impf. 3 m.p. (930) *run*

וִימַהֲרוּ conj.-Pi. impf. 3 m.p. (I 554) *and they make haste*

לִשְׁפֹּךְ prep.-Qal inf.cstr. (1049) *to shed*

דָּם נָקִי n.m.s. (196)-adj. m.s. (667) *innocent blood*

מַחְשְׁבוֹתֵיהֶם n.f.p.-3 m.p. sf. (364) *their thoughts*

מַחְשְׁבוֹת n.f.p. cstr. (364) *are thoughts of*
אָוֶן n.m.s. (19) *iniquity*
שֹׁד n.m.s. (994) *desolation*
וָשֶׁבֶר conj.-n.m.s. (991) *and destruction*
בִּמְסִלּוֹתָם prep.-n.f.p.-3 m.p. sf. (700) *are in their highways*

59:8

דֶּרֶךְ n.m.s. cstr. (202) *the way of*
שָׁלוֹם n.m.s. (1022) *peace*
לֹא יָדָעוּ neg.-Qal pf. 3 c.p. paus. (393) *they know not*
וְאֵין conj.-subst.cstr. (II 34) *and there is no*
מִשְׁפָּט n.m.s. (1048) *justice*
בְּמַעְגְּלוֹתָם prep.-n.f.p.-3 m.p. sf. (722) *in their paths*
נְתִיבוֹתֵיהֶם n.f.p.-3 m.p. sf. (677) *their roads*
עִקְּשׁוּ Pi. pf. 3 c.p. (786) *they have made crooked*
לָהֶם prep.-3 m.p. sf. *(for them)*
כֹּל n.m.s. (481) *one (all)*
דֹּרֵךְ Qal act.ptc. m.s. (201) *who goes*
בָּהּ prep.-3 f.s. sf. *in them*
לֹא יָדַע neg.-Qal pf. 3 m.s. (393) *no … knows*
שָׁלוֹם n.m.s. (1022) *peace*

59:9

עַל־כֵּן prep.-adv. (485) *therefore*
רָחַק Qal pf. 3 m.s. (934) *is far*
מִשְׁפָּט n.m.s. (1048) *justice*
מִמֶּנּוּ prep.-1 c.p. sf. *from us*
וְלֹא תַשִּׂיגֵנוּ conj.-neg.-Hi. impf. 3 f.s.-1 c.s. sf. (673) *does not overtake us*
צְדָקָה n.f.s. (842) *righteousness*
נְקַוֶּה Pi. impf. 1 c.p. (I 875) *we look*
לָאוֹר prep.-def.art.-n.m.s. (21) *for light*
וְהִנֵּה־ conj.-interj. (243) *and behold*
חֹשֶׁךְ n.m.s. (365) *darkness*
לִנְגֹהוֹת prep.-n.f.p. (618; GK 93r) *and for brightness*
בָּאֲפֵלוֹת prep.-def.art.-n.f.p. (66) *in gloom*
נְהַלֵּךְ Pi. impf. 1 c.p. (229) *but we walk*

59:10

נְגַשְׁשָׁה Pi. impf. 1 c.p.-coh.he (178) *we grope for*
כַעִוְרִים prep.-def.art.-n.m.p. (734) *like the blind*
קִיר n.m.s. (885) *the wall*
וּכְאֵין conj.-prep.-subst.cstr. (II 34; GK 152v) *like those who have no*
עֵינַיִם n.f.p. (744) *eyes*
נְגַשֵּׁשָׁה Pi. impf. 1 c.p.-coh.he paus. (178) *we grope*

בָּשַׁלְנוּ Qal pf. 1 c.p. (505) *we stumble*
בַצָּהֳרַיִם prep.-def.art.-n.m.p. (I 843) *at noon*
כַּנֶּשֶׁף prep.-def.art.-n.m.s. (676) *as in the twilight*
בָּאַשְׁמַנִּים prep.-def.art.-n.m.p. (1032) *among those in full vigor*
כַּמֵּתִים prep.-def.art.-Qal act.ptc. m.p. (559) *like dead men*

59:11

נֶהֱמֶה Qal impf. 1 c.p. (הָמָה 242) *we growl*
כַדֻּבִּים prep.-def.art.-n.m.p. (179) *like bears*
כֻּלָּנוּ n.m.s.-1 c.p. sf. (481) *all (of us)*
וְכַיּוֹנִים conj.-prep.-def.art.-n.f.p. (401) *like doves*
הָגֹה Qal inf.abs. (הָגָה I 211) *we moan*
נֶהְגֶּה Qal impf. 1 c.p. (I 211) *and moan*
נְקַוֶּה Pi. impf. 1 c.p. (I 875) *we look*
לַמִּשְׁפָּט prep.-def.art.-n.m.s. (1048) *for justice*
וָאַיִן conj.-subst. (II 34) *but there is none*
לִישׁוּעָה prep.-n.f.s. (447) *for salvation*
רָחֲקָה Qal pf. 3 f.s. (934) *but it is far*
מִמֶּנּוּ prep.-1 c.p. sf. *from us*

59:12

כִּי־רַבּוּ conj.-Qal pf. 3 c.p. (I 912; GK 67k) *for … are multiplied*
פְּשָׁעֵינוּ n.m.p.-1 c.p. sf. (833) *our transgressions*
נֶגְדֶּךָ prep.-2 m.s. sf. (617) *before thee*
וְחַטֹּאותֵינוּ conj.-n.f.p.-1 c.p. sf. (308) *and our sins*
עָנְתָה Qal pf. 3 f.s. (I 772) *testify*
בָּנוּ prep.-1 c.p. sf. *against us*
כִּי־פְשָׁעֵינוּ conj.-v.supra *for our transgressions*
אִתָּנוּ prep.-1 c.p. sf. *are with us*
וַעֲוֹנֹתֵינוּ conj.-n.m.p.-1 c.p. sf. (730) *and … our iniquities*
יְדַעֲנוּם Qal pf. 1 c.p.-3 m.p. sf. (393; GK 113d) *we know (them)*

59:13

פָּשֹׁעַ Qal inf.abs. (833; GK 113d) *transgressing*
וְכַחֵשׁ conj.-Pi. inf.abs. (471) *and denying*
בַּיהוה prep.-pr.n. (217) *Yahweh*
וְנָסוֹג conj.-Ni. inf.abs. (I 690) *and turning away*
מֵאַחַר prep.-prep. (29) *from following*
אֱלֹהֵינוּ n.m.p.-1 c.p. sf. (43) *our God*
דַּבֶּר־ Pi. inf.abs. (180) *speaking*
עֹשֶׁק n.m.s. (799) *oppression*
וְסָרָה conj.-n.f.s. (694) *and revolt*
הֹרוֹ Po. inf.abs. (I 247; GK 52e,75n) *conceiving*
וְהֹגוֹ conj.-Po. inf.abs. (I 211) *and uttering*
מִלֵּב prep.-n.m.s. (523) *from the heart*

181

דִּבְרֵי־ n.m.p. cstr. (180) *words*
שָׁקֶר n.m.s. paus. (1055) *lying*

59:14

וְהֻסַּג conj.-Ho. pf. 3 m.s. (I 690; GK 72ee) *is turned*
אָחוֹר adv. (30) *back*
מִשְׁפָּט n.m.s. (1048) *justice*
וּצְדָקָה conj.-n.f.s. (842) *and righteousness*
מֵרָחוֹק prep.-adj. (935) *afar off*
תַּעֲמֹד Qal impf. 3 f.s. (763) *stands*
כִּי־כָשְׁלָה conj.-Qal pf. 3 f.s. (505) *has fallen*
בָרְחוֹב prep.-def.art.-n.f.s. (I 932) *in the public squares*
אֱמֶת n.f.s. (54) *truth*
וּנְכֹחָה conj.-n.f.s. (647) *and uprightness*
לֹא־תוּכַל neg.-Qal impf. 3 f.s. 407) *cannot*
לָבוֹא prep.-Qal inf.cstr. (בּוֹא 97) *enter*

59:15

וַתְּהִי consec.-Qal impf. 3 f.s. (הָיָה 224) *is*
הָאֱמֶת def.art.-n.f.s. (54) *truth*
נֶעְדֶּרֶת Ni. ptc. f.s. (III 727) *lacking*
וְסָר conj.-Qal act.ptc. (693) *and he who departs*
מֵרָע prep.-n.m.s. (948) *from evil*
מִשְׁתּוֹלֵל Hithpo'el ptc. (II 1021) *makes himself a prey*
וַיַּרְא consec.-Qal impf. 3 m.s. (רָאָה 906) *saw it*
יְהוָה pr.n. (217) *Yahweh*
וַיֵּרַע consec.-Qal impf. 3 m.s. (רָעַע 949) *and it displeased*
בְּעֵינָיו prep.-n.f.p.-3 m.s. sf. (744) *him (in his eyes)*
כִּי־אֵין conj.-subst.cstr. (II 34) *that there was no*
מִשְׁפָּט n.m.s. (1048) *justice*

59:16

וַיַּרְא consec.-Qal impf. 3 m.s. (רָאָה 906) *he saw*
כִּי־אֵין conj.-subst.cstr. (II 34) *that there was no*
אִישׁ n.m.s. (35) *man*
וַיִּשְׁתּוֹמֵם consec.-Hithpo'el impf. 3 m.s. (1030) *and wondered*
כִּי אֵין v.supra *that there was no*
מַפְגִּיעַ Hi. ptc. m.s. (803) *one to intervene*
וַתּוֹשַׁע consec.-Hi. impf. 3 f.s. (446) *then ... brought victory*
לוֹ prep.-3 m.s. sf. *him*
זְרֹעוֹ n.f.s.-3 m.s. sf. (283) *his own arm*
וְצִדְקָתוֹ conj.-n.f.s.-3 m.s. sf. (842) *and his righteousness*
הִיא demons.pr. f.s. (214) *(it)*
סְמָכָתְהוּ Qal pf. 3 f.s.-3 m.s. sf. (701) *upheld him*

59:17

וַיִּלְבַּשׁ consec.-Qal impf. 3 m.s. (527) *he put on*
צְדָקָה n.f.s. (842) *righteousness*
כַּשִּׁרְיָן prep.-def.art.-n.m.s. (1056) *as a breastplate*
וְכוֹבַע conj.-n.m.s. cstr. (464) *and a helmet of*
יְשׁוּעָה n.f.s. (447) *salvation*
בְּרֹאשׁוֹ prep.-n.m.s.-3 m.s. sf. (910) *upon his head*
וַיִּלְבַּשׁ v.supra *he put on*
בִּגְדֵי n.m.p. cstr. (93) *garments of*
נָקָם n.m.s. (668) *vengeance*
תִּלְבֹּשֶׁת n.f.s. (528) *for clothing*
וַיַּעַט consec.-Qal impf. 3 m.s. (I 741) *and wrapped himself*
כַּמְעִיל prep.-def.art.-n.m.s. (591) *as a mantle*
קִנְאָה n.f.s. (888) *in fury*

59:18

כְּעַל prep.-prep. (758) *according to*
גְּמֻלוֹת n.f.p. (168) *their deeds*
כְּעַל v.supra *so*
יְשַׁלֵּם Pi. impf. 3 m.s. (1022) *will he repay*
חֵמָה n.f.s. (404) *wrath*
לְצָרָיו prep.-n.m.p.-3 m.s. sf. (III 865) *to his adversaries*
גְּמוּל n.m.s. (168) *requital*
לְאֹיְבָיו prep.-Qal act.ptc. m.p.-3 m.s. sf. (33) *to his enemies*
לָאִיִּים prep.-def.art.-n.m.p. (I 15) *to the coastlands*
גְּמוּל v.supra *requital*
יְשַׁלֵּם v.supra *he will render*

59:19

וְיִירְאוּ conj.-Qal impf. 3 m.p. (431) *so they shall fear*
מִמַּעֲרָב prep.-n.m.s. (II 788) *from the west*
אֶת־שֵׁם יהוה dir.obj.-n.m.s. cstr. (1027)-pr.n. (217) *the name of Yahweh*
וּמִמִּזְרַח־ conj.-prep.-n.m.s. cstr. (280) *and ... from the rising of*
שֶׁמֶשׁ n.f.s. (1039) *the sun*
אֶת־כְּבוֹדוֹ dir.obj.-n.m.s.-3 m.s. sf. (458) *his glory*
כִּי־יָבוֹא conj.-Qal impf. 3 m.s. (בּוֹא 97) *for he will come*
כַנָּהָר prep.-def.art.-n.m.s. (625) *like a ... stream*
צָר adj. m.s. paus. (I 865) *rushing*
רוּחַ יהוה n.f.s. cstr. (924)-pr.n. (217) *the wind of Yahweh*

נְסָסָה Polel pf. 3 f.s. (630) *drives*

בוֹ prep.-3 m.s. sf. *which*

59:20

וּבָא conj.-Qal pf. 3 m.s. (בּוֹא 97) *and he will come*

לְצִיּוֹן prep.-pr.n. (851) *to Zion*

גּוֹאֵל Qal act.ptc. (I 145) *as Redeemer*

וּלְשָׁבֵי conj.-prep.-Qal act.ptc. m.p. cstr. (שׁוּב 996) *to those who turn from*

פֶּשַׁע n.m.s. (833) *transgression*

בְּיַעֲקֹב prep.-pr.n. (784) *in Jacob*

נְאֻם יהוה n.m.s. cstr. (610)-pr.n. (217) *says Yahweh*

59:21

וַאֲנִי conj.-pers.pr. 1 c.s. (I 58) *and as for me*

זֹאת demons.adj. f.s. (260) *this is*

בְּרִיתִי n.f.s.-1 c.s. sf. (136) *my covenant*

אוֹתָם prep.-3 m.p. sf. (85) *with them*

אָמַר יהוה Qal pf. 3 m.s. (55)-pr.n. (217) *says Yahweh*

רוּחִי n.f.s.-1 c.s. sf. (924) *my spirit*

אֲשֶׁר עָלֶיךָ rel. (81)-prep.-2 m.s. sf. *which is upon you*

וּדְבָרַי conj.-n.m.p.-1 c.s. sf. (182) *and my words*

אֲשֶׁר־שַׂמְתִּי rel. (81)-Qal pf. 1 c.s. (שׂים 962) *which I have put*

בְּפִיךָ prep.-n.m.s.-2 m.s. sf. (804) *in your mouth*

לֹא־יָמוּשׁוּ neg.-Qal impf. 3 m.p. (I 559) *shall not depart*

מִפִּיךָ prep.-n.m.s.-2 m.s. sf. (804) *out of your mouth*

וּמִפִּי conj.-prep.-n.m.s. cstr. (804) *or out of the mouth of*

זַרְעֲךָ n.m.s.-2 m.s. sf. (282) *your children (seed)*

וּמִפִּי v.supra *or out of the mouth of*

זֶרַע זַרְעֲךָ n.m.s. cstr. (282)-v.supra *your children's children*

אָמַר יהוה Qal pf. 3 m.s. (55)-pr.n. (217) *says Yahweh*

מֵעַתָּה prep.-adv. (773) *from this time forth*

וְעַד־עוֹלָם conj.-prep.-n.m.s. (761) *and for evermore*

60:1

קוּמִי Qal impv. 2 f.s. (877) *arise*

אוֹרִי Qal impv. 2 f.s. (21) *shine*

כִּי בָא conj.-Qal pf. 3 m.s. (בּוֹא 97) *for ... has come*

אוֹרֵךְ n.m.s.-2 f.s. sf. (21) *your light*

וּכְבוֹד יהוה conj.-n.m.s. cstr. (458)-pr.n. (217) *and the glory of Yahweh*

עָלַיִךְ prep.-2 f.s. sf. *upon you*

זָרָח Qal pf. 3 m.s. paus. (280) *has risen*

60:2

כִּי־הִנֵּה conj.-interj. (243) *for behold*

הַחֹשֶׁךְ def.art.-n.m.s. (365) *darkness*

יְכַסֶּה Pi. impf. 3 m.s. (491) *shall cover*

אֶרֶץ n.f.s. (75) *the earth*

וַעֲרָפֶל conj.-n.m.s. (791) *and thick darkness*

לְאֻמִּים n.m.p. (522) *the peoples*

וְעָלַיִךְ conj.-prep.-2 f.s. sf. *and ... upon you*

יִזְרַח Qal impf. 3 m.s. (280) *will arise*

יהוה pr.n. (217) *Yahweh*

וּכְבוֹדוֹ conj.-n.m.s.-3 m.s. sf. (458) *and his glory*

עָלַיִךְ prep.-2 f.s. sf. *upon you*

יֵרָאֶה Ni. impf. 3 m.s. (906) *will be seen*

60:3

וְהָלְכוּ conj.-Qal pf. 3 c.p. (229) *and shall come*

גוֹיִם n.m.p. (156) *nations*

לְאוֹרֵךְ prep.-n.m.s.-2 f.s. sf. (21) *to your light*

וּמְלָכִים conj.-n.m.p. (I 572) *and kings*

לְנֹגַהּ prep.-n.f.s. cstr. (I 618) *to the brightness of*

זַרְחֵךְ n.m.s.-2 f.s. sf. (I 280) *your rising*

60:4

שְׂאִי Qal impv. 2 f.s. (נָשָׂא 669) *lift up*

סָבִיב subst.as adv. (686) *round about*

עֵינַיִךְ n.f.p.-2 f.s. sf. (744) *your eyes*

וּרְאִי conj.-Qal impv. 2 f.s. (906) *and see*

כֻּלָּם n.m.s.-3 m.p. sf. (481) *they all*

נִקְבְּצוּ Ni. pf. 3 c.p. (867) *gather together*

בָּאוּ־לָךְ Qal pf. 3 c.p. (בּוֹא 97)-prep.-2 f.s. sf. *they come to you*

בָּנַיִךְ n.m.p.-2 f.s. sf. (119; GK 122v) *your sons*

מֵרָחוֹק prep.-adj. m.s. (935) *from far*

יָבֹאוּ Qal impf. 3 m.p. (97) *shall come*

וּבְנֹתַיִךְ conj.-n.f.p.-2 f.s. sf. (123) *and your daughters*

עַל־צַד prep.-n.m.s. (841) *in the arms*

תֵּאָמַנָה Ni. impf. 3 f.p. (I 52; GK 51m) *shall be carried*

60:5

אָז adv. (23) *then*

תִּרְאִי Qal impf. 2 f.s. (רָאָה 906) *you shall see*

וְנָהַרְתְּ conj.-Qal pf. 2 f.s. (II 626) *and be radiant*

וּפָחַד conj.-Qal pf. 3 m.s. (808) *shall thrill*

וְרָחַב conj.-Qal pf. 3 m.s. (931) *and rejoice*

לְבָבֵךְ n.m.s.-2 f.s. sf. (523) *your heart*

כִּי־יֵהָפֵךְ conj.-Ni. impf. 3 m.s. (245) *because ... shall be turned*

עָלַיִךְ prep.-2 f.s. sf. *to you*

הֲמוֹן יָם n.m.s. cstr. (242)-n.m.s. (410) *the abundance of the sea*

חֵיל גּוֹיִם n.m.s. cstr. (298)-n.m.p. (156) *the wealth of the nations*

יָבֹאוּ Qal impf. 3 m.p. (97) *shall come*

לָךְ prep.-2 f.s. sf. *to you*

60:6

שִׁפְעַת n.f.s. cstr. (1051) *a multitude of*

גְּמַלִּים n.m.p. (168) *camels*

תְּכַסֵּךְ Pi. impf. 3 f.s.-2 f.s. sf. (491) *shall cover you*

בִּכְרֵי n.f.p. cstr. (114) *the young camels of*

מִדְיָן pr.n. (193) *Midian*

וְעֵיפָה conj.-pr.n. (II 734) *and Ephah*

כֻּלָּם n.m.s.-3 m.p. sf. (481) *all those*

מִשְּׁבָא prep.-pr.n. (985) *from Sheba*

יָבֹאוּ Qal impf. 3 m.p. (97) *shall come*

זָהָב n.m.s. (262) *gold*

וּלְבוֹנָה conj.-n.f.s. (I 526) *and frankincense*

יִשָּׂאוּ Qal impf. 3 m.p. (נָשָׂא 669) *they shall bring*

וּתְהִלֹּת conj.-n.f.p. cstr. (239) *the praise of*

יהוה pr.n. (217) *Yahweh*

יְבַשֵּׂרוּ Pi. impf. 3 m.p. paus. (142) *shall proclaim*

60:7

כָּל־צֹאן n.m.s. cstr. (481)-n.f.s. cstr. (838) *all the flocks of*

קֵדָר pr.n. (871) *Kedar*

יִקָּבְצוּ Ni. impf. 3 m.p. (867) *shall be gathered*

לָךְ prep.-2 f.s. sf. *to you*

אֵילֵי n.m.p. cstr. (I 17) *the rams of*

נְבָיוֹת pr.n. (614) *Nebaioth*

יְשָׁרְתוּנֶךְ Pi. impf. 3 m.p.-2 f.s. sf. (1058; GK 60e) *shall minister to you*

יַעֲלוּ Qal impf. 3 m.p. (עָלָה 748) *they shall come up*

עַל־רָצוֹן prep.-n.m.s. (953) *with acceptance*

מִזְבְּחִי n.m.s.-1 c.s. sf. (258) *on my altar*

וּבֵית conj.-n.m.s. cstr. (108) *and ... house*

תִּפְאַרְתִּי n.f.s.-1 c.s. sf. (802) *my glorious*

אֲפָאֵר Pi. impf. 1 c.s. (I 802) *I will glorify*

60:8

מִי־אֵלֶּה interr. (566)-demons.adj. c.p. (41) *who are these*

כָּעָב prep.-def.art.-n.m.s. (728) *like a cloud*

תְּעוּפֶינָה Qal impf. 3 f.p. (I 733) *that fly*

וְכַיּוֹנִים conj.-prep.-def.art.-n.f.p. (I 401) *and like doves*

אֶל־אֲרֻבֹּתֵיהֶם prep.-n.f.p.-3 m.p. sf. (70) *to their windows*

60:9

כִּי־לִי conj.-prep.-1 c.s. sf. *for ... for me*

אִיִּים n.m.p. (I 15) *the coastlands*

יְקַוּוּ Pi. impf. 3 m.p. (קָוָה I 875) *shall wait*

וָאֳנִיּוֹת conj.-n.f.p. (58) *the ships of*

תַּרְשִׁישׁ pr.n. (II 1076) *Tarshish*

בָּרִאשֹׁנָה prep.-def.art.-adj. f.s. (911) *first*

לְהָבִיא prep.-Hi. inf.cstr. (בּוֹא 97) *to bring*

בָּנַיִךְ n.m.p.-2 f.s. sf. (119) *your sons*

מֵרָחוֹק prep.-adj. (935) *from far*

כַּסְפָּם n.m.s.-3 m.p. sf. (494) *their silver*

וּזְהָבָם conj.-n.m.s.-3 m.p. sf. (262) *and (their) gold*

אִתָּם prep.-3 m.p. sf. (85) *with them*

לְשֵׁם prep.-n.m.s. cstr. (1027) *for the name of*

יהוה אֱלֹהַיִךְ pr.n. (217)-n.m.p.-2 f.s. sf. (43) *Yahweh your God*

וְלִקְדוֹשׁ conj.-prep.-adj. m.s. cstr. (872) *and for the Holy One of*

יִשְׂרָאֵל pr.n. (975) *Israel*

כִּי פֵאֲרָךְ conj.-Pi. pf. 3 m.s.-2 f.s. sf. (I 802; GK 58g) *because he has glorified you*

60:10

וּבָנוּ conj.-Qal pf. 3 c.p. (בָּנָה 124) *shall build up*

בְּנֵי־נֵכָר n.m.p. cstr. (119)-n.m.s. (648) *foreigners*

חֹמֹתַיִךְ n.f.p.-2 f.s. sf. (327) *your walls*

וּמַלְכֵיהֶם conj.-n.m.p.-3 m.p. sf. (I 572) *and their kings*

יְשָׁרְתוּנֶךְ Pi. impf. 3 m.p.-2 f.s. sf. (1058) *shall minister to you*

כִּי בְקִצְפִּי conj.-prep.-n.m.s.-1 c.s. sf. (893) *for in my wrath*

הִכִּיתִיךְ Hi. pf. 1 c.s.-2 f.s. sf. (645) *I smote you*

וּבִרְצוֹנִי conj.-prep.-n.m.s.-1 c.s. sf. (953) *but in my favor*

רִחַמְתִּיךְ Pi. pf. 1 c.s.-2 f.s. sf. (933) *I have had mercy on you*

60:11

וּפִתְּחוּ conj.-Pi. pf. 3 c.p. (I 834) *shall be open*

שְׁעָרַיִךְ n.m.p.-2 f.s. sf. (1044) *your gates*

תָּמִיד adv. (556) *continually*

יוֹמָם adv. (401) *day*

וָלַיְלָה conj.-n.m.s. (538) *and night*

לֹא יִסָּגֵרוּ neg.-Ni. impf. 3 m.p. paus. (688) *they shall not be shut*

לְהָבִיא prep.-Hi.inf.cstr. (בּוֹא 97) *that ... may bring*

אֵלַיִךְ prep.-2 f.s. sf. *to you*

חֵיל גּוֹיִם n.m.s. cstr. (298)-n.m. (156) *the wealth of the nations*

וּמַלְכֵיהֶם conj.-n.m.p.-3 m.p. sf. (I 572) *with their kings*

נְהוּגִים Qal pass.ptc. m.p. (I 624) *led in procession*

60:12

כִּי־הַגּוֹי conj.-def.art.-n.m.s. (156) *for the nation*

וְהַמַּמְלָכָה conj.-def.art.-n.f.s. (575) *and kingdom*

אֲשֶׁר rel. (81) *that*

לֹא־יַעַבְדוּךְ neg.-Qal impf. 3 m.p.-2 f.s. sf. (712) *will not serve you*

יֹאבֵדוּ Qal impf. 3 m.p. (1) *shall perish*

וְהַגּוֹיִם conj.-def.art.-n.m.p. (156) *those nations*

חָרֹב יֶחֱרָבוּ Qal inf.abs. (II 351)-Qal impf. 3 m.p. (II 351) *shall be utterly laid waste*

60:13

כְּבוֹד n.m.s. cstr. (458) *the glory of*

הַלְּבָנוֹן def.art.-pr.n. (526) *Lebanon*

אֵלַיִךְ prep.-2 f.s. sf. *to you*

יָבוֹא Qal impf. 3 m.s. (97) *shall come*

בְּרוֹשׁ n.m.s. (141) *the cypress*

תִּדְהָר n.m.s. (187) *the plane*

וּתְאַשּׁוּר conj.-n.f.s. (81) *and the pine*

יַחְדָּו adv. (403) *(together)*

לְפָאֵר prep.-Pi. inf.cstr. (I 802) *to beautify*

מְקוֹם n.m.s. cstr. (879) *the place of*

מִקְדָּשִׁי n.m.s.-1 c.s. sf. (874) *my sanctuary*

וּמְקוֹם conj.-n.m.s. cstr. (879) *and ... the place of*

רַגְלַי n.f.p.-1 c.s. sf. (919) *my feet*

אֲכַבֵּד Pi. impf. 1 c.s. (457) *I will make glorious*

60:14

וְהָלְכוּ conj.-Qal pf. 3 c.p. (229) *shall come*

אֵלַיִךְ prep.-2 f.s. sf. *to you*

שְׁחוֹחַ Qal inf.cstr. (1005; GK 118q) *bending low*

בְּנֵי n.m.p. cstr. (119) *the sons of*

מְעַנַּיִךְ Pi. ptc. m.p.-2 f.s. sf. (III 776) *those who oppressed you*

וְהִשְׁתַּחֲווּ conj.-Hithpalel pf. 3 c.p. (1005) *and shall bow down*

עַל־כַּפּוֹת רַגְלַיִךְ prep.-n.f.p. cstr. (496)-n.f.p.-2 f.s. sf. (919) *at your feet*

כָּל־ n.m.s. cstr. (481) *all*

מְנַאֲצַיִךְ Pi. ptc. m.p.-2 f.s. sf. (610) *who despised you*

וְקָרְאוּ conj.-Qal pf. 3 c.p. (894) *they shall call*

לָךְ prep.-2 f.s. sf. *you*

עִיר n.f.s. cstr. (746) *the City of*

יהוה pr.n. (217) *Yahweh*

צִיּוֹן pr.n. (851; GK 125h) *the Zion of*

קְדוֹשׁ adj. m.s. cstr. (872) *the Holy One of*

יִשְׂרָאֵל pr.n. (975) *Israel*

60:15

תַּחַת prep. (1065) *whereas*

הֱיוֹתֵךְ Qal inf.cstr.-2 f.s. sf. (הָיָה 224) *you have been*

עֲזוּבָה Qal pass.ptc. f.s. (I 736) *forsaken*

וּשְׂנוּאָה conj.-Qal pass.ptc. f.s. (971) *and hated*

וְאֵין conj.-subst.cstr. (II 34) *with no one*

עוֹבֵר Qal act.ptc. (716) *passing through*

וְשַׂמְתִּיךְ conj.-Qal pf. 1 c.s.-2 f.s. sf. (962) *I will make you*

לִגְאוֹן עוֹלָם prep.-n.m.s. cstr. (144)-n.m.s. (761) *majestic for ever*

מְשׂוֹשׂ n.m.s. cstr. (965) *a joy from*

דּוֹר וָדוֹר n.m.s. (189)-conj.-n.m.s. (189) *age to age*

60:16

וְיָנַקְתְּ conj.-Qal pf. 2 f.s. (413) *you shall suck*

חֲלֵב n.m.s. cstr. (316) *the milk of*

גּוֹיִם n.m.p. (156) *nations*

וְשֹׁד conj.-n.m.s. cstr. (II 994) *the breast of*

מְלָכִים n.m.p. (I 572) *kings*

תִּינָקִי Qal impf. 2 f.s. paus. (יָנַק 413) *you shall suck*

וְיָדַעַתְּ conj.-Qal pf. 2 f.s. (393) *and you shall know*

כִּי אֲנִי conj.-pers.pr. 1 c.s. (I 58) *that I*

יהוה pr.n. (217) *Yahweh*

מוֹשִׁיעֵךְ Hi. ptc. m.s.-2 f.s. sf. (446) *am your Savior*

וְגֹאֲלֵךְ conj.-Qal act.ptc. m.s.-2 f.s. sf. (I 145) *and your Redeemer*

אֲבִיר adj. m.s. cstr. (7) *the Mighty One of*

יַעֲקֹב pr.n. (784) *Jacob*

60:17

תַּחַת prep. (1065) *instead of*

הַנְּחֹשֶׁת def.art.-n.m.s. (I 638) *bronze*

אָבִיא Hi. impf. 1 c.s. (בּוֹא 97) *I will bring*

זָהָב n.m.s. (262) *gold*

וְתַחַת conj.-v.supra *and instead of*

הַבַּרְזֶל def.art.-n.m.s. (137) *iron*

אָבִיא v.supra *I will bring*

185

כֶּסֶף n.m.s. (494) *silver*

וְתַחַת v.supra *and instead of*

הָעֵצִים def.art.-n.m.p. (781) *wood*

נְחֹשֶׁת v.supra *bronze*

וְתַחַת v.supra *and instead of*

הָאֲבָנִים def.art.-n.f.p. (6) *stones*

בַּרְזֶל n.m.s. (137) *iron*

וְשַׂמְתִּי conj.-Qal pf. 1 c.s. (שׂום 962) *I will make*

פְּקֻדָּתֵךְ n.f.s.-2 f.s. sf. (824) *your overseers*

שָׁלוֹם n.m.s. (1022) *peace*

וְנֹגְשַׂיִךְ conj.-Qal act.ptc. m.p.-2 f.s. sf. (620) *and your taskmasters*

צְדָקָה n.f.s. (842) *righteousness*

60:18

לֹא־יִשָּׁמַע neg.-Ni. impf. 3 m.s. (1033) *shall no ... be heard*

עוֹד adv. (728) *more*

חָמָס n.m.s. (329) *violence*

בְּאַרְצֵךְ prep.-n.f.s.-2 f.s. sf. (75) *in your land*

שֹׁד n.m.s. (I 994) *devastation*

וָשֶׁבֶר conj.-n.m.s. (I 991) *or destruction*

בִּגְבוּלָיִךְ prep.-n.m.p.-2 f.s. sf. (147) *within your borders*

וְקָרָאת conj.-Qal pf. 2 f.s. (894) *you shall call*

יְשׁוּעָה n.f.s. (447) *Salvation*

חוֹמֹתַיִךְ n.f.p.-2 f.s. sf. (327) *your walls*

וּשְׁעָרַיִךְ conj.-n.m.p.-2 f.s. sf. (1044) *and your gates*

תְּהִלָּה n.f.s. (239) *Praise*

60:19

לֹא־יִהְיֶה־לָּךְ neg.-Qal impf. 3 m.s. (224)-prep. -2 f.s. sf. *shall be no ... your*

עוֹד adv. (728) *more*

הַשֶּׁמֶשׁ def.art.-n.f.s. (1039) *the sun*

לְאוֹר prep.-n.m.s. (21) *light*

יוֹמָם adv. (401) *by day*

וּלְנֹגַהּ conj.-prep.-n.f.s. (I 618) *nor for brightness*

הַיָּרֵחַ def.art.-n.m.s. (437) *the moon*

לֹא־יָאִיר לָךְ neg.-Hi. impf. 3 m.s.-prep.-2 f.s. sf. (21) *shall (not) give light to you*

וְהָיָה־לָךְ conj.-Qal pf. 3 m.s. (224)-prep.-2 f.s. sf. *for ... will be ... your*

יהוה pr.n. (217) *Yahweh*

לְאוֹר עוֹלָם prep.-n.m.s. cstr. (21)-n.m.s. (761) *everlasting light*

וֵאלֹהַיִךְ conj.-n.m.p.-2 f.s. sf. (43) *and your God*

לְתִפְאַרְתֵּךְ prep.-n.f.s.-2 f.s. sf. (802) *your glory*

60:20

לֹא־יָבוֹא neg.-Qal impf. 3 m.s. (97) *shall no ... go down*

עוֹד adv. (728) *more*

שִׁמְשֵׁךְ n.f.s.-2 f.s. sf. (1039) *your sun*

וִירֵחֵךְ conj.-n.m.s.-2 f.s. sf. (437) *nor your moon*

לֹא יֵאָסֵף neg.-Ni. impf. 3 m.s. (62) *withdraw itself*

כִּי יהוה conj.-pr.n. (217) *for Yahweh*

יִהְיֶה־לָּךְ Qal impf. 3 m.s. (224)-prep.-2 f.s. sf. *will be your*

לְאוֹר עוֹלָם prep.-n.m.s. cstr. (21)-n.m.s. (761) *everlasting light*

וְשָׁלְמוּ conj.-Qal pf. 3 c.p. (1022) *and shall be ended*

יְמֵי n.m.p. cstr. (398) *days of*

אֶבְלֵךְ n.m.s.-2 f.s. sf. (5) *your mourning*

60:21

וְעַמֵּךְ conj.-n.m.s.-2 f.s. sf. (I 766) *your people*

כֻּלָּם n.m.s.-3 m.p. sf. (481) *shall all*

צַדִּיקִים adj. m.p. (843) *be righteous*

לְעוֹלָם prep.-n.m.s. (761) *for ever*

יִירְשׁוּ Qal impf. 3 m.p. (439) *they shall possess*

אָרֶץ n.f.s. paus. (75) *the land*

נֵצֶר n.m.s. cstr. (666) *the shoot of*

מַטָּעַו n.m.s.-3 m.s. sf. (642) *my planting (or his planting)*

מַעֲשֵׂה n.m.s. cstr. (795) *the work of*

יָדַי n.f.p.-1 c.s. sf. (388) *my hands*

לְהִתְפָּאֵר prep.-Hith. inf.cstr. (I 802) *that I might be glorified*

60:22

הַקָּטֹן def.art.-n.m.s. (882) *the least one*

יִהְיֶה Qal impf. 3 m.s. (224) *shall become*

לָאֶלֶף prep.-def.art.-n.m.s. (II 48) *a clan*

וְהַצָּעִיר conj.-def.art.-adj. m.s. (I 859) *and the smallest one*

לְגוֹי prep.-n.m.s. (156) *a ... nation*

עָצוּם adj. m.s. (783) *mighty*

אֲנִי יהוה pers.pr. 1 c.s. (I 58)-pr.n. (217) *I am Yahweh*

בְּעִתָּהּ prep.-n.f.s.-3 f.s. sf. (773) *in its time*

אֲחִישֶׁנָּה Hi. impf. 1 c.s.-3 f.s. sf. (I 301) *I will hasten it*

61:1

רוּחַ n.f.s. cstr. (924) *the spirit of*

אֲדֹנָי pr.n. (10) *the Lord*

יהוה pr.n. (217) *Yahweh*

עָלָי prep.-1 c.s. sf. paus. *upon me*

יַעַן conj. (774) *because*

מָשַׁח Qal pf. 3 m.s. (602) *has anointed*

יהוה pr.n. (217) *Yahweh*

אֹתִי dir.obj.-1 c.s. sf. *me*

לְבַשֵּׂר prep.-Pi. inf.cstr. (142) *to bring good tidings*

עֲנָוִים n.m.p. (776) *to afflicted ones*

שְׁלָחַנִי Qal pf. 3 m.s.-1 c.s. sf. (1018) *he has sent me*

לַחֲבֹשׁ prep.-Qal inf.cstr. (289) *to bind up*

לְנִשְׁבְּרֵי-לֵב prep.-Ni. ptc. m.p. cstr. (990)-n.m.s. (524) *the brokenhearted*

לִקְרֹא prep.-Qal inf.cstr. (894) *to proclaim*

לִשְׁבוּיִם prep.-Qal pass.ptc. m.p. (985) *to captives*

דְּרוֹר n.m.s. (204) *liberty*

וְלַאֲסוּרִים conj.-prep.-Qal pass.ptc. m.p. (63) *to those who are bound*

פְּקַח-קוֹחַ n.m.s. (824; GK 84bn) *opening of prison*

61:2

לִקְרֹא v.supra *to proclaim*

שְׁנַת-רָצוֹן n.f.s. cstr. (1040)-n.m.s. (953) *the year of favor*

לַיהוה prep.-pr.n. (217) *Yahweh's*

וְיוֹם נָקָם conj.-n.m.s. cstr. (398)-n.m.s. (668) *and day of vengeance*

לֵאלֹהֵינוּ prep.-n.m.p.-1 c.p. sf. (43) *of our God*

לְנַחֵם prep.-Pi. inf.cstr. (636) *to comfort*

כָּל-אֲבֵלִים n.m.s. cstr. (481)-adj. m.p. (5) *all who mourn*

61:3

לָשׂוּם prep.-Qal inf.cstr. (962) *to grant*

לַאֲבֵלֵי צִיּוֹן prep.-n.m.p. cstr. (5)-pr.n. (851) *to those who mourn in Zion*

לָתֵת לָהֶם prep.-Qal inf.cstr. (נָתַן 678)-prep.-3 m.p. sf. *to give them*

פְּאֵר n.m.s. (802) *a garland*

תַּחַת אֵפֶר prep. (1065)-n.m.s. (68) *instead of ashes*

שֶׁמֶן שָׂשׂוֹן n.m.s. cstr. (1032)-n.m.s. (965) *the oil of gladness*

תַּחַת אֵבֶל prep.-n.m.s. (5) *instead of mourning*

מַעֲטֵה n.m.s. cstr. (742) *mantle of*

תְהִלָּה n.f.s. (239) *praise*

תַּחַת רוּחַ prep.-n.f.s. cstr. (924) *instead of a spirit (of)*

כֵּהָה adj. f.s. (462) *faint*

וְקֹרָא conj.-Pu. pf. 3 m.s. (894) *that they may be called*

לָהֶם prep.-3 m.p. sf. *(they) (to them)*

אֵילֵי n.m.p. cstr. (18) *oaks of*

הַצֶּדֶק def.art.-n.m.s. (841) *righteousness*

מַטַּע יהוה n.m.s. cstr. (642)-pr.n. (217) *the planting of Yahweh*

לְהִתְפָּאֵר prep.-Hith. inf.cstr. (802) *that he may be glorified*

61:4

וּבָנוּ conj.-Qal pf. 3 c.p. (בָּנָה 124) *they shall build up*

חָרְבוֹת n.f.p. cstr. (352) *the ruins (of)*

עוֹלָם n.m.s. (761) *ancient*

שֹׁמְמוֹת Qal act.ptc. f.p. cstr. (1030) *the devastations (of)*

רִאשֹׁנִים adj. m.p. (911) *former*

יְקֹמֵמוּ Polel impf. 3 m.p. paus. (877) *they shall raise up*

וְחִדְּשׁוּ conj.-Pi. pf. 3 c.p. (293) *(and) they shall repair*

עָרֵי חֹרֶב n.f.p. cstr. (746)-n.m.s. (351) *the ruined cities*

שֹׁמְמוֹת Qal act.ptc. f.p. cstr. (1030) *the devastations of*

דּוֹר וָדוֹר n.m.s. (189)-conj.-v.supra *many generations*

61:5

וְעָמְדוּ conj.-Qal pf. 3 c.p. (763) *shall stand*

זָרִים Qal act.ptc. m.p. (266) *aliens*

וְרָעוּ conj.-Qal pf. 3 c.p. (רָעָה 944) *and feed*

צֹאנְכֶם n.f.s.-2 m.p. sf. (838) *your flocks*

וּבְנֵי נֵכָר conj.-n.m.p. cstr. (119)-n.m.s. (648) *foreigners*

אִכָּרֵיכֶם n.m.p.-2 m.p. sf. (38) *your plowmen*

וְכֹרְמֵיכֶם conj.-Qal act.ptc. m.p.-2 m.p. sf. (501) *and (your) vine-dressers*

61:6

וְאַתֶּם conj.-pers.pr. 2 m.p. (61) *but you*

כֹּהֲנֵי יהוה n.m.p. cstr. (463)-pr.n. (217) *the priests of Yahweh*

תִּקָּרֵאוּ Ni. impf. 2 m.p. paus. (894) *shall be called*

מְשָׁרְתֵי Pi. ptc. m.p. cstr. (1058) *the ministers of*

אֱלֹהֵינוּ n.m.p.-1 c.p. sf. (43) *our God*

יֵאָמֵר Ni. impf. 3 m.s. (55) *men shall speak*

לָכֶם prep.-2 m.p. sf. *of you*

חֵיל גּוֹיִם n.m.s. cstr. (298)-n.m.p. (156) *wealth of nations*

תֹּאכֵלוּ Qal impf. 2 m.p. paus. (37) *you shall eat*

וּבִכְבוֹדָם conj.-prep.-n.m.s.-3 m.p. sf. (458) *and in their riches*

187

תִּתְיַמָּרוּ Hith. impf. 2 m.p. paus. (413 and 56) *you shall glory*

61:7

תַּחַת prep. (1056; GK 119hh) *instead of*

בָּשְׁתְּכֶם n.f.s.-2 m.p. sf. (102) *your shame*

מִשְׁנֶה n.m.s. (1041) *you shall have a double portion*

וּכְלִמָּה conj.-n.f.s. (484) *(and) instead of dishonor*

יָרֹנּוּ Qal impf. 3 m.p. (943) *you (they) shall rejoice*

חֶלְקָם n.m.s.-3 m.p. sf. (324) *in your (their) lot*

לָכֵן prep.-adv. (485) *therefore*

בְּאַרְצָם prep.-n.f.s.-3 m.p. sf. (75) *in your (their) land*

מִשְׁנֶה v.supra *a double portion*

יִירָשׁוּ Qal impf. 3 m.p. (439) *you (they) shall possess*

שִׂמְחַת עוֹלָם n.f.s. cstr. (970)-n.m.s. (761) *everlasting joy*

תִּהְיֶה לָהֶם Qal impf. 3 f.s. (הָיָה 224)-prep.-3 m.p. sf. *shall be yours (theirs)*

61:8

כִּי אֲנִי conj.-pers.pr. 1 c.s. (58) *for I*

יהוה pr.n. (217) *Yahweh*

אֹהֵב Qal act.ptc. m.s. (12) *love*

מִשְׁפָּט n.m.s. (1048) *justice*

שֹׂנֵא Qal act.ptc. (971) *I hate*

גָּזֵל n.m.s. (160) *robbery*

בְּעוֹלָה prep.-n.f.s. (750) *and wrong (with a burnt offering)*

וְנָתַתִּי conj.-Qal pf. 1 c.s. (נָתַן 678) *I will give*

פְּעֻלָּתָם n.f.s.-3 m.p. sf. (821) *their (reward) recompense*

בֶּאֱמֶת prep.-n.f.s. (54) *faithfully*

וּבְרִית עוֹלָם conj.-n.f.s. cstr. (136)-n.m.s. (761) *and ... an everlasting covenant*

אֶכְרוֹת Qal impf. 1 c.s. (503) *I will make*

לָהֶם prep.-3 m.p. sf. *with them*

61:9

וְנוֹדַע conj.-Ni. pf. 3 m.s. (יָדַע 393) *(and) shall be known*

בַּגּוֹיִם prep.-def.art.-n.m.p. (156) *among the nations*

זַרְעָם n.m.s.-3 m.p. sf. (282) *their descendants*

וְצֶאֱצָאֵיהֶם conj.-n.m.p.-3 m.p. sf. (425) *and their offspring*

בְּתוֹךְ prep.-subst.cstr. (1063) *in the midst of*

הָעַמִּים def.art.-n.m.p. (766) *the peoples*

כָּל־רֹאֵיהֶם n.m.s. cstr. (481)-Qal act.ptc. m.p.-3 m.p. sf. (906) *all who see them*

יַכִּירוּם Hi. impf. 3 m.p.-3 m.p. sf. (647) *shall acknowledge them*

כִּי הֵם conj.-pers.pr. 3 m.p. (241) *that they*

זֶרַע n.m.s. (282) *a people (seed)*

בֵּרַךְ Pi. pf. 3 m.s. (138) *whom ... has blessed*

יהוה pr.n. (217) *Yahweh*

61:10

שׂוֹשׂ אָשִׂישׂ Qal inf.abs. (965)-Qal impf. 1 c.s. (965) *I will greatly rejoice*

בַּיהוה prep.-pr.n. (217) *in Yahweh*

תָּגֵל Qal impf. 3 f.s. (גִּיל 162) *shall exult*

נַפְשִׁי n.f.s.-1 c.s. sf. (659) *my soul*

בֵּאלֹהַי prep.-n.m.p.-1 c.s. sf. (43) *in my God*

כִּי conj. *for*

הִלְבִּישַׁנִי Hi. pf. 3 m.s.-1 c.s. sf. (527) *he has clothed me*

בִּגְדֵי־יֶשַׁע n.m.p. cstr. (93)-n.m.s. (447) *with garments of salvation*

מְעִיל צְדָקָה n.m.s. cstr. (591)-n.f.s. (842) *robe of righteousness*

יְעָטָנִי Qal pf. 3 m.s.-1 c.s. sf. (418) *he has covered me*

כֶּחָתָן prep.-def.art.-n.m.s. (368) *as a (the) bridegroom*

יְכַהֵן Pi. impf. 3 m.s. (464) *decks himself (priests it)*

פְּאֵר n.m.s. (802) *with a garland (turban)*

וְכַכַּלָּה conj.-prep.-def.art.-n.f.s. (483) *and as a bride*

תַּעְדֶּה Qal impf. 3 f.s. (725) *adorns herself*

כֵּלֶיהָ n.m.p.-3 f.s. sf. (479) *with her jewels*

61:11

כִּי conj. *for*

כָאָרֶץ prep.-def.art.-n.f.s. (75) *as the earth*

תּוֹצִיא Hi. impf. 3 f.s. (יָצָא 422) *brings forth*

צִמְחָהּ n.m.s.-3 f.s. sf. (855) *its shoots*

וּכְגַנָּה conj.-prep.-n.f.s. (171) *and as a garden*

זֵרוּעֶיהָ n.m.s.-3 f.s. sf. (283) *what is sown in it*

תַּצְמִיחַ Hi. impf. 3 f.s. (855) *causes to spring up*

כֵּן אֲדֹנָי adv. (485)-pr.n. (10) *so the Lord*

יהוה pr.n. (217) *Yahweh*

יַצְמִיחַ Hi. impf. 3 m.s. (855) *will cause to spring forth*

צְדָקָה n.f.s. (842) *righteousness*

וּתְהִלָּה conj.-n.f.s. (239) *and praise*

נֶגֶד subst. as adv. (617) *before*

כָּל־ n.m.s. cstr. (481) *all (of)*

הַגּוֹיִם def.art.-n.m.p. (156) *the nations*

188

62:1

לְמַעַן prep.-subst. as prep. (775) *for the sake of*

צִיּוֹן pr.n. (851) *Zion*

לֹא אֶחֱשֶׁה neg.-Qal impf. 1 c.s. (חשׁה 364) *I will not keep silent*

וּלְמַעַן conj.-v.supra *and for sake of*

יְרוּשָׁלַם pr.n. (436) *Jerusalem*

לֹא אֶשְׁקוֹט neg.-Qal impf. 1 c.s. (1052) *I will not rest*

עַד־יֵצֵא prep. (III 723)-Qal impf. 3 m.s. (יצא 422) *until ... goes forth*

כַנֹּגַהּ prep.-def.art.-n.f.s. (618) *as brightness*

צִדְקָהּ n.m.s.-3 f.s. sf. (841) *her vindication*

וִישׁוּעָתָהּ conj.-n.f.s.-3 f.s. sf. (447) *and her salvation*

כְּלַפִּיד prep.-n.m.s. (542) *as a torch*

יִבְעָר Qal impf. 3 m.s. paus. (128) *burning (will burn)*

62:2

וְרָאוּ conj.-Qal pf. 3 c.p. (ראה 906) *shall see*

גוֹיִם n.m.p. (156) *the nations*

צִדְקֵךְ n.m.s.-2 f.s. sf. (841) *your vindication*

וְכָל־ conj.-n.m.s. cstr. (481) *and all*

מְלָכִים n.m.p. (I 572) *the kings*

כְּבוֹדֵךְ n.m.s.-2 f.s. sf. (458) *your glory*

וְקֹרָא לָךְ conj.-Pu. pf. 3 m.s. (894)-prep.-2 f.s. sf. *and you shall be called*

שֵׁם חָדָשׁ n.m.s. (1027)-adj. m.s. (I 294) *by a new name*

אֲשֶׁר rel. (81) *which*

פִּי יְהוָה n.m.s. cstr. (804)-pr.n. (217) *the mouth of Yahweh*

יִקֳּבֶנּוּ Qal impf. 3 m.s.-3 m.s. sf. (I 666; GK 16f) *will give (it) (pierce)*

62:3

וְהָיִית conj.-Qal pf. 2 f.s. (224) *you shall be*

עֲטֶרֶת n.f.s. cstr. (I 742) *a crown of*

תִּפְאֶרֶת n.f.s. (802) *beauty*

בְּיַד־יְהוָה prep.-n.f.s. cstr. (388)-pr.n. (217) *in the hand of Yahweh*

וּצְנִיף conj.-n.m.s. cstr. (857) *and a diadem (of)*

מְלוּכָה n.f.s. (574) *royal(ty)*

בְּכַף־ prep.-n.f.s. cstr. (496) *in the hand of*

אֱלֹהָיִךְ n.m.p.-2 f.s. sf. paus. (43) *your God*

62:4

לֹא־יֵאָמֵר neg.-Ni. impf. 3 m.s. (55) *shall be termed no*

לָךְ prep.-2 f.s. sf. *(to) you*

עוֹד adv. (728) *more*

עֲזוּבָה Qal pass.ptc. f.s. (I 736) *forsaken ('azubah)*

וּלְאַרְצֵךְ conj.-prep.-n.f.s.-2 f.s. sf. (75) *and your land*

לֹא־יֵאָמֵר v.supra *shall no ... be termed*

עוֹד v.supra *more*

שְׁמָמָה n.f.s. (1031) *Desolate (shemamah)*

כִּי conj. *but*

לָךְ prep.-2 f.s. sf. *(to) you*

יִקָּרֵא Ni. impf. 3 m.s. (894) *shall be called*

חֶפְצִי־בָהּ pr.n. f. (343) from n.m.s.-1 c.s. sf. (343)-prep.-3 f.s. sf. *Hephzibah (my delight is in her)*

וּלְאַרְצֵךְ conj.-prep.-n.f.s.-2 f.s. sf. (75) *and your land*

בְּעוּלָה Qal pass.ptc. f.s. (127) *married*

כִּי־ conj. *for*

חָפֵץ Qal pf. 3 m.s. (342) *delights*

יְהוָה pr.n. (217) *Yahweh*

בָּךְ prep.-2 f.s. sf. *in you*

וְאַרְצֵךְ conj.-n.f.s.-2 f.s. sf. (75) *and your land*

תִּבָּעֵל Ni. impf. 3 f.s. (127) *shall be married*

62:5

כִּי־ conj. *for*

יִבְעַל Qal impf. 3 m.s. (127) *marries*

בָּחוּר n.m.s. (104) *a young man*

בְּתוּלָה n.f.s. (143) *a virgin*

יִבְעָלוּךְ Qal impf. 3 m.p.-2 f.s. sf. (127) *shall marry you*

בָּנָיִךְ n.m.p.-2 f.s. sf. paus. (119) *your sons*

וּמְשׂוֹשׂ conj.-n.m.s. cstr. (965) *and (joy of) rejoices*

חָתָן n.m.s. (368) *the bridegroom*

עַל־כַּלָּה prep.-n.f.s. (483) *over the bride*

יָשִׂישׂ Qal impf. 3 m.s. (965) *shall rejoice*

עָלַיִךְ prep.-2 f.s. sf. *over you*

אֱלֹהָיִךְ n.m.p.-2 f.s. sf. (43) *your God*

62:6

עַל־חוֹמֹתַיִךְ prep.-n.f.p.-2 f.s. sf. (327) *upon your walls*

יְרוּשָׁלַם pr.n. (436) *O Jerusalem*

הִפְקַדְתִּי Hi. pf. 1 c.s. (823) *I have set*

שֹׁמְרִים Qal act.ptc. m.p. (1036) *watchmen*

כָּל־הַיּוֹם n.m.s. cstr. (481)-def.art.-n.m.s. (398) *all the day*

וְכָל־הַלַּיְלָה conj.-n.m.s. cstr. (481)-def.art.-n.m.s. (538) *and all the night*

תָּמִיד n.m.s. (556) *ever*

לֹא יֶחֱשׁוּ neg.-Qal impf. 3 m.p. (364) *they shall not be silent*

189

הַמַּזְכִּרִים def.art.-Hi. ptc. m.p. (269) *you who put in remembrance*

אֶת־יהוה dir.obj.-pr.n. (217) *Yahweh*

אַל־דֳּמִי neg.-n.m.s. (198) *no rest*

לָכֶם prep.-2 m.p. sf. *(to you)*

62:7

וְאַל־תִּתְּנוּ conj.-neg.-Qal impf. 2 m.p. (נָתַן 678) *and give no*

דֳּמִי לוֹ n.m.s. (198)-prep.-3 m.s. sf. *rest (to) him*

עַד־ prep. (III 723) *until*

יְכוֹנֵן Polel impf. 3 m.s. (כּוּן 465) *he establishes*

וְעַד־יָשִׂים conj.-v.supra-Qal impf. 3 m.s. (962) *and makes*

אֶת־יְרוּשָׁלַ͏ִם dir.obj.-pr.n. (436) *Jerusalem*

תְּהִלָּה n.f.s. (239) *a praise*

בָּאָרֶץ prep.-def.art.-n.f.s. (75) *in the earth*

62:8

נִשְׁבַּע Ni. pf. 3 m.s. (989) *has sworn*

יהוה pr.n. (217) *Yahweh*

בִּימִינוֹ prep.-n.f.s.-3 m.s. sf. (411) *by his right hand*

וּבִזְרוֹעַ conj.-prep.-n.f.s. cstr. (283) *and by ... arm*

עֻזּוֹ n.m.s.-3 m.s. sf. (738) *his mighty*

אִם־ hypoth.part. (49,b,(2)) *not*

אֶתֵּן Qal impf. 1 c.s. (נָתַן 678) *I will give*

אֶת־דְּגָנֵךְ dir.obj.-n.m.s.-2 f.s. sf. (186) *your grain*

עוֹד adv, (728) *again*

מַאֲכָל n.m.s. (38) *food*

לְאֹיְבַיִךְ prep.-Qal act.ptc. m.p.-2 f.s. sf. (33) *for your enemies*

וְאִם־יִשְׁתּוּ conj.-v.supra-Qal impf. 3 m.p. (שָׁתָה 1059) *and ... shall not drink*

בְּנֵי־נֵכָר n.m.p. cstr. (119)-n.m.s. (648) *foreigners*

תִּירוֹשֵׁךְ n.m.s.-2 f.s. sf. (44) *your wine*

אֲשֶׁר rel. (81) *for which*

יָגַעַתְּ Qal pf. 2 f.s. (388) *you have labored*

בּוֹ prep.-3 m.s. sf. *(for it)*

62:9

כִּי conj. *but*

מְאַסְפָיו Pi. ptc. m.p.-3 m.s. sf. (62; GK 20m,52p) *those who garner it*

יֹאכְלֻהוּ Qal impf. 3 m.p.-3 m.s. sf. (37) *shall eat it*

וְהִלְלוּ conj.-Pi. pf. 3 m.p. (II 237) *and praise*

אֶת־יהוה dir.obj.-pr.n. (217) *Yahweh*

וּמְקַבְּצָיו conj.-Pi. ptc. m.p.-3 m.s. sf. (867) *and those who gather it*

יִשְׁתֻּהוּ Qal impf. 3 m.p.-3 m.s. sf. (שָׁתָה 1059) *shall drink it*

בְּחַצְרוֹת prep.-n.f.p. cstr. (I 346) *in the courts of*

קָדְשִׁי n.m.s.-1 c.s. sf. (871) *my sanctuary*

62:10

עִבְרוּ Qal impv. 2 m.p. (716) *go through*

עִבְרוּ v.supra *go through*

בַּשְּׁעָרִים prep.-def.art.-n.m.p. (1044) *the gates*

פַּנּוּ Pi. impv. 2 m.p. (815) *prepare*

דֶּרֶךְ n.m.s. cstr. (202) *the way for*

הָעָם def.art.-n.m.s. (I 766) *the people*

סֹלּוּ Qal impv. 2 m.p. (סָלַל I 699) *build up*

סֹלּוּ v.supra *build up*

הַמְסִלָּה def.art.-n.f.s. (700) *the highway*

סַקְּלוּ Pi. impv. 2 m.p. (709) *clear it*

מֵאֶבֶן prep.-n.f.s. (6) *of stones*

הָרִימוּ Hi. impv. 2 m.p. (926) *lift up*

נֵס n.m.s. (651) *an ensign*

עַל־הָעַמִּים prep.-def.art.-n.m.p. (I 766) *over the peoples*

62:11

הִנֵּה interj. (243) *behold*

יהוה pr.n. (217) *Yahweh*

הִשְׁמִיעַ Hi. pf. 3 m.s. (1033) *has proclaimed*

אֶל־קְצֵה prep.-n.m.s. cstr. (892) *to the end of*

הָאָרֶץ def.art.-n.f.s. (75) *the earth*

אִמְרוּ Qal impv. 2 m.p. (55) *say*

לְבַת־ prep.-n.f.s. cstr. (I 123) *to the daughter of*

צִיּוֹן pr.n. (851) *Zion*

הִנֵּה v.supra *behold*

יִשְׁעֵךְ n.m.s.-2 f.s. sf. (447) *your salvation*

בָּא Qal pf. 3 m.s. or Qal act.ptc. (97) *comes*

הִנֵּה v.supra *behold*

שְׂכָרוֹ n.m.s.-3 m.s. sf. (I 969) *his reward*

אִתּוֹ prep.-3 m.s. sf. (85) *with him*

וּפְעֻלָּתוֹ conj.-n.f.s.-3 m.s. sf. (821) *and his recompense*

לְפָנָיו prep.-n.m.p.-3 m.s. sf. (815) *before him*

62:12

וְקָרְאוּ conj.-Qal pf. 3 c.p. (894) *and they shall be called*

לָהֶם prep.-3 m.p. sf. *(to them)*

עַם־ n.m.s. cstr. (I 766) *the people*

הַקֹּדֶשׁ def.art.-n.m.s. (871) *holy*

גְּאוּלֵי Qal pass.ptc. m.p. cstr. (I 145) *the redeemed of*

יהוה pr.n. (217) *Yahweh*

וְלָךְ conj.-prep.-2 f.s. sf. *and (to) you*

יִקָּרֵא Ni. impf. 3 m.s. (894) *shall be called*

דְּרוּשָׁה Qal pass.ptc. f.s. (205) *sought out*

עִיר n.f.s. (746) *a city*

לֹא נֶעֱזָבָה neg.-Ni. ptc. f.s. (I 736; GK 152aN) *not forsaken*

63:1

מִי־זֶה interr. (566)-demons.adj. m.s. (260) *who is this*

בָּא Qal act.ptc. (בוא 97) *that comes*

מֵאֱדוֹם prep.-pr.n. (10) *from Edom*

חֲמוּץ Qal pass.ptc. cstr. (II 330) *in crimsoned*

בְּגָדִים n.m.p. (93) *garments*

מִבָּצְרָה prep.-pr.n. (II 131) *from Bozrah*

זֶה v.supra *he that is*

הָדוּר Qal pass.ptc. (213) *glorious*

בִּלְבוּשׁוֹ prep.-n.m.s.-3 m.s. sf. (528) *in his apparel*

צֹעֶה Qal act.ptc. (858) *marching (bending)*

בְּרֹב prep.-adj. cstr. (913) *in the greatness of*

כֹּחוֹ n.m.s.-3 m.s. sf. (470) *his strength*

אֲנִי pers.pr. 1 c.s. (I 58) *it is I*

מְדַבֵּר Pi. ptc. (180) *announcing*

בִּצְדָקָה prep.-n.f.s. (842) *vindication*

רַב adj. (I 912) *mighty*

לְהוֹשִׁיעַ prep.-Hi. inf.cstr. (446) *to save*

63:2

מַדּוּעַ adv. (396) *why*

אָדֹם adj. (10) *red*

לִלְבוּשֶׁךָ prep.-n.m.s.-2 m.s. sf. (528) *thy apparel*

וּבְגָדֶיךָ conj.-n.m.p.-2 m.s. sf. (93) *and thy garments*

כְּדֹרֵךְ prep.-Qal act.ptc. (201) *like his that treads*

בְּגַת prep.-n.f.s. (I 387) *in the wine press*

63:3

פּוּרָה n.f.s. (807) *the wine press*

דָּרַכְתִּי Qal pf. 1 c.s. (201) *I have trodden*

לְבַדִּי prep.-n.m.s.-1 c.s. sf. (II 94) *alone*

וּמֵעַמִּים conj.-prep.-n.m.p. (I 766) *and from the peoples*

אֵין־אִישׁ n.m.s. cstr. (II 34)-n.m.s. (35) *no one was*

אִתִּי prep.-1 c.s. sf. *with me*

וְאֶדְרְכֵם conj.-Qal impf. 1 c.s.-3 m.p. sf. (201) *I trod them*

בְּאַפִּי prep.-n.m.s.-1 c.s. sf. (I 60) *in my anger*

וְאֶרְמְסֵם conj.-Qal impf. 1 c.s.-3 m.p. sf. (942; GK 107bN) *and trampled them*

בַּחֲמָתִי prep.-n.f.s.-1 c.s. sf. (404) *in my wrath*

וְיֵז conj.-Qal impf. 3 m.s. (I 633; GK 76c) *and is sprinkled*

נִצְחָם n.m.s.-3 m.p. sf. (II 664) *their lifeblood*

עַל־בְּגָדַי prep.-n.m.p.-1 c.s. sf. (93) *upon my garments*

וְכָל־ conj.-n.m.s. cstr. (481) *and ... all*

מַלְבּוּשַׁי n.m.p.-1 c.s. sf. (528) *my raiment*

אֶגְאָלְתִּי Hi. pf. 1 c.s. (II 146; GK 53p) *I have stained*

63:4

כִּי conj. *for*

יוֹם n.m.s. cstr. (398) *the day of*

נָקָם n.m.s. (668) *vengeance*

בְּלִבִּי prep.-n.m.s.-1 c.s. sf. (523) *in my heart*

וּשְׁנַת conj.-n.f.s. cstr. (1040) *and ... year of*

גְּאוּלַי Qal pass.ptc. m.p.-1 c.s. sf. (I 145) *my redemption*

בָּאָה Qal pf. 3 f.s. (97) *has come*

63:5

וְאַבִּיט conj.-Hi. impf. 1 c.s. (נבט 613) *I looked*

וְאֵין conj.-n.m.s. cstr. (II 34) *but there was no one*

עֹזֵר Qal act.ptc. (740) *to help*

וְאֶשְׁתּוֹמֵם conj.-Hithpo'el impf. 1 c.s. (1030) *I was appalled*

וְאֵין v.supra *but there was no one*

סוֹמֵךְ Qal act.ptc. (701) *to uphold*

וַתּוֹשַׁע consec.-Hi. impf. 3 f.s. (ישׁע 446) *so brought victory*

לִי prep.-1 c.s. sf. *(to) me*

זְרֹעִי n.f.s.-1 c.s. sf. (283) *my arm*

וַחֲמָתִי הִיא conj.-n.f.s.-1 c.s. sf. (404)-demons. adj. f.s. (214) *and my wrath*

סְמָכָתְנִי Qal pf. 3 f.s.-1 c.s. sf. (701) *upheld me*

63:6

וְאָבוּס conj.-Qal impf. 1 c.s. (100) *I trod down*

עַמִּים n.m.p. (I 766) *the peoples*

בְּאַפִּי prep.-n.m.s.-1 c.s. sf. (I 60) *in my anger*

וַאֲשַׁכְּרֵם conj.-Pi. impf. 1 c.s.-3 m.p. sf. (I 1016) *I made them drunk*

בַּחֲמָתִי prep.-n.f.s.-1 c.s. sf. (404) *in my wrath*

וְאוֹרִיד conj.-Hi. impf. 1 c.s. (432) *and I poured out*

לָאָרֶץ prep.-def.art.-n.f.s. (75) *on the earth*

נִצְחָם v.63:3 n.m.s.-3 m.p. sf. (II 664) *their lifeblood*

63:7

חַסְדֵי n.m.p. cstr. (338) *the steadfast love of*

יהוה pr.n. (217) *Yahweh*

אַזְכִּיר Hi. impf. 1 c.s. (269) *I will recount*

191

תְּהִלֹּת n.f.p. cstr. (239) *the praises of*

יהוה pr.n. (217) *Yahweh*

כְּעַל כֹּל prep.-prep.-n.m.s. (481) *according to all*

אֲשֶׁר־גְּמָלָנוּ rel. (81)-Qal pf. 3 m.s.-1 c.p. sf. (168) *that … has granted us*

יהוה pr.n. (217) *Yahweh*

וְרַב־טוּב conj.-adj. m.s. cstr. (I 912)-n.m.s. (375) *and the great goodness*

לְבֵית prep.-n.m.s. cstr. (108) *to the house of*

יִשְׂרָאֵל pr.n. (975) *Israel*

אֲשֶׁר־גְּמָלָם rel. (81)-Qal pf. 3 m.s.-3 m.p. sf. (168) *which he has granted them*

כְּרַחֲמָיו prep.-n.m.p.-3 m.s. sf. (933) *according to his mercy*

וּכְרֹב conj.-prep.-adj. cstr. (913) *according to the abundance of*

חֲסָדָיו n.m.p.-3 m.s. sf. (338) *his steadfast love*

63:8

וַיֹּאמֶר consec.-Qal impf. 3 m.s. (55) *for he said*

אַךְ־ adv. (36) *surely*

עַמִּי n.m.s.-1 c.s. sf. (I 766) *my people*

הֵמָּה pers.pr. 3 m.p. (241) *they*

בָּנִים n.m.p. (119) *sons*

לֹא יְשַׁקֵּרוּ neg.-Pi. impf. 3 m.p. paus. (1055) *who will not deal falsely*

וַיְהִי consec.-Qal impf. 3 m.s. (הָיָה 224) *and he became*

לָהֶם prep.-3 m.p. sf. *their (to them)*

לְמוֹשִׁיעַ prep.-Hi. ptc. (446) *Savior*

63:9

בְּכָל־ prep.-n.m.s. cstr. (481) *in all*

צָרָתָם n.f.s.-3 m.p. sf. (865) *their affliction*

לֹא צָר neg.-n.m.s. (II 865) *he was afflicted (he did not afflict)*

וּמַלְאַךְ conj.-n.m.s. cstr. (521) *and the angel of*

פָּנָיו n.m.p.-3 m.s. sf. (815) *his presence*

הוֹשִׁיעָם Hi. pf. 3 m.s.-3 m.p. sf. (446) *saved them*

בְּאַהֲבָתוֹ prep.-n.f.s.-3 m.s. sf. (13) *in his love*

וּבְחֶמְלָתוֹ conj.-prep.-n.m.s.-3 m.s. sf. (328) *and in his pity*

הוּא גְאָלָם pers.pr. 3 m.s. (214)-Qal pf. 3 m.s.-3 m.p. sf. (I 145) *he redeemed them*

וַיְנַטְּלֵם consec.-Pi. impf. 3 m.s.-3 m.p. sf. (642) *he lifted them up*

וַיְנַשְּׂאֵם consec.-Pi. impf. 3 m.s.-3 m.p. sf. (669) *and carried them*

כָּל־יְמֵי n.m.s. cstr. (481)-n.m.p. cstr. (398) *all the days of*

עוֹלָם n.m.s. (761) *old*

63:10

וְהֵמָּה conj.-pers.pr. 3 m.p. (241) *but they*

מָרוּ Qal pf. 3 c.p. (מָרָה 598) *rebelled*

וְעִצְּבוּ conj.-Pi. pf. 3 c.p. (I 780) *and grieved*

אֶת־רוּחַ dir.obj.-n.f.s. cstr. (924) *spirit (of)*

קָדְשׁוֹ n.m.s.-3 m.s. sf. (871) *his holy*

וַיֵּהָפֵךְ consec.-Ni. impf. 3 m.s. (245) *therefore he turned*

לָהֶם prep.-3 m.p. sf. *to be their*

לְאוֹיֵב prep.-Qal act.ptc. (33) *enemy*

הוּא pers.pr. 3 m.s. (214) *and himself*

נִלְחָם־ Ni. pf. 3 m.s. (535) *fought*

בָּם prep.-3 m.p. sf. *against them*

63:11

וַיִּזְכֹּר consec.-Qal impf. 3 m.s. (269) *then he remembered*

יְמֵי־עוֹלָם v.63:9 *the days of old*

מֹשֶׁה pr.n. (602; GK 128c) *Moses*

עַמּוֹ n.m.s.-3 m.s. sf. (I 766) *his servant (people)*

אַיֵּה interr.adv. (32) *where*

הַמַּעֲלֵם def.art.-Hi. ptc.-3 m.p. sf. (748) *he who brought (them) up*

מִיָּם prep.-n.m.s. (410) *out of the sea*

אֵת רֹעֵי dir.obj.-Qal act.ptc. m.p. cstr. (I 944) *the shepherds of*

צֹאנוֹ n.f.s.-3 m.s. sf. (838) *his flock*

אַיֵּה v.supra *where*

הַשָּׂם def.art.-Qal act.ptc. (962) *he who put*

בְּקִרְבּוֹ prep.-n.m.s.-3 m.s. sf. (899) *in the midst of them*

אֶת־רוּחַ קָדְשׁוֹ dir.obj.-v.63:10 *his holy Spirit*

63:12

מוֹלִיךְ Hi. ptc. (הָלַךְ 229) *who caused … to go*

לִימִין prep.-n.f.s. cstr. (411) *at the right hand of*

מֹשֶׁה pr.n. (602) *Moses*

זְרוֹעַ n.f.s. cstr. (283) *arm (of)*

תִּפְאַרְתּוֹ n.f.s.-3 m.s. sf. (802) *his glorious*

בּוֹקֵעַ Qal act.ptc. (131) *who divided*

מַיִם n.m.p. (565) *the waters*

מִפְּנֵיהֶם prep.-n.m.p.-3 m.p. sf. (815) *before them*

לַעֲשׂוֹת prep.-Qal inf.cstr. (I 793) *to make*

לוֹ prep.-3 m.s. sf. *for himself*

שֵׁם עוֹלָם n.m.s. (1027)-n.m.s. (761) *an everlasting name*

63:13

מוֹלִיכָם Hi. ptc.-3 m.p. sf. (229) *who led them*

בַּתְּהֹמוֹת prep.-def.art.-n.f.p. (1062) *through the depths*

כַּסּוּס prep.-def.art.-n.m.s. (692) *like a horse*

בַּמִּדְבָּר prep.-def.art.-n.m.s. (184) *in the desert*

לֹא יִכָּשֵׁלוּ neg.-Ni. impf. 3 m.p. paus. (505) *they did not stumble*

63:14

כַּבְּהֵמָה prep.-def.art.-n.f.s. (96) *like cattle*

בַּבִּקְעָה prep.-def.art.-n.f.s. (132) *into the valley*

תֵּרֵד Qal impf. 3 f.s. (יָרַד 432) *that go down*

רוּחַ יהוה n.f.s. cstr. (924)-pr.n. (217) *the Spirit of Yahweh*

תְּנִיחֶנּוּ Hi. impf. 3 f.s.-3 m.s. sf. (נוּחַ 628) *gave them rest*

כֵּן adv. (485) *So*

נִהַגְתָּ Pi. pf. 2 m.s. (נָהַג 624) *thou didst lead*

עַמְּךָ n.m.s.-2 m.s. sf. (I 766) *thy people*

לַעֲשׂוֹת prep.-Qal inf.cstr. (I 793) *to make*

לְךָ prep.-2 m.s. sf. *for thyself*

שֵׁם n.m.s. cstr. (1027) *a name (of)*

תִּפְאָרֶת n.f.s. paus. (802) *glorious*

63:15

הַבֵּט Hi. impv. 2 m.s. (נָבַט 613) *look down*

מִשָּׁמַיִם prep.-n.m.p. (1029) *from heaven*

וּרְאֵה conj.-Qal impv. 2 m.s. (רָאָה 906) *and see*

מִזְּבֻל prep.-n.m.s. cstr. (259) *from ... habitation (of)*

קָדְשְׁךָ n.m.s.-2 m.s. sf. (871) *thy holy*

וְתִפְאַרְתֶּךָ conj.-n.f.s.-2 m.s. sf. (802) *and glorious*

אַיֵּה adv. (32) *where*

קִנְאָתְךָ n.f.s.-2 m.s. sf. (888) *thy zeal*

וּגְבוּרֹתֶךָ conj.-n.f.p.-2 m.s. sf. (150) *and thy might*

הֲמוֹן n.m.s. cstr. (242) *the yearning of*

מֵעֶיךָ n.m.p.-2 m.s. sf. (588) *thy heart*

וְרַחֲמֶיךָ conj.-n.m.p.-2 m.s. sf. (933) *and thy compassion*

אֵלַי prep.-1 c.s. sf. *from me*

הִתְאַפָּקוּ Hith. pf. 3 m.p. paus. (67) *are withheld*

63:16

כִּי־אַתָּה conj.-pers.pr. 2 m.s. (61) *for thou*

אָבִינוּ n.m.s.-1 c.p. sf. (3) *our Father*

כִּי אַבְרָהָם conj.-pr.n. (4) *though Abraham*

לֹא יְדָעָנוּ neg.-Qal pf. 3 m.s.-1 c.p. sf. (393) *does not know us*

וְיִשְׂרָאֵל conj.-pr.n. (975) *and Israel*

לֹא יַכִּירָנוּ neg.-Hi. impf. 3 m.s.-1 c.p. sf. (747) *does not acknowledge us*

אַתָּה יהוה v.supra-pr.n. (217) *thou, O Yahweh*

אָבִינוּ v.supra *our Father*

גֹּאֲלֵנוּ Qal act.ptc.-1 c.p. sf. (I 145) *our Redeemer*

מֵעוֹלָם prep.-n.m.s. (761) *from of old*

שְׁמֶךָ n.m.s.-2 m.s. sf. (1027) *thy name*

63:17

לָמָּה prep.-interr. (552) *why*

תַתְעֵנוּ Hi. impf. 2 m.s.-1 c.p. sf. (1073) *dost thou make us err*

יהוה pr.n. (217) *O Yahweh*

מִדְּרָכֶיךָ prep.-n.m.p.-2 m.s. sf. (202) *from thy ways*

תַּקְשִׁיחַ Hi. impf. 2 m.s. (905) *harden*

לִבֵּנוּ n.m.s.-1 c.p. sf. (523) *our heart*

מִיִּרְאָתֶךָ prep.-n.f.s.-2 m.s. sf. (432) *so that we fear thee not*

שׁוּב Qal impv. 2 m.s. (996) *Return*

לְמַעַן prep.-subst. (775) *for the sake of*

עֲבָדֶיךָ n.m.p.-2 m.s. sf. (712) *thy servants*

שִׁבְטֵי n.m.p. cstr. (986) *the tribes of*

נַחֲלָתֶךָ n.f.s.-2 m.s. sf. (635) *thy heritage*

63:18

לַמִּצְעָר prep.-def.art.-n.m.s. (I 859) *a little while*

יָרְשׁוּ Qal pf. 3 c.p. (439) *possessed*

עַם־ n.m.s. cstr. (I 766) *people (of)*

קָדְשֶׁךָ n.m.s.-2 m.s. sf. (871) *thy holy*

צָרֵינוּ n.m.p.-1 c.p. sf. (III 865) *our adversaries*

בּוֹסְסוּ Polel pf. 3 c.p. (בּוּס 100) *have trodden down*

מִקְדָּשֶׁךָ n.m.s.-2 m.s. sf. paus. (874) *thy sanctuary*

63:19

הָיִינוּ Qal pf. 3 c.p. (224) *we have become*

מֵעוֹלָם לֹא־ prep.-n.m.s. (761)-neg. *never*

מָשַׁלְתָּ Qal pf. 2 m.s. (605) *thou hast ruled*

בָּם prep.-3 m.p. sf. (GK 155m) *those over whom*

לֹא־נִקְרָא neg.-Ni. ptc. (894) *are not called*

שִׁמְךָ n.m.s.-2 m.s. sf. (1027) *thy name*

עֲלֵיהֶם prep.-3 m.p. sf. *those who*

לוּא־ conj. (530; GK 151e) *O that*

קָרַעְתָּ Qal pf. 2 m.s. (902) *thou wouldst rend*

שָׁמַיִם n.m.p. (1029) *the heavens*

יָרַדְתָּ Qal pf. 2 m.s. (432) *come down*

מִפָּנֶיךָ prep.-n.m.p.-2 m.s. sf. (815) *at thy presence*

הָרִים n.m.p. (249) *the mountains*

נָזֹלּוּ Ni. pf. 3 c.p. (זָלַל I 272) *might quake*

64:1

כִּקְדֹחַ prep.-Qal inf.cstr. (869) *as when ... kindles*

אֵשׁ n.f.s. (77) *fire*

193

הַמָּסִים n.m.p. (243) *brushwood*

מַיִם n.m.p. (565) *water*

תִּבְעֶה־ Qal impf. 3 f.s. (126) *causes to boil*

אֵשׁ v.supra *the fire*

לְהוֹדִיעַ prep.-Hi. inf.cstr. (יָדַע 393) *to make known*

שִׁמְךָ n.m.s.-2 m.s. sf. (1027) *thy name*

לְצָרֶיךָ prep.-n.m.p.-2 m.s. sf. (III 865) *to thy adversaries*

מִפָּנֶיךָ prep.-n.m.p.-2 m.s. sf. (815) *at thy presence*

גּוֹיִם n.m.p. (156) *the nations*

יִרְגָּזוּ Qal impf. 3 m.p. (919) *might tremble*

64:2

בַּעֲשׂוֹתְךָ prep.-Qal inf.cstr.-2 m.s. sf. (I 793) *when thou didst*

נוֹרָאוֹת Ni. ptc. f.p. (431) *terrible things*

לֹא נְקַוֶּה neg.-Pi. impf. 1 c.p. (I 875) *which we looked not for*

יָרַדְתָּ Qal pf. 2 m.s. (יָרַד 432) *thou camest down*

מִפָּנֶיךָ prep.-n.m.p.-2 m.s. sf. (815) *at thy presence*

הָרִים n.m.p. (249) *the mountains*

נָזֹלּוּ Ni. pf. 3 c.p. (זָלַל 272) *quaked*

64:3

וּמֵעוֹלָם conj.-prep.-n.m.s. (761) *from of old*

לֹא־שָׁמְעוּ neg.-Qal pf. 3 c.p. (1033) *no one has heard*

לֹא הֶאֱזִינוּ neg.-Hi. pf. 3 c.p. (34) *or perceived by the ear*

עַיִן n.f.s. (744) *eye*

לֹא־רָאָתָה neg.-Qal pf. 3 f.s. (רָאָה 906) *no ... has seen*

אֱלֹהִים n.m.p. (43) *a God*

זוּלָתְךָ prep.-2 m.s. sf. (265) *besides thee*

יַעֲשֶׂה Qal impf. 3 m.s. (I 793; GK 75hh) *who works*

לִמְחַכֵּה־ prep.-Pi. ptc. m.s. cstr. (314) *for those who wait*

לוֹ prep.-3 m.s. sf. *for him*

64:4

פָּגַעְתָּ Qal pf. 2 m.s. (803) *thou meetest*

אֶת־שָׂשׂ dir.obj.-Qal act.ptc. (שׂוּשׂ 965) *that joyfully (one being joyful)*

וְעֹשֵׂה conj.-Qal act.ptc. m.s. cstr. (I 793) *works*

צֶדֶק n.m.s. (841) *righteousness*

בִּדְרָכֶיךָ prep.-n.m.p.-2 m.s. sf. (202) *in thy ways*

יִזְכְּרוּךָ Qal impf. 3 m.p.-2 m.s. sf. (269) *those that remember thee*

הֵן־ interj. (243) *behold*

אַתָּה pers.pr. 2 m.s. (61) *thou*

קָצַפְתָּ Qal pf. 2 m.s. (893) *wast angry*

וַנֶּחֱטָא consec.-Qal impf. 1 c.p. (חָטָא 306) *and we sinned*

בָּהֶם prep.-3 m.p. sf. *(in them) in our sins*

עוֹלָם n.m.s. (761) *a long time*

וְנִוָּשֵׁעַ conj.-Ni. impf. 1 c.p. (יָשַׁע 446) *and shall we be saved*

64:5

וַנְּהִי consec.-Qal impf. 1 c.p. (הָיָה 224) *we have become*

כַּטָּמֵא prep.-def.art.-n.m.s. (379) *like one who is unclean*

כֻּלָּנוּ n.m.s.-1 c.p. sf. (481) *all (of us)*

וּכְבֶגֶד conj.-prep.-n.m.s. cstr. (93) *and like a garment (of)*

עִדִּים n.f.p. (723) *polluted (menstruation)*

כָּל־ n.m.s. cstr. (481) *all (of)*

צִדְקֹתֵינוּ n.f.p.-1 c.p. sf. (842) *righteous deeds*

וַנָּבֶל consec.-Qal impf. 1 c.p. (615) *we fade*

כֶּעָלֶה prep.-def.art.-n.m.s. (750) *like a leaf*

כֻּלָּנוּ v.supra *all (of us)*

וַעֲוֹנֵנוּ conj.-n.m.s.-1 c.p. sf. (730) *and our iniquities*

כָּרוּחַ prep.-def.art.-n.f.s. (924) *like the wind*

יִשָּׂאֻנוּ Qal impf. 3 m.p.-1 c.p. sf. (נָשָׂא 669) *take us away*

64:6

וְאֵין־ conj.-n.m.s. cstr. (II 34) *there is no one*

קוֹרֵא Qal act.ptc. (894) *that calls*

בְשִׁמְךָ prep.-n.m.s.-2 m.s. sf. (1027) *upon thy name*

מִתְעוֹרֵר Hithpolel ptc. (I 734) *that bestirs himself*

לְהַחֲזִיק prep.-Hi. inf.cstr. (304) *to take hold*

בָּךְ prep.-2 m.s. sf. paus. *of thee*

כִּי־הִסְתַּרְתָּ conj.-Hi. pf. 2 m.s. (711) *for thou hast hid*

פָּנֶיךָ n.m.p.-2 m.s. sf. (815) *thy face*

מִמֶּנּוּ prep.-1 c.p. sf. *from us*

וַתְּמוּגֵנוּ consec.-Qal impf. 2 m.s.-1 c.p. sf. (מוג 556; GK 72cc) *and hast delivered (melted) us*

בְּיַד־ prep.-n.f.s. cstr. (388) *into the hand of*

עֲוֹנֵנוּ n.m.s.-1 c.p. sf. (730) *our iniquities*

64:7

וְעַתָּה conj.-adv. (773) *yet*

יהוה pr.n. (217) *O Yahweh*

אָבִינוּ n.m.s.-2 m.s. sf. (3) *our Father*

אַתָּה pers.pr. 2 m.s. paus. (61) *thou art*

אֲנַחְנוּ pers.pr. 1 c.p. (59) *we are*

הַחֹמֶר def.art.-n.m.s. (I 330) *the clay*

וְאַתָּה conj.-v.supra *and thou art*

יֹצְרֵנוּ Qal act.ptc.-1 c.p. sf. (427) *our potter*

וּמַעֲשֵׂה conj.-n.m.s. cstr. (795) *the work of*

יָדְךָ n.f.s.-2 m.s. sf. (388) *thy hand*

כֻּלָּנוּ n.m.s.-1 c.p. sf. (481) *all (of us)*

64:8

אַל־תִּקְצֹף neg.-Qal impf. 2 m.s. (893) *be not angry*

יהוה pr.n. (217) *O Yahweh*

עַד־מְאֹד prep.-adv. (547) *exceedingly*

וְאַל־לָעַד conj.-neg.-prep.-n.m.s. (I 723) *and not ... for ever*

תִּזְכֹּר Qal impf. 2 m.s. (269) *remember*

עָוֹן n.m.s. (730) *iniquity*

הֵן interj. (243) *behold*

הַבֶּט־נָא Hi. impv. 2 m.s. (נבט 613)-part. of entreaty (609) *consider*

עַמְּךָ n.m.s.-2 m.s. sf. (I 766) *thy people*

כֻלָּנוּ n.m.s.-1 c.p. sf. (481) *we are all*

64:9

עָרֵי n.f.p. cstr. (746) *cities (of)*

קָדְשְׁךָ n.m.s.-2 m.s. sf. (871) *thy holy*

הָיוּ Qal pf. 3 c.p. (הָיָה 224) *have become*

מִדְבָּר n.m.s. (184) *a wilderness*

צִיּוֹן pr.n. (851) *Zion*

מִדְבָּר v.supra *a wilderness*

הָיָתָה Qal pf. 3 f.s. paus. (224) *has become*

יְרוּשָׁלִַם pr.n. (436) *Jerusalem*

שְׁמָמָה n.f.s. (1031) *a desolation*

64:10

בֵּית n.m.s. cstr. (108) *house (of)*

קָדְשֵׁנוּ n.m.s.-1 c.p. sf. (871) *our holy*

וְתִפְאַרְתֵּנוּ conj.-n.f.s.-1 c.p. sf. (802) *and (our) beautiful*

אֲשֶׁר rel. (81) *where*

הִלְלוּךָ Pi. pf. 3 c.p.-2 m.s. sf. (II 237) *praised thee*

אֲבֹתֵינוּ n.m.p.-1 c.p. sf. (3) *our fathers*

הָיָה Qal pf. 3 m.s. (224) *has been*

לִשְׂרֵפַת prep.-n.f.s. cstr. (977) *burned by (for burning of)*

אֵשׁ n.f.s. (77) *fire*

וְכָל־ conj.-n.m.s. cstr. (481) *and all*

מַחֲמַדֵּינוּ n.m.p.-1 c.p. sf. (326) *our pleasant places*

יָהָיָה v.supra *have become*

לְחָרְבָּה prep.-n.f.s. (352) *ruins*

64:11

הַעַל־אֵלֶּה interr.part.-prep.-demons.adj. m.p. (41) *wilt ... at these things*

תִּתְאַפַּק Hith. impf. 2 m.s. (67) *thou restrain thyself*

יהוה pr.n. (217) *O Yahweh*

תֶּחֱשֶׁה Qal impf. 2 m.s. (364) *wilt thou keep silent*

וּתְעַנֵּנוּ conj.-Pi. impf. 2 m.s.-1 c.p. sf. (III 776) *and afflict us*

עַד־מְאֹד v.64:8 prep.-adv. (547) *sorely*

65:1

נִדְרַשְׁתִּי Ni. pf. 1 c.s. (205; GK 51c) *I was ready to be sought*

לְלוֹא שָׁאָלוּ prep.-neg.-Qal pf. 3 c.p. paus. (981; GK 155n) *by those who did not ask*

נִמְצֵאתִי Ni. pf. 1 c.s. (592) *I was ready to be found*

לְלֹא בִקְשֻׁנִי prep.-neg.-Pi. pf. 3 c.p.-1 c.s. sf. (134) *by those who did not seek me*

אָמַרְתִּי Qal pf. 1 c.s. (55) *I said*

הִנֵּנִי interj.-1 c.s. sf. (243) *here am I*

הִנֵּנִי v.supra *here am I*

אֶל־גּוֹי prep.-n.m.s. (156) *to a nation*

לֹא־קֹרָא neg.-Pu. pf. 3 m.s. (894) *that did not call*

בִשְׁמִי prep.-n.m.s.-1 c.s. sf. (1027) *on my name*

65:2

פֵּרַשְׂתִּי Pi. pf. 1 c.s. (831) *I spread out*

יָדַי n.f.p.-1 c.s. sf. (388) *my hands*

כָּל־הַיּוֹם n.m.s. cstr. (481)-def.art.-n.m.s. (398) *all the day*

אֶל־עַם prep.-n.m.s. (I 766) *to a ... people*

סוֹרֵר Qal act.ptc. m.s. (710) *rebellious*

הַהֹלְכִים def.art.-Qal act.ptc. m.p. (הָלַךְ 229) *who walk*

הַדֶּרֶךְ def.art.-n.m.s. (202) *in a way*

לֹא־טוֹב neg.-adj. m.s. (I 373; GK 126z) *that is not good*

אַחַר prep. (29) *following*

מַחְשְׁבֹתֵיהֶם n.f.p.-3 m.p. sf. (364) *their own devices*

65:3

הָעָם def.art.-n.m.s. (I 766) *a people*

הַמַּכְעִיסִים def.art.-Hi. ptc. m.p. (494) *who provoke*

195

אוֹתִי dir.obj.-1 c.s. sf. *me*

עַל־פָּנַי prep.-n.m.p.-1 c.s. sf. (815) *to my face*

תָּמִיד n.m. as adv. (556) *continually*

זֹבְחִים Qal act.ptc. m.p. (256) *sacrificing*

בַּגַּנּוֹת prep.-def.art.-n.f.p. (171) *in gardens*

וּמְקַטְּרִים conj.-Pi. ptc. m.p. (882) *and burning incense*

עַל־הַלְּבֵנִים prep.-def.art.-n.f.p. (527) *upon bricks*

65:4

הַיֹּשְׁבִים def.art.-Qal act.ptc. m.p. (442) *who sit*

בַּקְּבָרִים prep.-def.art.-n.m.p. (868) *in tombs*

וּבַנְּצוּרִים conj.-prep.-def.art.-Qal pass.ptc. m.p. (I 665) *and in secret places*

יָלִינוּ Qal impf. 3 m.p. (533) *spend the night*

הָאֹכְלִים def.art.-Qal act.ptc. m.p. (37) *who eat*

בְּשַׂר n.m.s. cstr. (142) *the flesh of*

הַחֲזִיר def.art.-n.m.s. (306) *swine*

וּפְרַק conj.-n.m.s. cstr. (830) *and broth of*

פִּגֻּלִים n.m.p. (803) *abominable things*

כְּלֵיהֶם n.m.p.-3 m.p. sf. (479) *in their vessels*

65:5

הָאֹמְרִים def.art.-Qal act.ptc. m.p. (55) *who say*

קְרַב Qal impv. 2 m.s. (897) *keep*

אֵלֶיךָ prep.-2 m.s. sf. *to yourself*

אַל־תִּגַּשׁ־ neg.-Qal impf. 2 m.s. (נגשׁ 620) *do not come near*

בִּי prep.-1 c.s. sf. *me*

כִּי קְדַשְׁתִּיךָ conj.-Qal pf. 1 c.s.-2 m.s. sf. (872) *for I am set apart from you*

אֵלֶּה demons.adj. m.p. (41) *these*

עָשָׁן n.m.s. (I 798; GK 117x) *a smoke*

בְּאַפִּי prep.-n.m.s.-1 c.s. sf. (I 60) *in my nostrils*

אֵשׁ n.f.s. (77) *a fire*

יֹקֶדֶת Qal act.ptc. f.s. (428) *that burns*

כָּל־הַיּוֹם n.m.s. cstr. (481)-def.art.-n.m.s. (398) *all the day*

65:6

הִנֵּה interj. (243) *behold*

כְתוּבָה Qal pass.ptc. f.s. (507) *it is written*

לְפָנָי prep.-n.m.p.-1 c.s. sf. (815) *before me*

לֹא אֶחֱשֶׂה neg.-Qal impf. 1 c.s. (364) *I will not keep silent*

כִּי אִם־ conj.-hypoth.part. (49) *but*

שִׁלַּמְתִּי Pi. pf. 1 c.s. (1022) *I will repay*

וְשִׁלַּמְתִּי conj.-v.supra *yea, I will repay*

עַל־חֵיקָם prep.-n.m.s.-3 m.p. sf. (300) *into their bosom*

65:7

עֲוֹנֹתֵיכֶם n.f.p.-2 m.p. sf. (730) *their iniquities*

וַעֲוֹנֹת conj.-n.f.p. cstr. (730) *and iniquities (of)*

אֲבוֹתֵיכֶם n.m.p.-2 m.p. sf. (3) *their father's*

יַחְדָּו adv. (403) *together*

אָמַר Qal pf. 3 m.s. (55) *says*

יהוה pr.n. (217) *Yahweh*

אֲשֶׁר rel. (81) *because*

קִטְּרוּ Pi. pf. 3 c.p. (882) *they burned incense*

עַל־הֶהָרִים prep.-def.art.-n.m.p. (249) *upon the mountains*

וְעַל־הַגְּבָעוֹת conj.-prep.-def.art.-n.f.p. (148) *and upon the hills*

חֵרְפוּנִי Pi. pf. 3 c.p.-1 c.s. sf. (חרף 357) *reviled me*

וּמַדֹּתִי conj.-Qal pf. 1 c.s. (מדד 551) *I will measure*

פְעֻלָּתָם n.f.s.-3 m.p. sf. (821) *for their doings*

רִאשֹׁנָה adj. f.s. (911) *former*

עַל־חֵיקָם prep.-n.m.s.-3 m.p. sf. (300) *into their bosom*

65:8

כֹּה adv. (462) *thus*

אָמַר Qal pf. 3 m.s. (55) *says*

יהוה pr.n. (217) *Yahweh*

כַּאֲשֶׁר prep.-rel. (81) *as*

יִמָּצֵא Ni. impf. 3 m.s. (592) *is found*

הַתִּירוֹשׁ def.art.-n.m.s. (440) *the wine*

בָּאֶשְׁכּוֹל prep.-def.art.-n.m.s. (79) *in the cluster*

וְאָמַר conj.-Qal pf. 3 m.s. (55) *and they say*

אַל־תַּשְׁחִיתֵהוּ neg.-Hi. impf. 2 m.s.-3 m.s. sf. (1007) *do not destroy it*

כִּי conj. *for*

בְרָכָה n.f.s. (139) *a blessing*

בּוֹ prep.-3 m.s. sf. *in it*

כֵּן adv. (485) *so*

אֶעֱשֶׂה Qal impf. 1 c.s. (עשׂה I 793) *I will do*

לְמַעַן prep. (775) *for ... sake*

עֲבָדַי n.m.p.-1 c.s. sf. (712) *my servants'*

לְבִלְתִּי prep.-neg. *and not*

הַשְׁחִית Hi. inf.cstr. (1007) *destroy*

הַכֹּל def.art.-n.m.s. (481) *all*

65:9

וְהוֹצֵאתִי conj.-Hi. pf. 1 c.s. (יצא 422) *I will bring forth*

מִיַּעֲקֹב prep.-pr.n. (784) *from Jacob*

זֶרַע n.m.s. (282) *descendants*

וּמִיהוּדָה conj.-prep.-pr.n. (397) *and from Judah*

יוֹרֵשׁ Qal act.ptc. m.s. cstr. (439) *inheritors of*

הָרָי n.m.p.-1 c.s. sf. (249) *my mountains*

וִירֵשׁוּהָ conj.-Qal impf. 3 m.p.-3 f.s. sf. (יָרַשׁ 439) *shall inherit it*

בְחִירַי n.m.p.-1 c.s. sf. (104) *my chosen*

וַעֲבָדַי conj.-n.m.p.-1 c.s. sf. (712) *and my servants*

יִשְׁכְּנוּ־ Qal impf. 3 m.p. (שָׁכַן 1014) *shall dwell*

שָׁמָּה adv. (1027) *there*

65:10

וְהָיָה conj.-Qal pf. 3 m.s. (224) *shall become*

הַשָּׁרוֹן def.art.-pr.n. (450) *Sharon*

לִנְוֵה־ prep.-n.m.s. cstr. (627) *a pasture for*

צֹאן n.f.s. (838) *flocks*

וְעֵמֶק conj.-n.m.s. cstr. (770) *and the Valley of*

עָכוֹר n.m.s. (747) *Achor (trouble)*

לְרֵבֶץ prep.-n.m.s. cstr. (918) *a place for ... to lie down*

בָּקָר n.m.s. (133) *herds*

לְעַמִּי prep.-n.m.s.-1 c.s. sf. (I 766) *for my people*

אֲשֶׁר rel. (81) *who*

דְּרָשׁוּנִי Qal pf. 3 c.p.-1 c.s. sf. (דָּרַשׁ 205) *have sought me*

65:11

וְאַתֶּם conj.-pers.pr. 2 m.p. (61) *but you*

עֹזְבֵי Qal act.ptc. m.p. cstr. (I 736) *who forsake*

יהוה pr.n. (217) *Yahweh*

הַשְּׁכֵחִים def.art.-Qal act.ptc. m.p. (1013) *who forget*

אֶת־הַר dir.obj.-n.m.s. cstr. (249) *mountain (of)*

קָדְשִׁי n.m.s.-1 c.s. sf. (871) *my holy*

הַעֹרְכִים def.art.-Qal act.ptc. m.p. (789; GK 35g) *who set*

לַגַּד prep.-def.art.-n.m.s. (II 151) *for Fortune (Gad)*

שֻׁלְחָן n.m.s. (1020) *a table*

וְהַמְמַלְאִים conj.-def.art.-Pi. ptc. m.p. (מָלֵא 569) *and fill*

לַמְנִי prep.-def.art.-pr.n. (584) *for Destiny (Meni, god of fate)*

מִמְסָךְ n.m.s. (587) *cups of mixed wine*

65:12

וּמָנִיתִי conj.-Qal pf. 1 c.s. (מָנָה 584) *I will destine*

אֶתְכֶם dir.obj.-2 m.p. sf. *you*

לַחֶרֶב prep.-def.art.-n.f.s. (352) *to the sword*

וְכֻלְּכֶם conj.-n.m.s.-2 m.p. sf. (481) *and all of you*

אֲשֶׁר rel. (81) *who*

לַטֶּבַח prep.-def.art.-n.m.s. (I 370) *to the slaughter*

תִּכְרָעוּ Qal impf. 2 m.p. paus. (502) *shall bow down*

יַעַן conj. (774) *because*

קָרָאתִי Qal pf. 1 c.s. (894) *when I called*

וְלֹא conj.-neg. *not*

עֲנִיתֶם Qal pf. 2 m.p. (עָנָה I 772) *you did ... answer*

דִּבַּרְתִּי Pi. pf. 1 c.s. (180) *when I spoke*

וְלֹא שְׁמַעְתֶּם conj.-neg.-Qal pf. 2 m.p. (1033) *you did not listen*

וַתַּעֲשׂוּ consec.-Qal impf. 2 m.p. (עָשָׂה I 793) *but you did*

הָרַע def.art.-n.m.s. (948) *what was evil*

בְּעֵינַי prep.-n.f.p.-1 c.s. sf. (744) *in my eyes*

וּבַאֲשֶׁר conj.-prep.-rel. (81) *and what*

לֹא־חָפַצְתִּי neg.-Qal pf. 1 c.s. (342) *I did not delight in*

בְּחַרְתֶּם Qal pf. 2 m.p. (103) *(you) chose*

65:13

לָכֵן prep.-adv. (485) *therefore*

כֹּה־ adv. (462) *thus*

אָמַר Qal pf. 3 m.s. (55) *says*

אֲדֹנָי n.m.p.-1 c.s. sf. (10) *the Lord*

יהוה pr.n. (217) *Yahweh*

הִנֵּה interj. (243) *behold*

עֲבָדַי n.m.p.-1 c.s. sf. (712) *my servants*

יֹאכֵלוּ Qal impf. 3 m.p. paus. (37) *shall eat*

וְאַתֶּם conj.-pers.pr. 2 m.p. (61) *but you*

תִּרְעָבוּ Qal impf. 2 m.p. paus. (944) *shall be hungry*

הִנֵּה v.supra *behold*

עֲבָדַי v.supra *my servants*

יִשְׁתּוּ Qal impf. 3 m.p. (שָׁתָה 1059) *shall drink*

וְאַתֶּם v.supra *but you*

תִּצְמָאוּ Qal impf. 2 m.p. paus. (854) *shall be thirsty*

הִנֵּה v.supra *behold*

עֲבָדַי v.supra *my servants*

יִשְׂמָחוּ Qal impf. 3 m.p. (970) *shall rejoice*

וְאַתֶּם v.supra *but you*

תֵּבֹשׁוּ Qal impf. 2 m.p. (101) *shall be put to shame*

65:14

הִנֵּה interj. (243) *behold*

עֲבָדַי v.supra *my servants*

יָרֹנּוּ Qal impf. 3;1 m.p. (רָנַן 943) *shall sing*

מִטּוּב prep.-n.m.s. cstr. (375) *for gladness of*

לֵב n.m.s. (523) *heart*

וְאַתֶּם v.supra *but you*

תִּצְעָקוּ Qal impf. 2 m.p. (858) *shall cry out*

197

מִכְאֵב prep.-n.m.s. cstr. (456) *for pain of*
לֵב v.supra *heart*
וּמִשֵּׁבֶר conj.-prep.-n.m.s. cstr. (I 991) *for anguish of*
רוּחַ n.f.s. (924) *spirit*
תְּיֵלִילוּ Hi. impf. 2 m.p. (יָלַל 410; GK 70d) *shall wail*

65:15

וְהִנַּחְתֶּם conj.-Hi. pf. 2 m.p. (נוח 628) *you shall leave*
שִׁמְכֶם n.m.s.-2 m.p. sf. (1027) *your name*
לִשְׁבוּעָה prep.-n.f.s. (989) *for a curse*
לִבְחִירַי prep.-n.m.p.-1 c.s. sf. (104) *to my chosen*
וֶהֱמִיתְךָ conj.-Hi. pf. 3 m.s.-2 m.s. sf. (מות 559) *and ... will slay you*
אֲדֹנָי n.m.p.-1 c.s. sf. (10) *the Lord*
יהוה pr.n. (217) *Yahweh*
וְלַעֲבָדָיו conj.-prep.-n.m.p.-3 m.s. sf. (712) *but his servants*
יִקְרָא Qal impf. 3 m.s. (894) *he will call*
שֵׁם n.m.s. (1027) *a name*
אַחֵר adj. m.s. (29) *different*

65:16

אֲשֶׁר rel. (81) *so that*
הַמִּתְבָּרֵךְ def.art.-Hith. ptc. (בָּרַךְ 138) *he who blesses himself*
בָּאָרֶץ prep.-def.art.-n.f.s. (75) *in the land*
יִתְבָּרֵךְ Hith. impf. 3 m.s. (בָּרַךְ 138) *shall bless himself*
בֵּאלֹהֵי prep.-n.m.p. cstr. (43) *by the God of*
אָמֵן n.m.s. (53) *truth*
וְהַנִּשְׁבָּע conj.-def.art.-Ni. ptc. (שָׁבַע 989) *and he who takes an oath*
בָּאָרֶץ v.supra *in the land*
יִשָּׁבַע Ni. impf. 3 m.s. (989) *shall swear*
בֵּאלֹהֵי v.supra *by the God of*
אָמֵן v.supra *truth*
כִּי conj. *because*
נִשְׁכְּחוּ Ni. pf. 3 c.p. (1013) *are forgotten*
הַצָּרוֹת def.art.-n.f.p. (I 865) *the ... troubles*
הָרִאשֹׁנוֹת def.art.-adj. f.p. (911) *former*
וְכִי conj.-conj. *and*
נִסְתְּרוּ Ni. pf. 3 c.p. (711) *are hid*
מֵעֵינָי prep.-n.f.p.-1 c.s. sf. paus. (744) *from my eyes*

65:17

כִּי־הִנְנִי conj.-interj.-1 c.s. sf. (243) *for behold, I*
בוֹרֵא Qal act.ptc. (135) *create*
שָׁמַיִם n.m.p. (1029) *heavens*

חֲדָשִׁים adj. m.p. (I 294) *new*
וָאָרֶץ conj.-n.f.s. (75; GK 29iN) *and a ... earth*
חֲדָשָׁה adj. f.s. (I 294) *new*
וְלֹא תִזָּכַרְנָה conj.-neg.-Ni. impf. 3 f.p. (269; GK 51m) *and shall not be remembered*
הָרִאשֹׁנוֹת def.art.-adj. f.p. (911) *the former things*
וְלֹא תַעֲלֶינָה conj.-neg.-Qal impf. 3 f.p. (עָלָה 748) *or come*
עַל־לֵב prep.-n.m.s. (523) *into mind*

65:18

כִּי־אִם conj.-hypoth.part. *but*
שִׂישׂוּ Qal impv. 2 m.p. (965; GK 110c) *be glad*
וְגִילוּ conj.-Qal impv. 2 m.p. (162) *and rejoice*
עֲדֵי־עַד prep. (III 723)-n.m.s. (I 723) *for ever*
אֲשֶׁר rel. (81) *in that which*
אֲנִי pers.pr. 1 c.s. (58) *I*
בוֹרֵא Qal act.ptc. (135) *create*
כִּי הִנְנִי conj.-interj.-1 c.s. sf. (243) *for behold, I*
בוֹרֵא v.supra *create*
אֶת־יְרוּשָׁלַ͏ִם dir.obj.-pr.n. (436) *Jerusalem*
גִּילָה n.f.s. (162) *a rejoicing*
וְעַמָּהּ conj.-n.m.s.-3 f.s. sf. (I 766) *and her people*
מָשׂוֹשׂ n.m.s. (965) *a joy*

65:19

וְגַלְתִּי conj.-Qal pf. 1 c.s. (גִּיל 162) *I will rejoice*
בִירוּשָׁלַ͏ִם prep.-pr.n. (436) *in Jerusalem*
וְשַׂשְׂתִּי conj.-Qal pf. 1 c.s. (שׂושׂ 965) *and be glad*
בְעַמִּי prep.-n.m.s.-1 c.s. sf. (I 766) *in my people*
וְלֹא־יִשָּׁמַע conj.-neg.-Ni. impf. 3 m.s. (1033) *no ... shall be heard*
בָהּ prep.-3 f.s. sf. *in it*
עוֹד adv. (728) *more*
קוֹל n.m.s. cstr. (876) *the sound of*
בְּכִי n.m.s. (113) *weeping*
וְקוֹל conj.-v.supra *and the cry of*
זְעָקָה n.f.s. (277) *distress*

65:20

לֹא־יִהְיֶה neg.-Qal impf. 3 m.s. (224) *no ... shall there be*
מִשָּׁם prep.-adv. (1027) *in it*
עוֹד adv. (728) *more*
עוּל n.m.s. cstr. (732) *an infant*
יָמִים n.m.p. (398) *that lives but a few days*
וְזָקֵן conj.-n.m.s. (278) *or an old man*
אֲשֶׁר rel. (81) *who*

לֹא־יְמַלֵּא neg.-Pi. impf. 3 m.s. (569) *does not fill out*

אֶת־יָמָיו dir.obj.-n.m.p.-3 m.s. sf. (398) *his days*

כִּי conj. *for*

הַנַּעַר def.art.-n.m.s. (654) *the child*

בֶּן־מֵאָה n.m.s. cstr. (119)-num. f.s. (547) *a hundred*

שָׁנָה n.f.s. (1040) *years old*

יָמוּת Qal impf. 3 m.s. (559) *shall die*

וְהַחוֹטֵא conj.-def.art.-Qal act.ptc. (306; GK 75oo) *and the sinner*

בֶּן־מֵאָה v.supra *a hundred*

שָׁנָה v.supra *years old*

יְקֻלָּל Pi. impf. 3 m.s. paus. (886) *shall be accursed*

65:21

וּבָנוּ conj.-Qal pf. 3 c.p. (בָּנָה 124) *they shall build*

בָתִּים n.m.p. (108) *houses*

וְיָשָׁבוּ conj.-Qal pf. 3 c.p. paus. (יָשַׁב 442) *and inhabit*

וְנָטְעוּ conj.-Qal pf. 3 c.p. (642) *they shall plant*

כְרָמִים n.m.p. (501) *vineyards*

וְאָכְלוּ conj.-Qal pf. 3 c.p. (37) *and eat*

פִּרְיָם n.m.s.-3 m.p. sf. (826) *their fruit*

65:22

לֹא יִבְנוּ neg.-Qal impf. 3 m.p. (בָּנָה 124) *they shall not build*

וְאַחֵר conj.-adj. m.s. (29) *and another*

יֵשֵׁב Qal impf. 3 m.s. (יָשַׁב 442) *inhabit*

לֹא יִטְּעוּ neg.-Qal impf. 3 m.p. (נָטַע 642) *they shall not plant*

וְאַחֵר v.supra *and another*

יֹאכֵל Qal impf. 3 m.s. (37) *eat*

כִּי־כִימֵי conj.-prep.-n.m.p. cstr. (398) *for like the days of*

הָעֵץ def.art.-n.m.s. (781) *a tree*

יְמֵי n.m.p. cstr. (398) *the days of*

עַמִּי n.m.s.-1 c.s. sf. (I 766) *my people*

וּמַעֲשֵׂה conj.-n.m.s. cstr. (795) *and the work of*

יְדֵיהֶם n.f.p.-3 m.p. sf. (388) *their hands*

יְבַלּוּ Pi. impf. 3 m.p. (בָּלָה 115) *shall long enjoy*

בְּחִירָי n.m.p.-1 c.s. sf. paus. (104) *my chosen*

65:23

לֹא יִיגְעוּ neg.-Qal impf. 3 m.p. (יָגַע 388) *they shall not labor*

לָרִיק prep.-n.m.s. in adv.phrase (938) *in vain*

וְלֹא יֵלְדוּ conj.-neg.-Qal impf. 3 m.p. (יָלַד 408) *or bear children*

לַבֶּהָלָה prep.-def.art.-n.f.s. (96) *for calamity*

כִּי conj. *for*

זֶרַע n.m.s. cstr. (282) *the offspring of*

בְּרוּכֵי Qal pass.ptc. m.p. cstr. (138) *the blessed of*

יְהוָה pr.n. (217) *Yahweh*

הֵמָּה pers.pr. 3 m.p. (241) *they are*

וְצֶאֱצָאֵיהֶם conj.-n.m.p.-3 m.p. sf. (425) *and their children*

אִתָּם prep.-3 m.p. sf. *with them*

65:24

וְהָיָה conj.-Qal pf. 3 m.s. (224)

טֶרֶם־ adv. (382) *before*

יִקְרָאוּ Qal impf. 3 m.p. (894) *they call*

וַאֲנִי conj.-pers.pr. 1 c.s. (58) *I*

אֶעֱנֶה Qal impf. 1 c.s. (I 772) *I will answer*

עוֹד adv. (728) *yet*

הֵם pers.pr. 3 m.p. (241) *they*

מְדַבְּרִים Pi. ptc. m.p. (180) *are speaking*

וַאֲנִי v.supra *I*

אֶשְׁמָע Qal impf. 1 c.s. paus. (1033) *will hear*

65:25

זְאֵב n.m.s. (I 255) *the wolf*

וְטָלֶה conj.-n.m.s. (378) *and the lamb*

יִרְעוּ Qal impf. 3 m.p. (רָעָה I 944) *shall feed*

כְאֶחָד prep.-num. m.s. (25) *together*

וְאַרְיֵה conj.-n.m.s. (71) *the lion*

כַּבָּקָר prep.-def.art.-n.m.s. (133) *like the ox*

יֹאכַל־ Qal impf. 3 m.s. (37) *shall eat*

תֶּבֶן n.m.s. (1061) *straw*

וְנָחָשׁ conj.-n.m.s. (638) *and the serpent*

עָפָר n.m.s. (779) *dust*

לַחְמוֹ n.m.s.-3 m.s. sf. (536) *(his) food*

לֹא־יָרֵעוּ neg.-Hi. impf. 3 m.p. (רָעַע 949) *they shall not hurt*

וְלֹא־יַשְׁחִיתוּ conj.-neg.-Hi. impf. 3 m.p. (1007) *or destroy*

בְּכָל־ prep.-n.m.s. cstr. (481) *in all*

הַר n.m.s. cstr. (249) *mountain (of)*

קָדְשִׁי n.m.s.-1 c.s. sf. (771) *my holy*

אָמַר Qal pf. 3 m.s. (55) *says*

יְהוָה pr.n. (217) *Yahweh*

66:1

כֹּה adv. (462) *thus*

אָמַר Qal pf. 3 m.s. (55) *says*

יְהוָה pr.n. (217) *Yahweh*

הַשָּׁמַיִם def.art.-n.m.p. (1029) *heaven*

כִּסְאִי n.m.s.-1 c.s. sf. (490) *my throne*

וְהָאָרֶץ conj.-def.art.-n.f.s. (75) *and the earth*

הֲדֹם רַגְלַי n.m.s. cstr. (213)-n.f.p.-1 c.s. sf. paus. (919) *my footstool*

אֵי־ interr.adv. (32) *what*

זֶה demons.adj. m.s. (260) *(this)*

בַיִת n.m.s. (108) *house*

אֲשֶׁר rel. (81) *which*

תִּבְנוּ־ Qal impf. 2 m.p. (בָּנָה 124) *you would build*

לִי prep.-1 c.s. sf. *for me*

וְאֵי־זֶה conj.-v.supra *and what*

מָקוֹם n.m.s. cstr. (879) *the place of*

מְנוּחָתִי n.f.s.-1 c.s. sf. (629) *my rest*

66:2

וְאֶת־כָּל־ conj.-dir.obj.-n.m.s. cstr. (481) *all*

אֵלֶּה demons.adj. m.p. (41) *these things*

יָדִי n.f.s.-1 c.s. sf. (388) *my hand*

עָשָׂתָה Qal pf. 3 f.s. (עָשָׂה I 7983) *has made*

וַיִּהְיוּ consec.-Qal impf. 3 m.p. (הָיָה 224) *and so ... are*

כָל־אֵלֶּה v.supra-v.supra *all these things*

נְאֻם־ n.m.s. cstr. (610) *says*

יהוה pr.n. (217) *Yahweh*

וְאֶל־זֶה conj.-prep.-demons.adj. m.s. (260) *but this is the man to whom*

אַבִּיט Hi. impf. 1 c.s. (נָבַט 613) *I will look*

אֶל־עָנִי prep.-adj. m.s. (776) *he that is humble*

וּנְכֵה־ conj.-adj. m.s. cstr. (646) *and contrite in*

רוּחַ n.f.s. (924) *spirit*

וְחָרֵד conj.-adj. m.s. (353) *and trembles*

עַל־דְּבָרִי prep.-n.m.s.-1 c.s. sf. (182) *at my word*

66:3

שׁוֹחֵט Qal act.ptc. (1006) *he who slaughters*

הַשּׁוֹר def.art.-n.m.s. (1004) *an ox*

מַכֵּה־ Hi. ptc. m.s. cstr. (נָכָה 645) *him who kills*

אִישׁ n.m.s. (35) *a man*

זוֹבֵחַ Qal act.ptc. (256) *he who sacrifices*

הַשֶּׂה def.art.-n.m.s. (961) *a lamb*

עֹרֵף Qal act.ptc. (791) *him who breaks a ... neck*

כֶּלֶב n.m.s. (476) *a dog*

מַעֲלֵה Hi. ptc. m.s. cstr. (748) *he who presents*

מִנְחָה n.f.s. (585) *a cereal offering*

דַּם־חֲזִיר n.m.s. cstr. (196)-n.m.s. (306) *swine's blood*

מַזְכִּיר Hi. ptc. (269) *he who makes a memorial offering of*

לְבֹנָה n.f.s. (I 526) *frankincense*

מְבָרֵךְ Pi. ptc. (138) *him who blesses*

אָוֶן n.m.s. (19) *an idol*

גַּם־הֵמָּה adv.-demons.adj. m.p. (241) *these*

בָּחֲרוּ Qal pf. 3 c.p. (103) *have chosen*

בְּדַרְכֵיהֶם prep.-n.m.p.-3 m.p. sf. (202) *their own ways*

וּבְשִׁקּוּצֵיהֶם conj.-prep.-n.m.p.-3 m.p. sf. (1055) *and in their abominations*

נַפְשָׁם n.f.s.-3 m.p. sf. (659) *their soul*

חָפֵצָה Qal pf. 3 f.s. paus. (342) *delights*

66:4

גַּם־אֲנִי adv. (168)-pers.pr. 1 c.s. (58) *I also*

אֶבְחַר Qal impf. 1 c.s. (103) *will choose*

בְּתַעֲלֻלֵיהֶם prep.-n.m.p.-3 m.p. sf. (760) *affliction for them*

וּמְגוּרֹתָם conj.-n.f.p.-3 m.p. sf. (159) *and ... their fears*

אָבִיא Hi. impf. 1 c.s. (בּוֹא 97) *bring*

לָהֶם prep.-3 m.p. sf. *upon them*

יַעַן conj. (774) *because*

קָרָאתִי Qal pf. 1 c.s. (894) *when I called*

וְאֵין conj.-subst.cstr. (II 34) *no one*

עוֹנֶה Qal act.ptc. (עָנָה I 772) *answered*

דִּבַּרְתִּי Pi. pf. 1 c.s. (180) *when I spoke*

וְלֹא שָׁמֵעוּ conj.-neg.-Qal pf. 3 c.p. paus. (1033) *they did not listen*

וַיַּעֲשׂוּ consec.-Qal impf. 3 m.p. (עָשָׂה I 793) *but they did*

הָרַע def.art.-n.m.s. (948) *what was evil*

בְּעֵינַי prep.-n.f. du.-1 c.s. sf. (744) *in my eyes*

וּבַאֲשֶׁר conj.-prep.-rel. (81) *and that in which*

לֹא חָפַצְתִּי neg.-Qal pf. 1 c.s. (342) *I did not delight*

בָּחָרוּ Qal pf. 3 c.p. paus. (103) *chose*

66:5

שִׁמְעוּ Qal impv. 2 m.p. (1033) *hear*

דְּבַר־ n.m.s. cstr. (182) *the word of*

יהוה pr.n. (217) *Yahweh*

הַחֲרֵדִים def.art.-verb.adj. m.p. (353) *you who tremble*

אֶל־דְּבָרוֹ prep.-n.m.s.-3 m.s. sf. (182) *at his word*

אָמְרוּ Qal pf. 3 c.p. (55) *have said*

אֲחֵיכֶם n.m.p.-2 m.p. sf. (26) *your brethren*

שֹׂנְאֵיכֶם Qal act.ptc. m.p.-2 m.p. sf. (971) *who hate you*

מְנַדֵּיכֶם Pi. ptc. m.p.-2 m.p. sf. (I 622) *and cast you out*

לְמַעַן prep.-prep. (775) *for ... sake*

שְׁמִי n.m.s.-1 c.s. sf. (1027) *my name's*

יִכְבַּד Qal impf. 3 m.s. (457) *let ... be glorified*

יהוה pr.n. (217) *Yahweh*

וְנִרְאֶה conj.-Qal impf. 1 c.p. (906) *that we may see*

בְשִׂמְחַתְכֶם prep.-n.f.s.-2 m.p. sf. (970) *your joy*

וְהֵם conj.-pers.pr. 3 m.p. (241) *but it is they who*

יֵבֹשׁוּ Qal impf. 3 m.p. (בּוֹשׁ 101) *shall be put to shame*

66:6

קוֹל n.m.s. (876) *hark*

שָׁאוֹן n.m.s. (981) *an uproar*

מֵעִיר prep.-n.f.s. (746) *from the city*

קוֹל n.m.s. (876) *a voice*

מֵהֵיכָל prep.-n.m.s. (228) *from the temple*

קוֹל n.m.s. cstr. (876) *the voice of*

יהוה pr.n. (217) *Yahweh*

מְשַׁלֵּם Pi. ptc. (1022) *rendering*

גְּמוּל n.m.s. (168) *recompense*

לְאֹיְבָיו prep.-Qal act.ptc. m.p.-3 m.s. sf. (33) *to his enemies*

66:7

בְּטֶרֶם prep.-adv. (382) *before*

תָּחִיל Qal impf. 3 f.s. (חִיל I 296) *she was in labor*

יָלָדָה Qal pf. 3 f.s. paus. (יָלַד 408) *she gave birth*

בְּטֶרֶם v.supra *before*

יָבוֹא Qal impf. 3 m.s. (בּוֹא 97) *came*

חֵבֶל n.m.s. (286) *her pain*

לָהּ prep.-3 f.s. sf. *upon her*

וְהִמְלִיטָה conj.-Hi. pf. 3 f.s. (572) *she was delivered*

זָכָר n.m.s. (271) *a son*

66:8

מִי interr. (566) *who*

שָׁמַע Qal pf. 3 m.s. (1033) *has heard*

כָּזֹאת prep.-demons.adj. f.s. (260) *such a thing*

מִי v.supra *who*

רָאָה Qal pf. 3 m.s. (906) *has seen*

כָּאֵלֶּה prep.-demons.adj. m.p. (41) *such things*

הֲיוּחַל interr.part.-Ho. impf. 3 m.s. (חוּל I 296) *shall be born*

אֶרֶץ n.f.s. (75) *a land*

בְּיוֹם prep.-n.m.s. (398) *in ... day*

אֶחָד num. m.s. (25) *one*

אִם-יִוָּלֵד hypoth.part. (49)-Ni. impf. 3 m.s. (יָלַד 408) *shall ... be brought forth*

גּוֹי n.m.s. (156) *a nation*

פַּעַם n.f.s. (821) *in ... moment*

אֶחָת num. f.s. (25) *one*

כִּי-חָלָה conj.-Qal pf. 3 f.s. (חוּל I 296) *for ... was in labor*

גַּם-יָלְדָה adv. (168)-Qal pf. 3 f.s. (408) *she brought forth*

צִיּוֹן pr.n. (851) *Zion*

אֶת-בָּנֶיהָ n.m.p.-3 f.s. sf. (119) *her sons*

66:9

הַאֲנִי interr.part.-pers.pr. 1 c.s. (58) *shall I*

אַשְׁבִּיר Hi. impf. 1 c.s. (990) *bring to the birth*

וְלֹא אוֹלִיד conj.-neg.-Hi. impf. 1 c.s. (יָלַד 408) *and not cause to bring forth*

יֹאמַר Qal impf. 3 m.s. (55) *says*

יהוה pr.n. (217) *Yahweh*

אִם-אֲנִי hypoth.part. (49)-pers.pr. 1 c.s. (58) *shall I*

הַמּוֹלִיד def.art.-Hi. ptc. (יָלַד 408) *who cause to bring forth*

וְעָצַרְתִּי conj.-Qal pf. 1 c.s. (783) *(shall I) shut the womb*

אָמַר Qal pf. 3 m.s. (55) *says*

אֱלֹהָיִךְ n.m.p.-2 f.s. sf. paus. (43) *your God*

66:10

שִׂמְחוּ Qal impv. 2 m.p. (970) *rejoice*

אֶת-יְרוּשָׁלַםִ prep. (85)-pr.n. (436) *with Jerusalem*

וְגִילוּ conj.-Qal impv. 2 m.p. (162) *and be glad*

בָהּ prep.-3 f.s. sf. *for her*

כָּל- n.m.s. cstr. (481) *all*

אֹהֲבֶיהָ Qal act.ptc. m.p.-3 f.s. sf. (12) *who love her*

שִׂישׂוּ Qal impv. 2 m.p. (965) *rejoice*

אִתָּהּ prep.-3 f.s. sf. (85) *with her*

מָשׂוֹשׂ n.m.s. (965) *in joy*

כָּל- v.supra *all*

הַמִּתְאַבְּלִים def.art.-Hith. ptc. m.p. (5) *you who mourn*

עָלֶיהָ prep.-3 f.s. sf. *over her*

66:11

לְמַעַן prep. (775) *that*

תִּינְקוּ Qal impf. 2 m.p. (יָנַק 413) *you may suck*

וּשְׂבַעְתֶּם conj.-Qal pf. 2 m.p. (959) *and be satisfied*

מִשֹּׁד prep.-n.m.s. cstr. (II 994) *with ... breasts*

תַּנְחֻמֶיהָ n.m.p.-3 f.s. sf. (637) *her consoling*

לְמַעַן v.supra *that*

תָּמֹצּוּ Qal impf. 2 m.p. (מָצַץ 595) *you may drink deeply*

וְהִתְעַנַּגְתֶּם conj.-Hith. pf. 2 m.p. (772) *with delight*

מִזִּיו prep.-n.m.s. cstr. (I 265) *from the abundance of*

כְּבוֹדָהּ n.m.s.-3 f.s. sf. (458) *her glory*

201

66:12

כִּי־כֹה conj.-adv. (462) *for thus*

אָמַר Qal pf. 3 m.s. (55) *says*

יהוה pr.n. (217) *Yahweh*

הִנְנִי interj.-1 c.s. sf. (243) *behold, I*

נֹטֶה־ Qal act.ptc. (639) *will extend*

אֵלֶיהָ prep.-3 f.s. sf. *to her*

כְּנָהָר prep.-n.m.s. (625) *like a river*

שָׁלוֹם n.m.s. (1022) *prosperity*

וּכְנַחַל conj.-prep.-n.m.s. (636) *and like an ... stream*

שׁוֹטֵף Qal act.ptc. (1009) *overflowing*

כְּבוֹד n.m.s. cstr. (458) *the wealth of*

גּוֹיִם n.m.p. (156) *nations*

וִינַקְתֶּם conj.-Qal pf. 2 m.p. (413) *and you shall suck*

עַל־צַד prep.-n.m.s. (841) *upon her hip*

תִּנָּשֵׂאוּ Ni. impf. 2 m.p. (669) *you shall be carried*

וְעַל־בִּרְכַּיִם conj.-prep.-n.f. du. (139) *and upon her knees*

תְּשָׁעֳשָׁעוּ Palpel impf. 2 m.p. (שָׁעַע II 1044) *dandled*

66:13

כְּאִישׁ prep.-n.m.s. (35) *as one*

אֲשֶׁר אִמּוֹ rel. (81; GK 155d)-n.f.s.-3 m.s. sf. (51) *whom his mother*

תְּנַחֲמֶנּוּ Pi. impf. 3 f.s.-3 m.s. sf. (636) *comforts*

כֵּן אָנֹכִי adv. (485)-pers.pr. 1 c.s. (I 58) *so I*

אֲנַחֶמְכֶם Pi. impf. 1 c.s.-2 m.p. sf. (636) *will comfort you*

וּבִירוּשָׁלַם conj.-prep.-pr.n. (436) *in Jerusalem*

תְּנֻחָמוּ Pu. impf. 2 m.p. (636) *you shall be comforted*

66:14

וּרְאִיתֶם conj.-Qal pf. 2 m.p. (רָאָה 906) *you shall see*

וְשָׂשׂ conj.-Qal pf. 3 m.s. (שׂושׂ 965) *shall rejoice*

לִבְּכֶם n.m.s.-2 m.p. sf. (523) *your heart*

וְעַצְמוֹתֵיכֶם conj.-n.f.p.-2 m.p. sf. (782) *your bones*

כַּדֶּשֶׁא prep.-def.art.-n.m.s. (206) *like the grass*

תִפְרַחְנָה Qal impf. 3 f.p. (I 827) *shall flourish*

וְנוֹדְעָה conj.-Ni. pf. 3 f.s. (יָדַע 393) *and shall be known*

יַד־יְהוָה n.f.s. cstr. (388)-pr.n. (217) *the hand of Yahweh*

אֶת־עֲבָדָיו dir.obj.-n.m.p.-3 m.s. sf. (712) *with his servants*

וְזָעַם conj.-Qal pf. 3 m.s. (276) *and his indignation*

אֶת־אֹיְבָיו dir.obj.-Qal act.ptc. m.p.-3 m.s. sf. (33) *against his enemies*

66:15

כִּי־הִנֵּה conj.-interj. (243) *for behold*

יהוה pr.n. (217) *Yahweh*

בָּאֵשׁ prep.-def.art.-n.f.s. (77; GK 119i) *in fire*

יָבוֹא Qal impf. 3 m.s. (בּוֹא 97) *will come*

וְכַסּוּפָה conj.-prep.-def.art.-n.f.s. (I 693) *like the stormwind*

מַרְכְּבֹתָיו n.f.p.-3 m.s. sf. (939) *his chariots*

לְהָשִׁיב prep.-Hi.inf.cstr. (שׁוּב 996) *to render*

בְּחֵמָה prep.-n.f.s. (404) *in fury*

אַפּוֹ n.m.s.-3 m.s. sf. (I 60) *his anger*

וְגַעֲרָתוֹ conj.-n.f.s.-3 m.s. sf. (172) *and his rebuke*

בְּלַהֲבֵי־ prep.-n.m.p. cstr. (529) *with flames of*

אֵשׁ n.f.s. (77) *fire*

66:16

כִּי בָאֵשׁ conj.-prep.-def.art.-n.f.s. (77) *for by fire*

יהוה pr.n. (217) *Yahweh*

נִשְׁפָּט Ni. ptc. (1047) *will execute judgment*

וּבְחַרְבּוֹ conj.-prep.-n.f.s.-3 m.s. sf. (352) *and by his sword*

אֶת־כָּל־ dir.obj.-n.m.s. cstr. (481) *upon all*

בָּשָׂר n.m.s. (142) *flesh*

וְרַבּוּ conj.-Qal pf. 3 c.p. (I 912) *and ... shall be many*

חַלְלֵי יהוה n.m.p. cstr. (I 319)-pr.n. (217) *those slain by Yahweh*

66:17

הַמִּתְקַדְּשִׁים def.art.-Hith. ptc. m.p. (872) *those who sanctify themselves*

וְהַמִּטַּהֲרִים conj.-def.art.-Hith. ptc. m.p. (טָהֵר 372) *and purify themselves*

אֶל־הַגַּנּוֹת prep.-def.art.-n.f.p. (171) *into the gardens*

אַחַר אַחַד prep. (29)-adj. cstr. (25) *following one*

בַּתָּוֶךְ prep.-def.art.-n.m.s. (1063) *in the midst*

אֹכְלֵי Qal act.ptc. m.p. cstr. (37) *eating*

בְּשַׂר n.m.s. cstr. (142) *flesh*

הַחֲזִיר def.art.-n.m.s. (306) *swine's*

וְהַשֶּׁקֶץ conj.-def.art.-n.m.s. (1054) *and the abomination*

וְהָעַכְבָּר conj.-def.art.-n.m.s. (747) *and mice*

יַחְדָּו adv. (403) *together*

יָסֻפוּ Qal impf. 3 m.p. (סוּף 692) *shall come to an end*

נְאֻם־ n.m.s. cstr. (610) *says*

יְהוָה pr.n. (217) *Yahweh*

66:18

וְאָנֹכִי conj.-pers.pr. 1 c.s. (I 58) *for I*

מַעֲשֵׂיהֶם n.m.p.-3 m.p. sf. (795) *their works*

וּמַחְשְׁבֹתֵיהֶם conj.-n.f.p.-3 m.p. sf. (364) *and their thoughts*

בָּאָה Qal act.ptc. f.s. (בוא 97) *am coming*

לְקַבֵּץ prep.-Pi. inf.cstr. (867) *to gather*

אֶת־כָּל־ dir.obj.-n.m.s. cstr. (481) *all*

הַגּוֹיִם def.art.-n.m.p. (156) *nations*

וְהַלְּשֹׁנוֹת conj.-def.art.-n.f.p. (546) *and tongues*

וּבָאוּ conj.-Qal pf. 3 c.p. (בוא 97; GK 167b) *and they shall come*

וְרָאוּ conj.-Qal pf. 3 c.p. (ראה 906) *and shall see*

אֶת־כְּבוֹדִי dir.obj.-n.m.s.-1 c.s. sf. (458) *my glory*

66:19

וְשַׂמְתִּי conj.-Qal pf. 1 c.s. (שום 962) *and I will set*

בָהֶם prep.-3 m.p. sf. *among them*

אוֹת n.m.s. (16) *a sign*

וְשִׁלַּחְתִּי conj.-Pi. pf. 1 c.s. (1018) *and I will send*

מֵהֶם prep.-3 m.p. sf. *from them*

פְּלֵיטִים n.m.p. (812) *survivors*

אֶל־הַגּוֹיִם prep.-def.art.-n.m.p. (156) *to the nations*

תַּרְשִׁישׁ pr.n. (II 1076) *to Tarshish*

פוּל pr.n. (806) *Put (Pul)*

וְלוּד conj.-pr.n. (530) *and Lud*

מֹשְׁכֵי Qal act.ptc. m.p. cstr. (604) *who draw*

קֶשֶׁת n.f.s. (905) *the bow*

תֻּבַל pr.n. (1063) *Tubal*

וְיָוָן conj.-pr.n. (402) *and Javan*

הָאִיִּים def.art.-n.m.p. (I 15) *to the coastlands*

הָרְחֹקִים def.art.-adj. m.p. (935) *afar off*

אֲשֶׁר rel. (81) *that*

לֹא־שָׁמְעוּ neg.-Qal pf. 3 c.p. (1033) *have not heard*

אֶת־שִׁמְעִי dir.obj.-n.m.s.-1 c.s. sf. (1034) *my fame*

וְלֹא־רָאוּ conj.-neg.-Qal pf. 3 c.p. (ראה 906) *or seen*

אֶת־כְּבוֹדִי dir.obj.-n.m.s.-1 c.s. sf. (458) *my glory*

וְהִגִּידוּ conj.-Hi. pf. 3 c.p. (נגד 616) *and they shall declare*

אֶת־כְּבוֹדִי v.supra *my glory*

בַּגּוֹיִם prep.-def.art.-n.m.p. (156) *among the nations*

66:20

וְהֵבִיאוּ conj.-Hi. pf. 3 c.p. (בוא 97) *and they shall bring*

אֶת־כָּל־ dir.obj.-n.m.s. cstr. (481) *all*

אֲחֵיכֶם n.m.p.-2 m.p. sf. (26) *your brethren*

מִכָּל־ prep.-n.m.s. cstr. (481) *from all*

הַגּוֹיִם def.art.-n.m.p. (156) *the nations*

מִנְחָה n.f.s. (585) *as an offering*

לַיהוָה prep.-pr.n. (217) *to Yahweh*

בַּסּוּסִים prep.-def.art.-n.m.p. (692) *upon horses*

וּבָרֶכֶב conj.-prep.-def.art.-n.m.s. (939) *and in chariots*

וּבַצַּבִּים conj.-prep.-def.art.-n.m.p. (I 839) *and in litters*

וּבַפְּרָדִים conj.-prep.-def.art.-n.m.p. (825) *and upon mules*

וּבַכִּרְכָּרוֹת conj.-prep.-def.art.-n.f.p. (503) *and upon dromedaries*

עַל הַר prep.-n.m.s. cstr. (249) *to ... mountain*

קָדְשִׁי n.m.s.-1 c.s. sf. (871) *my holy*

יְרוּשָׁלַםִ pr.n. (436) *Jerusalem*

אָמַר Qal pf. 3 m.s. (55) *says*

יְהוָה pr.n. (217) *Yahweh*

כַּאֲשֶׁר prep.-rel. (81) *just as*

יָבִיאוּ Hi. impf. 3 m.p. (בוא 97) *bring*

בְּנֵי יִשְׂרָאֵל n.m.p. cstr. (119)-pr.n. (975) *the Israelites*

אֶת־הַמִּנְחָה dir.obj.-def.art.-n.f.s. (585) *their cereal offering*

בִּכְלִי prep.-n.m.s. (479) *in a ... vessel*

טָהוֹר adj. m.s. (373) *clean*

בֵּית n.m.s. cstr. (108) *to the house of*

יְהוָה pr.n. (217) *Yahweh*

66:21

וְגַם־מֵהֶם conj.-adv.-prep.-3 m.p. sf. *and some of them also*

אֶקַּח Qal impf. 1 c.s. (לקח 542) *I will take*

לַכֹּהֲנִים prep.-def.art.-n.m.p. (463) *for priests*

לַלְוִיִּם prep.-def.art.-n.m.p. (II 532) *and for Levites*

אָמַר Qal pf. 3 m.s. (55) *says*

יְהוָה pr.n. (217) *Yahweh*

66:22

כִּי כַאֲשֶׁר conj.-prep.-rel. (81) *for as*

הַשָּׁמַיִם def.art.-n.m.p. (1029) *the heavens*

הַחֲדָשִׁים def.art.-adj. m.p. (I 294) *new*

וְהָאָרֶץ conj.-def.art.-n.f.s. (75) *and the earth*

הַחֲדָשָׁה def.art.-adj. f.s. (I 294) *new*

אֲשֶׁר אֲנִי rel. (81)-pers.pr. 1 c.s. (I 58) *which I*

עֹשֶׂה Qal act.ptc. (עשה I 793) *will make*

203

עֹמְדִים Qal act.ptc. m.p. (763) *shall remain*

לְפָנַי prep.-n.m.p.-1 c.s. sf. (815) *before me*

נְאֻם־ n.m.s. cstr. (610) *says*

יהוה pr.n. (217) *Yahweh*

כֵּן adv. (485) *so*

יַעֲמֹד Qal impf. 3 m.s. (763) *shall remain*

זַרְעֲכֶם n.m.s.-2 m.p. sf. (282) *your descendants*

וְשִׁמְכֶם conj.-n.m.s.-2 m.p. sf. (1027) *and your name*

66:23

וְהָיָה conj.-Qal pf. 3 m.s. (224)

מִדֵּי־ prep.-subst.cstr. (191) *from*

חֹדֶשׁ n.m.s. (II 294) *new moon*

בְּחָדְשׁוֹ prep.-n.m.s.-3 m.s. sf. (II 294) *to new moon*

וּמִדֵּי conj.-v.supra *and from*

שַׁבָּת n.f.s. (992) *sabbath*

בְּשַׁבַּתּוֹ prep.-n.f.s.-3 m.s. sf. (992) *to sabbath*

יָבוֹא Qal impf. 3 m.s. (בּוֹא 97) *shall come*

כָל־בָּשָׂר n.m.s. cstr. (481)-n.m.s. (142) *all flesh*

לְהִשְׁתַּחֲוֹת prep.-Hithpalel inf.cstr. (1005) *to worship*

לְפָנַי prep.-n.m.p.-1 c.s. sf. (815) *before me*

אָמַר Qal pf. 3 m.s. (55) *says*

יהוה pr.n. (217) *Yahweh*

66:24

וְיָצְאוּ conj.-Qal pf. 3 c.p. (יָצָא 422) *and they shall go forth*

וְרָאוּ conj.-Qal pf. 3 c.p. (רָאָה 906) *and look*

בְּפִגְרֵי prep.-n.m.p. cstr. (803) *on the dead bodies of*

הָאֲנָשִׁים def.art.-n.m.p. (60, 35) *the men*

הַפֹּשְׁעִים def.art.-Qal act.ptc. m.p. (833) *that have rebelled*

בִּי prep.-1 c.s. sf. *against me*

כִּי תוֹלַעְתָּם conj.-n.f.s.-3 m.p. sf. (1069) *for their worm*

לֹא תָמוּת neg.-Qal impf. 3 f.s. (מוּת 559) *shall not die*

וְאִשָּׁם conj.-n.f.s.-3 m.p. sf. (77) *their fire*

לֹא תִכְבֶּה neg.-Qal impf. 3 f.s. (459) *shall not be quenched*

וְהָיוּ conj.-Qal pf. 3 c.p. (הָיָה 224) *and they shall be*

דֵרָאוֹן n.m.s. (201) *an abhorrence*

לְכָל־ prep.-n.m.s. cstr. (481) *to all*

בָּשָׂר n.m.s. (142) *flesh*

Jeremiah

1:1

דִּבְרֵי n.m.p. cstr. (182) *the words of* (LXX-τὸ ῥῆμα)

יִרְמְיָהוּ pr.n. (941) *Jeremiah*

בֶּן־חִלְקִיָּהוּ n.m.s. cstr. (119)-pr.n. (324) *the son of Hilkiah*

מִן־הַכֹּהֲנִים prep.-def.art.-n.m.p. (463) *of the priests*

אֲשֶׁר rel. (81) *who were*

בַּעֲנָתוֹת prep.-pr.n. (779) *in Anathoth*

בְּאֶרֶץ prep.-n.f.s. cstr. (75) *in the land of*

בִּנְיָמִן pr.n. (122) *Benjamin*

1:2

אֲשֶׁר rel. (81) *to whom*

הָיָה Qal pf. 3 m.s. (224) *came*

דְּבַר־יהוה n.m.s. cstr. (182)-pr.n. (217) *the word of Yahweh*

אֵלָיו prep.-3 m.s. sf. *(to him)*

בִּימֵי prep.-n.m.p. cstr. (398) *in the days of*

יֹאשִׁיָּהוּ pr.n. (78) *Josiah*

בֶּן־אָמוֹן n.m.s. cstr. (119)-pr.n. (III 54) *the son of Amon*

מֶלֶךְ n.m.s. cstr. (I 572) *king of*

יְהוּדָה pr.n. (397) *Judah*

1:3

בִּשְׁלֹשׁ־עֶשְׂרֵה prep.-num. m. cstr. (1025)-num. (797) *in the thirteenth*

שָׁנָה n.f.s. (1040) *year*

לְמָלְכוֹ prep.-Qal inf.cstr.-3 m.s. sf. (מָלַךְ II 573) *of his reign*

1:3

וַיְהִי consec.-Qal impf. 3 m.s. (הָיָה 224) *it came also*

בִּימֵי v.supra 1:2 *in the days of*

יְהוֹיָקִים pr.n. (220) *Jehoiakim*

בֶּן־יֹאשִׁיָּהוּ n.m.s. cstr. (119)-pr.n. (78) *the son of Josiah*

מֶלֶךְ יְהוּדָה n.m.s. cstr. (572)-pr.n. (397) *king of Judah*

עַד־תֹּם prep.-n.m.s. cstr. (1070) *until the end of* (LXX >תֹּם)

עַשְׁתֵּי עֶשְׂרֵה n.num. (799)-num. (797) *eleventh*

שָׁנָה n.f.s. (1040) *year*

לְצִדְקִיָּהוּ prep.-pr.n. (843) *of Zedekiah*

בֶּן־יֹאשִׁיָּהוּ v.supra *the son of Josiah*

מֶלֶךְ יְהוּדָה v.supra *king of Judah*

עַד־גְּלוֹת prep.-Qal inf.cstr. (גָּלָה 162) *until the captivity of*

יְרוּשָׁלַ͏ִם pr.n. (436) *Jerusalem*

בַּחֹדֶשׁ prep.-def.art.-n.m.s. (I 294) *in the ... month*

הַחֲמִישִׁי def.art.-num.adj. (332) *fifth*

1:4

וַיְהִי consec.-Qal impf. 3 m.s. (הָיָה 224) *now came*

דְּבַר־יהוה n.m.s. cstr. (182)-pr.n. (217) *the word of Yahweh*

אֵלַי prep.-1 c.s. sf. *to me*

לֵאמֹר prep.-Qal inf.cstr. (55) *saying*

1:5

בְּטֶרֶם prep.-adv. (382) *before*

אֶצָּורְךָ Qal impf. 1 c.s.-2 m.s. sf. (יָצַר 427) *I formed you*

בַבֶּטֶן prep.-def.art.-n.f.s. (105) *in the womb*

יְדַעְתִּיךָ Qal pf. 1 c.s.-2 m.s. sf. (393) *I knew you*

וּבְטֶרֶם conj.-prep.-adv. (382) *and before*

תֵּצֵא מֵרֶחֶם Qal impf. 2 m.s. (יָצָא 422)-prep. -n.m.s. (933) *you were born*

הִקְדַּשְׁתִּיךָ Hi. pf. 1 c.s.-2 m.s. sf. (קָדַשׁ 872) *I consecrated you*

נָבִיא n.m.s. (611) *a prophet*

לַגּוֹיִם prep.-def.art.-n.m.p. (156) *to the nations* (LXX-εἰς ἔθνη=לַגּוֹי)

נְתַתִּיךָ Qal pf. 1 c.s.-2 m.s. sf. (נָתַן 678) *I appointed you*

1:6

וָאֹמַר consec.-Qal impf. 1 c.s. (אָמַר 55) *then I said*

אֲהָהּ interj. (13) *Ah*

אֲדֹנָי יהוה n.m.p.-1 c.s. sf. (10)-pr.n. (217) *Lord Yahweh*

הִנֵּה demons.part. (243) *behold*

לֹא־יָדַעְתִּי neg.-Qal pf. 1 c.s. (393) *I do not know how*

דַּבֵּר Pi. inf.cstr. (180) *to speak*

כִּי־נַעַר conj.-n.m.s. (654) *for a youth* (LXX-νεώτερος)

אָנֹכִי pers.pr. 1 c.s. (59) *I am*

1:7

וַיֹּאמֶר consec.-Qal impf. 3 m.s. (55) *but ... said*

יהוה pr.n. (217) *Yahweh*

אֵלַי prep.-1 c.s. sf. *to me*

אַל־תֹּאמַר neg.-Qal impf. 2 m.s. (55) *do not say* (LXX+ὅτι=כִּי)

נַעַר אָנֹכִי v.supra 1:6 *I am a youth* (LXX-νεώτερος)

כִּי conj. *for*

עַל־כָּל־אֲשֶׁר prep.-n.m.s. (481)-rel. (81) *to all to whom*

אֶשְׁלָחֲךָ Qal impf. 1 c.s.-2 m.s. sf. (שָׁלַח 1018) *I send you*

תֵּלֵךְ Qal impf. 2 m.s. (הָלַךְ 229) *you shall go*

וְאֵת conj.-dir. obj. *and*

כָּל־אֲשֶׁר v.supra *whatever*

אֲצַוְּךָ Pi. impf. 1 c.s.-2 m.s. sf. (צָוָה 845) *I command you*

תְּדַבֵּר Pi. impf. 2 m.s. (180) *you shall speak*

1:8

אַל־תִּירָא neg.-Qal impf. 2 m.s. (יָרֵא 431) *be not afraid*

מִפְּנֵיהֶם prep.-n.m.p.-3 m.p. sf. (815) *of them*

כִּי־אִתְּךָ conj.-prep.-2 m.s. sf. (II 85) *for with you*

אֲנִי pers.pr. 1 c.s. (58) *I am*

לְהַצִּלֶךָ prep.-Hi. inf.cstr.-2 m.s. sf. (נָצַל 664) *to deliver you*

נְאֻם־יהוה subst.cstr. (610)-pr.n. (217) *says Yahweh*

1:9

וַיִּשְׁלַח consec.-Qal impf. 3 m.s. (1018) *then put forth*

יהוה pr.n. (217) *Yahweh*

אֶת־יָדוֹ dir.obj.-n.f.s.-3 m.s. sf. (388) *his hand* (LXX+πρός με)

וַיַּגַּע consec.-Hi. impf. 3 m.s. (נָגַע 619) *and touched* (LXX-ἥψατο)

עַל־פִּי prep.-n.m.s.-1 c.s. sf. (804) *my mouth*

וַיֹּאמֶר יהוה consec.-Qal impf. 3 m.s. (55)-pr.n. (217) *and Yahweh said*

אֵלַי prep.-1 c.s. sf. *to me*

הִנֵּה demons.part. (243) *behold*

נָתַתִּי Qal pf. 1 c.s. (נָתַן 678) *I have put*

דְּבָרַי n.m.p.-1 c.s. sf. (182) *my words*

בְּפִיךָ prep.-n.m.s.-2 m.s. sf. (804) *in your mouth*

1:10

רְאֵה Qal impv. 2 m.s. (906) *See*

הִפְקַדְתִּיךָ Hi. pf. 1 c.s.-2 m.s. sf. (823) *I have set you*

הַיּוֹם הַזֶּה def.art.-n.m.s. (398)-def.art.-demons. adj. (260) *this day*

עַל־הַגּוֹיִם prep.-def.art.-n.m.p. (156) *over nations* (LXX=הַגּוֹי)

וְעַל־הַמַּמְלָכוֹת conj.-prep.-def.art.-n.f.p. (575) *and over kingdoms*

לִנְתוֹשׁ prep.-Qal inf.cstr. (נָתַשׁ 684; GK 45g) *to pluck up* (cf.18:7; 24:6)

וְלִנְתוֹץ conj.-prep.-Qal inf.cstr. (נָתַץ 683; GK 45g) *and to break down*

וּלְהַאֲבִיד conj.-prep.-Hi. inf.cstr. (אבד 1) *to destroy*

וְלַהֲרוֹס conj.-prep.-Qal inf.cstr. (הרס 248) *and to overthrow* (cf.24:6)

לִבְנוֹת prep.-Qal inf.cstr. (בנה 124) *to build*

וְלִנְטוֹעַ conj.-prep.-Qal inf.cstr. (נטע 642) *and to plant*

1:11

וַיְהִי consec.-Qal impf. 3 m.s. (היה 224) *and came*

דְּבַר־יהוה n.m.s. cstr. (182)-pr.n. (217) *the word of Yahweh*

אֵלַי prep.-1 c.s. sf. *to me*

לֵאמֹר prep.-Qal inf.cstr. (55) *saying*

מָה־אַתָּה interr. (552)-pers.pr. 2 m.s. (61) *what do you*

רֹאֶה Qal act.ptc. (906) *see*

יִרְמְיָהוּ pr.n. (941) *Jeremiah*

וָאֹמַר consec.-Qal impf. 1 c.s. (אמר 55) *and I said*

מַקֵּל שָׁקֵד n.m.s. cstr. (596)-n.m.s. (1052) *a rod of almond(-tree)*

אֲנִי רֹאֶה pers.pr. 1 c.s. (58)-Qal act.ptc. (ראה 906) *I see*

1:12

וַיֹּאמֶר consec.-Qal impf. 3 m.s. (55) *then said*

יהוה pr.n. (217) *Yahweh*

אֵלַי prep.-1 c.s. sf. *to me*

הֵיטַבְתָּ Hi.pf. 2 m.s. (יטב 405) *you have ... well*

לִרְאוֹת prep.-Qal inf.cstr. (ראה 906) *seen*

כִּי־שֹׁקֵד אֲנִי conj.-Qal act.ptc. (שקד 1052) -pers.pr. 1 c.s. (58) *for I am watching*

עַל־דְּבָרִי prep.-n.m.s.-1 c.s. sf. (182) *over my word*

לַעֲשֹׂתוֹ prep.-Qal inf.cstr.-3 m.s. sf. (עשה I 793) *to perform it*

1:13

וַיְהִי consec.-Qal impf. 3 m.s. (היה 224) *and came*

דְּבַר־יהוה n.m.s. cstr. (182)-pr.n. (217) *the word of Yahweh*

אֵלַי prep.-1 c.s. sf. *to me*

שֵׁנִית num.adj. f. (1041) *a second time*

לֵאמֹר prep.-Qal inf.cstr. (55) *saying*

מָה אַתָּה interr. (552)-pers.pr. 2 m.s. (61) *what do you*

רֹאֶה Qal act.ptc. (906) *see*

וָאֹמַר consec.-Qal impf. 1 c.s. (אמר 55) *and I said*

סִיר נָפוּחַ n.m.s. (I 696)-Qal pass.ptc. (נפח 655) *a boiling pot* (lit.-a blown pot)

אֲנִי רֹאֶה pers.pr. 1 c.s. (58)-Qal act.ptc. (ראה 906) *I see*

וּפָנָיו מִפְּנֵי conj.-n.m.p.-3 m.s. sf. (815)-prep. -n.m.p. cstr. (815) *facing away from*

צָפוֹנָה n.f.s.-dir.he (I 860; GK 90e) *the north*

1:14

וַיֹּאמֶר consec.-Qal impf. 3 m.s. (55) *then said*

יהוה pr.n. (217) *Yahweh*

אֵלַי prep.-1 c.s. sf. paus. *to me*

מִצָּפוֹן prep.-n.f.s. (I 860) *out of the north*

תִּפָּתַח Ni. impf. 3 f.s. (I 834) *shall break forth* (LXX-ἐκκαυθήσεται)

הָרָעָה def.art.-n.f.s. (948) *evil*

עַל כָּל־ prep.-n.m.s. cstr. (481) *upon all*

יֹשְׁבֵי Qal act.ptc. m.p. cstr. (442) *the inhabitants of*

הָאָרֶץ def.art.-n.f.s. (75) *the land*

1:15

כִּי הִנְנִי conj.-demons.part.-1 c.s. sf. (243) *for lo I*

קֹרֵא Qal act.ptc. (894) *am calling*

לְכָל־ prep.-n.m.s. cstr. (481) *all*

מִשְׁפְּחוֹת n.f.p. cstr. (1046) *the tribes of* (LXX >)

מַמְלְכוֹת n.f.p. cstr. (575) *the kingdoms of*

צָפוֹנָה n.f.s.-dir.he (I 860) *the north*

נְאֻם־יהוה subst.cstr. (610)-pr.n. (217) *says Yahweh*

וּבָאוּ conj.-Qal pf. 3 c.p. (בוא 97) *and they shall come*

וְנָתְנוּ conj.-Qal pf. 3 c.p. (נתן 678) *and shall set*

אִישׁ n.m.s. (35) *every one*

כִּסְאוֹ n.m.s.-3 m.s. sf. (490) *his throne*

פֶּתַח n.m.s. cstr. (835) *at the entrance of*

שַׁעֲרֵי n.m.p. cstr. (1044) *the gates of*

יְרוּשָׁלִַם pr.n. (436) *Jerusalem*

וְעַל כָּל־ conj.-prep.-n.m.s. cstr. (481) *and against all*

חוֹמֹתֶיהָ n.f.p.-3 f.s. sf. (327) *its walls*

סָבִיב adv. (686) *round about*

וְעַל כָּל־ v.supra *and against all*

עָרֵי n.f.p. cstr. (746) *the cities of*

יְהוּדָה pr.n. (397) *Judah*

1:16

וְדִבַּרְתִּי conj.-Pi. pf. 1 c.s. (180) *and I will utter*

מִשְׁפָּטַי n.m.p.-1 c.s. sf. (1048) *my judgments*

אוֹתָם dir.obj.-3 m.p. sf. *against them* (many rd. אֹתָם=אִתָּם)

עַל־כָּל־ prep.-n.m.s. cstr. (481) *for all*

רָעָתָם n.f.s.-3 m.p. sf. (948) *their wickedness*

אֲשֶׁר עֲזָבוּנִי rel.-Qal pf. 3 c.p.-1 c.s. sf. (עזב I 736) *in forsaking me*

וַיְקַטְּרוּ consec.-Pi. impf. 3 m.p. (קטר 882) *they have burned incense*

לֵאלֹהִים אֲחֵרִים prep.-n.m.p. (43)-adj. m.p. (29) *to other gods*

וַיִּשְׁתַּחֲווּ consec.-Hithpalel impf. 3 m.p. (שׁחה 1005) *and worshiped*

לְמַעֲשֵׂי prep.-n.m.p. cstr. (795) *the works of* (many rd. sg. לְמַעֲשֵׂה S,V)

יְדֵיהֶם n.f.p.-3 m.p. sf. (388) *their hands*

1:17

וְאַתָּה conj.-pers.pr. 2 m.s. (61) *but you*

תֶּאְזֹר Qal impf. 2 m.s. (אזר 25) *gird up*

מָתְנֶיךָ n.m.p.-2 m.s. sf. (608) *your loins*

וְקַמְתָּ conj.-Qal pf. 2 m.s. (קום 877) *arise*

וְדִבַּרְתָּ conj.-Pi. pf. 2 m.s. (180) *and say*

אֲלֵיהֶם prep.-3 m.p. sf. *to them*

אֵת כָּל־אֲשֶׁר dir.obj.-n.m.s. (481)-rel. *everything that*

אָנֹכִי pers.pr. 1 c.s. (59) *I*

אֲצַוֶּךָּ Pi. impf. 1 c.s.-2 m.s. sf. (צוה 845) *command you* (some rd. מְצַוְּךָ)

אַל־תֵּחַת neg.-Qal impf. 2 m.s. (חתת 369) *do not be dismayed*

מִפְּנֵיהֶם prep.-n.m.p.-3 m.p. sf. (815) *by them*

פֶּן־אֲחִתְּךָ conj. (814)-Hi. impf. 1 c.s.-2 m.s. sf. (חתת 369) *lest I dismay you*

לִפְנֵיהֶם prep.-n.m.p.-3 m.p. sf. (815) *before them* (LXX+ὅτι μετὰ σοῦ ἐγώ εἰμι τοῦ ἐξαιρεῖσθαί σε, λέγει κύριος = כִּי אִתְּךָ אֲנִי (לְהַצִּילֶךָ נְאֻם יהוה

1:18

וַאֲנִי הִנֵּה conj.-pers.pr. 1 c.s. (58) -demons. part. (243) *and I behold*

נְתַתִּיךָ Qal pf. 1 c.s.-2 m.s. sf. (נתן 678) *I make you*

הַיּוֹם def.art.-n.m.s. (398) *this day*

לְעִיר מִבְצָר prep.-n.f.s. cstr. (746)-n.m.s. (131) *a fortified city*

וּלְעַמּוּד בַּרְזֶל conj.-prep.-n.m.s. cstr. (765)-n.m.s. (137) *an iron pillar* (LXX >)

וּלְחֹמוֹת conj.-prep.-n.f.p. cstr. (327) *and walls of* (many rd. וּלְחֹמַת)

נְחֹשֶׁת n.m.s. (638) *bronze*

עַל־כָּל־הָאָרֶץ prep.-n.m.s. cstr. (481)-def.art. -n.f.s. (75) *against the whole land* (LXX-ἄπασιν)

לְמַלְכֵי prep.-n.m.p. cstr. (I 572) *against the kings of* (LXX-τοῖς βασιλεῦσιν)

יְהוּדָה pr.n. (397) *Judah*

לְשָׂרֶיהָ prep.-n.m.p.-3 f.s. sf. (978) *its princes* (LXX+καὶ)

לְכֹהֲנֶיהָ prep.-n.m.p.-3 f.s. sf. (463) *its priests* (LXX >)

וּלְעַם conj.-prep.-n.m.s. cstr. (I 766) *and the people of*

הָאָרֶץ def.art.-n.f.s. (75) *the land*

1:19

וְנִלְחֲמוּ conj.-Ni. pf. 3 c.p. (535) *they will fight*

אֵלֶיךָ prep.-2 m.s. sf. *against you*

וְלֹא־יוּכְלוּ conj.-neg.-Qal impf. 3 m.p. (יכל 407) *but they shall not prevail*

לָךְ prep.-2 m.s. sf. paus. *against you*

כִּי־אִתְּךָ אֲנִי conj.-prep.-2 m.s. sf. (II 85)-pers.pr. 1 c.s. (58) *for I am with you*

נְאֻם־יהוה subst.cstr. (610)-pr.n. (217) *says Yahweh*

לְהַצִּילֶךָ prep.-Hi. inf.cstr.-2 m.s. sf. (נצל 664) *to deliver you*

2:1

וַיְהִי consec.-Qal impf. 3 m.s. (היה 224) *and came*

דְּבַר־יהוה n.m.s. cstr. (180)-pr.n. (217) *the word of Yahweh*

אֵלַי prep.-1 c.s. sf. *to me*

לֵאמֹר prep.-Qal inf.cstr. (55) *saying*

2:2

הָלֹךְ Qal inf.abs. (הלך 229) *go*

וְקָרָאתָ conj.-Qal pf. 2 m.s. (894; GK 49k) *and proclaim*

בְאָזְנֵי prep.-n.f.p. cstr. (23) *in the hearing of*

יְרוּשָׁלַ͏ִם pr.n. (436) *Jerusalem*

לֵאמֹר prep.-Qal inf.cstr. (55) *saying* (LXX >2:1-2a καὶ εἶπεν)

כֹּה אָמַר adv. (462)-Qal pf. 3 m.s. (55) *thus says*

יהוה pr.n. (217) *Yahweh*

זָכַרְתִּי Qal pf. 1 c.s. (269) *I remember*

לָךְ prep.-2 f.s. sf. *(of you)*

חֶסֶד n.m.s. cstr. (338) *the devotion of*

נְעוּרַיִךְ n.m.p.-2 f.s. sf. (655) *your youth*

אַהֲבַת n.f.s. cstr. (13) *the love of*

כְּלוּלֹתָיִךְ n.f.p.-2 f.s. sf. (483) *your betrothals*

לֶכְתֵּךְ Qal inf.cstr.-2 f.s. sf. (הלך 229) *how you followed*

אַחֲרַי prep.-1 c.s. sf. (29) *after me*

בַּמִּדְבָּר prep.-def.art.-n.m.s. (184) *in the wilderness* (LXX >)

בְּאֶרֶץ prep.-n.f.s. (75) *in a land* (LXX >)

לֹא זְרוּעָה neg.-Qal pass.ptc. f.s. (281) *not sown* (LXX>)

2:3

קֹדֶשׁ n.m.s. (871) *holy*

יִשְׂרָאֵל pr.n. (975) *Israel*

לַיהוה prep.-pr.n. (217) *to Yahweh*

רֵאשִׁית n.f.s. cstr. (912) *the first fruits of*

תְּבוּאָתֹה n.f.s.-3 m.s. sf. (100) *his harvest*

כָּל־אֹכְלָיו n.m.s. cstr. (481)-Qal act.ptc. m.p.-3 m.s. sf. (37) *all who ate of it*

יֶאְשָׁמוּ Qal impf. 3 m.p. paus. (אָשַׁם 79) *became guilty*

רָעָה n.f.s. (948) *evil*

תָּבֹא Qal impf. 3 f.s. (בּוֹא 97) *came*

אֲלֵיהֶם prep.-3 m.p. sf. *upon them*

נְאֻם־יְהוָה subst.cstr. (610)-pr.n. (217) *says Yahweh*

2:4

שִׁמְעוּ Qal impv. 2 m.p. (1033) *hear*

דְּבַר־יְהוָה n.m.s. cstr. (182)-pr.n. (217) *the word of Yahweh*

בֵּית יַעֲקֹב n.m.s. cstr. (108)-pr.n. (784) *O house of Jacob*

וְכָל־מִשְׁפְּחוֹת conj.-n.m.s. cstr. (481)-n.f.p. cstr. (1046) *and all the families of*

בֵּית יִשְׂרָאֵל n.m.s. cstr. (108)-pr.n. (975) *the house of Israel*

2:5

כֹּה אָמַר adv. (462)-Qal pf. 3 m.s. (55) *thus says*

יְהוָה pr.n. (217) *Yahweh*

מַה־מָּצְאוּ interr. (552)-Qal pf. 3 c.p. (592) *what ... did find*

אֲבוֹתֵיכֶם n.m.p.-2 m.p. sf. (3) *your fathers*

בִּי prep.-1 c.s. sf. *in me*

עָוֶל n.m.s. (732) *wrong*

כִּי רָחֲקוּ conj.-Qal pf. 3 c.p. (934) *that they went far*

מֵעָלָי prep.-1 c.s. sf. paus. *from me*

וַיֵּלְכוּ consec.-Qal impf. 3 c.p. (הָלַךְ 229) *and went*

אַחֲרֵי הַהֶבֶל prep. (29)-def.art.-n.m.s. (I 210) *after worthlessness*

וַיֶּהְבָּלוּ consec.-Qal impf. 3 m.p. paus. (הָבַל 211) *and became worthless*

2:6

וְלֹא אָמְרוּ conj.-neg.-Qal pf. 3 c.p. (55) *they did not say*

אַיֵּה יְהוָה adv. (32)-pr.n. (217) *where is Yahweh*

הַמַּעֲלֶה אֹתָנוּ def.art.-Hi. ptc. (עָלָה 748)-dir.obj. -1 c.p. sf. *who brought us up*

מֵאֶרֶץ prep.-n.f.s. cstr. (75) *from the land of*

מִצְרָיִם pr.n. paus. (595) *Egypt*

הַמּוֹלִיךְ def.art.-Hi. ptc. (הָלַךְ 229) *who led*

אֹתָנוּ v.supra *us*

בַּמִּדְבָּר prep.-def.art.-n.m.s. (184) *in the wilderness*

בְּאֶרֶץ prep.-n.f.s. cstr. (75) *in a land of*

עֲרָבָה n.f.s. (I 787) *deserts*

וְשׁוּחָה conj.-n.f.s. (1001) *and pits*

בְּאֶרֶץ v.supra *in a land of*

צִיָּה n.f.s. (851) *drought*

וְצַלְמָוֶת conj.-n.m.s. (853) *and deep darkness* (וְנַלְמוּדָה LXX-καὶ ἀκάρπῳ)

בְּאֶרֶץ v.supra *in a land that*

לֹא־עָבַר neg.-Qal pf. 3 m.s. (716) *does not pass*

בָּהּ prep.-3 f.s. sf. *in it*

אִישׁ n.m.s. (35) *a man*

וְלֹא־יָשַׁב conj.-neg.-Qal pf. 3 m.s. (442) *where does not dwell*

אָדָם n.m.s. (9) *a man*

שָׁם adv. (1027) *there*

2:7

וָאָבִיא consec.-Hi. impf. 1 c.s. (בּוֹא 97) *and I brought*

אֶתְכֶם dir.obj.-2 m.p. sf. *you*

אֶל־אֶרֶץ prep.-n.f.s. cstr. (75) *into a land of*

הַכַּרְמֶל def.art.-n.m.s. (I 502) *garden-land*

לֶאֱכֹל prep.-Qal inf.cstr. (37) *to enjoy*

פִּרְיָהּ n.m.s.-3 f.s. sf. (826) *its fruits*

וְטוּבָהּ conj.-n.m.s.-3 f.s. sf. (375) *and its good things*

וַתָּבֹאוּ consec.-Qal impf. 2 m.p. (בּוֹא 97) *but when you came in*

וַתְּטַמְּאוּ consec.-Pi. impf. 2 m.p. (טָמֵא 379) *you defiled*

אֶת־אַרְצִי dir.obj.-n.f.s.-1 c.s. sf. (75) *my land*

וְנַחֲלָתִי conj.-n.f.s.-1 c.s. sf. (635) *and my heritage*

שַׂמְתֶּם Qal pf. 2 m.p. (שִׂים 962) *you made*

לְתוֹעֵבָה prep.-n.f.s. (1072) *an abomination*

2:8

הַכֹּהֲנִים def.art.-n.m.p. (463) *the priests*

לֹא אָמְרוּ neg.-Qal pf. 3 c.p. (55) *did not say*

אַיֵּה יְהוָה adv. (32)-pr.n. (217) *where is Yahweh*

וְתֹפְשֵׂי הַתּוֹרָה conj.-Qal act.ptc. m.p. cstr. (תָּפַשׂ 1074)-def.art.-n.f.s. (435) *and those who handle the law*

לֹא יְדָעוּנִי neg.-Qal pf. 3 c.p.-1 c.s. sf. (393) *did not know me*

וְהָרֹעִים conj.-def.art.-Qal act.ptc. m.p. (רָעָה I 944) *and the rulers*

פָּשְׁעוּ Qal pf. 3 c.p. (833) *transgressed*

בִּי prep.-1 c.s. sf. *against me*

וְהַנְּבִיאִים conj.-def.art.-n.m.p. (611) *and the prophets*

נִבְּאוּ Ni. pf. 3 c.p. (נָבָא 612) *prophesied*

בַּבַּעַל prep.-def.art.-n.m.s. (127) *by Baal*

וְאַחֲרֵי conj.-prep. (29; GK 155n) *and after*

לֹא־יוֹעִלוּ neg.-Hi. impf. 3 m.p. (יָעַל I 418) *things that do not profit*

הָלָכוּ Qal pf. 3 c.p. paus. (הָלַךְ 229) *they went*

2:9

לָכֵן prep.-adv. (485; #3,d) *therefore*

עֹד adv. (728) *still*

אָרִיב Qal impf. 1 c.s. (רִיב 936) *I contend*

אִתְּכֶם prep.-2 m.p. sf. (II 85) *with you*

נְאֻם־יְהוָה subst.cstr. (610)-pr.n. (217) *says Yahweh*

וְאֶת־בְּנֵי conj.-prep. (II 85)-n.m.p. cstr. (119) *and with the children of*

בְּנֵיכֶם n.m.p.-2 m.p. sf. (119) *your children*

אָרִיב v.supra *I will contend*

2:10

כִּי עִבְרוּ conj.-Qal impv. 2 m.p. (716) *for cross*

אִיֵּי n.m.p. cstr. (I 15) *to the coasts of*

כִתִּיִּים adj. gent. p. (508) *Cyprus*

וּרְאוּ conj.-Qal impv. 2 m.p. (רָאָה 906) *and see*

וְקֵדָר conj.-pr.n. (871) *or to Kedar*

שִׁלְחוּ Qal impv. 2 m.p. (1018) *send*

וְהִתְבּוֹנְנוּ conj.-Hithpolel impv. 2 m.p. (בִּין 106) *and examine*

מְאֹד adv. (547) *with care*

וּרְאוּ v.supra *and see*

הֵן הָיְתָה hypoth.part. (II 243)-Qal pf. 3 f.s. (הָיָה 224) *if there has been*

כָּזֹאת prep.-demons.adj. f.s. (260) *such a thing*

2:11

הַהֵימִיר interr.-Hi. pf. 3 m.s. (יָמַר 413; מוּר 558; GK 72e) *has ... changed* (LXX-p.)

גּוֹי n.m.s. (156) *a nation* (LXX-p.)

אֱלֹהִים n.m.p. (43) *its gods* (LXX-θεοὺς αὐτῶν= אֱלֹהֵיהֶם)

וְהֵמָּה conj.-pers.pr. 3 m.s. (241) *even though they are*

לֹא אֱלֹהִים neg.-n.m.p. (43) *no gods*

וְעַמִּי conj.-n.m.s.-1 c.s. sf. (I 766) *but my people*

הֵמִיר Hi. pf. 3 m.s. (מוּר 558) *have changed*

כְּבוֹדוֹ n.m.s.-3 m.s. sf. (458) *their glory*

בְּלוֹא יוֹעִיל prep. (GK 155n)-neg.-Hi. impf. 3 m.s. (יָעַל I 418) *for that which does not profit*

2:12

שֹׁמּוּ Qal impv. 2 m.p. (שָׁמֵם 1030) *be appalled*

שָׁמַיִם n.m.p. (1029) *O heavens*

עַל־זֹאת prep.-demons.adj. f.s. (260) *at this*

וְשַׂעֲרוּ conj.-Qal impv. 2 m.p. (שָׂעַר 972) *be shocked*

חָרְבוּ Qal impv. 2 m.p. (חָרֵב II 351; GK 46d) *be ... desolate* (LXX-ἐπὶ πλεῖον= הַרְבֵּה)

מְאֹד adv. (547) *utterly*

נְאֻם־יְהוָה subst.cstr. (610)-pr.n. (217) *says Yahweh*

2:13

כִּי־שְׁתַּיִם conj.-num. f. (1040) *for two*

רָעוֹת n.f.p. (948) *evils*

עָשָׂה Qal pf. 3 m.s. (I 793) *have committed*

עַמִּי n.m.s.-1 c.s. sf. (I 766) *my people*

אֹתִי dir.obj.-1 c.s. sf. *me*

עָזְבוּ Qal pf. 3 c.p. (I 736) *they have forsaken*

מְקוֹר n.m.s. cstr. (881) *the fountain of*

מַיִם חַיִּים n.m.p. (565)-adj. m.p. (311) *living waters*

לַחְצֹב prep.-Qal inf.cstr. (חָצַב 345) *and hewed out*

לָהֶם prep.-3 m.p. sf. *for themselves*

בֹּארוֹת n.m.p. (92) *cisterns*

בֹּארֹת n.m.p. (92) *cisterns*

נִשְׁבָּרִים Ni. ptc. m.p. (שָׁבַר 990) *broken*

אֲשֶׁר rel. (81) *that*

לֹא־יָכִלוּ neg.-Hi. impf. 3 m.p. (כּוּל 465) *can hold no* (some rd. יָכְלוּ; cf. LXX-συνέχειν)

הַמָּיִם def.art.-n.m.p. paus. (565) *water*

2:14

הַעֶבֶד interr.part.-n.m.s. (713) *is a slave?*

יִשְׂרָאֵל pr.n. (975) *Israel*

אִם־ interr.part. (50) *is?*

יְלִיד בַּיִת adj. m.s. cstr. (409)-n.m.s. (108) *a homebound servant*

הוּא pers.pr. 3 m.s. (214) *he*

מַדּוּעַ adv. (396) *why then*

הָיָה Qal pf. 3 m.s. (224) *has he become*

לָבַז prep.-n.m.s. (103) *a prey*

2:15

עָלָיו prep.-3 m.s. sf. *against him*

יִשְׁאֲגוּ Qal impf. 3 m.p. (שָׁאַג 980) *have roared*

כְּפִרִים n.m.p. (498) *lions*

נָתְנוּ קוֹלָם Qal pf. 3 c.p. (נָתַן 678)-n.m.s.-3 m.p. sf. (876) *they have roared loudly*

וַיָּשִׁיתוּ consec.-Qal impf. 3 m.p. (שִׁית 1011) *they have made*

אַרְצוֹ n.f.s.-3 m.s. sf. (75) *his land*

לְשַׁמָּה prep.-n.f.s. (I 1031) *a waste*

עָרָיו n.f.p.-3 m.s. sf. (746) *his cities*

נָצְתָה Ni. pf. 3 c.p. (יָצַת 428; Kethiv rds. נִצְּתָה but Qere rds. נִצְּתוּ; GK 44m) *are in ruins*

מִבְּלִי prep.-neg. (115) *without*

יֹשֵׁב Qal act.ptc. (442) *inhabitant*

2:16

גַּם־בְּנֵי־נֹף adv. (168)-n.m.p. cstr. (118)-pr.n. (v.592 נֹף) *moreover, the men of Memphis*

וְתַחְפְּנֵס conj.-pr.n. (1064) *and Tahpanhes* (Qere-וְתַחְפַּנְחֵס)

יִרְעוּךְ Qal impf. 3 m.p.-2 f.s. sf. (רָעָה I 944; 2c; v.txt.note; GK 117 ll) *have broken of you* (LXX-ἔγνωσάν σε=יְדָעוּךְ)

קָדְקֹד n.m.s. (869) *crown of head* (LXX-καὶ κατέπαιξόν σου)

2:17

הֲלוֹא־זֹאת interr.part.-neg.-demons.adj. f.s. (260) *not this?*

תַּעֲשֶׂה־לָּךְ Qal impf. 2 m.s. (עָשָׂה I 793)-prep. -2 f.s. or 2 m.s. sf. paus. *have brought upon yourself* (LXX-ἐποίησέν σοι=עָשָׂה)

עָזְבֵךְ Qal inf.cstr.-2 f.s. sf. (I 736) *by (your) forsaking*

אֶת־יְהוָה dir.obj.-pr.n. (217) *Yahweh* (LXX-ἐμέ; λέγει κύριος=אֹתִי נְאָם־יְהוָה)

אֱלֹהַיִךְ n.m.p.-2 f.s. sf. (43) *your God*

בְּעֵת prep.-n.f.s. cstr. (773) *when* (LXX >)

מוֹלִיכֵךְ Hi. ptc.-2 f.s. sf. (הָלַךְ 229; GK 116gN) *he led you* (LXX >)

בַּדָּרֶךְ prep.-def.art.-n.m.s. paus. (202) *in the way* (LXX >)

2:18

וְעַתָּה conj.-adv. (773) *and now*

מַה־לָּךְ interr. (552)-prep.-2 f.s. sf. *what do you gain*

לְדֶרֶךְ prep.-n.m.s. cstr. (202) *by going to*

מִצְרַיִם pr.n. (595) *Egypt*

לִשְׁתּוֹת prep.-Qal inf.cstr. (שָׁתָה 1059) *to drink*

מֵי שִׁחוֹר n.m.p. cstr. (565)-pr.n. (1009) *the waters of the Nile* (LXX-ὕδωρ Γηων= נִיחוֹן)

וּמַה־לָּךְ conj.-v.supra *or what do you gain*

לְדֶרֶךְ v.supra *by going to*

אַשּׁוּר pr.n. (78) *Assyria*

לִשְׁתּוֹת v.supra *to drink*

מֵי נָהָר v.supra-n.m.s. (625) *the waters of the Euphrates*

2:19

תְּיַסְּרֵךְ Pi. impf. 3 f.s.-2 f.s. sf. (יָסַר 415) *will chasten you*

רָעָתֵךְ n.f.s.-2 f.s. sf. (948) *your wickedness*

וּמְשֻׁבוֹתַיִךְ conj.-n.f.p.-2 f.s. sf. (1000) *and your apostasy*

תּוֹכִחֻךְ Hi. impf. 3 f.p.-2 f.s. sf. (יָכַח 406; GK 60a) *will reprove you*

וּדְעִי conj.-Qal impv. 2 f.s. (יָדַע 393) *and know*

וּרְאִי conj.-Qal impv. 2 f.s. (רָאָה 906) *and see*

כִּי־רַע וָמָר conj.-adj. m.s. (I 948)-conj.-adj. m.s. (I 600) *that it is evil and bitter*

עָזְבֵךְ Qal inf.cstr.-2 f.s. sf. (I 736) *for you to forsake*

אֶת־יְהוָה dir.obj.-pr.n. (217) *Yahweh*

אֱלֹהָיִךְ n.m.p.-2 f.s. sf. paus. (43) *your God*

וְלֹא פַחְדָּתִי conj.-neg.-n.f.s.-1 c.s. sf. (808) *and the fear of me is not* (LXX-καὶ οὐκ εὐδόκησα=וְלֹא פָחַדְתִּי)

אֵלַיִךְ prep.-2 f.s. *in you* (S-פָחַדְתִּי אֵלַיִךְ)

נְאֻם־אֲדֹנָי subst.cstr. (610)-n.m.p.-1 c.s. sf. (10) *says the Lord* (LXX-λέγει κύριος)

יְהוָה צְבָאוֹת pr.n. (217)-n.f.p. (838) *Yahweh of hosts* (LXX-ὁ θεός σου)

2:20

כִּי מֵעוֹלָם conj.-prep.-n.m.s. (761) *for long ago*

שָׁבַרְתִּי Qal pf. 1 c.s. (990; GK 44hN) *I broke* (LXX-συνέτριψας=שָׁבַרְתְּ 2 f.s.)

עֻלֵּךְ n.m.s.-2 f.s. sf. (760) *your yoke*

נִתַּקְתִּי Pi. pf. 1 c.s. (נָתַק 683; GK 44hN) *and burst* (LXX-διέσπασας=נִתַּקְתְּ)

מוֹסְרֹתַיִךְ n.m.p.-2 f.s. sf. (64) *your bonds*

וַתֹּאמְרִי consec.-Qal impf. 2 f.s. (55) *and you said*

לֹא אֶעֱבוֹד neg.-Qal impf. 1 c.s. (עָבַד 712) *I will not serve*

כִּי עַל־כָּל־ conj.-prep.-n.m.s. cstr. (481) *yea, upon every*

גִּבְעָה גְבֹהָה n.f.s. (148)-adj. f.s. (147) *high hill*

וְתַחַת כָּל־ conj.-prep. (1065)-v.supra *and under every*

עֵץ רַעֲנָן n.m.s. (781)-adj. m.s. (947) *green tree*

אַתְּ צָעָה pers.pr. 2 f.s. (61)-Qal act.ptc. f.s. (צָעָה 858) *you bowed down*

וֹנָה Qal act.ptc. f.s. (275) *as a harlot*

2:21

וְאָנֹכִי conj.-pers.pr. 1 c.s. (59) *yet I*

נְטַעְתִּיךְ Qal pf. 1 c.s.-2 f.s. sf. (642) *planted you*

שֹׂרֵק n.m.s. (I 977) *a choice vine*

כֻּלֹּה n.m.s.-3 m.s. sf. (481) *wholly*

זֶרַע אֱמֶת n.m.s. cstr. (282)-n.f.s. (54) *pure seed*

וְאֵיךְ conj.-adv. (32) *how then*

נֶהְפַּכְתְּ Ni. pf. 2 f.s. (הָפַךְ 245) *have you turned*

לִי סוּרֵי prep.-1 c.s. sf.-Qal pass.ptc. m.p. cstr. (סוּר 693) *to me the degenerate shoots of*

הַגֶּפֶן def.art.-n.f.s. (172; GK 126z) *the vine*

נָכְרִיָּה adj. f.s. (648) *foreign*

2:22

כִּי אִם־ conj.-hypoth.part. (474) *though*

תְּכַבְּסִי Pi. impf. 2 f.s. (כָּבַם 460) *you wash yourself*

בַּנֶּתֶר prep.-def.art.-n.m.s. (684) *with lye*

וְתַרְבִּי־לָךְ conj.-Hi. impf. 2 f.s. (רָבָה I 915)-prep.-2 f.s. sf. *and use much*

בֹּרִית n.f.s. (141) *soap*

נִכְתָּם Ni. ptc. (כָּתַם 508) *stained is*

עֲוֹנֵךְ n.m.s.-2 f.s. sf. (730) *your guilt*

לְפָנַי prep.-n.m.p.-1 c.s. sf. (815) *before me*

נְאֻם subst.cstr. (610) *says*

אֲדֹנָי n.m.p.-1 c.s. sf. (10) *the Lord* (LXX >)

יהוה pr.n. (217) *Yahweh*

2:23

אֵיךְ adv. (32) *how*

תֹּאמְרִי Qal impf. 2 f.s. (55) *can you say*

לֹא נִטְמֵאתִי neg.-Ni. pf. 1 c.s. (טָמֵא 379) *I am not defiled*

אַחֲרֵי prep.cstr. (29) *after* (LXX+καὶ)

הַבְּעָלִים def.art.-n.m.p. (127) *the Baals*

לֹא הָלַכְתִּי neg.-Qal pf. 1 c.s. (הָלַךְ 229) *I have not gone*

רְאִי Qal impv. 2 f.s. (רָאָה 906) *look at*

דַּרְכֵּךְ n.m.s.-2 f.s. sf. (202) *your way*

בַּגַּיְא prep.-def.art.-n.m.s. (161) *in the valley* (LXX-ἐν τῷ πολυανδρίῳ)

דְּעִי Qal impv. 2 f.s. (יָדַע 393) *know*

מֶה עָשִׂית interr. (552)-Qal pf. 2 f.s. (עָשָׂה I 793) *what you have done*

בִּכְרָה קַלָּה n.f.s. (114)-adj. f.s. (886) *a restive young camel*

מְשָׂרֶכֶת Pi. ptc. f.s. (שָׂרַךְ 976) *interlacing*

דְּרָכֶיהָ n.m.p.-3 f.s. sf. (202) *her tracks*

2:24

פֶּרֶה n.m.s. (825; GK 122d) *a wild ass* (LXX-ἐπλάτυνεν)

לִמֻּד adj. m.s. (541) *used to* (LXX-ἐφ' ὕδατα)

מִדְבָּר n.m.s. (184) *a wilderness*

בְּאַוַּת נַפְשׁוֹ prep.-n.f.s. cstr. (16)-n.f.s.-3 m.s. sf. (rd. prb.נַפְשָׁהּ) *in her heat*

שָׁאֲפָה Qal pf. 3 f.s. (שָׁאַף I 983) *snuffing*

רוּחַ n.f.s. (924) *the wind*

תַּאֲנָתָהּ n.f.s.-3 f.s. sf. (58) *her lust*

מִי יְשִׁיבֶנָּה interr. (566)-Hi. impf. 3 m.s.-3 f.s. sf. (שׁוּב 996) *who can restrain*

כָּל־מְבַקְשֶׁיהָ n.m.s. cstr. (481)-Pi. ptc. m.p.-3 f.s. sf. (134) *all who seek her*

לֹא יִיעָפוּ neg.-Qal impf. 3 m.p. paus. (יָעֵף 419) *will not weary themselves*

בְּחָדְשָׁהּ prep.-n.m.s.-3 f.s. sf. (294) *in her month* (LXX-ἐν τῇ ταπεινώσει αὐτῆς=בְּעֻנֹּתָהּ; v.776 עָנָה *humility*)

יִמְצָאוּנְהָ Qal impf. 3 m.p.-3 f.s. sf. paus. (מָצָא 592; GK 60e) *they will find her*

2:25

מִנְעִי Qal impv. 2 f.s. (מָנַע 586) *keep*

רַגְלֵךְ n.f.s.-2 f.s. sf. (919) *your feet*

מִיָּחֵף prep.-adj. (405) *from bareness*

וּגְרוֹנֵךְ conj.-n.m.s.-2 f.s. sf. (173) *and your throat*

מִצִּמְאָה prep.-n.f.s. (854) *from thirst*

וַתֹּאמְרִי consec.-Qal impf. 2 f.s. (55) *but you said*

נוֹאָשׁ Ni. ptc. (יָאַשׁ 384) *it is hopeless*

לוֹא either neg. or prep.-3 m.s. sf.

כִּי־אָהַבְתִּי conj.-Qal pf. 1 c.s. (12) *for I have loved*

זָרִים Qal act.ptc. m.p. (זוּר I 266) *strangers*

וְאַחֲרֵיהֶם conj.-prep.-3 m.p. sf. *and after them*

אֵלֵךְ Qal impf. 1 c.s. (הָלַךְ 229) *I will go*

2:26

כְּבֹשֶׁת prep.-n.f.s. cstr. (102) *as shame of*

גַּנָּב n.m.s. (170) *a thief*

כִּי יִמָּצֵא conj.-Ni. impf. 3 m.s. (מָצָא 592) *when caught*

כֵּן adv. (485) *so*

הֹבִישׁוּ Hi. pf. 3 c.p. (בּוֹשׁ 101) *shall be shamed*

בֵּית יִשְׂרָאֵל n.m.s. cstr. (108)-pr.n. (975) *the house of Israel* (LXX-οἱ υἱοὶ=בְּנֵי)

הֵמָּה pers.pr. 3 m.p. (241) *they*

מַלְכֵיהֶם n.m.p.-3 m.p. sf. (572) *their kings*

212

שָׂרֵיהֶם n.m.p.-3 m.p. sf. (978) *their princes*

וְכֹהֲנֵיהֶם conj.-n.m.p.-3 m.p. sf. (463) *and their priests*

וּנְבִיאֵיהֶם conj.-n.m.p.-3 m.p. sf. (611) *and their prophets*

2:27

אֹמְרִים Qal act.ptc. m.p. (55) *who say*

לָעֵץ prep.-def.art.-n.m.s. (781) *to a tree*

אָבִי n.m.s.-1 c.s. sf. (3) *my father*

אַתָּה pers.pr. 2 m.s. (61) *you are*

וְלָאֶבֶן conj.-prep.-def.art.-n.f.s. (6) *and to a stone*

אַתְּ יְלִדְתָּנִי pers.pr. 2 f.s. (61)-Qal pf. 2 f.s.-1 c.s. sf. (יָלַד 408; GK 59h, 69s) *thou hast brought me forth* (LXX-Σὺ ἐγέννησάς με)

כִּי־פָנוּ conj.-Qal pf. 3 c.p. (815) *for they have turned*

אֵלַי prep.-1 c.s. sf. *to me*

עֹרֶף n.m.s. (791) *their back*

וְלֹא פָנִים conj.-neg.-n.m.p. (815) *and not their face*

וּבְעֵת conj.-prep.-n.f.s. cstr. (773) *but in the time of*

רָעָתָם n.f.s.-3 m.p. sf. (949) *their trouble*

יֹאמְרוּ Qal impf. 3 m.p. (55) *they say*

קוּמָה Qal impv. 2 m.s.-vol.he (877) *arise*

וְהוֹשִׁיעֵנוּ conj.-Hi. impv. 2 m.s.-1 c.p. sf. (יָשַׁע 446) *and save us*

2:28

וְאַיֵּה conj.-interr. (32) *but where*

אֱלֹהֶיךָ n.m.p.-2 m.s. sf.(43) *your gods*

אֲשֶׁר עָשִׂיתָ rel.-Qal pf. 2 m.s. (793) *that you made*

לָךְ prep.-2 m.s. paus. *for yourself*

יָקוּמוּ Qal impf. 3 m.p. (קוּם 877) *let them arise*

אִם־ hypoth.part. (49) *if*

יוֹשִׁיעוּךָ Hi. impf. 3 m.p.-2 m.s. sf. (יָשַׁע 446) *they can save you*

בְּעֵת prep.-n.f.s. cstr. (773) *in the time of*

רָעָתֶךָ n.f.s.-2 m.s. sf. (949) *your trouble*

כִּי מִסְפַּר conj.-n.m.s. cstr. (708) *for the number of*

עָרֶיךָ n.f.p.-2 m.s. sf. (746) *your cities*

הָיוּ Qal pf. 3 c.p. (224) *are*

אֱלֹהֶיךָ n.m.p.-2 m.s. sf. (43) *your gods*

יְהוּדָה pr.n. (397) *O Judah*

(LXX+καὶ κατ᾽ ἀριθμὸν διόδων τῆς Ιερουσαλημ ἔθνον τῇ Βααλ cf.11:13)

2:29

לָמָה interr. (552) *why*

תָרִיבוּ Qal impf. 2 m.p. (רִיב 936) *do you complain* (LXX-λαλεῖτε)

אֵלַי prep.-1 c.s. sf. paus. *against me*

כֻּלְּכֶם n.m.s.-2 m.p. sf. (481) *all of you*

פְּשַׁעְתֶּם Qal pf. 2 m.p. (פָּשַׁע 833) *rebelled* (LXX+καὶ πάντες ὑμεῖς ἠνομήσατε)

בִּי prep.-1 c.s. sf. *against me*

נְאֻם־יְהוָה subst.cstr. (610)-pr.n. (217) *says Yahweh*

2:30

לַשָּׁוְא prep.-def.art.-n.m.s. (996) *in vain*

הִכֵּיתִי Hi. pf. 1 c.s. (נָכָה 645) *I have smitten*

אֶת־בְּנֵיכֶם dir.obj.-n.m.p.-2 m.p. sf. (119) *your children*

מוּסָר n.m.s. (416) *correction*

לֹא לָקָחוּ neg.-Qal pf. 3 c.p. paus. (לָקַח 542) *they did not take* (LXX-οὐκ ἐδέξασθε=2 p.)

אָכְלָה Qal pf. 3 f.s. (אָכַל 37) *devoured*

חַרְבְּכֶם n.f.s.-2 m.p. sf. (352) *your own sword* (LXX-μάχαιρα=חֶרֶב)

נְבִיאֵיכֶם n.m.p.-2 m.p. sf. (611) *your prophets*

כְּאַרְיֵה prep.-n.m.s. (71) *like a ... lion*

מַשְׁחִית Hi. ptc. (שָׁחַת 1007) *ravening* (LXX+καὶ οὐκ ἐφοβήθητε)

2:31

הַדּוֹר def.art.-n.m.s. (189) *O generation* (LXX >)

אַתֶּם pers.pr. 2 m.p. (61) *you*

רְאוּ Qal impv. 2 m.p. (רָאָה 906) *heed*

דְּבַר־יְהוָה n.m.s. cstr. (182) -pr.n. (217) *the word of Yahweh* (LXX-ἀκούσατε λόγον κυρίου Τάδε λέγει κύριος)

הַמִּדְבָּר interr.-n.m.s. (184; GK 85h) *a wilderness?*

הָיִיתִי Qal pf. 1 c.s. (הָיָה 223) *have I been*

לְיִשְׂרָאֵל prep.-pr.n. (975) *to Israel*

אִם interr.part. (50, 2) *or*

אֶרֶץ n.f.s. cstr. (75) *a land of*

מַאְפֵּלְיָה n.f.s. (66) *thick darkness*

מַדּוּעַ adv. (396) *why*

אָמְרוּ Qal pf. 3 c.p. (55) *do say*

עַמִּי n.m.s.-1 c.s. sf. (I 766) *my people*

רַדְנוּ Qal pf. 1 c.p. (רוּד 923) *we are free* (LXX-οὐ κυριευθησόμεθα)

לוֹא־נָבוֹא neg.-Qal impf. 1 c.p. (בּוֹא 97) *we will not come*

עוֹד adv. (728) *any more*

אֵלֶיךָ prep.-2 m.s. sf. *to thee*

2:32

הֲתִשְׁכַּח interr.-Qal impf. 3 f.s. (שָׁכַח 1013) *can ... forget?*

בְּתוּלָה n.f.s. (143) *a maiden*

עֶדְיָהּ n.m.coll.-3 f.s. sf. (725) *her ornaments*

כַּלָּה n.f.s. (483) *a bride*

קִשֻּׁרֶיהָ n.m.p.-3 f.s. sf. (905) *her attire*

וְעַמִּי conj.-n.m.s.-1 c.s. sf. (766) *yet my people*

שְׁכֵחוּנִי Qal pf. 3 c.p.-1 c.s. sf. (1013) *have forgotten me*

יָמִים n.m.p. (398) *days*

אֵין מִסְפָּר subst.cstr. (II 34)-n.m.s. (708) *without number*

2:33

מַה־ interr. (552) *how*

תֵּיטִבִי Hi. impf. 2 f.s. (יָטַב 405) *well you direct*

דַּרְכֵּךְ n.m.s.-2 f.s. sf. (202) *your course*

לְבַקֵּשׁ prep.-Pi. inf.cstr. (134) *to seek*

אַהֲבָה n.f.s. (14) *love*

לָכֵן prep.-adv. (I 485, 3d) *so that*

גַּם adv. (168) *even*

אֶת־הָרָעוֹת dir.obj.-def.art.-adj. f.p. (I 948) *to wicked women* (LXX-σὺ ἐπονηρεύσω τοῦ μιᾶναι=אֵת הָרֵעוֹת)

לִמַּדְתְּי Pi. pf. 2 f.s. (לָמַד 540; rd. prb. לִמַּדְתְּ GK 44h) *you have taught*

אֶת־דְּרָכָיִךְ dir.obj.-n.m.p.-2 f.s. sf. paus. (202) *your ways*

2:34

גַּם בִּכְנָפַיִךְ adv. (168)-prep.-n.f.p.-2 f.s. sf. (489) *also on your skirts* (LXX-καὶ ἐν ταῖς χερσίν σου=בְּכַפַּיִךְ)

נִמְצְאוּ Ni. pf. 3 c.p. (מָצָא 592) *is found*

דַּם נַפְשׁוֹת n.m.s. cstr. (196)-n.f.p. cstr. (659) *blood of persons*

אֶבְיוֹנִים adj. m.p. (2) *poor* (LXX >)

נְקִיִּים adj. m.p. (667) *guiltless*

לֹא־בַמַּחְתֶּרֶת neg.-prep.-def.art.-n.m.s. (369) *not breaking in*

מְצָאתִים Qal pf. 2 f.s. (or 1 c.s.)-3 m.p. sf. (מָצָא 592) *you did find them*

כִּי עַל־כָּל־ conj.-prep.-n.m.s. cstr. (481) *yet in spite of all*

אֵלֶּה demons.adj. c.p. (41) *these things* LXX-δρυί

2:35

וַתֹּאמְרִי consec.-Qal impf. 2 f.s. (55) *you say*

כִּי נִקֵּיתִי conj.-Pi. pf. 1 c.s. (נָקָה 667) *I am innocent*

אַךְ adv. (36) *surely*

שָׁב Qal pf. 3 m.s. (שׁוּב 996) *has turned*

אַפּוֹ n.m.s.-3 m.s. sf. (I 60) *his anger*

מִמֶּנִּי prep.-1 c.s. sf. *from me*

הִנְנִי demons.part.-1 c.s. sf. (243) *behold I*

נִשְׁפָּט Ni. ptc. (שָׁפַט 1047) *will bring into judgment*

אוֹתָךְ dir.obj.-2 f.s. sf. *you*

עַל־אָמְרֵךְ prep.-Qal inf.cstr.-2 f.s. sf. (55; GK 114d) *for saying*

לֹא חָטָאתִי neg.-Qal pf. 1 c.s. (חָטָא 306) *I have not sinned*

2:36

מַה־תֵּזְלִי interr. (552)-Qal impf. 2 f.s. (אָזַל 23, GK 68h) *how ... you gad about* (LXX-τί κατεφρόνησας=וַזֵּל תָּזְלִי)

מְאֹד adv. (547) *lightly*

לְשַׁנּוֹת prep.-Pi. inf.cstr. (שָׁנָה I 1039) *changing*

אֶת־דַּרְכֵּךְ dir.obj.-n.m.s.-2 f.s. sf. (202) *your way*

גַּם מִמִּצְרַיִם adv. (168)-prep.-pr.n. (595) *also by Egypt*

תֵּבוֹשִׁי Qal impf. 2 f.s. (בּוֹשׁ 101) *you shall be put to shame*

כַּאֲשֶׁר־בֹּשְׁתְּ prep.-rel. (81)-Qal pf. 2 f.s. (בּוֹשׁ 101) *as you were put to shame*

מֵאַשּׁוּר prep.-pr.n. (78) *by Assyria*

2:37

גַּם מֵאֵת זֶה adv. (168)-prep.-prep. (II 85)-demons.adj. m.s. (260) *from it too*

תֵּצְאִי Qal impf. 2 f.s. (יָצָא 422) *you will come away*

וְיָדַיִךְ conj.-n.f. du.-2 f.s. sf. (388) *with your hands*

עַל־רֹאשֵׁךְ prep.-n.m.s.-2 f.s. sf. (910) *upon your head*

כִּי־מָאַס conj.-Qal pf. 3 m.s. (549) *for has rejected*

יְהוָה pr.n. (217) *Yahweh*

בְּמִבְטַחַיִךְ prep.-n.m.p.-2 f.s. sf. (105) *those in whom you trust*

וְלֹא תַצְלִיחִי conj.-neg.-Hi. impf. 2 f.s. (צָלַח II 852) *and you will not prosper*

לָהֶם prep.-3 m.p. sf. *by them*

3:1

לֵאמֹר prep.-Qal inf.cstr. (55) *(saying)* (LXX >)

הֵן hypoth. part. (II 243; GK 159w) *if*

יְשַׁלַּח Pi. impf. 3 m.s. (1018) *divorces*

אִישׁ n.m.s. (35) *a man*

אֶת־אִשְׁתּוֹ dir.obj.-n.f.s.-3 m.s. sf. (61) *his wife*

וְהָלְכָה conj.-Qal pf. 3 f.s. (הָלַךְ 229) *and she goes*

מֵאִתּוֹ prep.-prep. (II 85)-3 m.s. sf. *from him*

וְהָיְתָה conj.-Qal pf. 3 f.s. (הָיָה 224) *and becomes*

לְאִישׁ־אַחֵר prep.-n.m.s. (35)-adj. (29) *another man's wife*

הֲיָשׁוּב interr.-Qal impf. 3 m.s. (שׁוּב 996) *will he return* (LXX-μὴ ἀνακάμπτουσα ἀνακάμψει= הֲשׁוֹב)

אֵלֶיהָ עוֹד prep.-3 f.s. sf.-adv. (728) *to her again* (LXX-πρὸς αὐτὸν= אֵלָיו)

הֲלוֹא interr.-neg. *would not*

חָנוֹף תֶּחֱנַף Qal inf.abs. (337)-Qal impf. 3 f.s. (337) *be greatly polluted*

הָאָרֶץ הַהִיא def.art.-n.f.s. (75)-def.art.-demons. adj. f.s. (214) *that land* (LXX-ἡ γυνὴ ἐκείνη) (אֶרֶץ=γῆ)

וְאַתְּ זָנִית conj.-pers.pr. 2 f.s. (61)-Qal pf. 2 f.s. (275 זָנָה) *you have played the harlot*

רֵעִים רַבִּים n.m.p. (945)-adj. m.p. (I 912) *with many lovers*

וְשׁוֹב conj.-Qal inf.abs. (שׁוּב 996; GK 113ee) *and returning?*

אֵלַי prep.-1 c.s. sf. *to me*

נְאֻם־יְהוָה subst.cstr. (610)-pr.n. (217) *says Yahweh*

3:2

שְׂאִי־ Qal impv. 2 f.s. (נָשָׂא 669) *lift up*

עֵינַיִךְ n.f. du.-2 f.s. sf. (744) *your eyes*

עַל־שְׁפָיִם prep.-n.m.p. (1046) *to the bare heights*

וּרְאִי conj.-Qal impv. 2 f.s. (רָאָה 906) *and see*

אֵיפֹה adv. (33a) *where*

לֹא שֻׁגַּלְתְּ neg.-Pu. pf. 2 f.s. (שָׁגֵל 993c) *have you not been lain with*

עַל־דְּרָכִים prep.-n.m.p. (202) *by the waysides*

יָשַׁבְתְּ Qal pf. 2 f.s. (יָשַׁב 442) *you have sat*

לָהֶם prep.-3 m.p. sf. *for them*

כַּעֲרָבִי prep.-n. gent. (787b) *like an Arab* (BDB-steppe-dweller) (LXX-ὡσεὶ κορώνη= כְּעֹרֵב)

בַּמִּדְבָּר prep.-def.art.-n.m.s. (184) *in the wilderness*

וַתַּחֲנִיפִי consec.-Hi. impf. 2 f.s. (חָנֵף 337d) *you have polluted*

אֶרֶץ n.f.s. (75) *the land*

בִּזְנוּתַיִךְ prep.-n.f.p.-2 f.s. sf. (276a) *with your harlotry*

וּבְרָעָתֵךְ conj.-prep.-n.f.s.-2 f.s. sf. (949a) *and your evil* (LXX-ταῖς κακίαις σου=)

3:3

וַיִּמָּנְעוּ consec.-Ni. impf. 3 m.p. (מָנַע 586a) *therefore have been withheld*

רְבִבִים n.m.p. (914c) *the showers*

וּמַלְקוֹשׁ conj.-n.m.s. (545b) *and the spring rain*

לוֹא הָיָה neg.-Qal pf. 3 m.s. (224) *has not come* (LXX-3:3a καὶ ἔσχες ποιμένας πολλοὺς εἰς πρόσκομμα σεαυτῇ= וַתִּמְנְעִי רֹעִים רַבִּים לְמוֹקֵשׁ לָךְ)

וּמֵצַח conj.-n.m.s. cstr. (594d) *yet a brow of*

אִשָּׁה זוֹנָה n.f.s. (61)-Qal act.ptc. f.s. (זָנָה 275) *a harlot woman*

הָיָה לָךְ Qal pf. 3 m.s. (224)-prep.-2 f.s. sf. *there is to you*

מֵאַנְתְּ Pi. pf. 2 f.s. (מָאֵן 549) *you refuse*

הִכָּלֵם Ni. inf.cstr. (483d) *to be ashamed*

3:4

הֲלוֹא מֵעַתָּה interr.-neg.-prep.-adv. (773) *not just now?* (LXX-οὐχ ὡς οἶκον= מְעֹנָה)

קָרָאתִי Qal pf. 2 f.s. (894) *have you called*

לִי prep.-1 c.s. sf. *to me*

אָבִי n.m.s.-1 c.s. sf. (3) *my father*

אַלּוּף n.m.s. cstr. (48d) *the friend of*

נְעֻרַי n.m.p.-1 c.s. sf. (655b) *my youth*

אָתָּה pers. pr. 2 m.s. paus. (61) *thou art*

3:5

הֲיִנְטֹר interr.-Qal impf. 3 m.s. (נָטַר 643b; GK 66f) *will he be angry*

לְעוֹלָם prep.-n.m.s. (761) *for ever*

אִם־יִשְׁמֹר conj. (49)-Qal impf. 3 m.s. (שָׁמַר 1036) *will he be indignant*

לָנֶצַח prep.-n.m.s. paus. (664b) *to the end*

הִנֵּה demons.part. (243) *behold*

דִּבַּרְתִּי Pi. pf. 1 f.s. (דָּבַר 180) *you have spoken*

וַתַּעֲשִׂי consec.-Qal impf. 2 f.s. (עָשָׂה I 793) *but you have done*

הָרָעוֹת def.art.-n.f.p. (949a) *the evil*

וַתּוּכָל consec.-Qal impf. 2 f.s. (יָכֹל 407; GK 47k, 69r) *that you could*

3:6

וַיֹּאמֶר consec.-Qal impf. 3 m.s. (55) *and said*

יְהוָה pr.n. (217) *Yahweh*

אֵלַי prep.-1 c.s. sf. *to me*

בִּימֵי prep.-n.m.p. cstr. (398) *in the days of*

יֹאשִׁיָּהוּ pr.n. (78c) *Josiah*

הַמֶּלֶךְ def.art.-n.m.s. (572) *the king*

הֲרָאִיתָ interr.-Qal pf. 2 m.s. (רָאָה 906) *have you seen*

215

אֲשֶׁר rel. (81) *what*

עָשְׂתָה Qal pf. 3 f.s. (עָשָׂה I 793) *she did* (LXX+ μοι=לִי)

מְשֻׁבָה n.f.s. (1000b; GK 132b) *that faithless one*

יִשְׂרָאֵל pr.n. (975) *Israel*

הֹלְכָה Qal act.ptc. f.s. (הָלַךְ 229d) *went*

הִיא pers.pr. 3 f.s. (214) *she*

עַל־כָּל־ prep.-n.m.s. cstr. (481) *up on every*

הַר גָּבֹהַּ n.m.s. (249)-adj. m.s. (147) *high hill*

וְאֶל־תַּחַת conj.-prep.-prep. (1065) *and under*

כָּל־עֵץ v.supra-n.m.s. (781) *every ... tree*

רַעֲנָן adj. m.s. (947d) *green*

וַתִּזְנִי־ consec.-Qal impf. 2 f.s. (or 3 f.s.) (זָנָה 275; GK 75ii) *and played the harlot*

שָׁם adv. (1027) *there*

3:7

וָאֹמַר consec.-Qal impf. 1 c.s. (55) *and I thought*

אַחֲרֵי prep. cstr. (29) *after*

עֲשׂוֹתָהּ Qal inf.cstr.-3 f.s. sf. (I 793) *she has done*

אֶת־כָּל־ dir.obj.-n.m.s. cstr. (481) *all*

אֵלֶּה demons.adj. c.p. (41) *these*

אֵלַי prep.-1 c.s. sf. *to me*

תָּשׁוּב Qal impf. 3 f.s. (שׁוּב 996) *she will return*

וְלֹא־שָׁבָה conj.-neg.-Qal pf. 3 f.s. (שׁוּב 996) *but she did not return*

וַתֵּרֶא consec.-Qal impf. 3 f.s. (רָאָה 906) *and saw* ("final he" may be 3 f.s. sf.= *it*)

בָּגוֹדָה אֲחוֹתָהּ adj. f.s. (93d; GK 84a-k)-n.f.s.-3 f.s. sf. (27) *her false sister*

יְהוּדָה pr.n. (397) *Judah*

3:8

וָאֵרֶא consec.-Qal impf. 1 c.s. (רָאָה 906) *and I saw* (1 Gk.ms.-וַתֵּרֶא=*and she saw*)

כִּי עַל־כָּל־ conj.-prep.-n.m.s. cstr. (481) *that for all*

אֹדוֹת n.f.p. (15c) *(because of occasions)*

אֲשֶׁר rel. *(that)*

נִאֲפָה Pi. pf. 3 f.s. (נָאַף 610c) *she has committed adultery*

מְשֻׁבָה cf.3:6 n.f.s. (1000; GK 132b) *the faithless one*

יִשְׂרָאֵל pr.n. (975) *Israel*

שִׁלַּחְתִּיהָ Pi. pf. 1 c.s.-3 f.s. sf. (1018) *I had sent her away*

וָאֶתֵּן consec.-Qal impf. 1 c.s. (נָתַן 678) (lit.-*and I gave*) *with*

אֶת־סֵפֶר dir.obj.-n.m.s. cstr. (706) *a decree of*

כְּרִיתֻתֶיהָ n.f.p.-3 f.s. sf. (504d; GK 91 l) *her divorcement*

אֵלֶיהָ prep.-3 f.s. sf. *to her* (LXX-εἰς τὰς χεῖρας αὐτῆς)

וְלֹא יָרְאָה conj.-neg.-Qal pf. 3 f.s. (יָרֵא 431) *yet did not fear*

בֹּגֵדָה Qal act.ptc. f.s. (בָּגַד 93d) *faithless*

יְהוּדָה pr.n. (397) *Judah*

אֲחוֹתָהּ n.f.s.-3 f.s. sf. (27) *her sister* (LXX >)

וַתֵּלֶךְ consec.-Qal impf. 3 f.s. (הָלַךְ 229) *but she too went*

וַתִּזֶן consec.-Qal impf. 3 f.s. (זָנָה 275) *and played the harlot*

גַּם־הִיא adv. (168)-pers.pr. 3 f.s. (214) *she too*

3:9

וְהָיָה conj.-Qal pf. 3 m.s. (224; GK 112ss) *because was*

מִקֹּל prep.-n.m.s. (887a) *so light* (LXX-εἰς οὐθὲν)

זְנוּתָהּ n.f.s.-3 f.s. sf. (276a) *her harlotry*

וַתֶּחֱנַף consec.-Qal impf. 3 f.s. (חָנֵף 337d) *and she polluted* (LXX >)

אֶת־הָאָרֶץ dir.obj.-def.art.-n.f.s. paus. (75) *the land* (LXX >)

וַתִּנְאַף consec.-Qal impf. 3 f.s. (נָאַף 610) *and committed adultery*

אֶת־הָאֶבֶן prep. (II 85)-def.art.-n.f.s. (6) *with stone*

וְאֶת־הָעֵץ conj.-prep. (II 85)-def.art.-n.m.s. (781) *and tree*

3:10

וְגַם־ conj.-adv. (168) *and yet*

בְּכָל־זֹאת prep.-n.m.s. cstr. (481)-demons.adj. f.s. (260) *for all this*

לֹא־שָׁבָה neg.-Qal pf. 3 f.s. (שׁוּב 996) *did not return*

אֵלַי prep.-1 c.s. sf. *to me*

בָּגוֹדָה cf.3:7 adj. f.s. (93d) *false*

אֲחוֹתָהּ n.f.s.-3 f.s. sf. (27) *her sister* (LXX >)

יְהוּדָה pr.n. (397) *Judah*

בְּכָל־לִבָּהּ prep.-n.m.s. cstr. (481)-n.m.s.-3 f.s. sf. (524) *with her whole heart*

כִּי אִם־בְּשֶׁקֶר conj.-part. (474c)-prep.-n.m.s. (1055) *in pretense*

נְאֻם־יְהוָה subst.cstr. (610)-pr.n. (217) *says Yahweh*

3:11

וַיֹּאמֶר יְהוָה consec.-Qal impf. 3 m.s. (55)-pr.n. (217) *and Yahweh said*

אֵלַי prep.-1 c.s. sf. *to me*

צִדְּקָה Pi. pf. 3 f.s. (צָדַק 842c) *has shown ... righteous*

216

נַפְשָׁה n.f.s.-3 f.s. sf. (659) *herself*

מְשֻׁבָה n.f.s. (1000) *faithless*

יִשְׂרָאֵל pr.n. (975) *Israel*

מִבֹּגֵדָה prep.-Qal act.ptc. f.s. (בָּגַד 93) *than false*

יְהוּדָה pr.n. (397) *Judah*

3:12

הָלֹךְ Qal inf.abs. (הָלַךְ 229) *go*

וְקָרָאתָ conj.-Qal pf. 2 m.s. (קָרָא 894) *and proclaim*

אֶת־הַדְּבָרִים dir.obj.-def.art.-n.m.p. (182) *... words*

הָאֵלֶּה def.art.-demons.adj.c.p. (41) *these*

צָפוֹנָה n.f.s.-dir.he (860d) *toward the north*

וְאָמַרְתָּ conj.-Qal pf. 2 m.s. (55) *and say*

שׁוּבָה Qal impv. 2 m.s.-vol.he (996) *return*

מְשֻׁבָה cf.3:11 n.f.s. (1000) *faithless*

יִשְׂרָאֵל pr.n. (975) *Israel*

נְאֻם־יהוה subst.cstr. (610)-pr.n. (217) *says Yahweh*

לוֹא־אַפִּיל פָּנַי neg.-Hi. impf. 1 c.s. (נָפַל 656)-n.m.p.-1 c.s. sf. (815) *I will not look (in anger)*

בָּכֶם prep.-2 m.p. sf. *on you*

כִּי־חָסִיד conj.-adj. m.s. (339) *for merciful*

אֲנִי pers.pr. 1 c.s. (58) *I am*

נְאֻם־יהוה subst.cstr. (610)-pr.n. (217) *says Yahweh*

לֹא אֶטּוֹר neg.-Qal impf. 1 c.s. (נָטַר 643b) *I will not be angry*

לְעוֹלָם prep.-n.m.s. (761) *for ever*

3:13

אַךְ דְּעִי adv. (36)-Qal impv. 2 f.s. (יָדַע 393) *only acknowledge*

עֲוֹנֵךְ n.m.s.-2 f.s. sf. (730) *your guilt*

כִּי בַּיהוה conj.-prep.-pr.n. (217) *that against Yahweh*

אֱלֹהַיִךְ n.m.p.-2 f.s. sf. (43) *your God*

פָּשָׁעַתְּ Qal pf. 2 f.s. paus. (פָּשַׁע 833) *you rebelled*

וַתְּפַזְּרִי consec.-Pi. impf. 2 f.s. (פָּזַר 808a) *and scattered*

אֶת־דְּרָכַיִךְ dir.obj.-n.m.p.-2 f.s. sf. (202) *your favors*

לַזָּרִים prep.-def.art.-Qal act.ptc. m.p. (זוּר 266b) *among strangers*

תַּחַת prep. (1065) *under*

כָּל־עֵץ n.m.s. cstr. (481)-n.m.s. (781) *every ... tree*

רַעֲנָן adj. m.s. (947d) *green*

וּבְקוֹלִי conj.-prep.-n.m.s.-1 c.s. sf. (876) *and that my voice*

לֹא־שְׁמַעְתֶּם neg.-Qal pf. 2 m.p. (1033) *you have not obeyed* LXX-οὐχ ὑπήκουσας= לֹא שָׁמַעַתְּ

נְאֻם־יהוה subst.cstr. (610)-pr.n. (217) *says Yahweh*

3:14

שׁוּבוּ Qal impv. 2 m.p. (996) *return*

בָּנִים n.m.p. (119) *children*

שׁוֹבָבִים adj. m.p. (1000a) *faithless*

נְאֻם־יהוה subst.cstr. (610)-pr.n. (217) *says Yahweh*

כִּי אָנֹכִי conj.-pers.pr. 1 c.s. (59) *for I*

בָּעַלְתִּי Qal pf. 1 c.s. (בָּעַל 127a) *am master*

בָכֶם prep.-2 m.p. sf. *over you*

וְלָקַחְתִּי conj.-Qal pf. 1 c.s. (542) *and I will take*

אֶתְכֶם dir.obj.-2 m.p. sf. *you*

אֶחָד מֵעִיר num. (25)-prep.-n.f.s. (746) *one from a city*

וּשְׁנַיִם conj.-num. m. (1040) *and two*

מִמִּשְׁפָּחָה prep.-n.f.s. (1046) *from a family*

וְהֵבֵאתִי conj.-Hi. pf. 1 c.s. (בּוֹא 97) *and I will bring*

אֶתְכֶם v.supra *you*

צִיּוֹן pr.n. (851) *to Zion*

3:15

וְנָתַתִּי conj.-Qal pf. 1 c.s. (נָתַן 678) *and I will give*

לָכֶם prep.-2 m.p. sf. *you*

רֹעִים Qal act.ptc. m.p. (רָעָה 944) *shepherds*

כְּלִבִּי prep.-n.m.s.-1 c.s. sf. (524) *after my own heart*

וְרָעוּ conj.-Qal pf. 3 c.p. (רָעָה 944) *who will feed*

אֶתְכֶם dir.obj.-2 m.p. sf. *you*

דֵּעָה n.f.s. (395a) *with knowledge* (LXX-ποιμαίνοντες=רָעָה)

וְהַשְׂכֵּיל conj.-Hi. inf.abs. (שָׂכַל 968b; GK 113h) *and understanding*

3:16

וְהָיָה conj.-Qal pf. 3 m.s. (224) *and*

כִּי תִרְבּוּ conj.-Qal impf. 2 m.p. (רָבָה 915a) *when you have multiplied*

וּפְרִיתֶם conj.-Qal pf. 2 m.p. (פָּרָה 826) *and increased*

בָּאָרֶץ prep.-def.art.-n.f.s. (75) *in the land*

בַּיָּמִים prep.-def.art.-n.m.p. (398) *in ... days*

הָהֵמָּה def.art.-demons.adj. m.p. (241) *those*

נְאֻם־יהוה subst.cstr. (610)-pr.n. (217) *says Yahweh*

לֹא־יֹאמְרוּ neg.-Qal impf. 3 m.p. (55) *they shall not say*

עוֹד adv. (728) *any more*

אֲרוֹן n.m.s. cstr. (75) *the ark of*

בְּרִית־ n.f.s. cstr. (136) *the covenant of*

יהוה pr.n. (217) *Yahweh* (LXX-ἁγίου Ισραηλ)

וְלֹא יַעֲלֶה conj.-neg.-Qal impf. 3 m.s. (עלה 748) *and it shall not come*

עַל־לֵב prep.-n.m.s. (524) *to mind*

וְלֹא יִזְכְּרוּ־ conj.-neg.-Qal impf. 3 m.p. (זכר 269) *or they will not remember*

בּוֹ prep.-3 m.s. sf. *it*

וְלֹא יִפְקֹדוּ conj.-neg.-Qal impf. 3 m.p. (פקד 823 A1,d) *or missed*

וְלֹא יֵעָשֶׂה conj.-neg.-Ni. impf. 3 m.s. (793) *and it shall not be made*

עוֹד v.supra *again*

3:17

בָּעֵת prep.-def.art.-n.f.s. (773) *at ... time*

הַהִיא def.art.-demons.adj. f.s. (214) *that*

יִקְרְאוּ Qal impf. 3 c.p. (894) *they shall call*

לִירוּשָׁלַ͏ִם prep.-pr.n. (436) *Jerusalem*

כִּסֵּא n.m.s. cstr. (490) *the throne of*

יהוה pr.n. (217) *Yahweh*

וְנִקְווּ conj.-Ni. pf. 3 c.p. (קוה II 876) *and shall be gathered* (some rd. וְנִקְוּוּ)

אֵלֶיהָ prep.-3 f.s. sf. *to it*

כָּל־הַגּוֹיִם n.m.s. cstr. (481)-def.art.-n.m.p. (156) *all nations*

לְשֵׁם prep.-n.m.s. cstr. (1027) *to the presence of* (LXX >)

יהוה pr.n. (217) *Yahweh* (LXX >)

לִירוּשָׁלָ͏ִם v.supra paus. (436) *in Jerusalem* (LXX >)

וְלֹא־יֵלְכוּ conj.-neg.-Qal impf. 3 m.p. (הלך 229) *and they shall not follow*

עוֹד adv. (728) *any more*

אַחֲרֵי prep.cstr. (29) *after*

שְׁרִרוּת n.f.s. cstr. (1057b) *the stubbornness of*

לִבָּם n.m.s.-3 m.p. sf. (523) *their ... heart*

הָרָע def.art.-n.m.s. (II 948) *evil*

3:18

בַּיָּמִים prep.-def.art.-n.m.p. (398) *in ... days*

הָהֵמָּה def.art.-demons.adj. m.p. (241) *those*

יֵלְכוּ Qal impf. 3 m.p. (הלך 229) *shall join*

בֵית־יְהוּדָה n.m.s. cstr. (108)-pr.n. (397) *the house of Judah*

עַל־בֵּית יִשְׂרָאֵל prep.-v.supra-pr.n. (975) *the house of Israel*

וַיָּבֹאוּ consec.-Qal impf. 3 m.p. (בוא 97) *and shall come*

יַחְדָּו adv. (403) *together*

מֵאֶרֶץ prep.-n.f.s. cstr. (75) *from the land of*

צָפוֹן n.f.s. (860) *the north*

עַל־הָאָרֶץ prep.-def.art.-n.f.s. (75) *to the land*

אֲשֶׁר rel. (81) *that*

הִנְחַלְתִּי Hi. pf. 1 c.s. (נחל 635) *I gave for a heritage*

אֶת־אֲבוֹתֵיכֶם dir.obj.-n.m.p.-2 m.p. sf. (3) *your fathers* LXX-τοὺς πατέρας αὐτῶν= אֲבוֹתֵיהֶם

3:19

וְאָנֹכִי conj.-pers.pr. 1 c.s. (59) *and I*

אָמַרְתִּי Qal pf. 1 c.s. (55) *thought*

אֵיךְ adv.(32c) (LXX-Γένοιτο, κύριε ὅτι= כִּי) *how*

אֲשִׁיתֵךְ Qal impf. 1 c.s.-2 f.s. sf. (שית 1011) *I would set you*

בַּבָּנִים prep.-def.art.-n.m.p. (119) *among sons*

וְאֶתֶּן־לָךְ conj.-Qal impf. 1 c.s. (נתן 678)-prep.-2 f.s. sf. *and give you*

אֶרֶץ חֶמְדָּה n.f.s. cstr. (75)-n.f.s. (326) *a pleasant land*

נַחֲלַת n.f.s. cstr. (635) *a heritage*

צְבִי צִבְאוֹת n.m.s. cstr. (840)-n.m.p. cstr. (840) *most beauteous of* (LXX-θεοῦ παντοκράτορος= אֱלֹהֵי צְבָאוֹת)

גּוֹיִם n.m.p. (156) *nations*

וָאֹמַר consec.-Qal impf. 1 c.p. (55) *and I thought*

אָבִי n.m.s.-1 c.s. sf. (3) *my father*

תִּקְרְאוּ־ Qal impf. 2 m.p. (or 2 f.s.)(קרא 894) *you would call* (LXX-καλέσετε= תִּקְרְאוּ)

לִי prep.-1 c.s. sf. *me*

וּמֵאַחֲרַי conj.-prep.-prep.-1 c.s. sf. (29) *and from following me*

לֹא תָשׁוּבוּ neg.-Qal impf. 2 m.p. (or 2 f.s.) (שוב 996) *would not turn* (LXX-οὐκ ἀποστραφήσεσθε= לֹא תָשׁוּבוּ)

3:20

אָכֵן adv. (38) *surely* (LXX-πλὴν= אַךְ)

בָּגְדָה Qal pf. 3 f.s. (בגד 93) *leaves* (lit.-acts treacherously; LXX-ὡς ἀθετεῖ= כִּנְבֹד)

אִשָּׁה n.f.s. (61) *a wife*

מֵרֵעָהּ prep.-n.m.s.-3 f.s. sf. (II 945) *her husband* (LXX-εἰς= בְּרֵעָהּ)

כֵּן בְּגַדְתֶּם adv. (485)-Qal pf. 2 m.p. (93) *so have you been faithless* LXX-οὕτως ἠθέτησεν= בָּגַד

בִּי prep.-1 c.s. sf. *to me*

בֵּית יִשְׂרָאֵל n.m.s. cstr. (108)-pr.n. (975) *O house of Israel*

218

נְאֻם־יְהוָה subst.cstr. (610)-pr.n. (217) *says Yahweh*

3:21

קוֹל n.m.s. (876) *a voice*

עַל־שְׁפָיִם prep.-n.m.p. (I 1046) *on the bare heights* (LXX-ἐκ χειλέων)

נִשְׁמָע Ni. pf. 3 m.s. paus. (or ptc.) (שָׁמַע 1033) *is heard*

בְּכִי n.m.s. (113d) *weeping*

תַּחֲנוּנֵי n.m.p. cstr. (337c) *pleading of*

בְּנֵי יִשְׂרָאֵל n.m.p. cstr. (119)-pr.n. (975) *Israel's sons*

כִּי הֶעֱוּוּ conj.-Hi. pf. 3 c.p. (עָוָה I 730) *because they have perverted*

אֶת־דַּרְכָּם dir.obj.-n.m.s.-3 m.p. sf. (202) *their way*

שָׁכְחוּ Qal pf. 3 c.p. (שָׁכַח 1013) *they have forgotten*

אֶת־יְהוָה dir.obj.-pr.n. (217) *Yahweh* (LXX-θεοῦ)

אֱלֹהֵיהֶם n.m.p.-3 m.p. sf. (43) *their God* (LXX-ἁγίου αὐτῶν)

3:22

שׁוּבוּ Qal impv. 2 m.p. (996) *return*

בָּנִים שׁוֹבָבִים n.m.p. (119)-adj. m.p. (I 1000) *O faithless sons*

אֶרְפָּה Qal impf. 1 c.s. (רָפָא 950; GK 75pp) mlt.mss.rd. ארפא *I will heal*

מְשׁוּבֹתֵיכֶם n.f.p.-2 m.p. sf. (1000b) *your faithlessness*

הִנְנוּ demons.part.-1 c.p. sf. (243) *behold we*

אָתָנוּ Qal pf. 1 c.p. (אָתָה 87b; GK 75rr) *come* (LXX-ἰδοὺ δοῦλοι ἡμεῖς ἐσόμεθα σοι)

לָךְ prep.-2 m.s. sf. paus. *to thee*

כִּי אַתָּה conj.-pers.pr. 2 m.s. (61) *for thou*

יְהוָה pr.n. (217) *Yahweh*

אֱלֹהֵינוּ n.m.p.-1 c.s. sf. (43) *our God*

3:23

אָכֵן adv. (38) *truly*

לַשֶּׁקֶר prep.-def.art.-n.m.s. (1055) *are a delusion*

מִגְּבָעוֹת prep.-n.f.p. (I 148) *hills* (LXX-οἱ βουνοί)

הָמוֹן n.m.s. (36 mss. rd. הֲמוֹן as cstr.) (242) *the orgies on* (LXX-καὶ ἡ δύναμις)

הָרִים n.m.p. (249) *mountains*

אָכֵן v.supra *truly*

בַּיהוָה prep.-pr.n. (217) *in Yahweh*

אֱלֹהֵינוּ n.m.p.-1 c.p. sf. (43) *our God*

תְּשׁוּעַת n.f.s. cstr. (448) *the salvation of*

יִשְׂרָאֵל pr.n. (975) *Israel*

3:24

וְהַבֹּשֶׁת conj.-def.art.-n.f.s. (102) *but the shameful thing*

אָכְלָה Qal pf. 3 f.s. (37) *has devoured*

אֶת־יְגִיעַ dir.obj.-n.m.s. cstr. (388) *the labor of*

אֲבוֹתֵינוּ n.m.p.-1 c.p. sf. (3) *our fathers*

מִנְּעוּרֵינוּ prep.-n.m.p.-1 c.p. sf. (655) *from our youth*

אֶת־צֹאנָם dir.obj.-n.f.s.-3 m.p. sf. (838) *their flocks*

וְאֶת־בְּקָרָם conj.-dir.obj.-n.m.s.-3 m.p. sf. (133) *and their herds*

אֶת־בְּנֵיהֶם dir.obj.-n.m.p.-3 m.p. sf. (119) *their sons* (LXX+καὶ)

וְאֶת־בְּנוֹתֵיהֶם conj.-dir.obj.-n.f.p.-3 m.p. sf. (I 123) *and their daughters*

3:25

נִשְׁכְּבָה Qal impf. 1 c.p.-vol.he (שָׁכַב 1011) *let us lie down*

בְּבָשְׁתֵּנוּ prep.-n.f.s.-1 c.p. sf. (102) *in our shame*

וּתְכַסֵּנוּ conj.-Pi. impf. 3 f.s.-1 c.p. sf. (כָּסָה 491) *and let ... cover us*

כְּלִמָּתֵנוּ n.f.s.-1 c.p. sf. (484) *our dishonor*

כִּי לַיהוָה conj.-prep.-pr.n. (217) *for against Yahweh*

אֱלֹהֵינוּ n.m.p.-1 c.p. sf. (43) *our God*

חָטָאנוּ Qal pf. 1 c.p. paus. (חָטָא 306) *we have sinned*

אֲנַחְנוּ pers.pr. 1 c.p. (59) *we*

וַאֲבוֹתֵינוּ conj.-n.m.p.-1 c.p. sf. (3) *and our fathers*

מִנְּעוּרֵינוּ prep.-n.m.p.-1 c.p. sf. (655) *from our youth*

וְעַד־ conj.-prep. (III 723) *even to*

הַיּוֹם הַזֶּה def.art.-n.m.s. (398)-def.art.-demons. adj. m.s. (260) *this day*

וְלֹא שָׁמַעְנוּ conj.-neg.-Qal pf. 1 c.p. (שָׁמַע 1033) *and we have not obeyed*

בְּקוֹל prep.-n.m.s. cstr. (876) *the voice of*

יְהוָה אֱלֹהֵינוּ pr.n. (217)-n.m.p.-1 c.p. sf. (43) *Yahweh our God*

4:1

אִם־תָּשׁוּב hypoth.part. (49)-Qal impf. 2 m.s. (996) *if you return*

יִשְׂרָאֵל pr.n. (975) *O Israel*

נְאֻם־יְהוָה subst.cstr. (610)-pr.n. (217) *says Yahweh*

אֵלַי prep.-1 c.s. sf. *to me*

תָּשׁוּב v.supra *you should return*

וְאִם־תָּסִיר conj.-v.supra-Hi. impf. 2 m.s. (סור
693; GK 143d) *and if you remove*

שִׁקּוּצֶיךָ n.m.p.-2 m.s. sf. (1055) *your
abominations*

מִפָּנַי prep.-n.m.p.-1 c.s. sf. (815) *from my
presence*

וְלֹא תָנוּד conj.-neg.-Qal impf. 2 m.s. (נוד 626)
and do not waver (LXX > וְ)

4:2

וְנִשְׁבַּעְתָּ conj.-Ni. pf. 2 m.s. (שׁבע 989) *and if
you swear*

חַי־יְהוָה adj. m.s. cstr. (311)-pr.n. (217) *as
Yahweh lives*

בֶּאֱמֶת prep.-n.f.s. (54) *in truth*

בְּמִשְׁפָּט prep.-n.m.s. (1048) *in justice*

וּבִצְדָקָה conj.-prep.-n.f.s. (842) *in uprightness*

וְהִתְבָּרְכוּ conj.-Hith. pf. 3 c.p. (בָּרַךְ 138; GK 10g)
then ... shall bless themselves

בוֹ prep.-3 m.s. sf. *in him*

גּוֹיִם n.m.p. (156) *nations*

וּבוֹ conj.-v.supra *and in him*

יִתְהַלָּלוּ Hith. impf. 3 m.p. paus. (הָלַל II 237)
shall they glory

4:3

כִּי־כֹה conj.-adv. (462) *for thus*

אָמַר Qal pf. 3 m.s. (55) *says*

יְהוָה pr.n. (217) *Yahweh*

לְאִישׁ prep.-n.m.s. cstr. (35) *to the men of*

יְהוּדָה pr.n. (397) *Judah*

וְלִירוּשָׁלַ͏ִם conj.-prep.-pr.n. (436) *and to
Jerusalem* (LXX-καὶ τοῖς κατοικοῦσιν
Ιερουσαλημ=וּלְיֹשְׁבֵי יְרוּשָׁלַ͏ִם)

נִירוּ Qal impv. 2 m.p. (נִיר I 644) *break up*

לָכֶם prep.-2 m.p. sf. *for yourselves*

נִיר n.m.s. (II 644) *fallow ground*

וְאַל־תִּזְרְעוּ conj.-neg.-Qal impf. 2 m.p. (זָרַע 281)
and sow not

אֶל־קוֹצִים prep.-n.m.p. (I 881) *among thorns*

4:4

הִמֹּלוּ Ni. impv. 2 m.p. (מול II 557) *circumcise
yourselves*

לַיהוָה prep.-pr.n. (217) *to Yahweh* (LXX-τῷ θεῷ
ὑμῶν)

וְהָסִרוּ conj.-Hi. impv. 2 m.p. (סור 693) *and
remove*

עָרְלוֹת n.f.p. cstr. (790; some mss.rd. n.f.s. cstr.)
the foreskin of

לְבַבְכֶם n.m.s.-2 m.p. sf. (523) *your hearts*

אִישׁ יְהוּדָה n.m.s. cstr. (35)-pr.n. (397) *O men of
Judah*

וְיֹשְׁבֵי conj.-Qal act.ptc. m.p. cstr. (442) *and
inhabitants of*

יְרוּשָׁלַ͏ִם pr.n. paus. (436) *Jerusalem*

פֶּן־תֵּצֵא conj. (814)-Qal impf. 3 f.s. (יָצָא 422)
lest ... go forth

כָאֵשׁ prep.-def.art.-n.f.s. (77) *like fire*

חֲמָתִי n.f.s.-1 c.s. sf. (404) *my wrath*

וּבָעֲרָה conj.-Qal pf. 3 f.s. (בָּעַר 128) *and burn*

וְאֵין conj.-subst.cstr. (II 34) *with none*

מְכַבֶּה Pi. ptc. (כָּבָה 459) *to quench*

מִפְּנֵי prep.-n.m.p. cstr. (815) *because of*

רֹעַ n.m.s. cstr. (947) *the evil of*

מַעַלְלֵיכֶם n.m.p.-2 m.p. sf. (760) *your doings*

4:5

הַגִּידוּ Hi. impv. 2 m.p. (נגד 616) *declare*

בִיהוּדָה prep.-pr.n. (397) *in Judah*

וּבִירוּשָׁלַ͏ִם conj.-prep.-pr.n. (436) *and in
Jerusalem*

הַשְׁמִיעוּ Hi. impv. 2 m.p. (שׁמע 1033) *proclaim*

וְאִמְרוּ conj.-Qal impv. 2 m.p. (55) *and say*

וְתִקְעוּ conj.-Qal impv. 2 m.p. (תָּקַע 1075) *blow)*

שׁוֹפָר n.m.s. (1051) *trumpet*

בָּאָרֶץ prep.-def.art.-n.f.s. (75) *through the land*

קִרְאוּ Qal impv. 2 m.p. (894; GK 120h) *cry*

מַלְאוּ Pi. impv. 2 m.p. (מָלֵא 569) *aloud* (lit-fill
ye)

וְאִמְרוּ v.supra *and say*

הֵאָסְפוּ Ni. impv. 2 m.p. (אָסַף 62) *assemble*

וְנָבוֹאָה conj.-Qal impf. 1 c.p.-vol.he (בּוֹא 97)
and let us go

אֶל־עָרֵי prep.-n.f.p. cstr. (746) *into the cities of*

הַמִּבְצָר def.art.-n.m.s. (131) *fortification*

4:6

שְׂאוּ־נֵס Qal impv. 2 m.p. (נָשָׂא 669)-n.m.s.
(651d; LXX-φεύγετε=נֵס (630)) *raise a
standard*

צִיּוֹנָה pr.n.-dir.he (851) *toward Zion*

הָעִיזוּ Hi. impv. 2 m.p. (עוּז 731d) *flee for
safety*

אַל־תַּעֲמֹדוּ neg.-Qal impf. 2 m.p. (עָמַד 763)
stay not

כִּי רָעָה conj.-n.f.s. (947) *for evil*

אָנֹכִי מֵבִיא pers.pr. 1 c.s. (59)-Hi. ptc. (בּוֹא 97) *I
bring*

מִצָּפוֹן prep.-n.f.s. (860) *from the north*

וְשֶׁבֶר גָּדוֹל conj.-n.m.s. (991)-adj. m.s. (152) *and
great destruction*

4:7

עָלָה Qal pf. 3 m.s. (748) *has gone up*

אַרְיֵה n.m.s. (71) *a lion*

מִסֻּבְּכוֹ prep.-n.m.s.-3 m.s. sf. (687; GK 20h, 93t) *from his thicket*

וּמַשְׁחִית conj.-Hi. ptc. m.s. cstr. (שׁחת 1007) *and a destroyer of*

גּוֹיִם n.m.p. (156) *nations*

נָסַע Qal pf. 3 m.s. (652) *has set out*

יָצָא Qal pf. 3 m.s. (422) *he has gone forth*

מִמְּקֹמוֹ prep.-n.m.s.-3 m.s. sf. (879) *from his place*

לָשׂוּם prep.-Qal inf.cstr. (שׂום 962) *to make*

אַרְצֵךְ n.f.s.-2 f.s. sf. (75) *your land*

לְשַׁמָּה prep.-n.f.s. (I 1031) *a waste*

עָרַיִךְ n.f.p.-2 f.s. sf. (746) *your cities*

תִּצֶּינָה Qal impf. 3 f.p. (נצה III 663) *will be ruins*

מֵאֵין יוֹשֵׁב prep.-subst.cstr. (II 34)-Qal act.ptc. (ישׁב 442) *without inhabitant*

4:8

עַל־זֹאת prep.-demons.adj. f.s. (260) *for this*

חִגְרוּ Qal impv. 2 m.p. (חגר 291) *gird you*

שַׂקִּים n.m.p. (974) *with sackcloth*

סִפְדוּ Qal impv. 2 m.p. (704) *lament*

וְהֵילִילוּ conj.-Hi. impv. 2 m.p. (410) *and wail*

כִּי לֹא־שָׁב conj.-neg.-Qal pf. 3 m.s. (שׁוב 996) *for has not turned back*

חֲרוֹן n.m.s. cstr. (354) *the anger of*

אַף־ n.m.s. cstr. (I 60) *the anger of*

יהוה pr.n. (217) *Yahweh*

מִמֶּנּוּ prep.-1 c.p. sf. *from us*

4:9

וְהָיָה conj.-Qal pf. 3 m.s. (224) *and it shall be*

בַיּוֹם הַהוּא prep.-def.art.-n.m.s. (398)-def.art.-demons.adj. m.s. (214) *in that day*

נְאֻם־יהוה subst.cstr. (610)-pr.n. (217) *says Yahweh*

יֹאבַד Qal impf. 3 m.s. (אבד 1) *shall fail*

לֵב־הַמֶּלֶךְ n.m.s. cstr. (524)-def.art.-n.m.s. (I 572) *the heart of the king*

וְלֵב הַשָּׂרִים conj.-n.m.s.cstr. (524)-def.art.-n.m.p. (978) *and the heart of the princes*

וְנָשַׁמּוּ conj.-Ni. pf. 3 c.p. (שׁמם 1030) *and shall be appalled*

הַכֹּהֲנִים def.art.-n.m.p. (463) *the priests*

וְהַנְּבִיאִים conj.-def.art.-n.m.p. (611) *and the prophets*

יִתְמָהוּ Qal impf. 3 m.p. (תמה 1069) *shall be astounded*

4:10

וָאֹמַר consec.-Qal impf. 1 c.s. (55) *then I said*

אֲהָהּ interj. (13) *Ah!*

אֲדֹנָי יהוה n.m.p.-1 c.s. sf. (10)-pr.n. (217) *Lord Yahweh*

אָכֵן adv. (38) *surely*

הַשֵּׁא הִשֵּׁאתָ Hi. inf.abs. (נשׁא II 674)-Hi. pf. 2 m.s. (נשׁא II 674) *thou hast utterly deceived*

לָעָם הַזֶּה prep.-def.art.-n.m.s. (I 766)-def.art.-demons.adj. m.s. (260) *this people*

וְלִירוּשָׁלַם conj.-prep.-pr.n. (436) *and Jerusalem*

לֵאמֹר prep.-Qal inf.cstr. (55) *saying*

שָׁלוֹם יִהְיֶה n.m.s. (1022)-Qal impf. 3 m.s. (היה 224) *it shall be well*

לָכֶם prep.-2 m.p. sf. *with you*

וְנָגְעָה conj.-Qal pf. 3 f.s. (נגע 619) *whereas has reached*

חֶרֶב n.f.s. (352) *a sword*

עַד־הַנָּפֶשׁ prep.-def.art.-n.f.s. paus. (659) *their very life*

4:11

בָּעֵת הַהִיא prep.-def.art.-n.f.s. (773)-def.art.-demons.adj. f.s. (214) *at that time*

יֵאָמֵר Ni. impf. 3 m.s. (55) *it will be said*

לָעָם הַזֶּה prep.-def.art.-n.m.s. (I 766)-def.art.-demons.adj. m.s. (260) *to this people*

וְלִירוּשָׁלַם conj.-prep.-pr.n. (436) *and to Jerusalem*

רוּחַ צַח n.f.s. (924)-adj. f.s. (850) *a hot wind* (LXX-Πνεῦμα πλανήσεως)

שְׁפָיִם n.m.p. (I 1046) *from the bare heights*

בַּמִּדְבָּר prep.-def.art.-n.m.s. (184) *in the desert*

דֶּרֶךְ n.m.s. cstr. (202, 6d) *the way of*

בַּת־עַמִּי n.f.s. cstr. (I 123)-n.m.s.-1 c.s. sf. (I 766) *the daughter of my people*

לוֹא לִזְרוֹת neg.-prep.-Qal inf.cstr. (זרה 279) *not to winnow*

וְלוֹא לְהָבַר conj.-neg.-prep.-Hi. inf.cstr. (ברר 140; GK 67v) *or cleanse*

4:12

רוּחַ n.f.s. (924) *a wind*

מָלֵא adj. (570) *too full*

מֵאֵלֶּה prep.-demons.adj. c.p. (41) *for this* (LXX >)

יָבוֹא לִי Qal impf. 3 m.s. (בוא 97)-prep.-1 c.s. sf. *comes for me*

עַתָּה גַם־ adv. (773)-adv. (168) *now also*

אֲנִי pers.pr. 1 c.s. (58) *it is I*

אֲדַבֵּר Pi. impf. 1 c.s. (דבר 180) *who speak*

מִשְׁפָּטִים n.m.p. (1048) *in judgment*

אוֹתָם dir.obj.-3 m.p. sf. *upon them*

4:13

הִנֵּה demons.part. (243) *behold*

כַּעֲנָנִים prep.-n.m.p. (777) *like clouds*

יַעֲלֶה Qal impf. 3 m.s. (עלה 748) *he comes up*

וְכַסּוּפָה conj.-prep.-def.art.-n.f.s. (I 693) *like the whirlwind*

מַרְכְּבוֹתָיו n.f.p.-3 m.s. sf. (939) *his chariots*

קַלּוּ Qal pf. 3 c.p. (קלל 886; GK 67ee) *are swifter*

מִנְּשָׁרִים prep.-n.m.p. (676) *than eagles*

סוּסָיו n.m.p.-3 m.s. sf. (692) *his horses*

אוֹי לָנוּ interj. (17)-prep.-1 c.p. sf. *woe to us*

כִּי שֻׁדָּדְנוּ conj.-Pu. pf. 1 c.p. (שדד 994) *for we are ruined*

4:14

כַּבְּסִי Pi. impv. 2 f.s. (כבס 460) *wash*

מֵרָעָה prep.-n.f.s. (947) *from wickedness*

לִבֵּךְ n.m.s.-2 f.s. sf. (524) *your heart*

יְרוּשָׁלַ͏ִם pr.n. (436) *O Jerusalem*

לְמַעַן prep. (775) *that*

תִּוָּשֵׁעִי Ni. impf. 2 f.s. (ישע 446) *you may be saved*

עַד־מָתַי prep.-interr. (607) *how long*

תָּלִין Qal impf. 3 f.s. (לון I 533) *shall lodge*

בְּקִרְבֵּךְ prep.-n.m.s.-2 f.s. sf. (899) *within you*

מַחְשְׁבוֹת אוֹנֵךְ n.f.p. cstr. (364)-n.m.s.-2 f.s. sf. (19) *your evil thoughts*

4:15

כִּי קוֹל conj.-n.m.s. (876) *for a voice*

מַגִּיד Hi. ptc. (נגד 616) *declares*

מִדָּן prep.-pr.n. (192) *from Dan*

וּמַשְׁמִיעַ conj.-Hi. ptc. (1033) *and proclaims*

אָוֶן n.m.s. (19) *evil*

מֵהַר אֶפְרָיִם prep.-n.m.s. cstr. (249)-pr.n. paus. (68) *from Mount Ephraim*

4:16

הַזְכִּירוּ Hi. impv. 2 m.p. (זכר 269) *warn*

לַגּוֹיִם prep.-def.art.-n.m.p. (156) *the nations* (LXX-ἔθνη)

הִנֵּה demons.part. (243) *that he is coming* (lit-behold; LXX-ἰδοὺ ἥκασιν)

הַשְׁמִיעוּ Hi. impv. 2 m.p. (1033) *announce*

עַל־יְרוּשָׁלַ͏ִם prep.-pr.n. (436) *to Jerusalem*

נֹצְרִים Qal act.ptc. m.p. (נצר I 665) *besiegers* (LXX-Συστροφαὶ)

בָּאִים Qal act.ptc. m.p. (בוא 97) *come*

מֵאֶרֶץ prep.-n.f.s. cstr. (75) *from a ... land*

הַמֶּרְחָק def.art.-n.m.s. (935) *distant*

וַיִּתְּנוּ consec.-Qal impf. 3 m.p. (נתן 678) *and they give*

עַל־עָרֵי prep.-n.f.p. cstr. (746) *against the cities of*

יְהוּדָה pr.n. (397) *Judah*

קוֹלָם n.m.s.-3 m.p. sf. (876) *their voice*

4:17

כְּשֹׁמְרֵי prep.-Qal act.ptc. m.p. cstr. (שמר 1036) *like keepers of*

שָׂדַי n.m.s. (961) *a field*

הָיוּ Qal pf. 3 c.p. (היה 224) *are they*

עָלֶיהָ prep.-3 f.s. sf. *against her*

מִסָּבִיב prep.-adv. (686) *round about*

כִּי־אֹתִי conj.-dir.obj.-1 c.s. sf. *because against me*

מָרָתָה Qal pf. 3 f.s. paus. (מרה 598) *she has rebelled*

נְאֻם־יְהוָה subst.cstr. (610)-pr.n. (217) *says Yahweh*

4:18

דַּרְכֵּךְ n.m.s.-2 f.s. sf. (202) *your ways* (LXX-αἱ ὁδοί σου=דְּרָכַיִךְ)

וּמַעֲלָלַיִךְ conj.-n.m.p.-2 f.s. sf. (760) *and your doings*

עָשׂוֹ some mss.rd. עָשׂה as Qal inf.abs.; other mss. rd. עָשׂוּ Qal pf. 3 c.p. (עשה I 793; GK 75n)

אֵלֶּה demons.adj. c.p. (41) *this*

לָךְ prep.-2 f.s. sf. paus. *upon you*

זֹאת demons.adj. f.s. (260) *this is*

רָעָתֵךְ n.f.s.-2 f.s. sf. (949) *your doom* (lit.-evil)

כִּי מָר conj.-adj. m.s. paus. (I 600) *and it is bitter*

כִּי נָגַע conj.-Qal pf. 3 m.s. (619) *for it has reached*

עַד־לִבֵּךְ prep.-n.m.s.-2 f.s. sf. (524) *your very heart*

4:19

מֵעַי מֵעַי n.m.p.-1 c.s. sf. (מעה 599; GK 133 lN) -v.supra *my anguish, my anguish*

אֹחִילָה many mss. rd.אָחוּלָה as Qal impf. 1 c.s.-vol.he (חול I 296); others rd.אָחִילָה Hi. impf. 1 c.s.-vol.he (חול I 296; GK 108g) *I writhe in pain*

קִירוֹת n.m.p. cstr. (885) *the walls of*

לִבִּי n.m.s.-2 f.s. sf. (524) *my heart*

הֹמֶה־לִי Qal act.ptc. (הָמָה 242)-prep.-1 c.s. sf. *is beating wildly*

לִבִּי n.m.s.-1 c.s. sf. (524) *my heart*

לֹא אַחֲרִישׁ neg.-Hi. impf. 1 c.s. (חָרֵשׁ II 361) *I cannot keep silent*

כִּי קוֹל conj.-n.m.s. cstr. (876) *for the sound of*

שׁוֹפָר n.m.s. (1051) *the trumpet*

שָׁמַעְתְּ נַפְשִׁי Qal pf. 2 f.s. (1033; GK 44h) -n.f.s.-1 c.s. sf. (659) *I hear* (LXX-ἤκουσεν= שָׁמְעַת)

תְּרוּעַת n.f.s. cstr. (929) *the alarm of*

מִלְחָמָה n.f.s. (536) *war*

4:20

שֶׁבֶר n.m.s. (991) *disaster*

עַל־שֶׁבֶר prep.-v.supra *upon disaster*

נִקְרָא Ni. pf. 3 m.s. paus. (I 894) *follows hard*

כִּי שֻׁדְּדָה conj.-Pu. pf. 3 f.s. (994) *is laid waste*

כָּל־הָאָרֶץ n.m.s. cstr. (481)-def.art.-n.f.s. (75) *the whole land*

פִּתְאֹם adv. (837) *suddenly*

שֻׁדְּדוּ Pu. pf. 3 c.p. (שָׁדַד 994) *are destroyed*

אֹהָלַי n.m.p.-1 c.s. sf. (13) *my tents*

רֶגַע adv. (921) *in a moment* (LXX-διεσπάσθησαν)

יְרִיעֹתָי n.f.p.-1 c.s. sf. paus. (438) *my curtains*

4:21

עַד־מָתַי prep.-interr. (607) *how long*

אֶרְאֶה־נֵּס Qal impf. 1 c.s. (906)-n.m.s. (651; LXX-φεύγοντας=נָס) *must I see the standard*

אֶשְׁמְעָה Qal impf. 1 c.s.-vol.he (שָׁמַע 1033) *and hear*

קוֹל n.m.s. cstr. (876) *the sound of*

שׁוֹפָר n.m.s. (1051) *the trumpet*

4:22

כִּי אֱוִיל conj.-n.m.s. (17) *for foolish*

עַמִּי n.m.s.-1 c.s. sf. (766) *my people*

אוֹתִי dir.obj.-1 c.s. sf. *me*

לֹא יָדָעוּ neg.-Qal pf. 3 c.p. paus. (יָדַע 393) *they know not*

בָּנִים n.m.p. (119) *children*

סְכָלִים adj. m.p. (698) *stupid*

הֵמָּה pers.pr. 3 m.p. (241) *they*

וְלֹא נְבוֹנִים conj.-neg.-Ni. ptc. m.p. (בִּין 106) *and have no understanding*

הֵמָּה v.supra *they*

חֲכָמִים adj. m.p. (314) *skilled*

הֵמָּה v.supra *they*

לְהָרַע prep.-Hi. inf.cstr. (רָעַע 949) *in doing evil*

וּלְהֵיטִיב conj.-prep.-Hi. inf.cstr. (יָטַב 405) *but how to do good*

לֹא יָדָעוּ neg.-Qal pf. 3 c.p. paus. (יָדַע 393) *they know not*

4:23

רָאִיתִי Qal pf. 1 c.s. (רָאָה 906) *I looked*

אֶת־הָאָרֶץ dir.obj.-def.art.-n.f.s. (75) *on the earth*

וְהִנֵּה־ conj.-demons.part. (243) *and lo*

תֹהוּ וָבֹהוּ n.m.s. (1062)-conj.-n.m.s. (96) *waste and void* (LXX-οὐθέν)

וְאֶל־הַשָּׁמַיִם conj.-prep.-def.art.-n.m. du. (1029) *and to the heavens*

וְאֵין אוֹרָם conj.-subst.cstr. (II 34)-n.m.-3 m.p. sf. (21) *and they had no light*

4:24

רָאִיתִי Qal pf. 1 c.s. (רָאָה 906) *I looked*

הֶהָרִים def.art.-n.m.p. (249) *on the mountains*

וְהִנֵּה conj.-demons.part. (243) *and lo*

רֹעֲשִׁים Qal act.ptc. m.p. (רָעַשׁ 950) *they were quaking*

וְכָל־הַגְּבָעוֹת conj.-n.m.s. cstr. (481)-def.art.-n.f.p. (148) *and all the hills*

הִתְקַלְקָלוּ Hithpalpel pf. 3 c.p. paus. (קָלַל 886) *moved to and fro*

4:25

רָאִיתִי Qal pf. 1 c.s. (רָאָה 906) *I looked*

וְהִנֵּה conj.-demons.part. (243) *and lo*

אֵין הָאָדָם subst.cstr. (II 34)-def.art.-n.m.s. (9) *there was no man*

וְכָל־עוֹף conj.-n.m.s. cstr. (481)-n.m.s. cstr. (733) *and all the birds of*

הַשָּׁמַיִם def.art.-n.m. du. (1029) *the air*

נָדָדוּ Qal pf. 3 c.p. paus. (נָדַד 622) *had fled*

4:26

רָאִיתִי Qal pf. 1 c.s. (רָאָה 906) *I looked*

וְהִנֵּה conj.-demons.part. (243) *and lo*

הַכַּרְמֶל def.art.-n.m.s. (I 502) *the fruitful land*

הַמִּדְבָּר def.art.-n.m.s. (184) *was a desert*

וְכָל־עָרָיו conj.-n.m.s. cstr. (481)-n.f.p.-3 m.s. sf. (746) *and all its cities*

נִתְּצוּ Ni. pf. 3 c.p. (נָתַץ 683) *were laid in ruins* (LXX-ἐμπεπυρισμέναι πυρί=נָצְתוּ יָתַץ 428))

מִפְּנֵי prep.-n.m.p. cstr. (815) *before*

יהוה pr.n. (217) *Yahweh*

מִפְּנֵי v.supra *before* (LXX+καί)

חֲרוֹן אַפּוֹ n.m.s. cstr. (354)-n.m.s.-3 m.s. sf. (I 60) *his fierce anger* (LXX+ἠφανίσθησαν)

4:27

כִּי־כֹה conj.-adv. (462) *for thus*

223

אָמַר Qal pf. 3 m.s. (55) *says*

יהוה pr.n. (217) *Yahweh*

שְׁמָמָה n.f.s. (1031) *a desolation*

תִהְיֶה Qal impf. 3 f.s. (הָיָה 224) *shall be*

כָּל־הָאָרֶץ n.m.s. cstr. (481)-def.art.-n.f.s. (75) *the whole land*

וְכָלָה conj.-n.f.s. (478) *a full end*

לֹא אֶעֱשֶׂה neg.-Qal impf. 1 c.s. (עָשָׂה I 793) *I will not make*

4:28

עַל־זֹאת prep.-demons.adj. f.s. (260) *for this*

תֶּאֱבַל Qal impf. 3 f.s. (אָבַל 5) *shall mourn*

הָאָרֶץ def.art.-n.f.s. (75) *the earth*

וְקָדְרוּ conj.-Qal pf. 3 c.p. (קָדַר 871) *and shall be black*

הַשָּׁמַיִם def.art.-n.m. du. (1029) *the heavens*

מִמַּעַל prep.-subst.paus. (751) *above*

עַל כִּי־דִבַּרְתִּי prep.-conj.-Pi. pf. 1 c.s. (180) *for I have spoken*

זַמֹּתִי Qal pf. 1 c.s. (זָמַם 273) *I have purposed*

וְלֹא נִחַמְתִּי conj.-neg.-Ni. pf. 1 c.s. (נחם 636) *I have not relented*

וְלֹא־אָשׁוּב conj.-neg.-Qal impf. 1 c.s. (שׁוּב 996) *nor will I turn*

מִמֶּנָּה prep.-3 f.s. sf. *back (from it)*

4:29

מִקּוֹל prep.-n.m.s. cstr. (876) *at the noise of*

פָּרָשׁ n.m.s. (832) *horseman*

וְרֹמֵה קֶשֶׁת conj.-Qal act.ptc. m.s. cstr. (רָמָה I 941) -n.f.s. (905) *and archer*

בָּרְחַת Qal act.ptc. f.s. (בָּרַח 137) *takes to flight*

כָּל־הָעִיר n.m.s. cstr. (481)-def.art.-n.f.s. (746) *every city* (LXX-χώρα=הָאָרֶץ)

בָּאוּ Qal pf. 3 c.p. (בּוֹא 97) *they enter* (LXX-εἰς τὰ σπήλαια καὶ ... ἐκρύβησαν)

בֶּעָבִים prep.-def.art.-n.m.p. (II 728) *thickets*

וּבַכֵּפִים conj.-prep.-def.art.-n.m.p. (495) *and among the rocks*

עָלוּ Qal pf. 3 c.p. (עָלָה 748) *they climb*

כָּל־הָעִיר n.m.s. cstr. (481)-def.art.-n.f.s. (746) *all the cities* (LXX-πᾶσα πόλις)

עֲזוּבָה Qal pass.ptc. f.s. (עָזַב I 736) *are forsaken*

וְאֵין־יוֹשֵׁב conj.-subst.cstr. (II 34)-Qal act.ptc. (יָשַׁב 442) *and there is no dweller*

בָּהֵן prep.-3 f.p. sf. *in them*

אִישׁ n.m.s. (35) *a man*

4:30

וְאַתִּי conj.-pers.pr. 2 f.s. (61; GK 145t) *and you*

שָׁדוּד Qal pass.ptc. (שָׁדַד 994) *O desolate one*

מַה־תַּעֲשִׂי interr. (552)-Qal impf. 2 f.s. (עָשָׂה I 793) *what do you mean*

כִּי־תִלְבְּשִׁי conj.-Qal impf. 2 f.s. (לָבַשׁ 527) *that you dress*

שָׁנִי n.m.s. (1040) *in scarlet*

כִּי־תַעְדִּי conj.-Qal impf. 2 f.s. (עָדָה II 725) *that you deck yourself*

עֲדִי־זָהָב n.m.s. cstr. (725)-n.m.s. (262) *with ornaments of gold*

כִּי־תִקְרְעִי conj.-Qal impf. 2 f.s. (קָרַע 902) *that you enlarge*

בַפּוּךְ prep.-def.art.-n.m.s. (806) *with paint*

עֵינַיִךְ n.f.p.-2 f.s. sf. (744) *your eyes*

לַשָּׁוְא prep.-def.art.-n.m.s. (996) *in vain*

תִּתְיַפִּי Hith. impf. 2 f.s. (יָפָה 421) *you beautify yourself*

מָאֲסוּ־ Qal pf. 3 c.p. (מָאַס I 549) *despise*

בָךְ prep.-2 f.s. sf. *you*

עֹגְבִים Qal act.ptc. m.p. (עָגַב 721) *lovers*

נַפְשֵׁךְ n.f.s.-2 f.s. sf. (659) *your life*

יְבַקֵּשׁוּ Pi. impf. 3 m.p. paus. (בָּקַשׁ 134) *they seek*

4:31

כִּי קוֹל conj.-n.m.s. (876) *for a cry*

כְּחוֹלָה prep.-Qal act.ptc. f.s. (חוּל I 296) *as of a woman in travail*

שָׁמַעְתִּי Qal pf. 1 c.s. (1033) *I heard*

צָרָה n.f.s. (I 865) *anguish* (LXX-τοῦ στεναγμοῦ σου)

כְּמַבְכִּירָה prep.-Hi. ptc. f.s. (בָּכַר 114) *as of one bringing forth her first child*

קוֹל n.m.s. cstr. (876) *the cry of*

בַּת־צִיּוֹן n.f.s. cstr. (I 123)-pr.n. (851) *the daughter of Zion*

תִּתְיַפֵּחַ Hith. impf. 3 f.s. (יָפַח 422) *gasping for breath*

תְּפָרֵשׂ Pi. impf. 3 f.s. (פָּרַשׂ 831) *stretching out*

כַּפֶּיהָ n.f.p.-3 f.s. sf. (496) *her hands*

אוֹי־נָא לִי interj. (17)-part.of entreaty (609) -prep.-1 c.s. sf. *woe is me*

כִּי־עָיְפָה נַפְשִׁי conj.-Qal pf. 3 f.s. (עָיֵף II 746)-n.f.s. -1 c.s. sf. (659) *I am fainting*

לְהֹרְגִים prep.-Qal act.ptc. m.p. (הָרַג 246) *before murderers* (LXX-ἐπὶ τοῖς ἀνῃρημένοις)

5:1

שׁוֹטְטוּ Polel impv. 2 m.p. (שׁוּט I 1001) *run to and fro*

בְּחוּצוֹת prep.-n.m.p. cstr. (299) *through the streets of*

יְרוּשָׁלַ͏ִם pr.n. (436) *Jerusalem*

וּרְאוּ־נָא conj.-Qal impv. 2 m.p. (רָאָה 906)-part. of entreaty (609) *look*

וּדְעוּ conj.-Qal impv. 2 m.p. (יָדַע 393) *and take note*

וּבַקְשׁוּ conj.-Pi. impv. 2 m.p. (בָּקַשׁ 134) *search*

בִּרְחוֹבוֹתֶיהָ prep.-n.f.p.-3 f.s. sf. (I 932) *her squares*

אִם־תִּמְצְאוּ hypoth.part. (49)-Qal impf. 2 m.p. (מָצָא 592) *if you can find*

אִישׁ n.m.s. (35) *a man*

אִם־יֵשׁ v.supra-subst. (441) *(if there is)*

עֹשֶׂה Qal act.ptc. (עָשָׂה I 793) *one who does*

מִשְׁפָּט n.m.s. (1048) *justice*

מְבַקֵּשׁ Pi. ptc. (בָּקַשׁ 134) *seeks*

אֱמוּנָה n.f.s. (53) *truth*

וְאֶסְלַח conj.-Qal impf. 1 c.s. (סָלַח 699) *that I may pardon*

לָהּ prep.-3 f.s. sf. *her* (LXX+λέγει κύριος)

5:2

וְאִם conj.-hypoth.part. (49) *and though*

חַי־יְהוָה adj. m.s. cstr. (I 311)-pr.n. (217) *as Yahweh lives*

יֹאמֵרוּ Qal impf. 3 m.p. paus. (55) *they say*

לָכֵן prep.-adv. (485) *yet*

לַשֶּׁקֶר prep.-def.art.-n.m.s. (1055) *falsely*

יִשָּׁבֵעוּ Ni. impf. 3 m.p. paus. (שָׁבַע 989) *they swear*

5:3

יְהוָה pr.n. (217) *O Yahweh*

עֵינֶיךָ n.f.p.-2 m.s. sf. (744) *thy eyes*

הֲלוֹא interr.-neg. *are they not?*

לֶאֱמוּנָה prep.-n.f.s. (53) *for truth*

הִכִּיתָה Hi. pf. 2 m.s. (נָכָה 645) *thou hast smitten*

אֹתָם dir.obj.-3 m.p. sf. *them*

וְלֹא־חָלוּ conj.-neg.-Qal pf. 3 c.p. (חוּל I 296 1c) if ultima accented (חָלָה I 317) *but they felt no anguish* (or-*but they are not sick*)

כִּלִּיתָם Pi. pf. 2 m.s.-3 m.p. sf. (כָּלָה 477) *thou hast consumed them*

מֵאֲנוּ Pi. pf. 3 c.p. (מֵאֵן 549) *but they refused*

קַחַת Qal inf.cstr. (לָקַח 542) *to take*

מוּסָר n.m.s. (416) *correction*

חִזְּקוּ Pi. pf. 3 c.p. (חָזַק 304) *they have made harder*

פְּנֵיהֶם n.m.p.-3 m.p. sf. (815) *their faces*

מִסֶּלַע prep.-n.m.s. (700) *than rock*

מֵאֲנוּ v.supra *they have refused*

לָשׁוּב prep.-Qal inf.cstr. (996) *to repent*

5:4

וַאֲנִי conj.-pers.pr. 1 c.s. (58) *then I*

אָמַרְתִּי Qal pf. 1 c.s. (55) *said*

אַךְ־דַּלִּים adv. (36)-n.m.p. (195) *only the poor*

הֵם demons.adj. m.p. (241) *these*

נוֹאֲלוּ Ni. pf. 3 c.p. (יָאַל I 383) *they have no sense*

כִּי לֹא יָדְעוּ conj.-neg.-Qal pf. 3 c.p. (393) *for they do not know*

דֶּרֶךְ יְהוָה n.m.s. cstr. (202)-pr.n. (217) *the way of Yahweh*

מִשְׁפָּט n.m.s. cstr. (1048) *the law of*

אֱלֹהֵיהֶם n.m.p.-3 m.p. sf. (43) *their God*

5:5

אֵלְכָה־לִּי Qal impf. 1 c.s.-vol.he (הָלַךְ 229)-pers.pr. 1 c.s. sf. *I will go*

אֶל־הַגְּדֹלִים prep.-def.art.-adj. m.p. (152) *to the great*

וַאֲדַבְּרָה conj.-Pi. impf. 1 c.s.-vol.he (דָּבַר 180) *and will speak*

אוֹתָם dir.obj.-3 m.p. sf. *to them*

כִּי הֵמָּה conj.-pers.pr. 3 m.p. (241) *for they*

יָדְעוּ Qal pf. 3 c.p. (יָדַע 393) *know*

דֶּרֶךְ יְהוָה n.m.s. cstr. (202)-pr.n. (217) *the way of Yahweh*

מִשְׁפָּט v.5:4 n.m.s. cstr. (1038) *the law of*

אֱלֹהֵיהֶם n.m.p.-3 m.p. sf. (43) *their God*

אַךְ הֵמָּה adv. (36)-v.supra *but they*

יַחְדָּו adv. (403) *alike*

שָׁבְרוּ Qal pf. 3 c.p. (שָׁבַר 990) *had broken*

עֹל n.m.s. (760) *the yoke*

נִתְּקוּ Pi. pf. 3 c.p. (נָתַק 683) *they had burst*

מוֹסֵרוֹת n.m.p. (64) *the bonds*

5:6

עַל־כֵּן prep.-adv. (485) *therefore*

הִכָּם Hi. pf. 3 m.s.-3 m.p. sf. (נָכָה 645) *shall slay them*

אַרְיֵה n.m.s. (71) *a lion*

מִיַּעַר prep.-n.m.s. (420) *from the forest*

זְאֵב n.m.s. cstr. (255) *a wolf from*

עֲרָבוֹת n.f.p. (I 787) *the desert* (LXX-ἕως τῶν οἰκιῶν=עַד־בֵּית; some rd. עֶרֶב)

יְשָׁדְדֵם Qal impf. 3 m.s.-3 m.p. sf. (שָׁדַד 994; GK 20b, 67cc) *shall destroy them*

נָמֵר n.m.s. (649) *a leopard*

שֹׁקֵד Qal act.ptc. (1052) *is watching*

עַל־עָרֵיהֶם prep.-n.f.p.-3 m.p. sf. (746) *against their cities*

כָּל־הַיּוֹצֵא n.m.s. cstr. (481)-def.art.-Qal act.ptc. (422 יָצָא) *every one who goes out*

מֵהֵנָּה prep.-pers.pr. 3 f.p. (241) *of them*

יִטָּרֵף Ni. impf. 3 m.s. (טָרַף 382) *shall be torn in pieces*

כִּי רַבּוּ conj.-Qal pf. 3 c.p. (רָבַב I 912) *because ... are many*

פִּשְׁעֵיהֶם n.m.p.-3 m.p. sf. (833) *their transgressions*

עָצְמוּ Qal pf. 3 c.p. (עָצַם I 782) *are great*

מְשׁוּבוֹתֵיהֶם n.f.p.-3 m.p. sf. (1000) *their apostasies*

5:7

אֵי לָזֹאת adv. (32)-prep.-demons.adj. (260) *how?*

אֶסְלוֹחַ־לָךְ Qal impf. 1 c.s. (699; GK 65b) -prep.-2 f.s. sf. *can I pardon you*

בָּנַיִךְ n.m.p.-2 f.s. sf. (119) *your children*

עֲזָבוּנִי Qal pf. 3 c.p.-1 c.s. sf. (עָזַב I736) *have forsaken me*

וַיִּשָּׁבְעוּ consec.-Ni. impf. 3 m.p. (שָׁבַע 989) *and have sworn*

בְּלֹא אֱלֹהִים prep.-neg.-n.m.p. (43) *by those who are no gods*

וָאַשְׂבִּעַ consec.-Hi. impf. 1 c.s. (959) *when I fed ... to the full*

אוֹתָם dir.obj.-3 m.p. sf. *them*

וַיִּנְאָפוּ consec.-Qal impf. 3 m.p. paus. (נָאַף 610) *they committed adultery*

וּבֵית זוֹנָה conj.-n.m.s. cstr. (108)-Qal act.ptc. f.s. (275 זָנָה) *and to the houses of harlots*

יִתְגּוֹדָדוּ Hithpo'el impf. 3 m.p. paus. (גָּדַד 151) *they trooped* (LXX-κατέλυον; cf. יִתְגּוֹרָרוּ v. גּוּר I 157)

5:8

סוּסִים n.m.p. (692) *stallions*

מְיֻזָּנִים Pu. ptc. m.p. (יָזַן 402) *lusty*

מַשְׁכִּים Hi. ptc. (שָׁכַם 1014) *well-fed* (LXX-θηλυμανεῖς)

הָיוּ Qal pf. 3 c.p. (הָיָה 224) *they are*

אִישׁ n.m.s. (35) *each*

אֶל־אֵשֶׁת prep.-n.f.s. cstr. (61) *for the wife of*

רֵעֵהוּ n.m.s.-3 m.s. sf. (945) *his neighbor*

יִצְהָלוּ Qal impf. 3 m.p. paus. (צָהַל I 843) *neighing*

5:9

הַעַל־אֵלֶּה interr.-prep.-demons.adj. c.p. (41) *for these things?*

לוֹא־אֶפְקֹד neg.-Qal impf. 1 c.s. (פָּקַד 823) *shall I not punish* (some ms. add בָּם)

נְאֻם־יְהוָה subst.cstr. (610)-pr.n. (217) *says Yahweh*

וְאִם בְּגוֹי conj.-conj. (49)-prep.-n.m.s. (156) *and on a nation*

אֲשֶׁר־כָּזֶה rel.-prep.-demons.adj. m.s. (260) *such as this*

לֹא תִתְנַקֵּם neg.-Hith. impf. 3 f.s. (נָקַם 667) *shall not avenge*

נַפְשִׁי n.f.s.-1 c.s. sf. (659) *I myself*

5:10

עֲלוּ Qal impv. 2 m.p. (עָלָה 748) *go up*

בְּשָׁרוֹתֶיהָ prep.-n.f.p.-3 f.s. sf. (1004) *through her vine-rows*

וְשַׁחֵתוּ conj.-Pi. impv. 2 m.p. paus. (שָׁחַת 1007) *and destroy*

וְכָלָה conj.-n.f.s. as adv. (478) *but a full end*

אַל־תַּעֲשׂוּ neg.-Qal impf. 2 m.p. (עָשָׂה I 793) *make not*

הָסִירוּ Hi. impv. 2 m.p. (סוּר 693) *strip away*

נְטִישׁוֹתֶיהָ n.f.p.-3 f.s. sf. (644) *her branches*

כִּי לוֹא לַיהוָה conj.-neg.-prep.-pr.n. (217) *for not Yahweh's* (LXX-ὅτι τοῦ κυρίου εἰσίν)

הֵמָּה pers.pr. 3 m.p. (241) *they are*

5:11

כִּי בָגוֹד בָּגְדוּ conj.-Qal inf.abs. (בָּגַד 93)-Qal pf. 3 c.p. (93) *for have been utterly faithless*

בִּי prep.-1 c.s. sf. *to me*

בֵּית יִשְׂרָאֵל n.m.s. cstr. (108)-pr.n. (975) *the house of Israel*

וּבֵית יְהוּדָה conj.-v.supra-pr.n. (397) *and the house of Judah*

נְאֻם־יְהוָה subst.cstr. (610)-pr.n. (217) *says Yahweh*

5:12

כִּחֲשׁוּ Pi. pf. 3 c.p. (כָּחַשׁ 471) *they have spoken falsely*

בַּיהוָה prep.-pr.n. (217) *of Yahweh*

וַיֹּאמְרוּ consec.-Qal impf. 3 m.p. (55) *and have said*

לֹא־הוּא neg.-pers.pr. 3 m.s. (214) *he will do nothing*

וְלֹא־תָבוֹא conj.-neg.-Qal impf. 3 f.s. (בּוֹא 97) *and ... will not come*

עָלֵינוּ prep.-1 c.p. sf. *upon us*

רָעָה n.f.s. (949) *evil*

וְחֶרֶב conj.-n.f.s. (352) *and sword*

וְרָעָב conj.-n.m.s. (944) *or famine*

לֹא נִרְאֶה neg.-Qal impf. 1 c.p. (רָאָה 906) *we shall not see*

5:13

וְהַנְּבִיאִים conj.-def.art.-n.m.p. (611) *and the prophets*

יִהְיוּ Qal impf. 3 m.p. (הָיָה 224) *will become*

לְרוּחַ prep.-n.f.s. (924) *wind*

וְהַדִּבֵּר conj.-def.art.-n.m.s. (182; GK 52o, 138i) *the word* LXX–καὶ λόγος κυρίου= וּדְבַר יהוה

אֵין בָּהֶם subst.cstr. (II 34)-prep.-3 m.p. sf. *is not in them*

כֹּה adv. (462) *thus*

יֵעָשֶׂה Ni. impf. 3 m.s. (עָשָׂה I 793) *shall it be done*

לָהֶם prep.-3 m.p. sf. *to them*

5:14

לָכֵן prep.-prep. (485) *therefore*

כֹּה־אָמַר adv. (462)-Qal pf. 3 m.s. (55) *thus says*

יהוה pr.n. (217) *Yahweh*

אֱלֹהֵי n.m.p. cstr. (43) *the God of*

צְבָאוֹת pr.n. (838) *hosts*

יַעַן conj. (774) *because*

דַּבֶּרְכֶם Pi. inf.cstr.-2 m.p. sf. (דָּבַר 180) *you have spoken*

אֶת־הַדָּבָר הַזֶּה dir.obj.-def.art.-n.m.s. (182)-def.art.-demons.adj. m.s. (260) *this word*

הִנְנִי demons.part.-1 c.s. sf. (243) *behold, I*

נֹתֵן Qal act.ptc. (נָתַן 678) *am making*

דְּבָרַי n.m.p.-1 c.s. sf. (182) *my words*

בְּפִיךָ prep.-n.m.s.-2 m.s. sf. (804) *in your mouth*

לְאֵשׁ prep.-n.f.s. (77) *a fire*

וְהָעָם הַזֶּה conj.-def.art.-n.m.s. (I 766)-def.art.-demons.adj. m.s. (260) *and this people*

עֵצִים n.m.p. (781) *wood*

וַאֲכָלָתַם conj.-Qal pf. 3 f.s.-3 m.p. sf. (37) *and (the fire) shall devour them*

5:15

הִנְנִי demons.part.-1 c.s. sf. (243) *behold, I*

מֵבִיא Hi ptc. (בּוֹא 97) *am bringing*

עֲלֵיכֶם prep.-2 m.p. sf. *upon you*

גּוֹי n.m.s. (156) *a nation*

מִמֶּרְחָק prep.-n.m.s. (935) *from afar*

בֵּית יִשְׂרָאֵל n.m.s. cstr. (108)-pr.n. (975) *O house of Israel*

נְאֻם־יהוה subst.cstr. (610)-pr.n. (217) *says Yahweh*

גּוֹי אֵיתָן n.m.s. (156)-adj. m.s. (I 450) *an enduring nation* (LXX >)

הוּא pers.pr. 3 m.s. (214) *it is* (LXX >)

גּוֹי מֵעוֹלָם v.supra-prep.-n.m.s. (761) *an ancient nation* (LXX >)

הוּא v.supra *it is* (LXX >)

גּוֹי v.supra *a nation*

לֹא־תֵדַע neg.-Qal impf. 2 m.s. (יָדַע 393) *you do not know* (LXX+τῆς φωνῆς)

לְשֹׁנוֹ n.f.s.-3 m.s. sf. (546) *whose language*

וְלֹא תִשְׁמַע conj.-neg.-Qal impf. 2 m.s. (1033) *nor can you understand*

מַה־יְדַבֵּר interr. (552)-Pi. impf. 3 m.s. (180) *what they say*

5:16

אַשְׁפָּתוֹ n.f.s.-3 m.s. sf. (80) *their quiver* (LXX >)

כְּקֶבֶר פָּתוּחַ prep.-n.m.s. (868)-Qal pass.ptc. (I 834) *like an open tomb* (LXX >)

כֻּלָּם n.m.s.-3 m.p. sf. (481) *they are all*

גִּבּוֹרִים n.m.p. (150) *mighty men*

5:17

וְאָכַל conj.-Qal pf. 3 m.s. (37) *and they shall eat up*

קְצִירְךָ n.m.s.-2 m.s. sf. (I 894) *your harvest*

וְלַחְמְךָ conj.-n.m.s.-2 m.s. sf. (536) *and your food*

יֹאכְלוּ Qal impf. 3 m.p. (37) *they shall eat up*

בָּנֶיךָ n.m.p.-2 m.s. sf. (119) *your sons*

וּבְנוֹתֶיךָ conj.-n.f.p.-2 m.s. sf. (I 123) *and your daughters*

יֹאכַל Qal impf. 3 m.s. (37) *they shall eat up*

צֹאנְךָ n.f.s.-2 m.s. sf. (838) *your flocks*

וּבְקָרְךָ conj.-n.m.s.-2 m.s. sf. (133) *and your herds*

יֹאכַל v.supra *they shall eat up*

גַּפְנְךָ n.f.s.-2 m.s. sf. (172) *your vines*

וּתְאֵנָתֶךָ conj.-n.f.s.-2 m.s. sf. (1061) *and your fig trees*

יְרֹשֵׁשׁ Po'el impf. 3 m.s. (רָשַׁשׁ 958) *they shall destroy*

עָרֵי n.f.p. cstr. (746) *cities of*

מִבְצָרֶיךָ n.m.p.-2 m.s. sf. (131) *your fortifications*

אֲשֶׁר אַתָּה rel.-pers.pr. 2 m.s. (61) *which you*

בּוֹטֵחַ Qal act.ptc. (בָּטַח 105) *trust*

בָּהֵנָּה prep.-pron. 3 f.s. (241) *in (them) which*

בֶּחָרֶב prep.-def.art.-n.f.s. paus. (352) *with the sword*

5:18

וְגַם conj.-adv. (168) *but even* (LXX+ἔσται)

בַּיָּמִים הָהֵמָּה prep.-def.art.-n.m.p. (398)-def.art.-demons.adj. (241) *in those days*

נְאֻם־יְהוָה subst.cstr. (610)-pr.n. (217) *says Yahweh*

לֹא־אֶעֱשֶׂה neg.-Qal impf. 1 c.s. (עָשָׂה I 793) *I will not make*

אִתְּכֶם prep.-2 m.p. sf. (II 85) *of you*

כָּלָה n.f.s. (478) *a full end*

5:19

וְהָיָה conj.-Qal pf. 3 m.s. (224) *and*

כִּי תֹאמְרוּ conj.-Qal impf. 2 m.p. (55) *when you say*

תַּחַת מֶה prep. (1065)-interr. (552) *why*

עָשָׂה Qal pf. 3 m.s. (I 793) *has done*

יְהוָה אֱלֹהֵינוּ pr.n. (217)-n.m.p.-1 c.p. sf. (43) *Yahweh our God*

לָנוּ prep.-1 c.p. sf. *to us*

אֶת־כָּל־אֵלֶּה dir.obj.-n.m.s. cstr. (481)-demons.adj. c.p. (41) *all these things*

וְאָמַרְתָּ conj.-Qal pf. 2 m.s. (55) *you shall say*

אֲלֵיהֶם prep.-3 m.p. sf. *to them*

כַּאֲשֶׁר עֲזַבְתֶּם prep.-rel.-Qal pf. 2 m.p. (עָזַב I 736) *as you have forsaken* (LXX-ἀνθ᾽ ὧν)

אוֹתִי dir.obj.-1 c.s. sf. *me*

וַתַּעַבְדוּ consec.-Qal impf. 2 m.p. (עָבַד 712) *and served* (LXX-ἐδουλεύσατε)

אֱלֹהֵי נֵכָר n.m.p. cstr. (43)-n.m.s. (648) *foreign gods*

בְּאַרְצְכֶם prep.-n.f.s.-2 m.p. sf. (75) *in your land*

כֵּן תַּעַבְדוּ adv. (485)-v.supra *so you shall serve*

זָרִים Qal act.ptc. m.p. (זוּר I 266) *strangers*

בְּאֶרֶץ prep.-n.f.s. (75) *in a land*

לֹא לָכֶם neg.-prep.-2 m.p. sf. *that is not yours*

5:20

הַגִּידוּ Hi. impv. 2 m.p. (נָגַד 616) *declare*

זֹאת demons.adj. f.s. (260) *this*

בְּבֵית יַעֲקֹב prep.-n.m.s. cstr. (108)-pr.n. (784) *in the house of Jacob*

וְהַשְׁמִיעוּהָ conj.-Hi. impv. 2 m.p.-3 f.s. sf. (שָׁמַע 1033) *proclaim it*

בִּיהוּדָה prep.-pr.n. (397) *in Judah*

לֵאמֹר prep.-Qal inf.cstr. (55) *(saying)*

5:21

שִׁמְעוּ־נָא Qal impv. 2 m.p. (1033)-part. of entreaty (609) *hear*

זֹאת demons.adj. f.s. (260) *this*

עַם סָכָל n.m.s. cstr. (I 766)-n.m.s. (698) *O foolish people*

וְאֵין לֵב conj.-subst.cstr. (II 34)-n.m.s. (524) *and senseless*

עֵינַיִם לָהֶם n.f. du. (744)-prep.-3 m.p. sf. *(who have eyes)*

וְלֹא יִרְאוּ conj.-neg.-Qal impf. 3 m.p. (רָאָה 906) *but see not*

אָזְנַיִם לָהֶם n.f. du. (23)-v.supra *who have ears*

וְלֹא יִשְׁמָעוּ conj.-neg.-Qal impf. 3 m.p. paus. (1033) *but hear not*

5:22

הַאוֹתִי interr.part.-dir.obj.-1 c.s. sf. *me?*

לֹא־תִירָאוּ neg.-Qal impf. 2 m.p. (יָרֵא 431) *do you not fear*

נְאֻם־יְהוָה subst.cstr. (610)-pr.n. (217) *says Yahweh*

אִם מִפָּנַי conj. (49)-prep.-n.m.p.-1 c.s. sf. (815) *before me?*

לֹא תָחִילוּ neg.-Qal impf. 2 m.p. (חוּל I 296) *do you not tremble*

אֲשֶׁר־שַׂמְתִּי rel. (81)-Qal pf. 1 c.s. (שׂוּם 962) *I placed*

חוֹל n.m.s. (297) *sand*

גְּבוּל לַיָּם n.m.s. (147)-prep.-def.art.-n.m.s. (410) *bound for the sea*

חָק־עוֹלָם n.m.s. cstr. (349)-n.m.s. (761) *a perpetual barrier*

וְלֹא יַעַבְרֶנְהוּ conj.-neg.-Qal impf. 3 m.s.-3 m.s. sf. (עָבַר 716; GK 58i, 58k) *which it cannot pass*

וַיִּתְגָּעֲשׁוּ consec.-Hith. impf. 3 m.p. (גָּעַשׁ 172) *though (the waves) toss*

וְלֹא יוּכָלוּ conj.-neg.-Qal impf. 3 m.p. (407) *they cannot prevail* (LXX-sg.)

וְהָמוּ גַלָּיו conj.-Qal pf. 3 c.p. (הָמָה 242)-n.m.p.-3 m.s. sf. (164) *though they (its waves) roar*

וְלֹא יַעַבְרֻנְהוּ v.supra-Qal impf. 3 m.p.-3 m.s. sf. (716; GK 58i, 60e) *they cannot pass over it*

5:23

וְלָעָם הַזֶּה conj.-prep.-def. art.-n.m.s. (I 766)-def. art.-demons.adj. m.s. (260) *and for this people*

הָיָה Qal pf. 3 m.s. (224) *there is*

לֵב n.m.s. (524) *a heart*

סוֹרֵר וּמוֹרֶה Qal act.ptc. (סָרַר 710)-conj.-Qal act.ptc. (מָרָה 598) *stubborn and rebellious*

סָרוּ Qal pf. 3 c.p. (סוּר 693) *they have turned aside*

וַיֵּלֵכוּ consec.-Qal impf. 3 m.p. paus. (הָלַךְ 229) *and gone away*

5:24

וְלֹא־אָמְרוּ conj.-neg.-Qal pf. 3 c.p. (55) *they do not say*

בִלְבָבָם prep.-n.m.s.-3 m.p. sf. (523) *in their hearts*

נִירָא נָא Qal impf. 1 c.p. (אֵרָא 431)-part. of entreaty (609) *let us fear*

אֶת־יְהוָה אֱלֹהֵינוּ dir.obj.-pr.n. (217)-n.m.s.-1 c.p. sf. (43) *Yahweh our God*

הַנֹּתֵן גֶּשֶׁם def.art.-Qal act.ptc. (678)-n.m.s. (II 177) *who gives the rain*

וְיֹרֶה conj.-n.m.s. (435) *the early rain*

וּמַלְקוֹשׁ conj.-n.m.s. (545) *and the spring rain*

בְּעִתּוֹ prep.-n.f.s.-3 m.s. sf. (773) *in its season*

שְׁבֻעוֹת חֻקּוֹת n.m.p. cstr. (שָׁבוּעַ 988)-n.f.p. (349) *the weeks appointed*

קָצִיר n.m.s. (I 894) *for the harvest*

יִשְׁמָר־לָנוּ Qal impf. 3 m.s. (שָׁמַר 1036)-prep.-1 c.p. sf. *keeps for us*

5:25

עֲוֹנוֹתֵיכֶם n.m.p.-2 m.p. sf. (730) *your iniquities*

הִטּוּ־אֵלֶּה Hi. pf. 3 c.p. (נָטָה 639)-demons.adj. c.p. (41) *have turned these away*

וְחַטֹּאותֵיכֶם conj.-n.f.p.-2 m.p. sf. (308) *and your sins*

מָנְעוּ הַטּוֹב Qal pf. 3 c.p. (מָנַע 586)-def.art. -n.m.s. (III 375) *have kept good*

מִכֶּם prep.-2 m.p. sf. *from you*

5:26

כִּי־נִמְצְאוּ conj.-Ni. pf. 3 c.p. (מָצָא 592) *for are found*

בְעַמִּי prep.-n.m.s.-1 c.s. sf. (I 766) *among my people*

רְשָׁעִים adj. m.p. (957) *wicked men*

יָשׁוּר Qal impf. 3 m.s. (שׁוּר II 1003) *they lurk (lie in wait)*

כְּשַׁךְ יְקוּשִׁים prep.-Qal inf.cstr. (שָׁכָה 1013; GK 67p) dub.-n.m.p. (430) *like the crouching of fowlers*

הִצִּיבוּ Hi. pf. 3 c.p. (נָצַב 662) *they set*

מַשְׁחִית n.m.s. (1008) *a trap (destruction)*

אֲנָשִׁים יִלְכֹּדוּ n.m.p. (35)-Qal impf. 3 m.p. paus. (539) *they catch men*

5:27

כִּכְלוּב prep.-n.m.s. (477) *like a basket*

מָלֵא עוֹף adj. m.s. (570)-n.m.s. (733) *full of birds*

כֵּן בָּתֵּיהֶם adv. (485)-n.m.p.-3 m.p. sf. (108) *(so) their houses*

מְלֵאִים מִרְמָה adj. m.p. (570)-n.f.s. (941) *are full of treachery*

עַל־כֵּן גָּדְלוּ prep.-adv. (485)-Qal pf. 3 c.p. 152) *therefore they have become great*

וַיַּעֲשִׁירוּ consec.-Hi. impf. 3 m.p. (עָשַׁר 799) *and rich*

5:28

שָׁמְנוּ Qal pf. 3 c.p. (שָׁמֵן I 1031) *they have grown fat*

עָשְׁתוּ Qal pf. 3 c.p. (עָשַׁת I 799) *and sleek*

גַּם עָבְרוּ adv. (168)-Qal pf. 3 c.p. (716) *they know no bounds (they have transgressed)*

דִּבְרֵי־רָע n.m.p. cstr. (182)-n.m.s. (949) *in deeds of wickedness* (LXX >)

דִּין לֹא־דָנוּ n.m.s. (192)-neg.-Qal pf. 3 c.p. (192) *they judge not with justice*

דִּין יָתוֹם n.m.s. cstr. (192)-n.m.s. (450) *the cause of the fatherless*

וְיַצְלִיחוּ conj.-Hi. impf. 3 m.p. (צָלַח II 852) *to make it prosper* (LXX >)

וּמִשְׁפַּט אֶבְיוֹנִים conj.-n.m.s. cstr. (1048)-n.m.p. (2) *and the rights of the needy* (LXX-χήρας= אַלְמָנָה)

לֹא שָׁפָטוּ neg.-Qal pf. 3 c.p. paus. (שָׁפַט 1047) *they do not defend*

5:29

הַעַל־אֵלֶּה interr.-prep.-demons.adj. c.p. (41) *for these things*

לֹא־אֶפְקֹד neg.-Qal impf. 1 c.s. (פָּקַד 823) *shall I not punish* (some add בָּם)

נְאֻם־יְהוָה subst.cstr. (610)-pr.n. (217) *says Yahweh*

אִם בְּגוֹי conj. (49)-prep.-n.m.s. (156) *and on a nation*

אֲשֶׁר־כָּזֶה rel. (81)-prep.-demons.adj. m.s. (260) *such as this*

לֹא תִתְנַקֵּם נַפְשִׁי neg.-Hith. impf. 3 f.s. (נָקַם 667)-n.f.s.-1 c.s. sf. (659) *shall I not avenge myself*

5:30

שַׁמָּה n.f.s. (I 1031) *an appalling thing*

וְשַׁעֲרוּרָה conj.-n.f.s. (1045) *and horrible thing*

נִהְיְתָה Ni. pf. 3 f.s. (הָיָה 224) *has happened*

בָּאָרֶץ prep.-def.art.-n.f.s. (75) *in the land*

5:31

הַנְּבִיאִים def.art.-n.m.p. (611) *the prophets*

נִבְּאוּ־בַשֶּׁקֶר Ni. pf. 3 c.p. (נבא 612)-prep.-def.art. -n.m.s. (1055) *prophesy falsely*

וְהַכֹּהֲנִים conj.-def.art.-n.m.p. (463) *and the priests*

יֵרְדּוּ Qal impf. 3 m.p. (רָדָה I 921) *rule* (LXX-ἐπεκρότησαν; Heb.=ἐπεκράτησαν)

עַל־יְדֵיהֶם prep.-n.f.p.-3 m.p. sf. (388) *at their direction*

וְעַמִּי conj.-n.m.s.-1 c.s. sf. (I 766) *and my people*

אָהֲבוּ כֵן Qal pf. 3 c.p. (אָהֵב 12)-adv. (485) *love to have it so*

וּמַה־תַּעֲשׂוּ conj.-interr. (552)-Qal impf. 2 m.p. (עָשָׂה I 793) *but what will you do*

לְאַחֲרִיתָהּ prep.-n.f.s.-3 f.s. sf. (31) *when the end comes*

6:1

הָעִזוּ Hi. impv. 2 m.p. (עוּז 731) *flee for safety*

בְּנֵי בִנְיָמִן n.m.p. cstr. (119)-pr.n. (122) *O people of Benjamin*

מִקֶּרֶב יְרוּשָׁלִַם prep.-n.m.s. cstr. (899)-pr.n. (436) *from the midst of Jerusalem*

וּבִתְקוֹעַ conj.-prep.-pr.n. (1075) *and in Tekoa*

תִּקְעוּ Qal impv. 2 m.p. (תָּקַע 1075) *blow*

שׁוֹפָר n.m.s. (1051) *the trumpet*

וְעַל־בֵּית הַכֶּרֶם conj.-prep.-n.m.s. cstr. (108)-def.art.-n.m.s. (501; as pr.n.) *and on Beth-haccherem*

שְׂאוּ Qal impv. 2 m.p. (נָשָׂא 669) *raise*

מַשְׂאֵת n.f.s. (673) *a signal*

כִּי רָעָה conj.-n.f.s. (949) *for evil*

נִשְׁקְפָה Ni. pf. 3 f.s. (שָׁקַף I 1054) *looms out*

מִצָּפוֹן prep.-n.f.s. (860) *of the north*

וְשֶׁבֶר גָּדוֹל conj.-n.m.s. (991)-adj. m.s. (152) *and great destruction*

6:2

הַנָּוָה def.art.-adj. f.s. (610) *the comely*

וְהַמְעֻנָּגָה conj.-def.art.-Pu. ptc. f.s. (עָנֹג 772) *and delicately bred* (LXX-τὸ ὕψος σου)

דָּמִיתִי Qal pf. 1 c.s. (דָּמָה II 198) *I will destroy* (LXX-ἀφαιρεθήσεται)

בַּת־צִיּוֹן n.f.s. cstr. (I 123)-pr.n. (851) *the daughter of Zion*

6:3

אֵלֶיהָ prep.-3 f.s. sf. *against her*

יָבֹאוּ Qal impf. 3 m.p. (בּוֹא 97) *shall come*

רֹעִים Qal act.ptc. m.p. (רָעָה I 944) *shepherds*

וְעֶדְרֵיהֶם conj.-n.m.p.-3 m.p. sf. (727) *with their flocks*

תָּקְעוּ Qal pf. 3 c.p. (תָּקַע 1075) *they shall pitch*

עָלֶיהָ prep.-3 f.s. sf. *around her*

אֹהָלִים n.m.p. (13) *tents*

סָבִיב adv. (686) *(round)*

רָעוּ Qal pf. 3 c.p. (רָעָה I 944) *they shall pasture*

אִישׁ אֶת־יָדוֹ n.m.s. (35)-dir.obj.-n.f.s.-3 m.s. sf. (388) *each in his place*

6:4

קַדְּשׁוּ Pi. impv. 2 m.p. (קָדַשׁ 872) *prepare*

עָלֶיהָ prep.-3 f.s. sf. *against her*

מִלְחָמָה n.f.s. (536) *war*

קוּמוּ Qal impv. 2 m.p. (קוּם 877) *up*

וְנַעֲלֶה conj.-Qal impf. 1 c.p. (עָלָה 748) *and let us attack*

בַּצָּהֳרָיִם prep.-def.art.-n.m.p. (I 843) *at noon*

אוֹי לָנוּ interj. (17)-prep.-1 c.p. sf. *woe to us*

כִּי־פָנָה הַיּוֹם conj.-Qal pf. 3 m.s. (815)-def.art.-n.m.s. (398) *for the day declines*

כִּי יִנָּטוּ conj.-Ni. impf. 3 m.p. (נָטָה 639) *for lengthen*

צִלְלֵי־עָרֶב n.m.p. cstr. (853; GK 10g)-n.m.s. paus. (787) *the shadows of evening*

6:5

קוּמוּ Qal impv. 2 m.p. (קוּם 877) *up*

וְנַעֲלֶה conj.-Qal impf. 1 c.p. (עָלָה 748) *and let us attack*

בַלָּיְלָה prep.-def.art.-n.m.s. (538) *by night*

וְנַשְׁחִיתָה conj.-Hi. impf. 1 c.p.-vol.he (שָׁחַת 1007) *and destroy*

אַרְמְנוֹתֶיהָ n.m.p.-3 f.s. sf. (74) *her palaces*

6:6

כִּי כֹה אָמַר conj.-adv. (462)-Qal pf. 3 m.s. (55) *for thus says*

יהוה צְבָאוֹת pr.n. (217)-pr.n. (838) *Yahweh of hosts*

כִּרְתוּ Qal impv. 2 m.p. (כָּרַת 503) *hew down*

עֵצָה n.f. coll. (II 782) *trees* (LXX-τὰ ξύλα αὐτῆς=עֵצָהּ)

וְשִׁפְכוּ conj.-Qal impv. 2 m.p. (שָׁפַךְ 1049) *cast up*

עַל־יְרוּשָׁלִַם prep.-pr.n. (436) *against Jerusalem*

סֹלְלָה n.f.s. (700) *a siege mound*

הִיא הָעִיר demons.adj. f.s. (214)-def.art.-n.f.s. (746) *this is the city* LXX-ὦ πόλις

הָפְקַד Ho. pf. 3 m.s. (פָּקַד 823) *which must be punished* (LXX-ψευδής=הַשֶּׁקֶר)

כֻּלָּהּ n.m.s.-3 f.s. sf. (481) *all of her*

עֹשֶׁק n.m.s. (799) *oppression*

בְּקִרְבָּהּ prep.-n.m.s.-3 f.s. sf. (899) *within her*

6:7

בְּהָקִיר prep.-Hi. inf.cstr. (קָרַר I 903) *as keeps fresh*

בּוֹר n.m.s. (בּוֹר I 92) *a well* (Qere-בְּאֵר)

מֵימֶיהָ n.m.p.-3 f.s. sf. (565) *its water*

כֵּן הֵקֵרָה adv. (485)-Hi. pf. 3 f.s. (קָרַר I 903) *as she keeps fresh*

רָעָתָהּ n.f.s.-3 f.s. sf. (949) *her wickedness*

חָמָס n.m.s. (329) *violence*

וָשֹׁד conj.-n.m.s. (994) *and destruction*

יִשָּׁמַע בָּהּ Ni. impf. 3 m.s. (שָׁמַע 1033)-prep.-3 f.s. sf. *are heard within her*

עַל־פָּנַי prep.-n.m.p.-1 c.s. sf. (815) *before me*

תָּמִיד n.m.s. as adv. (556) *ever*

חֳלִי וּמַכָּה n.m.s. (318)-conj.-n.f.s. (646) *sickness and wounds* (LXX-πόνῳ καὶ μάστιγι)

6:8

הִוָּסְרִי Ni. impv. 2 f.s. (יָסַר 415; GK 51c) *be warned*

יְרוּשָׁלִַם pr.n. (436) *O Jerusalem*

פֶּן־תֵּקַע נַפְשִׁי conj. (814)-Qal impf. 3 f.s. (יָקַע 429)-n.f.s.-1 c.s. sf. (659) *lest I be alienated*

מִמֵּךְ prep.-2 f.s. sf. *from you*

פֶּן־אֲשִׂימֵךְ conj. (814)-Qal impf. 1 c.s.-2 f.s. sf. (שׂוּם 962) *lest I make you*

שְׁמָמָה n.f.s. (1031) *a desolation*

אֶרֶץ n.f.s. (75) *a land*

לוֹא נוֹשָׁבָה neg.-Ni. ptc. f.s. (יָשַׁב 442; GK 152aN) *uninhabited*

6:9

כֹּה אָמַר adv. (462)-Qal pf. 3 m.s. (55) *thus says*

יְהוָה צְבָאוֹת pr.n. (217)-pr.n. (838) *Yahweh of hosts*

עוֹלֵל יְעוֹלְלוּ Po'el inf.abs. (עָלַל 760)-Po'el impf. 3 m.p. (760) *they shall glean thoroughly*

כַּגֶּפֶן prep.-def.art.-n.f.s. (172) *as a vine*

שְׁאֵרִית יִשְׂרָאֵל n.f.s. cstr. (984)-pr.n. (975) *the remnant of Israel*

הָשֵׁב יָדְךָ Hi. impv. 2 m.s. (שׁוּב 996)-n.f.s.-2 m.s. sf. (388) *pass your hand again*

כְּבוֹצֵר prep.-Qal act.ptc. (בָּצַר 130) *like a grape-gatherer*

עַל־סַלְסִלּוֹת prep.-n.f.p. (700) *over its branches*

6:10

עַל־מִי prep.-interr. (566) *to whom*

אֲדַבְּרָה Pi. impf. 1 c.s.-vol.he (180; GK 108g) *shall I speak*

וְאָעִידָה conj.-Hi. impf. 1 c.s.-vol.he (עוּד 729) *and give warning*

וְיִשְׁמָעוּ conj.-Qal impf. 3 m.p. paus. (1033) *that they may hear*

הִנֵּה demons.part. (243) *behold*

עֲרֵלָה adj. f.s. (790) *uncircumcised*

אָזְנָם n.f.s.-3 m.p. sf. (23) *their ears*

וְלֹא יוּכְלוּ conj.-neg.-Qal impf. 3 m.p. (407) *they cannot*

לְהַקְשִׁיב prep.-Hi. inf.cstr. (קָשַׁב 904) *listen*

הִנֵּה דְבַר־יְהוָה v.supra-n.m.s. cstr. (182)-pr.n. (217) *behold, the word of Yahweh*

הָיָה לָהֶם Qal pf. 3 m.s. (224)-prep.-3 m.p. sf. *is to them*

לְחֶרְפָּה prep.-n.f.s. (357) *an object of scorn*

לֹא יַחְפְּצוּ־בוֹ neg.-Qal impf. 3 m.p. (חָפֵץ 342) -prep.-3 m.s. sf. *they take no pleasure in it*

6:11

וְאֵת חֲמַת יְהוָה conj.-dir.obj.-n.f.s. cstr. (404) -pr.n. (217) *therefore the wrath of Yahweh* LXX-καὶ τὸν θυμόν μου= וְאֵת הֲמָתִי

מָלֵאתִי Qal pf. 1 c.s. (מָלֵא 569) *I am full of*

נִלְאֵיתִי Ni. pf. 1 c.s. (לָאָה 521) *I am weary* (LXX-καὶ ἐπέσχον)

הָכִיל Hi. inf.cstr. (בּוּל 465) *of holding* (LXX-καὶ οὐ συνετέλεσα αὐτούς)

שְׁפֹךְ Qal impv. 2 m.s. (שָׁפַךְ 1049) *pour it out* (LXX-ἔκχεῶ)

עַל־עוֹלָל prep.-n.m.s. (760) *upon the children*

בַּחוּץ prep.-def.art.-n.m.s. (299) *in the street*

וְעַל סוֹד conj.-prep.-n.m.s. cstr. (691) *and upon the gatherings of*

בַּחוּרִים n.m.p. (104) *young men*

יַחְדָּו adv. (403) *together*

כִּי־גַם־אִישׁ conj.-adv. (168)-n.m.s. (35) *for both husband*

עִם־אִשָּׁה prep. (767)-n.f.s. (61) *with wife*

יִלָּכֵדוּ Ni. impf. 3 m.p. paus. (לָכַד 539) *shall be taken*

זָקֵן עִם־מְלֵא יָמִים adj. m.s. (278)-prep. (767)-adj. m.s. cstr. (570)-n.m.p. (398) *the old folk and the very aged*

6:12

וְנָסַבּוּ conj.-Ni. pf. 3 c.p. (סָבַב 685) *shall be turned over*

בָּתֵּיהֶם n.m.p.-3 m.p. sf. (108) *their houses*

לַאֲחֵרִים prep.-adj. m.p. (29) *to others*

שָׂדוֹת וְנָשִׁים n.m.p. (961)-conj.-n.f.p. (61) *fields and wives*

יַחְדָּו adv. (403) *together*

כִּי־אַטֶּה conj.-Hi. impf. 1 c.s. (נָטָה 639) *for I will stretch out*

231

אֶת־יָדִי dir.obj.-n.f.s.-1 c.s. sf. (388) *my hand*

עַל־יֹשְׁבֵי הָאָרֶץ prep.-Qal act.ptc. m.p. cstr. (442 יָשַׁב)-def.art.-n.f.s. (75) *against the inhabitants of the land*

נְאֻם־יְהוָה subst.cstr. (610)-pr.n. (217) *says Yahweh*

6:13

כִּי מִקְּטַנָּם conj.-prep.-adj. m.s.-3 m.p. sf. (881) *for from the least of them*

וְעַד־גְּדוֹלָם conj.-prep.-adj. m.s.-3 m.p. sf. (152) *to the greatest of them*

כֻּלּוֹ n.m.s.-3 m.s. sf. (481) *every one*

בּוֹצֵעַ בָּצַע Qal act.ptc. (130)-n.m.s. (130) *greedy for unjust gain*

וּמִנָּבִיא conj.-prep.-n.m.s. (611) *and from prophet*

וְעַד־כֹּהֵן conj.-prep.-n.m.s. (463) *to priest*

כֻּלּוֹ n.m.s.-3 m.s. sf.(481) *every one*

עֹשֶׂה שָּׁקֶר Qal act.ptc. (I 793)-n.m.s. paus. (1055) *deals falsely*

6:14

וַיְרַפְּאוּ consec.-Pi. impf. 3 m.p. (רָפָא 950) *and they have healed*

אֶת־שֶׁבֶר dir.obj.-n.m.s. cstr. (991) *the wound of*

עַמִּי n.m.s.-1 c.s. sf. (I 766) *my people*

עַל־נְקַלָּה prep.-Ni. ptc. f.s. (קָלַל 886) *lightly*

לֵאמֹר prep.-Qal inf.cstr. (55) *saying*

שָׁלוֹם שָׁלוֹם n.m.s. (1022)-v.supra *Peace, peace*

וְאֵין שָׁלוֹם conj.-subst.cstr. (II 34; LXX-καὶ ποῦ= וְאַיֵּה)-v.supra *when there is no peace*

6:15

הֹבִישׁוּ Hi. pf. 3 c.p. (בּוֹשׁ 101) *were they ashamed*

כִּי תוֹעֵבָה conj.-n.f.s. (1072) *when abomination*

עָשׂוּ Qal pf. 3 c.p. (עָשָׂה I 793) *they committed*

גַּם־בּוֹשׁ לֹא־יֵבוֹשׁוּ adv. (168)-Qal inf.abs. (101)-neg.-Qal impf. 3 m.p. (בּוֹשׁ 101) *no they were not at all ashamed*

גַּם־הַכְלִים v.supra-Hi. inf.cstr. (כָּלַם 483) *also how to blush*

לֹא יָדָעוּ neg.-Qal 3 c.p. paus. (יָדַע 393) *they did not know*

לָכֵן prep.-adv. (485) *therefore*

יִפְּלוּ Qal impf. 3 m.p. (נָפַל 656) *they shall fall*

בַּנֹּפְלִים prep.-def.art.-Qal act.ptc. m.p. (656) *among those who fall*

בְּעֵת prep.-n.f.s. (773) *at the time*

פְּקַדְתִּים Qal pf. 1 c.s.-3 m.p. sf. (פָּקַד 823) *that I punish them* (LXX-ἐπισκοπῆς αὐτῶν= פְּקֻדָּתָם)

יִכָּשְׁלוּ Ni. impf. 3 m.p. (כָּשַׁל 505) *they shall be overthrown*

אָמַר יְהוָה Qal pf. 3 m.s. (55)-pr.n. (217) *says Yahweh*

6:16

כֹּה אָמַר יְהוָה adv. (462)-Qal pf. 3 m.s. (55)-pr.n. (217) *thus says Yahweh*

עִמְדוּ Qal impv. 2 m.p. (עָמַד 763) *stand*

עַל־דְּרָכִים prep.-n.m.p. (202) *by the roads*

וּרְאוּ conj.-Qal impv. 2 m.p. (רָאָה 906) *and look*

וְשַׁאֲלוּ conj.-Qal impv. 2 m.s. (שָׁאַל 981) *and ask*

לִנְתִבוֹת עוֹלָם prep.-n.f.p. cstr. (677)-n.m.s. (761) *for the ancient paths* (LXX-καὶ ἴδετε= וּרְאוּ)

אֵי־זֶה interr. (32)-demons.adj. (260) *where*

דֶּרֶךְ הַטּוֹב n.m.s. cstr. (202)-def.art.-adj. m.s. (II 373) *the good way*

וּלְכוּ־בָהּ conj.-Qal impv. 2 m.p. (הָלַךְ 229)-prep.-3 f.s. sf. *and walk in it*

וּמִצְאוּ conj.-Qal impv. 2 m.p. (מָצָא 592) *and find*

מַרְגּוֹעַ n.m.s. (921) *rest*

לְנַפְשְׁכֶם prep.-n.f.s.-2 m.p. sf. (659) *for your souls*

וַיֹּאמְרוּ consec.-Qal impf. 3 m.p. (55) *but they said*

לֹא נֵלֵךְ neg.-Qal impf. 1 c.p. (הָלַךְ 229) *we will not walk in it*

6:17

וַהֲקִמֹתִי conj.-Hi. pf. 1 c.s. (קוּם 877; GK 112dd) *and I set*

עֲלֵיכֶם prep.-2 m.p. sf. *over you*

צֹפִים Qal act.ptc. m.p. (צָפָה I 859) *watchmen*

הַקְשִׁיבוּ Hi. impv. 2 m.p. (קָשַׁב 904) *give heed*

לְקוֹל שׁוֹפָר prep.-n.m.s. cstr. (876)-n.m.s. (1051) *to the sound of the trumpet*

וַיֹּאמְרוּ consec.-Qal impf. 3 m.p. (55) *but they said*

לֹא נַקְשִׁיב neg.-Hi. impf. 1 c.p. (קָשַׁב 904) *we will not give heed*

6:18

לָכֵן שִׁמְעוּ prep.-adv. (485)-Qal impv. 2 m.p. (1033) *therefore hear*

הַגּוֹיִם def.art.-n.m.p. (156) *O nations*

וּדְעִי conj.-Qal impv. 2 f.s. (יָדַע 393) *and know* LXX-καὶ οἱ ποιμαίνοντες τὰ ποίμνια αὐτῶν

עֵדָה n.f.s. (II 417) *O congregation*

אֶת־אֲשֶׁר־בָּם dir.obj.-rel.-prep.-3 m.p. sf. *what will happen to them*

232

6:19

שִׁמְעִי Qal impv. 2 f.s. (1033) *hear*

הָאָרֶץ def.art.-n.f.s. (75) *O earth*

הִנֵּה אָנֹכִי demons.part. (243)-pers.pr. 1 c.s. (59) *behold, I*

מֵבִיא רָעָה Hi. ptc. (בוא 97)-n.f.s. (949) *am bringing evil*

אֶל־הָעָם הַזֶּה prep.-def.art.-n.m.s. (I 766) -def.art.-demons.adj. m.s. (260) *upon this people*

פְּרִי n.m.s. cstr. (826) *the fruit of*

מַחְשְׁבוֹתָם n.f.p.-3 m.p. sf. (364) *their devices* (LXX-ἀποστροφῆς αὐτῶν=מְשׁוּבָתָם)

כִּי עַל־דְּבָרַי conj.-prep.-n.m.p.-1 c.s. sf. (182) *because to my words*

לֹא הִקְשִׁיבוּ neg.-Hi. pf. 3 c.p. (קשׁב 904) *they have not given heed*

וְתוֹרָתִי conj.-n.f.s.-1 c.s. sf. (435) *and as for my law*

וַיִּמְאֲסוּ־בָהּ consec.-Qal impf. 3 m.p. (מאס 549) -prep.-3 f.s. sf. *they have rejected it*

6:20

לָמָּה־זֶּה prep.-interr. (552)-demons.adj. m.s. (260) *to what purpose*

לִי prep.-1 c.s. sf. *to me*

לְבוֹנָה n.f.s. (I 526) *frankincense*

מִשְּׁבָא prep.-pr.n. (985) *from Sheba*

תָבוֹא Qal impf. 3 f.s. (בוא 97) *does come* (LXX-φέρετε=תָּבִיאוּ)

וְקָנֶה הַטּוֹב conj.-n.m.s. (889; GK 126x)-def.art. -adj. m.s. (II 373; LXX >) *or sweet cane*

מֵאֶרֶץ מֶרְחָק prep.-n.f.s. cstr. (75)-n.m.s. (935) *from a distant land*

עֹלוֹתֵיכֶם n.f.p.-2 m.p. sf. (750) *your burnt offerings*

לֹא לְרָצוֹן neg.-prep.-n.m.s. (953) *are not acceptable*

וְזִבְחֵיכֶם conj.-n.m.p.-2 m.p. sf. (257) *nor your sacrifices*

לֹא־עָרְבוּ לִי neg.-Qal pf. 3 c.p. (ערב III 787) -prep.-1 c.s. sf. *pleasing to me*

6:21

לָכֵן כֹּה prep.-adv. (485)-adv. (462) *therefore thus*

אָמַר יהוה Qal pf. 3 m.s. (55)-pr.n. (217) *says Yahweh*

הִנְנִי demons.part.-1 c.s. sf. (243) *behold, I*

נֹתֵן Qal act.ptc. (נתן 678) *will lay*

אֶל־הָעָם הַזֶּה prep.-def.art.-n.m.s. (I 766) -def.art.-demons.adj. m.s. (260) *before this people*

מִכְשֹׁלִים n.m.p. (506) *stumbling blocks*

וְכָשְׁלוּ בָם conj.-Qal pf. 3 c.p. (כשׁל 505)-prep. -3 m.p. sf. *against which they shall stumble*

אָבוֹת וּבָנִים n.m.p. (3)-conj.-n.m.p. (119) *fathers and sons*

יַחְדָּו adv. (403) *together*

שָׁכֵן adj. m.s. (1015) *neighbor*

וְרֵעוֹ conj.-n.m.s.-3 m.s. sf. (II 945) *and friend*

יֹאבֵדוּ Qal impf. 3 m.p. paus. (אבד 1) *shall perish* (Qere-וְאָבָדוּ)

6:22

כֹּה אָמַר יהוה adv. (462)-Qal pf. 3 m.s. (55) -pr.n. (217) *thus says Yahweh*

הִנֵּה demons.part. (243) *behold* (6:22-24, cf. 50:41-43)

עַם בָּא n.m.s. (I 766)-Qal act.ptc. (בוא 97) *a people is coming*

מֵאֶרֶץ צָפוֹן prep.-n.f.s. cstr. (75)-n.f.s. (60) *from the north country*

וְגוֹי גָּדוֹל conj.-n.m.s. (156)-adj. m.s. (152) *and a great nation*

יֵעוֹר Ni. impf. 3 m.s. (עור I 734) *is stirring*

מִיַּרְכְּתֵי־ prep.-n.f. du. cstr. (438) *from the farthest parts of*

אָרֶץ n.f.s. paus. (75) *the earth*

6:23

קֶשֶׁת וְכִידוֹן n.f.s. (905)-conj.-n.m.s. (I 475) *bow and spear*

יַחֲזִיקוּ Hi. impf. 3 m.p. (חזק 304) *they lay hold on*

אַכְזָרִי הוּא adj. (470)-demons.adj. m.s. (214; some mss.-הֵמָּה) *they are cruel*

וְלֹא יְרַחֵמוּ conj.-neg.-Pi. impf. 3 m.p. paus. (933 רחם) *and have no mercy*

קוֹלָם n.m.s.-3 m.p. sf. (876) *the sound of them*

כַּיָּם prep.-def.art.-n.m.s. (410) *like the sea*

יֶהֱמֶה Qal impf. 3 m.s. (242) *roars*

וְעַל־סוּסִים conj.-prep.-n.m.p. (692) *and upon horses*

יִרְכָּבוּ Qal impf. 3 m.p. paus. (רכב 938) *they ride* (LXX-καὶ ἄρμασιν=וְרֶכֶב)

עָרוּךְ Qal pass.ptc. (ערך 789) *set in array* (LXX-παρατάξεται=יַעֲרֹךְ)

כְּאִישׁ prep.-n.m.s. (35) *as a man* (LXX-ὡς πῦρ=כָּאֵשׁ)

לַמִּלְחָמָה prep.-def.art.-n.f.s. (536) *for battle*

עָלַיִךְ prep.-2 f.s. sf. *against you*

בַּת־צִיּוֹן n.f.s. cstr. (I 123)-pr.n. (851) *O daughter of Zion*

6:24

שְׁמַעְנוּ Qal pf. 1 c.p. (שָׁמַע 1033) *we have heard*

אֶת־שָׁמְעוֹ dir.obj.-n.m.s.-3 m.s. sf. (1035) *the report of it*

רָפוּ Qal pf. 3 c.p. (רָפָה 951) *fall helpless*

יָדֵינוּ n.f.p.-1 c.p. sf. (388) *our hands*

צָרָה n.f.s. (865) *anguish*

הֶחֱזִיקַתְנוּ Hi. pf. 3 f.s.-1 c.p. sf. (חָזַק 304) *has taken hold of us*

חִיל n.m.s. (297) *pain*

כַּיּוֹלֵדָה prep.-def.art.-Qal act.ptc. f.s. (יָלַד 408) *as of a woman in travail*

6:25

אַל־תֵּצְאִי neg.-Qal impf. 2 f.s. (יָצָא 422) *go not forth* (LXX-μὴ ἐκπορεύεσθε=אַל־תֵּצְאוּ)

הַשָּׂדֶה def.art.-n.m.s. (961) *into the field*

וּבַדֶּרֶךְ conj.-prep.-def.art.-n.m.s. (202) *and on the road*

אַל־תֵּלֵכִי neg.-Qal impf. 2 f.s. paus. (הָלַךְ 229) *do not walk* (LXX-μὴ βαδίζετε=אַל־תֵּלֵכוּ)

כִּי חֶרֶב conj.-n.f.s. (352) *for a sword*

לְאֹיֵב prep.-Qal act.ptc. (אָיַב 33) *the enemy has*

מָגוֹר n.m.s. (II 159) *terror*

מִסָּבִיב prep.-adv. (686) *on every side*

6:26

בַּת־עַמִּי n.f.s. cstr. (I 123)-n.m.s.-1 c.s. sf. (I 766) *O daughter of my people*

חִגְרִי־שָׂק Qal impv. 2 f.s. (חָגַר 291)-n.m.s. (974) *gird on sackcloth*

וְהִתְפַּלְּשִׁי conj.-Hith. impv. 2 f.s. (פָּלַשׁ 814) *and roll*

בָּאֵפֶר prep.-def.art.-n.m.s. (68) *in ashes*

אֵבֶל יָחִיד n.m.s. cstr. (5)-adj. (402) *mourning as for an only son*

עֲשִׂי לָךְ Qal impv. 2 f.s. (עָשָׂה I 793)-prep.-2 f.s. sf. *make*

מִסְפַּד תַּמְרוּרִים n.m.s. cstr. (704)-n.m.p. (I 601) *most bitter lamentation*

כִּי פִתְאֹם conj.-adv. (837) *for suddenly*

יָבֹא Qal impf. 3 m.s. (בּוֹא 97) *will come*

הַשֹּׁדֵד def.art.-Qal act.ptc. (שָׁדַד 994) *the destroyer* (LXX-ταλαιπωρία=הַשֹּׁד)

עָלֵינוּ prep.-1 c.p. sf. *upon us* (LXX-ἐφ᾽ ὑμᾶς)

6:27

בָּחוֹן n.m.s. (103) *an assayer*

נְתַתִּיךָ Qal pf. 1 c.s.-2 m.s. sf. (נָתַן 678) *I have made you*

בְעַמִּי prep.-n.m.s.-1 c.s. sf. (I 766) *among my people*

מִבְצָר n.m.s. (131) *a fortification*

וְתֵדַע conj.-Qal impf. 2 m.s. (יָדַע 393) *that you may know*

וּבָחַנְתָּ conj.-Qal pf. 2 m.s. (בָּחַן 103) *and assay*

אֶת־דַּרְכָּם dir.obj.-n.m.s.-3 m.p. sf. (202) *their ways*

6:28

כֻּלָּם n.m.s.-3 m.p. sf. (481) *they are all*

סָרֵי סוֹרְרִים adj. m.p. cstr. (711; some rd. שָׂרֵי; LXX>)-Qal act.ptc. m.p. (710; GK 133i) *stubbornly rebellious*

הֹלְכֵי רָכִיל Qal act.ptc. m.p. cstr. (הָלַךְ 229)-n.m.s. (940) *going about with slanders*

נְחֹשֶׁת n.f.s. (638) *bronze*

וּבַרְזֶל conj.-n.m.s. (137) *and iron*

כֻּלָּם v.supra *all of them*

מַשְׁחִיתִים Hi. ptc. m.p. (1007) *act corruptly*

הֵמָּה pers.pr. 3 m.p. (241) *(they)*

6:29

נָחַר Ni. pf. 3 m.s. (חָרַר I 359; GK 67u) *blow fiercely*

מַפֻּחַ n.m.s. (656) *the bellows*

מֵאֵשׁ תַּם rd.prb. תַּם מֵאֵשׁ prep.-n.f.s. (77)-Qal pf. 3 m.s. (תָּמַם 1070) *is consumed by fire* (LXX-ἀπὸ πυρὸς ἐξέλιπεν)

עֹפָרֶת n.m.s. (780) *lead*

לַשָּׁוְא prep.-def.art.-n.m.s. (996) *in vain*

צָרַף צָרוֹף Qal pf. 3 m.s. (864)-Qal inf.abs. (864) *the refining goes on*

וְרָעִים conj.-adj. m.p. (I 948) *for the wicked*

לֹא נִתָּקוּ neg.-Ni. pf. 3 c.p. paus. (נָתַק 683) *are not removed*

6:30

כֶּסֶף נִמְאָס n.m.s. (494)-Ni. ptc. (549) *refuse silver*

קָרְאוּ לָהֶם Qal pf. 3 c.p. (894)-prep.-3 m.p. sf. *they are called*

כִּי־מָאַס יְהוָה conj.-Qal pf. 3 m.s. (549)-pr.n. (217) *for Yahweh has rejected*

בָּהֶם prep.-3 m.p. sf. *them*

7:1

הַדָּבָר def.art.-n.m.s. (182) *the word*

אֲשֶׁר הָיָה rel.-Qal pf. 3 m.s. (224) *that came*

אֶל־יִרְמְיָהוּ prep.-pr.n. (941) *to Jeremiah*

מֵאֵת יהוה prep.-prep. (II 85)-pr.n. (217) *from Yahweh*

לֵאמֹר prep.-Qal inf.cstr. (55) *(saying)*

7:2

עֲמֹד Qal impv. 2 m.s. (763) *stand*

בְּשַׁעַר prep.-n.m.s. cstr. (1044) *in the gate of*

בֵּית יהוה n.m.s. cstr. (108)-pr.n. (217) *Yahweh's house*

וְקָרָאתָ שָּׁם conj.-Qal pf. 2 m.s. (894)-adv. (1027) *and proclaim there*

אֶת־הַדָּבָר הַזֶּה dir.obj.-def.art.-n.m.s. (182)-def. art.-demons.adj. m.s. (260) *this word*

וְאָמַרְתָּ conj.-Qal pf. 2 m.s. (55) *and say (7:1-2a LXX>)*

שִׁמְעוּ Qal impv. 2 m.p. (1033) *hear*

דְּבַר־יהוה n.m.s. cstr. (182)-pr.n. (217) *the word of Yahweh*

כָּל־יְהוּדָה n.m.s. cstr. (481)-pr.n. (397) *all of Judah*

הַבָּאִים def.art.-Qal act.ptc. m.p. (בּוֹא 97) *who enter (LXX>)*

בַּשְּׁעָרִים הָאֵלֶּה prep.-def.art.-n.m.p. (1044) -def.art.-demons.adj. c.p. (41) *these gates* *(LXX>)*

לְהִשְׁתַּחֲוֹת לַיהוה prep.-Hithpalel inf. cstr. (שָׁחָה 1005)-prep.-pr.n. (217) *to worship Yahweh*

7:3

כֹּה־אָמַר adv. (462)-Qal pf. 3 m.s. (55) *thus says*

יהוה צְבָאוֹת pr.n. (217)-pr.n. (838) *Yahweh of hosts*

אֱלֹהֵי יִשְׂרָאֵל n.m.p. cstr. (43)-pr.n. (975) *the God of Israel*

הֵיטִיבוּ Hi. impv. 2 m.p. (יָטַב 405) *amend*

דַּרְכֵיכֶם n.m.p.-2 m.p. sf. (202) *your ways*

וּמַעַלְלֵיכֶם conj.-n.m.p.-2 m.p. sf. (760) *and your doings*

וַאֲשַׁכְּנָה conj.-Pi. impf. 1 c.s.-vol.he (שָׁכַן 1014) *and I will let dwell*

אֶתְכֶם dir.obj.-2 m.p. sf. *you*

בַּמָּקוֹם הַזֶּה prep.-def.art.-n.m.s. (879)-def.art. -demons.adj. m.s. (260) *in this place*

7:4

אַל־תִּבְטְחוּ neg.-Qal impf. 2 m.p. (בָּטַח 105) *do not trust*

לָכֶם prep.-2 m.p. sf. *(yourselves)*

אֶל־דִּבְרֵי הַשֶּׁקֶר prep.-n.m.p. cstr. (182)-def.art. -n.m.s. (1055) *in these deceptive words* (LXX-ὅτι τὸ παράπαν οὐκ ὠφελήσουσιν ὑμᾶς)

לֵאמֹר prep.-Qal inf.cstr. (55) *(saying)*

הֵיכַל יהוה n.m.s. cstr. (228; GK 133lN)-pr.n. (217) *the temple of Yahweh*

הֵיכַל יהוה v.supra-v.supra *the temple of Yahweh*

הֵיכַל יהוה v.supra-v.supra *the temple of Yahweh*

הֵמָּה demons.pr. 3 m.p. (241) *these are*

7:5

כִּי אִם conj.-hypoth.part. (49) *for if*

הֵיטֵיב תֵּיטִיבוּ Hi. inf.abs. (יָטַב 405)-Hi. impf. 2 m.p. (יָטַב 405) *you truly amend*

אֶת־דַּרְכֵיכֶם dir.obj.-n.m.p.-2 m.p. sf. (202) *your ways*

וְאֶת־מַעַלְלֵיכֶם conj.-dir.obj.-n.m.p.-2 m.p. sf. (760) *and your doings*

אִם־עָשׂוֹ תַעֲשׂוּ v.supra-Qal inf.abs. (עָשָׂה I 793) -Qal impf. 2 m.p. (עָשָׂה I 793) *if you truly execute*

מִשְׁפָּט n.m.s. (1048) *justice*

בֵּין אִישׁ וּבֵין רֵעֵהוּ prep. (107)-n.m.s. (35)-conj. -prep. (107)-n.m.s.-3 m.s. sf. (945) *one with another*

7:6

גֵּר n.m.s. (158) *an alien*

יָתוֹם n.m.s. (450) *the fatherless*

וְאַלְמָנָה conj.-n.f.s. (48) *or the widow*

לֹא תַעֲשֹׁקוּ neg. (many mss.rd. אַל)-Qal impf. 2 m.p. (עָשַׁק 798) *if you do not oppress*

וְדָם נָקִי conj.-n.m.s. (196)-adj. m.s. (667) *or innocent blood*

אַל־תִּשְׁפְּכוּ neg.-Qal impf. 2 m.p. (שָׁפַךְ 1049) *you do not shed*

בַּמָּקוֹם הַזֶּה prep.-def.art.-n.m.s.-def.art.-demons. adj. m.s. (260) *in this place*

וְאַחֲרֵי conj.-prep. (29) *and after*

אֱלֹהִים אֲחֵרִים n.m.p. (43)-adj. m.p. (29) *other gods*

לֹא תֵלְכוּ neg.-Qal impf. 2 m.p. (הָלַךְ 229) *you do not go*

לְרַע לָכֶם prep.-n.m.s. (948)-prep.-2 m.p. sf. *to your own hurt*

7:7

וְשִׁכַּנְתִּי conj.-Pi. pf. 1 c.s. (שָׁכַן 1014) *then I will let dwell (some mss.rd. וְשָׁכַנְתִּי)*

אֶתְכֶם dir.obj.-2 m.p. sf. *you*

בַּמָּקוֹם הַזֶּה prep.-def.art.-n.m.s. (879)-def.art. -demons.adj. m.s. (260) *in this place*

בָּאָרֶץ prep.-def.art.-n.f.s. (75) *in the land*

אֲשֶׁר נָתַתִּי rel.-Qal pf. 1 c.s. (נתן 678) *that I give*

לַאֲבוֹתֵיכֶם prep.-n.m.p.-2 m.p. sf. (3) *to your fathers*

לְמִן־עוֹלָם prep.-prep.-n.m.s. (761) *of old*

וְעַד־עוֹלָם conj.-prep. (III 723)-v. supra *for ever*

7:8

הִנֵּה אַתֶּם demons. part. (243)-pers.pr. 2 m.p. (61) *behold, you* (LXX-εἰ δὲ)

בֹּטְחִים Qal act.ptc. m.p. (בטח 105) *trust*

לָכֶם prep.-2 m.p. sf. *(yourselves)*

עַל־דִּבְרֵי הַשֶּׁקֶר prep.-n.m.p. cstr. (182)-def.art.-n.m.s. paus. (1055) *in deceptive words*

לְבִלְתִּי הוֹעִיל prep.-neg. (116)-Hi. inf. cstr. (יעל I 418) *to no avail*

7:9

הֲגָנֹב interr.-Qal inf.abs. (גנב 170) *will you steal*

רָצֹחַ Qal inf.abs. (רצח 953) *murder*

וְנָאֹף conj.-Qal inf.abs. (נאף 610) *commit adultery*

וְהִשָּׁבֵעַ conj.-Ni. inf.abs. (שבע 989) *swear*

לַשֶּׁקֶר prep.-def.art.-n.m.s. (1055) *falsely*

וְקַטֵּר לַבַּעַל conj.-Pi. inf.abs. (קטר 882)-prep.-def.art.-n.m.s. paus. (127) *burn incense to Baal*

וְהָלֹךְ conj.-Qal inf.abs. (הלך 229) *and go*

אַחֲרֵי אֱלֹהִים אֲחֵרִים prep. (29)-n.m.p. (43)-adj. m.p. (29) *after other gods*

אֲשֶׁר לֹא־יְדַעְתֶּם rel.-neg.-Qal pf. 2 m.p. (ידע 393) *that you have not known* (LXX-τοῦ κακῶς εἶναι ὑμῖν=לְהָרַע לָכֶם)

7:10

וּבָאתֶם conj.-Qal pf. 2 m.p. (בוא 97; GK 112o, 113ee) *and then come*

וַעֲמַדְתֶּם conj.-Qal pf. 2 m.p. (עמד 763); GK 112o) *and stand*

לְפָנַי prep.-n.m.p.-1 c.s. sf. (815) *before me*

בַּבַּיִת הַזֶּה prep.-def.art.-n.m.s. (108)-def.art.-demons.adj. m.s. (260) *in this house*

אֲשֶׁר נִקְרָא־שְׁמִי rel. (81)-Ni. pf. 3 m.s. (קרא 894)-n.m.s.-1 c.s. sf. (1027) *which is called by my name*

עָלָיו prep.-3 m.s. sf. *(upon it)*

וַאֲמַרְתֶּם conj.-Qal pf. 2 m.p. (55) *and say*

נִצַּלְנוּ Ni. pf. 1 c.p. (נצל 664) *we are delivered*

לְמַעַן עֲשׂוֹת prep. (775)-Qal inf.cstr. (עשה I 793) *only to go on doing*

אֵת כָּל־הַתּוֹעֵבוֹת dir.obj.-n.m.s. cstr. (481)-def.art.-n.f.p. (1072) *all ... abominations*

הָאֵלֶּה def.art.-demons.adj. c.p. (41) *these*

7:11

הַמְעָרַת פָּרִצִים interr.-n.f.s. cstr. (792)-n.m.p. (829) *a den of robbers?*

הָיָה Qal pf. 3 m.s. (224) *has become*

הַבַּיִת הַזֶּה def.art.-n.m.s. (108)-def.art.-demons. adj. m.s. (260) *this house* (LXX-ὁ οἶκός μου)

אֲשֶׁר־נִקְרָא־שְׁמִי rel. (81)-Ni. pf. 3 m.s. (894)-n.m.s.-1 c.s. sf. (1027) *which is called by my name*

עָלָיו prep.-3 m.s. sf. *(upon it)*

בְּעֵינֵיכֶם prep.-n.f. du.-2 m.p. sf. (744) *in your eyes*

גַּם אָנֹכִי adv. (168)-pers.pr. 1 c.s. (59) *also I myself*

הִנֵּה רָאִיתִי demons.part. (243)-Qal pf. 1 c.s. (ראה 906) *behold, I have seen*

נְאֻם־יְהוָה n.m.s. cstr. (610)-pr.n. (217) *says Yahweh*

7:12

כִּי לְכוּ־נָא conj.-Qal impv. 2 m.p. (הלך 229)-part. of entreaty (609) *go now*

אֶל־מְקוֹמִי prep.-n.m.s.-1 c.s. sf. (879) *to my place*

אֲשֶׁר בְּשִׁילוֹ rel. (81)-prep.-pr.n. (1009-10) *that was in Shiloh*

אֲשֶׁר שִׁכַּנְתִּי rel. (81)-Pi. pf. 1 c.s. (שכן 1014) *that I made dwell*

שְׁמִי n.m.s.-1 c.s. sf. (1027) *my name*

שָׁם adv. (1027) *there*

בָּרִאשׁוֹנָה prep.-def.art.-adj. f.s. (911) *at first*

וּרְאוּ conj.-Qal impv. 2 m.p. (ראה 906) *and see*

אֵת אֲשֶׁר־עָשִׂיתִי לוֹ dir.obj.-rel. (81)-Qal pf. 1 c.s. (עשה I 793)-prep.-3 m.s. sf. *what I did to it*

מִפְּנֵי רָעַת prep.-n.m.p. cstr. (815)-n.f.s. cstr. (949) *for the wickedness of*

עַמִּי n.m.s.-1 c.s. sf. (I 766) *my people*

יִשְׂרָאֵל pr.n. (975) *Israel*

7:13

וְעַתָּה יַעַן conj.-adv. (773)-conj. (774) *and now because*

עֲשׂוֹתְכֶם Qal inf.cstr.-2 m.p. sf. (עשה I 793) *you have done*

אֶת־כָּל־הַמַּעֲשִׂים dir.obj.-n.m.s. cstr. (481)-def.art.-n.m.p. (795) *all ... things*

הָאֵלֶּה def.art.-demons.adj. c.p. (41) *these*

נְאֻם־יְהוָה n.m.s. cstr. (610)-pr.n. (217) *says Yahweh* (LXX>)

וָאֲדַבֵּר consec.-Pi. impf. 1 c.s. (דבר 180) *and when I spoke*

אֲלֵיכֶם prep.-2 m.p. sf. *to you*

הַשְׁכֵּם Hi. inf.abs. (שָׁכַם 1014) *persistently* (LXX>)

וְדַבֵּר conj.-Pi. inf.abs. (180) *(and speaking)* (LXX>)

וְלֹא שְׁמַעְתֶּם conj.-neg.-Qal pf. 2 m.p. (שָׁמַע 1033) *you did not listen*

וָאֶקְרָא consec.-Qal impf. 1 c.s. (קָרָא 894) *and when I called*

אֶתְכֶם dir.obj.-2 m.p. sf. *you*

וְלֹא עֲנִיתֶם conj.-neg.-Qal pf. 2 m.p. (עָנָה I 772) *you did not answer*

7:14

וְעָשִׂיתִי conj.-Qal pf. 1 c.s. (עָשָׂה I 793) *therefore I will do*

לַבַּיִת prep.-def.art.-n.m.s. (108) *to the house*

אֲשֶׁר נִקְרָא־שְׁמִי rel. (81)-Ni. pf. 3 m.s. (894) -n.m.s.-1 c.s. sf. *which is called by my name*

עָלָיו prep.-3 m.s. sf. *(upon it)*

אֲשֶׁר אַתֶּם rel.-pers.pr. 2 m.p. (61) *which you*

בֹּטְחִים Qal act.ptc. m.p. (בָּטַח 105) *trust*

בּוֹ prep.-3 m.s. sf. *(in it)*

וְלַמָּקוֹם conj.-prep.-def.art.-n.m.s. (879) *and to the place*

אֲשֶׁר־נָתַתִּי לָכֶם rel. (81)-Qal pf. 1 c.s. (נָתַן 678) -prep.-2 m.p. sf. *which I gave to you*

וְלַאֲבוֹתֵיכֶם conj.-prep.-n.m.p.-2 m.p. sf. (3) *and to your fathers*

כַּאֲשֶׁר עָשִׂיתִי prep.-rel. (81)-Qal pf. 1 c.s. (עָשָׂה I 793) *as I did*

לְשִׁלוֹ prep.-pr.n. (1009-10) *to Shiloh*

7:15

וְהִשְׁלַכְתִּי conj.-Hi. pf. 1 c.s. (שָׁלַךְ 1020) *and I will cast out*

אֶתְכֶם dir.obj.-2 m.p. sf. *you*

מֵעַל פָּנַי prep.-prep.-n.m.p.-1 c.s. sf. (815) *out of my sight*

כַּאֲשֶׁר הִשְׁלַכְתִּי prep.-rel. (81)-v.supra *as I cast out*

אֶת־כָּל־אֲחֵיכֶם dir.obj.-n.m.s. cstr. (481)-n.m.p.-2 m.p. sf. (26) *all your kinsmen*

אֵת כָּל־זֶרַע dir.obj.-v.supra-n.m.s. (282) *all the offspring of*

אֶפְרָיִם pr.n. (68) *Ephraim*

7:16

וְאַתָּה conj.-pers.pr. 2 m.s. (61) *and as for you*

אַל־תִּתְפַּלֵּל neg.-Hith. impf. 2 m.s. (פָּלַל 813) *do not pray*

בְּעַד־הָעָם הַזֶּה prep. (126)-def.art.-n.m.s. (I 766) -def.art.-demons.adj. m.s. (260) *for this people*

וְאַל־תִּשָּׂא conj.-neg.-Qal impf. 2 m.s. (נָשָׂא 669) *or lift up*

בַעֲדָם prep.-3 m.p. sf. (126) *for them*

רִנָּה n.f.s. (943) *cry*

וּתְפִלָּה conj.-n.f.s. (813) *or prayer*

וְאַל־תִּפְגַּע־בִּי conj.-neg.-Qal impf. 2 m.s. (פָּגַע 803)-prep.-1 c.s. sf. *and do not intercede with me*

כִּי־אֵינֶנִּי conj.-subst.-1 c.s. sf. (II 34) *for I do not*

שֹׁמֵעַ Qal act.ptc. (1033) *hear*

אֹתָךְ dir.obj.-2 m.s. sf. paus. *you*

7:17

הַאֵינְךָ רֹאֶה interr.-subst.-2 m.s. sf. (II 34)-Qal act.ptc. (906) *do you not see*

מָה הֵמָּה interr. (552)-pers.pr. 3 m.p. (241) *what they*

עֹשִׂים Qal act.ptc. m.p. (עָשָׂה I 793) *are doing*

בְּעָרֵי יְהוּדָה prep.-n.f.p. cstr. (746)-pr.n. (397) *in the cities of Judah*

וּבְחֻצוֹת conj.-prep.-n.m.p. cstr. (299) *and in the streets of*

יְרוּשָׁלָ͏ִם pr.n. (436) *Jerusalem*

7:18

הַבָּנִים def.art.-n.m.p. (119) *the children*

מְלַקְּטִים Pi. ptc. m.p. (לָקַט 544) *gather*

עֵצִים n.m.p. (781) *wood*

וְהָאָבוֹת conj.-def.art.-n.m.p. (3) *and the fathers*

מְבַעֲרִים Pi. ptc. m.p. (בָּעַר 128) *kindle*

אֶת־הָאֵשׁ dir.obj.-def.art.-n.f.s. (77) *fire*

וְהַנָּשִׁים conj.-def.art.-n.f.p. (61) *and the women*

לָשׁוֹת Qal act.ptc. f.p. (לוּשׁ 534) *knead*

בָּצֵק n.m.s. (130) *dough*

לַעֲשׂוֹת prep.-Qal inf.cstr. (עָשָׂה I 793) *to make*

כַּוָּנִים n.m.p. (467) *cakes*

לִמְלֶכֶת prep.-n.f.s. cstr. (573) *for the queen of*

הַשָּׁמַיִם def.art.-n.m.p. (1029) *heaven*

וְהַסֵּךְ conj.-Hi. inf.abs. (נָסַךְ I 650) *and they pour out*

נְסָכִים n.m.p. (651) *drink offerings*

לֵאלֹהִים אֲחֵרִים prep.-n.m.p. (43)-adj. m.s. (29) *to other gods*

לְמַעַן הַכְעִסֵנִי prep. (775)-Hi. inf.cstr.-1 c.s. sf. (כָּעַס 494) *to provoke me to anger*

7:19

הַאֹתִי interr.-dir.obj.-1 c.s. sf. *is it I?*

237

הֵם מַכְעִסִים pers.pr. 3 m.p. (61)-Hi. ptc. m.p. (494) (כָּעַס) *whom they provoke*

נְאֻם־יְהוָה n.m.s. cstr. (610)-pr.n. (217) *says Yahweh*

הֲלוֹא אֹתָם interr.-neg.-dir.obj.-3 m.p. sf. (GK 57N, 135k) *is it not themselves*

לְמַעַן בֹּשֶׁת פְּנֵיהֶם prep. (775)-n.f.s. cstr. (102) -n.m.p.-3 m.p. sf. (815) *to their own confusion*

7:20

לָכֵן כֹּה־ prep.-adv. (485)-adv. (462) *therefore thus*

אָמַר אֲדֹנָי Qal pf. 3 m.s. (55)-n.m.p.-1 c.s. sf. (10) *says the Lord* (LXX-λέγει κύριος)

יְהוָה pr.n. (217) *Yahweh* (LXX>)

הִנֵּה אַפִּי demons.part. (243)-n.m.s.-1 c.s. sf. (I 60) *behold, my anger*

וַחֲמָתִי conj.-n.f.s.-1 c.s. sf. (404) *and my wrath*

נִתֶּכֶת Ni. ptc. f.s. (נָתַךְ 677) *will be poured out*

אֶל־הַמָּקוֹם הַזֶּה prep.-def.art.-n.m.s. (879)-def. art.-demons.adj. m.s. (260) *on this place*

עַל־הָאָדָם prep.-def.art.-n.m.s. (9) *upon man*

וְעַל־הַבְּהֵמָה conj.-prep.-def.art.-n.f.s. (96) *and beast*

וְעַל־עֵץ הַשָּׂדֶה conj.-prep.-n.m.s. cstr. (781)-def. art.-n.m.s. (961) *upon the trees of the field*

וְעַל־פְּרִי הָאֲדָמָה v.supra-n.m.s. cstr. (826)-def. art.-n.f.s. (9) *and the fruit of the ground*

וּבָעֲרָה conj.-Qal pf. 3 f.s. (בָּעַר 128) *and it will burn*

וְלֹא תִכְבֶּה conj.-neg.-Qal impf. 3 f.s. (459) *and not be quenched* (some rd. וְאֵין מְכַבֶּה)

7:21

כֹּה אָמַר adv. (462)-Qal pf. 3 m.s. (55) *thus says*

יְהוָה צְבָאוֹת pr.n. (217)-pr.n. (838) *Yahweh of hosts*

אֱלֹהֵי יִשְׂרָאֵל n.m.p. cstr. (43)-pr.n. (975) *the God of Israel*

עֹלוֹתֵיכֶם n.f.p.-2 m.p. sf. (750) *your burnt offerings*

סְפוּ Qal impv. 2 m.p. (יָסַף 414) *add*

עַל־זִבְחֵיכֶם prep.-n.m.p.-2 m.p. sf. (257) *to your sacrifices*

וְאִכְלוּ conj.-Qal impv. 2 m.p. (אָכַל 37) *and eat*

בָּשָׂר n.m.s. (142) *the flesh*

7:22

כִּי לֹא־דִבַּרְתִּי conj.-neg.-Pi. pf. 1 c.s. (180) *for I did not speak*

אֶת־אֲבוֹתֵיכֶם dir.obj.-n.m.p.-2 m.p. sf. (3) *to your fathers*

וְלֹא צִוִּיתִים conj.-neg.-Pi. pf. 1 c.s.-3 m.p. sf. (צָוָה 845) *or command them*

בְּיוֹם prep.-n.m.s. cstr. (398) *in the day that*

הוֹצִיא אוֹתָם Hi. inf.cstr. (+1 c.s. sf.)(יָצָא 422) -dir.obj.-3 m.p. sf. *I brought them out* (הוֹצִיאִי Qere)

מֵאֶרֶץ מִצְרָיִם prep.-n.f.s. cstr. (75)-pr.n. paus. (595) *of the land of Egypt*

עַל־דִּבְרֵי עוֹלָה prep.-n.m.p. cstr. (182)-n.f.s. (750) *concerning burnt offerings*

וָזָבַח conj.-n.m.s. (257) *and sacrifices*

7:23

כִּי אִם־אֶת־הַדָּבָר הַזֶּה conj.-conj. (49)-dir.obj. -def.art.-demons.adj. m.s. (260) *but this command*

צִוִּיתִי אוֹתָם Pi. pf. 1 c.s. (צָוָה 845)-dir.obj.-3 m.p. sf. *I gave them*

לֵאמֹר prep.-Qal inf.cstr. (55) *(saying)*

שִׁמְעוּ בְקוֹלִי Qal impv. 2 m.p. (1033)-prep. -n.m.s.-1 c.s. sf. (876) *obey my voice*

וְהָיִיתִי conj.-Qal pf. 1 c.s. (הָיָה 224) *and I will be*

לָכֶם לֵאלֹהִים prep.-2 m.p. sf.-prep.-n.m.p. (43) *your God*

וְאַתֶּם conj.-pers.pr. 2 m.p. (61) *and you*

תִּהְיוּ־לִי Qal impf. 2 m.p. (הָיָה 224)-prep.-1 c.s. sf. *you shall be to me*

לְעָם prep.-n.m.s. (I 766) *people*

וַהֲלַכְתֶּם conj.-Qal pf. 2 m.p. (הָלַךְ 229) *and walk*

בְּכָל־הַדֶּרֶךְ prep.-n.m.s. cstr. (481)-def.art.-n.m.s. (202) *in all the way*

אֲשֶׁר אֲצַוֶּה אֶתְכֶם rel. (81)-Pi. impv. 1 c.s. (צָוָה 845)-dir.obj.-2 m.p. sf. *that I command you*

לְמַעַן יִיטַב לָכֶם prep. (775)-Qal impf. 3 m.s. (יָטַב 405)-prep.-2 m.p. sf. *that it may be well with you*

7:24

וְלֹא שָׁמְעוּ conj.-neg.-Qal pf. 3 c.p. (1033) *but they did not obey*

וְלֹא־הִטּוּ conj.-neg.-Hi. pf. 3 c.p. (נָטָה 639) *or incline*

אֶת־אָזְנָם dir.obj.-n.f.s.-3 m.p. sf. (23) *their ear*

וַיֵּלְכוּ consec.-Qal impf. 3 m.p. (הָלַךְ 229) *but walked*

בְּמֹעֵצוֹת prep.-n.f.p. (420) *in their own counsels*

238

בִּשְׁרִרוּת לִבָּם prep.-n.f.s. cstr. (1057)-n.m.s.-3 m.p. sf. (524) *and the stubbornness of their ... hearts*

הָרָע def.art.-adj. m.s. (I 948) *evil*

וַיִּהְיוּ consec.-Qal impf. 3 m.p. הָיָה 224) *and went (some rd.* וַיֵּלְכוּ)

לְאָחוֹר prep.-subst. (30) *backward*

וְלֹא לְפָנִים conj.-neg.-prep.-n.m.p. (815) *and not forward*

7:25

לְמִן־הַיּוֹם prep.-prep.-def.art.-n.m.s. (398) *from the day*

אֲשֶׁר יָצְאוּ rel. (81)-Qal pf. 3 c.p. (יָצָא 422) *that came out*

אֲבוֹתֵיכֶם n.m.p.-2 m.p. sf. (3) *your fathers* (LXX-αὐτῶν)

מֵאֶרֶץ prep.-n.f.s. cstr. (75) *out of the land of*

מִצְרַיִם pr.n. (595) *Egypt*

עַד הַיּוֹם הַזֶּה prep.-def.art.-n.m.s. (398)-def.art.-demons.adj. m.s. (260) *to this day*

וָאֶשְׁלַח consec.-Qal impf. 1 c.s. שָׁלַח 1018) *I have sent*

אֲלֵיכֶם prep.-2 m.p. sf. *to you*

אֶת־כָּל־עֲבָדַי dir.obj.-n.m.s. cstr. (481)-n.m.p.-1 c.s. sf. (713) *all my servants*

הַנְּבִיאִים def.art.-n.m.p. (611) *the prophets*

יוֹם n.m.s. (398) *day*

הַשְׁכֵּם וְשָׁלֹחַ Hi. inf.abs. (שָׁכַם 1014)-conj.-Qal inf.abs. (1018) *persistently*

7:26

וְלוֹא שָׁמְעוּ conj.-neg.-Qal pf. 3 c.p. (1033) *yet they did not listen*

אֵלַי prep.-1 c.s. sf. *to me*

וְלֹא הִטּוּ conj.-neg.-Hi. pf. 3 c.p. (נָטָה 639) *or incline*

אֶת־אָזְנָם dir.obj.-n.f.s.-3 m.p. sf. (23) *their ear*

וַיַּקְשׁוּ consec.-Hi. impf. 3 m.p. (קָשָׁה 904) *but stiffened*

אֶת־עָרְפָּם dir.obj.-n.m.s.-3 m.p. sf. (791) *their neck*

הֵרֵעוּ Hi. pf. 3 c.p. (רָעַע 949) *they did evil*

מֵאֲבוֹתָם prep.-n.m.p.-3 m.p. sf. (3) *more than their fathers*

7:27

וְדִבַּרְתָּ conj.-Pi. pf. 2 m.s. (דָּבַר 180) *so you shall speak*

אֲלֵיהֶם prep.-3 m.p. sf. *to them*

אֶת־כָּל dir.obj.-n.m.s. cstr. (481) *all*

הַדְּבָרִים הָאֵלֶּה def.art.-n.m.p. (182)-def.art.-demons.adj. c.p. (41) *these words*

וְלֹא יִשְׁמְעוּ אֵלֶיךָ conj.-neg.-Qal impf. 3 m.p. (1033) -prep.-2 m.s. sf. *but they will not listen to you (LXX>)*

וְקָרָאתָ אֲלֵיהֶם conj.-Qal pf. 2 m.s. (894)-prep.-3 m.p. sf. *you shall call to them (LXX>)*

וְלֹא יַעֲנוּכָה conj.-neg.-Qal impf. 3 m.p.-2 m.s. sf. (עָנָה I 772) *but they will not answer you (LXX>)*

7:28

וְאָמַרְתָּ conj.-Qal pf. 2 m.s. (55) *and you shall say*

אֲלֵיהֶם prep.-3 m.p. sf. *to them (LXX+τὸν λόγον τοῦτον)*

זֶה הַגּוֹי demons.adj. m.s. (260)-def.art.-n.m.s. (156) *this is the nation*

אֲשֶׁר לוֹא־שָׁמְעוּ rel. (81)-neg.-Qal pf. 3 c.p. (1033) *that did not obey*

בְּקוֹל יהוה prep.-n.m.s. cstr. (876)-pr.n. (217) *the voice of Yahweh*

אֱלֹהָיו n.m.p.-3 m.s. sf. (43) *their God*

וְלֹא לָקְחוּ conj.-neg.-Qal pf. 3 c.p. (542) *and did not accept*

מוּסָר n.m.s. (416) *discipline*

אָבְדָה Qal pf. 3 f.s. (אָבַד 1) *has perished*

הָאֱמוּנָה def.art.-n.f.s. (53) *truth*

וְנִכְרְתָה conj.-Ni. pf. 3 f.s. (כָּרַת 503) *it is cut off*

מִפִּיהֶם prep.-n.m.s.-3 m.p. sf. (804) *from their lips*

7:29

גָּזִּי Qal impv. 2 f.s. (גָּזַז 159) *cut off*

נִזְרֵךְ n.m.s.-2 f.s. sf. (634) *your hair (Σ-τὴν κόμην τὴν ἁγίαν τῆς ναζιραιότητός σου)*

וְהַשְׁלִיכִי conj.-Hi. impv. 2 f.s. (שָׁלַךְ 1020) *and cast it away*

וּשְׂאִי conj.-Qal impv. 2 f.s. (נָשָׂא 669) *and raise*

עַל־שְׁפָיִם prep.-n.m.p. (I 1046) *on the bare heights (LXX-ἐπὶ χειλέων)*

קִינָה n.f.s. (II 884) *a lamentation*

כִּי מָאַס יהוה conj.-Qal pf. 3 m.s. (549)-pr.n. (217) *for Yahweh has rejected*

וַיִּטֹּשׁ consec.-Qal impf. 3 m.s. (נָטַשׁ 643) *and forsaken*

אֶת־דּוֹר dir.obj.-n.m.s. cstr. (189) *the generation of*

עֶבְרָתוֹ n.f.s.-3 m.s. sf. (720) *his wrath (LXX-τὴν ποιοῦσαν ταῦτα)*

7:30

כִּי־עָשׂוּ conj.-Qal pf. 3 c.p. (עָשָׂה I 793) *for have done*

בְנֵי־יְהוּדָה n.m.p. cstr. (119)-pr.n. (397) *the sons of Judah*

הָרַע def.art.-n.m.s. (II 948) *evil*

בְּעֵינַי prep.-n.f.p.-1 c.s. sf. (744) *in my sight*

נְאֻם־יהוה n.m.s. cstr. (610)-pr.n. (217) *says Yahweh*

שָׂמוּ Qal pf. 3 c.p. (שׂום 962) *they have set*

שִׁקּוּצֵיהֶם n.m.p.-3 m.p. sf. (1055) *their abominations*

בַּבַּיִת prep.-def.art.-n.m.s. (108) *in the house*

אֲשֶׁר־נִקְרָא־שְׁמִי rel. (81)-Ni. pf. 3 m.s. (894) -n.m.s.-1 c.s. sf. (1027) *which is called by my name*

עָלָיו prep.-3 m.s. sf. *(upon it)*

לְטַמְּאוֹ prep.-Pi. inf.cstr.-3 m.s. sf. (טָמֵא 379) *to defile it*

7:31

וּבָנוּ conj.-Qal pf. 3 c.p. (בָּנָה 124) *and they have built*

בָּמוֹת n.f.p. cstr. (119) *the high places of* (LXX-sg.)

הַתֹּפֶת def.art.-pr.n. (1075) *Topheth* (LXX-Ταφεθ)

אֲשֶׁר בְּגֵיא rel. (81)-prep.-n.m.s. cstr. (161) *which is in the valley of*

בֶן־הִנֹּם n.m.s. cstr. (119)-pr.n. (244) *the son of Hinnom*

לִשְׂרֹף prep.-Qal inf.cstr. (שָׂרַף 976) *to burn*

אֶת־בְּנֵיהֶם dir.obj.-n.m.p.-3 m.p. sf. (119) *their sons*

וְאֶת־בְּנֹתֵיהֶם conj.-dir.obj.-n.f.p.-3 m.p. sf. (I 123) *and their daughters*

בָּאֵשׁ prep.-def.art.-n.f.s. (77) *in the fire*

אֲשֶׁר לֹא צִוִּיתִי rel. (81)-neg.-Pi. pf. 1 c.s. (צָוָה 845) *which I did not command* LXX+αὐτοῖς

וְלֹא עָלְתָה conj.-neg.-Qal pf. 3 f.s. (עָלָה 748) *nor did it come*

עַל־לִבִּי prep.-n.m.s.-1 c.s. sf. (524) *into my mind*

7:32

לָכֵן הִנֵּה prep.-adv. (485)-demons.part. (243) *therefore, behold*

יָמִים בָּאִים n.m.p. (398)-Qal act.ptc. m.p. (בּוֹא 97) *the days are coming*

נְאֻם־יהוה n.m.s. cstr. (610)-pr.n. (217) *says Yahweh*

וְלֹא־יֵאָמֵר עוֹד conj.-neg.-Ni. impf. 3 m.s. (55)-adv. (728) *when it will no more be called*

הַתֹּפֶת def.art.-pr.n. (1075) *Topheth*

וְגֵיא בֶן־ conj.-n.m.s. cstr. (161)-n.m.s. cstr. (119) *or the valley of the son of*

הִנֹּם pr.n. (244) *Hinnom*

כִּי אִם־גֵּיא conj.-conj. (49)-v.supra *but the valley of*

הַהֲרֵגָה def.art.-n.f.s. (247) *slaughter* (LXX-τῶν ἀνηρημένων)

וְקָבְרוּ conj.-Qal pf. 3 c.p. (קָבַר 868) *for they will bury*

בְּתֹפֶת prep.-v.supra *in Topheth*

מֵאֵין מָקוֹם prep.-n.m.s. cstr. (II 34)-n.m.s. (879) *because there is no room*

7:33

וְהָיְתָה conj.-Qal pf. 3 f.s. (224) *and will be*

נִבְלַת הָעָם הַזֶּה n.f.s. cstr. (615)-def.art.-n.m.s. (I 766)-def.art.-demons.adj. m.s. (260) *the dead bodies of this people*

לְמַאֲכָל prep.-n.m.s. (38) *food*

לְעוֹף prep.-n.m.s. cstr. (733) *for the birds of*

הַשָּׁמַיִם def.art.-n.m. du. (1029) *the air*

וּלְבֶהֱמַת conj.-prep.-n.f.s. cstr. (96) *and for the beasts of*

הָאָרֶץ def.art.-n.f.s. (75) *the earth*

וְאֵין מַחֲרִיד conj.-n.m.s. cstr. (II 34)-Hi. ptc. (353) *and none will frighten away*

7:34

וְהִשְׁבַּתִּי conj.-Hi. pf. 1 c.s. (שָׁבַת 991) *and I will make to cease*

מֵעָרֵי prep.-n.f.p. cstr. (746) *from the cities of*

יְהוּדָה pr.n. (397) *Judah*

וּמֵחֻצוֹת conj.-prep.-n.m.p. cstr. (299) *and from the streets of*

יְרוּשָׁלַם pr.n. (436) *Jerusalem*

קוֹל שָׂשׂוֹן n.m.s. cstr. (876)-n.m.s. (965) *voice of mirth*

וְקוֹל שִׂמְחָה conj.-v.supra-n.f.s. (970) *and voice of gladness*

קוֹל חָתָן v.supra-n.m.s. (368) *voice of bridegroom*

וְקוֹל כַּלָּה conj.-v.supra-n.f.s. (483) *and voice of bride*

כִּי לְחָרְבָּה conj.-prep.-n.f.s. (352) *for a waste*

תִּהְיֶה הָאָרֶץ Qal impf. 3 f.s. (הָיָה 224)-def.art. -n.f.s. (75) *the land shall become*

8:1

בָּעֵת הַהִיא prep.-def.art.-n.f.s. (773)-def.art. -demons.adj. f.s. (214) *at that time*

נְאֻם־יְהוָה n.m.s. cstr. (610)-pr.n. (217) *says Yahweh*

וְיֹצִיאוּ conj.(?)-Hi. impf. 3 m.p. (יצא 422) *shall be brought out* (Qere-וְהוֹצִיאוּ)

אֶת־עַצְמוֹת dir.obj.-n.f.p. cstr. (782) *the bones of*

מַלְכֵי־יְהוּדָה n.m.p. cstr. (I 572)-pr.n. (397) *the kings of Judah*

וְאֶת־עַצְמוֹת־ conj.-dir.obj.-v. supra *the bones of*

שָׂרָיו n.m.p.-3 m.s. sf. (978) *its princes*

וְאֶת־עַצְמוֹת v.supra-v.supra *and the bones of*

הַכֹּהֲנִים def.art.-n.m.p. (463) *the priests*

וְאֶת עַצְמוֹת v.supra-v.supra *and the bones of*

הַנְּבִיאִים def.art.-n.m.p. (611) *the prophets*

וְאֶת עַצְמוֹת conj.-dir.obj.-v.supra *and the bones of*

יוֹשְׁבֵי־ Qal act.ptc. m.p. cstr. (ישׁב 442) *the inhabitants of*

יְרוּשָׁלָ͏ִם pr.n. (436) *Jerusalem*

מִקִּבְרֵיהֶם prep.-n.m.p.-3 m.p. sf. (868) *out of their tombs*

8:2

וּשְׁטָחוּם conj.-Qal pf. 3 c.p.-3 m.p. sf. (שׁטח 1008) *and they shall be spread*

לַשֶּׁמֶשׁ prep.-def.art.-n.f.s. (1039) *before the sun*

וְלַיָּרֵחַ conj.-prep.-def.art.-n.m.s. (437) *and the moon*

וּלְכֹל conj.-prep.-n.m.s. cstr. (481) *and all*

צְבָא הַשָּׁמַיִם n.m.s. cstr. (838)-def.art.-n.m. du. (1029) *the host of heaven*

אֲשֶׁר אֲהֵבוּם rel. (81)-Qal pf. 3 c.p.-3 m.p. sf. (12 אהב) *which they have loved*

וַאֲשֶׁר עֲבָדוּם conj.-rel. (81)-Qal pf. 3 c.p.-3 m.p. sf. (עבד 712) *and served*

וַאֲשֶׁר הָלְכוּ v.supra-Qal pf. 3 c.p. (הלך 229) *which they have gone*

אַחֲרֵיהֶם prep.-3 m.p. sf. (29) *after them*

וַאֲשֶׁר דְּרָשׁוּם v.supra-Qal pf. 3 c.p.-3 m.p. sf. (205 דרשׁ) *and which they have sought*

וַאֲשֶׁר הִשְׁתַּחֲווּ לָהֶם v.supra-Hithpalel pf. 3 c.p. (שׁחה 1005)-prep.-3 m.p. sf. *and worshiped*

לֹא יֵאָסְפוּ neg.-Ni. impf. 3 m.p. (אסף 62) *and they shall not be gathered*

וְלֹא יִקָּבֵרוּ conj.-neg.-Ni. impf. 3 m.p. paus. (868 קבר) *or buried*

לְדֹמֶן prep.-n.m.s. (199) *as dung*

עַל־פְּנֵי הָאֲדָמָה prep.-n.m.p. cstr. (815)-def.art.-n.f.s. (9) *on the surface of the ground*

יִהְיוּ Qal impf. 3 m.p. (היה 224) *they shall be*

8:3

וְנִבְחַר conj.-Ni. pf. 3 m.s. (בחר 103) *and shall be preferred*

מָוֶת n.m.s. (560) *death*

מֵחַיִּים prep.-n.m.p. (313) *to life*

לְכֹל הַשְּׁאֵרִית prep.-n.m.s. cstr. (481)-def.art. -n.f.s. (984) *by all the remnant*

הַנִּשְׁאָרִים def.art.-Ni. ptc. m.p. (983) *that remains*

מִן־הַמִּשְׁפָּחָה הָרָעָה הַזֹּאת prep.-def.art.-n.f.s. (1046)-def.art.-adj. f.s. (948)-def.art.-demons. adj. f.s. (260) *of this evil family*

בְּכָל־הַמְּקֹמוֹת prep.-n.m.s. cstr. (481)-def.art. -n.m.p. (879) *in all the places*

הַנִּשְׁאָרִים v.supra *(that remains)* (LXX>)

אֲשֶׁר הִדַּחְתִּים rel. (81)-Hi. pf. 1 c.s.-3 m.p. sf. (623 נדח) *where I have driven them*

שָׁם adv. (1027) *there*

נְאֻם יְהוָה n.m.s. cstr. (610)-pr.n. (217) *says Yahweh* (LXX>)

צְבָאוֹת pr.n. (838) *of hosts* (LXX>)

8:4

וְאָמַרְתָּ conj.-Qal pf. 2 m.s. (55) *you shall say*

אֲלֵיהֶם prep.-3 m.p. sf. *to them* (LXX>)

כֹּה אָמַר adv. (462)-Qal pf. 3 m.s. (55) *thus says*

יְהוָה pr.n. (217) *Yahweh*

הֲיִפְּלוּ interr. (GK 150m)-Qal impf. 3 m.p. (נפל 656) *when men fall*

וְלֹא יָקוּמוּ conj.-neg.-Qal impf. 3 m.p. (קום 877) *do they not rise again*

אִם־יָשׁוּב hypoth.part. (49)-Qal impf. 3 m.s. (996 שׁוב) *if one turns away* (LXX-ῆ ὁ ἀποστρέφων=יָשׁוּבוּ)

וְלֹא יָשׁוּב conj.-neg.-Qal impf. 3 m.s. (996) *does he not return*

8:5

מַדּוּעַ שׁוֹבְבָה interr. (396)-Polel pf. 3 f.s. (שׁוב 996) *why then has turned away*

הָעָם הַזֶּה def.art.-n.m.s. (I 766)-def.art.-demons. adj. m.s. (260) *this people*

יְרוּשָׁלַ͏ִם pr.n. (436; GK 128c) *(Jerusalem)* (LXX>)

מְשֻׁבָה נִצַּחַת n.f.s. (1000)-Ni. ptc. f.s. (נצח I 663) *in perpetual backsliding*

הֶחֱזִיקוּ Hi. pf. 3 c.p. (חזק 304) *they hold fast*

בַּתַּרְמִית prep.-def.art.-n.f.s. (941) *to deceit*

מֵאֲנוּ לָשׁוּב Pi. pf. 3 c.p. (מאן 549)-prep.-Qal inf.cstr. (996) *they refuse to return*

8:6

הִקְשַׁבְתִּי Hi. pf. 1 c.s. (קשׁב 904) *I have given heed* (LXX-impv.)

וָאֶשְׁמָע consec.-Qal impf. 1 c.s. (1033) *and listened* (LXX-impv.)

לוֹא־כֵן יְדַבֵּרוּ neg.-adv. (485)-Pi. impf. 3 m.p. (182) *but they have not spoken aright*

אֵין אִישׁ subst.cstr. (II 34)-n.m.s. (35) *no man*

נִחָם Ni. ptc. (נחם 636) *repents*

עַל־רָעָתוֹ prep.-n.f.s.-3 m.s. sf. (949) *of his wickedness*

לֵאמֹר prep.-Qal inf.cstr. (55) *(saying)*

מֶה עָשִׂיתִי interr. (552)-Qal pf. 1 c.s. (עשׂה I 793) *what have I done?*

כֻּלֹּה n.m.s.-3 m.s. sf. (481) *every one*

שָׁב Qal pf. 3 m.s. (שׁוב 996) *turns*

בִּמְרֻצוֹתָם prep.-n.f.s.-3 m.p. sf. (I 930) *to his own course* (Qere-בִּמְרוּצָתָם)

כְּסוּס prep.-n.m.s. (692) *like a horse*

שׁוֹטֵף Qal act.ptc. (שׁטף 1009) *plunging headlong*

בַּמִּלְחָמָה prep.-def.art.-n.f.s. (536) *into battle*

8:7

גַּם־חֲסִידָה adv. (168)-n.f.s. (339) *even the stork*

בַּשָּׁמַיִם prep.-def.art.-n.m. du. (1029) *in the heavens*

יָדְעָה Qal pf. 3 f.s. (393) *knows*

מוֹעֲדֶיהָ n.m.p.-3 f.s. sf. (417) *her times* (many rd. מוֹעֲדָה)

וְתֹר conj.-n.f.s. (II 1076) *and the turtledove*

וְסוּס conj.-n.m.s. (I 692) *and swallow* (K-וְסִיס)

וְעָגוּר conj.-n.m.s. (723) *and crane* (LXX>וְ)

שָׁמְרוּ Qal pf. 3 c.p. (1036) *keep*

אֶת־עֵת בֹּאָנָה dir.obj.-n.f.s. cstr. (773)-Qal inf. cstr.-3 f.p. sf. (בוא 97) *the time of their coming*

וְעַמִּי conj.-n.m.s.-1 c.s. sf. (I 766) *but my people*

לֹא יָדְעוּ neg.-Qal pf. 3 c.p. (393) *know not*

אֵת מִשְׁפַּט יהוה dir.obj.-n.m.s. cstr. (1048)-pr.n. (217) *the ordinance of Yahweh*

8:8

אֵיכָה תֹאמְרוּ adv. (32)-Qal impf. 2 m.p. (55) *how can you say*

חֲכָמִים אֲנַחְנוּ adj. m.p. (314)-pers.pr. 1 c.p. (59) *we are wise*

וְתוֹרַת יהוה conj.-n.f.s. cstr. (435)-pr.n. (217) *and the law of Yahweh*

אִתָּנוּ prep.-1 c.p. sf. (II 85) *is with us*

אָכֵן הִנֵּה adv. (38)-demons.part. (243) *but behold*

לַשֶּׁקֶר prep.-def.art.-n.m.s. (1055) *into a lie*

עָשָׂה Qal pf. 3 m.s. (I 793) *has made*

עֵט שֶׁקֶר n.m.s. cstr. (741)-n.m.s. cstr. (1055) *the false pen of*

סֹפְרִים Qal act.ptc. m.p. (ספר 707) *the scribes*

8:9

הֹבִישׁוּ Hi. pf. 3 m.p. (בושׁ 101) *shall be put to shame*

חֲכָמִים adj. m.p. (314) *the wise men*

חַתּוּ Qal pf. 3 c.p. (חתת 369) *they shall be dismayed*

וַיִּלָּכֵדוּ consec.-Ni. impf. 3 m.p. paus. (לכד 539) *and taken*

הִנֵּה demons.part. (243) *lo*

בִּדְבַר־יהוה prep.-n.m.s. cstr. (182)-pr.n. (217) *the word of Yahweh*

מָאָסוּ Qal pf. 3 c.p. paus. (מאס 549) *they have rejected*

וְחָכְמַת־מֶה conj.-n.f.s. cstr. (315)-interr. (552) *and what wisdom*

לָהֶם prep.-3 m.p. sf. *in them*

8:10 (cf.6:12f.)

נָתַן לָכֵן אֶתֵּן prep.-adv. (485)-Qal impf. 1 c.s. (678) *therefore I will give*

אֶת־נְשֵׁיהֶם dir.obj.-n.f.p.-3 m.p. sf. (61) *their wives*

לַאֲחֵרִים prep.-adj. m.p. (29) *to others*

שְׂדוֹתֵיהֶם n.m.p.-3 m.p. sf. (961) *their fields*

לְיוֹרְשִׁים prep.-Qal act.ptc. m.p. (ירשׁ 439) *to conquerors*

כִּי מִקָּטֹן conj.-prep.-adj. m.s. (882) *because from the least* (cf. 6:13 and Θ. Σ)

וְעַד־גָּדוֹל conj.-prep. (III 723)-adj. m.s. (152) *to the greatest*

כֻּלֹּה n.m.s.-3 m.s. sf. (481) *every one* (Qere-כֻּלּוֹ)

בֹּצֵעַ בָּצַע Qal act.ptc. (130)-n.m.s. paus. (130) *greedy for unjust gain*

מִנָּבִיא prep.-n.m.s. (611) *from prophet*

וְעַד־כֹּהֵן conj.-prep. (III 723)-n.m.s. (463) *to priest*

כֻּלֹּה v.supra *every one*

עֹשֶׂה שֶּׁקֶר Qal act.ptc. (I 793)-n.m.s. paus. (1055) *deals falsely*

8:11

וַיְרַפּוּ consec.-Pi. impf. 3 m.p. (רפא 950; GK 75qq) *they have healed* (some mss.-וַיְרַפְּאוּ)

אֶת־שֶׁבֶר dir.obj.-n.m.s. cstr. (991) *the wound of*

בַּת־עַמִּי n.f.s. cstr. (I 123)-n.m.s.-1 c.s. sf. (I 766) *my people*

עַל־נְקַלָּה prep.-Ni. ptc. f.s. (קלל 886) *lightly*

לֵאמֹר prep.-Qal inf.cstr. (55) *saying*

שָׁלוֹם שָׁלוֹם n.m.s. (1022; GK 133 l)-v.supra *peace, peace*

וְאֵין שָׁלוֹם conj.-subst.cstr. (II 34)-v.supra *when there is no peace*

8:12

הֹבִשׁוּ Hi. pf. 3 c.p. (בּוֹשׁ 101) *were they ashamed*

כִּי תוֹעֵבָה conj.-n.f.s. (1072) *when abomination*

עָשׂוּ Qal pf. 3 c.p. (I 793) *they committed*

גַּם־בּוֹשׁ לֹא־יֵבֹשׁוּ adv. (168)-Qal inf.abs. (101) -neg.-Qal impf. 3 m.p. (בּוֹשׁ 101) *no they were not at all ashamed*

וְהִכָּלֵם conj.-Ni. inf.cstr. (כָּלַם 483) *to blush*

לֹא יָדָעוּ neg.-Qal pf. 3 c.p. paus. (393) *they did not know how*

לָכֵן יִפְּלוּ prep.-adv. (485)-Qal impf. 3 m.p. (נָפַל 656) *therefore they shall fall*

בַּנֹּפְלִים prep.-def.art.-Qal act.ptc. m.p. (656) *among the fallen*

בְּעֵת פְּקֻדָּתָם prep.-n.f.s. cstr. (773)-n.f.s.-3 m.p. sf. (824) *when I punish them*

יִכָּשְׁלוּ Ni. impf. 3 m.p. (כָּשַׁל 505) *they shall be overthrown*

אָמַר יהוה Qal pf. 3 m.s. (55)-pr.n. (217) *says Yahweh*

8:13

אָסֹף אֲסִיפֵם Qal inf.abs. (62)-Hi. impf. 1 c.s.-3 m.p. sf. (סוּף 692) lit.-*gathering, I would make an end of them* (LXX-καὶ συνάξουσιν τὰ γενήματα αὐτῶν)

נְאֻם־יהוה n.m.s. cstr. (610)-pr.n. (217) *says Yahweh*

אֵין עֲנָבִים subst.cstr. (II 34)-n.m.p. (772) *there are no grapes*

בַּגֶּפֶן prep.-def.art.-n.f.s. (172) *on the vine*

וְאֵין תְּאֵנִים conj.-v.supra-n.f.p. (1061) *nor figs*

בַּתְּאֵנָה prep.-def.art.-n.f.s. (1061) *on the fig tree*

וְהֶעָלֶה conj.-def.art.-n.m.s. (750) *even the leaves*

נָבֵל Qal pf. 3 m.s. (נָבֵל 615) *are withered*

וָאֶתֵּן לָהֶם consec.-Qal impf. 1 c.s. (נָתַן 678) -prep.-3 m.p. sf. *and what I gave them* (LXX>)

יַעַבְרוּם Qal impf. 3 m.p.-3 m.p. sf. (עָבַר 716) *has passed away from them* (LXX>)

8:14

עַל־מָה אֲנַחְנוּ prep.-interr. (552)-pers.pr. 1 c.p. (59) *why ... we*

יֹשְׁבִים Qal act.ptc. m.p. (יָשַׁב 442) *do sit still*

הֵאָסְפוּ Ni. impv. 2 m.p. (אָסַף 62) *gather together*

וְנָבוֹא conj.-Qal impf. 1 c.p. (בּוֹא 97) *and let us go*

אֶל־עָרֵי prep.-n.f.p. cstr. (746) *into the ... cities*

הַמִּבְצָר def.art.-n.m.s. (131) *fortified*

וְנִדְּמָה־ conj.-Qal impf. 1 c.p.-coh.he (דָּמַם I 198; GK 67dd) *and perish (be still)*

שָׁם adv. (1027) *there*

כִּי יהוה אֱלֹהֵינוּ conj.-pr.n. (217)-n.m.p.-1 c.p. sf. (43) *for Yahweh our God*

הֲדִמָּנוּ Hi. pf. 3 m.s.-1 c.p. sf. (דָּמַם I 198) *has doomed us to perish (hath silenced us)*

וַיַּשְׁקֵנוּ consec.-Hi. impf. 3 m.s.-1 c.p. sf. (שָׁקָה 1052) *and has given us to drink*

מֵי־רֹאשׁ n.m.p. cstr. (565)-n.m.s. (II 912) *poisoned waters*

כִּי חָטָאנוּ conj.-Qal pf. 3 c.p. (חָטָא 306) *because we have sinned*

לַיהוה prep.-pr.n. (217) *against Yahweh*

8:15

קַוֵּה לְשָׁלוֹם Pi. inf.abs. (קָוָה I 875)-prep.-n.m.s. (1022) *we looked for peace*

וְאֵין טוֹב conj.-subst.cstr. (II 34)-adj. m.s. (II 373) *but no good came*

לְעֵת מַרְפֵּה prep.-n.f.s. cstr. (773)-n.m.s. (951) *for a time of healing* (many rd. מַרְפֵּא)

וְהִנֵּה conj.-demons.part. (243) *but behold*

בְּעָתָה n.f.s. (130) *terror*

8:16

מִדָּן prep.-pr.n. (192) *from Dan*

נִשְׁמַע Ni. pf. 3 m.s. (1033) *is heard*

נַחְרַת סוּסָיו n.f.s. cstr. (637)-n.m.p.-3 m.s. sf. (692) *the snorting of their horses*

מִקּוֹל prep.-n.m.s. cstr.(876) *at the sound of*

מִצְהֲלוֹת n.f.p. cstr. (843) *the neighing of*

אַבִּירָיו adj. m.p.-3 m.s. sf. (7) *their stallions*

רָעֲשָׁה Qal pf. 3 f.s. (950) *quakes*

כָּל־הָאָרֶץ n.m.s. cstr. (481)-def.art.-n.f.s. (75) *the whole land*

וַיָּבוֹאוּ consec.-Qal impf. 3 m.p. (בּוֹא 97) *they come*

וַיֹּאכְלוּ consec.-Qal impf. 3 m.p. (37) *and devour*

אֶרֶץ וּמְלוֹאָהּ n.f.s. (75)-conj.-n.m.s.-3 f.s. sf. (571) *the land all that fills it*

עִיר n.f.s. (746) *the city*

וְיֹשְׁבֵי בָהּ conj.-Qal act.ptc. m.p. cstr. (442) -prep.-3 f.s. sf. *and those who dwell in it*

8:17

כִּי הִנְנִי conj.-demons.part.-1 c.s. sf. (243) *for behold, I*

מְשַׁלֵּחַ Pi. ptc. (שָׁלַח 1018) *am sending*

בָּכֶם prep.-2 m.p. sf. *among you*

נְחָשִׁים n.m.p. (638) *serpents*

צִפְעֹנִים n.m.p. (861) *adders*

אֲשֶׁר אֵין־לָהֶם rel. (81)-subst.cstr. (II 34)-prep.-3 m.p. sf. *which cannot*

לַחַשׁ n.m.s. paus. (538) *be charmed*

וְנִשְּׁכוּ אֶתְכֶם conj.-Pi. pf. 3 c.p. (נָשַׁךְ 675)-dir. obj.-2 m.p. sf. *and they shall bite you*

נְאֻם־יְהוָה n.m.s. cstr. (610)-pr.n. (217) *says Yahweh* (LXX>)

8:18

מַבְלִיגִיתִי n.f.s.-1 c.s. sf. (114) *a source of brightening to me* (LXX-ἀνίατα ...; some rd. מבלי גיתי)

עֲלֵי יָגוֹן prep. (752)-n.m.s. (387) *in sorrow*

עָלַי prep.-1 c.s. sf. *within me*

לִבִּי n.m.s.-1 c.s. sf. (524) *my heart*

דַּוָּי adj. (188) *is sick*

8:19

הִנֵּה־קוֹל demons.part. (243)-n.m.s. cstr. (876) *hark, the sound of*

שַׁוְעַת n.f.s. cstr. (1003) *the cry of*

בַּת־עַמִּי n.f.s. cstr. (I 123)-n.m.s.-1 c.s. sf. (I 766) *the daughter of my people*

מֵאֶרֶץ מַרְחַקִּים prep.-n.f.s. cstr. (75)-n.m.p. (935) *from the length and breadth of the land*

הַיהוָה interr. (GK 100m, 102m)-pr.n. (217) *is Yahweh?*

אֵין בְּצִיּוֹן subst.cstr. (II 34)-prep.-pr.n. (851) *not in Zion?*

אִם־מַלְכָּהּ conj. (49)-n.m.s.-3 f.s. sf. (I 572) *or is her king?*

אֵין בָּהּ subst.cstr. (II 34)-prep.-3 f.s. sf. *not in her?*

מַדּוּעַ הִכְעִסוּנִי interr. (396)-Hi. pf. 3 c.p.-1 c.s. sf. (כָּעַס 494) *why have they provoked me to anger*

בִּפְסִלֵיהֶם prep.-n.m.p.-3 m.p. sf. (820) *with their graven images*

בְּהַבְלֵי נֵכָר prep.-n.m.p. cstr. (I 210)-n.m.s. (648) *with their foreign idols*

8:20

עָבַר Qal pf. 3 m.s. (716) *is past*

קָצִיר n.m.s. (I 894) *harvest*

כָּלָה Qal pf. 3 m.s. (477) *is ended*

קַיִץ n.m.s. paus. (884) *summer*

וַאֲנַחְנוּ conj.-pers.pr. 1 c.p. (59) *and we*

לוֹא נוֹשָׁעְנוּ neg.-Ni. pf. 1 c.p. (יָשַׁע 446) *are not saved*

8:21

עַל־שֶׁבֶר prep.-n.m.s. cstr. (991) *for the wound of*

בַּת־עַמִּי n.f.s. cstr. (I 123)-n.m.s.-1 c.s. sf.(I 766) *the daughter of my people*

הָשְׁבָּרְתִּי Ho. pf. 1 c.s. paus. (שָׁבַר 990) *my heart is wounded* (LXX>)

קָדַרְתִּי Qal pf. 1 c.s. (קָדַר 871) *I mourn*

שַׁמָּה n.f.s. (I 1031) *dismay*

הֶחֱזִקָתְנִי Hi. pf. 3 f.s.-1 c.s. (חָזַק 304) *has taken hold on me* (LXX+ὠδῖνες ὡς τικτούσης; cf.6:24)

8:22

הַצֳרִי interr.-n.m.s. (863) *a balm?*

אֵין בְּגִלְעָד subst.cstr. (II 34)-prep.-pr.n. (166) *is there not in Gilead?*

אִם־רֹפֵא conj. (49)-Qal act.ptc. (רָפָא 950) *and a physician*

אֵין שָׁם v.supra-adv. (1027) *is there not there?*

כִּי מַדּוּעַ conj. (LXX>)-interr.adv. (396) *why then*

לֹא עָלְתָה neg.-Qal pf. 3 f.s. (עָלָה 748) *has not been restored*

אֲרֻכַת n.f.s. cstr. (74) *the health of*

בַּת־עַמִּי n.f.s. cstr. (I 123)-n.m.s.-1 c.s. sf. (I 766) *the daughter of my people*

8:23 (Eng. 9:1)

מִי־יִתֵּן interr. (566)-Qal impf. 3 m.s. (נָתַן 678) *O that*

רֹאשִׁי n.m.s.-1 c.s. sf. (910) *my head*

מַיִם n.m.p. (565) *were waters*

וְעֵינִי conj.-n.f.s.-1 c.s. sf. (744) *and my eyes* (many rd. וְעֵינַי)

מְקוֹר דִּמְעָה n.m.s. cstr. (881)-n.f.s. (199) *a fountain of tears*

וְאֶבְכֶּה conj.-Qal impf. 1 c.s. (בָּכָה 113) *that I might weep*

יוֹמָם וָלַיְלָה adv. (401)-conj.-n.m.s. (538) *day and night*

אֵת חַלְלֵי dir.obj. (some rd. עַל)-n.m.p. cstr. (I 319) *for the slain of*

בַּת־עַמִּי n.f.s. cstr. (I 123)-n.m.s.-1 c.s. sf. (I 766) *the daughter of my people*

9:1

מִי־יִתְּנֵנִי interr. (566; GK 108f, 151b)-Qal impf. 3 m.s.-1 c.s. sf. נָתַן 678) *O that I had*

בַּמִּדְבָּר prep.-def.art.-n.m.s. (184) *in the desert*

מְלוֹן אֹרְחִים n.m.s. cstr. (533)-Qal act.ptc. m.p. (72 אָרַח) *a wayfarer's lodging place* (LXX-σταθμὸν ἔσχατον=מְלוֹן אַחֲרוֹן)

וְאֶעֶזְבָה conj.-Qal impf. 1 c.s.-vol. he עָזַב I 736) *that I might leave*

אֶת־עַמִּי dir.obj.-n.m.s.-1 c.s. sf. (I 766) *my people*

וְאֵלְכָה conj.-Qal impf. 1 c.s.-vol.he הָלַךְ 229) *and go away*

מֵאִתָּם prep.-prep.-3 m.p. sf. (II 85) *from them*

כִּי כֻלָּם conj.-n.m.s.-3 m.p. sf. (481) *for they all*

מְנָאֲפִים Pi. ptc. m.p. נָאַף 610) *are adulterers*

עֲצֶרֶת בֹּגְדִים n.f.s. cstr. (783)-Qal act.ptc. m.p. (93) *a company of treacherous men*

9:2

וַיַּדְרְכוּ consec.-Hi. impf. 3 m.p. דָּרַךְ 201; GK 53n) *they bend (tread)*

אֶת־לְשׁוֹנָם dir.obj.-n.f.s.-3 m.p. sf. (546) *their tongue*

קַשְׁתָּם n.f.s.-3 m.p. sf. (905) *like a bow*

שֶׁקֶר n.m.s. (1055) *falsehood*

וְלֹא לֶאֱמוּנָה conj.-neg.-prep.-n.f.s. (53; GK 119u) *and not truth*

גָּבְרוּ Qal pf. 3 c.p. גָּבַר 149) *they have grown strong* (LXX-ἐνίσχυσεν)

בָאָרֶץ prep.-def.art.-n.f.s. (75) *in the land*

כִּי מֵרָעָה conj.-prep.-n.f.s. (949) *for from evil*

אֶל־רָעָה prep.-v.supra *to evil*

יָצָאוּ Qal pf. 3 c.p. paus. (יָצָא 422) *they proceed*

וְאֹתִי conj.-dir.obj.-1 c.s. sf. *and me*

לֹא־יָדָעוּ neg.-Qal pf. 3 c.p. paus. (393) *they do not know*

נְאֻם־יְהוָה n.m.s. cstr. (610)-pr.n. (217) *says Yahweh* (LXX>)

9:3

אִישׁ n.m.s. (35) *every one*

מֵרֵעֵהוּ prep.-n.m.s.-3 m.s. sf. (945) *of his neighbor*

הִשָּׁמֵרוּ Ni. impv. 2 m.p.(שָׁמַר 1036) *let beware*

וְעַל־כָּל־אָח conj.-prep.-n.m.s. cstr. (481)-n.m.s. (26) *and in any brother*

אַל־תִּבְטָחוּ neg.-Qal impf. 2 m.p. paus. (בָּטַח 105) *put no trust*

כִּי כָל־אָח conj.-v.supra *for every brother*

9:4

וְאִישׁ conj.-n.m.s. (35) *every one*

בְּרֵעֵהוּ prep.-n.m.s.-3 m.s. sf. (945) *his neighbor*

יְהָתֵלּוּ Hi. impf. 3 m.p. תָּלַל II 1068; GK 53q) *deceives*

וֶאֱמֶת conj.-n.f.s. (54) *and the truth*

לֹא יְדַבֵּרוּ neg.-Pi. impf. 3 m.p. paus. דָּבַר 180) *no one speaks*

לִמְּדוּ Pi. pf. 3 c.p. לָמַד 540) *they have taught* (LXX-μεμάθηκεν)

לְשׁוֹנָם n.f.s.-3 m.p. sf. (546) *their tongue*

דַּבֶּר־שֶׁקֶר Pi. inf.cstr.(180)-n.m.s. (1055) *to speak lies*

הַעֲוֵה Hi. inf.abs. עָוָה 731; GK 113d) *they commit iniquity*

נִלְאוּ Ni. pf. 3 c.p. לָאָה 521) *they are too weary*

9:5

שִׁבְתְּךָ Qal inf.cstr.-2 m.s. sf. יָשַׁב 442) *to repent (your sitting)* (LXX-τόκος)

בְּתוֹךְ מִרְמָה prep.-n.m.s. cstr. (1063)-n.f.s. (941) *in midst of deceit* (LXX-ἐπὶ τόκῳ)

בְּמִרְמָה prep.-v.supra *upon deceit*

מֵאֲנוּ Pi. pf. 3 c.p. מָאֵן 549) *they refuse*

דַּעַת־אֹתִי Qal inf.cstr. יָדַע 393)-dir.obj.-1 c.s. sf. *to know me*

נְאֻם־יְהוָה n.m.s. cstr. (610)-pr.n. (217) *says Yahweh* (LXX>)

9:6

לָכֵן כֹּה prep.-adv. (485)-adv. (462) *therefore thus*

אָמַר Qal pf. 3 m.s. (55) *says*

יהוה צְבָאוֹת pr.n. (217)-pr.n. (838) *Yahweh of hosts*

הִנְנִי demons.part.-1 c.s. sf. (243) *behold, I*

צוֹרְפָם Qal act.ptc.-3 m.p. sf. צָרַף 864) *will refine them*

וּבְחַנְתִּים conj.-Qal pf. 1 c.s.-3 m.p. sf. בָּחַן 103) *and test them*

כִּי־אֵיךְ conj.-adv. (32) *for what else*

אֶעֱשֶׂה Qal impf. 1 c.s. עָשָׂה I 793) *can I do*

מִפְּנֵי בַּת־עַמִּי prep.-n.m.p. cstr. (815; LXX+ πονηρίας)-n.f.s. cstr. (I 123)-n.m.s.-1 c.s. sf. (I 766) *because of my people*

9:7

חֵץ שׁוֹחֵט n.m.s. (346)-Qal pass.ptc. (שָׁחַט 1006) a deadly arrow (LXX-βολὶς τιτρώσκουσα)

לְשׁוֹנָם n.f.s.-3 m.p. sf. (546) their tongue

מִרְמָה n.f.s. (941) deceitfully

דִּבֶּר Pi. pf. 3 m.s. (180) it speaks (LXX-τὰ ῥήματα=דִּבְרֵי)

בְּפִיו prep.-n.m.s.-3 m.s. sf. (804) with his mouth (LXX-τοῦ στόματος αὐτῶν)

שָׁלוֹם n.m.s. (1022) peaceably

אֶת־רֵעֵהוּ dir.obj.-n.m.s.-3 m.s. sf. (945) to his neighbor

יְדַבֵּר Pi. pf. 3 m.s. (180) each speaks

וּבְקִרְבּוֹ conj.-prep.-n.m.s.-3 m.s. sf. (899) but in his heart

יָשִׂים Qal impf. 3 m.s. (שׂום 962) he plans

אָרְבּוֹ n.m.s.-3 m.s. sf. (70) an ambush for him

9:8

הַעַל־אֵלֶּה interr.-prep.-demons.adj. c.p. (41) for these things? (cf.5:9,29)

לֹא־אֶפְקָד־בָּם neg.-Qal impf. 1 c.s. (פָּקַד 823) -prep.-3 m.p. sf. shall I not punish them

נְאֻם־יהוה n.m.s. cstr. (610)-pr.n. (217) says Yahweh

אִם בְּגוֹי conj. (49)-prep.-n.m.s. (156) and on a nation

אֲשֶׁר־כָּזֶה rel. (81)-prep.-demons.adj. m.s. (260) such as this

לֹא תִתְנַקֵּם נַפְשִׁי neg.-Hith. impf. 3 f.s. (667) -n.f.s.-1 c.s. sf. (659) shall I not avenge myself

9:9

עַל־הֶהָרִים prep.-def.art.-n.m.p. (249) for the mountains

אֶשָּׂא Qal impf. 1 c.s. (נָשָׂא 669) I will take up

בְכִי n.m.s. (113) weeping

וָנֶהִי conj.-n.m.s. paus. (624) and wailing (LXX>)

וְעַל־נְאוֹת conj.-prep.-n.f.p. cstr. (II 627) for the pastures of

מִדְבָּר n.m.s. (184) the wilderness

קִינָה n.f.s. (II 884) a lamentation

כִּי נִצְּתוּ conj.-Ni. pf. 3 c.p. (יצת 428) because they are laid waste

מִבְּלִי־אִישׁ prep.-neg. (115)-n.m.s. (35) so that no one

עֹבֵר Qal act.ptc. (716) passes through (LXX>)

וְלֹא שָׁמְעוּ conj.-neg.-Qal pf. 3 c.p. (1033) and is not heard

קוֹל מִקְנֶה n.m.s. cstr. (876)-n.m.s. (889) the lowing of cattle

מֵעוֹף prep.-n.m.s. cstr. (733) from the birds of

הַשָּׁמַיִם def.art.-n.m. du. (1029) the air

וְעַד־בְּהֵמָה conj.-prep.-n.f.s. (96) and the beasts

נָדְדוּ Qal pf. 3 c.p. (נָדַד 622) have fled

הָלָכוּ Qal pf. 3 c.p. paus. (הָלַךְ 229) are gone

9:10

וְנָתַתִּי conj.-Qal pf. 1 c.s. (נָתַן 678) and I will make

אֶת־יְרוּשָׁלַם dir.obj.-pr.n. (436) Jerusalem

לְגַלִּים prep.-n.m.p. (164) a heap of ruins (cf.51:37)

מְעוֹן תַּנִּים n.m.s. cstr. (I 732)-n.m.p. (1072) a lair of jackals

וְאֶת־עָרֵי יְהוּדָה conj.-dir.obj.-n.f.p. cstr. (746) -pr.n. (397) and the cities of Judah

אֶתֵּן Qal impf. 1 c.s. (נָתַן 678) I will make

שְׁמָמָה n.f.s. (1031) a desolation

מִבְּלִי יוֹשֵׁב prep.-neg. (115; some mss.rd. -Qal act.ptc. יָשַׁב 442) without inhabitant

9:11

מִי־הָאִישׁ interr. (566)-def.art.-n.m.s. (35) who is the man

הֶחָכָם def.art.-adj. m.s. (314) so wise

וְיָבֵן conj.-Qal impf. 3 m.s. apoc. (בִּין 106; GK 109i) that he can understand

אֶת־זֹאת dir.obj.-demons.adj. f.s. (260) this

וַאֲשֶׁר דִּבֶּר conj.-rel. (81)-Pi. pf. 3 m.s. (180) and has spoken

פִּי־יהוה n.m.s. cstr. (804)-pr.n. (217) the mouth of Yahweh

אֵלָיו prep.-3 m.s. sf. to whom

וְיַגִּדָה conj.-Hi. impf. 3 m.s.-3 f.s. sf. (נָגַד 616) that he may declare it

עַל־מָה prep.-interr. (552) why

אָבְדָה Qal pf. 3 f.s. (1) is ruined

הָאָרֶץ def.art.-n.f.s. (75) the land

נִצְּתָה Ni. pf. 3 f.s. (יצת 428) and laid waste

כַּמִּדְבָּר prep.-def.art.-n.m.s. (184) like a wilderness

מִבְּלִי עֹבֵר prep.-neg.(115)-Qal act.ptc. (716) so that no one passes through

9:12

וַיֹּאמֶר יהוה consec.-Qal impf. 3 m.s. (55)-pr.n. (217) and Yahweh says

עַל־עָזְבָם prep.-Qal inf.cstr.-3 m.p. sf. (I 736; GK 114r) because they have forsaken

אֶת־תּוֹרָתִי dir.obj.-n.f.s.-1 c.s. sf. (435) my law

אֲשֶׁר נָתַתִּי rel. (81)-Qal pf. 1 c.s. (נָתַן 678) which I set

לִפְנֵיהֶם prep.-n.m.p.-3 m.p. sf. (815) *before them*

וְלֹא־שָׁמְעוּ conj.-neg.-Qal pf. 3 c.p. (1033) *and have not obeyed*

בְּקוֹלִי prep.-n.m.s.-1 c.s. sf. (876) *my voice*

וְלֹא־הָלְכוּ בָהּ conj.-neg.-Qal pf. 3 c.p. (הָלַךְ 229)-prep.-3 f.s. sf. *or walked in accord with it*

9:13

וַיֵּלְכוּ consec.-Qal impf. 3 m.p. (הָלַךְ 229) *but have followed*

אַחֲרֵי שְׁרִרוּת prep. (29)-n.f.s. (1057) *stubbornly*

לִבָּם n.m.s.-3 m.p. sf. (524) *their own hearts* (LXX+τῆς κακῆς=הָרַע)

וְאַחֲרֵי הַבְּעָלִים conj.-prep. (29)-def.art.-n.m.p. (127) *and after the Baals*

אֲשֶׁר לִמְּדוּם rel. (81)-Pi. pf. 3 m.p.-3 m.p. sf. (לָמַד 540) *as taught them*

אֲבוֹתָם n.m.p.-3 m.p. sf. (3) *their fathers*

9:14

לָכֵן כֹּה־ prep.-adv. (485)-adv. (462) *therefore thus*

אָמַר Qal pf. 3 m.s. (55) *says*

יהוה צְבָאוֹת pr.n. (217)-pr.n. (838) *Yahweh of hosts*

אֱלֹהֵי יִשְׂרָאֵל n.m.p. cstr. (43)-pr.n. (975) *the God of Israel*

הִנְנִי demons.part.-1 c.s. sf. (243) *behold, I*

מַאֲכִילָם Hi. ptc.-3 m.p. sf. (אָכַל 37) *will feed (them)*

אֶת־הָעָם הַזֶּה dir.obj.-def.art.-n.m.s. (I 766)-def.art.-demons.adj. m.s. (260) *this people* (LXX>)

לַעֲנָה n.f.s. (542) *with wormwood*

וְהִשְׁקִיתִים conj.-Hi. pf. 1 c.s.-3 m.p. sf. (שָׁקָה 1052) *and give them to drink*

מֵי־רֹאשׁ n.m.p. cstr. (565)-n.m.s. (II 912) *poisonous water*

9:15

וַהֲפִצוֹתִים conj.-Hi. pf. 1 c.s.-3 m.p. sf. (פּוּץ I 806) *and I will scatter them*

בַּגּוֹיִם prep.-def.art.-n.m.p. (156) *among the nations*

אֲשֶׁר לֹא יָדְעוּ rel. (81)-neg.-Qal pf. 3 c.p. (393) *whom neither have known* (some rd. יְדָעוּם)

הֵמָּה וַאֲבוֹתָם pers.pr. 3 m.p. (241)-conj.-n.m.p.-3 m.p. sf. (3) *they nor their fathers*

וְשִׁלַּחְתִּי conj.-Pi. pf. 1 c.s. (1018) *and I will send*

אַחֲרֵיהֶם prep.-3 m.p. sf. (29) *after them*

אֶת־הַחֶרֶב dir.obj.-def.art.-n.f.s. (352) *the sword*

עַד כַּלּוֹתִי prep.-Pi. inf.cstr.-1 c.s. sf. (477) *until I have consumed*

אוֹתָם dir.obj.-3 m.p. sf. *them* (LXX+ἐν αὐτῆ=בָּהּ)

9:16

כֹּה אָמַר adv. (462)-Qal pf. 3 m.s. (55) *thus says*

יהוה צְבָאוֹת pr.n. (217)-pr.n. (838) *Yahweh of hosts* (LXX=κύριος)

הִתְבּוֹנְנוּ Hithpolel impv. 2 m.p. (בִּין 106) *consider* (LXX>)

וְקִרְאוּ conj.-Qal impv. 2 m.p. (894) *and call*

לַמְקוֹנְנוֹת prep.-def.art.-Polel ptc. f.p. (קוֹנֵן 884) *for the mourning women*

וּתְבוֹאֶינָה conj.-Qal impf. 3 f.p. (בּוֹא 97) *to come*

וְאֶל־הַחֲכָמוֹת conj.-prep.-def.art.-adj. f.p. (314) *and for the skilful women*

שִׁלְחוּ Qal impv. 2 m.p. (1018) *send*

וְתָבוֹאנָה conj.-Qal impf. 3 f.p. (בּוֹא 97) *to come* (LXX-καὶ φθεγξάσθωσαν)

9:17

וּתְמַהֵרְנָה conj.-Pi. impf. 3 f.p. (מָהַר I 554) *let them make haste* (LXX>)

וְתִשֶּׂנָה conj.-Qal impf. 3 f.p. (נָשָׂא 669; GK 74k) *and raise*

עָלֵינוּ prep.-1 c.p. sf. *over us*

נֶהִי n.m.s. paus. (624) *a wailing*

וְתֵרַדְנָה conj.-Qal impf. 3 f.p. (יָרַד 432) *that may run down*

עֵינֵינוּ n.f.p.-1 c.p. sf. (744) *our eyes*

דִּמְעָה n.f.s. (199) *with tears*

וְעַפְעַפֵּינוּ conj.-n.m. du. cstr. (733) *and our eyelids*

יִזְּלוּ־מָיִם Qal impf. 3 m.p. (נָזַל 633)-n.m.p. (565) *gush with water*

9:18

כִּי קוֹל נְהִי conj.-n.m.s. cstr. (876)-n.m.s. (624) *for a sound of wailing*

נִשְׁמַע Ni. pf. 3 m.s. (1033) *is heard*

מִצִּיּוֹן prep.-pr.n. (851) *from Zion* (LXX-ἐν)

אֵיךְ שֻׁדָּדְנוּ adv. (32)-Pu. pf. 1 c.p. (שָׁדַד 994) *how we are ruined*

בֹּשְׁנוּ מְאֹד Qal pf. 1 c.p. (101)-adv. (547) *we are utterly shamed*

כִּי־עָזַבְנוּ conj.-Qal pf. 1 c.p. (עָזַב I 736) *because we have left*

אָרֶץ n.f.s. paus. (75) *the land*

כִּי הִשְׁלִיכוּ conj.-Hi. pf. 3 c.p. (שָׁלַךְ 1020) *because they have cast down* (LXX-1 c.p.)

מִשְׁכְּנוֹתֵינוּ n.m.p.-1 c.p. sf. (1015) *our dwellings*

9:19

בִּי־שְׁמַעְנָה conj.-Qal impv. 2 f.p. (1033) *hear*

נָשִׁים n.f.p. (61) *O women*

דְּבַר־יהוה n.m.s. cstr. (182)-pr.n. (217) *the word of Yahweh*

וְתִקַּח conj.-Qal impf. 3 f.s. (לָקַח 542) *and let receive*

אָזְנְכֶם n.f.s.-2 m.p. sf. (23) *your ear*

דְּבַר־פִּיו n.m.s. cstr. (182)-n.m.s.-3 m.s. sf. (804) *the word of his mouth*

וְלַמֵּדְנָה conj.-Pi. impv. 2 f.p. (לָמַד 540) *and teach*

בְּנוֹתֵיכֶם n.f.p.-2 m.p. sf. (I 123) *your daughters*

נֶהִי n.m.s. (624) *a lament*

וְאִשָּׁה conj.-n.f.s. (61) *and each*

רְעוּתָהּ n.f.s.-3 f.s. sf. (I 946) *to her neighbor*

קִינָה n.f.s. (II 884) *a dirge*

9:20

כִּי־עָלָה conj.-Qal pf. 3 m.s. (748) *for has come up*

מָוֶת n.m.s. (560) *death*

בְּחַלּוֹנֵינוּ prep.-n.m.p.-1 c.p. sf. (319) *into our windows*

בָּא Qal pf. 3 m.s. (בּוֹא 97) *it has entered*

בְּאַרְמְנוֹתֵינוּ prep.-n.m.p.-1 c.p. sf. (74) *our palaces* (LXX-εἰς τὴν γῆν ὑμῶν=בארמתנו)

לְהַכְרִית prep.-Hi. inf.cstr. (כָּרַת 503) *cutting off*

עוֹלָל n.m.s. (760) *the children*

מִחוּץ prep.-n.m.s. (299) *from the streets*

בַּחוּרִים n.m.p. (104) *the young men*

מֵרְחֹבוֹת prep.-n.f.p. (932) *from the squares*

9:21

דַּבֵּר Pi. impv. 2 m.p. (180) *speak* (LXX>)

כֹּה נְאֻם־יהוה adv. (462)-n.m.s. cstr. (610)-pr.n. (217) *thus says Yahweh* (LXX>)

וְנָפְלָה conj.-Qal pf. 3 f.s. (נָפַל 656) *shall fall* (LXX-καὶ ἔσονται)

נִבְלַת הָאָדָם n.f.s. cstr. (615)-def.art.-n.m.s. (9) *the dead bodies of man*

כְּדֹמֶן prep.-n.m.s. (199) *like dung*

עַל־פְּנֵי הַשָּׂדֶה prep.-n.m.p. cstr. (815)-def.art.-n.m.s. (961; some mss. rd. הָאֲדָמָה) *upon the open field*

וּכְעָמִיר conj.-prep.-n.m.s. (771) *and like sheaves*

מֵאַחֲרֵי הַקֹּצֵר prep.-prep. (29)-def.art.-Qal act. ptc. (קָצַר II 894) *after the reaper*

וְאֵין מְאַסֵּף conj.-subst.cstr. (II 34)-Pi. ptc. (אָסַף 62) *and none shall gather*

9:22

כֹּה אָמַר יהוה adv. (462)-Qal pf. 3 m.s. (55)-pr.n. (217) *thus says Yahweh*

אַל־יִתְהַלֵּל neg.-Hith. impf. 3 m.s. (הָלַל II 237) *let not ... glory*

חָכָם adj. m.s. (314) *the wise man*

בְּחָכְמָתוֹ prep.-n.f.s.-3 m.s. sf. (315) *in his wisdom*

וְאַל־יִתְהַלֵּל conj.-v.supra-v.supra *and let not ... glory*

הַגִּבּוֹר def.art.-n.m.s. (150) *the mighty man*

בִּגְבוּרָתוֹ prep.-n.f.s.-3 m.s. sf. (150) *in his might*

אַל־יִתְהַלֵּל v.supra-v.supra *let not glory*

עָשִׁיר adj. m.s. (799) *the rich man*

בְּעָשְׁרוֹ prep.-n.m.s.-3 m.s. sf. (799) *in his riches*

9:23

כִּי אִם־בְּזֹאת conj.-conj. (49)-prep.-demons.adj. f.s. (260) *but in this*

יִתְהַלֵּל Hith. impf. 3 m.s. (הָלַל II 237) *let ... glory*

הַמִּתְהַלֵּל def.art.-Hith. ptc. (הָלַל II 237; GK 144e) *him who glories*

הַשְׂכֵּל Hi. inf.abs. (שָׂכַל 968; GK 113d) *that he understands*

וְיָדֹעַ אֹתִי conj.-Qal inf.abs. (393)-dir.obj.-1 c.s. sf. (GK 113g) *and knows me*

כִּי אֲנִי conj.-pers.pr. 1 c.s. (58) *that I am*

יהוה pr.n. (217) *Yahweh*

עֹשֶׂה Qal act.ptc. (I 793) *who practice*

חֶסֶד n.m.s. (338) *kindness*

מִשְׁפָּט n.m.s. (1048) *justice* (LXX+καὶ)

וּצְדָקָה conj.-n.f.s. (842) *and righteousness*

בָּאָרֶץ prep.-def.art.-n.f.s. (75) *in the earth*

כִּי־בְאֵלֶּה conj.-prep.-demons.adj. c.p. (41) *for in these things*

חָפַצְתִּי Qal pf. 1 c.s. (הָפֵץ 342) *I delight*

נְאֻם־יהוה n.m.s. cstr. (610)-pr.n. (217) *says Yahweh*

9:24

הִנֵּה demons.part. (243) *behold*

יָמִים בָּאִים n.m.p. (398)-Qal act.ptc. m.p. (בּוֹא 97) *the days are coming*

נְאֻם־יהוה n.m.s. cstr. (610)-pr.n. (217) *says Yahweh*

וּפָקַדְתִּי conj.-Qal pf. 1 c.s. (פָּקַד 823) *when I will punish*

עַל־כָּל־מוּל prep.-n.m.s. cstr. (481)-Qal pass.ptc. (מוּל II 557) *all those who are circumcised*

בְּעָרְלָה prep.-n.f.s. (790) *but yet uncircumcised (with foreskin)* (LXX-ἀκροβυστίας αὐτῶν)

248

9:25

עַל־מִצְרַיִם prep.-pr.n. (595) *Egypt*

וְעַל־יְהוּדָה conj.-prep.-pr.n. (397) *and Judah*

וְעַל־אֱדוֹם v.supra-pr.n. (10) *and Edom*

וְעַל־בְּנֵי עַמּוֹן v.supra-n.m.p. cstr. (119)-pr.n. (769) *and the sons of Ammon*

וְעַל־מוֹאָב v.supra-pr.n. (555) *and Moab*

וְעַל כָּל־קְצוּצֵי v.supra-n.m.s. cstr. (481)-Qal pass. ptc. m.p. cstr. (קָצַץ 893) *and that cut*

פֵאָה n.f.s. (802) *the corners of their hair*

הַיֹּשְׁבִים def.art.-Qal act.ptc. m.p. (יָשַׁב 442) *who dwell*

בַּמִּדְבָּר prep.-def.art.-n.m.s. (184) *in the desert*

כִּי כָל־ conj.-n.m.s. cstr. (481) *for all*

הַגּוֹיִם def.art.-n.m.p. (156) *these nations*

עֲרֵלִים adj. m.p.(790) *are uncircumcised* (LXX+ σαρκί)

וְכָל־ conj.-n.m.s. cstr. (481) *and all*

בֵּית יִשְׂרָאֵל n.m.s. cstr. (108)-pr.n. (975) *the house of Israel*

עַרְלֵי־לֵב adj. m.p. cstr. (790)-n.m.s. (524) *uncircumcised in heart* (LXX+αὐτῶν=לָהֶם)

10:1

שִׁמְעוּ Qal impv. 2 m.p. (1033) *hear*

אֶת־הַדָּבָר dir.obj.-def.art.-n.m.s. (182) *the word*

אֲשֶׁר דִּבֶּר rel. (81)-Pi. pf. 3 m.s. (180) *which speaks*

יהוה pr.n. (217) *Yahweh*

עֲלֵיכֶם prep.-2 m.p. sf. *to you*

בֵּית יִשְׂרָאֵל n.m.s. cstr. (108)-pr.n. (975) *O house of Israel*

10:2

כֹּה אָמַר יהוה adv. (462)-Qal pf. 3 m.s. (55) -pr.n. (217) *thus says Yahweh*

אֶל־דֶּרֶךְ prep. (v.12:16)-n.m.s. cstr. (202) *the way of*

הַגּוֹיִם def.art.-n.m.p. (156) *the nations*

אַל־תִּלְמָדוּ neg.-Qal impf. 2 m.p. paus. (לָמַד 540) *learn not*

וּמֵאֹתוֹת conj.-prep.-n.m.p. cstr. (16) *and at the signs of*

הַשָּׁמַיִם def.art.-n.m. du. (1029) *the heavens*

אַל־תֵּחָתּוּ neg.-Qal impf. 2 m.p. paus. (חָתַת 369) *be not dismayed*

כִּי־יֵחַתּוּ conj.-Qal impf. 3 m.p. (חָתַת 369) *because are dismayed*

הַגּוֹיִם def.art.-n.m.p. (156) *the nations*

מֵהֵמָּה prep.-3 m.p. pr. (241) *at them*

10:3

כִּי־חֻקּוֹת conj.-n.f.p. cstr. (חֹק 349) *for the customs of*

הָעַמִּים def.art.-n.m.p. (I 766) *the peoples*

הֶבֶל הוּא n.m.s. (I 210)-pers.pr. 3 m.s. (214; GK 145N) *are false*

כִּי־עֵץ conj.-n.m.s. (781) *a tree*

מִיַּעַר prep.-n.m.s. (420) *from the forest*

כְּרָתוֹ Qal inf.cstr.-3 m.s. sf. (כָּרַת 503) *is cut down*

מַעֲשֵׂה יְדֵי־חָרָשׁ n.m.s. cstr. (795)-n.f. du. cstr. (388)-n.m.s. (360) *and worked by the hands of a craftsman*

בַּמַּעֲצָד prep.-def.art.-n.m.s. (781) *with an axe*

10:4

בְּכֶסֶף prep.-n.m.s. (494) *with silver*

וּבְזָהָב conj.-prep.-n.m.s. (262) *and (with) gold*

יְיַפֵּהוּ Pi. impf. 3 m.s.-3 m.s. sf. (יָפָה 421) *men deck it*

בְּמַסְמְרוֹת prep.-n.m.p. (702) *with nails*

וּבְמַקָּבוֹת conj.-prep.-n.f.p. (I 666) *and (with) hammers*

יְחַזְּקוּם Pi. impf. 3 m.p.-3 m.p. sf. (חָזַק 304) *they fasten it*

וְלוֹא יָפִיק conj.-neg.-Hi. impf. 3 m.s. (פּוּק I 807; GK 109g) *so that it cannot move* (LXX-οὐ κινηθήσονται=יָפִיקוּ)

10:5

(LXX inserts v. 9 here)

כְּתֹמֶר prep.-n.m.s. cstr. (1071) *like scarecrows* (LXX>)

מִקְשָׁה n.f.s. (I 903) *in a cucumber field* (LXX>)

הֵמָּה pers.pr. 3 m.p. (241) *their idols* (lit.-*they*) (LXX>)

וְלֹא יְדַבֵּרוּ conj.-neg.-Pi. impf. 3 m.p. (180) *and they cannot speak* (LXX>)

נָשׂוֹא יִנָּשׂוּא Qal inf.abs. (נָשָׂא 669)-Ni. impf. 3 m.p. (נָשָׂא 669; GK 23i, 47n) *they have to be carried*

כִּי לֹא יִצְעָדוּ conj.-neg.-Qal impf. 3 m.p. paus. (צָעַד I 857) *for they cannot walk*

אַל־תִּירְאוּ מֵהֶם neg.-Qal impf. 2 m.p. (יָרֵא 431) -prep.-3 m.p. sf. *be not afraid of them*

כִּי־לֹא יָרֵעוּ conj.-neg.-Hi. impf. 3 m.p. (רָעַע 949) *for they cannot do evil*

וְגַם־הֵיטֵיב conj.-adv. (168)-Hi. inf.abs. (יָטַב 405; GK 113b) *and also doing good*

אֵין אוֹתָם subst.cstr. (II 34)-prep.-3 m.p. sf. (II 85) *neither is it in them*

249

10:6 (LXX>)

מֵאֵין כָּמוֹךָ prep.-subst.cstr. (II 34)-prep.-2 m.s. sf. *there is none like thee*

יְהוָה pr.n. (217) *O Yahweh*

גָּדוֹל אַתָּה adj. m.s. (152)-pers.pr. 2 m.s. (61) *thou art great*

וְגָדוֹל שִׁמְךָ conj.-v.supra-n.m.s.-2 m.s. sf. (1027) *and thy name is great*

בִּגְבוּרָה prep.-n.f.s. (150) *in might*

10:7 (LXX>)

מִי לֹא יִרָאֲךָ interr. (566)-neg.-Qal impf. 3 m.s.-2 m.s. sf. (יָרֵא 431) *who would not fear thee*

מֶלֶךְ הַגּוֹיִם n.m.s. cstr. (I 572)-def.art.-n.m.p. (156) *O king of the nations*

כִּי לְךָ יָאָתָה conj.-prep.-2 m.s. sf.-Qal pf. 3 f.s. (383 יָאָה) *for this is thy due*

כִּי בְכָל־ conj.-prep.-n.m.s. cstr. (481) *for among all*

חַכְמֵי הַגּוֹיִם adj. m.p. cstr. (314)-def.art.-n.m.p. (156) *the wise ones of the nations*

וּבְכָל־ conj.-v.supra *and in all*

מַלְכוּתָם n.f.s.-3 m.p. sf. (574) *their kingdoms*

מֵאֵין כָּמוֹךָ prep.-subst.cstr. (II 34)-prep.-2 m.s. sf. *there is none like thee*

10:8 (LXX>)

וּבְאַחַת conj.-prep.-adj. f.s. (25) *and both*

יִבְעֲרוּ Qal impf. 3 m.p. (בָּעַר II 129) *they are stupid*

וְיִכְסָלוּ conj.-Qal impf. 3 m.p. paus. (כָּסַל 492) *and foolish*

מוּסַר הֲבָלִים n.m.s. cstr. (416)-n.m.p. (I 210) *the instruction of idols*

עֵץ הוּא n.m.s. (781)-demons.adj. m.s. (214) *it is wood*

10:9

כֶּסֶף מְרֻקָּע n.m.s. (494)-Pu. ptc. (רָקַע 955) *beaten silver*

מִתַּרְשִׁישׁ prep.-pr.n. (II 1076) *from Tarshish*

יוּבָא Ho. impf. 3 m.s. (בּוֹא 97) *is brought*

וְזָהָב conj.-n.m.s. (262) *and gold*

מֵאוּפָז prep.-pr.n. (20) *from Uphaz* LXX-Μωφατ

מַעֲשֵׂה חָרָשׁ n.m.s. cstr. (795)-n.m.s. (360) *the work of the craftsman* (LXX-tr.infra)

וִידֵי צוֹרֵף conj.-n.f. du. cstr. (388)-Qal act.ptc. (צָרַף 864) *and of the hands of the goldsmith* (LXX-tr.infra)

תְּכֵלֶת n.f.s. (1067) *violet*

וְאַרְגָּמָן conj.-n.m.s. (71) *and purple*

לְבוּשָׁם n.m.s.-3 m.p. sf. (528) *their clothing*

מַעֲשֵׂה חֲכָמִים v.supra-adj. m.p. (314) *the work of skilled men*

כֻּלָּם n.m.s.-3 m.p. sf. (481) *all of them*

10:10 (LXX>)

וַיהוָה conj.-pr.n. (217) *but Yahweh*

אֱלֹהִים אֱמֶת n.m.p. (43)-n.f.s. as adv. (54) *is God in truth*

הוּא־אֱלֹהִים חַיִּים pers.pr. 3 m.s. (214)-n.m.p. (43)-adj. m.p. (I 311) *he is the living God*

וּמֶלֶךְ עוֹלָם conj.-n.m.s. cstr. (I 572)-n.m.s. (761) *and the everlasting King*

מִקִּצְפּוֹ prep.-n.m.s.-3 m.s. sf. (893) *at his wrath*

תִּרְעַשׁ הָאָרֶץ Qal impf. 3 f.s. (רָעַשׁ 950)-def.art.-n.f.s. (75) *the earth quakes*

וְלֹא־יָכִלוּ conj.-neg.-Hi. impf. 3 m.p. (כּוּל 465) *and cannot endure*

גוֹיִם n.m.p. (156) *nations*

זַעְמוֹ n.m.s.-3 m.s. sf. (276) *his indignation*

10:11 (GK 1c)

כִּדְנָה prep.-demons.pr. (1088) *thus*

תֵּאמְרוּן Peal impf. 2 m.p. (אֲמַר 1081) *shall you say*

לְהוֹם prep.-3 m.p. sf. *to them*

אֱלָהַיָּא n.m.p.-def.art. (1080) *the gods*

דִּי־שְׁמַיָּא rel.part. (1087)-n.m.p.-def.art. (1116) *that the heavens*

וְאַרְקָא conj.-n.f.s.-def.art. (1083) *and the earth*

לָא עֲבַדוּ neg.-Peal pf. 3 m.p. (עֲבַד 1104) *did not make*

יֵאבַדוּ Peal impf. 3 m.p. (אֲבַד 1078) *shall perish*

מֵאַרְעָא prep.-n.f.s.-def.art. (1083) *from the earth*

וּמִן־תְּחוֹת conj.-prep.-prep. (1117) *and from under*

שְׁמַיָּא n.m.p.-def.art. (1116) *the heavens*

אֵלֶּה demons.pr. p. (1080) *these*

10:12

עֹשֵׂה Qal act.ptc. (עָשָׂה I 793) *it is he who made* (LXX+κύριος)

אֶרֶץ n.f.s. (75) *the earth*

בְּכֹחוֹ prep.-n.m.s.-3 m.s. sf. (470) *by his power*

מֵכִין Hi. ptc. (כּוּן I 465) *who established*

תֵּבֵל n.f.s. (385) *the world*

בְּחָכְמָתוֹ prep.-n.f.s.-3 m.s. sf. (315) *by his wisdom*

וּבִתְבוּנָתוֹ conj.-prep.-n.f.s.-3 m.s. sf. (108) *and by his understanding*

נָטָה Qal pf. 3 m.s. (639) *he stretched out*

שָׁמָיִם n.m. du. (1029) *the heavens*

10:13

לְקוֹל תִּתּוֹ prep.-n.m.s. cstr. (876)-Qal inf.cstr.-3 m.s. sf. נָתַן 678) *when he utters his voice* (LXX>)

הֲמוֹן מַיִם n.m.s. cstr. (242)-n.m.p. (565) *a tumult of waters*

בַּשָּׁמַיִם prep.-def.art.-n.m.s. (1029) *in the heavens*

וַיַּעֲלֶה consec.-Hi. impf. 3 m.s. (עָלָה 748) *and he makes rise*

נְשִׂאִים n.m.p. (II 672) *the mist*

מִקְצֵה אָרֶץ prep.-n.m.s. cstr. (892)-def.art.-n.f.s. (75; Qere-הָאָרֶץ) *from the ends of the earth*

בְּרָקִים n.m.p. (140) *lightnings*

לַמָּטָר prep.-def.art.-n.m.s. (564) *for the rain*

עָשָׂה Qal pf. 3 m.s. (I 793) *he makes*

וַיּוֹצֵא consec.-Hi. impf. 3 m.s. (יָצָא 422) *and he brings forth*

רוּחַ n.f.s. (924) *the wind* (LXX-φῶς)

מֵאֹצְרֹתָיו prep.-n.m.p.-3 m.s. sf.(69) *from his storehouses*

10:14

נִבְעַר Ni. pf. 3 m.s. (בָּעַר II 129) *is stupid*

כָּל־אָדָם n.m.s. cstr. (481)-n.m.s. (9) *every man*

מִדַּעַת prep.-n.f.s. (395) *without knowledge*

הֹבִישׁ Hi. pf. 3 m.s. (בּוֹשׁ 101) *is put to shame*

כָּל־צוֹרֵף n.m.s. cstr. (481)-Qal act.ptc. (צָרַף 864) *every goldsmith*

מִפֶּסֶל prep.-n.m.s. paus. (820) *by his idols*

כִּי שֶׁקֶר conj.-n.m.s. (1055) *for are false*

נִסְכּוֹ n.m.s.-3 m.s. sf. (651) *his images*

וְלֹא־רוּחַ בָּם conj.-neg.-n.f.s. (924)-prep.-3 m.p. sf. *and there is no breath in them*

10:15

הֶבֶל הֵמָּה n.m.s.(I 210)-pers.pr. 3 m.p. (241) *they are worthless*

מַעֲשֵׂה n.m.s. cstr. (795) *a work of* (LXX-ἔργα works = מַעֲשֵׂי)

תַּעְתֻּעִים n.m.p. (1074) *delusion*

בְּעֵת prep.-n.f.s. cstr. (773) *at the time of*

פְּקֻדָּתָם n.f.s.-3 m.p. sf. (824) *their punishment*

יֹאבֵדוּ Qal impf. 3 m.p. paus. (אָבַד 1) *they shall perish*

10:16

לֹא־כְאֵלֶּה neg.-prep.-demons.adj. c.p. (41) *not like these*

חֵלֶק יַעֲקֹב n.m.s. cstr. (324)-pr.n. (784) *the portion of Jacob*

10:16 (continued)

כִּי־יוֹצֵר conj.-Qal act.ptc. (יָצַר 427) *for the one who formed*

הַכֹּל def.art.-n.m.s. (481) *all things*

הוּא pers.pr. 3 m.s. (214) *he is*

וְיִשְׂרָאֵל conj.-pr.n. (975) *and Israel* (LXX>)

שֵׁבֶט נַחֲלָתוֹ n.m.s. cstr. (985; LXX>)-n.f.s.-3 m.s. sf. (635) *the tribe of his inheritance*

יְהוָה צְבָאוֹת pr.n. (217)-pr.n. (838) *Yahweh of hosts*

שְׁמוֹ n.m.s.-3 m.s. sf. (1027) *is his name*

10:17

אִסְפִּי Qal impv. 2 f.s. (אָסַף 62; GK 46d) *gather up* (LXX-συνήγαγεν)

מֵאֶרֶץ prep.-n.f.s. (75) *from the ground* (LXX-ἔξωθεν=מִחוּץ)

כִּנְעָתֵךְ n.f.s.-2 f.s. sf. (488) *your bundle*

יֹשַׁבְתִּי Qal act.ptc. f.s. (יָשַׁב 442; GK 90n) *O you who dwell* (K-יֹשַׁבְתִּי)

בַּמָּצוֹר prep.-def.art.-n.m.s. (848) *under siege* (LXX-ἐν ἐκλεκτοῖς)

10:18

כִּי־כֹה conj.-adv. (462) *for thus*

אָמַר יְהוָה Qal pf. 3 m.s. (55)-pr.n. (217) *says Yahweh*

הִנְנִי demons.part.-1 c.s. sf. (243) *behold, I*

קוֹלֵעַ Qal act.ptc. (קָלַע I 887) *am slinging out*

אֶת־יוֹשְׁבֵי dir.obj.-Qal act.ptc. m.p. cstr. (442) *the inhabitants of*

הָאָרֶץ def.art.-n.f.s. (75) *the land*

בַּפַּעַם הַזֹּאת prep.-def.art.-n.f.s. (821; LXX>)-def.art.-demons.adj. f.s. (260) *at this time*

וַהֲצֵרוֹתִי conj.-Hi. pf. 1 c.s. (צָרַר 864; GK 67ee) *and I will bring distress* (LXX-ἐν θλίψει)

לָהֶם prep.-3 m.p. sf. *on them*

לְמַעַן יִמְצָאוּ prep. (775)-Qal impf. 3 m.p. paus. (592) *that they may feel it* (LXX-εὑρεθῇ)

10:19

אוֹי לִי interj. (17)-prep.-1 c.s. sf. *woe is me*

עַל־שִׁבְרִי prep.-n.m.s.-1 c.s. sf. (991) *because of my hurt*

נַחְלָה מַכָּתִי Ni. ptc. f.s.(חָלָה I 317; GK 63c)-n.f.s.-1 c.s. sf. (646) *my wound is grievous*

וַאֲנִי אָמַרְתִּי conj.-pers.pr. 1 c.s. (58)-Qal pf. 1 c.s. (55) *but I said*

אַךְ זֶה adv. (36)-demons.adj. m.s. (260) *truly this is*

חֳלִי n.m.s. (318; GK 126y; LXX and many others with 1 c.s. sf.) *an affliction*

וְאֶשָּׂאֶנּוּ conj.-Qal impf. 1 c.s.-3 m.s. sf. (נשׂא 669) *and I must bear it*

10:20

אָהֳלִי n.m.s.-1 c.s. sf. (13) *my tent*

שֻׁדָּד Pu. pf. 3 m.s. paus. (שׁדד 994) *is destroyed*

וְכָל־מֵיתָרַי conj.-n.m.s. cstr. (481)-n.m.p.-1 c.s. sf. (452) *and all my cords*

נִתָּקוּ Ni. pf. 3 c.p. paus. (נתק 683) *are broken*

בָּנַי n.m.p.-1 c.s. sf. (119) *my children*

יְצָאֻנִי Qal pf. 3 c.p.-1 c.s. sf. (יצא 422) *have gone from me* LXX-καὶ τὰ πρόβατά μου

וְאֵינָם conj.-subst.-3 m.p. sf. (II 34) *and they are not*

אֵין־נֹטֶה subst.cstr. (II 34)-Qal act.ptc. (נטה 639) *there is no one to spread*

עוֹד adv. (728) *again*

אָהֳלִי n.m.s.-1 c.s. sf. (13) *my tent*

וּמֵקִים conj.-Hi. ptc. (קום 877) *and to set up*

יְרִיעוֹתָי n.f.p.-1 c.s. sf. paus. (438) *my curtains*

10:21

כִּי נִבְעֲרוּ conj.-Ni. pf. 3 c.p. (בער II 129) *for are stupid*

הָרֹעִים def.art.-Qal act.ptc. m.p. (רעה I 944) *the shepherds*

וְאֶת־יְהוָה conj.-dir.obj.-pr.n. (217) *and of Yahweh*

לֹא דָרָשׁוּ neg.-Qal pf. 3 c.p. paus. (דרשׁ 205) *they do not inquire*

עַל־כֵּן prep.-adv. (485) *therefore*

לֹא הִשְׂכִּילוּ neg.-Hi. pf. 3 c.p. (שׂכל 968) *they have not prospered*

וְכָל־מַרְעִיתָם conj.-n.m.s. cstr. (481)-n.f.s.-3 m.p. sf. (945) *and all their flock*

נָפוֹצָה Ni. pf. 3 f.s. (פוץ I 806) *is scattered*

10:22

קוֹל n.m.s. (876; GK 146b) *hark*

שְׁמוּעָה n.f.s. (1035) *a rumor*

הִנֵּה בָאָה demons.part. (243)-Qal pf. 3 f.s. (בוא 97) *behold, it comes*

וְרַעַשׁ גָּדוֹל conj.-n.m.s. (950)-adj. m.s. (152) *and a great commotion*

מֵאֶרֶץ צָפוֹן prep.-n.f.s. cstr. (75)-n.m.s. (860) *out of the north country*

לָשׂוּם prep.-Qal inf.cstr. (962) *to make*

אֶת־עָרֵי יְהוּדָה dir.obj.-n.f.p. cstr. (746)-pr.n. (397) *the cities of Judah*

שְׁמָמָה n.f.s. (1031) *a desolation*

מְעוֹן תַּנִּים n.m.s. cstr. (I 732)-n.m.p. (1072) *a lair of jackals*

10:23

יָדַעְתִּי Qal pf. 1 c.s. (ידע 393) *I know*

יהוה pr.n. (217) *O Yahweh*

כִּי לֹא לָאָדָם conj.-neg.-prep.-n.m.s. (9) *that is not in man*

דַּרְכּוֹ n.m.s.-3 m.s. sf. (202) *his way*

לֹא־לְאִישׁ neg.-prep.-n.m.s. (35) *that it is not in man*

הֹלֵךְ Qal act.ptc. (הלך 229) *who walks*

וְהָכִין conj.-Hi. inf.cstr. (כון I 465; GK 72z) *to direct*

אֶת־צַעֲדוֹ dir.obj.-n.m.s.-3 m.s. sf. (857) *his steps*

10:24

יַסְּרֵנִי Pi. impv. 2 m.s.-1 c.s. sf. (יסר 415) *correct me* (LXX-παίδευσον ἡμᾶς=נוּ-)

יהוה pr.n. (217) *O Yahweh*

אַךְ בְּמִשְׁפָּט adv. (36)-prep.-n.m.s. (1048) *but in just measure*

אַל־בְּאַפְּךָ neg.-prep.-n.m.s.-2 m.s. sf. (I 60) *not in thy anger*

פֶּן־תַּמְעִטֵנִי conj.(814)-Hi. impf. 2 m.s.-1 c.s. sf. (589) (מעט) *lest thou bring me to nothing* (LXX-ἡμᾶς)

10:25 (cf.Ps.79:6-7)

שְׁפֹךְ Qal impv. 2 m.s. (שׁפך 1049) *pour out*

חֲמָתְךָ n.f.s.-2 m.s. sf. (404) *thy wrath*

עַל־הַגּוֹיִם prep.-def.art.-n.m.p. (156) *upon the nations*

אֲשֶׁר לֹא־יְדָעוּךָ rel. (81)-neg.-Qal pf. 3 c.p.-2 m.s. sf. (ידע 393) *that know thee not*

וְעַל מִשְׁפָּחוֹת conj.-prep.-n.f.p. (1046) *and upon the peoples*

אֲשֶׁר בְּשִׁמְךָ rel. (81)-prep.-n.m.s.-2 m.s. sf. (1027) *that on thy name*

לֹא קָרָאוּ neg.-Qal pf. 3 c.p. paus. (קרא 894) *they do not call*

כִּי־אָכְלוּ conj.-Qal pf. 3 c.p. (37) *for they have devoured*

אֶת־יַעֲקֹב dir.obj.-pr.n. (784) *Jacob*

וַאֲכָלֻהוּ conj.-Qal pf. 3 c.p.-3 m.s. sf. (אכל 37) *and they have devoured him* (LXX>)

וַיְכַלֻּהוּ consec.-Pi. impf. 3 m.p.-3 m.s. sf. (כלה I 477) *and consumed him*

וְאֶת־נָוֵהוּ conj.-dir.obj.-n.m.s.-3 m.s. sf. (627) *and his habitation*

הֵשַׁמּוּ Hi. pf. 3 c.p. (שׁמם 1030) *have laid waste*

11:1

הַדָּבָר def.art.-n.m.s. (182) *the word*

אֲשֶׁר הָיָה rel. (81)-Qal pf. 3 m.s. (224) *that came*

אֶל־יִרְמְיָהוּ prep.-pr.n. (941) *to Jeremiah*

מֵאֵת יהוה prep.-prep. (II 85)-pr.n. (217) *from Yahweh*

לֵאמֹר prep.-Qal inf.cstr. (55)*(saying)*

11:2

שִׁמְעוּ Qal impv. 2 m.p. (1033) *hear*

אֶת־דִּבְרֵי dir.obj.-n.m.p. cstr. (182) *the words of*

הַבְּרִית הַזֹּאת def.art.-n.f.s. (136)-def.art.-demons. adj. f.s. (260) *this covenant*

וְדִבַּרְתָּם conj.-Pi. pf. 2 m.s.-3 m.p. sf. (180) *and speak (them)* (LXX-καὶ λαλήσεις=תֶּם-)

אֶל־אִישׁ prep.-n.m.s. cstr. (35) *to the men of*

יְהוּדָה pr.n. (397) *Judah*

וְעַל־יֹשְׁבֵי conj.-prep.(many rd.וְאֶל)-Qal act.ptc. m.p. cstr. (442) *and the inhabitants of*

יְרוּשָׁלָ͏ִם pr.n. paus. (436) *Jerusalem*

11:3

וְאָמַרְתָּ Qal pf. 2 m.s. (55) *and you shall say*

אֲלֵיהֶם prep.-3 m.p. sf. *to them*

כֹּה־אָמַר adv. (462)-Qal pf. 3 m.s. (55) *thus says*

יהוה pr.n. (217) *Yahweh*

אֱלֹהֵי n.m.p. cstr. (43) *the God of*

יִשְׂרָאֵל pr.n. (975) *Israel*

אָרוּר Qal pass.ptc. (אָרַר 76) *Cursed*

הָאִישׁ def.art.-n.m.s. (35) *the man*

אֲשֶׁר rel. (81) *who*

לֹא יִשְׁמַע neg.-Qal impf. 3 m.s. (1033) *does not heed*

אֶת־דִּבְרֵי dir.obj.-n.m.p. cstr. (182) *the words of*

הַבְּרִית הַזֹּאת v.supra *this covenant*

11:4

אֲשֶׁר צִוִּיתִי rel. (81)-Pi. pf. 1 c.s. (צָוָה 845) *which I commanded*

אֶת־אֲבוֹתֵיכֶם dir.obj.-n.m.p.-2 m.p. sf. (3) *your fathers*

בְּיוֹם הוֹצִיאִי prep.-n.m.s. cstr. (398)-Hi. inf.cstr. -1 c.s. sf. (יָצָא 422) *when I brought*

אוֹתָם dir.obj.-3 m.p. sf. *them*

מֵאֶרֶץ prep.-n.f.s. cstr. (75) *out of the land of*

מִצְרַיִם pr.n. (595) *Egypt*

מִכּוּר הַבַּרְזֶל prep.-n.m.s. cstr. (468)-def.art. -n.m.s. (137) *from the iron furnace*

לֵאמֹר prep.-Qal inf.cstr. (55) *saying*

שִׁמְעוּ Qal impv. 2 m.p. (1033) *listen*

בְּקוֹלִי prep.-n.m.s.-1 c.s. sf. (876) *to my voice*

וַעֲשִׂיתֶם conj.-Qal pf. 2 m.p. (עָשָׂה I 793) *and do*

אוֹתָם dir.obj.-3 m.p. sf. *them* (LXX>)

כְּכֹל prep.-n.m.s. (481) *according to all*

אֲשֶׁר־אֲצַוֶּה rel. (81)-Pi. impf. 1 c.s. (צָוָה 845) *that I command*

אֶתְכֶם dir.obj.-2 m.p. sf. *you*

וִהְיִיתֶם לִי conj.-Qal pf. 2 m.p. (הָיָה 224) -prep.-1 c.s. sf. *so shall you be to me*

לְעָם prep.-n.m.s. (I 766) *a people*

וְאָנֹכִי conj.-pers.pr. 1 c.s. (59) *and I*

אֶהְיֶה Qal impf. 1 c.s. (הָיָה 224) *will be*

לָכֶם prep.-2 m.p. sf. *your*

לֵאלֹהִים prep.-n.m.p. (43) *God*

11:5

לְמַעַן הָקִים prep. (775)-Hi. inf.cstr. (קוּם 877) *that I may perform*

אֶת־הַשְּׁבוּעָה dir.obj.-def.art.-n.f.s. (989) *the oath*

אֲשֶׁר־נִשְׁבַּעְתִּי rel. (81)-Ni. pf. 1 c.s. (שָׁבַע 989) *which I swore*

לַאֲבוֹתֵיכֶם prep.-n.m.p.-2 m.p. sf. (3) *to your fathers*

לָתֵת prep.-Qal inf.cstr. (נָתַן 678) *to give*

לָהֶם prep.-3 m.p. sf. *them*

אֶרֶץ n.f.s. (75) *a land*

זָבַת Qal act.ptc. f.s. cstr. (זוב 264) *flowing with*

חָלָב n.m.s. (316) *milk*

וּדְבָשׁ conj.-n.m.s. (185) *and honey*

כַּיּוֹם הַזֶּה prep.-def.art.-n.m.s. (398)-def.art. -demons.adj. m.s. (260) *as at this day*

וָאַעַן consec.-Qal impf. 1 c.s. (עָנָה I 772) *then I answered*

וָאֹמַר consec.-Qal impf. 1 c.s. (אָמַר 55) *(and said)*

אָמֵן adv. (53) *so be it*

יהוה pr.n. (217) *Yahweh*

11:6

וַיֹּאמֶר consec.-Qal impf. 3 m.s. (55) *and said*

יהוה pr.n. (217) *Yahweh*

אֵלַי prep.-1 c.s. sf. *to me*

קְרָא Qal impv. 2 m.s. (קָרָא 894) *proclaim*

אֶת־כָּל dir.obj.-n.m.s. cstr. (481) *all* (LXX>)

הַדְּבָרִים def.art.-n.m.p. (182) *words*

הָאֵלֶּה def.art.-demons.adj. c.p. (41) *these*

בְּעָרֵי prep.-n.f.p. cstr. (746) *in the cities of*

יְהוּדָה pr.n. (397) *Judah*

וּבְחֻצוֹת conj.-prep.-n.m.p. cstr. (299) *and in the streets of*

יְרוּשָׁלַ͏ִם pr.n. (436) *Jerusalem*

לֵאמֹר prep.-Qal inf.cstr. (55) *(saying)*

שִׁמְעוּ Qal impv. 2 m.p. (1033) *hear*

אֶת־דִּבְרֵי dir.obj.-n.m.p. cstr. (182) *the words of*

הַבְּרִית הַזֹּאת def.art.-n.f.s. (136)-def.art.-demons. adj. f.s. (260) *this covenant*

וַעֲשִׂיתֶם conj.-Qal pf. 2 m.p. (עשׂה I 793) *and do*

אוֹתָם dir.obj.-3 m.p. sf. *them*

11:7

כִּי הָעֵד הַעִדֹתִי conj.-Hi. inf.abs. (עוד 729)-Hi. pf. 1 c.s. (עוד 729; GK 113k) *for I solemnly warned*

בַּאֲבוֹתֵיכֶם prep.-n.m.p.-2 m.p. sf. (3) *your fathers*

בְּיוֹם prep.-n.m.s. cstr. (398) *when*

הַעֲלוֹתִי Hi. inf.cstr.-1 c.s. sf. (עלה 748) *I brought up*

אוֹתָם dir.obj.-3 m.p. sf. *them*

מֵאֶרֶץ prep.-n.f.s. cstr. (75) *out of the land of*

מִצְרַיִם pr.n. (595) *Egypt*

וְעַד־ conj.-prep. *even to*

הַיּוֹם הַזֶּה def.art.-n.m.s. (398)-def.art.-demons. adj. m.s. (214) *this day*

הַשְׁכֵּם וְהָעֵד Hi. inf.abs. as adv. (שׁכם 1014) -conj.-Hi. inf.abs. (עוד 729) *warning persistently*

לֵאמֹר prep.-Qal inf.cstr. (55) *saying*

שִׁמְעוּ Qal impv. 2 m.p. (1033) *obey*

בְּקוֹלִי prep.-n.m.s.-1 c.s. sf. (876) *my voice*

11:8

וְלֹא שָׁמְעוּ conj.-neg.-Qal pf. 3 c.p. (1033) *yet they did not obey*

וְלֹא־הִטּוּ conj.-neg.-Hi. pf. 3 c.p. (נטה 639) *or incline*

אֶת־אָזְנָם dir.obj.-n.f.s.-3 m.p. sf. (23) *their ear*

וַיֵּלְכוּ consec.-Qal impf. 3 m.p. (הלך 229) *but walked*

אִישׁ n.m.s. (35) *every man*

בִּשְׁרִירוּת prep.-n.f.s. cstr. (1057) *in the stubbornness of*

לִבָּם n.m.s.-3 m.p. sf. (524) *their ... heart*

הָרָע def.art.-adj. m.s. (948) *evil*

וָאָבִיא consec.-Hi. impf. 1 c.s. (בוא 97) *therefore I brought*

עֲלֵיהֶם prep.-3 m.p. sf. *upon them*

אֶת־כָּל־דִּבְרֵי dir.obj.-n.m.s. cstr. (481)-n.m.p. cstr. (182) *all the words of*

הַבְּרִית הַזֹּאת def.art.-n.f.s. (136)-def.art.-demons. adj. f.s. (260) *this covenant*

אֲשֶׁר־צִוִּיתִי rel. (81)-Pi. impf. 1 c.s. (צוה 845) *which I commanded*

לַעֲשׂוֹת prep.-Qal inf.cstr. (עשׂה I 793) *to do* (LXX>v.8 to here)

וְלֹא עָשׂוּ conj.-neg.-Qal pf. 3 c.p. (עשׂה I 793) *but they did not*

11:9

וַיֹּאמֶר consec.-Qal impf. 3 m.s. (55) *again said*

יהוה pr.n. (217) *Yahweh*

אֵלַי prep.-1 c.s. sf. paus. *to me*

נִמְצָא Ni. pf. 3 m.s. (מצא 592) *there is*

קֶשֶׁר n.m.s. (905) *revolt*

בְּאִישׁ prep.-n.m.s. cstr. (35) *among the men of*

יְהוּדָה pr.n. (397) *Judah*

וּבְיֹשְׁבֵי conj.-prep.-Qal act.ptc. m.p. cstr. (ישׁב 442) *and the inhabitants of*

יְרוּשָׁלָם pr.n. paus. (436) *Jerusalem*

11:10

שָׁבוּ Qal pf. 3 c.p. (שׁוב 996) *they have turned back*

עַל־עֲוֹנֹת prep.-n.m.p. cstr. (730) *to the iniquities of*

אֲבוֹתָם הָרִאשֹׁנִים n.m.p.-3 m.p. sf. (3)-def.art. -adj. m.p. (911) *their forefathers*

אֲשֶׁר מֵאֲנוּ rel. (81)-Pi. pf. 3 c.p. (מאן 549) *who refused*

לִשְׁמוֹעַ prep.-Qal inf.cstr. (1033) *to hear*

אֶת־דְּבָרַי dir.obj.-n.m.p.-1 c.s. sf. (182) *my words*

וְהֵמָּה conj.-pers.pr. 3 m.p. (241) *and they* (LXX-καὶ ἰδοὺ αὐτοί=וְהִנֵּה הֵמָּה)

הָלְכוּ Qal pf. 3 c.p. (הלך 229) *have gone*

אַחֲרֵי prep.cstr. (29) *after*

אֱלֹהִים אֲחֵרִים n.m.p. (43)-adj. m.p. (29) *other gods*

לְעָבְדָם prep.-Qal inf.cstr.-3 m.p. sf. (712) *to serve them*

הֵפֵרוּ Hi. pf. 3 c.p. (פרר I 830) *have broken*

בֵּית־יִשְׂרָאֵל n.m.s. cstr. (108)-pr.n. (975) *the house of Israel*

וּבֵית יְהוּדָה conj.-v.supra-pr.n. (397) *and the house of Judah*

אֶת־בְּרִיתִי dir.obj.-n.f.s.-1 c.s. sf. (136) *my covenant*

אֲשֶׁר כָּרַתִּי rel. (81)-Qal pf. 1 c.s. (כרת 503) *which I made*

אֶת־אֲבוֹתָם prep. (II 85)-n.m.p.-3 m.p. sf. (3) *with their fathers*

11:11

לָכֵן prep.-adv. (485) *therefore*

כֹּה אָמַר adv. (462)-Qal pf. 3 m.s. (55) *thus says*

יהוה pr.n. (217) *Yahweh*

הִנְנִי demons.part.-1 c.s. sf. (243) *behold, I*

מֵבִיא Hi. ptc. בּוֹא 97) *am bringing*

אֲלֵיהֶם prep.-3 m.p. sf. *upon them* (LXX-ἐπὶ τὸν λαὸν τοὗτον=(עַל־הָעָם הַזֶּה)

רָעָה adj. f.s. (I 948) *evil*

אֲשֶׁר לֹא־יוּכְלוּ rel. (81)-Qal impf. 3 m.p. (יָכֹל 407) *which they cannot*

לָצֵאת prep.-Qal inf.cstr. יָצָא 422) *escape*

מִמֶּנָּה prep.-3 f.s. sf. *(from it)*

וְזָעֲקוּ conj.-Qal pf. 3 c.p. (זָעַק 277) *though they cry*

אֵלַי prep.-1 c.s. sf. *to me*

וְלֹא אֶשְׁמַע conj.-neg.-Qal impf. 1 c.s. (1033) *I will not listen*

אֲלֵיהֶם prep.-3 m.p. sf. *to them*

11:12

וְהָלְכוּ conj.-Qal pf. 3 c.p. (הָלַךְ 229) *then will go*

עָרֵי יְהוּדָה n.f.p. cstr. (746)-pr.n. (397) *the cities of Judah*

וְישְׁבֵי conj.-Qal act.ptc. m.p. cstr. (יָשַׁב 442) *and the inhabitants of*

יְרוּשָׁלַם pr.n. (436) *Jerusalem*

וְזָעֲקוּ conj.-Qal pf. 3 c.p. (זָעַק 277) *and cry*

אֶל־הָאֱלֹהִים prep.-def.art.-n.m.p. (43) *to the gods*

אֲשֶׁר הֵם rel. (81)-pers. pr. 3 m.p. (241) *to whom they*

מְקַטְּרִים Pi. ptc. m.p. (קָטַר 882) *burn incense*

לָהֶם prep.-3 m.p. sf. *(to them)*

וְהוֹשֵׁעַ לֹא־יוֹשִׁיעוּ conj.-Hi. inf.abs. (יָשַׁע 446)-neg.-Hi. impf. 3 m.p. (יָשַׁע 446) *but they cannot save*

לָהֶם prep.-3 m.p. sf. *them*

בְּעֵת prep.-n.f.s. cstr. (773) *in the time of*

רָעָתָם n.f.s.-3 m.p. sf. (947) *their trouble*

11:13

כִּי מִסְפַּר conj.-n.m.s. cstr. (708) *for the number of* (cf.2:28)

עָרֶיךָ n.f.p.-2 m.s. sf. (746) *your cities*

הָיוּ Qal pf. 3 c.p. (הָיָה 224) *have become*

אֱלֹהֶיךָ n.m.p.-2 m.s. sf. (43) *your gods*

יְהוּדָה pr.n. (397) *O Judah*

וּמִסְפַּר conj.-v.supra *and the number of*

חֻצוֹת n.m.p. cstr. (299) *the streets of*

יְרוּשָׁלַם pr.n. (436) *Jerusalem*

שַׂמְתֶּם Qal pf. 2 m.p. (שׂוּם 962) *you have set*

מִזְבְּחוֹת n.m.p. (258) *altars* (LXX>)

לַבֹּשֶׁת prep.-def.art.-n.f.s. (102) *to shame* (LXX>)

מִזְבְּחוֹת v.supra *altars*

לְקַטֵּר prep.-Pi. inf.cstr. (882) *to burn incense*

לַבַּעַל prep.-def.art.-n.m.s. paus. (127) *to Baal*

11:14

וְאַתָּה conj.-pers.pr. 2 m.s. (61) *therefore, you*

אַל־תִּתְפַּלֵּל neg.-Hith. impf. 2 m.s. (813) *do not pray*

בְּעַד־ prep.-prep. (III 723) *for*

הָעָם הַזֶּה def.art.-n.m.s. (I 766)-def.art.-demons. adj. m.s. (260) *this people*

וְאַל־תִּשָּׂא conj.-neg.-Qal impf. 2 m.s. (נָשָׂא 669) *or lift up*

בַעֲדָם prep.-prep.-3 m.p. sf. (III 723) *on their behalf*

רִנָּה n.f.s. (943) *a cry*

וּתְפִלָּה conj.-n.f.s. (813) *or prayer*

כִּי אֵינֶנִּי conj.-subst.-1 c.s. sf. (II 34) *for I will not*

שֹׁמֵעַ Qal act.ptc. (1033) *listen*

בְּעֵת prep.-n.f.s. cstr. (773) *when (in a time of)*

קָרְאָם Qal inf.cstr.-3 m.p. sf. (קָרָא 894) *they call*

אֵלַי prep.-1 c.s. sf. *to me*

בְּעַד prep.-prep. (III 723) (rd. prb. בְּעֵת v.11:12 as prep.-n.f.s. cstr. (773) *in the time of*)

רָעָתָם n.f.s.-3 m.p. sf. (947) *their trouble*

11:15

מֶה לִידִידִי interr. (552)-prep.-adj.-1 c.s. sf. (391) *what right has my beloved* (LXX-τί ἡ ἠγαπημένη)

בְּבֵיתִי prep.-n.m.s.-1 c.s. sf. (108) *in my house*

עֲשׂוֹתָהּ Qal inf.cstr.-3 f.s. sf. (עָשָׂה I 793) *when she has done* (LXX-ἐποίησεν עָשְׂתָה)

הַמְזִמָּתָה def.art.-n.f.s. (273; GK 90g) *vile deeds*

הָרַבִּים def.art.-adj. m.p. (I 912) *(many)* (LXX-μὴ εὐχαὶ)

וּבְשַׂר־קֹדֶשׁ conj.-n.m.s. cstr. (142)-n.m.s. (871) *and sacrificial flesh*

יַעַבְרוּ מֵעָלָיךְ Qal impf. 3 m.p. (עָבַר 716; GK 53n)-prep.-2 m.s. sf. paus. *avert your doom*

כִּי רָעָתְכִי conj.-n.f.s.-2 f.s. sf. (txt.dub. 949; GK 91e) *(your doom)* (LXX-τὰς κακίας σου)

אָז תַּעֲלֹזִי adv. (23)-Qal impf. 2 f.s. (עָלַז 759) *can you then exult?*

11:16

זַיִת רַעֲנָן n.m.s. (268)-adj. m.s. (947) *a green olive tree*

יְפֵה פְרִי־תֹאַר adj. m.s. cstr. (421; GK 84a)-n.m.s. cstr. (826)-n.m.s. (1061; LXX>) *fair with goodly fruit*

קָרָא יהוה Qal pf. 3 m.s. (894)-pr.n. (217) *Yahweh called*

255

שְׁמֵךְ n.m.s.-2 f.s. sf. (1027) *your name*

לְקוֹל prep.-n.m.s. cstr. (876) *but with a roar of*

הֲמוּלָה גְדֹלָה n.f.s. (242)-adj. f.s. (152) *a great tempest*

הִצִּית אֵשׁ Hi. pf. 3 m.s. (יצת 428)-n.f.s. (77) *he will set fire*

עָלֶיהָ prep.-3 f.s. sf. *to it*

וְרָעוּ conj.-Qal pf. 3 c.p. (רעע II 949) *and will be consumed*

דָּלִיּוֹתָיו n.f.p.-3 m.s. sf. (194) *its branches*

11:17

וַיהוָה צְבָאוֹת conj.-pr.n. (217)-pr.n. (838) *and Yahweh of hosts*

הַנּוֹטֵעַ אוֹתָךְ def.art.-Qal act.ptc. (642)-dir. obj.-2 f.s. sf. *who planted you*

דִּבֶּר עָלַיִךְ רָעָה Pi. pf. 3 m.s. (180)-prep.-2 f.s. sf.-n.f.s. (949) *has pronounced evil against you*

בִּגְלַל prep.-n.m.s. cstr. (I 164) *because of*

רָעַת n.f.s. cstr. (949) *the evil of*

בֵּית־יִשְׂרָאֵל n.m.s. cstr. (108)-pr.n. (975) *the house of Israel*

וּבֵית יְהוּדָה conj.-v.supra-pr.n. (397) *and the house of Judah*

אֲשֶׁר עָשׂוּ לָהֶם rel. (81)-Qal pf. 3 c.p. (עשׂה I 793)-prep.-3 m.p. sf. *which have done (to them)*

לְהַכְעִסֵנִי prep.-Hi. inf.cstr.-1 c.s. sf. (כעס 494) *provoking me to anger*

לְקַטֵּר prep.-Pi. inf.cstr. (קטר 882) *by burning incense*

לַבָּעַל prep.-def.art.-n.m.s. paus. (127) *to Baal*

11:18

וַיהוָה conj. (LXX>)-pr.n. (217) *and Yahweh*

הוֹדִיעֵנִי Hi. pf. 3 m.s.-1 c.s. sf. (ידע 393) *made it known to me* (LXX-γνώρισόν μοι)

וָאֵדָעָה consec.-Qal impf. 1 c.s. paus. (ידע 393) *and I knew*

אָז הִרְאִיתַנִי adv. (23)-Hi. pf. 2 m.s.-1 c.s. sf. (906 ראה) *then thou didst show me* (LXX-τότε εἶδον=רָאִיתִי)

מַעַלְלֵיהֶם n.m.p.-3 m.p. sf. (760) *their evil deeds*

11:19

וַאֲנִי conj.-pers.pr. 1 c.s. (58) *but I*

כְּכֶבֶשׂ אַלּוּף prep.-n.m.s. (461)-adj. m.s. (I 48) *like a gentle lamb*

יוּבַל Ho. impf. 3 m.s. (יבל 384) *led*

לִטְבּוֹחַ prep.-Qal inf.cstr. (טבח 370; GK 45g) *to the slaughter*

וְלֹא־יָדַעְתִּי conj.-neg.-Qal pf. 1 c.s. (ידע 393) *and I did not know*

כִּי־עָלַי conj.-prep.-1 c.s. sf. (II 752) *that it was against me*

חָשְׁבוּ Qal pf. 3 c.p. (חשׁב 362) *they devised*

מַחֲשָׁבוֹת n.f.p. (364) *schemes*

נַשְׁחִיתָה Hi. impf. 1 c.p.-coh.he (שׁחת 1007) *let us destroy* (LXX-ἐμβάλωμεν)

עֵץ n.m.s. (781) *tree*

בְּלַחְמוֹ prep.-n.m.s.-3 m.s. sf. (536) *with its fruit*

וְנִכְרְתֶנּוּ conj.-Qal impf. 1 c.p.-3 m.s. sf. (כרת 503) *and let us cut him off*

מֵאֶרֶץ חַיִּים prep.-n.f.s. cstr. (75)-n.m.p. (313) *from the land of the living*

וּשְׁמוֹ conj.-n.m.s.-3 m.s. sf. (1027) *that his name*

לֹא־יִזָּכֵר עוֹד neg.-Ni. impf. 3 m.s. (זכר 269)-adv. (728) *be remembered no more*

11:20

וַיהוָה צְבָאוֹת conj.-pr.n. (217)-pr.n. (838) *but, O Yahweh of hosts* (cf.20:12)

שֹׁפֵט צֶדֶק Qal act.ptc. (1047)-n.m.s. (841) *who judgest righteously*

בֹּחֵן Qal act.ptc. (בחן 103) *who triest*

כְּלָיוֹת וָלֵב n.f.p. (480)-conj.-n.m.s. (524) *the heart and mind*

אֶרְאֶה Qal impf. 1 c.s. (ראה 906) *let me see*

נִקְמָתְךָ n.f.s.-2 m.s. sf. (668) *thy vengeance*

מֵהֶם prep.-3 m.p. sf. *upon them*

כִּי אֵלֶיךָ conj.-prep.-2 m.s. sf. *for to thee*

גִּלִּיתִי Pi. pf. 1 c.s. (גלה 162) *have I committed*

אֶת־רִיבִי dir.obj.-n.m.s.-1 c.s. sf. (936) *my cause*

11:21

לָכֵן prep.-adv. (485) *therefore*

כֹּה־אָמַר adv. (462)-Qal pf. 3 m.s. (55) *thus says*

יְהוָה pr.n. (217) *Yahweh*

עַל־אַנְשֵׁי prep.-n.m.p. cstr. (35) *concerning the men of*

עֲנָתוֹת pr.n. (779) *Anathoth*

הַמְבַקְשִׁים def.art.-Pi. ptc. m.p. (בקשׁ 134) *who seek*

אֶת־נַפְשְׁךָ dir.obj.-n.f.s.-2 m.s. sf. (659) *your life* (LXX-τὴν ψυχήν μου=נַפְשִׁי)

לֵאמֹר prep.-Qal inf.cstr. (55) *and say*

לֹא תִנָּבֵא neg.-Ni. impf. 2 m.s. (נבא 612) *do not prophesy*

בְּשֵׁם יְהוָה prep.-n.m.s. cstr. (1027)-pr.n. (217) *in the name of Yahweh*

וְלֹא תָמוּת conj.-neg.-Qal impf. 2 m.s. (מות 559) *or you will die* LXX-εἰ δὲ μή, ἀποθανῇ

בְּיָדֵנוּ prep.-n.f.s.-1 c.p. sf. (388) *by our hand*

11:22

לָכֵן prep.-adv. (485) *therefore* (LXX>)

כֹּה אָמַר adv. (462)-Qal pf. 3 m.s. (55) *thus says* (LXX>)

יהוה צְבָאוֹת pr.n. (217)-n.m.p. (838) *Yahweh of hosts* (LXX>)

הִנְנִי demons.part.-1 c.s. sf. (243) *behold, I*

פֹּקֵד Qal act.ptc. (823) *will punish*

עֲלֵיהֶם prep.-3 m.p. sf. *them*

הַבַּחוּרִים def.art.-n.m.p. (104) *the young men*

יָמֻתוּ בַחֶרֶב Qal impf. 3 m.p. (מות 559)-prep. -def.art.-n.f.s. (352) *shall die by the sword*

בְּנֵיהֶם n.m.p.-3 m.p. sf. (119) *their sons*

וּבְנוֹתֵיהֶם conj.-n.f.p.-3 m.p. sf. (I 123) *and their daughters*

יָמֻתוּ v.supra *shall die* (LXX-τελευτήσουσιν)

בָּרָעָב prep.-def.art.-n.m.s. (944) *by famine*

11:23

וּשְׁאֵרִית לֹא תִהְיֶה לָהֶם conj.-n.f.s. (984)-neg. -Qal impf. 3 f.s. (הָיָה 224)-prep.-3 m.p. sf. *and none of them shall be left*

כִּי־אָבִיא conj.-Hi. impf. 1 c.s. (בוא 97) *for I will bring*

רָעָה n.f.s. (949) *evil*

אֶל־אַנְשֵׁי prep.-n.m.p. cstr. (35) *upon the men of*

עֲנָתוֹת pr.n. (779) *Anathoth*

שְׁנַת n.f.s. cstr. (1040) *the year of*

פְּקֻדָּתָם n.f.s.-3 m.p. sf. (824) *their punishment*

12:1

צַדִּיק אַתָּה adj. m.s. (843)-pers.pr. 2 m.s. (61) *Righteous art thou*

יהוה pr.n. (217) *O Yahweh*

כִּי אָרִיב conj.-Qal impf. 1 c.s. (ריב 936) *when I complain*

אֵלֶיךָ prep.-2 m.s. sf. *to thee*

אַךְ מִשְׁפָּטִים adv. (36)-n.m.p. (1048) *yet my case (judgments)*

אֲדַבֵּר אוֹתָךְ Pi. impf. 1 c.s. (180)-dir.obj.-2 m.s. sf. paus. *I would plead before thee*

מַדּוּעַ interr. (396) *why*

דֶּרֶךְ רְשָׁעִים n.f.s. cstr. (202)-adj. m.p. (957) *the way of the wicked*

צָלֵחָה Qal pf. 3 f.s. paus. (צלח 852) *does prosper*

שָׁלוּ Qal pf. 3 c.p. (שָׁלָה I 1017) *why thrive*

כָּל־בֹּגְדֵי בָגֶד n.m.s. cstr. (481)-Qal act.ptc. m.p. cstr. (בגד 93)-n.m.s. paus. (I 93) *all who are treacherous*

12:2

נְטַעְתָּם Qal pf. 2 m.s.-3 m.p. sf. (נטע 642) *thou plantest them*

גַּם־שֹׁרָשׁוּ adv. (168)-Po'al pf. 3 c.p. (שרש 1057) *and they take root*

יֵלְכוּ Qal impf. 3 m.p. (הָלַךְ 229) *they grow*

גַּם־עָשׂוּ פֶרִי v.supra-Qal pf. 3 c.p. (עשׂה I 793) -n.m.s. paus. (826) *and bring forth fruit*

קָרוֹב אַתָּה adj. (898)-pers.pr. 2 m.s. (61) *thou art near*

בְּפִיהֶם prep.-n.m.s.-3 m.p. sf. (804) *in their mouth*

וְרָחוֹק conj.-adj. (935) *and far*

מִכִּלְיוֹתֵיהֶם prep.-n.f.p.-3 m.p. sf. (480) *from their heart (kidneys)*

12:3

וְאַתָּה יהוה conj.-pers.pr. 2 m.s. (61)-pr.n. (217) *but thou, O Yahweh*

יְדַעְתָּנִי Qal pf. 2 m.s.-1 c.s. sf. (ידע 393) *knowest me*

תִּרְאֵנִי Qal impf. 2 m.s.-1 c.s. sf. (ראה 906) *thou seest me*

וּבָחַנְתָּ conj.-Qal pf. 2 m.s. (בחן 103) *and triest*

לִבִּי n.m.s.-1 c.s. sf. (524) *my heart*

אִתָּךְ prep.-2 m.s. sf. paus. *toward thee*

הַתִּקֵם Hi. impv. 2 m.s.-3 m.p. sf. (683) (נתק) *pull them out*

כְּצֹאן prep.-n.f.s. (838) *like sheep*

לְטִבְחָה prep.-n.f.s. (370) *for the slaughter*

וְהַקְדִּשֵׁם conj.-Hi. impv. 2 m.s.-3 m.p. sf. (קדשׁ 872) *and set them apart*

לְיוֹם הֲרֵגָה prep.-n.m.s. cstr. (398)-n.f.s. (247) *for the day of slaughter*

12:4

עַד־מָתַי prep. (III 723)-interr. (607) *how long*

תֶּאֱבַל הָאָרֶץ Qal impf. 3 f.s. (5)-def.art.-n.f.s. (75) *will the land mourn*

וְעֵשֶׂב כָּל־הַשָּׂדֶה conj.-n.m.s. cstr. (793)-n.m.s. cstr. (481)-def.art.-n.m.s. (961) *and the grass of every field*

יִיבָשׁ Qal impf. 3 m.s. (יבשׁ 386) *wither*

מֵרָעַת prep.-n.f.s. cstr. (949) *for the wickedness of*

יֹשְׁבֵי־בָהּ Qal act.ptc. m.p. cstr. (ישׁב 442) -prep.-3 f.s. sf. *those who dwell in it*

סָפְתָה Qal pf. 3 f.s. (סָפָה 705; GK 145k) *are swept away*

בְּהֵמוֹת n.f.p. (96) *beasts*

וָעוֹף conj.-n.m.s. (733) *and birds*

257

כִּי אָמְרוּ conj.-Qal pf. 3 c.p. (55) *because men said*

לֹא יִרְאֶה neg.-Qal impf. 3 m.s. (רָאָה 906) *he will not see*

אֶת־אַחֲרִיתֵנוּ dir.obj.-n.f.s.-1 c.p. sf. (31) *our latter end*

12:5

כִּי אֶת־רַגְלִים conj.-dir.obj.-n.f.p. (919) *if on foot*

רַצְתָּה Qal pf. 2 m.s. (רוּץ 930) *you have raced*

וַיַּלְאוּךָ consec.-Hi. impf. 3 m.p.-2 m.s. sf. (לָאָה 521) *and they have wearied you*

וְאֵיךְ conj.-interr.adv. (32) *how*

תְּתַחֲרֶה Hithpa'el impf. 2 m.s. (חָרָה 354; GK 55k) *will you compete*

אֶת־הַסּוּסִים dir.obj.-def.art.-n.m.p. (692) *with horses*

וּבְאֶרֶץ שָׁלוֹם conj.-prep.-n.f.s. cstr. (75)-n.m.s. (1022) *and if in a safe land*

אַתָּה בוֹטֵחַ pers.pr. 2 m.s. (61)-Qal act.ptc. (בָּטַח I 105) *you trust*

וְאֵיךְ תַּעֲשֶׂה conj.-v.supra-Qal impf. 2 m.s. (עָשָׂה 793) *how will you do*

בִּגְאוֹן הַיַּרְדֵּן prep.-n.m.s. cstr. (144)-def.art.-pr.n. (434) *in the jungle of the Jordan*

12:6

כִּי גַם־ conj.-adv. (168) *for even*

אַחֶיךָ n.m.p.-2 m.s. sf. (26) *your brothers*

וּבֵית־אָבִיךָ conj.-n.m.s. cstr. (108)-n.m.s.-2 m.s. sf. (3) *and the house of your father*

גַּם־הֵמָּה adv. (168)-pers.pr. 3 m.p. (241) *even they*

בָּגְדוּ בָךְ Qal pf. 3 c.p. (בָּגַד 93)-prep.-2 m.s. sf. paus. *have dealt treacherously with you*

גַּם־הֵמָּה v.supra-v.supra *they*

קָרְאוּ אַחֲרֶיךָ מָלֵא Qal pf. 3 c.p. (894)-prep.-2 m.s. sf.-adj. as adv. (570) *are in full cry after you*

אַל־תַּאֲמֵן בָּם neg.-Hi. impf. 2 m.s. (אָמַן 52)-prep.-3 m.p. sf. *believe them not*

כִּי־יְדַבְּרוּ conj.-Pi. impf. 3 m.p. (דָּבַר 180) *though they speak*

אֵלֶיךָ prep.-2 m.s. sf. *to you*

טוֹבוֹת adj. f.p. (375) *fair words*

12:7

עָזַבְתִּי Qal pf. 1 c.s. (עָזַב I 736) *I have forsaken*

אֶת־בֵּיתִי dir.obj.-n.m.s.-1 c.s. sf. (108) *my house*

נָטַשְׁתִּי Qal pf. 1 c.s. (נָטַשׁ 643) *I have abandoned*

אֶת־נַחֲלָתִי dir.obj.-n.f.s.-1 c.s. sf. (635) *my heritage*

נָתַתִּי Qal pf. 1 c.s. (נָתַן 678) *I have given*

אֶת־יְדִדוּת נַפְשִׁי dir.obj.-n.f.s. cstr. (392)-n.f.s.-1 c.s. sf. (659) *the beloved of my soul*

בְּכַף אֹיְבֶיהָ prep.-n.f.s. cstr. (496)-Qal act.ptc. m.p.-3 f.s. sf. (33) *into the hands of her enemies*

12:8

הָיְתָה־לִּי Qal pf. 3 f.s. (הָיָה 224)-prep.-1 c.s. sf. *has become to me*

נַחֲלָתִי n.f.s.-1 c.s. sf. (635) *my heritage*

כְּאַרְיֵה prep.-n.m.s. (71) *like a lion*

בַיָּעַר prep.-def.art.-n.m.s. paus. (420) *in the forest*

נָתְנָה עָלַי Qal pf. 3 f.s. (נָתַן 678)-prep.-1 c.s. sf. *she has lifted against me*

בְּקוֹלָהּ prep.-n.m.s.-3 f.s. sf. (876) *her voice*

עַל־כֵּן prep.-adv. (485) *therefore*

שְׂנֵאתִיהָ Qal pf. 1 c.s.-3 f.s. sf. (971) *I hate her*

12:9

הַעַיִט צָבוּעַ interr.part.-n.m.s. (743)-adj. (840) *a speckled bird of prey?*

נַחֲלָתִי לִי n.f.s.-1 c.s. sf. (635)-prep.-1 c.s. sf. *my heritage to me*

הַעַיִט v.supra *are the birds of prey?*

סָבִיב adv. (686) *round about*

עָלֶיהָ prep.-3 f.s. sf. *against her*

לְכוּ אִסְפוּ Qal impv. 2 m.p. (הָלַךְ 229)-Qal impv. 2 m.p. (אָסַף 62) *go, assemble*

כָּל־חַיַּת הַשָּׂדֶה n.m.s. cstr. (481)-n.f.s. cstr. (I 312)-def.art.-n.m.s. (961) *all the wild beasts*

הֵתָיוּ Hi. impv. 2 m.p. (אָתָה 87; GK 68i) *bring them*

לְאָכְלָה prep.-Qal inf.cstr. (37) *to devour*

12:10

רֹעִים רַבִּים Qal act.ptc. m.p. (רָעָה I 944)-adj. m.p. (I 912) *many shepherds*

שִׁחֲתוּ Pi. pf. 3 c.p. (שָׁחַת 1007) *have destroyed*

כַרְמִי n.m.s.-1 c.s. sf. (501) *my vineyard*

בֹּסְסוּ Polel pf. 3 c.p. (בּוּם 100) *they have trampled down*

אֶת־חֶלְקָתִי dir.obj.-n.f.s.-1 c.s. sf. (324) *my portion*

נָתְנוּ Qal pf. 3 c.p. (נָתַן 678) *they have made*

אֶת־חֶלְקַת חֶמְדָּתִי dir.obj.-n.f.s. cstr. (324)-n.f.s.-1 c.s. sf. (326) *my pleasant portion*

לְמִדְבַּר שְׁמָמָה prep.-n.m.s. cstr. (184)-n.f.s. (1031) *a desolate wilderness*

12:11

שָׂמָהּ Qal pf. 3 m.s.-3 f.s. sf. (שׂום I 962) *they have made it*

לִשְׁמָמָה prep.-n.f.s. (1031) *a desolation*

אָבְלָה עָלַי Qal pf. 3 f.s. (5)-prep.-1 c.s. sf. *it mourns to me*

שְׁמֵמָה adj. f.s. (1031) *desolate*

נָשַׁמָּה Ni. pf. 3 f.s. (שׁמם 1030) *is made desolate*

כָּל־הָאָרֶץ n.m.s. cstr. (481)-def.art.-n.f.s. (75) *the whole land*

כִּי אֵין אִישׁ conj.-subst.cstr. (II 34)-n.m.s. (35) *but no man*

שָׂם עַל־לֵב Qal act.ptc. (שׂום 962)-prep.-n.m.s. (524) *lays it to heart*

12:12

עַל־כָּל־שְׁפָיִם prep.-n.m.s. cstr. (481)-n.m.p. (I 1046) *upon all the bare heights*

בַּמִּדְבָּר prep.-def.art.-n.m.s. (184) *in the desert*

בָּאוּ Qal pf. 3 c.p. (בוא 97) *have come*

שֹׁדְדִים Qal act.ptc. m.p. (994) *destroyers*

כִּי חֶרֶב conj.-n.f.s. (352) *for the sword*

לַיהוה prep.-pr.n. (217) *of Yahweh*

אֹכְלָה Qal act.ptc. f.s. (37) *devours*

מִקְצֵה־אֶרֶץ prep.-n.m.s. cstr. (892)-n.f.s. (75) *from one end of the land*

וְעַד־קְצֵה הָאָרֶץ conj.-prep. (III 723)-v. supra -def.art.-n.f.s. (75) *to the other*

אֵין שָׁלוֹם subst.cstr. (II 34)-n.m.s. (1022) *no peace*

לְכָל־בָּשָׂר prep.-n.m.s. cstr. (481)-n.m.s. (142) *to all flesh*

12:13

זָרְעוּ Qal pf. 3 c.p. (זרע 281) *they have sown*

חִטִּים n.f.p. (334) *wheat*

וְקֹצִים conj.-n.m.p. (I 881) *and thorns*

קָצָרוּ Qal pf. 3 c.p. paus. (קצר II 894) *have reaped*

נֶחְלוּ Ni. pf. 3 c.p. (חלה I 317) *they have tired themselves*

לֹא יוֹעִלוּ neg.-Hi. impf. 3 m.p. (יעל I 418) *but profit nothing*

וּבֹשׁוּ conj.-Qal pf. 3 c.p. (בושׁ 101) *and they shall be ashamed*

מִתְּבוּאֹתֵיכֶם prep.-n.f.p.-2 m.p. sf. (100) *of your harvests*

מֵחֲרוֹן אַף־ prep.-n.m.s. cstr. (354)-n.m.s. cstr. (I 60) *because of the fierce anger of*

יהוה pr.n. (217) *Yahweh*

12:14

כֹּה אָמַר adv. (462)-Qal pf. 3 m.s. (55) *thus says*

יהוה pr.n. (217) *Yahweh*

עַל־כָּל־ prep.-n.m.s. cstr. (481) *concerning all*

שְׁכֵנַי adj. m.p.-1 c.s. sf. (1015) *my neighbors*

הָרָעִים def.art.-adj. m.p. (948) *evil*

הַנֹּגְעִים def.art.-Qal act.ptc. m.p. (619) *who touch*

בַּנַּחֲלָה prep.-def.art.-n.f.s. (635) *the heritage*

אֲשֶׁר־הִנְחַלְתִּי rel. (81)-Hi. pf. 1 c.s. (נחל 635) *which I have caused to inherit*

אֶת־עַמִּי dir.obj.-n.m.s.-1 c.s. (I 766) *my people*

אֶת־יִשְׂרָאֵל dir.obj.-pr.n. (975) *Israel*

הִנְנִי demons.part.-1 c.s. sf. (243) *behold, I*

נֹתְשָׁם Qal act.ptc.-3 m.p. sf. (נתשׁ 684) *will pluck up*

מֵעַל אַדְמָתָם prep.-prep.-n.f.s.-3 m.p.sf. (9) *from their land*

וְאֶת־בֵּית יְהוּדָה conj.-dir.obj.-n.m.s. cstr. (108) -pr.n. (397) *and the house of Judah*

אֶתּוֹשׁ Qal impf. 1 c.s. (נתשׁ 684) *I will pluck up*

מִתּוֹכָם prep.-n.m.s.-3 m.p. sf. (1063) *from among them*

12:15

וְהָיָה conj.-Qal pf. 3 m.s. (224) *and*

אַחֲרֵי נָתְשִׁי prep. (29)-Qal inf.cstr.-1 c.s. sf. (684 נתשׁ) *after I have plucked up*

אוֹתָם dir.obj.-3 m.p. sf. *them*

אָשׁוּב Qal impf. 1 c.s. (996) *I will again*

וְרִחַמְתִּים conj.-Pi. pf. 1 c.s.-3 m.p. sf. (רחם 933) *have compassion on them*

וַהֲשִׁבֹתִים conj.-Hi. pf. 1 c.s.-3 m.p. sf. (שׁוב 996) *and I will bring them again*

אִישׁ לְנַחֲלָתוֹ n.m.s. (35)-prep.-n.f.s.-3 m.s. sf. (635) *each to his heritage*

וְאִישׁ לְאַרְצוֹ conj.-v.supra-prep.-n.f.s.-3 m.s. sf. (75) *and each to his land*

12:16

וְהָיָה conj.-Qal pf. 3 m.s. (224) *and it shall come to pass*

אִם־לָמֹד יִלְמְדוּ hypoth.part. (49)-Qal inf.abs. (540)-Qal impf. 3 m.s. (540) *if they will diligently learn*

אֶת־דַּרְכֵי עַמִּי dir.obj.-n.m.p. cstr. (202)-n.m.s.-1 c.s. sf. (I 766) *the ways of my people*

לְהִשָּׁבֵעַ prep.-Ni. inf.cstr. (989) *to swear*

בִּשְׁמִי prep.-n.m.s.-1 c.s. sf. (1027) *by my name*

חַי־יהוה adj. (I 311)-pr.n. (217) *as Yahweh lives*

כַּאֲשֶׁר לִמְּדוּ prep.-rel. (81)-Pi. pf. 3 c.p. (540) *even as they taught*

259

אֶת־עַמִּי dir.obj.-n.m.s.-1 c.s. sf. (I 766) *my people*

לְהִשָּׁבֵעַ v.supra *to swear*

בַּבַּעַל prep.-def.art.-n.m.s. paus. (127) *by Baal*

וְנִבְנוּ conj.-Ni. pf. 3 c.p. (בָּנָה 124) *then they shall be built up*

בְּתוֹךְ עַמִּי prep.-n.m.s. cstr. (1063)-v.supra *in the midst of my people*

12:17

וְאִם conj.-hypoth.part. (49) *but if*

לֹא יִשְׁמָעוּ neg.-Qal impf. 3 m.p. paus. (שָׁמַע 1033) *they will not listen*

וְנָתַשְׁתִּי conj.-Qal pf. 1 c.s. (נָתַשׁ 684) *then I will pluck up*

אֶת־הַגּוֹי הַהוּא dir.obj.-def.art.-n.m.s. (156)-def. art.-demons.adj. (214) *that nation*

נָתוֹשׁ Qal inf.abs. (684) *utterly*

וְאַבֵּד conj.-Pi. inf.abs. (אָבַד 1) *and destroy it* (lit.-*plucking up and destroying*)

נְאֻם־יְהוָה n.m.s. cstr. (610)-pr.n. (217) *says Yahweh*

13:1

כֹּה־אָמַר adv. (462)-Qal pf. 3 m.s. (55) *thus said*

יְהוָה pr.n. (217) *Yahweh*

אֵלַי prep.-1 c.s. sf. *to me*

הָלוֹךְ Qal inf.abs. (229) *go*

וְקָנִיתָ לְּךָ conj.-Qal pf. 2 m.s. (קָנָה 888)-prep.-2 m.s. sf. *and buy (for yourself)*

אֵזוֹר פִּשְׁתִּים n.m.s. cstr. (25)-n.f.p. (833) *a linen waistcloth*

וְשַׂמְתּוֹ conj.-Qal pf. 2 m.s.-3 m.s. sf. (שׂוּם 962) *and put it*

עַל־מָתְנֶיךָ prep.-n.m. du.-2 m.s. sf.(608) *on your loins*

וּבַמַּיִם conj.-prep.-def.art.-n.m.p. (565) *and in water*

לֹא תְבִאֵהוּ neg.-Hi. impf. 2 m.s.-3 m.s. sf. (בּוֹא 97) *do not dip it*

13:2

וָאֶקְנֶה consec.-Qal impf. 1 c.s. (קָנָה 888) *so I bought*

אֶת־הָאֵזוֹר dir.obj.-def.art.-n.m.s. (25) *a waistcloth*

כִּדְבַר יְהוָה prep.-n.m.s. cstr. (182)-pr.n. (217) *according to the word of Yahweh*

וָאָשִׂם consec.-Qal impf. 1 c.s. (שׂוּם 962) *and put*

עַל־מָתְנָי prep.-n.m. du.-1 c.s. sf. paus. (608) *on my loins*

13:3

וַיְהִי consec.-Qal impf. 3 m.s. (הָיָה 224) *and came*

דְּבַר־יְהוָה n.m.s. cstr. (182)-pr.n. (217) *the word of Yahweh*

אֵלַי prep.-1 c.s. sf. *to me*

שֵׁנִית adj. f. num.ord. (1041) *a second time*

לֵאמֹר prep.-Qal inf.cstr. (55) *(saying)*

13:4

קַח Qal impv. 2 m.s. (לָקַח 542) *take*

אֶת־הָאֵזוֹר dir.obj.-def.art.-n.m.s. (25) *the waistcloth*

אֲשֶׁר קָנִיתָ rel. (81)-Qal pf. 2 m.s. (קָנָה 888) *which you have bought*

אֲשֶׁר עַל־מָתְנֶיךָ rel. (81)-n.m.du.-2 m.s. sf. (608) *which is upon your loins*

וְקוּם לֵךְ conj.-Qal impv. 2 m.s. (קוּם 877)-Qal impv. 2 m.s. (הָלַךְ 229) *and arise, go*

פְּרָתָה pr.n.-dir.he (832) *to the Euphrates*

וְטָמְנֵהוּ conj.-Qal impv. 2 m.s.-3 m.s. sf. (טָמַן 380) *and hide it*

שָׁם adv. (1027) *there*

בִּנְקִיק הַסֶּלַע prep.-n.m.s. cstr. (669; GK 127e)-def.art.-n.m.s. paus. (700) *in the cleft of the rock*

13:5

וָאֵלֵךְ consec.-Qal impf. 1 c.s. (הָלַךְ 229) *so I went*

וָאֶטְמְנֵהוּ consec.-Qal impf. 1 c.s.-3 m.s. sf. (טָמַן 380) *and hid it*

בִּפְרָת prep.-pr.n. (832) *by the Euphrates*

כַּאֲשֶׁר צִוָּה prep.-rel. (81)-Pi. pf. 3 m.s. (צָוָה 845) *as commanded*

יְהוָה pr.n. (217) *Yahweh*

אוֹתִי dir.obj.-1 c.s. sf. *me*

13:6

וַיְהִי consec.-Qal impf. 3 m.s. (הָיָה 224) *and*

מִקֵּץ יָמִים רַבִּים prep.-n.m.s. cstr. (893)-n.m.p. (398)-adj. m.p. (I 912) *after many days*

וַיֹּאמֶר יְהוָה consec.-Qal impf. 3 m.s. (55)-pr.n. (217) *and Yahweh said*

אֵלַי prep.-1 c.s. sf. *to me*

קוּם לֵךְ Qal impv. 2 m.s. (קוּם 877)-Qal impv. 2 m.s. (הָלַךְ 229) *arise go*

פְּרָתָה pr.n.-dir.he (832) *to the Euphrates*

וְקַח conj.-Qal impv. 2 m.s. (לָקַח 542) *and take*

מִשָּׁם prep.-adv. (1027) *from there*

אֶת־הָאֵזוֹר dir.obj.-def.art.-n.m.s. (25) *the waistcloth*

אֲשֶׁר צִוִּיתִיךָ rel. (81)-Pi. pf. 1 c.s.-2 m.s. sf. (צָוָה 845) *which I commanded you*

לְטָמְנוֹ־שָׁם prep.-Qal inf.cstr.-3 m.s. sf. (טָמַן 380)-adv. (1027) *to hide there*

13:7

וָאֵלֵךְ consec.-Qal impf. 1 c.s. (הָלַךְ 229) *then I went*

פְּרָתָה pr.n.-dir.he (832) *to the Euphrates*

וָאֶחְפֹּר consec.-Qal impf. 1 c.s. (חָפַר I 343) *and dug*

וָאֶקַּח consec.-Qal impf. 1 c.s. (לָקַח 542) *and I took*

אֶת־הָאֵזוֹר dir.obj.-def.art.-n.m.s. (25) *the waistcloth*

מִן־הַמָּקוֹם prep.-def.art.-n.m.s. (879) *from the place*

אֲשֶׁר־טְמַנְתִּיו שָׁמָּה rel. (81)-Qal pf. 1 c.s.-3 m.s. sf. (טָמַן 380)-adv.-dir.he (1027) *where I had hidden it*

וְהִנֵּה conj.-demons.part. (243) *and behold*

נִשְׁחַת Ni. pf. 3 m.s. (שָׁחַת 1007) *was spoiled*

הָאֵזוֹר def.art.-n.m.s. (25) *the waistcloth*

לֹא יִצְלַח לַכֹּל neg.-Qal impf. 3 m.s. (צָלַח II 852)-prep.-def.art.-n.m.s. (481) *it was good for nothing*

13:8

וַיְהִי דְבַר־יְהוָה consec.-Qal impf. 3 m.s. (הָיָה 224)-n.m.s. cstr. (182)-pr.n. (217) *then the word of Yahweh came*

אֵלַי prep.-1 c.s. sf. *to me*

לֵאמֹר prep.-Qal inf. cstr. (55) *(saying)*

13:9

כֹּה אָמַר adv. (462)-Qal pf. 3 m.s. (55) *thus says*

יְהוָה pr.n. (217) *Yahweh*

כָּכָה אַשְׁחִית adv. (462)-Hi. impf. 1 c.s. (שָׁחַת 1007) *even so will I spoil*

אֶת־גְּאוֹן יְהוּדָה dir.obj.-n.m.s. cstr. (144)-pr.n. (397) *the pride of Judah*

וְאֶת־גְּאוֹן יְרוּשָׁלַ͏ִם conj.-v.supra-v.supra-pr.n. (436) *and the ... pride of Jerusalem*

הָרָב def.art.-adj. m.s. paus. (I 912) *great*

13:10

הָעָם הַזֶּה הָרָע def.art.-n.m.s. (I 766)-def.art.-demons.adj. (260)-def.art.-adj. (948) *this evil people*

הַמֵּאֲנִים def.art.-adj. m.p. (549; GK 52s) *who refuse*

לִשְׁמוֹעַ prep.-Qal inf.cstr. (1033) *to hear*

אֶת־דְּבָרַי dir.obj.-n.m.p.-1 c.s. sf. (182) *my words*

הַהֹלְכִים def.art.-Qal act.ptc. m.p. (הָלַךְ 229) *who follow*

בִּשְׁרִרוּת prep.-n.f.s. (1057) *stubbornly*

לִבָּם n.m.s.-3 m.p. sf. (524) *their heart*

וַיֵּלְכוּ consec.-Qal impf. 3 m.p. (הָלַךְ 229) *and have gone*

אַחֲרֵי אֱלֹהִים אֲחֵרִים prep. (29)-n.m.p. (43)-adj. m.p. (29) *after other gods*

לְעָבְדָם prep.-Qal inf.cstr.-3 m.p. sf. (עָבַד 712) *to serve them*

וּלְהִשְׁתַּחֲוֹת conj.-prep.-Hithpalel inf.cstr. (שָׁחָה 1005) *and worship*

לָהֶם prep.-3 m.p. sf. *them*

וִיהִי conj.-Qal impf. 3 m.s. (הָיָה 224) *(and) shall be*

כָּאֵזוֹר הַזֶּה prep.-def.art.-n.m.s. (25)-def.art.-demons.adj.m.s. (260) *like this waistcloth*

אֲשֶׁר לֹא־יִצְלַח לַכֹּל rel. (81)-neg.-Qal impf. 3 m.s. (II 852)-prep.-def.art.-n.m.s. (481) *which is good for nothing*

13:11

כִּי כַּאֲשֶׁר conj.-prep.-rel. (81) *for as*

יִדְבַּק Qal impf. 3 m.s. (179) *clings*

הָאֵזוֹר def.art.-n.m.s. (25) *the waistcloth*

אֶל־מָתְנֵי־אִישׁ prep.-n.m. du.cstr. (608)-n.m.s.(35) *to the loins of a man*

כֵּן הִדְבַּקְתִּי adv. (485)-Hi. pf. 1 c.s. (דָּבַק 179) *so I made cling*

אֵלַי prep.-1 c.s. sf. *to me*

אֶת־כָּל־בֵּית יִשְׂרָאֵל dir.obj.-n.m.s. cstr. (481)-n.m.s. cstr. (108)-pr.n. (975) *the whole house of Israel*

וְאֶת־כָּל־בֵּית יְהוּדָה conj.-dir.obj.-v.supra-v.supra-pr.n. (397) *and the whole house of Judah*

נְאֻם־יְהוָה n.m.s. cstr. (610)-pr.n. (217) *says Yahweh*

לִהְיוֹת לִי prep.-Qal inf.cstr. (הָיָה 224)-prep.-1 c.s. sf. *that they might be for me*

לְעָם prep.-n.m.s. (I 766) *a people*

וּלְשֵׁם conj.-prep.-n.m.s. (1027) *and a name*

וְלִתְהִלָּה conj.-prep.-n.f.s. (239) *and a praise*

וּלְתִפְאָרֶת conj.-prep.-n.f.s. paus. (802) *and a glory*

וְלֹא שָׁמֵעוּ conj.-neg.-Qal pf. 3 c.p. paus. (1033) *but they would not listen*

13:12

וְאָמַרְתָּ conj.-Qal pf. 2 m.s. (55) *you shall speak*

אֲלֵיהֶם prep.-3 m.p. sf. *to them*

261

אֶת־הַדָּבָר הַזֶּה dir.obj.-def.art.-n.m.s. (182)
-def.art.-demons.adj. m.s. (260) *this word*

כֹּה־אָמַר adv. (462)-Qal pf. 3 m.s. (55) *thus says*

יְהוָה pr.n. (217) *Yahweh*

אֱלֹהֵי יִשְׂרָאֵל n.m.p. cstr. (43)-pr.n. (975) *the God of Israel*

כָּל־נֵבֶל n.m.s. cstr. (481)-n.m.s. (I 614) *every jar*

יִמָּלֵא Ni. impf. 3 m.s. (מָלֵא 569) *shall be filled with*

יַיִן n.m.s. paus. (406) *wine*

וְאָמְרוּ אֵלֶיךָ conj.-Qal pf. 3 c.p. (55)-prep.-2 m.s. sf. *and they will say to you*

הֲיָדֹעַ לֹא נֵדַע interr.part.-Qal inf.abs. (393) -neg.-Qal impf. 1 c.p. (יָדַע 393) *do we not indeed know*

כִּי כָל־נֵבֶל conj.-v.supra-v.supra *that every jar*

יִמָּלֵא v.supra *will be filled with*

יַיִן v.supra *wine*

13:13

וְאָמַרְתָּ אֲלֵיהֶם conj.-Qal pf. 2 m.s. (55)-prep.-3 m.p. sf. *then you shall say to them*

כֹּה־אָמַר adv. (462)-Qal pf. 3 m.s. (55) *thus says*

יְהוָה pr.n. (217) *Yahweh*

הִנְנִי demons.part.-1 c.s. sf. (243) *behold, I*

מְמַלֵּא Pi. ptc. (מָלֵא 569) *will fill*

אֶת־כָּל־יֹשְׁבֵי dir.obj.-n.m.s. cstr. (481)-Qal act.ptc. m.p. cstr. (יָשַׁב 442) *all the inhabitants of*

הָאָרֶץ הַזֹּאת def.art.-n.f.s. (75)-def.art.-demons. adj. f.s. (260) *this land*

וְאֶת־הַמְּלָכִים conj.-dir.obj.-def.art.-n.m.p. (I 572) *the kings*

הַיֹּשְׁבִים def.art.-Qal act.ptc. m.p. (יָשַׁב 442) *who sit*

לְדָוִד עַל־כִּסְאוֹ prep.-pr.n. (187)-prep.-n.m.s.-3 m.s. sf. (490) *on David's throne*

וְאֶת־הַכֹּהֲנִים conj.-dir.obj.-n.m.p. (463) *the priests*

וְאֶת־הַנְּבִיאִים v.supra-def.art.-n.m.p. (611) *the prophets*

וְאֵת כָּל conj.-dir.obj.-n.m.s. cstr. (481) *and all*

יֹשְׁבֵי יְרוּשָׁלָםִ Qal act.ptc. m.p. cstr. (יָשַׁב 442) -pr.n. (436) *the inhabitants of Jerusalem*

שִׁכָּרוֹן n.m.s. (1016) *with drunkenness*

13:14

וְנִפַּצְתִּים conj.-Pi. pf. 1 c.s.-3 m.p. sf. (נָפַץ I 658) *and I will dash them*

אִישׁ אֶל־אָחִיו n.m.s. (35)-prep.-n.m.s.-3 m.s. sf. (26) *one against another*

וְהָאָבוֹת conj.-def.art.-n.m.p. (3) *(both) the fathers*

וְהַבָּנִים conj.-def.art.-n.m.p. (119) *and sons*

יַחְדָּו adv. (403) *together*

נְאֻם־יְהוָה n.m.s. cstr. (610)-pr.n. (217) *says Yahweh*

לֹא־אֶחְמוֹל neg.-Qal impf. 1 c.s. (חָמַל 328) *I will not spare*

וְלֹא־אָחוּס conj.-neg.-Qal impf. 1 c.s. (חוּס 299) *or pity*

וְלֹא אֲרַחֵם conj.-neg.-Pi. impf. 1 c.s. (רָחַם 933) *or have compassion*

מֵהַשְׁחִיתָם prep.-Hi. inf.cstr.-3 m.p. sf. (שָׁחַת 1007) *that I should not destroy them*

13:15

שִׁמְעוּ Qal impv. 2 m.p. (1033) *hear*

וְהַאֲזִינוּ conj.-Hi. impv. 2 m.p. (אָזַן 24) *and give ear*

אַל־תִּגְבָּהוּ neg.-Qal impf. 2 m.p. (גָּבַהּ 146) *be not proud*

כִּי יְהוָה conj.-pr.n. (217) *for Yahweh*

דִּבֵּר Pi. pf. 3 m.s.(180) *has spoken*

13:16

תְּנוּ Qal impv. 2 m.p. (נָתַן 678) *give*

לַיהוָה prep.-pr.n. (217) *to Yahweh*

אֱלֹהֵיכֶם n.m.p.-2 m.p. sf. (43) *your God*

כָּבוֹד n.m.s. (II 458) *glory*

בְּטֶרֶם יַחְשִׁךְ prep.-adv. (382)-Hi. impf. 3 m.s. (חָשַׁךְ 364; GK 144c) *before he brings darkness*

וּבְטֶרֶם conj.-v.supra *before*

יִתְנַגְּפוּ Hith. impf. 3 m.p. (נָגַף 619) *stumble*

רַגְלֵיכֶם n.f.(m.?)p.-2 m.p. sf. (919) *your feet*

עַל־הָרֵי נָשֶׁף prep.-n.m.p. cstr. (249)-n.m.s. paus. (676) *on the twilight mountains*

וְקִוִּיתֶם conj.-Pi. pf. 2 m.p. (קָוָה I 875) *and while you look*

לְאוֹר prep.-n.m.s. (21) *for light*

וְשָׂמָהּ conj.-Qal pf. 3 m.s.-3 f.s. sf. (שׂוּם 962) *he turns it*

לְצַלְמָוֶת prep.-n.m.s. (853) *into gloom*

יָשִׁית conj.-Qal act.ptc. (שִׁית 1011; rd.יָשִׁית) *and makes it*

לַעֲרָפֶל prep.-n.m.s. (791) *deep darkness*

13:17

וְאִם conj.-hypoth.part. (49) *but if*

לֹא תִשְׁמָעוּהָ neg.-Qal impf. 2 m.p.-3 f.s. sf. paus. (1033) *you will not listen*

בְּמִסְתָּרִים prep.-n.m.p. (712) *in secret*

262

תִּבְכֶּה־נַפְשִׁי Qal impf. 3 f.s. (בָּכָה 113)-n.f.s.-1 c.s. sf. (659) *my soul will weep*

מִפְּנֵי גֵוָה prep.-n.m.p. cstr. (815)-n.f.s. (145) *for your pride*

וְדָמֹעַ תִּדְמַע conj.-Qal inf.abs. (דָּמַע 199)-Qal impf. 3 f.s. (199) *will weep bitterly*

וְתֵרַד conj.-Qal impf. 3 f.s. (יָרַד 432; GK 69p) *and run down*

עֵינִי n.f.s.-1 c.s. sf. (744) *my eyes*

דִּמְעָה n.f.s. (199) *with tears*

כִּי נִשְׁבָּה conj.-Ni. pf. 3 m.s. (שָׁבָה 985) *because has been taken captive*

עֵדֶר יהוה n.m.s. cstr. (727)-pr.n. (217) *Yahweh's flock*

13:18

אֱמֹר Qal impv. 2 m.s. (55) *say*

לַמֶּלֶךְ prep.-def.art.-n.m.s. (I 572) *to the king*

וְלַגְּבִירָה conj.-prep.-def.art.-n.f.s. (150) *and the queen mother*

הַשְׁפִּילוּ שֵׁבוּ Hi. impv. 2 m.p. (שָׁפֵל 1050)-Qal impv. 2 m.p. (יָשַׁב 442; GK 120g) *take a lowly seat*

כִּי יָרַד conj.-Qal pf. 3 m.s. (432) *for has come down*

מַרְאֲשׁוֹתֵיכֶם n.f.p.-2 m.p. sf. (912) *your crown*

עֲטֶרֶת תִּפְאַרְתְּכֶם n.f.s. cstr. (742)-n.f.s.-2 m.p. sf. (802) *the crown of your splendor*

13:19

עָרֵי הַנֶּגֶב n.f.p. cstr. (746)-def.art.-n.m.s. (616) *the cities of the Negeb*

סֻגְּרוּ Pu. pf. 3 c.p. (סָגַר 688) *are shut up*

וְאֵין פֹּתֵחַ conj.-subst.cstr. (II 34)-Qal act.ptc. (834 פָּתַח) *with none to open*

הָגְלָת Ho. pf. 3 f.s. (גָּלָה 162) *is taken into exile*

יְהוּדָה כֻּלָּהּ pr.n. (397)-n.m.s.-3 f.s. sf. *all Judah*

הָגְלָת v.supra (GK 75m) *taken into exile*

שְׁלוֹמִים n.m.p. (1022; GK 118q) *wholly*

13:20

שְׂאִי עֵינֵיכֶם Qal impv. 2 f.s. (נָשָׂא 669; GK 145m)-n.f. du.-2 m.p. sf. (744) *lift up your eyes*

וּרְאִי conj.-Qal impv. 2 f.s. (רָאָה 906) *and see*

הַבָּאִים def.art.-Qal act.ptc. m.p. (בּוֹא 97) *those who come*

מִצָּפוֹן prep.-n.f.s. (860) *from the north*

אַיֵּה הָעֵדֶר adv. (32)-def.art.-n.m.s. (727) *where is the flock*

נִתַּן־לָךְ Ni. pf. 3 m.s. (נָתַן 678)-prep.-2 f.s. sf. paus. *that was given you*

צֹאן תִּפְאַרְתֵּךְ n.f.s. cstr. (838)-n.f.s.-2 f.s. sf. (802) *your beautiful flock*

13:21

מַה־תֹּאמְרִי interr. (552)-Qal impf. 2 f.s. (55) *what will you say*

כִּי־יִפְקֹד conj.-Qal impf. 3 m.s. (פָּקַד 823) *when they set as head*

עָלַיִךְ prep.-2 f.s. sf. *over you*

וְאַתְּ לִמַּדְתְּ conj.-pers.pr. 2 f.s. (61)-Pi. pf. 2 f.s. (לָמַד 540) *you yourself have taught*

אֹתָם dir.obj.-3 m.p. sf. *those whom*

עָלַיִךְ אַלֻּפִים לְרֹאשׁ v.supra-adj. m.p. (48)-prep.-n.m.s. (910) *to be friends to you*

הֲלוֹא חֲבָלִים interr.-neg.-n.m.p. (286) *will not pangs*

יֹאחֱזוּךְ Qal impf. 3 m.p.-2 f.s. sf. (אָחַז 28; GK 64a) *take hold of you*

כְּמוֹ אֵשֶׁת לֵדָה adv. (455)-n.f.s. cstr. (61)-Qal inf. cstr. f.s. (יָלַד 408; rd.prb. יֹלֵדָה) *like those of a woman in travail?*

13:22

וְכִי תֹאמְרִי conj.-conj.-Qal impf. 2 f.s. (55) *and if you say*

בִּלְבָבֵךְ prep.-n.m.s.-2 f.s. sf. (523) *in your heart*

מַדּוּעַ קְרָאַנִי adv. (396)-Qal pf. 3 c.p.-1 c.s. sf. (II 896) *why have come upon me*

אֵלֶּה demons.adj. c.p. (41) *these things*

בְּרֹב עֲוֹנֵךְ prep.-n.m.s. cstr. (913)-n.m.s.-2 f.s. sf. (730) *for the greatness of your iniquity*

נִגְלוּ Ni. pf. 3 c.p. (גָּלָה 162) *are lifted up*

שׁוּלַיִךְ n.m.p.-2 f.s. sf. (1002) *your skirts*

נֶחְמְסוּ Ni. pf. 3 c.p. (חָמַס 329) *suffer violence*

עֲקֵבָיִךְ n.m.p.-2 f.s. sf. (I 784) *your heels*

13:23

הֲיַהֲפֹךְ interr.-Qal impf. 3 m.s. (הָפַךְ 245) *can change?*

כּוּשִׁי adj.gent. (469) *the Ethiopian (the Cushite)*

עוֹרוֹ n.m.s.-3 m.s. sf. (736) *his skin*

וְנָמֵר conj.-n.m.s. (649) *or a leopard*

חֲבַרְבֻּרֹתָיו n.f.p.-3 m.s. sf. (289) *his spots*

גַּם־אַתֶּם adv. (168)-pers.pr. 2 m.p. (61) *then also you*

תּוּכְלוּ לְהֵיטִיב Qal impf. 2 m.p. (יָכֹל 407)-prep.-Hi. inf.cstr. (יָטַב 405) *you can do good*

לִמֻּדֵי הָרֵעַ adj. m.p. cstr. (541)-Hi. inf.cstr. (רָעַע 949) *who are accustomed to do evil*

13:24

וַאֲפִיצֵם conj.-Hi. impf. 1 c.s.-3 m.p. sf. (פוץ I 806) *I will scatter them*

כְּקַשׁ־ prep.-n.m.s. (905) *like chaff*

עוֹבֵר Qal act.ptc. (עבר 716) *driven*

לְרוּחַ מִדְבָּר prep.-n.f.s. cstr. (924)-n.m.s. (184) *by the wind from the desert*

13:25

זֶה גוֹרָלֵךְ demons.adj. m.s. (260)-n.m.s.-2 f.s. sf. (174) *this is your lot*

מְנָת־מִדַּיִךְ n.f.s. cstr. (584)-n.m.p.-2 f.s. sf. (551) *the portion I have measured out to you*

מֵאִתִּי prep.-prep.-1 c.s. sf. (II 85) *(from with me)*

נְאֻם־יהוה n.m.s. cstr. (610)-pr.n. (217) *says Yahweh*

אֲשֶׁר שָׁכַחַתְּ אוֹתִי rel. (81)-Qal pf. 2 f.s. (1013)-dir.obj.-1 c.s. sf. *because you have forgotten me*

וַתִּבְטְחִי consec.-Qal impf. 2 f.s. (בטח 105) *and trusted*

בַּשָּׁקֶר prep.-def.art.-n.m.s. paus. (1055) *in lies*

13:26

וְגַם־אֲנִי conj.-adv. (168)-pers. pr. 1 c.s. (58) *I*

חָשַׂפְתִּי Qal pf. 1 c.s. (חשׂף 362) *will strip off*

שׁוּלַיִךְ n.m.p.-2 f.s. sf. (1002) *your skirts*

עַל־פָּנָיִךְ prep.-n.m.p.-2 f.s. sf. paus. (815) *over your face*

וְנִרְאָה conj.-Ni. pf. 3 m.s. (ראה 906) *and will be seen*

קְלוֹנֵךְ n.m.s.-2 f.s. sf. (885) *your shame*

13:27

נִאֻפַיִךְ n.m.p.-2 f.s. sf. (610) *your adulteries*

וּמִצְהֲלוֹתַיִךְ conj.-n.f.p.-2 f.s. sf. (843) *and your neighings*

זִמַּת זְנוּתֵךְ n.f.s. cstr. (I 273)-n.f.s.-2 f.s. sf. (276) *your lewd harlotries*

עַל־גְּבָעוֹת prep.-n.f.p. (148) *on the hills*

בַּשָּׂדֶה prep.-def.art.-n.f.s. (961) *in the field*

רָאִיתִי Qal pf. 1 c.s. (ראה 906) *I have seen*

שִׁקּוּצָיִךְ n.m.p.-2 f.s. sf. (1055) *your abominations*

אוֹי לָךְ interj. (17)-prep.-2 f.s. sf. *woe to you*

יְרוּשָׁלַם pr.n. (436) *Jerusalem*

לֹא תִטְהֲרִי neg.-Qal impf. 2 f.s. (טהר 372) *you shall not be clean*

אַחֲרֵי מָתַי עֹד prep. (29)-interr. (607)-adv. (728) *after how long yet?*

14:1

אֲשֶׁר הָיָה rel. (81; GK 138e)-Qal pf. 3 m.s. (224) *which came*

דְּבַר־יהוה n.m.s. cstr. (182)-pr.n. (217) *the word of Yahweh*

אֶל־יִרְמְיָהוּ prep.-pr.n. (941) *to Jeremiah*

עַל־דִּבְרֵי הַבַּצָּרוֹת prep.-n.m.p. cstr. (182)-def.art.-n.f.p. (131) *concerning the drought*

14:2

אָבְלָה יְהוּדָה Qal pf. 3 f.s. (5)-pr.n. (397) *Judah mourns*

וּשְׁעָרֶיהָ conj.-n.m.p.-3 f.s. sf. (1044) *and her gates*

אֻמְלָלוּ Pulal pf. 3 c.p. (אמל 51) *languish*

קָדְרוּ Qal pf. 3 c.p. (קדר 871) *they lament (are dark)*

לָאָרֶץ prep.-def.art.-n.f.s. paus. (75) *on the ground*

וְצִוְחַת יְרוּשָׁלַם conj.-n.f.s. cstr. (846)-pr.n. (436) *and the cry of Jerusalem*

עָלָתָה Qal pf. 3 f.s. (עלה 748) *goes up*

14:3

וְאַדִּרֵיהֶם conj.-adj. m.p.-3 m.p. sf. (12) *and her nobles*

שָׁלְחוּ Qal pf. 3 c.p. (שׁלח 1018) *send*

צְעוֹרֵיהֶם n.f.p.-3 m.p. sf. (859) *their servants*

לַמָּיִם prep.-def.art.-n.m.p. (565) *for water*

בָּאוּ Qal pf. 3 c.p. (בוא 97) *they come*

עַל־גֵּבִים prep.-n.m.p. (II 155) *to cisterns*

לֹא־מָצְאוּ neg.-Qal pf. 3 c.p. (מצא 592) *they find no*

מַיִם n.m.p. (565) *water*

שָׁבוּ Qal pf. 3 c.p. (שׁוב 996) *they return*

כְּלֵיהֶם n.m.p.-3 m.p. sf. (471) *with their vessels*

רֵיקָם adv. (938) *empty*

בֹּשׁוּ Qal pf. 3 c.p. (בושׁ 101) *they are ashamed*

וְהָכְלְמוּ conj.-Ho. pf. 3 c.p. (כלם 483) *and confounded*

וְחָפוּ רֹאשָׁם conj.-Qal pf. 3 c.p. (חפה 341)-n.m.s.-3 m.p. sf. (910) *and cover their heads*

14:4

בַּעֲבוּר הָאֲדָמָה prep.-prep.-def.art.-n.f.s. (9) *because of the ground*

חַתָּה Qal pf. 3 f.s. (חתת 369) *which is dismayed*

כִּי לֹא־הָיָה conj.-neg.-Qal pf. 3 m.s. (224) *since there is no*

גֶשֶׁם n.m.s. (II 177) *rain*

בָּאָרֶץ prep.-def.art.-n.f.s. paus. (75) *on the land*

בֹּשׁוּ Qal pf. 3 c.p. (בושׁ 101) *are ashamed*

אִכָּרִים n.m.p. (38) *the farmers*

חָפוּ Qal pf. 3 c.p. (חָפָה 341) *they cover*

רֹאשָׁם n.m.s.-3 m.p. sf. (910) *their heads*

14:5

כִּי גַם־ conj.-adv. (168) *even*

אַיֶּלֶת n.f.s. (19) *a hind*

בַּשָּׂדֶה prep.-def.art.-n.m.s. (961) *in the field*

יָלְדָה Qal pf. 3 f.s. (יָלַד 408) *gives birth*

וְעָזוֹב conj.-Qal inf.abs. (עָזַב I 736) *and forsakes*

כִּי לֹא־הָיָה conj.-neg.-Qal pf. 3 m.s. (224) *because there is no*

דֶּשֶׁא n.m.s. (206) *grass*

14:6

וּפְרָאִים conj.-n.m.p. (825) *and wild asses*

עָמְדוּ Qal pf. 3 c.p. (763) *stand*

עַל־שְׁפָיִם prep.-n.m.p. (I 1046) *on the bare heights*

שָׁאֲפוּ Qal pf. 3 c.p. (שָׁאַף I 983) *they pant*

רוּחַ n.f.s. (924) *for air*

כַּתַּנִּים prep.-def.art.-n.m.p. (1072) *like jackals*

כָּלוּ Qal pf. 3 c.p. (כָּלָה I 477) *fail*

עֵינֵיהֶם n.f.p.-3 m.p. sf. (744) *their eyes*

כִּי־אֵין עֵשֶׂב conj.-subst.cstr. (II 34)-n.m.s. (793) *because there is no herbage*

14:7

אִם־עֲוֹנֵינוּ hypoth.part. (49)-n.m.p.-1 c.p. sf. (730) *though our iniquities*

עָנוּ בָנוּ Qal pf. 3 c.p. (עָנָה I 772)-prep.-1 c.p. sf. *testify against us*

יהוה pr.n. (217) *Yahweh*

עֲשֵׂה Qal impv. 2 m.s. (עָשָׂה I 793) *act*

לְמַעַן שְׁמֶךָ prep. (775)-n.m.s.-2 m.s. sf. (1027) *for thy name's sake*

כִּי־רַבּוּ conj.-Qal pf. 3 c.p. (רָבַב I 912) *for are many*

מְשׁוּבֹתֵינוּ n.f.p.-1 c.p. sf. (1000) *our backslidings*

לְךָ חָטָאנוּ prep.-2 m.s. sf.-Qal pf. 3 c.p. (חָטָא 306) *we have sinned against thee*

14:8

מִקְוֵה יִשְׂרָאֵל n.m.s. cstr. (876)-pr.n. (975) *O hope of Israel*

מוֹשִׁיעוֹ Hi. ptc.-3 m.s. sf. (יָשַׁע 446) *its savior*

בְּעֵת צָרָה prep.-n.f.s. cstr. (773)-n.f.s. (865) *in time of trouble*

לָמָּה תִהְיֶה interr. (552)-Qal impf. 2 m.s. (224) *why shouldst thou be*

כְּגֵר prep.-n.m.s. (158) *like a stranger*

בָּאָרֶץ prep.-def.art.-n.f.s. paus. (75) *in the land*

וּכְאֹרֵחַ conj.-prep.-Qal act.ptc. (אָרַח 72) *and like a wayfarer*

נָטָה Qal pf. 3 m.s. (639) *who turns aside*

לָלוּן prep.-Qal inf.cstr. (לוּן I 533) *to tarry for a night*

14:9

לָמָּה תִהְיֶה prep.-interr. (552)-Qal impf. 2 m.s. (224) *why shouldst thou be*

כְּאִישׁ נִדְהָם prep.-n.m.s. (35)-Ni. ptc. (דָּהַם 187) *like a man confused*

כְּגִבּוֹר prep.-n.m.s. (150) *like a mighty man*

לֹא־יוּכַל neg.-Qal impf. 3 m.s. (יָכֹל 407) *who cannot*

לְהוֹשִׁיעַ prep.-Hi.inf.cstr. (יָשַׁע 446) *save*

וְאַתָּה conj.-pers.pr. 2 m.s. (61) *yet thou*

בְּקִרְבֵּנוּ prep.-n.m.s.-1 c.p. sf. (קֶרֶב 899) *in the midst of us*

יהוה pr.n. (217) *O Yahweh*

וְשִׁמְךָ conj.-n.m.s.-2 m.s. sf. (1027) *and thy name*

עָלֵינוּ prep.-1 c.p. sf. *upon us*

נִקְרָא Ni. pf. 3 m.s. (קָרָא 894) *is called*

אַל־תַּנִּחֵנוּ neg.-Hi.impf. 2 m.s.-1 c.p. sf. (נוּחַ 628; Hi.B.) *leave us not*

14:10

כֹּה־אָמַר adv.(462)-Qal pf. 3 m.s. (55) *thus says*

יהוה pr.n. (217) *Yahweh*

לָעָם הַזֶּה prep.-def.art.-n.m.s. (I 766)-def.art.-demons.adj. m.s. (260) *concerning this people*

כֵּן אָהֲבוּ adv. (485)-Qal pf. 3 c.p. (אָהַב 12) *they have loved thus*

לָנוּעַ prep.-Qal inf.cstr. (נוּעַ 631) *to wander*

רַגְלֵיהֶם n.f. du.-3 m.p. (919) *their feet*

לֹא חָשָׂכוּ neg.-Qal pf. 3 c.p. paus. (362) *they have not restrained*

וַיהוה conj.-pr.n. (217) *therefore Yahweh*

לֹא רָצָם neg.-Qal pf. 3 m.s.-3 m.p. sf. (רָצָה 953) *does not accept them*

עַתָּה יִזְכֹּר adv. (773)-Qal impf. 3 m.s. (זָכַר 269) *now he will remember*

עֲוֹנָם n.m.s.-3 m.p. sf. (730) *their iniquity*

וְיִפְקֹד conj.-Qal impf. 3 m.s. (פָּקַד 823) *and punish*

חַטֹּאתָם n.f.p.-3 m.p. sf. (308) *their sins*

14:11

וַיֹּאמֶר יהוה consec.-Qal impf. 3 m.s. (55)-pr.n. (217) *Yahweh said*

אֵלַי prep.-1 c.s. sf. *to me*

אַל־תִּתְפַּלֵּל neg.-Hith.impf.2 m.s. (פָלַל 813) *do not pray*

בְּעַד־הָעָם הַזֶּה prep.(126)-def.art.-n.m.s. (766) -def.art.-demons.adj. m.s. (260) *for this people*

לְטוֹבָה prep.-n.f.s. (375) *for welfare*

14:12

כִּי יָצֻמוּ conj.-Qal impf. 3 m.p. (צוּם 847) *though they fast*

אֵינֶנִּי שֹׁמֵעַ subst.-1 c.s. sf. (II 34)-Qal act.ptc. (1033) *I will not hear*

אֶל־רִנָּתָם prep.-n.f.s.-3 m.p. sf. (943) *their cry*

וְכִי יַעֲלוּ conj.-conj.-Hi. impf. 3 m.p. (עָלָה 748) *and though they offer*

עֹלָה וּמִנְחָה n.f.s. (750)-conj.-n.f.s. (585) *burnt offering and cereal offering*

רֹצָם v.supra-Qal act.ptc.-3 m.p. sf. (רָצָה 953) *I will not accept them*

כִּי בַּחֶרֶב conj.-prep.-def.art.-n.f.s. (352) *but by the sword*

וּבָרָעָב conj.-prep.-def.art.-n.m.s. (944) *and by famine*

וּבַדֶּבֶר conj.-prep.-def.art.-n.m.s. (184) *and by pestilence*

אָנֹכִי מְכַלֶּה pers.pr. 1 c.s. (59)-Pi. ptc. (477) *I will consume*

אוֹתָם dir.obj.-3 m.p. sf. *them*

14:13

וָאֹמַר consec.-Qal impf. 1 c.s. (55) *then I said*

אֲהָהּ אֲדֹנָי interj. (13)-n.m.p.-1 c.s. sf. (10) *Ah, Lord*

יהוה pr.n. (217) *Yahweh*

הִנֵּה הַנְּבִאִים demons.part. (243)-def.art.-n.m.p. (611) *behold, the prophets*

אֹמְרִים לָהֶם Qal act.ptc. m.p. (55)-prep.-3 m.p. sf. *say to them*

לֹא־תִרְאוּ neg.-Qal impf. 2 m.p. (רָאָה 906) *you shall not see*

חֶרֶב n.f.s. (352) *a sword*

וְרָעָב conj.-n.m.s. (944) *and famine*

לֹא־יִהְיֶה neg.-Qal impf. 3 m.s. (224) *shall not be*

לָכֶם prep.-2 m.p. sf. *to you*

כִּי־שְׁלוֹם אֱמֶת conj.-n.m.s. cstr. (1022)-n.f.s. (54) *and assured peace*

אֶתֵּן לָכֶם Qal impf. 1 c.s. (נָתַן 678)-prep.-2 m.p. sf. *I will give you*

בַּמָּקוֹם הַזֶּה prep.-def.art.-n.m.s. (879)-def.art. -demons.adj. m.s. (260) *in this place*

14:14

וַיֹּאמֶר יהוה consec.-Qal impf. 3 m.s. (55)-pr.n. (217) *and Yahweh said*

אֵלַי prep.-1 c.s. sf. *to me*

שֶׁקֶר n.m.s. (1055) *lies*

הַנְּבִאִים def.art.-n.m.p. (611) *the prophets*

נִבְּאִים Ni. ptc. m.p. (נָבָא 612) *are prophesying*

בִּשְׁמִי prep.-n.m.s.-1 c.s. sf. (1027) *in my name*

לֹא שְׁלַחְתִּים neg.-Qal pf. 1 c.s.-3 m.p. sf. (שָׁלַח 1018) *I did not send them*

וְלֹא צִוִּיתִים conj.-neg.-Pi. pf. 1 c.s-3 m.p. sf. (צָוָה 845) *nor did I command them*

וְלֹא דִבַּרְתִּי conj.-neg.-Pi. pf. 1 c.s. (180) *or speak*

אֲלֵיהֶם prep.-3 m.p. sf. *to them*

חֲזוֹן שֶׁקֶר n.m.s. cstr. (302)-n.m.s. (1055) *a lying vision*

וְקֶסֶם conj.-n.m.s. (890) *and divination*

וֶאֱלִיל conj.-n.m.s. (47) *and worthless*

וְתַרְמוּת conj.-n.f.s. cstr. (941) *and deceit of*

לִבָּם n.m.s.-3 m.p. sf. (524) *their own minds*

הֵמָּה מִתְנַבְּאִים pers.pr. 3 m.p. (241)-Hith. ptc. m.p. (נָבָא 612) *they are prophesying*

לָכֶם prep.-2 m.p. sf. *to you*

14:15

לָכֵן prep.-adv. (485) *therefore*

כֹּה־אָמַר adv. (462)-Qal pf. 3 m.s. (55) *thus says*

יהוה pr.n. (217) *Yahweh*

עַל־הַנְּבִאִים prep.-def.art.-n.m.p. (611) *concerning the prophets*

הַנִּבְּאִים def.art.-Ni. pf. m.p. (612) *who prophesy*

בִּשְׁמִי prep.-n.m.s.-1 c.s. sf. (1027) *in my name*

וַאֲנִי conj.-pers.pr. 1 c.s. (58) *although I*

לֹא־שְׁלַחְתִּים neg.-Qal pf. 1 c.s.-3 m.p. sf. (שָׁלַח 1018) *I did not send them*

וְהֵמָּה conj.-pers.pr. 3 m.p. (241) *and they*

אֹמְרִים Qal act.ptc. m.p. (55) *who say*

חֶרֶב וְרָעָב n.f.s. (352)-conj.-n.m.s. (944) *sword and famine*

לֹא יִהְיֶה neg.-Qal impf. 3 m.s. (224) *shall not come*

בָּאָרֶץ הַזֹּאת prep.-def.art.-n.f.s. (75)-def.art. -demons.adj. f.s. (260) *on this land*

בַּחֶרֶב prep.-def.art.-n.f.s. (352) *by sword*

וּבָרָעָב conj.-prep.-def.art.-n.m.s. (944) *and famine*

יִתַּמּוּ Qal impf. 3 m.p. (תָּמַם 1070) *shall be consumed*

הַנְּבִאִים הַהֵמָּה def.art.-n.m.p. (611)-def.art. -demons.adj. m.p. (241) *those prophets*

14:16

וְהָעָם conj.-def.art.-n.m.s. (I 766) *and the people*

אֲשֶׁר הֵמָּה נִבְּאִים לָהֶם rel. (81)-pers.pr. 3 m.s. (241)-Ni. ptc. m.p. (נָבָא 612)-prep.-3 m.p. sf. *to whom they prophesy*

יִהְיוּ Qal impf. 3 m.p. (הָיָה 224) *shall be*

מֻשְׁלָכִים Ho. ptc. m.p. (שָׁלַךְ 1020) *cast out*

בְּחֻצוֹת prep.-n.m.p. cstr. (299) *in the streets of*

יְרוּשָׁלִַם pr.n. (436) *Jerusalem*

מִפְּנֵי הָרָעָב prep.-n.m.p. cstr. (815)-def.art. -n.m.s. (944) *from the famine*

וְהַחֶרֶב conj.-def.art.-n.f.s. (352) *and sword*

וְאֵין מְקַבֵּר conj.-subst.cstr. (II 34)-Pi. ptc. (קָבַר 868) *with none to bury*

לָהֵמָּה prep.-3 m.p. pers.pr. (241; GK 103g) *them*

הֵמָּה v.supra *them*

נְשֵׁיהֶם n.f.p.-3 m.p. sf. (61) *their wives*

וּבְנֵיהֶם conj.-n.m.p.-3 m.p. sf. (119) *and their sons*

וּבְנֹתֵיהֶם conj.-n.f.p.-3 m.p. sf. (I 123) *and their daughters*

וְשָׁפַכְתִּי conj.-Qal pf. 1 c.s. (שָׁפַךְ 1049) *for I will pour out*

עֲלֵיהֶם prep.-3 m.p. sf. *upon them*

אֶת רָעָתָם dir.obj.-n.f.s.-3 m.p. sf. (949) *their wickedness*

14:17

וְאָמַרְתָּ conj.-Qal pf. 2 m.s. (55) *you shall say*

אֲלֵיהֶם prep.-3 m.p. sf. *to them*

אֶת הַדָּבָר הַזֶּה dir.obj.-def.art.-n.m.s. (182) def.art.-demons.adj. m.s. (260) *this word*

תֵּרַדְנָה Qal impf. 3 f.p. (יָרַד 432) *let run down*

עֵינַי n.f. du.-1 c.s. sf. (744) *my eyes*

דִּמְעָה n.f.s. (199) *with tears*

לַיְלָה וְיוֹמָם n.m.s. (538)-conj.-n.m.s. (401) *night and day*

וְאַל תִּדְמֶינָה conj.-neg.-Qal impf. 3 f.p. (דָּמָה II 198) *let them not cease*

כִּי שֶׁבֶר גָּדוֹל conj.-n.m.s. (991)-adj. m.s. (152) *a great wound*

נִשְׁבְּרָה Ni. pf. 3 f.s. (שָׁבַר 990) *is smitten*

בְּתוּלַת בַּת עַמִּי n.f.s. cstr. (143)-n.f.s. cstr. (I 123) -n.m.s.-1 c.s. sf. (I 766) *the virgin daughter of my people*

מַכָּה נַחְלָה מְאֹד n.f.s. (646)-Ni. ptc. f.s. (חָלָה I 317) -adv. (547) *a very grievous blow*

14:18

אִם יָצָאתִי hypoth.part. (49)-Qal pf. 1 c.s. (יָצָא 422) *if I go out*

הַשָּׂדֶה def.art.-n.m.s. (961) *into the field*

וְהִנֵּה conj.-demons.part. (243) *behold*

חַלְלֵי חֶרֶב n.m.p. cstr. (I 319)-n.f.s. (352) *those slain by the sword*

וְאִם בָּאתִי conj.-v.supra (GK 159p)-Qal pf. 1 c.s. (בּוֹא 97) *and if I enter*

הָעִיר def.art.-n.f.s. (746) *the city*

וְהִנֵּה v.supra *behold*

תַּחֲלוּאֵי רָעָב n.m.p. cstr. (316)-n.m.s. (944) *diseases of famine*

כִּי גַם נָבִיא conj.-adv. (168)-n.m.s. (611) *for both prophet*

וְגַם כֹּהֵן v.supra-n.m.s. (463) *and priest*

סָחֲרוּ Qal pf. 3 c.p. (סָחַר 695) *ply their trade*

אֶל אֶרֶץ prep.-n.f.s. (75) *through the land*

וְלֹא יָדָעוּ conj. (GK 155h)-neg.-Qal pf. 3 c.p. paus. (יָדַע 393) *and have no knowledge*

14:19

הֲמָאֹס מָאַסְתָּ interr.-Qal inf.abs. (549)-Qal pf. 2 m.s. (549) *hast thou utterly rejected*

אֶת יְהוּדָה dir.obj.-pr.n. (397) *Judah*

אִם בְּצִיּוֹן conj. (49)-prep.-pr.n. (851) *or Zion*

גָּעֲלָה נַפְשֶׁךָ Qal pf. 3 f.s. (גָּעַל 171)-n.f.s.-2 m.s. sf. (659) *does thy soul loathe*

מַדּוּעַ הִכִּיתָנוּ adv. (396)-Hi. pf. 2 m.s.-1 c.p. sf. (נָכָה 645) *why hast thou smitten us?*

וְאֵין לָנוּ מַרְפֵּא conj.-subst.cstr. (II 34)-prep.-1 c.p. sf.-n.m.s. (951) *so that there is no healing for us*

קַוֵּה לְשָׁלוֹם Pi. inf.abs. (קָוָה 875)-prep.-n.m.s. (1022) *we looked for peace*

וְאֵין טוֹב conj.-subst.cstr. (II 34)-n.m.s. (III 375) *but no good came*

וּלְעֵת מַרְפֵּא conj.-prep.-n.f.s. cstr. (773)-v.supra *for a time of healing*

וְהִנֵּה conj.-demons.part. (243) *but behold*

בְּעָתָה n.f.s. (130) *terror*

14:20

יָדַעְנוּ Qal pf. 1 c.p. (יָדַע 393) *we acknowledge*

יהוה pr.n. (217) *O Yahweh*

רִשְׁעֵנוּ n.m.s.-1 c.p. sf. (957) *our wickedness*

עֲוֹן אֲבוֹתֵינוּ n.m.s. cstr. (730)-n.m.p.-1 c.p. sf. (3) *the iniquity of our fathers*

כִּי חָטָאנוּ לָךְ conj.-Qal pf. 1 c.p. (חָטָא 306) -prep.-2 m.s. sf. paus. *for we have sinned against thee*

14:21

אַל תִּנְאַץ neg.-Qal impf. 2 m.s. (נָאַץ 610) *do not spurn us*

267

לְמַעַן שִׁמְךָ prep. (775)-n.m.s.-2 m.s. sf. (1027) *for thy name's sake*

אַל־תְּנַבֵּל neg.-Pi. impf. 2 m.s. (נבל II 614) *do not dishonor*

כִּסֵּא כְבוֹדֶךָ n.m.s. cstr. (490)-n.m.s.-2 m.s. sf. (458) *thy glorious throne*

זְכֹר Qal impv. 2 m.s. (זכר 269) *remember*

אַל־תָּפֵר neg.-Hi. impf. 2 m.s. (פרר I 830) *do not break*

בְּרִיתְךָ n.f.s.-2 m.s. sf. (136) *thy covenant*

אִתָּנוּ prep.-1 c.p. sf. (II 85) *with us*

14:22

הֲיֵשׁ interr.-subst. (441) *are there*

בְּהַבְלֵי הַגּוֹיִם prep.-n.m.p. cstr. (I 210)-def.art.-n.m.p. (156) *among the false gods of the nations*

מַגְשִׁמִים Hi. ptc. m.p. (גשם 177) *any that can bring rain*

וְאִם־הַשָּׁמַיִם conj.-hypoth.part. (49)-def.art.-n.m.p. (1029) *or the heavens?*

יִתְּנוּ Qal impf. 3 m.p. (נתן 678) *can give*

רְבִבִים n.m.p. (914) *showers*

הֲלֹא אַתָּה־הוּא interr.-neg.-pers.pr. 2 m.s. (61)-pers.pr. 3 m.s. (214) *are thou not he?*

יְהוָה pr.n. (217) *O Yahweh*

אֱלֹהֵינוּ n.m.p.-1 c.p. sf. (43) *our God*

וּנְקַוֶּה־לָּךְ conj.-Pi. impf. 1 c.p. (צוה I 875)-prep.-2 m.s. sf. paus. *we set our hope on thee*

כִּי־אַתָּה conj.-pers.pr. 2 m.s. (61) *for thou*

עָשִׂיתָ Qal pf. 2 m.s. (עשה I 793) *doest*

אֶת־כָּל־אֵלֶּה dir.obj.-n.m.s. cstr. (481)-demons.adj. c.p. (41) *all these things*

15:1

וַיֹּאמֶר יְהוָה consec.-Qal impf. 3 m.s. (55)-pr.n. (217) *then Yahweh said*

אֵלַי prep.-1 c.s. sf. *to me*

אִם־יַעֲמֹד hypoth.part. (49)-Qal impf. 3 m.s. (763 עמד) *though ... stood*

מֹשֶׁה וּשְׁמוּאֵל pr.n. (602)-prep.-pr.n. (1028) *Moses and Samuel*

לְפָנַי prep.-n.m.p.-1 c.s. sf. (815) *before me*

אֵין נַפְשִׁי subst.cstr. (II 34)-n.f.s.-1 c.s. sf. (659) *yet my heart would not turn*

אֶל־הָעָם הַזֶּה prep.-def.art.-n.m.s. (I 766)-def.art.-demons.adj. m.s. (260) *toward this people*

שַׁלַּח Pi. impv. 2 m.s. (1018) *send*

מֵעַל־פָּנַי prep.-prep.-n.m.p.-1 c.s. sf. (815) *out of my sight*

וְיֵצֵאוּ conj.-Qal impf. 3 m.p. paus. (יצא 422) *and let them go*

15:2

וְהָיָה conj.-Qal pf. 3 m.s. (224) *and*

כִּי־יֹאמְרוּ conj.-Qal impf. 3 m.p. (55) *when they ask*

אֵלֶיךָ prep.-2 m.s. sf. *you*

אָנָה נֵצֵא adv.-dir.he (33)-Qal impf. 1 c.p. (יצא 422) *where shall we go?*

וְאָמַרְתָּ conj.-Qal pf. 2 m.s. (55) *you shall say*

אֲלֵיהֶם prep.-3 m.p. sf. *to them*

כֹּה־אָמַר adv. (462)-Qal pf. 3 m.s. (55) *thus says*

יְהוָה pr.n. (217) *Yahweh*

אֲשֶׁר לַמָּוֶת rel. (81)-prep.-def.art.-n.m.s. (560) *those who are for pestilence (death)*

לַמָּוֶת v.supra *to pestilence*

וַאֲשֶׁר לַחֶרֶב conj.-rel.-prep.-def.art.-n.f.s. (352) *and those who are for the sword*

לַחֶרֶב v.supra *to the sword*

וַאֲשֶׁר לָרָעָב v.supra-prep.-def.art.-n.m.s. (944) *and those who are for the famine*

לָרָעָב v.supra *to the famine*

וַאֲשֶׁר לַשְּׁבִי v.supra-prep.-def.art.-n.m.s. (985) *and those who are for the captivity*

לַשְּׁבִי v.supra *to the captivity*

15:3

וּפָקַדְתִּי conj.-Qal pf. 1 c.s. (פקד 823) *and I will appoint*

עֲלֵיהֶם prep.-3 m.p. sf. *over them*

אַרְבַּע מִשְׁפָּחוֹת num. (916)-n.f.p. (1046; 3a) *four kinds of destroyers*

נְאֻם־יְהוָה n.m.s. cstr. (610)-pr.n. (217) *says Yahweh*

אֶת־הַחֶרֶב לַהֲרֹג dir.obj.-def.art.-n.f.s. (352)-prep.-Qal inf.cstr. (הרג 246) *the sword to slay*

וְאֶת־הַכְּלָבִים לִסְחֹב conj.-dir.obj.-def.art.-n.m.p. (476)-prep.-Qal inf.cstr. (694) *the dogs to tear*

וְאֶת־עוֹף הַשָּׁמַיִם conj.-dir.obj.-n.m.s. cstr. (733)-def.art.-n.m.p. (1029) *and the birds of the air (heavens)*

וְאֶת־בֶּהֱמַת הָאָרֶץ conj.-dir.obj.-n.f.s. cstr. (96)-def.art.-n.f.s. (75) *and the beasts of the earth*

לֶאֱכֹל prep.-Qal inf.cstr. (אכל 37) *to devour*

וּלְהַשְׁחִית conj.-prep.-Hi. inf.cstr. (שחת 1007) *and destroy*

268

15:4

וּנְתַתִּים conj.-Qal pf. 1 c.s.-3 m.p. sf. (נָתַן 678) *and I will make them*

לְזַוֲעָה prep.-n.f.s. (266) *a horror*

לְכֹל מַמְלְכוֹת prep.-n.m.s. cstr. (481)-n.f.p. cstr. (575) *to all the kingdoms of*

הָאָרֶץ def.art.-n.f.s. (75) *the earth*

בִּגְלַל prep.-n.m.s. cstr. (164) *because of*

מְנַשֶּׁה pr.n. (586) *Manasseh*

בֶּן־יְחִזְקִיָּהוּ n.m.s. cstr. (119)-pr.n. (306) *the son of Hezekiah*

מֶלֶךְ יְהוּדָה n.m.s. cstr. (I 572)-pr.n. (397) *king of Judah*

עַל אֲשֶׁר־עָשָׂה prep.-rel. (81)-Qal pf. 3 m.s. (I 793) *what he did*

בִּירוּשָׁלָ͏ִם prep.-pr.n. paus. (436) *in Jerusalem*

15:5

כִּי מִי־יַחְמֹל conj.-interr. (566)-Qal impf. 3 m.s. (חָמַל 328) *and who will have pity*

עָלַיִךְ prep.-2 f.s. sf. *on you*

יְרוּשָׁלַ͏ִם pr.n. (436) *O Jerusalem*

וּמִי יָנוּד conj.-interr. (566)-Qal impf. 3 m.s. (נוד 626) *or who will bemoan*

לָךְ prep.-2 f.s. sf. *you*

וּמִי יָסוּר v.supra-Qal impf. 3 m.s. (סוּר 693) *who will turn aside*

לִשְׁאֹל prep.-Qal inf.cstr. (שָׁאַל 981) *to ask*

לְשָׁלֹם לָךְ prep.-n.m.s. (1022)-prep.-2 f.s. sf. *about your welfare*

15:6

אַתְּ נָטַשְׁתְּ pers.pr. 2 f.s. (61)-Qal pf. 2 f.s. (נָטַשׁ 643) *you have rejected*

אֹתִי dir.obj.-1 c.s. sf. *me*

נְאֻם־יְהוָה n.m.s. cstr. (610)-pr.n. (217) *says Yahweh*

אָחוֹר תֵּלֵכִי subst. (30)-Qal impf. 2 f.s. paus. (הָלַךְ 229) *you keep going backward*

וָאַט consec.-Hi. impf. 1 c.s. (נָטָה 639) *so I have stretched out*

אֶת־יָדִי dir.obj.-n.f.s.-1 c.s. sf. (388) *my hand*

עָלַיִךְ prep.-2 f.s. sf. *against you*

וָאַשְׁחִיתֵךְ consec.-Hi. impf. 1 c.s.-2 f.s. sf. (שָׁחַת 1007) *and destroyed you*

נִלְאֵיתִי Ni. pf. 1 c.s. (לָאָה 521) *I am weary*

הִנָּחֵם Ni. inf.cstr. (נָחַם 636) *of relenting*

15:7

וָאֶזְרֵם consec.-Qal impf. 1 c.s.-3 m.p. sf. (זָרָה 279) *and I have winnowed them*

בְּמִזְרֶה prep.-n.m.s. (280) *with a winnowing fork*

בְּשַׁעֲרֵי prep.-n.m.p. cstr. (1044) *in the gates of*

הָאָרֶץ def.art.-n.f.s. (75) *the land*

שִׁכַּלְתִּי Pi. pf. 1 c.s. (שָׁכֹל 1013) *I have bereaved*

אִבַּדְתִּי Pi. pf. 1 c.s. (אָבַד 1) *I have destroyed*

אֶת־עַמִּי dir.obj.-n.m.s.-1 c.s. sf. (I 766) *my people*

מִדַּרְכֵיהֶם prep.-n.m.p.-3 m.p. sf. (202) *from their ways*

לוֹא־שָׁבוּ neg.-Qal pf. 3 c.p. paus. (שׁוּב 996) *they did not turn*

15:8

עָצְמוּ־לִי Qal pf. 3 c.p. (עָצַם I 782)-prep.-1 c.s. sf. *I have made more in number*

אַלְמְנֹתָו n.f.p.-3 m.s. sf. (48) *their widows*

מֵחוֹל יַמִּים prep.-n.m.s. cstr. (297)-n.m.p. (410) *than the sand of the seas*

הֵבֵאתִי Hi. pf. 1 c.s. (בּוֹא 97) *I have brought*

לָהֶם prep.-3 m.p. sf. *(to them)*

עַל־אֵם בָּחוּר prep.-n.f.s. cstr.-n.m.s. (104) *against the mothers of the young men*

שֹׁדֵד Qal act.ptc. (שָׁדַד 994) *a destroyer*

בַּצָּהֳרָיִם prep.-def.art.-n.m.p. paus. (I 843) *at noonday*

הִפַּלְתִּי Hi. pf. 1 c.s. (נָפַל 656) *I have made fall*

עָלֶיהָ prep.-3 f.s. sf. *upon them (her)*

פִּתְאֹם adv. (837) *suddenly*

עִיר n.m.s. (I 735) *anguish*

וּבֶהָלוֹת conj.-n.f.p. (96) *and terror*

15:9

אֻמְלְלָה Pulal pf. 3 f.s. (אָמַל 51) *has languished*

יֹלֶדֶת Qal act.ptc. f.s. (יָלַד 408) *she who bore*

הַשִּׁבְעָה def.art.-n.f.s. (I 987) *seven*

נָפְחָה נַפְשָׁהּ Qal pf. 3 f.s. (נָפַח 655)-n.f.s.-3 f.s. sf. (659) *she has swooned away*

בָּאָה Qal pf. 3 f.s. (Qere txt.; בָּאָה בּוֹא 97) *went down*

שִׁמְשָׁהּ n.f.s.-3 f.s. sf. (1039) *her sun*

בְּעֹד יוֹמָם prep.-adv. (728)-adv. (401) *while it was yet day*

בּוֹשָׁה Qal pf. 3 f.s. (בּוֹשׁ 101) *she has been shamed*

וְחָפֵרָה conj.-Qal pf. 3 f.s. paus. (חָפֵר II 344) *and disgraced*

וּשְׁאֵרִיתָם conj.-n.f.s.-3 m.p. sf. (984) *and the rest of them*

לַחֶרֶב prep.-def.art.-n.f.s. (352) *to the sword*

אֶתֵּן Qal impf. 1 c.s. (נָתַן 678) *I will give*

לִפְנֵי prep.-n.m.p. cstr. (815) *before*

אֹיְבֵיהֶם Qal act.ptc. m.p.-3 m.p. sf. (33) *their enemies*

Jeremiah 15:10

נְאֻם־יְהוָה n.m.s. cstr. (610)-pr.n. (217) *says Yahweh*

15:10

אוֹי־לִי interj. (17)-prep.-1 c.s. sf. *woe is me*

אִמִּי n.f.s.-1 c.s. sf. (51) *my mother*

כִּי יְלִדְתִּנִי conj.-Qal pf. 2 f.s.-1 c.s. sf. (יָלַד 408) *that you bore me*

אִישׁ רִיב n.m.s. cstr. (35)-n.m.s. (936) *a man of strife*

וְאִישׁ מָדוֹן conj.-v.supra-n.m.s. (I 193) *and (a man of) contention*

לְכָל־הָאָרֶץ prep.-n.m.s. cstr. (481)-def.art.-n.f.s. (75) *to the whole land*

לֹא־נָשִׁיתִי neg.-Qal pf. 1 c.s. (נָשָׁה I 674) *I have not lent*

וְלֹא־נָשׁוּ־בִי conj.-neg.-Qal pf. 3 c.p. (נָשָׁה I 674)-prep.-1 c.s. sf. *and they have not lent to me*

כֻּלֹּה n.m.s.-3 m.s. sf. (481; GK 61h, 91cN) *all of them*

מְקַלְלוֹנִי Pi. ptc.-1 c.s. sf. (קָלַל 886) *curse me*

15:11

אָמַר יְהוָה Qal pf. 3 m.s. (55)-pr.n. (217) *Yahweh said*

אִם־לֹא שֵׁרוֹתְךָ hypoth.part. (49)-neg.-Pi. pf. 1 c.s.-2 m.s. sf. (שָׁרָה I 1056) *I will set thee free*

לְטוֹב prep.-n.m.s. (III 375) *for good*

אִם־לוֹא הִפְגַּעְתִּי hypoth.part. (49)-neg.-Hi. pf. 1 c.s. (פָּגַע 803) *if I have not entreated*

בְךָ prep.-2 m.s. sf. *thee*

בְּעֵת־רָעָה prep.-n.f.s. cstr. (773)-n.f.s. (949) *in the time of trouble*

וּבְעֵת צָרָה conj.-v.supra-n.f.s. (865) *and in the time of distress*

אֶת־הָאֹיֵב dir.obj.-def.art.-Qal act.ptc. (33) *on behalf of the enemy*

15:12

הֲיָרֹעַ interr.part.-Qal impf. 3 m.s. (רָעַע II 949) *can one break*

בַּרְזֶל n.m.s. (137) *iron*

בַּרְזֶל מִצָּפוֹן v.supra-prep.-n.f.s. (860) *iron from the north*

וּנְחֹשֶׁת conj.-n.f.s. (638) *and bronze*

15:13

חֵילְךָ n.m.s.-2 m.s. sf. (298) *your wealth*

וְאוֹצְרוֹתֶיךָ conj.-n.m.p.-2 m.s. sf. (69) *and your treasures*

לָבַז prep.-n.m.s. (103) *as spoil*

אֶתֵּן Qal impf. 1 c.s. (נָתַן 678) *I will give*

לֹא בִמְחִיר neg.-prep.-n.m.s. (I 564) *without price*

וּבְכָל־חַטֹּאותֶיךָ conj.-prep.-n.m.s. cstr. (481)-n.f.p.-2 m.s. sf. (308) *for all your sins*

v.supra-n.m.p.-2 f.s. sf. (147) *and throughout all your territory*

15:14

וְהַעֲבַרְתִּי conj.-Hi. pf. 1 c.s. (עָבַר 716) (rd. from וְהַעֲבַדְתִּי 712 עָבַד *I will make serve*) *I will make you pass over*

אֶת־אֹיְבֶיךָ dir.obj.-Qal act.ptc. m.p.-2 m.s. sf. (33 אָיַב) *your enemies*

בְּאֶרֶץ prep.-n.f.s. (75) *in a land*

לֹא יָדָעְתָּ neg.-Qal pf. 2 m.s. paus. (יָדַע 393) *which you do not know*

כִּי־אֵשׁ קָדְחָה conj.-n.f.s. (77)-Qal pf. 3 f.s. (קָדַח 869) *for a fire is kindled*

בְּאַפִּי prep.-n.m.s.-1 c.s. sf. (I 60) *in my anger*

עֲלֵיכֶם prep.-2 m.p. sf. (*over you*) (some rd. עַד עוֹלָם *for ever*)

תּוּקָד Ho. impf. 3 f.s. paus. (יָקַד 428) *which shall burn*

15:15

אַתָּה יָדַעְתָּ pers.pr. 2 m.s. (61)-Qal pf. 2 m.s. (393 יָדַע) *thou knowest*

יְהוָה pr.n. (217) *O Yahweh*

זָכְרֵנִי Qal impv. 2 m.s.-1 c.s. sf. (269) *remember me*

וּפָקְדֵנִי conj.-Qal impv. 2 m.s.-1 c.s. sf. (823) *and visit me*

וְהִנָּקֶם לִי conj.-Ni. impv. 2 m.s. (נָקַם 667)-prep.-1 c.s. sf. *and take vengeance for me*

מֵרֹדְפַי prep.-Qal act.ptc. m.p.-1 c.s. sf. (רָדַף 922) *on my persecutors*

אַל־לְאֶרֶךְ אַפְּךָ neg.-prep.-adj. m.s. cstr. (74)-n.m.s.-2 m.s. sf. (I 60) *not in thy forebearance*

תִּקָּחֵנִי Qal impf. 2 m.s.-1 c.s. sf. (לָקַח 542) *take me*

דַּע Qal impv. 2 m.s. (יָדַע 393) *know*

שְׂאֵתִי עָלֶיךָ Qal inf.cstr.-1 c.s. sf. (נָשָׂא 669)-prep.-2 m.s. sf. *for thy sake I bear*

חֶרְפָּה n.f.s. (357) *reproach*

15:16

נִמְצְאוּ Ni. pf. 3 c.p. (מָצָא 592) *were found*

דְּבָרֶיךָ n.m.p.-2 m.s. sf. (182) *thy words*

270

וָאֹכְלֵם consec.-Qal impf. 1 c.s.-3 m.p. sf. (אָכַל 37) *and I ate them*

וַיְהִי דְבָרְךָ לִי הָיָה consec.-Qal impf. 3 m.s. 224)-v.supra-prep.-1 c.s. sf. *and thy words became to me*

לְשָׂשׂוֹן prep.-n.m.s. (965) *a joy*

וּלְשִׂמְחַת לְבָבִי conj.-prep.-n.f.s. cstr. (970)-n.m.s.-1 c.s. sf. (523) *and the delight of my heart*

כִּי־נִקְרָא conj.-Ni. pf. 3 m.p. (קָרָא 894) *for is called*

שִׁמְךָ עָלַי n.m.s.-2 m.s. sf. (1027)-prep.-1 c.s. sf. *thy name upon me*

יהוה pr.n. (217) *O Yahweh*

אֱלֹהֵי צְבָאוֹת n.m.p. cstr. (43)-pr.n. (838) *God of hosts*

15:17

לֹא־יָשַׁבְתִּי neg.-Qal pf. 1 c.s. (יָשַׁב 442) *I did not sit*

בְּסוֹד־מְשַׂחֲקִים prep.-n.m.s. cstr. (691)-Pi. ptc. m.p. (שָׂחַק 965) *in the company of merrymakers*

וָאֶעְלֹז consec.-Qal impf. 1 c.s. (עָלַז 759) *nor did I rejoice*

מִפְּנֵי יָדְךָ prep.-n.m.p. cstr. (815)-n.f.s.-2 m.s. sf. (388) *before thy hand*

בָּדָד n.m.s. (94) *alone*

יָשַׁבְתִּי Qal pf. 1 c.s. (יָשַׁב 442) *I sat*

כִּי־זַעַם conj.-n.m.s. (276) *for with indignation*

מִלֵּאתָנִי Pi. pf. 2 m.s.-1 c.s. sf. (מָלֵא 569) *thou hadst filled me*

15:18

לָמָּה הָיָה prep.-interr. (552; GK 102 l)-Qal pf. 3 m.s. (224) *why is*

כְּאֵבִי n.m.s.-1 c.s. sf. (456) *my pain*

נֶצַח n.m.s. paus. (664) *unceasing*

וּמַכָּתִי conj.-n.f.s.-1 c.s. sf.(646) *my wound*

אֲנוּשָׁה Qal pass.ptc. f.s. (אָנַשׁ I 60; GK 50f) *incurable*

מֵאֲנָה Pi. pf. 3 f.s. (מָאַן 549) *refusing*

הֵרָפֵא Ni. inf.cstr. (רָפָא 950) *to be healed*

הָיוֹ תִהְיֶה לִי Qal inf.abs. (הָיָה 224)-Qal impf. 2 m.s. (224)-prep.-1 c.s. sf. *wilt thou be to me*

כְּמוֹ אַכְזָב adv. (455)-adj. (469) *like a deceitful brook*

מַיִם n.m.p. (565) *waters*

לֹא נֶאֱמָנוּ neg.-Ni. pf. 3 c.p. paus. (אָמֵן 52) *that do not fail*

15:19

לָכֵן כֹּה־ prep.-adv. (485)-adv. (462) *therefore thus*

אָמַר יהוה Qal pf. 3 m.s. (55)-pr.n. (217) *says Yahweh*

אִם־תָּשׁוּב hypoth.part. (49)-Qal impf. 2 m.s. (שׁוּב 996) *if you return*

וַאֲשִׁיבְךָ conj.-Hi. impf. 1 c.s.-2 m.s. sf. (שׁוּב 996) *I will restore you*

לְפָנַי prep.-n.m.p.-1 c.s. sf. (815) *before me*

תַּעֲמֹד Qal impf. 2 m.s. (עָמַד 763) *you shall stand*

וְאִם־תּוֹצִיא conj.-v.supra-Hi. impf. 2 m.s. (יָצָא 422) *and if you utter*

יָקָר adj. (429) *what is precious*

מִזּוֹלֵל prep.-Qal act.ptc. (זָלַל II 272) *and not what is worthless*

כְּפִי prep.-n.m.s.-1 c.s. sf.(804) *as my mouth*

תִהְיֶה Qal impf. 2 m.s. (224) *you shall be*

יָשֻׁבוּ הֵמָּה Qal impf. 3 m.p. (שׁוּב 996)-pers.pr. 3 m.p. (241) *they shall turn*

אֵלֶיךָ prep.-2 m.s. sf. *to you*

וְאַתָּה conj.-pers.pr. 2 m.s. (61) *and you*

לֹא־תָשׁוּב neg.-Qal impf. 2 m.s. (שׁוּב 996) *shall not turn*

אֲלֵיהֶם prep.-3 m.p. sf. *to them*

15:20

וּנְתַתִּיךָ conj.-Qal pf. 1 c.s.-2 m.s. sf. (נָתַן 678) *and I will make you*

לָעָם הַזֶּה prep.-def.art.-n.m.s. (I 766)-def.art.-demons.adj. m.s. (260) *to this people*

לְחוֹמַת נְחֹשֶׁת prep.-n.f.s. cstr. (327)-n.f.s. (638) *a wall of bronze*

בְּצוּרָה Qal pass.ptc. f.s. (בָּצַר 130) *fortified*

וְנִלְחֲמוּ conj.-Ni. pf. 3 c.p. (לָחַם 535) *and they will fight*

אֵלֶיךָ prep.-2 m.s. sf. *against you*

וְלֹא־יוּכְלוּ לָךְ conj.-neg.-Qal impf. 3 m.p. (יָכֹל 407)-prep.-2 m.s. sf. paus. *but they shall not prevail over you*

כִּי־אִתְּךָ אָנִי conj.-prep.-2 m.s. sf. (II 85)-pers.pr. 1 c.s. (58) *for I am with you*

לְהוֹשִׁיעֶךָ prep.-Hi. inf.cstr.-2 m.s. sf. (יָשַׁע 446) *to save you*

וּלְהַצִּילֶךָ conj.-prep.-Hi. inf.cstr.-2 m.s. sf. (נָצַל 664) *and deliver you*

נְאֻם־יהוה n.m.s. cstr. (610)-pr.n. (217) *says Yahweh*

15:21

וְהִצַּלְתִּיךָ conj.-Hi. pf. 1 c.s.-2 m.s. sf. (נָצַל 664) *and I will deliver you*

מִיַּד רָעִים prep.-n.f.s. cstr. (388)-adj. m.p. (I 948) *out of the hand of the wicked*

וּפְדִתִיךָ conj.-Qal pf. 1 c.s.-2 m.s. sf.(פָּדָה 804) *and redeem you*

מִכַּף עָרִצִים prep.-n.f.s. cstr. (496)-adj. m.p. (792) *from the grasp of the ruthless*

16:1

וַיְהִי consec.-Qal impf. 3 m.s. (הָיָה 224) *then came*

דְּבַר־יהוה n.m.s. cstr. (182)-pr.n. (217) *the word of Yahweh*

אֵלַי prep.-1 c.s. sf. *to me*

לֵאמֹר prep.-Qal inf.cstr. (55) *(saying)*

16:2

לֹא־תִקַּח לְךָ neg.-Qal impf. 2 m.s. (לָקַח 542)-prep.-2 m.s. sf. *you shall not take*

אִשָּׁה n.f.s. (61) *a wife*

וְלֹא־יִהְיוּ לְךָ conj.-neg.-Qal impf. 3 m.p. (הָיָה 224)-prep.-2 m.s. sf. *nor shall you have*

בָּנִים וּבָנוֹת n.m.p. (119)-conj.-n.f.p. (I 123) *sons or daughters*

בַּמָּקוֹם הַזֶּה prep.-def.art.-n.m.s. (879)-def.art.-demons.adj. m.s. (260) *in this place*

16:3

כִּי־כֹה conj.-adv. (462) *for thus*

אָמַר יהוה Qal pf. 3 m.s. (55)-pr.n. (217) *says Yahweh*

עַל־הַבָּנִים prep.-def.art.-n.m.p. (119) *concerning the sons*

וְעַל־הַבָּנוֹת conj.-prep.-def.art.-n.f.p. (I 123) *and daughters*

הַיִּלּוֹדִים def.art.-adj. m.p. (409) *who are born*

בַּמָּקוֹם הַזֶּה prep.-def.art.-n.m.s. (879)-def.art.-demons.adj. m.s. (260) *in this place*

וְעַל־אִמֹּתָם conj.-prep.-n.f.p.-3 m.p. sf. (51) *and concerning their mothers*

הַיֹּלְדוֹת אוֹתָם def.art.-Qal act.ptc. f.p. (יָלַד 408)-dir.obj.-3 m.p. sf. *who bore them*

וְעַל־אֲבוֹתָם v.supra-n.m.p.-3 m.p. sf. (3) *and their fathers*

הַמּוֹלִדִים def.art.-Hi. ptc. m.p. (יָלַד 408) *who begot*

אוֹתָם dir.obj.-3 m.p. sf. *them*

בָּאָרֶץ הַזֹּאת prep.-def.art.-n.f.s. (75)-def.art.-demons.adj. f.s. (260) *in this land*

16:4

מְמוֹתֵי תַחֲלֻאִים n.m.p. cstr. (560)-n.m.p. (316) *of deadly diseases*

יָמֻתוּ Qal impf. 3 m.p. (מוּת 559) *they shall die*

לֹא יִסָּפְדוּ neg.-Ni. impf. 3 m.p. (סָפַד 704) *they shall not be lamented*

וְלֹא יִקָּבֵרוּ conj.-neg.-Ni. impf. 3 m.p. paus. (קָבַר 868) *nor shall they be buried*

לְדֹמֶן prep.-n.m.s. (199) *as dung*

עַל־פְּנֵי prep.-n.m.p. cstr. (815) *on the surface of*

הָאֲדָמָה def.art.-n.f.s. (9) *the ground*

יִהְיוּ Qal impf. 3 m.p. (הָיָה 224) *they shall be*

וּבַחֶרֶב conj.-prep.-def.art.-n.f.s. (352) *by the sword*

וּבָרָעָב conj.-prep.-def.art.-n.m.s. (944) *and by famine*

יִכְלוּ Qal impf. 3 m.p. (כָּלָה I 477) *they shall perish (come to an end)*

וְהָיְתָה conj.-Qal pf. 3 f.s. (הָיָה 224) *and shall be*

נִבְלָתָם n.f.s.-3 m.p. sf. (615) *their dead bodies*

לְמַאֲכָל prep.-n.m.s. (38) *food*

לְעוֹף הַשָּׁמַיִם prep.-n.m.s. cstr. (733)-def.art.-n.m.p. (1029) *for the birds of the air*

וּלְבֶהֱמַת הָאָרֶץ conj.-prep.-n.f.s. cstr. (96)-def.art.-n.f.s. (75) *and for the beasts of the earth*

16:5

כִּי־כֹה conj.-adv. (462) *for thus*

אָמַר יהוה Qal pf. 3 m.s. (55)-pr.n. (217) *says Yahweh*

אַל־תָּבוֹא neg.-Qal impf. 2 m.s. (בּוֹא 97) *do not enter*

בֵּית מַרְזֵחַ n.m.s. cstr. (108)-n.m.s. (931) *the house of mourning*

וְאַל־תֵּלֵךְ conj.-neg.-Qal impf. 2 m.s. (הָלַךְ 229) *or go*

לִסְפּוֹד prep.-Qal inf.cstr. (סָפַד 704) *to lament*

וְאַל־תָּנֹד לָהֶם conj.-neg.-Qal impf. 2 m.s. (נוּד 626)-prep.-3 m.p. sf. *or bemoan them*

כִּי־אָסַפְתִּי conj.-Qal pf. 1 c.s. (אָסַף 62) *for I have taken away*

אֶת־שְׁלוֹמִי dir.obj.-n.m.s.-1 c.s. sf. (1022) *my peace*

מֵאֵת הָעָם הַזֶּה prep.-prep. (II 85)-def.art.-n.m.s. (I 766)-def.art.-demons.adj. m.s. (260) *from this people*

נְאֻם־יהוה n.m.s. cstr. (610)-pr.n. (217) *says Yahweh*

אֶת־הַחֶסֶד dir.obj.-def.art.-n.m.s. (I 338) *my steadfast love*

272

וְאֶת־הָרַחֲמִים conj.-dir.obj.-def.art.-n.m.p. (933) *and mercy*

16:6

וּמֵתוּ conj.-Qal pf. 3 c.p. (מות 559) *and shall die*

גְּדֹלִים adj. m.p. (152) *both great*

וּקְטַנִּים conj.-adj. m.p. (I 881) *and small*

בָּאָרֶץ הַזֹּאת prep.-def.art.-n.f.s. (75)-def.art.-demons.adj. f.s. (260) *in this land*

לֹא יִקָּבֵרוּ neg.-Ni. impf. 3 m.p. paus. (קבר 868) *they shall not be buried*

וְלֹא־יִסְפְּדוּ לָהֶם conj.-neg.-Qal impf. 3 m.p. (סָפַד 704)-prep.-3 m.p. sf. *and no one shall lament for them*

וְלֹא יִתְגֹּדַד conj.-neg.-Hithpo'el impf. 3 m.s. (גָּדַד 151) *or cut himself*

וְלֹא יִקָּרֵחַ לָהֶם conj.-neg.-Ni. impf. 3 m.s. (קָרַח I 901)-prep.-3 m.p. sf. *or make himself bald for them*

16:7

וְלֹא־יִפְרְסוּ conj.-neg.-Qal impf. 3 m.p. (פָּרַס 828) *no one shall break*

לָהֶם prep.-3 m.p. sf. (*for them*) (*some rd.* לֶחֶם = *bread*)

עַל־אֵבֶל prep.-n.m.s. (5) *for the mourner*

לְנַחֲמוֹ prep.-Pi. inf.cstr.-3 m.s. sf. (נָחַם 636) *to comfort him*

עַל־מֵת prep.-Qal act.ptc. (מות 559) *for the dead*

וְלֹא־יַשְׁקוּ אוֹתָם conj.-neg.-Hi. impf. 3 m.p. (שָׁקָה 1052)-dir.obj.-3 m.p. sf. *nor shall any give him*

כּוֹס תַּנְחוּמִים n.f.s. cstr. (468)-n.m.p. (637) *the cup of consolation*

עַל־אָבִיו prep.-n.m.s.-3 m.s. sf. (3) *for his father*

וְעַל־אִמּוֹ conj.-prep.-n.f.s.-3 m.s. sf. (51) *or his mother*

16:8

וּבֵית־מִשְׁתֶּה conj.-n.m.s.cstr. (108)-n.m.s. (1059) *and the house of feasting*

לֹא־תָבוֹא neg.-Qal impf. 2 m.s. (בּוֹא 97) *you shall not go into*

לָשֶׁבֶת prep.-Qal inf.cstr. (יָשַׁב 442) *to sit*

אוֹתָם dir.obj.-3 m.p. sf. *with them*

לֶאֱכֹל prep.-Qal inf.cstr. (אָכַל 37) *to eat*

וְלִשְׁתּוֹת conj.-prep.-Qal inf.cstr. (שָׁתָה 1059) *and drink*

16:9

כִּי כֹה conj.-adv. (462) *for thus*

אָמַר יְהוָה Qal pf. 3 m.s. (55)-pr.n. (217) *says Yahweh*

צְבָאוֹת pr.n. (838) *of hosts*

אֱלֹהֵי יִשְׂרָאֵל n.m.p. cstr. (43)-pr.n. (975) *the God of Israel*

הִנְנִי demons.part.-1 c.s. sf.(243) *behold, I*

מַשְׁבִּית Hi. ptc. (שָׁבַת 991) *will make to cease*

מִן־הַמָּקוֹם הַזֶּה prep.-def.art.-n.m.s. (879)-def.art.-demons.adj. m.s. (260) *from this place*

לְעֵינֵיכֶם prep.-n.f.p.-2 m.p. sf. (744) *before your eyes*

וּבִימֵיכֶם conj.-prep.-n.m.p.-2 m.p. sf. (398) *and in your days*

קוֹל שָׂשׂוֹן n.m.s. cstr. (876)-n.m.s. (965) *a voice of mirth*

וְקוֹל שִׂמְחָה conj.-n.m.s. cstr. (876)-n.f.s. (970) *and a voice of gladness*

קוֹל חָתָן v.supra-n.m.s. (368) *a voice of a bridegroom*

וְקוֹל כַּלָּה v.supra-n.f.s. (483) *and a voice of a bride*

16:10

וְהָיָה conj.-Qal pf. 3 m.s. (224) *and*

כִּי תַגִּיד conj.-Hi. impf. 2 m.s. (נָגַד 616) *when you tell*

לָעָם הַזֶּה prep.-def.art.-n.m.s. (I 766)-def.art.-demons.adj. m.s. (260) *this people*

אֵת כָּל־הַדְּבָרִים הָאֵלֶּה dir.obj.-n.m.s. cstr. (481)-def.art.-n.m.p. (182)-def.art.-demons.adj. c.p. (41) *all these words*

וְאָמְרוּ conj.-Qal pf. 3 c.p. (55 *and they say*

אֵלֶיךָ prep.-2 m.s. sf. *to you*

עַל־מֶה prep.-interr. (552) *why*

דִּבֶּר יְהוָה Pi. pf. 3 m.s. (180)-pr.n. (217) *has Yahweh pronounced*

עָלֵינוּ prep.-1 c.p. sf. *against us*

אֵת כָּל־הָרָעָה הַגְּדוֹלָה הַזֹּאת dir.obj.- n.m.s. cstr. (481)-def.art.-n.f.s. (949)-def.art.-adj. f.s. (152)-def.art.-demons.adj. f.s. (260) *all this great evil*

וּמֶה עֲוֹנֵנוּ conj.-interr. (552)-n.m.s.-1 c.p. sf. (730) *and what is our iniquity*

וּמֶה חַטָּאתֵנוּ v.supra-n.f.s.-1 c.p. sf. (308) *what is our sin*

אֲשֶׁר חָטָאנוּ rel. (81)-Qal pf. 1 c.p. (חָטָא 306) *that we have committed*

לַיהוָה אֱלֹהֵינוּ prep.-pr.n. (217)-n.m.p.-1 c.p. sf. (43) *against Yahweh our God*

273

16:11

וְאָמַרְתָּ conj.-Qal pf. 2 m.s. (55) *then you shall say*

אֲלֵיהֶם prep.-3 m.p. sf. *to them*

עַל אֲשֶׁר־עָזְבוּ prep.-rel.-Qal pf. 3 c.p. (עָזַב I 736) *because ... have forsaken*

אֲבוֹתֵיכֶם n.m.p.-2 m.p. sf. (3) *your fathers*

אוֹתִי dir.obj.-1 c.s. sf. *me*

נְאֻם־יהוה n.m.s. cstr. (610)-pr.n. (217) *says Yahweh*

וַיֵּלְכוּ consec.-Qal impf. 3 m.p. (הָלַךְ 229) *and have gone*

אַחֲרֵי אֱלֹהִים אֲחֵרִים prep. (29)-n.m.p. (43)-adj. m.p. (29) *after other gods*

וַיַּעַבְדוּם consec.-Qal impf. 3 m.p.-3 m.p. sf. (עָבַד 712) *and have served*

וַיִּשְׁתַּחֲווּ consec.-Hithpalel impf. 3 m.p. (שָׁחָה 1005) *and worshiped*

לָהֶם prep.-3 m.p. sf. *them*

וְאֹתִי conj.-dir.obj.-1 c.s. sf. *and me*

עָזָבוּ Qal pf. 3 c.p. paus. (עָזַב I 736) *have forsaken*

וְאֶת־תּוֹרָתִי conj.-dir.obj.-n.f.s.-1 c.s. sf. (435) *and my law*

לֹא שָׁמָרוּ neg.-Qal pf. 3 c.p. paus. (שָׁמַר 1036) *have not kept*

16:12

וְאַתֶּם conj.-pers.pr. 2 m.p. (61) *and because you*

הֲרֵעֹתֶם Hi. pf. 2 m.p. (רָעַע 949) *you have ... worse*

לַעֲשׂוֹת prep.-Qal inf.cstr. (עָשָׂה I 793) *done*

מֵאֲבוֹתֵיכֶם prep.-n.m.p.-2 m.p. sf. (3) *than your fathers*

וְהִנְּכֶם conj.-demons.part.-2 m.p. sf. (243) *for behold you*

הֹלְכִים Qal act.ptc. m.p. (הָלַךְ 229) *go*

אִישׁ אַחֲרֵי n.m.s. (35)-prep. (29) *each after*

שְׁרִרוּת לִבּוֹ n.f.s. cstr. (1057)-n.m.s.-3 m.s. sf. (524) *his stubborn will*

הָרָע def.art.-adj. f.s. (I 948) *evil*

לְבִלְתִּי prep.-neg. (116) *refusing*

שְׁמֹעַ Qal inf.cstr. (שָׁמַע 1033) *to listen*

אֵלָי prep.-1 c.s. sf. paus. *to me*

16:13

וְהֵטַלְתִּי conj.-Hi. pf. 1 c.s. (טוּל 376) *therefore I will hurl*

אֶתְכֶם dir.obj.-2 m.p. sf. *you*

מֵעַל הָאָרֶץ הַזֹּאת prep.-prep.-def.art.-n.f.s. (75)-def.art.-demons.adj. f.s. (260) *out of this land*

עַל־הָאָרֶץ prep.-v.supra *into a land*

אֲשֶׁר לֹא יְדַעְתֶּם rel. (81)-neg.-Qal pf. 2 m.p. (יָדַע 393) *which have not known*

אַתֶּם pers.pr. 2 m.p. (61) *you*

וַאֲבוֹתֵיכֶם conj.-n.m.p.-2 m.p. sf. (3) *nor your fathers*

וַעֲבַדְתֶּם־ conj.-Qal pf. 2 m.p. (עָבַד 712) *and you shall serve*

שָׁם adv. (1027) *there*

אֶת־אֱלֹהִים אֲחֵרִים dir.obj.-n.m.p. (43)-adj. m.p. (29) *other gods*

יוֹמָם וָלַיְלָה subst. (401)-conj.-n.m.s. (538) *day and night* (LXX>)

אֲשֶׁר לֹא־אֶתֵּן rel. (81)-neg.-Qal impf. 1 c.s. (נָתַן 678) *for I will not show* (LXX 10-XXII où δώσουσιν)

לָכֶם prep.-2 m.p. sf. *you*

חֲנִינָה n.f.s. (337) *favor*

16:14 (cf.23:7)

לָכֵן הִנֵּה־ prep.-adv. (485)-demons. part. (243) *therefore, behold*

יָמִים בָּאִים n.m.p. (398)-Qal act.ptc. m.p. (בּוֹא 97) *the days are coming*

נְאֻם־יהוה n.m.s. cstr. (610)-pr.n. (217) *says Yahweh*

וְלֹא־יֵאָמֵר עוֹד conj.-neg.-Ni. impf. 3 m.s. (55)-adv. (728) *when it shall no longer be said* (LXX-καὶ οὐκ ἐροῦσιν=וְלֹא־יֹאמְרוּ)

חַי־יהוה adj. m.s. (311)-pr.n. (217) *as Yahweh lives*

אֲשֶׁר הֶעֱלָה rel. (81)-Hi. pf. 3 m.s. (עָלָה 748) *who brought up*

אֶת־בְּנֵי יִשְׂרָאֵל dir.obj.-n.m.p. cstr. (119)-pr.n. (975) *the people of Israel*

מֵאֶרֶץ מִצְרָיִם prep.-n.f.s. cstr. (75)-pr.n. (595) *out of the land of Egypt*

16:15 (cf.23:8)

כִּי אִם־ conj.-conj. (49) *but*

חַי־יהוה adj. m.s. (311)-pr.n. (217) *as Yahweh lives*

אֲשֶׁר הֶעֱלָה rel. (81)-Hi. pf. 3 m.s. (עָלָה 748) *who brought up*

אֶת־בְּנֵי יִשְׂרָאֵל dir.obj.-n.m.p. cstr. (119; LXX-τὸν οἶκον=בֵּית)-pr.n. (975) *the people of Israel*

מֵאֶרֶץ צָפוֹן prep.-n.f.s. cstr. (75)-n.f.s. (860) *out of the north country*

וּמִכֹּל הָאֲרָצוֹת conj.-prep.-n.m.s. cstr. (481)
-def.art.-n.f.p. (75) *and out of all the*
countries

אֲשֶׁר הִדִּיחָם שָׁמָּה rel. (81)-Hi. pf. 3 m.s.-3 m.p.
sf. (נָדַח 623)-adv.-dir.he (1027) *where he*
had driven them (הִדַּחְתִּים v.23:8)

וַהֲשִׁבֹתִים conj.-Hi. pf. 1 c.s.-3 m.p. sf. (שׁוּב
996) *for will bring them back*

עַל־אַדְמָתָם prep.-n.f.s.-3 m.p. sf. (9) *to their*
own land

אֲשֶׁר נָתַתִּי rel. (81)-Qal pf. 1 c.s. (נָתַן 678) *which*
I gave

לַאֲבוֹתָם prep.-n.m.p.-3 m.p. sf. (3) *to their*
fathers

16:16

הִנְנִי demons.part.-1 c.s. sf.(243) *behold, I*

שֹׁלֵחַ Qal act.ptc. (1018) *am sending*

לְדַיָּגִים רַבִּים prep.-n.m.p. (186)-adj. m.p. (I 912)
for many fishers

נְאֻם־יְהוָה n.m.s. cstr. (610)-pr.n. (217) *says*
Yahweh

וְדִיגוּם conj.-Qal pf. 3 c.p.-3 m.p. sf. (דִּיג 185; GK
73b) *and they shall catch them*

וְאַחֲרֵי־כֵן conj.-prep. (29)-adv. (485) *and*
afterwards

אֶשְׁלַח Qal impf. 1 c.s. (1018) *I will send*

לְרַבִּים צַיָּדִים prep.-v.supra (GK 132b)-n.m.p.
(844) *for many hunters*

וְצָדוּם conj.-Qal pf. 3 c.p.-3 m.p. sf. (צוּד I 844)
and they shall hunt them

מֵעַל כָּל־הַר prep.-prep.-n.m.s. cstr. (481)-n.m.s.
(249) *from every mountain*

וּמֵעַל כָּל־גִּבְעָה conj.-v.supra-v. supra-n.f.s. (148)
and every hill

וּמִנְּקִיקֵי הַסְּלָעִים conj.-prep.-n.m.p. cstr. (669)
-def.art.-n.m.p. (700) *and out of the clefts*
of the rocks

16:17

כִּי עֵינַי conj.-n.f.p.-1 c.s. sf. (744) *for my eyes*

עַל־כָּל־דַּרְכֵיהֶם prep.-n.m.s. cstr. (481)-n.m.p.-3
m.p. sf. (202) *upon all their ways*

לֹא נִסְתְּרוּ neg.-Ni. pf. 3 c.p. (סָתַר 711) *they are*
not hid (LXX>)

מִלְּפָנָי prep.-prep.-n.m.p.-1 c.s. sf. paus. (815)
from me (LXX>)

וְלֹא־נִצְפַּן conj.-neg.-Ni. pf. 3 m.s. (צָפַן 860)
nor is ... concealed

עֲוֹנָם n.m.s.-3 m.p. sf. (730) *their iniquity*

מִנֶּגֶד עֵינָי prep.-prep. (617)-n.f.p.-1 c.s. sf. paus.
(744) *from my eyes*

16:18

וְשִׁלַּמְתִּי conj.-Pi. pf. 1 c.s. (1022) *and I will*
recompense

רִאשׁוֹנָה adj. f.s. (911) *first*

מִשְׁנֵה עֲוֹנָם n.m.s. cstr. (1041)-n.m.s.-3 m.p. sf.
(730) *double for their iniquity*

וְחַטָּאתָם conj.-n.f.s.-3 m.p. sf. (308) *and their*
sin

עַל חַלְּלָם prep.-Pi. inf.cstr.-3 m.p. sf. (חָלַל III
320) *because they have polluted*

אֶת־אַרְצִי dir.obj.-n.f.s.-1 c.s. sf. (75) *my land*

בְּנִבְלַת prep.-n.f.s. cstr. (615) *with the carcasses*
of

שִׁקּוּצֵיהֶם n.m.p.-3 m.p. sf. (1055) *their detestable*
idols

וְתוֹעֲבוֹתֵיהֶם conj.-n.f.p.-3 m.p. sf. (1072) *and*
with their abominations

מָלְאוּ Qal pf. 3 c.p. (מָלֵא 569) *have filled*

אֶת־נַחֲלָתִי dir.obj.-n.f.s.-1 c.s. sf. (635) *my*
inheritance

16:19

יְהוָה pr.n. (217) *O Yahweh*

עֻזִּי n.m.s.-1 c.s. sf. (738) *my strength*

וּמָעֻזִּי conj.-n.m.s.-1 c.s. sf. (731) *and my*
stronghold

וּמְנוּסִי conj.-n.m.s.-1 c.s. sf. (631) *my refuge*

בְּיוֹם צָרָה prep.-n.m.s. cstr. (398)-n.f.s. (865) *in*
the day of trouble

אֵלֶיךָ prep.-2 m.s. sf. *to thee*

גּוֹיִם יָבֹאוּ n.m.p. (156)-Qal impf. 3 m.p. (בּוֹא 97)
nations come

מֵאַפְסֵי־אָרֶץ prep.-n.m.p. cstr. (67)-n.f.s. (75)
from ends of earth

וְיֹאמְרוּ conj.-Qal impf. 3 m.p. (55) *and say*

אַךְ־שֶׁקֶר adv. (36)-n.m.s. (1055) *surely lies*

נָחֲלוּ אֲבוֹתֵינוּ Qal pf. 3 c.p. (635)-n.m.p.-1 c.p. sf.
(3) *our fathers have inherited*

הֶבֶל n.m.s. (I 210) *worthless things*

וְאֵין־בָּם conj.-subst.cstr. (II 34)-prep.-3 m.p. sf.
in which there is no

מוֹעִיל Hi. ptc. (יָעַל I 418) *profit*

16:20

הֲיַעֲשֶׂה־לּוֹ interr.-Qal impf. 3 m.s. (עָשָׂה I 793)
-prep.-3 m.s. sf. *can ... make for himself*

אָדָם n.m.s. (9) *man*

אֱלֹהִים n.m.p. (43) *gods*

וְהֵמָּה conj.-pers.pr. 3 m.p. (241) *such*

לֹא אֱלֹהִים neg.-v.supra *no gods*

275

16:21

לָכֵן הִנְנִי prep.-adv. (485)-demons. part.-1 c.s. sf. (243) *therefore, behold, I*

מוֹדִיעָם Hi. ptc.-3 m.p. sf. (יָדַע 393) *will make them know*

בַּפַּעַם הַזֹּאת prep.-def.art.-n.f.s. (821)-def.art.-demons.adj. f.s. (260) *this once*

אוֹדִיעָם Hi. impf. 1 c.s.-3 m.p. sf. (יָדַע 393) *I will make them know*

אֶת־יָדִי dir.obj.-n.f.s.-1 c.s. sf. (388) *my power*

וְאֶת־גְּבוּרָתִי conj.-dir.obj.-n.f.s.-1 c.s. sf. (150) *and my might*

וְיָדְעוּ conj.-Qal pf. 3 c.p. (393) *and they shall know*

כִּי־שְׁמִי conj.-n.m.s.-1 c.s. sf. (1027) *that my name is*

יהוה pr.n. (217) *Yahweh*

17:1

חַטַּאת יְהוּדָה n.f.s. cstr. (308)-pr.n. (397) *the sin of Judah*

כְּתוּבָה Qal pass.ptc. f.s. (כָּתַב 507) *is written*

בְּעֵט בַּרְזֶל prep.-n.m.s. cstr. (741)-n.m.s. (137) *with a pen of iron*

בְּצִפֹּרֶן שָׁמִיר prep.-n.m.s. cstr. (862)-n.m.s. (I 1038) *with a point of diamond*

חֲרוּשָׁה Qal pass.ptc. f.s. (חָרַשׁ I 360) *it is engraved*

עַל־לוּחַ לִבָּם prep.-n.m.s. cstr. (531)-n.m.s.-3 m.p. sf. (524) *on the tablet of their heart*

וּלְקַרְנוֹת conj.-prep.-n.f.p. cstr. (901) *and on the horns of*

מִזְבְּחוֹתֵיכֶם n.m.p.-2 m.p. sf. (258) *their (your) altars*

17:2

כִּזְכֹּר בְּנֵיהֶם prep.-Qal inf.cstr. (זָכַר 269; GK 28a, 45g)-n.m.p.-3 m.p. sf. (119) *while their children remember*

מִזְבְּחוֹתָם n.m.p.-3 m.p. sf. (258) *their altars*

וַאֲשֵׁרֵיהֶם conj.-n.f.p.-3 m.p. sf. (81) *and their Asherim*

עַל־עֵץ רַעֲנָן prep.-n.m.s. (781)-adj. m.s. (947) *beside every green tree*

עַל גְּבָעוֹת הַגְּבֹהוֹת prep.-n.f.p. cstr. (148)-def.art.-adj. f.p. (147) *and on the high hills*

17:3

הֲרָרִי n.m.s.-1 c.s. sf. (249) *on the mountains*

בַּשָּׂדֶה prep.-def.art.-n.m.s. (961) *in the open country*

חֵילְךָ n.m.s.-2 m.s. sf. (298) *your wealth*

כָּל־אוֹצְרוֹתֶיךָ n.m.s. cstr. (481)-n.m.p.-2 m.s. sf. (69) *all your treasurers*

לָבַז prep.-n.m.s. (103) *for spoil*

אֶתֵּן Qal impf. 1 c.s. (נָתַן 678) *I will give*

בָּמֹתֶיךָ n.f.p.-2 m.s. sf. (119) *your high places*

בְּחַטָּאת prep.-n.f.s. (308) *for sin*

בְּכָל־גְּבוּלֶיךָ prep.-n.m.s. cstr. (481)-n.m.p.-2 m.s. sf. (147) *throughout all your territory*

17:4

וְשָׁמַטְתָּה conj.-Qal pf. 2 m.s. (שָׁמַט 1030) *you shall loosen*

וּבְךָ conj.-prep.-2 m.s. sf. *your hand* (rd. יָדְךָ)

מִנַּחֲלָתְךָ prep.-n.f.s.-2 m.s. sf. (635) *from your heritage*

אֲשֶׁר נָתַתִּי לָךְ rel. (81)-Qal pf. 1 c.s. (נָתַן 678) -prep.-2 m.s. sf. paus. *which I gave to you*

וְהַעֲבַדְתִּיךָ conj.-Hi. pf. 1 c.s.-2 m.s. sf. (עָבַד 712) *and I will make you serve*

אֶת־אֹיְבֶיךָ dir.obj.-Qal act.ptc. m.p.-2 m.s. sf. (33 אָיַב) *your enemies*

בָּאָרֶץ prep.-def.art.-n.f.s. (75) *in a land*

אֲשֶׁר לֹא־יָדַעְתָּ rel. (81)-neg.-Qal pf. 2 m.s. paus. (יָדַע 393) *which you do not know*

כִּי־אֵשׁ conj.-n.f.s. (77) *for a fire*

קְדַחְתֶּם Qal pf. 2 m.p. (קָדַח 869) *you have kindled*

בְּאַפִּי prep.-n.m.s.-1 c.s. sf. (I 60) *in my anger*

עַד־עוֹלָם prep.-n.m.s. (761) *for ever*

תּוּקַד Ho. impf. 3 f.s. (יָקַד 428) *it shall burn*

17:5

כֹּה אָמַר יהוה adv. (462)-Qal pf. 3 m.s. (55) -pr.n. (217) *thus says Yahweh*

אָרוּר הַגֶּבֶר Qal pass.ptc. (אָרַר 76)-def.art.-n.m.s. (149) *cursed is the man*

אֲשֶׁר יִבְטַח rel. (81)-Qal impf. 3 m.s. (בָּטַח 105) *who trusts*

בָּאָדָם prep.-def.art.-n.m.s. (9) *in man*

וְשָׂם conj.-Qal pf. 3 m.s. (שׂוּם 962) *and makes*

בָּשָׂר n.m.s. (142) *flesh*

זְרֹעוֹ n.f.s.-3 m.s. sf. (283) *his arm*

וּמִן־יהוה conj.-prep.-pr.n. (217) *and from Yahweh*

יָסוּר לִבּוֹ Qal impf. 3 m.s. (סוּר 693)-n.m.s.-3 m.s. sf. (524) *his heart turns away*

17:6

וְהָיָה conj.-Qal pf. 3 m.s. (224) *and he is*

כְּעַרְעָר prep.-adj. (792) (BDB rd. עַרְעָר as n.m.s. I 792) *like a shrub*

בָּעֲרָבָה prep.-def.art.-n.f.s. (I 787) *in the desert*

וְלֹא יִרְאֶה conj.-neg.-Qal impf. 3 m.s. (רָאָה
906) *and shall not see*

כִּי־יָבוֹא טוֹב conj.-Qal impf. 3 m.s. (בּוֹא 97)
-n.m.s. (III 375) *any good come*

וְשָׁכַן conj.-Qal pf. 3 m.s. (שָׁכַן 1014) *he shall
dwell*

חֲרֵרִים n.m.p. (359) *in the parched places*

בַּמִּדְבָּר prep.-def.art.-n.m.s. (184) *of the
wilderness*

אֶרֶץ מְלֵחָה n.f.s. cstr. (75)-n.f.s. (572) *in a salt
land*

וְלֹא תֵשֵׁב conj.-neg.-Qal impf. 2 m.s. (יָשַׁב
442) *and you shall not inhabit*

17:7

בָּרוּךְ הַגֶּבֶר Qal pass.ptc. (בָּרַךְ 138)-def.art.-n.m.s.
(149) *blessed is the man*

אֲשֶׁר יִבְטַח rel. (81)-Qal impf. 3 m.s. (105) *who
trusts*

בַּיהוָה prep.-pr.n. (217) *in Yahweh*

וְהָיָה יהוה conj.-Qal pf. 3 m.s. (224)-pr.n. (217)
and Yahweh is

מִבְטַחוֹ n.m.s.-3 m.s. sf. (105; GK 93oo) *his trust*

17:8

וְהָיָה conj.-Qal pf. 3 m.s. (224) *he is*

כְּעֵץ prep.-n.m.s. (781) *like a tree*

שָׁתוּל Qal pass.ptc. (שָׁתַל 1060) *planted*

עַל־מַיִם prep.-n.m.p. (565) *by water*

וְעַל־יוּבַל conj.-prep.-n.m.s. (I 385) *and by a
stream*

יְשַׁלַּח Pi. impf. 3 m.s. (שָׁלַח 1018) *he sends out*

שָׁרָשָׁיו n.m.p.-3 m.s. sf. (1057) *his roots*

וְלֹא יִרְא conj.-neg.-Qal impf. 3 m.s. (רָאָה 906)
and does not see or Qal impf. 3 m.s. (יָרֵא
431) *and does not fear*

כִּי־יָבֹא חֹם conj.-Qal impf. 3 m.s. (בּוֹא 97)
-n.m.s. (328) *when heat comes*

וְהָיָה עָלֵהוּ conj.-Qal pf. 3 m.s. (224)-n.m.s.-3
m.s. sf. (750) *for its leaves remain*

רַעֲנָן adj. m.s. (947) *green*

וּבִשְׁנַת conj.-prep.-n.f.s. cstr. (1040) *and in the
year of*

בַּצֹּרֶת n.f.s. (131) *drought*

לֹא יִדְאָג neg.-Qal impf. 3 m.s. (דָּאַג 178) *is not
anxious*

וְלֹא יָמִישׁ conj.-neg.-Hi. impf. 3 m.s. (מוּשׁ I
559) *for it does not cease*

מֵעֲשׂוֹת פְּרִי prep.-Qal inf.cstr. (עָשָׂה I 793)
-n.m.s. paus. (826) *to bear fruit*

17:9

עָקֹב הַלֵּב adj. m.s. (I 784)-def.art.-n.m.s. (524)
the heart is deceitful

מִכֹּל prep.-n.m.s. (481) *above all things*

וְאָנֻשׁ הוּא conj.-Qal pass.ptc. (אָנַשׁ I 60)-pers.
pr. 3 m.s. (214) *and incurable is it*

מִי יֵדָעֶנּוּ interr. (566)-Qal impf. 3 m.s.-3 m.s. sf.
(יָדַע 393) *who can understand it?*

17:10

אֲנִי יהוה pers.pr. 1 c.s. (58)-pr.n. (217) *I Yahweh*

חֹקֵר לֵב Qal act.ptc. (חָקַר 350)-n.m.s. (524)
search the mind

בֹּחֵן כְּלָיוֹת Qal act.ptc. (103)-n.f.p. (480) *and try
the heart*

וְלָתֵת conj.-prep.-Qal inf.cstr. (נָתַן 678) *and to
give*

לְאִישׁ prep.-n.m.s. (35) *to every man*

כִּדְרָכָיו prep.-n.m.p.-3 m.s. sf. (202) *according to
his ways*

כִּפְרִי מַעֲלָלָיו prep.-n.m.s. cstr. (826)-n.m.p.-3 m.s.
sf. (760) *according to the fruit of his
doings*

17:11

קֹרֵא n.m.s. (896) *like a partridge*

דָּגַר Qal pf. 3 m.s. (186) *that gathers a brood*

וְלֹא יָלָד conj. (GK 161a)-neg.-Qal pf. 3 m.s.
paus. (יָלַד 408) *which she did not hatch*

עֹשֶׂה עֹשֶׁר Qal act.ptc. (I 793)-n.m.s. (799) *he
who gets riches*

וְלֹא בְמִשְׁפָּט conj.-neg.-prep.-n.m.s. (1048) *but
not by right*

בַּחֲצִי prep.-n.m.s. cstr. (345) *in the midst of*

יָמָו n.m.p.-3 m.s. sf. (398) *his days*

יַעַזְבֶנּוּ Qal impf. 3 m.s.-3 m.s. sf. (עָזַב I 736)
they will leave him

וּבְאַחֲרִיתוֹ conj.-prep.-n.f.s.-3 m.s. sf. (31) *and at
his end*

יִהְיֶה נָבָל Qal impf. 3 m.s. (הָיָה 224)-adj. m.s. (I
614) *he will be a fool*

17:12

כִּסֵּא כָבוֹד n.m.s. cstr. (490)-n.m.s. (458) *a
glorious throne*

מָרוֹם n.m.s. (928) *set on high*

מֵרִאשׁוֹן prep.-adj. m.s. (911) *from the beginning*

מְקוֹם מִקְדָּשֵׁנוּ n.m.s. cstr. (879)-n.m.s.-1 c.p. sf.
(874) *the place of our sanctuary*

277

17:13

מִקְוֵה יִשְׂרָאֵל n.m.s. cstr. (I 876)-pr.n. (975) *the hope of Israel*

יהוה pr.n. (217) *O Yahweh*

כָּל־עֹזְבֶיךָ n.m.s. cstr. (481)-Qal act.ptc. m.p.-2 m.s. sf. (I 736) *all who forsake thee*

יֵבֹשׁוּ Qal impf. 3 m.s. (בּוֹשׁ 101) *shall be put to shame*

יְסוּרַי Qal pass.ptc. m.p.-1 c.s. sf. (Qere rd. וְסוּרַי 693) *those who turn away from me*

בָּאָרֶץ prep.-def.art.-n.f.s. (75) *in the earth*

יִכָּתֵבוּ Ni. impf. 3 m.p. paus. (כָּתַב 507) *shall be written*

כִּי עָזְבוּ conj.-Qal pf. 3 c.p. (עָזַב I 736) *for they have forsaken*

מְקוֹר n.m.s. cstr. (881) *a fountain of*

מַיִם חַיִּים n.m.p. (565)-adj. m.p. (311) *living water*

אֶת־יהוה dir.obj.-pr.n. (217) *Yahweh*

17:14

רְפָאֵנִי Qal impv. 2 m.s.-1 c.s. sf. (רָפָא 950) *heal me*

יהוה pr.n. (217) *O Yahweh*

וְאֵרָפֵא conj.-Ni. impf. 1 c.s. (רָפָא 950) *and I shall be healed*

הוֹשִׁיעֵנִי Hi. impv. 2 m.s.-1 c.s. sf. (יָשַׁע 446) *save me*

וְאִוָּשֵׁעָה conj.-Ni. impf. 1 c.s.-coh.he (יָשַׁע 446) *and I shall be saved*

כִּי תְהִלָּתִי conj.-n.f.s.-1 c.s. sf. (239) *for my praise*

אָתָּה pers.pr. 2 m.s. paus. (61) *thou art*

17:15

הִנֵּה־הֵמָּה demons.part.(243)-pers.pr. 3 m.p. (241) *behold they*

אֹמְרִים אֵלַי Qal act.ptc. m.p. (55)-prep.-1 c.s. sf. paus. *say to me*

אַיֵּה interr. (32) *where*

דְּבַר־יהוה n.m.s. cstr. (182)-pr.n. (217) *the word of Yahweh*

יָבוֹא נָא Qal impf. 3 m.s. (בּוֹא 97)-part. of entreaty (609) *let it come*

17:16

וַאֲנִי conj.-pers.pr. 1 c.s. (58) *and I*

לֹא־אַצְתִּי neg.-Qal pf. 1 c.s. (אוּץ 21) *I have not pressed*

מֵרֹעֶה prep.-Qal act.ptc. (רָעָה I 944) *from a shepherd* (some rd. מֵרָעָה *from evil*)

אַחֲרֶיךָ prep.-2 m.s. sf. *after thee*

17:17 (right column)

וְיוֹם אָנוּשׁ conj.-n.m.s. cstr. (398)-Qal pass.ptc. (אָנַשׁ 60) *and a day of disaster*

לֹא הִתְאַוֵּיתִי neg.-Hith. pf. 1 c.s. (אָוָה I 16) *have I not desired*

אַתָּה יָדָעְתָּ pers.pr. 2 m.s. (61)-Qal pf. 2 m.s. paus. (יָדַע 393) *thou knowest*

מוֹצָא שְׂפָתַי n.m.s. cstr. (I 425)-n.f. du.-1 c.s. sf. (973) *that which came out of my lips*

נֹכַח פָּנֶיךָ prep. (647)-n.m.p.-2 m.s. sf.(815) *before thy face*

הָיָה Qal pf. 3 m.s. (224) *was*

17:17

אַל־תִּהְיֵה־לִי neg.-Qal impf. 2 m.s. (הָיָה 224; GK 75hh)-prep.-1 c.s. sf. *be not to me*

לִמְחִתָּה prep.-n.f.s. (369) *a terror*

מַחֲסִי־אַתָּה n.m.s.-1 c.s. sf. (840)-pers.pr. 2 m.s. (61) *thou art my refuge*

בְּיוֹם רָעָה prep.-n.m.s. cstr. (398)-n.f.s. (949) *in a day of evil*

17:18

יֵבֹשׁוּ Qal impf. 3 m.p. (בּוֹשׁ 101) *let be put to shame*

רֹדְפַי Qal act.ptc. m.p.-1 c.s. sf. (רָדַף 922) *those who persecute me*

וְאַל־אֵבֹשָׁה אָנִי conj.-neg.-Qal impf. 1 c.s.-coh.he (בּוֹשׁ 101)-pers.pr. 1 c.s. (58) *but let me not be put to shame*

יֵחַתּוּ הֵמָּה Qal impf. 3 m.p. (חָתַת 369)-pers.pr. 3 m.p. (241) *let them be dismayed*

וְאַל־אֵחַתָּה אָנִי conj.-neg.-Qal impf. 1 c.s.-coh.he (חָתַת 369)-v. supra *but let me not be dismayed*

הָבִיא עֲלֵיהֶם Hi. impv. 2 m.s. (בּוֹא 97; GK 53m, 72y, 74 l)-prep.-3 m.p. sf. *bring upon them*

יוֹם רָעָה n.m.s. cstr. (398)-n.f.s. (949) *a day of evil*

וּמִשְׁנֶה שִׁבָּרוֹן conj.-n.m.s. cstr. (1041)-n.m.s. (991) *with double destruction*

שָׁבְרֵם Qal impv. 2 m.s.-3 m.p. sf. (שָׁבַר 990) *destroy them*

17:19

כֹּה־אָמַר adv. (462)-Qal pf. 3 m.s. (55) *thus said*

יהוה אֵלַי pr.n. (217)-prep.-1 c.s. sf. *Yahweh to me*

הָלֹךְ וְעָמַדְתָּ Qal inf.abs. (הָלַךְ 229)-conj.-Qal pf. 2 m.s. (עָמַד 763) *go and stand*

בְּשַׁעַר prep.-n.m.s. cstr. (1044) *in the gate of*

בְּנֵי־עָם n.m.p. cstr. (119)-n.m.s. (I 766) *sons of people*

אֲשֶׁר יָבֹאוּ בוֹ rel. (81)-Qal impf. 3 m.p. (בוא 97)-prep.-3 m.s. sf. *by which enter*

מַלְכֵי יְהוּדָה n.m.p. cstr. (I 572)-pr.n. (397) *the kings of Judah*

וַאֲשֶׁר יֵצְאוּ בוֹ conj.-rel. (81)-Qal impf. 3 m.p. (יצא 422)-prep.-3 m.s. sf. *and by which they go out*

וּבְכֹל שַׁעֲרֵי conj.-prep.-n.m.s. cstr. (481)-n.m.p. cstr. (1044) *and in all the gates of*

יְרוּשָׁלִָם pr.n. paus. (436) *Jerusalem*

17:20

וְאָמַרְתָּ אֲלֵיהֶם conj.-Qal pf. 2 m.s. (55)-prep.-3 m.p. sf. *and say to them*

שִׁמְעוּ Qal impv. 2 m.p. (1033) *hear*

דְּבַר־יְהוָה n.m.s. cstr. (182)-pr.n. (217) *the word of Yahweh*

מַלְכֵי יְהוּדָה n.m.p. cstr. (I 572)-pr.n. (397) *kings of Judah*

וְכָל־יְהוּדָה conj.-n.m.s. cstr. (481)-pr.n. (397) *and all Judah*

וְכֹל יֹשְׁבֵי conj.-n.m.s. cstr. (481)-Qal act.ptc. m.p. cstr. (ישב 442) *and all the inhabitants of*

יְרוּשָׁלִָם pr.n. paus. (436) *Jerusalem*

הַבָּאִים def.art.-Qal act.ptc. m.p. (בוא 97) *who enter*

בַּשְּׁעָרִים הָאֵלֶּה prep.-def.art.-n.m.p. (1044)-def.art.-demons.adj. c.p. (41) *by these gates*

17:21

כֹּה אָמַר יהוה adv. (462)-Qal pf. 3 m.s. (55)-pr.n. (217) *thus says Yahweh*

הִשָּׁמְרוּ Ni. impv. 2 m.p. (שמר 1036) *take heed*

בְּנַפְשׁוֹתֵיכֶם prep.-n.f.p.-2 m.p. sf. (659) *for the sake of your lives*

וְאַל־תִּשְׂאוּ מַשָּׂא conj.-neg.-Qal impf. 2 m.p. (נשא 669)-n.m.s. (I 672) *and do not bear a burden*

בְּיוֹם הַשַּׁבָּת prep.-n.m.s. cstr. (398)-def.art.-n.f.s. (992) *on the sabbath day*

וַהֲבֵאתֶם conj.-Hi. pf. 2 m.p. (בוא 97) *or bring it*

בְּשַׁעֲרֵי prep.-n.m.p. cstr. (1044) *by the gates of*

יְרוּשָׁלִָם pr.n. paus. (436) *Jerusalem*

17:22

וְלֹא־תוֹצִיאוּ conj.-neg.-Hi. impf. 2 m.p. (יצא 422) *and do not carry*

מַשָּׂא n.m.s. (I 672) *a burden*

מִבָּתֵּיכֶם prep.-n.m.p.-2 m.p. sf. (108) *out of your houses*

בְּיוֹם הַשַּׁבָּת prep.-n.m.s. cstr. (398)-def.art.-n.f.s. (992) *on the sabbath (day)*

וְכָל־מְלָאכָה conj.-n.m.s. cstr. (481)-n.f.s. (521) *or any work*

לֹא תַעֲשׂוּ neg.-Qal impf. 2 m.p. (עשה 1793) *do not*

וְקִדַּשְׁתֶּם conj.-Pi. pf. 2 m.p. (קדש 872) *but keep holy*

אֶת־יוֹם הַשַּׁבָּת dir.obj.-v.supra-v.supra *the sabbath day*

כַּאֲשֶׁר צִוִּיתִי prep.-rel. (81)-Pi. pf. 1 c.s. (צוה 845) *as I commanded*

אֶת־אֲבוֹתֵיכֶם dir.obj.-n.m.p.-2 m.p. sf. (3) *your fathers*

17:23

וְלֹא שָׁמְעוּ conj.-neg.-Qal pf. 3 c.p. (שמע 1033) *yet they did not listen*

וְלֹא הִטּוּ conj.-neg.-Hi. pf. 3 c.p. (נטה 639) *or incline*

אֶת־אָזְנָם dir.obj.-n.f.s.-3 m.p. sf. (23) *their ear*

וַיַּקְשׁוּ consec.-Hi. impf. 3 m.p. (קשה I 904) *but stiffened*

אֶת־עָרְפָּם dir.obj.-n.m.s.-3 m.p. sf. (791) *their neck*

לְבִלְתִּי שׁוֹמֵעַ prep.-neg. (116)-Qal inf.cstr. (שמע 1033) *that they might not hear*

וּלְבִלְתִּי קַחַת conj.-v.supra-Qal inf.cstr. (לקח 542) *and receive*

מוּסָר n.m.s. (416) *instruction*

17:24

וְהָיָה conj.-Qal pf. 3 m.s. (224) *but*

אִם־שָׁמֹעַ תִּשְׁמְעוּן hypoth.part. (49)-Qal inf.abs. (1033)-Qal impf. 2 m.p. (1033) *if you listen*

אֵלַי prep.-1 c.s. sf. *to me*

נְאֻם־יְהוָה n.m.s. cstr. (610)-pr.n. (217) *says Yahweh*

לְבִלְתִּי הָבִיא prep.-neg. (116)-Hi. inf.cstr. (בוא 97) *and bring in no*

מַשָּׂא n.m.s. (I 672) *burden*

בְּשַׁעֲרֵי prep.-n.m.p. cstr. (1044) *by the gates of*

הָעִיר הַזֹּאת def.art.-n.f.s. (746)-def.art.-demons.adj. f.s. (260) *this city*

בְּיוֹם הַשַּׁבָּת prep.-n.m.s. cstr. (398)-def.art.-n.f.s. (992) *on the sabbath day*

וּלְקַדֵּשׁ conj.-prep.-Pi. inf.cstr. (872) *but keep holy*

אֶת־יוֹם הַשַּׁבָּת dir.obj.-v.supra-v.supra *the sabbath day*

לְבִלְתִּי עֲשׂוֹת־בֹּה prep.-neg. (116)-Qal inf.cstr. (I עשה 793)-prep.-3 m.s. sf. *and not to do on it*

כָּל־מְלָאכָה n.m.s. cstr. (481)-n.f.s. (521) *any work*

279

17:25

וּבָאוּ conj.-Qal pf. 3 c.p. (בּוֹא 97) *then there shall enter*

בִשְׁעֲרֵי prep.-n.m.p. cstr. (1044) *by the gates of*

הָעִיר הַזֹּאת def.art.-n.f.s. (746)-def.art.-demons.adj. f.s. (260) *this city*

מְלָכִים n.m.p. (I 572) *kings*

וְשָׂרִים conj.-n.m.p. (978) *and princes*

יֹשְׁבִים Qal act.ptc. m.p. (יָשַׁב 442) *who sit*

עַל־כִּסֵּא דָוִד prep.-n.m.s. cstr. (490)-pr.n. (187) *on the throne of David*

רֹכְבִים בָּרֶכֶב Qal act.ptc. m.p. (938)-prep.-def.art.-n.m.s. (939) *riding in chariots*

וּבַסּוּסִים conj.-prep.-def.art.-n.m.p. (692) *and on horses*

הֵמָּה וְשָׂרֵיהֶם pers.pr. 3 m.p. (241)-conj.-n.m.p.-3 m.p. sf. (978) *they and their princes*

אִישׁ יְהוּדָה n.m.s. cstr. (35)-pr.n. (397) *men of Judah*

וְיֹשְׁבֵי יְרוּשָׁלָ͏ִם conj.-Qal act.ptc. m.p. cstr. (יָשַׁב 442)-pr.n. paus. (436) *and the inhabitants of Jerusalem*

וְיָשְׁבָה conj.-Qal pf. 3 f.s. (442) *and shall be inhabited*

הָעִיר־הַזֹּאת def.art.-n.f.s. (746)-def.art.-demons.adj. f.s. (260) *this city*

לְעוֹלָם prep.-n.m.s. (761) *for ever*

17:26

וּבָאוּ conj.-Qal pf. 3 c.p. (בּוֹא 97) *and people shall come*

מֵעָרֵי־יְהוּדָה prep.-n.f.p. cstr. (746)-pr.n. (397) *from the cities of Judah*

וּמִסְּבִיבוֹת יְרוּשָׁלַ͏ִם conj.-prep.-subst. p. cstr. (686) -pr.n. (436) *and the places round about Jerusalem*

וּמֵאֶרֶץ בִּנְיָמִן conj.-prep.-n.f.s. cstr. (75)-pr.n. (122) *from the land of Benjamin*

וּמִן־הַשְּׁפֵלָה conj.-prep.-def.art.-n.f.s. (1050) *from the Shephelah*

וּמִן־הָהָר v.supra-def.art.-n.m.s. (249) *from the hill country*

וּמִן־הַנֶּגֶב v.supra-def.art.-n.m.s. (616) *and from the Negeb*

מְבִאִים Hi. ptc. m.p. (בּוֹא 97) *bringing*

עוֹלָה וְזֶבַח n.f.s. (II 750)-conj.-n.m.s. (257) *burnt offerings and sacrifices*

וּמִנְחָה conj.-n.f.s. (585) *cereal offerings*

וּלְבוֹנָה conj.-n.f.s. (I 526) *and frankincense*

וּמְבִאֵי conj.-Hi. ptc. m.p. cstr. (בּוֹא 97) *and bringing*

תוֹדָה n.f.s. (392) *thank offerings*

בֵּית יְהוָה n.m.s. cstr. (108)-pr.n. (217) *to the house of Yahweh*

17:27

וְאִם־לֹא תִשְׁמְעוּ conj.-hypoth.part. (49)-neg.-Qal impf. 2 m.p. (1033) *but if you do not listen*

אֵלַי prep.-1 c.s. sf. *to me*

לְקַדֵּשׁ prep.-Pi. inf.cstr. (872) *to keep holy*

אֶת־יוֹם הַשַּׁבָּת dir.obj.-n.m.s. cstr. (398)-def.art.-n.f.s. (992) *the sabbath day*

וּלְבִלְתִּי שְׂאֵת conj.-prep.-neg. (116)-Qal inf.cstr. (נָשָׂא 669) *and not to bear*

מַשָּׂא n.m.s. (I 672) *a burden*

וּבֹא conj.-Qal inf.cstr. (97) *and enter*

בְּשַׁעֲרֵי prep.-n.m.p. cstr. (1044) *by the gates of*

יְרוּשָׁלַ͏ִם pr.n. (436) *Jerusalem*

בְּיוֹם הַשַּׁבָּת prep.-n.m.s. cstr. (398)-def.art.-n.f.s. (992) *on the sabbath day*

וְהִצַּתִּי conj.-Hi. pf. 1 c.s. (יָצַת 428) *then I will kindle*

אֵשׁ n.f.s. (77) *a fire*

בִּשְׁעָרֶיהָ prep.-n.m.p.-3 f.s. sf. (1044) *in its gates*

וְאָכְלָה conj.-Qal pf. 3 f.s. (37) *and it shall devour*

אַרְמְנוֹת יְרוּשָׁלַ͏ִם n.f.p. cstr. (74)-pr.n. (436) *the palaces of Jerusalem*

וְלֹא תִכְבֶּה conj.-neg.-Qal impf. 3 f.s. (כָּבָה 459) *and shall not be quenched*

18:1

הַדָּבָר def.art.-n.m.s. (182) *the word*

אֲשֶׁר הָיָה rel. (81)-Qal pf. 3 m.s. (224) *that came*

אֶל־יִרְמְיָהוּ prep.-pr.n. (941) *to Jeremiah*

מֵאֵת יְהוָה prep.-prep. (II 85)-pr.n. (217) *from Yahweh*

לֵאמֹר prep.-Qal inf.cstr. (55) *(saying)*

18:2

קוּם Qal impv. 2 m.s. (קוּם 877) *arise*

וְיָרַדְתָּ conj.-Qal pf. 2 m.s. (יָרַד 432) *and go down*

בֵּית הַיּוֹצֵר n.m.s. cstr. (108)-def.art.-Qal act.ptc. (יָצַר 427) *to the potter's house*

וְשָׁמָּה conj.-adv.-loc.he (1027) *and there*

אַשְׁמִיעֲךָ Hi. impf. 1 c.s.-2 m.s. sf. (שָׁמַע 1033) *I will let you hear*

אֶת־דְּבָרַי dir.obj.-n.m.p.-1 c.s. sf. (182) *my words*

18:3

וָאֵרֵד consec.-Qal impf. 1 c.s. (יָרַד 432) *so I went down*

בֵּית הַיּוֹצֵר n.m.s. cstr. (108)-def.art.-Qal act.ptc. (427) *to the potter's house*

וְהִנֵּהוּ conj.-demons.part.-3 m.s. sf. (243) *and there he*

עֹשֶׂה מְלָאכָה Qal act.ptc. (I 793)-n.f.s. (521) *was working*

עַל־הָאָבְנָיִם prep.-def.art.-n.f. du. paus. (6) *at his wheel*

18:4

וְנִשְׁחַת conj.-Ni. pf. 3 m.s. (שָׁחַת 1007) *and was spoiled*

הַכְּלִי def.art.-n.m.s. (479) *the vessel*

אֲשֶׁר הוּא עֹשֶׂה rel. (81)-pers.pr. 3 m.s. (214)-Qal act.ptc. (I 793) *he was making*

בַּחֹמֶר prep.-def.art.-n.m.s. (I 330) *of clay*

בְּיַד הַיּוֹצֵר prep.-n.f.s. cstr. (388)-def.art.-Qal act.ptc. (427) *in the potter's hand*

וְשָׁב וַיַּעֲשֵׂהוּ conj.-Qal pf. 3 m.s. (שׁוּב 996) -consec.-Qal impf. 3 m.s.-3 m.s. sf. (עָשָׂה I 793) *and reworked it*

כְּלִי אַחֵר n.m.s. (479)-adj. m.s. (29) *into another vessel*

כַּאֲשֶׁר יָשַׁר בְּעֵינֵי prep.-rel.-Qal pf. 3 m.s. (448)-prep.-n.f. du. cstr. (744) *as it seemed good to*

הַיּוֹצֵר def.art.-Qal act.ptc. (427) *to the potter*

לַעֲשׂוֹת prep.-Qal inf.cstr. (עָשָׂה I 793) *to do*

18:5

וַיְהִי consec.-Qal impf. 3 m.s. (הָיָה 224) *then came*

דְּבַר־יְהוָה n.m.s. cstr. (182)-pr.n. (217) *the word of Yahweh*

אֵלַי prep.-1 c.s. sf. *to me*

לֵאמֹר prep.-Qal inf.cstr. (55) *(saying)*

18:6

הֲכַיּוֹצֵר הַזֶּה interr.-prep.-def.art.-Qal act.ptc. (427)-def.art.-demons.adj. m.s. (260) *as this potter?*

לֹא־אוּכַל לַעֲשׂוֹת neg.-Qal impf. 1 c.s. (יָכֹל 407) -prep.-Qal inf.cstr. (עָשָׂה I 793) *can I not do*

לָכֶם prep.-2 m.p. sf. *with you*

בֵּית יִשְׂרָאֵל n.m.s. cstr. (108)-pr.n. (975) *O house of Israel*

נְאֻם־יְהוָה n.m.s. cstr. (610)-pr.n. (217) *says Yahweh*

הִנֵּה demons.part. (243) *behold*

כַחֹמֶר prep.-def.art.-n.m.s. (I 330) *like the clay*

בְּיַד הַיּוֹצֵר prep.-n.f.s. cstr. (388)-def.art.-Qal act.ptc. (427) *in the potter's hand*

כֵּן־אַתֶּם adv. (485)-pers.pr. 2 m.p. (61) *so are you*

בְּיָדִי prep.-n.f.s.-1 c.s. sf. (388) *in my hand*

בֵּית יִשְׂרָאֵל v.supra-v.supra *O house of Israel*

18:7

רֶגַע אֲדַבֵּר adv. (921)-Pi. impf. 1 c.s. (180) *if at any time I declare*

עַל־גּוֹי prep.-n.m.s. (156) *concerning a nation*

וְעַל־מַמְלָכָה conj.-prep.-n.f.s. (575) *or a kingdom*

לִנְתוֹשׁ prep.-Qal inf.cstr. (נָתַשׁ 684; GK 45g) *that I will pluck up*

וְלִנְתוֹץ conj.-prep.-Qal inf.cstr. (נָתַץ 683) *and break down*

וּלְהַאֲבִיד conj.-prep.-Hi. inf.cstr. (אָבַד 1) *and destroy it*

18:8

וְשָׁב conj.-Qal pf. 3 m.s. (שׁוּב 996) *and if ... turns*

הַגּוֹי הַהוּא def.art.-n.m.s. (156)-def.art.-demons. adj. m.s. (214) *that nation*

מֵרָעָתוֹ prep.-n.f.s.-3 m.s. sf. (949) *from its evil*

אֲשֶׁר דִּבַּרְתִּי rel. (81)-Pi. pf. 1 c.s. (180) *which I have spoken*

עָלָיו prep.-3 m.s. sf. *(about it)*

וְנִחַמְתִּי conj.-Ni. pf. 1 c.s. (נחם 636) *I will repent*

עַל־הָרָעָה prep.-def.art.-n.f.s. (949) *of the evil*

אֲשֶׁר חָשַׁבְתִּי rel. (81)-Qal pf. 1 c.s. (חָשַׁב 362) *that I intended*

לַעֲשׂוֹת לוֹ prep.-Qal inf.cstr. (עָשָׂה I 793) -prep.-3 m.s. sf. *to do to it*

18:9

וְרֶגַע אֲדַבֵּר conj.-adv. (921)-Pi. impf. 1 c.s. (180) *and if at any time I declare*

עַל־גּוֹי prep.-n.m.s. (156) *concerning a nation*

וְעַל־מַמְלָכָה conj.-prep.-n.f.s. (575) *or a kingdom*

לִבְנֹת prep.-Qal inf.cstr. (בָּנָה 124) *that I will build*

וְלִנְטֹעַ conj.-prep.-Qal inf.cstr. (נָטַע 642) *and plant it*

18:10

וְעָשָׂה conj.-Qal pf. 3 m.s. (I 793) *and if it does*

הָרָעָה def.art.-n.m.s. (948) *evil*

בְּעֵינַי prep.-n.f. du.-1 c.s. sf. (744) *in my sight*

לְבִלְתִּי שְׁמֹעַ prep.-neg. (116)-Qal inf.cstr. (1033) *not listening*

בְּקוֹלִי prep.-n.m.s.-1 c.s. sf. (876) *to my voice*

וְנִחַמְתִּי conj.-Ni. pf. 1 c.s. (נחם 636) *then I will repent*

עַל־הַטּוֹבָה prep.-def.art.-n.f.s. (375) *of the good*

אֲשֶׁר אָמַרְתִּי rel. (81)-Qal pf. 1 c.s. (55) *which I had intended*

לְהֵיטִיב אוֹתוֹ prep.-Hi. inf.cstr. (יטב 405) -dir.obj.-3 m.s. sf. *to do (good) to it*

18:11

וְעַתָּה conj.-adv. (773) *now therefore*

אֱמָר־נָא Qal impv. 2 m.s. (55)-part. of entreaty (609) *say (I pray thee)*

אֶל־אִישׁ־יְהוּדָה prep.-n.m.s. cstr. (35)-pr.n. (397) *to the men of Judah*

וְעַל־יוֹשְׁבֵי conj.-prep.-Qal act.ptc. m.p. cstr. (442 יָשַׁב) *and the inhabitants of*

יְרוּשָׁלַ͏ִם pr.n. (436) *Jerusalem*

לֵאמֹר prep.-Qal inf.cstr. (55) *(saying)*

כֹּה אָמַר יהוה adv. (462)-Qal pf. 3 m.s. (55) -pr.n. (217) *thus says Yahweh*

הִנֵּה אָנֹכִי demons.part. (243)-pers.pr. 1 c.s. (59) *behold I*

יוֹצֵר Qal act.ptc. (יצר 427) *am shaping*

עֲלֵיכֶם prep.-2 m.p. sf. *against you*

רָעָה n.f.s. (949) *evil*

וְחֹשֵׁב conj.-Qal act.ptc. (362) *and devising*

עֲלֵיכֶם v.supra *against you*

מַחֲשָׁבָה n.f.s. (364) *a plan*

שׁוּבוּ נָא Qal impv. 2 m.p. (שׁוב 996)-part. of entreaty (609) *return (I pray thee)*

אִישׁ מִדַּרְכּוֹ n.m.s. (35)-prep.-n.m.s.-3 m.s. (202) *every one from his ... way*

הָרָעָה def.art.-n.f.s. (949) *evil*

וְהֵיטִיבוּ conj.-Hi. impv. 2 m.p. (יטב 405) *and amend*

דַּרְכֵיכֶם n.m.p.-2 m.p. sf. (202) *your ways*

וּמַעַלְלֵיכֶם conj.-n.m.p.-2 m.p. sf. (760) *and your doings*

18:12

וְאָמְרוּ conj.-Qal pf. 3 c.p. (55) *but they say*

נוֹאָשׁ Ni. ptc. (יאשׁ 384) *that is in vain*

כִּי־אַחֲרֵי מַחְשְׁבוֹתֵינוּ conj.-prep. (29)-n.f.p.-1 c.p. sf. (364) *for after our own plans*

נֵלֵךְ Qal impf. 1 c.p. (הלך 229) *we will follow*

וְאִישׁ conj.-n.m.s. (35) *and every one*

שְׁרִרוּת לִבּוֹ־ n.f.s. cstr. (1057)-n.m.s.-3 m.s. sf. (524) *according to the stubbornness of his ... heart*

הָרַע def.art.-n.m.s. (948) *evil*

נַעֲשֶׂה Qal impf. 1 c.p. (עשׂה I 793) *we will act*

18:13

לָכֵן prep.-adv. (485) *therefore*

כֹּה אָמַר יהוה adv. (462)-Qal pf. 3 m.s. (55)-pr.n. (217) *thus says Yahweh*

שַׁאֲלוּ־נָא Qal impv. 2 m.p. (שׁאל 981)-part. of entreaty (609) *ask (I pray thee)*

בַּגּוֹיִם prep.-def.art.-n.m.p. (156) *among the nations*

מִי שָׁמַע interr. (566)-Qal pf. 3 m.s. (1033) *who has heard*

כָּאֵלֶּה prep.-def.art.-demons.adj. c.p. (41) *the like of this*

שַׁעֲרֻרִת n.f.s. (1045) *a ... horrible thing*

עָשְׂתָה Qal pf. 3 f.s. (עשׂה I 793) *has done*

מְאֹד adv. (547) *very*

בְּתוּלַת יִשְׂרָאֵל n.f.s. cstr. (143)-pr.n. (975) *the virgin Israel*

18:14

הֲיַעֲזֹב interr.-Qal impf. 3 m.s. (עזב I 736) *does leave?*

מִצּוּר שָׂדַי prep.-n.m.s. cstr. (849)-n.m.s. (961) *the crags of the field*

שֶׁלֶג לְבָנוֹן n.m.s. cstr. (1017)-pr.n. (526) *the snow of Lebanon*

אִם־יִנָּתְשׁוּ hypoth.part. (49)-Ni. impf. 3 m.p. (נתשׁ 684) *are plucked up?*

מַיִם זָרִים n.m.p. (565)-Qal act.ptc. m.p. (זור 266) *foreign waters*

קָרִים נוֹזְלִים adj. m.p. (903)-Qal act.ptc. m.p. (נזל 633) *the cold flowing streams*

18:15

כִּי־שְׁכֵחֻנִי conj.-Qal pf. 3 c.p.-1 c.s. sf. (שׁכח 1013) *but have forgotten me*

עַמִּי n.m.s.-1 c.s. sf. (I 766) *my people*

לַשָּׁוְא prep.-def.art.-n.m.s. (996) *to false gods*

יְקַטֵּרוּ Pi. impf. 3 m.p. (קטר 882) *they burn incense*

וַיַּכְשִׁלוּם consec.-Hi. impf. 3 m.p.-3 m.p. sf. (505 כשׁל) *and they made them stumble*

בְּדַרְכֵיהֶם prep.-n.m.p.-3 m.p. sf. (202) *in their ways*

שְׁבִילֵי עוֹלָם n.m.p. cstr. (987)-n.m.s. (761) *in the ancient roads*

לָלֶכֶת prep.-Qal inf.cstr. (הלך 229) *and have gone*

נְתִיבוֹת n.f.p. (677) *into bypaths*

דֶּרֶךְ לֹא סְלוּלָה n.m.s. (202)-neg.-Qal pass.ptc. f.s. (סָלַל I 699) *not the highway*

18:16

לָשׂוּם prep.-Qal inf.cstr. (962) *making*

אַרְצָם n.f.s.-3 m.p. sf. (75) *their land*

לְשַׁמָּה prep.-n.f.s. (I 1031) *a horror*

שְׁרוּקֹת עוֹלָם n.f.p. (1057)-n.m.s. (761) *a thing to be hissed at for ever*

כֹּל עוֹבֵר עָלֶיהָ n.m.s. (481)-Qal act.ptc. (716)-prep.-3 f.s. sf. *every one who passes by it*

יִשֹּׁם Qal impf. 3 m.s. (שָׁמֵם 1030) *is horrified*

וְיָנִיד conj.-Hi. impf. 3 m.s. (נוד 626) *and shakes*

בְּרֹאשׁוֹ prep. (GK 119q)-n.m.s.-3 m.s. sf. (910) *his head*

18:17

כְּרוּחַ־קָדִים prep.-n.f.s. cstr. (924)-n.m.s. (870) *like the east wind*

אֲפִיצֵם Hi. impf. 1 c.s.-3 m.p. sf. (פוּץ I 806) *I will scatter them*

לִפְנֵי אוֹיֵב prep.-n.m.p. cstr. (815)-Qal act.ptc. (33) *before the enemy*

עֹרֶף n.m.s. (791) *my back*

וְלֹא־פָנִים conj.-neg.-n.m.p. (815) *and not my face*

אֶרְאֵם Qal impf. 1 c.s.-3 m.p. sf. (רָאָה 906) *I will show them*

בְּיוֹם אֵידָם prep.-n.m.s. cstr. (398)-n.m.s.-3 m.p. sf. (15) *in the day of their calamity*

18:18

וַיֹּאמְרוּ consec.-Qal impf. 3 m.p. (55) *then they say*

לְכוּ Qal impv. 2 m.p. (הָלַךְ 229) *come*

וְנַחְשְׁבָה conj.-Qal impf. 1 c.p.-coh.he (חָשַׁב 362) *let us make plots*

עַל־יִרְמְיָהוּ prep.-pr.n. (941) *against Jeremiah*

מַחֲשָׁבוֹת n.f.p. (364) *plots*

כִּי לֹא־תֹאבַד 1) conj.-neg.-Qal impf. 3 f.s. (אָבַד) *for shall not perish*

תּוֹרָה n.f.s. (435) *the law*

מִכֹּהֵן prep.-n.m.s. (463) *from the priest*

וְעֵצָה conj.-n.f.s. (420) *nor counsel*

מֵחָכָם prep.-n.m.s. (314) *from the wise*

וְדָבָר conj.-n.m.s. (182) *nor the word*

מִנָּבִיא prep.-n.m.s. (611) *from the prophet*

לְכוּ v.supra *come*

וְנַכֵּהוּ conj.-Hi. impf. 1 c.p.-3 m.s. sf. (נָכָה 645) *let us smite him*

בַלָּשׁוֹן prep.-def.art.-n.f.s. (546) *with the tongue*

וְאַל־נַקְשִׁיבָה conj.-neg.-Hi. impf. 1 c.p.-vol.he (קָשַׁב 904) *and let us not heed*

אֶל־כָּל־דְּבָרָיו prep.-n.m.s. cstr. (481)-n.m.p.-3 m.s. sf. (182) *any of his words*

18:19

הַקְשִׁיבָה Hi. impv. 2 m.s.-vol.he (קָשַׁב 904) *give heed*

יהוה pr.n. (217) *O Yahweh*

אֵלָי prep.-1 c.s. sf. paus. *to me*

וּשְׁמַע conj.-Qal impv. 2 m.s. (1033) *and hearken*

לְקוֹל יְרִיבָי prep.-n.m.s. cstr. (876)-n.m.p.-1 c.s. sf. paus. (I 937) *to my adversaries*

18:20

הַיְשֻׁלַּם interr.-Pu. impf. 3 m.s. (שָׁלֵם 1022) *is a recompense*

תַּחַת־טוֹבָה prep. (1065)-n.f.s. (375) *for good*

רָעָה n.f.s. (949) *evil*

כִּי־כָרוּ conj.-Qal pf. 3 c.p. (כָּרָה I 500) *yet they have dug*

שׁוּחָה n.f.s. (1001) *a pit*

לְנַפְשִׁי prep.-n.f.s.-1 c.s. sf. (659) *for my life*

זְכֹר Qal impv. 2 m.s. (269) *remember*

עָמְדִי Qal inf.cstr.-1 c.s. sf. (עָמַד 763) *how I stood*

לְפָנֶיךָ prep.-n.m.p.-2 m.s. sf. (815) *before thee*

לְדַבֵּר prep.-Pi. inf.cstr. (180) *to speak*

עֲלֵיהֶם prep.-3 m.p. sf. *for them*

טוֹבָה n.f.s. (375) *good*

לְהָשִׁיב prep.-Hi. inf.cstr. (שׁוּב 996) *to turn away*

אֶת־חֲמָתְךָ dir.obj.-n.f.s.-2 m.s. sf. (404) *thy wrath*

מֵהֶם prep.-3 m.p. sf. *from them*

18:21

לָכֵן תֵּן prep.-adv. (485)-Qal impv. 2 m.s. (נָתַן 678) *therefore deliver up*

אֶת־בְּנֵיהֶם dir.obj.-n.m.p.-3 m.p. sf. (119) *their children*

לָרָעָב prep.-def.art.-n.m.s. (944) *to famine*

וְהַגִּרֵם conj.-Hi. impv. 2 m.s.-3 m.p. sf. (נָגַר 620) *give them over*

עַל־יְדֵי־חֶרֶב prep.-n.f.p. cstr. (388)-n.f.s. (352) *to the power of the sword*

וְתִהְיֶנָה נְשֵׁיהֶם conj.-Qal impf. 3 f.p. (הָיָה 224)-n.f.p.-3 m.p. sf. (61) *and let their wives become*

שַׁכֻּלוֹת adj. f.p. (1014) *childless*

וְאַלְמָנוֹת conj.-n.f.p. (48) *and widowed*

וְאַנְשֵׁיהֶם יִהְיוּ conj.-n.m.p.-3 m.p. sf.-Qal impf. 3 m.p. (הָיָה 224) *and may their men meet*

הֲרֻגֵי מָוֶת Qal pass.ptc. m.p. cstr. (הָרַג 246) -n.m.s. paus. (560) *death by pestilence*

בַּחוּרֵיהֶם n.m.p.-3 m.p. sf. (104) *their youths*

מֻכֵּי־חֶרֶב Ho. ptc. m.p. cstr. (נָכָה 645)-n.f.s. (352) *slain by the sword*

בַּמִּלְחָמָה prep.-def.art.-n.f.s. (536) *in battle*

18:22

תִּשָּׁמַע זְעָקָה Ni. impf. 3 f.s. (שָׁמַע 1033)-n.f.s. (277) *may a cry be heard*

מִבָּתֵּיהֶם prep.-n.m.p.-3 m.p. sf. (108) *from their houses*

כִּי־תָבִיא conj.-Hi. impf. 2 m.s. (בּוֹא 97) *when thou bringest*

עֲלֵיהֶם prep.-3 m.p. sf. *upon them*

גְּדוּד n.m.s. (I 151) *the marauder*

פִּתְאֹם adv. (837) *suddenly*

כִּי־כָרוּ conj.-Qal pf. 3 c.p. (כָּרָה I 500) *for they have dug*

שִׁיחָה n.f.s. (1001) *a pit*

לְלָכְדֵנִי prep.-Qal inf.cstr.-1 c.s. sf. (לָכַד 539) *to take me*

וּפַחִים conj.-n.m.p. (I 809) *and snares*

טָמְנוּ Qal pf. 3 c.p. (טָמַן 380) *they laid*

לְרַגְלָי prep.-n.f.p.-1 c.s. paus. (919) *for my feet*

18:23

וְאַתָּה יְהוָה conj.-pers.pr. 2 m.s. (61)-pr.n. (217) *yet thou, O Yahweh*

יָדַעְתָּ Qal pf. 2 m.s. (יָדַע 393) *knowest*

אֶת־כָּל־עֲצָתָם dir.obj.-n.m.s. cstr. (481)-n.f.s.-3 m.p. sf. (I 420) *all their plotting*

עָלַי לַמָּוֶת prep.-1 c.s. sf.-prep.-def.art.-n.m.s. (560) *to slay me*

אַל־תְּכַפֵּר neg.-Pi. impf. 2 m.s. (כָּפַר 497) *forgive not*

עַל־עֲוֹנָם prep.-n.m.s.-3 m.p. sf. (730) *their iniquity*

וְחַטָּאתָם conj.-n.f.s.-3 m.p. sf. (308) *nor their sin*

מִלְּפָנֶיךָ prep.-prep.-n.m.p.-2 m.s. sf. (815) *from thy sight*

אַל־תֶּמְחִי neg.-Hi. impf. 2 m.s. (מָחָה I 562; GK 75ii) *(do not) blot out*

וְיִהְיוּ conj.-Qal impf. 3 m.p. (Qere rd. וְיִהְיוּ from הָיָה 224) *and let them be*

מֻכְשָׁלִים Ho. ptc. m.p. (כָּשַׁל 505) *overthrown*

לְפָנֶיךָ prep.-n.m.p.-2 m.s. sf. (815) *before thee*

בְּעֵת אַפְּךָ prep.-n.f.s. cstr. (773)-n.m.s.-2 m.s. sf. (I 60) *in the time of thine anger*

עֲשֵׂה בָהֶם Qal impv. 2 m.s. (עָשָׂה I 793) -prep.-3 m.p. sf. *deal with them*

19:1

כֹּה אָמַר יְהוָה adv. (462)-Qal pf. 3 m.s. (55)-pr.n. (217) *thus said Yahweh*

הָלוֹךְ Qal inf.abs. (הָלַךְ 229) *go*

וְקָנִיתָ conj.-Qal pf. 2 m.s. (קָנָה 888) *buy*

בַּקְבֻּק יוֹצֵר n.m.s. cstr. (132)-Qal act.ptc. (יָצַר 427) *a potter's flask*

חָרֶשׂ n.m.s. paus. (360) *earthen*

וּמִזִּקְנֵי conj.-prep.-adj. m.p. cstr. (278) *and some of the elders of*

הָעָם def.art.-n.m.s. (I 766) *the people*

וּמִזִּקְנֵי הַכֹּהֲנִים v.supra-def.art.-n.m.p. (463) *and some of the senior priests*

19:2

וְיָצָאתָ conj.-Qal pf. 2 m.s. (יָצָא 422) *and go out*

אֶל־גֵּיא prep.-n.m.s. cstr. (161) *to the Valley of*

בֶן־הִנֹּם pr.n. (n.m.s. cstr. (119)-pr.n. (244)) *Ben-hinnom*

אֲשֶׁר פֶּתַח rel. (81)-n.m.s. cstr. (835) *at the entry of*

שַׁעַר הַחַרְסוּת n.m.s. cstr. (1044)-def.art.-n.f. coll. (360) *the Potsherd Gate*

וְקָרָאתָ שָׁם conj.-Qal pf. 2 m.s. (קָרָא 894)-adv. (1027) *and proclaim there*

אֶת־הַדְּבָרִים dir.obj.-def.art.-n.m.p. (182) *the words*

אֲשֶׁר־אֲדַבֵּר אֵלֶיךָ rel. (81)-Pi. impf. 1 c.s. (180) -prep.-2 m.s. sf. *that I tell you*

19:3

וְאָמַרְתָּ conj.-Qal pf. 2 m.s. (55) *and you shall say*

שִׁמְעוּ Qal impv. 2 m.p. (1033) *hear*

דְּבַר־יְהוָה n.m.s. cstr. (182)-pr.n. (217) *the word of Yahweh*

מַלְכֵי יְהוּדָה n.m.p. cstr. (I 572)-pr.n. (397) *O kings of Judah*

וְיֹשְׁבֵי יְרוּשָׁלַ͏ִם conj.-Qal act.ptc. m.p. cstr. (442)-pr.n. paus. (436) *and inhabitants of Jerusalem*

כֹּה־אָמַר יְהוָה adv. (462)-Qal pf. 3 m.s. (55)-pr.n. (217) *thus says Yahweh*

צְבָאוֹת n.m.p. (838) *of hosts*

אֱלֹהֵי יִשְׂרָאֵל n.m.p. cstr. (43)-pr.n. (975) *the God of Israel*

הִנְנִי מֵבִיא demons.part.-1 c.s. sf. (243)-Hi. ptc. (בּוֹא 97) *behold, I am bringing*

רָעָה n.f.s. (949) *such evil*

284

עַל־הַמָּקוֹם הַזֶּה prep.-def.art.-n.m.s. (879) -def.art.-demons.adj. m.s. (260) *upon this place*

אֲשֶׁר כָּל־שֹׁמְעָהּ rel. (81)-n.m.s. cstr. (481)-Qal act.ptc.-3 f.s. sf. (שׁמע 1033) *that every one who hears it*

תִּצַּלְנָה אָזְנָיו Qal impf. 3 f.s. (צלל I 852; GK 67g) -n.f.p.-3 m.s. sf. (23) *his ears will tingle*

19:4

יַעַן אֲשֶׁר עֲזָבֻנִי conj. (774)-rel. (81)-Qal pf. 3 c.p.-1 c.s. sf. (עזב I 736) *because they have forsaken me*

וַיְנַכְּרוּ consec.-Pi. impf. 3 m.p. (נכר 649) *and have profaned*

אֶת־הַמָּקוֹם הַזֶּה dir.obj.-def.art.-n.m.s. (879) -def.art.-demons.adj. m.s. (260) *this place*

וַיְקַטְּרוּ־בוֹ consec.-Pi. impf. 3 m.p. (קטר 882) -prep.-3 m.s. sf. *by burning incense in it*

לֵאלֹהִים אֲחֵרִים prep.-n.m.p. (43)-adj. m.p. (29) *to other gods*

אֲשֶׁר לֹא יְדָעוּם rel. (81)-neg.-Qal pf. 3 c.p.-3 m.p. sf. (ידע 393) *whom have not known*

הֵמָּה pers.pr. 3 m.p. (241) *they*

וַאֲבוֹתֵיהֶם conj.-n.m.p.-3 m.p. sf. (3) *nor their fathers*

וּמַלְכֵי יְהוּדָה conj.-n.m.p. cstr. (I 572)-pr.n. (397) *nor the kings of Judah*

וּמָלְאוּ conj.-Qal pf. 3 c.p. (מלא 569) *and because they have filled*

אֶת־הַמָּקוֹם הַזֶּה v.supra-v.supra-v.supra *this place*

דַּם נְקִיִּם n.m.s. cstr. (196)-adj. m.p. (667) *with the blood of innocents*

19:5

וּבָנוּ conj.-Qal pf.3 c.p. (בנה 124) *and they have built*

אֶת־בָּמוֹת הַבַּעַל dir.obj.-n.f.p. cstr. (119)-def.art. -n.m.s. (127) *the high places of Baal*

לִשְׂרֹף prep.-Qal inf.cstr. (שׂרף 976) *to burn*

אֶת־בְּנֵיהֶם dir.obj.-n.m.p.-3 m.p. sf. (119) *their sons*

בָּאֵשׁ prep.-def.art.-n.f.s. (77) *in the fire*

עֹלוֹת n.f.p. (750) *as burnt offerings*

לַבַּעַל prep.-def.art.-n.m.s. paus. (127) *to Baal*

אֲשֶׁר לֹא צִוִּיתִי rel. (81; GK 144b)-neg.-Pi. pf. 1 c.s. (צוה 845) *which I did not command*

וְלֹא דִבַּרְתִּי conj.-neg.-Pi. pf. 1 c.s. (180) *or decree*

וְלֹא עָלְתָה conj.-neg.-Qal pf. 3 f.s. (עלה 748) *nor did it come*

עַל־לִבִּי prep.-n.m.s.-1 c.s. sf. (524) *to my mind*

19:6

לָכֵן הִנֵּה־ prep.-adv. (485)-demons.part. (243) *therefore, behold*

יָמִים בָּאִים n.m.p. (398)-Qal act.ptc. m.p. (בוא 97) *days are coming*

נְאֻם־יהוה n.m.s. cstr. (610)-pr.n. (217) *says Yahweh*

וְלֹא־יִקָּרֵא conj.-neg.-Ni. impf. 3 m.s. (קרא 894) *when shall not be called*

לַמָּקוֹם הַזֶּה prep.-def.art.-n.m.s. (879)-def.art. -demons.adj. m.s. (260) *to this place*

עוֹד adv. (728) *any more*

הַתֹּפֶת def.art.-pr.n. (II 1075) *Topheth*

וְגֵיא conj.-n.m.s. cstr. (161) *or the Valley of*

בֶּן־הִנֹּם pr.n. (n.m.s. cstr. (119)-pr.n. (244)) *Ben-hinnom*

כִּי אִם־גֵּיא conj.-conj. (49)-v.supra *but the Valley of*

הַהֲרֵגָה def.art.-n.f.s. (247) *Slaughter*

19:7

וּבַקֹּתִי conj.-Qal pf. 1 c.s. (בקק II 132) *and I will make void*

אֶת־עֲצַת יְהוּדָה dir.obj.-n.f.s. cstr. (420)-pr.n. (397) *the plans of Judah*

וִירוּשָׁלַ͏ִם conj.-pr.n. (436) *and Jerusalem*

בַּמָּקוֹם הַזֶּה prep.-def.art.-n.m.s. (879)-def.art. -demons.adj. m.s. (260) *in this place*

וְהִפַּלְתִּים conj.-Hi. pf. 1 c.s.-3 m.p. sf. (נפל 656) *and will cause (them) to fall*

בַּחֶרֶב prep.-def.art.-n.f.s. (352) *by the sword*

לִפְנֵי אֹיְבֵיהֶם prep.-n.m.p. cstr. (815)-Qal act.ptc. m.p.-3 m.p. sf. (33) *before their enemies*

וּבְיַד conj.-prep.-n.f.s. cstr. (388) *and by the hand of*

מְבַקְשֵׁי Pi. ptc. m.p. cstr. (בקשׁ 134) *those who seek*

נַפְשָׁם n.f.s.-3 m.p. sf. (659) *their life*

וְנָתַתִּי conj.-Qal pf. 1 c.s. (נתן 678) *and I will give*

אֶת־נִבְלָתָם dir.obj.-n.f.s.-3 m.p. sf. (615) *their dead bodies*

לְמַאֲכָל prep.-n.m.s. (38) *for food*

לְעוֹף הַשָּׁמַיִם prep.-n.m.s. coll. (733)-def.art. -n.m.p. (1029) *to the birds of the air*

וּלְבֶהֱמַת הָאָרֶץ conj.-prep.-n.f.s. cstr. (96) -def.art.-n.f.s. (75) *and to the beasts of the earth*

285

19:8

וְשַׂמְתִּי conj.-Qal pf. 1 c.s. (שׂום 962) *and I will make*

אֶת־הָעִיר הַזֹּאת dir.obj.-def.art.-n.f.s. (746)-def. art.-demons.adj. f.s. (260) *this city*

לְשַׁמָּה prep.-n.f.s. (I 1031) *a horror*

וְלִשְׁרֵקָה conj.-prep.-n.f.s. (1056) *and a thing to be hissed at*

כֹּל עֹבֵר n.m.s. (481)-Qal act.ptc. (716) *every one who passes*

עָלֶיהָ prep.-3 f.s. sf. *by it*

יִשֹּׁם Qal impf. 3 m.s. (שָׁמֵם 1030) *will be horrified*

וְיִשְׁרֹק conj.-Qal impf. 3 m.s. (שָׁרַק 11056) *and will hiss*

עַל־כָּל־מַכֹּתֶהָ prep.-n.m.s. cstr. (481)-n.f.p.-3 f.s. sf. (646) *because of all its disasters*

19:9

וְהַאֲכַלְתִּים conj.-Hi. pf. 1 c.s.-3 m.p. sf. (אָכַל 37) *and I will make them eat*

אֶת־בְּשַׂר dir.obj.-n.m.s. cstr. (142) *the flesh of*

בְּנֵיהֶם n.m.p.-3 m.p. sf. (119) *their sons*

וְאֵת בְּשַׂר conj.-dir.obj.-v.supra *and (the flesh of)*

בְּנֹתֵיהֶם n.f.p.-3 m.p. sf. (I 123) *their daughters*

וְאִישׁ conj.-n.m.s. (35) *and every one*

בְּשַׂר־רֵעֵהוּ v.supra-n.m.s.-3 m.s. sf. (945) *the flesh of his neighbor*

יֹאכֵלוּ Qal impf. 3 m.p. (37) *shall eat*

בְּמָצוֹר prep.-n.m.s. (848) *in the siege*

וּבְמָצוֹק conj.-prep.-n.m.s. (848) *and in the distress*

אֲשֶׁר יָצִיקוּ rel. (81)-Hi. impf. 3 m.p. (צוק I 847) *with which ... afflict*

לָהֶם prep.-3 m.p. sf. *them*

אֹיְבֵיהֶם Qal act.ptc. m.p.-3 m.p. sf.(אָיַב 33) *their enemies*

וּמְבַקְשֵׁי conj.-Pi. ptc. m.p. cstr. (בָּקַשׁ 134) *and those who seek*

נַפְשָׁם n.f.s.-3 m.p. sf. (659) *their life*

19:10

וְשָׁבַרְתָּ conj.-Qal pf. 2 m.s. (שָׁבַר 990) *then you shall break*

הַבַּקְבֻּק def.art.-n.m.s. (132) *the flask*

לְעֵינֵי prep.-n.f. du. cstr. (744) *in the sight of*

הָאֲנָשִׁים def.art.-n.m.p. (35) *the men*

הַהֹלְכִים אוֹתָךְ def.art.-Qal act.ptc. m.p. (הָלַךְ 229)-dir.obj.-2 m.s. sf. paus. *who go with you*

19:11

וְאָמַרְתָּ conj.-Qal pf. 2 m.s. (55) *and you shall say*

אֲלֵיהֶם prep.-3 m.p. sf. *to them*

כֹּה־אָמַר adv. (462)-Qal pf. 3 m.s. (55) *thus says*

יהוה צְבָאוֹת pr.n. (217)-n.m.p. (838) *Yahweh of hosts*

כָּכָה אֶשְׁבֹּר adv. (462)-Qal impf. 1 c.s. (שָׁבַר 990) *so will I break*

אֶת־הָעָם הַזֶּה dir.obj.-def.art.-n.m.s. (I 766) -def.art.-demons.adj. m.s. (260) *this people*

וְאֶת־הָעִיר הַזֹּאת conj.-dir.obj.-def.art.-n.f.s. (746)-def.art.-demons.adj. f.s. (260) *and this city*

כַּאֲשֶׁר יִשְׁבֹּר prep.-rel. (81)-Qal impf. 3 m.s. (990 שָׁבַר) *as one breaks*

אֶת־כְּלִי הַיּוֹצֵר dir.obj.-n.m.s. cstr. (479)-def.art. -Qal act.ptc. (427) *a potter's vessel*

אֲשֶׁר לֹא־יוּכַל rel. (81)-neg.-Qal impf. 3 m.s. (407 יָכֹל) *so that it can not*

לְהֵרָפֵה prep.-Ni. inf.cstr. (רָפָא 950; GK 75qq) *be mended*

עוֹד adv. (728) *ever*

וּבְתֹפֶת conj.-prep.-pr.n. (II 1075) *and in Topheth*

יִקְבְּרוּ Qal impf. 3 m.p. (קָבַר 868) *men shall bury*

מֵאֵין מָקוֹם prep.-subst.cstr. (II 34)-n.m.s. (879) *because there will be no place*

לִקְבּוֹר prep.-Qal inf.cstr. (868) *to bury*

19:12

כֵּן־אֶעֱשֶׂה adv. (485)-Qal impf. 1 c.s. (עָשָׂה I 793) *thus will I do*

לַמָּקוֹם הַזֶּה prep.-def.art.-n.m.s. (879)-def.art. -demons.adj. m.s. (260) *to this place*

נְאֻם־יהוה n.m.s. cstr. (610)-pr.n. (217) *says Yahweh*

וּלְיוֹשְׁבָיו conj.-prep.-Qal act.ptc. m.p.-3 m.s. sf. (442 יָשַׁב) *and to its inhabitants*

וְלָתֵת conj.-prep.-Qal inf.cstr. (נָתַן 678) *making*

אֶת־הָעִיר הַזֹּאת dir.obj.-def.art.-n.f.s. (746) -def.art.-demons.adj. f.s. (260) *this city*

כְּתֹפֶת prep.-pr.n. (II 1075) *like Topheth*

19:13

וְהָיוּ conj.-Qal pf. 3 c.p. (הָיָה 224) *and shall be*

בָּתֵּי יְרוּשָׁלַ͏ִם n.m.p. cstr. (108)-pr.n. (436) *the houses of Jerusalem*

וּבָתֵּי מַלְכֵי conj.-n.m.p. cstr. (108)-n.m.p. cstr. (I 572) *and the houses of the kings of*

יְהוּדָה pr.n. (397) *Judah*

כִּמְקוֹם prep.-n.m.s. cstr. (879) *like the place of*

הַתֹּפֶת def.art.-pr.n. (II 1075) *Topheth*

הַטְּמֵאִים def.art.-adj.m.p. (II 379) *defiled*

לְכֹל הַבָּתִּים prep.-n.m.s. cstr. (481)-def.art.-n.m.p. (108) *all the houses*

אֲשֶׁר קִטְּרוּ rel. (81)-Pi. pf. 3 c.p. (882) *which they burned incense*

עַל־גַּגּוֹתֵיהֶם prep.-n.m.p.-3 m.p. sf. (150) *upon their roofs*

לְכֹל צְבָא prep.-n.m.s. cstr. (481)-n.m.s. cstr. (838) *to all the host of*

הַשָּׁמַיִם def.art.-n.m.p. (1029) *heaven*

וְהַסֵּךְ conj.-Hi. inf.cstr. (נָסַךְ I 650) *and have been poured out*

נְסָכִים n.m.p. (651) *drink offerings*

לֵאלֹהִים אֲחֵרִים prep.-n.m.p. (43)-adj. m.p. (29) *to other gods*

19:14

וַיָּבֹא consec.-Qal impf. 3 m.s. (בּוֹא 97) *then came*

יִרְמְיָהוּ pr.n. (941) *Jeremiah*

מֵהַתֹּפֶת prep.-def.art.-pr.n. (II 1075) *from Topheth*

אֲשֶׁר שְׁלָחוֹ rel. (81)-Qal pf. 3 m.s.-3 m.s. sf. (שָׁלַח 1018) *where had sent him*

יְהוָה pr.n. (217) *Yahweh*

שָׁם adv. (1027) *there*

לְהִנָּבֵא prep.-Ni. inf.cstr. (612) *to prophesy*

וַיַּעֲמֹד consec.-Qal impf. 3 m.s. (עָמַד 763) *and he stood*

בַּחֲצַר prep.-n.m.s. cstr. (I 346) *in the court of*

בֵּית־יְהוָה n.m.s. cstr. (108)-pr.n. (217) *Yahweh's house*

וַיֹּאמֶר consec.-Qal impf. 3 m.s. (55) *and said*

אֶל־כָּל־הָעָם prep.-n.m.s. cstr. (481)-def.art.-n.m.s. (I 766) *to all the people*

19:15

כֹּה־אָמַר adv. (462)-Qal pf. 3 m.s. (55) *thus says*

יְהוָה צְבָאוֹת pr.n. (217)-n.m.p. (838) *Yahweh of hosts*

אֱלֹהֵי יִשְׂרָאֵל n.m.p. cstr. (43)-pr.n. (975) *the God of Israel*

הִנְנִי demons.part.-1 c.s. sf. (243) *behold, I*

מֵבִי Hi. ptc. (בּוֹא 97; GK 74k) *am bringing*

אֶל־הָעִיר הַזֹּאת prep.-def.art.-n.f.s. (746)-def.art.-demons.adj. f.s. (260) *upon this city*

וְעַל־כָּל conj.-prep.-n.m.s. cstr. (481) *and upon all*

עָרֶיהָ n.f.p.-3 f.s. sf. (746) *its towns*

אֵת כָּל־הָרָעָה dir.obj.-n.m.s. cstr. (481)-def.art.-n.f.s. (949) *all the evil*

אֲשֶׁר דִּבַּרְתִּי rel. (81)-Pi. pf. 1 c.s. (180) *that I have pronounced*

עָלֶיהָ prep.-3 f.s. sf. *against it*

כִּי הִקְשׁוּ conj.-Hi. pf. 3 c.p. (קָשָׁה I 904) *because they have stiffened*

אֶת־עָרְפָּם dir.obj.-n.m.s.-3 m.p. sf. (791) *their neck*

לְבִלְתִּי שְׁמוֹעַ prep.-neg. (116)-Qal inf.cstr. (1033) *refusing to hear*

אֶת־דְּבָרָי dir.obj.-n.m.p.-1 c.s. sf. paus. (182) *my words*

20:1

וַיִּשְׁמַע consec.-Qal impf. 3 m.s. (1033) *now heard*

פַּשְׁחוּר pr.n. (832) *Pashhur*

בֶּן־אִמֵּר n.m.s. cstr. (119)-pr.n. (57) *the son of Immer*

הַכֹּהֵן def.art.-n.m.s. (463) *the priest*

וְהוּא־פָקִיד conj.-pers.pr. 3 m.s. (214)-n.m.s. (824) *who was chief officer*

נָגִיד n.m.s. (617) *ruler*

בְּבֵית יְהוָה prep.-n.m.s. cstr. (108)-pr.n. (217) *in the house of Yahweh*

אֶת־יִרְמְיָהוּ dir.obj.-pr.n. (941) *Jeremiah*

נִבָּא Ni. pf. 3 m.s. or ptc. (נָבָא 612) *prophesying*

אֶת־הַדְּבָרִים הָאֵלֶּה dir.obj.-def.art.-n.m.p. (182) -def.art.-demons.adj. c.p. (41) *these things*

20:2

וַיַּכֶּה consec.-Hi. impf. 3 m.s. (נָכָה 645) *then beat*

פַּשְׁחוּר pr.n. (832) *Pashhur*

אֵת יִרְמְיָהוּ dir.obj.-pr.n. (941) *Jeremiah*

הַנָּבִיא def.art.-n.m.s. (611) *the prophet*

וַיִּתֵּן consec.-Qal impf. 3 m.s. (נָתַן 678) *and put*

אֹתוֹ dir.obj.-3 m.s. sf. *him*

עַל־הַמַּהְפֶּכֶת prep.-def.art.-n.f.s. (246) *in the stocks*

אֲשֶׁר בְּשַׁעַר rel. (81)-prep.-n.m.s. cstr. (1044) *that were in the Gate of*

בִּנְיָמִן pr.n. (122) *Benjamin*

הָעֶלְיוֹן def.art.-adj. m.s. (I 751) *the upper*

אֲשֶׁר בְּבֵית יְהוָה rel. (81)-prep.-n.m.s. cstr. (108) -pr.n. (217) *of the house of Yahweh*

20:3

וַיְהִי consec.-Qal impf. 3 m.s. (הָיָה 224) *and*

מִמָּחֳרָת prep.-n.f.s. (564) *on the morrow*

וַיֹּצֵא consec.-Qal impf. 3 m.s. (יָצָא 422) *when released*

פַּשְׁחוּר pr.n. (832) *Pashhur*

287

אֶת־יִרְמְיָהוּ dir.obj.-pr.n. (941) *Jeremiah*

מִן־הַמַּהְפֶּכֶת prep.-def.art.-n.f.s. (246) *from the stocks*

וַיֹּאמֶר אֵלָיו consec.-Qal impf. 3 m.s. (55)-prep.-3 m.s. sf. *and said to him*

יִרְמְיָהוּ pr.n. (941) *Jeremiah*

לֹא פַשְׁחוּר neg.-pr.n. (832) *not Pashhur*

קָרָא יהוה Qal pf. 3 m.s. (894)-pr.n. (217) *does Yahweh call*

שְׁמֶךָ n.m.s.-2 m.s. sf. (1027) *your name*

כִּי אִם־מָגוֹר conj.-conj. (474)-n.m.s. (II 159) *but Terror*

מִסָּבִיב prep.-adv. (686) *on every side*

20:4

כִּי כֹה אָמַר conj.-adv. (462)-Qal pf. 3 m.s. (55) *for thus says*

יהוה pr.n. (217) *Yahweh*

הִנְנִי demons.part.-1 c.s. sf. (243) *behold, I*

נֹתֶנְךָ Qal act.ptc.-2 m.s. sf. (נָתַן 678) *will make you*

לְמָגוֹר prep.-n.m.s. (II 159) *a terror*

לְךָ וּלְכָל־ prep.-2 m.s. sf.-conj.-prep.-n.m.s. cstr. (481) *to yourself and to all*

אֹהֲבֶיךָ Qal act.ptc. m.p.-2 m.s. sf. (אָהֵב 12) *your friends*

וְנָפְלוּ conj.-Qal pf. 3 c.p. (נָפַל 656) *and they shall fall*

בְּחֶרֶב prep.-n.f.s. cstr. (352) *by the sword of*

אֹיְבֵיהֶם Qal act.ptc. m.p.-3 m.p. sf. (אָיַב 33) *their enemies*

וְעֵינֶיךָ רֹאוֹת conj.-n.f.p.-2 m.s. sf. (744)-Qal act.ptc. f.p. (רָאָה 906) *while you look on*

וְאֶת־כָּל־יְהוּדָה conj.-dir.obj.-n.m.s. cstr. (481) -pr.n. (397) *and all Judah*

אֶתֵּן Qal impf. 1 c.s. (נָתַן 678) *I will give*

בְּיַד prep.-n.f.s. cstr. (388) *into the hand of*

מֶלֶךְ־בָּבֶל n.m.s. cstr. (I 572)-pr.n. (93) *the king of Babylon*

וְהִגְלָם conj.-Hi. pf. 3 m.s.-3 m.p. sf. (גָּלָה 162) *and he shall carry them captive*

בָּבֶלָה pr.n.-dir.he (93) *to Babylon*

וְהִכָּם conj.-Hi. pf. 3 m.s.-3 m.p. sf. (נָכָה 645) *and shall slay them*

בְּחֶרֶב prep.-def.art.-n.f.s. paus. (352) *with the sword*

20:5

וְנָתַתִּי conj.-Qal pf. 1 c.s. (נָתַן 678) *moreover, I will give*

אֶת־כָּל־חֹסֶן dir.obj.-n.m.s. cstr. (481)-n.m.s. cstr. (340) *all the wealth of*

הָעִיר הַזֹּאת def.art.-n.f.s. (746)-def.art. -demons.adj. f.s. (260) *this city*

וְאֶת־כָּל־יְגִיעָהּ conj.-dir.obj.-n.m.s. cstr. (481) -n.m.s.-3 f.s. sf. (388) *all its gains*

וְאֶת־כָּל־יְקָרָהּ conj.-dir.obj.-v.supra-n.m.s.-3 f.s. sf. (430) *all its prized belongings*

וְאֵת כָּל־אוֹצְרוֹת conj.-dir.obj.-v.supra-n.m.p. cstr. (69) *and all the treasures of*

מַלְכֵי יְהוּדָה n.m.p. cstr. (I 572)-pr.n. (397) *the kings of Judah*

אֶתֵּן Qal impf. 1 c.s. (נָתַן 678) *I will give*

בְּיַד prep.-n.f.s. cstr. (388) *into the hand of*

אֹיְבֵיהֶם Qal act.ptc. m.p.-3 m.p. sf. (אָיַב 33) *their enemies*

וּבְזָזוּם conj.-Qal pf. 3 c.p.-3 m.p. sf. (בָּזַז 102) *who shall plunder them*

וּלְקָחוּם conj.-Qal pf. 3 c.p.-3 m.p. sf. (לָקַח 542) *and seize them*

וֶהֱבִיאוּם conj.-Hi. pf. 3 c.p.-3 m.p. sf. (בּוֹא 97) *and carry them*

בָּבֶלָה pr.n.-dir.he (93) *to Babylon*

20:6

וְאַתָּה פַשְׁחוּר conj.-pers.pr. 2 m.s. (61)-pr.n. (832) *and you, Pashhur*

וְכֹל יֹשְׁבֵי conj.-n.m.s. cstr. (481)-Qal act.ptc. m.p. cstr. (יָשַׁב 442) *and all who dwell in*

בֵּיתֶךָ n.m.s.-2 m.s. sf. (108) *your house*

תֵּלְכוּ Qal impf. 2 m.p. (הָלַךְ 229) *shall go*

בַּשֶּׁבִי prep.-def.art.-n.m.s. paus. (985) *into captivity*

וּבָבֶל conj.-pr.n. (93) *and to Babylon*

תָּבוֹא Qal impf. 2 m.s. (בּוֹא 97) *you shall go*

וְשָׁם תָּמוּת conj.-adv. (1027)-Qal impf. 2 m.s. (מוּת 559) *and there you shall die*

וְשָׁם תִּקָּבֵר v.supra-Ni. impf. 2 m.s. (קָבַר 868) *and there you shall be buried*

אַתָּה וְכָל־ pers.pr. 2 m.s. (61)-conj.-n.m.s. cstr. (481) *you and all*

אֹהֲבֶיךָ Qal act.ptc. m.p.-2 m.s. sf. (אָהֵב 12) *your friends*

אֲשֶׁר־נִבֵּאתָ לָהֶם rel. (81)-Ni. pf. 2 m.s. (נָבָא 612)-prep.-3 m.p. sf. *to whom you prophesied*

בַּשָּׁקֶר prep.-def.art.-n.m.s. paus. (1055) *falsely*

20:7

פִּתִּיתַנִי Pi. pf. 2 m.s.-1 c.s. sf. (פָּתָה 834) *thou hast deceived me*

יהוה pr.n. (217) *O Yahweh*

וָאֶפָּת consec.-Ni. impf. 1 c.s. (פָּתָה 834) *and I was deceived*

חֲזַקְתַּנִי Qal pf. 2 m.s.-1 c.s. sf. (חָזַק 304) *thou art stronger than I*

וַתּוּכָל consec.-Qal impf. 2 m.s. (יָכֹל 407) *and thou hast prevailed*

הָיִיתִי Qal pf. 1 c.s. (הָיָה 224) *I have become*

לִשְׂחוֹק prep.-n.m.s. (966) *a laughingstock*

כָּל־הַיּוֹם n.m.s. cstr. (481)-def.art.-n.m.s. (398) *all the day*

כֻּלֹּה n.m.s.-3 m.s. sf. (481) *every one*

לֹעֵג לִי Qal act.ptc. (לָעַג 541)-prep.-1 c.s. sf. *mocks me*

20:8

כִּי־מִדֵּי conj.-prep.-subst. (191) *for whenever*

אֲדַבֵּר Pi. impf. 1 c.s. (180) *I speak*

אֶזְעָק Qal impf. 1 c.s. (זָעַק 277) *I cry out*

חָמָס וָשֹׁד n.m.s. (329)-conj.-n.m.s. (994) *violence and destruction*

אֶקְרָא Qal impf. 1 c.s. (קָרָא 894) *I shout*

כִּי־הָיָה conj.-Qal pf. 3 m.s. (224) *for has become*

דְבַר־יהוה n.m.s. cstr. (182)-pr.n. (217) *the word of Yahweh*

לִי prep.-1 c.s. sf. *for me*

לְחֶרְפָּה prep.-n.f.s. (357) *a reproach*

וּלְקֶלֶס conj.-prep.-n.m.s. (887) *and derision*

כָּל־הַיּוֹם n.m.s. cstr. (481)-def.art.-n.m.s. (398) *all day long*

20:9

וְאָמַרְתִּי conj.-Qal pf. 1 c.s. (55) *if I say*

לֹא־אֶזְכְּרֶנּוּ neg.-Qal impf. 1 c.s.-3 m.s. sf. (זָכַר 269) *I will not mention him*

וְלֹא־אֲדַבֵּר עוֹד conj. (GK 112kk)-neg.-Pi. impf. 1 c.s. (180)-adv. (728) *or speak any more*

בִּשְׁמוֹ prep.-n.m.s.-3 m.s. sf. (1027) *in his name*

וְהָיָה conj.-Qal pf. 3 m.s. (224) *and there is*

בְלִבִּי prep.-n.m.s.-1 c.s. sf. (524) *in my heart*

כְּאֵשׁ בֹּעֶרֶת prep.-n.f.s. (77)-Qal act.ptc. f.s. (128) *as a burning fire*

עָצֻר Qal pass.ptc. (עָצַר 783; GK 132d) *shut up*

בְּעַצְמֹתָי prep.-n.f.p.-1 c.s. sf. paus. (I 782) *in my bones*

וְנִלְאֵיתִי conj.-Ni. pf. 1 c.s. (לָאָה 521; GK 21d) *and I am weary*

כַּלְכֵל Pilpel inf.cstr. (כּוּל 465) *with holding it in*

וְלֹא אוּכָל conj.-neg.-Qal impf. 1 c.s. paus. (יָכֹל 407) *and I cannot*

20:10

כִּי שָׁמַעְתִּי conj.-Qal pf. 1 c.s. (1033) *for I hear*

דִּבַּת רַבִּים n.f.s. cstr. (179)-adj. m.p. (I 912) *many whispering*

מָגוֹר n.m.s. (II 159) *terror*

מִסָּבִיב prep.-adv. (686) *on every side*

הַגִּידוּ Hi. impv. 2 m.p. (נָגַד 616) *denounce him*

וְנַגִּידֶנּוּ conj.-Hi. impf. 1 c.p.-3 m.s. sf. נָגַד 616) *let us denounce him*

כֹּל אֱנוֹשׁ שְׁלוֹמִי n.m.s. cstr. (481)-n.m.s. cstr. (60)-n.m.s.-1 c.s. sf. (1022) *all my familiar friends*

שֹׁמְרֵי צַלְעִי Qal act.ptc. m.p. cstr. (שָׁמַר 1036)-n.m.s.-1 c.s. sf. (854) *watching for my fall*

אוּלַי יְפֻתֶּה adv. (II 19)-Pu. impf. 3 m.s. (פָּתָה 834) *perhaps he will be deceived*

וְנוּכְלָה לוֹ conj.-Qal impf. 1 c.p.-coh.he (יָכֹל 407)-prep.-3 m.s. sf. *then we can overcome him*

וְנִקְחָה Qal impf. 1 c.p.-coh.he (לָקַח 542) *and take*

נִקְמָתֵנוּ n.f.s.-1 c.p. sf. (668) *our revenge*

מִמֶּנּוּ prep.-3 m.s. sf. *on him*

20:11

וַיהוה conj.-pr.n. (217) *but Yahweh*

אוֹתִי prep.-1 c.s. sf. *with me*

כְּגִבּוֹר עָרִיץ prep.-n.m.s. (150)-adj. m.s. (792) *as a dread warrior*

עַל־כֵּן prep.-adv. (485) *therefore*

רֹדְפַי Qal act.ptc. m.p.-1 c.s. sf. (רָדַף 922) *my persecutors*

יִכָּשְׁלוּ Ni. impf. 3 m.p. (כָּשַׁל 505) *will stumble*

וְלֹא יָכֹלוּ conj.-neg.-Qal impf. 3 m.p. paus. (יָכֹל 407) *they will not overcome*

בֹּשׁוּ מְאֹד Qal pf. 3 c.p. (בּוּשׁ 101)-adv. (547) *they will be greatly shamed*

כִּי־לֹא הִשְׂכִּילוּ conj.-neg.-Hi. pf. 3 c.p. (שָׂכַל 968) *for they will not succeed*

כְּלִמַּת עוֹלָם n.f.s. cstr. (484)-n.m.s. (761) *eternal dishonor*

לֹא תִשָּׁכֵחַ neg.-Ni. impf. 3 f.s. (שָׁכַח 1013) *will never be forgotten*

20:12

וַיהוה צְבָאוֹת conj.-pr.n. (217)-n.m.p. (838) *O Yahweh of hosts*

בֹּחֵן Qal act.ptc. (בָּחַן) *who triest*

צַדִּיק adj. m.s. (843) *the righteous*

רֹאֶה Qal act.ptc. (רָאָה 906) *who seest*

כְּלָיוֹת וָלֵב n.f.p. (480)-conj.-n.m.s. (524) *the heart and the mind*

אֶרְאֶה Qal impf. 1 c.s. (-vol.he? GK 75 1) (רָאָה 906) *let me see*

נִקְמָתְךָ n.f.s.-2 m.s. sf. (668) *thy vengeance*

מֵהֶם prep.-3 m.p. sf. *upon them*

289

כִּי אֵלֶיךָ conj.-prep.-2 m.s. sf. *for to thee*

גִּלִּיתִי Pi. pf. 1 c.s. (גָּלָה 162) *have I committed*

אֶת־רִיבִי dir.obj.-n.m.s.-1 c.s. sf. (936) *my cause*

20:13

שִׁירוּ לַיהוָה Qal impv. 2 m.p. (שִׁיר 1010)
-prep.-pr.n. (217) *sing to Yahweh*

הַלְלוּ אֶת־יהוָה Pi. impv. 2 m.p. (הָלַל II
237)-dir.obj.-pr.n. (217) *praise Yahweh*

כִּי הִצִּיל conj.-Hi.pf. 3 m.s. (נָצַל 664) *for he
has delivered*

אֶת־נֶפֶשׁ dir.obj.-n.f.s. cstr. (659) *the life of*

אֶבְיוֹן n.m.s. (2) *the needy*

מִיַּד מְרֵעִים prep.-n.f.s. cstr. (388)-Hi. ptc. m.p.
(רָעַע 949) *from the hand of evildoers*

20:14

אָרוּר הַיּוֹם Qal pass.ptc. (אָרַר 76)-def.art.-n.m.s.
(398) *cursed be the day*

אֲשֶׁר יֻלַּדְתִּי בּוֹ rel. (81)-Pu. pf. 1 c.s. (יָלַד 408)
-prep.-3 m.s. sf. *on which I was born*

יוֹם n.m.s. (398) *the day*

אֲשֶׁר־יְלָדַתְנִי rel. (81)-Qal pf. 3 f.s.-1 c.s. sf. (יָלַד
408) *when ... bore me*

אִמִּי n.f.s.-1 c.s. sf. (51) *my mother*

אַל־יְהִי neg.-Qal impf. 3 m.s. apoc. (הָיָה 224) *let
it not be*

בָּרוּךְ Qal pass.ptc. (בָּרַךְ 138) *blessed*

20:15

אָרוּר הָאִישׁ Qal pass.ptc. (אָרַר 76)-def.art.-n.m.s.
(35) *cursed be the man*

אֲשֶׁר בִּשַּׂר rel. (81)-Pi. pf. 3 m.s. (בָּשַׂר 142) *who
brought the news*

אֶת־אָבִי dir.obj.-n.m.s.-1 c.s. sf. (3) *to my father*

לֵאמֹר prep.-Qal inf.cstr. (55) *(saying)*

יֻלַּד־לְךָ Pu. pf. 3 m.s. (יָלַד 408)-prep.-2 m.s. sf.
is born to you

בֵּן זָכָר n.m.s. (119)-adj. m.s. (271) *a son*

שַׂמֵּחַ שִׂמְּחָהוּ Pi. inf.abs. (שָׂמַח 970)-Pi. pf. 3
m.s.-3 m.s. sf. (שָׂמַח 970; GK 59f) *making
him very glad*

20:16

וְהָיָה conj.-Qal pf. 3 m.s. (224) *let be*

הָאִישׁ הַהוּא def.art.-n.m.s. (35)-def.art.
-demons.adj. m.s. (214) *that man*

כֶּעָרִים prep.-def.art.-n.f.p. (746) *like the cities*

אֲשֶׁר־הָפַךְ יהוָה rel. (81)-Qal pf. 3 m.s. (הָפַךְ
245)-pr.n. (217) *which Yahweh overthrew*

וְלֹא נִחָם conj.-neg.-Ni. pf. 3 m.s. paus. (נחם
636) *without pity*

וְשָׁמַע conj.-Qal pf. 3 m.s. (1033) *let him hear*

זְעָקָה n.f.s. (277) *a cry*

בַּבֹּקֶר prep.-def.art.-n.m.s. (133) *in the morning*

וּתְרוּעָה conj.-n.f.s. (929) *and an alarm*

בְּעֵת צָהֳרָיִם prep.-n.f.s. cstr. (773)-n.m.p. (I 843)
at noon

20:17

אֲשֶׁר לֹא־מוֹתְתַנִי rel. (81)-neg.-Polel pf. 3 m.s.-1
c.s. sf. (מוּת 559) *because he did not kill me*

מֵרָחֶם prep.-n.m.s. paus. (933) *in the womb*

וַתְּהִי־לִי consec.-Qal impf. 3 f.s. (הָיָה 224; GK
111 l)-prep.-1 c.s. sf. *so ... would have been*

אִמִּי n.f.s.-1 c.s. sf. (51) *my mother*

קִבְרִי n.m.s.-1 c.s. sf. (868) *my grave*

וְרַחְמָה conj.-n.f.s. (933; GK 122nN) *and her
womb*

הֲרַת עוֹלָם adj. f.s. cstr. (II 248)-n.m.s. (761) *for
ever great*

20:18

לָמָּה זֶּה prep.-interr. (552)-demons.adj. m.s.
(260) *why (this)*

מֵרֶחֶם prep.-n.m.s. (933) *from the womb*

יָצָאתִי Qal pf. 1 c.s. (יָצָא 422) *did I come forth*

לִרְאוֹת prep.-Qal inf.cstr. (רָאָה 906) *to see*

עָמָל וְיָגוֹן n.m.s. (765)-conj.-n.m.s. (387) *toil and
sorrow*

וַיִּכְלוּ consec.-Qal impf. 3 m.p. (כָּלָה 477) *and
spend*

בְּבֹשֶׁת prep.-n.f.s. (102) *in shame*

יָמָי n.m.p.-1 c.s. sf. paus. (398) *my days*

21:1

הַדָּבָר def.art.-n.m.s. (182) *the word*

אֲשֶׁר־הָיָה rel. (81)-Qal pf. 3 m.s. (224) *which
came*

אֶל־יִרְמְיָהוּ prep.-pr.n. (941) *to Jeremiah*

מֵאֵת יהוָה prep.-prep. (II 85)-pr.n. (217) *from
Yahweh*

בִּשְׁלֹחַ אֵלָיו prep.-Qal inf.cstr. (שָׁלַח 1018; GK
115i)-prep.-3 m.s. sf. *when sent to him*

הַמֶּלֶךְ צִדְקִיָּהוּ def.art.-n.m.s. (I 572)-pr.n. (843)
King Zedekiah

אֶת־פַּשְׁחוּר dir.obj.-pr.n. (832) *Pashhur*

בֶּן־מַלְכִּיָּה n.m.s. cstr. (119)-pr.n. (575) *the son of
Malchiah*

וְאֶת־צְפַנְיָה conj.-dir.obj.-pr.n. (861) *and
Zephaniah*

בֶּן־מַעֲשֵׂיָה n.m.s. cstr. (119)-pr.n. (796) *the son
of Maaseiah*

הַכֹּהֵן def.art.-n.m.s. (463) *the priest*

לֵאמֹר prep.-Qal inf.cstr. (55) *saying*

21:2

דְּרָשׁ־נָא Qal impv. 2 m.s. (205)-part. of entreaty (609) *Inquire*

בַּעֲדֵנוּ prep.-1 c.p. sf. (126) *for us*

אֶת־יהוה dir.obj.-pr.n. (217) *of Yahweh*

כִּי נְבוּכַדְרֶאצַּר conj.-pr.n. (613) *for Nebuchadrezzar*

מֶלֶךְ־בָּבֶל n.m.s. cstr. (I 572)-pr.n. (93) *king of Babylon*

נִלְחָם Ni. ptc. (לָחַם I 535) *is making war*

עָלֵינוּ prep.-1 c.p. sf. *against us*

אוּלַי adv. (II 19) *perhaps*

יַעֲשֶׂה יהוה Qal impf. 3 m.s. (עָשָׂה I 793)-pr.n. (217) *Yahweh will deal*

אוֹתָנוּ dir.obj.-1 c.p. sf. *with us*

כְּכָל־נִפְלְאֹתָיו prep.-n.m.s. cstr. (481)-Ni. ptc. f.p.-3 m.s. sf. (פָּלָא 810) *according to all his wonderful deeds*

וְיַעֲלֶה conj.-Hi. impf. 3 m.s. (עָלָה 748) *and will make withdraw*

מֵעָלֵינוּ prep.-prep.-1 c.p. sf. *from us*

21:3

וַיֹּאמֶר יִרְמְיָהוּ consec.-Qal impf. 3 m.s. (55)-pr.n. (941) *then Jeremiah said*

אֲלֵיהֶם prep.-3 m.p. sf. *to them*

כֹּה תֹאמְרֻן adv. (462)-Qal impf. 2 m.p. (55) *thus you shall say*

אֶל־צִדְקִיָּהוּ prep.-pr.n. (843) *to Zedekiah*

21:4

כֹּה־אָמַר adv. (462)-Qal pf. 3 m.s. (55) *thus says*

יהוה pr.n. (217) *Yahweh*

אֱלֹהֵי יִשְׂרָאֵל n.m.p. cstr. (43)-pr.n. (975) *the God of Israel*

הִנְנִי demons.part.-1 c.s. sf. (243) *behold, I*

מֵסֵב Hi. ptc. (סָבַב 685) *will turn back*

אֶת־כְּלֵי dir.obj.-n.m.p. cstr. (479) *the weapons of*

הַמִּלְחָמָה def.art.-n.f.s. (536) *war*

אֲשֶׁר בְּיֶדְכֶם rel. (81)-prep.-n.f.s.-2 m.p. sf. (388) *which are in your hands*

אֲשֶׁר אַתֶּם rel. (81)-pers.pr. 2 m.p. (61) *and with which you*

נִלְחָמִים Ni. ptc. m.p. (535) *are fighting*

בָּם prep.-3 m.p. sf. *(with them)*

אֶת־מֶלֶךְ בָּבֶל dir.obj.-n.m.s. cstr. (I 572)-pr.n. (93) *against the king of Babylon*

וְאֶת־הַכַּשְׂדִּים conj.-dir.obj.-def.art.-pr.n. (505) *and against the Chaldeans*

הַצָּרִים def.art.-Qal act.ptc. m.p. (צוּר II 848) *who are besieging*

עֲלֵיכֶם prep.-2 m.p. sf. *you*

מִחוּץ לַחוֹמָה prep.-n.m.s. (299)-prep.-def.art.-n.f.s. (327) *outside the walls*

וְאָסַפְתִּי conj.-Qal pf. 1 c.s. (אָסַף 62) *and I will bring together*

אוֹתָם dir.obj.-3 m.p. sf. *them*

אֶל־תּוֹךְ prep.-n.m.s. cstr. (1063) *into the midst of*

הָעִיר הַזֹּאת def.art.-n.f.s. (746)-def.art.-demons.adj. f.s. (260) *this city*

21:5

וְנִלְחַמְתִּי אֲנִי conj.-Ni. pf. 1 c.s. (לָחַם 535)-pers.pr. 1 c.s. (58) *I myself will fight*

אִתְּכֶם prep.-2 m.p. sf. (II 85) *against you*

בְּיָד נְטוּיָה prep.-n.f.s. (388)-Qal pass.ptc. f.s. (639 נָטָה) *with outstretched hand*

וּבִזְרוֹעַ חֲזָקָה conj.-prep.-n.f.s. (283)-adj. f.s. (305) *and strong arm*

וּבְאַף conj.-prep.-n.m.s. (I 60) *in anger*

וּבְחֵמָה conj.-prep.-n.f.s. (404) *and in fury*

וּבְקֶצֶף גָּדוֹל conj.-prep.-n.m.s. (893)-adj. m.s. (152) *and in great wrath*

21:6

וְהִכֵּיתִי conj.-Hi. pf. 1 c.s. (נָכָה 645) *and I will smite*

אֶת־יוֹשְׁבֵי dir.obj.-Qal act.ptc. m.p. cstr. (יָשַׁב 442) *the inhabitants of*

הָעִיר הַזֹּאת def.art.-n.f.s. (746)-def.art.-demons.adj. f.s. (260) *this city*

וְאֶת־הָאָדָם conj.-dir.obj.-def.art.-n.m.s. (9) *both man*

וְאֶת־הַבְּהֵמָה conj.-dir.obj.-n.f.s. (96) *and beast*

בְּדֶבֶר גָּדוֹל prep.-n.m.s. (184)-adj. m.s. (152) *of a great pestilence*

יָמֻתוּ Qal impf. 3 m.p. (מוּת 559) *they shall die*

21:7

וְאַחֲרֵי־כֵן conj.-prep. (29)-adv. (485) *and afterward*

נְאֻם־יהוה n.m.s. cstr. (610)-pr.n. (217) *says Yahweh*

אֶתֵּן Qal impf. 1 c.s. (נָתַן 668) *I will deliver*

אֶת־צִדְקִיָּהוּ dir.obj.-pr.n. (843) *Zedekiah*

מֶלֶךְ־יְהוּדָה n.m.s. cstr. (I 572)-pr.n. (397) *king of Judah*

וְאֶת־עֲבָדָיו conj.-dir.obj.-n.m.p.-3 m.s. sf. (713) *and his servants*

וְאֶת־הָעָם conj.-dir.obj.-def.art.-n.m.s. (I 766) *and the people*

וְאֶת־הַנִּשְׁאָרִים v.supra-def.art.-Ni. ptc. m.p. (983 שָׁאַר) *who survive*

בָּעִיר הַזֹּאת prep.-def.art.-n.f.s. (746)-def.art.-demons.adj. f.s. (260) *in this city*

מִן־הַדֶּבֶר prep.-def.art.-n.m.s. (184) *from the pestilence*

מִן־הַחֶרֶב prep.-def.art.-n.f.s. (352) *sword*

וּמִן־הָרָעָב conj.-prep.-def.art.-n.m.s. (944) *famine*

בְּיַד prep.-n.f.s. cstr. (388) *into the hand of*

נְבוּכַדְרֶאצַּר pr.n. (613) *Nebuchadrezzar*

מֶלֶךְ־בָּבֶל n.m.s. cstr. (I 572)-pr.n. (93) *king of Babylon*

וּבְיַד אֹיְבֵיהֶם conj.-v.supra-Qal act.ptc. m.p.-3 m.p. sf. (אֹיֵב 33) *and into the hand of their enemies*

וּבְיַד מְבַקְשֵׁי v.supra-Pi. ptc. m.p. cstr. (בָּקַשׁ 134) *into the hand of those who seek*

נַפְשָׁם n.f.s.-3 m.p. sf. (659) *their lives*

וְהִכָּם conj.-Hi. pf. 3 m.s.-3 m.p. sf. (נָכָה 645) *he shall smite them*

לְפִי־חֶרֶב prep.-n.m.s. cstr. (804)-n.f.s. (352) *with the edge of the sword*

לֹא־יָחוּס neg.-Qal impf. 3 m.s. (חוּס 299) *he shall not pity*

עֲלֵיהֶם prep.-3 m.p. sf. *them*

וְלֹא יַחְמֹל conj.-neg.-Qal impf. 3 m.s. (חָמַל 328) *or spare them*

וְלֹא יְרַחֵם v.supra-Pi. impf. 3 m.s. (רָחַם 933) *or have compassion*

21:8

וְאֶל־הָעָם הַזֶּה conj.-prep.-def.art.-n.m.s. (I 766)-def.art.-demons.adj. m.s. (260) *and to this people*

תֹּאמַר Qal impf. 2 m.s. (55) *you shall say*

כֹּה אָמַר adv. (462)-Qal pf. 3 m.s. (55) *thus says*

יְהוָה pr.n. (217) *Yahweh*

הִנְנִי demons.part.-1 c.s. sf. (243) *behold, I*

נֹתֵן Qal act.ptc. (נָתַן 678) *set*

לִפְנֵיכֶם prep.-n.m.p.-2 m.p. sf. (815) *before you*

אֶת־דֶּרֶךְ dir.obj.-n.m.s. cstr. (202) *the way of*

הַחַיִּים def.art.-n.m.p. (313) *life*

וְאֶת־דֶּרֶךְ הַמָּוֶת conj.-v.supra-v.supra-def.art.--n.m.s. (560) *and the way of death*

21:9

הַיֹּשֵׁב def.art.-Qal act.ptc. (יָשַׁב 442) *he who stays*

בָּעִיר הַזֹּאת prep.-def.art.-n.f.s. (746)-def.art.-demons.adj. f.s. (260) *in this city*

יָמוּת Qal impf. 3 m.s. (מוּת 559) *shall die*

בַּחֶרֶב prep.-def.art.-n.f.s. (352) *by the sword*

וּבָרָעָב conj.-prep.-def.art.-n.m.s. (944) *by famine*

וּבַדָּבֶר conj.-prep.-def.art.-n.m.s. paus. (184) *and by pestilence*

וְהַיּוֹצֵא conj.-def.art.-Qal act.ptc. (יָצָא 422) *but he who goes out*

וְנָפַל conj.-Qal pf. 3 m.s. (656) *and surrenders*

עַל־הַכַּשְׂדִּים prep.-def.art.-pr.n. (505) *to the Chaldeans*

הַצָּרִים def.art.-Qal act.ptc. m.p. (צוּר II 848) *who are besieging*

עֲלֵיכֶם prep.-2 m.p. sf. *you*

יִחְיֶה Qal impf. 3 m.s. (חָיָה 310) (Kethib, LXX, S rd. יְחַיֶּה) *shall live*

וְהָיְתָה־לּוֹ conj.-Qal pf. 3 f.s. (הָיָה 224)-prep.-3 m.s. sf. *and shall have*

נַפְשׁוֹ n.f.s.-3 m.s. sf. (659) *his life*

לְשָׁלָל prep.-n.m.s. (1021) *as a prize of war*

21:10

כִּי שַׂמְתִּי conj.-Qal pf. 1 c.s. (שׂוּם 962) *for I have set*

פָּנַי n.m.p.-1 c.s. sf. (815) *my face*

בָּעִיר הַזֹּאת prep.-def.art.-n.f.s. (746)-def.art.-demons.adj. f.s. (260) *against this city*

לְרָעָה prep.-n.f.s. (949) *for evil*

וְלֹא לְטוֹבָה conj.-neg.-prep.-n.f.s. (375) *and not for good*

נְאֻם־יְהוָה n.m.s. cstr. (610)-pr.n. (217) *says Yahweh*

בְּיַד־מֶלֶךְ prep.-n.f.s. cstr. (388)-n.m.s. cstr. (I 572) *into the hand of the king of*

בָּבֶל pr.n. (93) *Babylon*

תִּנָּתֵן Ni. impf. 3 f.s. (נָתַן 678) *it shall be given*

וּשְׂרָפָהּ conj.-Qal pf. 3 m.s.-3 f.s. sf. (שָׂרַף 976) *and he shall burn it*

בָּאֵשׁ prep.-def.art.-n.f.s. (77) *with fire*

21:11

וּלְבֵית conj.-prep.-n.m.s. cstr. (108) *and to the house of*

מֶלֶךְ יְהוּדָה n.m.s. cstr. (I 572)-pr.n. (397) *the king of Judah*

שִׁמְעוּ Qal impv. 2 m.p. (1033) *hear*

דְּבַר־יְהוָה n.m.s. cstr. (182)-pr.n. (217) *the word of Yahweh*

21:12

בֵּית דָּוִד n.m.s. cstr. (108)-pr.n. (187) *O house of David*

כֹּה אָמַר יהוה adv. (462)-Qal pf. 3 m.s. (55) -pr.n. (217) *thus says Yahweh*

דִּינוּ Qal impv. 2 m.p. דִּין 192) *execute*

לַבֹּקֶר prep.-def.art.-n.m.s. (133) *in the morning*

מִשְׁפָּט n.m.s. (1048) *justice*

וְהַצִּילוּ conj.-Hi. impv. 2 m.p. (נָצַל 664) *and deliver*

גָּזוּל Qal pass.ptc. (גָּזַל I 159) *him who has been robbed*

מִיַּד עוֹשֵׁק prep.-n.f.s. cstr. (388)-Qal act.ptc. (עָשַׁק 798) *from the hand of the oppressor*

פֶּן־תֵּצֵא conj. (814)-Qal impf. 3 f.s. (יָצָא 422) *lest ... go forth*

כָּאֵשׁ prep.-def.art.-n.f.s. (77) *like fire*

חֲמָתִי n.f.s.-1 c.s. sf. (404) *my wrath*

וּבָעֲרָה conj.-Qal pf. 3 f.s. (בָּעַר 128) *and burn*

וְאֵין מְכַבֶּה conj.-subst.cstr. (II 34)-Pi. ptc. (כָּבָה 459) *with none to quench*

מִפְּנֵי רֹעַ prep.-n.m.p. cstr. (815)-n.m.s. cstr. (947) *because of the evil of*

מַעַלְלֵיהֶם n.m.p.-3 m.p. sf. (760) *your doings*

21:13

הִנְנִי demons.part.-1 c.s. sf. (243) *behold, I*

אֵלַיִךְ prep.-2 f.s. sf. *against you*

יֹשֶׁבֶת Qal act.ptc. f.s. cstr. (יָשַׁב 442) *O inhabitant of*

הָעֵמֶק def.art.-n.m.s. (770) *the valley*

צוּר הַמִּישֹׁר n.m.s. cstr. (849)-def.art.-n.m.s. (449) *O rock of the plain*

נְאֻם־יהוה n.m.s. cstr. (610)-pr.n. (217) *says Yahweh*

הָאֹמְרִים def.art.-Qal act.ptc. m.p. (55) *you who say*

מִי־יֵחַת interr. (566)-Qal impf. 3 m.s. (חָתַת 369; GK 66f) *who shall come down (who will be dismayed at)*

עָלֵינוּ prep.-1 c.p. sf. *against us*

וּמִי יָבוֹא conj.-v.supra-Qal impf. 3 m.s. (בּוֹא 97) *or who shall enter*

בִּמְעוֹנוֹתֵינוּ prep.-n.f.p.-1 c.p. sf. (733) *our habitations*

21:14

וּפָקַדְתִּי conj.-Qal pf. 1 c.s. (פָּקַד 823) *I will punish*

עֲלֵיכֶם prep.-2 m.p. sf. *you*

כִּפְרִי prep.-n.m.s. cstr. (826) *according to the fruit of*

מַעַלְלֵיכֶם n.m.p.-2 m.p. sf. (760) *your doings*

נְאֻם־יהוה n.m.s. cstr. (610)-pr.n. (217) *says Yahweh*

וְהִצַּתִּי conj.-Hi. pf. 1 c.s. (יָצַת 428) *I will kindle*

אֵשׁ n.f.s. (77) *a fire*

בְּיַעְרָהּ prep.-n.m.s.-3 f.s. sf. (420) *in her forest*

וְאָכְלָה conj.-Qal pf. 3 f.s. (אָכַל 37) *and it shall devour*

כָּל־סְבִיבֶיהָ n.m.s. cstr. (481)-subst. m.p.-3 f.s. sf. (686) *all that is round about her*

22:1

כֹּה אָמַר יהוה adv. (462)-Qal pf. 3 m.s. (55) -pr.n. (217) *thus says Yahweh*

רֵד בֵּית־ Qal impv. 2 m.s. (יָרַד 432)-n.m.s. cstr. (108) *go down to the house of*

מֶלֶךְ יְהוּדָה n.m.s. cstr. (I 572)-pr.n. (397) *the king of Judah*

וְדִבַּרְתָּ conj.-Pi. pf. 2 m.s. (דָּבַר 180) *and speak*

שָׁם adv. (1027) *there*

אֶת־הַדָּבָר הַזֶּה dir.obj.-def.art.-n.m.s. (182)-def. art.-demons.adj. m.s. (260) *this word*

22:2

וְאָמַרְתָּ conj.-Qal pf. 2 m.s. (55) *and say*

שְׁמַע Qal impv. 2 m.s. (1033) *hear*

דְּבַר־יהוה n.m.s. cstr. (182)-pr.n. (217) *the word of Yahweh*

מֶלֶךְ יְהוּדָה n.m.s. cstr. (I 572)-pr.n. (397) *O king of Judah*

הַיֹּשֵׁב def.art.-Qal act.ptc. (יָשַׁב 442) *who sit*

עַל־כִּסֵּא דָוִד prep.-n.m.s. cstr. (490)-pr.n. (187) *on the throne of David*

אַתָּה וַעֲבָדֶיךָ pers.pr. 2 m.s. (61)-conj.-n.m.p.-2 m.s. sf. (713) *you and your servants*

וְעַמְּךָ conj.-n.m.s.-2 m.s. sf. (I 766) *and your people*

הַבָּאִים def.art.-Qal act.ptc. m.p. (בּוֹא 97) *who enter*

בַּשְּׁעָרִים הָאֵלֶּה prep.-def.art.-n.m.p. (1044) -def.art.-demons.adj. c.p. (41) *these gates*

22:3

כֹּה אָמַר יהוה adv. (462)-Qal pf. 3 m.s. (55) -pr.n. (217) *thus says Yahweh*

עֲשׂוּ מִשְׁפָּט Qal impv. 2 m.p. (עָשָׂה I 793) -n.m.s. (1048) *do justice*

וּצְדָקָה conj.-n.f.s. (842) *and righteousness*

וְהַצִּילוּ conj.-Hi. impv. 2 m.p. (נָצַל 664) *and deliver*

גָּזוּל Qal pass.ptc. (גָּזַל 159) *him who has been robbed*

מִיַּד עָשׁוֹק prep.-n.f.s. cstr. (388)-n.m.s. (799) *from the hand of the oppressor*

וְגֵר conj.-n.m.s. (158) *and to the alien*

יָתוֹם n.m.s. (450) *the fatherless*

וְאַלְמָנָה conj.-n.f.s. (48) *and the widow*

אַל־תֹּנוּ neg.-Hi. impf. 2 m.p. (יָנָה 413) *do no wrong*

אַל־תַּחְמֹסוּ neg.-Qal impf. 2 m.p. paus. (חָמַס 329) *or violence*

וְדָם נָקִי conj.-n.m.s. (196)-adj. m.s. (667) *nor innocent blood*

אַל־תִּשְׁפְּכוּ neg.-Qal impf. 2 m.p. (שָׁפַך 1049) *shed*

בַּמָּקוֹם הַזֶּה prep.-def.art.-n.m.s. (879)-def.art.-demons.adj. m.s. (260) *in this place*

22:4

כִּי אִם־ conj.-hypoth.part. (49) *for if*

עָשׂוֹ תַעֲשׂוּ Qal inf.abs. (עָשָׂה I 793)-Qal impf. 2 m.p. (I 793) *you will indeed obey*

אֶת־הַדָּבָר הַזֶּה dir.obj.-def.art.-n.m.s. (182)-def.art.-demons.adj. m.s. (260) *this word*

וּבָאוּ conj.-Qal pf. 3 c.p. (בּוֹא 97) *then there shall enter*

בְּשַׁעֲרֵי prep.-n.m.p. cstr. (1044) *the gates of*

הַבַּיִת הַזֶּה def.art.-n.m.s. (108)-def.art.-demons.adj. m.s. (260) *this house*

מְלָכִים n.m.p. (I 572) *kings*

יֹשְׁבִים Qal act.ptc. m.p. (442) *who sit*

לְדָוִד prep.-pr.n. (187) *to David*

עַל־כִּסְאוֹ prep.-n.m.s.-3 m.s. sf. (490) *on the throne*

רֹכְבִים Qal act.ptc. m.p. (938) *riding*

בָּרֶכֶב prep.-def.art.-n.m.s. (939) *in chariots*

וּבַסּוּסִים conj.-prep.-def.art.-n.m.p. (692) *and on horses*

הוּא וַעֲבָדָו pers.pr. 3 m.s. (214)-conj.-n.m.p.-3 m.s. sf. (713) *they and their servants*

וְעַמּוֹ conj.-n.m.s.-3 m.s. sf. (I 766) *and their people*

22:5

וְאִם conj.-hypoth.part. (49) *but if*

לֹא תִשְׁמְעוּ neg.-Qal impf. 2 m.p. (1033) *you will not heed*

אֶת־הַדְּבָרִים הָאֵלֶּה dir.obj.-def.art.-n.m.p. (182)-def.art.-demons.adj. c.p. (41) *these words*

בִּי נִשְׁבַּעְתִּי prep.-1 c.s. sf.-Ni. pf. 1 c.s. (שָׁבַע 989) *I swear by myself*

נְאֻם־יְהוָה n.m.s. cstr. (610)-pr.n. (217) *says Yahweh*

כִּי־לְחָרְבָּה conj.-prep.-n.f.s. (352) *that a desolation*

יִהְיֶה Qal impf. 3 m.s. (הָיָה 224) *shall become*

הַבַּיִת הַזֶּה def.art.-n.m.s. (108)-def.art.-demons.adj. m.s. (260) *this house*

22:6

כִּי־כֹה אָמַר conj.-adv. (462)-Qal pf. 3 m.s. (55) *for thus says*

יְהוָה pr.n. (217) *Yahweh*

עַל־בֵּית prep.-n.m.s. cstr. (108) *concerning the house of*

מֶלֶךְ יְהוּדָה n.m.s. cstr. (I 572)-pr.n. (397) *the king of Judah*

גִּלְעָד אַתָּה לִי pr.n. (166)-pers.pr. 2 m.s. (61)-prep.-1 c.s. sf. *you are as Gilead to me*

רֹאשׁ הַלְּבָנוֹן n.m.s. cstr. (910)-def.art.-pr.n. (526) *as the summit of Lebanon*

אִם־לֹא אֲשִׁיתְךָ hypoth.part. (49)-neg.-Qal impf. 1 c.s.-2 m.s. sf. (שִׁית 1011) *yet surely I will make you*

מִדְבָּר n.m.s. (184) *a desert*

עָרִים n.f.p. (746) *cities*

לֹא נוֹשָׁבָה neg.-Ni. pf. 3 c.p. (יָשַׁב 442) *uninhabited*

22:7

וְקִדַּשְׁתִּי conj.-Pi. pf. 1 c.s. (קָדַשׁ 872) *and I will sanctify*

עָלֶיךָ prep.-2 m.s. sf. *against you*

מַשְׁחִתִים Hi. ptc. m.p. (שָׁחַת 1007) *destroyers*

אִישׁ n.m.s. (35) *each*

וְכֵלָיו conj.-n.m.p.-3 m.s. sf. (479) *with his weapons*

וְכָרְתוּ conj.-Qal pf. 3 c.p. (כָּרַת 503) *and they shall cut down*

מִבְחַר אֲרָזֶיךָ n.m.s. cstr. (I 104)-n.m.p.-2 m.s. sf. (72) *your choicest cedars*

וְהִפִּילוּ conj.-Hi. pf. 3 c.p. (נָפַל 656) *and cast them*

עַל־הָאֵשׁ prep.-def.art.-n.f.s. (77) *into the fire*

22:8

וְעָבְרוּ conj.-Qal pf. 3 c.p. (עָבַר 716) *and shall pass by*

גּוֹיִם רַבִּים n.m.p. (156)-adj. m.p. (I 912) *many nations*

עַל הָעִיר הַזֹּאת prep.-def.art.-n.f.s. (746)-def.art.-demons.adj. f.s. (260) *by this city*

וְאָמְרוּ conj.-Qal pf. 3 c.p. (55) *and will say*

אִישׁ אֶל־רֵעֵהוּ n.m.s. (35)-prep.-n.m.s.-3 m.s. sf. (945) *every man to his neighbor*

עַל־מֶה prep.-interr. (552) *why*

עָשָׂה יהוה Qal pf. 3 m.s. (I 793)-pr.n. (217) *has Yahweh dealt*

כָּכָה adv. (462) *thus*

לָעִיר הַגְּדוֹלָה הַזֹּאת prep.-def.art.-n.f.s. (746) -def.art.-adj. f.s. (152)-def.art.-demons.adj. f.s. (260) *with this great city*

22:9

וְאָמְרוּ conj.-Qal pf. 3 c.p. (55) *and they will answer*

עַל אֲשֶׁר עָזְבוּ prep.-rel. (81)-Qal pf. 3 c.p. (I 736) *because they forsook* עָזַב

אֶת־בְּרִית dir.obj.-n.f.s. cstr. (136) *the covenant of*

יהוה אֱלֹהֵיהֶם pr.n. (217)-n.m.p.-3 m.p. sf. (43) *Yahweh their God*

וַיִּשְׁתַּחֲווּ consec.-Hithpalel impf. 3 m.p. (שָׁחָה 1005) *and worshiped*

לֵאלֹהִים אֲחֵרִים prep.-n.m.p. (43)-adj. m.p. (29) *other gods*

וַיַּעַבְדוּם consec.-Qal impf. 3 m.p.-3 m.p. sf. (עָבַד 712) *and served them*

22:10

אַל־תִּבְכּוּ neg.-Qal impf. 2 m.p. (בָּכָה 113) *weep not*

לְמֵת prep.-Qal act.ptc. (מוּת 559) *for him who is dead*

וְאַל־תָּנֻדוּ לוֹ conj.-neg.-Qal impf. 2 m.p. (נוּד 626)-prep.-3 m.s. sf. *nor bemoan him*

בְּכוּ בָכוֹ Qal impv. 2 m.p. (בָּכָה 113)-Qal inf.abs. (113) *but weep bitterly*

לַהֹלֵךְ prep.-def.art.-Qal act.ptc. (הָלַךְ 229) *for him who goes away*

כִּי לֹא יָשׁוּב עוֹד conj.-neg.-Qal impf. 3 m.s. (שׁוּב 996)-adv. (728) *for he shall return no more*

וְרָאָה conj.-Qal pf. 3 m.s. (906) *to see*

אֶת־אֶרֶץ מוֹלַדְתּוֹ dir.obj.-n.f.s. cstr. (75)-n.f.s.-3 m.s. sf. (409) *his native land*

22:11

כִּי כֹה אָמַר conj.-adv. (462)-Qal pf. 3 m.s. (55) *for thus says*

יהוה pr.n. (217) *Yahweh*

אֶל־שַׁלֻּם prep.-pr.n. (1024) *concerning Shallum*

בֶּן־יֹאשִׁיָּהוּ n.m.s. cstr. (119)-pr.n. (78) *the son of Josiah*

מֶלֶךְ יְהוּדָה n.m.s. cstr. (I 572)-pr.n. (397) *king of Judah*

הַמֹּלֵךְ def.art.-Qal act.ptc. (מָלַךְ 573) *who reigned*

תַּחַת יֹאשִׁיָּהוּ prep. (1065)-v.supra *instead of Josiah*

אָבִיו n.m.s.-3 m.s. sf. (3) *his father*

אֲשֶׁר יָצָא rel. (81)-Qal pf. 3 m.s. (422) *and who went away*

מִן־הַמָּקוֹם הַזֶּה prep.-def.art.-n.m.s. (879) -def.art.-demons.adj. m.s. (260) *from this place*

לֹא־יָשׁוּב neg.-Qal impf. 3 m.s. (שׁוּב 996) *he shall not return*

שָׁם עוֹד adv. (1027)-adv. (728) *there any more*

22:12

כִּי בִמְקוֹם אֲשֶׁר־ conj.-prep.-n.m.s. cstr. (879) -rel. (81) *but in the place where*

הִגְלוּ Hi. pf. 3 c.p. (גָּלָה 162) *they have carried captive*

אֹתוֹ dir.obj.-3 m.s. sf. *him*

שָׁם adv. (1027) *there*

יָמוּת Qal impf. 3 m.s. (מוּת 559) *he shall die*

וְאֶת־הָאָרֶץ הַזֹּאת conj.-dir.obj.- n.f.s. (75)-def. art.-demons.adj. f.s. (260) *and this land*

לֹא־יִרְאֶה עוֹד neg.-Qal impf. 3 m.s. (רָאָה 906)-adv. (728) *he shall never see again*

22:13

הוֹי בֹּנֶה interj. (222)-Qal act.ptc. (124) *woe to him who builds*

בֵּיתוֹ n.m.s.-3 m.s. sf. (108) *his house*

בְּלֹא־צֶדֶק prep.-neg.-n.m.s. (841) *by unrighteousness*

וַעֲלִיּוֹתָיו conj.-n.f.p.-3 m.s. sf. (751) *and his upper rooms*

בְּלֹא מִשְׁפָּט prep.-neg.-n.m.s. (1048) *by injustice*

בְּרֵעֵהוּ prep.-n.m.s.-3 m.s. sf. (945) *on his neighbor*

יַעֲבֹד Qal impf. 3 m.s. (עָבַד 712) *who makes serve him*

חִנָּם adv. (336) *for nothing*

וּפֹעֲלוֹ conj.-n.m.s.-3 m.s. sf. (821) *and his wages*

לֹא יִתֶּן־לוֹ neg.-Qal impf. 3 m.s. (נָתַן 678) -prep.-3 m.s. sf. *does not give him*

22:14

הָאֹמֵר def.art.-Qal act.ptc. (55) *who says*

אֶבְנֶה־לִּי Qal impf. 1 c.s. (בָּנָה 124)-prep.-1 c.s. sf. *I will build myself*

בֵּית מִדּוֹת n.m.s. cstr. (108)-n.f.p. (551) *a great house*

וַעֲלִיּוֹת מְרֻוָּחִים conj.-n.f.p. cstr. (751)-Pu. ptc. m.p. (רוח 926) *with spacious upper rooms*

וְקָרַע conj.-Qal pf. 3 m.s. (902) *and cuts out*

לוֹ prep.-3 m.s. sf. *for it*

חַלּוֹנָי n.m.p.-1 c.s. sf. (319; GK 87g) *windows*

וְסָפוּן conj.-Qal pass.ptc. (סָפַן 706; some rd. סָפֹן as Qal inf.abs.) *paneling*

בָּאָרֶז prep.-def.art.-n.m.s. paus. (72) *with cedar*

וּמָשׁוֹחַ conj.-Qal inf.abs. (מָשַׁח 602) *and painting*

בַּשָּׁשַׁר prep.-def.art.-n.m.s. (1059) *with vermilion*

22:15

הֲתִמְלֹךְ interr.-Qal impf. 2 m.s. (מָלַךְ 573; GK 10g) *are you king*

כִּי אַתָּה conj.-pers.pr. 2 m.s. (61) *because you*

מְתַחֲרֶה Hith. ptc. (חָרָה 354; but GK 55h Tiphel ptc.) *compete (strivest eagerly)*

בָאָרֶז prep.-def.art.-n.m.s. paus. (72) *in cedar*

אָבִיךָ n.m.s.-2 m.s. sf. (3) *your father*

הֲלוֹא אָכַל interr. (GK 142g)-neg.-Qal pf. 3 m.s. (37) *did he not eat?*

וְשָׁתָה conj.-Qal pf. 3 m.s. (1059) *and drink?*

וְעָשָׂה מִשְׁפָּט conj.-Qal pf. 3 m.s. (I 793)-n.m.s. (1048) *and do justice?*

וּצְדָקָה conj.-n.f.s. (842) *and righteousness*

אָז טוֹב לוֹ adv. (23)-Qal pf. 3 m.s. (טוֹב I 373) -prep.-3 m.s. sf. *then it was well with him*

22:16

דָּן Qal pf. 3 m.s. (דִּין 192) *he judged*

דִּין־עָנִי n.m.s. cstr. (192)-adj. m.s. (776) *the cause of the poor*

וְאֶבְיוֹן conj.-adj. m.s. (2) *and needy*

אָז טוֹב adv. (23)-Qal pf. 3 m.s. (I 373) *then it was well*

הֲלוֹא־הִיא interr.-neg.-demons.adj. f.s. (214) *is not this?*

הַדַּעַת אֹתִי def.art.-n.f.s. (395)-dir.obj.-1 c.s. sf. *to know me*

נְאֻם־יְהוָה n.m.s. cstr. (610)-pr.n. (217) *says Yahweh*

22:17

כִּי אֵין עֵינֶיךָ conj.-subst.cstr. (II 34)-n.f. du.-2 m.s. sf. (744) *but you have eyes*

וְלִבְּךָ conj.-n.m.s.-2 m.s. sf. (524) *and heart*

כִּי אִם־עַל־בִּצְעֶךָ conj.-hypoth.part. (49)-prep. -n.m.s.-2 m.s. sf. (130) *only for your dishonest gain*

וְעַל דַּם הַנָּקִי conj.-prep.-n.m.s. cstr. (196)-def. art.-adj. m.s. (667) *for innocent blood*

לִשְׁפּוֹךְ prep.-Qal inf.cstr. (שָׁפַךְ 1049) *shedding*

וְעַל־הָעֹשֶׁק conj.-prep.-def.art.-n.m.s. (799) *and for oppression*

וְעַל־הַמְּרוּצָה conj.-prep.-def.art.-n.f.s. (II 954) *and violence*

לַעֲשׂוֹת prep.-Qal inf.cstr. (עָשָׂה I 793) *practicing*

22:18

לָכֵן כֹּה־אָמַר prep.-adv. (485)-adv. (462)-Qal pf. 3 m.s. (55) *therefore thus says*

יְהוָה pr.n. (217) *Yahweh*

אֶל־יְהוֹיָקִים prep.-pr.n. (220) *concerning Jehoiakim*

בֶּן־יֹאשִׁיָּהוּ n.m.s. cstr. (119)-pr.n. (78) *the son of Josiah*

מֶלֶךְ יְהוּדָה n.m.s. cstr. (I 572)-pr.n. (397) *king of Judah*

לֹא־יִסְפְּדוּ לוֹ neg.-Qal impf. 3 m.p. (סָפַד 704) -prep.-3 m.s. sf. *they shall not lament for him*

הוֹי אָחִי interj. (222)-n.m.s.-1 c.s. sf. (26) *Ah my brother*

וְהוֹי אָחוֹת conj.-v.supra-n.f.s. (27) *or ah sister*

לֹא־יִסְפְּדוּ לוֹ v.supra-v.supra *they shall not lament for him*

הוֹי אָדוֹן v.supra-n.m.s. (10) *Ah lord*

וְהוֹי הֹדֹה conj.-v.supra-n.m.s.-3 m.s. sf. (I 217) *or ah his majesty*

22:19

קְבוּרַת חֲמוֹר n.f.s. cstr. (869)-n.m.s. (331) *with the burial of an ass*

יִקָּבֵר Ni. impf. 3 m.s. (קָבַר 868) *he shall be buried*

סָחוֹב Qal inf.abs. (סָחַב 694; GK 113k) *dragged*

וְהַשְׁלֵךְ conj.-Hi. inf.abs. (שָׁלַךְ 1020) *and cast forth*

מֵהָלְאָה prep.-adv. (229) *beyond*

לְשַׁעֲרֵי prep.-n.m.p. cstr. (1044) *the gates of*

יְרוּשָׁלָ͏ִם pr.n. paus. (436) *Jerusalem*

22:20

עֲלִי הַלְּבָנוֹן Qal impv. 2 f.s. (עָלָה 748)-def. art.-pr.n. (526) *go up to Lebanon*

וּצְעָקִי conj.-Qal impv. 2 f.s. (צָעַק 858; GK 10h, 46d) *and cry out*

וּבַבָּשָׁן conj.-prep.-def.art.-pr.n. (143) *and in Bashan*

תְּנִי קוֹלֵךְ Qal impv. 2 f.s. (נָתַן 678)-n.m.s.-2 f.s. sf. (876) *lift up your voice*

וְצַעֲקִי מֵעֲבָרִים conj.-Qal impv. 2 f.s. (858)-prep.-pr.n. (720) *and cry from Abarim*

כִּי נִשְׁבְּרוּ conj.-Ni. pf. 3 c.p. (שָׁבַר 990) *for are destroyed*

כָּל־מְאַהֲבָיִךְ n.m.s. cstr. (481)-Pi. ptc. m.p.-2 f.s. sf. (אָהֵב 12) *all your lovers*

22:21

דִּבַּרְתִּי אֵלַיִךְ Pi. pf. 1 c.s. (182)-prep.-2 f.s. sf. *I spoke to you*

בְּשַׁלְוֺתַיִךְ prep.-n.f.p.-2 f.s. sf. (1017) *in your prosperity*

אָמַרְתְּ Qal pf. 2 f.s. (55) *but you said*

לֹא אֶשְׁמָע neg.-Qal impf. 1 c.s. (1033) *I will not listen*

זֶה דַרְכֵּךְ demons.adj. m.s. (260)-n.m.s.-2 f.s. sf. (202) *this has been your way*

מִנְּעוּרַיִךְ prep.-n.m.p.-2 f.s. sf. (655) *from your youth*

כִּי לֹא־שָׁמַעַתְּ conj.-neg.-Qal pf. 2 f.s. (1033) *that you have not obeyed*

בְּקוֹלִי prep.-n.m.s.-1 c.s. sf. (876) *my voice*

22:22

כָּל־רֹעַיִךְ n.m.s. cstr. (481)-Qal act.ptc. m.p.-2 f.s. sf. (רָעָה I 944) *all your shepherds*

תִּרְעֶה־רוּחַ Qal impf. 3 f.s. (רָעָה I 944)-n.f.s. (924) *the wind shall shepherd*

וּמְאַהֲבַיִךְ conj.-Pi. ptc. m.p.-2 f.s. sf. (אָהֵב 12) *your lovers*

בַּשְּׁבִי prep.-def.art.-n.m.s. (985) *into captivity*

יֵלֵכוּ Qal impf. 3 m.p. paus. (הָלַךְ 229) *shall go*

כִּי אָז conj.-adv. (23) *then*

תֵּבֹשִׁי Qal impf. 2 f.s. (בּוֹשׁ 101) *you will be ashamed*

וְנִכְלַמְתְּ conj.-Ni. pf. 2 f.s. (כָּלַם 483) *and confounded*

מִכֹּל רָעָתֵךְ prep.-n.m.s. cstr. (481)-n.f.s.-2 f.s. sf. (949) *because of all your wickedness*

22:23

יֹשַׁבְתִּי בַּלְּבָנוֹן Qal act.ptc. f.s. cstr. (יָשַׁב 442; GK 80d, 90 l, 90n)-prep.-def.art.-pr.n. (526) *O inhabitant of Lebanon*

מְקֻנַּנְתְּ Pu. ptc. f.s. cstr. (קֵן 890; GK 80d, 90 l) *nested*

בָּאֲרָזִים prep.-def.art.-n.m.p. (72) *among the cedars*

מַה־נֵּחַנְתְּ interr. (552)-Ni. pf. 2 f.s. (חָנַן 335; GK 23fN) *how you will groan*

בְּבֹא־לָךְ prep.-Qal inf.cstr. (בּוֹא 97)-prep.-2 f.s. sf. *when come upon you*

חֲבָלִים n.m.p. (286) *pangs*

חִיל n.m.s. (297) *pain*

כַּיֹּלֵדָה prep.-def.art.-Qal act.ptc. f.s. (יָלַד 408) *as of a woman in travail*

22:24

חַי־אָנִי adj. (311)-pers.pr. 1 c.s. (58) *as I live*

נְאֻם־יהוה n.m.s. cstr. (610)-pr.n. (217) *says Yahweh*

כִּי אִם־יִהְיֶה conj.-hypoth.part. (49)-Qal impf. 3 m.s. (הָיָה 224) *though were*

כָּנְיָהוּ pr.n. (220) *Coniah*

בֶּן־יְהוֹיָקִים n.m.s. cstr. (119)-pr.n. (220) *the son of Jehoiakim*

מֶלֶךְ יְהוּדָה n.m.s. cstr. (I 572)-pr.n. (397) *king of Judah*

חוֹתָם n.m.s. (I 368) *the signet ring*

עַל־יַד יְמִינִי prep.-n.f.s. cstr. (388)-n.f.s.-1 c.s. sf. (411) *on my right hand*

כִּי מִשָּׁם conj.-prep.-adv. (1027) *yet from there*

אֶתְּקֶנְךָ Qal impf. 1 c.s.-2 m.s. sf. (נָתַק 683; GK 58i) *I would tear you off*

22:25

וּנְתַתִּיךְ conj.-Qal pf. 1 c.s.-2 m.s. sf. (נָתַן 678) *and I would give you*

בְּיַד prep.-n.f.s. cstr. (388) *into the hand of*

מְבַקְשֵׁי Pi. ptc. m.p. cstr. (בָּקַשׁ 134) *those who seek*

נַפְשֶׁךָ n.f.s.-2 m.s. sf. (659) *your life*

וּבְיַד conj.-v.supra *and into the hand of*

אֲשֶׁר־אַתָּה יָגוֹר rel. (81)-pers.pr. 2 m.s. (61)-adj. vb. (388) *those of whom you are afraid*

מִפְּנֵיהֶם prep.-n.m.p.-3 m.p. sf. (815) *of them*

וּבְיַד נְבוּכַדְרֶאצַּר v.supra-pr.n. (613) *even into the hand of Nebuchadrezzar*

מֶלֶךְ־בָּבֶל n.m.s. cstr. (I 572)-pr.n. (93) *king of Babylon*

וּבְיַד הַכַּשְׂדִּים v.supra-def.art.-pr.n. (505) *and into the hand of the Chaldeans*

22:26

וְהֵטַלְתִּי conj.-Hi. pf. 1 c.s. (טוּל 376; GK 72k) *I will hurl*

אֹתְךָ dir.obj.-2 m.s. sf. *you*

וְאֶת־אִמֶּךָ conj.-dir.obj.-n.f.s.-2 m.s. sf. (51) *and your mother*

אֲשֶׁר יְלָדַתְךָ rel. (81)-Qal pf. 2 f.s.-2 m.s. sf. (יָלַד 408) *who bore you*

עַל הָאָרֶץ אַחֶרֶת prep.-def.art.-n.f.s. (75)-adj. f.s. (I 29) *into another country*

297

אֲשֶׁר לֹא־יְלַדְתֶּם שָׁם rel. (81)-neg.-Pu. pf. 2
m.p. (408)-adv. (1027) *where you were not
born*

וְשָׁם תָּמוּתוּ conj.-v.supra-Qal impf. 2 m.p. (מות
559) *and there you shall die*

22:27

וְעַל־הָאָרֶץ conj.-prep.-def.art.-n.f.s. (75) *but to
the land*

אֲשֶׁר־הֵם מְנַשְּׂאִים rel. (81)-pers.pr. 3 m.p.
(241)-Pi. ptc. m.p. (נשא 669) *to which they
will lift*

אֶת־נַפְשָׁם dir.obj.-n.f.s.-3 m.p. sf. (659) *their
desires*

לָשׁוּב prep.-Qal inf.cstr. (996) *to return*

שָׁם adv. (1027) *there*

שָׁמָּה adv.-dir.he (1027) *and there*

לֹא יָשׁוּבוּ neg.-Qal impf. 3 m.p. (996) *they shall
not return*

22:28

הַעֶצֶב interr.-n.m.s. (II 781) *a pot*

נִבְזֶה Ni. ptc. (בזה 102) *despised*

נָפוּץ Qal pass.ptc. (נפץ I 658) *broken*

הָאִישׁ הַזֶּה def.art.-n.m.s. (35)-def.art.-demons.
adj. m.s. (260) *this man*

כָּנְיָהוּ pr.n. (220) *Coniah*

אִם־כְּלִי conj. (49)-n.m.s. (479) *a vessel*

אֵין חֵפֶץ בּוֹ subst.cstr. (II 34)-n.m.s. (343)-prep.
-3 m.s. sf. *no one cares for*

מַדּוּעַ הוּטָלוּ interr.adv. (396)-Ho. pf. 3 c.p. (טול
376; GK 10g) *why are hurled*

הוּא וְזַרְעוֹ pers.pr. 3 m.s. (214)-conj.-n.m.s.-3 m.s.
sf. (282) *he and his children*

וְהֻשְׁלְכוּ conj.-Ho. pf. 3 c.p. (שלך 1020) *and cast*

עַל־הָאָרֶץ prep.-def.art.-n.f.s. (75) *into a land*

אֲשֶׁר לֹא־יָדָעוּ rel. (81)-neg.-Qal pf. 3 c.p. paus.
(ידע 393) *which they do not know*

22:29

אֶרֶץ אֶרֶץ אָרֶץ n.f.s. (75)-v.supra-v.supra paus.
(75; GK 133 l) *O land, land, land*

שִׁמְעִי Qal impv. 2 f.s. (שמע 1033) *hear*

דְּבַר־יְהוָה n.m.s. cstr. (182)-pr.n. (217) *the word
of Yahweh*

22:30

כֹּה אָמַר יְהוָה adv. (462)-Qal pf. 3 m.s. (55)
-pr.n. (217) *thus says Yahweh*

כִּתְבוּ Qal impv. 2 m.p. (כתב 507) *write down*

אֶת־הָאִישׁ הַזֶּה dir.obj.-def.art.-n.m.s. (35)-def.
art.-demons.adj. m.s. (260) *this man*

עֲרִירִי adj. (792) *as childless*

גֶּבֶר n.m.s. (149) *a man*

לֹא־יִצְלַח neg.-Qal impf. 3 m.s. (צלח II 852)
who shall not succeed

בְּיָמָיו prep.-n.m.p.-3 m.s. sf. (398) *in his days*

כִּי לֹא יִצְלַח conj.-neg.-v.supra *for not shall
succeed*

מִזַּרְעוֹ prep.-n.m.s.-3 m.s. sf. (282) *from his
offspring*

אִישׁ יֹשֵׁב n.m.s. (35)-Qal act.ptc. (ישב 442) *in
(a man) sitting*

עַל־כִּסֵּא דָוִד prep.-n.m.s. cstr. (490)-pr.n. (187)
on the throne of David

וּמֹשֵׁל conj.-Qal act.ptc. (משל 605) *and ruling*

עוֹד adv. (728) *again*

בִּיהוּדָה prep.-pr.n. (397) *in Judah*

23:1

הוֹי interj. (222) *woe to*

רֹעִים Qal act.ptc. m.p. (I 944) *the shepherds*

מְאַבְּדִים Pi. ptc. m.p. (1) *who destroy*

וּמְפִצִים conj.-Hi. ptc. m.p. (I 806) *and scatter*

אֶת־צֹאן dir.obj.-n.f.s. cstr. (838) *the sheep of*

מַרְעִיתִי n.f.s.-1 c.s. sf. (945) *my pasture*

נְאֻם־יְהוָה n.m.s. cstr. (610)-pr.n. (217) *says
Yahweh*

23:2

לָכֵן prep.-adv. (485) *therefore*

כֹּה־אָמַר adv. (462)-Qal pf. 3 m.s. (55) *thus says*

יְהוָה pr.n. (217) *Yahweh*

אֱלֹהֵי n.m.p. cstr. (43) *the God of*

יִשְׂרָאֵל pr.n. (975) *Israel*

עַל־הָרֹעִים prep.-def.art.-Qal act.ptc. m.p. (I 944)
concerning the shepherds

הָרֹעִים def.art.-Qal act.ptc. m.p. (I 944) *who care
for*

אֶת־עַמִּי dir.obj.-n.m.s.-1 c.s. sf. (I 766) *my
people*

אַתֶּם pers.pr. 2 m.p. (61) *you*

הֲפִצֹתֶם Hi. pf. 2 m.p. (I 806) *have scattered*

אֶת־צֹאנִי dir.obj.-n.f.s.-1 c.s. sf. (838) *my flock*

וַתַּדִּחוּם consec.-Hi. impf. 2 m.p.-3 m.p. sf. (623)
and have driven them away

וְלֹא פְקַדְתֶּם conj.-neg.-Qal pf. 2 m.p. (823) *and
you have not attended to*

אֹתָם dir.obj.-3 m.p. sf. *them*

הִנְנִי interj.-1 c.s. sf. (243) *behold, I*

פֹּקֵד Qal act.ptc. (823) *will attend*

עֲלֵיכֶם prep.-2 m.p. sf. *to you*

אֶת־רֹעַ dir.obj.-n.m.s. cstr. (947) *for evil (of)*

מַעַלְלֵיכֶם n.m.p.-2 m.p. sf. (760) *your doings*

נְאֻם־יְהוָה cf. 23:1 *says Yahweh*

23:3

וַאֲנִי conj.-pers.pr. 1 c.s. (58) *then I*

אֲקַבֵּץ Pi. impf. 1 c.s. (867) *will gather*

אֶת־שְׁאֵרִית dir.obj.-n.f.s. cstr. (984) *the remnant of*

צֹאנִי n.f.s.-1 c.s. sf. (838) *my flock*

מִכֹּל prep.-n.m.s. cstr. (481) *out of all (of)*

הָאֲרָצוֹת def.art.-n.f.p. (75) *the countries*

אֲשֶׁר־הִדַּחְתִּי rel. (81)-Hi. pf. 1 c.s. (623) *where I have driven*

אֹתָם שָׁם dir.obj.-3 m.p. sf.-adv. (1027) *them (there)*

וַהֲשִׁבֹתִי conj.-Hi. pf. 1 c.s. (996) *and I will bring back*

אֶתְהֶן dir.obj.-3 f.p. sf. *them*

עַל־נְוֵהֶן prep.-n.m.s.-3 f.p. sf. (627) *to their fold*

וּפָרוּ conj.-Qal pf. 3 c.p. (826) *and they shall be fruitful*

וְרָבוּ conj.-Qal pf. 3 c.p. (I 915) *and multiply*

23:4

וַהֲקִמֹתִי conj.-Hi. pf. 1 c.s. (877) *(and) I will set*

עֲלֵיהֶם prep.-3 m.p. sf. *over them*

רֹעִים Qal act.ptc. m.p. (I 944) *shepherds*

וְרָעוּם conj.-Qal pf. 3 c.p.-3 m.p. sf. (I 944) *who will care for them*

וְלֹא־יִירְאוּ conj.-neg.-Qal impf. 3 m.p. (431) *and they shall fear no*

עוֹד adv. (728) *more*

וְלֹא־יֵחַתּוּ conj.-neg.-Qal impf. 3 m.p. (369) *nor be dismayed*

וְלֹא יִפָּקֵדוּ conj.-neg.-Ni. impf. 3 m.p. (823) *neither shall any be missing*

נְאֻם־יְהוָה cf.23:1, 2 *says Yahweh*

23:5

הִנֵּה interj. (243) *behold*

יָמִים בָּאִים n.m.p. (398)-Qal act.ptc. m.p. (97) *the days are coming*

נְאֻם־יְהוָה n.m.s. cstr. (610)-pr.n. (217) *says Yahweh*

וַהֲקִמֹתִי conj.-Hi. pf. 1 c.s. (877) *when I will raise up*

לְדָוִד prep.-pr.n. (187) *for David*

צֶמַח n.m.s. (855) *a Branch (sprout)*

צַדִּיק adj. m.s. (843) *righteous*

וּמָלַךְ conj.-Qal pf. 3 m.s. (573) *and he shall reign*

מֶלֶךְ n.m.s. (572) *as king*

וְהִשְׂכִּיל conj.-Hi. pf. 3 m.s. (968) *and deal wisely*

וְעָשָׂה conj.-Qal pf. 3 m.s. (I 793) *and shall execute*

מִשְׁפָּט n.m.s. (1048) *justice*

וּצְדָקָה conj.-n.f.s. (842) *and righteousness*

בָּאָרֶץ prep.-def.art.-n.f.s. (75) *in the land*

23:6

בְּיָמָיו prep.-n.m.p.-3 m.s. sf. (398) *in his days*

תִּוָּשַׁע Ni. impf. 3 f.s. (446) *will be saved*

יְהוּדָה pr.n. (397) *Judah*

וְיִשְׂרָאֵל conj.-pr.n. (975) *and Israel*

יִשְׁכֹּן Qal impf. 3 m.s. (1014) *will dwell*

לָבֶטַח prep.-n.m.s. (105) *securely*

וְזֶה־שְּׁמוֹ conj.-demons.adj. m.s. (2360)-n.m.s.-3 m.s. sf. (1027; GK 20d) *and this is the name ... he*

אֲשֶׁר־יִקְרְאוֹ rel. (81)-Qal impf. 3 m.s.-3 m.s. sf. (894; GK 60c, 74e) *by which ... will be called*

יְהוָה pr.n. (217) *Yahweh*

צִדְקֵנוּ n.m.s.-1 c.p. sf. (841) *our righteousness*

23:7

לָכֵן prep.-adv. (485) *therefore*

הִנֵּה־ interj. (243) *behold*

יָמִים בָּאִים v.supra (23:5) *the days are coming*

נְאֻם־יְהוָה cf. 23:5 *says Yahweh*

וְלֹא־יֹאמְרוּ conj.-neg.-Qal impf. 3 m.p. (55) *when men shall (not) say*

עוֹד adv. (728) *longer*

חַי־יְהוָה adj. m.s. (I 311)-pr.n. (217) *as Yahweh lives*

אֲשֶׁר הֶעֱלָה rel. (81)-Hi. pf. 3 m.s. (748) *who brought up*

אֶת־בְּנֵי dir.obj.-n.m.p. cstr. (119) *the people (sons) of*

יִשְׂרָאֵל pr.n. (975) *Israel*

מֵאֶרֶץ prep.-n.f.s. cstr. (75) *out of the land of*

מִצְרָיִם pr.n. paus. (595) *Egypt*

23:8

כִּי אִם־ conj.-hypoth.part. (471, 49) *but*

חַי־יְהוָה cf.23:7 *as Yahweh lives*

אֲשֶׁר הֶעֱלָה cf.23:7 *who brought up*

וַאֲשֶׁר conj.-rel. (81) *and (who)*

הֵבִיא Hi. pf. 3 m.s. (בּוֹא 97) *led*

אֶת־זֶרַע dir.obj.-n.m.s. cstr. (282) *the descendants of*

בֵּית יִשְׂרָאֵל n.m.s. cstr. (108)-pr.n. (975) *of the house of Israel*

מֵאֶרֶץ prep.-n.f.s. (75) *out of the ... country*

צָפוֹנָה n.f.s.-dir.he (I 860) *north(ward)*

וּמִכֹּל conj.-prep.-n.m.s. cstr. (481) *and out of all (of)*

הָאֲרָצוֹת def.art.-n.f.p. (75) *the countries*

אֲשֶׁר rel. (81) *where*

הִדַּחְתִּים Hi. pf. 1 c.s.-3 m.p. sf. (623) *he (I) had driven them*

שָׁם adv. (1027) *there*

וְיָשְׁבוּ conj.-Qal pf. 3 c.p. (442) *then they shall dwell*

עַל־אַדְמָתָם prep.-n.f.s.-3 m.p. sf. (9) *in their own land*

23:9

לַנְּבִאִים prep.-def.art.-n.m.p. (611) *concerning the prophets*

נִשְׁבַּר Ni. pf. 3 m.s. (990) *is broken*

לִבִּי n.m.s.-1 c.s. sf. (523) *my heart*

בְּקִרְבִּי prep.-n.m.s.-1 c.s. sf. (899) *within me*

רָחֲפוּ Qal pf. 3 c.p. (I 934) *shake (grow soft)*

כָּל־עַצְמוֹתַי n.m.s. cstr. (481)-n.f.p.-1 c.s. sf. (782) *all my bones*

הָיִיתִי Qal pf. 1 c.s. (224) *I am*

כְּאִישׁ prep.-n.m.s. (35) *as a ... man*

שִׁכּוֹר adj. m.s. (1016) *drunken*

וּכְגֶבֶר conj.-prep.-n.m.s. (149; GK 126p) *like a man*

עֲבָרוֹ Qal inf.cstr.-3 m.s. sf. (716) *overcome by*

יָיִן n.m.s. (406) *wine*

מִפְּנֵי prep.-n.m.p. cstr. (815) *because of*

יהוה pr.n. (217) *Yahweh*

וּמִפְּנֵי conj.-v.supra *and because of*

דִּבְרֵי n.m.p. cstr. (182) *words (of)*

קָדְשׁוֹ n.m.s.-3 m.s. sf. (871) *his holy*

23:10

כִּי conj. *for*

מְנָאֲפִים Pi. ptc. m.p. (610) *adulterers*

מָלְאָה Qal pf. 3 f.s. (569) *is full of*

הָאָרֶץ def.art.-n.f.s. (75) *the land*

כִּי־מִפְּנֵי conj.-prep.-n.m.p. cstr. (815) *(for) because of*

אָלָה n.f.s. (46) *the curse*

אָבְלָה Qal pf. 3 f.s. (5) *mourns*

הָאָרֶץ v.supra *the land*

יָבְשׁוּ Qal pf. 3 c.p. (386) *are dried up*

נְאוֹת n.f.p. cstr. (II 627) *the pastures of*

מִדְבָּר n.m.s. (184) *the wilderness*

וַתְּהִי consec.-Qal impf. 3 f.s. (224) *(and) is*

מְרוּצָתָם n.f.s.-3 m.p. sf. (I 930) *their course*

רָעָה n.f.s. (948) *evil*

וּגְבוּרָתָם conj.-n.f.s.-3 m.p. sf. (150) *and their might*

לֹא־כֵן neg.-adj. (467) *is not right*

23:11

כִּי־גַם conj.-adv. (168) *(for) both*

נָבִיא n.m.s. (611) *prophet*

גַם־כֹּהֵן adv. (168)-n.m.s. (463) *and priest*

חָנֵפוּ Qal pf. 3 c.p. paus. (337) *are ungodly*

גַם־בְּבֵיתִי adv. (168)-prep.-n.m.s.-1 c.s. sf. (108) *even in my house*

מָצָאתִי Qal pf. 1 c.s. (592) *I have found*

רָעָתָם n.f.s.-3 m.p. sf. (948) *their wickedness*

נְאֻם־יהוה n.m.s. cstr. (610)-pr.n. (217) *says Yahweh*

23:12

לָכֵן prep.-adv. (485) *therefore*

יִהְיֶה Qal impf. 3 m.s. (הָיָה 224) *shall be*

דַרְכָּם n.m.s.-3 m.p. sf. (202) *their way*

לָהֶם prep.-3 m.p. sf. *to them*

כַּחֲלַקְלַקּוֹת prep.-n.f.p. (325) *like slippery paths*

בָּאֲפֵלָה prep.-def.art.-n.f.s. (66) *in the darkness*

יִדַּחוּ Ni. impf. 3 m.p. (דָּחָה 190) *they shall be driven*

וְנָפְלוּ conj.-Qal pf. 3 c.p. (נָפַל 656) *and fall*

בָהּ prep.-3 f.s. sf. *into which*

כִּי־אָבִיא conj.-Hi. impf. 1 c.s. (בּוֹא 97) *for I will bring*

עֲלֵיהֶם prep.-3 m.p. sf. *upon them*

רָעָה n.f.s. (949) *evil*

שְׁנַת n.f.s. cstr. (1040) *in the year of*

פְּקֻדָּתָם n.f.s.-3 m.p. sf. (824) *their punishment*

נְאֻם־יהוה n.m.s. cstr. (610)-pr.n. (217) *says Yahweh*

23:13

וּבִנְבִיאֵי conj.-prep.-n.m.p. cstr. (611) *and in the prophets of*

שֹׁמְרוֹן pr.n. (1037) *Samaria*

רָאִיתִי Qal pf. 1 c.s. (רָאָה 906) *I saw*

תִפְלָה n.f.s. (1074) *an unsavory thing*

הִנַּבְּאוּ Hith. pf. 3 c.p. (נָבָא 612) *they prophesied*

בַבַּעַל prep.-def.art.-n.m.s. (127) *by Baal*

וַיַּתְעוּ consec.-Hi. impf. 3 m.p. (תָּעָה 1073) *and led astray*

אֶת־עַמִּי dir.obj.-n.m.s.-1 c.s. sf. (I 766) *my people*

אֶת־יִשְׂרָאֵל dir.obj.-pr.n. (975) *Israel*

23:14

וּבִנְבִאֵי conj.-prep.-n.m.p. cstr. (611) *but in the prophets of*

יְרוּשָׁלַםִ pr.n. (436) *Jerusalem*

רָאִיתִי Qal pf. 1 c.s. (רָאָה 906) *I have seen*

שַׁעֲרוּרָה n.f.s. (1045) *a horrible thing*

נָאוֹף Qal inf.abs. (נָאַף 610) *they commit adultery*

וְהָלֹךְ conj.-Qal inf.abs. (הָלַךְ 229) *and walk*

בַּשֶּׁקֶר prep.-def.art.-n.m.s. (1055) *in lies*

וְחִזְּקוּ conj.-Pi. pf. 3 c.p. (חָזַק 304; GK 113hN) *and they strengthen*

יְדֵי מְרֵעִים n.f.p. cstr. (388)-Hi. ptc. m.p. (רָעַע 949) *the hands of evildoers*

לְבִלְתִּי־שָׁבוּ prep.-neg. (116)-Qal pf. 3 c.p. (שׁוּב 996; GK 152x) *so that ... turns*

אִישׁ n.m.s. (35) *no one*

מֵרָעָתוֹ prep.-n.f.s.-3 m.s. sf. (949) *from his wickedness*

הָיוּ־לִי Qal pf. 3 c.p. (הָיָה 224)-prep.-1 c.s. sf. *they have become to me*

כֻלָּם n.m.s.-3 m.p. sf. (481) *all of them*

כִּסְדֹם prep.-pr.n. (690) *like Sodom*

וְיֹשְׁבֶיהָ conj.-Qal act.ptc. m.p.-3 f.s. sf. 442) *and its inhabitants*

כַּעֲמֹרָה prep.-pr.n. (771) *like Gomorrah*

23:15

לָכֵן כֹּה־ prep.-adv. (485)-adv. (462) *therefore thus*

אָמַר יהוה Qal pf. 3 m.s. (55)-pr.n. (217) *says Yahweh*

צְבָאוֹת pr.n. (838) *of hosts*

עַל־הַנְּבִאִים prep.-def.art.-n.m.p. (611) *concerning the prophets*

הִנְנִי demons.part.-1 c.s. sf. (243) *behold, I*

מַאֲכִיל Hi. ptc. (אָכַל 37) *will feed*

אוֹתָם dir.obj.-3 m.p. sf. *them*

לַעֲנָה n.f.s. (542) *with wormwood*

וְהִשְׁקִתִים conj.-Hi. pf. 1 c.s.-3 m.p. sf. (שָׁקָה 1052) *and give them to drink*

מֵי־רֹאשׁ n.m.p. cstr. (565)-n.m.s. (II 912) *poisoned water*

כִּי מֵאֵת נְבִיאֵי conj.-prep.-prep. (II 85)-n.m.p. cstr. (611) *for from the prophets of*

יְרוּשָׁלַםִ pr.n. (436) *Jerusalem*

יָצְאָה Qal pf. 3 f.s. (יָצָא 422) *has gone forth*

חֲנֻפָּה n.f.s. (338) *ungodliness*

לְכָל־הָאָרֶץ prep.-n.m.s. cstr. (481)-def.art.-n.f.s. (75) *into all the land*

23:16

כֹּה־אָמַר adv. (462)-Qal pf. 3 m.s. (55) *thus says*

יהוה צְבָאוֹת pr.n. (217)-pr.n. (838) *Yahweh of hosts*

אַל־תִּשְׁמְעוּ neg.-Qal impf. 2 m.p. (שָׁמַע 1033) *do not listen*

עַל־דִּבְרֵי prep.-n.m.p. cstr. (182) *to the words of*

הַנְּבִאִים def.art.-n.m.p. (611) *the prophets*

הַנִּבְּאִים def.art.-Ni. ptc. m.p. (נָבָא 612) *who prophesy*

לָכֶם prep.-2 m.p. sf. *to you*

מַהְבִּלִים Hi. ptc. m.p. (הָבַל 211) *fill with vain hopes*

הֵמָּה pers.pr. 3 m.p. (241) *they*

אֶתְכֶם dir.obj.-2 m.p. sf. *you*

חֲזוֹן לִבָּם n.m.s. cstr. (302)-n.m.s.-3 m.p. sf. (524) *visions of their own minds*

יְדַבֵּרוּ Pi. impf. 2 m.p. (דָּבַר 180) *they speak*

לֹא מִפִּי neg.-prep.-n.m.s. cstr. (804) *not from the mouth of*

יהוה pr.n. (217) *Yahweh*

23:17

אֹמְרִים אָמוֹר Qal act.ptc. m.p. (55)-Qal inf.abs. (55) *they say continually*

לִמְנַאֲצַי prep.-Pi. ptc. m.p.-1 c.s. sf. (נָאַץ 610; LXX rd. לִמְנַאֲצֵי as m.p. cstr.) *to those who despise me*

דִּבֶּר Pi. pf. 3 m.s. (דָּבַר 180; LXX rd. דְּבַר) *has spoken*

יהוה pr.n. (217) *Yahweh*

שָׁלוֹם יִהְיֶה n.m.s. (1022)-Qal impf. 3 m.s. (224) *it shall be well*

לָכֶם prep.-2 m.p. sf. *with you*

וְכֹל הֹלֵךְ conj.-n.m.s. cstr. (481)-Qal act.ptc. (הָלַךְ 229) *and to everyone who follows*

בִּשְׁרִרוּת לִבּוֹ prep.-n.f.s. cstr. (1057)-n.m.s.-3 m.s. sf. (524) *stubbornly his own heart*

אָמְרוּ Qal pf. 3 c.p. (55) *they say*

לֹא־תָבוֹא neg.-Qal impf. 3 f.s. (בּוֹא 97) *shall not come*

עֲלֵיכֶם prep.-2 m.p. sf. *upon you*

רָעָה n.f.s. (949) *evil*

23:18

כִּי מִי עָמַד conj.-interr. (566)-Qal pf. 3 m.s. (763) *for who has stood*

בְּסוֹד יהוה prep.-n.m.s. cstr. (691)-pr.n. (217) *in the council of Yahweh*

וְיֵרֶא conj.-Qal impf. 3 m.s. apoc. (רָאָה 906) *to perceive*

וְיִשְׁמַע conj.-Qal impf. 3 m.s. (שָׁמַע 1033) *and to hear*

אֶת־דְּבָרוֹ dir.obj.-n.m.s.-3 m.s. sf. (182) *his word*

מִי־הִקְשִׁיב (904) interr. (566)-Hi. pf. 3 m.s. (קשׁב *or who has given heed to*

דְּבָרִי n.m.s.-3 m.s. sf. (182) *his word*

וַיִּשְׁמָע consec.-Qal impf. 3 m.s. (1033) *and listened*

23:19

הִנֵּה demons.part. (243) *behold*

סַעֲרַת יהוה n.f.s. cstr. (704)-pr.n. (217) *the storm of Yahweh*

חֵמָה יָצְאָה n.f.s. (404)-Qal pf. 3 f.s. (422) *wrath has gone forth*

וְסַעַר מִתְחוֹלֵל conj.-n.m.s. (704)-Hithpolel ptc. (I 296) (חול) *a whirling tempest*

עַל רֹאשׁ prep.-n.m.s. cstr. (910) *upon the head of*

רְשָׁעִים adj. m.p. (957) *the wicked*

יָחוּל Qal impf. 3 m.s. (חול I 296) *it will burst*

23:20

לֹא יָשׁוּב neg.-Qal impf. 3 m.s. (שׁוב 1996) *will not turn back*

אַף־יהוה n.m.s. cstr. (I 60)-pr.n. (217) *the anger of Yahweh*

עַד־עֲשׂתוֹ prep. (III 723)-Qal inf.cstr.-3 m.s. sf. (I 793) (עשׂה) *until he has executed*

וְעַד־הֲקִימוֹ conj.-prep. (III 723)-Hi. inf.cstr.-3 m.s. sf. (קום 877) *and accomplished*

מְזִמּוֹת לִבּוֹ n.f.p. cstr. (273)-n.m.s.-3 m.s. sf. (524) *the intents of his mind*

בְּאַחֲרִית הַיָּמִים prep.-n.f.s. cstr. (31)-def.art.-n.m.p. (398) *in the latter days*

תִּתְבּוֹנְנוּ בָהּ בִּינָה Hithpolel impf. 2 m.p. (בין 106)-prep.-3 f.s. sf.-n.f.s. (108) *you will understand it clearly*

23:21

לֹא־שָׁלַחְתִּי neg.-Qal pf. 1 c.s. (1018) *I did not send*

אֶת־הַנְּבִאִים dir.obj.-def.art.-n.m.p. (611) *the prophets*

וְהֵם רָצוּ conj.-pers.pr. 3 m.p. (241)-Qal pf. 3 c.p. (רוץ 930) *yet they ran*

לֹא־דִבַּרְתִּי neg.-Pi. pf. 1 c.s. (180) *I did not speak*

אֲלֵיהֶם prep.-3 m.p. sf. *to them*

וְהֵם נִבָּאוּ conj.-v.supra-Ni. pf. 3 c.p. paus. (נבא 612) *yet they prophesied*

23:22

וְאִם־עָמְדוּ conj.-hypoth.part. (49)-Qal pf. 3 c.p. (763) *but if they had stood*

בְּסוֹדִי prep.-n.m.s.-1 c.s. sf. (691) *in my council*

וְיַשְׁמִעוּ conj.-Hi. impf. 3 m.p. (1033) *then (?) they would have proclaimed*

דְּבָרַי n.m.p.-1 c.s. sf. (182) *my words*

אֶת־עַמִּי dir.obj.-n.m.s.-1 c.s. sf. (I 766) *to my people*

וִישִׁבוּם conj.-Hi. impf. 3 m.p.-3 m.p. sf. (שׁוב 996) *and they would have turned them*

מִדַּרְכָּם prep.-n.m.s.-3 m.p. sf. (202) *from their ... way*

הָרָע def.art.-adj. m.s. (I 948) *evil*

וּמֵרֹעַ conj.-prep.-n.m.s. cstr. (947) *and from the evil of*

מַעַלְלֵיהֶם n.m.p.-3 m.p. sf. (760) *their doings*

23:23

הַאֱלֹהֵי מִקָּרֹב interr.-n.m.p. cstr. (43)-prep.-adj. m.s. (898) *a God at hand?*

אָנִי pers.pr. 1 c.s. (58) *am I*

נְאֻם־יהוה n.m.s. cstr. (610)-pr.n. (217) *says Yahweh*

וְלֹא אֱלֹהֵי מֵרָחֹק conj.-neg.-v.supra-prep.-adj. (935) *and not a God afar off*

23:24

אִם־יִסָּתֵר hypoth.part. (49)-Ni. impf. 3 m.s. (711) *can ... hide himself?*

אִישׁ n.m.s. (35) *a man*

בַּמִּסְתָּרִים prep.-def.art.-n.m.p. (712) *in secret places*

וַאֲנִי לֹא־אֶרְאֶנּוּ conj.-pers.pr. 1 c.s. (58)-Qal impf. 1 c.s.-3 m.s. sf. (ראה 906) *so that I cannot see him*

נְאֻם־יהוה n.m.s. cstr. (610)-pr.n. (217) *says Yahweh*

הֲלוֹא אֶת־הַשָּׁמַיִם interr.-neg.-dir.obj.-def.art.-n.m.p. (1029) *not the heavens?*

וְאֶת־הָאָרֶץ conj.-dir.obj.-def.art.-n.f.s. (75) *and the earth?*

אֲנִי מָלֵא pers.pr. 1 c.s. (58)-Qal act.ptc. (מלא 569) *do I fill*

נְאֻם־יהוה v.supra-v.supra *says Yahweh*

23:25

שָׁמַעְתִּי Qal pf. 1 c.s. (1033) *I have heard*

אֵת אֲשֶׁר־אָמְרוּ dir.obj.-rel. (81)-Qal pf. 3 c.p. (55) *what have said*

הַנְּבִאִים def.art.-n.m.p. (611) *the prophets*

הַנִּבְּאִים def.art.-Ni. ptc. m.p. (נבא 612) *who prophesy*

בִּשְׁמִי prep.-n.m.s.-1 c.s. sf. (1027) *in my name*

שֶׁקֶר n.m.s. (1055) *lies*

302

לֵאמֹר prep.-Qal inf.cstr. (55) *saying*

חָלַמְתִּי חָלָמְתִּי Qal pf. 1 c.s. (חָלַם 321)-Qal pf. 1 c.s. paus. (321) *I have dreamed I have dreamed*

23:26

עַד־מָתַי prep. (III 723)-interr. (607) *how long*

הֲיֵשׁ interr.-subst. (441) *shall there be*

בְּלֵב הַנְּבִאִים prep.-n.m.s. cstr. (524)-def.art.-n.m.p. (611) *in the heart of the prophets*

נְבִאֵי הַשָּׁקֶר Ni. ptc. m.p. cstr. (612)-def.art.-n.m.s. paus. (1055) *who prophesy lies*

וּנְבִאֵי conj.-n.m.p. cstr. (611) (some rd. וְנָבְאֵי as Ni. ptc. m.p. cstr.) *and prophets of*

תַּרְמִת n.f.s. cstr. (941) *the deceit of*

לִבָּם n.m.s.-3 m.p. sf. (524) *their heart*

23:27

הַחֹשְׁבִים def.art.-Qal act.ptc. m.s. (חָשַׁב 362) *who think*

לְהַשְׁכִּיחַ prep.-Hi. inf.cstr. (שָׁכַח 1013) *to make forget*

אֶת־עַמִּי dir.obj.-n.m.s.-1 c.s. sf. (I 766) *my people*

שְׁמִי n.m.s.-1 c.s. sf. (1027) *my name*

בַּחֲלוֹמֹתָם prep.-n.m.p.-3 m.p. sf. (321) *by their dreams*

אֲשֶׁר יְסַפְּרוּ rel. (81)-Pi. impf. 3 m.s. (סָפַר 707) *which they tell*

אִישׁ לְרֵעֵהוּ n.m.s. (35)-prep.-n.m.s.-3 m.s. sf. (945) *one another*

כַּאֲשֶׁר שָׁכְחוּ prep.-rel.-Qal pf. 3 c.p. (שָׁכַח 1013) *even as ... forgot*

אֲבוֹתָם n.m.p.-3 m.p. sf. (3) *their fathers*

אֶת־שְׁמִי dir.obj.-n.m.s.-1 c.s. sf. (1027) *my name*

בַּבָּעַל prep.-def.art.-n.m.s. paus. (127) *for Baal*

23:28

הַנָּבִיא def.art.-n.m.s. (611) *the prophet*

אֲשֶׁר־אִתּוֹ חֲלוֹם rel. (81)-prep.-3 m.s. sf. (II 85)-n.m.s. (321) *who has a dream*

יְסַפֵּר Pi. impf. 3 m.s. (סָפַר 707) *let ... tell*

חֲלוֹם n.m.s. (321) *the dream*

וַאֲשֶׁר דְּבָרִי אִתּוֹ conj.-rel.-n.m.s.-1 c.s. sf. (182)-prep.-3 m.s. sf. (II 85) *who has my word*

יְדַבֵּר Pi. impf. 3 m.s. (דָּבַר 180) *let him speak*

דְּבָרִי v.supra *my word*

אֱמֶת n.f.s. (54) *faithfully*

מַה־לַתֶּבֶן interr. (552)-prep.-def.art.-n.m.s. (1061) *what to the straw*

אֶת־הַבָּר prep. (II 85)-def.art.-n.m.s. (III 141) *with wheat*

נְאֻם־יְהוָה n.m.s. cstr. (610)-pr.n. (217) *says Yahweh*

23:29

הֲלוֹא כֹה דְבָרִי interr.-neg.-adv. (462)-n.m.s.-1 c.s. sf. (182) *is not my word?*

כָּאֵשׁ prep.-def.art.-n.f.s. (77) *like fire*

נְאֻם־יְהוָה n.m.s. cstr. (610)-pr.n. (217) *says Yahweh*

וּכְפַטִּישׁ conj.-prep.-n.m.s. (809) *and like a hammer*

יְפֹצֵץ Po'el impf. 3 m.s. (פָצַץ 822) *which breaks into pieces*

סָלַע n.m.s. paus. (700) *the rock*

23:30

לָכֵן הִנְנִי prep.-adv. (485)-demons.part.-1 c.s. sf. (243) *therefore, behold I*

עַל־הַנְּבִאִים prep.-def.art.-n.m.p. (611) *against the prophets*

נְאֻם־יְהוָה n.m.s. cstr. (610)-pr.n. (217) *says Yahweh*

מְגַנְּבֵי Pi. ptc. m.p. cstr. (גָּנַב 170) *who steal*

דְּבָרַי n.m.p.-1 c.s. sf. (182) *my words*

אִישׁ מֵאֵת רֵעֵהוּ n.m.s. (35)-prep.-prep.-(II 85)-n.m.s.-3 m.s. sf. (945) *from one another*

23:31

הִנְנִי demons.part.-1 c.s. sf. (243) *behold, I*

עַל־הַנְּבִיאִם prep.-def.art.-n.m.p. (611) *against the prophets*

נְאֻם־יְהוָה n.m.s. cstr. (610)-pr.n. (217) *says Yahweh*

הַלֹּקְחִים def.art.-Qal act.ptc. m.p. (לָקַח 542) *who use*

לְשׁוֹנָם n.f.s.-3 m.p. sf. (546) *their tongues*

וַיִּנְאֲמוּ נְאֻם consec.-Qal impf. 3 m.p. (נָאַם 610)-n.m.s. (610) *and say*

23:32

הִנְנִי demons.part.-1 c.s. sf. (243) *behold, I*

עַל־נִבְּאֵי prep.-Ni. ptc. m.p. cstr. (נָבָא 612) *against those who prophesy*

חֲלֹמוֹת שֶׁקֶר n.m.p. cstr. (321)-n.m.s. (1055) *lying dreams*

נְאֻם־יְהוָה n.m.s. cstr. (610)-pr.n. (217) *says Yahweh*

וַיְסַפְּרוּם consec.-Pi. impf. 3 m.p.-3 m.p. sf. (סָפַר 707) *and who tell them*

וַיַּתְעוּ consec.-Hi. impf. 3 m.p. (תָּעָה 1073) *and lead astray*

אֶת־עַמִּי dir.obj.-n.m.s.-1 c.s. sf. (I 766) *my people*

בְּשִׁקְרֵיהֶם prep.-n.m.p.-3 m.p. sf. (1055) *by their lies*

וּבְפַחֲזוּתָם conj.-prep.-n.f.s.-3 m.p. sf. (808) *and their recklessness*

וְאָנֹכִי conj.-pers.pr. 1 c.s. (59) *when I*

לֹא־שְׁלַחְתִּים neg.-Qal pf. 1 c.s.-3 m.p. sf. (שָׁלַח 1018) *I did not send them*

וְלֹא צִוִּיתִים conj.-neg.-Pi. pf. 1 c.s.-3 m.p. sf. (צָוָה 845) *or charge them*

וְהוֹעֵיל לֹא־יוֹעִילוּ conj.-Hi. inf.abs. (יָעַל I 418)-neg. -Hi. impf. 3 m.p. (יָעַל I 418) *so they do not profit*

לָעָם־הַזֶּה prep.-def.art.-n.m.s. (I 766)-def.art.-demons.adj. m.s. (260) *this people*

נְאֻם־יְהוָה n.m.s. cstr. (610)-pr.n. (217) *says Yahweh*

23:33

וְכִי־יִשְׁאָלְךָ conj.-conj.-Qal impf. 3 m.s.-2 m.s. sf. (שָׁאַל 981) *and when ... asks*

הָעָם הַזֶּה def.art.-n.m.s. (I 766)-def.art.-demons. adj. m.s. (260) *this people*

אוֹ־הַנָּבִיא conj. (14)-def.art.-n.m.s. (611) *or a prophet*

אוֹ־כֹהֵן conj. (14)-n.m.s. (463) *or a priest*

לֵאמֹר prep.-Qal inf.cstr. (55) *(saying)*

מַה־מַשָּׂא interr. (552)-n.m.s. cstr. (I 672) *what is the burden of*

יְהוָה pr.n. (217) *Yahweh*

וְאָמַרְתָּ conj.-Qal pf. 2 m.s. (55) *you shall say*

אֲלֵיהֶם prep.-3 m.p. sf. *to them*

אֶת־מַה־מַשָּׂא dir.obj.-interr. (552)-n.m.s. (I 672) (LXX-אַתֶּם הַמַּשָּׂא GK 117mN *you are the burden*)

וְנָטַשְׁתִּי conj.-Qal pf. 1 c.s. (נָטַשׁ 643) *and I will cast off*

אֶתְכֶם dir.obj.-2 m.p. sf. *you*

נְאֻם־יְהוָה n.m.s. cstr. (610)-pr.n. (217) *says Yahweh*

23:34

וְהַנָּבִיא conj.-def.art.-n.m.s. (611) *and as for the prophet*

וְהַכֹּהֵן conj.-def.art.-n.m.s. (463) *and priest*

וְהָעָם conj.-def.art.-n.m.s. (I 766) *and people*

אֲשֶׁר יֹאמַר rel. (81)-Qal impf. 3 m.s. (55) *who says*

מַשָּׂא יְהוָה n.m.s. cstr. (I 672)-pr.n. (217) *the burden of Yahweh*

וּפָקַדְתִּי conj.-Qal pf. 1 c.s. (פָּקַד 823) *and I will punish*

עַל־הָאִישׁ הַהוּא prep.-def.art.-n.m.s. (35)-def.art.-demons.adj. m.s. (214) *that man*

וְעַל־בֵּיתוֹ conj.-prep.-n.m.s.-3 m.s. sf. (108) *and his household*

23:35

כֹּה תֹאמְרוּ adv. (462)-Qal impf. 2 m.p. (55) *thus shall you say*

אִישׁ עַל־רֵעֵהוּ n.m.s. (35)-prep.-n.m.s.-3 m.s. sf. (945) *every one to his neighbor*

וְאִישׁ אֶל־אָחִיו conj.-n.m.s. (35)-prep.-n.m.s.-3 m.s. sf. (26) *and every one to his brother*

מֶה־עָנָה interr. (552)-Qal pf. 3 m.s. (I 722) *what has answered*

יְהוָה pr.n. (217) *Yahweh*

וּמַה־דִּבֶּר conj.-interr. (552)-Pi. pf. 3 m.s. (180) *or what has spoken*

יְהוָה pr.n. (217) *Yahweh*

23:36

וּמַשָּׂא יְהוָה conj.-n.m.s. cstr. (I 672)-pr.n. (217) *but the burden of Yahweh*

לֹא תִזְכְּרוּ־עוֹד neg.-Qal impf. 2 m.p. (זָכַר 269)-adv. (728) *you shall mention no more*

כִּי הַמַּשָּׂא conj.-def.art.-n.m.s. (I 672) *for the burden*

יִהְיֶה Qal impf. 3 m.s. (224) *is*

לְאִישׁ דְּבָרוֹ prep.-n.m.s. (35)-n.m.s.-3 m.s. sf. (182) *everyman's own word*

וַהֲפַכְתֶּם conj.-Qal pf. 2 m.p. (הָפַךְ 245) *and you pervert*

אֶת־דִּבְרֵי אֱלֹהִים dir.obj.-n.m.p. cstr. (182)-n.m.p. (43) *the words of ... God*

חַיִּים adj. m.p. (I 311) *living*

יְהוָה צְבָאוֹת pr.n. (217)-pr.n. (838) *Yahweh of hosts*

אֱלֹהֵינוּ n.m.p.-1 c.p. sf. (43) *our God*

23:37

כֹּה תֹאמַר adv. (462)-Qal impf. 2 m.s. (55) *thus you shall say*

אֶל־הַנָּבִיא prep.-def.art.-n.m.s. (611) *to the prophet*

מֶה־עָנָךְ interr. (552)-Qal pf. 3 m.s.-2 f.s. sf. (I 772 עָנָה; GK 58g, 75 ll) *what has ... answered you?*

יְהוָה pr.n. (217) *Yahweh*

וּמַה־דִּבֶּר conj.-interr. (552)-Pi. pf. 3 m.s. (180) *or what has spoken*

יְהוָה v.supra *Yahweh*

23:38

וְאִם־מַשָּׂא conj.-hypoth.part. (49)-n.m.s. cstr. (I 672) *but if the burden of*

יהוה pr.n. (217) *Yahweh*

תֹּאמְרוּ Qal impf. 2 m.p. (55) *you say*

לָכֵן כֹּה prep.-adv. (485)-adv. (462) *therefore thus*

אָמַר יהוה Qal pf. 3 m.s. (55)-pr.n. (217) *says Yahweh*

יַעַן אֲמָרְכֶם conj. (774)-Qal inf.cstr.-2 m.p. sf. (55) *because you have said*

אֶת־הַדָּבָר הַזֶּה dir.obj.-def.art.-n.m.s. (182) -def.art.-demons.adj. m.s. (260) *this word*

מַשָּׂא יהוה v.supra-v.supra *the burden of Yahweh*

וָאֶשְׁלַח consec.-Qal impf. 1 c.s. שׁלח 1018) *when I sent*

אֲלֵיכֶם prep.-2 m.p. sf. *to you*

לֵאמֹר prep.-Qal inf.cstr. (55) *saying*

לֹא תֹאמְרוּ neg.-Qal impf. 2 m.p. (55) *you shall not say*

מַשָּׂא יהוה v.supra-v.supra *the burden of Yahweh*

23:39

לָכֵן הִנְנִי prep.-adv. (485)-demons.part.-1 c.s. sf. (243) *therefore, behold I*

וְנָשִׁיתִי conj.-Qal pf. 1 c.s. נשׁה) II 674) *I will forget* (LXX and others rd. as וְנָשָׂאתִי from נָשָׂא 669)

אֶתְכֶם dir.obj.-2 m.p. sf. *you*

נָשֹׁא Qal inf.abs. נשׁה) II 674; GK 23 l) (many rd. נָשֹׂא as from נָשָׂא 669) *finally*

וְנָטַשְׁתִּי conj.-Qal pf. 1 c.s. נטשׁ) 643) *and cast away*

אֶתְכֶם v.supra *you*

וְאֶת־הָעִיר conj.-dir.obj.-def.art.-n.f.s. (746) *and the city*

אֲשֶׁר נָתַתִּי rel. (81)-Qal pf. 1 c.s. נתן) 678) *which I gave*

לָכֶם prep.-2 m.p. sf. *to you*

וְלַאֲבוֹתֵיכֶם conj.-prep.-n.m.p.-2 m.p. sf. (3) *and your fathers*

מֵעַל פָּנָי prep.-prep.-n.m.p.-1 c.s. sf. (815) *from my presence*

23:40

וְנָתַתִּי conj.-Qal pf. 1 c.s. נתן) 678) *and I will bring*

עֲלֵיכֶם prep.-2 m.p. sf. *upon you*

חֶרְפַּת עוֹלָם n.f.s. cstr. (357)-n.m.s. (761) *everlasting reproach*

וּכְלִמּוּת עוֹלָם conj.-n.f.s. cstr. (484)-v.supra *and perpetual shame*

אֲשֶׁר לֹא תִשָּׁכֵחַ rel. (81)-neg.-Ni. impf. 3 f.s. שׁכח) 1013) *which shall not be forgotten*

24:1

הִרְאַנִי יהוה Hi. pf. 3 m.s.-1 c.s. sf. ראה) 906)-pr.n. (217) *Yahweh showed me this vision*

וְהִנֵּה conj.-demons.part. (243) *and behold*

שְׁנֵי n.m. du. cstr. (1040) *two*

דּוּדָאֵי n.m.p. cstr. דּוּד) 188) *baskets of*

תְּאֵנִים n.f.p. (1061) *figs*

מוּעָדִים Ho. ptc. m.p. יעד) 416) *placed*

לִפְנֵי הֵיכַל prep.-n.m.p. cstr. (815)-n.m.s. cstr. (228) *before the temple of*

יהוה pr.n. (217) *Yahweh*

אַחֲרֵי הַגְלוֹת prep.cstr. (29)-Hi. inf.cstr. גלה) 162) *after ... had taken into exile*

נְבוּכַדְרֶאצַּר pr.n. (613) *Nebuchadrezzar*

מֶלֶךְ־בָּבֶל n.m.s. cstr. (I 572)-pr.n. (93) *king of Babylon*

אֶת־יְכָנְיָהוּ dir.obj.-pr.n. (220) *Jeconiah*

בֶּן־יְהוֹיָקִים n.m.s. cstr. (119)-pr.n. (22) *son of Jehoiakim*

מֶלֶךְ־יְהוּדָה v.supra-pr.n. (397) *king of Judah*

וְאֶת־שָׂרֵי conj.-dir.obj.-n.m.p. cstr. (978) *and with the princes of*

יְהוּדָה v.supra *Judah*

וְאֶת־הֶחָרָשׁ conj.-dir.obj.-def.art.-n.m.s. (360) *and the craftsmen*

וְאֶת־הַמַּסְגֵּר v.supra-def.art.-n.m.s. (689) *and the smiths*

מִירוּשָׁלַם prep.-pr.n. (436) *from Jerusalem*

וַיְבִאֵם consec.-Hi. impf. 3 m.s.-3 m.p. sf. בּוֹא) 97) *and had brought them*

בָּבֶל pr.n. (93) *to Babylon*

24:2

הַדּוּד אֶחָד def.art.-n.m.s. (188)-num. (25) *one basket*

תְּאֵנִים טֹבוֹת מְאֹד n.f.p. (1061)-adj. f.p. (II 373)-adv. (547) *very good figs*

כִּתְאֵנֵי prep.-n.f.p. cstr. (1061) *like the ... figs*

הַבַּכֻּרוֹת def.art.-n.f.p. (114) *first-ripe*

וְהַדּוּד אֶחָד conj.-v.supra-v.supra *but the other basket*

תְּאֵנִים רָעוֹת מְאֹד v.supra-adj. f.p. (948)-v.supra *very bad figs*

אֲשֶׁר לֹא־תֵאָכַלְנָה rel. (81)-neg.-Ni. impf. 3 f.p. אכל) 37) *that they could not be eaten*

מֵרֹעַ prep.-n.m.s. (947) *so bad*

24:3

וַיֹּאמֶר יהוה consec.-Qal impf. 3 m.s. (55)-pr.n. (217) *and Yahweh said*

אֵלַי prep.-1 c.s. sf. *to me*

מָה־אַתָּה interr. (552)-pers.pr. 2 m.s. (61) *what do you*

רֹאֶה Qal act.ptc. (רָאָה 906) *see*

יִרְמְיָהוּ pr.n. (941) *Jeremiah*

וָאֹמַר consec.-Qal impf. 1 c.s. (אמר 55) *and I said*

תְּאֵנִים n.f.p. (1061) *figs*

הַתְּאֵנִים הַטֹּבוֹת def.art.-v.supra-def.art.-adj. f.p. (II 373) *the good figs*

טֹבוֹת מְאֹד adj. f.p. (II 373)-adv. (547) *very good*

וְהָרָעוֹת conj.-def.art.-adj. f.p. (948) *and the bad (figs)*

רָעוֹת מְאֹד adj. f.p. (948)-adv. (547) *very bad*

אֲשֶׁר לֹא־תֵאָכַלְנָה rel. (81)-neg.-Ni. impf. 3 f.p. (אכל 37) *that they cannot be eaten*

מֵרֹעַ prep.-n.m.s. (947) *so bad*

24:4

וַיְהִי consec.-Qal impf. 3 m.s. (הָיָה 224) *then came*

דְּבַר־יהוה n.m.s. cstr. (182)-pr.n. (217) *the word of Yahweh*

אֵלַי prep.-1 c.s. sf. *to me*

לֵאמֹר prep.-Qal inf.cstr. (55) *(saying)*

24:5

כֹּה־אָמַר יהוה adv. (462)-Qal pf. 3 m.s. (55)-pr.n. (217) *thus says Yahweh*

אֱלֹהֵי יִשְׂרָאֵל n.m.p. cstr. (43)-pr.n. (975) *the God of Israel*

כַּתְּאֵנִים הַטֹּבוֹת הָאֵלֶּה prep.-def.art.-n.f.p. (1061)-def.art.-adj. f.p. (II 373)-def.art.-demons.adj. c.p. (41) *like these good figs*

כֵּן־אַכִּיר adv. (485)-Hi. impf. 1 c.s. (נכר I 647) *so I will regard*

אֶת־גָּלוּת dir.obj.-n.f.s. cstr. (163) *the exiles from*

יְהוּדָה pr.n. (397) *Judah*

אֲשֶׁר שִׁלַּחְתִּי rel. (81)-Pi. pf. 1 c.s. (1018) *whom I have sent away*

מִן־הַמָּקוֹם הַזֶּה prep.-def..art.-n.m.s. (879)-def.art.-demons.adj. m.s. (260) *from this place*

אֶרֶץ כַּשְׂדִּים n.f.s. cstr. (75)-pr.n. (505) *to the land of the Chaldeans*

לְטוֹבָה prep.-adj. f.s. (II 373) *as good*

24:6

וְשַׂמְתִּי conj.-Qal pf. 1 c.s. (שׂום 962) *I will set*

עֵינִי n.f.s.-1 c.s. sf. (744) *my eyes*

עֲלֵיהֶם prep.-3 m.p. sf. *upon them*

לְטוֹבָה prep.-adj. f.s. (II 373) *for good*

וַהֲשִׁבֹתִים conj.-Hi. pf. 1 c.s.-3 m.p. sf. (שׁוב 996) *and I will bring them back*

עַל־הָאָרֶץ הַזֹּאת prep.-def.art.-n.f.s. (75)-def.art.-demons.adj. f.s. (260) *to this land*

וּבְנִיתִים conj.-Qal pf. 1 c.s.-3 m.p. sf. (בנה 124) *and I will build them up*

וְלֹא אֶהֱרֹם conj.-neg.-Qal impf. 1 c.s. (הרם 248) *and not tear them down*

וּנְטַעְתִּים conj.-Qal pf. 1 c.s.-3 m.p. sf. (נטע 642) *I will plant them*

וְלֹא אֶתּוֹשׁ conj.-neg.-Qal impf. 1 c.s. (נתשׁ 684) *and not uproot them*

24:7

וְנָתַתִּי conj.-Qal pf. 1 c.s. (נתן 678) *and I will give*

לָהֶם prep.-3 m.p. sf. *them*

לֵב n.m.s. (524) *a heart*

לָדַעַת prep.-Qal inf.cstr. (ידע 393; GK 115c) *to know*

אֹתִי dir.obj.-1 c.s. sf. *(me)*

כִּי אֲנִי יהוה conj.-pers.pr. 1 c.s. (58)-pr.n. (217) *that I am Yahweh*

וְהָיוּ־לִי conj.-Qal pf. 3 c.p. (הָיָה 224)-prep.-1 c.s. sf. *and they shall be my*

לְעָם prep.-n.m.s. (I 766) *people*

וְאָנֹכִי conj.-pers.pr. 1 c.s. (59) *and I*

אֶהְיֶה Qal impf. 1 c.s. (הָיָה 224) *shall be ('ehyeh)*

לָהֶם prep.-3 m.p. sf. *their*

לֵאלֹהִים prep.-n.m.p. (43) *God*

כִּי־יָשֻׁבוּ conj.-Qal impf. 3 m.p. (שׁוב 996) *for they shall return*

אֵלַי prep.-1 c.s. sf. *to me*

בְּכָל־לִבָּם prep.-n.m.s. cstr. (481)-n.m.s.-3 m.p. sf. (524) *with their whole heart*

24:8

וְכַתְּאֵנִים הָרָעוֹת conj.-prep.-def.art.-n.f.p. (1061)-def.art.-adj. f.p. (948) *like the bad figs*

אֲשֶׁר לֹא־תֵאָכַלְנָה rel. (81)-neg.-Ni. impf. 3 f.p. (אכל 37) *that they cannot be eaten*

מֵרֹעַ prep.-n.m.s. (947) *so bad*

כִּי־כֹה conj.-adv. (462) *but thus*

אָמַר יהוה Qal pf. 3 m.s. (55)-pr.n. (217) *says Yahweh*

כֵּן אֶתֵּן adv. (485)-Qal impf. 1 c.s. (נתן 678) *so will I treat*

אֶת־צִדְקִיָּהוּ dir.obj.-pr.n. (843) *Zedekiah*

306

מֶלֶךְ־יְהוּדָה n.m.s. cstr. (I 572)-pr.n. (397) *the king of Judah*

וְאֶת־שָׂרָיו conj.-dir.obj.-n.m.p.-3 m.s. sf. (978) *and his princes*

וְאֵת שְׁאֵרִית conj.-dir.obj.-n.f.s. cstr. (984) *and the remnant of*

יְרוּשָׁלַם pr.n. (436) *Jerusalem*

הַנִּשְׁאָרִים def.art.-Ni. ptc. m.p. (שָׁאַר 983) *who remain*

בָּאָרֶץ הַזֹּאת prep.-def.art.-n.f.s. (75)-def.art.-demons.adj. f.s. (260) *in this land*

וְהַיֹּשְׁבִים conj.-def.art.-Qal act.ptc. m.p. (יָשַׁב 442) *and those who dwell*

בְּאֶרֶץ prep.-n.f.s. cstr. (75) *in the land of*

מִצְרָיִם pr.n. paus. (595) *Egypt*

24:9

וּנְתַתִּים conj.-Qal pf. 1 c.s.-3 m.p. sf. (נָתַן 678) *and I will make them*

לְזַוְעָה prep.-n.f.s. (266) *a horror*

לְרָעָה prep.-n.f.s. (949) *for evil*

לְכֹל מַמְלְכוֹת prep.-n.m.s. cstr. (481)-n.f.p. cstr. (575) *to all the kingdoms of*

הָאָרֶץ def.art.-n.f.s. (75) *the earth*

לְחֶרְפָּה prep.-n.f.s. (357) *to be a reproach*

וּלְמָשָׁל conj.-prep.-n.m.s. (605) *a byword*

לִשְׁנִינָה prep.-n.f.s. (1042) *a taunt*

וְלִקְלָלָה conj.-prep.-n.f.s. (887) *and a curse*

בְּכָל־הַמְּקֹמוֹת prep.-n.m.s. cstr. (481)-def.art.-n.m.p. (879) *in all the places*

אֲשֶׁר־אַדִּיחֵם שָׁם rel. (81)-Hi. impf. 1 c.s.-3 m.p. sf. (נָדַח 623)-adv. (1027) *where I shall drive them*

24:10

וְשִׁלַּחְתִּי conj.-Pi. pf. 1 c.s. (שָׁלַח 1018) *and I will send*

בָּם prep.-3 m.p. sf. *upon them*

אֶת־הַחֶרֶב dir.obj.-def.art.-n.f.s. (352) *sword*

אֶת־הָרָעָב dir.obj.-def.art.-n.m.s. (944) *famine*

וְאֶת־הַדָּבֶר conj.-dir.obj.-n.m.s. (184) *and pestilence*

עַד־תֻּמָּם prep. (III 723)-Qal inf.cstr.-3 m.p. sf. (1070 תָּמַם) *until they shall be utterly destroyed*

מֵעַל הָאֲדָמָה prep.-prep.-def.art.-n.f.s. (9) *from the land*

אֲשֶׁר־נָתַתִּי rel. (81)-Qal pf. 1 c.s. (נָתַן 678) *which I gave*

לָהֶם prep.-3 m.p. sf. *to them*

וְלַאֲבוֹתֵיהֶם conj.-prep.-n.m.p.-3 m.p. sf. (3) *and their fathers*

25:1

הַדָּבָר def.art.-n.m.s. (182) *the word*

אֲשֶׁר־הָיָה rel. (81)-Qal pf. 3 m.s. (224) *that came*

עַל־יִרְמְיָהוּ prep.-pr.n. (941) *to Jeremiah*

עַל־כָּל־עַם prep.-n.m.s. cstr. (481)-n.m.s. cstr. (I 766) *concerning all the people of*

יְהוּדָה pr.n. (397) *Judah*

בַּשָּׁנָה הָרְבִעִית prep.-def.art.-n.f.s. (1040)-def.art.-adj. f.s. (917) *in the fourth year*

לִיהוֹיָקִים prep.-pr.n. (220) *of Jehoiakim*

בֶּן־יֹאשִׁיָּהוּ n.m.s. cstr. (119)-pr.n. (78) *the son of Josiah*

מֶלֶךְ יְהוּדָה n.m.s. cstr. (I 572)-v.supra *king of Judah*

הִיא הַשָּׁנָה demons.adj. f.s. (214)-def.art.-n.f.s. (1040) *that was the ... year*

הָרִאשֹׁנִית def.art.-adj. f.s. (912) *first*

לִנְבוּכַדְרֶאצַּר prep.-pr.n. (613) *of Nebuchadrezzar*

מֶלֶךְ בָּבֶל v.supra-pr.n. (93) *king of Babylon*

25:2

אֲשֶׁר דִּבֶּר rel. (81)-Pi. pf. 3 m.s. (180) *which spoke*

יִרְמְיָהוּ pr.n. (941) *Jeremiah*

הַנָּבִיא def.art.-n.m.s. (611) *the prophet*

עַל־כָּל־עַם prep.-n.m.s. cstr. (481)-n.m.s. cstr. (I 766) *to all the people of*

יְהוּדָה pr.n. (397) *Judah*

וְאֶל כָּל־יֹשְׁבֵי conj.-prep.-v.supra-Qal act.ptc. m.p. cstr. (יָשַׁב 442) *and all the inhabitants of*

יְרוּשָׁלַם pr.n. (436) *Jerusalem*

לֵאמֹר prep.-Qal inf.cstr. (55) *(saying)*

25:3

מִן־שְׁלֹשׁ עֶשְׂרֵה prep.-n.m.s. cstr. (1025)-n.f.s. (797) *from the thirteenth*

שָׁנָה n.f.s. (1040) *year*

לְיֹאשִׁיָּהוּ prep.-pr.n. (78) *of Josiah*

בֶּן־אָמוֹן n.m.s. cstr. (119)-pr.n. (III 54) *the son of Amon*

מֶלֶךְ יְהוּדָה n.m.s. cstr. (I 572)-pr.n. (397) *king of Judah*

וְעַד הַיּוֹם הַזֶּה conj.-prep.-def.art.-n.m.s. (398)-def.art.-demons.adj. m.s. (260) *and to this day*

זֶה demons.adj. m.s. (260) *for (this)*

שָׁלֹשׁ וְעֶשְׂרִים num. (1025)-conj.-num. p. (797) *twenty-three*

שָׁנָה n.f.s. (1040) *years*

הָיָה Qal pf. 3 m.s. (224) *has come*

דְּבַר־יְהוָה n.m.s. cstr. (182)-pr.n. (217) *the word of Yahweh*

אֵלַי prep.-1 c.s. sf. paus. *to me*

וָאֲדַבֵּר consec.-Pi. impf. 1 c.s. (180) *and I have spoken*

אֲלֵיכֶם prep.-2 m.p. sf. *to you*

אַשְׁכֵּים וְדַבֵּר Hi. inf.abs. (שָׁכַם 1014; GK 53k)-conj.-Pi. inf.abs. (180) *persistently*

וְלֹא שְׁמַעְתֶּם conj.-neg.-Qal pf. 2 m.p. (1033) *but you have not listened*

25:4

וְשָׁלַח יְהוָה conj.-Qal pf. 3 m.s. (1018)-pr.n. (217) *although Yahweh sent*

אֲלֵיכֶם prep.-2 m.p. sf. *to you*

אֶת־עֲבָדָיו dir.obj.-n.m.s. cstr. (481)-n.m.p.-3 m.s. sf. (713) *all his servants*

הַנְּבִאִים def.art.-n.m.p. (611) *the prophets*

הַשְׁכֵּם וְשָׁלֹחַ Hi. inf.abs. (1014)-conj.-Qal inf.abs. (1018) *persistently*

וְלֹא שְׁמַעְתֶּם conj.-neg.-Qal pf. 2 m.p. (שָׁמַע 1033) *you have not listened*

וְלֹא־הִטִּיתֶם conj.-neg.-Hi. pf. 2 m.p. (נָטָה 639) *nor inclined*

אֶת־אָזְנְכֶם dir.obj.-n.f.s.-2 m.p. sf. (23) *your ears*

לִשְׁמֹעַ prep.-Qal inf.cstr. (1033) *to hear*

25:5

לֵאמֹר prep.-Qal inf.cstr. (55) *saying*

שׁוּבוּ־נָא Qal impv. 2 m.p. (שׁוּב 996)-part. of entreaty (609) *turn now*

אִישׁ מִדַּרְכּוֹ n.m.s. (35)-prep.-n.m.s.-3 m.s. sf. (202) *every one from his way*

הָרָעָה def.art.-adj. f.s. (948) *evil*

וּמֵרֹעַ מַעַלְלֵיכֶם conj.-prep.-n.m.s. cstr. (947)-n.m.p. -2 m.p. sf. (760) *and wrong doings*

וּשְׁבוּ conj.-Qal impv. 2 m.p. (יָשַׁב 442) *and dwell*

עַל־הָאֲדָמָה prep.-def.art.-n.f.s. (9) *upon the land*

אֲשֶׁר נָתַן rel. (81)-Qal pf. 3 m.s. (678) *which ... has given*

יְהוָה pr.n. (217) *Yahweh*

לָכֶם prep.-2 m.p. sf. *to you*

וְלַאֲבוֹתֵיכֶם conj.-prep.-n.m.p.-2 m.p. sf. (3) *and your fathers*

לְמִן־עוֹלָם prep.-prep. (577; 9b)-n.m.s. (761) *from of old*

וְעַד־עוֹלָם conj.-prep. (III 723)-v. supra *and for ever*

25:6

וְאַל־תֵּלְכוּ conj.-neg.-Qal impf. 2 m.p. (הָלַךְ 229) *and do not go*

אַחֲרֵי אֱלֹהִים אֲחֵרִים prep.-cstr. (29)-n.m.p. (43)-adj. m.p. (29) *after other gods*

לְעָבְדָם prep.-Qal inf.cstr.-3 m.p. sf. (עָבַד 712) *to serve them*

וּלְהִשְׁתַּחֲוֹת לָהֶם conj.-prep.-Hithpalel inf.cstr. (שָׁחָה 1005)-prep.-3 m.p. sf. *and worship them*

וְלֹא־תַכְעִיסוּ אוֹתִי conj.-neg.-Hi. impf. 2 m.p. (כָּעַם 494)-dir.obj.-1 c.s. sf. *or provoke me to anger*

בְּמַעֲשֵׂה יְדֵיכֶם prep.-n.m.s. cstr. (795)-n.f.p.-2 m.p. sf. (388) *with the work of your hands*

וְלֹא אָרַע לָכֶם conj.-neg.-Hi. impf. 1 c.s. (רָעַע 949)-prep.-2 m.p. sf. *then I will do you no harm*

25:7

וְלֹא־שְׁמַעְתֶּם conj.-neg.-Qal pf. 2 m.p. (1033) *yet you have not listened*

אֵלַי prep.-1 c.s. sf. *to me*

נְאֻם־יְהוָה n.m.s. cstr. (610)-pr.n. (217) *says Yahweh*

לְמַעַן הַכְעִסֵנִי prep. (775)-Hi. inf.cstr.-1 c.s. sf. (כָּעַם 494) *that you might provoke me to anger*

בְּמַעֲשֵׂה יְדֵיכֶם prep.-n.m.s. cstr. (795)-n.f.p.-2 m.p. sf. (388) *with the work of your hands*

לְרַע לָכֶם prep.-n.m.s. (II 948)-prep.-2 m.p. sf. *to your own harm*

25:8

לָכֵן כֹּה אָמַר prep.-adv. (485)-adv. (462)-Qal pf. 3 m.s. (55) *therefore thus says*

יְהוָה צְבָאוֹת pr.n. (217)-pr.n. (838) *Yahweh of hosts*

יַעַן אֲשֶׁר conj. (774)-rel. (81) *because*

לֹא־שְׁמַעְתֶּם neg.-Qal pf. 2 m.p. (1033) *you have not obeyed*

אֶת־דְּבָרַי dir.obj.-n.m.p.-1 c.s. sf. paus. (182) *my words*

25:9

הִנְנִי demons.part.-1 c.s. sf.(243) *behold, I*

שֹׁלֵחַ Qal act.ptc. (1018) *will send*

וְלָקַחְתִּי conj.-Qal pf. 1 c.s. (542) *(and take)*

אֶת־כָּל־מִשְׁפְּחוֹת dir.obj.-n.m.s. cstr. (481)-n.f.p. cstr. (1046) *for all the tribes of*

צָפוֹן n.f.s. (860) *the north*

308

נְאֻם־יְהוָה n.m.s. cstr. (610)-pr.n. (217) *says Yahweh*

וְאֶל־נְבוּכַדְרֶאצַּר conj.-prep.-pr.n. (613) *and for Nebuchadrezzar*

מֶלֶךְ־בָּבֶל n.m.s. cstr. (I 572)-pr.n. (93) *the king of Babylon*

עַבְדִּי n.m.s.-1 c.s. sf. (713) *my servant*

וַהֲבִאֹתִים conj.-Hi. pf. 1 c.s.-3 m.p. sf. (בוא 97) *and I will bring them*

עַל־הָאָרֶץ הַזֹּאת prep.-def.art.-n.f.s. (75)-def.art.-demons.adj. f.s. (260) *against this land*

וְעַל־יֹשְׁבֶיהָ conj.-prep.-Qal act.ptc. m.p.-3 f.s. sf. (ישב 442) *and its inhabitants*

וְעַל כָּל־הַגּוֹיִם conj.-prep.-n.m.s. cstr. (481)-def.art.-n.m.p. (156) *and against all ... nations*

הָאֵלֶּה def.art.-demons.adj. c.p. (41) *these*

סָבִיב adv. (686) *round about*

וְהַחֲרַמְתִּים conj.-Hi. pf. 1 c.s.-3 m.p. sf. (חרם I 355) *and I will utterly destroy them*

וְשַׂמְתִּים conj.-Qal pf. 1 c.s.-3 m.p. sf. (שים 962) *and make them*

לְשַׁמָּה prep.-n.f.s. (1031) *a horror*

וְלִשְׁרֵקָה conj.-prep.-n.f.s. (1056) *a hissing*

וּלְחָרְבוֹת עוֹלָם conj.-prep.-n.f.p. cstr. (352)-n.m.s. (761) *and an everlasting reproach*

25:10

וְהַאֲבַדְתִּי מֵהֶם conj.-Hi. pf. 1 c.s. (אבד 1)-prep.-3 m.p. sf. *moreover, I will banish from them*

קוֹל שָׂשׂוֹן n.m.s. cstr. (876)-n.m.s. (965) *the voice of mirth*

וְקוֹל שִׂמְחָה conj.-v.supra-n.f.s. (970) *and the voice of gladness*

קוֹל חָתָן v.supra-n.m.s. (368) *the voice of the bridegroom*

וְקוֹל כַּלָּה conj.-v.supra-n.f.s. (483) *and the voice of the bride*

קוֹל רֵחַיִם v.supra-n.m. du. (932) *the grinding of the millstones*

וְאוֹר נֵר conj.-n.m.s. cstr. (21)-n.m.s. (632) *and the light of the lamp*

25:11

וְהָיְתָה conj.-Qal pf. 3 f.s. (היה 224) *and shall become*

כָּל־הָאָרֶץ הַזֹּאת n.m.s. cstr. (481)-def.art.-n.f.s. (75)-def.art.-demons.adj. f.s. (260) *this whole land*

לְחָרְבָּה prep.-n.f.s. (352) *a ruin*

לְשַׁמָּה prep.-n.f.s. (1031) *a waste*

וְעָבְדוּ conj.-Qal pf. 3 c.p. (עבד 712) *and shall serve*

הַגּוֹיִם הָאֵלֶּה def.art.-n.m.p. (156)-def.art.-demons.adj. c.p. (41) *these nations*

אֶת־מֶלֶךְ בָּבֶל dir.obj.-n.m.s. cstr. (I 572)-pr.n. (93) *the king of Babylon*

שִׁבְעִים שָׁנָה num. p. (988)-n.f.s. (1040) *seventy years*

25:12

וְהָיָה conj.-Qal pf. 3 m.s. (224) *then*

כִמְלֹאות prep.-Qal inf.cstr. (מלא 569) *after ... are completed*

שִׁבְעִים שָׁנָה num. p. (988)-n.f.s. (1040) *seventy years*

אֶפְקֹד Qal impf. 1 c.s. (פקד 823) *I will punish*

עַל־מֶלֶךְ־בָּבֶל prep.-n.m.s. cstr. (I 572)-pr.n. (93) *the king of Babylon*

וְעַל־הַגּוֹי הַהוּא conj.-prep.-def.art.-n.m.s. (156)-def.art.-demons.adj. m.s. (214) *and that nation*

נְאֻם־יְהוָה n.m.s. cstr. (610)-pr.n. (217) *says Yahweh*

אֶת־עֲוֹנָם dir.obj.-n.m.s.-3 m.p. sf. (730) *for their iniquity*

וְעַל־אֶרֶץ כַּשְׂדִּים conj.-prep.-n.f.s. cstr. (75)-pr.n. (505) *the land of the Chaldeans*

וְשַׂמְתִּי אֹתוֹ conj.-Qal pf. 1 c.s. (שום 962)-dir.obj.-3 m.s. sf. *making them*

לְשִׁמְמוֹת עוֹלָם prep.-n.f.p. cstr. (1031)-n.m.s. (761) *an everlasting waste*

25:13

וְהֵבֵאתִי conj.-Hi. pf. 1 c.s. (בוא 97) *and I will bring*

עַל־הָאָרֶץ הַהִיא prep.-def.art.-n.f.s. (75)-def.art.-demons.adj. f.s. (214) *upon that land*

אֶת־כָּל־דְּבָרַי dir.obj.-n.m.s. cstr. (481)-n.m.p.-1 c.s. sf. (182) *all my words*

אֲשֶׁר־דִּבַּרְתִּי rel. (81)-Pi. pf. 1 c.s. (180) *which I have uttered*

עָלֶיהָ prep.-3 f.s. sf. *against it*

אֵת כָּל־הַכָּתוּב dir.obj.-v.supra-def.art.-Qal pass.ptc. (כתב 507) *everything written*

בַּסֵּפֶר הַזֶּה prep.-def.art.-n.m.s. (706)-def.art.-demons.adj. m.s. (260) *in this book*

אֲשֶׁר־נִבָּא rel. (81)-Ni. pf. 3 m.s. (נבא 612) *which ... prophesied*

יִרְמְיָהוּ pr.n. (941) *Jeremiah*

עַל־כָּל־הַגּוֹיִם prep.-v.supra-def.art.-n.m.p. (156) *against all the nations*

309

25:14

כִּי עָבְדוּ־בָם conj.-Qal pf. 3 c.p. (עָבַד 712)-prep.-3 m.p. sf. *for shall make slaves of them*

גַּם־הֵמָּה adv. (168)-pers.pr. 3 m.p. (241) *even of them*

גּוֹיִם רַבִּים n.m.p. (156)-adj. m.p. (I 912) *many nations*

וּמְלָכִים גְּדוֹלִים conj.-n.m.p. (I 572)-adj. m.p. (152) *and great kings*

וְשִׁלַּמְתִּי לָהֶם conj.-Pi. pf. 1 c.s. (שָׁלֵם 1022)-prep.-3 m.p. sf. *and I will recompense them*

כְּפָעֳלָם prep.-n.m.s.-3 m.p. sf. (821) *according to their deeds*

וּכְמַעֲשֵׂה יְדֵיהֶם conj.-prep.-n.m.s. cstr. (795)-n.f.p.-3 m.p. sf. (388) *and the work of their hands*

25:15

כִּי כֹה אָמַר conj.-adv. (462)-Qal pf. 3 m.s. (55) *for thus says*

יְהוָה pr.n. (217) *Yahweh*

אֱלֹהֵי יִשְׂרָאֵל n.m.p. cstr. (43)-pr.n. (975) *the God of Israel*

אֵלַי prep.-1 c.s. sf. *to me*

קַח Qal impv. 2 m.s. (לָקַח 542) *take*

אֶת־כּוֹס הַיַּיִן dir.obj.-n.f.s. cstr. (468; GK 131k)-def.art.-n.m.s. (406) *cup of wine*

הַחֵמָה הַזֹּאת def.art.-n.f.s. (404)-def.art.-demons. adj. f.s. (260) *this wrath*

מִיָּדִי prep.-n.f.s.-1 c.s. sf.(388) *from my hand*

וְהִשְׁקִיתָה אֹתוֹ conj.-Hi. pf. 2 m.s. (שָׁקָה 1052)-dir.obj.-3 m.s. sf. *and make ... drink it*

אֶת־כָּל־הַגּוֹיִם dir.obj.-n.m.s. cstr. (481)-def.art.-n.m.p. (156) *all the nations*

אֲשֶׁר אָנֹכִי שֹׁלֵחַ rel. (81)-pers.pr. 1 c.s. (59)-Qal act.ptc. (1018) *which I am sending*

אוֹתְךָ אֲלֵיהֶם dir.obj.-2 m.s. sf.-prep.-3 m.p. sf. *you to them*

25:16

וְשָׁתוּ conj.-Qal pf. 3 c.p. (שָׁתָה 1059) *and they shall drink*

וְהִתְגֹּעֲשׁוּ conj.-Hithpo'el pf. 3 c.p. (גָּעַשׁ 172) *and stagger*

וְהִתְהֹלָלוּ conj.-Hithpo'el pf. 3 c.p. (הָלַל II 237) *and be crazed*

מִפְּנֵי הַחֶרֶב prep.-n.m.p. cstr. (815)-def.art.-n.f.s. (352) *because of the sword*

אֲשֶׁר אָנֹכִי שֹׁלֵחַ rel.-pers.pr. 1 c.s. (59)-Qal act.ptc. (1018) *which I am sending*

בֵּינֹתָם prep.-3 m.p. sf. (107) *among them*

25:17

וָאֶקַּח consec.-Qal impf. 1 c.s. (לָקַח 542) *so I took*

אֶת־הַכּוֹס dir.obj.-def.art.-n.f.s. (468) *the cup*

מִיַּד יְהוָה prep.-n.f.s. cstr. (388)-pr.n. (217) *from Yahweh's hand*

וָאַשְׁקֶה consec.-Hi. impf. 1 c.s. (שָׁקָה 1052) *and made drink it*

אֶת־כָּל־הַגּוֹיִם dir.obj.-n.m.s. cstr. (481)-def.art. -n.m.p. (156) *all the nations*

אֲשֶׁר־שְׁלָחַנִי rel. (81)-Qal pf. 3 m.s.-1 c.s. sf. (1018) *whom ... sent me*

יְהוָה pr.n. (217) *Yahweh*

אֲלֵיהֶם prep.-3 m.p. sf. *to them*

25:18

אֶת־יְרוּשָׁלַ͏ִם dir.obj.-pr.n. (436) *Jerusalem*

וְאֶת־עָרֵי יְהוּדָה conj.-dir.obj.-n.f.p. cstr. (746)-pr.n. (397) *and the cities of Judah*

וְאֶת־מְלָכֶיהָ v.supra-n.m.p.-3 f.s. sf. (I 572) *its kings*

אֶת־שָׂרֶיהָ dir.obj.-n.m.p.-3 f.s. sf. (978) *and its princes*

לָתֵת אֹתָם prep.-Qal inf.cstr. (נָתַן 678)-dir.obj.-3 m.p. sf. *to make them*

לְחָרְבָּה prep.-n.f.s. (352) *a desolation*

לְשַׁמָּה prep.-n.f.s. (1031) *and a waste*

לִשְׁרֵקָה prep.-n.f.s. (1056) *a hissing*

וְלִקְלָלָה conj.-prep.-n.f.s. (887) *and a curse*

כַּיּוֹם הַזֶּה prep.-def.art.-n.m.s. (398)-def.art. -demons.adj. m.s. (260) *as at this day*

25:19

אֶת־פַּרְעֹה dir.obj.-pr.n. (829) *Pharaoh*

מֶלֶךְ־מִצְרַיִם n.m.s. cstr. (I 572)-pr.n. (595) *king of Egypt*

וְאֶת־עֲבָדָיו conj.-dir.obj.-n.m.p.-3 m.s. sf. (713) *and his servants*

וְאֶת־שָׂרָיו v.supra-n.m.p.-3 m.s. sf. (978) *and his princes*

וְאֶת־כָּל־עַמּוֹ v.supra-n.m.s. cstr. (481)-n.m.s.-3 m.s. sf. (I 766) *and all his people*

25:20

וְאֵת כָּל־הָעֶרֶב conj.-dir.obj.-n.m.s. cstr. (481)-def.art.-n.m.s. (I 786) *and all the foreign folk (mixture)*

וְאֵת כָּל־מַלְכֵי v.supra-v.supra-n.m.p. cstr. (I 572) *and all the kings of*

אֶרֶץ הָעוּץ n.f.s. cstr. (75)-def.art.-pr.n. (734) *the land of Uz*

וְאֵת כָּל־מַלְכֵי v.supra-v.supra-v.supra *and all the kings of*

אֶרֶץ פְּלִשְׁתִּים v.supra-pr.n. p. (814) *the land of the Philistines*

וְאֶת־אַשְׁקְלוֹן conj.-dir.obj.-pr.n. (80) *Ashkelon*

וְאֶת־עַזָּה v.supra-pr.n. (738) *Gaza*

וְאֶת־עֶקְרוֹן v.supra-pr.n. (785) *Ekron*

וְאֵת שְׁאֵרִית אַשְׁדּוֹד v.supra-n.f.s. cstr. (984) -pr.n. (78) *and the remnant of Ashdod*

25:21

אֶת־אֱדוֹם dir.obj.-pr.n. (10) *Edom*

וְאֶת־מוֹאָב conj.-dir.obj.-pr.n. (555) *Moab*

וְאֶת־בְּנֵי עַמּוֹן v.supra-n.m.p. cstr. (119)-pr.n. (769) *and the sons of Ammon*

25:22

וְאֵת כָּל־מַלְכֵי conj.-dir.obj.-n.m.s. cstr. (481) -n.m.p. cstr. (I 572) *and all the kings of*

צֹר pr.n. (I 862) *Tyre*

וְאֵת כָּל־מַלְכֵי v.supra-v.supra-v.supra *and all the kings of*

צִידוֹן pr.n. (850) *Sidon*

וְאֵת מַלְכֵי הָאִי v.supra-v.supra-def.art.-n.m.s. (I 15) *and the kings of the coastland*

אֲשֶׁר בְּעֵבֶר הַיָּם rel. (81)-prep.-n.m.s. cstr. (I 719) -def.art.-n.m.s. (410) *across the sea*

25:23

וְאֶת־דְּדָן v.supra-pr.n. (186) *Dedan*

וְאֶת־תֵּימָא v.supra-pr.n. (1066) *Tema*

וְאֶת־בּוּז v.supra-pr.n. (III 100) *Buz*

וְאֵת כָּל־קְצוּצֵי פֵאָה conj.-dir.obj.-n.m.s. cstr. (481)-Qal pass.ptc. m.p. cstr. (893)-n.f.s. (802) *and all who cut the corners (of their hair)*

25:24

וְאֵת כָּל־מַלְכֵי v.supra-v.supra-v.supra *and all the kings of*

עֲרָב pr.n. (787) *Arabia*

וְאֵת כָּל־מַלְכֵי v.supra-v.supra-v.supra *and all the kings of*

הָעֶרֶב def.art.-n.m.s. (I 786) *the mixed tribes*

הַשֹּׁכְנִים def.art.-Qal act.ptc. m.p. (שׁכן 1014) *that dwell*

בַּמִּדְבָּר prep.-def.art.-n.m.s. (184) *in the desert*

25:25

וְאֵת כָּל־מַלְכֵי v.supra-v.supra-v.supra *and all the kings of*

זִמְרִי pr.n. (II 275) *Zimri*

וְאֵת כָּל־מַלְכֵי v.supra-v.supra-v.supra *and all the kings of*

עֵילָם pr.n. (I 743) *Elam*

וְאֵת כָּל־מַלְכֵי v.supra-v.supra-v.supra *and all the kings of*

מָדָי pr.n. (552) *Media*

25:26

וְאֵת כָּל־מַלְכֵי v.supra-v.supra-v.supra *and all the kings of*

הַצָּפוֹן def.art.-n.f.s. (860) *the north*

הַקְּרֹבִים def.art.-adj. m.p. (898) *near*

וְהָרְחֹקִים conj.-def.art.-adj. m.p. (935) *and far*

אִישׁ אֶל־אָחִיו n.m.s. (35)-prep.-n.m.s.-3 m.s. sf. (26) *one after another*

וְאֵת כָּל־הַמַּמְלְכוֹת הָאָרֶץ conj.-dir.obj.-n.m.s. cstr. (481)-def.art.-n.f.p. (575)-def.art.-n.f.s. (75; GK 127g) *and all the kingdoms of the world*

אֲשֶׁר עַל־פְּנֵי rel. (81)-prep.-n.m.p. cstr. (815) *which are on the face of*

הָאֲדָמָה def.art.-n.f.s. (9) *the earth*

וּמֶלֶךְ שֵׁשַׁךְ conj.-n.m.s. cstr. (I 572)-pr.n. (1058) *and the king of Babylon (Sheshakh)*

יִשְׁתֶּה Qal impf. 3 m.s. (שׁתה 1059) *shall drink*

אַחֲרֵיהֶם prep.-3 m.p. sf. *after them*

25:27

וְאָמַרְתָּ אֲלֵיהֶם conj.-Qal pf. 2 m.s. (55)-prep.-3 m.p. sf. *then you shall say to them*

כֹּה־אָמַר adv. (462)-Qal pf. 3 m.s. (55) *thus says*

יהוה צְבָאוֹת pr.n. (217)-pr.n. (838) *Yahweh of hosts*

אֱלֹהֵי יִשְׂרָאֵל n.m.p. cstr. (43)-pr.n. (975) *the God of Israel*

שְׁתוּ Qal impv. 2 m.p. (שׁתה 1059) *drink*

וְשִׁכְרוּ conj.-Qal impv. 2 m.p. (I 1016) *and be drunk*

וּקְיוּ conj.-Qal impv. 2 m.p. (קיה 883; GK 76h) *and vomit*

וְנִפְלוּ conj.-Qal impv. 2 m.p. (נפל 656) *and fall*

וְלֹא תָקוּמוּ conj.-neg.-Qal impf. 2 m.p. (קום 877) *and rise no more*

מִפְּנֵי הַחֶרֶב prep.-n.m.p. cstr. (815)-def.art.-n.f.s. (352) *because of the sword*

אֲשֶׁר אָנֹכִי שֹׁלֵחַ rel. (81)-pers.pr. 1 c.s. (59)-Qal act.ptc. (1018) *which I am sending*

בֵּינֵיכֶם prep.-2 m.p. sf. (107) *among you*

25:28

וְהָיָה conj.-Qal pf. 3 m.s. (224) *and*

311

כִּי יְמָאֲנוּ conj.-Pi. impf. 3 m.p. (מָאֵן 549) *if they refuse*

לָקַחַת־הַכּוֹס prep.-Qal inf.cstr. (לָקַח 542)-def. art.-n.f.s. (468) *to accept the cup*

מִיָּדְךָ prep.-n.f.s.-2 m.s. sf. (388) *from your hand*

לִשְׁתּוֹת prep.-Qal inf.cstr. (שָׁתָה 1059) *to drink*

וְאָמַרְתָּ conj.-Qal pf. 2 m.s.(55) *then you shall say*

אֲלֵיהֶם prep.-3 m.p. sf. *to them*

כֹּה אָמַר adv. (462)-Qal pf. 3 m.s. (55) *thus says*

יהוה צְבָאוֹת pr.n. (217)-pr.n. (838) *Yahweh of hosts*

שָׁתוֹ תִשְׁתּוּ Qal inf.abs. (שָׁתָה 1059)-Qal impf. 2 m.p. (1059) *you must drink*

25:29

כִּי הִנֵּה conj.-demons.part. (243) *for behold*

בָעִיר prep.-def.art.-n.f.s. (746) *at the city*

אֲשֶׁר נִקְרָא־ rel. (81)-Ni. pf. 3 m.s. (קָרָא 894) *which is called by*

שְׁמִי עָלֶיהָ n.m.s.-1 c.s. sf. (1027)-prep.-3 f.s. sf. *my name (upon it)*

אָנֹכִי מֵחֵל pers.pr. 1 c.s. (59)-Hi. ptc. (הָלַל III 320) *I begin*

לְהָרַע prep.-Hi. inf.cstr. (רָעַע 949) *to work evil*

וְאַתֶּם הִנָּקֵה תִנָּקוּ conj.-pers.pr. 2 m.p. (61)-Ni. inf.abs. (נָקָה 667)-Ni. impf. 2 m.p. (667) *and shall you go unpunished*

לֹא תִנָּקוּ neg.-Ni. impf. 2 m.p. (נָקָה 667) *you shall not go unpunished*

כִּי חֶרֶב conj.-n.f.s. (352) *for a sword*

אֲנִי קֹרֵא pers.pr. 1 c.s. (58)-Qal act.ptc. (894) *I am summoning*

עַל־כָּל־יֹשְׁבֵי prep.-n.m.s. cstr. (481)-Qal act.ptc. m.p. cstr. (יָשַׁב 442) *against all the inhabitants of*

הָאָרֶץ def.art.-n.f.s. (75) *the earth*

נְאֻם יהוה צְבָאוֹת n.m.s. cstr. (610)-pr.n. (217)-pr.n. (838) *says Yahweh of hosts*

25:30

וְאַתָּה תִנָּבֵא conj.-pers.pr. 2 m.s. (61)-Ni. impf. 2 m.s. (נבא 612) *you therefore shall prophesy*

אֲלֵיהֶם prep.-3 m.p. sf. *against them*

אֵת כָּל־ dir.obj.-n.m.s. cstr. (481) *all*

הַדְּבָרִים הָאֵלֶּה def.art.-n.m.p. (182)-def. art.-demons.adj. c.p. (41) *these words*

וְאָמַרְתָּ אֲלֵיהֶם conj.-Qal pf. 2 m.s. (55)-prep.-3 m.p. sf. *and say to them*

יהוה pr.n. (217) *Yahweh*

מִמָּרוֹם prep.-n.m.s. (928) *on high*

יִשְׁאָג Qal impf. 3 m.s. (שָׁאַג 980) *will roar*

וּמִמְּעוֹן קָדְשׁוֹ conj.-prep.-n.m.s. cstr. (I 732) -n.m.s.-3 m.s. sf. (871) *and from his holy habitation*

יִתֵּן קוֹלוֹ Qal impf. 3 m.s. (נָתַן 678) *will utter his voice*

שָׁאֹג יִשְׁאַג Qal inf.abs. (980)-Qal impf. 3 m.s. (980) *he will roar mightily*

עַל־נָוֵהוּ prep.-n.m.s.-3 m.s. sf. (627) *against his fold*

הֵידָד n.m.s. (212) *and a shout*

כְּדֹרְכִים prep.-Qal act.ptc. m.p. (דָּרַךְ 201) *like those who tread (grapes)*

יַעֲנֶה Qal impf. 3 m.s. (עָנָה I 772) *(he will respond)*

אֶל כָּל־יֹשְׁבֵי prep.-n.m.s. cstr. (481)-Qal act.ptc. m.p. cstr. (יָשַׁב 442) *against all the inhabitants of*

הָאָרֶץ def.art.-n.f.s. (75) *the earth*

25:31

בָּא שָׁאוֹן Qal pf. 3 m.s. (בּוֹא 97)-n.m.s. (981) *the clamor will resound*

עַד־קְצֵה הָאָרֶץ prep.-n.m.s. cstr. (892)-def.art. -n.f.s. (75) *to the ends of the earth*

כִּי רִיב לַיהוה conj.-n.m.s. (936)-prep.-pr.n. (217) *for Yahweh has an indictment*

בַּגּוֹיִם prep.-def.art.-n.m.p. (156) *against the nations*

נִשְׁפָּט הוּא Ni. ptc. (שָׁפַט 1047)-pers.pr. 3 m.s. (214) *he is entering into judgment*

לְכָל־בָּשָׂר prep.-n.m.s. cstr. (481)-n.m.s. (142) *with all flesh*

הָרְשָׁעִים def.art.-adj. m.p. (957) *and the wicked*

נְתָנָם Qal pf. 3 m.s.-3 m.p. sf. (נָתַן 678) *he will put (them)*

לַחֶרֶב prep.-def.art.-n.f.s. (352) *to the sword*

נְאֻם־יהוה n.m.s. cstr. (610)-pr.n. (217) *says Yahweh*

25:32

כֹּה אָמַר adv. (462)-Qal pf. 3 m.s. (55) *thus says*

יהוה צְבָאוֹת pr.n. (217)-pr.n. (838) *Yahweh of hosts*

הִנֵּה רָעָה demons.part. (243)-n.f.s. (949) *behold, evil*

יֹצֵאת Qal act.ptc. f.s. (יָצָא 422) *is going forth*

מִגּוֹי אֶל־גּוֹי prep.-n.m.s. (156)-prep.-v.supra *from nation to nation*

וְסַעַר גָּדוֹל conj.-n.m.s. (704)-adj. m.s. (152) *and a great tempest*

יֵעוֹר Ni. impf. 3 m.s. (עוּר I 734) *is stirring*

מִיַּרְכְּתֵי־אָרֶץ prep.-n.f. du. cstr. (438)-n.f.s. paus. (75) *from the farthest parts of the earth*

מֵאַדִּירֵי הַצֹּאן prep.-n.m.p. cstr. (12)-def.art.-n.f.s. (838) *for the lords of the flock*

25:33

וְהָיוּ חַלְלֵי יהוה conj.-Qal pf. 3 c.p. (הָיָה 224) -n.m.p. cstr. (I 319)-pr.n. (217) *and those slain by Yahweh*

בַּיּוֹם הַהוּא prep.-def.art.-n.m.s. (398)-def.art. -demons.adj. m.s. (214) *on that day*

מִקְצֵה הָאָרֶץ prep.-n.m.s. cstr. (892)-def.art. -n.f.s. (75) *from one end of the earth*

וְעַד־קְצֵה הָאָרֶץ conj.-prep. (III 723)-v.supra -v.supra *to the other (end of the earth)*

לֹא יִסָּפְדוּ neg.-Ni. impf. 3 m.p. (סָפַד 704) *they shall not be lamented*

וְלֹא יֵאָסֵפוּ conj.-neg.-Ni. impf. 3 m.p. (אָסַף 62) *or gathered*

וְלֹא יִקָּבֵרוּ v.supra-Ni. impf. 3 m.p. (קָבַר 868) *or buried*

לְדֹמֶן prep.-n.m.s. (199) *dung*

עַל־פְּנֵי הָאֲדָמָה prep.-n.m.p. cstr. (815)-def.art. -n.f.s. (9) *on the surface of the ground*

יִהְיוּ Qal impf. 3 m.p. (הָיָה 224) *they shall be*

25:34

הֵילִילוּ Hi. impv. 2 m.p. (יָלַל 410) *wail*

הָרֹעִים def.art.-Qal act.ptc. m.p. (רָעָה I 944) *you shepherds*

וְזַעֲקוּ conj.-Qal impv. 2 m.p. (זָעַק 277) *and cry*

וְהִתְפַּלְּשׁוּ conj.-Hith. impv. 2 m.p. (פָּלַשׁ 814) *and roll in ashes*

אַדִּירֵי הַצֹּאן n.m.p. cstr. (12)-def.art.-n.f.s. (838) *you lords of the flock*

כִּי־מָלְאוּ conj.-Qal pf. 3 c.p. (מָלֵא 569) *for have come*

יְמֵיכֶם n.m.p.-2 m.p. sf. (398) *your days*

לִטְבוֹחַ prep.-Qal inf.cstr. (טָבַח 370) *of slaughter*

וּתְפוֹצוֹתִיכֶם conj.-n.f.p.-2 m.p. sf. (807; GK 91 l) *and your dispersions*

וּנְפַלְתֶּם conj.-Qal pf. 2 m.p. (נָפַל 656) *and you shall fall*

כִּכְלִי חֶמְדָּה prep.-n.m.s. cstr. (479)-n.f.s. (326) *like a choice vessel* (LXX-rams)

25:35

וְאָבַד מָנוֹס conj.-Qal pf. 3 m.s. (1)-n.m.s. (631) *no refuge will remain* (lit.-flight will perish)

מִן־הָרֹעִים prep.-def.art.-Qal act.ptc. m.p. (רָעָה I 944) *for the shepherds*

וּפְלֵיטָה conj.-n.f.s. (812) *nor escape*

25:36

קוֹל n.m.s. (876) *hark*

צַעֲקַת הָרֹעִים n.f.s. cstr. (858)-def.art.-Qal act. ptc. m.p. (I 944) *the cry of the shepherds*

וִילְלַת conj.-n.f.s. cstr. (410; GK 24e) *and the wail of*

אַדִּירֵי הַצֹּאן n.m.p. cstr. (12)-def.art.-n.f.s. (838) *the lords of the flock*

כִּי־שֹׁדֵד יהוה conj.-Qal act.ptc. (שָׁדַד 994)-pr.n. (217) *for Yahweh is despoiling*

אֶת־מַרְעִיתָם dir.obj.-n.f.s.-3 m.p. sf. (945) *their pasture*

25:37

וְנָדַמּוּ conj.-Ni. pf. 3 c.p. (דָּמַם I 198) *and are devastated*

נְאוֹת הַשָּׁלוֹם n.f.p. cstr. (II 627)-def.art.-n.f.s. (1022) *the peaceful folds*

מִפְּנֵי חֲרוֹן prep.-n.m.p. cstr. (815)-n.m.s. cstr. (354) *because of the anger of*

אַף־יהוה n.m.s. cstr. (I 60)-pr.n. (217) *the wrath of Yahweh*

25:38

עָזַב Qal pf. 3 m.s. (I 736) *he has left*

כַּכְּפִיר prep.-def.art.-n.m.s. (498) *like a lion*

סֻכּוֹ n.m.s.-3 m.s. sf. (697) *his covert*

כִּי־הָיְתָה conj.-Qal pf. 3 f.s. (הָיָה 224) *for has become*

אַרְצָם n.f.s.-3 m.p. sf. (75) *their land*

לְשַׁמָּה prep.-n.f.s. (I 1031) *a waste*

מִפְּנֵי חֲרוֹן prep.-n.m.p. cstr. (815)-n.m.s. cstr. (354) *because of the wrath of* (LXX rd. חֶרֶב *the sword of*)

הַיּוֹנָה def.art.-Qal act.ptc. f.s. as adj. (יָנָה 413) *the oppressor*

וּמִפְּנֵי חֲרוֹן conj.-v.supra-v.supra *and because of the anger of*

אַפּוֹ n.m.s.-3 m.s. sf. (I 60) *his anger*

26:1

בְּרֵאשִׁית prep.-n.f.s. cstr. (912) *in the beginning of*

מַמְלְכוּת n.f.s. cstr. (575) *the reign of*

יְהוֹיָקִים pr.n. (220) *Jehoiakim*

בֶּן־יֹאשִׁיָּהוּ n.m.s. cstr. (119)-pr.n. (78) *the son of Josiah*

מֶלֶךְ יְהוּדָה n.m.s. cstr. (I 572)-pr.n. (397) *king of Judah*

הָיָה הַדָּבָר הַזֶּה Qal pf. 3 m.s. (224)-def.art.
-n.m.s. (182)-def.art.-demons.adj. m.s. (260)
this word came

מֵאֵת יהוה prep.-prep. (II 85)-pr.n. (217) *from
Yahweh*

לֵאמֹר prep.-Qal inf.cstr. (55) *(saying)*

26:2

כֹּה אָמַר יהוה adv. (462)-Qal pf. 3 m.s. (55)
-pr.n. (217) *thus says Yahweh*

עֲמֹד Qal impv. 2 m.s. (עָמַד 763) *stand*

בַּחֲצַר prep.-n.m.s. cstr. (I 346) *in the court of*

בֵּית־יהוה n.m.s. cstr. (108)-pr.n. (217) *Yahweh's
house*

וְדִבַּרְתָּ conj.-Pi. pf. 2 m.s. (דָּבַר 180) *and speak*

עַל־כָּל־עָרֵי prep.-n.m.s. cstr. (481)-n.f.p. cstr.
(746) *to all the cities of*

יְהוּדָה pr.n. (397) *Judah*

הַבָּאִים def.art.-Qal act.ptc. m.p. (בּוֹא 97) *which
come*

לְהִשְׁתַּחֲוֹת prep.-Hithpalel inf.cstr. (שָׁחָה 1005)
to worship

בֵּית־יהוה n.m.s. cstr. (108)-pr.n. (217) *in the
house of Yahweh*

אֵת כָּל־הַדְּבָרִים dir.obj.-n.m.s. cstr. (481)-def.art.
-n.m.p. (182) *all the words*

אֲשֶׁר צִוִּיתִיךְ rel. (81)-Pi. pf. 1 c.s.-2 m.s. sf. (צָוָה
845) *that I command you*

לְדַבֵּר אֲלֵיהֶם prep.-Pi. inf.cstr. (182)-prep.-3
m.p. sf. *to speak to them*

אַל־תִּגְרַע neg.-Qal impf. 2 m.s. (גָּרַע 175) *do not
hold back*

דָּבָר n.m.s. (182) *a word*

26:3

אוּלַי יִשְׁמְעוּ adv. (II 19)-Qal impf. 3 m.p. (שָׁמַע
1033) *it may be they will listen*

וְיָשֻׁבוּ conj.-Qal impf. 3 m.p. (שׁוּב 996) *and
turn*

אִישׁ מִדַּרְכּוֹ n.m.s. (35)-prep.-n.f.s.-3 m.s. sf.
(202) *every one from his ... way*

הָרָעָה def.art.-adj. f.s. (I 948) *evil*

וְנִחַמְתִּי conj.-Ni. pf. 1 c.s. (נָחַם 636) *that I may
repent*

אֶל־הָרָעָה prep.-def.art.-n.f.s. (949) *of the evil*

אֲשֶׁר אָנֹכִי חֹשֵׁב rel. (81)-pers.pr. 1 c.s. (59)-Qal
act.ptc. (362) *which I intend*

לַעֲשׂוֹת prep.-Qal inf.cstr. (עָשָׂה I 793) *to do*

לָהֶם prep.-3 m.p. sf. *to them*

מִפְּנֵי רֹעַ prep.-n.m.p. cstr. (815)-n.m.s. cstr. (947)
because of the evil of

מַעַלְלֵיהֶם n.m.p.-3 m.p. sf. (760) *their doings*

26:4

וְאָמַרְתָּ אֲלֵיהֶם conj.-Qal pf. 2 m.s. (55)-prep.-3
m.p. sf. *you shall say to them*

כֹּה אָמַר adv. (462)-Qal pf. 3 m.s. (55) *thus says*

יהוה pr.n. (217) *Yahweh*

אִם־לֹא תִשְׁמְעוּ hypoth.part. (49)-neg.-Qal
impf. 2 m.p. (שָׁמַע 1033) *if you will not
listen*

אֵלַי prep.-1 c.s. sf. *to me*

לָלֶכֶת בְּתוֹרָתִי prep.-Qal inf.cstr. (הָלַךְ 229)
-prep.-n.f.s.-1 c.s. sf. (435) *to walk in my law*

אֲשֶׁר נָתַתִּי rel. (81)-Qal pf. 1 c.s. (נָתַן 678) *which
I have set*

לִפְנֵיכֶם prep.-n.m.p.-2 m.p. sf. (815) *before you*

26:5

לִשְׁמֹעַ prep.-Qal inf.cstr. (1033) *to heed*

עַל־דִּבְרֵי prep.-n.m.p. cstr. (182) *the words of*

עֲבָדַי n.m.p.-1 c.s. sf. (713) *my servants*

הַנְּבִאִים def.art.-n.m.p. (611) *the prophets*

אֲשֶׁר אָנֹכִי שֹׁלֵחַ rel. (81)-pers.pr. 1 c.s. (59)-Qal
act.ptc. (1018) *whom I send*

אֲלֵיכֶם prep.-2 m.p. sf. *to you*

וְהַשְׁכֵּם וְשָׁלֹחַ conj.-Hi. inf.abs. (שָׁכַם 1014; GK
113k)-conj.-Qal inf.abs. (1018) *urgently*

וְלֹא שְׁמַעְתֶּם conj.-neg.-Qal pf. 2 m.p. (שָׁמַע
1033) *you have not heeded*

26:6

וְנָתַתִּי conj.-Qal pf. 1 c.s. (נָתַן 678) *then I will
make*

אֶת־הַבַּיִת הַזֶּה dir.obj.-def.art.-n.m.s. (108)
-def.art.-demons.adj. m.s. (260) *this house*

כְּשִׁלֹה prep.-pr.n. (1017) *like Shiloh*

וְאֶת־הָעִיר הַזֹּאתה conj.-dir.obj.-def. art.-n.f.s.
(746)-def.art.-demons.adj. f.s. (260) *and this
city*

אֶתֵּן Qal impf. 1 c.s. (נָתַן 678) *I will make*

לִקְלָלָה prep.-n.f.s. (887) *a curse*

לְכֹל גּוֹיֵי prep.-n.m.s. cstr. (481)-n.m.p. cstr. (156;
GK 8k) *for all the nations of*

הָאָרֶץ def.art.-n.f.s. (75) *the earth*

26:7

וַיִּשְׁמְעוּ consec.-Qal impf. 3 m.p. (שָׁמַע 1033)
and heard

הַכֹּהֲנִים def.art.-n.m.p. (463) *the priests*

וְהַנְּבִאִים conj.-def.art.-n.m.p. (611) *and the
prophets*

וְכָל־הָעָם conj.-n.m.s. cstr. (481)-def.art.-n.m.s. (I
766) *and all the people*

314

אֶת־יִרְמְיָהוּ dir.obj.-pr.n. (941) *Jeremiah*

מְדַבֵּר Pi. ptc. (דָּבַר) *speaking*

אֶת־הַדְּבָרִים הָאֵלֶּה dir.obj.-def.art.-n.m.p. (182) -def.art.-demons.adj. c.p. (41) *these words*

בְּבֵית יהוה prep.-n.m.s. cstr. (108)-pr.n. (217) *in the house of Yahweh*

26:8

וַיְהִי consec.-Qal impf. 3 m.s. הָיָה 224) *and*

כְּכַלּוֹת יִרְמְיָהוּ prep.-Pi. inf.cstr. (כָּלָה 477)-pr.n. (941) *when Jeremiah had finished*

לְדַבֵּר prep.-Pi. inf.cstr. (180) *speaking*

אֵת כָּל־אֲשֶׁר־ dir.obj.-n.m.s. cstr. (481)-rel. *all that*

צִוָּה יהוה Pi. pf. 3 m.s. (צָוָה 845)-pr.n. (217) *Yahweh had commanded*

לְדַבֵּר v.supra *to speak*

אֶל־כָּל־הָעָם prep.-v.supra-def.art.-n.m.s. (I 766) *to all the people*

וַיִּתְפְּשׂוּ consec.-Qal impf. 3 m.p. (תָּפַשׂ 1074) *then laid hold*

אֹתוֹ dir.obj.-3 m.s. sf. *of him*

הַכֹּהֲנִים def.art.-n.m.p. (463) *the priests*

וְהַנְּבִאִים conj.-def.art.-n.m.p. (611) *and the prophets*

וְכָל־הָעָם conj.-n.m.s. cstr. (481)-def.art.-n.m.s. (I 766) *and all the people*

לֵאמֹר prep.-Qal inf.cstr. (55) *saying*

מוֹת תָּמוּת Qal inf.abs. (מוּת 559)-Qal impf. 2 m.s. (559) *you shall die*

26:9

מַדּוּעַ נִבֵּיתָ adv. (396)-Ni. pf. 2 m.s. (נָבָא 612; GK 75qq) *why have you prophesied*

בְּשֵׁם־יהוה prep.-n.m.s. cstr. (1027)-pr.n. (217) *in the name of Yahweh*

לֵאמֹר prep.-Qal inf.cstr. (55) *saying*

כְּשִׁלוֹ prep.-pr.n. (1017) *like Shiloh*

יִהְיֶה הַבַּיִת הַזֶּה Qal impf. 3 m.s. (הָיָה 224) -def.art.-n.m.s. (108)-def.art.-demons.adj. m.s. (260) *this house shall be*

וְהָעִיר הַזֹּאת conj.-def.art.-n.f.s. (746)-def.art.-demons.adj. f.s. (260) *and this city*

תֶּחֱרָב Qal impf. 3 f.s. (חָרֵב II 351) *shall be desolate*

מֵאֵין יוֹשֵׁב prep.-subst.cstr. (II 34)-Qal act.ptc. (יָשַׁב 442) *without inhabitant*

וַיִּקָּהֵל כָּל־הָעָם consec.-Ni. impf. 3 m.s. (קָהַל 874) -n.m.s. cstr. (481)-def.art.-n.m.s. (I 766) *and all the people gathered*

אֶל־יִרְמְיָהוּ prep.-pr.n. (941) *about Jeremiah*

בְּבֵית יהוה prep.-n.m.s. cstr. (108)-pr.n. (217) *in the house of Yahweh*

26:10

וַיִּשְׁמְעוּ consec.-Qal impf. 3 m.p. (שָׁמַע 1033) *when heard*

שָׂרֵי יְהוּדָה n.m.p. cstr. (978)-pr.n. (397) *the prince of Judah*

אֵת הַדְּבָרִים הָאֵלֶּה dir.obj.-def.art.-n.m.p. (182) -def.art.-demons.adj. c.p. (41) *these things*

וַיַּעֲלוּ consec.-Qal impf. 3 m.p. (עָלָה 748) *and they came up*

מִבֵּית־הַמֶּלֶךְ prep.-n.m.s. cstr. (108)-def.art.-n.m.s. (I 572) *from the king's house*

בֵּית יהוה n.m.s. cstr. (108)-pr.n. (217) *to the house of Yahweh*

וַיֵּשְׁבוּ consec.-Qal impf. 3 m.p. (יָשַׁב 442) *and took their seat*

בְּפֶתַח prep.-n.m.s. cstr. (835) *in the entry of*

שַׁעַר־יהוה n.m.s. cstr. (1044)-pr.n. (217) *the ... gate of Yahweh*

הֶחָדָשׁ def.art.-adj. m.s. (294) *new*

26:11

וַיֹּאמְרוּ consec.-Qal impf. 3 m.p. (55) *then said*

הַכֹּהֲנִים def.art.-n.m.p. (463) *the priests*

וְהַנְּבִאִים conj.-def.art.-n.m.p. (611) *and the prophets*

אֶל־הַשָּׂרִים prep.-def.art.-n.m.p. (978) *to the princes*

וְאֶל־כָּל־הָעָם conj.-prep.-n.m.s. cstr. (481)-def.art.-n.m.s. (I 766) *and to all the people*

לֵאמֹר prep.-Qal inf.cstr. (55) *(saying)*

מִשְׁפַּט־מָוֶת n.m.s. cstr. (1048)-n.m.s. (560) *a sentence of death*

לָאִישׁ הַזֶּה prep.-def.art.-n.m.s. (35)-def.art.-demons.adj. m.s. (260) *to this man*

כִּי נִבָּא conj.-Ni. pf. 3 m.s. (נָבָא 612) *because he has prophesied*

אֶל־הָעִיר הַזֹּאת prep.-def.art.-n.f.s. (746)-def.art.-demons.adj. f.s. (260) *against this city*

כַּאֲשֶׁר שְׁמַעְתֶּם prep.-rel. (81)-Qal pf. 2 m.p. (שָׁמַע 1033) *as you have heard*

בְּאָזְנֵיכֶם prep.-n.f. du.-2 m.p. sf. (23) *with your own ears*

26:12

וַיֹּאמֶר יִרְמְיָהוּ consec.-Qal impf. 3 m.s. (55)-pr.n. (941) *then Jeremiah spoke*

אֶל־כָּל־הַשָּׂרִים prep.-n.m.s. cstr. (481)-def.art.-n.m.p. (978) *to all the princes*

וְאֶל־כָּל־הָעָם conj.-prep.-v.supra-def.art.-n.m.s. (I 766) *and all the people*

לֵאמֹר prep.-Qal inf.cstr. (55) *saying*

יהוה שְׁלָחַנִי pr.n. (217)-Qal pf. 3 m.s.-1 c.s. sf. (שָׁלַח 1018) *Yahweh sent me*

לְהִנָּבֵא prep.-Ni. inf.cstr. (612) *to prophesy*

אֶל־הַבַּיִת הַזֶּה prep.-def.art.-n.m.s. (108)-def.art.-demons.adj. m.s. (260) *against this house*

וְאֶל־הָעִיר הַזֹּאת conj.-prep.-def.art.-n.f.s. (746)-def.art.-demons.adj. f.s. (260) *and this city*

אֵת כָּל־הַדְּבָרִים dir.obj.-v.supra-def.art.-n.m.p. (182) *all the words*

אֲשֶׁר שְׁמַעְתֶּם rel. (81)-Qal pf. 2 m.p. (שָׁמַע 1033) *you have heard*

26:13

וְעַתָּה conj.-adv. (773) *now therefore*

הֵיטִיבוּ Hi. impv. 2 m.p. (יָטַב 405) *amend*

דַּרְכֵיכֶם n.m.p.-2 m.p. sf. (202) *your ways*

וּמַעַלְלֵיכֶם conj.-n.m.p.-2 m.p. sf. (760) *and your doings*

וְשִׁמְעוּ conj.-Qal impv. 2 m.p. (שָׁמַע 1033) *and obey*

בְּקוֹל יהוה prep.-n.m.s. cstr. (876)-pr.n. (217) *the voice of Yahweh*

אֱלֹהֵיכֶם n.m.p.-2 m.p. sf. (43) *your God*

וְיִנָּחֵם יהוה conj.-Ni. impf. 3 m.s. (נָחַם 636)-pr.n. (217) *and Yahweh will repent*

אֶל־הָרָעָה prep.-def.art.-n.f.s. (949) *of the evil*

אֲשֶׁר דִּבֶּר rel. (81)-Pi. pf. 3 m.s. (180) *which he has pronounced*

עֲלֵיכֶם prep.-2 m.p. sf. *against you*

26:14

וַאֲנִי הִנְנִי conj.-pers.pr. 1 c.s. (58)-demons.part.-1 c.s. sf. (243) *but as for me, behold, I am*

בְּיֶדְכֶם prep.-n.f.s.-2 m.p. sf. (388) *in your hands*

עֲשׂוּ־לִי Qal impv. 2 m.p. (עָשָׂה I 793)-prep.-1 c.s. sf. *do with me*

כַּטּוֹב prep.-def.art.-adj. m.s. (II 373) *as good*

וְכַיָּשָׁר conj.-prep.-def.art.-adj. m.s. (449) *and right*

בְּעֵינֵיכֶם prep.-n.f. du.-2 m.p. sf. (744) *in your eyes*

26:15

אַךְ יָדֹעַ תֵּדְעוּ adv. (36)-Qal inf.abs. (393)-Qal impf. 2 m.p. (יָדַע 393) *only know for certain*

כִּי אִם־מְמִתִים אַתֶּם conj.-hypoth.part. (49)-Hi. ptc. m.p. (מוּת 559)-pers.pr. 2 m.p. (61) *that if you put ... to death*

אֹתִי dir.obj.-1 c.s. sf. *me*

כִּי־דָם נָקִי conj.-n.m.s. (196)-adj. m.s. (667) *innocent blood*

אַתֶּם נֹתְנִים v.supra-Qal act.ptc. m.p. (נָתַן 678) *you will bring*

עֲלֵיכֶם prep.-2 m.p. sf. *upon yourselves*

וְאֶל־הָעִיר הַזֹּאת conj.-prep.-def.art.-n.f.s. (746)-def.art.-demons.adj. f.s. (260) *and upon this city*

וְאֶל־יֹשְׁבֶיהָ conj.-prep.-Qal act.ptc. m.p.-3 f.s. sf. (יָשַׁב 442) *and its inhabitants*

כִּי בֶאֱמֶת conj.-prep.-n.f.s. (54) *for in truth*

שְׁלָחַנִי יהוה Qal pf. 3 m.s.-1 c.s. sf. (1018)-pr.n. (217) *Yahweh sent me*

עֲלֵיכֶם prep.-2 m.p. sf. *to you*

לְדַבֵּר prep.-Pi. inf.cstr. (180) *to speak*

בְּאָזְנֵיכֶם prep.-n.f. du.-2 m.p. sf. (23) *in your ears*

אֵת כָּל־הַדְּבָרִים הָאֵלֶּה dir.obj.-n.m.s. cstr. (481)-def.art.-n.m.p. (182)-def.art.-demons. adj. c.p. (41) *all these words*

26:16

וַיֹּאמְרוּ consec.-Qal impf. 3 m.p. (55) *then said*

הַשָּׂרִים def.art.-n.m.p. (978) *the princes*

וְכָל־הָעָם conj.-n.m.s. cstr. (481)-def.art.-n.m.s. (I 766) *and all the people*

אֶל־הַכֹּהֲנִים prep.-def.art.-n.m.p. (463) *to the priests*

וְאֶל־הַנְּבִיאִים conj.-prep.-def.art.-n.m.p. (611) *and the prophets*

אֵין־לָאִישׁ הַזֶּה subst.cstr. (II 34)-prep.-def.art.-n.m.s. (35)-def.art.-demons.adj. m.s. (260) *this man does not deserve*

מִשְׁפַּט־מָוֶת n.m.s. cstr. (1048)-n.m.s. (560) *a sentence of death*

כִּי בְּשֵׁם יהוה conj.-prep.-n.m.s. cstr. (1027)-pr.n. (217) *for in the name of Yahweh*

אֱלֹהֵינוּ n.m.p.-1 c.p. sf. (43) *our God*

דִּבֶּר אֵלֵינוּ Pi. pf. 3 m.s. (180)-prep.-1 c.p. sf. *he has spoken to us*

26:17

וַיָּקֻמוּ consec.-Qal impf. 3 m.p. (קוּם 877) *and arose*

אֲנָשִׁים n.m.p. (35) *certain*

מִזִּקְנֵי הָאָרֶץ prep.-adj. m.p. cstr. (278)-def.art.-n.f.s. (75) *of the elders of the land*

וַיֹּאמְרוּ consec.-Qal impf. 3 m.p. (55) *and spoke*

אֶל־כָּל־קְהַל הָעָם prep.-n.m.s. cstr. (481)-n.m.s. cstr. (874)-def.art.-n.m.s. (I 766) *to all the assembled people*

לֵאמֹר prep.-Qal inf.cstr. (55) *saying*

26:18

מִיכָה pr.n. (567) *Micah*

הַמּוֹרַשְׁתִּי def.art.-adj.gent. (440) *of Moresheth*

הָיָה נִבָּא Qal pf. 3 m.s. (224)-Ni. ptc. (נבא 612) *prophesied*

בִּימֵי חִזְקִיָּהוּ prep.-n.m.p. cstr. (398)-pr.n. (306) *in the days of Hezekiah*

מֶלֶךְ־יְהוּדָה n.m.s. cstr. (I 572)-pr.n. (397) *king of Judah*

וַיֹּאמֶר consec.-Qal impf. 3 m.s. (55) *and said*

אֶל־כָּל־עַם prep.-n.m.s. cstr. (481)-n.m.s. cstr. (I 766) *to all the people of*

יְהוּדָה v.supra *Judah*

לֵאמֹר prep.-Qal inf.cstr. (55) *saying*

כֹּה־אָמַר adv. (462)-Qal pf. 3 m.s. (55) *thus says*

יהוה צְבָאוֹת pr.n. (217)-pr.n. (838) *Yahweh of hosts*

צִיּוֹן pr.n. (851) *Zion*

שָׂדֶה n.m.s. (961) *as a field*

תֵּחָרֵשׁ Ni. impf. 3 f.s. (חרשׁ I 360) *shall be plowed*

וִירוּשָׁלַיִם conj.-pr.n. (436) *and Jerusalem*

עִיִּים n.m.p. (730) *a heap of ruins*

תִּהְיֶה Qal impf. 3 f.s. (היה 224) *shall become*

וְהַר הַבַּיִת conj.-n.m.s. cstr. (249)-def.art.-n.m.s. (108) *and the mountain of the house*

לְבָמוֹת יָעַר prep.-n.f.p. cstr. (119)-n.m.s. (I 420) *a wooded height*

26:19

הֶהָמֵת הֱמִתֻהוּ interr.-Hi. inf.abs. (מות 559)-Hi. pf. 3 c.p.-3 m.s. sf. (מות 559) *did ... put him to death?*

חִזְקִיָּהוּ מֶלֶךְ־יְהוּדָה pr.n. (306)-n.m.s. cstr. (I 572)-pr.n. (397) *Hezekiah king of Judah*

וְכָל־יְהוּדָה conj.-n.m.s. cstr. (481)-v.supra *and all Judah*

הֲלֹא יָרֵא interr.-neg.-Qal pf. 3 m.s. (431) *did he not fear?*

אֶת־יְהוָה dir.obj.-pr.n. (217) *Yahweh*

וַיְחַל consec.-Pi. impf. 3 m.s. (חלה II 318) *and entreat*

אֶת־פְּנֵי יהוה dir.obj.-n.m.p. cstr. (815)-pr.n. (217) *the favor (lit. face) of Yahweh*

וַיִּנָּחֶם יהוה consec.-Ni. impf. 3 m.s. (נחם 636)-pr.n. (217) *and Yahweh repented*

אֶל־הָרָעָה prep.-def.art.-n.f.s. (949) *of the evil*

אֲשֶׁר־דִּבֶּר rel. (81)-Pi. pf. 3 m.s. (180) *which he had pronounced*

עֲלֵיהֶם prep.-3 m.p. sf. *against them*

וַאֲנַחְנוּ עֹשִׂים conj.-pers.pr. 1 c.p. (59)-Qal act.ptc. m.p. (עשׂה 1793) *but we are about to bring*

רָעָה גְדוֹלָה n.f.s. (949)-adj. f.s. (152) *great evil*

עַל־נַפְשׁוֹתֵינוּ prep.-n.f.p.-1 c.p. sf. (659) *upon ourselves*

26:20

וְגַם־אִישׁ הָיָה conj.-adv. (168)-n.m.s. (35)-Qal pf. 3 m.s. (224) *and there was another man*

מִתְנַבֵּא Hith. ptc. (נבא 612) *who prophesied*

בְּשֵׁם יהוה prep.-n.m.s. cstr. (1027)-pr.n. (217) *in the name of Yahweh*

אוּרִיָּהוּ pr.n. (22) *Uriah*

בֶּן־שְׁמַעְיָהוּ n.m.s. cstr. (119)-pr.n. (1035) *the son of Shemaiah*

מִקִּרְיַת הַיְעָרִים prep.-pr.n.-def.art.-pr.n. (900) *from Kiriath-jearim*

וַיִּנָּבֵא consec.-Ni. impf. 3 m.s. (נבא 612) *and he prophesied*

עַל־הָעִיר הַזֹּאת prep.-def.art.-n.f.s. (746)-def.art.-demons.adj. f.s. (260) *against this city*

וְעַל־הָאָרֶץ הַזֹּאת conj.-prep.-def.art.-n.f.s. (75)-def.art.-demons.adj. f.s. (260) *and against this land*

כְּכֹל דִּבְרֵי prep.-n.m.s. cstr. (481)-n.m.p. cstr. (182) *in words like those of*

יִרְמְיָהוּ pr.n. (941) *Jeremiah*

26:21

וַיִּשְׁמַע consec.-Qal impf. 3 m.s. (שׁמע 1033) *and when ... heard*

הַמֶּלֶךְ־יְהוֹיָקִים def.art.-n.m.s. (I 572)-pr.n. (220) *King Jehoiakim*

וְכָל־גִּבּוֹרָיו conj.-n.m.s. cstr. (481)-n.m.p.-3 m.s. sf. (150) *with all his warriors*

וְכָל־הַשָּׂרִים v.supra-def.art.-n.m.p. (978) *and all the princes*

אֶת־דְּבָרָיו dir.obj.-n.m.p.-3 m.s. sf. (182) *his words*

וַיְבַקֵּשׁ consec.-Pi. impf. 3 m.s. (בקשׁ 134) *sought*

הַמֶּלֶךְ v.supra *the king*

הֲמִיתוֹ Hi. inf.cstr.-3 m.s. sf.(מות 559) *to put him to death*

וַיִּשְׁמַע אוּרִיָּהוּ v.supra-pr.n. (22) *but when Uriah heard*

וַיִּרָא consec.-Qal impf. 3 m.s. (ירא 431) *he was afraid*

וַיִּבְרַח consec.-Qal impf. 3 m.s. (ברח 137) *and fled*

וַיָּבֹא consec.-Qal impf. 3 m.s. (בוא 97) *and escaped to*

מִצְרָיִם pr.n. paus. (595) *Egypt*

26:22

וַיִּשְׁלַח consec.-Qal impf. 3 m.s. (1018) *then sent*

הַמֶּלֶךְ יְהוֹיָקִים def.art.-n.m.s. (I 572)-pr.n. (220) *King Jehoiakim*

אֲנָשִׁים n.m.p. (35) *certain men*

מִצְרָיִם pr.n. paus. (595) *to Egypt*

אֵת אֶלְנָתָן dir.obj.-pr.n. (46) *Elnathan*

בֶּן־עַכְבּוֹר n.m.s. cstr. (119)-pr.n. (747) *the son of Achbor*

וַאֲנָשִׁים conj.-v.supra *and others*

אִתּוֹ prep.-3 m.s. sf. (II 85) *with him*

אֶל־מִצְרָיִם prep.-pr.n. paus. (595) *(to Egypt)*

26:23

וַיּוֹצִיאוּ consec.-Hi. impf. 3 m.p. (יָצָא 422) *and they fetched*

אֶת־אוּרִיָּהוּ dir.obj.-pr.n. (22) *Uriah*

מִמִּצְרַיִם prep.-pr.n. (595) *from Egypt*

וַיְבִאֻהוּ consec.-Hi. impf. 3 m.p.-3 m.s. sf. (בּוֹא 97) *and brought him*

אֶל־הַמֶּלֶךְ יְהוֹיָקִים prep.-def.art.-n.m.s. (I 572) -pr.n. (220) *to King Jehoiakim*

וַיַּכֵּהוּ consec.-Hi. impf. 3 m.s.-3 m.s. sf. (נָכָה 645) *who slew him*

בֶּחָרֶב prep.-def.art.-n.f.s. (352) *with the sword*

וַיַּשְׁלֵךְ consec.-Hi. impf. 3 m.s. (שָׁלַךְ 1020) *and cast*

אֶת־נִבְלָתוֹ dir.obj.-n.f.s.-3 m.s. sf. (615) *his dead body*

אֶל־קִבְרֵי prep.-n.m.p. cstr. (868) *into the burial place of*

בְּנֵי הָעָם n.m.p. cstr. (119)-def.art.-n.m.s. (I 766) *the common people*

26:24

אַךְ יַד adv. (36)-n.f.s. cstr. (388) *but the hand of*

אֲחִיקָם pr.n. (27) *Ahikam*

בֶּן־שָׁפָן n.m.s. cstr. (119)-pr.n. (II 1051) *the son of Shaphan*

הָיְתָה Qal pf. 3 f.s. (הָיָה 224) *was*

אֶת־יִרְמְיָהוּ prep. (II 85)-pr.n. (941) *with Jeremiah*

לְבִלְתִּי תֵּת־אֹתוֹ prep.-neg. (116)-Qal inf.cstr. (נָתַן 678)-dir.obj.-3 m.s. sf. *so that he was not given over*

בְּיַד־הָעָם prep.-n.f.s. cstr. (388)-def.art.-n.m.s. (I 766) *to the people*

לַהֲמִיתוֹ prep.-Hi. inf.cstr.-3 m.s. sf. (מוּת 559) *to be put to death*

27:1

בְּרֵאשִׁית prep.-n.f.s. cstr. (912) *in the beginning of*

מַמְלֶכֶת n.f.s. cstr. (575) *the reign of*

יְהוֹיָקִם pr.n. (220) *Jehoiakim*

בֶּן־יֹאשִׁיָּהוּ n.m.s. cstr. (119)-pr.n. (78) *the son of Josiah*

מֶלֶךְ יְהוּדָה n.m.s. cstr. (I 572)-pr.n. (397) *king of Judah*

הָיָה Qal pf. 3 m.s. (224) *came*

הַדָּבָר הַזֶּה def.art.-n.m.s. (182)-def.art. -demons.adj. m.s. (260) *this word*

אֶל־יִרְמְיָה prep.-pr.n. (941) *to Jeremiah*

מֵאֵת יהוה prep.-prep. (II 85)-pr.n. (217) *from Yahweh*

לֵאמֹר prep.-Qal inf.cstr. (55) *(saying)*

27:2

כֹּה־אָמַר adv. (462)-Qal pf. 3 m.s. (55) *thus ... said*

יהוה pr.n. (217) *Yahweh*

אֵלַי prep.-1 c.s. sf. *to me*

עֲשֵׂה לְךָ Qal impv. 2 m.s. (עָשָׂה I 793)-prep.-2 m.s. sf. *make yourself*

מוֹסֵרוֹת n.m.s. (64) *thongs*

וּמֹטוֹת conj.-n.f.p. (557) *and yoke-bars*

וּנְתַתָּם conj.-Qal pf. 2 m.s.-3 m.p. sf. (נָתַן 678) *and put them*

עַל־צַוָּארֶךָ prep.-n.m.s.-2 m.s. sf. (848) *on your neck*

27:3

וְשִׁלַּחְתָּם conj.-Pi. pf. 2 m.s.-3 m.p. sf. (1018) *send (them)*

אֶל־מֶלֶךְ אֱדוֹם prep.-n.m.s. cstr. (I 572)-pr.n. (10) *to the king of Edom*

וְאֶל־מֶלֶךְ מוֹאָב conj.-prep.-v.supra-pr.n. (555) *the king of Moab*

וְאֶל־מֶלֶךְ בְּנֵי עַמּוֹן v.supra-v.supra-n.m.p. cstr. (119)-pr.n. (769) *the king of the sons of Ammon*

וְאֶל־מֶלֶךְ צֹר v.supra-v.supra-pr.n. (I 862) *the king of Tyre*

וְאֶל־מֶלֶךְ צִידוֹן v.supra-v.supra-pr.n. (850) *and the king of Sidon*

בְּיַד מַלְאָכִים prep.-n.f.s. cstr. (388)-n.m.p. (521) *by the hand of the envoys*

הַבָּאִים def.art.-Qal act.ptc. m.p. (בּוֹא 97) *who have come*

יְרוּשָׁלָ͏ִם pr.n. (436) *to Jerusalem*

אֶל־צִדְקִיָּהוּ prep.-pr.n. (843) *to Zedekiah*

מֶלֶךְ יְהוּדָה v.supra-pr.n. (397) *king of Judah*

27:4

וְצִוִּיתָ אֹתָם conj.-Pi. pf. 2 m.s. (צָוָה 845)-dir. obj.-3 m.p. sf. *give them this charge*

אֶל־אֲדֹנֵיהֶם prep.-n.m.p.-3 m.p. sf. (10) *for their masters*

לֵאמֹר prep.-Qal inf.cstr. (55) *(saying)*

כֹּה־אָמַר adv. (462)-Qal pf. 3 m.s. (55) *thus says*

יהוה צְבָאוֹת pr.n. (217)-pr.n. (838) *Yahweh of hosts*

אֱלֹהֵי יִשְׂרָאֵל n.m.p. cstr. (43)-pr.n. (975) *the God of Israel*

כֹּה תֹאמְרוּ v.supra-Qal impf. 2 m.p. (55) *this is what you shall say*

אֶל־אֲדֹנֵיכֶם v.supra-n.m.p.-2 m.p. sf. (10) *to your masters*

27:5

אָנֹכִי עָשִׂיתִי pers.pr. 1 c.s. (59)-Qal pf. 1 c.s. (I 793 עָשָׂה) *it is I who made*

אֶת־הָאָרֶץ dir.obj.-def.art.-n.f.s. (75) *the earth*

אֶת־הָאָדָם dir.obj.-def.art.-n.m.s. (9) *with the men*

וְאֶת־הַבְּהֵמָה conj.-v.supra-def.art.-n.f.s. (96) *and animals*

אֲשֶׁר עַל־פְּנֵי הָאָרֶץ rel. (81)-prep.-n.m.p. cstr. (815)-def.art.-n.f.s. (75) *that are on the earth*

בְּכֹחִי prep.-n.m.s.-1 c.s. sf. (470) *by my power*

הַגָּדוֹל def.art.-adj. m.s. (152) *great*

וּבִזְרֹעִי conj.-prep.-n.f.s.-1 c.s. sf. (283) *and my arm*

הַנְּטוּיָה def.art.-Qal pass.ptc. f.s. (נָטָה 639) *outstretched*

וּנְתַתִּיהָ conj.-Qal pf. 1 c.s.-3 f.s. sf. (נָתַן 678) *and I give it*

לַאֲשֶׁר יָשַׁר prep.-rel. (81)-Qal pf. 3 m.s. (448) *to whomever it seems right*

בְּעֵינָי prep.-n.f. du.-1 c.s. sf. (744) *to me (in my eyes)*

27:6

וְעַתָּה אָנֹכִי conj.-adv. (773)-pers.pr. 1 c.s. (59) *now I*

נָתַתִּי Qal pf. 1 c.s. (נָתַן 678) *have given*

אֶת־כָּל־הָאֲרָצוֹת הָאֵלֶּה dir.obj.-n.m.s. cstr. (481)-def.art.-n.f.p. (75)-def.art.-demons.adj. c.p. (41) *all these lands*

בְּיַד נְבוּכַדְנֶאצַּר prep.-n.f.s. cstr. (388)-pr.n. (613) *into the hand of Nebuchadnezzar*

מֶלֶךְ־בָּבֶל n.m.s. cstr. (I 572)-pr.n. (93) *the king of Babylon*

עַבְדִּי n.m.s.-1 c.s. sf. (713) *my servant*

וְגַם conj.-adv. (168) *and also*

אֶת־חַיַּת הַשָּׂדֶה dir.obj.-n.f.s. cstr. (I 312)-def.art.-n.m.s. (961) *the beasts of the field*

נָתַתִּי לוֹ v.supra-prep.-3 m.s. sf. *I have given him*

לְעָבְדוֹ prep.-Qal inf.cstr.-3 m.s. sf. (עָבַד 712) *to serve him*

27:7

וְעָבְדוּ אֹתוֹ conj.-Qal pf. 3 c.p. (712)-dir.obj.-3 m.s. sf. *and shall serve him*

כָּל־הַגּוֹיִם n.m.s. cstr. (481)-def.art.-n.m.p. (156) *all the nations*

וְאֶת־בְּנוֹ conj.-dir.obj.-n.m.s.-3 m.s. sf. (119) *and his son*

וְאֶת־בֶּן־בְּנוֹ v.supra-n.m.s. cstr. (119)-n.m.s.-3 m.s. sf. (119) *and his grandson*

עַד בֹּא־ prep. (III 723)-Qal inf.cstr. (בּוֹא 97) *until the coming of*

עֵת אַרְצוֹ n.f.s. cstr. (773)-n.f.s.-3 m.s. sf. (75) *the time of his own land*

גַּם־הוּא adv. (168)-pers. pr. 3 m.s. (214) *(also he)*

וְעָבְדוּ בוֹ conj.-Qal pf. 3 c.p. (עָבַד 712)-prep.-3 m.s. sf. *then shall make him their slave*

גּוֹיִם רַבִּים n.m.p. (156)-adj. m.p. (I 912) *many nations*

וּמְלָכִים גְּדֹלִים conj.-n.m.p. (I 572)-adj. m.p. (152) *and great kings*

27:8

וְהָיָה הַגּוֹי conj.-Qal pf. 3 m.s. (224)-def.art. -n.m.s. (156) *but if any nation*

וְהַמַּמְלָכָה conj.-def.art.-n.f.s. (575) *or kingdom*

אֲשֶׁר לֹא־יַעַבְדוּ rel. (81)-neg.-Qal impf. 3 m.p. (712 עָבַד) *will not serve*

אֹתוֹ אֶת־נְבוּכַדְנֶאצַּר dir.obj.-3 m.s. sf.-dir.obj. -pr.n. (613) *this Nebuchadnezzar*

מֶלֶךְ־בָּבֶל n.m.s. cstr. (I 572)-pr.n. (93) *king of Babylon*

וְאֵת אֲשֶׁר לֹא־יִתֵּן conj.-dir.obj.-rel. (81)-neg. -Qal impf. 3 m.s. (נָתַן 678) *and put*

אֶת־צַוָּארוֹ dir.obj.-n.m.s.-3 m.s. sf. (848) *its neck*

בְּעֹל prep.-n.m.s. cstr. (760) *under the yoke of*

מֶלֶךְ בָּבֶל v.supra-v.supra *the king of Babylon*

בַּחֶרֶב prep.-def.art.-n.f.s. (352) *with the sword*

וּבָרָעָב conj.-prep.-def.art.-n.m.s. (944) *and with famine*

וּבַדֶּבֶר conj.-prep.-def.art.-n.m.s. (184) *and with pestilence*

אֶפְקֹד Qal impf. 1 c.s. (פָּקַד 823) *I will punish*

עַל־הַגּוֹי הַהוּא prep.-def.art.-n.m.s. (156)-def.art. -demons.adj. m.s. (214) *that nation*

319

נְאֻם־יְהוָה n.m.s. cstr. (610)-pr.n. (217) *says Yahweh*

עַד־תֻּמִּי prep. (III 723)-Qal inf.cstr.-1 c.s. sf. (תָּמַם 1070) *until I have consumed*

אֹתָם dir.obj.-3 m.p. sf. *it*

בְּיָדוֹ prep.-n.f.s.-3 m.s. sf. (388) *by his hand*

27:9

וְאַתֶּם אַל־תִּשְׁמְעוּ conj.-pers.pr. 2 m.p. (61)-neg. -Qal impf. 2 m.p. (שָׁמַע 1033) *so do not listen*

אֶל־נְבִיאֵיכֶם prep.-n.m.p.-2 m.p. sf. (611) *to your prophets*

וְאֶל־קֹסְמֵיכֶם conj.-prep.-Qal act.ptc. m.p.-2 m.p. sf. (קָסַם 890) *your diviners*

וְאֶל חֲלֹמֹתֵיכֶם v.supra-n.m.p.-2 m.p. sf. (321) *your dreams*

וְאֶל־עֹנְנֵיכֶם v.supra-Po. ptc. m.p.-2 m.p. sf. (עָנַן 778) *your soothsayers*

וְאֶל־כַּשָּׁפֵיכֶם v.supra-n.m.p.-2 m.p. sf. (506) *or your sorcerers*

אֲשֶׁר הֵם אֹמְרִים rel. (81)-pers.pr. 3 m.p. (241) -Qal act.ptc. m.p. (55) *who are saying*

אֲלֵיכֶם prep.-2 m.p. sf. *to you*

לֵאמֹר prep.-Qal inf.cstr. (55) *(saying)*

לֹא תַעַבְדוּ neg.-Qal impf. 2 m.p. (עָבַד 712) *you shall not serve*

אֶת־מֶלֶךְ בָּבֶל dir.obj.-n.m.s. cstr. (I 572)-pr.n. (93) *the king of Babylon*

27:10

כִּי שֶׁקֶר conj.-n.m.s. (1055) *for it is a lie*

הֵם נִבְּאִים pers.pr. 3 m.p. (241)-Ni. ptc. m.p. (נָבָא 612) *which they are prophesying*

לָכֶם prep.-2 m.p. sf. *to you*

לְמַעַן הַרְחִיק prep. (775)-Hi. inf.cstr. (רָחַק 934) *with the result that ... will be removed far*

אֶתְכֶם dir.obj.-2 m.p. sf. *you*

מֵעַל אַדְמַתְכֶם prep.-prep.-n.f.s.-2 m.p. sf. (9) *from your land*

וְהִדַּחְתִּי אֶתְכֶם conj.-Hi. pf. 1 c.s. (נָדַח 623) -v.supra *and I will drive you out*

וַאֲבַדְתֶּם conj.-Qal pf. 2 m.p. (אָבַד 1) *and you will perish*

27:11

וְהַגּוֹי conj.-def.art.-n.m.s. (156) *but any nation*

אֲשֶׁר יָבִיא rel. (81)-Hi. impf. 3 m.s. (בּוֹא 97) *which will bring*

אֶת־צַוָּארוֹ dir.obj.-n.m.s.-3 m.s. sf. (848) *its neck*

בְּעֹל prep.-n.m.s. cstr. (760) *under the yoke of*

מֶלֶךְ־בָּבֶל n.m.s. cstr. (I 572)-pr.n. (93) *the king of Babylon*

וַעֲבָדוֹ conj.-Qal pf. 3 m.s.-3 m.s. sf. (עָבַד 712) *and serve him*

וְהִנַּחְתִּיו conj.-Hi. pf. 1 c.s.-3 m.s. sf. (נוּח 628) *and I will leave*

עַל־אַדְמָתוֹ prep.-n.f.s.-3 m.s. sf. (9) *on its own land*

נְאֻם־יְהוָה n.m.s. cstr. (610)-pr.n. (217) *says Yahweh*

וַעֲבָדָהּ conj.-Qal pf. 3 m.s.-3 f.s. sf. (עָבַד 712) *to till it*

וְיָשַׁב בָּהּ conj.-Qal pf. 3 m.s. (442)-prep.-3 f.s. sf. *and dwell there (in it)*

27:12

וְאֶל־צִדְקִיָּה conj.-prep.-pr.n. (843) *to Zedekiah*

מֶלֶךְ־יְהוּדָה n.m.s. cstr. (I 572)-pr.n. (397) *king of Judah*

דִּבַּרְתִּי Pi. pf. 1 c.s. (דָּבַר 180) *I spoke*

כְּכָל־הַדְּבָרִים הָאֵלֶּה prep.-n.m.s. cstr. (481) -def.art.-n.m.p. (182)-def.art.-demons. adj. c.p. (41) *in like manner (according to these words)*

לֵאמֹר prep.-Qal inf.cstr. (55) *(saying)*

הָבִיאוּ Hi. impv. 2 m.p. (בּוֹא 97) *bring*

אֶת־צַוְּארֵיכֶם dir.obj.-n.m.p.-2 m.p. sf. (848) *your necks*

בְּעֹל prep.-n.m.s. cstr. (760) *under the yoke of*

מֶלֶךְ־בָּבֶל n.m.s. cstr. (I 572)-pr.n. (93) *the king of Babylon*

וְעִבְדוּ conj.-Qal impv. 2 m.p. (עָבַד 712) *and serve*

אֹתוֹ dir.obj.-3 m.s. sf. *him*

וְעַמּוֹ conj.-n.m.s.-3 m.s. sf. (I 766) *and his people*

וִחְיוּ conj.-Qal impv. 2 m.p. (חָיָה 310) *and live*

27:13

לָמָּה prep.-interr. (552) *why*

תָּמוּתוּ אַתָּה Qal impf. 2 m.p. (מוּת 559)-pers.pr. 2 m.s. (61) *will you die*

וְעַמֶּךָ conj.-n.m.s.-2 m.s. sf. (I 766) *and your people*

בַּחֶרֶב prep.-def.art.-n.f.s. (352) *by the sword*

בָּרָעָב prep.-def.art.-n.m.s. (944) *by famine*

וּבַדֶּבֶר conj.-prep.-def.art.-n.m.s. paus. (184) *and by pestilence*

כַּאֲשֶׁר דִּבֶּר prep.-rel. (81)-Pi. pf. 3 m.s. (180) *as has spoken*

יְהוָה pr.n. (217) *Yahweh*

אֶל־הַגּוֹי prep.-def.art.-n.m.s. (156) *concerning any nation*

אֲשֶׁר לֹא־יַעֲבֹד rel. (81)-neg.-Qal impf. 3 m.s. (712 עָבַד) *which will not serve*

אֶת־מֶלֶךְ בָּבֶל dir.obj.-n.m.s. cstr. (I 572)-pr.n. (93) *the king of Babylon*

27:14

וְאַל־תִּשְׁמְעוּ conj.-neg.-Qal impf. 2 m.p. (שָׁמַע 1033) *do not listen*

אֶל־דִּבְרֵי prep.-n.m.p. cstr. (182) *to the words of*

הַנְּבִאִים def.art.-n.m.p. (611) *the prophets*

הָאֹמְרִים def.art.-Qal act.ptc. m.p. (55) *who are saying*

אֲלֵיכֶם prep.-2 m.p. sf. *to you*

לֵאמֹר prep.-Qal inf.cstr. (55) *(saying)*

לֹא תַעַבְדוּ neg.-Qal impf. 2 m.p. (עָבַד 712) *you shall not serve*

אֶת־מֶלֶךְ בָּבֶל dir.obj.-n.m.s. cstr. (I 572)-pr.n. (93) *the king of Babylon*

כִּי שֶׁקֶר conj.-n.m.s. (1055) *for a lie*

הֵם נִבְּאִים pers.pr. 3 m.p. (241)-Ni. ptc. m.p. (נָבָא 612) *they are prophesying*

לָכֶם prep.-2 m.p. sf. *to you*

27:15

כִּי לֹא שְׁלַחְתִּים conj.-neg.-Qal pf. 1 c.s.-3 m.p. sf. (שָׁלַח 1018) *for I have not sent them*

נְאֻם־יְהוָה n.m.s. cstr. (610)-pr.n. (217) *says Yahweh*

וְהֵם נִבְּאִים conj.-pers.pr. 3 m.p. (241)-Ni. ptc. m.p. (נָבָא 612) *but they are prophesying*

בִּשְׁמִי prep.-n.m.s.-1 c.s. sf. (1027) *in my name*

לַשָּׁקֶר prep.-def.art.-n.m.s. paus. (1055) *falsely*

לְמַעַן הַדִּיחִי prep. (775)-Hi. inf.cstr.-1 c.s. sf. (623 נָדַח; LXX, V rd. הַדִּיחַ) *with the result that I will drive out*

אֶתְכֶם dir.obj.-2 m.p. sf. *you*

וַאֲבַדְתֶּם אַתֶּם conj.-Qal pf. 2 m.p. (אָבַד 1)-pers.pr. 2 m.p. (61) *and you will perish*

וְהַנְּבִאִים conj.-def.art.-n.m.p. (611) *and the prophets*

הַנִּבְּאִים def.art.-Ni. ptc. m.p. (612) *who are prophesying*

לָכֶם prep.-2 m.p. sf. *to you*

27:16

וְאֶל־הַכֹּהֲנִים conj.-prep.-def.art.-n.m.p. (463) *then to the priests*

וְאֶל־כָּל־הָעָם הַזֶּה conj.-prep.-n.m.s. cstr. (481)-def.art.-n.m.s. (I 766)-def.art. -demons.adj. m.s. (260) *and to all this people*

דִּבַּרְתִּי Pi. pf. 1 c.s. (דָּבַר 180) *I spoke*

לֵאמֹר prep.-Qal inf.cstr. (55) *saying*

כֹּה אָמַר adv. (462)-Qal pf. 3 m.s. (55) *thus says*

יְהוָה pr.n. (217) *Yahweh*

אַל־תִּשְׁמְעוּ neg.-Qal impf. 2 m.p. (שָׁמַע 1033) *do not listen*

אֶל־דִּבְרֵי prep.-n.m.p. cstr. (182) *to the words of*

נְבִיאֵיכֶם n.m.p.-2 m.p. sf. (611) *your prophets*

הַנִּבְּאִים def.art.-Ni. ptc. m.p. (נָבָא 612) *who are prophesying*

לָכֶם prep.-2 m.p. sf. *to you*

לֵאמֹר v.supra *saying*

הִנֵּה demons.part. (243) *behold*

כְּלֵי n.m.p. cstr. (479) *the vessels of*

בֵית־יְהוָה n.m.s. cstr. (108)-pr.n. (217) *the house of Yahweh*

מוּשָׁבִים Ho. ptc. m.p. (שׁוּב 996) *will be brought back*

מִבָּבֶלָה prep.-pr.n.-dir.he (93; GK 90e) *from Babylon*

עַתָּה adv. (773) *now*

מְהֵרָה n.f.s. as adv. (555) *shortly*

כִּי שֶׁקֶר conj.-n.m.s. (1055) *for it is a lie*

הֵמָּה נִבְּאִים pers.pr. 3 m.p. (241)-Ni. ptc. m.p. (612 נָבָא) *they are prophesying*

לָכֶם prep.-2 m.p. sf. *to you*

27:17

אַל־תִּשְׁמְעוּ neg.-Qal impf. 2 m.p. (שָׁמַע 1033) *do not listen*

אֲלֵיהֶם prep.-3 m.p. sf. *to them*

עִבְדוּ Qal impv. 2 m.p. (עָבַד 712) *serve*

אֶת־מֶלֶךְ בָּבֶל dir.obj.-n.m.s. cstr. (I 572)-pr.n. (93) *the king of Babylon*

וִחְיוּ conj.-Qal impv. 2 m.p. (חָיָה 310) *and live*

לָמָּה prep.-interr. (552) *why*

תִהְיֶה Qal impf. 3 f.s. (הָיָה 224) *should become*

הָעִיר הַזֹּאת def.art.-n.f.s. (746)-def.art.-demons. adj. f.s. (260) *this city*

חָרְבָּה n.f.s. (352) *a desolation*

27:18

וְאִם־נְבִאִים הֵם conj.-hypoth.part. (49)-n.m.p. (611)-pers.pr. 3 m.p. (241) *and if they are prophets*

וְאִם־יֵשׁ v.supra-subst.cstr. (441) *and if ... is*

דְּבַר־יְהוָה n.m.s. cstr. (182)-pr.n. (217) *the word of Yahweh*

אִתָּם prep.-3 m.p. sf. (II 85) *with them*

יִפְגְּעוּ־נָא Qal impf. 3 m.p. (פָּגַע 803)-part. of entreaty (609) *then let them intercede*

בַּיהוה צְבָאוֹת prep.-pr.n. (217)-pr.n. (838) *with Yahweh of hosts*

לְבִלְתִּי־בָאוּ prep.-neg. (116)-Qal pf. 3 c.p. (בוא 97; GK 72o, 76g, 152x) *that may not go*

הַכֵּלִים def.art.-n.m.p. (479) *the vessels*

הַנּוֹתָרִים def.art.-Ni. ptc. m.p. (יתר 451) *which are left*

בְּבֵית־יהוה prep.-n.m.s. cstr. (108)-pr.n. (217) *in the house of Yahweh*

וּבֵית מֶלֶךְ conj.-v.supra-n.m.s. cstr. (I 572) *and in the house of the king of*

יְהוּדָה pr.n. (397) *Judah*

וּבִירוּשָׁלָ͏ִם conj.-prep.-pr.n. (436) *and in Jerusalem*

בָּבֶלָה pr.n.-dir.he (93) *to Babylon*

27:19

כִּי כֹה אָמַר conj.-adv. (462)-Qal pf. 3 m.s. (55) *for thus says*

יהוה צְבָאוֹת pr.n. (217)-pr.n. (838) *Yahweh of hosts*

אֶל־הָעַמֻּדִים prep.-def.art.-n.m.p. (765) *concerning the pillars*

וְעַל־הַיָּם conj.-prep.-def.art.-n.m.s. (410) *the sea*

וְעַל־הַמְּכֹנוֹת v.supra-def.art.-n.f.p. (467) *the stands*

וְעַל יֶתֶר הַכֵּלִים v.supra-n.m.s. cstr. (451)-def.art. -n.m.p. (479) *and the rest of the vessels*

הַנּוֹתָרִים def.art.-Ni. ptc. m.p. (451) *which are left*

בָּעִיר הַזֹּאת prep.-def.art.-n.f.s. (746)-def.art. -demons.adj. f.s. (260) *in this city*

27:20

אֲשֶׁר לֹא־לְקָחָם rel. (81)-neg.-Qal pf. 3 m.s.-3 m.p. sf. (לקח 542) *which ... did not take away (them)*

נְבוּכַדְנֶאצַּר pr.n. (613) *Nebuchadnezzar*

מֶלֶךְ בָּבֶל n.m.s. cstr. I 572)-pr.n. (93) *king of Babylon*

בַּגְלוֹתוֹ prep.-Qal inf.cstr.-3 m.s. sf. (גלה 162; GK 53q) *when he took into exile*

אֶת־יְכָנְיָה dir.obj.-pr.n. (467) *Jeconiah*

בֶּן־יְהוֹיָקִים n.m.s. cstr. (119)-pr.n. (220) *the son of Jehoiakim*

מֶלֶךְ־יְהוּדָה n.m.s. cstr. (I 572)-pr.n. (397) *king of Judah*

מִירוּשָׁלַ͏ִם prep.-pr.n. (436) *from Jerusalem*

בָּבֶלָה pr.n.-dir.he (93) *to Babylon*

וְאֵת כָּל־ conj.-dir.obj.-n.m.s. cstr. (481) *and all*

חֹרֵי יְהוּדָה n.m.p. cstr. (II 359)-pr.n. (397) *the nobles of Judah*

וִירוּשָׁלָ͏ִם conj.-pr.n. (436) *and Jerusalem*

27:21

כִּי כֹה אָמַר conj.-adv. (462)-Qal pf. 3 m.s. (55) *for thus says*

יהוה צְבָאוֹת pr.n. (217)-pr.n. (838) *Yahweh of hosts*

אֱלֹהֵי יִשְׂרָאֵל n.m.p. cstr. (43)-pr.n. (975) *the God of Israel*

עַל־הַכֵּלִים prep.-def.art.-n.m.p. (479) *concerning the vessels*

הַנּוֹתָרִים def.art.-Ni. ptc. m.p. (יתר 451) *which are left*

בֵּית יהוה n.m.s. cstr. (108)-pr.n. (217) *in the house of Yahweh*

וּבֵית conj.-v.supra *and in the house of*

מֶלֶךְ־יְהוּדָה n.m.s. cstr. (I 572)-pr.n. (397) *the king of Judah*

וִירוּשָׁלָ͏ִם conj.-pr.n. paus. (436) *and in Jerusalem*

27:22

בָּבֶלָה prep.-dir.he (93) *to Babylon*

יוּבָאוּ Ho. impf. 3 m.p. (בוא 97) *they shall be carried*

וְשָׁמָּה conj.-adv.-dir.he (1027) *and there*

יִהְיוּ Qal impf. 3 m.p. (היה 224) *remain*

עַד יוֹם prep. (III 723)-n.m.s. cstr. (398) *until the day when*

פָּקְדִי Qal inf.cstr.-1 c.s. sf. (פקד 823) *I give attention to*

אֹתָם dir.obj.-3 m.p. sf. *them*

נְאֻם־יהוה n.m.s. cstr. (610)-pr.n. (217) *says Yahweh*

וְהַעֲלִיתִים conj.-Hi. pf. 1 c.s.-3 m.p. sf. (עלה 748) *then I will bring them back*

וַהֲשִׁיבֹתִים conj.-Hi. pf. 1 c.s.-3 m.p. sf. (שוב 996) *and restore them*

אֶל־הַמָּקוֹם הַזֶּה prep.-def.art.-n.m.s. (879)-def. art.-demons.adj. m.s. (260) *to this place*

28:1

וַיְהִי בַּשָּׁנָה הַהִיא consec.-Qal impf. 3 m.s. (היה 224)-prep.-def.art.-n.f.s. (1040)-def.art. -demons.adj. f.s. (214) *and in that same year*

בְּרֵאשִׁית prep.-n.f.s. cstr. (912) *at the beginning of*

מַמְלֶכֶת n.f.s. cstr. (575) *the reign of*

צִדְקִיָּה pr.n. (843) *Zedekiah*

מֶלֶךְ־יְהוּדָה n.m.s. cstr. (I 572)-pr.n. (397) *king of Judah*

בַּשָּׁנָה הָרְבִעִית prep.-def.art.-n.f.s. (1040; Qere rd. בִּשְׁנַת)-def.art.-num. adj. f.s. (917) *in the fourth year*

בַּחֹדֶשׁ הַחֲמִישִׁי prep.-def.art.-n.m.s. (II 294)-def.art.-num. adj. (332) *in the fifth month*

אָמַר אֵלַי Qal pf. 3 m.s. (55)-prep.-1 c.s. sf. *spoke to me*

חֲנַנְיָה pr.n. (337) *Hananiah*

בֶּן־עַזּוּר n.m.s. cstr. (119)-pr.n. (741) *the son of Azzur*

הַנָּבִיא def.art.-n.m.s. (611) *the prophet*

אֲשֶׁר מִגִּבְעוֹן rel. (81)-prep.-pr.n. (149) *from Gibeon*

בְּבֵית יהוה prep.-n.m.s. cstr. (108)-pr.n. (217) *in the house of Yahweh*

לְעֵינֵי הַכֹּהֲנִים prep.-n.f. du. cstr. (744)-def.art.-n.m.p. (463) *in the presence of the priests*

וְכָל־הָעָם conj.-n.m.s. cstr. (481)-def.art.-n.m.s. (I 766) *and all the people*

לֵאמֹר prep.-Qal inf.cstr. (55) *saying*

28:2

כֹּה־אָמַר adv. (462)-Qal pf. 3 m.s. (55) *thus says*

יהוה צְבָאוֹת pr.n. (217)-pr.n. (838) *Yahweh of hosts*

אֱלֹהֵי יִשְׂרָאֵל n.m.p. cstr. (43)-pr.n. (975) *the God of Israel*

לֵאמֹר prep.-Qal inf.cstr. (55) *(saying)*

שָׁבַרְתִּי Qal pf. 1 c.s. (שָׁבַר 990) *I have broken*

אֶת־עֹל dir.obj.-n.m.s. cstr. (760) *the yoke of*

מֶלֶךְ בָּבֶל n.m.s. cstr. (I 572)-pr.n. (93) *the king of Babylon*

28:3

בְּעוֹד שְׁנָתַיִם יָמִים prep.-adv. (728)-n.f. du. (1040)-n.m.p. (398) *within two years (days)*

אֲנִי מֵשִׁיב pers.pr. 1 c.s. (58)-Hi. ptc. (שׁוּב 996) *I will bring back*

אֶל־הַמָּקוֹם הַזֶּה prep.-def.art.-n.m.s. (879)-def.art.-demons.adj. m.s. (260) *to this place*

אֶת־כָּל־כְּלֵי dir.obj.-n.m.s. cstr. (481)-n.m.p. cstr. (479) *all the vessels of*

בֵּית יהוה n.m.s. cstr. (108)-pr.n. (217) *the house of Yahweh*

אֲשֶׁר לָקַח rel. (81)-Qal pf. 3 m.s. (542) *which took*

נְבוּכַדְנֶאצַּר pr.n. (613) *Nebuchadnezzar*

מֶלֶךְ־בָּבֶל n.m.s. cstr. (I 572)-pr.n. (93) *king of Babylon*

מִן־הַמָּקוֹם הַזֶּה prep.-def.art.-n.m.p. (879)-def.art.-demons.adj. m.s. (260) *from this place*

וַיְבִיאֵם consec.-Hi. impf. 3 m.s.-3 m.p. sf. (בּוֹא 97) *and carried them*

בָּבֶל pr.n. (93) *to Babylon*

28:4

וְאֶת־יְכָנְיָה conj.-dir.obj.-pr.n. (467) *and Jeconiah*

בֶּן־יְהוֹיָקִים n.m.s. cstr. (119)-pr.n. (220) *the son of Jehoiakim*

מֶלֶךְ־יְהוּדָה n.m.s. cstr. (I 572)-pr.n. (397) *king of Judah*

וְאֶת־כָּל־גָּלוּת conj.-dir.obj.-n.m.s. cstr. (481)-n.f.s. cstr. (163) *and all the exiles from*

יְהוּדָה v.supra *Judah*

הַבָּאִים def.art.-Qal act.ptc. m.p. (בּוֹא 97) *who went*

בָּבֶלָה pr.n.-dir.he (93) *to Babylon*

אֲנִי מֵשִׁיב pers.pr. 1 c.s. (58)-Hi. ptc. (שׁוּב 996) *I will bring back*

אֶל־הַמָּקוֹם הַזֶּה prep.-def.art.-n.m.s. (879)-def.art.-demons.adj. m.s. (260) *to this place*

נְאֻם־יהוה n.m.s. cstr. (610)-pr.n. (217) *says Yahweh*

כִּי אֶשְׁבֹּר conj.-Qal impf. 1 c.s. (שָׁבַר 990) *for I will break*

אֶת־עֹל dir.obj.-n.m.s. cstr. (760) *the yoke of*

מֶלֶךְ בָּבֶל n.m.s. cstr. (I 572)-pr.n. (93) *the king of Babylon*

28:5

וַיֹּאמֶר consec.-Qal impf. 3 m.s. (55) *then spoke*

יִרְמְיָה pr.n. (941) *Jeremiah*

הַנָּבִיא def.art.-n.m.s. (611) *the prophet*

אֶל־חֲנַנְיָה הַנָּבִיא prep.-pr.n. (337)-v.supra *to Hananiah the prophet*

לְעֵינֵי הַכֹּהֲנִים prep.-n.f. du. cstr. (744)-def.art.-n.m.p. (463) *in the presence (the eyes of) the priests*

וּלְעֵינֵי כָל־הָעָם conj.-v.supra-n.m.s. cstr. (481)-def.art.-n.m.s. (I 766) *and all the people*

הָעֹמְדִים def.art.-Qal act.ptc. m.p. (עָמַד 763) *who were standing*

בְּבֵית יהוה prep.-n.m.s. cstr. (108)-pr.n. (217) *in the house of Yahweh*

28:6

וַיֹּאמֶר יִרְמְיָה consec.-Qal impf. 3 m.s. (55)-pr.n. (941) *and Jeremiah said*

הַנָּבִיא def.art.-n.m.s. (611) *the prophet*

אָמֵן adv. (53) *Amen*

כֵּן יַעֲשֶׂה adv. (485)-Qal impf. 3 m.s. (עָשָׂה I 793) *may ... do so*

323

יהוה pr.n. (217) *Yahweh*

יָקֵם יהוה Hi. impf. 3 m.s. apoc. (קום 877)-pr.n. (217) *may Yahweh make ... come true*

אֶת־דְּבָרֶיךָ dir.obj.-n.m.p.-2 m.s. sf. (182) *your words*

אֲשֶׁר נִבֵּאתָ rel. (81)-Ni. pf. 2 m.s. (נבא 612) *which you have prophesied*

לְהָשִׁיב prep.-Hi. inf.cstr. (שוב 996) *and bring back*

כְּלֵי n.m.p. cstr. (479) *the vessels of*

בֵית־יהוה n.m.s. cstr. (108)-pr.n. (217) *the house of Yahweh*

וְכָל־הַגּוֹלָה conj.-n.m.s. cstr. (481)-def.art.-n.f.s. (163) *and all the exiles*

מִבָּבֶל prep.-pr.n. (93) *from Babylon*

אֶל־הַמָּקוֹם הַזֶּה prep.-def.art.-n.m.s. (879)-def.art.-demons.adj. m.s. (260) *to this place*

28:7

אַךְ־שְׁמַע־נָא adv. (36)-Qal impv. 2 m.s. (1033)-part. of entreaty (609) *yet hear now*

הַדָּבָר הַזֶּה def.art.-n.m.s. (182)-def.art.-demons.adj. m.s. (260) *this word*

אֲשֶׁר אָנֹכִי דֹבֵר rel. (81)-pers.pr. 1 c.s. (59)-Qal act. ptc. (דבר 180) *which I speak*

בְּאָזְנֶיךָ prep.-n.f. du.-2 m.s. sf. (23) *in your hearing*

וּבְאָזְנֵי conj.-prep.-n.f. du. cstr. (23) *and in the hearing of*

כָּל־הָעָם n.m.s. cstr. (481)-def.art.-n.m.s. (I 766) *all the people*

28:8

הַנְּבִיאִים def.art.-n.m.p. (611) *the prophets*

אֲשֶׁר הָיוּ לְפָנַי rel. (81)-Qal pf. 3 c.p. (היה 224)-prep.-n.m.p.-1 c.s. sf. (815) *who preceded me (were before me)*

וּלְפָנֶיךָ conj.-prep.-n.m.p.-2 m.s. sf. (815) *and you*

מִן־הָעוֹלָם prep.-def.art.-n.m.s. (761) *from ancient times*

וַיִּנָּבְאוּ consec.-Ni. impf. 3 m.p. (נבא 612) *prophesied*

אֶל־אֲרָצוֹת רַבּוֹת prep.-n.f.p. (75)-adj. f.p. (I 912) *against many countries*

וְעַל־מַמְלָכוֹת גְּדֹלוֹת conj.-prep.-n.f.p. (575)-adj. f.p. (152) *and great kingdoms*

לְמִלְחָמָה prep.-n.f.s. (536) *war*

וּלְרָעָה conj.-prep.-n.f.s. (949) *evil* (mlt.mss. rd. וּלְרָעָב *famine*)

וּלְדָבֶר conj.-prep.-n.m.s. paus. (184) *and pestilence*

28:9

הַנָּבִיא def.art.-n.m.s. (611) *as for the prophet*

אֲשֶׁר יִנָּבֵא rel. (81)-Ni. impf. 3 m.s. (נבא 612) *who prophesies*

לְשָׁלוֹם prep.-n.m.s. (1022) *peace*

בְּבֹא prep.-Qal inf.cstr. (בוא 97) *when comes to pass*

דְּבַר הַנָּבִיא n.m.s. cstr. (182)-def.art.-n.m.s. (611) *the word of that prophet*

יִוָּדַע הַנָּבִיא Ni. impf. 3 m.s. (ידע 393)-def.art.-n.m.s. (611) *then the prophet will be known*

אֲשֶׁר־שְׁלָחוֹ rel. (81)-Qal pf. 3 m.s.-3 m.s. sf. (1018) *that ... has sent him*

יהוה pr.n. (217) *Yahweh*

בֶּאֱמֶת prep.-n.f.s. (54) *truly*

28:10

וַיִּקַּח consec.-Qal impf. 3 m.s. (לקח 542) *then took*

חֲנַנְיָה הַנָּבִיא pr.n. (337)-def.art.-n.m.s. (611) *Hananiah the prophet* (LXX omits הַנָּבִיא)

אֶת־הַמּוֹטָה dir.obj.-def.art.-n.f.s. (557) *the yoke-bars*

מֵעַל צַוַּאר prep.-prep.-n.m.s. cstr. (848) *from the neck of*

יִרְמְיָה pr.n. (941) *Jeremiah*

הַנָּבִיא def.art.-n.m.s. (611) *the prophet*

וַיִּשְׁבְּרֵהוּ consec.-Qal impf. 3 m.s.-3 m.s. sf. (שבר 990) *and broke them*

28:11

וַיֹּאמֶר חֲנַנְיָה consec.-Qal impf. 3 m.s. (55)-pr.n. (337) *and Hananiah spoke*

לְעֵינֵי prep.-n.f. du. cstr. (744) *in the presence of*

כָל־הָעָם n.m.s. cstr. (481)-def.art.-n.m.s. (I 766) *all the people*

לֵאמֹר prep.-Qal inf.cstr. (55) *saying*

כֹּה אָמַר adv. (462)-Qal pf. 3 m.s. (55) *thus says*

יהוה pr.n. (217) *Yahweh*

כָּכָה אֶשְׁבֹּר adv. (462)-Qal impf. 1 c.s. (שבר 990) *even so will I break*

אֶת־עֹל dir.obj.-n.m.s. cstr. (760) *the yoke of*

נְבֻכַדְנֶאצַר pr.n. (613) *Nebuchadnezzar*

מֶלֶךְ־בָּבֶל n.m.s. cstr. (I 572)-pr.n. (93) *king of Babylon*

בְּעוֹד שְׁנָתַיִם יָמִים prep.-adv. (728)-n.f. du. (1040)-n.m.p. (398) *within two years*

מֵעַל־צַוַּאר prep.-prep.-n.m.s. cstr. (848) *from the neck of*

כָּל־הַגּוֹיִם n.m.s. cstr. (481)-def.art.-n.m.p. (156) *all the nations*

וַיֵּלֶךְ consec.-Qal impf. 3 m.s. (הָלַךְ 229) *but went*

יִרְמְיָה הַנָּבִיא pr.n. (941)-def.art.-n.m.s. (611) *Jeremiah the prophet*

לְדַרְכּוֹ prep.-n.m.s.-3 m.s. sf. (202) *his way*

28:12

וַיְהִי consec.-Qal impf. 3 m.s. (הָיָה 224) *then came*

דְּבַר־יְהוָה n.m.s. cstr. (182)-pr.n. (217) *the word of Yahweh*

אֶל־יִרְמְיָה prep.-pr.n. (941) *to Jeremiah*

אַחֲרֵי שְׁבוֹר prep. cstr. (29)-Qal inf.cstr. (990) *after had broken*

חֲנַנְיָה הַנָּבִיא pr.n. (337)-def.art.-n.m.s. (611) *Hanaiah the prophet*

אֶת־הַמּוֹטָה dir.obj.-def.art.-n.f.s. (557) *the yoke-bars*

מֵעַל צַוַּאר prep.-prep.-n.m.s. cstr. (848) *off the neck of*

יִרְמְיָה הַנָּבִיא pr.n. (941)-v.supra *Jeremiah the prophet*

לֵאמֹר prep.-Qal inf.cstr. (55) *(saying)*

28:13

הָלוֹךְ Qal inf.abs. (הָלַךְ 229) *go*

וְאָמַרְתָּ conj.-Qal pf. 2 m.s. (55) *tell*

אֶל־חֲנַנְיָה prep.-pr.n. (337) *Hananiah*

לֵאמֹר prep.-Qal inf.cstr. (55) *(saying)*

כֹּה אָמַר יְהוָה adv. (462)-Qal pf. 3 m.s. (55)-pr.n. (217) *thus says Yahweh*

מוֹטֹת עֵץ n.f.p. (557)-n.m.s. (781) *wooden bars*

שָׁבַרְתָּ Qal pf. 2 m.s. paus. (שָׁבַר 990) *you have broken*

וְעָשִׂיתָ conj.-Qal pf. 2 m.s. (עָשָׂה I 793) *but you will make*

תַחְתֵּיהֶן prep.-3 f.p. sf. (1065) *in their place*

מֹטוֹת בַּרְזֶל n.f.p. cstr. (557)-n.m.s. (137) *bars of iron*

28:14

כִּי כֹה־אָמַר conj.-adv. (462)-Qal pf. 3 m.s. (55) *for thus says*

יְהוָה צְבָאוֹת pr.n. (217)-pr.n. (838) *Yahweh of hosts*

אֱלֹהֵי יִשְׂרָאֵל n.m.p. cstr. (43)-pr.n. (975) *the God of Israel*

עֹל בַּרְזֶל n.m.s. cstr. (760)-n.m.s. (137) *an iron yoke*

נָתַתִּי Qal pf. 1 c.s. (נָתַן 678) *I have put*

עַל־צַוַּאר prep.-n.m.s. cstr. (848) *upon the neck of*

כָּל־הַגּוֹיִם n.m.s. cstr. (481)-def.art.-n.m.p. (156) *all ... nations*

הָאֵלֶּה def.art.-demons.adj. c.p. (41) *these*

לַעֲבֹד prep.-Qal inf.cstr. (עָבַד 712) *of servitude*

אֶת־נְבֻכַדְנֶאצַּר dir.obj.-pr.n. (613) *to Nebuchadnezzar*

מֶלֶךְ־בָּבֶל n.m.s. cstr. (I 572)-pr.n. (93) *king of Babylon*

וַעֲבָדֻהוּ conj.-Qal pf. 3 c.p.-3 m.s. sf. (עָבַד 712) *and they shall serve him*

וְגַם conj.-adv. (168) *for even*

אֶת־חַיַּת הַשָּׂדֶה dir.obj.-n.f.s. cstr. (I 312)-def.art.-n.m.s. (961) *the beasts of the field*

נָתַתִּי לוֹ Qal pf. 1 c.s. (נָתַן 678)-prep.-3 m.s. sf. *I have given to him*

28:15

וַיֹּאמֶר consec.-Qal impf. 3 m.s. (55) *and said*

יִרְמְיָה הַנָּבִיא pr.n. (941)-def.art.-n.m.s. (611) *Jeremiah the prophet*

אֶל־חֲנַנְיָה הַנָּבִיא prep.-pr.n. (337)-v.supra *to the prophet Hananiah*

שְׁמַע־נָא Qal impv. 2 m.s. (1033)-part. of entreaty (609) *listen*

חֲנַנְיָה v.supra *Hananiah*

לֹא־שְׁלָחֲךָ יְהוָה neg.-Qal pf. 3 m.s.-2 m.s. sf. (1018)-pr.n. (217) *Yahweh has not sent you*

וְאַתָּה הִבְטַחְתָּ conj.-pers.pr. 2 m.s. (61)-Hi. pf. 2 m.s. (בָּטַח 105) *and you have made ... trust*

אֶת־הָעָם הַזֶּה dir.obj.-def.art.-n.m.s. (I 766)-def.art.-demons.adj. m.s. (260) *this people*

עַל־שָׁקֶר prep.-n.m.s. paus. (1055) *in a lie*

28:16

לָכֵן כֹּה prep.-adv. (485)-adv. (462) *therefore thus*

אָמַר יְהוָה Qal pf. 3 m.s. (55)-pr.n. (217) *says Yahweh*

הִנְנִי demons.part.-1 c.s. sf. (243) *behold, I*

מְשַׁלֵּחֲךָ Pi. ptc.-2 m.s. sf. (שָׁלַח 1018) *will remove you*

מֵעַל פְּנֵי הָאֲדָמָה prep.-prep.-n.m.p. cstr. (815)-def.art.-n.f.s. (9) *from the face of the earth*

הַשָּׁנָה def.art.-n.f.s. (1040) *this very year*

אַתָּה מֵת pers.pr. 2 m.s. (61)-Qal act.ptc. (מוּת 559) *you shall die*

כִּי־סָרָה conj.-n.f.s. (694) *rebellion*

דִּבַּרְתָּ Pi. pf. 2 m.s. (180) *you have spoken*

אֶל־יְהוָה prep.-pr.n. (217) *against Yahweh*

28:17

וַיָּמָת consec.-Qal impf. 3 m.s. (מות 559) *and died*

חֲנַנְיָה הַנָּבִיא pr.n. (337)-def.art.-n.m.s. (611) *Hananiah the prophet*

בַּשָּׁנָה הַהִיא prep.-def.art.-n.f.s. (1040)-def.art.-demons.adj. f.s. (214) *in that same year*

בַּחֹדֶשׁ הַשְּׁבִיעִי prep.-def.art.-n.m.s. (II 294)-def.art.-num. adj. (988) *in the seventh month*

29:1

וְאֵלֶּה conj.-demons.adj. c.p. (41) *and these are*

דִּבְרֵי הַסֵּפֶר n.m.p. cstr. (182)-def.art.-n.m.s. (706) *the words of the letter*

אֲשֶׁר שָׁלַח rel.-Qal pf. 3 m.s. (1018) *which ... sent*

יִרְמְיָה pr.n. (941) *Jeremiah*

הַנָּבִיא def.art.-n.m.s. (611) *the prophet*

מִירוּשָׁלִָם prep.-pr.n. paus. (436) *from Jerusalem*

אֶל־יֶתֶר prep.-n.m.s. cstr. (451) *to (the rest of)*

זִקְנֵי adj. m.p. cstr. (278) *the elders of*

הַגּוֹלָה def.art.-n.f.s. (163) *the exiles*

וְאֶל־הַכֹּהֲנִים conj.-prep.-def.art.-n.m.p. (463) *and to the priests*

וְאֶל־הַנְּבִיאִים v.supra-def.art.-n.m.p. (611) *the prophets*

וְאֶל־כָּל־הָעָם v.supra-n.m.s. cstr. (481)-def.art.-n.m.s. (I 766) *and all the people*

אֲשֶׁר הֶגְלָה rel. (81)-Hi. pf. 3 m.s. (גלה 162; GK 53p) *whom ... had taken into exile*

נְבוּכַדְנֶאצַּר pr.n. (613) *Nebuchadnezzar*

מִירוּשָׁלִַם prep.-pr.n. (436) *from Jerusalem*

בָּבֶלָה pr.n.-dir.he (93) *to Babylon*

29:2

אַחֲרֵי צֵאת prep. cstr. (29)-Qal inf.cstr. (יצא 422) *after had departed*

יְכָנְיָה־הַמֶּלֶךְ pr.n. (467)-def.art.-n.m.s. (I 572) *King Jeconiah*

וְהַגְּבִירָה conj.-def.art.-n.f.s. (150) *and the queen mother*

וְהַסָּרִיסִים conj.-def.art.-n.m.p. (710) *and the eunuchs*

שָׂרֵי יְהוּדָה n.m.p. cstr. (978)-pr.n. (397) *the princes of Judah*

וִירוּשָׁלִַם conj.-pr.n. (436) *and Jerusalem*

וְהֶחָרָשׁ conj.-def.art.-n.m.s. (360) *the craftsmen*

וְהַמַּסְגֵּר conj.-def.art.-n.m.s. (689) *and the smiths*

מִירוּשָׁלִָם prep.-pr.n. paus. (436) *from Jerusalem*

29:3

בְּיַד אֶלְעָשָׂה prep.-n.f.s. cstr. (388)-pr.n. (46) *by the hand of Elasah*

בֶּן־שָׁפָן n.m.s. cstr. (119)-pr.n. (II 1051) *the son of Shaphan*

וּגְמַרְיָה conj.-pr.n. (170) *and Gemariah*

בֶּן־חִלְקִיָּה v.supra-pr.n. (324) *the son of Hilkiah*

אֲשֶׁר שָׁלַח rel. (81)-Qal pf. 3 m.s. (1018) *whom ... sent*

צִדְקִיָּה pr.n. (843) *Zedekiah*

מֶלֶךְ־יְהוּדָה n.m.s. cstr. (I 572)-pr.n. (397) *king of Judah*

אֶל־נְבוּכַדְנֶאצַּר prep.-pr.n. (613) *to Nebuchadnezzar*

מֶלֶךְ בָּבֶל v.supra-pr.n. (93) *king of Babylon*

בָּבֶלָה pr.n.-dir.he (93) *to Babylon*

לֵאמֹר prep.-Qal inf.cstr. (55) *it said*

29:4

כֹּה אָמַר adv. (462)-Qal pf. 3 m.s. (55) *thus says*

יהוה צְבָאוֹת pr.n. (217)-pr.n. (838) *Yahweh of hosts*

אֱלֹהֵי יִשְׂרָאֵל n.m.p. cstr. (43)-pr.n. (975) *the God of Israel*

לְכָל־הַגּוֹלָה prep.-n.m.s. cstr. (481)-def.art.-n.f.s. (163) *to all the exiles*

אֲשֶׁר־הִגְלֵיתִי rel. (81)-Hi. pf. 1 c.s. (גלה 162) *whom I have sent into exile*

מִירוּשָׁלִַם prep.-pr.n. (436) *from Jerusalem*

בָּבֶלָה pr.n.-dir.he (93) *to Babylon*

29:5

בְּנוּ בָתִּים Qal impv. 2 m.p. (בנה 124)-n.m.p. (108) *build houses*

וְשֵׁבוּ conj.-Qal impv. 2 m.p. (ישב 442) *and live*

וְנִטְעוּ גַנּוֹת conj.-Qal impv. 2 m.p. (נטע 642)-n.f.p. (171) *and plant gardens*

וְאִכְלוּ אֶת־פִּרְיָן conj.-Qal impv. 2 m.p. (אכל 37)-n.m.s.-3 f.p. sf. (826) *and eat their produce*

29:6

קְחוּ נָשִׁים Qal impv. 2 m.p. (לקח 542)-n.f.p. (61) *take wives*

וְהוֹלִידוּ בָּנִים conj.-Hi. impv. 2 m.p. (ילד 408)-n.m.p. (119) *and have sons*

וּבָנוֹת conj.-n.f.p. (I 123) *and daughters*

וּקְחוּ לִבְנֵיכֶם conj.-v.supra-prep.-n.m.p.-2 m.p. sf. (119) *and take for your sons*

נָשִׁים v.supra *wives*

וְאֶת־בְּנוֹתֵיכֶם conj.-dir.obj.-n.f.p.-2 m.p. sf. (I 123) *and your daughters*

תְּנוּ Qal impv. 2 m.p. (נתן 678) *give*

326

לַאֲנָשִׁים prep.-n.m.p. (35) *in marriage (to men)*

וְתֵלַדְנָה conj.-Qal impf. 3 f.p. (יָלַד 408) *that they may bear*

בָּנִים וּבָנוֹת v.supra-v.supra *sons and daughters*

וּרְבוּ־שָׁם conj.-Qal impv. 2 m.p. (רָבָה I 915) -adv. (1027) *and multiply there*

וְאַל־תִּמְעָטוּ conj.-neg.-Qal impf. 2 m.p. paus. (מָעַט 589) *and do not decrease*

29:7

וְדִרְשׁוּ conj.-Qal impf. 2 m.p. (דָּרַשׁ 205) *but seek*

אֶת־שְׁלוֹם הָעִיר dir.obj.-n.m.s. cstr. (1022)-def. art.-n.f.s. (746) *the welfare of the city*

אֲשֶׁר הִגְלֵיתִי rel. (81)-Hi. pf. 1 c.s. (גָּלָה 162) *where I have sent into exile*

אֶתְכֶם dir.obj.-2 m.p. sf. *you*

שָׁמָּה adv.-dir.he (1027) *(there)*

וְהִתְפַּלְלוּ conj.-Hith. impv. 2 m.p. (פָּלַל 813) *and pray*

בַּעֲדָהּ prep.-3 f.s. sf. (126) *on its behalf*

אֶל־יְהוָה prep.-pr.n. (217) *to Yahweh*

כִּי בִשְׁלוֹמָהּ conj.-prep.-n.m.s.-3 f.s. sf. (1022) *for in its welfare*

יִהְיֶה Qal impf. 3 m.s. (הָיָה 224) *there will be*

לָכֶם שָׁלוֹם prep.-2 m.p. sf.-n.m.s. (1022) *your welfare*

29:8

כִּי כֹה אָמַר conj.-adv. (462)-Qal pf. 3 m.s. (55) *for thus says*

יְהוָה צְבָאוֹת pr.n. (217)-pr.n. (838) *Yahweh of hosts*

אֱלֹהֵי יִשְׂרָאֵל n.m.p. cstr. (43)-pr.n. (975) *the God of Israel*

אַל־יַשִּׁיאוּ neg.-Hi. impf. 3 m.p. (נָשָׁא II 674) *do not let deceive*

לָכֶם prep.-2 m.p. sf. *you*

נְבִיאֵיכֶם n.m.p.-2 m.p. sf. (611) *your prophets*

אֲשֶׁר־בְּקִרְבְּכֶם rel. (81)-prep.-n.m.s.-2 m.p. sf. (899) *who are among you*

וְקֹסְמֵיכֶם conj.-Qal act.ptc. m.p.-2 m.p. sf. (קָסַם 890) *and your diviners*

וְאַל־תִּשְׁמְעוּ conj.-neg.-Qal impf. 2 m.p. (שָׁמַע 1033) *and do not listen*

אֶל־חֲלֹמֹתֵיכֶם prep.-n.m.p.-2 m.p. sf. (321) *to your dreams*

אֲשֶׁר אַתֶּם מַחְלְמִים rel. (81)-pers.pr. 2 m.p. (61) -Hi. ptc. m.p. (חָלַם II 321; GK 53o) *which you are causing to dream*

29:9

כִּי בְשֶׁקֶר conj.-prep.-n.m.s. (1055) *for it is a lie*

הֵם נִבְּאִים pers.pr. 3 m.p. (241)-Ni. ptc. m.p. (נָבָא 612) *which they are prophesying*

לָכֶם prep.-2 m.p. sf. *to you*

בִּשְׁמִי prep.-n.m.s.-1 c.s. sf. (1027) *in my name*

לֹא שְׁלַחְתִּים neg.-Qal pf. 1 c.s.-3 m.p. sf. (שָׁלַח 1018) *I did not send them*

נְאֻם־יְהוָה n.m.s. cstr. (610)-pr.n. (217) *says Yahweh*

29:10

כִּי־כֹה אָמַר conj.-adv. (462)-Qal pf. 3 m.s. (55) *for thus says*

יְהוָה pr.n. (217) *Yahweh*

כִּי לְפִי מְלֹאת conj.-prep.-n.m.s. cstr. (804)-Qal inf.cstr. (מָלֵא 569) *when are completed*

לְבָבֶל prep.-pr.n. (93) *for Babylon*

שִׁבְעִים שָׁנָה num.p. (988)-n.f.s. (1040) *seventy years*

אֶפְקֹד אֶתְכֶם Qal impf. 1 c.s. (פָּקַד 823) -dir.obj.-2 m.p. sf. *I will visit you*

וַהֲקִמֹתִי conj.-Hi. pf. 1 c.s. (קוּם 877) *and I will fulfil*

עֲלֵיכֶם prep.-2 m.p. sf. *to you*

אֶת־דְּבָרִי dir.obj.-n.m.s.-1 c.s. sf. (182) *my promise*

הַטּוֹב def.art.-adj. m.s. (II 373) *(good)*

לְהָשִׁיב prep.-Hi. inf.cstr. (שׁוּב 996) *and bring back*

אֶתְכֶם dir.obj.-2 m.p. sf. *you*

אֶל־הַמָּקוֹם הַזֶּה prep.-def.art.-n.m.s. (879)-def. art.-demons.adj.m.s. (260) *to this place*

29:11

כִּי אָנֹכִי יָדַעְתִּי conj.-pers.pr. 1 c.s. (59)-Qal pf. 1 c.s. (יָדַע 393) *for I know*

אֶת־הַמַּחֲשָׁבֹת dir.obj.-def.art.-n.f.p. (364) *the plans*

אֲשֶׁר אָנֹכִי חֹשֵׁב rel. (81)-v.supra-Qal act.ptc. (חָשַׁב 362) *which I have*

עֲלֵיכֶם prep.-2 m.p. sf. *for you*

נְאֻם־יְהוָה n.m.s. cstr. (610)-pr.n. (217) *says Yahweh*

מַחְשְׁבוֹת שָׁלוֹם n.f.p. cstr. (364)-n.m.s. (1022) *plans for welfare*

וְלֹא לְרָעָה conj.-neg.-prep.-n.f.s. (949) *and not for evil*

לָתֵת לָכֶם prep.-Qal inf.cstr. (נָתַן 678)-prep.-2 m.p. sf. *to give you*

אַחֲרִית n.f.s. (31) *a future*

וְתִקְוָה conj.-n.f.s. (876) *and a hope*

327

29:12

וּקְרָאתֶם אֹתִי conj.-Qal pf. 2 m.p. (קָרָא 894)
-dir.obj.-1 c.s. sf. *then you will call upon me*

וַהֲלַכְתֶּם conj.-Qal pf. 2 m.p. (הָלַךְ 229) *and come*

וְהִתְפַּלַּלְתֶּם אֵלַי conj.-Hith. pf. 2 m.p. (פָּלַל 813)
-prep.-1 c.s. sf. *and pray to me*

וְשָׁמַעְתִּי אֲלֵיכֶם conj.-Qal pf. 1 c.s. (שָׁמַע 1033)
-prep.-2 m.p. sf. *and I will hear you*

29:13

וּבִקַּשְׁתֶּם אֹתִי conj.-Pi. pf. 2 m.p. (בָּקַשׁ 134)-dir.
obj.-1 c.s. sf. *you will seek me*

וּמְצָאתֶם conj.-Qal pf. 2 m.p. (מָצָא 592) *and find me*

כִּי תִדְרְשֻׁנִי conj.-Qal impf. 2 m.p.-1 c.s. sf. (דָּרַשׁ
205) *when you seek me*

בְּכָל־לְבַבְכֶם prep.-n.m.s. cstr. (481)-n.m.s.-2 m.p.
sf. (523) *with all your heart*

29:14

וְנִמְצֵאתִי conj.-Ni. pf. 1 c.s. (מָצָא 592) *and I will be found*

לָכֶם prep.-2 m.p. sf. *by you*

נְאֻם־יְהוָה n.m.s. cstr. (610)-pr.n. (217) *says Yahweh*

וְשַׁבְתִּי conj.-Qal pf. 1 c.s. (שׁוּב 996) *and I will restore*

אֶת־שְׁבִיתְכֶם dir.obj.-n.f.s.-2 m.p. sf. (986) *your captivity*

וְקִבַּצְתִּי conj.-Pi. pf. 1 c.s. (קָבַץ 867) *and gather*

אֶתְכֶם dir.obj.-2 m.p. sf. *you*

מִכָּל־הַגּוֹיִם prep.-n.m.s. cstr. (481)-def.art.-n.m.p.
(156) *from all the nations*

וּמִכָּל־הַמְּקוֹמוֹת conj.-v.supra-def.art.-n.m.p. (879)
and all the places

אֲשֶׁר הִדַּחְתִּי rel. (81)-Hi. pf. 1 c.s. (נָדַח 623)
where I have driven

אֶתְכֶם v.supra *you*

שָׁם adv. (1027) *(there)*

נְאֻם־יְהוָה v.supra-v.supra *says Yahweh*

וַהֲשִׁבֹתִי conj.-Hi. pf. 1 c.s. (שׁוּב 996) *and I will bring back*

אֶתְכֶם v.supra *you*

אֶל־הַמָּקוֹם prep.-def.art.-n.m.s. (879) *to the place*

אֲשֶׁר־הִגְלֵיתִי rel. (81)-Hi. pf. 1 c.s. (גָּלָה 162)
which I sent into exile

אֶתְכֶם v.supra *you*

מִשָּׁם prep.-adv. (1027) *from (there)*

29:15

כִּי אֲמַרְתֶּם conj.-Qal pf. 2 m.p. (55) *because you have said*

הֵקִים לָנוּ Hi. pf. 3 m.s. (קוּם 877)-prep.-1 c.p. sf.
has raised up for us

יְהוָה pr.n. (217) *Yahweh*

נְבִאִים n.m.p. (611) *prophets*

בָּבֶלָה pr.n.-loc.he (93) *in Babylon*

29:16

כִּי־כֹה אָמַר conj.-adv. (462)-Qal pf. 3 m.s. (55)
for thus says

יְהוָה pr.n. (217) *Yahweh*

אֶל־הַמֶּלֶךְ prep.-def.art.-n.m.s. (I 572) *concerning the king*

הַיּוֹשֵׁב def.art.-Qal act.ptc. (יָשַׁב 442) *who sits*

אֶל־כִּסֵּא דָוִד prep.-n.m.s. cstr. (490)-pr.n. (187)
on the throne of David

וְאֶל־כָּל־הָעָם conj.-prep.-n.m.s. cstr. (481)
-def.art.-n.m.s. (I 766) *and concerning all the people*

הַיּוֹשֵׁב v.supra *who dwell*

בָּעִיר הַזֹּאת prep.-def.art.-n.f.s. (746)-def.art.
-demons.adj. f.s. (260) *in this city*

אֲחֵיכֶם n.m.p.-2 m.p. sf. (26) *your kinsmen*

אֲשֶׁר לֹא־יָצְאוּ rel. (81)-neg.-Qal pf. 3 c.p. (יָצָא
422) *who did not go out*

אִתְּכֶם prep.-2 m.p. sf. (II 85) *with you*

בַּגּוֹלָה prep.-def.art.-n.f.s. (163) *into exile*

29:17

כֹּה אָמַר adv. (462)-Qal pf. 3 m.s. (55) *thus says*

יְהוָה צְבָאוֹת pr.n. (217)-pr.n. (838) *Yahweh of hosts*

הִנְנִי demons.part.-1 c.s. sf. (243) *behold, I*

מְשַׁלֵּחַ Pi. ptc. (שָׁלַח 1018) *am sending*

בָּם prep.-3 m.p. sf. *on them*

אֶת־הַחֶרֶב dir.obj.-def.art.-n.f.s. (352) *sword*

אֶת־הָרָעָב dir.obj.-def.art.-n.m.s. (944) *famine*

וְאֶת־הַדָּבֶר conj.-dir.obj.-def.art.-n.m.s. (184) *and pestilence*

וְנָתַתִּי אוֹתָם conj.-Qal pf. 1 c.s. (נָתַן 678)-dir.
obj.-3 m.p. sf. *and I will make them*

כַּתְּאֵנִים הַשֹּׁעָרִים prep.-def.art.-n.f.p. (1061; GK
132e)-def.art.-adj. f.p. (1045) *like vile figs*

אֲשֶׁר לֹא־תֵאָכַלְנָה rel. (81)-neg.-Ni. impf. 3 f.p.
(אָכַל 37) *which cannot be eaten*

מֵרֹעַ prep.-n.m.s. (947) *on account of badness*

29:18

וְרָדַפְתִּי אַחֲרֵיהֶם conj.-Qal pf. 1 c.s. (רָדַף 922)
-prep.-3 m.p. sf. *I will pursue them*

328

בַּחֶרֶב prep.-def.art.-n.f.s. (352) *with sword*

בָּרָעָב prep.-def.art.-n.m.s. (944) *famine*

וּבַדֶּבֶר conj.-prep.-def.art.-n.m.s. (184) *and pestilence*

וּנְתַתִּים conj.-Qal pf. 1 c.s.-3 m.p. sf. (נָתַן 678) *and will make them*

לְזַוְעָה prep.-n.f.s. (266) *a horror*

לְכֹל מַמְלְכוֹת prep.-n.m.s. cstr. (481)-n.f.p. cstr. (575) *to all the kingdoms of*

הָאָרֶץ def.art.-n.f.s. (75) *the earth*

לְאָלָה prep.-n.f.s. (46) *to be a curse*

וּלְשַׁמָּה conj.-prep.-n.f.s. (I 1031) *a terror*

וְלִשְׁרֵקָה conj.-prep.-n.f.s. (1056) *a hissing*

וּלְחֶרְפָּה conj.-prep.-n.f.s. (357) *and a reproach*

בְּכָל הַגּוֹיִם prep.-n.m.s. cstr. (481)-def.art.-n.m.p. (156) *among all the nations*

אֲשֶׁר הִדַּחְתִּים rel. (81)-Hi. pf. 1 c.s.-3 m.p. sf. (נָדַח 623) *which I have driven them*

שָׁם adv. (1027) *there*

29:19

תַּחַת אֲשֶׁר לֹא שָׁמְעוּ prep. (1065)-rel. (81)-neg.-Qal pf. 3 c.p. (שָׁמַע 1033) *because they did not heed*

אֶל דְּבָרַי prep.-n.m.p.-1 c.s. sf. (182) *my words*

נְאֻם יהוה n.m.s. cstr. (610)-pr.n. (217) *says Yahweh*

אֲשֶׁר שָׁלַחְתִּי rel. (81)-Qal pf. 1 c.s. (1018) *which I sent*

אֲלֵיהֶם prep.-3 m.p. sf. *to them*

אֶת עֲבָדַי dir.obj.-n.m.p.-1 c.s. sf. (713) *by my servants*

הַנְּבִאִים def.art.-n.m.p. (611) *the prophets*

הַשְׁכֵּם וְשָׁלֹחַ Hi. inf.abs. (שָׁכַם 1014)-conj.-Qal inf.abs. (1018) *persistently*

וְלֹא שְׁמַעְתֶּם conj.-neg.-Qal pf. 2 m.p. (שָׁמַע 1033) *but you would not listen*

נְאֻם יהוה v.supra-v.supra *says Yahweh*

29:20

וְאַתֶּם שִׁמְעוּ conj.-pers.pr. 2 m.p. (61)-Qal impv. 2 m.p. (1033) *hear*

דְבַר יהוה n.m.s. cstr. (182)-pr.n. (217) *the word of Yahweh*

כָּל הַגּוֹלָה n.m.s. cstr. (481)-def.art.-n.f.s. (163) *all exiles*

אֲשֶׁר שִׁלַּחְתִּי rel. (81)-Pi. pf. 1 c.s. (1018) *whom I sent away*

מִירוּשָׁלַם prep.-pr.n. (436) *from Jerusalem*

בָּבֶלָה pr.n.-dir.he (93) *to Babylon*

29:21

כֹּה אָמַר adv. (462)-Qal pf. 3 m.s. (55) *thus says*

יהוה צְבָאוֹת pr.n. (217)-pr.n. (838) *Yahweh of hosts*

אֱלֹהֵי יִשְׂרָאֵל n.m.p. cstr. (43)-pr.n. (975) *the God of Israel*

אֶל אַחְאָב prep.-pr.n. (26) *concerning Ahab*

בֶּן קוֹלָיָה n.m.s. cstr. (119)-pr.n. (877) *the son of Kolaiah*

וְאֶל צִדְקִיָּהוּ conj.-prep.-pr.n. (843) *and Zedekiah*

בֶּן מַעֲשֵׂיָה v.supra-pr.n. (796) *the son of Maaseiah*

הַנִּבְּאִים def.art.-Ni. ptc. m.p. (612) *who are prophesying*

לָכֶם prep.-2 m.p. sf. *to you*

בִּשְׁמִי prep.-n.m.s.-1 c.s. sf. (1027) *in my name*

שָׁקֶר n.m.s. paus. (1055) *a lie*

הִנְנִי demons.part.-1 c.s. sf. (243) *behold, I*

נֹתֵן אֹתָם Qal act.ptc. (678)-dir.obj.-3 m.p. sf. *will deliver them*

בְּיַד prep.-n.f.s. cstr. (388) *into the hand of*

נְבוּכַדְרֶאצַּר pr.n. (613) *Nebuchadrezzar*

מֶלֶךְ בָּבֶל n.m.s. cstr. (I 572)-pr.n. (93) *king of Babylon*

וְהִכָּם conj.-Hi. pf. 3 m.s.-3 m.p. sf. (נָכָה 645) *and he shall slay them*

לְעֵינֵיכֶם prep.-n.f. du.-2 m.p. sf. (744) *before your eyes*

29:22

וְלֻקַּח conj.-Pu. pf. 3 m.s. (542) *and shall be used*

מֵהֶם prep.-3 m.p. sf. *because of them*

קְלָלָה n.f.s. (887) *this curse*

לְכֹל גָּלוּת prep.-n.m.s. cstr. (481)-n.f.s. cstr. (163) *by all the exiles from*

יְהוּדָה pr.n. (397) *Judah*

אֲשֶׁר בְּבָבֶל rel. (81)-prep.-pr.n. (93) *in Babylon*

לֵאמֹר prep.-Qal inf.cstr. (55) *(saying)*

יְשִׂמְךָ יהוה Qal impf. 3 m.s.-2 m.s. sf. (שׂוּם 962)-pr.n. (217) *Yahweh make you*

כְּצִדְקִיָּהוּ prep.-pr.n. (843) *like Zedekiah*

וּכְאֶחָאב conj.-prep.-pr.n. (v.26) *(וכאחאב) and Ahab*

אֲשֶׁר קָלָם rel. (81)-Qal pf. 3 m.s.-3 m.p. sf. (קָלָה I 885) *whom ... roasted (them)*

מֶלֶךְ בָּבֶל n.m.s. cstr. (I 572)-pr.n. (93) *the king of Babylon*

בָּאֵשׁ prep.-def.art.-n.f.s. (77) *in the fire*

29:23

יַעַן אֲשֶׁר עָשׂוּ conj. (774)-rel. (81)-Qal pf. 3 c.p. (עָשָׂה I 793) *because they have committed*

נְבָלָה n.f.s. (615) *folly*

בְּיִשְׂרָאֵל prep.-pr.n. (975) *in Israel*

וַיְנַאֲפוּ consec.-Pi. impf. 3 m.p. (נָאַף 610; GK 64e) *they have committed adultery*

אֶת־נְשֵׁי רֵעֵיהֶם dir.obj.-n.f.p. cstr. (61)-n.m.p.-3 m.p. sf. (945) *with their neighbors' wives*

וַיְדַבְּרוּ consec.-Pi. impf. 3 m.p. (דָּבַר 180) *and they have spoken*

דָּבָר n.m.s. (182) *a word*

בִּשְׁמִי prep.-n.m.s.-1 c.s. sf. (1027) *in my name*

שֶׁקֶר n.m.s. (1055) *lying*

אֲשֶׁר לוֹא צִוִּיתִם rel. (81)-neg.-Pi. pf. 1 c.s.-3 m.p. sf. (צָוָה 845) *which I did not command them*

וְאָנֹכִי הַיּוֹדֵעַ conj.-pers.pr. 1 c.s. (59)-def.art.-Qal act.ptc. (rd. יָדַע - הוּא יֹדֵעַ 393) *I am the one who knows*

וָעֵד conj.-n.m.s. (729) *and (I am) witness*

נְאֻם־יְהוָה n.m.s. cstr. (610)-pr.n. (217) *says Yahweh*

29:24

וְאֶל־שְׁמַעְיָהוּ conj.-prep.-pr.n. (1035) *to Shemaiah*

הַנֶּחֱלָמִי def.art.-pr.n. gent. (636) *of Nehelam*

תֹּאמַר Qal impf. 2 m.s. (55) *you shall say*

לֵאמֹר prep.-Qal inf.cstr. (55) *(saying)*

29:25

כֹּה־אָמַר adv. (462)-Qal pf. 3 m.s. (55) *thus says*

יְהוָה צְבָאוֹת pr.n. (217)-pr.n. (838) *Yahweh of hosts*

אֱלֹהֵי יִשְׂרָאֵל n.m.p. cstr. (43)-pr.n. (975) *the God of Israel*

לֵאמֹר prep.-Qal inf.cstr. (55) *(saying)*

יַעַן אֲשֶׁר אַתָּה conj. (774)-rel. (81)-pers.pr. 2 m.s. (61) *you*

שָׁלַחְתָּ Qal pf. 2 m.s. (1018) *have sent*

בְשִׁמְכָה prep.-n.m.s.-2 m.s. sf. (1027) *in your name*

סְפָרִים n.m.p. (706; GK 124bN) *letters*

אֶל־כָּל־הָעָם prep.-n.m.s. cstr. (481)-def.art.-n.m.s. (I 766) *to all the people*

אֲשֶׁר בִּירוּשָׁלַם rel. (81)-prep.-pr.n. (436) *who are in Jerusalem*

וְאֶל־צְפַנְיָה conj.-prep.-pr.n. (861) *and to Zephaniah*

בֶן־מַעֲשֵׂיָה n.m.s. cstr. (119)-pr.n. (796) *the son of Maaseiah*

הַכֹּהֵן def.art.-n.m.s. (463) *the priest*

וְאֶל כָּל הַכֹּהֲנִים conj.-prep.-n.m.s. cstr. (481)-def.art.-n.m.p. (463) *and to all the priests*

לֵאמֹר v.supra *saying*

29:26

יְהוָה נְתָנְךָ pr.n. (217)-Qal pf. 3 m.s.-2 m.s. sf. (נָתַן 678) *Yahweh has made you*

כֹהֵן n.m.s. (463) *priest*

תַּחַת יְהוֹיָדָע prep. (1065)-pr.n. (220) *instead of Jehoiada*

הַכֹּהֵן def.art.-n.m.s. (463) *the priest*

לִהְיוֹת פְּקִדִים prep.-Qal inf.cstr. (הָיָה 224)-n.m.p. (824) *to have charge*

בֵּית יְהוָה n.m.s. cstr. (108)-pr.n. (217) *in the house of Yahweh*

לְכָל־אִישׁ prep.-n.m.s. cstr. (481)-n.m.s. (35) *over every man*

מְשֻׁגָּע Pu. ptc. as adj. (שָׁגַע 993) *mad*

וּמִתְנַבֵּא conj.-Hith. ptc. (612) *who prophesies*

וְנָתַתָּה אֹתוֹ conj.-Qal pf. 2 m.s. (נָתַן 678) -dir.obj.-3 m.s. sf. *and you put him*

אֶל־הַמַּהְפֶּכֶת prep.-def.art.-n.f.s. (246) *in the stocks*

וְאֶל־הַצִּינֹק conj.-prep.-def.art.-n.m.s. (857) *and collar*

29:27

וְעַתָּה לָמָּה conj.-adv. (773)-prep.-interr. (552) *now why*

לֹא גָעַרְתָּ neg.-Qal pf. 2 m.s. (גָּעַר 172) *have you not rebuked*

בְּיִרְמְיָהוּ prep.-pr.n. (941) *Jeremiah*

הָעֲנָתֹתִי def.art.-pr.n. gent. (779) *of Anathoth*

הַמִּתְנַבֵּא def.art.-Hith. ptc. (נָבָא 612) *who is prophesying*

לָכֶם prep.-2 m.p. sf. *to you*

29:28

כִּי עַל־כֵּן שָׁלַח conj.-prep.-adv. (485)-Qal pf. 3 m.s. (1018) *for he has sent*

אֵלֵינוּ prep.-1 c.p. sf. *to us*

בָּבֶל pr.n. (93) *in Babylon*

לֵאמֹר prep.-Qal inf.cstr. (55) *saying*

אֲרֻכָּה הִיא adj. f.s. (74)-demons.adj. f.s. (214) *it will be long*

בְּנוּ בָתִּים Qal impv. 2 m.p. (בָּנָה 124)-n.m.p. (108) *build houses*

וְשֵׁבוּ conj.-Qal impv. 2 m.p. (יָשַׁב 442) *and live*

וְנִטְעוּ גַנּוֹת conj.-Qal impv. 2 m.p. (נָטַע 642) -n.f.p. (171) *and plant gardens*

וְאִכְלוּ אֶת־פִּרְיהֶן conj.-Qal impv. 2 m.p. (אָכַל 37)-n.m.s.-3 f.p. sf. (826) *and eat their produce*

29:29

וַיִּקְרָא צְפַנְיָה consec.-Qal impf. 3 m.s. (קרא 894)
-pr.n. (861) Zephaniah read

הַכֹּהֵן def.art.-n.m.s. (463) the priest

אֶת־הַסֵּפֶר הַזֶּה dir.obj.-def.art.-n.m.s. (706)-def.
art.-demons.adj.m.s. (260) this letter

בְּאָזְנֵי prep.-n.f. du. cstr. (23) in the hearing of

יִרְמְיָהוּ הַנָּבִיא pr.n. (941)-def.art.-n.m.s. (611)
Jeremiah the prophet

29:30

וַיְהִי consec.-Qal impf. 3 m.s. (הָיָה 224) then
came

דְּבַר־יְהוָה n.m.s. cstr. (182)-pr.n. (217) the word
of Yahweh

אֶל־יִרְמְיָהוּ prep.-pr.n. (941) to Jeremiah

לֵאמֹר prep.-Qal inf.cstr. (55) (saying)

29:31

שְׁלַח Qal impv. 2 m.s. (1018) send

עַל־כָּל־הַגּוֹלָה prep.-n.m.s. cstr. (481)-def.art.
-n.f.s. (163) to all the exiles

לֵאמֹר prep.-Qal inf.cstr. (55) saying

כֹּה אָמַר יהוה adv. (462)-Qal pf. 3 m.s. (55)
-pr.n. (217) thus says Yahweh

אֶל־שְׁמַעְיָה prep.-pr.n. (1035) concerning
Shemaiah

הַנֶּחֱלָמִי def.art.-pr.n. gent. (636) of Nehelam

יַעַן אֲשֶׁר conj. (774)-rel. (81) because

נִבָּא Ni. pf. 3 m.s. (612) has prophesied

לָכֶם prep.-2 m.p. sf. to you

שְׁמַעְיָה pr.n. (1035) Shemaiah

וַאֲנִי conj.-pers.pr. 1 c.s. (58) when I

לֹא שְׁלַחְתִּיו neg.-Qal pf. 1 c.s.-3 m.s. sf. (1018)
did not send him

וַיַּבְטַח consec.-Hi. impf. 3 m.s. (בטח 105) and
has made trust

אֶתְכֶם dir.obj.-2 m.p. sf. you

עַל־שָׁקֶר prep.-n.m.s. paus. (1055) in a lie

29:32

לָכֵן כֹּה prep.-adv. (485)-adv. (462) therefore
thus

אָמַר יהוה Qal pf. 3 m.s. (55)-pr.n. (217) says
Yahweh

הִנְנִי demons.part.-1 c.s. sf. (243) behold, I

פֹקֵד Qal act.ptc. (פקד 823) will punish

עַל־שְׁמַעְיָה prep.-pr.n. (1035) Shemaiah

הַנֶּחֱלָם def.art.-pr.n. gent. (636) of Nehelam

וְעַל־זַרְעוֹ conj.-prep.-n.m.s.-3 m.s. sf. (282) and
his descendants

לֹא־יִהְיֶה לוֹ neg.-Qal impf. 3 m.s. (224)-prep.-3
m.s. sf. he shall not have

אִישׁ n.m.s. (35) anyone

יוֹשֵׁב Qal act.ptc. (442) living

בְּתוֹךְ־הָעָם הַזֶּה prep.-n.m.s. cstr. (1063)-def.art.
-n.m.s. (I 766)-def.art.-demons.adj. m.s. (260)
among this people

וְלֹא־יִרְאֶה conj.-neg.-Qal impf. 3 m.s. (ראה
906) and he shall not see

בַטּוֹב prep.-def.art.-adj. m.s. (II 363) the good

אֲשֶׁר־אֲנִי עֹשֶׂה rel. (81)-pers.pr. 1 c.s. (58)-Qal
act.ptc. (I 793) that I will do

לְעַמִּי prep.-n.m.s.-1 c.s. sf. (I 766) to my people

נְאֻם־יהוה n.m.s. cstr. (610)-pr.n. (217) says
Yahweh

כִּי־סָרָה conj.-n.f.s. (694) for rebellion

דִבֶּר Pi. pf. 3 m.s. (180) he has talked

עַל־יהוה prep.-pr.n. (217) against Yahweh

30:1

הַדָּבָר אֲשֶׁר def.art.-n.m.s. (182)-rel. (81) the word
that

הָיָה Qal pf. 3 m.s. (224) came

אֶל־יִרְמְיָהוּ prep.-pr.n. (941) to Jeremiah

מֵאֵת יהוה prep.-prep. (II 85)-pr.n. (217) from
Yahweh

לֵאמֹר prep.-Qal inf.cstr. (55) (saying)

30:2

כֹּה־אָמַר adv. (462)-Qal pf. 3 m.s. (55) thus says

יהוה pr.n. (217) Yahweh

אֱלֹהֵי יִשְׂרָאֵל n.m.p. cstr. (43)-pr.n. (975) the
God of Israel

לֵאמֹר prep.-Qal inf.cstr. (55) (saying)

כְּתָב־לְךָ Qal impv. 2 m.s. (507)-prep.-2 m.s. sf.
write (for yourself)

אֵת כָּל־הַדְּבָרִים dir.obj.-n.m.s. cstr. (481)-def.art.
-n.m.p. (182) all the words

אֲשֶׁר־דִּבַּרְתִּי rel. (81)-Pi. pf. 1 c.s. (דבר 180) that
I have spoken

אֵלֶיךָ prep.-2 m.s. sf. to you

אֶל־סֵפֶר prep.-n.m.s. (706) in a book

30:3

כִּי הִנֵּה conj.-demons.part. (243) for behold

יָמִים בָּאִים n.m.p. (398)-Qal act.ptc. m.p. (בוא
97) days are coming

נְאֻם־יהוה n.m.s. cstr. (610)-pr.n. (217) says
Yahweh

וְשַׁבְתִּי conj.-Qal pf. 1 c.s. (שוב 996) when I will
restore

אֶת־שְׁבוּת dir.obj.-n.f.s. cstr. (986) *the fortunes of (captivity of)*

עַמִּי n.m.s.-1 c.s. sf. (I 766) *my people*

יִשְׂרָאֵל pr.n. (975) *Israel*

וִיהוּדָה conj.-pr.n. (397) *and Judah*

אָמַר יהוה Qal pf. 3 m.s. (55)-pr.n. (217) *says Yahweh*

וַהֲשִׁבֹתִים conj.-Hi. pf. 1 c.s.-3 m.p. sf. (שׁוב 996) *and I will bring them back*

אֶל־הָאָרֶץ prep.-def.art.-n.f.s. (75) *to the land*

אֲשֶׁר־נָתַתִּי rel. (81)-Qal pf. 1 c.s. (נתן 678) *which I gave*

לַאֲבוֹתָם prep.-n.m.p.-3 m.p. sf. (3) *to their fathers*

וִירֵשׁוּהָ conj.-Qal impf. 3 m.p.-3 f.s. sf. (ירשׁ 439) *and they shall take possession of it*

30:4

וְאֵלֶּה הַדְּבָרִים conj.-demons.adj. c.p. (41)-def. art.-n.m.p. (182) *these are the words*

אֲשֶׁר דִּבֶּר יהוה rel. (81)-Pi. pf. 3 m.s. (180)-pr.n. (217) *which Yahweh spoke*

אֶל־יִשְׂרָאֵל prep.-pr.n. (975) *concerning Israel*

וְאֶל־יְהוּדָה conj.-prep.-pr.n. (397) *and Judah*

30:5

כִּי־כֹה אָמַר יהוה conj.-adv. (462)-Qal pf. 3 m.s. (55)-pr.n. (217) *for thus says Yahweh*

קוֹל חֲרָדָה n.m.s. cstr. (876)-n.f.s. (I 353) *a cry of panic*

שָׁמָעְנוּ Qal pf. 1 c.p. paus. (שׁמע 1033) *we have heard*

פַּחַד n.m.s. (808) *of terror*

וְאֵין שָׁלוֹם conj.-subst.cstr. (II 34)-n.m.s. (1022) *and no peace*

30:6

שַׁאֲלוּ־נָא Qal impv. 2 m.p. (981)-part. of entreaty (609) *ask now*

וּרְאוּ conj.-Qal impv. 2 m.p. (רָאָה 906) *and see*

אִם־יֹלֵד זָכָר hypoth.part. (49)-Qal act.ptc. (408)-n.m.s. (271) *can a male bear a child?*

מַדּוּעַ רָאִיתִי interr.adv. (396)-Qal pf. 1 c.s. (רָאָה 906) *why then do I see*

כָל־גֶּבֶר n.m.s. cstr. (481)-n.m.s. (149) *every man*

יָדָיו n.f.p.-3 m.s. sf. (388) *with his hands*

עַל־חֲלָצָיו prep.-n.f. du.-3 m.s. sf. (323) *on his loins*

כַּיּוֹלֵדָה prep.-def.art.-Qal act.ptc. f.s. (ילד 408) *like a woman in labor*

וְנֶהֶפְכוּ conj.-Ni. pf. 3 c.p. (הָפַךְ 245) *and why has turned*

כָּל־פָּנִים n.m.s. cstr. (481)-n.m.p. (815) *every face*

לְיֵרָקוֹן prep.-n.m.s. (439) *pale*

30:7

הוֹי interj. (222) *alas*

כִּי גָדוֹל conj.-adj. m.s. (152) *is so great*

הַיּוֹם הַהוּא def.art.-n.m.s. (398)-def.art. -demons.adj. m.s. (214) *that day*

מֵאַיִן כָּמֹהוּ prep.-subst. (II 34)-prep.-3 m.s. sf. *that there is none like it*

וְעֵת־צָרָה conj.-n.f.s. cstr. (773)-n.f.s. (I 865) *a time of distress*

הִיא pers.pr. 3 f.s. (214) *it is*

לְיַעֲקֹב prep.-pr.n. (784) *for Jacob*

וּמִמֶּנָּה prep.-3 f.s. sf. *out of it*

יִוָּשֵׁעַ Ni. impf. 3 m.s. (יָשַׁע 446) *he shall be saved*

30:8

וְהָיָה בַיּוֹם הַהוּא conj.-Qal pf. 3 m.s. (224)-prep. -def.art.-n.m.s. (398)-def.art.-demons. adj. m.s. (214) *and it shall come to pass in that day*

נְאֻם יהוה n.m.s. cstr. (610)-pr.n. (217) *says Yahweh*

צְבָאוֹת pr.n. (838) *of hosts*

אֶשְׁבֹּר Qal impf. 1 c.s. (שָׁבַר 990) *I will break*

עֻלּוֹ n.m.s.-3 m.s. sf. (760) *his yoke*

מֵעַל צַוָּארֶךָ prep.-prep.-n.m.s.-2 m.s. sf. (848) *from off their (your) neck*

וּמוֹסְרוֹתֶיךָ conj.-n.m.p.-2 m.s. sf. (64) *and their (lit.-your) bonds*

אֲנַתֵּק Pi. impf. 1 c.s. (נָתַק 683) *I will burst*

וְלֹא־יַעַבְדוּ־בוֹ conj.-neg.-Qal impf. 3 m.p. (עָבַד 712)-prep.-3 m.s. sf. *and ... shall not make servants of them*

עוֹד adv. (728) *any more*

זָרִים Qal act.ptc. m.p. (זור I 266) *strangers*

30:9

וְעָבְדוּ conj.-Qal pf. 3 c.p. (712) *but they shall serve*

אֵת יהוה dir.obj.-pr.n. (217) *Yahweh*

אֱלֹהֵיהֶם n.m.p.-3 m.p. sf. (43) *their God*

וְאֵת דָּוִד conj.-dir.obj.-pr.n. (187) *and David*

מַלְכָּם n.m.s.-3 m.p. sf. (I 572) *their king*

אֲשֶׁר אָקִים rel. (81)-Hi. impf. 1 c.s. (קוּם 877) *whom I will raise up*

לָהֶם prep.-3 m.p. sf. *for them*

30:10

(cf.46:27-28)

וְאַתָּה אַל־תִּירָא conj.-pers.pr. 2 m.s. (61)-neg.-Qal impf. 2 m.s. (יָרֵא 431) *then fear not*

עַבְדִּי יַעֲקֹב n.m.s.-1 c.s. sf. (713)-pr.n. (784) *my servant Jacob*

נְאֻם־יְהוָה n.m.s. cstr. (610)-pr.n. (217) *says Yahweh*

וְאַל־תֵּחַת conj.-neg.-Qal impf. 2 m.s. (חָתַת 369) *nor be dismayed*

יִשְׂרָאֵל pr.n. (975) *O Israel*

כִּי הִנְנִי conj.-demons.part.-1 c.s. sf. (243) *for lo, I*

מוֹשִׁיעֲךָ Hi. ptc.-2 m.s. sf. (יָשַׁע 446) *will save you*

מֵרָחוֹק prep.-adj. m.s. (935) *from afar*

וְאֶת־זַרְעֲךָ conj.-dir.obj.-n.m.s.-2 m.s. sf. (282) *and your offspring*

מֵאֶרֶץ שִׁבְיָם prep.-n.f.s. cstr. (75)-n.m.s.-3 m.p. sf. (985) *from the land of their captivity*

וְשָׁב יַעֲקֹב conj.-Qal pf. 3 m.s. (שׁוּב 996)-pr.n. (784) *and Jacob shall return*

וְשָׁקַט conj.-Qal pf. 3 m.s. (1052) *and have quiet*

וְשַׁאֲנַן conj.-Palel pf. 3 m.s. (שָׁאַן 983) *and ease*

וְאֵין מַחֲרִיד conj.-subst.cstr. (II 34)-Hi. ptc. (חָרַד 353) *and none shall make afraid*

30:11

כִּי־אִתְּךָ אָנִי conj.-prep.-2 m.s. sf. (II 85)-pers.pr. 1 c.s. (58) *for I am with you*

נְאֻם־יְהוָה n.m.s. cstr. (610)-pr.n. (217) *says Yahweh*

לְהוֹשִׁיעֶךָ prep.-Hi. inf.cstr.-2 m.s. sf. (יָשַׁע 446) *to save you*

כִּי אֶעֱשֶׂה conj.-Qal impf. 1 c.s. (עָשָׂה I 793) *for I will make*

כָלָה n.f.s. (478) *a full end*

בְּכָל־הַגּוֹיִם prep.-n.m.s. cstr. (481)-def.art.-n.m.p. (156) *of all the nations*

אֲשֶׁר הֲפִצוֹתִיךָ שָׁם rel. (81)-Hi. pf. 1 c.s.-2 m.s. sf. (פּוּץ 1027) *among whom I scattered you*

אַךְ אֹתְךָ adv. (36)-dir.obj.-2 m.s. sf. *but of you*

לֹא־אֶעֱשֶׂה neg.-Qal impf. 1 c.s. (עָשָׂה I 793) *I will not make*

כָלָה v.supra *a full end*

וְיִסַּרְתִּיךָ conj.-Pi. pf. 1 c.s.-2 m.s. sf. (יָסַר 415) *I will chasten you*

לַמִּשְׁפָּט prep.-def.art.-n.m.s. (1048) *in just measure*

וְנַקֵּה לֹא אֲנַקֶּךָ conj.-Pi. inf.abs. (נָקָה 667; GK 113n)-neg.-Pi. impf. 1 c.s.-2 m.s. sf. (נָקָה 667) *and I will by no means leave you unpunished*

30:12

כִּי כֹה אָמַר יְהוָה conj.-adv. (462)-Qal pf. 3 m.s. (55)-pr.n. (217) *for thus says Yahweh*

אָנוּשׁ Qal pass.ptc. (אָנַשׁ I 60) *incurable*

לְשִׁבְרֵךְ prep.-n.m.s.-2 f.s. sf. (991) *your hurt*

נַחְלָה Ni. ptc. f.s. (חָלָה I 317) *grievous*

מַכָּתֵךְ n.f.s.-2 f.s. sf. (646) *your wound*

30:13

אֵין־דָּן subst.cstr. (II 34)-Qal act. ptc. (דִּין 192) *there is none to uphold (judge)*

דִּינֵךְ n.m.s.-2 f.s. sf. (192) *your cause*

לְמָזוֹר prep.-n.m.s. (I 267) *for a wound*

רְפֻאוֹת n.f.p. (951) *medicine*

תְּעָלָה n.f.s. (II 752) *healing*

אֵין לָךְ v.supra-prep.-2 f.s. paus. *there is none for you*

30:14

כָּל־מְאַהֲבַיִךְ n.m.s. cstr. (481)-Pi. ptc. m.p.-2 f.s. sf. (אָהֵב 12) *all your lovers*

שְׁכֵחוּךְ Qal pf. 3 c.p.-2 f.s. sf. (שָׁכַח 1013) *have forgotten you*

אוֹתָךְ לֹא יִדְרֹשׁוּ dir.obj.-2 f.s. sf.-neg.-Qal impf. 3 m.p. (דָּרַשׁ 205) *they care nothing for you*

כִּי מַכַּת אוֹיֵב conj.-n.f.s. cstr. (646)-Qal act.ptc. (אָיַב 33) *for the blow of an enemy*

הִכִּיתִיךְ Hi. pf. 1 c.s.-2 f.s. sf. (נָכָה 645) *I have dealt you*

מוּסַר אַכְזָרִי n.m.s. cstr. (416)-adj. m.s. (470) *the punishment of a merciless foe*

עַל רֹב עֲוֹנֵךְ prep.-n.m.s. cstr. (913)-n.m.s.-2 f.s. sf. (730) *because your guilt is great*

עָצְמוּ חַטֹּאתָיִךְ Qal pf. 3 c.p. (I 782)-n.f.p.-2 f.s. sf. paus. (308) *your sins are flagrant*

30:15

מַה־תִּזְעַק interr. (552)-Qal impf. 2 m.s. (זָעַק 277) *why do you cry out*

עַל־שִׁבְרֵךְ prep.-n.m.s.-2 f.s. sf. (991) *over your hurt*

אָנוּשׁ Qal pass.ptc. (אָנַשׁ I 60) *incurable*

מַכְאֹבֵךְ n.m.s.-2 f.s. sf. (456) *your pain*

עַל רֹב עֲוֹנֵךְ prep.-n.m.s. cstr. (913)-n.m.s.-2 f.s. sf. (730) *because your guilt is great*

עֹצְמוּ חַטֹּאתָיִךְ Qal pf. 3 c.p. (I 782)-n.f.p.-2 f.s. sf. (308) *your sins are flagrant*

עָשִׂיתִי אֵלֶּה לָךְ Qal pf. 1 c.s. (עָשָׂה I 793)-demons.adj. c.p. (41)-prep.-2 f.s. sf. *I have done these things to you*

30:16

לָכֵן כָּל־אֹכְלַיִךְ prep.-adv. (485)-n.m.s. cstr. (481)-Qal act.ptc. m.p.-2 f.s. sf. (אָכַל 37) *there all who devour you*

יֵאָכֵלוּ Ni. impf. 3 m.s. (אָכַל 37) *shall be devoured*

וְכָל־צָרַיִךְ כֻּלָּם conj.-v.supra-n.m.p.-2 f.s. sf. (III 865)-n.m.s.-3 m.p. sf. (481) *and all your foes, every one of them*

בַּשְּׁבִי prep.-def.art.-n.m.s. (985) *into captivity*

יֵלֵכוּ Qal impf. 3 m.p. (הָלַךְ 229) *shall go*

וְהָיוּ conj.-Qal pf. 3 c.p. (הָיָה 224) *and shall become*

שֹׁאסַיִךְ Qal act.ptc. m.p.-2 f.s. sf. (שָׁסָה 1042; GK 67s) *those who despoil you*

לִמְשִׁסָּה prep.-n.f.s. (1042) *a spoil*

וְכָל־בֹּזְזַיִךְ conj.-v.supra-Qal act.ptc. m.p.-2 f.s. sf. (בָּזַז 102) *and all who prey on you*

אֶתֵּן לָבַז Qal impf. 1 c.s. (נָתַן 678)-prep.-n.m.s. (103) *I will make a prey*

30:17

כִּי אַעֲלֶה conj.-Hi. impf. 1 c.s. (עָלָה 748) *for I will restore*

אֲרֻכָה לָךְ n.f.s. (74)-prep.-2 f.s. sf. *health to you*

וּמִמַּכּוֹתַיִךְ conj.-prep.-n.f.p.-2 f.s. sf. (646) *and your wounds*

אֶרְפָּאֵךְ Qal impf. 1 c.s.-2 f.s. sf. (רָפָא 950) *I will heal*

נְאֻם־יְהוָה n.m.s. cstr. (610)-pr.n. (217) *says Yahweh*

כִּי נִדָּחָה conj.-Ni. ptc. f.s. (נָדַח 623) *because an outcast*

קָרְאוּ לָךְ Qal pf. 3 c.p. (קָרָא 894)-prep.-2 f.s. sf. *they have called you*

צִיּוֹן הִיא pr.n. (851)-pers.pr. 3 f.s. (214) *it is Zion*

דֹּרֵשׁ אֵין לָהּ Qal act.ptc. (205)-subst.cstr. (II 34)-prep.-3 f.s. sf. *for whom no one cares*

30:18

כֹּה אָמַר יְהוָה adv. (462)-Qal pf. 3 m.s. (55)-pr.n. (217) *thus says Yahweh*

הִנְנִי־שָׁב demons.part.-1 c.s. sf. (243)-Qal act.ptc. (שׁוּב 996) *behold, I will restore*

שְׁבוּת n.f.s. cstr. (986) *the fortunes of*

אָהֳלֵי יַעֲקֹב n.m.p. cstr. (13)-pr.n. (784) *the tents of Jacob*

וּמִשְׁכְּנֹתָיו conj.-n.m.p.-3 m.s. sf. (1015) *and his dwellings*

אֲרַחֵם Pi. impf. 1 c.s. (רָחַם 933) *I will have compassion*

וְנִבְנְתָה עִיר conj.-Ni. pf. 3 f.s. (בָּנָה 124)-n.f.s. (746) *and the city shall be rebuilt*

עַל־תִּלָּהּ prep.-n.m.s.-3 f.s. sf. (1068) *upon its mound*

וְאַרְמוֹן conj.-n.m.s. (74) *and the palace*

עַל־מִשְׁפָּטוֹ prep.-n.m.s.-3 m.s. sf. (1048) *according to its plan*

יֵשֵׁב Qal impf. 3 m.s. (יָשַׁב 442) *shall stand*

30:19

וְיָצָא מֵהֶם conj.-Qal pf. 3 m.s. (422)-prep.-3 m.p. sf. *and out of them shall come*

תּוֹדָה n.f.s. (392) *songs of thanksgiving*

וְקוֹל מְשַׂחֲקִים conj.-n.m.s. cstr. (876)-Pi. ptc. m.p. (שָׂחַק 965) *and the voices of those who make merry*

וְהִרְבִּתִים conj.-Hi. pf. 1 c.s.-3 m.p. sf. (רָבָה I 915) *and I will multiply them*

וְלֹא יִמְעָטוּ conj.-neg.-Qal impf. 3 m.p. paus. (מָעַט 589) *and they shall not be few*

וְהִכְבַּדְתִּים conj.-Hi. pf. 1 c.s.-3 m.p. sf. (כָּבֵד 457) *and I will make them honored*

וְלֹא יִצְעָרוּ conj.-neg.-Qal impf. 3 m.p. paus. (צָעַר 858) *and they shall not be small*

30:20

וְהָיוּ conj.-Qal pf. 3 c.p. (הָיָה 224) *and shall be*

בָנָיו n.m.p.-3 m.s. sf. (119) *their children*

כְּקֶדֶם prep.-n.m.s. (869) *as they were of old*

וַעֲדָתוֹ conj.-n.f.s.-3 m.s. sf. (II 417) *and their congregation*

לְפָנַי prep.-n.m.p.-1 c.s. sf. (815) *before me*

תִּכּוֹן Ni. impf. 3 f.s. (כּוּן 465) *shall be established*

וּפָקַדְתִּי conj.-Qal pf. 1 c.s. (פָּקַד 823) *and I will punish*

עַל כָּל־לֹחֲצָיו prep.-n.m.s. cstr. (481)-Qal act.ptc. m.p.-3 m.s. sf. (לָחַץ 537) *all who oppress them*

30:21

וְהָיָה conj.-Qal pf. 3 m.s. (224) *and shall be*

אַדִּירוֹ subst. m.s.-3 m.s. sf. (12) *their prince*

מִמֶּנּוּ prep.-3 m.s. sf. *one of themselves*

וּמֹשְׁלוֹ conj.-Qal act.ptc.-3 m.s. sf. (מָשַׁל 605) *and their ruler*

מִקִּרְבּוֹ prep.-n.m.s.-3 m.s. sf. (899) *from their midst*

יֵצֵא Qal impf. 3 m.s. (יצא 422) *shall come forth*

וְהִקְרַבְתִּיו conj.-Hi. pf. 1 c.s.-3 m.s. sf. (קרב 897) *and I will make him draw near*

וְנִגַּשׁ אֵלַי conj.-Ni. pf. 3 m.s. (נגשׁ 620)-prep.-1 c.s. sf. *and he shall approach me*

כִּי מִי conj.-interr. (566) *for who*

הוּא־זֶה עָרַב אֶת־לִבּוֹ pers.pr. 3 m.s. (214)-demons.adj. m.s. (260)-Qal pf. 3 m.s. (II 786)-dir.obj.-n.m.s.-3 m.s. sf. (524) *would dare of himself (he this would give in pledge his heart)*

לָגֶשֶׁת אֵלַי prep.-Qal inf.cstr. (נגשׁ 620)-prep.-1 c.s. sf. *to approach me*

נְאֻם־יְהוָה n.m.s. cstr. (610)-pr.n. (217) *says Yahweh*

30:22

וִהְיִיתֶם לִי conj.-Qal pf. 2 m.p. (היה 224)-prep.-1 c.s. sf. *and you shall be my*

לְעָם prep.-n.m.s. (I 766) *people*

וְאָנֹכִי אֶהְיֶה conj.-pers.pr. 1 c.s. (59)-Qal impf. 1 c.s. (היה 224) *and I will be*

לָכֶם לֵאלֹהִים prep.-2 m.p. sf.-prep.-n.m.s. (43) *your God*

30:23

הִנֵּה demons.part. (243) *behold*

סַעֲרַת יְהוָה n.f.s. cstr. (704)-pr.n. (217) *the storm of Yahweh*

חֵמָה יָצְאָה n.f.s. (404)-Qal pf. 3 f.s. (יצא 422) *wrath has gone forth*

סַעַר מִתְגּוֹרֵר n.m.s. (704)-Hithpoʻel ptc. (גרר 176) *a whirling tempest*

עַל רֹאשׁ רְשָׁעִים prep.-n.m.s. cstr. (910)-adj. m.p. (957) *upon the head of the wicked*

יָחוּל Qal impf. 3 m.s. (חול I 296) *it will burst*

30:24

לֹא יָשׁוּב neg.-Qal impf. 3 m.s. (שׁוב 996) *will not turn back*

חֲרוֹן אַף־יְהוָה n.m.s. cstr. (354)-n.m.s. cstr. (I 60)-pr.n. (217) *the fierce anger of Yahweh*

עַד־עֲשֹׂתוֹ prep.-Qal inf. cstr.-3 m.s. sf. (עשׂה I 793) *until he has executed*

וְעַד־הֲקִימוֹ conj.-prep.-Hi. inf.cstr.-3 m.s. sf. (קום 877) *and accomplished*

מְזִמּוֹת לִבּוֹ n.f.p. cstr. (273)-n.m.s.-3 m.s. sf. (524) *the intents of his mind*

בְּאַחֲרִית הַיָּמִים prep.-n.f.s. cstr. (31)-def.art.-n.m.p. (398) *in the latter days*

תִּתְבּוֹנְנוּ בָהּ Hithpolel impf. 2 m.p. (בין 106)-prep.-3 f.s. sf. *you will understand this*

31:1

בָּעֵת הַהִיא prep.-def.art.-n.f.s. (773)-def.art.-demons.adj. f.s. (214) *at that time*

נְאֻם־יְהוָה n.m.s. cstr. (610)-pr.n. (217) *says Yahweh*

אֶהְיֶה Qal impf. 1 c.s. (224; GK 75hh) *I will be*

לֵאלֹהִים prep.-n.m.s. (43) *the God*

לְכֹל prep.-n.m.s. cstr. (481) *of all*

מִשְׁפְּחוֹת n.f.p. cstr. (1046) *the families of*

יִשְׂרָאֵל pr.n. (975) *Israel*

וְהֵמָּה conj.-pers.pr. 3 m.p. (241) *and they*

יִהְיוּ־לִי Qal impf. 3 m.p. (224)-prep.-1 c.s. sf. *shall be my*

לְעָם prep.-n.m.s. (766) *people*

31:2

כֹּה adv. (462) *thus*

אָמַר יְהוָה Qal pf. 3 m.s. (55)-pr.n. (217) *says Yahweh*

מָצָא Qal pf. 3 m.s. (592) *found*

חֵן n.m.s. (336) *grace*

בַּמִּדְבָּר prep.-def.art.-n.m.s. (184) *in the wilderness*

עַם n.m.s. (766) *the people*

שְׂרִידֵי n.m.p. cstr. (975) *who survived*

חָרֶב n.f.s. paus. (352) *the sword*

הָלוֹךְ Qal inf.abs. (229; GK 113dd) *when (going)*

לְהַרְגִּיעוֹ prep.-Hi. inf.cstr.-3 m.s. sf. (921) *sought for rest*

יִשְׂרָאֵל pr.n. (975) *Israel*

31:3

מֵרָחוֹק prep.-n.m.s. (935) *from afar*

יְהוָה pr.n. (217) *Yahweh*

נִרְאָה לִי Ni. pf. 3 m.s. (906)-prep.-1 c.s. sf. *appeared to him (me)*

וְאַהֲבַת עוֹלָם conj.-n.f.s. cstr. (12)-n.m.s. (761) *with an everlasting love*

אֲהַבְתִּיךְ Qal pf. 1 c.s. (12)-2 f.s. sf. *I have loved you*

עַל־כֵּן prep.-adv. (485) *therefore*

מְשַׁכְתִּיךְ Qal pf. 1 c.s.-2 f.s. sf. (604; GK 117x) *I have continued ... to you*

חָסֶד n.m.s. (338) *my faithfulness*

31:4

עוֹד adv. (728) *again*

335

אֶבְנֵךְ Qal impf. 1 c.s. (124)-2 f.s. sf. *I will build you*

וְנִבְנֵית conj.-Ni. pf. 2 f.s. (124) *and you shall be built*

בְּתוּלַת יִשְׂרָאֵל n.f.s. cstr. (143)-pr.n. (975) *O virgin Israel*

עוֹד v.supra *again*

תַּעְדִּי Qal impf. 2 f.s. (עָדָה 725) *you shall adorn yourself*

תֻּפַּיִךְ n.m.p.-2 f.s. sf. (1074) *with timbrels*

וְיָצָאת conj.-Qal pf. 2 f.s. (422) *and shall go forth*

בִּמְחוֹל prep.-n.m.s. cstr. (298) *in the dance of*

מְשַׂחֲקִים Pi. ptc. m.p. (965) *the merrymakers*

31:5

עוֹד adv. (728) *again*

תִּטְּעִי Qal impf. 2 f.s. (נָטַע 642) *you shall plant*

כְּרָמִים n.m.p. (501) *vineyards*

בְּהָרֵי שֹׁמְרוֹן prep.-n.m.p. cstr. (249)-pr.n. (1037) *upon the mountains of Samaria*

נָטְעוּ Qal pf. 3 c.p. (642) *shall plant*

נֹטְעִים Qal act.ptc. m.p. (642) *the planters*

וְחִלֵּלוּ conj.-Pi. pf. 3 c.p. (חָלַל 320) *and shall enjoy the fruit* (treat as common by beginning to use its fruit)

31:6

כִּי conj. *for*

יֶשׁ־יוֹם subst. (441)-n.m.s. (398) *there shall be a day*

קָרְאוּ Qal pf. 3 c.p. (894) *when ... will call*

נֹצְרִים Qal act.ptc. m.p. (665) *watchmen*

בְּהַר אֶפְרָיִם prep.-n.m.s. cstr. (249)-pr.n. paus. (68) *in the hill country of Ephraim*

קוּמוּ Qal impv. 2 m.p. (877) *arise*

וְנַעֲלֶה conj.-Qal impf. 1 c.p. (748) *and let us go up*

צִיּוֹן pr.n. (851) *to Zion*

אֶל־יְהוָה אֱלֹהֵינוּ prep.-pr.n. (217)-n.m.p.-1 c.p. sf. (43) *to Yahweh our God*

31:7

כִּי־כֹה conj.-adv. (462) *for thus*

אָמַר יְהוָה Qal pf. 3 m.s. (55)-pr.n. (217) *says Yahweh*

רָנּוּ Qal impv. 2 m.p. (רָנַן 943) *sing aloud*

לְיַעֲקֹב prep.-pr.n. (784) *for Jacob*

שִׂמְחָה n.f.s. (970) *with gladness*

וְצַהֲלוּ conj.-Qal impv. 2 m.p. (843) *and raise shouts*

בְּרֹאשׁ הַגּוֹיִם prep.-n.m.s. cstr. (910)-def.art. -n.m.p. (156) *for the chief of the nations*

הַשְׁמִיעוּ Hi. impv. 2 m.p. (1033) *proclaim*

הַלְלוּ Pi. impv. 2 m.p. (237) *give praise*

וְאִמְרוּ conj.-Qal impv. 2 m.p. (55) *and say*

הוֹשַׁע Hi. impv. 2 m.s. (446) *has saved (save thou)*

יְהוָה pr.n. (217) *Yahweh*

אֶת־עַמְּךָ dir.obj.-n.m.s.-2 m.s. sf. (766) *his (your) people*

אֵת שְׁאֵרִית dir.obj.-n.f.s. cstr. (984) *the remnant of*

יִשְׂרָאֵל pr.n. (975) *Israel*

31:8

הִנְנִי demons.part.-1 c.s. sf. (243) *behold, I*

מֵבִיא Hi. ptc. m.s. (בּוֹא 97) *will bring*

אוֹתָם dir.obj.-3 m.p. sf. *them*

מֵאֶרֶץ prep.-n.f.s. (75) *from the country*

צָפוֹן n.f.s. (860) *north*

וְקִבַּצְתִּים conj.-Pi. pf. 1 c.s.-3 m.p. sf. (867) *and gather them*

מִיַּרְכְּתֵי־אָרֶץ prep.-n.m. du. cstr. (438)-n.f.s. (75) *from the farthest parts of the earth*

בָּם prep.-3 m.p. sf. *among them*

עִוֵּר n.m.s. (734) *the blind*

וּפִסֵּחַ conj.-adj. m.s. (820) *and the lame*

הָרָה adj. f.s. (248) *the woman with child*

וְיֹלֶדֶת conj.-Qal act.ptc. f.s. (**804**) *and her who is in travail*

יַחְדָּו adv. (403) *together*

קָהָל n.m.s. (874) *a company*

גָּדוֹל adj. m.s. (152) *great*

יָשׁוּבוּ Qal impf. 3 m.p. (שׁוּב 996) *they shall return*

הֵנָּה adv. (I 244) *here*

31:9

בִּבְכִי prep.-n.m.s. (113) *with weeping*

יָבֹאוּ Qal impf. 3 m.p. (בּוֹא 97) *they shall come*

וּבְתַחֲנוּנִים conj.-prep.-n.m.p. (337) *and with consolations*

אוֹבִילֵם Hi. impf. 1 c.s.-3 m.p. sf. (יָבַל 384) *I will lead them back*

אוֹלִיכֵם Hi. impf. 1 c.s.-3 m.p. sf. (הָלַךְ 229) *I will make them walk*

אֶל־נַחֲלֵי prep.-n.m.p. cstr. (636) *by brooks of*

מַיִם n.m.p. (565) *water*

בְּדֶרֶךְ prep.-n.m.s. (202) *in a path*

יָשָׁר adj. m.s. (449) *straight*

לֹא יִכָּשְׁלוּ בָּהּ neg.-Ni. impf. 3 m.p. (505)-prep. -3 f.s. sf. *in which they shall not stumble*

כִּי־הָיִיתִי conj.-Qal pf. 1 c.s. (הָיָה 224) *for I am*

לְיִשְׂרָאֵל prep.-pr.n. (975) *to Israel*

לְאָב prep.-n.m.s. (3) *a father*

וְאֶפְרַיִם conj.-pr.n. (68) *and Ephraim*

בְּכֹרִי הוּא n.m.s.-1 c.s. sf. (114)-pers.pr. 3 m.s. (214) *is my first-born*

31:10

שִׁמְעוּ Qal impv. 2 m.p. (1033) *hear*

דְּבַר־יהוה n.m.s. cstr. (182)-pr.n. (217) *the word of Yahweh*

גּוֹיִם n.m.p. (156) *O nations*

וְהַגִּידוּ conj.-Hi. impv. 2 m.p. (616) *and declare it*

בָאִיִּים prep.-def.art.-n.m.p. (15) *in the coastlands*

מִמֶּרְחָק prep.-n.m.s. (935) *afar off*

וְאִמְרוּ conj.-Qal impv. 2 m.p. (55) *say*

מְזָרֵה Pi. ptc. m.s. cstr. (זָרָה 279) *he who scattered*

יִשְׂרָאֵל pr.n. (975) *Israel*

יְקַבְּצֶנּוּ Pi. impf. 3 m.s.-3 m.s. sf. (867) *will gather him*

וּשְׁמָרוֹ conj.-Qal pf. 3 m.s.-3 m.s. sf. (1036) *and will keep him*

כְּרֹעֶה prep.-Qal act.ptc. (I 944) *as a shepherd*

עֶדְרוֹ n.m.s.-3 m.s. sf. (727) *his flock*

31:11

כִּי־פָדָה conj.-Qal pf. 3 m.s. (804) *for ... has ransomed*

יהוה pr.n. (217) *Yahweh*

אֶת־יַעֲקֹב dir.obj.-pr.n. (784) *Jacob*

וּגְאָלוֹ conj.-Qal pf. 3 m.s.-3 m.s. sf. (145) *and has redeemed him*

מִיַּד prep.-n.f.s. cstr. (388) *from hands*

חָזָק adj. m.s. (305) *stronger*

מִמֶּנּוּ prep.-3 m.s. sf. *(than he) for him*

31:12

וּבָאוּ conj.-Qal pf. 3 c.p. (בּוֹא 97) *they shall come*

וְרִנְּנוּ conj.-Pi. pf. 3 c.p. (943) *and sing aloud*

בִמְרוֹם־צִיּוֹן prep.-n.m.s. cstr. (928)-pr.n. (851) *on the height of Zion*

וְנָהֲרוּ conj.-Qal pf. 3 c.p. (625) *and they shall be radiant (stream)*

אֶל־טוּב יהוה prep.-n.m.s. cstr. (373)-pr.n. (217) *over the goodness of Yahweh*

עַל־דָּגָן prep.-n.m.s. (186) *over the grain*

וְעַל־תִּירֹשׁ conj.-prep.-n.m.s. (440) *the wine*

וְעַל־יִצְהָר conj.-prep.-n.m.s. (844) *and the oil*

וְעַל־בְּנֵי־צֹאן conj.-prep.-n.m.p. cstr. (119)-n.f.s. (838) *and over the young of the flock*

וּבָקָר conj.-n.m.s. (133) *and the herd*

וְהָיְתָה conj.-Qal pf. 3 f.s. (הָיָה 224) *and ... shall be*

נַפְשָׁם n.f.s.-3 m.p. sf. (659) *their life*

כְּגַן רָוֶה prep.-n.m.s. (171)-adj. m.s. (924) *like a watered garden*

וְלֹא־יוֹסִיפוּ conj.-neg.-Hi. impf. 3 m.p. (יָסַף 414) *and they ... no more*

לְדַאֲבָה prep.-Qal inf.cstr. (178) *languish*

עוֹד adv. (728) *more*

31:13

אָז adv. (23) *then*

תִּשְׂמַח Qal impf. 3 f.s. (970) *shall rejoice*

בְּתוּלָה n.f.s. (143) *the maidens*

בְּמָחוֹל prep.-n.m.s. (298) *in the dance*

וּבַחֻרִים conj.-n.m.p. (104) *and the young men*

וּזְקֵנִים conj.-n.m.p. (278) *and the old*

יַחְדָּו adv. (403) *shall be merry (together)*

וְהָפַכְתִּי conj.-Qal pf. 1 c.s. (245) *I will turn*

אֶבְלָם n.m.s.-3 m.p. sf. (5) *their mourning*

לְשָׂשׂוֹן prep.-n.m.s. (965) *into joy*

וְנִחַמְתִּים conj.-Pi. pf. 1 c.s.-3 m.p. sf. (636) *I will comfort them*

וְשִׂמַּחְתִּים conj.-Pi. pf. 1 c.s.-3 m.p. sf. (970) *and give them gladness*

מִיגוֹנָם prep.-n.m.s.-3 m.p. sf. (387) *for sorrow*

31:14

וְרִוֵּיתִי conj.-Pi. pf. 1 c.s. (רָוָה 924) *I will feast*

נֶפֶשׁ n.f.s. cstr. (659) *the soul of*

הַכֹּהֲנִים def.art.-n.m.p. (463) *the priests*

דָּשֶׁן adj. m.s. paus. (206) *with abundance*

וְעַמִּי conj.-n.m.s.-1 c.s. sf. (766) *and my people*

אֶת־טוּבִי dir.obj.-n.m.s.-1 c.s. sf. (373) *with my goodness*

יִשְׂבָּעוּ Qal impf. 3 m.p. (959) *shall be satisfied*

נְאֻם־יְהוָה n.m.s.cstr. (610)-pr.n. (217) *says Yahweh*

31:15

כֹּה demons.adv. (462) *thus*

אָמַר יהוה Qal pf. 3 m.s. (55)-pr.n. (217) *says Yahweh*

קוֹל n.m.s. (876) *a voice*

בְּרָמָה prep.-pr.n. (928) *in Ramah*

נִשְׁמָע Ni. ptc. (1033) *is heard*

נְהִי n.m.s. (624) *lamentation*

בְּכִי n.m.s. cstr. (113) *weeping*

תַמְרוּרִים n.m.p. (601) *bitter(ness)*

רָחֵל pr.n. (932) *Rachel*

מְבַכָּה Pi. ptc. f.s. (113) *is weeping*

עַל־בָּנֶיהָ prep.-n.m.p.-3 f.s. sf. (119) *for her children*

מֵאֲנָה Pi. pf. 3 f.s. (549) *she refuses*

לְהִנָּחֵם prep.-Ni. inf.cstr. (636) *to be comforted*

עַל־בָּנֶיהָ v.supra *for her children*

כִּי אֵינֶנּוּ conj.-subst.-3 m.s.(coll.) sf. (34; GK 145m) *because they are not*

31:16

כֹּה cf.31:15 demons.adv. (462) *thus*

אָמַר יהוה Qal pf. 3 m.s. (55)-pr.n. (217) *says Yahweh*

מִנְעִי Qal impv. 2 f.s. (586) *keep*

קוֹלֵךְ n.m.s.-2 f.s. sf.(876) *your voice*

מִבֶּכִי prep.-n.m.s. (113) *from weeping*

וְעֵינַיִךְ conj.-n.f.p.-2 f.s. sf. (744) *and your eyes*

מִדִּמְעָה prep.-n.f.s. (199) *from tears*

כִּי יֵשׁ conj.-subst. (441) *for shall be (there is)*

שָׂכָר n.m.s. (969) *rewarded*

לִפְעֻלָּתֵךְ prep.-n.f.s.-2 f.s. sf. (821) *your work*

נְאֻם־יהוה n.m.s. cstr. (610)-pr.n. (217) *says Yahweh*

וְשָׁבוּ conj.-Qal pf. 3 c.p. (שוב 996) *and they shall come back*

מֵאֶרֶץ prep.-n.f.s. cstr. (75) *from the land of*

אוֹיֵב Qal act.ptc. (33) *the enemy*

31:17

וְיֵשׁ־תִּקְוָה conj.-subst. (441)-n.f.s. (876) *there is hope*

לְאַחֲרִיתֵךְ prep.-n.f.s.-2 f.s. sf. (31) *for your future*

נְאֻם־יהוה n.m.s. cstr. (610)-pr.n. (217) *says Yahweh*

וְשָׁבוּ conj.-Qal pf. 3 c.p. (שוב 996) *and ... shall come back*

בָּנִים n.m.p. (119) *your children*

לִגְבוּלָם prep.-n.m.s.-3 m.p. sf. (147) *to their own country*

31:18

שָׁמוֹעַ שָׁמַעְתִּי Qal inf.abs. (1033)-Qal pf. 1 c.s. (1033) *I have heard*

אֶפְרַיִם pr.n. (68) *Ephraim*

מִתְנוֹדֵד Hithpolel ptc. (נוד 626) *bemoaning*

יִסַּרְתַּנִי Pi. pf. 2 m.s.-1 c.s. sf. (415) *thou hast chastened me*

וָאִוָּסֵר consec.-Ni. impf. 1 c.s. (415; GK 51c) *and I was chastened*

כְּעֵגֶל prep.-n.m.s. (722) *like an ... calf*

לֹא לֻמָּד neg.-Pu. pf. 3 m.s. (540) *untrained*

הֲשִׁיבֵנִי Hi. impv. 2 m.s.-1 c.s. sf. (שוב 996) *bring me back*

וְאָשׁוּבָה conj.-Qal impf. 1 c.s.-coh.he (שוב 996) *that I may be restored*

כִּי אַתָּה conj.-pers.pr. 2 m.s. (61) *for thou art*

יהוה pr.n. (217) *Yahweh*

אֱלֹהָי n.m.p.-1 c.p. sf. paus. (43) *my God*

31:19

כִּי־אַחֲרֵי conj.-prep. (29) *for after*

שׁוּבִי Qal inf.cstr.-1 c.s. sf. (996) *I had turned away*

נִחַמְתִּי Ni. pf. 1 c.s. (636) *I repented*

וְאַחֲרֵי v.supra *and after*

הִוָּדְעִי Ni. inf.cstr.-1 c.s. sf. (ידע 393) *I was instructed*

סָפַקְתִּי Qal pf. 1 c.s. (706) *I smote*

עַל־יָרֵךְ prep.-n.f.s. (437) *upon my thigh*

בֹּשְׁתִּי Qal pf. 1 c.s. (בוש 101) *I was ashamed*

וְגַם־נִכְלַמְתִּי conj.-adv. (168)-Ni. pf. 1 c.s. (483) *and I was confounded*

כִּי נָשָׂאתִי conj.-Qal pf. 1 c.s. (669) *because I bore*

חֶרְפַּת n.f.s. cstr. (357) *the disgrace of*

נְעוּרָי n.m.p.-1 c.s. sf. (655) *my youth*

31:20

הֲבֵן interr.part.-n.m.s. (119) *a son?*

יַקִּיר adj. m.s. (430) *dear*

לִי prep.-1 c.s. sf. *my*

אֶפְרַיִם pr.n. (68) *Ephraim*

אִם יֶלֶד hypoth.part. (49)-n.m.s. cstr. (409) *is he my child*

שַׁעֲשֻׁעִים n.m.p. (1044) *darling*

כִּי־מִדֵּי conj.-n.m.p. cstr. (551) *for as often*

דַבְּרִי Pi. inf.cstr.-1 c.s. sf. (180) *as I speak*

בּוֹ prep.-3 m.s. sf. *against him*

זָכֹר אֶזְכְּרֶנּוּ Qal inf.abs.-Qal impf. 1 c.s.-3 m.s. sf. (269) *I do remember him*

עוֹד adv. (728) *still*

עַל־כֵּן prep.-adv. (487) *therefore*

הָמוּ Qal pf. 3 c.p. (המה 242) *yearns*

מֵעַי n.m.p.-1 c.s. sf. (588) *my heart*

לוֹ prep.-3 m.s. sf. *for him*

רַחֵם אֲרַחֲמֶנּוּ Pi. inf.abs.-Pi. impf. 1 c.s.-3 m.s. sf. (933) *I will surely have mercy on him*

נְאֻם־יהוה n.m.s. cstr. (610)-pr.n. (217) *says Yahweh*

31:21

הַצִּיבִי Hi. impv. 2 f.s. (נצב 662) *set up*

לָךְ prep.-2 f.s. sf. *for yourself*

צִיֻּנִים n.m.p. (846) *waymarks*

שִׂמִי Qal impv. 2 f.s. (שׂום 962) *make*

לָךְ v.supra *yourself*

תַּמְרוּרִים n.m.p. (1071) *guideposts*

שִׁתִי Qal impv. 2 f.s. (שׁית 1011) *consider (set)*

לִבֵּךְ n.m.s.-2 f.s. sf. (523) *well (your heart)*

לַמְסִלָּה prep.-def.art.-n.f.s. (700) *the highway*

דֶּרֶךְ n.m.s. (202) *the road by which*

הָלָכְתְּ Qal pf. 2 f.s. (229; GK 44h) *you went*

שׁוּבִי Qal impv. 2 f.s. (996) *return*

בְּתוּלַת n.f.s. cstr. (143) *O virgin (of)*

יִשְׂרָאֵל pr.n. (75) *Israel*

שֻׁבִי Qal impv. 2 f.s. (996) *return*

אֶל־עָרַיִךְ prep.-n.f.p.-2 f.s. sf. (746) *to your cities*

אֵלֶּה demons.adj. p. (41; GK 126y) *these*

31:22

עַד־מָתַי prep.-interr.adv. (607) *how long*

תִּתְחַמָּקִין Hith.impf. 2 f.s. (חָמַק 330; GK 47o) *will you waver*

הַבַּת def.art.-n.f.s. (143) *daughter*

הַשּׁוֹבֵבָה def.art.-adj. f.s. (1000) *faithless*

כִּי־בָרָא conj.-Qal pf. 3 m.s. (135) *for ... has created*

יהוה pr.n. (217) *Yahweh*

חֲדָשָׁה adj. f.s. (294) *a new thing*

בָּאָרֶץ prep.-def.art.-n.f.s. (75) *on the earth*

נְקֵבָה n.f.s (666) *a woman*

תְּסוֹבֵב Po'el impf. 2 f.s. (סָבַב 686) *protects*

גָּבֶר n.m.s. paus. (149) *a man*

31:23

כֹּה־אָמַר adv. (462)-Qal pf. 3 m.s. (55) *thus says*

יהוה צְבָאוֹת pr.n. (217)-n.f.p. (838) *Yahweh of hosts*

אֱלֹהֵי n.m.p. cstr. (43) *the God of*

יִשְׂרָאֵל pr.n. (975) *Israel*

עוֹד adv. (728) *once more*

יֹאמְרוּ Qal impf. 3 m.p. (55) *they shall use*

אֶת־הַדָּבָר dir.obj.-def.art.-n.m.s. (182) *words*

הַזֶּה def.art.-demons.adj. m.s. (260) *these*

בְּאֶרֶץ prep.-n.f.s. cstr. (75) *in the land of*

יְהוּדָה pr.n. (397) *Judah*

וּבְעָרָיו conj.-prep.-n.f.p.-3 m.s. sf. (746) *and in its cities*

בְּשׁוּבִי prep.-Qal inf.cstr.-1 c.s. sf. (שׁוּב 996) *when I restore*

אֶת־שְׁבוּתָם dir.obj.-n.f.s.-3 m.p. sf. (986) *their fortunes*

יְבָרֶכְךָ Pi. impf. 3 m.s.-2 m.s. sf. (138) *bless you*

יהוה pr.n. (217) *Yahweh*

נְוֵה־ n.m.s. cstr. (627) *O habitation of*

צֶדֶק n.m.s. (841) *righteousness*

הַר הַקֹּדֶשׁ n.m.s. cstr. (249)-def.art.-n.m.s. (871) *O holy hill*

31:24

וְיָשְׁבוּ בָהּ conj.-Qal pf. 3 c.p. (442)-prep.-3 f.s. sf. *and shall dwell there*

יְהוּדָה pr.n. (397) *Judah*

וְכָל־עָרָיו conj.-n.m.s. cstr. (481)-n.f.p.-3 m.s. sf. (746) *and all its cities*

יַחְדָּו adv. (403) *together*

אִכָּרִים n.m.p. (38) *and the farmers*

וְנָסְעוּ conj.-Qal pf. 3 c.p. (652) *and those who wander*

בַּעֵדֶר prep.-def.art.-n.m.s. (727) *with their flocks*

31:25

כִּי הִרְוֵיתִי conj.-Hi. pf. 1 c.s. (924) *for I will satisfy*

נֶפֶשׁ n.f.s. (659) *the soul*

עֲיֵפָה adj. f.s. (746) *weary*

וְכָל־נֶפֶשׁ conj.-n.m.s. cstr. (481)-n.f.s. (659) *and every soul*

דָּאֲבָה (?) Qal pf. 3 f.s. or Qal ptc. f.s. (178) *languishing*

מִלֵּאתִי Pi. pf. 1 c.s. (569) *I will replenish*

31:26

עַל־זֹאת prep.-demons.adj. f.s. (256) *thereupon*

הֱקִיצֹתִי Hi. pf. 1 c.s. (קיץ 884) *I awoke*

וָאֶרְאֶה consec.-Qal impf. 1 c.s. (906) *and looked*

וּשְׁנָתִי conj.-n.f.s.-1 c.s. sf. (446) *and my sleep*

עָרְבָה Qal pf. 3 f.s. (787) *was pleasant*

לִי prep.-1 c.s. sf. *to me*

31:27

הִנֵּה demons.part. (243) *behold*

יָמִים n.m.p. (398) *days*

בָּאִים Qal act.ptc. m.p. (בּוֹא 97) *are coming*

נְאֻם־יהוה n.m.s. cstr. (610)-pr.n. (217) *says Yahweh*

וְזָרַעְתִּי conj.-Qal pf. 1 c.s. (281) *when I will sow*

אֶת־בֵּית dir.obj.-n.m.s. cstr. (108) *the house of*

יִשְׂרָאֵל pr.n. (975) *Israel*

וְאֶת־בֵּית conj.-v.supra *and the house of*

יְהוּדָה pr.n. (397) *Judah*

זֶרַע אָדָם n.m.s. cstr. (282)-n.m.s. (9) *with the seed of man*

וְזֶרַע בְּהֵמָה conj.-v.supra-n.f.s. (96) *and the seed of beast*

339

31:28

וְהָיָה conj.-Qal pf. 3 m.s. (224) *and it shall come to pass that*

כַּאֲשֶׁר prep.-rel. (81) *as*

שָׁקַדְתִּי Qal pf. 1 c.s. (1052) *I have watched*

עֲלֵיהֶם prep.-3 m.p. sf. *over them*

לִנְתוֹשׁ prep.-Qal inf.cstr. (681; GK 45g) *to pluck up*

וְלִנְתוֹץ conj.-prep.-Qal inf.cstr. (683; GK 45g) *and break down*

וְלַהֲרֹס conj.-prep.-Qal inf.cstr. (248) *to overthrow*

וּלְהַאֲבִיד conj.-prep.-Hi. inf.cstr. (1) *destroy*

וּלְהָרֵעַ conj.-prep.-Hi. inf.cstr. (רעע 949) *and bring evil*

כֵּן adv. (485) *thus*

אֶשְׁקֹד Qal impf. 1 c.s. (1052) *I will watch*

עֲלֵיהֶם v.supra *over them*

לִבְנוֹת prep.-Qal inf.cstr. (124) *to build*

וְלִנְטוֹעַ conj.-prep.-Qal inf.cstr. (642) *and to plant*

נְאֻם־יְהוָה n.m.s. cstr. (610)-pr.n. (217) *says Yahweh*

31:29

בַּיָּמִים הָהֵם prep.-def.art.-n.m.p. (398)-def.art.-demons.adj. m.p. (214) *in those days*

לֹא־יֹאמְרוּ neg.-Qal impf. 3 m.p. (55) *they shall say no*

עוֹד adv. (728) *longer*

אָבוֹת n.m.p. (3) *the fathers*

אָכְלוּ Qal pf. 3 c.p. (37) *have eaten*

בֹּסֶר n.m.s. (126) *sour grapes*

וְשִׁנֵּי conj.-n.f. du. cstr. (1042) *and the teeth of*

בָנִים n.m.p. (119) *children*

תִּקְהֶינָה Qal impf. 3 f.p. (קהה 874) *are set on edge*

31:30

כִּי אִם־ conj.-hypoth.part. (474) *but*

אִישׁ n.m.s. (35) *every one*

בַּעֲוֹנוֹ prep.-n.m.s.-3 m.s. sf. (730) *for his own sin*

יָמוּת Qal impf. 3 m.s. (559) *shall die*

כָּל־הָאָדָם n.m.s. cstr. (481)-def.art.-n.m.s. (9) *each man*

הָאֹכֵל def.art.-Qal act.ptc. (37) *who eats*

הַבֹּסֶר def.art.-n.m.s. (126) *sour grapes*

תִּקְהֶינָה Qal impf. 3 f.p. (קהה 874) *shall be set on edge*

שִׁנָּיו n.f.p.-3 m.s. sf. (1042) *his teeth*

31:31

הִנֵּה demons.part. (243) *behold*

יָמִים n.m.p. (398) *days*

בָּאִים Qal act.ptc. m.p. (97) *are coming*

נְאֻם־יְהוָה n.m.s. cstr. (610)-pr.n. (217) *says Yahweh*

וְכָרַתִּי conj.-Qal pf. 1 c.s. (כרת 503) *when I will make*

אֶת־בֵּית prep. (85)-n.m.s. cstr. (108) *with the house of*

יִשְׂרָאֵל pr.n. (975) *Israel*

וְאֶת־בֵּית conj.-v.supra *and the house of*

יְהוּדָה pr.n. (397) *Judah*

בְּרִית n.f.s. (136) *a covenant*

חֲדָשָׁה adj. f.s. (294) *new*

31:32

לֹא כַבְּרִית neg.-prep.-def.art.-n.f.s. (136) *not like the covenant*

אֲשֶׁר כָּרַתִּי rel. (81)-Qal pf. 1 c.s. (503) *which I made*

אֶת־אֲבוֹתָם prep.-n.m.p.-3 m.p. sf. (3) *with their fathers*

בְּיוֹם prep.-n.m.s. cstr. (398) *when (in the day of)*

הֶחֱזִיקִי Hi. inf.cstr.-1 c.s. sf. (304; GK 63o) *I took*

בְיָדָם prep.-n.f.s.-3 m.p. sf. (388) *them by the hand*

לְהוֹצִיאָם prep.-Hi. inf.cstr.-3 m.p. sf. (422) *to bring them out*

מֵאֶרֶץ prep.-n.f.s. cstr. (75) *of the land of*

מִצְרָיִם pr.n. (595) *Egypt*

אֲשֶׁר־הֵמָּה rel. (GK 138bN)-pers.pr. m.p. (241) *which they*

הֵפֵרוּ Hi. pf. 3 c.p. (פרר 830) *broke*

אֶת־בְּרִיתִי dir.obj.-n.f.s.-1 c.s. sf. (136) *my covenant*

וְאָנֹכִי conj.-pers.pr. 1 c.s. (58) *though I*

בָּעַלְתִּי בָם Qal pf. 1 c.s. (127)-prep.-3 m.p. sf. *I was their husband*

נְאֻם־יְהוָה n.m.s. cstr. (610)-pr.n. (217) *says Yahweh*

31:33

כִּי זֹאת conj.-demons.adj. f.s. (260) *but this is*

הַבְּרִית def.art.-n.f.s. (136) *the covenant*

אֲשֶׁר אֶכְרֹת rel. (81)-Qal impf. 1 c.s. (503) *which I will make*

אֶת־בֵּית prep.-n.m.s. cstr. (108) *with the house of*

יִשְׂרָאֵל pr.n. (975) *Israel*

אַחֲרֵי prep. (29) *after*

הַיָּמִים הָהֵם def.art.-n.m.p. (398)-def.art.-demons. adj. m.p. (214) *those days*

נְאֻם־יְהוָה n.m.s. cstr. (610)-pr.n. (217) *says Yahweh*

נָתַתִּי Qal pf. 1 c.s. (678) *I will put*

אֶת־תּוֹרָתִי dir.obj.-n.f.s.-1 c.s. sf. (437) *my law*

בְּקִרְבָּם prep.-n.m.s.-3 m.p. sf. (899) *within them*

וְעַל־לִבָּם conj.-prep.-n.m.s.-3 m.p. sf. (524) *and upon their hearts*

אֶכְתְּבֶנָּה Qal impf. 1 c.s.-3 f.s. sf. (507; GK 60a) *I will write it*

וְהָיִיתִי conj.-Qal pf. 1 c.s. (224) *and I will be*

לָהֶם prep.-3 m.p. sf. *their*

לֵאלֹהִים prep.-n.m.p. (43) *God*

וְהֵמָּה conj.-pers.pr. 3 m.p. (241) *and they*

יִהְיוּ־לִי Qal impf. 3 m.p. (224)-prep.-1 c.s. sf. *they shall be my*

לְעָם prep.-n.m.s. paus. (766) *people*

31:34

וְלֹא יְלַמְּדוּ conj.-neg.-Pi. impf. 3 m.p. (540) *and ... no ... shall teach*

עוֹד adv. (728) *longer*

אִישׁ n.m.s. (35) *each man*

אֶת־רֵעֵהוּ dir.obj.-n.m.s.-3 m.s. sf. (945) *his neighbor*

וְאִישׁ conj.-n.m.s. (35) *and each*

אֶת־אָחִיו dir.obj.-n.m.s.-3 m.s. sf. (26) *his brother*

לֵאמֹר prep.-Qal inf.cstr. (55) *saying*

דְּעוּ Qal impv. 2 m.p. יָדַע 393) *know*

אֶת־יְהוָה dir.obj.-pr.n. (217) *Yahweh*

כִּי־כוּלָּם conj.-n.m.s.-3 m.s. sf.(481) *for they all*

יֵדְעוּ Qal impf. 3 m.p. (יָדַע 393) *shall know*

אוֹתִי dir.obj.-1 c.s. sf. *me*

לְמִקְטַנָּם prep.-prep.-adj. m.s.-3 m.p. sf. (881) *from the least of them*

וְעַד־גְּדוֹלָם conj.-prep.-adj. m.s.-3 m.p. sf. (152) *to the greatest*

נְאֻם־יְהוָה n.m.s. cstr. (610)-pr.n. (217) *says Yahweh*

כִּי אֶסְלַח conj.-Qal impf. 1 c.s. (699) *for I will forgive*

לַעֲוֹנָם prep.-n.m.s.-3 m.p. sf. (730) *their iniquity*

וּלְחַטָּאתָם conj.-prep.-n.m.s.-3 m.p. sf. (308) *and ... their sin*

לֹא אֶזְכָּר־עוֹד neg.-Qal impf. 1 c.s. (269)-adv. (728) *I will remember no more*

31:35

כֹּה אָמַר adv. (462)-Qal pf. 3 m.s. (55) *thus says*

יְהוָה pr.n. (217) *Yahweh*

נֹתֵן Qal act. ptc. (678) *who gives*

שֶׁמֶשׁ n.f.s. (1039) *the sun*

לְאוֹר prep.-n.m.s. (21) *for light*

יוֹמָם adv. (401) *by day*

חֻקֹּת n.f.p. cstr. (349) *and the fixed order of*

יָרֵחַ n.m.s. (437) *the moon*

וְכוֹכָבִים conj.-n.m.p. (456) *and the stars*

לְאוֹר v.supra *for light*

לָיְלָה n.m.s. (538) *by night*

רֹגַע Qal act.ptc. cstr. (920) *who stirs up*

הַיָּם def.art.-n.m.s. (410) *the sea*

וַיֶּהֱמוּ consec.-Qal impf. 3 m.p. (242) *so that ... roar*

גַּלָּיו n.m.p.-3 m.s. sf. (164) *its waves*

יְהוָה צְבָאוֹת pr.n. (217)-pr.n. (838) *Yahweh of hosts*

שְׁמוֹ n.m.s.-3 m.s. sf. (1027) *is his name*

31:36

אִם־יָמֻשׁוּ hypoth.part. (50)-Qal impf. 3 m.p. (559) *if ... departs*

הַחֻקִּים הָאֵלֶּה def.art.-n.m.p. (349)-def.art. -demons.adj. m.p. (41) *this fixed order*

מִלְּפָנַי prep.-prep.-n.m.p.-1 c.s. sf. (815) *from before me*

נְאֻם־יְהוָה n.m.s. cstr. (610)-pr.n. (217) *says Yahweh*

גַּם adv. (168) *then*

זֶרַע יִשְׂרָאֵל n.m.s. cstr. (282)-pr.n. (217) *the descendants of Israel*

יִשְׁבְּתוּ Qal impf. 3 m.p. (991) *shall cease*

מִהְיוֹת prep.-Qal inf.cstr. (224) *from being*

גּוֹי n.m.s. (156) *a nation*

לְפָנַי prep.-n.m.p.-1 c.s. sf. (815) *before me*

כָּל־הַיָּמִים n.m.s. cstr. (481)-def.art.-n.m.p. (398) *for ever*

31:37

כֹּה adv. (462) *thus*

אָמַר יְהוָה Qal pf. 3 m.s. (55)-pr.n. (217) *says Yahweh*

אִם־יִמַּדּוּ hypoth.part. (50)-Ni. impf. 3 m.p. (מָדַד 551) *if ... can be measured*

שָׁמַיִם n.m. du. (1029) *the heavens*

מִלְמַעְלָה prep.-prep.-adv. (751)-loc.he *above*

וְיֵחָקְרוּ conj.-Ni. impf. 3 m.p. (350) *and can be explored*

מוֹסְדֵי־אֶרֶץ n.m.p. cstr. (414)-n.f.s. (75) *the foundations of the earth*

לְמָטָּה prep.-adv. (641) *below*

גַּם־אֲנִי adv. (168)-pers.pr. 1 c.s. (58) *then I*

אֶמְאַס Qal impf. 1 c.s. (549) *will cast off*

341

בְּכָל־זֶרַע prep.-n.m.s. cstr. (481)-n.m.s. cstr. (282) *all the descendants of*

יִשְׂרָאֵל pr.n. (975) *Israel*

עַל־כָּל־אֲשֶׁר prep.-n.m.s. cstr. (481)-rel. (81) *for all that*

עָשׂוּ Qal pf. 3 c.p. (793) *they have done*

נְאֻם־יהוה n.m.s. cstr. (610)-pr.n. (217) *says Yahweh*

31:38

הִנֵּה interj. (243) *behold*

יָמִים n.m.p. (398) *the days*

בָּאִים for see vs. 27 Qal act.ptc. m.p. (97; GK 17b) *are coming*

נְאֻם־יהוה n.m.s. cstr. (610)-pr.n. (217) *says Yahweh*

וְנִבְנְתָה conj.-Ni. pf. 3 f.s. (124) *when ... shall be rebuilt*

הָעִיר def.art.-n.f.s. (746) *the city*

לַיהוה prep.-pr.n. (217) *for Yahweh*

מִמִּגְדַּל prep.-n.m.s. cstr. (153) *from the tower of*

חֲנַנְאֵל pr.n. (337) *Hananel*

שַׁעַר הַפִּנָּה n.m.s. cstr. (1044)-def.art.-n.f.s. (815) *to the Corner Gate*

31:39

וְיָצָא conj.-Qal pf. 3 m.s. (422) *and ... shall go out*

עוֹד adv. (728) *farther*

קָוֵה הַמִּדָּה n.m.s. cstr. (876)-def.art.-n.f.s. (551) *the measuring line*

נֶגְדּוֹ adv.-3 m.s. sf. (617) *straight*

עַל גִּבְעַת prep.-n.f.s. cstr. (149) *to the hill (of)*

גָּרֵב pr.n. (173) *Gareb*

וְנָסַב conj.-Ni. pf. 3 m.s. (סבב 685) *and shall then turn*

גֹּעָתָה pr.n.-dir.he (171) *to Goah*

31:40

וְכָל־הָעֵמֶק conj.-n.m.s. cstr. (481)-def.art.-n.m.s. (770) *the whole valley*

הַפְּגָרִים def.art.-n.m.p. (803) *of the dead bodies*

וְהַדֶּשֶׁן conj.-def.art.-n.m.s. (206) *and the ashes*

וְכָל־הַשְּׁרֵמוֹת conj.-n.m.s. cstr. (481)-def.art. -n.f.p. (995; GK 127g) *and all the fields*

עַד־נַחַל prep.-n.m.s. (636) *as far as the brook*

קִדְרוֹן pr.n. (871) *Kidron*

עַד־פִּנַּת prep.-n.f.s. cstr. (819) *to the corner of*

שַׁעַר n.m.s. cstr. (1044) *the ... Gate*

הַסּוּסִים def.art.-n.m.p. (692) *Horse*

מִזְרָחָה n.m.s.-dir.he (280) *toward the east*

קֹדֶשׁ n.m.s. (871) *shall be sacred*

לַיהוה prep.-pr.n. (217) *to Yahweh*

לֹא־יִנָּתֵשׁ neg.-Ni. impf. 3 m.s. (684) *it shall not be uprooted*

וְלֹא־יֵהָרֵס conj.-neg.-Ni. impf. 3 m.s. (248) *or overthrown*

עוֹד adv. (728) *any more*

לְעוֹלָם prep.-n.m.s. (762) *for ever*

32:1

הַדָּבָר def.art.-n.m.s. (182) *the word*

אֲשֶׁר־הָיָה rel. (81)-Qal pf. 3 m.s. (224) *that came*

אֶל־יִרְמְיָהוּ prep.-pr.n. (941) *to Jeremiah*

מֵאֵת יהוה prep.-prep. (II 85)-pr.n. (217) *from Yahweh*

בַּשְּׁנַת prep.-def.art.-n.f.s. (1040; GK 134p; Qere rd. בַּשָּׁנָה) *in the ... year*

הָעֲשִׂרִית def.art.-num.adj. f. (798) *tenth*

לְצִדְקִיָּהוּ prep.-pr.n. (843) *of Zedekiah*

מֶלֶךְ יְהוּדָה n.m.s. cstr. (I 572))-pr.n. (397) *king of Judah*

הִיא הַשָּׁנָה demons.adj. f.s. (214)-def.art.-v.supra *which was the ... year*

שְׁמֹנֶה־עֶשְׂרֵה שָׁנָה num. (1032)-num. (797) -v.supra *eighteenth year*

לִנְבוּכַדְרֶאצַּר prep.-pr.n. (613) *of Nebuchadrezzar*

32:2

וְאָז conj.-adv. (23) *and at that time*

חֵיל מֶלֶךְ בָּבֶל n.m.s. cstr. (298)-n.m.s. cstr. (I 572)-pr.n. (93) *the army of the king of Babylon*

צָרִים Qal act.ptc. m.p. (צור II 848) *was besieging*

עַל־יְרוּשָׁלָ͏ִם prep.-pr.n. (436) *Jerusalem*

וְיִרְמְיָהוּ conj.-pr.n. (941) *and Jeremiah*

הַנָּבִיא def.art.-n.m.s. (611) *the prophet*

הָיָה כָלוּא Qal pf. 3 m.s. (224)-Qal pass.ptc. (כלא 476) *was shut up*

בַּחֲצַר הַמַּטָּרָה prep.-n.m.s. cstr. (I 346)-def.art. -n.f.s. (643) *in the court of the guard*

אֲשֶׁר־בֵּית rel. (81)-n.m.s. cstr. (108) *which was in the palace of*

מֶלֶךְ יְהוּדָה n.m.s. cstr. (I 572)-pr.n. (397) *the king of Judah*

32:3

אֲשֶׁר כְּלָאוֹ rel. (81)-Qal pf. 3 m.s.-3 m.s. sf. (כלא 476) *for had imprisoned him*

צִדְקִיָּהוּ pr.n. (843) *Zedekiah*

מֶלֶךְ־יְהוּדָה n.m.s. cstr. (I 572)-pr.n. (397) *king of Judah*

לֵאמֹר prep.-Qal inf.cstr. (55) *saying*

מַדּוּעַ אַתָּה adv. (396)-pers.pr. 2 m.s. (61) *why do you*

נִבֵּא Ni. ptc. (נָבָא 612) *prophesy*

לֵאמֹר prep.-Qal inf.cstr. (55) *and say*

כֹּה אָמַר יהוה adv. (462)-Qal pf. 3 m.s. (55)-pr.n. (217) *thus says Yahweh*

הִנְנִי נֹתֵן demons.part.-1 c.s. sf. (243)-Qal act.ptc. (נָתַן 678) *behold, I am giving*

אֶת־הָעִיר הַזֹּאת dir.obj.-def.art.-n.f.s. (746)-def.art.-demons.adj. f.s. (260) *this city*

בְּיַד prep.-n.f.s. cstr. (388) *into the hand of*

מֶלֶךְ־בָּבֶל v.supra-pr.n. (93) *the king of Babylon*

וּלְכָדָהּ conj.-Qal pf. 3 m.s.-3 f.s. sf. (לָכַד 539) *and he shall take it*

32:4

וְצִדְקִיָּהוּ conj.-pr.n. (843) *Zedekiah*

מֶלֶךְ יְהוּדָה n.m.s. cstr. (I 572)-pr.n. (2397) *king of Judah*

לֹא יִמָּלֵט neg.-Ni. impf. 3 m.s. (מָלַט 572) *shall not escape*

מִיַּד prep.-n.f.s. cstr. (388) *out of the hand of*

הַכַּשְׂדִּים def.art.-pr.n. (505) *the Chaldeans*

כִּי הִנָּתֹן יִנָּתֵן conj.-Ni. inf.abs. (נָתַן 678; GK 51k)-Ni. impf. 3 m.s. (678) *but shall surely be given*

בְּיַד prep.-v.supra *into the hand of*

מֶלֶךְ־בָּבֶל v.supra-pr.n. (93) *the king of Babylon*

וְדִבֶּר־ conj.-Pi. pf. 3 m.s. (180) *and shall speak*

פִּיו עִם־פִּיו n.m.s.-3 m.s. sf. (804)-prep.-v.supra *face to face*

וְעֵינָיו אֶת־עֵינָו conj.-n.f. du.-3 m.s. sf. (744)-dir.obj.-v.supra *eye to eye*

תִּרְאֶינָה Qal impf. 3 f.p. (רָאָה 906) *shall see*

32:5

וּבָבֶל conj.-pr.n. (93) *and to Babylon*

יוֹלִךְ Hi. impf. 3 m.s. (הָלַךְ 229) *he shall take*

אֶת־צִדְקִיָּהוּ dir.obj.-pr.n. (843) *Zedekiah*

וְשָׁם conj.-adv. (1027) *and there*

יִהְיֶה Qal impf. 3 m.s. (הָיָה 224) *he shall remain*

עַד־פָּקְדִי prep. (III 723)-Qal inf.cstr.-1 c.s. sf. (פָּקַד 823) *until I visit*

אֹתוֹ dir.obj.-3 m.s. sf. *him*

נְאֻם־יהוה n.m.s. cstr. (610)-pr.n. (217) *says Yahweh*

כִּי תִלָּחֲמוּ conj.-Ni. impf. 2 m.p. (לָחַם 535) *though you fight*

אֶת־הַכַּשְׂדִּים dir.obj.-def.art.-pr.n. (505) *against the Chaldeans*

לֹא תַצְלִיחוּ neg.-Hi. impf. 2 m.p. (צָלַח II 852) *you shall not succeed*

32:6

וַיֹּאמֶר יִרְמְיָהוּ consec.-Qal impf. 3 m.s. (55)-pr.n. (941) *then Jeremiah said*

הָיָה Qal pf. 3 m.s. (224) *came*

דְּבַר־יהוה n.m.s. cstr. (182)-pr.n. (217) *the word of Yahweh*

אֵלַי prep.-1 c.s. sf. *to me*

לֵאמֹר prep.-Qal inf.cstr. (55) *(saying)*

32:7

הִנֵּה חֲנַמְאֵל demons.part. (243)-pr.n. (335) *behold, Hanamel*

בֶּן־שַׁלֻּם n.m.s. cstr. (119)-pr.n. (1024) *the son of Shallum*

דֹּדְךָ n.m.s.-2 m.s. sf. (187) *your uncle*

בָּא אֵלֶיךָ Qal act.ptc. (בּוֹא 97)-prep.-2 m.s. sf. *will come to you*

לֵאמֹר prep.-Qal inf.cstr. (55) *and say*

קְנֵה Qal impv. 2 m.s. (קָנָה 888) *buy*

לְךָ prep.-2 m.s. sf. *(for yourself)*

אֶת־שָׂדִי dir.obj.-n.m.s.-1 c.s. sf. (961) *my field*

אֲשֶׁר בַּעֲנָתוֹת rel. (81)-prep.-pr.n. (779) *which is at Anathoth*

כִּי לְךָ conj.-prep.-2 m.s. sf. *for is yours*

מִשְׁפַּט הַגְּאֻלָּה n.m.s. cstr. (1048)-def.art.-n.f.s. (145) *the right of redemption*

לִקְנוֹת prep.-Qal inf.cstr. (קָנָה 888) *by purchase*

32:8

וַיָּבֹא אֵלַי consec.-Qal impf. 3 m.s. (בּוֹא 97)-prep.-1 c.s. sf. *then came to me*

חֲנַמְאֵל בֶּן־דֹּדִי pr.n. (335)-n.m.s. cstr. (119)-n.m.s.-1 c.s. sf. (187) *Hanamel my cousin*

כִּדְבַר יהוה prep.-n.m.s. cstr. (182)-pr.n. (217) *in accordance with the word of Yahweh*

אֶל־חֲצַר הַמַּטָּרָה prep.-n.m.s. cstr. (I 346)-def.art.-n.f.s. (642) *in the court of the guard*

וַיֹּאמֶר אֵלַי consec.-Qal impf. 3 m.s. (55)-prep.-1 c.s. sf. *and said to me*

קְנֵה נָא Qal impv. 2 m.s. (קָנָה 888)-part. of entreaty (609) *buy*

אֶת־שָׂדִי dir.obj.-n.m.s.-1 c.s. sf. (961) *my field*

אֲשֶׁר־בַּעֲנָתוֹת rel. (81)-prep.-pr.n. (779) *which is at Anathoth*

אֲשֶׁר בְּאֶרֶץ rel. (81)-prep.-n.f.s. cstr. (75) *in the land of*

בִּנְיָמִין pr.n. (122) *Benjamin*

כִּי־לְךָ conj.-prep.-2 m.s. sf. *for is yours*

מִשְׁפַּט הַיְרֻשָּׁה n.m.s. cstr. (1048)-def.art.-n.f.s. (440) *the right of possession*

וּלְךָ הַגְּאֻלָּה conj.-prep.-2 m.s. sf.-def.art.-n.f.s. (145) *and redemption is yours*

קְנֵה־לָךְ v.supra-prep.-2 m.s. sf. paus. *buy it for yourself*

וָאֵדַע consec.-Qal impf. 1 c.s. (יָדַע 393) *then I knew*

כִּי דְבַר־יְהוָה conj.-n.m.s. cstr. (182)-pr.n. (217) *that the word of Yahweh*

הוּא demons.adj. m.s. (214) *this was*

32:9

וָאֶקְנֶה consec.-Qal impf. 1 c.s. (קָנָה 888) *and I bought*

אֶת־הַשָּׂדֶה dir.obj.-def.art.-n.m.s. (961) *the field*

מֵאֵת חֲנַמְאֵל prep.-prep. (II 85)-pr.n. (335) *from Hanamel*

בֶּן־דֹּדִי n.m.s. cstr. (119)-n.m.s.-1 c.s. sf. (187) *my cousin*

אֲשֶׁר בַּעֲנָתוֹת rel. (81)-prep.-pr.n. (779) *at Anathoth*

וָאֶשְׁקֲלָה־לוֹ consec.-Qal impf. 1 c.s.-vol.he (שָׁקַל 1053)-prep.-3 m.s. sf. *and weighed out to him*

אֶת־הַכֶּסֶף dir.obj.-def.art.-n.m.s. (494) *the money*

שִׁבְעָה שְׁקָלִים וַעֲשָׂרָה num. f.s. (988)-n.m.p. (1053)-conj.-num. f.s. (796) *seventeen shekels*

הַכָּסֶף def.art.-n.m.s. paus. (494) *of silver*

32:10

וָאֶכְתֹּב consec.-Qal impf. 1 c.s. (כָּתַב 507) *and I signed*

בַּסֵּפֶר prep.-def.art.-n.m.s. (706; GK 126s) *the deed*

וָאֶחְתֹּם consec.-Qal impf. 1 c.s. (חָתַם 367) *and sealed it*

וָאָעֵד עֵדִים consec.-Hi. impf. 1 c.s. (עוּד 729)-n.m.p. (729) *and got witnesses*

וָאֶשְׁקֹל consec.-Qal impf. 1 c.s. (1053) *and weighed*

הַכֶּסֶף def.art.-n.m.s. (494) *the money*

בְּמֹאזְנָיִם prep.-n.m. du. paus. (24) *on scales*

32:11

וָאֶקַּח consec.-Qal impf. 1 c.s. (לָקַח 542) *then I took*

אֶת־סֵפֶר הַמִּקְנָה dir.obj.-n.m.s. cstr. (706)-def.art.-n.f.s. (889) *the deed of purchase*

אֶת־הֶחָתוּם dir.obj.-def.art.-Qal pass.ptc. (חָתַם 367) *sealed*

הַמִּצְוָה def.art.-n.f.s. (846) *containing the terms*

וְהַחֻקִּים conj.-def.art.-n.m.p. (349) *and conditions*

וְאֶת־הַגָּלוּי conj.-dir.obj.-def.art.-Qal pass.ptc. (גָּלָה 162) *and the open copy*

32:12

וָאֶתֵּן consec.-Qal impf. 1 c.s. (נָתַן 678) *and I gave*

אֶת־הַסֵּפֶר dir.obj.-def.art.-n.m.s. (706) *the deed*

הַמִּקְנָה def.art.-n.f.s. (889; GK 127h) *the purchase*

אֶל־בָּרוּךְ prep.-pr.n. (140) *Baruch*

בֶּן־נֵרִיָּה n.m.s. cstr. (119)-pr.n. (633) *the son of Neriah*

בֶּן־מַחְסֵיָה v.supra-pr.n. (340) *son of Mahseiah*

לְעֵינֵי prep.-n.f. du. cstr. (744) *in the presence of*

חֲנַמְאֵל דֹּדִי pr.n. (335)-n.m.s.-1 c.s. sf. (187) *Hanamel, my cousin* (lit. *my uncle*)

וּלְעֵינֵי conj.-v.supra *and in the presence of*

הָעֵדִים def.art.-n.m.p. (729) *the witnesses*

הַכֹּתְבִים def.art.-Qal act.ptc. m.p. (כָּתַב 507) *who signed*

בְּסֵפֶר הַמִּקְנָה prep.-n.m.s. cstr. (706)-def.art.-n.f.s. (889) *the deed of purchase*

לְעֵינֵי v.supra *in the presence of*

כָּל־הַיְּהוּדִים n.m.s. cstr. (481)-def.art.-adj. gent. p. (I 397) *all the Jews*

הַיֹּשְׁבִים def.art.-Qal act.ptc. m.p. (יָשַׁב 442) *who were sitting*

בַּחֲצַר הַמַּטָּרָה prep.-n.m.s. cstr. (I 346)-def.art.-n.f.s. (643) *in the court of the guard*

32:13

וָאֲצַוֶּה consec.-Pi. impf. 1 c.s. (צָוָה 845) *and I charged*

אֵת בָּרוּךְ dir.obj.-pr.n. (140) *Baruch*

לְעֵינֵיהֶם prep.-n.f. du.-3 m.p. sf. (744) *in their presence*

לֵאמֹר prep.-Qal inf.cstr. (55) *saying*

32:14

כֹּה־אָמַר adv. (462)-Qal pf. 3 m.s. (55) *thus says*

יְהוָה צְבָאוֹת pr.n. (217)-pr.n. (838) *Yahweh of hosts*

אֱלֹהֵי יִשְׂרָאֵל n.m.p. cstr. (43)-pr.n. (975) *the God of Israel*

לָקוֹחַ Qal inf.abs. (לָקַח 542) *take*

אֶת־הַסְּפָרִים הָאֵלֶּה dir.obj.-def.art.-n.m.p. (706; GK 124bN)-def.art.-demons.adj. c.p. (41) *these deeds*

אֵת סֵפֶר dir.obj.-n.m.s. cstr. (706) *the deed of*

הַמִּקְנָה הַזֶּה def.art.-n.f.s. (889)-def.art.-demons.adj. m.s. (260) *this purchase*

וְאֵת הֶחָתוּם conj.-dir.obj.-def.art.-Qal pass.ptc. (חָתַם 367) *sealed*

וְאֵת סֵפֶר conj.-v.supra-v.supra *and the deed of*

הַגָּלוּי הַזֶּה def.art.-Qal pass.ptc. (גָּלָה 162) -def.art.-demons.adj. m.s. (260) *this open copy*

וּנְתַתָּם conj.-Qal pf. 2 m.s.-3 m.p. sf. (נָתַן 678) *and put them*

בִּכְלִי־חָרֶשׂ prep.-n.m.s. cstr. (479)-n.m.s. (360) *in an earthenware vessel*

לְמַעַן יַעַמְדוּ prep. (775)-Qal impf. 3 m.p. (עָמַד 763) *that they may last*

יָמִים רַבִּים n.m.p. (398)-adj. m.p. (I 912) *for a long time*

32:15

כִּי כֹה אָמַר conj.-adv. (462)-Qal pf. 3 m.s. (55) *for thus says*

יהוה צְבָאוֹת pr.n. (217)-pr.n. (838) *Yahweh of hosts*

אֱלֹהֵי יִשְׂרָאֵל n.m.p. cstr. (43)-pr.n. (975) *the God of Israel*

עוֹד יִקָּנוּ adv. (728)-Ni. impf. 3 m.p. (קָנָה 888) *shall again be bought*

בָּתִּים וְשָׂדוֹת n.m.p. (108)-conj.-n.m.p. (961) *houses and fields*

וּכְרָמִים conj.-n.m.p. (501) *and vineyards*

בָּאָרֶץ הַזֹּאת prep.-def.art.-n.f.s. (75)-def.art. -demons.adj. f.s. (260) *in this land*

32:16

וָאֶתְפַּלֵּל consec.-Hith.impf. 1 c.s. (פָּלַל 813) *then I prayed*

אֶל־יהוה prep.-pr.n. (217) *to Yahweh*

אַחֲרֵי תִתִּי prep.cstr. (29)-Qal inf.cstr.-1 c.s. sf. (נָתַן 678) *after I had given*

אֶת־סֵפֶר הַמִּקְנָה dir.obj.-n.m.s. cstr. (706)-def.art. -n.f.s. (889) *the deed of purchase*

אֶל־בָּרוּךְ prep.-pr.n. (140) *to Baruch*

בֶּן־נֵרִיָּה n.m.s. cstr. (119)-pr.n. (633) *the son of Neriah*

לֵאמֹר prep.-Qal inf.cstr. (55) *saying*

32:17

אֲהָהּ אֲדֹנָי interj. (13)-n.m.p.-1 c.s. sf. (10) *ah Lord*

יהוה pr.n. (217) *Yahweh*

הִנֵּה אַתָּה demons.part. (243)-pers.pr. 2 m.s. (61) *it is thou*

עָשִׂיתָ Qal pf. 2 m.s. (עָשָׂה I 793) *who hast made*

אֶת־הַשָּׁמַיִם dir.obj.-def.art.-n.m. du. (1029) *the heavens*

וְאֶת־הָאָרֶץ conj.-dir.obj.-def.art.-n.f.s. (75) *and the earth*

בְּכֹחֲךָ הַגָּדוֹל prep.-n.m.s.-2 m.s. sf. (470)-def.art. -adj. m.s. (152) *by thy great power*

וּבִזְרֹעֲךָ הַנְּטוּיָה conj.-prep.-n.f.s.-2 m.s. sf. (283) -def.art.-Qal pass.ptc. f.s. (639) *and by thy outstretched arm*

לֹא־יִפָּלֵא neg.-Ni. impf. 3 m.s. (פָּלָא 810) *is not too hard*

מִמְּךָ prep.-2 m.s. sf. *for thee*

כָּל־דָּבָר n.m.s. cstr. (481)-n.m.s. (182) *anything*

32:18

עֹשֶׂה חֶסֶד Qal act.ptc. (I 793)-n.m.s. (338) *who showest steadfast love*

לַאֲלָפִים prep.-n.m.p. (48) *to thousands*

וּמְשַׁלֵּם conj.-Pi. ptc. m.s. (שָׁלֵם 1022) *but dost requite*

עֲוֹן אָבוֹת n.m.s. cstr. (730)-n.m.p. (3) *the guilt of fathers*

אֶל־חֵיק בְּנֵיהֶם prep.-n.m.s. cstr. (300)-n.m.p.-3 m.p. sf. (119) *to their children (lit. unto the bosom of their children)*

אַחֲרֵיהֶם prep.-3 m.p. sf. (29) *after them*

הָאֵל הַגָּדוֹל def.art.-n.m.s. (42)-def.art.-adj. m.s. (152) *O great God*

הַגִּבּוֹר def.art.-adj. m.s. (150) *and mighty*

יהוה צְבָאוֹת pr.n. (217)-pr.n. (838) *Yahweh of hosts*

שְׁמוֹ n.m.s.-3 m.s. sf. (1027) *is his name*

32:19

גְּדֹל הָעֵצָה adj. m.s. cstr. (152)-def.art.-n.f.s. (420) *great in counsel*

וְרַב הָעֲלִילִיָּה conj.-adj. m.s. cstr. (I 912)-def.art. -n.f.s. (760) *and mighty in deed*

אֲשֶׁר־עֵינֶיךָ rel. (81)-n.f. du.-2 m.s. sf. (744) *whose eyes*

פְּקֻחוֹת Qal pass.ptc. f.p. (פָּקַח 824) *open*

עַל־כָּל־דַּרְכֵי prep.-n.m.s. cstr. (481)-n.m.p. cstr. (202) *to all the ways of*

בְּנֵי אָדָם n.m.p. cstr. (119)-n.m.s. (9) *men*

לָתֵת prep.-Qal inf.cstr. (נָתַן 678) *rewarding*

לְאִישׁ prep.-n.m.s. (35) *every man*

כִּדְרָכָיו prep.-n.m.p.-3 m.s. sf. (202) *according to his ways*

וְכִפְרִי מַעֲלָלָיו conj.-prep.-n.m.s. cstr. (826)-n.m.p. -3 m.s. sf. (760) *and according to the fruit of his doings*

32:20

אֲשֶׁר־שַׂמְתָּ rel. (81)-Qal pf. 2 m.s. (שׂום 962) *who hast shown*

אֹתוֹת וּמֹפְתִים n.m.p. (16)-conj.-n.m.p. (68) *signs and wonders*

בְּאֶרֶץ מִצְרַיִם prep.-n.f.s. cstr. (75)-pr.n. (595) *in the land of Egypt*

עַד־הַיּוֹם הַזֶּה prep. (III 723)-def.art.-n.m.s. (398)-def.art.-demons.adj. m.s. (260) *to this day*

וּבְיִשְׂרָאֵל conj.-prep.-pr.n. (975) *in Israel*

וּבָאָדָם conj.-prep.-def.art.-n.m.s. (9) *and among all mankind*

וַתַּעֲשֶׂה־לְּךָ consec.-Qal impf. 2 m.s. (עשׂה I 793) -prep.-2 m.s. sf. *and hast made thee*

שֵׁם n.m.s. (1027) *a name*

כַּיּוֹם הַזֶּה prep.-def.art.-n.m.s. (398)-def.art.-demons.adj. m.s. (260) *as at this day*

32:21

וַתֵּצֵא consec.-Hi. impf. 2 m.s. (יצא 422) *thou didst bring*

אֶת־עַמְּךָ dir.obj.-n.m.s.-2 m.s. sf. (I 766) *thy people*

אֶת־יִשְׂרָאֵל dir.obj.-pr.n. (975) *Israel*

מֵאֶרֶץ מִצְרָיִם prep.-n.f.s. cstr. (75)-pr.n. paus. (595) *out of the land of Egypt*

בְּאֹתוֹת prep.-n.m.p. (16) *with signs*

וּבְמוֹפְתִים conj.-prep.-n.m.p. (68) *and wonders*

וּבְיָד חֲזָקָה conj.-prep.-n.f.s. (388)-adj. f.s. (305) *and with a strong hand*

וּבְאֶזְרוֹעַ נְטוּיָה conj.-prep.-n.f.s. (284)-Qal pass. ptc. f.s. (נטה 639) *and outstretched arm*

וּבְמוֹרָא גָּדוֹל conj.-prep.-n.m.s. (432)-adj. m.s. (152) *and with great terror*

32:22

וַתִּתֵּן לָהֶם consec.-Qal impf. 2 m.s. (נתן 678) -prep.-3 m.p. sf. *and thou gavest them*

אֶת־הָאָרֶץ הַזֹּאת dir.obj.-def.art.-n.f.s. (75) -def.art.-demons.adj. f.s. (260) *this land*

אֲשֶׁר־נִשְׁבַּעְתָּ rel. (81)-Ni. pf. 2 m.s. (שׁבע 989) *which thou didst swear*

לַאֲבוֹתָם prep.-n.m.p.-3 m.p. sf. (3) *to their fathers*

לָתֵת לָהֶם prep.-Qal inf.cstr. (נתן 678)-prep.-3 m.p. sf. *to give them*

אֶרֶץ זָבַת n.f.s. (75)-Qal act.ptc. f.s. cstr. (זוב 264) *a land flowing with*

חָלָב וּדְבָשׁ n.m.s. (316)-conj.-n.m.s. (185) *milk and honey*

32:23

וַיָּבֹאוּ consec.-Qal impf. 3 m.p. (בוא 97) *and they entered*

וַיִּרְשׁוּ אֹתָה consec.-Qal impf. 3 m.p. (ירשׁ 439) -dir.obj.-3 f.s. sf. *and took possession of it*

וְלֹא־שָׁמְעוּ conj.-neg.-Qal pf. 3 c.p. (שׁמע 1033) *but they did not obey*

בְּקוֹלֶךָ prep.-n.m.s.-2 m.s. sf. (876) *thy voice*

וּבְתֹרָתְךָ conj.-prep.-n.f.s.-2 m.s. sf. (435) *or in thy law*

לֹא־הָלָכוּ neg.-Qal pf. 3 c.p. paus. (הלך 229) *they did not walk*

אֵת כָּל־אֲשֶׁר dir.obj.-n.m.s. (481)-rel. (81) *of all*

צִוִּיתָה לָהֶם Pi. pf. 2 m.s. (צוה 845)-prep.-3 m.p. sf. *thou didst command them*

לַעֲשׂוֹת prep.-Qal inf.cstr. (עשׂה I 793) *to do*

לֹא עָשׂוּ neg.-Qal pf. 3 c.p. (עשׂה I 793) *they did nothing*

וַתַּקְרֵא consec.-Hi. impf. 2 m.s. (קרא II 896) *therefore thou hast made come*

אֹתָם dir.obj.-3 m.p. sf. *upon them*

אֵת כָּל־ dir.obj.-n.m.s. cstr. (481) *all*

הָרָעָה הַזֹּאת def.art.-n.f.s. (949)-def.art.-demons. adj. f.s. (260) *this evil*

32:24

הִנֵּה demons.part. (243) *behold*

הַסֹּלְלוֹת def.art.-n.f.p. (700) *the siege mounds*

בָּאוּ Qal pf. 3 c.p. (בוא 97) *have come up*

הָעִיר def.art.-n.f.s. (746) *to the city*

לְלָכְדָהּ prep.-Qal inf.cstr.-3 f.s. sf. (לכד 539) *to take it*

וְהָעִיר נִתְּנָה conj.-v.supra-Ni. pf. 3 f.s. (נתן 678) *and the city is given*

בְּיַד הַכַּשְׂדִּים prep.-n.f.s. cstr. (388)-def.art.-pr.n. (505) *into the hands of the Chaldeans*

הַנִּלְחָמִים def.art.-Ni. ptc. m.p. (לחם 535) *who are fighting*

עָלֶיהָ prep.-3 f.s. sf. *against it*

מִפְּנֵי הַחֶרֶב prep.-n.m.p. cstr. (815)-def.art.-n.f.s. (352) *because of sword*

וְהָרָעָב conj.-def.art.-n.m.s. (944) *and famine*

וְהַדָּבֶר conj.-def.art.-n.m.s. paus. (184) *and pestilence*

וַאֲשֶׁר דִּבַּרְתָּ conj.-rel. (81)-Pi. pf. 2 m.s. (דבר 180) *what thou didst speak*

הָיָה Qal pf. 3 m.s. (224) *has come to pass*

וְהִנְּךָ רֹאֶה conj.-demons.part.-2 m.s. sf. (243) -Qal act.ptc. (ראה 906) *and behold, thou seest it*

32:25

וְאַתָּה conj.-pers.pr. 2 m.s. (61) *yet thou*

אָמַרְתָּ Qal pf. 2 m.s. (55) *has said*

אֵלַי prep.-1 c.s. sf. *to me*

אֲדֹנָי יהוה n.m.p.-1 c.s. sf. (10)-pr.n. (217) *Lord Yahweh*

קְנֵה־לְךָ Qal impv. 2 m.s. (קנה 888)-prep.-2 m.s. sf. *buy (for yourself)*

הַשָּׂדֶה def.art.-n.m.s. (961) *the field*

בַּכֶּסֶף prep.-def.art.-n.m.s. (494) *for money*

וְהָעֵד עֵדִים conj.-Hi. impv. 2 m.s. (עוד 729)-n.m.p. (729) *and get witnesses*

וְהָעִיר נִתְּנָה conj.-def.art.-n.f.s. (746)-Ni. pf. 3 f.s. (נתן 678) *though the city is given*

בְּיַד הַכַּשְׂדִּים prep.-n.f.s. cstr. (388)-def.art.-pr.n. (505) *into the hands of the Chaldeans*

32:26

וַיְהִי consec.-Qal impf. 3 m.s. (היה 224) *and came*

דְּבַר־יהוה n.m.s. cstr. (182)-pr.n. (217) *the word of Yahweh*

אֶל־יִרְמְיָהוּ לֵאמֹר prep.-pr.n. (941)-prep.-Qal inf.cstr. (55) *to Jeremiah (saying)*

32:27

הִנֵּה אֲנִי demons.part.(243)-pers.pr. 1 c.s. (58) *behold, I*

יהוה אֱלֹהֵי pr.n. (217)-n.m.p. cstr. (43) *Yahweh, the God of*

כָּל־בָּשָׂר n.m.s. cstr. (481)-n.m.s. (142) *all flesh*

הֲמִמֶּנִּי interr.part.-prep.-1 c.s. sf. *for me?*

יִפָּלֵא Ni. impf. 3 m.s. (פלא 810) *is too hard*

כָּל־דָּבָר v.supra-n.m.s. (182) *anything*

32:28

לָכֵן כֹּה prep.-adv. (485)-adv. (462) *therefore, thus*

אָמַר יהוה Qal pf. 3 m.s. (55)-pr.n. (217) *says Yahweh*

הִנְנִי נֹתֵן demons.part.-1 c.s. sf. (243)-Qal act.ptc. (678) *behold, I am giving*

אֶת־הָעִיר הַזֹּאת dir.obj.-def.art.-n.f.s. (746)-def.art.-demons.adj. f.s. (260) *this city*

בְּיַד הַכַּשְׂדִּים prep.-n.f.s. cstr. (388)-def.art.-pr.n. (505) *into the hands of the Chaldeans*

וּבְיַד נְבוּכַדְרֶאצַּר conj.-v.supra-pr.n. (613) *and into the hands of Nebuchadrezzar*

מֶלֶךְ־בָּבֶל n.m.s. cstr. (I 572)-pr.n. (93) *king of Babylon*

וּלְכָדָהּ conj.-Qal pf. 3 m.s.-3 f.s. sf. (לכד 539) *and he shall take it*

32:29

וּבָאוּ הַכַּשְׂדִּים conj.-Qal pf. 3 c.p. (בוא 97)-def.art.-pr.n. (505) *the Chaldeans shall come*

הַנִּלְחָמִים def.art.-Ni. ptc. m.p. (לחם 535) *who are fighting*

עַל־הָעִיר הַזֹּאת prep.-def.art.-n.f.s. (746)-def.art.-demons.adj. f.s. (260) *against this city*

וְהִצִּיתוּ conj.-Hi. pf. 3 c.p. (יצת 428) *and set (aflame)*

אֶת־הָעִיר הַזֹּאת dir.obj.-v.supra-v. supra *this city*

בָּאֵשׁ prep.-def.art.-n.f.s. (77) *on fire*

וּשְׂרָפוּהָ conj.-Qal pf. 3 c.p.-3 f.s. sf. (שרף 976) *and burn it*

וְאֵת הַבָּתִּים conj.-dir.obj.-def.art.-n.m.p. (108) *with the houses*

אֲשֶׁר קִטְּרוּ rel. (81)-Pi. pf. 3 c.p. (קטר 882) *(which) incense has been offered*

עַל־גַּגּוֹתֵיהֶם prep.-n.m.p.-3 m.p. sf. (150) *on their roofs*

לַבַּעַל prep.-def.art.-n.m.s. (127) *to Baal*

וְהִסִּכוּ conj.-Hi. pf. 3 c.p. (נסך 650) *and have been poured out*

נְסָכִים n.m.p. (651) *drink offerings*

לֵאלֹהִים אֲחֵרִים prep.-n.m.p. (43)-adj. m.p. (29) *to other gods*

לְמַעַן הַכְעִסֵנִי prep. (775)-Hi. inf.cstr.-1 c.s. sf. (כעס 494) *to provoke me to anger*

32:30

כִּי־הָיוּ conj.-Qal pf. 3 c.p. (היה 224) *for are*

בְנֵי־יִשְׂרָאֵל n.m.p. cstr. (119)-pr.n. (975) *the sons of Israel*

וּבְנֵי יְהוּדָה conj.-v.supra-pr.n. (397) *and the sons of Judah*

אַךְ עֹשִׂים adv. (36)-Qal act.ptc. m.p. (עשה I 793) *only (are) doing*

הָרַע def.art.-n.m.s. (949) *evil*

בְּעֵינַי prep.-n.f. du.-1 c.s. sf. (744) *in my sight*

מִנְּעֻרֹתֵיהֶם prep.-n.f.p.-3 m.p. sf. (655) *from their youth*

כִּי בְנֵי־יִשְׂרָאֵל conj.-v.supra-v. supra *for the sons of Israel*

אַךְ מַכְעִסִים v.supra-Hi. ptc. m.p. (כעס 494) *only are provoking to anger*

אֹתִי dir.obj.-1 c.s. sf. *me*

בְּמַעֲשֵׂה יְדֵיהֶם prep.-n.m.s. cstr. (795)-n.f. du.-3 m.p. sf. (388) *by the work of their hands*

נְאֻם־יהוה n.m.s. cstr. (610)-pr.n. (217) *says Yahweh*

32:31

כִּי עַל־אַפִּי conj.-prep.-n.m.s.-1 c.s. sf. (I 60) *for my anger*

וְעַל־חֲמָתִי conj.-prep.-n.f.s.-1 c.s. sf. (404) *and my wrath*

הָיְתָה לִּי Qal pf. 3 f.s. (הָיָה 224)-prep.-1 c.s. sf. *has aroused to me*

הָעִיר הַזֹּאת def.art.-n.f.s. (746)-def.art. -demons.adj. f.s. (260) *this city*

לְמִן־הַיּוֹם prep.-prep.-def.art.-n.m.s. (398) *from the day*

אֲשֶׁר בָּנוּ אוֹתָהּ rel. (81)-Qal pf. 3 c.p. (בָּנָה 124)-dir. obj.-3 f.s. sf. *that they built it*

וְעַד הַיּוֹם הַזֶּה conj.-prep.- (III 723)-def.art. -n.m.s. (398)-def.art.-demons.adj. m.s. (260) *to this day*

לַחֲסִירָהּ prep.-Hi. inf.cstr.-3 f.s. sf. (חָסַר 693) *to remove it*

מֵעַל פָּנָי prep.-prep.-n.m.p.-1 c.s. sf. paus. (815) *from my sight*

32:32

עַל כָּל־רָעַת prep.-n.m.s. cstr. (481)-n.f.s. cstr. (949) *because of all the evil of*

בְּנֵי־יִשְׂרָאֵל n.m.p. cstr. (119)-pr.n. (975) *the sons of Israel*

וּבְנֵי יְהוּדָה conj.-v.supra-pr.n. (397) *and the sons of Judah*

אֲשֶׁר עָשׂוּ rel. (81)-Qal pf. 3 c.p. (עָשָׂה I 793) *which they did*

לְהַכְעִסֵנִי prep.-Hi. inf.cstr.-1 c.s. sf. (כָּעַם 494) *to provoke me to anger*

הֵמָּה pers.pr. 3 m.p. (241) *they*

מַלְכֵיהֶם n.m.p.-3 m.p. sf. (I 572) *their kings*

שָׂרֵיהֶם n.m.p.-3 m.p. sf. (978) *their princes*

כֹּהֲנִים n.m.p.-3 m.p. sf. (463) *their priests*

וּנְבִיאֵיהֶם conj.-n.m.p.-3 m.p. sf. (611) *and their prophets*

וְאִישׁ יְהוּדָה conj.-n.m.s. cstr. (35)-pr.n. (397) *the men of Judah*

וְיֹשְׁבֵי יְרוּשָׁלַם conj.-Qal act.ptc. m.p. cstr. (יָשַׁב 442)-pr.n. paus. (436) *and the inhabitants of Jerusalem*

32:33

וַיִּפְנוּ consec.-Qal impf. 3 m.p. (פָּנָה 815) *they have turned*

אֵלַי prep.-1 c.s. sf. *to me*

עֹרֶף n.m.s. (791) *their back*

וְלֹא פָנִים conj.-neg.-n.m.p. (815) *and not their face*

וְלַמֵּד אֹתָם conj.-Pi. inf.abs. (לָמַד 540)-dir.obj. -3 m.p. sf. *though I have taught them*

הַשְׁכֵּם וְלַמֵּד Hi. inf.abs. (שָׁכֵם 1014)-conj.-Pi. inf. abs. (540) *persistently*

וְאֵינָם שֹׁמְעִים conj.-subst.-3 m.p. sf. (II 34)-Qal act.ptc. m.p. (שָׁמַע 1033) *they have not listened*

לָקַחַת מוּסָר prep.-Qal inf.cstr. (לָקַח 542)-n.m.s. (416) *to receive instruction*

32:34

וַיָּשִׂימוּ consec.-Qal impf. 3 m.p. (שׂוֹם 962) *they set up*

שִׁקּוּצֵיהֶם n.m.p. (1055) *their abominations*

בַּבַּיִת prep.-def.art.-n.m.s. (108) *in the house*

אֲשֶׁר־נִקְרָא שְׁמִי עָלָיו rel. (81)-Ni. pf. 3 m.s. (894 קָרָא)-n.m.s.-1 c.s. sf. (1027)-prep.-3 m.s. sf. *which is called by my name*

לְטַמְּאוֹ prep.-Pi. inf.cstr.-3 m.s. sf. (טָמֵא 379) *to defile it*

32:35

וַיִּבְנוּ consec.-Qal impf. 3 m.p. (בָּנָה 124) *they built*

אֶת־בָּמוֹת dir.obj.-n.f.p. cstr. (119) *the high places of*

הַבַּעַל def.art.-n.m.s. (127) *Baal*

אֲשֶׁר בְּגֵיא rel. (81)-prep.-n.m.s. cstr. (161) *in the valley of*

בֶּן־חִנֹּם n.m.s. cstr. (119)-pr.n. (244) *the son of Hinnom*

לְהַעֲבִיר prep.-Hi. inf.cstr. (עָבַר 716) *to offer up*

אֶת־בְּנֵיהֶם dir.obj.-n.m.p.-3 m.p. sf. (119) *their sons*

וְאֶת־בְּנוֹתֵיהֶם conj.-dir.obj.-n.f.p.-3 m.p. sf. (I 123) *and daughters*

לַמֹּלֶךְ prep.-def.art.-pr.n. (574) *to Molech*

אֲשֶׁר לֹא־צִוִּיתִים rel. (81)-neg.-Pi. pf. 1 c.s.-3 m.p. sf. (צָוָה 845) *though I did not command them*

וְלֹא עָלְתָה עַל־לִבִּי conj.-neg.-Qal pf. 3 f.s. (748) -prep.-n.m.s.-1 c.s. sf. (524) *nor did it enter into my mind*

לַעֲשׂוֹת prep.-Qal inf.cstr. (עָשָׂה I 793) *that they should do*

הַתּוֹעֵבָה הַזֹּאת def.art.-n.f.s. (1072)-def.art. -demons.adj. f.s. (260) *this abomination*

לְמַעַן הַחֲטִי prep. (775)-Hi. inf.cstr. (חָטָא 306; GK 74k) *to cause to sin*

אֶת־יְהוּדָה dir.obj.-pr.n. (397) *Judah*

32:36

וְעַתָּה לָכֵן conj.-adv. (773)-prep.-adv. (485) *now therefore*

כֹּה־אָמַר יהוה adv. (462)-Qal pf. 3 m.s. (55) -pr.n. (217) *thus says Yahweh*

אֱלֹהֵי יִשְׂרָאֵל n.m.p.cstr. (43)-pr.n. (975) *the God of Israel*

אֶל־הָעִיר הַזֹּאת prep.-def.art.-n.f.s. (746)-def.art. -demons.adj. f.s. (260) *concerning this city*

אֲשֶׁר אַתֶּם אֹמְרִים rel. (81)-pers.pr. 2 m.p. (61) -Qal act.ptc. m.p. (55) *of which you say*

נִתְּנָה Ni. pf. 3 f.s. (נָתַן 678) *it is given*

בְּיַד prep.-n.f.s. cstr. (388) *into the hand of*

מֶלֶךְ־בָּבֶל n.m.s. cstr. (I 572)-pr.n. (93) *the king of Babylon*

בַּחֶרֶב prep.-def.art.-n.f.s. (352) *by sword*

וּבָרָעָב conj.-prep.-def.art.-n.m.s. (944) *by famine*

וּבַדָּבֶר conj.-prep.-def.art.-n.m.s. paus. (184) *and by pestilence*

32:37

הִנְנִי מְקַבְּצָם demons.part.-1 c.s. sf. (243)-Pi. ptc.-3 m.p. sf. (קָבַץ 867) *behold, I will gather them*

מִכָּל־הָאֲרָצוֹת prep.-n.m.s. cstr. (481)-def.art. -n.f.p. (75) *from all the countries*

אֲשֶׁר הִדַּחְתִּים שָׁם rel. (81)-Hi. pf. 1 c.s.-3 m.p. sf. (נָדַח 623)-adv. (1027) *to which I drove them*

בְּאַפִּי prep.-n.m.s.-1 c.s. sf. (I 60) *in my anger*

וּבַחֲמָתִי conj.-prep.-n.f.s.-1 c.s. sf. (404) *and my wrath*

וּבְקֶצֶף גָּדוֹל conj.-prep.-n.m.s. (893)-adj. m.s. (152) *and in great indignation*

וַהֲשִׁבֹתִים conj.-Hi. pf. 1 c.s.-3 m.p. sf. (שׁוּב 996) *and I will bring them back*

אֶל־הַמָּקוֹם הַזֶּה prep.-def.art.-n.m.s. (879)-def. art.-demons.adj. m.s. (260) *to this place*

וְהֹשַׁבְתִּים conj.-Hi. pf. 1 c.s.-3 m.p. sf. (יָשַׁב 442) *and I will make them dwell*

לָבֶטַח prep.-n.m.s. (105) *in safety*

32:38

וְהָיוּ לִי conj.-Qal pf. 3 c.p. (הָיָה 224)-prep.-1 c.s. sf. *and they shall be to me*

לְעָם prep.-n.m.s. (I 766) *people*

וַאֲנִי אֶהְיֶה conj.-pers.pr. 1 c.s. (58)-Qal impf. 1 c.s. (הָיָה 224) *and I will be*

לָהֶם לֵאלֹהִים prep.-3 m.p. sf.-prep.-n.m.p. (43) *their God*

32:39

וְנָתַתִּי conj.-Qal pf. 1 c.s. (נָתַן 678) *and I will give*

לָהֶם prep.-3 m.p. sf. *them*

לֵב אֶחָד n.m.s. (524)-num.adj. (25) *one heart*

וְדֶרֶךְ אֶחָד conj.-n.m.s. (202)-v.supra *and one way*

לְיִרְאָה אוֹתִי prep.-Qal inf.cstr. (יָרֵא 431; GK 45d)-dir.obj.-1 c.s. sf. *that they may fear me*

כָּל־הַיָּמִים n.m.s. cstr. (481)-def.art.-n.m.p. (398) *for ever*

לְטוֹב לָהֶם prep.-Qal inf.cstr. (טוֹב I 373)-prep. -3 m.p. sf. *for their own good*

וְלִבְנֵיהֶם conj.-prep.-n.m.p.-3 m.p. sf. (119) *and their children*

אַחֲרֵיהֶם prep.-3 m.p. sf. (29) *after them*

32:40

וְכָרַתִּי לָהֶם conj.-Qal pf. 1 c.s. (כָּרַת 503)-prep.-3 m.p. sf. *and I will make with them*

בְּרִית עוֹלָם n.f.s. cstr. (136)-n.m.s. (761) *an everlasting covenant*

אֲשֶׁר לֹא־אָשׁוּב rel. (81)-neg.-Qal impf. 1 c.s. (שׁוּב 996) *that I will not turn away*

מֵאַחֲרֵיהֶם prep.-prep.-3 m.p. sf. (29) *from after them*

לְהֵיטִיבִי אוֹתָם prep.-Hi. inf.cstr.-1 c.s. sf. (יָטַב 405)-dir.obj.-3 m.p. sf. *from doing good to them*

וְאֶת־יִרְאָתִי conj.-dir.obj.-n.f.s.-1 c.s. sf. (432) *and the fear of me*

אֶתֵּן Qal impf. 1 c.s. (נָתַן 678) *I will put*

בִּלְבָבָם prep.-n.m.s.-3 m.p. sf. (523) *in their hearts*

לְבִלְתִּי סוּר prep.-neg. (116)-Qal inf.cstr. (סוּר 693) *that they may not turn*

מֵעָלָי prep.-prep.-1 c.s. sf. paus. *from me*

32:41

וְשַׂשְׂתִּי עֲלֵיהֶם conj.-Qal pf. 1 c.s. (שׂוּשׂ 965) -prep.-3 m.p. sf. *and I will rejoice over them*

לְהֵיטִיב אוֹתָם prep.-Hi. inf.cstr. (יָטַב 405)-dir. obj.-3 m.p. sf. *in doing them good*

וּנְטַעְתִּים conj.-Qal pf. 1 c.s.-3 m.p. sf. (נָטַע 642) *and I will plant them*

בָּאָרֶץ הַזֹּאת prep.-def.art.-n.f.s. (75)-def.art. -demons.adj. f.s. (260) *in this land*

בֶּאֱמֶת prep.-n.f.s. (54) *in faithfulness*

בְּכָל־לִבִּי prep.-n.m.s. cstr. (481)-n.m.s.-1 c.s. sf. (524) *with all my heart*

349

וּבְכָל־נַפְשִׁי conj.-prep.-v.supra-n.f.s.-1 c.s. sf. (659) *and all my soul*

32:42

כִּי־כֹה conj.-adv. (462) *for thus*

אָמַר יְהוָה Qal pf. 3 m.s. (55)-pr.n. (217) *says Yahweh*

כַּאֲשֶׁר הֵבֵאתִי prep.-rel. (81)-Hi. pf. 1 c.s. (בּוֹא 97) *just as I have brought*

אֶל־הָעָם הַזֶּה prep.-def.art.-n.m.s. (I 766)-def. art.-demons.adj. m.s. (260) *upon this people*

אֵת כָּל־ dir.obj.-n.m.s. cstr. (481) *all*

הָרָעָה הַגְּדוֹלָה הַזֹּאת def.art.-n.f.s. (949)-def. art.-adj. f.s. (152)-def.art.-demons.adj. f.s. (260) *this great evil*

כֵּן אָנֹכִי מֵבִיא adv. (485)-pers.pr. 1 c.s. (59)-Hi. ptc. (בּוֹא 97) *so I will bring*

עֲלֵיהֶם prep.-3 m.p. sf. *upon them*

אֵת־כָּל־ dir.obj.-v.supra *all*

הַטּוֹבָה def.art.-n.f.s. (375) *the good*

אֲשֶׁר אָנֹכִי דֹּבֵר rel. (81)-v.supra-Qal act.ptc. (180) *that I promise*

עֲלֵיהֶם v.supra *them*

32:43

וְנִקְנָה הַשָּׂדֶה conj.-Ni. pf. 3 m.s. (קָנָה 888)-def. art.-n.m.s. (961) *fields shall be bought*

בָּאָרֶץ הַזֹּאת prep.-def.art.-n.f.s. (75)-def.art. -demons.adj. f.s. (260) *in this land*

אֲשֶׁר אַתֶּם אֹמְרִים rel. (81)-pers.pr. 2 m.p. (61)-Qal act.ptc. m.p. (55) *of which you are saying*

שְׁמָמָה הִיא n.f.s. (1031)-pers. pr. 3 f.s. (214) *it is a desolation*

מֵאֵין אָדָם prep.-subst.cstr. (II 34)-n.m.s. (9) *without man*

וּבְהֵמָה conj.-n.f.s. (96) *or beast*

נִתָּנָה Ni. pf. 3 f.s. (נָתַן 678) *it is given*

בְּיַד הַכַּשְׂדִּים prep.-n.f.s. cstr. (388)-def.art.-pr.n. (505) *into the hands of the Chaldeans*

32:44

שָׂדוֹת n.m.p. (961) *fields*

בַּכֶּסֶף prep.-def.art.-n.m.s. (494) *for money*

יִקְנוּ Qal impf. 3 m.p. (קָנָה 888) *shall be bought*

וְכָתוֹב בַּסֵּפֶר conj.-Qal inf.abs. (כָּתַב 507)-prep. -def.art.-n.m.s. (706) *and deeds shall be signed* (lit. *and writing in the book*)

וְחָתוֹם conj.-Qal inf.abs. (חָתַם 367) *and sealed*

וְהָעֵד עֵדִים conj.-Hi. inf.abs. (עוּד 729)-n.m.p. (729) *and witnessed*

בְּאֶרֶץ בִּנְיָמִן prep.-n.f.s. cstr. (75)-pr.n. (122) *in the land of Benjamin*

וּבִסְבִיבֵי conj.-prep.-n.m.p. cstr. (686) *and in the places about*

יְרוּשָׁלַיִם pr.n. (436) *Jerusalem*

וּבְעָרֵי conj.-prep.-n.f.p. cstr. (746) *and in the cities of*

יְהוּדָה pr.n. (397) *Judah*

וּבְעָרֵי הָהָר v.supra-def.art.-n.m.s. (249) *and in the cities of the hill country*

וּבְעָרֵי הַשְּׁפֵלָה v.supra-def.art.-n.f.s. (1050) *and in the cities of the Shephelah*

וּבְעָרֵי הַנֶּגֶב v.supra-def.art.-n.m.s. (616) *and in the cities of the Negeb*

כִּי־אָשִׁיב conj.-Hi. impf. 1 c.s. (שׁוּב 996) *for I will restore*

אֶת־שְׁבוּתָם dir.obj.-n.f.s.-3 m.p. sf. (986) *their fortunes (captivity)*

נְאֻם־יְהוָה n.m.s. cstr. (610)-pr.n. (217) *says Yahweh*

33:1

וַיְהִי consec.-Qal impf. 3 m.s. (224) *(and) came*

דְּבַר־יְהוָה n.m.s. cstr. (182)-pr.n. (217) *the word of Yahweh*

אֶל־יִרְמְיָהוּ prep.-pr.n. (941) *to Jeremiah*

שֵׁנִית adj. f.s. (1041) *a second time*

וְהוּא עוֹדֶנּוּ conj.-pers.pr. 3 m.s. (214)-adv.-3 m.s. sf. (728) *while he was still*

עָצוּר Qal pass.ptc. (783) *shut up*

בַּחֲצַר prep.-n.m.s. cstr. (I 346) *in the court of*

הַמַּטָּרָה def.art.-n.f.s. (643) *the guard*

לֵאמֹר prep.-Qal inf.cstr. (55) *(to say)*

33:2

כֹּה־אָמַר adv. (462)-Qal pf. 3 m.s. (55) *thus says*

יְהוָה pr.n. (217) *Yahweh*

עֹשָׂהּ Qal act.ptc. m.s.-3 f.s. sf. (עָשָׂה I 793) *who made the earth (it)*

יְהוָה v.supra *Yahweh*

יוֹצֵר אוֹתָהּ Qal act.ptc. m.s. (427)-dir.obj.-3 f.s. sf. *who formed it*

לַהֲכִינָהּ prep.-Hi. inf.cstr.-3 f.s. sf. (כּוּן 465) *to establish it*

יְהוָה שְׁמוֹ v.supra-n.m.s.-3 m.s. sf. (1027) *Yahweh is his name*

33:3

קְרָא אֵלַי Qal impv. 2 m.s. (894)-prep.-1 c.s. sf. *call to me*

וְאֶעֱנֶךָּ conj.-Qal impf. 1 c.s.-2 m.s. sf. (עָנָה I 772) *and I will answer you*

וְאַגִּידָה conj.-Hi. impf. 1 c.s.-coh.he (נגד 616) *and will tell*

לְךָ prep.-2 m.s. sf. *you*

גְּדֹלוֹת adj. f.p. (152) *great things*

וּבְצֻרוֹת conj.-Qal pass.ptc. f.p. (130) *and hidden (things)*

לֹא יְדַעְתָּם neg.-Qal pf. 2 m.s.-3 m.p. sf. (393) *which you have not known*

33:4

כִּי conj. *for*

כֹּה אָמַר יהוה adv. (462)-Qal pf. 3 m.s. (55)-pr.n. (217) *thus says Yahweh*

אֱלֹהֵי יִשְׂרָאֵל n.m.p. cstr. (43)-pr.n. (975) *the God of Israel*

עַל־בָּתֵּי prep.-n.m.p. cstr. (108) *concerning the houses of*

הָעִיר הַזֹּאת def.art.-n.f.s. (746)-def.art.-demons.adj. f.s. (260) *this city*

וְעַל־בָּתֵּי conj.-v.supra-v.supra *and the houses of*

מַלְכֵי יְהוּדָה n.m.p. cstr. (I 572)-pr.n. (397) *the kings of Judah*

הַנְּתֻצִים def.art.-Qal pass.ptc. m.p. (683) *which were torn down*

אֶל־הַסֹּלְלוֹת prep.-n.f.p. (700) *against the siege mounds*

וְאֶל־הֶחָרֶב conj.-prep.-def.art.-n.f.s. (352) *and before the sword*

33:5

בָּאִים Qal act.ptc. m.p. (בוא 97) *are coming in*

לְהִלָּחֵם prep.-Ni. inf.cstr. (לחם 535) *to fight*

אֶת־הַכַּשְׂדִּים dir.obj.-def.art.-pr.n. (505) *(with) the Chaldeans*

וּלְמַלְאָם conj.-prep.-Pi. inf.cstr.-3 m.p. sf. (569) *and to fill them*

אֶת־פִּגְרֵי prep. (85)-n.m.p. cstr. (803) *with the dead bodies of*

הָאָדָם def.art.-n.m.s. (9) *men*

אֲשֶׁר־הִכֵּיתִי rel. (81)-Hi. pf. 1 c.s. (נכה 645) *whom I shall smite*

בְּאַפִּי prep.-n.m.s.-1 c.s. sf. (I 60) *in my anger*

וּבַחֲמָתִי conj.-prep.-n.f.s.-1 c.s. sf. (404) *and my wrath*

וַאֲשֶׁר conj.-rel. (81) *for (and which)*

הִסְתַּרְתִּי Hi. pf. 1 c.s. (711) *I have hidden*

פָנַי n.m.p.-1 c.s. sf. (815) *my face*

מֵהָעִיר הַזֹּאת prep.-def.art.-n.f.s. (746)-def.art.-demons.adj. f.s. (260) *from this city*

עַל כָּל־רָעָתָם prep.-n.m.s. cstr. (481)-n.f.s.-3 m.p. sf. (948) *because of all their wickedness*

33:6

הִנְנִי interj.-1 c.s. sf. (243) *behold, I*

מַעֲלֶה־לָּהּ Hi. ptc. (748)-prep.-3 f.s. sf. *will bring to it*

אֲרֻכָה n.f.s. (74) *health*

וּמַרְפֵּא conj.-n.m.s. (951) *and healing*

וּרְפָאתִים conj.-Qal pf. 1 c.s.-3 m.p. sf. (950) *and I will heal them*

וְגִלֵּיתִי conj.-Pi. pf. 1 c.s. (162) *and reveal*

לָהֶם prep.-3 m.p. sf. *to them*

עֲתֶרֶת n.f.s. cstr. (801) *the abundance of*

שָׁלוֹם n.m.s. (1022) *prosperity*

וֶאֱמֶת conj.-n.f.s. (54) *and security*

33:7

וַהֲשִׁבֹתִי conj.-Hi. pf. 1 c.s. (שוב 996) *(and) I will restore*

אֶת־שְׁבוּת dir.obj.-n.f.s. cstr. (986) *the fortunes of*

יְהוּדָה pr.n. (397) *Judah*

וְאֵת שְׁבוּת conj.-dir.obj.-v.supra *and the fortunes of*

יִשְׂרָאֵל pr.n. (975) *Israel*

וּבְנִתִים conj.-Qal pf. 1 c.s.-3 m.p. sf. (124) *and rebuild them*

כְּבָרִאשֹׁנָה prep.-prep.-def.art.-adj. f.s. (911) *as they were at first*

33:8

וְטִהַרְתִּים conj.-Pi. pf. 1 c.s.-3 m.p. sf. (372) *I will cleanse them*

מִכָּל־עֲוֹנָם prep.-n.m.s. cstr. (481)-n.m.s.-3 m.p. sf. (730) *from all the guilt (of them)*

אֲשֶׁר חָטְאוּ־לִי rel. (81)-Qal pf. 3 c.p. (306)-prep.-1 c.s. sf. *of their sin against me*

וְסָלַחְתִּי conj.-Qal pf. 1 c.s. (699) *and I will forgive*

לְכָל־ prep.-n.m.s. cstr. (481) *all (of)*

עֲוֹנוֹתֵיהֶם n.f.p.-3 m.p. sf. (730) *the guilt*

אֲשֶׁר חָטְאוּ־לִי v.supra *of their sin*

וַאֲשֶׁר conj.-rel. (81) *and*

פָּשְׁעוּ בִי Qal pf. 3 c.p. (833)-prep.-1 c.s. sf. *rebellion against me*

33:9

וְהָיְתָה conj.-Qal pf. 3 f.s. (224) *and (this city) shall be*

לִי לְשֵׁם prep.-1 c.s. sf.-prep.-n. m.s. cstr. (1027) *to me a name of*

שָׂשׂוֹן n.m.s. (965) *joy*

לִתְהִלָּה prep.-n.f.s. (239) *a praise*

וּלְתִפְאֶרֶת conj.-prep.-n.f.s. (802) *and a glory*

לְכֹל גּוֹיֵי prep.-n.m.s. cstr. (481)-n.m.p. cstr. (156) *before all the nations of*

הָאָרֶץ def.art.-n.f.s. (75) *the earth*

אֲשֶׁר יִשְׁמְעוּ rel. (81)-Qal impf. 3 m.p. (1033) *who shall hear of*

אֶת־כָּל־ dir.obj.-n.m.s. cstr. (481) *all*

הַטּוֹבָה def.art.-adj. f.s. (375) *the good*

אֲשֶׁר אָנֹכִי rel. (81)-pers.pr. 1 c.s. (58) *that I*

עֹשֶׂה אֹתָם Qal act.ptc. (I 793)-dir.obj.-3 m.p. sf. *do for them*

וּפָחֲדוּ conj.-Qal pf. 3 c.p. (808) *they shall fear*

וְרָגְזוּ conj.-Qal pf. 3 c.p. (919) *and tremble*

עַל כָּל־הַטּוֹבָה prep.-v.supra *because of all the good*

וְעַל conj.-prep. *and (because)*

כָּל־הַשָּׁלוֹם n.m.s. cstr. (481)-def.art.-n.m.s. (1022) *all the prosperity*

אֲשֶׁר אָנֹכִי rel. (81)-pers.pr. 1 c.s. (58) *(that) I*

עֹשֶׂה לָהּ Qal act.ptc. (I 793)-prep.-3 f.s. sf. *provide for it*

33:10

כֹּה אָמַר יהוה cf.33:2,4 adv. (462)-Qal pf. 3 m.s. (55)-pr.n. (217) *thus says Yahweh*

עוֹד adv. (728) *(again)*

יִשָּׁמַע Ni. impf. 3 m.s. (1033) *(it shall be heard)*

בַּמָּקוֹם־הַזֶּה prep.-def.art.-n.m.s. (879)-def.art.-demons.adj. m.s. (260) *in this place*

אֲשֶׁר אַתֶּם rel. (81)-pers.pr. 2 m.p. (61) *of which you*

אֹמְרִים Qal act.ptc. m.p. (55) *say*

חָרֵב הוּא Qal pf. 3 m.s. (II 351)-pers.pr. 3 m.s. (214) *it is a waste*

מֵאֵין prep.-subst.cstr. (II 34) *without*

אָדָם n.m.s. (9) *man*

וּמֵאֵין conj.-v.supra *or (without)*

בְּהֵמָה n.f.s. (96) *beast*

בְּעָרֵי prep.-n.f.p. cstr. (746) *in the cities of*

יְהוּדָה pr.n. (397) *Judah*

וּבְחֻצוֹת conj.-prep.-n.m.p. cstr. (299) *and the streets of*

יְרוּשָׁלַם pr.n. (436) *Jerusalem*

הַנְשַׁמּוֹת def.art.-Ni. ptc. f.p. (1030) *that are desolate*

מֵאֵין אָדָם v.supra-v.supra *without man*

וּמֵאֵין v.supra *or (without)*

יוֹשֵׁב Qal act.ptc. (442) *inhabitant*

וּמֵאֵין בְּהֵמָה v.supra *or beast*

33:11

קוֹל n.m.s. cstr. (876) *the voice of*

שָׂשׂוֹן n.m.s. (965) *mirth*

וְקוֹל conj.-v.supra *and the voice of*

שִׂמְחָה n.f.s. (970) *gladness*

קוֹל v.supra *voice of*

חָתָן n.m.s. (368) *the bridegroom*

וְקוֹל v.supra *and the voice of*

כַּלָּה n.f.s. (483) *the bride*

קוֹל v.supra *(and) the voices of*

אֹמְרִים Qal act.ptc. m.p. (55) *those who sing (say)*

הוֹדוּ Hi. impv. 2 m.p. (יָרָה 392) *give thanks to*

אֶת־יהוה dir.obj.-pr.n. (217) *Yahweh of*

צְבָאוֹת pr.n. (838) *hosts*

כִּי־טוֹב conj.-adj. m.s. (373) *for ... is good*

יהוה pr.n. (217) *Yahweh*

כִּי־לְעוֹלָם conj.-prep.-n.m.s. (761) *for for ever*

חַסְדּוֹ n.m.s.-3 m.s. sf. (338) *his steadfast love*

מְבִאִים Hi. ptc. m.p. (97) *as they bring*

תּוֹדָה n.f.s. (392) *thank offerings*

בֵּית יהוה n.m.s. cstr. (108)-pr.n. (217) *to the house of Yahweh*

כִּי־אָשִׁיב conj.-Hi. impf. 1 c.s. (996) *for I will restore*

אֶת־שְׁבוּת־ dir.obj.-n.f.s. cstr. (986) *the fortunes of*

הָאָרֶץ def.art.-n.f.s. (75) *the land*

כְּבָרִאשֹׁנָה prep.-prep.-def.art.-n.f.s. (911) *as at first*

אָמַר יהוה Qal pf. 3 m.s. (55)-pr.n. (217) *says Yahweh*

33:12

כֹּה־אָמַר adv. (462)-Qal pf. 3 m.s. (55) *thus says*

יהוה צְבָאוֹת pr.n. (217)-pr.n. (838) *Yahweh of hosts*

עוֹד adv. (728) *again*

יִהְיֶה Qal impf. 3 m.s. (224) *there shall be*

בַּמָּקוֹם הַזֶּה prep.-def.art.-n.m.s. (879)-def.art.-demons.adj. m.s. (260) *in this place*

הֶחָרֵב def.art.-adj. m.s. (II 351) *which is waste*

מֵאֵין prep.-subst.cstr. (II 34) *without*

אָדָם n.m.s. (9) *man*

וְעַד־בְּהֵמָה conj.-adv.-n.f.s. (96) *or beast*

וּבְכָל־ conj.-prep.-n.m.s. cstr. (481) *and in all of*

עָרָיו n.f.p.-3 m.s. sf. (746) *its cities*

נְוֵה n.m.s. cstr. (627) *habitations of*

רֹעִים Qal act.ptc. m.p. (רָעָה I 944) *shepherds*

מַרְבִּצִים Hi. ptc. m.p. (918) *resting*

צֹאן n.f.s. (838) *their flocks*

33:13

בְּעָרֵי prep.-n.f.p. cstr. (746) *in the cities of*

הָהָר def.art.-n.m.s. (249) *the hill country*

בְּעָרֵי v.supra *in the cities of*

הַשְּׁפֵלָה def.art.-n.f.s. (1050) *the Shephelah (lowland)*

וּבְעָרֵי conj.-v.supra *and in the cities of*

הַנֶּגֶב def.art.-n.m.s. (616) *the Negeb (south country)*

וּבְאֶרֶץ conj.-prep.-n.f.s. cstr. (75) *and in the land of*

בִּנְיָמִן pr.n. (122) *Benjamin*

וּבִסְבִיבֵי conj.-prep.-subst. m.p. cstr. (686) *and the places about*

יְרוּשָׁלַ͏ִם pr.n. (436) *Jerusalem*

וּבְעָרֵי conj.-prep.-n.f.p. cstr. (746) *and in the cities of*

יְהוּדָה pr.n. (397) *Judah*

עֹד adv. (728) *again*

תַּעֲבֹרְנָה Qal impf. 3 f.p. (716) *shall pass*

הַצֹּאן def.art.-n.f.s. (838) *flocks*

עַל־יְדֵי prep.-n.f.p. cstr. (388) *under the hands of*

מוֹנֶה Qal act.ptc. m.s. (584) *one who counts them*

אָמַר יהוה Qal pf. 3 m.s. (55)-pr.n. (217) *says Yahweh*

33:14

הִנֵּה demons.part. (243) *behold*

יָמִים n.m.p. (398) *days*

בָּאִים Qal act.ptc. m.p. (בוֹא 97) *are coming*

נְאֻם־יהוה n.m.s. cstr. (610)-pr.n. (217) *says Yahweh*

וַהֲקִמֹתִי conj.-Hi. pf. 1 c.s. (קוּם 877) *when I will fulfil*

אֶת־הַדָּבָר הַטּוֹב dir.obj.-def.art.-n.m.s. (182)-def.art.-adj. m.s. (I 373) *the promise (the good word)*

אֲשֶׁר דִּבַּרְתִּי rel. (81)-Pi. pf. 1 c.s. (180) *which I made (spoke)*

אֶל־בֵּית prep.-n.m.s. cstr. (108) *to the house of*

יִשְׂרָאֵל pr.n. (975) *Israel*

וְעַל־בֵּית conj.-prep.-v.supra *and (unto, against) the house of*

יְהוּדָה pr.n. (397) *Judah*

33:15

בַּיָּמִים הָהֵם prep.-def.art.-n.m.s. (398)-def.art.-demons.adj. m.p. (241) *in those days*

וּבָעֵת הַהִיא conj.-prep.-def.art.-n.f.s. (773)-def.art.-demons.adj. f.s. (214) *and at that time*

אַצְמִיחַ Hi. impf. 1 c.s. (855) *I will cause to spring forth*

לְדָוִד prep.-pr.n. (187) *for David*

צֶמַח n.m.s. (cstr.?) (855) *a Branch (of)*

צְדָקָה adj. f.s. (842) *righteous(ness)*

וְעָשָׂה conj.-Qal pf. 3 m.s. (I 793) *and he shall execute*

מִשְׁפָּט n.m.s. (1048) *justice*

וּצְדָקָה conj.-n.f.s. (842) *and righteousness*

בָּאָרֶץ prep.-def.art.-n.f.s. (75) *in the land*

33:16

בַּיָּמִים הָהֵם cf. 33:15 *in those days*

תִּוָּשַׁע Ni. impf. 3 f.s. (יָשַׁע 446) *will be saved*

יְהוּדָה pr.n. (397) *Judah*

וִירוּשָׁלַ͏ִם conj.-pr.n. (436) *and Jerusalem*

תִּשְׁכּוֹן Qal impf. 3 f.s. (1014) *will dwell*

לָבֶטַח prep.-n.m.s. (105) *securely*

וְזֶה conj.-demons.adj. m.s. (260) *and this is*

אֲשֶׁר־ rel. (81; some mss.+שְׁמוֹ n.m.s.-3 m.s. sf. 1027) *the name by which*

יִקְרָא־ Qal impf. 3 m.s. (894) *will be called*

לָהּ prep.-3 f.s. sf. *it (to her)*

יהוה pr.n. (217) *Yahweh is*

צִדְקֵנוּ n.m.s.-1 c.p. sf. (841) *our righteousness*

33:17

כִּי־כֹה conj.-adv. (462) *for thus*

אָמַר יהוה Qal pf. 3 m.s. (55)-pr.n. (217) *says Yahweh*

לֹא־יִכָּרֵת neg.-Ni. impf. 3 m.s. (503) *shall never lack (be cut off)*

לְדָוִד prep.-pr.n. (187) *(for) David*

אִישׁ n.m.s. (35) *a man*

יֹשֵׁב Qal act.ptc. (442) *to sit*

עַל־כִּסֵּא prep.-n.m.s. cstr. (490) *on the throne of*

בֵּית־יִשְׂרָאֵל n.m.s. cstr. (108)-pr.n. (975) *the house of Israel*

33:18

וְלַכֹּהֲנִים conj.-prep.-def.art.-n.m.p. (463) *and the ... priests*

הַלְוִיִּם def.art.-adj.gent. m.p. (II 532) *Levitical*

לֹא־יִכָּרֵת neg.-Ni. impf. 3 m.s. (503) *shall never lack*

אִישׁ n.m.s. (35) *a man*

מִלְּפָנָי prep.-prep.-n.m.p.-1 c.s. sf. paus. (815) *in my presence*

מַעֲלֶה Hi. ptc. (748) *to offer*

עוֹלָה n.f.s. (750) *burnt offerings*

וּמַקְטִיר conj.-Hi. ptc. (882) *and to burn*

מִנְחָה n.f.s. (585) *cereal offerings*

וְעֹשֶׂה conj.-Qal act.ptc. (I 793) *and to make*

זֶבַח n.m.s. (257) *sacrifices*

כָּל־הַיָּמִים n.m.s. cstr. (481)-def.art.-n.m.p. (398) *for ever (all of the days)*

33:19

וַיְהִי consec.-Qal impf. 3 m.s. (224) *(and) came*

דְּבַר־יְהוָה n.m.s. cstr. (182)-pr.n. (217) *the word of Yahweh*

אֶל־יִרְמְיָהוּ prep.-pr.n. (941) *to Jeremiah*

לֵאמֹר prep.-Qal inf.cstr. (55) *(saying)*

33:20

כֹּה אָמַר יְהוָה adv. (462)-Qal pf. 3 m.s. (55) -pr.n. (217) *thus says Yahweh*

אִם־תָּפֵרוּ hypoth.part. (49)-Hi. impf. 2 m.p. (I 830) *if you can break*

אֶת־בְּרִיתִי dir.obj.-n.f.s.-1 c.s. sf. (136; GK 128d, 131r) *my covenant*

הַיּוֹם def.art.-n.m.s. (398) *with the day*

וְאֶת־בְּרִיתִי conj.-v.supra *and my covenant*

הַלָּיְלָה def.art.-n.m.s. (538) *with the night*

וּלְבִלְתִּי conj.-prep.-neg. cstr. (116) *so that will not*

הֱיוֹת Qal inf.cstr. (224) *come*

יוֹמָם subst. (401) *day(time)*

וָלָיְלָה conj.-n.m.s. (538) *and night*

בְּעִתָּם prep.-n.f.s.-3 m.p. sf. (773) *at their appointed time*

33:21

גַּם־בְּרִיתִי adv. (168)-n.f.s.-1 c.s. sf.(136) *then also my covenant*

תֻּפַר Ho. impf. 3 f.s. (פָּרַר I 830) *may be broken*

אֶת־דָּוִד prep. (II 85)-pr.n. (187) *with David*

עַבְדִּי n.m.s.-1 c.s. sf. (712) *my servant*

מִהְיוֹת־לוֹ prep.-Qal inf.cstr. (224)-prep.-3 m.s. sf. *so that he shall not have*

בֵּן n.m.s. (119) *a son*

מֹלֵךְ Qal act.ptc. (573) *to reign*

עַל־כִּסְאוֹ prep.-n.m.s.-3 m.s. sf. (490) *on his throne*

וְאֶת־הַלְוִיִּם conj.-prep. (II 85)-def.art.-adj. m.p. (532) *and with the Levitical*

הַכֹּהֲנִים def.art.-n.m.p. (463) *priests*

מְשָׁרְתָי Pi. ptc. m.p.-1 c.s. sf. (1058) *my ministers*

33:22

אֲשֶׁר rel. (81) *(which) as*

לֹא־יִסָּפֵר neg.-Ni. impf. 3 m.s. (707) *cannot be numbered*

צְבָא הַשָּׁמַיִם n.m.s. cstr. (838)-def.art.-n.m. du. (1029) *the host of heaven*

וְלֹא יִמַּד conj.-neg.-Ni. impf. 3 m.s. (מָדַד 551) *and cannot be measured*

חוֹל הַיָּם n.m.s. cstr. (297)-def.art.-n.m.s. (410) *the sands of the sea*

כֵּן אַרְבֶּה adv. (485)-Hi. impf. 1 c.s. (I 915) *so I will multiply*

אֶת־זֶרַע דָּוִד dir.obj.-n.m.s. cstr. (282)-pr.n. (187) *the descendants of David*

עַבְדִּי n.m.s.-1 c.s. sf. (712) *my servant*

וְאֶת־הַלְוִיִּם conj.-dir.obj.-def.art.-n.m.p. (532) *and the Levitical priests*

מְשָׁרְתֵי אֹתִי Pi. ptc. m.p. cstr. (1058; GK 116g) -dir.obj.-1 c.s. sf. *who minister to me*

33:23

וַיְהִי consec.-Qal impf. 3 m.s. (224) *(and) came*

דְּבַר־יְהוָה n.m.s. cstr. (182)-pr.n. (217) *the word of Yahweh*

אֶל־יִרְמְיָהוּ prep.-pr.n. (941) *to Jeremiah*

לֵאמֹר prep.-Qal inf.cstr. (55) *(to say)*

33:24

הֲלוֹא רָאִיתָ interr.-neg.-Qal pf. 2 m.s. (906) *have you not observed*

מָה־הָעָם הַזֶּה interr.(552)-def.art.-n.m.s.(I 766) -def.art.-demons.adj. m.s.(260) *what these people*

דִּבְּרוּ Pi. pf. 3 c.p. (180) *are saying*

לֵאמֹר prep.-Qal inf.cstr. (55) *(to say)*

שְׁתֵּי n.f. du. cstr. (1040) *the two (of)*

הַמִּשְׁפָּחוֹת def.art.-n.f.p. (1046) *families*

אֲשֶׁר בָּחַר יְהוָה rel. (81)-Qal pf. 3 m.s. (103)-pr.n. (217) *which Yahweh chose*

בָּהֶם prep.-3 m.p. sf. *(them)*

וַיִּמְאָסֵם consec.-Qal impf. 3 m.s.-3 m.p. sf. (549) *he has rejected (them)*

וְאֶת־עַמִּי conj.-dir.obj.-n.m.s.-1 c.s. sf. (I 766) *thus ... my people*

יִנְאָצוּן Qal impf. 3 m.p. (610) *they have despised*

מִהְיוֹת prep.-Qal inf.cstr. (224) *so they are no*

עוֹד adv. (728) *longer*

גּוֹי n.m.s. (156) *a nation*

לִפְנֵיהֶם prep.-n.m.p.-3 m.p. sf. (815) *in their sight*

33:25

כֹּה אָמַר יְהוָה adv. (462)-Qal pf. 3 m.s. (55) -pr.n. (217) *thus says Yahweh*

אִם־לֹא hypoth.part. (49)-neg. *if not*

בְּרִיתִי n.f.s.-1 c.s. sf. (136) *my covenant*

יוֹמָם subst. (401) *with day*

וָלָיְלָה conj.-n.f.s. (538) *and night*

חֻקּוֹת שָׁמַיִם n.f.p. cstr. (349)-n.m. du. (1029) *and the ordinances of heaven*

וָאָרֶץ conj.-n.f.s. (75) *and earth*

לֹא־שָׂמְתִּי neg.-Qal pf. 1 c.s. (I 962) *I have established*

33:26

גַּם־זֶרַע adv. (168)-n.m.s. cstr. (282) *then ... the descendants of*

יַעֲקוֹב pr.n. (784) *Jacob*

וְדָוִד conj.-pr.n. (187) *and David*

עַבְדִּי n.m.s.-1 c.s. sf. (712) *my servant*

אֶמְאַס Qal impf. 1 c.s. (549) *I will reject*

מִקַּחַת prep.-Qal inf.cstr. (לָקַח 542) *(from taking)* and will not choose one

מִזַּרְעוֹ prep.-n.m.s.-3 m.s. sf. (282) *of his descendants*

מֹשְׁלִים Qal act.ptc. m.p. (605) *to rule*

אֶל־זֶרַע prep.-n.m.s. cstr. (282) *over the seed of*

אַבְרָהָם pr.n. (4) *Abraham,*

יִשְׂחָק וְיַעֲקֹב pr.n. (850)-conj.-pr.n. (784) *Isaac, and Jacob*

כִּי־אָשׁוּב conj.-Hi. impf. 1 c.s. (שׁוּב 996) *for I will restore*

אֶת־שְׁבוּתָם dir.obj.-n.f.s.-3 m.p. sf. (986) *their fortunes*

וְרִחַמְתִּים conj.-Pi. pf. 1 c.s.-3 m.p. sf. (933) *and will have mercy upon them*

34:1

הַדָּבָר def.art.-n.m.s. (182) *the word*

אֲשֶׁר־הָיָה rel. (81)-Qal pf. 3 m.s. (224) *which came*

אֶל־יִרְמְיָהוּ prep.-pr.n. (941) *to Jeremiah*

מֵאֵת יְהוָה prep.-prep. (II 85)-pr.n. (217) *from Yahweh*

וּנְבוּכַדְרֶאצַּר conj.-pr.n. (613) *when Nebuchadrezzar*

מֶלֶךְ־בָּבֶל n.m.s. cstr. (I 572)-pr.n. (93) *king of Babylon*

וְכָל־חֵילוֹ conj.-n.m.s. cstr. (481)-n.m.s.-3 m.s. sf. (298) *and all his army*

וְכָל־מַמְלְכוֹת conj.-v.supra-n.f.p. cstr. (575) *and all the kingdoms of*

אֶרֶץ n.f.s. (75) *the earth*

מֶמְשֶׁלֶת יָדוֹ n.f.s. cstr. (606)-n.f.s.-3 m.s. sf. (388) *under his dominion*

וְכָל־הָעַמִּים v.supra-def.art.-n.m.p. (I 766) *and all the peoples*

נִלְחָמִים Ni. ptc. m.p. (לָחַם I 535) *were fighting*

עַל־יְרוּשָׁלַ͏ִם prep.-pr.n. (436) *against Jerusalem*

וְעַל־כָּל־עָרֶיהָ conj.-prep.-v.supra-n.f.p.-3 f.s. sf. (746) *and all of its cities*

לֵאמֹר prep.-Qal inf.cstr. (55) *(saying)*

34:2

כֹּה־אָמַר יְהוָה adv. (462)-Qal pf. 3 m.s. (55)-pr.n. (217) *thus says Yahweh*

אֱלֹהֵי יִשְׂרָאֵל n.m.p. cstr. (43)-pr.n. (975) *the God of Israel*

הָלֹךְ Qal inf.abs. (229) *go*

וְאָמַרְתָּ conj.-Qal pf. 2 m.s. (55) *and speak*

אֶל־צִדְקִיָּהוּ prep.-pr.n. (843) *to Zedekiah*

מֶלֶךְ יְהוּדָה n.m.s. cstr. (I 572)-pr.n. (397) *king of Judah*

וְאָמַרְתָּ אֵלָיו v.supra-prep.-3 m.s. sf. *and say to him*

כֹּה אָמַר יְהוָה v.supra-v.supra-v. supra *thus says Yahweh*

הִנְנִי demons.part.-1 c.s. sf. (243) *behold, I*

נֹתֵן Qal act.ptc. (נתן 678) *am giving*

אֶת־הָעִיר הַזֹּאת dir.obj.-def.art.-n.f.s. (746) -def.art.-demons.adj. f.s. (260) *this city*

בְּיַד prep.-n.f.s. cstr. (388) *into the hand of*

מֶלֶךְ־בָּבֶל v.supra-pr.n. (93) *the king of Babylon*

וּשְׂרָפָהּ conj.-Qal pf. 3 m.s.-3 f.s. sf. (976) *and he shall burn it*

בָּאֵשׁ prep.-def.art.-n.f.s. (77) *with fire*

34:3

וְאַתָּה לֹא תִמָּלֵט conj.-pers.pr. 2 m.s. (61) -neg.-Ni. impf. 2 m.s. (מלט 572) *you shall not escape*

מִיָּדוֹ prep.-n.f.s.-3 m.s. sf. (388) *from his hand*

כִּי תָּפֹשׂ תִּתָּפֵשׂ conj.-Qal inf.abs. (תּפשׂ 1074) -Ni. impf. 2 m.s. (1074) *but shall surely be captured*

וּבְיָדוֹ conj.-prep.-n.f.s.-3 m.s. sf. (388) *and into his hand*

תִּנָּתֵן Ni. impf. 2 m.s. (נתן 678) *delivered*

וְעֵינֶיךָ conj.-n.f.p.-2 m.s. sf. (744) *and your eyes*

אֶת־עֵינֵי dir.obj.-n.f.p. cstr. (744) *into the eyes of*

מֶלֶךְ־בָּבֶל n.m.s. cstr. (I 572)-pr.n. (9) *the king of Babylon*

תִּרְאֶינָה Qal impf. 3 f.p. (רָאָה 906) *shall look*

וּפִיהוּ אֶת־פִּיךָ conj.-n.m.s.-3 m.s. sf. (804)-dir.obj.-n.m.s.-2 m.s. sf. (804) *and his mouth with your mouth*

יְדַבֵּר Pi. impf. 3 m.s. (180) *shall speak*

וּבָבֶל תָּבוֹא conj.-pr.n. (93)-Qal impf. 2 m.s. (בּוֹא 97) *and you shall go to Babylon*

34:4

אַךְ שְׁמַע adv. (36)-Qal impv. 2 m.s. (1033) *yet hear*

דְּבַר־יְהוָה n.m.s. cstr. (182)-pr.n. (217) *the word of Yahweh*

צִדְקִיָּהוּ pr.n. (843) *O Zedekiah*

מֶלֶךְ יְהוּדָה n.m.s. cstr. (I 572)-pr.n. (397) *king of Judah*

כֹּה־אָמַר יהוה adv. (462)-Qal pf. 3 m.s. (55)-pr.n. (217) *thus says Yahweh*

עָלֶיךָ prep.-2 m.s. sf. *concerning you*

לֹא תָמוּת neg.-Qal impf. 2 m.s. (מות 559) *you shall not die*

בֶּחָרֶב prep.-def.art.-n.f.s. (352) *by the sword*

34:5

בְּשָׁלוֹם prep.-n.m.s. (1022) *in peace*

תָּמוּת Qal impf. 2 m.s. (מות 559) *you shall die*

וּכְמִשְׂרְפוֹת conj.-prep.-n.f.p. cstr. (977) *and as spices were burned for*

אֲבוֹתֶיךָ n.m.p.-2 m.s. sf. (3) *your fathers*

הַמְּלָכִים הָרִאשֹׁנִים def.art.-n.m.p. (I 572)-def.art.-adj. m.p. (911) *the former kings*

אֲשֶׁר־הָיוּ rel. (81)-Qal pf. 3 c.p. (הָיָה 224) *who were*

לְפָנֶיךָ prep.-n.m.p.-2 m.s. sf. (815) *before you*

כֵּן adv. (485) *so*

יִשְׂרְפוּ Qal impf. 3 m.p. (שָׂרַף 976) *men shall burn spices*

לָךְ prep.-2 m.s. sf. paus. *for you*

וְהוֹי אָדוֹן conj.-interj. (222)-n.m.s. (10) *alas, Lord*

יִסְפְּדוּ־לָךְ Qal impf. 3 m.p. (סָפַד 704)-v.supra *and lament for you*

כִּי־דָבָר conj.-n.m.s. (182) *for the word*

אֲנִי־דִבַּרְתִּי pers.pr. 1 c.s. (58)-Pi. pf. 1 c.s. (180) *I have spoken*

נְאֻם־יְהוָה n.m.s. cstr. (610)-pr.n. (217) *says Yahweh*

34:6

וַיְדַבֵּר consec.-Pi. impf. 3 m.s. (180) *then spoke*

יִרְמְיָהוּ pr.n. (941) *Jeremiah*

הַנָּבִיא def.art.-n.m.s. (611) *the prophet*

אֶל־צִדְקִיָּהוּ prep.-pr.n. (843) *to Zedekiah*

מֶלֶךְ יְהוּדָה n.m.s. cstr. (I 572)-pr.n. (397) *king of Judah*

אֵת כָּל־ dir.obj.-n.m.s. cstr. (481) *all*

הַדְּבָרִים הָאֵלֶּה def.art.-n.m.p. (182)-def.art.-demons. adj. c.p. (41) *these words*

בִּירוּשָׁלָ͏ִם prep.-pr.n. (436) *in Jerusalem*

34:7

וְחֵיל conj.-n.m.s. cstr. (298) *when the army of*

מֶלֶךְ־בָּבֶל n.m.s. cstr. (I 572)-pr.n. (93) *the king of Babylon*

נִלְחָמִים Ni. ptc. m.p. (לָחַם I 535) *was fighting*

עַל־יְרוּשָׁלַ͏ִם prep.-pr.n. (436) *against Jerusalem*

וְעַל כָּל־עָרֵי conj.-prep.-n.m.s. cstr. (481)-n.f.p. cstr. (746) *and against all the cities of*

יְהוּדָה pr.n. (397) *Judah*

הַנּוֹתָרוֹת def.art.-Ni. ptc. f.p. (יָתַר 451) *that were left*

אֶל־לָכִישׁ prep.-pr.n. (540) *Lachish*

וְאֶל־עֲזֵקָה conj.-prep.-pr.n. (740) *and Azekah*

כִּי הֵנָּה conj.-pers.pr. 3 f.p. (241) *for these*

נִשְׁאֲרוּ Ni. pf. 3 c.p. (שָׁאַר 983) *that remained*

בְּעָרֵי prep.-n.f.p. cstr. (746) *among the cities of*

יְהוּדָה pr.n. (397) *Judah*

עָרֵי מִבְצָר v.supra-n.m.s. (131) *cities of fortification*

34:8

הַדָּבָר def.art.-n.m.s. (182) *the word*

אֲשֶׁר־הָיָה rel. (81)-Qal pf. 3 m.s. (224) *which came*

אֶל־יִרְמְיָהוּ prep.-pr.n. (941) *to Jeremiah*

מֵאֵת יהוה prep.-prep. (II 85)-pr.n. (217) *from Yahweh*

אַחֲרֵי כְּרֹת prep. cstr. (29)-Qal inf.cstr. (כרת 503) *after had made*

הַמֶּלֶךְ def.art.-n.m.s. (I 572) *King*

צִדְקִיָּהוּ pr.n. (843) *Zedekiah*

בְּרִית n.f.s. (136) *a covenant*

אֶת־כָּל־הָעָם prep. (II 85)-n.m.s. cstr. (481)-def.art.-n.m.s. (I 766) *with all the people*

אֲשֶׁר בִּירוּשָׁלַ͏ִם rel. (81)-prep.-pr.n. (436) *in Jerusalem*

לִקְרֹא לָהֶם prep.-Qal inf.cstr. (894)-prep.-3 m.p. sf. *to proclaim to them*

דְּרוֹר n.m.s. (I 204) *liberty*

34:9

לְשַׁלַּח prep.-Pi. inf.cstr. (שָׁלַח 1018) *that ... should set free*

אִישׁ n.m.s. (35) *every one*

אֶת־עַבְדּוֹ dir.obj.-n.m.s.-3 m.s. sf. (713) *his slaves, male*

וְאִישׁ conj.-v.supra *and every one*

אֶת־שִׁפְחָתוֹ dir.obj.-n.f.s.-3 m.s. sf. (1046) *female*

הָעִבְרִי def.art.-adj.gent. (I 720) *Hebrew*

וְהָעִבְרִיָּה conj.-def.art.-adj.gent. f.s. (I 720) *and Hebrew (f.)*

חָפְשִׁים adj. m.p. (344; GK 132d) *free*

לְבִלְתִּי עֲבָד־בָּם prep.-neg. (116)-Qal inf.cstr. (712 עָבַד)-prep.-3 m.p. sf. *so that not enslave them*

בִּיהוּדִי prep.-adj.gent. (I 397) *a Jew*

אָחִיהוּ n.m.s.-3 m.s. sf. (26) *his brother*

אִישׁ v.supra *any one*

34:10

וַיִּשְׁמְעוּ consec.-Qal impf. 3 m.p. (שָׁמַע 1033) *and they obeyed*

כָל־הַשָּׂרִים n.m.s. cstr. (481)-def.art.-n.m.p. (978) *all the princes*

וְכָל־הָעָם conj.-v.supra-def.art.-n.m.s. (I 766) *and all the people*

אֲשֶׁר־בָּאוּ rel. (81)-Qal pf. 3 c.p. (בּוֹא 97) *who had entered*

בַּבְּרִית prep.-def.art.-n.f.s. (136) *into the covenant*

לְשַׁלַּח prep.-Pi. inf.cstr. (1018) *that ... would set free*

אִישׁ n.m.s. (35) *every one*

אֶת־עַבְדּוֹ dir.obj.-n.m.s.-3 m.s. sf. (713) *his slave*

וְאִישׁ conj.-v.supra *and every one*

אֶת־שִׁפְחָתוֹ dir.obj.-n.f.s.-3 m.s. sf. (1046) *his maid*

חָפְשִׁים adj. m.p. (344) *free*

לְבִלְתִּי עֲבָד־בָּם prep.-neg. (116)-Qal inf.cstr. (712)-prep.-3 m.p. sf. *so that they would not be enslaved*

עוֹד adv. (728) *again*

וַיִּשְׁמְעוּ consec.-Qal impf. 3 m.p. (1033) *they obeyed*

וַיְשַׁלֵּחוּ consec.-Pi. impf. 3 m.p. (שָׁלַח 1018) *and set them free*

34:11

וַיָּשׁוּבוּ consec.-Qal impf. 3 m.p. (שׁוּב 996) *but they turned around*

אַחֲרֵי־כֵן prep. (29)-adv. (485) *afterward*

וַיָּשִׁבוּ consec.-Hi. impf. 3 m.p. (שׁוּב 996) *and took back*

אֶת־הָעֲבָדִים dir.obj.-def.art.-n.m.p. (713) *the male slaves*

וְאֶת־הַשְּׁפָחוֹת conj.-dir.obj.-def.art.-n.f.p. (1046) *and female slaves*

אֲשֶׁר שִׁלְּחוּ rel. (81)-Pi. pf. 3 c.p. (1018) *they had set*

חָפְשִׁים adj. m.p. (344) *free*

וַיִּכְבְּשׁוּם consec.-Qal impf. 3 m.p.-3 m.p. sf. (461 כָּבַשׁ; Qere rd. וַיִּכְבְּשׁוּם) *and brought them into subjection*

לַעֲבָדִים prep.-n.m.p. (713) *as slaves (male)*

וְלִשְׁפָחוֹת conj.-prep.-n.f.p. (1046) *and female slaves*

34:12

וַיְהִי consec.-Qal impf. 3 m.s. (הָיָה 224) *came*

דְּבַר־יהוה n.m.s. cstr. (182)-pr.n. (217) *the word of Yahweh*

אֶל־יִרְמְיָהוּ prep.-pr.n. (941) *to Jeremiah*

מֵאֵת יהוה prep.-prep. (II 85)-v.supra *from Yahweh*

לֵאמֹר prep.-Qal inf.cstr. (55) *(saying)*

34:13

כֹּה־אָמַר יהוה adv. (462)-Qal pf. 3 m.s. (55)-pr.n. (217) *thus says Yahweh*

אֱלֹהֵי יִשְׂרָאֵל n.m.p. cstr. (43)-pr.n. (975) *the God of Israel*

אָנֹכִי כָּרַתִּי pers.pr. 1 c.s. (59)-Qal pf. 1 c.s. (503) *I made*

בְּרִית n.f.s. (136) *a covenant*

אֶת־אֲבוֹתֵיכֶם prep. (II 85)-n.m.p.-2 m.p. sf. (3) *with your fathers*

בְּיוֹם prep.-n.m.s. cstr. (398) *when*

הוֹצִאִי Hi. inf.cstr.-1 c.s. sf. (יָצָא 422) *I brought out*

אוֹתָם dir.obj.-3 m.p. sf. *them*

מֵאֶרֶץ מִצְרַיִם prep.-n.f.s. cstr. (75)-pr.n. (595) *out of the land of Egypt*

מִבֵּית עֲבָדִים prep.-n.m.s. cstr. (108)-n.m.p. (713) *out of the house of bondage*

לֵאמֹר prep.-Qal inf.cstr. (55) *saying*

34:14

מִקֵּץ prep.-n.m.s. cstr. (893) *at the end of*

שֶׁבַע num. (988) *seven*

שָׁנִים n.f.p. (1040) *years*

תְּשַׁלְּחוּ אִישׁ Pi. impf. 2 m.p. (שָׁלַח 1018)-n.m.s. (35) *each of you must set free*

אֶת־אָחִיו dir.obj.-n.m.s.-3 m.s. sf. (26) *his brother*

הָעִבְרִי def.art.-adj. m.s. (I 720) *the Hebrew*

אֲשֶׁר־יִמָּכֵר rel. (81)-Ni. impf. 3 m.s. (מָכַר 569) *who was sold*

לְךָ prep.-2 m.s. sf. *to you*

וַעֲבָדְךָ conj.-Qal inf.cstr.-2 m.s. sf. (712) *and has served you*

שֵׁשׁ שָׁנִים num. (995)-v.supra *six years*

וְשִׁלַּחְתּוֹ conj.-Pi. pf. 2 m.s.-3 m.s. sf. (1018) *and you must set him*

חָפְשִׁי adj. m.s. (344) *free*

מֵעִמָּךְ prep.-prep.-2 m.s. sf. paus. *from you*

357

Jeremiah 34:15

וְלֹא־שָׁמְעוּ conj.-neg.-Qal pf. 3 c.p. (שָׁמַע 1033) *but did not listen*

אֲבוֹתֵיכֶם n.m.p.-2 m.p. sf. (3) *your fathers*

אֵלַי prep.-1 c.s. sf. *to me*

וְלֹא הִטּוּ conj.-neg.-Hi. pf. 3 c.p. (נָטָה 639) *or incline*

אֶת־אָזְנָם dir.obj.-n.f.s.-3 m.p. sf. (23) *their ears*

34:15

וַתָּשֻׁבוּ אַתֶּם consec.-Qal impf. 2 m.p. (שׁוּב 996)-pers.pr. 2 m.p. (61) *you repented*

הַיּוֹם def.art.-n.m.s. (398) *recently*

וַתַּעֲשׂוּ consec.-Qal impf. 2 m.p. (עָשָׂה I 793) *and did*

אֶת־הַיָּשָׁר dir.obj.-def.art.-adj. m.s. (449) *what was right*

בְּעֵינַי prep.-n.f.p.-1 c.s. sf. (744) *in my eyes*

לִקְרֹא דְרוֹר prep.-Qal inf.cstr. (894)-n.m.s. (204) *by proclaiming liberty*

אִישׁ לְרֵעֵהוּ n.m.s. (35)-prep.-n.m.s-3 m.s. sf. (945) *each to his neighbor*

וַתִּכְרְתוּ consec.-Qal impf. 2 m.p. (בָּרַת 503) *and you made*

בְּרִית n.f.s. (136) *a covenant*

לְפָנַי prep.-n.m.p.-1 c.s. sf. (815) *before me*

בַּבַּיִת prep.-def.art.-n.m.s. (108) *in the house*

אֲשֶׁר־נִקְרָא שְׁמִי rel. (81)-Ni. pf. 3 m.s. 894)-n.m.s.-1 c.s. sf. (1027) *which my name is called*

עָלָיו prep.-3 m.s. sf. *upon it*

34:16

וַתָּשֻׁבוּ consec.-Qal impf. 2 m.p. (שׁוּב 996) *but then you turned around*

וַתְּחַלְּלוּ consec.-Pi. impf. 2 m.p. (חָלַל III 320) *and profaned*

אֶת־שְׁמִי dir.obj.-n.m.s.-1 c.s. sf. (1027) *my name*

וַתָּשִׁבוּ consec.-Hi. impf. 2 m.p. (שׁוּב 996) *when took back*

אִישׁ n.m.s. (35) *each*

אֶת־עַבְדּוֹ dir.obj.-n.m.s.-3 m.s. sf. (713) *his male slaves*

וְאִישׁ conj.-v.supra *and each*

אֶת־שִׁפְחָתוֹ dir.obj.-n.f.s.-3 m.s. sf. (1046) *his female slaves*

אֲשֶׁר־שִׁלַּחְתֶּם rel. (81)-Pi. pf. 2 m.p. (שָׁלַח 1018) *whom you have set*

חָפְשִׁים adj. m.p. (344) *free*

לְנַפְשָׁם prep.-n.f.s.-3 m.p. sf. (659) *according to their desire*

וַתִּכְבְּשׁוּ consec.-Qal impf. 2 m.p. (כָּבַשׁ 461) *and you brought into subjection*

אֹתָם dir.obj.-3 m.p. sf. *them*

לִהְיוֹת לָכֶם prep.-Qal inf.cstr. (הָיָה 224)-prep.-2 m.p. sf. *to be your*

לַעֲבָדִים prep.-n.m.p. (713) *slaves*

וְלִשְׁפָחוֹת conj.-prep.-n.f.p. (1046) *and female slaves*

34:17

לָכֵן prep.-adv. (485) *therefore*

כֹּה־אָמַר יהוה adv. (462)-Qal pf. 3 m.s. (55)-pr.n. (217) *thus says Yahweh*

אַתֶּם לֹא־שְׁמַעְתֶּם pers.pr. 2 m.p. (61)-neg.-Qal pf. 2 m.p. (1033) *you have not obeyed*

אֵלַי prep.-1 c.s. sf. *me*

לִקְרֹא prep.-Qal inf.cstr. (קָרָא 894) *by proclaiming*

דְרוֹר n.m.s. (I 204) *liberty*

אִישׁ לְאָחִיו n.m.s. (35)-prep.-n.m.s.-3 m.s. sf. (26) *every one to his brother*

וְאִישׁ conj.-v.supra *and every one*

לְרֵעֵהוּ prep.-n.m.s.-3 m.s. sf. (945) *to his neighbor*

הִנְנִי demons.part.-1 c.s. sf. (243) *behold, I*

קֹרֵא Qal act.ptc. (894) *proclaim*

לָכֶם prep.-2 m.p. sf. *to you*

דְרוֹר v.supra *liberty*

נְאֻם־יְהוָה n.m.s. cstr. (610)-pr.n. (217) *says Yahweh*

אֶל־הַחֶרֶב prep.-def.art.-n.f.s. (352) *to the sword*

אֶל־הַדֶּבֶר prep.-def.art.-n.m.s. (184) *to pestilence*

וְאֶל־הָרָעָב conj.-prep.-def.art.-n.m.s. (944) *and to famine*

וְנָתַתִּי conj.-Qal pf. 1 c.s. (נָתַן 678) *and I will make*

אֶתְכֶם dir.obj.-2 m.p. sf. *you*

לְזַוְעָה prep.-n.f.s. (266) *a horror*

לְכֹל מַמְלְכוֹת prep.-n.m.s. cstr. (481)-n.f.p. cstr. (575) *to all the kingdoms of*

הָאָרֶץ def.art.-n.f.s. (75) *the earth*

34:18

וְנָתַתִּי conj.-Qal pf. 1 c.s. (נָתַן 678) *and I will make*

אֶת־הָאֲנָשִׁים dir.obj.-def.art.-n.m.p. (60) *the men*

הָעֹבְרִים def.art.-Qal act.ptc. m.p. (716) *who transgressed*

אֶת־בְּרִתִי dir.obj.-n.f.s.-1 c.s. sf. (136) *my covenant*

אֲשֶׁר לֹא־הֵקִימוּ rel. (81)-neg.-Hi. pf. 3 c.p. (קוּם 877) *and did not keep*

אֶת־דִּבְרֵי dir.obj.-n.m.p. cstr. (182) *the terms of*

הַבְּרִית def.art.-n.f.s. (136) *the covenant*

358

אֲשֶׁר כָּרְתוּ rel. (81)-Qal pf. 3 c.p. (503) *which they made*

לְפָנַי prep.-n.m.p.-1 c.s. sf. paus. (815) *before me*

הָעֵגֶל def.art.-n.m.s. (722) *the calf*

אֲשֶׁר כָּרְתוּ rel. (81)-v.supra *which they cut*

לִשְׁנַיִם prep.-num. (1040) *in two*

וַיַּעַבְרוּ consec.-Qal impf. 3 m.p. (716) *and passed*

בֵּין בְּתָרָיו prep. (107)-n.m.p.-3 m.s. sf. (144) *between its parts*

34:19

שָׂרֵי יְהוּדָה n.m.p. cstr. (978)-pr.n. (397) *the princes of Judah*

וְשָׂרֵי יְרוּשָׁלַם conj.-v.supra-pr.n. (436) *and the princes of Jerusalem*

הַסָּרִסִים def.art.-n.m.p. (710) *the eunuchs*

וְהַכֹּהֲנִים conj.-def.art.-n.m.p. (463) *and the priests*

וְכֹל עַם conj.-n.m.s. cstr. (481)-n.m.s. cstr. (I 766) *and all the people of*

הָאָרֶץ def.art.-n.f.s. (75) *the land*

הָעֹבְרִים def.art.-Qal act.ptc. m.p. (עָבַר 716) *who passed*

בֵּין בִּתְרֵי prep. (107)-n.m.p. cstr. (144) *between the parts of*

הָעֵגֶל def.art.-n.m.s. (722) *the calf*

34:20

וְנָתַתִּי conj.-Qal pf. 1 c.s. (נָתַן 678) *and I will give*

אוֹתָם dir.obj.-3 m.p. sf. *them*

בְּיַד אֹיְבֵיהֶם prep.-n.f.s. cstr. (388)-Qal act.ptc. m.p.-3 m.p. sf. (אָיַב 33) *into the hand of their enemies*

וּבְיַד מְבַקְשֵׁי conj.-v.supra-Pi. ptc. m.p. cstr. (134 בָּקַשׁ) *and into the hand of those who seek*

נַפְשָׁם n.f.s.-3 m.p. sf. (659) *their lives*

וְהָיְתָה conj.-Qal pf. 3 f.s. (הָיָה 224) *and shall be*

נִבְלָתָם n.f.s.-3 m.p. sf. (615) *their dead bodies*

לְמַאֲכָל prep.-n.m.s. (38) *food*

לְעוֹף prep.-n.m.s. cstr. (733) *for the birds of*

הַשָּׁמַיִם def.art.-n.m. du. (1029) *the air*

וּלְבֶהֱמַת conj.-prep.-n.f.s. cstr. (96) *and the beasts of*

הָאָרֶץ def.art.-n.f.s. (75) *the earth*

34:21

וְאֶת־צִדְקִיָּהוּ conj.-dir.obj.-pr.n. (843) *and Zedekiah*

מֶלֶךְ־יְהוּדָה n.m.s. cstr. (I 572)-pr.n. (397) *king of Judah*

וְאֶת־שָׂרָיו conj.-dir.obj.-n.m.p.-3 m.s. sf. (978) *and his princes*

אֶתֵּן Qal impf. 1 c.s. (נָתַן 678) *I will give*

בְּיַד prep.-n.f.s. cstr. (388) *into the hand of*

אֹיְבֵיהֶם Qal act.ptc. m.p. cstr.-3 m.p. sf. (33) *their enemies*

וּבְיַד conj.-v.supra *and into the hand of*

מְבַקְשֵׁי Pi. ptc. m.p. cstr. (בָּקַשׁ 134) *those who seek*

נַפְשָׁם n.f.s.-3 m.p. sf. (659) *their lives*

וּבְיַד חֵיל v.supra-n.m.s. cstr. (298) *and into the hand of the army of*

מֶלֶךְ בָּבֶל n.m.s. cstr. (I 572)-pr.n. (93) *the king of Babylon*

הָעֹלִים def.art.-Qal act.ptc. m.p. (עָלָה 748) *which has withdrawn*

מֵעֲלֵיכֶם prep.-prep.-2 m.p. sf. *from you*

34:22

הִנְנִי demons.part.-1 c.s. sf. (243) *behold, I*

מְצַוֶּה Pi. ptc. m.s. (צָוָה 845) *will command*

נְאֻם־יְהוָה n.m.s. cstr. (610)-pr.n. (217) *says Yahweh*

וַהֲשִׁבֹתִים conj.-Hi. pf. 1 c.s.-3 m.p. sf. (שׁוּב 996) *and will bring them back*

אֶל־הָעִיר הַזֹּאת prep.-def.art.-n.f.s. (746)-def.art.-demons.adj. f.s. (260) *to this city*

וְנִלְחֲמוּ conj.-Ni. pf. 3 c.p. (לָחַם 535) *and they will fight*

עָלֶיהָ prep.-3 f.s. sf. *against it*

וּלְכָדוּהָ conj.-Qal pf. 3 c.p.-3 f.s. sf. (לָכַד 539) *and take it*

וּשְׂרָפֻהָ conj.-Qal pf. 3 c.p.-3 f.s. sf. (שָׂרַף 976) *and burn it*

בָּאֵשׁ prep.-def.art.-n.f.s. (77) *with fire*

וְאֶת־עָרֵי conj.-dir.obj.-n.f.p. cstr. (746) *and the cities of*

יְהוּדָה pr.n. (397) *Judah*

אֶתֵּן Qal impf. 1 c.s. (נָתַן 678) *I will make*

שְׁמָמָה n.f.s. (1031) *a desolation*

מֵאֵין יֹשֵׁב prep.-subst.cstr. (II 34)-Qal act.ptc. (יָשַׁב 442) *without inhabitant*

35:1

הַדָּבָר def.art.-n.m.s. (182) *the word*

אֲשֶׁר־הָיָה rel. (81)-Qal pf. 3 m.s. (224) *which came*

אֶל־יִרְמְיָהוּ prep.-pr.n. (941) *to Jeremiah*

מֵאֵת יְהוָה prep.-prep. (II 85)-pr.n. (217) *from Yahweh*

359

בִּימֵי prep.-n.m.p. cstr. (398) *in the days of*
יְהוֹיָקִים pr.n. (220) *Jehoiakim*

בֶּן־יֹאשִׁיָּהוּ n.m.s. cstr. (119)-pr.n. (78) *the son of Josiah*

מֶלֶךְ יְהוּדָה n.m.s. cstr. (I 572)-pr.n. (397) *king of Judah*

לֵאמֹר prep.-Qal inf.cstr. (55) *(saying)*

35:2

הָלוֹךְ Qal inf.abs. (הָלַךְ 229) *go*

אֶל־בֵּית prep.-n.m.s. cstr. (108) *to the house of*

הָרֵכָבִים def.art.-adj.gent. m.p. (939) *the Rechabites*

וְדִבַּרְתָּ conj.-Pi. pf. 2 m.s. (דָּבַר 180) *and speak*

אוֹתָם dir.obj.-3 m.p. sf. *with them*

וַהֲבֵאוֹתָם conj.-Hi. pf. 3 m.s.-3 m.p. sf. (בּוֹא 97) *and bring them*

בֵּית יהוה n.m.s. cstr. (108)-pr.n. (217) *to the house of Yahweh*

אֶל־אַחַת prep.-num. f.s. cstr. (25) *into one of*

הַלְּשָׁכוֹת def.art.-n.f.p. (545) *the chambers*

וְהִשְׁקִיתָ conj.-Hi. pf. 2 m.s. (שָׁקָה 1052) *then offer to drink*

אוֹתָם dir.obj.-3 m.p. sf. *them*

יָיִן n.m.s. paus. (406) *wine*

35:3

וָאֶקַּח consec.-Qal impf. 1 c.s. (לָקַח 542) *so I took*

אֶת־יַאֲזַנְיָה dir.obj.-pr.n. (24) *Jaazaniah*

בֶּן־יִרְמְיָהוּ n.m.s. cstr. (119)-pr.n. (941) *the son of Jeremiah*

בֶּן־חֲבַצִּנְיָה v.supra-pr.n. (287) *son of Habazziniah*

וְאֶת־אֶחָיו conj.-dir.obj.-n.m.p.-3 m.s. sf. (26) *and his brothers*

וְאֶת־כָּל־בָּנָיו conj.-dir.obj.-n.m.s. cstr. (481) -n.m.p.-3 m.s. sf. (119) *and all his sons*

וְאֶת־כָּל־ conj.-dir.obj.-n.m.s. cstr. (481) *and the whole*

בֵּית הָרֵכָבִים n.m.s. cstr. (108)-def.art.-adj.gent. (939) *house of the Rechabites*

35:4

וָאָבִא consec.-Hi. impf. 1 c.s. (בּוֹא 97) *I brought*

אֹתָם dir.obj.-3 m.p. sf. *them*

בֵּית יהוה n.m.s. cstr. (108)-pr.n. (217) *to the house of Yahweh*

אֶל־לִשְׁכַּת prep.-n.f.s. cstr. (545) *into the chamber of*

בְּנֵי חָנָן n.m.p. cstr. (119)-pr.n. (336) *the sons of Haran*

בֶּן־יִגְדַּלְיָהוּ n.m.s. cstr. (119)-pr.n. (153) *the son of Igdaliah*

אִישׁ הָאֱלֹהִים n.m.s. cstr. (35)-def.art.-n.m.p. (43) *the man of God*

אֲשֶׁר־אֵצֶל rel. (81)-prep. (69) *which was near*

לִשְׁכַּת v.supra *the chamber of*

הַשָּׂרִים def.art.-n.m.p. (978) *the princes*

אֲשֶׁר מִמַּעַל לְלִשְׁכַּת rel. (81)-prep.-prep. (II 751) -prep.-n.f.s. cstr. (545) *above the chamber of*

מַעֲשֵׂיָהוּ pr.n. (796) *Maaseiah*

בֶן־שַׁלֻּם n.m.s. cstr. (119)-pr.n. (1024) *the son of Shallum*

שֹׁמֵר Qal act.ptc. cstr. (1036) *keeper of*

הַסַּף def.art.-n.m.s. (II 706) *the threshold*

35:5

וָאֶתֵּן consec.-Qal impf. 1 c.s. (נָתַן 678) *then I set*

לִפְנֵי prep.-n.m.p. cstr. (815) *before*

בְּנֵי n.m.p. cstr. (119) *the sons of*

בֵית־הָרֵכָבִים n.m.s. cstr. (108)-def.art.-adj.gent. m.p. (939) *the house of the Rechabites*

גְּבִעִים מְלֵאִים n.m.p. (149)-adj. m.p. (570) *full pitchers*

יַיִן n.m.s. (406) *wine*

וְכֹסוֹת conj.-n.f.p. (I 468) *and cups*

וָאֹמַר consec.-Qal impf. 1 c.s. (55) *and I said*

אֲלֵיהֶם prep.-3 m.p. sf. *to them*

שְׁתוּ־יָיִן Qal impv. 2 m.p. (שָׁתָה 1059)-n.m.s. paus. (406) *drink wine*

35:6

וַיֹּאמְרוּ consec.-Qal impf. 3 m.p. (55) *but they answered*

לֹא נִשְׁתֶּה־יָּיִן neg.-Qal impf. 1 c.p. (שָׁתָה 1059)-n.m.s. paus. (406) *we will drink no wine*

כִּי יוֹנָדָב conj.-pr.n. (220) *for Jonadab*

בֶּן־רֵכָב n.m.s. cstr. (119)-pr.n. (939) *the son of Rechab*

אָבִינוּ n.m.s.-1 c.p. sf. (3) *our father*

צִוָּה Pi. pf. 3 m.s. (צָוָה 845) *commanded*

עָלֵינוּ prep.-1 c.p. sf. *us*

לֵאמֹר prep.-Qal inf.cstr. (55) *(saying)*

לֹא תִשְׁתּוּ־יַיִן neg.-Qal impf. 2 m.p. (שָׁתָה 1059)-n.m.s. (406) *you shall not drink wine*

אַתֶּם pers.pr. 2 m.p. (61) *you*

וּבְנֵיכֶם conj.-n.m.p.-2 m.p. sf. (119) *and your sons*

עַד־עוֹלָם prep. (III 723)-n.m.s. (761) *for ever*

35:7

וּבַיִת conj.-n.m.s. (108) *and a house*

לֹא־תִבְנוּ neg.-Qal impf. 2 m.p. (בָּנָה 124) *you shall not build*

וְזֶרַע conj.-n.m.s. (282) *and seed*

לֹא־תִזְרָעוּ neg.-Qal impf. 2 m.p. (זָרַע 281) *you shall not sow*

וְכֶרֶם conj.-n.m.s. (501) *and a vineyard*

לֹא־תִטָּעוּ neg.-Qal impf. 2 m.p. (נָטַע 642) *you shall not plant*

וְלֹא יִהְיֶה לָכֶם conj.-neg.-Qal impf. 3 m.s. (224) -prep.-2 m.p. sf. *or have* (lit. *and it shall not belong to you*)

כִּי בָּאֳהָלִים conj.-prep.-def.art.-n.m.p. (13) *but in tents*

תֵּשְׁבוּ Qal impf. 2 m.p. (יָשַׁב 442) *you shall live*

כָּל־יְמֵיכֶם n.m.s. cstr. (481)-n.m.p.-2 m.p. sf. (398) *all your days*

לְמַעַן תִּחְיוּ prep.-prep. (775)-Qal impf. 2 m.p. (310 חָיָה) *that you may live*

יָמִים רַבִּים n.m.p. (398)-adj. m.p. (I 912) *many days*

עַל־פְּנֵי הָאֲדָמָה prep.-n.m.p. cstr. (815)-def.art. -n.f.s. (9) *in the land*

אֲשֶׁר אַתֶּם גָּרִים rel. (81)-pers.pr. 2 m.p. (61)-Qal act.ptc. m.p. (גוּר 157) *where you sojourn*

שָׁם adv. (1027) *there*

35:8

וַנִּשְׁמַע consec.-Qal impf. 1 c.p. (שָׁמַע 1033) *and we have obeyed*

בְּקוֹל prep.-n.m.s. cstr. (876) *the voice of*

יְהוֹנָדָב pr.n. (220) *Jonadab*

בֶּן־רֵכָב n.m.s. cstr. (119)-pr.n. (939) *the son of Rechab*

אָבִינוּ n.m.s.-1 c.p. sf. (3) *our father*

לְכֹל אֲשֶׁר prep.-n.m.s. (481)-rel. (81) *in all that*

צִוָּנוּ Pi. pf. 3 m.s.-1 c.p. sf. (צָוָה 845) *he commanded us*

לְבִלְתִּי שְׁתוֹת־יַיִן prep.-neg. (116)-Qal inf.cstr. (1059 שָׁתָה)-n.m.s. (406) *to drink no wine*

כָּל־יָמֵינוּ n.m.s. cstr. (481)-n.m.p.-1 c.p. sf. (398) *all our days*

אֲנַחְנוּ pers.pr. 1 c.p. (59) *ourselves*

נָשֵׁינוּ n.f.p.-1 c.p. sf. (61) *our wives*

בָּנֵינוּ n.m.p.-1 c.p. sf. (119) *our sons*

וּבְנֹתֵינוּ conj.-n.f.p.-1 c.p. sf. (I 123) *or our daughters*

35:9

וּלְבִלְתִּי בְּנוֹת conj.-prep.-neg. (116)-Qal inf.cstr. (124 בָּנָה) *and not to build*

בָּתִּים n.m.p. (108) *houses*

לְשִׁבְתֵּנוּ prep.-Qal inf.cstr.-1 c.p. sf. (יָשַׁב 442) *to dwell in*

וְכֶרֶם conj.-n.m.s. (501) *and a vineyard*

וְשָׂדֶה conj.-n.m.s. (961) *or field*

וָזֶרַע conj.-n.m.s. (282) *or seed*

לֹא יִהְיֶה־לָנוּ neg.-Qal impf. 3 m.s. (224)-prep. -1 c.p. sf. *we do not have*

35:10

וַנֵּשֶׁב consec.-Qal impf. 1 c.p. (יָשַׁב 442) *but we have lived*

בָּאֳהָלִים prep.-def.art.-n.m.p. (13) *in tents*

וַנִּשְׁמַע consec.-Qal impf. 1 c.p. (שָׁמַע 1033) *and have obeyed*

וַנַּעַשׂ consec.-Qal impf. 1 c.p. (עָשָׂה I 793) *and done*

כְּכֹל אֲשֶׁר־ prep.-n.m.s. (481)-rel. (81) *all that*

צִוָּנוּ Pi. pf. 3 m.s.-1 c.p. sf. (צָוָה 845) *commanded us*

יוֹנָדָב pr.n. (220) *Jonadab*

אָבִינוּ n.m.s.-1 c.p. sf. (3) *our father*

35:11

וַיְהִי בַּעֲלוֹת consec.-Qal impf. 2 m.s. (הָיָה 224) -prep.-Qal inf.cstr. (עָלָה 748) *but when came up*

נְבוּכַדְרֶאצַּר pr.n. (613) *Nebuchadrezzar*

מֶלֶךְ־בָּבֶל n.m.s. cstr. (I 572)-pr.n. (93) *king of Babylon*

אֶל־הָאָרֶץ prep.-def.art.-n.f.s. (75) *against the land*

וַנֹּאמֶר consec.-Qal impf. 1 c.p. (55) *we said*

בֹּאוּ Qal impv. 2 m.p. (בּוֹא 97) *come*

וְנָבוֹא conj.-Qal impf. 1 c.p. (בּוֹא 97) *and let us go*

יְרוּשָׁלַ͏ִם pr.n. (436) *to Jerusalem*

מִפְּנֵי חֵיל prep.-n.m.p. cstr. (815)-n.m.s. cstr. (298) *from before the army of*

הַכַּשְׂדִּים def.art.-pr.n. (505) *the Chaldeans*

וּמִפְּנֵי חֵיל conj.-v.supra-v.supra *and from the army of*

אֲרָם pr.n. (74) *the Syrians*

וַנֵּשֶׁב consec.-Qal impf. 1 c.p. (יָשַׁב 442) *so we are living*

בִּירוּשָׁלָ͏ִם prep.-pr.n. paus. (436) *in Jerusalem*

35:12

וַיְהִי consec.-Qal impf. 3 m.s. (הָיָה 224) *then came*

דְּבַר־יְהוָה n.m.s. cstr. (182)-pr.n. (217) *the word of Yahweh*

אֶל־יִרְמְיָהוּ prep.-pr.n. (941) *to Jeremiah*

לֵאמֹר prep.-Qal inf.cstr. (55) *(saying)*

35:13

כֹּה־אָמַר adv. (462)-Qal pf. 3 m.s. (55) *thus says*

יהוה צְבָאוֹת pr.n. (217)-pr.n. (838) *Yahweh of hosts*

אֱלֹהֵי יִשְׂרָאֵל n.m.p. cstr. (43)-pr.n. (975) *the God of Israel*

הָלֹךְ Qal inf.abs. 229) *go*

וְאָמַרְתָּ conj.-Qal pf. 2 m.s. (55) *and say*

לְאִישׁ יְהוּדָה prep.-n.m.s. cstr. (35)-pr.n. (397) *to the men of Judah*

וּלְיוֹשְׁבֵי conj.-prep.-Qal act.ptc. m.p. cstr. 442) *and the inhabitants of*

יְרוּשָׁלָ͏ִם pr.n. paus. (436) *Jerusalem*

הֲלוֹא תִקְחוּ interr.-neg.-Qal impf. 2 m.p. (קח 542) *will you not receive?*

מוּסָר n.m.s. (416) *instruction*

לִשְׁמֹעַ prep.-Qal inf.cstr. (1033) *and listen*

אֶל־דְּבָרַי prep.-n.m.p.-1 c.s. sf. (182) *to my words*

נְאֻם־יְהוָה n.m.s. cstr. (610)-pr.n. (217) *says Yahweh*

35:14

הוּקַם Ho. pf. 3 m.s. (קום 877) *has been kept*

אֶת־דִּבְרֵי dir.obj.-n.m.p. cstr. (182) *the words of*

יְהוֹנָדָב pr.n. (220) *Jonadab*

בֶּן־רֵכָב n.m.s. cstr. (119)-pr.n. (939) *the son of Rechab*

אֲשֶׁר־צִוָּה rel. (81)-Pi. pf. 3 m.s. (845) *which he commanded*

אֶת־בָּנָיו dir.obj.-n.m.p.-3 m.s. sf. (119) *his sons*

לְבִלְתִּי שְׁתוֹת prep.-neg. (116)-Qal inf.cstr. (1059 שָׁתָה) *to drink no*

יַיִן n.m.s. (406) *wine*

וְלֹא שָׁתוּ conj.-neg.-Qal pf. 3 c.p. (שָׁתָה 1059) *and they drink none*

עַד־הַיּוֹם הַזֶּה prep. (III 723)-def.art.-n.m.s. (398) -def.art.-demons.adj. m.s. (260) *to this day*

כִּי שָׁמְעוּ conj.-Qal pf. 3 c.p. (1033) *for they have obeyed*

אֵת מִצְוַת dir.obj.-n.f.s. cstr. (846) *the command of*

אֲבִיהֶם n.m.s.-3 m.p. sf. (3) *their father*

וְאָנֹכִי conj.-pers.pr. 1 c.s. (59) *and I*

דִּבַּרְתִּי Pi. pf. 1 c.s. (180) *have spoken*

אֲלֵיכֶם prep.-2 m.p. sf. *to you*

הַשְׁכֵּם וְדַבֵּר Hi inf.abs. as adv. (שָׁכַם 1014) -conj.-Pi. inf.abs. (180; GK 113s) *persistently*

וְלֹא שְׁמַעְתֶּם conj.-neg.-Qal pf. 2 m.p. (שָׁמַע 1033) *but you have not listened*

אֵלָי prep.-1 c.s. sf. paus. *to me*

35:15

וָאֶשְׁלַח consec.-Qal impf. 1 c.s. (שָׁלַח 1018) *I have sent*

אֲלֵיכֶם prep.-2 m.p. sf. *to you*

אֶת־כָּל־עֲבָדַי dir.obj.-n.m.s. cstr. (481)-n.m.p.-1 c.s. sf. (713) *all my servants*

הַנְּבִאִים def.art.-n.m.p. (611) *the prophets*

הַשְׁכֵּם וְשָׁלֹחַ Hi. inf.abs. as adv. (1014)-conj. -Qal inf.abs. (1018; GK 113s) *persistently*

לֵאמֹר prep.-Qal inf.cstr. (55) *saying*

שֻׁבוּ־נָא Qal impv. 2 m.p. (996)-part. of entreaty (609) *turn now*

אִישׁ n.m.s. (35) *every one*

מִדַּרְכּוֹ prep.-n.m.s.-3 m.s. sf. (202) *from his way*

הָרָעָה def.art.-adj. f.s. (948) *evil*

וְהֵיטִיבוּ conj.-Hi. impv. 2 m.p. (יָטַב 405) *and amend*

מַעַלְלֵיכֶם n.m.p.-2 m.p. sf. (760) *your doings*

וְאַל־תֵּלְכוּ conj.-neg.-Qal impf. 2 m.p. (הָלַךְ 229) *and do not go*

אַחֲרֵי prep.cstr. (29) *after*

אֱלֹהִים אֲחֵרִים n.m.p. (43)-adj. m.p. (29) *other gods*

לְעָבְדָם prep.-Qal inf.cstr.-3 m.p. sf. (עָבַד 712) *to serve them*

וּשְׁבוּ conj.-Qal impv. 2 m.p. (יָשַׁב 442) *and dwell*

אֶל־הָאֲדָמָה prep.-def.art.-n.f.s. (9) *in the land*

אֲשֶׁר־נָתַתִּי rel. (81)-Qal pf. 1 c.s. (נָתַן 678) *which I gave*

לָכֶם prep.-2 m.p. sf. *to you*

וְלַאֲבֹתֵיכֶם conj.-prep.-n.m.p.-2 m.p. sf. (3) *and your fathers*

וְלֹא הִטִּיתֶם conj.-neg.-Hi. pf. 2 m.p. (נָטָה 639) *but you did not incline*

אֶת־אָזְנְכֶם dir.obj.-n.f.s.-2 m.p. sf. (23) *your ear*

וְלֹא שְׁמַעְתֶּם conj.-neg.-Qal pf. 2 m.p. (1033) *or you did not listen*

אֵלָי prep.-1 c.s. sf. paus. *to me*

35:16

כִּי הֵקִימוּ conj.-Hi. pf. 3 c.p. (קום 877) *for have kept*

בְּנֵי יְהוֹנָדָב n.m.p. cstr. (119)-pr.n. (220) *the sons of Jonadab*

בֶּן־רֵכָב n.m.s. cstr. (119)-pr.n. (939) *the son of Rechab*

אֶת־מִצְוַת dir.obj.-n.f.s. cstr. (846) *the command of*

אֲבִיהֶם n.m.s.-3 m.p. sf. (3) *their father*

אֲשֶׁר צִוָּה rel. (81)–Pi. pf. 3 m.s.–3 m.p. sf. (צָוָה 845) *which he commanded them*

וְהָעָם הַזֶּה conj.-def.art.-n.m.s. (I 766)-def.art.-demons.adj. m.s. (260) *but this people*

לֹא שָׁמְעוּ neg.-Qal pf. 3 c.p. (1033) *has not obeyed*

אֵלָי prep.-1 c.s. sf. paus. *me*

35:17

לָכֵן כֹּה־ prep.-adv. (485)-adv. (462) *therefore, thus*

אָמַר יהוה Qal pf. 3 m.s. (55)-pr.n. (217) *says Yahweh*

אֱלֹהֵי צְבָאוֹת n.m.p. cstr. (217)-pr.n. (838) *the God of hosts*

אֱלֹהֵי יִשְׂרָאֵל v.supra-pr.n. (975) *the God of Israel*

הִנְנִי demons.part.-1 c.s. sf. (243) *behold, I*

מֵבִיא Hi. ptc. (בוא 97) *am bringing*

אֶל־יְהוּדָה prep.-pr.n. (397) *on Judah*

וְאֶל כָּל־ conj.-prep.-n.m.s. cstr. (481) *and all*

יוֹשְׁבֵי Qal act.ptc. m.p. cstr. (יָשַׁב 442) *the inhabitants of*

יְרוּשָׁלִַם pr.n. (436) *Jerusalem*

אֵת כָּל־הָרָעָה dir.obj.-n.m.s. cstr. (481)-def.art.-n.f.s. (949) *all the evil*

אֲשֶׁר דִּבַּרְתִּי rel. (81)-Pi. pf. 1 c.s. (180) *that I have pronounced*

עֲלֵיהֶם prep.-3 m.p. sf. *against them*

יַעַן דִּבַּרְתִּי conj. (774)-Pi. pf. 1 c.s. (דָּבַר 180) *because I have spoken*

אֲלֵיהֶם prep.-3 m.p. sf. *to them*

וְלֹא שָׁמְעוּ conj.-neg.-Qal pf. 3 c.p. paus. (1033) *and they have not listened*

וָאֶקְרָא consec.-Qal impf. 1 c.s. (קָרָא 894) *so I have called*

לָהֶם prep.-3 m.p. sf. *them*

וְלֹא עָנוּ conj.-neg.-Qal pf. 3 c.p. (עָנָה I 772) *and they have not answered*

35:18

וּלְבֵית conj.-prep.-n.m.s. cstr. (108) *but to the house of*

הָרֵכָבִים def.art.-adj. m.p. (939) *the Rechabites*

אָמַר יִרְמְיָהוּ Qal pf. 3 m.s. (55)-pr.n. (941) *Jeremiah said*

כֹּה־אָמַר adv. (462)-Qal pf. 3 m.s. (55) *thus says*

יהוה צְבָאוֹת pr.n. (217)-pr.n. (838) *Yahweh of hosts*

אֱלֹהֵי יִשְׂרָאֵל n.m.p. cstr. (43)-pr.n. (975) *the God of Israel*

יַעַן אֲשֶׁר conj. (774)-rel. (81) *because*

שְׁמַעְתֶּם Qal pf. 2 m.p. (1033) *you have obeyed*

עַל־מִצְוַת prep.-n.f.s. cstr. (846) *the command of*

יְהוֹנָדָב pr.n. (220) *Jonadab*

אֲבִיכֶם n.m.s.-2 m.p. sf. (3) *your father*

וַתִּשְׁמְרוּ consec.-Qal impf. 2 m.p. (שָׁמַר 1036) *and kept*

אֶת־כָּל־מִצְוֹתָיו dir.obj.-n.m.s. cstr. (481)-n.f.p.-3 m.s. sf. (846) *all his precepts*

וַתַּעֲשׂוּ consec.-Qal impf. 2 m.p. (עָשָׂה I 793) *and done*

כְּכֹל אֲשֶׁר־ prep.-n.m.s. (481)-rel. (81) *all that*

צִוָּה Pi. pf. 3 m.s. (צָוָה 845) *he commanded*

אֶתְכֶם dir.obj.-2 m.p. sf. *you*

35:19

לָכֵן כֹּה prep.-adv. (485)-adv. (462) *therefore thus*

אָמַר Qal pf. 3 m.s. (55) *says*

יהוה צְבָאוֹת pr.n. (217)-pr.n. (838) *Yahweh of hosts*

אֱלֹהֵי יִשְׂרָאֵל n.m.p. cstr. (43)-pr.n. (975) *the God of Israel*

לֹא־יִכָּרֵת neg.-Ni. impf. 3 m.s. (כָּרַת 503) *shall never lack*

אִישׁ n.m.s. (35) *a man*

לְיוֹנָדָב prep.-pr.n. (220) *Jonadab*

בֶּן־רֵכָב n.m.s. cstr. (119)-pr.n. (939) *the son of Rechab*

עֹמֵד Qal act.ptc. (עָמַד 763) *to stand*

לְפָנַי prep.-n.m.p.-1 c.s. sf. (815) *before me*

כָּל־הַיָּמִים n.m.s. cstr. (481)-def.art.-n.m.p. (398) *all the days*

36:1

וַיְהִי consec.-Qal impf. 3 m.s. (הָיָה 224) *and came*

בַּשָּׁנָה הָרְבִיעִת prep.-def.art.-n.f.s. (1040)-def.art.-num.adj. f.s. (917) *in the fourth year*

לִיהוֹיָקִים prep.-pr.n. (220) *of Jehoiakim*

בֶּן־יֹאשִׁיָּהוּ n.m.s. cstr. (119)-pr.n. (78) *the son of Josiah*

מֶלֶךְ יְהוּדָה n.m.s. cstr. (I 572)-pr.n. (397) *king of Judah*

הָיָה Qal pf. 3 m.s. (224) *came*

הַדָּבָר הַזֶּה def.art.-n.m.s. (182)-def.art.-demons.adj. m.s. (260) *this word*

אֶל־יִרְמְיָהוּ prep.-pr.n. (941) *to Jeremiah*

מֵאֵת יהוה prep.-prep. (II 85)-pr.n. (217) *from Yahweh*

לֵאמֹר prep.-Qal inf.cstr. (55) *(saying)*

36:2

קַח־לְךָ Qal impv. 2 m.s. (לָקַח 542)-prep.-2 m.s. sf. *take (for yourself)*

מְגִלַּת־סֵפֶר n.f.s. cstr. (166)-n.m.s. (706) *a scroll (of a book)*

וְכָתַבְתָּ conj.-Qal pf. 2 m.s. (כָּתַב 507) *and write*

אֵלֶיהָ prep.-3 f.s. sf. *on it*

אֵת כָּל־הַדְּבָרִים dir.obj.-n.m.s. cstr. (481)-def.art.-n.m.p. (182) *all the words*

אֲשֶׁר־דִּבַּרְתִּי rel. (81)-Pi. pf. 1 c.s. (180) *that I have spoken*

אֵלֶיךָ prep.-2 m.s. sf. *to you*

עַל־יִשְׂרָאֵל prep.-pr.n. (975) *against Israel*

וְעַל־יְהוּדָה conj.-prep.-pr.n. (397) *and Judah*

וְעַל־כָּל־הַגּוֹיִם conj.-prep.-v.supra-def.art.-n.m.p. (156) *and all the nations*

מִיּוֹם prep.-n.m.s. (398) *from the day*

דִּבַּרְתִּי v.supra *I spoke*

אֵלֶיךָ v.supra *to you*

מִימֵי prep.-n.m.p. cstr. (398) *from the days of*

יֹאשִׁיָּהוּ pr.n. (78) *Josiah*

וְעַד הַיּוֹם הַזֶּה conj.-prep. (III 723)-def.art.-n.m.s. (398)-def.art.-demons.adj. m.s. (260) *until today*

36:3

אוּלַי adv. (19) *it may be that*

יִשְׁמְעוּ Qal impf. 3 m.p. (1033) *will hear*

בֵּית יְהוּדָה n.m.s. cstr. (108)-pr.n. (397) *the house of Judah*

אֵת כָּל־הָרָעָה dir.obj.-n.m.s. cstr. (481)-def.art.-n.f.s. (949) *all the evil*

אֲשֶׁר אָנֹכִי rel. (81)-pers.pr. 1 c.s. (59) *which I*

חֹשֵׁב Qal act.ptc. (362) *intend*

לַעֲשׂוֹת prep.-Qal inf.cstr. (עָשָׂה I 793) *to do*

לָהֶם prep.-3 m.p. sf. *to them*

לְמַעַן יָשׁוּבוּ prep. (775)-Qal impf. 3 m.p. (שׁוּב 996) *so that may turn*

אִישׁ n.m.s. (35) *every one*

מִדַּרְכּוֹ prep.-n.m.s.-3 m.s. sf. (202) *from his way*

הָרָעָה def.art.-adj. f.s. (948) *evil*

וְסָלַחְתִּי conj.-Qal pf. 1 c.s. (סָלַח 699) *and that I may forgive*

לַעֲוֺנָם prep.-n.m.s.-3 m.p. sf. (730) *their iniquity*

וּלְחַטָּאתָם conj.-prep.-n.f.s.-3 m.p. sf. (308) *and their sin*

36:4

וַיִּקְרָא consec.-Qal impf. 3 m.s. (קָרָא 894) *then called*

יִרְמְיָהוּ pr.n. (941) *Jeremiah*

אֶת־בָּרוּךְ dir.obj.-pr.n. (140) *Baruch*

בֶּן־נֵרִיָּה n.m.s. cstr. (119)-pr.n. (633) *the son of Neriah*

וַיִּכְתֹּב consec.-Qal impf. 3 m.s. (כָּתַב 507) *and wrote*

בָּרוּךְ v.supra *Baruch*

מִפִּי prep.-n.m.s. cstr. (804) *at the dictation of*

יִרְמְיָהוּ v.supra *Jeremiah*

אֵת כָּל־דִּבְרֵי dir.obj.-n.m.s. cstr. (481)-n.m.p. cstr. (182) *all the words of*

יהוה pr.n. (217) *Yahweh*

אֲשֶׁר־דִּבֶּר rel. (81)-Pi. pf. 3 m.s. (180) *which he had spoken*

אֵלָיו prep.-3 m.s. sf. *to him*

עַל־מְגִלַּת־סֵפֶר prep.-n.f.s. cstr. (166)-n.m.s. (706) *upon a scroll (of a book)*

36:5

וַיְצַוֶּה consec.-Pi. impf. 3 m.s. (צָוָה 845) *and ordered*

יִרְמְיָהוּ pr.n. (941) *Jeremiah*

אֶת־בָּרוּךְ dir.obj.-pr.n. (140) *Baruch*

לֵאמֹר prep.-Qal inf.cstr. (55) *saying*

עָצוּר אֲנִי pers.pr. 1 c.s. (58)-Qal pass.ptc. 783) *I am debarred*

לֹא אוּכַל neg.-Qal impf. 1 c.s. (יָכֹל 407) *I cannot*

לָבוֹא prep.-Qal inf.cstr. (בּוֹא 97) *go to*

בֵּית יהוה n.m.s. cstr. (108)-pr.n. (217) *the house of Yahweh*

36:6

וּבָאתָ אַתָּה conj.-Qal pf. 2 m.s. (בּוֹא 97)-pers.pr. 2 m.s. (61) *so you are to go*

וְקָרָאתָ conj.-Qal pf. 2 m.s. (קָרָא 894) *and read*

בַּמְּגִלָּת prep.-def.art.-n.f.s. (166) *from the scroll*

אֲשֶׁר־כָּתַבְתָּ rel. (81)-Qal pf. 2 m.s. (כָּתַב 507) *which you have written*

מִפִּי prep.-n.m.s.-1 c.s. sf. (804) *at my dictation*

אֶת־דִּבְרֵי dir.obj.-n.m.p. cstr. (182) *the words of*

יהוה pr.n. (217) *Yahweh*

בְּאָזְנֵי prep.-n.f.p. cstr. (23) *in the hearing of*

הָעָם def.art.-n.m.s. (I 766) *the people*

בֵּית יהוה n.m.s. cstr. (108)-pr.n. (217) *in Yahweh's house*

בְּיוֹם צוֹם prep.-n.m.s. cstr. (398)-n.m.s. (847) *on a fast day*

וְגַם בְּאָזְנֵי conj.-adv. (168)-v.supra *and also in the hearing of*

כָּל־יְהוּדָה n.m.s. cstr. (481)-pr.n. (397) *all Judah*

הַבָּאִים def.art.-Qal act.ptc. m.p. (בּוֹא 97) *who come*

מֵעָרֵיהֶם prep.-n.f.p.-3 m.p. sf. (746) *out of their cities*

תִּקְרָאֵם Qal impf. 2 m.s.-3 m.p. sf. (קרא 894) *you shall read them*

36:7

אוּלַי adv. (II 19) *it may be that*

תִּפֹּל Qal impf. 3 f.s. (נפל 656) *will come*

תְּחִנָּתָם n.f.s.-3 m.p. sf. (I 337) *their supplication*

לִפְנֵי יהוה prep.-n.m.p. cstr. (815)-pr.n. (217) *before Yahweh*

וְיָשֻׁבוּ conj.-Qal impf. 3 m.p. (שוב 996) *and that will return*

אִישׁ n.m.s. (35) *every one*

מִדַּרְכּוֹ prep.-n.m.s.-3 m.s. sf. (202) *from his way*

הָרָעָה def.art.-adj. f.s. (948) *evil*

כִּי־גָדוֹל conj.-adj. m.s.(152) *for great*

הָאַף def.art.-n.m.s. (I 60) *the anger*

וְהַחֵמָה conj.-def.art.-n.f.s. (404) *and wrath*

אֲשֶׁר־דִּבֶּר rel. (81)-Pi. pf. 3 m.s. (180) *that has pronounced*

יהוה pr.n. (217) *Yahweh*

אֶל־הָעָם הַזֶּה prep.-def.art.-n.m.s. (I 766)-def.art.-demons.adj. m.s. (260) *against this people*

36:8

וַיַּעַשׂ consec.-Qal impf. 3 m.s. (עשה I 793) *and did*

בָּרוּךְ pr.n. (140) *Baruch*

בֶּן־נֵרִיָּה n.m.s. cstr. (119)-pr.n. (633) *the son of Neriah*

כְּכֹל אֲשֶׁר־ prep.-n.m.s. (481)-rel. (81) *all that*

צִוָּהוּ Pi. pf. 3 m.s.-3 m.s. sf. (צוה 845) *ordered him*

יִרְמְיָהוּ pr.n. (941) *Jeremiah*

הַנָּבִיא def.art.-n.m.s. (611) *the prophet*

לִקְרֹא prep.-Qal inf.cstr. (894) *about reading*

בַּסֵּפֶר prep.-def.art.-n.m.s. (706) *from the scroll*

דִּבְרֵי יהוה n.m.p. cstr. (182)-pr.n. (217) *the words of Yahweh*

בֵּית יהוה n.m.s. cstr. (108)-v.supra *in Yahweh's house*

36:9

וַיְהִי consec.-Qal impf. 3 m.s. (היה 224) *(and it was)*

בַּשָּׁנָה הַחֲמִשִׁית prep.-def.art.-n.f.s. (1040)-def.art.-num.adj. f. (332) *in the fifth year*

לִיהוֹיָקִים prep.-pr.n. (220) *of Jehoiakim*

בֶּן־יֹאשִׁיָּהוּ n.m.s. cstr. (119)-pr.n. (78) *the son of Josiah*

מֶלֶךְ־יְהוּדָה n.m.s. cstr. (572)-pr.n. (397) *king of Judah*

בַּחֹדֶשׁ הַתְּשִׁעִי prep.-def.art.-n.m.s. (II 294)-def.art.-num.adj. m.s. (1077) *in the ninth month*

קָרְאוּ Qal pf. 3 c.p. (894) *proclaimed*

צוֹם n.m.s. (847) *a fast*

לִפְנֵי יהוה prep.-n.m.s. cstr. (815)-pr.n. (217) *before Yahweh*

כָּל־הָעָם n.m.s. cstr. (481)-def.art.-n.m.s. (I 766) *all the people*

בִּירוּשָׁלָ͏ִם prep.-pr.n. paus. (436) *in Jerusalem*

וְכָל־הָעָם conj.-v.supra-v.supra *and all the people*

הַבָּאִים def.art.-Qal act.ptc. m.p. (בוא 97) *who came*

מֵעָרֵי prep.-n.f.p. cstr. (746) *from the cities of*

יְהוּדָה pr.n. (397) *Judah*

בִּירוּשָׁלָ͏ִם v.supra *to Jerusalem*

36:10

וַיִּקְרָא consec.-Qal impf. 3 m.s. (894) *then read*

בָרוּךְ pr.n. (140) *Baruch*

בַּסֵּפֶר prep.-def.art.-n.m.s. (706) *from the scroll*

אֶת־דִּבְרֵי dir.obj.-n.m.p. cstr. (182) *the words of*

יִרְמְיָהוּ pr.n. (941) *Jeremiah*

בֵּית יהוה n.m.s. cstr. (108)-pr.n. (217) *in the house of Yahweh*

בְּלִשְׁכַּת prep.-n.f.s. cstr. (545) *in the chamber of*

גְּמַרְיָהוּ pr.n. (170) *Gemariah*

בֶּן־שָׁפָן n.m.s. cstr. (119)-pr.n. (II 1051) *the son of Shaphan*

הַסֹּפֵר def.art.-Qal act.ptc. (707) *the secretary*

בֶּחָצֵר הָעֶלְיוֹן prep.-def.art.-n.m.s. (I 346)-def.art.-adj. m.s. (751) *in the upper court*

פֶּתַח n.m.s. cstr. (835) *at the entry of*

שַׁעַר n.m.s. cstr. (1044) *the gate of*

בֵּית יהוה n.m.s. cstr. (108)-pr.n. (217) *Yahweh's house*

הֶחָדָשׁ def.art.-adj. m.s. (I 294) *new*

בְּאָזְנֵי prep.-n.f.p. cstr. (23) *in the hearing of*

כָּל־הָעָם n.m.s. cstr. (481)-def.art.-n.m.s. (I 766) *all the people*

36:11

וַיִּשְׁמַע consec.-Qal impf. 3 m.s. (1033) *when heard*

מִכָיְהוּ pr.n. (567) *Micaiah*

בֶּן־גְּמַרְיָהוּ n.m.s. cstr. (119)-pr.n. (170) *the son of Gemariah*

בֶּן־שָׁפָן v.supra-pr.n. (II 1051) *son of Shaphan*

אֶת־כָּל־דִּבְרֵי dir.obj.-n.m.s. cstr. (481)-n.m.p. cstr. (182) *all the words of*

365

יהוה pr.n. (217) *Yahweh*

מֵעַל הַסֵּפֶר prep.-prep.-def.art.-n.m.s. (706) *from the scroll*

36:12

וַיֵּרֶד consec.-Qal impf. 3 m.s. (יָרַד 432) *and he went down*

בֵּית־הַמֶּלֶךְ n.m.s. cstr. (108)-def.art.-n.m.s. (I 572) *to the king's house*

עַל־לִשְׁכַּת prep.-n.f.s. cstr. (545) *into the chamber of*

הַסֹּפֵר def.art.-Qal act.ptc. (707) *the secretary*

וְהִנֵּה־שָׁם conj.-demons.part. (243)-adv. (1027) *and behold there*

כָּל־הַשָּׂרִים n.m.s. cstr. (481)-def.art.-n.m.p. (978) *all the princes*

יוֹשְׁבִים Qal act.ptc. m.p. (יָשַׁב 442) *were sitting*

אֱלִישָׁמָע pr.n. (46) *Elishama*

הַסֹּפֵר v.supra *the secretary*

וּדְלָיָהוּ conj.-pr.n. (195) *and Delaiah*

בֶּן־שְׁמַעְיָהוּ n.m.s. cstr. (119)-pr.n. (1035) *the son of Shemaiah*

וְאֶלְנָתָן conj.-pr.n. (46) *and Elnathan*

בֶּן־עַכְבּוֹר v.supra-pr.n. (747) *the son of Achbor*

וּגְמַרְיָהוּ conj.-pr.n. (170) *and Gemariah*

בֶּן־שָׁפָן v.supra-pr.n. (II 1051) *the son of Shaphan*

וְצִדְקִיָּהוּ conj.-pr.n. (843) *and Zedekiah*

בֶּן־חֲנַנְיָהוּ v.supra-pr.n. (337) *the son of Hananiah*

וְכָל־הַשָּׂרִים conj.-v.supra-v.supra *and all the princes*

36:13

וַיַּגֵּד לָהֶם consec.-Hi. impf. 3 m.s. (נגד 616)-prep.-3 m.p. sf. *and told them*

מִכָיְהוּ pr.n. (567) *Micaiah*

אֵת כָּל־הַדְּבָרִים dir.obj.-n.m.s. cstr. (481)-def.art.-n.m.p. (182) *all the words*

אֲשֶׁר שָׁמֵעַ rel. (81)-Qal pf. 3 m.s. paus. (1033) *that he had heard*

בִּקְרֹא בָרוּךְ prep.-Qal inf.cstr. (894)-pr.n. (140) *when Baruch read*

בַּסֵּפֶר prep.-def.art.-n.m.s. (706) *the scroll*

בְּאָזְנֵי הָעָם prep.-n.f.p. cstr. (23)- def.art.-n.m.s. (I 766) *in the hearing of the people*

36:14

וַיִּשְׁלְחוּ consec.-Qal impf. 3 m.p. (שָׁלַח 1018) *then sent*

כָּל־הַשָּׂרִים n.m.s. cstr. (481)-def.art.-n.m.p. (978) *all the princes*

אֶל־בָּרוּךְ prep.-pr.n. (140) *to Baruch*

אֶת־יְהוּדִי dir.obj.-pr.n. (II 397) *Jehudi*

בֶּן־נְתַנְיָהוּ n.m.s. cstr. (119)-pr.n. (682) *the son of Nethaniah*

בֶּן־שֶׁלֶמְיָהוּ v.supra-pr.n. (1025) *son of Shelemiah*

בֶּן־כּוּשִׁי v.supra-pr.n. (II 469) *son of Cushi*

לֵאמֹר prep.-Qal inf.cstr. (55) *(saying)*

הַמְּגִלָּה def.art.-n.f.s. (166) *the scroll*

אֲשֶׁר קָרָאתָ rel. (81)-Qal pf. 2 m.s. (894) *that you read*

בָּהּ prep.-3 f.s. sf. *(of it)*

בְּאָזְנֵי הָעָם prep.-n.f.p. cstr. (23)-def.art.-n.m.s. (I 766) *in the hearing of the people*

קָחֶנָּה Qal impv. 2 m.s.-3 f.s. sf. (לָקַח 542) *take it*

בְּיָדְךָ prep.-n.f.s.-2 m.s. sf. (388) *in your hand*

וָלֵךְ conj.-Qal impv. 2 m.s. (הָלַךְ 229) *and come*

וַיִּקַּח consec.-Qal impf. 3 m.s. (לָקַח 542) *so took*

בָּרוּךְ pr.n. (140) *Baruch*

בֶּן־נֵרִיָּהוּ n.m.s. cstr. (119)-pr.n. (633) *the son of Neriah*

אֶת־הַמְּגִלָּה dir.obj.-v.supra *the scroll*

בְּיָדוֹ prep.-n.f.s.-3 m.s. sf. (388) *in his hand*

וַיָּבֹא consec.-Qal impf. 3 m.s. (בוא 97) *and came*

אֲלֵיהֶם prep.-3 m.p. sf. *to them*

36:15

וַיֹּאמְרוּ consec.-Qal impf. 3 m.p. (55) *and they said*

אֵלָיו prep.-3 m.s. sf. *to him*

שֵׁב נָא Qal impv. 2 m.s. (יָשַׁב 442)-part. of entreaty (609) *sit down*

וּקְרָאֶנָּה conj.-Qal impv. 2 m.s.-3 f.s. sf. (קָרָא 894) *and read it*

בְּאָזְנֵינוּ prep.-n.f.p.-1 c.p. sf. (23) *(in our hearing)*

וַיִּקְרָא consec.-Qal impf. 3 m.s. (894) *so read*

בָּרוּךְ pr.n. (140) *Baruch*

בְּאָזְנֵיהֶם prep.-n.f.p.-3 m.p. sf. (23) *in their hearing*

36:16

וַיְהִי consec.-Qal impf. 3 m.s. (הָיָה 224) *when*

כְּשָׁמְעָם prep.-Qal inf.cstr.-3 m.p. sf. (שָׁמַע 1033) *they heard*

אֶת־כָּל־הַדְּבָרִים dir.obj.-n.m.s. cstr. (481)-def.art.-n.m.p. (182) *all the words*

פָּחֲדוּ Qal pf. 3 c.p. (פָּחַד 808) *they turned in fear*

אִישׁ n.m.s. (35) *one*

366

אֶל־רֵעֵהוּ prep.-n.m.s.-3 m.s. sf. (945) *to another*

וַיֹּאמְרוּ consec.-Qal impf. 3 m.p. (55) *and they said*

אֶל־בָּרוּךְ prep.-pr.n. (140) *to Baruch*

הַגֵּיד נַגִּיד Hi. inf.abs. (נגד 616)-Hi. impf. 1 c.p. (616) *we must report*

לַמֶּלֶךְ prep.-def.art.-n.m.s. (I 572) *to the king*

אֵת כָּל־הַדְּבָרִים dir.obj.-v.supra-v.supra *all ... words*

הָאֵלֶּה def.art.-demons.adj. c.p. (41) *these*

36:17

וְאֶת־בָּרוּךְ conj.-dir.obj.-pr.n. (140) *then Baruch*

שָׁאֲלוּ Qal pf. 3 c.p. (שׁאל 981) *they asked*

לֵאמֹר prep.-Qal inf.cstr. (55) *(saying)*

הַגֶּד־נָא Hi. impv. 2 m.s. (נגד 616)-part. of entreaty (609) *tell*

לָנוּ prep.-1 c.p. sf. *us*

אֵיךְ כָּתַבְתָּ adv. (32)-Qal pf. 2 m.s. (כתב 507) *how did you write*

אֶת־כָּל־ dir.obj.-n.m.s. cstr. (481) *all*

הַדְּבָרִים הָאֵלֶּה def.art.-n.m.p. (182)-def.art. -demons.adj. c.p. (41) *these words*

מִפִּיו prep.-n.m.s.-3 m.s. sf. (804) *from his mouth*

36:18

וַיֹּאמֶר consec.-Qal impf. 3 m.s. (55) *then answered*

לָהֶם prep.-3 m.p. sf. *them*

בָּרוּךְ pr.n. (140) *Baruch*

מִפִּיו prep.-n.m.s.-3 m.s. sf. (804) *from his mouth*

יִקְרָא אֵלַי Qal impf. 3 m.s. (894)-prep.-1 c.s. sf. *he read to me*

אֵת כָּל־ dir.obj.-v.supra *all*

הַדְּבָרִים הָאֵלֶּה v.supra-v.supra *these words*

וַאֲנִי conj.-pers.pr. 1 c.s. (58) *while I*

כֹּתֵב Qal act.ptc. (507) *wrote*

עַל־הַסֵּפֶר prep.-def.art.-n.m.s. (706) *on the scroll*

בַּדְּיוֹ prep.-def.art.-n.m.s. (188) *with ink*

36:19

וַיֹּאמְרוּ consec.-Qal impf. 3 m.p. (55) *then said*

הַשָּׂרִים def.art.-n.m.p. (978) *the princes*

אֶל־בָּרוּךְ prep.-pr.n. (140) *to Baruch*

לֵךְ Qal impv. 2 m.s. (הלך 229) *go*

הִסָּתֵר Ni. impv. 2 m.s. (סתר 711) *and hide*

אַתָּה וְיִרְמְיָהוּ pers.pr. 2 m.s. (61)-conj.-pr.n. (941) *you and Jeremiah*

וְאִישׁ conj.-n.m.s. (35) *and one*

אַל־יֵדַע neg.-Qal impf. 3 m.s. (ידע 393) *let no ... know*

אֵיפֹה adv. (33) *where*

אַתֶּם pers.pr. 2 m.p. (61) *you are*

36:20

וַיָּבֹאוּ consec.-Qal impf. 3 m.p. (בוא 97) *so they went*

אֶל־הַמֶּלֶךְ prep.-def.art.-n.m.s. (I 572) *to the king*

חָצֵרָה n.f.s. (346) *into the court*

וְאֶת־הַמְּגִלָּה conj.-dir.obj.-def.art.-n.f.s. (166) *and the scroll*

הִפְקִדוּ Hi. pf. 3 c.p. (פקד 823) *having put*

בְּלִשְׁכַּת prep.-n.f.s. cstr. (545) *in the chamber of*

אֱלִישָׁמָע pr.n. (46) *Elishama*

הַסֹּפֵר def.art.-Qal act.ptc. (707) *the secretary*

וַיַּגִּידוּ consec.-Hi. impf. 3 c.p. (נגד 616) *and they reported*

בְּאָזְנֵי prep.-n.f.p. cstr. (23) *in the hearing of*

הַמֶּלֶךְ v.supra *the king*

אֵת כָּל־ dir.obj.-n.m.s. cstr. (481) *all*

הַדְּבָרִים def.art.-n.m.p. (182) *the words*

36:21

וַיִּשְׁלַח consec.-Qal impf. 3 m.s. (1018) *then sent*

הַמֶּלֶךְ def.art.-n.m.s. (I 572) *the king*

אֶת־יְהוּדִי dir.obj.-pr.n. (397) *Jehudi*

לָקַחַת prep.-Qal inf.cstr. (לקח 542) *to get*

אֶת־הַמְּגִלָּה dir.obj.-def.art.-n.f.s. (166) *the scroll*

וַיִּקָּחֶהָ consec.-Qal impf. 3 m.s.-3 f.s. sf. (לקח 542) *and he took it*

מִלִּשְׁכַּת prep.-n.f.s. cstr. (545) *from the chamber of*

אֱלִישָׁמָע pr.n. (46) *Elishama*

הַסֹּפֵר def.art.-Qal act.ptc. (707) *the secretary*

וַיִּקְרָאֶהָ consec.-Qal impf. 3 m.s.-3 f.s. sf. (894) *and read it*

יְהוּדִי v.supra *Jehudi*

בְּאָזְנֵי prep.-n.f.p. cstr. (23) *in the hearing of*

הַמֶּלֶךְ v.supra *the king*

וּבְאָזְנֵי conj.-v.supra *and in the hearing of*

כָּל־הַשָּׂרִים n.m.s. cstr. (481)-def.art.-n.m.p. (978) *and all the princes*

הָעֹמְדִים def.art.-Qal act.ptc. m.p. (עמד 763) *who stood*

מֵעַל הַמֶּלֶךְ prep.-prep.-v.supra *beside the king*

36:22

וְהַמֶּלֶךְ conj.-def.art.-n.m.s. (I 572) *and the king*

יוֹשֵׁב Qal act.ptc. (ישׁב 442) *was sitting*

בֵּית הַחֹרֶף n.m.s. cstr. (108)-def.art.-n.m.s. (358) *in the winter house*

בַּחֹדֶשׁ prep.-def.art.-n.m.s. (II 294) *in the ... month*

הַתְּשִׁיעִי def.art.-num.adj. (1077) *ninth*

וְאֶת־הָאָח conj.-dir.obj.-n.f.s. (II 28) *and the fire in the brazier*

לְפָנָיו prep.-n.m.p.-3 m.s. sf. (815) *before him*

מְבֹעָרֶת Pu. ptc. f.s. paus. (בער I 128) *burning*

36:23

וַיְהִי consec.-Qal impf. 3 m.s. (הָיָה 224) *(and it was)*

כִּקְרוֹא prep.-Qal inf.cstr. (894) *as ... read*

יְהוּדִי pr.n. (397) *Jehudi*

שָׁלֹשׁ num. (1025) *three*

דְּלָתוֹת n.f.p. (195) *columns*

וְאַרְבָּעָה conj.-num. f.s. (916) *or four*

יִקְרָעֶהָ Qal impf. 3 m.s.-3 f.s. sf. (קרע 902) *would cut them*

בְּתַעַר הַסֹּפֵר prep.-n.m.s. cstr. (789)-def.art.-Qal act.ptc. (707) *with a penknife*

וְהַשְׁלֵךְ conj.-Hi. inf.abs. (שׁלך 1020) *and throw*

אֶל־הָאֵשׁ prep.-def.art.-n.f.s. (77) *into the fire*

אֲשֶׁר אֶל־הָאָח rel. (81)-prep.-def.art.-n.f.s. (II 28; GK 117 l) *in the brazier*

עַד־תֹּם prep. (III 723)-n.m.s. cstr. (1070) *until the completeness of*

כָּל־הַמְּגִלָּה n.m.s. cstr. (481)-def.art.-n.f.s. (166) *the whole scroll*

עַל־הָאֵשׁ prep.-v.supra *in the fire*

אֲשֶׁר עַל־הָאָח rel. (81)-prep.-v.supra *that was in the brazier*

36:24

וְלֹא פָחֲדוּ conj.-neg.-Qal pf. 3 c.p. (808) *and were not afraid*

וְלֹא קָרְעוּ v.supra-Qal pf. 3 c.p. (902) *and did not rend*

אֶת־בִּגְדֵיהֶם dir.obj.-n.m.p.-3 m.p. sf. (93) *their garments*

הַמֶּלֶךְ def.art.-n.m.s. (I 572) *the king*

וְכָל־עֲבָדָיו conj.-n.m.s. cstr. (481)-n.m.p.-3 m.s. sf. (713) *nor any of his servants*

הַשֹּׁמְעִים def.art.-Qal act.ptc. m.p. (1033) *who heard*

אֵת כָּל־ dir.obj.-v.supra *all*

הַדְּבָרִים הָאֵלֶּה def.art.-n.m.p. (182)-def.art.-demons.adj. c.p. (41) *these words*

36:25

וְגַם conj.-adv. (168) *even when*

אֶלְנָתָן pr.n. (46) *Elnathan*

וּדְלָיָהוּ conj.-pr.n. (195) *and Delaiah*

וּגְמַרְיָהוּ conj.-pr.n. (170) *and Gemariah*

הִפְגִּעוּ Hi. pf. 3 c.p. (פגע 803) *urged*

בַמֶּלֶךְ prep.-def.art.-n.m.s. (I 572) *the king*

שָׂרֹף prep.-neg. (116)-Qal inf.cstr. (שׂרף 976) *not to burn*

אֶת־הַמְּגִלָּה dir.obj.-def.art.-n.f.s. (166) *the scroll*

וְלֹא שָׁמַע conj.-neg.-Qal pf. 3 m.s. (1033) *and he would not listen*

אֲלֵיהֶם prep.-3 m.p. sf. *to them*

36:26

וַיְצַוֶּה consec.-Pi. impf. 3 m.s. (צוה 845) *and commanded*

הַמֶּלֶךְ def.art.-n.m.s. (I 572) *the king*

אֶת־יְרַחְמְאֵל dir.obj.-pr.n. (934) *Jerahmeel*

בֶּן־הַמֶּלֶךְ n.m.s. cstr. (119)-v.supra *the king's son*

וְאֶת־שְׂרָיָהוּ conj.-dir.obj.-pr.n. (976) *and Seraiah*

בֶּן־עַזְרִיאֵל v.supra-pr.n. (741) *the son of Azriel*

וְאֶת־שֶׁלֶמְיָהוּ v.supra-pr.n. (1025) *and Shelemiah*

בֶּן־עַבְדְּאֵל v.supra-pr.n. (715) *the son of Abdeel*

לָקַחַת prep.-Qal inf.cstr. (לקח 542) *to seize*

אֶת־בָּרוּךְ dir.obj.-pr.n. (140) *Baruch*

הַסֹּפֵר def.art.-Qal act.ptc. (707) *the secretary*

וְאֵת יִרְמְיָהוּ conj.-dir.obj.-pr.n. (941) *and Jeremiah*

הַנָּבִיא def.art.-n.m.s. (611) *the prophet*

וַיַּסְתִּרֵם consec.-Hi. impf. 3 m.s.-3 m.p. sf. (סתר 711) *but hid them*

יְהוָה pr.n. (217) *Yahweh*

36:27

וַיְהִי consec.-Qal impf. 3 m.s. (הָיָה 224) *then came*

דְּבַר־יְהוָה n.m.s. cstr. (182)-pr.n. (217) *the word of Yahweh*

אֶל־יִרְמְיָהוּ prep.-pr.n. (941) *to Jeremiah*

אַחֲרֵי שָׂרֹף prep.cstr. (29)-Qal inf.cstr. (שׂרף 976) *after had burned*

הַמֶּלֶךְ def.art.-n.m.s. (I 572) *the king*

אֶת־הַמְּגִלָּה dir.obj.-def.art.-n.f.s. (166) *the scroll*

וְאֶת־הַדְּבָרִים conj.-dir.obj.-def.art.-n.m.p. (182) *with the words*

אֲשֶׁר כָּתַב rel. (81)-Qal pf. 3 m.s. (507) *which wrote*

בָּרוּךְ pr.n. (140) *Baruch*

מִפִּי יִרְמְיָהוּ prep.-n.m.s. cstr. (804)-pr.n. (941) *at Jeremiah's dictation*

לֵאמֹר prep.-Qal inf.cstr. (55) *(saying)*

36:28

שׁוּב Qal impv. 2 m.s. (996) *(turn)*

קַח־לְךָ Qal impv. 2 m.s. (לקח 542)-prep.-2 m.s. sf. *take*

מְגִלָּה אַחֶרֶת n.f.s. (166)-adj. f.s. (29) *another scroll*

וּכְתֹב conj.-Qal impv. 2 m.s. (507) *and write*

עָלֶיהָ prep.-3 f.s. sf. *on it*

אֵת כָּל־ dir.obj.-n.m.s. cstr. (481) *all*

הַדְּבָרִים הָרִאשֹׁנִים def.art.-n.m.p. (182)-def. art.-adj. m.p. (911) *the former words*

אֲשֶׁר הָיוּ rel. (81)-Qal pf. 3 c.p. (הָיָה 224) *that were*

עַל־הַמְּגִלָּה הָרִאשֹׁנָה prep.-def.art.-n.f.s. (166) -def.art.-adj. f.s. (911) *in the first scroll*

אֲשֶׁר שָׂרַף rel. (81)-Qal pf. 3 m.s. (976) *which had burned*

יְהוֹיָקִים pr.n. (220) *Jehoiakim*

מֶלֶךְ־יְהוּדָה n.m.s. cstr. (I 572)-pr.n. (397) *the king of Judah*

36:29

וְעַל־יְהוֹיָקִים conj.-prep.-pr.n. (220) *and concerning Jehoiakim*

מֶלֶךְ־יְהוּדָה n.m.s. cstr. (572)-pr.n. (397) *king of Judah*

תֹּאמַר Qal impf. 2 m.s. (55) *you shall say*

כֹּה adv. (462) *thus*

אָמַר יְהוָה Qal pf. 3 m.s. (55)-pr.n. (217) *says Yahweh*

אַתָּה שָׂרַפְתָּ pers.pr. 2 m.s. (61)-Qal pf. 2 m.s. (976) *you have burned*

אֶת־הַמְּגִלָּה הַזֹּאת dir.obj.-def.art.-n.f.s. (166)-def. art.-demons.adj. f.s. (260) *this scroll*

לֵאמֹר prep.-Qal inf.cstr. (55) *saying*

מַדּוּעַ כָּתַבְתָּ adv. (396)-Qal pf. 2 m.s. (507) *why have you written*

עָלֶיהָ prep.-3 f.s. sf. *in it*

לֵאמֹר v.supra *(saying)*

בֹּא־יָבוֹא Qal inf.abs. (97)-Qal impf. 3 m.s. (בּוֹא 97) *will certainly come*

מֶלֶךְ־בָּבֶל n.m.s. cstr. (572)-pr.n. (93) *the king of Babylon*

וְהִשְׁחִית conj.-Hi. pf. 3 m.s. (שָׁחַת 1007) *and destroy*

אֶת־הָאָרֶץ הַזֹּאת dir.obj.-def.art.-n.f.s. (75)-def. art.-demons.adj. f.s. (260) *this land*

וְהִשְׁבִּית conj.-Hi. pf. 3 m.s. (שָׁבַת 991) *and will cut off*

מִמֶּנָּה prep.-3 f.s. sf. *from it*

אָדָם n.m.s. (9) *man*

וּבְהֵמָה conj.-n.f.s. (96) *and beast*

36:30

לָכֵן כֹּה־ prep.-adv. (485)-adv. (462) *therefore thus*

אָמַר יְהוָה Qal pf. 3 m.s. (55)-pr.n. (217) *says Yahweh*

עַל־יְהוֹיָקִים prep.-pr.n. (220) *concerning Jehoiakim*

מֶלֶךְ יְהוּדָה n.m.s. cstr. (I 572)-pr.n. (397) *king of Judah*

לֹא־יִהְיֶה־לּוֹ neg.-Qal impf. 3 m.s. (224)-prep.-3 m.s. sf. *he shall have none*

יוֹשֵׁב Qal act.ptc. (442) *to sit*

עַל־כִּסֵּא דָוִד prep.-n.m.s. cstr. (490)-pr.n. (187) *upon the throne of David*

וְנִבְלָתוֹ conj.-n.f.s.-3 m.s. sf. (615) *and his dead body*

תִּהְיֶה מֻשְׁלֶכֶת Qal impf. 3 f.s. (224)-Ho. ptc. f.s. (שָׁלַךְ 1020) *shall be cast out*

לַחֹרֶב prep.-def.art.-n.m.s. (I 351) *to the heat*

בַּיּוֹם prep.-def.art.-n.m.s. (398) *by day*

וְלַקֶּרַח conj.-prep.-def.art.-n.m.s. (901) *and to the frost*

בַּלָּיְלָה prep.-def.art.-n.m.s. (538) *by night*

36:31

וּפָקַדְתִּי conj.-Qal pf. 1 c.s. (823) *and I will punish*

עָלָיו prep.-3 m.s. sf. *him*

וְעַל־זַרְעוֹ conj.-prep.-n.m.s.-3 m.s. sf. (282) *and his offspring*

וְעַל־עֲבָדָיו v.supra-n.m.p.-3 m.s. sf. (713) *and his servants*

אֶת־עֲוֹנָם dir.obj.-n.m.s.-3 m.p. sf. (730) *for their iniquity*

וְהֵבֵאתִי conj.-Hi. pf. 1 c.s. (בּוֹא 97) *and I will bring*

עֲלֵיהֶם prep.-3 m.p. sf. *upon them*

וְעַל־יֹשְׁבֵי conj.-prep.-Qal act.ptc. m.p. cstr. (יָשַׁב 442) *and upon the inhabitants of*

יְרוּשָׁלַם pr.n. (436) *Jerusalem*

וְאֶל־אִישׁ conj.-prep.-n.m.s. cstr. (35) *and upon the men of*

יְהוּדָה pr.n. (397) *Judah*

אֵת כָּל־הָרָעָה dir.obj.-n.m.s. cstr. (481)-def.art. -n.f.s. (949) *all the evil*

אֲשֶׁר־דִּבַּרְתִּי rel. (81)-Pi. pf. 1 c.s. (180) *that I have pronounced*

אֲלֵיהֶם prep.-3 m.p. sf. *against them*

וְלֹא שָׁמֵעוּ conj.-neg.-Qal pf. 3 c.p. paus. (1033) *but they would not hear*

36:32

וְיִרְמְיָהוּ conj.-pr.n. (941) *then Jeremiah*

לָקַח Qal pf. 3 m.s. (542) *took*

Jeremiah 37:1

מְגִלָּה אַחֶרֶת n.f.s. (166)-adj. f.s. (29) *another scroll*

וַיִּתְּנָהּ consec.-Qal impf. 3 m.s.-3 f.s. sf. (נָתַן 678) *and gave it*

אֶל־בָּרוּךְ prep.-pr.n. (140) *to Baruch*

בֶּן־נֵרִיָּהוּ n.m.s. cstr. (119)-pr.n. (633) *the son of Neriah*

הַסֹּפֵר def.art.-Qal act.ptc. (707) *the scribe*

וַיִּכְתֹּב consec.-Qal impf. 3 m.s. (507) *who wrote*

עָלֶיהָ prep.-3 f.s. sf. *on it*

מִפִּי יִרְמְיָהוּ prep.-n.m.s. cstr. (804)-pr.n. (941) *at the dictation of Jeremiah*

אֵת כָּל־ dir.obj.-n.m.s.cstr. (481) *all*

דִּבְרֵי n.m.p. cstr. (182) *the words of*

הַסֵּפֶר def.art.-n.m.s. (706) *the scroll*

אֲשֶׁר שָׂרַף rel. (81)-Qal pf. 3 m.s. (976) *which had burned*

יְהוֹיָקִים pr.n. (220) *Jehoiakim*

מֶלֶךְ־יְהוּדָה n.m.s. cstr. (I 572)-pr.n. (397) *king of Judah*

בָּאֵשׁ prep.-def.art.-n.f.s. (77) *in the fire*

וְעוֹד נוֹסַף conj.-adv. (728)-Ni. pf. 3 m.s. 414) *and were added yet*

עֲלֵיהֶם prep.-3 m.p. sf. *to them*

דְּבָרִים רַבִּים n.m.p. (182)-adj. m.p. (I 912) *many words*

כָּהֵמָּה prep.-demons.adj. m.p. (241) *similar*

37:1

וַיִּמְלָךְ־מֶלֶךְ consec.-Qal impf. 3 m.s. (573)-n.m.s. (I 572) *made king*

צִדְקִיָּהוּ pr.n. (843) *Zedekiah*

בֶּן־יֹאשִׁיָּהוּ n.m.s. cstr. (119)-pr.n. (78) *the son of Josiah*

תַּחַת כָּנְיָהוּ prep. (1065)-pr.n. (467) *instead of Coniah*

בֶּן־יְהוֹיָקִים v.supra-pr.n. (220) *the son of Jehoiakim*

אֲשֶׁר הִמְלִיךְ rel. (81)-Hi. pf. 3 m.s. (מָלַךְ 573) *whom ... made king*

נְבוּכַדְרֶאצַּר pr.n. (613) *Nebuchadrezzar*

מֶלֶךְ־בָּבֶל n.m.s. cstr. (I 572)-pr.n. (93) *king of Babylon*

בְּאֶרֶץ יְהוּדָה prep.-n.f.s. cstr. (75)-pr.n. (397) *in the land of Judah*

37:2

וְלֹא שָׁמַע conj.-neg.-Qal pf. 3 m.s. (1033) *but he did not listen*

הוּא וַעֲבָדָיו pers.pr. 3 m.s. (214)-conj.-n.m.p.-3 m.s. sf. (713) *he nor his servants*

וְעַם הָאָרֶץ conj.-n.m.s. cstr. (I 766)-def.art.-n.f.s. (75) *nor the people of the land*

אֶל־דִּבְרֵי יהוה prep.-n.m.p. cstr. (182)-pr.n. (217) *to the words of Yahweh*

אֲשֶׁר דִּבֶּר rel. (81)-Pi. pf. 3 m.s. (180) *which he spoke*

בְּיַד יִרְמְיָהוּ prep.-n.f.s. cstr. (388)-pr.n. (941) *through Jeremiah*

הַנָּבִיא def.art.-n.m.s. (611) *the prophet*

37:3

וַיִּשְׁלַח consec.-Qal impf. 3 m.s. (1018) *then sent*

הַמֶּלֶךְ def.art.-n.m.s. (I 571) *King*

צִדְקִיָּהוּ pr.n. (843) *Zedekiah*

אֶת־יְהוּכַל dir.obj.-pr.n. (220; GK 53q) *Jehucal*

בֶּן־שֶׁלֶמְיָה n.m.s. cstr. (119)-pr.n. (1025) *the son of Shelemiah*

וְאֶת־צְפַנְיָהוּ conj.-dir.obj.-pr.n. (861) *and Zephaniah*

בֶּן־מַעֲשֵׂיָה v.supra-pr.n. (796) *the son of Maaseiah*

הַכֹּהֵן def.art.-n.m.s. (463) *the priest*

אֶל־יִרְמְיָהוּ prep.-pr.n. (941) *to Jeremiah*

הַנָּבִיא def.art.-n.m.s. (611) *the prophet*

לֵאמֹר prep.-Qal inf.cstr. (55) *saying*

הִתְפַּלֶּל־נָא Hith. impv. 2 m.s. (פָּלַל 813)-part. of entreaty (609) *pray*

בַּעֲדֵנוּ prep.-1 c.p. sf. (126) *for us*

אֶל־יהוה prep.-pr.n. (217) *to Yahweh*

אֱלֹהֵינוּ n.m.p.-1 c.p. sf. (43) *our God*

37:4

וְיִרְמְיָהוּ conj.-pr.n. (941) *now Jeremiah*

בָּא Qal act.ptc. (בּוֹא 97) *was still going in*

וְיֹצֵא conj.-Qal act.ptc. (יָצָא 422) *and going out*

בְּתוֹךְ הָעָם prep.-subst.cstr. (1063)-def.art.-n.m.s. (I 766) *among the people*

וְלֹא־נָתְנוּ conj.-neg.-Qal pf. 3 c.p. (678) *for he had not yet been put*

אֹתוֹ dir.obj.-3 m.s. sf. *(him)*

בֵּית הַכְּלִיא n.m.s. cstr. (108)-def.art.-n.m.s. (476; prb. rd. יְכְלוּא) *in prison*

37:5

וְחֵיל פַּרְעֹה conj.-n.m.s. cstr. (298)-pr.n. (829) *and the army of Pharaoh*

יָצָא Qal pf. 3 m.s. (422) *had come out*

מִמִּצְרָיִם prep.-pr.n. paus. (595) *of Egypt*

וַיִּשְׁמְעוּ consec.-Qal impf. 3 m.p. (1033) *and when ... heard*

הַכַּשְׂדִּים def.art.-pr.n. (505) *the Chaldeans*

370

הַצָּרִים def.art.-Qal act.ptc. m.p. (צוּר II 848) *who were besieging*

עַל־יְרוּשָׁלַם prep.-pr.n. (436) *Jerusalem*

אֶת־שִׁמְעָם dir.obj.-n.m.s.-3 m.p. sf. (1034) *news of them*

וַיֵּעָלוּ consec.-Ni. impf. 3 m.s. (עָלָה 748) *and they withdrew*

מֵעַל יְרוּשָׁלָם prep.-prep.-pr.n. (436) *from Jerusalem*

37:6

וַיְהִי consec.-Qal impf. 3 m.s. (הָיָה 224) *then came*

דְּבַר־יְהוָה n.m.s. cstr. (182)-pr.n. (217) *the word of Yahweh*

אֶל־יִרְמְיָהוּ prep.-pr.n. (941) *to Jeremiah*

הַנָּבִיא def.art.-n.m.s. (611) *the prophet*

לֵאמֹר prep.-Qal inf.cstr. (55) *(saying)*

37:7

כֹּה־אָמַר adv. (462)-Qal pf. 3 m.s. (55) *thus says*

יְהוָה pr.n. (217) *Yahweh*

אֱלֹהֵי יִשְׂרָאֵל n.m.p. cstr. (43)-pr.n. (975) *God of Israel*

כֹּה תֹאמְרוּ v.supra-Qal impf. 2 m.p. (55) *thus shall you say*

אֶל־מֶלֶךְ prep.-n.m.s. cstr. (I 572) *to the king of*

יְהוּדָה pr.n. (397) *Judah*

הַשֹּׁלֵחַ def.art.-Qal act.ptc. (1018) *who sent*

אֶתְכֶם dir.obj.-2 m.p. sf. *you*

אֵלַי prep.-1 c.s. sf. *to me*

לְדָרְשֵׁנִי prep.-Qal inf.cstr.-1 c.s. sf. (דָּרַשׁ 205) *to inquire of me*

הִנֵּה demons.part. (243) *behold*

חֵיל פַּרְעֹה n.m.s. cstr. (298)-pr.n. (829) *Pharaoh's army*

הַיֹּצֵא def.art.-Qal act.ptc. (422) *which came*

לָכֶם prep.-2 m.p. sf. *to you*

לְעֶזְרָה prep.-n.f.s. (740) *for help*

שָׁב Qal act.ptc. (שׁוּב 996) *returning*

לְאַרְצוֹ prep.-n.f.s.-3 m.s. sf. (75) *to its own land*

מִצְרָיִם pr.n. paus. (595) *Egypt*

37:8

וְשָׁבוּ conj.-Qal pf. 3 c.p. (שׁוּב 996) *and shall come back*

הַכַּשְׂדִּים def.art.-pr.n. (505) *the Chaldeans*

וְנִלְחֲמוּ conj.-Ni. pf. 3 c.p. (לָחַם 535) *and fight*

עַל־הָעִיר הַזֹּאת prep.-def.art.-n.f.s. (746)-def.art.-demons.adj. f.s. (260) *against this city*

וּלְכָדֻהָ conj.-Qal pf. 3 c.p.-3 f.s. sf. (לָכַד 539) *and they shall take it*

וּשְׂרָפֻהָ conj.-Qal pf. 3 c.p.-3 f.s. sf. (שָׂרַף 976) *and burn it*

בָּאֵשׁ prep.-def.art.-n.f.s. (77) *with fire*

37:9

כֹּה אָמַר adv. (462)-Qal pf. 3 m.s. (55) *thus says*

יְהוָה pr.n. (217) *Yahweh*

אַל־תַּשִּׁאוּ neg.-Hi. impf. 2 m.p. (נָשָׁא II 674) *do not deceive*

נַפְשֹׁתֵיכֶם n.f.p.-2 m.p. sf. (659) *yourselves*

לֵאמֹר prep.-Qal inf.cstr. (55) *saying*

הָלֹךְ יֵלְכוּ Qal inf.abs. (229)-Qal impf. 3 m.p. (הָלַךְ 229) *will surely stay away*

מֵעָלֵינוּ prep.-prep.-1 c.p. sf. *from us*

הַכַּשְׂדִּים def.art.-pr.n. (505) *the Chaldeans*

כִּי־לֹא יֵלְכוּ conj.-neg.-Qal impf. 3 m.p. paus. (הָלַךְ 229) *for they will not stay away*

37:10

כִּי אִם־הִכִּיתֶם conj.-part. (474)-Hi. pf. 2 m.p. (נָכָה 645) *for even if you should defeat*

כָּל־חֵיל n.m.s. cstr. (481)-n.m.s. cstr. (298) *the whole army of*

כַּשְׂדִּים pr.n. (505) *the Chaldeans*

הַנִּלְחָמִים def.art.-Ni. ptc. m.p. (לָחַם 535) *who are fighting*

אִתְּכֶם prep.-2 m.p. sf. (II 85) *against you*

וְנִשְׁאֲרוּ conj.-Ni. pf. 3 c.p. (שָׁאַר 983) *and there remained*

בָם prep.-3 m.p. sf. *of them*

אֲנָשִׁים מְדֻקָּרִים n.m.p. (35)-Pu. ptc. m.p. (דָּקַר 201) *wounded men*

אִישׁ n.m.s. (35) *every man*

בְּאָהֳלוֹ prep.-n.m.s.-3 m.s. sf. (13) *in his tent*

יָקוּמוּ Qal impf. 3 m.p. (קוּם 877) *they would rise up*

וְשָׂרְפוּ conj.-Qal pf. 3 c.p. (שָׂרַף 976) *and burn*

אֶת־הָעִיר הַזֹּאת dir.obj.-def.art.-n.f.s. (746)-def.art.-demons.adj. f.s. (260) *this city*

בָּאֵשׁ prep.-def.art.-n.f.s. (77) *with fire*

37:11

וְהָיָה conj.-Qal pf. 3 m.s. (224; GK 112uu) *now*

בְּהֵעָלוֹת prep.-Ni. inf.cstr. (עָלָה 748) *when had withdrawn*

חֵיל n.m.s. cstr. (298) *the army of*

הַכַּשְׂדִּים def.art.-pr.n. (505) *the Chaldeans*

מֵעַל יְרוּשָׁלָם prep.-prep.-pr.n. paus. (436) *from Jerusalem*

מִפְּנֵי חֵיל prep.-n.m.p. cstr. (815)-v.supra *at the approach of the army of*

פַּרְעֹה pr.n. (829) *Pharaoh*

37:12

וַיֵּצֵא consec.-Qal impf. 3 m.s. (יָצָא 422) *then set out*

יִרְמְיָהוּ pr.n. (941) *Jeremiah*

מִירוּשָׁלַם prep.-pr.n. (436) *from Jerusalem*

לָלֶכֶת prep.-Qal inf.cstr. (הָלַךְ 229) *to go to*

אֶרֶץ n.f.s. cstr. (75) *the land of*

בִּנְיָמִן pr.n. (122) *Benjamin*

לַחֲלִק prep.-Hi. inf.cstr. (חָלַק I 323; GK 53q) *to receive a portion*

מִשָּׁם prep.-adv. (1027) *there*

בְּתוֹךְ הָעָם prep.-n.m.s. cstr. (1063)-def.art.-n.m.s. (I 766) *among the people*

37:13

וַיְהִי־הוּא consec.-Qal impf. 3 m.s. (224)-pers.pr. 3 m.s. (214) *when he was*

בְּשַׁעַר prep.-n.m.s. cstr. (1044) *at the gate of*

בִּנְיָמִן pr.n. (122) *Benjamin*

וְשָׁם conj.-adv. (1027) *and there*

בַּעַל פְּקִדֻת n.m.s. cstr. (127)-n.f.s. (824) *a sentry*

וּשְׁמוֹ conj.-n.m.s.-3 m.s. sf. (1027) *and his name*

יִרְאִיָּיה pr.n. (909) *Irijah*

בֶּן־שֶׁלֶמְיָה n.m.s. cstr. (119)-pr.n. (1025) *the son of Shelemiah*

בֶּן־חֲנַנְיָה v.supra-pr.n. (337) *son of Hananiah*

וַיִּתְפֹּשׂ consec.-Qal impf. 3 m.s. (תָּפַשׂ 1074) *seized*

אֶת־יִרְמְיָהוּ dir.obj.-pr.n. (941) *Jeremiah*

הַנָּבִיא def.art.-n.m.s. (611) *the prophet*

לֵאמֹר prep.-Qal inf.cstr. (55) *saying*

אֶל־הַכַּשְׂדִּים prep.-def.art.-pr.n. (505) *to the Chaldeans*

אַתָּה נֹפֵל pers.pr. 2 m.s. (61)-Qal act.ptc. (656) *you are deserting*

37:14

וַיֹּאמֶר consec.-Qal impf. 3 m.s. (55) *and said*

יִרְמְיָהוּ pr.n. (941) *Jeremiah*

שֶׁקֶר n.m.s. (1055) *it is false*

אֵינֶנִּי נֹפֵל subst.-1 c.s. sf. (II 34)-Qal act.ptc. (656) *I am not deserting*

עַל־הַכַּשְׂדִּים prep.-def.art.-pr.n. (505) *to the Chaldeans*

וְלֹא שָׁמַע conj.-neg.-Qal pf. 3 m.s. (1033) *and he did not listen*

אֵלָיו prep.-3 m.s. sf. *to him*

וַיִּתְפֹּשׂ consec.-Qal impf. 3 m.s. (תָּפַשׂ 1074) *but seized*

יִרְאִיָּיה pr.n. (909) *Irijah*

בְּיִרְמְיָהוּ prep.-pr.n. (941) *Jeremiah*

וַיְבִאֵהוּ consec.-Hi. impf. 3 m.s.-3 m.s. sf. (בּוֹא 97) *and brought him*

אֶל־הַשָּׂרִים prep.-def.art.-n.m.p. (978) *to the princes*

37:15

וַיִּקְצְפוּ consec.-Qal impf. 3 m.p. (קָצַף 893) *and were enraged*

הַשָּׂרִים def.art.-n.m.p. (978) *the princes*

עַל־יִרְמְיָהוּ prep.-pr.n. (941) *at Jeremiah*

וְהִכּוּ conj.-Hi. pf. 3 c.p. (נָכָה 645; GK 112tt) *and they beat*

אֹתוֹ dir.obj.-3 m.s. sf. *him*

וְנָתְנוּ conj.-Qal pf. 3 c.p. (678) *and put*

אוֹתוֹ v.supra *him*

בֵּית הָאֵסוּר n.m.s. cstr. (108)-def.art.-n.m.s. (64) *in prison*

בֵּית יְהוֹנָתָן v.supra-pr.n. (220) *in the house of Jonathan*

הַסֹּפֵר def.art.-Qal act.ptc. (707) *the secretary*

כִּי־אֹתוֹ עָשׂוּ conj.-dir.obj.-3 m.s. sf.-Qal pf. 3 c.p. (עָשָׂה I 793) *for it had been made*

לְבֵית הַכֶּלֶא prep.-v.supra-def.art.-n.m.s. (476) *a prison*

37:16

כִּי בָא conj.-Qal pf. 3 m.s. (בּוֹא 97) *when had come*

יִרְמְיָהוּ pr.n. (941) *Jeremiah*

אֶל־בֵּית הַבּוֹר prep.-n.m.s. cstr. (108)-def.art.-n.m.s. (92) *to the dungeon*

וְאֶל־הַחֲנֻיוֹת conj.-prep.-def.art.-n.f.p. (333; GK 87i) *and to the cells*

וַיֵּשֶׁב־שָׁם consec.-Qal impf. 3 m.s. (יָשַׁב 442)-adv. (1027) *and remained there*

יִרְמְיָהוּ v.supra *Jeremiah*

יָמִים רַבִּים n.m.p. (398)-adj. m.p. (I 912) *many days*

37:17

וַיִּשְׁלַח consec.-Qal impf. 3 m.s. (1018) *then sent*

הַמֶּלֶךְ def.art.-n.m.s. (I 572) *king*

צִדְקִיָּהוּ pr.n. (843) *Zedekiah*

וַיִּקָּחֵהוּ consec.-Qal impf. 3 m.s.-3 m.s. sf. (לָקַח 542) *and received him*

וַיִּשְׁאָלֵהוּ consec.-Qal impf. 3 m.s.-3 m.s. sf. (981 שָׁאַל) *and questioned him*

הַמֶּלֶךְ v.supra *the king*

בְּבֵיתוֹ prep.-n.m.s.-3 m.s. sf. (108) *in his house*

בַּסֵּתֶר prep.-def.art.-n.m.s. (712) *secretly*

וַיֹּאמֶר consec.-Qal impf. 3 m.s. (55) *and said*

הֲיֵשׁ interr.-subst. (441) *is there?*

דָּבָר n.m.s. (182) *any word*

מֵאֵת יהוה prep.-prep. (II 85)-pr.n. (217) *from Yahweh*

וַיֹּאמֶר consec.-Qal impf. 3 m.s. (55) *and said*

יִרְמְיָהוּ pr.n. (941) *Jeremiah*

יֵשׁ subst. (441) *there is*

וַיֹּאמֶר v.supra *then he said*

בְּיַד מֶלֶךְ prep.-n.f.s. cstr. (388)-n.m.s. cstr. (I 572) *into the hand of the king of*

בָּבֶל pr.n. (93) *Babylon*

תִּנָּתֵן Ni. impf. 2 m.s. (נתן 678) *you shall be delivered*

37:18

וַיֹּאמֶר consec.-Qal impf. 3 m.s. (55) *also said*

יִרְמְיָהוּ pr.n. (941) *Jeremiah*

אֶל־הַמֶּלֶךְ prep.-def.art.-n.m.s. (I 572) *to king*

צִדְקִיָּהוּ pr.n. (843) *Zedekiah*

מֶה חָטָאתִי interr. (552)-Qal pf. 1 c.s. (חטא 306) *what wrong have I done*

לְךָ prep.-2 m.s. sf. *to you*

וְלַעֲבָדֶיךָ conj.-prep.-n.m.p.-2 m.s. sf. (713) *or to your servants*

וְלָעָם הַזֶּה conj.-prep.-def.art.-n.m.s. (I 766)-def.art.-demons.adj. m.s. (260) *or this people*

כִּי־נְתַתֶּם conj.-Qal pf. 2 m.p. (נתן 678) *that you have put*

אוֹתִי dir.obj.-1 c.s. sf. *me*

אֶל־בֵּית הַכֶּלֶא prep.-n.m.s. cstr. (108)-def.art.-n.m.s. (476) *in prison*

37:19

וְאַיֵּה conj.-adv. (32; prb.rd. וְאַיֵּה) *and where*

נְבִיאֵיכֶם n.m.p.-2 m.p. sf. (611) *your prophets*

אֲשֶׁר־נִבְּאוּ rel. (81)-Ni. pf. 3 c.p. (נבא 612) *who prophesied*

לָכֶם prep.-2 m.p. sf. *to you*

לֵאמֹר prep.-Qal inf.cstr. (55) *saying*

לֹא־יָבֹא neg.-Qal impf. 3 m.s. (בוא 97) *will not come*

מֶלֶךְ־בָּבֶל n.m.s. cstr. (I 572)-pr.n. (93) *the king of Babylon*

עֲלֵיכֶם prep.-2 m.p. sf. *against you*

וְעַל הָאָרֶץ הַזֹּאת conj.-prep.-def.art.-n.f.s. (75)-def.art.-demons.adj. f.s. (260) *and against this land*

37:20

וְעַתָּה conj.-adv. (773) *and now*

שְׁמַע־נָא Qal impv. 2 m.s. (1033)-part. of entreaty (609) *hear, I pray you*

אֲדֹנִי n.m.s.-1 c.s. sf. (10) *O my lord*

הַמֶּלֶךְ def.art.-n.m.s. (I 572) *the king*

תִּפָּל־נָא Qal impf. 3 f.s. (נפל 656)-v.supra *let come*

תְחִנָּתִי n.f.s.-1 c.s. sf. (337) *my humble plea*

לְפָנֶיךָ prep.-n.m.p.-2 m.s. sf. (815) *before you*

וְאַל־תְּשִׁבֵנִי conj.-neg.-Hi. impf. 2 m.s.-1 c.s. sf. (שוב 996) *and do not send me back*

בֵּית יְהוֹנָתָן n.m.s. cstr. (108)-pr.n. (220) *to the house of Jonathan*

הַסֹּפֵר def.art.-Qal act.ptc. (707) *the secretary*

וְלֹא אָמוּת conj.-neg.-Qal impf. 1 c.s. (מות 559) *lest I die*

שָׁם adv. (1027) *there*

37:21

וַיְצַוֶּה consec.-Pi. impf. 3 m.s. (צוה 845) *so gave orders*

הַמֶּלֶךְ def.art.-n.m.s. (I 572) *the king*

צִדְקִיָּהוּ pr.n. (843) *Zedekiah*

וַיַּפְקִדוּ consec.-Hi. impf. 3 m.p. (פקד 823) *and they committed*

אֶת־יִרְמְיָהוּ dir.obj.-pr.n. (941) *Jeremiah*

בַּחֲצַר prep.-n.m.s. cstr. (I 346) *to the court of*

הַמַּטָּרָה def.art.-n.f.s. (643) *the guard*

וְנָתֹן conj.-Qal inf.abs. (678) *and was given*

לוֹ prep.-3 m.s. sf. *him*

כִּכַּר־לֶחֶם n.f.s. cstr. (503)-n.m.s. (536) *a loaf of bread*

לַיּוֹם prep.-def.art.-n.m.s. (398) *daily*

מִחוּץ הָאֹפִים prep.-n.m.s. cstr. (299)-def.art.-Qal act.ptc. m.p. (אפה 66) *from the bakers' street*

עַד־תֹּם כָּל־ prep. (III 723)-n.m.s. cstr. (1070)-n.m.s. cstr. (481) *until was gone all*

הַלֶּחֶם def.art.-n.m.s. (536) *the bread*

מִן־הָעִיר prep.-def.art.-n.f.s. (746) *of the city*

וַיֵּשֶׁב consec.-Qal impf. 3 m.s. (ישב 442) *so remained*

יִרְמְיָהוּ pr.n. (941) *Jeremiah*

בַּחֲצַר prep.-n.m.s. cstr. (I 346) *in the court of*

הַמַּטָּרָה def.art.-n.f.s. (643) *the guard*

38:1

וַיִּשְׁמַע consec.-Qal impf. 3 m.s. (1033) *now heard*

שְׁפַטְיָה pr.n. (1039) *Shephatiah*

בֶּן־מַתָּן n.m.s. cstr. (119)-pr.n. (II 682) *the son of Mattan*

וּגְדַלְיָהוּ conj.-pr.n. (153) *and Gedaliah*

בֶּן־פַּשְׁחוּר v.supra-pr.n. (832) *the son of Pashhur*

וְיוּכַל conj.-pr.n. (220) *and Jucal*

בֶּן־שֶׁלֶמְיָהוּ v.supra-pr.n. (1025) *the son of Shelemiah*

וּפַשְׁחוּר conj.-pr.n. (832) *and Pashhur*

בֶּן־מַלְכִּיָּה v.supra-pr.n. (575) *the son of Malchiah*

אֶת־הַדְּבָרִים dir.obj.-def.art.-n.m.p. (182) *the words*

אֲשֶׁר יִרְמְיָהוּ rel. (81)-pr.n. (941) *that Jeremiah*

מְדַבֵּר Pi. ptc. (180) *was saying*

אֶל־כָּל־הָעָם prep.-n.m.s. cstr. (481)-def.art. -n.m.s. (I 766) *to all the people*

לֵאמֹר prep.-Qal inf.cstr. (55) *(saying)*

38:2

כֹּה אָמַר adv. (462)-Qal pf. 3 m.s. (55) *thus says*

יְהוָה pr.n. (217) *Yahweh*

הַיֹּשֵׁב def.art.-Qal act.ptc. (442) *he who stays*

בָּעִיר הַזֹּאת prep.-def.art.-n.f.s. (746)-def.art. -demons.adj. f.s. (260) *in this city*

יָמוּת Qal impf. 3 m.s. (מות 559) *shall die*

בַּחֶרֶב prep.-def.art.-n.f.s. (352) *by the sword*

בָּרָעָב prep.-def.art.-n.m.s. (944) *by famine*

וּבַדֶּבֶר conj.-prep.-def.art.-n.m.s. (184) *and by pestilence*

וְהַיֹּצֵא conj.-def.art.-Qal act.ptc. (יצא 422) *but he who goes out*

אֶל־הַכַּשְׂדִּים prep.-def.art.-pr.n. (505) *to the Chaldeans*

יְחַיֶה conj.-Qal pf. 3 m.s. (prb.rd. וְחָיָה 310) *shall live*

וְהָיְתָה־לֹּו conj.-Qal pf. 3 f.s. (היה 224)-prep.-3 m.s. sf. *and shall be to him*

נַפְשׁוֹ n.f.s.-3 m.s. sf. (659) *his life*

לְשָׁלָל prep.-n.m.s. (1021) *as a prize of war*

וָחָי conj.-Qal pf. 3 m.s. (310) *and live*

38:3

כֹּה אָמַר adv. (462)-Qal pf. 3 m.s. (55) *thus says*

יְהוָה pr.n. (217) *Yahweh*

הִנָּתֹן תִּנָּתֵן Ni. inf.abs. (678)-Ni. impf. 3 f.s. (678) *shall surely be given*

הָעִיר הַזֹּאת def.art.-n.f.s. (746)-def.art. -demons.adj. f.s. (260) *this city*

בְּיַד חֵיל prep.-n.f.s. cstr. (388)-n.m.s. cstr. (298) *into the hand of the army of*

מֶלֶךְ־בָּבֶל n.m.s. cstr. (I 572)-pr.n. (93) *the king of Babylon*

וּלְכָדָהּ conj.-Qal pf. 3 m.s.-3 f.s. sf. (539) *and he will capture it*

38:4

וַיֹּאמְרוּ consec.-Qal impf. 3 m.p. (55) *then said*

הַשָּׂרִים def.art.-n.m.p. (978) *the princes*

אֶל־הַמֶּלֶךְ prep.-def.art.-n.m.s. (I 572) *to the king*

יוּמַת נָא Ho. impf. 3 m.s. (מות 559)-part. of entreaty (609) *let be put to death*

אֶת־הָאִישׁ הַזֶּה dir.obj.-def.art.-n.m.s. (35) -def.art.-demons.adj. m.s. (260) *this man*

כִּי־עַל־כֵּן conj.-prep.-adv. (485) *for*

הוּא־מְרַפֵּא pers.pr. 3 m.s. (214)-Pi. ptc. (רפה 951; GK 75rr) *he is weakening*

אֶת־יְדֵי dir.obj.-n.f.p. cstr. (388) *the hands of*

אַנְשֵׁי הַמִּלְחָמָה n.m.p. cstr. (35)-def.art.-n.f.s. (536) *the soldiers*

הַנִּשְׁאָרִים def.art.-Ni. ptc. m.p. (שאר 983) *who are left*

בָּעִיר הַזֹּאת prep.-def.art.-n.f.s. (746)-def.art. -demons.adj. f.s. (260) *in this city*

וְאֵת יְדֵי conj.-dir.obj.-v.supra *and the hands of*

כָּל־הָעָם n.m.s.cstr. (481)-def.art.-n.m.s. (I 766) *all the people*

לְדַבֵּר prep.-Pi. inf.cstr. (180) *by speaking*

אֲלֵיהֶם prep.-3 m.p. sf. *to them*

כַּדְּבָרִים הָאֵלֶּה prep.-def.art.-n.m.p. (182)-def.art. -demons.adj. c.p. (41) *such words*

כִּי הָאִישׁ הַזֶּה conj.-def.art.-n.m.s. (35)-def. art.-demons.adj. m.s. (260) *for this man*

אֵינֶנּוּ subst.-3 m.s. sf. (II 34) *is not*

דֹרֵשׁ Qal act.ptc. (205) *seeking*

לְשָׁלוֹם prep.-n.m.s. (1022) *the welfare*

לָעָם הַזֶּה prep.-def.art.-n.m.s. (I 766)-v.supra *of this people*

כִּי אִם־ conj.-hypoth.part. (49) *but*

לְרָעָה prep.-n.f.s. (949) *their harm*

38:5

וַיֹּאמֶר consec.-Qal impf. 3 m.s. (55) *then said*

הַמֶּלֶךְ def.art.-n.m.s. (I 572) *king*

צִדְקִיָּהוּ pr.n. (843) *Zedekiah*

הִנֵּה־הוּא demons.part. (243)-pers.pr. 3 m.s. (214) *behold, he*

בְּיֶדְכֶם prep.-n.f.s.-2 m.p. sf. (388) *in your hands*

כִּי־אֵין הַמֶּלֶךְ conj.-subst.cstr. (II 34)-def.art. -n.m.s. (I 572) *for the king ... nothing*

יוּכַל Qal impf. 3 m.s. (יכל 407) *can do*

אֶתְכֶם dir.obj.-2 m.p. sf. *against you*

דָּבָר n.m.s. (182) *(a thing)*

38:6

וַיִּקְחוּ consec.-Qal impf. 3 m.p. (לקח 542) *so they took*

אֶת־יִרְמְיָהוּ dir.obj.-pr.n. (941) *Jeremiah*

וַיַּשְׁלִכוּ consec.-Hi. impf. 3 m.p. (שלך 1020) *and cast*

אֹתוֹ dir.obj.-3 m.s. sf. *him*

אֶל־הַבּוֹר prep.-def.art.-n.m.s. (92) *into the cistern*

מַלְכִּיָּהוּ pr.n. (575; GK 127f) *Malchiah*

בֶּן־הַמֶּלֶךְ n.m.s. cstr. (119)-def.art.-n.m.s. (I 572) *the king's son*

אֲשֶׁר בַּחֲצַר rel. (81)-prep.-n.m.s. cstr. (I 346) *which was in the court of*

הַמַּטָּרָה def.art.-n.f.s. (643) *the guard*

וַיְשַׁלְּחוּ consec.-Pi. impf. 3 m.p. (1018) *letting down*

אֶת־יִרְמְיָהוּ v.supra-v.supra *Jeremiah*

בַּחֲבָלִים prep.-def.art.-n.m.p. (286) *by ropes*

וּבַבּוֹר conj.-prep.-def.art.-n.m.s. (92) *and in the cistern*

אֵין־מַיִם subst.cstr. (II 34)-n.m.p. (565) *there was no water*

כִּי אִם־טִיט conj.-hypoth.part. (49)-n.m.s. (376) *but only mire*

וַיִּטְבַּע consec.-Qal impf. 3 m.s. (טבע 371) *and sank*

יִרְמְיָהוּ pr.n. (941) *Jeremiah*

בַּטִּיט prep.-def.art.-n.m.s. (376) *in the mire*

38:7

וַיִּשְׁמַע consec.-Qal impf. 3 m.s. (1033) *when heard*

עֶבֶד־מֶלֶךְ pr.n. (715) *Ebed-melech*

הַכּוּשִׁי def.art.-gent.adj. (I 469) *the Ethiopian*

אִישׁ סָרִיס n.m.s. cstr. (35)-n.m.s. (710) *a eunuch*

וְהוּא conj.-pers.pr. 3 m.s. (214) *who was*

בְּבֵית הַמֶּלֶךְ prep.-n.m.s. cstr. (108)-def.art.-n.m.s. (I 572) *in the king's house*

כִּי־נָתְנוּ conj.-Qal pf. 3 c.p. (נתן 678) *that they had put*

אֶת־יִרְמְיָהוּ dir.obj.-pr.n. (941) *Jeremiah*

אֶל־הַבּוֹר prep.-def.art.-n.m.s. (92) *into the cistern*

וְהַמֶּלֶךְ conj.-v.supra *and the king*

יוֹשֵׁב Qal act.ptc. (442) *was sitting*

בְּשַׁעַר בִּנְיָמִן prep.-n.m.s. cstr. (1044)-pr.n. (122) *in the Benjamin Gate*

38:8

וַיֵּצֵא consec.-Qal impf. 3 m.s. (יצא 422) *then went*

עֶבֶד־מֶלֶךְ pr.n. (715) *Ebed-melech*

מִבֵּית הַמֶּלֶךְ prep.-n.m.s. cstr. (108)-def.art.-n.m.s. (I 572) *from the king's house*

וַיְדַבֵּר consec.-Pi. impf. 3 m.s. (180) *and said*

אֶל־הַמֶּלֶךְ prep.-v.supra *to the king*

לֵאמֹר prep.-Qal inf.cstr. (55) *(saying)*

38:9

אֲדֹנִי n.m.s.-1 c.s. sf. (10) *my lord*

הַמֶּלֶךְ def.art.-n.m.s. (I 572) *the king*

הֵרֵעוּ Hi. pf. 3 c.p. (רעע 949) *have done evil*

הָאֲנָשִׁים הָאֵלֶּה def.art.-n.m.p. (35)-def.art.-demons.adj. c.p. (41) *these men*

אֵת כָּל־אֲשֶׁר dir.obj.-n.m.s. (481)-rel. (81) *in all that*

עָשׂוּ Qal pf. 3 c.p. (עשה I 793) *they did*

לְיִרְמְיָהוּ prep.-pr.n. (941) *to Jeremiah*

הַנָּבִיא def.art.-n.m.s. (611) *the prophet*

אֵת אֲשֶׁר dir.obj.-rel. (81) *by*

הִשְׁלִיכוּ Hi. pf. 3 c.p. (1020) *casting*

אֶל־הַבּוֹר prep.-def.art.-n.m.s. (92) *into the cistern*

וַיָּמָת consec.-Qal impf. 3 m.s. (מות 559; GK 111,l) *and he will die*

תַּחְתָּיו prep.-3 m.s. sf. (1065) *there*

מִפְּנֵי הָרָעָב prep.-n.m.p. cstr. (815)-def.art.-n.m.s. (944) *of hunger*

כִּי אֵין הַלֶּחֶם conj.-subst.cstr. (II 34)-def.art.-n.m.s. (536) *for there is no bread*

עוֹד adv. (728) *left*

בָּעִיר prep.-def.art.-n.f.s. (746) *in the city*

38:10

וַיְצַוֶּה consec.-Pi. impf. 3 m.s. (צוה 845) *then commanded*

הַמֶּלֶךְ def.art.-n.m.s. (I 572) *the king*

אֵת עֶבֶד־מֶלֶךְ dir.obj.-pr.n. (715) *Ebed-melech*

הַכּוּשִׁי def.art.-gent. adj. (469) *the Ethiopian*

לֵאמֹר prep.-Qal inf.cstr. (55) *(saying)*

קַח Qal impv. 2 m.s. (לקח 542) *take*

בְּיָדְךָ prep.-n.f.s.-2 m.s. sf. (388) *with you (in your hand)*

מִזֶּה prep.-demons.adj. (260) *from here*

שְׁלֹשִׁים num.adj. m.p. (1026; some rd. שְׁלֹשָׁה three) *thirty*

אֲנָשִׁים n.m.p. (35) *men*

וְהַעֲלִיתָ conj.-Hi. pf. 2 m.s. (עלה 748) *and lift*

אֶת־יִרְמְיָהוּ dir.obj.-pr.n. (941) *Jeremiah*

הַנָּבִיא def.art.-n.m.s. (611) *the prophet*

מִן־הַבּוֹר prep.-def.art.-n.m.s. (92) *out of the cistern*

בְּטֶרֶם יָמוּת prep.-adv. of time (382)-Qal impf. 3 m.s. (מות 559) *before he dies*

38:11

וַיִּקַּח consec.-Qal impf. 3 m.s. (לקח 542) *so took*

עֶבֶד־מֶלֶךְ pr.n. (715) *Ebed-melech*

אֶת־הָאֲנָשִׁים dir.obj.-def.art.-n.m.s. (35) *the men*

בְּיָדוֹ prep.-n.f.s.-3 m.s. sf. (388) *with him (in his hand)*

וַיָּבֹא consec.-Qal impf. 3 m.s. (בּוֹא 97) *and went*

בֵּית־הַמֶּלֶךְ n.m.s. cstr. (108)-def.art.-n.m.s. (I 572) *to the house of the king*

אֶל־תַּחַת prep.-prep. (1065; cf.2 Kgs. 10:22) *to under*

הָאוֹצָר def.art.-n.m.s. (69) *the storehouse*

וַיִּקַּח v.supra *and took*

מִשָּׁם prep.-adv. (1027) *from there*

בְּלוֹיֵ הַסְּחָבוֹת n.m.p. cstr. (115; GK 8k)-def.art.-n.f.p. (695) *old rags*

וּבְלוֹיֵ מְלָחִים conj.-v.supra-n.m.p. (I 571) *and worn-out clothes*

וַיְשַׁלְּחֵם consec.-Pi. impf. 3 m.s.-3 m.p. sf. (שָׁלַח 1018) *which he let down*

אֶל־יִרְמְיָהוּ prep.-pr.n. (941) *to Jeremiah*

אֶל־הַבּוֹר prep.-def.art.-n.m.s. (92) *in the cistern*

בַּחֲבָלִים prep.-n.m.p. (286) *by ropes*

38:12

וַיֹּאמֶר consec.-Qal impf. 3 m.s. (55) *then said*

עֶבֶד־מֶלֶךְ pr.n. (715) *Ebed-melech*

הַכּוּשִׁי def.art.-gent.adj. (469) *the Ethiopian*

אֶל־יִרְמְיָהוּ prep.-pr.n. (941) *to Jeremiah*

שִׂים נָא Qal impv. 2 m.s. (שׂוּם 962)-part. of entreaty (609) *put*

בְּלוֹאֵי הַסְּחָבוֹת n.m.p. cstr. (115; GK 93x)-def.art.-n.f.p. (695) *the rags*

וְהַמְּלָחִים conj.-def.art.-n.m.p. (I 571) *and clothes*

תַּחַת אַצִּלוֹת יָדֶיךָ prep. (1065)-n.f.p. cstr. (69)-n.f.p.-2 m.s. sf. (388) *between your armpits*

מִתַּחַת לַחֲבָלִים prep.-prep. (1065)-prep.-n.m.p. (286) *and the ropes*

וַיַּעַשׂ consec.-Qal impf. 3 m.s. (עָשָׂה I 793) *so did*

יִרְמְיָהוּ pr.n. (941) *Jeremiah*

כֵּן adv. (485) *so*

38:13

וַיִּמְשְׁכוּ consec.-Qal impf. 3 m.p. (מָשַׁךְ 604) *then they drew up*

אֶת־יִרְמְיָהוּ dir.obj.-pr.n. (941) *Jeremiah*

בַּחֲבָלִים prep.-n.m.p. (286) *with ropes*

וַיַּעֲלוּ consec.-Hi. impf. 3 m.p. (עָלָה 748) *and lifted*

אֹתוֹ dir.obj.-3 m.s. sf. *him*

מִן־הַבּוֹר prep.-def.art.-n.m.s. (92) *out of the cistern*

וַיֵּשֶׁב consec.-Qal impf. 3 m.s. (יָשַׁב 442) *and remained*

יִרְמְיָהוּ v.supra *Jeremiah*

בַּחֲצַר הַמַּטָּרָה prep.-n.m.s. cstr. (I 346)-def.art.-n.f.s. (643) *in the court of the guard*

38:14

וַיִּשְׁלַח consec.-Qal impf. 3 m.s. (1018) *then sent*

הַמֶּלֶךְ def.art.-n.m.s. (I 572) *the king*

צִדְקִיָּהוּ pr.n. (843) *Zedekiah*

וַיִּקַּח consec.-Qal impf. 3 m.s. (לָקַח 542) *and received*

אֶת־יִרְמְיָהוּ dir.obj.-pr.n. (941) *Jeremiah*

הַנָּבִיא def.art.-n.m.s. (611) *the prophet*

אֵלָיו prep.-3 m.s. sf. *unto him*

אֶל־מָבוֹא prep.-n.m.s. (99; GK 126w) *at the entrance*

הַשְּׁלִישִׁי def.art.-num.adj. (1026) *the third*

אֲשֶׁר בְּבֵית rel. (81)-prep.-n.m.s. cstr. (108) *of the temple of*

יהוה pr.n. (217) *Yahweh*

וַיֹּאמֶר הַמֶּלֶךְ consec.-Qal impf. 3 m.s. (55)-def.art.-n.m.s. (I 572) *and the king said*

אֶל־יִרְמְיָהוּ prep.-pr.n. (941) *to Jeremiah*

שֹׁאֵל אֲנִי Qal act.ptc. (981)-pers.pr. 1 c.s. (58) *I will ask*

אֹתְךָ dir.obj.-2 m.s. sf. *you*

דָּבָר n.m.s. (182) *a question*

אַל־תְּכַחֵד neg.-Pi. impf. 2 m.s. (כָּחַד 470) *hide not*

מִמֶּנִּי prep.-1 c.s. sf. *from me*

דָּבָר v.supra *anything*

38:15

וַיֹּאמֶר יִרְמְיָהוּ consec.-Qal impf. 3 m.s. (55)-pr.n. (941) *Jeremiah said*

אֶל־צִדְקִיָּהוּ prep.-pr.n. (843) *to Zedekiah*

כִּי אַגִּיד conj.-Hi. impf. 1 c.s. (נָגַד 616) *if I tell*

לְךָ prep.-2 m.s. sf. *you*

הֲלוֹא הָמֵת תְּמִיתֵנִי interr.-neg.-Hi. inf.abs. (מוּת 559)-Hi. impf. 2 m.s.-1 c.s. sf. (559) *will you not be sure to put me to death?*

וְכִי אִיעָצְךָ conj.-conj.-Qal impf. 1 c.s.-2 m.s. sf. (יָעַץ 419) *and if I give you counsel*

לֹא תִשְׁמַע אֵלָי neg.-Qal impf. 2 m.s. (1033)-prep.-1 c.s. sf. paus. *you will not listen to me*

38:16

וַיִּשָּׁבַע consec.-Ni. impf. 2 m.s. (שָׁבַע 989) *then swore*

הַמֶּלֶךְ def.art.-n.m.s. (I 572) *king*

צִדְקִיָּהוּ pr.n. (843) *Zedekiah*

אֶל־יִרְמְיָהוּ prep.-pr.n. (941) *to Jeremiah*

בַּסֵּתֶר prep.-def.art.-n.m.s. (712) *secretly*

לֵאמֹר prep.-Qal inf.cstr. (55) *(saying)*

חַי־יְהוָה adj. (311)-pr.n. (217) *as Yahweh lives*

אֵת אֲשֶׁר dir.obj. (GK 17b)-rel. (81) *who*

עָשָׂה־ Qal pf. 3 m.s. (I 793) *made*

לָנוּ אֶת־הַנֶּפֶשׁ הַזֹּאת prep.-1 c.p. sf.-dir.obj.-def. art.-n.f.s. (659)-def.art.-demons.adj. f.s. (260) *for us this soul*

אִם־אֲמִיתֶךָ hypoth.part. (49)-Hi. impf 1 c.s.-2 m.s. sf. (מות 559) *I will not put you to death*

וְאִם־אֶתֶּנְךָ conj.-v.supra-Qal impf. 1 c.s.-2 m.s. sf. (נתן 678) *or deliver you*

בְּיַד prep.-n.f.s. cstr. (388) *into the hand of*

הָאֲנָשִׁים הָאֵלֶּה def.art.-n.m.p. (35)-def.art.-demons.adj. c.p. (41) *these men*

אֲשֶׁר מְבַקְשִׁים rel. (81)-Pi. ptc. m.p. (בקשׁ 134) *who seek*

אֶת־נַפְשֶׁךָ dir.obj.-n.f.s.-2 m.s. sf. (659) *your life*

38:17

וַיֹּאמֶר consec.-Qal impf. 3 m.s. (55) *then said*

יִרְמְיָהוּ pr.n. (941) *Jeremiah*

אֶל־צִדְקִיָּהוּ prep.-pr.n. (843) *to Zedekiah*

כֹּה־אָמַר adv. (462)-Qal pf. 3 m.s. (55) *thus says*

יְהוָה pr.n. (217) *Yahweh*

אֱלֹהֵי צְבָאוֹת n.m.p. cstr. (43)-pr.n. (838) *the God of hosts*

אֱלֹהֵי יִשְׂרָאֵל v.supra-pr.n. (975) *the God of Israel*

אִם־יָצֹא תֵצֵא hypoth.part. (49)-Qal inf.abs. (422)-Qal impf. 2 m.s. (422) *if you will surrender*

אֶל־שָׂרֵי prep.-n.m.p. cstr. (978) *to the princes of*

מֶלֶךְ־בָּבֶל n.m.s. cstr. (I 572)-pr.n. (93) *the king of Babylon*

וְחָיְתָה conj.-Qal pf. 3 f.s. (חיה 310) *then shall be spared*

נַפְשֶׁךָ n.f.s.-2 m.s. sf. (659) *your life*

וְהָעִיר הַזֹּאת conj.-def.art.-n.f.s. (746)-def.art.-demons.adj. f.s. (260) *and this city*

לֹא תִשָּׂרֵף neg.-Ni. impf. 3 f.s. (שׂרף 976) *shall not be burned*

בָּאֵשׁ prep.-def.art.-n.f.s. (77) *with fire*

וְחָיִתָה v.supra (GK 17b) *and shall live*

אַתָּה וּבֵיתֶךָ pers.pr. 2 m.s. (61)-conj.-n.m.s.-2 m.s. sf. (108) *you and your house*

38:18

וְאִם לֹא־תֵצֵא conj.-hypoth.part. (49)-neg.-Qal impf. 2 m.s. (יצא 422) *but if you do not surrender*

אֶל־שָׂרֵי prep.-n.m.p. cstr. (978) *to the princes of*

מֶלֶךְ בָּבֶל n.m.s. cstr. (I 572)-pr.n. (93) *the king of Babylon*

וְנִתְּנָה conj.-Ni. pf 3 f.s. (נתן 678) *then shall be given*

הָעִיר הַזֹּאת def.art.-n.f.s. (746)-def.art.-demons.adj. f.s. (260) *this city*

בְּיַד prep.-n.f.s. cstr. (388) *into the hand of*

הַכַּשְׂדִּים def.art.-pr.n. (505) *the Chaldeans*

וּשְׂרָפוּהָ conj.-Qal pf. 3 c.p.-3 f.s. sf. (שׂרף 976) *and they shall burn it*

בָּאֵשׁ prep.-def.art.-n.f.s. (77) *with fire*

וְאַתָּה לֹא־תִמָּלֵט conj.-pers.pr. 2 m.s. (61)-neg.-Ni. impf. 2 m.s. (מלט 572) *and you shall not escape*

מִיָּדָם prep.-n.f.s.-3 m.p. sf. (388) *from their hand*

38:19

וַיֹּאמֶר consec.-Qal impf. 3 m.s. (55) *then said*

הַמֶּלֶךְ def.art.-n.m.s. (I 572) *king*

צִדְקִיָּהוּ pr.n. (843) *Zedekiah*

אֶל־יִרְמְיָהוּ prep.-pr.n. (941) *to Jeremiah*

אֲנִי דֹאֵג pers.pr. 1 c.s. (58)-Qal act.ptc. (דאג 178) *I am afraid*

אֶת־הַיְּהוּדִים dir.obj.-def.art.-gent.adj. p. (397) *the Jews*

אֲשֶׁר נָפְלוּ rel. (81)-Qal pf. 3 c.p. (656) *who have deserted*

אֶל־הַכַּשְׂדִּים prep.-def.art.-pr.n. p. (505) *to the Chaldeans*

פֶּן־יִתְּנוּ conj. (814)-Qal impf. 3 m.p. (נתן 678) *lest they give*

אֹתִי dir.obj.-1 c.s. sf. *me*

בְּיָדָם prep.-n.f.s.-3 m.p. sf. (388) *to their hand*

וְהִתְעַלְּלוּ־ conj.-Hith. pf. 3 .p. (עלל I 759) *and they abuse*

בִי prep.-1 c.s. sf. *me*

38:20

וַיֹּאמֶר consec.-Qal impf. 3 m.s. (55) *then said*

יִרְמְיָהוּ pr.n. (941) *Jeremiah*

לֹא יִתֵּנוּ neg.-Qal impf. 3 m.p. (נתן 678) *they shall not give*

שְׁמַע־נָא Qal impv. 2 m.s. (1033)-part. of entreaty (609) *obey now*

בְּקוֹל יְהוָה prep.-n.m.s. cstr. (876)-pr.n. (217) *the voice of Yahweh*

לַאֲשֶׁר אֲנִי prep.-rel. (81)-pers.pr. 1 c.s. (58) *in what I*

דַּבֵּר אֵלֶיךָ Qal act.ptc. (180)-prep.-2 m.s. sf. *say to you*

וְיִיטַב לָךְ conj.-Qal impf. 3 m.s. (יטב 405)-prep.-2 m.s. sf. *and it shall be well with you*

וּתְחִי נַפְשֶׁךָ conj.-Qal impf. 3 m.s. apoc. (חיה 310)-n.f.s.-2 m.s. sf. (659) *and your life shall be spared*

38:21

וְאִם־מָאֵן אַתָּה conj.-hypoth.part. (49)-adj. (549)-pers.pr. 2 m.s. (61) *but if you refuse*

לָצֵאת prep.-Qal inf.cstr. (יצא 422) *to surrender*

זֶה הַדָּבָר demons.adj. m.s. (260)-def.art.-n.m.s. (182) *this is the vision*

אֲשֶׁר הִרְאַנִי rel. (81)-Hi. pf. 3 m.s.-1 c.s. sf. (ראה 906) *which has shown me*

יהוה pr.n. (217) *Yahweh*

38:22

וְהִנֵּה conj.-demons.part. (243) *and behold*

כָּל־הַנָּשִׁים n.m.s. cstr. (481)-def.art.-n.f.p. (61) *all the women*

אֲשֶׁר נִשְׁאֲרוּ rel. (81)-Ni. pf. 3 c.p. (שאר 983) *left*

בְּבֵית prep.-n.m.s. cstr. (108) *in the house of*

מֶלֶךְ־יְהוּדָה n.m.s. cstr. (I 572)-pr.n. (397) *the king of Judah*

מוּצָאוֹת Ho. ptc. f.p. (יצא 422) *were being led out*

אֶל־שָׂרֵי prep.-n.m.p. cstr. (978) *to the princes of*

מֶלֶךְ בָּבֶל n.m.s. cstr. (I 572)-pr.n. (93) *the king of Babylon*

וְהֵנָּה אֹמְרוֹת conj.-pers.pr. 3 f.p. (241)-Qal act.ptc. f.p. (55) *and were saying*

הִסִּיתוּךָ Hi. pf. 3 c.p.-2 m.s. sf. (סות 694; GK 72ee) *have deceived you*

וְיָכְלוּ לָךְ conj.-Qal pf. 3 c.p. (יכל 407)-prep.-2 m.s. sf. *and prevailed against you*

אַנְשֵׁי שְׁלֹמֶךָ n.m.p. cstr. (35)-n.m.s.-2 m.s. sf. (1022) *your trusted friends*

הָטְבְּעוּ Ho. pf. 3 c.p. (טבע 371) *are sunk*

בַּבֹּץ prep.-def.art.-n.m.s. (130) *in the mire*

רַגְלֶךָ n.f.p.-2 m.s. sf. (919) *your feet*

נָסֹגוּ Ni. pf. 3 c.p. (סוג I 690) *they turn away*

אָחוֹר subst. (30) *(back)*

38:23

וְאֶת־כָּל־ conj.-dir.obj.-n.m.s. cstr. (481) *all*

נָשֶׁיךָ n.f.p.-2 m.s. sf. (61) *your wives*

וְאֶת־בָּנֶיךָ v.supra-n.m.p.-2 m.s. sf. (119) *and your sons*

מוֹצִאִים Hi. ptc. m.p. (יצא 422; GK 144i) *shall be led out*

אֶל־הַכַּשְׂדִּים prep.-def.art.-pr.n. (505) *to the Chaldeans*

וְאַתָּה conj.-pers.pr. 2 m.s. (61) *and you yourself*

לֹא־תִמָּלֵט neg.-Ni. impf. 2 m.s. (מלט 572) *shall not escape*

מִיָּדָם prep.-n.f.s.-3 m.p. sf. (388) *from their hand*

כִּי בְיַד conj.-prep.-n.f.s. cstr. (388) *but by (the hand of)*

מֶלֶךְ־בָּבֶל n.m.s. cstr. (I 572)-pr.n. (93) *the king of Babylon*

תִּתָּפֵשׂ Ni. impf. 2 m.s. (תפש 1074) *you shall be seized*

וְאֶת־הָעִיר הַזֹּאת conj.-dir.obj.-def.art.-n.f.s. (746)-def.art.-demons.adj. f.s. (260) *and this city*

תִּשְׂרֹף Qal impf. 2 m.s. (976; some rd. Ni. impf. 3 f.s.) *shall be burned*

בָּאֵשׁ prep.-def.art.-n.f.s. (77) *with fire*

38:24

וַיֹּאמֶר consec.-Qal impf. 3 m.s. (55) *then said*

צִדְקִיָּהוּ pr.n. (843) *Zedekiah*

אֶל־יִרְמְיָהוּ prep.-pr.n. (941) *to Jeremiah*

אִישׁ אַל־יֵדַע n.m.s. (35)-neg.-Qal impf. 3 m.s. (ידע 393) *let no one know*

בַּדְּבָרִים־הָאֵלֶּה prep.-def.art.-n.m.p. (182)-def.art.-demons.adj. c.p. (41) *of these words*

וְלֹא תָמוּת conj.-neg.-Qal impf. 2 m.s. (מות 559) *and you shall not die*

38:25

וְכִי־יִשְׁמְעוּ conj.-conj.-Qal impf. 3 m.p. (1033) *and if hear*

הַשָּׂרִים def.art.-n.m.p. (978) *the princes*

כִּי־דִבַּרְתִּי conj.-Pi. pf. 1 c.s. (180) *that I have spoken*

אִתָּךְ prep.-2 m.s. sf. paus. (II 85) *with you*

וּבָאוּ conj.-Qal pf. 3 c.p. (בוא 97) *and come*

אֵלֶיךָ prep.-2 m.s. sf. *to you*

וְאָמְרוּ אֵלֶיךָ conj.-Qal pf. 3 c.p. (55)-prep.-2 m.s. sf. *and say to you*

הַגִּידָה־נָּא Hi. impv. 2 m.s.-coh.he (נגד 616)-part. of entreaty (609) *tell*

לָּנוּ prep.-1 c.p. sf. *us*

מַה־דִּבַּרְתָּ interr. (552)-Pi. pf. 2 m.s. (180) *what you said*

אֶל־הַמֶּלֶךְ prep.-def.art.-n.m.s. (I 572) *to the king*

אַל־תְּכַחֵד neg.-Pi. impf. 2 m.s. (כחד 470) *hide nothing*

מִמֶּנּוּ prep.-1 c.p. sf. *from us*

וְלֹא נְמִיתֶךָ conj.-neg.-Hi. impf. 1 c.p.-2 m.s. sf. (מות 559) *and we will not put you to death*

וּמַה־דִּבֶּר conj.-interr. (552)-Pi. pf. 3 m.s. (180) *and what said*

אֵלֶיךָ prep.-2 m.s. sf. *to you*

הַמֶּלֶךְ v.supra *the king*

38:26

וְאָמַרְתָּ conj.-Qal pf. 2 m.s. (55) *then you shall say*

אֲלֵיהֶם prep.-3 m.p. sf. *to them*

מַפִּיל־אֲנִי Hi. ptc. (נפל 656)-pers.pr. 1 c.s. (58) *I made*

תְּחִנָּתִי n.f.s.-1 c.s. sf. (337) *my humble plea*

לִפְנֵי הַמֶּלֶךְ prep.-n.m.p. cstr. (815)-def.art.-n.m.s. (I 572) *before the king*

לְבִלְתִּי הֲשִׁיבֵנִי prep.-neg.-Hi. inf.cstr.-1 c.s. sf. (שוב 996; GK 115a) *that he would not send me back*

בֵּית יְהוֹנָתָן n.m.s. cstr. (108)-pr.n. (220) *to the house of Jonathan*

לָמוּת שָׁם prep.-Qal inf.cstr. (559)-adv. (1027) *to die there*

38:27

וַיָּבֹאוּ consec.-Qal impf. 3 m.p. (בוא 97) *then came*

כָל־הַשָּׂרִים n.m.s. cstr. (481)-def.art.-n.m.p. (978) *all the princes*

אֶל־יִרְמְיָהוּ prep.-pr.n. (941) *to Jeremiah*

וַיִּשְׁאֲלוּ אֹתוֹ consec.-Qal impf. 3 m.s. (שאל 981)-dir.obj.-3 m.s. sf. *and asked him*

וַיַּגֵּד לָהֶם consec.-Hi. impf. 3 m.s. (נגד 616)-prep.-3 m.p. sf. *and he answered them*

כְּכָל־ prep.-n.m.s. cstr. (481) *according to all*

הַדְּבָרִים הָאֵלֶּה def.art.-n.m.p. (182)-def.art.-demons.adj. c.p. (41) *these words*

אֲשֶׁר צִוָּה rel. (81)-Pi. pf. 3 m.s. (צוה 845) *which instructed*

הַמֶּלֶךְ def.art.-n.m.s. (I 572) *the king*

וַיַּחֲרִשׁוּ consec.-Hi. impf. 3 m.p. (חרש II 361) *so they left off speaking*

מִמֶּנּוּ prep.-3 m.s. sf. *with him*

כִּי לֹא־נִשְׁמַע conj.-neg.-Ni. pf. 3 m.s. (1033) *for was not heard*

הַדָּבָר def.art.-n.m.s. (182) *the word*

38:28

וַיֵּשֶׁב consec.-Qal impf. 3 m.s. (ישב 442) *and remained*

יִרְמְיָהוּ pr.n. (941) *Jeremiah*

בַּחֲצַר prep.-n.m.s. cstr. (I 346) *in the court of*

הַמַּטָּרָה def.art.-n.f.s. (643) *the guard*

עַד־יוֹם prep. (III 723)-n.m.s. (398) *until the day*

אֲשֶׁר־נִלְכְּדוּ rel. (81)-Ni. pf. 3 f.s. (לכד 539) *that was taken*

יְרוּשָׁלָ͏ִם pr.n. paus. (436; GK 112qq) *Jerusalem*

וְהָיָה conj.-Qal pf. 3 m.s. (224) *and it was*

כַּאֲשֶׁר נִלְכְּדָה prep.-rel. (81)-Ni. pf. 3 f.s. (לכד 539) *as when was taken*

יְרוּשָׁלָ͏ִם v.supra *Jerusalem*

39:1

בַּשָּׁנָה הַתְּשִׁעִית prep.-def.art.-n.f.s. (1040)-def.art.-num. f. (1077) *in the ninth year*

לְצִדְקִיָּהוּ prep.-pr.n. (843) *of Zedekiah*

מֶלֶךְ־יְהוּדָה n.m.s. cstr. (I 572)-pr.n. (397) *king of Judah*

בַּחֹדֶשׁ הָעֲשִׂרִי prep.-def.art.-n.m.s. (II 294)-def.art.-num.adj. (798) *in the tenth month*

בָּא Qal pf. 3 m.s. (בוא 97) *came*

נְבוּכַדְרֶאצַּר pr.n. (613) *Nebuchadrezzar*

מֶלֶךְ־בָּבֶל v.supra-pr.n. (93) *king of Babylon*

וְכָל־חֵילוֹ conj.-n.m.s. cstr. (481)-n.m.s.-3 m.s. sf. (298) *and all his army*

אֶל־יְרוּשָׁלַ͏ִם prep.-pr.n. (436) *against Jerusalem*

וַיָּצֻרוּ עָלֶיהָ consec.-Qal impf. 3 m.p. (צור II 848)-prep.-3 f.s. sf. *and besieged it*

39:2

בְּעַשְׁתֵּי־עֶשְׂרֵה prep.-num. (799)-num. (797) *in the eleventh*

שָׁנָה n.f.s. (1040) *year*

לְצִדְקִיָּהוּ prep.-pr.n. (843) *of Zedekiah*

בַּחֹדֶשׁ הָרְבִיעִי prep.-def.art.-n.m.s. (II 294)-def.art.-num.adj. (917) *in the fourth month*

בְּתִשְׁעָה prep.-num. (1077) *on the ninth*

לַחֹדֶשׁ prep.-def.art.-v.supra *of the month*

הָבְקְעָה הָעִיר Ho. pf. 3 f.s. (בקע 131)-def.art.-n.f.s. (746) *the city was breached*

39:3

וַיָּבֹאוּ consec.-Qal impf. 3 m.p. (בוא 97) *then came*

כֹּל שָׂרֵי n.m.s. cstr. (481)-n.m.p. cstr. (978) *all the princes of*

מֶלֶךְ־בָּבֶל n.m.s. cstr. (I 572)-pr.n. (93) *the king of Babylon*

וַיֵּשְׁבוּ consec.-Qal impf. 3 m.p. יָשַׁב (442) *and sat*

בְּשַׁעַר הַתָּוֶךְ prep.-n.m.s. cstr. (1044)-def.art.-n.m.s. (1063) *in the middle gate*

נֵרְגַל שַׁר־אֶצֶר pr.n. (669) *Nergal-Sharezer*

סַמְגַּר־נְבוּ pr.n. (701) *Samgar-nebo*

שַׂר־סְכִים pr.n. (976) *Sarsechim*

רַב־סָרִיס n.m.s. cstr. (II 913)-n.m.s. (710) *the Rabsaris*

נֵרְגַל שַׁר־אֶצֶר v.supra *Nergal-sharezer*

רַב־מָג v.supra-n.m.s. (550) *the Rabmag*

וְכָל־ conj.-n.m.s. cstr. (481) *with all*

שְׁאֵרִית n.f.s. cstr. (984) *the rest of*

שָׂרֵי n.m.p. cstr. (978) *the princes of*

מֶלֶךְ בָּבֶל n.m.s. cstr. (I 572)-pr.n. (93) *the king of Babylon*

39:4

וַיְהִי כַּאֲשֶׁר consec.-Qal impf. 3 m.s. הָיָה (224)-prep.-rel. (81) *and when*

רָאָם Qal pf. 3 m.s.-3 m.p. sf. רָאָה (906) *saw them*

צִדְקִיָּהוּ pr.n. (843) *Zedekiah*

מֶלֶךְ־יְהוּדָה n.m.s. cstr. (I 572)-pr.n. (397) *king of Judah*

וְכָל אַנְשֵׁי conj.-n.m.s. cstr. (481)-n.m.p. cstr. (35) *and all the men of*

הַמִּלְחָמָה def.art.-n.f.s. (536) *battle*

וַיִּבְרְחוּ consec.-Qal impf. 3 m.p. בָּרַח (137) *they fled*

וַיֵּצְאוּ consec.-Qal impf. 3 m.p. יָצָא (422) *going out*

לַיְלָה n.m.s. (538) *at night*

מִן־הָעִיר prep.-def.art.-n.f.s. (746) *of the city*

דֶּרֶךְ n.m.s. cstr. (202) *by way of*

גַּן הַמֶּלֶךְ n.m.s. cstr. (171)-def.art.-n.m.s. (I 572) *the king's garden*

בְּשַׁעַר prep.-n.m.s. (1044) *through the gate*

בֵּין הַחֹמֹתַיִם prep. (107)-def.art.-n.f. du. (327) *between the two walls*

וַיֵּצֵא consec.-Qal impf. 3 m.s. (422) *and they went*

דֶּרֶךְ הָעֲרָבָה n.m.s. cstr. (202)-def.art.-n.f.s. (I 787) *toward the Arabah*

39:5

וַיִּרְדְּפוּ consec.-Qal impf. 3 m.p. רָדַף (922) *but pursued*

חֵיל־כַּשְׂדִּים n.m.s. cstr. (298)-pr.n. (505) *the army of the Chaldeans*

אַחֲרֵיהֶם prep.-3 m.p. sf. *them*

וַיַּשִּׂגוּ consec.-Hi. impf. 3 m.p. נָשַׂג (673) *and overtook*

אֶת־צִדְקִיָּהוּ dir.obj.-pr.n. (843) *Zedekiah*

בְּעַרְבוֹת prep.-n.f.p. cstr. (I 787) *in the plains of*

יְרֵחוֹ pr.n. (437) *Jericho*

וַיִּקְחוּ consec.-Qal impf. 3 m.p. לָקַח (542) *and when they had taken*

אֹתוֹ dir.obj.-3 m.s. sf. *him*

וַיַּעֲלֻהוּ consec.-Qal impf. 3 m.p.-3 m.s. sf. עָלָה (748) *they brought him*

אֶל־נְבוּכַדְרֶאצַּר prep.-pr.n. (613) *to Nebuchadrezzar*

מֶלֶךְ־בָּבֶל n.m.s. cstr. (I 572)-pr.n. (93) *king of Babylon*

רִבְלָתָה pr.n.-dir.he (916) *at Riblah*

בְּאֶרֶץ prep.-n.f.s. cstr. (75) *in the land of*

חֲמָת pr.n. (333) *Hamath*

וַיְדַבֵּר consec.-Pi. impf. 3 m.s. (180) *and he passed (spoke)*

אִתּוֹ prep.-3 m.s. sf. (II 85) *on him*

מִשְׁפָּטִים n.m.p. (1048) *sentence (judgments)*

39:6

וַיִּשְׁחַט consec.-Qal impf. 3 m.s. שָׁחַט (1006) *then slew*

מֶלֶךְ בָּבֶל n.m.s. cstr. (I 572)-pr.n. (93) *the king of Babylon*

אֶת־בְּנֵי dir.obj.-n.m.s. cstr. (119) *the sons of*

צִדְקִיָּהוּ pr.n. (843) *Zedekiah*

בְּרִבְלָה prep.-pr.n. (916) *at Riblah*

לְעֵינָיו prep.-n.f. du.-3 m.s. sf. (744) *before his eyes*

וְאֵת כָּל־חֹרֵי conj.-dir.obj.-n.m.s. cstr. (481)-n.m.p. cstr. (II 359) *and all the nobles of*

יְהוּדָה pr.n. (397) *Judah*

שָׁחַט Qal pf. 3 m.s. (1006) *slew*

מֶלֶךְ בָּבֶל v.supra-v.supra *the king of Babylon*

39:7

וְאֶת־עֵינֵי conj.-dir.obj.-n.f. du. cstr. (744) *and the eyes of*

צִדְקִיָּהוּ pr.n. (843) *Zedekiah*

עִוֵּר Pi. pf. 3 m.s. (734) *he put out*

וַיַּאַסְרֵהוּ consec.-Qal impf. 3 m.s.-3 m.s. sf. אָסַר (63) *and bound him*

בַּנְחֻשְׁתַּיִם prep.-def.art.-n.m. du. (I 638) *in fetters*

לָבִיא prep.-Hi. inf.cstr. (בּוֹא 97; GK 53q, 72z) *to take*

אֹתוֹ dir.obj.-3 m.s. sf. *him*

בָּבֶלָה pr.n.-dir.he (93) *to Babylon*

39:8

וְאֶת־בֵּית conj.-dir.obj.-n.m.s. cstr. (108) *and the house of*

הַמֶּלֶךְ def.art.-n.m.s. (I 572) *the king*

וְאֶת־בֵּית הָעָם v.supra-v.supra-def.art.-n.m.s. (I 766) *and the house of the people*

שָׂרְפוּ Qal pf. 3 c.p. (976) *burned*

הַכַּשְׂדִּים def.art.-pr.n. (505) *the Chaldeans*

בָּאֵשׁ prep.-def.art.-n.f.s. (77) *(with fire)*

וְאֶת־חֹמוֹת conj.-dir.obj.-n.f.p. cstr. (327) *and the walls of*

יְרוּשָׁלַ͏ִם pr.n. (436) *Jerusalem*

נָתָצוּ Qal pf. 3 c.p. paus. (נתץ 683) *they broke down*

39:9

וְאֵת יֶתֶר הָעָם conj.-dir.obj.-n.m.s. cstr. (451) -def.art.-n.m.s. (I 766) *then the rest of the people*

הַנִּשְׁאָרִים def.art.-Ni. ptc. m.p. (שאר 983) *who were left*

בָּעִיר prep.-def.art.-n.f.s. (746) *in the city*

וְאֶת־הַנֹּפְלִים conj.-dir.obj.-def.art.-Qal act.ptc. m.p. (נפל 656) *and the deserters*

אֲשֶׁר נָפְלוּ rel. (81)-Qal pf. 3 c.p. (נפל 656) *who deserted*

עָלָיו prep.-3 m.s. sf. *to him*

וְאֵת יֶתֶר הָעָם v.supra-v.supra-v. supra *and the rest of the people*

הַנִּשְׁאָרִים v.supra *who remained*

הֶגְלָה Hi. pf. 3 m.s. (גלה 162) *carried into exile*

נְבוּזַר־אֲדָן pr.n. (613) *Nebuzaradan*

רַב־טַבָּחִים n.m.s. cstr. (II 913)-n.m.p. (371) *the captain of the guard*

בָּבֶל pr.n. (93) *to Babylon*

39:10

וּמִן־הָעָם הַדַּלִּים conj.-prep.-def.art.-n.m.s. (I 766)-def.art.-adj. m.p. (195) *and some of the poor people*

אֲשֶׁר אֵין־לָהֶם rel. (81)-subst.cstr. (II 34)-prep.-3 m.p. sf. *who did not own*

מְאוּמָה pron.indef. (548) *anything*

הִשְׁאִיר Hi. pf. 3 m.s. (983) *left*

נְבוּזַרְאֲדָן pr.n. (613) *Nebuzaradan*

רַב־טַבָּחִים n.m.s. cstr. (II 913)-n.m.p. (371) *the captain of the guard*

בְּאֶרֶץ יְהוּדָה prep.-n.f.s.cstr. (75)-pr.n. (397) *in the land of Judah*

וַיִּתֵּן לָהֶם consec.-Qal impf. 3 m.s. (נתן 678) -prep.-3 m.p. sf. *and gave them*

כְּרָמִים n.m.p. (501) *vineyards*

וִיגֵבִים conj.-n.m.p. (387) *and fields*

בַּיּוֹם הַהוּא prep.-def.art.-n.m.s. (398)-def.art. -demons.adj. m.s. (214) *at the same time*

39:11

וַיְצַו consec.-Pi. impf. 3 m.s. (צוה 845) *then gave command*

נְבוּכַדְרֶאצַּר pr.n. (613) *Nebuchadrezzar*

מֶלֶךְ־בָּבֶל n.m.s.cstr. (I 572)-pr.n. (93) *king of Babylon*

עַל־יִרְמְיָהוּ prep.-pr.n. (941) *concerning Jeremiah*

בְּיַד נְבוּזַרְאֲדָן prep.-n.f.s. cstr. (388)-pr.n. (613) *through Nebuzaradan*

רַב־טַבָּחִים n.m.s. cstr. (II 913)-n.m.p. (371) *the captain of the guard*

לֵאמֹר prep.-Qal inf.cstr. (55) *saying*

39:12

קָחֶנּוּ Qal impv. 2 m.s.-3 m.s. sf. (לקח 542) *take him*

וְעֵינֶיךָ conj.-n.f. du.-2 m.s. sf. (744) *and your eyes*

שִׂים עָלָיו Qal impv. 2 m.s. (שום 962)-prep.-3 m.s. sf. *set upon him*

וְאַל־תַּעַשׂ conj.-neg.-Qal impf. 2 m.s. (עשה I 793) *and do not*

לוֹ prep.-3 m.s. sf. *to him*

מְאוּמָה pron.indef. (548) *anything*

רָע n.m.s. paus. (II 948) *evil*

כִּי אִם כַּאֲשֶׁר conj.-hypoth.part. (?)-prep.-rel. (81) *but as*

יְדַבֵּר Pi. impf. 3 m.s. (180) *he tells*

אֵלֶיךָ prep.-2 m.s. sf. *you*

כֵּן עֲשֵׂה adv. (485)-Qal impv. 2 m.s. (עשה I 793) *thus do*

עִמּוֹ prep.-3 m.s. sf. *with him*

39:13

וַיִּשְׁלַח consec.-Qal impf. 3 m.s. (1018) *so sent*

נְבוּזַרְאֲדָן pr.n. (613) *Nebuzaradan*

רַב־טַבָּחִים n.m.s. cstr. (II 913)-n.m.p. (371) *the captain of the guard*

וּנְבוּשַׁזְבָּן conj.-pr.n. (613) *Nebushazban*

רַב־סָרִים n.m.s. cstr. (II 913)-n.m.s. (710) *the Rabsaris*

נֵרְגַל שַׂר־אֶצֶר conj.-pr.n. (669) *and Nergal-sharezer*

רַב־מָג v.supra-n.m.s. (550) *the Rabmag*

וְכָל רַבֵּי conj.-n.m.s. cstr. (481)-n.m.p. cstr. (II 913) *and all the chief officers of*

מֶלֶךְ־בָּבֶל n.m.s. cstr. (I 572)-pr.n. (93) *the king of Babylon*

39:14

וַיִּשְׁלְחוּ consec.-Qal impf. 3 m.p. (1018) *then sent*

וַיִּקְחוּ consec.-Qal impf. 3 m.p. לָקַח 542) *and took*

אֶת־יִרְמְיָהוּ dir.obj.-pr.n. (941) *Jeremiah*

מֵחֲצַר הַמַּטָּרָה prep.-n.m.s. cstr. (I 346)-def.art. -n.f.s. (643) *from the court of the guard*

וַיִּתְּנוּ consec.-Qal impf. 3 m.p. (נָתַן 678) *and entrusted*

אֹתוֹ dir.obj.-3 m.s. sf. *him*

אֶל־גְּדַלְיָהוּ prep.-pr.n. (153) *to Gedaliah*

בֶּן־אֲחִיקָם n.m.s. cstr. (119)-pr.n. (27) *the son of Ahikam*

בֶּן־שָׁפָן v.supra-pr.n. (1051) *son of Shaphan*

לְהוֹצִאֵהוּ prep.-Hi. inf.cstr.-3 m.s. sf. (יָצָא 422; GK 115c) *that he should take him*

אֶל־הַבָּיִת prep.-def.art.-n.m.s. paus. (108) *home*

וַיֵּשֶׁב consec.-Qal impf. 3 m.s. (יָשַׁב 442) *so he dwelt*

בְּתוֹךְ הָעָם prep.-n.m.s. cstr. (1063)-def.art.-n.m.s. (I 766) *among the people*

39:15

וְאֶל־יִרְמְיָהוּ conj.-prep.-pr.n. (941) *and to Jeremiah*

הָיָה Qal pf. 3 m.s. (224) *came*

דְּבַר־יהוה n.m.s. cstr. (182)-pr.n. (217) *the word of Yahweh*

בִּהְיֹתוֹ prep.-Qal inf.cstr.-3 m.s. sf. (הָיָה 224) *when he was*

עָצוּר Qal pass.ptc. (עָצַר 783) *shut up*

בַּחֲצַר הַמַּטָּרָה prep.-n.m.s. cstr. (I 346)-def.art. -n.f.s. (643) *in the court of the guard*

לֵאמֹר prep.-Qal inf.cstr. (55) *(saying)*

39:16

הָלוֹךְ Qal inf.abs. (הָלַךְ 229) *go*

וְאָמַרְתָּ conj.-Qal pf. 2 m.s. (55) *and say*

לְעֶבֶד־מֶלֶךְ prep.-pr.n. (715) *to Ebed-melech*

הַכּוּשִׁי def.art.-adj.gent. (469) *the Ethiopian*

לֵאמֹר prep.-Qal inf.cstr. (55) *(saying)*

כֹּה־אָמַר adv. (462)-Qal pf. 3 m.s. (55) *thus says*

יהוה צְבָאוֹת pr.n. (217)-pr.n. (838) *Yahweh of hosts*

אֱלֹהֵי יִשְׂרָאֵל n.m.p. cstr. (43)-pr.n. (975) *the God of Israel*

הִנְנִי demons.part.-1 c.s. sf. (243) *behold, I*

מֵבִי Hi. ptc. (בּוֹא 97; prb.rd. מֵבִיא) *will fulfil*

אֶת־דְּבָרַי dir.obj.-n.m.p.-1 c.s. sf. (182) *my words*

אֶל־הָעִיר הַזֹּאת prep.-def.art.-n.f.s. (746)-def.art. -demons.adj. f.s. (260) *against this city*

לְרָעָה prep.-n.f.s. (949) *for evil*

וְלֹא לְטוֹבָה conj.-neg.-n.f.s. (375) *and not for good*

וְהָיוּ conj.-Qal pf. 3 c.p. (הָיָה 224) *and they shall be accomplished*

לְפָנֶיךָ prep.-n.m.p.-2 m.s. sf. (815) *before you*

בַּיּוֹם הַהוּא prep.-def.art.-n.m.s. (398)-def.art. -demons.adj. m.s. (214) *on that day*

39:17

וְהִצַּלְתִּיךָ conj.-Hi. pf. 1 c.s.-2 m.s. sf. (נָצַל 664) *but I will deliver you*

בַּיּוֹם הַהוּא prep.-def.art.-n.m.s. (398)-def.art. -demons.adj. m.s. (214) *on that day*

נְאֻם־יהוה n.m.s. cstr. (610)-pr.n. (217) *says Yahweh*

וְלֹא תִנָּתֵן conj.-neg.-Ni. impf. 2 m.s. (נָתַן 678) *and you shall not be given*

בְּיַד prep.-n.f.s. cstr. (388) *into the hand of*

הָאֲנָשִׁים def.art.-n.m.p. (35) *the men*

אֲשֶׁר־אַתָּה rel. (81)-pers.pr. 2 m.s. (61) *of whom you*

יָגוֹר adj. vb. (388) *are afraid*

מִפְּנֵיהֶם prep.-n.m.p.-3 m.p. sf. (815) *(before them)*

39:18

כִּי מַלֵּט אֲמַלֶּטְךָ conj.-Pi. inf.abs. (572)-Pi. impf. 1 c.s.-2 m.s. sf. (572) *I will surely save you*

וּבַחֶרֶב conj.-prep.-def.art.-n.f.s. (352) *and by the sword*

לֹא תִפֹּל neg.-Qal impf. 2 m.s. (נָפַל 656) *you shall not fall*

וְהָיְתָה לְךָ conj.-Qal pf. 3 f.s. (הָיָה 224)-prep.-2 m.s. sf. *but you shall have*

נַפְשְׁךָ n.f.s.-2 m.s. sf. (659) *your life*

לְשָׁלָל prep.-n.m.s. (1021) *as a prize of war*

כִּי־בָטַחְתָּ conj.-Qal pf. 2 m.s. (בָּטַח 105) *because you have put your trust*

בִּי prep.-1 c.s. sf. *in me*

נְאֻם־יהוה n.m.s. cstr. (610)-pr.n. (217) *says Yahweh*

40:1

הַדָּבָר def.art.-n.m.s. (182) *the word*

אֲשֶׁר־הָיָה rel. (81)-Qal pf. 3 m.s. (224) *that came*

אֶל־יִרְמְיָהוּ prep.-pr.n. (941) *to Jeremiah*

מֵאֵת יהוה prep.-prep. (II 85)-pr.n. (217) *from Yahweh*

אַחַר שַׁלַּח prep. (29)-Pi. inf.cstr. (1018) *after had let go*

אֹתוֹ dir.obj.-3 m.s. sf. *him*

נְבוּזַרְאֲדָן pr.n. (613) *Nebuzaradan*

רַב־טַבָּחִים n.m.s. cstr. (II 913)-n.m.p. (371) *the captain of the guard*

מִן־הָרָמָה prep.-def.art.-pr.n. (928) *from Ramah*

בְּקַחְתּוֹ prep.-Qal inf.cstr.-3 m.s. sf. (לקח 542) *when he took*

אֹתוֹ v.supra *him*

וְהוּא־אָסוּר conj.-pers.pr. 3 m.s. (214)-Qal pass.ptc. (אסר 63) *bound*

בָּאזִקִּים prep.-def.art.-n.m.p. (279) *in chains*

בְּתוֹךְ כָּל־ prep.-n.m.s. cstr. (1063)-n.m.s. cstr. (481) *along with all*

גָּלוּת n.f.s. cstr. (163) *the captives of*

יְרוּשָׁלַ‍ִם pr.n. (436) *Jerusalem*

וִיהוּדָה conj.-pr.n. (397) *and Judah*

הַמֻּגְלִים def.art.-Ho. ptc. m.p. (גלה 162) *who were being exiled*

בָּבֶלָה pr.n.-dir.he (93) *to Babylon*

40:2

וַיִּקַּח consec.-Qal impf. 3 m.s. (לקח 542) *then took*

רַב־טַבָּחִים n.m.s. cstr. (II 913)-n.m.p. (371) *the captain of the guard*

לְיִרְמְיָהוּ prep.-pr.n. (941) *Jeremiah*

וַיֹּאמֶר consec.-Qal impf. 3 m.s. (55) *and said*

אֵלָיו prep.-3 m.s. sf. *to him*

יהוה אֱלֹהֶיךָ pr.n. (217)-n.m.p.-2 m.s. sf. (43) *Yahweh your God*

דִּבֶּר Pi. pf. 3 m.s. (180) *pronounced*

אֶת־הָרָעָה הַזֹּאת dir.obj.-def.art.-n.f.s. (949)-def.art.-demons.adj. f.s. (260) *this evil*

אֶל־הַמָּקוֹם הַזֶּה prep.-def.art.-n.m.s. (879)-def.art.-demons.adj. m.s. (260) *against this place*

40:3

וַיָּבֵא consec.-Hi. impf. 3 m.s. (בוא 97) *then brought it about*

וַיַּעַשׂ consec.-Qal impf. 3 m.s. (עשה I 793) *and has done*

יהוה pr.n. (217) *Yahweh*

כַּאֲשֶׁר דִּבֶּר prep.-rel. (81)-Pi. pf. 3 m.s. (180) *as he said*

כִּי־חֲטָאתֶם conj.-Qal pf. 2 m.p. (חטא 306) *because you sinned*

לַיהוה prep.-pr.n. (217) *against Yahweh*

וְלֹא־שְׁמַעְתֶּם conj.-neg.-Qal pf. 2 m.p. (שמע 1033) *and did not obey*

בְּקוֹלוֹ prep.-n.m.s.-3 m.s. sf. (876) *his voice*

וְהָיָה לָכֶם conj.-Qal pf. 3 m.s. (224; GK 112qq)-prep.-2 m.p. sf. *has come upon you*

הַדָּבָר הַזֶּה n.m.s. (182; Qere דָּבָר def.art.)-def.art.-demons.adj. m.s. (260) *this thing*

40:4

וְעַתָּה הִנֵּה conj.-adv. (773)-demons.part. (243) *and now behold*

פְּתַחְתִּיךָ Pi. pf. 1 c.s.-2 m.s. sf. (פתח I 834) *I release you*

הַיּוֹם def.art.-n.m.s. (398) *today*

מִן־הָאזִקִּים prep.-def.art.-n.m.p. (279; GK 35d) *from the chains*

אֲשֶׁר עַל־יָדֶךָ rel. (81)-prep.-n.f.s.-2 m.s. sf. (388) *on your hands*

אִם־טוֹב hypoth.part. (49)-adj. (373) *if it seems good*

בְּעֵינֶיךָ prep.-n.f. du.-2 m.s. sf. (744) *to you (in your eyes)*

לָבוֹא prep.-Qal inf.cstr. (97) *to come*

אִתִּי prep.-1 c.s. sf. (II 85) *with me*

בָבֶל pr.n. (93) *to Babylon*

בֹּא Qal impv. 2 m.s. (בוא 97) *come*

וְאָשִׂים אֶת־עֵינִי conj.-Qal impf. 1 c.s. (שׂים 962)-dir. obj.-n.f.s.-1 c.s. sf. *and I will look*

עָלֶיךָ prep.-2 m.s. sf. *after you*

וְאִם־רַע conj.-v.supra-adj. (948) *but if it seems wrong*

בְּעֵינֶיךָ prep.-n.f. du.-2 m.s. sf. (744) *to you*

לָבוֹא־אִתִּי v.supra-v.supra *to come with me*

בָבֶל v.supra *to Babylon*

חֲדָל Qal impv. 2 m.s. (חדל 292) *cease*

רְאֵה Qal impv. 2 m.s. (ראה 906) *see*

כָּל־הָאָרֶץ n.m.s. cstr. (481)-def.art.-n.f.s. (75) *the whole land*

לְפָנֶיךָ prep.-n.m.p.-2 m.s. sf. (815) *before you*

אֶל־טוֹב prep.-adj. (373) *whether good*

וְאֶל־הַיָּשָׁר conj.-prep.-def.art.-n.m.s. (449) *and right*

בְּעֵינֶיךָ v.supra *in your eyes*

לָלֶכֶת שָׁמָּה prep.-Qal inf.cstr. (הלך 229)-adv.-loc.he (1027) *to go there*

לֵךְ Qal impv. 2 m.s. (הלך 229) *go*

40:5

וְעוֹדֶנּוּ conj.-adv.-3 m.s. sf. (728) *and still*

לֹא־יָשׁוּב neg.-Qal impf. 3 m.s. (שוב 996) *he will not remain (turn)*

וְשֻׁבָה conj.-Qal impv. 2 m.s.-coh.he (שוב 996; GK 72s) *then return*

אֶל־גְּדַלְיָה prep.-pr.n. (153) *to Gedaliah*

383

בֶּן־אֲחִיקָם n.m.s. cstr. (119)-pr.n. (27) *the son of Ahikam*

בֶּן־שָׁפָן v.supra-pr.n. (1051) *son of Shaphan*

אֲשֶׁר הִפְקִיד rel. (81)-Hi. pf. 3 m.s. (פָּקַד 823) *whom appointed*

מֶלֶךְ־בָּבֶל n.m.s. cstr. (I 572)-pr.n. (93) *the king of Babylon*

בְּעָרֵי prep.-n.f.p. cstr. (746) *over the cities of*

יְהוּדָה pr.n. (397) *Judah*

וְישֵׁב conj.-Qal impv. 2 m.s. (יָשַׁב 442) *and dwell*

אִתּוֹ prep.-3 m.s. sf. (II 85) *with him*

בְּתוֹךְ הָעָם prep.-n.m.s. cstr. (1063)-def.art.-n.m.s. (I 766) *among the people*

אוֹ אֶל־כָּל־ conj. (14)-prep.-n.m.s. cstr. (481) *or unto all*

הַיָּשָׁר def.art.-n.m.s. (449) *the right*

בְּעֵינֶיךָ prep.-n.f. du.-2 m.s. sf. (744) *in your eyes*

לָלֶכֶת prep.-Qal inf.cstr. (הָלַךְ 229) *to go*

לֵךְ Qal impv. 2 m.s. (הָלַךְ 229) *go*

וַיִּתֶּן־לוֹ consec.-Qal impf. 3 m.s. (נָתַן 678)-prep.-3 m.s. sf. *so gave him*

רַב־טַבָּחִים n.m.s. cstr. (II 913)-n.m.p. (371) *the captain of the guard*

אֲרֻחָה n.f.s. (73) *an allowance of food*

וּמַשְׂאֵת conj.-n.f.s. (673) *and a present*

וַיְשַׁלְּחֵהוּ consec.-Pi. impf. 3 m.s.-3 m.s. sf. (1018) *and let him go*

40:6

וַיָּבֹא consec.-Qal impf. 3 m.s. (97) *then went*

יִרְמְיָהוּ pr.n. (941) *Jeremiah*

אֶל־גְּדַלְיָה prep.-pr.n. (153) *to Gedaliah*

בֶּן־אֲחִיקָם n.m.s. cstr. (119)-pr.n. (27) *the son of Ahikam*

הַמִּצְפָּתָה def.art.-pr.n.-dir.he (859) *at Mizpah*

וַיֵּשֶׁב consec.-Qal impf. 3 m.s. (יָשַׁב 442) *and dwell*

אִתּוֹ prep.-3 m.s. sf. (II 85) *with him*

בְּתוֹךְ הָעָם prep.-n.m.s. cstr. (1063)-def.art.-n.m.s. (I 766) *among the people*

הַנִּשְׁאָרִים def.art.-Ni. ptc. m.p. (שָׁאַר 983) *who were left*

בָּאָרֶץ prep.-def.art.-n.f.s. (75) *in the land*

40:7

וַיִּשְׁמְעוּ consec.-Qal impf. 3 m.p. (1033) *when heard*

כָּל־שָׂרֵי n.m.s. cstr. (481)-n.m.p. cstr. (978) *all the captains of*

הַחֲיָלִים def.art.-n.m.p. (298) *the forces*

אֲשֶׁר בַּשָּׂדֶה rel. (81)-prep.-def.art.-n.m.s. (961) *in the open country*

הֵמָּה וְאַנְשֵׁיהֶם pers.pr. 3 m.s. (241)-conj.-n.m.p.-3 m.p. sf. (35) *they and their men*

כִּי־הִפְקִיד conj.-Hi. pf. 3 m.s. (פָּקַד 823) *that had appointed*

מֶלֶךְ־בָּבֶל n.m.s. cstr. (I 572)-pr.n. (93) *the king of Babylon*

אֶת־גְּדַלְיָהוּ dir.obj.-pr.n. (153) *Gedaliah*

בֶּן־אֲחִיקָם n.m.s. cstr. (119)-pr.n. (27) *the son of Ahikam*

בָּאָרֶץ prep.-def.art.-n.f.s. (75) *in the land*

וְכִי הִפְקִיד conj.-conj.-v.supra *and had committed*

אִתּוֹ prep.-3 m.s. sf. (II 85) *to him*

אֲנָשִׁים n.m.p. (35) *men*

וְנָשִׁים conj.-n.f.p. (61) *and women*

וָטָף conj.-n.m.s. paus. (381) *and children*

וּמִדַּלַּת conj.-prep.-n.f.s. cstr. (II 195) *and those of the poorest of*

הָאָרֶץ def.art.-n.f.s. (75) *the land*

מֵאֲשֶׁר לֹא־הָגְלוּ prep.-rel. (81)-neg.-Ho. pf. 3 c.p. (גָּלָה 162) *who had not been taken into exile*

בָּבֶלָה pr.n.-loc.he (93) *to Babylon*

40:8

וַיָּבֹאוּ consec.-Qal impf. 3 m.p. (בּוֹא 97) *then they went*

אֶל־גְּדַלְיָה prep.-pr.n. (153) *to Gedaliah*

הַמִּצְפָּתָה def.art.-pr.n.-dir.he (859) *at Mizpah*

וְיִשְׁמָעֵאל conj.-pr.n. (1035) *and Ishmael*

בֶּן־נְתַנְיָהוּ n.m.s. cstr. (119)-pr.n. (682) *the son of Nethaniah*

וְיוֹחָנָן conj.-pr.n. (220) *and Johanan*

וְיוֹנָתָן conj.-pr.n. (220; some mss. delete) *and Jonathan*

בְּנֵי־קָרֵחַ n.m.p. cstr. (119)-pr.n. (901) *the sons of Kareah*

וּשְׂרָיָה conj.-pr.n. (976) *and Seraiah*

בֶּן־תַּנְחֻמֶת v.supra-pr.n. (637) *the son of Tanhumeth*

וּבְנֵי עוֹפַי conj.-v.supra-pr.n. (734) *the sons of Ephai*

הַנְּטֹפָתִי def.art.-gent.adj. (643) *the Netophathite*

וִיזַנְיָהוּ conj.-pr.n. (24) *and Jezaniah*

בֶּן־הַמַּעֲכָתִי v.supra-def.art.-adj.gent. (591) *the son of the Maacathite*

הֵמָּה pers.pr. 3 m.p. (241) *they*

וְאַנְשֵׁיהֶם conj.-n.m.p.-3 m.p. sf. (35) *and their men*

40:9

וַיִּשָּׁבַע consec.-Ni. impf. 3 m.s. (989) *and swore*

לָהֶם prep.-3 m.p. sf. *to them*

גְּדַלְיָהוּ pr.n. (153) *Gedaliah*

בֶּן־אֲחִיקָם n.m.s. cstr. (119)-pr.n. (27) *the son of Ahikam*

בֶּן־שָׁפָן v.supra-pr.n. (1051) *son of Shaphan*

וּלְאַנְשֵׁיהֶם conj.-prep.-n.m.p.-3 m.p. sf. (35) *and their men*

לֵאמֹר prep.-Qal inf.cstr. (55) *saying*

אַל־תִּירְאוּ neg.-Qal impf. 2 m.p. (יָרֵא 431) *do not be afraid*

מֵעֲבוֹד prep.-Qal inf.cstr. (עָבַד 712) *to serve*

הַכַּשְׂדִּים def.art.-pr.n. (505) *the Chaldeans*

שְׁבוּ Qal impv. 2 m.p. (יָשַׁב 442) *dwell*

בָאָרֶץ prep.-def.art.-n.f.s. (75) *in the land*

וְעִבְדוּ conj.-Qal impv. 2 m.p. (עָבַד 712) *and serve*

אֶת־מֶלֶךְ dir.obj.-n.m.s. cstr. (I 572) *the king of*

בָּבֶל pr.n. (93) *Babylon*

וְיִיטַב לָכֶם conj.-Qal impf. 3 m.s. (יָטַב 405) -prep.-2 m.p. sf. *and it shall be well with you*

40:10

וַאֲנִי conj.-pers.pr. 1 c.s. (58) *as for me*

הִנְנִי demons.part.-1 c.s. sf. (243) *behold, I*

יֹשֵׁב Qal act.ptc. (442) *will dwell*

בַּמִּצְפָּה prep.-def.art.-pr.n. (859) *at Mizpah*

לַעֲמֹד prep.-Qal inf.cstr. (763) *to stand*

לִפְנֵי prep.-n.m.p. cstr. (815) *before*

הַכַּשְׂדִּים def.art.-pr.n. (505) *the Chaldeans*

אֲשֶׁר יָבֹאוּ rel. (81)-Qal impf. 3 m.p. (בּוֹא 97) *who will come*

אֵלֵינוּ prep.-1 c.p. sf. *to us*

וְאַתֶּם conj.-pers.pr. 2 m.p. (61) *but as for you*

אִסְפוּ Qal impv. 2 m.p. (אָסַף 62) *gather*

יַיִן n.m.s. (406) *wine*

וְקַיִץ conj.-n.m.s. (884) *and summer fruits*

וְשֶׁמֶן conj.-n.m.s. (1032) *and oil*

וְשִׂמוּ conj.-Qal impv. 2 m.s. (שׂוּם 962) *and store*

בִּכְלֵיכֶם prep.-n.m.p.-2 m.p. sf. (479) *in your vessels*

וּשְׁבוּ conj.-Qal impv. 2 m.p. (יָשַׁב 442) *and dwell*

בְּעָרֵיכֶם prep.-n.f.p.-2 m.p. sf. (746) *in your cities*

אֲשֶׁר־תְּפַשְׂתֶּם rel. (81)-Qal pf. 2 m.p. (תָּפַשׂ 1074) *that you have taken*

40:11

וְגַם conj.-adv. (168) *likewise*

כָּל־הַיְּהוּדִים n.m.s. cstr. (481)-def.art.-adj.gent. p. (I 397) *all the Jews*

אֲשֶׁר־בְּמוֹאָב rel. (81)-prep.-pr.n. (555) *who were in Moab*

וּבִבְנֵי־עַמּוֹן conj.-prep.-n.m.p. cstr. (119)-pr.n. (769) *and among the Ammonites*

וּבֶאֱדוֹם conj.-prep.-pr.n. (10) *and in Edom*

וַאֲשֶׁר בְּכָל־ conj.-rel. (81)-prep.-n.m.s. cstr. (481) *and in all*

הָאֲרָצוֹת def.art.-n.f.p. (75) *the lands*

שָׁמְעוּ Qal pf. 3 c.p. (1033) *heard*

כִּי־נָתַן conj.-Qal pf. 3 m.s. (678) *that had left*

מֶלֶךְ־בָּבֶל n.m.s. cstr. (I 572)-pr.n. (93) *the king of Babylon*

שְׁאֵרִית n.f.s. (984) *a remnant*

לִיהוּדָה prep.-pr.n. (397) *in Judah*

וְכִי הִפְקִיד conj.-conj.-Hi. pf. 3 m.s. (פָּקַד 823) *and had appointed*

עֲלֵיהֶם prep.-3 m.p. sf. *over them*

אֶת־גְּדַלְיָהוּ dir.obj.-pr.n. (153) *Gedaliah*

בֶּן־אֲחִיקָם n.m.s. cstr. (119)-pr.n. (27) *the son of Ahikam*

בֶּן־שָׁפָן v.supra-pr.n. (1051) *son of Shaphan*

40:12

וַיָּשֻׁבוּ consec.-Qal impf. 3 m.p. (שׁוּב 996) *then returned*

כָּל־הַיְּהוּדִים n.m.s. cstr. (481)-def.art.-adj.gent. p. (I 397) *all the Jews*

מִכָּל־ prep.-v.supra *from all*

הַמְּקֹמוֹת def.art.-n.m.p. (879) *the places*

אֲשֶׁר נִדְּחוּ־שָׁם rel. (81)-Ni. pf. 3 c.p. (נָדַח 623)-adv. (1027) *to which they had been driven*

וַיָּבֹאוּ consec.-Qal impf. 3 m.p. (בּוֹא 97) *and came*

אֶרֶץ־יְהוּדָה n.f.s. cstr. (75)-pr.n. (397) *to the land of Judah*

אֶל־גְּדַלְיָהוּ prep.-pr.n. (153) *to Gedaliah*

הַמִּצְפָּתָה def.art.-pr.n.-loc.he (859) *at Mizpah*

וַיַּאַסְפוּ consec.-Qal impf. 3 m.p. (אָסַף 62) *and they gathered*

יַיִן n.m.s. (406) *wine*

וָקַיִץ conj.-n.m.s. (884) *and summer fruits*

הַרְבֵּה מְאֹד Hi. inf.abs. as adv. (רָבָה 915)-adv. (547) *in great abundance*

40:13

וְיוֹחָנָן conj.-pr.n. (220) *now Johanan*

בֶּן־קָרֵחַ n.m.s. cstr. (119)-pr.n. (901) *the son of Kareah*

וְכָל־שָׂרֵי conj.-n.m.s. cstr. (481)-n.m.p. cstr. (978) *and all the leaders of*

הַחֲיָלִים def.art.-n.m.p. (298) *the forces*

אֲשֶׁר בַּשָּׂדֶה rel. (81)-prep.-def.art.-n.m.s. (961) *in the open country*

בָּאוּ Qal pf. 3 c.p. (בּוֹא 97) *came*

אֶל־גְּדַלְיָהוּ prep.-pr.n. (153) *to Gedaliah*

הַמִּצְפָּתָה def.art.-pr.n.-loc.he (859) *at Mizpah*

40:14

וַיֹּאמְרוּ consec.-Qal impf. 3 m.p. (55) *and said*

אֵלָיו prep.-3 m.s. sf. *to him*

הֲיָדֹעַ תֵּדַע interr.-Qal inf.abs. (393)-Qal impf. 2 m.s. (393) *do you know*

כִּי בַּעֲלִיס conj.-pr.n. (128) *that Baalis*

מֶלֶךְ בְּנֵי־עַמּוֹן n.m.s. cstr. (I 572)-n.m.p. cstr. (119)-pr.n. (769) *the king of the Ammonites*

שָׁלַח Qal pf. 3 m.s. (1018) *has sent*

אֶת־יִשְׁמָעֵאל dir.obj.-pr.n. (1035) *Ishmael*

בֶּן־נְתַנְיָה n.m.s. cstr. (119)-pr.n. (682) *the son of Nethaniah*

לְהַכֹּתְךָ נָפֶשׁ prep.-Hi. inf.cstr.-2 m.s. sf. (נָכָה 645) -n.f.s. paus. (659) *to take your life*

וְלֹא־הֶאֱמִין conj.-neg.-Hi. pf. 3 m.s. (אָמַן 52) *but would not believe*

לָהֶם prep.-3 m.p. sf. *them*

גְּדַלְיָהוּ pr.n. (153) *Gedaliah*

בֶּן־אֲחִיקָם n.m.s. cstr. (119)-pr.n. (27) *the son of Ahikam*

40:15

וְיוֹחָנָן conj.-pr.n. (220) *then Johanan*

בֶּן־קָרֵחַ n.m.s. cstr. (119)-pr.n. (901) *the son of Kareah*

אָמַר Qal pf. 3 m.s. (55) *said*

אֶל־גְּדַלְיָהוּ prep.-pr.n. (153) *to Gedaliah*

בַסֵּתֶר prep.-def.art.-n.m.s. (712) *secretly*

בַמִּצְפָּה prep.-def.art.-pr.n. (859) *at Mizpah*

לֵאמֹר prep.-Qal inf.cstr. (55) *(saying)*

אֵלְכָה נָּא Qal impf. 1 c.s.-coh.he (הָלַךְ 229)-part. of entreaty (609) *let me go*

וְאַכֶּה conj.-Hi. impf. 1 c.s. (נָכָה 645) *and let me slay*

אֶת־יִשְׁמָעֵאל dir.obj.-pr.n. (1035) *Ishmael*

בֶּן־נְתַנְיָה v.supra-pr.n. (682) *the son of Nethaniah*

וְאִישׁ לֹא יֵדַע conj.-n.m.s. (35)-neg.-Qal impf. 3 m.s. paus. (393) *and no one will know it*

לָמָה יַכֶּכָה נֶפֶשׁ prep.-interr. (552)-Hi. impf. 3 m.s.-2 m.s. sf. (נָכָה 645)-n.f.s. (659) *why should he take your life*

וְנָפֹצוּ conj.-Ni. pf. 3 c.p. (פּוּץ I 806) *so that would be scattered*

כָּל־יְהוּדָה n.m.s. cstr. (481)-pr.n. (397) *all the Jews*

הַנִּקְבָּצִים def.art.-Ni. ptc. m.p. (קָבַץ 867) *who are gathered*

אֵלֶיךָ prep.-2 m.s. sf. *about you*

וְאָבְדָה conj.-Qal pf. 3 f.s. (אָבַד 1) *and would perish*

שְׁאֵרִית יְהוּדָה n.f.s. cstr. (984)-pr.n. (397) *the remnant of Judah*

40:16

וַיֹּאמֶר consec.-Qal impf. 3 m.s. (55) *but said*

גְּדַלְיָהוּ pr.n. (153) *Gedaliah*

בֶּן־אֲחִיקָם n.m.s. cstr. (119)-pr.n. (27) *the son of Ahikam*

אֶל־יוֹחָנָן prep.-pr.n. (220) *to Johanan*

בֶּן־קָרֵחַ v.supra-pr.n. (901) *the son of Kareah*

אַל־תַּעַשׂ neg.-Qal impf. 2 m.s. (עָשָׂה I 793; GK 75hh) *you shall not do*

אֶת־הַדָּבָר הַזֶּה dir.obj.-def.art.-n.m.s. (182) -def.art.-demons.adj. m.s. (260) *this thing*

כִּי־שֶׁקֶר conj.-n.m.s. (1055) *for falsely*

אַתָּה דֹבֵר pers.pr. 2 m.s. (61)-Qal act.ptc. (180) *you are speaking*

אֶל־יִשְׁמָעֵאל prep.-pr.n. (1035) *of Ishmael*

41:1

וַיְהִי consec.-Qal impf. 3 m.s. (הָיָה 224) *and it proceeded to be*

בַּחֹדֶשׁ הַשְּׁבִיעִי prep.-def.art.-n.m.s. (II 294)-def.art.-num.adj. (988) *in the seventh month*

בָּא Qal pf. 3 m.s. (בּוֹא 97) *came*

יִשְׁמָעֵאל pr.n. (1035) *Ishmael*

בֶּן־נְתַנְיָה n.m.s. cstr. (119)-pr.n. (682) *the son of Nethaniah*

בֶּן־אֱלִישָׁמָע v.supra-pr.n. (46) *son of Elishama*

מִזֶּרַע הַמְּלוּכָה prep.-n.m.s. cstr. (282)-def.art.-n.f.s. (574) *of the royal family*

וְרַבֵּי הַמֶּלֶךְ conj.-n.m.p. cstr. (II 913)-def.art.-n.m.s. (I 572) *and chief officers of the king*

וַעֲשָׂרָה אֲנָשִׁים conj.-num. (796)-n.m.p. (35) *and ten men*

אִתּוֹ prep.-3 m.s. sf. (85) *with him*

אֶל־גְּדַלְיָהוּ prep.-pr.n. (153) *to Gedaliah*

בֶּן־אֲחִיקָם n.m.s. cstr. (119)-pr.n. (27) *the son of Ahikam*

הַמִּצְפָּתָה def.art.-pr.n.-loc.he (859) *at Mizpah*

וַיֹּאכְלוּ consec.-Qal impf. 3 m.p. (אָכַל 37) *as they ate*

שָׁם adv. (1027) *there*

לֶחֶם n.m.s. (536) *bread*

יַחְדָּו adv. (403) *together*

בַּמִּצְפָּה prep.-def.art.-pr.n. (859) *at Mizpah*

41:2

וַיָּקָם consec.-Qal impf. 3 m.s. (קוּם 877) *then rose up*

יִשְׁמָעֵאל pr.n. (1035) *Ishmael*

בֶּן־נְתַנְיָה n.m.s. cstr. (119)-pr.n. (682) *the son of Nethaniah*

וַעֲשֶׂרֶת הָאֲנָשִׁים conj.-num.cstr. (796)-def.art.-n.m.p. (35) *and the ten men*

אֲשֶׁר־הָיוּ rel. (81)-Qal pf. 3 c.p. (הָיָה 224) *who were*

אִתּוֹ prep.-3 m.s. sf. (II 85) *with him*

וַיַּכּוּ consec.-Hi. impf. 3 m.p. (נָכָה 645) *and struck down*

אֶת־גְּדַלְיָהוּ dir.obj.-pr.n. (153) *Gedaliah*

בֶּן־אֲחִיקָם v.supra-pr.n. (27) *the son of Ahikam*

בֶּן־שָׁפָן v.supra-pr.n. (1051) *son of Shaphan*

בַּחֶרֶב prep.-def.art.-n.f.s. (352) *with the sword*

וַיָּמֶת אֹתוֹ consec.-Hi. impf. 3 m.s. (מוּת 559)-dir. obj.-3 m.s. sf. *and killed him*

אֲשֶׁר־הִפְקִיד rel. (81)-Hi. pf. 3 m.s. (פָּקַד 823) *whom had appointed governor*

מֶלֶךְ־בָּבֶל n.m.s. cstr. (I 572)-pr.n. (93) *the king of Babylon*

בָּאָרֶץ prep.-def.art.-n.f.s. (75) *in the land*

41:3

וְאֵת כָּל conj.-dir.obj.-n.m.s. cstr. (481) *and all*

הַיְּהוּדִים def.art.-adj.gent. p. (I 397) *the Jews*

אֲשֶׁר־הָיוּ rel. (81)-Qal pf. 3 c.p. (הָיָה 224) *who were*

אִתּוֹ prep.-3 m.s. sf. (II 85) *with him*

אֶת־גְּדַלְיָהוּ dir.obj.-pr.n. (153) *Gedaliah*

בַּמִּצְפָּה prep.-def.art.-pr.n. (859) *at Mizpah*

וְאֶת־הַכַּשְׂדִּים conj.-dir.obj.-def.art.-pr.n. (505) *and the Chaldeans*

אֲשֶׁר נִמְצְאוּ־שָׁם rel. (81)-Ni. pf. 3 c.p. (מָצָא 592)-adv. (1027) *who were found there*

אֵת אַנְשֵׁי dir.obj.-n.m.p. cstr. (35) *and the men of*

הַמִּלְחָמָה def.art.-n.f.s. (536) *warfare*

הִכָּה Hi. pf. 3 m.s. (נָכָה 645) *he slew*

יִשְׁמָעֵאל pr.n. (1035) *Ishmael*

41:4

וַיְהִי consec.-Qal impf. 3 m.s. (הָיָה 224) *and it proceeded to be*

בַּיּוֹם הַשֵּׁנִי prep.-def.art.-n.m.s. (398)-def.art.-num. adj. (1041) *on the day after*

לְהָמִית prep.-Hi. inf.cstr. (מוּת 559) *the murder*

אֶת־גְּדַלְיָהוּ dir.obj.-pr.n. (153) *of Gedaliah*

וְאִישׁ conj.-n.m.s. (35) *and one*

לֹא יָדַע neg.-Qal pf. 3 m.s. paus. (393) *did not know*

41:5

וַיָּבֹאוּ consec.-Qal impf. 3 m.p. (בּוֹא 97) *and arrived*

אֲנָשִׁים n.m.p. (35) *men*

מִשְּׁכֶם prep.-pr.n. (1014) *from Shechem*

מִשִּׁלוֹ prep.-pr.n. (1010) *from Shiloh*

וּמִשֹּׁמְרוֹן conj.-prep.-pr.n. (1037) *and from Samaria*

שְׁמֹנִים אִישׁ num. p. (1033)-n.m.s. (35) *eighty men*

מְגֻלְּחֵי Pu. ptc. m.p. cstr. (גָּלַח 164) *shaved of*

זָקָן n.m.s. (278) *beard*

וּקְרֻעֵי conj.-Qal pass.ptc. m.p. cstr. (קָרַע 902) *and torn of*

בְּגָדִים n.m.p. (93) *garments*

וּמִתְגֹּדְדִים conj.-Hithpo'el ptc. m.p. (גָּדַד 151) *and their bodies gashed*

וּמִנְחָה conj.-n.f.s. (585) *and cereal offering*

וּלְבוֹנָה conj.-n.f.s. (526) *and incense*

בְּיָדָם prep.-n.f.s.-3 m.p. sf. (388) *bringing (in their hand)*

לְהָבִיא prep.-Hi. inf.cstr. (בּוֹא 97) *to present*

בֵּית יהוה n.m.s. cstr. (108)-pr.n. (217) *at the temple of Yahweh*

41:6

וַיֵּצֵא consec.-Qal impf. 3 m.s. (יָצָא 422) *and came out*

יִשְׁמָעֵאל pr.n. (1035) *Ishmael*

בֶּן־נְתַנְיָה n.m.s. cstr. (119)-pr.n. (682) *the son of Nethaniah*

לִקְרָאתָם prep.-Qal inf.cstr.-3 m.p. sf. (קָרָא II 896) *to meet them*

מִן־הַמִּצְפָּה prep.-def.art.-pr.n. (859) *from Mizpah*

הֹלֵךְ הָלֹךְ Qal act.ptc. (229)-Qal inf.abs. (229; GK 113u) *as he came*

וּבֹכֶה conj.-Qal act.ptc. (בָּכָה 113) *weeping*

וַיְהִי כִּפְגֹשׁ consec.-Qal impf. 3 m.s. (הָיָה 224)-prep.-Qal inf.cstr. (פָּגַשׁ 803) *and as he met*

אֹתָם dir.obj.-3 m.p. sf. *them*

וַיֹּאמֶר consec.-Qal impf. 3 m.s. (55) *he said*

אֲלֵיהֶם prep.-3 m.p. sf. *to them*

בֹּאוּ Qal impv. 2 m.p. (בּוֹא 97) *come in*

אֶל־גְּדַלְיָהוּ prep.-pr.n. (153) *to Gedaliah*

בֶּן־אֲחִיקָם n.m.s. cstr. (119)-pr.n. (27) *the son of Ahikam*

41:7

וַיְהִי כְּבוֹאָם consec.-Qal impf. 3 m.s. (הָיָה 224)-prep.-Qal inf.cstr.-3 m.p. sf. (בּוֹא 97) *when they came*

אֶל־תּוֹךְ prep.-n.m.s. cstr. (1063) *into the midst of*

הָעִיר def.art.-n.f.s. (746) *the city*

וַיִּשְׁחָטֵם consec.-Qal impf. 3 m.s.-3 m.p. sf. (שָׁחַט 1006) *and slew them*

יִשְׁמָעֵאל pr.n. (1035) *Ishmael*

בֶּן־נְתַנְיָה n.m.s. cstr. (119)-pr.n. (682) *the son of Nethaniah*

אֶל־תּוֹךְ הַבּוֹר v.supra-v.supra-def.art.-n.m.s. (92) *and into the cistern*

הוּא pers.pr. 3 m.s. (214) *he*

וְהָאֲנָשִׁים conj.-def.art.-n.m.p. (35) *and the men*

אֲשֶׁר־אִתּוֹ rel. (81)-prep.-3 m.s. sf. (II 85) *who were with him*

41:8

וַעֲשָׂרָה conj.-num. f. (796) *and ten*

אֲנָשִׁים n.m.p. (35) *men*

נִמְצְאוּ־בָם Ni. pf. 3 c.p. (מָצָא 592)-prep.-3 m.p. sf. *were found with them*

וַיֹּאמְרוּ consec.-Qal impf. 3 m.p. (55) *who said*

אֶל־יִשְׁמָעֵאל prep.-pr.n. (1035) *to Ishmael*

אַל־תְּמִתֵנוּ neg.-Hi. impf. 2 m.s.-1 c.p. sf. (מוּת 559) *do not kill us*

כִּי־יֶשׁ־לָנוּ conj.-subst. (441)-prep.-1 c.p. sf. *for we have*

מַטְמֹנִים n.m.p. (380) *stores*

בַּשָּׂדֶה prep.-def.art.-n.m.s. (961) *in the fields*

חִטִּים n.f.p. (334) *wheat*

וּשְׂעֹרִים conj.-n.f.p. (972) *and barley*

וְשֶׁמֶן conj.-n.m.s. (1032) *and oil*

וּדְבָשׁ conj.-n.m.s. paus. (185) *and honey*

וַיֶּחְדַּל consec.-Qal impf. 3 m.s. (חָדַל 292) *so he refrained*

וְלֹא הֱמִיתָם conj.-neg.-Hi. pf. 3 m.s.-3 m.p. sf. (מוּת 559) *and did not kill them*

בְּתוֹךְ אֲחֵיהֶם prep.-n.m.s. cstr. (1063)-n.m.p.-3 m.p. sf. *with their companions*

41:9

וְהַבּוֹר conj.-def.art.-n.m.s. (92) *now the cistern*

אֲשֶׁר הִשְׁלִיךְ rel. (81)-Hi. pf. 3 m.s. (שָׁלַךְ 1020) *into which cast*

שָׁם adv. (1027) *there*

יִשְׁמָעֵאל pr.n. (1035) *Ishmael*

אֵת כָּל dir.obj.-n.m.s. cstr. (481) *all*

פִּגְרֵי n.m.p. cstr. (803) *the bodies of*

הָאֲנָשִׁים def.art.-n.m.p. (35) *the men*

אֲשֶׁר הִכָּה rel. (81)-Hi. pf. 3 m.s. (נָכָה 645) *whom he had slain*

בְּיַד־גְּדַלְיָהוּ prep.-n.f.s. cstr. (388)-pr.n. (153) *by the hand of Gedaliah*

הוּא אֲשֶׁר עָשָׂה pers.pr. 3 m.s. (214)-rel. (81)-Qal pf. 3 m.s. (I 793) *it which had made*

הַמֶּלֶךְ אָסָא def.art.-n.m.s. (I 572)-pr.n. (61) *King Asa*

מִפְּנֵי בַעְשָׁא prep.-n.m.p. cstr. (815)-pr.n. (129) *against Baasha*

מֶלֶךְ־יִשְׂרָאֵל n.m.s. cstr. (I 572)-pr.n. (975) *king of Israel*

אֹתוֹ מִלֵּא dir.obj.-3 m.s. sf.-Pi. pf. 3 m.s. (569) *it (he) filled*

יִשְׁמָעֵאל pr.n. (1035) *Ishmael*

בֶּן־נְתַנְיָהוּ n.m.s. cstr. (119)-pr.n. (682) *the son of Nethaniah*

חֲלָלִים n.m.p. (I 319) *with the slain*

41:10

וַיִּשְׁבְּ consec.-Qal impf. 3 m.s. (שָׁבָה 985) *then took captive*

יִשְׁמָעֵאל pr.n. (1035) *Ishmael*

אֶת־כָּל־שְׁאֵרִית dir.obj.-n.m.s. cstr. (481)-n.f.s. cstr. (984) *all the rest of*

הָעָם def.art.-n.m.s. (I 766) *the people*

אֲשֶׁר בַּמִּצְפָּה rel. (81)-prep.-def.art.-pr.n. (859) *who were in Mizpah*

אֶת־בְּנוֹת הַמֶּלֶךְ dir.obj.-n.f.p. cstr. (I 123)-def.art.-n.m.s. (I 572) *the king's daughters*

וְאֶת־כָּל־הָעָם conj.-dir.obj.-v.supra -v.supra *and all the people*

הַנִּשְׁאָרִים def.art.-Ni. ptc. m.p. (שָׁאַר 984) *who were left*

בַּמִּצְפָּה v.supra *in Mizpah*

אֲשֶׁר הִפְקִיד rel. (81)-Hi. pf. 3 m.s. (פָּקַד 823) *whom had committed*

נְבוּזַרְאֲדָן pr.n. (613) *Nebuzaradan*

רַב־טַבָּחִים n.m.s. cstr. (II 913)-n.m.p. (371) *the captain of the guard*

אֶת־גְּדַלְיָהוּ dir.obj.-pr.n. (153) *to Gedaliah*

בֶּן־אֲחִיקָם n.m.s. cstr. (119)-pr.n. (27) *the son of Ahikam*

וַיִּשְׁבֵּם consec.-Qal impf. 3 m.s.-3 m.p. sf. (שָׁבָה 985) *and took them captive*

388

יִשְׁמָעֵאל pr.n. (1035) *Ishmael*

בֶּן־נְתַנְיָה n.m.s. cstr. (119)-pr.n. (682) *the son of Nethaniah*

וַיֵּלֶךְ consec.-Qal impf. 3 m.s. (הָלַךְ 229) *and set out*

לַעֲבֹר prep.-Qal inf.cstr. (716) *to cross over*

אֶל־בְּנֵי עַמּוֹן prep.-n.m.p. cstr. (119)-pr.n. (769) *to the Ammonites*

41:11

וַיִּשְׁמַע consec.-Qal impf. 3 m.s. (1033) *but when heard*

יוֹחָנָן pr.n. (220) *Johanan*

בֶּן־קָרֵחַ n.m.s. cstr. (119)-pr.n. (901) *the son of Kareah*

וְכָל־שָׂרֵי conj.-n.m.s. cstr. (481)-n.m.p. cstr. (978) *and all the leaders of*

הַחֲיָלִים def.art.-n.m.p. (298) *the forces*

אֲשֶׁר אִתּוֹ rel. (81)-prep.-3 m.s. sf. (II 85) *with him*

אֵת כָּל־הָרָעָה dir.obj.-n.m.s. cstr. (481)-def.art.-n.f.s. (949) *of all the evil*

אֲשֶׁר עָשָׂה rel. (81)-Qal pf. 3 m.s. (I 793) *which had done*

יִשְׁמָעֵאל pr.n. (1035) *Ishmael*

בֶּן־נְתַנְיָה n.m.s. cstr. (119)-pr.n. (682) *the son of Nethaniah*

41:12

וַיִּקְחוּ consec.-Qal impf. 3 m.p. (לָקַח 542) *they took*

אֶת־כָּל־הָאֲנָשִׁים dir.obj.-n.m.s. cstr. (481)-def.art.-n.m.p. (35) *all the men*

וַיֵּלְכוּ consec.-Qal impf. 3 m.p. (הָלַךְ 229) *and went*

לְהִלָּחֵם prep.-Ni. inf.cstr. (לָחַם 535) *to fight*

עִם־יִשְׁמָעֵאל prep.-pr.n. (1035) *against Ishmael*

בֶּן־נְתַנְיָה n.m.s. cstr. (119)-pr.n. (682) *the son of Nethaniah*

וַיִּמְצְאוּ consec.-Qal impf. 3 m.p. (מָצָא 592) *and they came upon*

אֹתוֹ dir.obj.-3 m.s. sf. *him*

אֶל־מַיִם רַבִּים prep. (39; GK 119g)-n.m.p. (565)-adj. m.p. (I 912) *at the great pool*

אֲשֶׁר בְּגִבְעוֹן rel. (81)-prep.-pr.n. (149) *which is in Gibeon*

41:13

וַיְהִי כִּרְאוֹת consec.-Qal impf. 3 m.s. (224)-prep.-Qal inf.cstr. (רָאָה 906) *and when saw*

כָּל־הָעָם n.m.s. cstr. (481)-def.art.-n.m.s. (I 766) *all the people*

אֲשֶׁר אֶת־יִשְׁמָעֵאל rel. (81)-prep. (II 85)-pr.n. (1035) *who were with Ishmael*

אֶת־יוֹחָנָן dir.obj.-pr.n. (220) *Johanan*

בֶּן־קָרֵחַ n.m.s. cstr. (119)-pr.n. (901) *the son of Kareah*

וְאֵת כָּל־שָׂרֵי conj.-dir.obj.-n.m.s. cstr. (481)-n.m.p. cstr. (978) *and all the leaders of*

הַחֲיָלִים def.art.-n.m.p. (298) *the forces*

אֲשֶׁר אִתּוֹ rel. (81)-prep.-3 m.s. sf. (II 85) *with him*

וַיִּשְׂמָחוּ consec.-Qal impf. 3 m.p. paus. (שָׂמַח 970) *and they rejoiced*

41:14

וַיָּסֹבּוּ consec.-Qal impf. 3 m.p. (סָבַב 685) *so turned about*

כָּל־הָעָם n.m.s. cstr. (481)-def.art.-n.m.s. (I 766) *all the people*

אֲשֶׁר־שָׁבָה rel. (81)-Qal pf. 3 m.s. (985) *whom had carried away captive*

יִשְׁמָעֵאל pr.n. (1035) *Ishmael*

מִן־הַמִּצְפָּה prep.-def.art.-pr.n. (859) *from Mizpah*

וַיָּשֻׁבוּ consec.-Qal impf. 3 m.p. (שׁוּב 996) *and came back*

וַיֵּלְכוּ consec.-Qal impf. 3 m.p. (הָלַךְ 229) *and went*

אֶל־יוֹחָנָן prep.-pr.n. (220) *to Johanan*

בֶּן־קָרֵחַ n.m.s. cstr. (119)-pr.n. (901) *the son of Kareah*

41:15

וְיִשְׁמָעֵאל conj.-pr.n. (1035) *but Ishmael*

בֶּן־נְתַנְיָה n.m.s. cstr. (119)-pr.n. (682) *the son of Nethaniah*

נִמְלַט Ni. pf. 3 m.s. (מָלַט 572) *escaped*

בִּשְׁמֹנָה אֲנָשִׁים prep.-num. f. (1032)-n.m.p. (35) *with eight men*

מִפְּנֵי יוֹחָנָן prep.-n.m.p. cstr. (815)-pr.n. (220) *from Johanan*

וַיֵּלֶךְ consec.-Qal impf. 3 m.s. (הָלַךְ 229) *and went*

אֶל־בְּנֵי עַמּוֹן prep.-n.m.p. cstr. (119)-pr.n. (769) *to the Ammonites*

41:16

וַיִּקַּח consec.-Qal impf. 3 m.s. (לָקַח 542) *then took*

יוֹחָנָן pr.n. (220) *Johanan*

בֶּן־קָרֵחַ n.m.s. cstr. (119)-pr.n. (901) *the son of Kareah*

וְכָל־שָׂרֵי conj.-n.m.s. cstr. (481)-n.m.p. cstr. (978) *and all the leaders of*

הַחֲיָלִים def.art.-n.m.p. (298) *the forces*

אֲשֶׁר־אִתּוֹ rel. (81)-prep.-3 m.s. sf. (II 85) *with him*

אֵת כָּל־שְׁאֵרִית dir.obj.-v.supra-n.f.s. cstr. (984) *all the rest of*

הָעָם def.art.-n.m.s. (I 766) *the people*

אֲשֶׁר הֵשִׁיב rel. (81)-Hi. pf. 3 m.s. (שוב 996) *whom he recovered*

מֵאֵת יִשְׁמָעֵאל prep.-prep. (II 85)-pr.n. (1035) *from Ishmael*

בֶּן־נְתַנְיָה n.m.s. cstr. (119)-pr.n. (682) *the son of Nethaniah*

מִן־הַמִּצְפָּה prep.-def.art.-pr.n. (859) *from Mizpah*

אַחַר הִכָּה prep. (29)-Hi. pf. 3 m.s. (נכה 645) *after he had slain*

אֶת־גְּדַלְיָה dir.obj.-pr.n. (153) *Gedaliah*

בֶּן־אֲחִיקָם v.supra-pr.n. (27) *the son of Ahikam*

גְּבָרִים n.m.p. (I 149) *men*

אַנְשֵׁי הַמִּלְחָמָה n.m.p. cstr. (35)-def.art.-n.f.s. (536) *soldiers*

וְנָשִׁים conj.-n.f.p. (61) *and women*

וְטַף conj.-n.m.s. (381) *and children*

וְסָרִסִים conj.-n.m.p. (710) *and eunuchs*

אֲשֶׁר הֵשִׁיב rel. (81)-Hi. pf. 3 m.s. (שוב 996) *whom he brought back*

מִגִּבְעוֹן prep.-pr.n. (149) *from Gibeon*

41:17

וַיֵּלְכוּ consec.-Qal impf. 3 m.p. (הלך 229) *and they went*

וַיֵּשְׁבוּ consec.-Qal impf. 3 m.p. (ישב 442) *and stayed*

בְּגֵרוּת prep.-n.f.s. (158) *Geruth (inn)*

כִּמְוֹהָם pr.n. (484) *Chimham*

אֲשֶׁר־אֵצֶל rel. (81)-prep. (I 69) *near*

בֵּית לָחֶם pr.n. paus. (111) *Bethlehem*

לָלֶכֶת prep.-Qal inf.cstr. (הלך 229) *to go*

לָבוֹא prep.-Qal inf.cstr. (בוא 97) *(to come)*

מִצְרָיִם pr.n. paus. (595) *to Egypt*

41:18

מִפְּנֵי הַכַּשְׂדִּים prep.-n.m.p. cstr. (815)-def.art.-pr.n. (505) *because of the Chaldeans*

כִּי יָרְאוּ conj.-Qal pf. 3 c.p. (431) *for they were afraid*

מִפְּנֵיהֶם prep.-n.m.p.-3 m.p. sf. (815) *of them*

כִּי־הִכָּה conj.-Hi. pf. 3 m.s. (נכה 645) *because had slain*

יִשְׁמָעֵאל pr.n. (1035) *Ishmael*

בֶּן־נְתַנְיָה n.m.s. cstr. (119)-pr.n. (682) *the son of Nethaniah*

אֶת־גְּדַלְיָהוּ dir.obj.-pr.n. (153) *Gedaliah*

בֶּן־אֲחִיקָם v.supra-pr.n. (27) *the son of Ahikam*

אֲשֶׁר־הִפְקִיד rel. (81)-Hi. pf. 3 m.s. (פקד 823) *whom had made governor*

מֶלֶךְ־בָּבֶל n.m.s. cstr. (I 572)-pr.n. (93) *the king of Babylon*

בָּאָרֶץ prep.-def.art.-n.f.s. (75) *over the land*

42:1

וַיִּגְּשׁוּ consec.-Qal impf. 3 m.p. (נגשׁ 620) *then came near*

כָּל־שָׂרֵי n.m.s. cstr. (481)-n.m.p. cstr. (978) *all the commanders of*

הַחֲיָלִים def.art.-n.m.p. (298) *the forces*

וְיוֹחָנָן conj.-pr.n. (220) *and Johanan*

בֶּן־קָרֵחַ n.m.s. cstr. (119)-pr.n. (901) *the son of Kareah*

וְיזַנְיָה conj.-pr.n. (24) *and Jezaniah*

בֶּן־הוֹשַׁעְיָה v.supra-pr.n. (448) *the son of Hoshaiah*

וְכָל־הָעָם conj.-n.m.s.cstr. (481)-def.art.-n.m.s. (I 766) *and all the people*

מִקָּטֹן prep.-adj. (882) *from the least*

וְעַד־גָּדוֹל conj.-prep. (III 723)-adj. (152) *to the greatest*

42:2

וַיֹּאמְרוּ consec.-Qal impf. 3 m.p. (55) *and said*

אֶל־יִרְמְיָהוּ prep.-pr.n. (941) *to Jeremiah*

הַנָּבִיא def.art.-n.m.s. (611) *the prophet*

תִּפָּל־נָא Qal impf. 2 m.s. (נפל 656)-part. of entreaty (609) *let come*

תְחִנָּתֵנוּ n.f.s.-1 c.p. sf. (337) *our supplication*

לְפָנֶיךָ prep.-n.m.p.-2 m.s. sf. (815) *before you*

וְהִתְפַּלֵּל conj.-Hith. impv. 2 m.s. (פלל 813) *and pray*

בַּעֲדֵנוּ prep.-1 c.p. sf. (126) *for us*

אֶל־יְהוָה prep.-pr.n. (217) *to Yahweh*

אֱלֹהֶיךָ n.m.p.-2 m.s. sf. (43) *your God*

בְּעַד כָּל־ prep. (126)-n.m.s. cstr. (481) *for all of*

הַשְּׁאֵרִית הַזֹּאת def.art.-n.f.s. (984)-def.art.-demons.adj. f.s. (260) *this remnant*

כִּי־נִשְׁאַרְנוּ conj.-Ni. pf. 1 c.p. (שאר 983) *for we are left*

מְעַט מֵהַרְבֵּה subst. (589)-prep.-Hi. inf.abs. as adv. (רבה I 915; GK 75ff) *but a few of many*

כַּאֲשֶׁר עֵינֶיךָ prep.-rel. (81)-n.f. du.-2 m.s. sf. (744) *as your eyes*

רְאוֹת אֹתָנוּ Qal act.ptc. f.p. (רָאָה 906)-dir.obj.-1 c.p. sf. *see us*

42:3

וְיַגֶּד־לָנוּ conj.-Hi. impf. 3 m.s. (נגד 616)-prep.-1 c.p. sf. *that may show us*

יהוה אֱלֹהֶיךָ pr.n. (217)-n.m.p.-2 m.s. sf. (43) *Yahweh your God*

אֶת־הַדֶּרֶךְ dir.obj.-def.art.-n.f.s. (202) *the way*

אֲשֶׁר נֵלֶךְ־בָּהּ rel. (81)-Qal impf. 1 c.p. (הלך 229)-prep.-3 f.s. sf. *we should go*

וְאֶת־הַדָּבָר conj.-dir.obj.-def.art.-n.m.s. (182) *and the thing*

אֲשֶׁר נַעֲשֶׂה rel. (81)-Qal impf. 1 c.p. (עשׂה I 793) *that we should do*

42:4

וַיֹּאמֶר consec.-Qal impf. 3 m.s. (55) *then said*

אֲלֵיהֶם prep.-3 m.p. sf. *to them*

יִרְמְיָהוּ pr.n. (941) *Jeremiah*

הַנָּבִיא def.art.-n.m.s. (611) *the prophet*

שָׁמַעְתִּי Qal pf. 1 c.s. (1033) *I have heard*

הִנְנִי demons.part.-1 c.s. sf. (243) *behold, I*

מִתְפַּלֵּל Hith. ptc. (פלל 813) *will pray*

אֶל־יְהוָה prep.-pr.n. (217) *to Yahweh*

אֱלֹהֵיכֶם n.m.p.-2 m.p. sf. (43) *your God*

כְּדִבְרֵיכֶם prep.-n.m.p.-2 m.p. sf. (182) *according to your request*

וְהָיָה conj.-Qal pf. 3 m.s. (224) *and*

כָּל־הַדָּבָר n.m.s. cstr. (481)-def.art.-n.m.s. (182) *whatsoever*

אֲשֶׁר־יַעֲנֶה יהוה rel. (81)-Qal impf. 3 m.s. (ענה I 772)-pr.n. (217) *Yahweh answers*

אֶתְכֶם dir.obj.-2 m.p. sf. *you*

אַגִּיד Hi. impf. 1 c.s. (נגד 616) *I will tell*

לָכֶם prep.-2 m.p. sf. *you*

לֹא־אֶמְנַע neg.-Qal impf. 1 c.s. (מנע 586) *I will not withhold*

מִכֶּם prep.-2 m.p. sf. *from you*

דָּבָר n.m.s. (182) *anything*

42:5

וְהֵמָּה אָמְרוּ conj.-pers.pr. 3 m.p. (214)-Qal pf. 3 c.p. (55) *then they said*

אֶל־יִרְמְיָהוּ prep.-pr.n. (941) *to Jeremiah*

יְהִי Qal impf. 3 m.s. apoc. juss. (היה 224) *may be*

יהוה pr.n. (217) *Yahweh*

בָּנוּ prep.-1 c.p. sf. *against us*

לְעֵד prep.-n.m.s. cstr. (729) *a witness*

אֱמֶת n.f.s. (54) *true*

וְנֶאֱמָן conj.-Ni. ptc. (אמן 52) *and faithful*

אִם־לֹא hypoth.part. (49)-neg. *if we do not act*

כְּכָל־הַדָּבָר prep.-n.m.s. cstr. (481)-def.art.-n.m.s. (182) *according to all the word*

אֲשֶׁר יִשְׁלָחֲךָ rel. (81)-Qal impf. 3 m.s.-2 m.s. sf. (שלח 1018) *with which sends you*

יהוה אֱלֹהֶיךָ pr.n. (217)-n.m.p.-2 m.s. sf. (43) *Yahweh your God*

אֵלֵינוּ prep.-1 c.p. sf. *to us*

כֵּן נַעֲשֶׂה adv. (485)-Qal impf. 1 c.p. (עשׂה I 793) *thus we will do*

42:6

אִם־טוֹב conj. (49)-adj. (373) *whether good*

וְאִם־רָע conj.-conj.-adj. (948) *or evil*

בְּקוֹל prep.-n.m.s. cstr. (876) *the voice of*

יהוה אֱלֹהֵינוּ pr.n. (217)-n.m.p.-1 c.p. sf. (43) *Yahweh our God*

אֲשֶׁר אֲנַנוּ rel. (81)-pers.pr. 1 c.p. (59; GK 17a, 32d) *to whom we*

שֹׁלְחִים Qal act.ptc. m.p. (1018) *are sending*

אֹתָךְ dir.obj.-2 m.s. sf. *you*

אֵלָיו prep.-3 m.s. sf. *to him*

נִשְׁמָע Qal impf. 1 c.p. paus. (1033) *we will obey*

לְמַעַן אֲשֶׁר prep. (775)-rel. (81) *that*

יִיטַב־לָנוּ Qal impf. 3 m.s. (יטב 405)-prep.-1 c.p. sf. *it may be well with us*

כִּי נִשְׁמַע conj.-Qal impf. 1 c.p. (1033) *when we obey*

בְּקוֹל prep.-n.m.s. cstr. (876) *the voice of*

יהוה אֱלֹהֵינוּ pr.n. (217)-n.m.p.-1 c.p. sf. (43) *Yahweh our God*

42:7

וַיְהִי consec.-Qal impf. 3 m.s. (היה 224) *and it proceeded to be*

מִקֵּץ prep.-n.m.s. cstr. (893) *at the end of*

עֲשֶׂרֶת יָמִים num. cstr. (796)-n.m.p. (398) *ten days*

וַיְהִי v.supra *came*

דְּבַר־יהוה n.m.s. cstr. (182)-pr.n. (217) *the word of Yahweh*

אֶל־יִרְמְיָהוּ prep.-pr.n. (941) *to Jeremiah*

42:8

וַיִּקְרָא consec.-Qal impf. 3 m.s. (894) *then he summoned*

אֶל־יוֹחָנָן prep.-pr.n. (220) *Johanan*

בֶּן־קָרֵחַ n.m.s. cstr. (119)-pr.n. (901) *the son of Kareah*

וְאֶל־כָּל־שָׂרֵי conj.-prep.-n.m.s. cstr. (481)-n.m.p. cstr. (978) *and all the commanders of*

הַחֲיָלִים def.art.-n.m.p. (298) *the forces*

אֲשֶׁר אִתּוֹ rel. (81)-prep.-3 m.s. sf. (II 85) *who were with him*

וּלְכָל־הָעָם conj.-prep.-v.supra-def.art.-n.m.s. (I 766) *and all the people*

לְמִקָּטֹן prep.-prep.-adj. (882) *from the least*

וְעַד־גָּדוֹל conj.-prep. (III 723)-adj. (152) *to the greatest*

42:9

וַיֹּאמֶר consec.-Qal impf. 3 m.s. (55) *and said*

אֲלֵיהֶם prep.-3 m.p. sf. *to them*

כֹּה־אָמַר adv. (462)-Qal pf. 3 m.s. (55) *thus says*

יְהוָה pr.n. (217) *Yahweh*

אֱלֹהֵי יִשְׂרָאֵל n.m.p. cstr. (43)-pr.n. (975) *the God of Israel*

אֲשֶׁר שְׁלַחְתֶּם rel. (81)-Qal pf. 2 m.p. (1018) *which you sent*

אֹתִי dir.obj.-1 c.s. sf. *me*

אֵלָיו prep.-3 m.s. sf. *to him*

לְהַפִּיל prep.-Hi. inf.cstr. (נפל 656) *to present*

תְּחִנַּתְכֶם n.f.s.-2 m.p. sf. (337) *your supplication*

לְפָנָיו prep.-n.m.p.-3 m.s. sf. (815) *before him*

42:10

אִם־שׁוֹב תֵּשְׁבוּ hypoth.part. (49)-Qal inf.abs. (996 שׁוּב; but rd.prb. יָשׁוֹב from יָשַׁב 442; GK 19i)-Qal impf. 2 m.p. (יָשַׁב 442) *if you will remain*

בָּאָרֶץ הַזֹּאת prep.-def.art.-n.f.s. (75)-def.art.-demons.adj. f.s. (260) *in this land*

וּבָנִיתִי conj.-Qal pf. 1 c.s. (בנה 124) *then I will build up*

אֶתְכֶם dir.obj.-2 m.p. sf. *you*

וְלֹא אֶהֱרֹס conj.-neg.-Qal impf. 1 c.s. (הרס 248) *and not pull you down*

וְנָטַעְתִּי conj.-Qal pf. 1 c.s. (נטע 642) *I will plant*

אֶתְכֶם v.supra *you*

וְלֹא אֶתּוֹשׁ conj.-neg.-Qal impf. 1 c.s. (נתשׁ 684) *and not pluck you up*

כִּי נִחַמְתִּי conj.-Pi. pf. 1 c.s. (נחם 636) *for I repent*

אֶל־הָרָעָה prep.-def.art.-n.f.s. (949) *of the evil*

אֲשֶׁר עָשִׂיתִי לָכֶם rel. (81)-Qal pf. 1 c.s. (עשׂה I 793)-prep.-2 m.p. sf. *which I did to you*

42:11

אַל־תִּירְאוּ neg.-Qal impf. 2 m.p. (ירא 431) *do not fear*

מִפְּנֵי prep.-n.m.p. cstr. (815) *(before)*

מֶלֶךְ בָּבֶל n.m.s. cstr. (I 572)-pr.n. (93) *the king of Babylon*

אֲשֶׁר־אַתֶּם יְרֵאִים rel. (81)-pers. pr. 2 m.p. (61) -Qal act.ptc. m.p. (ירא 431) *which you are afraid*

מִפָּנָיו prep.-n.m.p.-3 m.s. sf. (815) *before him*

אַל־תִּירְאוּ v.supra *do not fear*

מִמֶּנּוּ prep.-3 m.s. sf. *him*

נְאֻם־יְהוָה n.m.s. cstr. (610)-pr.n. (217) *says Yahweh*

כִּי־אִתְּכֶם conj.-prep.-2 m.p. sf. (II 85) *for with you*

אָנִי pers.pr. 1 c.s. (58) *I am*

לְהוֹשִׁיעַ prep.-Hi. inf.cstr. (ישׁע 446) *to save*

אֶתְכֶם dir.obj.-2 m.p. sf. *you*

וּלְהַצִּיל conj.-prep.-Hi. inf.cstr. (נצל 664) *and to deliver*

אֶתְכֶם v.supra *you*

מִיָּדוֹ prep.-n.f.s.-3 m.s. sf. (388) *from his hand*

42:12

וְאֶתֵּן conj.-Qal impf. 1 c.s. (נתן 678) *and I will grant*

לָכֶם prep.-2 m.p. sf. *you*

רַחֲמִים n.m.p. (933) *mercy*

וְרִחַם conj.-Pi. pf. 3 m.s. (רחם 933) *that he may have mercy*

אֶתְכֶם dir.obj.-2 m.p. sf. *on you*

וְהֵשִׁיב conj.-Hi. pf. 3 m.s. (ישׁב 442) *and let remain*

אֶתְכֶם v.supra *you*

אֶל־אַדְמַתְכֶם prep.-n.f.s.-2 m.p. sf. (9) *in your own land*

42:13

וְאִם־אֹמְרִים conj.-hypoth.part. (49)-Qal act.ptc. m.p. (55) *but if ... say*

אַתֶּם pers.pr. 2 m.p. (61) *you*

לֹא נֵשֵׁב neg.-Qal impf. 1 c.p. (ישׁב 442) *we will not remain*

בָּאָרֶץ הַזֹּאת prep.-def.art.-n.m.s. (75)-def.art.-demons.adj. f.s. (260) *in this land*

לְבִלְתִּי שְׁמֹעַ prep.-neg. (116)-Qal inf.cstr. (1033) *disobeying*

בְּקוֹל יְהוָה prep.-n.m.s. cstr. (876)-pr.n. (217) *the voice of Yahweh*

אֱלֹהֵיכֶם n.m.p.-2 m.p. sf. (43) *your God*

42:14

לֵאמֹר prep.-Qal inf.cstr. (55) *saying*

לֹא neg. *No*

כִּי אֶרֶץ מִצְרַיִם conj.-n.f.s. cstr. (75)-pr.n. (595) *but to the land of Egypt*

נָבוֹא Qal impf. 1 c.p. (בוא 97) *we will go*

392

אֲשֶׁר לֹא־נִרְאֶה rel. (81)-neg.-Qal impf. 1 c.p. (רָאָה 906) *where we shall not see*

מִלְחָמָה n.f.s. (536) *war*

וְקוֹל שׁוֹפָר conj.-n.m.s. cstr. (876)-n.m.s. (1051) *or the sound of the trumpet*

לֹא נִשְׁמָע neg.-Qal impf. 1 c.p.(1033) *we shall not hear*

וְלַלֶּחֶם conj.-prep.-def.art.-n.m.s. (536) *or for bread*

לֹא־נִרְעָב neg.-Qal impf. 1 c.p. (רָעֵב 944) *we shall not be hungry*

וְשָׁם conj.-adv. (1027) *and there*

נֵשֵׁב Qal impf. 1 c.p. (יָשַׁב 442) *we will dwell*

42:15

וְעַתָּה לָכֵן conj.-adv. (773)-prep.-adv. (485) *then therefore*

שִׁמְעוּ Qal impv. 2 m.p. (1033) *hear*

דְּבַר־יְהוָה n.m.s. cstr. (182)-pr.n. (217) *the word of Yahweh*

שְׁאֵרִית n.f.s. cstr. (984) *O remnant of*

יְהוּדָה pr.n. (397) *Judah*

כֹּה־אָמַר adv. (462)-Qal pf. 3 m.s. (55) *thus says*

יהוה צְבָאוֹת pr.n. (217)-pr.n. (838) *Yahweh of hosts*

אֱלֹהֵי יִשְׂרָאֵל n.m.p. cstr. (43)-pr.n. (975) *the God of Israel*

אִם־אַתֶּם שׂוֹם תְּשִׂמוּן hypoth.part. (49)-Qal inf.abs. (שׂוּם I 962)-Qal impf. 2 m.p. (I 962) *if you set*

פְּנֵיכֶם n.m.p.-2 m.p. sf. (815) *your faces*

לָבֹא prep.-Qal inf.cstr. (בּוֹא 97) *to enter*

מִצְרַיִם pr.n. (595) *Egypt*

וּבָאתֶם conj.-Qal pf. 2 m.p. (בּוֹא 97) *and go*

לָגוּר שָׁם prep.-Qal inf.cstr. (גּוּר 157)-adv. (1027) *to live there*

42:16

וְהָיְתָה הַחֶרֶב conj.-Qal pf. 3 f.s. (הָיָה 224; GK 112y)-def.art.-n.f.s. (352) *then the sword*

אֲשֶׁר אַתֶּם rel. (81)-pers.pr. 2 m.p. (61) *which you*

יְרֵאִים Qal act.ptc. m.p. (יָרֵא 431) *fear*

מִמֶּנָּה prep.-3 f.s. sf. *(of it)*

שָׁם adv. (1027) *there*

תַּשִּׂיג Hi. impf. 3 f.s. (נָשַׂג 673) *shall overtake*

אֶתְכֶם dir.obj.-2 m.p. sf. *you*

בְּאֶרֶץ מִצְרַיִם prep.-n.f.s. cstr. (75)-pr.n. (595) *in the land of Egypt*

וְהָרָעָב conj.-def.art.-n.m.s. (944) *and the famine*

אֲשֶׁר־אַתֶּם rel. (81)-v.supra *of which you*

דֹּאֲגִים Qal act.ptc. m.p. (דָּאַג 178) *are afraid*

מִמֶּנּוּ prep.-3 m.s. sf. *(of it)*

שָׁם adv. (1027) *there*

יִדְבַּק Qal impf. 3 m.s. (דָּבַק 179) *shall follow hard*

אַחֲרֵיכֶם prep.-2 m.p. sf. (29) *after you*

מִצְרַיִם pr.n. (595) *Egypt*

וְשָׁם תָּמֻתוּ conj.-v.supra-Qal impf. 2 m.p. (מוּת 559) *and there you shall die*

42:17

וְיִהְיוּ conj.-Qal impf. 3 m.p. (הָיָה 224; GK 112y) *and shall be*

כָל־הָאֲנָשִׁים n.m.s. cstr. (481)-n.m.s. (35) *all the men*

אֲשֶׁר־שָׂמוּ rel. (81)-Qal pf. 3 c.p. (שׂוּם 962) *who set*

אֶת־פְּנֵיהֶם dir.obj.-n.m.p.-3 m.p. sf. (815) *their faces*

לָבוֹא prep.-Qal inf.cstr. (בּוֹא 97) *to go*

מִצְרַיִם pr.n. (595) *to Egypt*

לָגוּר prep.-Qal inf.cstr. (גּוּר 157) *to live*

שָׁם adv. (1027) *there*

יָמוּתוּ Qal impf. 3 m.p. (מוּת 559) *shall die*

בַּחֶרֶב prep.-def.art.-n.f.s. (352) *by the sword*

בָּרָעָב prep.-def.art.-n.m.s. (944) *by famine*

וּבַדֶּבֶר conj.-prep.-def.art.-n.m.s. (184) *and by pestilence*

וְלֹא־יִהְיֶה לָהֶם conj.-neg.-Qal impf. 3 m.s. (הָיָה 224)-prep.-3 m.p. sf. *and they shall have no*

שָׂרִיד n.m.s. (975) *survivor*

וּפָלִיט conj.-n.m.s. (812) *or remnant*

מִפְּנֵי prep.-n.m.p. cstr. (815) *from*

הָרָעָה def.art.-n.f.s. (949) *the evil*

אֲשֶׁר אֲנִי rel. (81)-pers.pr. 1 c.s. (58) *which I*

מֵבִיא Hi. ptc. (בּוֹא 97) *will bring*

עֲלֵיהֶם prep.-3 m.p. sf. *upon them*

42:18

כִּי כֹה conj.-adv. (462) *for thus*

אָמַר Qal pf. 3 m.s. (55) *says*

יהוה צְבָאוֹת pr.n. (217)-pr.n. (838) *Yahweh of hosts*

אֱלֹהֵי יִשְׂרָאֵל n.m.p. cstr. (43)-pr.n. (975) *the God of Israel*

כַּאֲשֶׁר נִתַּךְ prep.-rel. (81)-Ni. pf. 3 m.s. (נָתַךְ 677) *as was poured out*

אַפִּי n.m.s.-1 c.s. sf. (I 60) *my anger*

וַחֲמָתִי conj.-n.f.s.-1 c.s. sf. (404) *and my wrath*

עַל־יֹשְׁבֵי prep.-Qal act.ptc. m.p. cstr. (יָשַׁב 442) *on the inhabitants of*

יְרוּשָׁלַ͏ִם pr.n. (436) *Jerusalem*

כֵּן תִּתַּךְ adv. (485)-Qal impf. 3 f.s. (נָתַךְ 677) *so will be poured out*

חֲמָתִי v.supra *my wrath*

עֲלֵיכֶם prep.-2 m.p. sf. *on you*

בְּבֹאֲכֶם prep.-Qal inf.cstr.-2 m.p. sf. (בוא 97) *when you go*

מִצְרָיִם pr.n. paus. (595) *to Egypt*

וִהְיִיתֶם conj.-Qal pf. 2 m.p. (היה 224) *and you shall become*

לְאָלָה prep.-n.f.s. (46) *an execration*

וּלְשַׁמָּה conj.-prep.-n.f.s. (I 1031) *a horror*

וְלִקְלָלָה conj.-prep.-n.f.s. (887) *a curse*

וּלְחֶרְפָּה conj.-prep.-n.f.s. (357) *and a taunt*

וְלֹא־תִרְאוּ עוֹד conj.-neg.-Qal impf. 2 m.p. (ראה 906)-adv. (728) *and you shall see no more*

אֶת־הַמָּקוֹם הַזֶּה dir.obj.-def.art.-n.m.s. (879)-def.art.-demons.adj. m.s. (260) *this place*

42:19

דִּבֶּר יהוה Pi. pf. 3 m.s. (180)-pr.n. (217) *Yahweh has said*

עֲלֵיכֶם prep.-2 m.p. sf. *to you*

שְׁאֵרִית n.f.s. cstr. (984) *O remnant of*

יְהוּדָה pr.n. (397) *Judah*

אַל־תָּבֹאוּ neg.-Qal impf. 2 m.p. (בוא 97) *do not go*

מִצְרָיִם pr.n. paus. (595) *to Egypt*

יָדֹעַ תֵּדְעוּ Qal inf.abs. (393)-Qal impf. 2 m.p. (ידע 393) *know for a certainty*

כִּי־הַעִידֹתִי conj.-Hi. pf. 1 c.s. (עוד 729) *that I have warned*

בָּכֶם prep.-2 m.p. sf. *you*

הַיּוֹם def.art.-n.m.s. (398) *this day*

42:20

כִּי הִתְעֵיתֶם conj.-Hi. pf. 2 m.p. (תעה 1073) *that you have gone astray*

בְּנַפְשׁוֹתֵיכֶם prep.-n.f.p.-2 m.p. sf. (659) *at the cost of your lives*

כִּי־אַתֶּם conj.-pers.pr. 2 m.p. (61) *for you*

שְׁלַחְתֶּם Qal pf. 2 m.p. (1018) *have sent*

אֹתִי dir.obj.-1 c.s. sf. *me*

אֶל־יְהוָה prep.-pr.n. (217) *to Yahweh*

אֱלֹהֵיכֶם n.m.p.-2 m.p. sf. (43) *your God*

לֵאמֹר prep.-Qal inf.cstr. (55) *saying*

הִתְפַּלֵּל Hith. impv. 2 m.s. (פלל 813) *pray*

בַּעֲדֵנוּ prep.-1 c.p. sf. (126) *for us*

אֶל־יְהוָה v.supra-v.supra *to Yahweh*

אֱלֹהֵינוּ n.m.p.-1 c.p. lsf. (43) *our God*

וּכְכֹל אֲשֶׁר conj.-prep.-n.m.s. (481)-rel. (81) *and whatever*

יֹאמַר Qal impf. 3 m.s. (55) *says*

יהוה pr.n. (217) *Yahweh*

אֱלֹהֵינוּ v.supra *our God*

בֵּן הַגֶּד־לָנוּ adv. (485)-Hi. impv. 2 m.s. (נגד 616)-prep.-1 c.p. sf. *thus declare to us*

וְעָשִׂינוּ conj.-Qal pf. 1 c.p. (עשה 1793) *and we will do it*

42:21

וָאַגֵּד consec.-Hi. impf. 1 c.s. (נגד 616) *and I have declared*

לָכֶם prep.-2 m.p. sf. *to you*

הַיּוֹם def.art.-n.m.s. (398) *this day*

וְלֹא שְׁמַעְתֶּם conj.-neg.-Qal pf. 2 m.p. (1033) *but you have not obeyed*

בְּקוֹל prep.-n.m.s. cstr. (876) *the voice of*

יהוה pr.n. (217) *Yahweh*

אֱלֹהֵיכֶם n.m.p.-2 m.p. sf. (43) *your God*

וּלְכֹל אֲשֶׁר־ conj.-prep.-n.m.s. (481)-rel. (81) *in anything that*

שְׁלָחַנִי Qal pf. 3 m.s.-1 c.s. sf. (1018) *he sent me*

אֲלֵיכֶם prep.-2 m.p. sf. *to you*

42:22

וְעַתָּה conj.-adv. (773) *now therefore*

יָדֹעַ תֵּדְעוּ Qal inf.abs. (393)-Qal impf. 2 m.p. (ידע 393) *know for a certainty*

כִּי בַּחֶרֶב conj.-prep.-def.art.-n.f.s. (352) *that by the sword*

בָּרָעָב prep.-def.art.-n.m.s. (944) *by famine*

וּבַדֶּבֶר conj.-prep.-def.art.-n.m.s. (184) *and by pestilence*

תָּמוּתוּ Qal impf. 2 m.p. (מות 559) *you shall die*

בַּמָּקוֹם prep.-def.art.-n.m.s. (879) *in the place*

אֲשֶׁר חֲפַצְתֶּם rel. (81)-Qal pf. 2 m.p. (חפץ 342) *where you desire*

לָבוֹא prep.-Qal inf.cstr. (בוא 97) *to go*

לָגוּר prep.-Qal inf.cstr. (גור 157) *to live*

שָׁם adv. (1027) *there*

43:1

וַיְהִי consec.-Qal impf. 3 m.s. (היה 224) *and it was*

כְּכַלּוֹת prep.-Pi. inf.cstr. (כלה 477) *when finished*

יִרְמְיָהוּ pr.n. (941) *Jeremiah*

לְדַבֵּר prep.-Pi. inf.cstr. (180) *speaking*

אֶל־כָּל־הָעָם prep.-n.m.s. cstr. (481)-def.art.-n.m.s. (I 766) *to all the people*

אֶת־כָּל־דִּבְרֵי dir.obj.-v.supra-n.m.p. cstr. (182) *all the words of*

יהוה אֱלֹהֵיהֶם pr.n. (217)-n.m.p.-3 m.p. sf. (43) *Yahweh their God*

אֲשֶׁר שְׁלָחוֹ rel. (81)-Qal pf. 3 m.s.-3 m.s. sf. (1018) *with which had sent him*

394

יהוה אֱלֹהֵיהֶם v.supra–v.supra *Yahweh their God*

אֲלֵיהֶם prep.-3 m.p. sf. *to them*

אֵת כָּל־הַדְּבָרִים הָאֵלֶּה dir.obj.-n.m.s. cstr. (481) -def.art.-n.m.p. (182)-def.art.-demons.adj. c.p. (41) *all these words*

43:2

וַיֹּאמֶר consec.-Qal impf. 3 m.s. (55) *then said*

עֲזַרְיָה pr.n. (741) *Azariah*

בֶּן־הוֹשַׁעְיָה n.m.s. cstr. (119)-pr.n. (448) *the son of Hoshaiah*

וְיוֹחָנָן conj.-pr.n. (220) *and Johanan*

בֶּן־קָרֵחַ v.supra–pr.n. (901) *the son of Kareah*

וְכָל־ conj.-n.m.s. cstr. (481) *and all*

הָאֲנָשִׁים הַזֵּדִים def.art.-n.m.p. (35)-def.art.-adj. m.p. (267) *the insolent men*

אֹמְרִים Qal act.ptc. m.p. (55) *said*

אֶל־יִרְמְיָהוּ prep.-pr.n. (941) *to Jeremiah*

שֶׁקֶר n.m.s. (1055) *a lie*

אַתָּה מְדַבֵּר pers.pr. 2 m.s. (61)-Pi. ptc. (180) *you are telling*

לֹא שְׁלָחֲךָ neg.-Qal pf. 3 m.s.-2 m.s. sf. (1018) *did not send you*

יהוה אֱלֹהֵינוּ pr.n. (217)-n.m.p.-1 c.p. sf. (43) *Yahweh our God*

לֵאמֹר prep.-Qal inf.cstr. (55) *to say*

לֹא־תָבֹאוּ neg.-Qal impf. 2 m.p. (בוא 97) *do not go*

מִצְרַיִם pr.n. (595) *to Egypt*

לָגוּר prep.-Qal inf.cstr. (157) *to live*

שָׁם adv. (1027) *there*

43:3

כִּי בָּרוּךְ conj.-pr.n. (140) *but Baruch*

בֶּן־נֵרִיָּה n.m.s. cstr. (119)-pr.n. (633) *the son of Neriah*

מַסִּית אֹתְךָ Hi. ptc. (סות 694)-dir.obj.-2 m.s. sf. *has set you*

בָּנוּ prep.-1 c.p. sf. *against us*

לְמַעַן תֵּת prep. (775)-Qal inf.cstr. (נתן 678) *to deliver*

אֹתָנוּ dir.obj.-1 c.p. sf. *us*

בְּיַד הַכַּשְׂדִּים prep.-n.f.s. cstr. (388)-def.art.-pr.n. (505) *into the hand of the Chaldeans*

לְהָמִית prep.-Hi. inf.cstr. (מות 559) *that they may kill*

אֹתָנוּ v.supra *us*

וּלְהַגְלוֹת conj.-prep.-Hi. inf.cstr. (גלה 162) *or take into exile*

אֹתָנוּ v.supra *us*

בָּבֶל pr.n. (93) *in Babylon*

43:4

וְלֹא־שָׁמַע conj.-neg.-Qal pf. 3 m.s. (1033) *so did not obey*

יוֹחָנָן pr.n. (220) *Johanan*

בֶּן־קָרֵחַ n.m.s. cstr. (119)-pr.n. (901) *the son of Kareah*

וְכָל־שָׂרֵי conj.-n.m.s. cstr. (481)-n.m.p. cstr. (978) *and all the commanders of*

הַחֲיָלִים def.art.-n.m.p. (298) *the forces*

וְכָל־הָעָם conj.-v.supra-def.art.-n.m.s. (I 766) *and all the people*

בְּקוֹל יהוה prep.-n.m.s. cstr. (876)-pr.n. (217) *the voice of Yahweh*

לָשֶׁבֶת prep.-Qal inf.cstr. (ישב 442) *to remain*

בְּאֶרֶץ prep.-n.f.s. cstr. (75) *in the land of*

יְהוּדָה pr.n. (397) *Judah*

43:5

וַיִּקַּח consec.-Qal impf. 3 m.s. (לקח 542) *but took*

יוֹחָנָן pr.n. (220) *Johanan*

בֶּן־קָרֵחַ n.m.s. cstr. (119)-pr.n. (901) *the son of Kareah*

וְכָל־שָׂרֵי conj.-n.m.s. cstr. (481)-n.m.p. cstr. (978) *and all the commanders of*

הַחֲיָלִים def.art.-n.m.p. (298) *the forces*

אֵת כָּל־שְׁאֵרִית dir.obj.-v.supra-n.f.s. cstr. (984) *all the remnant of*

יְהוּדָה pr.n. (397) *Judah*

אֲשֶׁר־שָׁבוּ rel. (81)-Qal pf. 3 c.p. (שוב 996) *who had returned*

מִכָּל־הַגּוֹיִם prep.-v.supra-def.art.-n.m.p. (156) *from all the nations*

אֲשֶׁר נִדְּחוּ־ rel. (81)-Ni. pf. 3 c.p. (נדח 623) *to which they had been driven*

שָׁם adv. (1027) *there*

לָגוּר prep.-Qal inf.cstr. (157) *to live*

בְּאֶרֶץ prep.-n.f.s. cstr. (75) *in the land of*

יְהוּדָה pr.n. (397) *Judah*

43:6

אֶת־הַגְּבָרִים dir.obj.-def.art.-n.m.p. (149) *the men*

וְאֶת־הַנָּשִׁים conj.-dir.obj.-def.art.-n.f.p. (61) *and the women*

וְאֶת־הַטַּף v.supra-def.art.-n.m.s. (381) *and the children*

וְאֵת בְּנוֹת הַמֶּלֶךְ v.supra-n.f.p. cstr. (I 123) -def.art.-n.m.s. (I 572) *and the princesses*

וְאֵת כָּל־הַנֶּפֶשׁ conj.-dir.obj.-n.m.s. cstr. (481) -def.art.-n.f.s. (659) *and every person*

אֲשֶׁר הִגִּיחַ rel. (81)–Hi. pf. 3 m.s. (נוח 628) *which had left*

נְבוּזַרְאֲדָן pr.n. (613) *Nebuzaradan*

רַב־טַבָּחִים n.m.s. cstr. (II 913)–n.m.p. (371) *the captain of the guard*

אֶת־גְּדַלְיָהוּ prep. (II 85)–pr.n. (153) *with Gedaliah*

בֶּן־אֲחִיקָם n.m.s. cstr. (119)–pr.n. (27) *the son of Ahikam*

בֶּן־שָׁפָן v.supra–pr.n. (1051) *son of Shaphan*

וְאֵת יִרְמְיָהוּ conj.–prep. (II 85)–pr.n. (941) *also Jeremiah*

הַנָּבִיא def.art.–n.m.s. (611) *the prophet*

וְאֶת־בָּרוּךְ conj.–prep. (II 85)–pr.n. (140) *and Baruch*

בֶּן־נֵרִיָּהוּ v.supra–pr.n. (633) *the son of Neriah*

43:7

וַיָּבֹאוּ consec.–Qal impf. 3 m.p. (בוא 97) *and they came*

אֶרֶץ n.f.s. cstr. (75) *into the land of*

מִצְרַיִם pr.n. (595) *Egypt*

כִּי לֹא שָׁמְעוּ conj.–neg.–Qal pf. 3 c.p. (1033) *for they did not obey*

בְּקוֹל prep.–n.m.s. cstr. (876) *the voice of*

יְהוָה pr.n. (217) *Yahweh*

וַיָּבֹאוּ v.supra *and they arrived*

עַד־תַּחְפַּנְחֵס prep. (III 723)–pr.n. (1064) *at Tahpanhes*

43:8

וַיְהִי consec.–Qal impf. 3 m.s. (היה 224) *then came*

דְבַר־יְהוָה n.m.s. cstr. (182)–pr.n. (217) *the word of Yahweh*

אֶל־יִרְמְיָהוּ prep.–pr.n. (941) *to Jeremiah*

בְּתַחְפַּנְחֵס prep.–pr.n. (1064) *in Tahpanhes*

לֵאמֹר prep.–Qal inf.cstr. (55) *(saying)*

43:9

קַח Qal impv. 2 m.s. (לקח 542) *take*

בְּיָדְךָ prep.–n.f.s.–2 m.s. sf. (388) *in your hands*

אֲבָנִים גְּדֹלוֹת n.f.p. (6)–adj. f.p. (152) *large stones*

וּטְמַנְתָּם conj.–Qal pf. 2 m.s.–3 m.p. sf. (טמן 380) *and hide them*

בַּמֶּלֶט prep.–def.art.–n.m.s. (572) *in the mortar*

בַּמַּלְבֵּן prep.–def.art.–n.m.s. (527) *in the pavement*

אֲשֶׁר בְּפֶתַח rel. (81)–prep.–n.m.s. cstr. (835) *which is at the entrance to*

בֵּית־פַּרְעֹה n.m.s. cstr. (108)–pr.n. (829) *Pharaoh's palace*

בְּתַחְפַּנְחֵס prep.–pr.n. (1064) *in Tahpanhes*

לְעֵינֵי prep.–n.f. du. cstr. (744) *in the sight of*

אֲנָשִׁים יְהוּדִים n.m.p. (35)–gent.adj. p. (397) *the men of Judah*

43:10

וְאָמַרְתָּ conj.–Qal pf. 2 m.s. (55) *and say*

אֲלֵיהֶם prep.–3 m.p. sf. *to them*

כֹּה־אָמַר adv. (462)–Qal pf. 3 m.s. (55) *thus says*

יְהוָה צְבָאוֹת pr.n. (217)–pr.n. (838) *Yahweh of hosts*

אֱלֹהֵי יִשְׂרָאֵל n.m.p. cstr. (43)–pr.n. (975) *the God of Israel*

הִנְנִי demons.part.–1 c.s. sf. (243) *behold, I*

שֹׁלֵחַ Qal act.ptc. (1018) *will send*

וְלָקַחְתִּי conj.–Qal pf. 1 c.s. (542) *and take*

אֶת־נְבוּכַדְרֶאצַּר dir.obj.–pr.n. (613) *Nebuchadrezzar*

מֶלֶךְ־בָּבֶל n.m.s. cstr. (I 572)–pr.n. (93) *the king of Babylon*

עַבְדִּי n.m.s.–1 c.s. sf. (713) *my servant*

וְשַׂמְתִּי conj.–Qal pf. 1 c.s. (שום 962) *and I will set*

כִסְאוֹ n.m.s.–3 m.s. sf. (490) *his throne*

מִמַּעַל לָאֲבָנִים prep.–prep. (751)–prep.–def.art.–n.f.p. (6) *above ... stones*

הָאֵלֶּה def.art.–demons.adj. c.p. (41) *these*

אֲשֶׁר טָמַנְתִּי rel. (81)–Qal pf. 1 c.s. paus. (טמן 380) *which I have hid*

וְנָטָה conj.–Qal pf. 3 m.s. (639) *and he will spread*

אֶת־שַׁפְרִירוֹ dir.obj.–n.m.s.–3 m.s. sf. (1051) *his canopy*

עֲלֵיהֶם prep.–3 m.p. sf. *over them*

43:11

וּבָאה conj.–Qal pf. 3 m.s. (בוא 97) *and he shall come*

וְהִכָּה conj.–Hi. pf. 3 m.s. (נכה 645) *and smite*

אֶת־אֶרֶץ dir.obj.–n.f.s. cstr. (75) *the land of*

מִצְרָיִם pr.n. paus. (595) *Egypt*

אֲשֶׁר לַמָּוֶת rel. (81)–prep.–def.art.–n.m.s. (560) *those to the death*

לַמָּוֶת v.supra *to the death*

וַאֲשֶׁר לַשְּׁבִי conj.–rel. (81)–prep.–def.art.–n.m.s. (985) *and those to captivity*

לַשְּׁבִי v.supra *to the captivity*

וַאֲשֶׁר לַחֶרֶב v.supra–prep.–def.art.–n.f.s. (352) *and those to the sword*

לֶחָרֶב prep.–def.art.–n.f.s. paus. (352) *to the sword*

43:12

וְהִצַּתִּי conj.-Hi. pf. 1 c.s. יָצַת (428) *and I will kindle*

אֵשׁ n.f.s. (77) *a fire*

בְּבָתֵּי prep.-n.m.p. cstr. (108) *in the temples of*

אֱלֹהֵי מִצְרַיִם n.m.p. cstr. (43)-pr.n. (595) *the gods of Egypt*

וּשְׂרָפָם conj.-Qal pf. 3 m.s.-3 m.p. sf. שָׂרַף (976) *and he shall burn them*

וְשָׁבָם conj.-Qal pf. 3 m.s.-3 m.p. sf. שָׁבָה (987) *and carry them away captive*

וְעָטָה conj.-Qal pf. 3 m.s. (I 741) *and he shall clean* (lit. *wrap himself*)

אֶת־אֶרֶץ dir.obj.-n.f.s. cstr. (75) *the land of*

מִצְרַיִם pr.n. (595) *Egypt*

כַּאֲשֶׁר־יַעְטֶה prep.-rel. (81)-Qal impf. 3 m.s. (I 741) עָטָה *as cleans (wraps himself)*

הָרֹעֶה def.art.-Qal act.ptc. (רָעָה I 944) *as a shepherd*

אֶת־בִּגְדוֹ dir.obj.-n.m.s.-3 m.s. sf. (93) *his cloak*

וְיָצָא conj.-Qal pf. 3 m.s. (422) *and he shall go*

מִשָּׁם prep.-adv. (1027) *from there*

בְּשָׁלוֹם prep.-n.m.s. (1022) *in peace*

43:13

וְשִׁבַּר conj.-Pi. pf. 3 m.s. שָׁבַר (990) *and he shall break*

אֶת־מַצְּבוֹת dir.obj.-n.f.p. cstr. (663) *the obelisks of*

בֵּית שֶׁמֶשׁ n.m.s. cstr. (108; 112)-n.f.s. (1039) *Heliopolis* (lit. *house of sun*)

אֲשֶׁר בְּאֶרֶץ rel. (81)-prep.-n.f.s. cstr. (75) *which is in the land of*

מִצְרָיִם pr.n. paus. (595) *Egypt*

וְאֶת־בָּתֵּי conj.-dir.obj.-n.m.p. cstr. (108) *and the temples of*

אֱלֹהֵי־מִצְרַיִם n.m.p. cstr. (43)-pr.n. (595) *the gods of Egypt*

יִשְׂרֹף Qal impf. 3 m.s. שָׂרַף (976) *he shall burn*

בָּאֵשׁ prep.-def.art.-n.f.s. (77) *with fire*

44:1

הַדָּבָר def.art.-n.m.s. (182) *the word*

אֲשֶׁר הָיָה rel. (81)-Qal pf. 3 m.s. (224) *that came*

אֶל־יִרְמְיָהוּ prep.-pr.n. (941) *to Jeremiah*

אֶל כָּל־הַיְּהוּדִים prep.-n.m.s.cstr. (481)-def.art. -gent.adj. p. (397) *concerning all the Jews*

הַיֹּשְׁבִים def.art.-Qal act.ptc. m.p. (יָשַׁב 442) *that dwelt*

בְּאֶרֶץ prep.-n.f.s. cstr. (75) *in the land of*

מִצְרָיִם pr.n. paus. (595) *Egypt*

הַיֹּשְׁבִים v.supra *that dwelt*

בְּמִגְדֹּל prep.-pr.n. (154) *at Migdol*

וּבְתַחְפַּנְחֵם conj.-prep.-pr.n. (1064) *and at Tahpanhes*

וּבְנֹף conj.-prep.-pr.n. (v. נֹף 592) *and at Memphis*

וּבְאֶרֶץ conj.-prep.-n.f.s. cstr. (75) *and in the land of*

פַּתְרוֹס pr.n. (837) *Pathros*

לֵאמֹר prep.-Qal inf.cstr. (55) (*saying*)

44:2

כֹּה־אָמַר adv. (462)-Qal pf. 3 m.s. (55) *thus says*

יהוה צְבָאוֹת pr.n. (217)-pr.n. (838) *Yahweh of hosts*

אֱלֹהֵי יִשְׂרָאֵל n.m.p. cstr. (43)-pr.n. (975) *the God of Israel*

אַתֶּם רְאִיתֶם pers.pr. 2 m.p. (61)-Qal pf. 2 m.p. (רָאָה 906) *you have seen*

אֵת כָּל־הָרָעָה dir.obj.-n.m.s. cstr. (481)-def.art. -n.f.s. (949) *all the evil*

אֲשֶׁר הֵבֵאתִי rel. (81)-Hi. pf. 1 c.s. בּוֹא 97) *that I brought*

עַל־יְרוּשָׁלִַם prep.-pr.n. (436) *upon Jerusalem*

וְעַל כָּל־עָרֵי conj.-prep.-v.supra-n.f.p. cstr. (746) *and upon all the cities of*

יְהוּדָה pr.n. (397) *Judah*

וְהִנָּם conj.-demons.part.-3 m.p. sf. (243) *and behold, they*

חָרְבָּה n.f.s. (352) *a desolation*

הַיּוֹם הַזֶּה def.art.-n.m.s. (398)-def.art. -demons.adj. m.s. (260) *this day*

וְאֵין בָּהֶם conj.-subst.cstr. (II 34)-prep.-3 m.p. sf. *and no one ... in them*

יוֹשֵׁב Qal act.ptc. יָשַׁב (442) *dwells*

44:3

מִפְּנֵי רָעָתָם prep.-n.m.p. cstr. (815)-n.f.s.-3 m.p. sf. (949) *because of their wickedness*

אֲשֶׁר עָשׂוּ rel. (81)-Qal pf. 3 c.p. (עָשָׂה I 793) *which they committed*

לְהַכְעִסֵנִי prep.-Hi. inf.cstr.-1 c.s. sf. (כָּעַם 494) *provoking me to anger*

לָלֶכֶת prep.-Qal inf.cstr. (הָלַךְ 229) *in that they went*

לְקַטֵּר prep.-Pi. inf.cstr. (קָטַר 882) *to burn incense*

לַעֲבֹד prep.-Qal inf.cstr. (עָבַד 712) *and serve*

לֵאלֹהִים אֲחֵרִים prep.-n.m.p. (43)-adj. m.p. (29) *other gods*

אֲשֶׁר לֹא יְדָעוּם rel. (81)-neg.-Qal pf. 3 c.p.-3 m.p. sf. (יָדַע 393) *that they knew not*

הֵמָּה אַתֶּם pers.pr. 3 m.p. (241)-pers. pr. 2 m.p. (61) *neither they, nor you*

וַאֲבֹתֵיכֶם conj.-n.m.p.-2 m.p. sf. (3) *nor your fathers*

44:4

וָאֶשְׁלַח consec.-Qal impf. 1 c.s. (1018) *yet I sent*

אֲלֵיכֶם prep.-2 m.p. sf. *to you*

אֶת־כָּל־עֲבָדַי dir.obj.-n.m.s. cstr. (481)-n.m.p.-1 c.s. sf. (713) *all my servants*

הַנְּבִיאִים def.art.-n.m.p. (611) *the prophets*

הַשְׁכֵּים וְשָׁלֹחַ Hi. inf.abs. שָׁכֵם 1014)-conj. Qal inf.abs. (1018) *persistently*

לֵאמֹר prep.-Qal inf.cstr. (55) *saying*

אַל־נָא תַעֲשׂוּ neg.-part. of entreaty (609)-Qal impf. 2 m.p. עָשָׂה I 793) *Oh, do not do*

אֵת דְּבַר־הַתֹּעֵבָה dir.obj.-n.m.s. cstr. (182)-def.art. -n.f.s. (1072) *abominable thing*

הַזֹּאת def.art.-demons.adj. f.s. (260) *this*

אֲשֶׁר שָׂנֵאתִי rel. (81)-Qal pf. 1 c.s. שָׂנֵא 971) *that I hate*

44:5

וְלֹא שָׁמְעוּ conj.-neg.-Qal pf. 3 c.p. (1033) *but they did not listen*

וְלֹא־הִטּוּ v.supra-Hi. pf. 3 c.p. נָטָה 639) *or incline*

אֶת־אָזְנָם dir.obj.-n.f.s.-3 m.p. sf. (23) *their ear*

לָשׁוּב prep.-Qal inf.cstr. (996) *to turn*

מֵרָעָתָם prep.-n.f.s.-3 m.p. sf. (949) *from their wickedness*

לְבִלְתִּי קַטֵּר prep.-neg. (116)-Pi. inf.cstr. קָטַר 882) *and burn no incense*

לֵאלֹהִים אֲחֵרִים prep.-n.m.p. (43)-adj. m.p. (29) *to other gods*

44:6

וַתִּתַּךְ consec.-Qal impf. 3 f.s. נָתַךְ 677) *therefore were poured forth*

חֲמָתִי n.f.s.-1 c.s. sf. (404) *my wrath*

וְאַפִּי conj.-n.m.s.-1 c.s. sf. (I 60) *and my anger*

וַתִּבְעַר consec.-Qal impf. 3 f.s. בָּעַר 128) *and kindled*

בְּעָרֵי prep.-n.f.p. cstr. (746) *in the cities of*

יְהוּדָה pr.n. (397) *Judah*

וּבְחֻצוֹת conj.-prep.-n.m.p. cstr. (299) *and in the streets of*

יְרוּשָׁלָ͏ִם pr.n. paus. (436) *Jerusalem*

וַתִּהְיֶינָה consec.-Qal impf. 3 f.p. הָיָה 224) *and they became*

לְחָרְבָּה prep.-n.f.s. (352) *a waste*

לִשְׁמָמָה prep.-n.f.s. (1031) *and a desolation*

כַּיּוֹם הַזֶּה prep.-def.art.-n.m.s. (398)-def.art. -demons.adj. m.s. (260) *as at this day*

44:7

וְעַתָּה כֹּה־ conj.-adv. (773)-adv. (462) *and now thus*

אָמַר יהוה Qal pf. 3 m.s. (55)-pr.n. (217) *says Yahweh*

אֱלֹהֵי צְבָאוֹת n.m.p. cstr. (43)-pr.n. (838) *God of hosts*

אֱלֹהֵי יִשְׂרָאֵל v.supra-pr.n. (975) *the God of Israel*

לָמָה אַתֶּם prep.-interr. (552)-pers.pr. 2 m.p. (61) *why do you*

עֹשִׂים Qal act.ptc. m.p. עָשָׂה I 793) *commit*

רָעָה גְדוֹלָה n.f.s. (949)-adj. f.s. (152) *a great evil*

אֶל־נַפְשֹׁתֵיכֶם prep.-n.f.p.-2 m.p. sf. (659) *against yourselves*

לְהַכְרִית prep.-Hi. inf.cstr. כָּרַת 503) *to cut off*

לָכֶם prep.-2 m.p. sf. *from you*

אִישׁ וְאִשָּׁה n.m.s. (35)-conj.-n.f.s. (61) *man and woman*

עוֹלֵל וְיוֹנֵק n.m.s. (760)-conj.-Qal act.ptc. (413) *infant and child*

מִתּוֹךְ יְהוּדָה prep.-n.m.s. cstr. (1063)-pr.n. (397) *from the midst of Judah*

לְבִלְתִּי הוֹתִיר prep.-neg. (116)-Hi. inf.cstr. יָתַר 451); GK 114o) *leaving ... no*

לָכֶם prep.-2 m.p. sf. *you*

שְׁאֵרִית n.f.s. (984) *remnant*

44:8

לְהַכְעִסֵנִי prep.-Hi. inf.cstr.-1 c.s. sf. כַּעַם 494) *why do you provoke me to anger*

בְּמַעֲשֵׂי prep.-n.m.p. cstr. (795) *with the works of*

יְדֵיכֶם n.f.p.-2 m.p. sf. (388) *your hands*

לְקַטֵּר prep.-Pi. inf.cstr. קָטַר 882) *burning incense*

לֵאלֹהִים אֲחֵרִים prep.-n.m.p. (43)-adj. m.p. (29) *to other gods*

בְּאֶרֶץ prep.-n.f.s. cstr. (75) *in the land of*

מִצְרַיִם pr.n. (595) *Egypt*

אֲשֶׁר־אַתֶּם בָּאִים rel. (81)-pers.pr. 2 m.p. (61)-Qal act.ptc. m.p. בּוֹא 97) *where you have come*

לָגוּר prep.-Qal inf.cstr. (157) *to live*

שָׁם adv. (1027) *there*

לְמַעַן הַכְרִית prep. (775)-Hi. inf.cstr. כָּרַת 503) *that ... may be cut off*

לָכֶם prep.-2 m.p. sf. *you*

וּלְמַעַן הֱיוֹתְכֶם conj.-prep. (775)-Qal inf.cstr.-2 m.p. sf. הָיָה 224) *and become*

לִקְלָלָה prep.-n.f.s. (887) *a curse*

וּלְחֶרְפָּה conj.-prep.-n.f.s. (357) *and a taunt*

בְּכֹל גּוֹיֵי prep.-n.m.s. cstr. (481)-n.m.p. cstr. (156; GK 8k) *among all the nations of*

הָאָרֶץ def.art.-n.f.s. (75) *the earth*

44:9

הַשְׁכַחְתֶּם interr.-Qal pf. 2 m.p. (שׁכח 1013) *have you forgotten?*

אֶת־רָעוֹת dir.obj.-n.f.p. cstr. (949) *the wickedness of*

אֲבוֹתֵיכֶם n.m.p.-2 m.p. sf. (3) *your fathers*

וְאֶת־רָעוֹת conj.-dir.obj.-v.supra *and the wickedness of*

מַלְכֵי יְהוּדָה n.m.p. cstr. (I 572)-pr.n. (397) *the kings of Judah*

וְאֵת רָעוֹת conj.-dir.obj.-v.supra *and the wickedness of*

נָשָׁיו n.f.p.-3 m.s. sf. (61) *his wives*

וְאֵת רָעֹתֵכֶם v.supra-n.f.p.-2 m.p. sf. (949) *and your own wickedness*

וְאֵת רָעֹת v.supra-n.f.p. cstr. (949) *and the wickedness of*

נְשֵׁיכֶם n.f.p.-2 m.p. sf. (61) *your wives*

אֲשֶׁר עָשׂוּ rel. (81)-Qal pf. 3 c.p. (עשׂה I 793) *which they committed*

בְּאֶרֶץ prep.-n.f.s. cstr. (75) *in the land of*

יְהוּדָה pr.n. (397) *Judah*

וּבְחֻצוֹת conj.-prep.-n.m.p. cstr. (299) *and in the streets of*

יְרוּשָׁלָ͏ִם pr.n. paus. (436) *Jerusalem*

44:10

לֹא דֻכְּאוּ neg.-Pu. pf. 3 c.p. (דכא 193) *they have not humbled themselves*

עַד הַיּוֹם הַזֶּה prep. (III 723)-def.art.-n.m.s. (398) -def.art.-demons.adj. m.s. (260) *even to this day*

וְלֹא יָרְאוּ conj.-neg.-Qal pf. 3 c.p. (ירא 431) *nor have they feared*

וְלֹא־הָלְכוּ v.supra-Qal pf. 3 c.p. (הלך 229) *nor walked*

בְתוֹרָתִי prep.-n.f.s.-1 c.s. sf. (435) *in my law*

וּבְחֻקֹּתַי conj.-prep.-n.f.p.-1 c.s. sf. (349) *and my statutes*

אֲשֶׁר־נָתַתִּי rel. (81)-Qal pf. 1 c.s. (נתן 678) *which I set*

לִפְנֵיכֶם prep.-n.m.p.-2 m.p. sf. (815) *before you*

וְלִפְנֵי אֲבוֹתֵיכֶם conj.-prep.-n.m.p. cstr. (815) -n.m.p.-2 m.p. sf. (3) *and before your fathers*

44:11

לָכֵן כֹּה־ prep.-adv. (485)-adv. (462) *therefore thus*

אָמַר יהוה Qal pf. 3 m.s. (55)-pr.n. (217) *says Yahweh*

צְבָאוֹת pr.n. (838) *of hosts*

אֱלֹהֵי יִשְׂרָאֵל n.m.p. cstr. (43)-pr.n. (975) *the God of Israel*

הִנְנִי demons.part.-1 c.s. sf. (243) *behold, I*

שָׂם Qal act.ptc. (שׂום 962) *will set*

פָּנַי n.m.p.-1 c.s. sf. (815) *my face*

בָּכֶם prep.-2 m.p. sf. *against you*

לְרָעָה prep.-n.f.s. (949) *for evil*

וּלְהַכְרִית conj.-prep.-Hi. inf.cstr. (כרת 503) *to cut off*

אֶת־כָּל־יְהוּדָה dir.obj.-n.m.s. cstr. (481)-pr.n. (397) *all Judah*

44:12

וְלָקַחְתִּי conj.-Qal pf. 1 c.s. (542) *and I will take*

אֶת־שְׁאֵרִית dir.obj.-n.f.s. cstr. (984) *the remnant of*

יְהוּדָה pr.n. (397) *Judah*

אֲשֶׁר־שָׂמוּ rel. (81)-Qal pf. 3 c.p. (שׂום 962) *who have set*

פְּנֵיהֶם n.m.p.-3 m.p. sf. (815) *their faces*

לָבוֹא prep.-Qal inf.cstr. (בוא 97) *to come*

אֶרֶץ־מִצְרַיִם n.f.s. cstr. (75)-pr.n. (595) *to the land of Egypt*

לָגוּר prep.-Qal inf.cstr. (גור 157) *to live*

שָׁם adv. (1027) *there*

וְתַמּוּ conj.-Qal pf. 3 c.p. (תמם 1070) *and shall be consumed*

כֹּל n.m.s. (481) *(they) all*

בְּאֶרֶץ מִצְרַיִם prep.-v.supra-v.supra *in the land of Egypt*

יִפֹּלוּ Qal impf. 3 m.p. (נפל 656) *they shall fall*

בַּחֶרֶב prep.-def.art.-n.f.s. (352) *by the sword*

בָּרָעָב prep.-def.art.-n.m.s. (944) *by famine*

יִתַּמּוּ Qal impf. 3 m.p. (תמם 1070) *they shall be consumed*

מִקָּטֹן prep.-adj. (882) *from the least*

וְעַד־גָּדוֹל conj.-prep. (III 723)-adj. (152) *to the greatest*

בַּחֶרֶב v.supra *by the sword*

וּבָרָעָב conj.-v.supra *and by famine*

יָמֻתוּ Qal impf. 3 m.p. (מות 559) *they shall die*

וְהָיוּ conj.-Qal pf. 3 c.p. (היה 224) *and they shall become*

לְאָלָה prep.-n.f.s. (46) *an execration*

לְשַׁמָּה prep.-n.f.s. (I 1031) *a horror*

וְלִקְלָלָה conj.-prep.-n.f.s. (887) *a curse*

וְלַחֶרְפָּה conj.-prep.-n.f.s. (357) *and a taunt*

44:13

וּפָקַדְתִּי conj.-Qal pf. 1 c.s. (823) *and I will punish*

עַל הַיּשְׁבִים prep.-def.art.-Qal act.ptc. m.p. (יָשַׁב 442) *those who dwell*

בְּאֶרֶץ מִצְרַיִם prep.-n.f.s. cstr. (75)-pr.n. (595) *in the land of Egypt*

כַּאֲשֶׁר פָּקַדְתִּי prep.-rel. (81)-v.supra *as I have punished*

עַל יְרוּשָׁלָם prep.-pr.n. (436) *Jerusalem*

בַּחֶרֶב prep.-def.art.-n.f.s. (352) *with the sword*

בָּרָעָב prep.-def.art.-n.m.s. (944) *with famine*

וּבַדָּבֶר conj.-prep.-def.art.-n.m.s. (184) *and with pestilence*

44:14

וְלֹא יִהְיֶה conj.-neg.-Qal impf. 3 m.s. (הָיָה 224) *so that there shall not be*

פָּלִיט n.m.s. (812) *an escaped one*

וְשָׂרִיד conj.-n.m.s. (975) *or survivor*

לִשְׁאֵרִית prep.-n.f.s. cstr. (984) *of the remnant of*

יְהוּדָה pr.n. (397) *Judah*

הַבָּאִים def.art.-Qal act.ptc. m.p. (בּוֹא 97) *who have come*

לָגוּר־ prep.-Qal inf.cstr. (גּוּר 157) *to live*

שָׁם adv. (1027) *there*

בְּאֶרֶץ מִצְרַיִם prep.-n.f.s. cstr. (75)-pr.n. paus. (595) *in the land of Egypt*

וְלָשׁוּב conj.-prep.-Qal inf.cstr. (שׁוּב 996) *to return*

אֶרֶץ יְהוּדָה n.f.s. cstr. (75)-pr.n. (397) *to the land of Judah*

אֲשֶׁר־הֵמָּה rel. (81)-pers.pr. 2 m.p. (241) *to which they*

מְנַשְּׂאִים אֶת־נַפְשָׁם Pi. ptc. m.p. (נָשָׂא 669) -dir.obj.-n.f.s.-3 m.p. sf. (659) *desire* (lit. *lift up their lives*)

לָשׁוּב v.supra *to return*

לָשֶׁבֶת prep.-Qal inf.cstr. (יָשַׁב 442) *to dwell*

שָׁם adv. (1027) *there*

כִּי לֹא־יָשׁוּבוּ conj.-neg.-Qal impf. 3 m.p. (שׁוּב 996) *for they shall not return*

כִּי אִם־ conj.-hypoth.part. (49) *except*

פְּלֵטִים n.m.p. (812) *some fugitives*

44:15

וַיַּעֲנוּ consec.-Qal impf. 3 m.p. (עָנָה I 772) *then answered*

אֶת־יִרְמְיָהוּ dir.obj.-pr.n. (941) *Jeremiah*

כָּל־הָאֲנָשִׁים n.m.s. cstr. (481)-def.art.-n.m.p. (35) *all the men*

הַיּדְעִים def.art.-Qal act.ptc. m.p. (יָדַע 393) *who knew*

כִּי־מְקַטְּרוֹת conj.-Pi. ptc. f.p. (קָטַר 882) *had offered*

נְשֵׁיהֶם n.f.p.-3 m.p. sf. (61) *their wives*

לֵאלֹהִים אֲחֵרִים prep.-n.m.p. (43)-adj. m.p. (29) *to other gods*

וְכָל־הַנָּשִׁים conj.-n.m.s. cstr. (481)-def.art.-n.f.p. (61) *and all the women*

הָעֹמְדוֹת def.art.-Qal act.ptc. f.p. (עָמַד 763) *who stood by*

קָהָל גָּדוֹל n.m.s. (874)-adj. m.s. (152) *a great assembly*

וְכָל־הָעָם conj.-v.supra-def.art.-n.m.s. (I 766) *and all the people*

הַיּשְׁבִים def.art.-Qal act.ptc. m.p. (יָשַׁב 442) *who dwelt*

בְּאֶרֶץ־מִצְרַיִם prep.-n.f.s. cstr. (75)-pr.n. (595) *in the land of Egypt*

בְּפַתְרוֹס prep.-pr.n. (837) *in Pathros*

לֵאמֹר prep.-Qal inf.cstr. (55) *(saying)*

44:16

הַדָּבָר def.art.-n.m.s. (182) *as for the word*

אֲשֶׁר־דִּבַּרְתָּ rel. (81)-Pi. pf. 2 m.s. (180) *which you have spoken*

אֵלֵינוּ prep.-1 c.p. sf. *to us*

בְּשֵׁם יהוה prep.-n.m.s. cstr. (1027)-pr.n. (217) *in the name of Yahweh*

אֵינֶנּוּ שׁמְעִים subst.-1 c.p. sf.-Qal act.ptc. m.p. (1033) *we will not listen*

אֵלֶיךָ prep.-2 m.s. sf. *to you*

44:17

כִּי עָשֹׂה נַעֲשֶׂה conj.-Qal inf.abs. (I 793)-Qal impf. 1 c.p. (I 793) *but we will do*

אֶת־כָּל־הַדָּבָר dir.obj.-n.m.s. cstr. (481)-def.art. -n.m.s. (182) *everything*

אֲשֶׁר־יָצָא rel. (81)-Qal pf. 3 m.s. (422) *which goes forth*

מִפִּינוּ prep.-n.m.s.-1 c.p. sf. (804) *from our mouth*

לְקַטֵּר prep.-Pi. inf.cstr. (קָטַר 882) *burn incense*

לִמְלֶכֶת prep.-n.f.s. cstr. (573) *to the queen of*

הַשָּׁמַיִם def.art.-n.m. du. (1029) *heaven*

וְהַסֵּיךְ־ conj.-Hi. inf.abs. (נָסַךְ I 650) *and pour out*

לָהּ prep.-3 f.s. sf. *to her*

נְסָכִים n.m.p. (651) *libations*

בַּאֲשֶׁר עָשִׂינוּ prep.-rel. (81)-Qal pf. 1 c.p. (עָשָׂה I 793) *as we did*

אֲנַחְנוּ pers.pr. 1 c.p. (59) *both we*

וַאֲבֹתֵינוּ conj.-n.m.p.-1 c.p. sf. (3) *and our fathers*

מְלָכֵינוּ n.m.p.-1 c.p. sf. (I 572) *our kings*

וְשָׂרֵינוּ conj.-n.m.p.-1 c.p. sf. (978) *and our princes*

בְּעָרֵי prep.-n.f.p. cstr. (746) *in the cities of*

יְהוּדָה pr.n. (397) *Judah*

וּבְחֻצוֹת conj.-prep.-n.m.p. cstr. (299) *and in the streets of*

יְרוּשָׁלִַם pr.n. (436) *Jerusalem*

וַנִּשְׂבַּע־ consec.-Qal impf. 1 c.p. (שָׂבַע 959) *for then we had plenty of*

לֶחֶם n.m.s. (536) *food*

וַנִּהְיֶה טוֹבִים consec.-Qal impf. 1 c.p. (הָיָה 224)-adj. m.p. (II 373) *and prospered*

וְרָעָה conj.-n.f.s. (949) *and evil*

לֹא רָאִינוּ neg.-Qal pf. 1 c.p. (רָאָה 906) *we did not see*

44:18

וּמִן־אָז conj.-prep.-adv. (23) *but since*

חָדַלְנוּ Qal pf. 1 c.p. (חָדַל 292) *we left off*

לְקַטֵּר prep.-Pi. inf.cstr. (882) *burning incense*

לִמְלֶכֶת prep.-n.f.s. cstr. (573) *to the queen of*

הַשָּׁמַיִם def.art.-n.m. du. (1029) *heaven*

וְהַסֵּךְ־ conj.-Hi. inf.cstr. (נָסַךְ I 650) *and pouring out*

לָהּ prep.-3 f.s. sf. *to her*

נְסָכִים n.m.p. (651) *libations*

חָסַרְנוּ Qal pf. 1 c.p. (חָסֵר 341) *we have lacked*

כֹל n.m.s. (481) *everything*

וּבַחֶרֶב conj.-prep.-def.art.-n.f.s. (352) *and by the sword*

וּבָרָעָב conj.-prep.-def.art.-n.m.s. (944) *and by famine*

תָּמְנוּ Qal pf. 1 c.p. (תָּמַם 1070; GK 67e) *we have been consumed*

44:19

וְכִי־אֲנַחְנוּ conj.-conj.-pers. pr. 1 c.p. (59) *and when we*

מְקַטְּרִים Pi. ptc. m.p. (882) *burned incense*

לִמְלֶכֶת prep.-n.f.s. cstr. (573) *to the queen of*

הַשָּׁמַיִם def.art.-n.m. du. (1029) *heaven*

וּלְהַסֵּךְ conj.-prep.-Hi. inf.cstr. (נָסַךְ 650; GK 53k) *and poured out*

לָהּ prep.-3 f.s. sf. *to her*

נְסָכִים n.m.p. (651) *libations*

הֲמִבַּלְעֲדֵי interr.-prep.-prep. (116) *was it without*

אֲנָשֵׁינוּ n.m.p.-1 c.p. sf. (35) *our husbands*

עָשִׂינוּ Qal pf. 1 c.p. (עָשָׂה I 793) *we made*

לָהּ v.supra *to her*

כַּוָּנִים n.m.p. (467) *cakes*

לְהַעֲצִבָה prep.-Hi. inf.cstr. (עָצַב II 781; GK 58g, 145u; prb.rd. לְהַעֲצִבָהּ 3 f.s. sf.) *bearing her image*

וְהַסֵּךְ conj.-v.supra *and poured out*

לָהּ v.supra *to her*

נְסָכִים v.supra *libations*

44:20

וַיֹּאמֶר consec.-Qal impf. 3 m.s. (55) *then said*

יִרְמְיָהוּ pr.n. (941) *Jeremiah*

אֶל־כָּל־הָעָם prep.-n.m.s. cstr. (481)-def.art.-n.m.s. (I 766) *to all the people*

עַל־הַגְּבָרִים prep.-def.art.-n.m.p. (149) *men*

וְעַל־הַנָּשִׁים conj.-prep.-def.art.-n.f.p. (61) *and women*

וְעַל־כָּל־הָעָם conj.-prep.-v.supra-v.supra *all the people*

הָעֹנִים אֹתוֹ def.art.-Qal act.ptc. m.p. (עָנָה I 772)-dir.obj.-3 m.s. sf. *who had given him ... answer*

דָּבָר n.m.s. (182) *a word*

לֵאמֹר prep.-Qal inf.cstr. (55) *(saying)*

44:21

הֲלוֹא interr.-neg. *did not?*

אֶת־הַקְּטֹר dir.obj.-def.art.-n.f.(?) s. (883; GK 52o) *the incense*

אֲשֶׁר קִטַּרְתֶּם rel. (81)-Pi. pf. 2 m.p. (882) *that you burned*

בְּעָרֵי prep.-n.f.p. cstr. (746) *in the cities of*

יְהוּדָה pr.n. (397) *Judah*

וּבְחֻצוֹת conj.-prep.-n.m.p. cstr. (299) *and in the streets of*

יְרוּשָׁלִַם pr.n. (436) *Jerusalem*

אַתֶּם pers.pr. 2 m.p. (61) *you*

וַאֲבוֹתֵיכֶם conj.-n.m.p.-2 m.p. sf. (3) *and your fathers*

מַלְכֵיכֶם n.m.p.-2 m.p. sf. (I 572) *your kings*

וְשָׂרֵיכֶם conj.-n.m.p.-2 m.p. sf. (978) *and your princes*

וְעַם הָאָרֶץ conj.-n.m.s. cstr. (I 766)-def.art.-n.f.s. (75) *and the people of the land*

אֹתָם dir.obj.-3 m.p. sf. *them (it)*

זָכַר Qal pf. 3 m.s. (269) *did remember*

יהוה pr.n. (217) *Yahweh*

וַתַּעֲלֶה consec.-Qal impf. 3 f.s. (עָלָה 748) *did it come*

עַל־לִבּוֹ prep.-n.m.s.-3 m.s. sf. (524) *into his mind*

44:22

וְלֹא־יוּכַל יְהוָה conj.-neg.-Qal impf. 3 m.s. (יָכֹל 407)-pr.n. (217) *for Yahweh could not*

עוֹד adv. (728) *longer*

לָשֵׂאת prep.-Qal inf.cstr. (נָשָׂא 669) *bear*

מִפְּנֵי רֹעַ prep.-n.m.p. cstr. (815)-n.m.s. cstr. (947) *the evil of*

מַעַלְלֵיכֶם n.m.p.-2 m.p. sf. (עֲלָל 760) *your deeds*

מִפְּנֵי הַתּוֹעֵבֹת v.supra-def.art.-n.f.p. (1072) *and the abominations*

אֲשֶׁר עֲשִׂיתֶם rel. (81)-Qal pf. 2 m.p. (עָשָׂה I 793) *which you committed*

וַתְּהִי consec.-Qal impf. 3 f.s. (הָיָה 224) *therefore has become*

אַרְצְכֶם n.f.s.-2 m.p. sf. (75) *your land*

לְחָרְבָּה prep.-n.f.s. (352) *a desolation*

וּלְשַׁמָּה conj.-prep.-n.f.s. (I 1031) *and a waste*

וְלִקְלָלָה conj.-prep.-n.f.s. (887) *and a curse*

מֵאֵין יוֹשֵׁב prep.-subst.cstr. (II 34)-Qal act.ptc. (יָשַׁב 442) *without inhabitant*

כְּהַיּוֹם הַזֶּה prep.-def.art.-n.m.s. (398)-def.art.-demons.adj. m.s. (260) *as it is this day*

44:23

מִפְּנֵי אֲשֶׁר prep.-n.m.p. cstr. (815)-rel. (81) *it is because*

קִטַּרְתֶּם Pi. pf. 2 m.p. (קָטַר 882) *you burned incense*

וַאֲשֶׁר conj.-rel. (81) *and because*

חֲטָאתֶם Qal pf. 2 m.p. (חָטָא 306) *you sinned*

לַיהוָה prep.-pr.n. (217) *against Yahweh*

וְלֹא שְׁמַעְתֶּם conj.-neg.-Qal pf. 2 m.p. (1033) *and did not obey*

בְּקוֹל prep.-n.m.s. cstr. (876) *the voice of*

יְהוָה pr.n. (217) *Yahweh*

וּבְתֹרָתוֹ conj.-prep.-n.f.s.-3 m.s. sf. (435) *or in his law*

וּבְחֻקֹּתָיו conj.-prep.-n.m.p.-3 m.s. sf. (349) *and in his statutes*

וּבְעֵדְוֹתָיו conj.-prep.-n.f.p.-3 m.s. sf. (730) *and in his testimonies*

לֹא הֲלַכְתֶּם neg.-Qal pf. 2 m.p. (הָלַךְ 229) *have you not walked*

עַל־כֵּן קָרָאת prep.-adv. (485)-Qal pf. 3 f.s. (קָרָא II 896; GK 74g) *that has befallen*

אֶתְכֶם dir.obj.-2 m.p. sf. *you*

הָרָעָה הַזֹּאת def.art.-n.f.s. (949)-def.art.-demons. adj. f.s. (260) *this evil*

44:24

וַיֹּאמֶר consec.-Qal impf. 3 m.s. (55) *then said*

יִרְמְיָהוּ pr.n. (941) *Jeremiah*

אֶל־כָּל־הָעָם prep.-n.m.s. cstr. (481)-def.art.-n.m.s. (I 766) *to all the people*

וְאֶל כָּל־הַנָּשִׁים conj.-prep.-v.supra-def.art.-n.f.p. (61) *and all the women*

שִׁמְעוּ Qal impv. 2 m.p. (1033) *hear*

דְּבַר־יְהוָה n.m.s. cstr. (182)-pr.n. (217) *the word of Yahweh*

כָּל־יְהוּדָה n.m.s. cstr. (481)-pr.n. (397) *all of Judah*

אֲשֶׁר בְּאֶרֶץ rel. (81)-prep.-n.f.s. cstr. (75) *who are in the land of*

מִצְרָיִם pr.n. paus. (595) *Egypt*

44:25

כֹּה־אָמַר adv. (462)-Qal pf. 3 m.s. (55) *thus says*

יְהוָה־צְבָאוֹת pr.n. (217)-pr.n. (838) *Yahweh of hosts*

אֱלֹהֵי יִשְׂרָאֵל n.m.p. cstr. (43)-pr.n. (975) *the God of Israel*

לֵאמֹר prep.-Qal inf.cstr. (55) *(saying)*

אַתֶּם pers.pr. 2 m.p. (61) *you*

וּנְשֵׁיכֶם conj.-n.f.p.-2 m.p. sf. (61; GK 146g) *and your wives*

וַתְּדַבֵּרְנָה consec.-Pi. impf. 2 f.p. (דָּבַר 180) *have declared*

בְּפִיכֶם prep.-n.m.s.-2 m.p. sf. (804) *with your mouths*

וּבִידֵיכֶם conj.-prep.-n.f.p.-2 m.p. sf. (388) *and with your hands*

מִלֵּאתֶם Pi. pf. 2 m.p. (מָלֵא 569) *have fulfilled it*

לֵאמֹר v.supra *saying*

עָשֹׂה נַעֲשֶׂה Qal inf.abs. (I 793)-Qal impf. 1 c.p. (I 793) *we will surely perform*

אֶת־נְדָרֵינוּ dir.obj.-n.m.p.-1 c.p. sf. (623) *our vows*

אֲשֶׁר נָדַרְנוּ rel. (81)-Qal pf. 1 c.p. (נָדַר 623) *which we have made*

לְקַטֵּר prep.-Pi. inf.cstr. (קָטַר 882; GK 53k) *to burn incense*

לִמְלֶכֶת prep.-n.f.s. cstr. (573) *to the queen of*

הַשָּׁמַיִם def.art.-n.m. du. (1029) *heaven*

וּלְהַסֵּךְ conj.-prep.-Hi. inf.cstr. (נָסַךְ 650) *and to pour out*

לָהּ prep.-3 f.s. sf. *to her*

נְסָכִים n.m.p. (651) *libations*

402

הָקֵים תָּקִימְנָה Hi. inf.abs. (קום 877)–Hi. impf. 2 f.p. (877; GK 72k) *then confirm*

אֶת־נִדְרֵיכֶם dir.obj.-n.m.p.-2 m.p. sf. (623) *your vows*

וְעָשֹׂה תַעֲשֶׂינָה conj.–Qal inf.abs. (I 793)–Qal impf. 2 f.p. (I 793) *and perform*

אֶת־נִדְרֵיכֶם v.supra–v.supra *your vows*

44:26

לָכֵן prep.-adv. (485) *therefore*

שִׁמְעוּ Qal impv. 2 m.p. (1033) *hear*

דְּבַר־יהוה n.m.s. cstr. (182)-pr.n. (217) *the word of Yahweh*

כָּל־יְהוּדָה n.m.s. cstr. (481)-pr.n. (397) *all of Judah*

הַיֹּשְׁבִים def.art.-Qal act.ptc. m.p. (יָשַׁב 442) *who dwell*

בְּאֶרֶץ מִצְרָיִם prep.-n.f.s. cstr. (75)-pr.n. paus. (595) *in the land of Egypt*

הִנְנִי demons.part.-1 c.s. sf. (243) *behold, I*

נִשְׁבַּעְתִּי Ni. pf. 1 c.s. (שָׁבַע 989) *have sworn*

בִּשְׁמִי הַגָּדוֹל prep.-n.m.s.-1 c.s. sf. (1027) -def.art.-adj. (152) *by my great name*

אָמַר יהוה Qal pf. 3 m.s. (55)-pr.n. (217) *says Yahweh*

אִם־יִהְיֶה hypoth.part. (49)-Qal impf. 3 m.s. (הָיָה 224) *that shall no … be*

עוֹד adv. (728) *more*

שְׁמִי n.m.s.-1 c.s. sf. (1027) *my name*

נִקְרָא Ni. ptc. (קָרָא 894) *be invoked*

בְּפִי prep.-n.m.s. cstr. (804) *by the mouth of*

כָּל־אִישׁ n.m.s. cstr. (481)-n.m.s. cstr. (35) *any man of*

יְהוּדָה pr.n. (397) *Judah*

אֹמֵר Qal act.ptc. (55) *saying*

חַי־אֲדֹנָי adj. cstr. (I 311)-n.m.p.-1 c.s. sf. (10) *as the Lord lives*

יהוה pr.n. (217) *Yahweh*

בְּכָל־ prep.-v.supra *in all*

אֶרֶץ מִצְרָיִם n.f.s. cstr. (75)-pr.n. paus. (595) *the land of Egypt*

44:27

הִנְנִי demons.part.-1 c.s. sf. (243) *behold, I*

שֹׁקֵד Qal act.ptc. (שָׁקַד 1052) *am watching*

עֲלֵיהֶם prep.-3 m.p. sf. *over them*

לְרָעָה prep.-n.f.s. (949) *for evil*

וְלֹא לְטוֹבָה conj.-neg.-adj. f.s. (II 373) *and not for good*

וְתַמּוּ conj.-Qal pf. 3 c.p. (תָּמַם 1070) *and shall be consumed*

כָּל־אִישׁ n.m.s. cstr. (481)-n.m.s. cstr. (35) *all the men of*

יְהוּדָה pr.n. (397) *Judah*

אֲשֶׁר בְּאֶרֶץ rel. (81)-prep.-n.f.s. cstr. (75) *who are in the land of*

מִצְרַיִם pr.n. (595) *Egypt*

בַּחֶרֶב prep.-def.art.-n.f.s. (352) *by the sword*

וּבָרָעָב conj.-prep.-def.art.-n.m.s. (944) *and by famine*

עַד־כְּלוֹתָם prep. (III 723)-Qal inf.cstr.-3 m.p. sf. (כָּלָה 477) *until there is an end of them*

44:28

וּפְלִיטֵי conj.-n.m.p. cstr. (812) *and those who escape*

חֶרֶב n.f.s. (352) *the sword*

יְשֻׁבוּן Qal impf. 3 m.p. (שׁוּב 996) *shall return*

מִן־אֶרֶץ מִצְרַיִם prep.-n.f.s. cstr. (75)-pr.n. (595) *from the land of Egypt*

אֶרֶץ יְהוּדָה v.supra-pr.n. (397) *to the land of Judah*

מְתֵי מִסְפָּר n.m.p. cstr. (607)-n.m.s. (I 708) *men of number*

וְיָדְעוּ conj.-Qal pf. 3 c.p. (יָדַע 393) *and shall know*

כָּל־שְׁאֵרִית n.m.s. cstr. (481)-n.f.s. cstr. (984) *and all the remnant of*

יְהוּדָה pr.n. (397) *Judah*

הַבָּאִים def.art.-Qal act.ptc. m.p. (בּוֹא 97) *who came*

לְאֶרֶץ־מִצְרַיִם prep.-v.supra-v.supra *to the land of Egypt*

לָגוּר prep.-Qal inf.cstr. (גּוּר 157) *to live*

שָׁם adv. (1027) *there*

דְּבַר־מִי n.m.s. cstr. (182)-interr. (566) *whose word*

יָקוּם Qal impf. 3 m.s. (קוּם 877) *will stand*

מִמֶּנִּי וּמֵהֶם prep.-1 c.s. sf.-conj.-prep.-3 m.p. sf. *mine or theirs*

44:29

וְזֹאת־לָכֶם conj.-demons.adj. f.s. (260)-prep.-2 m.p. sf. *this shall be to you*

הָאוֹת def.art.-n.m.s. (16) *the sign*

נְאֻם־יְהוָה n.m.s. cstr. (610)-pr.n. (217) *says Yahweh*

כִּי־פֹקֵד אֲנִי conj.-Qal act.ptc. (פָּקַד 823)-pers.pr. 1 c.s. (58) *that I will punish*

עֲלֵיכֶם prep.-2 m.p. sf. *you*

בַּמָּקוֹם הַזֶּה prep.-def.art.-n.m.s. (879)-def.art. -demons.adj. m.s. (260) *in this place*

לְמַעַן תֵּדְעוּ prep. (775)-Qal impf. 2 m.p. (יָדַע 393) *in order that you may know*

כִּי קוֹם יָקֻמוּ conj.-Qal inf.abs. (קוּם 877)-Qal impf. 3 m.p. (877) *that will surely stand*

דְּבָרַי n.m.p.-1 c.s. sf. (182) *my words*

עֲלֵיכֶם prep.-2 m.p. sf. *against you*

לְרָעָה prep.-n.f.s. (949) *for evil*

44:30

כֹּה אָמַר adv. (462)-Qal pf. 3 m.s. (55) *thus says*

יהוה pr.n. (217) *Yahweh*

הִנְנִי demons.part.-1 c.s. sf. (243) *behold, I*

נֹתֵן Qal act.ptc. (נָתַן 678) *will give*

אֶת־פַּרְעֹה dir.obj.-pr.n. (829) *Pharaoh*

חָפְרַע pr.n. (344) *Hophra*

מֶלֶךְ־ n.m.s. cstr. (I 572) *king of*

מִצְרַיִם pr.n. (595) *Egypt*

בְּיַד prep.-n.f.s. cstr. (388) *into the hand of*

אֹיְבָיו Qal act.ptc. m.p.-3 m.s. sf. (אָיַב 33) *his enemies*

וּבְיַד conj.-v.supra *and into the hand of*

מְבַקְשֵׁי Pi. ptc. m.p. cstr. (בָּקַשׁ 134) *those who seek*

נַפְשׁוֹ n.f.s.-3 m.s. sf. (659) *his life*

כַּאֲשֶׁר נָתַתִּי prep.-rel. (81)-Qal pf. 1 c.s. (נָתַן 678) *as I gave*

אֶת־צִדְקִיָּהוּ dir.obj.-pr.n. (843) *Zedekiah*

מֶלֶךְ־יְהוּדָה v.supra-pr.n. (397) *king of Judah*

בְּיַד v.supra *into the hand of*

נְבוּכַדְרֶאצַּר pr.n. (613) *Nebuchadrezzar*

מֶלֶךְ־בָּבֶל v.supra-pr.n. (93) *king of Babylon*

אֹיְבוֹ Qal act.ptc.-3 m.s. sf. (אָיַב 33) *who was his enemy*

וּמְבַקֵּשׁ conj.-Pi. ptc. (בָּקַשׁ 134) *and sought*

נַפְשׁוֹ v.supra *his life*

45:1

הַדָּבָר def.art.-n.m.s. (182) *the word*

אֲשֶׁר דִּבֶּר rel. (81)-Pi. pf. 3 m.s. (180) *that spoke*

יִרְמְיָהוּ pr.n. (941) *Jeremiah*

הַנָּבִיא def.art.-n.m.s. (611) *the prophet*

אֶל־בָּרוּךְ prep.-pr.n. (140) *to Baruch*

בֶּן־נֵרִיָּה n.m.s. cstr. (119)-pr.n. (633) *the son of Neriah*

בְּכָתְבוֹ prep.-Qal inf.cstr.-3 m.s. sf. (כָּתַב 507) *when he wrote*

אֶת־הַדְּבָרִים הָאֵלֶּה dir.obj.-def.art.-n.m.p. (182)-def.art.-demons.adj. c.p. (41) *these words*

עַל־סֵפֶר prep.-n.m.s. (706) *in a book*

מִפִּי יִרְמְיָהוּ prep.-n.m.s. cstr. (804)-pr.n. (941) *from the mouth of Jeremiah*

בַּשָּׁנָה הָרְבִיעִית prep.-def.art.-n.f.s. (1040)-def.art.-num. f.s. (917) *in the fourth year*

לִיהוֹיָקִים prep.-pr.n. (220) *of Jehoiakim*

בֶּן־יֹאשִׁיָּהוּ v.supra-pr.n. (78) *the son of Josiah*

מֶלֶךְ יְהוּדָה n.m.s. cstr. (I 572)-pr.n. (397) *king of Judah*

לֵאמֹר prep.-Qal inf.cstr. (55) *(saying)*

45:2

כֹּה־אָמַר adv. (462)-Qal pf. 3 m.s. (55) *thus says*

יהוה pr.n. (217) *Yahweh*

אֱלֹהֵי יִשְׂרָאֵל n.m.p. cstr. (43)-pr.n. (975) *the God of Israel*

עָלֶיךָ prep.-2 m.s. sf. *to you*

בָּרוּךְ pr.n. (140) *O Baruch*

45:3

אָמַרְתָּ Qal pf. 2 m.s. (55) *you said*

אוֹי־נָא לִי interj. (17)-part. of entreaty (609)-prep.-1 c.s. sf. *Woe is me*

כִּי־יָסַף conj.-Qal pf. 3 m.s. (414) *for has added*

יהוה pr.n. (217) *Yahweh*

יָגוֹן n.m.s. (387) *sorrow*

עַל־מַכְאֹבִי prep.-n.m.s.-1 c.s. sf. (456) *to my pain*

יָגַעְתִּי Qal pf. 1 c.s. (יָגַע 388) *I am weary*

בְּאַנְחָתִי prep.-n.f.s.-1 c.s. sf. (58) *with my groaning*

וּמְנוּחָה conj.-n.f.s. (629) *and rest*

לֹא מָצָאתִי neg.-Qal pf. 1 c.s. paus. (מָצָא 592) *I do not find*

45:4

כֹּה תֹּאמַר adv. (462)-Qal impf. 2 m.s. (55) *thus shall you say*

אֵלָיו prep.-3 m.s. sf. *to him*

כֹּה אָמַר v.supra-Qal pf. 3 m.s. (55) *thus says*

יהוה pr.n. (217) *Yahweh*

הִנֵּה demons.part. (243) *behold*

אֲשֶׁר־בָּנִיתִי rel. (81)-Qal pf. 1 c.s. (בָּנָה 124) *what I have built*

אֲנִי הֹרֵס pers.pr. 1 c.s. (58)-Qal act.ptc. (הָרַם 248) *I am breaking down*

וְאֵת אֲשֶׁר־נָטַעְתִּי conj.-dir.obj.-rel. (81)-Qal pf. 1 c.s. (נָטַע 642) *and what I have planted*

אֲנִי נֹתֵשׁ v.supra-Qal act.ptc. (נָתַשׁ 684) *I am plucking up*

וְאֶת־כָּל־הָאָרֶץ conj.-dir.obj.-n.m.s. cstr. (481)-def.art.-n.f.s. (75) *and the whole land*

הִיא demons.adj. f.s. (214) *that is*

45:5

וְאַתָּה conj.-pers.pr. 2 m.s. (61) *and do you*

תְּבַקֶּשׁ־לְךָ Pi. impf. 2 m.s. (בָּקַשׁ 134)-prep.-2 m.s. sf. *seek for yourself*

גְּדֹלוֹת adj. f.p. (152) *great things*

אַל־תְּבַקֵּשׁ neg.-Pi. impf. 2 m.s. (134) *seek them not*

כִּי הִנְנִי conj.-demons.part.-1 c.s. sf. (243) *for behold, I*

מֵבִיא Hi. ptc. (בּוֹא) *am bringing*

רָעָה n.f.s. (949) *evil*

עַל־כָּל־בָּשָׂר prep.-n.m.s. cstr. (481)-n.m.s. (142) *upon all flesh*

נְאֻם־יְהוָה n.m.s. cstr. (610)-pr.n. (217) *says Yahweh*

וְנָתַתִּי conj.-Qal pf. 1 c.s. (נָתַן 678) *but I will give*

לְךָ prep.-2 m.s. sf. *you*

אֶת־נַפְשְׁךָ dir.obj.-n.f.s.-2 m.s. sf. (659) *your life*

לְשָׁלָל prep.-n.m.s. (1021) *as a prize of war*

עַל כָּל־הַמְּקֹמוֹת prep.-v.supra-def.art.-n.m.p. (879) *in all places*

אֲשֶׁר תֵּלֶךְ־ rel. (81)-Qal impf. 2 m.s. (הָלַךְ 229) *to which you may go*

שָׁם adv. (1027) *there*

46:1

אֲשֶׁר הָיָה rel. (81; GK 138eN)-Qal pf. 3 m.s. (224) *which came*

דְּבַר־יְהוָה n.m.s. cstr. (182)-pr.n. (217) *the word of Yahweh*

אֶל־יִרְמְיָהוּ prep.-pr.n. (941) *to Jeremiah*

הַנָּבִיא def.art.-n.m.s. (611) *the prophet*

עַל־הַגּוֹיִם prep.-def.art.-n.m.p. (156) *concerning the nation*

46:2

לְמִצְרַיִם prep.-pr.n. (595) *about Egypt*

עַל־חֵיל prep.-n.m.s. cstr. (298) *concerning the army of*

פַּרְעֹה pr.n. (829) *Pharaoh*

נְכוֹ pr.n. (647) *Neco*

מֶלֶךְ מִצְרַיִם n.m.s. cstr. (I 572)-pr.n. (595) *the king of Egypt*

אֲשֶׁר הָיָה rel. (81)-Qal pf. 3 m.s. (224) *which was*

עַל־נְהַר־פְּרָת prep.-n.m.s. cstr. (625)-pr.n. (832) *by the river Euphrates*

בְּכַרְכְּמִשׁ prep.-pr.n. (501) *at Carchemish*

אֲשֶׁר הִכָּה rel. (81)-Hi. pf. 3 m.s. (נָכָה 645) *and which defeated*

נְבוּכַדְרֶאצַּר pr.n. (613) *Nebuchadrezzar*

מֶלֶךְ בָּבֶל v.supra-pr.n. (93) *king of Babylon*

בִּשְׁנַת prep.-n.f.s. cstr. (1040) *in the ... year*

הָרְבִיעִית def.art.-num. f.s. (917) *fourth*

לִיהוֹיָקִים prep.-pr.n. (220) *of Jehoiakim*

בֶּן־יֹאשִׁיָּהוּ n.m.s. cstr. (119)-pr.n. (78) *the son of Josiah*

מֶלֶךְ יְהוּדָה v.supra-pr.n. (397) *king of Judah*

46:3

עִרְכוּ Qal impv. 2 m.p. (עָרַךְ 789) *prepare*

מָגֵן n.m.s. (171) *buckler*

וְצִנָּה conj.-n.f.s. (III 857) *and shield*

וּגְשׁוּ conj.-Qal impv. 2 m.p. (נָגַשׁ 620) *and advance*

לַמִּלְחָמָה prep.-def.art.-n.f.s. (536) *for battle*

46:4

אִסְרוּ Qal impv. 2 m.p. (אָסַר 63) *harness*

הַסּוּסִים def.art.-n.m.p. (692) *the horses*

וַעֲלוּ conj.-Qal impv. 2 m.p. (עָלָה 748) *mount*

הַפָּרָשִׁים def.art.-n.m.p. (832) *O horsemen*

וְהִתְיַצְּבוּ conj.-Hith. impv. 2 m.p. (יָצַב 426) *take your stations*

בְּכוֹבָעִים prep.-n.m.p. (464) *with helmets*

מִרְקוּ Qal impv. 2 m.p. (מָרַק I 599) *polish*

הָרְמָחִים def.art.-n.m.p. (942) *the spears*

לִבְשׁוּ Qal impv. 2 m.p. (לָבַשׁ 527) *put on*

הַסִּרְיֹנֹת def.art.-n.m.p. (710) *the coats of mail*

46:5

מַדּוּעַ רָאִיתִי interr. (396)-Qal pf. 1 c.s. (רָאָה 906) *why have I seen it?*

הֵמָּה חַתִּים pers.pr. 3 m.p. (241)-adj. m.p. (369) *they are dismayed*

נְסֹגִים Ni. ptc. m.p. (סוּג I 690) *have turned*

אָחוֹר adv. (30) *backward*

וְגִבּוֹרֵיהֶם conj.-n.m.p.-3 m.p. sf. (150) *and their warriors*

יֻכַּתּוּ Ho. impf. 3 m.p. (כָּתַת 510) *are beaten down*

וּמָנוֹס נָסוּ conj.-n.m.s. (631)-Qal pf. 3 c.p. (נוּס 630) *and have fled in haste*

וְלֹא הִפְנוּ conj.-neg.-Hi. pf. 3 c.p. (פָּנָה 815) *they look not back*

מָגוֹר n.m.s. (II 159; GK 117q) *terror*

מִסָּבִיב prep.-adv. (686) *on every side*

נְאֻם־יְהוָה n.m.s. cstr. (610)-pr.n. (217) *says Yahweh*

46:6

אַל־יָנוּס neg.-Qal impf. 3 m.s. (נוּס 630) *cannot flee away*

הַקַּל def.art.-adj. m.s. (886) *the swift*

וְאַל־יִמָּלֵט conj.-neg.-Ni. impf. 3 m.s. (מלט 572) *nor escape*

הַגִּבּוֹר def.art.-n.m.s. (150) *the warrior*

צָפוֹנָה n.f.s.-dir.he (860) *in the north*

עַל־יַד prep.-n.f.s. cstr. (388) *by* (lit. *upon the hand of*)

נְהַר־פְּרָת n.m.s. cstr. (625)-pr.n. (832) *the river Euphrates*

כָּשְׁלוּ Qal pf. 3 c.p. (כשל 505) *they have stumbled*

וְנָפָלוּ conj.-Qal pf. 3 c.p. paus. (נפל 656) *and fallen*

46:7

מִי־זֶה interr. (566)-demons.adj. m.s. (260) *who is this*

כַּיְאֹר prep.-def.art.-n.m.s. (384) *like the Nile*

יַעֲלֶה Qal impf. 3 m.s. (עלה 748) *rising*

כַּנְּהָרוֹת prep.-def.art.-n.m.p. (625) *like rivers*

יִתְגָּעֲשׁוּ Hith. impf. 3 m.p. (געש 172) *surge*

מֵימָיו n.m.p.-3 m.s. sf. (565) *whose waters*

46:8

מִצְרַיִם pr.n. (595) *Egypt*

כַּיְאֹר prep.-def.art.-n.m.s. (384) *like the Nile*

יַעֲלֶה Qal impf. 3 m.s. (748) *rises*

וְכַנְּהָרוֹת conj.-prep.-def.art.-n.m.p. (625) *and like rivers*

יִתְגֹּעֲשׁוּ Hithpo'el impf. 3 m.p. (געש 172) *surge*

מָיִם n.m.p. paus. (565) *whose waters*

וַיֹּאמֶר consec.-Qal impf. 3 m.s. (אמר 55) *he said*

אֶעֱלֶה Qal impf. 1 c.s. (עלה 748) *I will rise*

אֲכַסֶּה־ Pi. impf. 1 c.s. (כסה 491) *I will cover*

אֶרֶץ n.f.s. (75) *the earth*

אֹבִידָה Hi. impf. 1 c.s.-vol.he (אבד 1; GK 68 g,i) *I will destroy*

עִיר n.f.s. (746) *cities*

וְיֹשְׁבֵי בָהּ conj.-Qal act.ptc. m.p. cstr. (ישב 442)-prep.-3 f.s. sf. *and their inhabitants*

46:9

עֲלוּ Qal impv. 2 m.p. (עלה 748) *advance*

הַסּוּסִים def.art.-n.m.p. (692) *O horses*

וְהִתְהֹלְלוּ conj.-Hithpo'el impv. 2 m.p. (הלל II 237) *and rage*

הָרֶכֶב def.art.-n.m.s. (939) *O chariots*

וְיֵצְאוּ conj.-Qal impf. 3 m.p. (יצא 422) *and let go forth*

הַגִּבּוֹרִים def.art.-n.m.p. (150) *the warriors*

כּוּשׁ pr.n. (I 468) *men of Ethiopia*

וּפוּט conj.-pr.n. (806) *and Put*

תֹּפְשֵׂי Qal act.ptc. m.p. cstr. (תפש 1074) *who handle*

מָגֵן n.m.s. (171) *the shield*

וְלוּדִים conj.-pr.n. p. (530) *and men of Lud*

תֹּפְשֵׂי v.supra *skilled in*

דֹּרְכֵי Qal act.ptc. m.p. cstr. (דרך 201) *handling*

קָשֶׁת n.f.s. paus. (905) *the bow*

46:10

וְהַיּוֹם הַהוּא conj.-def.art.-n.m.s. (398)-def.art.-demons.adj. m.s. (214) *and that day*

לַאדֹנָי prep.-n.m.p.-1 c.s. sf. (10) *for the Lord*

יְהוִה צְבָאוֹת pr.n. (217)-pr.n. (838) *Yahweh of hosts*

יוֹם נְקָמָה n.m.s. cstr. (398)-n.f.s. (668) *a day of vengeance*

לְהִנָּקֵם prep.-Ni. inf.cstr. (נקם 667) *to avenge himself*

מִצָּרָיו prep.-n.m.p.-3 m.s. sf. (III 865) *on his foes*

וְאָכְלָה conj.-Qal pf. 3 f.s. (אכל 37) *and shall devour*

חֶרֶב n.f.s. (352) *the sword*

וְשָׂבְעָה conj.-Qal pf. 3 f.s. (שבע 959) *and be sated*

וְרָוְתָה conj.-Qal pf. 3 f.s. (רוה 924) *and drink its fill*

מִדָּמָם prep.-n.m.s.-3 m.p. sf. (196) *of their blood*

כִּי זֶבַח conj.-n.m.s. (256) *for a sacrifice*

לַאדֹנָי v.supra *for the Lord*

יְהוִה צְבָאוֹת v.supra-v.supra *Yahweh of hosts*

בְּאֶרֶץ צָפוֹן prep.-n.f.s. cstr. (75)-n.f.s. (860) *in the north country*

אֶל־נְהַר־פְּרָת prep.-n.m.s. cstr. (625)-pr.n. (832) *by the river Euphrates*

46:11

עֲלִי Qal impv. 2 f.s. (עלה 748) *go up*

גִלְעָד pr.n. (166) *to Gilead*

וּקְחִי conj.-Qal impv. 2 f.s. (לקח 542) *and take*

צֳרִי n.m.s. (863) *balm*

בְּתוּלַת n.f.s. cstr. (143) *O virgin*

בַּת־ n.f.s. cstr. (I 123) *daughter of*

מִצְרַיִם pr.n. paus. (595) *Egypt*

לַשָּׁוְא prep.-def.art.-n.m.s. (996) *in vain*

(הִרְבֵּית) הִרְבֵּיתִי Hi. pf. 2 f.s. (רבה I 915; prb.rd. *you have used many*

רְפֻאוֹת n.f.p. (951) *medicines*

תְּעָלָה n.f.s. (II 752) *healing*

אֵין לָךְ subst.cstr. (II 34)-prep.-2 f.s. sf. *there is not for you*

46:12

שִׁמְעוּ Qal pf. 3 c.p. (שָׁמַע 1033) *have heard*

גוֹיִם n.m.p. (156) *the nations*

קְלוֹנֵךְ n.m.s.-2 f.s. sf. (885) *your shame*

וְצִוְחָתֵךְ conj.-n.f.s.-2 f.s. sf. (846) *and your cry*

מָלְאָה Qal pf. 3 f.s. (מָלֵא 569) *is full*

הָאָרֶץ def.art.-n.f.s. (75) *the earth*

כִּי־גִבּוֹר conj.-n.m.s. (150) *for warrior*

בְּגִבּוֹר prep.-n.m.s. (150) *against warrior*

כָּשָׁלוּ Qal pf. 3 c.p. paus. (כָּשַׁל 505) *has stumbled*

יַחְדָּיו adv. (403) *together*

נָפְלוּ Qal pf. 3 c.p. (נָפַל 656) *they have fallen*

שְׁנֵיהֶם n.m.p.-3 m.p. sf. (1040) *both of them*

46:13

הַדָּבָר def.art.-n.m.s. (182) *the word*

אֲשֶׁר דִּבֶּר rel. (81)-Pi. pf. 3 m.s. (דָּבַר 180) *which spoke*

יהוה 217) *Yahweh*

אֶל־יִרְמְיָהוּ prep.-pr.n. (941) *to Jeremiah*

הַנָּבִיא def.art.-n.m.s. (611) *the prophet*

לָבוֹא prep.-Qal inf.cstr. (בּוֹא 97) *about the coming*

נְבוּכַדְרֶאצַּר pr.n. (613) *Nebuchadrezzar*

מֶלֶךְ n.m.s. cstr. (I 572) *king of*

בָּבֶל pr.n. (93) *Babylon*

לְהַכּוֹת prep.-Hi. inf.cstr. (נָכָה 645) *to smite*

אֶת־הָאָרֶץ dir.obj.-n.f.s. cstr. (75) *the land of*

מִצְרָיִם pr.n. paus. (595) *Egypt*

46:14

הַגִּידוּ Hi. impv. 2 m.p. (נָגַד 616) *declare*

בְמִצְרַיִם prep.-pr.n. (595) *in Egypt*

וְהַשְׁמִיעוּ conj.-Hi. impv. 2 m.p. (שָׁמַע 1033) *and proclaim*

בְמִגְדּוֹל prep.-pr.n. (154) *in Migdol*

וְהַשְׁמִיעוּ v.supra *and proclaim*

בְנֹף prep.-pr.n. (592) *in Memphis*

וּבְתַחְפַּנְחֵס conj.-prep.-pr.n. (1064) *and Tahpanhes*

אִמְרוּ Qal impv. 2 m.p. (55) *say*

הִתְיַצֵּב Hith. impv. 2 m.s. (יָצַב 426) *stand ready*

וְהָכֵן conj.-Hi. impv. 2 m.s. (כּוּן 465) *and be prepared*

לָךְ prep.-2 f.s. sf. *(for yourself)*

כִּי־אָכְלָה conj.-Qal pf. 3 f.s. (אָכַל 37) *for shall devour*

חֶרֶב n.f.s. (352) *the sword*

סְבִיבֶיךָ subst. m.p.-2 m.s. sf. (686) *round about you*

46:15

מַדּוּעַ נִסְחַף adv. (396)-Ni. pf. 3 m.s. (סָחַף 695) *why are prostrated?*

אַבִּירֶיךָ adj. m.p.-2 m.s. sf. (7) *your mighty ones*

לֹא עָמַד neg.-Qal pf. 3 m.s. (763) *he does not stand*

כִּי יהוה conj.-pr.n. (217) *because Yahweh*

הֲדָפוֹ Qal pf. 3 m.s.-3 m.s. sf. (הָדַף 213) *thrust him down*

46:16

הִרְבָּה Hi. pf. 3 m.s. (רָבָה I 915) *he made many*

כּוֹשֵׁל Qal act.ptc. (505) *stumble*

גַּם־נָפַל adv. (168)-Qal pf. 3 m.s. (656) *and fell*

אִישׁ אֶל־רֵעֵהוּ n.m.s. (35)-prep.-n.m.s.-3 m.s. sf. (945) *one to another*

וַיֹּאמְרוּ consec.-Qal impf. 3 m.s. (55) *and they said*

קוּמָה Qal impv. 2 m.s.-coh.he (קוּם 877) *arise*

וְנָשֻׁבָה conj.-Qal impf. 1 c.p.-coh.he (שׁוּב 996) *and let us go back*

אֶל־עַמֵּנוּ prep.-n.m.s.-1 c.p. sf. (I 766) *to our own people*

וְאֶל־אֶרֶץ conj.-prep.-n.f.s. (75) *and to the land of*

מוֹלַדְתֵּנוּ n.f.s.-1 c.p. sf. (409) *our birth*

מִפְּנֵי prep.-n.m.p. cstr. (815) *because of*

חֶרֶב n.f.s. cstr. (352; GK 126w) *the sword of*

הַיּוֹנָה def.art.-Qal act.ptc. f.s. (יָנָה 413) *the oppressor*

46:17

קָרְאוּ שָׁם Qal pf. 3 c.p. (894)-adv. (1027) *they have called there* (LXX, V rd. קִרְאוּ שֵׁם *call the name of*)

פַּרְעֹה pr.n. (829) *Pharaoh*

מֶלֶךְ־ n.m.s. cstr. (I 572) *king of*

מִצְרַיִם pr.n. (595) *Egypt*

שָׁאוֹן n.m.s. (981) *a crash*

הֶעֱבִיר Hi. pf. 3 m.s. (עָבַר 716) *he lets go by*

הַמּוֹעֵד def.art.-n.m.s. (417) *the hour*

46:18

חַי־אָנִי adj. (I 311)-pers.pr. 1 c.s. (58) *as I live*

נְאֻם־הַמֶּלֶךְ n.m.s. cstr. (610)-def.art.-n.m.s. (I 572) *says the king*

יהוה צְבָאוֹת pr.n. (217)-pr.n. (838) *Yahweh of hosts*

שְׁמוֹ n.m.s.-3 m.s. sf. (1027) *whose name*

כִּי כְּתָבוֹר conj.-prep.-pr.n. (1061) *like Tabor*

בֶּהָרִים prep.-def.art.-n.m.p. (249) *among the mountains*

וּכְכַרְמֶל conj.-prep.-pr.n. (II 502) *and like Carmel*

בַּיָּם prep.-def.art.-n.m.s. (410) *by the sea*

יָבוֹא Qal impf. 3 m.s. (בוא 97) *one shall come*

46:19

כְּלֵי n.m.p. cstr. (479) *baggage for*

גּוֹלָה n.f.s. (163) *exile*

עֲשִׂי לָךְ Qal impv. 2 f.s. (עשׂה I 793)-prep.-2 f.s. sf. *prepare yourselves*

יוֹשֶׁבֶת Qal act.ptc. f.s. (ישׁב 442) *O inhabitants of*

בַּת־מִצְרַיִם n.f.s. cstr. (I 123)-pr.n. paus. (595) *daughter of Egypt*

כִּי־נֹף conj.-pr.n. (592) *for Memphis*

לְשַׁמָּה prep.-n.f.s. (1031) *a waste*

תִהְיֶה Qal impf. 3 f.s. (היה 224) *shall become*

וְנִצְּתָה conj.-Ni. pf. 3 f.s. (יצת 428) *a ruin* (lit. *and it shall be burned*)

מֵאֵין prep.-subst.cstr. (II 34) *without*

יוֹשֵׁב Qal act.ptc. (442) *inhabitant*

46:20

עֶגְלָה n.f.s. (I 722) *a heifer*

יְפֵה־פִיָּה adj. f. (421; GK 84b n) *beautiful*

מִצְרָיִם pr.n. paus. (595) *is Egypt*

קֶרֶץ n.m.s. (903) *a gadfly*

מִצָּפוֹן prep.-n.f.s. (860) *from the north*

בָּא Qal pf. 3 m.s. (בוא 97) *has come*

בָא prb.rd. בָהּ prep.-3 f.s. sf. (LXX) *upon her*

46:21

גַּם־שְׂכִרֶיהָ adv. (168)-adj. m.p.-3 f.s. sf. (969) *even her hired soldiers*

בְקִרְבָּהּ prep.-n.m.s.-3 f.s. sf. (899) *in her midst*

כְּעֶגְלֵי prep.-n.m.p. cstr. (722) *like calves of*

מַרְבֵּק n.m.s. (918) *a stall* (stall-fed, fatted calves)

כִּי־גַם־הֵמָּה conj.-v.supra-pers.pr. 3 m.p. (241) *yea, they*

הִפְנוּ Hi. pf. 3 c.p. (פנה 815) *have turned*

נָסוּ Qal pf. 3 c.p. (נוס 630) *they fled*

יַחְדָּיו adv. (403) *together*

לֹא עָמָדוּ neg.-Qal pf. 3 c.p. paus. (עמד 763) *they did not stand*

כִּי יוֹם conj.-n.m.s. cstr. (398) *for the day of*

אֵידָם n.m.s.-3 m.p. sf. (15) *their calamity*

בָּא Qal pf. 3 m.s. (בוא 97) *has come*

עֲלֵיהֶם prep.-3 m.p. sf. *upon them*

עֵת n.f.s. cstr. (773) *the time of*

פְּקֻדָּתָם n.f.s.-3 m.p. sf. (824) *their punishment*

46:22

קוֹלָהּ n.m.s.-3 f.s. sf. (876) *her sound*

כַּנָּחָשׁ prep.-def.art.-n.m.s. (638) *like the serpent*

יֵלֵךְ Qal impf. 3 m.s. (הלך 229) *glides away*

כִּי־בְחַיִל conj.-prep.-n.m.s. (298) *for in force*

יֵלֵכוּ Qal impf. 3 m.p. (הלך 229) *they march*

וּבְקַרְדֻּמּוֹת conj.-prep.-n.m.p. (899) *with axes*

בָּאוּ Qal pf. 3 c.p. (בוא 97) *they come*

לָהּ prep.-3 f.s. sf. *against her*

כְּחֹטְבֵי prep.-Qal act.ptc. m.p. cstr. (חטב I 310) *like those who fell*

עֵצִים n.m.p. (781) *trees*

46:23

כָּרְתוּ Qal pf. 3 c.p. (כרת 503) *they shall cut down*

יַעְרָהּ n.m.s.-3 f.s. sf. (420) *her forest*

נְאֻם־יהוה n.m.s. cstr. (610)-pr.n. (217) *says Yahweh*

כִּי לֹא יֵחָקֵר conj.-neg.-Ni. impf. 3 m.s. (חקר 350) *though it is impenetrable*

כִּי רַבּוּ conj.-Qal pf. 3 c.p. (רבב I 912) *because they are ... numerous*

מֵאַרְבֶּה prep.-n.m.s. (916) *more ... than locusts*

וְאֵין לָהֶם conj.-subst.cstr. (II 34)-prep.-3 m.p. sf. *they are without*

מִסְפָּר n.m.s. (708) *number*

46:24

הֹבִישָׁה Hi. pf. 3 f.s. (בושׁ 101) *shall be put to shame*

בַּת־מִצְרָיִם n.f.s. cstr. (I 123)-pr.n. paus. (595) *the daughter of Egypt*

נִתְּנָה Ni. pf. 3 f.s. (נתן 678) *she shall be delivered*

בְּיַד prep.-n.f.s. cstr. (388) *into hand of*

עַם־צָפוֹן n.m.s. cstr. (I 766)-n.f.s. (860) *a people from north*

46:25

אָמַר Qal pf. 3 m.s. (55) *said*

יהוה צְבָאוֹת pr.n. (217)-pr.n. (838) *Yahweh of hosts*

אֱלֹהֵי n.m.p. cstr. (43) *the God of*

יִשְׂרָאֵל pr.n. (975) *Israel*

הִנְנִי demons.part.-1 c.s. sf. (243) *behold, I*

פּוֹקֵד Qal act.ptc. (823) *am bringing punishment*

אֶל־אָמוֹן prep.-pr.n. (I 51) *upon Amon*

מִנֹּא prep.-pr.n. (609) *of Thebes*

וְעַל־פַּרְעֹה conj.-prep.-pr.n. (829) *and Pharaoh*

וְעַל־מִצְרַיִם conj.-prep.-pr.n. (595) *and Egypt*

וְעַל־אֱלֹהֶיהָ conj.-prep.-n.m.p.-3 f.s. sf. (43) *and her gods*

וְעַל־מְלָכֶיהָ v.supra-n.m.p.-3 f.s. sf. (I 572) *and her kings*

וְעַל־פַּרְעֹה v.supra-v.supra *and Pharaoh*

וְעַל־הַבֹּטְחִים v.supra-def.art.-Qal act.ptc. m.p. (105 בָּטַח) *and those who trust*

בּוֹ prep.-3 m.s. sf. *in him*

46:26

וּנְתַתִּים conj.-Qal pf. 1 c.s.-3 m.p. sf. (נָתַן 678) *and I will deliver them*

בְּיַד prep.-n.f.s. cstr.(388) *into the hand of*

מְבַקְשֵׁי Pi. ptc. m.p. cstr. (בָּקַשׁ 134) *those who seek*

נַפְשָׁם n.f.s.-3 m.p. sf. (659) *their life*

וּבְיַד conj.-v.supra *and into the hand of*

נְבוּכַדְרֶאצַּר pr.n. (613) *Nebuchadrezzar*

מֶלֶךְ־בָּבֶל n.m.s. cstr. (I 572)-pr.n. (93) *king of Babylon*

וּבְיַד־עֲבָדָיו v.supra-n.m.p.-3 m.s. sf. (713) *and his officers*

וְאַחֲרֵי־כֵן conj.-prep. cstr. (29)-adv. (485) *afterward*

תִּשְׁכֹּן Qal impf. 3 f.s. (שָׁכַן 1014) *shall be inhabited*

כִּימֵי־קֶדֶם prep.-n.m.p. cstr. (398)-n.m.s. (869) *as in the days of old*

נְאֻם־יהוה n.m.s. cstr. (610)-pr.n. (217) *says Yahweh*

46:27

וְאַתָּה conj.-pers.pr. 2 m.s. (61) *but thou*

אַל־תִּירָא neg.-Qal impf. 2 m.s. (יָרֵא 431) *fear not*

עַבְדִּי n.m.s.-1 c.s. sf. (713) *my servant*

יַעֲקֹב pr.n. (784) *Jacob*

וְאַל־תֵּחַת conj.-neg.-Qal impf. 2 m.s. (חָתַת 369) *nor be dismayed*

יִשְׂרָאֵל pr.n. (975) *Israel*

כִּי הִנְנִי conj.-demons.part.-1 c.s. sf. (243) *for lo, I*

מוֹשִׁיעֲךָ Hi. ptc.-2 m.s. sf. (יָשַׁע 446) *will save you*

מֵרָחוֹק prep.-adj. (935) *from afar*

וְאֶת־זַרְעֲךָ conj.-dir.obj.-n.m.s.-2 m.s. sf. (282) *and your offspring*

מֵאֶרֶץ prep.-n.f.s. cstr. (75) *from the land of*

שִׁבְיָם n.m.s.-3 m.p. sf. (985) *their captivity*

וְשָׁב יַעֲקֹב conj.-Qal pf. 3 m.s. (שׁוּב 996)-pr.n. (784) *and Jacob shall return*

וְשָׁקַט conj.-Qal pf. 3 m.s. (1052) *and have quiet*

וְשַׁאֲנַן conj.-adj. (983) *and ease*

וְאֵין מַחֲרִיד conj.-subst.cstr. (II 34)-Hi. ptc. (חָרַד 353) *and none shall make him afraid*

46:28

אַתָּה אַל־תִּירָא pers.pr. 2 m.s. (61)-neg.-Qal impf. 2 m.s. (יָרֵא 431) *fear not*

עַבְדִּי n.m.s.-1 c.s. sf. (713) *my servant*

יַעֲקֹב pr.n. (784) *Jacob*

נְאֻם־יהוה n.m.s. cstr. (610)-pr.n. (217) *says Yahweh*

כִּי אִתְּךָ אָנִי conj.-prep.-2 m.s. sf. (II 85)-pers.pr. 1 c.s. (58) *for I am with you*

כִּי אֶעֱשֶׂה conj.-Qal impf. 1 c.s. (עָשָׂה I 793) *I will make*

כָלָה n.f.s. (478) *a full end*

בְּכָל־הַגּוֹיִם prep.-n.m.s. cstr. (481)-def.art.-n.m.p. (156) *of all the nations*

אֲשֶׁר הִדַּחְתִּיךָ rel. (81)-Hi. pf. 1 c.s.-2 m.s. sf. (נָדַח 623) *to which I have driven you*

שָׁמָּה adv.-loc.he (1027) *(there)*

וְאֹתְךָ conj.-dir.obj.-2 m.s. sf. *but of you*

לֹא־אֶעֱשֶׂה neg.-Qal impf. 1 c.s. (עָשָׂה I 793) *I will not make*

כָלָה n.f.s. (478) *a full end*

וְיִסַּרְתִּיךָ conj.-Pi. pf. 1 c.s.-2 m.s. sf. (יָסַר 415) *I will chasten you*

לַמִּשְׁפָּט prep.-def.art.-n.m.s. (1048) *in just measure*

וְנַקֵּה לֹא אֲנַקֶּךָּ conj.-Pi. inf.abs. (נָקָה 667) -neg.-Pi. impf. 1 c.s.-2 m.s. sf. (נָקָה 667) *and I will by no means leave you unpunished*

47:1

אֲשֶׁר הָיָה rel. (81)-Qal pf. 3 m.s. (224) *that came*

דְּבַר־יהוה n.m.s. cstr. (182)-pr.n. (217) *the word of Yahweh*

אֶל־יִרְמְיָהוּ prep.-pr.n. (941) *to Jeremiah*

הַנָּבִיא def.art.-n.m.s. (611) *the prophet*

אֶל־פְּלִשְׁתִּים prep.-pr.n. (814) *concerning the Philistines*

בְּטֶרֶם prep.-adv. (382) *before*

יַכֶּה פַרְעֹה Hi. impf. 3 m.s. (נָכָה 645)-pr.n. (829) *Pharaoh smote*

אֶת־עַזָּה dir.obj.-pr.n. (738) *Gaza*

47:2

כֹּה אָמַר adv. (462)-Qal pf. 3 m.s. (55) *thus says*

יהוה pr.n. (217) *Yahweh*

הִנֵּה־מַיִם demons.part. (243)-n.m.p. (565) *behold, waters*

עֹלִים Qal act.ptc. m.p. (עָלָה 748) *are rising*

מִצָּפוֹן prep.-n.f.s. (860) *out of the north*

וְהָיוּ conj.-Qal pf. 3 c.p. (הָיָה 224) *and shall become*

לְנַחַל שׁוֹטֵף prep.-n.m.s. (I 636)-Qal act.ptc. (1009) *an overflowing torrent*

וְיִשְׁטְפוּ conj.-Qal impf. 3 m.p. (שָׁטַף 1009) *they shall overflow*

אֶרֶץ n.f.s. (75) *land*

וּמְלוֹאָהּ conj.-n.m.s.-3 f.s. sf. (571) *and all that fills it*

עִיר n.f.s. (746) *city*

וְיֹשְׁבֵי בָהּ conj.-Qal act.ptc. m.p. cstr. (יָשַׁב 442) -prep.-3 f.s. sf. *and those who dwell in it*

וְזָעֲקוּ conj.-Qal pf. 3 c.p. (זָעַק 277) *shall cry out*

הָאָדָם def.art.-n.m.s. (9) *men*

וְהֵילִל conj.-Hi. pf. 3 m.s. (יָלַל 410) *and shall wail*

כֹּל יוֹשֵׁב n.m.s. cstr. (481)-Qal act.ptc. m.p. cstr. (442) *every inhabitant of*

הָאָרֶץ def.art.-n.f.s. (75) *the land*

47:3

מִקּוֹל prep.-n.m.s. cstr. (876) *at the noise of*

שַׁעֲטַת n.f.s. cstr. (1043) *the stamping of*

פַּרְסוֹת n.f.p. cstr. (828) *the hoofs of*

אַבִּירָיו adj. m.p.-3 m.s. sf. (7) *his stallions*

מֵרַעַשׁ prep.-n.m.s. (950) *at the rushing*

לְרִכְבּוֹ prep.-n.m.s.-3 m.s. sf. (939) *of his chariots*

הֲמוֹן n.m.s. cstr. (242) *at the rumbling of*

גַּלְגִּלָּיו n.m.p.-3 m.s. sf. (165) *their wheels*

לֹא־הִפְנוּ neg.-Hi. pf. 3 c.p. (פָּנָה 815) *look not back*

אָבוֹת n.m.p. (3) *fathers*

אֶל־בָּנִים prep.-n.m.p. (119) *to the children*

מֵרִפְיוֹן prep.-n.m.s. cstr. (952) *from sinking of*

יָדָיִם n.f. du. (388) *hands*

47:4

עַל־הַיּוֹם prep.-def.art.-n.m.s. (398) *because of the day*

הַבָּא def.art.-Qal act.ptc. (בּוֹא 97) *that is coming*

לִשְׁדוֹד prep.-Qal inf.cstr. (994; GK 45g, 67cc) *to destroy*

אֶת־כָּל־ dir.obj.-n.m.s. cstr. (481) *all*

פְּלִשְׁתִּים pr.n. p. (814) *the Philistines*

לְהַכְרִית prep.-Hi. inf.cstr. (כָּרַת 503) *to cut off*

לְצֹר prep.-pr.n. (I 862) *from Tyre*

וּלְצִידוֹן conj.-prep.-pr.n. (850) *and Sidon*

כֹּל שָׂרִיד n.m.s. cstr. (481)-n.m.s. (I 975) *every survivor*

עֹזֵר Qal act.ptc. (עָזַר 740) *helping*

כִּי־שֹׁדֵד conj.-Qal act.ptc. (שָׁדַד 994) *for is destroying*

יהוה pr.n. (217) *Yahweh*

אֶת־פְּלִשְׁתִּים dir.obj.-pr.n. p. (814) *the Philistines*

שְׁאֵרִית n.f.s. cstr. (984) *the remnant of*

אִי n.m.s. cstr. (15) *the coastland of*

כַּפְתּוֹר pr.n. (499) *Caphtor*

47:5

בָּאָה Qal pf. 3 f.s. (בּוֹא 97) *has come*

קָרְחָה n.f.s. (901) *baldness*

אֶל־עַזָּה prep.-pr.n. (738) *upon Gaza*

נִדְמְתָה Ni. pf. 3 f.s. (דָּמָה II 198) *has perished*

אַשְׁקְלוֹן pr.n. (80) *Ashkelon*

שְׁאֵרִית n.f.s. cstr. (984) *O remnant of*

עִמְקָם n.m.s.-3 m.p. sf. (77) *their valley*

עַד־מָתַי prep.-adv. (607) *how long*

תִּתְגּוֹדָדִי Hithpo'el impf. 2 f.s. (גָּדַד 151) *will you gash yourselves*

47:6

הוֹי interj. (222) *Ah*

חֶרֶב n.f.s. (352) *sword*

לַיהוָה prep.-pr.n. (217) *of Yahweh*

עַד־אָנָה prep.-adv. (33) *how long*

לֹא תִשְׁקֹטִי neg.-Qal impf. 2 f.s. (שָׁקַט 1052) *till you are quiet*

הֵאָסְפִי Ni. impv. 2 f.s. (אָסַף 62) *put yourself*

אֶל־תַּעְרֵךְ prep.-n.m.s.-2 f.s. sf. (789) *into your scabbard*

הֵרָגְעִי Ni. impv. 2 f.s. (רָגַע II 921) *rest*

וָדֹמִּי conj.-Qal impv. 2 f.s. (דָּמַם I 198) *and be still*

47:7

אֵיךְ adv. (32) *how*

תִּשְׁקֹטִי Qal impf. 2 f.s. (שָׁקַט 1052) *can you be quiet*

וַיהוָה conj.-pr.n. (217) *when Yahweh*

צִוָּה־לָהּ Pi. pf. 3 m.s. (צָוָה 845)-prep.-3 f.s. sf. *has given it a charge*

אֶל־אַשְׁקְלוֹן prep.-pr.n. (80) *against Ashkelon*

וְאֶל־חוֹף הַיָּם conj.-prep.-n.m.s. cstr. (342) -def.art.-n.m.s. (410) *and against the seashore*

שָׁם יְעָדָהּ adv. (1027)-Qal pf. 3 m.s.-3 f.s. sf. (יָעַד 416) *there he has appointed it*

48:1

לְמוֹאָב prep.-pr.n. (555) *concerning Moab*

כֹּה־אָמַר adv. (462)-Qal pf. 3 m.s. (55) *thus says*

410

יהוה צְבָאוֹת pr.n. (217)-pr.n. (838) *Yahweh of hosts*

אֱלֹהֵי יִשְׂרָאֵל n.m.p. cstr. (43)-pr.n. (975) *the God of Israel*

הוֹי interj. (222) *woe*

אֶל־נְבוֹ prep.-pr.n. (I 612) *to Nebo*

כִּי שֻׁדָּדָה conj.-Pu. pf. 3 f.s. (שׁדד 994) *for it is laid waste*

הֹבִישָׁה Hi. pf. 3 f.s. (בּוֹשׁ 101) *is put to shame*

נִלְכְּדָה Ni. pf. 3 f.s. (לכד 539) *it is taken*

קִרְיָתָיִם pr.n. paus. (900) *Kiriathaim*

הֹבִישָׁה v.supra *is put to shame*

הַמִּשְׂגָּב def.art.-n.m.s. or pr.n. (960) *the fortress (Misgab)*

וָחָתָּה conj.-Qal pf. 3 f.s. paus. (חתת 369) *and broken down*

48:2

אֵין עוֹד subst. (II 34)-adv. (728) *is no more*

תְּהִלַּת מוֹאָב n.f.s. cstr. (239)-pr.n. (555) *the renown of Moab*

בְּחֶשְׁבּוֹן prep.-pr.n. (II 363) *in Heshbon*

חָשְׁבוּ Qal pf. 3 c.p. (חשׁב 362) *they planned*

עָלֶיהָ prep.-3 f.s. sf. *against her*

רָעָה n.f.s. (949) *evil*

לְכוּ Qal impv. 2 m.p. (הלך 229) *come*

וְנַכְרִיתֶנָּה conj.-Hi. impf. 1 c.p.-3 f.s. sf. (כרת 503) *and let us cut her off*

מִגּוֹי prep.-n.m.s. (156) *from being a nation*

גַּם־מַדְמֵן adv. (168)-pr.n. (199) *also, O Madmen*

תִּדֹּמִּי Qal impf. 2 f.s. (דמם I 198; GK 67t) *you shall be brought to silence*

אַחֲרַיִךְ תֵּלֶךְ prep.-2 f.s. sf. (29)-Qal impf. 3 f.s. (הלך 229) *shall pursue you*

חָרֶב n.f.s. paus. (352) *sword*

48:3

קוֹל n.m.s. (876) *hark*

צְעָקָה n.f.s. (858) *a cry*

מֵחֹרֹנָיִם prep.-pr.n. paus. (357) *from Horonaim*

שֹׁד n.m.s. (994) *desolation*

וָשֶׁבֶר גָּדוֹל conj.-n.m.s. (991)-adj. m.s. (152) *and great destruction*

48:4

נִשְׁבְּרָה Ni. pf. 3 f.s. (שׁבר 990) *is destroyed*

מוֹאָב pr.n. (555) *Moab*

הִשְׁמִיעוּ Hi. pf. 3 c.p. (שׁמע 1033) *have heard*

זְעָקָה n.f.s. (27) *a cry*

צְעוֹרֶיהָ n.f.p.-3 f.s. sf. (859) *her youths*

48:5

כִּי מַעֲלֵה conj.-n.m.s. cstr. (751) *for at the ascent of*

הַלֻּחוֹת def.art.-pr.n. (532) *Luhith*

בִּבְכִי prep.-n.m.s. (113) *with weeping*

יַעֲלֶה־בֶּכִי Qal impf. 3 m.s. (עלה 748)-n.m.s. paus. (113) *weeping goes up*

כִּי בְּמוֹרַד conj.-prep.-n.m.s. cstr. (434) *for at the descent of*

חוֹרֹנַיִם pr.n. (357) *Horonaim*

צָרֵי n.m.p. cstr. (865) *distress of*

צַעֲקַת־ n.f.s. cstr. (858) *cry of*

שֶׁבֶר n.m.s. (991) *destruction*

שָׁמֵעוּ Qal pf. 3 c.p. paus. (שׁמע 1033) *they have heard*

48:6

נֻסוּ Qal impv. 2 m.p. (נוס 630) *flee*

מַלְּטוּ Pi. impv. 2 m.p. (מלט 572) *save*

נַפְשְׁכֶם n.f.s.-2 m.p. sf. (659) *yourselves*

וְתִהְיֶינָה conj.-Qal impf. 2 f.p. (היה 224) *and be*

כַּעֲרוֹעֵר prep.-n.m.s. (I 792) *like a juniper*

בַּמִּדְבָּר prep.-def.art.-n.m.s. (184) *in the desert*

48:7

כִּי יַעַן conj.-prep. (774) *for because*

בִּטְחֵךְ n.m.s.-2 f.s. sf. (I 105) *you trusted*

בְּמַעֲשַׂיִךְ prep.-n.m.p.-2 f.s. sf. (795) *in your works*

וּבְאוֹצְרוֹתַיִךְ conj.-prep.-n.f.p.-2 f.s. sf. (69) *and your treasures*

גַּם־אַתְּ adv. (168)-pers.pr. 2 f.s. (61) *you also*

תִּלָּכֵדִי Ni. impf. 2 f.s. (לכד 539) *shall be taken*

וְיָצָא conj.-Qal pf. 3 m.s. (422) *and shall go forth*

כְּמִישׁ pr.n. (484) *Chemosh*

בַּגּוֹלָה prep.-def.art.-n.f.s. (163) *into exile*

כֹּהֲנָיו n.m.p.-3 m.s. sf. (463) *with his priests*

וְשָׂרָיו conj.-n.m.p.-3 m.s. sf. (978) *and his princes*

יַחְדָּו adv. (403) *together*

48:8

וְיָבֹא conj.-Qal impf. 3 m.s. (בוא 97) *and shall come*

שֹׁדֵד Qal act.ptc. (994) *the destroyer*

אֶל־כָּל־עִיר prep.-n.m.s. cstr. (481)-n.f.s. (746) *upon every city*

וְעִיר conj.-n.f.s. (746) *and a city*

לֹא תִמָּלֵט neg.-Ni. impf. 3 f.s. (מלט 572) *shall not escape*

וְאָבַד conj.-Qal pf. 3 m.s. (1) *and shall perish*

411

הָעֵמֶק def.art.-n.m.s. (770) *the valley*

וְנִשְׁמַד conj.-Ni. pf. 3 m.s. שָׁמַד 1029) *and shall be destroyed*

הַמִּישֹׁר def.art.-n.m.s. (449) *the plain*

אֲשֶׁר אָמַר rel. (81)-Qal pf. 3 m.s. (55) *as has spoken*

יהוה pr.n. (217) *Yahweh*

48:9

תְּנוּ־ Qal impv. 2 m.p. נָתַן (678) *give*

צִיץ n.m.s. (II 851) *wings*

לְמוֹאָב prep.-pr.n. (555) *to Moab*

כִּי נָצֹא conj.-Qal inf.abs. יָצָא 661) *for flying*

תֵּצֵא Qal impf. 3 f.s. יָצָא (422) *she would go out*

וְעָרֶיהָ conj.-n.f.p.-3 f.s. sf. (746) *and her cities*

לְשַׁמָּה prep.-n.f.s. (I 1031) *a desolation*

תִהְיֶינָה Qal impf. 3 f.p. הָיָה 224) *shall become*

מֵאֵין יוֹשֵׁב prep.-subst.cstr. (II 34)-Qal act.ptc. (442) יָשַׁב *with no inhabitant*

בָּהֵן prep.-3 f.p. sf. *in them*

48:10

אָרוּר Qal pass.ptc. אָרַר (76) *cursed*

עֹשֶׂה Qal act.ptc. עָשָׂה (I 793) *he who does*

מְלֶאכֶת n.f.s. cstr. (521) *the work of*

יהוה pr.n. (217) *Yahweh*

רְמִיָּה n.f.s. (I 941) *with slackness*

וְאָרוּר conj.-v.supra *and cursed*

מֹנֵעַ Qal act.ptc. מָנַע (586) *he who keeps back*

חַרְבּוֹ n.f.s.-3 m.s. sf. (352) *his sword*

מִדָּם prep.-n.m.s. (196) *from bloodshed*

48:11

שַׁאֲנַן Pa'al pf. 3 m.s. שָׁאַן 983; GK 55d) *has been at ease*

מוֹאָב pr.n. (555) *Moab*

מִנְּעוּרָיו prep.-n.m.p.-3 m.s. sf. (655) *from his youth*

וְשֹׁקֵט הוּא conj.-Qal act.ptc. שָׁקַט (1052)-pers.pr. 3 m.s. (214) *and he has settled*

אֶל־שְׁמָרָיו prep.-n.m.p.-3 m.s. sf. (II 1038) *on his lees*

וְלֹא־הוּרַק conj.-neg.-Ho. pf. 3 m.s. רִיק) 937) *he has not been emptied*

מִכְּלִי prep.-n.m.s. (479) *from vessel*

אֶל־כְּלִי prep.-v.supra *to vessel*

וּבַגּוֹלָה conj.-prep.-def.art.-n.f.s. (163) *and into exile*

לֹא הָלָךְ neg.-Qal pf. 3 m.s. paus. הָלַךְ 229) *he has not gone*

עַל־כֵּן עָמַד prep.-adv. (485)-Qal pf. 3 m.s. (763) *so remains*

טַעְמוֹ n.m.s.-3 m.s. sf. (381) *his taste*

בּוֹ prep.-3 m.s. sf. *in him*

וְרֵיחוֹ conj.-n.m.s.-3 m.s. sf. (926) *and his scent*

לֹא נָמָר neg.-Ni. pf. 3 m.s. paus. מוּר 558; GK 72dd) *is not changed*

48:12

לָכֵן prep.-adv. (485) *therefore*

הִנֵּה־ demons.part. (243) *behold*

יָמִים בָּאִים n.m.p. (398)-Qal act.ptc. m.p. בּוֹא 97) *days are coming*

נְאֻם־יהוה n.m.s. cstr. (610)-pr.n. (217) *says Yahweh*

וְשִׁלַּחְתִּי־ conj.-Pi. pf. 1 c.s. (1018) *when I shall send*

לוֹ prep.-3 m.s. sf. *to him*

צֹעִים Qal act.ptc. m.p. צָעָה 858) *tilters*

וְצֵעֻהוּ conj.-Pi. pf. 3 m.p.-3 m.s. sf. צָעָה (858) *who will tilt him*

וְכֵלָיו conj.-n.m.p.-3 m.s. sf. (479) *and his vessels*

יָרִיקוּ Hi. impf. 3 m.p. רִיק) 937) *they will empty*

וְנִבְלֵיהֶם conj.-n.m.p.-3 m.p. sf. (I 614) *and his jars*

יְנַפֵּצוּ Pi. impf. 3 m.p. paus. נָפַץ (I 658) *break in pieces*

48:13

וּבֹשׁ conj.-Qal pf. 3 m.s. בּוֹשׁ 101) *then shall be ashamed*

מוֹאָב pr.n. (555) *Moab*

מִכְּמוֹשׁ prep.-pr.n. (484) *of Chemosh*

כַּאֲשֶׁר־בֹּשׁוּ prep.-rel. (81)-Qal pf. 3 c.p. בּוֹשׁ 101) *as was ashamed*

בֵּית יִשְׂרָאֵל n.m.s. cstr. (108)-pr.n. (975) *the house of Israel*

מִבֵּית אֵל prep.-pr.n. (110) *of Bethel*

מִבְטֶחָם n.m.s.-3 m.p. sf. (105) *their confidence*

48:14

אֵיךְ adv. (32) *how*

תֹּאמְרוּ Qal impf. 2 m.p. אָמַר 55) *do you say*

גִּבּוֹרִים adj. m.p. (150) *heroes*

אֲנָחְנוּ pers.pr. 1 c.p. paus. (59) *we are*

וְאַנְשֵׁי־חַיִל conj.-n.m.p. cstr. (35)-n.m.s. (395) *and mighty men*

לַמִּלְחָמָה prep.-def.art.-n.f.s. (536) *of war*

48:15

שֻׁדַּד Pu. pf. 3 m.s. (994) *has been destroyed*

מוֹאָב pr.n. (555) *Moab*

וְעָרֶיהָ conj.-n.f.p.-3 f.s. sf. (746) *and her cities*

עָלָה Qal pf. 3 m.s. (748) *he has come up*

וּמִבְחַר conj.-n.m.s. cstr. (104) *and the choicest of*

בַּחוּרָיו n.m.p.-3 m.s. sf. (104) *his young men*

יָרְדוּ Qal pf. 3 c.p. (יָרַד 432; GK 145u) *have gone down*

לַטֶּבַח prep.-def.art.-n.m.s. paus. (I 370) *to slaughter*

נְאֻם־הַמֶּלֶךְ n.m.s. cstr. (610)-def.art.-n.m.s. (I 572) *says the King*

יהוה צְבָאוֹת pr.n. (217)-pr.n. (838) *Yahweh of hosts*

שְׁמוֹ n.m.s.-3 m.s. sf. (1027) *is his name*

48:16

קָרוֹב adj. (898) *is near*

אֵיד־מוֹאָב n.m.s. cstr. (15)-pr.n. (555) *the calamity of Moab*

לָבוֹא prep.-Qal inf.cstr. (בּוֹא 97) *(to come) at hand*

וְרָעָתוֹ conj.-n.f.s.-3 m.s. sf. (949) *and his affliction*

מִהֲרָה Pi. pf. 3 f.s. (מָהַר I 554) *hastens*

מְאֹד adv. (547) *apace*

48:17

נֻדוּ Qal impv. 2 m.p. (נוּד 626) *bemoan*

לוֹ prep.-3 m.s. sf. *him*

כָּל־סְבִיבָיו n.m.s. cstr. (481)-n.m.p.-3 m.s. sf. (686) *all who are round about him*

וְכֹל conj.-n.m.s. cstr. (481) *and all*

יֹדְעֵי שְׁמוֹ Qal act.ptc. m.p. cstr. (יָדַע 393)-n.m.s.-3 m.s. sf. (1027) *who know his name*

אִמְרוּ Qal impv. 2 m.p. (55) *say*

אֵיכָה נִשְׁבַּר adv. (32)-Ni. pf. 3 m.s. (שָׁבַר 990) *how is broken*

מַטֵּה־עֹז n.m.s. cstr. (641)-n.m.s. (738) *the mighty scepter*

מַקֵּל תִּפְאָרָה n.m.s. cstr. (596)-n.f.s. (802) *the glorious staff*

48:18

רְדִי Qal impv. 2 f.s. (יָרַד 432) *come down*

מִכָּבוֹד prep.-n.m.s. (458) *from glory*

יֹשְׁבִי (וּשְׁבִי) conj.-Qal impv. 2 f.s. (יָשַׁב 442; rd. וּשְׁבִי) *and sit*

בַצָּמָא prep.-def.art.-n.m.s. (854) *on the parched ground*

יֹשֶׁבֶת Qal act.ptc. f.s. cstr. (יָשַׁב 442) *O inhabitant of*

בַּת־דִּיבוֹן n.f.s. cstr. (I 123)-pr.n. (192) *daughter of Dibon*

כִּי־שֹׁדֵד conj.-Qal act.ptc. cstr. (994) *for the destroyer of*

מוֹאָב pr.n. (555) *Moab*

עָלָה בָךְ Qal pf. 3 m.s. (748)-prep.-2 f.s. sf. *has come up against you*

שִׁחֵת Pi. pf. 3 m.s. (שָׁחַת 1007) *he has destroyed*

מִבְצָרָיִךְ n.m.p.-2 f.s. sf. (131) *your strongholds*

48:19

אֶל־דֶּרֶךְ prep.-n.m.s. (202) *by a way*

עִמְדִי Qal impv. 2 f.s. (עָמַד 763) *stand*

וְצַפִּי conj.-Pi. impv. 2 f.s. (צָפָה I 859) *and watch*

יוֹשֶׁבֶת Qal act.ptc. f.s. cstr. (יָשַׁב 442) *O inhabitant of*

עֲרוֹעֵר pr.n. (II 792) *Aroer*

שַׁאֲלִי־ Qal impv. 2 f.s. (שָׁאַל 981) *ask*

נָס Qal act.ptc. (נוּס 630) *him who flees*

וְנִמְלָטָה conj.-Ni. ptc. f.s. (מָלַט 572) *and her who escapes*

אִמְרִי Qal impv. 2 f.s. (55) *say*

מַה־נִּהְיָתָה interr. (552)-Ni. pf. 3 f.s. (הָיָה 224) *what has happened?*

48:20

הֹבִישׁ Hi. pf. 3 m.s. (בּוֹשׁ 101) *is put to shame*

מוֹאָב pr.n. (555) *Moab*

כִּי־חַתָּה conj.-Qal pf. 3 f.s. (חָתַת 369) *for it is broken*

הֵילִילִי Hi. impv. 2 f.s. (יָלַל 410; many mss.rd. as 2 m.p. הֵילִילוּ) *wail*

וּזְעָקִי conj.-Qal impv. 2 f.s. (זָעַק 277; many mss.rd. וּזְעָקוּ as 2 m.p.) *and cry*

הַגִּידוּ Hi. impv. 2 m.p. (נָגַד 616) *tell*

בְּאַרְנוֹן prep.-pr.n. (75) *by the Arnon*

כִּי שֻׁדַּד conj.-Pu. pf. 3 m.s. (שָׁדַד 994) *that is laid waste*

מוֹאָב v.supra *Moab*

48:21

וּמִשְׁפָּט conj.-n.m.s. (1048) *and judgment*

בָּא Qal pf. 3 m.s. (בּוֹא 97) *has come*

אֶל־אֶרֶץ הַמִּישֹׁר prep.-n.f.s. cstr. (75)-def.art.-n.m.s. (449) *upon the tableland*

אֶל־חֹלוֹן prep.-pr.n. (298) *upon Holon*

וְאֶל־יַהְצָה conj.-prep.-pr.n. (397) *and Jahzah*

וְעַל־מוֹפָעַת conj.-prep.-pr.n. (422) *and Mephaath*

413

48:22

וְעַל־דִּיבוֹן conj.-prep.-pr.n. (192) *and Dibon*

וְעַל־נְבוֹ v.supra-pr.n. (I 612) *and Nebo*

וְעַל־בֵּית דִּבְלָתָיִם v.supra-pr.n. (111) *and Beth-diblathaim*

48:23

וְעַל קִרְיָתַיִם conj.-prep.-pr.n. (900) *and Kiriathaim*

וְעַל־בֵּית נָמוּל v.supra-pr.n. (111) *and Beth-gamul*

וְעַל־בֵּית מְעוֹן v.supra-pr.n. (111) *and Beth-meon*

48:24

וְעַל־קְרִיּוֹת conj.-prep.-pr.n. (901) *and Kerioth*

וְעַל־בָּצְרָה v.supra-pr.n. (II 131) *and Bozrah*

וְעַל כָּל־ v.supra-n.m.s. cstr. (481) *and all*

עָרֵי n.f.p. cstr. (746) *the cities of*

אֶרֶץ מוֹאָב n.f.s. cstr. (75)-pr.n. (555) *the land of Moab*

הָרְחֹקוֹת def.art.-adj. f.p. (935) *far*

וְהַקְּרֹבוֹת conj.-def.art.-adj. f.p. (898) *and near*

48:25

נִגְדְּעָה Ni. pf. 3 f.s. (עָדַע 154) *is cut off*

קֶרֶן מוֹאָב n.f.s. cstr. (901)-pr.n. (555) *the horn of Moab*

וּזְרֹעוֹ conj.-n.f.s.-3 m.s. sf. (283) *and his arm*

נִשְׁבָּרָה Ni. pf. 3 f.s. paus. (שָׁבַר 990) *is broken*

נְאֻם־יְהוָה n.m.s. cstr. (610)-pr.n. (217) *says Yahweh*

48:26

הַשְׁכִּירֻהוּ Hi. impv. 2 m.p.-3 m.s. sf. (שָׁכַר I 1016) *make him drunk*

כִּי עַל־יְהוָה conj.-prep.-pr.n. (217) *because against Yahweh*

הִגְדִּיל Hi. pf. 3 m.s. (גָּדַל 152) *he magnified himself*

וְסָפַק conj.-Qal pf. 3 m.s. (706) *so that shall wallow*

מוֹאָב pr.n. (555) *Moab*

בְּקִיאוֹ prep.-n.m.s.-3 m.s. sf. (883) *in his vomit*

וְהָיָה לִשְׂחֹק conj.-Qal pf. 3 m.s. (224)-prep.-n.m.s. (966) *and shall be held in derision*

גַּם־הוּא adv. (168)-pers.pr. 3 m.s. (214) *he too*

48:27

וְאִם לוֹא conj.-hypoth.part. (49)-neg. *and not*

הַשְּׂחֹק הָיָה def.art.-n.m.s. (966)-Qal pf. 3 m.s. (224) *was a derision*

לְךָ prep.-2 m.s. sf. *to you*

יִשְׂרָאֵל pr.n. (975) *Israel*

אִם־בְּגַנָּבִים v.supra-prep.-n.m.p. (170) *among thieves*

נִמְצָאה Ni. pf. 3 m.s. (מָצָא 592) *was he found*

כִּי־מִדֵּי conj.-subst.cstr. (191) *and from the sufficiency of*

דְּבָרֶיךָ n.m.p.-2 m.s. sf. (182) *your words*

בּוֹ prep.-3 m.s. sf. *of him*

תִּתְנוֹדָד Hithpolel impf. 2 m.s. (נוד 626) *you wagged your head*

48:28

עִזְבוּ Qal impv. 2 m.p. (I 736) *leave*

עָרִים n.f.p. (746) *cities*

וְשִׁכְנוּ conj.-Qal impv. 2 m.p. (שָׁכַן 1014) *and dwell*

בַּסֶּלַע prep.-def.art.-n.m.s. (700) *in the rock*

יֹשְׁבֵי מוֹאָב Qal act.ptc. m.p. cstr. (יָשַׁב 442)-pr.n. (555) *O inhabitants of Moab*

וִהְיוּ conj.-Qal impv. 2 m.p. (הָיָה 224) *be*

כְיוֹנָה prep.-n.f.s. (401) *like a dove*

תְּקַנֵּן Pi. impf. 3 f.s. (קִנֵּן 890) *that nests*

בְּעֶבְרֵי prep.-n.m.p. cstr. (I 719) *in the sides of*

פִי־פָחַת n.m.s. cstr. (804)-n.m.s. paus. (809) *the mouth of a gorge*

48:29

שָׁמַעְנוּ Qal pf. 1 c.p. (שָׁמַע 1033) *we have heard*

גְאוֹן־ n.m.s. cstr. (144) *of the pride of*

מוֹאָב pr.n. (555) *Moab*

גֵּאֶה מְאֹד adj. (144)-adv. (547) *very proud*

גָּבְהוֹ n.m.s.-3 m.s. sf. (147) *his loftiness*

וּגְאוֹנוֹ conj.-n.m.s.-3 m.s. sf. (144) *and his pride*

וְגַאֲוָתוֹ conj.-n.f.s.-3 m.s. sf. (144) *and his arrogance*

וְרֻם לִבּוֹ conj.-n.m.s. cstr. (927)-n.m.s.-3 m.s. sf. (524) *and the haughtiness of his heart*

48:30

אֲנִי יָדַעְתִּי pers.pr. 1 c.s. (58)-Qal pf. 1 c.s. (יָדַע 393) *I know*

נְאֻם־יְהוָה n.m.s. cstr. (610)-pr.n. (217) *says Yahweh*

עֶבְרָתוֹ n.f.s.-3 m.s. sf. (720) *his insolence*

וְלֹא־כֵן conj.-neg.-adv. (I 485) *and false*

בַּדָּיו n.m.p.-3 m.s. sf. (III 95) *his boastings*

לֹא־כֵן v.supra *false*

עָשׂוּ Qal pf. 3 c.p. (עָשָׂה I 793) *they are (have done)*

48:31

עַל־כֵּן prep.-adv. (485) *therefore*

עַל־מוֹאָב prep.-pr.n. (555) *for Moab*

אֵילִיל Hi. impf. 1 c.s. (יָלַל 410; GK 70d) *I wail*

וּלְמוֹאָב conj.-prep.-pr.n. (555) *and for Moab*

כֻּלֹּה n.m.s.-3 m.s. sf. (481) *all of him*

אֶזְעָק Qal impf. 1 c.s. paus. (זָעַק 277) *I cry out*

אֶל־אַנְשֵׁי prep.-n.m.p. cstr. (35) *for the men of*

קִיר־חֶרֶשׂ pr.n. (II 885) *Kir-heres*

יֶהְגֶּה Qal impf. 3 m.s. (הָגָה I 211; some rd. 1 c.s.) *he mourns*

48:32

מִבְּכִי prep.-n.m.s. cstr. (113) *more than weeping for*

יַעְזֵר pr.n. (741) *Jazer*

אֶבְכֶּה־לָּךְ Qal impf. 1 c.s. (בָּכָה 113)-prep.-2 f.s. sf. *I weep for you*

הַגֶּפֶן def.art.-n.f.s. (172; GK 127f) *O vine*

שִׂבְמָה pr.n. (959) *Sibmah*

נְטִישֹׁתַיִךְ n.f.p.-2 f.s. sf. (644) *your branches*

עָבְרוּ Qal pf. 3 c.p. (716) *passed over*

יָם n.m.s. (410) *the sea*

עַד יָם prep. (III 723)-v.supra *as far as the sea*

יַעְזֵר v.supra *Jazer*

נָגָעוּ Qal pf. 3 c.p. paus. (נגע 619) *they reached*

עַל־קֵיצֵךְ prep.-n.m.s.-2 f.s. sf. (884) *upon your summer fruits*

וְעַל־בְּצִירֵךְ conj.-prep.-n.m.s.-2 f.s. sf. (131) *and your vintage*

שֹׁדֵד Qal act.ptc. (994) *a destroyer*

נָפָל Qal pf. 3 m.s. paus. (נָפַל 656) *has fallen*

48:33

וְנֶאֶסְפָה conj.-Ni. pf. 3 f.s. (אָסַף 62) *have been taken away*

שִׂמְחָה n.f.s. (970) *gladness*

וָגִיל conj.-n.m.s. (I 162) *and joy*

מִכַּרְמֶל prep.-n.m.s. (I 502) *from a fruitful land*

וּמֵאֶרֶץ conj.-prep.-n.f.s. cstr. (75) *and from the land of*

מוֹאָב pr.n. (555) *Moab*

וְיַיִן conj.-n.m.s. (406) *and wine*

מִיקָבִים prep.-n.m.p. (428) *from the wine presses*

הִשְׁבַּתִּי Hi. pf. 1 c.s. (שָׁבַת 991) *I have made cease*

לֹא־יִדְרֹךְ neg.-Qal impf. 3 m.s. (דָּרַךְ 201) *no one treads them*

הֵידָד n.m.s. (212) *with shouts of joy*

הֵידָד v.supra *the shouting*

לֹא הֵידָד neg.-v.supra *not the shout of joy*

48:34

מִזַּעֲקַת prep.-n.f.s. cstr. (277) *from the cry of*

חֶשְׁבּוֹן pr.n. (II 363) *Heshbon*

עַד־אֶלְעָלֵה prep. (III 723)-pr.n. (46) *to Elealeh*

עַד־יַהַץ v.supra-pr.n. (397) *as far as Jahaz*

נָתְנוּ קוֹלָם Qal pf. 3 c.p. (נָתַן 678)-n.m.s.-3 m.p. sf. (876) *they utter their voice*

מִצֹּעַר prep.-pr.n. (858) *from Zoar*

עַד־חֹרֹנַיִם v.supra-pr.n. (357) *to Horonaim*

עֶגְלַת שְׁלִשִׁיָּה pr.n. (722) *Eglath-shelishiyah*

כִּי־גַם conj.-adv. (168) *for also*

מֵי נִמְרִים n.m.p. cstr. (565)-pr.n. (649) *the waters of Nimrim*

לִמְשַׁמּוֹת prep.-n.f.p. (1031) *desolate*

יִהְיוּ Qal impf. 3 m.p. (הָיָה 224) *have become*

48:35

וְהִשְׁבַּתִּי conj.-Hi. pf. 1 c.s. (שָׁבַת 991) *and I will bring to an end*

לְמוֹאָב prep.-pr.n. (555) *in Moab*

נְאֻם־יְהוָה n.m.s. cstr. (610)-pr.n. (217) *says Yahweh*

מַעֲלֶה Hi. ptc. (עָלָה 748) *him who offers sacrifice*

בָּמָה n.f.s. (119) *in the high place*

וּמַקְטִיר conj.-Hi. ptc. (קָטַר 882) *and burns incense*

לֵאלֹהָיו prep.-n.m.p.-3 m.s. sf. (43) *to his god*

48:36

עַל־כֵּן prep.-adv. (485) *therefore*

לִבִּי n.m.s.-1 c.s. sf. (524) *my heart*

לְמוֹאָב prep.-pr.n. (555) *for Moab*

כַּחֲלִלִים prep.-n.m.p. (319) *like a flute*

יֶהֱמֶה Qal impf. 3 m.s. (הָמָה 242) *moans*

וְלִבִּי conj.-v.supra *and my heart*

אֶל־אַנְשֵׁי prep.-n.m.p. cstr. (35) *for the men of*

קִיר־חֶרֶשׂ pr.n. (II 885) *Kir-heres*

כַּחֲלִילִים v.supra *like a flute*

יֶהֱמֶה v.supra *moans*

עַל־כֵּן v.supra *therefore*

יִתְרַת n.f.s. cstr. (452; GK 80g; prb.rd. יִתְרָה) *riches*

עָשָׂה Qal pf. 3 m.s. (I 793) *they gained*

אָבָדוּ Qal pf. 3 c.p. paus. (1) *have perished*

48:37

כִּי כָל conj.-n.m.s. cstr. (481) *for every*

רֹאשׁ n.m.s. (910) *head*

קָרְחָה n.f.s. (901) *is shaved*

וְכָל־זָקָן conj.-v.supra-n.m.s. (278) *and every beard*

גְּרֻעָה Qal pass.ptc. f.s. (גָּרַע 175) *cut off*

עַל כָּל־יָדַיִם prep.-v.supra-n.f. du. (388) *upon all the hands*

גְּדֻדֹת n.f.p. (II 151) *gashes*

וְעַל־מָתְנַיִם conj.-v.supra-n.m. du. (608) *and on the loins*

שָׂק n.m.s. paus. (974) *sackcloth*

48:38

עַל כָּל־ prep.-n.m.s. cstr. (481) *on all*

גַּגּוֹת n.m.p. cstr. (150) *the housetops of*

מוֹאָב pr.n. (555) *Moab*

וּבִרְחֹבֹתֶיהָ conj.-prep.-n.f.p.-3 f.s. sf. (I 932) *and in her squares*

כֻּלֹּה מִסְפֵּד n.m.s.-3 m.s. sf. (481)-n.m.s. (704) *there is nothing but lamentation*

כִּי־שָׁבַרְתִּי conj.-Qal pf. 1 c.s. שָׁבַר 990) *for I have broken*

אֶת־מוֹאָב dir.obj.-pr.n. (555) *Moab*

כִּכְלִי prep.-n.m.s. (479) *like a vessel*

אֵין־חֵפֶץ בּוֹ subst.cstr. (II 34)-n.m.s. (343)-prep. -3 m.s. sf. *for which no one cares*

נְאֻם־יְהוָה n.m.s. cstr. (610)-pr.n. (217) *says Yahweh*

48:39

אֵיךְ חַתָּה adv. (32)-Qal pf. 3 f.s. (חָתַת 369) *how it is broken*

הֵילִילוּ Hi. pf. 3 c.p. (יָלַל 410) *they wail*

אֵיךְ הִפְנָה־ v.supra-Hi. pf. 3 m.s. (פָּנָה 815) *how has turned*

עֹרֶף n.m.s. (791) *his back*

מוֹאָב pr.n. (555) *Moab*

בּוֹשׁ Qal pf. 3 m.s. (בּוֹשׁ 101) *in shame*

וְהָיָה conj.-Qal pf. 3 m.s. (224) *so has become*

מוֹאָב pr.n. (555) *Moab*

לִשְׂחֹק prep.-n.m.s. (966) *a derision*

וְלִמְחִתָּה conj.-prep.-n.f.s. (369) *and a horror*

לְכָל־סְבִיבָיו prep.-n.m.s. cstr. (481)-subst. m.p.-3 m.s. sf. (686) *to all that are round about him*

48:40

כִּי־כֹה conj.-adv. (462) *for thus*

אָמַר יְהוָה Qal pf. 3 m.s. (55)-pr.n. (217) *says Yahweh*

הִנֵּה demons.part. (243) *behold*

כַּנֶּשֶׁר prep.-def.art.-n.m.s. (676) *like an eagle*

יִדְאֶה Qal impf. 3 m.s. (דָּאָה 178) *one shall fly swiftly*

וּפָרַשׂ conj.-Qal pf. 3 m.s. (831) *and spread*

כְּנָפָיו n.f.p.-3 m.s. sf. (489) *his wings*

אֶל־מוֹאָב prep.-pr.n. (555) *against Moab*

48:41

נִלְכְּדָה Ni. pf. 3 f.s. (לָכַד 539) *shall be taken*

הַקְּרִיּוֹת def.art.-pr.n. (901) *the cities*

וְהַמְּצָדוֹת conj.-def.art.-n.f.p. (844) *and the strongholds*

נִתְפָּשָׂה Ni. pf. 3 f.s. paus. (תָּפַשׂ 1074) *seized*

וְהָיָה conj.-Qal pf. 3 m.s. (224) *and shall be*

לֵב n.m.s. cstr. (524) *the heart of*

גִּבּוֹרֵי adj. m.p. cstr. (150) *the warriors of*

מוֹאָב pr.n. (555) *Moab*

בַּיּוֹם הַהוּא prep.-def.art.-n.m.s. (398)-def.art. -demons.adj. m.s. (214) *in that day*

כְּלֵב אִשָּׁה prep.-n.m.s. cstr. (524)-n.f.s. (61) *like heart of a woman*

מְצֵרָה Hi. ptc. f.s. (צָרַר II 865) *in her pangs*

48:42

וְנִשְׁמַד conj.-Ni. pf. 3 m.s. (שָׁמַד 1029) *and shall be destroyed*

מוֹאָב pr.n. (555) *Moab*

מֵעָם prep.-n.m.s. (I 766) *from a people*

כִּי עַל־יְהוָה conj.-prep.-pr.n. (217) *because against Yahweh*

הִגְדִּיל Hi. pf. 3 m.s. (גָּדַל 152) *he magnified himself*

48:43

פַּחַד n.m.s. (808) *terror*

וָפַחַת conj.-n.m.s. (809) *and pit*

וָפָח conj.-n.m.s. paus. (I 809) *and snare*

עָלַיִךְ prep.-2 m.s. sf. *before you*

יוֹשֵׁב Qal act.ptc. cstr. (יָשַׁב 442) *O inhabitant of*

מוֹאָב pr.n. (555) *Moab*

נְאֻם־יְהוָה n.m.s. cstr. (610)-pr.n. (217) *says Yahweh*

48:44

הַנָּס def.art.-Qal act.ptc. (נוּס 630) *he who flees*

מִפְּנֵי prep.-n.m.p. cstr. (815) *from*

הַפַּחַד def.art.-n.m.s. (808) *the terror*

יִפֹּל Qal impf. 3 m.s. (נָפַל 656) *shall fall*

אֶל־הַפַּחַת prep.-def.art.-n.m.s. (809) *into the pit*

וְהָעֹלֶה conj.-def.art.-Qal act.ptc. (עָלָה 748) *and he who climbs out*

מִן־הַפַּחַת prep.-def.art.-v.supra *of the pit*

יִלָּכֵד Ni. impf. 3 m.s. (לָכַד 539) *shall be caught*

בַּפָּח prep.-def.art.-n.m.s. paus. (I 809) *in the snare*

כִּי־אָבִיא conj.-Hi. impf. 1 c.s. (בּוֹא 97) *for I will bring*

אֵלֶיהָ prep.-3 f.s. sf. (GK 131nN) *to her*

416

אֶל־מוֹאָב prep.-pr.n. (555) *upon Moab*

שְׁנַת n.f.s. cstr. (1040) *in the year of*

פְּקֻדָּתָם n.f.s.-3 m.p. sf. (824) *their punishment*

נְאֻם־יהוה n.m.s. cstr. (610)-pr.n. (217) *says Yahweh*

48:45

בְּצֵל prep.-n.m.s. cstr. (853) *in the shadow of*

חֶשְׁבּוֹן pr.n. (II 363) *Heshbon*

עָמְדוּ מִכֹּחַ Qal pf. 3 c.p. (763)-prep.-n.m.s. (470; GK 119w) *stop without strength*

נָסִים Qal act.ptc. m.p. (נום 630) *fugitives*

כִּי־אֵשׁ conj.-n.f.s. (77) *for a fire*

יָצָא Qal pf. 3 m.s. (422) *has gone forth*

מֵחֶשְׁבּוֹן prep.-v.supra *from Heshbon*

וְלֶהָבָה conj.-n.f.s. (529) *and a flame*

מִבֵּית סִיחוֹן prep.-prep. (107)-pr.n. (695) *from Sihon*

וַתֹּאכַל consec.-Qal impf. 3 f.s. (אכל 37) *and it has destroyed*

פְּאַת n.f.s. cstr. (802) *the forehead of*

מוֹאָב pr.n. (555) *Moab*

וְקָדְקֹד conj.-n.m.s. cstr. (869) *and the crown of*

בְּנֵי שָׁאוֹן n.m.p. cstr. (119)-n.m.s. (981) *the sons of tumult*

48:46

אוֹי־לְךָ interj. (17)-prep.-2 m.s. sf. *woe to you*

מוֹאָב pr.n. (555) *O Moab*

אָבַד Qal pf. 3 m.s. (1) *is undone*

עַם־כְּמוֹשׁ n.m.s. cstr. (I 766)-pr.n. (484) *the people of Chemosh*

כִּי־לֻקְּחוּ conj.-Pu. pf. 3 c.p. (לקח 542) *for have been taken captive*

בָּנֶיךָ n.m.p.-2 m.s. sf. (119) *your sons*

בַּשֶּׁבִי prep.-def.art.-n.m.s. (985) *into captivity*

וּבְנֹתֶיךָ conj.-n.f.p.-2 m.s. sf. (I 123) *and your daughters*

בַּשִּׁבְיָה prep.-def.art.-n.f.s. (986) *into captivity*

48:47

וְשַׁבְתִּי conj.-Qal pf. 1 c.s. (שוב 996) *yet I will restore*

שְׁבוּת־ n.f.s. cstr. (986) *the fortunes of*

מוֹאָב pr.n. (555) *Moab*

בְּאַחֲרִית הַיָּמִים prep.-n.f.s. cstr. (31)-def.art. -n.m.p. (398) *in the latter days*

נְאֻם־יהוה n.m.s. cstr. (610)-pr.n. (217) *says Yahweh*

עַד־הֵנָּה prep. (III 7623)-adv. (I 244) *thus far*

מִשְׁפַּט n.m.s. cstr. (1048) *the judgment of*

מוֹאָב pr.n. (555) *Moab*

49:1

לִבְנֵי prep.-n.m.p. cstr. (119) *concerning the sons of*

עַמּוֹן pr.n. (769) *Ammon*

כֹּה אָמַר adv. (462)-Qal pf. 3 m.s. (55) *thus says*

יהוה pr.n. (217) *Yahweh*

הַבָּנִים interr.part.-n.m.p. (119) *sons?*

אֵין לְיִשְׂרָאֵל n.m.s. cstr. (II 34)-prep.-pr.n. (975) *are there none to Israel*

אִם־יוֹרֵשׁ interr.part. (50)-Qal act.ptc. (ירשׁ 439) *an heir?*

אֵין לוֹ v.supra-prep.-3 m.s. sf. *has he not?*

מַדּוּעַ יָרַשׁ adv. (396)-Qal pf. 3 m.s. (439) *why has ... dispossessed*

מַלְכָּם pr.n. (575) *Milcom*

אֶת־גָּד dir.obj.-pr.n. (III 151) *Gad*

וְעַמּוֹ conj.-n.m.s.-3 m.s. sf. (I 766) *and his people*

בְּעָרָיו prep.-n.f.p.-3 m.s. sf. (746) *in its cities*

יָשָׁב Qal pf. 3 m.s. (ישׁב 442) *settled*

49:2

לָכֵן prep.-adv. (485) *therefore*

הִנֵּה demons.part. (243) *behold*

יָמִים בָּאִים n.m.p. (398)-Qal act.ptc. m.p. (בוא 97) *days are coming*

נְאֻם־יהוה n.m.s. cstr. (610)-pr.n. (217) *says Yahweh*

וְהִשְׁמַעְתִּי conj.-Hi. pf. 1 c.s. (שׁמע 1033) *when I will cause to be heard*

אֶל־רַבַּת prep.-pr.n. cstr. (913) *against Rabbah of*

בְּנֵי־עַמּוֹן n.m.p. cstr. (119)-pr.n. (769) *the Ammonites*

תְּרוּעַת n.f.s. cstr. (929) *cry of*

מִלְחָמָה n.f.s. (536) *battle*

וְהָיְתָה conj.-Qal pf. 3 f.s. (היה 224) *and it shall become*

לְתֵל שְׁמָמָה prep.-n.m.s. cstr. (1068)-n.f.s. (1031) *a desolate mound*

וּבְנֹתֶיהָ conj.-n.f.p.-3 f.s. sf. (I 123) *and its villages*

בָּאֵשׁ prep.-def.art.-n.f.s. (77) *with fire*

תִּצַּתְנָה Qal impf. 3 f.p. (יצת 428) *shall be burned*

וְיָרַשׁ conj.-Qal pf. 3 m.s. (439) *then shall dispossess*

יִשְׂרָאֵל pr.n. (975) *Israel*

אֶת־יֹרְשָׁיו dir.obj.-Qal act.ptc. m.p.-3 m.s. sf. (ירשׁ 439) *those who dispossessed him*

אָמַר יהוה Qal pf. 3 m.s. (55)-pr.n. (217) *says Yahweh*

417

49:3

הֵילִילִי Hi. impv. 2 f.s. (יָלַל 410) *wail*

חֶשְׁבּוֹן pr.n. (II 363) *Heshbon*

כִּי שֻׁדְּדָה־ conj.-Pu. pf. 3 f.s. (שָׁדַד 994) *for is laid waste*

עַי pr.n. (743) *Ai*

צְעַקְנָה Qal impv. 2 f.p. (צָעַק 858) *cry*

בְּנוֹת רַבָּה n.f.p. cstr. (I 123)-pr.n. (913) *O daughters of Rabbah*

חֲגֹרְנָה Qal impv. 2 f.p. (חָגַר 291) *gird yourselves*

שַׂקִּים n.m.p. (974) *with sackcloth*

סְפֹדְנָה Qal impv. 2 f.p. (סָפַד 704) *lament*

וְהִתְשׁוֹטַטְנָה conj.-Hithpolel impv. 2 f.p. (שׁוּט 1001; GK 54b) *and run to and fro*

בַּגְּדֵרוֹת prep.-def.art.-n.f.p. (I 155) *among the hedges*

כִּי מַלְכָּם conj.-pr.n. (575) *for Milcom*

בַּגּוֹלָה prep.-def.art.-n.f.s. (163) *into exile*

יֵלֵךְ Qal impf. 3 m.s. (הָלַךְ 229) *shall go*

כֹּהֲנָיו n.m.p.-3 m.s. sf. (463) *with his priests*

וְשָׂרָיו conj.-n.m.p.-3 m.s. sf. (978) *and his princes*

יַחְדָּיו adv. (403) *together*

49:4

מַה־תִּתְהַלְלִי interr. (552)-Hith. impf. 2 f.s. (הָלַל II 237) *why do you boast*

בָּעֲמָקִים prep.-def.art.-n.m.p. (770) *of your valleys*

זָב Qal act.ptc. (זוּב 264) *flows*

עִמְקֵךְ n.m.s.-2 f.s. sf. (770) *your valley*

הַבַּת def.art.-n.f.s. (I 123) *O ... daughter*

הַשּׁוֹבֵבָה def.art.-adj. f.s. (1000) *faithless*

הַבֹּטְחָה def.art.-Qal act.ptc. f.s. (בָּטַח 105) *who trusted*

בְּאֹצְרֹתֶיהָ prep.-n.m.p.-3 f.s. sf. (69) *in her treasures*

מִי יָבוֹא interr. (566)-Qal impf. 3 m.s. (בּוֹא 97) *who will come*

אֵלָי prep.-1 c.s. sf. paus. *against me*

49:5

הִנְנִי demons.part.-1 c.s. sf. (243) *behold, I*

מֵבִיא Hi. ptc. (בּוֹא 97) *will bring*

עָלַיִךְ prep.-2 f.s. sf. *upon you*

פַּחַד n.m.s. (808) *terror*

נְאֻם־אֲדֹנָי n.m.s. cstr. (610)-n.m.p.-1 c.s. sf. (10) *says the Lord*

יְהוָה צְבָאוֹת pr.n. (217)-pr.n. (838) *Yahweh of hosts*

מִכָּל־סְבִיבָיִךְ prep.-n.m.s. cstr. (481)-subst. m.p.-2 f.s. sf. (686) *from all who are round about you*

וְנִדַּחְתֶּם conj.-Ni. pf. 2 m.p. (נָדַח 623) *and you shall be driven out*

אִישׁ לְפָנָיו n.m.s. (35)-prep.-n.m.p.-3 m.s. sf. *every man straight before him*

וְאֵין מְקַבֵּץ conj.-n.m.s. cstr. (II 34)-Pi. ptc. (קָבַץ 867) *with none to gather*

לַנֹּדֵד prep.-def.art.-Qal act.ptc. (נָדַד I 622) *the fugitives*

49:6

וְאַחֲרֵי־כֵן conj.-prep. (29)-adv. (485) *but afterward*

אָשִׁיב Hi. impf. 1 c.s. (שׁוּב 996) *I will restore*

אֶת־שְׁבוּת dir.obj.-n.f.s. cstr. (986) *the fortunes of*

בְּנֵי־עַמּוֹן n.m.p. cstr. (119)-pr.n. (769) *the Ammonites*

נְאֻם־יְהוָה n.m.s. cstr. (610)-pr.n. (217) *says Yahweh*

49:7

לֶאֱדוֹם prep.-pr.n. (10) *concerning Edom*

כֹּה אָמַר adv. (462)-Qal pf. 3 m.s. (55) *thus says*

יְהוָה צְבָאוֹת pr.n. (217)-pr.n. (838) *Yahweh of hosts*

הַאֵין עוֹד interr.-n.m.s. cstr. (II 34)-adv. (728) *is no more?*

חָכְמָה n.f.s. (315) *wisdom*

בְּתֵימָן prep.-pr.n. (I 412) *in Teman*

אָבְדָה Qal pf. 3 f.s. (אָבַד 1) *has perished*

עֵצָה n.f.s. (420) *counsel*

מִבָּנִים prep.-Qal act.ptc. m.p. (בִּין 106) *from the prudent*

נִסְרְחָה Ni. pf. 3 f.s. (סָרַח 710) *has vanished*

חָכְמָתָם n.f.s.-3 m.p. sf. (315) *their wisdom*

49:8

נֻסוּ Qal impv. 2 m.p. (נוּס 630) *flee*

הָפְנוּ Ho. impv. 2 m.p. (פָּנָה 815; GK 46aN) *turn back*

הֶעְמִיקוּ Hi. impv. 2 m.p. (עָמַק 770; GK 63o) *in the depths*

לָשֶׁבֶת prep.-Qal inf.cstr. (יָשַׁב 442) *dwell*

יֹשְׁבֵי Qal act.ptc. m.p. cstr. (יָשַׁב 442) *O inhabitants of*

דְּדָן pr.n. (186) *Dedan*

כִּי אֵיד conj.-n.m.s. cstr. (15) *for the calamity of*

עֵשָׂו pr.n. (796) *Esau*

הֵבֵאתִי Hi. pf. 1 c.s. (בּוֹא 97) *I will bring*

עָלָיו prep.-3 m.s. sf. *upon him*

עֵת n.f.s. (773) *time*

פְּקַדְתִּיו Qal pf. 1 c.s.-3 m.s. sf. (פָּקַד 823) *when I punish him*

49:9

אִם־בֹּצְרִים hypoth.part. (49)-Qal act.ptc. m.p. (בָּצַר 130) *if grape-gatherers*

בָּאוּ Qal pf. 3 c.p. (בוֹא 97) *came*

לָךְ prep.-2 f.s. sf. *to you*

לֹא יַשְׁאִרוּ neg.-Hi. impf. 3 m.p. (שָׁאַר 983) *would they not leave*

עוֹלֵלוֹת n.f.p. (760) *gleanings*

אִם־גַּנָּבִים v.supra-n.m.p. (170) *if thieves*

בַּלַּיְלָה prep.-def.art.-n.m.s. (538) *by night*

הִשְׁחִיתוּ Hi. pf. 3 c.p. (שָׁחַת 1007) *would they not destroy*

דַּיָּם subst.-3 m.p. sf. (191) *only enough for themselves*

49:10

כִּי־אֲנִי conj.-pers.pr. 1 c.s. (58) *but I*

חָשַׂפְתִּי Qal pf. 1 c.s. (חָשַׂף 362) *have stripped bare*

אֶת־עֵשָׂו dir.obj.-pr.n. (796) *Esau*

גִּלֵּיתִי Pi. pf. 1 c.s. (גָּלָה 162) *I have uncovered*

אֶת־מִסְתָּרָיו dir.obj.-n.m.p.-3 m.s. sf. (712) *his hiding places*

וְנֶחְבָּה conj.-Ni. pf. 3 m.s. (חָבָא 285; GK 75pp) *and to conceal himself*

לֹא יוּכָל neg.-Qal impf. 3 m.s. (יָכֹל 407) *he is not able*

שֻׁדַּד Pu. pf. 3 m.s. (שָׁדַד 994) *are destroyed*

זַרְעוֹ n.m.s.-3 m.s. sf. (282) *his children*

וְאֶחָיו conj.-n.m.p.-3 m.s. sf. (26) *and his brothers*

וּשְׁכֵנָיו conj.-adj. m.p.-3 m.s. sf. (1015) *and his neighbors*

וְאֵינֶנּוּ conj.-n.m.s.-3 m.s. sf. (II 34) *and he is no more*

49:11

עָזְבָה Qal impv. 2 m.s. (עָזַב I 736) *leave*

יְתֹמֶיךָ n.m.p.-2 m.s. sf. (450) *your fatherless children*

אֲנִי אֲחַיֶּה pers.pr. 1 c.s. (58)-Pi. impf. 1 c.s. (חָיָה 310) *I will keep alive*

וְאַלְמְנֹתֶיךָ conj.-n.f.p.-2 m.s. sf. (48) *and your widows*

עָלַי prep.-1 c.s. sf. *in me*

תִּבְטָחוּ Qal impf. 3 f.p. (בָּטַח 105; GK 47k, 60aN) *let trust*

49:12

כִּי־כֹה conj.-adv. (462) *for thus*

אָמַר יהוה Qal pf. 3 m.s. (55)-pr.n. (217) *says Yahweh*

הִנֵּה אֲשֶׁר־אֵין demons.part. (243)-rel. (81)-n.m.s. cstr. (II 34) *if those who did not*

מִשְׁפָּטָם n.m.s.-3 m.p. sf. (1048) *(deserve) their judgment*

לִשְׁתּוֹת prep.-Qal inf.cstr. (שָׁתָה 1059) *to drink*

הַכּוֹס def.art.-n.f.s. (468) *the cup*

שָׁתוֹ יִשְׁתּוּ Qal inf.abs. (שָׁתָה 1059)-Qal impf. 3 m.p. (1059) *must drink it*

וְאַתָּה הוּא conj.-pers.pr. 2 m.s. (61)-demons.adj. m.s. (214; GK 141h) *and you are the one*

נָקֹה תִנָּקֶה Qal inf.abs. (נָקָה 667)-Ni. impf. 2 m.s. (667) *will you go unpunished*

לֹא תִנָּקֶה neg.-Ni. impf. 2 m.s. (נָקָה 667) *you shall not go unpunished*

כִּי שָׁתֹה תִשְׁתֶּה conj.-Qal inf.abs. (שָׁתָה 1059) -Qal impf. 2 m.s. (1059) *but you must drink*

49:13

כִּי בִי conj.-prep.-1 c.s. sf. *for by myself*

נִשְׁבַּעְתִּי Ni. pf. 1 c.s. (שָׁבַע 989) *I have sworn*

נְאֻם־יהוה n.m.s. cstr. (610)-pr.n. (217) *says Yahweh*

כִּי־לְשַׁמָּה conj.-prep.-n.f.s. (I 1031) *that a horror*

לְחֶרְפָּה prep.-n.f.s. (357) *a taunt*

לְחֹרֶב prep.-n.m.s. (II 351) *a waste*

וְלִקְלָלָה conj.-prep.-n.f.s. (887) *and a curse*

תִּהְיֶה Qal impf. 3 f.s. (הָיָה 224) *shall become*

בָצְרָה pr.n. (II 131) *Bozrah*

וְכָל־עָרֶיהָ conj.-n.m.s. cstr. (481)-n.f.p.-3 f.s. sf. (746) *and all her cities*

תִּהְיֶינָה Qal impf. 3 f.p. (הָיָה 224) *shall be*

לְחָרְבוֹת עוֹלָם prep.-n.f.p. cstr. (II 351)-n.m.s. (761) *perpetual wastes*

49:14

שְׁמוּעָה n.f.s. (1035) *tidings*

שָׁמַעְתִּי Qal pf. 1 c.s. (1033) *I have heard*

מֵאֵת יהוה prep.-prep. (II 85)-pr.n. (217) *from Yahweh*

וְצִיר conj.-n.m.s. (II 851) *and a messenger*

בַּגּוֹיִם prep.-def.art.-n.m.p. (156) *among the nations*

שָׁלוּחַ Qal pass.ptc. (שָׁלַח 1018) *has been sent*

הִתְקַבְּצוּ Hith. impv. 2 m.p. (קָבַץ 867) *gather yourselves together*

וּבֹאוּ conj.-Qal impv. 2 m.p. (בוֹא 97) *and come*

עָלֶיהָ prep.-3 f.s. sf. *against her*

וְקֹמוּ conj.-Qal impv. 2 m.p. (קום 877) *and rise up*

לַמִּלְחָמָה prep.-def.art.-n.f.s. (536) *for battle*

49:15

כִּי־הִנֵּה conj.-demons.part. (243) *for behold*

קָטֹן adj. (882) *small*

נְתַתִּיךָ Qal pf. 1 c.s.-2 m.s. sf. (נתן 678) *I will make you*

בַּגּוֹיִם prep.-def.art.-n.m.p. (156) *among the nations*

בָּזוּי Qal pass.ptc. (בזה 102) *despised*

בָּאָדָם prep.-def.art.-n.m.s. (9) *among men*

49:16

תִּפְלַצְתְּךָ n.f.s.-2 m.s. sf. (814; GK 147c) *the horror you inspire*

הִשִּׁיא אֹתָךְ Hi. pf. 3 m.s. (נשא 674)-dir.obj.-2 f.s. sf. *has deceived you*

זְדוֹן לִבֶּךָ n.m.s.cstr. (268)-n.m.s.-2 m.s. sf. (524) *and the pride of your heart*

שֹׁכְנִי Qal act.ptc. cstr. (שכן 1014; GK 90.1) *you who live*

בְּחַגְוֵי prep.-n.m.p. cstr. (291) *in the clefts of*

הַסֶּלַע def.art.-n.m.s. (700) *the rock* (lit. *Sela*)

תֹּפְשִׂי Qal act.ptc. cstr. (תפש 1074; GK 90.1) *who hold*

מְרוֹם n.m.s. cstr. (928) *the height of*

גִּבְעָה n.f.s. (148) *the hill*

כִּי־תַגְבִּיהַּ conj.-Hi. impf. 2 m.s. (גבה 147) *though you make high*

כַּנֶּשֶׁר prep.-def.art.-n.m.s. (676) *as the eagle*

קִנֶּךָ n.m.s.-2 m.s. sf. (890) *your nest*

מִשָּׁם prep.-adv. (1027) *from there*

אוֹרִידְךָ Hi. impf. 1 c.s.-2 m.s. sf. (ירד 432) *I will bring you down*

נְאֻם־יְהוָה n.m.s. cstr. (610)-pr.n. (217) *says Yahweh*

49:17

וְהָיְתָה conj.-Qal pf. 3 f.s. (היה 224) *and shall become*

אֱדוֹם pr.n. (10) *Edom*

לְשַׁמָּה prep.-n.f.s. (I 1031) *a horror*

כֹּל עֹבֵר n.m.s. (481)-Qal act.ptc. (עבר 716) *every one who passes*

עָלֶיהָ prep.-3 f.s. sf. *by it*

יִשֹּׁם Qal impf. 3 m.s. (שמם 1030) *will be horrified*

וְיִשְׁרֹק conj.-Qal impf. 3 m.s. (שרק 1056) *and will hiss*

עַל־כָּל־ prep.-n.m.s. cstr. (481) *because of all*

מַכּוֹתֶהָ n.f.p.-3 f.s. sf. (646) *its disasters*

49:18

כְּמַהְפֵּכַת prep.-n.f.s. cstr. (246) *as when were overthrown*

סְדֹם pr.n. (690) *Sodom*

וַעֲמֹרָה conj.-pr.n. (771) *and Gomorrah*

וּשְׁכֵנֶיהָ conj.-adj. m.p.-3 f.s. sf. (1015) *and their neighbor cities*

אָמַר יְהוָה Qal pf. 3 m.s. (55)-pr.n. (217) *says Yahweh*

לֹא־יֵשֵׁב neg.-Qal impf. 3 m.s. (442) *shall not dwell*

שָׁם adv. (1027) *there*

אִישׁ n.m.s. (35) *man*

וְלֹא־יָגוּר conj.-neg.-Qal impf. 3 m.s. (גור 157) *and shall not sojourn*

בָּהּ prep.-3 f.s. sf. *in her*

בֶּן־אָדָם n.m.s. cstr. (119)-n.m.s. (9) *a son of a man*

49:19

הִנֵּה demons.part. (243) *behold*

כְּאַרְיֵה prep.-n.m.s. (71) *as a lion*

יַעֲלֶה Qal impf. 3 m.s. (748) *coming up*

מִגְּאוֹן prep.-n.m.s. cstr. (144) *from the jungle of*

הַיַּרְדֵּן def.art.-pr.n. (434) *the Jordan*

אֶל־נְוֵה אֵיתָן prep.-n.m.s. cstr. (627)-adj. (I 450) *against an abode of permanency*

כִּי־אַרְגִּיעָה conj.-Hi. impf. 1 c.s.-coh.he (רגע I 920; GK 120g) *I will suddenly* (lit. *I will twinkle, in a moment*)

אֲרִיצֶנּוּ Hi. impf. 1 c.s.-3 m.s. sf. (רוץ 930) *I will make them run*

מֵעָלֶיהָ prep.-prep.-3 f.s. sf. *from her*

וּמִי בָחוּר conj.-interr. (566)-Qal pass.ptc. (בחר 103) *and whomever is chosen*

אֵלֶיהָ prep.-3 f.s. sf. *over her*

אֶפְקֹד Qal impf. 1 c.s. (823) *I will appoint*

כִּי מִי כָמוֹנִי conj.-v.supra-prep.-1 c.s. sf. (453) *for who is like me?*

וּמִי יֹעִידֶנִּי conj.-v.supra-Hi. impf. 3 m.s.-1 c.s. sf. (יעד 416) *who will summon me*

וּמִי־זֶה רֹעֶה v.supra-demons.adj. (260)-Qal act.ptc. (I 944) *and what shepherd*

אֲשֶׁר יַעֲמֹד rel. (81)-Qal impf. 3 m.s. (763) *can stand*

לְפָנָי prep.-n.m.p.-1 c.s. sf. (815) *before me*

49:20

לָכֵן prep.-adv. (485) *therefore*

שִׁמְעוּ Qal impv. 2 m.p. (1033) *hear*

עֲצַת־יְהוה n.f.s. cstr. (420)-pr.n. (217) *the plan of Yahweh*

אֲשֶׁר יָעַץ rel. (81)-Qal pf. 3 m.s. (419) *which he made (advised)*

אֶל־אֱדוֹם prep.-pr.n. (10) *against Edom*

וּמַחְשְׁבוֹתָיו conj.-n.f.p.-3 m.s. sf. (364) *and his purposes*

אֲשֶׁר חָשַׁב v.supra-Qal pf. 3 m.s. (362) *which he has formed*

אֶל־יֹשְׁבֵי prep.-Qal act.ptc. m.p. cstr. (442) *against the inhabitants of*

תֵימָן pr.n. (II 412) *Teman*

אִם־לֹא יִסְחָבוּם cond.part. (49)-neg.-Qal impf. 3 m.p.-3 m.p. sf. (סָחַב 694) *even ... shall be dragged away*

צְעִירֵי הַצֹּאן n.m.p. cstr. (I 859)-def.art.-n.f.s. (838) *the little ones of the flock*

אִם־לֹא יַשִּׁים v.supra-Hi. impf. 3 m.s. 1030; GK 67y) *surely ... shall be appalled*

עֲלֵיהֶם prep.-3 m.p. sf. *at their fate*

נְוֵהֶם n.m.s.-3 m.p. sf. (I 627) *their fold*

49:21

מִקּוֹל prep.-n.m.s. cstr. (876) *at the sound of*

נִפְלָם Qal inf.cstr.-3 m.p. sf. (נָפַל 656) *their fall*

רָעֲשָׁה Qal pf. 3 f.s. (רָעֲשׁ 950) *shall tremble*

הָאָרֶץ def.art.-n.f.s. (75) *the earth*

צְעָקָה n.f.s. (858) *an outcry*

בְּיַם־סוּף prep.-n.m.s. cstr. (410)-n.m.s. (I 693) *at the Red Sea* (lit. *at the sea of rushes*)

נִשְׁמַע Ni. pf. 3 m.s. (שָׁמַע 1033) *shall be heard*

קוֹלָהּ n.m.s.-3 f.s. sf. (876) *its sound*

49:22

הִנֵּה demons.part. (243) *behold*

כַּנֶּשֶׁר prep.-def.art.-n.m.s. (676) *like an eagle*

יַעֲלֶה Qal impf. 3 m.s. (748) *one shall mount up*

וְיִדְאֶה conj.-Qal impf. 3 m.s. (דָאָה 178) *and fly swiftly*

וְיִפְרֹשׂ conj.-Qal impf. 3 m.s. (פָּרַשׂ 831) *and spread*

כְּנָפָיו n.f.p.-3 m.s. sf. (489) *his wings*

עַל־בָּצְרָה prep.-pr.n. (II 131) *against Bozrah*

וְהָיָה conj.-Qal pf. 3 m.s. (224) *and shall be*

לֵב n.m.s. cstr. (524) *the heart of*

גִּבּוֹרֵי adj. m.p. cstr. (150) *the warriors of*

אֱדוֹם pr.n. (10) *Edom*

בַּיּוֹם הַהוּא prep.-def.art.-n.m.s. (398)-def.art.-demons.adj. m.s. (214) *in that day*

כְּלֵב prep.-n.m.s. cstr. (524) *like the heart of*

אִשָּׁה n.f.s. (61) *a woman*

מְצֵרָה Hi. ptc. f.s. (צָרַר II 865) *in her pangs*

49:23

לְדַמֶּשֶׂק prep.-pr.n. (199) *concerning Damascus*

בּוֹשָׁה Qal pf. 3 f.s. (בּוּשׁ 101) *are confounded*

חֲמָת pr.n. (333) *Hamath*

וְאַרְפָּד conj.-pr.n. (75) *and Arpad*

כִּי־שְׁמֻעָה רָעָה conj.-n.f.s. (1035)-adj. f.s. (I 948) *for evil tidings*

שָׁמְעוּ Qal pf. 3 c.p. (שָׁמַע 1033) *they have heard*

נָמֹגוּ Ni. pf. 3 c.p. (מוּג 556) *they melt*

בַּיָּם prep.-def.art.-n.m.s. (410) *in the sea*

דְּאָגָה n.f.s. (178) *trouble*

הַשְׁקֵט Hi. inf.cstr. (שָׁקַט 1052) *quiet*

לֹא יוּכָל neg.-Qal impf. 3 m.s. (יָכֹל 407) *which cannot be*

49:24

רָפְתָה Qal pf. 3 f.s. (רָפָה 951) *has become feeble*

דַּמֶּשֶׂק pr.n. (199) *Damascus*

הִפְנְתָה Hi. pf. 3 f.s. (פָּנָה 815) *she turned*

לָנוּס prep.-Qal inf.cstr. (נוּס 630) *to flee*

וְרֶטֶט conj.-n.m.s. (936) *and panic*

הֶחֱזִיקָה Hi. pf. 3 f.s. (חָזַק 304) *she seized* (prb.rd. הֶחֱזִיקָהּ as Hi. pf. 3 m.s.-3 f.s. sf.= *seized her*)

צָרָה n.f.s. (I 865) *anguish*

וַחֲבָלִים conj.-n.m.p. (286) *and sorrows*

אֲחָזַתָּה Qal pf. 3 f.s.-3 f.s. sf. (אָחַז 28) *have taken hold of her*

כַּיּוֹלֵדָה prep.-def.art.-Qal act.ptc. f.s. (יָלַד 408) *as of a woman in travail*

49:25

אֵיךְ לֹא־עֻזְּבָה adv. (32)-neg.-Pu. pf. 3 f.s. (עָזַב I 736) *how is not forsaken*

עִיר תְּהִלָּה n.f.s. cstr. (746)-n.f.s. (239; GK 80g) *a famous city*

קִרְיַת מְשׂוֹשִׂי n.f.s. cstr. (900)-n.m.s.-1 c.s. sf. (965) *my joyful city*

49:26

לָכֵן prep.-adv. (485) *therefore*

יִפְּלוּ Qal impf. 3 m.p. (נָפַל 656) *shall fall*

בַּחוּרֶיהָ n.m.p.-3 f.s. sf. (104) *her young men*

בִּרְחֹבֹתֶיהָ prep.-n.f.p.-3 f.s. sf. (932) *in her squares*

וְכָל־ conj.-n.m.s. cstr. (481) *and all*

אַנְשֵׁי n.m.p. cstr. (35) *men of*

הַמִּלְחָמָה def.art.-n.f.s. (536) *battle*

יִדַּמּוּ Ni. impf. 3 m.p. (דָמַם I 198) *shall be destroyed*

בַּיּוֹם הַהוּא prep.-def.art.-n.m.s. (398)-def. art.-demons.adj. m.s. (214) *in that day*

נְאֻם־יְהוָה n.m.s. cstr. (610)-pr.n. (217) *says Yahweh*

צְבָאוֹת pr.n. (838) *of hosts*

49:27

וְהִצַּתִּי conj.-Hi. pf. 1 c.s. יָצַת 428) *and I will kindle*

אֵשׁ n.f.s. (77) *a fire*

בְּחוֹמַת prep.-n.f.s. cstr. (327) *in the wall of*

דַּמֶּשֶׂק pr.n. (199) *Damascus*

וְאָכְלָה conj.-Qal pf. 3 f.s. (אָכַל 37) *and it shall devour*

אַרְמְנוֹת n.m.p. cstr. (74) *the strongholds of*

בֶּן־הֲדָד pr.n. (122) *Ben-hadad*

49:28

לְקֵדָר prep.-pr.n. (871) *concerning Kedar*

וּלְמַמְלְכוֹת conj.-prep.-n.f.p. cstr. (575) *and the kingdoms of*

חָצוֹר pr.n. (347) *Hazor*

אֲשֶׁר הִכָּה rel. (81)-Hi. pf. 3 m.s. (נָכָה 645) *which smote*

נְבוּכַדְרֶאצּוֹר pr.n. (613) *Nebuchadrezzar*

מֶלֶךְ־בָּבֶל n.m.s. cstr. (I 572)-pr.n. (93) *king of Babylon*

כֹּה אָמַר adv. (462)-Qal pf. 3 m.s. (55) *thus says*

יהוה pr.n. (217) *Yahweh*

קוּמוּ Qal impv. 2 m.p. (קוּם 877) *rise up*

עֲלוּ Qal impv. 2 m.p. (עָלָה 748) *advance*

אֶל־קֵדָר prep.-pr.n. (871) *against Kedar*

וְשָׁדְדוּ conj.-Qal impv. 2 m.p. (שָׁדַד 994; GK 20b, 67cc) *destroy*

אֶת־בְּנֵי־קֶדֶם dir.obj.-n.m.p. cstr. (119)-n.m.s. (869) *the people of the east*

49:29

אָהֳלֵיהֶם n.m.p.-3 m.p. sf. (13) *their tents*

וְצֹאנָם conj.-n.f.s.-3 m.p. sf. (838) *and their flocks*

יִקָּחוּ Qal impf. 3 m.p. (לָקַח 542) *shall be taken*

יְרִיעוֹתֵיהֶם n.f.p.-3 m.p. sf. (438) *their curtains*

וְכָל־כְּלֵיהֶם conj.-n.m.s. cstr. (481)-n.m.p.-3 m.p. sf. (479) *and all their goods*

וּגְמַלֵּיהֶם conj.-n.m.p.-3 m.p. sf. (168) *and their camels*

יִשְׂאוּ Qal impf. 3 m.p. (נָשָׂא 669) *shall be borne away*

לָהֶם prep.-3 m.p. sf. *from them*

וְקָרְאוּ conj.-Qal pf. 3 c.p. (קָרָא 894) *and shall cry*

עֲלֵיהֶם prep.-3 m.p. sf. *to them*

מָגוֹר n.m.s. (II 159) *terror*

מִסָּבִיב prep.-subst. (686) *on every side*

49:30

נֻסוּ Qal impv. 2 m.p. (630) *flee*

נֻּדוּ Qal impv. 2 m.p. (נוד 626; GK 20g) *wander*

מְאֹד adv. (547) *far away*

הֶעְמִיקוּ Hi. impv. 2 m.p. (עָמַק 770; GK 63o) *in the depths*

לָשֶׁבֶת prep.-Qal inf.cstr. (יָשַׁב 442) *dwell*

יֹשְׁבֵי Qal act.ptc. m.p. cstr. (יָשַׁב 442) *O inhabitants of*

חָצוֹר pr.n. (347) *Hazor*

נְאֻם־יְהוָה n.m.s. cstr. (610)-pr.n. (217) *says Yahweh*

כִּי־יָעַץ conj.-Qal pf. 3 m.s. (419) *for has made a plan*

עֲלֵיכֶם prep.-2 m.p. sf. *against you*

נְבוּכַדְרֶאצַּר pr.n. (613) *Nebuchadrezzar*

מֶלֶךְ־בָּבֶל n.m.s. cstr. (I 572)-pr.n. (93) *king of Babylon*

עֵצָה n.f.s. (420) *a plan*

וְחָשַׁב conj.-Qal pf. 3 m.s. (362) *and formed a purpose*

עֲלֵיהֶם prep.-3 m.p. sf. *against them*

מַחֲשָׁבָה n.f.s. (364) *a purpose*

49:31

קוּמוּ Qal impv. 2 m.p. (קוּם 877) *rise up*

עֲלוּ Qal impv. 2 m.p. (עָלָה 748) *advance*

אֶל־גּוֹי prep.-n.m.s. (156) *against a nation*

שְׁלֵיו adj. (1017) *at ease*

יוֹשֵׁב Qal act.ptc. (442) *that dwells*

לָבֶטַח prep.-n.m.s. (105) *securely*

נְאֻם־יְהוָה n.m.s. cstr. (610)-pr.n. (217) *says Yahweh*

לֹא־דְלָתַיִם neg.-n.f. du. (195; GK 93n) *that has no gates*

וְלֹא־בְרִיחַ conj.-neg.-n.m.s. (138) *or (no) bars*

לוֹ prep.-3 m.s. sf. *(to it)*

בָּדָד n.m.s. (94) *alone*

יִשְׁכֹּנוּ Qal impf. 3 m.p. (שָׁכַן 1014) *that dwells*

49:32

וְהָיוּ conj.-Qal pf. 3 c.p. (הָיָה 224) *and shall become*

גְמַלֵּיהֶם n.m.p.-3 m.p. sf. (168) *their camels*

לָבַז prep.-n.m.s. (103) *booty*

וַהֲמוֹן conj.-n.m.s. cstr. (242) *and the abundance of*

מִקְנֵיהֶם n.m.p.-3 m.p. sf. (889) *their cattle*

לְשָׁלָל prep.-n.m.s. (1021) *a spoil*

וְזֵרִתִים conj.-Pi. pf. 1 c.s.-3 m.p. sf. זָרָה 279) *and I will scatter them*

לְכָל־רוּחַ prep.-n.m.s. cstr. (481)-n.f.s. (924) *to every wind*

קְצוּצֵי פֵאָה Qal pass.ptc. m.p. cstr. קָצַץ 893) -n.f.s. (802) *those who cut the corners (of their hair)*

וּמִכָּל־עֲבָרָיו conj.-prep.-n.m.s. cstr. (481)-n.m.p.-3 m.s. sf. (719) *and from every side of them*

אָבִיא Hi. impf. 1 c.s. בּוֹא 97) *I will bring*

אֶת־אֵידָם dir.obj.-n.m.s.-3 m.p. sf. (15) *their calamity*

נְאֻם־יהוה n.m.s. cstr. (610)-pr.n. (217) *says Yahweh*

49:33

וְהָיְתָה conj.-Qal pf. 3 f.s. הָיָה 224) *and shall become*

חָצוֹר pr.n. (347) *Hazor*

לִמְעוֹן prep.-n.m.s. cstr. (I 732) *a haunt of*

תַּנִּים n.m.p. (1072) *jackals*

שְׁמָמָה n.f.s. (1031) *a waste*

עַד־עוֹלָם prep. (III 723)-n.m.s. (761) *everlasting*

לֹא־יֵשֵׁב neg.-Qal impf. 3 m.s. יָשַׁב 442) *shall not dwell*

שָׁם adv. (1027) *there*

אִישׁ n.m.s. (35) *man*

וְלֹא־יָגוּר conj.-neg.-Qal impf. 3 m.s. גּוּר 157) *shall not sojourn*

בָּהּ prep.-3 f.s. sf. *in her*

בֶּן־אָדָם n.m.s. cstr. (119)-n.m.s. (9) *a son of man*

49:34

אֲשֶׁר הָיָה rel. (81)-Qal pf. 3 m.s. (224) *which was*

דְּבַר־יהוה n.m.s. cstr. (182)-pr.n. (217) *the word of Yahweh*

אֶל־יִרְמְיָהוּ prep.-pr.n. (941) *to Jeremiah*

הַנָּבִיא def.art.-n.m.s. (611) *the prophet*

אֶל־עֵילָם prep.-pr.n. (I 743) *concerning Elam*

בְּרֵאשִׁית prep.-n.f.s. (912) *in the beginning of*

מַלְכוּת n.f.s. cstr. (574) *the reign of*

צִדְקִיָּה pr.n. (843) *Zedekiah*

מֶלֶךְ־יְהוּדָה n.m.s. cstr. (I 572)-pr.n. (397) *king of Judah*

לֵאמֹר prep.-Qal inf.cstr. (55) *(saying)*

49:35

כֹּה אָמַר adv. (462)-Qal pf. 3 m.s. (55) *thus says*

יהוה צְבָאוֹת pr.n. (217)-pr.n. (838) *Yahweh of hosts*

הִנְנִי demons.part.-1 c.s. sf. (243) *behold, I*

שֹׁבֵר Qal act.ptc. (990) *will break*

אֶת־קֶשֶׁת dir.obj.-n.f.s. cstr. (905) *the bow of*

עֵילָם pr.n. (I 743) *Elam*

רֵאשִׁית n.f.s. cstr. (912) *the mainstay of*

גְּבוּרָתָם n.f.s.-3 m.p. sf. (150) *their might*

49:36

וְהֵבֵאתִי conj.-Hi. pf. 1 c.s. בּוֹא 97) *and I will bring*

אֶל־עֵילָם prep.-pr.n. (I 743) *upon Elam*

אַרְבַּע רוּחוֹת num. (916)-n.f.p. (924) *four winds*

מֵאַרְבַּע קְצוֹת prep.-v.supra-n.f.p. cstr. (892) *from the four quarters of*

הַשָּׁמַיִם def.art.-n.m. du. (1029) *the heavens*

וְזֵרִתִים conj.-Pi. pf. 1 c.s.-3 m.p. sf. זָרָה 279) *and I will scatter them*

לְכֹל prep.-n.m.s. cstr. (481) *to all*

הָרֻחוֹת הָאֵלֶּה def.art.-n.f.p. (924)-def.art.-demons.adj. p. (41) *those winds*

וְלֹא־יִהְיֶה conj.-neg.-Qal impf. 3 m.s. הָיָה 224) *and there shall be no*

הַגּוֹי def.art.-n.m.s. (156) *nation*

אֲשֶׁר לֹא־יָבוֹא rel. (81)-neg.-Qal impf. 3 m.s. (97) *to which shall not come*

שָׁם adv. (1027) *there*

נִדְחֵי עוֹלָם Ni. ptc. m.p. cstr. נָדַח 623; GK 20m)-pr.n. (I 743) *those driven out of Elam*

49:37

וְהַחְתַּתִּי conj.-Hi. pf. 1 c.s. חָתַת 369; GK 67aa) *and I will terrify*

אֶת־עֵילָם dir.obj.-pr.n. (I 743) *Elam*

לִפְנֵי prep.-n.m.p. cstr. (815) *before*

אֹיְבֵיהֶם Qal act.ptc. m.p.-3 m.p. sf. אָיַב 33) *their enemies*

וְלִפְנֵי conj.-v.supra *and before*

מְבַקְשֵׁי Pi. ptc. m.p. cstr. (134) *those who seek*

נַפְשָׁם n.f.s.-3 m.p. sf. (659) *their life*

וְהֵבֵאתִי conj.-Hi. pf. 1 c.s. בּוֹא 97) *and I will bring*

עֲלֵיהֶם prep.-3 m.p. sf. *upon them*

רָעָה n.f.s. (949) *evil*

אֶת־חֲרוֹן אַפִּי dir.obj.-n.m.s. cstr. (354)-n.m.s.-1 c.s. sf. (I 60) *my fierce anger*

נְאֻם־יהוה n.m.s. cstr. (610)-pr.n. (217) *says Yahweh*

וְשִׁלַּחְתִּי conj.-Pi. pf. 1 c.s. (1018) *and I will send*

אַחֲרֵיהֶם prep.-3 m.p. sf. (29) *after them*

אֶת־הַחֶרֶב dir.obj.-def.art.-n.f.s. (352) *the sword*

עַד כַּלּוֹתִי prep. (III 723)-Pi. inf.cstr.-1 c.s. sf. (כָּלָה 477) *until I have consumed*

אוֹתָם dir.obj.-2 m.p. sf. *them*

49:38

וְשַׂמְתִּי conj.-Qal pf. 1 c.s. (שׂום 962) *and I will set*

כִּסְאִי n.m.s.-1 c.s. sf. (490) *my throne*

בְּעֵילָם prep.-pr.n. (I 743) *in Elam*

וְהַאֲבַדְתִּי conj.-Hi. pf. 1 c.s. (אבד 1) *and destroy*

מִשָּׁם prep.-adv. (1027) *from there*

מֶלֶךְ n.m.s. (I 572) *king*

וְשָׂרִים conj.-n.m.p. (978) *and princes*

נְאֻם־יְהוָה n.m.s. cstr. (610)-pr.n. (217) *says Yahweh*

49:39

וְהָיָה conj.-Qal pf. 3 m.s. (224) *but*

בְּאַחֲרִית הַיָּמִים prep.-n.f.s. cstr. (31)-def.art. -n.m.p. (398) *in the latter days*

אָשִׁיב Hi. impf. 1 c.s. (שׁוב 996) *I will restore*

אֶת־שְׁבִית dir.obj.-n.f.s. cstr. (986) *the fortunes of*

עֵילָם pr.n. (I 743) *Elam*

נְאֻם־יְהוָה n.m.s. cstr. (610)-pr.n. (217) *says Yahweh*

50:1

הַדָּבָר def.art.-n.m.s. (182) *the word*

אֲשֶׁר דִּבֶּר rel. (81)-Pi. pf. 3 m.s. (180) *which spoke*

יהוה pr.n. (217) *Yahweh*

אֶל־בָּבֶל prep.-pr.n. (93) *concerning Babylon*

אֶל־אֶרֶץ prep.-n.f.s. cstr. (75) *concerning the land of*

כַּשְׂדִּים pr.n. (505) *the Chaldeans*

בְּיַד prep.-n.f.s. cstr. (388) *by (the hand of)*

יִרְמְיָהוּ pr.n. (941) *Jeremiah*

הַנָּבִיא def.art.-n.m.s. (611) *the prophet*

50:2

הַגִּידוּ Hi. impv. 2 m.p. (נגד 616) *declare*

בַגּוֹיִם prep.-def.art.-n.m.p. (156) *among the nations*

וְהַשְׁמִיעוּ conj.-Hi. impv. 2 m.p. (שׁמע 1033) *and proclaim*

וּשְׂאוּ conj.-Qal impv. 2 m.p. (נשׂא 669) *and set up*

נֵס n.m.s. (651) *a banner*

הַשְׁמִיעוּ v.supra *proclaim*

אַל־תְּכַחֵדוּ neg.-Pi. impf. 2 m.p. paus. (כחד 470) *conceal it not*

אִמְרוּ Qal impv. 2 m.p. (55) *say*

נִלְכְּדָה Ni. pf. 3 f.s. (לכד 539) *is taken*

בָּבֶל pr.n. (93) *Babylon*

הֹבִישׁ Hi. pf. 3 m.s. (בושׁ 101) *is put to shame*

בֵּל pr.n. (128) *Bel*

חַת Qal pf. 3 m.s. (חתת 369) *is dismayed*

מְרֹדָךְ pr.n. (597) *Merodach*

הֹבִישׁוּ Hi. pf. 3 c.p. (בושׁ 101) *are put to shame*

עֲצַבֶּיהָ n.m.p.-3 f.s. sf. (781) *her images*

חַתּוּ Qal pf. 3 c.p. (חתת 369) *are dismayed*

גִּלּוּלֶיהָ n.m.p.-3 f.s. sf. (165) *her idols*

50:3

כִּי עָלָה conj.-Qal pf. 3 m.s. (748) *for has come up*

עָלֶיהָ prep.-3 f.s. sf. *against her*

גּוֹי n.m.s. (156) *a nation*

מִצָּפוֹן prep.-n.f.s. (860) *from the north*

הוּא־יָשִׁית demons.adj. m.s. (214)-Qal impf. 3 m.s. (שׁית 1011) *which shall make*

אֶת־אַרְצָהּ dir.obj.-n.f.s.-3 f.s. sf. (75) *her land*

לְשַׁמָּה prep.-n.f.s. (I 1031) *a desolation*

וְלֹא־יִהְיֶה conj.-neg.-Qal impf. 3 m.s. (היה 224) *and there shall not be*

יוֹשֵׁב Qal act.ptc. (442) *an inhabitant*

בָּהּ prep.-3 f.s. sf. *in it*

מֵאָדָם prep.-n.m.s. (9) *both man*

וְעַד־בְּהֵמָה conj.-prep. (III 723)-n.f.s. (96) *and beast*

נָדוּ Qal pf. 3 c.p. (נוד 626) *shall flee*

הָלָכוּ Qal pf. 3 c.p. paus. (הלך 229) *they walk (go)*

50:4

בַּיָּמִים הָהֵמָּה prep.-def.art.-n.m.p. (398)-def. art.-demons.adj. c.p. (241) *in those days*

וּבָעֵת הַהִיא conj.-prep.-def.art.-n.f.s. (773)-def. art.-demons.adj. f.s. (214) *and in that time*

נְאֻם־יְהוָה n.m.s. cstr. (610)-pr.n. (217) *says Yahweh*

יָבֹאוּ Qal impf. 3 m.p. (בוא 97) *shall come*

בְנֵי־יִשְׂרָאֵל n.m.s. cstr. (119)-pr.n. (975) *the people of Israel*

הֵמָּה pers.pr. 3 m.p. (241) *(they)*

וּבְנֵי־יְהוּדָה conj.-n.m.p. cstr. (119)-pr.n. (397) *and the people of Judah*

יַחְדָּו adv. (403) *together*

הָלוֹךְ Qal inf.abs. (הלך 229) *going*

וּבָכוֹ conj.-Qal inf.abs. (בכה 113) *and weeping*

יֵלֵכוּ Qal impf. 3 m.p. paus. (הלך 229) *they come*

וְאֶת־יְהוָה conj.-dir.obj.-pr.n. (217) *and Yahweh*

אֱלֹהֵיהֶם n.m.p.-3 m.p. sf. (43) *their God*

יְבַקֵּשׁוּ Pi. impf. 3 m.p. paus. (בָּקַשׁ 134) *they shall seek*

50:5

צִיּוֹן pr.n. (851) *Zion*

יִשְׁאָלוּ Qal impf. 3 m.p. paus. (שָׁאַל 981) *they shall ask*

דֶּרֶךְ n.m.s. (202) *way*

הֵנָּה adv. (I 244) *toward it*

פְּנֵיהֶם n.m.p.-3 m.p. sf. (815) *their faces*

בֹּאוּ Qal impv. 2 m.p. (בּוֹא 97) *come*

וְנִלְווּ conj.-Ni. pf. 3 c.p. (לָוָה I 530; GK 51o) *and let us join ourselves*

אֶל־יְהוָה prep.-pr.n. (217) *to Yahweh*

בְּרִית עוֹלָם n.f.s. cstr. (136)-n.m.s. (761) *an everlasting covenant*

לֹא תִשָּׁכֵחַ neg.-Ni. impf. 3 f.s. (שָׁכַח 1013) *which will never be forgotten*

50:6

צֹאן n.f.s. cstr. (838) *a flock*

אֹבְדוֹת Qal act.ptc. f.p. (1) *lost*

הָיָה Qal pf. 3 c.p. (rd. הָיָה 224) *have been*

עַמִּי n.m.s.-1 c.s. sf. (I 766) *my people*

רֹעֵיהֶם Qal act.ptc. m.p.-3 m.p. sf. (רָעָה I 944) *their shepherds*

הִתְעוּם Hi. pf. 3 c.p.-3 m.p. sf. (תָּעָה 1073) *have led them astray*

הָרִים n.m.p. (249) *on the mountains*

שׁוֹבְבִים as שׁוֹבְבוּם Polel pf. 3 c.p.-3 m.p. sf. (שׁוּב 996) or as שׁוֹבֵב adj. m.p. (I 1000) *turning them away*

מֵהַר prep.-n.m.s. (249) *from mountain*

אֶל־גִּבְעָה prep.-n.f.s. (148) *to hill*

הָלָכוּ Qal pf. 3 c.p. paus. (הָלַךְ 229) *they have gone*

שָׁכְחוּ Qal pf. 3 c.p. (שָׁכַח 1013) *they have forgotten*

רִבְצָם n.m.s.-3 m.p. sf. (918) *their fold*

50:7

כָּל־מוֹצְאֵיהֶם n.m.s. cstr. (481)-Qal act.ptc. m.p.-3 m.p. sf. (מָצָא 592) *all who found them*

אֲכָלוּם Qal pf. 3 c.p.-3 m.p. sf. (אָכַל 37) *have devoured them*

וְצָרֵיהֶם conj.-n.m.p.-3 m.p. sf. (III 865) *and their enemies*

אָמְרוּ Qal pf. 3 c.p. (55) *have said*

לֹא נֶאְשָׁם neg.-Qal impf. 1 c.p. paus. (אָשַׁם 79) *we are not guilty*

תַּחַת אֲשֶׁר חָטְאוּ prep. (1065)-rel. (81)-Qal pf. 3 c.p. (חָטָא 306) *for we have sinned*

לַיהוָה prep.-pr.n. (217) *against Yahweh*

נְוֵה־צֶדֶק n.m.s. cstr. (I 627)-n.m.s. (841) *their true habitation*

וּמִקְוֵה conj.-n.m.s. cstr. (I 876) *and the hope of*

אֲבוֹתֵיהֶם n.m.p.-3 m.p. sf. (3) *their fathers*

יְהוָה pr.n. (217) *Yahweh*

50:8

נֻדוּ Qal impv. 2 m.p. (נוּד 626) *flee*

מִתּוֹךְ prep.-n.m.s. cstr. (1063) *from the midst of*

בָּבֶל pr.n. (93) *Babylon*

וּמֵאֶרֶץ conj.-prep.-n.f.s. cstr. (75) *and of the land of*

כַּשְׂדִּים pr.n. (505) *the Chaldeans*

יֵצֵאוּ Qal impv. 2 m.p. (יָצָא 422; rd. צֵאוּ) *and go out*

וִהְיוּ conj.-Qal impv. 2 m.p. (הָיָה 224) *and be*

כְּעַתּוּדִים prep.-n.m.p. (800) *as he-goats*

לִפְנֵי־צֹאן prep.-n.m.p. cstr. (815)-n.f.s. (838) *before the flock*

50:9

כִּי הִנֵּה conj.-demons.part. (243) *for behold*

אָנֹכִי pers.pr. 1 c.s. (59) *I*

מֵעִיר Hi. ptc. (עוּר 734) *am stirring up*

וּמַעֲלֶה conj.-Hi. ptc. (עָלָה 748) *and bringing*

עַל־בָּבֶל prep.-pr.n. (93) *against Babylon*

קְהַל־גּוֹיִם n.m.s. cstr. (874)-n.m.p. (156) *a company of nations*

גְּדֹלִים adj. m.p. (152) *great*

מֵאֶרֶץ צָפוֹן prep.-n.f.s. cstr. (75)-n.f.s. (860) *from the north country*

וְעָרְכוּ conj.-Qal pf. 3 c.p. (עָרַךְ 789) *and they shall array themselves*

לָהּ prep.-3 f.s. sf. *against her*

מִשָּׁם prep.-adv. (1027) *from there*

תִּלָּכֵד Ni. impf. 3 f.s. (לָכַד 539) *she shall be taken*

חִצָּיו n.m.p.-3 m.s. sf. (346) *their arrows*

כְּגִבּוֹר prep.-n.m.s. (150) *like a warrior*

מַשְׁכִּיל Hi. ptc. (שָׂכַל 1013; but rd. מַשְׁכִּיל from שָׁכֹל 968) *skilled*

לֹא יָשׁוּב neg.-Qal impf. 3 m.s. (שׁוּב 996) *who does not return*

רֵיקָם adv. (938) *empty-handed*

50:10

וְהָיְתָה conj.-Qal pf. 3 f.s. (הָיָה 224) *and shall be*

כַשְׂדִּים pr.n. (505) *Chaldeans*

לְשָׁלָל prep.-n.m.s. (1021) *plundered*

כָּל־שֹׁלְלֶיהָ n.m.s. cstr. (481)-Qal act.ptc. m.p.-3 f.s. sf. (שָׁלַל II 1021) *all who plunder her*

יִשְׂבָּעוּ Qal impf. 3 m.p. paus. (שָׂבַע 959) *shall be sated*

נְאֻם־יְהוָה n.m.s. cstr. (610)-pr.n. (217) *says Yahweh*

50:11

כִּי תִשְׂמְחִי conj.-Qal impf. 2 m.p. (rd. תִשְׂמְחוּ; 970 שָׂמַח) *though you rejoice*

כִּי תַעַלְזוּ – עָלַז conj.-Qal impf. 2 m.p. (759) *though you exult*

שֹׁסֵי Qal act.ptc. m.p. cstr. (שָׁסָה 1042) *plunderers of*

נַחֲלָתִי n.f.s.-1 c.s. sf. (635) *my heritage*

כִּי תָפוּשִׁי conj.-Qal impf. 2 m.p. (פּוּשׁ I 807) *though you spring about*

כְּעֶגְלָה prep.-n.f.s. (722) *as a heifer*

דָשָׁה Qal act.ptc. f.s. (דּוּשׁ 190; GK 80h) *threshing*

וְתִצְהֲלִי conj.-Qal impf. 2 m.p. (צָהַל I 843) *and neigh*

כָּאַבִּרִים prep.-def.art.-adj. m.p. (7) *like stallions*

50:12

בּוֹשָׁה Qal pf. 3 f.s. (בּוּשׁ 101) *shall be shamed*

אִמְּכֶם n.f.s.-2 m.p. sf. (51) *your mother*

מְאֹד adv. (547) *utterly*

חָפְרָה Qal pf. 3 f.s. (חָפֵר II 344) *shall be disgraced*

יוֹלַדְתְּכֶם Qal act.ptc. f.s.-2 m.p. sf. (יָלַד 408) *she who bore you*

הִנֵּה demons.part. (243) *lo*

אַחֲרִית n.f.s. cstr. (31) *last of*

גּוֹיִם n.m.p. (156) *nations*

מִדְבָּר n.m.s. (184) *a wilderness*

צִיָּה n.f.s. (851) *dry*

וַעֲרָבָה conj.-n.f.s. (787) *and desert*

50:13

מִקֶּצֶף prep.-n.m.s. cstr. (893) *because of the wrath of*

יְהוָה pr.n. (217) *Yahweh*

לֹא תֵשֵׁב neg.-Qal impf. 3 f.s. (יָשַׁב 442) *she shall not be inhabited*

וְהָיְתָה conj.-Qal pf. 3 f.s. (הָיָה 224) *but shall be*

שְׁמָמָה n.f.s. (1031) *a desolation*

כֻּלָּהּ n.m.s.-3 f.s. sf. (481) *utter (all of her)*

כֹּל עֹבֵר n.m.s. (481)-Qal act.ptc. (עָבַר 716) *every one who passes by*

עַל־בָּבֶל prep.-pr.n. (93) *Babylon*

יִשֹּׁם Qal impf. 3 m.s. (שָׁמֵם 1030) *shall be appalled*

וְיִשְׁרֹק conj.-Qal impf. 3 m.s. (שָׁרַק 1056) *and hiss*

עַל־כָּל־ prep.-n.m.s. cstr. (481) *because of all*

מַכּוֹתֶיהָ n.f.p.-3 f.s. sf. (646) *her wounds*

50:14

עִרְכוּ Qal impv. 2 m.p. (עָרַךְ 789) *set yourselves in array*

עַל־בָּבֶל prep.-pr.n. (93) *against Babylon*

סָבִיב subst. (686) *round about*

כָּל־דֹּרְכֵי n.m.s. cstr. (481)-Qal act.ptc. m.p. cstr. (דָּרַךְ 201) *all that bend*

קֶשֶׁת n.f.s. (905) *the bow*

יְדוּ Qal impv. 2 m.p. (יָדָה 392) *shoot*

אֵלֶיהָ prep.-3 f.s. sf. *at her*

אַל־תַּחְמְלוּ neg.-Qal impf. 2 m.p. (חָמַל 328) *do not spare*

אֶל־חֵץ prep.-n.m.s. (346) *an arrow*

כִּי לַיהוָה conj.-prep.-pr.n. (217) *for against Yahweh*

חָטָאָה Qal pf. 3 f.s. paus. (חָטָא 306) *she has sinned*

50:15

הָרִיעוּ Hi. impv. 2 m.p. (רוּעַ 929) *raise a shout*

עָלֶיהָ prep.-3 f.s. sf. *against her*

סָבִיב subst. (686) *round about*

נָתְנָה Qal pf. 3 f.s. (678) *she has given*

יָדָהּ n.f.s.-3 f.s. sf. (388) *her hand*

נָפְלוּ Qal pf. 3 c.p. (656) *have fallen*

אָשְׁוִיֹּתֶיהָ n.f.p.-3 f.s. sf. (78) *her bulwarks*

נֶהֶרְסוּ Ni. pf. 3 c.p. (הָרַם 248) *are thrown down*

חוֹמוֹתֶיהָ n.f.p.-3 f.s. sf. (327) *her walls*

כִּי נִקְמַת conj.-n.f.s. cstr. (668) *for the vengeance of*

יהוה pr.n. (217) *Yahweh*

הִיא demons.adj. f.s. (214) *this is*

הִנָּקְמוּ Ni. impv. 2 m.p. (נָקַם 667) *take vengeance*

בָּהּ prep.-3 f.s. sf. *on her*

כַּאֲשֶׁר prep.-rel. (81) *as*

עָשְׂתָה Qal pf. 3 f.s. (עָשָׂה I 793) *she has done*

עֲשׂוּ־לָהּ Qal impv. 2 m.p. (עָשָׂה I 793)-prep.-3 f.s. sf. *do to her*

50:16

כִּרְתוּ Qal impv. 2 m.p. (כָּרַת 503) *cut off*

זוֹרֵעַ Qal act.ptc. (281) *a sower*

מִבָּבֶל prep.-pr.n. (93) *from Babylon*

426

וְתֹפֵשׂ conj.-Qal act.ptc. cstr. (תָּפַשׂ 1074) *and the one who handles*

מַגָּל n.m.s. (618) *a sickle*

בְּעֵת prep.-n.f.s. cstr. (773) *in time of*

קָצִיר n.m.s. (894) *harvest*

מִפְּנֵי prep.-n.m.p. cstr. (815) *because of*

חֶרֶב n.f.s. cstr. (352) *the sword of*

הַיּוֹנָה def.art.-Qal act.ptc. f.s. (יָנָה 413) *the oppressor*

אִישׁ n.m.s. (35) *every one*

אֶל־עַמּוֹ prep.-n.m.s.-3 m.s. sf. (I 766) *to his own people*

יִפְנוּ Qal impf. 3 m.p. (פָּנָה 815) *shall turn*

וְאִישׁ conj.-v.supra *and every one*

לְאַרְצוֹ prep.-n.f.s.-3 m.s. sf. (75) *to his own land*

יָנֻסוּ Qal impf. 3 m.p. (נוּס 630) *shall flee*

50:17

שֶׂה n.f.s. (961) *a sheep*

פְזוּרָה Qal pass.ptc. f.s. (פָּזַר 808) *scattered*

יִשְׂרָאֵל pr.n. (975) *Israel*

אֲרָיוֹת n.m.p. (71) *by lions*

הִדִּיחוּ Hi. pf. 3 c.p. (נָדַח 623) *driven away*

הָרִאשׁוֹן def.art.-adj. m.s. (911) *first*

אֲכָלוֹ Qal pf. 3 m.s.-3 m.s. sf. (אָכַל 37) *devoured him*

מֶלֶךְ n.m.s. cstr. (I 572) *the king of*

אַשּׁוּר pr.n. (78) *Assyria*

וְזֶה הָאַחֲרוֹן conj.-demons.adj. (260)-def.art.-n.f.s. (30) *and now at last*

עִצְּמוֹ n.f.s.-3 m.s. sf. (782) *his bones*

נְבוּכַדְרֶאצַּר pr.n. (613) *Nebuchadrezzar*

מֶלֶךְ בָּבֶל v.supra-pr.n. (93) *king of Babylon*

50:18

לָכֵן prep.-adv. (485) *therefore*

כֹּה־אָמַר adv. (462)-Qal pf. 3 m.s. (55) *thus says*

יהוה צְבָאוֹת pr.n. (217)-pr.n. (838) *Yahweh of hosts*

אֱלֹהֵי יִשְׂרָאֵל n.m.p. cstr. (43)-pr.n. (975) *the God of Israel*

הִנְנִי demons.part.-1 c.s. sf. (243) *behold, I*

פֹקֵד Qal act.ptc. (823) *am bringing punishment*

אֶל־מֶלֶךְ prep.-n.m.s. cstr. (I 572) *on the king of*

בָּבֶל pr.n. (93) *Babylon*

וְאֶל־אַרְצוֹ conj.-prep.-n.f.s.-3 m.s. sf. (75) *and his land*

כַּאֲשֶׁר prep.-rel. (81) *as*

פָּקַדְתִּי Qal pf. 1 c.s. (823) *I punished*

אֶל־מֶלֶךְ prep.-v.supra *the king of*

אַשּׁוּר pr.n. (78) *Assyria*

50:19

וְשֹׁבַבְתִּי conj.-Polel pf. 1 c.s. (שׁוּב 996) *and I will restore*

אֶת־יִשְׂרָאֵל dir.obj.-pr.n. (975) *Israel*

אֶל־נָוֵהוּ prep.-n.m.s.-3 m.s. sf. (627) *to his pasture*

וְרָעָה conj.-Qal pf. 3 m.s. (I 944) *and he shall feed on*

הַכַּרְמֶל def.art.-pr.n. (II 502) *Carmel*

וְהַבָּשָׁן conj.-def.art.-pr.n. (143) *and in Bashan*

וּבְהַר conj.-prep.-n.m.s. cstr. (249) *and on the hills of*

אֶפְרַיִם pr.n. (68) *Ephraim*

וְהַגִּלְעָד conj.-def.art.-pr.n. (166) *and in Gilead*

תִּשְׂבַּע Qal impf. 3 f.s. (שָׂבַע 959) *shall be satisfied*

נַפְשׁוֹ n.f.s.-3 m.s. sf. (659) *his desire*

50:20

בַּיָּמִים הָהֵם prep.-def.art.-n.m.p. (398)-def.art.-demons.adj. m.p. (241) *in those days*

וּבָעֵת הַהִיא conj.-prep.-def.art.-n.f.s. (773)-def.art.-demons.adj. f.s. (214) *and in that time*

נְאֻם־יהוה n.m.s. cstr. (610)-pr.n. (217) *says Yahweh*

יְבֻקַּשׁ Pu. impf. 3 m.s. (134) *shall be sought*

אֶת־עֲוֹן dir.obj.-n.m.s. cstr. (730) *the iniquity of*

יִשְׂרָאֵל pr.n. (975) *Israel*

וְאֵינֶנּוּ conj.-subst.-3 m.s. sf. (II 34) *and there shall be none*

וְאֶת־חַטֹּאת conj.-dir.obj.-n.f.p. cstr. (308) *and the sins of*

יְהוּדָה pr.n. (397) *Judah*

וְלֹא תִמָּצֶאינָה conj.-neg.-Ni. impf. 3 f.p. (מָצָא 592) *and none shall be found*

כִּי אֶסְלַח conj.-Qal impf. 1 c.s. (סָלַח 699) *for I will pardon*

לַאֲשֶׁר prep.-rel. (81) *those whom*

אַשְׁאִיר Hi. impf. 1 c.s. (שָׁאַר 983) *I leave as a remnant*

50:21

עַל־הָאָרֶץ prep.-def.art.-n.f.s. (75) *against the land*

מְרָתַיִם pr.n. f. (601) *Merathaim (mng. Double Rebellion)*

עֲלֵה Qal impv. 2 m.s. (עָלָה 748) *go up*

עָלֶיהָ prep.-3 f.s. sf. *against her*

וְאֶל־יוֹשְׁבֵי conj.-prep.-Qal act.ptc. m.p. cstr. (442) *and against the inhabitants of*

פְּקוֹד pr.n. (824) *Pekod*

חֲרֹב Qal impv. 2 m.s. (חָרַב III 352) *slay*

427

וְהַחֲרֵם conj.-Hi. impv. 2 m.s. (חָרַם I 355) *and utterly destroy*

אַחֲרֵיהֶם prep.-3 m.p. sf. (29) *after them*

נְאֻם־יְהוָה n.m.s. cstr. (610)-pr.n. (217) *says Yahweh*

וַעֲשֵׂה conj.-Qal impv. 2 m.s. (עָשָׂה I 793) *and do*

כְּכֹל prep.-n.m.s. (481) *all*

אֲשֶׁר rel. (81) *that*

צִוִּיתִיךָ Pi. pf. 1 c.s.-2 m.s. sf. (צָוָה 845) *I have commanded you*

50:22

קוֹל n.m.s. cstr. (876) *the noise of*

מִלְחָמָה n.f.s. (536) *battle*

בָּאָרֶץ prep.-def.art.-n.f.s. (75) *in the land*

וְשֶׁבֶר conj.-n.m.s. (991) *and destruction*

גָּדוֹל adj. m.s. (152) *great*

50:23

אֵיךְ adv. (32) *how*

נִגְדַּע Ni. pf. 3 m.s. (גָּדַע 154) *is cut down*

וַיִּשָּׁבֵר consec.-Ni. impf. 3 m.s. (שָׁבַר 990) *and broken*

פַּטִּישׁ n.m.s. cstr. (809) *the hammer of*

כָּל־הָאָרֶץ n.m.s. cstr. (481)-def.art.-n.f.s. (75) *the whole earth*

אֵיךְ v.supra *how*

הָיְתָה Qal pf. 3 f.s. (הָיָה 224) *has become*

לְשַׁמָּה prep.-n.f.s. (I 1031) *a horror*

בָּבֶל pr.n. (93) *Babylon*

בַּגּוֹיִם prep.-def.art.-n.m.p. (156) *among the nations*

50:24

יָקֹשְׁתִּי Qal pf. 1 c.s. (יָקֹשׁ 430) *I set a snare*

לָךְ prep.-2 f.s. sf. *for you*

וְגַם־ conj.-adv. (168) *and you*

נִלְכַּדְתְּ Ni. pf. 2 f.s. (לָכַד 539) *you were taken*

בָּבֶל v.supra *Babylon*

וְאַתְּ conj.-pers.pr. 2 f.s. (61) *and you*

לֹא יָדַעַתְּ neg.-Qal pf. 2 f.s. paus. (יָדַע 393) *you did not know it*

נִמְצֵאת Ni. pf. 2 f.s. (מָצָא 592) *you were found*

וְגַם נִתְפַּשְׂתְּ v.supra-Ni. pf. 2 f.s. (תָּפַשׂ 1074) *and caught*

כִּי בַיהוָה conj.-prep.-pr.n. (217) *because against Yahweh*

הִתְגָּרִית Hith. pf. 2 f.s. (גָּרָה 173) *you strove*

50:25

פָּתַח Qal pf. 3 m.s. (I 834) *has opened*

יְהוָה pr.n. (217) *Yahweh*

אֶת־אוֹצָרוֹ dir.obj.-n.m.s.-3 m.s. sf. (69) *his armory*

וַיּוֹצֵא consec.-Hi. impf. 3 m.s. (יָצָא 422) *and brought out*

אֶת־כְּלֵי dir.obj.-n.m.p. cstr. (479) *the weapons of*

זַעְמוֹ n.m.s.-3 m.s. sf. (276) *his wrath*

כִּי־מְלָאכָה conj.-n.f.s. (521) *for a work*

הִיא demons.adj. f.s. (214) *there is*

לַאדֹנָי prep.-n.m.p.-1 c.s. sf. (10) *the Lord*

יְהוָה צְבָאוֹת pr.n. (217)-pr.n. (838) *Yahweh of hosts*

בְּאֶרֶץ prep.-n.f.s. cstr. (75) *in the land of*

כַּשְׂדִּים pr.n. (505) *Chaldeans*

50:26

בֹּאוּ Qal impv. 2 m.p. (בּוֹא 97) *come*

לָהּ prep.-3 f.s. sf. *against her*

מִקֵּץ prep.-n.m.s. (893) *from every quarter*

פִּתְחוּ Qal impv. 2 m.p. (I 834) *open*

מַאֲבֻסֶיהָ n.m.p.-3 f.s. sf. (7) *her granaries*

סָלּוּהָ Qal impv. 2 m.p.-3 f.s. sf. (סָלַל I 699) *pile her up*

כְּמוֹ־עֲרֵמִים conj. (455)-n.f.p. (790) *like heaps of grain*

וְהַחֲרִימוּהָ conj.-Hi. impv. 2 m.p.-3 f.s. sf. (חָרַם I 355) *and destroy her utterly*

אַל־תְּהִי־ neg.-Qal impf. 3 f.s. (הָיָה 224) *let not be*

לָהּ prep.-3 f.s. sf. *of her*

שְׁאֵרִית n.f.s. (984) *left*

50:27

חִרְבוּ Qal impv. 2 m.p. (חָרַב III 352) *slay*

כָּל־פָּרֶיהָ n.m.s. cstr. (481)-n.m.p.-3 f.s. sf. (830) *all her bulls*

יֵרְדוּ Qal impf. 3 m.p. (יָרַד 432) *let them go down*

לַטָּבַח prep.-def.art.-n.m.s. (I 370) *to the slaughter*

הוֹי interj. (222) *woe*

עֲלֵיהֶם prep.-3 m.p. sf. *to them*

כִּי־בָא conj.-Qal pf. 3 m.s. (בּוֹא 97) *for has come*

יוֹמָם n.m.s.-3 m.p. sf. (398) *their day*

עֵת n.f.s. cstr. (773) *the time of*

פְּקֻדָּתָם n.f.s.-3 m.p. sf. (824) *their punishment*

50:28

קוֹל n.m.s. (876) *hark*

נָסִים Qal act.ptc. m.p. (נוס 630) *they flee*

428

וּפְלֵטִים conj.-n.m.p. (812) *and escape*

מֵאֶרֶץ prep.-n.f.s. cstr. (75) *from the land of*

בָּבֶל pr.n. (93) *Babylon*

לְהַגִּיד prep.-Hi. inf.cstr. (נגד 616) *to declare*

בְּצִיּוֹן prep.-pr.n. (851) *in Zion*

אֶת־נִקְמַת dir.obj.-n.f.s. cstr. (668) *the vengeance of*

יְהוָה pr.n. (217) *Yahweh*

אֱלֹהֵינוּ n.m.p.-1 c.p. sf. (43) *our God*

נִקְמַת v.supra *vengeance for*

הֵיכָלוֹ n.m.s.-3 m.s. sf. (228) *his temple*

50:29

הַשְׁמִיעוּ Hi. impv. 2 m.p. (1033) *summon*

אֶל־בָּבֶל prep.-pr.n. (93) *against Babylon*

רַבִּים n.m.p. (III 914) *archers*

כָּל־דֹּרְכֵי n.m.s. cstr. (481)-Qal act.ptc. m.p. cstr. (דרך 202) *all those who bend*

קֶשֶׁת n.f.s. (905) *the bow*

חֲנוּ Qal impv. 2 m.p. (חנה 333) *encamp*

עָלֶיהָ prep.-3 f.s. sf. *about her*

סָבִיב subst. (686) *round*

אַל־יְהִי־ neg.-Qal impf. 3 m.s. apoc. (היה 224) *let there not be* (Qere adds לָהּ prep.-3 f.s. sf.)

פְּלֵטָה n.f.s. (812) *escape*

שַׁלְּמוּ־לָהּ Pi. impv. 2 m.p. (שׁלם 1022)-prep.-3 f.s. sf. *requite her*

כְּפָעֳלָהּ prep.-n.m.s.-3 f.s. sf. (821) *according to her deeds*

כְּכֹל אֲשֶׁר prep.-n.m.s. (481)-rel. (81) *according to all that*

עָשְׂתָה Qal pf. 3 f.s. (עשׂה I 793) *she has done*

עֲשׂוּ־לָהּ Qal impv. 2 m.p. (עשׂה I 793)-prep.-3 f.s. sf. *do to her*

כִּי אֶל־יְהוָה conj.-prep.-pr.n. (217) *for Yahweh*

זָדָה Qal pf. 3 f.s. (זיד 267) *she has proudly defied*

אֶל־קְדוֹשׁ prep.-adj. m.s. cstr. (872) *the Holy One of*

יִשְׂרָאֵל pr.n. (975) *Israel*

50:30

לָכֵן prep.-adv. (485) *therefore*

יִפְּלוּ Qal impf. 3 m.p. (נפל 656) *shall fall*

בַּחוּרֶיהָ n.m.p.-3 f.s. sf. (104) *her young men*

בִּרְחֹבֹתֶיהָ prep.-n.f.p.-3 f.s. sf. (932) *in her squares*

וְכָל־אַנְשֵׁי conj.-n.m.s. cstr. (481)-n.m.p. cstr. (35) *and all her men of*

מִלְחַמְתָּהּ n.f.s.-3 f.s. sf. (536) *her war*

יִדַּמּוּ Ni. impf. 3 m.p. (דמם I 198) *shall be destroyed*

בַּיּוֹם הַהוּא prep.-def.art.-n.m.s. (398)-def.art.-demons.adj. m.s. (214) *on that day*

נְאֻם־יְהוָה n.m.s. cstr. (610)-pr.n. (217) *says Yahweh*

50:31

הִנְנִי demons.part.-1 c.s. sf. (243) *behold, I*

אֵלֶיךָ prep.-2 m.s. sf. *against you*

זָדוֹן n.m.s. (268) *O proud one*

נְאֻם־אֲדֹנָי n.m.s. cstr. (610)-n.m.p.-1 c.s. sf. (10) *says the Lord*

יְהוָה צְבָאוֹת pr.n. (217)-pr.n. (838) *Yahweh of hosts*

כִּי בָּא conj.-Qal pf. 3 m.s. (בוא 97) *for has come*

יוֹמְךָ n.m.s.-2 m.s. sf. (398) *your day*

עֵת n.f.s. (773) *the time*

פְּקַדְתִּיךָ Qal pf. 1 c.s.-2 m.s. sf. (פקד 823) *when I will punish you*

50:32

וְכָשַׁל conj.-Qal pf. 3 m.s. (505) *and shall stumble*

זָדוֹן n.m.s. (268) *proud one*

וְנָפַל conj.-Qal pf. 3 m.s. (656) *and fall*

וְאֵין לוֹ מֵקִים conj.-subst. cstr. (II 34)-prep.-3 m.s. sf.-Hi. ptc. (קום 877) *with none to raise him up*

וְהִצַּתִּי conj.-Hi. pf. 1 c.s. (יצת 428) *and I will kindle*

אֵשׁ n.f.s. (77) *a fire*

בְּעָרָיו prep.-n.f.p.-3 m.s. sf. (746) *in his cities*

וְאָכְלָה conj.-Qal pf. 3 f.s. (אכל 37) *and it will devour*

כָּל־סְבִיבֹתָיו n.m.s. cstr. (481)-subst. p.-3 m.s. sf. (686) *all that is round about him*

50:33

כֹּה אָמַר adv. (462)-Qal pf. 3 m.s. (55) *thus says*

יְהוָה צְבָאוֹת pr.n. (217)-pr.n. (838) *Yahweh of hosts*

עֲשׁוּקִים Qal pass.ptc. m.p. (עשׁק 798) *are oppressed*

בְּנֵי־יִשְׂרָאֵל n.m.p. cstr. (119)-pr.n. (975) *the people of Israel*

וּבְנֵי־יְהוּדָה conj.-v.supra-pr.n. (397) *and the people of Judah*

יַחְדָּו adv. (403) *with them*

וְכָל־שֹׁבֵיהֶם conj.-n.m.s. cstr. (481)-Qal act.ptc. m.p.-3 m.p. sf. (שָׁבָה 985) *and all who took them captive*

הֶחֱזִיקוּ Hi. pf. 3 c.p. (חָזַק 304) *have held fast*

בָּם prep.-3 m.p. sf. *them*

מֵאֲנוּ Pi. pf. 3 c.p. (מָאֵן 549) *they refuse*

שַׁלְּחָם Pi. inf.cstr.-3 m.p. sf. (שָׁלַח 1018) *to let them go*

50:34

גֹּאֲלָם Qal act.ptc.-3 m.p. sf. (גָּאַל I 145) *their Redeemer*

חָזָק adj. (305) *is strong*

יהוה צְבָאוֹת pr.n. (217)-pr.n. (838) *Yahweh of hosts*

שְׁמוֹ n.m.s.-3 m.s. sf. (1027) *is his name*

רִיב יָרִיב Qal inf.abs. (רִיב 936; GK 73d)-Qal impf. 3 m.s. (936) *he will surely plead*

אֶת־רִיבָם dir.obj.-n.m.s.-3 m.p. sf. (936) *their cause*

לְמַעַן הִרְגִּיעַ prep. (775)-Hi. pf. 3 m.s. (רָגַע II 921; GK 53.l) *that he may give rest*

אֶת־הָאָרֶץ dir.obj.-def.art.-n.f.s. (75) *to the earth*

וְהִרְגִּיז conj.-Hi. pf. 3 m.s. (רָגַז 919) *but unrest*

לְיֹשְׁבֵי prep.-Qal act.ptc. m.p. cstr. (442) *to the inhabitants of*

בָּבֶל pr.n. (93) *Babylon*

50:35

חֶרֶב n.f.s. (352) *a sword*

עַל־כַּשְׂדִּים prep.-pr.n. (505) *upon the Chaldeans*

נְאֻם־יְהוָה n.m.s. cstr. (610)-pr.n. (217) *says Yahweh*

וְאֶל־יֹשְׁבֵי conj.-prep.-Qal act.ptc. m.p. cstr. (442) *and upon the inhabitants of*

בָּבֶל pr.n. (93) *Babylon*

וְאֶל־שָׂרֶיהָ conj.-prep.-n.m.p.-3 f.s. sf. (978) *and upon her princes*

וְאֶל־חֲכָנֶיהָ conj.-prep.-n.m.p.-3 f.s. sf. (314) *and her wise men*

50:36

חֶרֶב n.f.s. (352) *a sword*

אֶל־הַבַּדִּים prep.-def.art.-n.m.p. (III 95) *upon the diviners*

וְנֹאָלוּ conj.-Ni. pf. 3 c.p. (יָאַל I 383) *that they may become fools*

חֶרֶב v.supra *a sword*

אֶל־גִּבּוֹרֶיהָ prep.-n.m.p.-3 f.s. sf. (150) *upon her warriors*

וָחָתּוּ conj.-Qal pf. 3 c.p. paus. (חָתַת 369) *that they may be destroyed*

50:37

חֶרֶב n.f.s. (352) *a sword*

אֶל־סוּסָיו prep.-n.m.p.-3 m.s. sf. (692) *upon his horses*

וְאֶל־רִכְבּוֹ conj.-prep.-n.m.s.-3 m.s. sf. (939) *and upon his chariots*

וְאֶל־כָּל־ conj.-prep.-n.m.s. cstr. (481) *and upon all*

הָעֶרֶב def.art.-n.m.s. (I 786) *the foreign troops*

אֲשֶׁר בְּתוֹכָהּ rel. (81)-prep.-n.m.s.-3 f.s. sf. (1063) *in her midst*

וְהָיוּ conj.-Qal pf. 3 c.p. (הָיָה 224) *that they may become*

לְנָשִׁים prep.-n.f.p. (61) *women*

חֶרֶב v.supra *a sword*

אֶל־אוֹצְרֹתֶיהָ prep.-n.m.p.-3 f.s. sf. (69) *upon her treasures*

וּבֻזָּזוּ conj.-Pu. pf. 3 c.p. (בָּזַז 102) *that they may be plundered*

50:38

חֹרֶב n.f.s. (351) *a drought*

אֶל־מֵימֶיהָ prep.-n.m.p.-3 f.s. sf. (565) *upon her waters*

וְיָבֵשׁוּ conj.-Qal pf. 3 c.p. paus. (386) *that they may be dried up*

כִּי אֶרֶץ conj.-n.f.s. cstr. (75) *for a land of*

פְּסִלִים n.m.p. (820) *images*

הִיא demons. adj. f.s. (214) *it is*

וּבָאֵמִים conj.-prep.-def.art.-n.f.p. (33) *over idols*

יִתְהֹלָלוּ Hithpo'el impf. 3 m.p. paus. (הָלַל II 237) *they are mad*

50:39

לָכֵן prep.-adv. (485) *therefore*

יֵשְׁבוּ Qal impf. 3 m.p. (יָשַׁב 442) *shall dwell*

צִיִּים n.m.p. (II 850) *wild beasts*

אֶת־אִיִּים dir.obj.-n.m.p. (II 17) *with hyenas (jackals)*

וְיָשְׁבוּ conj.-Qal pf. 3 c.p. (442) *and shall dwell*

בָּהּ prep.-3 f.s. sf. *in her*

בְּנוֹת יַעֲנָה n.f.p. cstr. (I 123)-n.f.s. (419) *ostriches*

וְלֹא־תֵשֵׁב conj.-neg.-Qal impf. 3 f.s. (442) *and she shall not be peopled*

עוֹד adv. (728) *more*

לָנֶצַח prep.-n.m.s. (664) *for ever*

וְלֹא תִשְׁכּוֹן v.supra-Qal impf. 3 f.s. (1014) *nor inhabited*

עַד־דּוֹר וָדוֹר prep. (III 723)-n.m.s. (189)-conj. -v.supra *for all generations*

50:40

כְּמַהְפֵּכַת prep.-n.f.s. cstr. (246) *as when ... overthrew*

אֱלֹהִים n.m.p. (43) *God*

אֶת־סְדֹם dir.obj.-pr.n. (690) *Sodom*

וְאֶת־עֲמֹרָה conj.-dir.obj.-pr.n. (771) *and Gomorrah*

וְאֶת־שְׁכֵנֶיהָ v.supra-adj. m.p.-3 f.s. sf. (1015) *and their neighbor cities*

נְאֻם־יְהוָה n.m.s. cstr. (610)-pr.n. (217) *says Yahweh*

לֹא־יֵשֵׁב neg.-Qal impf. 3 m.s. (יָשַׁב 442) *shall not dwell*

שָׁם adv. (1027) *there*

אִישׁ n.m.s. (35) *a man*

וְלֹא־יָגוּר conj.-neg.-Qal impf. 3 m.s. (גּוּר 157) *and shall not sojourn*

בָּהּ prep.-3 f.s. sf. *in her*

בֶּן־אָדָם n.m.s. cstr. (119)-n.m.s. (9) *a son of man*

50:41

הִנֵּה עַם demons.part. (243)-n.m.s. (I 766) *behold, a people*

בָּא Qal pf. 3 m.s. (בּוֹא 97) *comes*

מִצָּפוֹן prep.-n.f.s. (860) *from the north*

וְגוֹי גָּדוֹל conj.-n.m.s. (156)-adj. m.s. (152) *and a mighty nation*

וּמְלָכִים רַבִּים conj.-n.m.p. (I 572)-adj. m.p. (I 912) *and many kings*

יֵעֹרוּ Ni. impf. 3 m.p. (עוּר I 734) *are stirring*

מִיַּרְכְּתֵי־ prep.-n.f. du. cstr. (438) *from the farthest parts of*

אָרֶץ n.f.s. paus. (75) *earth*

50:42

קֶשֶׁת n.f.s. (905) *bow*

וְכִידֹן conj.-n.m.s. (I 475) *and spear*

יַחֲזִיקוּ Hi. impf. 3 m.p. (חָזַק 304) *they lay hold of*

אַכְזָרִי adj. (470) *are cruel*

הֵמָּה pers.pr. 3 m.p. (241) *they*

וְלֹא יְרַחֵמוּ conj.-neg.-Pi. impf. 3 m.p. paus. (933) *and have no mercy*

קוֹלָם n.m.s.-3 m.p. sf. (876) *the sound of them*

כַּיָּם prep.-def.art.-n.m.s. (410) *like the sea*

יֶהֱמֶה Qal impf. 3 m.s. (הָמָה 242) *that roars*

וְעַל־סוּסִים conj.-prep.-n.m.p. (692) *and upon horses*

יִרְכָּבוּ Qal impf. 3 m.p. paus. (רָכַב 938) *they ride*

עָרוּךְ Qal pass.ptc. (עָרַךְ 789) *arrayed*

כְּאִישׁ prep.-n.m.s. (35) *as a man*

לַמִּלְחָמָה prep.-def.art.-n.f.s. (536) *for battle*

עָלַיִךְ prep.-2 f.s. sf. *against you*

בַּת־בָּבֶל n.f.s. cstr. (I 123)-pr.n. (93) *O daughter of Babylon*

50:43

שָׁמַע Qal pf. 3 m.s. (1033) *heard*

מֶלֶךְ־בָּבֶל n.m.s. cstr. (I 572)-pr.n. (93) *the king of Babylon*

אֶת־שִׁמְעָם dir.obj.-n.m.s.-3 m.p. sf. (1034) *the report of them*

וְרָפוּ conj.-Qal pf. 3 c.p. (רָפָה 951) *and fell helpless*

יָדָיו n.f.p.-3 m.s. sf. (388) *his hands*

צָרָה n.f.s. (865) *anguish*

הֶחֱזִיקַתְהוּ Hi. pf. 3 f.s.-3 m.s. sf. (חָזַק 304) *seized him*

חִיל n.m.s. (297) *pain*

כַּיּוֹלֵדָה prep.-def.art.-Qal act.ptc. f.s. paus. (יָלַד 408) *as of a woman in travail*

50:44

הִנֵּה demons.part. (243) *behold*

כְּאַרְיֵה prep.-n.m.s. (71) *like a lion*

יַעֲלֶה Qal impf. 3 m.s. (עָלָה 748) *coming up*

מִגְּאוֹן prep.-n.m.s. cstr. (144) *from the jungle of*

הַיַּרְדֵּן def.art.-pr.n. (434) *the Jordan*

אֶל־נְוֵה אֵיתָן prep.-n.m.s. cstr. (627)-adj. (I 450) *against a strong sheepfold*

כִּי־אַרְגִּעָה conj.-Hi. impf. 1 c.s.-coh.he (רָגַע I 920) *and suddenly* (lit. *I will twinkle*)

אֲרוּצֵם Hi. impf. 1 c.s.-3 m.p. sf. (רוּץ 930) *I will make them run away*

מֵעָלֶיהָ prep.-prep.-3 f.s. sf. *from her*

וּמִי conj.-interr. (566) *and whomever*

בָחוּר Qal pass.ptc. (בָּחַר 103) *I choose*

אֵלֶיהָ prep.-3 f.s. sf. *over her*

אֶפְקֹד Qal impf. 1 c.s. (פָּקַד 823) *I will appoint*

כִּי מִי conj.-interr. (566) *for who is*

כָמוֹנִי adv.-1 c.s. sf. (455) *like me*

וּמִי conj.-interr. (566) *and who*

יוֹעִדֶנִּי Hi. impf. 3 m.s.-1 c.s. sf. (יָעַד 416) *will summon me*

וּמִי־זֶה רֹעֶה v.supra-demons.adj. (260)-Qal act. ptc. (רָעָה I 944) *and what shepherd*

אֲשֶׁר יַעֲמֹד rel. (81)-Qal impf. 3 m.s. (עָמַד 763) *can stand*

לְפָנָי prep.-n.m.p.-1 c.s. sf. (815) *before me*

50:45

לָכֵן prep.-adv. (485) *therefore*

שִׁמְעוּ Qal impv. 2 m.p. (1033) *hear*

431

עֲצַת־יהוה n.f.s. cstr. (420)-pr.n. (217) *the plan which Yahweh*

אֲשֶׁר יָעַץ rel. (81)-Qal pf. 3 m.s. (419) *has made*

אֶל־בָּבֶל prep.-pr.n. (93) *against Babylon*

וּמַחְשְׁבוֹתָיו conj.-n.f.p.-3 m.s. sf. (364) *and his thoughts*

אֲשֶׁר חָשַׁב rel. (81)-Qal pf. 3 m.s. (362) *which he has formed*

אֶל־אֶרֶץ prep.-n.f.s. cstr. (75) *against the land of*

כַּשְׂדִּים pr.n. (505) *the Chaldeans*

אִם־לֹא hypoth.part. (49)-neg. *surely*

יִסְחָבוּם Qal impf. 3 m.p.-3 m.p. sf. (סָחַב 694) *shall drag them away*

צְעִירֵי adj. m.p. cstr. (I 859) *the little ones of*

הַצֹּאן def.art.-n.f.s. (838) *the flock*

אִם־לֹא v.supra *surely*

יַשִּׁים Hi. impf. 3 m.s. (נָשָׁה 1030) *shall be appalled*

עֲלֵיהֶם prep.-3 m.p. sf. *at them*

נָוֶה n.m.s. (627) *their fold*

50:46

מִקּוֹל prep.-n.m.s. cstr. (876) *at the sound of*

נִתְפְּשָׂה Ni. pf. 3 f.s. (תָּפַשׂ 1074) *being captured*

בָּבֶל pr.n. (93) *Babylon*

נִרְעֲשָׁה Ni. pf. 3 f.s. (רָעַשׁ 950) *shall tremble*

הָאָרֶץ def.art.-n.f.s. (75) *the earth*

וּזְעָקָה conj.-n.f.s. (277) *and her cry*

בַּגּוֹיִם prep.-def.art.-n.m.p. (156) *among the nations*

נִשְׁמָע Ni. pf. 3 m.s. (שָׁמַע 1033) *shall be heard*

51:1

כֹּה אָמַר adv. (462)-Qal pf. 3 m.s. (55) *thus says*

יהוה pr.n. (217) *Yahweh*

הִנְנִי demons.part.-1 c.s. sf. (243) *behold, I*

מֵעִיר Hi. ptc. (עוּר 734) *will stir up*

עַל־בָּבֶל prep.-pr.n. (93) *against Babylon*

וְאֶל־יֹשְׁבֵי conj.-prep.-Qal act.ptc. m.p. cstr. (442) *and against the inhabitants of*

לֵב קָמָי n.m.s. cstr. (524)-Qal act.ptc. m.p.-1 c.s. sf. (קוּם 877) lit. *heart of my rising* (an Atbash cipher for *Babylon*; 525)

רוּחַ n.f.s. cstr. (924) *spirit of*

מַשְׁחִית Hi. ptc. (שָׁחַת 1007) *destroyer*

51:2

וְשִׁלַּחְתִּי conj.-Pi. pf. 1 c.s. (שָׁלַח 1018) *and I will send*

לְבָבֶל prep.-pr.n. (93) *to Babylon*

זָרִים Qal act.ptc. m.p. (זָרָה 279) *winnowers* (or זוּר I 266)

וְזֵרוּהָ conj.-Pi. pf. 3 c.p.-3 f.s. sf. (זָרָה 279) *and they shall winnow her*

וִיבֹקְקוּ conj.-Po'el impf. 3 m.p. (בָּקַק II 132) *and they shall empty*

אֶת־אַרְצָהּ dir.obj.-n.f.s.-3 f.s. sf. (75) *her land*

כִּי־הָיוּ conj.-Qal pf. 3 c.p. (הָיָה 224) *when they come*

עָלֶיהָ prep.-3 f.s. sf. *against her*

מִסָּבִיב prep.-subst. (686) *from every side*

בְּיוֹם רָעָה prep.-n.m.s. cstr. (398)-n.f.s. (949) *on the day of trouble*

51:3

אֶל־יִדְרֹךְ prep. (but most mss.rd.- אַל GK 152hN)-Qal impf. 3 m.s. (דָּרַךְ 201) *let not bend*

יִדְרֹךְ most mss. delete (GK 17b)

הַדֹּרֵךְ def.art.-Qal act.ptc. (201) *the archer*

קַשְׁתּוֹ n.f.s.-3 m.s. sf. (905) *his bow*

וְאֶל־יִתְעַל conj.-prep. (mss.rd. וְאַל GK 152hN)-Hith. impf. 3 m.s. apoc. (עָלָה 748) *and let him not stand up*

בְּסִרְיֹנוֹ prep.-n.m.s.-3 m.s. sf. (710) *in his coat of mail*

וְאַל־תַּחְמְלוּ conj.-neg.-Qal impf. 2 m.p. (חָמַל 328) *and spare not*

אֶל־בַּחֻרֶיהָ prep.-n.m.p.-3 f.s. sf. (104) *her young men*

הַחֲרִימוּ Hi. impv. 2 m.p. (חָרַם I 355) *utterly destroy*

כָּל־צְבָאָהּ n.m.s. cstr. (481)-n.m.s.-3 f.s. sf. (838) *all her host*

51:4

וְנָפְלוּ conj.-Qal pf. 3 c.p. (נָפַל 656) *and they shall fall down*

חֲלָלִים n.m.p. (I 319) *slain*

בְּאֶרֶץ prep.-n.f.s. cstr. (75) *in the land of*

כַּשְׂדִּים pr.n. (505) *the Chaldeans*

וּמְדֻקָּרִים conj.-Pu. ptc. m.p. (דָּקַר 201) *and wounded*

בְּחוּצוֹתֶיהָ prep.-n.m.p.-3 f.s. sf. (299) *in her streets*

51:5

כִּי לֹא־אַלְמָן conj.-neg.-adj. (48) *for not widowed*

יִשְׂרָאֵל pr.n. (975) *Israel*

וִיהוּדָה conj.-pr.n. (397) *and Judah*

מֵאֱלֹהָיו prep.-n.m.p.-3 m.s. sf. (43) *by their God*

מֵיהוה prep.-pr.n. (217) *by Yahweh*

צְבָאוֹת pr.n. (838) *of hosts*

כִּי אַרְצָם conj.-n.f.s.-3 m.p. sf. (75) *but their land*

מָלְאָה Qal pf. 3 f.s. (מָלֵא 569) *is full*

אָשָׁם n.m.s. (79) *guilt*

מִקְּדוֹשׁ prep.-adj. m.s. cstr. (872) *against the Holy One of*

יִשְׂרָאֵל pr.n. (975) *Israel*

51:6

נֻסוּ Qal impv. 2 m.p. (נוס 630) *flee*

מִתּוֹךְ prep.-n.m.s. cstr. (1063) *from the midst of*

בָּבֶל pr.n. (93) *Babylon*

וּמַלְּטוּ conj.-Pi. impv. 2 m.p. (מָלַט 572) *and let save*

אִישׁ n.m.s. (35) *every man*

נַפְשׁוֹ n.f.s.-3 m.s. sf. (659) *his life*

אַל־תִּדַּמּוּ neg.-Ni. impf. 2 m.p. (דָּמַם I 198) *be not cut off*

בַּעֲוֹנָהּ prep.-n.m.s.-3 f.s. sf. (730) *in her punishment*

כִּי עֵת conj.-n.f.s. cstr. (773) *for a time of*

נְקָמָה n.f.s. (668) *vengeance*

הִיא לַיהוה pers.pr. 3 f.s. (214)-prep.-pr.n. (217) *this is to Yahweh*

גְּמוּל n.m.s. (168) *the requital*

הוּא pers.pr. 3 m.s. (214) *he is*

מְשַׁלֵּם לָהּ Pi. ptc. (שָׁלַם 1022)-prep.-3 f.s. sf. *rendering her*

51:7

כּוֹס־זָהָב n.f.s. cstr. (468)-n.m.s. (262) *a golden cup*

בָּבֶל pr.n. (93) *Babylon*

בְּיַד־יְהוה prep.-n.f.s. cstr. (388)-pr.n. (217) *in Yahweh's hand*

מְשַׁכֶּרֶת Pi. ptc. f.s. (שָׁכַר I 1016) *making drunken*

כָּל־הָאָרֶץ n.m.s. cstr. (481)-def.art.-n.f.s. (75) *all the earth*

מִיֵּינָהּ prep.-n.m.s.-3 f.s. sf. (406) *of her wine*

שָׁתוּ Qal pf. 3 c.p. (שָׁתָה 1059) *drank*

גּוֹיִם n.m.p. (156) *nations*

עַל־כֵּן prep.-adv. (485) *therefore*

יִתְהֹלְלוּ Hithpo'el impf. 3 m.p. (הָלַל II 237) *went mad*

גּוֹיִם v.supra *nations*

51:8

פִּתְאֹם adv. (837) *suddenly*

נָפְלָה Qal pf. 3 f.s. (נָפַל 656) *has fallen*

בָּבֶל pr.n. (93) *Babylon*

וַתִּשָּׁבֵר consec.-Ni. impf. 3 f.s. (שָׁבַר 990) *and been broken*

הֵילִילוּ Hi. impv. 2 m.p. (יָלַל 410) *wail*

עָלֶיהָ prep.-3 f.s. sf. *for her*

קְחוּ Qal impv. 2 m.p. (לָקַח 542) *take*

צֳרִי n.m.s. (863) *balm*

לְמַכְאוֹבָהּ prep.-n.m.s.-3 f.s. sf. (456) *for her pain*

אוּלַי adv. (II 19) *perhaps*

תֵּרָפֵא Ni. impf. 3 f.s. (רָפָא 950) *she may be healed*

51:9

רִפִּאנוּ Pi. pf. 1 c.p. (רָפָא 950) *we would have healed*

אֶת־בָּבֶל dir.obj.-pr.n. (93) *Babylon*

וְלֹא נִרְפָּתָה conj.-neg.-Ni. pf. 3 f.s. (רָפָא 950; GK 75qq) *but she was not healed*

עִזְבוּהָ Qal impv. 2 m.p.-3 f.s. sf. (עָזַב I 736) *forsake her*

וְנֵלֵךְ conj.-Qal impf. 1 c.p. (הָלַךְ 229) *and let us go*

אִישׁ n.m.s. (35) *each*

לְאַרְצוֹ prep.-n.f.s.-3 m.s. sf. (75) *to his own country*

כִּי־נָגַע conj.-Qal pf. 3 m.s. (619) *for has reached up*

אֶל־הַשָּׁמַיִם prep.-def.art.-n.m. du. (1029) *to heaven*

מִשְׁפָּטָהּ n.m.s.-3 f.s. sf. (1048) *her judgment*

וְנִשָּׂא conj.-Ni. pf. 3 m.s. (נָשָׂא 669) *and has been lifted up*

עַד־שְׁחָקִים prep. (III 723)-n.m.p. (1007) *to the skies (clouds)*

51:10

הוֹצִיא Hi. pf. 3 m.s. (יָצָא 422) *has brought forth*

יהוה pr.n. (217) *Yahweh*

אֶת־צִדְקֹתֵינוּ dir.obj.-n.f.p.-1 c.p. sf. (842) *our vindication*

בֹּאוּ Qal impv. 2 m.p. (בּוֹא 97) *come*

וּנְסַפְּרָה conj.-Pi. impf. 1 c.p.-vol.he (סָפַר 707) *and let us declare*

בְּצִיּוֹן prep.-pr.n. (851) *in Zion*

אֶת־מַעֲשֵׂה dir.obj.-n.m.s. cstr. (795) *the work of*

יהוה pr.n. (217) *Yahweh*

אֱלֹהֵינוּ n.m.p.-1 c.p. sf. (43) *our God*

51:11

הָבֵרוּ Hi. impv. 2 m.p. (בָּרַר 140) *sharpen*

הַחִצִּים def.art.-n.m.p. (346) *the arrows*

מִלְאוּ Qal impv. 2 m.p. (מָלֵא 570) *take up* (lit. *fill*)

הַשְּׁלָטִים def.art.-n.m.p. (1020) *the shields*

הֵעִיר Hi. pf. 3 m.s. (עוּר 734) *has stirred up*

יְהוָה pr.n. (217) *Yahweh*

אֶת־רוּחַ dir.obj.-n.f.s. cstr. (924) *the spirit of*

מַלְכֵי n.m.p. cstr. (I 572) *the kings of*

מָדַי pr.n. (552) *the Medes*

כִּי־עַל־בָּבֶל conj.-prep.-pr.n. (93) *because concerning Babylon*

מְזִמָּתוֹ n.f.s.-3 m.s. sf. (272) *his purpose*

לְהַשְׁחִיתָהּ prep.-Hi. inf.cstr.-3 f.s. sf. (1007) *to destroy it*

כִּי־נִקְמַת conj.-n.f.s. cstr. (668) *for the vengeance of*

יְהוָה pr.n. (217) *Yahweh*

הִיא pers. pr. 3 f.s. (214) *that is*

נִקְמַת v.supra *the vengeance for*

הֵיכָלוֹ n.m.s.-3 m.s. sf. (288) *his temple*

51:12

אֶל־חוֹמֹת prep.-n.f.p. cstr. (327) *against the walls of*

בָּבֶל pr.n. (93) *Babylon*

שְׂאוּ־נֵס Qal impv. 2 m.p. (נָשָׂא 669)-n.m.s. (651) *set up a standard*

הַחֲזִיקוּ Hi. impv. 2 m.p. (חָזַק 304) *make strong*

הַמִּשְׁמָר def.art.-n.m.s. (1038) *the watch*

הָקִימוּ Hi. impv. 2 m.p. (קוּם 877) *set up*

שֹׁמְרִים Qal act.ptc. m.p. (1036) *watchmen*

הָכִינוּ Hi. impv. 2 m.p. (כוּן I 465) *prepare*

הָאֹרְבִים def.art.-Qal act.ptc. m.p. (אָרַב 70) *the ambushes*

כִּי־גַם conj.-adv. (168) *for both*

זָמַם Qal pf. 3 m.s. (273) *has planned*

יְהוָה pr.n. (217) *Yahweh*

גַּם־עָשָׂה v.supra-Qal pf. 3 m.s. (I 793) *and done*

אֵת אֲשֶׁר־דִּבֶּר dir.obj.-rel. (81)-Pi. pf. 3 m.s. (180) *what he spoke*

אֶל־יֹשְׁבֵי prep.-Qal act.ptc. m.p. cstr. (יָשַׁב 442) *concerning the inhabitants of*

בָּבֶל v.supra *Babylon*

51:13

שֹׁכַנְתִּי Qal act.ptc.-3 f.s. sf. (שָׁכַן 1014; GK 90n) *O you who dwell*

עַל־מַיִם רַבִּים prep.-n.m.p. (565)-adj. m.p. (I 912) *by many waters*

רַבַּת adj. f.s. cstr. (I 912) *rich in*

אוֹצָרֹת n.m.p. (69) *treasures*

בָּא Qal pf. 3 m.s. (בּוֹא 97) *has come*

קִצֵּךְ n.m.s.-2 f.s. sf. (893) *your end*

אַמַּת n.f.s. cstr. (II 52) *the thread of* (*measure of*)

בִּצְעֵךְ n.m.s.-2 f.s. sf. (130) *your unjust gain*

51:14

נִשְׁבַּע Ni. pf. 3 m.s. (שָׁבַע 989) *has sworn*

יְהוָה צְבָאוֹת pr.n. (217)-pr.n. (838) *Yahweh of hosts*

בְּנַפְשׁוֹ prep.-n.f.s.-3 m.s. sf. (659) *by himself*

כִּי אִם־ conj.-hypoth.part. (49; GK 163d) *surely*

מִלֵּאתִיךְ Pi. pf. 1 c.s.-2 f.s. sf. (מָלֵא 569) *I will fill you*

אָדָם n.m.s. (9) *with men*

כַּיֶּלֶק prep.-def.art.-n.m.s. (410) *as the locusts*

וְעָנוּ conj.-Qal pf. 3 c.p. (עָנָה IV 777) *and they shall raise*

עָלַיִךְ prep.-2 f.s. sf. *over you*

הֵידָד n.m.s. (212) *the shout of victory*

51:15

עֹשֵׂה עָשָׂה Qal act.ptc. cstr. (עָשָׂה I 793) *he who made*

אֶרֶץ n.f.s. (75) *the earth*

בְּכֹחוֹ prep.-n.m.s.-3 m.s. sf. (470) *by his power*

מֵכִין Hi. ptc. (כוּן 465) *who established*

תֵּבֵל n.f.s. (385) *the world*

בְּחָכְמָתוֹ prep.-n.f.s.-3 m.s. sf. (315) *by his wisdom*

וּבִתְבוּנָתוֹ conj.-prep.-n.f.s.-3 m.s. sf. (108) *and by his understanding*

נָטָה Qal pf. 3 m.s. (639) *stretched out*

שָׁמָיִם n.m. du. paus. (1029) *the heavens*

51:16

לְקוֹל תִּתּוֹ prep.-n.m.s. cstr. (876)-Qal inf.cstr.-3 m.s. sf. (נָתַן 678) *when he utters his voice*

הֲמוֹן n.m.s. cstr. (242) *a tumult of*

מַיִם n.m.p. (565) *waters*

בַּשָּׁמַיִם prep.-def.art.-n.m. du. (1029) *in the heavens*

וַיַּעַל consec.-Qal impf. 3 m.s. (עָלָה 748) *and he makes rise*

נְשִׂאִים n.m.p. (II 672) *mist*

מִקְצֵה־אָרֶץ prep.-n.m.s. cstr. (892)-n.f.s. paus. (75) *from the ends of the earth*

בְּרָקִים n.m.p. (140) *lightnings*

לַמָּטָר prep.-def.art.-n.m.s. (564) *for the rain*

עָשָׂה Qal pf. 3 m.s. (I 793) *he makes*

וַיּוֹצֵא consec.-Hi. impf. 3 m.s. (יָצָא 422) *and he brings forth*

רוּחַ n.f.s. (924) *wind*

מֵאֹצְרֹתָיו prep.-n.m.p.-3 m.s. sf. (69) *from his storehouses*

51:17

נִבְעַר Ni. pf. 3 m.s. (בער II 129) *is stupid*

כָּל־אָדָם n.m.s. cstr. (481)-n.m.s. (9) *every man*

מִדַּעַת prep.-n.f.s. (395) *without knowledge*

הֹבִישׁ Hi. pf. 3 m.s. (בושׁ 101) *is put to shame*

כָּל־צֹרֵף v.supra-Qal act.ptc. (צרף 864) *every goldsmith*

מִפָּסֶל prep.-n.m.s. paus. (820) *by idols*

כִּי שֶׁקֶר conj.-n.m.s. (1055) *for are false*

נִסְכּוֹ n.m.s.-3 m.s. sf. (651) *his images*

וְלֹא־רוּחַ conj.-neg.-n.f.s. (924) *and no breath*

בָּם prep.-3 m.p. sf. *in them*

51:18

הֶבֶל n.m.s. (I 210) *worthless*

הֵמָּה pers.pr. 3 m.p. (241) *they*

מַעֲשֵׂה n.m.s. cstr. (795) *a work of*

תַּעְתֻּעִים n.m.p. (1074) *delusion*

בְּעֵת prep.-n.f.s. cstr. (773) *at the time of*

פְּקֻדָּתָם n.f.s.-3 m.p. sf. (824) *their punishment*

יֹאבֵדוּ Qal impf. 3 m.p. paus. (אבד 1) *they shall perish*

51:19

לֹא־כְאֵלֶּה neg.-prep.-demons.adj. c.p. (41) *not like these*

חֵלֶק n.m.s. cstr. (324) *the portion of*

יַעֲקֹב pr.n. (784) *Jacob*

כִּי־יוֹצֵר conj.-Qal act.ptc. cstr. (יצר 427) *for the one who formed*

הַכֹּל def.art.-n.m.s. (481) *all things*

הוּא pers.pr. 3 m.s. (214) *he is*

וְשֵׁבֶט conj.-n.m.s. cstr. (986) *and the tribe of*

נַחֲלָתוֹ n.f.s.-3 m.s. sf. (635) *his inheritance*

יהוה צְבָאוֹת pr.n. (217)-pr.n. (838) *Yahweh of hosts*

שְׁמוֹ n.m.s.-3 m.s. sf. (1027) *his name*

51:20

מַפֵּץ n.m.s. (659) *hammer* (lit. *a shatterer*)

אַתָּה pers.pr. 2 m.s. (61) *you are*

לִי prep.-1 c.s. sf. *my*

כְּלֵי מִלְחָמָה n.m.p. cstr. (479)-n.f.s. (536) *weapon of war*

וְנִפַּצְתִּי conj.-Pi. pf. 1 c.s. (נפץ I 658) *I break in pieces*

בְּךָ prep.-2 m.s. sf. *with you*

גּוֹיִם n.m.p. (156) *nations*

וְהִשְׁחַתִּי conj.-Hi. pf. 1 c.s. (שחת 1007) *and I destroy*

בְּךָ v.supra *with you*

מַמְלָכוֹת n.f.p. (575) *kingdoms*

51:21

וְנִפַּצְתִּי conj.-Pi. pf. 1 c.s. (נפץ I 658) *and I break in pieces*

בְּךָ prep.-2 m.s. sf. *with you*

סוּס n.m.s. (692) *horse*

וְרֹכְבוֹ conj.-n.m.s.-3 m.s. sf. (939) *and his rider*

וְנִפַּצְתִּי v.supra *and I break in pieces*

בְּךָ v.supra *with you*

רֶכֶב n.m.s. (939) *chariot*

וְרֹכְבוֹ conj.-Qal act.ptc.-3 m.s. sf. (רכב 938) *and the charioteer*

51:22

וְנִפַּצְתִּי conj.-Pi. pf. 1 c.s. (נפץ I 658) *and I break in pieces*

בְּךָ prep.-2 m.s. sf. *with you*

אִישׁ n.m.s. (35) *man*

וְאִשָּׁה conj.-n.f.s. (61) *and woman*

וְנִפַּצְתִּי v.supra *and I break in pieces*

בְּךָ v.supra *with you*

זָקֵן n.m.s. (278) *old man*

וָנָעַר conj.-n.m.s. paus. (654) *and youth*

וְנִפַּצְתִּי v.supra *and I break in pieces*

בְּךָ v.supra *with you*

בָּחוּר n.m.s. (104) *young man*

וּבְתוּלָה conj.-n.f.s. (143) *and maiden*

51:23

וְנִפַּצְתִּי conj.-Pi. pf. 1 c.s. (נפץ I 658) *and I break in pieces*

בְּךָ prep.-2 m.s. sf. *with you*

רֹעֶה Qal act.ptc. (I 944) *shepherd*

וְעֶדְרוֹ conj.-n.m.s.-3 m.s. sf. (727) *and his flock*

וְנִפַּצְתִּי v.supra *and I break in pieces*

בְּךָ v.supra *with you*

אִכָּר n.m.s. (38) *farmer*

וְצִמְדּוֹ conj.-n.m.s.-3 m.s. sf. (855) *and his team*

וְנִפַּצְתִּי v.supra *and I break in pieces*

בְּךָ v.supra *with you*

פַּחוֹת n.m.p. (808) *governors*

וּסְגָנִים conj.-n.m.p. (688) *and commanders*

51:24

וְשִׁלַּמְתִּי conj.-Pi. pf. 1 c.s. (שלם 1022) *I will requite*

לְבָבֶל prep.-pr.n. (93) *Babylon*

וּלְכֹל conj.-prep.-n.m.s. cstr. (481) *and all*

יוֹשְׁבֵי Qal act.ptc. m.p. cstr. (יָשַׁב 442) *the inhabitants of*

כַשְׂדִּים pr.n. (505) *Chaldea*

אֶת כָּל־ dir.obj.-n.m.s. cstr. (481) *for all*

רָעָתָם n.f.s.-3 m.p. sf. (949) *their evil*

אֲשֶׁר־עָשׂוּ rel. (81)-Qal pf. 3 c.p. (עָשָׂה I 793) *that they have done*

בְּצִיּוֹן prep.-pr.n. (851) *in Zion*

לְעֵינֵיכֶם prep.-n.f. du.-2 m.p. sf. (744) *before your very eyes*

נְאֻם־יְהוָה n.m.s. cstr. (610)-pr.n. (217) *says Yahweh*

51:25

הִנְנִי demons.part.-1 c.s. sf. (243) *behold, I*

אֵלֶיךָ prep.-2 m.s. sf. *against you*

הַר הַמַּשְׁחִית n.m.s. cstr. (249)-def.art.-n.m.s. (1008) *O destroying mountain*

נְאֻם־יְהוָה n.m.s. cstr. (610)-pr.n. (217) *says Yahweh*

הַמַּשְׁחִית def.art.-Hi. ptc. (1007) *which destroys*

אֶת־כָּל־ dir.obj.-n.m.s. cstr. (481) *the whole*

הָאָרֶץ def.art.-n.f.s. (75) *earth*

וְנָטִיתִי conj.-Qal pf. 1 c.s. (נָטָה 639) *and I will stretch out*

אֶת־יָדִי dir.obj.-n.f.s.-1 c.s. sf. (388) *my hand*

עָלֶיךָ prep.-2 m.s. sf. *against you*

וְגִלְגַּלְתִּיךָ conj.-Pilpel pf. 1 c.s.-2 m.s. sf. (גָּלַל II 164) *and I will roll you down*

מִן־הַסְּלָעִים prep.-def.art.-n.m.p. (700) *from the crags*

וּנְתַתִּיךָ conj.-Qal pf. 1 c.s.-2 m.s. sf. (נָתַן 678) *and make you*

לְהַר שְׂרֵפָה prep.-n.m.s. cstr. (249)-n.f.s. (977) *a burnt mountain*

51:26

וְלֹא־יִקְחוּ conj.-neg.-Qal impf. 3 m.p. (לָקַח 542) *and they shall not take*

מִמְּךָ prep.-2 m.s. sf. *from you*

אֶבֶן n.f.s. (6) *a stone*

לְפִנָּה prep.-n.f.s. (819) *for a corner*

וְאֶבֶן conj.-v.supra *and a stone*

לְמוֹסָדוֹת prep.-n.m.p. (414) *for a foundation*

כִּי־שִׁמְמוֹת conj.-n.f.p. cstr. (1031) *but a waste of*

עוֹלָם n.m.s. (761) *perpetuity*

תִּהְיֶה Qal impf. 2 m.s. (הָיָה 224) *you shall be*

נְאֻם־יְהוָה n.m.s. cstr. (610)-pr.n. (217) *says Yahweh*

51:27

שְׂאוּ־נֵס Qal impv. 2 m.p. (נָשָׂא 669)-n.m.s. (651) *set up a standard*

בָאָרֶץ prep.-def.art.-n.f.s. (75) *on the earth*

תִּקְעוּ Qal impv. 2 m.p. (תָּקַע 1075) *blow*

שׁוֹפָר n.m.s. (1051) *a trumpet*

בַּגּוֹיִם prep.-def.art.-n.m.p. (156) *among the nations*

קַדְּשׁוּ Pi. impv. 2 m.p. (872) *prepare*

עָלֶיהָ prep.-3 f.s. sf. *against her*

גּוֹיִם n.m.p. (156) *nations*

הַשְׁמִיעוּ Hi. impv. 2 m.p. (שָׁמַע 1033) *summon*

עָלֶיהָ v.supra *against her*

מַמְלָכוֹת n.f.p. (575) *kingdoms*

אֲרָרַט pr.n. (76) *Ararat*

מִנִּי pr.n. (I 585) *Minni*

וְאַשְׁכְּנָז conj.-pr.n. (79) *and Ashkenaz*

פִּקְדוּ Qal impv. 2 m.p. (823) *appoint*

עָלֶיהָ prep.-3 f.s. sf. *against her*

טִפְסָר n.m.s. (381) *a marshal*

הַעֲלוּ־ Hi. impv. 2 m.p. (עָלָה 748) *bring up*

סוּס n.m.s. (692) *horses*

כְּיֶלֶק סָמָר prep.-n.m.s. (410)-adj. (702) *like bristling locusts*

51:28

קַדְּשׁוּ Pi. impv. 2 m.p. (872) *prepare*

עָלֶיהָ prep.-3 f.s. sf. *against her*

גּוֹיִם n.m.p. (156) *nations*

אֶת־מַלְכֵי dir.obj.-n.m.p. cstr. (I 572) *the kings of*

מָדַי pr.n. (552) *the Medes*

אֶת־פַּחוֹתֶיהָ prep. (II 85)-n.m.p.-3 f.s. sf. (808) *with their governors*

וְאֶת־כָּל־סְגָנֶיהָ conj.-v.supra-n.m.p.-3 f.s. sf. (688) *and deputies*

וְאֵת כָּל־אֶרֶץ conj.-dir.obj.-n.m.s. cstr. (481)-n.f.s. cstr. (75) *and every land under*

מֶמְשַׁלְתּוֹ n.f.s.-3 m.s. sf. (606) *their dominion*

51:29

וַתִּרְעַשׁ consec.-Qal impf. 3 f.s. (950; GK 111wN) *and trembles*

הָאָרֶץ def.art.-n.f.s. (75) *the land*

וַתָּחֹל consec.-Qal impf. 3 f.s. (חוּל I 296) *and writhes in pain*

כִּי קָמָה conj.-Qal pf. 3 f.s. (קוּם 877) *and raises*

עַל־בָּבֶל prep.-pr.n. (93) *against Babylon*

מַחְשְׁבוֹת יְהוָה n.f.p. cstr. (364)-pr.n. (217) *the purposes of Yahweh*

לָשׂוּם prep.-Qal inf.cstr. (962) *to make*

אֶת־אֶרֶץ dir.obj.-n.f.s. cstr. (75) *the land of*

בָּבֶל pr.n. (93) *Babylon*

לְשַׁמָּה prep.-n.f.s. (I 1031) *a desolation*

מֵאֵין יוֹשֵׁב prep.-subst.cstr. (II 34)-Qal act.ptc. (442) *without inhabitant*

51:30

חָדְלוּ Qal pf. 3 c.p. (292) *have ceased*

גִּבּוֹרֵי n.m.p. cstr. (150) *the warriors of*

בָּבֶל pr.n. (93) *Babylon*

לְהִלָּחֵם prep.-Ni. inf.cstr. חָלַם 535) *fighting*

יָשְׁבוּ Qal pf. 3 c.p. (442) *they remain*

בַּמְּצָדוֹת prep.-def.art.-n.f.p. (844) *in strongholds*

נָשְׁתָה Qal pf. 3 f.s. (נָשַׁת 677) *has failed* (lit. *is dry*)

גְבוּרָתָם n.f.s.-3 m.p. sf. (150) *their strength*

הָיוּ Qal pf. 3 c.p. (הָיָה 224) *they have become*

לְנָשִׁים prep.-n.f.p. (61) *women*

הִצִּיתוּ Hi. pf. 3 c.p. (יָצַת 428) *are on fire*

מִשְׁכְּנֹתֶיהָ n.f.p.-3 f.s. sf. (1015) *her dwellings*

נִשְׁבְּרוּ Ni. pf. 3 c.p. (שָׁבַר 990) *are broken*

בְּרִיחֶיהָ n.m.p.-3 f.s. sf. (138) *her bars*

51:31

רָץ Qal act.ptc. (רוּץ 930) *one runner*

לִקְרַאת־ prep.-Qal inf.cstr. (קָרָא II 896) *to meet*

רָץ v.supra *another (runner)*

יָרוּץ Qal impf. 3 m.s. (רוּץ 930) *runs*

וּמַגִּיד conj.-Hi. ptc. (נָגַד 616) *and one messenger*

לִקְרַאת v.supra *to meet*

מַגִּיד v.supra *another (messenger)*

לְהַגִּיד prep.-Hi. inf.cstr. (נָגַד 616) *to tell*

לְמֶלֶךְ prep.-n.m.s. cstr. (I 572) *the king of*

בָּבֶל pr.n. (93) *Babylon*

כִּי־נִלְכְּדָה conj.-Ni. pf. 3 f.s. (לָכַד 539) *that is taken*

עִירוֹ n.f.s.-3 m.s. sf. (746) *his city*

מִקָּצֶה prep.-n.m.s. paus. (892) *on every side*

51:32

וְהַמַּעְבָּרוֹת conj.-def.art.-n.f.p. (721) *the fords*

נִתְפָּשׂוּ Ni. pf. 3 c.p. paus. (תָּפַשׂ 1074) *have been seized*

וְאֶת־הָאֲגַמִּים conj.-dir.obj.-def.art.-n.m.p. (8) *the bulwarks* (lit. *troubled pools or rushes*)

שָׂרְפוּ Qal pf. 3 c.p. (שָׂרַף 976) *they burn*

בָאֵשׁ prep.-def.art.-n.f.s. (77) *with fire*

וְאַנְשֵׁי conj.-n.m.p. cstr. (35) *and the men of*

הַמִּלְחָמָה def.art.-n.f.s. (536) *war*

נִבְהָלוּ Ni. pf. 3 c.p. paus. (בָּהַל 96) *are in panic*

51:33

כִּי כֹה conj.-adv. (462) *for thus*

אָמַר Qal pf. 3 m.s. (55) *says*

יהוה צְבָאוֹת pr.n. (217)-pr.n. (838) *Yahweh of hosts*

אֱלֹהֵי n.m.p. cstr. (43) *the God of*

יִשְׂרָאֵל pr.n. (975) *Israel*

בַּת־בָּבֶל n.f.s. cstr. (I 123)-pr.n. (93) *the daughter of Babylon*

כְּגֹרֶן prep.-n.m.s. (175) *like a threshing floor*

עֵת n.f.s. (773) *at the time*

הִדְרִיכָהּ Hi. pf. 3 m.s.-3 f.s. sf. (דָּרַךְ 201; GK 53 l) *he has trodden it*

עוֹד מְעַט adv. (728)-adv. (589) *yet a little while*

וּבָאָה conj.-Qal pf. 3 f.s. (בּוֹא 97) *and will come*

עֵת־ n.f.s. cstr. (773) *the time of*

הַקָּצִיר def.art.-n.m.s. (894) *the harvest*

לָהּ prep.-3 f.s. sf. *to her*

51:34

אֲכָלַנוּ Qal pf. 3 m.s.-1 c.s. sf. (אָכַל 37) *has devoured me*

הֲמָמַנוּ Qal pf. 3 m.s.-1 c.s. sf. (הָמַם 243) *he has crushed me*

נְבוּכַדְרֶאצַּר pr.n. (613) *Nebuchadrezzar*

מֶלֶךְ בָּבֶל n.m.s. cstr. (I 572)-pr.n. (93) *the king of Babylon*

הִצִּיגַנוּ Hi. pf. 3 m.s.-1 c.s. sf. (יָצַג 426) *he has made me*

כְּלִי רִיק n.m.s. (479)-adj. (938) *an empty vessel*

בְּלָעַנוּ Qal pf. 3 m.s.-1 c.s. sf. (בָּלַע 118) *he has swallowed me*

כַּתַּנִּין prep.-def.art.-n.m.s. (1072) *like a monster*

מִלָּא Pi. pf. 3 m.s. (מָלָא 569) *he has filled*

כְּרֵשׂוֹ n.m.s.-3 m.s. sf. (503) *his belly*

מֵעֲדָנָי prep.-n.m.p.-1 c.s. sf. (I 726) *with my delicacies*

הֱדִיחָנוּ Hi. pf. 3 m.s.-1 c.s. sf. (דּוּחַ 188) *he has rinsed me out*

51:35

חֲמָסִי n.m.s.-1 c.s. sf. (329) *the violence done to me*

וּשְׁאֵרִי conj.-n.m.s.-1 c.s. sf. (984) *and to my kinsmen (flesh)*

עַל־בָּבֶל prep.-pr.n. (93) *upon Babylon*

תֹּאמַר Qal impf. 3 f.s. (55) *let say*

יֹשֶׁבֶת Qal act.ptc. f.s. cstr. (יָשַׁב 442) *the inhabitant of*

צִיּוֹן pr.n. (851) *Zion*

וְדָמִי conj.-n.m.s.-1 c.s. sf. (196) *and my blood*

אֶל־יֹשְׁבֵי prep.-Qal act.ptc. m.p. cstr. (יָשַׁב 442) *upon the inhabitants of*

כַּשְׂדִּים pr.n. (505) *Chaldea*

תֹּאמַר v.supra *let say*
יְרוּשָׁלַ͏ִם pr.n. (436) *Jerusalem*

51:36

לָכֵן prep.-adv. (485) *therefore*
כֹּה adv. (462) *thus*
אָמַר יהוה Qal pf. 3 m.s. (55)-pr.n. (217) *says Yahweh*
הִנְנִי demons.part.-1 c.s. sf. (243) *behold, I*
רָב Qal act.ptc. רִיב 936) *will plead*
אֶת־רִיבֵךְ dir.obj.-n.m.s.-2 f.s. sf. (936) *your cause*
וְנִקַּמְתִּי conj.-Pi. pf. 1 c.s. (נָקַם 667) *and take vengeance*
אֶת־נִקְמָתֵךְ dir.obj.-n.f.s.-2 f.s. sf. (668) *your vengeance*
וְהַחֲרַבְתִּי conj.-Hi. pf. 1 c.s. (חָרֵב I 351) *and I will dry up*
אֶת־יַמָּהּ dir.obj.-n.m.s.-3 f.s. sf. (410) *her sea*
וְהֹבַשְׁתִּי conj.-Hi. pf. 1 c.s. (יָבֵשׁ I 386) *and I will make dry*
אֶת־מְקוֹרָהּ dir.obj.-n.m.s.-3 f.s. sf. (881) *her fountain*

51:37

וְהָיְתָה conj.-Qal pf. 3 f.s. (הָיָה 224) *and shall become*
בָּבֶל pr.n. (93) *Babylon*
לְגַלִּים prep.-n.m.p. (164) *a heap of ruins*
מְעוֹן־תַּנִּים n.m.s. cstr. (I 732)-n.m.p. (1072) *haunt of jackals*
שַׁמָּה n.f.s. (I 1031) *a horror*
וּשְׁרֵקָה conj.-n.f.s. (1056) *and a hisssing*
מֵאֵין יוֹשֵׁב prep.-subst.cstr. (II 34)-Qal act.ptc. (442) *without inhabitant*

51:38

יַחְדָּו adv. (403) *together*
כַּכְּפִרִים prep.-def.art.-n.m.p. (498) *like lions*
יִשְׁאָגוּ Qal impf. 3 m.p. paus. (שָׁאַג 980) *they shall roar*
נָעֲרוּ Qal pf. 3 c.p. (נָעַר I 654) *they shall growl*
כְּגוֹרֵי prep.-n.m.p. cstr. (158) *like whelps of*
אֲרָיוֹת n.m.p. (71) *lions*

51:39

בְּחֻמָּם prep.-Qal inf.cstr.-3 m.p. sf. (חָמַם 328) *when they are inflamed*
אָשִׁית Qal impf. 1 c.s. (שִׁית 1011) *I will prepare*
אֶת־מִשְׁתֵּיהֶם dir.obj.-n.m.s.-3 m.p. sf. (1059) *their feast*

וְהִשְׁכַּרְתִּים conj.-Hi. pf. 1 c.s.-3 m.p. sf. (שָׁכַר I 1016) *and make them drunk*
לְמַעַן prep. (775) *till*
יַעֲלֹזוּ Qal impf. 3 m.p. (עָלַז 759) *they swoon away* (lit. *rejoice*)
וְיָשְׁנוּ conj.-Qal pf. 3 c.p. (יָשֵׁן 445) *and sleep*
שְׁנַת־עוֹלָם n.f.s. cstr. (446)-n.m.s. (761) *a perpetual sleep*
וְלֹא יָקִיצוּ conj.-neg.-Hi. impf. 3 m.p. (קִיץ I 884) *and not wake*
נְאֻם יהוה n.m.s. cstr. (610)-pr.n. (217) *says Yahweh*

51:40

אוֹרִידֵם Hi. impf. 1 c.s.-3 m.p. sf. (יָרַד 432) *I will bring them down*
כְּכָרִים prep.-n.m.p. (III 503) *like lambs*
לִטְבוֹחַ prep.-Qal inf.cstr. (טָבַח 370) *to the slaughter*
כְּאֵילִים prep.-n.m.p. (I 17) *like rams*
עִם־עַתּוּדִים prep.-n.m.p. (800) *and he-goats*

51:41

אֵיךְ נִלְכְּדָה adv. (32)-Ni. pf. 3 f.s. (לָכַד 539) *how is taken*
שֵׁשַׁךְ pr.n. (1058) *Sheshach* (an Atbash cipher for *Babylon*)
וַתִּתָּפֵשׂ consec.-Ni. impf. 3 f.s. (תָּפַשׂ 1074) *and seized*
תְּהִלַּת n.f.s. cstr. (239) *the praise of*
כָּל־הָאָרֶץ n.m.s. cstr. (481)-def.art.-n.f.s. (75) *the whole earth*
אֵיךְ v.supra *how*
הָיְתָה Qal pf. 3 f.s. (הָיָה 224) *has become*
לְשַׁמָּה prep.-n.f.s. (I 1031) *a horror*
בָּבֶל pr.n. (93) *Babylon*
בַּגּוֹיִם prep.-def.art.-n.m.p. (156) *among the nations*

51:42

עָלָה Qal pf. 3 m.s. (748) *has come up*
עַל־בָּבֶל prep.-pr.n. (93) *on Babylon*
הַיָּם def.art.-n.m.s. (410) *the sea*
בַּהֲמוֹן גַּלָּיו prep.-n.m.s. cstr. (242)-n.m.p.-3 m.s. sf. (164) *with its tumultuous waves*
נִכְסָתָה Ni. pf. 3 f.s. paus. (כָּסָה 491) *she is covered*

51:43

הָיוּ Qal pf. 3 c.p. (הָיָה 224) *have become*
עָרֶיהָ n.f.p.-3 f.s. sf. (746) *her cities*
לְשַׁמָּה prep.-n.f.s. (I 1031) *a horror*

אֶרֶץ צִיָּה n.f.s. cstr. (75)-n.f.s. (851) *a land of drought*

וַעֲרָבָה conj.-n.f.s. (787) *and a desert*

אֶרֶץ n.f.s. (75) *a land*

לֹא־יֵשֵׁב neg.-Qal impf. 3 m.s. 442) *does not dwell*

בָּהֵן prep.-3 f.p. *in which*

כָּל־אִישׁ n.m.s. cstr. (481)-n.m.s. (35) *any man*

וְלֹא־יַעֲבֹר conj.-neg.-Qal impf. 3 m.s. (עבר 716) *and does not pass*

בָּהֵן v.supra *through which*

בֶּן־אָדָם n.m.s. cstr. (119)-n.m.s. (9) *a son of man*

51:44

וּפָקַדְתִּי conj.-Qal pf. 1 c.s. (פקד 823) *and I will punish*

עַל־בֵּל prep.-pr.n. (128) *Bel*

בְּבָבֶל prep.-pr.n. (93) *in Babylon*

וְהֹצֵאתִי conj.-Hi. pf. 1 c.s. (יצא 422) *and take out*

אֶת־בִּלְעוֹ dir.obj.-n.m.s.-3 m.s. sf. (118) *what he has swallowed*

מִפִּיו prep.-n.m.s.-3 m.s. sf. (804) *of his mouth*

וְלֹא־יִנְהֲרוּ conj.-neg.-Qal impf. 3 m.p. (נהר I 625) *and shall not flow*

אֵלָיו prep.-3 m.s. sf. *to him*

עוֹד adv. (728) *any longer*

גּוֹיִם n.m.p. (156) *nations*

גַּם־חוֹמַת adv. (168)-n.f.s. cstr. (327) *also the wall of*

בָּבֶל pr.n. (93) *Babylon*

נָפָלָה Qal pf. 3 f.s. paus. (נפל 656) *has fallen*

51:45

צְאוּ Qal impv. 2 m.p. (יצא 422) *go out*

מִתּוֹכָהּ prep.-n.m.s.-3 f.s. sf. (1063) *of the midst of her*

עַמִּי n.m.s.-1 c.s. sf. (I 766) *my people*

וּמַלְּטוּ conj.-Pi. impv. 2 m.p. (572) *let save*

אִישׁ n.m.s. (35) *every man*

אֶת־נַפְשׁוֹ dir.obj.-n.f.s.-3 m.s. sf. (659) *his life*

מֵחֲרוֹן prep.-n.m.s. cstr. (354) *from the fierceness of*

אַף־יהוה n.m.s. cstr. (I 60)-pr.n. (217) *wrath of Yahweh*

51:46

וּפֶן conj.-conj. (814) *lest*

יֵרַךְ Qal impf. 3 m.s. (רכך 939) *grow faint*

לְבַבְכֶם n.m.s.-2 m.p. sf. (523) *your heart*

וְתִירְאוּ conj.-Qal impf. 2 m.p. (ירא 431) *and be fearful*

בַּשְּׁמוּעָה prep.-def.art.-n.f.s. (1035) *at the report*

הַנִּשְׁמַעַת def.art.-Ni. ptc. f.s. (שמע 1033) *heard*

בָּאָרֶץ prep.-def.art.-n.f.s. (75) *in the land*

וּבָא conj.-Qal pf. 3 m.s. (some rd. וּבָאָה 3 f.s. 97) *when comes*

בַּשָּׁנָה prep.-def.art.-n.f.s. (1040) *in one year*

הַשְּׁמוּעָה def.art.-n.f.s. (1035) *a report*

וְאַחֲרָיו conj.-prep.-3 m.s. sf. (29) *and afterward*

בַּשָּׁנָה v.supra *in another year*

הַשְּׁמוּעָה v.supra *a report*

וְחָמָס conj.-n.m.s. (329) *and violence*

בָּאָרֶץ v.supra *in the land*

וּמֹשֵׁל conj.-Qal act.ptc. (III 605) *and ruler*

עַל־מֹשֵׁל prep.-v.supra *against ruler*

51:47

לָכֵן prep.-adv. (485) *therefore*

הִנֵּה demons.part. (243) *behold*

יָמִים בָּאִים n.m.p. (398)-Qal act.ptc. m.p. (בוא 97) *days are coming*

וּפָקַדְתִּי conj.-Qal pf. 1 c.s. (823) *when I will punish*

עַל־פְּסִילֵי prep.-n.m.p. cstr. (820) *the images of*

בָּבֶל pr.n. (93) *Babylon*

וְכָל־אַרְצָהּ conj.-n.m.s. cstr. (481)-n.f.s.-3 f.s. sf. (75) *and her whole land*

תֵּבוֹשׁ Qal impf. 3 f.s. (בוש 101) *shall be put to shame*

וְכָל־חֲלָלֶיהָ v.supra-n.m.p.-3 f.s. sf. (I 319) *and all her slain*

יִפְּלוּ Qal impf. 3 m.p. (נפל 656) *shall fall*

בְתוֹכָהּ prep.-n.m.s.-3 f.s. sf. (1063) *in the midst of her*

51:48

וְרִנְּנוּ conj.-Pi. pf. 3 c.p. (רנן 943) *then shall sing for joy*

עַל־בָּבֶל prep.-pr.n. (93) *over Babylon*

שָׁמַיִם n.m. du. (1029) *heavens*

וָאָרֶץ conj.-n.f.s. (75) *and earth*

וְכֹל אֲשֶׁר conj.-n.m.s. (481)-rel. (81) *and all that*

בָּהֶם prep.-3 m.p. sf. *is in them*

כִּי מִצָּפוֹן conj.-prep.-n.f.s. (860) *for out of the north*

יָבוֹא Qal impf. 3 m.s. (בוא 97) *shall come*

לָהּ prep.-3 f.s. sf. *against her*

הַשּׁוֹדְדִים def.art.-Qal act.ptc. m.p. (שדד 994) *the destroyers*

נְאֻם־יהוה n.m.s. cstr. (610)-pr.n. (217) *says Yahweh*

51:49

גַּם־בָּבֶל adv. (168)-pr.n. (93) *also Babylon*

לִנְפֹּל prep.-Qal inf.cstr. נָפַל 656) *must fall*

חַלְלֵי n.m.p. cstr. (I 319) *the slain of*

יִשְׂרָאֵל pr.n. (975) *Israel*

גַּם־לְבָבֶל v.supra-prep.-v.supra *as for Babylon*

נָפְלוּ Qal pf. 3 c.p. נָפַל 656) *have fallen*

חַלְלֵי v.supra *the slain of*

כָּל־הָאָרֶץ n.m.s. cstr. (481)-def.art.-n.f.s. (75) *all the earth*

51:50

פְּלֵטִים n.m.p. (812) *the escaped ones*

מֵחֶרֶב prep.-n.f.s. (352) *from the sword*

הִלְכוּ Qal impv. 2 m.p. הָלַךְ 229) *go*

אַל־תַּעֲמֹדוּ neg.-Qal impf. 2 m.p. (עָמַד 763) *stand not still*

זִכְרוּ Qal impv. 2 m.p. (269) *remember*

מֵרָחוֹק prep.-adv. (935) *from afar*

אֶת־יְהוָה dir.obj.-pr.n. (217) *Yahweh*

וִירוּשָׁלַם conj.-pr.n. (436) *and Jerusalem*

תַּעֲלֶה Qal impf. 3 f.s. (עָלָה 748) *let ... come*

עַל־לְבַבְכֶם prep.-n.m.s.-2 m.p. sf. (523) *into your mind*

51:51

בֹּשְׁנוּ Qal pf. 1 c.p. (בּוֹשׁ 101) *we are put to shame*

כִּי־שָׁמַעְנוּ conj.-Qal pf. 1 c.p. (שָׁמַע 1033) *for we have heard*

חֶרְפָּה n.f.s. (357) *reproach*

כִּסְּתָה Pi. pf. 3 f.s. (בָּסָה 491) *has covered*

כְּלִמָּה n.f.s. (484) *dishonor*

פָּנֵינוּ n.m.p.-1 c.p. sf. (815) *our face*

כִּי בָאוּ conj.-Qal pf. 3 c.p. (בּוֹא 97) *for have come*

זָרִים Qal act.ptc. m.p. (זוּר I 266) *aliens*

עַל־מִקְדְּשֵׁי prep.-n.m.p. cstr. (874) *into the holy places of*

בֵּית יהוה n.m.s. cstr. (108)-pr.n. (217) *the house of Yahweh*

51:52

לָכֵן prep.-adv. (485) *therefore*

הִנֵּה־ demons.part. (243) *behold*

יָמִים בָּאִים n.m.p. (398)-Qal act.ptc. m.p. (בּוֹא 97) *days are coming*

נְאֻם־יְהוָה n.m.s. cstr. (610)-pr.n. (217) *says Yahweh*

וּפָקַדְתִּי conj.-Qal pf. 1 c.s. (823) *when I will execute judgment*

עַל־פְּסִילֶיהָ prep.-n.m.p.-3 f.s. sf. (820) *upon her images*

וּבְכָל־ conj.-prep.-n.m.s. cstr. (481) *and through all*

אַרְצָהּ n.f.s.-3 f.s. sf. (75) *her land*

יֶאֱנֹק Qal impf. 3 m.s. (אָנַק 60) *shall groan*

חָלָל n.m.s. (I 319) *wounded*

51:53

כִּי־תַעֲלֶה conj.-Qal impf. 3 f.s. (עָלָה 748) *though should mount up*

בָבֶל pr.n. (93) *Babylon*

הַשָּׁמַיִם def.art.-n.m. du. (1029) *to heaven*

וְכִי תְבַצֵּר conj.-conj.-Pi. impf. 3 f.s. (בָּצַר 130) *though she should fortify*

מְרוֹם עֻזָּהּ n.m.s. cstr. (928)-n.m.s.-3 f.s. sf. (738) *her strong height*

מֵאִתִּי prep.-prep.-1 c.s. sf. (II 85) *from me*

יָבֹאוּ Qal impf. 3 m.p. (בּוֹא 97) *would come*

שֹׁדְדִים Qal act.ptc. m.p. (994) *destroyers*

לָהּ prep.-3 f.s. sf. *upon her*

נְאֻם־יְהוָה n.m.s. cstr. (610)-pr.n. (217) *says Yahweh*

51:54

קוֹל n.m.s. (876) *hark*

זְעָקָה n.f.s. (277) *a cry*

מִבָּבֶל prep.-pr.n. (93) *from Babylon*

וְשֶׁבֶר גָּדוֹל conj.-n.m.s. (991)-adj. (152) *and great destruction*

מֵאֶרֶץ prep.-n.f.s. cstr. (75) *from the land of*

כַּשְׂדִּים pr.n. (505) *Chaldeans*

51:55

כִּי־שֹׁדֵד conj.-Qal act.ptc. (994) *for is laying waste*

יהוה pr.n. (217) *Yahweh*

אֶת־בָּבֶל dir.obj.-pr.n. (93) *Babylon*

וְאִבַּד conj.-Pi. pf. 3 m.s. (אָבַד 1) *and stilling*

מִמֶּנָּה prep.-3 f.s. sf. *from her*

קוֹל גָּדוֹל n.m.s. (876)-adj. (152) *a mighty voice*

וְהָמוּ conj.-Qal pf. 3 c.p. (הָמָה 242) *and roar*

גַּלֵּיהֶם n.m.p.-3 m.p. sf. (164) *their waves*

כְּמַיִם רַבִּים prep.-n.m.p. (565)-adj. m.p. (I 912) *like many waters*

נִתַּן Ni. pf. 3 m.s. (נָתַן 678) *is raised*

שְׁאוֹן n.m.s. cstr. (981) *the noise of*

קוֹלָם n.m.s.-3 m.p. sf. (876) *their voice*

51:56

כִּי בָא conj.-Qal pf. 3 m.s. (בּוֹא 97) *for has come*

עָלֶיהָ prep.-3 f.s. sf. *upon her*

עַל־בָּבֶל prep.-pr.n. (93) *upon Babylon*

שׁוֹדֵד Qal act.ptc. (994) *a destroyer*

וְנִלְכְּדוּ conj.-Ni. pf. 3 c.p. (לָכַד 539) *and are taken*

גִּבּוֹרֶיהָ n.m.p.-3 f.s. sf. (150) *her warriors*

חִתְּתָה Pi. pf. 3 f.s. (חָתַת 369; GK 52k) *are broken in pieces*

קַשְּׁתוֹתָם n.f.p.-3 m.p. sf. (905; GK 20h) *their bows*

כִּי אֵל conj.-n.m.s. cstr. (42) *for a God of*

גְּמֻלוֹת n.f.p. (168) *recompense*

יְהוָה pr.n. (217) *Yahweh*

שַׁלֵּם יְשַׁלֵּם Pi. inf.abs. (שָׁלֵם 1022)-Pi. impf. 3 m.s. (1022) *he will surely requite*

51:57

וְהִשְׁכַּרְתִּי conj.-Hi. pf. 1 c.s. (שָׁכַר I 1016) *and I will make drunk*

שָׂרֶיהָ n.m.p.-3 f.s. sf. (978) *her princes*

וַחֲכָמֶיהָ conj.-n.m.p.-3 f.s. sf. (314) *and her wise men*

פַּחוֹתֶיהָ n.m.p.-3 f.s. sf. (808) *her governors*

וּסְגָנֶיהָ conj.-n.m.p.-3 f.s. sf. (688) *and her commanders*

וְגִבּוֹרֶיהָ conj.-n.m.p.-3 f.s. sf. (150) *and her warriors*

וְיָשְׁנוּ conj.-Qal pf. 3 c.p. (יָשֵׁן 445) *they shall sleep*

שְׁנַת־עוֹלָם n.f.s. cstr. (446)-n.m.s. (761) *a perpetual sleep*

וְלֹא יָקִיצוּ conj.-neg.-Hi. impf. 3 m.p. (קִיץ I 884) *and not wake*

נְאֻם־הַמֶּלֶךְ n.m.s. cstr. (610)-def.art.-n.m.s. (I 572) *says the King*

יְהוָה צְבָאוֹת pr.n. (217)-pr.n. (838) *Yahweh of hosts*

שְׁמוֹ n.m.s.-3 m.s. sf. (1027) *his name*

51:58

כֹּה־אָמַר adv. (462)-Qal pf. 3 m.s. (55) *thus says*

יְהוָה צְבָאוֹת pr.n. (217)-pr.n. (838) *Yahweh of hosts*

חֹמוֹת n.f.p. cstr. (327) *the walls of*

בָּבֶל pr.n. (93) *Babylon*

הָרְחָבָה def.art.-adj. f.s. (I 932) *broad*

עַרְעֵר Pilpel inf.abs. (עָרַר II 792) *to the ground (utterly)*

תִּתְעַרְעָר Hithpalpel impf. 3 f.s. (עָרַר II 792) *shall be levelled*

וּשְׁעָרֶיהָ conj.-n.m.p.-3 f.s. sf. (1044) *and her gates*

הַגְּבֹהִים def.art.-adj. m.p. (147) *high*

בָּאֵשׁ prep.-def.art.-n.f.s. (77) *with fire*

יִצַּתּוּ Qal impf. 3 m.p. (יָצַת 428; GK 20i) *shall be burned*

וְיִגְעוּ conj.-Qal impf. 3 m.p. (יָגַע 388) *and labor*

עַמִּים n.m.p. (I 766) *the peoples*

בְּדֵי־רִיק prep.-subst. cstr. (191)-n.m.s. (938) *for nought*

וּלְאֻמִּים conj.-n.m.p. (522) *and nations*

בְּדֵי־אֵשׁ prep.-subst. cstr. (191)-n.f.s. (77) *only for fire*

וְיָעֵפוּ conj.-Qal pf. 3 c.p. (יָעֵף I 419) *weary themselves*

51:59

הַדָּבָר def.art.-n.m.s. (182) *the word*

אֲשֶׁר־צִוָּה rel. (81)-Pi. pf. 3 m.s. (צָוָה 845) *which commanded*

יִרְמְיָהוּ pr.n. (941) *Jeremiah*

הַנָּבִיא def.art.-n.m.s. (611) *the prophet*

אֶת־שְׂרָיָה dir.obj.-pr.n. (976) *Seraiah*

בֶּן־נֵרִיָּה n.m.s. cstr. (119)-pr.n. (633) *the son of Neriah*

בֶּן־מַחְסֵיָה v.supra-pr.n. (340) *the son of Mahseiah*

בְּלֶכְתּוֹ prep.-Qal inf.cstr.-3 m.s. sf. (הָלַךְ 229) *when he went*

אֶת־צִדְקִיָּהוּ prep. (II 85)-pr.n. (843) *with Zedekiah*

מֶלֶךְ־יְהוּדָה n.m.s. cstr. (I 572)-pr.n. (397) *king of Judah*

בָּבֶל pr.n. (93) *to Babylon*

בִּשְׁנַת prep.-n.f.s. cstr. (1040; GK 134p) *in the year of*

הָרְבִעִית def.art.-num. f. (917) *the fourth*

לְמָלְכוֹ prep.-Qal inf.cstr.-3 m.s. sf. (מָלַךְ 573) *of his reign*

וּשְׂרָיָה conj.-pr.n. (976) *and Seraiah*

שַׂר מְנוּחָה n.m.s. cstr. (978)-n.f.s. (629) *the quartermaster*

51:60

וַיִּכְתֹּב consec.-Qal impf. 3 m.s. (507) *and wrote*

יִרְמְיָהוּ pr.n. (941) *Jeremiah*

אֵת כָּל־ dir.obj.-n.m.s. cstr. (481) *all*

הָרָעָה def.art.-n.f.s. (949) *the evil*

אֲשֶׁר־תָּבוֹא rel. (81)-Qal impf. 3 f.s. (בּוֹא 97) *that should come*

אֶל־בָּבֶל prep.-pr.n. (93) *upon Babylon*

אֶל־סֵפֶר אֶחָד prep.-n.m.s. cstr. (706)-num. (25) *in a book*

אֵת כָּל־ dir.obj.-n.m.s. cstr. (481) *all*

הַדְּבָרִים הָאֵלֶּה def.art.-n.m.p. (182)-def.art.
-demons.adj. c.p. (41) *these words*

הַכְּתֻבִים def.art.-Qal pass.ptc. m.p. כָּתַב (507)
that are written

אֶל־בָּבֶל v.supra *concerning Babylon*

51:61

וַיֹּאמֶר consec.-Qal impf. 3 m.s. (55) *and said*

יִרְמְיָהוּ pr.n. (941) *Jeremiah*

אֶל־שְׂרָיָה prep.-pr.n. (976) *to Seraiah*

בְּבֹאֲךָ prep.-Qal inf.cstr.-2 m.s. sf. בּוֹא (97)
when you come

בָּבֶל pr.n. (93) *to Babylon*

וְרָאִיתָ conj.-Qal pf. 2 m.s. רָאָה (906) *and see*

וְקָרָאתָ conj.-Qal pf. 2 m.s. קָרָא (894) *that you
read*

אֵת כָּל־ dir.obj.-n.m.s. cstr. (481) *all*

הַדְּבָרִים הָאֵלֶּה def.art.-n.m.p. (182)-def.art.
-demons.adj. c.p. (41) *these words*

51:62

וְאָמַרְתָּ conj.-Qal pf. 2 m.s. (55) *and say*

יהוה pr.n. (217) *O Yahweh*

אַתָּה דִבַּרְתָּ pers.pr. 2 m.s. (61)-Pi. pf. 2 m.s. דָבַר
(180) *thou hast said*

אֶל־הַמָּקוֹם הַזֶּה prep.-def.art.-n.m.s. (879)-def.
art.-demons.adj. m.s. (260) *concerning this
place*

לְהַכְרִיתוֹ prep.-Hi. inf.cstr.-3 m.s. sf. כָּרַת (503)
that thou wilt cut it off

לְבִלְתִּי הֱיוֹת־בּוֹ prep.-neg. (116)-Qal inf.cstr.
הָיָה (224)-prep.-3 m.s. sf. *so that there not
be in it*

יוֹשֵׁב Qal act.ptc. (442) *an inhabitant*

לְמֵאָדָם prep.-prep.-n.m.s. (9) *neither man*

וְעַד־בְּהֵמָה conj.-prep. (III 723)-n.f.s. (96) *nor
beast*

כִּי־שִׁמְמוֹת עוֹלָם conj.-n.f.p. cstr. (1031)-n.m.s.
(761) *desolate for ever*

תִּהְיֶה Qal impf. 3 f.s. הָיָה (224) *it shall be*

51:63

וְהָיָה conj.-Qal pf. 3 m.s. (224) *and it shall be*

כְּכַלֹּתְךָ prep.-Pi. inf.cstr.-2 m.s. sf. כָּלָה (477)
when you finish

לִקְרֹא prep.-Qal inf.cstr. קָרָא (894) *reading*

אֶת־הַסֵּפֶר הַזֶּה dir.obj.-def.art.-n.m.s. (706)
-def.art.-demons.adj. m.s. (260) *this book*

תִּקְשֹׁר Qal impf. 2 m.s. קָשַׁר (905) *you shall
bind*

עָלָיו prep.-3 m.s. sf. *to it*

אֶבֶן n.f.s. (6) *a stone*

וְהִשְׁלַכְתּוֹ conj.-Hi. pf. 2 m.s.-3 m.s. sf. שָׁלַךְ
(1020) *and cast it*

אֶל־תּוֹךְ prep.-n.m.s. cstr. (1063) *into the midst
of*

פְּרָת pr.n. (832) *the Euphrates*

51:64

וְאָמַרְתָּ conj.-Qal pf. 2 m.s. (55) *and say*

כָּכָה adv. (462) *thus*

תִּשְׁקַע Qal impf. 3 f.s. שָׁקַע (1054) *shall sink*

בָּבֶל pr.n. (93) *Babylon*

וְלֹא־תָקוּם conj.-neg.-Qal impf. 3 f.s. קוּם (877)
to rise no more

מִפְּנֵי prep.-n.m.p. cstr. (815) *because of*

הָרָעָה def. art.-n.f.s. (949) *the evil*

אֲשֶׁר אָנֹכִי rel. (81)-pers.pr. 1 c.s. (59) *that I*

מֵבִיא Hi. ptc. בּוֹא (97) *am bringing*

עָלֶיהָ prep.-3 f.s. sf. *upon her*

וְיָעֵפוּ conj.-Qal pf. 3 c.p. יָעֵף (419) *and they
shall weary themselves*

עַד־הֵנָּה prep. (III 723)-adv. (I 244) *thus far*

דִּבְרֵי יִרְמְיָהוּ n.m.p. cstr. (182)-pr.n. (941) *the
words of Jeremiah*

52:1

בֶּן־עֶשְׂרִים n.m.s. cstr. (119)-num. p. (797) *a son
of twenty*

וְאַחַת conj.-num. f. (25) *and one*

שָׁנָה n.f.s. (1040) *years*

צִדְקִיָּהוּ pr.n. (843) *Zedekiah*

בְּמָלְכוֹ prep.-Qal inf.cstr.-3 m.s. sf. מָלַךְ (573)
when he became king

וְאַחַת עֶשְׂרֵה conj.-num. f. (25)-num. (797) *and
eleven*

שָׁנָה v.supra *years*

מָלַךְ Qal pf. 3 m.s. (573) *he reigned*

בִּירוּשָׁלָ͏ִם prep.-pr.n. paus. (436) *in Jerusalem*

וְשֵׁם conj.-n.m.s. cstr. (1027) *and the name of*

אִמּוֹ n.f.s.-3 m.s. sf. (51) *his mother*

חֲמִיטַל pr.n. (327) *Hamutal*

בַּת־יִרְמְיָהוּ n.f.s. cstr. (I 123)-pr.n. (941) *the
daughter of Jeremiah*

מִלִּבְנָה prep.-pr.n. (526) *of Libnah*

52:2

וַיַּעַשׂ consec.-Qal impf. 3 m.s. עָשָׂה (I 793) *and
he did*

הָרַע def.art.-n.m.s. (948) *what was evil*

בְּעֵינֵי prep.-n.f. du. cstr. (744) *in the sight of*

יהוה pr.n. (217) *Yahweh*

כְּכֹל אֲשֶׁר prep.-n.m.s. (481)-rel. (81) *according
to all that*

442

עָשָׂה Qal pf. 3 m.s. (I 793) *had done*

יְהוֹיָקִים pr.n. (220) *Jehoiakim*

52:3

כִּי עַל־אַף conj.-prep.-n.m.s. cstr. (I 60) *surely because of the anger of*

יהוה pr.n. (217) *Yahweh*

הָיְתָה Qal pf. 3 f.s. הָיָה 224) *came to pass*

בִּירוּשָׁלַם prep.-pr.n. (436) *in Jerusalem*

וִיהוּדָה conj.-pr.n. (397) *and Judah*

עַד־הִשְׁלִיכוֹ prep. (III 723)-Hi. pf. 3 m.s.-3 m.s. sf. (שָׁלַךְ 1020) *that he cast them out*

אוֹתָם dir.obj.-3 m.p. sf. *them*

מֵעַל פָּנָיו prep.-prep.-n.m.p.-3 m.s. sf. (815) *from his presence*

וַיִּמְרֹד consec.-Qal impf. 3 m.s. (מָרַד 597) *and rebelled*

צִדְקִיָּהוּ pr.n. (843) *Zedekiah*

בְּמֶלֶךְ prep.-n.m.s. cstr. (I 572) *against the king of*

בָּבֶל pr.n. (93) *Babylon*

52:4

וַיְהִי consec.-Qal impf. 3 m.s. (הָיָה 224) *and it proceeded to be*

בַּשָּׁנָה prep.-def.art.-n.f.s. (1040) *in the year*

הַתְּשִׁיעִית def.art.-num. f. (1077) *ninth*

לְמָלְכוֹ prep.-Qal inf.cstr.-3 m.s. sf. (573) *of his reign*

בַּחֹדֶשׁ prep.-def.art.-n.m.s. (II 294) *in the month*

הָעֲשִׂירִי def.art.-num.adj. (798) *tenth*

בֶּעָשׂוֹר prep.-def.art.-num. (797) *on the tenth day*

לַחֹדֶשׁ prep.-def.art.-n.m.s. (II 294) *of the month*

בָּא Qal pf. 3 m.s. (בּוֹא 97) *came*

נְבוּכַדְרֶאצַּר pr.n. (613) *Nebuchadrezzar*

מֶלֶךְ־ n.m.s. cstr. (I 572) *king of*

בָּבֶל pr.n. (93) *Babylon*

הוּא pers.pr. 3 m.s. (214) *he*

וְכָל־ conj.-n.m.s. cstr. (481) *and all*

חֵילוֹ n.m.s.-3 m.s. sf. (298) *his army*

עַל־יְרוּשָׁלַם prep.-pr.n. (436) *against Jerusalem*

וַיַּחֲנוּ consec.-Qal impf. 3 m.p. (333) *and they laid siege*

עָלֶיהָ prep.-3 f.s. sf. *to it*

וַיִּבְנוּ consec.-Qal impf. 3 m.p. (בָּנָה 124) *and built*

עָלֶיהָ v.supra *against it*

דָּיֵק n.m.s. (189) *siege-works*

סָבִיב subst. (686) *round about*

52:5

וַתָּבֹא consec.-Qal impf. 3 f.s. (בּוֹא 97) *so came*

הָעִיר def.art.-n.f.s. (746) *the city*

בַּמָּצוֹר prep.-def.art.-n.m.s. (848) *under the siege*

עַד עַשְׁתֵּי prep. (III 723)-num. (799) *till the one*

עֶשְׂרֵה num. (797) *ten (combined: eleven)*

שָׁנָה n.f.s. (1040) *year*

לַמֶּלֶךְ prep.-def.art.-n.m.s. (I 572) *of King*

צִדְקִיָּהוּ pr.n. (843) *Zedekiah*

52:6

בַּחֹדֶשׁ prep.-def.art.-n.m.s. (II 294) *in the month*

הָרְבִיעִי def.art.-num.adj. (917) *fourth*

בְּתִשְׁעָה prep.-num. f. (1077) *on the ninth day*

לַחֹדֶשׁ prep.-def.art.-n.m.s. (II 294) *of the month*

וַיֶּחֱזַק consec.-Qal impf. 3 m.s. (חָזַק 304) *was so severe*

הָרָעָב def.art.-n.m.s. (944) *the famine*

בָּעִיר prep.-def.art.-n.f.s. (746) *in the city*

וְלֹא־הָיָה conj.-neg.-Qal pf. 3 m.s. (224) *and was not*

לֶחֶם n.m.s. (536) *food*

לְעַם הָאָרֶץ prep.-n.m.s. cstr. (I 766)-def.art.-n.f.s. (75) *for the people of the land*

52:7

וַתִּבָּקַע consec.-Ni. impf. 3 f.s. (בָּקַע 131) *and was broken into*

הָעִיר def.art.-n.f.s. (746) *the city*

וְכָל־אַנְשֵׁי conj.-n.m.s. cstr. (481)-n.m.p. cstr. (35) *and all the men of*

הַמִּלְחָמָה def.art.-n.f.s. (536) *war*

יִבְרְחוּ Qal impf. 3 m.p. (בָּרַח 137) *fled*

וַיֵּצְאוּ consec.-Qal impf. 3 m.p. (יָצָא 422) *and went out*

מֵהָעִיר prep.-def.art.-n.f.s. (746) *from the city*

לַיְלָה n.m.s. (538) *by night*

דֶּרֶךְ n.m.s. cstr. (202) *by way of*

שַׁעַר n.m.s. (1044) *a gate*

בֵּין־הַחֹמֹתַיִם prep. (107)-def.art.-n.f. du. (327) *between the two walls*

אֲשֶׁר עַל־גַּן rel. (81)-prep.-n.m.s. cstr. (171) *which is by the garden of*

הַמֶּלֶךְ def.art.-n.m.s. (I 572) *the king*

וְכַשְׂדִּים conj.-pr.n. (505) *while the Chaldeans*

עַל־הָעִיר prep.-def.art.-n.f.s. (746) *about the city*

סָבִיב subst. (686) *round*

וַיֵּלְכוּ consec.-Qal impf. 3 m.p. (הָלַךְ 229) *and they went*

דֶּרֶךְ n.m.s. cstr. (202) *in the direction of*

הָעֲרָבָה def.art.-pr.n. (I 787) *the Arabah*

52:8

וַיִּרְדְּפוּ consec.-Qal impf. 3 m.p. (רָדַף 922) *but pursued*

חֵיל־ n.m.s. cstr. (298) *the army of*

כַּשְׂדִּים pr.n. (505) *the Chaldeans*

אַחֲרֵי prep. (29) *after*

הַמֶּלֶךְ def.art.-n.m.s. (I 572) *the king*

וַיַּשִּׂיגוּ consec.-Hi. impf. 3 m.p. (נָשַׂג 673) *and overtook*

אֶת־צִדְקִיָּהוּ dir.obj.-pr.n. (843) *Zedekiah*

בְּעַרְבֹת prep.-n.f.p. cstr. (787) *in the plains of*

יְרֵחוֹ pr.n. (437) *Jericho*

וְכָל־חֵילוֹ conj.-n.m.s. cstr. (481)-n.m.s.-3 m.s. sf. (298) *and all his army*

נָפֹצוּ Ni. pf. 3 c.p. (פוּץ I 806) *was scattered*

מֵעָלָיו prep.-prep.-3 m.s. sf. *from him*

52:9

וַיִּתְפְּשׂוּ consec.-Qal impf. 3 m.p. (תָּפַשׂ 1074) *then they captured*

אֶת־הַמֶּלֶךְ dir.obj.-def.art.-n.m.s. (I 572) *the king*

וַיַּעֲלוּ consec.-Qal impf. 3 m.p. (עָלָה 748) *and brought up*

אֹתוֹ dir.obj.-3 m.s. sf. *him*

אֶל־מֶלֶךְ prep.-n.m.s. cstr. (I 572) *to the king of*

בָּבֶל pr.n. (93) *Babylon*

רִבְלָתָה pr.n.-dir.he (916) *at Riblah*

בְּאֶרֶץ prep.-n.f.s. cstr. (75) *in the land of*

חֲמָת pr.n. (333) *Hamath*

וַיְדַבֵּר consec.-Pi. impf. 3 m.s. (דָּבַר 180) *and he passed*

אִתּוֹ prep.-3 m.s. sf. (II 85) *upon him*

מִשְׁפָּטִים n.m.p. (1048) *sentence*

52:10

וַיִּשְׁחַט consec.-Qal impf. 3 m.s. (1006) *then slew*

מֶלֶךְ־ n.m.s. cstr. (I 572) *the king of*

בָּבֶל pr.n. (93) *Babylon*

אֶת־בְּנֵי dir.obj.-n.m.p. cstr. (119) *the sons of*

צִדְקִיָּהוּ pr.n. (843) *Zedekiah*

לְעֵינָיו prep.-n.f. du.-3 m.s. sf. (744) *before his eyes*

וְגַם conj.-adv. (168) *and also*

אֶת־כָּל־שָׂרֵי dir.obj.-n.m.s. cstr. (481)-n.m.p. cstr. (978) *all the princes of*

יְהוּדָה pr.n. (397) *Judah*

שָׁחַט Qal pf. 3 m.s. (1006) *slew*

בְּרִבְלָתָה prep.-pr.n.-dir.he (916) *at Riblah*

52:11

וְאֶת־עֵינֵי conj.-dir.obj.-n.f. du. cstr. (744) *and the eyes of*

צִדְקִיָּהוּ pr.n. (843) *Zedekiah*

עִוֵּר Pi. pf. 3 m.s. (עוּר 734) *he put out*

וַיַּאַסְרֵהוּ consec.-Qal impf. 3 m.s.-3 m.s. sf. (אָסַר 63) *and bound him*

בַּנְחֻשְׁתַּיִם prep.-def.art.-n.m. du. (I 638) *in fetters*

וַיְבִאֵהוּ consec.-Hi. impf. 3 m.s.-3 m.s. sf. (בּוֹא 97) *and took him*

מֶלֶךְ־ n.m.s. cstr. (I 572) *the king of*

בָּבֶל pr.n. (93) *Babylon*

בָּבֶלָה pr.n.-dir.he (93) *to Babylon*

וַיִּתְּנֵהוּ consec.-Qal impf. 3 m.s.-3 m.s. sf. (נָתַן 678) *and put him*

בֵית־ prep.-n.m.s. cstr. (108) *in the house of*

הַפְּקֻדֹּת def.art.-n.f.p. (824) *punishment (prison)*

עַד־יוֹם prep. (III 723)-n.m.s. cstr. (398) *till the day of*

מוֹתוֹ n.m.s.-3 m.s. sf. (560) *his death*

52:12

וּבַחֹדֶשׁ conj.-prep.-def.art.-n.m.s. (II 294) *and in the month*

הַחֲמִישִׁי def.art.-num.adj. (332) *fifth*

בֶּעָשׂוֹר prep.-def.art.-num. (797) *on the tenth day*

לַחֹדֶשׁ prep.-def.art.-n.m.s. (II 294) *of the month*

הִיא demons.adj. f.s. (214) *which was*

שְׁנַת n.f.s. cstr. (1040) *the year of*

תְּשַׁע־עֶשְׂרֵה num. (1077)-num. (797) *nineteenth*

שָׁנָה n.f.s. (1040) *year*

לַמֶּלֶךְ prep.-def.art.-n.m.s. (I 572) *of King*

נְבוּכַדְרֶאצַּר pr.n. (613) *Nebuchadrezzar*

מֶלֶךְ־בָּבֶל n.m.s. cstr. (I 572)-pr.n. (93) *king of Babylon*

בָּא Qal pf. 3 m.s. (בּוֹא 97) *entered*

נְבוּזַרְאֲדָן pr.n. (613) *Nebuzaradan*

רַב־טַבָּחִים n.m.s. cstr. (II 913)-n.m.p. (371) *the captain of the bodyguard*

עָמַד Qal pf. 3 m.s. (763; GK 155d) *who served*

לִפְנֵי prep.-n.m.s. cstr. (815) *before*

מֶלֶךְ־בָּבֶל v.supra-v.supra *the king of Babylon*

בִּירוּשָׁלָ͏ִם prep.-pr.n. (436) *in Jerusalem*

52:13

וַיִּשְׂרֹף consec.-Qal impf. 3 m.s. (שָׂרַף 976) *and he burned*

אֶת־בֵּית־יהוה dir.obj.-n.m.s. cstr. (108)-pr.n. (217) *the house of Yahweh*

וְאֶת־בֵּית conj.-dir.obj.-v.supra *and the house of*

הַמֶּלֶךְ def.art.-n.m.s. (I 572) *the king*

וְאֵת כָּל־ conj.-dir.obj.-n.m.s. cstr. (481) *and all*

בָּתֵּי n.m.p. cstr. (108) *the houses of*

יְרוּשָׁלַם pr.n. (436) *Jerusalem*

וְאֶת־כָּל־ v.supra-v.supra *and every*

בֵּית הַגָּדוֹל v.supra-def.art.-adj. (152) *great house*

שָׂרַף Qal pf. 3 m.s. (976) *he burned*

בָּאֵשׁ prep.-def.art.-n.f.s. (77) *with fire*

52:14

וְאֶת־כָּל־ conj.-dir.obj.-n.m.s. cstr. (481) *and all*

חֹמוֹת n.f.p. cstr. (327) *the walls of*

יְרוּשָׁלַם pr.n. (436) *Jerusalem*

סָבִיב subst. (686) *round about*

נָתְצוּ Qal pf. 3 c.p. (נתץ 683) *broke down*

כָּל־חֵיל v.supra-n.m.s. cstr. (298) *all the army of*

כַּשְׂדִּים pr.n. (505) *the Chaldeans*

אֲשֶׁר אֵת־ rel. (81)-prep. (II 85) *who were with*

רַב־טַבָּחִים n.m.s. cstr. (II 913)-n.m.p. (371) *the captain of the guard*

52:15

וּמִדַּלּוֹת conj.-prep.-n.f.p. cstr. (II 195) *and some of the poorest of*

הָעָם def.art.-n.m.s. (I 766) *the people*

וְאֶת־יֶתֶר conj.-dir.obj.-n.m.s. cstr. (451) *and the rest of*

הָעָם v.supra *the people*

הַנִּשְׁאָרִים def.art.-Ni. ptc. m.p. (שאר 983) *who were left*

בָּעִיר prep.-def.art.-n.f.s. (746) *in the city*

וְאֶת־הַנֹּפְלִים conj.-dir.obj.-def.art.-Qal act.ptc. m.p. (נפל 656) *and the deserters*

אֲשֶׁר נָפְלוּ rel. (81)-Qal pf. 3 c.p. (656) *who had deserted*

אֶל־מֶלֶךְ prep.-n.m.s. cstr. (I 572) *to the king of*

בָּבֶל pr.n. (93) *Babylon*

וְאֵת יֶתֶר conj.-dir.obj.-n.m.s. cstr. (451) *together with the rest of*

הָאָמוֹן def.art.-n.m.s. (II 54) *the artisans*

הֶגְלָה Hi. pf. 3 m.s. (גלה 162) *carried away captive*

נְבוּזַרְאֲדָן pr.n. (613) *Nebuzaradan*

רַב־הַבָּחִים n.m.s. cstr. (II 913)-n.m.p. (371) *the captain of the guard*

52:16

וּמִדַּלּוֹת conj.-prep.-n.f.p. cstr. (II 195) *and some of the poorest of*

הָאָרֶץ def.art.-n.f.s. (75) *the land*

הִשְׁאִיר Hi. pf. 3 m.s. (שאר 983) *left*

נְבוּזַרְאֲדָן pr.n. (613) *Nebuzaradan*

רַב־טַבָּחִים n.m.s. cstr. (II 913)-n.m.p. (371) *the captain of the guard*

52:17 (continued)

לְכֹרְמִים prep.-Qal act.ptc. m.p. (כרם 501) *to be vinedressers*

וּלְיֹגְבִים conj.-prep.-Qal act.ptc. m.p. (יגב 387) *and plowmen*

52:17

וְאֶת־עַמּוּדֵי conj.-dir.obj.-n.m.p. cstr. (765) *and the pillars of*

הַנְּחֹשֶׁת def.art.-n.f.s. (638) *bronze*

אֲשֶׁר־לְבֵית־ rel. (81)-prep.-n.m.s. cstr. (108) *that were in the house of*

יהוה pr.n. (217) *Yahweh*

וְאֶת־הַמְּכֹנוֹת conj.-dir.obj.-def.art.-n.f.p. (467) *and the stands*

וְאֶת־יָם conj.-dir.obj.-n.m.s. cstr. (410) *and the sea of*

הַנְּחֹשֶׁת v.supra *bronze*

אֲשֶׁר בְּבֵית־ v.supra-v.supra *that were in the house of*

יהוה pr.n. (217) *Yahweh*

שִׁבְּרוּ Pi. pf. 3 c.p. (שבר 990) *broke in pieces*

כַשְׂדִּים pr.n. (505) *the Chaldeans*

וַיִּשְׂאוּ consec.-Qal impf. 3 m.p. (נשא 669) *and carried*

אֶת־כָּל־ dir.obj.-n.m.s. cstr. (481) *all*

נְחֻשְׁתָּם n.f.s.-3 m.p. sf. (638) *their bronze*

בָּבֶלָה pr.n.-dir.he (93) *to Babylon*

52:18

וְאֶת־הַסִּרוֹת conj.-dir.obj.-def.art.-n.m.p. (696) *and the pots*

וְאֶת־הַיָּעִים v.supra-def.art.-n.m.p. (418) *and the shovels*

וְאֶת־הַמְזַמְּרוֹת v.supra-def.art.-n.f.p. (275) *and the snuffers*

וְאֶת־הַמִּזְרָקֹת v.supra-def.art.-n.m.p. (284) *and the basins*

וְאֶת־הַכַּפּוֹת v.supra-def.art.-n.f.p. (496) *and the pans*

וְאֵת כָּל־ conj.-dir.obj.-n.m.s. cstr. (481) *and all*

כְּלֵי n.m.p. cstr. (479) *the vessels of*

הַנְּחֹשֶׁת def.art.-n.f.s. (638) *bronze*

אֲשֶׁר־יְשָׁרְתוּ rel. (81)-Pi. impf. 3 m.p. (שרת 1058) *used in the temple service*

בָּהֶם לָקָחוּ prep.-3 m.p. sf.-Qal pf. 3 c.p. paus. (לקח 542) *they took them*

52:19

וְאֶת־הַסִּפִּים conj.-dir.obj.-def.art.-n.m.p. (I 706) *also the small bowls*

וְאֶת־הַמַּחְתּוֹת v.supra-def.art.-n.f.p. (367) *and the fire-pans*

445

וְאֶת־הַמִּזְרָקוֹת v.supra-def.art.-n.f.p. (284) *and the basins*

וְאֶת־הַסִּירוֹת v.supra-def.art.-n.m.p. (696) *and the pots*

וְאֶת־הַמְּנֹרוֹת v.supra-def.art.-n.f.p. (633) *and the lampstands*

וְאֶת־הַכַּפּוֹת v.supra-def.art.-n.f.p. (496) *and the pans*

וְאֶת־הַמְּנַקִּיּוֹת v.supra-def.art.-n.f.p. (667) *and the bowls for libation*

אֲשֶׁר זָהָב rel. (81)-n.m.s. (262) *what was of gold*

זָהָב v.supra *as gold*

וַאֲשֶׁר־כֶּסֶף conj.-v.supra-n.m.s. (494) *and what was of silver*

כֶּסֶף v.supra paus. *as silver*

לָקַח Qal pf. 3 m.s. (542) *took away*

רַב־טַבָּחִים n.m.s. cstr. (II 913)-n.m.p. (371) *the captain of the guard*

52:20

הָעַמּוּדִים def.art.-n.m.p. (765) *as for the ... pillars*

שְׁנַיִם num. (1040) *two*

הַיָּם אֶחָד def.art.-n.m.s. (410)-num. (25) *the one sea*

וְהַבָּקָר conj.-def.art.-n.m.s. (133) *and the bulls*

שְׁנֵים־עָשָׂר num. (1040)-num. (797) *twelve*

נְחֹשֶׁת n.f.s. (638) *bronze*

אֲשֶׁר־תַּחַת rel. (81)-prep. (1065) *which were under*

הַמְּכֹנוֹת def.art.-n.f.p. (467) *the stands*

אֲשֶׁר עָשָׂה rel. (81)-Qal pf. 3 m.s. (I 793) *which had made*

הַמֶּלֶךְ def.art.-n.m.s. (I 572) *the king*

שְׁלֹמֹה pr.n. (1024) *Solomon*

לְבֵית prep.-n.m.s. cstr. (108) *for the house of*

יְהוָה pr.n. (217) *Yahweh*

לֹא־הָיָה neg.-Qal pf. 3 m.s. (224) *was not*

מִשְׁקָל n.m.s. (1054) *a weight*

לִנְחֻשְׁתָּם prep.-n.f.s.-3 m.p. sf. (638; GK 128d) *of their bronze*

כָּל־ n.m.s. cstr. (481) *all of*

הַכֵּלִים הָאֵלֶּה def.art.-n.m.p. (479)-def.art.-demons.adj. c.p. (41) *these vessels*

52:21

וְהָעַמּוּדִים conj.-def.art.-n.m.p. (765) *as for the pillars*

שְׁמֹנֶה עֶשְׂרֵה num. (1032)-num. 797) *eighteen*

אַמָּה n.f.s. (52) *cubits*

קוֹמָה n.f.s. cstr. (879) *the height of*

הָעַמֻּד def.art.-n.m.s. (765) *the ... pillar*

הָאֶחָד def.art.-num. (25) *one*

וְחוּט conj.-n.m.s. cstr. (296) *and a line of*

שְׁתֵּים־עֶשְׂרֵה num. (1040)-num. (797) *twelve*

אַמָּה v.supra *cubits*

יְסֻבֶּנּוּ Qal impf. 3 m.s.-3 m.s. sf. (685) *surrounded it*

וְעָבְיוֹ conj.-n.m.s.-3 m.s. sf. (716) *and its thickness*

אַרְבַּע num. (916) *four*

אֶצְבָּעוֹת n.f.p. (840) *fingers*

נָבוּב Qal pass.ptc. (נבב 612) *it was hollow*

52:22

וְכֹתֶרֶת conj.-n.f.s. (509) *and a capital*

עָלָיו prep.-3 m.s. sf. *upon it*

נְחֹשֶׁת n.f.s. (638) *bronze*

וְקוֹמָה conj.-n.f.s. cstr. (879) *and the height of*

הַכֹּתֶרֶת הָאַחַת def.art.-n.f.s. (509)-def.art.-num. adj. (25) *the one capital*

חָמֵשׁ אַמּוֹת num. (331)-n.f.p. (52) *five cubits*

וּשְׂבָכָה conj.-n.f.s. (959) *and a network*

וְרִמּוֹנִים conj.-n.m.p. (I 941) *and pomegranates*

עַל־הַכֹּתֶרֶת prep.-def.art.-n.f.s. (509) *upon the capital*

סָבִיב subst. (686) *round about*

הַכֹּל def.art.-n.m.s. (481) *all*

נְחֹשֶׁת n.f.s. (638) *bronze*

וְכָאֵלֶּה conj.-prep.-def.art.-demons.adj. c.p. (41) *like these*

לַעַמּוּד prep.-def.art.-n.m.s. (765) *for the pillar*

הַשֵּׁנִי def.art.-num.adj. (1041) *second*

וְרִמּוֹנִים conj.-n.m.p. (I 941) *and pomegranates*

52:23

וַיִּהְיוּ consec.-Qal impf. 3 m.p. (היה 224) *and there were*

הָרִמֹּנִים def.art.-n.m.p. (I 941) *pomegranates*

תִּשְׁעִים וְשִׁשָּׁה num.p. (1077)-conj.-num. (995) *ninety-six*

רוּחָה n.f.s.-dir.he (924) *on the sides*

כָּל־ n.m.s. cstr. (481) *all*

הָרִמּוֹנִים v.supra *the pomegranates*

מֵאָה n.f.s. (547) *a hundred*

עַל־הַשְּׂבָכָה prep.-def.art.-n.f.s. (959) *upon the network*

סָבִיב subst. (686) *round about*

52:24

וַיִּקַּח consec.-Qal impf. 3 m.s. (לקח 542) *and took*

רַב־טַבָּחִים n.m.s. cstr. (II 913)-n.m.p. (371) *the captain of the guard*

אֶת־שְׂרָיָה dir.obj.–pr.n. (976) *Seraiah*

כֹּהֵן n.m.s. (463) *priest*

הָרֹאשׁ def.art.–adj. m.s. (910) *the chief*

וְאֶת־צְפַנְיָה conj.–dir.obj.–pr.n. (861) *and Zephaniah*

כֹּהֵן v.supra *priest*

הַמִּשְׁנֶה def.art.–n.m.s. (1041) *the second*

וְאֶת־שְׁלֹשֶׁת v.supra–num. cstr. (1025) *and the three of*

שֹׁמְרֵי Qal act.ptc. m.p. cstr. (שׁמר 1036) *keepers of*

הַסַּף def.art.–n.m.s. (II 706) *the threshold*

52:25

וּמִן־הָעִיר conj.–prep.–def.art.–n.f.s. (746) *and from the city*

לָקַח Qal pf. 3 m.s. (542) *he took*

סָרִיס n.m.s. (710) *an officer*

אֶחָד num. (25) *one*

אֲשֶׁר־הָיָה rel. (81)–Qal pf. 3 m.s. (224) *who was*

פָּקִיד n.m.s. (824) *overseer*

עַל־אַנְשֵׁי prep.–n.m.p. cstr. (35) *over the men of*

הַמִּלְחָמָה def.art.–n.f.s. (536) *war*

וְשִׁבְעָה conj.–num. (988) *and seven*

אֲנָשִׁים n.m.p. (35) *men*

מֵרֹאֵי prep.–Qal act.ptc. m.p. cstr. (ראה 906) *who appear*

פְּנֵי־הַמֶּלֶךְ n.m.p. cstr. (815)–def.art.–n.m.s. (I 572) *before the king*

אֲשֶׁר נִמְצְאוּ rel. (81)–Ni. pf. 3 c.p. (מצא 592) *who were found*

בָעִיר prep.–def.art.–n.f.s. (746) *in the city*

וְאֵת סֹפֵר conj.–dir.obj.–n.m.s. cstr. (708) *and the secretary of*

שַׂר n.m.s. cstr. (978) *the commander of*

הַצָּבָא def.art.–n.m.s. (838) *the army*

הַמַּצְבִּא def.art.–Hi. ptc. (צבא 838) *who mustered*

אֶת־עַם dir.obj.–n.m.s. cstr. (I 766) *the people of*

הָאָרֶץ def.art.–n.f.s. (75) *the land*

וְשִׁשִּׁים אִישׁ conj.–num. p. (995)–n.m.s. (35) *and sixty men*

מֵעַם prep.–v.supra *of the people of*

הָאָרֶץ v.supra *the land*

הַנִּמְצְאִים def.art.–Ni. ptc. m.p. (מצא 592) *who were found*

בְּתוֹךְ prep.–n.m.s. cstr. (1063) *in the midst of*

הָעִיר v.supra *the city*

52:26

וַיִּקַּח consec.–Qal impf. 3 m.s. (לקח 542) *and took*

אֹתָם dir.obj.–3 m.p. sf. *them*

נְבוּזַרְאֲדָן pr.n. (613) *Nebuzaradan*

רַב־טַבָּחִים n.m.s. cstr. (II 913)–n.m.p. (371) *the captain of the guard*

וַיֹּלֶךְ consec.–Hi. impf. 3 m.s. (הלך 229) *and brought*

אוֹתָם v.supra *them*

אֶל־מֶלֶךְ prep.–n.m.s. cstr. (I 572) *to the king of*

בָּבֶל pr.n. (93) *Babylon*

רִבְלָתָה pr.n.–dir.he (916) *at Riblah*

52:27

וַיַּכֶּה consec.–Hi. impf. 3 m.s. (נכה 645) *and smote*

אוֹתָם dir.obj.–3 m.p. sf. *them*

מֶלֶךְ n.m.s. cstr. (I 572) *the king of*

בָּבֶל pr.n. (93) *Babylon*

וַיְמִתֵם consec.–Hi. impf. 3 m.s.–3 m.p. sf. (מות 559) *and put them to death*

בְּרִבְלָה prep.–pr.n. (916) *at Riblah*

בְּאֶרֶץ prep.–n.f.s. cstr. (75) *in the land of*

חֲמָת pr.n. (333) *Hamath*

וַיִּגֶל consec.–Qal impf. 3 m.s. (גלה 162) *so was carried captive*

יְהוּדָה pr.n. (397) *Judah*

מֵעַל אַדְמָתוֹ prep.–prep.–n.f.s.–3 m.s. sf. (9) *out of its land*

52:28

זֶה הָעָם demons.adj. m.s. (260)–def.art.–n.m.s. (I 766) *this is the people*

אֲשֶׁר הֶגְלָה rel. (81)–Hi. pf. 3 m.s. (גלה 162) *whom carried away captive*

נְבוּכַדְרֶאצַּר pr.n. (613) *Nebuchadrezzar*

בִּשְׁנַת־ prep.–n.f.s. cstr. (1040) *in the year of*

שֶׁבַע num. (988) *seven*

יְהוּדִים gent.adj. p. (397) *Jews*

שְׁלֹשֶׁת num. f. (1025) *three*

אֲלָפִים n.m.p. (48) *thousand*

וְעֶשְׂרִים conj.–num. p. (797) *and twenty*

וּשְׁלֹשָׁה conj.–num. f. (1025) *three*

52:29

בִּשְׁנַת prep.–n.f.s. cstr. (1040) *in the year of*

שְׁמוֹנֶה עֶשְׂרֵה num. (1032)–num. (797) *eighteen*

לִנְבוּכַדְרֶאצַּר prep.–pr.n. (613) *of Nebuchadrezzar*

מִירוּשָׁלַ͏ִם prep.–pr.n. (436) *from Jerusalem*

נֶפֶשׁ n.f.s. (659) *persons*

שְׁמֹנֶה מֵאוֹת v.supra–n.f.p. (547) *eight hundred*

שְׁלֹשִׁים num. p. (1026) *thirty*

וּשְׁנָיִם conj.–num. du. (1040) *and two*

447

52:30

בִּשְׁנַת prep.-n.f.s. cstr. (1040) *in the year of*

שָׁלֹשׁ num. (1025) *three*

וְעֶשְׂרִים conj.-num. p. (797) *and twenty*

לִנְבוּכַדְרֶאצַּר prep.-pr.n. (613) *of Nebuchadrezzar*

הֶגְלָה Hi. pf. 3 m.s. (גָּלָה 162) *carried away captive*

נְבוּזַרְאֲדָן pr.n. (613) *Nebuzaradan*

רַב־טַבָּחִים n.m.s. cstr. (II 913)-n.m.p. (371) *the captain of the guard*

יְהוּדִים gent.adj. p. (397) *Jews*

נֶפֶשׁ n.f.s. (659) *persons*

שֶׁבַע num. (988) *seven*

מֵאוֹת n.f.p. (547) *hundred*

אַרְבָּעִים num. p. (917) *forty*

וַחֲמִשָּׁה conj.-num. f. (331) *and five*

כָּל־נֶפֶשׁ n.m.s. cstr. (481)-v.supra *all the persons*

אַרְבַּעַת num. f. cstr. (916) *four*

אֲלָפִים n.m.p. (48) *thousand*

וְשֵׁשׁ conj.-num. (995) *and six*

מֵאוֹת v.supra *hundred*

52:31

וַיְהִי consec.-Qal impf. 3 m.s. (הָיָה 224) *and it proceeded to be*

בִּשְׁלֹשִׁים prep.-num. p. (1026) *in the thirty*

וָשֶׁבַע conj.-num. (988) *and seven*

שָׁנָה n.f.s. (1040) *year*

לְגָלוּת prep.-n.f.s. cstr. (163) *of the captivity of*

יְהוֹיָכִן pr.n. (220) *Jehoiachin*

מֶלֶךְ־יְהוּדָה n.m.s. cstr. (I 572)-pr.n. (397) *king of Judah*

בִּשְׁנֵים עָשָׂר prep.-num. (1040)-num. (797) *in the twelve*

חֹדֶשׁ n.m.s. (II 294) *month*

בְּעֶשְׂרִים prep.-num. p. (797) *on the twenty*

וַחֲמִשָּׁה conj.-num. f. (331) *and five*

לַחֹדֶשׁ prep.-def.art.-n.m.s. (II 294) *of the month*

נָשָׂא Qal pf. 3 m.s. (669) *lifted up*

אֱוִיל מְרֹדַךְ pr.n. (17) *Evil-merodach*

מֶלֶךְ בָּבֶל n.m.s. cstr. (I 572)-pr.n. (93) *king of Babylon*

בִּשְׁנַת prep.-n.f.s. cstr. (1040) *in the year that*

מַלְכֻתוֹ n.f.s.-3 m.s. sf. (574) *he became king*

אֶת־רֹאשׁ dir.obj.-n.m.s. cstr. (910) *the head of*

יְהוֹיָכִין pr.n. (220) *Jehoiachin*

מֶלֶךְ יְהוּדָה v.supra-pr.n. (397) *king of Judah*

וַיֹּצֵא consec.-Hi. impf. 3 m.s. (יָצָא 422) *and brought*

אוֹתוֹ dir.obj.-3 m.s. sf. *him*

מִבֵּית הַכְּלִיא prep.-n.m.s. cstr. (108)-def.art. -n.m.s. (476) *out of prison*

52:32

וַיְדַבֵּר consec.-Pi. impf. 3 m.s. (180) *and he spoke*

אִתּוֹ prep.-3 m.s. sf. (II 85) *with him*

טֹבוֹת adj. f.p. (II 373) *kindly*

וַיִּתֵּן consec.-Qal impf. 3 m.s. (נָתַן 678) *and gave*

אֶת־כִּסְאוֹ dir.obj.-n.m.s.-3 m.s. sf. (490) *his seat*

מִמַּעַל לְכִסֵּא prep.-prep. (II 751)-prep.-n.m.s. cstr. (490) *above the seats of*

מְלָכִים def.art.-n.m.p. (I 572) *the kings*

אֲשֶׁר אִתּוֹ rel. (81)-prep.-3 m.s. sf. (II 85) *who were with him*

בְּבָבֶל prep.-pr.n. (93) *in Babylon*

52:33

וְשִׁנָּה conj.-Pi. pf. 3 m.s. (I 1039) *so put off*

אֵת בִּגְדֵי כִלְאוֹ dir.obj.-n.m.p. cstr. (93)-n.m.s.-3 m.s. sf. (476) *his prison garments*

וְאָכַל conj.-Qal pf. 3 m.s. (37) *and he ate*

לֶחֶם n.m.s. (536) *bread*

לְפָנָיו prep.-n.m.p.-3 m.s. sf. (815) *before him*

תָּמִיד adv. (556) *regularly*

כָּל־יְמֵי n.m.s. cstr. (481)-n.m.p. cstr. (398) *every day of*

חַיָּיו n.m.p.-3 m.s. sf. (313) *his life*

52:34

וַאֲרֻחָתוֹ conj.-n.f.s.-3 m.s. sf. (73) *as for his allowance*

אֲרֻחַת תָּמִיד n.f.s. cstr. (73)-n.m.s. (556) *a regular allowance*

נִתְּנָה־לּוֹ Ni. pf. 3 f.s. (נָתַן 678)-prep.-3 m.s. sf. *was given him*

מֵאֵת מֶלֶךְ־ prep.-prep. (II 85)-n.m.s. cstr. (I 572) *from the king of*

בָּבֶל pr.n. (93) *Babylon*

דְּבַר־יוֹם בְּיוֹמוֹ n.m.s. cstr. (182)-n.m.s. (398) -prep.-n.m.s.-3 m.s. sf. (398) *according to his daily need*

עַד־יוֹם prep. (III 723)-n.m.s. cstr. (398) *until the day of*

מוֹתוֹ n.m.s.-3 m.s. sf. (560) *his death*

כֹּל יְמֵי חַיָּיו n.m.s. cstr. (481)-n.m.p. cstr. (398) -n.m.p.-3 m.s. sf. (313) *as long as he lived*

Lamentations

1:1

אֵיכָה exclam. (32) *How*

יָשְׁבָה Qal pf. 3 f.s. (יָשַׁב 442) *sits*

בָדָד n.m.s. (94) *lonely* (in isolation)

הָעִיר def.art.-n.f.s. (746) *the city*

רַבָּתִי עָם adj. f.s. cstr. (912; GK 90 l)-n.m.s. paus. (766) *full of people*

הָיְתָה Qal pf. 3 f.s. (הָיָה 224) *has she become*

כְּאַלְמָנָה prep.-n.f.s. (48) *like a widow*

רַבָּתִי בַגּוֹיִם v.supra-prep.-def.art.-n.m.p. (156) *great among the nations*

שָׂרָתִי n.f.s. cstr. (979; GK 90 l) *a princess*

בַּמְּדִינוֹת prep.-def.art.-n.f.p. (193) *among the cities*

הָיְתָה v.supra *has become*

לָמַס prep.-n.m.s. paus. (586) *a vassal* (a body of forced laborers)

1:2

בָּכוֹ תִבְכֶּה Qal inf.abs. (בָּכָה 113)-Qal impf. 3 f.s. (113) *She weeps bitterly*

בַּלַּיְלָה prep.-def.art.-n.m.s. (538) *in the night*

וְדִמְעָתָהּ conj.-n.f.s.-3 f.s. sf. (199) (her) *tears*

עַל לֶחֱיָהּ prep. (752)-n.m.s.-3 f.s. sf. (534) *on her cheeks*

אֵין־לָהּ neg.cstr. (34)-prep.-3 f.s. sf. *she has none*

מְנַחֵם Pi. ptc. (נחם 636) *to comfort her*

מִכָּל־אֹהֲבֶיהָ prep.-n.m.s. cstr. (481)-Qal act.ptc. m.p.-3 f.s. sf. (אָהֵב 12) *among all her lovers*

כָּל־רֵעֶיהָ n.m.s. cstr. (481)-n.m.p.-3 f.s. sf. (945) *all her friends*

בָּגְדוּ בָהּ Qal pf. 3 c.p. (93)-prep.-3 f.s. sf. *have dealt treacherously with her*

הָיוּ Qal pf. 3 c.p. (הָיָה 224) *they have become*

לָהּ לְאֹיְבִים prep.-3 f.s. sf.-prep.-Qal act.ptc. m.p. (אֹיֵב 33) *her enemies*

1:3

גָּלְתָה Qal pf. 3 f.s. (גָּלָה 162) *has gone into exile*

יְהוּדָה pr.n. (397) *Judah*

מֵעֹנִי prep.-n.m.s. (777) *because of affliction*

וּמֵרֹב עֲבֹדָה conj.-prep.-n.m.s. cstr. (913)-n.f.s. (715) *and hard servitude*

הִיא יָשְׁבָה pers.pr. 3 f.s. (214)-Qal pf. 3 f.s. (442) *she dwells*

בַגּוֹיִם prep.-def.art.-n.m.p. (156) *among the nations*

לֹא מָצְאָה neg.-Qal pf. 3 f.s. (מָצָא 592) *finds no*

מָנוֹחַ n.m.s. (629) *resting place*

449

כָּל־רֹדְפֶיהָ n.m.s. cstr. (481)-Qal act.ptc. m.p.-3 f.s. sf. (רָדַף 922) (all of) her pursuers

הִשִּׂיגוּהָ Hi. pf. 3 c.p.-3 f.s. sf. (נָשַׂג 673) have overtaken her

בֵּין הַמְּצָרִים prep. (107)-def.art.-n.m.p. (865) in the midst of her distress

1:4

דַּרְכֵי צִיּוֹן n.f.p. cstr. (202)-pr.n. (851) the roads to Zion

אֲבֵלוֹת adj. f.p. (5) mourn

מִבְּלִי prep.-neg. (115) for none

בָּאֵי מוֹעֵד Qal act.ptc. m.p. cstr. (בּוֹא 97)-n.m.s. (417) come to the appointed feasts

כָּל־שְׁעָרֶיהָ n.m.s. cstr. (481)-n.m.p.-3 f.s. sf. (1044) all her gates

שׁוֹמֵמִין Qal act.ptc. m.p. (שָׁמֵם 1030; GK 87e) are desolate

כֹּהֲנֶיהָ n.m.p.-3 f.s. sf. (463) her priests

נֶאֱנָחִים Ni. ptc. m.p. (אָנַח 58) groan

בְּתוּלֹתֶיהָ n.f.p.-3 f.s. sf. (143) her maidens

נוּגוֹת Ni. ptc. f.p. (יָגָה 387; GK 69t) are grieved (afflicted; LXX-have been dragged away)

וְהִיא conj.-pers.pr. 3 f.s. (214) and she herself

מַר־לָהּ adj. m.s. or Qal pf. 3 m.s. (מָרַר 600) -prep.-3 f.s. sf. suffers bitterly (it is bitter to her)

1:5

הָיוּ צָרֶיהָ Qal pf. 3 c.p. (הָיָה 224)-n.m.p.-3 f.s. sf. (865) her foes have become

לְרֹאשׁ prep.-n.m.s. (910) the head

אֹיְבֶיהָ Qal act.ptc. m.p.-3 f.s. sf. (אָיַב 33) her enemies

שָׁלוּ Qal pf. 3 c.p. (שָׁלָה 1017) prosper

כִּי־יְהוָה conj. (471)-pr.n. (217) because Yahweh

הוֹגָהּ Hi. pf. 3 m.s.-3 f.s. sf. (יָגָה 387) has made her suffer

עַל רֹב־פְּשָׁעֶיהָ prep.(752)-n.m.s. cstr. (913) -n.m.p.-3 f.s. sf. (833) for the multitude of her transgressions

עוֹלָלֶיהָ n.m.p.-3 f.s. sf. (760) her children

הָלְכוּ Qal pf. 3 c.p. (הָלַךְ 229) have gone away

שְׁבִי n.m. coll. (985) captives

לִפְנֵי־צָר prep.-n.m.p. cstr. (815)-n.m.s paus. (865) before the foe

1:6

וַיֵּצֵא consec.-Qal impf. 3 m.s. (יָצָא 422) has departed

מִן־בַּת־צִיּוֹן prep.-n.f.s. cstr. (123)-pr.n. (851) from the daughter of Zion

כָּל־הֲדָרָהּ n.m.s. cstr. (481)-n.m.s.-3 f.s. sf. (214) all her majesty

הָיוּ Qal pf. 3 c.p. (הָיָה 224) have become

שָׂרֶיהָ n.m.p.-3 f.s. sf. (978) her princes

כְּאַיָּלִים prep.-n.m.p. (19) like harts

לֹא־מָצְאוּ neg.-Qal pf. 3 c.p. (מָצָא 592) that find no

מִרְעֶה n.m.s. (945) pasture

וַיֵּלְכוּ consec.-Qal impf. 3 m.p. (הָלַךְ 229) they fled

בְלֹא־כֹחַ prep.-neg.-n.m.s. (470) without strength

לִפְנֵי רוֹדֵף prep.-n.m.p. cstr. (815)-Qal act.ptc. (922) before the pursuer

1:7

זָכְרָה Qal pf. 3 f.s. (זָכַר 269) remembers

יְרוּשָׁלַ͏ִם pr.n. (436) Jerusalem

יְמֵי עָנְיָהּ n.m.p. cstr. (398)-n.m.s.-3 f.s. sf. (777) in the days of her affliction

וּמְרוּדֶיהָ conj.-n.m.p.-3 f.s. sf. (924) and her restlessness

כֹּל מַחֲמֻדֶיהָ n.m.s. cstr. (481)-n.m.p.-3 f.s. sf. (327) all the precious things

אֲשֶׁר הָיוּ rel. (81)-Qal pf. 3 c.p. (הָיָה 224) that were

מִימֵי קֶדֶם prep.-n.m.p. cstr. (398)-n.m.s. (869) from days of old

בִּנְפֹל עַמָּהּ prep.-Qal inf.cstr. (656)-n.m.s.-3 f.s. sf. (766) when her people fell

בְּיַד־צָר prep.-n.f.s. cstr. (388)-n.m.s. (865) into the hand of the foe

וְאֵין עוֹזֵר לָהּ conj.-neg.cstr. (34)-Qal act.ptc. (740)-prep.-3 f.s. sf. and there was none to help her

רָאוּהָ צָרִים Qal pf. 3 c.p.-3 f.s. sf. (רָאָה 906) -n.m.p. (865) the foe gloated (saw) over her

שָׂחֲקוּ Qal pf. 3 c.p. (שָׂחַק 965) mocking

עַל־מִשְׁבַּתֶּהָ prep.-n.m.p.-3 f.s. sf. (992) at her downfall (cessation)

1:8

חֵטְא חָטְאָה n.m.s. (307; GK 117p)-Qal pf. 3 f.s. (חָטָא 306) sinned grievously

יְרוּשָׁלַ͏ִם pr.n. (436) Jerusalem

עַל־כֵּן prep. (752)-adv. (485) therefore

לְנִידָה prep.-n.f.s. (622) filthy

הָיָתָה Qal pf. 3 f.s. paus. (הָיָה 224) she became

כָּל־מְכַבְּדֶיהָ n.m.s. cstr. (481)-Pi. ptc. m.p.-3 f.s. sf. (כָּבֵד 457) all who honored her

הִזִּילוּהָ Hi. pf. 3 c.p.-3 f.s. sf. (זָלַל 272; GK 67y) despise her

כִּי־רָאוּ conj. (471)-Qal pf. 3 c.p. רָאָה (906) *for they have seen*

עֶרְוָתָהּ n.f.s.-3 f.s. sf. (788) *her nakedness*

גַּם־הִיא adv. (168)-pers.pr. 3 f.s. (214) *yea, she herself*

נֶאֶנְחָה Ni. pf. 3 f.s. אנח (58) *groans*

וַתָּשָׁב consec.-Qal impf. 3 f.s. (שׁוּב 996) *and turns*

אָחוֹר adv. (30) *away (backwards)*

1:9

טֻמְאָתָהּ n.f.s.-3 f.s. sf. (380) *her uncleanness*

בְּשׁוּלֶיהָ prep.-n.m.p.-3 f.s. sf. (1002) *in her skirts*

לֹא זָכְרָה neg.-Qal pf. 3 f.s. זכר (269) *she took no thought of*

אַחֲרִיתָהּ n.f.s.-3 f.s. sf. (31) *her doom (end)*

וַתֵּרֶד consec.-Qal impf. 3 f.s. (ירד 432) *therefore she is prostrated*

פְּלָאִים n.m.p. (810; GK 124f) *extraordinarily*

אֵין מְנַחֵם לָהּ neg.cstr. (34)-Pi. ptc. (נחם 636) -prep.-3 f.s. sf. *she has no comforter*

רְאֵה Qal impv. 2 m.s. רָאָה (906) *behold*

יהוה pr.n. (217) *O Yahweh*

אֶת־עָנְיִי dir.obj.-n.m.s.-1 c.s. sf. (777) *my affliction*

כִּי הִגְדִּיל conj. (471)-Hi. pf. 3 m.s. (גדל 152) *for ... has triumphed*

אוֹיֵב Qal act.ptc. אָיַב (33) *the enemy*

1:10

יָדוֹ n.f.s.-3 m.s. sf. (388; GK 155f) *his hands*

פָּרַשׂ Qal pf. 3 m.s. (831) *has stretched out*

צָר n.m.s. paus. (865) *the enemy*

עַל כָּל־מַחֲמַדֶּיהָ prep.-n.m.s. cstr. (481)-n.m.p.-3 f.s. sf. (326) *over all her precious things*

כִּי־רָאֲתָה conj. (471)-Qal pf. 3 f.s. רָאָה (906) *yea, she has seen*

גוֹיִם n.m.p. (156) *the nations*

בָּאוּ Qal pf. 3 c.p. (בּוֹא 97) *invade*

מִקְדָּשָׁהּ n.m.s.-3 f.s. sf. (874) *her sanctuary*

אֲשֶׁר צִוִּיתָה rel. (81)-Pi. pf. 2 m.s. (צוה 845) *those whom thou didst forbid*

לֹא־יָבֹאוּ neg. (GK 120c)-Qal impf. 3 m.p. (בּוֹא 97) *to enter*

בַּקָּהָל לָךְ prep.-def.art.-n.m.s. (874)-prep.-2 m.s. sf. paus. *thy congregation*

1:11

כָּל־עַמָּהּ n.m.s. cstr. (481)-n.m.s.-3 f.s. sf. (766) *all her people*

נֶאֱנָחִים Ni. ptc. m.p. (אנח 58) *groan*

מְבַקְּשִׁים Pi. ptc. m.p. (בקשׁ 134) *as they search for*

לֶחֶם n.m.s. (536) *bread*

נָתְנוּ Qal pf. 3 c.p. (נתן 678) *they trade*

מַחֲמוֹדֵּיהֶם n.m.p.-3 m.p. sf. (327) *their treasures* (Qere-מַחֲמַדֵּיהֶם)

בְּאֹכֶל prep.-n.m.s. (38) *for food*

לְהָשִׁיב נָפֶשׁ prep.-Hi. inf.cstr. (שׁוּב 996)-n.f.s. paus. (659) *to revive their strength*

רְאֵה יהוה Qal impv. 2 m.s. רָאָה (906)-pr.n. (217) *look, O Yahweh*

וְהַבִּיטָה conj.-Hi. impv. 2 m. s.-vol.he (נבט 613) *and behold*

כִּי הָיִיתִי conj. (471)-Qal pf. 1 c.s. (הָיָה 224) *for I am*

זוֹלֵלָה Qal act.ptc. (f.s.) paus. (זלל 272) *despised*

1:12

לוֹא neg. *is it nothing (not)*

אֲלֵיכֶם prep.-2 m.p. sf. *to you*

כָּל־עֹבְרֵי דֶרֶךְ n.m.s. cstr. (481)-Qal act.ptc. m.p. cstr. (עבר 716)-n.m.s. (202) *all you who pass by*

הַבִּיטוּ וּרְאוּ Hi. impv. 2 m.p. (נבט 613)-conj.-Qal impv. 2 m.p. רָאָה (906) *look and see*

אִם־יֵשׁ hypoth.part. (49)-subst. (441) *if there is*

מַכְאוֹב כְּמַכְאֹבִי n.m.s. (456)-n.m.s.-1 c.s. sf. (456) *any sorrow like my sorrow*

אֲשֶׁר עוֹלַל לִי rel. (81)-Po'al pf. 3 m.s. (עלל 759)-prep.-1 c.s. sf. *which was brought upon me*

אֲשֶׁר הוֹגָה יהוה rel. (81)-Hi. pf. 3 m.s. (ינה 387)-pr.n. (217) *which Yahweh inflicted*

בְּיוֹם prep.-n.m.s. cstr. (398) *on the day of*

חֲרוֹן אַפּוֹ n.m.s. cstr. (354)-n.m.s.-3 m.s. sf. (60) *his fierce anger*

1:13

מִמָּרוֹם prep.-n.m.s. (928) *from on high*

שָׁלַח־אֵשׁ Qal pf. 3 m.s. (1018)-n.f.s. (77) *he sent fire*

בְּעַצְמֹתַי prep.-n.f.p.-1 c.s. sf. (782) *into my bones*

וַיִּרְדֶּנָּה consec.-Qal impf. 3 m.s.-3 f.p. sf. (רָדָה 921; some suggest rd. as Qal pf. 3 f.s. of ירד as יָרְדָה "it descended") *and it prevailed against them*

פָּרַשׂ רֶשֶׁת Qal pf. 3 m.s. (831)-n.f.s. (440) *he spread a net*

לְרַגְלַי prep.-n.f.p.-1 c.s. sf. (919) *for my feet*

הֱשִׁיבַנִי Hi. pf. 3 m.s.-1 c.s. sf. (שׁוּב 996) *he turned me*

451

אָחוֹר adv. (30) *back*

נְתָנַנִי שֹׁמֵמָה Qal pf. 3 m.s.-1 c.s. sf. (נָתַן 678)
-Qal act.ptc. f.s. (שָׁמֵם 1030) *he has left me
stunned*

כָּל־הַיּוֹם n.m.s. cstr. (481)-def.art.-n.m.s. (398) *all
the day long*

דָּוָה adj. f.s. (188) *faint*

1:14

נִשְׂקַד עַל Ni. pf. 3 m.s. (שָׂקַד 974)-n.m.s. (760)
were bound into a yoke; many rd. נִשְׁקַד עַל
(1052) *watch is kept upon*

פְּשָׁעַי n.m.p.-1 c.s. sf. (833) *my transgressions*

בְּיָדוֹ prep.-n.f.s.-3 m.s. sf. (388) *by his hand*

יִשְׂתָּרְגוּ Hith. impf. 3 m.p. (שָׂרַג 974) *they were
fastened together*

עָלוּ Qal pf. 3 c.p. (עָלָה 748) *they were set;*
LXX=עֻלּוֹ *his yoke*

עַל־צַוָּארִי prep.-n.m.s.-1 c.s. sf. (848) *upon my
neck*

הִכְשִׁיל Hi. pf. 3 m.s. (505) *he caused to fail*

כֹּחִי n.m.s.-1 c.s. sf. (470) *my strength*

נְתָנַנִי אֲדֹנָי Qal pf. 3 m.s.-1 c.s. sf. (נָתַן 678)
-n.m.p.-1 c.s. sf. (10) *the Lord gave me*

בִּידֵי prep.-n.f.p. cstr. (388; GK 130d) *into the
hands of*

לֹא אוּכַל קוּם neg.-Qal impf. 1 c.s. (יָכֹל 407)
-Qal inf.cstr. (קוּם 877) *those whom I cannot
withstand*

1:15

סִלָּה Pi. pf. 3 m.s. (סָלָה 699) *flouted*

כָל־אַבִּירַי n.m.s. cstr. (481)-adj. m.p.-1 c.s. sf. (7)
all my mighty men

אֲדֹנָי n.m.p.-1 c.s. sf. (10) *the Lord*

בְּקִרְבִּי prep.-n.m.s.-1 c.s. sf. (899) *in the midst of
me*

קָרָא עָלַי Qal pf. 3 m.s. (894)-prep.-1 c.s. sf. (752)
he summoned against me

מוֹעֵד n.m.s. (417) *an assembly*

לִשְׁבֹּר prep.-Qal inf.cstr. (990) *to crush*

בַּחוּרָי n.m.p.-1 c.s. sf. (104) *my young men*

גַּת n.f.s. (387) *as in a wine press*

דָּרַךְ אֲדֹנָי Qal pf. 3 m.s. (201)-n.m.p.-1 c.s. sf.
(10) *the Lord has trodden*

לִבְתוּלַת בַּת־יְהוּדָה prep.-n.f.s. cstr. (143)-n.f.s.
cstr. (123)-pr.n. (397) *the virgin daughter of
Judah*

1:16

עַל־אֵלֶּה prep.-demons.adj. c.p. (41) *for these
things*

אֲנִי בוֹכִיָּה pers.pr. 1 c.s. (58)-Qal act.ptc. f.s. (113;
GK 75v) (בָּכָה) *I weep*

עֵינִי עֵינִי n.f.s.-1 c.s. sf. (744)-v.supra *my eyes*

יֹרְדָה מַּיִם Qal act.ptc. f.s. (יָרַד 432; GK
117z)-n.m.p. (565) *flow with tears*

כִּי־רָחַק conj. (471)-Qal pf. 3 m.s. (934) *for ... is
far*

מִמֶּנִּי prep.-1 c.s. sf. (577) *from me*

מְנַחֵם Pi. ptc. m.s. (נָחַם 636) *a comforter*

מֵשִׁיב נַפְשִׁי Hi. ptc. m.s. (שׁוּב 996)-n.f.s.-1 c.s.
sf. (659) *one to revive my courage*

הָיוּ בָנַי Qal pf. 3 c.p. (הָיָה 224)-n.m.p.-1 c.s. sf.
(119) *my children are*

שׁוֹמֵמִים Qal act.ptc. m.p. (שָׁמֵם 1030) *desolate*

כִּי גָבַר conj. (471)-Qal pf. 3 m.s. (149) *for ... has
prevailed*

אוֹיֵב Qal act.ptc. m.s. (אָיַב 33) *the enemy*

1:17

פֵּרְשָׂה Pi. pf. 3 f.s. (פָּרַשׂ 831) *stretches*

צִיּוֹן pr.n. (851) *Zion*

בְּיָדֶיהָ prep.-n.f.p.-3 f.s. sf. (388) *out her hands*

אֵין מְנַחֵם לָהּ neg.cstr. (34)-Pi. ptc. m.s. (נָחַם
636)-prep.-3 f.s. sf. *but there is none to
comfort her*

צִוָּה יהוה Pi. pf. 3 m.s. (צָוָה 845)-pr.n. (217)
Yahweh has commanded

לְיַעֲקֹב prep.-pr.n. (784) *against Jacob*

סְבִיבָיו subst. m.p.-3 m.s. sf. (686) *his neighbors*

צָרָיו n.m.p.-3 m.s. sf. (865) *his foes*

הָיְתָה Qal pf. 3 f.s. (הָיָה 224) *has become*

יְרוּשָׁלַםִ pr.n. (436) *Jerusalem*

לְנִדָּה prep.-n.f.s. (622) *a filthy thing*

בֵּינֵיהֶם prep.-3 m.p. sf. (107) *among them*

1:18

צַדִּיק adj. m.s. (843) *is in the right*

הוּא יהוה pers.pr. 3 m.s. (214)-pr.n. (217) *Yahweh
himself*

כִּי פִיהוּ conj. (471)-n.m.s.-3 m.s. sf. (804) *for
against his word*

מָרִיתִי Qal pf. 1 c.s. (מָרָה 598) *I have rebelled*

שִׁמְעוּ־נָא Qal impv. 2 m.p. (1033)-part. of
entreaty (609) *but hear*

כָל־עַמִּים n.m.s. cstr. (481)-def.art.-n.m.p. (766)
all you peoples

וּרְאוּ conj.-Qal impv. 2 m.p. (רָאָה 906) *and
behold*

מַכְאֹבִי n.m.s.-1 c.s. sf. (456) *my suffering*

בְּתוּלֹתַי n.f.p.-1 c.s. sf. (143) *my maidens*

וּבַחוּרַי conj.-n.m.p.-1 c.s. sf. (104) *and my young
men*

הָלָ֣כוּ Qal pf. 3 c.p. (הָלַךְ 229) *have gone*

בַּשֶּׁ֑בִי prep.-def.art.-n.m.s. (985) *into captivity*

1:19

קָרָ֤אתִי Qal pf. 1 c.s. (קָרָא 894) *I called*

לַֽמְאַהֲבַי֙ prep.-Pi. ptc. m.p.-1 c.s. sf. (אָהֵב 12) *to my lovers*

הֵ֣מָּה רִמּ֔וּנִי pers.pr. 3 m.p. (241)-Pi. pf. 3 c.p.-1 c.s. sf. (רָמָה 941) *but they deceived me*

כֹּהֲנַ֥י n.m.p.-1 c.s. sf. (463) *my priests*

וּזְקֵנַ֖י conj.-adj. m.p.-1 c.s. sf. (278) *and (my) elders*

בָּעִ֣יר prep.-def.art.-n.f.s. (746) *in the city*

גָּוָ֑עוּ Qal pf. 3 c.p. paus. (גָּוַע 157) *perished*

כִּֽי־בִקְשׁ֥וּ conj. (471)-Pi. pf. 3 c.p. (134) *while they sought*

אֹ֖כֶל לָ֑מוֹ n.m.s. (38)-prep.-3 m.p. sf. *food (for themselves)*

וְיָשִׁ֖יבוּ conj.-Hi. impf. 3 m.p. (שׁוּב 996; GK 107q, 165a) *to revive*

אֶת־נַפְשָֽׁם dir.obj.-n.f.s.-3 m.p. sf. (659) *their strength*

1:20

רְאֵ֨ה יְהוָ֤ה Qal impv. 2 m.s. (רָאָה 906)-pr.n. (217) *behold, O Yahweh*

כִּֽי־צַר־לִ֗י conj. (471)-n.m.s. (865)-prep.-1 c.s. sf. *for I am in distress*

מֵעַ֞י n.m.p.-1 c.s. sf. (588) *my soul*

חֳמַרְמָ֗רוּ Pe'al'al pf. pass. 3 c.p. (חָמַר 330-1) *is in tumult*

נֶהְפַּ֤ךְ לִבִּי֙ Ni. ptc. m.s. (הָפַךְ 245)-n.m.s.-1 c.s. sf. (524) *my heart is wrung*

בְּקִרְבִּ֔י prep.-n.m.s.-1 c.s. sf. (899) *within me*

כִּ֥י מָר֖וֹ מָרִ֑יתִי conj. (471)-Qal inf.abs. (מָרָה 598)-Qal pf. 1 c.s. (מָרָה 598) *because I have been very rebellious*

מִח֥וּץ prep.-n.m.s. (299) *in the street*

שִׁכְּלָה־חֶ֖רֶב Pi. pf. 3 f.s. (שָׁכֵל 1013)-n.f.s. (352) *the sword bereaves*

בַּבַּ֥יִת prep.-def.art.-n.m.s. (108) *in the house*

כַּמָּֽוֶת prep.-def.art.-n.m.s. (560) *it is like death*

1:21

שָׁמְע֗וּ Qal pf. 3 c. p. (שָׁמַע 1033; LXX = שִׁמְעוּ Qal impv. 2 m.p.) *hear*

כִּ֤י נֶאֱנָחָה֙ אָ֔נִי conj. (471)-Ni. ptc. f.s. (אָנַח 58)-pers.pr. 1 c.s. (58) *how I groan*

אֵ֤ין מְנַחֵ֣ם לִ֔י neg.cstr. (34)-Pi. ptc. m.s. (נָחַם 636)-prep.-1 c.s. sf. *there is none to comfort me*

כָּל־אֹ֣יְבַ֗י n.m.s. cstr. (481)-Qal act.ptc. m.p.-1 c.s. sf. (אָיַב 33) *all my enemies*

שָׁמְע֤וּ Qal pf. 3 c.p. (1033) *have heard of*

רָֽעָתִי֙ n.f.s.-1 c.s. sf. (949) *my trouble*

שָׂ֔שׂוּ Qal pf. 3 c.p. (שׂוּשׂ 965) *they are glad*

כִּ֥י אַתָּ֣ה עָשִׂ֑יתָ conj. (471)-pers.pr. 2 m.s. (61)-Qal pf. 2 m.s. (עָשָׂה 793) *that thou hast done it*

הֵבֵ֛אתָ Hi. pf. 2 m.s. (בּוֹא 97) *thou hast brought*

יוֹם־קָרָ֖אתָ n.m.s. (398)-Qal pf. 2 m.s. (894) *the day thou hast announced*

וְיִֽהְי֥וּ conj.-Qal impf. 3 c.p. (הָיָה 224) *and let them be*

כָמֽוֹנִי prep.-1 c.s. sf. *as I am*

1:22

תָּבֹ֨א Qal impf. 3 f.s. (בּוֹא 97) *let ... come*

כָל־רָעָתָ֤ם n.m.s. cstr. (481)-n.f.s.-3 m.p. sf. (949) *all their evil doing*

לְפָנֶיךָ֙ prep.-n.m.p.-2 m.s. sf. (815) *before thee*

וְעוֹלֵ֣ל לָ֔מוֹ conj.-Po'el impv. 2 m.s. (עָלַל 759)-prep.-3 m.p. sf. *and deal with them*

כַּאֲשֶׁ֥ר עוֹלַ֖לְתָּ לִ֑י prep.-rel.-Po'el pf. 2 m.s. (עָלַל 759)-prep.-1 c.s. sf. *as thou hast dealt with me*

עַ֖ל כָּל־פְּשָׁעָ֑י prep.-n.m.s. cstr. (481)-n.m.p.-1 c.s. sf. paus. (833) *because of all my transgressions*

כִּֽי־רַבּ֥וֹת conj. (471)-adj. f.p. (912) *for ... are many*

אַנְחֹתַ֖י n.f.p.-1 c.s. sf. (58) *my groans*

וְלִבִּ֥י conj.-n.m.s.-1 c.s. sf. (524) *and my heart*

דַוָּֽי adj. m.s. paus. (188) *is faint*

2:1

אֵיכָה֩ adv. (32) *how*

יָעִ֨יב Hi. impf. 3 m.s. (עוּב 728) *has set under a cloud*

בְּאַפּ֤וֹ prep.-n.m.s.-3 m.s. sf. (60) *in his anger*

אֲדֹנָי֙ n.m.p.-1 c.s. sf. (10) *the Lord*

אֶת־בַּת־צִיּ֔וֹן dir.obj.-n.f.s. cstr. (123)-pr.n. (851) *the daughter of Zion*

הִשְׁלִ֤יךְ Hi. pf. 3 m.s. (1020) *he has cast down*

מִשָּׁמַ֨יִם֙ prep.-n.m.p. (1029) *from heaven*

אֶ֔רֶץ n.f.s. (75) *to earth*

תִּפְאֶ֖רֶת n.f.s. cstr. (802) *the splendor of*

יִשְׂרָאֵ֑ל pr.n. (975) *Israel*

וְלֹא־זָכַ֥ר conj.-neg.-Qal pf. 3 m.s. (269) *he has not remembered*

הֲדֹם־רַגְלָ֖יו n.m.s. cstr. (213)-n.f.p.-3 m.s. sf. (919) *his footstool*

בְּיוֹם אַפּוֹ prep.-n.m.s. cstr. (398)-n.m.s.-3 m.s. sf. (60) *in the day of his anger*

2:2

בִּלַּע Pi. pf. 3 m.s. (בָּלַע 118) *has destroyed*

אֲדֹנָי n.m.p.-1 c.s. sf. (10) *the Lord*

לֹא חָמַל conj.-neg.-Qal pf. 3 m.s. (328) *without mercy*

אֵת כָּל־נְאוֹת dir.obj.-n.m.s. cstr. (481)-n.f.p. cstr. (627) (נָוֶה) *all the habitations of*

יַעֲקֹב pr.n. (784) *Jacob*

הָרַס Qal pf. 3 m.s. (248) *he has broken down*

בְּעֶבְרָתוֹ prep.-n.f.s.-3 m.s. sf. (720) *in his wrath*

מִבְצְרֵי n.m.p. cstr. (131) *the strongholds of*

בַּת־יְהוּדָה n.f.s. cstr. (123)-pr.n. (397) *the daughter of Judah*

הִגִּיעַ Hi. pf. 3 m.s. (נָגַע 619) *he has brought down*

לָאָרֶץ prep.-def.art.-n.f.s. (75) *to the ground*

חִלֵּל Pi. pf. 3 m.s. (חָלַל 320) *in dishonor*

מַמְלָכָה n.f.s. (575) *the kingdom*

וְשָׂרֶיהָ conj.-n.m.p.-3 f.s. sf. (978) *and its rulers*

2:3

גָּדַע Qal pf. 3 m.s. (154) *he has cut down*

בָּחֳרִי־אַף prep.-n.m.s. cstr. (354)-n.m.s. (60) *in fierce anger*

כֹּל קֶרֶן n.m.s. cstr. (481)-n.f.s. (901) *all the might of*

יִשְׂרָאֵל pr.n. (975) *Israel*

הֵשִׁיב אָחוֹר Hi. pf. 3 m.s. (שׁוּב 996)-adv. (30) *he has withdrawn*

יְמִינוֹ n.f.s.-3 m.s. sf. (411) *his right hand*

מִפְּנֵי אוֹיֵב prep.-n.m.p. cstr. (815)-Qal act.ptc. m.s. (אֹיֵב 33) *in the face of the enemy*

וַיִּבְעַר consec.-Qal impf. 3 m.s. (בָּעַר 128) *he has burned*

בְּיַעֲקֹב prep.-pr.n. (784) *in Jacob*

כְּאֵשׁ לֶהָבָה prep.-n.f.s. (77)-n.f.s. (529) *like a flaming fire*

אָכְלָה Qal pf. 3 f.s. (אָכַל 37) *consuming*

סָבִיב adv. (686) *all around*

2:4

דָּרַךְ Qal pf. 3 m.s. (201) *he has bent*

קַשְׁתּוֹ n.f.s.-3 m.s. sf. (905) *his bow*

כְּאוֹיֵב prep.-Qal act.ptc. m.s. (אֹיֵב 33) *like an enemy*

נִצָּב Ni. ptc. (נָצַב 662) *set*

יְמִינוֹ n.f.s.-3 m.s. sf. (411) *with his right hand*

כְּצָר prep.-n.m.s. (865) *like a foe*

וַיַּהֲרֹג consec.-Qal impf. 3 m.s. (הָרַג 246) *and he has slain*

כֹּל מַחֲמַדֵּי־ n.m.s. cstr. (481)-n.m.p. cstr. (326) *all the pride of*

עָיִן n.f.s. paus. (744) *our eyes*

בְּאֹהֶל prep.-n.m.s. cstr. (13) *in the tent of*

בַּת־צִיּוֹן n.f.s. cstr. (123)-pr.n. (851) *the daughter of Zion*

שָׁפַךְ Qal pf. 3 m.s. (1049) *he has poured out*

כָּאֵשׁ prep.-def.art.-n.f.s. (77) *like fire*

חֲמָתוֹ n.f.s.-3 m.s. sf. (404) *his fury*

2:5

הָיָה אֲדֹנָי Qal pf. 3 m.s. (224)-n.m.p.-1 c.s. sf. (10) *the Lord has become*

כְּאוֹיֵב prep.-Qal act.ptc. (אֹיֵב 33) *like an enemy*

בִּלַּע Pi. pf. 3 m.s. (118) *he has destroyed*

יִשְׂרָאֵל pr.n. (975) *Israel*

בִּלַּע v.supra *he has destroyed*

כָּל־אַרְמְנוֹתֶיהָ n.m.s. cstr. (481)-n.m.p.-3 f.s. sf. (74) *all its palaces*

שִׁחֵת Pi. pf. 3 m.s. (שָׁחַת 1007) *he laid in ruins*

מִבְצָרָיו n.m.p.-3 m.s. sf. (131) *its strongholds*

וַיֶּרֶב consec.-Hi. impf. 3 m.s. (רָבָה 915) *and he has multiplied*

בְּבַת־יְהוּדָה prep.-n.f.s. cstr. (123)-pr.n. (397) *in the daughter of Judah*

תַּאֲנִיָּה n.f.s. (58) *mourning*

וַאֲנִיָּה conj.-n.f.s. (58) *and lamentation*

2:6

וַיַּחְמֹס consec.-Qal impf. 3 m.s. (חָמַס 329) *he has broken down*

כַּגַּן prep.-def.art.-n.m.s. (171) *like that of a garden*

שֻׂכּוֹ n.m.s.-3 m.s. sf. (968) *his booth*

שִׁחֵת Pi. pf. 3 m.s. (שָׁחַת 1007) *he laid in ruins*

מוֹעֲדוֹ n.m.s.-3 m.s. sf. (417) *the place of his appointed feasts*

שִׁכַּח יהוה Pi. pf. 3 m.s. (שָׁכַח 1013)-pr.n. (217) *Yahweh has brought to an end*

בְּצִיּוֹן prep.-pr.n. (851) *in Zion*

מוֹעֵד וְשַׁבָּת n.m.s. (417)-n.f.s. (992) *appointed feast and sabbath*

וַיִּנְאַץ consec.-Qal impf. 3 m.s. (נָאַץ 610) *and he has spurned*

בְּזַעַם־אַפּוֹ prep.-n.m.s. cstr. (276)-n.m.s.-3 m.s. sf. (60) *in his fierce indignation*

מֶלֶךְ וְכֹהֵן n.m.s. (572)-conj.-n.m.s. (463) *king and priest*

2:7

זָנַח אֲדֹנָי Qal pf. 3 m.s. (276)-n.m.p.-1 c.s. sf. (10) *the Lord has scorned*

מִזְבְּחוֹ n.m.s.-3 m.s. sf. (258) *his altar*

נִאֵר Pi. pf. 3 m.s. (נָאַר 611; GK 64e) *he disowned*

מִקְדָּשׁוֹ n.m.s.-3 m.s. sf. (874) *his sanctuary*

הִסְגִּיר Hi. pf. 3 m.s. (סָגַר 688) *he has delivered*

בְּיַד־אוֹיֵב prep.-n.f.s. cstr. (388)-Qal act.ptc. 33) *into the hand of the enemy*

חוֹמֹת n.f.p. cstr. (327) *the walls of*

אַרְמְנוֹתֶיהָ n.m.p.-3 f.s. sf. (74) *her palaces*

קוֹל נָתְנוּ n.m.s. (876)-Qal pf. 3 c.p. (נָתַן 678) *a clamor was raised*

בְּבֵית־יהוה prep.-n.m.s. cstr. (108)-pr.n. (217) *in the house of Yahweh*

כְּיוֹם מוֹעֵד prep.-n.m.s. cstr. (398)-n.m.s. (417) *as on the day of an appointed feast*

2:8

חָשַׁב יהוה Qal pf. 3 m.s. (362)-pr.n. (217) *Yahweh determined*

לְהַשְׁחִית prep.-Hi. inf.cstr. (שָׁחַת 1007) *to lay in ruins*

חוֹמַת בַּת־צִיּוֹן n.f.s. cstr. (327)-n.f.s. cstr. (123) -pr.n. (851) *the wall of the daughter of Zion*

נָטָה Qal pf. 3 m.s. (639) *he marked it off*

קָו n.m.s. (876) *by the line*

לֹא־הֵשִׁיב neg.-Hi. pf. 3 m.s. (שׁוּב 996) *he restrained not*

יָדוֹ n.f.s.-3 m.s. sf. (388) *his hand*

מִבַּלֵּעַ prep.-Pi. inf.cstr. (בָּלַע 118) *from destroying*

וַיַּאֲבֶל־ consec.-Hi. impf. 3 m.s. (אָבַל 5) *he caused to lament*

חֵל וְחוֹמָה n.m.s. (298)-conj.-n.f.s. (327) *rampart and wall*

יַחְדָּו adv. (403) *together*

אֻמְלָלוּ Pu'lal pf. 3 c.p. (אָמַל 51) *they languish*

2:9

טָבְעוּ Qal pf. 3 c.p. (371) *have sunk*

בָאָרֶץ prep.-def.art.-n.f.s. (75) *into the ground*

שְׁעָרֶיהָ n.m.p.-3 f.s. sf. (1044) *her gates*

אִבַּד וְשִׁבַּר Pi. pf. 3 m.s. (אָבַד 1)-conj.-Pi. pf. 3 m.s. (שָׁבַר 990) *he has ruined and broken*

בְּרִיחֶיהָ n.m.p.-3 f.s. sf. (138) *her bars*

מַלְכָּהּ וְשָׂרֶיהָ n.m.s.-3 f.s. sf. (572)-conj.-n.m.p. -3 f.s. sf. (978) *her king and princes*

בַגּוֹיִם prep.-def.art.-n.m.p. (156) *among the nations*

אֵין תּוֹרָה neg.cstr. (34)-n.f.s. (435) *the law is no more*

גַּם־נְבִיאֶיהָ adv. (168)-n.m.p.-3 f.s. sf. (611) *and her prophets*

לֹא־מָצְאוּ חָזוֹן neg.-Qal pf. 3 c.p. (592)-n.m.s. (302) *obtain no vision*

מֵיהוה prep.-pr.n. (217) *from Yahweh*

2:10

יֵשְׁבוּ Qal impf. 3 m.p. (יָשַׁב 442) *sit*

לָאָרֶץ prep.-def.art.-n.f.s. (75) *on the ground*

יִדְּמוּ Qal impf. 3 m.p. (דָּמַם 198) *in silence*

זִקְנֵי בַת־צִיּוֹן adj. m.p. cstr. (278)-n.f.s. cstr. (123)-pr.n. (851) *the elders of the daughter of Zion*

הֶעֱלוּ עָפָר Hi. pf. 3 c.p. (עָלָה 748)-n.m.s. (779) *they have cast dust*

עַל־רֹאשָׁם prep.-n.m.s.-3 m.p. sf. (910) *on their heads*

חָגְרוּ שַׂקִּים Qal pf. 3 c.p. (291)-n.m.p. (974) *they put on sackcloth*

הוֹרִידוּ Hi. pf. 3 c.p. (יָרַד 432) *have bowed*

לָאָרֶץ v.supra *to the ground*

רֹאשָׁן n.m.s.-3 f.p. sf. (910) *their heads*

בְּתוּלֹת יְרוּשָׁלָ͏ִם n.f.p. cstr. (143)-pr.n. paus. (436) *the maidens of Jerusalem*

2:11

כָּלוּ Qal pf. 3 c.p. (כָּלָה 477) *are spent*

בַדְּמָעוֹת prep.-def.art.-n.f.p. (199) *with weeping*

עֵינַי n.f.p.-1 c.s. sf. (744) *my eyes*

חֳמַרְמְרוּ Pe'al'al pf. pass. 3 c.p. (חָמַר 330) *is in tumult*

מֵעַי n.m.p.-1 c.s. sf. (588) *my soul*

נִשְׁפַּךְ Ni. pf. 3 m.s. (שָׁפַךְ 1049) *is poured out*

לָאָרֶץ prep.-def.art.-n.f.s. (75) *to the ground*

כְּבֵדִי n.m.s.-1 c.s. sf. (458) *my heart*

עַל־שֶׁבֶר prep.-n.m.s. cstr. (991) *because of the destruction of*

בַּת־עַמִּי n.f.s. cstr. (123)-n.m.s.-1 c.s. sf. (766) *the daughter of my people*

בֵּעָטֵף prep.-Ni. inf.cstr. (עָטַף 742; GK 51 l) *because ... faint*

עוֹלֵל וְיוֹנֵק n.m.s. (760)-conj.-Qal act.ptc. (יָנַק 413) *infants and babes*

בִּרְחֹבוֹת קִרְיָה prep.-n.f.p. cstr. (932)-n.f.s. (900) *in the streets of the city*

2:12

לְאִמֹּתָם prep.-n.f.p.-3 m.p. sf. (51) *to their mothers*

יֹאמְרוּ Qal impf. 3 m.p. (אָמַר 55) *they cry*

אַיֵּה adv. (32) *where (is)*

דָּגָן וָיַיִן n.m.s. (186)-conj.-n.m.s. paus. (406) *bread and wine*

בְּהִתְעַטְּפָם prep.-Hith. inf.cstr.-3 m.p. sf. (עטף 742) *as they faint*

כֶּחָלָל prep.-def.art.-n.m.s. (319) *like wounded men*

בִּרְחֹבוֹת עִיר prep.-n.f.p. cstr. (932)-n.f.s. (746) *in the streets of the city*

בְּהִשְׁתַּפֵּךְ prep.-Hith. inf.cstr. (שׁפך 1049) *as ... is poured out*

נַפְשָׁם n.f.s.-3 m.p. sf. (659) *their life*

אֶל־חֵיק אִמֹּתָם prep.-n.m.s. cstr. (300)-n.f.p.-3 m.p. sf. (51) *on their mother's bosom*

2:13

מָה־אֲעִידֵךְ interr. (552)-Hi. impf. 1 c.s.-2 f.s. sf. (עוד 729) *what can I say for you*

מָה אֲדַמֶּה־לָּךְ v.supra-Pi. impf. 1 c.s. (דמה 197)-prep.-2 f.s. sf. *to what compare you*

הַבַּת יְרוּשָׁלַם def.art.-n.f.s. (123)-pr.n. (436) *O daughter (of) Jerusalem*

מָה אַשְׁוֶה־לָּךְ v.supra-Hi. impf. 1 c.s. (שׁוה 1000)-prep.-2 f.s. sf. *what can I liken to you*

וַאֲנַחֲמֵךְ conj.-Pi. impf. 1 c.s.-2 f.s. sf. (נחם 636) *that I may comfort you*

בְּתוּלַת בַּת־צִיּוֹן n.f.s. cstr. (143)-n.f.s. cstr. (123)-pr.n. (851) *O virgin daughter of Zion*

כִּי־גָדוֹל conj. (471)-adj. m.s. (152) *for vast*

כַּיָּם prep.-def.art.-n.m.s. (410) *as the sea*

שִׁבְרֵךְ n.m.s.-2 f.s. sf. (991) *is your ruin*

מִי יִרְפָּא־לָךְ interr. (566)-Qal impf. 3 m.s. (950)-prep.-2 f.s. sf. *who can restore you*

2:14

נְבִיאַיִךְ n.m.p.-2 f.s. sf. (611) *your prophets*

חָזוּ לָךְ Qal pf. 3 c.p. (חזה 302)-prep.-2 f.s. sf. *have seen for you*

שָׁוְא וְתָפֵל n.m.s. (996)-conj.-adj. m.s. (1074) *false and deceptive visions*

וְלֹא־גִלּוּ conj.-neg.-Pi. pf. 3 c.p. (גלה 162) *they have not exposed*

עַל־עֲוֹנֵךְ prep.-n.m.s.-2 f.s. sf. (730) *your iniquity*

לְהָשִׁיב prep.-Hi. inf.cstr. (שׁוב 996) *to restore*

שְׁבִיתֵךְ n.f.s.-2 f.s. sf. (986) *your fortunes*

וַיֶּחֱזוּ consec.-Qal impf. 3 m.p. (חזה 302) *but have seen*

לָךְ prep.-2 f.s. sf. *for you*

מַשְׂאוֹת n.f.p. (672) *oracles*

שָׁוְא וּמַדּוּחִים n.m.s. (996)-conj.-n.m.p. (623) *false and misleading*

2:15

סָפְקוּ Qal pf. 3 c.p. (706) *... clap*

עָלַיִךְ prep.-2 f.s. sf. *at you*

כַּפַּיִם n.f. du. (496) *their hands*

כָּל־עֹבְרֵי דֶרֶךְ n.m.s. cstr. (481)-Qal act.ptc. m.p. cstr. (716)-n.m.s. (202) *all who pass along the way*

שָׁרְקוּ Qal pf. 3 c.p. (1056) *they hiss*

וַיָּנִעוּ רֹאשָׁם consec.-Hi. impf. 3 m.p. (נוע 631)-n.m.p.-3 m.p. sf. (910) *and wag their heads*

עַל־בַּת יְרוּשָׁלַם prep.-n.f.s. cstr. (123)-pr.n. (436) *at the daughter of Jerusalem*

הֲזֹאת הָעִיר interr.part.-demons. f.s. (260)-def.art.-n.f.s. (746) *is this the city*

שֶׁיֹּאמְרוּ rel.-Qal impf 3 m.p. (55) *which was called*

כְּלִילַת יֹפִי adj. f.s. cstr. (483)-n.m.s. (421) *the perfection of beauty*

מָשׂוֹשׂ (should rd. מְשׂוֹשׂ) n.m.s. (965) *the joy*

לְכָל־הָאָרֶץ prep.-n.m.s. cstr. (481)-def.art.-n.f.s. (75) *of all the earth*

2:16

פָּצוּ עָלַיִךְ פִּיהֶם Qal pf. 3 c.p. (פצה 822)-prep.-2 f.s. sf.-n.m.s.-3 m.p. sf. (804) *... rail against you*

כָּל־אוֹיְבַיִךְ n.m.s. cstr. (481)-Qal act.ptc. m.p.-2 f.s. sf. (איב 33) *all your enemies*

שָׁרְקוּ Qal pf. 3 c.p. (1056) *they hiss*

וַיַּחַרְקוּ־שֵׁן consec.-Qal impf. 3 m.p. (חרק 359; GK 15c)-n.f.s. (1042) *they gnash their teeth*

אָמְרוּ Qal pf. 3 c.p. (55) *they cry*

בִּלָּעְנוּ Pi. pf. 1 c.p. (בלע 118) *we have destroyed*

אַךְ זֶה הַיּוֹם adv. (36)-demons.adj. m.s. (260)-def.art.-n.m.s. (398) *Ah, this is the day*

שֶׁקִּוִּינֻהוּ rel.-Pi. pf. 1 c.p.-3 m.s. sf. (קוה 875) *we longed for*

מָצָאנוּ Qal pf. 1 c.p. (592) *now we have it (we have found)*

רָאִינוּ Qal pf. 1 c.p. (ראה 906) *we see it*

2:17

עָשָׂה יְהוָה Qal pf. 3 m.s. (793)-pr.n. (217) *Yahweh has done*

אֲשֶׁר זָמָם rel. (81)-Qal pf. 3 m.s. paus. (זמם 273) *what he purposed*

בִּצַּע Pi. pf. 3 m.s. (בצע 130) *he has carried out*

אֶמְרָתוֹ n.f.s.-3 m.s. sf. (57) *his threat*

אֲשֶׁר צִוָּה rel. (81)-Pi. pf. 3 m.s. (צוה 845) *as he ordained*

מִימֵי־קֶדֶם prep.-n.m.p. cstr. (398)-n.m.s. (869) *long ago*

הָרַס Qal pf. 3 m.s. (248) *he has demolished*

וְלֹא חָמַל conj.-neg.-Qal pf. 3 m.s. paus. (328) *without pity*

וַיְשַׂמַּח consec.-Pi. impf. 3 m.s. (שׂמח 970) *he has made rejoice*

עָלַיִךְ prep.-2 f.s. sf. *over you*

אֹיֵב Qal act.ptc. m.s. (איב 33) *the enemy*

הֵרִים Hi. pf. 3 m.s. (רום 926) *he has exalted*

קֶרֶן צָרָיִךְ n.f.s. cstr. (901)-n.m.p.-2 f.s. sf. paus. (865) *the might of your foes*

2:18

צָעַק לִבָּם Qal pf. 3 m.s. (858)-n.m.s.-3 m.p. sf. (524) *their heart cried*

אֶל־אֲדֹנָי prep.-n.m.p.-1 c.s. sf. (10) *to the Lord*

חוֹמַת בַּת־צִיּוֹן n.f.s. cstr. (327)-n.f.s. cstr. (123) -pr.n. (851) *O wall of the daughter of Zion*

הוֹרִידִי Hi. impv. 2 f.s. (ירד 432) *let ... stream down*

כַנַּחַל prep.-def.art.-n.m.s. (636) *like a torrent*

דִּמְעָה n.f.s. (199) *tears*

יוֹמָם וָלַיְלָה adv. (401)-conj.-n.m.s. (538) *day and night*

אַל־תִּתְּנִי neg.vol.-Qal impf. 2 f.s. (נתן 678) *give ... no*

פּוּגַת לָךְ n.f.s. (806; GK 80f)-prep.-2 f.s. sf. *rest to yourself*

אַל־תִּדֹּם בַּת־עֵינֵךְ neg.vol.-Qal impf. 2 m.s. (198 דמם)-n.f.s. cstr. (123)-n.f.s.-2 f.s. sf. (744) *give no respite to (daughter of) your eyes*

2:19

קוּמִי Qal impv. 2 f.s. (קום 877) *arise*

רֹנִּי Qal impv. 2 f.s. (רנן 943) *cry out*

בַלַּיְל prep.-def.art.-n.m.s. (538) *in the night*

לְרֹאשׁ אַשְׁמֻרוֹת prep.-n.m.s. cstr. (910)-n.f.p. (1038) *at the beginning of the watches*

שִׁפְכִי Qal impv. 2 f.s. (1049) *pour out*

כַמַּיִם prep.-def.art.-n.m.p. (565) *like water*

לִבֵּךְ n.m.s.-2 f.s. sf. (524) *your heart*

נֹכַח פְּנֵי אֲדֹנָי prep.(647)-n.m.p. cstr. (815)-n.m.p. -1 c.s. sf. (10) *before the presence of the Lord*

שְׂאִי אֵלָיו Qal impv. 2 f.s. (נשׂא 669)-prep.-3 m.s. sf. *lift to him*

כַּפַּיִךְ n.f.p.-2 f.s. sf. (496) *your hands*

עַל־נֶפֶשׁ prep.-n.f.s. cstr. (659) *for the lives of*

עוֹלָלַיִךְ n.m.p.-2 f.s. sf. (760) *your children*

הָעֲטוּפִים def.art.-Qal pass.ptc. m. p. (עטף 742) *who faint*

בְּרָעָב prep.-n.m.s. (944) *for hunger*

בְּרֹאשׁ prep.-n.m.s. cstr. (910) *at the head of*

כָּל־חוּצוֹת n.m.s. cstr. (481)-n.m.p. (299) *every street*

2:20

רְאֵה יְהוָה Qal impv. 2 m.s. (906)-pr.n. (217) *look, O Yahweh*

וְהַבִּיטָה conj.-Hi. impv. 2 m.s.-vol.he (נבט 613) *and see*

לְמִי prep.-interr. (566) *with whom*

עוֹלַלְתָּ Po'el pf. 2 m.s. (עלל 759) *hast thou dealt*

כֹּה adv. (462) *thus*

אִם־תֹּאכַלְנָה hypoth.part. (49)-Qal impf. 3 f.p. (אכל 37) *should ... eat?*

נָשִׁים n.f.p. (אשׁה 61) *women*

פִּרְיָם n.m.s.-3 m.p. sf. (826) *their offspring*

עֹלֲלֵי n.m.p. cstr. (760) *the children of*

טִפֻּחִים n.m.p. (381) *their tender care*

אִם־יֵהָרֵג hypoth.part. (49)-Ni. impf. 3 m.s. (הרג 246) *should ... be slain?*

בְּמִקְדַּשׁ אֲדֹנָי prep.-n.m.s. cstr. (874)-n.m.p.-1 c.s. sf. (10) *in the sanctuary of the Lord*

כֹּהֵן וְנָבִיא n.m.s. (463)-conj.-n.m.s. (611) *priest and prophet*

2:21

שָׁכְבוּ Qal pf. 3 c.p. (1011) *lie*

לָאָרֶץ prep.-def.art.-n.f.s. (75) *on the ground*

חוּצוֹת n.m.p. (299) *in the streets*

נַעַר וְזָקֵן n.m.s. (654)-conj.-adj. (278) *the young and the old*

בְּתוּלֹתַי n.f.p.-1 c.s. sf. (143) *my maidens*

וּבַחוּרַי conj.-n.m.p.-1 c.s. sf. (104) *and my young men*

נָפְלוּ Qal pf. 3 c.p. (656) *have fallen*

בֶחָרֶב prep.-def.art.-n.f.s. (352) *by the sword*

הָרַגְתָּ Qal pf. 2 m.s. (הרג 246) *thou hast slain*

בְּיוֹם אַפֶּךְ prep.-n.m.s. cstr. (398)-n.m.s.-2 m.s. sf. (60) *in the day of thy anger*

טָבַחְתָּ Qal pf. 2 m.s. (טבח 370) *slaughtering*

לֹא חָמָלְתָּ neg.-Qal pf. 2 m.s. paus. (חמל 328) *without mercy*

2:22

תִּקְרָא Qal impf. 2 m.s. (קרא 894) *thou didst invite*

כְּיוֹם מוֹעֵד prep.-n.m.s. cstr. (398)-n.m.s. (417) *as to the day of an appointed feast*

מְגוּרַי n.m.p.-1 c.s. sf. (159) *my terrors*

מִסָּבִיב prep.-adv. (686) *on every side*

457

וְלֹא הָיָה conj.-neg.-Qal pf. 3 m.s. (224) *and there shall not be*

בְּיוֹם אַף־יְהוָה prep.-n.m.s. cstr. (398)-n.m.s. cstr. (60)-pr.n. (217) *on the day of the anger of Yahweh*

פָּלִיט וְשָׂרִיד n.m.s. (912)-conj.-n.m.s. (975) *a fugitive or survivor*

אֲשֶׁר־טִפַּחְתִּי rel. (81)-Pi. pf. 1 c.s. (טָפַח 381) *those whom I dandled*

וְרִבִּיתִי conj.-Pi. pf. 1 c.s. (רָבָה 915) *and reared*

אֹיְבִי Qal act.ptc. m.s.-1 c.s. sf. (איב 33) *my enemy*

כִּלָּם Pi. pf. 3 m.s.-3 m.p. sf. (477) *destroyed them*

3:1

אֲנִי הַגֶּבֶר pers.pr. 1 c.s. (58; GK 144p) -def.art.-n.m.s. (149) *I am the man*

רָאָה Qal pf. 3 m.s. (906) *who has seen*

עֳנִי n.m.s. (777) *affliction*

בְּשֵׁבֶט prep.-n.m.s. cstr. (986) *under the rod of*

עֶבְרָתוֹ n.f.s.-3 m.s. sf. (720) *his wrath*

3:2

אוֹתִי dir.obj.-1 c.s. sf. *me*

נָהַג Qal pf. 3 m.s. (624) *he has driven*

וַיֹּלַךְ consec.-Hi. impf. 3 m.s. (הָלַךְ 229) *and brought*

חֹשֶׁךְ n.m.s. (365) *into darkness*

וְלֹא־אוֹר conj.-neg.-n.m.s. (21) *without any light*

3:3

אַךְ בִּי adv. (36)-prep.-1 c.s. sf. *surely against me*

יָשֻׁב יַהֲפֹךְ Qal impf. 3 m.s. (שׁוב 996)-Qal impf. 3 m.s. (הָפַךְ 245) *he turns again and again*

יָדוֹ n.f.s.-3 m.s. sf. (388) *his hand*

כָּל־הַיּוֹם n.m.s. cstr. (481)-def.art.-n.m.s. (398) *the whole day*

3:4

בִּלָּה Pi. pf. 3 m.s. (בָּלָה 115) *he has made ... waste away*

בְשָׂרִי וְעוֹרִי n.m.s.-1 c.s. sf. (142)-conj.-n.m.s.-1 c.s. sf. (736) *my flesh and my skin*

שִׁבַּר Pi. pf. 3 m.s. (שָׁבַר 990) *he has broken*

עַצְמוֹתָי n.f.p.-1 c.s. sf. paus. (782) *my bones*

3:5

בָּנָה עָלַי Qal pf. 3 m.s. (124)-prep.-1 c.s. sf. (752) *he has besieged me*

וַיַּקַּף consec.-Hi. impf. 3 m.s. (נָקַף 668; GK 53n) *and enveloped*

רֹאשׁ וּתְלָאָה n.m.s. (912)-conj.-n.f.s. (521) *with bitterness and tribulation*

3:6

בְּמַחֲשַׁכִּים prep.-n.m.p. (365) *in darkness*

הוֹשִׁיבַנִי Hi. pf. 3 m.s.-1 c.s. sf. (יָשַׁב 442) *he has made me dwell*

כְּמֵתֵי עוֹלָם prep.-Qal act.ptc. m.p. cstr. (מות 559)-n.m.s. (761) *like the dead of long ago*

3:7

גָּדַר בַּעֲדִי Qal pf. 3 m.s. (154)-prep.-1 c.s. sf. (126) *he has walled me about*

וְלֹא אֵצֵא conj.-neg.-Qal. impf. 1 c.s. (יָצָא 422) *so that I cannot escape*

הִכְבִּיד Hi. pf. 3 m.s. (כָּבֵד 457) *he has put heavy*

נְחָשְׁתִּי n.m.s.-1 c.s. sf. (638) *chains on me*

3:8

גַּם כִּי אֶזְעַק adv. (168)-conj. (471)-Qal impf. 1 c.s. (זָעַק 277) *though I call*

וַאֲשַׁוֵּעַ conj.-Pi. impf. 1 c.s. (שָׁוַע 1002) *and cry for help*

שָׂתַם Qal pf. 3 m.s. (979) *he shuts out*

תְּפִלָּתִי n.f.s.-1 c.s. sf. (813) *my prayer*

3:9

גָּדַר Qal pf. 3 m.s. (154) *he has blocked*

דְּרָכַי n.m.p.-1 c.s. sf. (202) *my ways*

בְּגָזִית prep.-n.f.s. (159) *with hewn stones*

נְתִיבֹתַי n.f.p.-1 c.s. sf. (677) *my paths*

עִוָּה Pi. pf. 3 m.s. (עָוָה 730) *he has made crooked*

3:10

דֹּב אֹרֵב n.m.s. (179)-Qal act.ptc. (אָרַב 70) *a bear lying in wait*

הוּא לִי pers.pr. 3 m.s. (214)-prep.-1 c.s. sf. *he is to me*

אֲרִיה n.m.s. (71) *like a lion*

בְּמִסְתָּרִים prep.-n.m.p. (712) *in hiding*

3:11

דְּרָכַי n.m.p.-1 c.s. sf. (202) *my ways*

סוֹרֵר Polel pf. 3 m.s. (סור 693) *he led me off*

וַיְפַשְּׁחֵנִי consec.-Pi. impf. 3 m.s.-1 c.s. sf. (פָּשַׁח 832) *and tore me to pieces*

שָׂמַנִי Qal pf. 3 m.s.-1 c.s. sf. (שׂום 962) *he has made me*

שֹׁמֵם Qal act.ptc. (שָׁמֵם 1030) *desolate*

3:12

דָּרַךְ קַשְׁתּוֹ Qal pf. 3 m.s. (201)–n.f.s.–3 m.s. sf. (905) *he bent his bow*

וַיַּצִּיבֵנִי consec.-Hi. impf. 3 m.s.–1 c.s. sf. (נצב 662) *and set me*

כַּמַּטָּרָא prep.-def.art.-n.f.s. (643; GK 80h) *as a mark*

לַחֵץ prep.-def.art.-n.m.s. (346) *for his arrow*

3:13

הֵבִיא Hi. pf. 3 m.s. (בוא 97) *he drove*

בְּכִלְיוֹתָי prep.-n.f.p.–1 c.s. sf. paus. (480) *into my heart* ("kidneys" fig. as seat of emotion)

בְּנֵי אַשְׁפָּתוֹ n.m.p. cstr. (119)–n.f.s.–3 m.s. sf. (80) *the arrows of his quiver*

3:14

הָיִיתִי שְּׂחֹק Qal pf. 1 c.s. (הָיָה 224)–n.m.s. (966) *I have become the laughingstock*

לְכָל־עַמִּי prep.-n.m.s. cstr. (481)–n.m.s.–1 c.s. sf. (766; GK 87f) *of all (my) people(s)*

נְגִינָתָם n.f.s.–3 m.p. sf. (618) *the burden of their songs*

כָּל־הַיּוֹם n.m.s. cstr. (481)–def.art.-n.m.s. (398) *all day long*

3:15

הִשְׂבִּיעַנִי Hi. pf. 3 m.s.–1 c.s. sf. (שָׂבַע 959) *he has filled me*

בַמְּרוֹרִים prep.-def.art.-n.m.p. (601) *with bitterness*

הִרְוַנִי Hi. pf. 3 m.s.–1 c.s. sf. (רָוָה 924) *he has sated me*

לַעֲנָה n.f.s. (542) *with wormwood*

3:16

וַיַּגְרֵס consec.-Hi. impf. 3 m.s. (גָּרַס 176) *he has made ... grind*

בֶּחָצָץ prep.-def.art.-n.m.s. (346) *on gravel*

שִׁנָּי n.f.p.–1 c.s. sf. paus. (1042) *my teeth*

הִכְפִּישַׁנִי Hi. pf. 3 m.s.–1 c.s. sf. (כָּפַשׁ 499) *he has made me cower*

בָּאֵפֶר prep.-def.art.-n.m.s. (68) *in ashes*

3:17

וַתִּזְנַח consec.-Qal impf. 3 f.s. (זָנַח 276) *is bereft*

מִשָּׁלוֹם prep.-adj. m.s. (1022) *of peace*

נַפְשִׁי n.f.s.–1 c.s. sf. (659) *my soul*

נָשִׁיתִי Qal pf. 1 c.s. (נָשָׁה 674) *I have forgotten*

טוֹבָה n.f.s. (375) *what happiness is*

3:18

וָאֹמַר consec.-Qal impf. 1 c.s. (אָמַר 55) *so I say*

אָבַד נִצְחִי Qal pf. 3 m.s. (1)–n.m.s.–1 c.s. sf. (664) *gone is my glory* (my endurance doth vanish)

וְתוֹחַלְתִּי conj.-n.f.s.–1 c.s. sf. (404) *and my expectation*

מֵיהוה prep.-pr.n. (217) *from Yahweh*

3:19

זְכָר־עָנְיִי Qal impv. 2 m.s. (269)–n.m.s.–1 c.s. sf. (777) *remember my affliction*

וּמְרוּדִי conj.-n.m.s.–1 c.s. sf. (924) *and my restlessness*

לַעֲנָה וָרֹאשׁ n.f.s. (542)–conj.-n.m.s. (912) *the wormwood and the gall*

3:20

זָכוֹר תִּזְכּוֹר Qal inf.abs. (269)–Qal impf. 3 f.s. (269) *continually thinks of it*

וְתָשִׁיחַ עָלַי conj.-Qal impf. 3 f.s. (1001 שׁוּחַ; Qere has Hi.)-prep.-1 c.s. sf. *and is bowed down within me*

נַפְשִׁי n.f.s.–1 c.s. sf. (659) *my soul*

3:21

זֹאת demons.adj. f.s. (260) *but this*

אָשִׁיב אֶל־לִבִּי Hi. impf. 1 c.s. (שׁוּב 996)-prep.-n.m.s.–1 c.s. sf. (524) *I call to mind*

עַל־כֵּן prep. (752)-adv. (485) *and therefore*

אוֹחִיל Hi. impf. 1 c.s. (יָחַל 404) *I have hope*

3:22

חַסְדֵי יהוה n.m.p. cstr. (338)-pr.n. (217) *the steadfast love of Yahweh*

כִּי לֹא־תָמְנוּ conj. (471)-neg.-Qal pf. 1 c.p. (תָּמַם 1070; GK 20o) *never ceases* (we are not cut off)

כִּי לֹא־כָלוּ conj. (471)-neg.-Qal pf. 3 c.p. (כָּלָה 477) *never come to an end*

רַחֲמָיו n.m.p.–3 m.s. sf. (933) *his mercies*

3:23

חֲדָשִׁים adj. m.p. (294) *they are new*

לַבְּקָרִים prep.-def.art.-n.m.s. (133) *every (to the) morning*

רַבָּה adj. f.s. (912) *great is*

אֱמוּנָתֶךָ n.f.s.–2 m.s. sf. (53) *thy faithfulness*

3:24

חֶלְקִי n.m.s.–1 c.s. sf. (324) *is my portion*

יהוה pr.n. (217) *Yahweh*

אָמְרָה נַפְשִׁי Qal pf. 3 f.s. (55)-n.f.s.-1 c.s. sf. (659) *says my soul*

עַל־כֵּן prep. (752)-adv. (485) *therefore*

אוֹחִיל לוֹ Hi. impf. 1 c.s. (יָחַל 403)-prep.-3 m.s. sf. *I will hope in him*

3:25

טוֹב יהוה adj. m.s. (373)-pr.n. (217) *Yahweh is good*

לְקֹוָ prep.-Qal act.ptc. m.p.-3 m.s. sf. (קוה 875) *to those who wait for him*

לְנֶפֶשׁ prep.-n.f.s. (659) *to the soul*

תִּדְרְשֶׁנּוּ Qal impf. 3 f.s. (דָּרַשׁ 205)-3 m.s. sf. *that seeks him*

3:26

טוֹב adj. m.s. (373) *it is good*

וְיָחִיל conj.-verbal adj. (404; GK 107q) *and waiting*

וְדוּמָם conj.-adv. (189; GK 100gN) *and silently*

לִתְשׁוּעַת יהוה prep.-n.f.s. cstr. (448)-pr.n. (217) *for the salvation of Yahweh*

3:27

טוֹב adj. m.s. (373) *it is good*

לַגֶּבֶר prep.-def.art.-n.m.s. (149) *for a man*

כִּי־יִשָּׂא conj. (471)-Qal impf. 3 m.s. (669 נָשָׂא) *that he bear*

עֹל n.m.s. (760) *the yoke*

בִּנְעוּרָיו prep.-n.m.p.-3 m.s. sf. (655) *in his youth*

3:28

יֵשֵׁב Qal impf. 3 m.s. (יָשַׁב 442) *let him sit*

בָּדָד וְיִדֹּם n.m.s. (94)-conj.-Qal impf. 3 m.s. (198 דָּמַם) *alone and in silence*

כִּי נָטַל conj. (471)-Qal pf. 3 m.s. (642) *when it is laid*

עָלָיו prep.-3 m.s. sf. (752) *on him*

3:29

יִתֵּן Qal impf. 3 m.s. (נָתַן 678) *let him put*

בֶּעָפָר prep.-def.art.-n.m.s. (779) *in the dust*

פִּיהוּ n.m.s.-3 m.s. sf. (804) *his mouth*

אוּלַי יֵשׁ adv. (19)-subst. (441) *there may yet be*

תִּקְוָה n.f.s. (876) *hope*

3:30

יִתֵּן Qal impf. 3 m.s. (נָתַן 678) *let him give*

לְמַכֵּהוּ prep.-Hi. ptc. m.s.-3 m.s. sf. (נָכָה 645) *to the smiter*

לֶחִי n.m.s. paus. (534) *his cheek*

יִשְׂבַּע Qal impf. 3 m.s. (959) *and let him be filled*

בְּחֶרְפָּה prep.-n.f.s. (357) *with insults*

3:31

כִּי לֹא יִזְנַח conj. (471)-neg.-Qal impf. 3 m.s. (276) *for ... will not cast off*

לְעוֹלָם prep.-n.m.s. (761) *for ever*

אֲדֹנָי n.m.p.-1 c.s sf. (10) *the Lord*

3:32

כִּי אִם־הוֹגָה conj. (471)-hypoth.part. (49)-Hi. pf. 3 m.s. (יָגָה 387) *but though he cause grief*

וְרִחַם conj.-Pi. pf. 3 m.s. (רָחַם 933) *he will have compassion*

כְּרֹב חֲסָדָו prep.-n.m.s. cstr. (913)-n.m.p.-3 m.s. sf. (338) *according to the abundance of his steadfast love*

3:33

כִּי לֹא עִנָּה conj. (471)-neg.-Pi. pf. 3 m.s. (עָנָה 776) *for he does not afflict*

מִלִּבּוֹ prep.-n.m.s.-3 m.s. sf. (524) *willingly (from his heart)*

וַיַּגֶּה consec.-Hi. impf. 3 m.s. (יָגָה 387; GK 69u) *or grieve*

בְּנֵי־אִישׁ n.m.p. cstr. (119)-n.m.s. (35) *the sons of men*

3:34

לְדַכֵּא prep.-Pi. inf.cstr. (דָּכָא 193) *to crush*

תַּחַת רַגְלָיו prep. (1065)-n.f.p.-3 m.s. sf. (919) *under foot*

כֹּל אֲסִירֵי n.m.s. cstr. (481)-n.m.p. cstr. (64) *all the prisoners of*

אָרֶץ n.f.s. paus. (75) *the earth*

3:35

לְהַטּוֹת prep.-Hi. inf.cstr. (נָטָה 639) *to turn aside*

מִשְׁפַּט־גָּבֶר n.m.s. cstr. (1048)-n.m.s. paus. (149) *the right of a man*

נֶגֶד פְּנֵי prep. (617)-n.m.p. cstr. (815) *in the presence of*

עֶלְיוֹן n.m.s. (751) *the Most High*

3:36

לְעַוֵּת prep.-Pi. inf.cstr. (עָוַת 736) *to subvert*

אָדָם n.m.s. (9) *a man*

בְּרִיבוֹ prep.-n.m.s.-3 m.s. sf. (936) *in his cause*

אֲדֹנָי לֹא רָאָה n.m.p.-1 c.s. sf. (10)-neg.-Qal pf. 3 m.s. (906) *the Lord does not approve*

3:37

מִי זֶה אָמַר interr. (566)–demons.adj. m.s. (260)
-Qal pf. 3 m.s. (55) *who has commanded*

וַתֶּהִי consec.–Qal impf. 3 f.s. (הָיָה 224) *and it came to pass*

אֲדֹנָי לֹא צִוָּה n.m.p.–1 c.s. sf. (10)–neg.–Pi. pf. 3 m.s. (צָוָה 845) *unless the Lord has ordained it*

3:38

מִפִּי עֶלְיוֹן prep.–n.m.s. cstr. (804)–n.m.s. (751) *from the mouth of the Most High*

לֹא תֵצֵא neg.–Qal impf. 3 f.s. (יָצָא 422) *does it not go forth*

הָרָעוֹת וְהַטּוֹב def.art.–n.f.p. (949)–conj.–def.art.–n.m.s. (375) *the evil and the good*

3:39

מַה־יִּתְאוֹנֵן interr. (552)–Hithpo. impf. 3 m.s. (59 אָנַן) *why should ... complain*

אָדָם חָי n.m.s. (9)–adj. m.s. paus. (311) *a living man*

גֶּבֶר n.m.s. (149) *a man*

עַל־חֲטָאוֹ prep.–n.m.s.–3 m.s. sf. (307) *about the punishment of his sins*

3:40

נַחְפְּשָׂה Qal impf. 1 c.p.–vol.he (חָפַשׂ 344) *let us test*

דְרָכֵינוּ n.m.p.–1 c.p. sf. (202) *our ways*

וְנַחְקֹרָה conj.–Qal impf. 1 c.p.–vol.he (חָקַר 350) *and examine*

וְנָשׁוּבָה conj.–Qal impf. 1 c.p.–vol.he (שׁוּב 996) *and return*

עַד־יְהוָה prep. (723)–pr.n. (217) *to Yahweh*

3:41

נִשָּׂא לְבָבֵנוּ Qal impf. 1 c.p. (נָשָׂא 669)–n.m.s.–1 c.p. sf. (523) *let us lift up our hearts*

אֶל־כַּפָּיִם prep. (39)–n.f. du. (496) *and hands*

אֶל־אֵל prep. (39)–n.m.s. (42) *to God*

בַּשָּׁמָיִם prep.–def.art.–n.m.p. (1029) *in heaven*

3:42

נַחְנוּ פָשַׁעְנוּ pers.pr. 1 c.p. (59)–Qal pf. 1 c.p. (833 פָּשַׁע) *we have transgressed*

וּמָרִינוּ conj.–Qal pf. 1 c.p. (מָרָה 598) *and rebelled*

אַתָּה לֹא סָלָחְתָּ pers.pr. 2 m.s. (61)–neg.–Qal pf. 2 m.s. paus. (סָלַח 699) *and thou hast not forgiven*

3:43

סַכֹּתָה Qal pf. 2 m.s. (סָכַךְ 696) *thou hast wrapped thyself*

בָאַף prep.–def.art.–n.m.s. (60) *with anger*

וַתִּרְדְּפֵנוּ consec.–Qal impf. 2 m.s.–1 c.p. sf. (רָדַף 922) *and pursued us*

הָרַגְתָּ Qal pf. 2 m.s. (הָרַג 246) *slaying*

לֹא חָמָלְתָּ neg.–Qal pf. 2 m.s. (חָמַל 328) *without pity*

3:44

סַכֹּתָה Qal pf. 2 m.s. (סָכַךְ 696) *thou hast wrapped*

בֶעָנָן prep.–def.art.–n.m.s. (777) *with a cloud*

לָךְ prep.–2 m.s. sf. paus. *thyself*

מֵעֲבוֹר prep.–Qal inf.cstr. (716) *so that no ... can pass through*

תְּפִלָּה n.f.s. (813) *prayer*

3:45

סְחִי n.m.s. (695) *offscouring*

וּמָאוֹס conj.–n.m.s. (549) *and refuse*

תְּשִׂימֵנוּ Qal impf. 2 m.s.–1 c.p. sf. (שׂוּם 962) *thou hast made us*

בְּקֶרֶב הָעַמִּים prep.–n.m.s. cstr. (899)–def.art.–n.m.p. (766) *among the peoples*

3:46

פָּצוּ Qal pf. 3 c.p. (פָּצָה 822) *rail* (open)

עָלֵינוּ prep.–1 c.p. sf. (752) *against us*

פִּיהֶם n.m.s.–3 m.p. sf. (804) (*their mouth*)

כָּל־אֹיְבֵינוּ n.m.s. cstr. (481)–Qal act.ptc. m.p.–1 c.p. sf. (אָיַב 33) *all our enemies*

3:47

פַּחַד וָפַחַת n.m.s. (808)–conj.–n.m.s. (809) *panic and pitfall*

הָיָה לָנוּ Qal pf. 3 m.s. (224)–prep.–1 c.p. sf. *have come upon us*

הַשֵּׁאת def.art.–n.f.s. (981) *devastation*

וְהַשָּׁבֶר conj.–def.art.–n.m.s. paus. (991) *and destruction*

3:48

פַּלְגֵי־מַיִם n.m.p. cstr. (811)–n.m.s. (565) *with rivers of tears*

תֵּרַד עֵינִי Qal impf. 3 f.s. (יָרַד 432; GK 29q, 69p, 117z)–n.f.s.–1 c.s. sf. (744) *my eyes flow*

עַל־שֶׁבֶר prep. (752)–n.m.s. cstr. (991) *because of the destruction of*

בַּת־עַמִּי n.f.s. cstr. (123)–n.m.s.–1 c.s. sf. (766) *the daughter of my people*

461

3:49

עֵינִי נִגְּרָה n.f.s.-1 c.s. sf. (744)-Ni. pf. 3 f.s. (נגר 620) *my eyes will flow*

וְלֹא תִדְמֶה conj.-neg.-Qal impf. 3 f.s. (198 דמה) *without ceasing*

מֵאֵין הֲפֻגוֹת prep.-neg.cstr. (34)-n.f.p. (806) *without respite*

3:50

עַד־יַשְׁקִיף adv. (723)-Hi. impf. 3 m.s. (שקף 1054) *until ... looks down*

וְיֵרֶא conj.-Qal impf. 3 m.s. apoc. (ראה 906; GK 109k) *and sees*

יהוה pr.n. (217) *Yahweh*

מִשָּׁמָיִם prep.-n.m.p. paus. (1029) *from heaven*

3:51

עֵינִי עוֹלְלָה n.f.s.-1 c.s. sf. (744)-Po'el pf. 3 f.s. (עלל 759) *my eyes cause grief*

לְנַפְשִׁי prep.-n.f.s.-1 c.s. sf. (659) *(to) me*

מִכֹּל prep.-n.m.s. cstr. (481) *at the fate of all (of)*

בְּנוֹת עִירִי n.f.p. cstr. (123)-n.f.s.-1 c.s. sf. (746) *the maidens of my city*

3:52

צוֹד צָדוּנִי Qal inf.abs. (צוד 844)-Qal pf. 3 c.p.-1 c.s. sf. (844) *have hunted me*

כַּצִּפּוֹר prep.-def.art.-n.f.s. (861) *like a bird*

אֹיְבַי Qal act.ptc. m.p.-1 c.s. sf. (איב 33) *my enemies*

חִנָּם adv. (336) *without cause*

3:53

צָמְתוּ Qal pf. 3 c.p. (צמת 856) *they have put an end*

בַבּוֹר prep.-def.art.-n.m.s. (92) *into the pit*

חַיָּי n.m.p.-1 c.s. sf. (313) *alive (my life)*

וַיַּדּוּ־אֶבֶן בִּי consec.-Pi. impf. 3 m.p. (ידה 392; GK 69u)-n.f.s. (6)-prep.-1 c.s. sf. *and cast stones on me*

3:54

צָפוּ־מַיִם Qal pf. 3 c.p. (צוף 847)-n.m.p. (565) *water closed*

עַל־רֹאשִׁי prep.-n.m.s.-1 c.s. sf. (910) *over my head*

אָמַרְתִּי Qal pf. 1 c.s. (55) *I said*

נִגְזָרְתִּי Ni. pf. 1 c.s. (גזר 160) *I am lost*

3:55

קָרָאתִי Qal pf. 1 c.s. (קרא 894) *I called on*

שִׁמְךָ n.m.s.-2 m.s. sf. (1027) *thy name*

יהוה pr.n. (217) *O Yahweh*

מִבּוֹר prep.-n.m.s. cstr. (92) *from a pit*

תַּחְתִּיּוֹת adj. f.p. (1066) *the depths* (lit.-from a pit of lowest places)

3:56

קוֹלִי n.m.s.-1 c.s. sf. (876) *my plea*

שָׁמָעְתָּ Qal pf. 2 m.s. paus. (שמע 1033) *thou didst hear*

אַל־תַּעְלֵם neg.vol. (39)-Hi. impf. 2 m.s. vol. (761 עלם) *do not close*

אָזְנְךָ n.f.s.-2 m.s. sf. (25) *thine ear*

לְרַוְחָתִי prep.-n.f.s.-1 c.s. sf. (926) *to my cry*

לְשַׁוְעָתִי prep.-n.f.s.-1 c.s. sf. (1003) *for help*

3:57

קָרַבְתָּ Qal pf. 2 m.s. (897) *thou didst come near*

בְּיוֹם prep.-n.m.s. (398) *when*

אֶקְרָאֶךָּ Qal impf. 1 c.s.-2 m.s. sf. (קרא 894) *I called on thee*

אָמַרְתָּ Qal pf. 2 m.s. (55) *thou didst say*

אַל־תִּירָא neg.vol. (39)-Qal impf. 2 m.s. (ירא 431) *do not fear*

3:58

רַבְתָּ Qal pf. 2 m.s. (ריב 936) *thou hast taken up*

אֲדֹנָי n.m.p.-1 c.s. sf. (10) *O Lord*

רִיבֵי נַפְשִׁי n.m.p. cstr. (936)-n.f.s.-1 c.s. sf. (659) *my cause*

גָּאַלְתָּ Qal pf. 1 c.s. (גאל 145) *thou hast redeemed*

חַיָּי n.m.p.-1 c.s. sf. (313) *my life*

3:59

רָאִיתָה Qal pf. 2 m.s. (906) *thou hast seen*

יהוה pr.n. (217) *O Yahweh*

עַוָּתָתִי n.f.s.-1 c.s. sf. (736) *the wrong done to me*

שָׁפְטָה Qal impv. 2 m.s.-vol.he (שפט 1047) *judge thou*

מִשְׁפָּטִי n.m.s.-1 c.s. sf. (1048) *my cause*

3:60

רָאִיתָה Qal pf. 2 m.s. (ראה 906) *thou hast seen*

כָּל־נִקְמָתָם n.m.s. cstr. (481)-n.f.s.-3 m.p. sf. (668) *all their vengeance*

כָּל־מַחְשְׁבֹתָם v.supra-n.f.p.-3 m.p. sf. (364) *all their devices*

לִי prep.-1 c.s. sf. *against me*

3:61

שָׁמַעְתָּ Qal pf. 2 m.s. (1033) *thou hast heard*

חֶרְפָּתָם n.f.s.-3 m.p. sf. (357) *their taunts*

יהוה pr.n. (217) *O Yahweh*

כָּל־מַחְשְׁבֹתָם n.m.s. cstr. (481)-n.f.p.-3 m.p. sf. (364) *all their devices*

עָלָי prep.-1 c.s. sf. paus. *against me*

3:62

שִׂפְתֵי n.f.p. cstr. (973) *the lips of*

קָמַי Qal act.ptc. m.p.-1 c.s. sf. (קום 877) *my assailants*

וְהֶגְיוֹנָם conj.-n.m.s.-3 m.p. sf. (212) *and their thoughts*

עָלָי prep.-1 c.s. sf. *against me*

כָּל־הַיּוֹם n.m.s. cstr. (481)-def.art.-n.m.s. (398) *all the day long*

3:63

שִׁבְתָּם Qal inf.cstr.-3 m.p. sf. (יָשַׁב 442) *their sitting*

וְקִימָתָם conj.-n.f.s.-3 m.p. sf. (879) *and their rising*

הַבִּיטָה Hi. impv. 2 m.s.-vol.he (נבט 613) *behold*

אֲנִי מַנְגִּינָתָם pers.pr. 1 c.s. (58)-n.f.s.-3 m.p. sf. (618) *I am the burden of their songs*

3:64

תָּשִׁיב לָהֶם גְּמוּל Hi. impf. 2 m.s. (שׁוב 996) -prep.-3 m.p. sf.-n.m.s. (168) *thou wilt requite them*

יהוה pr.n. (217) *O Yahweh*

כְּמַעֲשֵׂה prep.-n.m.s. cstr. (795) *according to the work of*

יְדֵיהֶם n.f.p.-3 m.p. sf. (388) *their hands*

3:65

תִּתֵּן לָהֶם Qal impf. 2 m.s. (נתן 678)-prep.-3 m.p. sf. *thou wilt give them*

מְגִנַּת־לֵב n.f.s. cstr. (171)-n.m.s. (524) *dullness of heart*

תַּאֲלָתְךָ לָהֶם n.f.s.-2 m.s. sf. (46)-prep.-3 m.p. sf. *thy curse will be on them*

3:66

תִּרְדֹּף Qal impf. 2 m.s. (רדף 922) *thou wilt pursue*

בְּאַף prep.-n.m.s. (60) *in anger*

וְתַשְׁמִידֵם conj.-Hi. impf. 2 m.s.-3 m.p. sf. (שׁמד 1029) *and destroy them*

מִתַּחַת prep.-prep. (1065) *from under*

שְׁמֵי יהוה n.m.p. cstr. (1029)-pr.n. (217) *the heavens of Yahweh*

4:1

אֵיכָה exclam. (32) *how*

יוּעַם Ho. impf. 3 m.s. (עמם 770) *has grown dim*

זָהָב n.m.s. (262) *the gold*

יִשְׁנֶא Qal impf. 3 m.s. (שׁנה 1039; GK 77d, rr) *is changed*

הַכֶּתֶם הַטּוֹב def.art.-n.m.s. (508)-def.art.-adj. m.s. (373) *the pure gold*

תִּשְׁתַּפֵּכְנָה Hith. impf. 3 f.p. (שׁפך 1049, GK 54k) *lie scattered* (lit.-pour themselves out)

אַבְנֵי־קֹדֶשׁ n.f.p. cstr. (6)-n.m.s. (871) *the holy stones*

בְּרֹאשׁ prep.-n.m.s. cstr. (910) *at the head of*

כָּל־חוּצוֹת n.m.s. cstr. (481)-n.m.p. (299) *every street*

4:2

בְּנֵי צִיּוֹן n.m.p. cstr. (119)-pr.n. (851) *the ... sons of Zion*

הַיְקָרִים def.art.-adj. m.p. (429) *precious*

הַמְסֻלָּאִים def.art.-Pu. ptc. m.p. (סלא 698, GK 75rr) *worth their weight*

בַּפָּז prep.-def.art.-n.m.s. paus. (808) *in fine gold*

אֵיכָה exclam. (32) *how*

נֶחְשְׁבוּ Ni. pf. 3 c.p. (חשׁב 362) *they are reckoned*

לְנִבְלֵי־חֶרֶשׂ prep.-n.m.p. cstr. (614)-n.m.s. (360) *as earthen pots*

מַעֲשֵׂה n.m.s. cstr. (795) *the work of*

יְדֵי יוֹצֵר n.f.p. cstr. (388)-Qal act.ptc. (יצר 427) *a potter's hands*

4:3

גַּם־תַּנִּין adv. (168)-n.m.p. (1072; GK 87e) *even the jackals*

חָלְצוּ שַׁד Qal pf. 3 c.p. (322)-n.m.s. (994) *give the breast*

הֵינִיקוּ Hi. pf. 3 c.p. (ינק 413) *and suckle*

גּוּרֵיהֶן n.m.p. cstr.-3 f.p. sf. (158) *their young*

בַּת־עַמִּי n.f.s. cstr. (123)-n.m.s.-1 c.s. sf. (766) *but the daughter of my people*

לְאַכְזָר prep.-adj. m.s. (470) *has become cruel*

כַּיְעֵנִים Qere rd.כַּיְעֵנִים prep.-def.art.-n.m.p. (419) *like the ostriches*

בַּמִּדְבָּר prep.-def.art.-n.m.s. (184) *in the wilderness*

4:4

דָּבַק Qal pf. 3 m.s. (179) *cleaves*

לְשׁוֹן יוֹנֵק n.f.s. cstr. (546)-Qal act.ptc. (413) *the tongue of the nursling*

463

אֶל־חִכּוֹ prep.-n.m.s.-3 m.s. sf. (335) *to the roof of its mouth*

בַּצָּמָא prep.-def.art.-n.m.s. (854) *for thirst*

עוֹלָלִים n.m.p. (760) *the children*

שָׁאֲלוּ Qal pf. 3 c.p. (981) *beg*

לֶחֶם n.m.s. (536) *for food*

פֹּרֵשׂ Qal act.ptc. (828) *a giver* (lit. a divider)

אֵין לָהֶם neg. (34)-prep.-3 m.p. sf. *there is not to them*

4:5

הָאֹכְלִים def.art.-Qal act.ptc. m.p. (37, GK 117n) *those who feasted*

לְמַעֲדַנִּים prep.-n.m.p. (726) *on dainties*

נָשַׁמּוּ Ni. pf. 3 c.p. (שָׁמֵם 1030) *perish*

בַּחוּצוֹת prep.-def.art.-n.m.p. (299) *in the streets*

הָאֱמֻנִים def.art.-Qal pass.ptc. m.p. (אָמַן 52) *those who were brought up*

עֲלֵי תוֹלָע prep. (752)-n.m.s. (1068) *in purple*

חִבְּקוּ Pi. pf. 3 c.p. (287) *lie* (embrace)

אַשְׁפַּתּוֹת n.m.p. (1046) *on ash heaps*

4:6

וַיִּגְדַּל consec.-Qal impf. 3 m.s. (152) *has been great(er)*

עֲוֹן n.m.s. cstr. (730) *the iniquity of*

בַּת־עַמִּי n.f.s. cstr. (123)-n.m.s.-1 c.s. sf. (766) *the daughter of my people*

מֵחַטַּאת prep.-n.f.s. cstr. (308) *than the sin of*

סְדֹם pr.n. (690) *Sodom*

הַהֲפוּכָה def.art.-Qal pass.ptc. f.s. (הָפַךְ 245) *which was overthrown*

כְּמוֹ־רָגַע adv. (455)-n.m.s. paus. (921) *in a moment*

וְלֹא־חָלוּ conj.-neg.-Qal pf. 3 c.p. (חוּל 296) *no ... laid* (did not whirl about)

בָהּ prep.-3 f.s. sf. *on it*

יָדָיִם n.f. du. paus. (388) *hands*

4:7

זַכּוּ Qal pf. 3 c.p. (זָכַךְ 269) *were pure(r)*

נְזִירֶיהָ n.m.p.-3 f.s. sf. (634) *her princes*

מִשֶּׁלֶג prep.-n.m.s. (1017) *than snow*

צַחוּ Qal pf. 3 c.p. (צָחַח 850) *whiter*

מֵחָלָב prep.-n.m.s. (316) *than milk*

אָדְמוּ Qal pf. 3 c.p. (אָדַם 10) *were (more) ruddy*

עֶצֶם n.f.s. (782) *their bodies*

מִפְּנִינִים prep.-n.f.p. (819) *than coral*

סַפִּיר n.m.s. (705) *like sapphire*

גִּזְרָתָם n.f.s.-3 m.p. sf. (160) *the beauty of their form*

4:8

חָשַׁךְ Qal pf. 3 m.s. (364) *is dark(er)*

מִשְּׁחוֹר prep.-n.m.s. (1007) *than soot*

תָּאֳרָם n.m.s.-3 m.p. sf. (1061) *their visage*

לֹא נִכְּרוּ neg.-Ni. pf.3 c.p. (נָכַר 647) *they are not recognized*

בַּחוּצוֹת prep.-def.art.-n.m.p. (299) *in the streets*

צָפַד Qal pf. 3 m.s. (859) *has shriveled*

עוֹרָם n.m.s.-3 m.p. sf. (736) *their skin*

עַל־עַצְמָם prep.-n.f.s.-3 m.p. sf. (782) *upon their bones*

יָבֵשׁ Qal pf. 3 m.s. or adj. m.s. (386) *it has become dry*

הָיָה כָעֵץ Qal pf. 3 m.s. (224)-prep.-def.art. -n.m.s. (781) *it has become as wood*

4:9

טוֹבִים הָיוּ adj. m.p. (373)-Qal pf. 3 c.p. (הָיָה 224) *happier were*

חַלְלֵי־חֶרֶב n.m.p. cstr. (319)-n.f.s. (352) *the victims of the sword*

מֵחַלְלֵי רָעָב prep.-v.supra-n.m.s. (944) *than the victims of hunger*

שֶׁהֵם יָזוּבוּ rel. (979)-pers.pr. 3 m.p. (241)-Qal impf. 3 m.p. (זוּב 264) *who pined away*

מְדֻקָּרִים Pu. ptc. m.p. (דָּקַר 201) *stricken* (lit.-pierced)

מִתְּנוּבֹת prep.-n.f.p. cstr. (626) *by want of the fruits of*

שָׂדָי n.m.s. paus. (961) *the field*

4:10

יְדֵי n.f.p. cstr. (388) *the hands of*

נָשִׁים רַחֲמָנִיּוֹת n.f.p. (61)-adj. f.p. (933) *compassionate women*

בִּשְּׁלוּ Pi. pf. 3 c.p. (143) *have boiled*

יַלְדֵיהֶן n.m.p.-3 f.p. sf. (409) *their own children*

הָיוּ Qal pf. 3 c.p. (הָיָה 224) *they became*

לְבָרוֹת לָמוֹ prep.-Pi. inf.cstr. (בָּרָה 136)-prep.-3 m.p. sf. *their food*

בְּשֶׁבֶר prep.-n.m.s. cstr. (991) *in the destruction of*

בַּת־עַמִּי n.f.s. cstr. (123)-n.m.s.-1 c.s. sf. (766) *the daughter of my people*

4:11

כִּלָּה יהוה Pi. pf. 3 m.s. (כָּלָה 477)-pr.n. (217) *Yahweh gave full vent to*

אֶת־חֲמָתוֹ dir.obj.-n.f.s.-3 m.s. sf. (404) *his wrath*

שָׁפַךְ Qal pf. 3 m.s. (1049) *he poured out*

חֲרוֹן אַפּוֹ n.m.s. cstr. (354)-n.m.s.-3 m.s. sf. (60) *his hot anger*

וַיַּצֶת־אֵשׁ consec.-Hi. impf. 3 m.s. apoc. (יצת 428)-n.f.s. (77) *and he kindled a fire*

בְּצִיּוֹן prep.-pr.n. (851) *in Zion*

וַתֹּאכַל consec.-Qal impf. 3 f.s. (אכל 37) *which consumed*

יְסוֹדֹתֶיהָ n.f.p.-3 f.s. sf. (414) *its foundations*

4:12

לֹא הֶאֱמִינוּ neg.-Hi. pf. 3 c.p. (אמן 52) *did not believe*

מַלְכֵי־אֶרֶץ n.m.p. cstr. (572)-n.f.s. (75) *the kings of the earth*

וְכֹל יֹשְׁבֵי conj.-n.m.s. cstr. (481; Qere omits conj.)-Qal act.ptc. m.p. cstr. (ישב 442) *or any of the inhabitants of*

תֵּבֵל n.f.s. (385) *the world*

כִּי יָבֹא conj. (471)-Qal impf. 3 m. s. (בוא 97) *that could enter*

צַר וְאוֹיֵב n.m.s. (865)-conj.-Qal act.ptc. (איב 33) *foe or enemy*

בְּשַׁעֲרֵי יְרוּשָׁלִָם prep.-n.m.p. cstr. (1044)-pr.n. paus. (436) *the gates of Jerusalem*

4:13

מֵחַטֹּאת prep.-n.f.p. cstr. (308) *for the sins of*

נְבִיאֶיהָ n.m.p.-3 f.s. sf. (611) *her prophets*

עֲוֹנוֹת n.m.p. (730) *the iniquities of*

כֹּהֲנֶיהָ n.m.p.-3 f.s. sf. (463) *her priests*

הַשֹּׁפְכִים def.art.-Qal act.ptc. m.p. (שפך 1049) *who shed*

בְּקִרְבָּהּ prep.-n.m.s.-3 f.s. sf. (899) *in the midst of her*

דַּם צַדִּיקִים n.m.s. cstr. (196)-adj. m.p. (843) *the blood of the righteous*

4:14

נָעוּ Qal pf. 3 c.p. (נוע 631) *they wandered*

עִוְרִים adj. m.p. (734) *blind*

בַּחוּצוֹת prep.-def.art.-n.m.p. (299) *through the streets*

נְגֹאֲלוּ Ni. pf. 3 c.p. (גאל 146; GK 51h) *so defiled*

בַּדָּם prep.-def.art.-n.m.s. (196) *with blood*

בְּלֹא יוּכְלוּ prep.-neg.-Qal impf. 3 m.p. (יכל 407) *that none could*

יִגְּעוּ Qal impf. 3 m.p. (נגע 619, GK 120g) *touch*

בִּלְבֻשֵׁיהֶם prep.-n.m.p.-3 m.p. sf. (528) *their garments*

4:15

סוּרוּ Qal impv. 2 m.p. (סור 693) *away!*

טָמֵא adj. m.s. (379) *unclean!*

קָרְאוּ לָמוֹ Qal pf. 3 c.p. (894)-prep.-3 m.p. sf. *men cried at them*

סוּרוּ סוּרוּ v.supra-v.supra *away! away!*

אַל־תִּגָּעוּ neg.vol.-Qal impf. 3 m.p. paus. (נגע 619) *touch not!*

כִּי נָצוּ conj. (471)-Qal pf. 3 c.p. (נצה 663) *so they became fugitives*

גַּם־נָעוּ adv. (168)-Qal pf. 3 c.p. (נוע 631) *and wanderers*

אָמְרוּ בַּגּוֹיִם Qal pf. 3 c.p. (55)-prep.-def.art.-n.m.p. (156) *men said among the nations*

לֹא יוֹסִיפוּ לָגוּר neg.-Hi. impf. 3 m.p. (יסף 414)-prep.-Qal inf.cstr. (גור 157) *they shall stay with us no longer*

4:16

פְּנֵי יְהוָה n.m.p. cstr. (815)-pr.n. (217) *the face of Yahweh*

חִלְּקָם Pi. pf. 3 m.s.-3 m.p. sf. (חלק 323) *has scattered them*

לֹא יוֹסִיף לְהַבִּיטָם neg.-Hi. impf. 3 m.s. (יסף 414)-prep.-Hi. inf.cstr.-3 m.p. sf. (נבט 613) *he will regard them no more*

פְּנֵי כֹהֲנִים v.supra-n.m.p. (463) *the face of priests*

לֹא נָשָׂאוּ neg.-Qal pf. 3 c.p. (נשא 669) *they have not lifted*

זְקֵנִים adj. m.p. (278) *the elders*

לֹא חָנָנוּ neg.-Qal pf. 3 c.p. paus. (חנן 335) *they have not favored*

4:17

עוֹדֵינָה adv.-1 c.p. sf. (728, GK 100o) *ever*

תִּכְלֶינָה עֵינֵינוּ Qal impf. 3 f.p. (כלה 477)-n.f.p.-1 c.p. sf. (744) *our eyes failed*

אֶל־עֶזְרָתֵנוּ prep. (39)-n.f.s.-1 c.p. sf. (740) *for our help*

הָבֶל n.m.s. paus. (210) *vainly*

בְּצִפִּיָּתֵנוּ prep.-n.m.s.-1 c.p. sf. (859) *in our watching*

צִפִּינוּ Pi. pf. 1 c.p. (צפה 859) *we watched*

אֶל־גּוֹי prep. (39)-n.m.s. (156) *for a nation*

לֹא יוֹשִׁעַ neg.-Hi. impf. 3 m.s. (ישע 446) *which could not save*

4:18

צָדוּ Qal pf. 3 c.p. (צוד 844) *men dogged* (hunted)

צְעָדֵינוּ n.m.p.-1 c.p. sf. (857) *our steps*

מִלֶּכֶת prep.-Qal inf.cstr. (הָלַךְ 229) *so that we could not walk*

בִּרְחֹבֹתֵינוּ prep.-n.f.p.-1 c.p. sf. (932) *in our streets*

קָרַב קִצֵּינוּ Qal pf. 3 m.s. (897)-n.m.p.-1 c.p. sf. (893) *our end drew near*

מָלְאוּ Qal pf. 3 c.p. (569) *were numbered (full)*

יָמֵינוּ n.m.p.-1 c.p. sf. (398) *our days*

כִּי־בָא קִצֵּינוּ conj. (471)-Qal pf. 3 m.s. (בּוֹא 97)-v.supra *for our end has come*

4:19

קַלִּים הָיוּ adj. m.p. (886)-Qal pf. 3 c.p. (הָיָה 224) *were swift(er)*

רֹדְפֵינוּ Qal act.ptc. m.p.-1 c.p. sf. (רָדַף 922) *our pursuers*

מִנִּשְׁרֵי prep.-n.m.p. cstr. (676) *than the vultures in*

שָׁמָיִם n.m.p. paus. (1029) *the heavens*

עַל־הֶהָרִים prep.-def.art.-n.m.p. (249) *on the mountains*

דְּלָקֻנוּ Qal pf. 3 c.p.-1 c.p. sf. (196) *they chased us*

בַּמִּדְבָּר prep.-def.art.-n.m.s. (184) *in the wilderness*

אָרְבוּ לָנוּ Qal pf. 3 c.p. (אָרַב 70)-1 c.p. sf. *they lay in wait for us*

4:20

רוּחַ אַפֵּינוּ n.f.s. cstr. (924)-n.m.p.-1 c.p. sf. (60) *the breath of our nostrils*

מְשִׁיחַ יהוה n.m.s. cstr. (603)-pr.n. (217) *Yahweh's anointed*

נִלְכַּד Ni. pf. 3 m.s. (לָכַד 539) *was taken*

בִּשְׁחִיתוֹתָם prep.-n.f.p.-3 m.p. sf. (1005) *in their pits*

אֲשֶׁר אָמַרְנוּ rel. (81)-Qal pf. 1 c.p. (אָמַר 55) *he of whom we said*

בְּצִלּוֹ prep.-n.m.s.-3 m.s. sf. (853) *under his shadow*

נִחְיֶה Qal impf. 1 c.p. (חָיָה 310) *we shall live*

בַּגּוֹיִם prep.-def.art.-n.m.p. (156) *among the nations*

4:21

שִׂישִׂי Qal impv. 2 f.s. (שׂוּשׂ 965) *rejoice*

וְשִׂמְחִי conj.-Qal impv. 2 f.s. (שָׂמַח 970) *and be glad*

בַּת־אֱדוֹם n.f.s. cstr. (123)-pr.n. (10) *O daughter of Edom*

יוֹשַׁבְתִּי Qal act.ptc. f.s. (יָשַׁב 442; Qere omits י; GK 90n) *dweller*

בְּאֶרֶץ עוּץ prep.-n.f.s. cstr. (75)-pr.n. (734) *in the land of Uz*

גַּם־עָלַיִךְ adv. (168)-prep.-2 f.s. sf. *but to you also*

תַּעֲבָר־כּוֹס Qal impf. 3 f.s. (עָבַר 716)-n.f.s. (468) *the cup shall pass*

תִּשְׁכְּרִי Qal impf. 2 f.s. (שָׁכַר 1016) *you shall become drunk*

וְתִתְעָרִי conj.-Hith. impf. 2 f.s. (עָרָה 788) *and strip yourself bare*

4:22

תַּם־עֲוֹנֵךְ Qal pf. 3 m.s. (תָּמַם 1070)-n.m.s.-2 f.s. sf. (730) *the punishment of your iniquity is accomplished*

בַּת־צִיּוֹן n.f.s. cstr. (123)-pr.n. (851) *O daughter of Zion*

לֹא יוֹסִיף לְהַגְלוֹתֵךְ neg.-Hi. impf. 3 m.s. (יָסַף 414)-prep.-Hi. inf.cstr.-2 f.s. sf. (גָּלָה 162) *he will keep you in exile no longer*

פָּקַד Qal pf. 3 m.s. (823) *he will punish*

עֲוֹנֵךְ n.m.s.-2 f.s. sf. (730) *your iniquity*

בַּת־אֱדוֹם n.f.s. cstr. (123)-pr.n. (10) *O daughter of Edom*

גִּלָּה Pi. pf. 3 m.s. (גָּלָה 162) *he will uncover*

עַל־חַטֹּאתָיִךְ prep.-n.f.p.-2 f.s. sf. (308) *your sins*

5:1

זְכֹר יהוה Qal impv. 2 m.s. (269)-pr.n. (217) *remember, O Yahweh*

מֶה־הָיָה לָנוּ interr. (552)-Qal pf. 3 m.s. (224)-prep.-1 c.p. sf. *what has befallen us*

הַבִּיט Hi. impv. 2 m.s.-vol.he (נָבַט 613) *behold*

וּרְאֵה conj.-Qal impv. 2 m.s. (906) *and see*

אֶת־חֶרְפָּתֵנוּ dir.obj.-n.f.s.-1 c.p. sf. (357) *our disgrace*

5:2

נַחֲלָתֵנוּ n.f.s.-1 c.p. sf. (635) *our inheritance*

נֶהֶפְכָה Ni. pf. 3 f.s. (הָפַךְ 245) *has been turned over*

לְזָרִים prep.-Qal act.ptc. m.p. (זוּר 266) *to strangers*

בָּתֵּינוּ n.m.p.-1 c.p. sf. (108) *our homes*

לְנָכְרִים prep.-adj. m.p. (648) *to aliens*

5:3

יְתוֹמִים n.m.p. (450) *orphans*

הָיִינוּ Qal pf. 1 c.p. (הָיָה 224) *we have become*

אֵין אָב neg. (34)-n.m.s. (3) *fatherless*

אִמֹּתֵינוּ n.f.p.-1 c.p. sf. (51) *our mothers*

כְּאַלְמָנוֹת prep.-n.f.p. (48) *like widows*

5:4

מֵימֵינוּ n.m.p.-1 c.p. sf. (565) *our water*

בְּכֶסֶף prep.-n.m.s. (494) *for silver*

שָׁתִינוּ Qal pf. 1 c.p. (שָׁתָה 1059) *we drink*

עֵצֵינוּ n.m.p.-1 c.p. sf. (781) *our wood*

בִּמְחִיר prep.-n.m.s. (564) *for a price*

יָבֹאוּ Qal impf. 3 c.p. (בּוֹא 97) *comes*

5:5

עַל צַוָּארֵנוּ prep.-n.m.s.-1 c.p. sf. (848) *on our necks*

נִרְדָּפְנוּ Ni. pf. 1 c.p. (רָדַף 922) *we are hard driven*

יָגַעְנוּ Qal pf. 1 c.p. (יָגַע 388) *we are weary*

לֹא הוּנַח־לָנוּ neg.-Ho. pf. 3 m.s. (נוּחַ 628; GK 72eeN, 121a)-prep.-1 c.p. sf. *we are given no rest*

5:6

מִצְרַיִם pr.n. (595) *to Egypt*

נָתַנּוּ יָד Qal pf. 1 c.p. (נָתַן 678)-n.f.s. (388) *we have given the hand*

אַשּׁוּר pr.n. (78) *and to Assyria*

לִשְׂבֹּעַ prep.-Qal inf.cstr. (שָׂבַע 959) *to get enough*

לָחֶם n.m.s. paus. (536) *bread*

5:7

אֲבֹתֵינוּ n.m.p.-1 c.p. sf. (3) *our fathers*

חָטְאוּ Qal pf. 3 c.p. (חָטָא 306) *sinned*

אֵינָם neg.-3 m.p. sf. (34) *and are no more*

אֲנַחְנוּ pers.pr. 1 c.p. (59; Qere rd. וַאֲנַחְנוּ) *and we*

עֲוֹנֹתֵיהֶם n.m.p.-3 m.p. sf. (730) *their iniquities*

סָבָלְנוּ Qal pf. 1 c.p. paus. (סָבַל 687) *bear*

5:8

עֲבָדִים n.m.p. (713) *slaves*

מָשְׁלוּ Qal pf. 3 c.p. (605) *rule*

בָּנוּ prep.-1 c.p. sf. *over us*

פֹּרֵק אֵין Qal act.ptc. (830)-neg. (34) *there is none to deliver us*

מִיָּדָם prep.-n.f.s.-3 m.p. sf. (388) *from their hand*

5:9

בְּנַפְשֵׁנוּ prep.-n.f.s.-1 c.p. sf. (659) *at the peril of our lives*

נָבִיא Hi. impf. 1 c.p. (בּוֹא 97) *we get*

לַחְמֵנוּ n.m.s.-1 c.p. sf. (536) *our bread*

מִפְּנֵי חֶרֶב prep.-n.m.p. cstr. (815)-n.f.s. (352) *because of the sword*

5:10

עוֹרֵנוּ n.m.s.-1 c.p. sf. (736) *our skin*

כְּתַנּוּר prep.-n.m.s. (1072) *as an oven*

נִכְמָרוּ Ni. pf. 3 c.p. (כָּמַר 485; GK 145u) *is hot*

מִפְּנֵי זַלְעֲפוֹת prep.-n.m.p. cstr. (815)-n.f.p. cstr. (273) *with the burning heat of*

רָעָב n.m.s. (944) *famine*

5:11

נָשִׁים n.f.p. (61) *women*

בְּצִיּוֹן prep.-pr.n. (851) *in Zion*

עִנּוּ Pi. pf. 3 c.p. (עָנָה 776) *are ravished*

בְּתֻלֹת n.f.p. (143) *virgins*

בְּעָרֵי יְהוּדָה prep.-n.f.p. cstr. (746)-pr.n. (397) *in the towns of Judah*

5:12

שָׂרִים n.m.p. (978) *princes*

בְּיָדָם prep.-n.f.s.-3 m.p. sf. (388) *by their hands*

נִתְלוּ Ni. pf. 3 c.p. (תָּלָה 1067) *are hung up*

פְּנֵי זְקֵנִים n.m.p. cstr. (815)-adj. m.p. (278) *to the elders*

לֹא נֶהְדָּרוּ neg.-Ni. pf. 3 c.p. (הָדַר 213) *no respect is shown*

5:13

בַּחוּרִים n.m.p. (104) *young men*

טְחוֹן n.m.s. (377) *at the grinding-mill*

נָשָׂאוּ Qal pf. 3 c.p. paus. (669) *are compelled*

וּנְעָרִים n.m.p. (654) *and boys*

בָּעֵץ prep.-def.art.-n.m.s. (781) *under loads of wood*

כָּשָׁלוּ Qal pf. 3 c.p. paus. (505) *stagger*

5:14

זְקֵנִים adj. m.p. (278) *the old men*

מִשַּׁעַר prep.-n.m.s. (1044) *the city gate*

שָׁבָתוּ Qal pf. 3 c.p. paus. (שָׁבַת 991) *have quit*

בַּחוּרִים n.m.p. (104) *the young men*

מִנְּגִינָתָם prep.-n.f.s.-3 m.p. sf. (618) *their music*

5:15

שָׁבַת Qal pf. 3 m.s. (991) *has ceased*

מְשׂוֹשׂ לִבֵּנוּ n.m.s. cstr. (965)-n.m.s.-1 c.p. sf. (524) *the joy of our hearts*

נֶהְפַּךְ Ni. pf. 3 m.s. (הָפַךְ 245) *has been turned*

לְאֵבֶל prep.-n.m.s. (5) *to mourning*

מְחֹלֵנוּ n.m.s.-1 c.p. sf. (298) *our dancing*

5:16

נָפְלָה Qal pf. 3 f.s. (656) *has fallen*

עֲטֶרֶת רֹאשֵׁנוּ n.f.s. cstr. (742)-n.m.s.-1 c.p. sf. (910) *the crown from our head*

אוֹי־נָא לָנוּ interj. (17)-part. of entreaty (609) -prep.-1 c.p. sf. *woe to us*

כִּי חָטָאנוּ conj. (471)-Qal pf. 1 c.p. paus. (306) *for we have sinned*

5:17

עַל־זֶה prep.-demons.adj. m.s. (260) *for this*

הָיָה דָוֶה Qal pf. 3 m.s. (224)-adj. m.s. (188) *has become sick*

לִבֵּנוּ n.m.s.-1 c.p. sf. (524) *our heart*

עַל־אֵלֶּה prep.-demons.adj. c.p. (41) *for these things*

חָשְׁכוּ עֵינֵינוּ Qal pf. 3 c.p. (364)-n.f.p.-1 c.p. sf. (744) *our eyes have grown dim*

5:18

עַל הַר־צִיּוֹן prep.-n.m.s. cstr. (249)-pr.n. (851) *for Mount Zion*

שֶׁשָּׁמֵם rel. (979)-Qal pf. 3 m.s. (1030) *which lies desolate*

שׁוּעָלִים n.m.p. (1043) *jackals*

הִלְּכוּ־בוֹ Pi. pf. 3 c.p. הָלַךְ 229)-prep.-3 m.s. sf. *prowl over it*

5:19

אַתָּה יהוה pers.pr. 2 m.s. (61)-pr.n. (217) *but thou, O Yahweh*

לְעוֹלָם prep.-n.m.s. (761) *for ever*

תֵּשֵׁב Qal impf. 2 m.s. (יָשַׁב 442) *dost reign*

כִּסְאֲךָ n.m.s.-2 m.s. sf. (490) *thy throne*

לְדֹר וָדוֹר prep.-n.m.s. (189)-conj.-n.m.s. (189) *endures to all generations*

5:20

לָמָּה prep.-interr. (552) *why*

לָנֶצַח prep.-n.m.s. (664) *for ever*

תִּשְׁכָּחֵנוּ Qal impf. 2 m.s.-1 c.p. sf. (שָׁכַח 1013) *dost thou forget us*

תַּעַזְבֵנוּ Qal impf. 2 m.s.-1 c.p. sf. (עָזַב 736) *dost thou forsake us*

לְאֹרֶךְ יָמִים prep.-n.m.s. cstr. (73)-n.m.p. (398) *so long*

5:21

הֲשִׁיבֵנוּ Hi. impv. 2 m.s.-1 c.p. sf. (שׁוּב 996) *restore us*

יהוה pr.n. (217) *O Yahweh*

אֵלֶיךָ prep.-2 m.s. sf. *to thyself*

וְנָשׁוּב conj.-Qal impf. 1 c.p.-vol.he (שׁוּב 996) *that we may be restored*

חַדֵּשׁ יָמֵינוּ Pi. impv. 2 m.s. (293)-n.m.p.-1 c.p. sf. (398) *renew our days*

כְּקֶדֶם prep.-n.m.s. (869) *as of old*

5:22

כִּי אִם־ conj. (471)-hypoth.part. (49) *or*

מָאֹס מְאַסְתָּנוּ Qal inf.abs. (549)-Qal pf. 2 m.s.-1 c.p. sf. (מָאַס 549) *hast thou utterly rejected us?*

קָצַפְתָּ Qal pf. 2 m.s. (קָצַף 893) *art thou angry*

עָלֵינוּ prep.-1 c.p. sf. *with us*

עַד־מְאֹד prep. (723)-adv. (547) *exceedingly*

Ezekiel

וַיְהִי waw consec.-Qal impf. 3 m.s. (הָיָה 224)

בִּשְׁלֹשִׁים prep.-num.p. (1026) *In the thirtieth*

שָׁנָה n.f.s. (1040) *year*

בָּרְבִיעִי prep.-def.art.-num.ord. (917) *in the fourth* (month)

בַּחֲמִשָּׁה prep.-def.art.-num. f.s. (331) *on the fifth* (day)

לַחֹדֶשׁ prep.-def.art.-n.m.s. (294 I) *of the month*

וַאֲנִי conj.-pers.pr. 1 c.s. (58) *as I* (was)

בְּתוֹךְ־הַגּוֹלָה prep.-n.m.s. cstr. (1063)-def.art.-n.f.s. (163) *among the exiles*

עַל־נְהַר־כְּבָר prep.-n.m.s. cstr. (625)-pr.n. (II 460) *by the river Chebar*

נִפְתְּחוּ Ni. pf. 3 c.p. (פתח I 834) *were opened*

הַשָּׁמַיִם def.art.-n.m.p. (1029) *the heavens*

וָאֶרְאֶה consec.-Qal impf. 1 c.s. (ראה 906) *and I saw*

מַרְאוֹת n.f.p. cstr. (I 909) *visions of*

אֱלֹהִים n.m.p. (43) *God*

בַּחֲמִשָּׁה prep.-def.art.-num. f.s. (331) *On the fifth* (day)

לַחֹדֶשׁ prep.-def.art.-n.m.s. (294) *of the month*

הִיא demons. f.s. (214) *it* (was)

הַשָּׁנָה הַחֲמִישִׁית def.art.-n.f.s. (1040)-def.art.-num.ord. f.s. (332) *the fifth year*

לְגָלוּת הַמֶּלֶךְ prep.-n.f.s. cstr. (163)-def.art.-n.m.s. (I 572) *of the exile of the King*

יוֹיָכִין pr.n. (220) *Jehoiachin*

הָיֹה הָיָה Qal inf.abs. (224)-Qal pf. 3 m.s. (224) *came*

דְּבַר יהוה n.m.s. cstr. (182)-pr.n. (217) *the word of Yahweh*

אֶל־יְחֶזְקֵאל prep.-pr.n. (306) *to Ezekiel*

בֶּן־בּוּזִי n.m.s. cstr. (119)-pr.n. (100) *the son of Buzi*

הַכֹּהֵן def.art.-n.m.s. (463) *the priest*

בְּאֶרֶץ כַּשְׂדִּים prep.-n.f.s. cstr. (75)-pr.n. (505) *in the land of the Chaldeans*

עַל־נְהַר־כְּבָר prep.-n.m.s. cstr. (625)-pr.n. (II 460) *by the river Chebar*

וַתְּהִי consec.-Qal impf. 3 f.s. (224) *and was*

עָלָיו prep.-3 m.s. sf. (II 752) *upon him*

שָׁם adv. (1027) *there*

יַד־יְהוָה n.f.s. cstr. (388)-pr.n. (217) *the hand of Yahweh*

1:4

וָאֵרֶא consec.-Qal impf. 1 c.s. apoc. (רָאָה 906) *as I looked*

וְהִנֵּה conj.-demons.part. (243) *behold*

רוּחַ סְעָרָה n.f.s. (924)-adj. f.s. (704) *a stormy wind*

בָּאָה Qal act.ptc. f.s. (בּוֹא 97) *came*

מִן־הַצָּפוֹן prep.-def.art.-n.f.s. (860) *out of the north*

עָנָן גָּדוֹל n.m.s. (777)-adj. m.s. (152) *a great cloud*

וְאֵשׁ מִתְלַקַּחַת conj.-n.f.s. (77)-Hith. ptc. f.s. (542) *and fire flashing forth continually* (lit. *and fire taking hold of itself*)

וְנֹגַהּ לוֹ conj.-n.f.s. (I 618)-prep.-3 m.s. sf. *with brightness about it*

סָבִיב adv. (686) *round*

וּמִתּוֹכָהּ conj.-prep.-n.m.s.-3 f.s. sf. (1063) *from the midst of it*

כְּעֵין הַחַשְׁמַל prep.-n.f.s. cstr. (744)-def.art. -n.m.s. (365) *as it were gleaming bronze*

מִתּוֹךְ הָאֵשׁ prep.-n.m.s. cstr. (1063)-def.art. -n.f.s. (77) *in the midst of the fire*

1:5

וּמִתּוֹכָהּ conj.-prep.-n.m.s.׳ cstr.-3 f.s. sf. (1063) *and from the midst of it*

דְּמוּת n.f.s. cstr. (198) *the likeness of*

אַרְבַּע חַיּוֹת num. m.s. (I 916)-n.f.p. (I 312) *four living creatures*

וְזֶה מַרְאֵיהֶן conj.-demons.pr. m.s. (260)-n.m.p.-3 f.p. sf. (909) *and this was their appearance*

דְּמוּת אָדָם n.f.s. cstr. (198)-n.m.s. (9) *the form of men* (lit. *a likeness of mankind*)

לָהֵנָה prep.-def.art.-pron. f.p. (241) *to them*

1:6

וְאַרְבָּעָה פָנִים conj.-num. f.s. (I 916)-n.m.p. (815; GK 87t) *but four faces*

לְאֶחָת prep.-adj. f.s. paus. (25) *to each*

וְאַרְבַּע כְּנָפַיִם conj.-num. m.s. (916)-n.f. du. (489; GK 88f) *and four wings*

לְאַחַת לָהֶם prep.-adj. f.s. (25)-prep.-3 m.p. sf. *to each of them*

1:7

וְרַגְלֵיהֶם conj.-n.f.p.-3 m.p. sf. (919) *and their legs*

רֶגֶל יְשָׁרָה n.f.s. (919)-adj. f.s. (449) *were straight*

וְכַף רַגְלֵיהֶם conj.-n.f.s. cstr. (496)-n.f.p.-3 m.p. sf. (919) *and the soles of their feet*

כְּכַף רֶגֶל עֵגֶל prep.-n.f.s. cstr. (496)-n.f.s. cstr. (919)-n.m.s. cstr. (722) *like the sole of a calf's foot*

וְנֹצְצִים conj.-Qal act.ptc. m.p. (נָצַץ I 665) *and they sparkled*

כְּעֵין prep.-n.f.s. cstr. (744) *like*

נְחֹשֶׁת קָלָל n.m.s. (I 638)-adj. m.s. (887) *burnished bronze*

1:8

וִידֵי אָדָם conj.-n.f.p. cstr. (388)-n.m.s. (9) *human hands* (Qere וִידֵי)

מִתַּחַת prep.-prep. (1065) *under*

כַּנְפֵיהֶם n.f.p.-3 m.p. sf. (489) *their wings*

עַל אַרְבַּעַת רִבְעֵיהֶם prep.-num. f.s. cstr. (I 916) -n.m.p.-3 m.p. sf. (I 917) *on their four sides*

וּפְנֵיהֶם conj.-n.m.p.-3 m.p. sf. (815) *and their faces*

וְכַנְפֵיהֶם conj.-n.f.p.-3 m.p. sf. (489) *and their wings*

לְאַרְבַּעְתָּם prep.-num. f.s.-3 m.p. sf. (I 916) *to the four of them*

1:9

חֹבְרֹת Qal act.ptc. f.p. (חָבַר 287) *touched*

אִשָּׁה אֶל־אֲחוֹתָהּ n.f.s. (61)-prep.-n.f.s.-3 f.s. sf. (27) *one another*

כַּנְפֵיהֶם n.f.p.-3 m.p. sf. (489) *their wings*

לֹא־יִסַּבּוּ neg.-Ni. impf. 3 m.p. (סָבַב 685) *without turning*

בְלֶכְתָּן prep.-Qal inf.cstr.-3 f.p. sf. (הָלַךְ 229) *as they went*

אִישׁ אֶל־עֵבֶר פָּנָיו n.m.s. (35)-prep.-n.m.s. cstr. (I 719)-n.m.p.-3 m.s. sf. (815) *every one straight forward*

יֵלֵכוּ Qal impf. 3 m.p. paus. (הָלַךְ 229) *they went*

1:10

וּדְמוּת פְּנֵיהֶם conj.-n.f.s. cstr. (198)-n.m.p.-3 m.p. sf. (815) *as for the likeness of their faces*

פְּנֵי אָדָם n.m.p. cstr. (815)-n.m.s. (9) *the face of a man*

וּפְנֵי אַרְיֵה conj.-n.m.p. cstr. (815)-n.m.s. (71) *and a face of a lion*

אֶל־הַיָּמִין prep.-def.art.-n.f.s. (I 411) *on the right side*

לְאַרְבַּעְתָּם prep.-num. f.s.-3 m.p. sf. (916) *to the four of them*

וּפְנֵי־שׁוֹר conj.-n.m.p. cstr. (815)-n.m.s. (1004) *and a face of an ox*

מֵהַשְּׂמֹאול prep.-def.art.-n.m.s. (969) *on the left side*

470

לְאַרְבַּעְתָּן prep.-num. f.s.-3 f.p. sf. (916) *the four*

וּפְנֵי־נֶשֶׁר conj.-n.m.p. cstr. (815)-n.m.s. (676) *and a face of an eagle*

לְאַרְבַּעְתָּן prep.-num. f.s.-3 f.p. sf. (916) *the four*

1:11

וּפְנֵיהֶם conj.-n.m.p.-3 m.p. sf. (815) *and their faces*

וְכַנְפֵיהֶם conj.-n.f.p.-3 m.p. sf. (489) *and their wings*

פְּרֻדוֹת Qal pass.ptc. f.p. (פָּרַד I 825) *were spread out* (lit. *divided*)

מִלְמַעְלָה prep.-prep.-prep.-he dir. (751) *above*

לְאִישׁ שְׁתַּיִם prep.-n.m.s. cstr. (35)-num. f.du. (1040) *each of which*

חֹבְרוֹת Qal act.ptc. f.p. (חָבַר 287) *touched*

אִישׁ n.m.s. (35) *another*

וּשְׁתַּיִם מְכַסּוֹת conj.-num. f.du. (1040)-Pi. ptc. f.p. (כָּסָה 491) *while two covered*

אֵת גְּוִיֹּתֵיהֶנָה dir.obj.-n.f.p.-3 f.p. sf. (156; GK 91 l) *their bodies*

1:12

וְאִישׁ conj.-n.m.s. (35) *and each*

אֶל־עֵבֶר פָּנָיו prep.-n.m.s. cstr. (719)-n.m.p.-3 m.s. sf. (815) *straight forward*

יֵלֵכוּ Qal impf. 3 m.p. paus. (הָלַךְ 229) *went*

אֶל אֲשֶׁר יִהְיֶה־שָׁמָּה prep.-rel.-Qal impf. 3 m.s. (הָיָה 224)-adv.-he dir. (1027) *wherever*

הָרוּחַ def.art.-n.m.s. (924) *the spirit*

לָלֶכֶת prep.-Qal inf.cstr. (הָלַךְ 229) *would go*

יֵלֵכוּ Qal impf. 3 m.p. paus. (הָלַךְ 229) *they went*

לֹא יִסַּבּוּ neg.-Ni. impf 3 m.p. (סָבַב 685) *without turning*

בְּלֶכְתָּן prep.-Qal inf.cstr.-3 f.p. sf. (הָלַךְ 229) *as they went*

1:13

וּדְמוּת conj.-n.f.s. cstr. (198) *and the likeness of*

הַחַיּוֹת def.art.-n.f.p. (312) *the living creatures*

מַרְאֵיהֶם n.m.p.-3 m.p. sf. (909) *their appearance*

כְּגַחֲלֵי־ prep.-n.f.p. cstr. (160) *like burning coals of*

אֵשׁ n.f.s. (77) *fire*

בֹּעֲרוֹת Qal act.ptc. f.p. (בָּעַר 128) *burning*

כְּמַרְאֵה prep.-n.m.s. cstr. (909) *like the appearance of*

הַלַּפִּדִים def.art.-n.m.p. (542) *torches*

הִיא demons.adj. f.s. (214) *it was*

מִתְהַלֶּכֶת Hith. ptc. f.s. (הָלַךְ 229) *moving to and fro*

בֵּין הַחַיּוֹת prep. (107)-v.supra *among the living creatures*

וְנֹגַהּ conj.-n.f.s. (618) *and brightness*

לָאֵשׁ prep.-def.art.-n.f.s. (77) *to the fire*

וּמִן־הָאֵשׁ conj.-prep.-def.art.-n.f.s. (77) *and out of the fire*

יוֹצֵא Qal act.ptc. (יָצָא 422) *went forth*

בָּרָק n.m.s. (140) *lightning*

1:14

וְהַחַיּוֹת conj.-def.art.-n.f.p. (312) *and the living creatures*

רָצוֹא Qal inf.abs. (רָצָא 952; GK 113sN) *running*

וָשׁוֹב conj.-Qal inf.abs. (שׁוּב 996) *and returning*

כְּמַרְאֵה prep.-n.m.s. cstr. (909) *like the appearance of*

הַבָּזָק def.art.-n.m.s. (103) *the lightning flash*

1:15

וָאֵרֶא consec.-Qal impf. 1 c.s. apoc. (רָאָה 906) *now as I looked*

הַחַיּוֹת def.art.-n.f.p. (312) *the living creatures*

וְהִנֵּה conj.-demons.part. (243) *and behold*

אוֹפַן אֶחָד n.m.s. (66)-num. (25) *a wheel*

בָּאָרֶץ prep.-def.art.-n.f.s. (75) *upon the earth*

אֵצֶל הַחַיּוֹת prep. (69)-v.supra *beside the living creatures*

לְאַרְבַּעַת prep.-num. f.s. cstr. (916) *to the four of*

פָּנָיו n.m.p.-3 m.s. sf. (815) *their faces*

1:16

מַרְאֵה n.m.s. cstr. (909) *the appearance of*

הָאוֹפַנִּים def.art.-n.m.p. (66) *the wheels*

וּמַעֲשֵׂיהֶם conj.-n.m.p.-3 m.p. sf. (795) *and their construction*

כְּעֵין prep.-n.f.s. cstr. (744) *like the gleaming of*

תַּרְשִׁישׁ n.m.s. (1076) *chrysolite*

וּדְמוּת אֶחָד conj.-n.f.s. cstr. (198)-num. (25) *and the same likeness*

לְאַרְבַּעְתָּן prep.-num. f.s.-3 f.p. sf. (916) *to the four of them*

וּמַרְאֵיהֶם conj.-n.m.p.-3 m.p. sf. (909) *and their appearance*

וּמַעֲשֵׂיהֶם conj.-n.m.p.-3 m.p. sf. (795) *and their construction*

כַּאֲשֶׁר יִהְיֶה prep.-rel. (81)-Qal impf. 3 m.s. (הָיָה 224) *as it were*

הָאוֹפַן def.art.-n.m.s. (66) *the wheel*

בְּתוֹךְ prep.-n.m.s. cstr. (1063) *within*

הָאוֹפָן def.art.-n.m.s. paus. (66) *the wheel*

471

1:17

עַל־אַרְבַּעַת prep.-num. f.s. cstr. (916) *on the four of*

רִבְעֵיהֶן n.m.p.-3 f.p. sf. (917) *their sides*

בְּלֶכְתָּן prep.-Qal inf.cstr.-3 m.p. sf. הָלַךְ (229) *when they went*

יֵלֵכוּ Qal impf. 3 m.p. paus. הָלַךְ (229) *they went*

לֹא יִסַּבּוּ neg.-Ni. impf. 3 m.p. סָבַב (685) *without turning*

בְּלֶכְתָּן prep.-Qal inf.cstr.-3 f.p. sf. הָלַךְ (229) *as they went*

1:18

וְגַבֵּיהֶן conj.-n.m.p.-3 f.p. sf. (146) *and their rims*

וְגֹבַהּ conj.-n.m.s. (147) *and height*

לָהֶם prep.-3 m.p. sf. *to them*

וְיִרְאָה conj.-n.f.s. (432) *and fear* (terror)

לָהֶם v.supra *to them*

וְגַבֹּתָם conj.-n.f.p.-3 m.p. sf. (146) *and their rims*

מְלֵאֹת adj. f.p. cstr. (570) *full of*

עֵינַיִם n.f. du. (744) *eyes*

סָבִיב adv. (686) *round about*

לְאַרְבַּעְתָּן prep.-num. f.s.-3 f.p. sf. (916) *to the four of them*

1:19

וּבְלֶכֶת conj.-prep.-Qal inf.cstr. הָלַךְ (229) *and when ... went*

הַחַיּוֹת def.art.-n.f.p. (312) *the living creatures*

יֵלְכוּ Qal impf. 3 m.p. הָלַךְ (229) *went*

הָאוֹפַנִּים def.art.-n.m.p. (66) *the wheels*

אֶצְלָם prep.-3 m.p. sf. (69) *beside them*

וּבְהִנָּשֵׂא conj.-prep.-Ni. inf.cstr. נָשָׂא (669) *and when ... rose*

הַחַיּוֹת v.supra *the living creatures*

מֵעַל הָאָרֶץ prep.-prep.-def.art.-n.f.s. (75) *from the earth*

יִנָּשְׂאוּ Ni. impf. 3 m.p. נָשָׂא (669) *rose*

הָאוֹפַנִּים v.supra *the wheels*

1:20

עַל אֲשֶׁר prep.-rel. (81)

יִהְיֶה־שָּׁם Qal impf. 3 m.s. הָיָה (224)-adv. (1027) *wherever ... would*

הָרוּחַ def.art.-n.m.s. (924) *the spirit*

לָלֶכֶת prep.-Qal inf.cstr. הָלַךְ (229) *go*

יֵלֵכוּ Qal impf. 3 m.p. paus. הָלַךְ (229) *they went*

שָׁמָּה adv.-he loc. (1027) *whither*

הָרוּחַ v.supra (GK 123dN) *the spirit*

לָלֶכֶת v.supra *would go*

וְהָאוֹפַנִּים conj.-def.art.-n.m.p. (61) *and the wheels*

יִנָּשְׂאוּ Ni. impf. 3 m.p. נָשָׂא (669) *rose*

לְעֻמָּתָם prep.-prep.-3 m.p. sf. (769) *along with them*

כִּי רוּחַ conj. (471)-n.m.s. cstr. (924) *for the spirit of*

הַחַיָּה def.art.-n.f.s. (312) *the living creature*

בָּאוֹפַנִּים prep.-def.art.-n.m.p. (66) *in the wheels*

1:21

בְּלֶכְתָּם prep.-Qal inf.cstr.-3 m.p. sf. הָלַךְ (229) *when those went*

יֵלֵכוּ Qal impf. 3 m.p. paus. הָלַךְ (229) *they went*

וּבְעָמְדָם conj.-prep.-Qal inf.cstr.-3 m.p. sf. (763 עָמַד) *and when they stood*

יַעֲמֹדוּ Qal impf. 3 m.p. עָמַד 763 *these stood*

וּבְהִנָּשְׂאָם conj.-prep.-Ni. inf.cstr.-3 m.p. sf. (669 נָשָׂא) *and when those rose*

מֵעַל הָאָרֶץ prep.-prep.-def.art.-n.f.s. (75) *from the earth*

יִנָּשְׂאוּ Ni. impf. 3 m.p. נָשָׂא (669) *rose*

הָאוֹפַנִּים def.art.-n.m.p. (66) *the wheels*

לְעֻמָּתָם prep.-prep.-3 m.p. sf. (769) *along with them*

כִּי רוּחַ conj. (471)-n.m.s. cstr. (924) *for the spirit of*

הַחַיָּה def.art.-n.f.s. (312) *the living creatures*

בָּאוֹפַנִּים prep.-def.art.-n.m.p. (66) *in the wheels*

1:22

וּדְמוּת conj.-n.f.s. (198) *and likeness*

עַל־רָאשֵׁי prep.-n.m.p. cstr. (910) *over the heads of*

הַחַיָּה def.art.-n.f.s. (312) *the living creatures*

רָקִיעַ n.m.s. (956) *a firmament*

כְּעֵין prep.-n.f.s. cstr. (744) *like the gleam of*

הַקֶּרַח def.art.-n.m.s. (901) *ice*

הַנּוֹרָא def.art.-Ni. ptc. (431 יָרֵא) *awesome*

נָטוּי Qal pass.ptc. (639 נָטָה) *spread out*

עַל־רָאשֵׁיהֶם prep.-n.m.p.-3 m.p. sf. (910) *above their heads*

מִלְמָעְלָה prep.-prep.-adv.-he loc. (751) *above*

1:23

וְתַחַת הָרָקִיעַ conj.-prep. (1065)-def.art.-n.m.s. (956) *and under the firmament*

כַּנְפֵיהֶם n.f.p.-3 m.p. sf. (489) *their wings*

יְשָׁרוֹת adj. f.p. (449) *were stretched out straight*

אִשָּׁה אֶל־אֲחוֹתָהּ n.f.s. (61)-prep.-n.f.s.-3 f.s. sf. (27) *one toward another*

לְאִישׁ prep.-n.m.s. (35) *and each had*

שְׁתַּיִם num. f. (1040) *two*

מְכַסּוֹת Pi. ptc. f.p. (491 כָּסָה) *covering*

לָהֵנָּה prep.-pers.pr. 3 f.p. (241) *to them*

וּלְאִישׁ conj.-prep.-n.m.s. (35) *and to each*

שְׁתַּיִם num. f. (1040) *two*

מְכַסּוֹת v.supra *covering*

לָהֵנָּה v.supra *them*

אֵת גְּוִיֹּתֵיהֶם dir.obj.-n.f.p.-3 m.p. sf. (156) *their bodies*

1:24

וָאֶשְׁמַע consec.-Qal impf. 1 c.s. (שׁמע 1033) *and I heard*

אֶת־קוֹל dir.obj.-n.m.s. cstr. (876) *the sound of*

כַּנְפֵיהֶם n.f.p.-3 m.p. sf. (489) *their wings*

כְּקוֹל prep.-n.m.s. cstr. (876) *like the sound of*

מַיִם רַבִּים n.m.p. (565)-adj. m.p. (912) *many waters*

כְּקוֹל־ prep.-n.m.s. cstr. (876) *like the thunder of*

שַׁדַּי pr.n. m. (94) *the Almighty*

בְּלֶכְתָּם prep.-Qal inf.cstr.-3 m.p. sf. (הלך 229) *when they went*

קוֹל הֲמֻלָּה n.m.s. cstr. (876)-n.f.s. (242) *a sound of tumult*

כְּקוֹל prep.-n.m.s. cstr. (876) *like the sound of*

מַחֲנֶה n.m.s. (334) *a host*

בְּעָמְדָם prep.-Qal inf.cstr.-3 m.p. sf. (עמד 763) *when they stood still*

תְּרַפֶּינָה Pi. pf. 3 f.p. (רפה 951) *they let down*

כַּנְפֵיהֶן n.f.p.-3 f.p. sf. (489) *their wings*

1:25

וַיְהִי־קוֹל consec.-Qal impf. 3 m.s. (היה 224)-n.m.s. (876) *a sound*

מֵעַל לָרָקִיעַ prep.-prep.-prep.-def.art.-n.m.s. (956) *above the firmament*

אֲשֶׁר עַל־רֹאשָׁם rel. (81)-prep.-n.m.s.-3 m.p. sf. (910) *over their heads*

בְּעָמְדָם prep.-Qal inf.cstr.-3 m.p. sf. (עמד 763) *when they stood*

תְּרַפֶּינָה Pi. impf. 3 f.p. (רפה 951) *they let down*

כַּנְפֵיהֶן n.f.p.-3 f.p. sf. (489) *their wings*

1:26

וּמִמַּעַל לָרָקִיעַ conj.-prep.-prep. (751)-prep.-def.art.-n.m.s. (956) *and above the firmament*

אֲשֶׁר עַל־רֹאשָׁם rel. (81)-prep.-n.m.s.-3 m.p. sf. (910) *over their heads*

כְּמַרְאֵה prep.-n.m.s. cstr. (909) *as the appearance of*

אֶבֶן־סַפִּיר n.f.s. cstr. (6)-n.m.s. (705) *sapphire*

דְּמוּת n.f.s. cstr. (198) *a likeness of*

כִּסֵּא n.m.s. (490) *a throne*

וְעַל דְּמוּת conj.-prep.-n.f.s. cstr. (198) *and over the likeness of*

הַכִּסֵּא def.art.-n.m.s. (490) *the throne*

דְּמוּת n.f.s. (198) *a likeness*

כְּמַרְאֵה prep.-n.m.s. cstr. (909) *as the appearance of*

אָדָם n.m.s. (9) *a man*

עָלָיו prep.-3 m.s. sf. *upon it*

מִלְמָעְלָה prep.-prep.-adv.-he loc. (751) *above*

1:27

וָאֵרֶא consec.-Qal impf. 1 c.s. apoc. (ראה 906) *and I saw*

כְּעֵין prep.-n.f.s. cstr. (744) *as a gleam of*

חַשְׁמַל n.m.s. (365) *bronze (shining substance)*

כְּמַרְאֵה־ prep.-n.m.s. cstr. (909) *as appearance of*

אֵשׁ n.f.s. (77) *fire*

בֵּית־לָהּ n.m.s. cstr. (108)-prep.-3 f.s. sf. *enclosed*

סָבִיב adv. (686) *round about*

מִמַּרְאֵה prep.-n.m.s. cstr. (909) *from the appearance of*

מָתְנָיו n.m. du.-3 m.s. sf. (608) *his loins*

וּלְמָעְלָה conj.-prep.-adv.-he loc. (751) *and upwards*

וּמִמַּרְאֵה conj.-prep.-n.m.s. cstr. (909) *and from the appearance of*

מָתְנָיו v. supra *his loins*

וּלְמַטָּה conj.-prep.-adv. (641) *and downwards*

רָאִיתִי Qal pf. 1 c.s. (ראה 906) *I saw*

כְּמַרְאֵה־ prep.-n.m.s. cstr. (909) *as it were the appearance of*

אֵשׁ n.f.s. (77) *fire*

וְנֹגַהּ conj.-n.f.s. (618) *and brightness*

לוֹ prep.-3 m.s. sf. *to him*

סָבִיב adv. (686) *round about*

1:28

כְּמַרְאֵה prep.-n.m.s. cstr. (909) *like the appearance of*

הַקֶּשֶׁת def.art.-n.f.s. (905) *the bow*

אֲשֶׁר יִהְיֶה rel. (81)-Qal impf. 3 m.s. (היה 224) *that is*

בֶעָנָן prep.-def.art.-n.m.s. (777) *in the cloud*

בְּיוֹם prep.-n.m.s. cstr. (398) *on the day of*

הַגֶּשֶׁם def.art.-n.m.s. (177) *the rain*

כֵּן מַרְאֵה adv. (485)-n.m.s. cstr. (909) *so the appearance of*

הַנֹּגַהּ def.art.-n.f.s. (618) *the brightness*

סָבִיב adv. (686) *round about*

הוּא מַרְאֵה demons.adj. m.s. (214)-n.m.s. cstr. (909) *such was the appearance of*

דְּמוּת n.f.s. cstr. (198) *the likeness of*

כְּבוֹד־ n.m.s. cstr. (458) *the glory of*

יהוה pr.n. (217) *Yahweh*

וָאֶרְאֶה consec.-Qal impf. 1 c.s. (רָאָה 906) *when I saw it*

וָאֶפֹּל consec.-Qal impf. 1 c.s. (נָפַל 656) *I fell*

עַל־פָּנַי prep.-n.m.p.-1 c.s. sf. (815) *upon my face*

וָאֶשְׁמַע consec.-Qal impf. 1 c.s. (שָׁמַע 1033) *and I heard*

קוֹל n.m.s. cstr. (876) *the voice of*

מְדַבֵּר Pi. ptc. (דָּבַר 180) *one speaking*

2:1

וַיֹּאמֶר consec.-Qal impf. 3 m.s. (אָמַר 55) *and he said*

אֵלַי prep.-1 c.s. sf. paus. *to me*

בֶּן־אָדָם n.m.s. cstr. (119)-n.m.s. (9) *Son of man*

עֲמֹד Qal impv. 2 m.s. (763) *stand*

עַל־רַגְלֶיךָ prep.-n.f.p.-2 m.s. sf. (919) *upon your feet*

וַאֲדַבֵּר conj.-Pi. impf. 1 c.s. (180) *and I will speak*

אֹתָךְ dir.obj.-2 m.s. sf. paus. *with you*

2:2

וַתָּבֹא consec.-Qal impf. 3 f.s. (בּוֹא 97) *and entered*

בִי prep.-1 c.s. sf. *into me*

רוּחַ n.f.s. (924) *Spirit*

כַּאֲשֶׁר דִּבֶּר prep.-rel. (81)-Pi. pf. 3 m.s. (180) *when he spoke*

אֵלַי prep.-1 c.s. sf. *to me*

וַתַּעֲמִדֵנִי consec.-Hi. impf 3 f.s.-1 c.s. sf. (עָמַד 763) *and he set me*

עַל־רַגְלָי prep.-n.f.p.-1 c.s. sf. (919) *upon my feet*

וָאֶשְׁמַע consec.-Qal impf. 1 c.s. (שָׁמַע 1033) *and I heard*

אֵת מִדַּבֵּר dir.obj.-Hith. ptc. (180) *him speaking*

אֵלַי prep.-1 c.s. sf. paus. *to me*

2:3

וַיֹּאמֶר אֵלַי consec.-Qal impf. 3 m.s. (55)-prep.-1 c.s. sf. *and he said to me*

בֶּן־אָדָם n.m.s. cstr. (119)-n.m.s. (9) *Son of man*

שׁוֹלֵחַ אֲנִי Qal act.ptc. (שָׁלַח 1018)-pers.pr. 1 c.s. (58) *I send*

אוֹתְךָ dir.obj.-2 m.s. sf. *you*

אֶל־בְּנֵי prep.-n.m.p. cstr. (119) *to the people of*

יִשְׂרָאֵל pr.n. (975) *Israel*

אֶל־גּוֹיִם prep.-n.m.p. (156; GK 126x) *to a nation*

הַמּוֹרְדִים def.art.-Qal act.ptc. m.p. (מָרַד 597) *rebels*

אֲשֶׁר מָרְדוּ־ rel. (81)-Qal pf. 3 c.p. (597) *who have rebelled*

בִי prep.-1 c.s. sf. *against me*

הֵמָּה pers.pr. 3 m.p. (241) *they*

וַאֲבוֹתָם conj.-n.m.p.-3 m.p. sf. (3) *and their fathers*

פָּשְׁעוּ Qal pf. 3 c.p. (833) *have rebelled*

בִי prep.-1 c.s. sf. *against me*

עַד־עֶצֶם prep. (723)-n.f.s. cstr. (782) *to ... very (substance of)*

הַיּוֹם הַזֶּה def.art.-n.m.s. (398)-def.art.-demons. adj. m.s. (260) *this day*

2:4

וְהַבָּנִים conj.-def.art.-n.m.p. (119) *the people also*

קְשֵׁי פָנִים adj. m.p. cstr. (904)-n.m.p. (815) *impudent (severe of face)*

וְחִזְקֵי־לֵב conj.-adj. m.p. cstr. (305)-n.m.s. (524) *and stubborn (stout of heart)*

אֲנִי שׁוֹלֵחַ pers.pr. 1 c.s. (58)-Qal act.ptc. (שָׁלַח 1018) *I send*

אוֹתְךָ dir.obj.-2 m.s. sf. *you*

אֲלֵיהֶם prep.-3 m.p. sf. *to them*

וְאָמַרְתָּ conj.-Qal pf. 2 m.s. (55) *and you shall say*

אֲלֵיהֶם v.supra *to them*

כֹּה אָמַר adv. (462)-Qal pf. 3 m.s. (55) *thus says*

אֲדֹנָי n.m.p.-1 c.s. sf. (10) *the Lord*

יהוה pr.n. (217) *Yahweh*

2:5

וְהֵמָּה conj.-pers.pr. 3 m.p. (241) *and they*

אִם־ hypoth.part. (49) *whether*

יִשְׁמְעוּ Qal impf. 3 m.p. (1033) *they hear*

וְאִם־יֶחְדָּלוּ conj.-v.supra-Qal impf. 3 m.p. paus. (חָדַל 292) *refuse to hear (cease)*

כִּי בֵית מְרִי conj. (471)-n.m.s. cstr. (108)-n.m.s. (598) *for ... are a rebellious house*

הֵמָּה v.supra paus. *they*

וְיָדְעוּ conj.-Qal pf. 3 c.p. (יָדַע 393) *they will know*

כִּי נָבִיא conj. (471)-n.m.s. (611) *that a prophet*

הָיָה Qal pf. 3 m.s. (224) *was*

בְּתוֹכָם prep.-n.m.s.-3 m.p. sf. (1063) *among them*

2:6

וְאַתָּה conj.-pers.pr. 2 m.s. (61) *and you*

בֶּן־אָדָם n.m.s. cstr. (119)-n.m.s. (9) *son of man*

אַל־תִּירָא neg. (39)-Qal impf. 2 m.s. (יָרֵא 431) *be not afraid*

מֵהֶם prep.-3 m.p. sf. *of them*

וּמִדִּבְרֵיהֶם conj.-prep.-n.m.p.-3 m.p. sf. (182) *and of their words*

אַל־תִּירָא v.supra-v.supra *be not afraid*

כִּי conj. (471) *though*

סָרָבִים n.m.p. (709) *briers* (rebels)

וְסַלּוֹנִים conj.-n.m.p. (699) *and thorns* (briers)

אוֹתָךְ prep.-2 m.s. paus. (85) *with you*

וְאֶל־עַקְרַבִּים conj.-prep.-n.m.p. (785) *and upon scorpions*

אַתָּה יוֹשֵׁב pers.pr. 2 m.s. (61)-Qal act.ptc. 442) *you sit*

מִדִּבְרֵיהֶם prep.-n.m.p.-3 m.p. sf. (182) *of their words*

אַל־תִּירָא v.supra-v.supra *be not afraid*

וּמִפְּנֵיהֶם conj.-prep.-n.m.p.-3 m.p. sf. (815) *and at their looks*

אַל־תֵּחָת neg. (39)-Qal impf. 2 m.s. paus. (369) *be not dismayed*

כִּי בֵית conj. (471)-n.m.s. cstr. (108) *for a house of*

מְרִי n.m.s. (598) *rebellion*

הֵמָּה pers.pr. 3 m.p. (241) *they*

2:7

וְדִבַּרְתָּ conj.-Pi. pf. 2 m.s. (180) *and you shall speak*

אֶת־דְּבָרַי dir.obj.-n.m.p.-1 c.s. sf. (182) *my words*

אֲלֵיהֶם prep.-3 m.p. sf. *to them*

אִם־ hypoth.part. (49) *whether*

יִשְׁמְעוּ Qal impf. 3 m.p. (1033) *they hear*

וְאִם־יֶחְדָּלוּ conj.-v.supra-Qal impf. 3 m.p. (292) *or refuse to hear* (cease)

כִּי מְרִי conj. (471)-n.m.s. (598) *rebellious*

הֵמָּה pers.pron. 3 m.s. (241) *they*

2:8

וְאַתָּה conj.-pers.pron. 2 m.s. (61) *but you*

בֶּן־אָדָם n.m.s. cstr. (119)-n.m.s. (9) *son of man*

שְׁמַע Qal impv. 2 m.s. (1033) *hear*

אֵת אֲשֶׁר־אֲנִי dir.obj.-rel. (81)-pers.pron. 1 c.s. (58) *what I*

מְדַבֵּר Pi. ptc. (180) *say*

אֵלֶיךָ prep.-2 m.s. sf. *to you*

אַל־תְּהִי־מֶרִי neg. (39)-Qal impf. 2 m.s. apoc. (הָיָה 224)-n.m.s. (598) *be not rebellious*

כְּבֵית הַמֶּרִי prep.-n.m.s. cstr. (108)-def.art.-n.m.s. paus. (598) *like that rebellious house*

פְּצֵה Qal impv. 2 m.s. (פָּצָה 822) *open*

פִּיךָ n.m.s.-2 m.s. sf. (804) *your mouth*

וֶאֱכֹל conj.-Qal impv. 2 m.s. (37) *and eat*

אֵת אֲשֶׁר־אֲנִי dir.obj.-rel. (81)-pers.pron.-1 c.s. (58) *what I*

נֹתֵן Qal act.ptc. (678) *give*

אֵלֶיךָ prep.-2 m.s. sf. *you*

2:9

וָאֶרְאֶה consec.-Qal impf. 1 c.s. (רָאָה 906) *and when I looked*

וְהִנֵּה־ conj.-demons.part. (243) *behold*

יָד n.f.s. (388) *a hand*

שְׁלוּחָה Qal pass.ptc. f.s. (שָׁלַח 1018) *was stretched out*

אֵלָי prep.-1 c.s. sf. paus. *to me*

וְהִנֵּה־בוֹ v.supra-prep.-3 m.s. sf. *and lo, in it*

מְגִלַּת־סֵפֶר n.f.s. cstr. (166)-n.m.s. (706) *a written scroll*

2:10

וַיִּפְרֹשׂ consec.-Qal impf. 3 m.s. (פָּרַשׂ 831) *and he spread*

אוֹתָהּ dir.obj.-3 f.s. sf. *it*

לְפָנַי prep.-n.m.p.-1 c.s. sf. (815) *before me*

וְהִיא conj.-pers.pron. 3 f.s. (214) *and it*

כְתוּבָה Qal pass.ptc. f.s. (כָּתַב 507) *written*

פָּנִים n.m.p. (815) *on the front*

וְאָחוֹר conj.-subst. (30) *and on the back*

וְכָתוּב conj.-Qal pass.ptc. m.s. (כָּתַב 507) *and there was written*

אֵלֶיהָ prep.-3 f.s. sf. *on it*

קִנִים n.f.p. (884) *words of lamentation*

וָהֶגֶה conj.-n.m.s. (211) *and mourning* (moaning)

וָהִי conj.-n.m.s. (223; GK 19h) *and woe*

3:1

וַיֹּאמֶר consec.-Qal impf. 3 m.s. (אָמַר 55) *and he said*

אֵלַי prep.-1 c.s. sf. *to me*

בֶּן־אָדָם n.m.s. cstr. (119)-n.m.s. (9) *son of man*

אֵת אֲשֶׁר־ dir.obj.-rel. (81) *what*

תִּמְצָא Qal impf. 2 m.s. (מָצָא 592) *you find*

אֱכוֹל Qal impv. 2 m.s. (אָכַל 37) *eat*

אֱכוֹל v.supra *eat*

אֶת־הַמְּגִלָּה dir.obj.-def.art.-n.f.s. (166) *... scroll*

הַזֹּאת def.art.-demons.adj. f.s. (260) *this*

וְלֵךְ conj.-Qal impv. 2 m.s. (הָלַךְ 229) *and go*

דַּבֵּר Pi. impv. 2 m.s. (180) *speak*

אֶל־בֵּית prep.-n.m.s. cstr. (108) *to the house of*

יִשְׂרָאֵל pr.n. (975) *Israel*

3:2

וָאֶפְתַּח consec.-Qal impf. 1 c.s. (פָּתַח 834) *so I opened*

אֶת־פִּי dir.obj.-n.m.s.-1 c.s. sf. (804) *my mouth*

וַיַּאֲכִלֵנִי consec.-Hi. impf. 3 m.s.-1 c.s. sf. (אָכַל 37) *and he gave me to eat*

אֶת־הַמְּגִלָּה dir.obj.-def.art.-n.f.s. (166) *... scroll*

הַזּאֹת def.art.-demons.adj. f.s. (260) *this*

3:3

וַיּאֹמֶר אֵלַי consec.-Qal impf. 3 m.s. (אָמַר 37)-prep.-1 c.s. sf. *and he said to me*

בֶּן־אָדָם n.m.s. cstr. (119)-n.m.s. (9) *son of man*

בִּטְנְךָ n.f.s.-2 m.s. sf. (105) *your belly*

תַּאֲכֵל Hi. impf. 2 m.s. apoc. juss. (אָכַל 37) *eat*

וּמֵעֶיךָ conj.-n.m.p.-2 m.s. sf. (588) *and your stomach*

תְמַלֵּא Pi. impf. 2 m.s. (מָלֵא 569) *fill*

אֶת־הַמְּגִלָּה dir.obj.-def.art.-n.f.s. (166) *... scroll*

הַזּאֹת def.art.-demons.adj. f.s. (260) *this*

אֲשֶׁר אֲנִי rel. (81)-pers.pron. 1 c.s. (58) *that I*

נֹתֵן Qal act.ptc. (נָתַן 678) *give*

אֵלֶיךָ prep.-2 m.s. sf. *you*

וָאֹכְלָה consec.-Qal impf. 1 c.s. (אָכַל 37; GK 49e) *then I ate it*

וַתְּהִי consec.-Qal impf. 3 f.s. (הָיָה 224) *and it was*

בְּפִי prep.-n.m.s.-1 c.s. sf. (804) *in my mouth*

כִּדְבַשׁ prep.-n.m.s. (185) *as honey*

לְמָתוֹק prep.-n.m.s. (608) *as sweet (for sweetness)*

3:4

וַיּאֹמֶר אֵלַי consec.-Qal impf. 3 m.s. (אָמַר 37)-prep.-1 c.s. sf. paus. *and he said to me*

בֶּן־אָדָם n.m.s. cstr. (119)-n.m.s. (9) *son of man*

לֶךְ־ Qal impv. 2 m.s. (הָלַךְ 229) *go*

בּאֹ Qal impv. 2 m.s. (בּוֹא 97) *get you*

אֶל־בֵּית prep.-n.m.s. cstr. (108) *to the house of*

יִשְׂרָאֵל pr.n. (975) *Israel*

וְדִבַּרְתָּ conj.-Pi. pf. 2 m.s. (דָּבַר 180) *and speak*

בִּדְבָרַי prep.-n.m.p.-1 c.s. sf. (182) *with my words*

אֲלֵיהֶם prep.-3 m.p. sf. *to them*

3:5

כִּי לאֹ conj. (471)-neg. *for not*

אֶל־עַם prep.-n.m.s. cstr. (766) *to a people of*

עִמְקֵי adj. m.p. cstr. (771) *foreign (unintelligible of)*

שָׂפָה n.f.s. (973) *speech*

וְכִבְדֵי conj.-adj. m.p. cstr. (458) *and a hard (heavy of)*

לָשׁוֹן n.m.s. (546) *language*

אַתָּה שָׁלוּחַ pers.pron. 2 m.s. (61)-Qal pass.ptc. (1018) *you are sent*

אֶל־בֵּית prep.-n.m.s. cstr. (108) *to the house of*

יִשְׂרָאֵל pr.n. (975) *Israel*

3:6

אֶל־ לאֹ neg.-prep. *not to*

עַמִּים רַבִּים n.m.p. (766)-adj. m.p. (912) *many peoples*

עִמְקֵי adj. m.p. (771) *of foreign (v.supra)*

שָׂפָה n.f.s. (973) *speech*

וְכִבְדֵי conj.-adj. m.p. cstr. (458) *and a hard (v.supra)*

לָשׁוֹן n.m.s. (546) *language*

אֲשֶׁר לאֹ־תִשְׁמַע rel. (81)-neg.-Qal impf. 2 m.s. (1033) *which you cannot understand*

דִּבְרֵיהֶם n.m.p.-3 m.p. sf. (182) *their words*

אִם־לאֹ hypoth. part. (49)-neg. *surely, if*

אֲלֵיהֶם prep.-3 m.p. sf. *to such (them)*

שְׁלַחְתִּיךָ Qal pf. 1 c.s.-2 m.s. sf. (1018) *I sent you*

הֵמָּה pers.pron. 3 m.p. (241) *they*

יִשְׁמְעוּ Qal impf. 3 m.p. (1033) *would listen*

אֵלֶיךָ prep.-2 m.s. sf. *to you*

3:7

וּבֵית conj.-n.m.s. cstr. (108) *but the house of*

יִשְׂרָאֵל pr.n. (975) *Israel*

לאֹ יאֹבוּ neg.-Qal impf. 3 m.p. (אָבָה 2) *will not (are not willing)*

לִשְׁמֹעַ prep.-Qal inf.cstr. (1033) *listen*

אֵלֶיךָ prep.-2 m.s. sf. *to you*

כִּי־אֵינָם conj. (471)-neg. cstr. (34)-3 m.p. sf. *for they are not*

אֹבִים Qal act.ptc. m.p. (אָבָה 2) *willing*

לִשְׁמֹעַ v.supra *to listen*

אֵלַי prep.-1 c.s. sf. paus. *to me*

כִּי כָּל־ conj. (471)-n.m.s. cstr. (481) *because all of*

בֵּית n.m.s. cstr. (108) *the house of*

יִשְׂרָאֵל pr.n. (975) *Israel*

חִזְקֵי־ adj. m.p. cstr. (305) *of a hard*

מֵצַח n.m.s. (594) *forehead*

וּקְשֵׁי־ conj.-adj. m.p. cstr. (904) *and of a stubborn*

לֵב n.m.s. (524) *heart*

הֵמָּה pers.pr. 3 m.p. (241) *they*

3:8

הִנֵּה demons.part (243) *Behold*

נָתַתִּי Qal pf. 1 c.s. (נָתַן 678) *I have made*

אֶת־פָּנֶיךָ dir.obj.-n.m.p.-2 m.s. sf. (815) *your face*

חֲזָקִים adj. m.p. (305) *hard*

לְעֻמַּת פְּנֵיהֶם prep.-prep. cstr. (769)-n.m.p.-3 m.p. sf. (815) *against their faces*

וְאֶת־מִצְחֲךָ conj.-dir.obj.-n.m.s.-2 m.s. sf. (594) *and your forehead*

חָזָק adj. m.s. (305) *hard*

לְעֻמַּת מִצְחָם v.supra-n.m.s.-3 m.p. sf. (594) *against their foreheads*

3:9

כְּשָׁמִיר prep.-n.m.s. (1038) *like adamant*

חָזָק adj. m.s. (305) *harder*

מִצֹּר prep.-n.m.s. (866) *than flint*

נָתַתִּי Qal pf. 1 c.s. (נָתַן 678) *I have made*

מִצְחֶךָ n.m.s.-2 m.s. sf. paus. (594) *your forehead*

לֹא־תִירָא neg.-Qal impf. 2 m.s. (יָרֵא 431) *fear not*

אוֹתָם dir.obj.-3 m.p. sf. *them*

וְלֹא־תֵחַת conj.-neg.-Qal impf. 2 m.s. (חָתַת 369) *nor be dismayed*

מִפְּנֵיהֶם prep.-n.m.p.-3 m.p. sf. (815) *at their looks*

כִּי בֵּית־ conj. (471)-n.m.s. cstr. (108) *for a house of*

מְרִי n.m.s. (598) *rebellion*

הֵמָּה pers.pr. 3 m.p. (241) *they*

3:10

וַיֹּאמֶר אֵלַי consec.-Qal impf. 3 m.s. (אָמַר 55)-prep.-1 c.s. sf. paus. *Moreover he said to me*

בֶּן־אָדָם n.m.s. cstr. (119)-n.m.s. (9) *son of man*

אֶת־כָּל־ dir.obj.-n.m.s. cstr. (481) *all of*

דְּבָרַי n.m.p.-1 c.s. sf. (182) *my words*

אֲשֶׁר אֲדַבֵּר rel. (81)-Pi. impf. 1 c.s. (דָּבַר 180) *that I shall speak*

אֵלֶיךָ prep.-2 m.s. sf. *to you*

קַח Qal impv. 2 m.s. (לָקַח 542) *receive*

בִּלְבָבְךָ prep.-n.m.s.-2 m.s. sf. (523) *in your heart*

וּבְאָזְנֶיךָ conj.-prep.-n.f.p.-2 m.s. sf. (23) *and with your ears*

שְׁמָע Qal impv. 2 m.s. paus. (1033) *hear*

3:11

וְלֵךְ conj.-Qal impv. 2 m.s. (הָלַךְ 229) *and go*

בֹּא Qal impv. 2 m.s. (בּוֹא 97) *get you*

אֶל־הַגּוֹלָה prep.-def.art.-n.f.s. (163) *to the exiles*

אֶל־בְּנֵי עַמֶּךָ prep.-n.m.p. cstr. (119)-n.m.s.-2 m.s. sf. (766) *to your people*

וְדִבַּרְתָּ conj.-Pi. pf. 2 m.s. (180) *and say*

אֲלֵיהֶם prep.-3 m.p. sf. *to them*

וְאָמַרְתָּ conj.-Qal pf. 2 m.s. (55) *and you say*

אֲלֵיהֶם v.supra *to them*

כֹּה אָמַר adv. (462)-Qal pf. 3 m.s. (55) *thus says*

אֲדֹנָי n.m.p.-1 c.s. sf. (10) *the Lord*

יְהוָה pr.n. (217) *Yahweh*

אִם־יִשְׁמְעוּ hypoth.part. (49)-Qal impf. 3 m.p. (1033) *whether they hear*

וְאִם־יֶחְדָּלוּ conj.-hypoth.part. (49)-Qal impf. 3 m.p. paus. (חָדַל 292) *or refuse to hear (cease)*

3:12

וַתִּשָּׂאֵנִי consec.-Qal impf. 3 f.s.-1 c.s. sf. (נָשָׂא 669) *then lifted me up*

רוּחַ n.f.s. (924) *the Spirit*

וָאֶשְׁמַע consec.-Qal impf. 1 c.s. (שָׁמַע 1033) *and I heard*

אַחֲרַי prep.-1 c.s. sf. (29) *behind me*

קוֹל n.m.s. cstr. (876) *a sound of*

רַעַשׁ גָּדוֹל n.m.s. (950)-adj. m.s. (152) *a great earthquake*

בָּרוּךְ Qal pass.ptc. (בָּרַךְ 138) *blessed be*

כְּבוֹד־יְהוָה n.m.s. cstr. (458)-pr.n. (217) *the glory of Yahweh*

מִמְּקוֹמוֹ prep.-n.m.s.-3 m.s. sf. (879) *from its place*

3:13

וְקוֹל conj.-n.m.s. cstr. (876) *the sound of*

כַּנְפֵי n.f.p. cstr. (489) *the wings of*

הַחַיּוֹת def.art.-n.f.p. (312) *the living creatures*

מַשִּׁיקוֹת Hi. ptc. f.p. (נָשַׁק 676) *as they touched (kissed)*

אִשָּׁה n.f.s. (61) *one*

אֶל־אֲחוֹתָהּ prep.-n.f.s.-3 f.s. sf. (27) *another*

וְקוֹל v.supra *and the sound of*

הָאוֹפַנִּים def.art.-n.m.p. (66) *the wheels*

לְעֻמָּתָם prep.-prep.-3 m.p. sf. (769) *beside them*

וְקוֹל v.supra *and a sound of*

רַעַשׁ גָּדוֹל n.m.s. (950)-adj. m.s. (152) *a great earthquake*

3:14

וְרוּחַ conj.-n.f.s. (924) *a Spirit*

נְשָׂאַתְנִי Qal pf. 3 f.s.-1 c.s. sf. (נָשָׂא 669) *lifted me up*

וַתִּקָּחֵנִי consec.-Qal impf. 3 f.s.-1 c.s. sf. (לָקַח 542) *and took me away*

וָאֵלֵךְ consec.-Qal impf. 1 c.s. (הָלַךְ 229) *and I went*

מַר adj. m.s. (600) *in bitterness*

בַּחֲמַת רוּחִי prep.-n.f.s. cstr. (404)-n.f.s.-1 c.s. sf. (924) *in the heat of my spirit*

וְיַד־יְהוָה conj.-n.f.s. cstr. (388)-pr.n. (217) *the hand of Yahweh*

עָלַי prep.–1 c.s. sf. *upon me*

חֲזָקָה adj. f.s. (305) *strong*

3:15

וָאָבוֹא consec.–Qal impf. 1 c.s. (בּוֹא 97) *and I came*

אֶל־הַגּוֹלָה prep.–def.art.–n.f.s. (163) *to the exiles*

תֵּל אָבִיב pr.n. (1068; n.m.s. cstr.)–pr.n. (1) *at Telabib*

הַיֹּשְׁבִים def.art.–Qal act.ptc. m.p. (יָשַׁב 442) *who dwelt*

אֶל־נְהַר־כְּבָר prep.–n.m.s. cstr. (625)–pr.n. (460) *by the river Chebar*

וָאֵשֵׁב (a difficult form) some rd. אֲשֶׁר conj.–rel. (81); others rd. as consec.–Qal impf. 1 c.s. וָאֵשֵׁב (יָשַׁב 442)

הֵמָּה יוֹשְׁבִים pers.pr. 3 m.p. (241)–Qal act.ptc. m.p. (יָשַׁב 442) *they dwelt*

שָׁם adv. (1027) *there*

וָאֵשֵׁב consec. (GK 154aN)–Qal impf.1 c.s. (יָשַׁב 442) *and I sat*

שָׁם adv. (1027) *there*

שִׁבְעַת יָמִים num. f.s. cstr. (988)–n.m.p. (398) *seven days*

מַשְׁמִים Hi. ptc. (שָׁמֵם 1030; GK 67cc) *overwhelmed*

בְּתוֹכָם prep.–n.m.s. cstr.–3 m.p. sf. (1063) *among them*

3:16

וַיְהִי consec.–Qal impf. 3 m.s. (הָיָה 224) *and it was*

מִקְצֵה prep.–n.m.s. cstr. (892) *at the end of*

שִׁבְעַת יָמִים num. f.s. cstr. (988)–n.m.p. (398) *seven days*

וַיְהִי consec.–Qal impf. 3 m.s. (הָיָה 224) *then came*

דְּבַר־יְהוָה n.m.s. cstr. (182)–pr.n. (217) *the word of Yahweh*

אֵלַי prep.–1 c.s. sf. *to me*

לֵאמֹר prep.–Qal inf.cstr. (אָמַר 55) *saying*

3:17

בֶּן־אָדָם n.m.s. cstr. (119)–n.m.s. (9) *Son of man*

צֹפֶה Qal act.ptc. (צָפָה 859) *a watchman*

נְתַתִּיךָ Qal pf. 1 c.s.–2 m.s. sf. (נָתַן 678) *I have made you*

לְבֵית יִשְׂרָאֵל prep.–n.m.s. cstr. (108)–pr.n. (975) *for the house of Israel*

וְשָׁמַעְתָּ conj.–Qal pf. 2 m.s. (שָׁמַע 1033) *whenever you hear*

מִפִּי prep.–n.m.s.–1 c.s. sf. (804) *from my mouth*

דָּבָר n.m.s. (182) *a word*

וְהִזְהַרְתָּ conj.–Hi. pf. 2 m.s. (זָהַר 264) *you shall give warning*

אוֹתָם dir.obj.–3 m.p. sf. *them*

מִמֶּנִּי prep.–1 c.s. sf. (577) *from me*

3:18

בְּאָמְרִי prep.–Qal inf.cstr.–1 c.s. sf. (אָמַר 55) *if I say*

לָרָשָׁע prep.–def.art.–adj. m.s. (957) *to the wicked*

מוֹת תָּמוּת Qal inf.abs. (מוּת 559)–Qal impf. 2 m.s. (מוּת 559) *you shall surely die*

וְלֹא הִזְהַרְתּוֹ conj.–neg.–Hi. pf. 2 m.s.–3 m.s. sf. (זָהַר 264) *and you give him no warning*

וְלֹא דִבַּרְתָּ conj.–neg.–Pi. pf. 2 m.s. (דָּבַר 180) *nor speak*

לְהַזְהִיר prep.–Hi. inf.cstr. (זָהַר 264) *to warn*

רָשָׁע adj. m.s. (957) *the wicked*

מִדַּרְכּוֹ prep.–n.f.s.–3 m.s. sf. (202) *from his ... way*

הָרְשָׁעָה def.art.–adj. f.s. (957) *wicked*

לְחַיֹּתוֹ prep.–Pi. inf.cstr.–3 m.s. sf. (חָיָה 310) *in order to save his life*

הוּא רָשָׁע demons.adj. m.s. (214)–adj. m.s. (957) *that wicked man*

בַּעֲוֺנוֹ prep.–n.m.s.–3 m.s. sf. (730) *in his iniquity*

יָמוּת Qal impf. 3 m.s. (מוּת 559) *will die*

וְדָמוֹ conj.–n.m.s.–3 m.s. sf. (196) *but his blood*

מִיָּדְךָ prep.–n.f.s.–2 m.s. sf. (388) *at your hand*

אֲבַקֵּשׁ Pi. impf. 1 c.s. (בָּקַשׁ 134) *I will require*

3:19

וְאַתָּה conj.–pers.pr. 2 m.s. (61) *but you*

כִּי־הִזְהַרְתָּ conj. (471)–Hi. pf. 2 m.s. (זָהַר 264) *if you warn*

רָשָׁע adj. m.s. (957) *the wicked*

וְלֹא־שָׁב conj.–neg.–Qal pf. 3 m.s. (שׁוּב 996) *and he does not turn*

מֵרִשְׁעוֹ prep.–n.m.s.–3 m.s. sf. (957) *from his wickedness*

וּמִדַּרְכּוֹ conj.–prep.–n.f.s.–3 m.s. sf. (202) *and from his ... way*

הָרְשָׁעָה def.art.–adj. f.s. (957) *wicked*

הוּא בַּעֲוֺנוֹ pers.pr. 3 m.s. (214)–prep.–n.m.s.–3 m.s. sf. (730) *he in his iniquity*

יָמוּת Qal impf. 3 m.s. (מוּת 559) *shall die*

וְאַתָּה conj.–pers.pr. 2 m.s. (61) *but you*

אֶת־נַפְשְׁךָ dir.obj.–n.f.s.–2 m.s. sf. (659) *your life*

הִצַּלְתָּ Hi. pf. 2 m.s. (נָצַל 664) *will have saved*

3:20

וּבְשׁוּב conj.-prep.-Qal inf.cstr. (שׁוּב 996) *again, if … turns*

צַדִּיק adj. m.s. (843) *a righteous man*

מִצִּדְקוֹ prep.-n.m.s.-3 m.s. sf. (841) *from his righteousness*

וְעָשָׂה conj.-Qal pf. 3 m.s. (793) *and commits*

עָוֶל n.m.s. (732) *iniquity*

וְנָתַתִּי conj.-Qal pf. 1 c.s. (נָתַן 678) *and I lay*

מִכְשׁוֹל n.m.s. (506) *a stumbling block*

לְפָנָיו prep.-n.m.p.-3 m.s. sf. (815) *before him*

הוּא יָמוּת pers.pr. 3 m.s. (214)-Qal impf. 3 m.s. (מוּת 559) *he shall die*

כִּי לֹא הִזְהַרְתּוֹ conj. (471)-neg.-Hi. pf. 2 m.s.-3 m.s. sf. (זָהַר 264) *because you have not warned him*

בְּחַטָּאתוֹ prep.-n.f.s.-3 m.s. sf. (308) *for his sin*

יָמוּת v.supra *he shall die*

וְלֹא תִזָּכַרְןָ conj.-neg.-Ni. impf. 3 f.p. (זָכַר 269) *and … shall not be remembered*

צִדְקֹתָו n.f.p.-3 m.s. sf. (842) *his righteous deeds*

אֲשֶׁר עָשָׂה rel. (81)-Qal pf. 3 m.s. (793) *which he has done*

וְדָמוֹ conj.-n.m.s.-3 m.s. sf. (196) *but his blood*

מִיָּדְךָ prep.-n.f.s.-2 m.s. sf. (388) *at your hand*

אֲבַקֵּשׁ Pi. impf. 1 c.s. (בָּקַשׁ 134) *I will require*

3:21

וְאַתָּה conj.-pers.pr. 2 m.s. (61) *now you*

כִּי הִזְהַרְתּוֹ conj. (471)-Hi. pf. 2 m.s.-3 m.s. sf. (זָהַר 264) *if you warn him*

צַדִּיק adj. m.s. (843) *the righteous man*

לְבִלְתִּי חֲטֹא prep.-neg. (116)-Qal inf.cstr. (חָטָא 306) *not to sin*

צַדִּיק v.supra *the righteous man*

וְהוּא conj.-pers.pr. 3 m.s. (214) *and he*

לֹא חָטָא neg.-Qal pf. 3 m.s. (306) *does not sin*

חָיוֹ יִחְיֶה Qal inf.abs. (חָיָה 310)-Qal impf. 3 m.s. (310) *he shall surely live*

כִּי נִזְהָר conj. (471)-Ni. pf. 3 m.s. paus. (זָהַר 264) *because he took warning*

וְאַתָּה conj.-pers.pr. 2 m.s. (61) *and you*

אֶת־נַפְשְׁךָ dir.obj.-n.f.s.-2 m.s. sf. (659) *your life*

הִצַּלְתָּ Hi.pf. 2 m.s. (נָצַל 664) *will have saved*

3:22

וַתְּהִי consec.-Qal impf. 3 f.s. (הָיָה 224) *and was*

עָלַי שָׁם prep.-1 c.s. sf.-adv. (1027) *upon me there*

יַד־יהוה n.f.s. cstr. (388)-pr.n. (217) *the hand of Yahweh*

3:25 (right column)

וַיֹּאמֶר consec.-Qal impf. 3 m.s. (אָמַר 55) *and he said*

אֵלַי prep.-1 c.s. sf. *to me*

קוּם Qal impv. 2 m.s. (קוּם 877) *arise*

צֵא Qal impv. 2 m.s. (יָצָא 422) *go forth*

אֶל־הַבִּקְעָה prep. (39)-def.art.-n.f.s. (132) *into the plain*

וְשָׁם conj.-adv. (1027) *and there*

אֲדַבֵּר Pi. impf. 1 c.s. (דָּבַר 180) *I will speak*

אוֹתָךְ prep.-2 m.s. sf. paus. (85) *with you*

3:23

וָאָקוּם consec.-Qal impf. 1 c.s. (קוּם 877) *so I arose*

וָאֵצֵא consec.-Qal impf. 1 c.s. (יָצָא 422) *and went forth*

אֶל־הַבִּקְעָה prep.-def.art.-n.f.s. (132) *into the plain*

וְהִנֵּה־שָׁם conj.-demons.part. (243)-adv. (1027) *and lo, there*

כְּבוֹד־יהוה n.m.s. cstr. (458)-pr.n. (217) *the glory of Yahweh*

עֹמֵד Qal act.ptc. (עָמַד 763) *stood*

כַּכָּבוֹד prep.-def.art.-n.m.s. (458) *like the glory*

אֲשֶׁר רָאִיתִי rel. (81)-Qal pf. 1 c.s. (רָאָה 906) *which I had seen*

עַל־נְהַר־כְּבָר prep.(752)-n.m.s. cstr. (625)-pr.n. (460) *by the river Chebar*

וָאֶפֹּל consec.-Qal impf. 1 c.s. (נָפַל 656) *and I fell*

עַל־פָּנָי prep.-n.m.p.-1 c.s. sf. paus. (815) *on my face*

3:24

וַתָּבֹא־בִי consec.-Qal impf. 3 f.s. (בּוֹא 97)-prep.-1 c.s. sf. *but … entered into me*

רוּחַ n.f.s. (924) *a Spirit*

וַתַּעֲמִדֵנִי consec.-Hi.impf. 3 f.s.-1 c.s. sf. (עָמַד 763) *and set me*

עַל־רַגְלָי prep.-n.f.p.-1 c.s. sf. paus. (919) *upon my feet*

וַיְדַבֵּר consec.-Pi. impf. 3 m.s. (180) *and he spoke*

אֹתִי dir.obj.-1 c.s. sf. *with me*

וַיֹּאמֶר אֵלַי consec.-Qal impf. 3 m.s. (אָמַר 55)-prep.-1 c.s. sf. *and said to me*

בֹּא Qal impv. 2 m.s. (בּוֹא 97) *Go*

הִסָּגֵר Ni. impv. 2 m.s. (סָגַר 688) *shut yourself*

בְּתוֹךְ בֵּיתֶךָ prep.-n.m.s. cstr. (1063)-n.m.s.-2 m.s. sf. (108) *within your house*

3:25

וְאַתָּה conj.-pers.pr. 2 m.s. (61) *and you*

479

בֶּן־אָדָם n.m.s. cstr. (119)-n.m.s. (9) *son of man*

הִנֵּה demons.part. (243) *behold*

נָתְנוּ Qal pf. 3 c.p. (נָתַן 678) *will be placed*

עָלֶיךָ prep.-2 m.s. sf. *upon you*

עֲבוֹתִים n.m.p. (721) *cords*

וַאֲסָרוּךָ conj.-Qal pf. 3 c.p.-2 m.s. sf. (אָסַר 63) *and they shall bind you*

בָּהֶם prep.-3 m.p. sf. *with them*

וְלֹא תֵצֵא conj.-neg.-Qal impf. 2 m.s. (יָצָא 422) *so that you cannot go out*

בְּתוֹכָם prep.-n.m.s.-3 m.p. sf. (1063) *among them*

3:26

וּלְשׁוֹנְךָ conj.-n.f.s.-2 m.s. sf. (546) *and your tongue*

אַדְבִּיק Hi. impf. 1 c.s. (דָּבַק 179) *I will make ... cleave*

אֶל־חִכֶּךָ prep.-n.m.s.-2 m.s. sf. (335) *to the roof of your mouth*

וְנֶאֱלַמְתָּ conj.-Ni. pf. 2 m.s. (אָלַם 47) *so that you shall be dumb*

וְלֹא־תִהְיֶה conj.-neg.-Qal impf. 2 m.s. (הָיָה 224) *and you shall not be*

לָהֶם prep.-3 m.p. sf. *to them*

לְאִישׁ מוֹכִיחַ prep.-n.m.s. cstr. (35)-Hi. ptc. (יָכַח 406) *a man of reproof*

כִּי בֵית conj. (471)-n.m.s. cstr. (108) *for a house of*

מְרִי n.m.s. (598) *rebellion*

הֵמָּה pers.pr. 3 m.p. (241) *they*

3:27

וּבְדַבְּרִי conj.-prep.-Pi. inf.cstr.-1 c.s. sf. (180) *but when I speak*

אוֹתְךָ dir.obj.-2 m.s. sf. *with you*

אֶפְתַּח Qal impf. 1 c.s. (פָּתַח 834) *I will open*

אֶת־פִּיךָ dir.obj.-n.m.s.-2 m.s. sf. (804) *your mouth*

וְאָמַרְתָּ conj.-Qal pf. 2 m.s. (55) *and you shall say*

אֲלֵיהֶם prep.-3 m.p. sf. *to them*

כֹּה אָמַר adv.(462)-Qal pf. 3 m.s. (55) *Thus says*

אֲדֹנָי n.m.p.-1 c.s. sf. (10) *the Lord*

יְהוִה pr.n. (217) *Yahweh*

הַשֹּׁמֵעַ def.art.-Qal act.ptc. (1033) *he that will hear*

יִשְׁמָע Qal impf. 3 m.s. paus. (1033) *let him hear*

וְהֶחָדֵל conj.-def.art.-adj. m.s. (293) *and he that will refuse*

יֶחְדָּל Qal impf. 3 m.s. (292) *let him refuse (cease)*

כִּי בֵית conj. (471)-n.m.s. cstr. (108) *for a house of*

מְרִי n.m.s. (598) *rebellion*

הֵמָּה pers.pr. 3 m.p. (241) *they*

4:1

וְאַתָּה conj.-pers.pr. 2 m.s. (61) *and you*

בֶּן־אָדָם n.m.s. cstr. (119)-n.m.s. (9) *O son of man*

קַח־לְךָ Qal impv. 2 m.s. (לָקַח 542)-prep.-2 m.s. sf. *take*

לְבֵנָה n.f.s. (527) *a brick*

וְנָתַתָּה conj.-Qal pf. 2 m.s. (נָתַן 678) *and you lay*

אוֹתָהּ dir.obj.-3 f.s. sf. *it*

לְפָנֶיךָ prep.-n.m.p.-2 m.s. sf. (815) *before you*

וְחַקּוֹתָ conj.-Qal pf. 2 m.s. (חָקַק 349) *and portray (inscribe)*

עָלֶיהָ prep.-3 f.s. sf. *upon it*

עִיר n.f.s. (746) *a city*

אֶת־יְרוּשָׁלִָם dir.obj.-pr.n. (436) *even Jerusalem*

4:2

וְנָתַתָּה conj.-Qal pf. 2 m.s. (נָתַן 678) *and put*

עָלֶיהָ prep.-3 f.s. sf. *against it*

מָצוֹר n.m.s. (848) *siegeworks*

וּבָנִיתָ conj.-Qal pf. 2 m.s. (בָּנָה 124) *and build*

עָלֶיהָ prep.-3 f.s. sf. *against it*

דָּיֵק n.m.s. (189) *a siege wall*

וְשָׁפַכְתָּ conj.-Qal pf. 2 m.s. (שָׁפַךְ 1049) *and cast up*

עָלֶיהָ v. supra *against it*

סֹלְלָה n.f.s. (700) *a mound*

וְנָתַתָּה conj.-Qal pf. 2 m.s. (נָתַן 678) *and set*

עָלֶיהָ v.supra *against it*

מַחֲנוֹת n.f.p. (334) *camps*

וְשִׂים־ conj.-Qal impv. 2 m.s. (שִׂים 962) *and plant (put)*

עָלֶיהָ v.supra *against it*

כָּרִים n.m.p. (503) *battering rams*

סָבִיב adv. (686) *round about*

4:3

וְאַתָּה conj.-pers.pr. 2 m.s. (61) *and you*

קַח־לְךָ Qal impv. 2 m.s. (לָקַח 542)-prep.-2 m.s. sf. *take*

מַחֲבַת n.f.s. cstr. (290) *a plate of*

בַּרְזֶל n.m.s. (137) *iron*

וְנָתַתָּה conj.-Qal pf. 2 m.s. (נָתַן 678) *and place*

אוֹתָהּ dir.obj.-3 f.s. sf. *it*

קִיר n.m.s. cstr (885) *a wall of*

בַּרְזֶל v.supra *iron*

בֵּינְךָ prep.-2 m.s. sf. (107) *between you*

וּבֵין הָעִיר conj.-prep.-(107)-def.art.-n.f.s. (746) *and the city*

וַהֲכִינֹתָה conj.-Hi. pf. 2 m.s. (כון 465) *and set*

אֶת־פָּנֶיךָ dir.obj.-n.m.p.-2 m.s. sf. (815) *your face*

אֵלֶיהָ prep.-3 f.s. sf. *toward it*

וְהָיְתָה conj.-Qal pf. 3 f.s. (היה 224) *and let it be (and it is)*

בַמָּצוֹר prep.-def.art.-n.m.s. (848) *in a state of siege*

וְצַרְתָּ conj.-Qal pf. 2 m.s. (צור 848) *and press the siege*

עָלֶיהָ v.supra *against it*

אוֹת הִיא n.f.s. (16)-demons.adj. f.s. (214) *this is a sign*

לְבֵית prep.-n.m.s. cstr. (108) *for the house of*

יִשְׂרָאֵל pr.n. (975) *Israel*

4:4

וְאַתָּה conj.-pers.pr. 2 m.s. (61) *then you*

שְׁכַב Qal impv. 2 m.s. (שכב 1011) *lie*

עַל־צִדְּךָ prep.-n.m.s.-2 m.s. sf. (841) *upon your side*

הַשְּׂמָאלִי def.art.-adj. m.s. (970) *left*

וְשַׂמְתָּ conj.-Qal pf. 2 m.s. (שים 962) *and you shall lay*

אֶת־עֲוֺן dir.obj.-n.m.s. cstr. (730) *the punishment of*

בֵּית n.m.s. cstr. (108) *the house of*

יִשְׂרָאֵל pr.n. (975) *Israel*

עָלָיו prep.-3 m.s. sf. *upon it*

מִסְפַּר n.m.s. cstr. (708) *for the number of*

הַיָּמִים def.art.-n.m.p. (398) *days*

אֲשֶׁר תִּשְׁכַּב rel. (81)-Qal impf. 2 m.s. (שכב 1011) *that you lie*

עָלָיו v.supra *upon it*

תִּשָּׂא Qal impf. 2 m.s. (נשא 669) *you shall bear*

אֶת־עֲוֺנָם dir.obj.-n.m.s.-3 m.p. sf. (730) *their punishment*

4:5

וַאֲנִי conj.-pers.pr. 1 c.s. (58) *For I*

נָתַתִּי Qal pf. 1 c.s. (נתן 678) *assign*

לְךָ prep.-2 m.s. sf. *to you*

אֶת־שְׁנֵי עֲוֺנָם dir.obj.-n.m. du. cstr. (1040)-n.m.s.-3 m.p. sf. (730) *the two of their iniquity (punishment)*

לְמִסְפַּר prep.-n.m.s. cstr. (708) *a number of*

יָמִים n.m.p. (398) *days*

שְׁלֹשׁ־מֵאוֹת num. m.s. (1025)-num. f.p. (547) *three hundred*

וְתִשְׁעִים conj.-num. m.p. (1077) *and ninety*

יוֹם n.m.s. (398) *days*

וְנָשָׂאתָ conj.-Qal pf. 2 m.s. (נשא 669) *so long shall you bear*

עֲוֺן n.m.s. cstr. (730) *the punishment of*

בֵּית־יִשְׂרָאֵל n.m.s. cstr. (108)-pr.n. (975) *the house of Israel*

4:6

וְכִלִּיתָ conj.-Pi. pf. 2 m.s. (כלה 477) *and when you have completed*

אֶת־אֵלֶּה dir.obj.-demons.adj. c.p. (41) *these*

וְשָׁכַבְתָּ conj.-Qal pf. 2 m.s. (שכב 1011) *you shall lie down*

עַל־צִדְּךָ prep.-n.m.s.-2 m.s. sf. (841) *on your ... side*

הַיְמוֹנִי def.art.-adj. m.s. (412) *right*

שֵׁנִית num.ord. f.s. (1041) *a second time*

וְנָשָׂאתָ conj.-Qal pf. 2 m.s. (נשא 669) *and bear*

אֶת־עֲוֺן dir.obj.-n.m.s. cstr. (730) *the punishment of*

בֵּית־ n.m.s. cstr. (108) *the house of*

יְהוּדָה pr.n. (397) *Judah*

אַרְבָּעִים num. m.p. (917) *forty*

יוֹם n.m.s. (398) *days*

יוֹם לַשָּׁנָה v.supra-prep.-def.art.-n.f.s. (1040)

יוֹם לַשָּׁנָה v.supra *a day for each year*

נְתַתִּיו Qal pf. 1 c.s.-3 m.s. sf. (נתן 678) *I assign*

לָךְ prep.-2 m.s. sf. paus. *you*

4:7

וְאֶל־מְצוֹר conj.-prep.-n.m.s. cstr. (848) *and toward the siege of*

יְרוּשָׁלַ͏ִם pr.n. (436) *Jerusalem*

תָּכִין Hi. impf. 2 m.s. (כון 465) *you shall set*

פָּנֶיךָ n.m.p.-2 m.s. sf. (815) *your face*

וּזְרֹעֲךָ conj.-n.f.s.-2 m.s. sf. (283) *with your arm*

חֲשׂוּפָה Qal pass.ptc. f.s. (חשף 362) *bared*

וְנִבֵּאתָ conj.-Ni. pf. 2 m.s. (נבא 612) *and you shall prophesy*

עָלֶיהָ prep.-3 f.s. sf. *against it*

4:8

וְהִנֵּה conj.-demons.part. (243) *and behold*

נָתַתִּי Qal pf. 1 c.s. (נתן 678) *I will put*

עָלֶיךָ prep.-2 m.s. sf. *upon you*

עֲבוֹתִים n.m.p. (721) *cords*

וְלֹא־תֵהָפֵךְ conj.-neg.-Ni. impf. 2 m.s. (245) *so that you cannot turn*

מִצִּדְּךָ prep.-n.m.s.-2 m.s. sf. (841) *from one side*

אֶל־צִדֶּךָ prep.-n.m.s.-2 m.s. sf. (841) *to the other*

עַד־כַּלּוֹתְךָ prep. (723)-Pi. inf.cstr.-2 m.s. sf. (477) (כלה) *til you have completed*

481

יְמֵי n.m.p. cstr. (398) *the days of*

מְצוּרֶךָ n.m.s.-2 m.s. sf. (848) *your siege*

4:9

וְאַתָּה conj.-pers.pr. 2 m.s. (61) *and you*

קַח־לְךָ Qal impv. 2 m.s. (לקח 542)-prep.-2 m.s. sf. *take*

חִטִּין n.f.p. (334; GK 87e) *wheat*

וּשְׂעֹרִים conj.-n.f.p. (972) *and barley*

וּפוֹל conj.-n.m. coll. (806) *and beans*

וַעֲדָשִׁים conj.-n.f.p. (727) *and lentils*

וְדֹחַן conj.-n.m.s. (191) *and millet*

וְכֻסְּמִים conj.-n.f.p. (493) *and spelt*

וְנָתַתָּה conj.-Qal pf. 2 m.s. (נתן 678) *and put*

אוֹתָם dir.obj.-3 m.p. sf. *them*

בִּכְלִי אֶחָד prep.-n.m.s. (479)-num.adj. (25) *into a single vessel*

וְעָשִׂיתָ conj.-Qal pf. 2 m.s. (עשׂה 793) *and make*

אוֹתָם dir.obj.-3 m.p. sf. *them*

לְךָ prep.-2 m.s. sf. *for yourself*

לְלֶחֶם prep.-n.m.s. paus. (536) *for bread*

מִסְפַּר n.m.s. cstr. (708) *during the number of*

הַיָּמִים def.art.-n.m.p. (398) *days*

אֲשֶׁר־אַתָּה rel. (81)-pers.pr. 2 m.s. (61) *that you*

שׁוֹכֵב Qal act.ptc. (שׁכב 1011) *lie*

עַל־צִדְּךָ prep.-n.m.s.-2 m.s. sf. (841) *upon your side*

שְׁלֹשׁ־מֵאוֹת num. (1025)-num. p. (547) *three hundred*

וְתִשְׁעִים conj.-num. m.p. (1077) *and ninety*

יוֹם n.m.s. (398) *days*

תֹּאכֲלֶנּוּ Qal impf. 2 m.s.-3 m.s. sf. (אכל 37) *you shall eat it*

4:10

וּמַאֲכָלְךָ conj.-n.m.s.-2 m.s. sf. (38) *and your food*

אֲשֶׁר תֹּאכְלֶנּוּ rel. (81)-Qal impf. 2 m.s.-3 m.s. sf. (אכל 37) *which you eat*

בְּמִשְׁקוֹל prep.-n.m.s. (1054) *by weight*

עֶשְׂרִים num. m.p. (797) *twenty*

שֶׁקֶל n.m.s. (1053) *shekels*

לַיּוֹם prep.-def.art.-n.m.s. (398) *a day*

מֵעֵת עַד־עֵת prep.-n.f.s. (773)-prep. (723)-n.f.s. (773) *once a day* (lit. from time to time)

תֹּאכֲלֶנּוּ v. supra *you shall eat it*

4:11

וּמַיִם conj.-n.m.p. (565) *and water*

בִּמְשׂוּרָה prep.-n.f.s. (601) *by measure*

תִּשְׁתֶּה Qal impf. 2 m.s. (שׁתה 1059) *you shall drink*

שְׁשִׁית הַהִין num.ord. adj. f. (995)-def.art.-n.m.s. (228) *the sixth part of a hin*

מֵעֵת עַד־עֵת prep.-n.f.s. (773)-prep. (723)-n.f.s. (773) *once a day* (lit. from time to time)

תִּשְׁתֶּה Qal impf. 2 m.s. (שׁתה 1059) *you shall drink*

4:12

וְעֻגַת שְׂעֹרִים conj.-n.f.s. cstr. (728)-n.f.p. (972) *and a barley cake*

תֹּאכְלֶנָּה Qal impf. 2 m.s.-3 f.s. sf. (אכל 37) *you shall eat it*

וְהִיא conj.-pers.pr. 3 f.s. (214) *and it*

בְּגֶלְלֵי צֵאַת prep.-n.m.p. cstr. (165)-n.f.s. cstr. (844; GK 93e) *on the dung of the filth of*

הָאָדָם def.art.-n.m.s. (9) *man*

תְּעֻגֶנָה Qal impf. 2 m.s.-3 f.s. sf. (עוג 728; GK 58k) *you shall bake it*

לְעֵינֵיהֶם prep.-n.f.p.-3 m.p. sf. (744) *in their sight*

4:13

וַיֹּאמֶר consec.-Qal impf. 3 m.s. (אמר 55) *and said*

יהוה pr.n. (217) *Yahweh*

כָּכָה יֹאכְלוּ adv. (462)-Qal impf. 3 m.p. (אכל 37) *thus shall eat*

בְּנֵי־יִשְׂרָאֵל n.m.p. cstr. (119)-pr.n. (975) *the people of Israel*

אֶת־לַחְמָם dir.obj.-n.m.s.-3 m.p. sf. (536) *their bread*

טָמֵא adj. m.s. (379) *unclean*

בַּגּוֹיִם prep.-def.art.-n.m.p. (156) *among the nations*

אֲשֶׁר אַדִּיחֵם rel. (81)-Hi. impf. 1 c.s.-3 m.p. sf. (נדח 623) *whither I will drive them*

שָׁם adv. (1027) *there*

4:14

וָאֹמַר consec.-Qal impf. 1 c.s. (אמר 55) *then I said*

אֲהָהּ אֲדֹנָי interj. (13)-n.m.p.-1 c.s. sf. (10) *Ah Lord*

יהוה pr.n. (217) *Yahweh*

הִנֵּה demons.part (243) *behold*

נַפְשִׁי n.f.s.-1 c.s. sf. (659) *I ... myself*

לֹא מְטֻמָּאָה neg.-Pu. ptc. f.s. (טמא 379) *have never defiled*

וּנְבֵלָה conj.-n.f.s. (615) *what died of itself* (corpse)

וּטְרֵפָה conj.-n.f.s. (383) *or was torn by beasts*

לֹא־אָכַלְתִּי (37) אָכַל neg.-Qal pf. 1 c.s. *I have never eaten*

מִנְּעוּרַי prep.-n.m.p.-1 c.s. sf. (655) *from my youth*

וְעַד־עָתָּה conj.-prep. (723)-adv. (773) *up till now*

וְלֹא־בָא conj.-neg.-Qal pf. 3 m.s. (בּוֹא 97) *nor has ... come*

בְּפִי prep.-n.m.s.-1 c.s. sf. (804) *into my mouth*

בְּשַׂר פִּגּוּל n.m.s. cstr. (142)-n.m.s. (803) *foul flesh*

4:15

וַיֹּאמֶר consec.-Qal impf. 3 m.s. (אָמַר 55) *then he said*

אֵלַי prep.-1 c.s. sf. *to me*

רְאֵה Qal impv. 2 m.s. (רָאָה 906) *See*

נָתַתִּי Qal pf. 1 c.s. (נָתַן 678) *I will let ... have*

לְךָ prep.-2 m.s. sf. *you*

אֶת־צְפוּעֵי הַבָּקָר dir.obj.-n.m.p. cstr. (861)-def. art.-n.m.s. (133) *cow's dung*

תַּחַת גֶּלְלֵי prep. (1065)-n.m.p. cstr. (165) *instead of ... dung*

הָאָדָם def.art.-n.m.s. (9) *human*

וְעָשִׂיתָ conj.-Qal pf. 2 m.s. (עָשָׂה 793) *and you may prepare*

אֶת־לַחְמְךָ dir.obj.-n.m.s.-2 m.s. sf. (536) *your bread*

עֲלֵיהֶם prep.-3 m.p. sf. *on which*

4:16

וַיֹּאמֶר consec.-Qal impf. 3 m.s. (אָמַר 55) *moreover he said*

אֵלַי prep.-1 c.s. sf. *to me*

בֶּן־אָדָם n.m.s. cstr. (119)-n.m.s. (9) *son of man*

הִנְנִי demons.part.-1 c.s. sf. (243) *behold I*

שֹׁבֵר Qal act.ptc. (990) *will break*

מַטֵּה־ n.m.s. cstr. (641) *staff of*

לֶחֶם n.m.s. (536) *bread*

בִּירוּשָׁלַ͏ִם prep.-pr.n. (436) *in Jerusalem*

וְאָכְלוּ conj.-Qal pf. 3 c.p. (אָכַל 37) *they shall eat*

לֶחֶם n.m.s. (536) *bread*

בְּמִשְׁקָל prep.-n.m.s. (1054) *by weight*

וּבִדְאָגָה conj.-prep.-n.f.s. (178) *and with fearfulness*

וּמַיִם conj.-n.m.p. (565) *and water*

בִּמְשׂוּרָה prep.-n.f.s. (601) *by measure*

וּבְשִׁמָּמוֹן conj.-prep.-n.m.s. (1031) *and in dismay*

יִשְׁתּוּ Qal impf. 3 m.p. (שָׁתָה 1059) *they shall drink*

4:17

לְמַעַן יַחְסְרוּ prep. (775)-Qal impf. 3 m.p. (חָסֵר 341) *that they may lack*

לֶחֶם n.m.s. (536) *bread*

וָמָיִם conj.-n.m.p. (565) *and water*

וְנָשַׁמּוּ conj.-Ni. pf. 3 c.p. (שָׁמֵם 1030) *and look in dismay* (be appalled)

אִישׁ וְאָחִיו n.m.s. (35)-conj.-n.m.s.-3 m.s. sf. (26) *at one another*

וְנָמַקּוּ conj.-Ni. pf. 3 c.p. (מָקַק 596) *and waste away*

בַּעֲוֹנָם prep.-n.m.s.-3 m.p. sf. (730) *under their punishment*

5:1

וְאַתָּה conj.-pers.pr. 2 m.s. (61) *and you*

בֶּן־אָדָם n.m.s. cstr. (119)-n.m.s. (9) *O son of man*

קַח־לְךָ Qal impv. 2 m.s. (לָקַח 542)-prep.-2 m.s. sf. *take*

חֶרֶב חַדָּה n.f.s. (352)-adj. f.s. (292) *a sharp sword*

תַּעַר הַגַּלָּבִים n.f.s. cstr. (789)-def.art.-n.m.p. (162) *the barber's razor*

תִּקָּחֶנָּה Qal impf. 2 m.s.-3 f.s. sf. (לָקַח 542) *you shall use it*

לָךְ prep.-2 m.s. sf. paus. *(for yourself)*

וְהַעֲבַרְתָּ conj.-Hi. pf. 2 m.s. (עָבַר 716) *and pass it over*

עַל־רֹאשְׁךָ prep.-n.m.s.-2 m.s. sf. (910) *your head*

וְעַל־זְקָנֶךָ conj.-prep.-n.m.s.-2 m.s. sf. (278) *and your beard*

וְלָקַחְתָּ לְךָ conj.-Qal pf. 2 m.s. (לָקַח 542)-prep.-2 m.s. sf. *then take*

מֹאזְנֵי מִשְׁקָל n.m. du. cstr. (24)-n.m.s. (1054) *balances for weighing*

וְחִלַּקְתָּם conj.-Pi. pf. 2 m.s.-3 m.s. sf. (חָלַק 323) *and divide the hair*

5:2

שְׁלִשִׁית num.ord. adj. f. (1026) *a third part*

בָּאוּר prep.-def.art.-n.m.s. (22) *in the fire*

תַּבְעִיר Hi. impf. 2 m.s. (בָּעַר 128) *you shall burn*

בְּתוֹךְ הָעִיר prep.-n.m.s. cstr. (1063)-def.art. -n.f.s. (746) *in the midst of the city*

כִּמְלֹאת prep.-Qal inf.cstr. (מָלֵא 569) *when are completed*

יְמֵי הַמָּצוֹר n.m.p. cstr. (398)-def.art.-n.m.s. (848) *the days of the siege*

וְלָקַחְתָּ conj.-Qal pf. 2 m.s. (לָקַח 542) *and you shall take*

אֶת־הַשְּׁלִשִׁית dir.obj.-def.art.-num.ord. adj. f. (1026) *a third part*

תַּכֶּה Hi. impf. 2 m.s. (נָכָה 645) *you shall strike*

בַּחֶרֶב prep.-def.art.-n.f.s. (352) *with the sword*

סְבִיבוֹתֶיהָ adv. f.-3 f.s. sf. (686) *round about the city*

וְהַשְּׁלִשִׁית conj.-def.art.-num.ord. f. (1026) *and a third part*

תִּזְרֶה Qal impf. 2 m.s. (זָרָה 279) *you shall scatter*

לָרוּחַ prep.-def.art.-n.f.s. (924) *to the wind*

וְחֶרֶב conj.-n.f.s. (352) *and a sword*

אָרִיק Hi. impf. 1 c.s. (רִיק 937) *I will unsheathe*

אַחֲרֵיהֶם prep.-3 m.p. sf. (29) *after them*

5:3

וְלָקַחְתָּ conj.-Qal pf. 2 m.s. (לָקַח 542) *and you shall take*

מִשָּׁם prep.-adv. (1027) *from there*

מְעַט בְּמִסְפָּר subst. (589)-prep.-n.m.s. (708) *a small number*

וְצַרְתָּ conj.-Qal pf. 2 m.s. (צוּר 848) *and bind*

אוֹתָם dir.obj.-3 m.p. sf. *them*

בִּכְנָפֶיךָ prep.-n.f.p.-2 m.s. sf. (489) *in your skirts*

5:4

וּמֵהֶם עוֹד conj.-prep.-3 m.p. sf.-adv. (728) *and of these again*

תִּקָּח Qal impf. 2 m.s. (לָקַח 542) *you shall take*

וְהִשְׁלַכְתָּ conj.-Hi. pf. 2 m.s. (שָׁלַךְ 1020) *and cast*

אוֹתָם dir.obj.-3 m.p. sf. *them*

אֶל־תּוֹךְ prep. (39)-n.m.s. cstr. (1063) *into the midst of*

הָאֵשׁ def.art.-n.f.s. (77) *the fire*

וְשָׂרַפְתָּ conj.-Qal pf. 2 m.s. (שָׂרַף 976) *and burn*

אֹתָם dir.obj.-3 m.p. sf. *them*

בָּאֵשׁ prep.-def.art.-n.f.s. (77) *in the fire*

מִמֶּנּוּ prep.-3 m.s. sf. *from there*

תֵּצֵא־ Qal impf. 3 f.s. (יָצָא 422) *will come forth*

אֵשׁ n.f.s. (77) *fire*

אֶל־כָּל־בֵּית prep. (39)-n.m.s. cstr. (481)-n.m.s. cstr. (108) *into all the house of*

יִשְׂרָאֵל pr.n. (975) *Israel*

5:5

כֹּה אָמַר adv. (462)-Qal pf. 3 m.s. (55) *thus says*

אֲדֹנָי n.m.p.-1 c.s. sf. (10) *the Lord*

יְהוִה pr.n. (217) *Yahweh*

זֹאת demons.adj. f.s. (260) *This is*

יְרוּשָׁלַם pr.n. (436) *Jerusalem*

בְּתוֹךְ הַגּוֹיִם prep.-n.m.s. cstr. (1063)-def.art.-n.m.p. (156) *in the center of the nations*

שַׂמְתִּיהָ Qal pf. 1 c.s.-3 f.s. sf. (962) *I have set her*

וּסְבִיבוֹתֶיהָ conj.-adv. p.-3 f.s. sf. (686) *with … round about her*

אֲרָצוֹת n.f.p. (75) *countries*

5:6

וַתֶּמֶר consec.-Hi. impf. 3 f.s. (מָרָה 598) *and she has rebelled*

אֶת־מִשְׁפָּטַי dir.obj.-n.m.p.-1 c.s. sf. (1048) *against my ordinances*

לְרִשְׁעָה prep.-n.f.s. (958) *wickedly*

מִן־הַגּוֹיִם prep.-def.art.-n.m.p. (156) *more than the nations*

וְאֶת־חֻקּוֹתַי conj.-dir.obj.-n.f.p.-1 c.s. sf. (349) *and against my statutes*

מִן־הָאֲרָצוֹת prep.-def.art.-n.f.p. (75) *more than the countries*

אֲשֶׁר סְבִיבוֹתֶיהָ rel. (81)-adv. p.-3 f.s. sf. (686) *round about her*

כִּי בְמִשְׁפָּטַי conj. (471)-prep.-n.m.p.-1 c.s. sf. (1048) *by my ordinances*

מָאָסוּ Qal pf. 3 c.p. paus. (מָאַס 549) *rejecting*

וְחֻקּוֹתַי conj.-n.f.p.-1 c.s. sf. (349) *and my statutes*

לֹא־הָלְכוּ neg.-Qal pf. 3 c.p. (הָלַךְ 229) *not walking*

בָהֶם prep.-3 m.p. sf. *in them*

5:7

לָכֵן כֹּה־ prep.-adv. (485)-adv. (462) *therefore, thus*

אָמַר Qal pf. 3 m.s. (55) *says*

אֲדֹנָי n.m.p.-1 c.s. sf. (10) *the Lord*

יְהוִה pr.n. (217) *Yahweh*

יַעַן conj. (774) *because*

הֲמָנְכֶם Qal inf.cstr.-2 m.p. sf. (הָמָן 243) *you are more turbulent*

מִן־הַגּוֹיִם prep.-def.art.-n.m.p. (156) *than the nations*

אֲשֶׁר סְבִיבוֹתֵיכֶם rel. (81)-adv. p.-2 m.p. sf. (686) *that are round about you*

בְּחֻקּוֹתַי prep.-n.f.p.-1 c.s. sf. (349) *in my statutes*

לֹא הֲלַכְתֶּם neg.-Qal pf. 2 m.p. (הָלַךְ 229) *you have not walked*

וְאֶת־מִשְׁפָּטַי conj.-dir.obj.-n.m.p.-1 c.s. sf. (1040) *or my ordinances*

לֹא עֲשִׂיתֶם neg.-Qal pf. 2 m.p. (עָשָׂה 793) *kept*

וּבְמִשְׁפְּטֵי conj.-prep.-n.m.p. cstr. (1048) *but according to the ordinances of*

הַגּוֹיִם def.art.-n.m.p. (156) *the nations*

אֲשֶׁר סְבִיבוֹתֵיכֶם rel. (81)-adv. p.-2 m.p. sf. (686) *that are round about you*

לֹא עֲשִׂיתֶם neg.-Qal pf. 2 m.p. (עָשָׂה 793) *have (not) acted*

5:8

לָכֵן כֹּה prep.-adv. (485)-adv. (462) *therefore thus*

אָמַר Qal pf. 3 m.s. (55) *says*

אֲדֹנָי n.m.p.-1 c.s. sf. (10) *the Lord*

יהוה pr.n. (217) *Yahweh*

הִנְנִי demons.part.-1 c.s. sf. (243) *behold, I*

עָלַיִךְ prep.-2 f.s. sf. *against you*

גַם־אָנִי adv. (168)-pers.pr. 1 c.s. (58) *even I*

וְעָשִׂיתִי conj.-Qal pf. 1 c.s. (עָשָׂה 793) *and I will execute*

בְתוֹכֵךְ prep.-n.m.s.-2 f.s. sf. (1063) *in the midst of you*

מִשְׁפָּטִים n.m.p. (1048) *judgments*

לְעֵינֵי prep.-n.f.p. cstr. (744) *in the sight of*

הַגּוֹיִם def.art.-n.m.p. (156) *the nations*

5:9

וְעָשִׂיתִי conj.-Qal pf. 1 c.s. (עָשָׂה 793) *and I will do*

בָךְ prep.-2 f.s. sf. *against you*

אֵת אֲשֶׁר dir.obj.-rel. (81) *what*

לֹא־עָשִׂיתִי neg.-Qal pf. 1 c.s. (עָשָׂה 793) *I have never done*

וְאֵת אֲשֶׁר־ conj.-dir.obj.-rel. (81) *and which*

לֹא־אֶעֱשֶׂה neg.-Qal impf. 1 c.s. (עָשָׂה 793) *I will never do*

כָּמֹהוּ prep.-3 m.s. sf. *the like of it*

עוֹד adv. (728) *again*

יַעַן כָּל־ prep. (774)-n.m.s. cstr. (481) *because of all*

תוֹעֲבֹתָיִךְ n.f.p.-2 f.s. sf. paus. (1072) *your abominations*

5:10

לָכֵן prep.-adv. (485) *therefore*

אָבוֹת n.m.p. (3) *fathers*

יֹאכְלוּ Qal impf. 3 m.p. (אָכַל 37) *shall eat*

בָּנִים n.m.p. (119) *sons*

בְתוֹכֵךְ prep.-n.m.s.-2 f.s. sf. (1063) *in the midst of you*

וּבָנִים conj.-n.m.p. (119) *and sons*

יֹאכְלוּ v.supra *shall eat*

אֲבוֹתָם n.m.p.-3 m.p. sf. (3) *their fathers*

וְעָשִׂיתִי conj.-Qal pf. 1 c.s. (עָשָׂה 793) *and I will execute*

בָךְ prep.-2 f.s. sf. *against you*

שְׁפָטִים n.m.p. (1048) *judgments*

וְזֵרִיתִי conj.-Pi. pf. 1 c.s. (זָרָה 279) *and I will scatter*

אֶת־כָּל־ dir.obj.-n.m.s. cstr. (481) *any of*

שְׁאֵרִיתֵךְ n.f.s.-2 f.s. sf. (984) *you who survive*

לְכָל־רוּחַ prep.-n.m.s. cstr. (481)-n.f.s. (924) *to all the winds*

5:11

לָכֵן prep.-adv. (485) *wherefore*

חַי־אָנִי adj. m.s. (311)-pers.pr. 1 c.s. (58) *as I live*

נְאֻם אֲדֹנָי n.m.s. cstr. (610)-n.m.p.-1 c.s. sf. (10) *says the Lord*

יהוה pr.n. (217) *Yahweh*

אִם־לֹא hypoth.part. (49)-neg. *surely*

יַעַן conj. (774) *because*

אֶת־מִקְדָּשִׁי dir.obj.-n.m.s.-1 c.s. sf. (874) *my sanctuary*

טִמֵּאת Pi. pf. 2 f.s. (טָמֵא 379) *you have defiled*

בְּכָל־ prep.-n.m.s. cstr. (481) *with all*

שִׁקּוּצַיִךְ n.m.p.-2 f.s. sf. (1055) *your detestable things*

וּבְכָל־ conj.-prep.-n.m.s. cstr. (481) *and with all*

תוֹעֲבֹתָיִךְ n.f.p.-2 f.s. sf. paus. (1072) *your abominations*

וְגַם־אָנִי conj.-adv. (168)-pers.pr. 1 c.s. (58) *therefore I*

אֶגְרַע Qal impf. 1 c.s. (גָּרַע 175) *will cut you down*

וְלֹא־תָחוֹס conj.-neg.-Qal impf. 3 f.s. (חוּם 299; GK 72r, 109d) *and will not spare*

עֵינִי n.f.s.-1 c.s. sf. (744) *my eye*

וְגַם־אָנִי v.supra-v.supra *therefore*

לֹא אֶחְמוֹל neg.-Qal impf. 1 c.s. (חָמַל 328) *I will have no pity*

5:12

שְׁלִשִׁתֵיךְ num.ord. f.-2 f.s. sf. (1026; GK 91e) *a third part of you*

בַּדֶּבֶר prep.-def.art.-n.m.s. (184) *of pestilence*

יָמוּתוּ Qal impf. 3 m.p. (מוּת 559) *shall die*

וּבָרָעָב conj.-prep.-def.art.-n.m.s. (944) *and with famine*

יִכְלוּ Qal impf. 3 m.p. (כָּלָה 477) *be consumed*

בְתוֹכֵךְ prep.-n.m.s.-2 f.s. sf. (1063) *in the midst of you*

וְהַשְּׁלִשִׁית conj.-def.art.-ord.num. f. (1026) *and a third part*

בַּחֶרֶב prep.-def.art.-n.f.s. (352) *by the sword*

יִפְּלוּ Qal impf. 3 m.p. (נָפַל 656) *shall fall*

סְבִיבוֹתָיִךְ adv. p.-2 f.s. sf. paus. (686) *round about you*

וְהַשְּׁלִשִׁית v.supra *and a third part*

לְכָל־רוּחַ prep.-n.m.s. cstr. (481)-n.f.s. (924) *to all the winds*

אֱזָרֶה Qal impf. 1 c.s. (279; GK 52n, 75hh) *I will scatter*

וְחֶרֶב conj.-n.f.s. (352) *and the sword*

אָרִיק Hi. impf. 1 c.s. (רִיק 937) *I will unsheathe*

אַחֲרֵיהֶם prep.-3 m.p. sf. (29) *after them*

5:13

וְכָלָה conj.-Qal pf. 3 m.s. (477) *thus shall spend itself*

אַפִּי n.m.s.-1 c.s. sf. (60) *my anger*

וַהֲנִחוֹתִי conj.-Hi. pf. 1 c.s. (נוּחַ 628) *and I will vent*

חֲמָתִי n.f.s.-1 c.s. sf. (404) *my fury*

בָּם prep.-3 m.p. sf. *upon them*

וְהִנֶּחָמְתִּי conj.-Hithpa. pf. 1 c.s. (נָחַם 636; GK 54c) *and satisfy myself*

וְיָדְעוּ conj.-Qal pf. 3 c.p. (יָדַע 393) *and they shall know*

כִּי־אֲנִי conj. (471)-pers.pr. 1 c.s. (58) *that I*

יְהוָה pr.n. (217) *Yahweh*

דִּבַּרְתִּי Pi. pf. 1 c.s. (180) *have spoken*

בְּקִנְאָתִי prep.-n.f.s.-1 c.s. sf. (888) *in my jealousy*

בְּכַלּוֹתִי prep.-Pi. inf.cstr.-1 c.s. sf. (כָּלָה 477) *when I spend*

חֲמָתִי n.f.s.-1 c.s. sf. (404) *my fury*

בָּם v. supra *upon them*

5:14

וְאֶתְּנֵךְ conj.-Qal impf. 1 c.s.-2 f.s. sf. (נָתַן 678) *moreover I will make you*

לְחָרְבָּה prep.-n.f.s. (352) *a desolation*

וּלְחֶרְפָּה conj.-prep.-n.f.s. (357) *and an object of reproach*

בַּגּוֹיִם prep.-def.art.-n.m.p. (156) *among the nations*

אֲשֶׁר סְבִיבוֹתָיִךְ rel. (81)-adv. p.-2 f.s. sf. paus. (686) *round about you*

לְעֵינֵי prep.-n.f.p. cstr. (744) *and in the sight of*

כָּל־עוֹבֵר n.m.s. cstr. (481)-Qal act.ptc. (716) *all that pass by*

5:15

וְהָיְתָה conj.-Qal pf. 3 f.s. (הָיָה 224) *and it shall be*

חֶרְפָּה n.f.s. (357) *a reproach*

וּגְדוּפָה conj.-n.f.s. (154) *and a taunt*

מוּסָר n.m.s. (416) *a warning*

וּמְשַׁמָּה conj.-n.f.s. (1031) *and a horror*

לַגּוֹיִם prep.-def.art.-n.m.p. (156) *to the nations*

אֲשֶׁר סְבִיבוֹתָיִךְ rel. (81)-adv. p.-2 f.s. sf. paus. (686) *round about you*

בַּעֲשׂוֹתִי prep.-Qal inf.cstr.-1 c.s. sf. (עָשָׂה 793) *when I execute*

בָךְ prep.-2 f.s. sf. *on you*

שְׁפָטִים n.m.p. (1048) *judgments*

בְּאַף prep.-n.m.s. (60) *in anger*

וּבְחֵמָה conj.-prep.-n.f.s. (404) *and fury*

וּבְתֹכְחוֹת חֵמָה conj.-prep.-n.f.p. cstr. (407)-n.f.s. (404) *and with furious chastisements*

אֲנִי יְהוָה pers.pr. 1 c.s. (58)-pr.n. (217) *I Yahweh*

דִּבַּרְתִּי Pi. pf. 1 c.s. (180) *have spoken*

5:16

בְּשַׁלְּחִי prep.-Pi. inf.cstr.-1 c.s. sf. (שָׁלַח 1018) *when I loose*

אֶת־חִצֵּי dir.obj.-n.m.p. cstr. (346) *arrows of*

הָרָעָב def.art.-n.m.s. (944) *famine*

הָרָעִים def.art.-adj. m.p. (948) *deadly*

בָּהֶם prep.-3 m.p. sf. *against them*

אֲשֶׁר הָיוּ rel. (81)-Qal pf. 3 c.p. (הָיָה 224) *which are*

לְמַשְׁחִית prep.-n.m.s. (1008) *for destruction*

אֲשֶׁר־אֲשַׁלַּח rel. (81)-Pi. impf. 1 c.s. (שָׁלַח 1018) *which I loose*

אוֹתָם dir.obj.-3 m.p. sf. *on them*

לְשַׁחֶתְכֶם prep.-Pi. inf.cstr.-2 m.p. sf. (שָׁחַת 1007) *to destroy you*

וְרָעָב conj.-n.m.s. (944) *and famine*

אֹסֵף Hi. impf. 1 c.s. apoc. vol. (יָסַף 414; GK 109d) *I intend to add*

עֲלֵיכֶם prep.-2 m.p. sf. *upon you*

וְשָׁבַרְתִּי לָכֶם conj.-Qal pf. 1 c.s. (שָׁבַר 990)-prep.-2 m.p. sf. *and break*

מַטֵּה־לָחֶם n.m.s. cstr. (641)-n.m.s. paus. (536) *staff of bread*

5:17

וְשִׁלַּחְתִּי conj.-Pi. pf. 1 c.s. (שָׁלַח 1018) *I will send*

עֲלֵיכֶם prep.-2 m.p. sf. *against you*

רָעָב n.m.s. (944) *famine*

וְחַיָּה רָעָה conj.-n.f.s. (312)-adj. f.s. (948) *wild beasts*

וְשִׁכְּלֻךְ conj.-Pi. pf. 3 c.p.-2 f.s. sf. (שָׁכַל 1013) *and they will rob you of your children*

וְדֶבֶר conj.-n.m.s. (184) *pestilence*

וָדָם conj.-n.m.s. (196) *and blood*

יַעֲבָר־בָּךְ Qal impf. 3 m.s. (עָבַר 716)-prep.-2 f.s. sf. *shall pass through you*

וְחֶרֶב conj.-n.f.s. (352) *and a sword*

אָבִיא Hi. impf. 1 c.s. (בּוֹא 97) *I will bring*

עָלַיִךְ prep.-2 f.s. sf. *upon you*

אֲנִי יהוה pers.pr. 1 c.s. (58)-pr.n. (217) *I Yahweh*

דִּבַּרְתִּי Pi. pf. 1 c.s. (דָּבַר 180) *have spoken*

6:1

וַיְהִי consec.-Qal impf. 3 m.s. (הָיָה 224) *came*

דְּבַר־יהוה n.m.s. cstr. (182)-pr.n. (217) *the word of Yahweh*

אֵלַי prep.-1 c.s. sf. *to me*

לֵאמֹר prep.-Qal inf.cstr. (אָמַר 55) *saying*

6:2

בֶּן־אָדָם n.m.s. cstr. (119)-n.m.s. (9) *Son of man*

שִׂים Qal impv. 2 m.s. (שִׂים 962) *set*

פָּנֶיךָ n.m.p.-2 m.s. sf. (815) *your face*

אֶל־הָרֵי prep. (39)-n.m.p. cstr. (249) *toward the mountains of*

יִשְׂרָאֵל pr.n. (975) *Israel*

וְהִנָּבֵא conj.-Ni. impv. 2 m.s. (נָבָא 612) *and prophesy*

אֲלֵיהֶם prep.-3 m.p. sf. *against them*

6:3

וְאָמַרְתָּ conj.-Qal pf. 2 m.s. (אָמַר 55) *and say*

הָרֵי יִשְׂרָאֵל n.m.p. cstr. (24)-pr.n. (975) *You mountains of Israel*

שִׁמְעוּ Qal impv. 2 m.p. (שָׁמַע 1033) *hear*

דְּבַר־אֲדֹנָי n.m.s. cstr. (182)-n.m.p.-1 c.s. sf. (10) *the word of the Lord*

יהוה pr.n. (217) *Yahweh*

כֹּה־אָמַר adv. (462)-Qal pf. 3 m.s. (55) *thus says*

אֲדֹנָי יהוה v.supra-v.supra *Lord Yahweh*

לֶהָרִים prep.-def.art.-n.m.p. (249) *to the mountains*

וְלַגְּבָעוֹת conj.-prep.-def.art.-n.f.p. (148) *and the hills*

לָאֲפִיקִים prep.-def.art.-n.m.p. (67) *to the ravines*

וְלַגֵּאָיֹת conj.-prep.-def.art.-n.m.p. (161; GK 93v) *and the valleys*

הִנְנִי demons.part.-1 c.s. sf. (243) *Behold, I*

אֲנִי מֵבִיא pers.pr. 1 c.s. (58)-Hi. ptc. (בּוֹא 97) *even I will bring*

עֲלֵיכֶם prep.-2 m.p. sf. *upon you*

חֶרֶב n.f.s. (352) *a sword*

וְאִבַּדְתִּי conj.-Pi. pf. 1 c.s. (אָבַד 1) *and I will destroy*

בָּמוֹתֵיכֶם n.f.p.-2 m.p. sf. (119) *your high places*

6:4

וְנָשַׁמּוּ conj.-Ni. pf. 3 c.p. (שָׁמֵם 1030) *shall become desolate*

מִזְבְּחוֹתֵיכֶם n.m.p.-2 m.p. sf. (258) *your altars*

וְנִשְׁבְּרוּ conj.-Ni. pf. 3 c.p. (שָׁבַר 990) *and shall be broken*

חַמָּנֵיכֶם n.m.p.-2 m.p. sf. (329) *your incense altars*

וְהִפַּלְתִּי conj.-Hi. pf. 1 c.s. (נָפַל 656) *and I will cast down*

חַלְלֵיכֶם n.m.p.-2 m.p. sf. (319) *your slain*

לִפְנֵי prep.-n.m.p. cstr. (815) *before*

גִּלּוּלֵיכֶם n.m.p.-2 m.p. sf. (165) *your idols*

6:5

וְנָתַתִּי conj.-Qal pf. 1 c.s. (נָתַן 678) *and I will lay*

אֶת־פִּגְרֵי dir.obj.-n.m.p. cstr. (803) *the dead bodies of*

בְּנֵי יִשְׂרָאֵל n.m.p. cstr. (119)-pr.n. (975) *the people of Israel*

לִפְנֵי prep.-n.m.p. cstr. (815) *before*

גִּלּוּלֵיהֶם n.m.p.-3 m.p. sf. (165) *their idols*

וְזֵרִיתִי conj.-Pi. pf. 1 c.s. (זָרָה 279) *and I will scatter*

אֶת־עַצְמוֹתֵיכֶם dir.obj.-n.f.p.-2 m.p. sf. (782) *your bones*

סְבִיבוֹת prep. p. (686) *round about*

מִזְבְּחוֹתֵיכֶם n.m.p.-2 m.p. sf. (258) *your altars*

6:6

בְּכֹל prep.-n.m.s. cstr. (481) *in all of*

מוֹשְׁבוֹתֵיכֶם n.m.p.-2 m.p. sf. (444) *your dwelling-places*

הֶעָרִים def.art.-n.f.p. (746) *the cities*

תֶּחֱרַבְנָה Qal impf. 3 f.p. (חָרַב 351) *shall be waste*

וְהַבָּמוֹת conj.-def.art.-n.f.p. (119) *and the high places*

תִּישַׁמְנָה Qal impf. 3 f.p. (יָשֵׁם 445; GK 67dd) *ruined*

חָרֵב לְמַעַן יֶחֶרְבוּ prep. (775)-Qal impf. 3 m.p. (351) *so that ... will be waste*

וְיֶאְשְׁמוּ conj.-Qal impf. 3 m.p. (אָשֵׁם 79; GK 67pN) *and be made guilty*

מִזְבְּחוֹתֵיכֶם n.m.p.-2 m.p. sf. (258) *your altars*

וְנִשְׁבְּרוּ conj.-Ni. pf. 3 c.p. (שָׁבַר 990) *broken*

וְנִשְׁבְּתוּ conj.-Ni. pf. 3 c.p. (שָׁבַת 991) *and destroyed*

גִּלּוּלֵיכֶם n.m.p.-2 m.p. sf. (165) *your idols*

וְנִגְדְּעוּ conj.-Ni. pf. 3 c.p. (גָּדַע 154) *cut down*

חַמָּנֵיכֶם n.m.p.-2 m.p. sf. (329) *your incense altars*

וְנִמְחוּ conj.-Ni. pf. 3 c.p. (מָחָה 562) *and wiped out*

מַעֲשֵׂיכֶם n.m.p.-2 m.p. sf. (795) *your works*

6:7

וְנָפַל conj.-Qal pf. 3 m.s. (656) *and shall fall*

חָלָל n.m.s. (319) *the slain*

בְּתוֹכְכֶם prep.-n.m.s.-2 m.p. sf. (1063) *in the midst of you*

וִידַעְתֶּם conj.-Qal pf. 2 m.p. (יָדַע 393) *and you shall know*

כִּי־אֲנִי conj. (471)-pers.pr. 1 c.s. (58) *that I*

יהוה pr.n. (217) *Yahweh*

6:8

וְהוֹתַרְתִּי conj.-Hi. pf. 1 c.s. (יָתַר 451) *Yet I will leave*

בִּהְיוֹת לָכֶם prep.-Qal inf.cstr. (הָיָה 224)-prep.-2 m.p. sf. *some of you*

פְּלִיטֵי חֶרֶב n.m.p. cstr. (812)-n.f.s. (352) *some who escape from the sword*

בַּגּוֹיִם prep.-def.art.-n.m.p. (156) *among the nations*

בְּהִזָּרוֹתֵיכֶם prep.-Ni. inf.cstr.-2 m.p. sf. (זָרָה 279; GK 91 l) *when you are scattered*

בָּאֲרָצוֹת prep.-def.art.-n.f.p. (75) *through the countries*

6:9

וְזָכְרוּ conj.-Qal pf. 3 c.p. (זָכַר 269) *then will remember*

פְּלִיטֵיכֶם n.m.p.-2 m.p. sf. (812) *those of you who escape*

אוֹתִי dir.obj.-1 c.s. sf. *me*

בַּגּוֹיִם prep.-def.art.-n.m.p. (156) *among the nations*

אֲשֶׁר נִשְׁבּוּ־שָׁם rel. (81)-Ni. pf. 3 c.p. (שָׁבָה 985)-adv. (1027) *where they are carried captive*

אֲשֶׁר נִשְׁבַּרְתִּי rel. (81)-Ni. pf. 1 c.s. (שָׁבַר 990) *when I have broken*

אֶת־לִבָּם dir.obj.-n.m.s.-3 m.p. sf. (524) *their ... heart*

הַזּוֹנֶה def.art.-Qal act.ptc. (זָנָה 275) *wanton*

אֲשֶׁר־סָר rel. (81)-Qal pf. 3 m.s. (סוּר 693) *which has departed*

מֵעָלַי prep.-1 c.s. sf. (751) *from me*

וְאֵת עֵינֵיהֶם conj.-dir.obj.-n.f.p.-3 m.p. sf. (744) *and their eyes*

הַזֹּנוֹת def.art.-Qal act.ptc. f.p. (זָנָה 275) *which wantonly*

אַחֲרֵי גִלּוּלֵיהֶם prep. cstr. (29)-n.m.p.-3 m.p. sf. (165) *after their idols*

וְנָקֹטּוּ conj.-Ni. pf. 3 c.p. (קוּט 876; GK 72dd) *and they will be loathsome*

בִּפְנֵיהֶם prep.-n.m.p.-3 m.p. sf. (815) *in their own sight*

אֶל־הָרָעוֹת prep.-def.art.-n.f.p. (949) *for the evils*

אֲשֶׁר עָשׂוּ rel. (81)-Qal pf. 3 c.p. (עָשָׂה 793) *which they have committed*

לְכֹל prep.-n.m.s. cstr. (481) *for all*

תּוֹעֲבֹתֵיהֶם n.f.p.-3 m.p. sf. (1072) *their abominations*

6:10

וְיָדְעוּ conj.-Qal pf. 3 c.p. (יָדַע 393) *and they shall know*

כִּי־אֲנִי conj. (471)-pers.pr. 1 c.s. (58) *that I*

יהוה pr.n. (217) *am Yahweh*

לֹא אֶל־חִנָּם neg.-prep. (39)-subst. (336; GK 119ii) *not in vain*

דִּבַּרְתִּי Pi. pf. 1 c.s. (דָּבַר 180) *I have said*

לַעֲשׂוֹת prep.-Qal inf.cstr. (עָשָׂה 793) *that I would do*

לָהֶם prep.-3 m.p. sf. *to them*

הָרָעָה הַזֹּאת def.art.-n.f.s. (949)-def.art.-demons.adj. f.s. (260) *this evil*

6:11

כֹּה־אָמַר adv. (462)-Qal pf. 3 m.s. (55) *thus says*

אֲדֹנָי n.m.p.-1 c.s. sf. (10) *the Lord*

יהוה pr.n. (217) *Yahweh*

הַכֵּה Hi. impv. 2 m.s. (נָכָה 645) *Clap*

בְכַפְּךָ prep.-n.f.s.-2 m.s. sf. (496) *your hands*

וּרְקַע conj.-Qal impv. 2 m.s. (955) *and stamp*

בְּרַגְלְךָ prep.-n.f.s.-2 m.s. sf. (919) *your foot*

וֶאֱמָר־אָח conj.-Qal impv. 2 m.s. (55)-interj. (25) *and say, Alas!*

אֶל־כָּל־ prep. (39)-n.m.s. cstr. (481) *because of all*

תּוֹעֲבוֹת n.f.p. (1072) *... abominations*

רָעוֹת adj. f.p. (948; GK 128c) *evil*

בֵּית יִשְׂרָאֵל n.m.s. cstr. (119)-pr.n. (975) *of the house of Israel*

אֲשֶׁר בַּחֶרֶב rel. (81)-prep.-def.art.-n.f.s. (352) *for by the sword*

בָּרָעָב prep.-def.art.-n.m.s. (944) *by famine*

וּבַדֶּבֶר conj.-prep.-def.art.-n.m.s. (184) *and by pestilence*

יִפֹּלוּ Qal impf. 3 m.p. paus. (נָפַל 656) *they shall fall*

6:12

הָרָחוֹק def.art.-adj. m.s. (935) *He that is far off*

בַּדֶּבֶר prep.-def.art.-n.m.s. (184) *of pestilence*

יָמוּת Qal impf. 3 m.s. (מות 559) *shall die*

וְהַקָּרוֹב conj.-def.art.-adj. m.s. (898) *and he that is near*

בַּחֶרֶב prep.-def.art.-n.f.s. (352) *by the sword*

יִפּוֹל Qal impf. 3 m.s. (נפל 656) *shall fall*

וְהַנִּשְׁאָר conj.-def.art.-Ni. ptc. m.s. (שאר 983) *and he that is left*

וְהַנָּצוּר conj.-def.art.-Qal pass.ptc. (נצר 665) *and is preserved*

בָּרָעָב prep.-def.art.-n.m.s. (944) *of famine*

יָמוּת Qal impf. 3 m.s. (מות 559) *shall die*

וְכִלֵּיתִי conj.-Pi. pf. 1 c.s. (כלה 477) *Thus I will spend*

חֲמָתִי n.f.s.-1 c.s. sf. (404) *my fury*

בָּם prep.-3 m.p. sf. *upon them*

6:13

וִידַעְתֶּם conj.-Qal pf. 2 m.p. (ידע 393) *and you shall know*

כִּי־אֲנִי conj. (471)-pers.pr. 1 c.s. (58) *that I am*

יהוה pr.n. (217) *Yahweh*

בִּהְיוֹת prep.-Qal inf.cstr. (היה 224) *when lie*

חַלְלֵיהֶם n.m.p.-3 m.p. sf. (319) *their slain*

בְּתוֹךְ prep.-n.m.s. cstr. (1063) *among*

גִּלּוּלֵיהֶם n.m.p.-3 m.p. sf. (165) *their idols*

סְבִיבוֹת prep. p. (686) *round about*

מִזְבְּחוֹתֵיהֶם n.m.p.-3 m.p. sf. (258) *their altars*

אֶל־כָּל־ prep. (39)-n.m.s. cstr. (481) *upon every*

גִּבְעָה רָמָה n.f.s. (148)-adj. f.s. (926) *high hill*

בְּכֹל prep.-n.m.s. cstr. (481) *on all*

רָאשֵׁי n.m.p. cstr. (910) *tops of*

הֶהָרִים def.art.-n.m.p. (249) *mountains*

וְתַחַת conj.-prep. (1065) *under*

כָּל־עֵץ n.m.s. cstr. (481)-n.m.s. (781) *every ... tree*

רַעֲנָן adj. m.s. (947) *green*

וְתַחַת כָּל־ v.supra-v.supra *and under every*

אֵלָה עֲבֻתָּה n.f.s. (18)-adj. f.s. (721) *leafy oak*

מְקוֹם אֲשֶׁר n.m.s. cstr. (879)-rel. (81) *wherever*

נָתְנוּ Qal pf. 3 c.p. (נתן 678) *they offered*

שָׁם adv. (1027) *there*

רֵיחַ נִיחֹחַ n.m.s. (926)-n.m.s. (629) *pleasing odor*

לְכֹל prep.-n.m.s. cstr. (481) *to all*

גִּלּוּלֵיהֶם n.m.p.-3 m.p. sf. (165) *their idols*

6:14

וְנָטִיתִי conj.-Qal pf. 1 c.s. (נטה 639) *and I will stretch out*

אֶת־יָדִי dir.obj.-n.f.s.-1 c.s. sf. (388) *my hand*

עֲלֵיהֶם prep.-3 m.p. sf. *against them*

וְנָתַתִּי conj.-Qal pf. 1 c.s. (נתן 678) *and make*

אֶת־הָאָרֶץ dir.obj.-def.art.-n.f.s. (75) *the land*

שְׁמָמָה n.f.s. (1031; GK 133 l) *desolate*

וּמְשַׁמָּה conj.-n.f.s. (1031) *and waste*

מִמִּדְבָּר prep.-n.m.s. cstr. (184) *from the wilderness to*

דִּבְלָתָה pr.n. loc.-he loc. (179) *to Diblah*

בְּכֹל prep.-n.m.s. cstr. (481) *throughout all*

מוֹשְׁבוֹתֵיהֶם n.m.p.-3 m.p. sf. (444) *their habitations*

וְיָדְעוּ conj.-Qal pf. 3 c.p. (ידע 393) *Then they will know*

כִּי־אֲנִי conj. (471)-pers.pr. 1 c.s. (58) *that I am*

יהוה pr.n. (217) *Yahweh*

7:1

וַיְהִי consec.-Qal impf. 3 m.s. (היה 224) *came*

דְּבַר־יהוה n.m.s. cstr. (182)-pr.n. (217) *The word of Yahweh*

אֵלַי prep.-1 c.s. sf. *to me*

לֵאמֹר prep.-Qal inf.cstr. (אמר 55) *saying*

7:2

וְאַתָּה conj.-pers.pr. 2 m.s. (61) *and you*

בֶּן־אָדָם n.m.s. cstr. (119)-n.m.s. (9) *O son of man*

כֹּה אָמַר adv. (462)-Qal pf. 3 m.s. (55) *thus says*

אֲדֹנָי n.m.p.-1 c.s. sf. (10) *the Lord*

יהוה pr.n. (217) *Yahweh*

לְאַדְמַת prep.-n.f.s. cstr. (9) *to the land of*

יִשְׂרָאֵל pr.n. (975) *Israel*

קֵץ n.m.s. (893) *an end*

בָּא Qal pf. 3 m.s. (בוא 97) *has come*

הַקֵּץ def.art.-n.m.s. (893) *the end*

עַל־אַרְבַּעַת prep. (752)-num.f.s. cstr. (916) *upon the four*

כַּנְפוֹת n.f.p. cstr. (489) *corners of*

הָאָרֶץ def.art.-n.f.s. (75) *the land*

7:3

עַתָּה הַקֵּץ adv. (773)-def.art.-n.m.s. (893) *now the end*

עָלַיִךְ prep.-2 f.s. sf. (752) *is upon you*

וְשִׁלַּחְתִּי conj.-Pi. pf. 1 c.s. (שלח 1018) *and I will let loose*

אַפִּי n.m.s.-1 c.s. sf. (60) *my anger*

בָּךְ prep.-2 f.s. sf. *upon you*

וּשְׁפַטְתִּיךְ conj.-Qal pf. 1 c.s.-2 f.s. sf. (שפט 1047) *and will judge you*

כִּדְרָכָיִךְ prep.-n.m.p.-2 f.s. sf. (202) *according to your ways*

וְנָתַתִּי conj.-Qal pf. 1 c.s. (נתן 678) *and I will punish*

489

עָלָיִךְ prep.-2 f.s. sf. *you*

אֵת כָּל־תּוֹעֲבֹתַיִךְ dir.obj.-n.m.s. cstr. (481)-n.f.p.-2 f.s. sf. paus. (1072) *for all abominations*

7:4

וְלֹא־תָחוֹס conj.-neg.-Qal impf. 3 f.s. (חוס 299) *and will not spare*

עֵינִי n.f.s.-1 c.s. sf. (744) *my eye*

עָלָיִךְ prep.-2 f.s. sf. *you*

וְלֹא אֶחְמוֹל conj.-neg.-Qal impf. 1 c.s. (חמל 328; GK 72r) *nor will I have pity*

כִּי דְרָכַיִךְ conj. (471)-n.m.p.-2 f.s. sf. (202) *but for your ways*

עָלַיִךְ v.supra *you*

אֶתֵּן Qal impf. 1 c.s. (נתן 678) *I will punish*

וְתוֹעֲבוֹתַיִךְ conj.-n.f.p.-2 f.s. sf. (1072) *while your abominations*

בְּתוֹכֵךְ prep.-n.m.s.-2 f.s. sf. (1063) *in your midst*

תִּהְיֶיןָ Qal impf. 3 f.p. (היה 224) *are*

וִידַעְתֶּם conj.-Qal pf. 2 m.p. (ידע 393) *then you will know*

כִּי־אֲנִי conj.(471)-pers.pr. 1 c.s. (58) *that I am*

יהוה pr.n. (217) *Yahweh*

7:5

כֹּה אָמַר adv. (462)-Qal pf. 3 m.s. (55) *Thus says*

אֲדֹנָי n.m.p.-1 c.s. sf. (10) *the Lord*

יהוה pr.n. (217) *Yahweh*

רָעָה n.f.s. (949) *Disaster*

אַחַת adj. f.s. (25) *one;* some read prep. אַחַר (29) *after*

רָעָה v.supra *disaster*

הִנֵּה demons.pron.(243) *Behold*

בָּאָה Qal pf. 3 f.s. (בוא 97) *it comes*

7:6

קֵץ n.m.s. (893) *An end*

בָּא Qal pf. 3 m.s. (בוא 97) *has come*

בָּא הַקֵּץ v.supra-def.art.-n.m.s. (893) *the end*

הֵקִיץ Hi. pf. 3 m.s. (קיץ 884) *it has awakened*

אֵלָיִךְ prep.-2 f.s. sf. paus. *against you*

הִנֵּה demons.part. (243) *behold*

בָּאָה Qal pf. 3 f.s. (בוא 97) *it comes*

7:7

בָּאָה Qal pf. 3 f.s. (בוא 97) *has come*

הַצְּפִירָה def.art.-n.f.s. (862) *the doom* (? plait)

אֵלָיִךְ prep.-2 f.s. sf. *to you*

יוֹשֵׁב Qal act.ptc. cstr. (442) *O inhabitant of*

הָאָרֶץ def.art.-n.f.s. (75) *the land*

בָּא Qal pf. 3 m.s. (בוא 97) *come*

הָעֵת def.art-n.m.s. (773) *the time*

קָרוֹב adj. m.s. (898) *is near*

הַיּוֹם def.art.-n.m.s. (398) *the day*

מְהוּמָה n.f.s. (223; GK 127g) *tumult*

וְלֹא־הֵד conj.-neg.-n.m.s. (212) *and not of joyful shouting*

הָרִים n.m.p. (249) *mountains*

7:8

עַתָּה מִקָּרוֹב adv. (773)-prep.-adj. m.s. (898) *Now soon*

אֶשְׁפּוֹךְ Qal impf. 1 c.s. (שפך 1049) *I will pour out*

חֲמָתִי n.f.s.-1 c.s. sf. (404) *my wrath*

עָלַיִךְ prep.-2 f.s. sf. *upon you*

וְכִלֵּיתִי conj.-Pi. pf. 1 c.s. (כלה 477) *and spend*

אַפִּי n.m.s.-1 c.s. sf. (60) *my anger*

בָּךְ prep.-2 f.s. sf. *against you*

וּשְׁפַטְתִּיךְ conj.-Qal pf. 1 c.s.-2 f.s. sf. (שפט 1047) *and judge you*

כִּדְרָכָיִךְ prep.-n.m.p.-2 f.s. sf. paus. (202) *according to your ways*

וְנָתַתִּי conj.-Qal pf. 1 c.s. (נתן 678) *and I will punish*

עָלָיִךְ prep-2 f.s. sf. *you*

אֵת כָּל־ dir.obj.-n.m.s. cstr. (481) *for all*

תּוֹעֲבוֹתָיִךְ n.f.p. paus.-2 f.s. sf. (1072) *your abominations*

7:9

וְלֹא־תָחוֹס conj.-neg.-Qal impf. 3 f.s. (חוס 299) *and ... will not spare*

עֵינִי n.f.s.-1 c.s. sf. (744) *my eye*

וְלֹא אֶחְמוֹל conj.-neg.-Qal impf. 1 c.s. (חמל 328; GK 72r) *nor will I have pity*

כִּדְרָכָיִךְ prep.-n.m.p.-2 f.s. sf. (202) *according to your ways*

עָלַיִךְ prep.-2 f.s. sf. (752) *you*

אֶתֵּן Qal impf. 1 c.s. (נתן 678) *I will punish*

וְתוֹעֲבוֹתַיִךְ conj.-n.f.p.-2 f.s. sf. (1072) *while your abominations*

בְּתוֹכֵךְ prep.-n.m.s.-2 f.s. sf. (1063) *in your midst*

תִּהְיֶיןָ Qal impf. 3 f.p. (היה 224) *are*

וִידַעְתֶּם conj.-Qal pf. 2 m.p. (393) *then you will know*

כִּי אֲנִי conj. (471)-pers.pr. 1 c.s. (58) *that I am*

יהוה pr.n. (217) *Yahweh*

מַכֶּה Hi. ptc. m.s. (נכה 645) *who smites*

7:10

הִנֵּה הַיּוֹם demons.part. (243)-def.art.-n.m.s. (398) *Behold, the day*

490

הִנֵּה בָאָה v.supra-Qal act.ptc. f.s. or Qal pf. 3 f.s. paus. (בּוֹא 97) *Behold, it comes*

יָצְאָה Qal pf. 3 f.s. (יָצָא 422) *has come*

הַצְּפִרָה def.art.-n.f.s. (862) *your doom* (plait, diadem)

צָץ Qal pf. 3 m.s. (צוּץ 847) *has blossomed*

הַמַּטֶּה def.art.-n.m.s. (641) *injustice* (the rod)

פָּרַח Qal pf. 3 m.s. (827) *has budded*

הַזָּדוֹן def.art.-n.m.s. (268) *pride*

7:11

הֶחָמָס def.art.-n.m.s. (329) *Violence*

קָם Qal pf. 3 m.s. (קוּם 877) *has grown up*

לְמַטֵּה prep.-n.m.s. cstr. (641) *into a rod of*

רֶשַׁע n.m.s. (957) *wickedness*

לֹא־מֵהֶם neg.-prep.-3 m.p. sf. *none of them*

וְלֹא מֵהֲמוֹנָם conj.-neg.-prep.-n.m.s.-3 m.p. sf. (242) *nor their abundance*

וְלֹא מֶהֱמֵהֶם conj.-neg.-prep.-3 m.p. sf. (241) (form dubious) *nor their wealth*

וְלֹא־נֹהַּ בָּהֶם conj.-neg.-n.m.s. (627)-prep.-3 m.p. sf. *neither shall there be preeminence among them*

7:12

בָּא Qal pf. 3 m.s. (בּוֹא 97) *has come*

הָעֵת def.art.-n.m.s. (773) *the time*

הִגִּיעַ Hi. pf. 3 m.s. (נָגַע 619) *draws near*

הַיּוֹם def.art.-n.m.s. (398) *the day*

הַקּוֹנֶה def.art.-Qal act.ptc. (קָנָה 888) *the buyer*

אַל־יִשְׂמָח neg.vol.-Qal impf. 3 m.s. paus. 970) *let not ... rejoice*

וְהַמּוֹכֵר conj.-def.art.-Qal act.ptc. (מָכַר 569) *nor the seller*

אַל־יִתְאַבָּל neg.vol.-Hith. impf. 3 m.s. paus. 5) *mourn*

כִּי חָרוֹן conj. (471)-n.m.s. (354) *for wrath is*

אֶל־כָּל־ prep.-n.m.s. cstr. (481) *upon all (of)*

הֲמוֹנָהּ n.m.s.-3 f.s. sf. (242) *their multitude*

7:13

כִּי הַמּוֹכֵר conj. (471)-def.art.-Qal act.ptc. (מָכַר 569) *for the seller*

אֶל־הַמִּמְכָּר prep.-def.art.-n.m.s. (569) *to what he has sold*

לֹא יָשׁוּב neg.-Qal impf. 3 m.s. (שׁוּב 996) *shall not return*

וְעוֹד בַּחַיִּים conj.-adv. (728)-prep.-def.art.-n.m.p. (313) *while in the life*

חַיָּתָם n.f.s.-3 m.p. sf. (312) *their life*

כִּי־חָזוֹן conj. (471)-n.m.s. (302) *for vision*

אֶל־כָּל־ prep.-n.m.s. cstr. (481) *upon all (of)*

הֲמוֹנָהּ n.m.s.-3 f.s. sf. (242) *their multitude*

לֹא יָשׁוּב neg.-v.supra *it shall not turn back*

וְאִישׁ conj.-n.m.s. (35) *and a man*

בַּעֲוֹנוֹ prep.-n.m.s.-3 m.s. sf. (730) *because of his iniquity*

חַיָּתוֹ n.f.s.-3 m.s. sf. (312) *his life*

לֹא יִתְחַזָּקוּ neg.-Hith. impf. 3 m.p. paus. (חָזַק 304) *can not maintain*

7:14

תָּקְעוּ Qal pf. 3 c.p. (תָּקַע 1075) *they have blown*

בַתָּקוֹעַ prep.-def.art.-n.m.s. (1075) *the trumpet*

וְהָכִין conj.-Hi. inf.abs. (כּוּן 465: GK 72z, 113zN) *and made ready*

הַכֹּל def.art.-n.m.s. (481) *all*

וְאֵין הֹלֵךְ conj.-neg. cstr. (34)-Qal act.ptc. (229) *but none goes*

לַמִּלְחָמָה prep.-def.art.-n.f.s. (536) *to battle*

כִּי חֲרוֹנִי conj. (471)-n.m.s.-1 c.s. sf. (354) *for my wrath*

אֶל־כָּל־ prep.-n.m.s. cstr. (481) *upon all (of)*

הֲמוֹנָהּ n.m.s.-3 f.s. sf. (242) *their multitude*

7:15

הַחֶרֶב def.art.-n.f.s. (352) *the sword*

בַּחוּץ prep.-def.art.-n.m.s. (299) *is without*

וְהַדֶּבֶר conj.-def.art.-n.m.s. (184) *pestilence*

וְהָרָעָב conj.-def.art.-n.m.s. (944) *and famine*

מִבָּיִת prep.-n.m.s. paus. (108) *are within*

אֲשֶׁר בַּשָּׂדֶה rel.-prep.-def.art.-n.m.s. (961) *he that is in the field*

בַּחֶרֶב prep.-def.art.-n.f.s. (352) *by the sword*

יָמוּת Qal impf. 3 m.s. (מוּת 559) *dies*

וַאֲשֶׁר בָּעִיר conj.-rel.-prep.-def.art.-n.f.s. (746) *and him that is in the city*

רָעָב n.m.s. (944) *famine*

וָדֶבֶר conj.-n.m.s. (184) *and pestilence*

יֹאכְלֶנּוּ Qal impf. 3 m.s.-3 m.s. sf. (אָכַל 37) *devour (it)*

7:16

וּפָלְטוּ conj.-Qal pf. 3 c.p. (812) *and if escape*

פְּלִיטֵיהֶם n.m.p.-3 m.p. sf. (812) *survivors*

וְהָיוּ conj.-Qal pf. 3 c.p. (הָיָה 224) *they will be*

אֶל־הֶהָרִים prep.-def.art.-n.m.p. (249) *on the mountains*

כְּיוֹנֵי prep.-n.f.p. cstr. (401) *like doves of*

הַגֵּאָיוֹת def.art.-n.f.p. (161) *the valleys*

כֻּלָּם n.m.s.-3 m.p. sf. (481) *all of them*

הֹמוֹת Qal act.ptc. f.p. (הָמָה 242) *moaning*

אִישׁ n.m.s. (35) *every one*

בַּעֲוֹנוֹ prep.-n.m.s.-3 m.s. sf. (730) *over his iniquity*

7:17

כָּל־הַיָּדַיִם n.m.s. cstr. (481)-def.art.-n.f. du. (388) *all hands*

תִּרְפֶּינָה Qal impf. 3 f.p. (רפה 951) *are feeble*

וְכָל־בִּרְכַּיִם conj.-n.m.s. cstr. (481)-n.f. du. (139) *and all knees*

תֵּלַכְנָה Qal impf. 3 f.p. (הלך 229) *shall flow down* (weak as)

מָיִם n.m.p. paus. (565) *water*

7:18

וְחָגְרוּ conj.-Qal pf. 3 c.p. (חגר 291) *they gird themselves*

שַׂקִּים n.m.p. (974) *with sackcloth*

וְכִסְּתָה conj.-Pi. pf. 3 f.s. (כסה 491) *and covers*

אוֹתָם dir.obj.-3 m.p. sf. *them*

פַּלָּצוּת n.f.s. (814) *horror*

וְאֶל־כָּל־ conj.-prep.-n.m.s. cstr. (481) *and upon all*

פָּנִים n.m.p. (815) *faces*

בּוּשָׁה n.f.s. (102) *shame*

וּבְכָל־ conj.-prep.-n.m.s. cstr. (481) *and on all*

רָאשֵׁיהֶם n.m.p.-3 m.p. sf. (910) *their heads*

קָרְחָה n.f.s. (901) *baldness*

7:19

כַּסְפָּם n.m.s.-3 m.p. sf. (494) *their silver*

בַּחוּצוֹת prep.-def.art.-n.m.p. (299) *into the streets*

יַשְׁלִיכוּ Hi. impf. 3 m.p. (שלך 1020) *they cast*

וּזְהָבָם conj.-n.m.s.-3 m.p. sf. (262) *and their gold*

לְנִדָּה prep.-n.f.s. (622) *like an unclean thing*

יִהְיֶה Qal impf. 3 m.s. (היה 224) *is*

כַּסְפָּם v.supra *their silver*

וּזְהָבָם v.supra *and their gold*

לֹא־יוּכַל neg.-Qal impf. 3 m.s. (יכל 407) *are not able*

לְהַצִּילָם prep.-Hi. inf.cstr.-3 m.p. sf. (נצל 664) *to deliver them*

בְּיוֹם prep.-n.m.s. cstr. (398) *in the day of*

עֶבְרַת n.f.s. cstr. (720) *the wrath of*

יהוה pr.n. (217) *Yahweh*

נַפְשָׁם n.f.s.-3 m.p. sf. (659) *their hunger*

לֹא יְשַׂבֵּעוּ neg.-Pi. impf. 3 m.p. (שבע 959) *they cannot satisfy*

וּמֵעֵיהֶם conj.-n.m.p.-3 m.p. sf. (588) *or their stomachs*

לֹא יְמַלֵּאוּ neg.-Pi. impf. 3 m.p. paus. (מלא 569) *fill*

כִּי־מִכְשׁוֹל conj. (471)-n.m.s. cstr. (506) *for the stumbling block of*

עֲוֹנָם n.m.s.-3 m.p. sf. (730) *their iniquity*

הָיָה Qal pf. 3 m.s. (224) *it was*

7:20

וּצְבִי עֶדְיוֹ conj.-n.m.s. cstr. (840)-n.m. coll.-3 m.s. sf. (725) *their beautiful ornament*

לְגָאוֹן prep.-n.m.s. (144) *for vainglory*

שָׂמָהוּ Qal pf. 3 m.s.-3 m.s. sf. paus. (שׂום 962) *they used*

וְצַלְמֵי conj.-n.m.p. cstr. (853) *and the images of*

תּוֹעֲבֹתָם n.f.p.-3 m.p. sf. (1072) *their abominations*

שִׁקּוּצֵיהֶם n.m.p.-3 m.p. sf. (1055) *their detestable things*

עָשׂוּ בוֹ Qal pf. 3 c.p. (עשׂה 793)-prep.-3 m.s. sf. *they made of it*

עַל־כֵּן prep.-adv. (487) *therefore*

נְתַתִּיו Qal pf. 1 c.s.-3 m.s. sf. (נתן 678) *I will make it*

לָהֶם prep.-3 m.p. sf. *to them*

לְנִדָּה prep.-n.f.s. (622) *an unclean thing*

7:21

וּנְתַתִּיו conj.-Qal pf. 1 c.s.-3 m.s. sf. (נתן 678) *And I will give it*

בְּיַד־הַזָּרִים prep.-n.f.s. cstr. (388)-def.art.-Qal act.ptc. m.p. (זור 266) *into the hands of foreigners*

לָבַז prep.-n.m.s. paus. (103) *for a prey*

וּלְרִשְׁעֵי conj.-prep.-adj. m.p. cstr. (957) *and to the wicked of*

הָאָרֶץ def.art.-n.f.s. (75) *the earth*

לְשָׁלָל prep.-n.m.s. (1021) *for a spoil*

וְחִלְּלָה conj.-Pi. pf. 3 c.p.-3 m.s. sf. (חלל 320) *and they shall profane it*

7:22

וַהֲסִבּוֹתִי conj.-Hi. pf. 1 c.s. (סבב 685) *I will turn*

פָנַי n.m.p.-1 c.s. sf. (815) *my face*

מֵהֶם prep.-3 m.p. sf. *from them*

וְחִלְּלוּ conj.-Pi. pf. 3 c.p. (חלל 320) *that they may profane*

אֶת־צְפוּנִי dir.obj.-Qal pass.ptc.-1 c.s. sf. (860) *my precious place*

וּבָאוּ conj.-Qal pf. 3 c.p. (בוא 97) *and shall enter*

בָהּ prep.-3 f.s. sf. *it*

פָּרִיצִים n.m.p. (829) *robbers*

וְחִלְּלוּהָ conj.-Pi. pf. 3 c.p.-3 f.s. sf. (חָלַל 320) *and profane it*

7:23

עֲשֵׂה Qal impv. 2 m.s. (עָשָׂה 793) *make*

הָרַתּוֹק def.art.-n.m.s. (958) *a desolation (the chain)*

כִּי הָאָרֶץ conj. (471)-def.art.-n.f.s. (75) *because the land*

מָלְאָה Qal pf. 3 f.s. (מָלֵא 569) *is full of*

מִשְׁפַּט דָּמִים n.m.s. cstr. (1048)-n.m.p. (196) *bloody crimes*

וְהָעִיר conj.-def.art.-n.f.s. (746) *and the city*

מָלְאָה v.supra *is full of*

חָמָס n.m.s. (329) *violence*

7:24

וְהֵבֵאתִי conj.-Hi. pf. 1 c.s. (בּוֹא 97) *I will bring*

רָעֵי גוֹיִם adj. m.p. cstr. (948)-n.m.p. (156) *the worst of the nations*

וְיָרְשׁוּ conj.-Qal pf. 3 c.p. (יָרַשׁ 439) *to take possession of*

אֶת־בָּתֵּיהֶם dir.obj.-n.m.p.-3 m.p. sf. (108) *their houses*

וְהִשְׁבַּתִּי conj.-Hi. pf. 1 c.s. (שָׁבַת 991) *I will put an end to*

גְּאוֹן עַזִּים n.m.s. cstr. (144)-adj. m.p. (738) *their proud might*

וְנִחֲלוּ conj.-Ni. pf. 3 c.p. (חָלַל 320) *and shall be profaned*

מְקַדְּשֵׁיהֶם Pi. ptc. m.p.-3 m.p. sf. (872; GK 93ooN) *their holy places*

7:25

קְפָדָה־בָא n.f.s. (891)-Qal pf. 3 m.s. (בּוֹא 97; some rd. בָּאָה 3 f.s.) *when anguish comes*

וּבִקְשׁוּ conj.-Pi. pf. 3 c.p. (134) *they will seek*

שָׁלוֹם n.m.s. (1022) *peace*

וָאָיִן conj.-neg. paus. (34) *but there shall be none*

7:26

הֹוָה n.f.s. (217) *disaster*

עַל־הֹוָה prep.-n.f.s. (217) *upon disaster*

תָּבוֹא Qal impf. 3 f.s. (בּוֹא 97) *comes*

וּשְׁמֻעָה conj.-n.f.s. (1035) *rumor*

אֶל־שְׁמוּעָה prep.-v.supra *upon rumor*

תִּהְיֶה Qal impf. 3 f.s. (הָיָה 224) *follows*

וּבִקְשׁוּ conj.-Pi. pf. 3 c.p. (בָּקַשׁ 134) *they seek*

חָזוֹן n.m.s. (302) *a vision*

מִנָּבִיא prep.-n.m.s. (611) *from a prophet*

וְתוֹרָה conj.-n.f.s. (435) *but Torah*

תֹּאבַד Qal impf. 3 f.s. (אָבַד 1) *perishes*

מִכֹּהֵן prep.-n.m.s. (463) *from a priest*

וְעֵצָה conj.-n.f.s. (420) *and counsel*

מִזְּקֵנִים prep.-adj. m.p. (278) *from elders*

7:27

הַמֶּלֶךְ def.art.-n.m.s. (572) *The king*

יִתְאַבָּל Hith. impf. 3 m.s. (אָבַל 5) *mourns*

וְנָשִׂיא conj.-n.m.s. (672) *and a prince*

יִלְבַּשׁ Qal impf. 3 m.s. (לָבַשׁ 527) *is wrapped in*

שְׁמָמָה n.f.s. (1031) *despair (devastation)*

וִידֵי conj.-n.f.p. cstr. (388) *and the hands of*

עַם־הָאָרֶץ n.m.s. cstr. (766)-def.art.-n.f.s. (75) *the people of the land*

תִּבָּהַלְנָה Ni. impf. 3 f.p. (בָּהַל 96) *are palsied by terror*

מִדַּרְכָּם prep.-n.m.s.-3 m.p. sf. (202) *according to their way*

אֶעֱשֶׂה Qal impf. 1 c.s. (עָשָׂה 793) *I will do*

אוֹתָם dir.obj.-3 m.p. sf. *to them*

וּבְמִשְׁפְּטֵיהֶם conj.-prep.-n.m.p.-3 m.p. sf. (1048) *and according to their own judgments*

אֶשְׁפְּטֵם Qal impf. 1 c.s.-3 m.p. sf. (שָׁפַט 1047) *I will judge them*

וְיָדְעוּ conj.-Qal pf. 3 c.p. (393) *and they shall know*

כִּי־אֲנִי conj. (471)-pers.pr. 1 c.s. (58) *that I am*

יהוה pr.n. (217) *Yahweh*

8:1

וַיְהִי consec.-Qal impf. 3 m.s. (הָיָה 224) *and it proceeded to be*

בַּשָּׁנָה prep.-def.art.-n.f.s. (1040) *in the ... year*

הַשִּׁשִּׁית def.art.-adj.num. f.s. (995) *sixth*

בַּשִּׁשִּׁי prep.-def.art.-adj.num. m. (995) *in the sixth*

בַּחֲמִשָּׁה prep.-def.art.-n.f.s. (331) *on the fifth day*

לַחֹדֶשׁ prep.-def.art.-n.m.s. (294) *of the month*

אֲנִי יוֹשֵׁב pers.pr. 1 c.s. (58)-Qal act.ptc. (442) *as I sat*

בְּבֵיתִי prep.-n.m.s.-1 c.s. sf. (108) *in my house*

וְזִקְנֵי conj.-n.m.p. cstr. (278) *with the elders of*

יְהוּדָה pr.n. (397) *Judah*

יוֹשְׁבִים Qal act.ptc. m.p. (442) *sitting*

לְפָנַי prep.-n.m.p.-1 c.s. sf. paus. (815) *before me*

וַתִּפֹּל consec.-Qal impf. 3 f.s. (נָפַל 656) *... fell*

עָלַי prep.-1 c.s. sf. (752) *upon me*

שָׁם adv. (1027) *there*

יַד אֲדֹנָי n.f.s. cstr. (388)-n.m.p.-1 c.s. sf. (10) *the hand of the Lord*

יהוה pr.n. (217) *Yahweh*

8:2

וָאֶרְאֶה consec.-Qal impf. 1 c.s. (רָאָה 906) *Then I beheld*

וְהִנֵּה conj.-demons.part. (243) *and lo*

דְּמוּת n.f.s. (198) *a form*

כְּמַרְאֵה־ prep.-n.m.s. cstr. (909) *that had the appearance of*

אֵשׁ n.f.s. (77) *fire*; LXX-אִישׁ *a man*

מִמַּרְאֵה prep.-n.m.s. cstr. (909) *below what appeared to be*

מָתְנָיו n.m. du.-3 m.s. sf. (608) *his loins*

וּלְמַטָּה conj.-prep.-adv. (641) *downwards*

אֵשׁ n.f.s. (77) *it was fire*

וּמִמָּתְנָיו conj.-prep.-n.m. du.-3 m.s. sf. (608) *and from his loins*

וּלְמַעְלָה conj.-prep.-adv.-loc.he (751) *upwards*

כְּמַרְאֵה־ v.supra *it was like the appearance of*

זֹהַר n.m.s. (264) *brightness*

כְּעֵין הַחַשְׁמַלָה prep.-n.f.s. cstr. (744)-def.art. -n.m.s. with old accusative ending (365; GK 90c, f) *like gleaming bronze*

8:3

וַיִּשְׁלַח consec.-Qal impf. 3 m.s. (שָׁלַח 1018) *He put forth*

תַּבְנִית יָד n.f.s. cstr. (125)-n.f.s. (388) *the form of a hand*

וַיִּקָּחֵנִי consec.-Qal impf. 3 m.s.-1 c.s. sf. (לָקַח 542) *and took me*

בְּצִיצִת רֹאשִׁי prep.-n.f.s. cstr. (851)-n.m.s.-1 c.s. sf. (910) *by a lock of my head*

וַתִּשָּׂא consec.-Qal impf. 3 f.s. (נָשָׂא 669) *and ... lifted up*

אֹתִי dir.obj.-1 c.s. sf. *me*

רוּחַ n.f.s. (924) *a spirit*

בֵּין־הָאָרֶץ prep. (107)-def.art.-n.f.s. (75) *between earth*

וּבֵין הַשָּׁמַיִם conj.-prep. (107)-def.art.-n.m.p. (1029) *and heaven*

וַתָּבֵא consec.-Hi. impf. 3 f.s. (בּוֹא 97) *and brought*

אֹתִי v.supra *me*

יְרוּשָׁלַמָה pr.n. loc.-dir.he (436) *to Jerusalem*

בְּמַרְאוֹת prep.-n.f.p. cstr. (909) *in visions of*

אֱלֹהִים n.m.p. (43) *God*

אֶל־פֶּתַח prep.-n.m.s. cstr. (835) *to the entrance of*

שַׁעַר n.m.s. cstr. (1044) *the gateway of*

הַפְּנִימִית def.art.-adj. f.s. (819) *the inner court*

הַפּוֹנֶה def.art.-Qal act.ptc. (פָּנָה 815) *that faces*

צָפוֹנָה n.f.s.-dir.he (860) *north*

אֲשֶׁר־שָׁם rel. (81)-adv. (1027) *where was*

מוֹשַׁב n.m.s. cstr. (444) *the seat of*

סֵמֶל n.m.s. cstr. (702) *the image of*

הַקִּנְאָה def.art.-n.f.s. (888) *jealousy*

הַמַּקְנֶה def.art.-Hi. ptc. (קָנָה 888; GK 75qq) *which provokes to jealousy*

8:4

וְהִנֵּה־שָׁם conj.-demons.part. (243)-adv. (1027) *and behold, there*

כְּבוֹד n.m.s. cstr. (458) *the glory of*

אֱלֹהֵי n.m.p. cstr. (43) *the God of*

יִשְׂרָאֵל pr.n. (975) *Israel*

כַּמַּרְאֶה prep.-def.art.-n.m.s. (909) *like the vision*

אֲשֶׁר רָאִיתִי rel. (81)-Qal pf. 1 c.s. (רָאָה 906) *that I saw*

בַּבִּקְעָה prep.-def.art.-n.f.s. (132) *in the plain*

8:5

וַיֹּאמֶר consec.-Qal impf. 3 m.s. (אָמַר 55) *then he said*

אֵלַי prep.-1 c.s. sf. *to me*

בֶּן־אָדָם n.m.s. cstr. (119)-n.m.s. (9) *Son of man*

שָׂא־נָא Qal impv. 2 m.s. (נָשָׂא 669)-part. of entreaty (609) *lift up, now*

עֵינֶיךָ n.f. du.-2 m.s. sf. (744) *your eyes*

דֶּרֶךְ צָפוֹנָה n.m.s. cstr. (202)-n.f.s.-dir.he (860) *in the direction of the north*

וָאֶשָּׂא consec.-Qal impf. 1 c.s. (נָשָׂא 669) *So I lifted up*

עֵינַי n.f. du.-1 c.s. sf. (744) *my eyes*

דֶּרֶךְ צָפוֹנָה v.supra-v.supra *toward the north*

וְהִנֵּה conj.-demons.part. (243) *and behold*

מִצָּפוֹן prep.-n.f.s. (860) *north*

לְשַׁעַר prep.-n.m.s. cstr. (1044) *of the ... gate*

הַמִּזְבֵּחַ def.art.-n.m.s. (258) *altar*

סֵמֶל n.m.s. cstr. (702) *was image of*

הַקִּנְאָה הַזֶּה def.art.-n.f.s. (888)-def.art.-demons. adj. m.s. (260) *this jealousy*

בַּבִּאָה prep.-def.art.-n.f.s. (99) *in the entrance*

8:6

וַיֹּאמֶר consec.-Qal impf. 3 m.s. (55) *and he said*

אֵלַי prep.-1 c.s. sf. *to me*

בֶּן־אָדָם n.m.s. cstr. (119)-n.m.s. (9) *Son of man*

הֲרֹאֶה אַתָּה interr.part.-Qal act.ptc. (רָאָה 906)-pers.pr. 2 m.s. (61) *do you see?*

מָהֵם עֹשִׂים prep.-3 m.p. sf.-Qal act.ptc. m.p. (עָשָׂה 793) *what they are doing*

תּוֹעֵבוֹת n.f.p. (1072) *abominations*

גְּדֹלוֹת adj. f.p. (152) *great*

אֲשֶׁר בֵּית־ rel. (81)-n.m.s. cstr. (108) *that the house of*

494

יִשְׂרָאֵל pr.n. (975) *Israel*

עֹשִׂים פֹּה v.supra-adv. (805) *are committing here*

לְרָחֳקָה prep.-Qal inf.cstr. (רָחַק 934) *to drive me far*

מֵעַל מִקְדָּשִׁי prep.-prep.-n.m.s.-1 c.s. sf. (874) *from my sanctuary*

וְעוֹד תָּשׁוּב conj.-adv. (728)-Qal impf. 2 m.s. (שׁוּב 996) *but you will ... still*

תִּרְאֶה Qal impf. 2 m.s. (רָאָה 906) *see*

תּוֹעֵבוֹת n.f.p. (1072) *abominations*

גְּדֹלוֹת adj. f.p. (152) *greater*

8:7

וַיָּבֵא consec.-Hi. impf. 3 m.s. (בּוֹא 97) *and he brought*

אֹתִי dir.obj.-1 c.s. sf. *me*

אֶל-פֶּתַח prep.-n.m.s. cstr. (835) *to the door of*

הֶחָצֵר def.art.-n.m.s. (347) *the court*

וָאֶרְאֶה consec.-Qal impf. 1 c.s. (רָאָה 906) *when I looked*

וְהִנֵּה conj.-demons.part. (243) *behold*

חֹר-אֶחָד n.m.s. (III 359)-num.adj. m.s. (25) *a hole*

בַּקִּיר prep.-def.art.-n.m.s. (885) *in the wall*

8:8

וַיֹּאמֶר אֵלַי consec.-Qal impf. 3 m.s. (55)-prep.-1 c.s. sf. *then said he to me*

בֶּן-אָדָם n.m.s. cstr. (119)-n.m.s. (9) *Son of man*

חֲתָר-נָא Qal impv. 2 m.s. (חָתַר 369)-part. of entreaty (609) *dig*

בַּקִּיר prep.-def.art.-n.m.s. (885) *in the wall*

וָאֶחְתֹּר consec.-Qal impf. 1 c.s. (חָתַר 369) *and when I dug*

בַּקִּיר v.supra *in the wall*

וְהִנֵּה conj.-demons.part. (243) *lo*

פֶּתַח אֶחָד n.m.s. (835)-num.adj. m.s. (25) *a door*

8:9

וַיֹּאמֶר אֵלַי consec.-Qal impf. 3 m.s. (55)-prep.-1 c.s. sf. paus. *and he said to me*

בֹּא וּרְאֵה Qal impv. 2 m.s. (בּוֹא 97)-conj.-Qal impv. 2 m.s. (906) *Go in, and see*

אֶת-הַתּוֹעֵבוֹת dir.obj.-def.art.-n.f.p. (1072) *the abominations*

הָרָעוֹת def.art.-adj. f.p. (948) *vile*

אֲשֶׁר הֵם rel. (81)-pers.pr. 3 m.p. (241) *that they*

עֹשִׂים פֹּה Qal act.ptc. m.p. (עָשָׂה 793)-adv. (805) *are committing here*

8:10

וָאָבוֹא consec.-Qal impf. 1 c.s. (בּוֹא 97) *So I went in*

וָאֶרְאֶה consec.-Qal impf. 1 c.s. (רָאָה 906) *and saw*

וְהִנֵּה conj.-demons.part. (243) *and there*

כָל-תַּבְנִית n.m.s. cstr. (481)-n.f.s. cstr. (125) *were all kinds of*

רֶמֶשׂ n.m.s. (943) *creeping things*

וּבְהֵמָה conj.-n.f.s. (96) *and ... beasts*

שֶׁקֶץ n.m.s. (1054) *detestable things*

וְכָל-גִּלּוּלֵי conj.-n.m.s. cstr. (481)-n.m.p. cstr. (165) *and all the idols of*

בֵּית יִשְׂרָאֵל n.m.s. cstr. (108)-pr.n. (975) *the house of Israel*

מְחֻקֶּה Pu. ptc. (חָקָה 348) *portrayed* (carved)

עַל-הַקִּיר prep.-def.art.-n.m.s. (885) *upon the wall*

סָבִיב סָבִיב adv. (686)-adv. (686) *round about*

8:11

וְשִׁבְעִים conj.-num. m.p. (988) *and seventy*

אִישׁ n.m.s. (35) *men*

מִזִּקְנֵי prep.-adj. m.p. cstr. (278) *of the elders of*

בֵּית-יִשְׂרָאֵל n.m.s. cstr. (108)-pr.n. (975) *the house of Israel*

וְיַאֲזַנְיָהוּ conj.-pr.n. (24) *with Jaazaniah*

בֶּן-שָׁפָן n.m.s. cstr. (119)-pr.n. (1051) *the son of Shaphan*

עֹמֵד Qal act.ptc. (763) *standing*

בְּתוֹכָם prep.-n.m.s.-3 m.p. sf. (1063) *among them*

עֹמְדִים Qal act.ptc. m.p. (763) *standing*

לִפְנֵיהֶם prep.-n.m.p.-3 m.p. sf. (815) *among them*

וְאִישׁ conj.-n.m.s. (35) *each*

מִקְטַרְתּוֹ n.f.s.-3 m.s. sf. (883) *his censer*

בְּיָדוֹ prep.-n.f.s.-3 m.s. sf. (388) *in his hand*

וַעֲתַר conj.-n.m.s. cstr. (801) *and the smoke of*

עֲנַן-n.m.s. cstr. (777) *the cloud of*

הַקְּטֹרֶת def.art.-n.f.s. (882) *the incense*

עֹלֶה Qal act.ptc. (עָלָה 748) *went up*

8:12

וַיֹּאמֶר אֵלַי consec.-Qal impf. 3 m.s. (אָמַר 55)-prep.-1 c.s. sf. *then he said to me*

הֲרָאִיתָ interr.part.-Qal pf. 2 m.s. (רָאָה 906) *have you seen*

בֶּן-אָדָם n.m.s. cstr. (119)-n.m.s. (9) *Son of man*

אֲשֶׁר זִקְנֵי rel. (81)-adj. m.p. cstr. (278) *what the elders of*

בֵית-יִשְׂרָאֵל n.m.s. cstr. (108)-pr.n. (975) *the house of Israel*

עֹשִׂים Qal act.ptc. m.p. (עָשָׂה 793) *are doing*

בַּחֹשֶׁךְ prep.-def.art.-n.m.s. (365) *in the dark*

אִישׁ n.m.s. (35) *every man*

בְּחַדְרֵי prep.-n.m.p. cstr. (293) *in the rooms of*

מַשְׂכִּיתוֹ n.f.s.-3 m.s. sf. (967) *his pictures* (show-piece)

כִּי אֹמְרִים conj. (471)-Qal act.ptc. m.p. (אמר 55) *for they say*

אֵין יהוה neg. cstr. (34)-pr.n. (217) *Yahweh does not*

רֹאֶה Qal act.ptc. (ראה 906) *see*

אֹתָנוּ dir.obj.-1 c.p. sf. *us*

עָזַב Qal pf. 3 m.s. (736) *has forsaken*

יהוה pr.n. (217) *Yahweh*

אֶת־הָאָרֶץ dir.obj.-def.art.-n.f.s. (75) *the land*

8:13

וַיֹּאמֶר אֵלַי consec.-Qal impf. 3 m.s. (55)-prep.-1 c.s. sf. paus. *He said also to me*

עוֹד adv. (728) *still*

תָּשׁוּב תִּרְאֶה Qal impf. 2 m.s. (שׁוב 996)-Qal impf. 2 m.s. (ראה 906) *you will see*

תּוֹעֵבוֹת n.f.p. (1072) *abominations*

גְּדֹלוֹת adj. f.p. (152) *greater*

אֲשֶׁר־הֵמָּה rel. (81)-pers.pr. 3 m.p. (241) *which they*

עֹשִׂים Qal act.ptc. m.p. (עשׂה 793) *commit*

8:14

וַיָּבֵא אֹתִי consec.-Hi. impf. 3 m.s. (בוא 97)-dir.obj.-1 c.s. sf. *then he brought me*

אֶל־פֶּתַח prep.-n.m.s. cstr. (835) *to the entrance of*

שַׁעַר n.m.s. cstr. (1044) *the gate of*

בֵּית־יהוה n.m.s. cstr. (108)-pr.n. (217) *the house of Yahweh*

אֲשֶׁר אֶל־הַצָּפוֹנָה rel. (81)-prep.-def.art.-n.f.s.-dir.he (860) *which is north*

וְהִנֵּה־שָׁם conj.-demons.part. (243)-adv. (1027) *and behold, there*

הַנָּשִׁים def.art.-n.f.p. (61) *women*

יֹשְׁבוֹת Qal act.ptc. f.p. (ישׁב 442) *sat*

מְבַכּוֹת Pi. ptc. f.p. (בכה 113) *weeping*

אֶת־הַתַּמּוּז dir.obj.-def.art.-pr.n. (1069) *for Tammuz*

8:15

וַיֹּאמֶר אֵלַי consec.-Qal impf. 3 m.s. (55)-prep.-1 c.s. sf. *then he said to me*

הֲרָאִיתָ interr.part.-Qal pf. 2 m.s. (ראה 906) *have you seen*

בֶן־אָדָם n.m.s. cstr. (119)-n.m.s. (9) *O son of man*

עוֹד adv. (728) *still*

תָּשׁוּב תִּרְאֶה Qal impf. 2 m.s. (שׁוב 996)-Qal impf. 2 m.s. (ראה 906) *you will see*

תּוֹעֵבוֹת n.f.p. (1072) *abominations*

גְּדֹלוֹת adj. f.p. (152) *greater*

מֵאֵלֶּה prep.-demons.adj. c.p. (41) *than these*

8:16

וַיָּבֵא אֹתִי consec.-Hi. impf. 3 m.s. (בוא 97)-dir.obj.-1 c.s. sf. *and he brought me*

אֶל־חֲצַר prep.-n.m.s. cstr. (346) *into the court of*

בֵּית־יהוה n.m.s. cstr. (108)-pr.n. (217) *the house of Yahweh*

הַפְּנִימִית def.art.-adj. f.s. (819) *inner*

וְהִנֵּה־ conj.-demons.part. (243) *and behold*

פֶּתַח n.m.s. cstr. (835) *at the door of*

הֵיכַל n.m.s. cstr. (228) *the temple of*

יהוה pr.n. (217) *Yahweh*

בֵּין הָאוּלָם prep. (107)-def.art.-n.m.s. (17) *between the porch*

וּבֵין הַמִּזְבֵּחַ conj.-prep.-def.art.-n.m.s. (258) *and the altar*

כְּעֶשְׂרִים prep.-num. p. (797) *about twenty*

וַחֲמִשָּׁה conj.-num. f.s. (331) *and five*

אִישׁ n.m.s. (35) *men*

אֲחֹרֵיהֶם subst. cstr. (30)-3 m.p. sf. *with their backs*

אֶל־הֵיכַל prep.-n.m.s. cstr. (228) *to the temple of*

יהוה pr.n. (217) *Yahweh*

וּפְנֵיהֶם conj.-n.m.p.-3 m.p. sf. (815) *and their faces*

קֵדְמָה adv.-loc.he (870) *toward the east*

וְהֵמָּה מִשְׁתַּחֲוִיתֶם conj.-pers. pr. 3 m.p. (241)-Hith. ptc. m.p. (שׁחה 1005; GK 75kk) most rd. Hithpalel ptc. *worshiping*

קֵדְמָה v.supra *toward the east*

לַשֶּׁמֶשׁ prep.-def.art.-n.f.s. (1039) *the sun*

8:17

וַיֹּאמֶר אֵלַי consec.-Qal impf. 3 m.s. (55)-prep.-1 c.s. sf. *then he said to me*

הֲרָאִיתָ interr.part.-Qal pf. 2 m.s. (ראה 906) *have you seen*

בֶן־אָדָם n.m.s. cstr. (119)-n.m.s. (9) *O son of man*

הֲנָקֵל interr.part.-Ni. pf. 3 m.s. (קלל 886) *is it too slight a thing*

לְבֵית יְהוּדָה prep.-n.m.s. cstr. (108)-pr.n. (397) *for the house of Judah*

מֵעֲשׂוֹת prep.-Qal inf.cstr. (עשׂה 793) *to commit*

אֶת־הַתּוֹעֵבוֹת dir.obj.-def.art.-n.f.p. (1072) *the abominations*

אֲשֶׁר עָשׂוּ־פֹה rel. (81)-Qal pf. 3 c.p. (עשׂה 793)-adv. (805) *which they commit here*

496

כִּי־מָלְאוּ conj. (471)-Qal pf. 3 c.p. (569) *that they should fill*

אֶת־הָאָרֶץ dir.obj.-def.art.-n.f.s. (75) *the land*

חָמָס n.m.s. (329) *with violence*

וַיָּשֻׁבוּ consec.-Qal impf. 3 m.p. (שוב 996) *and further*

לְהַכְעִיסֵנִי prep.-Hi. inf.cstr.-1 c.s. sf. (כעם 494) *provoke me to anger*

וְהִנָּם conj.-demons.part.-3 m.p. sf. (243) *Lo, they*

שֹׁלְחִים Qal act.ptc. m.p. (1018) *put*

אֶת־הַזְּמוֹרָה dir.obj.-def.art.-n.f.s. (274) *the branch*

אֶל־אַפָּם prep.-n.m.s.-3 m.p. sf. (60) *to their nose*

8:18

וְגַם־אֲנִי conj.-adv. (168)-pers.pr. 1 c.s. (58) *therefore I*

אֶעֱשֶׂה Qal impf. 1 c.s. (עשה 793) *will deal*

בְּחֵמָה prep.-n.f.s. (404) *in wrath*

לֹא־תָחוֹס neg.-Qal impf. 3 f.s. (חום 299; GK 72r) *will not spare*

עֵינִי n.f.s.-1 c.s. sf. (744) *my eye*

וְלֹא אֶחְמֹל conj.-neg.-Qal impf. 1 c.s. (חמל 328) *nor will I have pity*

וְקָרְאוּ conj.-Qal pf. 3 c.p. (894) *and though they cry*

בְּאָזְנַי prep.-n.f.p.-1 c.s. sf. (23) *in my ears*

קוֹל גָּדוֹל n.m.s. (876)-adj. m.s. (152) *with a loud voice*

וְלֹא אֶשְׁמַע conj.-neg.-Qal impf. 1 c.s. (1033) *I will not hear*

אוֹתָם dir.obj.-3 m.p. sf. *them*

9:1

וַיִּקְרָא consec.-Qal impf. 3 m.s. (894) *then he cried*

בְּאָזְנַי prep.-n.f.p.-1 c.s. sf. (23) *in my ears*

קוֹל גָּדוֹל n.m.s. (876)-adj. m.s. (152) *with a loud voice*

לֵאמֹר prep.-Qal inf.cstr. (55) *saying*

קָרְבוּ Qal pf. 3 c.p. (897) *have drawn near*

פְּקֻדּוֹת n.f.p. cstr. (824) *executioners of*

הָעִיר def.art.-n.f.s. (746) *the city*

וְאִישׁ conj.-n.m.s. (35) *each*

כְּלִי מַשְׁחֵתוֹ n.m.s. cstr. (479)-n.m.s.-3 m.s. sf. (1008) *with his destroying weapon*

בְּיָדוֹ prep.-n.f.s.-3 m.s. sf. (388) *in his hand*

9:2

וְהִנֵּה conj.-demons.part. (243) *and lo,*

שִׁשָּׁה אֲנָשִׁים num. f.s. (995)-n.m.p. (35) *six men*

בָּאִים Qal act.ptc. m.p. (בוא 97) *came*

מִדֶּרֶךְ prep.-n.m.s. cstr. (202) *from the direction of*

שַׁעַר הָעֶלְיוֹן n.m.s. cstr. (1044)-def.art.-adj. m.s. (751) *the upper gate*

אֲשֶׁר מָפְנֶה rel. (81)-Ho. ptc. m.s. (815) *which is faced*

צָפוֹנָה n.f.s.-dir.he (860) *northward*

וְאִישׁ conj.-n.m.s. (35) *every man*

כְּלִי מַפָּצוֹ n.m.s. cstr. (479)-n.m.s.-3 m.s. sf. (658) *with his weapon of slaughter*

בְּיָדוֹ prep.-n.f.s.-3 m.s. sf. (388) *in his hand*

וְאִישׁ־אֶחָד conj.-n.m.s. (35)-num. m.s. (25) *and a man*

בְּתוֹכָם prep.-n.m.s.-3 m.p. sf. (1063) *with them*

לָבֻשׁ Qal pass.ptc. (527; GK 116k, 121d) *clothed in*

בַּדִּים n.m.p. (94) *linen*

וְקֶסֶת הַסֹּפֵר conj.-n.f.s. cstr. (903)-def.art.-Qal act.ptc. (707) *with a writing case (and the inkhorn of writing)*

בְּמָתְנָיו prep.-n.m. du.-3 m.s. sf. (608) *at his side*

וַיָּבֹאוּ consec.-Qal impf. 3 m.p. (בוא 97) *and they went in*

וַיַּעַמְדוּ consec.-Qal impf. 3 m.p. (עמד 763) *and stood*

אֵצֶל מִזְבַּח prep. (69)-n.m.s. cstr. (258) *beside the altar of*

הַנְּחֹשֶׁת def.art.-n.m.s. (638) *bronze*

9:3

וּכְבוֹד conj.-n.m.s. cstr. (458) *now the glory of*

אֱלֹהֵי n.m.p. cstr. (43) *the God of*

יִשְׂרָאֵל pr.n. (975) *Israel*

נַעֲלָה Ni. pf. 3 m.s. (עלה 748) *had gone up*

מֵעַל הַכְּרוּב prep.-def.art.-n.m.s. (500) *from the cherubim*

אֲשֶׁר הָיָה rel. (81)-Qal pf. 3 m.s. (224) *on which it rested*

עָלָיו prep.-3 m.s. sf. *on it*

אֶל־מִפְתַּן prep.-n.m.s. cstr. (837) *to the threshold of*

הַבָּיִת def.art.-n.m.s. paus. (108) *the house*

וַיִּקְרָא consec.-Qal impf. 3 m.s. (קרא 894) *and he called*

אֶל־הָאִישׁ prep.-def.art.-n.m.s. (35) *to the man*

הַלָּבֻשׁ def.art.-Qal pass.ptc. (527; GK 116k, 121d) *clothed in*

הַבַּדִּים def.art.-n.m.p. (94) *linen*

אֲשֶׁר קֶסֶת הַסֹּפֵר rel. (81)-n.f.s. cstr. (903)-def.art.-Qal act.ptc. (707) *who had the writing case (the inkhorn of writing)*

בְּמָתְנָיו prep.-n.m. du.-3 m.s. sf. (608) *at his side*

497

9:4

וַיֹּאמֶר consec.-Qal impf. 3 m.s. (55) *and said*

יְהוָה pr.n. (217) *Yahweh*

אֵלָו prep.-3 m.s. sf. *to him*

עֲבֹר Qal impv. 2 m.s. (עבר 716) *Pass*

בְּתוֹךְ הָעִיר prep.-n.m.s. cstr. (1063)-def.art. -n.f.s. (746) *through the city*

בְּתוֹךְ יְרוּשָׁלָ͏ִם v.supra-pr.n. paus. (436) *through Jerusalem*

וְהִתְוִיתָ תָּו conj.-Hi. pf. 2 m.s. (תוה 1063)-n.m.s. (1063) *and put a mark*

עַל־מִצְחוֹת prep.-n.m.p. cstr. (594) *upon the foreheads of*

הָאֲנָשִׁים def.art.-n.m.p. (35) *the men*

הַנֶּאֱנָחִים def.art.-Ni. ptc. m.p. (אנח 58) *who sigh*

וְהַנֶּאֱנָקִים conj.-def.art.-Ni. ptc. m.p. (אנק 60) *and groan*

עַל כָּל־הַתּוֹעֵבוֹת prep.-n.m.s. cstr. (481)-def. art.-n.f.p. (1072) *over all the abominations*

הַנַּעֲשׂוֹת def.art.-Ni. ptc. f.p. (עשׂה 793) *that are committed*

בְּתוֹכָהּ prep.-n.m.s.-3 f.s. sf. (1021) *in it*

9:5

וּלְאֵלֶּה conj.-prep.-demons.adj. c.p. (41) *and to the others*

אָמַר Qal pf. 3 m.s. (55) *he said*

בְּאָזְנַי prep.-n.f.p.-1 c.s. sf. (23) *in my hearing*

עִבְרוּ Qal impv. 2 m.p. (716) *pass through*

בָעִיר prep.-def.art.-n.f.s. (746) *the city*

אַחֲרָיו prep.-3 m.s. sf. (29) *after him*

וְהַכּוּ conj.-Hi. impv. 2 m.p. (נכה 645) *and smite*

אַל־תָּחֹס prep. (752)-Qere rds. neg.-Qal impf. 3 f.s. (חוס 299) *shall not spare*

עֵינְכֶם (Qere rds. וְעֵינְכֶם) n.f.s.-2 m.p. sf. (744) *your eye*

וְאַל־תַּחְמֹלוּ conj.-neg.-Qal impf. 2 m.p. (חמל 328) *and you shall show no pity*

9:6

זָקֵן adj. m.s. (278) *old men*

בָּחוּר n.m.s. (104) *young men*

וּבְתוּלָה conj.-n.f.s. (143) *and maidens*

וְטַף conj.-n.m.s. (381) *little children*

וְנָשִׁים conj.-n.f.p. (61) *and women*

תַּהַרְגוּ Qal impf. 2 m.p. (הרג 246) *slay*

לְמַשְׁחִית prep.-n.m.s. (1008) *outright*

וְעַל־כָּל־אִישׁ conj.-prep.-n.m.s. cstr. (481)-n.m.s. (35) *but no one*

אֲשֶׁר־עָלָיו rel. (81)-prep.-3 m.s. sf. *who has on him*

הַתָּו def.art.-n.m.s. (1063) *the mark*

אַל־תִּגַּשׁוּ neg.-Qal impf. 2 m.p. (נגשׁ 620) *touch not*

וּמִמִּקְדָּשִׁי conj.-prep.-n.m.s.-1 c.s. sf. (874) *and at my sanctuary*

תָּחֵלּוּ Hi. impf. 2 m.p. (חלל 320) *begin*

וַיָּחֵלּוּ consec.-Hi. impf. 3 m.p. (חלל 320) *so they began*

בָּאֲנָשִׁים prep.-def.art.-n.m.p. (35) *with the men*

הַזְּקֵנִים def.art.-adj. m.p. (278) *elders*

אֲשֶׁר לִפְנֵי rel. (81)-prep.-n.m.p. cstr. (815) *who were before*

הַבָּיִת def.art.-n.m.s. paus. (108) *the house*

9:7

וַיֹּאמֶר consec.-Qal impf. 3 m.s. (55) *then he said*

אֲלֵיהֶם prep.-3 m.p. sf. *to them*

טַמְּאוּ Pi. impv. 2 m.p. (טמא 379) *defile*

אֶת־הַבַּיִת dir.obj.-def.art.-n.m.s. (108) *the house*

וּמַלְאוּ conj.-Pi. impv. 2 m.p. (מלא 569) *and fill*

אֶת־הַחֲצֵרוֹת dir.obj.-def.art.-n.f.p. (346) *the courts*

חֲלָלִים n.m.p. (319) *with the slain*

צֵאוּ Qal impv. 2 m.p. (יצא 422) *go forth*

וְיָצְאוּ conj.-Qal pf. 3 c.p. (422; GK 112tt) *so they went forth*

וְהִכּוּ conj.-Hi. pf. 3 c.p. (נכה 645) *and smote*

בָעִיר prep.-def.art.-n.f.s. (746) *in the city*

9:8

וַיְהִי consec.-Qal impf. 3 m.s. (היה 224) *and*

כְּהַכּוֹתָם prep.-Hi. inf.cstr.-3 m.p. sf. (נכה 645) *while they were smiting*

וְנִאְשַׁאר conj.-Ni. ptc. (rd. וְנִשְׁאָר from שׁאר 983; GK 64i) *and was left alone*

אָנִי pers.pr. 1 c.s. paus. (58) *I*

וָאֶפְּלָה consec.-Qal impf. 1 c.s.-dir.he (נפל 656) *I fell*

עַל־פָּנַי prep.-n.m.p.-1 c.s. sf. (815) *upon my face*

וָאֶזְעַק consec.-Qal impf. 1 c.s. (זעק 277) *and cried*

וָאֹמַר consec.-Qal impf. 1 c.s. (אמר 55) *(and said)*

אֲהָהּ אֲדֹנָי interj. (13)-n.m.p.-1 c.s. sf. (10) *Ah Lord*

יְהוָה pr.n. (217) *Yahweh*

הֲמַשְׁחִית interr.part.-Hi. ptc. (שׁחת 1007) *wilt ... destroy*

אַתָּה pers.pr. 2 m.s. (61) *thou*

אֵת כָּל־ dir.obj.-n.m.s. cstr. (481) *all that*

שְׁאֵרִית n.f.s. cstr. (984) *remains of*

יִשְׂרָאֵל pr.n. (975) *Israel*

בְּשָׁפְכְּךָ prep.-Qal inf.cstr.-2 m.s. sf. (שָׁפַךְ 1049) *in the outpouring*

אֶת־חֲמָתְךָ dir.obj.-n.f.s.-2 m.s. sf. (404) *of thy wrath*

עַל־יְרוּשָׁלַ͏ִם prep.-pr.n. paus. (436) *upon Jerusalem*

9:9

וַיֹּאמֶר אֵלַי consec.-Qal impf. 3 m.s. (55) -prep.-1 c.s. sf. *then he said to me*

עֲוֹן n.m.s. cstr. (730) *the guilt of*

בֵּית־יִשְׂרָאֵל n.m.s. cstr. (108)-pr.n. (975) *the house of Israel*

וִיהוּדָה conj.-pr.n. (397) *and Judah*

גָּדוֹל adj. m.s. (152) *is great*

בִּמְאֹד מְאֹד prep.-n.m.s. (547)-n.m.s. (547) *exceedingly*

וַתִּמָּלֵא consec.-Ni. impf. 3 f.s. (מָלֵא 569) *is full*

הָאָרֶץ def.art.-n.f.s. (75) *the land*

דָּמִים n.m.p. (196) *of blood*

וְהָעִיר conj.-def.art.-n.f.s. (746) *and the city*

מָלְאָה Qal pf. 3 f.s. (מָלֵא 569) *full of*

מֻטֶּה n.m.s. (642) *injustice*

כִּי אָמְרוּ conj. (471)-Qal pf. 3 c.p. (55) *for they say*

עָזַב יְהוָה Qal pf. 3 m.s. (736)-pr.n. (217) *Yahweh has forsaken*

אֶת־הָאָרֶץ dir.obj.-def.art.-n.f.s. (75) *the land*

וְאֵין conj.-neg. cstr. (34) *and does not*

יְהוָה רֹאֶה pr.n. (217)-Qal act.ptc. (906) *Yahweh ... see*

9:10

וְגַם־אֲנִי conj.-adv. (168)-pers.pr. 1 c.s. (58) *as for me*

לֹא־תָחוֹס neg.-Qal impf. 3 f.s. (חוס 299; GK 72r) *will not spare*

עֵינִי n.f.s.-1 c.s. sf. (744) *my eye*

וְלֹא אֶחְמֹל conj.-neg.-Qal impf. 1 c.s. (חָמַל 328) *nor will I have pity*

דַּרְכָּם n.m.s.-3 m.p. sf. (202) *their deeds*

בְּרֹאשָׁם prep.-n.m.s.-3 m.p. sf. (910) *upon their heads*

נָתָתִּי Qal pf. 1 c.s. paus. (נָתַן 678) *I will requite*

9:11

וְהִנֵּה conj.-demons.part. (243) *and lo*

הָאִישׁ def.art.-n.m.s. (35) *the man*

לָבֻשׁ Qal pass.ptc. (לָבַשׁ 527; GK 116k) *clothed*

הַבַּדִּים def.art.-n.m.p. (94) *in linen*

אֲשֶׁר הַקֶּסֶת rel. (81)-def.art.-n.f.s. (903) *with the writing case (the inkhorn)*

בְּמָתְנָיו prep.-n.m. du.-3 m.s. sf. (608) *at his side*

מֵשִׁיב Hi. ptc. (שׁוּב 996) *brought back*

דָּבָר n.m.s. (182) *word*

לֵאמֹר prep.-Qal inf.cstr. (55) *saying*

עָשִׂיתִי Qal pf. 1 c.s. (עָשָׂה 793) *I have done*

כַּאֲשֶׁר prep.-rel. (81; Qere בְּכֹל אֲשֶׁר) *as*

צִוִּיתָנִי Pi. pf.2 m.s.-1 c.s. sf. (צָוָה 845) *thou didst command me*

10:1

וָאֶרְאֶה consec.-Qal impf. 1 c.s. (906) *then I looked*

וְהִנֵּה conj.-demons.part. (243) *and behold*

אֶל־הָרָקִיעַ prep.-def.art.-n.m.s. (956) *on the firmament*

אֲשֶׁר עַל־רֹאשׁ rel. (81)-prep. (752)-n.m.s. cstr. (910) *that was over the heads of*

הַכְּרֻבִים def.art.-n.m.p. (500) *the cherubim*

כְּאֶבֶן סַפִּיר prep.-n.f.s. cstr. (6)-n.m.s. (705) *like a sapphire*

כְּמַרְאֵה prep.-n.m.s. cstr. (909) *as the appearance of*

דְּמוּת n.f.s. cstr. (198) *resembling*

כִּסֵּא n.m.s. (490) *a throne*

נִרְאָה Ni. pf. 3 m.s. (רָאָה 906) *there appeared*

עֲלֵיהֶם prep.-3 m.p. sf. *above them*

10:2

וַיֹּאמֶר consec.-Qal impf. 3 m.s. (55) *and he said*

אֶל־הָאִישׁ prep.-def.art.-n.m.s. (35) *to the man*

לְבֻשׁ Qal pass.ptc. cstr. (לָבַשׁ 527) *clothed in*

הַבַּדִּים def.art.-n.m.p. (94) *linen*

וַיֹּאמֶר consec.-Qal impf. 3 m.s. (55) *and he said*

בֹּא Qal impv. 2 m.s. (בּוֹא 97) *Go in*

אֶל־בֵּינוֹת prep.-subst. p. cstr. (107) *among*

לַגַּלְגַּל prep.-def.art.-n.m.s. (165) *the whirling wheels*

אֶל־תַּחַת prep.-prep. (1065) *underneath*

לַכְּרוּב prep.-def.art.-n.m.s. (500) *the cherubim*

וּמַלֵּא conj.-Pi. impv. 2 m.s. (569) *fill*

חָפְנֶיךָ n.m.p.-2 m.s. sf. (342) *your hands*

גַחֲלֵי־אֵשׁ n.f.p. cstr. (160)-n.f.s. (77) *with burning coals*

מִבֵּינוֹת prep.-subst. p. (107) *from between*

לַכְּרֻבִים prep.-def.art.-n.m.p. (500) *the cherubim*

וּזְרֹק conj.-Qal impv. 2 m.s. (284) *and scatter*

עַל־הָעִיר prep.-def.art.-n.f.s. (746) *over the city*

וַיָּבֹא consec.-Qal impf. 3 m.s. (בּוֹא 97) *and he went in*

לְעֵינָי prep.-n.f.p.-1 c.s. sf. paus. (744) *before my eyes*

בְּדַבְּרוֹ prep.-Pi. inf.cstr.-3 m.s. sf. (180) *when he speaks*

10:3

וְהַכְּרֻבִים conj.-def.art.-n.m.p. (500) *now the cherubim*

עֹמְדִים Qal act.ptc. m.p. (763) *were standing*

מִימִין prep.-n.f.s. cstr. (411) *on the south side of* (right hand)

לַבַּיִת prep.-def.art.-n.m.s. (108) *the house*

בְּבֹאוֹ prep.-Qal inf.cstr.-3 m.s. sf. (בוא 97; GK 131n) *when he went in*

הָאִישׁ def.art.-n.m.s. (35) *the man*

וְהֶעָנָן conj.-def.art.-n.m.s. (777) *and a cloud*

מָלֵא Qal pf. 3 m.s. (569) *filled*

אֶת־הֶחָצֵר dir.obj.-def.art.-n.f.s. (346) *the ... court*

הַפְּנִימִית def.art.-adj. f.s. (819) *inner*

10:4

וַיָּרָם consec.-Qal impf. 3 m.s. (רום 926) *and went up*

כְּבוֹד־יהוה n.m.s. cstr. (458)-pr.n. (217) *the glory of Yahweh*

מֵעַל הַכְּרוּב prep.-prep.-def.art.-n.m.s. (500) *from the cherubim*

עַל מִפְתַּן prep.-n.m.s. cstr. (837) *to the threshold of*

הַבָּיִת def.art.-n.m.s. paus. (108) *the house*

וַיִּמָּלֵא consec.-Ni. impf. 3 m.s. (569) *and ... was full of*

הַבַּיִת def.art.-n.m.s. (108) *the house*

אֶת־הֶעָנָן dir.obj.-def.art.-n.m.s. (777) *with the cloud*

וְהֶחָצֵר conj.-def.art.-n.f.s. (346) *and the court*

מָלְאָה Qal pf. 3 f.s. (מלא 569) *was full*

אֶת־נֹגַהּ dir.obj.-n.f.s. cstr. (618) *of the brightness of*

כְּבוֹד יהוה n.m.s. cstr. (458)-pr.n. (217) *the glory of Yahweh*

10:5

וְקוֹל conj.-n.m.s. cstr. (876) *and the sound of*

כַּנְפֵי n.f.p. cstr. (489) *the wings of*

הַכְּרוּבִים def.art.-n.m.p. (500) *the cherubim*

נִשְׁמַע Ni. pf. 3 m.s. (שמע 1033) *was heard*

עַד־הֶחָצֵר prep. (723)-def.art.-n.f.s. (346) *as far as the ... court*

הַחִיצֹנָה def.art.-adj. f.s. (300) *outer*

כְּקוֹל prep.-n.m.s. cstr. (876) *like the voice of*

אֵל־שַׁדַּי n.m.s. (42)-n.m.s. (994) *God Almighty*

10:6

וַיְהִי consec.-Qal impf. 3 m.s. (היה 224) *and*

בְּצַוֹּתוֹ prep.-Pi. inf.cstr.-3 m.s. sf. (צוה 845) *when he commanded*

אֶת־הָאִישׁ dir.obj.-def.art.-n.m.s. (35) *the man*

לְבֻשׁ־ Qal pass.ptc. m.s. cstr. (לבש 527) *clothed in*

הַבַּדִּים def.art.-n.m.p. (94) *linen*

לֵאמֹר prep.-Qal inf.cstr. (55) *saying*

קַח Qal impv. 2 m.s. (לקח 542) *Take*

אֵשׁ n.f.s. (77) *fire*

מִבֵּינוֹת prep.-subst. f.p. cstr. (107) *from between*

לַגַּלְגַּל prep.-def.art.-n.m.s. (165) *the whirling wheels*

מִבֵּינוֹת v.supra *from between*

לַכְּרוּבִים prep.-def.art.-n.m.p. (500) *the cherubim*

וַיָּבֹא consec.-Qal impf. 3 m.s. (בוא 97) *he went in*

וַיַּעֲמֹד consec.-Qal impf. 3 m.s. (עמד 763) *and stood*

אֵצֶל הָאוֹפָן prep. (69)-def.art.-n.m.s. (66) *beside a wheel*

10:7

וַיִּשְׁלַח consec.-Qal impf. 3 m.s. (שלח 1018) *and stretched forth*

הַכְּרוּב def.art.-n.m.s. (500) *a cherub*

אֶת־יָדוֹ dir.obj.-n.f.s.-3 m.s. sf. (388) *his hand*

מִבֵּינוֹת prep.-subst. f.p. cstr. (107) *from between*

לַכְּרוּבִים prep.-def.art.-n.m.p. (500) *the cherubim*

אֶל־הָאֵשׁ prep.-def.art.-n.f.s. (77) *to the fire*

אֲשֶׁר בֵּינוֹת rel. (81)-subst. f.p. cstr. (107) *that was between*

הַכְּרֻבִים def.art.-n.m.p. (500) *the cherubim*

וַיִּשָּׂא consec.-Qal impf. 3 m.s. (נשא 669) *and took*

וַיִּתֵּן consec.-Qal impf. 3 m.s. (נתן 678) *and put*

אֶל־חָפְנֵי prep.-n.m.p. cstr. (342) *into the hands of*

לְבֻשׁ Qal pass.ptc. m.s. cstr. (לבש 527) *the man clothed in*

הַבַּדִּים def.art.-n.m.p. (94) *linen*

וַיִּקַּח consec.-Qal impf. 3 m.s. (לקח 542) *who took*

וַיֵּצֵא consec.-Qal impf. 3 m.s. (יצא 422) *and went out*

10:8

וַיֵּרָא consec.-Ni. impf. 3 m.s. apoc. (רָאָה 906) *and it was seen* (appeared)

לַכְּרֻבִים prep.-def.art.-n.m.p. (500) *to the cherubim*

תַּבְנִית n.f.s. cstr. (125) *the form of*

יַד־אָדָם n.f.s. cstr. (388)-n.m.s. (35) *a human hand*

תַּחַת prep. (1065) *under*

כַּנְפֵיהֶם n.f.p.-3 m.p. sf. (489) *their wings*

10:9

וָאֶרְאֶה consec.-Qal impf. 1 c.s. (רָאָה 906) *and I looked*

וְהִנֵּה conj.-demons.part. (243) *and behold*

אַרְבָּעָה num. f.s. (916) *four*

אוֹפַנִּים n.m.p. (66) *wheels*

אֵצֶל־הַכְּרוּבִים prep. (69)-def.art.-n.m.p. (500) *beside the cherubim*

אוֹפַן אֶחָד n.m.s. (66)-num. m.s. (25) *one wheel*

אֵצֶל prep. (69) *beside*

הַכְּרוּב אֶחָד def.art.-n.m.s. (500)-num. m.s. (25) *the cherub each* (one cherub)

וְאוֹפַן אֶחָד conj.-v.supra-v.supra *and one wheel*

אֵצֶל הַכְּרוּב v.supra-v.supra *beside the cherub*

אֶחָד v.supra *one*

וּמַרְאֵה conj.-n.m.s. cstr. (909) *and the appearance of*

הָאוֹפַנִּים def.art.-n.m.p. (66) *the wheels*

כְּעֵין prep.-n.f.s. cstr. (744) *like the eye of*

אֶבֶן תַּרְשִׁישׁ n.f.s. cstr. (6)-n.m.s. (1076) *chrysolite* (yellow jasper)

10:10

וּמַרְאֵיהֶם conj.-n.m.p.-3 m.p. sf. (909) *and as for their appearance*

דְּמוּת אֶחָד n.f.s. cstr. (198)-num. m.s. (25) *the same likeness*

לְאַרְבַּעְתָּם prep.-num. f.s.-3 m.p. sf. (916) *to the four of them*

כַּאֲשֶׁר יִהְיֶה prep.-rel. (81)-Qal impf. 3 m.s. (הָיָה 224) *as if ... were*

הָאוֹפַן def.art.-n.m.s. (66) *the wheel*

בְּתוֹךְ prep.-n.m.s. cstr. (1063) *within*

הָאוֹפָן def.art.-n.m.s. paus. (66) *the wheel*

10:11

בְּלֶכְתָּם prep.-Qal inf.cstr.-3 m.p. sf. (הָלַךְ 229) *when they went*

אֶל־אַרְבַּעַת prep.-n.f.s. cstr. (916) *unto the four of*

רִבְעֵיהֶם n.m.p.-3 m.p. sf. (917) *their four sides*

יֵלֵכוּ Qal impf. 3 m.p. paus. (הָלַךְ 229) *they went*

לֹא יִסַּבּוּ neg.-Ni. impf. 3 m.p. (סָבַב 685) *they did not turn*

בְּלֶכְתָּם v.supra *when they went*

כִּי הַמָּקוֹם conj. (471)-def.art.-n.m.s. (879) *but the place* (direction)

אֲשֶׁר־יִפְנֶה rel. (81)-Qal impf. 3 m.s. (פָּנָה 815) *faced*

הָרֹאשׁ def.art.-n.m.s. (910) *the head*

אַחֲרָיו prep.-3 m.s. sf. (29) *after him*

יֵלֵכוּ Qal impf. 3 m.p. (הָלַךְ 229) *they went*

לֹא יִסַּבּוּ neg.-v.supra *they did not turn*

בְּלֶכְתָּם v.supra *as they went*

10:12

וְכָל־בְּשָׂרָם conj.-n.m.s. cstr. (481)-n.m.s.-3 m.p. sf. (142) *and their whole body*

וְגַבֵּהֶם conj.-n.m.p.-3 m.p. sf. (146) *and their back* (?-rims)

וִידֵיהֶם conj.-n.f.p.-3 m.p. sf. (388) *and their hands*

וְכַנְפֵיהֶם conj.-n.f.p.-3 m.p. sf. (489) *and their wings*

וְהָאוֹפַנִּים conj.-def.art.-n.m.p. (66) *and the wheels*

מְלֵאִים adj. m.p. (570) *were full of*

עֵינַיִם n.f. du. (744) *eyes*

סָבִיב adv. (686) *round about*

לְאַרְבַּעְתָּם prep.-num. f.s.-3 m.p. sf. (916) *to the four of them*

אוֹפַנֵּיהֶם n.m.p.-3 m.p. sf. (66) *their wheels*

10:13

לָאוֹפַנִּים prep.-def.art.-n.m.p. (66) *as for the wheels*

לָהֶם prep.-3 m.p. sf. *to them*

קוֹרָא Pu. pf. 3 m.s. (קָרָא 894) *it was called*

הַגַּלְגַּל def.art.-n.m.s. (165) *the whirling wheels*

בְּאָזְנָי prep.-n.f.p.-1 c.s. sf. paus. (23) *in my hearing*

10:14

וְאַרְבָּעָה conj.-num. f.s. (916) *and four*

פָנִים n.m.p. (815) *faces*

לְאֶחָד prep.-num. m.s. (25) *to each*

פְּנֵי הָאֶחָד n.m.p. cstr. (815)-def.art.-num. m.s. (25) *the first face*

פְּנֵי הַכְּרוּב v.supra-def.art.-n.m.s. (500) *the face of the cherub*

וּפְנֵי הַשֵּׁנִי conj.-v.supra-def.art.-num.adj. m. (1041) *and the second face*

פְּנֵי אָדָם v.supra-n.m.s. (9) *the face of a man*

501

וְהַשְּׁלִישִׁי conj.-def.art.-num.ord. (1026) *and the third*

פְּנֵי אַרְיֵה v.supra-n.m.s. (71) *the face of a lion*

וְהָרְבִיעִי conj.-def.art.-num.ord. (917) *and the fourth*

פְּנֵי־נָשֶׁר v.supra-n.m.s. paus. (676) *the face of an eagle*

10:15

וַיֵּרֹמּוּ consec.-Ni. impf. 3 m.p. (רָמַם 942; GK 72dd) *and mounted up (were exalted)*

הַכְּרוּבִים def.art.-n.m.p. (500) *the cherubim*

הִיא demons.adj. f.s. (214) *these were*

הַחַיָּה def.art.-n.f.s. (312) *the living creatures*

אֲשֶׁר רָאִיתִי rel. (81)-Qal pf. 1 c.s. (רָאָה 906) *that I saw*

בִּנְהַר־ prep.-n.m.s. cstr. (625) *by the river*

כְּבָר pr.n. (460) *Chebar*

10:16

וּבְלֶכֶת conj.-prep.-Qal inf.cstr. (הָלַךְ 229) *and when ... went*

הַכְּרוּבִים def.art.-n.m.p. (500) *the cherubim*

יֵלְכוּ Qal impf. 3 m.p. (הָלַךְ 229) *went*

הָאוֹפַנִּים def.art.-n.m.p. (66) *the wheels*

אֶצְלָם prep.-3 m.p. sf. (69) *beside them*

וּבִשְׂאֵת conj.-prep.-Qal inf.cstr. (נָשָׂא 669) *and when ... lifted up*

הַכְּרוּבִים v.supra *the cherubim*

אֶת־כַּנְפֵיהֶם dir.obj.-n.f.p.-3 m.p. sf. (489) *their wings*

לָרוּם prep.-Qal inf.cstr. (רוּם 926) *to mount up*

מֵעַל הָאָרֶץ prep.-prep.-def.art.-n.f.s. (75) *from the earth*

לֹא־יִסַּבּוּ neg.-Ni. impf. 3 m.p. (סָבַב 685) *did not turn*

הָאוֹפַנִּים v.supra *the wheels*

גַּם־הֵם adv. (168)-pers.pr. 3 m.p. (241) *indeed they*

מֵאֶצְלָם prep.-prep. (69)-3 m.p. sf. *from beside them*

10:17

בְּעָמְדָם prep.-Qal inf.cstr.-3 m.p. sf. (עָמַד 763) *when they stood still*

יַעֲמֹדוּ Qal impf. 3 m.p. (763) *these stood still*

וּבְרוֹמָם conj.-prep.-Qal inf.cstr.-3 m.p. sf. (926) *and when they mounted up*

יֵרוֹמּוּ Ni. impf. 3 m.p. (רָמַם 942; GK 72dd, q) *these mounted up*

אוֹתָם prep.-3 m.p. sf. (85) *with them*

כִּי רוּחַ conj. (471)-n.f.s. cstr. (924) *for the spirit of*

הַחַיָּה def.art.-n.f.s. (312) *the living creatures*

בָּהֶם prep.-3 m.p. sf. *in them*

10:18

וַיֵּצֵא consec.-Qal impf. 3 m.s. (יָצָא 422) *then went forth*

כְּבוֹד יהוה n.m.s. cstr. (458)-pr.n. (217) *the glory of Yahweh*

מֵעַל מִפְתַּן prep.-prep.-n.m.s. cstr. (837) *from the threshold of*

הַבָּיִת def.art.-n.m.s. paus. (108) *the house*

וַיַּעֲמֹד consec.-Qal impf. 3 m.s. (763) *and stood*

עַל־הַכְּרוּבִים prep.-def.art.-n.m.p. (500) *over the cherubim*

10:19

וַיִּשְׂאוּ consec.-Qal impf. 3 m.p. (נָשָׂא 669) *and lifted up*

הַכְּרוּבִים def.art.-n.m.p. (500) *the cherubim*

אֶת־כַּנְפֵיהֶם dir.obj.-n.f. du.-3 m.p. sf. (489) *their wings*

וַיֵּרוֹמּוּ consec.-Ni. impf. 3 m.p. (רָמַם 942) *and mounted up*

מִן־הָאָרֶץ prep.-def.art.-n.f.s. (75) *from the earth*

לְעֵינַי prep.-n.f. du.-1 c.s. sf. (744) *in my sight*

בְּצֵאתָם prep.-Qal inf.cstr.-3 m.p. sf. (יָצָא 422) *as they went forth*

וְהָאוֹפַנִּים conj.-def.art.-n.m.p. (66) *with the wheels*

לְעֻמָּתָם prep.-n.f.s.-3 m.p. sf. (769) *beside them*

וַיַּעֲמֹד consec.-Qal impf. 3 m.s. (עָמַד 763) *and they stood*

פֶּתַח n.m.s. cstr. (835) *at the door of*

שַׁעַר n.m.s. cstr. (1044) *the gate of*

בֵּית־יהוה n.m.s. cstr. (108)-pr.n. (217) *the house of Yahweh*

הַקַּדְמוֹנִי def.art.-adj. m.s. (870) *the eastern*

וּכְבוֹד conj.-n.m.s. cstr. (458) *and the glory of*

אֱלֹהֵי־ n.m.p. cstr. (43) *the God of*

יִשְׂרָאֵל pr.n. (975) *Israel*

עֲלֵיהֶם prep.-3 m.p. sf. *over them*

מִלְמָעְלָה prep.-prep.-subst.-loc.he (751) *above*

10:20

הִיא pers.pr. 3 f.s. (214) *these were*

הַחַיָּה def.art.-n.f.s. (312) *the living creatures*

אֲשֶׁר רָאִיתִי rel. (81)-Qal pf. 1 c.s. (רָאָה 906) *that I saw*

תַּחַת prep. (1065) *underneath*

אֱלֹהֵי־יִשְׂרָאֵל n.m.p. cstr. (43)-pr.n. (975) *the God of Israel*

בִּנְהַר־ prep.-n.m.s. cstr. (625) *by the river*

כְּבָר pr.n. paus. (460) *Chebar*

וָאֵדַע consec.-Qal impf. 1 c.s. (יָדַע 393) *and I knew*

כִּי כְרוּבִים conj. (471)-n.m.p. (500) *that cherubim*

הֵמָּה pers.pr. 3 m.p. (241) *they were*

10:21

אַרְבָּעָה num. f.s. (916) *four*

אַרְבָּעָה v.supra *four*

פָּנִים n.m.p. (815) *faces*

לְאֶחָד prep.-num. m.s. (25) *to each*

וְאַרְבַּע conj.-num. m.s. (916) *and four*

כְּנָפַיִם n.f. du. (489) *wings*

לְאֶחָד v.supra *to each*

וּדְמוּת conj.-n.f.s. cstr. (198) *and the semblance of*

יְדֵי אָדָם n.f. du. cstr. (388)-n.m.s. (9) *human hands*

תַּחַת prep. (1065) *underneath*

כַּנְפֵיהֶם n.f. du.-3 m.p. sf. (489) *their wings*

10:22

וּדְמוּת conj.-n.f.s. cstr. (198) *and as for the likeness of*

פְּנֵיהֶם n.m.p.-3 m.p. sf. (815) *their faces*

הֵמָּה הַפָּנִים pers.pr. 3 m.p. (241)-def.art.-n.m.p. (815) *they were the very faces*

אֲשֶׁר רָאִיתִי rel. (81)-Qal pf. 1 c.s. (רָאָה 906) *I had seen*

עַל־נְהַר־ prep.-n.m.s. cstr. (625) *by the river*

כְּבָר pr.n. (460) *Chebar*

מַרְאֵיהֶם n.m.p.-3 m.p. sf. (909) *their appearance*

וְאוֹתָם conj.-n.m.s.-3 m.p. sf. (16) *and their sign*

אִישׁ n.m.s. (35) *each*

אֶל־עֵבֶר פָּנָיו prep.-n.m.s. cstr. (719)-n.m.p.-3 m.s. sf. (815) *straight forward (to the side of their faces)*

יֵלֵכוּ Qal impf. 3 m.p. paus. (הָלַךְ 229) *they went*

11:1

וַתִּשָּׂא consec.-Qal impf. 3 f.s. (נָשָׂא 669) *lifted up*

אֹתִי dir.obj.-1 c.s. sf. *me*

רוּחַ n.f.s. (924) *a spirit*

וַתָּבֵא consec.-Hi. impf. 3 f.s. (בּוֹא 97) *and brought*

אֹתִי v.supra *me*

אֶל־שַׁעַר prep.-n.m.s. cstr. (1044) *to the gate of*

בֵּית־יְהוָה n.m.s. cstr. (108)-pr.n. (217) *the house of Yahweh*

הַקַּדְמוֹנִי def.art.-adj. m.s. (870) *the eastern*

הַפּוֹנֶה def.art.-Qal act.ptc. (פָּנָה 815) *which faces*

קָדִימָה n.m.s.-loc.he (870) *east*

וְהִנֵּה conj.-demons.part. (243) *and behold*

בְּפֶתַח prep.-n.m.s. cstr. (835) *at the door of*

הַשַּׁעַר def.art.-n.m.s. (1044) *the gateway*

עֶשְׂרִים num. m.p. (797) *twenty*

וַחֲמִשָּׁה conj.-num. f.s. (331) *five*

אִישׁ n.m.s. (35) *men*

וָאֶרְאֶה consec.-Qal impf. 1 c.s. (רָאָה 906) *and I saw*

בְתוֹכָם prep.-n.m.s.-3 m.p. sf. (1063) *among them*

אֶת־יַאֲזַנְיָה dir.obj.-pr.n. (24) *Jaazaniah*

בֶּן־עַזֻּר n.m.s. cstr. (119)-pr.n. (741) *the son of Azzur*

וְאֶת־פְּלַטְיָהוּ conj.-dir.obj.-pr.n. (812) *and Pelatiah*

בֶּן־בְּנָיָהוּ v.supra-pr.n. (125) *the son of Benaiah*

שָׂרֵי הָעָם n.m.p. cstr. (978)-def.art.-n.m.s. (766) *princes of the people*

11:2

וַיֹּאמֶר אֵלַי consec.-Qal impf. 3 m.s. (אָמַר 55)-prep.-1 c.s. sf. paus. *and he said to me*

בֶּן־אָדָם n.m.s. cstr. (119)-n.m.s. (9) *Son of man*

אֵלֶּה demons.adj. c.p. (41) *these are*

הָאֲנָשִׁים def.art.-n.m.p. (35) *the men*

הַחֹשְׁבִים def.art.-Qal act.ptc. m.p. (חָשַׁב 362) *who devise*

אָוֶן n.m.s. (19) *iniquity*

וְהַיֹּעֲצִים conj.-def.art.-Qal act.ptc. m.p. (יָעַץ 419) *and who give counsel*

עֲצַת־רָע n.f.s. cstr. (420)-n.m.s. (948) *evil counsel*

בָּעִיר הַזֹּאת prep.-def.art.-n.f.s. (746)-def.art.-demons.adj. f.s. (260) *in this city*

11:3

הָאֹמְרִים def.art.-Qal act.ptc. m.p. (55; GK 150aN) *who say*

לֹא בְקָרוֹב neg.-prep.-adj. m.s. (898) *not near*

בְּנוֹת בָּתִּים Qal inf.cstr. (בָּנָה 124)-n.m.p. (108) *to build houses*

הִיא הַסִּיר demons.adj. f.s. (214)-def.art.-n.m.s. (696) *this is the caldron*

וַאֲנַחְנוּ conj.-pers.pr. 1 c.p. (59) *and we are*

הַבָּשָׂר def.art.-n.m.s. (145) *the flesh*

11:4

לָכֵן prep.-adv. (485) *therefore*

הִנָּבֵא Ni. impv. 2 m.s. (נָבָא 612) *prophesy*

עֲלֵיהֶם prep.-3 m.p. sf *against them*

הִנָּבֵא v.supra *prophesy*

בֶּן־אָדָם n.m.s. cstr. (119)-n.m.s. (9) *O son of man*

11:5

וַתִּפֹּל consec.-Qal impf. 3 f.s. (נָפַל 656) *and ... fell*

עָלַי prep.-1 c.s. sf. *upon me*

רוּחַ יהוה n.f.s. cstr. (924)-pr.n. (217) *the spirit of Yahweh*

וַיֹּאמֶר אֵלַי consec.-Qal impf. 3 m.s. (אָמַר 55)-prep.-1 c.s. sf. *and he said to me*

אֱמֹר Qal impv. 2 m.s. (55) *Say*

כֹּה־אָמַר adv. (462)-Qal pf. 3 m.s. (55) *Thus says*

יהוה pr.n. (217) *Yahweh*

כֵּן אֲמַרְתֶּם adv. (485)-Qal pf. 2 m.p. (55) *So you think*

בֵּית יִשְׂרָאֵל n.m.s. cstr. (108)-pr.n. (975) *O house of Israel*

וּמַעֲלוֹת conj.-n.f.p. cstr. (752) *the things that come into*

רוּחֲכֶם n.f.s.-2 m.p. sf. (924) *your mind*

אֲנִי pers.pr. 1 c.s. (58) *I*

יְדַעְתִּיהָ Qal pf. 1 c.s.-3 f.s. sf. (יָדַע 393) *I know (it)*

11:6

הִרְבֵּיתֶם Hi. pf. 2 m.p. (רָבָה 915) *you have multiplied*

חַלְלֵיכֶם n.m.p.-2 m.p. sf. (319) *your slain*

בָּעִיר הַזֹּאת prep.-def.art.-n.f.s. (746)-def.art.-demons.adj. f.s. (260) *in this city*

וּמִלֵּאתֶם conj.-Pi. pf. 2 m.p. (מָלֵא 569) *and have filled*

חוּצֹתֶיהָ n.m.p.-3 f.s. sf. (299) *its streets*

חָלָל n.m.s. (319) *with the slain*

11:7

לָכֵן prep.-adv. (485) *Therefore*

כֹּה־אָמַר adv. (462)-Qal pf. 3 m.s. (55) *thus says*

אֲדֹנָי יהוה n.m.p.-1 c.s. sf. (10)-pr.n. (217) *the Lord Yahweh*

חַלְלֵיכֶם n.m.p.-2 m.p. sf. (319) *Your slain*

אֲשֶׁר שַׂמְתֶּם rel. (81)-Qal pf. 2 m.p. (שׂוּם 962) *whom you have laid*

בְּתוֹכָהּ prep.-n.m.s.-3 f.s. sf. (1063) *in the midst of it*

הֵמָּה pers.pr. 3 m.p. (241) *they are*

הַבָּשָׂר def.art.-n.m.s. (142) *the flesh*

וְהִיא conj.-pers.pr. 3 f.s. (214) *and this is*

הַסִּיר def.art.-n.m.s. (696) *the caldron*

וְאֶתְכֶם conj.-dir. obj.-2 m.p. sf. *and you*

הוֹצִיא Hi. pf. 3 m.s. (יָצָא 422) *he brings forth*

מִתּוֹכָהּ prep.-n.m.s.-3 f.s. sf. (1063) *out of the midst of it*

11:8

חֶרֶב n.f.s. (352) *the sword*

יְרֵאתֶם Qal pf. 2 m.p. (יָרֵא 431) *you have feared*

וְחֶרֶב conj.-v.supra *and a sword*

אָבִיא Hi. impf. 1 c.s. (בּוֹא 97) *I will bring*

עֲלֵיכֶם prep.-2 m.p. sf. *upon you*

נְאֻם n.m.s. cstr. (610) *says*

אֲדֹנָי יהוה n.m.p.-1 c.s. sf. (10)-pr.n. (217) *the Lord Yahweh*

11:9

וְהוֹצֵאתִי conj.-Hi. pf. 1 c.s. (יָצָא 422) *And I will bring ... forth*

אֶתְכֶם dir.obj.-2 m.p. sf. *you*

מִתּוֹכָהּ prep.-n.m.s.-3 f.s. sf. (1063) *out of the midst of it*

וְנָתַתִּי conj.-Qal pf. 1 c.s. (נָתַן 678) *and give*

אֶתְכֶם v.supra *you*

בְּיַד־זָרִים prep.-n.f.s. cstr. (388)-Qal act.ptc. m.p. (זוּר 266) *into the hands of foreigners*

וְעָשִׂיתִי conj.-Qal pf. 1 c.s. (עָשָׂה 793) *and execute*

בָכֶם prep.-2 m.p. sf. *upon you*

שְׁפָטִים n.m.p. (1048) *judgments*

11:10

בַּחֶרֶב prep.-def.art.-n.f.s. (352) *by the sword*

תִּפֹּלוּ Qal impf. 2 m.p. (נָפַל 656) *you shall fall*

עַל־גְּבוּל prep.-n.m.s. cstr. (147) *at the border of*

יִשְׂרָאֵל pr.n. (975) *Israel*

אֶשְׁפּוֹט Qal impf. 1 c.s. (שָׁפַט 1047) *I will judge*

אֶתְכֶם dir.obj.-2 m.p. sf. *you*

וִידַעְתֶּם conj.-Qal pf. 2 m.p. (יָדַע 393) *and you shall know*

כִּי־אֲנִי conj. (471)-pers.pr. 1 c.s. (58) *that I am*

יהוה pr.n. (217) *Yahweh*

11:11

הִיא demons.adj. f.s. (214) *This*

לֹא־תִהְיֶה neg.-Qal impf. 3 f.s. (הָיָה 224) *shall not be*

לָכֶם prep.-2 m.p. sf. *to you*

לְסִיר prep.-n.m.s. (696) *a caldron*

וְאַתֶּם conj.-pers.pr. 2 m.p. (61) *nor you*

תִּהְיוּ Qal impf. 2 m.p. (הָיָה 224) *shall be*

504

בְּתוֹכָהּ prep.-n.m.s.-3 f.s. sf. (1063) *in the midst of it*

לַבָּשָׂר prep.-n.m.s. (142) *the flesh*

אֶל־גְּבוּל prep.-n.m.s. cstr. (147) *at the border of*

יִשְׂרָאֵל pr.n. (975) *Israel*

אֶשְׁפֹּט Qal impf. 1 c.s. (1047) *I will judge*

אֶתְכֶם dir.obj.-2 m.p. sf. *you*

11:12

וִידַעְתֶּם conj.-Qal pf. 2 m.p. (יָדַע 393) *and you shall know*

כִּי־אֲנִי conj. (471)-pers.pr. 1 c.s. (58) *that I am*

יהוה pr.n. (217) *Yahweh*

אֲשֶׁר בְּחֻקַּי rel. (81)-prep.-n.m.p.-1 c.s. sf. (349) *for in my statutes*

לֹא הֲלַכְתֶּם neg.-Qal pf. 2 m.p. (הָלַךְ 229) *you have not walked*

וּמִשְׁפָּטַי conj.-n.m.p.-1 c.s. sf. (1048) *and ordinances*

לֹא עֲשִׂיתֶם neg.-Qal pf. 2 m.p. (עָשָׂה 793) *you have not executed*

וּכְמִשְׁפְּטֵי conj.-prep.-n.m.p. cstr. (1048) *but according to the ordinances of*

הַגּוֹיִם def.art.-n.m.p. (156) *the nations*

אֲשֶׁר סְבִיבוֹתֵיכֶם rel. (81)-adv. p.-2 m.p. sf. (686) *that are round about you*

עֲשִׂיתֶם v.supra *have acted*

11:13

וַיְהִי consec.-Qal impf. 3 m.s. (הָיָה 224) *And it came to pass*

כְּהִנָּבְאִי prep.-Ni. inf.cstr.-1 c.s. sf. (נָבָא 612) *while I was prophesying*

וּפְלַטְיָהוּ conj.-pr.n. (812) *that Pelatiah*

בֶּן־בְּנָיָה n.m.s. cstr. (119)-pr.n. (125) *the son of Benaiah*

מֵת Qal pf. 3 m.s. (מוּת 559) *died*

וָאֶפֹּל consec.-Qal impf. 1 c.s. (נָפַל 656) *Then I fell down*

עַל־פָּנַי prep.-n.m.p.-1 c.s. sf. (815) *upon my face*

וָאֶזְעַק consec.-Qal impf. 1 c.s. (זָעַק 277) *and cried*

קוֹל־גָּדוֹל n.m.s. (876)-adj. m.s. (152) *with a loud voice*

וָאֹמַר consec.-Qal impf. 1 c.s. (55) *and said*

אֲהָהּ interj. (13) *Ah*

אֲדֹנָי יהוה n.m.p.-1 c.s. sf. (10)-pr.n. (217) *Lord Yahweh*

כָּלָה n.f.s. (478) *a full end*

אַתָּה עֹשֶׂה pers.pr. 2 m.s. (61)-Qal act.ptc. (793; GK 150aN) *wilt thou make*

אֵת שְׁאֵרִית dir.obj.-n.f.s. cstr. (984) *of the remnant of*

יִשְׂרָאֵל pr.n. (975) *Israel*

11:14

וַיְהִי consec.-Qal impf. 3 m.s. (הָיָה 224) *and came*

דְּבַר־יהוה n.m.s. cstr. (182)-pr.n. (217) *the word of Yahweh*

אֵלַי prep.-1 c.s. sf. *to me*

לֵאמֹר prep.-Qal inf.cstr. (55) *(saying)*

11:15

בֶּן־אָדָם n.m.s. cstr. (119)-n.m.s. (9) *Son of man*

אַחֶיךָ n.m.p.-2 m.s. sf. (26) *your brethren*

אַחֶיךָ v.supra *even your brethren*

אַנְשֵׁי n.m.p. cstr. (35) *the men of*

גְאֻלָּתְךָ n.f.s.-2 m.s. sf. (145) *your kindred*

וְכָל־בֵּית conj.-n.m.s. cstr. (481)-n.m.s. cstr. (108) *and the whole house of*

יִשְׂרָאֵל pr.n. (975) *Israel*

כֻּלֹּה n.m.s.-3 m.s. sf. (481) *all of them*

אֲשֶׁר אָמְרוּ rel. (81)-Qal pf. 3 c.p. 55) *of whom ... have said*

לָהֶם prep.-3 m.p. sf. *of them*

יֹשְׁבֵי Qal act.ptc. m.p. cstr. (יָשַׁב 442) *the inhabitants of*

יְרוּשָׁלַ͏ִם pr.n. (436) *Jerusalem*

רַחֲקוּ Qal impv. 2 m.p. (רָחַק 934) (some rd. Qal pf. 3 c.p.) *they have gone far*

מֵעַל יהוה prep.-prep.-pr.n. (217) *from Yahweh*

לָנוּ prep.-1 c.p. sf. *to us*

הִיא demons.adj. f.s. (214) *this*

נִתְּנָה Ni. pf. 3 f.s. (נָתַן 678) *is given*

הָאָרֶץ def.art.-n.f.s. (75) *the land*

לְמוֹרָשָׁה prep.-n.f.s. (440) *for a possession*

11:16

לָכֵן prep.-adv. (485) *Therefore*

אֱמֹר Qal impv. 2 m.s. (55) *say*

כֹּה־אָמַר adv. (462)-Qal pf. 3 m.s. (55) *Thus says*

אֲדֹנָי יהוה n.m.p.-1 c.s. sf. (10)-pr.n. (217) *the Lord Yahweh*

כִּי הִרְחַקְתִּים conj. (471)-Hi. pf. 1 c.s.-3 m.p. sf. (934) (רָחַק) *Though I removed them far off*

בַּגּוֹיִם prep.-def.art.-n.m.p. (156) *among the nations*

וְכִי conj.-conj. (471) *and though*

הֲפִיצוֹתִים Hi. pf. 1 c.s.-3 m.p. sf. (פּוּץ 806) *I scattered them*

505

בָּאֲרָצוֹת prep.-def.art.-n.f.p. (75) *among the countries*

וָאֱהִי consec.-Qal impf. 1 c.s. apoc. (הָיָה 224) *yet I have been*

לָהֶם prep.-3 m.p. sf. *to them*

לְמִקְדָּשׁ prep.-n.m.s. (874) *a sanctuary*

מְעַט adv. (589) *for a while* (in small measure)

בָּאֲרָצוֹת v.supra *in the countries*

אֲשֶׁר־בָּאוּ rel. (81)-Qal pf. 3 c.p. (בּוֹא 97) *where they have gone*

שָׁם adv. (1027) *there*

11:17

לָכֵן prep.-adv. (485) *Therefore*

אֱמֹר Qal impv. 2 m.s. (55) *say*

כֹּה־אָמַר adv. (462)-Qal pf. 3 m.s. (55) *Thus says*

אֲדֹנָי יהוה n.m.p.-1 c.s. sf. (10)-pr.n. (217) *the Lord Yahweh*

וְקִבַּצְתִּי conj.-Pi. pf. 1 c.s. (קָבַץ 867) *I will gather*

אֶתְכֶם dir.obj.-2 m.p. sf. *you*

מִן־הָעַמִּים prep.-def.art.-n.m.p. (766) *from the peoples*

וְאָסַפְתִּי conj.-Qal pf. 1 c.s. (אָסַף 62) *and assemble*

אֶתְכֶם v.supra *you*

מִן־הָאֲרָצוֹת prep.-def.art.-n.f.p. (75) *out of the countries*

אֲשֶׁר נְפֹצֹתֶם rel. (81)-Ni. pf. 2 m.p. (פּוּץ 806) *where you have been scattered*

בָּהֶם prep.-3 m.p. sf. (among them)

וְנָתַתִּי conj.-Qal pf. 1 c.s. (נָתַן 678) *and I will give*

לָכֶם prep.-2 m.p. sf. *to you*

אֶת־אַדְמַת dir.obj.-n.f.s. cstr. (9) *the land of*

יִשְׂרָאֵל pr.n. (975) *Israel*

11:18

וּבָאוּ־ conj.-Qal pf. 3 c.p. (בּוֹא 97) *and when they come*

שָׁמָּה adv.-dir.he (1027) *there*

וְהֵסִירוּ conj.-Hi. pf. 3 c.p. (סוּר 693) *they will remove*

אֶת־כָּל־שִׁקּוּצֶיהָ dir.obj.-n.m.s. cstr. (481)-n.m.p.-3 f.s. sf. (1055) *all its detestable things*

וְאֶת־כָּל־תּוֹעֲבוֹתֶיהָ conj.-dir.obj.-n.m.s. cstr. (481)-n.f.p.-3 f.s. sf. (1072) *and all its abominations*

מִמֶּנָּה prep.-3 f.s. sf. *from it*

11:19

וְנָתַתִּי conj.-Qal pf. 1 c.s. (נָתַן 678) *And I will give*

לָהֶם prep.-3 m.p. sf. *them*

לֵב אֶחָד n.m.s. (524)-num. m.s. (25) *one heart*

וְרוּחַ חֲדָשָׁה conj.-n.f.s. (924)-adj. f.s. (294) *a new spirit*

אֶתֵּן Qal impf. 1 c.s. (נָתַן 678) *I will put*

בְּקִרְבְּכֶם prep.-n.m.s.-2 m.p. sf. (899) *within them*

וַהֲסִרֹתִי conj.-Hi. pf. 1 c.s. (סוּר 693) *I will take out*

לֵב הָאֶבֶן n.m.s. cstr. (524)-def.art.-n.f.s. (6) *the stony heart*

מִבְּשָׂרָם prep.-n.m.s.-3 m.p. sf. (142) *out of their flesh*

וְנָתַתִּי conj.-Qal pf. 1 c.s. (נָתַן 678) *and give*

לָהֶם v.supra *them*

לֵב בָּשָׂר n.m.s. cstr. (524)-n.m.s. (142) *a heart of flesh*

11:20

לְמַעַן prep. (775) *that*

בְּחֻקֹּתַי prep.-n.f.p.-1 c.s. sf. (349) *in my statutes*

יֵלֵכוּ Qal impf. 3 m.p. paus. (הָלַךְ 229) *they may walk*

וְאֶת־מִשְׁפָּטַי conj.-dir.obj.-n.m.p.-1 c.s. sf. (1048) *and my ordinances*

יִשְׁמְרוּ Qal impf. 3 m.p. (שָׁמַר 1036) *keep*

וְעָשׂוּ אֹתָם conj.-Qal pf. 3 c.p. (עָשָׂה 793)-dir. obj.-3 m.p. sf. *and obey them*

וְהָיוּ־לִי conj.-Qal pf. 3 c.p. (הָיָה 224)-prep.-1 c.s. sf. *and they shall be my*

לְעָם prep.-n.m.s. paus. (766) *people*

וַאֲנִי אֶהְיֶה conj.-pers.pr. 1 c.s. (58)-Qal impf. 1 c.s. (הָיָה 224) *and I will be*

לָהֶם prep.-3 m.p. sf. *their*

לֵאלֹהִים prep.-n.m.p. (43) *God*

11:21

וְאֶל־לֵב conj.-prep. (39)-n.m.s. cstr. (524) *and to the heart of*

שִׁקּוּצֵיהֶם n.m.p.-3 m.p. sf. (1055) *their detestable things*

וְתוֹעֲבוֹתֵיהֶם conj.-n.f.p.-3 m.p. sf. (1072) *and their abominations*

לִבָּם n.m.s.-3 m.p. sf. (524) *their heart*

הֹלֵךְ Qal act.ptc. (הָלַךְ 229) *goes*

דַּרְכָּם n.m.s.-3 m.p. sf. (202) *their deeds*

בְּרֹאשָׁם prep.-n.m.s.-3 m.p. sf. (910) *upon their heads*

נָתַתִּי Qal pf. 1 c.s. (נָתַן 678) *I will requite*

נְאֻם n.m.s. cstr. (610) *says* (an oracle of)

506

אֲדֹנָי יהוה n.m.p.-1 c.s. sf. (10)-pr.n. (217) *the Lord Yahweh*

11:22

וַיִּשְׂאוּ consec.-Qal impf. 3 m.p. (נָשָׂא 669) *Then lifted up*

הַכְּרוּבִים def.art.-n.m.p. (500) *the cherubim*

אֶת־כַּנְפֵיהֶם dir.obj.-n.f.p.-3 m.p. sf. (489) *their wings*

וְהָאוֹפַנִּים conj.-def.art.-n.m.p. (66) *with the wheels*

לְעֻמָּתָם prep.-n.f.s.-3 m.p. sf. (769) *beside them*

וּכְבוֹד conj.-n.m.s. cstr. (458) *and the glory of*

אֱלֹהֵי־ n.m.p. cstr. (43) *the God of*

יִשְׂרָאֵל pr.n. (975) *Israel*

עֲלֵיהֶם prep.-3 m.p. sf. (752) *was over them*

מִלְמָעְלָה prep.-prep.-subst. as adv.-loc.he (751) *upwards*

11:23

וַיַּעַל consec.-Qal impf. 3 m.s. (עָלָה 748) *and went up*

כְּבוֹד n.m.s. cstr. (458) *the glory of*

יהוה pr.n. (217) *Yahweh*

מֵעַל תּוֹךְ prep.-prep.(752)-n.m.s. cstr. (1063) *from the midst of*

הָעִיר def.art.-n.f.s. (746) *the city*

וַיַּעֲמֹד consec.-Qal impf. 3 m.s. (עָמַד 763) *and stood*

עַל־הָהָר prep.-def.art.-n.m.s. (249) *upon the mountain*

אֲשֶׁר מִקֶּדֶם rel. (81)-prep.-n.m.s. (869) *on the east side*

לָעִיר prep.-def.art.-n.f.s. (746) *of the city*

11:24

וְרוּחַ conj.-n.f.s. (924) *and the spirit*

נְשָׂאַתְנִי Qal pf. 3 f.s.-1 c.s. sf. (נָשָׂא 669) *lifted me up*

וַתְּבִיאֵנִי consec.-Hi.impf. 3 f.s.-1 c.s. sf. (בּוֹא 97) *and brought me*

כַשְׂדִּימָה pr.n.-loc.he (505; GK 90c) *into Chaldea*

אֶל־הַגּוֹלָה prep.-def.art.-n.f.s. (163) *to the exiles*

בַּמַּרְאֶה prep.-def.art.-n.m.s. (909) *in the vision*

בְּרוּחַ prep.-n.f.s. cstr. (924) *by the spirit of*

אֱלֹהִים n.m.p. (43) *God*

וַיַּעַל consec.-Qal impf. 3 m.s. (עָלָה 748) *then went up*

מֵעָלַי prep.-prep.-1 c.s. sf. *from me*

הַמַּרְאֶה def.art.-n.m.s. (909) *the vision*

אֲשֶׁר רָאִיתִי rel. (81)-Qal pf. 1 c.s. (רָאָה 906) *that I had seen*

11:25

וָאֲדַבֵּר consec.-Pi. impf. 1 c.s. (דָּבַר 180) *And I told*

אֶל־הַגּוֹלָה prep.-def.art.-n.f.s. (163) *the exiles*

אֵת כָּל־ dir.obj.-n.m.s. cstr. (481) *all of*

דִּבְרֵי n.m.p. cstr. (182) *the things*

יהוה pr.n. (217) *Yahweh*

אֲשֶׁר הֶרְאַנִי rel. (81)-Hi. pf. 3 m.s.-1 c.s. sf. (רָאָה 906) *that had ... showed me*

12:1

וַיְהִי consec.-Qal impf. 3 m.s. (הָיָה 224) *came*

דְּבַר־יהוה n.m.s. cstr. (182)-pr.n. (217) *the word of Yahweh*

אֵלַי prep.-1 c.s. sf. *to me*

לֵאמֹר prep.-Qal inf.cstr. (55) *(saying)*

12:2

בֶּן־אָדָם n.m.s. cstr. (119)-n.m.s. (9) *Son of man*

בְּתוֹךְ prep.-n.m.s. cstr. (1063) *in the midst of*

בֵּית־הַמֶּרִי n.m.s. cstr. (108)-def.art.-n.m.s. (598) *a rebellious house*

אַתָּה יֹשֵׁב pers.pr. 2 m.s. (61)-Qal act.ptc. (יָשַׁב 442) *you dwell*

אֲשֶׁר עֵינַיִם rel. (81)-n.f. du. (744) *who have eyes*

לָהֶם prep.-3 m.p. sf. (to them)

לִרְאוֹת prep.-Qal inf.cstr. (רָאָה 906) *to see*

וְלֹא רָאוּ conj.-neg.-Qal pf. 3 c.p. (רָאָה 906) *but see not*

אָזְנַיִם לָהֶם n.f. du. (23)-prep.-3 m.p. sf. *who have ears*

לִשְׁמֹעַ prep.-Qal inf.cstr. (שָׁמַע 1033) *to hear*

וְלֹא שָׁמֵעוּ conj.-neg.-Qal pf. 3 c.p. paus. (שָׁמַע 1033) *but hear not*

כִּי בֵּית מְרִי conj. (471)-n.m.s. cstr. (108)-n.m.s. (598) *for a rebellious house*

הֵם pers.pr. 3 m.p. (241) *they are*

12:3

וְאַתָּה conj.-pers.pr. 2 m.s. (61) *therefore, you*

בֶּן־אָדָם n.m.s. cstr. (119)-n.m.s. (9) *son of man*

עֲשֵׂה לְךָ Qal impv. 2 m.s.(עָשָׂה 793)-prep. 2 m.s. sf. *prepare for yourself*

כְּלֵי גוֹלָה n.m.p. cstr.(479)-n.f.s. (163) *an exile's baggage*

וּגְלֵה conj.-Qal impv. 2 m.s. (גָּלָה 162) *and go into exile*

יוֹמָם adv. (401) *by day*

לְעֵינֵיהֶם prep.-n.f. du.-3 m.p. sf. (744) *in their sight*

וְגָלִיתָ conj.-Qal pf. 2 m.s. (גָּלָה 162) *you shall go into exile*

מִמְּקוֹמְךָ prep.-n.m.s.-2 m.s. sf. (879) *from your place*

אֶל־מָקוֹם אַחֵר prep.-n.m.s. (879)-adj. m.s. (29) *to another place*

לְעֵינֵיהֶם v.supra *in their sight*

אוּלַי יִרְאוּ adv. (19)-Qal impf. 3 m.p. (רָאָה 906) *Perhaps they will understand*

כִּי בֵּית מְרִי conj. (471)-n.m.s. cstr. (108)-n.m.s. (598) *that a rebellious house*

הֵמָּה pers.pr. 3 m.p. (241) *they are*

12:4

וְהוֹצֵאתָ conj.-Hi. pf. 2 m.s. (יָצָא 422) *You shall bring out*

כֵּלֶיךָ n.m.p.-2 m.s. sf. (479) *your baggage*

כִּכְלֵי prep.-n.m.p. cstr. (479) *as baggage for*

גוֹלָה n.f.s. (163) *exile*

יוֹמָם adv. (401) *by day*

לְעֵינֵיהֶם prep.-n.f. du.-3 m.p. sf. (744) *in their sight*

וְאַתָּה conj.-pers.pr. 2 m.s. (61) *and you yourself*

תֵּצֵא Qal impf. 2 m.s. (יָצָא 422) *shall go forth*

בָּעֶרֶב prep.-def.art.-n.m.s. (787) *at evening*

לְעֵינֵיהֶם v.supra *in their sight*

כְּמוֹצָאֵי prep.-n.m.p. cstr. (425) *as men do who must go into*

גוֹלָה n.f.s. (163) *exile*

12:5

לְעֵינֵיהֶם prep.-n.f. du.-3 m.p. sf. (744) *in their sight*

חֲתָר־לְךָ Qal impv. 2 m.s.-prep.-2 m.s. sf. (חָתַר 369) *dig*

בַּקִּיר prep.-def.art.-n.m.s. (885) *through the wall*

וְהוֹצֵאתָ conj.-Hi. pf. 2 m.s. (יָצָא 422) *and bring*

בּוֹ prep.-3 m.s. sf. *through it*

12:6

לְעֵינֵיהֶם prep.-n.f. du.-3 m.p. sf. (744) *In their sight*

עַל־כָּתֵף prep.-n.f.s. (509) *upon a shoulder*

תִּשָּׂא Qal impf. 2 m.s. (נָשָׂא 669) *you shall lift*

בָּעֲלָטָה prep.-def.art.-n.f.s. (759) *in the dark*

תוֹצִיא Hi. impf. 2 m.s. (יָצָא 422) *carry it out*

פָּנֶיךָ n.m.p.-2 m.s. sf. (815) *your face*

תְכַסֶּה Pi. impf. 2 m.s. (כָּסָה 491) *you shall cover*

וְלֹא תִרְאֶה conj.-neg.-Qal impf. 2 m.s. (רָאָה 906) *that you may not see*

אֶת־הָאָרֶץ dir.obj.-def.art.-n.f.s. (75) *the land*

כִּי־מוֹפֵת conj. (471)-n.m.s. (68) *for a sign*

נְתַתִּיךָ Qal pf. 1 c.s.-2 m.s. sf. (נָתַן 678) *I have made you*

לְבֵית prep.-n.m.s. cstr. (108) *for the house of*

יִשְׂרָאֵל pr.n. (975) *Israel*

12:7

וָאַעַשׂ כֵּן consec.-Qal impf. 1 c.s. (עָשָׂה 793)-adv. (485) *and so I did*

כַּאֲשֶׁר צֻוֵּיתִי prep.-rel. (81)-Pu. pf. 1 c.s. (צָוָה 845) *as I was commanded*

כֵּלַי n.m.p.-1 c.s. sf. (479) *my baggage*

הוֹצֵאתִי Hi. pf. 1 c.s. (יָצָא 422) *I brought out*

כִּכְלֵי prep.-n.m.p. cstr. (479) *as baggage for*

גוֹלָה n.f.s. (163) *exile*

יוֹמָם adv. (401) *by day*

וּבָעֶרֶב conj.-prep.-def.art.-n.m.s. (787) *and in the evening*

חָתַרְתִּי Qal pf. 1 c.s. (חָתַר 369) *I dug*

לִי prep.-1 c.s. sf. *for me*

בַקִּיר prep.-def.art.-n.m.s. (885) *through the wall*

בְּיָד prep.-n.f.s. paus. (388) *with my own hands*

בָּעֲלָטָה prep.-def.art.-n.f.s. (759) *in the dark*

הוֹצֵאתִי Hi. pf. 1 c.s. (יָצָא 422) *I went forth*

עַל־כָּתֵף prep.-n.f.s. (509) *upon a shoulder*

נָשָׂאתִי Qal pf. 1 c.s. (נָשָׂא 669) *carrying*

לְעֵינֵיהֶם prep.-n.f. du.-3 m.p. sf. (744) *in their sight*

12:8

וַיְהִי consec.-Qal impf. 3 m.s. (הָיָה 224) *came*

דְּבַר־יְהוָה n.m.s. cstr. (182)-pr.n. (217) *the word of Yahweh*

אֵלַי prep.-1 c.s. sf. *to me*

בַּבֹּקֶר prep.-def.art.-n.m.s. (133) *in the morning*

לֵאמֹר prep.-Qal inf.cstr. (55) *(saying)*

12:9

בֶּן־אָדָם n.m.s. cstr. (119)-n.m.s (9) *Son of man*

הֲלֹא אָמְרוּ interr.part.-neg.-Qal pf. 3 c.p. (55) *has not ... said*

אֵלֶיךָ prep.-2 m.s. sf. *to you*

בֵּית יִשְׂרָאֵל n.m.s. cstr. (108)-pr.n. (975) *the house of Israel*

בֵּית הַמֶּרִי v.supra-def.art.-n.m.s. (598) *the rebellious house*

מָה אַתָּה interr. (552)-pers.pr. 2 m.s. (61) *What are you*

עֹשֶׂה Qal act.ptc. (עָשָׂה 793) *doing?*

12:10

אֱמֹר Qal impv. 2 m.s. (55) *Say*

אֲלֵיהֶם prep.-3 m.p. sf. *to them*

כֹּה אָמַר adv. (462)-Qal pf. 3 m.s. (55) *Thus says*

אֲדֹנָי יהוה n.m.p.-1 c.s. sf. (10)-pr.n. (217) *the Lord Yahweh*

הַנָּשִׂיא def.art.-n.m.s. (672) *the prince*

הַמַּשָּׂא הַזֶּה def.art.-n.m.s. (672)-def.art. -demons.adj. m.s. (260) *This oracle*

בִּירוּשָׁלַ͏ִם prep.-pr.n. (436) *in Jerusalem*

וְכָל־ conj.-n.m.s. cstr. (481) *and all (of)*

בֵּית יִשְׂרָאֵל n.m.s. cstr. (108)-pr.n. (975) *the house of Israel*

אֲשֶׁר־הֵמָּה rel. (81)-pers.pr. 3 m.p. (241) *who are*

בְּתוֹכָם prep.-n.m.s.-3 m.p. sf. (1063) *in the midst of them*

12:11

אֱמֹר Qal impv. 2 m.s. (55) *Say*

אֲנִי pers.pr. 1 c.s. (58) *I am*

מוֹפֶתְכֶם n.m.s.-2 m.p. sf (68) *a sign for you*

כַּאֲשֶׁר עָשִׂיתִי prep.-rel. (81)-Qal pf. 1 c.s. 793) *as I have done*

כֵּן יֵעָשֶׂה adv. (485)-Ni. impf. 3 m.s. (עָשָׂה 793) *so shall it be done*

לָהֶם prep.-3 m.p. sf. *to them*

בַּגּוֹלָה prep.-def.art.-n.f.s. (163) *into exile*

בַּשְּׁבִי prep.-def.art.-n.m.s. (985) *into captivity*

יֵלֵכוּ Qal impf. 3 m.p. paus. (הָלַךְ 229) *they shall go*

12:12

וְהַנָּשִׂיא conj.-def.art.-n.m.s. (672) *And the prince*

אֲשֶׁר־בְּתוֹכָם rel. (81)-prep.-n.m.s.-3 m.p. sf. (1063) *who is among them*

אֶל־כָּתֵף prep.-n.f.s. (509) *upon a shoulder*

יִשָּׂא Qal impf. 3 m.s. (נָשָׂא 669) *shall lift*

בָּעֲלָטָה prep.-def.art.-n.f.s. (759) *in the dark*

וְיֵצֵא conj.-Qal impf. 3 m.s. (יָצָא 422) *and shall go forth*

בַּקִּיר prep.-def.art.-n.m.s. (885) *through the wall*

יַחְתְּרוּ Qal impf. 3 m.p. (חָתַר 369) *they shall dig*

לְהוֹצִיא prep.-Hi. inf.cstr. (יָצָא 422) *to go out*

בוֹ prep.-3 m.s. sf. *through it*

פָּנָיו n.m.p.-3 m.s. sf. (815) *his face*

יְכַסֶּה Pi. impf. 3 m.s. (כָּסָה 491) *he shall cover*

יַעַן אֲשֶׁר prep. (774)-rel. (81) *that*

לֹא־יִרְאֶה neg.-Qal impf. 3 m.s. (רָאָה 906) *he may not see*

לָעַיִן הוּא prep.-def.art.-n.f.s. (744)-pers.pr. 3 m.s. (214) *with his eyes*

אֶת־הָאָרֶץ dir.obj.-def.art.-n.f.s. (75) *the land*

12:13

וּפָרַשְׂתִּי conj.-Qal pf. 1 c.s. (פָּרַשׂ 831) *And I will spread*

אֶת־רִשְׁתִּי dir.obj.-n.f.s.-1 c.s. sf. (44) *my net*

עָלָיו prep.-3 m.s. sf. *over him*

וְנִתְפַּשׂ conj.-Ni. pf. 3 m.s. (תָּפַשׂ 1074) *and he shall be taken*

בִּמְצוּדָתִי prep.-n.f.s.-1 c.s. sf. (845) *in my snare*

וְהֵבֵאתִי conj.-Hi. pf. 1 c.s. (בּוֹא 97) *and I will bring*

אֹתוֹ dir.obj.-3 m.s. sf. *him*

בָּבֶלָה pr.n.-dir.he (93) *to Babylon*

אֶרֶץ כַּשְׂדִּים n.f.s. cstr. (75)-pr.n. (505) *in the land of the Chaldeans*

וְאוֹתָהּ conj.-dir.obj.-3 f.s. sf. *yet it*

לֹא־יִרְאֶה neg.-Qal impf. 3 m.s. (רָאָה 906) *he shall not see*

וְשָׁם conj.-adv. (1027) *and there*

יָמוּת Qal impf. 3 m.s. (מוּת 559) *he shall die*

12:14

וְכֹל אֲשֶׁר conj.-n.m.s. (481)-rel. (81) *and all who are*

סְבִיבֹתָיו subst. as prep. p.-3 m.s. sf. (686) *round about him*

עֶזְרֹה n.m.s.-3 m.s. sf. (740) *his help*

וְכָל־אֲגַפָּיו conj.-n.m.s. cstr. (481)-n.m.p.-3 m.s. sf. (8) *and all his troops*

אֱזָרֶה Pi. impf. 1 c.s. (זָרָה 279) *I will scatter*

לְכָל־רוּחַ prep.-n.m.s. cstr. (481)-n.f.s. (924) *toward every wind*

וְחֶרֶב conj.-n.f.s. (352) *and a sword*

אָרִיק Hi. impf. 1 c.s. (רִיק 937) *I will unsheathe*

אַחֲרֵיהֶם prep.-3 m.p. sf. (29) *after them*

12:15

וְיָדְעוּ conj.-Qal pf. 3 c.p. (393) *and they shall know*

כִּי־אֲנִי conj. (471)-pers.pr. 1 c.s. (58) *that I am*

יהוה pr.n. (217) *Yahweh*

בַּהֲפִיצִי prep.-Hi. inf.cstr.-1 c.s. sf. (פּוּץ 806) *when I disperse*

אוֹתָם dir.obj.-3 m.p. sf. *them*

בַּגּוֹיִם prep.-def.art.-n.m.p. (156) *among the nations*

וְזֵרִיתִי conj.-Pi. pf. 1 c.s. (זָרָה 279) *and scatter*

אוֹתָם v.supra *them*

בָּאֲרָצוֹת prep.-def.art.-n.f.p. (75) *through the countries*

12:16

וְהוֹתַרְתִּי conj.-Hi. pf. 1 c.s. יָתַר (451) *But I will let escape*

מֵהֶם prep.-3 m.p. sf. *of them*

אַנְשֵׁי מִסְפָּר n.m.p. cstr. (35)-n.m.s. (708) *a few* (men of a number)

מֵחֶרֶב prep.-n.f.s. (352) *from a sword*

מֵרָעָב prep.-n.m.s. (944) *from famine*

וּמִדֶּבֶר conj.-prep.-n.m.s. (184) *and pestilence*

לְמַעַן prep. (775) *that*

יְסַפְּרוּ Pi. impf. 3 m.p. (סָפַר 707) *they may confess*

אֶת־כָּל־ dir.obj.-n.m.s. cstr. (481) *all (of)*

תּוֹעֲבוֹתֵיהֶם n.f.p.-3 m.p. sf. (1072) *their abominations*

בַּגּוֹיִם prep.-def.art.-n.m.p. (156) *among the nations*

אֲשֶׁר־בָּאוּ שָׁם rel. (81)-Qal pf. 3 c.p. (בּוֹא 97)-adv. (1027) *where they go*

וְיָדְעוּ conj.-Qal pf. 3 c.p. (393) *and may know*

כִּי־אֲנִי conj. (471)-pers.pr. 1 c.s. (58) *that I am*

יהוה pr.n. (217) *Yahweh*

12:17

וַיְהִי consec.-Qal impf. 3 m.s. (הָיָה 224) *Moreover ... came*

דְּבַר־יהוה n.m.s. cstr. (182)-pr.n. (217) *the word of Yahweh*

אֵלַי prep.-1 c.s. sf. *to me*

לֵאמֹר prep.-Qal inf.cstr. (55) *(saying)*

12:18

בֶּן־אָדָם n.m.s. cstr. (119)-n.m.s. (9) *Son of man*

לַחְמְךָ n.m.s.-2 m.s. sf. (536) *your bread*

בְּרַעַשׁ prep.-n.m.s. (950) *with quaking*

תֹּאכֵל Qal impf. 2 m.s. paus. (אָכַל 37) *eat*

וּמֵימֶיךָ conj.-n.m.p.-2 m.s. sf. (565) *and your water*

בְּרָגְזָה prep.-n.f.s. (919) *with trembling*

וּבִדְאָגָה conj.-prep.-n.f.s. (178) *and with fearfulness*

תִּשְׁתֶּה Qal impf. 2 m.s. (שָׁתָה 1059) *drink*

12:19

וְאָמַרְתָּ conj.-Qal pf. 2 m.s. (55) *and say*

אֶל־עַם prep.-n.m.s. cstr. (766) *of the people of*

הָאָרֶץ def.art.-n.f.s. (75) *the land*

כֹּה אָמַר adv. (462)-Qal pf. 3 m.s. (55) *Thus says*

אֲדֹנָי יהוה n.m.p.-1 c.s. sf. (10)-pr.n. (217) *the Lord Yahweh*

לְיוֹשְׁבֵי prep.-Qal act.ptc. m.p. cstr. (יָשַׁב 442) *concerning the inhabitants of*

יְרוּשָׁלַ͏ם pr.n. (436) *Jerusalem*

אֶל־אַדְמַת prep. (39)-n.f.s. cstr. (9) *in the land of*

יִשְׂרָאֵל pr.n. (975) *Israel*

לַחְמָם n.m.s.-3 m.p. sf. (536) *their bread*

בִּדְאָגָה prep.-n.f.s. (178) *with fearfulness*

יֹאכֵלוּ Qal impf. 3 m.p. (אָכַל 37) *they shall eat*

וּמֵימֵיהֶם conj.-n.m.p.-3 m.p. sf. (565) *and their water*

בְּשִׁמָּמוֹן prep.-n.m.s. (1031) *in dismay*

יִשְׁתּוּ Qal impf. 3 m.p. (שָׁתָה 1059) *they shall drink*

לְמַעַן תֵּשַׁם prep. (775)-Qal impf. 3 f.s. (יָשֵׁם 445) *because ... will be stripped*

אַרְצָהּ n.f.s.-3 f.s. sf. (75) *their land*

מִמְּלֹאָהּ prep.-n.m.s.-3 f.s. sf. (571) *of all it contains*

מֵחֲמַס prep.-n.m.s. cstr. (329) *on account of the violence of*

כָּל־הַיֹּשְׁבִים n.m.s. cstr. (481)-def.art.-Qal act.ptc. m.p. (יָשַׁב 442) *all those who dwell*

בָּהּ prep.-3 f.s. sf. *in it*

12:20

וְהֶעָרִים conj.-def.art.-n.f.p (746) *and the ... cities*

הַנּוֹשָׁבוֹת def.art.-Ni. ptc. f.p. (יָשַׁב 442) *inhabited*

תֶּחֱרַבְנָה Qal impf. 3 f.p. (חָרַב 351) *shall be laid waste*

וְהָאָרֶץ conj.-def.art.-n.f.s. (75) *and the land*

שְׁמָמָה n.f.s. (1031) *a desolation*

תִהְיֶה Qal impf. 3 f.s. (224) *shall become*

וִידַעְתֶּם conj.-Qal pf. 2 m.p. (393) *and you shall know*

כִּי־אֲנִי conj. (471)-pers.pr. 1 c.s. (58) *that I am*

יהוה pr.n. (217) *Yahweh*

12:21

וַיְהִי consec.-Qal impf. 3 m.s. (הָיָה 224) *And ... came*

דְּבַר־יהוה n.m.s. cstr. (182)-pr.n. (217) *the word of Yahweh*

אֵלַי prep.-1 c.s. sf. *to me*

לֵאמֹר prep.-Qal inf.cstr. (55) *(saying)*

12:22

בֶּן־אָדָם n.m.s. cstr. (119)-n.m.s. (9) *Son of man*

מָה־ interr. (552) *what is*

הַמָּשָׁל הַזֶּה def.art.-n.m.s. (605)-def.art.-demons.adj. m.s. (260) *this proverb*

לָכֶם prep.-2 m.p. sf. *that you have*

עַל־אַדְמַת prep.-n.f.s. cstr. (9) *about the land of*

יִשְׂרָאֵל pr.n. (975) *Israel*

לֵאמֹר prep.-Qal inf.cstr. (55) *(saying)*

יַאַרְכוּ Qal impf. 3 m.p. (אָרַךְ 73) *grow long*

הַיָּמִים def.art.-n.m.p. (398) *The days*

וְאָבַד conj.-Qal pf. 3 m.s. (1) *and comes to nought*

כָּל־חָזוֹן n.m.s. cstr. (481)-n.m.s. (302) *every vision*

12:23

לָכֵן אֱמֹר prep.-adv. (485)-Qal impv. 2 m.s. (55) *Tell ... therefore*

אֲלֵיהֶם prep.-3 m.p. sf. *them*

כֹּה־אָמַר adv. (462)-Qal pf. 3 m.s. (55) *Thus says*

אֲדֹנָי יהוה n.m.p.-1 c.s. sf. (10)-pr.n. (217) *the Lord Yahweh*

הִשְׁבַּתִּי Hi. pf. 1 c.s. (שָׁבַת 991) *I will put an end*

אֶת־הַמָּשָׁל הַזֶּה dir.obj.-def.art.-n.m.s. (605)-def.art.-demons.adj. m.s. (260) *to this proverb*

וְלֹא־יִמְשְׁלוּ conj.-neg.-Qal impf. 3 m.p. (605) *and they shall not use as a proverb*

אֹתוֹ dir.obj.-3 m.s. sf. *it*

עוֹד adv. (728) *more*

בְּיִשְׂרָאֵל prep.-pr.n. (975) *in Israel*

כִּי אִם־ conj. (471)-hypoth.part. (49) *But*

דַּבֵּר Pi. impv. 2 m.s. (דָּבַר 180) *say*

אֲלֵיהֶם prep.-3 m.p. sf. *to them*

קָרְבוּ Qal pf. 3 c.p. (897) *are at hand*

הַיָּמִים def.art.-n.m.p. (398) *The days*

וּדְבַר conj.-n.m.s. cstr. (182) *and the word of*

כָּל־חָזוֹן n.m.s. cstr. (481)-n.m.s. (302) *every vision*

12:24

כִּי לֹא יִהְיֶה conj. (471)-neg.-Qal impf. 3 m.s. (224) *For there shall not be*

עוֹד adv. (728) *more*

כָּל־חֲזוֹן n.m.s. cstr. (481)-n.m.s. cstr. (302) *any ... vision*

שָׁוְא n.m.s. (996) *false*

וּמִקְסַם conj.-n.m.s. cstr. (890) *or ... divination*

חָלָק adj. m.s. (325) *flattering*

בְּתוֹךְ prep.-n.m.s. cstr. (1063) *within*

בֵּית יִשְׂרָאֵל n.m.s. cstr. (108)-pr.n. (975) *the house of Israel*

12:25

כִּי אֲנִי conj. (471)-pers.pr. 1 c.s. (58) *But I*

יהוה pr.n. (217) *Yahweh*

אֲדַבֵּר Pi. impf. 1 c.s. (דָּבַר 180) *will speak*

אֵת אֲשֶׁר dir.obj.-rel. (81) *which*

אֲדַבֵּר v.supra *I will speak*

דָּבָר n.m.s. (182) *the word*

וְיֵעָשֶׂה conj.-Ni. impf. 3 m.s. (עָשָׂה 793) *and it will be performed*

לֹא תִמָּשֵׁךְ neg.-Ni. impf. 3 f.s. (?)(מָשַׁךְ 604) *it will not be delayed*

עוֹד adv. (728) *longer*

כִּי בִימֵיכֶם conj. (471)-prep.-n.m.p.-2 m.p. sf. (398) *but in your days*

בֵּית הַמֶּרִי n.m.s. cstr. (108)-def.art.-n.m.s. (598) *O rebellious house*

אֲדַבֵּר Pi. impf. 1 c.s. (180) *I will speak*

דָּבָר n.m.s. (182) *a word*

וַעֲשִׂיתִיו conj.-Qal pf. 1 c.s.-3 m.s. sf. (עָשָׂה 793) *and perform it*

נְאֻם n.m.s. cstr. (610) *says*

אֲדֹנָי יהוה n.m.p.-1 c.s. sf. (10)-pr.n. (217) *the Lord Yahweh*

12:26

וַיְהִי consec.-Qal impf. 3 m.s. (הָיָה 224) *Again, came*

דְּבַר־יהוה n.m.s. cstr. (182)-pr.n. (217) *the word of Yahweh*

אֵלַי prep.-1 c.s. sf. *to me*

לֵאמֹר prep.-Qal inf.cstr. (55) *(saying)*

12:27

בֶּן־אָדָם n.m.s. cstr. (119)-n.m.s. (9) *O son of man*

הִנֵּה interj. (243) *behold*

בֵּית־יִשְׂרָאֵל n.m.s. cstr. (108)-pr.n. (975) *the house of Israel*

אֹמְרִים Qal act.ptc. m.p. (55) *they say*

הֶחָזוֹן def.art.-n.m.s. (302) *The vision*

אֲשֶׁר־הוּא rel. (81)-pers.pr. 3 m.s. (214) *that he*

חֹזֶה Qal act.ptc. (חָזָה 302) *sees*

לְיָמִים רַבִּים prep.-n.m.p. (398)-adj. m.p. (912) *for many days*

וּלְעִתִּים רְחוֹקוֹת conj.-prep.-n.f.p. (773)-adj. f.p. (935) *and of times far off*

הוּא נִבָּא pers.pr. 3 m.s. (214)-Ni. ptc. (נָבָא 612) *he prophesies*

12:28

לָכֵן prep.-adv. (485) *Therefore*

אֱמֹר Qal impv. 2 m.s. (55) *say*

אֲלֵיהֶם prep.-3 m.p. sf. *to them*

כֹּה אָמַר adv. (462)–Qal pf. 3 m.s. (55) *Thus says*

אֲדֹנָי יהוה n.m.p.-1 c.s. sf. (10)–pr.n. (217) *the Lord Yahweh*

לֹא־תִמָּשֵׁךְ neg.-Ni. impf. 3 f.s. (מָשַׁךְ 604) *will not be delayed*

עוֹד adv. (728) *any longer*

כָּל־דְּבָרַי n.m.s. cstr. (481)–n.m.p.-1 c.s. sf. (182) *all of my words*

אֲשֶׁר אֲדַבֵּר rel. (81)–Pi. impf. 1 c.s. (דָּבַר 180) *which I speak*

דָּבָר n.m.s. (182) *a word*

וְיֵעָשֶׂה conj.-Ni. impf. 3 m.s. (עָשָׂה 793) *will be performed*

נְאֻם n.m.s. cstr. (610) *says*

אֲדֹנָי יהוה n.m.p.-1 c.s. sf. (10)–pr.n. (217) *the Lord Yahweh*

13:1

וַיְהִי consec.-Qal impf. 3 m.s. (הָיָה 224) *came*

דְּבַר־יהוה n.m.s. cstr. (182)–pr.n. (217) *the word of Yahweh*

אֵלַי prep.-1 c.s. sf. *to me*

לֵאמֹר prep.-Qal inf.cstr. (55) *(saying)*

13:2

בֶּן־אָדָם n.m.s. cstr. (119)–n.m.s. (9) *Son of man*

הִנָּבֵא Ni. impv. 2 m.s. (נָבָא 612; GK 9300) *prophesy*

אֶל־נְבִיאֵי prep.-n.m.p. cstr. (611) *against the prophets of*

יִשְׂרָאֵל pr.n. (975) *Israel*

הַנִּבָּאִים def.art.-Ni. ptc. m.p. (612) *who prophesy*

וְאָמַרְתָּ conj.-Qal pf. 2 m.s. (55) *and say*

לִנְבִיאֵי prep.-n.m.p. cstr. (611) *who prophesy*

מִלִּבָּם prep.-n.m.s.-3 m.p. sf. (524) *out of their hearts*

שִׁמְעוּ Qal impv. 2 m.p. (1033) *Hear*

דְּבַר־יהוה n.m.s. cstr. (182)–pr.n. (217) *the word of Yahweh*

13:3

כֹּה אָמַר adv. (462)–Qal pf. 3 m.s. (55) *Thus says*

אֲדֹנָי יהוה n.m.p.-1 c.s. sf. (10)–pr.n. (217) *the Lord Yahweh*

הוֹי interj. (222) *Woe*

עַל־הַנְּבִיאִים prep.-def.art.-n.m.p. (611) *to the ... prophets*

הַנְּבָלִים def.art.-adj. m.p. (614) *foolish*

אֲשֶׁר הֹלְכִים rel. (81)–Qal act.ptc. m.p. (הָלַךְ 229) *who follow*

אַחַר רוּחָם prep. (29)-n.f.s.-3 m.p. sf. (924) *after their own spirit*

וּלְבִלְתִּי רָאוּ conj.-neg. (116)–Qal pf. 3 c.p. (רָאָה 906; GK 152x, 155n) *and have seen nothing*

13:4

כְּשֻׁעָלִים prep.-n.m.p. (1043) *like foxes*

בֳּחֳרָבוֹת prep.-def.art.-n.f.p. (352) *among ruins*

נְבִיאֶיךָ n.m.p.-2 m.s. sf. (611) *your prophets*

יִשְׂרָאֵל pr.n. (975) *O Israel*

הָיוּ Qal pf. 3 c.p. (הָיָה 224) *have been*

13:5

לֹא עֲלִיתֶם neg.-Qal pf. 2 m.p. (עָלָה 748) *You have not gone up*

בַּפְּרָצוֹת prep.-def.art.-n.f.p. (829) *into the breaches*

וַתִּגְדְּרוּ consec.-Qal impf. 2 m.p. (גָּדַר 154) *or built up*

גָּדֵר n.m.s. (154) *a wall*

עַל־בֵּית prep.-n.m.s. cstr. (108) *for the house of*

יִשְׂרָאֵל pr.n. (975) *Israel*

לַעֲמֹד prep.-Qal inf.cstr. (עָמַד 763) *that it might stand*

בַּמִּלְחָמָה prep.-def.art.-n.f.s. (536) *in battle*

בְּיוֹם יהוה prep.-n.m.s. cstr. (398)–pr.n. (217) *in the day of Yahweh*

13:6

חָזוּ Qal pf. 3 c.p. (חָזָה 302) *They have spoken (lit.-seen)*

שָׁוְא n.m.s. (996) *falsehood*

וְקֶסֶם כָּזָב conj.-n.m.s. cstr. (890)–n.m.s. (469) *and divined a lie*

הָאֹמְרִים def.art.-Qal act.ptc. m.p. (55) *they say*

נְאֻם־יהוה n.m.s. cstr. (610)–pr.n. (217) *says Yahweh*

וַיהוה conj.-pr.n. (217) *when Yahweh*

לֹא שְׁלָחָם neg.-Qal pf. 3 m.s.-3 m.p. sf. (שָׁלַח 1018) *has not sent them*

וְיִחֲלוּ conj.-Pi. pf. 3 c.p. (יָחַל 403) *and yet they expect him*

לְקַיֵּם prep.-Pi. inf.cstr. (קוּם 877) *to fulfil*

דָּבָר n.m.s. (182) *their word*

13:7

הֲלוֹא interr.part.-neg. *have ... not?*

מַחֲזֵה־שָׁוְא n.m.s. cstr. (303)–n.m.s. (996) *a delusive vision*

חֲזִיתֶם Qal pf. 2 m.p. (חָזָה 302) *have you ... seen*

וּמִקְסַם כָּזָב conj.-n.m.s. cstr. (890)–n.m.s. (469) *a lying divination*

אֲמַרְתֶּם Qal pf. 2 m.p. (55) *you have uttered*

וְאֹמְרִים conj.-Qal act.ptc. m.p. (אָמַר 55) *whenever you have said*

נְאֻם־יהוה n.m.s. cstr. (610)-pr.n. (217) *says Yahweh*

וַאֲנִי conj.-pers.pr. 1 c.s. (58) *although I*

לֹא דִבַּרְתִּי neg.-Pi. pf. 1 c.s. (דָּבַר 180) *have not spoken*

13:8

לָכֵן כֹּה prep.-adv. (485)-adv. (462) *Therefore, thus*

אָמַר Qal pf. 3 m.s. (55) *says*

אֲדֹנָי יהוה n.m.p.-1 c.s. sf. (10)-pr.n. (217) *the Lord Yahweh*

יַעַן דַּבֶּרְכֶם conj. (774)-Pi. inf.cstr.-2 m.p. sf. (180) *because you have uttered*

שָׁוְא n.m.s. (996) *delusions*

וַחֲזִיתֶם conj.-Qal pf. 2 m.p. (חָזָה 302) *and have seen*

כָּזָב n.m.s. (469) *lies*

לָכֵן הִנְנִי prep.-adv. (485)-demons.part.-1 c.s. sf. (243) *therefore, behold I*

אֲלֵיכֶם prep.-2 m.p. sf. *against you*

נְאֻם אֲדֹנָי n.m.s. cstr. (610)-n.m.p.-1 c.s. sf. (10) *says the Lord*

יהוה pr.n. (217) *Yahweh*

13:9

וְהָיְתָה conj.-Qal pf. 3 f.s. (הָיָה 224) *will be*

יָדִי n.f.s.-1 c.s. sf. (388) *my hand*

אֶל־הַנְּבִיאִים prep.-def.art.-n.m.p. (611) *against the prophets*

הַחֹזִים def.art.-Qal act.ptc. m.p. (חָזָה 302) *who see*

שָׁוְא n.m.s. (996) *delusive visions*

וְהַקֹּסְמִים conj.-def.art.-Qal act.ptc. m.p. (קָסַם 890) *and who give ... divinations*

כָּזָב n.m.s. (469) *lying*

בְּסוֹד prep.-n.m.s. cstr. (691) *in the council of*

עַמִּי n.m.s.-1 c.s. sf. (766) *my people*

לֹא־יִהְיוּ neg.-Qal impf. 3 m.p. (הָיָה 224) *they shall not be*

וּבִכְתָב conj.-prep.-n.m.s. cstr. (508) *and in the register of*

בֵּית־יִשְׂרָאֵל n.m.s. cstr. (108)-pr.n. (975) *the house of Israel*

לֹא יִכָּתֵבוּ neg.-Ni. impf. 3 m.p. paus. (כָּתַב 507) *nor be enrolled*

וְאֶל־אַדְמַת conj.-prep.-n.f.s. cstr. (9) *and into the land of*

יִשְׂרָאֵל pr.n. (975) *Israel*

לֹא יָבֹאוּ neg.-Qal impf. 3 m.p. (בּוֹא 97) *they shall not enter*

וִידַעְתֶּם conj.-Qal pf. 2 m.p. (יָדַע 393) *and you shall know*

כִּי אֲנִי conj. (471)-pers.pr. 1 c.s. (58) *that I am*

אֲדֹנָי יהוה n.m.p.-1 c.s. sf. (10)-pr.n. (217) *the Lord Yahweh*

13:10

יַעַן וּבְיַעַן conj. (774)-conj.-prep.-conj. (774) *Because, yea, because*

הִטְעוּ Hi. pf. 3 c.p. (טָעָה 380) *they have misled*

אֶת־עַמִּי dir.obj.-n.m.s.-1 c.s. sf. (766) *my people*

לֵאמֹר prep.-Qal inf.cstr. (55) *saying*

שָׁלוֹם n.m.s. (1022) *Peace*

וְאֵין שָׁלוֹם conj.-neg. cstr. (34)-v.supra *when there is no peace*

וְהוּא בֹּנֶה conj.-pers.pr. 3 m.s. (214)-Qal act.ptc. (בָּנָה 124) *and he builds*

חַיִץ n.m.s. (300) *a wall*

וְהִנָּם conj.-demons.part.-3 m.p. sf. (243) *and because they (behold them)*

טָחִים Qal act.ptc. m.p. (טוּחַ 376) *daub*

אֹתוֹ dir.obj.-3 m.s. sf. *it*

תָּפֵל n.m.s. (1074) *with whitewash*

13:11

אֱמֹר Qal impv. 2 m.s. (55) *say*

אֶל־טָחֵי prep. (39)-Qal act.ptc. m.p. cstr. (טוּחַ 376) *to those who daub*

תָפֵל n.m.s. (1074) *with whitewash*

וְיִפֹּל conj.-Qal impf. 3 m.s. (נָפַל 656) *that it shall fall*

הָיָה Qal pf. 3 m.s. (224) *there will be*

גֶּשֶׁם שׁוֹטֵף n.m.s. (177)-Qal act.ptc. (1009) *a deluge of rain*

וְאַתֵּנָה conj.-pers.pr. 2 f.p. (61) *and you*

אַבְנֵי אֶלְגָּבִישׁ n.f.p. cstr. (6)-n.m.s. (38; GK 35m) *hailstones*

תִּפֹּלְנָה Qal impf. 3 f.p. (נָפַל 656) *will fall*

וְרוּחַ סְעָרוֹת conj.-n.f.s. cstr. (924)-n.f.p. (704) *and a stormy wind*

תְּבַקֵּעַ Pi. impf. 3 f.s. (בָּקַע 131) *break out*

13:12

וְהִנֵּה נָפַל conj.-demons.part. (243)-Qal pf. 3 m.s. (656) *and when ... falls*

הַקִּיר def.art.-n.m.s. (885) *the wall*

הֲלוֹא יֵאָמֵר interr.part.-neg.-Ni. impf. 3 m.s. (55) *will it not be said*

אֲלֵיכֶם prep.-2 m.p. sf. *to you*

513

אַיֵּה הַטִּיחַ adv. (32)-def.art.-n.m.s. (376) *where is the daubing*

אֲשֶׁר טַחְתֶּם rel. (81)-Qal pf. 2 m.p. (טוּחַ 376) *with which you daubed it*

13:13

לָכֵן כֹּה prep.-adv. (485)-adv. (462) *Therefore, thus*

אָמַר Qal pf. 3 m.s. (55) *says*

אֲדֹנָי יְהוָה n.m.p.-1 c.s. sf. (10)-pr.n. (217) *the Lord Yahweh*

וּבִקַּעְתִּי conj.-Pi. pf. 1 c.s. (בָּקַע 131) *I will make ... break out*

רוּחַ־סְעָרוֹת n.f.s. cstr. (924)-n.f.p. (704) *a stormy wind*

בַּחֲמָתִי prep.-n.f.s.-1 c.s. sf. (404) *in my wrath*

וְגֶשֶׁם שֹׁטֵף conj.-n.m.s. (177)-Qal act.ptc. (1009) *a deluge of rain*

בְּאַפִּי prep.-n.m.s.-1 c.s. sf. (60) *in my anger*

יִהְיֶה Qal impf. 3 m.s. (224) *there shall be*

וְאַבְנֵי אֶלְגָּבִישׁ conj.-n.f.p. cstr. (6)-n.m.s. (38; GK 35m) *and hailstones*

בְּחֵמָה prep.-n.f.s. (404) *in wrath*

לְכָלָה prep.-n.f.s. (478) *to destroy it (for annihilation)*

13:14

וְהָרַסְתִּי conj.-Qal pf. 1 c.s. (248) *And I will break down*

אֶת־הַקִּיר dir.obj.-def.art.-n.m.s. (885) *the wall*

אֲשֶׁר טַחְתֶּם rel. (81)-Qal pf. 2 m.p. (376) *that you have daubed*

תָּפֵל n.m.s. (1074) *with whitewash*

וְהִגַּעְתִּיהוּ conj.-Hi. pf. 1 c.s.-3 m.s. sf. (נָגַע 619) *and bring it down*

אֶל־הָאָרֶץ prep.-def.art.-n.f.s. (75) *to the ground*

וְנִגְלָה conj.-Ni. pf. 3 m.s. (גָּלָה 162) *so that ... will be laid bare*

יְסֹדוֹ n.m.s.-3 m.s. sf. (41) *its foundation*

וְנָפְלָה conj.-Qal pf. 3 f.s. (נָפַל 656) *when it falls*

וּכְלִיתֶם conj.-Qal pf. 2 m.p. (בָּלָה 477) *you will perish*

בְּתוֹכָהּ prep.-n.m.s.-3 f.s. sf. (1063) *in the midst of it*

וִידַעְתֶּם conj.-Qal pf. 2 m.p. (יָדַע 393) *and you shall know*

כִּי־אֲנִי conj.(471)-pers.pr. 1 c.s. (58) *that I am*

יְהוָה pr.n. (217) *Yahweh*

13:15

וְכִלֵּיתִי conj.-Pi. pf. 1 c.s. (כָּלָה 477) *Thus will I spend*

אֶת־חֲמָתִי dir.obj.-n.f.s.-1 c.s. sf. (404) *my wrath*

בַּקִּיר prep.-def.art.-n.m.s. (885) *upon the wall*

וּבַטָּחִים conj.-prep.-def.art.-Qal act.ptc. m.p. (376 טוּחַ) *and ... upon those who have daubed*

אֹתוֹ dir.obj.-3 m.s. sf. *it*

תָּפֵל n.m.s. (1074) *with whitewash*

וְאֹמַר conj.-Qal impf. 1 c.s. (אָמַר 55) *and I will say*

לָכֶם prep.-2 m.p. sf. *to you*

אֵין הַקִּיר neg. cstr. (34)-def.art.-n.m.s. (885) *The wall is no more*

וְאֵין conj.-v.supra *nor*

הַטָּחִים def.art.-Qal act.ptc. m.p. (טוּחַ 376) *those who daubed*

אֹתוֹ v.supra *it*

13:16

נְבִיאֵי n.m.p. cstr. (611) *the prophets of*

יִשְׂרָאֵל pr.n. (975) *Israel*

הַנִּבְּאִים def.art.-Ni. ptc. m.p. (נָבָא 612) *who prophesied*

אֶל־יְרוּשָׁלַ͏ִם prep. (39)-pr.n. (436) *concerning Jerusalem*

וְהַחֹזִים conj.-def.art.-Qal act.ptc. m.p. (חָזָה 302) *and saw*

לָהּ prep.-3 f.s. sf. *for her*

חֲזוֹן שָׁלֹם n.m.s. cstr. (302)-n.m.s. (1022) *visions of peace*

וְאֵין שָׁלֹם conj.-neg. cstr. (34)-v.supra *when there was no peace*

נְאֻם n.m.s. cstr. (610) *says*

אֲדֹנָי יְהוָה n.m.p.-1 c.s. sf. (10)-pr.n. (217) *the Lord Yahweh*

13:17

וְאַתָּה conj.-pers.pr. 2 m.s. (61) *and you*

בֶּן־אָדָם n.m.s. cstr. (119)-n.m.s. (9) *son of man*

שִׂים פָּנֶיךָ Qal impv. 2 m.s. (שׂוּם 962)-n.m.p.-2 m.s. sf. (815) *set your face*

אֶל־בְּנוֹת prep. (39)-n.f.p. cstr. (123) *against the daughters of*

עַמְּךָ n.m.s.-2 m.s. sf. (766) *my people*

הַמִּתְנַבְּאוֹת def.art.-Hith. ptc. f.p. (נָבָא 612) *who prophesy*

מִלִּבְּהֶן prep.-n.m.s.-3 f.p. sf. (524) *out of their own minds*

וְהִנָּבֵא conj.-Ni. impv. 2 m.s. (נָבָא 612) *prophesy*

עֲלֵיהֶן prep.-3 f.p. sf. *against them*

13:18

וְאָמַרְתָּ conj.-Qal pf. 2 m.s. (55) *and say*

514

כֹּה־אָמַר adv. (462)-Qal pf. 3 m.s. (55) *Thus says*

אֲדֹנָי יהוה n.m.p.-1 c.s. sf. (10)-pr.n. (217) *the Lord Yahweh*

הוֹי interj. (222) *Woe*

לִמְתַפְּרוֹת prep.-Pi. ptc. f.p. (תָּפַר 1074) *who sew*

כְּסָתוֹת n.f.p. (492) *magic bands*

עַל־כָּל־ prep. (752)-n.m.s. cstr. (481) *upon all*

אַצִּילֵי יָדַי n.f.p. cstr. (69)-n.f.p.-1 c.s. sf. (388; GK 87f) *wrists (joints of my hands)*

וְעֹשׂוֹת conj.-Qal act.ptc. f.p. (עָשָׂה 793) *and who make*

הַמִּסְפָּחוֹת def.art.-n.f.p. (705) *veils*

עַל־רֹאשׁ prep.-n.m.s. cstr. (910) *for the heads of*

כָּל־קוֹמָה n.m.s. cstr. (481)-n.f.s. (879) *persons of every stature*

לְצוֹדֵד prep.-Polel inf.cstr. (צוּד 844) *in the hunt for*

נְפָשׁוֹת n.f.p. (659) *souls*

הַנְּפָשׁוֹת def.art.-n.f.p. (659) *souls*

תְּצוֹדֵדְנָה Polel ptc. f.p. (צוּד 844) *will you hunt down*

לְעַמִּי prep.-n.m.s.-1 c.s. sf. (766) *belonging to my people*

וּנְפָשׁוֹת conj.-n.f.p. (659) *and souls*

לָכֶנָה prep.-2 f.p. sf. (510; GK 103fN) *for your profit*

תְּחַיֶּינָה Pi. impf. 2 f.p. (חָיָה 310) *you will keep alive*

13:19

וַתְּחַלֶּלְנָה consec.-Pi. impf. 2 f.p. (320 חָלַל) *You have profaned*

אֹתִי dir.obj.-1 c.s. sf. *me*

אֶל־עַמִּי prep. (39)-n.m.s.-1 c.s. sf. (766) *among my people*

בְּשַׁעֲלֵי prep.-n.m.p. cstr. (1043; GK 93r) *for handfuls of*

שְׂעֹרִים n.f.p. (972) *barley*

וּבִפְתוֹתֵי conj.-prep.-n.m.p. cstr. (837) *and for pieces of*

לֶחֶם n.m.s. (536) *bread*

לְהָמִית prep.-Hi. inf.cstr. (מוּת 559) *putting to death*

נְפָשׁוֹת n.f.p. (659) *persons*

אֲשֶׁר לֹא־תְמוּתֶנָה rel. (81)-neg.-Qal impf. 3 f.p. (מוּת 559; GK 72k) *who should not die*

וּלְחַיּוֹת conj.-prep.-Pi. inf.cstr. (חָיָה 310) *and keeping alive*

נְפָשׁוֹת v.supra *persons*

אֲשֶׁר לֹא־תִחְיֶינָה rel. (81)-neg.-Qal impf. 3 f.p. (חָיָה 310) *who should not live*

בְּכַזֶּבְכֶם 469) prep.-Pi. inf.cstr.-2 m.p. sf. (כָזַב *by your lies*

לְעַמִּי prep.-n.m.s.-1 c.s. sf. (766) *to my people*

שֹׁמְעֵי כָזָב Qal act.ptc. m.p. cstr. (1033)-n.m.s. (469) *who listen to lies*

13:20

לָכֵן כֹּה prep.-adv. (485)-adv. (462) *Wherefore thus*

אָמַר Qal pf. 3 m.s. (55) *says*

אֲדֹנָי יהוה n.m.p.-1 c.s. sf. (10)-pr.n. (217) *the Lord Yahweh*

הִנְנִי demons.part.-1 c.s. sf. (243) *Behold, I am*

אֶל־כִּסְּתוֹתֵיכֶנָה prep.-n.f.p.-2 f.p. sf. (492; GK 91 l) *against your magic bands*

אֲשֶׁר אַתֵּנָה rel. (81)-pers.pr. 2 f.p. (61; GK 32i) *with which you*

מְצֹדְדוֹת Polel ptc. f.p. (צוּד 844) *hunt*

שָׁם adv. (1027) *there*

אֶת־הַנְּפָשׁוֹת dir.obj.-def.art.-n.f.p. (659) *souls*

לְפֹרְחוֹת prep.-Qal act.ptc. f.p. (827 פָּרַח) *for birds*

וְקָרַעְתִּי conj.-Qal pf. 1 c.s. (קָרַע 902) *and I will tear*

אֹתָם dir.obj.-3 m.p. sf. *them*

מֵעַל זְרוֹעֹתֵיכֶם prep.-prep.-n.f.p.-2 m.p. sf. (283) *from your arms*

וְשִׁלַּחְתִּי conj.-Pi. pf. 1 c.s. (שָׁלַח 1018) *and I will let go free*

אֶת־הַנְּפָשׁוֹת v.supra-v.supra *the souls*

אֲשֶׁר אַתֶּם rel. (81)-pers.pr. 2 m.p. (61) *that you*

מְצֹדְדוֹת Polel ptc. f.p. (צוּד 844) *hunt*

אֶת־נְפָשִׁים dir.obj.-n.f.p. (659) *souls*

לְפֹרְחֹת prep.-Qal act.ptc. f.p. (פָּרַח 827) *like birds*

13:21

וְקָרַעְתִּי conj.-Qal pf. 1 c.s. (902) *I will tear off*

אֶת־מִסְפְּחֹתֵיכֶם dir.obj.-n.f.p.-2 m.p. sf. (705) *your veils*

וְהִצַּלְתִּי conj.-Hi. pf. 1 c.s. (נָצַל 664) *and deliver*

אֶת־עַמִּי dir.obj.-n.m.s.-1 c.s. sf. (766) *my people*

מִיֶּדְכֶן prep.-n.f.s.-2 f.p. sf. (388) *out of your hand*

וְלֹא־יִהְיוּ conj.-neg.-Qal impf. 3 m.p. (הָיָה 224) *and they shall be no*

עוֹד adv. (728) *more*

בְּיֶדְכֶן prep.-n.f.s.-2 f.p. sf. (388) *in your hand*

לִמְצוּדָה prep.-n.f.s. (845) *as prey*

515

וִידַעְתֶּן conj.-Qal pf. 2 f.p. (יָדַע 393) *and you shall know*

כִּי־אֲנִי conj. (471)-pers.pr. 1 c.s. (58) *that I am*

יהוה pr.n. (217) *Yahweh*

13:22

יַעַן הַכְאוֹת conj. (774)-Hi. inf.cstr. (כָּאָה 456) *Because you have disheartened*

לֵב־צַדִּיק n.m.s. (524)-adj. m.s. (843) *the righteous heart*

שֶׁקֶר n.m.s. (1055) *falsely*

וַאֲנִי conj.-pers.pr. 1 c.s. (58) *although I*

לֹא הִכְאַבְתִּיו neg.-Hi. pf. 1 c.s.-3 m.s. sf. (כָּאַב 456) *have not disheartened*

וּלְחַזֵּק conj.-prep.-Pi. inf.cstr. (חָזַק 304) *and you have encouraged*

יְדֵי רָשָׁע n.f.p. cstr. (388)-adj. m.s. (957) *(the hands of) the wicked*

לְבִלְתִּי־שׁוּב prep.-neg. (116)-Qal inf.cstr. (996) *that he should not turn*

מִדַּרְכּוֹ prep.-n.m.s.-3 m.s. sf. (202) *from his ... way*

הָרַע def.art.-n.m.s. (948) *wicked*

לְהַחֲיֹתוֹ prep.-Hi. inf.cstr.-3 m.s. sf. (חָיָה 310) *to save his life*

13:23

לָכֵן שָׁוְא prep.-adv.(485)-n.m.s. (996) *therefore delusive visions*

לֹא תֶחֱזֶינָה neg.-Qal impf. 2 f.p. (חָזָה 302) *you shall no more see*

וְקֶסֶם conj.-n.m.s. (890) *and divination*

לֹא־תִקְסַמְנָה neg.-Qal impf. 2 f.p. (קָסַם 890) *you shall not practice*

עוֹד adv. (728) *more*

וְהִצַּלְתִּי conj.-Hi. pf. 1 c.s. (נָצַל 664) *I will deliver*

אֶת־עַמִּי dir.obj.-n.m.s.-1 c.s. sf. (766) *my people*

מִיֶּדְכֶן prep.-n.f.s.-2 f.p. sf. (388) *out of your hand*

וִידַעְתֶּן conj.-Qal pf. 2 f.p. (יָדַע 393) *Then you will know*

כִּי־אֲנִי conj. (471)-pers.pr. 1 c.s. (58) *that I am*

יהוה pr.n. (217) *Yahweh*

14:1

וַיָּבוֹא consec.-Qal impf. 3 m.s. (בּוֹא 97) *Then came*

אֵלַי prep.-1 c.s. sf. *to me*

אֲנָשִׁים n.m.p. (35) *certain (men)*

מִזִּקְנֵי prep.-adj. m.p. cstr. (278) *of the elders of*

יִשְׂרָאֵל pr.n. (975) *Israel*

וַיֵּשְׁבוּ consec.-Qal impf. 3 m.p. (יָשַׁב 442) *and sat*

לְפָנָי prep.-n.m.p.-1 c.s. sf. paus. (815) *before me*

14:2

וַיְהִי consec.-Qal impf. 3 m.s. apoc. (הָיָה 224) *and came*

דְּבַר־יהוה n.m.s. cstr. (182)-pr.n. (217) *the word of Yahweh*

אֵלַי prep.-1 c.s. sf. *to me*

לֵאמֹר prep.-Qal inf.cstr.(55) *(saying)*

14:3

בֶּן־אָדָם n.m.s. cstr. (119)-n.m.s. (9) *Son of man*

הָאֲנָשִׁים def.art.-n.m.p. (35) *... men*

הָאֵלֶּה def.art.-demons.adj. c.p. (41) *these*

הֶעֱלוּ Hi. pf. 3 c.p. (עָלָה 748) *have taken*

גִּלּוּלֵיהֶם n.m.p.-3 m.p. sf. (165) *their idols*

עַל־לִבָּם prep.-n.m.s.-3 m.p. sf. (524) *into their hearts*

וּמִכְשׁוֹל conj.-n.m.s. cstr. (506) *and the stumbling block of*

עֲוֺנָם n.m.s.-3 m.p. sf. (730) *their iniquity*

נָתְנוּ Qal pf. 3 c.p. (נָתַן 678) *have set*

נֹכַח פְּנֵיהֶם prep. (647)-n.m.p.-3 m.p. sf. (815) *before their faces*

הַאִדָּרֹשׁ אִדָּרֵשׁ Ni. inf.abs. (דָּרַשׁ 205; GK 51k) -Ni. impf. 1 c.s. (דָּרַשׁ 205; GK 51p) *should I let myself be inquired of at all*

לָהֶם prep.-3 m.p. sf. *by them*

14:4

לָכֵן דַּבֵּר־ prep.-adv. (485)-Pi. impv. 2 m.s. (180) *Therefore speak*

אוֹתָם dir.obj.-3 m.p. sf. *to them*

וְאָמַרְתָּ conj.-Qal pf. 2 m.s. (55) *and say*

אֲלֵיהֶם prep.-3 m.p. sf. *to them*

כֹּה־אָמַר adv. (462)-Qal pf. 3 m.s. (55) *Thus says*

אֲדֹנָי יהוה n.m.p.-1 c.s. sf. (10)-pr.n. (217) *the Lord Yahweh*

אִישׁ אִישׁ n.m.s. (35)-v.supra *Any man*

מִבֵּית יִשְׂרָאֵל prep.-n.m.s. cstr. (108)-pr.n. (975) *of the house of Israel*

אֲשֶׁר יַעֲלֶה rel. (81)-Hi. impf. 3 m.s. (עָלָה 748) *who takes*

אֶת־גִּלּוּלָיו dir.obj.-n.m.p.-3 m.s. sf. (165) *his idols*

אֶל־לִבּוֹ prep.-n.m.s.-3 m.s. sf. (524) *into his heart*

וּמִכְשׁוֹל conj.-n.m.s. cstr. (506) *and the stumbling block of*

עֲוֺנוֹ n.m.s.-3 m.s. sf. (730) *his iniquity*

יָשִׂים Qal impf. 3 m.s. (שׂום 962) *sets*

נֹכַח פָּנָיו prep. (647)-n.m.p.-3 m.s. sf. (815) *before his face*

וּבָא conj.-Qal pf. 3 m.s. (בוֹא 97) *and yet comes*

אֶל־הַנָּבִיא prep. (39)-def.art.-n.m.s. (611) *to the prophet*

אֲנִי יהוה pers.pr. 1 c.s. (58)-pr.n. (217) *I Yahweh (myself)*

נַעֲנֵיתִי Ni. pf. 1 c.s. (עָנָה 772) *will answer*

לוֹ prep.-3 m.s. sf. *him*

בָה as בָהּ prep.-3 f.s. sf. *in it*; Qere rds. בָא as Qal pf. 3 m.s. (בוֹא 97)

בְּרֹב prep.-n.m.s. cstr. (913) *because of the multitude of*

גִּלּוּלָיו n.m.p.-3 m.s. sf. (165) *his idols*

14:5

לְמַעַן תְּפֹשׂ prep. (775)-Qal inf.cstr. (תָּפַשׂ 1074) *in order to lay hold*

אֶת־בֵּית dir.obj.-n.m.s. cstr. (108) *of the house of*

יִשְׂרָאֵל pr.n. (975) *Israel*

בְּלִבָּם prep.-n.m.s.-3 m.p. sf. (524) *of their hearts*

אֲשֶׁר נָזֹרוּ rel. (81)-Ni. pf. 3 c.p. (266 זוּר) *who are estranged*

מֵעָלַי prep.-prep.-1 c.s. sf. *from me*

בְּגִלּוּלֵיהֶם prep.-n.m.p.-3 m.p. sf. (165) *through their idols*

כֻּלָּם n.m.s.-3 m.p. sf. (481) *all of them*

14:6

לָכֵן אֱמֹר prep.-adv. (485)-Qal impv. 2 m.s. (55) *Therefore say*

אֶל־בֵּית prep.-n.m.s. cstr. (108) *to the house of*

יִשְׂרָאֵל pr.n. (975) *Israel*

כֹּה אָמַר adv. (462)-Qal pf. 3 m.s. (55) *Thus says*

אֲדֹנָי יהוה n.m.p.-1 c.s. sf. (10)-pr.n. (217) *the Lord Yahweh*

שׁוּבוּ Qal impv. 2 m.p. (996) *Repent*

וְהָשִׁיבוּ conj.-Hi. impv. 2 m.p. (שׁוּב 996) *and turn away*

מֵעַל גִּלּוּלֵיכֶם prep.-prep.-n.m.p.-2 m.p. sf. (165) *from your idols*

וּמֵעַל כָּל־תּוֹעֲבֹתֵיכֶם conj.-prep.-prep.-n.m.s. cstr. (481)-n.f.p.-2 m.p. sf. (1072) *and from all your abominations*

הָשִׁיבוּ v.supra *turn away*

פְּנֵיכֶם n.m.p.-2 m.p. sf. (815) *your faces*

14:7

כִּי אִישׁ אִישׁ conj. (471)-n.m.s.-v.supra *For any one*

מִבֵּית prep.-n.m.s. cstr. (108) *of the house of*

יִשְׂרָאֵל pr.n. (975) *Israel*

וּמֵהַגֵּר conj.-prep.-def.art.-n.m.s. (158) *or of the strangers (sojourner)*

אֲשֶׁר־יָגוּר rel. (81)-Qal impf. 3 m.s. (גוּר 157) *that sojourn*

בְּיִשְׂרָאֵל prep.-pr.n. (975) *in Israel*

וְיִנָּזֵר conj.-Ni. impf. 3 m.s. (נָזַר 634) *who separates himself*

מֵאַחֲרַי prep.-prep.-1 c.s. sf. (29) *from me*

וְיַעַל conj.-Hi. impf. 3 m.s. (עָלָה 748) *taking*

גִּלּוּלָיו n.m.p.-3 m.s. sf. (165) *his idols*

אֶל־לִבּוֹ prep.-n.m.s.-3 m.s. sf. (524) *into his heart*

וּמִכְשׁוֹל conj.-n.m.s. cstr. (506) *and the stumbling block of*

עֲוֹנוֹ n.m.s.-3 m.s. sf. (730) *his iniquity*

יָשִׂים Qal impf. 3 m.s. (שׂום 962) *putting*

נֹכַח פָּנָיו prep. (647)-n.m.p.-3 m.s. sf. (815) *before his face*

וּבָא conj.-Qal pf. 3 m.s. (בוֹא 97) *and yet comes*

אֶל־הַנָּבִיא prep.-def.art.-n.m.s. (611) *to the prophet*

לִדְרָשׁ־לוֹ prep.-Qal inf.cstr. (205)-prep.-3 m.s. sf. *to inquire for himself*

בִּי prep.-1 c.s. sf. *of me*

אֲנִי יהוה pers.pr. 1 c.s. (58)-pr.n. (217) *I Yahweh*

נַעֲנֶה־לוֹ Ni. ptc. (עָנָה 772)-prep.-3 m.s. sf. *will answer him*

בִּי prep.-1 c.s. sf. *myself*

14:8

וְנָתַתִּי conj.-Qal pf. 1 c.s. (נָתַן 678) *and I will set*

פָנַי n.m.p.-1 c.s. sf. (815) *my face*

בָּאִישׁ הַהוּא prep.-def.art.-n.m.s. (35)-def.art.-demons.adj. m.s. (214) *against that man*

וַהֲשִׁמֹתִיהוּ conj.-Hi. pf. 1 c.s.-3 m.s. sf. (שׂום 962) *and I will make him*

לְאוֹת prep.-n.m.s. (16) *a sign*

וְלִמְשָׁלִים conj.-prep.-n.m.p. (605) *and a byword*

וְהִכְרַתִּיו conj.-Hi. pf. 1 c.s.-3 m.s. sf. (כָּרַת 503) *and cut him off*

מִתּוֹךְ עַמִּי prep.-n.m.s. cstr. (1063)-n.m.s.-1 c.s. sf. (766) *from the midst of my people*

וִידַעְתֶּם conj.-Qal pf. 2 m.p. (יָדַע 393) *and you shall know*

כִּי־אֲנִי conj. (471)-pers.pr. 1 c.s. (58) *that I am*

יהוה pr.n. (217) *Yahweh*

14:9

וְהַנָּבִיא conj.-def.art.-n.m.s. (611) *and the prophet*

כִי־יְפֻתֶּה conj. (471)-Pu. impf. 3 m.s. (פתה 834) *if he be deceived*

וְדִבֶּר conj.-Pi. pf. 3 m.s. (180) *and speak*

דָּבָר n.m.s. (182) *a word*

אֲנִי יהוה pers.pr. 1 c.s. (58)-pr.n. (217) *I Yahweh*

פִּתֵּיתִי Pi. pf. 1 c.s. (פתה 834) *have deceived*

אֵת הַנָּבִיא הַהוּא dir.obj.-def.art.-n.m.s. (611) -def.art.-demons.adj. m.s. (214) *that prophet*

וְנָטִיתִי conj.-Qal pf. 1 c.s. (נטה 639) *and I will stretch out*

אֶת־יָדִי dir.obj.-n.f.s.-1 c.s. sf. (388) *my hand*

עָלָיו prep.-3 m.s. sf. *against him*

וְהִשְׁמַדְתִּיו conj.-Hi. pf. 1 c.s.-3 m.s. sf. (1029) *and will destroy him*

מִתּוֹךְ prep.-n.m.s. cstr. (1063) *from the midst of*

עַמִּי n.m.s.-1 c.s. sf. (766) *my people*

יִשְׂרָאֵל pr.n. (975) *Israel*

14:10

וְנָשְׂאוּ conj.-Qal pf. 3 c.p. (נשא 669) *And they shall bear*

עֲוֺנָם n.m.s.-3 m.p. sf. (730) *their punishment*

כַּעֲוֺן prep.-n.m.s. cstr. (730) *as the punishment of*

הַדֹּרֵשׁ def.art.-Qal act.ptc. (דרש 205) *the inquirer*

כַּעֲוֺן v.supra *as the punishment of*

הַנָּבִיא def.art.-n.m.s. (611) *the prophet*

יִהְיֶה Qal impf. 3 m.s. (היה 224) *shall be*

14:11

לְמַעַן לֹא־יִתְעוּ conj. (775)-neg.-Qal impf. 3 m.p. (תעה 1073) *that may go no ... astray*

עוֹד adv. (728) *more*

בֵּית־יִשְׂרָאֵל n.m.s. cstr. (108)-pr.n. (975) *the house of Israel*

מֵאַחֲרַי prep.-prep.-1 c.s. sf. (29) *from me*

וְלֹא־יִטַּמְּאוּ conj.-neg.-Hith. impf. 3 m.p. (טמא 379) *nor defile themselves*

עוֹד v.supra *any more*

בְּכָל־ prep.-n.m.s. cstr. (481) *with all of*

פִּשְׁעֵיהֶם n.m.p.-3 m.p. sf. (833) *their transgressions*

וְהָיוּ לִי conj.-Qal pf. 3 c.p. (היה 224)-prep.-1 c.s. sf. *but that they may be for me*

לְעָם prep.-n.m.s. paus. (766) *a people*

וַאֲנִי אֶהְיֶה conj.-pers.pr. 1 c.s. (58)-Qal impf. 1 c.s. (היה 224) *and I may be*

לָהֶם prep.-3 m.p. sf. *for them*

לֵאלֹהִים prep.-n.m.p. (43) *God*

נְאֻם אֲדֹנָי n.m.s. cstr. (610)-n.m.p.-1 c.s. sf. (10) *says the Lord*

יהוה pr.n. (217) *Yahweh*

14:12

וַיְהִי consec.-Qal impf. 3 m.s. (היה 224) *and came*

דְּבַר־יהוה n.m.s. cstr. (182)-pr.n. (217) *the word of Yahweh*

אֵלַי prep.-1 c.s. sf. *to me*

לֵאמֹר prep.-Qal inf.cstr. (55) *(saying)*

14:13

בֶּן־אָדָם n.m.s. cstr. (119)-n.m.s. (9) *Son of man*

אֶרֶץ n.f.s. (75) *a land*

כִּי תֶחֱטָא conj. (471)-Qal impf. 3 f.s. (חטא 306) *when it sins*

לִי prep.-1 c.s. sf. *against me*

לִמְעָל־מַעַל prep.-Qal inf.cstr. (591)-n.m.s. (591) *by acting faithlessly*

וְנָטִיתִי conj.-Qal pf. 1 c.s. (נטה 639) *and I stretch out*

יָדִי n.f.s.-1 c.s. sf. (388) *my hand*

עָלֶיהָ prep.-3 f.s. sf. *against it*

וְשָׁבַרְתִּי conj.-Qal pf. 1 c.s. (שבר 990) *and break*

לָהּ prep.-3 f.s. sf. *its*

מַטֵּה־לֶחֶם n.m.s. cstr. (641)-n.m.s. (536) *staff of bread*

וְהִשְׁלַחְתִּי־ conj.-Hi. pf. 1 c.s. (שלח 1018) *and send*

בָהּ prep.-3 f.s. sf. *upon it*

רָעָב n.m.s. (944) *famine*

וְהִכְרַתִּי conj.-Hi. pf. 1 c.s. (כרת 503) *and cut off*

מִמֶּנָּה prep.-3 f.s. sf. (577) *from it*

אָדָם n.m.s. (9) *man*

וּבְהֵמָה conj.-n.f.s. (96) *and beast*

14:14

וְהָיוּ conj.-Qal pf. 3 c.p. (היה 224; GK 112 ll) *even if ... were*

שְׁלֹשֶׁת num. f.s. cstr. (1025) *three of*

הָאֲנָשִׁים הָאֵלֶּה def.art.-n.m.p. (35)-def.art. -demons.adj. c.p. (41) *these men*

בְּתוֹכָהּ prep.-n.m.s. cstr.-3 f.s. sf. (1063) *in it*

נֹחַ pr.n. (629) *Noah*

דָּנִאֵל pr.n. (193) *Daniel*

וְאִיּוֹב conj.-pr.n. (33) *and Job*

הֵמָּה pers.pr. 3 m.p. (241) *they*

בְצִדְקָתָם prep.-n.f.s.-3 m.p. sf. (842) *by their righteousness*

יְנַצְּלוּ Pi. impf. 3 m.p. (664) *would deliver*

נַפְשָׁם n.f.s.-3 m.p. sf. (659) *but their own lives*

נְאֻם אֲדֹנָי n.m.s. cstr. (610)-n.m.p.-1 c.s. sf. (10) *says the Lord*

יהוה pr.n. (217) *Yahweh*

14:15

לוּ־חַיָּה רָעָה conj. (530)-n.f.s. (312)-adj. f.s. (948) *If wild beasts*

אַעֲבִיר Hi. impf. 1 c.s. (עבר 716) *I cause to pass through*

בָּאָרֶץ prep.-def.art.-n.f.s. (75) *the land*

וְשִׁכְּלָתָה conj.-Pi. pf. 3 f.s.-3 f.s. sf. (שׁכל 1013) *and they ravage it*

וְהָיְתָה conj.-Qal pf. 3 f.s. (היה 224) *and it be made*

שְׁמָמָה n.f.s. (1031) *desolate*

מִבְּלִי עוֹבֵר prep.-neg. (115)-Qal act.ptc. (716) *so that no man may pass through*

מִפְּנֵי הַחַיָּה prep.-n.m.p. cstr. (815)-def.art.-n.f.s. (312) *because of the beasts*

14:16

שְׁלֹשֶׁת num. f.s. cstr. (1025) *three (of)*

הָאֲנָשִׁים הָאֵלֶּה def.art.-n.m.p. (35)-def.art.-demons.adj. c.p. (41) *these men*

בְּתוֹכָהּ prep.-n.m.s.-3 f.s. sf. (1063) *in it*

חַי־אָנִי adj. m.s. (311)-pers.pr. 1 c.s. (58) *as I live*

נְאֻם אֲדֹנָי n.m.s. cstr. (610)-n.m.p.-1 c.s. sf. (10) *says the Lord*

יהוה pr.n. (217) *Yahweh*

אִם־בָּנִים hypoth.part. (49)-n.m.p. (119) *neither sons*

וְאִם־בָּנוֹת conj.-v.supra-n.f.p. (123) *nor daughters*

יַצִּילוּ Hi. impf. 3 m.p. (נצל 664) *they would deliver*

הֵמָּה לְבַדָּם pers.pr. 3 m.p. (241)-prep.-n.m.s.-3 m.p. sf. (94) *they alone*

יִנָּצֵלוּ Ni. impf. 3 m.p. paus. (נצל 664) *would be delivered*

וְהָאָרֶץ conj.-def.art.-n.f.s. (75) *but the land*

תִּהְיֶה Qal impf. 3 f.s. (היה 224) *would be*

שְׁמָמָה n.f.s. (1031) *desolate*

14:17

אוֹ חֶרֶב conj. (14)-n.f.s. (352) *Or a sword*

אָבִיא Hi. impf. 1 c.s. (בוא 97) *I bring*

עַל־הָאָרֶץ הַהוּא prep.-def.art.-n.f.s. (75)-def.art.-demons.adj. f.s. (214) *upon that land*

וְאָמַרְתִּי conj.-Qal pf. 1 c.s. (55) *and say*

חֶרֶב n.f.s. (352) *a sword*

תַּעֲבֹר Qal impf. 3 f.s. (עבר 716) *let go through*

בָּאָרֶץ prep.-def.art.-n.f.s. (75) *the land*

וְהִכְרַתִּי conj.-Hi. pf. 1 c.s. (כרת 503) *and I cut off*

מִמֶּנָּה prep.-3 f.s. sf. *from it*

אָדָם n.m.s. (9) *man*

וּבְהֵמָה conj.-n.f.s. (96) *and beast*

14:18

וּשְׁלֹשֶׁת conj.-num. f.s. cstr. (1025) *though three (of)*

הָאֲנָשִׁים הָאֵלֶּה def.art.-n.m.p. (35)-def.art.-demons.adj. c.p. (41) *these men*

בְּתוֹכָהּ prep.-n.m.s.-3 f.s. sf. (1063) *in it*

חַי־אָנִי adj. m.s. (311)-pers.pr. 1 c.s. (58) *as I live*

נְאֻם אֲדֹנָי n.m.s. cstr. (610)-n.m.p.-1 c.s. sf. (10) *says the Lord*

יהוה pr.n. (217) *Yahweh*

לֹא יַצִּילוּ neg.-Hi. impf. 3 m.p. (נצל 664) *they would not deliver*

בָּנִים n.m.p. (119) *sons*

וּבָנוֹת conj.-n.f.p. (123) *or daughters*

כִּי הֵם conj. (471)-pers.pr. 3 m.p. (241) *but they*

לְבַדָּם prep.-n.m.s.-3 m.p. sf. (94) *alone*

יִנָּצֵלוּ Ni. impf. 3 m.p. paus. (נצל 664) *would be delivered*

14:19

אוֹ דֶבֶר conj. (14)-n.m.s. (184) *or a pestilence*

אֲשַׁלַּח Pi. impf. 1 c.s. (שׁלח 1018) *if I send*

אֶל־הָאָרֶץ הַהִיא prep.-def.art.-n.f.s. (75)-def.art.-demons.adj. f.s. (214) *in that land*

וְשָׁפַכְתִּי conj.-Qal pf. 1 c.s. (שׁפך 1049) *and pour out*

חֲמָתִי n.f.s.-1 c.s. sf. (404) *my wrath*

עָלֶיהָ prep.-3 f.s. sf. *upon it*

בְּדָם prep.-n.m.s. (196) *with blood*

לְהַכְרִית prep.-Hi. inf.cstr. (כרת 503) *to cut off*

מִמֶּנָּה prep.-3 f.s. sf. *from it*

אָדָם n.m.s. (9) *man*

וּבְהֵמָה conj.-n.f.s. (96) *and beast*

14:20

וְנֹחַ conj.-pr.n. (629) *even if Noah*

דָּנִאֵל pr.n. (193) *Daniel*

וְאִיּוֹב conj.-pr.n. (33) *and Job*

בְּתוֹכָהּ prep.-n.m.s.-3 f.s. sf. (1063) *were in it*

חַי־אָנִי adj. m.s. (311)-pers.pr. 1 c.s. (58) *as I live*

נְאֻם אֲדֹנָי n.m.s. cstr. (610)-n.m.p.-1 c.s. sf. (10) *says the Lord*

יהוה pr.n. (217) *Yahweh*

אִם־בֵּן hypoth.part. (49)-n.m.s. (119) *neither son*

אִם־בַּת v.supra-n.f.s. (123) *nor daughter*

יַצִּילוּ Hi. impf. 3 m.p. (נָצַל 664) *they would deliver*

הֵמָּה pers.pr. 3 m.p. (241) *they*

בְּצִדְקָתָם prep.-n.f.s.-3 m.p. sf. (842) *by their righteousness*

יַצִּילוּ v.supra *would deliver*

נַפְשָׁם n.f.s.-3 m.p. sf. (659) *their own lives*

14:21

כִּי כֹה conj. (471)-adv. (462) *For thus*

אָמַר אֲדֹנָי Qal pf. 3 m.s. (55)-n.m.p.-1 c.s. sf. (10) *says the Lord*

יהוה pr.n. (217) *Yahweh*

אַף כִּי conj. (64)-conj. (471) *how much more when*

אַרְבַּעַת num. f.s. cstr. (916) *four (of)*

שְׁפָטַי n.m.p.-1 c.s. sf. (1048) *my judgments*

הָרָעִים def.art.-adj. m.p. (948) *evil*

חֶרֶב n.f.s. (352) *sword*

וְרָעָב conj.-n.m.s. (944) *famine*

וְחַיָּה רָעָה conj.-n.f.s. (312)-adj. f.s. (948) *evil beasts*

וָדֶבֶר conj.-n.m.s. (184) *and pestilence*

שִׁלַּחְתִּי Pi. pf. 1 c.s. (שָׁלַח 1018) *I send*

אֶל־יְרוּשָׁלִַם prep. (39)-pr.n. paus. (436) *upon Jerusalem*

לְהַכְרִית prep.-Hi. inf.cstr. (כָּרַת 503) *to cut off*

מִמֶּנָּה prep.-3 f.s. sf. *from it*

אָדָם n.m.s. (9) *man*

וּבְהֵמָה conj.-n.f.s. (96) *and beast*

14:22

וְהִנֵּה conj.-demons.part. (243) *Yet*

נוֹתְרָה־ Ni. pf. 3 f.s. (יָתַר 451) *if there should be left*

בָּהּ prep.-3 f.s. sf. *in it*

פְּלֵטָה n.f.s. (812) *any survivors*

הַמּוּצָאִים def.art.-Ho. ptc. m.p. (יָצָא 422; GK 126w) *to lead out*

בָּנִים n.m.p. (119) *sons*

וּבָנוֹת conj.-n.f.p. (123) *and daughters*

הִנָּם demons.part.-3 m.p. sf. (243) *when they*

יוֹצְאִים Hi. ptc. m.p. (יָצָא 422) *come forth*

אֲלֵיכֶם prep.-2 m.p. sf. *to you*

וּרְאִיתֶם conj.-Qal pf. 2 m.p. (רָאָה 906) *and you see*

אֶת־דַּרְכָּם dir.obj.-n.m.s.-3 m.p. sf. (202) *their ways*

וְאֶת־עֲלִילוֹתָם conj.-dir.obj.-n.f.p.-3 m.p. sf. (760; GK 117 l) *and their doings*

וְנִחַמְתֶּם conj.-Ni. pf. 2 m.p. (נָחַם 636) *you will be consoled*

עַל־הָרָעָה prep.-def.art.-n.f.s. (949) *for the evil*

אֲשֶׁר הֵבֵאתִי rel. (81)-Hi. pf. 1 c.s. (בּוֹא 97) *that I have brought*

עַל־יְרוּשָׁלִַם prep.-pr.n. (436) *upon Jerusalem*

אֵת כָּל־אֲשֶׁר dir.obj.-n.m.s. (481)-rel. (81) *for all that*

הֵבֵאתִי v.supra *I have brought*

עָלֶיהָ prep.-3 f.s. sf. *upon it*

14:23

וְנִחֲמוּ conj.-Pi. pf. 3 c.p. (נָחַם 636) *They will console*

אֶתְכֶם dir.obj.-2 m.p. sf. *you*

כִּי־תִרְאוּ conj. (471)-Qal impf. 2 m.p. (רָאָה 906) *when you see*

אֶת־דַּרְכָּם dir.obj.-n.m.s.-3 m.p. sf. (202) *their ways*

וְאֶת־עֲלִילוֹתָם conj.-dir.obj.-n.f.p.-3 m.p. sf. (760) *and their doings*

וִידַעְתֶּם conj.-Qal pf. 2 m.p. (יָדַע 393) *and you shall know*

כִּי לֹא חִנָּם conj. (471)-neg.-adv. (336) *that not without cause*

עָשִׂיתִי Qal pf. 1 c.s. (עָשָׂה 793) *I have done*

אֵת כָּל־אֲשֶׁר־ dir.obj.-n.m.s. (481)-rel. (81) *all that*

עָשִׂיתִי v.supra *I have done*

בָהּ prep.-3 f.s. sf. *in it*

נְאֻם אֲדֹנָי n.m.s. cstr. (610)-n.m.p.-1 c.s. sf. (10) *says the Lord*

יהוה pr.n. (217) *Yahweh*

15:1

וַיְהִי consec.-Qal impf. 3 m.s. (הָיָה 224) *and came*

דְּבַר־יהוה n.m.s. cstr. (182)-pr.n. (217) *the word of Yahweh*

אֵלַי prep.-1 c.s. sf. *to me*

לֵאמֹר prep.-Qal inf.cstr. (55) *(saying)*

15:2

בֶּן־אָדָם n.m.s. cstr. (119)-n.m.s. (9) *Son of man*

מַה־יִּהְיֶה interr. (552)-Qal impf. 3 m.s. (הָיָה 224) *how does*

עֵץ־הַגֶּפֶן n.m.s. cstr. (781)-def.art.-n.f.s. (172) *the wood of the vine*

מִכָּל־עֵץ prep.-n.m.s. cstr. (481)-n.m.s. (781) *surpass any wood*

הַזְּמוֹרָה def.art.-n.f.s. (274) *the vine branch*

אֲשֶׁר הָיָה rel. (81)-Qal pf. 3 m.s. (224) *which is*

בַּעֲצֵי הַיַּעַר prep.-n.m.p. cstr. (781)-def.art.-n.m.s. paus. (420) *among the trees of the forest*

15:3

הֲיֻקַּח interr.part.-Ho. impf. 3 m.s. (לקח 542) *is taken*

מִמֶּנּוּ prep.-3 m.s. sf. *from it*

עֵץ n.m.s. (781) *wood*

לַעֲשׂוֹת prep.-Qal inf.cstr. (עשה 793) *to make*

לִמְלָאכָה prep.-n.f.s. (521) *anything*

אִם־יִקְחוּ hypoth.part. (49)-Qal impf. 3 m.p. (לקח 542) *do men take?*

מִמֶּנּוּ v.supra *from it*

יָתֵד n.f.s. (450) *a peg*

לִתְלוֹת prep.-Qal inf.cstr. (תלה 1067) *to hang*

עָלָיו prep.-3 m.s. sf. *on it*

כָּל־כֶּלִי n.m.s. cstr. (481)-n.m.s. (479) *any vessel*

15:4

הִנֵּה לָאֵשׁ demons.part. (243)-prep.-def.art. -n.f.s. (77) *Lo, to the fire*

נִתַּן Ni. pf. 3 m.s. (נתן 678) *it is given*

לְאָכְלָה prep.-n.f.s. (38) *for fuel*

אֶת שְׁנֵי קְצוֹתָיו dir.obj.-num. m. cstr. (1040) -n.f.p.-3 m.s. sf. (892) *when both ends*

אָכְלָה Qal pf. 3 f.s. (אכל 5) *has consumed*

הָאֵשׁ def.art.-n.f.s. (77) *the fire*

וְתוֹכוֹ conj.-n.m.s.-3 m.s. sf. (1063) *and the middle of it*

נָחָר Ni. pf. 3 m.s. paus. (חרר 359) *is charred*

הֲיִצְלַח interr.-Qal impf. 3 m.s. (צלח 852) *is it useful*

לִמְלָאכָה prep.-n.f.s. (521) *for anything*

15:5

הִנֵּה demons.part. (243) *Behold*

בִּהְיוֹתוֹ prep.-Qal inf.cstr.-3 m.s. sf. (היה 224) *when it was*

תָמִים adj. m.s. (1071) *whole*

לֹא יֵעָשֶׂה neg.-Ni. impf. 3 m.s. (עשה 793) *it was not used*

לִמְלָאכָה prep.-n.f.s. (521) *for anything*

אַף כִּי־ conj. (64)-conj. (471) *how much less when*

אֵשׁ n.f.s. (77) *fire*

אֲכָלַתְהוּ Qal pf. 3 f.s.-3 m.s. sf.(5) *has consumed it*

וַיֵּחָר consec.-Ni. impf. 3 m.s. (חרר 359) *and it is charred*

וְנַעֲשָׂה עוֹד conj.-Ni. pf. 3 m.s. (עשה 793)-adv. (728) *can it ever be used*

לִמְלָאכָה prep.-n.f.s. (521) *for anything*

15:6

לָכֵן prep.-adv. (485) *Therefore*

כֹּה אָמַר adv. (462)-Qal pf. 3 m.s. (55) *thus says*

אֲדֹנָי יהוה n.m.p.-1 c.s. sf. (10)-pr.n. (217) *the Lord Yahweh*

כַּאֲשֶׁר prep.-rel. (81) *Like*

עֵץ־הַגֶּפֶן n.m.s. cstr. (781)-def.art.-n.f.s. (172) *the wood of the vine*

בְּעֵץ הַיַּעַר prep.-n.m.s. cstr. (781)-def.art.-n.m.s. (420) *among the trees of the forest*

אֲשֶׁר־נְתַתִּיו rel. (81)-Qal pf. 1 c.s.-3 m.s. sf. (נתן 678) *which I have given*

לָאֵשׁ prep.-def.art.-n.f.s. (77) *to the fire*

לְאָכְלָה prep.-n.f.s. (38) *for fuel*

כֵּן נָתַתִּי adv. (485)-Qal pf. 1 c.s. (נתן 678) *so will I give up*

אֶת־יֹשְׁבֵי dir.obj.-Qal act.ptc. m.p. cstr. 442) *the inhabitants of*

יְרוּשָׁלָ͏ִם pr.n. paus. (436) *Jerusalem*

15:7

וְנָתַתִּי conj.-Qal pf. 1 c.s. (נתן 678) *And I will set*

אֶת־פָּנַי dir.obj.-n.m.p.-1 c.s. sf. (815) *my face*

בָּהֶם prep.-3 m.p. sf. *against them*

מֵהָאֵשׁ prep.-def.art.-n.f.s. (77) *from the fire*

יָצָאוּ Qal pf. 3 c.p. paus. (יצא 422) *though they escape*

וְהָאֵשׁ conj.-def.art.-n.f.s. (77) *yet the fire*

תֹּאכְלֵם Qal impf. 3 f.s.-3 m.p. sf. (אכל 5) *shall consume them*

וִידַעְתֶּם conj.-Qal pf. 2 m.p. (ידע 393) *and you will know*

כִּי־אֲנִי conj. (471)-pers.pr. 1 c.s. (58) *that I*

יהוה pr.n. (217) *Yahweh*

בְּשׂוּמִי prep.-Qal inf.cstr.-1 c.s. sf. (שום 962) *when I set*

אֶת־פָּנַי dir.obj.-n.m.p.-1 c.s. sf. (815) *my face*

בָּהֶם prep.-3 m.p. sf. *against them*

15:8

וְנָתַתִּי conj.-Qal pf. 1 c.s. (נתן 678) *and I will make*

אֶת־הָאָרֶץ dir.obj.-def.art.-n.f.s. (75) *the land*

שְׁמָמָה n.f.s. (1031) *desolate*

יַעַן מָעֲלוּ מַעַל conj. (774)-Qal pf. 3 c.p. 591)-n.m.s. (591) *because they have acted faithlessly*

נְאֻם אֲדֹנָי n.m.s. cstr. (610)-n.m.p.-1 c.s. sf. (10) *says the Lord*

יהוה pr.n. (217) *Yahweh*

521

16:1

וַיְהִי consec.-Qal impf. 3 m.s. (הָיָה 224) *again came*

דְּבַר־יְהוָה n.m.s. cstr. (182)-pr.n. (217) *the word of Yahweh*

אֵלַי prep.-1 c.s. sf. *to me*

לֵאמֹר prep.-Qal inf.cstr. (55) *(saying)*

16:2

בֶּן־אָדָם n.m.s. cstr. (119)-n.m.s. (9) *Son of man*

הוֹדַע Hi. impv. 2 m.s. (יָדַע 393) *make known*

אֶת־יְרוּשָׁלַ͏ִם dir.obj.-pr.n. (436) *to Jerusalem*

אֶת־תּוֹעֲבֹתֶיהָ dir.obj.-n.f.p.-3 f.s. sf. (1072) *her abominations*

16:3

וְאָמַרְתָּ conj.-Qal pf. 2 m.s. (55) *and say*

כֹּה־אָמַר adv. (462)-Qal pf. 3 m.s. (55) *Thus says*

אֲדֹנָי יְהוָה n.m.p.-1 c.s. sf. (10)-pr.n. (217) *the Lord Yahweh*

לִירוּשָׁלַ͏ִם prep.-pr.n. (436) *to Jerusalem*

מְכֹרֹתַיִךְ n.f.p.-2 f.s. sf. (468) *your origin*

וּמֹלְדֹתַיִךְ conj.-n.f.p.-2 f.s. sf. (409) *and your birth*

מֵאֶרֶץ prep.-n.f.s. cstr. (75) *of the land of*

הַכְּנַעֲנִי def.art.-adj.gent. m.s. (489) *the Canaanites*

אָבִיךְ n.m.s.-2 f.s. sf. (3) *your father*

הָאֱמֹרִי def.art.-pr.n. coll. (57) *an Amorite*

וְאִמֵּךְ conj.-n.f.s.-2 f.s. sf. (51) *and your mother*

חִתִּית adj.gent. f.s. (366) *a Hittite*

16:4

וּמוֹלְדוֹתַיִךְ conj.-n.f.p.-2 f.s. sf. (409) *And as for your birth*

בְּיוֹם prep.-n.m.s. cstr. (398) *on the day*

הוּלֶּדֶת Ho. inf.cstr. (יָלַד 408; GK 71) *were born*

אוֹתָךְ dir.obj.-2 f.s. sf. *you*

לֹא־כָרַּת neg.-Pu. pf. 3 m.s. (כָּרַת 503; GK 52q, 64e) *was not cut*

שָׁרֵּךְ n.m.s.-2 f.s. sf. (1057; GK 22s) *your navel string*

וּבְמַיִם conj.-prep.-n.m. du. (565) *and with water*

לֹא־רֻחַצְתְּ neg.-Pu. pf. 2 f.s. (רָחַץ 934) *you were not washed*

לְמִשְׁעִי prep.-n.f.s. (606) *for cleansing*

וְהָמְלֵחַ conj.-Ho. inf.abs. (מָלַח 572) *and with salt*

לֹא הֻמְלַחַתְּ neg.-Ho. pf. 2 f.s. (מָלַח 572; GK 53s) *you were not rubbed with salt*

וְהָחְתֵּל conj.-Ho. inf.abs. (חָתַל 367) *and with bands*

לֹא חֻתָּלְתְּ neg.-Pu. pf. 2 f.s. (חָתַל 367) *you were not swathed*

16:5

לֹא־חָסָה neg.-Qal pf. 3 f.s. (חוּם 299) *has not pitied*

עָלַיִךְ prep.-2 f.s. sf. *you*

עַיִן n.f.s. (744) *an eye*

לַעֲשׂוֹת prep.-Qal inf.cstr. (עָשָׂה 793) *to do*

לָךְ prep.-2 f.s. sf. *to you*

אַחַת מֵאֵלֶּה num. f.s. cstr. (25)-prep.-demons. adj. c.p. (41) *any of these things*

לְחָמְלָה prep.-Qal inf.cstr. (חָמַל 328) *out of compassion*

עָלַיִךְ prep.-2 f.s. sf. paus. *for you*

וַתֻּשְׁלְכִי consec.-Ho. impf. 2 f.s. (שָׁלַךְ 1020) *but you were cast out*

אֶל־פְּנֵי הַשָּׂדֶה prep.-n.m.p. cstr. (815)-def.art. -n.m.s. (961) *on the open field*

בְּגֹעַל prep.-n.m.s. cstr. (172) *for the loathing of*

נַפְשֵׁךְ n.f.s.-2 f.s. sf. (659) *you*

בְּיוֹם prep.-n.m.s. cstr. (398) *on the day that*

הֻלֶּדֶת Ho. inf.cstr. (יָלַד 408; GK 71) *were born*

אֹתָךְ dir.obj.-2 f.s. paus. *you*

16:6

וָאֶעֱבֹר consec.-Qal impf. 1 c.s. (עָבַר 716) *And when I passed*

עָלַיִךְ prep.-2 f.s. sf. *by you*

וָאֶרְאֵךְ consec.-Qal impf. 1 c.s.-2 f.s. sf. (רָאָה 906) *and saw you*

מִתְבּוֹסֶסֶת Hithpolel ptc. f.s. (בּוּס 100) *weltering*

בְּדָמָיִךְ prep.-n.m.p.-2 f.s. sf. paus. (196) *in your blood*

וָאֹמַר consec.-Qal impf. 1 c.s. (אָמַר 55) *I said*

לָךְ prep.-2 f.s. sf. *to you*

בְּדָמַיִךְ prep.-n.m.p.-2 f.s. sf. (196) *in your blood*

חֲיִי Qal impv. 2 f.s. (חָיָה 310) *Live*

וָאֹמַר consec.-Qal impf. 1 c.s. (אָמַר 55) *and I said*

לָךְ v.supra *to you* (GK 123dN)

בְּדָמַיִךְ v.supra *in your blood*

חֲיִי v.supra *Live*

16:7

רְבָבָה n.f.s. (914) *a myriad*

כְּצֶמַח prep.-n.m.s. cstr. (855) *like a plant of*

הַשָּׂדֶה def.art.-n.m.s. (961) *the field*

נְתַתִּיךְ Qal pf. 1 c.s.-2 f.s. sf. (נָתַן 678) *I made you*

וַתִּרְבִּי consec.-Qal impf. 2 f.s. (רָבָה 915) *And you grew up*

וַתִּגְדְּלִי consec.-Qal impf. 2 f.s. (גָּדַל 152) *and became tall*

וַתָּבֹאִי consec.-Qal impf. 2 f.s. (בוא 97) *and arrived*

בַּעֲדִי prep.-n.m. coll. cstr. (725) *with ornament of*

עֲדָיִים n.m. coll. p. (725) *ornaments*

שָׁדַיִם n.m. du. (994) *your breasts*

נָכֹנוּ Ni. pf. 3 c.p. (כון 465) *were formed*

וּשְׂעָרֵךְ conj.-n.m.s.-2 f.s. sf. (972) *and your hair*

צִמֵּחַ Pi. pf. 3 m.s. (855) *had grown*

וְאַתְּ conj.-pers.pr. 2 f.s. (61) *yet you*

עֵרֹם adj. s. (735) *naked*

וְעֶרְיָה conj.-n.f.s. (789) *and bare*

16:8

וָאֶעֱבֹר consec.-Qal impf. 1 c.s. (עבר 716) *When I passed again*

עָלַיִךְ prep.-2 f.s. sf. *by you*

וָאֶרְאֵךְ consec.-Qal impf. 1 c.s.-2 f.s. sf (ראה 906) *and looked*

וְהִנֵּה conj.-demons.part. (243) *behold*

עִתֵּךְ n.f.s.-2 f.s. sf. (773) *your time*

עֵת דֹּדִים n.f.s. cstr. (773)-n.m.p. (187) *a time of love*

וָאֶפְרֹשׂ consec.-Qal impf. 1 c.s. (פרשׂ 831) *and I spread*

כְּנָפִי n.f.s.-1 c.s. sf. (489) *my skirt*

עָלַיִךְ prep.-2 f.s. sf. *over you*

וָאֲכַסֶּה consec.-Pi. impf. 1 c.s. (כסה 491) *and covered*

עֶרְוָתֵךְ n.f.s.-2 f.s. sf. (788) *your nakedness*

וָאֶשָּׁבַע consec.-Ni. impf. 1 c.s. (שׁבע 989) *yea, I plighted my troth*

לָךְ prep.-2 f.s. sf. *to you*

וָאָבוֹא consec.-Qal impf. 1 c.s. (בוא 97) *and entered*

בִּבְרִית prep.-n.f.s. (136) *into a covenant*

אֹתָךְ prep.-2 f.s. sf. (85) *with you*

נְאֻם אֲדֹנָי n.m.s. cstr. (610)-n.m.p.-1 c.s. sf. (10) *says the Lord*

יהוה pr.n. (217) *Yahweh*

וַתִּהְיִי לִי consec.-Qal impf. 2 f.s. (היה 224)-prep.-1 c.s. sf. *and you became mine*

16:9

וָאֶרְחָצֵךְ consec.-Qal impf. 1 c.s.-2 f.s. sf. (רחץ 934) *Then I bathed you*

בַּמָּיִם prep.-def.art.-n.m. du. (565) *with water*

וָאֶשְׁטֹף consec.-Qal impf. 1 c.s. (שׁטף 1009) *and washed off*

דָּמַיִךְ n.m.p.-2 f.s. sf. (196) *your blood*

מֵעָלָיִךְ prep.-prep.-2 f.s. sf. paus. *from you*

וָאֲסֻכֵךְ consec.-Qal impf. 1 c.s.-2 f.s. sf. (סוך 691) *and anointed you*

בַּשָּׁמֶן prep.-def.art.-n.m.s. (1032) *with oil*

16:10

וָאַלְבִּישֵׁךְ consec.-Hi. impf. 1 c.s.-2 f.s. sf. (לבשׁ 527) *I clothed you also*

רִקְמָה n.f.s. (955) *with embroidered cloth*

וָאֶנְעֲלֵךְ consec.-Qal impf. 1 c.s.-2 f.s. sf. (נעל 653) *and shod you*

תָּחַשׁ n.m.s. paus. (1065) *with leather*

וָאֶחְבְּשֵׁךְ consec.-Qal impf. 1 c.s.-2 f.s. sf. (חבשׁ 289) *I swathed you*

בַּשֵּׁשׁ prep.-def.art.-n.m.s. (1058) *in fine linen*

וָאֲכַסֵּךְ conj.-Pi. impf. 1 c.s.-2 f.s. sf. (כסה 491; GK 49c) *and covered you*

מֶשִׁי n.m.s. (603) *with silk*

16:11

וָאֶעְדֵּךְ consec.-Qal impf. 1 c.s.-2 f.s. sf. (עדה 725) *And I decked you*

עֶדִי n.m. coll. paus. (725) *with ornaments*

וָאֶתְּנָה consec.-Qal impf. 1 c.s.-coh.he (נתן 678) *and put*

צְמִידִים n.m.p. (855) *bracelets*

עַל־יָדַיִךְ prep.-n.f. du.-2 f.s. sf. (388) *on your arms*

וְרָבִיד conj.-n.m.s. (914) *and a chain*

עַל־גְּרוֹנֵךְ prep.-n.m.s.-2 f.s. sf. (173) *on your neck*

16:12

וָאֶתֵּן consec.-Qal impf. 1 c.s. (נתן 678) *And I put*

נֶזֶם n.m.s. (633) *a ring*

עַל־אַפֵּךְ prep.-n.m.s.-2 f.s. sf. (60) *on your nose*

וַעֲגִילִים conj.-n.m.p. (722) *and earrings*

עַל־אָזְנָיִךְ prep.-n.f. du.-2 f.s. sf. (23) *in your ears*

וַעֲטֶרֶת conj.-n.f.s. cstr. (742) *and a crown of*

תִּפְאֶרֶת n.f.s. (802) *beauty*

בְּרֹאשֵׁךְ prep.-n.m.s.-2 f.s. sf. (910) *upon your head*

16:13

וַתַּעְדִּי consec.-Qal impf. 2 f.s. (עדה 725) *Thus you were decked*

זָהָב n.m.s. (262) *with gold*

וָכֶסֶף conj.-n.m.s. (494) *and silver*

וּמַלְבּוּשֵׁךְ conj.-n.m.s.-2 f.s. sf. (528) *and your raiment*

שֵׁשִׁי n.m.s. (1058) *was of fine linen*

וָמֶשִׁי conj.-n.m.s. (603) *and silk*

וְרִקְמָה conj.-n.f.s. (955) *and embroidered cloth*

סֹלֶת n.f.s. (701) *fine flour*

וּדְבַשׁ conj.-n.m.s. (185) *and honey*

וָשֶׁמֶן conj.-n.m.s. (1032) *and oil*

אָכַלְתִּי Qal pf. 2 f.s. paus. (אכל 37) *you ate*

וַתִּיפִי consec.-Qal impf. 2 f.s. (יפה 421) *you grew beautiful*

בִּמְאֹד מְאֹד prep.-adv. (547)-v.supra *exceedingly*

וַתִּצְלְחִי consec.-Qal impf. 2 f.s. (852 צלח) *and came to ... estate*

לִמְלוּכָה prep.-n.f.s. (574) *regal*

16:14

וַיֵּצֵא consec.-Qal impf. 3 m.s. (יצא 422) *and went forth*

לָךְ prep.-2 f.s. sf. *your*

שֵׁם n.m.s. (1027) *renown*

בַּגּוֹיִם prep.-def.art.-n.m.p. (156) *among the nations*

בְּיָפְיֵךְ prep.-n.m.s.-2 f.s. sf. (421) *because of your beauty*

כִּי כָלִיל conj. (471)-adj. (483) *for ... perfect*

הוּא pers.pr. 3 m.s. (214) *it was*

בַּהֲדָרִי prep.-n.m.s.-1 c.s. sf. (214) *through (the) splendor*

אֲשֶׁר־שַׂמְתִּי rel. (81)-Qal pf. 1 c.s. (962 שׂים) *which I had bestowed*

עָלַיִךְ prep.-2 f.s. sf. *upon you*

נְאֻם אֲדֹנָי n.m.s. cstr. (610)-n.m.p.-1 c.s. sf. (10) *says the Lord*

יהוה pr.n. (217) *Yahweh*

16:15

וַתִּבְטְחִי consec.-Qal impf. 2 f.s. (105 בטח) *But you trusted*

בְּיָפְיֵךְ prep.-n.m.s.-2 f.s. sf. (421) *in your beauty*

וַתִּזְנִי consec.-Qal impf. 2 f.s. (275 זנה) *and played the harlot*

עַל־שְׁמֵךְ prep.-n.m.s.-2 f.s. sf. (1027) *because of your renown*

וַתִּשְׁפְּכִי consec.-Qal impf. 2 f.s. (1049 שׁפך) *and lavished*

אֶת־תַּזְנוּתַיִךְ dir.obj.-n.f.p.-2 f.s. sf. (276; GK 91 l) *your harlotries*

עַל־כָּל־עוֹבֵר prep.-n.m.s. cstr. (481)-Qal act.ptc. (716) *on any passer-by*

לוֹ־יֶהִי prep.-3 m.s. sf.-Qal impf. 3 m.s. apoc.vol. (הָיָה 224) *(to him let it be)*

16:16

וַתִּקְחִי consec.-Qal impf. 2 f.s. (לקח 542) *You took*

מִבְּגָדַיִךְ prep.-n.m.p.-2 f.s. sf. (93) *some of your garments*

וַתַּעֲשִׂי־לָךְ consec.-Qal impf. 2 f.s. (עשׂה 793)-prep.-2 f.s. sf. *and made for yourself*

בָּמוֹת טְלֻאוֹת n.f.p. (119)-Qal pass.ptc. f.p. (טלא 378) *gaily decked shrines*

וַתִּזְנִי consec.-Qal impf. 2 f.s. (275 זנה) *and played the harlot*

עֲלֵיהֶם prep.-3 m.p. sf. *on them*

לֹא בָאוֹת neg.-Qal act.ptc. f.p. (97 בוא) *the like has never been*

וְלֹא יִהְיֶה conj.-neg.-Qal impf. 3 m.s. (הָיָה 224) *nor ever shall be*

16:17

וַתִּקְחִי consec.-Qal impf. 2 f.s. (לקח 542) *you also took*

כְּלֵי n.m.p. cstr. (479) *jewels of*

תִפְאַרְתֵּךְ n.f.s.-2 f.s. sf. (802) *your beauty (fair)*

מִזְּהָבִי prep.-n.m.s.-1 c.s. sf. (262) *of my gold*

וּמִכַּסְפִּי conj.-prep.-n.m.s.-1 c.s. sf. (494) *and of my silver*

אֲשֶׁר נָתַתִּי rel. (81)-Qal pf. 1 c.s. (678 נתן) *which I had given*

לָךְ prep.-2 f.s. sf. *you*

וַתַּעֲשִׂי־לָךְ consec.-Qal impf. 2 f.s. (עשׂה 793)-prep.-2 f.s. sf. *and made for yourself*

צַלְמֵי n.m.p. cstr. (853) *images of*

זָכָר n.m.s. (271) *men*

וַתִּזְנִי־בָם consec.-Qal impf. 2 f.s. (זנה 275) -prep.-3 m.p. sf. *and with them played the harlot*

16:18

וַתִּקְחִי consec.-Qal impf. 2 f.s. (542 לקח) *and you took*

אֶת־בִּגְדֵי dir.obj.-n.m.p. cstr. (93) *garments of*

רִקְמָתֵךְ n.f.s.-2 f.s. sf. (955) *your embroidered*

וַתְּכַסִּים consec.-Pi. impf. 2 f.s.-3 m.p. sf. (כסה 491) *to cover them*

וְשַׁמְנִי conj.-n.m.s. (1032) *and my oil*

וּקְטָרְתִּי conj.-n.f.s.-1 c.s. sf. (882) *and my incense*

נָתַתִּי Qal pf. 2 f.s. (נתן 678) *you set*

לִפְנֵיהֶם prep.-n.m.p.-3 m.p. sf. (815) *before them*

16:19

וְלַחְמִי conj.-n.m.s.-1 c.s. sf. (536) *also my bread*

אֲשֶׁר־נָתַתִּי rel. (81)-Qal pf. 1 c.s. (נתן 678) *which I gave*

לָךְ prep.-2 f.s. sf. *you*

סֹלֶת n.f.s. (701) *fine flour*

וָשֶׁמֶן conj.-n.m.s. (1032) *and oil*

וּדְבַשׁ conj.-n.m.s. (185) *and honey*

הֶאֱכַלְתִּיךְ Hi. pf. 1 c.s.-2 f.s. sf. (אכל 37) *I fed you*

וּנְתַתִּיהוּ conj.-Qal pf. 1 c.s.-3 m.s. sf. (נתן 678) *and I set them*

לִפְנֵיהֶם prep.-n.m.p.-3 m.p. sf. (815) *before them*

לְרֵיחַ נִיחֹחַ prep.-n.m.s. cstr. (926)-n.m.s. (629) *for a pleasing odor*

וַיְהִי consec.-Qal impf. 3 m.s. apoc. (היה 224) *and it was*

נְאֻם אֲדֹנָי n.m.s. cstr. (610)-n.m.p.-1 c.s. sf. (10) *says the Lord*

יהוה pr.n. (217) *Yahweh*

16:20

וַתִּקְחִי consec.-Qal impf. 2 f.s. (לקח 542) *And you took*

אֶת־בָּנַיִךְ dir.obj.-n.m.p.-2 f.s. sf. (119) *your sons*

וְאֶת־בְּנוֹתַיִךְ conj.-dir.obj.-n.f.p.-2 f.s. sf. (123) *and your daughters*

אֲשֶׁר יָלַדְתְּ rel. (81)-Qal pf. 2 f.s. (408) *whom you had borne*

לִי prep.-1 c.s. sf. *to me*

וַתִּזְבָּחִים consec.-Qal impf. 2 f.s.-3 m.p. sf. (זבח 256) *and these you sacrificed*

לָהֶם prep.-3 m.p. sf. *to them*

לֶאֱכוֹל prep.-Qal inf.cstr. (37) *to be devoured*

הַמְעַט interr.part.-adv. (589) *were ... so small a matter*

מִתַּזְנֻתַיִךְ prep.-n.f.p.-2 f.s. sf. paus. (276; GK 91 l) *your harlotries*

16:21

וַתִּשְׁחֲטִי consec.-Qal impf. 2 f.s. (שחט 1006) *that you slaughtered*

אֶת־בָּנָי dir.obj.-n.m.p.-1 c.s. sf. (119) *my children*

וַתִּתְּנִים consec.-Qal impf. 2 f.s.-3 m.p. sf. (נתן 678) *and delivered them up*

בְּהַעֲבִיר prep.-Hi. inf.cstr. (עבר 716) *as an offering by fire*

אוֹתָם dir.obj.-3 m.p. sf. *them*

לָהֶם prep.-3 m.p. sf. *to them*

16:22

וְאֵת כָּל־ conj.-dir.obj.-n.m.s. cstr. (481) *and in all*

תּוֹעֲבֹתַיִךְ n.f.p.-2 f.s. sf. (1072) *your abominations*

וְתַזְנֻתַיִךְ conj.-n.f.p.-2 f.s. sf. (276) *and your harlotries*

לֹא זָכַרְתִּי neg.-Qal pf. 2 f.s. (זכר 269) *you did not remember*

אֶת־יְמֵי dir.obj.-n.m.p. cstr. (398) *the days of*

נְעוּרַיִךְ n.m.p.-2 m.p. sf. (655) *your youth*

בִּהְיוֹתֵךְ prep.-Qal inf.cstr.-2 f.s. sf. (היה 224) *when you were*

עֵרֹם adj. m.s. (735) *naked*

וְעֶרְיָה conj.-n.f.s. (789) *and bare*

מִתְבּוֹסֶסֶת Hithpolel ptc. f.s. (בום 100) *weltering*

בְּדָמֵךְ prep.-n.m.s.-2 f.s. sf. (196) *in your blood*

הָיִית Qal pf. 2 f.s. (היה 224) *you were*

16:23

וַיְהִי consec.-Qal impf. 3 m.s. (היה 224) *and*

אַחֲרֵי כָּל־רָעָתֵךְ prep. cstr. (29)-n.m.s. cstr. (481) -n.f.s.-2 f.s. sf. (949) *after all your wickedness*

אוֹי אוֹי interj. (17)-v.supra *woe, woe*

לָךְ prep.-2 f.s. sf. *to you*

נְאֻם אֲדֹנָי n.m.s. cstr. (610)-n.m.p.-1 c.s. sf. (10) *says the Lord*

יהוה pr.n. (217) *Yahweh*

16:24

וַתִּבְנִי־לָךְ consec.-Qal impf. 2 f.s. (בנה 124)-prep.-2 f.s. sf. *you built for yourself*

גָּב n.m.s. paus. (146) *a vaulted chamber (mound)*

וַתַּעֲשִׂי־לָךְ consec.-Qal impf. 2 f.s. (עשה 793) -prep.-2 f.s. sf. *and made yourself*

רָמָה n.f.s. (928) *a lofty place*

בְּכָל־רְחוֹב prep.-n.m.s. cstr. (481)-n.f.s. (932) *in every square*

16:25

אֶל־כָּל־רֹאשׁ דֶּרֶךְ prep.-n.m.s. cstr. (481)-n.m.s. cstr. (910)-n.m.s. (202) *at the head of every street*

בָּנִית Qal pf. 2 f.s. (בנה 124) *you built*

רָמָתֵךְ n.f.s.-2 f.s. sf. (928) *your lofty place*

וַתְּתַעֲבִי consec.-Pi. impf. 2 f.s. (תעב 1073) *and prostituted*

אֶת־יָפְיֵךְ dir.obj.-n.m.s.-2 f.s. sf. (421) *your beauty*

וַתְּפַשְּׂקִי consec.-Pi. impf. 2 f.s. (פשׂק 832) *offering*

525

Ezekiel 16:26

אֶת־רַגְלַיִךְ dir.obj.-n.f.p.-2 f.s. sf. (919) *yourself*

לְכָל־עוֹבֵר prep.-n.m.s. cstr. (481)-Qal act.ptc. (716) *to any passer-by*

וַתַּרְבִּי consec.-Hi. impf. 2 f.s. (רָבָה 915) *and multiplying*

אֶת־תַּזְנֻתָיִךְ dir.obj.-n.f.p.-2 f.s. sf. (276) *your harlotry*

16:26

וַתִּזְנִי consec.-Qal impf. 2 f.s. (זָנָה 275) *you also played the harlot*

אֶל־בְּנֵי־מִצְרַיִם prep. (39)-n.m.p. cstr. (119)-pr.n. (595) *with the Egyptians*

שְׁכֵנַיִךְ adj. m.p.-2 f.s. sf. (1015) *your neighbors*

גִּדְלֵי בָשָׂר adj. m.p. cstr. (152)-n.m.s. (142) *lustful (great of flesh)*

וַתַּרְבִּי consec.-Hi. impf. 2 f.s. (רָבָה 915) *multiplying*

אֶת־תַּזְנֻתֵךְ dir.obj.-n.f.s.-2 f.s. sf. (276) *your harlotry*

לְהַכְעִיסֵנִי prep.-Hi. inf.cstr.-1 c.s. sf. (כָּעַס 494) *to provoke me to anger*

16:27

וְהִנֵּה conj.-demons.part. (243) *Behold, therefore*

נָטִיתִי Qal pf. 1 c.s. (נָטָה 639) *I stretched out*

יָדִי n.f.s.-1 c.s. sf. (388) *my hand*

עָלַיִךְ prep.-2 f.s. sf. *against you*

וָאֶגְרַע consec.-Qal impf. 1 c.s. (גָּרַע 175) *and diminished*

חֻקֵּךְ n.m.s.-2 f.s. sf. (349) *your allotted portion*

וָאֶתְּנֵךְ consec.-Qal impf. 1 c.s.-2 f.s. sf. (נָתַן 678) *and delivered you*

בְּנֶפֶשׁ prep.-n.f.s. cstr. (659) *to the greed of*

שֹׂנְאוֹתַיִךְ Qal act.ptc. f.p.-2 f.s. sf. (שָׂנֵא 971) *your enemies*

בְּנוֹת n.f.p. cstr. (123) *the daughters of*

פְּלִשְׁתִּים pr.n. p. (814) *the Philistines*

הַנִּכְלָמוֹת def.art.-Ni. ptc. f.p. (כָּלַם 483) *who were ashamed*

מִדַּרְכֵּךְ prep.-n.f.s.-2 f.s. sf. (202) *of your behavior*

זִמָּה n.f.s. (273; GK 131r) *lewd*

16:28

וַתִּזְנִי consec.-Qal impf. 2 f.s. (זָנָה 275) *You played the harlot*

אֶל־בְּנֵי אַשּׁוּר prep.(39)-n.m.p. cstr. (119)-pr.n. (78) *with the Assyrians*

מִבִּלְתִּי שָׂבְעָתֵךְ prep.-neg. (116)-Qal inf.cstr.-2 f.s. sf. (שָׂבַע 959) *because you were insatiable*

וַתִּזְנִים consec.-Qal impf. 2 f.s.-3 m.p. sf. (זָנָה 275) *yea, you played the harlot with them*

וְגַם conj.-adv. (168) *and still*

לֹא שָׂבָעַתְּ neg.-Qal pf. 2 f.s. paus. (שָׂבַע 959) *you were not satisfied*

16:29

וַתַּרְבִּי consec.-Hi. impf. 2 f.s. (רָבָה 915) *you multiplied also*

אֶת־תַּזְנוּתֵךְ dir.obj.-n.f.s.-2 f.s. sf. (276) *your harlotry*

אֶל־אֶרֶץ prep. (39)-n.f.s. cstr. (75) *with the land of*

כְּנַעַן n.m.s. cstr. (488) *merchants of*

כַּשְׂדִּימָה pr.n.-loc.he (505) *Chaldea*

וְגַם־בְּזֹאת conj.-adv. (168)-prep.-demons.adj. f.s. (260) *and even with this*

לֹא שָׂבָעַתְּ neg.-Qal pf. 2 f.s. paus. (שָׂבַע 959) *you were not satisfied*

16:30

מָה אֲמֻלָה interr. (552)-Qal pass.ptc. f.s. (אָמַל 51) *How lovesick*

לִבָּתֵךְ n.f.s.-2 f.s. sf. (525) *is your heart*

נְאֻם אֲדֹנָי n.m.s. cstr. (610)-n.m.p.-1 c.s. sf. (10) *says the Lord*

יהוה pr.n. (217) *Yahweh*

בַּעֲשׂוֹתֵךְ prep.-Qal inf.cstr.-2 f.s. sf. (עָשָׂה 793) *seeing you did*

אֶת־כָּל־אֵלֶּה dir.obj.-n.m.s. cstr. (481)-demons. adj. c.p. (41) *all these things*

מַעֲשֵׂה n.m.s. cstr. (795) *the deeds of*

אִשָּׁה־זוֹנָה n.f.s. (61)-Qal act.ptc. f.s. (זָנָה 275) *harlot*

שַׁלָּטֶת adj. f.s. paus. (1020) *brazen*

16:31

בִּבְנוֹתַיִךְ prep.-Qal inf.cstr.-2 f.s. sf. (בָּנָה 124; GK 91 l) *building*

גַּבֵּךְ n.m.s.-2 f.s. sf. (146) *your vaulted chamber*

בְּרֹאשׁ prep.-n.m.s. cstr. (910) *at the head of*

כָּל־דֶּרֶךְ n.m.s. cstr. (481)-n.m.s. (202) *every street*

וְרָמָתֵךְ conj.-n.f.s.-2 f.s. sf. (928) *your lofty place*

עָשִׂיתִי Qal pf. 2 f.s. (עָשָׂה 793) *making*

בְּכָל־רְחוֹב prep.-n.m.s. cstr. (481)-n.f.s. (932) *in every square*

וְלֹא־הָיִיתִי conj.-neg.-Qal pf. 2 f.s. (הָיָה 224) *Yet you were not*

כַּזּוֹנָה prep.-def.art.-Qal act.ptc. f.s. (זָנָה 275) *like a harlot*

לְקֶלֶם prep.-Pi. inf.cstr. (קָלַם 887) *you scorned*

אֶתְנָן n.m.s. (1072) *hire*

16:32

הָאִשָּׁה def.art.-n.f.s. (61) *wife*

הַמְּנָאָפֶת def.art.-Pi. ptc. f.s. (נָאַף 610) *Adulterous*

תַּחַת אִישָׁהּ prep. (1065)-n.m.s.-3 f.s. sf. (35) *instead of her husband*

תִּקַּח Qal impf. 3 f.s. (לָקַח 542) *who receives*

אֶת־זָרִים dir.obj.-Qal act.ptc. m.p. (זוּר 266; GK 117d) *strangers*

16:33

לְכָל־זֹנוֹת prep.-n.m.s. cstr. (481)-Qal act.ptc. f.p. (זָנָה 275) *to all harlots*

יִתְּנוּ־ Qal impf. 3 m.p. (נָתַן 678) *men give*

נֵדֶה n.m.s. paus. (622) *gifts*

וְאַתְּ נָתַתְּ conj.-pers.pr. 2 f.s. (61)-Qal pf. 2 f.s. (נָתַן 678; GK 20 l) *but you gave*

אֶת־נְדָנַיִךְ dir.obj.-n.m.p.-2 f.s. sf. (623) *your gifts*

לְכָל־מְאַהֲבַיִךְ prep.-n.m.s. cstr. (481)-Pi. ptc. m.p.-2 f.s. sf. (אָהֵב 13) *to all your lovers*

וַתִּשְׁחֳדִי consec.-Qal impf. 2 f.s. (שָׁחַד 1005; GK 64c) *bribing*

אוֹתָם dir.obj.-3 m.p. sf. *them*

לָבוֹא prep.-Qal inf.cstr. (97) *to come*

אֵלַיִךְ prep.-2 f.s. sf. *to you*

מִסָּבִיב prep.-adv. (686) *from every side*

בְּתַזְנוּתָיִךְ prep.-n.f.p.-2 f.s. sf. (276) *for your harlotries*

16:34

וַיְהִי־בָךְ consec.-Qal impf. 3 m.s. (הָיָה 224) -prep.-2 f.s. sf. *so you were*

הֵפֶךְ n.m.s. (246) *different*

מִן־הַנָּשִׁים prep.-def.art.-n.f.p. (61) *from other women*

בְּתַזְנוּתַיִךְ prep.-n.f.p.-2 f.s. sf. (276) *in your harlotries*

וְאַחֲרַיִךְ conj.-prep.-2 f.s. sf. (29) *and after you*

לֹא זוּנָּה neg.-Pu. pf. 3 m.s. (זָנָה 275) *fornication was not done*

וּבְתִתֵּךְ conj.-prep.-Qal inf.cstr.-2 f.s. sf. (נָתַן 678) *and you gave*

אֶתְנָן n.m.s. paus. (1072) *hire*

וְאֶתְנַן conj.-v.supra *while hire*

לֹא נִתַּן־לָךְ neg.-Ni. pf. 3 m.s. (נָתַן 678; GK 121a)-prep.-2 f.s. sf. *was not given to you*

וַתְּהִי consec.-Qal impf. 2 f.s. (הָיָה 224) *therefore you were*

לְהֶפֶךְ prep.-n.m.s. (246) *different*

16:35

לָכֵן prep.-adv. (485) *Wherefore*

זוֹנָה Qal act.ptc. f.s. (זָנָה 275) *O harlot*

שִׁמְעִי Qal impv. 2 f.s. (1033) *hear*

דְּבַר־יְהוָה n.m.s. cstr. (182)-pr.n. (217) *the word of Yahweh*

16:36

כֹּה־אָמַר adv. (462)-Qal pf. 3 m.s. (55) *Thus says*

אֲדֹנָי יְהוִה n.m.p.-1 c.s. sf. (10)-pr.n. (217) *the Lord Yahweh*

יַעַן הִשָּׁפֵךְ conj. (774)-Ni. inf.cstr. (שָׁפַךְ 1049) *because was laid bare*

נְחֻשְׁתֵּךְ n.f.s.-2 f.s. sf. (639) *your shame*

וַתִּגָּלֶה consec.-Ni. impf. 3 f.s. (גָּלָה 162) *and uncovered*

עֶרְוָתֵךְ n.f.s.-2 f.s. sf. (788) *your nakedness*

בְּתַזְנוּתַיִךְ prep.-n.f.s.-2 f.s. sf. (276) *in your harlotries*

עַל־מְאַהֲבָיִךְ prep.-Pi. ptc. m.p.-2 f.s. sf. paus. (אָהֵב 12) *with your lovers*

וְעַל כָּל־ conj.-prep.-n.m.s. cstr. (481) *and because of all (of)*

גִּלּוּלֵי n.m.p. cstr. (165) *idols of*

תוֹעֲבוֹתַיִךְ n.f.p.-2 f.s. sf. (1072) *your abominations*

וְכִדְמֵי conj.-prep.-n.m.p. cstr. (196) *and because of the blood of*

בָּנַיִךְ n.m.p.-2 f.s. sf. (119) *your children*

אֲשֶׁר נָתַתְּ rel. (81)-Qal pf. 2 f.s. (נָתַן 678) *that you gave*

לָהֶם prep.-3 m.p. sf. *to them*

16:37

לָכֵן prep.-adv. (485) *therefore*

הִנְנִי demons.part.-1 c.s. sf. (243) *behold, I*

מְקַבֵּץ Pi. ptc. (קָבַץ 867) *will gather*

אֶת־כָּל־ dir.obj.-n.m.s. cstr. (481) *all*

מְאַהֲבַיִךְ Pi. ptc. m.p.-2 f.s. sf. (אָהֵב 12) *your lovers*

אֲשֶׁר עָרַבְתְּ rel. (81)-Qal pf. 2 f.s. (עָרַב 786) *with ... you took pleasure*

עֲלֵיהֶם prep.-3 m.p. sf. *whom (them)*

וְאֵת כָּל־אֲשֶׁר conj.-dir.obj.-v.supra-v.supra *and all those*

אָהַבְתְּ Qal pf. 2 f.s. (12) *you loved*

עַל כָּל־אֲשֶׁר prep.-v.supra-v.supra *and all those*

שָׂנֵאת Qal pf. 2 f.s. (שָׂנֵא 971) *you loathed*

527

וְקִבַּצְתִּי conj.-Pi. pf. 1 c.s. (קָבַץ 867) *I will gather*

אֹתָם dir.obj.-3 m.p. sf. *them*

עָלַיִךְ prep.-2 f.s. sf. *against you*

מִסָּבִיב prep.-adv. (686) *from every side*

וְגִלֵּיתִי conj.-Pi. pf. 1 c.s. (גָּלָה 162) *and will uncover*

עֶרְוָתֵךְ n.f.s.-2 f.s. sf. (788) *your nakedness*

אֲלֵהֶם prep.-3 m.p. sf. *to them*

וְרָאוּ conj.-Qal pf. 3 c.p. (רָאָה 906) *that they may see*

אֵת־כָּל־עֶרְוָתֵךְ dir.obj.-n.m.s. cstr. (481)-n.f.s.-2 f.s. sf. (788) *all your nakedness*

16:38

וּשְׁפַטְתִּיךְ conj.-Qal pf. 1 c.s.-2 f.s. sf. (1047) *And I will judge you*

מִשְׁפְּטֵי n.m.p. cstr. (1048) *with judgments of*

נֹאֲפוֹת Qal act.ptc. f.p. (נָאַף 610) *women who break wedlock*

וְשֹׁפְכֹת conj.-Qal act.ptc. f.p. (שָׁפַךְ 1049) *and shed*

דָּם n.m.s. (196) *blood*

וּנְתַתִּיךְ conj.-Qal pf. 1 c.s.-2 f.s. sf. (נָתַן 678) *and bring upon you*

דַּם n.m.s. cstr. (196) *the blood of*

חֵמָה n.f.s. (404) *wrath*

וְקִנְאָה conj.-n.f.s. (888) *and jealousy*

16:39

וְנָתַתִּי אֹתָךְ conj.-Qal pf. 1 c.s. (נָתַן 678)-dir. obj.-2 f.s. sf. *And I will give you*

בְּיָדָם prep.-n.f.s.-3 m.p. sf. (388) *into their hand*

וְהָרְסוּ conj.-Qal pf. 3 c.p. (הָרַם 248) *and they shall throw down*

גַבֵּךְ n.m.s.-2 f.s. sf. (146) *your vaulted chamber*

וְנִתְּצוּ conj.-Pi. pf. 3 c.p. (נָתַץ 683) *and break down*

רָמֹתָיִךְ n.f.p.-2 f.s. sf. (928) *your lofty places*

וְהִפְשִׁיטוּ conj.-Hi. pf. 3 c.p. (832) *they shall strip*

אוֹתָךְ dir.obj.-2 f.s. *you*

בְּגָדַיִךְ n.m.p.-2 f.s. sf. (93) *of your clothes*

וְלָקְחוּ conj.-Qal pf. 3 c.p. (542) *and take*

כְּלֵי תִפְאַרְתֵּךְ n.m.s. cstr. (479)-n.f.s.-2 f.s. sf. (802) *your fair jewels*

וְהִנִּיחוּךְ conj.-Hi. pf. 3 c.p.-2 f.s. sf. (נוּחַ 628) *and leave you*

עֵירֹם adj. m.s. (736) *naked*

וְעֶרְיָה conj.-n.f.s. (789) *and bare*

16:40

וְהֶעֱלוּ conj.-Hi. pf. 3 c.p. (עָלָה 748) *They shall bring up*

עָלַיִךְ prep.-2 f.s. sf. *against you*

קָהָל n.m.s. (874) *a host*

וְרָגְמוּ conj.-Qal pf. 3 c.p. (רָגַם 920) *and they shall stone*

אֹתָךְ dir.obj.-2 f.s. sf. *you*

בָּאָבֶן prep.-def.art.-n.f.s. paus. (6) *with stones*

וּבִתְּקוּךְ conj.-Pi. pf. 3 c.p.-2 f.s. sf. (144) *and cut you to pieces*

בְּחַרְבוֹתָם prep.-n.f.p.-3 m.p. sf. (352) *with their swords*

16:41

וְשָׂרְפוּ conj.-Qal pf. 3 c.p. (976) *And they shall burn*

בָּתַּיִךְ n.m.p.-2 f.s. sf. (108) *your houses*

בָּאֵשׁ prep.-def.art.-n.f.s. (77) *with the fire*

וְעָשׂוּ־בָךְ conj.-Qal pf. 3 c.p. (עָשָׂה 793)-prep.-2 f.s. sf. *and execute upon you*

שְׁפָטִים n.m.p. (1048) *judgments*

לְעֵינֵי prep.-n.f. du. cstr. (744) *in the sight of*

נָשִׁים רַבּוֹת n.f.p. (61)-adj. f.p. (912) *many women*

וְהִשְׁבַּתִּיךְ conj.-Hi. pf. 1 c.s.-2 f.s. sf. (שָׁבַת 991) *and I will make you stop*

מִזּוֹנָה prep.-Qal act.ptc. f.s. (זָנָה 275) *playing the harlot*

וְגַם־אֶתְנַן conj.-adv. (168)-n.m.s. (1072) *and also hire*

לֹא תִתְּנִי־עוֹד neg.-Qal impf. 2 f.s. (נָתַן 678)-adv. (728) *you shall give no more*

16:42

וַהֲנִחֹתִי conj.-Hi. pf. 1 c.s. (נוּחַ 628) *So will I satisfy*

חֲמָתִי n.f.s.-1 c.s. sf. (404) *my fury*

בָּךְ prep.-2 f.s. sf. *on you*

וְסָרָה conj.-Qal pf. 3 f.s. (סוּר 693) *and shall depart*

קִנְאָתִי n.f.s.-1 c.s. sf. (888) *my jealousy*

מִמֵּךְ prep.-2 f.s. sf. *from you*

וְשָׁקַטְתִּי conj.-Qal pf. 1 c.s. (שָׁקַט 1052) *I will be calm*

וְלֹא אֶכְעַס עוֹד conj.-neg.-Qal impf. 1 c.s. (כָּעַס 494)-adv. (728) *and will no more be angry*

16:43

יַעַן אֲשֶׁר conj. (774)-rel. (81) *Because*

לֹא־זָכַרְתְּ neg.-Qal pf. 2 f.s. (זָכַר 269) *you have not remembered*

אֶת־יְמֵי dir.obj.-n.m.p. cstr. (398) *the days of*

528

נְעוּרַיִךְ n.m.p.-2 f.s. sf. (655) *your youth*

וַתִּרְגְּזִי־לִי consec.-Qal impf. 2 f.s. (רָגַז 919)-prep.-1 c.s. sf. *but have enraged me*

בְּכָל־אֵלֶּה prep.-n.m.s. cstr. (481)-demons.adj. c.p. (41) *with all these things*

וְגַם־אֲנִי conj.-adv. (168)-pers.pr. 1 c.s. (58) *I*

הָא interj. (210) *behold*

דַּרְכֵּךְ n.m.s.-2 f.s. sf. (202) *your deeds*

בְּרֹאשׁ prep.-n.m.s. (910) *upon your head*

נָתַתִּי Qal pf. 1 c.s. (נָתַן 678) *I will requite*

נְאֻם אֲדֹנָי n.m.s. cstr. (610)-n.m.p.-1 c.s. sf. (10) *says the Lord*

יהוה pr.n. (217) *Yahweh*

וְלֹא עָשִׂיתי conj.-neg.-Qal pf. 2 f.s. (עָשָׂה 793) *have you not committed*

אֶת־הַזִּמָּה dir.obj.-def.art.-n.f.s. (273) *lewdness*

עַל כָּל־ prep.-n.m.s. cstr. (481) *in addition to all*

תּוֹעֲבֹתָיִךְ n.f.p.-2 f.s. sf. paus. (1072) *your abominations*

16:44

הִנֵּה demons. part. (243) *Behold,*

כָּל־הַמֹּשֵׁל n.m.s. cstr. (481)-def.art.-Qal act.ptc. (מָשַׁל II 605) *every one who uses proverbs*

עָלַיִךְ prep.-2 f.s. sf. *about you*

יִמְשֹׁל Qal impf. 3 m.s. (II 605) *will use this proverb*

לֵאמֹר prep.-Qal inf.cstr. (55) *(saying)*

כְּאִמָּה prep.-n.f.s. (51; GK 91e) *Like mother*

בִּתָּהּ n.f.s.-3 f.s. sf. (123) *her daughter*

16:45

בַּת־אִמֵּךְ n.f.s. cstr. (123)-n.f.s.-2 f.s. sf. (51) *the daughter of your mother*

אַתְּ pers.pr. 2 f.s. (61) *you are*

גֹּעֶלֶת Qal act.ptc. f.s. cstr. (גָּעַל 171) *who loathed*

אִישָׁהּ n.m.s.-3 f.s. sf. (35) *her husband*

וּבָנֶיהָ conj.-n.m.p.-3 f.s. sf. (119) *and her children*

וַאֲחוֹת conj.-n.f.s. cstr. (27) *and the sister of*

אֲחוֹתֵךְ n.f.p.-2 f.s. sf. (27; GK 96) *your sisters*

אַתְּ v.supra *you are*

אֲשֶׁר גָּעֲלוּ rel. (81)-Qal pf. 3 c.p. (גָּעַל 171) *who loathed*

אַנְשֵׁיהֶן n.m.p.-3 f.p. sf. (35) *their husbands*

וּבְנֵיהֶן conj.-n.m.p.-3 f.p. sf. (119) *and their children*

אִמְּכֶן n.f.s.-2 f.p. sf. (51) *Your mother*

חִתִּית adj. f.s. (366) *was a Hittite*

וַאֲבִיכֶן conj.-n.m.s.-2 f.p. sf. (3) *and your father*

אֱמֹרִי pr.n. m. (57) *an Amorite*

16:46

וַאֲחוֹתֵךְ conj.-n.f.s.-2 f.s. sf. (27) *And your sister*

הַגְּדוֹלָה def.art.-adj. f.s. (152) *elder*

שֹׁמְרוֹן pr.n. loc. (1037) *is Samaria*

הִיא וּבְנוֹתֶיהָ pers.pr. 3 f.s. (214)-conj.-n.f.p.-3 f.s. sf. (123) *she and her daughters*

הַיּוֹשֶׁבֶת def.art.-Qal act.ptc. f.s. (יָשַׁב 442) *who lived*

עַל־שְׂמֹאולֵךְ prep.-n.m.s.-2 f.s. sf. (969) *to the north (left) of you*

וַאֲחוֹתֵךְ conj.-n.f.s.-2 f.s. sf. (27) *and your ... sister*

הַקְּטַנָּה def.art.-adj. f.s. (881) *younger*

מִמֵּךְ prep.-2 f.s. sf. *of you*

הַיּוֹשֶׁבֶת v.supra *who lived*

מִימִינֵךְ prep.-n.f.s.-2 f.s. sf. (411) *to the south (right)*

סְדֹם pr.n. loc. (690) *Sodom*

וּבְנוֹתֶיהָ conj.-n.f.p.-3 f.s. sf. (123) *with her daughters*

16:47

וְלֹא בְדַרְכֵיהֶן conj.-neg.-prep.-n.m.p.-3 f.p. sf. (202) *Yet not in their ways*

הָלַכְתְּ Qal pf. 2 f.s. (הָלַךְ 229) *you were content to walk*

וּבְתוֹעֲבוֹתֵיהֶן conj.-prep.-n.f.p.-3 f.p. sf. (1072) *or according to their abominations*

עָשִׂיתי Qal pf. 2 f.s. (עָשָׂה 793) *do*

כִּמְעַט קָט prep.-subst. (589)-subst. (?) (881 or 876) *within a very little time*

וַתַּשְׁחִתִי consec.-Hi. impf. 2 f.s. (שָׁחַת 1007) *you were more corrupt*

מֵהֵן prep.-3 f.p. sf. (GK 103m) *than they*

בְּכָל־דְּרָכָיִךְ prep.-n.m.s. cstr. (481)-n.m.p.-2 f.s. sf. paus. (202) *in all your ways*

16:48

חַי־אָנִי adj. m.s. (311)-pers.pr. 1 c.s. (58) *As I live*

נְאֻם אֲדֹנָי n.m.s. cstr. (610)-n.m.p.-1 c.s. sf. (10) *says the Lord*

יהוה pr.n. (217) *Yahweh*

אִם־עָשְׂתָה conj. (49)-Qal pf. 3 f.s. (עָשָׂה 793) *have not done*

סְדֹם pr.n. (690) *Sodom*

אֲחוֹתֵךְ n.f.s.-2 f.s. sf. (27) *your sister*

הִיא וּבְנוֹתֶיהָ pers. pr. 3 f.s. (214)-conj.-n.f.p.-3 f.s. sf. (123) *she and her daughters*

כַּאֲשֶׁר עָשִׂית prep.-rel. (81)-Qal pf. 2 f.s. (עָשָׂה 793; GK 75m) *as you have done*

אֵת וּבְנוֹתַיִךְ pers.pr. 2 f.s. (61)-conj.-n.f.p.-2 f.s. sf. paus. (123) *you and your daughters*

16:49

הִנֵּה־זֶה הָיָה demons.part. (243)-demons.adj. m.s. (261)-Qal pf. 3 m.s. (224) *Behold, this was*

עֲוֹן n.m.s. cstr. (730) *the guilt of*

סְדֹם pr.n. (690) *Sodom*

אֲחוֹתֵךְ n.f.s.-2 f.s. sf. (27) *your sister*

גָּאוֹן n.m.s. (144) *pride*

שִׂבְעַת־לֶחֶם n.f.s. cstr. (960)-n.m.s. (536) *surfeit of food*

וְשַׁלְוַת הַשְׁקֵט conj.-n.f.s. cstr. (1017)-Hi. inf.abs. (שׁקט 1052) *and prosperous ease*

הָיָה לָהּ Qal pf. 3 m.s. (224)-prep.-3 f.s. sf. *she had (there was to her)*

וְלִבְנוֹתֶיהָ conj.-prep.-n.f.p.-3 f.s. sf. (123) *and her daughters*

וְיַד־עָנִי conj.-n.f.s. cstr. (388)-adj. m.s. (776) *and the hand of the poor*

וְאֶבְיוֹן conj.-n.m.s. (2) *and needy*

לֹא הֶחֱזִיקָה neg.-Hi. pf. 3 f.s. (חזק 304) *she did not strengthen*

16:50

וַתִּגְבְּהֶינָה consec.-Qal impf. 3 f.p. (גבה 146; GK 47 l) *They were haughty*

וַתַּעֲשֶׂינָה consec.-Qal impf. 3 f.p. (793) *and did*

תּוֹעֵבָה n.f.s. (1072) *abominable things*

לְפָנָי prep.-n.m.p.-1 c.s. sf. paus. (815) *before me*

וָאָסִיר consec.-Hi. impf. 1 c.s. (סור 693) *therefore I removed*

אֶתְהֶן dir.obj.-3 f.p. sf. *them*

כַּאֲשֶׁר רָאִיתִי prep.-rel. (81)-Qal pf. 1 c.s. (ראה 906) *when I saw it*

16:51

וְשֹׁמְרוֹן conj.-pr.n. loc. (1037) *Samaria*

כַּחֲצִי prep.-n.m.s. cstr. (345) *even half of*

חַטֹּאתַיִךְ n.f.p.-2 f.s. sf. (308) *your sins*

לֹא חָטָאָה neg.-Qal pf. 3 f.s. (חטא 306) *has not committed (sin)*

וַתַּרְבִּי consec.-Hi. impf. 2 f.s. (רבה 915) *you have committed more*

אֶת־תּוֹעֲבוֹתַיִךְ dir.obj.-n.f.p.-2 f.s. sf. (1072) *abominations*

מֵהֵנָּה prep.-pers.pr. 3 f.p. (241) *than they*

וַתְּצַדְּקִי consec.-Pi. impf. 2 f.s. (צדק 842) *and have made appear righteous*

אֶת־אֲחוֹתֵךְ dir.obj.-n.f.p.-2 f.s. sf. (27; GK 96) *your sisters*

בְּכָל־ prep.-n.m.s. cstr. (481) *by all*

תּוֹעֲבוֹתַיִךְ n.f.p.-2 f.s. sf. (1072) *your abominations*

אֲשֶׁר עָשִׂיתי rel. (81)-Qal pf. 2 f.s. (עשׂה 793) *which you have committed*

16:52

גַּם־אַתְּ adv. (168)-pers.pr. 2 f.s. (61) *you also*

שְׂאִי Qal impv. 2 f.s. (נשׂא 669) *bear*

כְלִמָּתֵךְ n.f.s.-2 f.s. sf. (484) *your disgrace*

אֲשֶׁר פִּלַּלְתְּ rel. (81)-Pi. pf. 2 f.s. (פלל 813) *for you have made judgment favorable*

לַאֲחוֹתֵךְ prep.-n.f.p.-2 f.s. sf. (27; GK 96) *to your sisters*

בְּחַטֹּאתַיִךְ prep.-n.f.p.-2 f.s. sf. (308) *because of your sins*

אֲשֶׁר הִתְעַבְתְּ rel. (81)-Hi. pf. 2 f.s. (תעב 1073) *in which you acted more abominably*

מֵהֵן prep.-3 f.p. sf. (GK 103m) *than they*

תִּצְדַּקְנָה Qal impf. 3 f.p. (צדק 842) *they are more in the right*

מִמֵּךְ prep.-2 f.s. sf. *than you*

וְגַם־אַתְּ conj.-adv. (168)-pers.pr. 2 f.s. (61) *so you also*

בּוֹשִׁי Qal impv. 2 f.s. (בושׁ 101) *be ashamed*

וּשְׂאִי conj.-Qal impv. 2 f.s. (נשׂא 669) *and bear*

כְלִמָּתֵךְ n.f.s.-2 f.s. sf. (484) *your disgrace*

בְּצַדֶּקְתֵּךְ prep.-Pi. inf.cstr.-2 f.s. sf. (צדק 842; GK 52p, 95p) *for you have made appear righteous*

אַחְיוֹתֵךְ n.f.p.-2 f.s. sf. (27; GK 91n) *your sisters*

16:53

וְשַׁבְתִּי conj.-Qal pf. 1 c.s. (שׁוב 996) *I will restore*

אֶת־שְׁבִיתְהֶן dir.obj.-n.f.s.-3 f.p. sf. (986) *their fortunes*

אֶת־שְׁבִית dir.obj.-n.f.s. cstr. (986) *the fortunes of*

סְדֹם pr.n. (690) *Sodom*

וּבְנוֹתֶיהָ conj.-n.f.p.-3 f.s. sf. (123) *and her daughters*

וְאֶת־שְׁבִית conj.-dir.obj.-v.supra *and the fortunes of*

שֹׁמְרוֹן pr.n. (1037) *Samaria*

וּבְנוֹתֶיהָ conj.-v.supra *and her daughters*

וּשְׁבִית conj.-v.supra *and the fortunes of*

שְׁבִיתַיִךְ n.f.p.-2 f.s. sf. (986) *your fortunes*

בְּתוֹכָהֵנָה prep.-n.m.s.-3 f.p. sf. paus. (1063; GK 91f) *in the midst of them*

16:54

לְמַעַן תִּשְׂאִי prep. (775)-Qal impf. 2 f.s. (נָשָׂא 669) *that you may bear*

כְּלִמָּתֵךְ n.f.s.-2 f.s. sf. (484) *your disgrace*

וְנִכְלַמְתְּ conj.-Ni. pf. 2 f.s. (כָּלַם 483) *and be ashamed*

מִכֹּל אֲשֶׁר prep.-n.m.s. (481)-rel. (81) *of all that*

עָשִׂית Qal pf. 2 f.s. (עָשָׂה 793) *you have done*

בְּנַחֲמֵךְ prep.-Pi. inf.cstr.-2 f.s. sf. (נָחַם 636) *becoming a consolation*

אֹתָן dir.obj.-3 f.p. sf. (GK 103b) *to them*

16:55

וַאֲחוֹתַיִךְ conj.-n.f.p.-2 f.s. sf. (27; GK 96) *as for your sisters*

סְדֹם pr.n. (690) *Sodom*

וּבְנוֹתֶיהָ conj.-n.f.p.-3 f.s. sf. (123) *and her daughters*

תָּשֹׁבְןָ Qal impf. 3 f.p. (שׁוּב 996; GK 72k) *they shall return*

לְקַדְמָתָן prep.-n.f.s.-3 f.p. sf. (870) *to their former estate*

וְשֹׁמְרוֹן conj.-pr.n. (1037) *and Samaria*

וּבְנוֹתֶיהָ v.supra *and her daughters*

תָּשֹׁבְןָ v.supra (GK 72k) *shall return*

לְקַדְמָתָן v.supra *to their former estate*

וְאַתְּ conj.-pers.pr. 2 f.s. (61) *and you*

וּבְנוֹתַיִךְ conj.-n.f.p.-2 f.s. sf. (123) *and your daughters*

תְּשֻׁבֶינָה Qal impf. 2 f.p. (שׁוּב 996) *shall return*

לְקַדְמַתְכֶן prep.-n.f.p.-2 f.p. sf. (870) *to your former estate*

16:56

וְלוֹא הָיְתָה conj.-neg.-Qal pf. 3 f.s. (הָיָה 224) *was not*

סְדֹם pr.n. (690) *Sodom*

אֲחוֹתֵךְ n.f.s.-2 f.s. sf. (27) *your sister*

לִשְׁמוּעָה prep.-n.f.s. (1035) *a by-word*

בְּפִיךְ prep.-n.m.s.-2 f.s. sf. (804) *in your mouth*

בְּיוֹם prep.-n.m.s. cstr. (398) *in the day of*

גְּאוֹנָיִךְ n.m.p.-2 f.s. sf. (144) *your pride*

16:57

בְּטֶרֶם prep.-adv. (382) *before*

תִּגָּלֶה Ni. impf. 3 f.s. (גָּלָה 162) *was uncovered*

רָעָתֵךְ n.f.s.-2 f.s. sf. (949) *your wickedness*

כְּמוֹ עֵת conj. (455)-n.f.s. cstr. (773; *like the time of*) some rd. עֵת as adv. (773) *as now*

חֶרְפַּת n.f.s. cstr. (357) *reproach for*

בְּנוֹת n.f.p. cstr. (123) *the daughters of*

אֲרָם pr.n. (74) *Aram*; some rd. as pr.n. אֲדֹם (10) *Edom*

וְכָל־ conj.-n.m.s. cstr. (481) *and all (of)*

סְבִיבוֹתֶיהָ subst. f.p.-3 f.s. sf. (686) *her neighbors*

בְּנוֹת n.f.p. cstr. (123) *daughters of*

פְּלִשְׁתִּים pr.n. p. (814) *the Philistines*

הַשָּׁאטוֹת def.art.-Qal act.ptc. f.p. (שׁוּט 1002; GK 72p) *those who despise*

אוֹתָךְ dir.obj.-2 f.s. sf. *you*

מִסָּבִיב prep.-adv. (686) *round about*

16:58

אֶת־זִמָּתֵךְ dir.obj.-n.f.s.-2 f.s. sf. (273) *the penalty of your lewdness*

וְאֶת־תּוֹעֲבוֹתַיִךְ conj.-dir.obj.-n.f.p.-2 f.s. sf. (1072) *and your abominations*

אַתְּ נְשָׂאתִים pers.pr. 2 f.s. (61)-Qal pf. 2 f.s.-3 m.p. sf. (נָשָׂא 669) *you bear (them)*

נְאֻם יְהוָה n.m.s. cstr. (610)-pr.n. (217) *says Yahweh*

16:59

כִּי כֹה conj. (471)-adv. (462) *Yea, thus*

אָמַר אֲדֹנָי Qal pf. 3 m.s. (55)-n.m.p.-1 c.s. sf. (10) *says the Lord*

יְהוִה pr.n. (217) *Yahweh*

וְעָשִׂית conj.-Qal pf. 1 c.s. (עָשָׂה 793; GK 44i) *I will deal*

אוֹתָךְ dir.obj.-2 f.s. sf. *with you*

כַּאֲשֶׁר עָשִׂית prep.-rel. (81)-Qal pf. 2 f.s. (עָשָׂה 793) *as you have done*

אֲשֶׁר בָּזִית rel. (81)-Qal pf. 2 f.s. (בָּזָה 102) *who have despised*

אָלָה n.f.s. (46) *the oath*

לְהָפֵר prep.-Hi. inf.cstr. (פָּרַר 830) *in breaking*

בְּרִית n.f.s. (136) *the covenant*

16:60

וְזָכַרְתִּי conj.-Qal pf. 1 c.s. (זָכַר 269) *yet I will remember*

אֲנִי pers.pr. 1 c.s. (58) *I myself*

אֶת־בְּרִיתִי dir.obj.-n.f.s.-1 c.s. sf. (136) *my covenant*

אוֹתָךְ prep.-2 f.s. sf. (85) *with you*

בִּימֵי prep.-n.m.p. cstr. (398) *in the days of*

נְעוּרָיִךְ n.m.p.-2 f.s. sf. paus. (655) *your youth*

וַהֲקִמוֹתִי conj.-Hi. pf. 1 c.s. (קוּם 877) *and I will establish*

לָךְ prep.-2 f.s. sf. *with you*

בְּרִית עוֹלָם n.f.s. cstr. (136)-n.m.s. (761) *an everlasting covenant*

16:61

וְזָכַרְתְּ conj.-Qal pf. 2 f.s. (זָכַר 269) *Then you will remember*

אֶת־דְּרָכַיִךְ dir.obj.-n.m.p.-2 f.s. sf. (202) *your ways*

וְנִכְלַמְתְּ conj.-Ni. pf. 2 f.s. (כָּלַם 483) *and be ashamed*

בְּקַחְתֵּךְ prep.-Qal inf.cstr.-2 f.s. sf. (לָקַח 542) *when you take*

אֶת־אֲחוֹתַיִךְ dir.obj.-n.f.p.-2 f.s. sf. (27; GK 96) *your sisters*

הַגְּדֹלוֹת מִמֵּךְ def.art.-adj. f.p. (152)-prep.-2 f.s. sf. *your elder*

אֶל־הַקְּטַנּוֹת מִמֵּךְ prep. (39)-def.art.-adj. f.p. (881)-v.supra *to your younger*

וְנָתַתִּי conj.-Qal pf. 1 c.s. (נָתַן 678) *and give*

אֶתְהֶן dir.obj.-3 f.p. sf. *them*

לָךְ prep.-2 f.s. sf. *to you*

לְבָנוֹת prep.-n.f.p. (123) *as daughters*

וְלֹא מִבְּרִיתֵךְ conj.-neg.-prep.-n.f.s.-2 f.s. sf. (136) *but not on account of the covenant with you*

16:62

וַהֲקִמוֹתִי conj.-Hi. pf. 1 c.s. (קוּם 877) *I will establish*

אֲנִי pers.pr. 1 c.s. (58) *I myself*

אֶת־בְּרִיתִי dir.obj.-n.f.s.-1 c.s. sf. (136) *my covenant*

אִתָּךְ prep.-2 f.s. sf. paus. (85) *with you*

וְיָדַעַתְּ conj.-Qal pf. 2 f.s. (יָדַע 393) *and you shall know*

כִּי־אֲנִי conj. (471)-pers.pr. 1 c.s. (58) *that I am*

יהוה pr.n. (217) *Yahweh*

16:63

לְמַעַן תִּזְכְּרִי conj. (775)-Qal impf. 2 f.s. (זָכַר 269) *that you may remember*

וָבֹשְׁתְּ conj.-Qal pf. 2 f.s. (בּוֹשׁ 101) *and be confounded*

וְלֹא יִהְיֶה־לָּךְ conj.-neg.-Qal impf. 3 m.s. (224)-prep.-2 f.s. sf. *and there shall not be*

עוֹד adv. (728) *ever*

פִּתְחוֹן פֶּה n.m.s. cstr. (836)-n.m.s. (804) *an opening of a mouth*

מִפְּנֵי כְּלִמָּתֵךְ prep.-n.m.p. cstr. (815)-n.f.s.-2 f.s. sf. (484) *because of your shame*

בְּכַפְּרִי־לָךְ prep.-Pi. inf.cstr.-1 c.s. sf. (כָּפַר 497)-prep.-2 f.s. sf. *when I forgive you*

לְכָל־אֲשֶׁר prep.-n.m.s. cstr. (481)-rel. (81) *all that*

עָשִׂית Qal pf. 2 f.s. (עָשָׂה 793) *you have done*

נְאֻם אֲדֹנָי n.m.s. cstr. (610)-n.m.p.-1 c.s. sf. (10) *says the Lord*

יהוה pr.n. (217) *Yahweh*

17:1

וַיְהִי consec.-Qal impf. 3 m.s. (הָיָה 224) *came*

דְּבַר־יְהוָה n.m.s. cstr. (182)-pr.n. (217) *the word of Yahweh*

אֵלַי prep.-1 c.s. sf. *to me*

לֵאמֹר prep.-Qal inf.cstr. (55) *(saying)*

17:2

בֶּן־אָדָם n.m.s. cstr. (119)-n.m.s. (9) *Son of man*

חוּד Qal impv. 2 m.s. (חוּד 295) *propound*

חִידָה n.f.s. (295) *a riddle*

וּמְשֹׁל conj.-Qal impv. 2 m.s. (מָשַׁל II 605) *and speak (in parables)*

מָשָׁל n.m.s. (605) *an allegory* (a proverb)

אֶל־בֵּית יִשְׂרָאֵל prep.-n.m.s. cstr. (108)-pr.n. (975) *to the house of Israel*

17:3

וְאָמַרְתָּ conj.-Qal pf. 2 m.s. (55) *say*

כֹּה־אָמַר adv. (462)-Qal pf. 3 m.s. (55) *Thus says*

אֲדֹנָי יהוה n.m.p.-1 c.s. sf. (10)-pr.n. (217) *the Lord Yahweh*

הַנֶּשֶׁר הַגָּדוֹל def.art.-n.m.s. (676)-def.art.-adj. m.s. (152) *a great eagle*

גְּדוֹל הַכְּנָפַיִם adj. m.s. cstr. (152)-def.art.-n.f. du. (489) *with great wings*

אֶרֶךְ הָאֵבֶר adj. m.s. cstr. (74)-def.art.-n.m.s. (7) *and long pinions*

מָלֵא הַנּוֹצָה adj. m.s. cstr. (570)-def.art.-n.f.s. (663) *rich in plumage*

אֲשֶׁר־לוֹ הָרִקְמָה rel. (81)-prep.-3 m.s. sf.-def.art.-n.f.s. (955) *of many colors*

בָּא Qal pf. 3 m.s. (בּוֹא 97) *came*

אֶל־הַלְּבָנוֹן prep.-def.art.-pr.n. (526) *to Lebanon*

וַיִּקַּח consec.-Qal impf. 3 m.s. (לָקַח 542) *and took*

אֶת־צַמֶּרֶת dir.obj.-n.f.s. cstr. (856) *the top of*

הָאָרֶז def.art.-n.m.s. paus. (72) *the cedar*

17:4

אֵת רֹאשׁ dir.obj.-n.m.s. cstr. (910) *the topmost of*

יְנִיקוֹתָיו n.f.p.-3 m.s. sf. (413) *its young twigs*

קָטָף Qal pf. 3 m.s. paus. (882) *he broke off*

וַיְבִיאֵהוּ consec.-Hi. impf. 3 m.s.-3 m.s. sf. (בּוֹא 97) *and carried it*

אֶל־אֶרֶץ prep.-n.f.s. cstr. (75) *to a land of*

כְּנַעַן n.m.s. (II 488) *trade*

בְּעִיר prep.-n.f.s. cstr. (746) *in a city of*

רֹכְלִים Qal act.ptc. m.p. (רָכַל 940) *merchants*

שָׂמוֹ Qal pf. 3 m.s.-3 m.s. sf. (שׂום 962) *he set it*

17:5

וַיִּקַּח consec.-Qal impf. 3 m.s. (לָקַח 542) *Then he took*

מִזֶּרַע prep.-n.m.s. cstr. (282) *of the seed of*

הָאָרֶץ def.art.-n.f.s. (75) *the land*

וַיִּתְּנֵהוּ consec.-Qal impf. 3 m.s.-3 m.s. sf. (נָתַן 678) *and planted it*

בִּשְׂדֵה־ prep.-n.m.s. cstr. (961) *in a field of*

זֶרַע n.m.s. paus. (282) *fertile*

קָח Qal pf. 3 m.s. (לָקַח 542-"textual error"; GK 19i, 66g "meaningless form") *he placed it*

עַל־מַיִם רַבִּים prep.-n.m.p. (565)-adj. m.p. (912) *beside abundant waters*

צַפְצָפָה n.f.s. (861) *like a willow twig*

שָׂמוֹ Qal pf. 3 m.s.-3 m.s. sf. (שׂום 962) *he set it*

17:6

וַיִּצְמַח consec.-Qal impf. 3 m.s. (צָמַח 855) *and it sprouted*

וַיְהִי consec.-Qal impf. 3 m.s. (הָיָה 224) *and became*

לְגֶפֶן prep.-n.f.s. (172) *a vine*

סֹרַחַת Qal act.ptc. f.s. (710) *spreading*

שִׁפְלַת adj. f.s. cstr. (1050) *low of*

קוֹמָה n.f.s. (879) *height*

לִפְנוֹת prep.-Qal inf.cstr. (פָּנָה 815) *and turned*

דָּלִיֹּתָיו n.f.p.-3 m.s. sf. (194) *its branches*

אֵלָיו prep.-3 m.s. sf. *toward him*

וְשָׁרָשָׁיו conj.-n.m.p.-3 m.s. sf. (1057) *and its roots*

תַּחְתָּיו prep.-3 m.s. sf. (1065) *where it stood (under it)*

יִהְיוּ Qal impf. 3 m.p. (הָיָה 224) *remained*

וַתְּהִי consec.-Qal impf. 3 f.s. (הָיָה 224) *So it became*

לְגֶפֶן prep.-n.f.s. (172) *a vine*

וַתַּעַשׂ consec.-Qal impf. 3 f.s. (עָשָׂה 793) *and brought forth*

בַּדִּים n.m.p. (94) *branches*

וַתְּשַׁלַּח consec.-Pi. impf. 3 f.s. (שָׁלַח 1018) *and put forth*

פֹּארוֹת n.f.p. (802) *foliage*

17:7

וַיְהִי consec.-Qal impf. 3 m.s. (הָיָה 224) *But there was*

נֶשֶׁר־אֶחָד n.m.s. (676)-adj. num. (25) *another ... eagle*

גָּדוֹל adj. m.s. (152) *great*

גְּדוֹל adj. m.s. cstr. (152) *with great*

כְּנָפַיִם n.f. du. (489) *wings*

וְרַב־נוֹצָה conj.-adj. m.s. cstr. (912)-n.f.s. (663) *and much plumage*

וְהִנֵּה conj.-demons.part. (243) *and behold*

הַגֶּפֶן הַזֹּאת def.art.-n.f.s. (172)-def.art.-demons. adj. f.s. (260) *this vine*

כָּפְנָה Qal pf. 3 f.s. (כָּפַן 495) *bent hungrily*

שָׁרָשֶׁיהָ n.m.p.-3 f.s. sf. (1057) *its roots*

עָלָיו prep.-3 m.s. sf. *toward him*

וְדָלִיּוֹתָיו conj.-n.f.p.-3 m.s. sf. (194) *and its branches*

שִׁלְּחָה־לּוֹ Pi. pf. 3 f.s. (שָׁלַח 1018; GK 52d) -prep.-3 m.s. sf. *shot forth toward him*

לְהַשְׁקוֹת prep.-Hi. inf.cstr. (שָׁקָה 1052) *that he might water*

אוֹתָהּ dir.obj.-3 f.s. sf. *it*

מֵעֲרֻגוֹת מַטָּעָהּ prep.-n.f.p. cstr. (788)-n.m.s.-3 f.s. sf. (642) *from the bed where it was planted*

17:8

אֶל־שָׂדֶה טוֹב prep.-n.m.s. (961)-adj. m.s. (373) *to good soil*

אֶל־מַיִם רַבִּים prep.-n.m.p. (565)-adj. m.p. (912) *by abundant waters*

הִיא שְׁתוּלָה pers.pr. 3 f.s. (214)-Qal pass.ptc. f.s. (שָׁתַל 1060) *it was transplanted*

לַעֲשׂוֹת prep.-Qal inf.cstr. (עָשָׂה 793) *that it might bring forth*

עָנָף n.m.s. (778) *branches*

וְלָשֵׂאת conj.-prep.-Qal inf.cstr. (נָשָׂא 669) *and bear*

פְּרִי n.m.s. (826) *fruit*

לִהְיוֹת prep.-Qal inf.cstr. (הָיָה 224) *and become*

לְגֶפֶן אַדָּרֶת prep.-n.f.s. (172)-adj. f.s. (12) *a noble vine*

17:9

אֱמֹר Qal impv. 2 m.s. (55) *Say*

כֹּה אָמַר adv. (462)-Qal pf. 3 m.s. (55) *Thus says*

אֲדֹנָי יהוה n.m.p.-1 c.s. sf. (10)-pr.n. (217) *the Lord Yahweh*

תִּצְלָח Qal impf. 3 f.s. paus. (צָלַח 852; GK 150aN) *Will it thrive?*

הֲלוֹא interr.part.-neg. *will he not?*

אֶת־שָׁרָשֶׁיהָ dir.obj.-n.m.p.-3 f.s. sf. (1057) *its roots*

יְנַתֵּק Pi. impf. 3 m.s. (683) *pull up*

וְאֶת־פִּרְיָה conj.-dir.obj.-n.m.s.-3 f.s. sf. (826) *and its fruit*

יְקוֹסֵם Po'el impf. 3 m.s. (קָסַם 890) *cut off*

וְיָבֵשׁ conj.-Qal pf. 3 m.s. (386) *and it will wither (so that)*

כָּל־טַרְפֵּי n.m.s. cstr. (481)-n.m.p. cstr. (383; GK 93m) *all the leaves of*

צִמְחָהּ n.m.s.-3 f.s. sf. (855) *its growth*

תִּיבָשׁ Qal impf. 3 f.s. (יָבֵשׁ 386) *will wither*

וְלֹא־בִזְרֹעַ conj.-neg.-prep.-n.f.s. (283) *and not with ... arm*

גְּדוֹלָה adj. f.s. (152) *strong*

וּבְעַם־רָב conj.-prep.-n.m.s. (766)-adj. m.s. paus. (912) *or many people*

לְמַשְׂאוֹת prep.-Aramaizing inf.cstr. (נָשָׂא 669; GK 45e) *to pull*

אוֹתָהּ dir.obj.-3 f.s. sf. *it*

מִשָּׁרָשֶׁיהָ prep.-n.m.p.-3 f.s. sf. (1057) *from its roots*

17:10

וְהִנֵּה conj.-demons. part. (243) *Behold*

שְׁתוּלָה Qal pass.ptc. f.s. (1060) *when it is transplanted*

הֲתִצְלָח interr.part.-Qal impf. 3 f.s. paus. (צָלַח 852) *will it thrive?*

הֲלוֹא כְנַעַת interr.-neg.-prep.-Qal inf.cstr. (נָגַע 619) *will it not when ... strikes*

בָּהּ prep.-3 f.s. sf. *it*

רוּחַ הַקָּדִים n.f.s. cstr. (924)-def.art.-n.m.s. (870) *the east wind*

תִּיבַשׁ יָבֵשׁ Qal impf. 3 f.s. (יָבֵשׁ 386)-Qal inf. abs. (386) *utterly wither*

עַל־עֲרֻגֹת צִמְחָהּ prep.-n.f.p. cstr. (788)-n.m.s.-3 f.s. sf. (855) *on the bed where it grew*

תִּיבָשׁ Qal impf. 3 f.s. paus. (יָבֵשׁ 386) *wither away*

17:11

וַיְהִי consec.-Qal impf. 3 m.s. (הָיָה 224) *Then came*

דְּבַר־יְהוָה n.m.s. cstr. (182)-pr.n. (217) *the word of Yahweh*

אֵלַי prep.-1 c.s. sf. *to me*

לֵאמֹר prep.-Qal inf.cstr. (55) *(saying)*

17:12

אֱמָר־נָא Qal impv. 2 m.s. (55)-part. of entreaty (609) *Say now*

לְבֵית הַמֶּרִי prep.-n.m.s. cstr. (108)-def.art.-n.m.s. paus. (598) *to the rebellious house*

הֲלֹא יְדַעְתֶּם interr.part.-neg.-Qal pf. 2 m.p. (393 יָדַע) *Do you not know*

מָה־אֵלֶּה interr. (552)-demons.adj. c.p. (41) *What these things mean*

אֱמֹר Qal impv. 2 m.s. (55) *Tell them*

הִנֵּה־בָא demons.part. (243)-Qal pf. 3 m.s. (בּוֹא 97) *Behold, came*

מֶלֶךְ־בָּבֶל n.m.s. cstr. (572)-pr.n. (93) *the king of Babylon*

יְרוּשָׁלַם pr.n. (436) *to Jerusalem*

וַיִּקַּח consec.-Qal impf. 3 m.s. (לָקַח 542) *and took*

אֶת־מַלְכָּהּ dir.obj.-n.m.s.-3 f.s. sf. (572) *her king*

וְאֶת־שָׂרֶיהָ conj.-dir.obj.-n.m.p.-3 f.s. sf. (978) *and her princes*

וַיָּבֵא consec.-Hi. impf. 3 m.s. (בּוֹא 97) *and brought*

אוֹתָם dir.obj.-3 m.p. sf. *them*

אֵלָיו prep.-3 m.s. sf. *to him*

בָּבֶלָה pr.n.-dir.he (93) *to Babylon*

17:13

וַיִּקַּח consec.-Qal impf. 3 m.s. (לָקַח 542) *and he took*

מִזֶּרַע prep.-n.m.s. cstr. (282) *of the seed of*

הַמְּלוּכָה def.art.-n.f.s. (574) *royal*

וַיִּכְרֹת consec.-Qal impf. 3 m.s. (כָּרַת 503) *and made*

אִתּוֹ prep.-3 m.s. sf. (85) *with him*

בְּרִית n.f.s. (136) *a covenant*

וַיָּבֵא consec.-Hi. impf. 3 m.s. (בּוֹא 97) *putting*

אֹתוֹ dir.obj.-3 m.s. sf. *him*

בְּאָלָה prep.-n.f.s. (46) *under an oath*

וְאֶת־אֵילֵי conj.-dir.obj.-n.m.p. cstr. (III 18) *and the chief men of*

הָאָרֶץ def.art.-n.f.s. (75) *the land*

לָקָח Qal pf. 3 m.s. paus. (542) *he had taken away*

17:14

לִהְיוֹת prep.-Qal inf.cstr. (הָיָה 224) *that might be*

מַמְלָכָה n.f.s. (575) *the kingdom*

שְׁפָלָה adj. f.s. (1050) *humble*

לְבִלְתִּי הִתְנַשֵּׂא prep.-neg. (116)-Hith. inf.cstr. (נָשָׂא 669) *and not lift itself up*

לִשְׁמֹר prep.-Qal inf.cstr. (1036) *and that by keeping*

אֶת־בְּרִיתוֹ dir.obj.-n.f.s.-3 m.s. sf. (136) *his covenant*

לְעָמְדָהּ prep.-Qal inf.cstr.-3 f.s. sf. (עָמַד 763) *it might stand*

17:15

וַיִּמְרָד-בּוֹ consec.-Qal impf. 3 m.s. (מרד 597)-prep. -3 m.s. sf. *But he rebelled against him*

לִשְׁלֹחַ prep.-Qal inf.cstr. (1018) *by sending*

מַלְאָכָיו n.m.p.-3 m.s. sf. (521) *his ambassadors*

מִצְרַיִם pr.n. (595) *to Egypt*

לָתֶת-לוֹ prep.-Qal inf.cstr. (נתן 678)-prep.-3 m.s. sf. *that they might give him*

סוּסִים n.m.p. (692) *horses*

וְעַם-רָב conj.-n.m.s. (766)-adj. m.s. paus. (912) *and a large army*

הֲיִצְלָח interr.-Qal impf. 3 m.s. (צלח 852; GK 29iN) *Will he succeed?*

הֲיִמָּלֵט interr.-Ni. impf. 3 m.s. (מלט 572) *can a man escape*

הָעֹשֵׂה def.art.-Qal act.ptc. (793; GK 93rr) *who does*

אֵלֶּה demons.adj. c.p. (41) *such things*

וְהֵפֵר conj.-Hi. pf. 3 m.s. (830) *Can he break*

בְּרִית n.f.s. (136) *the covenant*

וְנִמְלָט conj.-Ni. pf. 3 m.s. paus. (מלט 572) *and yet escape*

17:16

חַי-אָנִי adj. m.s. (311)-pers.pr. 1 c.s. (58) *As I live*

נְאֻם אֲדֹנָי n.m.s. cstr. (610)-n.m.p.-1 c.s. sf. (10) *says the Lord*

יהוה pr.n. (217) *Yahweh*

אִם-לֹא hypoth.part. (49)-neg. *surely*

בִּמְקוֹם prep.-n.m.s. cstr. (879) *in the place of*

הַמֶּלֶךְ def.art.-n.m.s. (572) *the king*

הַמַּמְלִיךְ def.art.-Hi. ptc. (מלך 573) *who made king*

אֹתוֹ dir.obj.-3 m.s. sf. *him*

אֲשֶׁר בָּזָה rel. (81)-Qal pf. 3 m.s. (102) *which he despised*

אֶת-אָלָתוֹ dir.obj.-n.f.s.-3 m.s. sf. (46) *his oath*

וַאֲשֶׁר הֵפֵר conj.-rel. (81)-Hi. pf. 3 m.s. (פרר 830) *and whose ... he broke*

אֶת-בְּרִיתוֹ dir.obj.-n.f.s.-3 m.s. sf. (136) *his covenant*

אִתּוֹ prep.-3 m.s. sf. (85) *with him*

בְּתוֹךְ-בָּבֶל prep.-n.m.s. cstr. (1063)-pr.n. (93) *in Babylon*

יָמוּת Qal impf. 3 m.s. (מות 559) *he shall die*

17:17

וְלֹא conj.-neg. *and not*

בְּחַיִל גָּדוֹל prep.-n.m.s. (298)-adj. m.s. (152) *with mighty army*

וּבְקָהָל רָב conj.-prep.-n.m.s. (874)-adj. m.s. paus. (912) *and great company*

יַעֲשֶׂה Qal impf. 3 m.s. (793) *will help*

אוֹתוֹ dir.obj.-3 m.s. sf. *him*

פַּרְעֹה pr.n. (829) *Pharaoh*

בַּמִּלְחָמָה prep.-def.art.-n.f.s. (536) *in war*

בִּשְׁפֹּךְ prep.-Qal inf.cstr. (שפך 1049) *when ... are cast up*

סֹלְלָה n.f.s. (700) *mounds*

וּבִבְנוֹת conj.-prep.-Qal inf.cstr. (בנה 124) *and built*

דָּיֵק n.m.s. (189) *siege walls*

לְהַכְרִית prep.-Hi. inf.cstr. (כרת 503) *to cut off*

נְפָשׁוֹת רַבּוֹת n.f.p. (659)-adj. f.p. (912) *many lives*

17:18

וּבָזָה conj.-Qal pf. 3 m.s. (102) *Because he despised*

אָלָה n.f.s. (46) *the oath*

לְהָפֵר prep.-Hi. inf.cstr. (פרר 830) *and broke*

בְּרִית n.f.s. (136) *the covenant*

וְהִנֵּה conj.-demons.part. (243) *and because*

נָתַן Qal pf. 3 m.s. (678) *he gave*

יָדוֹ n.f.s.-3 m.s. sf. (388) *his hand*

וְכָל-אֵלֶּה conj.-n.m.s. cstr. (481)-demons.adj. c.p. (41) *and all these*

עָשָׂה Qal pf. 3 m.s. (793) *he did*

לֹא יִמָּלֵט neg.-Ni. impf. 3 m.s. (מלט 572) *he shall not escape*

17:19

לָכֵן כֹּה-prep.-adv. (485)-adv. (462) *Therefore thus*

אָמַר אֲדֹנָי Qal pf. 3 m.s. (55)-n.m.p.-1 c.s. sf. (10) *says the Lord*

יהוה pr.n. (217) *Yahweh*

חַי-אָנִי adj. m.s. (311)-pers.pr. 1 c.s. (58) *As I live*

אִם-לֹא hypoth.part. (49)-neg. *surely*

אָלָתִי n.f.s.-1 c.s. sf. (46) *my oath*

אֲשֶׁר בָּזָה rel. (81)-Qal pf. 3 m.s. (102) *which he despised*

וּבְרִיתִי conj.-n.f.s.-1 c.s. sf. (136) *and my covenant*

אֲשֶׁר הֵפִיר rel. (81)-Hi. pf. 3 m.s. (פרר 830; GK 67v) *which he broke*

וּנְתַתִּיו conj.-Qal pf. 1 c.s.-3 m.s. sf. (נתן 678) *and I will requite*

בְּרֹאשׁוֹ prep.-n.m.s.-3 m.s. sf. (910) *upon his head*

535

17:20

וּפָרַשְׂתִּי conj.-Qal pf. 1 c.s. (831) *I will spread*
עָלָיו prep.-3 m.s. sf. *over him*
רִשְׁתִּי n.f.s.-1 c.s. sf. (440) *my net*
וְנִתְפַּשׂ conj.-Ni. pf. 3 m.s. (תָּפַשׂ 1074) *and he shall be taken*
בִּמְצוּדָתִי prep.-n.f.s.-1 c.s. sf. (845) *in my snare*
וַהֲבִיאוֹתִיהוּ conj.-Hi. pf. 1 c.s.-3 m.s. sf. (בּוֹא 97) *and I will bring him*
בָבֶלָה pr.n.-dir.he (93) *to Babylon*
וְנִשְׁפַּטְתִּי conj.-Ni. pf. 1 c.s. (שָׁפַט 1047) *and enter into judgment*
אִתּוֹ prep.-3 m.s. sf. (85) *with him*
שָׁם adv. (1027) *there*
מַעֲלוֹ n.m.s.-3 m.s. sf. (591) *for the treason*
אֲשֶׁר מָעַל־ rel. (81)-Qal pf. 3 m.s. (591) *he has committed*
בִּי prep.-1 c.s. sf. *against me*

17:21

וְאֵת כָּל־ conj.-dir.obj. (GK 117m)-n.m.s. cstr. (481) *and all*
מִבְרָחָו n.m.p.-3 m.s. sf. (138) *his fugitives*
בְּכָל־ prep.-n.m.s. cstr. (481) *with all*
אֲגַפָּיו n.m.p.-3 m.s. sf. (8) *his troops*
בַּחֶרֶב prep.-def.art.-n.f.s. (352) *by the sword*
יִפֹּלוּ Qal impf. 3 m.p. (נָפַל 656) *shall fall*
וְהַנִּשְׁאָרִים conj.-def.art.-Ni. ptc. m.p. (שָׁאַר 983) *and the survivors*
לְכָל־רוּחַ prep.-n.m.s. cstr. (481)-n.f.s. (924) *to every wind*
יִפָּרֵשׂוּ Ni. impf. 3 m.p. paus. (פָּרַשׂ 831) *shall be scattered*
וִידַעְתֶּם conj.-Qal pf. 2 m.p. (יָדַע 393) *and you shall know*
כִּי אֲנִי conj. (471)-pers.pr. 1 c.s. (58) *that I*
יהוה pr.n. (217) *Yahweh*
דִּבַּרְתִּי Pi. pf. 1 c.s. (דָּבַר 180) *have spoken*

17:22

כֹּה אָמַר adv. (462)-Qal pf. 3 m.s. (55) *Thus says*
אֲדֹנָי יהוה n.m.p.-1 c.s. sf. (10)-pr.n. (217) *the Lord Yahweh*
וְלָקַחְתִּי conj.-Qal pf. 1 c.s. (542) *I will take*
אָנִי pers.pr. 1 c.s. (58) *myself*
מִצַּמֶּרֶת prep.-n.f.s. cstr. (856) *from the top of*
הָאֶרֶז def.art.-n.f.s. (72) *the cedar*
הָרָמָה def.art.-Qal act.ptc. f.s. (רוּם 926) *the lofty*
וְנָתָתִּי conj.-Qal pf. 1 c.s. paus. (נָתַן 678) *and will set it out*
מֵרֹאשׁ prep.-n.m.s. cstr. (910) *from the topmost of*
יֹנְקוֹתָיו n.f.p.-3 m.s. sf. (413) *its young twigs*
רַךְ adj. m.s. (940) *a tender one*
אֶקְטֹף Qal impf. 1 c.s. (882) *I will break off*
וְשָׁתַלְתִּי conj.-Qal pf. 1 c.s. (שָׁתַל 1060) *I ... will plant it*
אָנִי pers.pr. 1 c.s. (58) *myself*
עַל הַר־גָּבֹהַ prep.-n.m.s. (249)-adj. m.s. (147) *upon a high mountain*
וְתָלוּל conj.-adj. m.s. (1068) *and lofty*

17:23

בְּהַר prep.-n.m.s. (249) *on a mountain*
מְרוֹם יִשְׂרָאֵל n.m.s. cstr. (928)-pr.n. (975) *a height of Israel*
אֶשְׁתֳּלֶנּוּ Qal impf. 1 c.s.-3 m.s. sf. (שָׁתַל 1060) *I will plant it*
וְנָשָׂא conj.-Qal pf. 3 m.s. (669) *that it may bring forth*
עָנָף n.m.s. (778) *boughs*
וְעָשָׂה conj.-Qal pf. 3 m.s. (793) *and bear*
פֶרִי n.m.s. (826) *fruit*
וְהָיָה conj.-Qal pf. 3 m.s. (224) *and become*
לְאֶרֶז אַדִּיר prep.-n.m.s. (72)-adj. m.s. (12) *a noble cedar*
וְשָׁכְנוּ conj.-Qal pf. 3 c.p. (שָׁכַן 1014) *and will dwell*
תַּחְתָּיו prep.-3 m.s. sf. (1065) *under it*
כֹּל צִפּוֹר n.m.s. cstr. (481)-n.f.s. (861) *every bird*
כָּל־כָּנָף n.m.s. cstr. (481)-n.f.s. (489) *every winged thing*
בְּצֵל prep.-n.m.s. cstr. (853) *in the shade of*
דָּלִיּוֹתָיו n.f.p.-3 m.s. sf. (194) *its branches*
תִּשְׁכֹּנָּה Qal impf. 3 f.p. (שָׁכַן 1014) *will nest*

17:24

וְיָדְעוּ conj.-Qal pf. 3 c.p. (393) *and shall know*
כָּל־עֲצֵי n.m.s. cstr. (481)-n.m.p. cstr. (781) *all the trees of*
הַשָּׂדֶה def.art.-n.m.s. (961) *the field*
כִּי אֲנִי conj. (471)-pers.pr. 1 c.s. (58) *that I*
יהוה pr.n. (217) *Yahweh*
הִשְׁפַּלְתִּי Hi. pf. 1 c.s. (שָׁפֵל 1050) *bring low*
עֵץ גָּבֹהַ n.m.s. (781)-adj. m.s. (147) *the high tree*
הִגְבַּהְתִּי Hi. pf. 1 c.s. (גָּבַהּ 146) *and make high*
עֵץ שָׁפָל v.supra-adj. m.s. (1050) *the low tree*
הוֹבַשְׁתִּי Hi. pf. 1 c.s. (יָבֵשׁ 386) *I dry up*
עֵץ לָח v.supra-adj. m.s. paus. (535) *the green tree*
וְהִפְרַחְתִּי conj.-Hi. pf. 1 c.s. (פָּרַח 827) *and make flourish*

עֵץ יָבֵשׁ v.supra-adj. m.s. (386) *the dry tree*

אֲנִי יְהוָה pers.pr. 1 c.s. (58)-pr.n. (217) *I Yahweh*

דִּבַּרְתִּי Pi. pf. 1 c.s. (180) *have spoken*

וְעָשִׂיתִי conj.-Qal pf. 1 c.s. (עָשָׂה 793) *and I will do it*

18:1

וַיְהִי consec.-Qal impf. 3 m.s. (הָיָה 224) *came again*

דְּבַר־יְהוָה n.m.s. cstr. (182)-pr.n. (217) *the word of Yahweh*

אֵלַי prep.-1 c.s. sf. *to me*

לֵאמֹר prep.-Qal inf.cstr. (55) *(saying)*

18:2

מַה־לָּכֶם interr. (552)-prep.-2 m.p. sf. *What do you mean*

אַתֶּם מֹשְׁלִים pers.pr. 2 m.p. (61)-Qal act.ptc. m.p. (605) *you repeating*

אֶת־הַמָּשָׁל הַזֶּה dir.obj.-def.art.-n. m. s. (605)-def.art.-demons.adj. m.s. (260) *this proverb*

עַל־אַדְמַת prep.-n.f.s. cstr. (9) *concerning the land of*

יִשְׂרָאֵל pr.n. (975) *Israel*

לֵאמֹר prep.-Qal inf.cstr. (55) *(saying)*

אָבוֹת n.m.p. (3) *The fathers*

יֹאכְלוּ Qal impf. 3 m.p. (אָכַל 37) *have eaten*

בֹּסֶר n.m.s. (126) *sour grapes*

וְשִׁנֵּי conj.-n.f.p. cstr. (1042) *and the teeth of*

הַבָּנִים def.art.-n.m.p. (119) *the children*

תִּקְהֶינָה Qal impf. 3 f.p. (קָהָה 874) *are set on edge*

18:3

חַי־אָנִי adj. m.s. (311)-pers.pr. 1 c.s. (58) *As I live*

נְאֻם אֲדֹנָי n.m.s. cstr. (610)-n.m.p.-1 c.s. sf. (10) *says the Lord*

יְהוָה pr.n. (217) *Yahweh*

אִם־יִהְיֶה hypoth.part. (49)-Qal impf. 3 m.s. (224 הָיָה) *it shall not be*

לָכֶם עוֹד prep.-2 m.p. sf.-adv. (728) *to you any more*

מְשֹׁל Qal inf.cstr. (605) *to use (a proverb)*

הַמָּשָׁל הַזֶּה def.art.-n.m.s. (605)-def.art.-demons.adj. m.s. (260) *this proverb*

בְּיִשְׂרָאֵל prep.-pr.n. (975) *in Israel*

18:4

הֵן demons.part. (243) *Behold*

כָּל־הַנְּפָשׁוֹת n.m.s. cstr. (481)-def.art.-n.f.p. (659) *all souls*

לִי הֵנָּה prep.-1 c.s. sf.-pers.pr. 3 f.p. (241) *they are mine*

כְּנֶפֶשׁ הָאָב prep.-n.f.s. cstr. (659)-def.art.-n.m.s. (3) *the soul of the father*

וּכְנֶפֶשׁ הַבֵּן conj.-prep.-v.supra-def.art.-n.m.s. (119) *as well as the soul of the son*

לִי הֵנָּה v.supra-v.supra *they are mine*

הַנֶּפֶשׁ def.art.-n.f.s. (659) *the soul*

הַחֹטֵאת def.art.-Qal act.ptc. f.s. (306) *that sinneth*

הִיא תָמוּת pers.pr. 3 f.s.. (214)-Qal impf. 3 f.s. (559) *it shall die*

18:5

וְאִישׁ כִּי־יִהְיֶה conj.-n.m.s. (35)-conj. (471)-Qal impf. 3 m.s. (224) *If a man is*

צַדִּיק adj. m.s. (843) *righteous*

וְעָשָׂה conj.-Qal pf. 3 m.s. (793) *and does*

מִשְׁפָּט n.m.s. (1048) *what is lawful*

וּצְדָקָה conj.-n.f.s. (842) *and right*

18:6

אֶל־הֶהָרִים prep.-def.art.-n.m.p. (249) *upon the mountains*

לֹא אָכָל neg.-Qal pf. 3 m.s. paus. (37) *if he does not eat*

וְעֵינָיו conj.-n.f. du.-3 m.s. sf. (744) *and his eyes*

לֹא נָשָׂא neg.-Qal pf. 3 m.s. paus. (669) *he does not lift up*

אֶל־גִּלּוּלֵי prep.-n.m.p. cstr. (165) *to the idols of*

בֵּית יִשְׂרָאֵל n.m.s. cstr. (108)-pr.n. (975) *the house of Israel*

וְאֶת־אֵשֶׁת conj.-dir.obj.-n.f.s. cstr. (61) *and the wife of*

רֵעֵהוּ n.m.s.-3 m.s. sf. (945) *his neighbor*

לֹא טִמֵּא neg.-Pi. pf. 3 m.s. (טָמֵא 379) *he does not defile*

וְאֶל־אִשָּׁה נִדָּה conj.-prep.-n.f.s. (61)-adj. f.s. (622; GK 131c) *or a woman in the time of impurity*

לֹא יִקְרָב neg.-Qal impf. 3 m.s. (קָרַב 897) *he does not approach*

18:7

וְאִישׁ conj.-n.m.s. (35) *and any one*

לֹא יוֹנֶה neg.-Hi. impf. 3 m.s. (יָנָה 413) *he does not oppress*

חֲבֹלָתוֹ n.f.s.-3 m.s. sf. (287; GK 131r) *his pledge*

חוֹב n.m.s. (295) *as to indebtedness*

יָשִׁיב Hi. impf. 3 m.s. (שׁוּב 996) *he restores*

גְּזֵלָה n.f.s. (160) *a robbery*

לֹא יִגְזֹל neg.-Qal impf. 3 m.s. (159) *he does not commit*

לַחְמוֹ n.m.s.-3 m.s. sf. (536) *his bread*

לְרָעֵב prep.-adj. m.s. (944) *to the hungry*

יִתֵּן Qal impf. 3 m.s. (נָתַן 678) *he gives*

וְעֵירֹם conj.-adj. m.s. (735) *and nakedness (the naked)*

יְכַסֶּה־ Pi. impf. 3 m.s. (כָּסָה 491) *he covers*

בָּגֶד n.m.s. paus. (93) *with a garment*

18:8

בַּנֶּשֶׁךְ prep.-def.art.-n.m.s. (675) *at interest*

לֹא־יִתֵּן neg.-Qal impf. 3 m.s. (נָתַן 678) *he does not lend*

וְתַרְבִּית conj.-n.f.s. (916) *or any usury*

לֹא יִקָּח neg.-Qal impf. 3 m.s. paus. (לָקַח 542) *he does not take*

מֵעָוֶל prep.-n.m.s. (732) *from iniquity*

יָשִׁיב Hi. impf. 3 m.s. (שׁוּב 996) *he withholds*

יָדוֹ n.f.s.-3 m.s. sf. (388) *his hand*

מִשְׁפַּט אֱמֶת n.m.s. cstr. (1048)-n.f.s. (54) *true justice*

יַעֲשֶׂה Qal impf.3 m.s. (עָשָׂה 793) *he executes*

בֵּין אִישׁ לְאִישׁ prep. (107)-n.m.s. (35)-prep. -n.m.s. (35) *between man and man*

18:9

בְּחֻקּוֹתַי prep.-n.f.p.-1 c.s. sf. (349) *in my statutes*

יְהַלֵּךְ Pi. impf. 3 m.s. (הָלַךְ 229) *he walks*

וּמִשְׁפָּטַי conj.-n.m.p.-1 c.s. sf. (1048) *and my ordinances*

שָׁמַר לַעֲשׂוֹת Qal pf. 3 m.s. (1036)-prep.-Qal inf.cstr. (עָשָׂה 793) *he is careful to observe*

אֱמֶת adv. (54) *truly*

צַדִּיק הוּא adj. m.s. (843)-pers.pr. 3 m.s. (214) *he is righteous*

חָיֹה יִחְיֶה Qal inf.abs. (חָיָה 310)-Qal impf. 3 m.s. (310) *he shall surely live*

נְאֻם אֲדֹנָי n.m.s. cstr. (610)-n.m.p.-1 c.s. sf. (10) *says the Lord*

יהוה pr.n. (217) *Yahweh*

18:10

וְהוֹלִיד conj.-Hi. pf. 3 m.s. (יָלַד 408) *If he begets*

בֶּן־פָּרִיץ n.m.s. (119)-adj. (829) *a violent son (robber)*

שֹׁפֵךְ דָּם Qal act.ptc. (1049)-n.m.s. (196) *a shedder of blood*

וְעָשָׂה conj.-Qal pf. 3 m.s. (793) *and does*

אָח n.m.s. (26) *a brother*

מֵאַחַד prep.-num. m.s. cstr. (25; GK 119wN, 139d) *of one of*

מֵאֵלֶּה prep.-demons.adj. c.p. (41) *these*

18:11

וְהוּא conj.-pers.pr. 3 m.s. (214) *and he*

אֶת־כָּל־אֵלֶּה dir.obj.-n.m.s. cstr. (481)-demons. adj. c.p. (41) *of all of these*

לֹא עָשָׂה neg.-Qal pf. 3 m.s. (793) *he does not do*

כִּי גַם conj. (471)-adv. (168) *but*

אֶל־הֶהָרִים prep.-def.art.-n.m.p. (249) *upon the mountains*

אָכַל Qal pf. 3 m.s. (37) *he eats*

וְאֶת־אֵשֶׁת conj.-dir.obj.-n.f.s. cstr. (61) *and the wife of*

רֵעֵהוּ n.m.s.-3 m.s. sf. (945) *his neighbor*

טִמֵּא Pi. pf. 3 m.s. (379) *he defiles*

18:12

עָנִי adj. m.s. (776) *the poor*

וְאֶבְיוֹן conj.-adj. m.s. (2) *and needy*

הוֹנָה Hi. pf. 3 m.s. (יָנָה 413) *he oppresses*

גְּזֵלוֹת n.f.p. (160) *robbery*

גָּזָל Qal pf. 3 m.s. paus. (159) *he commits*

חֲבֹל n.m.s. (287) *the pledge*

לֹא יָשִׁיב neg.-Hi. impf. 3 m.s. (שׁוּב 996) *he does not restore*

וְאֶל־הַגִּלּוּלִים conj.-prep.-def.art.-n.m.p. (165) *and unto the idols*

נָשָׂא Qal pf. 3 m.s. (669) *he lifts up*

עֵינָיו n.f. du.-3 m.s. sf. (744) *his eyes*

תּוֹעֵבָה n.f.s. (1072) *abomination*

עָשָׂה Qal pf. 3 m.s. (793) *he commits*

18:13

בַּנֶּשֶׁךְ prep.-def.art.-n.m.s. (675) *at interest*

נָתַן Qal pf. 3 m.s. (678) *he lends*

וְתַרְבִּית conj.-n.f.s. (916) *and increase*

לָקַח Qal pf. 3 m.s. (542) *he takes*

וָחָי conj.-adj. m.s. paus. (311) *shall he then live?*

לֹא יִחְיֶה neg.-Qal impf. 3 m.s. (חָיָה 310) *He shall not live*

אֵת כָּל־ dir.obj.-n.m.s. cstr. (481) *all (of)*

הַתּוֹעֵבוֹת def.art.-n.f.p. (1072) *... abominations*

הָאֵלֶּה def.art.-demons.adj. c.p. (41) *these*

עָשָׂה Qal pf. 3 m.s. (793) *he has done*

מוֹת יוּמָת Qal inf.abs. (559)-Ho. impf. 3 m.s. paus. (מוּת 559) *he shall surely die*

דָּמָיו n.m.p.-3 m.s. sf. (196) *his blood*

בּוֹ prep.-3 m.s. sf. *upon himself*

יִהְיֶה Qal impf. 3 m.s. (הָיָה 224) *shall be*

18:14

וְהִנֵּה conj.-demons.part. (243) *But if*

הוֹלִיד Hi. pf. 3 m.s. (יָלַד 408) *he begets*

בֵּן n.m.s. (119) *a son*

וַיִּרְא consec.-Qal impf. 3 m.s. (רָאָה 906) *and sees*

אֶת־כָּל־חַטֹּאת dir.obj.-n.m.s. cstr. (481)-n.f.p. (308) *all the sins of*

אָבִיו n.m.s.-3 m.s. sf. (3) *his father*

אֲשֶׁר עָשָׂה rel. (81)-Qal pf. 3 m.s. (793) *which he had done*

וַיִּרְאֶה consec.-Qal impf. 3 m.s. (רָאָה 906) *and sees* (LXX, V rd. וַיִּרָא as Qal impf. 3 m.s. (431 יָרֵא *and fears*)

וְלֹא יַעֲשֶׂה conj.-neg.-Qal impf. 3 m.s. (793) *and does not do*

כָּהֵן prep.-3 f.p. sf. (241; GK 103 l) *likewise*

18:15

עַל־הֶהָרִים prep.-def.art.-n.m.p. (249) *upon the mountains*

לֹא אָכָל neg.-Qal pf. 3 m.s. paus. (37) *who does not eat*

וְעֵינָיו conj.-n.f. du.-3 m.s. sf. (744) *or his eyes*

לֹא נָשָׂא neg.-Qal pf. 3 m.s. (669) *he does not lift up*

אֶל־גִּלּוּלֵי prep.-n.m.p. cstr. (165) *to the idols of*

בֵּית יִשְׂרָאֵל n.m.s. cstr. (108)-pr.n. (975) *the house of Israel*

אֶת־אֵשֶׁת dir.obj.-n.f.s. cstr. (61) *the wife of*

רֵעֵהוּ n.m.s.-3 m.s. sf. (945) *his neighbor*

לֹא טִמֵּא neg.-Pi. pf. 3 m.s. (379) *he does not defile*

18:16

וְאִישׁ conj.-n.m.s. (35) *and any one*

לֹא הוֹנָה neg.-Hi. pf. 3 m.s. (יָנָה 413) *he does not wrong*

חֲבֹל n.m.s. (287) *a pledge*

לֹא חָבָל neg.-Qal pf. 3 m.s. paus. (286) *he does not exact*

וּגְזֵלָה conj.-n.f.s. (160) *and robbery*

לֹא גָזָל neg.-Qal pf. 3 m.s. paus. (159) *does not commit*

לַחְמוֹ n.m.s.-3 m.s. sf. (536) *but his bread*

לְרָעֵב prep.-adj. m.s. (944) *to the hungry*

נָתָן Qal pf. 3 m.s. paus. (678) *he gives*

וְעֵרוֹם conj.-adj. m.s. (735) *and the naked*

כִּסָּה Pi. pf. 3 m.s. (כָּסָה 491) *he covers*

בָּגֶד n.m.s. paus. (93) *with a garment*

18:17

מֵעָנִי prep.-adj. m.s. (776) *from the poor*

הֵשִׁיב Hi. pf. 3 m.s. (שׁוּב 996) *he turns (withholds)*

יָדוֹ n.f.s.-3 m.s. sf. (388) *his hand*

נֶשֶׁךְ n.m.s. (675) *interest*

וְתַרְבִּית conj.-n.f.s. (916) *or increase*

לֹא לָקָח neg.-Qal pf. 3 m.s. paus. (542) *he does not take*

מִשְׁפָּטַי n.m.p.-1 c.s. sf. (1048) *my ordinances*

עָשָׂה Qal pf. 3 m.s. (793) *he observes*

בְּחֻקּוֹתַי prep.-n.f.p.-1 c.s. sf. (349) *in my statutes*

הָלָךְ Qal pf. 3 m.s. paus. (229) *he walks*

הוּא לֹא יָמוּת pers.pr. 3 m.s. (214)-neg.-Qal impf. 3 m.s. (559) *he shall not die*

בַּעֲוֹן prep.-n.m.s. cstr. (730) *for the iniquity of*

אָבִיו n.m.s.-3 m.s. sf. (3) *his father*

חָיֹה יִחְיֶה Qal inf.abs. (310)-Qal impf. 3 m.s. (310) *he shall surely live*

18:18

אָבִיו n.m.s.-3 m.s. sf. (3) *As for his father*

כִּי־עָשַׁק conj. (471)-Qal pf. 3 m.s. (798) *because he practiced*

עֹשֶׁק n.m.s. (799) *extortion*

גָּזַל Qal pf. 3 m.s. (159) *he robbed*

גֵּזֶל אָח n.m.s. cstr. (160)-n.m.s. (26) *the robbery of his brother*

וַאֲשֶׁר conj.-rel. (81) *and what*

לֹא־טוֹב neg.-adj. m.s. (373) *is not good*

עָשָׂה Qal pf. 3 m.s. (793) *he did*

בְּתוֹךְ prep.-n.m.s. cstr. (1063) *among*

עַמָּיו n.m.p.-3 m.s. sf. (766) *his people*

וְהִנֵּה־מֵת conj.-demons.part. (243)-Qal pf. 3 m.s. (מוּת 559) or act.ptc. *behold, he shall die*

בַּעֲוֹנוֹ prep.-n.m.s.-3 m.s. sf. (730) *for his iniquity*

18:19

וַאֲמַרְתֶּם conj.-Qal pf. 2 m.p. (55) *Yet you say*

מַדֻּעַ adv. (396) *why*

לֹא־נָשָׂא neg.-Qal pf. 3 m.s. (669) *should not ... suffer*

הַבֵּן def.art.-n.m.s. (119) *the son*

בַּעֲוֹן prep.-n.m.s. cstr. (730) *for the iniquity of*

הָאָב def.art.-n.m.s. (3) *the father*

וְהַבֵּן conj.-def.art.-n.m.s. (119) *when the son*

מִשְׁפָּט n.m.s. (1048) *what is lawful*

וּצְדָקָה conj.-n.f.s. (842) *and right*

עָשָׂה Qal pf. 3 m.s. (793) *has done*

אֶת כָּל־חֻקּוֹתַי dir.obj.-n.m.s. cstr. (481)-n.f.p.-1 c.s. sf. (349) *and all my statutes*

שָׁמַר Qal pf. 3 m.s. (1036) *he has been careful*

וַיַּעֲשֶׂה consec.-Qal impf. 3 m.s. (עָשָׂה 793) *to observe*

אֹתָם dir.obj.-3 m.p. sf. *them*

חָיֹה יִחְיֶה Qal inf.abs. (310)-Qal impf. 3 m.s. (310) *he shall surely live*

18:20

הַנֶּפֶשׁ def.art.-n.f.s. (659) *The soul*

הַחֹטֵאת def.art.-Qal act.ptc. f.s. (חָטָא 306) *that sins*

הִיא תָמוּת pers.pr. 3 f.s. (214)-Qal impf. 3 f.s. (559) *shall die*

בֵּן n.m.s. (119) *The son*

לֹא־יִשָּׂא neg.-Qal impf. 3 m.s. (נָשָׂא 669) *shall not suffer*

בַּעֲוֹן prep.-n.m.s. cstr. (730) *for the iniquity of*

הָאָב def.art.-n.m.s. (3) *the father*

וְאָב conj.-n.m.s. (3) *nor the father*

לֹא יִשָּׂא neg.-Qal impf. 3 m.s. (נָשָׂא 669) *shall not suffer*

בַּעֲוֹן v.supra *for the iniquity of*

הַבֵּן def.art.-n.m.s. (119) *the son*

צִדְקַת n.f.s. cstr. (842) *the righteousness of*

הַצַּדִּיק def.art.-adj. m.s. (843) *the righteous*

עָלָיו prep.-3 m.s. sf. *upon himself*

תִּהְיֶה Qal impf. 3 f.s. (הָיָה 224) *shall be*

וְרִשְׁעַת conj.-n.f.s. cstr. (958) *and the wickedness of*

רָשָׁע (def.art.)-adj. m.s. (957) *the wicked*

עָלָיו v.supra *upon himself*

תִּהְיֶה v.supra *shall be*

18:21

וְהָרָשָׁע conj.-def.art.-adj. m.s. (957) *But if a wicked man*

כִּי יָשׁוּב conj. (471)-Qal impf. 3 m.s. (שׁוּב 996) *turns away*

מִכָּל־ prep.-n.m.s. cstr. (481) *from all*

חַטֹּאתוֹ n.f.p.-3 m.s. sf. (308) *his sins*

אֲשֶׁר עָשָׂה rel. (81)-Qal pf. 3 m.s. (793) *which he has committed*

וְשָׁמַר conj.-Qal pf. 3 m.s. (1036) *and keeps*

אֶת־כָּל־ dir.obj.-n.m.s. cstr. (481) *all (of)*

חֻקוֹתַי n.f.p.-1 c.s. sf. (349) *my statutes*

וְעָשָׂה conj.-Qal pf. 3 m.s. (793) *and does*

מִשְׁפָּט n.m.s. (1048) *what is lawful*

וּצְדָקָה conj.-n.f.s. (842) *and right*

חָיֹה יִחְיֶה Qal inf.abs. (310)-Qal impf. 3 m.s. (310) *he shall surely live*

לֹא יָמוּת neg.-Qal impf. 3 m.s. (559) *he shall not die*

18:22

כָּל־פְּשָׁעָיו n.m.s. cstr. (481)-n.m.p.-3 m.s. sf. (833) *all of his transgressions*

אֲשֶׁר עָשָׂה rel. (81)-Qal pf. 3 m.s. (793) *which he has committed*

לֹא יִזָּכְרוּ לוֹ neg.-Ni. impf. 3 m.p. (269)-prep.-3 m.s. sf. *shall not be remembered against him*

בְּצִדְקָתוֹ prep.-n.f.s.-3 m.s. sf. (842) *for his righteousness*

אֲשֶׁר־עָשָׂה rel. (81)-Qal pf. 3 m.s. (793) *which he has done*

יִחְיֶה Qal impf. 3 m.s. (310) *he shall live*

18:23

הֶחָפֹץ אֶחְפֹּץ interr.part.-Qal inf.abs. (342)-Qal impf. 1 c.s. (342) *Have I any pleasure in*

מוֹת רָשָׁע n.m.s. cstr. (560)-adj. m.s. (957) *the death of the wicked*

נְאֻם אֲדֹנָי n.m.s. cstr. (610)-n.m.p.-1 c.s. sf. (10) *says the Lord*

יהוה pr.n. (217) *Yahweh*

הֲלוֹא interr.part.-neg. *and not rather that*

בְּשׁוּבוֹ prep.-Qal inf.cstr.-3 m.s. sf. (996) *he should turn*

מִדְּרָכָיו prep.-n.m.p.-3 m.s. sf. (202) *from his way*

וְחָיָה conj.-Qal pf. 3 m.s. (310) *and live*

18:24

וּבְשׁוּב conj.-prep.-Qal inf.cstr. (996) *But when turns*

צַדִּיק adj. m.s. (843) *a righteous man*

מִצִּדְקָתוֹ prep.-n.f.s.-3 m.s. sf. (842) *from his righteousness*

וְעָשָׂה conj.-Qal pf. 3 m.s. (793) *and commits*

עָוֶל n.m.s. (732) *iniquity*

כְּכֹל prep.-n.m.s. cstr. (481) *like all (of)*

הַתּוֹעֵבוֹת def.art.-n.f.p. (1072) *the abominable things*

אֲשֶׁר־עָשָׂה rel. (81)-Qal pf. 3 m.s. (793) *which ... does*

הָרָשָׁע def.art.-adj. m.s. (957) *the wicked*

יַעֲשֶׂה Qal impf. 3 m.s. (793) *does*

וָחָי conj.-Qal pf. 3 m.s. paus. (חָיָה 310) *or* adj. m.s. paus. (311) *shall he live?*

כָּל־צִדְקֹתָו n.m.s. cstr. (481)-n.f.p.-3 m.s. sf. (842) *all of the righteous deeds*

אֲשֶׁר־עָשָׂה rel. (81)-Qal pf. 3 m.s. (793) *which he has done*

לֹא תִזָּכַרְנָה neg.-Ni. impf. 3 f.p. (269 זָכַר) *shall not be remembered*

בְּמַעֲלוֹ prep.-n.m.s.-3 m.s. sf. (591) *for the treachery*

אֲשֶׁר־מָעַל rel. (81)-Qal pf. 3 m.s. (591) *of which he is guilty*

וּבְחַטָּאתוֹ conj.-prep.-n.f.s.-3 m.s. sf. (308) *and his sin*

אֲשֶׁר־חָטָא rel. (81)-Qal pf. 3 m.s. (306) *he has committed*

בָּם יָמוּת prep.-3 m.p. sf.-Qal impf. 3 m.s. (559) *he shall die (in them)*

18:25

וַאֲמַרְתֶּם conj.-Qal pf. 2 m.p. (55) *Yet you say*

לֹא יִתָּכֵן neg.-Ni. impf. 3 m.s. (תָּכֵן 1067) *is not just*

דֶּרֶךְ n.m.s. cstr. (202) *the way of*

אֲדֹנָי n.m.p.-1 c.s. sf. (10) *the Lord*

שִׁמְעוּ־ Qal impv. 2 m.p. (1033) *Hear*

נָא part.of entreaty (609)

בֵּית יִשְׂרָאֵל n.m.s. cstr. (108)-pr.n. (975) *O house of Israel*

הֲדַרְכִּי interr.part.-n.m.s.-1 c.s. sf. (202) *my way?*

לֹא יִתָּכֵן neg.-Ni.impf. 3 m.s. (תָּכֵן 1067) *is not just?*

הֲלֹא דַרְכֵיכֶם interr.part.-neg.-n.m.p.-2 m.p. sf. (202) *Is it not your ways?*

לֹא יִתָּכֵנוּ neg.-Ni. impf. 3 m.p. paus. (תָּכֵן 1067) *that are not just*

18:26

בְּשׁוּב־ prep.-Qal inf.cstr. (996) *When ... turns away*

צַדִּיק adj. m.s. (843) *a righteous man*

מִצִּדְקָתוֹ prep.-n.f.s.-3 m.s. sf. (842) *from his righteousness*

וְעָשָׂה conj.-Qal pf. 3 m.s. (793) *and commits*

עָוֶל n.m.s. (732) *iniquity*

וּמֵת conj.-Qal pf. 3 m.s. (מוּת 559) *he shall die*

עֲלֵיהֶם prep.-3 m.p. sf. *for it*

בְּעַוְלוֹ prep.-n.m.s.-3 m.s. sf. (732) *for the iniquity*

אֲשֶׁר־עָשָׂה rel. (81)-Qal pf. 3 m.s. (793) *which he has committed*

יָמוּת Qal impf. 3 m.s. (559) *he shall die*

18:27

וּבְשׁוּב conj.-prep.-Qal inf.cstr. (996) *Again, when ... turns away*

רָשָׁע adj. m.s. (957) *a wicked man*

מֵרִשְׁעָתוֹ prep.-n.f.s.-3 m.s. sf. (958) *from his wickedness*

אֲשֶׁר עָשָׂה rel. (81)-Qal pf. 3 m.s. (793) *which he has committed*

וַיַּעַשׂ consec.-Qal impf. 3 m.s. (עָשָׂה 793) *and does*

מִשְׁפָּט n.m.s. (1048) *what is lawful*

וּצְדָקָה conj.-n.f.s. (842) *and right*

הוּא pers.pr. 3 m.s. (214) *he*

אֶת־נַפְשׁוֹ dir.obj.-n.f.s.-3 m.s. sf. (659) *his life*

יְחַיֶּה Pi. impf. 3 m.s. (חָיָה 310) *shall save*

18:28

וַיִּרְאֶה consec.-Qal impf. 3 m.s. (רָאָה 906; GK 75t) *Because he considered*

וַיָּשׁוּב consec.-Qal impf. 3 m.s. (שׁוּב 996) *and turned away*

מִכָּל־פְּשָׁעָיו prep.-n.m.s. cstr. (481)-n.m.p.-3 m.s. sf. (833) *from all his transgressions*

אֲשֶׁר עָשָׂה rel. (81)-Qal pf. 3 m.s. (793) *which he had committed*

חָיוֹ יִחְיֶה Qal inf.abs. (310)-Qal impf. 3 m.s. (310) *he shall surely live*

לֹא יָמוּת neg.-Qal impf. 3 m.s. (559) *he shall not die*

18:29

וְאָמְרוּ conj.-Qal pf. 3 c.p. (55) *Yet ... says*

בֵּית יִשְׂרָאֵל n.m.s. cstr. (108)-pr.n. (975) *the house of Israel*

לֹא יִתָּכֵן neg.-Ni. impf. 3 m.s. (תָּכֵן 1067) *is not just*

דֶּרֶךְ אֲדֹנָי n.m.s. cstr. (202)-n.m.p.-1 c.s. sf. (10) *the way of the Lord*

הֲדְרָכַי interr.part.-n.m.p.-1 c.s. sf. (202) *are my ways?*

לֹא יִתָּכֵנוּ neg.-Ni. impf. 3 m.p. (1067) *not just?*

בֵּית יִשְׂרָאֵל v.supra-v.supra *O house of Israel*

הֲלֹא דַרְכֵיכֶם interr.part.-neg.-n.m.p.-2 m.p. sf. (202) *Is it not your ways*

לֹא יִתָּכֵן neg.-Ni. impf. 3 m.s. (1067; GK 145u) *that are not just?*

18:30

לָכֵן prep.-adv. (485) *Therefore*

אִישׁ n.m.s. (35) *every one*

כִּדְרָכָיו prep.-n.m.p.-3 m.s. sf. (202) *according to his ways*

אֶשְׁפֹּט Qal impf. 1 c.s. (1047) *I will judge*

אֶתְכֶם dir.obj.-2 m.p. sf. *you*

בֵּית יִשְׂרָאֵל n.m.s. cstr. (108)-pr.n. (975) *O house of Israel*

נְאֻם אֲדֹנָי n.m.s. cstr. (610)-n.m.p.-1 c.s. sf. (10) *says the Lord*

יהוה pr.n. (217) *Yahweh*

שׁוּבוּ Qal impv. 2 m.p. (996) *Repent*

וְהָשִׁיבוּ conj.-Hi. impv. 2 m.p. (שׁוּב 996) *and turn*

מִכָּל־ prep.-n.m.s. cstr. (481) *from all*

פִּשְׁעֵיכֶם n.m.p.-2 m.p. sf. (833) *your transgressions*

וְלֹא־יִהְיֶה conj.-neg.-Qal impf. 3 m.s. (הָיָה 224) *lest it shall be (so that they shall not be)*

לָכֶם prep.-2 m.p. sf. *to you*

לְמִכְשׁוֹל prep.-n.m.s. (506) *a stumbling-block*

עָוֹן n.m.s. (730) *iniquity*

18:31

הַשְׁלִיכוּ Hi. impv. 2 m.p. (שָׁלַךְ 1020) *Cast away*

מֵעֲלֵיכֶם prep.-prep.-2 m.p. sf. *from you*

אֶת־כָּל־ dir.obj.-n.m.s. cstr. (481) *all (of)*

פִּשְׁעֵיכֶם n.m.p.-2 m.p. sf. (833) *your transgressions*

אֲשֶׁר פְּשַׁעְתֶּם rel. (81)-Qal pf. 2 m.p. (פָּשַׁע 833) *which you have committed*

בָּם prep.-3 m.p. sf. *them*

וַעֲשׂוּ conj.-Qal impv. 2 m.p. (עָשָׂה 793) *and get*

לָכֶם prep.-2 m.p. sf. *for yourselves*

לֵב חָדָשׁ n.m.s. (524)-adj. m.s. (294) *a new heart*

וְרוּחַ חֲדָשָׁה conj.-n.f.s. (924)-adj. f.s. (294) *and a new spirit*

וְלָמָּה conj.-prep.-interr. (552) *Why*

תָמֻתוּ Qal impf. 2 m.p. (מוּת 559) *will you die*

בֵּית יִשְׂרָאֵל n.m.s. cstr. (108)-pr.n.(975) *O house of Israel*

18:32

כִּי לֹא אֶחְפֹּץ conj. (471)-neg.-Qal impf. 1 c.s. (חָפֵץ 342) *For I have no pleasure*

בְּמוֹת הַמֵּת prep.-n.m.s. cstr. (560)-def.art.-Qal act.ptc. m.s. (מוּת 559; GK 139d) *in the death of anyone*

נְאֻם אֲדֹנָי n.m.s. cstr. (610)-n.m.p.-1 c.s. sf. (10) *says the Lord*

יהוה pr.n. (217) *Yahweh*

וְהָשִׁיבוּ conj.-Hi. impv. 2 m.p. (שׁוּב 996) *so turn*

וִחְיוּ conj.-Qal impv. 2 m.p. (חָיָה 310) *and live*

19:1

וְאַתָּה conj.-pers.pr. 2 m.s. (61) *And you,*

שָׂא Qal impv. 2 m.s. (נָשָׂא 669) *take up*

קִינָה n.f.s. (884) *a lamentation*

אֶל־נְשִׂיאֵי prep.-n.m.p. cstr. (672; GK 124e) *for the princes of*

יִשְׂרָאֵל pr.n. (975) *Israel*

19:2

וְאָמַרְתָּ conj.-Qal pf. 2 m.s. (55) *and say*

מָה אִמְּךָ interr. (552)-n.f.s.-2 m.s. sf. (51) *What your mother*

לְבִיָּא n.f.s. (522; GK 80h) *a lioness*

בֵּין אֲרָיוֹת prep. (107)-n.m.p. (71) *among lions*

רָבָצָה Qal pf. 3 f.s. paus. (רָבַץ 918) *She couched*

בְּתוֹךְ כְּפִרִים prep.-n.m.s. cstr. (1063)-n.m.p. (498) *in the midst of young lions*

רִבְּתָה Pi. pf. 3 f.s. (רָבָה 915) *rearing*

גּוּרֶיהָ n.m.p.-3 f.s. sf. (158) *her whelps*

19:3

וַתַּעַל consec.-Qal impf. 3 f.s. (עָלָה 748) *And she brought up*

אֶחָד num. m.s. (25) *one*

מִגֻּרֶיהָ prep.-n.m.p.-3 f.s. sf. (158) *of her whelps*

כְּפִיר n.m.s. (498) *a young lion*

הָיָה Qal pf. 3 m.s. (224) *he became*

וַיִּלְמַד consec.-Qal impf. 3 m.s. (540) *and he learned*

לִטְרָף־טֶרֶף prep.-Qal inf.cstr. (382)-n.m.s. (383) *to catch prey*

אָדָם אָכָל n.m.s. (9)-Qal pf. 3 m.s. paus. (37) *he devoured men*

19:4

וַיִּשְׁמְעוּ consec.-Qal impf. 3 m.p. (1033) *sounded an alarm (heard)*

אֵלָיו prep.-3 m.s. sf. *against him*

גּוֹיִם n.m.p. (156) *the nations*

בְּשַׁחְתָּם prep.-n.f.s.-3 m.p. sf. (1001) *in their pit*

נִתְפָּשׂ Ni. pf. 3 m.s. paus. (תָּפַשׂ 1074) *he was taken*

וַיְבִאֻהוּ consec.-Hi. impf. 3 m.p.-3 m.s. sf. (בּוֹא 97) *and they brought him*

בַּחַחִים prep.-def.art.-n.m.p. (296) *with hooks*

אֶל־אֶרֶץ prep.-n.f.s. cstr. (75) *to the land of*

מִצְרָיִם pr.n. loc. paus. (595) *Egypt*

19:5

וַתֵּרֶא consec.-Qal impf. 3 f.s. (רָאָה 906) *When she saw*

כִּי נוֹחֲלָה conj. (471)-Ni. pf. 3 f.s. (יָחַל 403) *that she had waited*

אָבְדָה Qal pf. 3 f.s. (אָבַד 1) *was lost*

תִּקְוָתָהּ n.f.s.-3 f.s. sf. (876) *her hope*

וַתִּקַּח consec.-Qal impf. 3 f.s. (לָקַח 542) *she took*

אֶחָד num. m.s. (25) *another*

מִגֻּרֶיהָ prep.-n.m.p.-3 f.s. sf. (158) *of her whelps*

כְּפִיר n.m.s. (498) *a young lion*

שָׂמַתְהוּ Qal pf. 3 f.s.-3 m.s. sf. (שׂום 962) *she made him*

19:6

וַיִּתְהַלֵּךְ consec.-Hith. impf. 3 m.s. (הָלַךְ 229) *He prowled*

בְּתוֹךְ־ prep.-n.m.s. cstr. (1063) *among*

אֲרָיוֹת n.m.p. (71) *the lions*

כְּפִיר הָיָה n.m.s. (498)-Qal pf. 3 m.s. (224) *he became a young lion*

וַיִּלְמַד consec.-Qal impf. 3 m.s. (540) *and he learned*

לִטְרָף־טֶרֶף prep.-Qal inf.cstr. (382)-n.m.s. (383) *to catch prey*

אָדָם אָכָל n.m.s. (9)-Qal pf. 3 m.s. paus. (37) *he devoured men*

19:7

וַיֵּדַע consec.-Qal impf. 3 m.s. (יָדַע 393) *and he knew (ravaged)*

אַלְמְנוֹתָיו n.f.p.-3 m.s. sf. (48) *his widows (some rd.* אַרְמְנוֹתֵיהֶם *their strongholds)*

וְעָרֵיהֶם conj.-n.f.p.-3 m.p. sf. (746) *and their cities*

הֶחֱרִיב Hi. pf. 3 m.s. (חָרֵב 351) *he laid waste*

וַתֵּשַׁם consec.-Qal impf. 3 f.s. (יָשֵׁם 445) *and was appalled*

אֶרֶץ n.f.s. (75) *the land*

וּמְלֹאָהּ conj.-n.m.s.-3 f.s. sf. (571) *and all who were in it*

מִקּוֹל prep.-n.m.s. cstr. (876) *at the sound of*

שַׁאֲגָתוֹ n.f.s.-3 m.s. sf. (980) *his roaring*

19:8

וַיִּתְּנוּ consec.-Qal impf. 3 m.p. (נָתַן 678) *Then set*

עָלָיו prep.-3 m.s. sf. *against him*

גּוֹיִם n.m.p. (156) *nations*

סָבִיב adv. (686) *on every side*

מִמְּדִינוֹת prep.-n.f.p. (193) *from the provinces*

וַיִּפְרְשׂוּ consec.-Qal impf. 3 m.p. (פָּרַשׂ 831) *they spread*

עָלָיו v.supra *over him*

רִשְׁתָּם n.f.s.-3 m.p. sf. (440) *their net*

בְּשַׁחְתָּם prep.-n.f.s.-3 m.p. sf. (1001) *in their pit*

נִתְפָּשׂ Ni. pf. 3 m.s. paus. (תָּפַשׂ 1074) *he was taken*

19:9

וַיִּתְּנֻהוּ consec.-Qal impf. 3 m.p.-3 m.s. sf. (נָתַן 678) *and they put him*

בַּסּוּגַר prep.-def.art.-n.m.s. (689) *in a cage*

בַּחַחִים prep.-def.art.-n.m.p. (296) *with hooks*

וַיְבִאֻהוּ consec.-Hi.impf. 3 m.p.-3 m.s. sf. (בּוֹא 97) *and brought him*

אֶל־מֶלֶךְ prep.-n.m.s. cstr. (572) *to the king of*

בָּבֶל pr.n. loc. (93) *Babylon*

יְבִאֻהוּ v.supra *they brought him*

בַּמְּצֹרוֹת prep.-def.art.-n.f.p. (845) *into custody*

לְמַעַן conj. (775) *that*

לֹא־יִשָּׁמַע neg.-Ni. impf. 3 m.s. (שָׁמַע 1033) *should not be heard*

קוֹלוֹ n.m.s.-3 m.s. sf. (876) *his voice*

עוֹד adv. (728) *more*

אֶל־הָרֵי prep.-n.m.p. cstr. (249) *upon the mountains of*

יִשְׂרָאֵל pr.n. (975) *Israel*

19:10

אִמְּךָ n.f.s.-2 m.s. sf. (51) *Your mother*

כַּגֶּפֶן prep.-def.art.-n.f.s. (172) *like a vine*

בְדָמְךָ prep.-n.m.s.-2 m.s. sf. (196) *in your blood*

עַל־מַיִם prep.-n.m.p. (565) *by water*

שְׁתוּלָה Qal pass.ptc. f.s. (שָׁתַל 1060) *transplanted*

פֹּרִיָּה Qal act.ptc. f.s. (פָּרָה 826) *fruitful*

וַעֲנֵפָה conj.-adj. f.s. (778) *and full of branches*

הָיְתָה Qal pf. 3 f.s. (הָיָה 224) *she was*

מִמַּיִם רַבִּים prep.-n.m.p. (565)-adj. m.p. (912) *by reason of abundant water*

19:11

וַיִּהְיוּ־לָהּ consec.-Qal impf. 3 m.p. (הָיָה 224)-prep.-3 f.s. sf. *and they were for her*

מַטּוֹת עֹז n.m.p. cstr. (641)-n.m.s. (738) *strongest stems*

אֶל־שִׁבְטֵי prep.-n.m.p. cstr. (986) *a scepter of*

מֹשְׁלִים Qal act.ptc. m.p. (מָשַׁל 605) *rulers*

וַתִּגְבַּהּ consec.-Qal impf. 3 f.s. (גָּבַהּ 147) *it towered*

קוֹמָתוֹ n.f.s.-3 m.s. sf. (879) *his height (aloft)*

עַל־בֵּין עֲבֹתִים prep.-prep. (107)-n.m.p (721) *among the thick boughs*

וַיֵּרָא consec.-Ni. impf. 3 m.s. (רָאָה 906) *it was seen*

בְגָבְהוֹ prep.-n.m.s.-3 m.s. sf. (147) *in its height*

בְּרֹב prep.-n.m.s. cstr. (913) *with the mass of*

דָּלִיֹּתָיו n.f.p.-3 m.s. sf. (194) *its branches*

19:12

וַתֻּתַּשׁ consec.-Ho. impf. 3 f.s. (נָתַשׁ 684; GK 53u) *But was plucked up*

בְּחֵמָה prep.-n.f.s. (404) *in fury*

לָאָרֶץ prep.-def.art.-n.f.s. (75) *to the ground*

הֻשְׁלְכָה Ho. pf. 3 f.s. paus. (שָׁלַךְ 1020) *was cast down*

וְרוּחַ הַקָּדִים conj.-n.f.s. cstr. (924)-def.art.-n.m.s. (870) *the east wind*

הוֹבִישׁ Hi. pf. 3 m.s. (יָבֵשׁ 386) *dried it up*

פִּרְיָהּ n.m.s.-3 f.s. sf. (826) *its fruit*

הִתְפָּרָקוּ Hith. pf. 3 m.p. (פָּרַק 830) *was stripped off*

וְיָבֵשׁוּ conj.-Qal pf. 3 c.p. (יָבֵשׁ 386) *and was withered*

מַטֵּה עֻזָּהּ n.m.s. cstr. (641)-n.m.s.-3 f.s. sf. (738) *its strong stem*

אֵשׁ n.f.s. (77) *the fire*

אֲכָלָתְהוּ Qal pf. 3 f.s.-3 m.s. sf. (37) *consumed it*

19:13

וְעַתָּה conj.-adv. (773) *Now*

שְׁתוּלָה Qal pass.ptc. f.s. (שָׁתַל 1060) *transplanted*

בַּמִּדְבָּר prep.-def.art.-n.m.s. (184) *in the wilderness*

בְּאֶרֶץ צִיָּה prep.-n.f.s. cstr. (75)-n.f.s. (851) *in a dry land*

וְצָמָא conj.-n.m.s. (854) *and thirsty*

19:14

וַתֵּצֵא אֵשׁ consec.-Qal impf. 3 f.s. (יָצָא 422) -n.f.s. (77) *And fire has gone out*

מִמַּטֵּה בַדֶּיהָ prep.-n.m.s. cstr. (641)-n.m.p.-3 f.s. sf. (94) *from its stem*

פִּרְיָהּ n.m.s.-3 f.s. sf. (826) *its fruit*

אָכָלָה Qal pf. 3 f.s. paus. (37) *has consumed*

וְלֹא־הָיָה conj.-neg.-Qal pf. 3 m.s. (224) *so that there does not remain*

בָהּ prep.-3 f.s. sf. *in it*

מַטֵּה־עֹז n.m.s. cstr. (641)-n.m.s. (738) *a strong stem*

שֵׁבֶט n.m.s. (986) *a scepter*

לִמְשׁוֹל prep.-Qal inf.cstr. (605) *for a ruler*

קִינָה n.f.s. (884) *a lamentation*

הִיא demons.adj. f.s. (214) *this is*

וַתְּהִי consec.-Qal impf. 3 f.s. (הָיָה 224) *and has become*

לְקִינָה prep.-n.f.s. (884) *a lamentation*

20:1

וַיְהִי consec.-Qal impf. 3 m.s. (224)

בַּשָּׁנָה prep.-def.art.-n.f.s. (1040) *in the ... year*

הַשְּׁבִיעִית def.art.-num.ord. f.s. (988) *seventh*

בַּחֲמִשִׁי prep.-def.art.-num.adj. ord. (332) *in the fifth month*

בֶּעָשׂוֹר prep.-def.art.-num. m.s. (797) *on the tenth day*

לַחֹדֶשׁ prep.-def.art.-n.m.s. (294) *of the month*

בָּאוּ Qal pf. 3 c.p. (בּוֹא 97) *came*

אֲנָשִׁים n.m.p. (35) *certain (men)*

מִזִּקְנֵי prep.-adj. m.p. cstr. (278) *of the elders of*

יִשְׂרָאֵל pr.n. (975) *Israel*

לִדְרֹשׁ prep.-Qal inf.cstr. (205) *to inquire*

אֶת־יְהוָה dir.obj.-pr.n. (217) *of Yahweh*

וַיֵּשְׁבוּ consec.-Qal impf. 3 m.p. (יָשַׁב 442) *and sat*

לְפָנָי prep.-n.m.p.-1 c.s. sf. paus. (815) *before me*

20:2

וַיְהִי consec.-Qal impf. 3 m.s. (הָיָה 224) *And came*

דְבַר־יְהוָה n.m.s. cstr. (182)-pr.n. (217) *the word of Yahweh*

אֵלַי prep.-1 c.s. sf. *to me*

לֵאמֹר prep.-Qal inf.cstr. (55) *(saying)*

20:3

בֶּן־אָדָם n.m.s. cstr. (119)-n.m.s. (9) *Son of man*

דַּבֵּר Pi. impv. 2 m.s. (180) *speak*

אֶת־זִקְנֵי dir.obj.-adj. m.p. cstr. (278) *to the elders of*

יִשְׂרָאֵל pr.n. (975) *Israel*

וְאָמַרְתָּ conj.-Qal pf. 2 m.s. (55) *and say*

אֲלֵהֶם prep.-3 m.p. sf. *to them*

כֹּה אָמַר adv. (462)-Qal pf. 3 m.s. (55) *Thus says*

אֲדֹנָי יְהוָה n.m.p.-1 c.s. sf. (10)-pr.n. (217) *the Lord Yahweh*

הֲלִדְרֹשׁ interr.part.-prep.-Qal inf.cstr. (205) *Is it to inquire?*

אֹתִי dir.obj.-1 c.s. sf. *of me*

אַתֶּם בָּאִים pers.pr. 2 m.p. (61)-Qal act.ptc. m.p. (בּוֹא 97) *that you come*

חַי־אָנִי adj. m.s. (311)-pers.pr. 1 c.s. (58) *As I live*

אִם־אִדָּרֵשׁ hypoth.part. (49)-Ni. impf. 1 c.s. (דָּרַשׁ 205) *I will not be inquired of*

לָכֶם prep.-2 m.p. sf. *by you*

נְאֻם אֲדֹנָי n.m.s. cstr. (610)-n.m.p.-1 c.s. sf. (10) *says the Lord*

יְהוָה pr.n. (217) *Yahweh*

20:4

הֲתִשְׁפֹּט interr.part.-Qal impf. 2 m.s. (שָׁפַט 1047) *Will you judge?*

אֹתָם dir.obj.-3 m.p. sf. *them*

הֲתִשְׁפּוֹט v.supra *will you judge (them)?*

בֶּן־אָדָם n.m.s. cstr. (119)-n.m.s. (9) *son of man*

אֶת־תּוֹעֲבֹת dir.obj.-n.f.p. cstr. (1072) *the abominations of*

אֲבוֹתָם n.m.p.-3 m.p. sf. (3) *their fathers*

הוֹדִיעֵם Hi. impv. 2 m.s.-3 m.p. sf. (יָדַע 393) *let them know*

20:5

וְאָמַרְתָּ conj.-Qal pf. 2 m.s. (55) *and say*

אֲלֵיהֶם prep.-3 m.p. sf. *to them*

כֹּה־אָמַר adv. (462)-Qal pf. 3 m.s. (55) *Thus says*

אֲדֹנָי יְהוָה n.m.p.-1 c.s. sf. (10)-pr.n. (217) *the Lord Yahweh*

בְּיוֹם prep.-n.m.s. cstr. (398) *On the day when*

בָּחֳרִי Qal inf.cstr.-1 c.s. sf. (בָּחַר 103) *I chose*

בְיִשְׂרָאֵל prep.-pr.n. (975) *Israel*

וָאֶשָּׂא יָדִי consec.-Qal impf. 1 c.s. (נָשָׂא 669)-n.f.s.-1 c.s. sf. (388) *I swore (lifted my hand)*

לְזֶרַע prep.-n.m.s. cstr. (282) *to the seed of*

בֵּית יַעֲקֹב n.m.s. cstr. (108)-pr.n. (784) *the house of Jacob*

וָאִוָּדַע consec.-Ni. impf. 1 c.s. (יָדַע 393) *making myself known*

לָהֶם prep.-3 m.p. sf. *to them*

בְּאֶרֶץ prep.-n.f.s. cstr. (75) *in the land of*

מִצְרַיִם pr.n. paus. (595) *Egypt*

וָאֶשָּׂא יָדִי v.supra-v.supra *I swore*

לָהֶם v.supra *to them*

לֵאמֹר prep.-Qal inf.cstr. (55) *saying*

אֲנִי יְהוָה pers.pr. 1 c.s. (58)-pr.n.(217) *I am Yahweh*

אֱלֹהֵיכֶם n.m.p.-2 m.p. sf. (43) *your God*

20:6

בַּיּוֹם הַהוּא prep.-def.art.-n.m.s. (398)-def.art.-demons.adj. m.s. (214) *On that day*

נָשָׂאתִי יָדִי Qal pf. 1 c.s. (נָשָׂא 669)-n.f.s.-1 c.s. sf. (388) *I swore*

לָהֶם prep.-3 m.p. sf. *to them*

לְהוֹצִיאָם prep.-Hi. inf.cstr.-3 m.p. sf. (יָצָא 422) *that I would bring them out*

מֵאֶרֶץ prep.-n.f.s. cstr. (75) *of the land of*

מִצְרַיִם pr.n. paus. (595) *Egypt*

אֶל־אֶרֶץ prep.-n.f.s. (75) *into a land*

אֲשֶׁר־תַּרְתִּי rel. (81)-Qal pf. 1 c.s. (תּוּר 1064) *that I had searched out*

לָהֶם v.supra *for them*

זָבַת Qal act.ptc. f.s. cstr. (זוּב 264) *flowing with*

חָלָב n.m.s. (316) *milk*

וּדְבַשׁ conj.-n.m.s. (185) *and honey*

צְבִי הִיא n.m.s.(840)-pers.pr. 3 f.s. (217) *the most glorious*

לְכָל־הָאֲרָצוֹת prep.-n.m.s. cstr. (481)-def.art.-n.f.p. (75) *of all lands*

20:7

וָאֹמַר consec.-Qal impf. 1 c.s. (אָמַר 55) *and I said*

אֲלֵהֶם prep.-3 m.p. sf. *to them*

אִישׁ n.m.s. (35) *every one of you*

שִׁקּוּצֵי n.m.p. cstr. (1055) *the detestable things of*

עֵינָיו n.f.p.-3 m.s. sf. (744) *his eyes*

הַשְׁלִיכוּ Hi. impv. 2 m.p. (שָׁלַךְ 1020) *Cast away*

וּבְגִלּוּלֵי conj.-prep.-n.m.p. cstr. (165) *and with the idols of*

מִצְרַיִם pr.n. (595) *Egypt*

אַל־תִּטַּמָּאוּ neg.(39)-Hith. impf. 2 m.p. paus. (379 טָמֵא) *do not defile yourselves*

אֲנִי יְהוָה pers.pr. 1 c.s. (58)-pr.n.(217) *I am Yahweh*

אֱלֹהֵיכֶם n.m.p.-2 m.p. sf. (43) *your God*

20:8

וַיַּמְרוּ־בִי consec.-Hi. impf. 3 m.p. (מָרָה 598)-prep.-1 c.s. sf. *But they rebelled against me*

וְלֹא אָבוּ conj.-neg.-Qal pf. 3 c.p. (אָבָה 2) *and would not*

לִשְׁמֹעַ אֵלַי prep.-Qal inf.cstr. (1033)-prep.-1 c.s. sf. *listen to me*

אִישׁ n.m.s. (35) *every man*

אֶת־שִׁקּוּצֵי dir.obj.-n.m.p. cstr. (1055) *the detestable things of*

עֵינֵיהֶם n.f. du.-3 m.p. sf. (744) *their eyes*

לֹא הִשְׁלִיכוּ neg.-Hi. pf. 3 c.p. (1020) *they did not cast away*

וְאֶת־גִּלּוּלֵי conj.-dir.obj.-n.m.p. cstr. (165) *and the idols of*

מִצְרַיִם pr.n. (595) *Egypt*

לֹא עָזָבוּ neg.-Qal pf. 3 c.p. paus. (736) *they did not forsake*

וָאֹמַר consec.-Qal impf. 1 c.s. (55) *Then I thought*

לִשְׁפֹּךְ prep.-Qal inf.cstr. (1049) *I would pour out*

חֲמָתִי n.f.s.-1 c.s. sf. (404) *my wrath*

עֲלֵיהֶם prep.-3 m.p. sf. *upon them*

לְכַלּוֹת prep.-Pi. inf.cstr. (כָּלָה 477) *and spend*

אַפִּי n.m.s.-1 c.s. sf. (60) *my anger*

בָּהֶם prep.-3 m.p. sf. *against them*

בְּתוֹךְ אֶרֶץ prep.-n.m.s. cstr. (1063)-n.f.s. cstr. (75) *in the midst of the land of*

מִצְרַיִם pr.n. paus. (595) *Egypt*

20:9

וָאַעַשׂ consec.-Qal impf. 1 c.s. (עָשָׂה 793) *But I acted*

לְמַעַן שְׁמִי prep. (775)-n.m.s.-1 c.s. sf. (1027) *for the sake of my name*

לְבִלְתִּי הֵחֵל prep.-neg. (116)-Ni. inf.cstr. (חָלַל 320; GK 67t) *that it should not be profaned*

לְעֵינֵי prep.-n.f. du. cstr. (744) *in the sight of*

הַגּוֹיִם def.art.-n.m.p. (156) *the nations*

אֲשֶׁר־הֵמָּה rel. (81)-pers.pr. 3 m.p. (241) *(which) they*

בְּתוֹכָם prep.-n.m.s.-3 m.p. sf. (1063) *among whom*

אֲשֶׁר נוֹדַעְתִּי rel. (81)-Ni. pf. 1 c.s. (יָדַע 393) *I made myself known*

אֲלֵיהֶם prep.-3 m.p. sf. *to them*

לְעֵינֵיהֶם prep.-n.f. du.-3 m.p. sf. (744) *in whose sight*

לְהוֹצִיאָם prep.-Hi. inf.cstr.-3 m.p. sf. (יָצָא 422) *in bringing them out*

מֵאֶרֶץ prep.-n.f.s. cstr. (75) *of the land of*

מִצְרַיִם pr.n. paus. (595) *Egypt*

20:10

וָאוֹצִיאֵם consec.-Hi. impf. 1 c.s.-3 m.p. sf. (יָצָא 422) *So I led them out*

מֵאֶרֶץ prep.-n.f.s. cstr. (75) *of the land of*

מִצְרַיִם pr.n. paus. (595) *Egypt*

וָאֲבִאֵם consec.-Hi. impf. 1 c.s.-3 m.p. sf. (בּוֹא 97) *and brought them*

אֶל־הַמִּדְבָּר prep.-def.art.-n.m.s. (184) *into the wilderness*

20:11

וָאֶתֵּן לָהֶם consec.-Qal impf. 1 c.s. (נָתַן 678)-prep.-3 m.p. sf. *I gave them*

אֶת־חֻקּוֹתַי dir.obj.-n.f.p.-1 c.s. sf. (349) *my statutes*

וְאֶת־מִשְׁפָּטַי conj.-dir.obj.-n.m.p.-1 c.s. sf. (1048) *and my ordinances*

הוֹדַעְתִּי Hi. pf. 1 c.s. (יָדַע 393) *showed*

אוֹתָם dir.obj.-3 m.p. sf. *them*

אֲשֶׁר יַעֲשֶׂה rel. (81)-Qal impf. 3 m.s. (עָשָׂה 793) *which will perform*

אוֹתָם v.supra *them*

הָאָדָם def.art.-n.m.s. (9) *man*

וָחַי conj.-Qal pf. 3 m.s. (חָיָה 310) *and shall live*

בָּהֶם prep.-3 m.p. sf. *in them*

20:12

וְגַם conj.-adv. (168) *Moreover*

אֶת־שַׁבְּתוֹתַי dir.obj.-n.f.p.-1 c.s. sf. (992) *my sabbaths*

נָתַתִּי Qal pf. 1 c.s. (נָתַן 678) *I gave*

לָהֶם prep.-3 m.p. sf. *them*

לִהְיוֹת לְאוֹת prep.-Qal inf.cstr. (הָיָה 224)-prep.-n.m.s. (16) *as a sign*

בֵּינִי prep.-1 c.s. sf. (107) *between me*

וּבֵינֵיהֶם conj.-prep.-3 m.p. sf. (107) *and them*

לָדַעַת prep.-Qal inf.cstr. (יָדַע 393) *that they might know*

כִּי אֲנִי conj. (471)-pers.pr. 1 c.s. (58) *that I*

יהוה pr.n. (217) *Yahweh*

מְקַדְּשָׁם Pi. ptc.-3 m.p. sf. (קָדַשׁ 872) *sanctify them*

20:13

וַיִּמְרוּ־ consec.-Hi. impf. 3 c.p. (מָרָה 598) *but rebelled*

בִי prep.-1 c.s. sf. *against me*

בֵית־יִשְׂרָאֵל n.m.s. cstr. (108)-pr.n. (975) *the house of Israel*

בַּמִּדְבָּר prep.-def.art.-n.m.s. (184) *in the wilderness*

בְּחֻקּוֹתַי prep.-n.f.p.-1 c.s. sf. (349) *in my statutes*

לֹא־הָלָכוּ neg.-Qal pf. 3 c.p. paus. (הָלַךְ 229) *they did not walk*

וְאֶת־מִשְׁפָּטַי conj.-dir.obj.-n.m.p.-1 c.s. sf. (1048) *but my ordinances*

מָאָסוּ Qal pf. 3 c.p. paus. (מָאַס 549) *they rejected*

אֲשֶׁר יַעֲשֶׂה rel. (81)-Qal pf. 3 m.s. (793) *by ... observance*

אֹתָם dir.obj.-3 m.p. sf. *whose*

הָאָדָם def.art.-n.m.s. (9) *man*

וָחַי conj.-Qal pf. 3 m.s. (חָיָה 310) *and shall live*

בָּהֶם prep.-3 m.p. sf. *in them*

וְאֶת־שַׁבְּתֹתַי conj.-dir.obj.-n.f.p.-1 c.s. sf. (992) *and my sabbaths*

חִלְּלוּ Pi. pf. 3 c.p. (חָלַל 320) *they profaned*

מְאֹד adv. (547) *greatly*

וָאֹמַר consec.-Qal impf. 1 c.s. (אָמַר 55) *Then I thought*

לִשְׁפֹּךְ prep.-Qal inf.cstr. (1049) *I would pour out*

חֲמָתִי n.f.s.-1 c.s. sf. (404) *my wrath*

עֲלֵיהֶם prep.-3 m.p. sf. *upon them*

בַּמִּדְבָּר prep.-def.art.-n.m.s. (184) *in the wilderness*

לְכַלּוֹתָם prep.-Pi. inf.cstr.-3 m.p. sf. (כָּלָה 477) *to make a full end of them*

20:14

וָאֶעֱשֶׂה consec.-Qal impf. 1 c.s. (793) *But I acted*

לְמַעַן שְׁמִי prep. (775)-n.m.s.-1 c.s. sf. (1027) *for the sake of my name*

לְבִלְתִּי הֵחֵל prep.-neg. (116)-Ni. inf.cstr. (חלל 320) *that it should not be profaned*

לְעֵינֵי prep.-n.f. du. cstr. (744) *in the sight of*

הַגּוֹיִם def.art.-n.m.p. (156) *the nations*

אֲשֶׁר הוֹצֵאתִים rel. (81)-Hi. pf. 1 c.s.-3 m.p. sf. (422 יצא) *which I had brought them out*

לְעֵינֵיהֶם prep.-n.f. du.-3 m.p. sf. (744) *in whose sight*

20:15

וְגַם־אֲנִי conj.-adv. (168)-pers.pr. 1 c.s. (58) *Moreover I*

נָשָׂאתִי יָדִי Qal pf. 1 c.s. (669)-n.f.s.-1 c.s. sf. (388) *I swore*

לָהֶם prep.-3 m.p. sf. *to them*

בַּמִּדְבָּר prep.-def.art.-n.m.s. (184) *in the wilderness*

לְבִלְתִּי הָבִיא prep.-neg. (116)-Hi. inf.cstr. (בוא 97) *that I would not bring*

אוֹתָם dir.obj.-3 m.p. sf. *them*

אֶל־הָאָרֶץ prep.-def.art.-n.f.s. (75) *into the land*

אֲשֶׁר־נָתַתִּי rel. (81)-Qal pf. 1 c.s. (678 נתן) *which I had given*

זָבַת Qal act.ptc. f.s. cstr. (זוב 264) *flowing with*

חָלָב n.m.s. (316) *milk*

וּדְבָשׁ conj.-n.m.s. (185) *and honey*

צְבִי הִיא n.m.s. (840)-pers.pr. 3 f.s. (214) *the most glorious*

לְכָל־הָאֲרָצוֹת prep.-n.m.s. cstr. (481)-def.art.-n.f.p. (75) *of all lands*

20:16

יַעַן conj. (774) *because*

בְּמִשְׁפָּטַי prep.-n.m.p.-1 c.s. sf. (1048) *my ordinances*

מָאָסוּ Qal pf. 3 c.p. paus. (549) *they rejected*

וְאֶת־חֻקּוֹתַי conj.-dir.obj.-n.f.p.-1 c.s. sf. (349) *and my statutes*

לֹא־הָלְכוּ neg.-Qal pf. 3 c.p. (229) *they did not walk*

בָהֶם prep.-3 m.p. sf. *in them*

וְאֶת־שַׁבְּתוֹתַי conj.-dir.obj. (GK 117m)-n.f.p.-1 c.s. sf. (992) *and my sabbaths*

חִלֵּלוּ Pi. pf. 3 c.p. paus. (חלל 320) *they profaned*

כִּי אַחֲרֵי conj. (471)-prep. cstr. (29) *for after*

גִּלּוּלֵיהֶם n.m.p.-3 m.p. sf. (165) *their idols*

לִבָּם n.m.s.-3 m.p. sf. (524) *their heart*

הֹלֵךְ Qal act.ptc. (229) *went*

20:17

וַתָּחָם consec.-Qal impf. 3 f.s. (חום 299) *Nevertheless ... spared*

עֵינִי n.f.s.-1 c.s. sf. (744) *my eye*

עֲלֵיהֶם prep.-3 m.p. sf. *them*

מִשַּׁחֲתָם prep.-Pi. inf.cstr.-3 m.p. sf. (שחת 1007) *from destroying them*

וְלֹא־עָשִׂיתִי conj.-neg.-Qal pf. 1 c.s. (עשה 793) *or did not make*

אוֹתָם dir.obj.-3 m.p. sf. *of them*

כָּלָה n.f.s. (478) *a full end*

בַּמִּדְבָּר prep.-def.art.-n.m.s. (184) *in the wilderness*

20:18

וָאֹמַר consec.-Qal impf. 1 c.s. (55) *and I said*

אֶל־בְּנֵיהֶם prep.-n.m.p.-3 m.p. sf. (119) *to their children*

בַּמִּדְבָּר prep.-def.art.-n.m.s. (184) *in the wilderness*

בְּחֻקֵּי prep.-n.m.p. cstr. (349) *in the statutes of*

אֲבוֹתֵיכֶם n.m.p.-2 m.p. sf. (3) *your fathers*

אַל־תֵּלֵכוּ neg. (39)-Qal impf. 2 m.p. paus. (הלך 229) *do not walk*

וְאֶת־מִשְׁפְּטֵיהֶם conj.-dir.obj.-n.m.p.-3 m.p. sf. (1048) *and their ordinances*

אַל־תִּשְׁמֹרוּ neg. (39)-Qal impf. 2 m.p. paus. (1036) *do not observe*

וּבְגִלּוּלֵיהֶם conj.-prep.-n.m.p.-3 m.p. sf. (165) *and with their idols*

אַל־תִּטַּמָּאוּ neg. (39)-Hith. impf. 2 m.p. (טמא 379) *do not defile yourselves*

20:19

אֲנִי יְהוָה pers.pr. 1 c.s. (58)-pr.n. (217) *I Yahweh*

אֱלֹהֵיכֶם n.m.p.-2 m.p. sf. (43) *your God*

בְּחֻקּוֹתַי prep.-n.f.p.-1 c.s. sf. (349) *in my statutes*

לֵכוּ Qal impv. 2 m.p. paus. (הלך 229) *walk*

וְאֶת־מִשְׁפָּטַי conj.-dir.obj.-n.m.p.-1 c.s. sf. (1048) *and my ordinances*

שִׁמְרוּ Qal impv. 2 m.p. (1036) *be careful*

וַעֲשׂוּ conj.-Qal impv. 2 m.p. (עשה 793) *to observe*

אוֹתָם dir.obj.-3 m.p. sf. *them*

20:20

וְאֶת־שַׁבְּתוֹתַי conj.-dir.obj.-n.f.p.-1 c.s. sf. (992) *and my sabbaths*

קַדֵּשׁוּ Pi. impv. 2 m.p. paus. (872) *hallow*

וְהָיוּ conj.-Qal pf. 3 c.p. (הָיָה 224) *that they may be*

לְאוֹת prep.-n.m.s. (16) *a sign*

בֵּינִי prep.-1 c.s. sf. (107) *between me*

וּבֵינֵיכֶם conj.-prep.-2 m.p. sf. (107) *and you*

לָדַעַת prep.-Qal inf.cstr. (יָדַע 393) *that ... may know*

כִּי אֲנִי conj. (471)-pers.pr. 1 c.s. (58) *that I*

יהוה pr.n. (217) *Yahweh*

אֱלֹהֵיכֶם n.m.p.-2 m.p. sf. (43) *am your God*

20:21

וַיַּמְרוּ־בִי consec.-Hi. impf. 3 m.p. (מָרָה 598)-prep.-1 c.s. sf. *But ... rebelled against me*

הַבָּנִים def.art.-n.m.p. (119) *the children*

בְּחֻקּוֹתַי prep.-n.f.p.-1 c.s. sf. (349) *in my statutes*

לֹא־הָלָכוּ neg.-Qal pf. 3 c.p. paus. (הָלַךְ 229) *they did not walk*

וְאֶת־מִשְׁפָּטַי conj.-dir.obj.-n.m.p.-1 c.s. sf. (1048) *and my ordinances*

לֹא־שָׁמְרוּ neg.-Qal pf. 3 c.p. (שָׁמַר 1036) *they were not careful*

לַעֲשׂוֹת prep.-Qal inf.cstr. (עָשָׂה 793) *to observe*

אוֹתָם dir.obj.-3 m.p. sf. *them*

אֲשֶׁר יַעֲשֶׂה rel. (81)-Qal impf. 3 m.s. (793) *which ... does*

אוֹתָם v.supra *them*

הָאָדָם def.art.-n.m.s. (9) *man*

וָחַי בָּהֶם conj.-Qal pf. 3 m.s. (חָיָה 310)-prep.-3 m.p. sf. *and shall live in them*

אֶת־שַׁבְּתוֹתַי dir.obj.-n.f.p.-1 c.s. sf. (992) *my sabbaths*

חִלֵּלוּ Pi. pf. 3 m.p. paus. (חָלַל 320) *they profaned*

וָאֹמַר consec.-Qal impf. 1 c.s. (אָמַר 55) *Then I thought*

לִשְׁפֹּךְ prep.-Qal inf.cstr. (1049) *I would pour out*

חֲמָתִי n.f.s.-1 c.s. sf. (404) *my wrath*

עֲלֵיהֶם prep.-3 m.p. sf. *upon them*

לְכַלּוֹת prep.-Pi. inf.cstr. (כָּלָה 477) *and spend*

אַפִּי n.m.s.-1 c.s. sf. (60) *my anger*

בָּם בַּמִּדְבָּר prep.-3 m.p. sf.-prep.-def.art.-n.m.s. (184) *against them in the wilderness*

20:22

וַהֲשִׁבֹתִי conj.-Hi. pf. 1 c.s. (שׁוּב 996; GK 112tt) *But I withheld*

אֶת־יָדִי dir.obj.-n.f.s.-1 c.s. sf. (388) *my hand*

וָאַעַשׂ consec.-Qal impf. 1 c.s. (עָשָׂה 793) *and acted*

לְמַעַן שְׁמִי prep. (775)-n.m.s.-1 c.s. sf. (1027) *for the sake of my name*

לְבִלְתִּי הֵחֵל prep.-neg. (116)-Ni. inf.cstr. (חָלַל 320) *that it should not be profaned*

לְעֵינֵי prep.-n.f.p. cstr. (744) *in the sight of*

הַגּוֹיִם def.art.-n.m.p. (156) *the nations*

אֲשֶׁר־הוֹצֵאתִי rel. (81)-Hi. pf. 1 c.s. (יָצָא 422) *which I had brought out*

אוֹתָם dir.obj.-3 m.p. sf. *them*

לְעֵינֵיהֶם prep.-n.f.p.-3 m.p. sf. (744) *in whose sight*

20:23

גַּם־אֲנִי adv.(168)-pers.pr. 1 c.s. (58) *Moreover I*

נָשָׂאתִי Qal pf. 1 c.s. (669) *lifted*

אֶת־יָדִי dir.obj.-n.f.s.-1 c.s. sf. (388) *my hand (swore)*

לָהֶם prep.-3 m.p. sf. *to them*

בַּמִּדְבָּר prep.-def.art.-n.m.s. (184) *in the wilderness*

לְהָפִיץ prep.-Hi. inf.cstr. (פּוּץ 806) *that I would scatter*

אֹתָם dir.obj.-3 m.p. sf. *them*

בַּגּוֹיִם prep.-def.art.-n.m.p. (156) *among the nations*

וּלְזָרוֹת conj.-prep.-Pi. inf.cstr. (זָרָה 279) *and disperse*

אוֹתָם dir.obj.-3 m.p. sf. *them*

בָּאֲרָצוֹת prep.-def.art.-n.f.p. (75) *through the countries*

20:24

יַעַן conj. (774) *because*

מִשְׁפָּטַי n.m.p.-1 c.s. sf. (1048) *my ordinances*

לֹא־עָשׂוּ neg.-Qal pf. 3 c.p. (עָשָׂה 793) *they had not executed*

וְחֻקּוֹתַי conj.-n.f.p.-1 c.s. sf. (349) *but my statutes*

מָאָסוּ Qal pf. 3 c.p. paus. (מָאַס 549) *they had rejected*

וְאֶת־שַׁבְּתוֹתַי conj.-dir.obj.-n.f.p.-1 c.s. sf. (992) *and my sabbaths*

חִלֵּלוּ Pi. pf. 3 c.p. paus. (חָלַל 320) *they profaned*

וְאַחֲרֵי conj.-prep. cstr. (29) *and on*

גִּלּוּלֵי n.m.p. cstr. (165) *the idols of*

אֲבוֹתָם n.m.p.-3 m.p. sf. (3) *their fathers*

הָיוּ Qal pf. 3 c.p. (הָיָה 224) *were set*

עֵינֵיהֶם n.f.p.-3 m.p. sf. (744) *their eyes*

20:25

וְגַם־אֲנִי conj.-adv. (168)-pers.pr. 1 c.s. (58) *Moreover I*

נָתַתִּי Qal pf. 1 c.s. (נָתַן 678) *gave*

לָהֶם prep.-3 m.p. sf. *them*

חֻקִּים n.m.p. (349) *statutes*

לֹא טוֹבִים neg.-adj. m.p. (373) *that were not good*

וּמִשְׁפָּטִים conj.-n.m.p. (1048) *and ordinances*

לֹא יִחְיוּ neg.-Qal impf. 3 m.p. (חָיָה 310) *which they could not live*

בָּהֶם prep.-3 m.p. sf. *by them*

20:26

וָאֲטַמֵּא consec.-Pi. impf. 1 c.s. (טָמֵא 379) *and I defiled*

אוֹתָם dir.obj.-3 m.p. sf. *them*

בְּמַתְּנוֹתָם prep.-n.f.p.-3 m.p. sf. (382) *through their very gifts*

בְּהַעֲבִיר prep.-Hi. inf.cstr. (עָבַר 716) *in making them offer*

כָּל־פֶּטֶר רָחַם n.m.s. cstr. (481)-n.m.s. cstr. (809)-n.m.s. (933) *all their first-born*

לְמַעַן אֲשִׁמֵּם conj. (775)-Hi. impf. 1 c.s. (שָׁמֵם 1030; GK 67y) *that I might horrify them*

לְמַעַן אֲשֶׁר יֵדְעוּ conj. (775)-rel. (81)-Qal impf. 3 m.p. (יָדַע 393) *that they might know*

אֲשֶׁר אֲנִי rel. (81)-pers.pr. 1 c.s. (58) *that I am*

יהוה pr.n. (217) *Yahweh*

20:27

לָכֵן דַּבֵּר conj. (485)-Pi. impv. 2 m.s. (180) *Therefore, speak*

אֶל־בֵּית prep.-n.m.s. cstr. (108) *to the house of*

יִשְׂרָאֵל pr.n. (975) *Israel*

בֶּן־אָדָם n.m.s. cstr. (119)-n.m.s. (9) *son of man*

וְאָמַרְתָּ conj.-Qal pf. 2 m.s. (55) *and say*

אֲלֵיהֶם prep.-3 m.p. sf. *to them*

כֹּה אָמַר adv. (462)-Qal pf. 3 m.s. (55) *Thus says*

אֲדֹנָי יהוה n.m.p.-1 c.s. sf. (10)-pr.n. (217) *the Lord Yahweh*

עוֹד זֹאת adv. (728)-demons.adj. f.s. (260) *In this again*

גִּדְּפוּ Pi. pf. 3 c.p. (גָּדַף 154) *blasphemed*

אוֹתִי dir.obj.-1 c.s. sf. *me*

אֲבוֹתֵיכֶם n.m.p.-2 m.p. sf. (3) *your fathers*

בְּמַעֲלָם prep.-n.m.s.-3 m.p. sf. (591) *by their treacherous acts*

בִּי prep.-1 c.s. sf. *with me*

מָעַל Qal pf. 3 m.s. (591) *they dealt*

20:28

וָאֲבִיאֵם consec.-Hi. impf. 1 c.s.-3 m.p. sf. (בּוֹא 97) *For when I brought them*

אֶל־הָאָרֶץ prep.-def.art.-n.f.s. (75) *into the land*

אֲשֶׁר נָשָׂאתִי rel. (81)-Qal pf. 1 c.s. (669) *which I lifted*

אֶת־יָדִי dir.obj.-n.f.s.-1 c.s. sf. (388) *my hand (swore)*

לָתֵת prep.-Qal inf.cstr. (נָתַן 678) *to give*

אוֹתָהּ dir.obj.-3 f.s. sf. *it*

לָהֶם prep.-3 m.p. sf. *to them*

וַיִּרְאוּ consec.-Qal impf. 3 m.p. (רָאָה 906) *then wherever they saw*

כָל־גִּבְעָה n.m.s. cstr. (481)-n.f.s. (148) *any ... hill*

רָמָה adj. f.s. (Qal act.ptc. f.s. 926) *high*

וְכָל־עֵץ conj.-v.supra-n.m.s. cstr. (781) *or any ... tree*

עָבֹת adj. m.s. (721) *leafy*

וַיִּזְבְּחוּ־שָׁם consec.-Qal impf. 3 m.p. (זָבַח 256)-adv. (1027) *there they offered*

אֶת־זִבְחֵיהֶם dir.obj.-n.m.p.-3 m.p. sf. (257) *their sacrifices*

וַיִּתְּנוּ־שָׁם consec.-Qal impf. 3 m.p. (נָתַן 678)-adv. (1027) *and presented there*

כַּעַס n.m.s. cstr. (495) *the provocation of*

קָרְבָּנָם n.m.s.-3 m.p. sf. (898) *their offering*

וַיָּשִׂימוּ שָׁם consec.-Qal impf. 3 m.p. (שׂוּם 962)-adv. (1027) *there they sent up*

רֵיחַ נִיחוֹחֵיהֶם n.m.s. cstr. (926)-n.m.p.-3 m.p. sf. (629) *their soothing odors*

וַיַּסִּיכוּ שָׁם consec.-Hi. impf. 3 m.p. (נָסַךְ 650)-adv. (1027) *and there they poured out*

אֶת־נִסְכֵּיהֶם dir.obj.-n.m.p.-3 m.p. sf. (651) *their drink offerings*

20:29

וָאֹמַר consec.-Qal impf. 1 c.s. (אָמַר 55) *I said*

אֲלֵהֶם prep.-3 m.p. sf. *to them*

מָה הַבָּמָה interr. (552)-def.art.-n.f.s. (119) *What is the high place?*

אֲשֶׁר־אַתֶּם rel. (81)-pers.pr. 2 m.p. (61) *to which you*

הַבָּאִים שָׁם def.art.-Qal act.ptc. m.p. (בּוֹא 97)-adv. (1027) *go there*

וַיִּקָּרֵא consec.-Ni. impf. 3 m.s. (קָרָא 894) *so is called*

שְׁמָהּ n.m.s.-3 f.s. sf. (1027) *its name*

בָּמָה n.f.s. (119) *Bamah (high place)*

עַד הַיּוֹם הַזֶּה prep. (723)-def.art.-n.m.s. (398)-def.art.-demons.adj. m.s. (260) *to this day*

20:30

לָכֵן אֱמֹר conj. (485)-Qal impv. 2 m.s. (55) *Wherefore say*

אֶל־בֵּית prep. (39)-n.m.s. cstr. (108) *to the house of*

יִשְׂרָאֵל pr.n. (975) *Israel*

כֹּה אָמַר adv. (462)-Qal pf. 3 m.s. (55) *Thus says*

אֲדֹנָי יהוה n.m.p.-1 c.s. sf. (10)-pr.n. (217) *the Lord Yahweh*

הַבְּדֶרֶךְ interr.part.-prep.-n.m.s. cstr. (202) *after the manner of*

אֲבוֹתֵיכֶם n.m.p.-2 m.p. sf. (3) *your fathers?*

אַתֶּם נִטְמָאִים pers.pr. 2 m.p. (61)-Ni. ptc. m.p. (379 טָמֵא) *Will you defile yourselves*

וְאַחֲרֵי conj.-prep. cstr. (29) *and after*

שִׁקּוּצֵיהֶם n.m.p.-3 m.p. sf. (1055) *their detestable things*

אַתֶּם זֹנִים v.supra-Qal act.ptc. m.p. (275 זָנָה) *will you go astray?*

20:31

וּבִשְׂאֵת conj.-prep.-Qal inf.cstr. (669 נָשָׂא) *when ... offer*

מַתְּנֹתֵיכֶם n.f.p.-2 m.p. sf. (682) *your gifts*

בְּהַעֲבִיר prep.-Hi. inf.cstr. (716 עָבַר) *and sacrifice*

בְּנֵיכֶם n.m.p.-2 m.p. sf. (119) *your sons*

בָּאֵשׁ prep.-def.art.-n.f.s. (77) *by fire*

אַתֶּם pers.pr. 2 m.p. (61) *you*

נִטְמְאִים Ni. ptc. m.p. (379 טָמֵא) *defile yourselves*

לְכָל־גִּלּוּלֵיכֶם prep.-n.m.s. cstr. (481)-n.m.p.-2 m.p. sf. (165) *with all your idols*

עַד־הַיּוֹם prep. (723)-def.art.-n.m.s. (398) *to this day*

וַאֲנִי conj.-pers.pr. 1 c.s. (58) *and I*

אִדָּרֵשׁ Ni. impf. 1 c.s. (205 דָּרַשׁ) *shall I be inquired of*

לָכֶם prep.-2 m.p. sf. *by you*

בֵּית יִשְׂרָאֵל n.m.s. cstr. (108)-pr.n. (975) *O house of Israel?*

חַי־אָנִי adj. (311)-pers.pr. 1 c.s. (58) *As I live*

נְאֻם אֲדֹנָי n.m.s. cstr. (610)-n.m.p.-1 c.s. sf. (10) *says the Lord*

יהוה pr.n. (217) *Yahweh*

אִם־אִדָּרֵשׁ hypoth.part. (49)-Ni. impf. 1 c.s. (205 דָּרַשׁ) *I will not be inquired of*

לָכֶם prep.-2 m.p. sf. *by you*

20:32

וְהָעֹלָה conj.-def.art.-Qal act.ptc. f.s. (748 עָלָה) *What is*

עַל־רוּחֲכֶם prep.-n.f.s.-2 m.p. sf. (924) *in your mind*

הָיוֹ לֹא תִהְיֶה Qal inf.abs. (224 הָיָה)-neg.-Qal impf. 3 f.s. (224 הָיָה) *shall never happen*

אֲשֶׁר אַתֶּם rel. (81)-pers.pr. 2 m.p. (61) *which you*

אֹמְרִים Qal act.ptc. m.p. (55) *thinking*

נִהְיֶה Qal impf. 1 c.p. (224) *let us be*

כַגּוֹיִם prep.-def.art.-n.m.p. (156) *like the nations*

כְּמִשְׁפְּחוֹת prep.-n.f.p. cstr. (1046) *like the tribes of*

הָאֲרָצוֹת def.art.-n.f.p. (75) *the countries*

לְשָׁרֵת prep.-Pi. inf.cstr. (1058 שָׁרַת) *and worship*

עֵץ n.m.s. (781) *wood*

וָאָבֶן conj.-n.f.s. paus. (6) *and stone*

20:33

חַי־אָנִי adj. (311)-pers.pr. 1 c.s. (58) *As I live*

נְאֻם אֲדֹנָי n.m.s. cstr. (610)-n.m.p.-1 c.s. sf. (10) *says the Lord*

יהוה pr.n. (217) *Yahweh*

אִם־לֹא hypoth.part. (49)-neg. (49) *surely*

בְּיָד חֲזָקָה prep.-n.f.s. (388)-adj. f.s. (305) *with a mighty hand*

וּבִזְרוֹעַ נְטוּיָה conj.-prep.-n.f.s. (283)-adj. f.s. (Qal pass.ptc. f.s. 639 נָטָה) *and an outstretched arm*

וּבְחֵמָה conj.-prep.-n.f.s. (404) *and with wrath*

שְׁפוּכָה Qal pass.ptc. f.s. (1049) *poured out*

אֶמְלוֹךְ Qal impf. 1 c.s. (573 מָלַךְ) *I will be king*

עֲלֵיכֶם prep.-2 m.p. sf. *over you*

20:34

וְהוֹצֵאתִי conj.-Hi. pf. 1 c.s. (422 יָצָא) *I will bring out*

אֶתְכֶם dir.obj.-2 m.p. sf. *you*

מִן־הָעַמִּים prep.-def.art.-n.m.p. (766) *from the peoples*

וְקִבַּצְתִּי conj.-Pi. pf. 1 c.s. (867 קָבַץ) *and gather*

אֶתְכֶם v.supra *you*

מִן־הָאֲרָצוֹת prep.-def.art.-n.f.p. (75) *out of the countries*

אֲשֶׁר נְפֹצֹתֶם rel. (81)-Ni. pf. 2 m.p. (806 פּוּץ) *where you are scattered*

בָּם prep.-3 m.p. sf. *among them*

בְּיָד חֲזָקָה prep.-n.f.s. (388)-adj. f.s. (305) *with a mighty hand*

וּבִזְרוֹעַ conj.-prep.-n.f.s. (283) *and an ... arm*

נְטוּיָה Qal pass.ptc. f.s. (639 נָטָה) *outstretched*

וּבְחֵמָה conj.-prep.-n.f.s. (404) *and with wrath*

שְׁפוּכָה Qal pass.ptc. f.s. (1049) *poured out*

20:35

וְהֵבֵאתִי conj.-Hi. pf. 1 c.s. (בוא 97) *and I will bring*

אֶתְכֶם dir.obj.-2 m.p. sf. *you*

אֶל־מִדְבַּר prep. (39)-n.m.s. cstr. (184) *into the wilderness of*

הָעַמִּים def.art.-n.m.p. (766) *the peoples*

וְנִשְׁפַּטְתִּי conj.-Ni. pf. 1 c.s. (שׁפט 1047) *and I will enter into judgment*

אִתְּכֶם prep.-2 m.p. sf. (85) *with you*

שָׁם adv. (1027) *there*

פָּנִים אֶל־פָּנִים n.m.p. (815)-prep.-v.supra *face to face*

20:36

כַּאֲשֶׁר prep.-rel. (81) *As*

נִשְׁפַּטְתִּי Ni. pf. 1 c.s. (שׁפט 1047) *I entered into judgment*

אֶת־אֲבוֹתֵיכֶם dir.obj.-n.m.p.-2 m.p. sf. (3) *with your fathers*

בְּמִדְבַּר prep.-n.m.s. cstr. (184) *in the wilderness of*

אֶרֶץ n.f.s. cstr. (75) *the land of*

מִצְרָיִם pr.n. paus. (595) *Egypt*

כֵּן אִשָּׁפֵט adv. (485)-Ni. impf. 1 c.s. (שׁפט 1047) *so I will enter into judgment*

אִתְּכֶם prep.-2 m.p. sf. (85) *with you*

נְאֻם אֲדֹנָי n.m.s. cstr. (610)-n.m.p.-1 c.s. sf. (10) *says the Lord*

יְהוִה pr.n. (217) *Yahweh*

20:37

וְהַעֲבַרְתִּי conj.-Hi. pf. 1 c.s. (עבר 716) *I will make ... pass over*

אֶתְכֶם dir.obj.-2 m.p. sf. *you*

תַּחַת prep. (1065) *under*

הַשָּׁבֶט def.art.-n.m.s. paus. (986) *the rod*

וְהֵבֵאתִי conj.-Hi. pf. 1 c.s. (בוא 97) *and I will let ... go in*

אֶתְכֶם v.supra *you*

בְּמָסֹרֶת prep.-n.f.s. cstr. (64; GK 23f) *into the bond of*

הַבְּרִית def.art.-n.f.s. (136) *the covenant*

20:38

וּבָרוֹתִי conj.-Qal pf. 1 c.s. (ברר 140) *I will purge out*

מִכֶּם prep.-2 m.p. sf. *from among you*

הַמֹּרְדִים def.art.-Qal act.ptc. m.p. (מרד 597) *the rebels*

וְהַפּוֹשְׁעִים conj.-def.art.-Qal act.ptc. m.p. (פשׁע 833) *and those who transgress*

בִּי prep.-1 c.s. sf. *against me*

מֵאֶרֶץ prep.-n.f.s. cstr. (75) *out of the land of*

מְגוּרֵיהֶם n.m.p.-3 m.p. sf. (158) *where they sojourn*

אוֹצִיא Hi. impf. 1 c.s. (יצא 422) *I will bring out*

אוֹתָם dir.obj.-3 m.p. sf. *them*

וְאֶל־אַדְמַת conj.-prep.-n.f.s. cstr. (9) *but the land of*

יִשְׂרָאֵל pr.n. (975) *Israel*

לֹא יָבוֹא neg.-Qal impf. 3 m.s. (בוא 97; GK 145u) *they shall not enter*

וִידַעְתֶּם conj.-Qal pf. 2 m.p. (ידע 393) *Then you will know*

כִּי־אֲנִי conj. (471)-pers.pr. 1 c.s. (58) *that I am*

יְהוָה pr.n. (217) *Yahweh*

20:39

וְאַתֶּם conj.-pers.pr. 2 m.p. (61) *As for you*

בֵּית־יִשְׂרָאֵל n.m.s. cstr. (108)-pr.n. (975) *O house of Israel*

כֹּה־אָמַר adv. (462)-Qal pf. 3 m.s. (55) *thus says*

אֲדֹנָי יְהוִה n.m.p.-1 c.s. sf. (10)-pr.n. (217) *the Lord Yahweh*

אִישׁ n.m.s. (35) *every one*

גִּלּוּלָיו n.m.p.-3 m.s. sf. (165) *his idols*

לְכוּ Qal impv. 2 m.p. (הלך 229) *Go*

עֲבֹדוּ Qal impv. 2 m.p. (עבד 712) *serve*

וְאַחַר conj.-adv. (29) *and hereafter*

אִם־אֵינְכֶם hypoth.part. (49)-neg.-2 m.p. sf. (34) *if you will not*

שֹׁמְעִים Qal act.ptc. m.p. (1033) *listen*

אֵלָי prep.-1 c.s. sf. paus. *to me*

וְאֶת־שֵׁם conj.-dir.obj.-n.m.s. cstr. (1027) *but the name of*

קָדְשִׁי n.m.s.-1 c.s. sf. (871) *my holiness*

לֹא תְחַלְּלוּ neg.-Pi. impf. 2 m.p. (חלל 320) *you shall not profane*

עוֹד adv. (728) *more*

בְּמַתְּנוֹתֵיכֶם prep.-n.f.p.-2 m.p. sf. (682) *with your gifts*

וּבְגִלּוּלֵיכֶם conj.-prep.-n.m.p.-2 m.p. sf. (165) *and your idols*

20:40

כִּי בְהַר־ conj. (471)-prep.-n.m.s. cstr. (249) *For on the mountain of*

קָדְשִׁי n.m.s.-1 c.s. sf. (871) *my holiness*

בְּהַר prep.-n.m.s. cstr. (249) *on the mountain of*

מְרוֹם n.m.s. cstr. (928) *the height of*

יִשְׂרָאֵל pr.n. (975) *Israel*

נְאֻם אֲדֹנָי n.m.s. cstr. (610)-n.m.p.-1 c.s. sf. (10) *says the Lord*

יהוה pr.n. (217) *Yahweh*

שָׁם adv. (1027) *there*

יַעַבְדֻנִי Qal impf. 3 m.p.-1 c.s. sf. (עבד 712) *shall serve me*

כָּל־בֵּית n.m.s. cstr. (481)-n.m.s. cstr. (108) *all the house of*

יִשְׂרָאֵל pr.n. (975) *Israel*

כֻּלֹּה n.m.s.-3 m.s. sf. (481) *all of them*

בָּאָרֶץ prep.-def.art.-n.f.s. (75) *in the land*

שָׁם אֶרְצֵם adv. (1027)-Qal impf. 1 c.s.-3 m.p. sf. (רצה 953) *there I will accept them*

וְשָׁם conj.-v.supra *and there*

אֶדְרוֹשׁ Qal impf. 1 c.s. (דרש 205) *I will require*

אֶת־תְּרוּמֹתֵיכֶם dir.obj.-n.f.p.-2 m.p. sf. (929) *your contributions*

וְאֶת־רֵאשִׁית conj.-dir.obj.-n.f.s. cstr. (912) *and the choicest of*

מַשְׂאוֹתֵיכֶם n.f.p.-2 m.p. sf. (673) *your offerings*

בְּכָל־ prep.-n.m.s. cstr. (481) *with all*

קָדְשֵׁיכֶם n.m.p.-2 m.p. sf. (871) *your holiness*

20:41

בְּרֵיחַ נִיחֹחַ prep. (GK 119i)-n.m.s. cstr. (926) -n.m.s. (629) *As a pleasing odor*

אֶרְצֶה Qal impf. 1 c.s. (רצה 953) *I will accept*

אֶתְכֶם dir.obj.-2 m.p. sf. *you*

בְּהוֹצִיאִי prep.-Hi. inf.cstr.-1 c.s. sf. (יצא 422) *when I bring*

אֶתְכֶם v.supra *you*

מִן־הָעַמִּים prep.-def.art.-n.m.p. (766) *from the peoples*

וְקִבַּצְתִּי conj.-Pi. pf. 1 c.s. (קבץ 867) *and gather*

אֶתְכֶם v.supra *you*

מִן־הָאֲרָצוֹת prep.-def.art.-n.f.p. (75) *out of the countries*

אֲשֶׁר נְפֹצֹתֶם rel. (81)-Ni. pf. 2 m.p. (פוץ 806) *where you have been scattered*

בָּם prep.-3 m.p. sf. *among them*

וְנִקְדַּשְׁתִּי conj.-Ni. pf. 1 c.s. (קדש 872) *and I will manifest my holiness*

בָּכֶם prep.-2 m.p. sf. *among you*

לְעֵינֵי prep.-n.f. du. cstr. (744) *in the sight of*

הַגּוֹיִם def.art.-n.m.p. (156) *the nations*

20:42

וִידַעְתֶּם conj.-Qal pf. 2 m.p. (ידע 393) *And you shall know*

כִּי־אֲנִי conj. (471)-pers.pr. 1 c.s. (58) *that I am*

יהוה pr.n. (217) *Yahweh*

בַּהֲבִיאִי prep.-Hi. inf.cstr.-1 c.s. sf. (בוא 97) *when I bring*

אֶתְכֶם dir.obj.-2 m.p. sf. *you*

אֶל־אַדְמַת prep. (39)-n.f.s. cstr. (9) *into the land of*

יִשְׂרָאֵל pr.n. (975) *Israel*

אֶל־הָאָרֶץ prep.-def.art.-n.f.s. (75) *the country*

אֲשֶׁר נָשָׂאתִי rel. (81)-Qal pf. 1 c.s. (נשא 669) *which I lifted*

אֶת־יָדִי dir.obj.-n.f.s.-1 c.s. sf. (388) *my hand (swore)*

לָתֵת prep.-Qal inf.cstr. (נתן 678) *to give*

אוֹתָהּ dir.obj.-3 f.s. sf. *it*

לַאֲבוֹתֵיכֶם prep.-n.m.p.-2 m.p. sf. (3) *to your fathers*

20:43

וּזְכַרְתֶּם־שָׁם conj.-Qal pf. 2 m.p. (זכר 269)-adv. (1027) *And there you shall remember*

אֶת־דַּרְכֵיכֶם dir.obj.-n.m.p.-2 m.p. sf. (202) *your ways*

וְאֵת כָּל־ conj.-dir.obj.-n.m.s. cstr. (481) *and all*

עֲלִילוֹתֵיכֶם n.f.p.-2 m.p. sf. (760) *the doings*

אֲשֶׁר נִטְמֵאתֶם rel. (81)-Ni. pf. 2 m.p. (טמא 379) *with which you have polluted yourselves*

בָּם prep.-3 m.p. sf. *with them*

וּנְקֹטֹתֶם conj.-Ni. pf. 2 m.p. (קוט 876) *and you shall loathe yourselves*

בִּפְנֵיכֶם prep.-n.m.p.-2 m.p. sf. (815) *yourselves (lit.-in your face)*

בְּכָל־ prep.-n.m.s. cstr. (481) *for all*

רָעוֹתֵיכֶם n.f.p.-2 m.p. sf. (949) *your evils*

אֲשֶׁר עֲשִׂיתֶם rel. (81)-Qal pf. 2 m.p. (עשה 793) *which you have committed*

20:44

וִידַעְתֶּם conj.-Qal pf. 2 m.p. (ידע 393) *And you shall know*

כִּי־אֲנִי conj. (471)-pers.pr. 1 c.s. (58) *that I am*

יהוה pr.n. (217) *Yahweh*

בַּעֲשׂוֹתִי prep.-Qal inf.cstr.-1 c.s. sf. (עשה 793) *when I deal*

אִתְּכֶם prep.-1 c.s. sf. (85) *with you*

לְמַעַן שְׁמִי prep. (775)-n.m.s.-1 c.s. sf. (1027) *for my name's sake*

לֹא כְדַרְכֵיכֶם neg.-prep.-n.m.p.-2 m.p. sf. (202) *not according to your ... ways*

הָרָעִים def.art.-adj. m.p. (948) *evil*

וְכַעֲלִילוֹתֵיכֶם conj.-prep.-n.f.p.-2 m.p. sf. (760) *nor according to your ... doings*

הַנִּשְׁחָתוֹת def.art.-adj. Ni. ptc. f.p. (שחת 1007) *corrupt*

בֵּית יִשְׂרָאֵל n.m.s. cstr. (108)-pr.n. (975) *O house of Israel*

נְאֻם אֲדֹנָי n.m.s. cstr. (610)-n.m.p.-1 c.s. sf. (10) *says the Lord*

יְהוָה pr.n. (217) *Yahweh*

21:1

וַיְהִי consec.-Qal impf. 3 m.s. (הָיָה 224) *And came*

דְּבַר־יְהוָה n.m.s. cstr. (182)-pr.n. (217) *the word of Yahweh*

אֵלַי prep.-1 c.s. sf. *to me*

לֵאמֹר prep.-Qal inf.cstr. (55) *(saying)*

21:2

בֶּן־אָדָם n.m.s. cstr. (119)-n.m.s. (9) *Son of man*

שִׂים Qal impv. 2 m.s. (שׂים 962) *set*

פָּנֶיךָ n.m.p.-2 m.s. sf. (815) *your face*

דֶּרֶךְ תֵּימָנָה n.m.s. cstr. (202)-n.f.s.-loc.he (412) *toward the south*

וְהַטֵּף conj.-Hi. impv. 2 m.s. (נטף 642) *and preach*

אֶל־דָּרוֹם prep. (39)-n.m.s. (204) *against the south*

וְהִנָּבֵא conj.-Ni. impv. 2 m.s. (נבא 612) *and prophesy*

אֶל־יַעַר prep. (39)-n.m.s. cstr. (420) *against the forest*

הַשָּׂדֶה def.art.-n.m.s. (961) *land*

נֶגֶב n.m.s. (616) *in the Negeb*

21:3

וְאָמַרְתָּ conj.-Qal pf. 2 m.s. (55) *say*

לְיַעַר prep.-n.m.s. cstr. (420) *to the forest of*

הַנֶּגֶב def.art.-n.m.s. (616) *the Negeb*

שְׁמַע Qal impv. 2 m.s. (1033) *Hear*

דְּבַר־יְהוָה n.m.s. cstr. (182)-pr.n. (217) *the word of Yahweh*

כֹּה־אָמַר adv. (462)-Qal pf. 3 m.s. (55) *Thus says*

אֲדֹנָי יְהוָה n.m.p.-1 c.s. sf. (10)-pr.n. (217) *the Lord Yahweh*

הִנְנִי demons.pron.-1 c.s. sf. (243) *Behold, I*

מַצִּית־בְּךָ Hi. ptc. (יצת 428)-prep.-2 m.s. sf. *I will kindle in you*

אֵשׁ n.f.s. (77) *a fire*

וְאָכְלָה בְךָ conj.-Qal pf. 3 f.s. (אכל 37)-prep.-2 m.s. sf. *and it shall devour in you*

כָּל־עֵץ n.m.s. cstr. (481)-n.m.s. (781) *every ... tree*

לַח adj. m.s. (535) *green*

וְכָל־עֵץ conj.-v.supra-v.supra *and every ... tree*

יָבֵשׁ adj. m.s. (386) *dry*

לֹא־תִכְבֶּה neg.-Qal impf. 3 f.s. (כבה 459) *shall not be quenched*

לַהֶבֶת שַׁלְהֶבֶת n.f.s. cstr. (529)-n.f.s. (529) *the blazing flame*

וְנִצְרְבוּ־ conj.-Ni. pf. 3 c.p. (צרב 863) *and shall be scorched*

בָּהּ prep.-3 f.s. sf. *by it*

כָּל־פָּנִים n.m.s. cstr. (481)-n.m.p. (815) *all faces*

מִנֶּגֶב prep.-n.m.s. (616) *from south*

צָפוֹנָה n.f.s.-dir.he (860) *to north*

21:4

וְרָאוּ conj.-Qal pf. 3 c.p. (רָאָה 906) *shall see*

כָּל־בָּשָׂר n.m.s. cstr. (481)-n.m.s. (142) *all flesh*

כִּי אֲנִי conj. (471)-pers.pr. 1 c.s. (58) *that I*

יְהוָה pr.n. (217) *Yahweh*

בִּעַרְתִּיהָ Pi. pf. 1 c.s.-3 f.s. sf. (128 בָּעַר) *I have kindled it*

לֹא תִכְבֶּה neg.-Qal impf. 3 f.s. (כבה 459) *it shall not be quenched*

21:5

וָאֹמַר consec.-Qal impf. 1 c.s. (55) *Then I said*

אֲהָהּ interj. (13) *Ah*

אֲדֹנָי יְהוָה n.m.p.-1 c.s. sf. (10)-pr.n. (217) *Lord Yahweh*

הֵמָּה pers.pr. 3 m.p. (61) *they*

אֹמְרִים לִי Qal act.ptc. m.p. (55)-prep.-1 c.s. sf. *are saying of me*

הֲלֹא inter.part.-neg. *is ... not?*

מְמַשֵּׁל מְשָׁלִים Pi. ptc. (605)-n.m.p. (605) *a maker of allegories (parables)*

הוּא pers.pr. 3 m.s. (214) *he*

21:6

וַיְהִי consec.-Qal impf. 3 m.s. (הָיָה 224) *came*

דְּבַר־יְהוָה n.m.s. cstr. (182)-pr.n. (217) *the word of Yahweh*

אֵלַי prep.-1 c.s. sf. *to me*

לֵאמֹר prep.-Qal inf.cstr. (55) *(saying)*

21:7

בֶּן־אָדָם n.m.s. cstr. (119)-n.m.s. (9) *Son of man*

שִׂים Qal impv. 2 m.s. (שׂים 962) *Set*

פָּנֶיךָ n.m.p.-2 m.s. sf. (815) *your face*

אֶל־יְרוּשָׁלִַם prep. (39)-pr.n. (436) *toward Jerusalem*

וְהַטֵּף conj.-Hi. impv. 2 m.s. (נטף 642) *and preach*

אֶל־מִקְדָּשִׁים prep.-n.m.p. (874) *against the sanctuaries*

וְהִנָּבֵא conj.-Ni. impv. 2 m.s. (נָבָא 612) *and prophesy*

אֶל־אַדְמַת prep.-n.f.s. cstr. (9) *against the land of*

יִשְׂרָאֵל pr.n. (975) *Israel*

21:8

וְאָמַרְתָּ conj.-Qal pf. 2 m.s. (55) *and say*

לְאַדְמַת prep.-n.f.s. cstr. (9) *to the land of*

יִשְׂרָאֵל pr.n. (975) *Israel*

כֹּה אָמַר adv. (462)-Qal pf. 3 m.s. (55) *Thus says*

יהוה pr.n. (217) *Yahweh*

הִנְנִי demons.part.-1 c.s. sf. (243) *Behold, I am*

אֵלַיִךְ prep.-2 f.s. sf. *against you*

וְהוֹצֵאתִי conj.-Hi. pf. 1 c.s. (יָצָא 422) *and will draw forth*

חַרְבִּי n.f.s.-1 c.s. sf. (352) *my sword*

מִתַּעְרָהּ prep.-n.m.s.-3 f.s. sf. (789) *out of its sheath*

וְהִכְרַתִּי conj.-Hi. pf. 1 c.s. (כָּרַת 503) *and will cut off*

מִמֵּךְ prep.-2 f.s. sf. *from you*

צַדִּיק adj. m.s. (843) *both righteous*

וְרָשָׁע conj.-adj. m.s. (957) *and wicked*

21:9

יַעַן אֲשֶׁר־ conj. (774)-rel. (81) *Because*

הִכְרַתִּי Hi. pf. 1 c.s. (כָּרַת 503) *I will cut off*

מִמֵּךְ prep.-2 f.s. sf. *from you*

צַדִּיק adj. m.s. (843) *both righteous*

וְרָשָׁע conj.-adj. m.s. (957) *and wicked*

לָכֵן תֵּצֵא conj. (485)-Qal impf. 3 f.s. (יָצָא 422) *shall go out*

חַרְבִּי n.f.s.-1 c.s. sf. (352) *my sword*

מִתַּעְרָהּ prep.-n.m.s.-3 f.s. sf. (789) *of its sheath*

אֶל־כָּל־בָּשָׂר prep. (39)-n.m.s. cstr. (481)-n.m.s. (142) *against all flesh*

מִנֶּגֶב prep.-n.m.s. (616) *from south*

צָפוֹן n.f.s. (860) *to north*

21:10

וְיָדְעוּ conj.-Qal pf. 3 c.p. (יָדַע 393) *and shall know*

כָּל־בָּשָׂר n.m.s. cstr. (481)-n.m.s. (142) *all flesh*

כִּי אֲנִי conj. (471)-pers.pr. 1 c.s. (58) *that I*

יהוה pr.n. (217) *Yahweh*

הוֹצֵאתִי Hi. pf. 1 c.s. (יָצָא 422) *have drawn out*

חַרְבִּי n.f.s.-1 c.s. sf. (352) *my sword*

מִתַּעְרָהּ prep.-n.m.s.-3 f.s. sf. (789) *of its sheath*

לֹא תָשׁוּב עוֹד neg.-Qal impf. 3 f.s. (996)-adv. (728) *it shall not be sheathed again*

21:11

וְאַתָּה conj.-pers.pr. 2 m.s. (61) *And you*

בֶּן־אָדָם n.m.s. cstr. (119)-n.m.s. (9) *son of man*

הֵאָנַח Ni. impv. 2 m.s. (אָנַח 58) *sigh*

בְּשִׁבְרוֹן prep.-n.m.s. cstr. (991) *with breaking of*

מָתְנַיִם n.m. du. (608) *heart (loins)*

וּבִמְרִירוּת conj.-prep.-n.f.s. (601) *and in bitterness*

תֵּאָנַח Ni. impf. 2 m.s. (אָנַח 58) *shalt thou groan (sigh)*

לְעֵינֵיהֶם prep.-n.f. du.-3 m.p. sf. (744) *before their eyes*

21:12

וְהָיָה כִּי־ conj.-Qal pf. 3 m.s. (224)-conj. (471) *and when*

יֹאמְרוּ Qal impf. 3 m.p. (55) *they say*

אֵלֶיךָ prep.-2 m.s. sf. *to you*

עַל־מָה prep.-interr. (552) *Why*

אַתָּה נֶאֱנָח pers.pr. 2 m.s. (61)-Ni. ptc. (אָנַח 58) *do you sigh?*

וְאָמַרְתָּ conj.-Qal pf. 2 m.s. (55) *you shall say*

אֶל־שְׁמוּעָה prep. (39)-n.f.s. (1035) *Because of the tidings*

כִּי־בָאָה conj. (471)-Qal pf. 3 f.s. (בּוֹא 97) *When it comes*

וְנָמֵס conj.-Ni. pf. 3 m.s. (מָסַס 587; GK 67t) *will melt*

כָּל־לֵב n.m.s. cstr. (481)-n.m.s. (524) *every heart*

וְרָפוּ conj.-Qal pf. 3 c.p. (רָפָה 951) *and will be feeble*

כָּל־יָדַיִם n.m.s. cstr. (481)-n.f. du. (388) *all hands*

וְכִהֲתָה conj.-Pi. pf. 3 f.s. (כָּהָה 462) *will faint*

כָּל־רוּחַ n.m.s. cstr. (481)-n.f.s. (924) *every spirit*

וְכָל־בִּרְכַּיִם conj.-n.m.s. cstr. (481)-n.m. du. (139) *and all knees*

תֵּלַכְנָה Qal impf. 3 f.p. (הָלַךְ 229) *will walk*

מָיִם n.m. du. (565) *as water*

הִנֵּה בָאָה demons.part. (243)-Qal pf. 3 f.s. (בּוֹא 97) *Behold, it comes*

וְנִהְיָתָה conj.-Ni. pf. 3 f.s. (הָיָה 224) *and it will be fulfilled*

נְאֻם אֲדֹנָי n.m.s. cstr. (610)-n.m.p.-1 c.s. sf. (10) *says the Lord*

יהוה pr.n. (217) *Yahweh*

21:13

וַיְהִי consec.-Qal impf. 3 m.s. (הָיָה 224) *And came*

דְּבַר־יְהוָה n.m.s. cstr. (182)-pr.n. (217) *the word of Yahweh*

אֵלַי prep.-1 c.s. sf. *to me*

לֵאמֹר prep.-Qal inf.cstr. (55) *(saying)*

21:14

בֶּן־אָדָם n.m.s. cstr. (119)-n.m.s. (9) *Son of man*

הִנָּבֵא Ni. impv. 2 m.s. (נבא 612) *prophesy*

וְאָמַרְתָּ conj.-Qal pf. 2 m.s. (55) *and say*

כֹּה אָמַר adv. (462)-Qal pf. 3 m.s. (55) *Thus says*

אֲדֹנָי n.m.p.-1 c.s. sf. (10) *the Lord*

אֱמֹר Qal impv. 2 m.s. (55) *Say*

חֶרֶב חֶרֶב n.f.s. (352)-v.supra *A sword, a sword*

הוּחַדָּה Ho. pf. 3 f.s. (חדד 292) *is sharpened*

וְגַם־מְרוּטָה conj.-adv. (168)-Qal pass.ptc. f.s. (598) *and also polished*

21:15

לְמַעַן טְבֹחַ טֶבַח conj. (775)-Qal inf.cstr. 370)-n.m.s. (370) *for slaughter*

הוּחַדָּה Ho. pf. 3 f.s. (חדד 292) *sharpened*

הָיָה לְמַעַן הֱיֵה־לָהּ v.supra-Qal impv. 2 m.s. 224; GK 75n)-prep.-3 f.s. sf. *be to it*

בָּרָק n.m.s. (140) *lightning*

מֹרָטָה Pu. pf. 3 f.s. (מרט 598) *polished*

אוֹ נָשִׂישׂ conj. (14)-Qal impf. 1 c.p. (שׂושׂ 965) *or do we make mirth?*

שֵׁבֶט n.m.s. (986) *the rod*

בְּנִי n.m.s.-1 c.s. sf. (119) *my son*

מֹאֶסֶת Qal act.ptc. f.s. (מאס 549) *you have despised*

כָּל־עֵץ n.m.s. cstr. (481)-n.m.s. (781) *with everything of wood*

21:16

וַיִּתֵּן אֹתָהּ consec.-Qal impf. 3 m.s. (נתן 678)-dir.obj.-3 f.s. sf. *So (the sword) is given*

לְמָרְטָה prep.-Qal inf.cstr. (מרט 598) *to be polished*

לִתְפֹּשׂ בַּכָּף prep.-Qal inf.cstr. (1074)-prep.-def.art.-n.f.s. (496) *that it may be handled*

הִיא־הוּחַדָּה pers.pr. 3 f.s. (214)-Ho. pf. 3 f.s. (חדד 292) *it is sharpened*

חֶרֶב n.f.s. (352) *a sword*

וְהִיא מֹרָטָה conj.-v.supra-Pu. pf. 3 f.s. (מרט 598) *and polished*

לָתֵת אוֹתָהּ prep.-Qal inf.cstr. (נתן 678)-dir. obj.-3 f.s. sf. *to be given*

בְּיַד־הוֹרֵג prep.-n.f.s. cstr. (388)-Qal act.ptc. (הרג 246) *into the hand of the slayer*

21:17

זְעַק Qal impv. 2 m.s. (זעק 277) *Cry*

וְהֵילֵל conj.-Hi. impv. 2 m.s. (ילל 410) *and wail*

בֶּן־אָדָם n.m.s. cstr. (119)-n.m.s. (9) *son of man*

כִּי־הִיא conj.-pers.pr. 3 f.s. (214) *for it*

הָיְתָה Qal pf. 3 f.s. (היה 224) *is*

בְּעַמִּי prep.-n.m.s.-1 c.s. sf. (766) *against my people*

הִיא v.supra *it is*

בְּכָל־נְשִׂיאֵי prep.-n.m.s. cstr. (481) n.m.p. cstr. (672) *against all the princes of*

יִשְׂרָאֵל pr.n. (975) *Israel*

מְגוּרֵי Qal pass.ptc. m.p. cstr. (מגר 550) *they ... delivered over*

אֶל־חֶרֶב prep. (39)-n.f.s. (352) *to the sword*

הָיוּ Qal pf. 3 c.p. (היה 224) *are*

אֶת־עַמִּי prep. (85)-n.m.s.-1 c.s. sf. (766) *with my people*

לָכֵן סְפֹק conj. (485)-Qal impv. 2 m.s. (ספק 706) *Smite therefore*

אֶל־יָרֵךְ prep. (39)-n.f.s. (437) *upon your thigh*

21:18

כִּי בֹחַן conj. (471)-Pu. pf. 3 m.s. (103 בחן; or n.m.s. 103; GK 64d) *For the trial has been made*

וּמָה conj.-interr. (552) *and what*

אִם־גַּם־שֵׁבֶט hypoth.part. (49)-adv. (168)-n.m.s. (986) *if indeed a rod*

מֹאֶסֶת Qal act.ptc. f.s. (מאס 549) *you despise*

לֹא יִהְיֶה neg.-Qal impf. 3 m.s. (היה 224) *could it do*

נְאֻם אֲדֹנָי n.m.s. cstr. (610)-n.m.p.-1 c.s. sf. (10) *says the Lord*

יְהוָה pr.n. (217) *Yahweh*

21:19

וְאַתָּה conj.-pers.pr. 2 m.s. (61) *Therefore, thou*

בֶּן־אָדָם n.m.s. cstr. (119)-n.m.s. (9) *son of man*

הִנָּבֵא Ni. impv. 2 m.s. (נבא 612) *prophesy*

וְהַךְ conj.-Hi. impv. 2 m.s. (נכה 645) *clap*

כַּף אֶל־כָּף n.f.s. (496)-prep. (39)-n.f.s. paus. (496) *your hands*

וְתִכָּפֵל conj.-Ni. impf. 3 f.s. (כפל 495) *and let ... come down twice*

חֶרֶב n.f.s. (352) *the sword*

שְׁלִישִׁתָה adj. f. num.ord. (1026) *yea thrice*

חֶרֶב v.supra *the sword*

חֲלָלִים n.m.p. (319) *for those to be slain*

הִיא pers.pr. 3 f.s. (214) *it is*

חֶרֶב v.supra *it is the sword*

חָלָל n.m.s. (319) *slaughter*

הַגָּדוֹל def.art.-adj. m.s. (152) *the great*

555

הַחֲרֶדֶת לָהֶם def.art.-Qal act.ptc. f.s. חָרַד (293) -prep.-3 m.p. sf. *that which surroundeth them*

21:20

לְמַעַן לָמוּג conj. (775)-prep.-Qal inf.cstr. (556) *that ... may melt*

לֵב n.m.s. (524) *their hearts*

וְהַרְבֵּה conj.-Hi. inf.abs. רָבָה (915) *and many*

הַמִּכְשֹׁלִים def.art.-n.m.p. (506) *fall*

עַל כָּל prep. (732)-n.m.s. cstr. (481) *at all*

שַׁעֲרֵיהֶם n.m.p.-3 m.p. sf. (1044) *their gates*

נָתַתִּי Qal pf. 1 c.s. נָתַן (678) *I have given*

אִבְחַת n.f.s. cstr. (5) *a slaughtering of*

חָרֶב n.f.s. paus. (352) *the sword*

אָח interj. (25) *ah!*

עֲשׂוּיָה Qal pass.ptc. f.s. עָשָׂה (793) *made*

לְבָרָק prep.-n.m.s. (140) *like lightning*

מְעֻטָּה rd. מְמֹרָטָה Qal pass.ptc. f.s. מָרַט (598) *polished*

לְטֶבַח prep.-n.m.s. paus. (370; GK 45c) *for slaughter*

21:21

הִתְאַחֲדִי Hith. impv. 2 f.s. אָחַד vb. unknown; rd. הִתְחַדִּי Hith. impv. 2 f.s. חָדַד (292) *show yourself sharp*

הֵימִנִי Hi. impv. 2 f.s. יָמַן (412) *to the right*

הָשִׂימִי Hi. impv. 2 f.s. שׂוּם (962; GK 73a) *set*

הַשְׂמִילִי Hi. impv. 2 f.s. שְׂמֹאל (970) *to the left*

אָנָה adv.-loc.he (33) *where*

פָּנַיִךְ n.m.p.-2 f.s. sf. (815) *your edge* (face)

מֻעָדוֹת Ho. ptc. f.p. יָעַד (416) *is directed* (set)

21:22

וְגַם אֲנִי conj.-adv. (168)-pers.pr. 1 c.s. (58) *I also*

אַכֶּה Hi. impf. 1 c.s. נָכָה (645) *will clap*

כַּפִּי n.f.s.-1 c.s. sf. (496) *my hands*

אֶל כַּפִּי prep. (39)-v.supra *to hands*

וַהֲנִחֹתִי conj.-Hi. pf. 1 c.s. נוּחַ (628) *and I will satisfy*

חֲמָתִי n.f.s.-1 c.s. sf. (404) *my fury*

אֲנִי יְהוָה pers.pr. 1 c.s. (58)-pr.n. (217) *I Yahweh*

דִּבַּרְתִּי Pi. pf. 1 c.s. דָּבַר (180) *have spoken*

21:23

וַיְהִי consec.-Qal impf. 3 m.s. הָיָה (224) *came*

דְּבַר יְהוָה n.m.s. cstr. (182)-pr.n. (217) *the word of Yahweh*

אֵלַי prep.-1 c.s. sf. *to me*

לֵאמֹר prep.-Qal inf.cstr. (55) *(saying)*

21:24

וְאַתָּה conj.-pers.pr. 2 m.s. (61) *and you*

בֶּן אָדָם n.m.s. cstr. (119)-n.m.s. (9) *Son of man*

שִׂים Qal impv. 2 m.s. שׂוּם (962) *mark*

לְךָ prep.-2 m.s. sf. *for yourself*

שְׁנַיִם דְּרָכִים num. du. (1040)-n.m.p. (202) *two ways*

לָבוֹא prep.-Qal inf.cstr. בּוֹא (97) *to come*

חֶרֶב n.f.s. cstr. (352) *for the sword of*

מֶלֶךְ בָּבֶל n.m.s. cstr. (572)-pr.n. (93) *the king of Babylon*

מֵאֶרֶץ אֶחָד prep.-n.f.s. (75)-adj. m.s. (25) *from the same land*

יֵצְאוּ Qal impf. 3 m.p. יָצָא (422) *shall come*

שְׁנֵיהֶם num. m. du.-3 m.p. sf. (1040) *both of them*

וְיָד conj.-n.f.s. (388) *and a sign*

בָּרֵא Pi. inf.abs. בָּרָא (135) *make*

בְּרֹאשׁ prep.-n.m.s. cstr. (910) *at the head of*

דֶּרֶךְ עִיר n.m.s. (202)-n.f.s. (746) *the way to a city*

בָּרֵא v.supra *make*

21:25

דֶּרֶךְ תָּשִׂים n.m.s. (202)-Qal impf. 2 m.s. שׂוּם (962) *mark a way*

לָבוֹא prep.-Qal inf.cstr. בּוֹא (97) *to come*

חֶרֶב n.f.s. (352) *the sword*

אֵת רַבַּת dir.obj.-pr.n. cstr. (913) *to Rabbah of*

בְּנֵי עַמּוֹן n.m.p. cstr. (119)-pr.n. (769) *the Ammonites*

וְאֶת יְהוּדָה conj.-dir.obj.-pr.n. (397) *and to Judah*

בִּירוּשָׁלַםִ prep.-pr.n. (436) *in Jerusalem*

בְּצוּרָה Qal pass.ptc. f.s. בָּצַר (130) *the fortified*

21:26

כִּי עָמַד conj. (471)-Qal pf. 3 m.s. (763) *for stands*

מֶלֶךְ בָּבֶל n.m.s. cstr. (572)-pr.n. (93) *the king of Babylon*

אֶל אֵם prep. (39)-n.f.s. (51) *at the parting of*

הַדֶּרֶךְ def.art.-n.m.s. (202) *the way*

בְּרֹאשׁ prep.-n.m.s. cstr. (910) *at the head of*

שְׁנֵי הַדְּרָכִים num.m. du. cstr. (1040)-def.art. -n.m.p. (202) *the two ways*

לִקְסָם קָסֶם prep.-Qal inf.cstr. (890)-n.m.s. paus. (890) *to use divination*

קִלְקַל Pilpal pf. 3 m.s. קָלַל (886) *he shakes*

בַּחִצִּים prep.-def.art.-n.m.p. (346) *the arrows*

שָׁאַל Qal pf. 3 m.s. (981) *he consults*

556

בַּתְּרָפִים prep.-def.art.-n.m.p. (1076) *the teraphim*

רָאָה Qal pf. 3 m.s. (906) *he looks*

בַּכָּבֵד prep.-def.art.-n.m.s. (458) *at the liver*

21:27

בִּימִינוֹ prep.-n.f.s.-3 m.s. sf. (411) *Into his right hand*

הָיָה Qal pf. 3 m.s. (224) *comes*

הַקֶּסֶם def.art.-n.m.s. (890) *the lot*

יְרוּשָׁלַ͏ִם pr.n. (436) *for Jerusalem*

לָשׂוּם prep.-Qal inf.cstr. (שׂים 962) *to set*

כָּרִים n.m.p. (503) *battering rams*

לִפְתֹּחַ prep.-Qal inf.cstr. (834) *to open*

פֶּה n.m.s. (804) *the mouth*

בְּרֶצַח prep.-n.m.s. (954) *with slaughter*

לְהָרִים קוֹל prep.-Hi. inf.cstr. (רום 926)-n.m.s. (876) *to lift up the voice*

בִּתְרוּעָה prep.-n.f.s. (929) *with shouting*

לָשׂוּם כָּרִים v.supra-v.supra *to set battering rams*

עַל־שְׁעָרִים prep. (752)-n.m.p. (1044) *against the gates*

לִשְׁפֹּךְ prep.-Qal inf.cstr. (1049) *to cast up*

סֹלְלָה n.f.s. (700) *mounds*

לִבְנוֹת prep.-Qal inf.cstr. (בנה 124) *to build*

דָּיֵק n.m.s. (189) *siege towers*

21:28

וְהָיָה לָהֶם conj.-Qal pf. 3 m.s. (224)-prep.-3 m.p. sf. *But to them it will seem*

בִּקְסָם־שָׁוְא prep.-Qal inf.cstr. (קָסַם 890; or n.m.s. cstr. (890))-n.m.s. (996) *like a false divination*

בְּעֵינֵיהֶם prep.-n.f. du.-3 m.p. sf. (744) *in their sight*

שְׁבֻעֵי שְׁבֻעוֹת Qal pass.ptc. m.p. cstr. 989)-n.f.p. (989) *they have sworn solemn oaths*

לָהֶם v.supra *to them*

וְהוּא־מַזְכִּיר conj.-pers.pr. 3 m.s. (214)-Hi. ptc. (269 זָכַר) *but he brings to remembrance*

עָוֹן n.m.s. (730) *their guilt*

לְהִתָּפֵשׂ prep.-Ni. inf.cstr. (תָּפַשׂ 1074) *that they may be captured*

21:29

לָכֵן כֹּה adv.(485)-adv. (462) *Therefore thus*

אָמַר אֲדֹנָי Qal pf. 3 m.s. (55)-n.m.p.-1 c.s. sf. (10) *says the Lord*

יהוה pr.n. (217) *Yahweh*

יַעַן הַזְכַּרְכֶם conj. (774)-Hi. inf.cstr.-2 m.p. sf. (269 זָכַר; GK 53 l) *Because you have made to be remembered*

עֲוֹנְכֶם n.m.s.-2 m.p. sf. (730) *your guilt*

בְּהִגָּלוֹת prep.-Ni. inf.cstr. (גָּלָה 162) *in that are uncovered*

פִּשְׁעֵיכֶם n.m.p.-2 m.p. sf. (833) *your transgressions*

לְהֵרָאוֹת prep.-Ni. inf.cstr. (רָאָה 906) *so that appear*

חַטֹּאותֵיכֶם n.f.p.-2 m.p. sf. (308) *your sins*

בְּכֹל עֲלִילוֹתֵיכֶם prep.-n.m.s. cstr. (481)-n.f.p.-2 m.p. sf. (760) *in all your doings*

יַעַן הִזָּכֶרְכֶם conj. (774)-Ni. inf.cstr.-2 m.p. sf. (269 זָכַר) *because you have come to remembrance*

בַּכָּף prep.-def.art.-n.f.s. (496) *with the hand*

תִּתָּפֵשׂוּ Ni. impf. 2 m.p. paus. (תָּפַשׂ 1074) *you shall be taken*

21:30

וְאַתָּה conj.-pers.pr. 2 m.s. (61) *And you*

חָלָל רָשָׁע adj. m.s. (321)-adj. m.s. (957) *O unhallowed wicked one*

נְשִׂיא יִשְׂרָאֵל n.m.s. cstr. (672)-pr.n. (975) *prince of Israel*

אֲשֶׁר־בָּא יוֹמוֹ rel. (81)-Qal pf. 3 m.s. (בּוֹא 97) -n.m.s.-3 m.s. sf. (398) *whose day has come*

בְּעֵת prep.-n.f.s. cstr. (773) *in the time of*

עֲוֹן קֵץ n.m.s. cstr. (730)-n.m.s. (893) *the final punishment*

21:31

כֹּה אָמַר adv. (462)-Qal pf. 3 m.s. (55) *thus says*

אֲדֹנָי יהוה n.m.p.-1 c.s. sf. (10)-pr.n. (217) *the Lord Yahweh*

הָסִיר Hi. impv. 2 m.s. (693; GK 113bbN) *Remove*

הַמִּצְנֶפֶת def.art.-n.f.s. (857) *the turban*

וְהָרִים conj.-Hi. impv. 2 m.s. (רום 926) *and take off*

הָעֲטָרָה def.art.-n.f.s. (742) *the crown*

זֹאת לֹא־זֹאת demons.adj. f.s. (260)-neg.-v. supra *things shall not remain as they are* (lit.-this, not this)

הַשָּׁפָלָה def.art.-adj. f.s. (1050) *that which is low*

הַגְבֵּהַ Hi. inf.abs. or impv. 2 m.s. (גָּבַהּ 146) *exalt*

וְהַגָּבֹהַּ conj.-def.art.-adj. m.s. (147) *and that which is high*

הַשְׁפִּיל Hi. inf.cstr. (שָׁפַל 1050) *abase*

557

21:32

עֵוָּה עַוָּה עַוָּה n.f.s. (730; GK 133 l)-v.supra-v. supra *A ruin, ruin, ruin*

אֲשִׂימֶנָּה Qal impf. 1 c.s.-3 f.s. sf. (שׂום 962) *I will make it*

גַּם־זֹאת adv. (168)-demons.adj. f.s. (260) *even this*

לֹא הָיָה neg.-Qal pf. 3 m.s. (224) *shall not be*

עַד־בֹּא prep. (723)-Qal inf.cstr. (בוא 97) *until he comes*

אֲשֶׁר־לוֹ הַמִּשְׁפָּט rel. (81)-prep.-3 m.s. sf.-def.art. -n.m.s. (1048) *whose right it is*

וּנְתַתִּיו conj.-Qal pf. 1 c.s.-3 m.s. sf. (נתן 678) *and to him I will give it*

21:33

וְאַתָּה conj.-pers.pr. 2 m.s. (61) *And you*

בֶּן־אָדָם n.m.s. cstr. (119)-n.m.s. (9) *son of man*

הִנָּבֵא Ni. impv. 2 m.s. (נבא 612) *prophesy*

וְאָמַרְתָּ conj.-Qal pf. 2 m.s. (55) *and say*

כֹּה אָמַר adv. (462)-Qal pf. 3 m.s. (55) *Thus says*

אֲדֹנָי יהוה n.m.p.-1 c.s. sf. (10)-pr.n. (217) *the Lord Yahweh*

אֶל־בְּנֵי עַמּוֹן prep. (39)-n.m.p. cstr. (119)-pr.n. (769) *concerning the Ammonites*

וְאֶל־חֶרְפָּתָם conj.-prep. (39)-n.f.s.-3 m.p. sf. (357) *and concerning their reproach*

וְאָמַרְתָּ conj.-Qal pf. 2 m.s. (55) *say*

חֶרֶב חֶרֶב n.f.s. (352)-v.supra *A sword, a sword*

פְּתוּחָה Qal pass.ptc. f.s. (פתח 834) *is drawn*

לְטֶבַח prep.-n.m.s. (370; GK 45c) *for the slaughter*

מְרוּטָה Qal pass.ptc. f.s. (מרט 598) *it is polished*

לְהָכִיל prep.-Hi. inf.cstr. (כול 465) *to contain*

לְמַעַן בָּרָק conj. (775)-n.m.s. (140) *on account of lightning*

21:34

בַּחֲזוֹת לָךְ prep.-Qal inf.cstr. (חזה 302)-prep.-2 f.s. sf. *while they see for you*

שָׁוְא n.m.s. (996) *false visions*

בִּקְסָם־לָךְ prep.-Qal inf.cstr. (קסם 890)-v.supra *while they divine for you*

כָּזָב n.m.s. (469) *lies*

לָתֵת אוֹתָךְ prep.-Qal inf.cstr. (נתן 678)-dir.obj. -2 f.s. sf. *to be laid*

אֶל־צַוְּארֵי prep. (39)-n.m.p. cstr. (848) *on the necks of*

חַלְלֵי רְשָׁעִים adj. m.p. cstr. (321)-adj. m.p. (957) *the unhallowed wicked*

אֲשֶׁר־בָּא יוֹמָם rel. (81)-Qal pf. 3 m.s. (בוא 97)-n.m.s.-3 m.p. sf. (398) *whose day has come*

בְּעֵת prep.-n.f.s. cstr. (773) *in the time of*

עֲוֺן קֵץ n.m.s. cstr. (730)-n.m.s. (893) *the final punishment*

21:35

הָשֵׁב Hi. impv. 2 m.s. (שוב 996; GK 72y) *Return*

אֶל־תַּעְרָהּ prep. (39)-n.m.s.-3 f.s. sf. (789) *to its sheath*

בִּמְקוֹם prep.-n.m.s. cstr. (879) *in the place*

אֲשֶׁר־נִבְרֵאת rel. (81)-Ni. pf. 2 f.s. (ברא 135) *where you were created*

בְּאֶרֶץ prep.-n.f.s. cstr. (75) *in the land of*

מְכֻרוֹתַיִךְ n.f.p.-2 f.s. sf. (468) *your origin*

אֶשְׁפֹּט Qal impf. 1 c.s. (שפט 1047) *I will judge*

אֹתָךְ dir.obj.-2 f.s. sf. *you*

21:36

וְשָׁפַכְתִּי conj.-Qal pf. 1 c.s. (שפך 1049) *And I will pour out*

עָלַיִךְ prep.-2 f.s. sf. *upon you*

זַעְמִי n.m.s.-1 c.s. sf. (276) *my indignation*

בְּאֵשׁ עֶבְרָתִי prep.-n.f.s. (77)-n.f.s.-1 c.s. sf. (720) *with the fire of my wrath*

אָפִיחַ Hi. impf. 1 c.s. (פוח 806) *I will blow*

עָלָיִךְ prep.-2 f.s. sf. paus. *upon you*

וּנְתַתִּיךְ conj.-Qal pf. 1 c.s.-2 f.s. sf. (נתן 678) *And I will deliver you*

בְּיַד prep.-n.f.s. cstr. (388) *into the hands of*

אֲנָשִׁים בֹּעֲרִים n.m.p. (35)-Qal act.ptc. m.p. (בער II 129) *brutal men*

חָרָשֵׁי n.m.p. cstr. (360) *skilful to*

מַשְׁחִית Hi. ptc. (שחת 1007) *destroy*

21:37

לָאֵשׁ prep.-def.art.-n.f.s. (77) *for the fire*

תִּהְיֶה Qal impf. 2 m.s. (היה 224) *you shall be*

לְאָכְלָה prep.-n.f.s. (38) *for fuel*

דָּמֵךְ n.m.s.-2 f.s. sf. (196) *your blood*

יִהְיֶה Qal impf. 3 m.s. (היה 224) *shall be*

בְּתוֹךְ הָאָרֶץ prep.-n.m.s. cstr. (1063)-def.art. -n.f.s. paus. (75) *in the midst of the land*

לֹא תִזָּכֵרִי neg.-Ni. impf. 2 f.s. paus. (זכר 269) *you shall be no more remembered*

כִּי אֲנִי conj. (471)-pers.pr. 1 c.s. (58) *for I*

יהוה pr.n. (217) *Yahweh*

דִּבַּרְתִּי Pi. pf. 1 c.s. (דבר 180) *have spoken*

22:1

וַיְהִי consec.-Qal impf. 3 m.s. (הָיָה 224) *Moreover came*

דְּבַר־יְהוה n.m.s. cstr. (182)-pr.n. (217) *the word of Yahweh*

אֵלַי prep.-1 c.s. sf. *to me*

לֵאמֹר prep.-Qal inf.cstr. (55) *(saying)*

22:2

וְאַתָּה conj.-pers.pr. 2 m.s. (61) *And you*

בֶן־אָדָם n.m.s. cstr. (119)-n.m.s. (9) *son of man*

הֲתִשְׁפֹּט interr.part.-Qal impf. 2 m.s. (שָׁפַט 1047) *will you judge?*

הֲתִשְׁפֹּט v.supra *will you judge?*

אֶת־עִיר dir.obj.-n.f.s. cstr. (746) *the city of*

הַדָּמִים def.art.-n.m.p. (196) *blood*

וְהוֹדַעְתָּהּ conj.-Hi. pf. 2 m.s.-3 f.s. sf. (יָדַע 393) *Then declare to her*

אֶת כָּל־ dir.obj.-n.m.s. cstr. (481) *all*

תּוֹעֲבוֹתֶיהָ n.f.p.-3 f.s. sf. (1072) *her abominable deeds*

22:3

וְאָמַרְתָּ conj.-Qal pf. 2 m.s. (55) *You shall say*

כֹּה אָמַר adv. (462)-Qal pf. 3 m.s. (55) *Thus says*

אֲדֹנָי יהוה n.m.p.-1 c.s. sf. (10)-pr.n. (217) *the Lord Yahweh*

עִיר שֹׁפֶכֶת n.f.s. (746)-Qal act.ptc. f.s. (שָׁפַךְ 1049) *A city that sheds*

דָּם n.m.s. (196) *blood*

בְּתוֹכָהּ prep.-n.m.s.-3 f.s. sf. (1063) *in the midst of her*

לָבוֹא עִתָּהּ prep.-Qal inf.cstr. (בּוֹא 97)-n.f.s.-3 f.s. sf. (773) *that her time may come*

וְעָשְׂתָה conj.-Qal pf. 3 f.s. (עָשָׂה 793) *and that makes*

גִלּוּלִים n.m.p. (165) *idols*

עָלֶיהָ לְטָמְאָה prep.-3 f.s.-prep.-Qal inf.cstr. (379 טָמֵא) *to defile herself*

22:4

בְּדָמֵךְ prep.-n.m.s.-2 f.s. sf. (196) *by your blood*

אֲשֶׁר־שָׁפַכְתְּ rel. (81)-Qal pf. 2 f.s. (שָׁפַךְ 1049) *which you have shed*

אָשַׁמְתְּ Qal pf. 2 f.s. (אָשַׁם 79) *you have become guilty*

וּבְגִלּוּלַיִךְ conj.-prep.-n.m.p.-2 f.s. sf. (165) *and by your idols*

אֲשֶׁר־עָשִׂית rel. (81)-Qal pf. 2 f.s. (793 עָשָׂה) *which you have made*

טָמֵאת Qal pf. 2 f.s. (טָמֵא 379) *you have become defiled*

וַתַּקְרִיבִי consec.-Hi. impf. 2 f.s. (897) *and you have brought near*

יָמַיִךְ n.m.p.-2 f.s. sf. (398) *your day*

וַתָּבוֹא consec.-Qal impf. 3 f.s. (or 2 m.s.) (בּוֹא 97; GK 47k) *and it has come*

עַד־שְׁנוֹתַיִךְ prep. (723)-n.f.p.-2 f.s. sf. (1040) *until your years*

עַל־כֵּן prep.-adv. (485) *Therefore*

נְתַתִּיךְ Qal pf. 1 c.s.-2 f.s. sf. (נָתַן 678) *I have made you*

חֶרְפָּה n.f.s. (357) *a reproach*

לַגּוֹיִם prep.-def.art.-n.m.p. (156) *to the nations*

וְקַלָּסָה conj.-n.f.s. (887) *and a mocking*

לְכָל־ prep.-n.m.s. cstr. (481) *to all*

הָאֲרָצוֹת def.art.-n.f.p. (75) *the countries*

22:5

הַקְּרֹבוֹת def.art.-adj. f.p. (898) *Those who are near*

וְהָרְחֹקוֹת conj.-def.art.-adj. f.p. (935) *and those who are far*

מִמֵּךְ prep.-2 f.s. sf. *from you*

יִתְקַלְּסוּ־בָךְ Hith. impf. 3 m.p. (קָלַס 887)-prep. -2 f.s. sf. *will mock you*

טְמֵאַת הַשֵּׁם adj. f.s. cstr. (379)-def.art.-n.m.s. (1027) *infamous one*

רַבַּת הַמְּהוּמָה adj. f.s. cstr. (912)-def.art.-n.f.s. (223) *full of tumult*

22:6

הִנֵּה demons.part. (243) *Behold*

נְשִׂיאֵי יִשְׂרָאֵל n.m.p. cstr. (672)-pr.n. (975) *princes of Israel*

אִישׁ n.m.s. (35) *every one*

לִזְרֹעוֹ prep.-n.f.s.-3 m.s. sf. (283) *according to his power*

הָיוּ בָךְ Qal pf. 3 c.p. (הָיָה 224)-prep.-2 f.s. sf. paus. *have been bent against you*

לְמַעַן שְׁפָךְ־דָּם conj. (775)-Qal inf.cstr. (1049) -n.m.s. (196) *on shedding blood*

22:7

אָב וָאֵם n.m.s. (3)-conj.-n.f.s. (51) *Father and mother*

הֵקַלּוּ Hi. pf. 3 c.p. (קָלַל 886) *are treated with contempt*

בָּךְ prep.-2 f.s. sf. *in you*

לַגֵּר prep.-def.art.-n.m.s. (158) *for the sojourner*

עָשׂוּ Qal pf. 3 c.p. (עָשָׂה 793) *they make*

בַּעֹשֶׁק prep.-def.art.-n.m.s. (799) *extortion*

בְּתוֹכֵךְ prep.-n.m.s.-2 f.s. sf. (1063) *in your midst*

יָתוֹם n.m.s. (450) *the fatherless*

וְאַלְמָנָה conj.-n.f.s. (48) *and the widow*

הוֹנוּ Hi.pf. 3 c.p. (יָנָה 413) *are wronged*

בָּךְ prep.-2 f.s. sf. paus. *in you*

22:8

קָדָשַׁי n.m.p.-1 c.s. sf. (871) *my holy things*

בָּזִית Qal pf. 2 f.s. (בָּזָה 102) *you have despised*

וְאֶת־שַׁבְּתֹתַי conj.-dir.obj.-n.f.p.-1 c.s. sf. (992) *and my sabbaths*

חִלָּלְתְּ Pi. pf. 2 f.s. (חָלַל 320) *profaned*

22:9

אַנְשֵׁי רָכִיל n.m.p. cstr. (35)-n.m.s. (940) *men who slander*

הָיוּ בָךְ Qal pf. 3 c.p. (הָיָה 224)-prep.-2 f.s. sf. *there are in you*

לְמַעַן שְׁפָךְ־דָּם prep. (775)-Qal inf.cstr. (1049)-n.m.s. (196) *to shed blood*

וְאֶל־הֶהָרִים conj.-prep. (39)-def.art.-n.m.p. (249) *and upon the mountains*

אָכְלוּ בָךְ Qal pf. 3 c.p. (אָכַל 37)-prep.-2 f.s. sf. paus. *men who eat in you*

וְזִמָּה עָשׂוּ n.f.s. (273)-Qal pf. 3 c.p. (עָשָׂה 793) *men commit lewdness*

בְּתוֹכֵךְ prep.-n.m.s.-2 f.s. sf. (1063) *in your midst*

22:10

עֶרְוַת־אָב n.f.s. cstr. (788)-n.m.s. (3) *their fathers' nakedness*

גִּלָּה־בָךְ Pi. pf. 3 m.s. (גָּלָה 162)-prep.-2 f.s. sf. *In you men uncover*

טְמֵאַת הַנִּדָּה adj. f.s. cstr. (379)-def.art.-n.f.s. (622) *women who are unclean in their impurity*

עִנּוּ־בָךְ Pi. pf. 3 c.p. (עָנָה 776)-prep.-2 f.s. sf. *in you they humble*

22:11

וְאִישׁ conj.-n.m.s. (35) *and one*

אֶת־אֵשֶׁת רֵעֵהוּ prep. (85)-n.f.s. cstr. (61)-n.m.s.-3 m.s. sf. (945) *with his neighbor's wife*

עָשָׂה Qal pf. 3 m.s. (793) *commits*

תּוֹעֵבָה n.f.s. (1072) *abomination*

וְאִישׁ v.supra and *another*

אֶת־כַּלָּתוֹ prep. (85)-n.f.s.-3 m.s. sf. (483) *his daughter-in-law*

טִמֵּא בְזִמָּה Pi. pf. 3 m.s. (379)-prep.-n.f.s. (273) *lewdly defiles*

וְאִישׁ v.supra and *another*

אֶת־אֲחֹתוֹ prep. (85)-n.f.s.-3 m.s. sf. (27) *his sister*

בַּת־אָבִיו n.f.s. cstr. (123)-n.m.s.-3 m.s. sf. (3) *his father's daughter*

עִנָּה־בָךְ Pi. pf. 3 m.s. (עָנָה 776)-prep.-2 f.s. sf. paus. *defiles in you*

22:12

שֹׁחַד n.m.s. (1005) *bribes*

לָקְחוּ־בָךְ Qal pf. 3 c.p. (542)-prep.-2 f.s. sf. *men take in you*

לְמַעַן שְׁפָךְ־דָּם prep. (775)-Qal inf.cstr. (1049)-n.m.s. (196) *to shed blood*

נֶשֶׁךְ n.m.s. (675) *interest*

וְתַרְבִּית conj.-n.f.s. (916) *and increase*

לָקַחַתְּ Qal pf. 2 f.s. (542) *you take*

וַתְּבַצְּעִי consec.-Pi. impf. 2 f.s. (בָּצַע 130) *and make gain of*

רֵעַיִךְ n.m.p.-2 f.s. sf. (945) *your neighbors*

בַּעֹשֶׁק prep.-def.art.-n.m.s. (799) *by extortion*

וְאֹתִי שָׁכַחַתְּ conj.-dir.obj.-1 c.s. sf.-Qal pf. 2 f.s. (1013) *and you have forgotten me*

נְאֻם אֲדֹנָי n.m.s. cstr. (610)-n.m.p.-1 c.s. sf. (10) *says the Lord*

יהוה pr.n. (217) *Yahweh*

22:13

וְהִנֵּה conj.-demons.part. (243) *Behold, therefore*

הִכֵּיתִי כַפִּי Hi. pf. 1 c.s. (נָכָה 645)-n.f.s.-1 c.s. sf. (496) *I strike my hands together*

אֶל־בִּצְעֵךְ prep. (39)-n.m.s.-2 f.s. sf. (130) *at the dishonest gain*

אֲשֶׁר עָשִׂית rel. (81)-Qal pf. 2 f.s. (עָשָׂה 793) *which you have made*

וְעַל־דָּמֵךְ conj.-prep. (752)-n.m.s.-2 f.s. sf. (196) *and at the blood*

אֲשֶׁר הָיוּ rel. (81)-Qal pf. 3 c.p. (הָיָה 224) *which has been*

בְּתוֹכֵךְ prep.-n.m.s.-2 f.s. sf. (1063) *in the midst of you*

22:14

הֲיַעֲמֹד interr.part.-Qal impf. 3 m.s. (763) *Can endure?*

לִבֵּךְ n.m.s.-2 f.s. sf. (524) *your courage*

אִם־תֶּחֱזַקְנָה conj.-Qal impf. 3 f.p. (חָזַק 304) *or can be strong*

יָדַיִךְ n.f.p.-2 f.s. sf. (388) *your hands*

לַיָּמִים prep.-def.art.-n.m.p. (398) *in the days*

אֲשֶׁר אֲנִי rel. (81)-pers.pr. 1 c.s. (58) *that I*

עֹשֶׂה Qal act.ptc. (793) *shall deal*

אוֹתָךְ dir.obj.-2 f.s. sf. paus. *with you?*

560

אֲנִי יהוה v.supra-pr.n. (217) *I Yahweh*

דִּבַּרְתִּי Pi. pf. 1 c.s. (180) *have spoken*

וְעָשִׂיתִי conj.-Qal pf. 1 c.s. (עָשָׂה 793) *and I will do it*

22:15

וַהֲפִיצוֹתִי conj.-Hi. pf. 1 c.s. (פּוּץ 806) *I will scatter*

אוֹתָךְ dir.obj.-2 f.s. sf. *you*

בַּגּוֹיִם prep.-def.art.-n.m.p. (156) *among the nations*

וְזֵרִיתִיךְ conj.-Pi. pf. 1 c.s.-2 f.s. sf. (279) *and disperse you*

בָּאֲרָצוֹת prep.-def.art.-n.f.p. (75) *through the countries*

וַהֲתִמֹּתִי conj.-Hi. pf. 1 c.s. (תָּמַם 1070) *and I will consume*

טֻמְאָתֵךְ n.f.s.-2 f.s. sf. (380) *your filthiness*

מִמֵּךְ prep.-2 f.s. sf. *out of you*

22:16

וְנִחַלְתְּ conj.-Ni. pf. 2 f.s. (חָלַל 320) *and you shall be profaned*

בָּךְ prep.-2 f.s. sf. *through you*

לְעֵינֵי גוֹיִם prep.-n.f. du. cstr. (744)-n.m.p. (156) *in the sight of the nations*

וְיָדַעַתְּ conj.-Qal pf. 2 f.s. (יָדַע 393) *and you shall know*

כִּי־אֲנִי conj. (471)-pers.pr. 1 c.s. (58) *that I am*

יהוה pr.n. (217) *Yahweh*

22:17

וַיְהִי consec.-Qal impf. 3 m.s. (הָיָה 224) *and came*

דְּבַר־יהוה n.m.s. cstr. (182)-pr.n. (217) *the word of Yahweh*

אֵלַי prep.-1 c.s. sf *to me*

לֵאמֹר prep.-Qal inf.cstr. (55) *(saying)*

22:18

בֶּן־אָדָם n.m.s. cstr. (119)-n.m.s. (9) *Son of man*

הָיוּ־לִי Qal pf. 3 c.p. (הָיָה 224)-prep.-1 c.s. sf. *have become to me*

בֵּית־יִשְׂרָאֵל n.m.s. cstr. (108)-pr.n. (975) *the house of Israel*

לְסוּג prep.-n.m.s. (691) *dross*

כֻּלָּם n.m.s.-3 m.p. sf. (481) *all of them*

נְחֹשֶׁת n.m.s. (638) *bronze*

וּבְדִיל conj.-n.m.s. (95) *and tin*

וּבַרְזֶל conj.-n.m.s. (137) *and iron*

וְעוֹפֶרֶת conj.-n.m.s. (780) *and lead*

בְּתוֹךְ כּוּר prep.-n.m.s. cstr. (1063)-n.m.s. (468) *in the furnace*

סִגִים n.m.p. (691) *dross*

כֶּסֶף n.m.s. (494) *silver*

הָיוּ Qal pf. 3 c.p. (224) *have become*

22:19

לָכֵן adv. (485) *Therefore*

כֹּה אָמַר adv. (462)-Qal pf. 3 m.s. (55) *thus says*

אֲדֹנָי יהוה n.m.p.-1 c.s. sf.(10)-pr.n. (217) *the Lord Yahweh*

יַעַן הֱיוֹת conj. (774)-Qal inf.cstr. (הָיָה 224) *because you have become*

כֻּלְּכֶם n.m.s.-2 m.p. sf. (481) *all of you*

לְסִגִים prep.-n.m.p. (691) *dross*

לָכֵן prep.-adv. (485) *therefore*

הִנְנִי demons.part.-1 c.s. sf. (243) *behold, I*

קֹבֵץ Qal act.ptc. (867) *will gather*

אֶתְכֶם dir.obj.-2 m.p. sf. *you*

אֶל־תּוֹךְ prep.(39)-n.m.s. cstr. (1063) *into the midst of*

יְרוּשָׁלָ͏ִם pr.n. paus. (436) *Jerusalem*

22:20

קְבֻצַת Qal pass.ptc. f.s. cstr. (קָבַץ 867) *As men gather*

כֶּסֶף n.m.s. (494) *silver*

וּנְחֹשֶׁת conj.-n.m.s. (638) *and bronze*

וּבַרְזֶל conj.-n.m.s. (137) *and iron*

וְעוֹפֶרֶת conj.-n.m.s. (780) *and lead*

וּבְדִיל conj.-n.m.s. (95) *and tin*

אֶל־תּוֹךְ prep. (39)-n.m.s. cstr. (1063) *into a*

כּוּר n.m.s. (468) *furnace*

לָפַחַת־עָלָיו prep.-Qal inf.cstr. (נָפַח 655)-prep.-3 m.s. sf. *to blow upon it*

אֵשׁ n.f.s. (77) *the fire*

לְהַנְתִּיךְ prep.-Hi. inf.cstr. (נָתַךְ 677; GK 66f) *in order to melt it*

כֵּן אֶקְבֹּץ adv. (485)-Qal impf. 1 c.s. (קָבַץ 867) *so I will gather*

בְּאַפִּי prep.-n.m.s.-1 c.s. sf. (60) *in my anger*

וּבַחֲמָתִי conj.-prep.-n.f.s.-1 c.s. sf. (404) *and in my wrath*

וְהִנַּחְתִּי conj.-Hi. pf. 1 c.s. (נוּחַ 628) *and I will put in*

וְהִתַּכְתִּי conj.-Hi. pf. 1 c.s. (נָתַךְ 677) *and melt*

אֶתְכֶם dir.obj.-2 m.p. sf. *you*

22:21

וְכִנַּסְתִּי conj.-Pi. pf. 1 c.s. (כָּנַס 488) *I will gather*

אֶתְכֶם dir.obj.-2 m.p. sf. *you*

וְנָפַחְתִּי conj.-Qal pf. 1 c.s. (נָפַח 655) *and blow*

עֲלֵיכֶם prep.-2 m.p.sf. *upon you*

בָּאֵשׁ prep.-n.f.s. cstr. (77) *with the fire of*

עֶבְרָתִי n.f.s.-1 c.s. sf. (720) *my wrath*

וְנִתַּכְתֶּם conj.-Ni. pf. 2 m.p. (נָתַךְ 677) *and you shall be melted*

בְּתוֹכָהּ prep.-n.m.s.-3 f.s. sf. (1063) *in the midst of it*

22:22

כְּהִתּוּךְ prep.-n.m.s. cstr. (678) *like a melting of*
כֶּסֶף n.m.s. (494) *silver*

בְּתוֹךְ כּוּר prep.-n.m.s. cstr. (1063)-n.m.s. (468) *in a furnace*

כֵּן תֻּתְּכוּ adv. (485)-Ho. impf. 2 m.p. (נָתַךְ 677) *so you shall be melted*

בְּתוֹכָהּ prep.-n.m.s.-3 f.s. sf. (1063) *in the midst of it*

וִידַעְתֶּם conj.-Qal pf. 2 m.p. (יָדַע 393) *and you shall know*

כִּי־אֲנִי conj. (471)-pers.pr. 1 c.s. (58) *that I*

יהוה pr.n. (217) *Yahweh*

שָׁפַכְתִּי Qal pf. 1 c.s. (שָׁפַךְ 1049) *have poured out*

חֲמָתִי n.f.s.-1 c.s. sf. (404) *my wrath*

עֲלֵיכֶם prep.-2 m.p. sf. *upon you*

22:23

וַיְהִי consec.-Qal impf. 3 m.s. (הָיָה 224) *and came*

דְּבַר־יְהוָה n.m.s. cstr. (182)-pr.n. (217) *the word of Yahweh*

אֵלַי prep.-1 c.s. sf. *to me*

לֵאמֹר prep.-Qal inf.cstr. (55) *(saying)*

22:24

בֶּן־אָדָם n.m.s. cstr. (119)-n.m.s. (9) *Son of man*

אֱמָר־לָהּ Qal impv. 2 m.s. (55)-prep.-3 f.s. sf. *say to her*

אַתְּ אֶרֶץ pers.pr. 2 f.s. (61)-n.f.s. (75) *You are a land*

לֹא מְטֹהָרָה neg.-Pu. ptc. f.s. (טָהֵר 372) *that is not cleansed*

הִיא pers.pr. 3 f.s. (214) *it*

לֹא גֻשְׁמָהּ neg.-Pu. pf. 3 m.s.-3 f.s. sf. (גֻשְׁם 177; or Pu. pf. 3 f.s.) *or rained upon*

בְּיוֹם זַעַם prep.-n.m.s. cstr. (398)-n.m.s. paus. (276) *in the day of indignation*

22:25

קֶשֶׁר n.m.s. cstr. (905) *a conspiracy of*

נְבִיאֶיהָ n.m.p.-3 f.s. sf. (611) *her prophets*

בְּתוֹכָהּ prep.-n.m.s.-3 f.s. sf. (1063) *in the midst of her*

כַּאֲרִי שׁוֹאֵג prep.-n.m.s. (71)-Qal act.ptc. (980) *like a roaring lion*

טֹרֵף טָרֶף Qal act.ptc. (382)-n.m.s. paus. (383) *tearing the prey*

נֶפֶשׁ n.f.s. (659) *human lives*

אָכָלוּ Qal pf. 3 c.p. paus. (אָכַל 37) *they have devoured*

חֹסֶן n.m.s. (340) *treasure*

וִיקָר conj.-n.m.s. (430) *and precious things*

יִקָּחוּ Qal impf. 3 m.p. (לָקַח 542) *they have taken*

אַלְמְנוֹתֶיהָ n.f.p.-3 f.s. sf. (48) *widows*

הִרְבּוּ Hi. pf. 3 c.p. (רָבָה 915) *they have made many*

בְּתוֹכָהּ prep.-n.m.s.-3 f.s. sf. (1063) *in the midst of her*

22:26

כֹּהֲנֶיהָ n.m.p.-3 f.s. sf. (463) *Her priests*

חָמְסוּ Qal pf. 3 c.p. (חָמַס 329) *have done violence*

תּוֹרָתִי n.f.s.-1 c.s. sf. (435) *to my law*

וַיְחַלְּלוּ consec.-Pi. impf. 3 m.p. (חָלַל 320) *and have profaned*

קָדָשַׁי n.m.p.-1 c.s. sf. (871) *my holy things*

בֵּין־קֹדֶשׁ prep. (107)-n.m.s. (871) *between the holy*

לְחֹל prep.-n.m.s. (320) *and the common*

לֹא הִבְדִּילוּ neg.-Hi. pf. 3 c.p. (95) *they have made no distinction*

וּבֵין־הַטָּמֵא conj.-v.supra-def.art.-adj. m.s. (379) *and between the unclean*

לְטָהוֹר prep.-adj. m.s. (373) *and the clean*

לֹא הוֹדִיעוּ neg.-Hi. pf. 3 c.p. (יָדַע 393) *they have not taught the difference*

וּמִשַּׁבְּתוֹתַי conj.-prep.-n.f.p.-1 c.s. sf. (992) *and from my sabbaths*

הֶעְלִימוּ Hi. pf. 3 c.p. (עָלַם I 761) *they have concealed*

עֵינֵיהֶם n.f. du.-3 m.p. sf. (744) *their eyes*

וָאֵחַל consec.-Ni. impf. 1 c.s. (חָלַל 320) *so that I am profaned*

בְּתוֹכָם prep.-n.m.s.-3 m.p. sf. (1063) *among them*

22:27

שָׂרֶיהָ n.m.p.-3 f.s. sf. (978) *Her princes*

בְּקִרְבָּהּ prep.-n.m.s.-3 f.s. sf. (899) *in the midst of her*

כִּזְאֵבִים prep.-n.m.p. (255) *like wolves*

טֹרְפֵי טָרֶף Qal act.ptc. m.p. cstr. (382)-n.m.s. paus. (383) *tearing the prey*

לִשְׁפָּךְ־דָּם prep.-Qal inf.cstr. (1049)-n.m.s. (196) *shedding blood*

לְאַבֵּד נְפָשׁוֹת prep.-Pi. inf.cstr. (19)-n.f.p. (659) *destroying lives*

לְמַעַן בְּצֹעַ בָּצַע conj. (775)-Qal inf.cstr. (130)-n.m.s. paus. (130) *to get dishonest gain*

22:28

וּנְבִיאֶיהָ conj.-n.m.p.-3 f.s. sf. (611) *and her prophets*

טָחוּ Qal pf. 3 c.p. (טוּחַ 376) *have daubed*

לָהֶם prep.-3 m.p. sf. *for them*

תָּפֵל n.m.s. (1074) *with whitewash*

חֹזִים שָׁוְא Qal act.ptc. m.p. (חָזָה 302)-n.m.s. (996) *seeing false visions*

וְקֹסְמִים conj.-Qal act.ptc. m.p. (קָסַם 890) *and divining*

לָהֶם v.supra *for them*

כָּזָב n.m.s. (469) *lies*

אֹמְרִים Qal act.ptc. m.p. (55) *saying*

כֹּה אָמַר adv. (462)-Qal pf. 3 m.s. (55) *Thus says*

אֲדֹנָי יהוה n.m.p.-1 c.s. sf. (10)-pr.n. (217) *the Lord Yahweh*

וַיהוה conj.-pr.n. (217) *when Yahweh*

לֹא דִבֵּר neg.-Pi. pf. 3 m.s. (180) *has not spoken*

22:29

עַם הָאָרֶץ n.m.s. cstr. (766)-def.art.-n.f.s. (75) *The people of the land*

עָשְׁקוּ עֹשֶׁק Qal pf. 3 c.p. (798)-n.m.s. (799) *have practiced extortion*

וְגָזְלוּ גָּזֵל conj.-Qal pf. 3 c.p. (גָּזַל 159)-n.m.s. (160) *and committed robbery*

וְעָנִי conj.-adj. m.s. (776) *the poor*

וְאֶבְיוֹן conj.-adj. m.s. (2) *and needy*

הוֹנוּ Hi. pf. 3 c.p. (יָנָה 413) *they have oppressed*

וְאֶת־הַגֵּר conj.-dir.obj.-def.art.-n.m.s. (158) *and the sojourner*

עָשְׁקוּ Qal pf. 3 c.p. (798) *have extorted*

בְּלֹא מִשְׁפָּט prep.-neg.-n.m.s. (1048) *without redress*

22:30

וָאֲבַקֵּשׁ consec.-Pi. impf. 1 c.s. (בָּקַשׁ 134) *and I sought*

מֵהֶם prep.-3 m.p. sf. *among them*

אִישׁ n.m.s. (35) *for a man*

גֹּדֵר־גָּדֵר Qal act.ptc. (154)-n.m.s. (154) *who should build up the wall*

וְעֹמֵד conj.-Qal act.ptc. (763) *and stand*

בַּפֶּרֶץ prep.-def.art.-n.m.s. (829) *in the breach*

לְפָנַי prep.-n.m.p.-1 c.s. sf. (815) *before me*

בְּעַד הָאָרֶץ prep. cstr. (126)-def.art.-n.f.s. (75) *for the land*

לְבִלְתִּי שַׁחֲתָהּ prep.-neg. (116)-Pi. inf.cstr.-3 f.s. sf. (שָׁחַת 1007) *that I should not destroy it*

וְלֹא מָצָאתִי conj.-neg.-Qal pf. 1 c.s. (מָצָא 592) *but I found none*

22:31

וָאֶשְׁפֹּךְ consec.-Qal impf. 1 c.s. (1049) *Therefore I have poured out*

עֲלֵיהֶם prep.-3 m.p. sf. *upon them*

זַעְמִי n.m.s.-1 c.s. sf. (276) *my indignation*

בְּאֵשׁ prep.-n.f.s. cstr. (77) *with the fire of*

עֶבְרָתִי n.f.s.-1 c.s. sf. (720) *my wrath*

כִּלִּיתִים Pi. pf. 1 c.s.-3 m.p. sf. (כָּלָה 477) *I have consumed them*

דַּרְכָּם n.m.s.-3 m.p. sf. (202) *their way*

בְּרֹאשָׁם prep.-n.m.s.-3 m.p. sf. (910) *upon their heads*

נָתַתִּי Qal pf. 1 c.s. (678) *I have requited*

נְאֻם אֲדֹנָי n.m.s. cstr. (610)-n.m.p.-1 c.s. sf. (10) *says the Lord*

יהוה pr.n. (217) *Yahweh*

23:1

וַיְהִי consec.-Qal impf. 3 m.s. (הָיָה 224) *came*

דְּבַר־יהוה n.m.s. cstr. (182)-pr.n. (217) *the word of Yahweh*

אֵלַי prep.-1 c.s. sf. *to me*

לֵאמֹר prep.-Qal inf.cstr. *(saying)*

23:2

בֶּן־אָדָם n.m.s. cstr. (119)-n.m.s. (9) *Son of man*

שְׁתַּיִם נָשִׁים num. f. du. (1040)-n.f.p. (61) *two women*

בְּנוֹת n.f.p. cstr. (123) *daughters of*

אֵם־אַחַת n.f.s. (51)-num. f.s. (25) *one mother*

הָיוּ Qal pf. 3 c.p. (הָיָה 224) *there were*

23:3

וַתִּזְנֶינָה consec.-Qal impf. 3 f.p. (זָנָה 275) *they played the harlot*

בְּמִצְרַיִם prep.-pr.n. (595) *in Egypt*

בִּנְעוּרֵיהֶן prep.-n.m.p.-3 f.p. sf. (655) *in their youth*

זָנוּ Qal pf. 3 c.p. (זָנָה 275) *they played the harlot*

שָׁמָּה adv.-dir.he (1027) *there*

מֹעֲכוּ Pu. pf. 3 c.p. (מָעַךְ 590) *were pressed*

שְׁדֵיהֶן n.m.p.-3 f.p. sf. (994) *their breasts*

וְשָׁם conj.-adv. (1027) *and there*

עָשׂוּ Pi. pf. 3 c.p. (עָשָׂה II 796) *were handled*

דַּדֵּי n.m.p. cstr. (186) *the bosoms of*

בְּתוּלֵיהֶן n.f.p.-3 f.p. sf. (144) *their virginity*

23:4

וּשְׁמוֹתָן conj.-n.m.p.-3 f.p. sf. (1027) *and their names*

אָהֳלָה pr.n. f. (14) *Oholah*

הַגְּדוֹלָה def.art.-adj. f.s. (152) *the elder*

וְאָהֳלִיבָה conj.-pr.n. f. (14) *and Oholibah*

אֲחוֹתָהּ n.f.s.-3 f.s. sf. (27) *her sister*

וַתִּהְיֶינָה לִי consec.-Qal impf. 3 f.p. (הָיָה 224)-prep.-1 c.s. sf. *they became mine*

וַתֵּלַדְנָה consec.-Qal impf. 3 f.p. (יָלַד 408) *and they bore*

בָּנִים וּבָנוֹת n.m.p. (119)-conj.-n.f.p. (123) *sons and daughters*

וּשְׁמוֹתָן conj.-n.m.p.-3 f.p. sf. (1027) *As for their names*

שֹׁמְרוֹן pr.n. (1037) *Samaria*

אָהֳלָה pr.n. (14) *Oholah is*

וִירוּשָׁלַ͏ִם conj.-pr.n. (436) *and Jerusalem*

אָהֳלִיבָה pr.n. (14) *is Oholibah*

23:5

וַתִּזֶן consec.-Qal impf. 3 f.s. (זָנָה 275) *played the harlot*

אָהֳלָה pr.n. (14) *Oholah*

תַחְתָּי prep.-1 c.s. sf. paus. (1065) *while she was mine*

וַתַּעְגַּב consec.-Qal impf. 3 f.s. (עָגַב 721; GK 63m) *and she doted*

עַל־מְאַהֲבֶיהָ prep. (752)-Pi. ptc. m.p.-3 f.s. sf. (אָהַב 12) *on her lovers*

אֶל־אַשּׁוּר prep. (39)-pr.n. (78) *the Assyrians*

קְרוֹבִים adj. m.p. (898) *who were near*

23:6

לְבֻשֵׁי Qal pass.ptc. m.p. cstr. (לָבַשׁ 527) *clothed in*

תְּכֵלֶת n.f.s. (1067) *purple*

פַּחוֹת n.m.p. (808) *governors*

וּסְגָנִים conj.-n.m.p. (688) *and commanders*

בַּחוּרֵי חֶמֶד n.m.p. cstr. (104)-n.m.s. (326) *desirable young men*

כֻּלָּם n.m.s.-3 m.p. sf. (481) *all of them*

פָּרָשִׁים n.m.p. (832) *horsemen*

רֹכְבֵי Qal act.ptc. m.p. cstr. (רָכַב 938) *riding on*

סוּסִים n.m.p. (692) *horses*

23:7

וַתִּתֵּן consec.-Qal impf. 3 f.s. (נָתַן 678) *She bestowed*

תַּזְנוּתֶיהָ n.f.p.-3 f.s. sf. (276) *her harlotries*

עֲלֵיהֶם prep.-3 m.p. sf. *upon them*

מִבְחַר n.m.s. cstr. (104) *the choicest of*

בְּנֵי־אַשּׁוּר n.m.p. cstr. (119)-pr.n. (78) *men of Assyria*

כֻּלָּם n.m.s.-3 m.p. sf. (481) *all of them*

וּבְכֹל אֲשֶׁר־ conj.-prep.-n.m.s. (481)-rel. (81) *and of every one on whom*

עָגְבָה Qal pf. 3 f.s. (עָגַב 721) *she doted*

בְּכָל־גִּלּוּלֵיהֶם prep.-n.m.s. cstr. (481)-n.m.p.-3 m.p. sf. (165) *with all the idols*

נִטְמָאָה Ni. pf. 3 f.s. (טָמֵא 379) *she defiled herself*

23:8

וְאֶת־תַּזְנוּתֶיהָ conj.-dir.obj.-n.f.p.-3 f.s. sf. (276) *her harlotry*

מִמִּצְרַיִם prep.-pr.n. (595) *which she had practiced since her days in Egypt*

לֹא עָזָבָה neg.-Qal pf. 3 f.s. paus. (עָזַב 736) *she did not give up*

כִּי אוֹתָהּ conj.-prep.-3 f.s. sf. (85) *for with her*

שָׁכְבוּ Qal pf. 3 c.p. (1011) *men had lain*

בִּנְעוּרֶיהָ prep.-n.m.p.-3 f.s. sf. (655) *in her youth*

וְהֵמָּה עָשׂוּ conj.-pers.pr. 3 m.p. (241)-Pi. pf. 3 c.p. (עָשָׂה 796) *and handled*

דַּדֵּי בְתוּלֶיהָ n.m.p. cstr. (186)-n.f.p.-3 f.s. sf. (144) *her virgin bosom*

וַיִּשְׁפְּכוּ consec.-Qal impf. 3 m.p. (שָׁפַךְ 1049) *and poured out*

תַּזְנוּתָם n.f.s.-3 m.p. sf. (276) *their lust*

עָלֶיהָ prep.-3 f.s. sf. *upon her*

23:9

לָכֵן נְתַתִּיהָ prep.-adv. (485)-Qal pf. 1 c.s.-3 f.s. sf. (נָתַן 678) *Therefore I delivered her*

בְּיַד־ prep.-n.f.s. cstr. (388) *into the hands of*

מְאַהֲבֶיהָ Pi. ptc. m.p.-3 f.s. sf. (אָהַב 12) *her lovers*

בְּיַד v.supra *into the hands of*

בְּנֵי אַשּׁוּר n.m.p. cstr. (119)-pr.n. (78) *the Assyrians*

אֲשֶׁר עָגְבָה rel. (81)-Qal pf. 3 f.s. (עָגַב 721) *whom she doted*

עֲלֵיהֶם prep.-3 m.p. sf. *upon them*

23:10

הֵמָּה גִּלּוּ demons.adj. m.p. (241)-Pi. pf. 3 c.p. (162 גָּלָה) *These uncovered*

עֶרְוָתָה n.f.s.-3 f.s. sf. (788) *her nakedness*

בָּנֶיהָ n.m.p.-3 f.s. sf. (119) *her sons*

וּבְנוֹתֶיהָ conj.-n.f.p.-3 f.s. sf. (123) *and her daughters*

לָקָחוּ Qal pf. 3 c.p. paus. (לקח 542) *they seized*

וְאוֹתָהּ conj.-dir.obj.-3 f.s. sf. *and her*

בַּחֶרֶב prep.-def.art.-n.f.s. (352) *with the sword*

הָרֵגוּ Qal pf. 3 c.p. paus. (הרג 246) *they slew*

וַתְּהִי־שֵׁם consec.-Qal impf. 3 f.s. (היה 224) -n.m.s. (1027) *and she became a byword*

לַנָּשִׁים prep.-def.art.-n.f.p. (61) *among women*

וּשְׁפוּטִים conj.-n.m.p. (1048) *when judgment*

עָשׂוּ Qal pf. 3 c.p. (עשה 793) *had been executed*

בָהּ prep.-3 f.s. sf. *upon her*

23:11

וַתֵּרֶא consec.-Qal impf. 3 f.s. (ראה 906) *saw*

אֲחוֹתָהּ n.f.s.-3 f.s. sf. (27) *her sister*

אָהֳלִיבָה pr.n. (14) *Oholibah*

וַתַּשְׁחֵת consec.-Hi. impf. 3 f.s. (שחת 1007) *yet she was more corrupt*

עַגְבָתָהּ n.f.s.-3 f.s. sf. (731) *in her lustfulness*

מִמֶּנָּה prep.-3 f.s. sf. (577) *than she*

וְאֶת־תַּזְנוּתֶיהָ conj.-dir.obj.-n.f.p.-3 f.s. sf. (276) *and in her harlotry*

מִזְּנוּנֵי prep.-n.m.p. cstr. (276) *than the harlotries of*

אֲחוֹתָהּ n.f.s.-3 f.s. sf. (27) *her sister*

23:12

אֶל־בְּנֵי אַשּׁוּר prep. (39)-n.m.p. cstr. (119)-pr.n. (78) *upon the Assyrians*

עָגָבָה Qal pf. 3 f.s. paus. (עגב 721) *she doted*

פַּחוֹת n.m.p. (808) *governors*

וּסְגָנִים conj.-n.m.p. (688) *and commanders*

קְרֹבִים adj. m.p. (898) *near ones*

לְבֻשֵׁי Qal pass.ptc. m.p. cstr. (לבש 527) *clothed in*

מִכְלוֹל n.m.s. (483) *full armor*

פָּרָשִׁים n.m.p. (832) *horsemen*

רֹכְבֵי סוּסִים Qal act.ptc. m.p. cstr. (רכב 938) -n.m.p. (692) *riding on horses*

בַּחוּרֵי חֶמֶד n.m.p. cstr. (104)-n.m.s. (326) *desirable young men*

כֻּלָּם n.m.s.-3 m.p. sf. (481) *all of them*

23:13

וָאֵרֶא consec.-Qal impf. 1 c.s. (ראה 906) *And I saw*

כִּי נִטְמָאָה conj. (471)-Ni. pf. 3 f.s. (טמא 379) *that she was defiled*

דֶּרֶךְ אֶחָד n.m.s. (202)-num. m.s. (25) *one way*

לִשְׁתֵּיהֶן prep.-num. f. du.-3 f.p. sf. (1040) *to the two of them*

23:14

וַתּוֹסֶף consec.-Hi. impf. 3 f.s. (יסף 414) *But she added*

אֶל־תַּזְנוּתֶיהָ prep. (39)-n.f.p.-3 f.s. sf. (276) *to her harlotry*

וַתֵּרֶא consec.-Qal impf. 3 f.s. (ראה 906) *she saw*

אַנְשֵׁי n.m.p. cstr. (35) *men*

מְחֻקֶּה Pu. ptc. m.s. (חקה 348) *being portrayed*

עַל־הַקִּיר prep.-def.art.-n.m.s. (885) *upon the wall*

צַלְמֵי n.m.p. cstr. (853) *the images of*

כַשְׂדִּיים pr.n. (505) *the Chaldeans*

חֲקֻקִים Qal pass.ptc. m.p. (חקק 349) *portrayed*

בַּשָּׁשַׁר prep.-def.art.-n.m.s. (1059) *in vermillion*

23:15

חֲגוֹרֵי אֵזוֹר adj. m.p. cstr. (292)-n.m.s. (25) *girded with belts*

בְּמָתְנֵיהֶם prep.-n.m. du.-3 m.p. sf. (608) *on their loins*

סְרוּחֵי טְבוּלִים Qal pass.ptc. m.p. cstr. (סרח 710)-n.m.p. (371) *with flowing turbans*

בְּרָאשֵׁיהֶם prep.-n.m.p.-3 m.p. sf. (910) *on their heads*

מַרְאֵה n.m.s. cstr. (909) *looking like*

שָׁלִשִׁים n.m.p. (1026) *officers*

כֻּלָּם n.m.s.-3 m.p. sf. (481) *all of them*

דְּמוּת n.f.s. cstr. (198) *a picture of*

בְּנֵי־בָבֶל n.m.p. cstr. (119)-pr.n. (93) *Babylonians*

כַּשְׂדִּים pr.n. (505) *Chaldea*

אֶרֶץ n.f.s. cstr. (75) *the land of*

מוֹלַדְתָּם n.f.s.-3 m.p. sf. (409) *their birth*

23:16

וַתַּעְגְּבָה consec.-Qal impf. 3 f.s. (עגב 721) *then she doted*

עֲלֵיהֶם prep.-3 m.p. sf. *upon them*

לְמַרְאֵה prep.-n.m.s. cstr. (909) *to the sight of*

עֵינֶיהָ n.f. du.-3 f.s. sf. (744) *her eyes*

וַתִּשְׁלַח consec.-Qal impf. 3 f.s. (שלח 1018) *and she sent*

מַלְאָכִים n.m.p. (521) *messengers*

אֲלֵיהֶם prep.-3 m.p. sf. *to them*

כַּשְׂדִּימָה pr.n.-dir.he (505) *in Chaldea*

23:17

וַיָּבֹאוּ consec.-Qal impf. 3 m.p. (בוא 97) *and came*

אֵלֶיהָ prep.-3 f.s. sf. *to her*

בְּנֵי־בָבֶל n.m.p. cstr. (119)-pr.n. (93) *the Babylonians*

לְמִשְׁכַּב prep.-n.m.s. cstr. (1012) *into the bed of*

דֹּדִים n.m.p. (187) *love*

וַיְטַמְּאוּ consec.-Pi. impf. 3 m. p. (379 טָמֵא) *and they defiled*

אוֹתָהּ dir.obj.-3 f.s. sf. *her*

בְּתַזְנוּתָם prep.-n.f.s.-3 m.p. sf. (276) *with their lust*

וַתִּטְמָא־ consec.-Qal impf. 3 f.s. (379 טָמֵא) *and after she was polluted*

בָּם prep.-3 m.p. sf. *by them*

וַתֵּקַע consec.-Qal impf. 3 f.s. (429) *she turned in disgust*

נַפְשָׁהּ n.f.s.-3 f.s. sf. (659) *herself*

מֵהֶם prep.-3 m.p. sf. *from them*

23:18

וַתְּגַל consec.-Pi. impf. 3 f.s. (גָּלָה 162) *when she carried on so openly*

תַּזְנוּתֶיהָ n.f.p.-3 f.s. sf. (276) *her harlotry*

וַתְּגַל v.supra *and flaunted*

אֶת־עֶרְוָתָהּ dir.obj.-n.f.s.-3 f.s. sf. (788) *her nakedness*

וַתֵּקַע consec.-Qal impf. 3 f.s. (יָקַע 429) *and turned in disgust*

נַפְשִׁי n.f.s.-1 c.s. sf. (659) *I myself*

מֵעָלֶיהָ prep.-prep.-3 f.s. sf. *from her*

כַּאֲשֶׁר prep.-rel. (81) *as*

נָקְעָה Qal pf. 3 f.s. (נָקַע 668) *had turned*

נַפְשִׁי v.supra *I myself*

מֵעַל אֲחוֹתָהּ prep.-prep.-n.f.s.-3 f.s. sf. (27) *from her sister*

23:19

וַתַּרְבֶּה consec.-Hi. impf. 3 f.s. (רָבָה 915) *Yet she increased*

אֶת־תַּזְנוּתֶיהָ dir.obj.-n.f.p.-3 f.s. sf. (276) *her harlotry*

לִזְכֹּר prep.-Qal inf.cstr. (269) *remembering*

אֶת־יְמֵי dir.obj.-n.m.p. cstr. (398) *the days of*

נְעוּרֶיהָ n.m.p.-3 f.s. sf. (655) *her youth*

אֲשֶׁר זָנְתָה rel. (81)-Qal pf. 3 f.s. (זָנָה 275) *when she played the harlot*

בְּאֶרֶץ prep.-n.f.s. cstr. (75) *in the land of*

מִצְרָיִם pr.n. paus. (595) *Egypt*

23:20

וַתַּעְגְּבָה consec.-Qal impf. 3 f.s.-coh.he (עָגַב 721; GK 48d) *and doted*

עַל פִּלַגְשֵׁיהֶם prep.-n.f.p.-3 m.p. sf. (811) *upon her paramours (concubines)*

אֲשֶׁר rel. (81) *whose*

בְּשַׂר־חֲמוֹרִים n.m.s. cstr. (142)-n.m.p. (331) *the flesh of asses*

בְּשָׂרָם n.m.s.-3 m.p. sf. (142) *their flesh*

וְזִרְמַת סוּסִים conj.-n.f.s. cstr. (281)-n.m.p. (692) *and the issue of horses*

זִרְמָתָם n.f.s.-3 m.p. sf. (692) *their issue*

23:21

וַתִּפְקְדִי consec.-Qal impf. 2 f.s. (פָּקַד 823) *Thus you longed for*

אֵת זִמַּת נְעוּרָיִךְ dir.obj.-n.f.s. cstr. (273)-n.m.p.-2 f.s. sf. paus. (655) *the lewdness of your youth*

בַּעֲשׂוֹת prep.-Qal inf.cstr. (עָשָׂה 796) *when handled (pressed)*

מִמִּצְרַיִם prep.-pr.n. (595) *(from) the Egyptians*

דַּדַּיִךְ n.m. du.-2 f.s. sf. (186) *your bosom*

לְמַעַן שְׁדֵי prep. (775)-n.m.p. cstr. (994) *the breasts of*

נְעוּרָיִךְ n.m.p.-2 f.s. sf. paus. (655) *your youth*

23:22

לָכֵן prep.-adv. (485) *Therefore*

אָהֳלִיבָה pr.n. f. (14) *O Oholibah*

כֹּה־אָמַר adv. (462)-Qal pf. 3 m.s. (55) *thus says*

אֲדֹנָי n.m.p.-1 c.s. sf. (10) *the Lord*

יְהוִה pr.n. (217) *Yahweh*

הִנְנִי demons.part.-1 c.s. sf. (243) *Behold, I*

מֵעִיר Hi. ptc. (עוּר 734) *will arouse*

אֶת־מְאַהֲבַיִךְ dir.obj.-Pi. ptc. m.p.-2 f.s. sf. 12) *your lovers*

עָלַיִךְ prep.-2 f.s. sf. *against you*

אֵת אֲשֶׁר־ dir.obj.-rel. (81) *which*

נָקְעָה נַפְשֵׁךְ Qal pf. 3 f.s. (נָקַע 668)-n.f.s.-2 f.s. sf. (659) *you yourself turned in disgust*

מֵהֶם prep.-3 m.p. sf. *from them*

וַהֲבֵאתִים conj.-Hi. pf. 1 c.s.-3 m.p. sf. (בּוֹא 97) *and I will bring them*

עָלַיִךְ prep.-2 f.s. sf. *against you*

מִסָּבִיב prep.-adv. (686) *from every side*

23:23

בְּנֵי בָבֶל n.m.p. cstr. (119)-pr.n. (93) *the Babylonians*

וְכָל־כַּשְׂדִּים conj.-n.m.s. cstr. (481)-pr.n. (505) *and all the Chaldeans*

פְּקוֹד pr.n. (824) *Pekod*

וְשׁוֹעַ conj.-pr.n. (1003) *and Shoa*

וְקוֹעַ conj.-pr.n. (880) *and Koa*

כָּל־בְּנֵי אַשּׁוּר n.m.s. cstr. (481)-n.m.p. cstr. (119)-pr.n. (78) *and all the Assyrians*

אוֹתָם prep.-3 m.p. sf. (85) *with them*

בַּחוּרֵי חֶמֶד n.m.p. cstr. (104)-n.m.s. (326) *desirable young men*

פַּחוֹת n.m.p. (808) *governors*

וּסְגָנִים conj.-n.m.p. (688) *and commanders*

כֻּלָּם n.m.s.-3 m.p. sf. (481) *all of them*

שָׁלִשִׁים n.m.p. (1026) *officers*

וּקְרוּאִים conj.-Qal pass.ptc. m.p. (קָרָא 894) *called ones*

רֹכְבֵי סוּסִים Qal act.ptc. m.p. cstr. (רָכַב 938)- n.m.p. (692) *riding on horses*

כֻּלָּם v.supra *all of them*

23:24

וּבָאוּ conj.-Qal pf. 3 c.p. (בּוֹא 97) *And they shall come*

עָלַיִךְ prep.-2 f.s. sf. *against you*

הֹצֶן n.m.s. (246) *(?)*

רֶכֶב n.m.s. (939) *with chariots*

וְגַלְגַּל conj.-n.m.s. (165) *and wheeled war chariot*

וּבִקְהַל עַמִּים conj.-prep.-n.m.s. cstr. (874)-n.m.p. (766) *and a host of peoples*

צִנָּה n.f.s. (III 857) *buckler*

וּמָגֵן conj.-n.m.s. (171) *and shield*

וְקוֹבַע conj.-n.m.s. (875) *and helmet*

יָשִׂימוּ Qal impf. 3 m.p. (שׂוּם 962) *they shall set themselves*

עָלַיִךְ prep.-2 f.s. sf. *against you*

סָבִיב adv. (686) *on every side*

וְנָתַתִּי conj.-Qal pf. 1 c.s. (נָתַן 678) *and I will commit*

לִפְנֵיהֶם prep.-n.m.p.-3 m.p. sf. (815) *to them*

מִשְׁפָּט n.m.s. (1048) *the judgment*

וּשְׁפָטוּךְ conj.-Qal pf. 3 c.p.-2 f.s. sf. (שָׁפַט 1047) *and they shall judge you*

בְּמִשְׁפְּטֵיהֶם prep.-n.m.p.-3 m.p. sf. (1048) *according to their judgments*

23:25

וְנָתַתִּי conj.-Qal pf. 1 c.s. (נָתַן 678) *and I will direct*

קִנְאָתִי n.f.s.-1 c.s. sf. (888) *my indignation*

בָּךְ prep.-2 f.s. sf. *against you*

וְעָשׂוּ conj.-Qal pf. 3 c.p. (עָשָׂה 793) *that they may deal*

אוֹתָךְ prep.-2 f.s. sf. (85) *with you*

בְּחֵמָה prep.-n.f.s. (404) *in fury*

אַפֵּךְ n.m.s.-2 f.s. sf. (60) *your nose*

וְאָזְנַיִךְ conj.-n.f. du.-2 f.s. sf. (23) *and your ears*

יָסִירוּ Hi. impf. 3 c.p. (סוּר 693) *they shall cut off*

וְאַחֲרִיתֵךְ conj.-n.f.s.-2 f.s. sf. (31) *and your survivors*

בַּחֶרֶב prep.-def.art.-n.f.s. (352) *by the sword*

תִּפּוֹל Qal impf. 3 f.s. (נָפַל 656) *shall fall*

הֵמָּה pers. pr. 3 m.p. (241) *They*

בָּנַיִךְ n.m.p.-2 f.s. sf. (119) *your sons*

וּבְנוֹתַיִךְ conj.-n.f.p.-2 f.s. sf. (123) *and your daughters*

יִקָּחוּ Qal impf. 3 m.p. paus. (לָקַח 542) *shall seize*

וְאַחֲרִיתֵךְ v.supra *and your survivors*

תֵּאָכֵל Ni. impf. 3 f.s. (אָכַל 37) *shall be devoured*

בָּאֵשׁ prep.-def.art.-n.f.s. (77) *by fire*

23:26

וְהִפְשִׁיטוּךְ conj.-Hi. pf. 3 c.p.-2 f.s. sf. (פָּשַׁט 832) *They shall also strip you*

אֶת־בְּגָדָיִךְ dir.obj.-n.m.p.-2 f.s. sf. paus. (93) *of your clothes*

וְלָקְחוּ conj.-Qal pf. 3 c.p. (לָקַח 542) *and take away*

כְּלֵי n.m.p. cstr. (479) *the articles of*

תִּפְאַרְתֵּךְ n.f.s.-2 f.s. sf. (802) *your beauty*

23:27

וְהִשְׁבַּתִּי conj.-Hi. pf. 1 c.s. (שָׁבַת 991) *Thus I will put an end to*

זִמָּתֵךְ n.f.s.-2 f.s. sf. (273) *your lewdness*

מִמֵּךְ prep.-2 f.s. sf. *from you*

וְאֶת־זְנוּתֵךְ conj.-dir.obj.-n.f.s.-2 f.s. sf. (276) *and your harlotry*

מֵאֶרֶץ prep.-n.f.s. cstr. (75) *from the land of*

מִצְרָיִם pr.n. paus. (595) *Egypt*

וְלֹא־תִשְׂאִי conj.-neg.-Qal impf. 2 f.s. (נָשָׂא 669) *so that you shall not lift up*

עֵינַיִךְ n.f. du.-2 f.s. sf. (744) *your eyes*

אֲלֵיהֶם prep.-3 m.p. sf. *upon them*

וּמִצְרַיִם conj.-pr.n. (595) *or the Egyptians*

לֹא תִזְכְּרִי־ neg.-Qal impf. 2 f.s. (זָכַר 269) *you shall not remember*

עוֹד adv. (728) *any more*

23:28

כִּי כֹה conj. (471)-adv. (462) *For thus*

אָמַר Qal pf. 3 m.s. (55) *says*

אֲדֹנָי יְהוִה n.m.p.-1 c.s. sf. (10)-pr.n. (217) *the Lord Yahweh*

הִנְנִי interj.-1 c.s. sf. (243) *Behold, I*

נֹתְנָךְ Qal act.ptc. m.s.-2 f.s. sf. (נָתַן 678; GK 91e) *will deliver you*

בְּיַד prep.-n.f.s. cstr. (388) *into the hands of*

567

אֲשֶׁר שָׂנֵאת rel. (81)-Qal pf. 2 f.s. (שָׂנֵא 971) *those whom you hate*

בְּיַד v.supra *into the hands of*

אֲשֶׁר נָקְעָה נַפְשֵׁךְ rel. (81; GK 138e)-Qal pf. 3 f.s. (נָקַע 668)-n.f.s.-2 f.s. sf. (659) *those ... you turned in disgust*

מֵהֶם prep.-3 m.p. sf. *from whom (them)*

23:29

וְעָשׂוּ conj.-Qal pf. 3 c.p. (עָשָׂה 793) *and they shall deal*

אוֹתָךְ prep.-2 f.s. sf. (85) *with you*

בְּשִׂנְאָה prep.-n.f.s. (971) *in hatred*

וְלָקְחוּ conj.-Qal pf. 3 c.p. (לָקַח 542) *and take away*

כָּל־יְגִיעֵךְ n.m.s. cstr. (481)-n.m.s.-2 f.s. sf. (388) *all the fruit of your labor*

וַעֲזָבוּךְ conj.-Qal pf. 3 c.p.-2 f.s. sf. (עָזַב 736) *and leave you*

עֵירֹם n.m.s. (735) *naked*

וְעֶרְיָה conj.-n.f.s. (789) *and bare*

וְנִגְלָה conj.-Ni. pf. 3 m.s. (גָּלָה 162) *and shall be uncovered*

עֶרְוַת n.f.s. cstr. (788) *the nakedness of*

זְנוּנַיִךְ n.m.p.-2 f.s. sf. (276) *your harlotry*

וְזִמָּתֵךְ conj.-n.f.s.-2 f.s. sf. (273) *your lewdness*

וְתַזְנוּתָיִךְ conj.-n.f.p.-2 f.s. sf. (276) *and your harlotry*

23:30

עָשֹׂה אֵלֶּה Qal inf.abs. (עָשָׂה 793)-demons.adj. c.p. (41) *have brought this*

לָךְ prep.-2 f.s. sf. paus. *upon you*

בִּזְנוֹתֵךְ prep.-Qal inf.cstr.-2 f.s. sf. (זָנָה 275) *because you played the harlot*

אַחֲרֵי גוֹיִם prep. cstr. (29)-n.m.p. (156) *with the nations*

עַל אֲשֶׁר־ prep.-rel. (81) *because*

נִטְמֵאת Ni. pf. 2 f.s. (טָמֵא 379) *you polluted yourself*

בְּגִלּוּלֵיהֶם prep.-n.m.p.-3 m.p. sf. (165) *with their idols*

23:31

בְּדֶרֶךְ prep.-n.m.s. cstr. (202) *in the way of*

אֲחוֹתֵךְ n.f.s.-2 f.s. sf. (27) *your sister*

הָלָכְתְּ Qal pf. 2 f.s. paus. (הָלַךְ 229) *you have gone*

וְנָתַתִּי conj.-Qal pf. 1 c.s. (נָתַן 678) *therefore I will give*

כּוֹסָהּ n.f.s.-3 f.s. sf. (468) *her cup*

בְּיָדֵךְ prep.-n.f.s.-2 f.s. sf. (388) *into your hand*

23:32

כֹּה אָמַר adv. (462)-Qal pf. 3 m.s. (55) *Thus says*

אֲדֹנָי יְהוִה n.m.p.-1 c.s. sf. (10)-pr.n. (217) *the Lord Yahweh*

כּוֹס n.f.s. cstr. (468) *the cup of*

אֲחוֹתֵךְ n.f.s.-2 f.s. sf. (27) *your sister*

תִּשְׁתִּי Qal impf. 2 f.s. (שָׁתָה 1059; GK 47k) *you shall drink*

הָעֲמֻקָּה def.art.-adj. f.s. (771) *which is deep*

וְהָרְחָבָה conj.-def.art.-adj. f.s. (932) *and large*

תִּהְיֶה Qal impf. 2 m.s. (or 3 f.s.) (הָיָה 224) *you shall be*

לִצְחֹק prep.-Qal inf.cstr. (צָחַק 850) or n.m.s. (850) *laughed at*

וּלְלַעַג conj.-prep.-n.m.s. (541) *and held in derision*

מִרְבָּה n.f.s. (916) *much*

לְהָכִיל prep.-Hi. inf.cstr. (כּוּל 465) *for it contains*

23:33

שִׁכָּרוֹן n.m.s. (1016) *drunkenness*

וְיָגוֹן conj.-n.m.s. (387) *and sorrow*

תִּמָּלֵאִי Ni. impf. 2 f.s. paus. (מָלֵא 569) *you will be filled with*

כּוֹס n.f.s. cstr. (468) *A cup of*

שַׁמָּה n.f.s. (1031) *horror*

וּשְׁמָמָה conj.-n.f.s. (1031) *and desolation*

כּוֹס v.supra *the cup of*

אֲחוֹתֵךְ n.f.s.-2 f.s. sf. (27) *your sister*

שֹׁמְרוֹן pr.n. (1037) *Samaria*

23:34

וְשָׁתִית conj.-Qal pf. 2 f.s. (שָׁתָה 1059) *you shall drink*

אוֹתָהּ dir.obj.-3 f.s. sf. *it*

וּמָצִית conj.-Qal pf. 2 f.s. (מָצָה 594) *and drain it out*

וְאֶת־חֲרָשֶׂיהָ conj.-dir.obj.-n.m.p.-3 f.s. sf. (360) *and its sherds*

תְּגָרֵמִי Pi. impf. 2 f.s. (גָּרַם 175) *you shall break (bones)*

וְשָׁדַיִךְ conj.-n.m.p.-2 f.s. sf. (994) *and your breasts*

תְּנַתֵּקִי Pi. impf. 2 f.s. (נָתַק 683) *you shall tear*

כִּי אֲנִי conj. (471)-pers.pr. 1 c.s. (58) *for I*

דִּבַּרְתִּי Pi. pf. 1 c.s. (דָּבַר 180) *have spoken*

נְאֻם אֲדֹנָי n.m.s. cstr. (610)-n.m.p.-1 c.s. sf. (10) *says the Lord*

יְהוִה pr.n. (217) *Yahweh*

23:35

לָכֵן כֹּה prep.-adv. (485)-adv. (462) *Therefore, thus*

אָמַר אֲדֹנָי Qal pf. 3 m.s. (55)-n.m.p.-1 c.s. sf. (10) *says the Lord*

יהוה pr.n. (217) *Yahweh*

יַעַן שָׁכַחַתְּ conj. (774)-Qal pf. 2 f.s. (שכח 1013) *Because you have forgotten*

אוֹתִי dir.obj.-1 c.s. sf. *me*

וַתַּשְׁלִיכִי consec.-Hi. impf. 2 f.s. (שלך 1020) *and cast*

אוֹתִי v.supra *me*

אַחֲרֵי גַוֵּךְ prep. cstr. (29)-n.m.s.-2 f.s. sf. (156) *behind your back*

וְגַם־אַתְּ conj.-adv. (168)-pers.pr. 2 f.s. (61) *therefore (you)*

שְׂאִי Qal impv. 2 f.s. (נשא 669) *bear*

זִמָּתֵךְ n.f.s.-2 f.s. sf. (273) *the consequences of your lewdness*

וְאֶת־תַּזְנוּתָיִךְ conj.-dir.obj.-n.f.p.-2 f.s. sf. paus. (276) *and harlotry*

23:36

וַיֹּאמֶר consec.-Qal impf. 3 m.s. (אמר 55) *said*

יהוה pr.n. (217) *Yahweh*

אֵלַי prep.-1 c.s. sf. *to me*

בֶּן־אָדָם n.m.s. cstr. (119)-n.m.s. (9) *Son of man*

הֲתִשְׁפּוֹט interr.part.-Qal impf. 2 m.s. (שפט 1047) *will you judge?*

אֶת־אָהֳלָה dir.obj.-pr.n. (14) *Oholah*

וְאֶת־אָהֳלִיבָה conj.-dir.obj.-pr.n. (14) *and Oholibah*

וְהַגֵּד conj.-Hi. impv. 2 m.s. (נגד 616) *Then declare*

לָהֶן prep.-3 f.p. sf. *to them*

אֵת תּוֹעֲבוֹתֵיהֶן dir.obj.-n.f.p.-3 f.p. sf. (1072) *their abominable deeds*

23:37

כִּי נִאֵפוּ conj. (471)-Pi. pf. 3 c.p. paus. (נאף 610) *For they have committed adultery*

וְדָם conj.-n.m.s. (196) *and blood*

בִּידֵיהֶן prep.-n.f.p.-3 f.p. sf. (388) *upon their hands*

וְאֶת־גִּלּוּלֵיהֶן conj.-dir.obj.-n.m.p.-3 f.p. sf. (165) *with their idols*

נִאֵפוּ v.supra *they have committed adultery*

וְגַם conj.-adv. (168) *and even*

אֶת־בְּנֵיהֶן dir.obj.-n.m.p.-3 f.p. sf. (119) *their sons*

אֲשֶׁר יָלְדוּ rel. (81)-Qal pf. 3 c.p. (408) *whom they had borne*

23:38

לִי prep.-1 c.s. sf. *to me*

הֶעֱבִירוּ Hi. pf. 3 c.p. (עבר 716) *they have offered up*

לָהֶם prep.-3 m.p. sf. *them*

לְאָכְלָה prep.-n.f.s. (38) *for food*

23:38

עוֹד זֹאת adv. (728)-demons.adj. f.s. (260) *Moreover this*

עָשׂוּ לִי Qal pf. 3 c.p. (עשה 793)-prep.-1 c.s. sf. *they have done to me*

טִמְּאוּ Pi. pf. 3 c.p. (טמא 379) *they have defiled*

אֶת־מִקְדָּשִׁי dir.obj.-n.m.s.-1 c.s. sf. (874) *my sanctuary*

בַּיּוֹם הַהוּא prep.-def.art.-n.m.s. (398)-def.art.-demons.adj. m.s. (214) *on the same day*

וְאֶת־שַׁבְּתוֹתַי conj.-dir.obj.-n.f.p.-1 c.s. sf. (992) *and my sabbaths*

חִלֵּלוּ Pi. pf. 3 c.p. (חלל 320) *they profaned*

23:39

וּבְשַׁחֲטָם conj.-prep.-Qal inf.cstr.-3 m.p. sf. (שחט 1003) *For when they had slaughtered*

אֶת־בְּנֵיהֶם dir.obj.-n.m.p.-3 m.p. sf. (119) *their children*

לְגִלּוּלֵיהֶם prep.-n.m.p.-3 m.p. sf. (165) *to their idols*

וַיָּבֹאוּ consec.-Qal impf. 3 m.p. (בוא 97) *they came*

אֶל־מִקְדָּשִׁי prep.-n.m.s.-1 c.s. sf. (874) *into my sanctuary*

בַּיּוֹם הַהוּא prep.-def.art.-n.m.s. (398)-def.art.-demons.adj. m.s. (214) *on the same day*

לְחַלְּלוֹ prep.-Pi. inf.cstr.-3 m.s. sf. (חלל 320) *to profane it*

וְהִנֵּה conj.-demons.part. (243) *and lo*

כֹה עָשׂוּ adv. (462)-Qal pf. 3 c.p. (עשה 793) *this is what they did*

בְּתוֹךְ בֵּיתִי prep.-n.m.s. cstr. (1063)-n.m.s.-1 c.s. sf. (108) *in my house*

23:40

וְאַף כִּי conj.-conj. (64)-conj. (471) *and even*

תִּשְׁלַחְנָה Qal impf. 3 f.p. (שלח 1018) *they sent*

לַאֲנָשִׁים prep.-n.m.p. (35) *for men*

בָּאִים Qal act.ptc. m.p. (בוא 97) *to come*

מִמֶּרְחָק prep.-n.m.s. (935) *from far*

אֲשֶׁר מַלְאָךְ rel. (81)-n.m.s. (521) *whom a messenger*

שָׁלוּחַ Qal pass.ptc. (1018) *was sent*

אֲלֵיהֶם prep.-3 m.p. sf. *to them*

569

וְהִנֵּה־בָאוּ conj.-demons.part. (243)-Qal pf. 3 c.p. (בוֹא 97) *and lo, they came*

לַאֲשֶׁר prep.-rel. (81) *for them*

רָחַצְתְּ Qal pf. 2 f.s. (רָחַץ 934) *you bathed yourself*

כָּחַלְתְּ Qal pf. 2 f.s. (כָּחַל 471) *painted*

עֵינַיִךְ n.f. du.-2 f.s. sf. (744) *your eyes*

וְעָדִית conj.-Qal pf. 2 f.s. (עָדָה 725) *and decked yourself*

עֶדִי n.m.s. paus. (725) *with ornaments*

23:41

וְיָשַׁבְתְּ conj.-Qal pf. 2 f.s. (יָשַׁב 442) *you sat*

עַל־מִטָּה prep.-n.f.s. (641) *upon a ... couch*

כְבוּדָּה adj. f.s. (458) *stately*

וְשֻׁלְחָן conj.-n.m.s. (1020) *with a table*

עָרוּךְ Qal pass.ptc. (עָרַךְ 789) *spread*

לְפָנֶיהָ prep.-n.m.p.-3 f.s. sf. (815) *before it*

וּקְטָרְתִּי conj.-n.f.s.-1 c.s. sf. (882) *my incense*

וְשַׁמְנִי conj.-n.m.s.-1 c.s. sf. (1032) *and my oil*

שַׂמְתְּ Qal pf. 2 f.s. (שׂוּם 962) *you had placed*

עָלֶיהָ prep.-3 f.s. sf. *on which (it)*

23:42

וְקוֹל conj.-n.m.s. cstr. (876) *the sound of*

הָמוֹן שָׁלֵו n.m.s. (242)-adj. m.s. (1017; GK 21c) *a carefree multitude*

בָהּ prep.-3 f.s. sf. *was with her*

וְאֶל־אֲנָשִׁים conj.-prep.-n.m.p. (35) *and with men*

מֵרֹב אָדָם prep.-n.m.s. cstr. (913)-n.m.s. (9) *from a multitude of men*

מוּבָאִים Ho. ptc. m.p. (בוֹא 97) *were brought*

סָבָאִים n.m.p. (685) *drunkards*

מִמִּדְבָּר prep.-n.m.s. (184) *from the wilderness*

וַיִּתְּנוּ consec.-Qal impf. 3 m.p. (נָתַן 678) *and they put*

צְמִידִים n.m.p. (855) *bracelets*

אֶל־יְדֵיהֶן prep.-n.f.p.-3 f.p. sf. (388) *upon their hands*

וַעֲטֶרֶת תִּפְאֶרֶת conj.-n.f.s. cstr. (742)-n.f.s. (802) *and beautiful crowns*

עַל־רָאשֵׁיהֶן prep.-n.m.p.-3 f.p. sf. (910) *upon their heads*

23:43

וָאֹמַר consec.-Qal impf. 1 c.s. (אָמַר 55) *Then I said*

לַבָּלָה prep.-def.art.-adj. f.s. (115) *to a woman of*

נִאוּפִים n.m.p. (610) *harlotries*

עַתָּ יִזְנֶה adv. (773)-Qere rds. יִזְנוּ Qal impf. 3 m.p. (זָנָה 275) *when they practice harlotry*

תַזְנוּתֶהָ n.f.p.-3 f.s. sf. (276) *her harlotries*

וְהִיא conj.-pers.pr. 3 f.s. (214) *and she*

23:44

וַיָּבוֹא consec.-Qal impf. 3 m.s. (בוֹא 97) *For they have gone in*

אֵלֶיהָ prep.-3 f.s. sf. *unto her*

כְּבוֹא prep.-Qal inf.cstr. (97) *as men go in*

אֶל־אִשָּׁה זוֹנָה prep.-n.f.s. (61)-Qal act.ptc. f.s. (275) *to a harlot*

כֵּן בָּאוּ adv. (485)-Qal pf. 3 c.p. (בוֹא 97) *Thus they went in*

אֶל־אָהֳלָה prep.-pr.n. (14) *to Oholah*

וְאֶל־אָהֳלִיבָה conj.-prep.-pr.n. (14) *and to Oholibah*

אִשֹׁת הַזִּמָּה n.f.p. cstr. (61; GK 96)-def.art.-n.f.s. (273) *women of lewdness*

23:45

וַאֲנָשִׁים צַדִּיקִם conj.-n.m.p. (35)-adj. m.p. (843) *But righteous men*

הֵמָּה pers.pr. 3 m.p. (241) *they*

יִשְׁפְּטוּ Qal impf. 3 m.p. (1047) *shall pass judgment*

אוֹתְהֶם dir.obj.-3 m.p. sf. (GK 103b) *on them*

מִשְׁפַּט n.m.s. cstr. (1048) *with the sentence of*

נֹאֲפוֹת Qal act.ptc. f.p. (נָאַף 610) *adulteresses*

וּמִשְׁפַּט conj.-v.supra *and with the sentence of*

שֹׁפְכוֹת Qal act.ptc. f.p. cstr. (שָׁפַךְ 1049) *women that shed*

דָּם n.m.s. (196) *blood*

כִּי נֹאֲפֹת conj. (471)-Qal act.ptc. f.p. (נָאַף 610) *because ... adulteresses*

הֵנָּה pers.pr. 3 f.p. (241) *they are*

וְדָם conj.-n.m.s. (196) *and blood*

בִּידֵיהֶן prep.-n.f. du.-3 f.p. sf. (388) *is upon their hands*

23:46

כִּי כֹה conj. (471)-adv. (462) *For thus*

אָמַר Qal pf. 3 m.s. (55) *says*

אֲדֹנָי יְהוִה n.m.p.-1 c.s. sf. (10)-pr.n. (217) *the Lord Yahweh*

הַעֲלֵה Hi. impv. 2 m.s. (עָלָה 748) *bring up*

עֲלֵיהֶם prep.-3 m.p. sf. *against them*

קָהָל n.m.s. (874) *a host*

וְנָתֹן conj.-Qal inf.abs. (678) *and make*

אֶתְהֶן dir.obj.-3 f.p. sf. *them*

לְזַעֲוָה prep.-n.f.s. (266) *an object of terror*

וְלָבַז conj.-prep.-n.m.s. (103) *and a spoil*

23:47

וְרָגְמוּ conj.-Qal pf. 3 c.p. (רָגַם 920) *and ... shall stone*

עֲלֵיהֶן prep.-3 f.p. sf. *them*

אֶבֶן n.f.s. (6) *(with stones)*

קָהָל n.m.s. (874) *the host*

וּבָרֵא conj.-Pi. inf.abs. (בָּרָא 135) *and dispatch*

אוֹתְהֶן dir.obj.-3 f.p. sf. (GK 103b) *them*

בְּחַרְבוֹתָם prep.-n.f.p.-3 m.p. sf. (352) *with their swords*

בְּנֵיהֶם n.m.p.-3 m.p. sf. (119) *their sons*

וּבְנוֹתֵיהֶם conj.-n.f.p.-3 m.p. sf. (123) *and their daughters*

יַהֲרֹגוּ Qal impf. 3 m.p. (הָרַג 246) *they shall slay*

וּבָתֵּיהֶן conj.-n.m.p.-3 f.p. sf. (108) *and their houses*

בָּאֵשׁ prep.-def.art.-n.f.s. (77) *with fire*

יִשְׂרֹפוּ Qal impf. 3 m.p. paus. (שָׂרַף 976) *they shall burn up*

23:48

וְהִשְׁבַּתִּי conj.-Hi. pf. 1 c.s. (שָׁבַת 991) *Thus will I put an end to*

זִמָּה n.f.s. (273) *lewdness*

מִן־הָאָרֶץ prep.-def.art.-n.f.s. (75) *in the land*

וְנִוַּסְּרוּ conj.-Nithpael pf. 3 c.p. (יָסַר 415; GK 55k) *that they may take warning*

כָּל־הַנָּשִׁים n.m.s. cstr. (481)-def.art.-n.f.p. (61) *all women*

וְלֹא תַעֲשֶׂינָה conj.-neg.-Qal impf. 3 f.p. (עָשָׂה 793) *and they shall not commit (lewdness)*

כְּזִמַּתְכֶנָה prep.-n.f.s.-2 f.p. sf. paus. (273; GK 91f) *as you have done*

23:49

וְנָתְנוּ conj.-Qal pf. 3 c.p. (נָתַן 678) *and shall be requited*

זִמַּתְכֶנָה n.f.s.-2 f.p. sf. (273; GK 91f) *your lewdness*

עֲלֵיכֶן prep.-2 f.p. sf. *upon you*

וַחֲטָאֵי גִלּוּלֵיכֶן conj.-n.m.p. cstr. (307)-n.m.p.-2 f.p. sf. (165) *and the penalty of your sinful idolatry*

תִּשֶּׂאינָה Qal impf. 2 f.p. (נָשָׂא 669; GK 74k, 76b) *you shall bear*

וִידַעְתֶּם conj.-Qal pf. 2 m.p. (יָדַע 393; GK 144a) *and you shall know*

כִּי אֲנִי conj. (471)-pers.pr. 1 c.s. (58) *that I am*

אֲדֹנָי יהוה n.m.p.-1 c.s. sf. (10)-pr.n. (217) *the Lord Yahweh*

24:1

וַיְהִי consec.-Qal impf. 3 m.s. (הָיָה 224) *came*

דְּבַר־יְהוָה n.m.s. cstr. (182)-pr.n. (217) *the word of Yahweh*

אֵלַי prep.-1 c.s. sf. *to me*

בַּשָּׁנָה prep.-def.art.-n.f.s. (1040) *in the ... year*

הַתְּשִׁיעִית def.art.-num.ord. f.s. (1077) *ninth*

בַּחֹדֶשׁ prep.-def.art.-n.m.s. (294) *in the ... month*

הָעֲשִׂירִי def.art.-num.ord. adj. m.s. (798) *tenth*

בֶּעָשׂוֹר prep.-def.art.-n.m.s. (797) *on the tenth day*

לַחֹדֶשׁ prep.-def.art.-n.m.s. (294) *of the month*

לֵאמֹר prep.-Qal inf.cstr. (55) *(saying)*

24:2

בֶּן־אָדָם n.m.s. cstr. (119)-n.m.s. (9) *Son of man*

כְּתָב־לְךָ Qal impv. 2 m.s. (כָּתַב 507)-prep.-2 m.s. sf. *write down for yourself*

אֶת־שֵׁם dir.obj.-n.m.s. cstr. (1027) *the name of*

הַיּוֹם def.art.-n.m.s. (398) *this day*

אֶת־עֶצֶם dir.obj.-n.f.s. cstr. (782) *selfsame*

הַיּוֹם הַזֶּה v.supra-def.art.-demons.adj. m.s. (260) *this ... day*

סָמַךְ Qal pf. 3 m.s. (701) *has laid siege*

מֶלֶךְ־בָּבֶל n.m.s. cstr. (572)-pr.n. (93) *the king of Babylon*

אֶל־יְרוּשָׁלַ͏ִם prep.-pr.n. (436) *to Jerusalem*

בְּעֶצֶם prep.-n.f.s. cstr. (782) *very*

הַיּוֹם הַזֶּה v.supra-v.supra *this ... day*

24:3

וּמְשֹׁל conj.-Qal impv. 2 m.s. (605) *and utter*

אֶל־בֵּית־הַמֶּרִי prep.-n.m.s. cstr. (108)-def.art.-n.m.s. (598) *to the rebellious house*

מָשָׁל n.m.s. (605) *an allegory*

וְאָמַרְתָּ conj.-Qal pf. 2 m.s. (55) *and say*

אֲלֵיהֶם prep.-3 m.p. sf. *to them*

כֹּה אָמַר adv. (462)-Qal pf. 3 m.s. (55) *Thus says*

אֲדֹנָי יהוה n.m.p.-1 c.s. sf. (10)-pr.n. (217) *the Lord Yahweh*

שְׁפֹת Qal impv. 2 m.s. (שָׁפַת 1046) *Set on*

הַסִּיר def.art.-n.m.s. (696) *the pot*

שְׁפֹת v.supra *set it on*

וְגַם־ conj.-adv. (168) *also*

יְצֹק Qal impv. 2 m.s. (יָצַק 427) *pour*

בּוֹ מָיִם prep.-3 m.s. sf.-n.m.p. paus. (565) *into it water*

24:4

אֱסֹף Qal impv. 2 m.s. (אָסַף 62) *put*

נְתָחֶיהָ n.m.p.-3 f.s. sf. (677) *the pieces of flesh*

571

אֵלֶיהָ prep.-3 f.s. sf. *in it*

כָּל־נֵתַח טוֹב n.m.s. cstr. (481)-n.m.s. (677)-adj. m.s. (373) *all the good pieces*

יָרֵךְ n.f.s. (437) *the thigh*

וְכָתֵף conj.-n.f.s. (509) *and the shoulder*

מִבְחַר עֲצָמִים n.m.s. cstr. (104)-n.f.p. (782) *with choice bones*

מַלֵּא Pi. impv. 2 m.s. (מָלֵא 569) *fill it*

24:5

מִבְחַר הַצֹּאן n.f.s. cstr. (104)-def.art.-n.f.s. (838) *the choicest one of the flock*

לָקוֹחַ Qal inf.abs. (לָקַח 542) *take*

וְגַם conj.-adv. (168) *also*

דּוּר Qal impv. 2 m.s. (דוּר 189) *pile*

הָעֲצָמִים def.art.-n.f.p. (782) *the bones*

תַּחְתֶּיהָ prep.-3 f.s. sf. (1065) *under it*

רַתַּח Pi. impv. 2 m.s. (958) *boil*

רְתָחֶיהָ n.m.p.-3 f.s. sf. (958) *its boilings*

גַּם־בָּשְׁלוּ adv. (168)-Qal pf. 3 c.p. (בָּשַׁל 143) *also ... seethe*

עֲצָמֶיהָ n.f.p.-3 f.s. sf. (782) *its bones*

בְּתוֹכָהּ prep.-n.m.s.-3 f.s. sf. (1063) *in it*

24:6

לָכֵן כֹּה־ prep.-adv. (485)-adv. (462) *Therefore thus*

אָמַר Qal pf. 3 m.s. (55) *says*

אֲדֹנָי יְהוִה n.m.p.-1 c.s. sf. (10)-pr.n. (217) *the Lord Yahweh*

אוֹי interj. (17) *Woe to*

עִיר הַדָּמִים n.f.s. cstr. (746)-def.art.-n.m.p. (196) *the bloody city*

סִיר n.m.s. (696) *to the pot*

אֲשֶׁר חֶלְאָתָה rel. (81)-n.f.s.-3 f.s. sf. (316) *whose rust*

בָהּ prep.-3 f.s. sf. *in it*

וְחֶלְאָתָהּ conj.-n.f.s.-3 f.s. sf. (316) *and whose rust*

לֹא יָצָאָה neg.-Qal pf. 3 f.s. (יָצָא 422) *has not gone out*

מִמֶּנָּה prep.-3 f.s. sf. *of it*

לִנְתָחֶיהָ prep.-n.m.p.-3 f.s. sf. (677) *piece*

לִנְתָחֶיהָ v.supra *after piece*

הוֹצִיאָהּ Hi. impv. 2 m.s.-3 f.s. sf. (יָצָא 422) *take out of it*

לֹא־נָפַל neg.-Qal pf. 3 m.s. (656) *has not fallen*

עָלֶיהָ prep.-3 f.s. sf. *upon it*

גּוֹרָל n.m.s. (174) *a lot*

24:7

כִּי דָמָהּ conj. (471)-n.m.s.-3 f.s. sf. (196) *For the blood she has shed*

בְּתוֹכָהּ prep.-n.m.s.-3 f.s. sf. (1063) *in the midst of her*

הָיָה Qal pf. 3 m.s. (224) *is still*

עַל־צְחִיחַ סֶלַע prep.-n.m.s. cstr. (850)-n.m.s. (700) *on the bare rock*

שָׂמָתְהוּ Qal pf. 3 f.s.-3 m.s. sf. (שׂוּם 962) *she put it*

לֹא שְׁפָכַתְהוּ neg.-Qal pf. 3 f.s.-3 m.s. sf. (שָׁפַךְ 1049) *she did not pour it*

עַל־הָאָרֶץ prep.-def.art.-n.f.s. (75) *upon the ground*

לְכַסּוֹת prep.-Pi. inf.cstr. (כָּסָה 491) *to cover*

עָלָיו prep.-3 m.s. sf. *it*

עָפָר n.m.s. (779) *with dust*

24:8

לְהַעֲלוֹת prep.-Hi. inf.cstr. (עָלָה 748) *to rouse*

חֵמָה n.f.s. (404) *my wrath*

לִנְקֹם prep.-Qal inf.cstr. (נָקַם 667) *to take*

נָקָם n.m.s. (668) *vengeance*

נָתַתִּי Qal pf. 1 c.s. (נָתַן 678) *I have set*

אֶת־דָּמָהּ dir.obj.-n.m.s.-3 f.s. sf. (196) *the blood she has shed*

עַל־צְחִיחַ סָלַע prep.-n.m.s. cstr. (850)-n.m.s. paus. (700) *on the bare rock*

לְבִלְתִּי הִכָּסוֹת prep.-neg. (116)-Ni. inf.cstr. (כָּסָה 491) *that it may not be covered*

24:9

לָכֵן כֹּה prep.-adv. (485)-adv. (462) *Therefore thus*

אָמַר Qal pf. 3 m.s. (55) *says*

אֲדֹנָי יְהוִה n.m.p.-1 c.s. sf. (10)-pr.n. (217) *the Lord Yahweh*

אוֹי interj. (17) *Woe to*

עִיר הַדָּמִים n.f.s. cstr. (746)-def.art.-n.m.p. (196) *the bloody city*

גַּם־אָנִי adv. (168)-pers.pr. 1 c.s. (58) *I also*

אַגְדִּיל Hi. impf. 1 c.s. (גָּדַל 152) *will make great*

הַמְּדוּרָה def.art.-n.f.s. (190) *the pile*

24:10

הַרְבֵּה Hi. impv. 2 m.s. (רָבָה 915) *Heap on*

הָעֵצִים def.art.-n.m.p. (781) *the logs*

הַדְלֵק Hi. impv. 2 m.s. (דָּלַק 196) *kindle*

הָאֵשׁ def.art.-n.f.s. (77) *the fire*

הָתֵם Hi. impv. 2 m.s. (תָּמַם 1070) *boil well*

הַבָּשָׂר def.art.-n.m.s. (142) *the flesh*

וְהַרְקַח conj.-Hi. impv. 2 m.s. (רָקַח 955) *and mix*

הַמֶּרְקָחָה def.art.-n.f.s. (955) *the spices*

וְהָעֲצָמוֹת conj.-def.art.-n.f.p. (782) *and the bones*

יֵחָרוּ Ni. impf. 3 m.p. (חרר 359) *let be burned up*

24:11

וְהַעֲמִידֶהָ conj.-Hi. impv. 2 m.s.-3 f.s. sf. (עמד 763) *Then set it*

עַל־גֶּחָלֶיהָ prep.-n.f.p.-3 f.s. sf. (160) *upon the coals*

רֵקָה adj. f.s. (938) *empty*

לְמַעַן תֵּחַם conj. (775)-Qal impf. 3 f.s. (חמם 328) *that it may become hot*

וְחָרָה conj.-Qal pf. 3 f.s. (חרר 359) *and may burn*

נְחֻשְׁתָּהּ n.f.s.-3 f.s. sf. (638) *its copper*

וְנִתְּכָה conj.-Ni. pf. 3 f.s. (נתך 677) *that may be melted*

בְתוֹכָהּ prep.-n.m.s.-3 f.s. sf. (1063) *in it*

טֻמְאָתָהּ n.f.s.-3 f.s. sf. (380) *its filthiness*

תִּתֻּם Qal impf. 3 f.s. (תמם 1070; GK 67q) *consumed*

חֶלְאָתָהּ n.f.s.-3 f.s. sf. (316) *its rust*

24:12

תְּאֻנִים n.m.p. (20) *with toil*

הֶלְאָת Hi. pf. 3 f.s. (לאה 521; GK 75m) *she has wearied*

וְלֹא־תֵצֵא conj.-neg.-Qal impf. 3 f.s. (יצא 422) *and does not go out*

מִמֶּנָּה prep.-3 f.s. sf. *of it*

רַבַּת חֶלְאָתָהּ adj. f.s. cstr. (912)-n.f.s.-3 f.s. sf. (316) *its thick rust*

בָּאֵשׁ חֶלְאָתָהּ prep.-n.f.s. cstr. (77)-v.supra *in the fire of its rust*

24:13

בְּטֻמְאָתֵךְ prep.-n.f.s.-2 f.s. sf. (380) *in your uncleanness*

זִמָּה n.f.s. (273) *lewdness*

יַעַן conj. (774) *Because*

טִהַרְתִּיךְ Pi. pf. 1 c.s.-2 f.s. sf. (טהר 372) *I would have cleansed you*

וְלֹא טָהַרְתְּ conj.-neg.-Qal pf. 2 f.s. (טהר 372) *and you were not cleansed*

מִטֻּמְאָתֵךְ prep.-n.f.s.-2 f.s. sf. (380) *from your filthiness*

לֹא תִטְהֲרִי־עוֹד neg.-Qal impf. 2 f.s. (372)-adv. (728) *you shall not be cleansed any more*

עַד־הֲנִיחִי prep. (723)-Hi. inf.cstr.-1 c.s. sf. (נוח 628) *till I have satisfied*

אֶת־חֲמָתִי dir.obj.-n.f.s.-1 c.s. sf. (404) *my fury*

בָּךְ prep.-2 f.s. sf. paus. *upon you*

24:14

אֲנִי יהוה pers.pr. 1 c.s. (58)-pr.n. (217) *I Yahweh*

דִּבַּרְתִּי Pi. pf. 1 c.s. (דבר 180) *have spoken*

בָּאָה Qal act.ptc. f.s. (בוא 97; or Qal pf. 3 f.s.) *it shall come to pass*

וְעָשִׂיתִי conj.-Qal pf. 1 c.s. (עשה 793) *I will do it*

לֹא־אֶפְרַע neg.-Qal impf. 1 c.s. (פרע 828) *I will not go back*

וְלֹא־אָחוּם conj.-neg.-Qal impf. 1 c.s. (חום 299) *I will not spare*

וְלֹא אֶנָּחֵם conj.-neg.-Ni. impf. 1 c.s. (נחם 636) *I will not repent*

כִּדְרָכַיִךְ prep.-n.m.p.-2 f.s. sf. (202) *according to your ways*

וְכַעֲלִילוֹתַיִךְ conj.-prep.-n.f.p.-2 f.s. sf. (760) *and your doings*

שְׁפָטוּךְ Qal pf. 3 c.p.-2 f.s. sf. (שפט 1047) *they will judge you*

נְאֻם אֲדֹנָי n.m.s. cstr. (610)-n.m.p.-1 c.s. sf. *says the Lord*

יהוה pr.n. (217) *Yahweh*

24:15

וַיְהִי consec.-Qal impf. 3 m.s. (היה 224) *also came*

דְּבַר־יהוה n.m.s. cstr. (182)-pr.n. (217) *the word of Yahweh*

אֵלַי prep.-1 c.s. sf. *to me*

לֵאמֹר prep.-Qal inf.cstr. (55) *(saying)*

24:16

בֶּן־אָדָם n.m.s. cstr. (119)-n.m.s. (9) *Son of man*

הִנְנִי demons.part.-1 c.s. sf. (243) *behold, I am*

לֹקֵחַ Qal act.ptc. (לקח 542) *about to take*

מִמְּךָ prep.-2 m.s. sf. *from you*

אֶת־מַחְמַד dir.obj.-n.m.s. cstr. (326) *the delight of*

עֵינֶיךָ n.f.p.-2 f.s. sf. (744) *your eyes*

בְּמַגֵּפָה prep.-n.f.s. (620) *at a stroke*

וְלֹא תִסְפֹּד conj.-neg.-Qal impf. 2 m.s. (ספד 704) *yet you shall not mourn*

וְלֹא תִבְכֶּה conj.-neg.-Qal impf. 2 m.s. (113) *or weep*

וְלוֹא תָבוֹא conj.-neg.-Qal impf. 3 f.s. (בוא 97) *nor shall run down*

דִּמְעָתֶךָ n.f.s.-2 m.s. sf. (199) *your tears*

24:17

הֵאָנֵק Ni. impv. 2 m.s. (אָנַק 60; or Ni. inf.cstr.) Sigh

דֹּם Qal impv. 2 m.s. (דָּמַם 198; or Qal inf.cstr.) but not aloud

מֵתִים Qal act.ptc. m.p. (מוּת 559) for the dead

אֵבֶל n.m.s. (5) mourning

לֹא־תַעֲשֶׂה neg.-Qal impf. 2 m. s. (עָשָׂה 793) you shall not make

פְּאֵרְךָ n.m.s.-2 m.s. sf. (802) your turban

חֲבוֹשׁ Qal impv. 2 m.s. (חָבַשׁ 289) bind

עָלֶיךָ prep.-2 m.s. sf. on you

וּנְעָלֶיךָ conj.-n.f. du.-2 m.s. sf. (653) and your shoes

תָּשִׂים Qal impf. 2 m.s. (שׂוּם 962) put

בְּרַגְלֶיךָ prep.-n.f. du.-2 m.s. sf. (919) on your feet

וְלֹא תַעֲטֶה conj.-neg.-Qal impf. 2 m.s. (עָטָה 741) do not cover

עַל־שָׂפָם prep.-n.m.s. (974) your lips (a moustache)

וְלֶחֶם conj.-n.m.s. cstr. (536) and the bread of

אֲנָשִׁים n.m.p. (35) men

לֹא תֹאכֵל neg.-Qal impf. 2 m.s. (אָכַל 37) do not eat

24:18

וָאֲדַבֵּר consec.-Pi. impf. 1 c.s. (דָּבַר 180) So I spoke

אֶל־הָעָם prep.-def.art.-n.m.s. (766) to the people

בַּבֹּקֶר prep.-def.art.-n.m.s. (133) in the morning

וַתָּמָת consec.-Qal impf. 3 f.s. (מוּת 559) and died

אִשְׁתִּי n.f.s.-1 c.s. sf. (61) my wife

בָּעֶרֶב prep.-def.art.-n.m.s. (787) at evening

וָאַעַשׂ consec.-Qal impf. 1 c.s. (עָשָׂה 793) And I did

בַּבֹּקֶר v.supra on the next morning

כַּאֲשֶׁר צֻוֵּיתִי prep.-rel. (81)-Pu. pf. 1 c.s. (צָוָה 845) as I was commanded

24:19

וַיֹּאמְרוּ consec.-Qal impf. 3 m.p. (55) And said

אֵלַי prep.-1 c.s. sf. to me

הָעָם def.art.-n.m.s. (766) the people

הֲלֹא־תַגִּיד interr.part.-neg.-Hi. impf. 2 m.s. (נגד 616) Will you not tell?

לָנוּ prep.-1 c.p. sf. to us

מָה־אֵלֶּה interr. (552)-demons.adj. c.p. (41) what these things mean

לָנוּ v.supra for us

כִּי אַתָּה conj.-pers.pr. 2 m.s. (61) that you

עֹשֶׂה Qal act.ptc. m.s. (עָשָׂה 793) are acting thus

24:20

וָאֹמַר consec.-Qal impf. 1 c.s. (אָמַר 55) Then I said

אֲלֵיהֶם prep.-3 m.p. sf. to them

דְּבַר־יְהוָה n.m.s. cstr. (182)-pr.n. (217) The word of Yahweh

הָיָה Qal pf. 3 m.s. (224) came

אֵלַי prep.-1 c.s. sf. to me

לֵאמֹר prep.-Qal inf.cstr. (55) (saying)

24:21

אֱמֹר Qal impv. 2 m.s. (55) Say

לְבֵית prep.-n.m.s. cstr. (108) to the house of

יִשְׂרָאֵל pr.n. (975) Israel

כֹּה־אָמַר adv. (462)-Qal pf. 3 m.s. (55) Thus says

אֲדֹנָי יהוה n.m.p.-1 c.s. sf. (10)-pr.n. (217) the Lord Yahweh

הִנְנִי demons.part.-1 c.s. sf. (243) Behold, I

מְחַלֵּל Pi. ptc. (חָלַל 320) will profane

אֶת־מִקְדָּשִׁי dir.obj.-n.m.s.-1 c.s. sf. (874) my sanctuary

גְּאוֹן n.m.s. cstr. (144) the pride of

עֻזְּכֶם n.m.s.-2 m.p. sf. (738) your power

מַחְמַד n.m.s. cstr. (326) the delight of

עֵינֵיכֶם n.f. du.-2 m.p. sf. (744) your eyes

וּמַחְמַל conj.-n.m.s. cstr. (328) and the desire of

נַפְשְׁכֶם n.f.s.-2 m.p. sf. (659) your soul

וּבְנֵיכֶם conj.-n.m.p.-2 m.p. sf. (119) and your sons

וּבְנוֹתֵיכֶם conj.-n.f.p.-2 m.p. sf. (123) and your daughters

אֲשֶׁר עֲזַבְתֶּם rel. (81)-Qal pf. 2 m.p. (עָזַב 736) whom you left behind

בַּחֶרֶב prep.-def.art.-n.f.s. (352) by the sword

יִפֹּלוּ Qal impf. 3 m.p. (נָפַל 656) shall fall

24:22

וַעֲשִׂיתֶם conj.-Qal pf. 2 m.p. (עָשָׂה 793) And you shall do

כַּאֲשֶׁר prep.-rel. (81) as

עָשִׂיתִי Qal pf. 1 c.s. (עָשָׂה 793) I have done

עַל־שָׂפָם prep.-n.m.s. (974) your lips (a moustache)

לֹא תַעְטוּ neg.-Qal impf. 2 m.p. (עָטָה 741) you shall not cover (envelop yourself with)

וְלֶחֶם conj.-n.m.s. cstr. (536) and the bread of

אֲנָשִׁים n.m.p. (35) men

לֹא תֹאכֵלוּ neg.-Qal impf. 2 m.p. (אָכַל 37) *you shall not eat*

24:23

וּפְאֵרֵכֶם conj.-n.m.p.-2 m.p. sf. (802) *Your turbans*

עַל־רָאשֵׁיכֶם prep.-n.m.p.-2 m.p. sf. (910) *on your heads*

וְנַעֲלֵיכֶם conj.-n.f.p.-2 m.p. sf. (653) *and your shoes*

בְּרַגְלֵיכֶם prep.-n.f.p.-2 m.p. sf. (919) *on your feet*

לֹא תִסְפְּדוּ neg.-Qal impf. 2 m.p. (סָפַד 704) *you shall not mourn*

וְלֹא תִבְכּוּ conj.-neg.-Qal impf. 2 m.p. (בָּכָה 113) *or weep*

וּנְמַקֹּתֶם conj.-Ni. pf. 2 m.p. (מָקַק 596) *but you shall pine away*

בַּעֲוֹנֹתֵיכֶם prep.-n.m.p.-2 m.p. sf. (730) *in your iniquities*

וּנְהַמְתֶּם conj.-Qal pf. 2 m.p. (נָהַם 625) *and groan*

אִישׁ אֶל־אָחִיו n.m.s. (35)-prep.-n.m.s.-3 m.s. sf. (26) *to one another*

24:24

וְהָיָה conj.-Qal pf. 3 m.s. (224) *Thus shall be*

יְחֶזְקֵאל pr.n. (306) *Ezekiel*

לָכֶם prep.-2 m.p. sf. *to you*

לְמוֹפֵת prep.-n.m.s. (68) *a sign*

כְּכֹל prep.-n.m.s. (481) *according to all*

אֲשֶׁר־עָשָׂה rel. (81)-Qal pf. 3 m.s. (793) *that he has done*

תַּעֲשׂוּ Qal impf. 2 m.p. (עָשָׂה 793) *you shall do*

בְּבֹאָה prep.-Qal inf.cstr. (בּוֹא 97)-3 f.s. sf. *when this comes*

וִידַעְתֶּם conj.-Qal pf. 2 m.p. (יָדַע 393) *then you will know*

כִּי אֲנִי conj. (471)-pers.pr. 1 c.s. (58) *that I am*

אֲדֹנָי יהוה n.m.p.-1 c.s. sf. (10)-pr.n. (217) *the Lord Yahweh*

24:25

וְאַתָּה conj.-pers.pr. 2 m.s. (61) *And you*

בֶּן־אָדָם n.m.s. cstr. (119)-n.m.s. (9) *son of man*

הֲלוֹא interr.part.-neg. *was it not?*

בְּיוֹם prep.-n.m.s. cstr. (398) *on the day when*

קַחְתִּי Qal inf.cstr.-1 c.s. sf. (לָקַח 542) *I take*

מֵהֶם prep.-3 m.p. sf. *from them*

אֶת־מָעוּזָּם dir.obj.-n.m.s.-3 m.p. sf. (731) *their stronghold*

מְשׂוֹשׂ n.m.s. cstr. (965) *the joy of*

תִּפְאַרְתָּם n.f.s.-3 m.p. sf. (802) *their glory*

אֶת־מַחְמַד dir.obj.-n.m.s. cstr. (326) *the delight of*

עֵינֵיהֶם n.f. du.-3 m.p. sf. (744) *their eyes*

וְאֶת־מַשָּׂא conj.-dir.obj.-n.m.s. cstr. (672) *and the uplifting of*

נַפְשָׁם n.f.s.-3 m.p. sf. (659) *their heart (soul)*

בְּנֵיהֶם n.m.p.-3 m.p. sf. (119) *their sons*

וּבְנוֹתֵיהֶם conj.-n.f.p.-3 m.p. sf. (123) *and their daughters*

24:26

בַּיּוֹם הַהוּא prep.-def.art.-n.m.s. (398)-def.art.-demons.adj. m.s. (214) *on that day*

יָבוֹא Qal impf. 3 m.s. (בּוֹא 97) *will come*

הַפָּלִיט def.art.-n.m.s. (812) *a fugitive*

אֵלֶיךָ prep.-2 m.s. sf. *to you*

לְהַשְׁמָעוּת prep.-n.f.s. cstr. (1036; GK 54k) *to cause to hear*

אָזְנָיִם n.f. du. paus. (23) *ears*

24:27

בַּיּוֹם הַהוּא prep.-def.art.-n.m.s. (398)-def.art.-demons.adj. m.s. (214) *On that day*

יִפָּתַח Ni. impf. 3 m.s. (פָּתַח 834) *will be opened*

פִּיךָ n.m.s.-2 m.s. sf. (804) *your mouth*

אֶת־הַפָּלִיט dir.obj.-def.art.-n.m.s. (812) *to the fugitive*

וּתְדַבֵּר conj.-Pi. impf. 2 m.s. (180) *and you shall speak*

וְלֹא תֵאָלֵם conj.-neg.-Ni. impf. 2 m.s. (אָלַם 47) *and be no ... dumb*

עוֹד adv. (728) *longer*

וְהָיִיתָ conj.-Qal pf. 2 m.s. (הָיָה 224) *So you will be*

לָהֶם prep.-3 m.p. sf. *to them*

לְמוֹפֵת prep.-n.m.s. (68) *a sign*

וְיָדְעוּ conj.-Qal pf. 3 c.p. (393) *and they will know*

כִּי־אֲנִי conj. (471)-pers.pr. 1 c.s. (58) *that I am*

יהוה pr.n. (217) *Yahweh*

25:1

וַיְהִי consec.-Qal impf. 3 m.s. (הָיָה 224) *came*

דְּבַר־יְהוָה n.m.s. cstr. (182)-pr.n. (217) *The word of Yahweh*

אֵלַי prep.-1 c.s. sf. *to me*

לֵאמֹר prep.-Qal inf.cstr. (55) *(saying)*

25:2

בֶּן־אָדָם n.m.s. cstr. (119)-n.m.s. (9) *Son of man*

שִׂים Qal impv. 2 m.s. (962) *Set*

פָּנֶיךָ n.m.p.-2 m.s. sf. (815) *your face*

אֶל־בְּנֵי עַמּוֹן prep.-n.m.p. cstr. (119)-pr.n. (769) *toward the Ammonites*

וְהִנָּבֵא conj.-Ni. impv. 2 m.s. (בֹא 612) *and prophesy*

עֲלֵיהֶם prep.-3 m.p. sf. *against them*

25:3

וְאָמַרְתָּ conj.-Qal pf. 2 m.s. (55) *Say*

לִבְנֵי עַמּוֹן prep.-n.m.s. cstr. (119)-pr.n. (769) *to the Ammonites*

שִׁמְעוּ Qal impv. 2 m.p. (שָׁמַע 1033) *Hear*

דְּבַר־ n.m.s. cstr. (182) *the word of*

אֲדֹנָי יְהוָה n.m.p.-1 c.s. sf. (10)-pr.n. (217) *the Lord Yahweh*

כֹּה־אָמַר adv. (462)-Qal pf. 3 m.s. (55) *Thus says*

אֲדֹנָי יְהוָה v.supra-v.supra *the Lord Yahweh*

יַעַן אָמְרֵךְ conj. (774)-Qal inf.cstr.-2 f.s. sf. (55) *because you said*

הֶאָח interj. (210) *Aha!*

אֶל־מִקְדָּשִׁי prep.-n.m.s.-1 c.s. sf. (874) *over my sanctuary*

כִּי־נִחַל conj. (471)-Ni. pf. 3 m.s. paus. (חָלַל 320; GK 67u) *when it was profaned*

וְאֶל־אַדְמַת conj.-prep.-n.f.s. cstr. (9) *and over the land of*

יִשְׂרָאֵל pr.n. (975) *Israel*

כִּי נָשַׁמָּה conj. (471)-Ni. pf. 3 f.s. (שָׁמֵם 1030) *when it was made desolate*

וְאֶל־בֵּית conj.-prep.-n.m.s. cstr. (108) *and over the house of*

יְהוּדָה pr.n. (397) *Judah*

כִּי הָלְכוּ conj. (471)-Qal pf. 3 c.p. (הָלַךְ 229) *when it went*

בַּגּוֹלָה prep.-def.art.-n.f.s. (163) *into exile*

25:4

לָכֵן הִנְנִי prep.-adv. (485)-demons.part.-1 c.s. sf. (243) *therefore, behold I am*

נֹתְנֵךְ Qal act.ptc. m.s.-2 f.s. sf. (נָתַן 678) *handing you over*

לִבְנֵי־קֶדֶם prep.-n.m.p. cstr. (119)-n.m.s. (869) *to the people of the East*

לְמוֹרָשָׁה prep.-n.f.s. (44) *for a possession*

וְיִשְּׁבוּ conj.-Pi. pf. 3 c.p. (יָשַׁב 442) *and they shall set*

טִירוֹתֵיהֶם n.f.p.-3 m.p. sf. (377) *their encampments*

בָּךְ prep.-2 f.s. sf. (GK 91e) *among you*

וְנָתְנוּ conj.-Qal pf. 3 c.p. (נָתַן 678) *and make*

בָּךְ v.supra *among you*

מִשְׁכְּנֵיהֶם n.m.p.-3 m.p. sf. (1015) *their dwellings*

הֵמָּה pers.pr. 3 m.p. (241) *they*

יֹאכְלוּ Qal impf. 3 m.p. (אָכַל 37) *shall eat*

פִּרְיֵךְ n.m.s.-2 f.s. sf. (826) *your fruit*

וְהֵמָּה conj.-v.supra *and they*

יִשְׁתּוּ Qal impf. 3 m.p. (שָׁתָה 1059) *shall drink*

חֲלָבֵךְ n.m.s.-2 f.s. sf. (316) *your milk*

25:5

וְנָתַתִּי conj.-Qal pf. 1 c.s. (נָתַן 678) *I will make*

אֶת־רַבָּה dir.obj.-pr.n. (913) *Rabbah*

לִנְוֵה prep.-n.m.s. cstr. (627) *a pasture for*

גְמַלִּים n.m.p. (168) *camels*

וְאֶת־בְּנֵי עַמּוֹן conj.-dir.obj.-n.m.p. cstr. (119)-pr.n. (769) *and the Ammonites*

לְמִרְבַּץ־צֹאן prep.-n.m.s. cstr. (918)-n.f.s. (838) *a fold for flocks*

וִידַעְתֶּם conj.-Qal pf. 2 m.p. (393) *Then you will know*

כִּי־אֲנִי conj. (471)-pers.pr. 1 c.s. (58) *that I am*

יְהוָה pr.n. (217) *Yahweh*

25:6

כִּי כֹה אָמַר conj. (471)-adv. (462)-Qal pf. 3 m.s. (55) *For thus says*

אֲדֹנָי יְהוָה n.m.p.-1 c.s. sf. (10)-pr.n. (217) *the Lord Yahweh*

יַעַן מַחְאֲךָ conj. (774)-Pi. inf.cstr.-2 m.s. sf. (561 מָחָא; GK 74e) *Because you have clapped*

יָד n.f.s. (388) *your hands*

וְרַקְעֲךָ conj.-Qal inf.cstr.-2 m.s. sf. (955) *and stamped*

בְּרָגֶל prep.-n.f.s. paus. (919) *your feet*

וַתִּשְׂמַח consec.-Qal impf. 2 m.s. (שָׂמַח 970) *and rejoiced*

בְּכָל־שָׁאטְךָ prep.-n.m.s. cstr. (481)-n.m.s.-2 m.s. sf. (1002; GK 23c) *with all the malice*

בְּנֶפֶשׁ prep.-n.f.s. (659) *within you*

אֶל־אַדְמַת prep.-n.f.s. cstr. (9) *against the land of*

יִשְׂרָאֵל pr.n. (975) *Israel*

25:7

לָכֵן הִנְנִי prep.-adv. (485)-demons.part.-1 c.s. sf. (243) *therefore, behold I*

נָטִיתִי Qal pf. 1 c.s. (נָטָה 639) *have stretched out*

אֶת־יָדִי dir.obj.-n.f.s.-1 c.s. sf. (388) *my hand*

עָלֶיךָ prep.-2 m.s. sf. *against you*

וּנְתַתִּיךָ conj.-Qal pf. 1 c.s.-2 m.s. sf. (נָתַן 678) *and will hand you over*

לְבַז prep.-n.m.s. (93; v. also 103) *as spoil*

לַגּוֹיִם prep.-def.art.-n.m.p. (156) *to the nations*

וְהִכְרַתִּיךָ conj.-Hi. pf. 1 c.s.-2 m.s. sf. (בָּרַת 503) *and I will cut you off*

מִן־הָעַמִּים prep.-def.art.-n.m.p. (766) *from the peoples*

וְהַאֲבַדְתִּיךָ conj.-Hi. pf. 1 c.s.-2 m.s. sf.(אָבַד 1) *and will make you perish*

מִן־הָאֲרָצוֹת prep.-def.art.-n.f.p. (75) *out of the countries*

אַשְׁמִידְךָ Hi. impf. 1 c.s.-2 m.s. sf. (שָׁמַד 1029) *I will destroy you*

וְיָדַעְתָּ conj.-Qal pf. 2 m.s. (393) *Then you will know*

כִּי־אֲנִי conj. (471)-pers.pr. 1 c.s. (58) *that I am*

יהוה pr.n. (217) *Yahweh*

25:8

כֹּה אָמַר adv. (462)-Qal pf. 3 m.s. (55) *Thus says*

אֲדֹנָי יהוה n.m.p.-1 c.s. sf. (10)-pr.n. (217) *the Lord Yahweh*

יַעַן אָמַר conj. (774)-Qal inf.cstr. (55) *because ... said*

מוֹאָב pr.n. (555) *Moab*

וְשֵׂעִיר conj.-pr.n. (973) *and Seir*

הִנֵּה demons.part. (243) *Behold*

כְּכָל־הַגּוֹיִם prep.-n.m.s. cstr. (481)-def.art.-n.m.p. (156) *like all the other nations*

בֵּית יְהוּדָה n.m.s. cstr. (108)-pr.n. (397) *the house of Judah*

25:9

לָכֵן הִנְנִי prep.-adv. (485)-demons.part.-1 c.s. sf. (243) *therefore, behold I will*

פֹּתֵחַ Qal act.ptc. (פָּתַח 834) *will lay open*

אֶת־כֶּתֶף dir.obj.-n.f.s. cstr. (509) *the flank of*

מוֹאָב pr.n. (555) *Moab*

מֵהֶעָרִים prep.-def.art.-n.f.p. (746) *from the cities*

מֵעָרָיו prep.-n.f.p.-3 m.s. sf. (746) *from its cities*

מִקָּצֵהוּ prep.-n.m.s.-3 m.s. sf. (892) *on its frontier*

צְבִי n.m.s. cstr. (840) *the glory of*

אֶרֶץ n.f.s. (75) *the country*

בֵּית הַיְשִׁימֹת pr.n. (111) *Beth-jeshimoth*

בַּעַל מְעוֹן pr.n. (128) *Baal-meon*

וְקִרְיָתָמָה conj.-pr.n. paus. (900) *and Kiriathaim*

25:10

לִבְנֵי־קֶדֶם prep.-n.m.p. cstr. (119)-n.m.s. (869) *to the people of the East*

עַל־בְּנֵי עַמּוֹן prep.-n.m.p. cstr. (119)-pr.n. (769) *along with the Ammonites*

וּנְתַתִּיהָ conj.-Qal pf. 1 c.s.-3 f.s. sf. (בָּתַן 678) *I will give it*

לְמוֹרָשָׁה prep.-n.f.s. (44) *as a possession*

לְמַעַן לֹא־תִזָּכֵר conj. (775)-neg.-Ni. impf. 3 f.s. (זָכַר 269) *that it may be remembered no more*

בְּנֵי־עַמּוֹן n.m.p. cstr. (119)-pr.n. (769) *the Ammonites*

בַּגּוֹיִם prep.-def.art.-n.m.p. (156) *among the nations*

25:11

וּבְמוֹאָב conj.-prep.-pr.n. (555) *and upon Moab*

אֶעֱשֶׂה Qal impf. 1 c.s. (793) *I will execute*

שְׁפָטִים n.m.p. (1048) *judgments*

וְיָדְעוּ conj.-Qal pf. 3 c.p. (393) *Then they will know*

כִּי־אֲנִי conj. (471)-pers.pr. 1 c.s. (58) *that I am*

יהוה pr.n. (217) *Yahweh*

25:12

כֹּה אָמַר adv. (462)-Qal pf. 3 m.s. (55) *Thus says*

אֲדֹנָי יהוה n.m.p.-1 c.s. sf. (10)-pr.n. (217) *the Lord Yahweh*

יַעַן עֲשׂוֹת conj. (774)-Qal inf.cstr. (עָשָׂה 793) *Because ... acted*

אֱדוֹם pr.n. (10) *Edom*

בִּנְקֹם נָקָם prep.-Qal inf.cstr. (667)-n.m.s. (668) *revengefully*

לְבֵית יְהוּדָה prep.-n.m.s. cstr. (108)-pr.n. (397) *against the house of Judah*

וַיֶּאְשְׁמוּ consec.-Qal impf. 3 m.p. (אָשֵׁם 79) *and has ... offended*

אָשׁוֹם Qal inf.abs. (אָשֵׁם 79) *grievously*

וְנִקְּמוּ conj.-Ni. pf. 3 c.p. (נָקַם 667) *in taking vengeance*

בָּהֶם prep.-3 m.p. sf. *upon them*

25:13

לָכֵן כֹּה prep.-adv. (485)-adv. (452) *therefore thus*

אָמַר Qal pf. 3 m.s. (55) *says*

אֲדֹנָי יהוה n.m.p.-1 c.s. sf. (10)-pr.n. (217) *the Lord Yahweh*

וְנָטִתִי conj.-Qal pf. 1 c.s. (נָטָה 639) *I will stretch out*

יָדִי n.f.s.-1 c.s. sf. (388) *my hand*

עַל־אֱדוֹם prep.-pr.n. (10) *against Edom*

וְהִכְרַתִּי conj.-Hi. pf. 1 c.s. (בָּרַת 503) *and cut off*

מִמֶּנָּה prep.-3 f.s. sf. *from it*

אָדָם n.m.s. (9) *man*

וּבְהֵמָה conj.-n.f.s. (96) *and beast*

וּנְתַתִּיהָ conj.-Qal pf. 1 c.s.-3 f.s. sf. (נָתַן 678) *and I will make it*

חָרְבָּה n.f.s. (352) *desolate*

מִתֵּימָן prep.-pr.n. (412) *from Teman*

וּדְדָנֶה conj.-pr.n.-loc.he (186) *even to Dedan*

בַּחֶרֶב prep.-def.art.-n.f.s. (352) *by the sword*

יִפֹּלוּ Qal impf. 3 m.p. (נָפַל 656) *they shall fall*

25:14

וְנָתַתִּי conj.-Qal pf. 1 c.s. (נָתַן 678) *And I will lay*

אֶת־נִקְמָתִי dir.obj.-n.f.s.-1 c.s. sf. (668) *my vengeance*

בֶּאֱדוֹם prep.-pr.n. (10) *upon Edom*

בְּיַד prep.-n.f.s. cstr. (388) *by the hand of*

עַמִּי n.m.s.-1 c.s. sf. (766) *my people*

יִשְׂרָאֵל pr.n. (975) *Israel*

וְעָשׂוּ conj.-Qal pf. 3 c.p. (עָשׂה 793) *and they shall do*

בֶּאֱדוֹם prep.-pr.n. (10) *in Edom*

כְּאַפִּי prep.-n.m.s.-1 c.s. sf. (60) *according to my anger*

וְכַחֲמָתִי conj.-prep.-n.f.s.-1 c.s. sf. (404) *and according to my wrath*

וְיָדְעוּ conj.-Qal pf. 3 c.p. (393) *and they shall know*

אֶת־נִקְמָתִי dir.obj.-v.supra *my vengeance*

נְאֻם n.m.s. cstr. (610) *says*

אֲדֹנָי יהוה n.m.p.-1 c.s. sf. (10)-pr.n. (217) *the Lord Yahweh*

25:15

כֹּה אָמַר adv. (462)-Qal pf. 3 m.s. (55) *Thus says*

אֲדֹנָי יהוה n.m.p.-1 c.s. sf. (10)-pr.n. (217) *the Lord Yahweh*

יַעַן עֲשׂוֹת conj. (774)-Qal inf.cstr. (עָשׂה 793) *Because ... acted*

פְּלִשְׁתִּים pr.n. m.p. (814) *the Philistines*

בִּנְקָמָה prep.-n.f.s. (668) *revengefully*

וַיִּנָּקְמוּ נָקָם consec.-Ni. impf. 3 m.p. (נָקַם 667)-n.m.s. (668; GK 117q) *and took vengeance*

בִּשְׁאָט prep.-n.m.s. (1002) *with malice*

בְּנֶפֶשׁ prep.-n.f.s. (659) *of heart*

לְמַשְׁחִית prep.-n.m.s. (1008) *to destroy*

אֵיבַת עוֹלָם n.f.s. cstr. (33)-n.m.s. (761) *in never-ending enmity*

25:16

לָכֵן כֹּה prep.-adv. (485)-adv. (462) *therefore thus*

אָמַר Qal pf. 3 m.s. (55) *says*

אֲדֹנָי יהוה n.m.p.-1 c.s. sf. (10)-pr.n. (217) *the Lord Yahweh*

הִנְנִי demons.part.-1 c.s. sf. (243) *Behold, I*

נוֹטֶה Qal act.ptc. (נָטָה 639) *will stretch out*

יָדִי n.f.s.-1 c.s. sf. (388) *my hand*

עַל־פְּלִשְׁתִּים prep.-pr.n. m.p. (814) *against the Philistines*

וְהִכְרַתִּי conj.-Hi. pf. 1 c.s. (כָּרַת 503) *and I will cut off*

אֶת־כְּרֵתִים dir.obj.-adj.gent. m.p. (504; GK 117q) *the Cherethites*

וְהַאֲבַדְתִּי conj.-Hi. pf. 1 c.s. (אָבַד 1) *and destroy*

אֶת־שְׁאֵרִית dir.obj.-n.f.s. cstr. (984) *the rest of*

חוֹף הַיָּם n.m.s. cstr. (342)-def.art.-n.m.s. (410) *the seacoast*

25:17

וְעָשִׂיתִי conj.-Qal pf. 1 c.s. (עָשָׂה 793) *and I will execute*

בָם prep.-3 m.p. sf. *against them*

נְקָמוֹת גְּדֹלוֹת n.f.p. (668)-adj. f.p. (152) *great vengeance*

בְּתוֹכְחוֹת חֵמָה prep.-n.f.p. cstr. (407)-n.f.s. (404) *with wrathful chastisements*

וְיָדְעוּ conj.-Qal pf. 3 c.p. (393) *Then they will know*

כִּי־אֲנִי conj. (471)-pers.pr. 1 c.s. (58) *that I am*

יהוה pr.n. (217) *Yahweh*

בְּתִתִּי prep.-Qal inf.cstr.-1 c.s. sf. (נָתַן 678) *when I lay*

אֶת־נִקְמָתִי dir.obj.-n.f.s.-1 c.s. sf. (668) *my vengeance*

בָם v.supra *upon them*

26:1

וַיְהִי consec.-Qal impf. 3 m.s. (הָיָה 224) *(and it was)*

בְּעַשְׁתֵּי־עֶשְׂרֵה prep.-num. (799)-num. (797) *in the eleventh*

שָׁנָה n.f.s. (1040) *year*

בְּאֶחָד prep.-num. (25) *on the first day*

לַחֹדֶשׁ prep.-def.art.-n.m.s. (294) *of the month*

הָיָה Qal pf. 3 m.s. (224) *came*

דְבַר־יהוה n.m.s. cstr. (182)-pr.n. (217) *the word of Yahweh*

אֵלַי prep.-1 c.s. sf. *to me*

לֵאמֹר prep.-Qal inf.cstr. (55) *(saying)*

26:2

בֶּן־אָדָם n.m.s. cstr. (119)-n.m.s. (9) *Son of man*

יַעַן אֲשֶׁר־ conj. (774)-rel. (81) *because*

אָמְרָה Qal pf. 3 f.s. (55) *said*

צֹר pr.n. (862) *Tyre*

עַל־יְרוּשָׁלַ͏ִם prep.-pr.n. (436) *concerning Jerusalem*

הֶאָח interj. (210) *Aha*

נִשְׁבְּרָה Ni. pf. 3 f.s. (שָׁבַר 990) *is broken*

דַּלְתוֹת n.f.p. cstr. (195) *the gate of*

הָעַמִּים def.art.-n.m.p. (766) *the people*

נָסֵבָּה Ni. pf. 3 f.s. (סָבַב 685; GK 67t) *it has swung open*

אֵלָי prep.-1 c.s. sf. paus. *to me*

אִמָּלְאָה Ni. impf. 1 c.s. (569) *I shall be replenished*

הָחֳרָבָה Ho. pf. 3 f.s. (חָרֵב 351) *now that she is laid waste*

26:3

לָכֵן כֹּה prep.-adv. (485)-adv. (462) *therefore thus*

אָמַר Qal pf. 3 m.s. (55) *says*

אֲדֹנָי יהוה n.m.p.-1 c.s. sf. (10)-pr.n. (217) *the Lord Yahweh*

הִנְנִי demons.part.-1 c.s. sf. (243) *Behold, I am*

עָלַיִךְ prep.-2 f.s. sf. *against you*

צֹר pr.n. (862) *O Tyre*

וְהַעֲלֵיתִי conj.-Hi. pf. 1 c.s. (עָלָה 748) *and will bring up*

עָלַיִךְ v.supra *against you*

גּוֹיִם רַבִּים n.m.p. (156)-adj. m.p. (912) *many nations*

כְּהַעֲלוֹת prep.-Hi. inf.cstr. (עָלָה 748) *as ... brings up*

הַיָּם def.art.-n.m.s. (410) *the sea*

לְגַלָּיו prep.-n.m.p.-3 m.s. sf. (164) *its waves*

26:4

וְשִׁחֲתוּ conj.-Pi. pf. 3 c.p. (שָׁחַת 1007) *They shall destroy*

חֹמוֹת צֹר n.f.p. cstr. (327)-pr.n. (862) *the walls of Tyre*

וְהָרְסוּ conj.-Qal pf. 3 c.p. (הָרַס 248) *and break down*

מִגְדָּלֶיהָ n.m.p.-3 f.s. sf. (153) *her towers*

וְסִחֵיתִי conj.-Pi. pf. 1 c.s. (סָחָה 695) *and I will scrape*

עֲפָרָהּ n.m.s.-3 f.s. sf. (779) *her soil*

מִמֶּנָּה prep.-3 f.s. sf. *from her*

וְנָתַתִּי conj.-Qal pf. 1 c.s. (נָתַן 678) *and make*

אוֹתָהּ dir.obj.-3 f.s. sf. *her*

לִצְחִיחַ סֶלַע prep.-n.m.s. cstr. (850)-n.m.s. paus. (700) *a bare rock*

26:5

מִשְׁטַח חֲרָמִים n.m.s. cstr. (1009)-n.m.p. (357) *a place for the spreading of nets*

תִּהְיֶה Qal impf. 3 f.s. (הָיָה 224) *she shall be*

בְּתוֹךְ הַיָּם prep.-n.m.s. cstr. (1063)-def.art.-n.m.s. (410) *in the midst of the sea*

כִּי אֲנִי conj. (471)-pers.pr. 1 c.s. (58) *for I*

דִּבַּרְתִּי Pi. pf. 1 c.s. (180) *have spoken*

נְאֻם n.m.s. cstr. (610) *says*

אֲדֹנָי יהוה n.m.p.-1 c.s. sf. (10)-pr.n. (217) *the Lord Yahweh*

וְהָיְתָה conj.-Qal pf. 3 f.s. (הָיָה 224) *and she shall become*

לְבַז prep.-n.m.s. (103) *a spoil*

לַגּוֹיִם prep.-def.art.-n.m.p. (156) *to the nations*

26:6

וּבְנוֹתֶיהָ conj.-n.f.p.-3 f.s. sf. (123) *and her daughters*

אֲשֶׁר בַּשָּׂדֶה rel. (81)-prep.-def.art.-n.m.s. (961) *on the mainland*

בַּחֶרֶב prep.-def.art.-n.f.s. (352) *by the sword*

תֵּהָרַגְנָה Ni. impf. 3 f.p. (הָרַג 246) *shall be slain*

וְיָדְעוּ conj.-Qal pf. 3 c.p. (393) *Then they will know*

כִּי־אֲנִי conj. (471)-pers.pr. 1 c.s. (58) *that I am*

יהוה pr.n. (217) *Yahweh*

26:7

כִּי כֹה conj. (471)-adv. (462) *For thus*

אָמַר Qal pf. 3 m.s. (55) *says*

אֲדֹנָי יהוה n.m.p.-1 c.s. sf. (10)-pr.n. (217) *the Lord Yahweh*

הִנְנִי demons.part.-1 c.s. sf. (243) *Behold, I will*

מֵבִיא Hi. ptc. m.s. (בּוֹא 97) *bring*

אֶל־צֹר prep.-pr.n. (862) *upon Tyre*

נְבוּכַדְרֶאצַּר pr.n. (613) *Nebuchadrezzar*

מֶלֶךְ־בָּבֶל n.m.s. cstr. (572)-pr.n. (93) *king of Babylon*

מִצָּפוֹן prep.-n.f.s. (860) *from the north*

מֶלֶךְ מְלָכִים n.m.s. cstr. (572)-n.m.p. (572) *king of kings*

בְּסוּס prep.-n.m.s. (692) *with horses*

וּבְרֶכֶב conj.-prep.-n.m.s. (939) *and chariots*

וּבְפָרָשִׁים conj.-prep.-n.m.p. (832) *and with horsemen*

וְקָהָל conj.-n.m.s. (874) *and a host*

וְעַם־רָב conj.-n.m.s. (766)-adj. m.s. paus. (912) *and many people*

26:8

בְּנוֹתַיִךְ n.f.p.-3 f.s. sf. (123) *her daughters*

בַּשָּׂדֶה prep.-def.art.-n.m.s. (961) *on the mainland*

בַּחֶרֶב prep.-def.art.-n.f.s. (352) *with the sword*

יַהֲרֹג Qal impf. 3 m.s. (הרג 246) *he will slay*

וְנָתַן conj.-Qal pf. 3 m.s. (678) *and he will set up*

עָלַיִךְ prep.-2 f.s. sf. *against you*

דָּיֵק n.m.s. (189) *a siege wall*

וְשָׁפַךְ conj.-Qal pf. 3 m.s. (1049) *and throw up*

עָלַיִךְ v.supra *against you*

סֹלְלָה n.f.s. (700) *a mound*

וְהֵקִים conj.-Hi. pf. 3 m.s. (קום 877) *and raise*

עָלַיִךְ v.supra *against you*

צִנָּה n.f.s. (857) *a large shield*

26:9

וּמְחִי conj.-n.m.s. cstr. (562) *and the (stroke) shock of*

קָבֳלוֹ n.m.s.-3 m.s. sf. (867) *his battering ram*

יִתֵּן Qal impf. 3 m.s. (נתן 678) *he will direct*

בְּחֹמוֹתָיִךְ prep.-n.f.p.-2 f.s. sf. paus. (327) *against your walls*

וּמִגְדְּלֹתַיִךְ conj.-n.f.p.-2 f.s. sf. (153) *and your towers*

יִתֹּץ Qal impf. 3 m.s. (נתץ 683) *he will break down*

בְּחַרְבוֹתָיו prep.-n.f.p.-3 m.s. sf. (352) *with his axes*

26:10

מִשִּׁפְעַת prep.-n.f.s. cstr. (1051) *from the abundance of*

סוּסָיו n.m.p.-3 m.s. sf. (692) *his horses*

יְכַסֵּךְ Pi. impf. 3 m.s.-2 f.s. sf.(סכה 491) *will cover you*

אֲבָקָם n.m.s.-3 m.p. sf. (7) *their dust*

מִקּוֹל prep.-n.m.s. cstr. (876) *at the noise of*

פָּרַשׁ n.m.s. (832) *horsemen*

וְגַלְגַּל conj.-n.m.s. (165; GK 130b) *and wagons*

וָרֶכֶב conj.-n.m.s. (939; GK 130b) *and chariots*

תִּרְעַשְׁנָה Qal impf. 3 f.p. (רעשׁ 950) *will shake*

חוֹמוֹתַיִךְ n.f.p.-2 f.s. sf. (327) *your walls*

בְּבֹאוֹ prep.-Qal inf.cstr.-3 m.s. sf. (בוא 97) *when he enters*

בִּשְׁעָרַיִךְ prep.-n.m.p.-2 f.s. sf. (1044) *your gates*

כִּמְבוֹאֵי prep.-n.m.p. cstr. (99) *as one enters*

עִיר n.f.s. (746) *a city*

מְבֻקָּעָה Pu. ptc. f.s. (בקע 131) *which has been breached*

26:11

בְּפַרְסוֹת prep.-n.f.p. cstr. (828) *With the houfs of*

סוּסָיו n.m.p.-3 m.s. sf. (692) *his horses*

יִרְמֹס Qal impf. 3 m.s. (942) *he will trample*

אֶת־כָּל־חוּצוֹתָיִךְ dir.obj.-n.m.s. cstr. (481) -n.m.p.-2 f.s. sf. paus. (299) *all your streets*

עַמֵּךְ n.m.s.-2 f.s. sf. (766) *your people*

בַּחֶרֶב prep.-def.art.-n.f.s. (352) *with the sword*

יַהֲרֹג Qal impf. 3 m.s. (246) *he will slay*

וּמַצְּבוֹת conj.-n.f.p. cstr. (663) *and the pillars of*

עֻזֵּךְ n.m.s.-2 f.s. sf. (738) *your strength*

לָאָרֶץ prep.-def.art.-n.f.s. (75) *to the ground*

תֵּרֵד Qal impf. 3 f.s. (ירד 432) *will fall*

26:12

וְשָׁלְלוּ conj.-Qal pf. 3 c.p. (שׁלל 1021) *They will make a spoil of*

חֵילֵךְ n.m.s.-2 f.s. sf. (298) *your riches*

וּבָזְזוּ conj.-Qal pf. 3 c.p. (בזז 102) *and make a prey of*

רְכֻלָּתֵךְ n.f.s.-2 f.s. sf. (940) *your merchandise*

וְהָרְסוּ conj.-Qal pf. 3 c.p. (248) *they will break down*

חוֹמוֹתַיִךְ n.f.p.-2 f.s. sf. (327) *your walls*

וּבָתֵּי conj.-n.m.p. cstr. (108) *and the houses of*

חֶמְדָּתֵךְ n.f.s.-2 f.s. sf. (326) *your delight*

יִתֹּצוּ Qal impf. 3 m.p. (נתץ 683) *they will destroy*

וַאֲבָנַיִךְ conj.-n.f.p.-2 f.s. sf. (6) *your stones*

וְעֵצַיִךְ conj.-n.m.p.-2 f.s. sf. (781) *and timber*

וַעֲפָרֵךְ conj.-n.m.s.-2 f.s. sf. (779) *and soil*

בְּתוֹךְ מַיִם prep.-n.m.s. cstr. (1063)-n.m.p. (565) *into the midst of the waters*

יָשִׂימוּ Qal impf. 3 m.p. (שׂום 962) *they will cast*

26:13

וְהִשְׁבַּתִּי conj.-Hi. pf. 1 c.s. (שׁבת 991) *and I will stop*

הֲמוֹן n.m.s. cstr. (242) *the music of*

שִׁירָיִךְ n.m.p.-2 f.s. sf. (1010) *your songs*

וְקוֹל conj.-n.m.s. cstr. (876) *and the sound of*

כִּנּוֹרַיִךְ n.m.p.-2 f.s. sf. (490) *your lyres*

לֹא יִשָּׁמַע neg.-Ni. impf. 3 m.s. (שׁמע 1033) *shall not be heard*

עוֹד adv. (728) *any more*

26:14

וּנְתַתִּיךְ conj.-Qal pf. 1 c.s.-2 f.s. sf. (נתן 678) *I will make you*

לִצְחִיחַ סֶלַע prep.-n.m.s. cstr. (850)-n.m.s. (700) *a bare rock*

מִשְׁטַח חֲרָמִים n.m.s. cstr. (1009)-n.m.p. (357) *a place for the spreading of nets*

תִּהְיֶה Qal impf. 2 m.s. (הָיָה 224) *you shall be*

לֹא תִבָּנֶה neg.-Ni. impf. 2 m.s. (בָּנָה 124) *you shall not be rebuilt*

עוֹד adv. (728) *again*

כִּי אֲנִי conj. (471)-pers.pr. 1 c.s. (58) *for I*

יהוה pr.n. (217) *Yahweh*

דִּבַּרְתִּי Pi. pf. 1 c.s. (180) *have spoken*

נְאֻם n.m.s. cstr. (610) *says*

אֲדֹנָי יהוה n.m.p.-1 c.s. sf. (10)-pr.n. (217) *the Lord Yahweh*

26:15

כֹּה אָמַר conj. (462)-Qal pf. 3 m.s. (55) *Thus says*

אֲדֹנָי יהוה n.m.p.-1 c.s. sf. (10)-pr.n. (217) *the Lord Yahweh*

לְצוֹר prep.-pr.n. (862) *to Tyre*

הֲלֹא interr.part.-neg. *will not?*

מִקּוֹל prep.-n.m.s. cstr. (876) *at the sound of*

מַפַּלְתֵּךְ n.f.s.-2 f.s. sf. (658) *your fall*

בֶּאֱנֹק חָלָל prep.-Qal inf.cstr. (60) *when ... groan* n.m.s. (319) *the wounded*

בְּהֵרָג הֶרֶג prep.-Ni. inf.cstr. (הָרַג 246; GK 51 l)-n.m.s. (247) *when slaughter is made*

בְּתוֹכֵךְ prep.-n.m.s.-2 f.s. sf. (1063) *in the midst of you*

יִרְעֲשׁוּ Qal impf. 3 m.p. (רָעַשׁ 950) *will shake*

הָאִיִּים def.art.-n.m.p. (15) *the coastlands*

26:16

וְיָרְדוּ conj.-Qal pf. 3 c.p. (יָרַד 432) *then will step down*

מֵעַל כִּסְאוֹתָם prep.-prep.-n.m.p.-3 m.p. sf. (490) *from their thrones*

כֹּל נְשִׂיאֵי n.m.s. cstr. (481)-n.m.p. cstr. (672) *all the princes of*

הַיָּם def.art.-n.m.s. (410) *the sea*

וְהֵסִירוּ conj.-Hi. pf. 3 c.p. (סוּר 693) *and remove*

אֶת־מְעִילֵיהֶם dir.obj.-n.m.p.-3 m.p. sf. (591) *their robes*

וְאֶת־בִּגְדֵי conj.-dir.obj.-n.m.p. cstr. (93) *and the garments of*

רִקְמָתָם n.f.s.-3 m.p. sf. (955) *their variegated stuff*

יִפְשֹׁטוּ Qal impf. 3 m.p. (פָּשַׁט 832) *they will strip off*

חֲרָדוֹת n.f.p. (353) *with trembling*

יִלְבָּשׁוּ Qal impf. 3 m.p. (לָבַשׁ 527) *they will clothe themselves*

עַל־הָאָרֶץ prep.-def.art.-n.f.s. (75) *upon the ground*

יֵשֵׁבוּ Qal impf. 3 m.p. (יָשַׁב 442) *they will sit*

וְחָרְדוּ conj.-Qal pf. 3 c.p. (חָרַד 353) *and they will tremble*

לִרְגָעִים prep.-n.m.p. (921) *every moment*

וְשָׁמְמוּ conj.-Qal pf. 3 c.p. (שָׁמֵם 1030) *and be appalled*

עָלָיִךְ prep.-2 f.s. sf. paus. *at you*

26:17

וְנָשְׂאוּ conj.-Qal pf. 3 c.p. (נָשָׂא 669) *And they will raise*

עָלַיִךְ prep.-2 f.s. sf. *over you*

קִינָה n.f.s. (884) *a lamentation*

וְאָמְרוּ לָךְ conj.-Qal pf. 3 c.p. (55)-prep.-2 f.s. sf. *and say to you*

אֵיךְ אָבַדְתְּ adv. (32)-Qal pf. 2 f.s. (אָבַד 1) *How you have vanished*

נוֹשֶׁבֶת Ni. ptc. f.s. (יָשַׁב 442) *O inhabited one*

מִיַּמִּים prep.-n.m.p. (410) *from the seas*

הָעִיר def.art.-n.f.s. (746) *O city*

הַהֻלָּלָה def.art.-Pu. ptc. f.s. (הָלַל 237; GK 52s, 138k) *renowned*

אֲשֶׁר הָיְתָה rel. (81)-Qal pf. 3 f.s. (הָיָה 224) *that was*

חֲזָקָה adj. f.s. (305) *mighty*

בַיָּם prep.-def.art.-n.m.s. (410) *on the sea*

הִיא pers.pr. 3 f.s. (214) *she*

וְיֹשְׁבֶיהָ conj.-Qal act.ptc. m.p.-3 f.s. sf. (יָשַׁב 442) *and her inhabitants*

אֲשֶׁר־נָתְנוּ rel. (81)-Qal pf. 3 c.p. (נָתַן 678) *who imposed*

חִתִּיתָם n.f.s.-3 m.p. sf. (369) *their terror*

לְכָל־יוֹשְׁבֶיהָ prep.-n.m.s. cstr. (481)-Qal act.ptc. m.p.-3 f.s. sf. (יָשַׁב 442) *on all her inhabitants*

26:18

עַתָּה יֶחְרְדוּ adv. (773)-Qal impf. 3 m.p. (חָרַד 353) *Now ... tremble*

הָאִיִּן def.art.-n.m.p. (15) *the isles*

יוֹם n.m.s. cstr. (398) *on the day of*

מַפַּלְתֵּךְ n.f.s.-2 f.s. sf. (658) *your fall*

וְנִבְהֲלוּ conj.-Ni. pf. 3 c.p. (בָּהַל 96) *yea, are dismayed*

הָאִיִּים def.art.-n.m.p. (15) *the isles*

אֲשֶׁר־בַּיָּם rel. (81)-prep.-def.art.-n.m.s. (410) *that are in the sea*

מִצֵּאתֵךְ prep.-Qal inf.cstr.-2 f.s. sf. (יָצָא 422) *at your passing*

26:19

כִּי כֹה conj. (471)-adv. (462) *For thus*

אָמַר Qal pf. 3 m.s. (55) *says*

אֲדֹנָי יהוה n.m.p.-1 c.s. sf. (10)-pr.n. (217) *the Lord Yahweh*

בְּתִתִּי prep.-Qal inf.cstr.-1 c.s. sf. (נָתַן 678) *when I make*

אֹתָךְ dir.obj.-2 f.s. sf. *you*

עִיר n.f.s. (746) *a city*

נֶחֱרֶבֶת Ni. ptc. f.s. as adj. (חָרֵב 351) *laid waste*

כֶּעָרִים prep.-def.art.-n.f.p. (746) *like the cities*

אֲשֶׁר לֹא־נוֹשָׁבוּ rel. (81)-neg.-Ni. pf. 3 c.p. (יָשַׁב 442) *that are not inhabited*

בְּהַעֲלוֹת prep.-Hi. inf.cstr. (עָלָה 748) *when I bring up*

עָלַיִךְ prep.-2 f.s. sf. *over you*

אֶת־תְּהוֹם dir.obj.-n.f.s. (1062) *the deep*

וְכִסּוּךְ conj.-Pi. pf. 3 c.p.-2 f.s. sf. (כָּסָה 491) *and cover you*

הַמַּיִם הָרַבִּים def.art.-n.m.p. (565)-def.art.-adj. m.p. (912) *the great waters*

26:20

וְהוֹרַדְתִּיךְ conj.-Hi. pf. 1 c.s.-2 f.s. sf. (יָרַד 432) *then I will thrust you down*

אֶת־יוֹרְדֵי prep. (85)-Qal act.ptc. m.p. cstr. (יָרַד 432) *with those who descend into*

בוֹר n.m.s. (92) *the Pit*

אֶל־עַם עוֹלָם prep.-n.m.s. cstr. (766)-n.m.s. (761) *to the people of old*

וְהוֹשַׁבְתִּיךְ conj.-Hi. pf. 1 c.s.-2 f.s. sf. (יָשַׁב 442) *and I will make you to dwell*

בְּאֶרֶץ prep.-n.f.s. cstr. (75) *in the ... world*

תַּחְתִּיּוֹת adj. f.p. (1066) *nether*

כָּחֳרָבוֹת prep.-n.f.p. (352) *among ruins*

מֵעוֹלָם prep.-n.m.s. (761) *primeval*

אֶת־יוֹרְדֵי prep. (85)-Qal act.ptc. m.p. cstr. (יָרַד 432) *with those who go down to*

בוֹר v.supra *the Pit*

לְמַעַן conj. (775) *so that*

לֹא תֵשֵׁבִי neg.-Qal impf. 2 f.s. (יָשַׁב 442) *you will not be inhabited*

וְנָתַתִּי conj.-Qal pf. 1 c.s. (נָתַן 678) *and I will give*

צְבִי n.m.s. (840) *beauty*

בְּאֶרֶץ prep.-n.f.s. cstr. (75) *in the land of*

חַיִּים adj. m.p. (311) *the living*

26:21

בַּלָּהוֹת n.f.p. (117) *to a dreadful end*

אֶתְּנֵךְ Qal impf. 1 c.s.-2 f.s. sf. (נָתַן 678) *I will bring you*

אֵינֵךְ conj.-neg.-2 f.s. sf. (34) *and you shall be no more*

וּתְבֻקְשִׁי conj.-Pu. impf. 2 f.s. (בָּקַשׁ 134) *though you be sought for*

וְלֹא־תִמָּצְאִי conj.-neg.-Ni. impf. 2 f.s. (מָצָא 592) *you will not be found*

עוֹד adv. (728) *again*

לְעוֹלָם prep.-n.m.s. (761) *ever*

נְאֻם n.m.s. cstr. (610) *says*

אֲדֹנָי יהוה n.m.p.-1 c.s. sf. (10)-pr.n. (217) *the Lord Yahweh*

27:1

וַיְהִי consec.-Qal impf. 3 m.s. (הָיָה 224) *came*

דְּבַר־יהוה n.m.s. cstr. (182)-pr.n. (217) *the word of Yahweh*

אֵלַי prep.-1 c.s. sf. *to me*

לֵאמֹר prep.-Qal inf.cstr. (55) *(saying)*

27:2

וְאַתָּה conj.-pers.pr. 2 m.s. (61) *Now you*

בֶן־אָדָם n.m.s. cstr. (119)-n.m.s. (9) *son of man*

שָׂא Qal impv. 2 m.s. (נָשָׂא 669) *raise*

עַל־צֹר prep.-pr.n. (862) *over Tyre*

קִינָה n.f.s. (884) *a lamentation*

27:3

וְאָמַרְתָּ conj.-Qal pf. 2 m.s. (55) *and say*

לְצוֹר prep.-pr.n. (862) *to Tyre*

הַיֹּשֶׁבְתִּי def.art.-Qal act.ptc. f. s. (יָשַׁב 442; GK 90n) *who dwells*

עַל־מְבוֹאֹת prep.-n.f.p. cstr. (99) *at the entrances to*

יָם n.m.s. (410) *the sea*

רֹכֶלֶת Qal act.ptc. f.s. cstr. (רָכַל 940) *merchant of*

הָעַמִּים def.art.-n.m.p. (766) *the peoples*

אֶל־אִיִּים רַבִּים prep.-n.m.p. (15)-adj. m.p. (912) *on many coastlands*

כֹּה אָמַר adv. (462)-Qal pf. 3 m.s. (55) *thus says*

אֲדֹנָי יהוה n.m.p.-1 c.s. sf. (10)-pr.n. (217) *the Lord Yahweh*

צוֹר pr.n. (862) *O Tyre*

אַתְּ אָמַרְתְּ pers.pr. 2 f.s. (61)-Qal pf. 2 f.s. (55) *you have said*

אֲנִי pers.pr. 1 c.s. (58) *I am*

כְּלִילַת adj. f.s. cstr. (483) *perfect in*

יֹפִי n.m.s. (421) *beauty*

27:4

בְּלֵב prep.-n.m.s. cstr. (524) *in the heart of*

יַמִּים n.m.p. (410) *the seas*

גְּבוּלָיִךְ n.m.p.-2 f.s. sf. (147) *your borders*

בֹּנָיִךְ Qal act.ptc. m.p.-2 f.s. sf. (בָּנָה 124) *your builders*

כָּלְלוּ Qal pf. 3 c.p. (כָּלַל 480) *made perfect*

יָפְיֵךְ n.m.s.-2 f.s. sf. (421) *your beauty*

27:5

בְּרוֹשִׁים n.m.p. (141) *of fir trees*

מִשְּׂנִיר prep.-pr.n. (972) *from Senir*

בָּנוּ Qal pf. 3 c.p. (בָּנָה 124) *they made (built)*

לָךְ prep.-2 f.s. sf. *your*

אֵת כָּל־ dir.obj.-n.m.s. cstr. (481) *all*

לֻחֹתָיִם n.m. du. (531) *planks*

אֶרֶז n.m.s. (72) *a cedar*

מִלְּבָנוֹן prep.-pr.n. (526) *from Lebanon*

לָקָחוּ Qal pf. 3 c.p. paus. (542) *they took*

לַעֲשׂוֹת prep.-Qal inf.cstr. (עָשָׂה 793) *to make*

תֹּרֶן n.m.s. (1076) *a mast*

עָלָיִךְ prep.-2 f.s. sf. paus. *for you*

27:6

אַלּוֹנִים n.m.p. (47) *of oaks*

מִבָּשָׁן prep.-pr.n. (143) *of Bashan*

עָשׂוּ Qal pf. 3 c.p. (עָשָׂה 793) *they made*

מִשּׁוֹטָיִךְ n.m.p.-2 f.s. sf. (1002) *your oars*

קַרְשֵׁךְ n.m.s.-2 f.s. sf. (903) *your deck*

עָשׂוּ־ v.supra *they made*

שֵׁן n.f.s. (1042) *with ivory*

בַּת־אֲשֻׁרִים n.f.s. cstr. (123)-n.m.p. (81) *with box-wood*

מֵאִיֵּי prep.-n.m.p. cstr. (15) *from the coasts of*

כִּתִּים adj.gent. p. (508) *Cyprus*

27:7

שֵׁשׁ־ n.m.s. (1058) *of fine linen*

בְּרִקְמָה prep.-n.f.s. (955) *embroidered*

מִמִּצְרַיִם prep.-pr.n. (595) *from Egypt*

הָיָה Qal pf. 3 m.s. (224) *was*

מִפְרָשֵׂךְ n.m.s.-2 f.s. sf. (831) *your sail*

לִהְיוֹת prep.-Qal inf.cstr. (הָיָה 224) *serving*

לָךְ לְנֵס prep.-2 f.s. sf.-prep.-n.m.s. (651) *as your ensign*

תְּכֵלֶת n.f.s. (1067) *blue*

וְאַרְגָּמָן conj.-n.m.s. (71) *and purple*

מֵאִיֵּי prep.-n.m.p. cstr. (15) *from all the coasts of*

אֱלִישָׁה pr.n. (47) *Elishah*

הָיָה v.supra *was*

מְכַסֵּךְ n.m.s.-2 f.s. sf. (492) *your awning*

27:8

יֹשְׁבֵי Qal act.ptc. m.p. cstr. (יָשַׁב 442) *The inhabitants of*

צִידוֹן pr.n. (850) *Sidon*

וְאַרְוַד conj.-pr.n. (71) *and Arvad*

הָיוּ Qal pf. 3 c.p. (הָיָה 224) *were*

שָׁטִים לָךְ Qal act.ptc. m.p. (שׁוּט 1002)-prep.-2 f.s. sf. *your rowers*

חֲכָמַיִךְ adj. m.p.-2 f.s. sf. (314) *your skilled men*

צֹר pr.n. (862) *O Tyre*

הָיוּ בָךְ Qal pf. 3 c.p. (הָיָה 224)-prep.-2 f.s. sf. *were in you*

הֵמָּה pers.pr. 3 m.p. (241) *they were*

חֹבְלָיִךְ n.m.p.-2 f.s. sf. paus. (287) *your pilots (sailors)*

27:9

זִקְנֵי adj. m.p. cstr. (278) *The elders of*

גְּבַל pr.n. (148) *Gebal*

וַחֲכָמֶיהָ conj.-adj. m.p.-3 f.s. sf. (314) *and her skilled men*

הָיוּ בָךְ Qal pf. 3 c.p. (הָיָה 224)-prep.-2 f.s. sf. *were in you*

מַחֲזִיקֵי Hi. ptc. m.p. cstr. (304) *caulking*

בִּדְקֵךְ n.m.s.-2 f.s. sf. (96) *your seams*

כָּל־אֳנִיּוֹת n.m.s. cstr. (481)-n.f.p. cstr. (58) *all the ships of*

הַיָּם def.art.-n.m.s. (410) *the sea*

וּמַלָּחֵיהֶם conj.-n.m.p.-3 m.p. sf. (572) *with their mariners*

הָיוּ בָךְ v.supra-v.supra *were in you*

לַעֲרֹב prep.-Qal inf.cstr. (עָרַב 786) *to barter*

מַעֲרָבֵךְ n.m.s.-2 f.s. sf.(786) *for your wares*

27:10

פָּרַס pr.n. (828) *Persia*

וְלוּד conj.-pr.n. (530) *and Lud*

וּפוּט conj.-pr.n. (806) *and Put (Libyans)*

הָיוּ Qal pf. 3 c.p. (הָיָה 224) *were*

בְּחֵילֵךְ prep.-n.m.s.-2 f.s. sf. (298) *in your army*

אַנְשֵׁי n.m.p. cstr. (35) *men of*

מִלְחַמְתֵּךְ n.f.s.-2 f.s. sf. (536) *your war*

מָגֵן n.m.s. (171) *shield*

וְכוֹבַע conj.-n.m.s. (464) *and helmet*

תִּלּוּ־ Pi. pf. 3 c.p. (תָּלָה 1067) *they hung*

בָךְ prep.-2 f.s. sf. *in you*

הֵמָּה נָתְנוּ pers.pr. 3 m.p. (241)-Qal pf. 3 c.p. (נָתַן 678) *they gave*

הֲדָרֵךְ n.m.s.-2 f.s. sf. (214) *your splendor*

27:11

בְּנֵי אַרְוַד n.m.p. cstr. (119)-pr.n. (71) *The men of Arvad*

וְחֵילֵךְ conj.-n.m.s.-2 f.s. sf. (298) *and your army*

עַל־חוֹמוֹתַיִךְ prep.-n.f.p.-2 f.s. sf. (327) *upon your walls*

סָבִיב adv. (686) *round about*

וְגַמָּדִים conj.-pr.n. gent. p. (167) *and men of Gamad (valorous men)*

בְּמִגְדְּלוֹתַיִךְ prep.-n.m.p.-2 f.s. sf. (153) *in your towers*

הָיוּ Qal pf. 3 c.p. (הָיָה 224) *were*

שִׁלְטֵיהֶם n.m.p.-3 m.p. sf. (1020) *their shields*

תִּלּוּ Pi. pf. 3 c.p. (תָּלָה 1067) *they hung*

עַל־חוֹמוֹתַיִךְ prep.-n.f.p.-2 f.s. sf. (327) *upon your walls*

סָבִיב v.supra *round about*

הֵמָּה כָּלְלוּ pers.pr. 3 m.p. (241)-Qal pf. 3 c.p. (כָּלַל 480) *they made perfect*

יָפְיֵךְ n.m.s.-2 f.s. sf. (421) *your beauty*

27:12

תַּרְשִׁישׁ pr.n. (1076) *Tarshish*

סֹחַרְתֵּךְ Qal act.ptc. f.s.-2 f.s. sf. (סָחַר 695) *trafficked*

מֵרֹב prep.-n.m.s. cstr. (913) *because of the greatness of*

כָּל־הוֹן n.m.s. cstr. (481)-n.m.s. (223) *wealth (all of wealth)*

בְּכֶסֶף prep.-n.m.s. (494) *silver*

בַּרְזֶל n.m.s. (137) *iron*

בְּדִיל n.m.s. (95) *tin*

וְעוֹפֶרֶת conj.-n.m.s. (780) *and lead*

נָתְנוּ Qal pf. 3 c.p. (נָתַן 678) *they exchanged*

עִזְבוֹנָיִךְ n.m.p.-2 f.s. sf. paus. (738) *for your wares*

27:13

יָוָן pr.n. (402) *Javan*

תֻּבַל pr.n. (1063) *Tubal*

וָמֶשֶׁךְ conj.-pr.n. (604) *and Meshech*

הֵמָּה רֹכְלָיִךְ pers.pr. 3 m.p. (241)-Qal act.ptc. m.p.-2 f.s. sf. paus. (רָכַל 940) *traded with you*

בְּנֶפֶשׁ prep.-n.f.s. cstr. (659) *the persons of*

אָדָם n.m.s. (9) *men*

וּכְלֵי conj.-n.m.p. cstr. (479) *and vessels of*

נְחֹשֶׁת n.f.s. (638) *bronze*

נָתְנוּ Qal pf. 3 c.p. (נָתַן 678) *they exchanged*

מַעֲרָבֵךְ n.m. coll.-2 f.s. sf. (786) *for your merchandise*

27:14

מִבֵּית prep.-n.m.s. cstr. (108) *from Beth-*

תּוֹגַרְמָה pr.n. (1062) *togarmah*

סוּסִים n.m.p. (692) *horses*

וּפָרָשִׁים conj.-n.m.p. (832) *war horses*

וּפְרָדִים conj.-n.m.p. (825) *and mules*

נָתְנוּ Qal pf. 3 c.p. (נָתַן 678) *they exchanged*

עִזְבוֹנָיִךְ n.m.p.-2 f.s. sf. paus. (738) *for your wares*

27:15

בְּנֵי דְדָן n.m.p. cstr. (119)-pr.n. (186) *The men of Dedan*

רֹכְלָיִךְ Qal act.ptc. m.p.-2 f.s. sf. (רָכַל 940) *traded with you*

אִיִּים רַבִּים n.m.p. (15)-adj. m.p. (912) *many coastlands*

סְחֹרַת Qal act.ptc. f.s. cstr. (סָחַר 695) *traders of*

יָדֵךְ n.f.s.-2 f.s. sf. (388) *your hand*

קַרְנוֹת n.f.p. cstr. (901) *tusks of*

שֵׁן n.f.s. (1042) *ivory*

וְהוֹבְנִים conj.-n.m.p. (211) *and ebony*

הֵשִׁיבוּ Hi. pf. 3 c.p. (שׁוּב 996) *they brought*

אֶשְׁכָּרֵךְ n.m.s.-2 f.s. sf. (1016) *your gift (in payment)*

27:16

אֲרָם pr.n. (74) *Aram*

סֹחַרְתֵּךְ Qal act.ptc. f.s.-2 f.s. sf. (סָחַר 695) *trafficked with you*

מֵרֹב prep.-n.m.s. cstr. (913) *because of the abundance of*

מַעֲשָׂיִךְ n.m.p.-2 f.s. sf. paus. (795) *your goods*

בְּנֹפֶךְ prep.-n.m.s. (656) *emeralds*

אַרְגָּמָן n.m.s. (71) *purple*

וְרִקְמָה conj.-n.f.s. (955) *embroidered work*

וּבוּץ conj.-n.m.s. (101) *fine linen*

וְרָאמֹת conj.-n.f.p. (910) *corals*

וְכַדְכֹּד conj.-n.m.s. (461) *and agate*

נָתְנוּ Qal pf. 3 c.p. (נָתַן 678) *they exchanged*

בְּעִזְבוֹנָיִךְ prep.-n.m.p.-2 f.s. sf. paus. (738) *for your wares*

27:17

יְהוּדָה pr.n. (397) *Judah*

וְאֶרֶץ conj.-n.f.s. cstr. (75) *and the land of*

יִשְׂרָאֵל (975) *Israel*

הֵמָּה pers.pr. 3 m.p. (241) *they*

רֹכְלָיִךְ Qal act.ptc. m.p.-2 f.s. sf. paus. (רָכַל 940) *traded with you*

בְּחִטֵּי מִנִּית prep.-n.f.p. cstr. (334)-pr.n. (585) *wheat of Minnith*

וּפַנַּג conj.-n.m.s. (815) *and pannag (?)*

וּדְבַשׁ conj.-n.m.s. (185) *and honey*

וָשֶׁמֶן conj.-n.m.s. (1032) *oil*

וָצֹרִי conj.-n.m.s. (863) *and balm*

נָתְנוּ Qal pf. 3 c.p. (678) *they exchanged*

מַעֲרָבֵךְ n.m. coll.-2 f.s. sf. (786) *for your merchandise*

27:18

דַּמֶּשֶׂק pr.n. (199) *Damascus*

סֹחַרְתֵּךְ Qal act.ptc. f.s.-2 f.s. sf. (סָחַר 695) *trafficked with you*

בְּרֹב prep.-n.m.s. cstr. (913) *for the abundance of*

מַעֲשַׂיִךְ n.m.p.-2 f.s. sf. (795) *your goods*

מֵרֹב prep.-n.m.s. cstr. (913) *because of the greatness of*

כָּל־הוֹן n.m.s. cstr. (481)-n.m.s. (223) *wealth of every kind*

בְּיֵין prep.-n.m.s. cstr. (406) *wine of*

חֶלְבּוֹן pr.n. (317) *Helbon*

וְצֶמֶר צָחַר conj.-n.m.s. cstr. (856)-n.m.s. paus. (850) *and wool of reddish-gray*

27:19

וְדָן pr.n. (255) *Vedan*

וְיָוָן conj.-pr.n. (402) *and Javan*

מֵאוּזָּל prep.-pr.n. (23) *from Uzal*

בְּעִזְבוֹנַיִךְ prep.-n.m.p.-2 f.s. sf. (738) *for your wares*

נָתָנּוּ Qal pf. 3 c.p. paus. (נָתַן 678; GK 20i) *they exchanged*

בַּרְזֶל n.m.s. (137) *iron*

עָשׁוֹת adj. m.s. (799) *wrought*

קִדָּה n.f.s. (869) *cassia*

וְקָנֶה conj.-n.m.s. (889) *and calamus*

בְּמַעֲרָבֵךְ prep.-n.m. coll.-2 f.s. sf. (786) *for your merchandise*

הָיָה Qal pf. 3 m.s. (224) *were bartered*

27:20

דְּדָן pr.n. (186) *Dedan*

רֹכַלְתֵּךְ Qal act.ptc. f.s.-2 f.s. sf. (רָכַל 940) *traded with you*

בְבִגְדֵי־חֹפֶשׁ prep.-n.m.p. cstr. (93)-n.m.s. (344) *in saddlecloths*

לְרִכְבָּה prep.-n.f.s. (939) *for riding*

27:21

עֲרַב pr.n. (787) *Arabia*

וְכָל־נְשִׂיאֵי conj.-n.m.s. cstr. (481)-n.m.p. cstr. (672) *and all the princes of*

קֵדָר pr.n. (871) *Kedar*

הֵמָּה pers.pr. 3 m.p. (241) *they*

סֹחֲרֵי Qal act.ptc. m.p. cstr. (695) *were traders of*

יָדֵךְ n.f.s.-2 f.s. sf. (388) *your hand*

בִּכָרִים prep.-n.m.p. (503) *in lambs*

וְאֵילִים conj.-n.m.p. (17) *rams*

וְעַתּוּדִים conj.-n.m.p. (800) *and goats*

בָּם prep.-3 m.p. sf. *in these*

סֹחֲרָיִךְ Qal act.ptc. m.p.-2 f.s. sf. paus. (695) *they trafficked with you*

27:22

רֹכְלֵי Qal act.ptc. m.p. cstr. (940) *The traders of*

שְׁבָא pr.n. (985) *Sheba*

וְרַעְמָה conj.-pr.n. (947) *and Ramah*

הֵמָּה pers.pr. 3 m.p. (241) *they*

רֹכְלָיִךְ Qal act.ptc. m.p.-2 f.s. sf. paus. (940) *traded with you*

בְּרֹאשׁ prep.-n.m.s. cstr. (910) *the best of*

כָּל־בֹּשֶׂם n.m.s. cstr. (481)-n.m.s. (141) *all kinds of spices*

וּבְכָל־ conj.-prep.-n.m.s. cstr. (481) *and all*

אֶבֶן יְקָרָה n.f.s. (6)-adj. f.s. (429) *precious stones*

וְזָהָב conj.-n.m.s. (262) *and gold*

נָתְנוּ Qal pf. 3 c.p. (678) *they exchanged for*

עִזְבוֹנָיִךְ n.m.p.-2 f.s. sf. paus. (738) *your wares*

27:23

חָרָן pr.n. (357) *Haran*

וְכַנֵּה conj.-pr.n. (487) *and Canneh*

וָעֶדֶן conj.-pr.n. (727) *and Eden*

רֹכְלֵי שְׁבָא Qal act.ptc. m.p. cstr. (940)-pr.n. (985) *the traders of Sheba*

אַשּׁוּר pr.n. (78) *Asshur*

כִּלְמַד pr.n. (484) *and Chilmad*

רֹכַלְתֵּךְ Qal act.ptc. f.s.-2 f.s. sf. (940) *traded with you*

27:24

הֵמָּה pers.pr. 3 m.p. (241) *they*

רֹכְלָיִךְ Qal act.ptc. m.p.-2 f.s. sf. (940) *traded with you*

בְּמַכְלֻלִים prep.-n.m.p. (483) *in choice garments*

בִּגְלוֹמֵי prep.-n.m.p. cstr. (166) *in clothes of*

תְּכֵלֶת n.f.s. (1067) *blue*

וְרִקְמָה conj.-n.f.s. (955) *and embroidered work*

וּבְגִנְזֵי conj.-prep.-n.m.p. cstr. (170) *and in chests (carpets?) of*

בְּרֹמִים n.m.p. (140) *colored stuff*

בַּחֲבָלִים prep.-n.m.p. (286) *with cords*

חֲבֻשִׁים Qal pass.ptc. m.p. (חָבַשׁ 289) *bound*

585

וְאָרְזִים conj.-adj. m.p. (72) *and made secure*

בְּמַרְכֻלְתֵּךְ prep.-n.f.s.-2 f.s. sf. (940) *in your market-place*

27:25

אֳנִיּוֹת n.f.p. cstr. (58) *The ships of*

תַּרְשִׁישׁ pr.n. (1076) *Tarshish*

שָׁרוֹתַיִךְ Qal act.ptc. f.p.-2 f.s. sf. (שׁור 1003) *your travelers*

מַעֲרָבֵךְ n.m.s.-2 f.s. sf. (786) *your merchandise*

וַתִּמָּלְאִי consec.-Ni. impf. 2 f.s. (מָלֵא 569) *So you were filled*

וַתִּכְבְּדִי consec.-Qal impf. 2 f.s. (כָּבֵד 457) *and ... laden*

מְאֹד adv. (547) *heavily*

בְּלֶב־ prep.-n.m.s. cstr. (524) *in the heart of*

יַמִּים n.m.p. (410) *the seas*

27:26

בְּמַיִם רַבִּים prep.-n.m.p. (565)-adj. m.p. (912) *into the high seas*

הֱבִיאוּךְ Hi. pf. 3 c.p.-2 f.s. sf. (בּוֹא 97) *they have brought you out*

הַשָּׁטִים אֹתָךְ def.art.-Qal act.ptc. m.p. (שׁוּט 1002)-dir.obj.-2 f.s. sf. paus. *your rowers*

רוּחַ הַקָּדִים n.m.s. cstr. (924)-def.art.-n.m.s. (870) *The east wind*

שְׁבָרֵךְ Qal pf. 3 m.s.-2 f.s. sf. (שָׁבַר 990) *has wrecked you*

בְּלֶב יַמִּים prep.-n.m.s. cstr. (524)-n.m.p. (410) *in the heart of the seas*

27:27

הוֹנֵךְ n.m.s.-2 f.s. sf. (223) *Your riches*

וְעִזְבוֹנַיִךְ conj.-n.m.p.-2 f.s. sf. (738) *your wares*

מַעֲרָבֵךְ n.m.s.-2 f.s. sf. (786) *your merchandise*

מַלָּחַיִךְ n.m.p.-2 f.s. sf. (572) *your mariners*

וְחֹבְלַיִךְ conj.-n.m.p.-2 f.s. sf. paus. (287) *and your sailors (pilots)*

מַחֲזִיקֵי בִדְקֵךְ Hi. ptc. m.p. cstr. (חָזַק 304) -n.m.s.-2 f.s. sf. (96) *your caulkers*

וְעֹרְבֵי conj.-Qal act.ptc. m.p. cstr. (עָרַב 786) *your dealers in*

מַעֲרָבֵךְ n.m.s.-2 f.s. sf. (786) *merchandise*

וְכָל־אַנְשֵׁי conj.-n.m.s. cstr. (481)-n.m.p. cstr. (35) *and all the men of*

מִלְחַמְתֵּךְ n.f.s.-2 f.s. sf. (536) *your war*

אֲשֶׁר־בָּךְ rel. (81)-prep.-2 f.s. sf. *who are in you*

וּבְכָל־קְהָלֵךְ conj.-prep.-n.m.s. cstr. (481)-n.m.s.-2 f.s. sf. (874) *with all your company*

אֲשֶׁר בְּתוֹכֵךְ rel. (81)-prep.-n.m.s.-2 f.s. sf. (1063) *that is in your midst*

יִפְּלוּ Qal impf. 3 m.p. (נָפַל 656) *sink*

בְּלֶב יַמִּים prep.-n.m.s. cstr. (524)-n.m.p. (410) *into the heart of the seas*

בְּיוֹם prep.-n.m.s. cstr. (398) *on the day of*

מַפַּלְתֵּךְ n.f.s.-2 f.s. sf. (658) *your ruin*

27:28

לְקוֹל prep.-n.m.s. cstr. (876) *At the sound of*

זַעֲקַת n.f.s. cstr. (277) *the cry of*

חֹבְלָיִךְ n.m.p.-2 f.s. sf. (287) *your sailors (pilots)*

יִרְעֲשׁוּ Qal impf. 3 m.p. (רָעַשׁ 950) *shake*

מִגְרֹשׁוֹת n.m.p. (177) *the country-sides*

27:29

וְיָרְדוּ conj.-Qal pf. 3 c.p. (יָרַד 432) *and come down*

מֵאָנִיּוֹתֵיהֶם prep.-n.f.p.-3 m.p. sf. (58) *from their ships*

כֹּל תֹּפְשֵׂי n.m.s. cstr. (481)-Qal act.ptc. m.p. cstr. (תָּפַשׂ 1074) *all that handle*

מָשׁוֹט n.m.s. (1002) *the oar*

מַלָּחִים n.m.p. (572) *The mariners*

כֹּל חֹבְלֵי n.m.s. cstr. (481)-n.m.p. cstr. (287) *all the sailors (pilots) of*

הַיָּם def.art.-n.m.s. (410) *the sea*

אֶל־הָאָרֶץ prep.-def.art.-n.f.s. (75) *on the shore*

יַעֲמֹדוּ Qal impf. 3 m.p. (עָמַד 763) *stand*

27:30

וְהִשְׁמִיעוּ conj.-Hi. pf. 3 c.p. (שָׁמַע 1033) *and they wail*

עָלַיִךְ prep.-2 f.s. sf. *over you*

בְּקוֹלָם prep.-n.m.s.-3 m.p. sf. (876) *(aloud) with their voice*

וְיִזְעֲקוּ conj.-Qal impf. 3 m.p. (זָעַק 277) *and cry*

מָרָה adj. f.s. (600) *bitterly*

וְיַעֲלוּ conj.-Hi. impf. 3 m.p. (עָלָה 748) *They cast*

עָפָר n.m.s. (779) *dust*

עַל־רָאשֵׁיהֶם prep.-n.m.p.-3 m.p. sf. (910) *on their heads*

בָּאֵפֶר prep.-def.art.-n.m.s. (68) *in ashes*

יִתְפַּלָּשׁוּ Hith. impf. 3 m.p. paus. (פָּלַשׁ 814) *they wallow*

27:31

וְהִקְרִיחוּ conj.-Hi. pf. 3 c.p. (קָרַח 901) *and they shall make a baldness*

אֵלַיִךְ prep.-2 f.s. sf. *for you*

קָרְחָה n.f.s. (901; GK 80h) *a baldness*

וְחָגְרוּ conj.-Qal pf. 3 c.p. (חָגַר 291) *and they gird themselves*

586

שַׂקִּים n.m.p. (974) *with sackcloth*

וּבָכוּ conj.-Qal pf. 3 c.p. (בָּכָה 113) *and they weep*

אֵלַיִךְ v.supra *over you*

בְּמַר־ prep.-n.m.s. cstr. (600) *in bitterness of*

נֶפֶשׁ n.f.s. (659) *soul*

מִסְפֵּד מָר n.m.s. (704)-adj. m.s. (600) *with bitter mourning*

27:32

וְנָשְׂאוּ conj.-Qal pf. 3 c.p. (נָשָׂא 669) *and they raise*

אֵלַיִךְ prep.-2 f.s. sf. *for you*

בְּנֵיהֶם n.m.p.-3 m.p. sf. (119; GK 23k) *their sons*

קִינָה n.f.s. (884) *a lamentation*

וְקוֹנְנוּ conj.-Po'el pf. 3 c.p. (884) *and lament*

עָלַיִךְ prep.-2 f.s. sf. paus. *over you*

מִי interr. (566) *who*

כְצוֹר prep.-pr.n. (862) *as Tyre*

כְדֻמָה prep.-n.f.s. (199) *like one silenced (destroyed?)*

בְּתוֹךְ הַיָּם prep.-n.m.s. (1063)-def.art.-n.m.s. (410) *in the midst of the sea*

27:33

בְּצֵאת prep.-Qal inf.cstr. (יָצָא 422) *when ... came*

עִזְבוֹנַיִךְ n.m.p.-2 f.s. sf. (738) *your wares*

מִיַּמִּים prep.-n.m.p. (410) *from the seas*

הִשְׂבַּעַתְּ Hi. pf. 2 f.s. (שָׂבַע 959) *you satisfied*

עַמִּים רַבִּים n.m.p. (766)-adj. m.p. (912) *many peoples*

בְּרֹב prep.-n.m.s. cstr. (913) *with the abundance of*

הוֹנַיִךְ n.m.p.-2 f.s. sf. (223) *your wealth*

וּמַעֲרָבַיִךְ conj.-n.m.p.-2 f.s. sf. (786) *and your merchandise*

הֶעֱשַׁרְתְּ Hi. pf. 2 f.s. (עָשַׁר 799) *you enriched*

מַלְכֵי־ n.m.p. cstr. (572) *the kings of*

אָרֶץ n.f.s. paus. (75) *the earth*

27:34

עֵת adv. (773; rd. as עַתָּה) *Now*

נִשְׁבֶּרֶת Ni. ptc. f.s. (שָׁבַר 990; GK 116gN) *wrecked*

מִיַּמִּים prep.-n.m.p. (410) *by the seas*

בְּמַעֲמַקֵּי־ prep.-n.m.p. cstr. (771) *in the depths of*

מָיִם n.m.p. paus. (565) *the waters*

מַעֲרָבֵךְ n.m.s.-2 f.s. sf. (786) *your merchandise*

וְכָל־קְהָלֵךְ conj.-n.m.s. cstr. (481)-n.m.s.-2 f.s. sf. (874) *and all your crew*

בְּתוֹכֵךְ prep.-n.m.s.-2 f.s. sf. (1063) *with you*

נָפָלוּ Qal pf. 3 c.p. paus. (656) *have sunk*

27:35

כֹּל יֹשְׁבֵי n.m.s. cstr. (481)-Qal act.ptc. m.p. cstr. (442) *All the inhabitants of*

הָאִיִּים def.art.-n.m.p. (15) *the coastlands*

שָׁמְמוּ Qal pf. 3 c.p. (1030) *are appalled*

עָלַיִךְ prep.-2 f.s. sf. paus. *at you*

וּמַלְכֵיהֶם conj.-n.m.p.-3 m.p. sf. (572) *and their kings*

שָׂעֲרוּ Qal pf. 3 c.p. (שָׂעַר 972; GK 117q) *bristle*

שַׂעַר n.m.s. (972) *with horror*

רָעֲמוּ Qal pf. 3 c.p. (רָעַם 947) *are convulsed*

פָּנִים n.m.p. (815) *their faces*

27:36

סֹחֲרִים Qal act.ptc. m.p. (695) *The merchants*

בָּעַמִּים prep.-def.art.-n.m.p. (766) *among the peoples*

שָׁרְקוּ Qal pf. 3 c.p. (1056) *hiss*

עָלַיִךְ prep.-2 f.s. sf. paus. *at you*

בַּלָּהוֹת n.f.p. (117) *to a dreadful end*

הָיִית Qal pf. 2 f.s. (הָיָה 224) *you have come*

וְאֵינֵךְ conj.-neg.-2 f.s. sf. (34) *and shall be no more*

עַד־עוֹלָם prep. (723)-n.m.s. (761) *for ever*

28:1

וַיְהִי consec.-Qal impf. 3 m.s. (הָיָה 224) *came*

דְּבַר־יְהוָה n.m.s. cstr. (182)-pr.n. (217) *the word of Yahweh*

אֵלַי prep.-1 c.s. sf. *to me*

לֵאמֹר prep.-Qal inf.cstr. (55) *(saying)*

28:2

בֶּן־אָדָם n.m.s. cstr. (119)-n.m.s. (9) *Son of man*

אֱמֹר Qal impv. 2 m.s. (55) *say*

לִנְגִיד prep.-n.m.s. cstr. (617) *to the prince of*

צֹר pr.n. (862) *Tyre*

כֹּה־אָמַר adv. (462)-Qal pf. 3 m.s. (55) *Thus says*

אֲדֹנָי יהוה n.m.p.-1 c.s. sf. (10)-pr.n. (217) *the Lord Yahweh*

יַעַן גָּבַהּ conj. (774)-Qal pf. 3 m.s. (146) *Because ... is proud*

לִבְּךָ n.m.s.-2 m.s. sf. (524) *your heart*

וַתֹּאמֶר consec.-Qal impf. 2 m.s. (אָמַר 55) *and you have said*

אֵל אָנִי n.m.s. (42)-pers.pr. 1 c.s. (58) *I am a god*

מוֹשַׁב n.m.s. cstr. (444) *in the seat of*

אֱלֹהִים n.m.p. (43) *the gods*

יָשַׁבְתִּי Qal pf. 1 c.s. (יָשַׁב 442) *I sit*

בְּלֵב prep.-n.m.s. cstr. (524) *in the heart of*

יַמִּים n.m.p. (410) *the seas*

וְאַתָּה אָדָם conj.-pers.pr. 2 m.s. (61)-n.m.s. (9) *yet you are but a man*

וְלֹא־אֵל conj.-neg.-n.m.s. (42) *and no god*

וַתִּתֵּן לִבְּךָ consec.-Qal impf. 2 m.s. (נָתַן 678)-n.m.s.-2 m.s. sf. (524) *though you consider yourself*

כְּלֵב אֱלֹהִים prep.-n.m.s. cstr. (524)-n.m.p. (43) *as wise as a god (as the heart of god)*

28:3

הִנֵּה demons.part. (243) *behold*

חָכָם אַתָּה adj. m.s. (314)-pers.pr. 2 m.s. (61) *you are wiser*

מִדָּנִאֵל prep.-pr.n. (193) *than Daniel*

כָּל־סָתוּם n.m.s. cstr. (481)-Qal pass.ptc. m.s. (711) *every secret*

לֹא עֲמָמוּךָ neg.-Qal pf. 3 c.p.-2 m.s. sf. (עָמַם 770) *is not hidden from you*

28:4

בְּחָכְמָתְךָ prep.-n.f.s.-2 m.s. sf. (315) *by your wisdom*

וּבִתְבוּנָתְךָ conj.-prep.-n.f.s.-2 m.s. sf. paus. (108) *and your understanding*

עָשִׂיתָ Qal pf. 2 m.s. (עָשָׂה 793) *you have gotten*

לְךָ prep.-2 m.s. sf. *for yourself*

חָיִל n.m.s. paus. (298) *wealth*

וַתַּעַשׂ consec.-Qal impf. 2 m.s. (עָשָׂה 793) *and have gathered*

זָהָב n.m.s. (262) *gold*

וָכֶסֶף conj.-n.m.s. (494) *and silver*

בְּאוֹצְרוֹתֶיךָ prep.-n.m.s.-2 m.s. sf. (69) *into your treasuries*

28:5

בְּרֹב prep.-n.m.s. cstr. (913) *by the abundance of*

חָכְמָתְךָ n.f.s.-2 m.s. sf. (315) *your wisdom*

בִּרְכֻלָּתְךָ prep.-n.f.s.-2 m.s. sf. (940) *in trade*

הִרְבִּיתָ Hi. pf. 2 m.s. (רָבָה 915) *you have increased*

חֵילֶךָ n.m.s.-2 m.s. sf. (298) *your wealth*

וַיִּגְבַּהּ consec.-Qal impf. 3 m.s. (גָּבַהּ 146) *and has become proud*

לְבָבֶךָ n.m.s.-2 m.s. sf. (523) *your heart*

בְּחֵילֶךָ prep.-n.m.s.-2 m.s. sf. paus. (298) *in your wealth*

28:6

לָכֵן כֹּה prep.-adv. (485)-adv. (462) *therefore thus*

אָמַר Qal pf. 3 m.s. (55) *says*

אֲדֹנָי יהוה n.m.p.-1 c.s. sf. (10)-pr.n. (217) *the Lord Yahweh*

יַעַן תִּתְּךָ conj. (774)-Qal inf.cstr.-2 m.s. sf. (678 נָתַן) *because you consider*

אֶת־לְבָבְךָ dir.obj.-n.m.s.-2 m.s. sf. (523) *yourself*

כְּלֵב אֱלֹהִים prep.-n.m.s. cstr. (524)-n.m.p. (43) *as the heart of God*

28:7

לָכֵן הִנְנִי prep.-adv. (485)-demons.part.-1 c.s. sf. (243) *therefore, behold I*

מֵבִיא Hi. ptc. m.s. (בּוֹא 97) *will bring*

עָלֶיךָ prep.-2 m.s. sf. *upon you*

זָרִים Qal act.ptc. m.p. (זוּר 266) *strangers*

עָרִיצֵי adj. m.p. cstr. (792) *the most terrible of*

גּוֹיִם n.m.p. (156) *the nations*

וְהֵרִיקוּ conj.-Hi. pf. 3 c.p. (רִיק 937) *and they shall draw*

חַרְבוֹתָם n.f.p.-3 m.p. sf. (352) *their swords*

עַל־יְפִי prep.-n.m.s. cstr. (421) *against the beauty of*

חָכְמָתֶךָ n.f.s.-2 m.s. sf. (315) *your wisdom*

וְחִלְּלוּ conj.-Pi. pf. 3 c.p. (חָלַל 320) *and defile*

יִפְעָתֶךָ n.f.s.-2 m.s. sf. (422) *your splendor*

28:8

לַשַּׁחַת prep.-def.art.-n.f.s. (1001) *into the Pit*

יוֹרִדוּךָ Hi. impf. 3 m.p.-2 m.s. sf. (יָרַד 432) *they shall thrust you down*

וָמַתָּה conj.-Qal pf. 2 m.s. (מוּת 559) *and you shall die*

מְמוֹתֵי n.m.p. cstr. (560) *the death of*

חָלָל n.m.s. (319) *the slain*

בְּלֵב יַמִּים prep.-n.m.s. cstr. (524)-n.m.p. (410) *in the heart of the seas*

28:9

הֶאָמֹר תֹּאמַר interr.part.-Qal inf.abs. (55)-Qal impf. 2 m.s. (אָמַר 55) *Will you still say?*

אֱלֹהִים אָנִי n.m.p. (43)-pers.pr. 1 c.s. (58) *I am a god*

לִפְנֵי prep.-n.m.p. cstr. (815) *in the presence of*

הֹרְגֶךָ Qal act.ptc. m.p.-2 m.s. sf. (הָרַג 246) *those who slay you*

וְאַתָּה אָדָם conj.-pers.pr. 2 m.s. (61)-n.m.s. (9) *though you are but a man*

וְלֹא־אֵל conj.-neg.-n.m.s. (42) *and no god*

בְּיַד prep.-n.f.s. cstr. (388) *in the hands of*

מְחַלְלֶיךָ Pi. ptc. m.p.-2 m.s. sf. (חלל 320) *those who wound you*

28:10

מוֹתֵי n.m.p. cstr. (560) *the death of*

עֲרֵלִים adj. m.p. (790) *the uncircumcised*

תָּמוּת Qal impf. 2 m.s. (מות 559) *you shall die*

בְּיַד־זָרִים prep.-n.f.s. cstr. (388)-Qal act.ptc. m.p. (זור 266) *by the hand of foreigners*

כִּי אָנִי conj. (471)-pers.pr. 1 c.s. (58) *for I*

דִּבַּרְתִּי Pi. pf. 1 c.s. (דבר 180) *have spoken*

נְאֻם n.m.s. cstr. (610) *says*

אֲדֹנָי יהוה n.m.p.-1 c.s. sf. (10)-pr.n. (217) *the Lord Yahweh*

28:11

וַיְהִי consec.-Qal impf. 3 m.s. (היה 224) *Moreover came*

דְּבַר־יהוה n.m.s. cstr. (182)-pr.n. (217) *the word of Yahweh*

אֵלַי prep.-1 c.s. sf. *to me*

לֵאמֹר prep.-Qal inf.cstr. (55) *(saying)*

28:12

בֶּן־אָדָם n.m.s. cstr. (119)-n.m.s. (9) *Son of man*

שָׂא Qal impv. 2 m.s. (נשא 669) *raise*

קִינָה n.f.s. (884) *a lamentation*

עַל־מֶלֶךְ prep.-n.m.s. cstr. (572) *over the king of*

צוֹר pr.n. (862) *Tyre*

וְאָמַרְתָּ conj.-Qal pf. 2 m.s. (55) *and say*

לוֹ prep.-3 m.s. sf. *to him*

כֹּה אָמַר adv. (462)-Qal pf. 3 m.s. (55) *Thus says*

אֲדֹנָי יהוה n.m.p.-1 c.s. sf. (10)-pr.n. (217) *the Lord Yahweh*

אַתָּה חוֹתֵם pers.pr. 2 m.s. (61)-Qal act.ptc. m.s. (חתם 367) *you were the signet of*

תָּכְנִית n.f.s. (1067) *perfection (proportion)*

מָלֵא adj. m.s. cstr. (570) *full of*

חָכְמָה n.f.s. (315) *wisdom*

וּכְלִיל conj.-adj. m.s. cstr. (483) *and perfect in*

יֹפִי n.m.s. (421) *beauty*

28:13

בְּעֵדֶן prep.-pr.n. (727) *in Eden*

גַּן־אֱלֹהִים n.m.s. cstr. (171)-n.m.p. (43) *the garden of God*

הָיִיתָ Qal pf. 2 m.s. (היה 224) *you were*

כָּל־אֶבֶן n.m.s. cstr. (481)-n.f.s. (6) *every ... stone*

יְקָרָה adj. f.s. (429) *precious*

מְסֻכָתֶךָ n.f.s.-2 m.s. sf. (697) *your covering*

אֹדֶם n.f.s. (10) *carnelian*

פִּטְדָה n.f.s. (809) *topaz*

וְיָהֲלֹם conj.-n.m.s. (240) *and jasper*

תַּרְשִׁישׁ n.m.s. (1076) *chrysolite*

שֹׁהַם n.m.s. (995) *beryl*

וְיָשְׁפֵה conj.-n.m.s. (448) *and onyx*

סַפִּיר n.m.s. (705) *sapphire*

נֹפֶךְ n.m.s. (656) *carbuncle*

וּבָרֶקֶת conj.-n.f.s. (140) *and emerald*

וְזָהָב conj.-n.m.s. (262) *and gold*

מְלֶאכֶת n.f.s. cstr. (521) *the work of*

תֻּפֶּיךָ n.m.p.-2 m.s. sf. (1074) *your timbrels (settings)*

וּנְקָבֶיךָ conj.-n.m.p.-2 m.s. sf. (666) *and your sockets*

בָּךְ prep.-2 m.s. sf. paus. *in you*

בְּיוֹם prep.-n.m.s. cstr. (398) *in the day that*

הִבָּרַאֲךָ Ni. inf.cstr.-2 m.s. sf. (ברא 135) *you were created*

כּוֹנָנוּ Polal pf. 3 c.p. (כון 465) *they were prepared*

28:14

אַתְּ־כְּרוּב pers.pr. 2 f.s. (61; GK 32g)-n.m.s. (500) *you, a cherub*

מִמְשַׁח n.m.s. (603) *anointed*

הַסּוֹכֵךְ def.art.-Qal act.ptc. m.s. (סכך 696) *that covereth*

וּנְתַתִּיךָ conj.-Qal pf. 1 c.s.-2 m.s. sf. (נתן 678) *I placed you*

בְּהַר קֹדֶשׁ prep.-n.m.s. cstr. (249)-n.m.s. cstr. (871) *on the mountain of the holiness of*

אֱלֹהִים n.m.p. (43) *God*

הָיִיתָ Qal pf. 2 m.s. (היה 224) *you were*

בְּתוֹךְ prep.-n.m.s. cstr. (1063) *in the midst of*

אַבְנֵי־אֵשׁ n.f.p. cstr. (6)-n.f.s. (77) *the stones of fire*

הִתְהַלָּכְתָּ Hith. pf. 2 m.s. paus. (הלך 229) *you walked*

28:15

תָּמִים adj. m.s. (1071) *blameless*

אַתָּה pers.pr. 2 m.s. (61) *you were*

בִּדְרָכֶיךָ prep.-n.m.p.-2 m.s. sf. (202) *in your ways*

מִיּוֹם prep.-n.m.s. cstr. (398) *from the day*

הִבָּרְאָךְ Ni. inf.cstr.-2 m.s. sf. paus. (ברא 135) *you were created*

עַד־נִמְצָא conj. (723)-Ni. ptc. (מצא 592) *till ... was found*

עַוְלָתָה n.f.s. (792) *iniquity*

בָּךְ prep.-2 m.s. sf. paus. *in you*

589

28:16

בְּרֹב prep.-n.m.s. cstr. (913) *in the abundance of*

רְכֻלָּתְךָ n.f.s.-2 m.s. sf. (940) *your trade*

מָלוּ Qal pf. 3 c.p. (מָלֵא 569; GK 75qq) *they were filled*

תּוֹכְךָ n.m.s.-2 m.s. sf. (1063) *your midst*

חָמָס n.m.s. (329) *with violence*

וַתֶּחֱטָא consec.-Qal impf. 2 m.s. (חָטָא 306) *and you sinned*

וָאֶחַלֶּלְךָ consec.-Pi. impf. 1 c.s.-2 m.s. sf. (חָלַל 320; GK 111wN) *so I cast you as a profane thing*

מֵהַר prep.-n.m.s. cstr. (249) *from the mountain of*

אֱלֹהִים n.m.p. (43) *God*

וָאַבֶּדְךָ consec.-Pi. pf. 3 m.s.-2 m.s. sf. (אָבַד 1; GK 23d, 68k) *and ... drove you out*

כְּרוּב n.m.s. cstr. (500) *the ... cherub*

הַסֹּכֵךְ def.art.-Qal act.ptc. (סָכַךְ 697) *guardian*

מִתּוֹךְ prep.-n.m.s. (1063) *from the midst of*

אַבְנֵי־אֵשׁ n.f.p. cstr. (6)-n.f.s. (77) *the stones of fire*

28:17

גָּבַהּ Qal pf. 3 m.s. (146) *was proud*

לִבְּךָ n.m.s.-2 m.s. sf. (524) *your heart*

בְּיָפְיֶךָ prep.-n.m.s.-2 m.s. sf. (421) *because of your beauty*

שִׁחַתָּ Pi. pf. 2 m.s. (שָׁחַת 1007) *you corrupted*

חָכְמָתְךָ n.f.s.-2 m.s. sf. (315) *your wisdom*

עַל־יִפְעָתֶךָ prep.-n.f.s.-2 m.s. sf. (422) *for the sake of your splendor*

עַל־אֶרֶץ prep.-n.f.s. (75) *to the ground*

הִשְׁלַכְתִּיךָ Hi. pf. 1 c.s.-2 m.s. sf. (שָׁלַךְ 1020) *I cast you*

לִפְנֵי מְלָכִים prep.-n.m.p. cstr. (815)-n.m.p. (572) *before kings*

נְתַתִּיךָ Qal pf. 1 c.s.-2 m.s. sf. (נָתַן 678) *I exposed you*

לְרַאֲוָה בָךְ prep.-Qal inf.cstr. (רָאָה 906; GK 75n)-prep.-2 m.s. sf. paus. *to feast their eyes on you*

28:18

מֵרֹב prep.-n.m.s. cstr. (913) *By the multitude of*

עֲוֺנֶיךָ n.m.p.-2 m.s. sf. (730) *your iniquities*

בְּעֶוֶל prep.-n.m.s. cstr. (732) *in the unrighteousness of*

רְכֻלָּתְךָ n.f.s.-2 m.s. sf. (940) *your trade*

חִלַּלְתָּ Pi. pf. 2 m.s. (חָלַל 320) *you profaned*

מִקְדָּשֶׁיךָ n.m.p.-2 m.s. sf. (874) *your sanctuaries*

וָאוֹצִא־ consec.-Hi. impf. 1 c.s. (יָצָא 422) *so I brought forth*

אֵשׁ n.f.s. (77) *fire*

מִתּוֹכְךָ prep.-n.m.s.-2 m.s. sf. (1063) *from the midst of you*

הִיא אֲכָלַתְךָ pers.pr. 3 f.s. (214)-Qal pf. 3 f.s.-2 m.s. sf. (אָכַל 37) *it consumed you*

וָאֶתֶּנְךָ consec.-Qal impf. 1 c.s.-2 m.s. sf. (נָתַן 678) *and I turned you*

לְאֵפֶר prep.-n.m.s. (68) *to ashes*

עַל־הָאָרֶץ prep.-def.art.-n.f.s. (75) *upon the earth*

לְעֵינֵי prep.-n.f. du. cstr. (744) *in the sight of*

כָּל־רֹאֶיךָ n.m.s. cstr. (481)-Qal act.ptc. m.p.-2 m.s. sf. (רָאָה 906) *all who saw you*

28:19

כָּל־יוֹדְעֶיךָ n.m.s. cstr. (481)-Qal act.ptc. m.p.-2 m.s. sf. (יָדַע 393) *All who know you*

בָּעַמִּים prep.-def.art.-n.m.p. (766) *among the peoples*

שָׁמְמוּ Qal pf. 3 c.p. (שָׁמֵם 1030) *are appalled*

עָלֶיךָ prep.-2 m.s. sf. *at you*

בַּלָּהוֹת n.f.p. (117) *to a dreadful end*

הָיִיתָ Qal pf. 2 m.s. (הָיָה 224) *you have come*

וְאֵינְךָ conj.-neg.-2 m.s. sf. *and you shall be no more*

עַד־עוֹלָם prep. (723)-n.m.s. (761) *for ever*

28:20

וַיְהִי consec.-Qal impf. 3 m.s. (הָיָה 224) *came*

דְּבַר־יְהוָה n.m.s. cstr. (182)-pr.n. (217) *the word of Yahweh*

אֵלַי prep.-1 c.s. sf. *to me*

לֵאמֹר prep.-Qal inf.cstr. (55) *(saying)*

28:21

בֶּן־אָדָם n.m.s. cstr. (119)-n.m.s. (9) *Son of man*

שִׂים פָּנֶיךָ Qal impv. 2 m.s. (962)-n.m.p.-2 m.s. sf. (815) *set your face*

אֶל־צִידוֹן prep.-pr.n. (850) *toward Sidon*

וְהִנָּבֵא conj.-Ni. impv. 2 m.s. (נָבָא 612) *and prophesy*

עָלֶיהָ prep.-3 f.s. sf. *against her*

28:22

וְאָמַרְתָּ conj.-Qal pf. 2 m.s. (55) *and say*

כֹּה אָמַר adv. (462)-Qal pf. 3 m.s. (55) *Thus says*

אֲדֹנָי יְהוִה n.m.p.-1 c.s. sf. (10)-pr.n. (217) *the Lord Yahweh*

הִנְנִי demons.part.-1 c.s. sf. (243) *Behold, I am*

עָלַיִךְ prep.-2 f.s. sf. *against you*

צִידוֹן pr.n. (850) *O Sidon*

וְנִכְבַּדְתִּי conj.-Ni. pf. 1 c.s. (457) *and I will manifest my glory*

בְּתוֹכֵךְ prep.-n.m.s.-2 f.s. sf. (1063) *in the midst of you*

וְיָדְעוּ conj.-Qal pf. 3 c.p. (393) *and they shall know*

כִּי־אֲנִי conj. (471)-pers.pr. 1 c.s. (58) *that I am*

יהוה pr.n. (217) *Yahweh*

בַּעֲשׂוֹתִי prep.-Qal inf.cstr.-1 c.s. sf. (עָשָׂה 793) *when I execute*

בָהּ prep.-3 f.s. sf. *in her*

שְׁפָטִים n.m.p. (1048) *judgments*

וְנִקְדַּשְׁתִּי conj.-Ni. pf. 1 c.s. (קָדַשׁ 872) *and manifest my holiness*

בָהּ v.supra *in her*

28:23

וְשִׁלַּחְתִּי־ conj.-Pi. pf. 1 c.s. (1018) *for I will send*

בָהּ prep.-3 f.s. sf. *into her*

דֶּבֶר n.m.s. (184) *pestilence*

וָדָם conj.-n.m.s. (196) *and blood*

בְּחוּצוֹתֶיהָ prep.-n.f.p.-3 f.s. sf. (299) *into her streets*

וְנִפְלַל conj.-Pilel pf. 3 m.s. (נָפַל 656; GK 55d) *and shall fall*

חָלָל adj. m.s. (319) *the slain*

בְּתוֹכָהּ prep.-n.m.s.-3 f.s. sf. (1063) *in the midst of her*

בְּחֶרֶב prep.-n.f.s. (352) *by the sword*

עָלֶיהָ prep.-3 f.s. sf. *that is against her*

מִסָּבִיב prep.-adv. (686) *on every side*

וְיָדְעוּ conj.-Qal pf. 3 c.p. (393) *Then they will know*

כִּי־אֲנִי conj. (471)-pers.pr. 1 c.s. (58) *that I am*

יהוה pr.n. (217) *Yahweh*

28:24

וְלֹא־יִהְיֶה conj.-neg.-Qal impf. 3 m.s. (הָיָה 224) *and there shall be no*

עוֹד adv. (728) *more*

לְבֵית יִשְׂרָאֵל prep.-n.m.s. cstr. (108)-pr.n. (975) *for the house of Israel*

סִלּוֹן n.m.s. (699) *a brier*

מַמְאִיר Hi. ptc. m.s. (מָאַר 549) *to prick*

וְקוֹץ conj.-n.m.s. (881) *or a thorn*

מַכְאִב Hi. ptc. m.s. (כָּאַב 456) *to hurt*

מִכֹּל סְבִיבֹתָם prep.-n.m.s. cstr. (481)-n.f.p.-3 m.p. sf. (686) *among all their neighbors*

הַשָּׁאטִים def.art.-Qal act.ptc. m.p. (שׁוּט 1002; GK 72p) *who have treated with contempt*

אוֹתָם dir.obj.-3 m.p. sf. *them*

וְיָדְעוּ conj.-Qal pf. 3 c.p. (393) *Then they will know*

כִּי אֲנִי conj. (471)-pers.pr. 1 c.s. (58) *that I am*

אֲדֹנָי יהוה n.m.p.-1 c.s. sf. (10)-pr.n. (217) *the Lord Yahweh*

28:25

כֹּה־אָמַר adv. (462)-Qal pf. 3 m.s. (55) *Thus says*

אֲדֹנָי יהוה n.m.p.-1 c.s. sf. (10)-pr.n. (217) *the Lord Yahweh*

בְּקַבְּצִי prep.-Pi. inf.cstr.-1 c.s. sf. (867) *when I gather*

אֶת־בֵּית dir.obj.-n.m.s. cstr. (108) *the house of*

יִשְׂרָאֵל pr.n. (975) *Israel*

מִן־הָעַמִּים prep.-def.art.-n.m.p. (766) *from the peoples*

אֲשֶׁר נָפֹצוּ בָם rel. (81)-Ni. pf. 3 c.p. (פּוּץ 806)-prep.-3 m.p. sf. *among whom they are scattered*

וְנִקְדַּשְׁתִּי conj.-Ni. pf. 1 c.s. (קָדַשׁ 872) *and manifest my holiness*

בָם prep.-3 m.p. sf. *in them*

לְעֵינֵי prep.-n.f. du. cstr. (744) *in the sight of*

הַגּוֹיִם def.art.-n.m.p. (156) *the nations*

וְיָשְׁבוּ conj.-Qal pf. 3 c.p. (יָשַׁב 442) *then they shall dwell*

עַל־אַדְמָתָם prep.-n.f.s.-3 m.p. sf. (9) *in their own land*

אֲשֶׁר נָתַתִּי rel. (81)-Qal pf. 1 c.s. (678) (נָתַן) *which I gave*

לְעַבְדִּי prep.-n.m.s.-1 c.s. sf. (713) *to my servant*

לְיַעֲקֹב prep.-pr.n. (784) *Jacob*

28:26

וְיָשְׁבוּ conj.-Qal pf. 3 c.p. (יָשַׁב 442) *And they shall dwell*

עָלֶיהָ prep.-3 f.s. sf. *in it*

לָבֶטַח prep.-n.m.s. (105) *securely*

וּבָנוּ conj.-Qal pf. 3 c.p. (בָּנָה 124) *and they shall build*

בָתִּים n.m.p. (108) *houses*

וְנָטְעוּ conj.-Qal pf. 3 c.p. (נָטַע 642) *and plant*

כְּרָמִים n.m.p. (501) *vineyards*

וְיָשְׁבוּ conj.-Qal pf. 3 c.p. (יָשַׁב 442) *They shall dwell*

לָבֶטַח v.supra *securely*

בַּעֲשׂוֹתִי prep.-Qal inf.cstr.-1 c.s. sf. (עָשָׂה 793) *when I execute*

שְׁפָטִים n.m.p. (1048) *judgments*

בְּכֹל הַשָּׁאטִים prep.-n.m.s. cstr. (481)-def.art.
-Qal act.ptc. m.p (שׁוט 1002; GK 72p) *upon
all who have treated with contempt*

אֹתָם dir.obj.-3 m.p. sf. *them*

מִסְּבִיבוֹתָם prep.-n.f.p.-3 m.p. sf. (686) *their
neighbors*

וְיָדְעוּ conj.-Qal pf. 3 c.p. (393) *Then they will
know*

כִּי אֲנִי conj. (471)-pers.pr. 1 c.s. (58) *that I am*

יהוה pr.n. (217) *Yahweh*

אֱלֹהֵיהֶם n.m.p.-3 m.p. sf. (43) *their God*

29:1

בַּשָּׁנָה prep.-def.art.-n.f.s. (1040) *In the ... year*

הָעֲשִׂירִית def.art.-num. adj.ord. f.s. (798) *tenth*

בָּעֲשִׂרִי prep.-def.art.-num. adj. m.s. (798) *in the
tenth month*

בִּשְׁנֵים עָשָׂר prep.-n.m.s. (1040)-n.m.s. (797) *on
the twelfth day*

לַחֹדֶשׁ prep.-def.art.-n.m.s. (294) *of the month*

הָיָה Qal pf. 3 m.s. (224) *came*

דְּבַר־יהוה n.m.s. cstr. (182)-pr.n. (217) *the word
of Yahweh*

אֵלַי prep.-1 c.s. sf. *to me*

לֵאמֹר prep.-Qal inf.cstr. (55) *(saying)*

29:2

בֶּן־אָדָם n.m.s. cstr. (119)-n.m.s. (9) *Son of man*

שִׂים פָּנֶיךָ Qal impv. 2 m.s. (962)-n.m.p.-2 m.s.
sf. (815) *set your face*

עַל־פַּרְעֹה prep.-pr.n. (829) *against Pharaoh*

מֶלֶךְ n.m.s. cstr. (572) *king of*

מִצְרָיִם pr.n. paus. (595) *Egypt*

וְהִנָּבֵא conj.-Ni. impv. 2 m.s. (נבא 612) *and
prophesy*

עָלָיו prep.-3 m.s. sf. *against him*

וְעַל־מִצְרַיִם conj.-prep.-pr.n. (595) *and against
Egypt*

כֻּלָּהּ n.m.s.-3 f.s. sf. (481) *all of it*

29:3

דַּבֵּר Pi. impv. 2 m.s. (180) *speak*

וְאָמַרְתָּ conj.-Qal pf. 2 m.s. (55) *and say*

כֹּה־אָמַר adv. (462)-Qal pf. 3 m.s. (55) *Thus
says*

אֲדֹנָי יהוה n.m.p.-1 c.s. sf. (10)-pr.n. (217) *the
Lord Yahweh*

הִנְנִי demons.part.-1 c.s. sf. (243) *Behold, I am*

עָלֶיךָ prep.-2 m.s. sf. *against you*

פַּרְעֹה pr.n. (829) *Pharaoh*

מֶלֶךְ־מִצְרַיִם n.m.s. cstr. (572)-pr.n. (595) *king of
Egypt*

הַתַּנִּים הַגָּדוֹל def.art.-n.m.s. (1072)-def.art.-adj.
m.s. (152) *the great dragon*

הָרֹבֵץ def.art.-Qal act.ptc. (918) *that lies*

בְּתוֹךְ prep.-n.m.s. cstr. (1063) *in the midst of*

יְאֹרָיו n.m.p.-3 m.s. sf. (384; GK 124e) *his
streams*

אֲשֶׁר אָמַר rel. (81)-Qal pf. 3 m.s. (55) *that says*

לִי יְאֹרִי prep.-1 c.s. sf.-n.m.s.-1 c.s. sf. (384) *My
Nile is my own*

וַאֲנִי conj.-pers.pr. 1 c.s. (58) *I*

עֲשִׂיתִנִי Qal pf. 1 c.s.-1 c.s. sf. (עשׂה 793; GK
117x) *made it*

29:4

וְנָתַתִּי conj.-Qal pf. 1 c.s. (נתן 678) *I will put*

הַחִיים def.art.-n.m.p. (296) *hooks*

בִּלְחָיֶיךָ prep.-n.m.p.-2 m.s. sf. (534) *in your
jaws*

וְהִדְבַּקְתִּי conj.-Hi. pf. 1 c.s. (דבק 179) *and make
stick*

דְּגַת־יְאֹרֶיךָ n.f.s. cstr. (185)-n.m.p.-2 m.s. sf. (384)
the fish of your streams

בְּקַשְׂקְשֹׂתֶיךָ prep.-n.f.p.-2 m.s. sf. (903) *to your
scales*

וְהַעֲלִיתִיךָ conj.-Hi. pf. 1 c.s.-2 m.s. sf. (עלה 748)
and I will draw you up

מִתּוֹךְ prep.-n.m.s. cstr. (1063) *out of the midst
of*

יְאֹרֶיךָ n.m.p.-2 m.s. sf. (384) *your streams*

וְאֵת כָּל־דְּגַת conj.-dir.obj.-n.m.s. cstr. (481)-n.f.s.
cstr. (185) *with all the fish of*

יְאֹרֶיךָ v.supra *your streams*

בְּקַשְׂקְשֹׂתֶיךָ prep.-n.f.p.-2 m.s. sf. (903) *to your
scales*

תִּדְבָּק Qal impf. 3 f.s. paus. (דבק 179) *which
stick*

29:5

וּנְטַשְׁתִּיךָ conj.-Qal pf. 1 c.s.-2 m.s. sf. (נטשׁ
643) *And I will cast forth*

הַמִּדְבָּרָה def.art.-n.m.s.-loc.he (184) *into the
wilderness*

אוֹתְךָ וְאֵת כָּל־ dir.obj.-2 m.s. sf.-conj.-dir.
obj.-n.m.s. cstr. (481) *you and all*

דְּגַת יְאֹרֶיךָ n.f.s. cstr. (185)-n.m.p.-2 m.s. sf. (384)
the fish of your streams

עַל־פְּנֵי הַשָּׂדֶה prep.-n.m.p. cstr. (815)-def.
art.-n.m.s. (961) *upon the open field*

תִּפּוֹל Qal impf. 2 m.s. (נפל 656) *you shall fall*

592

לֹא תֵאָסֵף neg.-Ni. impf. 2 m.s. (אסף 62) *and not be gathered*

וְלֹא תִקָּבֵץ conj.-neg.-Ni. impf. 2 m.s. (קבץ 867) *and buried*

לְחַיַּת הָאָרֶץ prep.-n.f.s. cstr. (312)-def.art.-n.f.s. (75) *To the beasts of the earth*

וּלְעוֹף הַשָּׁמַיִם conj.-prep.-n.m.s. cstr. (733)-def.art.-n.m.p. (1029) *and to the birds of the air*

נְתַתִּיךָ Qal pf. 1 c.s.-2 m.s. sf. (נתן 678) *I have given you*

לְאָכְלָה prep.-n.f.s. (38) *as food*

29:6

וְיָדְעוּ conj.-Qal pf. 3 c.p. (393) *Then shall know*

כָּל־יֹשְׁבֵי n.m.s. cstr. (481)-Qal act.ptc. m.p. cstr. (442) *all the inhabitants of*

מִצְרַיִם pr.n. (595) *Egypt*

כִּי אֲנִי conj. (471)-pers.pr. 1 c.s. (58) *that I am*

יהוה pr.n. (217) *Yahweh*

יַעַן הֱיוֹתָם conj. (774)-Qal inf.cstr.-3 m.p. sf. (היה 224) *Because they have been*

מִשְׁעֶנֶת n.f.s. cstr. (1044) *a staff of*

קָנֶה n.m.s. (889) *reed*

לְבֵית יִשְׂרָאֵל prep.-n.m.s. cstr. (108) *to the house of Israel*

29:7

בְּתָפְשָׂם prep.-Qal inf.cstr.-3 m.p. sf. (תפש 1074) *when they grasped*

בְּךָ prep.-2 m.s. sf. *you*

בַכַּף prep.-def.art.-n.f.s. (496) *with the hand*

תֵּרוֹץ Ni. impf. 2 m.s. (רצץ 954) *you broke*

וּבָקַעְתָּ conj.-Qal pf. 2 m.s. (בקע 131) *and tore*

לָהֶם prep.-3 m.p. sf. *their*

כָּל־כָּתֵף n.m.s. cstr. (481; GK 127c)-n.f.s. (509) *all … shoulders*

וּבְהִשָּׁעֲנָם conj.-prep.-Ni. inf.cstr.-3 m.p. sf. (שען 1043) *and when they leaned*

עָלֶיךָ prep.-2 m.s. sf. *upon you*

תִּשָּׁבֵר Ni. impf. 2 m.s. (שבר 990) *you broke*

וְהַעֲמַדְתָּ conj.-Hi. pf. 2 m.s. (עמד 763) *and you made to stand*

לָהֶם prep.-3 m.p. sf. *them*

כָּל־מָתְנָיִם n.m.s. cstr. (481; GK 127c)-n.m. du. paus. (608) *all their loins*

29:8

לָכֵן כֹּה prep.-adv. (485)-adv. (462) *therefore thus*

אָמַר Qal pf. 3 m.s. (55) *says*

אֲדֹנָי יהוה n.m.p.-1 c.s. sf. (10)-pr.n. (217) *the Lord Yahweh*

הִנְנִי demons.part.-1 c.s. sf. (243) *Behold, I*

מֵבִיא Hi. ptc. (בוא 97) *will bring*

עָלַיִךְ prep.-2 f.s. sf. *upon you*

חָרֶב n.f.s. paus. (352) *a sword*

וְהִכְרַתִּי conj.-Hi. pf. 1 c.s. (כרת 503) *and will cut off*

מִמֵּךְ prep.-2 f.s. sf. *from you*

אָדָם וּבְהֵמָה n.m.s. (9)-conj.-n.f.s. (96) *man and beast*

29:9

וְהָיְתָה conj.-Qal pf. 3 f.s. (היה 224) *and shall be*

אֶרֶץ־מִצְרַיִם n.f.s. cstr. (75)-pr.n. (595) *the land of Egypt*

לִשְׁמָמָה prep.-n.f.s. (1031) *a desolation*

וְחָרְבָּה conj.-n.f.s. (352) *and a waste*

וְיָדְעוּ conj.-Qal pf. 3 c.p. (393) *Then they will know*

כִּי־אֲנִי conj. (471)-pers.pr. 1 c.s. (58) *that I am*

יהוה pr.n. (217) *Yahweh*

יַעַן אָמַר conj. (774)-Qal pf. 3 m.s. (55) *Because he said*

יְאֹר לִי n.m.s. (384)-prep.-1 c.s. sf. *The Nile is mine*

וַאֲנִי conj.-pers.pr. 1 c.s. (58) *and I*

עָשִׂיתִי Qal pf. 1 c.s. (עשה 793) *made it*

29:10

לָכֵן הִנְנִי prep.-adv. (485)-demons.part-1 c.s. sf. (243) *therefore, behold, I am*

אֵלֶיךָ prep.-2 m.s. sf. *against you*

וְאֶל־יְאֹרֶיךָ conj.-prep.-n.m.p.-2 m.s. sf. (384) *and against your streams*

וְנָתַתִּי conj.-Qal pf. 1 c.s. (נתן 678) *and I will make*

אֶת־אֶרֶץ dir.obj.-n.f.s. cstr. (75) *the land of*

מִצְרַיִם pr.n. (595) *Egypt*

לְחָרְבוֹת prep.-n.f.p. cstr. (352) *an utter waste of*

חֹרֶב n.m.s. (351) *desolation*

שְׁמָמָה n.f.s. (1031) *devastation*

מִמִּגְדֹּל prep.-pr.n. (154) *from Migdol*

סְוֵנֵה pr.n. (692) *to Syene*

וְעַד־גְּבוּל conj.-prep. (723)-n.m.s. cstr. (147) *as far as the border of*

כּוּשׁ pr.n. (468) *Ethiopia*

29:11

לֹא תַעֲבָר־בָּהּ neg.-Qal impf. 3 f.s. (עבר 716) -prep.-3 f.s. sf. *shall not pass through it*

רֶגֶל אָדָם n.f.s. cstr. (919)-n.m.s. (9) *a foot of man*

וְרֶגֶל conj.-v.supra *and a foot of*

בְּהֵמָה n.f.s. (96) *beast*

לֹא תַעֲבָר־בָּהּ v.supra-v.supra-v.supra *shall not pass through it*

וְלֹא תֵשֵׁב conj.-neg.-Qal impf. 3 f.s. (442) יָשַׁב *and it shall be uninhabited*

אַרְבָּעִים num. m.p. (917) *forty*

שָׁנָה n.f.s. (1040) *years*

29:12

וְנָתַתִּי conj.-Qal pf. 1 c.s. (678) נָתַן *And I will make*

אֶת־אֶרֶץ dir.obj.-n.f.s. cstr. (75) *the land of*

מִצְרַיִם pr.n. (595) *Egypt*

שְׁמָמָה n.f.s. (1031) *a desolation*

בְּתוֹךְ prep.-n.m.s. cstr. (1063) *in the midst of*

אֲרָצוֹת נְשַׁמּוֹת n.f.p. (75)-Ni. ptc. f.p. 1030 *desolated countries*

וְעָרֶיהָ conj.-n.f.p.-3 f.s. sf. (746) *and her cities*

בְּתוֹךְ v.supra *in the midst of*

עָרִים n.f.p. (746) *... cities*

מָחֳרָבוֹת Ho. ptc. f.p. (חָרֵב) 351 *that are laid waste*

תִּהְיֶיןָ Qal impf. 3 f.p. (הָיָה) 224 *shall be*

שְׁמָמָה n.f.s. (1031) *a desolation*

אַרְבָּעִים num. m.p. (917) *forty*

שָׁנָה n.f.s. (1040) *years*

וַהֲפִצֹתִי conj.-Hi. pf. 1 c.s. (פּוּץ) 806 *I will scatter*

אֶת־מִצְרַיִם dir.obj.-pr.n. (595) *the Egyptians*

בַּגּוֹיִם prep.-def.art.-n.m.p. (156) *among the nations*

וְזֵרִיתִים conj.-Pi. pf. 1 c.s.-3 m.p. sf. (זָרָה) 279 *and disperse them*

בָּאֲרָצוֹת prep.-def.art.-n.f.p. (75) *among the countries*

29:13

כִּי כֹּה אָמַר conj. (471)-adv. (462)-Qal pf. 3 m.s. (55) *For thus says*

אֲדֹנָי יהוה n.m.p.-1 c.s. sf. (10)-pr.n. (217) *the Lord Yahweh*

מִקֵּץ prep.-n.m.s. cstr. (893) *At the end of*

אַרְבָּעִים שָׁנָה num. m.p. (917)-n.f.s. (1040) *forty years*

אֲקַבֵּץ Pi. impf. 1 c.s. (קָבַץ) 867 *I will gather*

אֶת־מִצְרַיִם dir.obj.-pr.n. (595) *the Egyptians*

מִן־הָעַמִּים prep.-def.art.-n.m.p. (766) *from the peoples*

אֲשֶׁר־נָפֹצוּ שָׁמָּה rel. (81)-Ni. pf. 3 c.p. (פּוּץ 806)-adv.-dir.he (1027) *among whom they were scattered*

29:14

וְשַׁבְתִּי conj.-Qal pf. 1 c.s. (שׁוּב 996) *and I will restore*

אֶת־שְׁבוּת dir.obj.-n.f.s. cstr. (986) *the fortunes of*

מִצְרַיִם pr.n. (595) *Egypt*

וַהֲשִׁבֹתִי conj.-Hi. pf. 1 c.s. (שׁוּב 996) *and bring back*

אֹתָם dir.obj.-3 m.p. sf. *them*

אֶרֶץ פַּתְרוֹס n.f.s. cstr. (75)-pr.n. (837) *to the land of Pathros*

עַל־אֶרֶץ prep.-v.supra *the land of*

מְכוּרָתָם n.f.s.-3 m.p. sf. (468) *their origin*

וְהָיוּ שָׁם conj.-Qal pf. 3 c.p. (הָיָה 224)-adv. (1027) *and there they shall be*

מַמְלָכָה שְׁפָלָה n.f.s. (575)-adj. f.s. (1050) *a lowly kingdom*

29:15

מִן־הַמַּמְלָכוֹת prep.-def.art.-n.f.p. (575) *the most ... of the kingdoms*

תִּהְיֶה Qal impf. 3 f.s. (הָיָה 224) *it shall be*

שְׁפָלָה adj. f.s. (1050) *lowly*

וְלֹא־תִתְנַשֵּׂא conj.-neg.-Hith. impf. 3 f.s. (נָשָׂא 669) *and never exalt itself*

עוֹד adv. (728) *again*

עַל־הַגּוֹיִם prep.-def.art.-n.m.p. (156) *above the nations*

וְהִמְעַטְתִּים conj.-Hi. pf. 1 c.s.-3 m.p. sf. (מָעַט 589) *and I will make them so small*

לְבִלְתִּי רְדוֹת prep.-neg. (116)-Qal inf.cstr. (רָדָה 921) *that they will never again rule*

בַּגּוֹיִם prep.-def.art.-n.m.p. (156) *over the nations*

29:16

וְלֹא יִהְיֶה־עוֹד conj.-neg.-Qal impf. 3 m.s. (הָיָה 224)-adv. (728) *And it shall never again be*

לְבֵית prep.-n.m.s. cstr. (108) *of the house of*

יִשְׂרָאֵל pr.n. (975) *Israel*

לְמִבְטָח prep.-n.m.s. (105) *the reliance*

מַזְכִּיר Hi. ptc. m.s. (זָכַר 269) *recallling*

עָוֹן n.m.s. (730) *their iniquity*

בִּפְנוֹתָם prep.-Qal inf.cstr.-3 m.p. sf. (פָּנָה 815) *when they turn*

אַחֲרֵיהֶם prep.-3 m.p. sf. (29) *after them*

וְיָדְעוּ conj.-Qal pf. 3 c.p. (393) *Then they will know*

כִּי אֲנִי conj. (471)-pers.pr. 1 c.s. (58) *that I am*

אֲדֹנָי יהוה n.m.p.-1 c.s. sf. (10)-pr.n. (217) *the Lord Yahweh*

29:17

וַיְהִי consec.-Qal impf. 3 m.s. (הָיָה 224) *(it shall be)*

בְּעֶשְׂרִים prep.-num. m.p. (797) *in the twenty*

וָשֶׁבַע conj.-num. (988) *seventh*

שָׁנָה n.f.s. (1040) *year*

בָּרִאשׁוֹן prep.-def.art.-adj. m.s. (911) *in the first month*

בְּאֶחָד prep.-num. (25) *on the first day*

לַחֹדֶשׁ prep.-def.art.-n.m.s. (294) *of the month*

הָיָה Qal pf. 3 m.s. (224) *came*

דְּבַר־יְהוָה n.m.s. cstr. (182)-pr.n. (217) *the word of Yahweh*

אֵלַי prep.-1 c.s. sf. *to me*

לֵאמֹר prep.-Qal inf.cstr. (55) *(saying)*

29:18

בֶּן־אָדָם n.m.s. cstr. (119)-n.m.s. (9) *Son of man*

נְבוּכַדְרֶאצַּר pr.n. (613) *Nebuchadrezzar*

מֶלֶךְ־בָּבֶל n.m.s. cstr. (572)-pr.n. (93) *king of Babylon*

הֶעֱבִיד Hi. pf. 3 m.s. (עָבַד 712) *made to labor*

אֶת־חֵילוֹ dir.obj.-n.m.s.-3 m.s. sf. (298) *his army*

עֲבֹדָה גְדֹלָה n.f.s. (715)-adj. f.s. (152) *with a hard labor*

אֶל־צֹר prep.-pr.n. (862) *against Tyre*

כָּל־רֹאשׁ n.m.s. cstr. (481)-n.m.s. (910) *every head*

מֻקְרָח Ho. ptc. (קָרַח 901) *was made bald*

וְכָל־כָּתֵף conj.-n.m.s. cstr. (481)-n.f.s. (509) *and every shoulder*

מְרוּטָה Qal pass.ptc. f.s. (מָרַט 598) *was rubbed bare*

וְשָׂכָר conj.-n.m.s. (969) *and wages*

לֹא־הָיָה לוֹ neg.-Qal pf. 3 m.s. (224)-prep.-3 m.s. sf. *was there not for him*

וּלְחֵילוֹ conj.-prep.-n.m.s.-3 m.s. sf. (298) *nor his army*

מִצֹּר prep.-pr.n. (862) *from Tyre*

עַל־הָעֲבֹדָה prep.-def.art.-n.f.s. (715) *for the labor*

אֲשֶׁר־עָבַד rel. (81)-Qal pf. 3 m.s. (712) *that he had performed*

עָלֶיהָ prep.-3 f.s. sf. *against it*

29:19

לָכֵן כֹּה prep.-adv. (485)-adv. (462) *therefore thus*

אָמַר Qal pf. 3 m.s. (55) *says*

אֲדֹנָי יְהוָה n.m.p.-1 c.s. sf. (10)-pr.n. (217) *the Lord Yahweh*

הִנְנִי demons.part.-1 c.s. sf. (243) *Behold, I*

נֹתֵן Qal act.ptc. (678) *will give*

לִנְבוּכַדְרֶאצַּר prep.-pr.n. (613) *to Nebuchadrezzar*

מֶלֶךְ־בָּבֶל n.m.s. cstr. (572)-pr.n. (93) *the king of Babylon*

אֶת־אֶרֶץ dir.obj.-n.f.s. cstr. (75) *the land of*

מִצְרָיִם pr.n. paus. (595) *Egypt*

וְנָשָׂא conj.-Qal pf. 3 m.s. (669) *and he shall carry off*

הֲמֹנָהּ n.m.s.-3 f.s. sf. (242) *its multitude*

וְשָׁלַל שְׁלָלָהּ conj.-Qal pf. 3 m.s. (1021)-n.m.s.-3 f.s. sf. (1021) *and despoil it*

וּבָזַז בִּזָּהּ conj.-Qal pf. 3 m.s. (102)-n.m.s.-3 f.s. sf. (103) *and plunder it*

וְהָיְתָה conj.-Qal pf. 3 f.s. (הָיָה 224) *and it shall be*

שָׂכָר n.m.s. (969) *wages*

לְחֵילוֹ prep.-n.m.s.-3 m.s. sf. (298) *for his army*

29:20

פְּעֻלָּתוֹ n.f.s.-3 m.s. sf. (821) *as his recompense*

אֲשֶׁר־עָבַד בָּהּ rel. (81)-Qal pf. 3 m.s. (712) -prep.-3 f.s. sf. *for which he labored*

נָתַתִּי Qal pf. 1 c.s. (נָתַן 678) *I have given*

לוֹ prep.-3 m.s. sf. *him*

אֶת־אֶרֶץ dir.obj.-n.f.s. cstr. (75) *the land of*

מִצְרָיִם pr.n. paus. (595) *Egypt*

אֲשֶׁר עָשׂוּ rel. (81)-Qal pf. 3 c.p. (עָשָׂה 793) *because they worked*

לִי prep.-1 c.s. sf. *for me*

נְאֻם n.m.s. cstr. (610) *says*

אֲדֹנָי יְהוָה n.m.p.-1 c.s. sf. (10)-pr.n. (217) *the Lord Yahweh*

29:21

בַּיּוֹם הַהוּא prep.-def.art.-n.m.s. (398)-def.art. -demons.adj. m.s. (214) *On that day*

אַצְמִיחַ Hi. impf. 1 c.s. (צָמַח 855) *I will cause to spring forth*

קֶרֶן n.f.s. (901) *a horn*

לְבֵית prep.-n.m.s. cstr. (108) *to the house of*

יִשְׂרָאֵל pr.n. (975) *Israel*

וּלְךָ conj.-prep.-2 m.s. sf. *and to you*

אֶתֵּן Qal impf. 1 c.s. (נָתַן 678) *I will give*

פִּתְחוֹן־פֶּה n.m.s. cstr. (836)-n.m.s. (804) *an opening of mouth*

בְּתוֹכָם prep.-n.m.s.-3 m.p. sf. (1063) *among them*

וְיָדְעוּ conj.-Qal pf. 3 c.p. (393) *Then they will know*

כִּי־אֲנִי conj. (471)-pers.pr. 1 c.s. (58) *that I am*

יְהוָה pr.n. (217) *Yahweh*

595

30:1

וַיְהִי consec.-Qal impf. 3 m.s. (הָיָה 224) *came*

דְּבַר־יהוה n.m.s. cstr. (182)-pr.n. (217) *the word of Yahweh*

אֵלַי prep.-1 c.s. sf. *to me*

לֵאמֹר prep.-Qal inf.cstr. (55) *(saying)*

30:2

בֶּן־אָדָם n.m.s. cstr. (119)-n.m.s. (9) *Son of man*

הִנָּבֵא Ni. impv. 2 m.s. (נָבָא 612) *prophesy*

וְאָמַרְתָּ conj.-Qal pf. 2 m.s. (55) *and say*

כֹּה אָמַר adv. (462)-Qal pf. 3 m.s. (55) *Thus says*

אֲדֹנָי יהוה n.m.p.-1 c.s. sf.(10)-pr.n. (217) *the Lord Yahweh*

הֵילִילוּ Hi. impv. 2 m.p. (יָלַל 410) *Wail*

הָהּ interj. (214) *Alas*

לַיּוֹם prep.-def.art.-n.m.s. (398) *for the day*

30:3

כִּי־קָרוֹב conj. (471)-adj. (898) *For is near*

יוֹם n.m.s. (398) *the day*

וְקָרוֹב conj.-v.supra *and is near*

יוֹם לַיהוה v.supra-prep.-pr.n. (217) *the day of Yahweh*

יוֹם עָנָן n.m.s. cstr. (398)-n.m.s. (777) *a day of clouds*

עֵת גּוֹיִם n.f.s. cstr. (773)-n.m.p. (156) *a time of nations (gentiles)*

יִהְיֶה Qal impf. 3 m.s. (224) *it will be*

30:4

וּבָאָה conj.-Qal pf. 3 f.s. (בּוֹא 97) *shall come*

חֶרֶב n.f.s. (352) *a sword*

בְּמִצְרַיִם prep.-pr.n. (595) *upon Egypt*

וְהָיְתָה conj.-Qal pf. 3 f.s. (הָיָה 224) *and shall be*

חַלְחָלָה n.f.s. (298) *anguish*

בְּכוּשׁ prep.-pr.n. (468) *in Ethiopia*

בִּנְפֹל prep.-Qal inf.cstr. (נָפַל 656) *when ... fall*

חָלָל n.m.s. (319) *the slain*

בְּמִצְרַיִם prep.-pr.n. paus. (595) *in Egypt*

וְלָקְחוּ conj.-Qal pf. 3 c.p. (לָקַח 542) *and they carry away*

הֲמוֹנָהּ n.m.s.-3 f.s. sf. (242) *her wealth*

וְנֶהֶרְסוּ conj.-Ni. pf. 3 c.p. (הָרַס 248) *and are torn down*

יְסוֹדֹתֶיהָ n.f.p.-3 f.s. sf. (414) *her foundations*

30:5

כּוּשׁ pr.n. (468) *Ethiopia*

וּפוּט conj.-pr.n. (806) *and Put*

וְלוּד conj.-pr.n. (530) *and Lud*

וְכָל־הָעֶרֶב conj.-n.m.s. cstr. (481)-def.art.-n.m.s. (786 and 787) *and all Arabia*

וְכוּב conj.-pr.n. (464; some rd. 530) *and Kub (Libya)*

וּבְנֵי אֶרֶץ conj.-n.m.p. cstr. (119)-n.f.s. cstr. (75) *and the people of the land of*

הַבְּרִית def.art.-n.f.s. (136) *(that is in) league (the covenant)*

אִתָּם prep.-3 m.p. sf. (85) *with them*

בַּחֶרֶב prep.-def.art.-n.f.s. (352) *by the sword*

יִפֹּלוּ Qal impf. 3 m.p. paus. (נָפַל 656) *shall fall*

30:6

כֹּה אָמַר adv. (462)-Qal pf. 3 m.s. (55) *Thus says*

יהוה pr.n. (217) *Yahweh*

וְנָפְלוּ conj.-Qal pf. 3 c.p. (656) *shall fall*

סֹמְכֵי Qal act.ptc. m.p. cstr. (סָמַךְ 701) *those who support*

מִצְרַיִם pr.n. (595) *Egypt*

וְיָרַד conj.-Qal pf. 3 m.s. (432) *and shall come down*

גְּאוֹן עֻזָּהּ n.m.s. cstr. (144)-n.m.s.-3 f.s. sf. (738) *her proud might*

מִמִּגְדֹּל prep.-pr.n. (154) *from Migdol*

סְוֵנֵה pr.n. (692) *to Syene*

בַּחֶרֶב prep.-def.art.-n.f.s. (352) *by the sword*

יִפְּלוּ־בָהּ Qal impf. 3 m.p. (נָפַל 656)-prep.-3 f.s. sf. *they shall fall within her*

נְאֻם n.m.s. cstr. (610) *says*

אֲדֹנָי יהוה n.m.p.-1 c.s. sf. (10)-pr.n. (217) *the Lord Yahweh*

30:7

וְנָשַׁמּוּ conj.-Ni. pf. 3 c.p. (שָׁמֵם 1030) *And they shall be desolated*

בְּתוֹךְ prep.-n.m.s. cstr. (1063) *in the midst of*

אֲרָצוֹת נְשַׁמּוֹת n.f.p. (75)-Ni. ptc. f.p. (שָׁמֵם 1030) *desolated countries*

וְעָרָיו conj.-n.f.p.-3 m.s. sf. (746) *and her cities*

בְּתוֹךְ v.supra *in the midst of*

עָרִים נַחֲרָבוֹת n.f.p. (746)-Ni. ptc. f.p. (חָרַב 351) *cities that are laid waste*

תִּהְיֶינָה Qal impf. 3 f.p. (הָיָה 224) *shall be*

30:8

וְיָדְעוּ conj.-Qal pf. 3 c.p. (393) *Then they will know*

כִּי־אֲנִי conj. (471)-pers.pr. 1 c.s. (58) *that I am*

יהוה pr.n. (217) *Yahweh*

בְּתִתִּי prep.-Qal inf.cstr.-1 c.s. sf. (נָתַן 678) when I have set

אֵשׁ n.f.s. (77) fire

בְּמִצְרַיִם prep.-pr.n. (595) to Egypt

וְנִשְׁבְּרוּ conj.-Ni. pf. 3 c.p. (שָׁבַר 990) and are broken

כָּל־ n.m.s. cstr. (481) all of

עֹזְרֶיהָ Qal act.ptc. m.p.-3 f.s. sf. (עָזַר 740) her helpers

30:9

בַּיּוֹם הַהוּא prep.-def.art.-n.m.s. (398)-def.art.-demons.adj. m.s. (214) on that day

יֵצְאוּ Qal impf. 3 m.p. (יָצָא 422) shall go forth

מַלְאָכִים n.m.p. (521) messengers

מִלְּפָנַי prep.-prep.-n.m.s.-1 c.s. sf. (815) from me

בַּצִּים prep.-def.art.-n.m.p. (850; GK 93y) in ships

לְהַחֲרִיד prep.-Hi. inf.cstr. (חָרַד 353) to terrify

אֶת־כּוּשׁ בֶּטַח dir.obj.-pr.n. (468)-n.m.s. as adv. (105) the unsuspecting Ethiopians

וְהָיְתָה conj.-Qal pf. 3 f.s. (הָיָה 224) and shall come

חַלְחָלָה n.f.s. (298) anguish

בָהֶם prep.-3 m.p. sf. upon them

בְּיוֹם prep.-n.m.s. cstr. (398) on the day of

מִצְרַיִם pr.n. (595) Egypt

כִּי הִנֵּה conj. (471)-demons.part. (243) for, lo

בָאָה Qal pf. 3 f.s. (בּוֹא 97) it comes

30:10

כֹּה אָמַר adv. (462)-Qal pf. 3 m.s. (55) Thus says

אֲדֹנָי יהוה n.m.p.-1 c.s. sf. (10)-pr.n. (217) the Lord Yahweh

וְהִשְׁבַּתִּי conj.-Hi. pf. 1 c.s. (שָׁבַת 991) I will put an end

אֶת־הֲמוֹן dir.obj.-n.m.s. cstr. (242) to the multitude of

מִצְרַיִם pr.n. (595) Egypt

בְּיַד prep.-n.f.s. cstr. (388) by the hand of

נְבוּכַדְרֶאצַּר pr.n. (613) Nebuchadrezzar

מֶלֶךְ־בָּבֶל n.m.s. cstr. (572)-pr.n. (93) king of Babylon

30:11

הוּא pers.pr. 3 m.s. (214) He

וְעַמּוֹ conj.-n.m.s.-3 m.s. sf. (766) and his people

אִתּוֹ prep.-3 m.s. sf. (85) with him

עָרִיצֵי adj. m.p. cstr. (792) the most terrible of

גּוֹיִם n.m.p. (156) the nations

מוּבָאִים Ho. ptc. m.p. (בּוֹא 97) shall be brought in

לְשַׁחֵת prep.-Pi. inf.cstr. (שָׁחַת 1007) to destroy

הָאָרֶץ def.art.-n.f.s. (75) the land

וְהֵרִיקוּ conj.-Hi. pf. 3 c.p. (רִיק 937) and they shall draw

חַרְבוֹתָם n.f.p.-3 m.p. sf. (352) their swords

עַל־מִצְרָיִם prep.-pr.n. (595) against Egypt

וּמָלְאוּ conj.-Qal pf. 3 c.p. (מָלֵא 569) and fill

אֶת־הָאָרֶץ dir.obj.-def.art.-n.f.s. (75) the land

חָלָל n.m.s. (319) with the slain

30:12

וְנָתַתִּי conj.-Qal pf. 1 c.s. (נָתַן 678) and I will make

יְאֹרִים n.m.p. (384; GK 124e) the Nile

חָרָבָה n.f.s. (351) a dry ground

וּמָכַרְתִּי conj.-Qal pf. 1 c.s. (569) and will sell

אֶת־הָאָרֶץ dir.obj.-def.art.-n.f.s. (75) the land

בְּיַד־רָעִים prep.-n.f.s. cstr. (388)-adj. m.p. (948) into the hand of evil men

וַהֲשִׁמֹּתִי conj.-Hi. pf. 1 c.s. (שָׁמֵם 1030) I will bring desolation

אֶרֶץ n.f.s. (75) upon the land

וּמְלֹאָהּ conj.-n.m.s.-3 f.s. sf. (571) and everything in it

בְּיַד־זָרִים v.supra-Qal act.ptc. m.p. (זוּר 266) by the hand of foreigners

אֲנִי יהוה pers.pr. 1 c.s. (58)-pr. n. (217) I, Yahweh

דִּבַּרְתִּי Pi. pf. 1 c.s. (דָּבַר 180) have spoken

30:13

כֹּה־אָמַר adv. (462)-Qal pf. 3 m.s. (55) Thus says

אֲדֹנָי יהוה n.m.p.-1 c.s. sf. (10)-pr.n. (217) the Lord Yahweh

וְהַאֲבַדְתִּי conj.-Hi. pf. 1 c.s. (אָבַד 1) I will destroy

גִּלּוּלִים n.m.p. (156) the idols

וְהִשְׁבַּתִּי conj.-Hi. pf. 1 c.s. (שָׁבַת 991) and put an end to

אֱלִילִים n.m.p. (47) the images

מִנֹּף prep.-pr.n. (592) in Memphis

וְנָשִׂיא conj.-n.m.s. (672) and a prince

מֵאֶרֶץ prep.-n.f.s. cstr. (75) in the land of

מִצְרַיִם pr.n. (595) Egypt

לֹא יִהְיֶה־ neg.-Qal impf. 3 m.s. (הָיָה 224) there shall not be

עוֹד adv. (728) any longer

וְנָתַתִּי conj.-Qal pf. 1 c.s. (נָתַן 678) so I will put

יִרְאָה n.f.s. (432) fear

597

בְּאֶרֶץ prep.-n.f.s. cstr. (75) *in the land of*
מִצְרָיִם pr.n. paus. (595) *Egypt*

30:14

וַהֲשִׁמֹּתִי conj.-Hi. pf. 1 c.s. (שָׁמֵם 1030) *I will make a desolation*
אֶת־פַּתְרוֹס dir.obj.-pr.n. (837) *of Pathros*
וְנָתַתִּי conj.-Qal pf. 1 c.s. (נָתַן 678) *and I will set*
אֵשׁ n.f.s. (77) *fire*
בְּצֹעַן prep.-pr.n. (858) *to Zoan*
וְעָשִׂיתִי conj.-Qal pf. 1 c.s. (עָשָׂה 793) *and will execute*
שְׁפָטִים n.m.p. (1048) *acts of judgment*
בְּנֹא prep.-pr.n. (609) *upon Thebes*

30:15

וְשָׁפַכְתִּי conj.-Qal pf. 1 c.s. (שָׁפַךְ 1049) *And I will pour*
חֲמָתִי n.f.s.-1 c.s. sf. (404) *my wrath*
עַל־סִין prep.-pr.n. (695) *upon Pelusium*
מָעוֹז n.m.s. cstr. (731) *the stronghold of*
מִצְרָיִם pr.n. (595) *Egypt*
וְהִכְרַתִּי conj.-Hi. pf. 1 c.s. (כָּרַת 503) *and cut off*
אֶת־הֲמוֹן dir.obj.-n.m.s. cstr. (242) *the multitude of*
נֹא pr.n. (609) *Thebes*

30:16

וְנָתַתִּי conj.-Qal pf. 1 c.s. (נָתַן 678) *And I will set*
אֵשׁ n.f.s. (77) *fire*
בְּמִצְרַיִם prep.-pr.n. (595) *to Egypt*
חוּל תָּחִיל Qal inf.abs. (חוּל 296; GK 73d)-Qal impf. 3 f.s. (חוּל 296) *shall be in great agony*
סִין pr.n. (695) *Pelusium*
וְנֹא conj.-pr.n. (609) *Thebes*
תִּהְיֶה Qal impf. 3 f.s. (הָיָה 224) *shall be*
לְהִבָּקֵעַ prep.-Ni. inf.cstr. (בָּקַע 131) *breached*
וְנֹף conj.-pr.n. (592) *and Memphis*
צָרֵי n.m.p. cstr. (865) *adversaries of*
יוֹמָם n.m.s. (401) *the day*

30:17

בַּחוּרֵי n.m.p. cstr. (104) *The young men of*
אָוֶן pr.n. (58; if rd. as אוֹן) as written it is n.m.s. (19) *On or wickedness*
וּפִי־בֶסֶת conj.-pr.n. (809) *and of Pibeseth*
בַּחֶרֶב prep.-def.art.-n.f.s. (352) *by the sword*
יִפֹּלוּ Qal impf. 3 m.p. (נָפַל 656) *shall fall*

וְהֵנָּה conj.-pers.pr. 3 f.p. (241) *and they (the women)*
בַּשְּׁבִי prep.-def.art.-n.m.s. (985) *into captivity*
תֵלַכְנָה Qal impf. 3 f.p. (הָלַךְ 229) *shall go*

30:18

וּבִתְחַפְנְחֵס conj.-prep.-pr.n. (1064) *At Tehaphnehes*
חָשַׂךְ Qal pf. 3 m.s. (362; some rd. חָשַׁךְ 364) *shall withhold (or shall be dark)*
הַיּוֹם def.art.-n.m.s. (398) *the day*
בְּשִׁבְרִי־ prep.-n.m.s.-1 c.s. sf. (991) *when I break*
שָׁם adv. (1027) *there*
אֶת־מֹטוֹת dir.obj.-n.f.p. cstr. (557) *the dominion of*
מִצְרַיִם pr.n. (595) *Egypt*
וְנִשְׁבַּת־בָּהּ conj.-Ni. pf. 3 m.s. (שָׁבַת 991)-prep. -3 f.s. sf. *and shall come to an end by it*
גְּאוֹן עֻזָּהּ n.m.s. cstr. (144)-n.m.s.-3 f.s. sf. (738) *her proud might*
הִיא pers.pr. 3 f.s. (214) *she*
עָנָן n.m.s. (777) *by a cloud*
יְכַסֶּנָּה Pi. impf. 3 m.s.-3 f.s. sf. (כָּסָה 491) *shall be covered*
וּבְנוֹתֶיהָ conj.-n.f.p.-3 f.s. sf. (123) *and her daughters*
בַּשְּׁבִי prep.-def.art.-n.m.s. (985) *into captivity*
תֵלַכְנָה Qal impf. 3 f.p. (הָלַךְ 229) *shall go*

30:19

וְעָשִׂיתִי conj.-Qal pf. 1 c.s. (עָשָׂה 793) *Thus I will execute*
שְׁפָטִים n.m.p. (1048) *acts of judgment*
בְּמִצְרָיִם prep.-pr.n. paus. (595) *upon Egypt*
וְיָדְעוּ conj.-Qal pf. 3 c.p. (393) *Then they will know*
כִּי־אֲנִי conj. (471)-pers.pr. 1 c.s. (58) *that I am*
יְהוָה pr.n. (217) *Yahweh*

30:20

וַיְהִי consec.-Qal impf. 3 m.s. (הָיָה 224) *then*
בְּאַחַת עֶשְׂרֵה prep.-num. f.s. (25)-num. (797) *in the eleventh*
שָׁנָה n.f.s. (1040) *year*
בָּרִאשׁוֹן prep.-def.art.-adj. (911) *in the first month*
בְּשִׁבְעָה prep.-num. f.s. (987) *on the seventh day*
לַחֹדֶשׁ prep.-def.art.-n.m.s. (294) *of the month*
הָיָה Qal pf. 3 m.s. (224) *came*
דְּבַר־יְהוָה n.m.s. cstr. (182)-pr.n. (217) *the word of Yahweh*
אֵלַי prep.-1 c.s. sf. *to me*

לֵאמֹר prep.-Qal inf.cstr. (55) *(saying)*

30:21

בֶּן־אָדָם n.m.s. cstr. (119)-n.m.s. (9) *Son of man*

אֶת־זְרוֹעַ dir.obj.-n.f.s. cstr. (283) *the arm of*

פַּרְעֹה pr.n. (829) *Pharaoh*

מֶלֶךְ־מִצְרַיִם n.m.s. cstr. (572)-pr.n. (595) *king of Egypt*

שָׁבָרְתִּי Qal pf. 1 c.s. paus. (שָׁבַר 990) *I have broken*

וְהִנֵּה conj.-demons.part. (243) *and lo*

לֹא־חֻבְּשָׁה neg.-Pu. pf. 3 f.s. (חָבַשׁ 289) *it has not been bound up*

לָתֵת רְפֻאוֹת prep.-Qal inf.cstr. (נָתַן 678)-n.f.p. (951) *to give healing*

לָשׂוּם חִתּוּל prep.-Qal inf.cstr. (שׂוּם 962)-n.m.s. (367) *to put a bandage*

לְחָבְשָׁהּ prep.-Qal inf.cstr.-3 f.s. sf. (חָבַשׁ 289) *to bind it*

לְחָזְקָהּ prep.-Qal inf.cstr.-3 f.s. sf. (חָזַק 304) *to make it strong*

לִתְפֹּשׂ prep.-Qal inf.cstr. (תָּפַשׂ 1074) *to wield*

בֶּחָרֶב prep.-def.art.-n.f.s. paus. (352) *the sword*

30:22

לָכֵן כֹּה־ prep.-adv. (485)-adv. (462) *Therefore thus*

אָמַר Qal pf. 3 m.s. (55) *says*

אֲדֹנָי יהוה n.m.p.-1 c.s. sf. (10)-pr.n. (217) *the Lord Yahweh*

הִנְנִי demons.part.-1 c.s. sf. (243) *Behold, I am*

אֶל־פַּרְעֹה prep.-pr.n. (829) *against Pharaoh*

מֶלֶךְ־מִצְרַיִם n.m.s. cstr. (572)-pr.n. (595) *king of Egypt*

וְשָׁבַרְתִּי conj.-Qal pf. 1 c.s. (שָׁבַר 990) *and will break*

אֶת־זְרֹעֹתָיו dir.obj.-n.f.p.-3 m.s. sf. (283) *his arms*

אֶת־הַחֲזָקָה dir.obj.-def.art.-adj. f.s. (305) *the strong one*

וְאֶת־הַנִּשְׁבָּרֶת conj.-dir.obj.-def.art.-Ni. ptc. f.s. paus. (שָׁבַר 990) *and the one that was broken*

וְהִפַּלְתִּי conj.-Hi. pf. 1 c.s. (נָפַל 656) *and I will make fall*

אֶת־הַחֶרֶב dir.obj.-def.art.-n.f.s. (352) *the sword*

מִיָּדוֹ prep.-n.f.s.-3 m.s. sf. (388) *from his hand*

30:23

וַהֲפִצוֹתִי conj.-Hi. pf. 1 c.s. (פוּץ 806) *I will scatter*

אֶת־מִצְרַיִם dir.obj.-pr.n. (595) *the Egyptians*

בַּגּוֹיִם prep.-def.art.-n.m.p. (156) *among the nations*

וְזֵרִיתִם conj.-Pi. pf. 1 c.s.-3 m.p. sf. (זָרָה 279) *and disperse them*

בָּאֲרָצוֹת prep.-def.art.-n.f.p. (75) *throughout the lands*

30:24

וְחִזַּקְתִּי conj.-Pi. pf. 1 c.s. (חָזַק 304) *And I will strengthen*

אֶת־זְרֹעוֹת dir.obj.-n.f.p. cstr. (283) *the arms of*

מֶלֶךְ בָּבֶל n.m.s. cstr. (572)-pr.n. (93) *the king of Babylon*

וְנָתַתִּי conj.-Qal pf. 1 c.s. (נָתַן 678) *and put*

אֶת־חַרְבִּי dir.obj.-n.f.s.-1 c.s. sf. (352) *my sword*

בְּיָדוֹ prep.-n.f.s.-3 m.s. sf. (388) *in his hand*

וְשָׁבַרְתִּי conj.-Qal pf. 1 c.s. (990) *but I will break*

אֶת־זְרֹעוֹת v.supra *the arms of*

פַּרְעֹה pr.n. (829) *Pharaoh*

וְנָאַק נְאָקוֹת conj.-Qal pf. 3 m.s. (611)-n.f.p. (611) *and he will groan groans*

חָלָל n.m.s. (319) *like a man mortally wounded*

לְפָנָיו prep.-n.m.p.-3 m.s. sf. (815) *before him*

30:25

וְהַחֲזַקְתִּי conj.-Hi. pf. 1 c.s. (חָזַק 304) *I will strengthen*

אֶת־זְרֹעוֹת dir.obj.-n.f.p. cstr. (283) *the arms of*

מֶלֶךְ בָּבֶל n.m.s. cstr. (572)-pr.n. (93) *the king of Babylon*

וּזְרֹעוֹת conj.-n.f.p. cstr. (283) *but the arms of*

פַּרְעֹה pr.n. (829) *Pharaoh*

תִּפֹּלְנָה Qal impf. 3 f.p. (נָפַל 656) *shall fall*

וְיָדְעוּ conj.-Qal pf. 3 c.p. (393) *and they shall know*

כִּי־אֲנִי conj. (471)-pers.pr. 1 c.s. (58) *that I am*

יהוה pr.n. (217) *Yahweh*

בְּתִתִּי prep.-Qal inf.cstr.-1 c.s. sf. (נָתַן 678) *When I put*

חַרְבִּי n.f.s.-1 c.s. sf. (352) *my sword*

בְּיַד prep.-n.f.s. cstr. (388) *into the hand of*

מֶלֶךְ־בָּבֶל v.supra-v.supra *the king of Babylon*

וְנָטָה conj.-Qal pf. 3 m.s. (639) *he shall stretch … out*

אוֹתָהּ dir.obj.-3 f.s. sf. *it*

אֶל־אֶרֶץ prep.-n.f.s. cstr. (75) *against the land of*

מִצְרָיִם pr.n. paus. (595) *Egypt*

30:26

וַהֲפִצוֹתִי conj.-Hi. pf. 1 c.s. (פוּץ 806) *and I will scatter*

אֶת־מִצְרַיִם dir.obj.-pr.n. (595) *the Egyptians*

בַּגּוֹיִם prep.-def.art.-n.m.p. (156) *among the nations*

וְזֵרִיתִי conj.-Pi. pf. 1 c.s. (זרה 279) *and disperse*

אוֹתָם dir.obj.-3 m.p. sf. *them*

בָּאֲרָצוֹת prep.-def.art.-n.f.p. (75) *throughout the countries*

וְיָדְעוּ conj.-Qal pf. 3 c.p. (393) *Then they will know*

כִּי־אֲנִי conj. (471)-pers.pr. 1 c.s. (58) *that I am*

יְהוָה pr.n. (217) *Yahweh*

31:1

וַיְהִי consec.-Qal impf. 3 m.s. (היה 224) *And it was*

בְּאַחַת עֶשְׂרֵה prep.-num. f.s. (25) -num. (797) *in the eleventh*

שָׁנָה n.f.s. (1040) *year*

בַּשְּׁלִישִׁי prep.-def.art.-num.ord. (1026) *in the third month*

בְּאֶחָד prep.-num. (25) *on the first day*

לַחֹדֶשׁ prep.-def.art.-n.m.s. (294) *of the month*

הָיָה Qal pf. 3 m.s. (224) *came*

דְּבַר־יְהוָה n.m.s. cstr. (182)-pr.n. (217) *the word of Yahweh*

אֵלַי prep.-1 c.s. sf. *to me*

לֵאמֹר prep.-Qal inf.cstr. (55) *(saying)*

31:2

בֶּן־אָדָם n.m.s. cstr. (119)-n.m.s. (9) *Son of man*

אֱמֹר Qal impv. 2 m.s. (55) *say*

אֶל־פַּרְעֹה prep.-pr.n. (829) *to Pharaoh*

מֶלֶךְ־מִצְרַיִם n.m.s. cstr. (572)-pr.n. (595) *king of Egypt*

וְאֶל־הֲמוֹנוֹ conj.-prep.-n.m.s.-3 m.s. sf. (242) *and to his multitude*

אֶל־מִי prep.-interr. (566) *unto whom*

דָּמִיתָ Qal pf. 2 m.s. (197) *are you like*

בְּגָדְלֶךָ prep.-n.m.s.-2 m.s. sf. (152) *in your greatness*

31:3

הִנֵּה demons.part. (243) *Behold*

אַשּׁוּר pr.n. (78) *Assyria* (or Qal impf. 1 c.s. שׁוּר 1003, *I regard*)

אֶרֶז n.m.s. (72) *a cedar*

בַּלְּבָנוֹן prep.-def.art.-pr.n. (526) *in Lebanon*

יְפֵה עָנָף adj. m.s. cstr. (421)-n.m.s. (778) *with fair branches*

וְחֹרֶשׁ מֵצַל conj.-n.m.s. (361)-prep.-n.m.s. (853; GK 67v) *and forest shade*

וּגְבַהּ קוֹמָה conj.-adj. m.s. cstr. (147)-n.f.s. (879) *and of great height*

וּבֵין עֲבֹתִים conj.-prep. (107)-n.m.p. (721) *and among thick boughs*

הָיְתָה Qal pf. 3 f.s. (היה 224) *is*

צַמַּרְתּוֹ n.f.s.-3 m.s. sf. (856) *its top*

31:4

מַיִם n.m.p. (565) *The waters*

גִּדְּלוּהוּ Pi. pf. 3 c.p.-3 m.s. sf. (גדל 152) *nourished it*

תְּהוֹם n.f.s. (1062) *the deep*

רֹמְמָתְהוּ Polel pf. 3 f.s.-3 m.s. sf. (רום 926) *made it grow tall*

אֶת־נַהֲרֹתֶיהָ dir.obj.-n.m.p.-3 f.s. sf. (625) *its rivers*

הֹלֵךְ Qal act.ptc. (229) *going*

סְבִיבוֹת prep. (686) *round*

מַטָּעָהּ n.m.s.-3 f.s. sf. (642) *the place of its planting*

וְאֶת־תְּעָלֹתֶיהָ conj.-dir.obj.-n.f.p.-3 f.s. sf. (752) *and its streams*

שִׁלְּחָה Pi. pf. 3 f.s. (?) (שלח 1018) *sending forth*

אֶל כָּל־עֲצֵי prep.-n.m.s. cstr. (481)-n.m.p. cstr. (781) *to all the trees of*

הַשָּׂדֶה def.art.-n.m.s. (961) *the forest*

31:5

עַל־כֵּן גָּבְהָא prep.-adv. (485)-Qal pf. 3 f.s. (146 גבה; GK 44f) (as גָּבְהָה) *So towered*

קֹמָתוֹ n.f.s.-3 m.s. sf. (879) *its height*

מִכֹּל עֲצֵי prep.-n.m.s. cstr.-v.supra (481) *above all the trees of*

הַשָּׂדֶה def.art.-n.m.s. (961) *the forest*

וַתִּרְבֶּינָה consec.-Qal impf. 3 f.p. (רבה 915) *and grew large*

סַרְעַפֹּתָיו n.f.p.-3 m.s. sf. (703) *its boughs*

וַתֶּאֱרַכְנָה consec.-Qal impf. 3 f.p. (ארך 73) *and grew long*

פֹּארֹתָיו n.f.p.-3 m.s. sf. (802) *its branches*

מִמַּיִם רַבִּים prep.-n.m.p. (565)-adj. m.p. (912) *from abundant water*

בְּשַׁלְּחוֹ prep.-Pi. inf.cstr.-3 m.s. sf. (שלח 1018) *in its boughs (in its sending forth)*

31:6

בִּסְעַפֹּתָיו prep.-n.f.p.-3 m.s. sf. (703) *in its boughs*

קִנְנוּ Pi. pf. 3 c.p. (קנן 890) *made their nests*

כָּל־עוֹף n.m.s. cstr. (481)-n.m.s. (733) *all the birds of*

הַשָּׁמַיִם def.art.-n.m.p. (1029) *the air*

וְתַחַת conj.-prep. (1065) *and under*

פֹּארֹתָיו n.f.p.-3 m.s. sf. (802) *its branches*

יָלְדוּ Qal pf. 3 c.p. (408) *they brought forth their young*

כֹּל חַיַּת n.m.s. cstr. (481)-n.f.s. cstr. (312) *all the beasts of*

הַשָּׂדֶה def.art.-n.m.s. (961) *the field*

וּבְצִלּוֹ conj.-prep.-n.m.s.-3 m.s. sf. (853) *and under its shadow*

יֵשְׁבוּ Qal impf. 3 m.p. (יָשַׁב 442) *dwelt*

כֹּל n.m.s. cstr. (481) *all (of)*

גּוֹיִם רַבִּים n.m.p. (156)-adj. m.p. (912) *great nations*

31:7

וַיְּיִף consec.-Qal impf. 3 m.s. apoc. (יָפָה 421; GK 76f) *It was beautiful*

בְּגָדְלוֹ prep.-n.m.s.-3 m.s. sf. (152) *in its greatness*

בְּאֹרֶךְ prep.-n.m.s. cstr. (73) *in the length of*

דָּלִיּוֹתָיו n.f.p.-3 m.s. sf. (194) *its branches*

כִּי־הָיָה conj. (471)-Qal pf. 3 m.s. (224) *for went down*

שָׁרְשׁוֹ n.m.s.-3 m.s. sf. (1057) *its roots*

אֶל־מַיִם רַבִּים prep.-n.m.p. (565)-adj. m.p. (912) *to abundant waters*

31:8

אֲרָזִים n.m.p. (72) *The cedars*

לֹא־עֲמָמֻהוּ neg.-Qal pf. 3 c.p.-3 m.s. sf. (עָמַם 770) *could not rival it*

בְּגַן־אֱלֹהִים prep.-n.m.s. cstr. (171)-n.m.p. (43) *in the garden of God*

בְּרוֹשִׁים n.m.p. (141) *the fir trees*

לֹא דָמוּ neg.-Qal pf. 3 c.p. (דָּמָה 197) *could not equal*

אֶל־סְעַפֹּתָיו prep.-n.f.p.-3 m.s. sf. (703) *its boughs*

וְעַרְמֹנִים conj.-n.m.p. (790) *the plane trees*

לֹא־הָיוּ neg.-Qal pf. 3 c.p. (הָיָה 224) *were as nothing*

כְּפֹארֹתָיו prep.-n.f.p.-3 m.s. sf. (802) *compared with its branches*

כָּל־עֵץ n.m.s. cstr. (481)-n.m.s. (781) *every tree*

בְּגַן־אֱלֹהִים v.supra-v.supra *in the garden of God*

לֹא־דָמָה neg.-Qal pf. 3 m.s. (197) *was not like*

אֵלָיו prep.-3 m.s. sf. *it*

בְּיָפְיוֹ prep.-n.m.s.-3 m.s. sf. (421) *in its beauty*

31:9

יָפֶה adj. m.s. (421) *beautiful*

עֲשִׂיתִיו Qal pf. 1 c.s.-3 m.s. sf. (עָשָׂה 793) *I made it*

בְּרֹב prep.-n.m.s. cstr. (913) *in the mass of*

דָּלִיּוֹתָיו n.f.p.-3 m.s. sf. (194) *its branches*

וַיְקַנְאֻהוּ consec.-Pi. impf. 3 m.p.-3 m.s. sf. (קָנָא 888) *and envied it*

כָּל־עֲצֵי n.m.s. cstr. (481)-n.m.p. cstr. (781) *all the trees of*

עֵדֶן pr.n. (727) *Eden*

אֲשֶׁר בְּגַן rel. (81)-prep.-n.m.s. cstr. (171) *that were in the garden of*

הָאֱלֹהִים def.art.-n.m.p. (43) *God*

31:10

לָכֵן כֹּה prep.-adv. (485)-adv. (462) *Therefore thus*

אָמַר Qal pf. 3 m.s. (55) *says*

אֲדֹנָי יהוה n.m.p.-1 c.s. sf. (10)-pr.n. (217) *the Lord Yahweh*

יַעַן אֲשֶׁר conj. (774)-rel. (81) *Because*

גָּבַהְתָּ Qal pf. 2 m.s. (גָּבַהּ 146) *you towered high*

בְּקוֹמָה prep.-n.f.s. (879) *in height*

וַיִּתֵּן consec.-Qal impf. 3 m.s. (נָתַן 678) *and set*

צַמַּרְתּוֹ n.f.s.-3 m.s. sf. (856) *its top*

אֶל־בֵּין עֲבוֹתִים prep. (39)-prep. (107)-n.m.p. (721) *among its thick boughs*

וְרָם conj.-Qal pf. 3 m.s. (926) *and was proud*

לְבָבוֹ n.m.s.-3 m.s. sf. (523) *its heart*

בְּגָבְהוֹ prep.-n.m.s.-3 m.s. sf. (147) *of its height*

31:11

וְאֶתְּנֵהוּ conj.-Qal impf. 1 c.s.-3 m.s. sf. (נָתַן 678) *I will give it*

בְּיַד prep.-n.f.s. cstr. (388) *into the hand of*

אֵיל גּוֹיִם n.m.s. cstr. (18)-n.m.p. (156) *a mighty one of the nations*

עָשׂוֹ יַעֲשֶׂה Qal inf.abs. (עָשָׂה 793)-Qal impf. 3 m.s. (793) *he will surely deal*

לוֹ prep.-3 m.s. sf. *with it*

כְּרִשְׁעוֹ prep.-n.m.s.-3 m.s. sf. (957) *as its wickedness (deserves)*

גֵּרַשְׁתִּהוּ Pi. pf. 1 c.s.-3 m.s. sf. (גָּרַשׁ 176) *I have cast it out*

31:12

וַיִּכְרְתֻהוּ consec.-Qal impf. 3 m.p.-3 m.s. sf. (כָּרַת 503) *will cut it down*

זָרִים Qal act.ptc. m.p. (זוּר 266) *strangers*

עָרִיצֵי גוֹיִם adj. m.p. cstr. (792)-n.m.p. (156) *the most terrible of the nations*

וַיִּטְּשֻׁהוּ consec.-Qal impf. 3 m.p.-3 m.s. sf. (643 נָטַשׁ) *and leave it*

אֶל־הֶהָרִים prep.-def.art.-n.m.p. (249) *On the mountains*

וּבְכָל־ conj.-prep.-n.m.s. cstr. (481) *and in all (of)*

גֵּאָיוֹת n.m.p. (161) *the valleys*

נָפְלוּ Qal pf. 3 c.p. (656) *will fall*

דָּלִיּוֹתָיו n.f.p.-3 m.s. sf. (194) *its branches*

וַתִּשָּׁבַרְנָה consec.-Ni. impf. 3 f.p. (שָׁבַר 990) *and will lie broken*

פֹארֹתָיו n.f.p.-3 m.s. sf. (802) *its boughs*

בְּכֹל אֲפִיקֵי prep.-n.m.s. cstr. (481)-n.m.p. cstr. (67) *in all the watercourses of*

הָאָרֶץ def.art.-n.f.s. (75) *the land*

וַיֵּרְדוּ consec.-Qal impf. 3 m.p. (יָרַד 432) *and will go*

מִצִּלּוֹ prep.-n.m.s.-3 m.s. sf. (853) *from its shadow*

כָּל־עַמֵּי n.m.s. cstr. (481)-n.m.p. cstr. (766) *all the peoples of*

הָאָרֶץ v.supra *the earth*

וַיִּטְּשֻׁהוּ consec.-Qal impf. 3 m.p.-3 m.s. sf. (נָטַשׁ 643) *and leave it*

31:13

עַל־מַפַּלְתּוֹ prep.-n.f.s.-3 m.s sf. (658) *upon its ruin*

יִשְׁכְּנוּ Qal impf. 3 m.p. (שָׁכֵן 1014) *will dwell*

כָּל־עוֹף n.m.s. cstr. (481)-n.m.s. cstr. (733) *all the birds of*

הַשָּׁמָיִם def.art.-n.m.p. (1029) *the air*

וְאֶל־פֹארֹתָיו conj.-prep.-n.f.p.-3 m.s. sf. (802) *and upon its branches*

הָיוּ Qal pf. 3 c.p. (הָיָה 224) *will be*

כֹּל חַיַּת n.m.s. cstr. (481)-n.f.s. cstr. (312) *all the beasts of*

הַשָּׂדֶה def.art.-n.m.s. (961) *the field*

31:14

לְמַעַן אֲשֶׁר conj. (775)-rel. (81) *in order that*

לֹא־יִגְבְּהוּ neg.-Qal impf. 3 m.p. (גָּבַהּ 146) *may not grow high*

בְּקוֹמָתָם prep.-n.f.s.-3 m.p. sf. (879) *to lofty height*

כָּל־עֲצֵי־ n.m.s. cstr. (481)-n.m.p. cstr. (781) *any trees by*

מַיִם n.m.p. (565) *the waters*

וְלֹא־יִתְּנוּ conj.-neg.-Qal impf. 3 m.p. (נָתַן 678) *or could not set*

אֶת־צַמַּרְתָּם dir.obj.-n.f.s.-3 m.p. sf. (856) *their tops*

אֶל־בֵּין עֲבֹתִים prep. (39)-prep. (107)-n.m.p. (721) *among the thick boughs*

וְלֹא־יַעַמְדוּ conj.-neg.-Qal impf. 3 m.p. (עָמַד 763) *and that may not reach up*

אֲלֵיהֶם prep.-3 m.p. sf. *to them*

בְּגָבְהָם prep.-n.m.s.-3 m.p. sf. (147) *in their height*

כָּל־שֹׁתֵי n.m.s. cstr. (481)-Qal act.ptc. m.p. cstr. (שָׁתָה 1059) *all that drink*

מָיִם n.m.p. paus. (565) *water*

כִּי־כֻלָּם conj. (471)-n.m.s.-3 m.p. sf. (481) *for all of them*

נִתְּנוּ Ni. pf. 3 c.p. (נָתַן 678) *are given over*

לַמָּוֶת prep.-def.art.-n.m.s. (560) *to death*

אֶל־אֶרֶץ תַּחְתִּית prep.-n.f.s. (75)-adj. f.s. (1066) *to the nether world*

בְּתוֹךְ prep.-n.m.s. cstr. (1063) *among*

בְּנֵי אָדָם n.m.p. cstr. (119)-n.m.s. (9) *mortal men*

אֶל־יוֹרְדֵי prep.-Qal act.ptc. m.p. cstr. (יָרַד 432) *with those who go down to*

בוֹר n.m.s. (92) *the Pit*

31:15

כֹּה־אָמַר adv. (462)-Qal pf. 3 m.s. (55) *Thus says*

אֲדֹנָי יהוה n.m.p.-1 c.s. sf. (10)-pr.n. (217) *the Lord Yahweh*

בְּיוֹם prep.-n.m.s. cstr. (398) *when*

רִדְתּוֹ Qal inf.cstr.-3 m.s. sf. (יָרַד 432) *it goes down*

שְׁאוֹלָה n.f.s.-dir.he (982) *to Sheol*

הֶאֱבַלְתִּי Hi. pf. 1 c.s. (אָבַל 5) *I will make mourn*

כִּסֵּתִי Pi. pf. 1 c.s. (כָּסָה 491) *I have covered*

עָלָיו prep.-3 m.s. sf. *it*

אֶת־תְּהוֹם dir.obj.-n.f.s. (1062) *the deep*

וָאֶמְנַע consec.-Qal impf. 1 c.s. (מָנַע 586) *and restrain*

נַהֲרוֹתֶיהָ n.m.p.-3 f.s. sf. (625) *its rivers*

וַיִּכָּלְאוּ consec.-Ni. impf. 3 m.p. (כָּלָא 476) *and shall be stopped*

מַיִם רַבִּים n.m.p. (565)-adj. m.p. (912) *many waters*

וָאַקְדִּר consec.-Hi. impf. 1 c.s. (קָדַר 871) *I will clothe in gloom*

עָלָיו prep.-3 m.s. sf. *for it*

לְבָנוֹן pr.n. (526) *Lebanon*

וְכָל־עֲצֵי conj.-n.m.s. cstr. (481)-n.m.p. cstr. (781) *and all the trees of*

הַשָּׂדֶה def.art.-n.m.s. (961) *the field*

עָלָיו v.supra *because of it*

עֻלְפֶּה rd. as עֻלְפּוּ with LXX Pu. pf. 3 f.s. (עָלַף 763) *shall faint*

602

31:16

מִקּוֹל prep.-n.m.s. cstr. (876) *at the sound of*

מַפַּלְתּוֹ n.f.s.-3 m.s. sf. (658) *its fall*

הִרְעַשְׁתִּי Hi. pf. 1 c.s. (רעשׁ 950) *I will make quake*

גּוֹיִם n.m.p. (156) *the nations*

בְּהוֹרִדִי prep.-Hi. inf.cstr.-1 c.s. sf. (ירד 432) *when I cast down*

אֹתוֹ dir.obj.-3 m.s. sf. *it*

שְׁאוֹלָה pr.n.-dir.he (982) *to Sheol*

אֶת־יוֹרְדֵי dir.obj.-Qal act.ptc. m.p. cstr. (ירד 432) *with those who go down to*

בוֹר n.m.s. (92) *the Pit*

וַיִּנָּחֲמוּ consec.-Ni. impf. 3 m.p. (נחם 636) *and will be comforted*

בְּאֶרֶץ prep.-n.f.s. (75) *in the ... world*

תַּחְתִּית adj. f.s. (1066) *nether*

כָּל־עֲצֵי n.m.s. cstr. (481)-n.m.p. cstr. (781) *all the trees of*

עֵדֶן pr.n. (727) *Eden*

מִבְחַר n.m.s. cstr. (104; GK 128aN) *the choice*

וְטוֹב־ conj.-adj. m.s. cstr. (373; GK 128aN) *and best of*

לְבָנוֹן pr.n. (526) *Lebanon*

כָּל־שֹׁתֵי v.supra-Qal act.ptc. m.p. cstr. (שׁתה 1059) *all that drink*

מָיִם n.m.p. paus. (565) *water*

31:17

גַּם־הֵם adv. (168)-pers.pr. 3 m.p. (241) *They also*

אִתּוֹ prep.-3 m.s. sf. (85) *with it*

יָרְדוּ Qal pf. 3 c.p. (432) *shall go down*

שְׁאוֹלָה pr.n.-dir.he (982) *to Sheol*

אֶל־חַלְלֵי־ prep.-n.m.p. cstr. (319) *to those who are slain by*

חָרֶב n.f.s. paus. (352) *the sword*

וּזְרֹעוֹ conj.-n.f.s.-3 m.s. sf. (283) *and his arm*

יָשְׁבוּ Qal pf. 3 c.p. (442) *they dwell*

בְצִלּוֹ prep.-n.m.s.-3 m.s. sf. (853) *under its shadow*

בְּתוֹךְ גּוֹיִם prep.-n.m.s. cstr. (1063)-n.m.p. (156) *among the nations*

31:18

אֶל־מִי prep.-interr. (566) *whom*

דָּמִיתָ Qal pf. 2 m.s. (דמה 197) *are you like*

כָּכָה adv. (462) *thus*

בְּכָבוֹד prep.-n.m.s. (482) *in glory*

וּבְגֹדֶל conj.-prep.-n.m.s. (152) *and in greatness*

בַּעֲצֵי־עֵדֶן prep.-n.m.p. cstr. (781)-pr.n. (727) *among the trees of Eden*

וְהוֹרַדְתָּ conj.-Ho. pf. 2 m.s. (ירד 432) *You shall be brought down*

אֶת־עֲצֵי־עֵדֶן prep. (85)-v.supra-v.supra *with the trees of Eden*

אֶל־אֶרֶץ תַּחְתִּית prep.-n.f.s. (75)-adj. f.s. (1066) *to the nether world*

בְּתוֹךְ prep.-n.m.s. cstr. (1063) *among*

עֲרֵלִים adj. m.p. (790) *the uncircumcised*

תִּשְׁכַּב Qal impf. 2 m.s. (שׁכב 1011) *you shall lie*

אֶת־חַלְלֵי־ prep. (85)-n.m.p. cstr. (319) *with those who are slain with*

חֶרֶב n.f.s. (352) *the sword*

הוּא פַרְעֹה demons.adj. m.s. (214)-pr.n. (829) *This is Pharaoh*

וְכָל־הֲמוֹנֹה conj.-n.m.s. cstr. (481)-n.m.s.-3 m.s. sf. (242) *and all his multitude*

נְאֻם n.m.s. cstr. (610) *says*

אֲדֹנָי יהוה n.m.p.-1 c.s. sf. (10)-pr.n. (217) *the Lord Yahweh*

32:1

וַיְהִי consec.-Qal impf. 3 m.s. (היה 224) *and it was*

בִּשְׁתֵּי עֶשְׂרֵה prep.-num. f. cstr. (1040)-num. (797) *in the twelfth*

שָׁנָה n.f.s. (1040) *year*

בִּשְׁנֵי־עָשָׂר prep.-num. m. cstr. (1040)-num. (797) *in the twelfth*

חֹדֶשׁ n.m.s. (294) *month*

בְּאֶחָד prep.-num. (25) *on the first day*

לַחֹדֶשׁ prep.-def.art.-n.m.s. (294) *of the month*

הָיָה Qal pf. 3 m.s. (224) *came*

דְּבַר־יהוה n.m.s. cstr. (182)-pr.n. (217) *the word of Yahweh*

אֵלַי prep.-1 c.s. sf. *to me*

לֵאמֹר prep.-Qal inf.cstr. (55) *(saying)*

32:2

בֶּן־אָדָם n.m.s. cstr. (119)-n.m.s. (9) *Son of man*

שָׂא Qal impv. 2 m.s. (נשׂא 669) *raise*

קִינָה n.f.s. (884) *a lamentation*

עַל־פַּרְעֹה prep.-pr.n. (829) *over Pharaoh*

מֶלֶךְ־מִצְרַיִם n.m.s. cstr. (572)-pr.n. (595) *king of Egypt*

וְאָמַרְתָּ conj.-Qal pf. 2 m.s. (55) *and say*

אֵלָיו prep.-3 m.s. sf. (39) *to him*

כְּפִיר n.m.s. cstr. (498) *a lion among*

גּוֹיִם n.m.p. (156) *the nations*

נִדְמֵיתָ Ni. pf. 2 m.s. (דמה 198) *you (are cut off) consider yourself*

וְאַתָּה conj.-pers.pr. 2 m.s. (61) *but you*

כַּתַּנִּים prep.-def.art.-n.m.s. (1072) *like a dragon*

בַּיַּמִּים prep.-def.art.-n.m.p. (410) *in the seas*

וַתָּגַח consec.-Qal impf. 2 m.s. (גִּיחַ 161) *you burst forth*

בְּנַהֲרוֹתֶיךָ prep.-n.m.p.-2 m.s. sf. (625) *in your rivers*

וַתִּדְלַח־ consec.-Qal impf. 2 m.s. (דָּלַח 195) *and trouble*

מַיִם n.m.p. (565) *the waters*

בְּרַגְלֶיךָ prep.-n.f.p.-2 m.s. sf. (919) *with your feet*

וַתִּרְפֹּס consec.-Qal impf. 2 m.s. (רָפַס 952) *and foul*

נַהֲרוֹתָם n.m.p.-3 m.p. sf. (625) *their rivers*

32:3

כֹּה אָמַר adv. (462)-Qal pf. 3 m.s. (55) *Thus says*

אֲדֹנָי יהוה n.m.p.-1 c.s. sf. (10)-pr.n. (217) *the Lord Yahweh*

וּפָרַשְׂתִּי conj.-Qal pf. 1 c.s. (831) *I will throw*

עָלֶיךָ prep.-2 m.s. sf. *over you*

אֶת־רִשְׁתִּי dir.obj.-n.f.s.-1 c.s. sf. (440) *my net*

בִּקְהַל prep.-n.m.s. cstr. (874) *with a host of*

עַמִּים רַבִּים n.m.p. (766)-adj. m.p. (912) *many peoples*

וְהֶעֱלוּךָ conj.-Hi. pf. 3 c.p.-2 m.s. sf. (עָלָה 748) *and they will haul you up*

בְּחֶרְמִי prep.-n.m.s.-1 c.s. sf. (357) *in my dragnet*

32:4

וּנְטַשְׁתִּיךָ conj.-Qal pf. 1 c.s.-2 m.s. sf. (נָטַשׁ 643) *And I will cast you*

בָאָרֶץ prep.-def.art.-n.f.s. (75) *on the ground*

עַל־פְּנֵי הַשָּׂדֶה prep.-n.m.p. cstr. (815)-def.art. -n.m.s. (961) *on the open field*

אֲטִילֶךָ Hi. impf. 1 c.s.-2 m.s. sf. (טוּל 376) *I will fling you*

וְהִשְׁכַּנְתִּי conj.-Hi. pf. 1 c.s. (שָׁכַן 1014) *and will cause to settle*

עָלֶיךָ prep.-2 m.s. sf. *on you*

כָּל־עוֹף n.m.s. cstr. (481)-n.m.s. cstr. (733) *all the birds of*

הַשָּׁמַיִם def.art.-n.m.p. (1029) *the air*

וְהִשְׂבַּעְתִּי conj.-Hi. pf. 1 c.s. (שָׂבַע 959) *and I will gorge*

מִמְּךָ prep.-2 m.s. sf. *with you*

חַיַּת n.f.s. cstr. (312) *the beasts of*

כָּל־הָאָרֶץ n.m.s. cstr. (481)-def.art.-n.f.s. (75) *the whole earth*

32:5

וְנָתַתִּי conj.-Qal pf. 1 c.s. (נָתַן 678) *I will strew*

אֶת־בְּשָׂרְךָ dir.obj.-n.m.s.-2 m.s. sf. (142) *your flesh*

עַל־הֶהָרִים prep.-def.art.-n.m.p. (249) *upon the mountains*

וּמִלֵּאתִי conj.-Pi. pf. 1 c.s. (מָלֵא 569) *and fill*

הַגֵּאָיוֹת def.art.-n.m.p. (161) *the valleys*

רָמוּתֶךָ n.f.s.-2 m.s. sf. (928) *with your height*

32:6

וְהִשְׁקֵיתִי conj.-Hi. pf. 1 c.s. (שָׁקָה 1052) *I will drench*

אֶרֶץ n.f.s. (75) *the land*

צָפָתְךָ n.f.s.-2 m.s. sf. (847) *with your flowing*

מִדָּמְךָ prep.-n.m.s.-2 m.s. sf. (196) *blood*

אֶל־הֶהָרִים prep.-def.art.-n.m.p. (249) *even to the mountains*

וַאֲפִקִים conj.-n.m.p. (67) *and the watercourses*

יִמָּלְאוּן Ni. impf. 3 m.p. (מָלֵא 569) *will be full*

מִמֶּךָּ prep.-2 m.s. sf. *of you*

32:7

וְכִסֵּיתִי conj.-Pi. pf. 1 c.s. (כָּסָה 491) *I will cover*

בְּכַבּוֹתְךָ prep.-Pi. inf.cstr.-2 m.s. sf. (כָּבָה 459) *when you are extinguished*

שָׁמַיִם n.m.p. (1029) *the heavens*

וְהִקְדַּרְתִּי conj.-Hi. pf. 1 c.s. (קָדַר 871) *and make dark*

אֶת־כֹּכְבֵיהֶם dir.obj.-n.m.p.-3 m.p. sf. (456) *their stars*

שֶׁמֶשׁ n.f.s. (1039) *the sun*

בֶּעָנָן prep.-def.art.-n.m.s. (777) *with a cloud*

אֲכַסֶּנּוּ Pi. impf. 1 c.s.-3 m.s. sf. (כָּסָה 491) *I will cover*

וְיָרֵחַ conj.-n.m.s. (437) *and the moon*

לֹא־יָאִיר neg.-Hi. impf. 3 m.s. (אוֹר 21) *shall not give (light)*

אוֹרוֹ n.m.s.-3 m.s. sf. (21) *its light*

32:8

כָּל־מְאוֹרֵי אוֹר n.m.s. cstr. (481)-n.m.p. cstr. (22) -n.m.s. (21) *all the bright lights*

בַּשָּׁמַיִם prep.-def.art.-n.m.p. (1029) *of heaven*

אַקְדִּירֵם Hi. impf. 1 c.s.-3 m.p. sf. (קָדַר 871) *will I make dark*

עָלֶיךָ prep.-2 m.s. sf. *over you*

וְנָתַתִּי conj.-Qal pf. 1 c.s. (נָתַן 678) *and put*

חֹשֶׁךְ n.m.s. (365) *darkness*

עַל־אַרְצְךָ prep.-n.f.s.-2 m.s. sf. (75) *upon your land*

נְאֻם n.m.s. cstr. (610) *says*

אֲדֹנָי יהוה n.m.p.-1 c.s. sf. (10)-pr.n. (217) *the Lord Yahweh*

32:9

וְהִכְעַסְתִּי conj.-Hi. pf. 1 c.s. (כָּעַס 494) *I will trouble*

לֵב n.m.s. cstr. (524) *the hearts of*

עַמִּים רַבִּים n.m.p. (766)-adj. m.p. (912) *many peoples*

בַּהֲבִיאִי prep.-Hi. inf.cstr.-1 c.s. sf. (בוא 97) *when I carry (bring)*

שִׁבְרְךָ n.m.s.-2 m.s. sf. (captive) *your destruction*

בַּגּוֹיִם prep.-def.art.-n.m.p. (156) *among the nations*

עַל־אֲרָצוֹת prep.-n.f.p. (75) *into the countries*

אֲשֶׁר לֹא־יְדַעְתָּם rel. (81)-neg.-Qal pf. 2 m.s.-3 m.p. sf. (ידע 393) *which you have not known*

32:10

וַהֲשִׁמּוֹתִי conj.-Hi. pf. 1 c.s. (שׁמם 1030) *I will make appalled*

עָלֶיךָ prep.-2 m.s. sf. *at you*

עַמִּים רַבִּים n.m.p. (766)-adj. m.p. (912) *many peoples*

וּמַלְכֵיהֶם conj.-n.m.p.-3 m.p. sf. (572) *and their kings*

יִשְׂעֲרוּ Qal impf. 3 m.p. (972) *shall shudder*

עָלֶיךָ prep.-2 m.s. sf. *because of you*

שַׂעַר n.m.s. (972) *with a shudder*

בְּעוֹפְפִי prep.-Polel inf.cstr.-1 c.s. sf. (עוף 733) *when I brandish*

חַרְבִּי n.f.s.-1 c.s. sf. (352) *my sword*

עַל־פְּנֵיהֶם prep.-n.m.p.-3 m.p. sf. (815) *before them*

וְחָרְדוּ conj.-Qal pf. 3 c.p. (353) *they shall tremble*

לִרְגָעִים prep.-n.m.p. (921) *every moment*

אִישׁ לְנַפְשׁוֹ n.m.s. (35)-prep.-n.f.s.-3 m.s. sf. (659) *every one for his own life*

בְּיוֹם prep.-n.m.s. cstr. (398) *on the day of*

מַפַּלְתֶּךָ n.f.s.-2 m.s. sf. (658) *your downfall*

32:11

כִּי כֹה conj. (471)-conj. (462) *for thus*

אָמַר Qal pf. 3 m.s. (55) *says*

אֲדֹנָי יהוה n.m.p.-1 c.s. sf. (10)-pr.n. (217) *the Lord Yahweh*

חֶרֶב n.f.s. cstr. (352) *The sword of*

מֶלֶךְ־בָּבֶל n.m.s. cstr. (572)-pr.n. (93) *the king of Babylon*

תְּבוֹאֶךָ Qal impf. 3 f.s.-2 m.s. sf. (בוא 97) *shall come upon you*

32:12

בְּחַרְבוֹת prep.-n.f.p. cstr. (352) *by the swords of*

גִּבּוֹרִים adj. m.p. (150) *mighty ones*

אַפִּיל Hi. impf. 1 c.s. (נפל 656) *I will cause to fall*

הֲמוֹנֶךָ n.m.s.-2 m.s. sf. (242) *your multitude*

עָרִיצֵי adj. m.p. cstr. (792) *the most terrible among*

גוֹיִם n.m.p. (156) *the nations*

כֻּלָּם n.m.s.-3 m.p. sf. (481) *all of them*

וְשָׁדְדוּ conj.-Qal pf. 3 c.p. (שׁדד 994) *They shall bring to nought*

אֶת־גְּאוֹן dir.obj.-n.m.s. cstr. (144) *the pride of*

מִצְרַיִם pr.n. (595) *Egypt*

וְנִשְׁמַד conj.-Ni. pf. 3 m.s. (שׁמד 1029) *and shall perish*

כָּל־הֲמוֹנָהּ n.m.s. cstr. (481)-n.m.s.-3 f.s. sf. (242) *all its multitude*

32:13

וְהַאֲבַדְתִּי conj.-Hi. pf. 1 c.s. (אבד 1) *I will destroy*

אֶת־כָּל־בְּהֶמְתָּהּ dir.obj.-n.m.s. cstr. (481)-n.f.s.-3 f.s. sf. (96) *all its beasts*

מֵעַל מַיִם רַבִּים prep.-prep.-n.m.p. (565)-adj. m.p. (912) *from beside many waters*

וְלֹא תִדְלָחֵם conj.-neg.-Qal impf. 3 f.s.-3 m.p. sf. (דלח 195) *and shall not trouble them*

רֶגֶל־אָדָם n.f.s. cstr. (919)-n.m.s. (9) *a foot of man*

עוֹד adv. (728) *any more*

וּפַרְסוֹת conj.-n.f.p. cstr. (828) *and the hoofs of*

בְּהֵמָה n.f.s. (96) *beasts*

לֹא תִדְלָחֵם neg.-v.supra *shall not trouble them*

32:14

אָז אַשְׁקִיעַ adv. (23)-Hi. impf. 1 c.s. (שׁקע 1054) *Then I will make clear*

מֵימֵיהֶם n.m.p.-3 m.p. sf. (565) *their waters*

וְנַהֲרוֹתָם conj.-n.m.p.-3 m.p. sf. (625) *and their rivers*

כַּשֶּׁמֶן prep.-def.art.-n.m.s. (1032) *like oil*

אוֹלִיךְ Hi. impf. 1 c.s. (הלך 229) *I will cause to run*

נְאֻם n.m.s. cstr. (610) *says*

אֲדֹנָי יהוה n.m.p.-1 c.s. sf. (10)-pr.n. (217) *the Lord Yahweh*

32:15

בְּתִתִּי prep.-Qal inf.cstr.-1 c.s. sf. (נתן 678) *When I make*

אֶת־אֶרֶץ dir.obj.-n.f.s. cstr. (75) *the land of*

מִצְרָיִם pr.n. (595) *Egypt*

שְׁמָמָה n.f.s. (1031) *desolate*

וּנְשַׁמָּה conj.-Ni. ptc. f.s. (שָׁמֵם 1030) *and when ... is stripped*

אֶרֶץ n.f.s. (75) *the land*

מִמְּלֹאָהּ prep.-n.m.s.-3 f.s. sf. (571) *of all that fills it*

בְּהַכּוֹתִי prep.-Hi. inf.cstr.-1 c.s. sf. (נָכָה 645) *when I smite*

אֶת־כָּל־יוֹשְׁבֵי dir.obj.-n.m.s. cstr. (481)-Qal act. ptc. m.p. cstr. (יָשַׁב 442) *all who dwell*

בָהּ prep.-3 f.s. sf. *in it*

וְיָדְעוּ conj.-Qal pf. 3 c.p. (393) *then they will know*

כִּי־אֲנִי conj. (471)-pers.pr. 1 c.s. (58) *that I am*

יְהוָה pr.n. (217) *Yahweh*

32:16

קִינָה הִיא n.f.s. (884)-demons.adj. f.s. (214) *This is a lamentation*

וְקוֹנְנוּהָ conj.-Polel pf. 3 c.p.-3 f.s. sf. (קוֹנֵן 885) *which shall be chanted*

בְּנוֹת הַגּוֹיִם n.f.p. cstr. (123)-def.art.-n.m.p. (156) *the daughters of the nations*

תְּקוֹנֵנָּה Polel impf. 3 f.p. (קוֹנֵן 884) *shall chant*

אוֹתָהּ dir.obj.-3 f.s. sf. *it*

עַל־מִצְרַיִם prep.-pr.n. (595) *over Egypt*

וְעַל־כָּל־ conj.-prep.-n.m.s. cstr. (481) *and over all*

הֲמוֹנָהּ n.m.s.-3 f.s. sf. (242) *her multitude*

תְּקוֹנֵנָּה v.supra *shall they chant*

אוֹתָהּ v.supra *it*

נְאֻם n.m.s. cstr. (610) *says*

אֲדֹנָי יְהוִה n.m.p.-1 c.s. sf. (10)-pr.n. (217) *the Lord Yahweh*

32:17

וַיְהִי consec.-Qal impf. 3 m.s. (הָיָה 224) *(and it was)*

בִּשְׁתֵּי עֶשְׂרֵה prep.-num. f. cstr. (1040)-num. (797) *in the twelfth*

שָׁנָה n.f.s. (1040) *year*

בַּחֲמִשָּׁה עָשָׂר prep.-num. f. (331)-num. (797) *on the fifteenth day*

לַחֹדֶשׁ prep.-def.art.-n.m.s. (294) *of the month*

הָיָה Qal pf. 3 m.s. (224) *came*

דְּבַר־יְהוָה n.m.s. cstr. (182)-pr.n. (217) *the word of Yahweh*

אֵלַי prep.-1 c.s. sf. *to me*

לֵאמֹר prep.-Qal inf.cstr. (55) *(saying)*

32:18

בֶּן־אָדָם n.m.s. cstr. (119)-n.m.s. (9) *Son of man*

נְהֵה Qal impv. 2 m.s. (624) *wail*

עַל־הֲמוֹן prep.-n.m.s. cstr. (242) *over the multitude of*

מִצְרַיִם pr.n. (595) *Egypt*

וְהוֹרִדֵהוּ conj.-Hi. impv. 2 m.s.-3 m.s. sf. (יָרַד 432) *and send them*

אוֹתָהּ dir.obj.-3 f.s. sf. *her*

וּבְנוֹת גּוֹיִם conj.-n.f.p. cstr. (123)-n.m.p. (156) *and the daughters of ... nations*

אַדִּרִם adj. m.p. (12) *majestic*

אֶל־אֶרֶץ תַּחְתִּיּוֹת prep.-n.f.s. cstr. (75)-adj. f.p. (1066) *to the nether world*

אֶת־יוֹרְדֵי בוֹר dir.obj.-Qal act.ptc. m.p. cstr. (432)-n.m.s. (92) *to those who have gone down to the Pit*

32:19

מִמִּי prep.-interr. (566) *Whom*

נָעַמְתָּ Qal pf. 2 m.s. paus. (נָעֵם 653) *do you surpass in beauty*

רְדָה Qal impv. 2 m.s.-vol.he (יָרַד 432) *Go down*

וְהָשְׁכְּבָה conj.-Ho. impv. 2 m.s.-vol.he (שָׁכַב 1011; GK 46aN) *and be laid*

אֶת־עֲרֵלִים prep. (85)-adj. m.p. (790) *with the uncircumcised*

32:20

בְּתוֹךְ prep.-n.m.s. cstr. (1063) *amid*

חַלְלֵי־חֶרֶב n.m.p. cstr. (319)-n.f.s. (352) *those who are slain by the sword*

יִפֹּלוּ Qal impf. 3 m.p. (נָפַל 656) *they shall fall*

חֶרֶב v.supra *the sword*

נִתָּנָה Ni. pf. 3 f.s. (נָתַן 678) *is delivered*

מָשְׁכוּ Qal pf. 3 c.p. (מָשַׁךְ 604) *they have drawn away*

אוֹתָהּ dir.obj.-3 f.s. sf. *her*

וְכָל־הֲמוֹנֶיהָ conj.-n.m.s. cstr. (481)-n.m.p.-3 f.s. sf. (242) *and all her multitudes*

32:21

יְדַבְּרוּ־לוֹ Pi. impf. 3 m.p. (180)-prep.-3 m.s. sf. *shall speak of them*

אֵלֵי גִבּוֹרִים n.m.p. cstr. (42)-adj. m.p. (150) *the mighty chiefs*

מִתּוֹךְ שְׁאוֹל prep.-n.m.s. cstr. (1063)-pr.n. (982) *out of the midst of Sheol*

אֶת־עֹזְרָיו prep. (85)-Qal act.ptc. m.p.-3 m.s. sf. (עָזַר 740) *with their helpers*

יָרְדוּ Qal pf. 3 c.p. (432) *They have come down*

שָׁכְבוּ Qal pf. 3 c.p. (1011) *they lie still*

הָעֲרֵלִים def.art.-adj. m.p. (790) *the uncircumcised*

חַלְלֵי־חֶרֶב n.m.p. cstr. (319)-n.f.s. paus. (352) *slain by the sword*

32:22

שָׁם אַשּׁוּר adv. (1027)-pr.n. (78) *Assyria is there*

וְכָל־קְהָלָהּ conj.-n.m.s. cstr. (481)-n.m.s.-3 f.s. sf. (874) *and all her company*

סְבִיבוֹתָיו subst. f.p.-3 m.s. sf. (686) *round about them*

קִבְרֹתָיו n.m.p.-3 m.s. sf. (868) *their graves*

כֻּלָּם חֲלָלִים n.m.s.-3 m.p. sf. (481)-n.m.p. (319) *all of them slain*

הַנֹּפְלִים def.art.-Qal act.ptc. m.p. (656) *fallen*

בֶּחָרֶב prep.-def.art.-n.f.s. paus. (352) *by the sword*

32:23

אֲשֶׁר נִתְּנוּ rel. (81)-Ni. pf. 3 c.p. (נתן 678) *are set*

קִבְרֹתֶיהָ n.m.p.-3 f.s. sf. (868) *whose graves*

בְּיַרְכְּתֵי־ prep.-n.f.p. cstr. (438) *in the uttermost parts of*

בוֹר n.m.s. (92) *the Pit*

וַיְהִי consec.-Qal impf. 3 m.s. (היה 224) *and is*

קְהָלָהּ n.m.s.-3 f.s. sf. (874) *her company*

סְבִיבוֹת prep. (686) *round about*

קִבְרָתָהּ n.f.s.-3 f.s. sf. (869) *her grave*

כֻּלָּם n.m.s.-3 m.p. sf. (481) *all of them*

חֲלָלִים n.m.p. (319) *slain*

נֹפְלִים Qal act.ptc. m.p. (656) *fallen*

בַּחֶרֶב prep.-def.art.-n.f.s. (352) *by the sword*

אֲשֶׁר־נָתְנוּ rel. (81)-Qal pf. 3 c.p. (נתן 678) *who spread*

חִתִּית n.f.s. (369) *terror*

בְּאֶרֶץ prep.-n.f.s. cstr. (75) *in the land of*

חַיִּים adj. m.p. (313) *living*

32:24

שָׁם עֵילָם adv. (1027)-pr.n. (743) *Elam is there*

וְכָל־הֲמוֹנָהּ conj.-n.m.s. cstr. (481)-n.m.s.-3 f.s. sf. (242) *and all her multitude*

סְבִיבוֹת prep. (686) *about*

קִבְרָתָהּ n.f.s.-3 f.s. sf. (869) *her grave*

כֻּלָּם n.m.s.-3 m.p. sf. (481) *all of them*

חֲלָלִים n.m.p. (319) *slain*

הַנֹּפְלִים def.art.-Qal act.ptc. m.p. (656) *fallen*

בַּחֶרֶב prep.-def.art.-n.f.s. (352) *by the sword*

אֲשֶׁר־יָרְדוּ rel. (81)-Qal pf. 3 c.p. (432) *who went down*

עֲרֵלִים adj. m.p. (790) *uncircumcised*

אֶל־אֶרֶץ prep.-n.f.s. cstr. (75) *into the ... world*

תַּחְתִּיּוֹת adj. f.p. (1066) *nether*

אֲשֶׁר נָתְנוּ rel. (81)-Qal pf. 3 c.p. (678) *who spread*

חִתִּיתָם n.f.s.-3 m.p. sf. (369) *their terror*

בְּאֶרֶץ prep.-n.f.s. cstr. (75) *in the land of*

חַיִּים adj. m.p. (313) *the living*

וַיִּשְׂאוּ consec.-Qal impf. 3 m.p. (נשׂא 669) *and they bear*

כְּלִמָּתָם n.f.s.-3 m.p. sf. (484) *their shame*

אֶת־יוֹרְדֵי prep. (85)-Qal act.ptc. m.p. cstr. (432) *with those who go down*

בוֹר n.m.s. (92) *to the Pit*

32:25

בְּתוֹךְ חֲלָלִים prep.-n.m.s. cstr. (1063)-n.m.p. (319) *among the slain*

נָתְנוּ מִשְׁכָּב Qal pf. 3 c.p. (678)-n.m.s. (1012) *they have made a bed*

לָהּ prep.-3 f.s. sf. *for her*

בְּכָל־הֲמוֹנָהּ prep.-n.m.s. cstr. (481)-n.m.s.-3 f.s. sf. (242) *with all her multitude*

סְבִיבוֹתָיו prep.-3 m.s. sf. (686) *round about them*

קִבְרֹתָהּ n.m.p.-3 f.s. sf. (868) *her graves*

כֻּלָּם n.m.s.-3 m.p. sf. (481) *all of them*

עֲרֵלִים adj. m.p. (790) *uncircumcised*

חַלְלֵי־חֶרֶב n.m.p. cstr. (319)-n.f.s. (352) *slain by the sword*

כִּי־נִתַּן conj. (471)-Ni. pf. 3 m.s. (678) *for was spread*

חִתִּיתָם n.f.s.-3 m.p. sf. (369) *terror of them*

בְּאֶרֶץ prep.-n.f.s. cstr. (75) *in the land of*

חַיִּים adj. m.p. (313) *the living*

וַיִּשְׂאוּ consec.-Qal impf. 3 m.p. (נשׂא 669) *and they bear*

כְּלִמָּתָם n.f.s.-3 m.p. sf. (484) *their shame*

אֶת־יוֹרְדֵי prep. (85)-Qal act.ptc. m.p. cstr. (432) *with those who go down to*

בוֹר n.m.s. (92) *the Pit*

בְּתוֹךְ prep.-n.m.s. cstr. (1063) *among*

חֲלָלִים n.m.p. (319) *the slain*

נִתָּן Ni. pf. 3 m.s. paus. (נתן 678) *they are placed*

32:26

שָׁם adv. (1027) *are there*

מֶשֶׁךְ pr.n. (604) *Meshech*

תֻּבַל pr.n. (1063) *and Tubal*

וְכָל־הֲמוֹנָהּ conj.-n.m.s. cstr. (481)-n.m.s.-3 f.s. sf. (242) *and all their multitude*

סְבִיבוֹתָיו prep.-3 m.s. sf. (686) *round about them*

קִבְרוֹתֶיהָ n.m.p.-3 f.s. sf. (868) *their graves*

כֻּלָּם n.m.s.-3 m.p. sf. (481) *all of them*

עֲרֵלִים adj. m.p. (790) *uncircumcised*

מְחַלְלֵי Pu. ptc. m.p. cstr. (319) *slain by*

חֶרֶב n.f.s. (352) *the sword*

כִּי־נָתְנוּ conj. (471)-Qal pf. 3 c.p. (678) *for they spread*

חִתִּיתָם n.f.s.-3 m.p. sf. (369) *their terror*

בְּאֶרֶץ prep.-n.f.s. cstr. (75) *in the land of*

חַיִּים adj. m.p. (313) *the living*

32:27

וְלֹא יִשְׁכְּבוּ conj.-neg.-Qal impf. 3 m.p. (1011) *And they do not lie*

אֶת־גִּבּוֹרִים prep. (85)-adj. m.p. (150) *with mighty men*

נֹפְלִים Qal act.ptc. m.p. (656) *fallen*

מֵעֲרֵלִים prep.-adj. m.p. (790) *of the uncircumcised*

אֲשֶׁר יָרְדוּ rel. (81)-Qal pf. 3 c.p. (432) *who went down*

שְׁאוֹל pr.n. (982) *to Sheol*

בִּכְלֵי־מִלְחַמְתָּם prep.-n.m.s. cstr. (479)-n.f.s.-3 m.p. sf. (536) *with their weapons of war*

וַיִּתְּנוּ consec.-Qal impf. 3 m.p. (נָתַן 678) *and they laid*

אֶת־חַרְבוֹתָם dir.obj.-n.f.p.-3 m.p. sf. (352) *their swords*

תַּחַת רָאשֵׁיהֶם prep. (1065)-n.m.p.-3 m.p. sf. (910) *under their heads*

וַתְּהִי consec.-Qal impf. 3 f.s. (הָיָה 224) *and were*

עֲוֹנֹתָם n.f.p.-3 m.p. sf. (730) *their iniquities*

עַל־עַצְמוֹתָם prep.-n.f.p.-3 m.p. sf. (782) *upon their bones*

כִּי־חִתִּית conj. (471)-n.f.s. cstr. (369) *for the terror of*

גִּבּוֹרִים adj. m.p. (150) *the mighty men*

בְּאֶרֶץ prep.-n.f.s. cstr. (75) *in the land of*

חַיִּים adj. m.p. (313) *the living*

32:28

וְאַתָּה conj.-pers.pr. 2 m.s. (61) *So you*

בְּתוֹךְ prep.-n.m.s. cstr. (1063) *among*

עֲרֵלִים adj. m.p. (790) *the uncircumcised*

תִּשָּׁבֵר Ni. impf. 2 m.s. (990) *shall be broken*

וְתִשְׁכַּב conj.-Qal impf. 2 m.s. (1011) *and lie*

אֶת־חַלְלֵי prep. (85)-n.m.p. cstr. (319) *with those who are slain by*

חֶרֶב n.f.s. paus. (352) *the sword*

32:29

שָׁמָּה adv.-loc.he (1027) *is there*

אֱדוֹם pr.n. (10) *Edom*

מְלָכֶיהָ n.m.p.-3 f.s. sf. (572) *her kings*

וְכָל־נְשִׂיאֶיהָ conj.-n.m.s. cstr. (481)-n.m.p.-3 f.s. sf. (672) *and all her princes*

אֲשֶׁר־נִתְּנוּ rel. (81)-Ni. pf. 3 c.p. (נָתַן 678) *who are laid*

בִּגְבוּרָתָם prep.-n.f.s.-3 m.p. sf. (150) *for all their might*

אֶת־חַלְלֵי prep. (85)-n.m.p. cstr. (319) *with those who are slain by*

חֶרֶב n.f.s. paus. (352) *the sword*

הֵמָּה pers.pr. 3 m.p. (241) *they*

אֶת־עֲרֵלִים prep. (85)-adj. m.p. (790) *with the uncircumcised*

יִשְׁכָּבוּ Qal impf. 3 m.p. (1011) *lie*

וְאֶת־יֹרְדֵי conj.-prep. (85)-Qal act.ptc. m.p. cstr. (432) *with those who go down to*

בוֹר n.m.s. (92) *the Pit*

32:30

שָׁמָּה adv.-loc.he (1027) *are there*

נְסִיכֵי n.m.p. cstr. (651) *the princes of*

צָפוֹן n.f.s. (860) *the north*

כֻּלָּם n.m.s.-3 m.p. sf. (481) *all of them*

וְכָל־צִדֹנִי conj.-n.m.s. cstr. (481)-adj. gent. (851) *and all the Sidonians*

אֲשֶׁר־יָרְדוּ rel. (81)-Qal pf. 3 c.p. (432) *who have gone down*

אֶת־חֲלָלִים prep. (85)-n.m.p. (319) *with the slain*

בְּחִתִּיתָם prep.-n.f.s.-3 m.p. sf. (369) *in their terror*

מִגְּבוּרָתָם prep.-n.f.s.-3 m.p. sf. (150; GK 20m) *by their might*

בּוֹשִׁים Qal act.ptc. m.p. (בּוֹשׁ 101; GK 72n) *in shame*

וַיִּשְׁכְּבוּ consec.-Qal impf. 3 m.p. (1011) *they lie*

עֲרֵלִים adj. m.p. (790) *uncircumcised*

אֶת־חַלְלֵי prep. (85)-n.m.p. cstr. (319) *with those who are slain by*

חֶרֶב n.f.s. (352) *the sword*

וַיִּשְׂאוּ consec.-Qal impf. 3 m.p. (נָשָׂא 669) *and bear*

כְּלִמָּתָם n.f.s.-3 m.p. sf. (484) *their shame*

אֶת־יוֹרְדֵי prep. (85)-Qal act.ptc. m.p. cstr. (432) *with those who go down to*

בוֹר n.m.s. (92) *the Pit*

32:31

אוֹתָם dir.obj.-3 m.p. sf. *them*

יִרְאֶה Qal impf. 3 m.s. (906) *sees*

פַּרְעֹה pr.n. (829) *Pharaoh*

וְנִחַם conj.-Ni. pf. 3 m.s. (נָחַם 636) *he will comfort himself*

608

עַל־כָּל־הֲמוֹנֹה prep.-n.m.s. cstr. (481)-n.m.s.-3 m.s. sf. (242) *for all his multitude*

חַלְלֵי־ n.m.p. cstr. (319) *slain by*

חֶרֶב n.f.s. (352) *the sword*

פַּרְעֹה v.supra *Pharaoh*

וְכָל־חֵילוֹ conj.-n.m.s. cstr. (481)-n.m.s.-3 m.s. sf. (298) *and all his army*

נְאֻם n.m.s. cstr. (610) *says*

אֲדֹנָי יהוה n.m.p.-1 c.s. sf. (10)-pr.n. (217) *the Lord Yahweh*

32:32

כִּי־נָתַתִּי conj. (471)-Qal pf. 1 c.s. (נָתַן 678) *for I spread*

אֶת־חִתִּיתוֹ dir.obj.-n.f.s.-1 c.s. sf. (369) *my terror*

בְּאֶרֶץ prep.-n.f.s. cstr. (75) *in the land of*

חַיִּים adj. m.p. (313) *the living*

וְהֻשְׁכַּב conj.-Ho. pf. 3 m.s. (1011; GK 53s) *therefore he shall be laid*

בְּתוֹךְ עֲרֵלִים prep.-n.m.s. cstr. (1063)-adj. m.p. (790) *among the uncircumcised*

אֶת־חַלְלֵי־ prep. (85)-n.m.p. cstr. (319) *with those who are slain by*

חֶרֶב n.f.s. (352) *the sword*

פַּרְעֹה pr.n. (829) *Pharaoh*

וְכָל־הֲמוֹנֹה conj.-n.m.s. cstr. (481)-n.m.s.-3 m.s. sf. (242) *and all his multitude*

נְאֻם n.m.s. cstr. (610) *says*

אֲדֹנָי יהוה n.m.p.-1 c.s. sf. (10)-pr.n. (217) *the Lord Yahweh*

33:1

וַיְהִי consec.-Qal impf. 3 m.s. (הָיָה 224) *(And it was)*

דְּבַר־יהוה n.m.s. cstr. (182)-pr.n. (217) *the word of Yahweh*

אֵלַי prep.-1 c.s. sf. *to me*

לֵאמֹר prep.-Qal inf.cstr. (55) *(saying)*

33:2

בֶּן־אָדָם n.m.s. cstr. (119)-n.m.s. (9) *Son of man*

דַּבֵּר Pi. impv. 2 m.s. (180) *speak*

אֶל־בְּנֵי־ prep.-n.m.p. cstr. (119) *to the sons of*

עַמְּךָ n.m.s.-2 m.s. sf. (766) *your people*

וְאָמַרְתָּ conj.-Qal pf. 2 m.s. (55) *and say*

אֲלֵיהֶם prep.-3 m.p. sf. *to them*

אֶרֶץ n.f.s. (75) *a land*

כִּי־אָבִיא conj. (471)-Hi. impf. 1 c.s. (בּוֹא 97) *If I bring*

עָלֶיהָ prep.-3 f.s. sf. *upon it*

חֶרֶב n.f.s. paus. (352) *the sword*

וְלָקְחוּ conj.-Qal pf. 3 c.p. (542) *and ... take*

עַם־הָאָרֶץ n.m.s. cstr. (766)-def.art.-n.f.s. (75) *the people of the land*

אִישׁ אֶחָד n.m.s. (35)-num.adj. (25) *a man*

מִקְצֵיהֶם prep.-n.m.s.-3 m.p. sf. (892; GK 93ss) *from among them*

וְנָתְנוּ conj.-Qal pf. 3 c.p. (678) *and make*

אֹתוֹ dir.obj.-3 m.s. sf. *him*

לָהֶם prep.-3 m.p. sf. *for themselves*

לְצֹפֶה prep.-Qal act.ptc. m.s. (צָפָה 859) *a watchman*

33:3

וְרָאָה conj.-Qal pf. 3 m.s. (906) *and if he sees*

אֶת־הַחֶרֶב dir.obj.-def.art.-n.f.s. (352) *the sword*

בָּאָה Qal act.ptc. f.s. (בּוֹא 97) *coming*

עַל־הָאָרֶץ prep.-def.art.-n.f.s. (75) *upon the land*

וְתָקַע conj.-Qal pf. 3 m.s. (1075) *and blows*

בַּשּׁוֹפָר prep.-def.art.-n.m.s. (1051) *the trumpet*

וְהִזְהִיר conj.-Hi. pf. 3 m.s. (זָהַר 264) *and warns*

אֶת־הָעָם dir.obj.-def.art.-n.m.s. (766) *the people*

33:4

וְשָׁמַע conj.-Qal pf. 3 m.s. (1033) *and if ... hears*

הַשֹּׁמֵעַ def.art.-Qal act.ptc. m.s. (1033) *any one (hears)*

אֶת־קוֹל dir.obj.-n.m.s. cstr. (876) *the sound of*

הַשּׁוֹפָר def.art.-n.m.s. (1051) *the trumpet*

וְלֹא נִזְהָר conj.-neg.-Ni. pf. 3 m.s. (זָהַר 264) *and does not take the warning*

וַתָּבוֹא consec.-Qal impf. 3 f.s. (בּוֹא 97) *and ... comes*

חֶרֶב n.f.s. (352) *the sword*

וַתִּקָּחֵהוּ consec.-Qal impf. 3 f.s.-3 m.s. sf. (לָקַח 542) *and takes him away*

דָּמוֹ n.m.s.-3 m.s. sf. (196) *his blood*

בְּרֹאשׁוֹ prep.-n.m.s.-3 m.s. sf. (910) *upon his own head*

יִהְיֶה Qal impf. 3 m.s. (הָיָה 224) *shall be*

33:5

אֵת קוֹל dir.obj.-n.m.s. cstr. (876) *the sound of*

הַשּׁוֹפָר def.art.-n.m.s. (1051) *the trumpet*

שָׁמַע Qal pf. 3 m.s. (1033) *he heard*

וְלֹא נִזְהָר conj.-neg.-Ni. pf. 3 m.s. (זָהַר 264) *and did not take the warning*

דָּמוֹ n.m.s.-3 m.s. sf. (196) *his blood*

בּוֹ prep.-3 m.s. sf. *upon himself*

יִהְיֶה Qal impf. 3 m.s. (224) *shall be*

וְהוּא conj.-pers.pr. 3 m.s. (214) *But if he*

נִזְהָר Ni. pf. 3 m.s. (264) *he had taken the warning*

נַפְשׁוֹ n.f.s.-3 m.s. sf. (659) *his life*

מִלֵּט Pi. pf. 3 m.s. (572) *he would have saved*

33:6

וְהַצֹּפֶה conj.-def.art.-Qal act.ptc. m.s. (859) *But the watchman*

כִּי־יִרְאֶה conj. (471)-Qal impf. 3 m.s. (906) *if he sees*

אֶת־הַחֶרֶב dir.obj.-def.art.-n.f.s. (352) *the sword*

בָּאָה Qal act.ptc. f.s. (בוא 97) *coming*

וְלֹא־תָקַע conj.-neg.-Qal pf. 3 m.s. (1075) *and does not blow*

בַּשּׁוֹפָר prep.-def.art.-n.m.s. (1051) *the trumpet*

וְהָעָם conj.-def.art.-n.m.s. (766) *so that the people*

לֹא־נִזְהָר neg.-Ni. pf. 3 m.s. (זהר 264) *are not warned*

וַתָּבוֹא consec.-Qal impf. 3 f.s. (בוא 97) *and comes*

חֶרֶב n.f.s. (352) *the sword*

וַתִּקַּח consec.-Qal impf. 3 f.s. (לקח 542) *and takes*

מֵהֶם prep.-3 m.p. sf. *of them*

נָפֶשׁ n.f.s. paus. (659) *a life (any one)*

הוּא pers.pr. 3 m.s. (214) *or demons.adj. m.s. that man*

בַּעֲוֹנוֹ prep.-n.m.s.-3 m.s. sf. (730) *in his iniquity*

נִלְקָח Ni. pf. 3 m.s. paus. (לקח 542) *is taken away*

וְדָמוֹ conj.-n.m.s.-3 m.s. sf. (196) *but his blood*

מִיַּד־הַצֹּפֶה prep.-n.f.s. cstr. (388)-def.art.-Qal act.ptc. m.s. (859) *at the watchman's hand*

אֶדְרֹשׁ Qal impf. 1 c.s. (דרשׁ 205) *I will require*

33:7

וְאַתָּה conj.-pers.pr. 2 m.s. (61) *So you*

בֶּן־אָדָם n.m.s. cstr. (119)-n.m.s. (9) *son of man*

צֹפֶה Qal act.ptc. m.s. (859) *a watchman*

נְתַתִּיךָ Qal pf. 1 c.s.-2 m.s. sf. (נתן 678) *I have made you*

לְבֵית prep.-n.m.s. cstr. (108) *for the house of*

יִשְׂרָאֵל pr.n. (975) *Israel*

וְשָׁמַעְתָּ conj.-Qal pf. 2 m.s. (שׁמע 1033) *whenever you hear*

מִפִּי prep.-n.m.s.-1 c.s. sf. (804) *from my mouth*

דָּבָר n.m.s. (182) *a word*

וְהִזְהַרְתָּ conj.-Hi. pf. 2 m.s. (זהר 264) *you shall give warning to*

אֹתָם dir.obj.-3 m.p. sf. *them*

מִמֶּנִּי prep.-1 c.s. sf. *from me*

33:8

בְּאָמְרִי prep.-Qal inf.cstr.-1 c.s. sf. (אמר 55) *If I say*

לָרָשָׁע prep.-def.art.-adj. m.s. (957) *to the wicked*

רָשָׁע adj. m.s. (957) *O wicked man*

מוֹת תָּמוּת Qal inf.abs. (559)-Qal impf. 2 m.s. (559) *you shall surely die*

וְלֹא דִבַּרְתָּ conj.-neg.-Pi. pf. 2 m.s. (180) *and you do not speak*

לְהַזְהִיר prep.-Hi. inf.cstr. (264) *to warn*

רָשָׁע adj. m.s. (957) *the wicked*

מִדַּרְכּוֹ prep.-n.m.s.-3 m.s. sf. (202) *from his way*

הוּא רָשָׁע demons.adj.m.s. (214)-adj. m.s. (957) *that wicked man*

בַּעֲוֹנוֹ prep.-n.m.s.-3 m.s. sf. (730) *in his iniquity*

יָמוּת Qal impf. 3 m.s. (559) *shall die*

וְדָמוֹ conj.-n.m.s.-3 m.s. sf. (196) *but his blood*

מִיָּדְךָ prep.-n.f.s.-2 m.s. sf. (388) *at your hand*

אֲבַקֵּשׁ Pi. impf. 1 c.s. (134) *I will require*

33:9

וְאַתָּה conj.-pers.pr. 2 m.s. (61) *But you*

כִּי־הִזְהַרְתָּ conj. (471)-Hi. pf. 2 m.s. (זהר 264) *if you warn*

רָשָׁע adj. m.s. (957) *the wicked*

מִדַּרְכּוֹ prep.-n.m.s.-3 m.s. sf. (202) *from his way*

לָשׁוּב prep.-Qal inf.cstr. (996) *to turn*

מִמֶּנָּה prep.-3 f.s. sf. *from it*

וְלֹא־שָׁב conj.-neg.-Qal pf. 3 m.s. (שׁוב 996) *and he does not turn*

מִדַּרְכּוֹ v.supra *from his way*

הוּא pers.pr. 3 m.s. (214) *he*

בַּעֲוֹנוֹ prep.-n.m.s.-3 m.s. sf. (730) *in his iniquity*

יָמוּת Qal impf. 3 m.s. (559) *shall die*

וְאַתָּה conj.-pers.pr. 2 m.s. (61) *but you*

נַפְשְׁךָ n.f.s.-2 m.s. sf. (659) *your life*

הִצַּלְתָּ Hi. pf. 2 m.s. (נצל 664) *will have saved*

33:10

וְאַתָּה conj.-pers.pr. 2 m.s. (61) *And you*

בֶּן־אָדָם n.m.s. cstr. (119)-n.m.s. (9) *son of man*

אֱמֹר Qal impv. 2 m.s. (55) *say*

אֶל־בֵּית prep.-n.m.s. cstr. (108) *to the house of*

יִשְׂרָאֵל pr.n. (975) *Israel*

כֵּן אֲמַרְתֶּם adv. (485)-Qal pf. 2 m.p. (55) *Thus have you said*

לֵאמֹר prep.-Qal inf.cstr. (55) *(saying)*

כִּי־פְשָׁעֵינוּ conj. (471)-n.m.p.-1 c.p. sf. (833) *Our transgressions*

וְחַטֹּאתֵינוּ conj.-n.f.p.-1 c.p. sf. (308) *and our sins*

עָלֵינוּ prep.-1 c.p. sf. *are upon us*

וּבָם conj.-prep.-3 m.p. sf. *and because of them*

אֲנַחְנוּ pers.pr. 1 c.p. (59) *we*

נְמַקִּים Ni. ptc. m.p. (מקק 596) *waste away*

וְאֵיךְ conj.-adv. (32) *how then*

נִחְיֶה Qal impf. 1 c.p. (חיה 310) *can we live*

33:11

אֱמֹר Qal impv. 2 m.s. (55) *say*

אֲלֵיהֶם prep.-3 m.p. sf. *to them*

חַי־אָנִי adj. m.s. (311)-pers.pr. 1 c.s. (58) *As I live*

נְאֻם n.m.s. cstr. (610) *says*

אֲדֹנָי יְהוִה n.m.p.-1 c.s. sf. (10)-pr.n. (217) *the Lord Yahweh*

אִם־אֶחְפֹּץ hypoth.part. (49)-Qal impf. 1 c.s. (342 חפץ) *I have no pleasure*

בְּמוֹת prep.-n.m.s. cstr. (560) *in the death of*

הָרָשָׁע def.art.-adj. m.s. (957) *the wicked*

כִּי אִם־בְּשׁוּב conj. (471)-hypoth. part. (49) -prep.-Qal inf.cstr. (996) *but that ... turn*

רָשָׁע adj. m.s. (957) *the wicked*

מִדַּרְכּוֹ prep.-n.m.s.-3 m.s. sf. (202) *from his way*

וְחָיָה conj.-Qal pf. 3 m.s. (310) *and live*

שׁוּבוּ Qal impv. 2 m.p. (996) *turn back*

שׁוּבוּ v.supra *turn back*

מִדַּרְכֵיכֶם prep.-n.m.p.-2 m.p. sf. (202) *from your ways*

הָרָעִים def.art.-adj. m.p. (948) *the evil ones*

וְלָמָה conj.-prep.-interr. (552) *for why*

תָמוּתוּ Qal impf. 2 m.p. (559) *will you die?*

בֵּית n.m.s. cstr. (108) *O house of*

יִשְׂרָאֵל pr.n. (975) *Israel*

33:12

וְאַתָּה conj.-pers.pr. 2 m.s. (61) *And you*

בֶּן־אָדָם n.m.s. cstr. (119)-n.m.s. (9) *son of man*

אֱמֹר Qal impv. 2 m.s. (55) *say*

אֶל־בְּנֵי־עַמְּךָ prep. (39)-n.m.p. cstr. (119) -n.m.s.-2 m.s. sf. (766) *to your people*

צִדְקַת n.f.s. cstr. (842) *The righteousness of*

הַצַּדִּיק def.art.-adj. m.s. (843) *the righteous*

לֹא תַצִּילֶנּוּ neg.-Hi. impf. 3 f.s.-3 m.s. sf. (נצל 664) *shall not deliver him*

בְּיוֹם prep.-n.m.s. cstr. (398) *when he*

פִּשְׁעוֹ n.m.s.-3 m.s. sf. (833) *transgresses*

וְרִשְׁעַת conj.-n.f.s. cstr. (958) *and as for the wickedness of*

הָרָשָׁע def.art.-adj. m.s. (957) *the wicked*

לֹא־יִכָּשֶׁל neg.-Ni. impf. 3 m.s. (כשל 505; GK 51n) *he shall not fall*

בָּהּ prep.-3 f.s. sf. *by it*

בְּיוֹם v.supra *when*

שׁוּבוֹ Qal inf.cstr.-3 m.s. sf. (996) *he turns*

מֵרִשְׁעוֹ prep.-n.m.s.-3 m.s. sf. (957) *from his wickedness*

וְצַדִּיק conj.-adj. m.s. (843) *and the righteous*

לֹא יוּכַל neg.-Qal impf. 3 m.s. (יכל 407) *shall not be able*

לִחְיוֹת prep.-Qal inf.cstr. (חיה 310) *to live*

בָּהּ v.supra *in it*

בְּיוֹם v.supra *when*

חֲטֹאתוֹ Qal inf.cstr.-3 m.s. sf. (חטא 306) *he sins*

33:13

בְּאָמְרִי prep.-Qal inf.cstr.-1 c.s. sf. (55) *Though I say*

לַצַּדִּיק prep.-def.art.-adj. m.s. (843) *to the righteous*

חָיֹה יִחְיֶה Qal inf.abs. (310)-Qal impf. 3 m.s. (310) *he shall surely live*

וְהוּא־בָטַח conj.-pers.pr. 3 m.s. (214)-Qal pf. 3 m.s. (105) *yet if he trusts*

עַל־צִדְקָתוֹ prep.-n.f.s.-3 m.s. sf. (842) *in his righteousness*

וְעָשָׂה conj.-Qal pf. 3 m.s. (793) *and commits*

עָוֶל n.m.s. (732) *iniquity*

כָּל־צִדְקֹתָו n.m.s. cstr. (481)-n.f.p.-3 m.s. sf. (842) *all of his righteous deeds*

לֹא תִזָּכַרְנָה neg.-Ni. impf. 3 f.p. (זכר 269) *shall not be remembered*

וּבְעַוְלוֹ conj.-prep.-n.m.s.-3 m.s. sf. (732) *but in the iniquity*

אֲשֶׁר־עָשָׂה rel. (81)-Qal pf. 3 m.s. (793) *that he has committed*

בּוֹ prep.-3 m.s. sf. *in it*

יָמוּת Qal impf. 3 m.s. (559) *he shall die*

33:14

וּבְאָמְרִי conj.-prep.-Qal inf.cstr.-1 c.s. sf. (55) *Again, though I say*

לָרָשָׁע prep.-def.art.-adj. m.s. (957) *to the wicked*

מוֹת תָּמוּת Qal inf.abs. (559)-Qal impf. 2 m.s. (559) *You shall surely die*

וְשָׁב conj.-Qal pf. 3 m.s. (שוב 996) *yet if he turns*

מֵחַטָּאתוֹ prep.-n.f.s.-3 m.s. sf. (308) *from his sin*

וְעָשָׂה conj.-Qal pf. 3 m.s. (793) *and does*

מִשְׁפָּט n.m.s. (1048) *what is lawful*

וּצְדָקָה conj.-n.f.s. (842) *and right*

33:15

חֲבֹל n.m.s. (287) *pledge*

יָשִׁיב Hi. impf. 3 m.s. (שוב 996) *if ... restores*

רָשָׁע adj. m.s. (957) *the wicked*

גְּזֵלָה n.f.s. (160) *what he has taken by robbery*

יְשַׁלֵּם Pi. impf. 3 m.s. (1022) *he gives back*

בְּחֻקּוֹת הַחַיִּים prep.-n.f.p. cstr. (349)-def.art.-n.m.p. (313) *in the statutes of life*

הָלַךְ Qal pf. 3 m.s. (229) *he walks*

לְבִלְתִּי עֲשׂוֹת prep.-neg. (116)-Qal inf.cstr. (793) *committing no*

עָוֶל n.m.s. (732) *iniquity*

חָיוֹ יִחְיֶה Qal inf.abs. (חיה 310)-Qal impf. 3 m.s. (310) *he shall surely live*

לֹא יָמוּת neg.-Qal impf. 3 m.s. (559) *he shall not die*

33:16

כָּל־חַטֹּאתוֹ n.m.s. cstr. (481)-n.f.p.-3 m.s. sf. (308) *all of his sins*

אֲשֶׁר חָטָא rel. (81)-Qal pf. 3 m.s. (306) *that he has committed*

לֹא תִזָּכַרְנָה לוֹ neg.-Ni. impf. 3 f.p. (זכר 269)-prep.-3 m.s. sf. *shall not be remembered against him*

מִשְׁפָּט n.m.s. (1048) *what is lawful*

וּצְדָקָה conj.-n.f.s. (842) *and right*

עָשָׂה Qal pf. 3 m.s. (793) *he has done*

חָיוֹ יִחְיֶה Qal inf.abs. (חיה 310)-Qal impf. 3 m.s. (310) *he shall surely live*

33:17

וְאָמְרוּ conj.-Qal pf. 3 c.p. (55) *Yet ... say*

בְּנֵי עַמְּךָ n.m.p. cstr. (119)-n.m.s.-2 m.s. sf. (766) *your people*

לֹא יִתָּכֵן neg.-Ni. impf. 3 m.s. (תכן 1067) *is not just*

דֶּרֶךְ אֲדֹנָי n.m.s. cstr. (202)-n.m.p.-1 c.s. sf. (10) *the way of the Lord*

וְהֵמָּה conj.-pers.pr. 3 m.p. (241; GK 143aN) *when it is they*

דַּרְכָּם n.m.s.-3 m.p. sf. (202) *their way*

לֹא־יִתָּכֵן neg.-Ni. impf. 3 m.s. (תכן 1067) *that is not just*

33:18

בְּשׁוּב־צַדִּיק prep.-Qal inf.cstr. (996)-adj. m.s. (843) *When the righteous turns*

מִצִּדְקָתוֹ prep.-n.f.s.-3 m.s. sf. (842) *from his righteousness*

וְעָשָׂה conj.-Qal pf. 3 m.s. (793) *and does (commits)*

עָוֶל n.m.s. (732) *iniquity*

וּמֵת בָּהֶם conj.-Qal pf. 3 m.s. (מות 559)-prep.-3 m.p. sf. *he shall die for it*

33:19

וּבְשׁוּב רָשָׁע conj.-prep.-Qal inf.cstr. (996)-adj. m.s. (957) *and when the wicked turns*

מֵרִשְׁעָתוֹ prep.-n.f.s.-3 m.s. sf. (958) *from his wickedness*

וְעָשָׂה conj.-Qal pf. 3 m.s. (793) *and does*

מִשְׁפָּט n.m.s. (1048) *what is lawful*

וּצְדָקָה conj.-n.f.s. (842) *and right*

עֲלֵיהֶם prep.-3 m.p. sf. *by it*

הוּא יִחְיֶה pers.pr. 3 m.s. (214)-Qal impf. 3 m.s. (310) *he shall live*

33:20

וַאֲמַרְתֶּם conj.-Qal pf. 2 m.p. (55) *Yet you say*

לֹא יִתָּכֵן neg.-Ni. impf. 3 m.s. (תכן 1067) *is not just*

דֶּרֶךְ אֲדֹנָי n.m.s. cstr. (202)-n.m.p.-1 c.s. sf. (10) *the way of the Lord*

אִישׁ כִּדְרָכָיו n.m.s. (35)-prep.-n.m.p.-3 m.s. sf. (202) *each according to his ways*

אֶשְׁפּוֹט Qal impf. 1 c.s. (שפט 1047) *I will judge*

אֶתְכֶם dir.obj.-2 m.p. sf. *you*

בֵּית יִשְׂרָאֵל n.m.s. cstr. (108)-pr.n. (975) *O house of Israel*

33:21

וַיְהִי consec.-Qal impf. 3 m.s. (היה 224) *and it was*

בִּשְׁתֵּי עֶשְׂרֵה prep.-num. f.s. cstr. (1040)-num. (797) *in the twelfth*

שָׁנָה n.f.s. (1040) *year*

בָּעֲשִׂרִי prep.-def.art.-adj. m. ord. (798) *in the tenth month*

בַּחֲמִשָּׁה prep.-def.art.-num. f.s. (331) *on the fifth day*

לַחֹדֶשׁ prep.-def.art.-n.m.s. (294) *of the month*

לְגָלוּתֵנוּ prep.-n.f.s.-1 c.p. sf. (163) *of our exile*

בָּא־אֵלַי Qal pf. 3 m.s. (בוא 97)-prep.-1 c.s. sf. *came to me*

הַפָּלִיט def.art.-n.m.s. (812) *a man who had escaped*

מִירוּשָׁלַם prep.-pr.n. (436) *from Jerusalem*

לֵאמֹר prep.-Qal inf.cstr. (55) *and said*

הֻכְּתָה Ho. pf. 3 f.s. (נכה 645) *has fallen*

הָעִיר def.art.-n.f.s. (746) *the city*

33:22

וְיַד־יהוה conj.-n.f.s. cstr. (388)-pr.n. (217) *Now the hand of Yahweh*

הָיְתָה Qal pf. 3 f.s. (היה 224) *had been*

אֵלַי prep.-1 c.s. sf. *upon me*

בָּעֶרֶב prep.-def.art.-n.m.s. (787) *the evening*

לִפְנֵי בוֹא prep.-n.m.p. cstr. (815)-Qal inf.cstr. (97 בוֹא) *before ... came*

הַפָּלִיט def.art.-n.m.s. (812) *the fugitive*

וַיִּפְתַּח consec.-Qal impf. 3 m.s. (פָּתַח 834) *and he had opened*

אֶת־פִּי dir.obj.-n.m.s.-1 c.s. sf. (804) *my mouth*

עַד־בוֹא prep. (723)-Qal inf.cstr. (97) *by the time the man came*

אֵלַי v.supra *to me*

בַּבֹּקֶר prep.-def.art.-n.m.s. (133) *in the morning*

וַיִּפָּתַח consec.-Ni. impf. 3 m.s. (פָּתַח 834) *so was opened*

פִּי n.m.s.-1 c.s. sf. (804) *my mouth*

וְלֹא נֶאֱלַמְתִּי conj.-neg.-Ni. pf. 1 c.s. (אָלַם 47) *and I was not dumb*

עוֹד adv. (728) *longer*

33:23

וַיְהִי consec.-Qal impf. 3 m.s. (הָיָה 224) *came*

דְּבַר־יְהוָה n.m.s. cstr. (182)-pr.n. (217) *the word of Yahweh*

אֵלַי prep.-1 c.s. sf. *to me*

לֵאמֹר prep.-Qal inf.cstr. (55) *(saying)*

33:24

בֶּן־אָדָם n.m.s. cstr. (119)-n.m.s. (9) *Son of man*

יֹשְׁבֵי Qal act.ptc. m.p. cstr. (יָשַׁב 442) *the inhabitants of*

הֶחֳרָבוֹת def.art.-n.f.p. (352) *waste places*

הָאֵלֶּה def.art.-demons.adj. c.p. (41) *these*

עַל־אַדְמַת prep.-n.f.s. cstr. (9) *in the land of*

יִשְׂרָאֵל pr.n. (975) *Israel*

אֹמְרִים Qal act.ptc. m.p. (55) *saying*

לֵאמֹר prep.-Qal inf.cstr. (55)

אֶחָד num. m.s. (25) *only one man*

הָיָה Qal pf. 3 m.s. (224) *was*

אַבְרָהָם pr.n. (4) *Abraham*

וַיִּירַשׁ consec.-Qal impf. 3 m.s. (יָרַשׁ 430) *yet he got possession*

אֶת־הָאָרֶץ dir.obj.-def.art.-n.f.s. (75) *of the land*

וַאֲנַחְנוּ conj.-pers.pr. 1 c.p. (59) *but we are*

רַבִּים adj. m.p. (912) *many*

לָנוּ נִתְּנָה prep.-1 c.p. sf.-Ni. pf. 3 f.s. (נָתַן 678) *to us is given*

הָאָרֶץ v.supra *the land*

לְמוֹרָשָׁה prep.-n.f.s. (44) *to possess*

33:25

לָכֵן prep.-adv. (485) *Therefore*

אֱמֹר Qal impv. 2 m.s. (55) *say*

אֲלֵיהֶם prep.-3 m.p. sf. *to them*

כֹּה־אָמַר adv. (462)-Qal pf. 3 m.s. (55) *Thus says*

אֲדֹנָי יְהוָה n.m.p.-1 c.s. sf. (10)-pr.n. (217) *the Lord Yahweh*

עַל־הַדָּם prep. (752)-def.art.-n.m.s. (196) *with the blood*

תֹּאכֵלוּ Qal impf. 2 m.p. paus. (אָכַל 37) *you eat*

וְעֵינֵכֶם conj.-n.f.p.-2 m.p. sf. (744) *and ... your eyes*

תִּשְׂאוּ Qal impf. 2 m.p. (נָשָׂא 669) *lift up*

אֶל־גִּלּוּלֵיכֶם prep.-n.m.p.-2 m.p. sf. (165) *to your idols*

וְדָם conj.-n.m.s. (196) *and blood*

תִּשְׁפֹּכוּ Qal impf. 2 m.p. paus. (שָׁפַךְ 1049) *shed*

וְהָאָרֶץ conj.-def.art.-n.f.s. (75) *then the land?*

תִּירָשׁוּ Qal impf. 2 m.p. paus. (יָרַשׁ 439) *shall you possess*

33:26

עֲמַדְתֶּם Qal pf. 2 m.p. (עָמַד 763) *You resort*

עַל־חַרְבְּכֶם prep.-n.f.s.-2 m.p. sf. (352) *to your sword*

עֲשִׂיתֶן Qal pf. 2 f.p. (עָשָׂה 793; GK 44k) *you commit*

תּוֹעֵבָה n.f.s. (1072) *abominations*

וְאִישׁ conj.-n.m.s. (35) *and each*

אֶת־אֵשֶׁת רֵעֵהוּ dir.obj.-n.f.s. cstr. (61)-n.m.s.-3 m.s. sf. (945) *his neighbor's wife*

טִמֵּאתֶם Pi. pf. 2 m.p. (טָמֵא 379) *you defile*

וְהָאָרֶץ conj.-def.art.-n.f.s. (75) *then the land?*

תִּירָשׁוּ Qal impf. 2 m.p. paus. (יָרַשׁ 439) *shall you possess*

33:27

כֹּה־תֹאמַר adv. (462)-Qal impf. 2 m.s. (55) *Say this*

אֲלֵהֶם prep.-3 m.p. sf. *to them*

כֹּה־אָמַר adv. (462)-Qal pf. 3 m.s. (55) *Thus says*

אֲדֹנָי יְהוָה n.m.p.-1 c.s. sf. (10)-pr.n. (217) *the Lord Yahweh*

חַי־אָנִי adj. m.s. (311)-pers.pr. 1 c.s. (58) *As I live*

אִם־לֹא hypoth.part. (49)-neg. *surely*

אֲשֶׁר בֶּחֳרָבוֹת rel. (81)-prep.-def.art.-n.f.p. (352) *those who are in the waste places*

בַּחֶרֶב prep.-def.art.-n.f.s. (352) *by the sword*

יִפֹּלוּ Qal impf. 3 m.p. (נָפַל 656) *shall fall*

וַאֲשֶׁר conj.-rel. (81) *and him*

עַל־פְּנֵי prep.-n.m.p. cstr. (815) *that is in*

הַשָּׂדֶה def.art.-n.m.s. (961) *the open field*

לַחַיָּה prep.-def.art.-n.f.s. (312) *to the beasts*

נְתַתִּיו Qal pf. 1 c.s.-3 m.s. sf. (נָתַן 678) *I will give him*

לְאָכְלוֹ prep.-n.m.s.-3 m.s. sf. (38) *to be devoured*

וַאֲשֶׁר v.supra *and those*

בַּמְּצָדוֹת prep.-def.art.-n.f.p. (844) *who are in strongholds*

וּבַמְּעָרוֹת conj.-prep.-def.art.-n.f.p. (792) *and in caves*

בַּדֶּבֶר prep.-def.art.-n.m.s. (184) *by pestilence*

יָמוּתוּ Qal impf. 3 m.p. (מוּת 559) *shall die*

33:28

וְנָתַתִּי conj.-Qal pf. 1 c.s. (נָתַן 678) *And I will make*

אֶת־הָאָרֶץ dir.obj.-def.art.-n.f.s. (75) *the land*

שְׁמָמָה n.f.s. (1031) *a desolation*

וּמְשַׁמָּה conj.-n.f.s. (1031) *and a waste*

וְנִשְׁבַּת conj.-Ni. pf. 3 m.s. (שָׁבַת 991) *and shall come to an end*

גְּאוֹן עֻזָּהּ n.m.s. cstr. (144)-n.m.s.-3 f.s. sf. (738) *her proud might*

וְשָׁמְמוּ conj.-Qal pf. 3 c.p. (1030) *and shall be so desolate*

הָרֵי n.m.p. cstr. (249) *the mountains of*

יִשְׂרָאֵל pr.n. (975) *Israel*

מֵאֵין prep.-neg. (34) *that none*

עוֹבֵר Qal act.ptc. (716) *will pass through*

33:29

וְיָדְעוּ conj.-Qal pf. 3 c.p. (393) *Then they will know*

כִּי־אֲנִי conj. (471)-pers.pr. 1 c.s. (58) *that I am*

יהוה pr.n. (217) *Yahweh*

בְּתִתִּי prep.-Qal inf.cstr.-1 c.s. sf. (נָתַן 678) *when I have made*

אֶת־הָאָרֶץ dir.obj.-def.art.-n.f.s. (75) *the land*

שְׁמָמָה n.f.s. (1031) *a desolation*

וּמְשַׁמָּה conj.-n.f.s. (1031) *and a waste*

עַל־כָּל prep. (752)-n.m.s. cstr. (481) *because of all*

תּוֹעֲבֹתָם n.f.p.-3 m.p. sf. (1072) *their abominations*

אֲשֶׁר עָשׂוּ rel. (81)-Qal pf. 3 c.p. (עָשָׂה 793) *which they have committed*

33:30

וְאַתָּה conj.-pers.pr. 2 m.s. (61) *As for you*

בֶּן־אָדָם n.m.s. cstr. (119)-n.m.s. (9) *son of man*

בְּנֵי עַמְּךָ n.m.p. cstr. (119)-n.m.s.-2 m.s. sf. (766) *your people*

הַנִּדְבָּרִים def.art.-Ni. ptc. m.p. (דָּבַר 180) *who talk together*

בְּךָ prep.-2 m.s. sf. *about you*

אֵצֶל הַקִּירוֹת prep. (69)-def.art.-n.m.p. (885) *by the walls*

וּבְפִתְחֵי conj.-prep.-n.m.p. cstr. (835) *and at the doors of*

הַבָּתִּים def.art.-n.m.p. (108) *the houses*

וְדִבֶּר־ conj.-Pi. pf. 3 m.s. (180) *and say*

חַד אֶת־אַחַד adj. num. m.s. (25)-prep. (85)-adj. num. (25) *to one another*

אִישׁ אֶת־אָחִיו n.m.s. (35)-prep. (85)-n.m.s.-3 m.s. sf. (26) *each to his brother*

לֵאמֹר prep.-Qal inf.cstr. (55) *(saying)*

בֹּאוּ־נָא Qal impv. 2 m.p. (בּוֹא 97)-part. of entreaty (609) *Come*

וְשִׁמְעוּ conj.-Qal impv. 2 m.p. (שָׁמַע 1033) *and hear*

מָה הַדָּבָר interr. (552)-def.art.-n.m.s. (182) *what the word is*

הַיּוֹצֵא def.art.-Qal act.ptc. (יָצָא 422) *that comes forth*

מֵאֵת יהוה prep.-prep. (85)-pr.n. (217) *from Yahweh*

33:31

וְיָבוֹאוּ conj.-Qal impf. 3 m.p. (בּוֹא 97) *And they come*

אֵלֶיךָ prep.-2 m.s. sf. *to you*

כִּמְבוֹא־עָם prep.-n.m.s. cstr. (99)-n.m.s. (766) *as people come*

וְיֵשְׁבוּ conj.-Qal impf. 3 m.p. (יָשַׁב 442) *and they sit*

לְפָנֶיךָ prep.-n.m.p.-2 m.s. sf. (815) *before you*

עַמִּי n.m.s.-1 c.s. sf. (766) *as my people*

וְשָׁמְעוּ conj.-Qal pf. 3 c.p. (1033) *and they hear*

אֶת־דְּבָרֶיךָ dir.obj.-n.m.p.-2 m.s. sf. (182) *what you say*

וְאוֹתָם conj.-dir.obj.-3 m.p. sf. *but them*

לֹא יַעֲשׂוּ neg.-Qal impf. 3 m.p. (עָשָׂה 793) *they will not do*

כִּי־עֲגָבִים conj. (471)-n.m.p. (721) *for much love*

בְּפִיהֶם prep.-n.m.s.-3 m.p. sf. (804) *with their mouth (lips)*

הֵמָּה עֹשִׂים pers.pr. 3 m.p. (241)-Qal act.ptc. m.p. (עָשָׂה 793) *they show*

אַחֲרֵי בִצְעָם prep. (29)-n.m.s.-3 m.p. sf. (130) *on their gain*

לִבָּם n.m.s.-3 m.p. sf. (524) *their heart*

הֹלֵךְ Qal act.ptc. (הָלַךְ 229) *is set*

33:32

וְהִנְּךָ conj.-interr.part.-2 m.s. sf. (243) *and lo you are*

לָהֶם prep.-3 m.p. sf. *to them*

כְּשִׁיר עֲנָבִים prep.-n.m.s. cstr. (1010)-n.m.p. (721) *like a love song*

יְפֵה קוֹל adj. m.s. cstr. (421)-n.m.s. (876) *with a beautiful voice*

וּמֵטִב נַגֵּן conj.-Hi. ptc. m.s. יטב 405)-Pi. inf. cstr. נגן 618) *and plays well on an instrument*

וְשָׁמְעוּ conj.-Qal pf. 3 c.p. (1033) *for they hear*

אֶת־דְּבָרֶיךָ dir.obj.-n.m.p.-2 m.s. sf. (182) *what you say*

וְעֹשִׂים conj.-Qal act.ptc. m.p. (עשה 793) *but ... do*

אֵינָם neg.-3 m.p. sf. (34) *they will not*

אוֹתָם dir.obj.-3 m.p. sf. *them*

33:33

וּבְבֹאָהּ conj.-prep.-Qal inf.cstr.-3 f.s. sf. (בוא 97) *When this comes*

הִנֵּה בָאָה demons.part. (243)-Qal pf. 3 f.s. (בוא 97) *and come it will*

וְיָדְעוּ conj.-Qal pf. 3 c.p. (393) *then they will know*

כִּי נָבִיא conj. (471)-n.m.s. (611) *that a prophet*

הָיָה Qal pf. 3 m.s. (224) *has been*

בְּתוֹכָם prep.-n.m.s.-3 m.p. sf. (1063) *among them*

34:1

וַיְהִי consec.-Qal impf. 3 m.s. (היה 224) *came*

דְּבַר־יהוה n.m.s. cstr. (182)-pr.n. (217) *the word of Yahweh*

אֵלַי prep.-1 c.s. sf. *to me*

לֵאמֹר prep.-Qal inf.cstr. (55) *(saying)*

34:2

בֶּן־אָדָם n.m.s. cstr. (119)-n.m.s. (9) *Son of man*

הִנָּבֵא Ni. impv. 2 m.s. (נבא 612) *prophesy*

עַל־רוֹעֵי prep. (752)-Qal act.ptc. m.p. cstr. 944) *against the shepherds of*

יִשְׂרָאֵל pr.n. (975) *Israel*

הִנָּבֵא v.supra *prophesy*

וְאָמַרְתָּ conj.-Qal pf. 2 m.s. (55) *and say*

אֲלֵיהֶם prep.-3 m.p. sf. *to them*

לָרֹעִים prep.-def.art.-Qal act.ptc. m.p. (רעה 944) *even to the shepherds*

כֹּה אָמַר adv. (462)-Qal pf. 3 m.s. (55) *Thus says*

אֲדֹנָי יהוה n.m.p.-1 c.s. sf. (10)-pr.n. (217) *the Lord Yahweh*

הוֹי interj. (222) *Ho*

רֹעֵי יִשְׂרָאֵל Qal act.ptc. m.p. cstr. (רעה 944)-pr.n. (975) *shepherds of Israel*

אֲשֶׁר הָיוּ rel. (81)-Qal pf. 3 c.p. (היה 224) *who have been*

רֹעִים Qal act.ptc. m.p. (רעה 944) *feeding*

אוֹתָם dir.obj.-3 m.p. sf. (GK 57N) *them*

הֲלוֹא הַצֹּאן interr.part.-neg.-def.art.-n.f.s. (838) *should not ... the sheep*

יִרְעוּ Qal impf. 3 m.p. (רעה 944) *feed*

הָרֹעִים def.art.-Qal act.ptc. m.p. (רעה 944) *the shepherds*

34:3

אֶת־הַחֵלֶב dir.obj.-def.art.-n.m.s. (316) *the fat*

תֹּאכֵלוּ Qal impf. 2 m.p. paus. (אכל 37) *you eat*

וְאֶת־הַצֶּמֶר conj.-dir.obj.-def.art.-n.m.s. (856) *and with the wool*

תִּלְבָּשׁוּ Qal impf. 2 m.p. paus. (לבש 527) *you clothe yourselves*

הַבְּרִיאָה def.art.-adj. f.s. (135) *the fatlings*

תִּזְבָּחוּ Qal impf. 2 m.p. paus. (זבח 256) *you slaughter*

הַצֹּאן def.art.-n.f.s. (838) *the sheep*

לֹא תִרְעוּ neg.-Qal impf. 2 m.p. (רעה 944) *you do not feed*

34:4

אֶת־הַנַּחְלוֹת dir.obj.-def.art.-Ni. ptc. f.p. (317) *the weak*

לֹא חִזַּקְתֶּם neg.-Pi. pf. 2 m.p. (חזק 304) *you have not strengthened*

וְאֶת־הַחוֹלָה conj.-dir.obj.-Qal act.ptc. f.s. (חלה 317) *and the sick*

לֹא רִפֵּאתֶם neg.-Pi. pf. 2 m.p. (רפא 950) *you have not healed*

וְלַנִּשְׁבֶּרֶת conj.-prep.-def.art.-Ni. ptc. f.s. (שבר 990) *and the crippled*

לֹא חֲבַשְׁתֶּם neg.-Qal pf. 2 m.p. (חבש 289) *you have not bound up*

וְאֶת־הַנִּדַּחַת conj.-dir.obj.-def.art.-Ni. ptc. f.s. (נדח 623) *and the strayed*

לֹא הֲשֵׁבֹתֶם neg.-Hi. pf. 2 m.p. (שוב 996) *you have not brought back*

וְאֶת־הָאֹבֶדֶת conj.-dir.obj.-def.art.-Qal act.ptc. f.s. (אבד 1) *and the lost*

לֹא בִקַּשְׁתֶּם neg.-Pi. pf. 2 m.p. (בקש 134) *you have not sought*

וּבְחָזְקָה conj.-prep.-n.f.s. (306) *and with force*

רְדִיתֶם Qal pf. 2 m.p. (רדה 921) *you have ruled*

אֹתָם dir.obj.-3 m.p. sf. *them*

וּבְפֶרֶךְ conj.-prep.-n.m.s. (827) *and with harshness*

34:5

וַתְּפוּצֶ֫ינָה consec.-Qal impf. 3 f.p. (פוּץ 806) *so they were scattered*

מִבְּלִי רֹעֶה prep.-neg. (113)-Qal act.ptc. m.s. (944) *because there was no shepherd*

וַתִּהְיֶ֫ינָה consec.-Qal impf. 3 f.p. (הָיָה 224) *and they became*

לְאָכְלָה prep.-n.f.s. (38) *food*

לְכָל־חַיַּת prep.-n.m.s. cstr. (481)-n.f.s. cstr. (312) *for all the wild beasts of*

הַשָּׂדֶה def.art.-n.m.s. (961) *the field*

וַתְּפוּצֶ֫ינָה v.supra *so they were scattered*

34:6

יִשְׁגּוּ Qal impf. 3 m.p. (שָׁגָה 993) *wandered*

צֹאנִי n.f.s.-1 c.s. sf. (838) *my sheep*

בְּכָל־הֶהָרִים prep.-n.m.s. cstr. (481)-def.art.-n.m.p. (249) *over all the mountains*

וְעַל כָּל־ conj.-prep. (752)-v.supra *and on every*

גִּבְעָה רָמָה n.f.s. (148)-adj. f.s. (Qal act.ptc. f.s. 926 רוּם) *high hill*

וְעַל כָּל־פְּנֵי v.supra-v.supra-n.m.p. cstr. (815) *and over all the face of*

הָאָ֫רֶץ def.art.-n.f.s. (75) *the earth*

נָפֹ֫צוּ Ni. pf. 3 c.p. (פוּץ 806) *were scattered*

צֹאנִי n.f.s.-1 c.s. sf. (838) *my sheep*

וְאֵין דּוֹרֵשׁ conj.-neg. (34)-Qal act.ptc. (דָּרַשׁ 205) *with none to search*

וְאֵין מְבַקֵּשׁ v.supra-Pi. ptc. (בָּקַשׁ 134) *or seek*

34:7

לָכֵן רֹעִים prep.-adv. (485)-Qal act.ptc. m.p. (944 רָעָה) *Therefore you shepherds*

שִׁמְעוּ Qal impv. 2 m.p. (1033) *hear*

אֶת־דְּבַר יְהוָה dir.obj.-n.m.s. cstr. (182)-pr.n. (217) *the word of Yahweh*

34:8

חַי־אָ֫נִי adj. m.s. (311)-pers.pr. 1 c.s. (58) *As I live*

נְאֻם אֲדֹנָי n.m.s. cstr. (610)-n.m.p.-1 c.s. sf. (10) *says the Lord*

יְהוִה pr.n. (217) *Yahweh*

אִם־לֹא יַ֫עַן hypoth.part.-neg. (GK 149c)-conj. (774) *because*

הֱיוֹת־צֹאנִי Qal inf.cstr. (הָיָה 224)-n.f.s.-1 c.s. sf. (838) *my sheep have become*

לָבַז prep.-n.m.s. (103) *a prey*

וַתִּהְיֶ֫ינָה consec.-Qal impf. 3 f.p. (הָיָה 224) *and have become*

צֹאנִי v.supra *my sheep*

לְאָכְלָה prep.-n.f.s. (38) *food*

לְכָל־חַיַּת prep.-n.m.s. cstr. (481)-n.f.s. cstr. (312) *for all the beasts of*

הַשָּׂדֶה def.art.-n.m.s. (961) *the field*

מֵאֵין רֹעֶה prep.-neg. (34)-Qal act.ptc. (944) *since there was no shepherd*

וְלֹא־דָרְשׁוּ conj.-neg.-Qal pf. 3 c.p. (דָּרַשׁ 205) *and have not searched*

רֹעַי Qal act.ptc. m.p.-1 c.s. sf. (רָעָה 944) *my shepherds*

אֶת־צֹאנִי dir.obj.-n.f.s.-1 c.s. sf. (838) *for my sheep*

וַיִּרְעוּ consec.-Qal impf. 3 m.p. (רָעָה 944) *but ... fed*

הָרֹעִים def.art.-Qal act.ptc. m.p. (רָעָה 944) *the shepherds*

אוֹתָם dir.obj.-3 m.p. sf. (GK 57N) *themselves*

וְאֶת־צֹאנִי conj.-dir.obj.-v.supra *and my sheep*

לֹא רָעוּ neg.-Qal pf. 3 c.p. (רָעָה 944) *they have not fed*

34:9

לָכֵן prep.-adv. (485) *therefore*

הָרֹעִים def.art.-Qal act.ptc. m.p. (רָעָה 944) *you shepherds*

שִׁמְעוּ Qal impv. 2 m.p. (1033) *hear*

דְּבַר־יְהוָה n.m.s. cstr. (182)-pr.n. (217) *the word of Yahweh*

34:10

כֹּה־אָמַר adv. (462)-Qal pf. 3 m.s. (55) *Thus says*

אֲדֹנָי יְהוִה n.m.p.-1 c.s. sf. (10)-pr.n. (217) *the Lord Yahweh*

הִנְנִי demons.part.-1 c.s. sf. (243; GK 149c, 167b) *Behold, I*

אֶל־הָרֹעִים prep. (39)-def.art.-Qal act.ptc. m.p. (944 רָעָה) *against the shepherds*

וְדָרַשְׁתִּי conj.-Qal pf. 1 c.s. (דָּרַשׁ 205) *and I will require*

אֶת־צֹאנִי dir.obj.-n.f.s.-1 c.s. sf. (838) *my sheep*

מִיָּדָם prep.-n.f.s.-3 m.p. sf. (388) *at their hand*

וְהִשְׁבַּתִּים conj.-Pi. pf. 1 c.s.-3 m.p. sf. (שָׁבַת 991) *and put a stop to their*

מֵרְעוֹת prep.-Qal inf.cstr. (רָעָה 944) *feeding*

צֹאן n.f.s. (838) *the sheep*

וְלֹא־יִרְעוּ conj.-neg.-Qal impf. 3 m.p. (רָעָה 944) *shall not feed*

עוֹד adv. (728) *longer*

הָרֹעִים def.art.-Qal act.ptc. m.p. (רָעָה 944) *the shepherds*

אוֹתָם dir.obj.-3 m.p. sf. (GK 57N) *themselves*

וְהִצַּלְתִּי conj.-Hi. pf. 1 c.s. (נָצַל 664) *I will rescue*

צֹאנִי n.f.s.-1 c.s. sf. (838) *my sheep*

מִפִּיהֶם prep.-n.m.s.-3 m.p. sf. (804) *from their mouths*

וְלֹא־תִהְיֶיןָ conj.-neg.-Qal impf. 3 f.p. (הָיָה 224) *that they may not be*

לָהֶם prep.-3 m.p. sf. *for them*

לְאָכְלָה prep.-n.f.s. (38) *food*

34:11

כִּי כֹּה אָמַר conj. (471)-adv. (462)-Qal pf. 3 m.s. (55) *For thus says*

אֲדֹנָי יהוה n.m.p.-1 c.s. sf. (10)-pr.n. (217) *the Lord Yahweh*

הִנְנִי־אָנִי demons.part.-1 c.s. sf. (243)-pers.pr. 1 c.s. (58) *Behold, I myself*

וְדָרַשְׁתִּי conj.-Qal pf. 1 c.s. (דָּרַשׁ 205) *I will search*

אֶת־צֹאנִי dir.obj.-n.f.s.-1 c.s. sf. (838) *for my sheep*

וּבִקַּרְתִּים conj.-Pi. pf. 1 c.s.-3 m.p. sf. (בָּקַר 133) *and will seek them out*

34:12

כְּבַקָּרַת רֹעֶה prep.-n.f.s. cstr. (134)-Qal act.ptc. (רָעָה 944) *As a shepherd seeks out*

עֶדְרוֹ n.m.s.-3 m.s. sf. (727) *his flock*

בְּיוֹם־הֱיוֹתוֹ prep.-n.m.s. cstr. (398)-Qal inf. cstr.-3 m.s. sf. (הָיָה 224) *when he is*

בְּתוֹךְ־צֹאנוֹ prep.-n.m.s. cstr. (1063)-n.f.s.-3 m.s. sf. (838) *among his sheep*

נִפְרָשׁוֹת Ni. ptc. f.p. (פָּרַשׁ 831; rd. prb. נִפְרָשׁוֹת 831) *being scattered*

כֵּן אֲבַקֵּר adv. (485)-Pi. impf. 1 c.s. (133) *so will I seek out*

אֶת־צֹאנִי dir.obj.-n.f.s.-1 c.s. sf. (838) *my sheep*

וְהִצַּלְתִּי conj.-Hi. pf. 1 c.s. (נָצַל 664) *and I will rescue*

אֶתְהֶם dir.obj.-3 m.p. sf. *them*

מִכָּל־הַמְּקוֹמֹת prep.-n.m.s. cstr. (481)-def.art.-n.m.p. (879) *from all places*

אֲשֶׁר נָפֹצוּ rel. (81)-Ni. pf. 3 c.p. (פּוּץ 806) *where they have been scattered*

שָׁם adv. (1027) *there*

בְּיוֹם עָנָן prep.-n.m.s. cstr. (398)-n.m.s. (777) *on a day of clouds*

וַעֲרָפֶל conj.-n.m.s. (791) *and thick darkness*

34:13

וְהוֹצֵאתִים conj.-Hi. pf. 1 c.s.-3 m.p. sf. (יָצָא 422) *And I will bring them out*

מִן־הָעַמִּים prep.-def.art.-n.m.p. (766) *from the peoples*

וְקִבַּצְתִּים conj.-Pi. pf. 1 c.s.-3 m.p. sf. (קָבַץ 867) *and gather them*

מִן־הָאֲרָצוֹת prep.-def.art.-n.f.p. (75) *from the countries*

וַהֲבִיאֹתִים conj.-Hi. pf. 1 c.s.-3 m.p. sf. (בּוֹא 97) *and will bring them*

אֶל־אַדְמָתָם prep. (39)-n.f.s.-3 m.p. sf. (9) *into their own land*

וּרְעִיתִים conj.-Qal pf. 1 c.s.-3 m.p. sf. (רָעָה 944) *and I will feed them*

אֶל־הָרֵי prep.-n.m.p. cstr. (249) *on the mountains of*

יִשְׂרָאֵל pr.n. (975) *Israel*

בָּאֲפִיקִים prep.-def.art.-n.m.p. (67) *by the fountains*

וּבְכֹל מוֹשְׁבֵי conj.-prep.-n.m.s. cstr. (481)-n.m.p. cstr. (444) *and in all the inhabited places of*

הָאָרֶץ def.art.-n.f.s. (75) *the country*

34:14

בְּמִרְעֶה־טּוֹב prep.-n.m.s. (945)-adj. m.s. (373) *with good pasture*

אֶרְעֶה אֹתָם Qal impf. 1 c.s. (רָעָה 944)-dir. obj.-3 m.p. sf. *I will feed them*

וּבְהָרֵי conj.-prep.-n.m.p. cstr. (249) *and upon the mountains of*

מְרוֹם־יִשְׂרָאֵל n.m.s. cstr. (928)-pr.n. (975) *the heights of Israel*

יִהְיֶה Qal impf. 3 m.s. (הָיָה 224) *shall be*

נְוֵהֶם n.m.s.-3 m.p. sf. (627; GK 93ss) *their pasture*

שָׁם adv. (1027) *there*

תִּרְבַּצְנָה Qal impf. 3 f.p. (רָבַץ 918) *they shall lie down*

בְּנָוֶה טּוֹב prep.-n.m.s. (627)-adj. m.s. (373) *in good grazing land*

וּמִרְעֶה שָׁמֵן conj.-n.m.s. (945)-adj. m.s. (1032) *and on fat pasture*

תִּרְעֶינָה Qal impf. 3 f.p. (רָעָה 944) *they shall feed*

עַל־הָרֵי prep.-n.m.p. cstr. (249) *on the mountains of*

יִשְׂרָאֵל pr.n. (975) *Israel*

34:15

אֲנִי אֶרְעֶה pers.pr. 1 c.s. (58)-Qal impf. 1 c.s. (רָעָה 944) *I myself will be the shepherd*

צֹאנִי n.f.s.-1 c.s. sf. (838) *of my sheep*

וַאֲנִי אַרְבִּיצֵם conj.-v.supra-Hi. impf. 1 c.s.-3 m.p. sf. (רָבַץ 918) *and I will make them lie down*

נְאֻם אֲדֹנָי n.m.s. cstr. (610)–n.m.p.–1 c.s. sf. (10) *says the Lord*

יהוה pr.n. (217) *Yahweh*

34:16

אֶת־הָאֹבֶדֶת dir.obj.–def.art.–Qal act.ptc. f.s. (אבד 1) *the lost*

אֲבַקֵּשׁ Pi. impf. 1 c.s. (בקשׁ 134) *I will seek*

וְאֶת־הַנִּדַּחַת conj.–dir.obj.–def.art.–Ni. ptc. f.s. (נדח 623) *and the strayed*

אָשִׁיב Hi. impf. 1 c.s. (שׁוב 996) *I will bring back*

וְלַנִּשְׁבֶּרֶת conj.–prep.–def.art.–Ni. ptc. f.s. (שׁבר 990) *and the crippled*

אֶחֱבֹשׁ Qal impf. 1 c.s. (חבשׁ 289) *I will bind up*

וְאֶת־הַחוֹלָה conj.–dir.obj.–def.art.–Qal act.ptc. f.s. (חלה 317) *and the weak*

אֲחַזֵּק Pi. impf. 1 c.s. (חזק 304) *I will strengthen*

וְאֶת־הַשְּׁמֵנָה conj.–dir.obj.–def.art.–adj. f.s. (1032) *and the fat*

וְאֶת־הַחֲזָקָה conj.–dir.obj.–def.art.–adj. f.s. (305) *and the strong*

אַשְׁמִיד Hi. impf. 1 c.s. (שׁמד 1029) *I will destroy*

אֶרְעֶנָּה Qal impf. 1 c.s.–3 f.p. sf. (רעה 944) *I will feed them*

בְמִשְׁפָּט prep.–n.m.s. (1048) *in justice*

34:17

וְאַתֵּנָה conj.–pers.pr. 2 f.p. (61) *As for you*

צֹאנִי n.f.s.–1 c.s. sf. (838) *my flock*

כֹּה אָמַר adv. (462)–Qal pf. 3 m.s. (55) *thus says*

אֲדֹנָי יהוה n.m.p.–1 c.s. sf. (10)–pr.n. (217) *the Lord Yahweh*

הִנְנִי demons.part.–1 c.s. sf. (243) *Behold, I*

שֹׁפֵט Qal act.ptc. (1047) *will judge*

בֵּין־שֶׂה לָשֶׂה prep. (107)–n.m.s. (961)–prep.–n.m.s. (961) *between the sheep*

לָאֵילִים prep.–def.art.–n.m.p. (17) *the rams*

וְלָעַתּוּדִים conj.–prep.–def.art.–n.m.p. (800) *and the he-goats*

34:18

הַמְעַט interr.part.–subst. (589) *is it not enough*

מִכֶּם prep.–2 m.p. sf. *for you*

הַמִּרְעֶה הַטּוֹב def.art.–n.m.s. (945) def.art.–adj. m.s. (373) *on the good pasture*

תִּרְעוּ Qal impf. 2 m.p. (רעה 944) *you feed*

וְיֶתֶר conj.–n.m.s. cstr. (451) *that the rest of*

מִרְעֵיכֶם n.m.s.–2 m.p. sf. (945) *your pasture*

תִּרְמְסוּ Qal impf. 2 m.p. (רמס 942) *you must tread down*

בְּרַגְלֵיכֶם prep.–n.f.p.–2 m.p. sf. (919) *with your feet*

וּמִשְׁקַע־מַיִם conj.–n.m.s. cstr. (1054)–n.m.p. (565) *and of clear water*

תִּשְׁתּוּ Qal impf. 2 m.p. (שׁתה 1059) *you drink*

וְאֵת הַנּוֹתָרִים conj.–dir.obj.–def.art.–Ni. ptc. m.p. (יתר 451) *and the rest*

בְּרַגְלֵיכֶם v.supra *with your feet*

תִּרְפֹּשׂוּן Qal impf. 2 m.p. (רפשׂ 952) *you must foul (by stamping)*

34:19

וְצֹאנִי conj.–n.f.s.–1 c.s. sf. paus. (838) *and my sheep*

מִרְמַס n.m.s. cstr. (942) *what you have trodden*

רַגְלֵיכֶם n.f.p.–2 m.p. sf. (919) *with your feet*

תִּרְעֶינָה Qal impf. 3 f.p. (רעה 944) *must they eat*

וּמִרְפַּשׂ רַגְלֵיכֶם conj.–n.m.s. cstr. (952)–v.supra *and what you have fouled with your feet*

תִּשְׁתֶּינָה Qal impf. 3 f.p. (שׁתה 1059) *must they drink*

34:20

לָכֵן כֹּה prep.–adv. (485)–adv. (462) *therefore, thus*

אָמַר Qal pf. 3 m.s. (55) *says*

אֲדֹנָי יהוה n.m.p.–1 c.s. sf. (10)–pr.n. (217) *the Lord Yahweh*

אֲלֵיהֶם prep.–3 m.p. sf. *to them*

הִנְנִי־אָנִי demons.part.–1 c.s. sf. (243)–pers.pr. 1 c.s. (58) *Behold I, I myself*

וְשָׁפַטְתִּי conj.–Qal pf. 1 c.s. (שׁפט 1047) *will judge*

בֵּין־שֶׂה בִרְיָה prep. (107)–n.f.s. (961)–adj. f.s. (133) *between the fat sheep*

וּבֵין שֶׂה רָזָה conj.–v.supra–v.supra–adj. f.s. (931) *and the lean sheep*

34:21

יַעַן בְּצַד conj. (774)–prep.–n.m.s. (841) *because with side*

וּבְכָתֵף conj.–prep.–n.f.s. (509) *and shoulder*

תֶּהְדֹּפוּ Qal impf. 2 m.p. (הדף 213) *you push*

וּבְקַרְנֵיכֶם conj.–prep.–n.f.p.–2 m.p. sf. (901) *and with your horns*

תְּנַגְּחוּ Pi. impf. 2 m.p. (נגח 618) *you thrust*

כָּל־הַנַּחְלוֹת n.m.s. cstr. (481)–def.art.–Ni. ptc. f.p. (חלה 317) *at all the weak*

עַד אֲשֶׁר הֲפִיצוֹתֶם prep. (723)–rel. (81)–Hi. pf. 2 m.p. (פוץ 806) *till you have scattered*

אוֹתָנָה dir.obj.–3 f.p. sf. (GK 103b) *them*

אֶל־הַחוּצָה prep.-def.art.-n.m.s.-he loc. (299) *abroad*

34:22

וְהוֹשַׁעְתִּי conj.-Hi. pf. 1 c.s. (יָשַׁע 446) *I will save*

לְצֹאנִי prep.-n.f.s.-1 c.s. sf. (838) *my flock*

וְלֹא־תִהְיֶינָה conj.-neg.-Qal impf. 3 f.p. (הָיָה 224) *and they shall not be*

עוֹד adv. (728) *longer*

לָבַז prep.-n.m.s. (103) *a prey*

וְשָׁפַטְתִּי conj.-Qal pf. 1 c.s. (שָׁפַט 1047) *and I will judge*

בֵּין שֶׂה לָשֶׂה prep. (107)-n.m.s. (961)-prep.-n.m.s. (961) *between sheep and sheep*

34:23

וַהֲקִמֹתִי conj.-Hi. pf. 1 c.s. (קוּם 877) *and I will set up*

עֲלֵיהֶם prep.-3 m.p. sf. *over them*

רֹעֶה אֶחָד Qal act.ptc. m.s. (רָעָה 944)-num. m.s. (25) *one shepherd*

וְרָעָה conj.-Qal pf. 3 m.s. (944) *and he will feed*

אֶתְהֶן dir.obj.-3 f.p. sf. *them*

אֵת עַבְדִּי dir.obj.-n.m.s.-1 c.s. sf. (713) *my servant*

דָּוִד pr.n. (187) *David*

הוּא יִרְעֶה pers.pr. 3 m.s. (214)-Qal impf. 3 m.s. (944) *he shall feed*

אֹתָם dir.obj.-3 m.p. sf. *them*

וְהוּא־יִהְיֶה conj.-v.supra-Qal impf. 3 m.s. (224) *and be*

לָהֶן prep.-3 f.p. sf. *to them*

לְרֹעֶה prep.-Qal act.ptc. (רָעָה 944) *shepherd*

34:24

וַאֲנִי יהוה conj.-pers.pr. 1 c.s. (58)-pr.n. (217) *And I, Yahweh*

אֶהְיֶה Qal impf. 1 c.s. (הָיָה 224) *will be*

לָהֶם לֵאלֹהִים prep.-3 m.p. sf.-prep.-n.m.p. (43) *their God*

וְעַבְדִּי conj.-n.m.s.-1 c.s. sf. (713) *and my servant*

דָוִד pr.n. (187) *David*

נָשִׂיא n.m.s. (672) *prince*

בְתוֹכָם prep.-n.m.s.-3 m.p. sf. (1063) *among them*

אֲנִי יהוה v.supra-v.supra *I Yahweh*

דִּבַּרְתִּי Pi. pf. 1 c.s. (180) *have spoken*

34:25

וְכָרַתִּי conj.-Qal pf. 1 c.s. (כָּרַת 503) *I will make*

לָהֶם prep.-3 m.p. sf. *with them*

בְּרִית n.f.s. cstr. (136) *a covenant of*

שָׁלוֹם n.m.s. (1022) *peace*

וְהִשְׁבַּתִּי conj.-Hi. pf. 1 c.s. (שָׁבַת 991) *and banish*

חַיָּה־רָעָה n.f.s. (213)-adj. f.s. (948) *wild beasts*

מִן־הָאָרֶץ prep.-def.art.-n.f.s. (75) *from the land*

וְיָשְׁבוּ conj.-Qal pf. 3 c.p. (יָשַׁב 442) *so that they may dwell*

בַּמִּדְבָּר prep.-def.art.-n.m.s. (184) *in the wilderness*

לָבֶטַח prep.-n.m.s. as adv. (105) *securely*

וְיָשְׁנוּ conj.-Qal pf. 3 c.p. (יָשֵׁן 445) *and sleep*

בַּיְּעָרִים prep.-def.art.-n.m.p. (420) *in the woods*

34:26

וְנָתַתִּי אוֹתָם conj.-Qal pf. 1 c.s. (נָתַן 678)-dir. obj.-3 m.p. sf. *And I will make them*

וּסְבִיבוֹת conj.-subst. f.p. cstr. (686) *and the places round about*

גִּבְעָתִי n.f.s.-1 c.s. sf. (148) *my hill*

בְּרָכָה n.f.s. (139) *a blessing*

וְהוֹרַדְתִּי conj.-Hi. pf. 1 c.s. (יָרַד 432) *and I will send down*

הַגֶּשֶׁם def.art.-n.m.s. (177) *the showers*

בְּעִתּוֹ prep.-n.f.s.-3 m.s. sf. (773) *in their season*

גִּשְׁמֵי n.m.p. cstr. (177) *showers of*

בְרָכָה n.f.s. (139) *blessing*

יִהְיוּ Qal impf. 3 m.p. (הָיָה 224) *they shall be*

34:27

וְנָתַן conj.-Qal pf. 3 m.s. (678) *and shall yield*

עֵץ הַשָּׂדֶה n.m.s. cstr. (781)-def.art.-n.m.s. (961) *the trees of the field*

אֶת־פִּרְיוֹ dir.obj.-n.m.s.-3 m.s. sf. (826) *their fruit*

וְהָאָרֶץ conj.-def.art.-n.f.s. (75) *and the earth*

תִּתֵּן Qal impf. 3 f.s. (נָתַן 678) *shall yield*

יְבוּלָהּ n.m.s.-3 f.s. sf. (385) *its increase*

וְהָיוּ conj.-Qal pf. 3 c.p. (הָיָה 224) *and they shall be*

עַל־אַדְמָתָם prep.-n.f.s.-3 m.p. sf. (9) *in their land*

לָבֶטַח prep.-n.m.s. as adv. (105) *secure*

וְיָדְעוּ conj.-Qal pf. 3 c.p. (יָדַע 393) *and they shall know*

כִּי־אֲנִי conj. (471)-pers.pr. 1 c.s. (58) *that I am*

יהוה pr.n. (217) *Yahweh*

בְּשִׁבְרִי prep.-n.m.s.-1 c.s. sf. (991) *when I break*

אֶת־מֹטוֹת dir.obj.-n.f.p. cstr. (557) *the bars of*

עֻלָּם n.m.s.-3 m.p. sf. (760) *their yoke*

וְהִצַּלְתִּים conj.-Hi. pf. 1 c.s.-3 m.p. sf. (נָצַל 664) *and deliver them*

מִיַּד prep.-n.f.s. cstr. (388) *from the hand of*

הָעֹבְדִים def.art.-Qal act.ptc. m.p. (עָבַד 712) *those who enslaved*

בָּהֶם prep.-3 m.p. sf. *them*

34:28

וְלֹא־יִהְיוּ conj.-neg.-Qal impf. 3 m.p. (הָיָה 224) *they shall not be*

עוֹד adv. (728) *more*

בַּז n.m.s. (103) *a prey*

לַגּוֹיִם prep.-def.art.-n.m.p. (156) *to the nations*

וְחַיַּת conj.-n.f.s. cstr. (312) *and the beasts of*

הָאָרֶץ def.art.-n.f.s. (75) *the land*

לֹא תֹאכְלֵם neg.-Qal impf. 3 f.s.-3 m.p. sf. (אָכַל 37) *shall not devour them*

וְיָשְׁבוּ conj.-Qal pf. 3 c.p. (יָשַׁב 442) *they shall dwell*

לָבֶטַח prep.-n.m.s. as adv. (105) *securely*

וְאֵין מַחֲרִיד conj.-neg. cstr. (34)-Hi. ptc. (חָרַד 353) *and none shall make them afraid*

34:29

וַהֲקִמֹתִי conj.-Hi. pf. 1 c.s. (קוּם 877) *And I will provide*

לָהֶם prep.-3 m.p. sf. *for them*

מַטָּע n.m.s. (642) *plantations*

לְשֵׁם prep.-n.m.s. (1027) *for renown*

וְלֹא־יִהְיוּ conj.-neg.-Qal impf. 3 m.p. (הָיָה 224) *so that they shall not be*

עוֹד adv. (728) *more*

אֲסֻפֵי Qal pass.ptc. m.p. cstr. (אָסַף 62) *consumed with*

רָעָב n.m.s. (944) *hunger*

בָּאָרֶץ prep.-def.art.-n.f.s. (75) *in the land*

וְלֹא־יִשְׂאוּ conj.-neg.-Qal impf. 3 m.p. (נָשָׂא 669) *and they shall not suffer*

עוֹד adv. (728) *longer*

כְּלִמַּת n.f.s. cstr. (484) *the reproach of*

הַגּוֹיִם def.art.-n.m.p. (156) *the nations*

34:30

וְיָדְעוּ conj.-Qal pf. 3 c.p. (יָדַע 393) *And they shall know*

כִּי אֲנִי conj. (471)-pers.pr. 1 c.s. (58) *that I am*

יהוה pr.n. (217) *Yahweh*

אֱלֹהֵיהֶם n.m.p.-3 m.p. sf. (43) *their God*

אִתָּם prep.-3 m.p. sf. (85) *with them*

וְהֵמָּה conj.-pers.pr. 3 m.p. (241) *and that they are*

עַמִּי n.m.s.-1 c.s. sf. (766) *my people*

בֵּית יִשְׂרָאֵל n.m.s. cstr. (108)-pr.n. (975) *the house of Israel*

נְאֻם אֲדֹנָי n.m.s. cstr. (610)-n.m.p.-1 c.s. sf. (10) *says the Lord*

יהוה pr.n. (217) *Yahweh*

34:31

וְאַתֵּן conj.-pers.pr. 2 f.p. (61; GK 32i) *And you are*

צֹאנִי n.f.s.-1 c.s. sf. (838) *my sheep*

צֹאן n.f.s. cstr. (838) *the sheep of*

מַרְעִיתִי n.f.s.-1 c.s. sf.(945) *my pasture*

אָדָם אַתֶּם n.m.s. (9)-pers.pr. 2 m.p. (61) *you are men*

אֲנִי אֱלֹהֵיכֶם pers.pr. 1 c.s. (58)-n.m.p.-2 m.p. sf. (43) *and I am your God*

נְאֻם אֲדֹנָי n.m.s. cstr. (610)-n.m.p.-1 c.s. sf. (10) *says the Lord*

יהוה pr.n. (217) *Yahweh*

35:1

וַיְהִי consec.-Qal impf. 3 m.s. (הָיָה 224) *came*

דְּבַר־יְהוָה n.m.s. cstr. (182)-pr.n. (217) *the word of Yahweh*

אֵלַי לֵאמֹר prep.-1 c.s. sf.-prep.-Qal inf.cstr. (55 אָמַר) *to me (saying)*

35:2

בֶּן־אָדָם n.m.s. cstr. (119)-n.m.s. (9) *Son of man*

שִׂים Qal impv. 2 m.s. (שׂוּם 962) *set*

פָּנֶיךָ n.m.p.-2 m.s. sf. (815) *your face*

עַל־הַר prep. (752)-n.m.s. cstr. (249) *against Mount*

שֵׂעִיר pr.n. (973) *Seir*

וְהִנָּבֵא conj.-Ni. impv. 2 m.s. (נָבָא 612) *and prophesy*

עָלָיו prep.-3 m.s. sf. *against it*

35:3

וְאָמַרְתָּ לוֹ conj.-Qal pf. 2 m.s. (55)-prep.-3 m.s. sf. *and say to it*

כֹּה אָמַר adv. (462)-Qal pf. 3 m.s. (55) *Thus says*

אֲדֹנָי יהוה n.m.p.-1 c.s. sf. (10)-pr.n. (217) *the Lord Yahweh*

הִנְנִי demons.part.-1 c.s. sf. (243) *Behold, I am*

אֵלֶיךָ prep.-2 m.s. sf. *against you*

הַר־שֵׂעִיר n.m.s. cstr. (249)-pr.n. (973) *mount Seir*

וְנָטִיתִי conj.-Qal pf. 1 c.s. (נָטָה 639) *and I will stretch out*

יָדִי n.f.s.-1 c.s. sf. (388) *my hand*

עָלֶיךָ prep.-2 m.s. sf. *against you*

620

35:7

וּנְתַתִּיךָ conj.-Qal pf. 1 c.s.-2 m.s. sf. (נָתַן 678) *and I will make you*

שְׁמָמָה n.f.s. (1031) *a desolation*

וּמְשַׁמָּה conj.-n.f.s. (1031) *and a waste*

וְנָתַתִּי conj.-Qal pf. 1 c.s. (נָתַן 678) *I will make*

אֶת־הַר שֵׂעִיר dir.obj.-n.m.s. cstr. (249)-pr.n. (973) *Mount Seir*

לְשִׁמְמָה prep.-n.f.s. (1031) *a waste*

וּשְׁמָמָה conj.-n.f.s. (1031) *and a desolation*

וְהִכְרַתִּי conj.-Hi. pf. 1 c.s. (כָּרַת 503) *and I will cut off*

מִמֶּנּוּ prep.-3 m.s. sf. *from it*

עֹבֵר וָשָׁב Qal act.ptc. (716)-conj.-Qal act.ptc. (שׁוּב 996) *all who come and go*

35:4

עָרֶיךָ n.f.p.-2 m.s. sf. (746) *your cities*

חָרְבָּה n.f.s. (352) *waste*

אָשִׂים Qal impf. 1 c.s. (שִׂים 962) *I will lay*

וְאַתָּה conj.-pers.pr. 2 m.s. (61) *and you*

שְׁמָמָה n.f.s. (1031) *a desolation*

תִהְיֶה Qal impf. 2 m.s. (הָיָה 224) *shall become*

וְיָדַעְתָּ conj.-Qal pf. 2 m.s. (יָדַע 393) *and you shall know*

כִּי־אֲנִי conj. (471)-pers.pr. 1 c.s. (58) *that I am*

יהוה pr.n. (217) *Yahweh*

35:8

וּמִלֵּאתִי conj.-Pi. pf. 1 c.s. (מָלֵא 569) *and I will fill*

אֶת־הָרָיו dir.obj.-n.m.p.-3 m.s. sf. (249) *his mountains*

חֲלָלָיו n.m.p.-3 m.s. sf. (319) *with the slain*

גִּבְעוֹתֶיךָ n.f.p.-2 m.s. sf. (148) *on your hills*

וְגֵאוֹתֶיךָ conj.-n.m.p.-2 m.s. sf. (161) *and in your valleys*

וְכָל־אֲפִיקֶיךָ conj.-n.m.s. cstr. (481)-n.m.p.-2 m.s. sf. (67) *and in all your ravines*

חַלְלֵי־חֶרֶב n.m.p. cstr. (319)-n.f.s. (352) *those slain with the sword*

יִפְּלוּ Qal impf. 3 m.p. (נָפַל 656) *shall fall*

בָּהֶם prep.-3 m.p. sf. *in them*

35:5

יַעַן הֱיוֹת לְךָ conj. (774)-Qal inf.cstr. (הָיָה 224)-prep.-2 m.s. sf. *because there was to you*

אֵיבַת עוֹלָם n.f.s. cstr. (33)-n.m.s. (761) *perpetual enmity*

וַתַּגֵּר consec.-Hi. impf. 2 m.s. (נָגַר 620) *and you gave over*

אֶת־בְּנֵי־יִשְׂרָאֵל dir.obj.-n.m.p. cstr. (119)-pr.n. (975) *the people of Israel*

עַל־יְדֵי־חָרֶב prep. (752)-n.f.p. cstr. (388)-n.f.s. paus. (352) *to the power of the sword*

בְּעֵת אֵידָם prep.-n.f.s. cstr. (773)-n.m.s.-3 m.p. sf. (15) *at the time of their calamity*

בְּעֵת עֲוֹן קֵץ v.supra-n.m.s. cstr. (730)-n.m.s. (893) *at the time of their final punishment*

35:9

שִׁמְמוֹת עוֹלָם n.f.p. cstr. (1031)-n.m.s. (761) *a perpetual desolation*

אֶתֶּנְךָ Qal impf. 1 c.s.-2 m.s. sf. (נָתַן 678) *I will make you*

וְעָרֶיךָ conj.-n.f.p.-2 m.s. sf. (746) *and your cities*

לֹא תֵשַׁבְנָה Qere-תֵשֹׁבְנָה; neg.-Qal impf. 3 f.p. (יָשַׁב 442; GK 72k) *shall not be inhabited*

וִידַעְתֶּם conj.-Qal pf. 2 m.p. (יָדַע 393) *Then you will know*

כִּי־אֲנִי conj. (471)-pers.pr. 1 c.s. (58) *that I am*

יהוה pr.n. (217) *Yahweh*

35:6

לָכֵן prep.-adv. (485) *therefore*

חַי־אָנִי adj. m.s. (311)-pers.pr. 1 c.s. (58) *as I live*

נְאֻם אֲדֹנָי n.m.s. cstr. (610)-n.m.p.-1 c.s. sf. (10) *says the Lord*

יהוה pr.n. (217) *Yahweh*

כִּי־לְדָם conj. (471)-prep.-n.m.s. (196) *for blood*

אֶעֶשְׂךָ Qal impf. 1 c.s.-2 m.s. sf. (עָשָׂה 793) *I will prepare you*

וְדָם conj.-n.m.s. (196) *and blood*

יִרְדְּפֶךָ Qal impf. 3 m.s.-2 m.s. sf. (רָדַף 922; GK 10h) *shall pursue you*

אִם־לֹא דָם hypoth.part. (49)-neg.-n.m.s. (196) *because of blood*

שָׂנֵאתָ Qal pf. 2 m.s. (שָׂנֵא 971) *you hate* (some rd. אָשַׁמְתָּ *are guilty*)

וְדָם v.supra *therefore blood*

יִרְדְּפֶךָ v.supra *shall pursue you*

35:10

יַעַן אֲמָרְךָ conj. (774)-Qal inf.cstr.-2 m.s. sf. (אָמַר 55) *Because you said*

אֶת־שְׁנֵי הַגּוֹיִם dir.obj. (GK 117m)-num. m.p. cstr. (1040)-def.art.-n.m.p. (156) *these two nations*

וְאֶת־שְׁתֵּי הָאֲרָצוֹת conj.-dir.obj. (GK 117m)-num. f.p. cstr. (1040)-def.art.-n.f.p. (75) *and these two countries*

לִי תִהְיֶינָה prep.-1 c.s. sf.-Qal impf. 3 f.p. (הָיָה 224) *shall be mine*

וִירִשְׁנוּהָ conj.-Qal pf. 1 c.p.-3 f.s. sf. (יָרַשׁ 439) *and we will take possession of them*

וַיהוה conj.-pr.n. (217) *Yahweh*

שָׁם הָיָה adv. (1027)-Qal pf. 3 m.s. (224) *was there*

35:11

לָכֵן חַי־אָנִי prep.-adv. (485)-adj. m.s. (311) -pers.pr. 1 c.s. (58) *therefore, as I live*

נְאֻם אֲדֹנָי n.m.s. cstr. (610)-n.m.p.-1 c.s. sf. (10) *says the Lord*

יהוה pr.n. (217) *Yahweh*

וְעָשִׂיתִי conj.-Qal pf. 1 c.s. (עָשָׂה 793) *I will deal*

כְּאַפְּךָ prep.-n.m.s.-2 m.s. sf. (60) *according to your anger*

וּכְקִנְאָתְךָ conj.-prep.-n.f.s.-2 m.s. sf. (888) *and your envy*

אֲשֶׁר עָשִׂיתָה rel. (81)-Qal pf. 2 m.s. (עָשָׂה 793) *which you showed*

מִשִּׂנְאָתֶיךָ prep.-n.f.p.-2 m.s. sf. (971) *because of your hatred*

בָּם prep.-3 m.p. sf. *against them*

וְנוֹדַעְתִּי conj.-Ni. pf. 1 c.s. (יָדַע 393) *and I will make myself known*

בָּם v.supra *among them* (LXX-בָּךְ)

כַּאֲשֶׁר אֶשְׁפְּטֶךָ prep.-rel. (81)-Qal impf. 1 c.s.-2 m.s. sf. (שָׁפַט 1047) *when I judge you*

35:12

וְיָדַעְתָּ conj.-Qal pf. 2 m.s. (393) *And you shall know*

כִּי־אֲנִי conj. (471)-pers.pr. 1 c.s. (58) *that I*

יהוה pr.n. (217) *Yahweh*

שָׁמַעְתִּי Qal pf. 1 c.s. (1033) *I have heard*

אֶת־כָּל־נָאָצוֹתֶיךָ dir.obj.-n.m.s. cstr. (481) -n.f.p.-2 m.s. sf. (611; GK 84b, e) *all the revilings (of you)*

אֲשֶׁר אָמַרְתָּ rel. (81)-Qal pf. 2 m.s. (55) *which you uttered*

עַל־הָרֵי יִשְׂרָאֵל prep. (752)-n.m.p. cstr. (249) -pr.n. (975) *against the mountains of Israel*

לֵאמֹר prep.-Qal inf.cstr. (55) *(saying)*

שָׁמֵמָה Qal pf. 3 c.p. (שָׁמֵם 1030) *They are laid desolate*

לָנוּ נִתְּנוּ prep.-1 c.p. sf.-Ni. pf. 3 c.p. (נָתַן 678) *they are given us*

לְאָכְלָה prep.-n.f.s. (38) *to devour*

35:13

וַתַּגְדִּילוּ consec.-Hi. impf. 2 m.p. (גָּדַל 152) *And you magnified yourselves*

עָלַי prep.-1 c.s. sf. *against me*

בְּפִיכֶם prep.-n.m.s.-2 m.p. sf. (804) *with your mouth*

וְהַעְתַּרְתֶּם conj.-Hi. pf. 2 m.p. (עָתַר 801) *and multiplied*

עָלַי v.supra *against me*

דִּבְרֵיכֶם n.m.p.-2 m.p. sf. (182) *your words*

אֲנִי שָׁמָעְתִּי pers.pr. 1 c.s. (58)-Qal pf. 1 c.s. paus. (שָׁמַע 1033) *I heard it*

35:14

כֹּה אָמַר adv. (462)-Qal pf. 3 m.s. (55) *Thus says*

אֲדֹנָי יהוה n.m.p.-1 c.s. sf. (10)-pr.n. (217) *the Lord Yahweh*

כִּשְׂמֹחַ prep.-Qal inf.cstr. (שָׂמַח 970) *for the rejoicing of*

כָּל־הָאָרֶץ n.m.s. cstr. (481)-def.art.-n.f.s. (75) *the whole earth*

שְׁמָמָה n.f.s. (1031) *desolate*

אֶעֱשֶׂה־לָּךְ Qal impf. 1 c.s. (עָשָׂה 793)-prep.-2 m.s. sf. paus. *I will make you*

35:15

כְּשִׂמְחָתְךָ prep.-n.f.s.-2 m.s. sf. (970) *as you rejoiced*

לְנַחֲלַת prep.-n.f.s. cstr. (635) *over the inheritance of*

בֵּית־יִשְׂרָאֵל n.m.s. cstr. (108)-pr.n. (975) *the house of Israel*

עַל אֲשֶׁר־שָׁמֵמָה prep.-rel. (81)-Qal pf. 3 f.s. (שָׁמֵם 1030) *because it was desolate*

כֵּן אֶעֱשֶׂה־ adv. (485)-Qal impf. 1 c.s. (עָשָׂה 793) *so I will deal*

לָּךְ prep.-2 m.s. sf. paus. *with you*

שְׁמָמָה n.f.s. (1031) *desolate*

תִהְיֶה Qal impf. 2 m.s. (הָיָה 224) *you shall be*

הַר־שֵׂעִיר n.m.s. cstr. (249)-pr.n. (973) *Mount Seir*

וְכָל־אֱדוֹם conj.-n.m.s. cstr. (481)-pr.n. (10) *and all Edom*

כֻּלָּה n.m.s.-3 f.s. sf. (481) *all of it*

וְיָדְעוּ conj.-Qal pf. 3 c.p. (393) *Then they will know*

כִּי־אֲנִי conj. (471)-pers.pr. 1 c.s. (58) *that I am*

יהוה pr.n. (217) *Yahweh*

36:1

וְאַתָּה conj.-pers.pr. 2 m.s. (61) *And you*

בֶּן־אָדָם n.m.s. cstr. (119)-n.m.s. (9) *son of man*

הִנָּבֵא Ni. impv. 2 m.s. (נָבָא 612) *prophesy*

אֶל־הָרֵי יִשְׂרָאֵל prep.-n.m.p. cstr. (249)-pr.n. (975) *to the mountains of Israel*

וְאָמַרְתָּ conj.-Qal pf. 2 m.s. (55) *and say*

הָרֵי יִשְׂרָאֵל v.supra-v.supra *O mountains of Israel*

שִׁמְעוּ Qal impv. 2 m.p. (1033) *hear*

דְּבַר־יְהוָה n.m.s. cstr. (182)-pr.n. (217) *the word of Yahweh*

36:2

כֹּה אָמַר adv. (462)-Qal pf. 3 m.s. (66) *Thus says*

אֲדֹנָי יְהוָה n.m.p.-1 c.s. sf. (10)-pr.n. (217) *the Lord Yahweh*

יַעַן אָמַר conj. (774)-Qal pf. 3 m.s. (55) *Because said*

הָאֹיֵב def.art.-Qal act.ptc. (איב 33) *the enemy*

עֲלֵיכֶם prep.-2 m.p. sf. *of you*

הֶאָח interj. (210) *Aha!*

וּבָמוֹת עוֹלָם conj.-n.f.p. cstr. (119)-n.m.s. (761) *and the ancient heights*

לְמוֹרָשָׁה prep.-n.f.s. (440) *a possession*

הָיְתָה Qal pf. 3 f.s. (היה 224) *have become*

לָנוּ prep.-1 c.p. sf. *for us*

36:3

לָכֵן הִנָּבֵא prep.-adv. (485)-Ni. impv. 2 m.s. (נבא 612) *therefore prophesy*

וְאָמַרְתָּ conj.-Qal pf. 2 m.s. (55) *and say*

כֹּה אָמַר adv. (462)-Qal pf. 3 m.s. (55) *Thus says*

אֲדֹנָי יְהוָה n.m.p.-1 c.s. sf. (10)-pr.n. (217) *the Lord Yahweh*

יַעַן בְּיַעַן conj. (774)-prep.-conj. (774) *because, yea because*

שַׁמּוֹת n.f.p. (1031; GK 67r) *desolations*

וְשָׁאֹף conj.-Qal inf.abs. (שׁאף 983) *and crushing*

אֶתְכֶם dir.obj.-2 m.p. sf. (GK 113g) *you*

מִסָּבִיב prep.-adv. (686) *from all sides*

לִהְיוֹתְכֶם prep.-Qal inf.cstr.-2 m.p. sf. (היה 224) *so that you became*

מוֹרָשָׁה n.f.s. (440) *the possession*

לִשְׁאֵרִית prep.-n.f.s. cstr. (984) *of the rest of*

הַגּוֹיִם def.art.-n.m.p. (156) *the nations*

וַתֵּעֲלוּ consec.-Ni. impf. 2 m.p. (עלה 748; GK 75y) *and you became (were lifted up)*

עַל־שְׂפַת לָשׁוֹן prep.-n.f.s. cstr. (973)-n.f.s. (546) *the talk (upon the lip of the tongue)*

וְדִבַּת־עָם conj.-n.f.s. cstr. (179)-n.m.s. (766) *and evil gossip of the people*

36:4

לָכֵן הָרֵי prep.-adv. (485)-n.m.p. cstr. (249) *therefore, O mountains of*

יִשְׂרָאֵל pr.n. (975) *Israel*

שִׁמְעוּ Qal impv. 2 m.p. (1033) *hear*

דְּבַר־אֲדֹנָי n.m.s. cstr. (182)-n.m.p.-1 c.s. sf. (10) *the word of the Lord*

יְהוָה pr.n. (217) *Yahweh*

כֹּה־אָמַר adv. (462)-Qal pf. 3 m.s. (55) *Thus says*

אֲדֹנָי יְהוָה n.m.p.-1 c.s. sf. (10)-pr.n. (217) *the Lord Yahweh*

לֶהָרִים prep.-def.art.-n.m.p. (249) *to the mountains*

וְלַגְּבָעוֹת conj.-prep.-def.art.-n.f.p. (148) *and the hills*

לָאֲפִיקִים prep.-def.art.-n.m.p. (67) *the ravines*

וְלַגֵּאָיוֹת conj.-prep.-def.art.-n.m.p. (161) *and the valleys*

וְלֶחֳרָבוֹת conj.-prep.-def.art.-n.f.p. (352) *the ... wastes*

הַשֹּׁמְמוֹת def.art.-Qal act.ptc. f.p. (שׁמם 1030) *desolate*

וְלֶעָרִים הַנֶּעֱזָבוֹת conj.-prep.-def.art.-n.f.p. (746)-def.art.-Ni. ptc. f.p. (עזב 736) *and the deserted cities*

אֲשֶׁר הָיוּ rel. (81)-Qal pf. 3 c.p. (היה 224) *which have become*

לְבַז prep.-n.m.s. (103) *a prey*

וּלְלַעַן conj.-prep.-n.m.s. (541) *and derision*

לִשְׁאֵרִית הַגּוֹיִם prep.-n.f.s. cstr. (984)-def.art.-n.m.p. (156) *to the rest of the nations*

אֲשֶׁר מִסָּבִיב rel. (81)-prep.-subst. (686) *round about*

36:5

לָכֵן כֹּה־ prep.-adv. (485)-adv. (462) *therefore thus*

אָמַר אֲדֹנָי Qal pf. 3 m.s. (55)-n.m.p.-1 c.s. sf. (10) *says the Lord*

יְהוָה pr.n. (217) *Yahweh*

אִם־לֹא בְּאֵשׁ hypoth.part. (49)-neg.-prep.-n.f.s. cstr. (77) *in the heat of*

קִנְאָתִי n.f.s.-1 c.s. sf. (888) *my jealousy*

דִּבַּרְתִּי Pi. pf. 1 c.s. (180) *I speak*

עַל־שְׁאֵרִית prep. (752)-n.f.s. cstr. (984) *against the rest of*

הַגּוֹיִם def.art.-n.m.p. (156) *the nations*

וְעַל־אֱדוֹם conj.-prep.-pr.n. (10) *against Edom*

כֻּלָּא n.m.s.-3 m.s. sf. (481; GK 91e) *all of it*

אֲשֶׁר נָתְנוּ־ rel. (81)-Qal pf. 3 c.p. (678) *who gave*

אֶת־אַרְצִי dir.obj.-n.f.s.-1 c.s. sf. (75) *my land*

לָהֶם prep.-3 m.p. sf. *to themselves*

לְמוֹרָשָׁה prep.-n.f.s. (440) *as a possession*

בְּשִׂמְחַת prep.-n.f.s. cstr. (970) *with the joy of*

כָּל־לֵבָב n.m.s. cstr. (481)-n.m.s. (523) *the whole heart*

בִּשְׁאָט נֶפֶשׁ prep.-n.m.s. cstr. (1002)-n.f.s. (659) *with utter contempt*

לְמַעַן מִגְרָשָׁה prep. (775)-Qal inf.cstr.-3 f.s. sf. (176 גָּרַשׁ; GK 45,1c) *that they might drive them out*

לָבַז prep.-n.m.s. (103) *and plunder*

36:6

לָכֵן הִנָּבֵא prep. adv. (485)-Ni. impv. 2 m.s. (נָבָא 612) *Therefore prophesy*

עַל־אַדְמַת prep. (752)-n.f.s. cstr. (9) *concerning the land of*

יִשְׂרָאֵל pr.n. (975) *Israel*

וְאָמַרְתָּ conj.-Qal pf. 2 m.s. (55) *and say*

לֶהָרִים prep.-def.art.-n.m.p. (249) *to the mountains*

וְלַגְּבָעוֹת conj.-prep.-def.art.-n.f.p. (148) *and hills*

לָאֲפִיקִים prep.-def.art.-n.m.p. (67) *to the ravines*

וְלַגֵּאָיוֹת conj.-prep.-def.art.-n.m.p. (161) *and valleys*

כֹּה־אָמַר adv. (462)-Qal pf. 3 m.s. (55) *Thus says*

אֲדֹנָי יהוה n.m.p.-1 c.s. sf. (10)-pr.n. (217) *the Lord Yahweh*

הִנְנִי demons.part.-1 c.s. sf. (243) *Behold, I*

בְּקִנְאָתִי prep.-n.f.s.-1 c.s. sf. (888) *in my jealousy*

וּבַחֲמָתִי conj.-prep.-n.f.s.-1 c.s. sf. (404) *and in my anger (wrath)*

דִּבַּרְתִּי Pi. pf. 1 c.s. (180) *speak*

יַעַן conj. (774) *because*

כְּלִמַּת גּוֹיִם n.f.s. cstr. (484)-n.m.p. (156) *the reproach of the nations*

נְשָׂאתֶם Qal pf. 2 m.p. (נָשָׂא 669) *you have suffered (borne)*

36:7

לָכֵן כֹּה prep.-adv. (485)-adv. (462) *therefore thus*

אָמַר Qal pf. 3 m.s. (55) *says*

אֲדֹנָי יהוה n.m.p.-1 c.s. sf. (10)-pr.n. (217) *the Lord Yahweh*

אֲנִי נָשָׂאתִי pers.pr. 1 c.s. (58)-Qal pf. 1 c.s. (נָשָׂא 669) *I lift up*

אֶת־יָדִי dir.obj.-n.f.s.-1 c.s. sf. (388) *my hand (swear)*

אִם־לֹא hypoth.part. (49)-neg. *that*

הַגּוֹיִם def.art.-n.m.p. (156) *the nations*

אֲשֶׁר לָכֶם rel. (81)-prep.-2 m.p. sf. *that are ... you*

מִסָּבִיב prep.-subst. (686) *round about*

הֵמָּה pers.pr. 3 m.p. (241) *they themselves*

כְּלִמָּתָם n.f.s.-3 m.p. sf. (484) *their reproach*

יִשָּׂאוּ Qal impf. 3 m.p. (נָשָׂא 669) *shall suffer*

36:8

וְאַתֶּם conj.-pers.pr. 2 m.p. (61) *but you*

הָרֵי יִשְׂרָאֵל n.m.p. cstr. (249)-pr.n. (975) *O mountains of Israel*

עַנְפְּכֶם n.m.s.-2 m.p. sf. (778) *your branches*

תִּתֵּנוּ Qal impf. 2 m.p. (נָתַן 678) *shall shoot forth*

וּפֶרְיְכֶם conj.-n.m.s.-2 m.p. sf. (820) *and your fruit*

תִּשְׂאוּ Qal impf. 2 m.p. (נָשָׂא 669) *you shall yield*

לְעַמִּי יִשְׂרָאֵל prep.-n.m.s.-1 c.s. sf. (766)-pr.n. (975) *to my people Israel*

כִּי קֵרְבוּ conj. (471)-Pi. pf. 3 c.p. (קָרַב 897) *for they have brought near*

לָבוֹא prep.-Qal inf.cstr. (בּוֹא 97) *to come*

36:9

כִּי הִנְנִי conj. (471)-demons.part.-1 c.s. sf. (243) *for behold, I*

אֲלֵיכֶם prep.-2 m.p. sf. *for you*

וּפָנִיתִי conj.-Qal pf. 1 c.s. (פָּנָה 815) *and I will turn*

אֲלֵיכֶם v.supra *to you*

וְנֶעֱבַדְתֶּם conj.-Ni. pf. 2 m.p. (עָבַד 712) *and you shall be tilled*

וּנְזְרַעְתֶּם conj.-Ni. pf. 2 m.p. (זָרַע 281) *and sown*

36:10

וְהִרְבֵּיתִי conj.-Hi. pf. 1 c.s. (רָבָה 915) *and I will multiply*

עֲלֵיכֶם prep.-2 m.p. sf. *upon you*

אָדָם n.m.s. (9) *men*

כָּל־בֵּית n.m.s. cstr. (481)-n.m.s. cstr. (108) *the whole house of*

יִשְׂרָאֵל pr.n. (975) *Israel*

כֻּלֹּה n.m.s.-3 m.s. sf. (481) *all of it*

וְנֹשְׁבוּ conj.-Ni. pf. 3 c.p. (יָשַׁב 442) *and shall be inhabited*

הֶעָרִים def.art.-n.f.p. (746) *the cities*

וְהֶחֳרָבוֹת conj.-def.art.-n.f.p. (352) *and the waste places*

תִּבָּנֶינָה Ni. impf. 3 f.p. (בָּנָה 124) *rebuilt*

36:11

וְהִרְבֵּיתִי conj.-Hi. pf. 1 c.s. (רָבָה 915) *and I will multiply*

עֲלֵיכֶם prep.-2 m.p. sf. *upon you*

אָדָם n.m.s. (9) *man*

וּבְהֵמָה conj.-n.f.s. (96) *and beast*

וְרָבוּ conj.-Qal pf. 3 c.p. (רָבָה 915) *and they shall increase*

וּפָרוּ conj.-Qal pf. 3 c.p. (פָּרָה 826) *and be fruitful*

וְהוֹשַׁבְתִּי conj.-Hi. pf. 1 c.s. (יָשׁב 442) *and I will cause to be inhabited*

אֶתְכֶם dir.obj.-2 m.p. sf. *you*

כְּקַדְמוֹתֵיכֶם prep.-n.f.p.-2 m.p. sf. (870) *as in your former times*

וְהֵטִבֹתִי conj.-Hi. pf. 1 c.s. (יָטַב 405; GK 70e) *and will do ... good*

מֵרִאשֹׁתֵיכֶם prep.-n.f.p.-2 m.p. sf. (911) *more ... than ever before*

וִידַעְתֶּם conj.-Qal pf. 2 m.p. (יָדַע 393) *Then you will know*

כִּי־אָנִי conj. (471)-pers.pr. 1 c.s. (58) *that I am*

יְהוָה pr.n. (217) *Yahweh*

36:12

וְהוֹלַכְתִּי conj.-Hi. pf. 1 c.s. (הָלַךְ 229) *Yea, I will let ... walk*

עֲלֵיכֶם prep.-2 m.p. sf. (752) *upon you*

אָדָם n.m.s. (9) *men*

אֶת־עַמִּי dir.obj.-n.m.s.-1 c.s. sf. (766) *even my people*

יִשְׂרָאֵל pr.n. (975) *Israel*

וִירֵשׁוּךָ conj.-Qal pf. 3 c.p.-2 m.s. sf. (יָרֵשׁ 439; GK 69s) *and they shall possess you*

וְהָיִיתָ לָהֶם conj.-Qal pf. 2 m.s. (הָיָה 224)-prep.-3 m.p. sf. *and you shall be their*

לְנַחֲלָה prep.-n.f.s. (635) *inheritance*

וְלֹא־תוֹסִף conj.-neg.-Hi. impf. 2 m.s. (יָסַף 414) *and you shall not add*

עוֹד adv. (728) *longer*

לְשַׁכְּלָם prep.-Pi. inf.cstr.-3 m.p. sf. (שָׁכַל 1015) *to bereave them*

36:13

כֹּה אָמַר adv. (462)-Qal pf. 3 m.s. (55) *Thus says*

אֲדֹנָי יְהוָה n.m.p.-1 c.s. sf. (10)-pr.n. (217) *the Lord Yahweh*

יַעַן אֹמְרִים conj. (774)-Qal act.ptc. m.p. (55) *because men say*

לָכֶם prep.-2 m.p. sf. *to you*

אֹכֶלֶת אָדָם Qal act.ptc. f.s. (אָכַל 37)-n.m.s. (9) *devour men*

אָתְּי pers.pr. 2 f.s. (61) *you*

וּמְשַׁכֶּלֶת conj.-Pi. ptc. f.s. (שָׁכַל 1013) *and ... bereaving of children*

גּוֹיַיִךְ n.m.s.-2 f.s. sf. (156) *your nation*

הָיִית Qal pf. 2 f.s. (הָיָה 224) *you are*

36:14

לָכֵן אָדָם prep.-adv. (485)-n.m.s. (9) *therefore men*

לֹא־תֹאכְלִי neg.-Qal impf. 2 f.s. (אָכַל 37) *you shall not devour*

עוֹד adv. (728) *longer*

וְגוֹיַיִךְ conj.-n.m.s.-2 f.s. sf. (156) *and your nation*

לֹא תְכַשְּׁלִי־ neg.-Pi. impf. 2 f.s. (כָּשַׁל 505; Qere rds. תְשַׁכְּלִי as שָׁכַל 1013) *no ... bereave of children*

עוֹד v.supra *longer*

נְאֻם אֲדֹנָי n.m.s. cstr. (610)-n.m.p.-1 c.s. sf. (10) *says the Lord*

יְהוִה pr.n. (217) *Yahweh*

36:15

וְלֹא־אַשְׁמִיעַ conj.-neg.-Hi. impf. 1 c.s. (שָׁמַע 1033) *and I will not let ... hear*

אֵלַיִךְ prep.-2 f.s. sf. *you*

עוֹד adv. (728) *any more*

כְּלִמַּת n.f.s. cstr. (484) *the reproach of*

הַגּוֹיִם def.art.-n.m.p. (156) *the nations*

וְחֶרְפַּת conj.-n.f.s. cstr. (357) *and the disgrace of*

עַמִּים n.m.p. (766) *the peoples*

לֹא תִשְׂאִי־עוֹד conj.-n.m.s.-2 f.s. sf. (669)-adv. (728) *you shall no longer bear*

וְגוֹיַיִךְ conj.-n.m.s.-2 f.s. sf. (156) *and your nation*

לֹא־תַכְשִׁלִי neg.-Hi. impf. 2 f.s. (כָּשַׁל 505) *and not cause to stumble*

עוֹד adv. (728) *longer*

נְאֻם אֲדֹנָי n.m.s. cstr. (610)-n.m.p.-1 c.s. sf. (10) *says the Lord*

יְהוָה pr.n. (217) *Yahweh*

36:16

וַיְהִי consec.-Qal impf. 3 m.s. (הָיָה 224) *came*

דְּבַר־יְהוָה n.m.s. cstr. (182)-pr.n. (217) *the word of Yahweh*

אֵלַי prep.-1 c.s. sf. *to me*

לֵאמֹר prep.-Qal inf.cstr. (55) *(saying)*

36:17

בֶּן־אָדָם n.m.s. cstr. (119)-n.m.s. (9) *Son of man*

בֵּית יִשְׂרָאֵל n.m.s. cstr. (108)-pr.n. (975) *the house of Israel*

יֹשְׁבִים Qal act.ptc. m.p. יָשַׁב (442) *when ... dwelt*

עַל־אַדְמָתָם prep. (752)-n.f.s.-3 m.p. sf. (9) *in their own land*

וַיְטַמְּאוּ consec.-Pi. impf. 3 m.s. טָמֵא (379) *they defiled*

אוֹתָה dir.obj.-3 f.s. sf. *it*

בְּדַרְכָּם prep.-n.m.s.-3 m.p. sf. (202) *by their ways*

וּבַעֲלִילוֹתָם conj.-prep.-n.f.p.-3 m.p. sf. (760) *and their doings*

כְּטֻמְאַת prep.-n.f.s. cstr. (380) *like the uncleanness of*

הַנִּדָּה def.art.-n.f.s. (622) *a woman in her impurity*

הָיְתָה Qal pf. 3 f.s. הָיָה (224) *was*

דַרְכָּם n.f.s.-3 m.p. sf. (202) *their conduct*

לְפָנָי prep.-n.m.p.-1 c.s. sf. (815) *before me*

36:18

וָאֶשְׁפֹּךְ consec.-Qal impf. 1 c.s. שָׁפַךְ (1049) *So I poured out*

חֲמָתִי n.f.s.-1 c.s. sf. (404) *my wrath*

עֲלֵיהֶם prep.-3 m.p. sf. *upon them*

עַל־הַדָּם prep.-def.art.-n.m.s. (196) *for the blood*

אֲשֶׁר־שָׁפְכוּ rel. (81)-Qal pf. 3 c.p. שָׁפַךְ (1049) *which they had shed*

עַל־הָאָרֶץ prep.-def.art.-n.f.s. (75) *in the land*

וּבְגִלּוּלֵיהֶם conj.-prep.-n.m.p.-3 m.p. sf. (165) *and for the idols*

טִמְּאוּהָ Pi. pf. 3 c.p.-3 f.s. sf. (טָמֵא 379) *with which they had defiled it*

36:19

וָאָפִיץ consec.-Hi. impf. 1 c.s. פּוּץ (806) *I scattered*

אֹתָם dir.obj.-3 m.p. sf. *them*

בַּגּוֹיִם prep.-def.art.-n.m.p. (156) *among the nations*

וַיִּזָּרוּ consec.-Ni. impf. 3 m.p. זָרָה (279) *and they were dispersed*

בָּאֲרָצוֹת prep.-def.art.-n.f.p. (75) *through the countries*

כְּדַרְכָּם prep.-n.m.s.-3 m.p. sf. (202) *in accordance with their conduct*

וְכַעֲלִילוֹתָם conj.-prep.-n.f.p.-3 m.p. sf. (760) *and their deeds*

שְׁפַטְתִּים Qal pf. 1 c.s.-3 m.p. sf. (שָׁפַט 1047) *I judged them*

36:20

וַיָּבוֹא consec.-Qal impf. 3 m.s. (בּוֹא 97) *But when they came*

אֶל־הַגּוֹיִם prep. (39)-def.art.-n.m.p. (156) *to the nations*

אֲשֶׁר־בָּאוּ שָׁם rel. (81)-Qal pf. 3 c.p. (בּוֹא 97)-adv. (1027) *wherever they came*

וַיְחַלְּלוּ consec.-Pi. impf. 3 m.p. חָלַל (320) *they profaned*

אֶת־שֵׁם קָדְשִׁי dir.obj.-n.m.s. cstr. (1027)-n.m.s.-1 c.s. sf. (871) *my holy name*

בֶּאֱמֹר לָהֶם prep.-Qal inf.cstr. (55)-prep.-3 m.p. sf. *in that men said of them*

עַם־יְהוָה n.m.s. cstr. (766)-pr.n. (217) *the people of Yahweh*

אֵלֶּה demons.adj. c.p. (41) *these are*

וּמֵאַרְצוֹ conj.-prep.-n.f.s.-3 m.s. sf. (75) *and yet out of his land*

יָצָאוּ Qal pf. 3 c.p. paus. (יָצָא 422) *they had to go out*

36:21

וָאֶחְמֹל consec.-Qal impf. 1 c.s. חָמַל (328) *But I had concern*

עַל־שֵׁם קָדְשִׁי prep. (752)-n.m.s. cstr. (1027)-n.m.s.-1 c.s. sf. (871) *for my holy name*

אֲשֶׁר חִלְּלוּהוּ rel. (81)-Pi. pf. 3 c.p.-3 m.s. sf. (320 חָלַל) *which caused to be profaned*

בֵּית יִשְׂרָאֵל n.m.s. cstr. (108)-pr.n. (975) *the house of Israel*

בַּגּוֹיִם prep.-def.art.-n.m.p. (156) *among the nations*

אֲשֶׁר־בָּאוּ שָׁמָּה rel. (81)-Qal pf. 3 c.p. (בּוֹא 97)-adv.-dir.he (1027) *to which they came*

36:22

לָכֵן אֱמֹר prep.-adv. (485)-Qal impv. 2 m.s. (55) *Therefore say*

לְבֵית־יִשְׂרָאֵל prep.-n.m.s. cstr. (108)-pr.n. (975) *to the house of Israel*

כֹּה אָמַר adv. (462)-Qal pf. 3 m.s. (55) *Thus says*

אֲדֹנָי יהוה n.m.p.-1 c.s. sf. (10)-pr.n. (217) *the Lord Yahweh*

לֹא לְמַעַנְכֶם neg.-prep.-subst.-2 m.p. sf. (775) *it is not for your sake*

אֲנִי עֹשֶׂה pers.pr. 1 c.s. (58)-Qal act.ptc. (עָשָׂה 793) *that I am about to act*

בֵּית יִשְׂרָאֵל v.supra-v.supra *O house of Israel*

כִּי אִם conj. (471)-hypoth.part. (49) *but*

לְשֵׁם־קָדְשִׁי prep.-n.m.s. cstr. (1027)-n.m.s.-1 c.s. sf. (871) *for the sake of my holy name*

אֲשֶׁר חִלַּלְתֶּם rel. (81)-Pi. pf. 2 m.p. (חָלַל 320) *which you have profaned*

בַּגּוֹיִם prep.-def.art.-n.m.p. (156) *among the nations*

אֲשֶׁר־בָּאתֶם rel. (81)-Qal pf. 2 m.p. (בּוֹא 97) *to which you came*

שָׁם adv. (1027) *there*

36:23

וְקִדַּשְׁתִּי conj.-Pi. pf. 1 c.s. (קָדַשׁ 872) *And I will vindicate the holiness*

אֶת־שְׁמִי dir.obj.-n.m.s.-1 c.s. sf. (1027) *of my name*

הַגָּדוֹל def.art.-adj. m.s. (152) *great*

הַמְחֻלָּל def.art.-Pu. ptc. (חָלַל 320) *which has been profaned*

בַּגּוֹיִם prep.-def.art.-n.m.p. (156) *among the nations*

אֲשֶׁר חִלַּלְתֶּם rel. (81)-Pi. pf. 2 m.p. (320) *which you have profaned*

בְּתוֹכָם prep.-n.m.s.-3 m.p. sf. (1063) *among them*

וְיָדְעוּ conj.-Qal pf. 3 c.p. (393) *and will know*

הַגּוֹיִם def.art.-n.m.p. (156) *the nations*

כִּי־אֲנִי conj. (471)-pers.pr. 1 c.s. (58) *that I am*

יְהוָה pr.n. (217) *Yahweh*

נְאֻם n.m.s. cstr. (610) *says*

אֲדֹנָי יְהוָה n.m.p.-1 c.s. sf. (10)-pr.n. (217) *the Lord Yahweh*

בְּהִקָּדְשִׁי prep.-Ni. inf.cstr.-1 c.s. sf. (קָדַשׁ 872) *when I vindicate my holiness*

בָּכֶם prep.-2 m.p. sf. *through you*

לְעֵינֵיהֶם prep.-n.f. du.-3 m.p. sf. (744) *before their eyes*

36:24

וְלָקַחְתִּי conj.-Qal pf. 1 c.s. (542) *For I will take*

אֶתְכֶם dir.obj.-2 m.p. sf. *you*

מִן־הַגּוֹיִם prep.-def.art.-n.m.p. (156) *from the nations*

וְקִבַּצְתִּי conj.-Pi. pf. 1 c.s. (קָבַץ 867) *and gather*

אֶתְכֶם v.supra *you*

מִכָּל־הָאֲרָצוֹת prep.-n.m.s. cstr. (481)-def.art.-n.f.p. (75) *from all the countries*

וְהֵבֵאתִי conj.-Hi. pf. 1 c.s. (בּוֹא 97) *and bring*

אֶתְכֶם v.supra *you*

אֶל־אַדְמַתְכֶם prep. (39)-n.f.s.-2 m.p. sf. (9) *into your own land*

36:25

וְזָרַקְתִּי conj.-Qal pf. 1 c.s. (284) *I will sprinkle*

עֲלֵיכֶם prep.-2 m.p. sf. *upon you*

מַיִם טְהוֹרִים n.m.p. (565)-adj. m.p. (373) *clean water*

וּטְהַרְתֶּם conj.-Qal pf. 2 m.p. (טָהֵר 372) *and you shall be clean*

מִכֹּל טֻמְאוֹתֵיכֶם prep.-n.m.s. cstr. (481)-n.f.p.-2 m.p. sf. (380) *from all your uncleanness*

וּמִכָּל־גִּלּוּלֵיכֶם conj.-prep.-n.m.s. cstr. (481)-n.m.p.-2 m.p. sf. (165) *and from all your idols*

אֲטַהֵר Pi. impf. 1 c.s. (טָהֵר 372) *I will cleanse*

אֶתְכֶם dir.obj.-2 m.p. sf. *you*

36:26

וְנָתַתִּי לָכֶם conj.-Qal pf. 1 c.s. (נָתַן 678)-prep.-2 m.p. sf. *I will give you*

לֵב חָדָשׁ n.m.s. (524)-adj. m.s. (294) *a new heart*

וְרוּחַ חֲדָשָׁה conj.-n.f.s. (924)-adj. f.s. (294) *and a new spirit*

אֶתֵּן Qal impf. 1 c.s. (נָתַן 678) *I will put*

בְּקִרְבְּכֶם prep.-n.m.s.-2 m.p. sf. (899) *within you*

וַהֲסִרֹתִי conj.-Hi. pf. 1 c.s. (סוּר 693) *and I will take out*

אֶת־לֵב הָאֶבֶן dir.obj.-n.m.s. cstr. (524)-def.art.-n.f.s. (6) *the heart of stone*

מִבְּשַׂרְכֶם prep.-n.m.s.-2 m.p. sf. (142) *out of your flesh*

וְנָתַתִּי conj.-Qal pf. 1 c.s. (נָתַן 678) *and give*

לָכֶם prep.-2 m.p. sf. *to you*

לֵב בָּשָׂר n.m.s. cstr. (524)-n.m.s. (142) *a heart of flesh*

36:27

וְאֶת־רוּחִי conj.-dir.obj.-n.f.s.-1 c.s. sf. (924) *and my spirit*

אֶתֵּן Qal impf. 1 c.s. (נָתַן 678) *I will put*

בְּקִרְבְּכֶם prep.-n.m.s.-2 m.p. sf. (899) *within you*

וְעָשִׂיתִי conj.-Qal pf. 1 c.s. (עָשָׂה 793) *and I will do*

אֵת אֲשֶׁר־בְּחֻקַּי dir.obj.-rel. (81)-prep.-n.m.p.-1 c.s. sf. (349) *in my statutes*

תֵּלֵכוּ Qal impf. 2 m.p. paus. (הָלַךְ 229) *you to walk*

וּמִשְׁפָּטַי conj.-n.m.p.-1 c.s. sf. (1048) *and my ordinances*

תִּשְׁמְרוּ Qal impf. 2 m.p. (שָׁמַר 1036) *be careful*

וַעֲשִׂיתֶם conj.-Qal pf. 2 m.p. (עָשָׂה 793) *to observe*

36:28

וִישַׁבְתֶּם conj.-Qal pf. 2 m.p. (יָשַׁב 442) *you shall dwell*

בָּאָרֶץ prep.-def.art.-n.f.s. (75) *in the land*

627

אֲשֶׁר נָתַתִּי rel. (81)-Qal pf. 1 c.s. (נָתַן 678) *which I gave*

לַאֲבֹתֵיכֶם prep.-n.m.p.-2 m.p. sf. (3) *to your fathers*

וִהְיִיתֶם conj.-Qal pf. 2 m.p. (הָיָה 224) *and you shall be*

לִי לְעָם prep.-1 c.s. sf.-prep.-n.m.s. (766) *my people*

וְאָנֹכִי conj.-pers.pr. 1 c.s. (59) *and I*

אֶהְיֶה Qal impf. 1 c.s. (הָיָה 224) *will be*

לָכֶם לֵאלֹהִים prep.-2 m.p. sf.-prep.-n.m.p. (43) *your God*

36:29

וְהוֹשַׁעְתִּי conj.-Hi. pf. 1 c.s. (יָשַׁע 446) *And I will deliver*

אֶתְכֶם dir.obj.-2 m.p. sf. *you*

מִכֹּל טֻמְאוֹתֵיכֶם prep.-n.m.s. cstr. (481)-n.f.p.-2 m.p. sf. (380) *from all your uncleanness*

וְקָרָאתִי conj.-Qal pf. 1 c.s. (קָרָא 894) *and I will summon*

אֶל־הַדָּגָן prep. (39)-def.art.-n.m.s. (186) *the grain*

וְהִרְבֵּיתִי אֹתוֹ conj.-Hi. pf. 1 c.s. (רָבָה 915) -dir.obj.-3 m.s. sf. *and make it abundant*

וְלֹא־אֶתֵּן conj.-neg.-Qal impf. 1 c.s. (נָתַן 678) *and will not lay*

עֲלֵיכֶם prep.-2 m.p. sf. *upon you*

רָעָב n.m.s. (944) *famine*

36:30

וְהִרְבֵּיתִי conj.-Hi. pf. 1 c.s. (רָבָה 915) *and I will make abundant*

אֶת־פְּרִי הָעֵץ dir.obj.-n.m.s. cstr. (826)-def.art. -n.m.s. (781) *the fruit of the tree*

וּתְנוּבַת conj.-n.f.s. cstr. (626) *and the increase of*

הַשָּׂדֶה def.art.-n.m.s. (961) *the field*

לְמַעַן אֲשֶׁר conj. (775)-rel. (81) *that*

לֹא תִקְחוּ עוֹד neg.-Qal impf. 2 m.p. (לָקַח 542) -adv. (728) *you may never again suffer*

חֶרְפַּת רָעָב n.f.s. cstr. (357)-n.m.s. (944) *the disgrace of famine*

בַּגּוֹיִם prep.-def.art.-n.m.p. (156) *among the nations*

36:31

וּזְכַרְתֶּם conj.-Qal pf. 2 m.p. (זָכַר 269) *Then you will remember*

אֶת־דַּרְכֵיכֶם dir.obj.-n.m.p.-2 m.p. sf. (202) *your ... ways*

הָרָעִים def.art.-adj. m.p. (948) *evil*

וּמַעַלְלֵיכֶם conj.-n.m.p.-2 m.p. sf. (760) *and your deeds*

אֲשֶׁר לֹא־טוֹבִים rel. (81)-neg.-adj. m.p. (373) *that were not good*

וּנְקֹטֹתֶם conj.-Ni. pf. 2 m.p. (קוּט 876) *and you will loathe yourselves*

בִּפְנֵיכֶם prep.-n.m.p.-2 m.p. sf. (815) *yourselves (in your faces)*

עַל עֲוֹנֹתֵיכֶם prep. (752)-n.m.p.-2 m.p. sf. (730) *for your iniquities*

וְעַל תּוֹעֲבוֹתֵיכֶם conj.-prep.-n.f.p.-2 m.p. sf. (1072) *and your abominable deeds*

36:32

לֹא לְמַעַנְכֶם neg. (GK 152d)-prep.-subst.-2 m.p. sf. (775) *it is not for your sake*

אֲנִי־עֹשֶׂה pers.pr. 1 c.s. (58)-Qal act.ptc. (793) *that I will act*

נְאֻם אֲדֹנָי n.m.s. cstr. (610)-n.m.p.-1 c.s. sf. (10) *says the Lord*

יְהוִה pr.n. (217) *Yahweh*

יִוָּדַע Ni. impf. 3 m.s. (יָדַע 393) *let that be known*

לָכֶם prep.-2 m.p. sf. *to you*

בּוֹשׁוּ Qal impv. 2 m.p. (בּוֹשׁ 101) *Be ashamed*

וְהִכָּלְמוּ conj.-Ni. impv. 2 m.p. (כָּלַם 483) *and confounded*

מִדַּרְכֵיכֶם prep.-n.m.p.-2 m.p. sf. (202) *for your ways*

בֵּית יִשְׂרָאֵל n.m.s. cstr. (108)-pr.n. (975) *O house of Israel*

36:33

כֹּה אָמַר adv. (462)-Qal pf. 3 m.s. (55) *Thus says*

אֲדֹנָי יְהוִה n.m.p.-1 c.s. sf. (10)-pr.n. (217) *the Lord Yahweh*

בְּיוֹם טַהֲרִי prep.-n.m.s. cstr. (398)-Pi. inf.cstr.-1 c.s. sf. (372) *On the day that I cleanse*

אֶתְכֶם dir.obj.-2 m.p. sf. *you*

מִכֹּל עֲוֹנוֹתֵיכֶם prep.-n.m.s. cstr. (481)-n.m.p.-2 m.p. sf. (730) *from all your iniquities*

וְהוֹשַׁבְתִּי conj.-Hi. pf. 1 c.s. (יָשַׁב 442) *I will cause ... to be inhabited*

אֶת־הֶעָרִים dir.obj.-def.art.-n.f.p. (746) *the cities*

וְנִבְנוּ conj.-Ni. pf. 3 c.p. (בָּנָה 124) *and shall be rebuilt*

הֶחֳרָבוֹת def.art.-n.f.p. (352) *the waste places*

36:34

וְהָאָרֶץ conj.-def.art.-n.f.s. (75) *and the land*

הַנְּשַׁמָּה def.art.-Ni. ptc. f.s. (שׁמם 1030) *that was desolate*

תֵּעָבֵד Ni. impf. 3 f.s. (עבד 712) *shall be tilled*

תַּחַת אֲשֶׁר prep. (1065)-rel. (81) *instead of*

הָיְתָה Qal pf. 3 f.s. (היה 224) *being ... that it was*

שְׁמָמָה n.f.s. (1031) *the desolation*

לְעֵינֵי prep.-n.f.p. cstr. (744) *in the sight of*

כָּל־עוֹבֵר n.m.s. cstr. (481)-Qal act.ptc. (716) *all who passed by*

36:35

וְאָמְרוּ conj.-Qal pf. 3 c.p. (55) *And they will say*

הָאָרֶץ הַלֵּזוּ def.art.-n.f.s. (75)-def.art.-demons. adj. (229; GK 34f) *this land*

הַנְּשַׁמָּה def.art.-Ni. ptc. f.s. (שׁמם 1030) *that was desolate*

הָיְתָה Qal pf. 3 f.s. (היה 224) *has become*

כְּגַן־עֵדֶן prep.-n.m.s. cstr. (171)-pr.n. (727) *like the garden of Eden*

וְהֶעָרִים conj.-def.art.-n.f.p. (746) *and the cities*

הֶחָרֵבוֹת def.art.-adj. f.p. (351) *the waste*

וְהַנְּשַׁמּוֹת conj.-def.art.-Ni. ptc. f.p. (שׁמם 1030) *and desolate*

וְהַנֶּהֱרָסוֹת conj.-def.art.-Ni. ptc. f.p. (הרם 248) *and ruined*

בְּצוּרוֹת Qal pass.ptc. f.p. (בצר 131) *fortified*

יָשָׁבוּ Qal pf. 3 c.p. paus. (ישׁב 442) *are now inhabited*

36:36

וְיָדְעוּ conj.-Qal pf. 3 c.p. (ידע 393) *Then shall know*

הַגּוֹיִם def.art.-n.m.p. (156) *the nations*

אֲשֶׁר יִשָּׁאֲרוּ rel. (81)-Ni. impf. 3 m.p. (שׁאר 983) *that are left*

סְבִיבוֹתֵיכֶם subst. f.p.-2 m.p. sf. (686) *round about you*

כִּי אֲנִי conj. (471)-pers.pr. 1 c.s. (58) *that I*

יהוה pr.n. (217) *Yahweh*

בָּנִיתִי Qal pf. 1 c.s. (בנה 124) *have rebuilt*

הַנֶּהֱרָסוֹת def.art.-Ni. ptc. f.p. (הרם 248) *the ruined places*

נָטַעְתִּי Qal pf. 1 c.s. (642) *and replanted*

הַנְּשַׁמָּה def.art.-Ni. ptc. f.s. (שׁמם 1030) *that which was desolate*

אֲנִי יהוה v.supra-v.supra *I, Yahweh,*

דִּבַּרְתִּי Pi. pf. 1 c.s. (180) *have spoken*

וְעָשִׂיתִי conj.-Qal pf. 1 c.s. (עשׂה 793) *and I will do it*

36:37

כֹּה אָמַר adv. (462)-Qal pf. 3 m.s. (55) *Thus says*

אֲדֹנָי יהוה n.m.p.-1 c.s. sf. (10) -pr.n. (217) *the Lord Yahweh*

עוֹד זֹאת adv. (728)-demons.adj. f.s. (260) *This also*

אִדָּרֵשׁ Ni. impf. 1 c.s. (דרשׁ 205) *I will let ... ask me*

לְבֵית־יִשְׂרָאֵל prep.-n.m.s. cstr. (108)-pr.n. (975) *the house of Israel*

לַעֲשׂוֹת לָהֶם prep.-Qal inf.cstr. (793) -prep.-3 m.p. sf. *to do for them*

אַרְבֶּה Hi. impf. 1 c.s. (רבה 915) *to increase*

אֹתָם dir.obj.-3 m.p. sf. *them*

כַּצֹּאן prep.-def.art.-n.f.s. (838) *like a flock*

אָדָם n.m.s. (9) *men*

36:38

כְּצֹאן prep.-n.f.s. cstr. (838) *Like the flock of*

קָדָשִׁים n.m.p. (871) *holy things*

כְּצֹאן v.supra *like the flock at*

יְרוּשָׁלַ͏ִם pr.n. (436) *Jerusalem*

בְּמוֹעֲדֶיהָ prep.-n.m.p.-3 f.s. sf. (417) *during her appointed feasts*

כֵּן תִּהְיֶינָה adv. (485)-Qal impf. 3 f.p. (היה 224) *so shall be*

הֶעָרִים def.art.-n.f.p. (746) *the cities*

הֶחָרֵבוֹת def.art.-adj. f.p. (351) *waste*

מְלֵאוֹת adj. f.p. (570) *filled with*

צֹאן אָדָם n.f.s. cstr. (838)-n.m.s. (9) *flocks of men*

וְיָדְעוּ conj.-Qal pf. 3 c.p. (393) *Then they will know*

כִּי־אֲנִי conj. (471)-pers.pr. 1 c.s. (58) *that I am*

יהוה pr.n. (217) *Yahweh*

37:1

הָיְתָה Qal pf. 3 f.s. (היה 224) *was*

עָלַי prep.-1 c.s. sf. *upon me*

יַד־יהוה n.f.s. cstr. (388)-pr.n. (217) *the hand of Yahweh*

וַיּוֹצִאֵנִי consec.-Hi. impf. 3 m.s.-1 c.s. sf. (יצא 422) *and he brought me out*

בְּרוּחַ יהוה prep.-n.f.s. cstr. (924)-v.supra *by the Spirit of Yahweh*

וַיְנִיחֵנִי consec.-Hi. impf. 3 m.s.-1 c.s. sf. (נוח 628) *and set me down*

בְּתוֹךְ הַבִּקְעָה prep.-n.m.s. cstr. (1063)-def.art. -n.f.s. (132) *in the midst of the valley (plain)*

וְהִיא conj.-pers.pr. 3 f.s. (214) *and it was*

מְלֵאָה adj. f.s. as adv. (570) *full of*

629

עַצְמוֹת n.f.p. (782) *bones*

37:2

וְהֶעֱבִירַנִי conj.-Hi. pf. 3 m.s.-1 c.s. sf. (עָבַר 716; GK 112pp) *And he led me*

עֲלֵיהֶם prep.-3 m.p. sf. *among them*

סָבִיב סָבִיב adv. (686)-v.supra *round*

וְהִנֵּה conj.-demons.part. (243) *and behold*

רַבּוֹת מְאֹד adj. f.p. (912)-adv. (547) *there were very many*

עַל־פְּנֵי הַבִּקְעָה prep. (752)-n.m.p. cstr. (815)-def.art.-n.f.s. (132) *upon the valley (plain)*

וְהִנֵּה v.supra *and lo*

יְבֵשׁוֹת מְאֹד adj. f.p. (386)-v.supra *they were very dry*

37:3

וַיֹּאמֶר אֵלַי consec.-Qal impf. 3 m.s. (אָמַר 55)-prep.-1 c.s. sf. *And he said to me*

בֶּן־אָדָם n.m.s. cstr. (119)-n.m.s. (9) *Son of man*

הֲתִחְיֶינָה interr.part.-Qal impf. 3 f.p. (הָיָה 224) *can ... live?*

הָעֲצָמוֹת הָאֵלֶּה def.art.-n.f.p. (782)-def.art.-demons.adj. c.p. (41) *these bones*

וָאֹמַר consec.-Qal impf. 1 c.s. (אָמַר 55) *And I answered*

אֲדֹנָי יהוה n.m.p.-1 c.s. sf. (10)-pr.n. (217) *O Lord Yahweh*

אַתָּה יָדָעְתָּ pers.pr. 2 m.s. (61)-Qal pf. 2 m.s. paus. (393) *thou knowest*

37:4

וַיֹּאמֶר אֵלַי consec.-Qal impf. 3 m.s. (55)-prep.-1 c.s. sf. *Again he said to me*

הִנָּבֵא Ni. impv. 2 m.s. (612) *prophesy*

עַל־הָעֲצָמוֹת prep. (752)-def.art.-n.f.p. (782) *to ... bones*

הָאֵלֶּה def.art.-demons.adj. c.p. (41) *these*

וְאָמַרְתָּ conj.-Qal pf. 2 m.s. (55) *and say*

אֲלֵיהֶם prep.-3 m.p. sf. *to them*

הָעֲצָמוֹת v.supra *O ... bones*

הַיְבֵשׁוֹת def.art.-adj. f.p. (386) *dry*

שִׁמְעוּ Qal impv. 2 m.p. (1033) *hear*

דְּבַר־יהוה n.m.s. cstr. (182)-pr.n. (217) *the word of Yahweh*

37:5

כֹּה אָמַר adv. (462)-Qal pf. 3 m.s. (55) *Thus says*

אֲדֹנָי יהוה n.m.p.-1 c.s. sf. (10)-pr.n. (217) *the Lord Yahweh*

לָעֲצָמוֹת prep.-def.art.-n.f.p. (782) *to ... bones*

הָאֵלֶּה def.art.-demons.adj. c.p. (41) *these*

הִנֵּה אֲנִי demons.part. (243)-pers.pr. 1 c.s. (58) *Behold, I*

מֵבִיא Hi. ptc. (בּוֹא 97) *will cause to enter*

בָכֶם prep.-2 m.p. sf. *you*

רוּחַ n.f.s. (924) *breath*

וַחְיִיתֶם conj.-Qal pf. 2 m.p. (חָיָה 310) *and you shall live*

37:6

וְנָתַתִּי conj.-Qal pf. 1 c.s. (נָתַן 678) *And I will lay*

עֲלֵיכֶם prep.-2 m.p. sf. *upon you*

גִּדִים n.m.p. (161) *sinews*

וְהַעֲלֵתִי conj.-Hi. pf. 1 c.s. (עָלָה 748) *and will cause to come*

עֲלֵיכֶם v.supra *upon you*

בָּשָׂר n.m.s. (142) *flesh*

וְקָרַמְתִּי conj.-Qal pf. 1 c.s. (קָרַם 901) *and cover*

עֲלֵיכֶם v.supra *you*

עוֹר n.m.s. (736) *with skin*

וְנָתַתִּי conj.-Qal pf. 1 c.s. (נָתַן 678) *and put*

בָכֶם prep.-2 m.p. sf. *in you*

רוּחַ n.f.s. (924) *breath*

וַחְיִיתֶם conj.-Qal pf. 2 m.p. (חָיָה 310) *and you shall live*

וִידַעְתֶּם conj.-Qal pf. 2 m.p. (יָדַע 393) *and you shall know*

כִּי־אֲנִי conj. (471)-pers.pr. 1 c.s. (58) *that I am*

יהוה pr.n. (217) *Yahweh*

37:7

וְנִבֵּאתִי conj.-Ni. pf. 1 c.s. (נָבָא 612; GK 112pp) *So I prophesied*

כַּאֲשֶׁר צֻוֵּיתִי prep.-rel. (81)-Pu. pf. 1 c.s. (צָוָה 845) *as I was commanded*

וַיְהִי־קוֹל consec.-Qal impf. 3 m. s. (הָיָה 224)-n.m.s. (876) *there was a noise*

כְּהִנָּבְאִי prep.-Ni. inf.cstr.-1 c.s. sf. (נָבָא 612) *as I prophesied*

וְהִנֵּה־רַעַשׁ conj.-demons.part. (243)-n.m.s. (950) *and behold a rattling*

וַתִּקְרְבוּ consec.-Qal impf. 2 m. p. (קָרַב 897) *and came together* (rd.prb. 3 m.p.)

עֲצָמוֹת n.f.p. (782) *the bones*

עֶצֶם אֶל־עַצְמוֹ n.f.s. (782)-prep.-n.f.s.-3 m.s. sf. (782) *bone to its bone*

37:8

וְרָאִיתִי conj.-Qal pf. 1 c.s. (רָאָה 906) *And as I looked*

וְהִנֵּה־ conj.-demons.part. (243) *and behold*

עֲלֵיהֶם prep.-3 m.p. sf. (752) *on them*

גִּדִים n.m.p. (161) *sinews*

וּבָשָׂר conj.-n.m.s. (142) *and flesh*

עָלָה Qal pf. 3 m.s. (748) *had come*

וַיִּקְרַם consec.-Qal impf. 3 m.s. (קָרַם 901; GK 9u, 29i) *and had covered*

עֲלֵיהֶם prep.-3 m.p. sf. *them*

עוֹר n.m.s. (736) *skin*

מִלְמָעְלָה prep.-prep.-subst.-loc.he (751) *above*

וְרוּחַ conj.-n.f.s. (924) *but breath*

אֵין בָּהֶם neg.cstr. (34)-prep.-3 m.p. sf. *there was not in them*

37:9

וַיֹּאמֶר אֵלַי consec.-Qal impf. 3 m.s. (55) -prep.-1 c.s. sf. *Then he said to me*

הִנָּבֵא Ni. impv. 2 m.s. (נָבָא 612) *Prophesy*

אֶל־הָרוּחַ prep.-def.art.-n.f.s. (924) *to the breath*

הִנָּבֵא v.supra *prophesy*

בֶּן־אָדָם n.m.s. cstr. (119)-n.m.s. (9) *son of man*

וְאָמַרְתָּ conj.-Qal pf. 2 m.s. (55) *and say*

אֶל־הָרוּחַ v.supra-v.supra *to the breath*

כֹּה־אָמַר adv. (462)-Qal pf. 3 m.s. (55) *Thus says*

אֲדֹנָי יְהוִה n.m.p.-1 c.s. sf. (10)-pr.n. (217) *the Lord Yahweh*

מֵאַרְבַּע prep.-num. cstr. (916) *from the four*

רוּחוֹת n.f.p. (924) *winds*

בֹּאִי Qal impv. 2 f.s. (בּוֹא 97) *Come*

הָרוּחַ def.art.-n.f.s. (924) *O breath*

וּפְחִי conj.-Qal impv. 2 f.s. (נָפַח 655) *and breathe*

בַּהֲרוּגִים prep.-def.art.-Qal pass.ptc. m.p. (הָרַג 246) *upon ... slain*

הָאֵלֶּה def.art.-demons.adj. c.p. (41) *these*

וְיִחְיוּ conj.-Qal impf. 3 m.p. (חָיָה 310) *that they may live*

37:10

וְהִנַּבֵּאתִי conj.-Hith. pf. 1 c.s. (נָבָא 612; GK 112pp) *So I prophesied*

כַּאֲשֶׁר צִוָּנִי prep.-rel. (81)-Pi. pf. 3 m.s.-1 c.s. sf. (צָוָה 845) *as he commanded me*

וַתָּבוֹא consec.-Qal impf. 3 f.s. (בּוֹא 97) *and came*

בָהֶם prep.-3 m.p. sf. *into them*

הָרוּחַ def.art.-n.f.s. (924) *the breath*

וַיִּחְיוּ consec.-Qal impf. 3 m.p. (חָיָה 310) *and they lived*

וַיַּעַמְדוּ consec.-Qal impf. 3 m.p. (עָמַד 763) *and stood*

עַל־רַגְלֵיהֶם prep.-n.f. du.-3 m.p. sf. (919) *upon their feet*

חַיִל גָּדוֹל n.m.s. (298)-adj. m.s. (152) *a great host*

מְאֹד־מְאֹד adv. (547)-v.supra *exceedingly*

37:11

וַיֹּאמֶר אֵלַי consec.-Qal impf. 3 m.s. (55)-prep.-1 c.s. sf. *Then he said to me*

בֶּן־אָדָם n.m.s. cstr. (119)-n.m.s. (9) *Son of man*

הָעֲצָמוֹת הָאֵלֶּה def.art.-n.f.p. (782)-def.art. -demons.adj. c.p. (41) *these bones*

כָּל־בֵּית n.m.s. cstr. (481)-n.m.s. cstr. (108) *the whole house of*

יִשְׂרָאֵל pr.n. (975) *Israel*

הֵמָּה pers.pr. 3 m.p. (241) *they are*

הִנֵּה אֹמְרִים demons.part. (243)-Qal act.ptc. m.p. (55; GK 116t, 119s) *Behold, they say*

יָבְשׁוּ Qal pf. 3 c.p. (יָבֵשׁ 386) *are dried up*

עַצְמוֹתֵינוּ n.f.p.-1 c.p. sf. (782) *Our bones*

וְאָבְדָה conj.-Qal pf. 3 f.s. (אָבַד 1) *and is lost*

תִקְוָתֵנוּ n.f.s.-1 c.p. sf. (876) *our hope*

נִגְזַרְנוּ לָנוּ Ni. pf. 1 c.p. (גָּזַר 160)-prep.-1 c.p. sf. *we are clean cut off*

37:12

לָכֵן הִנָּבֵא prep.-adv. (485)-Ni. impv. 2 m.s. (612) *Therefore prophesy*

וְאָמַרְתָּ conj.-Qal pf. 2 m.s. (55) *and say*

אֲלֵיהֶם prep.-3 m.p. sf. *to them*

כֹּה־אָמַר adv. (462)-Qal pf. 3 m.s. (55) *Thus says*

אֲדֹנָי יְהוִה n.m.p.-1 c.s. sf. (10)-pr.n. (217) *the Lord Yahweh*

הִנֵּה אֲנִי demons.part. (243)-pers. pr. 1 c.s. *Behold, I*

פֹתֵחַ Qal act.ptc. (834) *will open*

אֶת־קִבְרוֹתֵיכֶם dir.obj.-n.m.p.-2 m.p. sf. (868) *your graves*

וְהַעֲלֵיתִי conj.-Hi. pf. 1 c.s. (עָלָה 748) *and raise*

אֶתְכֶם dir.obj.-2 m.p. sf. *you*

מִקִּבְרוֹתֵיכֶם prep.-v.supra *from your graves*

עַמִּי n.m.s.-1 c.s. sf. (766) *O my people*

וְהֵבֵאתִי conj.-Hi. pf. 1 c.s. (בּוֹא 97) *and I will bring*

אֶתְכֶם v.supra *you*

אֶל־אַדְמַת prep. (39)-n.f.s. cstr. (9) *into the land of*

יִשְׂרָאֵל pr.n. (975) *Israel*

37:13

וִידַעְתֶּם conj.-Qal pf. 2 m.p. (393) *And you shall know*

כִּי־אֲנִי conj. (471)-pers.pr. 1 c.s. (58) *that I am*
יהוה pr.n. (217) *Yahweh*

בְּפִתְחִי prep.-Qal inf.cstr.-1 c.s. sf. (פָּתַח 834) *when I open*

אֶת־קִבְרוֹתֵיכֶם dir.obj.-n.m.p.-2 m.p. sf. (868) *your graves*

וּבְהַעֲלוֹתִי conj.-prep.-Hi. inf.cstr.-1 c.s. sf. (עָלָה 748) *and raise*

אֶתְכֶם dir.obj.-2 m.p. sf. *you*

מִקִּבְרוֹתֵיכֶם prep.-n.m.p.-2 m.p. sf. (868) *from your graves*

עַמִּי n.m.s.-1 c.s. sf. (766) *O my people*

37:14

וְנָתַתִּי conj.-Qal pf. 1 c.s. (נָתַן 678) *And I will put*

רוּחִי n.f.s.-1 c.s. sf. (924 *my spirit*

בָכֶם prep.-2 m.p. sf. *within you*

וִחְיִיתֶם conj.-Qal pf. 2 m.p. (חָיָה 310) *and you shall live*

וְהִנַּחְתִּי conj.-Hi. pf. 1 c.s. (נוּחַ 628) *and I will place*

אֶתְכֶם dir.obj.-2 m.p. sf. *you*

עַל־אַדְמַתְכֶם prep. (752)-n.f.s.-2 m.p. sf. (9) *in your own land*

וִידַעְתֶּם conj.-Qal pf. 2 m.p. (393) *then you shall know*

כִּי־אֲנִי conj. (471)-pers.pr. 1 c.s. (58) *that I*
יהוה pr.n. (217) *Yahweh*

דִּבַּרְתִּי Pi. pf. 1 c.s. (דָּבַר 180) *have spoken*

וְעָשִׂיתִי conj.-Qal pf. 1 c.s. (עָשָׂה 793) *and I have done it*

נְאֻם־יְהוָה n.m.s. cstr. (610)-pr.n. (217) *says Yahweh*

37:15

וַיְהִי consec.-Qal impf. 3 m.s. (הָיָה 224) *came*

דְּבַר־יְהוָה n.m.s. cstr. (182)-pr.n. (217) *the word of Yahweh*

אֵלַי prep.-1 c.s. sf. *to me*

לֵאמֹר prep.-Qal inf.cstr. (55) *(saying)*

37:16

וְאַתָּה conj.-pers.pr. 2 m.s. (61) *and you*

בֶּן־אָדָם n.m.s. cstr. (119)-n.m.s. (9) *Son of man*

קַח־לְךָ Qal impv. 2 m.s. (לָקַח 542)-prep.-2 m.s. sf. *take*

עֵץ אֶחָד n.m.s. (781)-num. (25) *a stick*

וּכְתֹב conj.-Qal impv. 2 m.s. (507) *and write*

עָלָיו prep.-3 m.s. sf. (752) *on it*

לִיהוּדָה prep. (GK 119u)-pr.n. (397) *For Judah*

וְלִבְנֵי יִשְׂרָאֵל conj.-prep.-n.m.p. cstr. (119)-pr.n. (975) *and the children of Israel*

חֲבֵרָו adj. m.s.-3 m.s. sf. (288) *associated with him*

וּלְקַח conj.-Qal impv. 2 m.s. (לָקַח 542; GK 66g) *then take*

עֵץ אֶחָד v.supra-v.supra *a stick*

וּכְתֹב עָלָיו conj.-Qal impv. 2 m.s. (507)-prep.-3 m.s. sf. *and write upon it*

לְיוֹסֵף prep.-pr.n. (415) *For Joseph*

עֵץ אֶפְרַיִם n.m.s. cstr.(781)-pr.n. (68) *the stick of Ephraim*

וְכָל־בֵּית conj.-n.m.s. cstr. (481)-n.m.s. cstr. (108) *and all the house of*

יִשְׂרָאֵל pr.n. (975) *Israel*

חֲבֵרָו v.supra *associated with him*

37:17

וְקָרַב conj.-Pi. impv. 2 m.s. (קָרַב 897; GK 52n, 64h) *and join*

אֹתָם dir.obj.-3 m.p. sf. *them*

אֶחָד אֶל־אֶחָד num. (25)-prep.-(39)-v.supra *together*

לְךָ prep.-2 m.s. sf. *(for yourself)*

לְעֵץ אֶחָד prep.-n.m.s. (781)-n.m.s. (25) *into one stick*

וְהָיוּ conj.-Qal pf. 3 c.p. (הָיָה 224) *that they may become*

לַאֲחָדִים prep.-n.m.p. (25) *one*

בְּיָדֶךָ prep.-n.f.s.-2 m.s. sf. (388) *in your hand*

37:18

וְכַאֲשֶׁר conj.-prep.-rel. (81) *And when*

יֹאמְרוּ Qal impf. 3 m.p. (אָמַר 55) *say*

אֵלֶיךָ prep.-2 m.s. sf. (39) *to you*

בְּנֵי עַמְּךָ n.m.p. cstr. (119)-n.m.s.-2 m.s. sf. (766) *your people*

לֵאמֹר prep.-Qal inf.cstr. (55) *(saying)*

הֲלוֹא־תַגִּיד interr.part.-neg.-Hi. impf. 2 m.s. (נָגַד 616) *Will you not show*

לָנוּ prep.-1 c.p. sf. *us*

מָה־אֵלֶּה interr. (552)-demons.adj. c.p. (41) *what these*

לָךְ prep.-2 m.s. sf. paus. *to you*

37:19

דַּבֵּר Pi. impv. 2 m.s. (180) *say*

אֲלֵהֶם prep.-3 m.p. sf. *to them*

כֹּה־אָמַר adv. (462)-Qal pf. 3 m.s. (55) *Thus says*

אֲדֹנָי יְהוִה n.m.p.-1 c.s. sf. (10)-pr.n. (217) *the Lord Yahweh*

הִנֵּה אֲנִי demons.part. (243)-pers.pr. 1 c.s. (58) Behold, I

לֹקֵחַ Qal act.ptc. (לָקַח 542) am about to take

אֶת־עֵץ dir.obj.-n.m.s. cstr. (781) the stick of

יוֹסֵף pr.n. (415) Joseph

אֲשֶׁר בְּיַד־ rel. (81)-prep.-n.f.s. cstr. (388) which is in the hand of

אֶפְרַיִם pr.n. (68) Ephraim

וְשִׁבְטֵי conj.-n.m.p. cstr. (986) and the tribes of

יִשְׂרָאֵל pr.n. (975) Israel

חֲבֵרָו n.m.s.-3 m.s. sf. (288) associated with him

וְנָתַתִּי conj.-Qal pf. 1 c.s. (נָתַן 678) and I will join

אוֹתָם dir.obj.-3 m.p. sf. them

עָלָיו prep.-3 m.s. sf. (752) with him (it)

אֶת־עֵץ dir.obj.-n.m.s. cstr. (781) the stick of

יְהוּדָה pr.n. (397) Judah

וַעֲשִׂיתִם conj.-Qal pf. 1 c.s.-3 m.p. sf. (עָשָׂה 793) and make them

לְעֵץ אֶחָד prep.-n.m.s. (781)-num. (25) one stick

וְהָיוּ conj.-Qal pf. 3 c.p. (הָיָה 224) that they may be

אֶחָד num. m.s. (25) one

בְּיָדִי prep.-n.f.s.-1 c.s. sf.(388) in my hand

37:20

וְהָיוּ conj.-Qal pf. 3 c.p. (הָיָה 224) when ... are

הָעֵצִים def.art.-n.m.p. (781) the sticks

אֲשֶׁר־תִּכְתֹּב rel. (81)-Qal impf. 2 m.s. (507) on which you write

עֲלֵיהֶם prep.-3 m.p. sf. on them

בְּיָדְךָ prep.-n.f.s.-2 m.s. sf. (388) in your hand

לְעֵינֵיהֶם prep.-n.f.p.-3 m.p. sf. (744) before their eyes

37:21

וְדַבֵּר conj.-Pi. impv. 2 m.s. (דָּבַר 180) then say

אֲלֵיהֶם prep.-3 m.p. sf. to them

כֹּה־אָמַר adv. (462)-Qal pf. 3 m.s. (55) Thus says

אֲדֹנָי יהוה n.m.p.-1 c.s. sf. (10)-pr.n. (217) the Lord Yahweh

הִנֵּה אֲנִי demons.part. (243)-pers.pr. 1 c.s. (58) Behold, I

לֹקֵחַ Qal act.ptc. (542) will take

אֶת־בְּנֵי יִשְׂרָאֵל dir.obj.-n.m.p. cstr. (119)-pr.n. (975) the people of Israel

מִבֵּין הַגּוֹיִם prep.-prep. (107)-def.art.-n.m.p. (156) from among the nations

אֲשֶׁר הָלְכוּ־ rel. (81)-Qal pf. 3 c.p. (הָלַךְ 229) which they have gone

שָׁם adv. (1027) there

וְקִבַּצְתִּי conj.-Pi. pf. 1 c.s. (קָבַץ 867) and will gather

אֹתָם dir.obj.-3 m.p. sf. them

מִסָּבִיב prep.-adv. (686) from all sides

וְהֵבֵאתִי conj.-Hi. pf. 1 c.s. (בּוֹא 97) and bring

אוֹתָם dir.obj.-3 m.p. sf. them

אֶל־אַדְמָתָם prep. (39)-n.f.s.-3 m.p. sf. (9) to their own land

37:22

וְעָשִׂיתִי conj.-Qal pf. 1 c.s. (עָשָׂה 793) and I will make

אֹתָם dir.obj.-3 m.p. sf. them

לְגוֹי אֶחָד prep.-n.m.s. (156)-num. (25) one nation

בָּאָרֶץ prep.-def.art.-n.f.s. (75) in the land

בְּהָרֵי יִשְׂרָאֵל prep.-n.m.p. cstr. (249)-pr.n. (975) upon the mountains of Israel

וּמֶלֶךְ אֶחָד conj.-n.m.s. (572)-num. (25) and one king

יִהְיֶה Qal impf. 3 m.s. (הָיָה 224) shall be

לְכֻלָּם prep.-n.m.s.-3 m.p. sf. (481) over them all

לְמֶלֶךְ prep.-n.m.s. (572) king

וְלֹא יִהְיֶה־עוֹד conj.-neg.-Qal impf. 3 m.p. (224 rd.יִהְיוּ)-adv. (728) and they shall be no longer

לִשְׁנֵי גוֹיִם prep.-num. m.p. cstr. (1040)-n.m.p. (156) two nations

וְלֹא יֵחָצוּ conj.-neg.-Ni. impf. 3 m.p. (חָצָה 345) and not be divided

עוֹד adv. (728) longer

לִשְׁתֵּי prep.-num. f.p. cstr. (1040) into two

מַמְלָכוֹת n.f.p. (575) kingdoms

עוֹד v.supra longer

37:23

וְלֹא יִטַמְּאוּ conj.-neg.-Hith. impf. 3 m.p. (טָמֵא 379) They shall not defile themselves

עוֹד adv. (728) longer

בְּגִלּוּלֵיהֶם prep.-n.m.p.-3 m.p. sf. (165) with their idols

וּבְשִׁקּוּצֵיהֶם conj.-prep.-n.m.p.-3 m.p. sf. (1055) and their detestable things

וּבְכֹל פִּשְׁעֵיהֶם conj.-prep.-n.m.s. cstr. (481)-n.m.p.-3 m.p. sf. (833) or with any of their transgressions

וְהוֹשַׁעְתִּי conj.-Hi. pf. 1 c.s. (יָשַׁע 446) but I will save

אֹתָם dir.obj.-3 m.p. sf. them

מִכֹּל prep.-n.m.s. cstr. (481) from all

מוֹשְׁבֹתֵיהֶם n.m.p.-3 m.p. sf. (444) their dwellings (many rd. מְשׁוּבֹתֵיהֶם n.f.p.-3 m.p. sf. 1000 their backslidings)

אֲשֶׁר חָטְאוּ rel. (81)-Qal pf. 3 c.p. (חָטָא 306) *in which they have sinned*

בָּהֶם prep.-3 m.p. sf. *in them*

וְטִהַרְתִּי אוֹתָם conj.-Pi. pf. 1 c.s. (טָהֵר 372) -dir.obj.-3 m.p. sf. *and will cleanse them*

וְהָיוּ־לִי conj.-Qal pf. 3 c.p. (הָיָה 224)-prep.-1 c.s. sf. *and they shall be my*

לְעָם prep.-n.m.s. (766) *people*

וַאֲנִי conj.-pers.pr. 1 c.s. (58) *and I*

אֶהְיֶה Qal impf. 1 c.s. (הָיָה 224) *will be*

לָהֶם לֵאלֹהִים prep.-3 m.p. sf.-prep.-n.m.p. (43) *their God*

37:24

וְעַבְדִּי conj.-n.m.s.-1 c.s. sf. (713) *my servant*

דָוִד pr.n. (187) *David*

מֶלֶךְ n.m.s. (572) *shall be king*

עֲלֵיהֶם prep.-3 m.p. sf. (752) *over them*

וְרוֹעֶה אֶחָד conj.-Qal act.ptc. (רָעָה 944)-num. (25) *and one shepherd*

יִהְיֶה Qal impf. 3 m.s. (הָיָה 224) *shall be*

לְכֻלָּם prep.-n.m.s.-3 m.p. sf. (481) *over all of them*

וּבְמִשְׁפָּטַי conj.-prep.-n.m.p.-1 c.s. sf. (1048) *and in my ordinances*

יֵלֵכוּ Qal impf. 3 m.p. (הָלַךְ 229) *they shall follow*

וְחֻקֹּתַי conj.-n.f.p.-1 c.s. sf. (349) *and my statutes*

יִשְׁמְרוּ Qal impf. 3 m.p. (1036) *they shall be careful*

וְעָשׂוּ conj.-Qal pf. 3 c.p. (עָשָׂה 793) *and observe (do)*

אוֹתָם dir.obj.-3 m.p. sf. *them*

37:25

וְיָשְׁבוּ conj.-Qal pf. 3 c.p. (יָשַׁב 442) *They shall dwell*

עַל־הָאָרֶץ prep. (752)-def.art.-n.f.s. (75) *in the land*

אֲשֶׁר נָתַתִּי rel. (81)-Qal pf. 1 c.s. (נָתַן 678) *which I gave*

לְעַבְדִּי prep.-n.m.s.-1 c.s. sf. (713) *to my servant*

לְיַעֲקֹב prep.-pr.n. (784) *Jacob*

אֲשֶׁר יָשְׁבוּ־בָהּ rel. (81)-Qal pf. 3 c.p. (יָשַׁב 442) -prep.-3 f.s. sf. *where dwelt ... in it*

אֲבוֹתֵיכֶם n.m.p.-2 m.p. sf. (3) *your fathers*

וְיָשְׁבוּ v.supra *they shall dwell*

עָלֶיהָ prep.-3 f.s. sf. (752) *upon it (where)*

הֵמָּה pers.pr. 3 m.p. (241) *they*

וּבְנֵיהֶם conj.-n.m.p.-3 m.p. sf. (119) *and their children*

וּבְנֵי בְנֵיהֶם conj.-n.m.p. cstr. (119)-n.m.p.-3 m.p. sf. (119) *and their children's children*

עַד־עוֹלָם prep. (723)-n.m.s. (761) *for ever*

וְדָוִד conj.-pr.n. (187) *and David*

עַבְדִּי n.m.s.-1 c.s. sf. (713) *my servant*

נָשִׂיא n.m.s. (672) *shall be prince*

לָהֶם prep.-3 m.p. sf. *their*

לְעוֹלָם prep.-n.m.s. (761) *for ever*

37:26

וְכָרַתִּי לָהֶם conj.-Qal pf. 1 c.s. (503) -prep.-3 m.p. sf. *I will make with them*

בְּרִית n.f.s. cstr. (136) *a covenant of*

שָׁלוֹם n.m.s. (1022) *peace*

בְּרִית עוֹלָם n.f.s. cstr. (136)-n.m.s. (761) *an everlasting covenant*

יִהְיֶה אוֹתָם Qal impf. 3 m.s. (הָיָה 224)-prep.-3 m.p. sf. (85) *it shall be with them*

וּנְתַתִּים conj.-Qal pf. 1 c.s.-3 m.p. sf. (נָתַן 678) *and I will give them*

וְהִרְבֵּיתִי conj.-Hi. pf. 1 c.s. (רָבָה 915) *and multiply*

אוֹתָם dir.obj.-3 m.p. sf. *them*

וְנָתַתִּי conj.-Qal pf. 1 c.s. (678) *and will set*

אֶת־מִקְדָּשִׁי dir.obj.-n.m.s.-1 c.s. sf. (874) *my sanctuary*

בְּתוֹכָם prep.-n.m.s.-3 m.p. sf. (1063) *in the midst of them*

לְעוֹלָם prep.-n.m.s. (761) *for evermore*

37:27

וְהָיָה conj.-Qal pf. 3 m.s. (224) *shall be*

מִשְׁכָּנִי n.m.s.-1 c.s. sf. (1015) *my dwellling place*

עֲלֵיהֶם prep.-3 m.p. sf. (752) *with them*

וְהָיִיתִי conj.-Qal pf. 1 c.s. (הָיָה 224) *and I will be*

לָהֶם לֵאלֹהִים prep.-3 m.p. sf.-prep.-n.m.p. (43) *their God*

וְהֵמָּה conj.-pers.pr. 3 m.p. (241) *and they*

יִהְיוּ־ Qal impf. 3 m.p. (הָיָה 224) *shall be*

לִי לְעָם prep.-1 c.s. sf.-prep.-n.m.s. (766) *my people*

37:28

וְיָדְעוּ conj.-Qal pf. 3 c.p. (393) *Then will know*

הַגּוֹיִם def.art.-n.m.p. (156) *the nations*

כִּי אֲנִי conj. (471)-pers.pr. 1 c.s. (58) *that I*

יהוה pr.n. (217) *Yahweh*

מְקַדֵּשׁ Pi. ptc. (קָדַשׁ 872) *sanctify*

אֶת־יִשְׂרָאֵל dir.obj.-pr.n. (975) *Israel*

בִּהְיוֹת מִקְדָּשִׁי prep.-Qal inf.cstr. (הָיָה 224) -n.m.s.-1 c.s. sf. (874) *when my sanctuary*

634

בְּתוֹכָם prep.-n.m.s.-3 m.p. sf. (1063) *in the midst of them*

לְעוֹלָם prep.-n.m.s. (761) *for evermore*

38:1

וַיְהִי consec.-Qal impf. 3 m.s. (הָיָה 224) *came*

דְּבַר־יהוה n.m.s. cstr. (182)-pr.n. (217) *the word of Yahweh*

אֵלַי prep.-1 c.s. sf. *to me*

לֵאמֹר prep.-Qal inf.cstr. (55) *(saying)*

38:2

בֶּן־אָדָם n.m.s. cstr. (119)-n.m.s. (9) *Son of man*

שִׂים פָּנֶיךָ Qal impv. 2 m.s. (שׂום 962)-n.m.p.-2 m.s. sf. (815) *set your face*

אֶל־גּוֹג prep. (39)-pr.n. (155) *toward Gog*

אֶרֶץ n.f.s. cstr. (75) *of the land of*

הַמָּגוֹג def.art.-pr.n. (156) *Magog*

נְשִׂיא רֹאשׁ n.m.s. cstr. (672)-n.m.s. cstr. (910) *the chief prince of*

מֶשֶׁךְ pr.n. (604) *Meshech*

וְתֻבָל conj.-pr.n. (1063) *and Tubal*

וְהִנָּבֵא conj.-Ni. impv. 2 m.s. (נבא 612) *and prophesy*

עָלָיו prep.-3 m.s. sf. (752) *against him*

38:3

וְאָמַרְתָּ conj.-Qal pf. 2 m.s. (55) *and say*

כֹּה אָמַר adv. (462)-Qal pf. 3 m.s. (55) *Thus says*

אֲדֹנָי יהוה n.m.p.-1 c.s. sf. (10)-pr.n. (217) *the Lord Yahweh*

הִנְנִי demons.part.-1 c.s. sf. (243) *Behold, I am*

אֵלֶיךָ prep.-2 m.s. sf. *against you*

גּוֹג pr.n. (155) *O Gog*

נְשִׂיא רֹאשׁ n.m.s. cstr. (672)-n.m.s. cstr. (910) *the chief prince of*

מֶשֶׁךְ pr.n. (604) *Meshech*

וְתֻבָל conj.-pr.n. (1063) *and Tubal*

38:4

וְשׁוֹבַבְתִּיךָ conj.-Polel pf. 1 c.s.-2 m.s. sf. (שׁוב 996) *and I will turn you about*

וְנָתַתִּי conj.-Qal pf. 1 c.s. (נתן 678) *and put*

הַחִים n.m.p. (296) *hooks*

בִּלְחָיֶיךָ prep.-n.m.p.-2 m.s. sf. (534) *into your jaws*

וְהוֹצֵאתִי conj.-Hi. pf. 1 c.s. (יצא 422) *and I will bring forth*

אוֹתְךָ dir.obj.-2 m.s. sf. *you*

וְאֶת־כָּל conj.-dir.obj.-n.m.s. cstr. (481) *and all*

חֵילְךָ n.m.p.-2 m.s. sf. (298) *your army*

סוּסִים n.m.p. (692) *horses*

וּפָרָשִׁים conj.-n.m.p. (832) *and horsemen*

לְבֻשֵׁי מִכְלוֹל n.m.p. cstr. (528)-n.m.s. (483) *clothed in full armor*

כֻּלָּם n.m.s.-3 m.p. sf. (481) *all of them*

קָהָל רָב n.m.s. (874)-adj. m.s. (912) *a great company*

צִנָּה n.f.s. (857) *with buckler*

וּמָגֵן conj.-n.m.s. (171) *and shield*

תֹּפְשֵׂי Qal act.ptc. m.p. cstr. (תפשׂ 1074) *wielding*

חֲרָבוֹת n.f.p. (352) *swords*

כֻּלָּם v.supra *all of them*

38:5

פָּרַס pr.n. (828) *Persia*

כּוּשׁ pr.n. (468) *Cush*

וּפוּט conj.-pr.n. (806) *and Put*

אִתָּם prep.-3 m.p. sf. (85) *with them*

כֻּלָּם n.m.s.-3 m.p. sf. (481) *all of them*

מָגֵן n.m.s. (171) *with shield*

וְכוֹבַע conj.-n.m.s. paus. (464) *and helmet*

38:6

גֹּמֶר pr.n. (170) *Gomer*

וְכָל־אֲגַפֶּיהָ conj.-n.m.s. cstr. (481)-n.m.p.-3 f.s. sf. (8) *and all his hordes*

בֵּית תּוֹגַרְמָה n.m.s. cstr. (108)-pr.n. (1062) *Beth-togarmah*

יַרְכְּתֵי n.f. du. cstr. (438) *from the uttermost parts of*

צָפוֹן n.f.s. (860) *the north*

וְאֶת־כָּל conj.-dir.obj.-n.m.s. cstr. (481) *with all*

אֲגַפָּיו n.m.p.-3 m.s. sf. (8) *his hordes*

עַמִּים רַבִּים n.m.p. (766)-adj. m.p. (912) *many peoples*

אִתָּךְ prep.-2 m.s. sf. paus. (85) *with you*

38:7

הִכֹּן Ni. impv. 2 m.s. (כון 465) *Be ready*

וְהָכֵן conj.-Hi. impv. 2 m.s. (כון 465) *and keep ready*

לְךָ prep.-2 m.s. sf. *yourself*

אַתָּה pers.pr. 2 m.s. (61) *you*

וְכָל־קְהָלֶךָ conj.-n.m.s. cstr. (481)-n.m.p.-2 m.s. sf. (874) *and all the hosts*

הַנִּקְהָלִים def.art.-Ni. ptc. m.p. (קהל 874) *that are assembled*

עָלֶיךָ prep.-2 m.s. sf. *about you*

וְהָיִיתָ conj.-Qal pf. 2 m.s. (הָיָה 224) *and be*

לָהֶם prep.-3 m.p. sf. *for them*

לְמִשְׁמָר prep.-n.m.s. (1038) *a guard*

38:8

מִיָּמִים רַבִּים prep.-n.m.p. (398)-adj. m.p. (912) *after many days*

תִּפָּקֵד Ni. impf. 2 m.s. (פָּקַד 823) *you will be mustered*

בְּאַחֲרִית prep.-n.f.s. cstr. (31) *in the latter*

הַשָּׁנִים def.art.-n.f.p. (1040) *years*

תָּבוֹא Qal impf. 2 m.s. (בּוֹא 97) *you will come*

אֶל־אֶרֶץ prep.-n.f.s. (75) *against the land*

מְשׁוֹבֶבֶת Polal ptc. f.s. (שׁוּב 996) *that is restored*

מֵחֶרֶב prep.-n.f.s. (352) *from war*

מְקֻבֶּצֶת Pu. ptc. f.s. (קָבַץ 867) *were gathered*

מֵעַמִּים רַבִּים prep.-n.m.p. (766)-adj. m.p. (912) *from many nations*

עַל הָרֵי prep.-n.m.p. cstr. (249) *upon the mountains of*

יִשְׂרָאֵל pr.n. (975) *Israel*

אֲשֶׁר־הָיוּ rel. (81)-Qal pf. 3 c.p. (הָיָה 224) *which had been*

לְחָרְבָּה prep.-n.f.s. (352) *a waste*

תָּמִיד n.m.s. (556) *continual*

וְהִיא conj.-pers.pr. 3 f.s. (214) *and its people (she)*

מֵעַמִּים prep.-n.m.p. (766) *from the nations*

הוּצָאָה Ho. pf. 3 f.s. (יָצָא 422) *were brought out*

וְיָשְׁבוּ conj.-Qal pf. 3 c.p. (יָשַׁב 442) *and now dwell*

לָבֶטַח prep.-n.m.s. (105) *securely*

כֻּלָּם n.m.s.-3 m.p. sf. (481) *all of them*

38:9

וְעָלִיתָ conj.-Qal pf. 2 m.s. (עָלָה 748) *You will advance*

כַּשֹּׁאָה prep.-def.art.-n.f.s. (996) *like a storm*

תָּבוֹא Qal impf. 3 f.s. (בּוֹא 97) *comes*

כֶּעָנָן prep.-def.art.-n.m.s. (777) *like a cloud*

לְכַסּוֹת prep.-Pi. inf.cstr. (כָּסָה 491) *covering*

הָאָרֶץ def.art.-n.f.s. (75) *the land*

תִּהְיֶה Qal impf. 2 m.s. (הָיָה 224) *you will be*

אַתָּה pers.pr. 2 m.s. (61) *you*

וְכָל־אֲגַפֶּיךָ conj.-n.m.s. cstr. (481)-n.m.p.-2 m.s. sf. (8) *and all your hordes*

וְעַמִּים רַבִּים conj.-n.m.p. (766)-adj. m.p. (912) *and many peoples*

אוֹתָךְ prep.-2 m.s. sf. paus. (85) *with you*

38:10

כֹּה אָמַר adv. (462)-Qal pf. 3 m.s. (55) *Thus says*

אֲדֹנָי יְהוִה n.m.p.-1 c.s. sf. (10)-pr.n. (217) *the Lord Yahweh*

וְהָיָה conj.-Qal pf. 3 m.s. (224) *and it will be*

בַּיּוֹם הַהוּא prep.-def.art.-n.m.s. (398)-def.art.-demons.adj. m.s. (214) *on that day*

יַעֲלוּ Qal impf. 3 m.p. (עָלָה 748) *will come*

דְבָרִים n.m.p. (182) *thoughts*

עַל־לְבָבְךָ prep.-n.m.s.-2 m.s. sf. (523) *into your mind*

וְחָשַׁבְתָּ conj.-Qal pf. 2 m.s. (חָשַׁב 362) *and you will devise*

מַחֲשֶׁבֶת רָעָה n.f.s. (364)-adj. f.s. (948) *an evil scheme*

38:11

וְאָמַרְתָּ conj.-Qal pf. 2 m.s. (55) *and say*

אֶעֱלֶה Qal impf. 1 c.s. (עָלָה 748) *I will go up*

עַל־אֶרֶץ prep.-n.f.s. cstr. (75) *against the land of*

פְּרָזוֹת n.f.p. (826) *unwalled villages*

אָבוֹא Qal impf. 1 c.s. (בּוֹא 97) *I will fall*

הַשֹּׁקְטִים def.art.-Qal act.ptc. m.p. (שָׁקַט 1052) *upon the quiet people*

יֹשְׁבֵי Qal act.ptc. m.p. cstr. (יָשַׁב 442) *who dwell*

לָבֶטַח prep.-n.m.s. (105) *securely*

כֻּלָּם n.m.s.-3 m.p. sf. (481) *all of them*

יֹשְׁבִים Qal act. ptc. m.p. (יָשַׁב 442) *dwelling*

בְּאֵין חוֹמָה prep.-neg. cstr. (34)-n.f.s. (327) *without walls*

וּבְרִיחַ conj.-n.m.s. (138) *and bars*

וּדְלָתַיִם conj.-n.f. du. (195) *or gates*

אֵין לָהֶם neg. (34)-prep.-3 m.p. sf. *there is none for them*

38:12

לִשְׁלֹל prep.-Qal inf.cstr. (שָׁלַל 1021) *to seize*

שָׁלָל n.m.s. (1021) *spoil*

וְלָבֹז conj.-prep.-Qal inf.cstr. (בָּזַז 102) *and carry off*

בַּז n.m.s. (103) *plunder*

לְהָשִׁיב יָדְךָ prep.-Hi. inf.cstr. (שׁוּב 996)-n.f.s.-2 m.s. sf. (388) *to assail (to restore your hand)*

עַל־חֳרָבוֹת prep.-n.f.p. (352) *the waste places*

נוֹשָׁבֹת Ni. ptc. f.p. (יָשַׁב 442) *which are now inhabited*

וְאֶל־עַם conj.-prep.-n.m.s. (766) *and the people*

מְאֻסָּף Pu. ptc. (אָסַף 62) *who were gathered*

מִגּוֹיִם prep.-n.m.p. (156) *from the nations*

עֹשֶׂה Qal act.ptc. (793) *who have gotten*

מִקְנֶה n.m.s. (889) *cattle*

וְקִנְיָן conj.-n.m.s. (889) *and goods*

יֹשְׁבֵי Qal act.ptc. m.p. cstr. (יָשַׁב 442) *who dwell*

עַל־טַבּוּר prep. (752)-n.m.s. cstr. (371) *at the center of*

הָאָרֶץ def.art.-n.f.s. (75) *the earth*

38:13

שְׁבָא pr.n. (985) *Sheba*

וּדְדָן conj.-pr.n. (186) *and Dedan*

וְסֹחֲרֵי conj.-Qal act.ptc. m.p. cstr. (סָחַר 695) *and the merchants of*

תַּרְשִׁישׁ pr.n. (1076) *Tarshish*

וְכָל־כְּפִרֶיהָ conj.-n.m.s. cstr. (481)-n.m.p.-3 f.s. sf. (498) *and all its young lions* (some rd. 499; "its villages" וכל־כפריה)

יֹאמְרוּ לְךָ Qal impf. 3 m.p. (55)-prep.-2 m.s. sf. *will say to you*

הַלִשְׁלֹל interr.part.-prep.-Qal inf.cstr. (1021) *to seize?*

שָׁלָל n.m.s. (1021) *spoil*

אַתָּה בָא pers.pr. 2 m.s. (61)-Qal act.ptc. (בּוֹא 97) *have you come?*

הֲלָבֹז interr.part.-prep.-Qal inf.cstr. (בָּזַז 102) *to carry off?*

בַּז n.m.s. (103) *plunder*

הִקְהַלְתָּ Hi. pf. 2 m.s. (קָהַל 874) *have you assembled?*

קְהָלֶךָ n.m.p.-2 m.s. sf. (874) *your hosts*

לָשֵׂאת prep.-Qal inf.cstr. (נָשָׂא 669) *to carry away*

כֶּסֶף n.m.s. (494) *silver*

וְזָהָב conj.-n.m.s. (262) *and gold*

לָקַחַת prep.-Qal inf.cstr. (לָקַח 542) *to take away*

מִקְנֶה n.m.s. (889) *cattle*

וְקִנְיָן conj.-n.m.s. (889) *and goods*

לִשְׁלֹל שָׁלָל prep.-Qal inf.cstr. (1021)-n.m.s. (1021) *to seize spoil*

גָּדוֹל adj. m.s. (152) *great*

38:14

לָכֵן הִנָּבֵא prep.-adv. (485)-Ni. impv. 2 m.s. (נָבָא 612) *Therefore, so prophesy*

בֶן־אָדָם n.m.s. cstr. (119)-n.m.s. (9) *son of man*

וְאָמַרְתָּ conj.-Qal pf. 2 m.s. (55) *and say*

לְגוֹג prep.-pr.n. (155) *to Gog*

כֹּה אָמַר adv. (462)-Qal pf. 3 m.s. (55) *Thus says*

אֲדֹנָי יהוה n.m.p.-1 c.s. sf. (10)-pr.n. (217) *the Lord Yahweh*

הֲלוֹא interr.part.-neg. *will you not*

בַּיּוֹם הַהוּא prep.-def.art.-n.m.s. (398)-def.art.-demons.adj. m.s. (214) *on that day*

בְּשֶׁבֶת prep.-Qal inf.cstr. (יָשַׁב 442) *when are dwelling*

עַמִּי n.m.s.-1 c.s. sf. (766) *my people*

יִשְׂרָאֵל pr.n. (975) *Israel*

לָבֶטַח prep.-n.m.s. (105) *securely*

תֵּדָע Qal impf. 2 m.s. (יָדַע 393) *will you know (not)*

38:15

וּבָאתָ conj.-Qal pf. 2 m.s. (בּוֹא 97) *and you will come*

מִמְּקוֹמְךָ prep.-n.m.s.-2 m.s. sf. (879) *from your place*

מִיַּרְכְּתֵי prep.-n.f.p. cstr. (438) *out of the uttermost parts of*

צָפוֹן n.f.s. (860) *the north*

אַתָּה pers.pr. 2 m.s. (61) *you*

וְעַמִּים רַבִּים conj.-n.m.p. (766)-adj. m.p. (912) *and many peoples*

אִתָּךְ prep.-2 m.s. sf. paus. (85) *with you*

רֹכְבֵי Qal act.ptc. m.p. cstr. (938) *riding on*

סוּסִים n.m.p. (692) *horses*

כֻּלָּם n.m.s.-3 m.p. sf. (481) *all of them*

קָהָל גָּדוֹל n.m.s. (874)-adj. m.s. (152) *a great host*

וְחַיִל רָב conj.-n.m.s. (298)-adj. m.s. (912) *and a mighty army*

38:16

וְעָלִיתָ conj.-Qal pf. 2 m.s. (עָלָה 748) *you will come up*

עַל־עַמִּי prep. (752)-n.m.s.-1 c.s. sf. (766) *against my people*

יִשְׂרָאֵל pr.n. (975) *Israel*

כֶּעָנָן prep.-def.art.-n.m.s. (777) *like a cloud*

לְכַסּוֹת prep.-Pi. inf.cstr. (כָּסָה 491) *covering*

הָאָרֶץ def.art.-n.f.s. (75) *the land*

בְּאַחֲרִית prep.-n.f.s. cstr. (31) *in the latter*

הַיָּמִים def.art.-n.m.p. (398) *days*

תִּהְיֶה Qal impf. 2 m.s. (הָיָה 224) *you will be*

וַהֲבִאוֹתִיךָ conj.-Hi. pf. 1 c.s.-2 m.s. sf. (בּוֹא 97) *and I will bring you*

עַל־אַרְצִי prep.-n.f.s.-1 c.s. sf. (75) *against my land*

לְמַעַן דַּעַת prep. (775)-Qal inf.cstr. (יָדַע 393) *that may know*

הַגּוֹיִם def.art.-n.m.p. (156) *the nations*

אֹתִי dir.obj.-1 c.s. sf. *me*

בְּהִקָּדְשִׁי prep.-Ni. inf.cstr.-1 c.s. sf. (קָדַשׁ 872) *when I vindicate*

בְּךָ prep.-2 m.s. sf. *through you*

לְעֵינֵיהֶם prep.-n.f. du.-3 m.p. sf. (744) *before their eyes*

637

גּוֹג pr.n. (155) *Gog*

38:17

בֹּה־אָמַר adv. (462)-Qal pf. 3 m.s. (55) *Thus says*

אֲדֹנָי יְהוִה n.m.p.-1 c.s. sf. (10)-pr.n. (217) *the Lord Yahweh*

הַאַתָּה־ interr.part.-pers.pr. 2 m.s. (61) *are you?*

הוּא pers.pr. 3 m.s. (214) *he*

אֲשֶׁר־דִּבַּרְתִּי rel. (81)-Pi. pf. 1 c.s. (180) *of whom I spoke*

בְּיָמִים קַדְמוֹנִים prep.-n.m.p. (398)-adj. m.p. (870) *in former days*

בְּיַד עֲבָדַי prep.-n.f.s. cstr. (388)-n.m.p.-1 c.s. sf. (713) *by my servants*

נְבִיאֵי יִשְׂרָאֵל n.m.p. cstr. (611)-pr.n. (975) *the prophets of Israel*

הַנִּבְּאִים def.art.-Ni. ptc. m.p. (נָבָא 612) *who prophesied*

בַּיָּמִים הָהֵם prep.-def.art.-n.m.p. (398)-def.art.-demons.adj. m.p. (241) *in those days*

שָׁנִים n.f.p. (1040) *for years*

לְהָבִיא prep.-Hi. inf.cstr. (בּוֹא 97) *that I would bring*

אֹתָךְ dir.obj.-2 m.s. sf. *you*

עֲלֵיהֶם prep.-3 m.p. sf. *against them*

38:18

וְהָיָה conj.-Qal pf. 3 m.s. (224) *and it will be*

בַּיּוֹם הַהוּא prep.-def.art.-n.m.s. (398)-def.art.-demons.adj.m.s. (214) *on that day*

בְּיוֹם prep.-n.m.s. cstr. (398) *when*

בּוֹא גוֹג Qal inf.cstr. (97)-pr.n. (155) *Gog shall come*

עַל־אַדְמַת prep. (752)-n.f.s. cstr. (9) *against the land of*

יִשְׂרָאֵל pr.n. (975) *Israel*

נְאֻם n.m.s. cstr. (610) *says*

אֲדֹנָי יְהוִה n.m.p.-1 c.s. sf. (10)-pr.n. (217) *the Lord Yahweh*

תַּעֲלֶה Qal impf. 3 f.s. (עָלָה 748) *will be roused*

חֲמָתִי n.f.s.-1 c.s. sf. (404) *my wrath*

בְּאַפִּי prep.-n.m.s.-1 c.s. sf. (60) *in my anger*

38:19

וּבְקִנְאָתִי conj.-prep.-n.f.s.-1 c.s. sf. (888) *For in my jealousy*

בְּאֵשׁ־עֶבְרָתִי prep.-n.f.s. cstr. (77)-n.f.s.-1 c.s. sf. (720) *in my blazing wrath*

דִּבַּרְתִּי Pi. pf. 1 c.s. (180) *I declare*

אִם־לֹא hypoth.part. (49)-neg. *definitely*

בַּיּוֹם הַהוּא prep.-def.art.-n.m.s. (398)-def.art.-demons.adj. m.s. (214) *on that day*

יִהְיֶה Qal impf. 3 m.s. (הָיָה 224) *there shall be*

רַעַשׁ גָּדוֹל n.m.s. (950)-adj. m.s. (152) *a great shaking*

עַל אַדְמַת prep. (752)-n.f.s. cstr. (9) *in the land of*

יִשְׂרָאֵל pr.n. (975) *Israel*

38:20

וְרָעֲשׁוּ conj.-Qal pf. 3 c.p. (950) *shall quake*

מִפָּנַי prep.-n.m.p.-1 c.s. sf. (815) *at my presence*

דְּגֵי הַיָּם n.m.p. cstr. (185)-def.art.-n.m.s. (410) *the fish of the sea*

וְעוֹף הַשָּׁמַיִם conj.-n.m.s. cstr. (733)-def.art.-n.m.p. (1029) *and the birds of the air*

וְחַיַּת הַשָּׂדֶה conj.-n.f.s. cstr. (312)-def.art.-n.m.s. (961) *and the beasts of the field*

וְכָל־הָרֶמֶשׂ conj.-n.m.s. cstr. (481)-def.art.-n.m.s. (943) *and all creeping things*

הָרֹמֵשׂ def.art.-Qal act.ptc. (942) *that creep*

עַל־הָאֲדָמָה prep.-def.art.-n.f.s. (9) *on the ground*

וְכֹל הָאָדָם conj.-n.m.s. cstr. (481)-def.art.-n.m.s. (9) *and all the men*

אֲשֶׁר עַל־פְּנֵי rel. (81)-prep.-n.m.p. cstr. (815) *that are upon the face of*

הָאֲדָמָה v.supra *the earth*

וְנֶהֶרְסוּ conj.-Ni. pf. 3 c.p. (הָרַס 248) *and shall be thrown down*

הֶהָרִים def.art.-n.m.p. (249) *the mountains*

וְנָפְלוּ conj.-Qal pf. 3 c.p. (656) *and shall fall*

הַמַּדְרֵגוֹת def.art.-n.f.p. (201) *the cliffs*

וְכָל־חוֹמָה conj.-n.m.s. cstr. (481)-n.f.s. (327) *and every wall*

לָאָרֶץ prep.-def.art.-n.f.s. (75) *to the ground*

תִּפּוֹל Qal impf. 3 f.s. (נָפַל 656) *shall tumble*

38:21

וְקָרָאתִי conj.-Qal pf. 1 c.s. (894; GK 49 l) *I will summon*

עָלָיו prep.-3 m.s. sf. *against him*

לְכָל־הָרַי prep.-n.m.s. cstr. (481)-n.m.p.-1 c.s. sf. (249) *to all my mountains*

חֶרֶב n.f.s. (352) *a sword*

נְאֻם n.m.s. cstr. (610) *says*

אֲדֹנָי יְהוִה n.m.p.-1 c.s. sf. (10)-pr.n. (217) *the Lord Yahweh*

חֶרֶב v.supra *a sword*

אִישׁ בְּאָחִיו n.m.s. (35)-prep.-n.m.s.-3 m.s. sf. (26) *every man against his brother*

תִּהְיֶה Qal impf. 3 f.s. (הָיָה 224) *will be*

38:22

וְנִשְׁפַּטְתִּי conj.-Ni. pf. 1 c.s. (שָׁפַט 1047) *I will enter into judgment*

אִתּוֹ prep.-3 m.s. sf. (85) *with him*

בְּדֶבֶר prep.-n.m.s. (184) *with pestilence*

וּבְדָם conj.-prep.-n.m.s. (196) *and bloodshed*

וְגֶשֶׁם conj.-n.m.s. (177) *and rain*

שׁוֹטֵף Qal act.ptc. (1009) *torrential*

וְאַבְנֵי אֶלְגָּבִישׁ conj.-n.f.p. cstr. (6)-n.m.s. (38) *and hailstones*

אֵשׁ וְגָפְרִית n.f.s. (77)-conj.-n.f.s. (172) *fire and brimstone*

אַמְטִיר Hi. impf. 1 c.s. (מָטַר 565) *I will rain*

עָלָיו prep.-3 m.s. sf. *upon him*

וְעַל-אֲגַפָּיו conj.-prep.-n.m.p.-3 m.s. sf. (8) *and his hordes*

וְעַל-עַמִּים רַבִּים conj.-prep.-n.m.p. (766)-adj. m.p. (912) *and the many peoples*

אֲשֶׁר אִתּוֹ rel. (81)-prep.-3 m.s. sf. (85) *that are with him*

38:23

וְהִתְגַּדִּלְתִּי conj.-Hith. pf. 1 c.s. (גָּדַל 152) *So I will show my greatness*

וְהִתְקַדִּשְׁתִּי conj.-Hith. pf. 1 c.s. (קָדַשׁ 872; GK 54k) *and my holiness*

וְנוֹדַעְתִּי conj.-Ni. pf. 1 c.s. (יָדַע 393) *and make myself known*

לְעֵינֵי prep.-n.f. du. cstr. (744) *in the eyes of*

גּוֹיִם רַבִּים n.m.p. (156)-adj. m.p. (912) *many nations*

וְיָדְעוּ conj.-Qal pf. 3 c.p. (יָדַע 393) *Then they will know*

כִּי-אֲנִי conj. (471)-pers.pr. 1 c.s. (58) *that I am*

יהוה pr.n. (217) *Yahweh*

39:1

וְאַתָּה conj.-pers.pr. 2 m.s. (61) *And you*

בֶּן-אָדָם n.m.s. cstr. (119)-n.m.s. (9) *son of man*

הִנָּבֵא Ni. impv. 2 m.s. (נָבָא 612) *prophesy*

עַל-גּוֹג prep. (752)-pr.n. (155) *against Gog*

וְאָמַרְתָּ conj.-Qal pf. 2 m.s. (55) *and say*

כֹּה אָמַר adv. (462)-Qal pf. 3 m.s. (55) *Thus says*

אֲדֹנָי יהוה n.m.p.-1 c.s. sf. (10)-pr.n. (217) *the Lord Yahweh*

הִנְנִי demons.part.-1 c.s. sf. (243) *Behold, I*

אֵלֶיךָ prep.-2 m.s. sf. (39) *against you*

גּוֹג pr.n. (155) *O Gog*

נְשִׂיא רֹאשׁ n.m.s. cstr. (672)-n.m.s. cstr. (910) *chief prince of*

מֶשֶׁךְ pr.n. (604) *Meshech*

וְתֻבָל conj.-pr.n. (1063) *and Tubal*

39:2

וְשֹׁבַבְתִּיךָ conj.-Polel pf. 1 c.s.-2 m.s. sf. (שׁוּב 996) *and I will turn you about*

וְשִׁשֵּׁאתִיךָ conj.-Pi. pf. 1 c.s.-2 m.s. sf. (שָׁשָׁא 1058; GK 55f) *and drive you forward*

וְהַעֲלִיתִיךָ conj.-Hi. pf. 1 c.s.-2 m.s. sf. (עָלָה 748) *and bring you up*

מִיַּרְכְּתֵי prep.-n.f.p. cstr. (438) *from the uttermost parts of*

צָפוֹן n.f.s. (860) *the north*

וַהֲבִאוֹתִךָ conj.-Hi. pf. 1 c.s.-2 m.s. sf. (בּוֹא 97) *and lead you*

עַל-הָרֵי prep. (752)-n.m.p. cstr. (249) *against the mountains of*

יִשְׂרָאֵל pr.n. (975) *Israel*

39:3

וְהִכֵּיתִי conj.-Hi. pf. 1 c.s. (נָכָה 645) *then I will strike*

קַשְׁתְּךָ n.f.s.-2 m.s. sf. (905) *your bow*

מִיַּד שְׂמֹאולֶךָ prep.-n.f.s. cstr. (388)-n.m.s.-2 m.s. sf. (969) *from your left hand*

וְחִצֶּיךָ conj.-n.m.p.-2 m.s. sf. (346) *and your arrows*

מִיַּד יְמִינְךָ v.supra-n.f.s.-2 m.s. sf. (411) *out of your right hand*

אַפִּיל Hi. impf. 1 c.s. (נָפַל 656) *I will make drop*

39:4

עַל-הָרֵי prep. (752)-n.m.p. cstr. (249) *upon the mountains of*

יִשְׂרָאֵל pr.n. (975) *Israel*

תִּפּוֹל אַתָּה Qal impf. 2 m.s. (נָפַל 656)-pers.pr. 2 m.s. (61) *you shall fall*

וְכָל-אֲגַפֶּיךָ conj.-n.m.s. cstr. (481)-n.m.p.-2 m.s. sf. (8) *and all your hordes*

וְעַמִּים conj.-n.m.p. (766) *and the peoples*

אֲשֶׁר אִתָּךְ rel. (81)-prep.-2 m.s. sf. paus. (85) *that are with you*

לְעֵיט צִפּוֹר prep.-n.m.s. cstr. (743)-n.f.s. (861) *to birds of prey*

כָּל-כָּנָף n.m.s. cstr. (481)-n.f.s. (489) *of every sort*

וְחַיַּת הַשָּׂדֶה conj.-n.f.s. cstr. (312)-def.art. -n.m.s. (961) *and to the wild beasts*

נְתַתִּיךָ Qal pf. 1 c.s.-2 m.s. sf. (נָתַן 678) *I will give you*

לְאָכְלָה prep.-n.f.s. (38) *to be devoured*

639

39:5

עַל־פְּנֵי הַשָּׂדֶה prep. (752)-n.m.p. cstr. (815)-def. art.-n.m.s. (961) *in the open field*

תִּפּוֹל Qal impf. 2 m.s. נָפַל 656) *you shall fall*

כִּי אֲנִי conj. (471)-pers.pr. 1 c.s. (58) *for I*

דִּבַּרְתִּי Pi. pf. 1 c.s. (דבר 180) *have spoken*

נְאֻם n.m.s. cstr. (610) *says*

אֲדֹנָי יהוה n.m.p.-1 c.s. sf. (10)-pr.n. (217) *the Lord Yahweh*

39:6

וְשִׁלַּחְתִּי־ conj.-Pi. pf. 1 c.s. שָׁלַח 1018) *I will send*

אֵשׁ n.f.s. (77) *fire*

בְּמָגוֹג prep.-pr.n. (156) *on Magog*

וּבְיֹשְׁבֵי conj.-prep.-Qal act.ptc. m.p. cstr. 442) *and on those who dwell*

הָאִיִּים def.art.-n.m.p. (15) *in the coast lands*

לָבֶטַח prep.-n.m.s. (105) *securely*

וְיָדְעוּ conj.-Qal pf. 3 c.p. (ידע 393) *and they shall know*

כִּי־אֲנִי conj. (471)-pers.pr. 1 c.s. (58) *that I am*

יהוה pr.n. (217) *Yahweh*

39:7

וְאֶת־שֵׁם קָדְשִׁי conj.-dir.obj.-n.m.s. cstr. (1027)-n.m.s.-1 c.s. sf. (871) *and my holy name*

אוֹדִיעַ Hi. impf. 1 c.s. (ידע 393) *I will make known*

בְּתוֹךְ עַמִּי prep.-n.m.s. cstr. (1063)-n.m.s.-1 c.s. sf. (766) *in the midst of my people*

יִשְׂרָאֵל pr.n. (975) *Israel*

וְלֹא־אַחֵל conj.-neg.-Hi. impf. 1 c.s. (חלל 320) *and I will not let be profaned*

אֶת־שֵׁם־קָדְשִׁי dir.obj.-v.supra-v.supra *my holy name*

עוֹד adv. (728) *any more*

וְיָדְעוּ conj.-Qal pf. 3 c.p. (ידע 393) *and shall know*

הַגּוֹיִם def.art.-n.m.p. (156) *the nations*

כִּי־אֲנִי conj. (471)-pers.pr. 1 c.s. (58) *that I am*

יהוה pr.n. (217) *Yahweh*

קָדוֹשׁ adj. m.s. (872) *the Holy One*

בְּיִשְׂרָאֵל prep.-pr.n. (975) *in Israel*

39:8

הִנֵּה בָאָה demons.part. (243)-Qal act.ptc. f.s. (בוא 97) *Behold, it is coming*

וְנִהְיָתָה conj.-Ni. pf. 3 f.s. (היה 224) *and it will be brought about*

נְאֻם n.m.s. cstr. (610) *says*

אֲדֹנָי יהוה n.m.p.-1 c.s. sf. (10)-pr.n. (217) *the Lord Yahweh*

הוּא הַיּוֹם demons.adj. m.s. (214)-def.art.-n.m.s. (398) *That is the day*

אֲשֶׁר דִּבַּרְתִּי rel. (81)-Pi. pf. 1 c.s. (180) *of which I have spoken*

39:9

וְיָצְאוּ conj.-Qal pf. 3 c.p. (יצא 422) *then will go forth*

יֹשְׁבֵי Qal act.ptc. m.p. cstr. (ישב 442) *those who dwell in*

עָרֵי יִשְׂרָאֵל n.f.p. cstr. (746)-pr.n. (975) *the cities of Israel*

וּבִעֲרוּ conj.-Pi. pf. 3 c.p. (בער 128) *and burn them*

וְהִשִּׂיקוּ conj.-Hi. pf. 3 c.p. (שלק 969; GK 66e) *and make fires*

בְּנֶשֶׁק prep.-n.m.s. (676) *of the equipment (weapons)*

וּמָגֵן conj.-n.m.s. (171) *and shields*

וְצִנָּה conj.-n.f.s. (857) *and bucklers (large shields)*

בְּקֶשֶׁת prep.-n.f.s. (905) *of bows*

וּבְחִצִּים conj.-prep.-n.m.p. (346) *and arrows*

וּבְמַקֵּל יָד conj.-prep.-n.m.s. cstr. (596)-n.f.s. (388) *handpikes*

וּבְרֹמַח conj.-prep.-n.m.s. (942) *and spears*

וּבִעֲרוּ בָהֶם v.supra-prep.-3 m.p. sf. *and burn them (make fires of them)*

אֵשׁ n.f.s. (77) *with fire*

שֶׁבַע שָׁנִים num. (988)-n.f.p. (1040) *for seven years*

39:10

וְלֹא־יִשְׂאוּ conj.-neg.-Qal impf. 3 m.p. (נשא 669) *so that they will not need to take*

עֵצִים n.m.p. (781) *wood*

מִן־הַשָּׂדֶה prep.-def.art.-n.m.s. (961) *out of the field*

וְלֹא יַחְטְבוּ conj.-neg.-Qal impf. 3 m.p. (חטב 310) *or cut down any*

מִן־הַיְּעָרִים prep.-def.art.-n.m.p. (420) *out of the forests*

כִּי בַנֶּשֶׁק conj. (471)-prep.-def.art.-n.m.s. (676) *for of the weapons*

יְבַעֲרוּ־אֵשׁ Pi. impf. 3 m.p. (בער 128)-n.f.s. (77) *they will make their fires*

וְשָׁלְלוּ conj.-Qal pf. 3 c.p. (1021) *they will despoil*

אֶת־שֹׁלְלֵיהֶם dir.obj.-Qal act.ptc. m.p.-3 m.p. sf. (1021) *those who despoiled them*

וּבָזְזוּ conj.-Qal pf. 3 c.p. (בָּזַז 102) *and plunder*

אֶת־בֹּזְזֵיהֶם dir.obj.-Qal act.ptc. m.p.-3 m.p. sf. (102) *those who plundered them*

נְאֻם n.m.s. cstr. (610) *says*

אֲדֹנָי יְהוִה n.m.p.-1 c.s. sf. (10)-pr.n. (217) *the Lord Yahweh*

39:11

וְהָיָה conj.-Qal pf. 3 m.s. (224) *(it shall be)*

בַיּוֹם הַהוּא prep.-def.art.-n.m.s. (398)-def.art. -demons.adj. m.s. (214) *on that day*

אֶתֵּן Qal impf. 1 c.s. (נָתַן 678) *I will give*

לְגוֹג prep.-pr.n. (155) *to Gog*

מְקוֹם־שָׁם n.m.s. cstr. (879)-adv. (1027) *a place where (for)*

קֶבֶר n.m.s. (868) *burial*

בְּיִשְׂרָאֵל prep.-pr.n. (975) *in Israel*

גֵּי הָעֹבְרִים n.m.s. cstr. (161)-def.art.-Qal act.ptc. m.p. (עָבַר 716) *the Valley of the Travelers*

קִדְמַת הַיָּם n.f.s. cstr. (870)-def.art.-n.m.s. (410) *east of the sea*

וְחֹסֶמֶת הִיא conj.-Qal act.ptc. f.s. (חָסַם 340) -demons.adj. f.s. (214) *it will block*

אֶת־הָעֹבְרִים dir.obj.-v.supra *the travelers*

וְקָבְרוּ conj.-Qal pf. 3 c.p. (קָבַר 868) *for will be buried*

שָׁם adv. (1027) *there*

אֶת־גּוֹג dir.obj.-pr.n. (155) *Gog*

וְאֶת־כָּל־הֲמוֹנֹה conj.-dir.obj.-n.m.s. cstr. (481) -n.m.s.-3 m.s. sf. (242) *and all his multitude*

וְקָרְאוּ conj.-Qal pf. 3 c.p. (894) *and it will be called*

גֵּיא n.m.s. cstr. (161) *the Valley of*

הֲמוֹן גּוֹג n.m.s. cstr. (242)-pr.n. (155) *Hamon-gog (the multitude of Gog)*

39:12

וּקְבָרוּם conj.-Qal pf. 3 c.p.-3 m.p. sf. (קָבַר 868) *for will be burying them*

בֵּית יִשְׂרָאֵל n.m.s. cstr. (108)-pr.n. (975) *the house of Israel*

לְמַעַן טַהֵר conj. (775)-Pi. inf.cstr. (טָהַר 372) *in order to cleanse*

אֶת־הָאָרֶץ dir.obj.-def.art.-n.f.s. (75) *the land*

שִׁבְעָה חֳדָשִׁים num. f.s. (988)-n.m.p. (294) *seven months*

39:13

וְקָבְרוּ conj.-Qal pf. 3 c.p. (868) *will bury*

כָּל־עַם הָאָרֶץ n.m.s. cstr. (481)-n.m.s. (766) -def.art.-n.f.s. (75) *all the people of the land*

וְהָיָה conj.-Qal pf. 3 m.s. (224) *and it will be*

לָהֶם prep.-3 m.p. sf. *to them*

לְשֵׁם prep.-n.m.s. (1027) *for a name*

יוֹם הִכָּבְדִי n.m.s. cstr. (398)-Ni. inf.cstr.-1 c.s. sf. (כָּבֵד 457) *on the day that I show my glory*

נְאֻם n.m.s. cstr. (610) *says*

אֲדֹנָי יְהוִה n.m.p.-1 c.s. sf. (10)-pr.n. (217) *the Lord Yahweh*

39:14

וְאַנְשֵׁי תָמִיד conj.-n.m.p. cstr. (35)-n.m.s. (556) *and men of continuity*

יַבְדִּילוּ Hi. impf. 3 m.p. (בָּדַל 95) *they will set apart*

עֹבְרִים Qal act.ptc. m.p. (716) *to pass*

בָּאָרֶץ prep.-def.art.-n.f.s. (75) *through the land*

מְקַבְּרִים Pi. ptc. m.p. (868) *burying*

אֶת־הָעֹבְרִים dir.obj.-def.art.-Qal act.ptc. m.p. (716) *the travelers*

אֶת־הַנּוֹתָרִים dir.obj.-def.art.-Ni. ptc. m.p. (יָתַר 451) *those remaining*

עַל־פְּנֵי הָאָרֶץ prep. (752)-n.m.p. cstr. (815)-def. art.-n.f.s. (75) *upon the face of the land*

לְטַהֲרָהּ prep.-Pi. inf.cstr.-3 f.s. sf. (טָהַר 372) *so as to cleanse it*

מִקְצֵה prep.-n.m.s. cstr. (892) *at the end of*

שִׁבְעָה־חֳדָשִׁים num. f.s. (988)-n.m.p. (294) *seven months*

יַחְקֹרוּ Qal impf. 3 m.p. paus. (חָקַר 350) *they will make their search*

39:15

וְעָבְרוּ conj.-Qal pf. 3 c.p. (716) *and when ... pass*

הָעֹבְרִים def.art.-Qal act.ptc. m.p. (716) *the travelers*

בָּאָרֶץ prep.-def.art.-n.f.s. (75) *through the land*

וְרָאָה conj.-Qal pf. 3 m.s. (906) *and any one sees*

עֶצֶם אָדָם n.f.s. cstr. (782)-n.m.s. (9) *a man's bone*

וּבָנָה conj.-Qal pf. 3 m.s. (124) *then he shall set up*

אֶצְלוֹ prep.-3 m.s. sf. (69) *by it*

צִיּוּן n.m.s. (846) *a sign*

עַד קָבְרוּ conj. (723)-Qal pf. 3 c.p. (868) *till have buried*

אֹתוֹ dir.obj.-3 m.s. sf. *it*

הַמְקַבְּרִים def.art.-Pi. ptc. m.p. (868) *the buriers*

אֶל־גֵּיא prep.-n.m.s. cstr. (161) *in the Valley of*

הֲמוֹן גּוֹג n.m.s. cstr. (242)-pr.n. (155) *Hamon-gog*

39:16

וְגַם conj.-adv. (168) *and also*

שָׁם־ adv. (1027) *there*

641

עִיר n.f.s. (746) *a city*

הֶמוֹנָה pr.n. (242) *Hamonah (Multitude)*

וְטִהֲרוּ conj.-Pi. pf. 3 c.p. (372) *thus shall they cleanse*

הָאָרֶץ def.art.-n.f.s. (75) *the land*

39:17

וְאַתָּה conj.-pers.pr. 2 m.s. (61) *As for you*

בֶּן־אָדָם n.m.s. cstr. (119)-n.m.s. (9) *son of man*

כֹּה־אָמַר adv. (462)-Qal pf. 3 m.s. (55) *thus says*

אֲדֹנָי יהוה n.m.p.-1 c.s. sf. (10)-pr.n. (217) *the Lord Yahweh*

אֱמֹר Qal impv. 2 m.s. (55) *say*

לְצִפּוֹר prep.-n.f.s. (861) *to the birds*

כָּל־כָּנָף n.m.s. cstr. (481)-n.f.s. (489) *of every sort*

וּלְכֹל חַיַּת conj.-prep.-n.m.s. cstr. (481)-n.f.s. cstr. (312) *and to all beasts of*

הַשָּׂדֶה def.art.-n.m.s. (961) *the field*

הִקָּבְצוּ Ni. impv. 2 m.p. (קבץ 867) *Assemble*

וָבֹאוּ conj.-Qal impv. 2 m.p. (בוא 97) *and come*

הֵאָסְפוּ Ni. impv. 2 m.p. (אסף 62) *gather*

מִסָּבִיב prep.-subst. (686) *from all sides*

עַל־זִבְחִי prep. (752)-n.m.s.-1 c.s. sf. (257) *to my sacrifice*

אֲשֶׁר אֲנִי rel. (81)-pers.pr. 1 c.s. (58) *which I am*

זֹבֵחַ Qal act.ptc. m.s. (זבח 256) *preparing*

לָכֶם prep.-2 m.p. sf. *for you*

זֶבַח גָּדוֹל n.m.s. (257)-adj. m.s. (152) *a great sacrificial feast*

עַל הָרֵי prep. (752)-n.m.p. cstr. (249) *upon the mountains of*

יִשְׂרָאֵל pr.n. (975) *Israel*

וַאֲכַלְתֶּם conj.-Qal pf. 2 m.p. (אכל 37) *and you shall eat*

בָּשָׂר n.m.s. (142) *flesh*

וּשְׁתִיתֶם conj.-Qal pf. 2 m.p. (שתה 1059) *and drink*

דָּם n.m.s. (196) *blood*

39:18

בְּשַׂר גִּבּוֹרִים n.m.s. cstr. (142)-adj. m.p. (150) *the flesh of the mighty*

תֹּאכֵלוּ Qal impf. 2 m.p. (אכל 37) *you shall eat*

וְדַם־נְשִׂיאֵי conj.-n.m.s. cstr. (196)-n.m.p. cstr. (672) *and the blood of the princes of*

הָאָרֶץ def.art.-n.f.s. (75) *the earth*

תִּשְׁתּוּ Qal impf. 2 m.p. (שתה 1059) *you shall drink*

אֵילִים n.m.p. (17) *of rams*

כָּרִים n.m.p. (503) *of lambs*

וְעַתּוּדִים conj.-n.m.p. (800) *and of goats*

פָּרִים n.m.p. (830) *of bulls*

מְרִיאֵי בָשָׁן n.m.p. cstr. (597)-pr.n. (143) *fatlings of Bashan*

כֻּלָּם n.m.s.-3 m.p. sf. (481) *all of them*

39:19

וַאֲכַלְתֶּם־ conj.-Qal pf. 2 m.p. (אכל 37) *And you shall eat*

חֵלֶב n.m.s. (316) *fat*

לְשָׂבְעָה prep.-n.f.s. (960) *till you are filled*

וּשְׁתִיתֶם conj.-Qal pf. 2 m.p. (שתה 1059) *and drink*

דָּם n.m.s. (196) *blood*

לְשִׁכָּרוֹן prep.-n.m.s. (1016) *till you are drunk*

מִזִּבְחִי prep.-n.m.s.-1 c.s. sf. (257) *at the sacrificial feast*

אֲשֶׁר־זָבַחְתִּי rel. (81)-Qal pf. 1 c.s. (זבח 256) *which I am preparing*

לָכֶם prep.-2 m.p. sf. *for you*

39:20

וּשְׂבַעְתֶּם conj.-Qal pf. 2 m.p. (שבע 959) *and you shall be filled*

עַל־שֻׁלְחָנִי prep.-n.m.s.-1 c.s. sf. (1020) *at my table*

סוּס n.m.s. (692) *horse*

וָרֶכֶב conj.-n.m.s. (939) *and riders*

גִּבּוֹר adj. m.s. (150) *with mighty men*

וְכָל־אִישׁ conj.-n.m.s. cstr. (481)-n.m.s. cstr. (35) *and all kinds of*

מִלְחָמָה n.f.s. (536) *warriors*

נְאֻם n.m.s. cstr. (610) *says*

אֲדֹנָי יהוה n.m.p.-1 c.s. sf. (10)-pr.n. (217) *the Lord Yahweh*

39:21

וְנָתַתִּי conj.-Qal pf. 1 c.s. (נתן 678) *And I will set*

אֶת־כְּבוֹדִי dir.obj.-n.m.s.-1 c.s. sf. (458) *my glory*

בַּגּוֹיִם prep.-def.art.-n.m.p. (156) *among the nations*

וְרָאוּ conj.-Qal pf. 3 c.p. (ראה 906) *and shall see*

כָל־הַגּוֹיִם n.m.s. cstr. (481)-def.art.-n.m.p. (156) *all the nations*

אֶת־מִשְׁפָּטִי dir.obj.-n.m.s.-1 c.s. sf. (1048) *my judgment*

אֲשֶׁר עָשִׂיתִי rel. (81)-Qal pf. 1 c.s. (עשה 793) *which I have executed*

וְאֶת־יָדִי conj.-dir.obj.-n.f.s.-1 c.s. sf. (388) *and my hand*

אֲשֶׁר־שַׂמְתִּי rel. (81)-Qal pf. 1 c.s. (שום 962) *which I have laid*

בָּהֶם prep.-3 m.p. sf. *on them*

39:22

וְיָדְעוּ conj.-Qal pf. 3 c.p. (יָדַע 393) *and shall know*

בֵּית יִשְׂרָאֵל n.m.s. cstr. (108)-pr.n. (975) *the house of Israel*

כִּי אָנִי conj. (471)-pers.pr. 1 c.s. (58) *that I am*

יהוה pr.n. (217) *Yahweh*

אֱלֹהֵיהֶם n.m.p.-3 m.p. sf. (43) *their God*

מִן־הַיּוֹם הַהוּא prep.-def.art.-n.m.s. (398)-def. art.-demons.adj.m.s. (214) *from that day*

וָהָלְאָה conj.-adv. (229) *forward*

39:23

וְיָדְעוּ conj.-Qal pf. 3 c.p. (יָדַע 393) *and shall know*

הַגּוֹיִם def.art.-n.m.p. (156) *the nations*

כִּי בַעֲוֹנָם conj. (471)-prep.-n.m.s.-3 m.p. sf. (730) *that for their iniquity*

גָּלוּ Qal pf. 3 c.p. (גָּלָה 162) *went into captivity*

בֵּית־יִשְׂרָאֵל n.m.s. cstr. (108)-pr.n. (975) *the house of Israel*

עַל אֲשֶׁר prep. (752)-rel. (81) *because*

מָעֲלוּ־ Qal pf. 3 c.p. (מָעַל 591) *they dealt so treacherously*

בִי prep.-1 c.s. sf. *with me*

וָאַסְתִּר consec.-Hi. impf. 1 c.s. (סָתַר 711) *that I hid*

פָּנַי n.m.p.-1 c.s. sf. (815) *my face*

מֵהֶם prep.-3 m.p. sf. *from them*

וָאֶתְּנֵם consec.-Qal impf. 1 c.s.-3 m.p. sf. (נָתַן 678) *and gave them*

בְּיַד צָרֵיהֶם prep.-n.f.s. cstr. (388)-n.m.p.-3 m.p. sf. (865) *into the hand of their adversaries*

וַיִּפְּלוּ consec.-Qal impf. 3 m.p. (נָפַל 656) *and they fell*

בַּחֶרֶב prep.-def.art.-n.f.s. (352) *by the sword*

כֻּלָּם n.m.s.-3 m.p. sf. (481) *all of them*

39:24

כְּטֻמְאָתָם prep.-n.f.s.-3 m.p. sf. (380) *according to their uncleanness*

וּכְפִשְׁעֵיהֶם conj.-prep.-n.m.p.-3 m.p. sf. (833) *and their transgressions*

עָשִׂיתִי Qal pf. 1 c.s. (עָשָׂה 793) *I dealt*

אֹתָם prep.-3 m.p. sf. (85) *with them*

וָאַסְתִּר consec.-Hi. impf. 1 c.s. (סָתַר 711) *and hid*

פָּנַי n.m.p.-1 c.s. sf. (815) *my face*

מֵהֶם prep.-3 m.p. sf. *from them*

39:25

לָכֵן כֹּה prep.-adv. (485)-adv. (462) *Therefore thus*

אָמַר Qal pf. 3 m.s. (55) *says*

אֲדֹנָי יהוה n.m.p.-1 c.s. sf. (10)-pr.n. (217) *the Lord Yahweh*

עַתָּה אָשִׁיב adv. (773)-Hi. impf. 1 c.s. (שׁוּב 996) *Now I will restore*

אֶת־שְׁבִית dir.obj.-n.f.s. cstr. (986) *the fortunes of*

יַעֲקֹב pr.n. (784) *Jacob*

וְרִחַמְתִּי conj.-Pi. pf. 1 c.s. (רָחַם 933) *and have mercy*

כָּל־בֵּית n.m.s. cstr. (481)-n.m.s. cstr. (108) *upon the whole house of*

יִשְׂרָאֵל pr.n. (975) *Israel*

וְקִנֵּאתִי conj.-Pi. pf. 1 c.s. (קָנָא 888) *and I will be jealous*

לְשֵׁם קָדְשִׁי prep.-n.m.s. cstr. (1027)-n.m.s.-1 c.s. sf. (871) *for my holy name*

39:26

וְנָשׂוּ conj.-Qal pf. 3 c.p. (נָשָׂא 669; GK 75qq) *They shall forget*

אֶת־כְּלִמָּתָם dir.obj.-n.f.s.-3 m.p. sf. (484) *their shame*

וְאֶת־כָּל־ conj.-dir.obj.-n.m.s. cstr. (481) *and all*

מַעֲלָם n.m.s.-3 m.p. sf. (591) *their treachery*

אֲשֶׁר מָעֲלוּ־ rel. (81)-Qal pf. 3 c.p. (מָעַל 591) *which they practiced*

בִי prep.-1 c.s. sf. *against me*

בְּשִׁבְתָּם prep.-Qal inf.cstr.-3 m.p. sf. (יָשַׁב 442) *when they dwell*

עַל־אַדְמָתָם prep.-n.f.s.-3 m.p. sf. (9) *in their land*

לָבֶטַח prep.-n.m.s. (105) *securely*

וְאֵין מַחֲרִיד conj.-neg. cstr. (34)-Hi. ptc. (חָרַד 353) *with none to make them afraid*

39:27

בְּשׁוֹבְבִי prep.-Polel inf.cstr. (שׁוּב 996)-1 c.s. sf. *when I have brought back*

אוֹתָם dir.obj.-3 m.p. sf. *them*

מִן־הָעַמִּים prep.-def.art.-n.m.p. (766) *from the peoples*

וְקִבַּצְתִּי conj.-Pi. pf. 1 c.s. (קָבַץ 867) *and gathered*

אֹתָם dir.obj.-3 m.p. sf. *them*

מֵאַרְצוֹת prep.-n.f.p. cstr. (75) *from the lands of*

אֹיְבֵיהֶם Qal act.ptc. m.p.-3 m.p. sf. (אָיַב 33) *their enemies*

וְנִקְדַּשְׁתִּי conj.-Ni. pf. 1 c.s. (שׁרק 872) *and I have vindicated my holiness*

בָּם prep.-3 m.p. sf. *through them*

לְעֵינֵי prep.-n.f. du. cstr. (744) *in the sight of*

הַגּוֹיִם def.art.-n.m.p. (156) *the nations*

רַבִּים adj. m.p. (912) *many*

39:28

וְיָדְעוּ conj.-Qal pf. 3 c.p. (יָדַע 393) *Then they shall know*

כִּי אֲנִי conj. (471)-pers.pr. 1 c.s. (58) *that I am*

יהוה אֱלֹהֵיהֶם pr.n. (217)-n.m.p.-3 m.p. sf. (43) *Yahweh their God*

בְּהַגְלוֹתִי prep.-Hi. inf.cstr.-1 c.s. sf. (גָּלָה 162) *because I sent into exile*

אֹתָם dir.obj.-3 m.p. sf. *them*

אֶל־הַגּוֹיִם prep.-def.art.-n.m.p. (156) *among the nations*

וְכִנַּסְתִּים conj.-Pi. pf. 1 c.s.-3 m.p. sf. (כָּנַס 488) *and then gathered them*

עַל־אַדְמָתָם prep.-n.f.s.-3 m.p. sf. (9) *into their own land*

וְלֹא־אוֹתִיר conj.-neg.-Hi. impf. 1 c.s. (יָתַר 451) *I will leave none*

עוֹד adv. (728) *any more*

מֵהֶם prep.-3 m.p. sf. *of them*

שָׁם adv. (1027) *there*

39:29

וְלֹא־אַסְתִּיר conj.-neg.-Hi. impf. 1 c.s. (סָתַר 711) *and I will not hide*

עוֹד adv. (728) *any more*

פָּנַי n.m.p.-1 c.s. sf. (815) *my face*

מֵהֶם prep.-3 m.p. sf. *from them*

אֲשֶׁר שָׁפַכְתִּי rel. (81)-Qal pf. 1 c.s. (שָׁפַךְ 1049) *when I pour out*

אֶת־רוּחִי dir.obj.-n.f.s.-1 c.s. sf. (924) *my Spirit*

עַל־בֵּית prep. (752)-n.m.s. cstr. (108) *upon the house of*

יִשְׂרָאֵל pr.n. (975) *Israel*

נְאֻם n.m.s. cstr. (610) *says*

אֲדֹנָי יהוה n.m.p.-1 c.s. sf. (10)-pr.n. (217) *the Lord Yahweh*

40:1

בְּעֶשְׂרִים prep.-num. p. (797) *In the twenty*

וְחָמֵשׁ conj.-num. (331) *fifth*

שָׁנָה n.f.s. (1040) *year*

לְגָלוּתֵנוּ prep.-n.f.s.-1 c.p. sf. (163) *of our exile*

בְּרֹאשׁ prep.-n.m.s. cstr. (910) *at the beginning of*

הַשָּׁנָה def.art.-n.f.s. (1040) *the year*

בֶּעָשׂוֹר prep.-def.art.-num. (797) *on the tenth day*

לַחֹדֶשׁ prep.-def.art.-n.m.s. (294) *of the month*

בְּאַרְבַּע prep.-num. (916) *in the four-*

עֶשְׂרֵה num. (797) *teenth*

שָׁנָה v.supra *year*

אַחַר אֲשֶׁר prep. (29)-rel. (81) *after*

הֻכְּתָה Ho. pf. 3 f.s. (נָכָה 645) *was conquered*

הָעִיר def.art.-n.f.s. (746) *the city*

בְּעֶצֶם הַיּוֹם הַזֶּה prep.-n.f.s. cstr. (782)-def.art.-n.m.s. (398)-def.art.-demons.adj. m.s. (260) *on that very day*

הָיְתָה Qal pf. 3 f.s. (הָיָה 224) *was*

עָלַי prep.-1 c.s. sf. *upon me*

יַד־יהוה n.f.s. cstr. (388)-pr.n. (217) *the hand of Yahweh*

וַיָּבֵא consec.-Hi. impf. 3 m.s. (בּוֹא 97) *and he brought*

אֹתִי dir.obj.-1 c.s. sf. *me*

שָׁמָּה adv.-dir.he (1027) *there*

40:2

בְּמַרְאוֹת prep.-n.f.p. cstr. (909) *in the visions of*

אֱלֹהִים n.m.p. (43) *God*

הֱבִיאַנִי Hi. pf. 3 m.s.-1 c.s. sf. (בּוֹא 97) *he brought me*

אֶל־אֶרֶץ prep. (39)-n.f.s. cstr. (75) *into the land of*

יִשְׂרָאֵל pr.n. (975) *Israel*

וַיְנִיחֵנִי consec.-Hi.impf. 3 m.s.-1 c.s. sf. (נוּחַ 628) *and he set me down*

אֶל־הַר גָּבֹהַּ מְאֹד prep.-n.m.s. (249)-adj. m.s. (147)-adv. (547) *upon a very high mountain*

וְעָלָיו conj.-prep.-3 m.s. sf. *on which*

כְּמִבְנֵה־עִיר prep.-n.m.s. cstr. (125)-n.f.s. (746) *like a structure of a city*

מִנֶּגֶב prep.-n.m.s. (616) *opposite (on the south)*

40:3

וַיָּבֵיא אוֹתִי consec.-Hi. impf. 3 m.s. (בּוֹא 97; GK 74 l)-dir.obj.-1 c.s. sf. *When he brought me*

שָׁמָּה adv.-dir.he (1027) *there*

וְהִנֵּה־אִישׁ conj.-demons.part. (243)-n.m.s. (35) *behold, there was a man*

מַרְאֵהוּ n.m.s.-3 m.s. sf. (909) *whose appearance*

כְּמַרְאֵה prep.-n.m.s. cstr. (909) *was like the appearance of*

נְחֹשֶׁת n.m.s. (638) *bronze*

וּפְתִיל־פִּשְׁתִּים conj.-n.m.s. cstr. (836)-n.m.p. (833) *with a line of flax*

בְּיָדוֹ prep.-n.f.s.-3 m.s. sf. (388) *in his hand*

וּקְנֵה הַמִּדָּה conj.-n.m.s. cstr. (889)-def.art.-n.f.s. (551) *and a measuring reed*

וְהוּא עֹמֵד conj.-pers.pr. 3 m.s. (214)-Qal act. ptc. (763) *and he was standing*

בַּשָּׁעַר prep.-def.art.-n.m.s. (1044) *in the gateway*

40:4

וַיְדַבֵּר consec.-Pi. impf. 3 m.s. (180) *and said*

אֵלַי prep.-1 c.s. sf. *to me*

הָאִישׁ def.art.-n.m.s. (35) *The man*

בֶּן־אָדָם n.m.s. cstr. (119)-n.m.s. (9) *Son of man*

רְאֵה Qal impv. 2 m.s. (906) *look*

בְעֵינֶיךָ prep.-n.f. du.-2 m.s. sf. (744) *with your eyes*

וּבְאָזְנֶיךָ conj.-prep.-n.f. du.-2 m.s. sf. (23) *and with your ears*

שְׁמָע Qal impv. 2 m.s. (1033) *hear*

וְשִׂים conj.-Qal impv. 2 m.s. (962) *and set*

לִבְּךָ n.m.s.-2 m.s. sf. (524) *your mind*

לְכֹל אֲשֶׁר־ prep.-n.m.s. (481)-rel. (81) *upon all that*

אֲנִי מַרְאֶה pers.pr. 1 c.s. (58)-Hi. ptc. m.s. (906) *I shall show*

אוֹתָךְ dir.obj.-2 m.s. sf. paus. *you*

כִּי לְמַעַן conj. (471)-prep. (775) *for*

הַרְאוֹתְכָה Hi. inf.cstr.-2 m.s. sf. (רָאָה 906) *that I might show to you*

הֻבָאתָה Ho. pf. 2 m.s. (בּוֹא 97; GK 74d) *you were brought*

הֵנָּה adv. (244) *here*

הַגֵּד Hi. impv. 2 m.s. (נגד 616) *declare*

אֶת־כָּל־אֲשֶׁר־ dir.obj.-n.m.s. (481)-rel. (81) *all that*

אַתָּה רֹאֶה pers.pr. 2 m.s. (61)-Qal act.ptc. (רָאָה 906) *you see*

לְבֵית יִשְׂרָאֵל prep.-n.m.s. cstr. (108)-pr.n. (975) *to the house of Israel*

40:5

וְהִנֵּה conj.-demons.part. (243) *And behold*

חוֹמָה n.f.s. (327) *a wall*

מִחוּץ prep.-n.m.s. (299) *outside*

לַבַּיִת prep.-def.art.-n.m.s. (108) *of the temple area*

סָבִיב סָבִיב subst. (686)-v.supra *all around*

וּבְיַד הָאִישׁ conj.-prep.-n.f.s. cstr. (388)-def.art.-n.m.s. (35) *and in the man's hand*

קְנֵה הַמִּדָּה n.m.s. cstr. (889)-def.art.-n.f.s. (551) *the measuring reed*

שֵׁשׁ־אַמּוֹת num. (995)-n.f.p. (52) *six cubits*

בָּאַמָּה prep.-def.art.-n.f.s. (52; GK 134n) *long (in the cubit)*

וָטֹפַח conj.-n.m.s. (381) *and a handbreadth*

וַיָּמָד consec.-Qal impf. 3 m.s. (מדד 551) *so he measured*

אֶת־רֹחַב dir.obj.-n.m.s. cstr. (931) *the thickness of*

הַבִּנְיָן def.art.-n.m.s. (125) *the wall (structure)*

קָנֶה אֶחָד n.m.s. (889)-num. (25) *one reed*

וְקוֹמָה conj.-n.f.s. (879) *and the height*

קָנֶה אֶחָד v.supra-v.supra *one reed*

40:6

וַיָּבוֹא consec.-Qal impf. 3 m.s. (בּוֹא 97) *then he went*

אֶל־שַׁעַר prep.-n.m.s. (1044) *into the gateway*

אֲשֶׁר פָּנָיו rel. (81)-n.m.p.-3 m.s. sf. (815) *facing*

דֶּרֶךְ הַקָּדִימָה n.m.s. cstr. (202)-def.art.-n.m.s.-dir.he (870) *east*

וַיַּעַל consec.-Qal impf. 3 m.s. (עָלָה 748) *going up*

בְּמַעֲלוֹתָו prep.-n.f.p.-3 m.s. sf. (752) *its steps*

וַיָּמָד consec.-Qal impf. 3 m.s. (מדד 551) *and measured*

אֶת־סַף הַשַּׁעַר dir.obj.-n.m.s. cstr. (706)-def.art.-n.m.s. (1044) *the threshold of the gate*

קָנֶה אֶחָד n.m.s. (889)-num. (25) *one reed*

רֹחַב n.m.s. (931) *deep*

וְאֵת סַף אֶחָד conj.-dir.obj.-n.m.s. (706)-num. (25) *and one threshold*

קָנֶה אֶחָד n.m.s. (889)-num. (25) *one reed*

רֹחַב n.m.s. (931) *deep*

40:7

וְהַתָּא conj.-def.art.-n.m.s. (1060) *and the side rooms*

קָנֶה אֶחָד n.m.s. (889)-num. (25) *one reed*

אֹרֶךְ n.m.s. (73) *long*

וְקָנֶה אֶחָד conj.-v.supra-v.supra *and one reed*

רֹחַב n.m.s. (931) *broad*

וּבֵין הַתָּאִים conj.-prep. (107)-def.art.-n.m.p. (1060) *and between the side rooms*

חָמֵשׁ אַמּוֹת num. (331)-n.f.p. (52) *five cubits*

וְסַף conj.-n.m.s. cstr. (706) *and the threshold of*

הַשַּׁעַר def.art.-n.m.s. (1044) *the gate*

מֵאֵצֶל אוּלָם prep.-prep. (69)-n.m.s. cstr. (17) *by the vestibule of*

הַשַּׁעַר v.supra *the gate*

מֵהַבַּיִת prep.-def.art.-n.m.s. (108) *from the house*

קָנֶה אֶחָד n.m.s. (889)-num. (25) *one reed*

40:8

וַיָּמָד consec.-Qal impf. 3 m.s. (מדד 551) *Then he measured*

645

אֶת־אֻלָם dir.obj.-n.m.s. cstr. (17) *the vestibule of*

הַשַּׁעַר def.art.-n.m.s. (1044) *the gateway*

מֵהַבַּיִת prep.-def.art.-n.m.s. (108) *from the house*

קָנֶה אֶחָד n.m.s. (889)-num. (25) *one reed*

40:9

וַיָּמָד consec.-Qal impf. 3 m.s. (מָדַד 551) *then he measured*

אֶת־אֻלָם dir.obj.-n.m.s. cstr. (17) *the vestibule of*

הַשַּׁעַר def.art.-n.m.s. (1044) *the gateway*

שְׁמֹנֶה אַמּוֹת num. (1032)-n.f.p. (52) *eight cubits*

וְאֵילָו conj.-n.m.p.-3 m.s. sf. (18) *and its jambs*

שְׁתַּיִם אַמּוֹת num. f. du. (1040)-n.f.p. (52) *two cubits*

וְאֻלָם הַשַּׁעַר conj.-v.supra-v.supra *and the vestibule of the gate*

מֵהַבַּיִת prep.-def.art.-n.m.s. paus. (108) *at the inner end (from the house)*

40:10

וְתָאֵי conj.-n.m.p. cstr. (1060) *and the side rooms of*

הַשַּׁעַר def.art.-n.m.s. (1044) *the gate*

דֶּרֶךְ הַקָּדִים n.m.s. cstr. (202)-def.art.-n.m.s. (870) *east*

שְׁלֹשָׁה מִפֹּה num. f. (1025)-prep.-adv. (805) *three from here*

וּשְׁלֹשָׁה מִפֹּה conj.-v.supra-v.supra *and three from here*

מִדָּה אַחַת n.f.s. (551)-num. f. (25) *one measure*

לִשְׁלָשְׁתָּם prep.-num. f.-3 m.p. sf. (1025) *for their three*

וּמִדָּה אַחַת conj.-v.supra-v.supra *and one measure*

לָאֵלִם prep.-def.art.-n.m.p. (18) *for the jambs*

מִפֹּה וּמִפֹּו prep.-adv. (805)-conj.-prep.-adv. (805) *on either side*

40:11

וַיָּמָד consec.-Qal impf. 3 m.s. (מָדַד 551) *Then he measured*

אֶת־רֹחַב dir.obj.-n.m.s. cstr. (931) *the breadth of*

פֶּתַח־ n.m.s. cstr. (835) *the opening of*

הַשַּׁעַר def.art.-n.m.s. (1044) *the gateway*

עֶשֶׂר אַמּוֹת num. (796)-n.f.p. (52) *ten cubits*

אֹרֶךְ n.m.s. cstr. (73) *the breadth of*

הַשַּׁעַר v.supra *the gateway*

שְׁלוֹשׁ עֶשְׂרֵה num. (1025)-num. (797) *thirteen*

אַמּוֹת v.supra *cubits*

40:12

וּגְבוּל conj.-n.m.s. (147) *There was a barrier*

לִפְנֵי הַתָּאוֹת prep.-n.m.p. cstr. (815)-def.art.-n.m.p. (1060) *before the side rooms*

אַמָּה אֶחָת n.f.s. (52)-num. f. (25) *one cubit*

וְאַמָּה־אַחַת conj.-v.supra-v.supra *and one cubit*

גְּבוּל מִפֹּה n.m.s. (147)-prep.-adv. (805) *barrier from here*

וְהַתָּא conj.-def.art.-n.m.s. (1060) *and the side rooms*

שֵׁשׁ־אַמּוֹת num. (995)-n.f.p. (52) *six cubits*

מִפֹּו וְשֵׁשׁ prep.-adv. (805)-conj.-v.supra *on either side (from here, and six)*

אַמּוֹת מִפֹּו v.supra-v.supra *(cubits from here)*

40:13

וַיָּמָד consec.-Qal impf. 3 m.s. (מָדַד 551) *Then he measured*

אֶת־הַשַּׁעַר dir.obj.-def.art.-n.m.s. (1044) *the gate*

מִגַּג prep.-n.m.s. cstr. (150) *from the back of (roof of)*

הַתָּא def.art.-n.m.s. (1060) *the side room*

לְגַגּוֹ prep.-n.m.s.-3 m.s. sf. (150) *to its roof*

רֹחַב n.m.s. (931) *a breadth*

עֶשְׂרִים num. p. (797) *twenty*

וְחָמֵשׁ conj.-num. (331) *and five*

אַמּוֹת n.f.p. (52) *cubits*

פֶּתַח n.m.s. (835) *from door*

נֶגֶד פָּתַח prep. (617)-n.m.s. paus. (835) *to door*

40:14

וַיַּעַשׂ consec.-Qal impf. 3 m.s. (עָשָׂה 793) *He measured (made)*

אֶת־אֵילִים dir.obj.-n.m.p. (18) *the jambs*

שִׁשִּׁים אַמָּה num. p. (995)-n.f.s. (52) *sixty cubits*

וְאֶל־אֵיל conj.-prep. (39)-n.m.s. cstr. (18) *and to the jamb of*

הֶחָצֵר def.art.-n.m.s. (346) *the court*

הַשַּׁעַר def.art.-n.m.s. (1044) *was the gateway*

סָבִיב סָבִיב adv. (686)-adv. (686) *round about*

40:15

וְעַל פְּנֵי conj.-prep. (752)-n.m.p. cstr. (815) *and from the front of*

הַשַּׁעַר def.art.-n.m.s. (1044) *the gate*

הָיאתוֹן def.art.-n.m.s. (87) *at the entrance*

עַל־לִפְנֵי prep. (752)-prep.-n.m.p. cstr. (815) *at the end of*

אֻלָם n.m.s. cstr. (17) *porch of*

הַשַּׁעַר הַפְּנִימִי def.art.-n.m.s. (1044)-def.art.-adj. m.s. (819) *the inner gate*

חֲמִשִּׁים אַמָּה num.p. (332)-n.f.s. (52) *fifty cubits*

40:16

וְחַלֹּנוֹת conj.-n.f.p. (319) *and windows*

אֲטֻמוֹת Qal pass.ptc. f.p. (אטם 31) *narrowing (closed)*

אֶל־הַתָּאִים prep. (39)-def.art.-n.m.p. (1060) *into the side rooms*

וְאֶל אֵלֵיהֵמָה conj.-prep. (39)-n.m.p.-3 m.p. sf. (18; GK 91 l) *into their jambs*

לִפְנִימָה prep.-adv. (819) *inwards*

לַשַּׁעַר prep.-def.art.-n.m.s. (1044) *to the gateway*

סָבִיב סָבִיב adv. (686)-v.supra *round about*

וְכֵן conj.-adv. (485) *and likewise*

לָאֵלַמּוֹת prep.-def.art.-n.m.p. (19) *the vestibule*

וְחַלּוֹנוֹת conj.-n.f.p. (319) *and windows*

סָבִיב סָבִיב v.supra-v.supra *round about*

לִפְנִימָה v.supra *inwards*

וְאֶל־אַיִל conj.-prep. (39)-n.m.s. (18) *and on the jambs*

תִּמֹרִים n.f.p. (1071) *palm trees*

40:17

וַיְבִיאֵנִי consec.-Hi. impf. 3 m.s.-1 c.s. sf. (בוא 97) *Then he brought me*

אֶל־הֶחָצֵר prep. (39)-def.art.-n.m.s. (346) *into the court*

הַחִיצוֹנָה def.art.-adj. (300) *outer*

וְהִנֵּה conj.-demons.part. (243) *and behold*

לְשָׁכוֹת n.f.p. (545) *chambers*

וְרִצְפָה conj.-n.f.s. (954) *and a pavement*

עָשׂוּי Qal pass.ptc. (עשה 793; GK 121d) *being made*

לֶחָצֵר prep.-def.art.-n.m.s. (346) *for the court*

סָבִיב סָבִיב adv. (686)-v.supra *round about*

שְׁלֹשִׁים num. p. (1026) *thirty*

לְשָׁכוֹת v.supra *chambers*

אֶל־הָרִצְפָה prep. (39)-def.art.-n.f.s. (954) *fronted on the pavement*

40:18

וְהָרִצְפָה conj.-def.art.-n.f.s. (954) *And the pavement*

אֶל־כֶּתֶף prep. (39)-n.f.s. cstr. (509) *ran along the side of*

הַשְּׁעָרִים def.art.-n.m.p. (1044) *the gates*

לְעֻמַּת prep.-n.f.s. cstr. as prep. (769) *corresponding to*

אֹרֶךְ n.m.s. cstr. (73) *the length of*

הַשְּׁעָרִים v.supra *the gates*

הָרִצְפָה v.supra *was the pavement*

הַתַּחְתּוֹנָה def.art.-adj. f.s. (1066) *the lower*

40:19

וַיָּמָד consec.-Qal impf. 3 m.s. (מדד 551) *Then he measured*

רֹחַב n.m.s. (931) *the distance (breadth)*

מִלִּפְנֵי prep.-prep.-n.m.p. cstr. (815) *from the inner front of (from before)*

הַשַּׁעַר def.art.-n.m.s. (1044) *the gate*

הַתַּחְתּוֹנָה def.art.-adj. f.s. (1066; GK 80k) *the lower*

לִפְנֵי prep.-n.m.p. cstr. (815) *to before*

הֶחָצֵר def.art.-n.m.s. (346) *the court*

הַפְּנִימִי def.art.-adj. m.s. (819) *the inner*

מִחוּץ prep.-n.m.s. (299) *on the outside*

מֵאָה אַמָּה n.f.s. (547)-n.f.s. (52) *a hundred cubits*

הַקָּדִים def.art.-n.m.s. (870) *the East*

וְהַצָּפוֹן conj.-def.art.-n.f.s. (860) *and the North*

40:20

וְהַשַּׁעַר conj.-def.art.-n.m.s. (1044) *and the gate*

אֲשֶׁר פָּנָיו rel. (81)-n.m.p.-3 m.s. sf. (815) *which faced*

דֶּרֶךְ הַצָּפוֹן n.m.s. cstr. (202)-def.art.-n.f.s. (860) *toward the north*

לֶחָצֵר prep.-def.art.-n.m.s. (346) *belonging to the court*

הַחִיצוֹנָה def.art.-adj. f.s. (300) *the outer*

מָדַד Qal pf. 3 m.s. (551) *he measured*

אָרְכּוֹ n.m.s.-3 m.s. sf. (73) *its length*

וְרָחְבּוֹ conj.-n.m.s.-3 m.s. sf. (931) *and its breadth*

40:21

וְתָאָו conj.-n.m.s.-3 m.s. sf. (1060) *Its side rooms*

שְׁלוֹשָׁה מִפּוֹ num. f. (1025)-prep.-adv. (805) *three from here*

וּשְׁלֹשָׁה מִפּוֹ conj.-v.supra-v.supra *on either side (three from here)*

וְאֵילָו conj.-n.m.s.-3 m.s. sf. (18) *and its jambs*

וְאֵלַמּוֹ conj.-n.m.s.-3 m.s. sf. (19) *and its vestibule*

הָיָה Qal pf. 3 m.s. (224) *were*

כְּמִדַּת prep.-n.f.s. cstr. (551) *of the same size*

הַשַּׁעַר הָרִאשׁוֹן def.art.-n.m.s. (1044)-def.art.-adj. m.s. (911) *as those of the first gate*

חֲמִשִּׁים אַמָּה num. p. (332)-n.f.s. (52) *fifty cubits*

אָרְכּוֹ n.m.s.-3 m.s. sf. (73) *its length*

וְרֹחַב conj.-n.m.s. (931) *and the breadth*

חָמֵשׁ וְעֶשְׂרִים num. (331)-conj.-num. p. (797) *twenty-five*

בָּאַמָּה prep.-def.art.-n.f.s. (52) *cubits*

40:22

וְחַלּוֹנוֹ conj.-n.m.s.-3 m.s. sf. (319) *And its windows*

וְאֵלַמָּו conj.-n.m.s.-3 m.s. sf. (19) *and its vestibule*

וְתִמֹרָו conj.-n.f.s.-3 m.s. sf. (1071) *and its palm trees*

בְּמִדַּת prep.-n.f.s. cstr. (551) *were of the same size as those of*

הַשַּׁעַר def.art.-n.m.s. (1044) *the gate*

אֲשֶׁר פָּנָיו rel. (81)-n.m.p.-3 m.s. sf. (815) *which faced*

דֶּרֶךְ הַקָּדִים n.m.s. cstr. (202)-def.art.-n.m.s. (870) *toward the east*

וּבְמַעֲלוֹת שֶׁבַע conj.-prep.-n.f.p. (752)-num. (988) *and seven steps*

יַעֲלוּ־בוֹ Qal impf. 3 m.p. עָלָה 748)-prep.-3 m.s. sf. *led up to it*

וְאֵלַמָּו conj.-n.m.s.-3 m.s. sf. (19) *and its vestibule*

לִפְנֵיהֶם prep.-n.m.p.-3 m.p. sf. (815) *on the inside*

40:23

וְשַׁעַר conj.-n.m.s. (1044) *and the gate*

לֶחָצֵר prep.-def.art.-n.m.s. (346) *to the court*

הַפְּנִימִי def.art.-adj. m.s.(819) *the inner*

נֶגֶד הַשַּׁעַר prep. (617)-def.art.-n.m.s. (1044) *opposite the gate*

לַצָּפוֹן prep.-def.art.-n.f.s. (860) *on the north*

וְלַקָּדִים conj.-prep.-def.art.-n.m.s. (870) *as on the east*

וַיָּמָד consec.-Qal impf. 3 m.s. (מָדַד 551) *and he measured*

מִשַּׁעַר prep.-n.m.s. (1044) *from gate*

אֶל־שַׁעַר prep. (39)-n.m.s. (1044) *to gate*

מֵאָה אַמָּה n.f.s. (547)-n.f.s. (52) *a hundred cubits*

40:24

וַיּוֹלִכֵנִי consec.-Hi. impf. 3 m.s.-1 c.s. sf. (הָלַךְ 229) *and he led me*

דֶּרֶךְ הַדָּרוֹם n.m.s. cstr. (202)-def.art.-n.m.s. (204) *toward the south*

וְהִנֵּה־שַׁעַר conj.-demons.part. (243)-n.m.s. (1044) *and behold, there was a gate*

דֶּרֶךְ הַדָּרוֹם v.supra-v.supra *on the south*

וּמָדַד conj.-Qal pf. 3 m.s. (551) *and he measured*

אֵילָו n.m.s.-3 m.s. sf.(18) *its jambs*

וְאֵלַמָּו conj.-n.m.s.-3 m.s. sf. (19) *and its vestibule*

בַּמִּדּוֹת הָאֵלֶּה prep.-def.art.-n.f.p. (551)-def.art.-demons.adj. c.p. (41) *they had the same size as the others*

40:25

וְחַלּוֹנִים conj.-n.m.p. (319) *and there were windows*

לוֹ prep.-3 m.s. sf. *in it*

וּלְאֵילַמָּו conj.-prep.-n.m.s.-3 m.s. sf. (19) *and in its vestibule*

סָבִיב סָבִיב adv. (686)-v.supra *round about*

כְּהַחַלֹנוֹת הָאֵלֶּה prep.-def.art.-n.f.p. (319)-def.art.-demons.adj. c.p. (41) *like the windows of the others*

חֲמִשִּׁים אַמָּה num. p. (332)-n.f.s. (52) *fifty cubits*

אֹרֶךְ n.m.s. (73) *its length*

וְרֹחַב conj.-n.m.s. (931) *and its breadth*

חָמֵשׁ וְעֶשְׂרִים num. (331)-conj.-num. p. (797) *twenty-five*

אַמָּה v.supra *cubits*

40:26

וּמַעֲלוֹת שִׁבְעָה conj.-n.f.p. (752)-num. (988) *And there were seven steps*

עֹלוֹתָו n.f.p.-3 m.s. sf. (751; or Qal act.ptc. f.p.-3 m.s. sf.) *leading up to it*

וְאֵלַמָּו conj.-n.m.s.-3 m.s. sf. (19) *and its vestibule*

לִפְנֵיהֶם prep.-n.m.p.-3 m.p. sf. (815) *on the inside*

וְתִמֹרִים לוֹ conj.-n.f.p. (1071)-prep.-3 m.s. sf. *and it had palm trees*

אֶחָד מִפּוֹ num. (25)-prep.-adv. (805) *one from here*

וְאֶחָד מִפּוֹ conj.-v.supra-v.supra *on either side (one from here)*

אֶל־אֵילָו prep. (39)-n.m.s.-3 m.s. sf. (18) *on its jambs*

40:27

וְשַׁעַר conj.-n.m.s. (1044) *And there was a gate*

לֶחָצֵר prep.-def.art.-n.m.s. (346) *of the court*

הַפְּנִימִי def.art.-adj. m.s. (819) *the inner*

דֶּרֶךְ הַדָּרוֹם n.m.s. cstr. (202)-def.art.-n.m.s. (204) *on the south*

וַיָּמָד consec.-Qal impf. 3 m.s. (מָדַד 551) *and he measured*

מִשַּׁעַר prep.-n.m.s. (1044) *from gate*

אֶל־הַשַּׁעַר prep. (39)-def.art.-n.m.s. (1044) *to gate*

648

דֶּרֶךְ הַדָּרוֹם n.m.s. cstr. (202)-def.art.-n.m.s. (204) *toward the south*

מֵאָה אַמּוֹת n.f.s. (547; GK 134g)-n.f.p. (52) *a hundred cubits*

40:28

וַיְבִיאֵנִי consec.-Hi. impf. 3 m.s.-1 c.s. sf. (בּוֹא 97) *Then he brought me*

אֶל־חָצֵר prep. (39)-n.m.s. (346) *to the court*

הַפְּנִימִי def.art.-adj. m.s. (819) *the inner*

בְּשַׁעַר prep.-n.m.s. cstr. (1044; GK 126w) *by the gate (of)*

הַדָּרוֹם def.art.-n.m.s. (204) *the south*

וַיָּמָד consec.-Qal impf. 3 m.s. (מָדַד 551) *and he measured*

אֶת־הַשַּׁעַר dir.obj.-def.art.-n.m.s. (1044) *the gate*

הַדָּרוֹם def.art.-n.m.s. (204) *the south*

כַּמִּדּוֹת הָאֵלֶּה prep.-def.art.-n.f.p. (551)-def.art.-demons.adj. c.p. (41) *it was of the same size as the others*

40:29

וְתָאָו conj.-n.m.s.-3 m.s. sf. (1071) *Its side rooms*

וְאֵילָו conj.-n.m.s.-3 m.s. sf. (18) *its jambs*

וְאֵלַמָּו conj.-n.m.s.-3 m.s. sf. (19) *and its vestibule*

כַּמִּדּוֹת הָאֵלֶּה prep.-def.art.-n.f.p. (551)-def.art.-demons.adj. c.p. (41) *of the same size as the others*

וְחַלּוֹנוֹת conj.-n.f.p. (319) *and windows*

לוֹ prep.-3 m.s. sf. *there were in it*

וּלְאֵלַמָּו conj.-prep.-n.m.s.-3 m.s. sf. (19) *and in its vestibule*

סָבִיב סָבִיב adv. (686)-v.supra *round about*

חֲמִשִּׁים אַמָּה num. p. (332)-n.f.s. (52) *fifty cubits*

אֹרֶךְ n.m.s. (73) *its length*

וְרֹחַב conj.-n.m.s. (931) *and its breadth*

עֶשְׂרִים num. p. (797) *twenty*

וְחָמֵשׁ conj.-num. (331) *and five*

אַמּוֹת n.f.p. (52) *cubits*

40:30

וְאֵלַמּוֹת conj.-n.m.p. (19) *And there were vestibules*

סָבִיב סָבִיב adv. (686)-v.supra *round about*

אֹרֶךְ n.m.s. (73) *long*

חָמֵשׁ וְעֶשְׂרִים num. (331)-conj.-num. p. (797) *twenty-five*

אַמָּה n.f.s. (52) *cubits*

וְרֹחַב conj.-n.m.s. (931) *and broad*

חָמֵשׁ אַמּוֹת num. (331)-n.f.p. (52) *five cubits*

40:31

וְאֵלַמּוֹ conj.-n.m.s.-3 m.s. sf. (19) *Its vestibule*

אֶל־חָצֵר prep. (39)-n.m.s. (346) *faced the court*

הַחִיצוֹנָה def.art.-adj. f.s. (300) *the outer*

וְתִמֹרִים conj.-n.f.p. (1071) *and palm trees*

אֶל־אֵילָו prep. (39)-n.m.s.-3 m.s. sf. (18) *on its jambs*

וּמַעֲלוֹת שְׁמוֹנֶה conj.-n.f.p. (752)-num. (1032) *and eight steps*

מַעֲלָו n.m.s.-3 m.s. sf. (751; GK 93ss) *its stairway*

40:32

וַיְבִיאֵנִי consec.-Hi. impf. 3 m.s.-1 c.s. sf. (בּוֹא 97) *Then he brought me*

אֶל־הֶחָצֵר prep.-def.art.-n.m.s. (346) *to the court*

הַפְּנִימִי def.art.-adj. m.s. (819) *the inner*

דֶּרֶךְ הַקָּדִים n.m.s. cstr. (202)-def.art.-n.m.s. (870) *on the east side*

וַיָּמָד consec.-Qal impf. 3 m.s. (מָדַד 551) *and he measured*

אֶת־הַשַּׁעַר dir.obj.-def.art.-n.m.s.(1044) *the gate*

כַּמִּדּוֹת הָאֵלֶּה prep.-def.art.-n.f.p. (551)-def.art.-demons.adj. c.p. (41) *it was of the same size as the others*

40:33

וְתָאָו conj.-n.m.s.-3 m.s. sf. (1060) *Its side rooms*

וְאֵלָו conj.-n.m.s.-3 m.s. sf. (18) *its jambs*

וְאֵלַמָּו conj.-n.m.s.-3 m.s. sf. (19) *and its vestibule*

כַּמִּדּוֹת הָאֵלֶּה prep.-def.art.-n.f.p. (551)-def.art.-demons.adj. c.p. (41) *were of the same size as the others*

וְחַלּוֹנוֹת conj.-n.f.p. (319) *and windows*

לוֹ prep.-3 m.s. sf. *in it*

וּלְאֵלַמָּו conj.-prep.-n.m.s.-3 m.s. sf. (19) *and in its vestibules*

סָבִיב סָבִיב adv. (686)-v.supra *round about*

אֹרֶךְ n.m.s. (73) *its length*

חֲמִשִּׁים num. p. (332) *fifty*

אַמָּה n.f.s. (52) *cubits*

וְרֹחַב conj.-n.m.s. (931) *and its breadth*

חָמֵשׁ num. (331) *five*

וְעֶשְׂרִים conj.-num. p. (797) *and twenty*

אַמָּה v.supra *cubits*

40:34

וְאֵלַמּוֹ conj.-n.m.s.-3 m.s. sf. (19) *Its vestibule*

לֶחָצֵר prep.-def.art.-n.m.s. (346) *faced the court*

הַחִיצוֹנָה def.art.-adj. f.s. (300) *the outer*

וְתִמֹרִים conj.-n.f.p. (1071) *and it had palm trees*

אֶל־אֵלָו prep.-n.m.s.-3 m.s. sf. (18) *on its jambs*

מִפּוֹ וּמִפּוֹ prep.-adv. (805)-conj.-v.supra *one on either side*

וּשְׁמֹנֶה conj.-num. (1032) *and eight*

מַעֲלוֹת n.f.p. (752) *steps*

מַעֲלָו n.m.s.-3 m.s. sf. (751) *its stairway*

40:35

וַיְבִיאֵנִי consec.-Hi. impf. 3 m.s.-1 c.s. sf. (בּוֹא 97) *Then he brought me*

אֶל־שַׁעַר prep. (39)-n.m.s. cstr. (1044) *to the gate (of)*

הַצָּפוֹן def.art.-n.f.s. (860) *the north*

וּמָדַד conj.-Qal pf. 3 m.s. (551) *and he measured it*

כַּמִּדּוֹת הָאֵלֶּה prep.-def.art.-n.f.p. (551)-def.art.-demons.adj. c.p. (41) *it had the same size as the others*

40:36

תָּאוֹ n.m.s.-3 m.s. sf. (1060) *Its side rooms*

אֵלָו n.m.s.-3 m.s. sf. (18) *its jambs*

וְאֵלַמּוֹ conj.-n.m.s.-3 m.s. sf. (19) *and its vestibule*

וְחַלּוֹנוֹת conj.-n.f.p. (319) *and windows*

לוֹ prep.-3 m.s. sf. *it had*

סָבִיב סָבִיב adv. (686)-v.supra *round about*

אֹרֶךְ n.m.s. (73) *its length*

חֲמִשִּׁים num. p. (332) *fifty*

אַמָּה n.f.s. (52) *cubits*

וְרֹחַב conj.-n.m.s. (931) *and its breadth*

חָמֵשׁ וְעֶשְׂרִים num. (331)-num. p. (797) *twenty-five*

אַמָּה v.supra *cubits*

40:37

וְאֵילָו conj.-n.m.s.-3 m.s. sf. (18) *Its vestibule*

לֶחָצֵר הַחִיצוֹנָה prep.-def.art.-n.f.s. (346)-def.art.-adj. f.s. (300) *faced the outer court*

וְתִמֹרִים conj.-n.f.p. (1071) *and palm trees*

אֶל־אֵילָו prep. (39)-n.m.s.-3 m.s. sf. (18) *on its jambs*

מִפּוֹ וּמִפּוֹ prep.-adv. (805)-conj.-v.supra *one on either side*

וּשְׁמֹנֶה conj.-num. (1032) *and eight*

מַעֲלוֹת n.f.p. (752) *steps*

מַעֲלָו n.m.s.-3 m.s. sf. (751) *its stairway*

40:38

וְלִשְׁכָּה conj.-n.f.s. (545) *there was a chamber*

וּפִתְחָהּ conj.-n.m.s.-3 f.s. sf. (835) *with its door*

בָּאֵילִים prep.-n.m.p. (18) *at the jambs*

הַשְּׁעָרִים def.art.-n.m.p. (1044) *the gates*

שָׁם יָדִיחוּ adv. (1027)-Hi. impf. 3 m.p. (דּוּחַ 188) *where they wash*

אֶת־הָעֹלָה dir.obj.-def.art.-n.f.s. (750) *the burnt offering*

40:39

וּבְאֻלָם conj.-prep.-n.m.s. cstr. (19) *and in the vestibule of*

הַשַּׁעַר def.art.-n.m.s. (1044) *the gate*

שְׁנַיִם שֻׁלְחָנוֹת num. du. (1040)-n.m.p. (1020) *two tables*

מִפּוֹ prep.-adv. (805) *(from here)*

וּשְׁנַיִם שֻׁלְחָנוֹת conj.-v.supra-v.supra *on either side*

מִפֹּה v.supra *(from here)*

לִשְׁחוֹט prep.-Qal inf.cstr. (1006) *to slaughter*

אֲלֵיהֶם prep.-3 m.p. sf. (39) *on them*

הָעוֹלָה def.art.-n.f.s. (750) *the burnt offering*

וְהַחַטָּאת conj.-def.art.-n.f.s. (308) *and the sin offering*

וְהָאָשָׁם conj.-def.art.-n.m.s. (79) *and the guilt offering*

40:40

אֶל־הַכָּתֵף conj.-prep. (39)-def.art.-n.f.s. (509) *And on the outside (opposite side)*

מִחוּצָה prep.-n.m.s.-loc.he (299) *on the outside*

לָעוֹלֶה prep.-def.art.-Qal act.ptc. (עָלָה 748) *to him who goes up*

לְפֶתַח prep.-n.m.s. cstr. (835) *at the entrance of*

הַשַּׁעַר def.art.-n.f.s. (1044) *the gate*

הַצְּפוֹנָה def.art.-n.f.s. (860) *north*

שְׁנַיִם num. du. (1040) *two*

שֻׁלְחָנוֹת n.m.p. (1020) *tables*

וְאֶל־הַכָּתֵף conj.-v.supra-v.supra *and on the opposite side*

הָאַחֶרֶת def.art.-adj. f.s. (29) *other*

אֲשֶׁר לְאֻלָם rel. (81)-prep.-n.m.s. (19) *of the vestibule of*

הַשַּׁעַר v.supra *the gate*

שְׁנַיִם v.supra *two*

שֻׁלְחָנוֹת v.supra *tables*

40:41

אַרְבָּעָה num. f. (916) *four*

שֻׁלְחָנוֹת n.m.p. (1020) *tables*

מִפֹּה prep.-adv. (805) *(from here) on the inside*

וְאַרְבָּעָה conj.-v.supra *and four*

שֻׁלְחָנוֹת v.supra *tables*

מִפֹּה v.supra *on the outside*

לְכֶתֶף prep.-n.f.s. cstr. (509) *of the side of*

הַשַּׁעַר def.art.-n.m.s. (1040) *the gate*

שְׁמוֹנָה num. f. (1032) *eight*

שֻׁלְחָנוֹת n.m.p. (1020) *tables*

אֲלֵיהֶם prep.-3 m.p. sf. (39) *to them*

יִשְׁחֲטוּ Qal impf. 3 m.p. paus. (שחט 1006) *they slaughtered*

40:42

וְאַרְבָּעָה conj.-num. f. (916) *and four*

שֻׁלְחָנוֹת n.m.p. (1020) *tables*

לָעוֹלָה prep.-def.art.-n.f.s. (750) *for the burnt offering*

אַבְנֵי גָזִית n.f.p. cstr. (6)-n.f.s. (159) *hewn stone*

אֹרֶךְ n.m.s. (73) *long*

אַמָּה אַחַת n.f.s. (52)-num. f. (25) *one cubit*

וָחֵצִי conj.-n.m.s. (345) *and a half*

וְרֹחַב conj.-n.m.s. (931) *and broad*

אַמָּה אַחַת וָחֵצִי v.supra-v.supra-v.supra *a cubit and a half*

וְגֹבַהּ conj.-n.m.s. (147) *and high*

אַמָּה אַחַת v.supra-num. f. paus. (25) *one cubit*

אֲלֵיהֶם prep.-3 m.p. sf. (39) *to them*

וְיַנִּיחוּ conj.-Hi. impf. 3 m.p. (נוח 628) *and they laid*

אֶת־הַכֵּלִים dir.obj.-def.art.-n.m.p. (479) *the instruments*

אֲשֶׁר יִשְׁחֲטוּ rel. (81)-Qal impf. 3 m.p. (שחט 1006) *which they slaughtered*

אֶת־הָעוֹלָה dir.obj.-def.art.-n.f.s. (750) *the burnt offerings*

בָּם prep.-3 m.p. sf. *on them*

וְהַזָּבַח conj.-def.art.-n.m.s. paus. (257) *and the sacrifices*

40:43

וְהַשְׁפַתַּיִם conj.-def.art.-n.m. du. (1052; GK 20m) *and hooks*

טֹפַח אֶחָד n.m.s. (381)-num. (25) *one handbreadth*

מוּכָנִים Ho. ptc. m.p. (כון 465) *were fastened*

בַּבַּיִת prep.-def.art.-n.m.s. (108) *within*

סָבִיב סָבִיב adv. (686)-v.supra *round about*

וְאֶל־הַשֻּׁלְחָנוֹת conj.-prep.-def.art.-n.m.p. (1020) *and on the tables*

בְּשַׂר n.m.s. cstr. (142) *the flesh of*

הַקָּרְבָּן def.art.-n.m.s. (898) *the offering*

40:44

וּמִחוּצָה conj.-prep.-n.m.s.-loc.he (299) *and from without*

לַשַּׁעַר prep.-def.art.-n.m.s. (1044) *into the court*

הַפְּנִימִי def.art.-adj. m.s. (819) *the inner*

לְשָׁכוֹת n.f.p. cstr. (545) *chambers for*

שָׁרִים Qal act.ptc. m.p. (שיר 1010) *singers*

בֶּחָצֵר prep.-def.art.-n.m.s. (346) *in the court*

הַפְּנִימִי v.supra *the inner*

אֲשֶׁר אֶל־כֶּתֶף rel. (81)-prep. (39)-n.m.s. cstr. (509) *at the side of*

שַׁעַר הַצָּפוֹן n.m.s. cstr. (1044)-def.art.-n.f.s. (860) *the north gate*

וּפְנֵיהֶם conj.-n.m.p.-3 m.p. sf. (815) *facing*

דֶּרֶךְ הַדָּרוֹם n.m.s. cstr. (202)-def.art.-n.m.s. (204) *south*

אֶחָד num. (25) *one*

אֶל־כֶּתֶף v.supra *at the side of*

שַׁעַר הַקָּדִים n.m.s. cstr. (1044)-def.art.-n.m.s. (370) *the east gate*

פְּנֵי דֶרֶךְ n.m.p. cstr. (815)-n.m.s. cstr. (202) *facing*

הַצָּפֹן def.art.-n.f.s. (860) *north*

40:45

וַיְדַבֵּר consec.-Pi. impf. 3 m.s. (180) *and he said*

אֵלָי prep.-1 c.s. sf. (39) *to me*

זֹה הַלִּשְׁכָּה demons.adj. (262)-def.art.-n.f.s. (545; GK 136dN) *This is the chamber*

אֲשֶׁר פָּנֶיהָ rel. (81)-n.m.p.-3 f.s. sf. (815) *which faces*

דֶּרֶךְ הַדָּרוֹם n.m.s. cstr. (202)-def.art.-n.m.s. (204) *south*

לַבֹּהֲנִים prep.-def.art.-Qal act.ptc. m.p. (463) *for the priests*

שֹׁמְרֵי Qal act.ptc. m.p. cstr. (1036) *who have*

מִשְׁמֶרֶת n.f.s. cstr. (1038) *charge of*

הַבָּיִת def.art.-n.m.s. paus. (108) *the temple*

40:46

וְהַלִּשְׁכָּה conj.-def.art.-n.f.s. (545) *and the chamber*

אֲשֶׁר פָּנֶיהָ rel. (81)-n.m.p.-3 f.s. sf. (815) *which faces*

דֶּרֶךְ הַצָּפוֹן n.m.s. cstr. (202)-def.art.-n.f.s. (860) *north*

לַבֹּהֲנִים prep.-def.art.-n.m.p. (463) *for the priests*

שֹׁמְרֵי Qal act.ptc. m.p. cstr. (1036) *who have*

מִשְׁמֶרֶת n.f.s. cstr. (1038) *the charge of*

הַמִּזְבֵּחַ def.art.-n.m.s. (258) *the altar*

הֵמָּה demons.adj. m.p. (241) *these are* (pers.pr. 3 m.p.)

בְּנֵי־צָדוֹק n.m.p. cstr. (119)-pr.n. (843) *the sons of Zadok*

הַקְּרֵבִים def.art.-verbal adj. m.p. (898) *who may come near*

651

מִבְּנֵי־לֵוִי prep.-n.m.p. cstr. (119)-pr.n. (532) *among the sons of Levi*

אֶל־יהוה prep. (39)-pr.n. (217) *to Yahweh*

לְשָׁרְתוֹ prep.-Pi. inf.cstr.-3 m.s. sf. (שָׁרַת 1058) *to minister to him*

40:47

וַיָּמָד consec.-Qal impf. 3 m.s. (מָדַד 551) *And he measured*

אֶת־הֶחָצֵר dir.obj.-def.art.-n.m.s. (346) *the court*

אֹרֶךְ n.m.s. (73) *long*

מֵאָה אַמָּה n.f.s. (547)-n.f.s. (52) *a hundred cubits*

וְרֹחַב conj.-n.m.s. (931) *and broad*

מֵאָה אַמָּה v.supra-v.supra *a hundred cubits*

מְרֻבָּעַת Pu. ptc. f.s. (רָבַע 917) *foursquare*

וְהַמִּזְבֵּחַ conj.-def.art.-n.m.s. (258) *and the altar*

לִפְנֵי הַבָּיִת prep.-n.m.p. cstr. (815)-def.art. -n.m.s. paus. (108) *was in front of the temple*

40:48

וַיְבִיאֵנִי consec.-Hi. impf. 3 m.s.-1 c.s. sf. (בּוֹא 97) *Then he brought me*

אֶל־אֻלָם prep. (39)-n.m.s. cstr. (19; GK 92g) *to the vestibule of*

הַבָּיִת def.art.-n.m.s. (108) *the temple*

וַיָּמָד consec.-Qal impf. 3 m.s. (מָדַד 551) *and measured*

אֻל אֻלָם n.m.s. cstr. (18)-n.m.s. (19) *the jambs of the vestibule*

חָמֵשׁ אַמּוֹת num. (331)-n.f.p. (52) *five cubits*

מִפֹּה prep.-adv. (805) *(from here)*

וְחָמֵשׁ אַמּוֹת conj.-v.supra-v.supra *and five cubits*

מִפֹּה v.supra *on either side (from here)*

וְרֹחַב conj.-n.m.s. cstr. (931) *and the breadth of*

הַשַּׁעַר def.art.-n.m.s. (1044) *the gate*

שָׁלֹשׁ אַמּוֹת num. (1025)-n.f.p. (52) *three cubits*

מִפֹּה prep.-adv. (805) *(from here)*

וְשָׁלֹשׁ אַמּוֹת conj.-v.supra-v.supra *and three cubits*

מִפֹּה v.supra *on either side*

40:49

אֹרֶךְ n.m.s. cstr. (73) *The length of*

הָאֻלָם def.art.-n.m.s. (19) *the vestibule*

עֶשְׂרִים num. p. (797) *twenty*

אַמָּה n.f.s. (52) *cubits*

וְרֹחַב conj.-n.m.s. (931) *and the breadth*

עַשְׁתֵּי עֶשְׂרֵה num. (799)-num. (797) *eleven*

אַמָּה n.f.s. (52) *cubits*

וּבַמַּעֲלוֹת conj.-prep.-n.f.p. (752) *and by steps*

אֲשֶׁר יַעֲלוּ rel. (81)-Qal impf. 3 m.p. (עָלָה 748) *which go up*

אֵלָיו prep.-3 m.s. sf. (39) *to it*

וְעַמֻּדִים conj.-n.m.p. (765) *and there were pillars*

אֶל־הָאֵילִים prep. (39)-def.art.-n.m.p. (18) *beside the jambs*

אֶחָד מִפֹּה num. (25)-prep.-adv. (805) *on either side*

וְאֶחָד מִפֹּה conj.-num. (25)-prep.-adv. (805) *(and one from here)*

41:1

וַיְבִיאֵנִי consec.-Hi. impf. 3 m.s.-1 c.s. sf. (בּוֹא 97) *Then he brought me*

אֶל־הַהֵיכָל prep. (39)-def.art.-n.m.s. (228) *to the nave (temple)*

וַיָּמָד consec.-Qal impf. 3 m.s. (מָדַד 551) *and measured*

אֶת־הָאֵילִים dir.obj.-def.art.-n.m.p. (18) *the jambs*

שֵׁשׁ־אַמּוֹת num. (995)-n.f.p. (52) *six cubits*

רֹחַב־מִפֹּה n.m.s. (931)-prep.-adv. (805) *on each side (breadth from here)*

וְשֵׁשׁ־אַמּוֹת־רֹחַב מִפֹּו conj.-num. (931)-v.supra -v.supra-v.supra *(and six cubits breadth from here)*

רֹחַב הָאֹהֶל n.m.s. cstr. (931)-def.art.-n.m.s. (13) *the breadth of the tent*

41:2

וְרֹחַב הַפֶּתַח conj.-n.m.s. cstr. (931)-def.art. -n.m.s. (835) *and the breadth of the entrance*

עֶשֶׂר אַמּוֹת num. (796)-n.f.p. (52) *ten cubits*

וְכִתְפוֹת conj.-n.f.p. cstr. (509) *and the sidewalls of*

הַפֶּתַח def.art.-n.m.s. (835) *the entrance*

חָמֵשׁ אַמּוֹת num. (331)-n.f.p. (52) *five cubits*

מִפֹּו prep.-adv. (805) *on either side*

וְחָמֵשׁ אַמּוֹת conj.-v.supra-v.supra *(and five cubits)*

מִפֹּו v.supra *(from here)*

וַיָּמָד consec.-Qal impf. 3 m.s. (מָדַד 551) *and he measured*

אָרְכּוֹ n.m.s.-3 m.s. sf. (73) *its length*

אַרְבָּעִים אַמָּה num. p. (917)-n.f.s. (52) *forty cubits*

וְרֹחַב conj.-n.m.s. (931) *and its breadth*

עֶשְׂרִים אַמָּה num. p. (797)-v.supra *twenty cubits*

41:3

וּבָא conj.-Qal pf. 3 m.s. (בּוֹא 97) *then he went*

לִפְנִימָה prep.-adv. (819) *within*

וַיָּ֫מָד consec.-Qal impf. 3 m.s. (מדד 551) *and measured*

אֵיל הַפֶּ֫תַח n.m.s. cstr. (18)-def.art.-n.m.s. (835) *the jambs of the entrance*

שְׁתַּ֫יִם num. du. (1040) *two*

אַמּוֹת n.f.p. (52) *cubits*

וְהַפֶּ֫תַח conj.-def.art.-n.m.s. (835) *and the entrance*

שֵׁשׁ אַמּוֹת num. (995)-n.f.p. (52) *six cubits*

וְרֹ֫חַב conj.-n.m.s. cstr. (931) *and the breadth of*

הַפֶּ֫תַח v.supra *the entrance*

שֶׁ֫בַע אַמּוֹת num. (988)-v.supra *seven cubits*

41:4

וַיָּ֫מָד consec.-Qal impf. 3 m.s. (מדד 551) *and he measured*

אֶת־אָרְכּוֹ dir.obj.-n.m.s.-3 m.s. sf. (73) *its length*

עֶשְׂרִים num. p. (797) *twenty*

אַמָּה n.f.s. (52) *cubits*

וְרֹ֫חַב conj.-n.m.s. (931) *and its breadth*

עֶשְׂרִים v.supra *twenty*

אַמָּה v.supra *cubits*

אֶל־פְּנֵי הַהֵיכָל prep. (39)-n.m.p. cstr. (815)-def.art.-n.m.s. (228) *beyond the nave*

וַיֹּ֫אמֶר consec.-Qal impf. 3 m.s. (אמר 55) *and he said*

אֵלַי prep.-1 c.s. sf. *to me*

זֶה demons.adj. m.s. (260) *this is*

קֹ֫דֶשׁ הַקֳּדָשִׁים n.m.s. cstr. (871)-def.art.-n.m.p. (871) *the most holy place*

41:5

וַיָּ֫מָד consec.-Qal impf. 3 m.s. (מדד 551) *then he measured*

קִיר־ n.m.s. cstr. (885) *the wall of*

הַבַּ֫יִת def.art.-n.m.s. (108) *the temple*

שֵׁשׁ אַמּוֹת num. (995)-n.f.p. (52) *six cubits*

וְרֹ֫חַב conj.-n.m.s. cstr. (931) *and the breadth of*

הַצֵּלָע def.art.-n.f.s. (854) *the side chambers*

אַרְבַּע num. (916) *four*

אַמּוֹת n.f.p. (52) *cubits*

סָבִיב סָבִיב adv. (686)-v.supra *round about*

לַבַּ֫יִת prep.-def.art.-n.m.s. (108) *the temple*

סָבִיב v.supra *round about*

41:6

וְהַצְּלָעוֹת conj.-def.art.-n.f.p. (854) *and the side chambers*

צֵלָע אֶל־צֵלָע n.f.s. (854)-prep. (39)-v.supra *one over another*

שָׁלוֹשׁ num. (1025) *three stories*

וּשְׁלֹשִׁים conj.-num. p. (1026) *and thirty*

פְּעָמִים n.f.p. (821) *in each story*

וּבָאוֹת conj.-Qal act.ptc. f.p. (בוא 97) *and entrances*

בַּקִּיר prep.-def.art.-n.m.s. (885) *in the wall*

אֲשֶׁר־לַבַּ֫יִת rel. (81)-prep.-def.art.-n.m.s. (108) *of the temple*

לַצְּלָעוֹת prep.-def.art.-n.f.p. (854) *for the side chambers*

סָבִיב סָבִיב adv. (686)-v.supra *all around*

לִהְיוֹת prep.-Qal inf.cstr. (היה 224) *to serve*

אֲחוּזִים Qal pass.ptc. m.p. (אחז 28) *as supports*

וְלֹא־יִהְיוּ conj.-neg.-Qal impf. 3 m.p. (היה 224) *so that they should not be*

אֲחוּזִים v.supra *supported*

בְּקִיר prep.-n.m.s. cstr. (885) *by the wall of*

הַבָּ֫יִת def.art.-n.m.s. paus. (108) *the temple*

41:7

וְרָחֲבָה conj.-Qal pf. 3 f.s. (רחב 931) *and it became broader*

וְנָסְבָה conj.-Ni. pf. 3 f.s. (סבב 685; GK 67dd) *and it was surrounded*

לְמַ֫עְלָה prep.-adv.-loc.he (751) *from story (upwards)*

לְמַ֫עְלָה v.supra *to story*

לַצְּלָעוֹת prep.-def.art.-n.f.p. (854) *the side chambers*

כִּי מוּסַב־הַבַּ֫יִת conj. (471)-n.m.s. cstr. (687)-def.art.-n.m.s. (108) *for the encompassing of the temple*

לְמַ֫עְלָה לְמַ֫עְלָה v.supra-v.supra *from story to story*

סָבִיב סָבִיב adv. (686)-v.supra *round about*

לַבַּ֫יִת prep.-def.art.-n.m.s. (108) *the temple*

עַל־כֵּן prep.-adv. (485) *corresponding to*

רֹ֫חַב־ n.m.s. (931) *breadth*

לַבַּ֫יִת v.supra *of the temple*

לְמָ֫עְלָה v.supra *upward*

וְכֵן הַתַּחְתּוֹנָה conj.-adv. (485)-def.art.-adj. f.s. (1066) *and thus from the lowest*

יַעֲלֶה Qal impf. 3 m.s. (עלה 748) *one went up*

עַל־הָעֶלְיוֹנָה prep.-def.art.-adj. f.s. (751) *to the top story*

לַתִּיכוֹנָה prep.-def.art.-adj. f.s. (1054) *through the middle story*

41:8

וְרָאִ֫יתִי conj.-Qal pf. 1 c.s. (ראה 906) *I saw also*

לַבַּ֫יִת prep.-def.art.-n.m.s. (108) *the temple had*

גֹּ֫בַהּ n.m.s. (147) *raised platform*

סָבִיב סָבִיב adv. (686)-v.supra *round about*

מִיסְדוֹת n.f.p. cstr. (414) *the foundations of*

הַצְּלָעוֹת def.art.-n.f.p. (854) *the side chambers*

מְלֹא הַקָּנֶה n.m.s. cstr. (571)-def.art.-n.m.s. (889) *a full reed*

שֵׁשׁ אַמּוֹת num. (995)-n.f.p. (52) *six cubits*

אַצִּילָה n.f.s.-loc.he (69) *long (to the joining)*

41:9

רֹחַב n.m.s. cstr. (931) *the thickness of*

הַקִּיר def.art.-n.m.s. (885) *the wall*

אֲשֶׁר־לַצֵּלָע rel. (81)-prep.-def.art.-n.f.s. (854) *of the side chambers*

אֶל־הַחוּץ prep. (39)-def.art.-n.m.s. (299) *outer*

חָמֵשׁ אַמּוֹת num. (331)-n.f.p. (52) *five cubits*

וַאֲשֶׁר מֻנָּח conj.-rel. (81)-Ho. ptc. (נוח 628) *and part which was left free*

בֵּית צְלָעוֹת n.m.s. cstr. (108)-n.f.p. (854) *the house of the side chambers*

אֲשֶׁר לַבָּיִת rel. (81)-prep.-def.art.-n.m.s. paus. (108) *of the temple*

41:10

וּבֵין הַלְּשָׁכוֹת conj.-prep. (107)-def.art.-n.f.p. (545) *and between the chambers*

רֹחַב n.m.s. (931) *a breadth*

עֶשְׂרִים אַמָּה num. p. (797)-n.f.s. (52) *twenty cubits*

סָבִיב adv. (686) *round about*

לַבָּיִת prep.-def.art.-n.m.s. (108) *the temple*

סָבִיב סָבִיב v.supra-v.supra *on every side*

41:11

וּפֶתַח conj.-n.m.s. cstr. (835) *and the doors of*

הַצֵּלָע def.art.-n.f.s. (854) *the side chambers*

לַמֻּנָּח prep.-def.art.-Ho. ptc. (נוח 628) *that was left free*

פֶּתַח אֶחָד n.m.s. (835)-num. adj. (25) *one door*

דֶּרֶךְ הַצָּפוֹן n.m.s. cstr. (202)-def.art.-n.f.s. (860) *toward the north*

וּפֶתַח אֶחָד conj.-v.supra-v. supra *and one door*

לַדָּרוֹם prep.-def.art.-n.m.s. (204) *toward the south*

וְרֹחַב conj.-n.m.s. cstr. (931) *and the breadth of*

מְקוֹם הַמֻּנָּח n.m.s. cstr. (879)-def.art.-Ho. ptc. (נוח 628) *the part that was left free*

חָמֵשׁ אַמּוֹת num. (331)-n.f.p. (52) *five cubits*

סָבִיב סָבִיב adv. (686)-v.supra *round about*

41:12

וְהַבִּנְיָן conj.-def.art.-n.m.s. (125) *and the building*

אֲשֶׁר אֶל־פְּנֵי rel. (81)-prep. (39)-n.m.p. cstr. (815) *that was facing*

הַגִּזְרָה def.art.-n.f.s. (160) *the separation*

פְּאַת n.f.s. cstr. (802) *corner of*

דֶּרֶךְ־הַיָּם n.m.s. cstr. (202)-def.art.-n.m.s. (410) *the west side*

רֹחַב n.m.s. (931) *broad*

שִׁבְעִים אַמָּה num.p. (988)-n.f.s. (52) *seventy cubits*

וְקִיר הַבִּנְיָן conj.-n.m.s. cstr. (885)-def.art. -n.m.s. (125) *and the wall of the building*

חָמֵשׁ־אַמּוֹת num. (331)-n.f.p. (52) *five cubits*

רֹחַב v.supra *broad*

סָבִיב סָבִיב adv. (686)-v.supra *round about*

וְאָרְכּוֹ conj.-n.m.s.-3 m.s. sf. (73) *and its length*

תִּשְׁעִים num. p. (1077) *ninety*

אַמָּה n.f.s. (52) *cubits*

41:13

וּמָדַד conj.-Qal pf. 3 m.s. (551) *Then he measured*

אֶת־הַבַּיִת dir.obj.-def.art.-n.m.s. (108) *the temple*

אֹרֶךְ n.m.s. (73) *long*

מֵאָה אַמָּה n.f.s. (547)-n.f.s. (52) *a hundred cubits*

וְהַגִּזְרָה conj.-def.art.-n.f.s. (160) *and the yard (separation)*

וְהַבִּנְיָה conj.-def.art.-n.f.s. (125) *and the building*

וְקִירוֹתֶיהָ conj.-n.m.p.-3 f.s. sf. (885) *with its walls*

אֹרֶךְ n.m.s. (73) *long*

מֵאָה אַמָּה v.supra-v.supra *a hundred cubits*

41:14

וְרֹחַב conj.-n.m.s. (931) *also the breadth*

פְּנֵי הַבַּיִת n.m.p. cstr. (815)-def.art.-n.m.s. (108) *front of the temple*

וְהַגִּזְרָה conj.-def.art.-n.f.s. (160) *and the yard (separation)*

לַקָּדִים prep.-def.art.-n.m.s. (870) *to the east*

מֵאָה אַמָּה n.f.s. (547)-n.f.s. (52) *a hundred cubits*

41:15

וּמָדַד conj.-Qal pf. 3 m.s. (551) *Then he measured*

אֹרֶךְ־הַבִּנְיָן n.m.s. cstr. (73)-def.art.-n.m.s. (125) *the length of the building*

אֶל־פְּנֵי prep. (39)-n.m.p. cstr. (815) *facing*

הַגִּזְרָה def.art.-n.f.s. (160) *the yard*

אֲשֶׁר עַל־אַחֲרֶיהָ rel. (81)-prep. (752)-prep.-3 f.s. sf. (29) *which was behind it*

וְאַתִּיקֵיהָא conj.-n.m.p.-3 f.s. sf. (87; GK 91 l) *and its porches*

מִפּוֹ וּמִפּוֹ prep.-adv. (805)-conj.-v.supra *on either side*

מֵאָה אַמָּה n.f.s. (547)-n.f.s. (52) *a hundred cubits*

וְהַהֵיכָל conj.-def.art.-n.m.s. (228) *The nave of the temple*

הַפְּנִימִי def.art.-adj. m.s. (819) *the inner*

וְאֻלַמֵּי הֶחָצֵר conj.-n.m.p. cstr. (19)-def.art. -n.m.s. (346) *and the vestibules of the court*

41:16

הַסִּפִּים def.art.-n.m.p. (706) *the thresholds*

וְהַחַלּוֹנִים conj.-def.art.-n.m.p. (319) *and the windows*

הָאֲטֻמוֹת def.art.-Qal pass.ptc. f.p. (אטם 31) *closed*

וְהָאַתִּיקִים conj.-def.art.-n.m.p. (87) *and the porches*

סָבִיב adv. (686) *round about*

לִשְׁלָשְׁתָּם prep.-num. f.-3 m.p. sf. (1025) *to all three*

נֶגֶד הַסַּף prep. (617)-def.art.-n.m.s. (706) *over against the threshold*

שְׂחִיף עֵץ adj. m.s. cstr. (965)-n.m.s. (781) *paneled with wood*

סָבִיב סָבִיב adv. (686)-v.supra *round about*

וְהָאָרֶץ conj.-def.art.-n.f.s. (75) *and the earth (from the floor)*

עַד־הַחַלֹּנוֹת prep. (723)-def.art.-n.f.p. (319) *up to the windows*

וְהַחַלֹּנוֹת conj.-v.supra *and the windows*

מְכֻסּוֹת Pu. ptc. f.p. (כסה 491) *were covered*

41:17

עַל־מֵעַל prep. (752)-prep.-prep. (752) *to the space above*

הַפֶּתַח def.art.-n.m.s. (835) *the door*

וְעַד־הַבַּיִת הַפְּנִימִי conj.-prep. (723)-def.art. -n.m.s. (108)-def.art.-adj. m.s. (819) *even to the inner room*

וְלַחוּץ conj.-prep.-def.art. (299) *and on the outside*

וְאֶל־כָּל־הַקִּיר conj.-prep. (39)-n.m.s. cstr. (481) -def.art.-n.m.s. (885) *and on all the walls*

סָבִיב סָבִיב adv. (686)-v.supra *round about*

בַּפְּנִימִי prep.-def.art.-adj. m.s. (819) *in the inner room*

וּבַחִיצוֹן conj.-prep.-def.art.-adj. m.s. (300) *and on the outside*

מִדּוֹת n.f.p. (551) *measures*

41:18

וְעָשׂוּי כְּרוּבִים conj.-Qal pass.ptc. (עשה 793; GK 121d)-n.m.p. (500) *of cherubim*

וְתִמֹרִים conj.-n.f.p. (1071) *and palm trees*

וְתִמֹרָה conj.-n.f.s. (1071) *and a palm tree*

בֵּין־כְּרוּב prep. (107)-n.m.s. (500) *between cherub*

לִכְרוּב prep.-n.m.s. (500) *and cherub*

וּשְׁנַיִם פָּנִים conj.-num. (1040)-n.m.p. (815) *two faces*

לַכְּרוּב prep.-def.art.-n.m.s. (500) *to every cherub*

41:19

וּפְנֵי אָדָם conj.-n.m.p. cstr. (815)-n.m.s. (9) *the face of a man*

אֶל־הַתִּמֹרָה prep. (39)-def.art.-n.f.s. (1071) *toward the palm tree*

מִפּוֹ prep.-adv. (805) *on the one side*

וּפְנֵי־כְפִיר conj.-n.m.p. cstr. (815)-n.m.s. (498) *and the face of a young lion*

אֶל־הַתִּמֹרָה v.supra-v.supra *toward the palm tree*

מִפּוֹ v.supra *on the other side*

עָשׂוּי Qal pass.ptc. (עשה 793) *done*

אֶל־כָּל־הַבַּיִת prep. (39)-n.m.s. cstr. (481)-def. art.-n.m.s. (108) *on the whole temple*

סָבִיב סָבִיב adv. (686)-v.supra *round about*

41:20

מֵהָאָרֶץ prep.-def.art.-n.f.s. (75) *from the floor*

עַד־מֵעַל prep. (723)-prep.-prep. (752) *to above*

הַפֶּתַח def.art.-n.m.s. (835) *the door*

הַכְּרוּבִים def.art.-n.m.p. (500) *the cherubim*

וְהַתִּמֹרִים conj.-def.art.-n.f.p. (1071) *and palm trees*

עֲשׂוּיִם Qal pass.ptc. m.p. (עשה 793) *were carved*

וְקִיר conj.-n.m.s. cstr. (885) *on the wall of*

הַהֵיכָל def.art.-n.m.s. (228) *the temple (the nave)*

41:21

הַהֵיכָל def.art.-n.m.s. (228) *The nave*

מְזוּזַת n.f.s. cstr. (265) *the doorposts*

רְבֻעָה Qal pass.ptc. (רבע 917) *squared*

וּפְנֵי conj.-n.m.p. cstr. (815) *and in front of*

הַקֹּדֶשׁ def.art.-n.m.s. (871) *the holy place*

הַמַּרְאֶה כַּמַּרְאֶה def.art.-n.m.s. (909)-prep.-def. art.-n.m.s. (909) *something resembling*

41:22

הַמִּזְבֵּחַ def.art.-n.m.s. (258; GK 141b) *the altar*

עֵץ n.m.s. (781) *wood*

שָׁלוֹשׁ אַמּוֹת num. (1025)-n.f.p. (52) *three cubits*

גָּבֹהַּ adj. m.s. (147) *high*

וְאָרְכּוֹ conj.-n.m.s.-3 m.s. sf. (73) *and its length*

שְׁתַּיִם־אַמּוֹת num. f. (1040)-n.f.p. (52) *two cubits*

וּמִקְצֹעוֹתָיו לוֹ conj.-n.m.p.-3 m.s. sf. (893)-prep. -3 m.s. sf. *and its corners*

וְאָרְכּוֹ v.supra *and its length*

וְקִירֹתָיו conj.-n.m.p.-3 m.s. sf. (885; GK 141b) *and its walls*

עֵץ n.m.s. (781) *wood*

וַיְדַבֵּר consec.-Pi. impf. 3 m.s. (180) *He said*

אֵלַי prep.-1 c.s. sf. *to me*

זֶה הַשֻּׁלְחָן demons.adj. m.s. (260)-def.art.-n.m.s. (1020) *This is the table*

אֲשֶׁר לִפְנֵי rel. (81)-prep.-n.m.p. cstr. (815) *which is before*

יהוה pr.n. (217) *Yahweh*

41:23

וּשְׁתַּיִם דְּלָתוֹת conj.-num. f. du. (1040)-n.f.p. (195) *and two doors*

לַהֵיכָל prep.-def.art.-n.m.s. (228) *to the nave*

וְלַקֹּדֶשׁ conj.-prep.-def.art.-n.m.s. (871) *and to the holy place*

41:24

וּשְׁתַּיִם דְּלָתוֹת conj.-num. f. du. (1040)-n.f.p. (195) *and two doors (leaves)*

לַדְּלָתוֹת prep.-def.art.-n.f.p. (195) *to the doors*

שְׁתַּיִם מוּסַבּוֹת v.supra-Ho. ptc. f.p. (סבב 685) *two swinging*

דְּלָתוֹת v.supra *leaves*

שְׁתַּיִם v.supra *two*

לְדֶלֶת אֶחָת prep.-n.f.s. (195)-num. f.s. (25) *for each door*

וּשְׁתֵּי דְּלָתוֹת conj.-num. f. cstr. (1040)-n.f.p. (195) *two leaves*

לָאַחֶרֶת prep.-def.art.-adj. f.s. (29) *for each*

41:25

וַעֲשׂוּיָה conj.-Qal pass.ptc. f.s. (עשׂה 793) *and were carved*

אֲלֵיהֶן prep.-3 f.p. sf. (39) *upon them*

אֶל־דַּלְתוֹת prep. (39; GK 131nN)-n.f.p. cstr. (195) *on the doors of*

הַהֵיכָל def.art.-n.m.s. (228) *the nave*

כְּרוּבִים n.m.p. (500) *cherubim*

וְתִמֹרִים conj.-n.f.p. (1071) *and palm trees*

כַּאֲשֶׁר prep.-rel. (81) *such as*

עֲשׂוּיִם Qal pass.ptc. m.p. (עשׂה 793) *were carved*

לַקִּירוֹת prep.-def.art.-n.m.p. (885) *on the walls*

וְעָב conj.-n.m.s. cstr. (712) *a canopy of*

עֵץ n.m.s. (781) *wood*

אֶל־פְּנֵי prep. (39)-n.m.p. cstr. (815) *in front of*

הָאוּלָם def.art.-n.m.s. (19) *the vestibule*

מֵהַחוּץ prep.-def.art.-n.m.s. (299) *outside*

41:26

וְחַלּוֹנִים conj.-n.f.p. (319) *and windows*

אֲטֻמוֹת Qal pass.ptc. f.p. (אטם 31) *shut*

וְתִמֹרִים conj.-n.f.p. (1071) *and palm trees*

מִפּוֹ וּמִפּוֹ prep.-adv. (805)-conj.-v.supra *on either side*

אֶל־כִּתְפוֹת prep. (39)-n.f.p. cstr. (509) *on the sidewalls of*

הָאוּלָם def.art.-n.m.s. (19) *the vestibule*

וְצַלְעוֹת conj.-n.f.p. cstr. (854) *and the side chambers of*

הַבַּיִת def.art.-n.m.s. (108) *the temple*

וְהָעֻבִּים conj.-def.art.-n.m.p. (712) *and the canopies*

42:1

וַיּוֹצִאֵנִי consec.-Hi. impf. 3 m.s.-1 c.s. sf. (יצא 422) *Then he led me out*

אֶל־הֶחָצֵר prep. (39)-def.art.-n.f.s. (346) *into the court*

הַחִיצוֹנָה def.art.-adj. f.s. (300) *the outer*

הַדֶּרֶךְ דֶּרֶךְ def.art.-n.m.s. (202)-n.m.s. cstr. (202) *toward*

הַצָּפוֹן def.art.-n.f.s. (860) *the north*

וַיְבִאֵנִי consec.-Hi. impf. 3 m.s.-1 c.s. sf. (בוא 97) *and he brought me*

אֶל־הַלִּשְׁכָּה prep. (39)-def.art.-n.f.s. (545) *to the chambers*

אֲשֶׁר נֶגֶד rel. (81)-prep. (617) *which were opposite*

הַגִּזְרָה def.art.-n.f.s. (160) *the temple yard*

וַאֲשֶׁר־נֶגֶד conj.-v.supra-v.supra *and opposite*

הַבִּנְיָן def.art.-n.m.s. (125) *the building*

אֶל־הַצָּפוֹן prep. (39)-def.art.-n.f.s. (860) *on the north*

42:2

אֶל־פְּנֵי prep. (39)-n.m.p. cstr. (815) *facing the*

אֹרֶךְ n.m.s. (73) *length*

אַמּוֹת הַמֵּאָה n.f.p. cstr. (52)-def.art.-n.f.s. (547) *a hundred cubits*

פֶּתַח הַצָּפוֹן n.m.s. cstr. (835)-def.art.-n.f.s. (860) *the door of the north*

וְהָרֹחַב conj.-def.art.-n.m.s. (931) *and the breadth*

חֲמִשִּׁים אַמּוֹת num. p. (332)-n.f.p. (52) *fifty cubits*

42:3

נֶגֶד הָעֶשְׂרִים prep. (617)-def.art.-num. p. (797) *adjoining the twenty*

אֲשֶׁר לֶחָצֵר rel. (81)-prep.-def.art.-n.m.s. (346) *which belonged to the ... court*

הַפְּנִימִי def.art.-adj. m.s. (819) *inner*

וְנֶגֶד רִצְפָה conj.-v.supra-n.f.s. (954) *and facing the pavement*

אֲשֶׁר לֶחָצֵר v.supra-v.supra *which belonged to the ... court*

הַחִיצוֹנָה def.art.-adj. f.s. (300) *outer*

אַתִּיק אֶל־פְּנֵי־אַתִּיק n.m.s. (87)-prep. (39)-n.m.p. cstr. (815)-v.supra *gallery (porch) against gallery*

בַּשְּׁלִשִׁים prep.-def.art.-num. ord. p. (1026) *in three stories*

42:4

וְלִפְנֵי conj.-prep.-n.m.p. cstr. (815) *and before*

הַלְּשָׁכוֹת def.art.-n.f.p. (545) *the chambers*

מַהֲלָךְ n.m.s. cstr. (237) *a passage of*

עֶשֶׂר אַמּוֹת num. (796)-n.f.p. (52) *ten cubits*

רֹחַב n.m.s. (931) *wide*

אֶל־הַפְּנִימִית prep. (39)-def.art.-adj. f.s. (819) *inward*

דֶּרֶךְ אַמָּה אֶחָת n.m.s. cstr. (202)-n.f.s. (52)-num. f.s. (25) *a way of one cubit*

וּפִתְחֵיהֶם conj.-n.m.p.-3 m.p. sf. (835) *and their doors*

לַצָּפוֹן prep.-def.art.-n.f.s. (860) *were on the north*

42:5

וְהַלְּשָׁכוֹת conj.-def.art.-n.f.p. (545) *Now the chambers*

הָעֶלְיוֹנֹת def.art.-adj. f.p. (751) *upper*

קְצֻרוֹת Qal pass.ptc. f.p. (קָצַר 894) *were narrower*

כִּי־יוֹכְלוּ conj. (471)-?? Hi. impf. 3 m.p. (יָכֹל 407; prb. rd. as Qal impf. 3 m.p.; GK 68h) *for took away*

אַתִּיקִים n.m.p. (87) *galleries*

מֵהֵנָה prep.-3 f.p. sf. (GK 131n) *from them*

מֵהַתַּחְתֹּנוֹת prep.-def.art.-adj. f.p. (1066) *than from the lower*

וּמֵהַתִּכֹנוֹת conj.-prep.-def.art.-adj. f.p. cstr. (1064) *and middle in*

בִּנְיָן n.m.s. (125) *the building*

42:6

כִּי מְשֻׁלָּשׁוֹת conj. (471)-Pu. ptc. f.p. (שָׁלֵשׁ 1026) *were in three stories*

42:9 (right column)

הֵנָּה pers.pr. 3 f.p. (241) *they*

וְאֵין לָהֶן conj.-neg.cstr. (34)-prep.-3 f.p. sf. *for they had no*

עַמּוּדִים n.m.p. (765) *pillars*

כְּעַמּוּדֵי prep.-n.m.p. cstr. (765) *like the pillars of*

הַחֲצֵרוֹת def.art.-n.f.p. (346) *the courts*

עַל־כֵּן נֶאֱצַל prep.-adv. (485)-Ni. pf. 3 m.s. (אָצַל 69) *hence were set back*

מֵהַתַּחְתּוֹנוֹת prep.-def.art.-adj. f.p. (1066) *from the lower*

וּמֵהַתִּכֹנוֹת conj.-prep.-def.art.-adj. f.p. (1064) *and the middle ones*

מֵהָאָרֶץ prep.-def.art.-n.f.s. (75) *from the ground*

42:7

וְגָדֵר conj.-n.m.s. (154) *and a wall*

אֲשֶׁר־לַחוּץ rel. (81)-prep.-def.art.-n.m.s. (299) *outside*

לְעֻמַּת prep.-prep. (769) *parallel to*

הַלְּשָׁכוֹת def.art.-n.f.p. (545) *the chambers*

דֶּרֶךְ הֶחָצֵר n.m.s. cstr. (202)-def.art.-n.f.s. (346) *toward the ... court*

הַחִצוֹנָה def.art.-adj. f.s. (300) *outer*

אֶל־פְּנֵי הַלְּשָׁכוֹת prep. (39)-n.m.p. cstr. (815)-v.supra *opposite the chambers*

אָרְכּוֹ n.m.s.-3 m.s. sf. (73) *long (its length)*

חֲמִשִּׁים אַמָּה num. p. (332)-n.f.s. (52) *fifty cubits*

42:8

כִּי־אֹרֶךְ conj. (471)-n.m.s. cstr. (73) *for the length of*

הַלְּשָׁכוֹת def.art.-n.f.p. (545) *the chambers*

אֲשֶׁר לֶחָצֵר rel. (81)-prep.-def.art.-n.f.s. (346) *on the ... court*

הַחִצוֹנָה def.art.-adj. f.s. (300) *outer*

חֲמִשִּׁים אַמָּה num. p. (332)-n.f.s. (52) *fifty cubits*

וְהִנֵּה conj.-demons.part. (243) *while*

עַל־פְּנֵי הַהֵיכָל prep. (752)-n.m.p. cstr. (815)-def.art.-n.m.s. (228) *those opposite the temple*

מֵאָה אַמָּה n.f.s. (547)-n.f.s. (52) *a hundred cubits*

42:9

וּמִתַּחְתָה conj.-prep.-prep. (1065) *and below*

לְּשָׁכוֹת הָאֵלֶּה def.art.-n.f.p. (545)-def.art.-demons.adj. c.p. (41) *these chambers*

הַמֵּבוֹא def.art.-n.m.s. (99; rd. הַמָּבוֹא) *the entrance*

657

מֵהַקָּדִים prep.-def.art.-n.m.s. (870) *on the east side*

בְּבֹאוֹ prep.-Qal inf.cstr.-3 m.s. sf. (בוא 97) *as one enters*

לָהֵנָּה prep.-def.art.-pers.pr. 3 f.p. (241) *them*

מֵהֶחָצֵר prep.-def.art.-n.f.s. (346) *from the ... court*

הַחִצֹנָה def.art.-adj. f.s. (300) *outer*

42:10

בְּרֹחַב prep.-n.m.s. cstr. (931) *in the breadth of*

גֶּדֶר n.m.s. (154) *the wall of*

הֶחָצֵר def.art.-n.f.s. (346) *the court*

דֶּרֶךְ הַקָּדִים n.m.s. cstr. (202)-def.art.-n.m.s. (870) *on the east*

אֶל־פְּנֵי prep. (39)-n.m.p. cstr. (815) *opposite*

הַגִּזְרָה def.art.-n.f.s. (155) *the wall*

וְאֶל־פְּנֵי conj.-prep. (39)-v.supra *and opposite*

הַבִּנְיָן def.art.-n.m.s. (125) *the building*

לְשָׁכוֹת n.f.p. (545) *there were chambers*

42:11

וְדֶרֶךְ conj.-n.m.s. (202) *with a passage*

לִפְנֵיהֶם prep.-n.m.p.-3 m.p. sf. (815) *in front of them*

כְּמַרְאֵה prep.-n.m.s. cstr. (909) *they were similar to*

הַלְּשָׁכוֹת def.art.-n.f.p. (545) *the chambers*

אֲשֶׁר דֶּרֶךְ rel. (81)-n.m.s. cstr. (202) *which were on*

הַצָּפוֹן def.art.-n.f.s. (860) *the north*

כְּאָרְכָּן prep.-n.m.s.-3 f.p. sf. (73) *of the same length (as their length)*

כֵּן רָחְבָּן adv. (485)-n.m.s.-3 f.p. sf.(931) *and (their) breadth*

וְכֹל conj.-n.m.s. cstr. (481) *and all*

מוֹצָאֵיהֶן n.m.p.-3 f.p. sf. (425) *their exits*

וּכְמִשְׁפְּטֵיהֶן conj.-prep.-n.m.p.-3 f.p. sf. (1048) *and their arrangements*

וּכְפִתְחֵיהֶן conj.-prep.-n.m.p.-3 f.p. sf. (835) *and their doors*

42:12

וּכְפִתְחֵי conj.-prep.-n.m.p. cstr. (835) *and according to the entrances of*

הַלְּשָׁכוֹת def.art.-n.f.p. (545) *the chambers*

אֲשֶׁר דֶּרֶךְ הַדָּרוֹם rel. (81)-n.m.s. cstr. (202)-def.art.-n.m.s. (204) *that were toward the south*

פֶּתַח n.m.s. (835) *an entrance*

בְּרֹאשׁ prep.-n.m.s. cstr. (910) *at the head of*

דָּרֶךְ n.m.s. paus. (202) *the way*

דֶּרֶךְ בִּפְנֵי n.m.s. (202)-prep.-n.m.p. cstr. (815) *the way before*

הַגְּדֶרֶת def.art.-n.f.s. (155) *the wall*

הַהֲגִינָה adj. f.s. (212) *corresponding*

דֶּרֶךְ הַקָּדִים n.m.s. cstr. (202)-def.art.-n.m.s. (870) *toward the east*

בְּבוֹאָן prep.-Qal inf.cstr.-3 f.p. sf. (בוא 97) *as one enters them*

42:13

וַיֹּאמֶר אֵלַי consec.-Qal impf. 3 m.s. (אמר 55)-prep.-1 c.s. sf. *Then he said to me*

לִשְׁכוֹת הַצָּפוֹן n.f.p. cstr. (545)-def.art.-n.f.s. (860) *the north chambers*

לִשְׁכוֹת הַדָּרוֹם v.supra-def.art.-n.m.s. (204) *the south chambers*

אֲשֶׁר אֶל־פְּנֵי rel. (81)-prep. (39)-n.m.p. cstr. (815) *opposite the*

הַגִּזְרָה def.art.-n.f.s. (160) *yard*

הֵנָּה pers.pr. 3 f.p. (241) *they were*

לִשְׁכוֹת הַקֹּדֶשׁ v.supra-def.art.-n.m.s. (871) *the holy chambers*

אֲשֶׁר יֹאכְלוּ־שָׁם rel. (81)-Qal impf. 3 m.p. (אכל 37)-adv. (1027) *where shall eat*

הַכֹּהֲנִים def.art.-n.m.p. (463) *the priests*

אֲשֶׁר־קְרוֹבִים rel. (81)-adj. m.p. (898) *who approach*

לַיהוָה prep.-pr.n. (217) *Yahweh*

קָדְשֵׁי הַקֳּדָשִׁים n.m.p. cstr. (871)-def.art.-n.m.p. (871) *the most holy offerings*

שָׁם יַנִּיחוּ adv. (1027)-Hi. impf. 3 m.p. (נוח 628) *there they shall put*

קָדְשֵׁי הַקֳּדָשִׁים v.supra-v.supra *the most holy offerings*

וְהַמִּנְחָה conj.-def.art.-n.f.s. (585) *the cereal offering*

וְהַחַטָּאת conj.-def.art.-n.f.s. (308) *the sin offering*

וְהָאָשָׁם conj.-def.art.-n.m.s. (79) *and the guilt offering*

כִּי הַמָּקוֹם conj. (471)-def.art.-n.m.s. (879) *for the place*

קָדֹשׁ adj. m.s. (872) *is holy*

42:14

בְּבֹאָם prep.-Qal inf.cstr.-3 m.p. sf. (בוא 97) *when they enter*

הַכֹּהֲנִים def.art.-n.m.p. (463) *the priests*

וְלֹא־יֵצְאוּ conj.-neg.-Qal impf. 3 m.p. (יצא 422) *they shall not go out*

מֵהַקֹּדֶשׁ prep.-def.art.-n.m.s. (871) *of the holy place*

658

אֶל־הֶחָצֵר prep. (39)-def.art.-n.f.s. (346) *into the ... court*

הַחִיצוֹנָה def.art.-adj. f.s. (300) *outer*

וְשָׁם יַנִּיחוּ conj.-adv. (1027)-Hi. impf. 3 m.p. (נוח 628) *and there they shall lay*

בִּגְדֵיהֶם n.m.p.-3 m.p. sf. (93) *their garments*

אֲשֶׁר־יְשָׁרְתוּ rel. (81)-Pi. impf. 3 m.p. (שרת 1058) *which they minister*

בָהֶן prep.-3 f.p. sf. *in them*

כִּי־קֹדֶשׁ conj. (471)-n.m.s. (871) *for are holy*

הֵנָּה pers.pr. 3 f.p. (241) *these*

יִלְבְּשׁוּ rd. as וְלָבְשׁוּ conj.-Qal pf. 3 c.p. (לבש 527) *they shall put on*

בְּגָדִים אֲחֵרִים n.m.p. (93)-adj. m.p. (29) *other garments*

וְקָרְבוּ conj.-Qal pf. 3 c.p. (897) *before they go near*

אֶל־אֲשֶׁר לָעָם prep. (39)-rel. (81)-prep.-def.art.-n.m.s. (766) *that which is for the people*

42:15

וְכִלָּה conj.-Pi. pf. 3 m.s. (כלה 477) *Now when he had finished*

אֶת־מִדּוֹת dir.obj.-n.f.p. cstr. (551) *measuring*

הַבַּיִת הַפְּנִימִי def.art.-n.m.s. (108)-def.art.-adj. m.s. (819) *the interior of the temple area*

וְהוֹצִיאַנִי conj.-Hi. pf. 3 m.s.-1 c.s. sf. (יצא 422) *he led me out*

דֶּרֶךְ הַשַּׁעַר n.m.s. cstr. (202)-def.art.-n.m.s. (1044) *by the gate*

אֲשֶׁר פָּנָיו rel. (81)-n.m.p.-3 m.s. sf. (815) *which faced*

דֶּרֶךְ הַקָּדִים n.m.s. cstr. (202)-def.art.-n.m.s. (870) *east*

וּמְדָדוֹ conj.-Qal pf. 3 m.s.-3 m.s. sf. (551) *and measured it*

סָבִיב סָבִיב adv. (686)-v.supra *round about*

42:16

מָדַד Qal pf. 3 m.s. (551) *he measured*

רוּחַ הַקָּדִים n.f.s. cstr. (924)-def.art.-n.m.s. (870) *the east side*

בִּקְנֵה הַמִּדָּה prep.-n.m.s. cstr. (889)-def.art. -n.f.s. (551) *with the measuring reed*

חֲמֵשׁ־אֵמוֹת num. (331)-n.f.p. (52; some rd. n.f.p. מֵאוֹת 547) *five cubits or five hundred*

קָנִים n.m.p. (889) *reeds*

בִּקְנֵה הַמִּדָּה v.supra-v.supra *with the measuring reed*

סָבִיב adv. (686) *round about*

42:17

מָדַד Qal pf. 3 m.s. (551) *he measured*

רוּחַ הַצָּפוֹן n.f.s. cstr. (924)-def.art.-n.f.s. (860) *the north side*

חֲמֵשׁ־מֵאוֹת קָנִים num. (331)-n.f.p. cstr. (547) -n.m.p. (889) *five hundred reeds*

בִּקְנֵה הַמִּדָּה prep.-n.m.s. cstr. (889)-def.art.-n.f.s. (551) *by the measuring reed*

סָבִיב adv. (686) *round about*

42:18

אֵת רוּחַ הַדָּרוֹם dir.obj.-n.f.s. cstr. (924)-def.art. -n.m.s. (204) *the south side*

מָדַד Qal pf. 3 m.s. paus. (551) *he measured*

חֲמֵשׁ־מֵאוֹת num. (331)-n.f.p. cstr. (547) *five hundred*

קָנִים n.m.p. (889) *reeds*

בִּקְנֵה הַמִּדָּה prep.-n.m.s. cstr. (889)-def.art.-n.f.s. (551) *by the measuring reed*

42:19

סָבַב Qal pf. 3 m.s. (685) *he turned*

אֶל־רוּחַ הַיָּם prep. (39)-n.f.s. cstr. (924)-def. art.-n.m.s. (410) *to the west side*

מָדַד Qal pf. 3 m.s. (551) *and measured*

חֲמֵשׁ־מֵאוֹת num. (331)-n.f.p. cstr. (547) *five hundred*

קָנִים n.m.p. (889) *reeds*

בִּקְנֵה הַמִּדָּה prep.-n.m.s. cstr. (889)-def.art.-n.f.s. (551) *by the measuring reed*

42:20

לְאַרְבַּע רוּחוֹת prep.-num. (916)-n.f.p. (926) *on the four sides*

מְדָדוֹ Qal pf. 3 m.s.-3 m.s. sf. (551) *he measured it*

חוֹמָה לוֹ n.f.s. (327)-prep.-3 m.s. sf. *it had a wall*

סָבִיב סָבִיב adv. (686)-v.supra *around it*

אֹרֶךְ n.m.s. (73) *long*

חֲמֵשׁ מֵאוֹת num. (331)-n.f.p. (547) *five hundred*

וְרֹחַב conj.-n.m.s. (931) *and broad*

חֲמֵשׁ מֵאוֹת v.supra-v.supra *five hundred*

לְהַבְדִּיל prep.-Hi. inf.cstr. (בדל 95) *to make a separation*

בֵּין הַקֹּדֶשׁ prep. (107)-def.art.-n.m.s. (871) *between the holy*

לְחֹל prep.-n.m.s. (320) *and the common*

43:1

וַיּוֹלִכֵנִי consec.-Hi. impf. 3 m.s.-1 c.s. sf. (הלך 229) *Afterward he brought me*

659

אֶל־הַשַּׁעַר prep. (39)-def.art.-n.m.s. paus. (1044) *to the gate*

שַׁעַר אֲשֶׁר פָּנָה n.m.s. (1044)-rel. (81)-Qal act. ptc. פָּנָה 815) *the gate facing*

דֶּרֶךְ הַקָּדִים n.m.s. cstr. (202)-def.art.-n.m.s. (870) *east*

43:2

וְהִנֵּה conj.-demons.part. (243) *and behold*

כְּבוֹד n.m.s. cstr. (458) *the glory of*

אֱלֹהֵי יִשְׂרָאֵל n.m.p. cstr. (43)-pr.n. (975) *the God of Israel*

בָּא Qal pf. 3 m.s. (or Qal act.ptc.; בּוֹא 97) *came*

מִדֶּרֶךְ הַקָּדִים prep.-n.m.s. cstr. (202)-def.art.-n.m.s. (870) *from the east*

וְקוֹלוֹ conj.-n.m.s.-3 m.s. sf. (876) *and his sound*

כְּקוֹל מַיִם רַבִּים prep.-n.m.s. cstr. (876)-n.m.p. (565)-adj. m.p. (912) *was like the sound of many waters*

וְהָאָרֶץ conj.-def.art.-n.f.s. (75) *and the earth*

הֵאִירָה Hi. pf. 3 f.s. אוֹר 21) *shone*

מִכְּבֹדוֹ prep.-n.m.s.-3 m.s. sf. (458) *with his glory*

43:3

וּכְמַרְאֵה הַמַּרְאֶה conj.-prep.-n.m.s. cstr. (909)-def.art.-n.m.s. (909) *and like the vision*

אֲשֶׁר רָאִיתִי rel. (81)-Qal pf. 1 c.s. (רָאָה 906) *I saw*

כַּמַּרְאֶה prep.-def.art.-n.m.s. (909) *like the vision*

אֲשֶׁר־רָאִיתִי v.supra-v.supra *which I had seen*

בְּבֹאִי prep.-Qal inf.cstr.-1 c.s. sf. (some rd. as 3 m.s. sf.; בּוֹא 97) *when I came*

לְשַׁחֵת prep.-Pi. inf.cstr. (שָׁחַת 1007) *to destroy*

אֶת־הָעִיר dir.obj.-def.art.-n.f.s. (746) *the city*

וּמַרְאוֹת conj.-n.f.p. (909) *and the visions*

כַּמַּרְאֶה v.supra *like the vision*

אֲשֶׁר רָאִיתִי v.supra-v.supra *which I had seen*

אֶל־נְהַר־ prep. (39)-n.m.s. cstr. (625) *by the river*

כְּבָר pr.n. (460) *Chebar*

וָאֶפֹּל consec.-Qal impf. 1 c.s. (נָפַל 656) *and I fell*

אֶל־פָּנָי prep. (39)-n.m.p.-1 c.s. sf. paus. (815) *upon my face*

43:4

וּכְבוֹד יְהוָה conj.-n.m.s. cstr. (458)-pr.n. (217) *as the glory of Yahweh*

בָּא Qal pf. 3 m.s. (בּוֹא 97) *entered*

אֶל־הַבָּיִת prep. (39)-def.art.-n.m.s. (108) *the temple*

דֶּרֶךְ שַׁעַר n.m.s. cstr. (202)-n.m.s. (1044) *by the gate*

אֲשֶׁר פָּנָיו rel. (81)-n.m.p.-3 m.s. sf. (815) *facing*

דֶּרֶךְ הַקָּדִים n.m.s. cstr. (202)-def.art.-n.m.s. (870) *east*

43:5

וַתִּשָּׂאֵנִי consec.-Qal impf. 3 f.s.-1 c.s. sf. (נָשָׂא 669) *lifted me up*

רוּחַ n.f.s. (924) *the Spirit*

וַתְּבִיאֵנִי consec.-Hi. impf. 3 f.s.-1 c.s. sf. (בּוֹא 97) *and brought me*

אֶל־הֶחָצֵר prep. (39)-def.art.-n.m.s. (346) *into the ... court*

הַפְּנִימִי def.art.-adj. m.s. (819) *inner*

וְהִנֵּה conj.-demons.part. (243) *and behold*

מָלֵא Qal pf. 3 m.s. (569) *filled*

כְּבוֹד־יְהוָה n.m.s. cstr. (458)-pr.n. (217) *the glory of Yahweh*

הַבָּיִת def.art.-n.m.s. paus. (108) *the temple*

43:6

וָאֶשְׁמַע consec.-Qal impf. 1 c.s. (1033) *and I heard*

מִדַּבֵּר prep.-Pi. inf.cstr. (180; some rd. מְדַבֵּר Pi. ptc.) *one speaking*

אֵלָי prep.-1 c.s. sf. *to me*

מֵהַבָּיִת prep.-def.art.-n.m.s. paus. (108) *out of the temple*

וְאִישׁ conj.-n.m.s. (35) *while the man*

הָיָה עֹמֵד Qal pf. 3 m.s. (224)-Qal act.ptc. 763) *was standing*

אֶצְלִי prep.-1 c.s. sf. (69) *beside me*

43:7

וַיֹּאמֶר אֵלַי consec.-Qal impf. 3 m.s. (55)-prep.-1 c.s. sf. *and he said to me*

בֶּן־אָדָם n.m.s. cstr. (119)-n.m.s. (9) *Son of man*

אֶת־מְקוֹם dir.obj. (GK 117m)-n.m.s. cstr. (879) *the place of*

כִּסְאִי n.m.s.-1 c.s. sf. (490) *my throne*

וְאֶת־מְקוֹם conj.-dir.obj.-v.supra *and the place of*

כַּפּוֹת רַגְלַי n.f.p. cstr. (496)-n.f.p.-1 c.s. sf. (919) *the soles of my feet*

אֲשֶׁר אֶשְׁכָּן־שָׁם rel. (81)-Qal impf. 1 c.s. (שָׁכַן 1014)-adv. (1027) *where I will dwell*

בְּתוֹךְ prep.-n.m.s. cstr. (1063) *in the midst of*

בְּנֵי־יִשְׂרָאֵל n.m.p. cstr. (119)-pr.n. (975) *the people of Israel*

לְעוֹלָם prep.-n.m.s. (761) *for ever*

וְלֹא יְטַמְּאוּ conj.-neg.-Pi. impf. 3 m.p. (טָמֵא 379) *and shall not defile*

עוֹד adv. (728) *any more*

בֵּית־יִשְׂרָאֵל n.m.s. cstr. (108)-pr.n. (975) *the house of Israel*

שֵׁם קָדְשִׁי n.m.s. cstr. (1027)-n.m.s.-1 c.s. sf. (871) *my holy name*

הֵמָּה pers.pr. 3 m.p. (241) *they*

וּמַלְכֵיהֶם conj.-n.m.p.-3 m.p. sf. (572) *and their kings*

בִּזְנוּתָם prep.-n.f.s.-3 m.p. sf. (276) *by their harlotry*

וּבְפִגְרֵי conj.-prep.-n.m.p. cstr. (803) *and by the dead bodies of*

מַלְכֵיהֶם v.supra *their kings*

בָּמוֹתָם n.f.p.-3 m.p. sf. (119) *their high places* (some suggest rd. בְּמוֹתָם prep.-Qal inf.cstr. -3 m.p. sf. מוּת 559) "*in their dying or death*" (n.m.s.-3 m.p. sf. 560)

43:8

בְּתִתָּם prep.-Qal inf.cstr.-3 m.p. sf. (נָתַן 678) *by setting*

סִפָּם n.m.s.-3 m.p. sf. (706) *their threshold*

אֶת־סִפִּי prep. (85)-n.m.s.-1 c.s. sf. (706) *by my threshold*

וּמְזוּזָתָם conj.-n.f.s.-3 m.p. sf. (265) *and their doorposts*

אֵצֶל prep. (69) *beside*

מְזוּזָתִי n.f.s.-1 c.s. sf. (265) *my doorposts*

וְהַקִּיר conj.-def.art.-n.m.s. (885) *with only a wall*

בֵּינִי וּבֵינֵיהֶם prep.-1 c.s. sf. (107)-conj.-prep.-3 m.p. sf. (107) *between me and them*

וְטִמְּאוּ conj.-Pi. pf. 3 c.p. (טָמֵא 379) *They have defiled*

אֶת־שֵׁם קָדְשִׁי dir.obj.-n.m.s. cstr. (1027)-n.m.s. -1 c.s. sf. (871) *my holy name*

בְּתוֹעֲבוֹתָם prep.-n.f.p.-3 m.p. sf. (1072) *by their abominations*

אֲשֶׁר עָשׂוּ rel. (81)-Qal pf. 3 c.p. (עָשָׂה 793) *which they have committed*

וָאֲכַל consec.-Qal impf. 1 c.s. (אָכַל 37) *so I have consumed*

אֹתָם dir.obj.-3 m.p. sf. *them*

בְּאַפִּי prep.-n.m.s.-1 c.s. sf. (60) *in my anger*

43:9

עַתָּה יְרַחֲקוּ adv. (773)-Pi. impf. 3 m.p. (רָחַק 934) *Now let them put away*

אֶת־זְנוּתָם dir.obj.-n.f.s.-3 m.p. sf. (276) *their idolatry*

וּפִגְרֵי conj.-n.m.p. cstr. (803) *and the dead bodies of*

מַלְכֵיהֶם n.m.p.-3 m.p. sf. (572) *their kings*

מִמֶּנִּי prep.-1 c.s. sf. *from me*

וְשָׁכַנְתִּי conj.-Qal pf. 1 c.s. (שָׁכַן 1014) *and I will dwell*

בְּתוֹכָם prep.-n.m.s.-3 m.p. sf. (1063) *in their midst*

לְעוֹלָם prep.-n.m.s. (761) *for ever*

43:10

אַתָּה pers.pr. 2 m.s. (61) *you*

בֶּן־אָדָם n.m.s. cstr. (119)-n.m.s. (9) *son of man*

הַגֵּד Hi. impv. 2 m.s. (נגד 616) *describe*

אֶת־בֵּית־יִשְׂרָאֵל dir.obj.-n.m.s. cstr. (108)-pr.n. (975) *to the house of Israel*

אֶת־הַבַּיִת dir.obj.-def.art.-n.m.s. (108) *the temple*

וְיִכָּלְמוּ conj.-Ni. impf. 3 m.p. (כָּלַם 483) *and let them be ashamed*

מֵעֲוֹנוֹתֵיהֶם prep.-n.f.p.-3 m.p. sf. (730) *of their iniquities*

וּמָדְדוּ conj.-Qal pf. 3 c.p. (מָדַד 551) *that they may measure*

אֶת־תָּכְנִית dir.obj.-n.f.s. (1067) *the pattern*

43:11

וְאִם־נִכְלְמוּ conj.-hypoth.part. (49)-Ni. pf. 3 c.p. (כָּלַם 483) *and if they are ashamed*

מִכֹּל אֲשֶׁר־ prep.-n.m.s. (481)-rel.(81) *of all that*

עָשׂוּ Qal pf. 3 c.p. (עָשָׂה 793) *they have done*

צוּרַת הַבַּיִת n.f.s. cstr. (849)-def.art.-n.m.s. (108) *the form of the temple*

וּתְכוּנָתוֹ conj.-n.f.s.-3 m.s. sf. (467) *and its arrangements*

וּמוֹצָאָיו conj.-n.m.p.-3 m.s. sf. (425) *and its exits*

וּמוֹבָאָיו conj.-n.m.p.-3 m.s. sf. (100) *and its entrances*

וְכָל־צוּרֹתָו conj.-n.m.s. cstr. (481)-n.f.p.-3 m.s. sf. (849) *and all its forms*

וְאֵת כָּל־חֻקֹּתָיו conj.-dir.obj.-n.m.s. cstr. (481) -n.f.p.-3 m.s. sf. (349) *and its statutes*

וְכָל־צוּרֹתָי conj.-n.m.s. cstr. (481)-n.f.p.-1 c.s. sf. (849) (Qere צוּרֹתָיו) *and all its forms*

וְכָל־תּוֹרֹתָו v.supra-v.supra-n.f.p.-3 m.s. sf. (435) *and all his laws*

הוֹדַע אוֹתָם Hi. impv. 2 m.s. (יָדַע 393)-dir. obj.-3 m.p. sf. *make them known*

וּכְתֹב conj.-Qal impv. 2 m.s. (כָּתַב 507) *and write*

לְעֵינֵיהֶם prep.-n.f.p.-3 m.p. sf. (744) *before their eyes*

661

וְיִשְׁמְרוּ conj.-Qal impf. 3 m.p. (שָׁמַר 1036) *that they may keep*

אֶת־כָּל־צוּרָתוֹ dir.obj.-v.supra-v.supra *all its forms*

וְאֶת־כָּל־חֻקֹּתָיו conj.-dir.obj.-v.supra-v.supra *and all its statutes*

וְעָשׂוּ אוֹתָם conj.-Qal pf. 3 c.p. (עָשָׂה 793) -dir.obj.-3 m.p. sf. *and shall do them*

43:12

זֹאת demons.adj. f.s. (260) *This is*

תּוֹרַת הַבָּיִת n.f.s. cstr. (435)-def.art.-n.m.s. paus. (108) *the law of the temple*

עַל־רֹאשׁ הָהָר prep. (752)-n.m.s. cstr. (910)-def.art.-n.m.s. (249) *upon the top of the mountain*

כָּל־גְּבֻלוֹ n.m.s. cstr. (481)-n.m.s.-3 m.s. sf. (147) *the whole territory*

סָבִיב סָבִיב adv. (686)-v.supra *round about*

קֹדֶשׁ קָדָשִׁים n.m.s. cstr. (871)-n.m.p. (871) *the most holy*

הִנֵּה־זֹאת demons.part. (243)-v.supra *Behold, this is*

תּוֹרַת הַבָּיִת v.supra-v.supra *the law of the temple*

43:13

וְאֵלֶּה conj.-demons.adj. c.p. (41) *These are*

מִדּוֹת n.f.p. cstr. (551) *the dimensions of*

הַמִּזְבֵּחַ def.art.-n.m.s. (258) *the altar*

בָּאַמּוֹת prep.-def.art.-n.f.p. (52) *by cubits*

אַמָּה n.f.s. (52) *a cubit being*

אַמָּה וָטֹפַח v.supra-conj.-n.m.s. (381) *a cubit and a handbreadth*

וְחֵיק הָאַמָּה conj.-n.m.s. cstr. (300)-def.art.-n.f.s. (52) *and the base of the cubit*

וְאַמָּה־רֹחַב conj.-v.supra-n.m.s. (931) *and one cubit broad*

וּגְבוּלָהּ conj.-n.m.s.-3 f.s. sf. (147) *and its rim*

אֶל־שְׂפָתָהּ prep. (39)-n.f.s.-3 f.s. sf. (973) *around its edge*

סָבִיב adv. (686) *around*

זֶרֶת הָאֶחָד n.f.s. cstr. (284)-def.art.-num. (25) *one span*

וְזֶה conj.-demons.adj. m.s. (260) *and this shall be*

גַּב הַמִּזְבֵּחַ n.m.s. cstr. (146)-def.art.-n.m.s. (258) *the back of the altar*

43:14

וּמֵחֵיק conj.-prep.-n.m.s. cstr. (300) *and from the base on*

הָאָרֶץ def.art.-n.f.s. (75) *the ground*

עַד־הָעֲזָרָה prep. (723)-def.art.-n.f.s. (741) *to the ... ledge*

הַתַּחְתּוֹנָה def.art.-adj. f.s. (1066) *lower*

שְׁתַּיִם אַמּוֹת num. du. (1040)-n.f.p. (52) *two cubits*

וְרֹחַב conj.-n.m.s. (931) *with a breadth of*

אַמָּה אֶחָת n.f.s. (52)-num. f. (25) *one cubit*

וּמֵהָעֲזָרָה conj.-prep.-def.art.-n.f.s. (741) *and from the ... ledge*

הַקְּטַנָּה def.art.-adj. f.s. (881) *smaller*

עַד־הָעֲזָרָה prep. (723)-def.art.-v.supra *to the ... ledge*

הַגְּדוֹלָה def.art.-adj. f.s. (152) *larger*

אַרְבַּע num. (916) *four*

אַמּוֹת n.f.p. (52) *cubits*

וְרֹחַב conj.-n.m.s. cstr. (931) *with a breadth of*

הָאַמָּה def.art.-n.f.s. (52) *one cubit*

43:15

(וְהָאַרְאֵל) וְהַהַרְאֵל conj.-def.art.-n.m.s. (72; rd. וְהָאֲרִאֵל) *The altar hearth*

אַרְבַּע אַמּוֹת num. (916)-n.f.p. (52) *four cubits*

וּמֵהָאֲרִאֵיל conj.-prep.-def.art.-n.m.s. (72) *and from the altar hearth*

וּלְמַעְלָה conj.-prep.-n.m.s.-dir.he (751) *projecting upward*

הַקְּרָנוֹת def.art.-n.f.p. (901) *horns*

אַרְבַּע v.supra *four*

43:16

וְהָאֲרִאֵיל conj.-def.art.-n.m.s. (72) *the altar hearth*

שְׁתֵּים עֶשְׂרֵה num. f. du. (1040)-num. (797) *twelve*

אֹרֶךְ n.m.s. (73) *long*

בִּשְׁתֵּים עֶשְׂרֵה prep.-v.supra-v.supra *by twelve*

רֹחַב n.m.s. (931) *wide*

רָבוּעַ Qal pass.ptc. (917) *squared*

אֶל אַרְבַּעַת רְבָעָיו prep. (39)-num. f. cstr. (916) -n.m.p.-3 m.s. sf. (917) *on four sides*

43:17

וְהָעֲזָרָה conj.-def.art.-n.f.s. (741) *The ledge*

אַרְבַּע עֶשְׂרֵה num. (916)-num. (797) *fourteen*

אֹרֶךְ n.m.s. (73) *long*

בְּאַרְבַּע עֶשְׂרֵה prep.-v.supra-v.supra *by fourteen*

רֹחַב n.m.s. (931) *broad*

אֶל אַרְבַּעַת רְבָעֶיהָ prep. (39)-num. f.s. cstr. (916) -n.m.p.-3 f.s. sf. (917) *shall be square (four sides)*

וְהַגְּבוּל conj.-def.art.-n.m.s. (147) *with the rim*

סָבִיב adv. (686; GK 103o) *round*

אוֹתָהּ dir.obj.-3 f.s. sf. *it*

חֲצִי הָאַמָּה n.m.s. cstr. (345)-def.art.-n.f.s. (52) *half a cubit*

וְהַחֵיק־לָהּ conj.-def.art.-n.m.s. (300)-prep.-3 f.s. sf. *and its base*

אַמָּה n.f.s. (52) *a cubit*

סָבִיב adv. (686) *around it*

וּמַעֲלֹתֵהוּ conj.-n.f.p.-3 m.s. sf. (752) *and its steps*

פְּנוֹת קָדִים Qal inf.cstr. (פָּנָה 815)-n.m.s. (870) *facing east*

43:18

וַיֹּאמֶר אֵלַי consec.-Qal impf. 3 m.s. (55)-prep.-1 c.s. sf. *And he said to me*

בֶּן־אָדָם n.m.s. cstr. (119)-n.m.s. (9) *Son of man*

כֹּה אָמַר adv. (462)-Qal pf. 3 m.s. (55) *thus says*

אֲדֹנָי יהוה n.m.p.-1 c.s. sf. (10)-pr.n. (217) *the Lord Yahweh*

אֵלֶּה demons.adj. c.p. (41) *These are*

חֻקּוֹת הַמִּזְבֵּחַ n.f.p. cstr. (349)-def.art.-n.m.s. (258) *the ordinances for the altar*

בְּיוֹם prep.-n.m.s. cstr. (398) *on the day when*

הֵעָשׂוֹתוֹ Ni. inf.cstr.-3 m.s. sf. (עָשָׂה 793) *it is erected*

לְהַעֲלוֹת prep.-Hi. inf.cstr. (עָלָה 748) *for offering*

עָלָיו prep.-3 m.s. sf. *upon it*

עוֹלָה n.f.s. (750) *burnt offerings*

וְלִזְרֹק conj.-prep.-Qal inf.cstr. (זָרַק 284) *and for throwing*

עָלָיו v.supra *against it*

דָּם n.m.s. (196) *blood*

43:19

וְנָתַתָּה conj.-Qal pf. 2 m.s. (נָתַן 678) *you shall give*

אֶל־הַכֹּהֲנִים prep. (39)-def.art.-n.m.p. (463) *to the priests*

הַלְוִיִּם def.art.-adj. m.p. (532) *Levitical*

אֲשֶׁר הֵם rel. (81)-pers.pr. 3 m.p. (241) *they who are*

מִזֶּרַע צָדוֹק prep.-n.m.s. cstr. (282)-pr.n. (843) *of the family of Zadok*

הַקְּרֹבִים def.art.-adj. m.p. (898) *who draw near*

אֵלַי prep.-1 c.s. sf. *to me*

נְאֻם n.m.s. cstr. (610) *says*

אֲדֹנָי יהוה n.m.p.-1 c.s. sf. (10)-pr.n. (217) *the Lord Yahweh*

לְשָׁרְתֵנִי prep.-Pi. inf.cstr.-1 c.s. sf. (שָׁרַת 1058) *to minister to me*

פַּר n.m.s. (830) *bull*

בֶּן־בָּקָר n.m.s. cstr. (119)-n.m.s. (133) *a son of cattle*

לְחַטָּאת prep.-n.f.s. (308) *for a sin offering*

43:20

וְלָקַחְתָּ conj.-Qal pf. 2 m.s. (לָקַח 542) *You shall take*

מִדָּמוֹ prep.-n.m.s.-3 m.s. sf. (196) *some of its blood*

וְנָתַתָּה conj.-Qal pf. 2 m.s. (נָתַן 678) *and put*

עַל־אַרְבַּע prep. (752)-num. cstr. (916) *upon the four of*

קַרְנֹתָיו n.f.p.-3 m.s. sf. (901) *its horns*

וְאֶל־אַרְבַּע conj.-prep. (39)-v.supra *and on the four*

פִּנּוֹת n.f.p. cstr. (819) *corners of*

הָעֲזָרָה def.art.-n.f.s. (741) *the ledge*

וְאֶל־הַגְּבוּל conj.-prep. (39)-def.art.-n.m.s.(147) *and upon the rim*

סָבִיב adv. (686) *round about*

וְחִטֵּאתָ אוֹתוֹ conj.-Pi.pf. 2 m.s. (חָטָא 306)-dir.obj.-3 m.s. sf. *thus you shall cleanse it*

וְכִפַּרְתָּהוּ conj.-Pi. pf. 2 m.s.-3 m.s. sf. (כָּפַר 497) *and make atonement for it*

43:21

וְלָקַחְתָּ conj.-Qal pf. 2 m.s. (לָקַח 542) *you shall also take*

אֵת הַפָּר dir.obj.-def.art.-n.m.s. (830) *the bull*

הַחַטָּאת def.art.-n.f.s. (308) *the sin offering*

וּשְׂרָפוֹ conj.-Qal inf.cstr.-3 m.s. sf. (שָׂרַף 976) *and it shall be burnt*

בְּמִפְקַד הַבַּיִת prep.-n.m.s. cstr. (824)-def.art.-n.m.s. (108) *in the appointed place belonging to the temple*

מִחוּץ prep.-n.m.s. (299) *outside*

לַמִּקְדָּשׁ prep.-def.art.-n.m.s. (874) *the sacred area*

43:22

וּבַיּוֹם הַשֵּׁנִי conj.-prep.-def.art.-n.m.s. (398)-def.art.-num. ord. (1041) *and on the second day*

תַּקְרִיב Hi. impf. 2 m.s. (קָרַב 897) *you shall offer*

שְׂעִיר־עִזִּים n.m.s. cstr. (972)-n.f.p. (777) *a he-goat*

תָּמִים adj. m.s. (1071) *without blemish*

לְחַטָּאת prep.-n.f.s. (308) *for a sin offering*

וְחִטְּאוּ conj.-Pi. pf. 3 c.p. (חָטָא 306) *and they shall cleanse*

אֶת־הַמִּזְבֵּחַ dir.obj.-def.art.-n.m.s. (258) *the altar*

כַּאֲשֶׁר חִטְּאוּ prep.-rel. (81)-v.supra *as it was cleansed*

בַּפָּר prep.-def.art.-n.m.s. paus. (830) *with the bull*

43:23

בְּכַלּוֹתְךָ prep.-Pi. inf.cstr.-2 m.s. sf. (477) כָּלָה *when you have finished*

מֵחַטֵּא prep.-Pi. inf.cstr. (חָטָא 306) *cleansing it*

תַּקְרִיב Hi. impf. 2 m.s. (קָרַב 897) *you shall offer*

פַּר בֶּן־בָּקָר n.m.s. (830)-n.m.s. cstr. (119)-n.m.s. (133) *a bull*

תָּמִים adj. m.s. (1071) *without blemish*

וְאַיִל conj.-n.m.s. (17) *and a ram*

מִן־הַצֹּאן prep.-def.art.-n.f.s. (838) *from the flock*

תָּמִים v.supra *without blemish*

43:24

וְהִקְרַבְתָּם conj.-Hi. pf. 2 m.s.-3 m.p. sf. (קָרַב 897) *you shall present them*

לִפְנֵי יהוה prep.-n.m.p. cstr. (815)-pr.n. (217) *before Yahweh*

וְהִשְׁלִיכוּ conj.-Hi. pf. 3 c.p. (שָׁלַךְ 1020) *and shall sprinkle*

הַכֹּהֲנִים def.art.-n.m.p. (463) *the priests*

עֲלֵיהֶם prep.-3 m.p. sf. *upon them*

מֶלַח n.m.s. (571) *salt*

וְהֶעֱלוּ conj.-Hi. pf. 3 c.p. (עָלָה 748) *and offer up*

אוֹתָם dir.obj.-3 m.p. sf. *them*

עֹלָה n.f.s. (750) *as a burnt offering*

לַיהוָה prep.-pr.n. (217) *to Yahweh*

43:25

שִׁבְעַת יָמִים num. f.s. cstr. (988)-n.m.p. (398) *for seven days*

תַּעֲשֶׂה Qal impf. 2 m.s. (עָשָׂה 793) *you shall provide*

שְׂעִיר־ n.m.s. cstr. (972) *a goat for*

חַטָּאת n.f.s. (308) *a sin offering*

לַיּוֹם prep.-def.art.-n.m.s. (398) *daily*

וּפַר בֶּן־בָּקָר conj.-n.m.s. (830)-n.m.s. cstr. (119)-n.m.s. (133) *also a bull*

וְאַיִל conj.-n.m.s. (17) *and a ram*

מִן־הַצֹּאן prep.-def.art.-n.f.s. (838) *from the flock*

תְּמִימִים adj. m.p. (1071) *without blemish*

יַעֲשׂוּ Qal impf. 3 m.p. (עָשָׂה 793) *shall be provided*

43:26

שִׁבְעַת יָמִים num. f. cstr. (988)-n.m.p. (398) *seven days*

יְכַפְּרוּ Pi. impf. 3 m.p. (כָּפַר 497) *shall they make atonement*

אֶת־הַמִּזְבֵּחַ dir.obj.-def.art.-n.m.s. (258) *for the altar*

וְטִהֲרוּ conj.-Pi. pf. 3 c.p. (טָהֵר 372) *and purify*

אֹתוֹ dir.obj.-3 m.s. sf. *it*

וּמִלְאוּ יָדָו conj.-Pi. pf. 3 c.p. (מָלֵא 569)-n.f.p.-3 m.s. sf. (388) *and so consecrate it*

43:27

וִיכַלּוּ conj.-Pi. impf. 3 m.p. (כָּלָה 477) *and when they have completed*

אֶת־הַיָּמִים dir.obj.-def.art.-n.m.p. (398) *these days*

וְהָיָה conj.-Qal pf. 3 m.s. (224) *(it shall be) then*

בַּיּוֹם הַשְּׁמִינִי prep.-def.art.-n.m.s. (398)-def.art.-num. ord. (1033) *from the eighth day*

וָהָלְאָה conj.-adv. (229) *onward*

יַעֲשׂוּ Qal impf. 3 m.p. (עָשָׂה 793) *shall offer*

הַכֹּהֲנִים def.art.-n.m.p. (463) *the priests*

עַל־הַמִּזְבֵּחַ prep.-def.art.-n.m.s. (258) *upon the altar*

אֶת־עוֹלוֹתֵיכֶם dir.obj.-n.f.p.-2 m.p. sf. (750) *your burnt offerings*

וְאֶת־שַׁלְמֵיכֶם conj.-dir.obj.-n.m.p.-2 m.p. sf. (1023) *and your peace offerings*

וְרָצִאתִי conj.-Qal pf. 1 c.s. (רָצָא 953; GK 75rr) *and I will accept*

אֶתְכֶם dir.obj.-2 m.p. sf. *you*

נְאֻם n.m.s. cstr. (610) *says*

אֲדֹנָי יהוה n.m.p.-1 c.s. sf. (10)-pr.n. (217) *the Lord Yahweh*

44:1

וַיָּשֶׁב consec.-Hi. impf. 3 m.s. (שׁוּב 996) *Then he brought back*

אֹתִי dir.obj.-1 c.s. sf. *me*

דֶּרֶךְ שַׁעַר n.m.s. cstr. (202)-n.m.s. cstr. (1044) *to the gate of*

הַמִּקְדָּשׁ def.art.-n.m.s. (874) *the sanctuary*

הַחִיצוֹן def.art.-adj. m.s. (300) *the outer*

הַפֹּנֶה קָדִים def.art.-Qal act.ptc. (פָּנָה 815) –n.m.s. (870) *which faces east*

וְהוּא conj.-pers.pr. 3 m.s. (214) *and it*

סָגוּר Qal pass.ptc. (688) *was shut*

664

44:2

וַיֹּאמֶר אֵלַי consec.-Qal impf. 3 m.s. (55)-prep.-1 c.s. sf. *And said to me*

יְהוָה pr.n. (217) *Yahweh*

הַשַּׁעַר הַזֶּה def.art.-n.m.s. (1044)-def.art.-demons.adj. m.s. (260) *this gate*

סָגוּר Qal pass.ptc. (688) *shut*

יִהְיֶה Qal impf. 3 m.s. (הָיָה 224) *shall remain*

לֹא יִפָּתֵחַ neg.-Ni. impf. 3 m.s. (פָּתַח 834) *it shall not be opened*

וְאִישׁ conj.-n.m.s. (35) *and one*

לֹא־יָבֹא neg.-Qal impf. 3 m.s. (בּוֹא 97) *shall not enter*

בּוֹ prep.-3 m.s. sf. *it*

כִּי יְהוָה conj. (471)-pr.n. (217) *for Yahweh*

אֱלֹהֵי־יִשְׂרָאֵל n.m.p. cstr. (43)-pr.n. (975) *the God of Israel*

בָּא בוֹ Qal pf. 3 m.s. (בּוֹא 97)-v.supra *has entered by it*

וְהָיָה סָגוּר conj.-Qal pf. 3 m.s. (224)-v.supra *therefore it shall remain shut*

44:3

אֶת־הַנָּשִׂיא dir.obj. (84; GK 117m)-def.art.-n.m.s. (672) *only the prince*

נָשִׂיא הוּא v.supra-pers.pr. 3 m.s. (214) *the prince himself*

יֵשֶׁב־בּוֹ Qal impf. 3 m.s. (יָשַׁב 442)-prep.-3 m.s. sf. *may sit in it*

לֶאֱכוֹל־לֶחֶם prep.-Qal inf.cstr. (אָכַל 37)-n.m.s. (536) *to eat bread*

לִפְנֵי יְהוָה prep.-n.m.p. cstr. (815)-pr.n. (217) *before Yahweh*

מִדֶּרֶךְ אֻלָם prep.-n.m.s. cstr. (202)-n.m.s. cstr. (19) *by way of the vestibule of*

הַשַּׁעַר def.art.-n.m.s. (1044) *the gate*

יָבוֹא Qal impf. 3 m.s. (בּוֹא 97) *he shall enter*

וּמִדַּרְכּוֹ conj.-prep.-n.m.s.-3 m.s. sf. (202) *and by the same way*

יֵצֵא Qal impf. 3 m.s. (יָצָא 422) *he shall go out*

44:4

וַיְבִיאֵנִי consec.-Hi. impf. 3 m.s.-1 c.s. sf. (בּוֹא 97) *then he brought me*

דֶּרֶךְ־שַׁעַר n.m.s. cstr. (202)-n.m.s. cstr. (1044) *by way of the ... gate*

הַצָּפוֹן def.art.-n.f.s. (860) *north*

אֶל־פְּנֵי־הַבַּיִת prep. (39)-n.m.p. cstr. (815)-def.art.-n.m.s. (108) *to the front of the temple*

וָאֵרֶא consec.-Qal impf. 1 c.s. (רָאָה 906) *and I looked*

וְהִנֵּה conj.-demons.part. (243) *and behold*

מָלֵא Qal pf. 3 m.s. (569) *filled*

כְּבוֹד־יְהוָה n.m.s. cstr. (458)-pr.n. (217) *the glory of Yahweh*

אֶת־בֵּית יְהוָה dir.obj.-n.m.s. cstr. (108)-v.supra *the temple of Yahweh*

וָאֶפֹּל consec.-Qal impf. 1 c.s. (נָפַל 656) *and I fell*

אֶל־פָּנָי prep. (39)-n.m.p.-1 c.s. sf. paus. (815) *upon my face*

44:5

וַיֹּאמֶר אֵלַי consec.-Qal impf. 3 m.s. (55)-prep.-1 c.s. sf. *and ... said to me*

יְהוָה pr.n. (217) *Yahweh*

בֶּן־אָדָם n.m.s. cstr. (119)-n.m.s. (9) *Son of man*

שִׂים לִבְּךָ Qal impv. 2 m.s. (שׂום 962)-n.m.s.-2 m.s. sf. (524) *mark well*

וּרְאֵה conj.-Qal impv. 2 m.s. (906) *and see*

בְעֵינֶיךָ prep.-n.f.p.-2 m.s. sf. (744) *with your eyes*

וּבְאָזְנֶיךָ conj.-prep.-n.f. du.-2 m.s. sf. (23) *and with your ears*

שְׁמָע Qal impv. 2 m.s. paus. (1033) *hear*

אֵת כָּל־אֲשֶׁר dir.obj.-n.m.s. (481)-rel. (81) *all that*

אֲנִי מְדַבֵּר pers.pr. 1 c.s. (58)-Pi. ptc. (180) *I shall tell*

אֹתָךְ dir.obj.-2 m.s. sf. paus. *you*

לְכָל־חֻקּוֹת prep.-n.m.s. cstr. (481)-n.f.p. cstr. (349) *concerning all the ordinances of*

בֵּית־יְהוָה n.m.s. cstr. (108)-pr.n. (217) *the temple of Yahweh*

וּלְכָל־תּוֹרֹתָו conj.-prep.-n.m.s. cstr. (481)-n.f.p.-3 m.s. sf. (435) *and all its laws*

וְשַׂמְתָּ לִבְּךָ conj.-Qal pf. 2 m.s. (שׂום 962)-n.m.s.-2 m.s. sf. (524) *and mark well*

לִמְבוֹא הַבַּיִת prep.-n.m.s. cstr. (99)-def.art.-n.m.s. (108) *to the entrance of the temple*

בְּכֹל מוֹצָאֵי prep.-n.m.s. cstr. (481)-n.m.p. cstr. (425) *to all of the exits of*

הַמִּקְדָּשׁ def.art.-n.m.s. (874) *the sanctuary*

44:6

וְאָמַרְתָּ conj.-Qal pf. 2 m.s. (55) *and you shall say*

אֶל־מֶרִי prep. (39)-n.m.s. paus. (598) *to the rebellious*

אֶל־בֵּית יִשְׂרָאֵל prep.-n.m.s. cstr. (108)-pr.n. (975) *to the house of Israel*

כֹּה אָמַר adv. (462)-Qal pf. 3 m.s. (55) *Thus says*

אֲדֹנָי יְהוָה n.m.p.-1 c.s. sf. (10)-pr.n. (217) *the Lord Yahweh*

רַב־לָכֶם adj. m.s. (912)-prep.-2 m.p. sf. *enough to you*

מִכָּל־ prep.-n.m.s. cstr. (481) *of all*

תּוֹעֲבוֹתֵיכֶם n.f.p.-2 m.p. sf. (1072) *your abominations*

בֵּית יִשְׂרָאֵל v.supra-v.supra *O house of Israel*

44:7

בַּהֲבִיאֲכֶם prep.-Hi. inf.cstr.-2 m.p. sf. (97) *in admitting*

בְּנֵי־נֵכָר n.m.p. cstr. (119)-n.m.s. (648) *foreigners*

עַרְלֵי־לֵב adj. m.p. cstr. (790)-n.m.s. (524) *uncircumcised in heart*

וְעַרְלֵי בָשָׂר conj.-v.supra-n.m.s. (142) *and uncircumcised in flesh*

לִהְיוֹת prep.-Qal inf.cstr.(הָיָה 224) *to be*

בְּמִקְדָּשִׁי prep.-n.m.s.-1 c.s. sf. (874) *in my sanctuary*

לְחַלְּלוֹ prep.-Pi. inf.cstr.-3 m.s. sf. (חָלַל 320) *profaning it*

אֶת־בֵּיתִי dir.obj.-n.m.s.-1 c.s. sf. (108) *my temple*

בְּהַקְרִיבְכֶם prep.-Hi. inf.cstr.-2 m.p. sf. (קָרַב 897) *when you offer*

אֶת־לַחְמִי dir.obj.-n.m.s.-1 c.s. sf. (536) *my food*

חֵלֶב וָדָם n.m.s. (316)-conj.-n.m.s. (196) *the fat and the blood*

וַיָּפֵרוּ consec.-Hi. impf. 3 m.p. (פָּרַר 830) *they have broken*

אֶת־בְּרִיתִי dir.obj.-n.f.s.-1 c.s. sf. (136) *my covenant*

אֶל כָּל־תּוֹעֲבוֹתֵיכֶם prep. (39)-n.m.s. cstr. (481)-n.f.p.-2 m.p. sf. (1072) *to all your abominations*

44:8

וְלֹא שְׁמַרְתֶּם conj.-neg.-Qal pf. 2 m.p. (1036) *And you have not kept*

מִשְׁמֶרֶת n.f.s. cstr. (1038) *charge of*

קָדָשָׁי n.m.p.-1 c.s. sf. paus. (871) *my holy things*

וַתְּשִׂימוּן consec.-Qal impf. 2 m.p. (שׂוֹם 962; GK 58g) *but you have set (foreigners)*

לְשֹׁמְרֵי prep.-Qal act.ptc. m.p. cstr. (1036) *to keep*

מִשְׁמַרְתִּי n.f.s.-1 c.s. sf. (1038) *my charge*

בְּמִקְדָּשִׁי prep.-n.m.s.-1 c.s. sf. (874) *in my sanctuary*

לָכֶם prep.-2 m.p. sf. *for yourself* (some rd. לָכֵן *as therefore*)

44:9

כֹּה אָמַר adv. (462)-Qal pf. 3 m.s. (55) *Thus says*

אֲדֹנָי יהוה n.m.p.-1 c.s. sf. (10)-pr.n. (217) *the Lord Yahweh*

כָּל־בֶּן־נֵכָר n.m.s. cstr. (481)-n.m.s. cstr. (119)-n.m.s. (648) *any foreigner*

עֶרֶל לֵב adj. m.s. cstr. (790; GK 93hh)-n.m.s. (524) *uncircumcised in heart*

וְעֶרֶל בָּשָׂר conj.-v.supra-n.m.s. (142) *and flesh*

לֹא יָבוֹא neg.-Qal impf. 3 m.s. (בּוֹא 97) *shall not enter*

אֶל־מִקְדָּשִׁי prep. (39)-n.m.s.-1 c.s. sf. (874) *my sanctuary*

לְכָל־בֶּן־נֵכָר prep. (GK 143e)-n.m.s. cstr. (481)-v.supra-v.supra *of all the foreigners*

אֲשֶׁר בְּתוֹךְ rel. (81)-prep.-n.m.s. cstr. (1063) *who are among*

בְּנֵי יִשְׂרָאֵל n.m.p. cstr. (119)-pr.n. (975) *the people of Israel*

44:10

כִּי אִם־הַלְוִיִּם conj.-hypoth.part. (49)-def.art.-n.m.p. (532) *But the Levites*

אֲשֶׁר רָחֲקוּ rel. (81)-Qal pf. 3 c.p. (רָחַק 934) *who went far*

מֵעָלַי prep.-1 c.s. sf. (751) *from me*

בִּתְעוֹת prep.-Qal inf.cstr. (תָּעָה 1073) *when ... went astray*

יִשְׂרָאֵל pr.n. (975) *Israel*

אֲשֶׁר תָּעוּ v.supra-Qal pf. 3 c.p. (תָּעָה 1073) *going astray*

מֵעָלַי v.supra *from me*

אַחֲרֵי גִּלּוּלֵיהֶם prep. cstr. (29)-n.m.p.-3 m.p. sf. (165) *after their idols*

וְנָשְׂאוּ conj.-Qal pf. 3 c.p. (נָשָׂא 669) *shall bear*

עֲוֺנָם n.m.s.-3 m.p. sf. (730) *their punishment*

44:11

וְהָיוּ conj.-Qal pf. 3 c.p. (הָיָה 224) *they shall be*

בְּמִקְדָּשִׁי prep.-n.m.s.-1 c.s. sf. (874) *in my sanctuary*

מְשָׁרְתִים Pi. ptc. m.p. (1058) *ministers*

פְּקֻדּוֹת n.f.p. cstr. (824) *having oversight*

אֶל־שַׁעֲרֵי prep. (39)-n.m.p. cstr. (1044) *at the gates of*

הַבַּיִת def.art.-n.m.s. (108) *the temple*

וּמְשָׁרְתִים conj.-v.supra *and serving*

אֶת־הַבַּיִת dir.obj.-def.art.-n.m.s. paus. (108) *in the temple*

הֵמָּה יִשְׁחֲטוּ pers.pr. 3 m.p. (241)-Qal impf. 3 m.p. (שָׁחַט 1006) *they shall slay*

אֶת־הָעֹלָה dir.obj.-def.art.-n.f.s. (750) *the burnt offering*

וְאֶת־הַזֶּבַח conj.-dir.obj.-def.art.-n.m.s. (257) *and the sacrifice*

לָעָם prep.-def.art.-n.m.s. (766) *for the people*

וְהֵמָּה יַעַמְדוּ conj.-v.supra-Qal impf. 3 m.p. (763 עָמַד) *and they shall attend (stand)*

לִפְנֵיהֶם prep.-n.m.p.-3 m.p. sf. (815) *before them*

לְשָׁרְתָם prep.-Pi. inf.cstr.-3 m.p. sf. (שָׁרַת 1058) *to serve them*

44:12

יַעַן אֲשֶׁר conj. (774)-rel. (81) *because*

יְשָׁרְתוּ Pi. impf. 3 m.p. (שָׁרַת 1058; GK 112eN) *they ministered*

אוֹתָם dir.obj.-3 m.p. sf. *to them*

לִפְנֵי גִלּוּלֵיהֶם prep.-n.m.p. cstr. (815)-n.m.p.-3 m.p. sf. (165) *before their idols*

וְהָיוּ conj.-Qal pf. 3 c.p. (הָיָה 224; GK 112eN) *and became*

לְבֵית־יִשְׂרָאֵל prep.-n.m.s. cstr. (108)-pr.n. (975) *to the house of Israel*

לְמִכְשׁוֹל prep.-n.m.s. cstr. (506) *a stumbling block of*

עָוֹן n.m.s. (730) *iniquity*

עַל־כֵּן conj.-adv. (465) *therefore*

נָשָׂאתִי יָדִי Qal pf. 1 c.s. (נָשָׂא 669)-n.f.s.-1 c.s. sf. (388) *I have sworn*

עֲלֵיהֶם prep.-3 m.p. sf. (752) *concerning them*

נְאֻם n.m.s. cstr. (610) *says*

אֲדֹנָי יהוה n.m.p.-1 c.s. sf. (10)-pr.n. (217) *the Lord Yahweh*

וְנָשְׂאוּ conj.-Qal pf. 3 c.p. (נָשָׂא 669) *that they shall bear*

עֲוֹנָם n.m.s.-3 m.p. sf. (730) *their punishment*

44:13

וְלֹא־יִגְּשׁוּ conj.-neg.-Qal impf. 3 m.p. (נָגַשׁ 620) *they shall not come near*

אֵלַי prep.-1 c.s. sf. (39) *to me*

לְכַהֵן לִי prep.-Pi. inf.cstr. (464)-prep.-1 c.s. sf. *to serve me as priest*

וְלָגֶשֶׁת conj.-prep.-Qal inf.cstr. (נָגַשׁ 620) *nor come near*

עַל־כָּל־קָדָשַׁי prep. (752)-n.m.s. cstr. (481)-n.m.p.-1 c.s. sf. (871) *any of my sacred things*

אֶל־קָדְשֵׁי הַקֳּדָשִׁים prep. (39)-n.m.p. cstr. (871)-def.art.-n.m.p. (871) *and the things that are most sacred*

וְנָשְׂאוּ conj.-Qal pf. 3 c.p. (נָשָׂא 669) *but they shall bear*

כְּלִמָּתָם n.f.s.-3 m.p. sf. (484) *their shame*

וְתוֹעֲבוֹתָם conj.-n.f.p.-3 m.p. sf. (1072) *because of the abominations*

אֲשֶׁר עָשׂוּ rel. (81)-Qal pf. 3 c.p. (עָשָׂה 793) *which they have committed*

44:14

וְנָתַתִּי conj.-Qal pf. 1 c.s. (נָתַן 678) *Yet I will appoint*

אוֹתָם dir.obj.-3 m.p. sf. *them*

שֹׁמְרֵי Qal act.ptc. m.p. cstr. (1036) *to keep*

מִשְׁמֶרֶת n.f.s. cstr. (1038) *charge of*

הַבָּיִת def.art.-n.m.s. paus. (108) *the temple*

לְכֹל עֲבֹדָתוֹ prep.-n.m.s. cstr. (481)-n.f.s.-3 m.s. sf. (715) *to do all its service*

וּלְכֹל אֲשֶׁר conj.-v.supra-rel. (81) *and all that*

יֵעָשֶׂה בּוֹ Ni. impf. 3 m.s. (עָשָׂה 793)-prep.-3 m.s. sf. *is to be done in it*

44:15

וְהַכֹּהֲנִים conj.-def.art.-n.m.p. (463) *But the priests*

הַלְוִיִּם def.art.-adj. gent. m.p. (532) *Levitical*

בְּנֵי צָדוֹק n.m.p. cstr. (108)-pr.n. (843) *the sons of Zadok*

אֲשֶׁר שָׁמְרוּ rel. (81)-Qal pf. 3 c.p. (1036) *who kept*

אֶת־מִשְׁמֶרֶת dir.obj.-n.f.s. cstr. (1038) *the charge of*

מִקְדָּשִׁי n.m.s.-1 c.s. sf. (874) *my sanctuary*

בִּתְעוֹת prep.-Qal inf.cstr. (תָּעָה 1073) *when ... went astray*

בְּנֵי־יִשְׂרָאֵל n.m.p. cstr. (119)-pr.n. (975) *the people of Israel*

מֵעָלַי prep.-prep.-1 c.s. sf. *from me*

הֵמָּה יִקְרְבוּ pers.pr. 3 m.p. (241)-Qal impf. 3 m.p. (קָרַב 897) *they shall come near*

אֵלַי prep.-1 c.s. sf. (39) *to me*

לְשָׁרְתֵנִי prep.-Pi. inf.cstr.-1 c.s. sf. (שָׁרַת 1058) *to minister to me*

וְעָמְדוּ conj.-Qal pf. 3 c.p. (763) *and they shall attend*

לְפָנַי prep.-n.m.p.-1 c.s. sf. (815) *on me*

לְהַקְרִיב לִי prep.-Hi. inf.cstr. (קָרַב 897)-prep.-1 c.s. sf. *to offer me*

חֵלֶב וָדָם n.m.s. (316)-conj.-n.m.s. (196) *the fat and the blood*

נְאֻם n.m.s. cstr. (610) *says*

אֲדֹנָי יהוה n.m.p.-1 c.s. sf. (10)-pr.n. (217) *the Lord Yahweh*

44:16

הֵמָּה יָבֹאוּ pers.pr. 3 m.p. (241)-Qal impf. 3 m.p. (בּוֹא 97) *they shall enter*

אֶל־מִקְדָּשִׁי prep. (39)-n.m.s.-1 c.s. sf. (874) *my sanctuary*

וְהֵמָּה יִקְרְבוּ conj.-v.supra-Qal impf. 3 m.p. (קָרַב 897) *and they shall approach*

אֶל־שֻׁלְחָנִי prep. (39)-n.m.s.-1 c.s. sf. (1020) *my table*

לְשָׁרְתֵנִי prep.-Pi. inf.cstr.-1 c.s. sf. (שָׁרַת 1058) *to minister to me*

וְשָׁמְרוּ conj.-Qal pf. 3 c.p. (1036) *and they shall keep*

אֶת־מִשְׁמַרְתִּי dir.obj.-n.f.s.-1 c.s. sf. (1038) *my charge*

44:17

וְהָיָה conj.-Qal pf. 3 m.s. (224) *(and it will be)*

בְּבוֹאָם prep.-Qal inf.cstr.-3 m.p. sf. (בּוֹא 97) *when they enter*

אֶל־שַׁעֲרֵי prep. (39)-n.m.p. cstr. (1044) *the gates of*

הֶחָצֵר הַפְּנִימִית def.art.-n.f.s. (346)-def.art.-adj. f.s. (819) *the inner court*

בִּגְדֵי פִשְׁתִּים n.m.p. cstr. (93)-n.m.p. (833) *linen garments*

יִלְבָּשׁוּ Qal impf. 3 m.p. paus. (לָבַשׁ 527) *they shall wear*

וְלֹא־יַעֲלֶה conj.-neg.-Qal impf. 3 m.s. (עָלָה 748) *and one shall not have*

עֲלֵיהֶם prep.-3 m.p. sf. (752) *on them*

צֶמֶר n.m.s. (856) *wool*

בְּשָׁרְתָם prep.-Pi. inf.cstr.-3 m.p. sf. (שָׁרַת 1058) *while they minister*

בְּשַׁעֲרֵי prep.-n.m.p. cstr. (1044) *at the gates of*

הֶחָצֵר הַפְּנִימִית v.supra-v.supra *the inner court*

וָבָיְתָה conj.-n.m.s.-dir.he (108) *and within*

44:18

פַּאֲרֵי פִשְׁתִּים n.m.p. cstr. (802)-n.m.p. (833) *linen turbans*

יִהְיוּ Qal impf. 3 m.p. (הָיָה 224) *they shall have*

עַל־רֹאשָׁם prep. (752)-n.m.s.-3 m.p. sf. (910) *upon their heads*

וּמִכְנְסֵי conj.-n.m. du. cstr. (488) *and ... breeches*

פִשְׁתִּים v.supra *linen*

יִהְיוּ v.supra *they shall have*

עַל־מָתְנֵיהֶם v.supra-n.m. du.-3 m.p. sf. (608) *upon their loins*

לֹא יַחְגְּרוּ neg.-Qal impf. 3 m.p. (חָגַר 291) *they shall not gird themselves*

בַּיָּזַע prep.-def.art.-n.m.s. paus. (402) *with anything that causes sweat*

44:19

וּבְצֵאתָם conj.-prep.-Qal inf.cstr.-3 m.p. sf. (יָצָא 422) *and when they go out*

אֶל־הֶחָצֵר prep. (39)-def.art.-n.f.s. (346) *into the ... court*

הַחִיצוֹנָה def.art.-adj. f.s. (300) *outer*

אֶל־הֶחָצֵר v.supra-v.supra *into the ... court*

הַחִיצוֹנָה v.supra *outer*

אֶל־הָעָם prep. (39)-def.art.-n.m.s. (766) *to the people*

יִפְשְׁטוּ Qal impf. 3 m.p. (פָּשַׁט 832) *they shall put off*

אֶת־בִּגְדֵיהֶם dir.obj.-n.m.p.-3 m.p. sf. (93) *their garments*

אֲשֶׁר־הֵמָּה rel. (81)-pers.pr. 3 m.p. (241) *which they*

מְשָׁרְתִם Pi. ptc. m.p. (שָׁרַת 1058) *have been ministering*

בָּם prep.-3 m.p. sf. *in them*

וְהִנִּיחוּ conj.-Hi. pf. 3 c.p. (נוח 628) *and lay*

אוֹתָם dir.obj.-3 m.p. sf. *them*

בְּלִשְׁכֹת prep.-n.f.p. cstr. (545) *in the chambers of*

הַקֹּדֶשׁ def.art.-n.m.s. (871) *holiness*

וְלָבְשׁוּ conj.-Qal pf. 3 c.p. (527) *and they shall put on*

בְּגָדִים אֲחֵרִים n.m.p. (93)-adj. m.p. (29) *other garments*

וְלֹא־יְקַדְּשׁוּ conj.-neg.-Pi. impf. 3 m.p. (קָדַשׁ 872) *lest they communicate holiness*

אֶת־הָעָם dir.obj.-def.art.-n.m.s. (766) *to the people*

בְּבִגְדֵיהֶם prep.-n.m.p.-3 m.p. sf. (93) *with their garments*

44:20

וְרֹאשָׁם conj.-n.m.s.-3 m.p. sf. (910) *their heads*

לֹא יְגַלֵּחוּ neg.-Pi. impf. 3 m.p. (גָּלַח 164) *they shall not shave*

וּפֶרַע conj.-n.m.s. (828) *or long hair*

לֹא יְשַׁלֵּחוּ neg.-Pi. impf. 3 m.p. (שָׁלַח 1018) *they shall not grow (long)*

כָּסוֹם יִכְסְמוּ Qal inf.abs. (כָּסַם 493)-Qal impf. 3 m.p. (393) *they shall by all means clip*

אֶת־רָאשֵׁיהֶם dir.obj.-n.m.p.-3 m.p. sf. (910) *their heads*

44:21

וְיַיִן conj.-n.m.s. (406) *and wine*

לֹא־יִשְׁתּוּ neg.-Qal impf. 3 m.p. (שָׁתָה 1059) *shall not drink*

כָּל־כֹּהֵן n.m.s. cstr. (481)-n.m.s. (463) *every priest*

בְּבוֹאָם prep.-Qal inf.cstr.-3 m.p. sf. (בּוֹא 97) *when he enters*

אֶל־הֶחָצֵר הַפְּנִימִית prep.(39)-def.art.-n.f.s. (346)-def.art.-adj. f.s. (819) *the inner court*

44:22

וְאַלְמָנָה conj.-n.f.s. (48) *and a widow*

וּגְרוּשָׁה conj.-Qal pass.ptc. f.s. (גָּרַשׁ 176) *or a divorced woman*

לֹא־יִקְחוּ לָהֶם neg.-Qal impf. 3 m.p. (לָקַח 542)-prep.-3 m.p. sf. *they shall not marry (take)*

לְנָשִׁים prep.-n.f.p. (61) *for wives*

כִּי אִם conj.-hypoth.part. (49) *but only*

בְּתוּלֹת n.f.p. (143) *virgins*

מִזֶּרַע prep.-n.m.s. cstr. (282) *of the stock of*

בֵּית יִשְׂרָאֵל n.m.s. cstr. (108)-pr.n. (975) *the house of Israel*

וְהָאַלְמָנָה conj.-def.art.-n.f.s. (48) *or a widow*

אֲשֶׁר תִּהְיֶה rel. (81)-Qal impf. 3 f.s. (הָיָה 224) *who is*

אַלְמָנָה n.f.s. (48) *a widow*

מִכֹּהֵן prep.-n.m.s. (463) *of a priest*

יִקָּחוּ Qal impf. 3 m.p. paus. (לָקַח 542) *they shall take*

44:23

וְאֶת־עַמִּי conj.-dir.obj.-n.m.s.-1 c.s. sf. (766) *my people*

יוֹרוּ Hi. impf. 3 m.p. (יָרָה 434) *they shall teach*

בֵּין קֹדֶשׁ prep. (107)-n.m.s. (871) *between the holy*

לְחֹל prep.-n.m.s. (320) *and the common*

וּבֵין־טָמֵא conj.-prep. (107)-adj. m.s. (379) *and between the unclean*

לְטָהוֹר prep.-adj. m.s. (373) *and the clean*

יוֹדִעֻם Hi. impf. 3 m.p.-3 m.p. sf. (יָדַע 393) *they shall show them how to distinguish*

44:24

וְעַל־רִיב conj.-prep. (752)-n.m.s. (936) *in a controversy*

הֵמָּה יַעַמְדוּ pers.pr. 3 m.p. (241)-Qal impf. 3 m.p. (עָמַד 763) *they shall act*

לְשָׁפֹט prep.-Qal inf.cstr. (?)(1047) *to judge*

בְּמִשְׁפָּטַי prep.-n.m.p.-1 c.s. sf. (1048) *according to my judgments*

וְשָׁפְטֻהוּ rd. as יִשְׁפְּטֻהוּ Qal impf. 3 m.p.-3 m.s. sf. (שָׁפַט 1047) *they shall judge it*

וְאֶת־תּוֹרֹתַי conj.-dir.obj.-n.f.p.-1 c.s. sf. (435) *and my laws*

וְאֶת־חֻקֹּתַי conj.-dir.obj.-n.f.p.-1 c.s. sf. (349) *and my statutes*

בְּכָל־מוֹעֲדַי prep.-n.m.s. cstr. (481)-n.m.p.-1 c.s. sf. (417) *in all my appointed feasts*

יִשְׁמֹרוּ Qal impf. 3 m.p. (1036) *they shall keep*

וְאֶת־שַׁבְּתוֹתַי conj.-dir.obj.-n.f.p.-1 c.s. sf. (992) *and my sabbaths*

יְקַדֵּשׁוּ Pi. impf. 3 m.p. (872) *they shall keep holy*

44:25

וְאֶל־מֵת אָדָם conj.-prep. (39)-Qal act.ptc. (מוּת 559)-n.m.s. (9) *to a dead person*

לֹא יָבוֹא neg.-Qal impf. 3 m.s. (בּוֹא 97) *they shall not come (near)*

לְטָמְאָה prep.-Qal inf.cstr. (טָמֵא 379) *to defile themselves*

כִּי אִם־לְאָב conj.-hypoth.part. (49)-prep.-n.m.s. (3) *however, for father*

וּלְאֵם conj.-prep.-n.f.s. (51) *or mother*

וּלְבֵן conj.-prep.-n.m.s. (119) *for son*

וּלְבַת conj.-prep.-n.f.s. (123) *or daughter*

לְאָח prep.-n.m.s. (26) *for brother*

וּלְאָחוֹת conj.-prep.-n.f.s. (27) *or sister*

אֲשֶׁר־לֹא הָיְתָה לְאִישׁ rel. (81)-neg.-Qal pf. 3 f.s. (הָיָה 224)-prep.-n.m.s. (35) *unmarried*

יִטַּמָּאוּ Hith. impf. 3 m.p. (טָמֵא 379) *they may defile themselves*

44:26

וְאַחֲרֵי טָהֳרָתוֹ conj.-prep. (29)-n.f.s.-3 m.s. sf. (372) *after he is cleansed*

שִׁבְעַת יָמִים num. f.s. cstr. (988)-n.m.p. (398) *seven days*

יִסְפְּרוּ־ Qal impf. 3 m.p. (707) *he shall count*

לוֹ prep.-3 m.s. sf. *for himself*

44:27

וּבְיוֹם conj.-prep.-n.m.s. cstr. (398) *and on the day that*

בֹּאוֹ Qal inf.cstr.-3 m.s. sf. (בּוֹא 97) *he goes*

אֶל־הַקֹּדֶשׁ prep. (39)-def.art.-n.m.s. (871) *into the holy place*

אֶל־הֶחָצֵר הַפְּנִימִית prep.-def.art.-n.f.s. (346)-def.art.-adj. f.s. (819) *into the inner court*

לְשָׁרֵת prep.-Pi. inf.cstr. (1058) *to minister*

בַּקֹּדֶשׁ prep.-def.art.-n.m.s. (871) *in the holy place*

יַקְרִיב Hi. impf. 3 m.s. (897) *he shall offer*

חַטָּאתוֹ n.f.s.-3 m.s. sf. (308) *his sin offering*

669

נְאֻם n.m.s. cstr. (610) *says*

אֲדֹנָי יהוה n.m.p.-1 c.s. sf. (10)-pr.n. (217) *the Lord Yahweh*

44:28

וְהָיְתָה conj.-Qal pf. 3 f.s. (הָיָה 224) *and it shall be* (Vulgate has neg.)

לָהֶם prep.-3 m.p. sf. *for them*

לְנַחֲלָה prep.-n.f.s. (635) *as an inheritance*

אֲנִי נַחֲלָתָם pers.pr. 1 c.s. (58)-n.f.s.-3 m.p. sf. (635) *I am their inheritance*

וַאֲחֻזָּה conj.-n.f.s. (28) *and a possession*

לֹא־תִתְּנוּ neg.-Qal impf. 2 m.p. (נָתַן 678) *you shall not give*

לָהֶם prep.-3 m.p. sf. *them*

בְּיִשְׂרָאֵל prep.-pr.n. (975) *in Israel*

אֲנִי אֲחֻזָּתָם v.supra-n.f.s.-3 m.p. sf. (28) *I am their possession*

44:29

הַמִּנְחָה def.art.-n.f.s. (585) *the cereal offering*

וְהַחַטָּאת conj.-def.art.-n.f.s. (308) *the sin offering*

וְהָאָשָׁם conj.-def.art.-n.m.s. (79) *and the guilt offering*

הֵמָּה pers.pr. 3 m.p. (241) *they*

יֹאכְלוּם Qal impf. 3 m.p.-3 m.p. sf. (37) *shall eat them*

וְכָל־חֵרֶם conj.-n.m.s. cstr. (481)-n.m.s. (356) *and every devoted thing*

בְּיִשְׂרָאֵל prep.-pr.n. (975) *in Israel*

לָהֶם prep.-3 m.p. sf. *theirs*

יִהְיֶה Qal impf. 3 m.s. (הָיָה 224) *shall be*

44:30

וְרֵאשִׁית conj.-n.f.s. cstr. (912) *and the first of*

כָּל־בִּכּוּרֵי n.m.s. cstr. (481)-n.m.p. cstr. (114) *all the first fruits of*

כֹל n.m.s. (481) *all kinds*

וְכָל־תְּרוּמַת conj.-n.m.s. cstr. (481)-n.f.s. cstr. (929) *and every offering of*

כֹּל v.supra *all kinds*

מִכֹּל תְּרוּמוֹתֵיכֶם prep.-n.m.s. cstr. (481)-n.f.p.-2 m.p. sf. (929) *from all your offerings*

לַכֹּהֲנִים prep.-def.art.-n.m.p. (463) *to the priests*

יִהְיֶה Qal impf. 3 m.s. (הָיָה 224) *shall belong*

וְרֵאשִׁית v.supra *and the first of*

עֲרִסוֹתֵיכֶם n.f.p.-2 m.p. sf. (791) *your coarse meals*

תִּתְּנוּ Qal impf. 2 m.p. (נָתַן 678) *you shall also give*

לַכֹּהֵן prep.-def.art.-n.m.s. (463) *to the priest*

לְהָנִיחַ prep.-Hi. inf.cstr. (נוּחַ 628) *that may rest*

בְּרָכָה n.f.s. (139) *a blessing*

אֶל־בֵּיתֶךָ prep. (39)-n.m.s.-2 m.s. sf. (108) *on your house*

44:31

כָּל־נְבֵלָה n.m.s. cstr. (481)-n.f.s. (615) *anything that has died*

וּטְרֵפָה conj.-n.f.s. (383) *or is animal torn*

מִן־הָעוֹף prep.-def.art.-n.m.s. (733) *whether bird*

וּמִן־הַבְּהֵמָה conj.-prep.-def.art.-n.f.s. (96) *or beast*

לֹא יֹאכְלוּ neg.-Qal impf. 3 m.p. (אָכַל 37) *shall not eat*

הַכֹּהֲנִים def.art.-n.m.p. (463) *the priests*

45:1

וּבְהַפִּילְכֶם conj.-prep.-Hi. inf.cstr.-2 m.p. sf. (נָפַל 656) *when you allot*

אֶת־הָאָרֶץ dir.obj.-def.art.-n.f.s. (75) *the land*

בְּנַחֲלָה prep.-n.f.s. (635) *as a possession*

תָּרִימוּ תְרוּמָה Hi. impf. 2 m.p. (רוּם 926)-n.f.s. (929) *you shall set apart an offering*

לַיהוה prep.-pr.n. (217) *to Yahweh*

קֹדֶשׁ n.m.s. (871) *a holy place*

מִן־הָאָרֶץ prep.-v.supra *of the land*

אֹרֶךְ n.m.s. cstr. (73) *a length of*

חֲמִשָּׁה וְעֶשְׂרִים num. f. (331)-conj.-num. p. (797) *twenty-five*

אֶלֶף n.m.s. (48) *thousand*

אֹרֶךְ n.m.s. (73) *long*

וְרֹחַב conj.-n.m.s. (931) *and breadth*

עֲשָׂרָה אָלֶף num. f. (796)-n.m.s. paus. (48) *ten thousand*

קֹדֶשׁ־הוּא n.m.s. (871)-pers.pr. 3 m.s. (214) *it shall be holy*

בְּכָל־גְּבוּלָהּ prep.-n.m.s. cstr. (481)-n.m.s.-3 f.s. sf. (147) *its whole extent*

סָבִיב adv. (686) *throughout*

45:2

יִהְיֶה מִזֶּה Qal impf. 3 m.s. (224)-prep.-demons. adj. m.s. (260) *of this shall be*

אֶל־הַקֹּדֶשׁ prep. (39)-def.art.-n.m.s. (871) *for the sanctuary*

חֲמֵשׁ מֵאוֹת num. (331)-n.f.p. (547) *five hundred*

בַּחֲמֵשׁ מֵאוֹת prep.-v.supra-v.supra *by five hundred*

מְרֻבָּע Pu. ptc. (רָבַע 917; GK 65d) *a square*

סָבִיב adv. (686) *around it*

וַחֲמִשִּׁים conj.-num. p. (332) *fifty*

אַמָּה n.f.s. (52) *cubits*

מִגְרָשׁ n.m.s. (177) *for an open space*

לוֹ סָבִיב prep.-3 m.s. sf.-v.supra *around it*

45:3

וּמִן־הַמִּדָּה הַזֹּאת conj.-prep.-def.art.-n.f.s. (551)
-def.art.-demons.adj. f.s. (260) *and from this
measure*

תָּמוֹד Qal impf. 2 m.s. (מָדַד 551) *you shall
measure off*

אֹרֶךְ n.m.s. cstr. (73) *long*

חֲמֵשׁ num. f. (331) *five*

וְעֶשְׂרִים conj.-num. p. (797) *and twenty*

אֶלֶף n.m.s. (48) *thousand*

וְרֹחַב conj.-n.m.s. cstr. (931) *broad*

עֲשֶׂרֶת num. f. (796) *ten*

אֲלָפִים n.m.p. (48) *thousand*

וּבוֹ־יִהְיֶה conj.-prep.-3 m.s. sf.-Qal impf. 3 m.s.
(224) *in which shall be*

הַמִּקְדָּשׁ def.art.-n.m.s. (874) *the sanctuary*

קֹדֶשׁ קָדָשִׁים n.m.s. cstr. (871)-n.m.p. (871) *the
most holy place*

45:4

קֹדֶשׁ n.m.s. (871) *the holy portion*

מִן־הָאָרֶץ prep.-def.art.-n.f.s. (75) *of the land*

הוּא pers.pr. 3 m.s. (214) *it*

לַכֹּהֲנִים prep.-def.art.-n.m.p. (463) *for the
priests*

מְשָׁרְתֵי Pi. ptc. m.p. cstr. (שָׁרַת 1058) *who
minister in*

הַמִּקְדָּשׁ def.art.-n.m.s. (874) *the sanctuary*

יִהְיֶה Qal impf. 3 m.s. (224) *shall be*

הַקְּרֵבִים def.art.-adj. m.p. (898) *and approach*

לְשָׁרֵת prep.-Pi. inf.cstr. (1058) *to minister*

אֶת־יְהוָה dir.obj.-pr.n. (217) *Yahweh*

וְהָיָה conj.-Qal pf. 3 m.s. (224) *and it shall be*

לָהֶם prep.-3 m.p. sf. *for them*

מָקוֹם n.m.s. (879) *a place*

לְבָתִּים prep.-n.m.p. (108) *for houses*

וּמִקְדָּשׁ conj.-n.m.s. (874) *and a holy place*

לַמִּקְדָּשׁ prep.-def.art.-n.m.s. (874) *for the
sanctuary*

45:5

וַחֲמִשָּׁה conj.-num. f. (331) *five*

וְעֶשְׂרִים conj.-num. p. (797) *and twenty*

אֶלֶף n.m.s. (48) *thousand*

אֹרֶךְ n.m.s. (73) *long*

וַעֲשֶׂרֶת conj.-num. f. (796) *and ten*

אֲלָפִים n.m.p. (48) *thousand*

רֹחַב n.m.s. (931) *broad*

יְהָיָה (Qere rd. וְהָיָה) conj.-Qal pf. 3 m.s. (224)
it shall be

לַלְוִיִּם prep.-def.art.-n.m.p. (532) *for the Levites*

מְשָׁרְתֵי Pi. ptc. m.p. cstr. (1058) *who minister at*

הַבָּיִת def.art.-n.m.s. (108) *the temple*

לָהֶם prep.-3 m.p. sf. *for them*

לַאֲחֻזָּה prep.-n.f.s. (28) *as possession*

עֶשְׂרִים num. p. (797) *twenty*

לְשָׁכֹת n.f.p. (545) *chambers*

45:6

וַאֲחֻזַּת conj.-n.f.s. cstr. (28) *and for the
possession of*

הָעִיר def.art.-n.f.s. (746) *the city*

תִּתְּנוּ Qal impf. 2 m.p. (נָתַן 678) *you shall assign*

חֲמֵשֶׁת num. f. cstr. (331) *five*

אֲלָפִים n.m.p. (48) *thousand*

רֹחַב n.m.s. (931) *broad*

וְאֹרֶךְ conj.-n.m.s. cstr. (73) *and long*

חֲמִשָּׁה num. f. (331) *five*

וְעֶשְׂרִים conj.-num. p. (797) *and twenty*

אֶלֶף n.m.s. (48) *thousand*

לְעֻמַּת prep.-n.f.s. cstr. as prep. (769) *alongside*

תְּרוּמַת n.f.s. cstr. (929) *portion set apart as*

הַקֹּדֶשׁ def.art.-n.m.s. (871) *the holy district*

לְכָל־ prep.-n.m.s. cstr. (481) *to the whole*

בֵּית יִשְׂרָאֵל n.m.s. cstr. (108)-pr.n. (975) *house of
Israel*

יִהְיֶה Qal impf. 3 m.s. (224) *it shall belong*

45:7

וְלַנָּשִׂיא conj.-prep.-def.art.-n.m.s. (672) *and to
the prince*

מִזֶּה וּמִזֶּה prep.-demons.adj. m.s.
(260)-conj.-v.supra *on both sides*

לִתְרוּמַת prep.-n.f.s. cstr. (929) *of the ... district*

הַקֹּדֶשׁ def.art.-n.m.s. (871) *holy*

וְלַאֲחֻזַּת conj.-prep.-n.f.s. cstr. (28) *and the
property of*

הָעִיר def.art.-n.f.s. (746) *the city*

אֶל־פְּנֵי prep. (39)-n.m.p. cstr. (815) *alongside of*

תְּרוּמַת־הַקֹּדֶשׁ v.supra-v.supra *the holy district*

וְאֶל־פְּנֵי conj.-v.supra-v.supra *and alongside of*

אֲחֻזַּת הָעִיר v.supra-v.supra *the property of the
city*

מִפְּאַת־יָם יָמָּה prep.-n.f.s. cstr. (802)-n.m.s.
(410)-n.m.s.-dir.he (410) *on the west*

וּמִפְּאַת קָדְמָה קָדִימָה conj.-v.supra-adv. (370)
-n.m.s.-loc.he (870) *and on the east*

וְאֹרֶךְ conj.-n.m.s. (73) *and corresponding in
length*

לְעֻמּוֹת prep.-n.f.p. cstr. as prep. (769) *alongside*

אַחַד הַחֲלָקִים num. cstr. (25)-def.art.-n.m.p. (324) *one of the portions*

מִגְּבוּל יָם prep.-n.m.s. cstr. (147)-n.m.s. (410) *from the west*

אֶל־גְּבוּל קָדִימָה prep. (39)-v.supra-n.m.s.-loc. he (870) *to the eastern boundary*

45:8

לָאָרֶץ prep.-def.art.-n.f.s. (75) *in regard to the land*

יִהְיֶה־לּוֹ Qal impf. 3 m.s. (224)-prep.-3 m.s. sf. *it is to be his*

לַאֲחֻזָּה prep.-n.f.s. (28) *property*

בְּיִשְׂרָאֵל prep.-pr.n. (975) *in Israel*

וְלֹא־יוֹנוּ conj.-neg.-Hi. impf. 3 m.p. (ינה 413) *and shall not oppress*

עוֹד adv. (728) *any more*

נְשִׂיאַי n.m.p.-1 c.s. sf. (672) *my princes*

אֶת־עַמִּי dir.obj.-n.m.s.-1 c.s. sf. (766) *my people*

וְהָאָרֶץ conj.-def.art.-n.f.s. (75) *but the land*

יִתְּנוּ Qal impf. 3 m.p. (נתן 678) *they shall let ... have*

לְבֵית־יִשְׂרָאֵל prep.-n.m.s. cstr. (108)-pr.n. (975) *the house of Israel*

לְשִׁבְטֵיהֶם prep.-n.m.p.-3 m.p. sf. (986) *according to their tribes*

45:9

כֹּה־אָמַר adv. (462)-Qal pf. 3 m.s. (55) *Thus says*

אֲדֹנָי יהוה n.m.p.-1 c.s. sf. (10)-pr.n. (217) *the Lord Yahweh*

רַב־לָכֶם adj. m.s. (912)-prep.-2 m.p. sf. *Enough (to you)*

נְשִׂיאֵי יִשְׂרָאֵל n.m.p. cstr. (672)-pr.n. (975) *O princes of Israel*

חָמָס וָשֹׁד n.m.s. (329)-conj.-n.m.s. (994) *violence and oppression*

הָסִירוּ Hi. impv. 2 m.p. (סור 693) *put away*

וּמִשְׁפָּט וּצְדָקָה conj.-n.m.s. (1048)-conj.-n.f.s. (842) *and justice and righteousness*

עֲשׂוּ Qal impv. 2 m.p. (עשׂה 793) *execute*

הָרִימוּ Hi. impv. 2 m.p. (רום 926) *cease (lift up, remove)*

גְּרֻשֹׁתֵיכֶם n.f.p.-2 m.p. sf. (177) *your evictions*

מֵעַל עַמִּי prep.-prep. (752)-n.m.s.-1 c.s. sf. (766) *of my people*

נְאֻם n.m.s. cstr. (610) *says*

אֲדֹנָי יהוה n.m.p.-1 c.s. sf. (10)-pr.n. (217) *the Lord Yahweh*

45:10

מֹאזְנֵי־צֶדֶק n.m. du. cstr. (24)-n.m.s. (841) *just balances*

וְאֵיפַת־צֶדֶק conj.-n.f.s. cstr. (35)-v.supra *and just ephah*

וּבַת־צֶדֶק conj.-n.m.s. cstr. (144)-v.supra *and a just bath*

יְהִי לָכֶם Qal impf. 3 m.s. apoc. (היה 224)-prep.-2 m.p. sf. *you shall have*

45:11

הָאֵיפָה def.art.-n.f.s. (35) *The ephah*

וְהַבַּת conj.-def.art.-n.m.s. (144) *and the bath*

תֹּכֶן אֶחָד n.m.s. (1067)-num. m.s. (25) *the same measure*

יִהְיֶה Qal impf. 3 m.s. (היה 224) *shall be*

לָשֵׂאת prep.-Qal inf.cstr. (נשׂא 669) *containing*

מַעְשַׂר n.m.s. cstr. (798) *one tenth of*

הַחֹמֶר def.art.-n.m.s. (33) *a homer*

הַבַּת def.art.-n.m.s. paus. (144) *the bath*

וַעֲשִׂירִת conj.-num. f.s. cstr. (798) *and one tenth of*

הַחֹמֶר def.art.-v.supra *a homer*

הָאֵיפָה v.supra *the ephah*

אֶל־הַחֹמֶר prep. (39)-v.supra *the homer*

יִהְיֶה v.supra *shall be*

מַתְכֻּנְתּוֹ n.f.s.-3 m.s. sf. (1067) *the standard measure*

45:12

וְהַשֶּׁקֶל conj.-def.art.-n.m.s. (1053) *The shekel*

עֶשְׂרִים num. p. (797) *twenty*

גֵּרָה n.f.s. (176) *gerahs*

עֶשְׂרִים v.supra *twenty*

שְׁקָלִים n.m.p. (1053) *shekels*

חֲמִשָּׁה וְעֶשְׂרִים num. f. (331)-conj.-v.supra *twenty five*

שְׁקָלִים v.supra *shekels*

עֲשָׂרָה וַחֲמִשָּׁה num. f. (796)-conj. (GK 97e)-num. f. (331) *fifteen*

שֶׁקֶל n.m.s. (1053) *shekels*

הַמָּנֶה def.art.-n.m.s. (584) *the mina*

יִהְיֶה לָכֶם Qal impf. 3 m.s. (היה 224)-prep.-2 m.p. sf. *shall be yours*

45:13

זֹאת demons.adj. f.s. (260) *This is*

הַתְּרוּמָה def.art.-n.f.s. (929) *the offering*

אֲשֶׁר תָּרִימוּ rel. (81)-Hi. impf. 2 m.p. (רום 926) *which you shall make*

שִׁשִּׁית הָאֵיפָה num. f. ord. (996)-def.art.-n.f.s. (35) *one sixth of an ephah*

מֵחֹמֶר prep.-n.m.s. cstr. (330) *from each homer of*

הַחִטִּים def.art.-n.f.p. (334) *wheat*

וְשִׁשִּׁיתֶם conj.-Pi. pf. 2 m.p. (שׁשׂה 995) *and one sixth of*

הָאֵיפָה v.supra *the ephah*

מֵחֹמֶר v.supra *from each homer of*

הַשְּׂעֹרִים def.art.-n.f.p. (972) *barley*

45:14

וְחֹק conj.-n.m.s. cstr. (349) *and as the fixed portion of*

הַשֶּׁמֶן def.art.-n.m.s. (1032) *oil*

הַבַּת def.art.-n.m.s. (144) *the bath*

הַשֶּׁמֶן v.supra *the oil*

מַעְשַׂר n.m.s. cstr. (798) *one tenth of*

הַבַּת v.supra *the bath*

מִן־הַכֹּר prep.-def.art.-n.m.s. (499) *from each cor*

עֲשֶׂרֶת הַבַּתִּים n.f.s. cstr. (796)-def.art.-n.m.p. (144) *ten baths*

חֹמֶר n.m.s. (330) *a homer*

כִּי־ conj. (471) *for*

עֲשֶׂרֶת v.supra *ten*

הַבַּתִּים v.supra *baths*

חֹמֶר v.supra *to the homer*

45:15

וְשֶׂה־אַחַת conj.-n.m.s. (961)-num. f. (25) *and one sheep*

מִן־הַצֹּאן prep.-def.art.-n.f.s. (838) *from every flock*

מִן־הַמָּאתַיִם prep.-n.f. du. (547) *of two hundred*

מִמַּשְׁקֵה prep.-n.m.s. cstr. (1052) *from the watering places of*

יִשְׂרָאֵל pr.n. (975) *Israel*

לְמִנְחָה prep.-n.f.s. (585) *for cereal offerings*

וּלְעוֹלָה conj.-prep.-n.f.s. (750) *and for burnt offerings*

וְלִשְׁלָמִים conj.-prep.-n.m.p. (1023) *and for peace offerings*

לְכַפֵּר prep.-Pi. inf.cstr. (כפר 497) *to make atonement*

עֲלֵיהֶם prep.-3 m.p. sf. *for them*

נְאֻם n.m.s. cstr. (610) *says*

אֲדֹנָי יהוה n.m.p.-1 c.s. sf. (10)-pr.n. (217) *the Lord Yahweh*

45:16

כֹּל הָעָם n.m.s. cstr. (481)-def.art. (GK 127g) -n.m.s. (766) *all of the people*

הָאָרֶץ def.art.-n.f.s. (75) *of the land*

יִהְיוּ Qal impf. 3 m.p. (היה 224) *shall be*

אֶל־הַתְּרוּמָה prep. (39)-def.art.-n.f.s. (929) *to ... offering*

הַזֹּאת def.art.-demons.adj. f.s. (260) *this*

לַנָּשִׂיא prep.-def.art.-n.m.s. (672) *to the prince*

בְּיִשְׂרָאֵל prep.-pr.n. (975) *in Israel*

45:17

וְעַל־הַנָּשִׂיא conj.-prep. (752)-def.art.-n.m.s. (672) *and upon the prince*

יִהְיֶה Qal impf. 3 m.s. (היה 224) *it shall be*

הָעוֹלוֹת def.art.-n.f.p. (750) *the burnt offerings*

וְהַמִּנְחָה conj.-def.art.-n.f.s. (585) *cereal offerings*

וְהַנֶּסֶךְ conj.-def.art.-n.m.s. (651) *and drink offerings*

בַּחַגִּים prep.-def.art.-n.m.p. (290) *at the feasts*

וּבֶחֳדָשִׁים conj.-prep.-def.art.-n.m.p. (294) *the new moons*

וּבַשַּׁבָּתוֹת conj.-prep.-def.art.-n.f.p. (992) *and the sabbaths*

בְּכָל־מוֹעֲדֵי prep.-n.m.s. cstr. (481)-n.m.p. cstr. (417) *all the appointed feasts of*

בֵּית יִשְׂרָאֵל n.m.s. cstr. (108)-pr.n. (975) *the house of Israel*

הוּא־יַעֲשֶׂה pers.pr. 3 m.s. (214)-Qal impf. 3 m.s. (793) *he shall provide*

אֶת־הַחַטָּאת dir.obj.-def.art.-n.f.s. (308) *the sin offerings*

וְאֶת־הַמִּנְחָה conj.-dir.obj.-def.art.-n.f.s. (585) *cereal offerings*

וְאֶת־הָעוֹלָה conj.-dir.obj.-def.art.-n.f.s. (750) *burnt offerings*

וְאֶת־הַשְּׁלָמִים conj.-dir.obj.-def.art.-n.m.p. (1023) *and peace offerings*

לְכַפֵּר prep.-Pi. inf.cstr. (כפר 497) *to make atonement*

בְּעַד בֵּית־ prep. (126)-n.m.s. cstr. (108) *for the house of*

יִשְׂרָאֵל pr.n. (975) *Israel*

45:18

כֹּה־אָמַר adv. (462)-Qal pf. 3 m.s. (55) *Thus says*

אֲדֹנָי יהוה n.m.p.-1 c.s. sf. (10)-pr.n. (217) *the Lord Yahweh*

בָּרִאשׁוֹן prep.-def.art.-adj. m.s. (911) *in the first month*

בְּאֶחָד prep.-num. (25) *on the first day*

לַחֹדֶשׁ prep.-def.art.-n.m.s. (294) *of the month*

תִּקַּח Qal impf. 2 m.s. (לקח 542) *you shall take*

פַּר־בֶּן־בָּקָר n.m.s. (830)-n.m.s. cstr. (119)-n.m.s. (133) *a young bull*

תָּמִים adj. m.s. (1071) *without blemish*

וְחִטֵּאתָ conj.-Pi. pf. 2 m.s. (חטא 306) *and cleanse*

אֶת־הַמִּקְדָּשׁ dir.obj.-def.art.-n.m.s. (874) *the sanctuary*

45:19

וְלָקַח conj.-Qal pf. 3 m.s. (542) *and shall take*

הַכֹּהֵן def.art.-n.m.s. (463) *the priest*

מִדַּם prep.-n.m.s. cstr. (196) *some of the blood of*

הַחַטָּאת def.art.-n.f.s. (308) *the sin offering*

וְנָתַן conj.-Qal pf. 3 m.s. (678) *and put it*

אֶל־מְזוּזַת prep. (39)-n.f.s. cstr. (265) *on the doorposts of*

הַבַּיִת def.art.-n.m.s. (108) *the temple*

וְאֶל־אַרְבַּע conj.-prep. (39)-num. (916) *and upon the four*

פִּנּוֹת n.f.p. cstr. (819) *corners of*

הָעֲזָרָה def.art.-n.f.s. (741) *the ledge*

לַמִּזְבֵּחַ prep.-def.art.-n.m.s. (258) *of the altar*

וְעַל־מְזוּזַת conj.-prep. (752)-v.supra *and upon the posts of*

שַׁעַר n.m.s. cstr. (1044) *the gate of*

הֶחָצֵר def.art.-n.m.s. (346) *the ... court*

הַפְּנִימִית def.art.-adj. f.s. (819) *inner*

45:20

וְכֵן conj.-adv. (485) *and the same*

תַּעֲשֶׂה Qal impf. 2 m.s. (עשה 793) *you shall do*

בְּשִׁבְעָה prep.-num. f.s. (988) *on the seventh day*

בַחֹדֶשׁ prep.-def.art.-n.m.s. (294) *of the month*

מֵאִישׁ prep.-n.m.s. (35) *for any one*

שֹׁגֶה Qal act.ptc. (שגה 993) *who has sinned through error*

וּמִפֶּתִי conj.-prep.-adj. m.s. (834) *or ignorance*

וְכִפַּרְתֶּם conj.-Pi. pf. 2 m.p. (כפר 497) *so you shall make atonement*

אֶת־הַבָּיִת dir.obj.-def.art.-n.m.s. paus. (108) *for the temple*

45:21

בָּרִאשׁוֹן prep.-def.art.-adj. m.s. (911) *in the first month*

בְּאַרְבָּעָה prep.-num. f.s. (916) *on the four-*

עָשָׂר num. m.s. (797) *teenth*

יוֹם n.m.s. (398) *day*

לַחֹדֶשׁ prep.-def.art.-n.m.s. (294) *of the month*

יִהְיֶה לָכֶם Qal impf. 3 m.s. (היה 224)-prep.-2 m.p. sf. *you shall celebrate*

הַפָּסַח def.art.-n.m.s. paus. (820) *the feast of the passover*

חָג n.m.s. (290) *a feast*

שְׁבֻעוֹת יָמִים num. f.p. (988) (some rd. שִׁבְעַת num. f.s. cstr. 987)-n.m.p. (398) *for seven days*

מַצּוֹת n.f.p. (595) *unleavened bread*

יֵאָכֵל Ni. impf. 3 m.s. (אכל 37) *shall be eaten*

45:22

וְעָשָׂה conj.-Qal pf. 3 m.s. (793) *shall provide*

הַנָּשִׂיא def.art.-n.m.s. (672) *the prince*

בַּיּוֹם הַהוּא prep.-def.art.-n.m.s. (398)-def.art.-demons.adj. m.s. (214) *on that day*

בַּעֲדוֹ prep.-3 m.s. sf. (126) *for himself*

וּבְעַד כָּל־ conj.-prep. (126)-n.m.s. cstr. (481) *and for all*

עַם הָאָרֶץ n.m.s. cstr. (766)-def.art.-n.f.s. (75) *the people of the land*

פַּר n.m.s. cstr. (830) *a young bull for*

חַטָּאת n.f.s. (308) *a sin offering*

45:23

וְשִׁבְעַת conj.-num. f.s. cstr. (988) *and on the seven*

יְמֵי הֶחָג n.m.p. cstr. (398)-def.art.-n.m.s. (290) *days of the festival*

יַעֲשֶׂה Qal impf. 3 m.s. (793) *he shall provide*

עוֹלָה n.f.s. (750) *as a burnt offering*

לַיהוה prep.-pr.n. (217) *to Yahweh*

שִׁבְעַת פָּרִים num. f.s. cstr. (988)-n.m.p. (830) *seven young bulls*

וְשִׁבְעַת אֵילִים conj.-v.supra-n.m.p. (17) *and seven rams*

תְּמִימִם adj. f.s. (1071) *without blemish*

לַיּוֹם prep.-def.art.-n.m.s. (398) *on each (day)*

שִׁבְעַת v.supra *of the seven*

הַיָּמִים def.art.-n.m.p. (398) *days*

וְחַטָּאת conj.-n.f.s. (308) *and for a sin offering*

שְׂעִיר עִזִּים n.m.s. cstr. (972)-n.f.p. (777) *and a he-goat*

לַיּוֹם v.supra *daily*

45:24

וּמִנְחָה conj.-n.f.s. (585) *and as a cereal offering*

אֵיפָה n.f.s. (35) *an ephah*

לַפָּר prep.-def.art.-n.m.s. (830) *for each bull*

וְאֵיפָה conj.-v.supra *and an ephah*

לָאַיִל prep.-def.art.-n.m.s. (17) *for each ram*

יַעֲשֶׂה Qal impf. 3 m.s. (793) *he shall provide*

וְשֶׁמֶן conj.-n.m.s. (1032) *and of oil*

הִין n.m.s. (228) *a hin*

לָאֵיפָה prep.-def.art.-v.supra *to each ephah*

45:25

בַּשְּׁבִיעִי prep.-def.art.-num. ord. (988) *in the seventh month*

בַּחֲמִשָּׁה prep.-def.art.-num. f.s. (331) *on the fif-*

עָשָׂר num. (797) *teenth*

יוֹם n.m.s. (398) *day*

לַחֹדֶשׁ prep.-def.art.-n.m.s. (294) *of the month*

בֶּחָג prep.-def.art.-n.m.s. (290) *for the feast*

יַעֲשֶׂה Qal impf. 3 m.s. (793) *he shall make ... provision*

כָּאֵלֶּה prep.-def.art.-demons.adj. c.p. (41) *the same*

שִׁבְעַת num. f.s. cstr. (988) *for the seven*

הַיָּמִים def.art.-n.m.p. (398) *days*

כַּחַטָּאת prep.-def.art.-n.f.s. (308) *for the sin offerings*

כָּעֹלָה prep.-def.art.-n.f.s. (750) *for the burnt offerings*

וְכַמִּנְחָה conj.-prep.-def.art.-n.f.s. (585) *and cereal offerings*

וְכַשָּׁמֶן conj.-prep.-def.art.-n.m.s. paus. (1032) *and for the oil*

46:1

כֹּה־אָמַר adv. (462)-Qal pf. 3 m.s. (55) *Thus says*

אֲדֹנָי יְהוִה n.m.p.-1 c.s. sf. (10)-pr.n. (217) *the Lord Yahweh*

שַׁעַר n.m.s. cstr. (1044) *the gate of*

הֶחָצֵר הַפְּנִימִית def.art.-n.f.s. (346)-def.art.-adj. f.s. (819) *the inner court*

הַפֹּנֶה def.art.-Qal act.ptc. (פָּנָה 815) *that faces*

קָדִים n.m.s. (870) *east*

יִהְיֶה סָגוּר Qal impf. 3 m.s. (224)-Qal pass.ptc. (688) *shall be shut*

שֵׁשֶׁת יְמֵי num. f. cstr. (95)-n.m.p. cstr. (398) *on the six ... days*

הַמַּעֲשֶׂה def.art.-n.m.s. (795) *working*

וּבְיוֹם הַשַּׁבָּת conj.-prep.-n.m.s. cstr. (398)-def. art.-n.f.s. (992) *but on the sabbath day*

יִפָּתֵחַ Ni. impf. 3 m.s. (פָּתַח 834) *it shall be opened*

וּבְיוֹם הַחֹדֶשׁ v.supra-def.art.-n.m.s. (294) *and on the day of the new moon*

יִפָּתֵחַ v.supra *it shall be opened*

46:2

וּבָא conj.-Qal pf. 3 m.s. (בּוֹא 97) *and shall enter*

הַנָּשִׂיא def.art.-n.m.s. (672) *the prince*

דֶּרֶךְ אוּלָם n.m.s. cstr. (202)-n.m.s. cstr. (17) *by the vestibule of*

הַשַּׁעַר def.art.-n.m.s. (1044) *the gate*

מִחוּץ prep.-n.m.s. (299) *from without*

וְעָמַד conj.-Qal pf. 3 m.s. (763) *and shall take his stand*

עַל־מְזוּזַת prep. (752)-n.f.s. cstr. (265) *by the post of*

הַשַּׁעַר v.supra *the gate*

וְעָשׂוּ conj.-Qal pf. 3 c.p. (עָשָׂה 793) *and ... shall offer*

הַכֹּהֲנִים def.art.-n.m.p. (463) *the priests*

אֶת־עֹלָתוֹ dir.obj.-n.f.s.-3 m.s. sf. (750) *his burnt offering*

וְאֶת־שְׁלָמָיו conj.-dir.obj.-n.m.p.-3 m.s. sf. (1023) *and his peace offerings*

וְהִשְׁתַּחֲוָה conj.-Hithpalel pf. 3 m.s. (שָׁחָה 1005) *and he shall worship*

עַל־מִפְתַּן prep. (752)-n.m.s. cstr. (837) *at the threshold of*

הַשַּׁעַר v.supra *the gate*

וְיָצָא conj.-Qal pf. 3 m.s. (422) *Then he shall go out*

וְהַשַּׁעַר conj.-v.supra *but the gate*

לֹא־יִסָּגֵר neg.-Ni. impf. 3 m.s. (סָגַר 688) *shall not be shut*

עַד־הָעָרֶב prep. (723)-def.art.-n.m.s. paus. (787) *until evening*

46:3

וְהִשְׁתַּחֲווּ conj.-Hithpalel pf. 3 m.p. (שָׁחָה 1005) *shall worship*

עַם־הָאָרֶץ n.m.s. cstr. (766)-def.art.-n.f.s. (75) *the people of the land*

פֶּתַח הַשַּׁעַר n.m.s. cstr. (835)-def.art.-n.m.s. (1044) *at the entrance of ... gate*

הַהוּא def.art.-demons.adj. m.s. (214) *that*

בַּשַּׁבָּתוֹת prep.-def.art.-n.f.p. (992) *on the sabbaths*

וּבֶחֳדָשִׁים conj.-prep.-def.art.-n.m.p. paus. (294) *and on the new moons*

לִפְנֵי יְהוָה prep.-n.m.p. cstr. (815)-pr.n. (217) *before Yahweh*

46:4

וְהָעֹלָה conj.-def.art.-n.f.s. (750) *the burnt offering*

אֲשֶׁר־יַקְרִב rel. (81)-Hi. impf. 3 m.s. (קָרַב 897) *which ... offers*

הַנָּשִׂיא def.art.-n.m.s. (672) *the prince*

לַיהוָה prep.-pr.n. (217) *to Yahweh*

675

בְּיוֹם הַשַּׁבָּת prep.-n.m.s. cstr. (398)-def.art. -n.f.s. (992) *on the sabbath day*

שִׁשָּׁה כְבָשִׂים num. f.s. (995)-n.m.p. (461) *shall be six lambs*

תְּמִימִם adj. m.p. (1071) *without blemish*

וְאַיִל conj.-n.m.s. (17) *and a ram*

תָּמִים adj. m.s. (1071) *without blemish*

46:5

וּמִנְחָה conj.-n.f.s. (585) *and the cereal offering*

אֵיפָה n.f.s. (35) *an ephah*

לָאַיִל prep.-def.art.-n.m.s. (17) *for the ram*

וְלַכְּבָשִׂים conj.-prep.-n.m.p. (461) *and with the lambs*

מִנְחָה v.supra *the cereal offering*

מַתַּת יָדוֹ n.f.s. cstr. (682)-n.f.s.-3 m.s. sf. (388) *as much as he is able*

וְשֶׁמֶן הִין conj.-n.m.s. (1032)-n.m.s. (228) *together with a hin of oil*

לָאֵיפָה prep.-def.art.-v.supra *to each ephah*

46:6

וּבְיוֹם הַחֹדֶשׁ conj.-prep.-n.m.s. cstr. (398)-def.art.-n.m.s. (294) *On the day of the new moon*

פַּר בֶּן־בָּקָר n.m.s. (830)-n.m.s. cstr. (119)-n.m.s. (133) *a young bull*

תְּמִימִם adj. m.p. (1071; GK 132gN) *without blemish*

וְשֵׁשֶׁת כְּבָשִׂים conj.-num. f.s. cstr. (995)-n.m.p. (461) *and six lambs*

וָאַיִל conj.-n.m.s. (17) *and a ram*

תְּמִימִם adj. m.p. (1071) *without blemish*

יִהְיוּ Qal impf. 3 m.p. (הָיָה 224) *which shall be*

46:7

וְאֵיפָה conj.-n.f.s. (35) *and an ephah*

לַפָּר prep.-def.art.-n.m.s. (830) *with the bull*

וְאֵיפָה v.supra *and an ephah*

לָאַיִל prep.-def.art.-n.m.s. (17) *with the ram*

יַעֲשֶׂה Qal impf. 3 m.s. (793) *he shall provide*

מִנְחָה n.f.s. (585) *as a cereal offering*

וְלַכְּבָשִׂים conj.-prep.-def.art.-n.m.p. (461) *and with the lambs*

כַּאֲשֶׁר prep.-rel. (81) *as much as*

תַּשִּׂיג יָדוֹ Hi. impf. 3 f.s. (נָשַׂג 673)-n.f.s.-3 m.s. sf. (388) *his hand can reach*

וְשֶׁמֶן הִין conj.-n.m.s. (1032)-n.m.s. (228) *together with a hin of oil*

לָאֵיפָה prep.-def.art.-n.f.s. (35) *to each ephah*

46:8

וּבְבוֹא conj.-prep.-Qal inf.cstr. (בּוֹא 97) *when ... enters*

הַנָּשִׂיא def.art.-n.m.s. (672) *the prince*

דֶּרֶךְ אוּלָם n.m.s. cstr. (202)-n.m.s. cstr. (17) *by the vestibule of*

הַשַּׁעַר def.art.-n.m.s. (1044) *the gate*

יָבוֹא Qal impf. 3 m.s. (בּוֹא 97) *he shall go in*

וּבְדַרְכּוֹ conj.-prep.-n.m.s.-3 m.s. sf. (202) *and by the same way*

יֵצֵא Qal impf. 3 m.s. (יָצָא 422) *he shall go out*

46:9

וּבְבוֹא conj.-prep.-Qal inf.cstr. (בּוֹא 97) *and when ... come*

עַם־הָאָרֶץ n.m.s. cstr. (766)-def.art.-n.f.s. (75) *the people of the land*

לִפְנֵי יהוה prep.-n.m.p. cstr. (815)-pr.n. (217) *before Yahweh*

בַּמּוֹעֲדִים prep.-def.art.-n.m.p. (417) *at the appointed feasts*

הַבָּא def.art.-Qal act.ptc. (בּוֹא 97) *he who enters*

דֶּרֶךְ־שַׁעַר n.m.s. cstr. (202)-n.m.s. cstr. (1044) *by the ... gate*

צָפוֹן n.f.s. (860) *north*

לְהִשְׁתַּחֲוֺת prep.-Hithpalel inf.cstr. (שָׁחָה 1005) *to worship*

יֵצֵא Qal impf. 3 m.s. (יָצָא 422) *shall go out*

דֶּרֶךְ־שַׁעַר v.supra-v.supra *by the ... gate*

נֶגֶב n.m.s. (616) *south*

וְהַבָּא conj.-v.supra *and he who enters*

דֶּרֶךְ־שַׁעַר v.supra-v.supra *by the ... gate*

נֶגֶב v.supra *south*

יֵצֵא v.supra *he shall go out*

דֶּרֶךְ־שַׁעַר v.supra-v.supra *by the gate*

צָפוֹנָה n.f.s.-dir.he (860) *north*

לֹא יָשׁוּב neg.-Qal impf. 3 m.s. (שׁוּב 996) *he shall not return*

דֶּרֶךְ הַשַּׁעַר v.supra-def.art.-n.m.s. (1044) *by the gate*

אֲשֶׁר־בָּא בוֹ rel. (81)-Qal pf. 3 m.s. (בּוֹא 97) -prep.-3 m.s. sf. *by which he entered*

כִּי נִכְחוֹ conj. (471)-prep.-3 m.s. sf. (647; GK 93q) *but straight ahead*

יֵצֵאוּ rd. as יָצָא Qal impf. 3 m.s. (יָצָא 422) *each shall go out*

46:10

וְהַנָּשִׂיא conj.-def.art.-n.m.s. (672) *the prince*

בְּתוֹכָם prep.-n.m.s.-3 m.p. sf. (1063) *with them*

בְּבוֹאָם prep.-Qal inf.cstr.-3 m.p. sf. (בּוֹא 97) *when they go in*

יָבוֹא Qal impf. 3 m.s. (בוֹא 97) *shall go in*

וּבְצֵאתָם conj.-prep.-Qal inf.cstr.-3 m.p. sf. (יָצָא 422) *and when they go out*

יֵצֵאוּ Qal impf. 3 m.p. (יָצָא 422) *they shall go out* (many mss. rd. 3 m.s. *he*)

46:11

וּבַחַגִּים conj.-prep.-def.art.-n.m.p. (290) *at the feasts*

וּבַמּוֹעֲדִים conj.-prep.-def.art.-n.m.p. (417) *and the appointed seasons*

תִּהְיֶה Qal impf. 3 f.s. (הָיָה 224) *shall be*

הַמִּנְחָה def.art.-n.f.s. (585) *the cereal offering*

אֵיפָה n.f.s. (35) *an ephah*

לַפָּר prep.-def.art.-n.m.s. (830) *with a young bull*

וְאֵיפָה conj.-v.supra *and an ephah*

לָאַיִל prep.-def.art.-n.m.s. (17) *with a ram*

וְלַכְּבָשִׂים conj.-prep.-def.art.-n.m.p. (461) *and with the lambs*

מַתַּת יָדוֹ n.f.s. cstr. (682)-n.f.s.-3 m.s. sf. (399) *as much as one is able to give*

וְשֶׁמֶן הִין conj.-n.m.s. (1032)-n.m.s. (228) *with a hin of oil*

לָאֵיפָה prep.-def.art.-n.f.s. (35) *to an ephah*

46:12

וְכִי־יַעֲשֶׂה conj.-adv. (471)-Qal impf. 3 m.s. (עָשָׂה 793) *when … provides*

הַנָּשִׂיא def.art.-n.m.s. (672) *the prince*

נְדָבָה n.f.s. (621) *a freewill offering*

עוֹלָה n.f.s. (750) *either a burnt offering*

אוֹ־שְׁלָמִים conj. (14)-n.m.p. (1023) *or peace offerings*

נְדָבָה v.supra *as a freewill offering*

לַיהוָה prep.-pr.n. (217) *to Yahweh*

וּפָתַח לוֹ conj.-Qal pf. 3 m.s. (834)-prep.-3 m.s. sf. *he shall open for him*

אֶת הַשַּׁעַר dir.obj.-def.art.-n.m.s. (1044) *the gate*

הַפֹּנֶה def.art.-Qal act.ptc. (815) *facing*

קָדִים n.m.s. (870) *east*

וְעָשָׂה conj.-Qal pf. 3 m.s. (793) *and he shall offer*

אֶת־עֹלָתוֹ dir.obj.-n.f.s.-3 m.s. sf. (750) *his burnt offering*

וְאֶת־שְׁלָמָיו conj.-dir.obj.-n.m.p.-3 m.s. sf. (1023) *or his peace offerings*

כַּאֲשֶׁר יַעֲשֶׂה prep.-rel. (81)-Qal impf. 3 m.s. (793) *as he does*

בְּיוֹם הַשַּׁבָּת prep.-n.m.s. cstr. (398)-def.art.-n.f.s. (992) *on the sabbath day*

וְיָצָא conj.-Qal pf. 3 m.s. (422) *then he goes out*

וְסָגַר conj.-Qal pf. 3 m.s. (688) *and he shuts*

אֶת־הַשַּׁעַר dir.obj.-def.art.-n.m.s. (1044) *that gate*

אַחֲרֵי צֵאתוֹ prep. (29)-Qal inf.cstr.-3 m.s. sf. (יָצָא 422) *after he has gone out*

46:13

וְכֶבֶשׂ conj.-n.m.s. (461) *a lamb*

בֶּן־שְׁנָתוֹ n.m.s. cstr. (119)-n.f.s.-3 m.s. sf. (1040) *a year old*

תָּמִים adj. m.s. (1071) *without blemish*

תַּעֲשֶׂה Qal impf. 2 m.s. (עָשָׂה 793; LXX & V have 3 m.s.) *you shall provide*

עוֹלָה n.f.s. (750) *for a burnt offering*

לַיֹּום prep.-def.art.-n.m.s. (398) *daily*

לַיהוָה prep.-pr.n. (217) *to Yahweh*

בַּבֹּקֶר בַּבֹּקֶר prep.-def.art.-n.m.s. (133)-v.supra *morning by morning*

תַּעֲשֶׂה אֹתוֹ v.supra-dir.obj.-3 m.s. sf. *you (he) shall provide it*

46:14

וּמִנְחָה conj.-n.f.s. (585) *and a cereal offering*

תַּעֲשֶׂה Qal impf. 2 m.s. (LXX & V have 3 m.s.; 793) *you shall provide*

עָלָיו prep.-3 m.s. sf. *with it*

בַּבֹּקֶר בַּבֹּקֶר prep.-def.art.-n.m.s. (133) -v.supra *morning by morning*

שִׁשִּׁית num. f. ord. cstr. (995) *one sixth of*

הָאֵיפָה def.art.-n.f.s. (35) *an ephah*

וְשֶׁמֶן conj.-n.m.s. (1032) *and oil*

שְׁלִישִׁית num. ord. f. cstr. (1026) *one third of*

הַהִין def.art.-n.m.s. (228) *a hin*

לָרֹם prep.-Qal inf.cstr. (רסס 944) *to moisten*

אֶת־הַסֹּלֶת dir.obj.-def.art.-n.f.s. (701) *the flour*

מִנְחָה n.f.s. (585) *as a cereal offering*

לַיהוָה prep.-pr.n. (217) *to Yahweh*

חֻקּוֹת עוֹלָם n.f.p. cstr. (349)-n.m.s. (761) *perpetual ordinances*

תָּמִיד n.m.s. (556) *continually*

46:15

וַעֲשׂוּ (וְיַעֲשֶׂה) conj.-Qal impv. 2 m.p. (עָשָׂה 793) *and offer* (Qere)

אֶת־הַכֶּבֶשׂ dir.obj.-def.art.-n.m.s. (461) *the lamb*

וְאֶת־הַמִּנְחָה conj.-dir.obj.-def.art.-n.f.s. (585) *and the meal offering*

וְאֶת־הַשֶּׁמֶן conj.-dir.obj.-def.art.-n.m.s. (1032) *and the oil*

בַּבֹּקֶר בַּבֹּקֶר prep.-def.art.-n.m.s. (133)-v.supra *morning by morning*

עוֹלַת תָּמִיד n.f.s. cstr. (750)-n.m.s. (556) *for a continual burnt offering*

46:16

כֹּה־אָמַר adv. (462)-Qal pf. 3 m.s. (55) *Thus says*

אֲדֹנָי יהוה n.m.p.-1 c.s. sf. (10)-pr.n. (217) *the Lord Yahweh*

כִּי־יִתֵּן conj. (471)-Qal impf. 3 m.s. (נָתַן 678) *if ... makes*

הַנָּשִׂיא def.art.-n.m.s. (672) *the prince*

מַתָּנָה n.f.s. (682) *a gift*

לְאִישׁ מִבָּנָיו prep.-n.m.s. (35)-prep.-n.m.p.-3 m.s. sf. (119) *to any of his sons*

נַחֲלָתוֹ הִיא n.f.s.-3 m.s. sf. (635)-pers.pr. 3 f.s. (214) *it is his inheritance*

לְבָנָיו prep.-v.supra *to his sons*

תִּהְיֶה Qal impf. 3 f.s. (הָיָה 224) *it shall belong*

אֲחֻזָּתָם n.f.s.-3 m.p. sf. (28) *their property*

הִיא pers.pr. 3 f.s. (214) *it is*

בְּנַחֲלָה prep.-n.f.s. (635) *by inheritance*

46:17

וְכִי־יִתֵּן conj.-adv. (471)-Qal impf. 3 m.s. (נָתַן 678) *but if he makes*

מַתָּנָה n.f.s. (682) *a gift*

מִנַּחֲלָתוֹ prep.-n.f.s.-3 m.s. sf. (635) *out of his inheritance*

לְאַחַד prep.-num. (25) *to one*

מֵעֲבָדָיו prep.-n.m.p.-3 m.s. sf. (713) *of his servants*

וְהָיְתָה לּוֹ conj.-Qal pf. 3 f.s. (224)-prep.-3 m.s. sf. *it shall be his*

עַד־שְׁנַת prep. (723)-n.f.s. cstr. (1040) *to the year of*

הַדְּרוֹר def.art.-n.m.s. (204) *liberty*

וְשָׁבַת conj.-Qal pf. 3 f.s. (שׁוּב 996; GK 72o) *then it shall revert*

לַנָּשִׂיא prep.-def.art.-n.m.s. (672) *to the prince*

אַךְ נַחֲלָתוֹ adv. (36)-n.f.s.-3 m.s. sf. (635) *only his inheritance*

בָּנָיו n.m.p.-3 m.s. sf. (119) *his sons*

לָהֶם תִּהְיֶה prep.-3 m.p. sf.-Qal impf. 3 f.s. (הָיָה 224) *it shall be theirs*

46:18

וְלֹא־יִקַּח conj.-neg.-Qal impf. 3 m.s. (לָקַח 542) *shall not take*

הַנָּשִׂיא def.art.-n.m.s. (672) *the prince*

מִנַּחֲלַת prep.-n.f.s. cstr. (635) *any of the inheritance of*

הָעָם def.art.-n.m.s. (766) *the people*

לְהוֹנֹתָם prep.-Hi. inf.cstr.-3 m.p. sf. (יָנָה 413) *thrusting them*

מֵאֲחֻזָּתָם prep.-n.f.s.-3 m.p. sf. (28) *out of their property*

מֵאֲחֻזָּתוֹ v.supra-v.supra-3 m.s. sf. (28) *out of his own property*

יַנְחִל Hi. impf. 3 m.s. (נָחַל 635) *he shall give their inheritance*

אֶת־בָּנָיו dir.obj.-n.m.p.-3 m.s. sf. (119) *his sons*

לְמַעַן אֲשֶׁר prep. (775)-rel. (81) *so that*

לֹא־יָפֻצוּ עַמִּי neg.-Qal impf. 3 m.p. (פּוּץ 806)-n.m.s.-1 c.s. sf. (766) *none of my people shall be dispossessed*

אִישׁ מֵאֲחֻזָּתוֹ n.m.s. (35)-prep.-n.f.s.-3 m.s. sf. (28) *a person from his property*

46:19

וַיְבִיאֵנִי consec.-Hi. impf. 3 m.s.-1 c.s. sf. (בּוֹא 97) *Then he brought me*

בַּמָּבוֹא prep.-def.art.-n.m.s. (99) *through the entrance*

אֲשֶׁר עַל־כֶּתֶף rel. (81)-prep. (752)-n.f.s. cstr. (509) *which was at the side of*

הַשַּׁעַר def.art.-n.m.s. (1044) *the gate*

אֶל־הַלְּשָׁכוֹת prep. (39)-def.art.-n.f.p. (545) *to the chambers*

הַקֹּדֶשׁ def.art. (GK 127f)-n.m.s. (871) *the holy place*

אֶל־הַכֹּהֲנִים prep. (39)-def.art.-n.m.p. (463) *for the priests*

הַפֹּנוֹת def.art.-Qal act.ptc. f.p. (פָּנָה 815) *facing*

צָפוֹנָה n.f.s.-loc.he (860) *north*

וְהִנֵּה־שָׁם conj.-demons.part. (243)-adv. (1027) *and behold there*

מָקוֹם n.m.s. (879) *a place*

בַּיַּרְכְתַם n.f. du. (438) *at the extreme parts*

יָמָּה n.m.s.-dir.he (410) *westward*

46:20

וַיֹּאמֶר אֵלַי consec.-Qal impf. 3 m.s. (55)-prep.-1 c.s. sf. *and he said to me*

זֶה הַמָּקוֹם demons.adj. m.s. (260)-def.art.-n.m.s. (879) *this is the place*

בֲּשֶׁל אֲשֶׁר יְבַשְּׁלוּ־שָׁם rel. (81)-Pi. impf. 3 m.p. (143)-adv. (1027) *where ... shall boil*

הַכֹּהֲנִים def.art.-n.m.p. (463) *the priests*

אֶת־הָאָשָׁם dir.obj.-def.art.-n.m.s. (79) *the guilt offering*

וְאֶת־הַחַטָּאת conj.-dir.obj.-def.art.-n.f.s. (308) *and the sin offering*

אֲשֶׁר יֹאפוּ rel. (81)-Qal impf. 3 m.p. (אָפָה 66) *where they shall bake*

אֶת־הַמִּנְחָה dir.obj.-def.art.-n.f.s. (585) *the cereal offering*

לְבִלְתִּי הוֹצִיא prep.-neg. (116)-Hi. inf.cstr. (יָצָא 422) *in order not to bring them out*

אֶל־הֶחָצֵר prep. (39)-def.art.-n.f.s. (346) *into the ... court*

הַחִיצוֹנָה def.art.-adj. f.s. (300) *outer*

לְקַדֵּשׁ prep.-Pi. inf.cstr. (872) *and so communicate holiness*

אֶת־הָעָם dir.obj.-def.art.-n.m.s. (766) *to the people*

46:21

וַיּוֹצִיאֵנִי consec.-Hi. impf. 3 m.s.-1 c.s. sf. (יָצָא 422) *then he brought me forth*

אֶל־הֶחָצֵר prep. (39)-def.art.-n.f.s. (346) *to the ... court*

הַחִיצוֹנָה def.art.-adj. f.s. (300) *outer*

וַיַּעֲבִירֵנִי consec.-Hi. impf. 3 m.s.-1 c.s. sf. (עָבַר 716) *and led me*

אֶל־אַרְבַּעַת prep. (39)-num. f. cstr. (916) *to the four*

מִקְצוֹעֵי n.m.p. cstr. (893) *corners of*

הֶחָצֵר def.art.-n.m.s. (346) *the court*

וְהִנֵּה חָצֵר conj.-demons.part. (243)-n.m.s. (346) *and behold a court*

בְּמִקְצֹעַ prep.-n.m.s. cstr. (893) *in the corner of*

הֶחָצֵר v.supra *the court*

חָצֵר v.supra *a court*

בְּמִקְצֹעַ v.supra *in the corner of*

הֶחָצֵר v.supra *the court*

46:22

בְּאַרְבַּעַת prep.-num. f. cstr. (916) *in the four*

מִקְצֹעוֹת n.m.p. cstr. (893) *corners of*

הֶחָצֵר def.art.-n.m.s. (346) *the court*

חֲצֵרוֹת n.f.p. (346) *courts*

קְטֻרוֹת Qal pass.ptc. f.p. (קָטַר 883) *enclosed* LXX-μικρά=קְטַנּוֹת *small*

אַרְבָּעִים num. p. (917) *forty*

אֹרֶךְ n.m.s. (73) *long*

וּשְׁלֹשִׁים conj.-num. p. (1026) *thirty*

רֹחַב n.m.s. (931) *broad*

מִדָּה אַחַת n.f.s. (551)-num. f. (25) *the same measure*

לְאַרְבַּעְתָּם prep.-num. f.-3 m.p. sf. (916) *for their four*

מְהֻקְצָעוֹת Ho. ptc. (קָצַע 893; GK 53q, s) *set in corners?*

46:23

וְטוּר conj.-n.m.s. (377) *and a row*

סָבִיב בָּהֶם adv. (686)-prep.-3 m.p. sf. *around each of them*

סָבִיב v.supra *around*

לְאַרְבַּעְתָּם prep.-num. f.-3 m.p. sf. (916) *their four courts*

וּמְבַשְּׁלוֹת conj.-n.f.p. (143) *with hearths (cooking-places)*

עָשׂוּי Qal pass.ptc. (עָשָׂה 793; GK 121d) *made*

מִתַּחַת הַטִּירוֹת prep.-prep. (1065)-def.art.-n.f.p. (377) *at the bottom of the rows*

סָבִיב v.supra *round about*

46:24

וַיֹּאמֶר אֵלָי consec.-Qal impf. 3 m.s. (55)-prep.-1 c.s. sf. paus. *Then he said to me*

אֵלֶּה demons.adj. c.p. (41) *these are*

בֵּית הַמְבַשְּׁלִים n.m.s. cstr. (108)-def.art.-Pi. ptc. m.p. (בָּשַׁל 143; GK 124r) *the kitchens*

אֲשֶׁר יְבַשְׁלוּ־שָׁם rel. (81)-Pi. impf. 3 m.p. (143)-adv. (1027) *where ... shall boil*

מְשָׁרְתֵי הַבַּיִת Pi. ptc. m.p. cstr. (שָׁרַת 1058)-def.art.-n.m.s. (108) *those who minister at the temple*

אֶת־זֶבַח dir.obj.-n.m.s. cstr. (257) *the sacrifices of*

הָעָם def.art.-n.m.s. (766) *the people*

47:1

וַיְשִׁבֵנִי consec.-Hi. impf. 3 m.s.-1 c.s. sf. (שׁוּב 996) *then he brought me back*

אֶל־פֶּתַח prep. (39)-n.m.s. cstr. (835) *to the door of*

הַבַּיִת def.art.-n.m.s. (108) *the temple*

וְהִנֵּה־מַיִם conj.-demons.part. (243)-n.m.p. (565) *and behold water*

יֹצְאִים Qal act.ptc. m.p. (יָצָא 422) *was issuing*

מִתַּחַת prep.-prep. (1065) *from below*

מִפְתַּן n.m.s. cstr. (837) *the threshold of*

הַבַּיִת def.art.-n.m.s. (108) *the temple*

קָדִימָה n.m.s.-dir.he (870) *toward the east*

כִּי־פְנֵי conj. (471)-n.m.p. cstr. (815) *for the face of*

הַבַּיִת v.supra *the temple*

קָדִים n.m.s. (870) *was east*

וְהַמַּיִם conj.-def.art.-n.m.p. (565) *and the water*

יֹרְדִים Qal act.ptc. m.p. (יָרַד 432) *was flowing down*

מִתַּחַת v.supra *from below*

מִכֶּתֶף prep.-n.f.s. cstr. (509) *the side of*

הַבַּיִת v.supra *the temple*

הַיְמָנִית def.art.-adj. f.s. (412) *south (right side)*

מִנֶּגֶב prep.-n.m.s. (616) *south*

לַמִּזְבֵּחַ prep.-def.art.-n.m.s. (258) *of the altar*

679

47:2

וַיּוֹצִאֵנִי consec.-Hi. impf. 3 m.s.-1 c.s. sf. (יָצָא 422) *then he brought me out*

דֶּרֶךְ־שַׁעַר n.m.s. cstr. (202)-n.m.s. (1044) *by way of the gate*

צָפוֹנָה n.f.s.-dir.he (860) *north*

וַיְסִבֵּנִי consec.-Hi. impf. 3 m.s.-1 c.s. sf. (סָבַב 685) *and led me round*

דֶּרֶךְ חוּץ v.supra-n.m.s. (299) *on the outside*

אֶל־שַׁעַר הַחוּץ prep. (39)-n.m.s. cstr. (1044) -def.art.-n.m.s. (299) *to the outer gate*

דֶּרֶךְ הַפּוֹנֶה v.supra-def.art.-Qal act.ptc. (פָּנָה 815) *that faces toward*

קָדִים n.m.s. (870) *the east*

וְהִנֵּה־מַיִם conj.-demons.part (243)-n.m.p. (565) *and behold water*

מְפַכִּים Pi. ptc. m.p. (מָכָה 810) *was coming out*

מִן־הַכָּתֵף הַיְמָנִית prep.-def.art.-n.f.s. (509)-def.art.-adj. f.s. (412) *on the south side*

47:3

בְּצֵאת־הָאִישׁ prep.-Qal inf.cstr. (יָצָא 422)-def.art.-n.m.s. (35) *when the man went out*

קָדִים n.m.s. (870) *eastward*

וְקָו conj.-n.m.s. (876) *with a line*

בְּיָדוֹ prep.-n.f.s.-3 m.s. sf. (388) *in his hand*

וַיָּמָד consec.-Qal impf. 3 m.s. (מָדַד 551) *he measured*

אֶלֶף בָּאַמָּה n.m.s. (48)-prep.-def.art.-n.f.s. (52) *a thousand cubits*

וַיַּעֲבִרֵנִי consec.-Hi. impf. 3 m.s.-1 c.s. sf. (עָבַר 716) *then he led me*

בַמַּיִם prep.-def.art.-n.m.p. (565) *through the water*

מֵי אָפְסָיִם n.m.p. cstr. (565; GK 128n)-n.m. du. (67) *ankle-deep*

47:4

וַיָּמָד consec.-Qal impf. 3 m.s. (מָדַד 551) *again he measured*

אֶלֶף n.m.s. (48) *a thousand*

וַיַּעֲבִרֵנִי consec.-Hi. impf. 3 m.s.-1 c.s. sf. (עָבַר 716) *and led me*

בַמַּיִם prep.-def.art.-n.m.p. (565) *through the water*

מַיִם בִּרְכָּיִם n.m.p. (565; GK 131e)-n.f. du. (139) *knee-deep*

וַיָּמָד v.supra *again he measured*

אֶלֶף v.supra *a thousand*

וַיַּעֲבִרֵנִי v.supra *and led me*

מֵי מָתְנָיִם n.m. du. cstr. (565; GK 128r)-n.m. du. (608) *loins-deep*

47:5

וַיָּמָד consec.-Qal impf. 3 m.s. (מָדַד 551) *again he measured*

אֶלֶף n.m.s. (48) *a thousand*

נַחַל n.m.s. (636) *and it was a river*

אֲשֶׁר לֹא־אוּכַל rel. (81)-neg.-Qal impf. 1 c.s. (יָכֹל 407) *that I could not*

לַעֲבֹר prep.-Qal inf.cstr. (716) *pass through*

כִּי־גָאוּ conj. (471)-Qal pf. 3 c.p. (גָּאָה 144) *for ... had risen*

הַמַּיִם def.art.-n.m.p. (565) *the water*

מֵי שָׂחוּ n.m.p. cstr. (565)-n.m.s. (965) *deep enough to swim in*

נַחַל v.supra *a river*

אֲשֶׁר לֹא־יֵעָבֵר rel. (81)-neg.-Ni. impf. 3 m.s. (עָבַר 716) *that could not be passed through*

47:6

וַיֹּאמֶר אֵלַי consec.-Qal impf. 3 m.s. (55)-prep.-1 c.s. sf. *and he said to me*

הֲרָאִיתָ interr.part.-Qal pf. 2 m.s. (רָאָה 906) *have you seen?*

בֶּן־אָדָם n.m.s. cstr. (119)-n.m.s. (9) *son of man*

וַיּוֹלִכֵנִי consec.-Hi. impf. 3 m.s.-1 c.s. sf. (הָלַךְ 220) *then he led me*

וַיְשִׁבֵנִי consec.-Hi. impf. 3 m.s.-1 c.s. sf. (שׁוּב 996) *back along*

שְׂפַת הַנָּחַל n.f.s. cstr. (973)-def.art.-n.m.s. paus. (636) *the bank of the river*

47:7

בְּשׁוּבֵנִי prep.-Qal inf.cstr.-1 c.s. sf. (שׁוּב 996; GK 91e) *as I went back*

וְהִנֵּה conj.-demons.part. (243) *I saw*

אֶל־שְׂפַת prep. (39)-n.f.s. cstr. (973) *upon the bank of*

הַנָּחַל def.art.-n.m.s. (636) *the river*

עֵץ רַב n.m.s. (781)-adj. m.s. (912) *many trees*

מְאֹד adv. (547) *very*

מִזֶּה וּמִזֶּה prep.-demons.adj. m.s. (260)-conj.-v.supra *on the one side and on the other*

47:8

וַיֹּאמֶר אֵלַי consec.-Qal impf. 3 m.s. (55)-prep.-1 c.s. sf. *and he said to me*

הַמַּיִם הָאֵלֶּה def.art.-n.m.p. (565)-def.art.-demons.adj. c.p. (41) *this water*

יוֹצְאִים Qal act.ptc. m.p. (יָצָא 422) *flows*

אֶל־הַגְּלִילָה prep. (39)-def.art.-n.f.s. (165) *toward the ... region*

הַקַּדְמוֹנָה def.art.-adj. f.s. (870) *eastern*

וַיֵּרְדוּ conj.-Qal pf. 3 c.p. (יָרַד 432) *and goes down*

עַל־הָעֲרָבָה prep. (752)-def.art.-n.f.s. (787) *into the Arabah*

וּבָאוּ הַיָּמָּה conj.-Qal pf. 3 c.p. (בּוֹא 97)-def.art. -n.m.s.-dir.he (410) *and it enters the sea*

אֶל־הַיָּמָּה prep. (39)-v.supra *to the sea*

הַמּוּצָאִים def.art.-Ho. ptc. m.p. (יָצָא 422) *those that were made to issue forth*

וְנִרְפָּאוּ conj.-Ni. pf. 3 c.p. (רָפָא 950; GK 75oo) *and will become fresh*

הַמָּיִם def.art.-n.m.p. paus. (565) *the water*

47:9

וְהָיָה conj.-Qal pf. 3 m.s. (224) *and it shall be*

כָּל־נֶפֶשׁ חַיָּה n.m.s. cstr.(481)-n.f.s. (659)-n.f.s. (312) *every living creature*

אֲשֶׁר־יִשְׁרֹץ rel. (81)-Qal impf. 3 m.s. (שָׁרַץ 1056) *which swarms*

אֶל־כָּל־אֲשֶׁר יָבוֹא שָׁם prep. (39)-n.m.s. cstr. (481)-rel. (81)-Qal impf. 3 m.s. (בּוֹא 97) -adv. (1027) *wherever*

נַחֲלַיִם n.m. du. (636) *two rivers*

יִחְיֶה Qal impf. 3 m.s. (חָיָה 310) *will live*

וְהָיָה v.supra *and there will be*

הַדָּגָה def.art.-n.f.s. (185) *fish*

רַבָּה מְאֹד adj. f.s. (912)-adv. (547) *very many*

כִּי בָאוּ conj. (471)-Qal pf. 3 c.p. (בּוֹא 97) *for goes*

שָׁמָּה adv.-dir.he (1027) *there*

הַמַּיִם הָאֵלֶּה def.art.-n.m.p. (565)-def.art. -demons.adj. c.p. (41) *this water*

וְיֵרָפְאוּ conj.-Ni. impf. 3 m.p. (רָפָא 950) *that may become fresh*

וָחָי conj.-adj. m.s. (311) *so will live*

כֹּל אֲשֶׁר־ n.m.s. (481)-rel. (81) *everything which*

יָבוֹא שָׁמָּה Qal impf. 3 m.s. (בּוֹא 97)-adv.-dir.he (1027) *where goes*

הַנָּחַל def.art.-n.m.s. paus. (636) *the river*

47:10

וְהָיָה conj.-Qal pf. 3 m.s. (224) *and (it shall be)*

יַעַמְדוּ עָלָיו Qal impf. 3 m.p. (763; Qere rd. Qal pf. 3 c.p.)-prep.-3 m.s. sf. *will stand beside it*

דַּוָּגִים n.m.p. (186) *fishermen*

מֵעֵין גֶּדִי prep.-pr.n. (745) *from En-gedi*

וְעַד־עֵין עֶגְלַיִם conj.-prep. (723)-pr.n. (745) *to En-eglaim*

מִשְׁטוֹחַ n.m.s. (1009) *a place for spreading*

לַחֲרָמִים prep.-n.m.p. (357) *of nets*

יִהְיוּ Qal impf. 3 m.p. (הָיָה 224) *it will be*

לְמִינָה prep.-n.m.s. (568) *of kinds*

תִּהְיֶה Qal impf. 3 f.s. (הָיָה 224) *will be*

דְּגָתָם n.f.s.-3 m.p. sf. (185) *its fish*

כִּדְגַת prep.-n.f.s. cstr. (185) *like the fish of*

הַיָּם הַגָּדוֹל def.art.-n.m.s. (410)-def.art.-adj. m.s. (152) *the Great Sea*

רַבָּה מְאֹד adj. f.s. (912)-adv. (547) *very many*

47:11

בִּצֹּאתוֹ n.f.p.-3 m.s. sf. (130) *its swamps*

וּגְבָאָיו conj.-n.m.p.-3 m.s. sf. (146) *and marshes*

וְלֹא יֵרָפְאוּ conj.-neg.-Ni. impf. 3 m.p. (רָפָא 950) *will not become fresh*

לְמֶלַח prep.-n.m.s. (571) *for salt*

נִתָּנוּ Ni. pf. 3 c.p. paus. (נָתַן 678) *they are to be left*

47:12

וְעַל־הַנַּחַל conj.-prep.-def.art.-n.m.s. (636) *and on the river*

יַעֲלֶה Qal impf. 3 m.s. (עָלָה 748) *there will grow*

עַל־שְׂפָתוֹ prep.-n.f.s.-3 m.s. sf. (973) *on its banks*

מִזֶּה וּמִזֶּה prep.-demons.adj. m.s. (260)-conj. -v.supra *on both sides*

כָּל־עֵץ n.m.s. cstr. (481)-n.m.s. cstr. (781) *all kinds of trees for*

מַאֲכָל n.m.s. (38) *food*

לֹא־יִבּוֹל neg.-Qal impf. 3 m.s. (נָבֵל 615) *will not wither*

עָלֵהוּ n.m.s.-3 m.s. sf. (750) *their leaves*

וְלֹא־יִתֹּם conj.-neg.-Qal impf. 3 m.s. (תָּמַם 1070) *and will not fail*

פִּרְיוֹ n.m.s.-3 m.s. sf. (826) *their fruit*

לָחֳדָשָׁיו prep.-n.m.p.-3 m.s. sf. (294) *every month*

יְבַכֵּר Pi. impf. 3 m.s. (114) *they will bear fresh fruit*

כִּי מֵימָיו conj. (471)-n.m.p.-3 m.s. sf. (565) *because the water for them*

מִן־הַמִּקְדָּשׁ prep.-def.art.-n.m.s. (874) *from the sanctuary*

הֵמָּה יוֹצְאִים pers.pr. 3 m.p. (241)-Qal act.ptc. m.p. (יָצָא 422) *they flow*

וְהָיוּ rd. as conj.-Qal pf. 3 m.s. (הָיָה 224) *and will be*

פִּרְיוֹ v.supra *their fruit*

לְמַאֲכָל prep.-v.supra *for food*

וְעָלֵהוּ conj.-v.supra *and their leaves*

לִתְרוּפָה prep.-n.f.s. (930) *for healing*

47:13

כֹּה אָמַר adv. (462)-Qal pf. 3 m.s. (55) *thus says*

אֲדֹנָי יהוה n.m.p.–1 c.s. sf. (10)–pr.n. (217) *the Lord Yahweh*

גֶּה rd. as זֶה demons.adj. m.s. (155, 260) *these are*

גְּבוּל n.m.s. (147) *the boundaries*

אֲשֶׁר תִּתְנַחֲלוּ rel. (81)–Hith. impf. 2 m.p. (נָחַל 635) *by which you shall divide for inheritance*

אֶת־הָאָרֶץ dir.obj.–def.art.–n.f.s. (75) *the land*

לִשְׁנֵי עָשָׂר prep.-num. (1040)–num. (797) *among the twelve*

שִׁבְטֵי n.m.p. cstr. (986) *tribes of*

יִשְׂרָאֵל pr.n. (975) *Israel*

יוֹסֵף pr.n. (415) *Joseph*

חֲבָלִים n.m.p. (286) *shall have portions*

47:14

וּנְחַלְתֶּם conj.–Qal pf. 2 m.p. (נָחַל 635) *and you shall divide*

אוֹתָהּ dir.obj.-3 f.s. sf. *it*

אִישׁ כְּאָחִיו n.m.s. (35)–prep.-n.m.s.-3 m.s. sf. (26) *equally*

אֲשֶׁר נָשָׂאתִי אֶת־יָדִי rel. (81)–Qal pf. 1 c.s. (669)–dir.obj.-n.f.s.-1 c.s. sf. (388) *as I swore*

לְתִתָּהּ prep.-Qal inf.cstr.-3 f.s. sf. (נָתַן 678) *to give it*

לַאֲבֹתֵיכֶם prep.-n.m.p.-2 m.p. sf. (3) *to your fathers*

וְנָפְלָה conj.–Qal pf. 3 f.s. (656) *and ... shall fall*

הָאָרֶץ הַזֹּאת def.art.-n.f.s. (75) -def.art.-demons.adj. f.s. (260) *this land*

לָכֶם prep.-2 m.p. sf. *to you*

בְּנַחֲלָה prep.-n.f.s. (635) *as your inheritance*

47:15

וְזֶה conj.–demons.adj. m.s. (260) *and this shall be*

גְּבוּל n.m.s. cstr. (147) *the boundary of*

הָאָרֶץ def.art.-n.f.s. (75) *the land*

לִפְאַת צָפוֹנָה prep.-n.f.s. cstr. (802)–n.f.s.-dir.he (860) *on the north side*

מִן־הַיָּם הַגָּדוֹל prep.-def.art.-n.m.s. (410)–def.art.-adj. m.s. (152) *from the Great Sea*

הַדֶּרֶךְ def.art.-n.m.s. (202; GK 127f) *by way of*

חֶתְלֹן pr.n. (367) *Hethlon*

לְבוֹא prep.-Qal inf.cstr. (בּוֹא 97) *to the entrance of*

צְדָדָה pr.n. (841) *Zedad*

47:16

חֲמָת pr.n. (333) *Hamath*

בֵּרוֹתָה pr.n. (92) *Berothah*

סִבְרַיִם pr.n. (688) *Sibraim*

אֲשֶׁר בֵּין־גְּבוּל rel. (81)–prep. (107)–n.m.s. cstr. (147) *which lies on the border between*

דַּמֶּשֶׂק pr.n. (199) *Damascus*

וּבֵין גְּבוּל conj.-v.supra-v.supra *and between*

v.supra *Hamath*

חָצֵר הַתִּיכוֹן pr.n. (347) *Hazer-hatticon*

אֲשֶׁר אֶל־גְּבוּל rel. (81)–prep. (39)–n.m.s. cstr. (147) *which is on the border of*

חַוְרָן pr.n. (301) *Hauran*

47:17

וְהָיָה conj.–Qal pf. 3 m.s. (224) *so shall run*

גְּבוּל n.m.s. (147) *the boundary*

מִן־הַיָּם prep.-def.art.-n.m.s. (410) *from the sea*

חֲצַר עֵינוֹן pr.n. (347) *to Hazar-enon*

גְּבוּל דַּמֶּשֶׂק n.m.s. cstr. (147)–pr.n. (199) *on the border of Damascus*

וְצָפוֹן conj.-n.f.s. (860) *and north*

צָפוֹנָה n.f.s.-loc.he (860) *northward*

וּגְבוּל חֲמָת conj.-v.supra-pr.n. (333) *and on the border of Hamath*

וְאֵת פְּאַת צָפוֹן conj.-dir.obj. (GK 117m)-n.f.s. cstr. (802)–n.f.s. (860) *and the north side*

47:18

וּפְאַת קָדִים conj.-n.f.s. cstr. (802)–n.m.s. (870) *on the east side*

מִבֵּין חַוְרָן prep.-prep. (107)–pr.n. (301) *between Hauran*

וּמִבֵּין דַּמֶּשֶׂק conj.-v.supra-pr.n. (199) *and Damascus*

וּמִבֵּין הַגִּלְעָד v.supra-def.art.-pr.n. (166) *between Gilead*

וּמִבֵּין אֶרֶץ יִשְׂרָאֵל v.supra-n.f.s. cstr. (75)–pr.n. (975) *and the land of Israel*

הַיַּרְדֵּן def.art.-pr.n. (434) *along the Jordan*

מִגְּבוּל prep.-n.m.s. (147) *from the boundary (border)*

עַל־הַיָּם prep. (752)–def.art.-n.m.s. (410) *to the ... sea*

הַקַּדְמוֹנִי def.art.-adj. m.s. (870) *eastern*

תָּמֹדּוּ Qal impf. 2 m.p. (מָדַד 551) *you shall measure*

וְאֵת פְּאַת קָדִימָה conj.-dir.obj. (GK 117m)-n.f.s. cstr. (802)–n.m.s.-dir.he (870) *to the eastern side*

47:19

וּפְאַת נֶגֶב conj.-n.f.s. cstr. (802)–n.m.s. (616) *on the south side*

תֵּימָנָה n.f.s.-loc.he (412) *toward the south*

מִתָּמָר prep.-pr.n. (1071) *from Tamar*

עַד־מֵי prep. (723)-n.m.p. cstr. (565) *as far as the waters of*

מְרִיבוֹת קָדֵשׁ pr.n. (937)-pr.n. (873) *Meribath-kadesh*

נַחֲלָה n.f.s.-loc.he (636) *along the Brook*

אֶל־הַיָּם הַגָּדוֹל prep. (39)-def.art.-n.m.s. (410) -def.art.-adj. f.s. (152) *to the Great Sea*

וְאֵת פְּאַת־תֵּימָנָה conj.-dir.obj.-n.f.s. cstr. (802) -n.f.s.-loc.he (412) *and the south side*

נֶגְבָּה n.m.s.-loc.he (616) *southward*

47:20

וּפְאַת־יָם conj.-n.f.s. cstr. (802)-n.m.s. (410) *on the west side*

הַיָּם הַגָּדוֹל def.art.-n.m.s. (410)-def.art.-adj. m.s. (152) *the Great Sea*

מִגְּבוּל prep.-n.m.s. (147) *from the boundary*

עַד־נֹכַח prep. (723)-prep. (647) *to a point opposite*

לְבוֹא prep.-Qal inf.cstr. (בוא 97) *the entrance of*

חֲמָת pr.n. (333) *Hamath*

זֹאת demons.adj. f.s. (260) *this shall be*

פְּאַת־יָם v.supra-v.supra *the west side*

47:21

וְחִלַּקְתֶּם conj.-Pi. pf. 2 m.p. (חלק 323) *so you shall divide*

אֶת־הָאָרֶץ הַזֹּאת dir.obj.-def.art.-n.f.s. (75) -def.art.-demons.adj. f.s. (260) *this land*

לָכֶם prep.-2 m.p. sf. *among you*

לְשִׁבְטֵי prep.-n.m.p. cstr. (986) *according to the tribes of*

יִשְׂרָאֵל pr.n. (975) *Israel*

47:22

וְהָיָה conj.-Qal pf. 3 m.s. (224) *and*

תַּפִּלוּ Hi. impf. 2 m.p. (נפל 656) *you shall allot*

אוֹתָהּ dir.obj.-3 f.s. sf. *it*

בְּנַחֲלָה prep.-n.f.s. (635) *as an inheritance*

לָכֶם prep.-2 m.p. sf. *for yourselves*

וּלְהַגֵּרִים conj.-prep.-def.art.-n.m.p. (158) *and for the aliens*

הַגָּרִים def.art.-Qal act.ptc. m.p. (גור 157) *who reside*

בְּתוֹכְכֶם prep.-n.m.s.-2 m.p. sf. (1063) *among you*

אֲשֶׁר־הוֹלִדוּ rel. (81)-Hi. pf. 3 c.p. (ילד 408) *who have begotten*

בָּנִים n.m.p. (119) *children*

בְּתוֹכְכֶם v.supra *among you*

וְהָיוּ conj.-Qal pf. 3 c.p. (היה 224) *they shall be*

לָכֶם v.supra *to you*

בְּאֶזְרָח prep.-n.m.s. (280) *as native-born*

בִּבְנֵי יִשְׂרָאֵל prep.-n.m.p. cstr. (119)-pr.n. (975) *sons of Israel*

אִתְּכֶם prep.-2 m.p. sf. (85) *with you*

יִפְּלוּ Qal impf. 3 m.p. (נפל 656) *they shall be allotted*

בְּנַחֲלָה prep.-n.f.s. (635) *an inheritance*

בְּתוֹךְ שִׁבְטֵי prep.-n.m.s. cstr. (1063)-n.m.p. cstr. (986) *among the tribes of*

יִשְׂרָאֵל pr.n. (975) *Israel*

47:23

וְהָיָה conj.-Qal pf. 3 m.s. (224) *and*

בַשֵּׁבֶט prep.-def.art.-n.m.s. (986) *in the tribe*

אֲשֶׁר־גָּר rel. (81)-Qal pf. 3 m.s. (or Qal act.ptc.) (גור 157) *where resides*

הַגֵּר def.art.-n.m.s. (158) *the alien*

אִתּוֹ prep.-3 m.s. sf. (85) *with it*

שָׁם adv. (1027) *there*

תִּתְּנוּ Qal impf. 2 m.p. (נתן 678) *you shall assign*

נַחֲלָתוֹ n.f.s.-3 m.s. sf. (635) *his inheritance*

נְאֻם n.m.s. cstr. (610) *says*

אֲדֹנָי יהוה n.m.p.-1 c.s. sf. (10)-pr.n. (217) *the Lord Yahweh*

48:1

וְאֵלֶּה conj.-demons.adj. c.p. (41) *These are*

שְׁמוֹת n.m.p. cstr. (1027) *the names of*

הַשְּׁבָטִים def.art.-n.m.p. (986) *the tribes*

מִקְצֵה prep.-n.m.s. cstr. (892) *at the extremity of*

צָפוֹנָה n.f.s.-loc.he (860) *the north*

אֶל־יַד prep. (39)-n.f.s. cstr. (388) *to the west of*

דֶּרֶךְ־חֶתְלֹן n.m.s. cstr. (202)-pr.n. (367) *the way of Hethlon*

לְבוֹא prep.-Qal inf.cstr. (בוא 97) *to the entrance of*

חֲמָת pr.n. (333) *Hamath*

חֲצַר עֵינָן pr.n. (347) *as far as Hazar-enon*

גְּבוּל n.m.s. cstr. (147) *on the border of*

דַּמֶּשֶׂק pr.n. (199) *Damascus*

צָפוֹנָה n.f.s.-loc.he (860) *northern*

אֶל־יַד v.supra *over against*

חֲמָת v.supra *Hamath*

וְהָיוּ־לוֹ conj.-Qal pf. 3 c.p. (היה 224)-prep.-3 m.s. sf. *and they shall be his*

פְּאַת־קָדִים n.f.s. cstr. (802)-n.m.s. (870) *from the east side*

הַיָּם def.art.-n.m.s. (410) *to the west*

דָּן pr.n. (192) *Dan*

אֶחָד num. (25) *one portion*

48:2

וְעַל גְּבוּל conj.-prep.(752)-n.m.s. cstr. (147) *adjoining the territory of*

דָּן pr.n. (192) *Dan*

מִפְּאַת קָדִים prep.-n.f.s. cstr. (802)-n.m.s. (870) *from the east side*

עַד־פְּאַת־יָמָּה prep. (723)-v.supra-n.m.s.-loc. he (410) *to the west side*

אָשֵׁר pr.n. (81) *Asher*

אֶחָד num. (25) *one portion*

48:3

וְעַל גְּבוּל conj.-prep. (752)-n.m.s. cstr. (147) *adjoining the territory of*

אָשֵׁר pr.n. (81) *Asher*

מִפְּאַת קָדִימָה prep.-n.f.s. cstr. (802)-n.m.s. -loc.he (870) *from the east side*

וְעַד־פְּאַת־יָמָּה conj.-prep. (723)-v.supra -n.m.s.-loc.he (410) *to the west*

נַפְתָּלִי pr.n. (836) *Naphtali*

אֶחָד num. (25) *one portion*

48:4

וְעַל גְּבוּל conj.-prep. (752)-n.m.s. cstr. (147) *adjoining the territory of*

נַפְתָּלִי pr.n. (836) *Naphtali*

מִפְּאַת קָדִמָה prep.-n.f.s. cstr. (802)-n.m.s.-loc. he (870) *from the east side*

עַד־פְּאַת־יָמָּה prep. (723)-v.supra-n.m.s.-loc.he (410) *to the west*

מְנַשֶּׁה pr.n. (586) *Manasseh*

אֶחָד num. (25) *one portion*

48:5

וְעַל גְּבוּל conj.-prep. (752)-n.m.s. cstr. (147) *adjoining the territory of*

מְנַשֶּׁה pr.n. (586) *Manasseh*

מִפְּאַת קָדְמָה prep.-n.f.s. cstr. (802)-n.m.s.-loc.he (870) *from the east side*

עַד־פְּאַת־יָמָּה prep. (723)-v.supra-n.m.s.-loc.he (410) *to the west*

אֶפְרַיִם pr.n. (68) *Ephraim*

אֶחָד num. (25) *one portion*

48:6

וְעַל גְּבוּל conj.-prep.-n.m.s. cstr. (147) *adjoining the territory of*

אֶפְרַיִם pr.n. (68) *Ephraim*

מִפְּאַת קָדִים prep.-v.supra-n.m.s. (870) *from the east side*

וְעַד־פְּאַת־יָמָּה conj.-prep.-v.supra-n.m.s.-loc.he (410) *to the west*

רְאוּבֵן pr.n. (910) *Reuben*

אֶחָד num. (25) *one portion*

48:7

וְעַל גְּבוּל conj.-prep.-n.m.s. cstr. (147) *adjoining the territory of*

רְאוּבֵן pr.n. (910) *Reuben*

מִפְּאַת קָדִים prep.-n.f.s. cstr. (802)-n.m.s. (870) *from the east side*

עַד־פְּאַת־יָמָּה prep.-v.supra-n.m.s.-loc.he (410) *to the west*

יְהוּדָה pr.n. (397) *Judah*

אֶחָד num. (25) *one portion*

48:8

וְעַל גְּבוּל conj.-prep.-n.m.s. cstr. (147) *adjoining the territory of*

יְהוּדָה pr.n. (397) *Judah*

מִפְּאַת קָדִים prep.-n.f.s. cstr. (802)-n.m.s. (870) *from the east side*

עַד־פְּאַת־יָמָּה prep.-v.supra-n.m.s.-loc.he (410) *to the west*

תִּהְיֶה Qal impf. 3 f.s. (הָיָה 224) *... shall be*

הַתְּרוּמָה def.art.-n.f.s. (929) *the portion*

אֲשֶׁר־תָּרִימוּ rel. (81)-Hi. impf. 2 m.p. (רום 926) *which you shall set apart*

חֲמִשָּׁה וְעֶשְׂרִים num. f. (331)-conj.-num. p. (797) *twenty-five*

אֶלֶף n.m.s. (48) *thousand (cubits)*

רֹחַב n.m.s. (931) *in breadth*

וְאֹרֶךְ conj.-n.m.s. (73) *and in length*

כְּאַחַד prep. (453)-num. cstr. (25) *equal to one of*

הַחֲלָקִים def.art.-n.m.p. (324) *the tribal portions*

מִפְּאַת קָדִימָה prep.-n.f.s. cstr. (802)-n.m.s.-dir. he (870) *from the east side*

עַד־פְּאַת־יָמָּה prep.-v.supra-v.supra *to the west*

וְהָיָה conj.-Qal pf. 3 m.s. (224) *with*

הַמִּקְדָּשׁ def.art.-n.m.s. (874) *the sanctuary*

בְּתוֹכוֹ prep.-n.m.s.-3 m.s. sf. (1063) *in the midst of it*

48:9

הַתְּרוּמָה def.art.-n.f.s. (929) *The portion*

אֲשֶׁר תָּרִימוּ rel. (81)-Hi. impf. 2 m.p. (רום 926) *which you shall set apart*

לַיהוה prep.-pr.n. (217) *for Yahweh*

אֹרֶךְ n.m.s. (73) *shall be in length*

חֲמִשָּׁה וְעֶשְׂרִים num. f. (331)-conj.-num. p. (797) *twenty-five*

אֶלֶף n.m.s. (48) *thousand (cubits)*

וְרֹחַב conj.-n.m.s. (931) *and in breadth*

עֲשֶׂרֶת אֲלָפִים num. f. cstr. (796)-n.m.p. (48) *ten thousand*

48:10

וּלְאֵלֶּה conj.-prep.-demons.adj. c.p. (41) *these*

תִּהְיֶה Qal impf. 3 f.s. (הָיָה 224) *shall be*

תְּרוּמַת־ n.f.s. cstr. (929) *the allotment of*

הַקֹּדֶשׁ def.art.-n.m.s. (871) *the holy portion*

לַכֹּהֲנִים prep.-def.art.-n.m.p. (463) *to the priests*

צָפוֹנָה n.f.s.-dir.he (860) *on the northern side*

חֲמִשָּׁה וְעֶשְׂרִים num. f. (331)-conj.-num. p. (797) *twenty-five*

אֶלֶף n.m.s. (48) *thousand*

וְיָמָּה conj.-n.m.s.-dir.he (410) *and on the western side*

רֹחַב n.m.s. (931) *in breadth*

עֲשֶׂרֶת אֲלָפִים num. f. (796)-n.m.p. (48) *ten thousand*

וְקָדִימָה conj.-n.m.s.-dir.he (870) *and on the eastern side*

רֹחַב n.m.s. (931) *in breadth*

עֲשֶׂרֶת אֲלָפִים v.supra-v.supra *ten thousand*

וְנֶגְבָּה conj.-n.m.s.-dir.he (616) *and on the southern side*

אֹרֶךְ n.m.s. (73) *in length*

חֲמִשָּׁה וְעֶשְׂרִים num. f. (331)-conj.-num. p. (797) *twenty-five*

אֶלֶף n.m.s. paus. (48) *thousand*

וְהָיָה conj.-Qal pf. 3 m.s. (224) *with*

מִקְדַּשׁ־יְהוָה n.m.s. cstr. (874)-pr.n. (217) *the sanctuary of Yahweh*

בְּתוֹכוֹ prep.-n.m.s.-3 m.s. sf. (1063) *in the midst of it*

48:11

לַכֹּהֲנִים prep.-def.art.-n.m.p. (463) *for the priests*

הַמְקֻדָּשׁ def.art.-Pu. ptc. (קדשׁ 872) *consecrated*

מִבְּנֵי צָדוֹק prep.-n.m.p. cstr. (119)-pr.n. (843) *of the sons of Zadok*

אֲשֶׁר שָׁמְרוּ rel. (81)-Qal pf. 3 c.p. (1036) *who kept*

מִשְׁמַרְתִּי n.f.s.-1 c.s. sf. (1038) *my charge*

אֲשֶׁר לֹא־תָעוּ v.supra-neg.-Qal pf. 3 c.p. (תָעָה 1073) *who did not go astray*

בִּתְעוֹת prep.-Qal inf.cstr. (תָעָה 1073) *when went astray*

בְּנֵי יִשְׂרָאֵל n.m.p. cstr. (119)-pr.n. (975) *the people of Israel*

כַּאֲשֶׁר prep.-rel. (81) *as*

תָּעוּ Qal pf. 3 c.p. (תָעָה 1073) *did (went astray)*

הַלְוִיִּם def.art.-gent.adj. m.p. (532) *the Levites*

48:12

וְהָיְתָה conj.-Qal pf. 3 f.s. (הָיָה 224) *and it shall belong*

לָהֶם prep.-3 m.p. sf. *to them*

תְּרוּמִיָּה n.f.s. (929) *a special portion*

מִתְּרוּמַת prep.-n.f.s. cstr. (929) *from the portion of*

הָאָרֶץ def.art.-n.f.s. (75) *the land*

קֹדֶשׁ קָדָשִׁים n.m.s. cstr. (871)-n.m.p. (871) *a most holy place*

אֶל־גְּבוּל prep. (39)-n.m.s. cstr. (147) *adjoining the territory of*

הַלְוִיִּם def.art.-gent.adj. m.p. (532) *the Levites*

48:13

וְהַלְוִיִּם conj.-def.art.-gent.adj. m.p. (532) *and the Levites*

לְעֻמַּת prep.-prep. cstr. (769) *alongside of*

גְּבוּל n.m.s. cstr. (147) *the territory of*

הַכֹּהֲנִים def.art.-n.m.p. (463) *the priests*

חֲמִשָּׁה וְעֶשְׂרִים num. f. (331)-conj.-num. p. (797) *twenty-five*

אֶלֶף n.m.s. (48) *thousand*

אֹרֶךְ n.m.s. (73) *in length*

וְרֹחַב conj.-n.m.s. (931) *and in breadth*

עֲשֶׂרֶת אֲלָפִים num. f. (796)-n.m.p. (48) *ten thousand*

כָּל־אֹרֶךְ n.m.s. cstr. (481)-n.m.s. (73) *the whole length*

חֲמִשָּׁה וְעֶשְׂרִים v.supra-v.supra *twenty-five*

אֶלֶף v.supra *thousand*

וְרֹחַב v.supra *and in breadth*

עֲשֶׂרֶת אֲלָפִים v.supra-v.supra *ten thousand*

48:14

וְלֹא־יִמְכְּרוּ conj.-neg.-Qal impf. 3 m.p. (מָכַר 569) *they shall not sell*

מִמֶּנּוּ prep.-3 m.s. sf. *any of it*

וְלֹא יָמֵר conj.-neg.-Hi. impf. 3 m.s. apoc. (מור 558; GK 72dd) *and they shall not exchange*

וְלֹא יַעֲבוֹר conj.-neg.-Qal impf. 3 m.s. (עָבַר 716; Qere rd. יַעֲבִיר Hi. impf. 3 m.s. (716) *they shall not alienate*

רֵאשִׁית הָאָרֶץ n.f.s. cstr. (912)-def.art.-n.f.s. (75) *this choice portion of the land*

כִּי־קֹדֶשׁ conj. (471)-n.m.s. (871) *for it is holy*

לַיהוָה prep.-pr.n. (217) *to Yahweh*

48:15

וַחֲמֵשֶׁת אֲלָפִים conj.-num. f. cstr. (331)-n.m.p. (48) *five thousand*

685

הַנּוֹתָר def.art.-Ni. ptc. (יָתַר 451) *the remainder*

בָּרֹחַב prep.-def.art.-n.m.s. (931) *in breadth*

עַל פְּנֵי prep. (752)-n.m.p. cstr. (815) *and*

חֲמִשָּׁה וְעֶשְׂרִים num. f. (331)-conj.-num. p. (797) *twenty-five*

אָלֶף n.m.s. (48) *thousand*

חֹל־הוּא n.m.s. (320)-pers.pr. 3 m.s. (214) *it shall be for ordinary use*

לָעִיר prep.-def.art.-n.f.s. (746) *for the city*

לְמוֹשָׁב prep.-n.m.s. (444) *for dwellings*

וּלְמִגְרָשׁ conj.-prep.-n.m.s. (177) *and for open country*

וְהָיְתָה הָעִיר conj.-Qal pf. 3 f.s. (הָיָה 224)-def.art.-n.f.s. (746) *and the city shall be*

בְּתוֹכֹה prep.-n.m.s.-3 m.s. sf. (1063) *in the midst of it*

48:16

וְאֵלֶּה conj.-demons.adj. c.p. (41) *these shall be*

מִדּוֹתֶיהָ n.f.p.-3 f.s. sf. (551) *its dimensions*

פְּאַת צָפוֹן n.f.s. cstr. (802)-n.f.s. (860) *the north side*

חֲמֵשׁ מֵאוֹת num. (331)-n.f.p. (547) *five hundred*

וְאַרְבַּעַת אֲלָפִים conj.-num. f. cstr. (916)-n.m.p. (48) *and four thousand*

וּפְאַת־נֶגֶב conj.-n.f.s. cstr. (802)-n.m.s. (616) *the south side*

חֲמֵשׁ חֲמֵשׁ num. cstr. (331)-v.supra *five five*

מֵאוֹת n.f.p. (547) *hundred*

וְאַרְבַּעַת conj.-num. f. cstr. (916) *and four*

אֲלָפִים n.m.p. (48) *thousand*

וּמִפְּאַת קָדִים conj.-prep.-n.f.s. cstr. (802)-n.m.s. (870) *the east side*

חֲמֵשׁ מֵאוֹת v.supra-v.supra *five hundred*

וְאַרְבַּעַת אֲלָפִים v.supra-v.supra *and four thousand*

וּפְאַת יָמָּה conj.-n.f.s. cstr. (802)-n.m.s.-dir.he (410) *and the west side*

חֲמֵשׁ מֵאוֹת v.supra-v.supra *five hundred*

וְאַרְבַּעַת אֲלָפִים v.supra-v.supra *and four thousand*

48:17

וְהָיָה conj.-Qal pf. 3 m.s. (224) *and shall have*

מִגְרָשׁ n.m.s. (177) *open land*

לָעִיר prep.-def.art.-n.f.s. (746) *the city*

צָפוֹנָה n.f.s.-dir.he (860) *on the north*

חֲמִשִּׁים num. p. (332) *fifty*

וּמָאתַיִם conj.-n.f. du. (547) *and two hundred (cubits)*

וְנֶגְבָּה conj.-n.m.s.-dir.he (616) *on the south*

חֲמִשִּׁים v.supra *fifty*

וּמָאתַיִם conj.-n.f. du. paus. (547) *and two hundred*

וְקָדִימָה conj.-n.m.s.-dir.he (870) *on the east*

חֲמִשִּׁים v.supra *fifty*

וּמָאתַיִם v.supra *and two hundred*

וְיָמָּה conj.-n.m.s.-dir.he (410) *on the west*

חֲמִשִּׁים v.supra *fifty*

וּמָאתַיִם v.supra *and two hundred*

48:18

וְהַנּוֹתָר conj.-def.art.-Ni. ptc. (יָתַר 451) *The remainder*

בָּאֹרֶךְ prep.-def.art.-n.m.s. (73) *of the length*

לְעֻמַּת prep.-prep. cstr. (769) *alongside*

תְּרוּמַת הַקֹּדֶשׁ n.f.s. cstr. (929)-def.art.-n.m.s. (871) *the holy portion*

עֲשֶׂרֶת אֲלָפִים num. f. cstr. (796)-n.m.p. (48) *ten thousand (cubits)*

קָדִימָה n.m.s.-loc.he (870) *to the east*

וַעֲשֶׂרֶת אֲלָפִים conj.-v.supra-v.supra *and ten thousand*

יָמָּה n.m.s.-loc.he (410) *to the west*

וְהָיָה conj.-Qal pf. 3 m.s. (224) *and it shall be*

לְעֻמַּת v.supra *alongside*

תְּרוּמַת הַקֹּדֶשׁ v.supra-v.supra *the holy portion*

וְהָיְתָה conj.-Qal pf. 3 f.s. (הָיָה 224) *and ... shall be*

תְבוּאָתֹה n.f.s.-3 m.s. sf. (100) *its produce*

לְלֶחֶם prep.-n.m.s. (536) *for food*

לְעֹבְדֵי prep.-Qal act.ptc. m.p. cstr. (712) *for the workers of*

הָעִיר def.art.-n.f.s. (746) *the city*

48:19

וְהָעֹבֵד conj.-def.art.-Qal act.ptc. m.s. (עָבַד 712) *and the worker* (LXX rd. m.p. cstr.)

הָעִיר def.art.-n.f.s. (746) *the city*

יַעַבְדוּהוּ Qal impf. 3 m.p.-3 m.s. sf. (עָבַד 712) *shall till it*

מִכֹּל שִׁבְטֵי prep.-n.m.s. cstr. (481)-n.m.p. cstr. (986) *from all the tribes of*

יִשְׂרָאֵל pr.n. (975) *Israel*

48:20

כָּל־הַתְּרוּמָה n.m.s. cstr. (481)-def.art.-n.f.s. (929) *the whole portion*

חֲמִשָּׁה וְעֶשְׂרִים num. f. (331)-conj.-num. p. (797) *twenty-five*

אֶלֶף n.m.s. (48) *thousand*

בַּחֲמִשָּׁה וְעֶשְׂרִים prep.-v.supra-v.supra *by twenty-five*

אָלֶף v.supra paus. *thousand*

רְבִיעִית num. ord. f. (917) *four square*

תָּרִימוּ Hi. impf. 2 m.p. רום 926) *you shall set apart*

אֶת־תְּרוּמַת הַקֹּדֶשׁ dir.obj.-n.f.s. cstr. (929)-def. art.-n.m.s. (871) *the holy portion*

אֶל־אֲחֻזַּת prep. (39)-n.f.s. cstr. (28) *together with the property of*

הָעִיר def.art.-n.f.s. (746) *the city*

48:21

וְהַנּוֹתָר conj.-def.art.-Ni. ptc. יתר 451) *What remains*

לַנָּשִׂיא prep.-def.art.-n.m.s. (672) *to the prince*

מִזֶּה וּמִזֶּה prep.-demons.adj. m.s. (260)-conj.-v. supra *on both sides*

לִתְרוּמַת־הַקֹּדֶשׁ prep.-n.f.s. cstr. (929)-def.art. -n.m.s. (871) *of the holy portion*

וְלַאֲחֻזַּת conj.-prep.-n.f.s. cstr. (28) *and of the property of*

הָעִיר def.art.-n.f.s. (746) *the city*

אֶל־פְּנֵי prep. (39)-n.m.p. cstr. (815) *extending from*

חֲמִשָּׁה וְעֶשְׂרִים num. f. (331)-conj.-num. p. (797) *twenty-five*

אֶלֶף n.m.s. (48) *thousand*

תְּרוּמָה n.f.s. (929) *the portion*

עַד־גְּבוּל prep. (723)-n.m.s. cstr. (147) *to the ... border*

קָדִימָה n.m.s.-loc.he (870) *east*

וְיָמָּה conj.-n.m.s.-loc.he (410) *to the west (westward)*

עַל־פְּנֵי prep. (752)-v.supra *from*

חֲמִשָּׁה v.supra *five*

וְעֶשְׂרִים v.supra *and twenty*

אֶלֶף v.supra *thousand*

עַל־גְּבוּל prep. (752)-v.supra *to the ... border*

יָמָּה v.supra *west*

לְעֻמַּת prep.-prep. cstr. (769) *parallel to*

חֲלָקִים n.m.p. (324) *the tribal portions*

לַנָּשִׂיא v.supra *to the prince*

וְהָיְתָה conj.-Qal pf. 3 f.s. היה 224) *and shall be*

תְּרוּמַת הַקֹּדֶשׁ v.supra-v.supra *the holy portion*

וּמִקְדַּשׁ הַבַּיִת conj.-n.m.s. cstr. (874)-def.art. -n.m.s. (108) *with the sanctuary of the temple*

בְּתוֹכֹה prep.-n.m.s.-3 m.s. sf. (1063) *in its midst*

48:22

וּמֵאֲחֻזַּת conj.-prep.-n.f.s. cstr. (28) *and from the property of*

הַלְוִיִּם def.art.-gen.adj. m.p. (532) *the Levites*

וּמֵאֲחֻזַּת v.supra *and from the property of*

הָעִיר def.art.-n.f.s. (746) *the city*

בְּתוֹךְ אֲשֶׁר prep.-n.m.s. cstr. (1063)-rel. (81) *in the midst of that which*

לַנָּשִׂיא prep.-def.art.-n.m.s. (672) *to the prince*

יִהְיֶה Qal impf. 3 m.s. היה 224) *belongs*

בֵּין גְּבוּל prep. (107)-n.m.s. cstr. (147) *between the territory of*

יְהוּדָה pr.n. (397) *Judah*

וּבֵין גְּבוּל conj.-prep. (107)-v.supra *and between the territory of*

בִּנְיָמִן pr.n. (122) *Benjamin*

לַנָּשִׂיא v.supra *to the prince*

יִהְיֶה v.supra *it shall lie*

48:23

וְיֶתֶר הַשְּׁבָטִים conj.-n.m.s. cstr. (451)-def.art. -n.m.p. (986) *as for the rest of the tribes*

מִפְּאַת קָדִימָה prep.-n.f.s. cstr. (802)-n.m.s.-loc. he (870) *from the east side*

עַד־פְּאַת־יָמָּה prep. (723)-v.supra-n.m.s.-loc.he (410) *to the west*

בִּנְיָמִן pr.n. (122) *Benjamin*

אֶחָד num. (25) *one portion*

48:24

וְעַל גְּבוּל conj.-prep. (752)-n.m.s. cstr. (147) *adjoining the territory of*

בִּנְיָמִן pr.n. (122) *Benjamin*

מִפְּאַת קָדִימָה prep.-n.f.s. cstr. (802)-n.m.s.-loc. he (870) *from the east side*

עַד־פְּאַת־יָמָּה prep. (723)-n.f.s. cstr. (802) -n.m.s.-loc.he (410) *to the west*

שִׁמְעוֹן pr.n. (1035) *Simeon*

אֶחָד num. (25) *one portion*

48:25

וְעַל גְּבוּל conj.-prep. (752)-n.m.s. cstr. (147) *and adjoining the territory of*

שִׁמְעוֹן pr.n. (1035) *Simeon*

מִפְּאַת קָדִימָה prep.-n.f.s. cstr. (802)-n.m.s.-loc. he (870) *from the east side*

עַד־פְּאַת־יָמָּה prep. (723)-v.supra-n.m.s.-loc. he (410) *to the west*

יִשָּׂשכָר pr.n. (441) *Issachar*

אֶחָד num. (25) *one portion*

48:26

וְעַל גְּבוּל conj.-prep. (802)-n.m.s. cstr. (147) *adjoining the territory of*

יִשָּׂשכָר pr.n. (441) *Issachar*

מִפְּאַת קָדִימָה prep.-n.f.s. cstr. (802)-n.m.s.-loc. he (870) *from the east side*

עַד־פְּאַת־יָמָה prep. (723)-v.supra-n.m.s.-loc. he (410) *to the west*

זְבוּלֻן pr.n. (259) *Zebulun*

אֶחָד num. (25) *one portion*

48:27

וְעַל גְּבוּל conj.-prep. (752)-n.m.s. cstr. (147) *adjoining the territory of*

זְבוּלֻן pr.n. (259) *Zebulun*

מִפְּאַת קָדְמָה prep.-n.f.s. cstr. (802)-n.m.s.-loc. he (870) *from the east side*

עַד־פְּאַת־יָמָה prep. (723)-v.supra-n.m.s.-loc. he (410) *to the west*

גָּד pr.n. (151) *Gad*

אֶחָד num. (25) *one portion*

48:28

וְעַל גְּבוּל conj.-prep. (752)-n.m.s. cstr. (147) *adjoining the territory of*

גָּד pr.n. (151) *Gad*

אֶל־פְּאַת נֶגֶב prep. (39)-n.f.s. cstr. (802)-n.m.s. (616) *to the south*

תֵּימָנָה n.f.s.-loc.he (412) *southward*

וְהָיָה conj.-Qal pf. 3 m.s. (224) *shall run*

גְבוּל n.m.s. (147) *the boundary*

מִתָּמָר prep.-pr.n. (1071) *from Tamar*

מֵי n.m.p. cstr. (565) *to the waters of*

מְרִיבַת קָדֵשׁ pr.n. (937)-pr.n. (873) *Meribath-kadesh*

נַחֲלָה n.m.s.-loc.he (636) *to (along) the Brook*

עַל־הַיָּם prep. (752)-def.art.-n.m.s. (410) *to the ... Sea*

הַגָּדוֹל def.art.-adj. m.s. (152) *Great*

48:29

זֹאת demons.adj. f.s. (260) *this is*

הָאָרֶץ def.art.-n.f.s. (75) *the land*

אֲשֶׁר־תַּפִּילוּ rel. (81)-Hi. impf. 2 m.p. (נָפַל 656) *which you shall allot*

מִנַּחֲלָה prep.-n.f.s. (635) *as an inheritance*

לְשִׁבְטֵי prep.-n.m.p. cstr. (986) *among the tribes of*

יִשְׂרָאֵל pr.n. (975) *Israel*

וְאֵלֶּה conj.-demons.adj. c.p. (41) *and these are*

מַחְלְקוֹתָם n.f.p.-3 m.p. sf. (324) *their several portions*

נְאֻם n.m.s. cstr. (610) *says*

אֲדֹנָי יהוה n.m.p.-1 c.s. sf. (10)-pr.n. (217) *the Lord Yahweh*

48:30

וְאֵלֶּה conj.-demons.adj. c.p. (41) *these shall be*

תּוֹצְאֹת הָעִיר n.f.p. cstr. (426)-def.art.-n.f.s. (746) *the exits of the city*

מִפְּאַת צָפוֹן prep.-n.f.s. cstr. (802)-n.f.s. (860) *on the north side*

חֲמֵשׁ מֵאוֹת num. cstr. (331)-n.f.p. (547) *five hundred*

וְאַרְבַּעַת אֲלָפִים conj.-num. f. cstr. (916)-n.m.p. (48) *and four thousand*

מִדָּה n.f.s. (551) *by measure*

48:31

וְשַׁעֲרֵי conj.-n.m.p. cstr. (1044) *and the gates of*

הָעִיר def.art.-n.f.s. (746) *the city*

עַל־שְׁמוֹת prep. (752)-n.m.p. cstr. (1027) *being named after*

שִׁבְטֵי n.m.p. cstr. (986) *the tribes of*

יִשְׂרָאֵל pr.n. (975) *Israel*

שְׁעָרִים שְׁלוֹשָׁה n.m.p. (1044)-num. f.s. (1025) *three gates*

צָפוֹנָה n.f.s.-loc.he (860) *northward*

שַׁעַר n.m.s. cstr. (1044) *the gate of*

רְאוּבֵן pr.n. (910) *Reuben*

אֶחָד num. (25) *one*

שַׁעַר v.supra *the gate of*

יְהוּדָה pr.n. (397) *Judah*

אֶחָד v.supra *one*

שַׁעַר v.supra *the gate of*

לֵוִי pr.n. (532) *Levi*

אֶחָד v.supra *one*

48:32

וְאֶל־פְּאַת conj.-prep. (39)-n.f.s. cstr. (802) *on the ... side*

קָדִימָה n.m.s.-loc.he (870) *east*

חֲמֵשׁ מֵאוֹת num. cstr. (331)-n.f.p. (547) *five hundred*

וְאַרְבַּעַת אֲלָפִים conj.-num. f. cstr. (916)-n.m.p. (48) *and four thousand*

וּשְׁעָרִים conj.-n.m.p. (1044) *and ... gates*

שְׁלֹשָׁה num. f. (1025) *three*

וְשַׁעַר conj.-n.m.s. cstr. (1044) *the gate of*

יוֹסֵף pr.n. (415) *Joseph*

אֶחָד num. (25) *one*

שַׁעַר v.supra *the gate of*

בִּנְיָמִן pr.n. (122) *Benjamin*

אֶחָד v.supra *one*

שַׁעַר v.supra *the gate of*

דָּן pr.n. (192) *Dan*

אֶחָד v.supra *one*

48:33

וּפְאַת־נֶגְבָּה conj.-n.f.s. cstr. (802)-n.m.s.-loc.he (616) *on the south side*

חֲמֵשׁ מֵאוֹת num. cstr. (331)-n.f.p. (547) *five hundred*

וְאַרְבַּעַת אֲלָפִים conj.-num. f. cstr. (916)-n.m.p. (48) *and four thousand*

מִדָּה n.f.s. (551) *by measure*

וּשְׁעָרִים שְׁלֹשָׁה conj.-n.m.p. (1044)-num. f. (1025) *three gates*

שַׁעַר n.m.s. cstr. (1044) *the gate of*

שִׁמְעוֹן pr.n. (1035) *Simeon*

אֶחָד num. (25) *one*

שַׁעַר v.supra *the gate of*

יִשָּׂשכָר pr.n. (441) *Issachar*

אֶחָד v.supra *one*

שַׁעַר v.supra *the gate of*

זְבוּלֻן pr.n. (259) *Zebulun*

אֶחָד v.supra *one*

48:34

פְּאַת־יָמָּה n.f.s. cstr. (802)-n.m.s.-loc.he (410) *on the west side*

חֲמֵשׁ מֵאוֹת num. cstr. (331)-n.f.p. (547) *five hundred*

48:35

וְאַרְבַּעַת אֲלָפִים conj.-num. f. cstr. (916)-n.m.p. (48) *and four thousand*

שַׁעֲרֵיהֶם n.m.p.-3 m.p. sf. (1044) *their gates*

שְׁלֹשָׁה num. f. (1025) *three*

שַׁעַר n.m.s. cstr. (1044) *the gate of*

גָּד pr.n. (151) *Gad*

אֶחָד num. (25) *one*

שַׁעַר v.supra *the gate of*

אָשֵׁר pr.n. (81) *Asher*

אֶחָד v.supra *one*

שַׁעַר v.supra *the gate of*

נַפְתָּלִי pr.n. (836) *Naphtali*

אֶחָד v.supra *one*

48:35

סָבִיב subst. (686) *around about*

שְׁמֹנָה עָשָׂר num. f. (1032)-num. (797) *eighteen*

אָלֶף n.m.s. paus. (48) *thousand*

וְשֵׁם־ conj.-n.m.s. cstr. (1027) *and the name of*

הָעִיר def.art.-n.f.s. (746) *the city*

מִיּוֹם prep.-n.m.s. (398) *henceforth*

יְהוָה pr.n. (217) *Yahweh*

שָׁמָּה adj.-loc.he (1027) *is there*

Daniel

1:1

בִּשְׁנַת prep.-n.f.s. cstr. (1040) *in the year*

שְׁלוֹשׁ num.adj. m.s. (1025) *third*

לְמַלְכוּת prep.-n.m.s. cstr. (574) *of the reign of*

יְהוֹיָקִים pr.n. (220) *Jehoiakim*

מֶלֶךְ־יְהוּדָה n.m.s. cstr. (572)-pr.n.(397) *king of Judah*

בָּא Qal pf. 3 m.s. (97) *came*

נְבוּכַדְנֶאצַּר pr.n. (613) *Nebuchadnezzar*

מֶלֶךְ־בָּבֶל n.m.s. cstr. (572)-pr.n. (93) *king of Babylon*

יְרוּשָׁלַ͏ִם pr.n. (436) *to Jerusalem*

וַיָּצַר consec.-Qal impf. 3 m.s. (II 848) *and besieged*

עָלֶיהָ prep.-3 f.s. sf. *it*

1:2

וַיִּתֵּן consec.-Qal impf. 3 m.s. (678) *and gave*

אֲדֹנָי n.m.s. (10) *the Lord*

בְּיָדוֹ prep.-n.f.s.-3 m.s. sf. (388) *into his hand*

אֶת־יְהוֹיָקִים dir.obj.-pr.n. (220) *Jehoiakim*

מֶלֶךְ־יְהוּדָה v.1:1 n.m.s. cstr. (572)-pr.n. (397) *king of Judah*

וּמִקְצָת conj.-prep.-n.f.s. cstr. (892) *with some of*

כְּלֵי n.m.p. cstr. (479) *the vessels of*

בֵית־הָאֱלֹהִים n.m.s. cstr. (108)-def.art.-n.m.p. (43) *the house of God*

וַיְבִיאֵם consec.-Hi. impf. 3 m.s.-3 m.p. sf. (97) *and he brought them*

אֶרֶץ־שִׁנְעָר n.f.s. cstr. (75)-pr.n. (1042) *to the land of Shinar*

בֵּית אֱלֹהָיו v.supra-n.m.p.-3 m.s. sf. (43) *to the house of his god*

וְאֶת־הַכֵּלִים conj.-dir.obj.-def.art.-n.m.p. (479) *and the vessels*

הֵבִיא Hi. pf. 3 m.s. (97) *placed*

בֵּית אוֹצַר v.supra-n.m.s. cstr. (69) *in the treasury of*

אֱלֹהָיו v.supra *his god*

1:3

וַיֹּאמֶר consec.-Qal impf. 3 m.s. (55) *then commanded*

הַמֶּלֶךְ def.art.-n.m.s. (572) *the king*

לְאַשְׁפְּנַז prep.-pr.n. (80) *Ashpenaz*

רַב סָרִיסָיו n.m.s. cstr. (II 913)-n.m.p.-3 m.s. sf. (710) *his chief eunuch*

לְהָבִיא prep.-Hi. inf.cstr. (97) *to bring*

מִבְּנֵי יִשְׂרָאֵל prep.-n.m.p. cstr. (119)-pr.n. (975) *some of the people of Israel*

וּמִזֶּרַע conj.-prep.-n.m.s. cstr. (282) *both of the family*

הַמְּלוּכָה def.art.-n.f.s. (574) *royal*

וּמִן־הַפַּרְתְּמִים conj.-prep.-def.art.-n.m.p. (832) *and of the nobility*

1:4

יְלָדִים n.m.p. (409) *youths*

אֲשֶׁר אֵין־בָּהֶם rel. (81)-subst.cstr. (II 34)-prep. -3 m.p. sf. *without*

כָּל־מְאוּם n.m.s. cstr. (481)-n.m.s. (548; GK 23c) *blemish*

וְטוֹבֵי מַרְאֶה conj.-n.m.p. cstr. (I 373)-n.m.s. (909) *handsome*

וּמַשְׂכִּילִים conj.-Hi. ptc. m.p. (968) *and skilful*

בְּכָל־חָכְמָה prep.-n.m.s. cstr. (481) -n.f.s. (315) *in all wisdom*

וְיֹדְעֵי דַעַת conj.-Qal act.ptc. m.p. cstr. (393) -n.f.s. (395) *endowed with knowledge*

וּמְבִינֵי conj.-Hi. ptc. m.p. cstr. (106) *understanding*

מַדָּע n.m.s. (396) *learning*

וַאֲשֶׁר כֹּחַ בָּהֶם conj.-rel. (81)-n.m.s. (470) -prep.-3 m.p. sf. *and competent*

לַעֲמֹד prep.-Qal inf.cstr. (763) *to serve*

בְּהֵיכַל prep.-n.m.s. cstr. (228) *in the palace of*

הַמֶּלֶךְ def.art.-n.m.s. (572) *the king*

וּלֲלַמְּדָם conj.-prep.-Pi. inf.cstr.-3 m.p. sf. (540) *and to teach them*

סֵפֶר n.m.s. cstr. (706; GK 128aN) *the letters (of)*

וּלְשׁוֹן conj.-n.f.s. cstr. (546) *and language of*

כַּשְׂדִּים pr.n. m.p. (505) *the Chaldeans*

1:5

וַיְמַן consec.-Pi. impf. 3 m.s. (584) *and ... assigned*

לָהֶם prep.-3 m.p. sf. *them*

הַמֶּלֶךְ def.art.-n.m.s. (572) *the king*

דְּבַר־יוֹם בְּיוֹמוֹ n.m.s. cstr. (182)-n.m.s. (398) -prep.-n.m.s.-3 m.s. sf. (398) *a daily*

מִפַּת־בַּג prep.-n.m.s. (834) *portion of rich food*

הַמֶּלֶךְ v.supra *which the king ate*

וּמִיַּין conj.-prep.-n.m.s. cstr. (406) *and of the wine (of)*

מִשְׁתָּיו n.m.p.-3 m.s. sf. (1059) *which he drank*

וּלְגַדְּלָם conj.-prep.-Pi. inf.cstr.-3 m.p. sf. (152) *they were to be educated*

שָׁנִים שָׁלוֹשׁ n.f.p. (1040)-num.adj. (1025) *for three years*

וּמִקְצָתָם conj.-prep.-n.f.s.-3 m.p. sf. (892; GK 135o) *and at the end of that time*

יַעַמְדוּ Qal impf. 3 m.p. (763) *they were to stand*

לִפְנֵי הַמֶּלֶךְ prep.-n.m.p. cstr. (815)-v.supra *before the king*

1:6

וַיְהִי בָהֶם consec.-Qal impf. 3 m.s. (224) -prep.-3 m.p. sf. *Among these were*

מִבְּנֵי יְהוּדָה prep.-n.m.p. cstr. (119)-pr.n. (397) *of the tribe of Judah*

דָּנִיֵּאל pr.n. (193) *Daniel*

חֲנַנְיָה pr.n. (337) *Hananiah*

מִישָׁאֵל pr.n. (567) *Mishael*

וַעֲזַרְיָה conj.-pr.n. (741) *and Azariah*

1:7

וַיָּשֶׂם consec.-Qal impf. 3 m.s. (962) *and ... gave*

לָהֶם prep.-3 m.p. sf. *them*

שַׂר הַסָּרִיסִים n.m.s. cstr. (978)-def.art.-n.m.p. (710) *the chief of the eunuchs*

שֵׁמוֹת n.m.p. (1027) *names*

וַיָּשֶׂם v.supra *and he called*

לְדָנִיֵּאל prep.-pr.n. (193) *Daniel*

בֵּלְטְשַׁאצַּר pr.n. (117) *Belteshazzar*

וְלַחֲנַנְיָה conj.-prep.-pr.n. (337) *and Hananiah*

שַׁדְרַךְ pr.n. (995) *Shadrach*

וּלְמִישָׁאֵל conj.-prep.-pr.n. (567) *and Mishael*

מֵישַׁךְ pr.n. (568) *Meshach*

וְלַעֲזַרְיָה conj.-prep.-pr.n. (741) *and Azariah*

עֲבֵד נְגוֹ pr.n. (715) *Abednego*

1:8

וַיָּשֶׂם v.1:7 consec.-Qal impf. 3 m.s. (962) *But ... resolved*

דָּנִיֵּאל pr.n. (193) *Daniel*

עַל־לִבּוֹ prep.-n.m.s.-3 m.s. sf. (523) *(in his heart)*

אֲשֶׁר לֹא־יִתְגָּאַל rel. (81)-neg.-Hith. impf. 3 m.s. (II 146) *that he would not defile himself*

בְּפַתְבַּג v.1:5 prep.-n.m.s. cstr. (834) *with the ... rich food*

הַמֶּלֶךְ v.1:5 def.art.-n.m.s. (572) *king's*

וּבְיַין v.1:5 conj.-prep.-n.m.s. cstr. (406) *or with the wine*

מִשְׁתָּיו n.m.p.-3 m.s. sf. (1059) *which he drank*

וַיְבַקֵּשׁ consec.-Pi. impf. 3 m.s. (134) *therefore he asked*

מִשַּׂר prep.-n.m.s. cstr. (978) *the chief of*

הַסָּרִיסִים def.art.-n.m.p. (910) *the eunuchs*

אֲשֶׁר לֹא יִתְגָּאַל v.supra *to allow him not to defile himself*

1:9

וַיִּתֵּן v.1:2 consec.-Qal impf. 3 m.s. (678) *and ... gave*

הָאֱלֹהִים v.1:2 def.art.-n.m.p. (43) *God*

אֶת־דָּנִיֵּאל dir.obj.-pr.n. (193) *Daniel*

692

לְחֶסֶד prep.-n.m.s. (338) *favor*

וּלְרַחֲמִים conj.-prep.-n.m.p. (933) *and compassion*

לִפְנֵי prep.-n.m.p. cstr. (815) *in the sight of*

שַׂר v.1:7,8 n.m.s. cstr. (978) *the chief of*

הַסָּרִיסִים def.art.-n.m.p. (710) *the eunuchs*

1:10

וַיֹּאמֶר consec.-Qal impf. 3 m.s. (55) *and ... said*

שַׂר v.1:7,8,9 n.m.s. cstr. (978) *the chief of*

הַסָּרִיסִים def.art.-n.m.p. (710) *the eunuchs*

לְדָנִיֵּאל prep.-pr.n. (193) *to Daniel*

יָרֵא Qal act.ptc. (431)-pers.pr. 1 c.s. (I 58) *I fear*

אֶת־אֲדֹנִי dir.obj.-n.m.s.-1 c.s. sf. (10) *my lord*

הַמֶּלֶךְ v.1:5,8 def.art.-n.m.s. (I 572) *the king*

אֲשֶׁר מִנָּה rel. (81)-Pi. pf. 3 m.s. (584) *who appointed*

אֶת־מַאֲכַלְכֶם dir.obj.-n.m.s.-2 m.p. sf. (38) *your food*

וְאֶת־מִשְׁתֵּיכֶם conj.-dir.obj.-n.m.p.-2 m.p. sf. (1059; GK 93ss) *and your drink*

אֲשֶׁר לָמָּה rel. (81)-interr. (552) *should*

יִרְאֶה Qal impf. 3 m.s. (906) *see*

אֶת־פְּנֵיכֶם dir.obj.-n.m.s.-2 m.p. sf. (815) *that you*

זֹעֲפִים Qal act.ptc. m.p. (277) *were in poorer condition*

מִן־הַיְלָדִים prep.-def.art.-v.1:4 n.m.p. (409) *than the youths*

אֲשֶׁר כְּגִילְכֶם rel. (81)-prep.-n.m.s.-2 m.p. sf. (162) *who are of your own age*

וְחִיַּבְתֶּם conj.-Pi. pf. 2 m.p. (295) *so you would endanger*

אֶת־רֹאשִׁי dir.obj.-n.m.s.-1 c.s. sf. (910) *my head*

לַמֶּלֶךְ prep.-def.art.-n.m.s. (I 572) *with the king*

1:11

וַיֹּאמֶר דָּנִיֵּאל consec.-Qal impf. 3 m.s. (55)-pr.n. (193) *then Daniel said*

אֶל־הַמֶּלְצַר prep.-def.art.-n.m.s. (576) *to the steward*

אֲשֶׁר מִנָּה v.1:10 rel. (81)-Pi. pf. 3 m.s. (584) *whom ... had appointed*

שַׂר v.1:7,8,9,10 n.m.s. cstr. (978) *the chief of*

הַסָּרִיסִים def.art.-n.m.p. (710) *the eunuchs*

עַל־דָּנִיֵּאל prep.-pr.n. (193) *over Daniel*

חֲנַנְיָה pr.n. (337) *Hananiah*

מִישָׁאֵל pr.n. (567) *Mishael*

וַעֲזַרְיָה conj.-pr.n. (741) *and Azariah*

1:12

נַס־נָא Pi. impv. 2 m.s. (650; GK 75cc)-part. of entreaty (609) *test*

אֶת־עֲבָדֶיךָ dir.obj.-n.m.s.-2 m.s. sf. (712) *your servants*

יָמִים עֲשָׂרָה n.m.p. (398)-num.adj. (796) *for ten days*

וְיִתְּנוּ־לָנוּ conj.-Qal impf. 3 m.p. (678)-prep.-1 c.p. sf. *and let us be given*

מִן־הַזֵּרֹעִים prep.-def.art.-n.m.p. (283) *vegetables*

וְנֹאכְלָה conj.-Qal impf. 1 c.p.-coh.he (37) *to eat*

וּמַיִם conj.-n.m.p. (565) *and water*

וְנִשְׁתֶּה conj.-Qal impf. 1 c.p. (1059) (apoc.?-coh. he) *to drink*

1:13

וְיֵרָאוּ conj.-Ni. impf. 3 m.p. (906) *then let ... be observed*

לְפָנֶיךָ prep.-n.m.p. (815)-2 m.s. sf. *by you*

מַרְאֵינוּ n.m.s.-1 c.p. sf. (909) *our appearance*

וּמַרְאֵה conj.-n.m.s. cstr. (909) *and the appearance of*

הַיְלָדִים v.1:4,10 def.art.-n.m.p. (409) *the youths*

הָאֹכְלִים def.art.-Qal act.ptc. m.p. (37) *who eat*

אֵת פַּתְבַּג dir.obj.-v.1:5,8 n.m.s. cstr. (834) *the rich food*

הַמֶּלֶךְ def.art.-n.m.s. (I 572) *king's*

וְכַאֲשֶׁר תִּרְאֵה conj.-prep.-rel. (81)-Qal impf. 2 m.s. (906) *and according to what you see*

עֲשֵׂה Qal impv. 2 m.s. (I 793; GK 75hh) *deal*

עִם־עֲבָדֶיךָ prep.-n.m.p.-2 m.s. sf. (712) *with your servants*

1:14

וַיִּשְׁמַע consec.-Qal impf. 3 m.s. (1033) *so he hearkened*

לָהֶם prep.-3 m.p. sf. *to them*

לַדָּבָר הַזֶּה prep.-def.art.-n.m.s. (182)-def.art.-demons.adj. m.s. (260) *in this matter*

וַיְנַסֵּם consec.-Pi. impf. 3 m.s.-3 m.p. sf. (650) *and tested them*

יָמִים עֲשָׂרָה n.m.p. (398)-num.adj. (796) *for ten days*

1:15

וּמִקְצָת conj.-prep.-n.f.s. cstr. (892) *at the end of*

יָמִים עֲשָׂרָה v.1:14 n.m.p. (398)-num.adj. *ten days*

נִרְאָה Ni. pf. 3 m.s. (906) *it was seen*

מַרְאֵיהֶם n.m.p.-3 m.p. sf. (909; GK 93ss) *that were ... in appearance*

טוֹב adj. m.s. (I 373) *better*

וּבְרִיאֵי conj.-adj. m.p. cstr. (II 135) *and fatter in*

בָּשָׂר n.m.s. (142) *flesh*

מִן־כָּל prep.-n.m.s. cstr. (481) *than all*

הַיְלָדִים def.art.-n.m.p. (409) *the youths*

הָאֹכְלִים def.art.-Qal act.ptc. m.p. (37) *who ate*

אֵת פַּתְבַּג v.1:5,8,13 dir.obj.-n.m.s. cstr. *the rich food*

הַמֶּלֶךְ def.art.-n.m.s. (I 572) *king's*

1:16

וַיְהִי consec.-Qal impf. 3 m.s. (224) *so*

הַמֶּלְצַר def.art.-n.m.s. (5767) *the steward*

נֹשֵׂא Qal act.ptc. (669) *took away*

אֶת־פַּתְבָּנָם dir.obj.-n.m.s.-3 m.p. sf. (834) *their rich food*

וְיֵין מִשְׁתֵּיהֶם conj.-n.m.s. cstr. (406)-n.m.p.-3 m.p. sf. (1059; GK 93ss) *and the wine they were to drink*

וְנָתֹן conj.-Qal act.ptc. (678) *and gave*

לָהֶם prep.-3 m.p. sf. *them*

זֵרְעֹנִים n.m.p. (283) *vegetables*

1:17

וְהַיְלָדִים conj.-v.1:13 def.art.-n.m.p. (409) *as for ... youths*

הָאֵלֶּה def.art.-demons.adj. m.p. (41) *these*

אַרְבַּעְתָּם num. f.-3 m.p. sf. (916) *four*

נָתַן לָהֶם Qal pf. 3 m.s. (678)-prep.-3 m.p. sf. *gave them*

הָאֱלֹהִים def.art.-n.m.p. (43) *God*

מַדָּע v.1:4 n.m.s. (396) *learning*

וְהַשְׂכֵּל conj.-Hi. inf.abs. as subst. (I 968) *and skill*

בְּכָל־סֵפֶר prep.-n.m.s. cstr. (481)-n.m.s. (706) *in all letters*

וְחָכְמָה conj.-n.f.s. (315) *and wisdom*

וְדָנִיֵּאל conj.-pr.n. (193) *and Daniel*

הֵבִין Hi. pf. 3 m.s. (106) *had understanding*

בְּכָל־ prep.-n.m.s. cstr. (481) *in all*

חָזוֹן n.m.s. (302) *visions*

וַחֲלֹמוֹת conj.-n.f.p. (321) *and dreams*

1:18

וּלְמִקְצָת conj.-prep.-prep.-n.f.s. cstr. (892) *at the end of*

הַיָּמִים def.art.-n.m.p. (398) *the time*

אֲשֶׁר־אָמַר rel. (81)-Qal pf. 3 m.s. (55) *when ... had commanded*

הַמֶּלֶךְ def.art.-n.m.s. (I 572) *the king*

לַהֲבִיאָם prep.-Hi. inf.cstr.-3 m.p. sf. (97) *that they should be brought in*

וַיְבִיאֵם consec.-Hi. impf. 3 m.s.-3 m.p. sf. (97) *brought them in*

שַׂר v.1:7,8,9,10,11 n.m.s. cstr. (978) *the chief of*

הַסָּרִיסִים def.art.-n.m.p. (710) *the eunuchs*

לִפְנֵי prep.-n.m.p. cstr. (815) *before*

נְבֻכַדְנֶצַּר pr.n. (613) *Nebuchadnezzar*

1:19

וַיְדַבֵּר consec.-Pi. impf. 3 m.s. (180) *and ... spoke*

אִתָּם prep.-3 m.p. sf. (II 85) *with them*

הַמֶּלֶךְ def.art.-n.m.s. (I 572) *the king*

וְלֹא נִמְצָא conj.-neg.-Ni. pf. 3 m.s. (592) *and none was found*

מִכֻּלָּם prep.-n.m.s.-3 m.p. sf. (481) *among them all*

כְּדָנִיֵּאל prep.-pr.n. (193) *like Daniel*

חֲנַנְיָה pr.n. (337) *Hananiah*

מִישָׁאֵל pr.n. (567) *Mishael*

וַעֲזַרְיָה conj.-pr.n. (741) *and Azariah*

וַיַּעַמְדוּ consec.-Qal impf. 3 m.p. (763) *therefore they stood*

לִפְנֵי prep.-n.m.p. cstr. (815) *before*

הַמֶּלֶךְ def.art.-n.m.s. (I 572) *the king*

1:20

וְכֹל דְּבַר conj.-n.m.s. cstr. (481)-n.m.s. cstr. (182) *and in every matter of*

חָכְמַת n.f.s. cstr. (315) *wisdom*

בִּינָה n.f.s. (108) *(and) understanding*

אֲשֶׁר־בִּקֵּשׁ rel. (81)-Pi. pf. 3 m.s. (134) *which ... inquired*

מֵהֶם הַמֶּלֶךְ prep.-3 m.p. sf.-def.art.-n.m.s. (I 572) *of them the king*

וַיִּמְצָאֵם consec.-Qal impf. 3 m.s.-3 m.p. sf. (592) *he found them*

עֶשֶׂר יָדוֹת num.adj. (796)-n.f.p. (388) *ten times*

עַל־כָּל־ prep.-n.m.s. cstr. (481) *than all*

הַחַרְטֻמִּים def.art.-n.m.p. (355) *the magicians*

הָאַשָּׁפִים def.art.-n.m.p. (80) *and enchanters*

אֲשֶׁר בְּכָל־ rel. (81)-prep.-n.m.s. cstr. (481) *that were in all*

מַלְכוּתוֹ n.f.s.-3 m.s. sf. (574) *his kingdom*

1:21

וַיְהִי consec.-Qal impf. 3 m.s. (224) *and ... continued*

דָּנִיֵּאל pr.n. (193) *Daniel*

עַד־שְׁנַת prep.-n.f.s. cstr. (1040) *until the ... year of*

אַחַת num.adj. f.s. (25) *first*

לְכוֹרֶשׁ prep.-pr.n. (468) *Cyrus*

הַמֶּלֶךְ def.art.-n.m.s. (I 572) *the king*

694

2:1

וּבִשְׁנַת conj.-prep.-n.f.s. cstr. (1040) *and in the ... year*

שְׁתַּיִם num.adj. f.s. (104) *second*

לְמַלְכוּת prep.-n.f.s. cstr. (574) *of the reign of*

נְבֻכַדְנֶצַּר pr.n. (613) *Nebuchadnezzar*

חָלַם Qal pf. 3 m.s. (321) *had (dreamed)*

נְבֻכַדְנֶצַּר pr.n. (613) *Nebuchadnezzar*

חֲלֹמוֹת n.f.p. (321; GK 124o) *dreams*

וַתִּתְפָּעֶם consec.-Hith. impf. 3 f.s. (821) *and was troubled*

רוּחוֹ n.f.s.-3 m.s. sf. (924) *his spirit*

וּשְׁנָתוֹ conj.-n.f.s.-3 m.s. sf. (446) *and his sleep*

נִהְיְתָה Ni. pf. 3 f.s. (224) *left*

עָלָיו prep.-3 m.s. sf. *him*

2:2

וַיֹּאמֶר consec.-Qal impf. 3 m.s. (55) *then commanded*

הַמֶּלֶךְ def.art.-n.m.s. (I 572) *the king*

לִקְרֹא prep.-Qal inf.cstr. (894) *be summoned*

לַחַרְטֻמִּים prep.-def.art.-v.1:20 n.m.p. (355) *the magicians*

וְלָאַשָּׁפִים conj.-prep.-def.art.-v.1:20 n.m.p. (80) *the enchanters*

וְלַמְכַשְּׁפִים conj.-prep.-def.art.-Pi. ptc. m.p. as subst. (506) *the sorcercers*

וְלַכַּשְׂדִּים conj.-prep.-def.art.-n.m.p. (505) *and the Chaldeans*

לְהַגִּיד prep.-Hi. inf.cstr. (616) *to tell*

לַמֶּלֶךְ prep.-def.art.-n.m.s. (I 572) *the king*

חֲלֹמֹתָיו n.f.p.-3 m.s. sf. (321) *his dreams*

וַיָּבֹאוּ consec.-Qal impf. 3 m.p. (97) *so they came in*

וַיַּעַמְדוּ consec.-Qal impf. 3 m.p. (763) *and stood*

לִפְנֵי הַמֶּלֶךְ prep.-n.m.p. cstr. (815) -def.art. -n.m.s. (I 572) *before the king*

2:3

וַיֹּאמֶר consec.-Qal impf. 3 m.s. (55) *and said*

לָהֶם prep.-3 m.p. sf. *to them*

הַמֶּלֶךְ def.art.-n.m.s. (I 572) *the king*

חֲלוֹם חָלָמְתִּי n.m.s. (321)-Qal pf. 1 c.s. paus. (321) *I had a dream*

וַתִּפָּעֶם consec.-Ni. pf. 3 f.s. (821) *and ... is troubled*

רוּחִי n.f.s.-1 c.s. sf. (924) *my spirit*

לָדַעַת prep.-Qal inf.cstr. (393) *to know*

אֶת־הַחֲלוֹם dir.obj.-def.art.-n.m.s. (321) *the dream*

2:4

וַיְדַבְּרוּ consec.-Pi. impf. 3 m.p. (180) *then ... said*

הַכַּשְׂדִּים def.art.-v.2:2 n.m.p. (505) *the Chaldeans*

לַמֶּלֶךְ prep.-def.art.-n.m.s. (I 572) *to the king*

אֲרָמִית adv. (74; GK 1c) *in Aramaic*

מַלְכָּא n.m.s.-def.art. (1100) *O king*

לְעָלְמִין prep.-n.m.p. (1106) *for ever*

חֱיִי Peal impv. 2 m.s. (1092) *live*

אֱמַר Peal impv. 2 m.s. (1081) *tell*

חֶלְמָא n.m.s.-def.art. (1093) *the dream*

לְעַבְדָיךְ prep.-n.m.p.-2 m.s. sf. (1105) *to your servants*

וּפִשְׁרָא conj.-n.m.s.-def.art. (1109) *and the interpretation*

נְחַוֵּא Pael impf. 1 c.p. (1092) *we will show*

2:5

עָנֵה Peal act.ptc. (I 1107) *answered*

מַלְכָּא n.m.s.-def.art. (1100) *the king*

וְאָמַר conj.-Peal act.ptc. (1081)

וְכַשְׂדָּיֵא prep.-pr. n.m.p. (?) (1098) *the Chaldeans*
וְכַשְׂדָּאֵי Qere

מִלְּתָא n.f.s.-def.art. (1100) *the word*

מִנִּי prep.-1 c.s. sf. *from me*

אַזְדָּא adj. (1079) *is sure*

הֵן conj. (1090) *if*

לָא תְהוֹדְעוּנַּנִי neg.-Haphel impf. 2 m.p.-1 c.s. sf. (1095) *you do not make known to me*

חֶלְמָא n.m.s.-def.art. (1093) *the dream*

וּפִשְׁרֵהּ conj.-n.m.s.-3 m.s. sf. (1109) *and its interpretation*

הַדָּמִין n.m.p. (1089) *limb from limb*

תִּתְעַבְדוּן Hithpeel impf. 2 m.p. (1104) *you shall be torn*

וּבָתֵּיכוֹן conj.-n.m.p.-2 m.p. sf. (1084) *and your houses*

נְוָלִי n.f.s. (1102) *in ruins*

יִתְּשָׂמוּן Hithpeel impf. 3 m.p. (1113) *shall be laid*

2:6

וְהֵן conj.-conj. (1090) *but if*

חֶלְמָא v.2:5 n.m.s.-def.art. (1093) *the dream*

וּפִשְׁרֵהּ conj.-n.m.s.-3 m.s. sf. (1109) *and its interpretation*

תְּהַחֲוֹן Haphel impf. 2 m.p. (1092) *you show*

מַתְּנָן n.f.p. (1103) *gifts*

וּנְבִזְבָּה conj.-n.f.s. (1102) *and rewards*

וִיקָר conj.-n.m.s. (1096) *and honor*

שַׂגִּיא adj. m.s. (1113) *great*

תְּקַבְּלוּן Pael impf. 2 m.p. (1110) *you shall receive*

מִן־קָדָמַי prep.-prep. (1110)-1 c.s. sf. *from me*

לָהֵן conj. (I 1099) *therefore*

חֶלְמָא v.supra (1093) *the dream*

וּפִשְׁרֵהּ v.supra (1109) *and its interpretation*

הַחֲוֹנִי Haphel impv. 2 m.s.-1 c.s. sf. (1092) *show me*

2:7

עֲנוֹ Peal pf. 3 m.p. (I 1107) *they answered*

תִנְיָנוּת adv. (1118) *a second time*

וְאָמְרִין conj.-Peal act.ptc. m.p. (1081)

מַלְכָּא n.m.s.-def.art.-(1100) *the king*

חֶלְמָא v.2:5,6 n.m.s.-def.art. (1093) *the dream*

יֵאמַר Peal impf. 3 m.s. (1081) *let ... tell*

לְעַבְדוֹהִי prep.-n.m.p.-3 m.s. sf. (1105) *(to) his servants*

וּפִשְׁרָה v.2:6 n.m.s.-def.art. (1109) *and its interpretation*

נְהַחֲוֵה Haphel impf. 1 c.p. (1092) *we will show*

2:8

עָנֵה v.2:5 Peal act.ptc. (I 1107) *answered*

מַלְכָּא v.2:7 n.m.s.-def.art. (1100) *the king*

וְאָמַר v.2:5 conj.-Peal act.ptc. (1081)

מִן־יַצִּיב prep.-adj. (1096) *with certainty*

יָדַע Peal act.ptc. (1095) *know*

אֲנָה pers.pr. 1 c.s. (1081) *I*

דִּי rel. (1087) *that*

עִדָּנָא n.m.s.-def.art. (1105) *time*

אַנְתּוּן pers.pr. 2 m.p. (1082) *you*

זָבְנִין Peal act.ptc. m.p. (1091) *are trying to gain*

כָּל־קֳבֵל דִּי n.m.s. (1097)-subst. as conj. (1110) -rel. (1087) *because*

חֲזֵיתוֹן Peal pf. 2 m.p. (1092) *you see*

דִּי rel. *that*

אַזְדָּא v.2:5 adj. (1079) *is sure*

מִנִּי v.2:5 prep.-1 c.s. sf. *from me*

מִלְּתָא v.2:5 n.f.s.-def.art. (1100) *the word*

2:9

דִּי rel. *that*

וְהֵן conj. (1090) *if*

חֶלְמָא v.2:5,6,7 n.m.s.-def.art. (1093) *the dream*

לָא תְהוֹדְעֻנַּנִי v.2:5 neg.-Haphel impf. 2 m.p.-1 c.s. sf. (1095) *you do not make known to me*

חֲדָה־הִיא adj. f.s. (1079)-pron. f. (1090) *one*

דָתְכוֹן n.f.s.-2 m.p. sf. (1089) *sentence for you*

וּמִלָּה conj.-n.f.s. (1100) *words*

כִדְבָה adj. f.s. (1096) *lying*

וּשְׁחִיתָה conj.-Peal pass.ptc. f.s. (1115) *and corrupt*

הִזְמִנְתּוּן Hithpaal pf. 2 m.p. (1091) *you have agreed*

לְמֵאמַר prep.-Peal inf. (1081) *to speak*

קָדָמַי prep.-1 c.s. sf. (1110) *before me*

עַד דִּי conj. (1105)-rel. *till*

עִדָּנָא v.2:8 n.m.s.-def.art. (1105) *the times*

יִשְׁתַּנֵּא Ithpael impf. 3 m.s. (1116) *change*

לָהֵן v.2:6 conj. (I 1099) *therefore*

חֶלְמָא v.supra *the dream*

אֱמַרוּ Peal impv. 2 m.p. (1081) *tell*

לִי prep.-1 c.s. sf. *me*

וְאִנְדַּע conj.-Peal impf. 1 c.s. (with nun epenthetic) (1095) *and I shall know*

דִּי rel. *that*

פִּשְׁרֵהּ v.2:5,6 n.m.s.-3 m.s. sf. (1109) *its interpretation*

תְּהַחֲוֻנַּנִי Haph. impf. 2 m.p.-1 c.s. sf. (1092) *you can show me*

2:10

עֲנוֹ Peal pf. 3 m.p. (I 1107) *answered*

כַשְׂדָּיֵא pr.n. m.p.-def.art. (1098) *the Chaldeans*

קֳדָם־מַלְכָּא prep. (1110)-n.m.s.-def.art. (1100) *unto the king*

וְאָמְרִין conj.-Peal ptc. m.p. (1081) *(and said)*

לָא־אִיתַי neg.-part. or subst. cf. יֵשׁ (1080) *there is not*

אֱנָשׁ n.m.s. (1081) *a man*

עַל־יַבֶּשְׁתָּא prep.-n.f.s.-def.art. (1094) *on earth*

דִּי rel. part. (1087) *who*

מִלַּת n.f.s. cstr. (1100) *the demand of*

מַלְכָּא v.supra *the king*

יוּכַל Peal impf. 3 m.s. (1095) *can*

לְהַחֲוָיָה prep.-Haphel inf.cstr. (1092) *meet (declare)*

כָּל־קֳבֵל דִּי conj. (1110) *because (in view of, for)*

כָּל־מֶלֶךְ n.m.s. cstr. (1097)-n.m.s. abs. (1100) *any king*

רַב adj. m.s. (1112) *great*

וְשַׁלִּיט conj.-adj. m.s. (1115) *and powerful*

מִלָּה n.f.s. abs. (1100) *a thing*

כִדְנָה prep.-demons.pr. (1088) *such*

לָא שְׁאֵל neg.-Peal pf. 3 m.s. (1114) *has asked not*

לְכָל־חַרְטֹם prep.-n.m.s. cstr. (1097)-n.m.s. (1093) *of any magician*

וְאָשַׁף conj.-n.m.s. (1083) *or enchanter*

וְכַשְׂדָּי conj.-pr.n. paus. (1098) *or Chaldean*

2:11

וּמִלְּתָא conj.-n.f.s.-def.art. (1100) *the thing*

דִּי־מַלְכָּא rel.-n.m.s.-def.art. (1100) *that the king*

שָׁאֵל Peal act.ptc. (1114) *asks*

יַקִּירָה adj. f.s. (1096) *is difficult*
וְאָחֳרָן conj.-adj. m.s. (1079) *and none (another)*
לָא אִיתַי v.2:10 neg.-part. (1080) *there is not*
דִּי יְחַוִּנַּה rel.-Pael impf. 3 m.s.-3 f.s. sf. (1092) *can show it*
קֳדָם מַלְכָּא v.2:10 prep. (1110)-n.m.s.-def.art. (1100) *to the king*
לָהֵן conj. (II 1099) *except*
אֱלָהִין n.m.p. (1080) *gods*
דִּי מְדָרְהוֹן rel.-n.m.s.-3 m.p. sf. (1087) *whose dwelling*
עִם־בִּשְׂרָא prep.-n.m.s.-def.art. (1085) *with flesh*
לָא אִיתוֹהִי neg.-part.-pleon. sf. 3 m.s. (1080) *is not*

2:12

כָּל־קֳבֵל דְּנָה v.2:10 conj. (1110)-v.2:10 demons.pr. (1088) *because of this*
מַלְכָּא v.2:10,11 n.m.s.-def.art. (1100) *the king*
בְּנַס Peal pf. 3 m.s. (1084) *was angry*
וּקְצַף conj.-Peal pf. 3 m.s. (1111) *and furious*
שַׂגִּיא adv. (1113) *very*
וַאֲמַר conj.-Peal pf. 3 m.s. (1081) *and commanded*
לְהוֹבָדָה prep.-Haphel inf. (1078) *to destroy*
לְכֹל prep.-n.m.s. cstr. (1110) *all of*
חַכִּימֵי n.m.p. cstr. (1093) *wise men of*
בָּבֶל pr.n. (1084) *Babylon*

2:13

וְדָתָא conj.-n.f.s.-def.art. (1089) *so the decree*
נֶפְקַת Peal pf. 3 f.s. (1103) *went forth*
וְחַכִּימַיָּא conj.-n.m.p.-def.art. (1093) *that the wise men*
מִתְקַטְּלִין Hithpeel ptc. m.p. (1111) *were to be slain*
וּבְעוֹ conj.-Peal pf. 3 m.p. (1085) *and they sought*
דָּנִיֵּאל pr.n. (193) *Daniel*
וְחַבְרוֹהִי conj.-n.m.p.-3 m.s. sf. (1092) *and his companions*
לְהִתְקְטָלָה prep.-Hithpeel inf. (1111) *to slay them*

2:14

בֵּאדַיִן prep.-adv. (1078) *then*
דָּנִיֵּאל v.2:13 pr.n. (193) *Daniel*
הֲתִיב Haphel pf. 3 m.s. (1117) *replied (returned)*
עֵטָא n.f.s. abs. (1096) *with prudence*
וּטְעֵם conj.-n.m.s. (1094) *and discretion*
לְאַרְיוֹךְ prep.-pr.n. (1082) *to Arioch*
רַב־טַבָּחַיָּא adj. m.s. cstr. (1112)-n.m.p.-def.art. (1094) *the captain of the guard*
דִּי מַלְכָּא gen.-n.m.s.-def.art. (1100) *of the king*

דִּי נְפַק rel.-Peal pf. 3 m.s. (1103) *who had gone out*
לְקַטָּלָה prep.-Pael inf. (1111) *to slay*
לְחַכִּימֵי prep.-n.m.p. cstr. (1093) *the wise men of*
בָּבֶל pr.n. (1084) *Babylon*

2:15

עָנֵה Peal ptc.act. (I 1107) *answered*
וְאָמַר conj.-Peal act.ptc. (1081) *(and said)*
לְאַרְיוֹךְ prep.-pr.n. (1081) *to Arioch*
שַׁלִּיטָא adj. m.s.-def.art. (1115) *the captain*
דִּי־מַלְכָּא v.2:14 gen.-n.m.s.-def.art. (1100) *of the king*
עַל־מָה prep.-interr. (1099) *why*
דָתָא v.2:13 n.f.s.-def.art. (1089) *the decree*
מְהַחְצְפָה Haphel ptc. f.s. (1093) *so severe (show harshness)*
מִן־קֳדָם prep.-prep. (1110) *of (from before)*
מַלְכָּא v.supra n.m.s.-def.art. (1100) *the king*
אֱדַיִן adv. v.2:14 *then*
מִלְּתָא v.2:11 n.f.s.-def.art. (1100) *the matter*
הוֹדַע Haphel pf. 3 m.s. (1095) *made known*
אַרְיוֹךְ v.supra *Arioch*
לְדָנִיֵּאל prep.-pr.n. (193) *to Daniel*

2:16

וְדָנִיֵּאל conj.-pr.n. (193) *and Daniel*
עַל Peal pf. 3 m.s. (1106) *went in*
וּבְעָה conj.-Peal pf. 3 m.s. (1085) *and besought*
מִן־מַלְכָּא prep.-n.m.s.-def.art. (1100) *the king*
דִּי זְמָן conj.-n.m.s. (1091) *that a time*
יִנְתֶּן־לֵהּ Peal impf. 3 m.s. (1103)-prep.-3 m.s. sf. *to appoint him*
וּפִשְׁרָא conj.-n.m.s.-def.art. (1109) *that ... the interpretation*
לְהַחֲוָיָה prep.-Haph. inf. (1092) *(to declare) he might show*
לְמַלְכָּא prep.-n.m.s.-def.art. (1100) *to the king*

2:17

אֱדַיִן adv. (1078) *then*
דָּנִיֵּאל pr.n. (193) *Daniel*
לְבַיְתֵהּ prep.-n.m.s.-3 m.s. sf. (1084) *to his house*
אֲזַל Peal pf. 3 m.s. (1079) *went*
וְלַחֲנַנְיָה conj.-prep.-pr.n. (1093) *to Hananiah*
מִישָׁאֵל pr.n. (1100) *Mishael*
וַעֲזַרְיָה conj.-pr.n. (1105) *and Azariah*
חַבְרוֹהִי v.2:13 n.m.p.-3 m.s. sf. (1092) *his companions*
מִלְּתָא v.2:15 n.f.s.-def.art. (1100) *the matter*
הוֹדַע v.2:15 Haphel pf. 3 m.s. (1095) *made known*

2:18

וְרַחֲמִין conj.-n.m.p. (1113) *and mercy*

לְמִבְעֵא prep.-Peal inf. (1085) *to seek*

מִן־קֳדָם prep.-prep. *of*

אֱלָהּ n.m.s. cstr. (1080) *the God of*

שְׁמַיָּא n.m.p.-def.art. (1116) *heaven*

עַל־רָזָה prep.-n.m.s.-def.art. (1112) *concerning mystery*

דְּנָה demons.adj. (1088) *this*

דִּי לָא יְהֹבְדוּן rel.-neg.-Haphel impf. 3 m.p. (1078) *so that might not perish*

דָּנִיֵּאל pr.n. (193/1088) *Daniel*

וְחַבְרוֹהִי v.2:17 n.m.p.-3 m.s. sf. (1092) *and his companions*

עִם־שְׁאָר prep.-n.m.s. cstr. (1114) *with the rest of*

חַכִּימֵי v.2:14 n.m.p. cstr. (1093) *the wise men of*

בָּבֶל pr.n. (93) *Babylon*

2:19

אֱדַיִן adv. (1078) *then*

לְדָנִיֵּאל prep.-pr.n. (193/1088) *to Daniel*

בְּחֶזְוָא prep.-n.m.s.-def.art. (1092) *in the vision*

דִּי־לֵילְיָא gen.-n.m.s.-def.art. (1099) *of the night*

רָזָה n.m.s.-def.art. (1112) *the mystery*

גֲּלִי Peil pf. 3 m.s. (1086) *was revealed*

אֱדַיִן adv. (1078) *then*

דָּנִיֵּאל pr.n. (193/1088) *Daniel*

בָּרִךְ Pael pf. 3 m.s. (1085) *blessed*

לֶאֱלָהּ prep.-n.m.s. cstr. (1080) *the God of*

שְׁמַיָּא n.m.s.-def.art. (1116) *heaven*

2:20

עָנֵה v.2:15 Peal act.ptc. (I 1107)

דָּנִיֵּאל pr.n. (193) *Daniel*

וְאָמַר conj.-v.2:15 Peal act.ptc. (1081) *said*

לֶהֱוֵא Peal impf. 3 m.s. juss. (1089) *(let) be*

שְׁמֵהּ n.m.s.-3 m.s. sf. (1116) *the name*

דִּי־אֱלָהָא gen.-n.m.s.-def.art. (1080) *of God*

מְבָרַךְ Pael ptc.pass. (1085) *blessed*

מִן־עָלְמָא prep.-n.m.s.-def.art. (1106) *for ever*

וְעַד־עָלְמָא conj.-prep.-n.m.s.-def.art. (1106) *and ever*

דִּי conj.

חָכְמְתָא n.f.s.-def.art. (1093) *wisdom*

וּגְבוּרְתָא conj.-n.f.s.-def.art. (1086) *and might*

דִּי לֵהּ־הִיא conj.-prep.-3 m.s. sf.-demons.pr. f.s. (1090) *to whom*

2:21

וְהוּא conj.-pers.pr. 3 m.s. (1090) *he*

מְהַשְׁנֵא Haphel ptc. m.s. (1116) *changes*

עִדָּנַיָּא n.m.p.-def.art. (1105) *times*

וְזִמְנַיָּא conj.-n.m.p.-def.art. (1091) *and seasons*

מְהַעְדֵּה Haphel ptc. m.s. (1105) *removes*

מַלְכִין n.m.p. (1100) *kings*

וּמְהָקֵים conj.-Haphel ptc.act. (1110) *and sets up*

מַלְכִין v.supra *kings*

יָהֵב Peal ptc.act. (1095) *gives*

חָכְמְתָא n.f.s.-def.art. v.2:20 (1093) *wisdom*

לְחַכִּימִין prep.-n.m.p. (1093) *to the wise*

וּמַנְדְּעָא conj.-n.m.s.-def.art. (1095) *and knowledge*

לְיָדְעֵי prep.-Peal ptc.act. m.p. cstr. (1095) *to those who have*

בִינָה n.f.s. (1084) *understanding*

2:22

הוּא v.2:21 pers.pr. 3 m.s. (1090) *he*

גָּלֵא Peal ptc.act. (1086) *reveals*

עֲמִיקָתָא n.f.p.-def.art. (1107) *the deep*

וּמְסַתְּרָתָא conj.-Pael ptc.pass. f.p.-def.art. (1104) *and the mysterious things*

יָדַע Peal ptc.act. (1095) *knows*

מָה interr. (1099) *what*

בַּחֲשׁוֹכָא prep.-n.m.s.-def.art. (1094) *in the darkness*

וּנְהִירָא conj.-n.m.s.-def.art. (1102) *and the light*

עִמֵּהּ prep. (1107)-3 m.s. sf. *with him*

שְׁרֵא Peal ptc.pass. (1117) *dwells*

2:23

לָךְ prep.-2 m.s. sf. *to thee*

אֱלָהּ n.m.s. cstr. (1080) *O God of*

אֲבָהָתִי n.m.p.-1 c.s. sf. (1078) *my fathers*

מְהוֹדֵא Haphel ptc.act. (1095) *give thanks*

וּמְשַׁבַּח conj.-Pael ptc.act. (1114) *and praise*

אֲנָה pers.pr. 1 c.s. (1081) *I*

דִּי חָכְמְתָא v.2:20 conj.-n.f.s.-def.art. (1093) *for ... wisdom*

וּגְבוּרְתָא v.2:20 conj.-n.f.s.-def.art. (1086) *and might*

יְהַבְתְּ לִי Peal pf. 2 m.s. (1095)-prep.-1 c.s. sf. *thou hast given me*

וּכְעַן conj.-adv. (1107) *and ... now*

הוֹדַעְתַּנִי Haphel pf. 2 m.s.-1 c.s. sf. (1095) *hast made known to me*

דִּי־בְעֵינָא rel.-Peal pf. 1 c.p. (1085) *what we asked*

מִנָּךְ prep.-2 m.s. sf. *of thee*

דִּי־מִלַּת conj.-n.f.s. cstr. (1100) *for ... the matter of*

מַלְכָּא n.m.s.-def.art. (1100) *the king*

הוֹדַעְתֶּנָא Haphel pf. 2 m.s.-1 c.p. sf. (1095) *thou hast made known to me*

2:24

כָּל־קֳבֵל דְּנָה n.m.s. cstr. (1097)-prep. (1110) -demons.pr. (1088) *therefore*

דָּנִיֵּאל pr.n. (193) *Daniel*

עַל Peal pf. 3 m.s. (1106) *went in*

עַל־אַרְיוֹךְ prep.-pr.n. (1082) *to Arioch*

דִּי rel. (1087) *whom*

מַנִּי Pael pf. 3 m.s. (1101) *had appointed*

מַלְכָּא n.m.s.-def.art. (1100) *the king*

לְהוֹבָדָה prep.-Haphel inf. (1078) *to destroy*

לְחַכִּימֵי בָבֶל prep.-n.m.p. cstr. (1093)-pr.n. (1084) *the wise men of Babylon*

אֲזַל Peal pf. 3 m.s. (1079) *he went*

וְכֵן אֲמַר־לֵהּ conj.-adv. (1097)-Peal pf. 3 m.s. (1081)-prep.-3 m.s. sf. *and said thus to him*

לְחַכִּימֵי בָבֶל v.supra *the wise men of Babylon*

אַל־תְּהוֹבֵד neg.-Haphel impf. 2 m.s. (1078) *do not destroy*

הַעֵלְנִי Haphel impv. 2 m.s.-1 c.s. sf. (1106) *bring me in*

קֳדָם מַלְכָּא prep. (1110)-n.m.s.-def.art. (1100) *before the king*

וּפִשְׁרָא conj.-n.m.s.-def.art. (1109) *and ... the interpretation*

לְמַלְכָּא אֲחַוֵּא prep.-n.m.s.-def.art. (1100)-Pael impf. 1 c.s. (1092) *I will show the king*

2:25

אֱדַיִן adv. (1078) *then*

אַרְיוֹךְ pr.n. (1082) *Arioch*

בְּהִתְבְּהָלָה prep.-Hithpeal inf. (1084) *in haste*

הַנְעֵל Haphel pf. 3 m.s. (1106) *brought in*

לְדָנִיֵּאל prep.-pr.n. (193) *Daniel*

קֳדָם מַלְכָּא prep. (1110)-n.m.s.-def.art. (1100) *before the king*

וְכֵן אֲמַר־לֵהּ v.2:24 conj.-adv. (1097)-Peal pf. 3 m.s. (1081)-prep.-3 m.s. sf. *and said thus to him*

דִּי־הַשְׁכַּחַת conj.-Haphel pf. 1 c.s. (1115) *I have found*

גְּבַר n.m.s. (1086) *a man*

מִן־בְּנֵי גָלוּתָא prep.-n.m.p. cstr. (I 1085)-n.f.s. -def.art. (1086) *among the exiles*

דִּי יְהוּד gen.-pr.n. (1095) *from Judah*

דִּי פִשְׁרָא rel.-n.m.s.-def.art. (1109) *who ... the interpretation*

לְמַלְכָּא prep.-n.m.s.-def.art. (1100) *to the king*

יְהוֹדַע Haphel impf. 3 m.s. (1095) *can make known*

2:26

עָנֵה Peal ptc.act. (1107) *(answering)*

2:25

מַלְכָּא v.2:25 n.m.s.-def.art. (1100) *the king*

וְאָמַר conj.-Peal ptc.act. (1081) *said*

לְדָנִיֵּאל prep.-pr.n. (193) *to Daniel*

דִּי שְׁמֵהּ rel.-n.m.s.-3 m.s. sf. (1116) *whose name*

בֵּלְטְשַׁאצַּר pr.n. (1084) *was Belteshazzar*

הַאִיתַיךְ interr.-part. (1080)-2 m.s. sf. *Are you?*

כָּהֵל Peal ptc.act. (1096) *able*

לְהוֹדָעֻתַנִי prep.-Haphel inf.-1 c.s. sf. (1095) *to make known to me*

חֶלְמָא n.m.s.-def.art. (1093) *the dream*

דִּי־חֲזֵית rel.-Peal pf. 1 c.s. (1092) *that I have seen*

וּפִשְׁרֵהּ conj.-n.m.s.-3 m.s. sf. (1109) *and its interpretation*

2:27

עָנֵה v.2:26 Peal act.ptc. (1107) *answered*

דָּנִיֵּאל pr.n. (193) *Daniel*

קֳדָם מַלְכָּא prep. (1110)-n.m.s.-def.art. (1100) *the king*

וְאָמַר conj.-Peal ptc.act. (1081)

רָזָה n.m.s.-def.art. (1112) *the mystery*

דִּי־מַלְכָּא rel.-n.m.s.-def.art. (1100) *which the king*

שָׁאֵל Peal ptc.act. (1114) *has asked*

לָא חַכִּימִין neg. (1098)-n.m.p. (1093) *No wise men*

אָשְׁפִין n.m.p. (1083) *enchanters*

חַרְטֻמִּין n.m.p. (1093) *magicians*

גָּזְרִין Peal ptc.act. m.p. (1086) *or astrologers (determiner)*

יָכְלִין Peal ptc.act. m.p. (1095) *can*

לְהַחֲוָיָה prep.-Haphel inf. (1092) *show*

לְמַלְכָּא prep.-v.supra *to the king*

2:28

בְּרַם adv. (1085) *but*

אִיתַי part. (1080) *there is*

אֱלָהּ n.m.s. (1080) *a God*

בִּשְׁמַיָּא prep.-n.m.p.-def.art. (1116) *in heaven*

גָּלֵא Peal ptc.act. (1086) *who reveals*

רָזִין n.m.p. (1112) *mysteries*

וְהוֹדַע conj.-Haphel pf. 3 m.s. (1095) *and he has made known*

לְמַלְכָּא prep.-n.m.s.-def.art. (1100) *to King*

נְבוּכַדְנֶצַּר pr.n. (1102) *Nebuchadnezzar*

מָה דִּי indef.pron. (1099)-rel. *what*

לֶהֱוֵא Peal impf. 3 m.s. (1089) *will be*

בְּאַחֲרִית prep.-n.f.s. cstr. (1079) *in the latter (of)*

יוֹמַיָּא n.m.p.-def.art. (1095) *days*

חֶלְמָךְ n.m.s.-2 m.s. sf. (1093) *your dream*

וְחֶזְוֵי רֵאשָׁךְ conj.-n.m.p. cstr. (1092)-n.m.s.-2 m.s. sf. (1112) *and the visions of your head*

699

עַל־מִשְׁכְּבָךְ prep.-n.m.s.-2 m.s. sf. (1115) *in bed*
דְּנָה demons.pr. m.s. (1088) *these*
הוּא demons.pr. m.s. (1090)

2:29

אַנְתָּה pers.pr. 2 m.s. (1082) *to you*
מַלְכָּא n.m.s.-def.art. (1100) *O king*
רַעְיוֹנָךְ n.m.p.-2 m.s. sf. (1113) *your thoughts*
עַל־מִשְׁכְּבָךְ prep.-n.m.s.-2 m.s. sf. (1115) *in bed*
סְלִקוּ Peal pf. 3 m.p. (1104) *came*
מָה דִּי v.2:28 indef.pron. (1099)-rel. *what*
לֶהֱוֵא v.2:28 Peal impf. 3 m.s. (1089) *would be*
אַחֲרֵי דְנָה prep. (1079)-demons.pr. (1088) *hereafter*
וְגָלֵא conj.-Peal ptc.act. (1086) *and he who reveals*
רָזַיָּא n.m.p.-def.art. (1112) *mysteries*
הוֹדְעָךְ Haphel pf. 3 m.s.-2 m.s. sf. (1095) *made known to you*
מָה־דִּי v.supra *what*
לֶהֱוֵא Peal impf. 3 m.s. (1089) *is to be*

2:30

וַאֲנָה conj.-pers.pr. 1 c.s. (1081) *but as for me*
לָא בְחָכְמָה neg.-prep.-n.f.s. (1093) *not because of any wisdom*
דִּי־אִיתַי בִּי rel.-part. (1080)-prep.-1 c.s. sf. *that I have*
מִן־כָּל־חַיַּיָּא prep.-n.m.s. cstr. (1097)-adj. m.p.-def.art. (1092) *more than all the living*
רָזָא דְנָה n.m.s.-def.art. (1112)-demons.adj. (1088) *this mystery*
גֱּלִי לִי Peil pf. 3 m.s. (1086)-prep.-1 c.s. sf. *has been revealed to me*
לָהֵן conj. (II 1099) *but*
עַל־דִּבְרַת דִּי prep.-n.f.s. cstr. in adv. phrase (1087)-conj. *in order that*
פִּשְׁרָא n.m.s.-def.art. (1109) *the interpretation*
לְמַלְכָּא prep.-n.m.s.-def.art. (1100) *to the king*
יְהוֹדְעוּן Haphel impf. 3 m.p. (1095) *may be made known*
וְרַעְיוֹנֵי conj.-n.m.p. cstr. (1113) *and ... the thoughts of*
לִבְבָךְ n.m.s.-2 m.s. sf. (1098) *your mind*
תִּנְדַּע Peal impf. 2 m.s. (1095) *you may know*

2:31

אַנְתָּה v.2:29 pers.pr. 2 m.s. (1082) *you*
מַלְכָּא n.m.s.-def.art. (1100) *O king*
חָזֵה הֲוַיְת Peal ptc.act. (1092)-Peal pf. 2 m.s. (1089) *you saw (were seeing)*
וַאֲלוּ conj.-interj. (1080) *and behold*

צְלֵם חַד שַׂגִּיא n.m.s. (1109)-adj. m.s. (1079)-adj. m.s. (1113) *a great image*
צַלְמָא דִכֵּן n.m.s.-def.art. (1109)-demons.adj. (1088) *this image*
רַב adj. m.s. (1112) *mighty*
וְזִיוֵהּ יַתִּיר conj.-n.m.s.-3 m.s. sf. (1091)-adj. m.s. (1096) *and of exceeding brightness*
קָאֵם Peal ptc.act. (1110) *stood*
לְקָבְלָךְ prep.-prep. (1110)-2 m.s. sf. *before you*
וְרֵוֵהּ conj.-n.m.s.-3 m.s. sf. (1112) *and its appearance*
דְּחִיל Peal ptc.pass. (1087) *was frightening*

2:32

הוּא pron. 3 m.s. (1090)
צַלְמָא n.m.s.-def.art. (1109) *this image*
רֵאשֵׁהּ n.m.s.-3 m.s. sf. (1112) *the head (of it)*
דִּי־דְהַב טָב gen.-n.m.s. (1087)-adj. m.s. (1094) *of fine gold*
חֲדוֹהִי n.m.s.-3 m.s. sf. (1092) *its breast*
וּדְרָעוֹהִי conj.-n.m.p.-3 m.s. sf. (1089) *and arms*
דִּי כְסַף gen.-n.m.s. (1097) *of silver*
מְעוֹהִי n.m.p.-3 m.s. sf. (1101) *its belly*
וְיַרְכָתֵהּ conj.-n.m.p.-3 m.s. sf. (1096) *and (its) thighs*
דִּי נְחָשׁ gen.-n.m.s. (1102) *of bronze*

2:33

שָׁקוֹהִי n.m.p.-3 m.s. sf. (1114) *its legs*
דִּי פַרְזֶל gen.-n.m.s. (1108) *of iron*
רַגְלוֹהִי n.m. du.-3 m.s. sf. (1112) *its feet*
מִנְּהוֹן prep.-3 m.p. sf. (1101, 3) *some of them*
דִּי פַרְזֶל v.supra *of iron*
וּמִנְּהוֹן conj.-v.supra *and partly*
דִּי חֲסַף gen.-n.m.s. (1093) *of clay*

2:34

חָזֵה הֲוַיְת v.2:31 Peal ptc.act. (1092)-Peal pf. 2 m.s. (1089) *you looked*
עַד דִּי conj.-conj. *as*
הִתְגְּזֶרֶת Hithpeal pf. 3 f.s. (1086) *was cut out*
אֶבֶן n.f.s. (1078) *a stone*
דִּי־לָא בִידַיִן rel.-neg.-prep. n.f. du. (1094) *by no human hand*
וּמְחָת conj.-Peal pf. 3 f.s. (1099) *and it smote*
לְצַלְמָא prep.-n.m.s.-def.art. (1109) *the image*
עַל־רַגְלוֹהִי prep.-n.m. du.-3 m.s. sf. (1112) *on its feet*
דִּי פַרְזְלָא gen.-n.m.s.-def.art. (1108) *of iron*
וְחַסְפָּא conj.-n.m.s.-def.art. (1093) *and clay*
וְהַדֵּקֶת conj.-Haphel pf. 3 f.s. (1089) *and broke in pieces*

הִמּוֹן pers.pr. 3 m.p. (1090) *them*

2:35

בֵּאדַיִן prep.-adv. (1078) *then*

דָּקוּ Peal pf. 3 m.p. (1089) *were broken in pieces*

כַּחֲדָה prep.-adj. (1079) *as one*

פַּרְזְלָא n.m.s.-def.art. (1108) *the iron*

חַסְפָּא n.m.s.-def.art. (1093) *the clay*

נְחָשָׁא n.m.s.-def.art. (1102) *the bronze*

כַּסְפָּא n.m.s.-def.art. (1097) *the silver*

וְדַהֲבָא conj.-n.m.s.-def.art. (1087) *and the gold*

וַהֲווֹ Peal pf. 3 m.p. (1089) *and became*

כְּעוּר prep.-n.m.s. (1105) *like chaff*

מִן־אִדְּרֵי־קַיִט prep.-n.m.p. cstr. (1078)-n.m.s. (1111) *of summer threshing floors*

וּנְשָׂא conj.-Peal pf. 3 m.s. (1103) *and carried away*

הִמּוֹן v.2:34 pers.pr. 3 m.p. (1090) *them*

רוּחָא n.f.s.-def.art. (1112) *the wind*

וְכָל־אֲתַר conj.-n.m.s. cstr. (1097)-n.m.s. (1083) *so that a trace* (and every place)

לָא־הִשְׁתְּכַח neg.-Hithpeal pf. 3 m.s. (1115) *not ... could be found*

לְהוֹן prep.-3 m.p. sf. *of them*

וְאַבְנָא conj.-n.f.s.-def.art. (1078) *but the stone*

דִּי־מְחָת rel.-Peal pf. 3 f.s. (1099) *that struck*

לְצַלְמָא v.2:34 prep.-n.m.s.-def.art. (1109) *the image*

הֲוָת Peal pf. 3 f.s. (1089) *became*

לְטוּר רַב prep.-n.m.s. (1094)-adj. m.s. (1112) *a great mountain*

וּמְלָת conj.-Peal pf. 3 f.s. (1100) *and filled*

כָּל־אַרְעָא n.m.s. cstr. (1097)-n.f.s.-def.art. (1083) *the whole earth*

2:36

דְּנָה demons. pr. (1088) *this was*

חֶלְמָא n.m.s.-def.art. (1093) *the dream*

וּפִשְׁרֵהּ conj.-n.m.s.-3 m.s. sf. (1109) *now ... its interpretation*

נֵאמַר Peal impf. 1 c.p. (1081) *we will tell*

קֳדָם־מַלְכָּא prep. (1110)-n.m.s.-def.art. (1100) *before the king*

2:37

אַנְתָּה v.2:29,31 pers.pr. 2 m.s. (1082) *you*

מַלְכָּא n.m.s.-def.art. (1100) *O king*

מֶלֶךְ מַלְכַיָּא n.m.s. cstr. (1100)-n.m.p.-def.art. (1100) *the king of kings*

דִּי rel. (with לָךְ) *to whom*

אֱלָהּ שְׁמַיָּא n.m.s. cstr. (1080)-n.m.p.-def.art. (1116) *the God of heaven*

מַלְכוּתָא n.f.s.-def.art. (1100) *the kingdom*

חִסְנָא n.m.s.-def.art. (1093) *the power*

וְתָקְפָּא conj.-n.m.s.-def.art. (1118) *and the might*

וִיקָרָא conj.-n.m.s.-def.art. (1096) *and the glory*

יְהַב־לָךְ Peal pf. 3 m.s. (1095)-prep.-2 m.s. sf. *has given (to you)*

2:38

וּבְכָל־דִּי conj.-prep.-n.m.s. cstr. (1097)-conj. *and wherever*

דָּאְרִין Peal ptc.act. m.p. (1087) *they dwell*

בְּנֵי־אֲנָשָׁא n.m.p. cstr. (1085)-n.m.s.-def.art. (1081) *the sons of men*

חֵיוַת n.f.s. cstr. (1092) *the beasts of*

בָּרָא n.m.s.-def.art. (II 1085) *the field*

וְעוֹף־שְׁמַיָּא conj.-n.m.s. cstr. (1105)-n.m.p.-def. art. (1116) *and the birds of the air*

יְהַב Peal pf. 3 m.s. (1095) *he has given*

בִּידָךְ prep.-n.f. du.-2 m.s. sf. (1094) *into (your)* whose hand

וְהַשְׁלְטָךְ conj.-Haphel pf. 3 m.s.-2 m.s. sf. (1115) *making you rule*

בְּכָלְהוֹן prep.-n.m.s.-3 m.p. sf. (1097) *over them all*

אַנְתָּה־הוּא pers.pr. 2 m.s. (1082)-pr. 3 m.s. (1090) *you are*

רֵאשָׁה n.m.s.-def.art. (1112) *the head*

דִּי דַהֲבָא gen.-n.m.s.-def.art. (1087) *of gold*

2:39

וּבָתְרָךְ conj.-prep.-2 m.s. sf. (1083) *after you*

תְּקוּם Peal impf. 3 f.s. (1110) *shall arise*

מַלְכוּ n.f.s. (1100) *kingdom*

אָחֳרִי adj. f.s. (1079) *another*

אַרְעָא n.f.s.-'aleph of direction (1083) *inferior (lower)*

מִנָּךְ prep.-2 m.s. sf. *to you (than you)*

וּמַלְכוּ conj.-v.supra *and a kingdom*

תְּלִיתָאָה adj. f.s. (1118) *third*

אָחֳרִי v.supra *another*

דִּי נְחָשָׁא gen.-n.m.s.-def.art. (1102) *of bronze*

דִּי תִשְׁלַט rel.-Peal impf. 3 f.s. (1115) *which shall rule*

בְּכָל־אַרְעָא prep.-n.m.s. cstr. (1097)-n.f.s.-def. art. (1083) *over all the earth*

2:40

וּמַלְכוּ conj.-n.f.s. (1100) *and a ... kingdom*

רְבִיעָיָה adj. f.s. (1112) *fourth*

תֶּהֱוֵא Peal impf. 3 f.s. (1089) *there shall be*

תַּקִּיפָה adj. f.s. (1118) *strong*

701

כְּפַרְזְלָא prep.-n.m.s.-def.art. (1108) *as iron*

כָּל־קֳבֵל דִּי n.m.s. cstr. (1097)-prep. (1110)-conj. *because*

פַרְזְלָא v.supra *iron*

מְהַדֵּק Haphel ptc.act. (דקק 1089) *breaks to pieces*

וְחָשֵׁל conj.-Peal ptc.act. (1094) *and shatters*

כֹּלָּא n.m.s.-def.art. (1097) *all things*

וּכְפַרְזְלָא conj.-prep.-n.m.s.-def.art. (1108) *and like iron*

דִּי־מְרָעַע rel.-Pael ptc.act. (1113) *which crushes*

כָּל־אִלֵּין n.m.s. cstr. (1097)-demons.pr. p. (1080) *all these*

תַּדִּק Haphel impf. 3 f.s. (דקק 1089) *it shall break*

וְתֵרֹעַ conj.-Peal impf. 3 f.s. (1113) *and crush*

2:41

וְדִי־חֲזַיְתָה conj.-conj.-Peal pf. 2 m.s. (1092) *and as you saw*

רַגְלַיָּא n.f. du.-def.art. (1112) *the feet*

וְאֶצְבְּעָתָא conj.-n.f.p.-def.art. (1109) *and toes*

מִנְּהוֹן prep.-3 m.p. sf. *partly*

חֲסַף n.m.s. (1093) *clay*

דִּי־פֶחָר gen.-n.m.s. (1108) *of a potter*

וּמִנְּהוֹן conj.-prep.-3 m.p. sf. *and partly*

פַרְזֶל n.m.s. (1108) *iron*

מַלְכוּ n.f.s. (1100) *a kingdom*

פְלִיגָה Peal ptc.pass. f.s. (1108) *divided*

תֶּהֱוֵה Peal impf. 3 f.s. (1089) *it shall be*

וּמִן־נִצְבְּתָא conj.-prep.-n.f.s.-def.art. (1103) *but some of the firmness*

דִּי פַרְזְלָא gen.-n.m.s.-def.art. (1108) *of iron*

לֶהֱוֵא־בַהּ Peal impf. 3 m.s. (1089)-prep.-3 m.s. sf. *shall be in it*

כָּל־קֳבֵל דִּי v.2:40 *just as*

חֲזַיְתָה Peal pf. 2 m.s. (1092) *you saw*

פַרְזְלָא v.supra *iron*

מְעָרַב Pael ptc.pass. (1107) *mixed*

בַּחֲסַף prep.-n.m.s. cstr. (1093) *with clay*

טִינָא n.m.s.-def.art. (1094) *miry (clay)*

2:42

וְאֶצְבְּעָת conj.-n.f.p. cstr. (1109) *and as the toes of*

רַגְלַיָּא n.f. du.-def.art. (1112) *the feet*

מִנְּהוֹן prep.-3 m.p. sf. *partly*

פַרְזֶל n.m.s. (1108) *iron*

וּמִנְּהוֹן conj.-v.supra *and partly*

חֲסַף n.m.s. (1093) *clay*

מִן־קְצָת prep.-n.f.s. cstr. (1111) *partly*

מַלְכוּתָא n.f.s.-def.art. (1100) *the kingdom*

תֶּהֱוֵה Peal impf. 3 f.s. (1089) *shall be*

תַּקִּיפָה adj. f.s. (1118) *strong*

וּמִנַּהּ conj.-prep.-3 f.s. sf. *and partly*

תֶּהֱוֵה Peal impf. 3 f.s. (1089) *shall be*

תְּבִירָה Peal ptc.pass. f.s. (1117) *brittle (broken in pieces)*

2:43

דִּי חֲזַיְתָ conj.-Peal pf. 2 m.s. (1092) *as you saw*

פַרְזְלָא n.m.s.-def.art. (1108) *the iron*

מְעָרַב v.2:41 Pael ptc.pass. (1107) *mixed*

בַּחֲסַף טִינָא v.2:41 prep.-n.m.s. cstr. (1093)-n.m.s.-def.art. (1094) *with miry clay (with the pottery of clay)*

מִתְעָרְבִין Hithpael ptc. m.p. (1107) *so mix*

לֶהֱוֹן Peal impf. 3 m.p. (1089) *they will*

בִּזְרַע אֲנָשָׁא prep.-n.m.s. cstr. (1091)-n.m.s.-def. art. (1081) *with one another in marriage (by the seed of man)*

וְלָא־לֶהֱוֹן conj.-neg.-v.supra *but they will not*

דָּבְקִין Peal ptc. m.p. (1087) *hold*

דְּנָה עִם־דְּנָה demons.pr. m.-prep.-demons.pr. m. (1088) *together (this with this)*

הֵא־כְדִי demons.part. (1089)-prep.-conj. *just as (behold as)*

פַרְזְלָא v.supra *iron*

לָא מִתְעָרַב neg.-v.supra *does not mix*

עִם־חַסְפָּא prep.-n.m.s.-def.art. (1093) *with clay*

2:44

וּבְיוֹמֵיהוֹן conj.-prep.-n.m.p.-3 m.p. sf. (1095) *and in the days*

דִּי מַלְכַיָּא gen.-n.m.p.-def.art. (1100) *of kings*

אִנּוּן pr. 3 m.p. (1081) *those*

יְקִים Haphel impf. 3 m.s. (1110) *will set up*

אֱלָהּ שְׁמַיָּא n.m.s. cstr. (1080)-n.m.p.-def.art. (1116) *the God of heaven*

מַלְכוּ n.f.s. (1100) *a kingdom*

דִּי לְעָלְמִין rel.-prep.-n.m.p. (1106) *which ever (which to perpetuity)*

לָא תִתְחַבַּל neg.-Hithpael impf. 3 f.s. (1091) *shall not be destroyed*

וּמַלְכוּתָה conj.-n.f.s.-def.art. (1100) *nor ... its sovereignty*

לְעַם אָחֳרָן prep.-n.m.s. (1107)-adj. m.s. (1079) *to another people*

לָא תִשְׁתְּבִק neg.-Hithpeal impf. 3 f.s. (1114) *shall not be left*

תַּדִּק Haphel impf. 3 f.s. (1089) *it shall break in pieces*

וְתָסֵיף conj.-Haphel impf. 3 f.s. (1104) *and bring to an end*

כָּל־אִלֵּין n.m.s. cstr. (1097)-demons.pr. p. (1080) *all these*

מַלְכְוָתָא n.f.p.-def.art. (1100) *kingdoms*

וְהִיא conj.-demons.pr. f.s. (1090) *and it*

תְּקוּם Peal impf. 3 f.s. (1110) *shall stand*

לְעָלְמַיָּא prep.-n.m.p.-def.art. (1106) *for ever*

2:45

כָּל־קֳבֵל דִּי־ v.2:40 n.m.s. cstr. (1097)-prep. (1110)-conj. *just as* (because)

חֲזַיְתָ Peal pf. 2 m.s. (1092) *you saw*

דִּי מִטּוּרָא conj.-prep.-n.m.s.-def.art. (1094) *that ... from a mountain*

אִתְגְּזֶרֶת Hithpeal pf. 3 f.s. (1086) *was cut*

אֶבֶן n.f.s. (1078) *a stone*

דִּי־לָא בִידַיִן rel.-neg.-prep.-n.f. du. (1094) *by no human hand*

וְהַדֶּקֶת conj.-Haphel pf. 3 f.s. (1089) *and it broke in pieces*

פַּרְזְלָא n.m.s.-def.art. (1108) *the iron*

נְחָשָׁא n.m.s.-def.art. (1102) *the bronze*

חַסְפָּא n.m.s.-def.art. (1093) *the clay*

כַּסְפָּא n.m.s.-def.art. (1097) *the silver*

וְדַהֲבָא conj.-n.m.s.-def.art. (1087) *and the gold*

אֱלָהּ רַב n.m.s. (1080)-adj. m.s. (1112) *a great God*

הוֹדַע Haphel pf. 3 m.s. (1095) *has made known*

לְמַלְכָּא prep.-n.m.s.-def.art. (1100) *to the king*

מָה דִּי interr.pr. (1099)-rel. *what*

לֶהֱוֵא Peal impf. 3 m.s. (1089) *shall be*

אַחֲרֵי דְנָה prep. (1079)-demons.pr. m.s. (1088) *hereafter*

וְיַצִּיב conj.-adj. m.s. (1096) *certain*

חֶלְמָא n.m.s.-def.art. (1093) *the dream*

וּמְהֵימַן conj.-Haphel ptc.pass (אֲמַן 1081) *and sure*

פִּשְׁרֵהּ n.m.s.-3 m.s. sf. (1109) *its interpretation*

2:46

בֵּאדַיִן prep.-adv. (1078) *then*

מַלְכָּא n.m.s.-def.art. (1100) *King*

נְבוּכַדְנֶצַּר pr.n. (613) *Nebuchadnezzar*

נְפַל Peal pf. 3 m.s. (1103) *fell*

עַל־אַנְפּוֹהִי prep.-n.m. du.-3 m.s. sf. (1081) *upon his face*

וּלְדָנִיֵּאל conj.-prep.-pr.n. (193/1088) *and ... to Daniel*

סְגִד Peal pf. 3 m.s. (1104) *did homage*

וּמִנְחָה conj.-n.f.s. (1101) *that an offering*

וְנִיחֹחִין conj.-n.m.p. (1102) *and incense*

אֲמַר Peal pf. 3 m.s. (1081) *commanded*

לְנַסָּכָה prep.-Pael inf. (1103) *be offered up*

לֵהּ prep.-3 m.s. sf. *to him*

2:47

עָנֵה Peal ptc.act. (I 1107) (answering)

מַלְכָּא n.m.s.-def.art. (1100) *The king*

לְדָנִיֵּאל prep.-pr.n. (193/1088) *to Daniel*

וְאָמַר conj.-Peal ptc.act. (1081) *said*

מִן־קְשֹׁט דִּי prep.-n.m.s. (1112)-conj. *truly*

אֱלָהֲכוֹן n.m.s.-2 m.p. sf. (1080) *your God*

הוּא pers.pr. 3 m.s. (1090) (he)

אֱלָהּ אֱלָהִין n.m.s. cstr. (1080)-n.m.p. (1080) *God of gods*

וּמָרֵא conj.-n.m.s. cstr. (1101) *and Lord of*

מַלְכִין n.m.p. (1100) *kings*

וְגָלֵה conj.-Peal ptc.act. (1086) *and a revealer of*

רָזִין n.m.p. (1112) *mysteries*

דִּי יְכֵלְתָּ conj.-Peal pf. 2 m.s. (1095) *for you have been able*

לְמִגְלֵא prep.-Peal inf. (1086) *to reveal*

רָזָה דְנָה n.m.s.-def.art. (1112)-demons.pr. m.s. (1088) *this mystery*

2:48

אֱדַיִן adv. (1078) *then*

מַלְכָּא n.m.s.-def.art. (1100) *the king*

לְדָנִיֵּאל prep.-pr.n. (193/1088) *to Daniel*

רַבִּי Pael pf. 3 m.s. (1112) *gave high honors* (made great)

וּמַתְּנָן conj.-n.f.p. (1103) *and gifts*

רַבְרְבָן adj. f.p. (1112) *great*

שַׂגִּיאָן adj. f.p. (1113) *many*

יְהַב־לֵהּ Peal pf. 3 m.s. (1095)-prep.-3 m.s. sf. *gave him*

וְהַשְׁלְטֵהּ conj.-Haphel pf. 3 m.s.-3 m.s. sf. (1115) *and made him ruler*

עַל כָּל־מְדִינַת prep.-n.m.s. cstr. (1097)-n.f.s. cstr. (1088) *over the whole province of*

בָּבֶל pr.n. (1084) *Babylon*

וְרַב־סִגְנִין conj.-adj. m.s. cstr. (1112)-n.m.p. (1104) *and chief prefect*

עַל כָּל־ prep.-n.m.s. cstr. (1097) *over all of*

חַכִּימֵי בָבֶל n.m.p. cstr. (1093)-pr.n. (93) *the wise men of Babylon*

2:49

וְדָנִיֵּאל conj.-pr.n. (193/1088) *Daniel*

בְּעָא Peal pf. 3 m.s. (1085) *made request*

מִן־מַלְכָּא prep.-n.m.s.-def.art. (1100) *of the king*

וּמַנִּי conj.-Pael pf. 3 m.s. (1101) *and he appointed*

עַל עֲבִידְתָּא prep.-n.f.s.-def.art. (1105) *over the affairs*

דִּי מְדִינַת gen.-n.f.s. cstr. (1088) *of the province of*

703

בָּבֶל pr.n. (93/1084) *Babylon*

לְשַׁדְרַךְ prep.-pr.n. (995) *Shadrach*

מֵישַׁךְ pr.n. (568) *Meshach*

וַעֲבֵד נְגוֹ conj.-pr.n. (715) *and Abednego*

וְדָנִיֵּאל conj.-pr.n. (193/1088) *but Daniel*

בִּתְרַע prep.-n.m.s. cstr. (1118) *at the court of*

מַלְכָּא n.m.s-def.art. (1100) *the king*

3:1

נְבוּכַדְנֶצַּר pr.n. (1102) *Nebuchadnezzar*

מַלְכָּא n.m.s.-def.art. (1100) *King*

עֲבַד Peal pf. 3 m.s. (1104) *made*

צְלֵם n.m.s. (1109) *an image*

דִּי־דְהַב gen.-n.m.s. (1087) *of gold*

רוּמֵהּ n.m.s.-3 m.s. sf. (1112) *whose height*

אַמִּין n.f.p. (1081) *cubits*

שִׁתִּין n.m.p. (1114) *sixty*

פְּתָיֵהּ n.m.s.-3 m.s. sf. (1109) *its breadth*

אַמִּין v.supra *cubits*

שֵׁת n.m.s. (1114) *six*

אֲקִימֵהּ Haphel pf. 3 m.s.-3 m.s. sf. (1110) *He set it up*

בְּבִקְעַת prep.-n.f.s. cstr. (1085) *on the plain of*

דּוּרָא pr.n. (1087) *Dura*

בִּמְדִינַת prep.-n.f.s. cstr. (1088) *in the province of*

בָּבֶל pr.n. (1084) *Babylon*

3:2

וּנְבוּכַדְנֶצַּר conj.-pr.n. (1102) *Then Nebuchadnezzar*

מַלְכָּא n.m.s.-def.art. (1100) *King*

שְׁלַח Peal pf. 3 m.s. (1115) *sent*

לְמִכְנַשׁ prep.-Peal inf. (1097) *to assemble*

לַאֲחַשְׁדַּרְפְּנַיָּא prep.-n.m.p.-def.art. (1080) *the satraps*

סִגְנַיָּא n.m.p.-def.art. (1104) *the prefects*

וּפַחֲוָתָא conj.-n.m.p.-def.art. (1108) *and the governors*

אֲדַרְגָּזְרַיָּא n.m.p.-def.art. (1078) *the counselors*

גְדָבְרַיָּא n.m.p.-def.art. (1086) *the treasurers*

דְּתָבְרַיָּא n.m.p.-def.art. (1089) *the justices*

תִּפְתָּיֵא n.m.p.-def.art. (1118) *the magistrates (?)*

וְכֹל שִׁלְטֹנֵי conj.-n.m.s. cstr. (1097)-n.m.p. cstr. (1115) *and all the officials of*

מְדִינָתָא n.f.p.-def.art. (1088) *the provinces*

לְמֵתֵא prep.-Peal inf. (1083) *to come*

לַחֲנֻכַּת prep.-n.f.s. cstr. (1093) *to the dedication of*

צַלְמָא n.m.s.-def.art. (1109) *the image*

דִּי rel. (1087) *which*

הֲקֵים Haphel pf. 3 m.s. (1110) *had set up*

נְבוּכַדְנֶצַּר pr.n. (1102) *Nebuchadnezzar*

מַלְכָּא n.m.s.-def.art. (1100) *King*

3:3

בֵּאדַיִן prep.-adv. (1078) *Then*

מִתְכַּנְּשִׁין Hithpael ptc. m.p. (1097) *were assembled*

אֲחַשְׁדַּרְפְּנַיָּא v.3:2 n.m.p.-def.art. (1080) *the satraps*

סִגְנַיָּא n.m.p.-def.art. (1104) *the prefects*

וּפַחֲוָתָא conj.-n.m.p.-def.art. (1108) *the governors*

אֲדַרְגָּזְרַיָּא n.m.p.-def.art. (1078) *the counselors*

גְדָבְרַיָּא n.m.p.-def.art. (1086) *the treasurers*

דְּתָבְרַיָּא n.m.p.-def.art. (1089) *the justices*

תִּפְתָּיֵא n.m.p.-def.art. (1118) *the magistrates (?)*

וְכֹל שִׁלְטֹנֵי conj.-n.m.s. cstr. (1097)-n.m.p. cstr. (1115) *and all the officials of*

מְדִינָתָא n.f.p.-def.art. (1088) *the provinces*

לַחֲנֻכַּת prep.-n.f.s. cstr. (1093) *for the dedication of*

צַלְמָא n.m.s.-def.art. (1109) *the image*

דִּי rel. (1087) *that*

הֲקֵים v.3:2 Haphel pf. 3 m.s. (1110) *had set up*

נְבוּכַדְנֶצַּר pr.n. (1102) *Nebuchadnezzar*

מַלְכָּא n.m.s.-def.art. (1100) *King*

וְקָאֲמִין conj.-Peal ptc.act. m.p. (1110) *and they stood*

לָקֳבֵל prep.-prep. (1110) *before*

צַלְמָא v.supra (1109) *the image*

דִּי הֲקֵים v.supra-v.supra *that ... had set up*

נְבוּכַדְנֶצַּר v.supra *Nebuchadnezzar*

3:4

וְכָרוֹזָא conj.-n.m.s.-def.art. (1097) *and the herald*

קָרֵא Peal ptc.act. m.s. (1111) *proclaimed*

בְּחָיִל prep.-n.m.s. (1093) *aloud*

לְכוֹן prep.-2 m.p. sf. *You*

אָמְרִין Peal ptc. m.p. (1081) *are commanded*

עַמְמַיָּא n.m.p.-def.art. (1107) *O peoples*

אֻמַּיָּא n.m.p.-def.art. (1081) *nations*

וְלִשָּׁנַיָּא conj.-n.m.p.-def.art. (1099) *and languages*

3:5

בְּעִדָּנָא prep.-n.m.s.-def.art. (1105) *that when (lit. in the time)*

דִּי־תִשְׁמְעוּן rel. (1087)-Peal impf. 2 m.p. (1116) *you hear*

קָל קַרְנָא n.m.s. cstr. (1110)-n.m.s.-def.art. (1111) *the sound of the horn*

מַשְׁרוֹקִיתָא n.f.s.-def.art. (1117) *pipe*

קִיתָרוֹס n.m.s. (1111) *lyre*

סַבְּכָא n.f.s.-def.art. (1113) *trigon*

פְּסַנְתֵּרִין n.m.s. (1108) *harp*

סוּמְפֹּנְיָה n.f.s. (1104) *bagpipe*

וְכֹל conj.-n.m.s. cstr. (1097) *and every*

זְנֵי זְמָרָא n.m.p. cstr. (1091)-n.m.s.-def.art. (1098) *kind of music*

תִּפְּלוּן Peal impf. 2 m.p. (1103) *you are to fall down*

וְתִסְגְּדוּן conj.-Peal impf. 2 m.p. (1104) *and worship*

לְצֶלֶם prep.-n.m.s. cstr. (1109) *the image of*

דַּהֲבָא n.m.s.-def.art. (1087) *gold*

דִּי הֲקֵים rel.-Haphel pf. 3 m.s. (1110) *that ... has set up*

נְבוּכַדְנֶצַּר pr.n. (1102) *Nebuchadnezzar*

מַלְכָּא n.m.s.-def.art. (1100) *King*

3:6

וּמַן־דִּי־לָא conj.-interr. (1100)-rel.-neg. *and whoever does not*

יִפֵּל Peal impf. 3 m.s. (1103) *fall down*

וְיִסְגֻּד conj.-Peal impf. 3 m.s. (1104) *and worship*

בַּהּ־שַׁעֲתָא prep.-3 f.s. sf.-n.f.s.-def.art. (1116) *immediately*

יִתְרְמֵא Hithpeal impf. 3 m.s. (1113) *shall be cast*

לְגוֹא־אַתּוּן prep.-n.m.s. cstr. (1086)-n.m.s. cstr. (1083) *into midst of furnace of*

נוּרָא n.f.s.-def.art. (1102) *the fire*

יָקִדְתָּא Peal ptc.act. f.s.-def.art. (1096) *burning*

3:7

כָּל־קֳבֵל דְּנָה n.m.s. cstr. (1097)-prep. (1110)-demons.pr. (1088) *therefore*

בַּהּ־זִמְנָא prep.-3 m.s. sf.-n.m.s.-def.art. (1091) *as soon* (lit. in it the time)

כְּדִי prep.-rel. (1087) *as*

שָׁמְעִין Peal ptc.act. m.p. (1116) *heard*

כָּל־עַמְמַיָּא n.m.s. cstr. (1097)-n.m.p.-def.art. (1107) *all the peoples*

קָל קַרְנָא v.3:5 n.m.s. cstr. (1110)-n.m.s.-def.art. (1111) *the sound of horn*

מַשְׁרוֹקִיתָא v.3:5 n.f.s.-def.art. (1117) *pipe*

קִיתָרֹס n.m.s. (1111) *lyre*

שַׂבְּכָא v.3:5 n.f.s.-def.art. (1113) *trigon*

פְּסַנְתֵּרִין n.m.s. (1108) *harp*

וְכֹל זְנֵי זְמָרָא v.3:5 conj.-n.m.s. cstr. (1097)-n.m.p. cstr. (1091)-n.m.s.-def.art. (1098) *and every kind of music*

נָפְלִין Peal ptc.act. m.p. (1103) *fell down*

כָּל־עַמְמַיָּא v.supra *all the peoples*

אֻמַּיָּא v.3:4 n.m.p.-def.art. (1081) *nations*

וְלִשָׁנַיָּא v.3:4 conj.-n.m.p.-def.art. (1099) *and languages*

סָגְדִין Peal ptc.act. m.p. (1104) *worshiped*

לְצֶלֶם דַּהֲבָא v.3:5 prep.-n.m.s. cstr. (1109)-n.m.s.-def.art. (1087) *the golden image*

דִּי הֲקֵים v.3:5 rel.-Haphel pf. 3 m.s. (1110) *which ... had set up*

נְבוּכַדְנֶצַּר pr.n. (1102) *Nebuchadnezzar*

מַלְכָּא n.m.s.-def.art. (1100) *King*

3:8

כָּל־קֳבֵל דְּנָה v.3:7 *Therefore*

בַּהּ־זִמְנָא v.3:7 (1091) *at that time*

קְרִבוּ Peal pf. 3 m.p. (1111) *came forward*

גֻּבְרִין n.m.p. (1086) *certain (men)*

כַּשְׂדָּאִין pr.n. m.p. (1098) *Chaldeans*

וַאֲכַלוּ conj.-Peal pf. 3 m.p. (1080) *maliciously (ate)*

קַרְצֵיהוֹן n.m.p.-3 m.p. sf. (1111) *accused (their pieces)*

דִּי יְהוּדָיֵא rel.-pr.n. gent.-def.art. (1095) *the Jews*

3:9

עֲנוֹ Peal pf. 3 m.p. (1107) *(answered)*

וְאָמְרִין conj.-Peal ptc.act. m.p. (1081) *they said*

לִנְבוּכַדְנֶצַּר prep.-pr.n. (1102) *to Nebuchadnezzar*

מַלְכָּא n.m.s.-def.art. (1100) *King*

מַלְכָּא v.supra *O king*

לְעָלְמִין prep.-n.m.p. (1106) *for ever*

חֱיִי Peal impv. 2 m.s. (1092) *live*

3:10

אַנְתָּה מַלְכָּא v.2:29 pers.pr. 2 m.s. (1082)-n.m.s.-def.art. (1100) *You, O king*

שָׂמְתָּ טְּעֵם Peal pf. 2 m.s. (1113)-n.m.s. (1094) *have made a decree*

דִּי כָל־אֱנָשׁ conj.-n.m.s. cstr. (1097)-n.m.s. (1081) *that every man*

דִּי־יִשְׁמַע rel.-Peal impf. 3 m.s. (1116) *who hears*

קָל קַרְנָא v.3:5,7 n.m.s. cstr. (1110)-n.f.s.-def.art. (1111) *the sound of the horn*

מַשְׁרוֹקִיתָא n.f.s.-def.art. (1117) *pipe*

קִיתָרֹס n.m.s. (1111) *lyre*

שַׂבְּכָא n.f.s.-def.art. (1113) *trigon*

פְּסַנְתֵּרִין n.m.s. (1108) *harp*

וְסִיפֹנְיָה conj.-n.f.s. (1104) *bagpipe*

וְכֹל זְנֵי זְמָרָא conj.-n.m.s. cstr. (1097)-n.m.p. cstr. (1091)-n.m.s.-def.art. (1098) *and every kind of music*

יִפֵּל Peal impf. 3 m.s. (1103) *shall fall down*

וְיִסְגֻּד conj.-Peal impf. 3 m.s. (1104) *and worship*

לְצֶלֶם דַּהֲבָא prep.-n.m.s. cstr. (1109)-n.m.s.-def. art. (1087) *the golden image*

3:11

וּמַן־דִּי־לָא v. 3:6 conj.-interr. (1100)-rel.-neg. *and whoever does not*

יִפֵּל v. 3:6,10 Peal impf. 3 m.s. (1103) *fall down*

וְיִסְגֻּד conj.-Peal impf. 3 m.s. (1104) *and worship*

יִתְרְמֵא Hithpeal impf. 3 m.s. (1113) *shall be cast*

לְגוֹא־אַתּוּן prep.-n.m.s. cstr. (1086)-n.m.s. cstr. (1083) *into the midst of furnace of*

נוּרָא n.f.s.-def.art. (1102) *the fire*

יָקִדְתָּא Peal ptc.act. f.s.-def.art. (1096) *burning*

3:12

אִיתַי part. (1080) *there are*

גֻּבְרִין v.3:8 n.m.p. (1086) *certain*

יְהוּדָאיִן pr.n. gent. m.p. (1095) *Jews*

דִּי־מַנִּיתָ rel.-Pael pf. 2 m.s. (1101) *whom you have appointed*

יָתְהוֹן dir.obj. (1096)-3 m.p. sf. *(them)*

עַל־עֲבִידַת prep.-n.f.s. cstr. (1105) *over the affairs of*

מְדִינַת בָּבֶל n.f.s. cstr. (1088)-pr.n. (1084) *the province of Babylon*

שַׁדְרַךְ pr.n. (1114) *Shadrach*

מֵישַׁךְ pr.n. (1100) *Meshach*

וַעֲבֵד נְגוֹ conj.-pr.n. (1105) *and Abednego*

גֻּבְרַיָּא אִלֵּךְ n.m.p.-def.art. (1086)-demons.pr. m.p. (1080) *these men*

לָא־שָׂמוּ neg.-Peal pf. 3 m.p. (1113) *pay no (heed)*

עֲלָיךְ prep.-2 m.s. sf. (1106) *to you*

מַלְכָּא n.m.s.-def.art. (1100) *O king*

טְעֵם n.m.s. (1094) *heed*

לֵאלָהָיךְ prep.-n.m.p.-2 m.s. sf. (1080) *your gods*

לָא פָלְחִין neg.-Peal ptc.act. m.p. (1108) *they do not serve*

וּלְצֶלֶם דַּהֲבָא v.3:5,7,10 conj.-prep.-n.m.s. cstr. (1109)-n.m.s.-def.art. (1087) *the golden image*

דִּי הֲקֵימְתָּ rel.-Haphel pf. 2 m.s. (1110) *which you have set up*

לָא סָגְדִין neg.-Peal ptc.act. m.p. (1104) *do not worship*

3:13

בֵּאדַיִן prep.-adv. (1078) *then*

נְבוּכַדְנֶצַּר pr.n. (1102) *Nebuchadnezzar*

בִּרְגַז prep.-n.m.s. (1112) *in rage*

וַחֲמָה conj.-n.f.s. (1095) *furious* (lit. and rage)

אֲמַר Peal pf. 3 m.s. (1081) *commanded*

לְהַיְתָיָה prep.-Haphel inf. (1083) *that ... be brought*

לְשַׁדְרַךְ prep.-pr.n. (1114) *Shadrach*

מֵישַׁךְ pr.n. (1100) *Meshach*

וַעֲבֵד נְגוֹ conj.-pr.n. (1105) *and Abednego*

בֵּאדַיִן v.supra (1078) *then*

גֻּבְרַיָּא אִלֵּךְ v.3:12 n.m.p.-def.art. (1086)-demons. pr. m.p. (1080) *these men*

הֵיתָיוּ Hephal pf. 3 m.p. (1083) *they brought*

קֳדָם prep. (1110) *before*

מַלְכָּא n.m.s.-def.art. (1100) *the king*

3:14

עָנֵה Peal ptc.act. m.s. (1107) *(answering)*

נְבוּכַדְנֶצַּר pr.n. (1102) *Nebuchadnezzar*

וְאָמַר לְהוֹן conj.-Peal ptc.act. m.s. (1081) -prep.-3 m.p. sf. *said to them*

הַצְדָּא interr.part.-n.m.s. (1109) *Is it true* (lit. what purpose)

שַׁדְרַךְ pr.n. (1114) *Shadrach*

מֵישַׁךְ pr.n. (1100) *Meshach*

וַעֲבֵד נְגוֹ conj.-pr.n. (1105) *and Abednego*

לֵאלָהַי prep.-n.m.p.-1 c.s. sf. (1080) *my gods*

לָא אִיתֵיכוֹן neg.-part. (1080)-2 m.p. sf. *you do not*

פָלְחִין v.3:12 Peal ptc.act. m.p. (1108) *serve*

וּלְצֶלֶם דַּהֲבָא conj.-prep.-n.m.s. cstr. (1109) -n.m.s.-def.art. (1087) *or ... the golden image*

דִּי הֲקֵימֶת rel.-Haphel pf. 1 c.s. (1110) *which I have set up*

לָא סָגְדִין neg.-Peal ptc.act. m.p. (1104) *do not worship*

3:15

כְּעַן adv. (1107) *now*

הֵן conj. (1090; GK 167a) *if*

אִיתֵיכוֹן part.-2 m.p. sf. (1080) *you are*

עֲתִידִין adj. m.p. (1108) *ready*

דִּי בְעִדָּנָא conj.-prep.-n.m.s.-def.art. (1105) *when*

דִּי־תִשְׁמְעוּן conj.-Peal impf. 2 m.p. (1116) *you hear*

קָל קַרְנָא v.3:5,6,10 n.m.s. cstr. (1110)-n.f.s.-def. art. (1111) *the sound of the horn*

מַשְׁרוֹקִיתָא n.f.s.-def.art. (1117) *pipe*

קִיתָרֹם n.m.s. (1111) *lyre*

שַׂבְּכָא n.f.s.-def.art. (1113) *trigon*

פְּסַנְתֵּרִין n.m.s. (1108) *harp*

וְסוּמְפֹּנְיָה conj.-n.f.s. (1104) *bagpipe*

וְכֹל זְנֵי זְמָרָא conj.-n.m.s. cstr. (1097)-n.m.p. cstr. (1091)-n.m.s.-def.art. ((1098) *and every kind of music*

תִּפְּלוּן Peal impf. 2 m.p. (1103) *to fall down*

וְתִסְגְּדוּן conj.-Peal impf. 2 m.p. (1104) *and worship*

לְצַלְמָא prep.-n.m.s.-def.art. (1109) *the image*

דִּי־עַבְדֵת conj.-Peal pf. 1 c.s. (1104) *which I have made*

וְהֵן conj.-conj. (1090) *but if*

לָא תִסְגְּדוּן neg.-Peal impf. 2 m.p. (1104) *you do not worship*

בַּהּ־שַׁעֲתָא prep.-3 f.s. sf.-n.f.s.-def.art. (1116) *immediately* (lit.-in it the same moment)

תִּתְרְמוֹן Hithpeal impf. 2 m.p. (1113) *you shall be cast*

לְגוֹא־אַתּוּן prep.-n.m.s. cstr. (1086)-n.m.s. cstr. (1083) *into midst of furnace of*

נוּרָא n.f.s.-def.art. (1102) *the fire*

יָקִדְתָּא Peal ptc.act. f.s.-def.art. (1096) *burning*

וּמַן־הוּא conj.-interr.pron. (1100)-pers.pr. 3 m.s. (1090) *and who is (he)*

אֱלָהּ n.m.s. (1080) *the god*

דִּי יְשֵׁיזְבִנְכוֹן rel.-Shaphel impf. 3 m.s.-2 m.p. sf. (1115) *that will deliver you*

מִן־יְדָי prep.-n.f. du.-1 c.s. sf. (1094) *out of my hands*

3:16

עֲנוֹ Peal pf. 3 m.p. (I 1107) *answered*

שַׁדְרַךְ pr.n. (1114) *Shadrach*

מֵישַׁךְ pr.n. (1100) *Meshach*

וַעֲבֵד נְגוֹ conj.-pr.n. (1105) *and Abednego*

וְאָמְרִין conj.-Peal ptc.act. m.p. (1081) *(and saying)*

לְמַלְכָּא prep.-n.m.s.-def.art. (1100) *the king*

נְבוּכַדְנֶצַּר pr.n. (1102) *O Nebuchadnezzar*

לָא־חַשְׁחִין neg.-Peal ptc.act. m.p. (1093) *have no need*

אֲנַחְנָה pers.pr. 1 c.p. (1081) *we*

עַל־דְּנָה prep. (1106)-demons.adj. (1088) *in this*

פִּתְגָם n.m.s. (1109) *matter*

לַהֲתָבוּתָךְ prep.-Haphel inf.-2 m.s. sf. (1117) *to answer you*

3:17

הֵן אִיתַי conj. (1090)-part. (1080) *if it be so*

אֱלָהַנָא n.m.s.-1 c.p. sf. (1080) *our God*

דִּי־אֲנַחְנָא rel.-pers.pr. 1 c.p. (1081) *whom we*

פָלְחִין Peal ptc.act. m.p. (1108) *serve*

יָכִל Peal ptc.act. m.s. (1095) *is able*

לְשֵׁיזָבוּתַנָא prep.-Shaphel inf.-1 c.p. sf. (1115) *to deliver us*

מִן־אַתּוּן prep.-n.m.s. cstr. (1083) *from the furnace of*

נוּרָא n.f.s.-def.art. (1102) *the fire*

יָקִדְתָּא Peal ptc.act. f.s.-def.art. (1096) *burning*

וּמִן־יְדָךְ conj.-prep.-n.f.s.-2 m.s. sf. (1094) *and from your hand*

מַלְכָּא n.m.s.-def.art. (1100) *O king*

יְשֵׁיזִב Shaphel impf. 3 m.s. (1115) *he will deliver*

3:18

וְהֵן לָא conj.-conj. (1090)-neg. *but if not*

יְדִיעַ Peal ptc.pass. m.s. (1095) *known*

לֶהֱוֵא־לָךְ Peal impf. 3 m.s. (1089)-prep.-2 m.s. sf. *be it ... to you*

מַלְכָּא n.m.s.-def.art. (1100) *O king*

דִּי לֵאלָהָיךְ conj.-prep.-n.m.p.-2 m.s. sf. (1080) *that your gods*

לָא־אִיתַינָא neg.-part.-1 c.p. sf. (1080) *we will not*

פָלְחִין Peal ptc.act. m.p. (1108) *serve*

וּלְצֶלֶם conj.-prep.-n.m.s. cstr. (1109) *or the image of*

דַּהֲבָא n.m.s.-def.art. (1087) *gold*

דִּי הֲקֵימְתָּ conj.-Haphel pf. 2 m.s. (1111) *which you have set up*

לָא נִסְגֻּד neg.-Peal impf. 1 c.p. (1104) *will not worship*

3:19

בֵּאדַיִן prep.-adv. (1078) *then*

נְבוּכַדְנֶצַּר pr.n. (1102) *Nebuchadnezzar*

הִתְמְלִי Hithpeal pf. 3 m.s. (1100) *was full of*

חֱמָא n.f.s. (1095) *rage*

וּצְלֵם conj.-n.m.s. cstr. (1109) *and the expression of*

אַנְפּוֹהִי n.m.p.-3 m.s. sf. (1081) *his face*

אֶשְׁתַּנּוּ Ithpael pf. 3 m.s. (1116) *was changed*

עַל־שַׁדְרַךְ prep.-pr.n. (1114) *against Shadrach*

מֵישַׁךְ pr.n. (1100) *Meshach*

וַעֲבֵד נְגוֹ conj.-pr.n. (1105) *and Abednego*

עָנֵה Peal ptc.act. m.s. (1107) *(answering)*

וְאָמַר conj.-Peal ptc.act. m.s. (1081) *he ordered*

לְמֵזֵא prep.-Peal inf. (1079) *to heat*

לְאַתּוּנָא prep.acc.-n.m.s.-def.art. (1083) *the furnace*

חַד־שִׁבְעָה adj. (1079)-n.f.s. (1114) *seven times*

עַל דִּי prep. (1106)-rel. *more than*

חֲזֵה Peal ptc.pass. m.s. (1092) *it was wont (customary)*

לְמֵזְיֵהּ prep.-Peal inf.-3 m.s. sf. (אָזָא 1079) *to be heated*

3:20

וּלְגֻבְרִין conj.-prep.-n.m.p. (1086) *and ... certain men*

גֻּבְרֵי־חַיִל n.m.p. cstr. (1086)-n.m.s. (1093) *mighty*

707

דִּי בְחַיְלֵהּ rel.-prep.-n.m.s.-3 m.s. sf. (1093) *of his army*

אֲמַר Peal pf. 3 m.s. (1081) *he ordered*

לְכַפָּתָה prep.-Pael inf. (1097) *to bind*

לְשַׁדְרַךְ prep.-pr.n. (1114) *Shadrach*

מֵישַׁךְ pr.n. (1100) *Meshach*

וַעֲבֵד נְגוֹ conj.-pr.n. (1105) *and Abednego*

לְמִרְמֵא prep.-Peal inf. (1113) *to cast*

לְאַתּוּן prep.-n.m.s. cstr. (1083) *to the furnace of*

נוּרָא n.f.s.-def.art. (1102) *the fire*

יָקִדְתָּא Peal ptc.act. f.s. (1096) *burning*

3:21

בֵּאדַיִן prep.adv. (1078) *then*

גֻּבְרַיָּא n.m.p.-def.art. (1086) *men*

אִלֵּךְ demons.adj. m.p. (1080) *these*

כְּפִתוּ Peil pf. 3 m.p. (1097) *were bound*

בְּסַרְבָּלֵיהוֹן prep.-n.m.p.-3 m.p. sf. (1104) *in their mantles*

פַּטִּישֵׁיהוֹן n.m.p.-3 m.p. sf. (1108) *their tunics*

וְכַרְבְּלָתְהוֹן conj.-n.f.p.-3 m.p. sf. (1097) *their hats*

וּלְבֻשֵׁיהוֹן conj.-n.m.p.-3 m.p. sf. (1098) *and their other garments*

וּרְמִיו conj.-Peil pf. 3 m.p. (1113) *and they were cast*

לְגוֹא־אַתּוּן prep.-n.m.s. cstr. (1086)-n.m.s. cstr. (1083) *into the furnace of*

נוּרָא n.f.s.-def.art. (1102) *fire*

יָקִדְתָּא Peal ptc.act. f.s. (1096) *burning*

3:22

כָּל־קֳבֵל דְּנָה n.m.s. cstr. (1097)-prep. (1110) -demons.pr. (1088) *because*

מִן־דִּי prep. (1100)-rel. (1087, 4b) *(because that)*

מִלַּת n.f.s. cstr. (1100) *the order of*

מַלְכָּא n.m.s.-def.art. (1100) *the king*

מַחְצְפָה Haphel ptc. f.s. (1093) *was strict*

וְאַתּוּנָא conj.-n.m.s.-def.art. (1083) *and the furnace*

אֵזֵה Peal ptc.pass. m.s. (1079) *hot*

יַתִּירָא adv. (1096) *very*

גֻּבְרַיָּא v.3:21 n.m.p.-def.art. (1086) *men*

אִלֵּךְ demons.adj. m.p. (1080) *those*

דִּי הַסִּקוּ rel.-Haphel pf. 3 m.p. (1104) *who took up*

לְשַׁדְרַךְ prep.-pr.n. (1114) *Shadrach*

מֵישַׁךְ pr.n. (1100) *Meshach*

וַעֲבֵד נְגוֹ conj.-pr.n. (1105) *and Abednego*

קַטִּל Pael pf. 3 m.s. (1111) *slew*

הִמּוֹן pers.pr. 3 m.p. (1090) *them*

שְׁבִיבָא n.m.s.-def.art. (1114) *the flame*

דִּי נוּרָא gen.-n.m.s.-def.art. (1102) *of the fire*

3:23

וְגֻבְרַיָּא v.3:21,22 n.m.p.-def.art. (1086) *and … men*

אִלֵּךְ demons.adj. m.p. (1080) *these*

תְּלָתֵּהוֹן n.f.s.-3 m.p. sf. (1118) *three of them*

שַׁדְרַךְ pr.n. (1114) *Shadrach*

מֵישַׁךְ pr.n. (1100) *Meshach*

וַעֲבֵד נְגוֹ conj.-pr.n. (1105) *and Abednego*

נְפַלוּ Peal pf. 3 m.p. (1103) *fell*

לְגוֹא־אַתּוּן־ v.3:21 prep.-n.m.s. cstr. (1086)-n.m.s. cstr. (1083) *into the furnace of*

נוּרָא n.f.s.-def.art. (1102) *fire*

יָקִדְתָּא v.3:21 Peal ptc.act. f.s. (1096) *burning*

מְכַפְּתִין Pael ptc.pass. m.p. (1097) *bound*

3:24

אֱדַיִן adv. (1078) *then*

נְבוּכַדְנֶצַּר pr.n. (1102) *Nebuchadnezzar*

מַלְכָּא n.m.s.-def.art. (1100) *the king*

תְּוַהּ Peal pf. 3 m.s. (1117) *was astonished*

וְקָם conj.-Peal pf. 3 m.s. (1110) *and rose up*

בְּהִתְבְּהָלָה prep.-Hithpeal inf. (1084) *in haste*

עָנֵה וְאָמַר Peal ptc.act. m.s. (1107)-conj.-Peal ptc.act. m.s. (1081) *he said*

לְהַדָּבְרוֹהִי prep.-n.m.p.-3 m.s. sf. (1089) *to his counselors*

הֲלָא interr.part.-neg. *did we not*

גֻּבְרִין תְּלָתָא n.m.p. (1086)-n.f.s. (1118) *three men*

רְמֵינָא Peal pf. 1 c.p. (1113) *cast*

לְגוֹא־נוּרָא prep.-n.m.s. cstr. (1086)-n.f.s.-def. art. (1102) *into the fire*

מְכַפְּתִין Pael ptc.pass. m.p. (1097) *bound*

עָנַיִן Peal ptc.act. m.p. (1107) *answered*

וְאָמְרִין conj.-Peal ptc.act. m.p. (1081) *(and saying)*

לְמַלְכָּא prep.-n.m.s.-def.art. (1100) *to the king*

יַצִּיבָא adj.-def.art. (1096) *true*

מַלְכָּא n.m.s.-def.art. (1100) *O king*

3:25

עָנֵה וְאָמַר v.3:24 Peal ptc.act. m.s. (1107)-conj. -Peal ptc.act. m.s. (1081) *he answered*

הָא־אֲנָה demons.part. (1089)-pers.pr. 1 c.s. (1081) *but I*

חָזֵה Peal ptc.act. (1092) *see*

גֻּבְרִין v.3:24 n.m.p. (1086) *men*

אַרְבְּעָה n.f.s. (1112) *four*

שְׁרַיִן Peal ptc.pass. m.p. (1117) *loose*

מַהְלְכִין Haphel ptc. m.p. (1090) *walking*

בְּגוֹא־נוּרָא prep.-n.m.s. cstr. (1086)-n.f.s.-def. art. (1102) *in the midst of the first*

וַחֲבָל conj.-n.m.s. (1092) *and hurt*

לָא־אִיתַי neg.-part. (1080) *are not*

בְּהוֹן prep.-3 m.p. sf. *they*

וְרֵוֵהּ conj.-n.m.s.-3 m.s. sf. (1112) *and the appearance*

דִּי רְבִיעָיָא gen.-adj.num. f.s. (1112) *of the fourth*

דָּמֵה Peal ptc.act. m.s. (1088) *is like*

לְבַר־ prep.-n.m.s. cstr. (1085) *a son of*

אֱלָהִין n.m.p. (1080) *gods*

3:26

בֵּאדַיִן prep.-adv. (1078) *then*

קְרֵב Peal pf. 3 m.s. (1111) *came near*

נְבוּכַדְנֶצַּר pr.n. (1102) *Nebuchadnezzar*

לִתְרַע prep.-n.m.s. cstr. (1118) *to the door of*

אַתּוּן נוּרָא n.f.s. cstr. (1083)-n.f.s.-def.art. (1102) *the furnace of fire*

יָקִדְתָּא Peal ptc.act. f.s.-def.art. (1096) *burning*

עָנֵה וְאָמַר v.3:25 Peal ptc.act. m.s. (1107)-conj. -Peal ptc.act. m.s. (1081) *and said*

שַׁדְרַךְ pr.n. (1114) *Shadrach*

מֵישַׁךְ pr.n. (1100) *Meshach*

וַעֲבֵד־נְגוֹ conj.-pr.n. (1105) *and Abednego*

עַבְדוֹהִי n.m.s.-3 m.s. sf. (1105) *his servants*

דִּי־אֱלָהָא gen.-n.m.s.-def.art. (1080) *of the God*

עִלָּיָא adj. m.s.-def.art. (1106) *Most High*

פֻּקוּ Peal impv. 2 m.p. (1103) *come forth*

וֶאֱתוֹ conj.-Peal impv. 2 m.p. (1083) *and come here*

בֵּאדַיִן v.supra *then*

נָפְקִין Peal ptc.act. m.p. (1103) *came out*

שַׁדְרַךְ pr.n. (1114) *Shadrach*

מֵישַׁךְ pr.n. (1100) *Meshach*

וַעֲבֵד נְגוֹ conj.-pr.n. (1105) *and Abednego*

מִן־גּוֹא נוּרָא prep.-n.m.s. cstr. (1086)-n.f.s.-def. art. (1102) *from the fire*

3:27

וּמִתְכַּנְּשִׁין conj.-Hithpeal ptc. m.p. (1097) *and ... gathered together*

אֲחַשְׁדַּרְפְּנַיָּא v.3:2,3 n.m.p.-def.art. (1080) *the satraps*

סִגְנַיָּא n.m.p.-def.art. (1104) *the prefects*

וּפַחֲוָתָא conj.-n.m.p.-def.art. (1108) *and the governors*

וְהַדָּבְרֵי מַלְכָּא conj.-n.m.p. cstr. (1089)-n.m.s. -def.art. (1100) *and the king's counselors*

חָזַיִן Peal ptc.act. m.p. (1092) *saw*

לְגֻבְרַיָּא אִלֵּךְ prep.-n.m.p.-def.art. (1086) -demons.adj. m.p. (1080) *these men*

דִּי לָא־שְׁלֵט conj.-neg.-Peal pf. 3 m.s. (1115) *had not had any power*

נוּרָא n.m.s.-def.art. (1102) *the fire*

בְּגֶשְׁמְהוֹן prep.-n.m.s.-3 m.p. sf. (1086) *over their bodies*

וּשְׂעַר רֵאשְׁהוֹן conj.-n.m.s. cstr. (1114)-n.m.s.-3 m.p. sf. (1112) *the hair of their heads*

לָא הִתְחָרַךְ neg.-Hithpael pf. 3 m.s. (1093) *was not singed*

וְסָרְבָּלֵיהוֹן conj.-n.m.p.-3 m.p. sf. (1104) *their mantles*

לָא שְׁנוֹ neg.-Peal pf. 3 m.p. (1116) *were not harmed (changed)*

וְרֵיחַ נוּר conj.-n.f.s. cstr. (1112)-n.f.s. (1102) *and smell of fire*

לָא עֲדָת neg.-Peal pf. 3 f.s. (1105) *had not come*

בְּהוֹן prep.-3 m.p. sf. *on them*

3:28

עָנֵה Peal ptc.act. m.s. (1107) *(answering)*

נְבוּכַדְנֶצַּר pr.n. (1102) *Nebuchadnezzar*

וְאָמַר conj.-Peal ptc.act. m.s. (1081) *said*

בְּרִיךְ Peal ptc.pass. m.s. (1085) *Blessed*

אֱלָהֲהוֹן n.m.s.-3 m.p. sf. (1080) *(their) God*

דִּי־שַׁדְרַךְ gen.-pr.n. (1114) *of Shadrach*

מֵישַׁךְ pr.n. (1100) *Meshach*

וַעֲבֵד נְגוֹ conj.-pr.n. (1105) *and Abednego*

דִּי־שְׁלַח rel.-Peal pf. 3 m.s. (1115) *who has sent*

מַלְאֲכֵהּ n.m.s.-3 m.s. sf. (1098) *his angel*

וְשֵׁיזִב conj.-Shaphel pf. 3 m.s. (1115) *and delivered*

לְעַבְדוֹהִי prep.-n.m.s.-3 m.s. sf. (1105) *his servants*

דִּי הִתְרְחִצוּ rel.-Hithpael 3 m.p. (1113) *who trusted*

עֲלוֹהִי prep.-3 m.s. sf. *in him*

וּמִלַּת מַלְכָּא conj.-n.f.s. cstr. (1100)-n.m.s.-def. art. (1100) *and ... the king's command*

שַׁנִּיו Pael pf. 3 m.p. (1116) *set at nought*

וִיהַבוּ conj.-Peal pf. 3 m.p. (1095) *and yielded up*

גֶשְׁמֵיהוֹן n.m.s.-3 m.p. sf. (1086) *their bodies*

דִּי לָא־יִפְלְחוּן conj.-neg.-Peal impf. 3 m.p. (1108) *rather than serve (lit.-that they would not serve)*

וְלָא־יִסְגְּדוּן conj.-neg.-Peal impf. 3 m.p. (1104) *and worship*

לְכָל־אֱלָהּ prep.-n.m.s. cstr. (1097)-n.m.s. (1080) *any god*

לָהֵן conj. (II 1099) *except*

לֵאלָהֲהוֹן prep.-n.m.s.-3 m.p. sf. (1080) *their own God*

3:29

וּמִנִּי conj.-prep.-1 c.s. sf. (1100) *and by me*

שִׂים Peal ptc.pass. m.s. (1113) *I make* (lit.-*is made*)

טְעֵם n.m.s. (1094) *a decree*

דִּי כָל־עַם conj.-n.m.s. cstr. (1097)-n.m.s. (1107) *(that) all people*

אֻמָּה n.f.s. (1081) *nation*

וְלִשָּׁן conj.-n.m.s. (1099) *or language*

דִּי־יֵאמַר rel.-Peal impf. 3 m.s. (1081) *that speaks*

שָׁלָה n.f.s. (1115) *anything (remissness)*

עַל אֱלָהֲהוֹן prep.-n.m.s.-3 m.p. sf. (1080) *against (their) God*

דִּי־שַׁדְרַךְ gen.-pr.n. (1114) *of Shadrach*

מֵישַׁךְ pr.n. (1100) *Meshach*

וַעֲבֵד נְגוֹ conj.-pr.n. (1105) *and Abednego*

הַדָּמִין n.m.p. (1089) *limb from limb*

יִתְעֲבֵד Hithpeal impf. 3 m.s. (1104) *shall be torn*

וּבַיְתֵהּ conj.-n.m.s.-3 m.s. sf. (1084) *and their houses*

נְוָלִי n.f.s. (1102) *in ruins*

יִשְׁתַּוֵּה Hithpael impf. 3 m.s. (II 1114) *laid*

כָּל־קֳבֵל דִּי n.m.s. cstr. (1097)-prep. (1110)-conj. *for*

לָא אִיתַי neg.-part. (1080) *there is no*

אֱלָהּ אָחֳרָן n.m.s. (1080)-adj. m.s. (1079) *other god*

דִּי־יִכֻל rel.-Peal impf. 3 m.s. (1095) *who is able*

לְהַצָּלָה prep.-Haphel inf. (1103) *to deliver*

כִּדְנָה prep.-demons.pr. (1088) *in this way*

3:30

בֵּאדַיִן prep.-adv. (1078) *then*

מַלְכָּא n.m.s.-def.art. (1100) *the king*

הַצְלַח Haphel pf. 3 m.s. (1109) *promoted (caused to prosper)*

לְשַׁדְרַךְ prep.-pr.n. (1114) *Shadrach*

מֵישַׁךְ pr.n. (1100) *Meshach*

וַעֲבֵד נְגוֹ conj.-pr.n. (1105) *and Abednego*

בִּמְדִינַת prep.-n.f.s. cstr. (1088) *in the province of*

בָּבֶל pr.n. (1084) *Babylon*

3:31

נְבוּכַדְנֶצַּר pr.n. (1102) *Nebuchadnezzar*

מַלְכָּא n.m.s.-def.art. (1100) *King*

לְכָל־עַמְמַיָּא prep.-n.m.s. cstr. (1097)-n.m.p.-def.art. (1107) *to all peoples*

אֻמַּיָּא n.m.p.-def.art. (1081) *nations*

וְלִשָּׁנַיָּא conj.-n.m.p.-def.art. (1099) *and languages*

דִּי־דָאֲרִין rel.-Peal ptc.act. m.p. (1087) *that dwell*

בְּכָל־אַרְעָא prep.-n.m.s. cstr. (1097)-n.f.s.-def. art. (1083) *in all the earth*

שְׁלָמְכוֹן n.m.s.-2 m.p. sf. (1116) *Peace to you*

יִשְׂגֵּא Peal impf. 3 m.s. (1113) *be multiplied*

3:32

אָתַיָּא n.m.p.-def.art. (1079) *the signs*

וְתִמְהַיָּא conj.-n.m.p.-def.art. (1118) *and wonders*

דִּי עֲבַד conj.-Peal pf. 3 m.s. (1104) *has wrought*

עִמִּי prep.-1 c.s. sf. *toward me*

אֱלָהָא n.m.s.-def.art. (1080) *the God*

עִלָּיָא adj. m.s.-def.art. (1106) *Most High*

שְׁפַר Peal pf. 3 m.s. (1117) *it seemed good*

קָדָמַי prep.-1 c.s. sf. (1110) *to me*

לְהַחֲוָיָה prep.-Haphel inf. (1092) *to show*

3:33

אָתוֹהִי n.m.p.-3 m.s. sf. (1079) *his signs*

כְּמָה prep.-interr.pr. (1099) *how*

רַבְרְבִין adj. m.p. redupl. (1112) *great*

וְתִמְהוֹהִי conj.-n.m.p.-3 m.s. sf. (1118) *and his wonders*

כְּמָה v.supra *how*

תַּקִּיפִין adj. m.p. (1118) *mighty*

מַלְכוּתֵהּ n.f.s.-3 m.s. sf. (1100) *his kingdom*

מַלְכוּת עָלַם n.f.s. cstr. (1100)-n.m.s. (1106) *an everlasting kingdom*

וְשָׁלְטָנֵהּ conj.-n.m.s.-3 m.s. sf. (1115) *and his dominion*

עִם־דָּר prep. (1107)-n.m.s. (1087) *from generation*

וְדָר conj.-v.supra *to generation*

4:1

אֲנָה pers.pr. 1 c.s. (1081) *I*

נְבוּכַדְנֶצַּר pr.n. (1102) *Nebuchadnezzar*

שְׁלֵה adj. m.s. (1115) *at ease*

הֲוֵית Peal pf. 1 c.s. (1089) *was*

בְּבֵיתִי prep.-n.m.s.-1 c.s. sf. (1084) *in my house*

וְרַעְנַן conj.-adj. m.s. (1118) *and prospering*

בְּהֵיכְלִי prep.-n.m.s.-1 c.s. sf. (1090) *in my palace*

4:2

חֵלֶם n.m.s. (1093) *a dream*

חֲזֵית Peal pf. 2 c.s. (1092) *I had (saw)*

וִידַחֲלִנַּנִי conj.-Pael impf. 3 m.s.-1 c.s. sf. (1087) *which made me afraid*

וְהַרְהֹרִין conj.-n.m.p. (1090) *(and) fancies*

עַל־מִשְׁכְּבִי prep.-n.m.s.-1 c.s. sf. (1115) *in (my) bed*

וְחֶזְוֵי conj.-n.m.p. cstr. (1092) *and the visions of*

רֵאשִׁי n.m.s.-1 c.s. sf. (1112) *my head*

יְבַהֲלֻנַּנִי Pael impf. 3 m.p.-1 c.s. sf. (1084) *alarmed me*

4:3

וּמִנִּי conj.-prep. (1100)-1 c.s. sf. *I (from me)*

שִׂים Peil pf. 3 m.s. (1113) *(is) made*

טְעֵם n.m.s. (1094) *a decree*

לְהַנְעָלָה prep.-Haphel inf. (1106) *that should be brought*

קָדָמַי prep. (1110)-1 c.s. sf. *before me*

לְכֹל חַכִּימֵי prep.-n.m.s. cstr. (1097)-n.m.p. cstr. (1093) *all the wise men of*

בָבֶל pr.n. (1084) *Babylon*

דִּי־פְשַׁר rel.-n.m.s. cstr. (1109) *that ... the interpretation of*

חֶלְמָא n.m.s.-def.art. (1093) *the dream*

יְהוֹדְעֻנַּנִי Haphel impf. 3 m.p.-1 c.s. sf. (1095) *they might make known to me*

4:4

בֵּאדַיִן prep.-adv. (1078) *then*

עָלִּין Peal ptc.act. m.p. (1106) *came in*

חַרְטֻמַיָּא n.m.p.-def.art. (1093) *the magicians*

אָשְׁפַיָּא n.m.p.-def.art. (1083) *the enchanters*

כַּשְׂדָּיֵא pr.n.-def.art. (1098) *the Chaldeans*

וְגָזְרַיָּא conj.-n.m.p.-def.art. (1086) *and the astrologers*

וְחֶלְמָא conj.-n.m.s.-def.art. (1093) *and the dream*

אָמַר אֲנָה Peal ptc.act. ms. (1081)-pers.pr. 1 c.s. (1081) *I told*

קָדָמֵיהוֹן prep.-3 m.p. sf. (1110) *them*

וּפִשְׁרֵהּ conj.-n.m.s.-3 m.s. sf. (1109) *but its interpretation*

לָא־מְהוֹדְעִין לִי neg.-Haphel ptc.act. m.p. (1095)-prep.-1 c.s. sf. *they could not make known to me*

4:5

וְעַד אָחֳרֵין conj.-adv. (1105)-adv. (1079) *at last*

עַל Peal pf. 3 m.s. (1106) *came in*

קָדָמַי prep.-1 c.s. sf. (1110) *before me*

דָּנִיֵּאל pr.n. (1088) *Daniel*

דִּי־שְׁמֵהּ rel.-n.m.s.-3 m.s. sf. (1116) *he who was named*

בֵּלְטְשַׁאצַּר pr.n. (1084) *Belteshazzar*

כְּשֻׁם אֱלָהִי prep.-n.m.s. cstr. (1116)-n.m.s.-1 c.s. sf. (1080) *after the name of my god*

וְדִי conj.-rel. *and whom is*

רוּחַ־אֱלָהִין n.f.s. cstr. (1112)-n.m.p. (1080) *spirit of ... gods*

קַדִּישִׁין adj. m.p. (1110) *holy*

בֵּהּ prep.-3 m.s. sf. *in him*

וְחֶלְמָא conj.-n.m.s.-def.art. (1093) *and the dream*

קָדָמוֹהִי prep.-3 m.s. sf. (1110) *before him*

אַמְרֵת Peal pf. 1 c.s. (1081) *I told*

4:6

בֵּלְטְשַׁאצַּר pr.n. (1084) *O Belteshazzar*

רַב חַרְטֻמַיָּא n.m.s. cstr. (1112)-n.m.p.-def.art. (1093) *chief of the magicians*

דִּי אֲנָה rel.-pers.pr. 1 c.s. (1081) *because I*

יִדְעֵת Peal pf. 1 c.s. (1095) *know*

דִּי רוּחַ rel.-n.f.s. cstr. (1112) *that spirit of*

אֱלָהִין קַדִּישִׁין n.m.p. (1080)-adj. m.p. (1110) *holy gods is*

בָּךְ prep.-2 m.s. sf. *in you*

וְכָל־רָז conj.-n.m.s. cstr. (1097)-n.m.s. (1112) *and that any mystery*

לָא־אָנֵס neg.-Peal ptc.act. (1081) *is not difficult*

לָךְ prep.-2 m.s. sf. *for you*

חֶזְוֵי n.m.p. cstr. (1092) *here is* (lit.-visions of)

חֶלְמִי n.m.s.-1 c.s. sf. (1093) *my dream*

דִּי־חֲזֵית rel.-Peal pf. 1 c.s. (1092) *which I saw*

וּפִשְׁרֵהּ conj.-n.m.s.-3 m.s. sf. (1109) *and its interpretation*

אֱמַר Peal impv. 2 m.s. (1081) *tell me*

4:7

וְחֶזְוֵי רֵאשִׁי conj.-v.4:6 n.m.p. cstr. (1092)-n.m.s.-1 c.s. sf. (1112) *the visions of my head*

עַל־מִשְׁכְּבִי prep. (1107)-n.m.s.-1 c.s. sf. (1115) *as I lay in bed*

חָזֵה הֲוֵית Peal ptc.act. m.s. (1092)-Peal pf. 1 c.s. (1089) *I saw*

וַאֲלוּ conj.-interj. (1080) *and behold*

אִילָן n.m.s. (1079) *a tree*

בְּגוֹא אַרְעָא prep.-n.m.s. cstr. (1086)-n.f.s.-def.art. (1083) *in the midst of the earth*

וְרוּמֵהּ conj.-n.m.s.-3 m.s. sf. (1112) *and its height*

שַׂגִּיא adj. m.s. (1113) *was great*

4:8

רְבָה Peal pf. 3 m.s. (1112) *grew*

אִילָנָא n.m.s.-def.art. (1079) *the tree*

וּתְקִף conj.-Peal pf. 3 m.s. (1118) *and became strong*

וְרוּמֵהּ conj.-n.m.s.-3 m.s. sf. (1112) *and its top*

יִמְטֵא Peal impf. 3 m.s. (1100) *reached*

לִשְׁמַיָּא prep.-n.m.p.-def.art. (1116) *to heaven*

וַחֲזוֹתֵהּ conj.-n.f.s.-3 m.s. sf. (1092) *and it was visible* (its height)

לְסוֹף prep.-n.m.s. cstr. (1104) *to the end of*

כָּל־אַרְעָא n.m.s. cstr. (1097)-n.f.s.-def.art. (1083) *the whole earth*

4:9

עָפְיֵהּ n.m.s.-3 m.s. sf. (1107) *its leaves*

שַׁפִּיר adj. m.s. (1117) *were fair*

וְאִנְבֵּהּ conj.-n.m.s.-3 m.s. sf. (1078) *and its fruit*

שַׂגִּיא adj. m.s. (1113) *abundant*

וּמָזוֹן conj.-n.m.s. (1091) *and food*

לְכֹלָּא־בֵהּ prep.-n.m.s.-def.art. (1097)-prep.-3 m.s. sf. *for all in it*

תְּחֹתוֹהִי prep.-3 m.s. sf. (1117) *under it*

תַּטְלֵל Haphel impf. 3 f.s. (1094) *found shade*

חֵיוַת n.f.s. cstr. (1092) *the beasts of*

בָּרָא n.m.s.-def.art. (1085) *the field*

וּבְעַנְפוֹהִי conj.-prep.-n.m.p.-3 m.s. sf. (1107) *and in its branches*

יְדֻרָן Peal impf. 3 m.p. (1087) *dwelt*

צִפְּרֵי n.f.p. cstr. (1110) *the birds of*

שְׁמַיָּא n.m.p.-def.art. (1116) *the heavens*

וּמִנֵּהּ conj.-prep.-3 m.s. sf. *and from it*

יִתְּזִין Hithpeal impf. 3 m.s. (1091) *was fed*

כָּל־בִּשְׂרָא n.m.s. cstr. (1097)-n.m.s.-def.art. (1085) *all flesh*

4:10

חָזֵה Peal ptc.act. (1092) *seeing*

הֲוֵית Peal pf. 1 c.s. (1089) *I was*

בְּחֶזְוֵי prep.-n.m.p. cstr. (1092) *in the visions of*

רֵאשִׁי n.m.s.-1 c.s. sf. (1112) *my head*

עַל־מִשְׁכְּבִי prep.-n.m.s.-1 c.s. sf. (1115) *as I lay in my bed*

וַאֲלוּ conj.-interj. (1080) *and behold*

עִיר n.m.s. (1105) *a watcher* (a wakeful one; angel)

וְקַדִּישׁ conj.-adj. m.s. (1110) *and a holy one*

מִן־שְׁמַיָּא prep. (1100)-n.m.p.-def.art. (1116) *from heaven*

נָחִת Peal ptc.act. m.s. (1102) *came down*

4:11

קָרֵא Peal ptc.act. m.s. (1111) *he cried*

בְּחַיִל prep.-n.m.s. (1093) *aloud*

וְכֵן conj.-adv. (1097) *and thus*

אָמַר Peal ptc.act. m.s. (1081) *said*

גֹּדּוּ Peal impv. 2 m.p. (1086) *hew down*

אִילָנָא n.m.s.-def.art. (1079) *the tree*

וְקַצִּצוּ conj.-Pael impv. 2 m.p. (1126) *and cut off*

עַנְפוֹהִי n.m.p.-3 m.s. sf. (1107) *its boughs*

אַתַּרוּ Haphel impv. 2 m.p. (1103) *strip off*

עָפְיֵהּ n.m.s.-3 m.s. sf. (1107) *its leaves*

וּבַדַּרוּ conj.-Pael impv. 2 m.p. (1084) *and scatter*

אִנְבֵּהּ n.m.s.-3 m.s. sf. (1078) *its fruit*

תְּנֻד Peal impf. 3 f.s. (1102) *let ... flee*

חֵיוְתָא n.f.s.-def.art. (1092) *the beast(s)*

מִן־תַּחְתּוֹהִי prep. (1100)-prep. (1117)-3 m.s. sf. *from under it*

וְצִפְּרַיָּא conj.-n.f.p.-def.art. (1110) *and the birds*

מִן־עַנְפוֹהִי prep. (1100)-v.supra (1107) *from its branches*

4:12

בְּרַם adv. (1085) *but*

עִקַּר n.m.s. cstr. (1107) *the stump of*

שָׁרְשׁוֹהִי n.m.p.-3 m.s. sf. (1117) *its roots*

בְּאַרְעָא prep.-n.f.s.-def.art. (1083) *in the earth*

שְׁבֻקוּ Peal impv. 2 m.p. (1114) *leave*

וּבֶאֱסוּר conj.-prep.-n.m.s. (1082) *and ... with a band*

דִּי־פַרְזֶל gen.-n.m.s. (1108) *of iron*

וּנְחָשׁ conj.-n.m.s. (1102) *and bronze*

בְּדִתְאָא prep.-n.m.s.-def.art. (1089) *amid the tender grass*

דִּי בָרָא gen.-n.m.s.-def.art. (1085) *of the field*

וּבְטַל conj.-prep.-n.m.s. cstr. (1094) *and ... with the dew of*

שְׁמַיָּא n.m.p.-def.art. (1116) *heaven*

יִצְטַבַּע Hithpael impf. 3 m.s. (1109) *let him be wet*

וְעִם־חֵיוְתָא conj.-prep.-n.f.s.-def.art. (1092) *and with the beasts*

חֲלָקֵהּ n.m.s.-3 m.s. sf. (1093) *his lot*

בַּעֲשַׂב prep.-n.m.s. cstr. (1108) *in the grass of*

אַרְעָא v.supra (1083) *the earth*

4:13

לִבְבֵהּ n.m.s.-3 m.s. sf. (1098) *his mind* (his heart)

מִן־אֲנָשָׁא prep. (1100)-n.m.s.-def.art. (1081) *from (the) a man's*

יְשַׁנּוֹן Pael impf. 3 m.p. (1116) *let ... be changed*

וּלְבַב חֵיוָה conj.-n.m.s. cstr. (1098)-n.f.s. (1092) *and a beast's mind* (heart)

יִתְיְהִב לֵהּ Hithpeal impf. 3 m.s. (1095)-prep.-3 m.s. sf. *be given to him*

וְשִׁבְעָה conj.-n.f.s. (1114) *and seven*

עִדָּנִין n.m.p. (1105) *times*

יַחְלְפוּן Peal impf. 3 m.p. (1093) *let pass*

עֲלוֹהִי prep. (1106)-3 m.s. sf. *over him*

4:14

בִּגְזֵרַת prep.-n.f.s. cstr. (1086) *by decree of*

עִירִין n.m.p. (1105) *watchers*

פִּתְגָמָא n.m.s.-def.art. (1109) *the sentence*

וּמֵאמַר conj.-n.m.s. cstr. (1081) *and word of*

קַדִּישִׁין adj. m.p. (1110) *holy ones*

שְׁאֵלְתָא n.f.s.-def.art. (1114) *the decision* (affair)

עַד־דִּבְרַת דִּי prep. (1105)-n.f.s. cstr. (1087) -conj. *to the end that*

יִנְדְּעוּן Peal impf. 3 m.p. (1095) *may know*

חַיַּיָּא adj. m.p.-def.art. (1092) *the living*

דִּי־שַׁלִּיט conj.-adj. m.s. (1115) *rules (having mastery)*

עִלָּיָא adj. m.s.-def.art. (1106) *the Most High*

בְּמַלְכוּת prep.-n.f.s. cstr. (1100) *the kingdom of*

אֲנוּשָׁא n.m.s.-def.art. (1081) *men*

וּלְמַן־דִּי conj.-prep.-interr.pr. (1100) *and to whom*

יִצְבֵּא conj.-Peal impf. 3 m.s. (1109) *he will*

יִתְּנִנַּהּ Peal impf. 3 m.s.-3 f.s. sf. (1103) *he gives it*

וּשְׁפַל conj.-adj. m.s. cstr. (1117) *lowliest of*

אֲנָשִׁים n.m.p. (1081) *men*

יְקִים Haphel impf. 3 m.s. (1110) *sets over*

עֲלַיהּ prep.-3 f.s. sf. *it*

4:15

דְּנָה חֶלְמָא demons.pron. c.s. (1088)-n.m.s.-def. art. (1093) *this dream*

חֲזֵית Peal pf. 1 c.s. (1092) *I saw*

אֲנָה מַלְכָּא pers.pr. 1 c.s. (1081)-n.m.s.-def.art. (1100) *I King*

נְבוּכַדְנֶצַּר pr.n. (1102) *Nebuchadnezzar*

וְאַנְתָּה conj.-pers.pr. 2 m.s. (1082) *and you*

בֵּלְטְשַׁאצַּר pr.n. (1084) *O Belteshazzar*

פִּשְׁרָא n.m.s.-def.art. (1109) *the interpretation*

אֱמַר Peal impv. 2 m.s. (1081) *tell*

כָּל־קֳבֵל דִּי n.m.s. cstr. (1097)-prep. (1110)-conj. *because*

כָּל־חַכִּימֵי n.m.s. cstr. (1097)-n.m.p. cstr. (1093) *all the wise men of*

מַלְכוּתִי n.f.s.-1 c.s. sf. (1100) *my kingdom*

לָא־יָכְלִין neg.-Peal ptc.act. m.p. (1095) *are not able*

פִּשְׁרָא n.m.s.-def.art. (1109) *the interpretation*

לְהוֹדָעֻתַנִי prep.-Haphel inf.-1 c.s. sf. (1095) *to make known to me*

וְאַנְתָּה conj.-v.supra *but you*

כָּהֵל Peal ptc.act. (1096) *are able*

דִּי conj. *for*

רוּחַ־אֱלָהִין n.f.s. cstr. (1112)-n.m.p. (1080) *spirit of gods*

קַדִּישִׁין adj. m.p. (1110) *holy*

בָּךְ prep.-2 m.s. sf. *in you*

4:16

אֱדַיִן adv. (1078) *then*

דָּנִיֵּאל pr.n. (1088) *Daniel*

דִּי־שְׁמֵהּ rel.-n.m.s.-3 m.s. sf. (1116) *whose name*

בֵּלְטְשַׁאצַּר pr.n. (1084) *Belteshazzar*

אֶשְׁתּוֹמַם Ethpoal pf. 3 m.s. (1116) *was dismayed*

כְּשָׁעָה חֲדָה prep.-n.f.s. (1116)-adj. f.s. (1079) *for a long time* (as in the same moment)

וְרַעְיֹנֹהִי conj.-n.m.p.-3 m.s. sf. (1113) *and his thoughts*

יְבַהֲלֻנֵּהּ Pael impf. 3 m.p.-3 m.s. sf. (1084) *alarmed him*

עָנֵה Peal ptc.act. m.s. (1107) *(answering)*

מַלְכָּא n.m.s.-def.art. (1100) *the king*

וְאָמַר conj.-Peal ptc.act. m.s. (1081) *said*

בֵּלְטְשַׁאצַּר pr.n. (1084) *Belteshazzar*

חֶלְמָא n.m.s.-def.art. (1093) *the dream*

וּפִשְׁרָא conj.-n.m.s.-def.art. (1109) *and the interpretation*

אַל־יְבַהֲלָךְ neg.-Pael impf. 3 m.s.-2 m.s. sf. (1084) *let not alarm you*

עָנֵה v.supra *answered*

בֵּלְטְשַׁאצַּר pr.n. (1084) *Belteshazzar*

וְאָמַר conj.-v.supra

מָרְאִי n.m.s.-1 c.s. sf. (1101) *my lord*

חֶלְמָא v.supra *the dream*

לְשָׂנְאָיךְ prep.-Peal ptc. m.p.-2 m.s. sf. (1114) *for those who hate you*

וּפִשְׁרֵהּ conj.-n.m.s.-3 m.s. sf. (1109) *and its interpretation*

לְעָרָיךְ prep.-n.m.p.-2 m.s. sf. (1108) *for your enemies*

4:17

אִילָנָא n.m.s.-def.art. (1079) *the tree*

דִּי חֲזַיְתָ rel.-Peal pf. 2 m.s. (1092) *(which) you saw*

דִּי רְבָה rel.-Peal pf. 3 m.s. (1112) *which grew (great)*

וּתְקִף conj.-Peal pf. 3 m.s. (1118) *and became strong*

וְרוּמֵהּ conj.-n.m.s.-3 m.s. sf. (1112) *so that its top*

יִמְטֵא Peal impf. 3 m.s. (1100) *reached*

לִשְׁמַיָּא prep.-n.m.p.-def.art. (1116) *to heaven*

וַחֲזוֹתֵהּ conj.-n.f.s.-3 m.s. sf. (1092) *and its visibility*

לְכָל־אַרְעָא prep.-n.m.s. cstr. (1097)-n.f.s.-def. art. (1083) *to all of the earth*

4:18

וְעָפְיֵהּ conj.-n.m.s.-3 m.s. sf. (1107) *and its foliage*

שַׁפִּיר adj. m.s. (1117) *was fair*

וְאִנְבֵּהּ conj.-n.m.s.-3 m.s. sf. (1078) *and its fruit*

שַׂגִּיא adj. m.s. (1113) *abundant*

וּמָזוֹן conj.-n.m.s. (1091) *and food*

לְכֹלָּא־בֵהּ prep.-n.m.s.-def.art. (1097)-prep.-3 m.s. sf. *for all ... in which*

תְּחֹתוֹהִי prep.-3 m.s. sf. (1117) *under it*

תְּדוּר Peal impf. 3 f.s. (1087) *dwelt*

חֵיוַת בָּרָא n.f.s. cstr. (1092)-n.m.s.-def.art. (1085) *beasts of the field*

וּבְעַנְפוֹהִי conj.-prep.-n.m.s.-3 m.s. sf. (1107) *and in whose branches*

יִשְׁכְּנָן Peal impf. 3 f.p. (1115) *dwelt*

צִפֲּרֵי n.f.p. cstr. (1110) *the birds of*

שְׁמַיָּא n.m.p.-def.art. (1116) *the heavens*

4:19

אַנְתְּה־הוּא v.4:15 pers.pr. 2 m.s. (1082)-pers.pr. 3 m.s. (1090) *it is you*

מַלְכָּא n.m.s.-def.art. (1100) *O king*

דִּי רְבַית rel.-Peal pf. 2 m.s. (1112) *who have grown*

וּתְקֵפְתְּ conj.-Peal pf. 2 m.s. (1118) *and become strong*

וּרְבוּתָךְ conj.-n.f.s.-2 m.s. sf. (1112) *and your greatness*

רְבָת Peal pf. 3 f.s. (1112) *has grown*

וּמְטָת conj.-Peal pf. 3 f.s. (1100) *and reaches*

לִשְׁמַיָּא prep.-n.m.p.-def.art. (1116) *to heaven*

וְשָׁלְטָנָךְ conj.-n.m.s.-2 m.s. sf. (1115) *and your dominion*

לְסוֹף אַרְעָא prep.-n.m.s. cstr. (1104)-n.f.s.-def. art. (1083) *to the ends of the earth*

4:20

וְדִי חֲזָה conj.-conj.-Peal pf. 3 m.s. (1092) *and whereas ... saw*

מַלְכָּא n.m.s.-def.art. (1100) *the king*

עִיר וְקַדִּישׁ n.m.s. (1105)-conj.-adj. m.s. (1110) *a watcher and a holy one*

נָחִת מִן־שְׁמַיָּא Peal ptc.act. m.s. (1102)-prep. (1100)-n.m.p.-def.art. (1116) *coming down from heaven*

וְאָמַר conj.-Peal ptc. (1081) *and saying*

גֹּדּוּ אִילָנָא Peal impv. 2 m.p. (1086)-n.m.s.-def. art. (1079) *hew down the tree*

וְחַבְּלוּהִי conj.-Pael impv. 2 m.p.-3 m.s. sf. (1091) *and destroy it*

בְּרַם adv. (1085) *but*

עִקַּר שָׁרְשׁוֹהִי n.m.s. cstr. (1107)-n.m.p.-3 m.s. sf. (1117) *the stump of its roots*

בְּאַרְעָא שְׁבֻקוּ prep.-n.f.s.-def.art. (1083)-Peal impv. 2 m.p. (1114) *in the earth leave*

וּבֶאֱסוּר conj.-prep.-n.m.s. (1082) *and with a band*

דִּי־פַרְזֶל וּנְחָשׁ gen.-n.m.s. (1108)-conj.-n.m.s. (1102) *of iron and bronze*

בְּדִתְאָא prep.-n.m.s.-def.art. (1089) *in the grass*

דִּי בָרָא gen.-n.m.s.-def.art. (1085) *of the field*

וּבְטַל שְׁמַיָּא conj.-prep.-n.m.s. cstr. (1094) -n.m.p.-def.art. (1116) *and with the dew of heaven*

יִצְטַבַּע Hithpael impf. 3 m.s. (1109) *let him be wet*

וְעִם־חֵיוַת בָּרָא conj.-prep.-n.m.s. cstr. (1092) -v.supra *and with the beasts of the field*

חֲלָקֵהּ n.m.s.-3 m.s. sf. (1093) *his lot*

עַד דִּי־שִׁבְעָה עִדָּנִין prep. (1105)-rel.-n.f.s. (1114)-n.m.p. (1105) *till seven times*

יַחְלְפוּן Peal impf. 3 m.p. (1093) *pass*

עֲלוֹהִי prep.-3 m.s. sf. (1106) *over him*

4:21

דְּנָה פִשְׁרָא demons.adj. (1088)-n.m.s.-def.art. (1109) *this is the interpretation*

מַלְכָּא n.m.s.-def.art. (1100) *O king*

וּגְזֵרַת עִלָּיָא conj.-n.f.s. cstr. (1086)-adj. m.s. -def.art. (1106) *and the Most High*

הִיא pers.pr. f.s. (1090) *it is*

דִּי מְטָת rel.-Peal pf. 3 f.s. (1100) *which has come*

עַל־מָרִאי prep. (1106)-n.m.s.-1 c.s. sf. (1101) *upon my lord*

מַלְכָּא v.supra *the king*

4:22

וְלָךְ טָרְדִין conj.-prep.-2 m.s. sf.-Peal ptc.act. m.p. (1094) *and you shall be driven*

מִן־אֲנָשָׁא prep. (1100)-n.m.s.-def.art. (1081) *from among men*

וְעִם־חֵיוַת בָּרָא v.4:20 conj.-prep. (1107)-n.f.s. cstr. (1090)-n.m.s.-def.art. (1085) *and with the beasts of the field*

לֶהֱוֵה Peal impf. 3 m.s. (1089) *shall be*

מְדֹרָךְ n.m.s.-2 m.s. sf. (1087) *your dwelling*

וְעִשְׂבָּא conj.-n.m.s.-def.art. (1108) *and the grass*

כְתוֹרִין prep.-n.m.p. (1117) *like an ox*

לָךְ יְטַעֲמוּן prep.-2 m.s. sf.-Pael impf. 3 m.s. (1094) *you shall be made to eat*

וּמִטַּל שְׁמַיָּא v.4:20 conj.-prep.-n.m.s. cstr. (1094)-n.m.p.-def.art. (1116) *and with the dew of heaven*

לָךְ מְצַבְּעִין prep.-2 m.s. sf.-Pael ptc.act. m.p. (1109) *you shall be wet*

וְשִׁבְעָה עִדָּנִין v.4:20 conj.-n.f.s. (1114)-n.m.p. (1105) *and seven times*

יַחְלְפוּן Peal impf. 3 m.p. (1093) *shall pass*

עֲלָיִךְ prep.-2 m.s. sf. *over you*

עַד דִּי־תִנְדַּע prep. (1105)-rel.-Peal impf. 2 m.s. (1095) *till you know*

דִּי־שַׁלִּיט rel.-adj. (1115) *that ... rules*

עֶלְיָא adj.-def.art. (1106) *the Most High*

בְּמַלְכוּת אֲנָשָׁא prep.-n.f.s. cstr. (1100)-n.m.s. -def.art. (1081) *the kingdom of men*

וּלְמַן־דִּי conj.-prep.-rel.pr.-rel. *and to whom*

יִצְבֵּא Peal impf. 3 m.s. (1109) *he will*

יִתְּנִנַּהּ Peal impf. 3 m.s.-3 f.s. sf. (1103) *gives it*

4:23

וְדִי אֲמַרוּ conj.-rel.-Peal pf. 3 m.p. (1081) *and as it was commanded*

לְמִשְׁבַּק prep.-Peal inf. (1114) *to leave*

עִקַּר n.m.s. cstr. (1107) *the stump of*

שָׁרְשׁוֹהִי n.m.p.-3 m.s. sf. (1117) *his roots*

דִּי אִילָנָא gen.-n.m.s.-def.art. (1079) *of the tree*

מַלְכוּתָךְ n.f.s.-2 m.s. sf. (1100) *your kingdom*

לָךְ קַיָּמָה prep.-2 m.s. sf.-adj. f.s. (1111) *shall be sure for you*

מִן־דִּי תִנְדַּע prep.-conj.-Peal impf. 2 m.s. (1095) *from the time that you know*

דִּי שַׁלִּטִן conj.-adj. m.p. (1115) *that rules*

שְׁמַיָּא n.m.p.-def.art. (1116) *Heaven*

4:24

לָהֵן conj. (1099) *therefore*

מַלְכָּא n.m.s.-def.art. (1100) *O king*

מִלְכִּי n.m.s.-1 c.s. sf. (1100) *my counsel*

יִשְׁפַּר עֲלָיִךְ Peal impf. 3 m.s. (1117)-prep.-2 m.s. sf. *let ... be acceptable to you*

וַחֲטָיָךְ conj.-n.m.s.-2 m.s. sf. (1092) *and your sin*

בְּצִדְקָה prep.-n.f.s. (1109) *by practicing righteousness*

פְּרֻק Peal impv. 2 m.s. (1108) *break off*

וַעֲוָיָתָךְ conj.-n.f.p.-2 m.s. sf. (1105) *and your iniquities*

בְּמִחַן prep.-Peal inf. (1093) *by showing mercy*

עֲנָיִן n.m.p. (1107) *to the oppressed*

הֵן conj. (1090) *that perhaps*

תֶּהֱוֵה Peal impf. 3 f.s. (1089) *there may be*

אַרְכָא n.f.s. (1082) *a lengthening*

לִשְׁלֵוְתָךְ prep.-n.f.s.-2 m.s. sf. (1115) *of your tranquility*

4:25

כֹּלָּא n.m.s.-def.art. (1097) *all this*

מְטָא Peal pf. 3 m.s. (1100) *came*

עַל־נְבוּכַדְנֶצַּר prep. (1106)-pr.n. (1102) *upon Nebuchadnezzar*

מַלְכָּא n.m.s.-def.art. (1100) *the king*

4:26

לִקְצָת prep.-n.f.s. cstr. (1111) *at the end of*

יַרְחִין n.m.p. (1096) *months*

תְּרֵי־עֲשַׂר adj. m.s. cstr. (1118)-n.m.s. (1108) *twelve*

עַל־הֵיכַל prep. (1106)-n.m.s. cstr. (1090) *on the palace of*

מַלְכוּתָא n.f.s.-def.art. (1100) *the kingdom*

דִּי בָבֶל gen.-pr.n. (1084) *of Babylon*

מְהַלֵּךְ Pael ptc.act. m.s. (1090) *walking*

הֲוָה Peal pf. 3 m.s. (1089) *he was*

4:27

עָנֵה Peal ptc.act. m.s. (1107) *(answering)*

מַלְכָּא n.m.s.-def.art. (1100) *the king*

וְאָמַר conj.-Peal ptc.act. m.s. (1081) *and said*

הֲלָא interr.part. (1089)-neg. (1098) *is not*

דָא־הִיא demons.pr. f.s. (1086)-pr. f.s. (1090) *this*

בָּבֶל רַבְּתָא pr.n. (1084)-adj. f.s.-def.art. (1112) *great Babylon*

דִּי־אֲנָה rel.-pers.pr. 1 c.s. (1081) *which I*

בֱנֵיתַהּ Peal pf. 1 c.s.-3 m.s. sf. (1084) *have built it*

לְבֵית מַלְכוּ prep.-n.m.s. cstr. (1084)-n.f.s. (1100) *as a royal residence*

בִּתְקָף prep.-n.m.s. cstr. (1118) *by power of*

חִסְנִי n.m.s.-1 c.s. sf. (1093) *my might*

וְלִיקָר conj.-prep.-n.m.s. cstr. (1096) *and for the glory of*

הֲדְרִי n.m.s.-1 c.s. sf. (1089) *my majesty*

4:28

עוֹד adv. (1105) *while*

מִלְּתָא n.f.s.-def.art. (1100) *the word*

בְּפֻם prep.-n.m.s. cstr. (1108) *in the mouth of*

מַלְכָּא n.m.s.-def.art. (1100) *the king*

קָל n.m.s. (1100) *a voice*

מִן־שְׁמַיָּא prep. (1100)-n.m.p.-def.art. (1116) *from heaven*

נְפַל Peal pf. 3 m.s. (1103) *fell*

לָךְ prep.-2 m.s. sf. *to you*

אָמְרִין Peal ptc.act. m.p. (1081) *it is spoken*

נְבוּכַדְנֶצַּר pr.n. (1102) *Nebuchadnezzar*

מַלְכָּא n.m.s.-def.art. (1100) *king*

מַלְכוּתָה n.f.s.-def.art. (1100) *the kingdom*

עֲדָת Peal pf. 3 f.s. (1105) *has departed*

מִנָּךְ prep.-2 m.s. sf. *from you*

4:29

וּמִן־אֲנָשָׁא conj.-prep. (1100)-n.m.s.-def.art. (1081) *and from among men*

לָךְ טָרְדִין prep.-2 m.s. sf.-Peal ptc.act. m.p. (1094) *you shall be driven*

715

וְעִם־חֵיוַת conj.-prep. (1107)-n.f.s. cstr. (1092) *and with the beasts of*

בָּרָא n.m.s.-def.art. (1085) *the field*

מְדֹרָךְ n.m.s.-2 m.s. sf. (1087) *your dwelling place*

עִשְׂבָּא n.m.s.-def.art. (1108) *the grass*

כְתוֹרִין prep.-n.m.p. (1117) *like an ox*

לָךְ יְטַעֲמוּן prep.-2 m.s. sf.-Peal impf. 3 m.p. (1094) *you shall be made to eat*

וְשִׁבְעָה עִדָּנִין conj.-n.f.s. (1114)-n.m.p. (1105) *and seven times*

יַחְלְפוּן Peal impf. 3 m.p. (1093) *shall pass*

עֲלָיךְ prep.-2 m.s. sf. (1106) *over you*

עַד דִּי־תִנְדַּע conj. (1105)-rel.-Peal impf. 2 m.s. (1095) *until you have learned*

דִּי־שַׁלִּיט conj.-adj. m.s. (1115) *rules*

עִלָּיָא adj. m.s.-def.art. (1106) *the Most High*

בְּמַלְכוּת prep.-n.f.s. cstr. (1100) *over the kingdom of*

אֲנָשָׁא n.m.s.-def.art. (1081) *men*

וּלְמַן־דִּי conj.-prep.-interr. (1100)-conj. *and ... to whom*

יִצְבֵּא Peal impf. 3 m.s. (1109) *he will*

יִתְּנִנַּהּ Peal impf. 3 m.s.-3 f.s. sf. (1103) *he gives it*

4:30

בַּהּ־שַׁעֲתָא prep.-3 f.s. sf.-n.f.s.-def.art. (1116) *immediately* (in it the hour)

מִלְּתָא n.f.s.-def.art. (1100) *the word*

סָפַת Peal pf. 3 f.s. (1104) *was fulfilled*

עַל־נְבוּכַדְנֶצַּר prep. (1106)-pr.n. (1102) *upon Nebuchadnezzar*

וּמִן־אֲנָשָׁא conj.-prep.-n.m.s.-def.art. (1081) *and from among men*

טְרִיד Peil pf. 3 m.s. (1094) *he was driven*

וְעִשְׂבָּא conj.-n.m.s.-def.art. (1108) *and the grass*

כְתוֹרִין prep.-n.m.p. (1117) *like an ox*

יֵאכֻל Peal impf. 3 m.s. (1080) *he ate*

וּמִטַּל שְׁמַיָּא conj.-prep.-n.m.s. cstr. (1094)-n.m.p.-def.art. (1116) *and with the dew of heaven*

גִּשְׁמֵהּ n.m.s.-3 m.s. sf. (1086) *his body*

יִצְטַבַּע Hithpael impf. 3 m.s. (1109) *was wet*

עַד דִּי conj. (1105)-rel. *until*

שַׂעְרֵהּ n.m.s.-3 m.s. sf. (1114) *his hair*

כְּנִשְׁרִין prep.-n.m.p. (1103) *as eagles*

רְבָה Peal pf. (1112) *grew long*

וְטִפְרוֹהִי conj.-n.m.p.-3 m.s. sf. (1094) *and his nails*

כְצִפְּרִין prep.-n.m.p. (1110) *as birds*

4:31

וְלִקְצָת יוֹמַיָּה conj.-prep.-n.f.s. cstr. (1111)-n.m.p.-def.art. (1095) *and at the end of the days*

אֲנָה נְבוּכַדְנֶצַּר pers.pr. 1 c.s. (1081)-pr.n. (1102) *I Nebuchadnezzar*

עַיְנַי n.f.p.-1 c.s. sf. (1105) *my eyes*

לִשְׁמַיָּא prep.-n.m.p.-def.art. (1116) *to heaven*

נִטְלֵת Peal pf. 1 c.s. (1102) *lifted*

וּמַנְדְּעִי conj.-n.m.s.-1 c.s. sf. (1095) *and my reason*

עֲלַי prep.-1 c.s. sf. (1106) *unto me*

יְתוּב Peal impf. 3 m.s. (1117) *returned*

וּלְעִלָּיָא conj.-prep.-adj. m.s.-def.art. (1106) *and the Most High*

בָּרְכֵת Pael pf. 1 c.s. (1085) *I blessed*

וּלְחַי conj.-prep.-adj. m.s. cstr. (1092) *and who lives* (and to the living of)

עָלְמָא n.m.s.-def.art. (1106) *for ever*

שַׁבְּחֵת Pael pf. 1 c.s. (1114) *I praised*

וְהַדְּרֵת conj.-Pael pf. 1 c.s. (1089) *and honored*

דִּי שָׁלְטָנֵהּ conj.-n.m.s.-3 m.s. sf. (1115) *for his dominion*

שָׁלְטָן n.m.s. (1115) *dominion*

עָלַם adv. (1106) *everlasting*

וּמַלְכוּתֵהּ conj.-n.f.s.-3 m.s. sf. (1100) *and his kingdom*

עִם־דָּר prep. (1107)-n.m.s. (1087) *from generation*

וְדָר conj.-v.supra *to generation*

4:32

וְכָל־דָּאְרֵי conj.-n.m.s. cstr. (1097)-subst. Peal ptc. m.p. cstr. (1087) *and all the inhabitants of*

אַרְעָא n.f.s.-def.art. (1083) *the earth*

כְּלָה prep.-neg. (1098) *as nothing*

חֲשִׁיבִין Peal ptc. m.p. (1093) *are accounted*

וּכְמִצְבְּיֵהּ conj.-prep.-Peal inf.-3 m.s. sf. (1109) *and according to his will*

עָבֵד Peal ptc.act. m.s. (1104) *he does*

בְּחֵיל שְׁמַיָּא prep.-n.m.s. cstr. (1089)-n.m.p.-def.art. (1116) *in the host of heaven*

וְדָאְרֵי אַרְעָא conj.-v.supra *and among the inhabitants of the earth*

וְלָא אִיתַי conj.-neg.-part. (1080) *and none*

דִּי־יְמַחֵא rel.-Pael impf. 3 m.s. (1099) *can stay*

בִידֵהּ prep.-n.f.s.-3 m.s. sf. (1094) *his hand*

וְיֵאמַר conj.-Peal impf. 3 m.s. (1081) *or say*

לֵהּ prep.-3 m.s. sf. *to him*

מָה עֲבַדְתְּ interr. (1099)-Peal pf. 2 m.s. (1104) *what doest thou*

4:33

בֵּהּ־זִמְנָא prep.-3 m.s. sf.-n.m.s.-def.art. (1091) *at the same time*

מַנְדְּעִי v.4:31 n.m.s.-1 c.s. sf. (1095) *my reason*

יְתוּב Peal impf. 3 m.s. (1117) *returned*

עֲלַי prep.-1 c.s. sf. (1106) *unto me*

וְלִיקַר conj.-prep.-n.m.s. cstr. (1096) *and for the glory of*

מַלְכוּתִי n.f.s.-1 c.s. sf. (1100) *my kingdom*

הַדְרִי n.m.s.-1 c.s. sf. (1089) *my majesty*

וְזִיוִי conj.-n.m.s.-1 c.s. sf. (1091) *and my splendor*

יְתוּב עֲלַי v.supra-v.supra *returned to me*

וְלִי conj.-prep.-1 c.s. sf. *and me*

הַדָּבְרַי n.m.p.-1 c.s. sf. (1089) *my counselors*

וְרַבְרְבָנַי conj.-n.m.p.-1 c.s. sf. (1112) *and my lords*

יְבַעוֹן Pael impf. 3 m.p. (1085) *sought*

וְעַל־מַלְכוּתִי conj.-prep. (1106)-n.f.s.-1 c.s. sf. (1100) *and in my kingdom*

הָתְקְנַת Hophal pf. 1 c.s. (1118) *I was established*

וּרְבוּ conj.-n.f.s. (1112) *and greatness*

יַתִּירָה adj. f.s. (1096) *(surpassing) still more*

הוּסְפַת לִי Hophal pf. 3 f.s. (1095)-prep.-1 c.s. sf. *was added to me*

4:34

כְּעַן אֲנָה adv. (1107)-pers.pr. 1 c.s. (1081) *now I*

נְבוּכַדְנֶצַּר pr.n. (1102) *Nebuchadnezzar*

מְשַׁבַּח Pael ptc.act. m.s. (1114) *praise*

וּמְרוֹמֵם conj.-Poel ptc.act. m.s. (1112) *and extol*

וּמְהַדַּר conj.-Pael ptc.act. m.s. (1089) *and honor*

לְמֶלֶךְ שְׁמַיָּא prep.-n.m.s. cstr. (1100)-n.m.p. (1116) *the King of heaven*

דִּי כָל־מַעֲבָדוֹהִי conj.-n.m.s. cstr. (1097)-n.m.p.-3 m.s. sf. (1105) *for all his works*

קְשֹׁט n.m.s. (1112) *are right*

וְאֹרְחָתֵהּ conj.-n.m.p.-3 m.s. sf. (1082) *and his ways*

דִּין n.m.s. (1088) *are just*

וְדִי מַהְלְכִין conj.-rel.-Haphel ptc.act. m.p. (1090) *and those who walk*

בְּגֵוָה prep.-n.f.s. (1085) *in pride*

יָכִל Peal ptc.act. m.s. (1095) *he is able*

לְהַשְׁפָּלָה prep.-Haphel inf. (1117) *to abase*

5:1

בֵּלְשַׁאצַּר pr.n. (1084) *Belshazzar*

מַלְכָּא n.m.s.-def.art. (1100) *King*

עֲבַד Peal pf. 3 m.s. (1104) *made*

לְחֶם רַב n.m.s. (1099)-adj. m.s. (1112) *a great feast*

לְרַבְרְבָנוֹהִי prep.-n.m.p.-3 m.s. sf. (1112) *for his lords*

אֲלַף n.m.s. (1081) *a thousand*

וְלָקֳבֵל conj.-prep.-subst. as prep. (1110) *and in front of*

אַלְפָּא n.m.s.-def.art. (1081) *the thousand*

חַמְרָא n.m.s.-def.art. (1093) *(the) wine*

שָׁתֵה Peal ptc.act. (1117) *drank*

5:2

בֵּלְשַׁאצַּר pr.n. (1084) *Belshazzar*

אֲמַר Peal pf. 3 m.s. (1081) *commanded*

בִּטְעֵם prep.-n.m.s. cstr. (1094) *when he tasted (in the tasting of)*

חַמְרָא n.m.s.-def.art. (1093) *the wine*

לְהַיְתָיָה prep.-Haphel inf. (1083) *be brought*

לְמָאנֵי prep. of acc.-n.m.p. cstr. (1099) *the vessels of*

דַּהֲבָא n.m.s.-def.art. (1087) *(the) gold*

וְכַסְפָּא conj.-n.m.s.-def.art. (1097) *and (the) silver*

דִּי הַנְפֵּק rel.-Haphel pf. 3 m.s. (1103) *which had taken*

נְבוּכַדְנֶצַּר pr.n. (1102) *Nebuchadnezzar*

אֲבוּהִי n.m.s.-3 m.s. sf. (1078) *his father*

מִן־הֵיכְלָא prep.-n.m.s.-def.art. (1090) *out of the temple*

דִּי בִירוּשְׁלֶם rel.-prep.-pr.n. (1096) *in Jerusalem*

וְיִשְׁתּוֹן בְּהוֹן conj.-Peal impf. 3 m.p. (1117)-prep.-3 m.p. sf. *might drink from them*

מַלְכָּא וְרַבְרְבָנוֹהִי n.m.s.-def.art. (1100)-conj.-n.m.p.-3 m.s. sf. (1112) *the king and his lords*

שֵׁגְלָתֵהּ n.f.p.-3 m.s. sf. (1114) *his wives*

וּלְחֵנָתֵהּ conj.-n.f.p.-3 m.s. sf. (1099) *and his concubines*

5:3

בֵּאדַיִן prep.-adv. (1078) *then*

הַיְתִיו Haphel pf. 3 m.p. (1083) *they brought in*

מָאנֵי דַהֲבָא n.m.p. cstr. (1099)-n.m.s.-def.art. (1087) *the golden vessels*

דִּי הַנְפִּקוּ rel.-Haphel pf. 3 m.p. (1103) *which had been taken*

מִן־הֵיכְלָא prep.-n.m.s.-def.art. (1090) *out of the temple*

דִּי־בֵית אֱלָהָא rel.-n.m.s. cstr. (1084)-n.m.s.-def.art. (1080) *the house of God*

דִּי בִירוּשְׁלֶם rel.-prep.-pr.n. (1096) *in Jerusalem*

וְאִשְׁתִּיו conj.-Peal pf. 3 m.p. (1117) *and drank*

בְּהוֹן prep.-3 m.p. sf. *from them*

מַלְכָּא וְרַבְרְבָנוֹהִי n.m.s.-def.art. (1100)-conj.-n.m.p.-3 m.s. sf. (1112) *the king and his lords*

717

שֵׁגְלָתֵהּ וּלְחֵנָתֵהּ n.f.p.-3 m.s. sf. (1114)-conj.
-n.f.p.-3 m.s. sf. (1099) *his wives and his
concubines*

5:4

אִשְׁתִּיו Peal pf. 3 m.p. (1117) *they drank*

חַמְרָא n.m.s.-def.art. (1093) *wine*

וְשַׁבַּחוּ conj.-Pael pf. 3 m.p. (1114) *and praised*

לֵאלָהֵי דַּהֲבָא prep.-n.m.p. cstr. (1080)-n.m.s.
-def.art. (1087) *the gods of gold*

וְכַסְפָּא conj.-n.m.s.-def.art. (1097) *and silver*

נְחָשָׁה n.m.s.-def.art. (1102) *bronze*

פַּרְזְלָא n.m.s.-def.art. (1108) *iron*

אָעָא n.m.s.-def.art. (1082) *wood*

וְאַבְנָא conj.-n.f.s.-def.art. (1078) *and stone*

5:5

בַּהּ־שַׁעֲתָה prep.-3 f.s. sf.-n.f.s.-def.art. (1116)
immediately

נְפַקוּ אֶצְבְּעָן Peal pf. 3 m.p. (1103)-n.f.p. (1109)
fingers … appeared

דִּי יַד־אֱנָשׁ sign of gen.-n.f.s. cstr. (1094) -n.m.s.
(1081) *of a man's hand*

וְכָתְבָן conj.-Peal ptc.act. f.p. (1098) *and wrote*

לָקֳבֵל prep.-subst. as prep. (1110) *before*

נֶבְרַשְׁתָּא n.f.s.-def.art. (1102) *the lampstand*

עַל־גִּירָא דִּי־כְתַל prep.-n.m.s.-def.art. (1086)
-sign of gen.-n.m.s. cstr. (1098) *on the
plaster of the wall of*

הֵיכְלָא דִּי מַלְכָּא n.m.s.-def.art. (1090)-sign of
gen.-n.m.s.-def.art. (1100) *the king's palace*

וּמַלְכָּא חָזֵה conj.-n.m.s.-def.art. (1100)-Peal ptc.
act. (1092) *and the king saw*

פַּס יְדָה n.m.s. cstr. (1108)-n.f.s.-def.art. (1094)
(the palm of) the hand

דִּי כָתְבָה rel.-Peal ptc.act. f.s. (1098) *as it
(which) wrote*

5:6

אֱדַיִן adv. (1078) *then*

מַלְכָּא n.m.s.-def.art. (1100) *the king*

זִיוֹהִי n.m.p.-3 m.s. sf. (1091) *his color*

שְׁנוֹהִי Peal pf. 3 m.p.-3 m.s. sf. (1116) *changed*

וְרַעְיֹנֹהִי conj.-n.m.p.-3 m.s. sf. (1113) *and his
thoughts*

יְבַהֲלוּנֵּהּ Pael impf. 3 m.p.-3 m.s. sf. (1084)
alarmed him

וְקִטְרֵי חַרְצֵהּ conj.-n.m.p. cstr. (1111)-n.m.s.-3 m.s.
sf. (1093) *and his limbs* (the joints of his
loin)

מִשְׁתָּרַיִן Hithpael ptc. m.p. (1117) *gave way*
(loosened in fear)

וְאַרְכֻבָּתֵהּ conj.-n.f.p.-3 m.s. sf. (1085) *and his
kness*

דָּא לְדָא demons.pr. f. (1086)-prep.-demons.pr. f.
together (this to this)

נָקְשָׁן Peal ptc. f.p. (1103) *knocked*

5:7

קָרֵא מַלְכָּא Peal ptc.act. (1111)-n.m.s.-def.art.
(1100) *the king cried*

בְּחַיִל prep.-n.m.s. (1093) *aloud* (with strength)

לְהֶעָלָה prep.-Haphel inf. (1106) *to bring in*

לְאָשְׁפַיָּא prep.-n.m.p.-def.art. (1083) *the
enchanters*

כַּשְׂדָּיֵא n.m.p.-def.art. (1098) *the Chaldeans*

וְגָזְרַיָּא conj.-Peal ptc.act. m.p.-def.art. (1086) *and
the astrologers*

עָנֵה מַלְכָּא וְאָמַר Peal ptc.act. (I 1107)-n.m.s.
-def.art. (1100)-Peal ptc. (1081) *the king
(answered and) said*

לְחַכִּימֵי בָבֶל prep.-n.m.p. cstr. (1093)-pr.n. (1084)
to the wise men of Babylon

דִּי כָל־אֱנָשׁ conj.-n.m.s. cstr. (1097)-n.m.s. (1081)
whoever (any man)

דִּי־יִקְרֵה rel.-Peal impf. 3 m.s. (1111) *reads*

כְּתָבָה דְנָה n.m.s.-def.art. (1098)-demons.adj.
(1088) *this writing*

וּפִשְׁרֵהּ conj.-n.m.s.-3 m.s. sf. (1109) *and its
interpretation*

יְחַוִּנַּנִי Pael impf. 3 m.s.-1 c.s. sf. (1092) *shows me*

אַרְגְּוָנָא n.m.s.-def.art. (1082) *purple*

יִלְבַּשׁ Peal impf. 3 m.s. (1098) *he shall be clothed*

וְהַמּוֹנְכָא דִי־דַהֲבָא conj.-n.m.s.-def.art. (1090)
-sign of gen.-n.m.s.-def.art. (1087) *and have
a chain of gold*

עַל־צַוְּארֵהּ prep.-n.m.s.-3 m.s. sf. (1109) *about his
neck*

וְתַלְתִּי conj.-demons.adj. (1118) *and third*

בְּמַלְכוּתָא prep.-n.f.s.-def.art. (1100) *in the
kingdom*

יִשְׁלַט Peal impf. 3 m.s. (1115) *he shall be ruler*

5:8

אֱדַיִן adv. (1078) *then*

עָלְלִין Peal ptc. (1106) *came in*

כֹּל חַכִּימֵי מַלְכָּא n.m.s. cstr. (1097)-n.m.p. cstr.
(1093)-n.m.s.-def.art. (1100) *all the king's
wise men*

וְלָא־כָהֲלִין conj.-neg.-Peal ptc.act. m.p. (1096)
and could not

כְּתָבָא n.m.s.-def.art. (1098) *the writing*

לְמִקְרֵא prep.-Peal inf. (1111) *read*

וּפִשְׁרָא n.m.s.-def.art. (1109) *or ... the interpretation*

לְהוֹדָעָה prep.-Haphel inf. (1095) *make known*

לְמַלְכָּא prep.-n.m.s.-def.art. (1100) *to the king*

5:9

אֱדַיִן adv. (1078) *then*

מַלְכָּא בֵלְשַׁאצַר n.m.s.-def.art. (1100)-pr.n. (1084) *King Belshazzar*

שַׂגִּיא adj. as adv. (1113) *greatly*

מִתְבָּהַל Hithpael ptc.pass. (1084) *was alarmed*

וְזִיוֹהִי conj.-n.m.p.-3 m.s. sf. (1091) *and his color*

שָׁנַיִן Peal ptc.act. m.p. (1116) *changed*

עֲלוֹהִי prep.-3 m.s. sf. *(on him)*

וְרַבְרְבָנוֹהִי conj.-n.m.p.-3 m.s. sf. (1112) *and his lords*

מִשְׁתַּבְּשִׁין Hithpael ptc. m.p. (1114) *were perplexed*

5:10

מַלְכְּתָא n.f.s.-def.art. (1100) *the queen*

לָקֳבֵל מִלֵּי prep.-subst. as prep. (1100)-n.f.p. cstr. (1100) *because of the words of*

מַלְכָּא וְרַבְרְבָנוֹהִי n.m.s.-def.art. (1100)-conj. -n.m.p.-3 m.s. sf. (1112) *the king and his lords*

לְבֵית מִשְׁתְּיָא prep.-n.m.s. cstr. (1084)-n.m.s. -def.art. (1117) *into the banqueting hall*

עַלַּת Peal pf. 3 f.s. (1106) *came*

עֲנָת מַלְכְּתָא וַאֲמֶרֶת Peal pf. 3 f.s. (1107)-n.f.s. -def.art.-conj.-Peal pf. 3 f.s. (1081) *the queen (answered and) said*

מַלְכָּא n.m.s.-def.art. (1100) *O king*

לְעָלְמִין חֱיִי prep.-n.m.p. (1106)-Peal impv. 2 m.s. (1092) *live for ever*

אַל־יְבַהֲלוּךְ neg.-Peal impf. 3 m.p.-2 m.s. sf. (1084) *let not ... alarm you*

רַעְיוֹנָךְ n.m.p.-2 m.s. sf. (1113) *your thoughts*

וְזִיוָיךְ conj.-n.m.p.-2 m.s. sf. (1091) *or your color*

אַל־יִשְׁתַּנּוֹ neg.-Ithpael impf. 3 m.p. (1116) *(let not) change*

5:11

אִיתַי part. (1080) *there is*

גְּבַר n.m.s. (1086) *a man*

בְּמַלְכוּתָךְ prep.-n.f.s.-2 m.s. sf. (1100) *in your kingdom*

דִּי רוּחַ אֱלָהִין rel.-n.f.s. cstr. (1112)-n.m.p. (1080) *the spirit of the ... gods*

קַדִּישִׁין adj. m.p. (1110) *holy*

בֵּהּ prep.-3 m.s. sf. *in him*

וּבְיוֹמֵי אֲבוּךְ conj.-prep.-n.m.p. cstr. (1095)-n.m.s. -2 m.s. sf. (1078) *(and) in the days of your father*

נַהִירוּ n.f.s. (1102) *light*

וְשָׂכְלְתָנוּ conj.-n.f.s. (1114) *and understanding*

וְחָכְמָה conj.-n.f.s. (1093) *and wisdom*

כְּחָכְמַת־אֱלָהִין prep.-n.f.s. cstr. (1093)-n.m.p. (1080) *like the wisdom of the gods*

הִשְׁתְּכַחַת בֵּהּ Hithpeal pf. 3 f.s. (1115)-prep.-3 m.s. sf. *were found in him*

וּמַלְכָּא נְבֻכַדְנֶצַּר conj.-n.m.s.-def.art. (1100) -pr.n. (1102) *and King Nebuchadnezzar*

אֲבוּךְ n.m.s.-2 m.s. sf. (1078) *your father*

רַב חַרְטֻמִּין adj. m.s. cstr. (1112)-n.m.p. (1093) *chief of the magicians*

אָשְׁפִין n.m.p. (1083) *enchanters*

כַּשְׂדָּאִין n.m.p. (1098) *Chaldeans*

גָּזְרִין Peal ptc.act. as n.m.p. (1086) *astrologers*

הֲקִימֵהּ Haphel pf. 3 m.s.-3 m.s. sf. (1110) *made him chief*

אֲבוּךְ מַלְכָּא v.supra-v.supra *(your father the king)*

5:12

כָּל־קֳבֵל דִּי n.m.s. cstr. (1097)-subst. as prep. (1110)-rel. *because*

רוּחַ יַתִּירָה n.f.s. (1112)-adj. f.s. (1096) *an excellent spirit*

וּמַנְדַּע conj.-n.m.s. (1095) *(and) knowledge*

וְשָׂכְלְתָנוּ conj.-n.f.s. (1114) *and understanding*

מְפַשַּׁר Pael ptc.act. (1109) *to interpret*

חֶלְמִין n.m.p. (1093) *dreams*

וַאֲחַוָיַת אֲחִידָן conj.-n.f.s. cstr. (1092)-n.f.p. (1092) *explain riddles*

וּמְשָׁרֵא קִטְרִין conj.-Peal inf. (1117)-n.m.p. (1111) *and solve problems*

הִשְׁתְּכַחַת בֵּהּ Hithpeal pf. 3 f.s. (1115) *were found in this (him)*

בְּדָנִיֵּאל prep.-pr.n. (1088) *(in) Daniel*

דִּי־מַלְכָּא rel.-n.m.s.-def.art. (1100) *whom the king*

שָׂם־שְׁמֵהּ Peal pf. 3 m.s. (1113)-n.m.s.-3 m.s. sf. (1116) *named (set his name)*

בֵּלְטְשַׁאצַר pr.n. (1084) *Belteshazzar*

כְּעַן adv. (1107) *now*

דָּנִיֵּאל יִתְקְרֵי pr.n. (1088)-Hithpeal impf. 3 m.s. (1111) *let Daniel be called*

וּפִשְׁרָה conj.-n.m.s.-def.art. (1109) *and the interpretation*

יְהַחֲוֵה Haphel impf. 3 m.s. (1092) *he will show*

719

5:13

בֵּאדַיִן דָּנִיֵּאל prep.-adv. (1078)-pr.n. (1088) *then Daniel*

הֻעַל Hophal pf. 3 m.s. (1106) *was brought in*

קֳדָם מַלְכָּא prep. (1110)-n.m.s.-def.art. (1100) *before the king*

עָנֵה מַלְכָּא וְאָמַר Peal ptc.act. (I 1107)-n.m.s. -def.art. (1100)-conj.-Peal ptc.act. (1081) *the king said*

לְדָנִיֵּאל prep.-pr.n. (1088) *to Daniel*

אַנְתְּה־הוּא pers.pr. 2 m.s. (1082)-pers.pr. 3 m.s. (1090) *you are that*

דָּנִיֵּאל pr.n. (1088) *Daniel*

דִּי־מִן־בְּנֵי גָלוּתָא rel.-prep.-n.m.p. cstr. (I 1085) -n.f.s.-def.art. (1086) *one of the exiles*

דִּי יְהוּד sign of gen.-pr.n. (1095) *of Judah*

דִּי הַיְתִי rel.-Haphel pf. 3 m.s. (1083) *whom brought*

מַלְכָּא אַבִי n.m.s.-def.art. (1100)-n.m.s.-1 c.s. sf. (1079) *the king my father*

מִן־יְהוּד prep.-pr.n. (1095) *from Judah*

5:14

וְשִׁמְעֵת conj.-Peal pf. 1 c.s. (1116) *(and) I have heard*

עֲלָיִךְ prep.-2 m.s. sf. *of you*

דִּי רוּחַ conj.-n.f.s. cstr. (1112) *that the spirit of*

אֱלָהִין n.m.p. (1080) *gods*

בָּךְ prep.-2 m.s. sf. *in you*

וְנַהִירוּ conj.-n.f.s. (1102) *and that light*

וְשָׂכְלְתָנוּ conj.-n.f.s. (1114) *and understanding*

וְחָכְמָה יַתִּירָה conj.-n.f.s. (1093)-adj. f.s. (1096) *and excellent wisdom*

הִשְׁתְּכַחַת Hithpeal pf. 3 f.s. (1115) *are found*

בָּךְ prep.-2 m.s. sf. *in you*

5:15

וּכְעַן conj.-adv. (1107) *now*

הֻעַלּוּ Hophal 3 m.p. (1106) *have been brought in*

קָדָמַי prep.-1 c.s. sf. (1110) *before me*

חַכִּימַיָּא n.m.p.-def.art. (1093) *the wise men*

אָשְׁפַיָּא n.m.p.-def.art. (1083) *the enchanters*

דִּי־כְתָבָה דְנָה conj.-n.m.s.-def.art. (1098) -demons.pr. (1088) *this writing*

יִקְרוֹן Peal impf. 3 m.p. (1111) *to read*

וּפִשְׁרֵהּ conj.-n.m.s.-3 m.s. sf. (1109) *and ... its interpretation*

לְהוֹדָעֻתַנִי prep.-Haphel inf.-1 c.s. sf. (1095) *make known to me*

וְלָא־כָהֲלִין conj.-neg.-Peal ptc.act. (1096) *but they could not*

5:16 (right column)

פְּשַׁר־מִלְּתָא n.m.s. cstr. (1109)-n.f.s.-def.art. (1100) *the interpretation of the matter*

לְהַחֲוָיָה prep.-Haphel inf. (1092) *show*

5:16

וַאֲנָה שִׁמְעֵת conj.-pers.pr. 1 c.s. (1081)-Peal pf. 1 c.s. (1116) *but I have heard*

עֲלָיִךְ דִּי־תוּכַל prep.-2 m.s. sf.-conj.-Peal impf. 2 m.s. (1095) *(about you) that you can*

פִּשְׁרִין לְמִפְשַׁר n.m.p. (1109)-Peal inf. (1109) *give interpretations*

וְקִטְרִין לְמִשְׁרֵא conj.-n.m.p. (1111)-prep.-Peal inf. (1117) *and solve problems*

כְּעַן הֵן adv. (1107)-conj. (1090) *now if*

תּוּכַל כְּתָבָא v.supra-n.m.s.-def.art. (1098) *you can ... the writing*

לְמִקְרֵא prep.-Peal inf. (1111) *read*

וּפִשְׁרֵהּ conj.-n.m.s.-3 m.s. sf. (1109) *and ... its interpretation*

לְהוֹדָעֻתַנִי prep.-Haphel inf.-1 c.s. sf. (1095) *make known to me*

אַרְגְּוָנָא n.m.s.-def.art. (1082) *with purple*

תִלְבַּשׁ Peal impf. 2 m.s. (1098) *you shall be clothed*

וְהַמְונְכָא conj.-n.m.s. (1090) *and a chain*

דִּי־דַהֲבָא sign of gen.-n.m.s.-def.art. (1087) *of gold*

עַל־צַוְּארָךְ prep.-n.m.s.-2 m.s. sf. (1109) *about your neck*

וְתַלְתָּא conj.-n.m.s.-def.art. (1118) *the third*

בְּמַלְכוּתָא prep.-n.f.s.-def.art. (1100) *in the kingdom*

תִּשְׁלַט Peal impf. 2 m.s. (1115) *you shall be ruler*

5:17

בֵּאדַיִן prep.-adv. (1078) *then*

עָנֵה דָנִיֵּאל וְאָמַר Peal ptc.act. (I 1107)-pr.n. (1088)-conj.-Peal ptc.act. (1081) *Daniel answered*

קֳדָם מַלְכָּא prep. (1110)-n.m.s.-def.art. (1100) *before the king*

מַתְּנָתָךְ לָךְ n.f.p.-2 m.s. sf. (1103)-prep.-2 m.s. sf. *your gifts for yourself*

לֶהֶוְיָן Peal impf. 3 m.p. (1089) *let be*

וּנְבָזְבְּיָתָךְ conj.-n.f.p.-2 m.s. sf. (1102) *and your rewards*

לְאָחֳרָן prep.-adj. m.s. (1079) *to another*

הַב Peal impv. 2 m.s. (1095) *give*

בְּרַם כְּתָבָא adv. (1085)-n.m.s.-def.art. (1098) *nevertheless ... the writing*

אֶקְרֵא לְמַלְכָּא Peal impf. 1 c.s. (1111)-prep. -n.m.s.-def.art. (1100) *I will read to the king*

וּפִשְׁרָא conj.-n.m.s.-def.art. (1109) *and the interpretation*

אֲהוֹדְעִנֵּהּ Haphel impf. 1 c.s.-3 m.s. sf. (1095) *I will make known to him*

5:18

אַנְתָּה מַלְכָּא pers.pr. 2 m.s. (1082)-n.m.s.-def. art. (1100) *(you) O king*

אֱלָהָא עִלָּיָא n.m.s.-def.art. (1080)-adj. m.s.-def. art. (1106) *the Most High God*

מַלְכוּתָא n.f.s-def.art. (1100) *kingship*

וּרְבוּתָא conj.-n.f.s.-def.art. (1112) *and greatness*

וִיקָרָא conj.-n.m.s.-def.art. (1096) *and glory*

וְהַדְרָה conj.-n.m.s.-def.art. (1089) *and majesty*

יְהַב Peal pf. 3 m.s. (1095) *gave*

לִנְבֻכַדְנֶצַּר prep.-pr.n. (1102) *to Nebuchadnezzar*

אֲבוּךְ n.m.s.-2 m.s. sf. (1078) *your father*

5:19

וּמִן־רְבוּתָא conj.-prep.-n.f.s.-def.art. (1112) *and because of the greatness*

דִּי יְהַב־לֵהּ conj.-Peal pf. 3 m.s. (1095)-prep.-3 m.s. sf. *that he gave him*

כֹּל עַמְמַיָּא n.m.s. cstr. (1097)-n.m.p.-def.art. (1107) *all peoples*

אֻמַּיָּא n.f.p.-def.art. (1081) *nations*

וְלִשָּׁנַיָּא conj.-n.m.p.-def.art. (1099) *and languages*

הֲווֹ זָאעִין Peal pf. 3 m.p. (1089)-Peal ptc.act. m.p. (1091) *trembled*

וְדָחֲלִין conj.-Peal ptc.act. m.p. (1087) *and feared*

מִן־קֳדָמוֹהִי prep.-prep.-3 m.s. sf. (1110) *before him*

דִּי־הֲוָה צָבֵא rel.-Peal pf. 3 m.s. (1089)-Peal ptc. act. (1109) *whom he would*

הֲוָא קָטֵל Peal pf. 3 m.s. (1089)-Peal ptc.act. (1111) *he slew*

וְדִי־הֲוָה צָבֵא conj.-v.supra-v.supra *and whom he would*

הֲוָה מַחֵא Peal pf. 3 m.s. (1089)-Haphel ptc. (1092) *he kept alive*

וְדִי־הֲוָה צָבֵא v.supra-v.supra-v.supra *and whom he would*

הֲוָה מָרִים v.supra-Haphel ptc. (1112) *he raised up*

וְדִי־הֲוָה צָבֵא v.supra-v.supra-v.supra *and whom he would*

הֲוָה מַשְׁפִּיל v.supra-Haphel ptc. (1117) *he put down*

5:20

וּכְדִי conj.-prep.-rel. *but when*

רָם Peal pf. 3 m.s. (1112) *was lifted up*

לִבְבֵהּ n.m.s.-3 m.s. sf. (1098) *his heart*

וְרוּחֵהּ conj.-n.f.s.-3 m.s. sf. (1112) *and his spirit*

תִּקְפַת Peal pf. 3 f.s. (1118) *was hardened*

לַהֲזָדָה prep.-Haphel inf. (1091) *so that he dealt proudly*

הָנְחַת Ho. pf. 3 m.s. (נחת 1102) *he was deposed*

מִן־כָּרְסֵא prep.-n.m.s. (1097) *from ... throne*

מַלְכוּתֵהּ n.f.s.-3 m.s. sf. (1100) *his kingly*

וִיקָרָה conj.-n.m.s.-def.art. (1096) *and his glory*

הֶעְדִּיו Haphel pf. 3 m.p. (1105) *was taken*

מִנֵּהּ prep.-3 m.s. sf. *from him*

5:21

וּמִן־בְּנֵי אֲנָשָׁא conj.-prep.-n.m.p. cstr. (1085)-n.m.s.-def.art. (1081) *(and) from among men*

טְרִיד Peil pf. 3 m.s. (1094) *he was driven*

וְלִבְבֵהּ conj.-n.m.s.-3 m.s. sf. (1098) *and his mind*

עִם־חֵיוְתָא prep.-n.f.s.-def.art. (1092) *that of a beast*

שַׁוִּי Pael pf. 3 m.p. (1114) (Qere-שַׁוִּיו) *was made like*

וְעִם־עֲרָדַיָּא conj.-prep.-n.m.p.-def.art. (1107) *and ... with the wild asses*

מְדֹרֵהּ n.m.s.-3 m.s. sf. (1087) *his dwelling*

עִשְׂבָּא כְתוֹרִין n.m.s.-def.art. (1108)-prep. -n.m.p. (1117) *grass like an ox*

יְטַעֲמוּנֵּהּ Pael impf. 3 m.p.-3 m.s. sf. (1094) *he was fed*

וּמִטַּל שְׁמַיָּא conj.-prep.-n.m.s. cstr. (1094)-n.m.p.-def.art. (1116) *and ... with the dew of heaven*

גִּשְׁמֵהּ יִצְטַבַּע n.m.s.-3 m.s. sf. (1086)-Hithpael impf. 3 m.s. (1109) *his body was wet*

עַד דִּי־יְדַע conj.-rel.-Peal pf. 3 m.s. (1095) *until he knew*

דִּי־שַׁלִּיט conj.-adj. m.s. (1115) *that ... rules*

אֱלָהָא עִלָּיָא n.m.s.-def.art. (1080)-adj. m.s.-def. art. (1106) *the Most High God*

בְּמַלְכוּת אֲנָשָׁא prep.-n.f.s. cstr. (1100)-n.m.s. -def.art. (1081) *the kingdom of men*

וּלְמַן־דִּי conj.-prep.-interr. (1100)-rel. *and ... whom*

יִצְבֵּה Peal impf. 3 m.s. (1109) *he will*

יְהָקֵים Haphel impf. 3 m.s. (1110) *he sets*

עֲלַיהּ prep.-3 m.s. sf. *over it*

5:22

וְאַנְתָּה conj.-pers.pr. 2 m.s. (1082) *and you*

בְּרֵהּ בֵּלְשַׁאצַּר n.m.s.-3 m.s. sf. (1085)-pr.n. (1084) *his son, Belshazzar*

לָא הַשְׁפֵּלְתָּ neg.-Haphel pf. 2 m.s. (1117) *have not humbled*

לִבְבָךְ n.m.s.-2 m.s. sf. (1098) *your heart*

כָּל־קֳבֵל דִּי n.m.s. cstr. (1097)-conj. (1110)-conj. *though*

כָּל־דְּנָה n.m.s. cstr. (1097)-demons. (1088) *all this*

יְדַעְתָּ Peal pf. 2 m.s. (1095) *you knew*

5:23

וְעַל מָרֵא־ conj.-prep.-n.m.s. cstr. (1101) *but ... against the Lord of*

שְׁמַיָּא n.m.p.-def.art. (1116) *heaven*

הִתְרוֹמַמְתָּ Hithpolel pf. 2 m.s. (1112) *you have lifted yourself*

וּלְמָאנַיָּא conj.-prep.-n.m.p.-def.art. (1099) *and the vessels*

דִי־בַיְתֵהּ sign of gen.-n.m.s.-3 m.s. sf. (1084) *of his house*

הַיְתִיו Haphel pf. 3 m.p. (1083) *have been brought in*

קָדָמָיךְ prep.-2 m.s. sf. (1110) *before you*

וְאַנְתָּה conj.-pers.pr. 2 m.s. (1082) *and you*

וְרַבְרְבָנָיךְ conj.-n.m.p.-2 m.s. sf. (1112) *and your lords*

שֵׁגְלָתָךְ n.f.p.-2 m.s. sf. (1114) *your wives*

וּלְחֵנָתָךְ conj.-n.f.p.-2 m.s. sf. (1099) *and your concubines*

חַמְרָא n.m.s.-def.art. (1093) *wine*

שָׁתַיִן בְּהוֹן Peal ptc.act. m.p. (1117)-prep.-3 m.p. sf. *have drunk from them*

וְלֵאלָהֵי conj.-prep.-n.m.p. cstr. (1080) *and the gods of*

כַּסְפָּא־וְדַהֲבָא n.m.s.-def.art. (1097)-conj.-n.m.s.-def.art. (1087) *silver and gold*

נְחָשָׁא n.m.s.-def.art. (1102) *bronze*

פַרְזְלָא n.m.s.-def.art. (1108) *iron*

אָעָא n.m.s.-def.art. (1082) *wood*

וְאַבְנָא conj.-n.f.s.-def.art. (1078) *and stone*

דִּי לָא־חָזַיִן rel.-neg.-Peal ptc.act. m.p. (1092) *which do not see*

וְלָא שָׁמְעִין conj.-neg.-Peal ptc.act. m.p. (1116) *or hear*

וְלָא יָדְעִין conj.-neg.-Peal ptc.act. m.p. (1095) *or know*

שַׁבַּחְתָּ Pael pf. 2 m.s. (1114) *you have praised*

וְלֵאלָהָא conj.-prep.-n.m.s.-def.art. (1080) *but the God*

דִי־נִשְׁמְתָךְ rel.-n.f.s.-2 m.s. sf. (1103) *your breath*

בִּידֵהּ prep.-n.f.s.-3 m.s. sf. (1094) *in whose hand*

וְכָל־אֹרְחָתָךְ conj.-n.m.s. cstr. (1097)-n.m.p.-2 m.s. sf. (1082) *and ... all your ways*

לֵהּ prep.-3 m.s. sf. *whose*

לָא הַדַּרְתָּ neg.-Pael pf. 2 m.s. (1089) *you have not honored*

5:24

בֵּאדַיִן prep.-adv. (1078) *then*

מִן־קֳדָמוֹהִי prep.-prep.-3 m.s. sf. (1110) *from his presence (before him)*

שְׁלִיחַ Peal ptc.pass. (1115) *was sent*

פַּסָּא n.m.s.-def.art. (1108) *(the palm)*

דִי־יְדָא sign of gen.-n.f.s.-def.art. (1094) *(of) the hand*

וּכְתָבָא דְנָה conj.-n.m.s.-def.art. (1098)-demons. adj. (1088) *and this writing*

רְשִׁים Peil pf. 3 m.s. (1113) *was inscribed*

5:25

וּדְנָה כְתָבָא conj.-demons. (1088)-n.m.s.-def.art. (1098) *and this is the writing*

דִי רְשִׁים rel.-Peil pf. 3 m.s. (1113) *that was inscribed*

מְנֵא מְנֵא n.m.s. (1101) (maneh, mina) *Mene Mene*

תְּקֵל n.m.s. (1118) (shekel) *Tekel*

וּפַרְסִין conj.-n.m.p. (1108) (half-mina) *and Parsin*

5:26

דְּנָה demons. (1088) *this is*

פְּשַׁר־מִלְּתָא n.m.s. cstr. (1109)-n.f.s.-def.art. (1100) *the interpretation of the matter*

מְנֵא cf. 5:25 n.m.s. (1101) *Mene*

מְנָה־אֱלָהָא Peal pf. 3 m.s. (1101)-n.m.s.-def.art. (1080) *God has numbered*

מַלְכוּתָךְ n.f.s.-2 m.s. sf. (1100) *your kingdom*

וְהַשְׁלְמַהּ conj.-Haphel pf. 3 m.s.-3 f.s. sf. (1115) *and brought it to an end*

5:27

תְּקֵל cf. 5:25 n.m.s. (1118) *Tekel*

תְּקִילְתָּה Peil pf. 2 m.s. (1118) *you have been weighed*

בְּמֹאזַנְיָא prep.-n.m.s.-def.art. (1079) *in the balances*

וְהִשְׁתְּכַחַתְּ conj.-Hithpeal pf. 2 m.s. (1115) *and found*

חַסִּיר adj. (1093) *wanting*

5:28

פְּרֵס cf. 5:25 n.m.s. (1108) *Peres*

פְּרִיסַת מַלְכוּתָךְ Peil pf. 3 f.s. (1108)-n.f.s.-2 m.s. sf. (1100) *your kingdom is divided*

וִיהִיבַת conj.-Peil pf. 3 f.s. (1095) *and given*

לְמָדַי prep.-pr.n. (1099) *to the Medes*

וּפָרָס conj.-pr.n. (1108) *and Persians*

5:29

בֵּאדַיִן prep.-adv. (1078) *then*

אֲמַר בֵּלְשַׁאצַּר Peal pf. 3 m.s. (1081)-pr.n. (1084) *Belshazzar commanded*

וְהִלְבִּישׁוּ conj.-Haphel pf. 3 m.p. (1098) *and ... was clothed*

לְדָנִיֵּאל prep.-pr.n. (1088) *Daniel*

אַרְגְּוָנָא n.m.s.-def.art. (1082) *with purple*

וְהַמּוֹנְכָא conj.-n.m.s.-def.art. (1090) *a chain*

דִי־דַהֲבָא sign of gen.-n.m.s.-def.art. (1087) *of gold*

עַל־צַוְּארֵהּ prep.-n.m.s.-3 m.s. sf. (1109) *about his neck*

וְהַכְרִזוּ conj.-Haphel pf. 3 m.p. (1097) *and proclamation was made*

עֲלוֹהִי prep.-3 m.s. sf. *concerning him*

דִי־לֶהֱוֵא conj.-Peal impf. 3 m.s. (1089) *that he should be*

שַׁלִּיט תַּלְתָּא adj. m.s. (1115)-n.m.s.-def.art. (1118) *the third ruler*

בְּמַלְכוּתָא prep.-n.f.s.-def.art. (1100) *in the kingdom*

5:30

בֵּהּ בְּלֵילְיָא prep.-3 m.s. sf.-prep.-n.m.s.-def. art. (1099) *that very night*

קְטִיל Peil pf. 3 m.s. (1111) *was slain*

בֵּלְאשַׁצַּר pr.n. (1084) *Belshazzar*

מַלְכָּא n.m.s.-def.art. (1100) *the king*

כַשְׂדָּיָא pr.n.-def.art. (1098) *Chaldean*

6:1

וְדָרְיָוֶשׁ conj.-pr.n. (1089) *Darius*

מָדָיָא pr.n. (1099) *the Mede*

קַבֵּל Pael pf. 3 m.s. (1110) *received*

מַלְכוּתָא n.f.s.-def.art. (1100) *the kingdom*

כְּבַר שְׁנִין שִׁתִּין prep.-n.m.s. cstr. (1085)-n.f.p. (1116)-n.indecl. (1114) *being about sixty years*

וְתַרְתֵּין conj.-n.m.s. (1118) *and two*

6:2

שְׁפַר קֳדָם Peal pf. 3 m.s. (1117)-prep. (1110) *it pleased*

דָּרְיָוֶשׁ pr.n. (1089) *Darius*

וַהֲקִים conj.-Haphel pf. 3 m.s. (1110) *to set*

עַל־מַלְכוּתָא prep. (1106)-n.f.s.-def.art. (1100) *over the kingdom*

לַאֲחַשְׁדַּרְפְּנַיָּא prep.-n.m.p.-def.art. (1080) *satraps*

מְאָה וְעֶשְׂרִין n.f.s. (1099)-conj.-n.p. (1108) *a hundred and twenty*

דִּי לֶהֱוֹן rel.-Peal impf. 3 m.p. (1089) *to be*

בְּכָל־מַלְכוּתָא prep.-n.m.s. cstr. (1097)-n.f.s.-def. art. (1100) *throughout the whole kingdom*

6:3

וְעֵלָּא מִנְּהוֹן conj.-adv. (1106)-prep.-3 m.p. sf. *and over them*

סָרְכִין תְּלָתָא n.m.p. (1104)-n.m.s.-def.art. (1118) *three presidents*

דִּי דָנִיֵּאל rel.-pr.n. (1088) *of whom Daniel*

חַד־מִנְּהוֹן adj. m.s. (1079)-prep.-3 m.p. sf. *was one*

דִּי־לֶהֱוֹן cf. 6:2 rel.-Peal impf. 3 m.p. (1089) *whom*

אֲחַשְׁדַּרְפְּנַיָּא n.m.p.-def.art. (1080) *satraps*

אִלֵּין demons.pr. p. (1080) *these*

יָהֲבִין לְהוֹן Peal ptc.act. m.p. (1095)-prep.-3 m.p. sf. *should give to*

טַעְמָא n.m.s.-def.art. (1094) *account*

וּמַלְכָּא conj.-n.m.s.-def.art. (1100) *so that the king*

לָא־לֶהֱוֵא neg.-Peal impf. 3 m.s. (1089) *might not*

נָזִק Peal ptc.act. m.s. (1102) *suffer loss*

6:4

אֱדַיִן adv. (1078) *then*

דָּנִיֵּאל דְּנָה pr.n. (1088)-demons.pr. c. (1088) *this Daniel*

הֲוָא מִתְנַצַּח Peal pf. 3 m.s. (1089)-Hithpael ptc. m.s. (1103) *became distinguished*

עַל־סָרְכַיָּא prep. (1106)-n.m.p.-def.art. (1104) *above all the other presidents*

וַאֲחַשְׁדַּרְפְּנַיָּא conj.-n.m.p.-def.art. (1080) *and satraps*

כָּל־קֳבֵל דִּי n.m.s. cstr. (1097)-conj. (1110)-rel. *because*

רוּחַ יַתִּירָא בֵּהּ n.f.s. (1112)-adj. f.s. (1096)-prep. -3 m.s. sf. *an excellent spirit was in him*

וּמַלְכָּא עֲשִׁית conj.-n.m.s.-def.art. (1100)-Peal ptc.pass. m.s. (1108) *and the king planned*

לַהֲקָמוּתֵהּ prep.-Haphel inf.-3 m.s. sf. (1110) *to set him*

עַל־כָּל־מַלְכוּתָא prep. (1106)-n.m.s. cstr. (1097) -n.f.s.-def.art. (1100) *over the whole kingdom*

6:5

אֱדַיִן adv. (1078) *then*

סָרְכַיָּא n.m.p.-def.art. (1004) *the presidents*

וַאֲחַשְׁדַּרְפְּנַיָּא conj.-n.m.p.-def.art. (1080) *and the satraps*

בְּעֵין הֲווֹ Peal pf. 3 m.p. (1089)-Peal ptc.act. m.p. (1085) *sought*

עִלָּה n.f.s. (1106) *a ground for complaint*

לְהַשְׁכָּחָה prep.-Haphel inf. (1115) *to find*

לְדָנִיֵּאל prep.-pr.n. (1088) *against Daniel*

מִצַּד מַלְכוּתָא prep.-n.m.s. cstr. (1109)-n.f.s.-def. art. (1100) *with regard to the kingdom*

וְכָל־עִלָּה conj.-n.m.s. cstr. (1097)-n.f.s. (1106) *and no ground for complaint*

וּשְׁחִיתָה conj.-Peal ptc.pass. f.s. as n. (1115) *or any fault*

לָא יָכְלִין neg.-Peal ptc.act. m.p. (1095) *they could (not)*

לְהַשְׁכָּחָה prep.-Haphel inf. (1115) *find*

כָּל־קֳבֵל דִּי־ cf. 6:4 prep. *because*

מְהֵימַן הוּא Haphel ptc.pass. (1081)-pers.pr. 3 m.s. (1090) *he was faithful*

וְכָל־שָׁלוּ conj.-n.m.s. cstr. (1097)-n.f.s. (1115) *and any error*

וּשְׁחִיתָה v.supra *or fault*

לָא הִשְׁתְּכַחַת neg.-Hithpeal pf. 3 f.s. (1115) *was not found*

עֲלוֹהִי prep.-3 m.s. sf. (1106) *in him*

6:6

אֱדַיִן adv. (1078) *then*

גֻּבְרַיָּא אִלֵּךְ n.m.p.-def.art. (1086)-demons.pr. p. (1080) *these men*

אָמְרִין Peal ptc.act. m.p. (1081) *said*

דִּי לָא נְהַשְׁכַּח conj.-neg.-Haphel impf. 1 c.p. (1115) *we shall not find*

לְדָנִיֵּאל דְּנָה prep.-pr.n. (1088)-demons.pr. c. (1088) *against this Daniel*

כָּל־עִלָּא n.m.s. cstr. (1097)-n.f.s. (1106) *any ground for complaint*

לָהֵן conj. (II 1099) *unless*

הַשְׁכַּחְנָא Haphel pf. 1 c.p. (1115) *we find*

עֲלוֹהִי prep.-3 m.s. sf. (1106) *against him*

בְּדָת אֱלָהֵהּ prep.-n.f.s. cstr. (1089)-n.m.s.-3 m.s. sf. (1080) *in connection with the law of his God*

6:7

אֱדַיִן adv. (1078) *then*

סָרְכַיָּא n.m.p.-def.art. (1104) *the presidents*

וַאֲחַשְׁדַּרְפְּנַיָּא conj.-n.m.p.-def.art. (1080) *and the satraps*

אִלֵּן demons.pr. p. (1080) *these*

הַרְגִּשׁוּ Haphel pf. 3 m.p. (1112) *came by agreement*

עַל־מַלְכָּא prep.-n.m.s.-def.art. (1100) *to the king*

וְכֵן אָמְרִין לֵהּ conj.-adv. (1097)-Peal ptc.act. m.p. (1081)-prep.-3 m.s. sf. *and said to him*

דָּרְיָוֶשׁ pr.n. (1089) *Darius*

מַלְכָּא n.m.s.-def.art. (1100) *the king*

לְעָלְמִין prep.-n.m.p. (1106) *for ever*

חֱיִי Peal impv. 2 m.s. (1092) *live*

6:8

אִתְיָעַטוּ Ithpael pf. 3 m.p. (1095) *are agreed*

כֹּל סָרְכֵי n.m.s. cstr. (1097)-n.m.p. cstr. (1104) *all the presidents of*

מַלְכוּתָא n.f.s.-def.art. (1100) *the kingdom*

סִגְנַיָּא וַאֲחַשְׁדַּרְפְּנַיָּא n.m.p.-def.art. (1104)-conj. -n.m.p.-def.art. (1080) *the prefects and the satraps*

הַדָּבְרַיָּא n.m.p.-def.art. (1089) *the counselors*

וּפַחֲוָתָא conj.-n.m.p.-def.art. (1108) *and the governors*

לְקַיָּמָה קְיָם prep.-Pael inf. (1110)-n.m.s. (1111) *that ... should establish an ordinance*

מַלְכָּא n.m.s.-def.art. (1100) *the king*

וּלְתַקָּפָה conj.-prep.-Pael inf. (1118) *and enforce*

אֱסָר n.m.s. (1082) *an interdict*

דִּי כָל־דִּי־ conj.-n.m.s. cstr. (1097)-rel. *that whoever*

יִבְעֵה בָעוּ Peal impf. 3 m.s. (1085)-n.f.s. (1085) *makes petition*

מִן־כָּל־אֱלָהּ prep.-n.m.s. cstr. (1097)-n.m.s. (1080) *to any god*

וֶאֱנָשׁ conj.-n.m.s. (1081) *or man*

עַד־יוֹמִין prep. (1105)-n.m.p. (1095) *for ... days*

תְּלָתִין n.indecl. (1118) *thirty*

לָהֵן מִנָּךְ conj. (II 1099)-prep.-2 m.s. sf. *except to you*

מַלְכָּא n.m.s.-def.art. (1100) *O king*

יִתְרְמֵא Hithpeal impf. 3 m.s. (1113) *shall be cast*

לְגֹב prep.-n.m.s. cstr. (1085) *into the den of*

אַרְיָוָתָא n.m.p.-def.art. (1082) *lions*

6:9

כְּעַן מַלְכָּא adv. (1107)-n.m.s.-def.art. (1100) *now, O king*

תְּקִים אֱסָרָא Haphel impf. 2 m.s. (1110)-n.m.s. -def.art. (1082) *establish the interdict*

וְתִרְשֻׁם conj.-Peal impf. 2 m.s. (1113) *and sign*

כְּתָבָא n.m.s.-def.art. (1098) *the document*

דִּי לָא לְהַשְׁנָיָה conj.-neg.-prep.-Haphel inf. (1116) *so that it cannot be changed*

כְּדָת־מָדַי prep.-n.f.s. cstr. (1089)-pr.n. (1099) *according to the law of the Medes*

וּפָרַס conj.-pr.n. (1108) *and Persians*

דִּי־לָא תֶעְדֵּא rel.-neg.-Peal impf. 3 f.s. (1105) *which cannot be revoked*

6:10

כָּל־קֳבֵל דְּנָה n.m.s. cstr. (1097)-subst. (1110) -demons. as prep. (1110) *therefore*

מַלְכָּא n.m.s.-def.art. (1100) *King*

דָּרְיָוֶשׁ pr.n. (1089) *Darius*

רְשַׁם Peal pf. 3 m.s. (1113) *signed*

כְּתָבָא וֶאֱסָרָא n.m.s.-def.art. (1098)-conj.-n.m.s. -def.art. (1082) *the document and interdict*

6:11

וְדָנִיֵּאל conj.-pr.n. (1088) *Daniel*

כְּדִי יְדַע prep.-rel.-Peal pf. 3 m.s. (1095) *when ... knew*

דִּי־רְשִׁים conj.-Peil pf. 3 m.s. (1113) *that ... had been signed*

כְּתָבָא n.m.s.-def.art. (1098) *the document*

עַל לְבַיְתֵהּ Peal pf. 3 m.s. (1106)-prep.-n.m.s.-3 m.s. sf. (1084) *he went to his house*

וְכַוִּין conj.-n.f.p. (1096) *where ... windows*

פְּתִיחָן Peal ptc.pass. f.p. (1109) *he had ... open*

לֵהּ בְּעִלִּיתֵהּ prep.-3 m.s. sf.-prep.-n.f.s.-3 m.s. sf. (1106) *in his upper chamber*

נֶגֶד יְרוּשְׁלֶם prep. (1102)-pr.n. (1096) *toward Jerusalem*

וְזִמְנִין תְּלָתָה conj.-n.m.p. (1091)-n.f.s.-def.art. (1118) *and ... three times*

בְּיוֹמָא prep.-n.m.s.-def.art. (1095) *(in the) a day*

הוּא בָּרֵךְ pers. pr. 3 m.s. (1090)-Peal ptc.act. (1085) *he got down*

עַל־בִּרְכוֹהִי prep. (1106)-n.f.p.-3 m.s. sf. (1085) *upon his knees*

וּמְצַלֵּא conj.-Pael ptc.act. m.s. (1109) *and prayed*

וּמוֹדֵא conj.-Haphel ptc.act. m.s. (1095) *and gave thanks*

קָדָם אֱלָהֵהּ prep. (1110)-n.m.s.-3 m.s. sf. (1080) *before his God*

כָּל־קֳבֵל דִּי־ n.m.s. cstr. (1097)-subst. (1110)-rel. *as*

הֲוָא עָבֵד Peal pf. 3 m.s. (1089)-Peal ptc.act. m.s. (1104) *he had done*

מִן־קַדְמַת דְּנָה prep. (1100)-n.f.s. cstr. (1110) -demons.pr. (1088) *previously*

6:12

אֱדַיִן adv. (1078) *then*

גֻּבְרַיָּא אִלֵּךְ n.m.p.-def.art. (1086)-demons.pr. m.p. (1080) *these men*

הַרְגִּשׁוּ Haphel pf. 3 m.p. (1112) *came by agreement*

וְהַשְׁכַּחוּ conj.-Haphel pf. 3 m.p. (1115) *and found*

לְדָנִיֵּאל prep.-pr.n. (1088) *Daniel*

בָּעֵא Peal ptc.act. m.s. (1085) *making petition*

וּמִתְחַנַּן conj.-Hithpael ptc.act. m.s. (1093) *and supplication*

קָדָם אֱלָהֵהּ prep. (1110)-n.m.s.-3 m.s. sf. (1080) *before his God*

6:13

בֵּאדַיִן prep.-adv. (1078) *then*

קְרִבוּ Peal pf. 3 m.p. (1111) *they came near*

וְאָמְרִין conj.-Peal ptc.act. m.p. (1081) *and said*

קָדָם־מַלְכָּא prep. (1110)-n.m.s.-def.art. (1100) *before the king*

עַל־אֱסָר prep. (1106)-n.m.s. (1082) *concerning the interdict*

מַלְכָּא n.m.s.-def.art. (1100) *O king*

הֲלָא אֱסָר interr.part.-neg.-v.supra *not ... an interdict*

רְשַׁמְתָּ Peal pf. 2 m.s. (1113) *did you sign*

דִּי כָל־אֱנָשׁ conj.-n.m.s. cstr. (1097)-n.m.s. (1081) *that any man*

דִּי־יִבְעֵה rel.-Peal impf. 3 m.s. (1085) *who makes petition*

מִן־כָּל־אֱלָהּ prep. (1100)-n.m.s. cstr. (1097)-n.m.s. (1080) *to any god*

וֶאֱנָשׁ conj.-n.m.s. (1081) *or man*

עַד־יוֹמִין תְּלָתִין prep. (1105)-n.m.p. (1095)-n. indecl. (1118) *within thirty days*

לָהֵן מִנָּךְ conj. (II 1099)-prep.-2 m.s. sf. *except to you*

מַלְכָּא n.m.s.-def.art. (1100) *O king*

יִתְרְמֵא Hithpeal impf. 3 m.s. (1113) *shall be cast*

לְגוֹב אַרְיָוָתָא prep.-n.m.s. cstr. (1085)-n.m.p. -def.art. (1082) *into the den of lions*

עָנֵה מַלְכָּא Peal ptc.act. (I 1107)-n.m.s.-def.art. (1100) *the king answered*

וְאָמַר conj.-Peal ptc.act. (1081) *(and said)*

יַצִּיבָא מִלְּתָא adj. f.s. (1096)-n.f.s.-def.art. (1100) *the thing stands fast*

כְּדָת־מָדַי prep.-n.f.s. cstr. (1089)-pr.n. (1099) *according to the law of the Medes*

וּפָרַס conj.-pr.n. (1108) *and Persians*

דִּי־לָא תֶעְדֵּא rel.-neg.-Peal impf. 3 f.s. (1105) *which cannot be revoked*

6:14

בֵּאדַיִן prep.-adv. (1078) *then*

עֲנוֹ וְאָמְרִין Peal pf. 3 m.p. (1107)-conj.-Peal ptc.act. m.p. (1081) *they answered (and said)*

קֳדָם מַלְכָּא prep. (1100)-n.m.s.-def.art. (1100) *before the king*

דִּי דָנִיֵּאל conj.-pr.n. (1088) *that Daniel*

דִּי מִן־בְּנֵי rel.-prep.-n.m.p. cstr. (1085) *who is one of*

גָלוּתָא n.f.s.-def.art. (1086) *the exiles*

דִּי יְהוּד sign of gen.-pr.n. (1095) *from Judah*

לָא שָׂם עֲלָיךְ neg.-Peal pf. 3 m.s. (1113)-prep. (1106)-2 m.s. sf. *pays no ... to you*

מַלְכָּא n.m.s.-def.art. (1100) *O king*

טְעֵם n.m.s. (1094) *heed*

וְעַל־אֱסָרָא conj.-prep.-n.m.s.-def.art. (1082) *or the interdict*

דִּי רְשַׁמְתָּ rel.-Peal pf. 2 m.s. (1113) *you have signed*

וְזִמְנִין תְּלָתָה conj.-n.m.p. (1091)-n.f.s. (1118) *(and) three times*

בְּיוֹמָא prep.-n.m.s.-def.art. (1095) *a day*

בָּעֵא Peal ptc.act. m.s. (1085) *makes*

בָּעוּתֵהּ n.f.s.-3 m.s. sf. (1085) *his petition*

6:15

אֱדַיִן adv. (1078) *then*

מַלְכָּא n.m.s.-def.art. (1100) *the king*

כְּדִי מִלְּתָא prep. (1096)-rel. (1087)-n.f.s.-def. art. (1100) *when ... these words (according to which ... the word)*

שְׁמַע Peal pf. 3 m.s. (1116) *heard*

שַׂגִּיא adv. (1113) *much*

בְּאֵשׁ Peal pf. 3 m.s. (1084) *was distressed (it was evil)*

עֲלוֹהִי prep. (1106)-3 m.s. sf. *(to him)*

וְעַל דָּנִיֵּאל conj.-prep. (1106)-pr.n. (1088) *and (upon) Daniel*

שָׂם בָּל Peal pf. 3 m.s. (1113)-n.m.s. (1084) *set his mind*

לְשֵׁיזָבוּתֵהּ prep.-Shaphel (?) inf.-3 m.s. sf. (1115) *to deliver him*

וְעַד מֶעָלֵי conj.-prep.-n.m.p. cstr. (1106) *and till ... went down*

שִׁמְשָׁא n.m.s.-def.art. (1116) *the sun*

הֲוָא מִשְׁתַּדַּר Peal pf. 3 m.s. (1089)-Hithpeal ptc. m.s. (1114) *he labored (was striving)*

לְהַצָּלוּתֵהּ prep.-Haphel inf.-3 m.s. sf. (1103) *to rescue him*

6:16

בֵּאדַיִן prep.-adv. (1078) *then*

גֻּבְרַיָּא אִלֵּךְ n.m.p.-def.art. (1086)-demons.pr. p. (1080) *these men*

הַרְגִּשׁוּ Haphel pf. 3 m.p. (1112) *came by agreement (came thronging)*

עַל־מַלְכָּא prep. (1106)-n.m.s.-def.art. (1100) *to the king*

וְאָמְרִין conj.-Peal ptc.act. m.p. (1081) *and said*

לְמַלְכָּא prep.-n.m.s.-def.art. (1100) *to the king*

דַּע מַלְכָּא Peal impv. 2 m.s. (1095)-n.m.s.-def. art. (1100) *know, O king*

דִּי־דָת conj. (1087)-n.f.s. (1089) *that (it is) a law*

לְמָדַי וּפָרַס prep.-pr.n. (1099)-conj.-pr.n. (1108) *of the Medes and Persians*

דִּי־כָל־אֱסָר conj.-n.m.s. cstr. (1097)-n.m.s. (1082) *that (any) interdict*

וּקְיָם conj.-n.m.s. (1111) *or ordinance*

דִּי־מַלְכָּא rel.-n.m.s.-def.art. (1100) *which the king*

יְהָקֵים Haphel impf. 3 m.s. (1110) *establishes*

לָא לְהַשְׁנָיָה neg.-prep.-Haphel inf. (1116) *not can be changed*

6:17

בֵּאדַיִן מַלְכָּא v.6:16 prep.-adv. (1078)-n.m.s.-def. art. (1100) *then the king*

אֲמַר Peal pf. 3 m.s. (1081) *commanded*

וְהַיְתִיו conj.-Haphel pf. 3 m.p. (1083) *and ... was brought*

לְדָנִיֵּאל acc.-pr.n. (1088) *Daniel*

וּרְמוֹ conj.-Peal pf. 3 m.p. (1113) *and cast*

לְגֻבָּא prep.-n.m.s.-def.art. (1085) *into the den*

דִּי אַרְיָוָתָא sign of gen.-n.m.s.-def.art. (1082) *of lions*

עָנֵה Peal ptc.act. m.s. (1107) *(answering)*

מַלְכָּא n.m.s.-def.art. (1100) *the king*

וְאָמַר conj.-Peal ptc.act. m.s. (1081) *and said*

לְדָנִיֵּאל prep.-pr.n. (1088) *to Daniel*

אֱלָהָךְ n.m.s.-2 m.s. sf. (1080) *your God*

דִּי אַנְתָּה rel.-pers.pr. 2 m.s. (1082) *whom you*

פָּלַח־לֵהּ Peal ptc.act. m.s. (1108)-prep.-3 m.s. sf. *serve (him)*

בִּתְדִירָא prep.-n.f.s. (1087) *continually*

הוּא pers.pr. 3 m.s. (1090) *May (he)*

יְשֵׁיזְבִנָּךְ Shaphel impf. 3 m.s.-2 m.s. sf. (1115) *deliver you*

6:18

וְהֵיתָיִת conj.-Hephal pf. 3 f.s. (1083) *and ... was brought*

אֶבֶן חֲדָה n.f.s. (1078)-adj. f.s. (1079) *a (one) stone*

וְשֻׂמַת conj.-Peil pf. 3 f.s. (1113) *and laid*

עַל־פֻּם prep.-n.m.s. cstr. (1108) *upon the mouth of*

גֻּבָּא n.m.s.-def.art. (1085) *the den*

וְחַתְמַהּ conj.-Peal pf. 3 m.s.-3 f.s. sf. (1094) *and ... sealed it*

מַלְכָּא n.m.s.-def.art. (1100) *the king*

בְּעִזְקְתֵהּ prep.-n.f.s.-3 m.s. sf. (1105) *with his own signet*

וּבְעִזְקָת conj.-prep.-n.f.p. cstr. (1105) *and with the signets of*

רַבְרְבָנוֹהִי n.m.p.-3 m.s. sf. (1112) *his lords*

דִּי לָא תִשְׁנֵא conj.-neg.-Peal impf. 3 f.s. (1116) *that ... might not be changed*

צְבוּ n.f.s. (1109) *anything*

בְּדָנִיֵּאל prep.-pr.n. (1088) *concerning Daniel*

6:19

אֱדַיִן adv. (1078) *then*

אֲזַל Peal pf. 3 m.s. (1079) *went*

מַלְכָּא n.m.s.-def.art. (1100) *the king*

לְהֵיכְלֵהּ prep.-n.m.s.-3 m.s. sf. (1090) *to his palace*

וּבָת טְוָת conj.-Peal pf. 3 m.s. (1084)-adv. (1094) *and spent the night fasting*

וְדַחֲוָן conj.-n.f.p. (1087) *(and) diversions*

לָא־הַנְעֵל neg.-Haphel pf. 3 m.s. (1106) *no ... were brought*

קָדָמוֹהִי prep.-3 m.s. sf. (1110) *to him*

וְשִׁנְתֵּהּ conj.-n.f.s.-3 m.s. sf. (1096) *and his sleep*

נַדַּת Peal pf. 3 f.s. (1102) *fled*

עֲלוֹהִי prep.-3 m.s. sf. *from him*

6:20

בֵּאדַיִן prep.-adv. (1078) *then*

מַלְכָּא n.m.s.-def.art. (1100) *the king*

בִּשְׁפַּרְפָּרָא prep.-n.m.s.-def.art. (1117) *at break of day*

יְקוּם Peal impf. 3 m.s. (1110) *arose*

בְּנָגְהָא prep.-n.f.s.-def.art. (1102) *(in brightness)*

וּבְהִתְבְּהָלָה conj.-Hithpeal inf. (1084) *and ... in haste*

לְגֻבָּא prep.-n.m.s.-def.art. (1085) *to the den*

דִּי־אַרְיָוָתָא sign of gen.-n.m.p.-def.art. (1082) *of lions*

אֲזַל Peal pf. 3 m.s. (1079) *went*

6:21

וּכְמִקְרְבֵהּ conj.-prep.-Peal inf.-3 m.s. sf. (1111) *when he came near*

לְגֻבָּא prep.-n.m.s.-def.art. (1085) *to the den*

לְדָנִיֵּאל prep.-pr.n. (1088) *where Daniel was*

בְּקָל prep.-n.m.s. (1110) *in a tone*

עֲצִיב Peal pass.ptc. as adj. (1107) *of anguish (pained)*

זְעִק Peal pf. 3 m.s. (1091) *he cried out*

עָנֵה מַלְכָּא Peal ptc.act. m.s. (1107)-n.m.s.-def. art. (1100) *the king (answering)*

וְאָמַר conj.-Peal ptc.act. m.s. (1081) *said*

לְדָנִיֵּאל prep.-pr.n. (1088) *to Daniel*

דָּנִיֵּאל pr.n. (1088) *O Daniel*

עֲבֵד n.m.s. cstr. (1105) *servant of*

אֱלָהָא חַיָּא n.m.s.-def.art. (1080)-adj. m.s.-def. art. (1092) *the living God*

אֱלָהָךְ n.m.s.-2 m.s. sf. (1080) *your God*

דִּי אַנְתָּה rel.-pers.pr. 2 m.s. (1082) *whom you*

פָּלַח־לֵהּ Peal ptc.act. m.s. (1108)-prep.-3 m.s. sf. *serve him*

בִּתְדִירָא prep.-n.f.s. (1087) *continually*

הַיְכִל interr.part.-Peal pf. 3 m.s. (1095) *has been able?*

לְשֵׁיזָבוּתָךְ prep.-Shaphel inf.-2 m.s. sf. (1115) *to deliver you*

מִן־אַרְיָוָתָא prep. (1100)-n.m.p.-def.art. (1082) *from the lions*

6:22

אֱדַיִן adv. (1078) *then*

דָּנִיֵּאל pr.n. (1088) *Daniel*

עִם־מַלְכָּא prep. (1107)-n.m.s.-def.art. (1100) *to the king*

מַלִּל Pael pf. 3 m.s. (1100) *said*

מַלְכָּא n.m.s.-def.art. (1100) *O king*

לְעָלְמִין prep.-n.m.p. (1106) *for ever*

חֱיִי Peal impv. 2 m.s. (1092) *live*

6:23

אֱלָהִי n.m.s.-1 c.s. sf. (1080) *my God*

שְׁלַח Peal pf. 3 m.s. (1115) *sent*

מַלְאֲכֵהּ n.m.s.-3 m.s. sf. (1098) *his angel*

וּסֲגַר conj.-Peal pf. 3 m.s. (1104) *and shut*

פֻּם n.m.s. cstr. (1108) *mouth(s) (of)*

אַרְיָוָתָא n.m.p.-def.art. (1082) *the lions*

וְלָא חַבְּלוּנִי conj.-neg.-Pael pf. 3 c.p.-1 c.s. sf. (1091) *and they have not hurt me*

כָּל־קֳבֵל דִּי n.m.s. (1097)-subst. as prep. (1110) -demons. *because*

קָדָמוֹהִי prep.-3 m.s. sf. (1110) *before him*

זָכוּ n.f.s. (1091) *blameless*

הִשְׁתְּכַחַת לִי Hithpeal pf. 3 f.s. (1115)-prep.-1 c.s. sf. *I was found*

וְאַף conj.-conj. (1082) *and also*

קָדָמָיךְ prep.-2 m.s. sf. (1110) *before you*

מַלְכָּא n.m.s.-def.art. (1100) *O king*

חֲבוּלָה n.f.s. (1092) *wrong*

לָא עַבְדֵת neg.-Peal pf. 1 c.s. (1104) *I have done no*

727

6:24

בֵּאדַיִן prep.-adv. (1078) *then*

מַלְכָּא n.m.s.-def.art. (1100) *the king*

שַׂגִּיא adj. as adv. (1113) *exceedingly*

טְאֵב Peal pf. 3 m.s. (1094) *was glad*

עֲלוֹהִי prep. (1106)-3 m.s. sf. *(to him)*

וּלְדָנִיֵּאל conj.-prep.-pr.n. (1088) *and ... that Daniel*

אֲמַר Peal pf. 3 m.s. (1081) *commanded*

לְהַנְסָקָה prep.-Haphel inf. (1104) *be taken up*

מִן־גֻּבָּא prep. (1100)-n.m.s.-def.art. (1085) *out of the den*

וְהֻסַּק conj.-Hoph. pf. 3 m.s. (1104) *so ... was taken up*

דָּנִיֵּאל pr.n. (1088) *Daniel*

מִן־גֻּבָּא v.supra *out of the den*

וְכָל־חֲבָל conj.-n.m.s. cstr. (1097)-n.m.s. (1092) *and ... kind of hurt*

לָא־הִשְׁתְּכַח neg.-Hithpeal pf. 3 m.s. (1115) *no ... was found*

בֵּהּ prep.-3 m.s. sf. *upon him*

דִּי הֵימִן conj.-Haphel pf. 3 m.s. (1081) *because he had trusted*

בֵּאלָהֵהּ prep.-n.m.s.-3 m.s. sf. (1080) *in his God*

6:25

וַאֲמַר conj.-Peal pf. 3 m.s. (1081) *and ... commanded*

מַלְכָּא n.m.s.-def.art. (1100) *the king*

וְהַיְתִיו conj.-Haphel pf. 3 c.p. (1083) *and ... were brought*

גֻּבְרַיָּא אִלֵּךְ n.m.p.-def.art. (1086)-demons.pr. p. (1080) *those men*

דִּי־אֲכַלוּ rel. (1087)-Peal pf. 3 c.p. (1080) *who had accused (had eaten)*

קַרְצוֹהִי n.m.p.-3 m.s. sf. (1111) *(his pieces) maliciously*

דִּי דָנִיֵּאל sign of gen. (1087)-pr.n. (1088) *Daniel*

וּלְגֹב conj.-prep.-n.m.s. cstr. (1085) *into the den of*

אַרְיָוָתָא n.m.p.-def.art. (1082) *lions*

רְמוֹ Peal pf. 3 c.p. (1113) *cast*

אִנּוּן pers.pr. 3 m.p. (1081) *they*

בְּנֵיהוֹן n.m.p.-3 m.p. sf. (I 1085) *their children*

וּנְשֵׁיהוֹן conj.-n.f.p.-3 m.p. sf. (1081) *and their wives*

וְלָא־מְטוֹ conj.-neg.-Peal pf. 3 m.p. (1100) *and before they reached*

לְאַרְעִית prep.-n.f.s. cstr. (1083) *the bottom of*

גֻּבָּא n.m.s.-def.art. (1085) *the den*

עַד דִּי־ conj. (1105)-rel. (1089) *(before)*

שְׁלִטוּ Peal pf. 3 m.p. (1115) *overpowered*

בְּהוֹן prep.-3 m.p. sf. (1083) *them*

אַרְיָוָתָא n.m.p.-def.art. (1082) *the lions*

וְכָל־ conj.-n.m.s. cstr. (1097) *and all*

גַּרְמֵיהוֹן n.m.p.-3 m.p. sf. (1086) *their bones*

הַדִּקוּ Haphel pf. 3 m.p. (1089) *broke in pieces*

6:26

בֵּאדַיִן prep.-adv. (1078) *then*

דָּרְיָוֶשׁ pr.n. (1089) *Darius*

מַלְכָּא n.m.s.-def.art. (1100) *King*

כְּתַב Peal pf. 3 m.s. (1098) *wrote*

לְכָל־ prep.-n.m.s. cstr. (1097) *to all*

עַמְמַיָּא n.m.p.-def.art. (1107) *the peoples*

אֻמַיָּא n.f.p.-def.art. (1081) *nations*

וְלִשָּׁנַיָּא conj.-n.m.s.-def.art. (1099) *and languages*

דִּי־דָאֲרִין rel.-Peal ptc. m.p. (1087) *that dwell*

בְּכָל־ prep.-n.m.s. cstr. (1097) *in all*

אַרְעָא n.f.s.-def.art. (1083) *the earth*

שְׁלָמְכוֹן n.m.s.-2 m.p. sf. (1116) *Peace ... to you*

יִשְׂגֵּא Peal impf. 3 m.s. (1113) *be multiplied*

6:27

מִן־קֳדָמַי prep. (1100)-prep. (1110)-1 c.s. sf. *(from before me) I*

שִׂים Peil pf. 3 m.s. (1113) *make*

טְעֵם n.m.s. (1094) *a decree*

דִּי בְּכָל־ conj.-prep.-n.m.s. cstr. (1097) *that in all*

שָׁלְטָן n.m.s. cstr. (1115) *dominion (of)*

מַלְכוּתִי n.f.s.-1 c.s. sf. (1100) *my royal (my kingdom)*

לֶהֱוֹן prep.-3 m.p. sf. *(to them)*

זָאֲעִין Peal ptc.act. m.p. (1091) *tremble*

וְדָחֲלִין conj.-Peal ptc.act. m.p. (1087) *and fear*

מִן־קֳדָם prep. (1100)-prep. (1110) *before*

אֱלָהֵהּ n.m.s.-3 m.s. sf. (1080) *(his) the God*

דִּי־דָנִיֵּאל sign of gen.-pr.n. (1088) *of Daniel*

דִּי־הוּא conj.-pers.pr. 3 m.s. (1090) *for he (is)*

אֱלָהָא n.m.s.-def.art. (1080) *the God*

חַיָּא adj. m.s.-def.art. (1092) *living*

וְקַיָּם conj.-adj. m.s. (1111) *enduring*

לְעָלְמִין prep.-n.m.p. (1106) *for ever*

וּמַלְכוּתֵהּ conj.-n.f.s.-3 m.s. sf. (1100) *(and) his kingdom*

דִּי־לָא תִתְחַבַּל rel.-neg.-Hithpael impf. 3 f.s. (1091) *shall never be destroyed*

וְשָׁלְטָנֵהּ conj.-n.m.s.-3 m.s. sf. (1115) *and his dominion*

עַד־סוֹפָא prep. (1105)-n.m.s.-def.art. (1104) *to the end*

6:28

מְשֵׁיזִב Shaphel (?) ptc.act. m.s. (1115) *he delivers*

וּמַצִּל conj.-Haphel ptc.act. m.s. (1103) *and rescues*

וְעָבֵד conj.-Peal act.ptc. m.p. (1104) *and works*

אָתִין n.m.p. (1079) *signs*

וְתִמְהִין conj.-n.m.p. (1118) *and wonders*

בִּשְׁמַיָּא prep.-n.m.p.-def.art. (1116) *in heaven*

וּבְאַרְעָא conj.-prep.-n.f.s.-def.art. (1083) *and on earth*

דִּי שֵׁיזִב rel.-Shaphel (?) pf. 3 m.s. (1115) *he who has saved*

לְדָנִיֵּאל prep.-pr.n. (1088) *Daniel*

מִן־יַד prep. (1100)-n.f.s. cstr. (1094) *from the power of*

אַרְיָוָתָא n.m.p.-def.art. (1082) *the lions*

6:29

וְדָנִיֵּאל conj.-pr.n. (1088) *so Daniel*

דְּנָה demons.pr. c. (1088) *this*

הַצְלַח Haphel pf. 3 m.s. (1109) *prospered*

בְּמַלְכוּת prep.-n.f.s. cstr. (1100) *during the reign of*

דָּרְיָוֶשׁ pr.n. (1089) *Darius*

וּבְמַלְכוּת conj.-prep.-n.f.s. cstr. (1100) *and the reign of*

כּוֹרֶשׁ pr.n. (1096) *Cyrus*

פָּרְסָיָא adj.gent.-def.art. (1108) *the Persian*

7:1

בִּשְׁנַת חֲדָה prep.-n.f.s. cstr. (1116)-adj. f.s. (1079) *In the first year*

לְבֵלְאשַׁצַּר prep.-pr.n. (1084) *of Belshazzar*

מֶלֶךְ בָּבֶל n.m.s. cstr. (1100)-pr.n. (1084) *king of Babylon*

דָּנִיֵּאל pr.n. (1088) *Daniel*

חֵלֶם n.m.s. (1093) *a dream*

חֲזָה Peal pf. 3 m.s. (1092) *had (saw)*

וְחֶזְוֵי conj.-n.m.p. cstr. (1092) *and visions of*

רֵאשֵׁהּ n.m.s.-3 m.s. sf. (1112) *his head*

עַל־מִשְׁכְּבֵהּ prep.-n.m.s.-3 m.s. sf. (1115) *as he lay in his bed*

בֵּאדַיִן prep.-adv. (1078) *then*

חֶלְמָא n.m.s.-def.art. (1093) *the dream*

כְּתַב Peal pf. 3 m.s. (1098) *he wrote down*

רֵאשׁ n.m.s. cstr. (1112) *the sum of*

מִלִּין n.f.p. (1100) *the matter*

אֲמַר Peal pf. 3 m.s. (1081) *and told*

7:2

עָנֵה דָנִיֵּאל Peal ptc. (1107)-pr.n. (1088) *Daniel (answered)*

וְאָמַר conj.-Peal ptc. (1081) *said*

חָזֵה Peal ptc.act. (1092) *saw (seeing)*

הֲוֵית Peal pf. 1 c.s. (1089) *I (was)*

בְּחֶזְוִי prep.-n.m.s.-1 c.s. sf. (1092) *in my vision*

עִם־לֵילְיָא prep.-n.m.s.-def.art. (1099) *by night*

וַאֲרוּ conj.-interj. (1082) *and behold*

אַרְבַּע n.m.s. (1112) *the four*

רוּחֵי n.f.p. cstr. (1112) *winds of*

שְׁמַיָּא n.m.p.-def.art. (1116) *heaven*

מְגִיחָן Haphel ptc. f.p. (1127) *were stirring up*

לְיַמָּא dir.obj.-n.m.s.-def.art. (1095) *the ... sea*

רַבָּא adj.-def.art. (1112) *great*

7:3

וְאַרְבַּע conj.-n.m.s. (1112) *and four*

חֵיוָן n.f.p. (1092) *beasts*

רַבְרְבָן adj. f.p. (1112) *great*

סָלְקָן Peal ptc. f.p. (1104) *came up*

מִן־יַמָּא prep.-n.m.s.-def.art. (1095) *out of the sea*

שָׁנְיָן Peal ptc. f.p. (1116) *different*

דָּא מִן־דָּא demons.pr. f. (1086)-prep.-v.supra (1086) *from one another (this from this)*

7:4

קַדְמָיְתָא adj. f.s.-def.art. (1110) *the first*

כְּאַרְיֵה prep.-n.m.s. (1082) *like a lion*

וְגַפִּין conj.-n.f.p. (1086) *and wings*

דִּי־נְשַׁר sign of gen.-n.m.s. (1103) *of eagle*

לַהּ prep.-3 f.s. sf. *had*

חָזֵה Peal ptc.act. (1092) *looked*

הֲוֵית Peal pf. 1 c.s. (1089) *I*

עַד דִּי־מְרִיטוּ prep.-conj.-Peil pf. 3 m.p. (1101) *until ... were plucked*

גַפַּיהּ n.f.p.-3 f.s. sf. (1086) *its wings*

וּנְטִילַת conj.-Peil pf. 3 f.s. (1102) *and it was lifted up*

מִן־אַרְעָא prep.-n.f.s.-def.art. (1083) *from the ground*

וְעַל־רַגְלַיִן conj.-prep.-n.f. du. (1112) *and upon two feet*

כֶּאֱנָשׁ prep.-n.m.s. (1081) *like a man*

הֳקִימַת Hoph. pf. 3 f.s. (1110) *made to stand*

וּלְבַב אֱנָשׁ conj.-n.m.s. cstr. (1098)-v.supra (1081) *and the mind of a man*

יְהִיב לַהּ Peil pf. 3 m.s. (1095)-prep.-3 f.s. sf. *was given to it*

7:5

וַאֲרוּ cf.v.2 conj.-interj. (1082) *and behold*

חֵיוָה cf. v.3 n.f.s. (1092) *a beast*

אָחֳרִי adj. f.s. (1029) *another*

729

תִּנְיָנָה adj. f.s. (1118) *a second one*

דָּמְיָה Peal ptc.act. f.s. (1088) *like*

לְדֹב acc.-n.m.s. (1087) *a bear*

וְלִשְׂטַר־חַד conj.-prep.-n.m.s. (1113)-adj. m.s. (1079) *on one side*

הֲקִמַת Hoph. pf. 3 f.s. (1110) *it was raised up*

וּתְלָת conj.-n.m.s. (1118) *three*

עִלְעִין n.f.p. (1106) *ribs*

בְּפֻמַּהּ prep.-n.m.s.-3 f.s. sf. (1108) *in its mouth*

בֵּין שִׁנַּיהּ prep.-n.f. du.-3 f.s. sf. (1116) *between its teeth*

וְכֵן conj.-adv. (1097) *and (thus)*

אָמְרִין Peal ptc. m.p. (1081) *it was told*

לַהּ prep.-3 f.s. sf.

קוּמִי Peal impv. 2 f.s. (1110) *arise*

אֲכֻלִי Peal impv. 2 f.s. (1080) *devour*

בְּשַׂר n.m.s. (1085) *flesh*

שַׂגִּיא adj. m.s. (1113) *much*

7:6

בָּאתַר prep.-n.m.s. (1083) *after*

דְּנָה demons.pr. m. (1088) *this*

חָזֵה Peal ptc.act. (1092) *looked*

הֲוֵית Peal pf. 1 c.s. (1089) *I*

וַאֲרוּ conj.-interj. (1082) *and lo*

אָחֳרִי adj. f.s. (1078) *another*

כִּנְמַר prep.-n.m.s. (1103) *a leopard*

וְלַהּ conj.-prep.-3 f.s. sf. *and (to it)*

גַּפִּין n.f.p. (1086) *wings*

אַרְבַּע n.m.s. (1112) *four*

דִּי־עוֹף gen.-n.m.s. (1105) *of a bird*

עַל־גַּבַּיהּ prep.-n.m.p.-3 f.s. sf. (1085) *on its back*

וְאַרְבְּעָה conj.-n.f.s. (1112) *and four*

רֵאשִׁין n.m.p. (1112) *heads*

לְחֵיוְתָא prep.-n.f.s.-def.art. (1092) *the beast*

וְשָׁלְטָן conj.-n.m.s. (1115) *and dominion*

יְהִיב לַהּ Peil pf. 3 m.s. (1095)-prep.-3 f.s. sf. *was given to it*

7:7

בָּאתַר דְּנָה cf.7:6 prep.-n.m.s. (1083)-demons.pr. c. (1088) *after this*

חָזֵה הֲוֵית cf.7:6 Peal ptc.act. (1092)-Peal pf. 1 c.s. (1089) *I saw*

בְּחֶזְוֵי prep.-cf.7:1 n.m.p. cstr. (1092) *in the visions of*

לֵילְיָא n.m.s.-def.art. (1099) *the night*

וַאֲרוּ cf.7:6 conj.-interj. (1082) *and behold*

חֵיוָה רְבִיעָיָה n.f.s. (1092)-adj. f.s. (1112) *a fourth beast*

דְּחִילָה Peal ptc.pass. f.s. (1087) *terrible*

וְאֵימְתָנִי conj.-adj. f.s. (1080) *and dreadful*

וְתַקִּיפָא conj.-adj. f.s. (1118) *and strong*

יַתִּירָא adj. f.s. as adv. (1096) *exceedingly*

וְשִׁנַּיִן conj.-n.f. du. (1116) *and ... teeth*

דִּי־פַרְזֶל gen.-n.m.s. (1108) *of iron*

לַהּ רַבְרְבָן prep.-3 f.s. sf.-adj. f.p. (1112) *it had ... great*

אָכְלָה Peal ptc. f.s. (1080) *it devoured*

וּמַדֱּקָה conj.-Haphel ptc. f.s. (1089) *and broke in pieces*

וּשְׁאָרָא conj.-n.m.s.-def.art. (1114) *and ... the residue*

בְּרַגְלַיהּ prep.-n.f. du.-3 f.s. sf. (1112) *with its feet*

רָפְסָה Peal ptc.act. f.s. (1113) *stamped*

וְהִיא conj.-pr. 3 f.s. (1090) *it*

מְשַׁנְּיָה Pael ptc.pass. f.s. (1116) *was different*

מִן־כָּל־חֵיוָתָא prep.-n.m.s. cstr. (1097)-n.f.s.-def.art. (1092) *from all the beasts*

דִּי קָדָמַיהּ rel.-prep.-3 f.s. sf. (1110) *that were before it*

וְקַרְנַיִן conj.-n.f. du. (1111) *and horns*

עֲשַׂר לַהּ n.m.s. (1108)-prep.-3 f.s. sf. *it had ten*

7:8

מִשְׂתַּכַּל Hithpael ptc. (1114) *considered*

הֲוֵית Peal pf. 1 c.s. (1089) *I*

בְּקַרְנַיָּא prep.-n.f. du.-def.art. (1111) *the horns*

וַאֲלוּ conj.-interj. (1080; some rd. וַאֲרוּ) *and behold*

קֶרֶן n.f.s. (1111) *horn*

אָחֳרִי adj. f.s. (1079) *another*

זְעֵירָה adj. f.s. (1091) *a little one*

סִלְקָת Peal pf. 3 f.s. (1104) *there came up*

בֵּינֵיהוֹן prep.-3 m.p. sf. *among them*

וּתְלָת conj.-n.m.s. (1118) *and three*

מִן־קַרְנַיָּא prep.-n.f. du.-def.art. (1111) *of the horns*

קַדְמָיָתָא adj. f.p.-def.art. (1110) *the first*

אֶתְעֲקַרוּ Hithpeal pf. 3 f.p. (1107; Qere-אתעקרה) *were plucked up*

מִן־קָדָמַיהּ prep.-prep.-3 f.s. sf. (1110) *before which*

וַאֲלוּ v.supra *and behold*

עַיְנִין n.f.p. (1105) *eyes*

כְּעַיְנֵי prep.-n.f.p. cstr. (1105) *like the eyes of*

אֲנָשָׁא n.m.s.-def.art. (1081) *a man*

בְּקַרְנָא־דָא prep.-n.f.s.-def.art. (1111)-demons. pr. f. (1086) *in this horn*

וּפֻם conj.-n.m.s. (1108) *and a mouth*

מְמַלִּל Pael ptc.act. (1100) *speaking*

רַבְרְבָן adj. f.p. (1112) *great things*

7:9

חָזֵה הֲוֵית cf. 7:7 Peal ptc.act. (1092)-Peal pf. 1 c.s. (1089) *as I looked*

עַד דִּי adv.-rel. *(until)*

כָּרְסָוָן n.m.p. (1097) *thrones*

רְמִיו Peil pf. 3 m.p. (1113) *were placed*

וְעַתִּיק conj.-adj. m.s. cstr. (1108) *and one that was ancient of*

יוֹמִין n.m.p. (1095) *days*

יְתִב Peal pf. 3 m.s. (1096) *took his seat*

לְבוּשֵׁהּ n.m.s.-3 m.s. sf. (1098) *his raiment*

כִּתְלַג prep.-n.m.s. (1117) *as snow*

חִוָּר adj. m.s. (1092) *white*

וּשְׂעַר conj.-n.m.s. cstr. (1114) *and the hair of*

רֵאשֵׁהּ n.m.s.-3 m.s. sf. (1112) *his head*

כַּעֲמַר prep.-n.m.s. (1107) *as wool*

נְקֵא adj. m.s. (1103) *pure*

כָּרְסְיֵהּ n.m.s.-3 m.s. sf. (1097) *his throne*

שְׁבִיבִין n.m.p. (1114) *was flames*

דִּי־נוּר gen.-n.f.s. (1102) *fiery*

גַּלְגִּלּוֹהִי n.m.p.-3 m.s. sf. (1086) *its wheels were*

נוּר דָּלִק v.supra-Peal ptc.act. (1088) *burning fire*

7:10

נְהַר n.m.s. (1102) *a stream*

דִּי־נוּר gen.-n.f.s. (1102) *of fire*

נָגֵד Peal ptc. (1102) *issued*

וְנָפֵק conj.-Peal ptc. (1103) *and came forth*

מִן־קֳדָמוֹהִי prep.-prep.-3 m.s. sf. (1110) *from before him*

אֶלֶף אַלְפִין n.m.s. cstr. (1081)-n.m.p. (1081) *a thousand thousands*

יְשַׁמְּשׁוּנֵּהּ Pael impf. 3 m.p.-3 m.s. sf. (1116) *served him*

וְרִבּוֹ רִבְבָן conj.-n.f.s. cstr. (1112)-n.f.p. (1112) *ten thousand times ten thousand*

קָדָמוֹהִי prep.-3 m.s. sf. (1110) *before him*

יְקוּמוּן Peal impf. 3 m.p. (1110) *stood*

דִּינָא n.m.s.-def.art. (1088) *the court*

יְתִב Peal pf. 3 m.s. (1096) *sat in judgment*

וְסִפְרִין conj.-n.m.p. (1104) *and the books*

פְּתִיחוּ Peil pf. 3 m.p. (1109) *were opened*

7:11

חָזֵה הֲוֵית cf. 7:9 Peal ptc.act. (1092)-Peal pf. 1 c.s. (1089) *I looked*

בֵּאדַיִן prep.-adv. (1078) *then*

מִן־קָל prep.-n.m.s. cstr. (1110) *because of the sound of*

מִלַּיָּא n.f.p.-def.art. (1100) *the words*

רַבְרְבָתָא adj. f.p.-def.art. (1112) *great*

דִּי קַרְנָא rel.-n.f.s.-def.art. (1111) *which the horn*

7:12 (upper right)

מְמַלֱּלָה Pael ptc. f.s. (1100) *was speaking*

חָזֵה הֲוֵית v.supra *and as I looked*

עַד דִּי קְטִילַת adv.-rel.-Peil pf. 3 f.s. (1111) *until was slain*

חֵיוְתָא n.f.s.-def.art. (1092) *the beast*

וְהוּבַד conj.-Hophal pf. 3 m.s. (1078) *and ... destroyed*

גִּשְׁמַהּ n.m.s.-3 f.s. sf. (1086) *its body*

וִיהִיבַת conj.-Peil pf. 3 f.s. (1095) *and given over*

לִיקֵדַת prep.-n.f.s. cstr. (1096) *to be burned*

אֶשָּׁא n.f.s. (1083) *with fire*

7:12

וּשְׁאָר conj.-n.m.s. cstr. (1114) *as for the rest of*

חֵיוָתָא n.f.s.-def.art. (1092) *the beasts*

הֶעְדִּיו Haphel pf. 3 m.p. (1105) *was taken away*

שָׁלְטָנְהוֹן n.m.s.-3 m.p. sf. (1115) *their dominion*

וְאַרְכָה conj.-n.f.s. (1082) *but ... were prolonged (a prolonging)*

בְּחַיִּין prep.-n.m.p. (1092) *lives*

יְהִיבַת Peil pf. 3 f.s. (1095) *(given)*

לְהוֹן prep.-3 m.p. sf. (1100) *their (to them)*

עַד־זְמַן prep.-n.m.s. (1091) *for a season*

וְעִדָּן conj.-n.m.s. (1105) *and a time*

7:13

חָזֵה הֲוֵית cf.7:11 Peal ptc.act. (1092)-Peal pf. 1 c.s. (1089) *I saw*

בְּחֶזְוֵי לֵילְיָא prep.-n.m.p. cstr. (1092)-n.m.s.-def. art. (1099) *in the night visions*

וַאֲרוּ conj.-interj. (1082) *and behold*

עִם־עֲנָנֵי prep.-n.m.p. cstr. (1107) *with the clouds of*

שְׁמַיָּא n.m.p.-def.art. (1116) *heaven*

כְּבַר אֱנָשׁ prep.-n.m.s. cstr. (1085)-n.m.s. (1081) *like a son of man*

אָתֵה הֲוָה Peal ptc. (1083)-Peal pf. 3 m.s. (1089) *there came*

וְעַד־עַתִּיק conj.-prep.-adj. m.s. cstr. (1108) *and ... to the Ancient of*

יוֹמַיָּא n.m.p.-def.art. (1095) *days*

מְטָה Peal pf. 3 m.s. (1100) *he came*

וּקְדָמוֹהִי conj.-prep.-3 m.s. sf. (1100) *and ... before him*

הַקְרְבוּהִי Haphel pf. 3 m.p.-3 m.s. sf. (1111) *was presented*

7:14

וְלֵהּ יְהִיב conj.-prep.-3 m.s. sf.-Peil pf. 3 m.s. (1095) *and to him was given*

שָׁלְטָן n.m.s. (1115) *dominion*

וִיקָר conj.-n.m.s. (1096) *and glory*

וּמַלְכוּ conj.-n.f.s. (1100) *and kingdom*

וְכֹל עַמְמַיָּא conj.-n.m.s. cstr. (1097)-n.m.p.-def. art. (1107) *that all peoples*

אֻמַיָּא n.f.p.-def.art. (1081) *nations*

וְלִשָּׁנַיָּא conj.-n.m.p.-def.art. (1099) *and languages*

לֵהּ יִפְלְחוּן prep.-3 m.s. sf.-Peal impf. 3 m.p. (1108) *should serve him*

שָׁלְטָנֵהּ n.m.s.-3 m.s. sf. (1115) *his dominion*

שָׁלְטָן עָלַם n.m.s. (1115)-n.m.s. (1106) *is an everlasting dominion*

דִּי־לָא יֶעְדֵּה rel.-neg.-Peal impf. 3 m.s. (1105) *which shall not pass away*

וּמַלְכוּתֵהּ conj.-n.f.s.-3 m.s. sf. (1100) *and his kingdom*

דִּי־לָא תִתְחַבַּל rel.-neg.-Hithpael impf. 3 f.s. (1091) *one that shall not be destroyed*

7:15

אֶתְכְּרִיַּת Ithpeal impf. 3 f.s. (1097) *was anxious*

רוּחִי n.f.s.-1 c.s. sf. (1112) *my spirit*

אֲנָה דָנִיֵּאל pers.pr. 1 c.s. (1081)-pr.n. (1088) *as for me Daniel*

בְּגוֹא prep.-n.m.s. cstr. (1086) *within*

נִדְנֶה n.m.s. (1102) *me* (lit.-sheath)

וְחֶזְוֵי רֵאשִׁי conj.-n.m.p. cstr. (1092)-n.m.s.-1 c.s. sf. (1112) *and the visions of my head*

יְבַהֲלֻנַּנִי Pael impf. 3 m.p.-1 c.s. sf. (1084) *alarmed me*

7:16

קִרְבֵת Peal pf. 1 c.s. (1111) *I approached*

עַל־חַד prep.-adj. m.s. (1079) *one*

מִן־קָאֲמַיָּא prep.-Peal ptc. m.p.-def.art. (1110) *of those who stood there*

וְיַצִּיבָא conj.-adj. m.s.-def.art. (1096) *and ... the truth*

אֶבְעֵא־מִנֵּהּ Peal impf. 1 c.s. (1085)-prep.-3 m.s. sf. *asked him*

עַל־כָּל־דְּנָה prep.-n.m.s. cstr. (1097)-demons.pr. m. (1088) *concerning all this*

וַאֲמַר־לִי conj.-Peal pf. 3 m.s. (1081)-prep.-1 c.s. sf. *so he told me*

וּפְשַׁר conj.-n.m.s. cstr. (1109) *and ... the interpretation of*

מִלַּיָּא n.f.p.-def.art. (1100) *the things*

יְהוֹדְעִנַּנִי Haphel impf. 3 m.s.-1 c.s. sf. (1095) *made known to me*

7:17

אִלֵּין חֵיוָתָא demons.pr. p. (1080)-n.f.p.-def.art. (1092) *these beasts*

רַבְרְבָתָא adj. f.p.-def.art. (1112) *great*

דִּי אִנִּין אַרְבַּע rel.-pr. 3 f.p. (1081)-n.m.s. (1112) *(which they) four*

אַרְבְּעָה n.f.s. (1112) *four*

מַלְכִין n.m.p. (1100) *kings*

יְקוּמוּן Peal impf. 3 m.p. (1110) *who shall arise*

מִן־אַרְעָא prep.-n.f.s.-def.art. (1083) *out of the earth*

7:18

וִיקַבְּלוּן conj.-Pael impf. 3 m.p. (1110) *but ... shall receive*

מַלְכוּתָא n.f.s.-def.art. (1100) *the kingdom*

קַדִּישֵׁי adj. m.p. cstr. (1110) *the saints of*

עֶלְיוֹנִין adj. m.p. (1106) *the Most High*

וְיַחְסְנוּן conj.-Haphel impf. 3 m.p. (1093) *and possess*

מַלְכוּתָא v.supra *the kingdom*

עַד־עָלְמָא prep. (1105)-n.m.s.-def.art. (1106) *for ever*

וְעַד עָלַם conj.-prep. (1105)-n.m.s. cstr. (1106) *and for ever*

עָלְמַיָּא n.m.p.-def.art. (1106) *and ever*

7:19

אֱדַיִן צְבִית adv. (1078)-Peal pf. 1 c.s. (1109) *then I desired*

לְיַצָּבָא prep.-Pael inf. (1096) *to know the truth*

עַל־חֵיוְתָא prep.-n.f.s.-def.art. (1092) *concerning the beast*

רְבִיעָיְתָא adj. f.s.-def.art. (1112) *fourth*

דִּי־הֲוָת שָׁנְיָה rel.-Peal pf. 3 f.s. (1089)-Peal ptc. act. f.s. (1116) *which was different*

מִן־כָּלְּהֵון prep.-n.m.s.-3 f.p. sf. (1097) *from all the rest*

דְּחִילָה יַתִּירָה Peal ptc.pass. f.s. (1087)-adj. f.s. (1096) *exceedingly terrible*

שִׁנַּיהּ דִּי־פַרְזֶל n.f. du.-3 f.s. sf. (1116)-gen. -n.m.s. (1108) *with its teeth of iron*

וְטִפְרַיהּ דִּי־נְחָשׁ conj.-n.m.p.-3 f.s. sf. (1094) -gen.-n.m.s. (1102) *and claws of bronze*

אָכְלָה Peal ptc. f.s. (1080) *which devoured*

מַדֱּקָה Haphel ptc. f.s. (1089) *broke in pieces*

וּשְׁאָרָא conj.-n.m.s.-def.art. (1114) *and ... the residue*

בְּרַגְלַיהּ prep.-n.f. du.-3 f.s. sf. (1112) *with its feet*

רָפְסָה Peal ptc.act. f.s. (1113) *stamped*

7:20

וְעַל־קַרְנַיָּא conj.-prep.-n.f.du.-def.art. (1111) *and concerning the horns*

עֲשַׂר n.m.s. (1108) *ten*

דִּי בְרֵאשַׁהּ rel.-prep.-n.m.s.-3 f.s. sf. (1112) *that were on its head*

וְאָחֳרִי conj.-adj. f.s. (1079) *and the other horn*

דִּי סִלְקַת rel.-Peal pf. 3 f.s. (1104) *which came up*

וּנְפַלוּ conj.-Peal pf. 3 m.p. (1103; Qere-וּנְפֻלָה) *and fell*

מִן־קֳדָמַהּ prep.-prep.-3 f.s. sf. (1110) *before which*

תְּלָת n.m.s. (1118) *three*

וְקַרְנָא conj.-n.f.s.-def.art. (1111) *the horn*

דִּכֵּן demons.pr. c. (1088) *(that)*

וְעַיְנִין לַהּ conj.-n.f.p. (1105)-prep.-3 f.s. sf. *which had eyes*

וּפֻם conj.-n.m.s. (1108) *and a mouth*

מְמַלִּל רַבְרְבָן Pael ptc.act. (1100)-adj. f.p. (1112) *that spoke great things*

וְחֶזְוַהּ conj.-n.m.s.-3 f.s. sf. (1092) *which seemed (its appearance)*

רַב adj. m.s. (1112) *greater*

מִן־חַבְרָתַהּ prep.-n.f.p.-3 f.s. sf. (1092) *than its fellows*

7:21

חָזֵה הֲוֵית cf.7:13 Peal ptc.act. (1092)-Peal pf. 1 c.s. (1089) *as I looked*

וְקַרְנָא דִכֵּן conj.-n.f.s.-def.art. (1111)-demons.pr. c. (1088) *this horn*

עָבְדָה קְרָב Peal ptc. f.s. (1104)-n.m.s. (1111) *made war*

עִם־קַדִּישִׁין prep.-adj. m.p. (1110) *with the saints*

וְיָכְלָה conj.-Peal ptc. f.s. (1095) *and prevailed*

לְהוֹן prep.-3 m.p. sf. *over them*

7:22

עַד דִּי אֲתָה prep.-rel.-Peal pf. 3 m.s. (1083) *until ... came*

עַתִּיק יוֹמַיָּא cf.7:13 adj. m.s. cstr. (1108)-n.m.p.-def.art. (1095) *the Ancient of Days*

וְדִינָא conj.-n.m.s.-def.art. (1088) *and judgment*

יְהִב Peil pf. 3 m.s. (1095) *was given*

לְקַדִּישֵׁי prep.-adj. m.p. cstr. (1110) *for the saints of*

עֶלְיוֹנִין adj. m.p. (1106) *the Most High*

וְזִמְנָא conj.-n.m.s.-def.art. (1091) *and the time*

מְטָה Peal pf. 3 m.s. (1100) *came*

וּמַלְכוּתָא conj.-n.f.s.-def.art. (1100) *when (and) ... the kingdom*

הֶחֱסִנוּ Haphel pf. 3 m.p. (1093) *received*

קַדִּישִׁין adj. m.p. (1110) *the saints*

7:23

כֵּן אֲמַר adv. (1097)-Peal pf. 3 m.s. (1081) *thus he said*

חֵיוְתָא n.f.p.-def.art. (1092) *as for the beast*

רְבִיעָתָא adj. f.s.-def.art. (1112) *fourth*

מַלְכוּ רְבִיעָיָא n.f.s. (1100)-adj. f.s. (1112) *a fourth kingdom*

תֶּהֱוֵא Peal impf. 3 f.s. (1089) *there shall be*

בְּאַרְעָא prep.-n.f.s.-def.art. (1083) *on earth*

דִּי תִשְׁנֵא rel.-Peal impf. 3 f.s. (1116) *which shall be different*

מִן־כָּל־מַלְכְוָתָא prep.-n.m.s. cstr. (1097)-n.f.p.-def.art. (1100) *from all the kingdoms*

וְתֵאכֻל conj.-Peal impf. 3 f.s. (1080) *and it shall devour*

כָּל־אַרְעָא n.m.s. cstr. (1097)-n.f.s.-def.art. (1083) *the whole earth*

וּתְדוּשִׁנַּהּ conj.-Peal impf. 3 f.s.-3 f.s. sf. (1087) *and trample it down*

וְתַדְּקִנַּהּ conj.-Haphel impf. 3 f.s. -3 f.s. sf. (1089) *and break it to pieces*

7:24

וְקַרְנַיָּא conj.-n.f. du.-def.art. (1111) *as for the horns*

עֲשַׂר n.m.s. (1108) *ten*

מִנַּהּ מַלְכוּתָה prep.-3 f.s. sf.-n.f.s.-def.art. (1100) *out of this kingdom*

עַשְׂרָה מַלְכִין n.f.s. (1108)-n.m.p. (1100) *ten kings*

יְקֻמוּן Peal impf. 3 m.p. (1100) *shall arise*

וְאָחֳרָן conj.-adj. m.s. (1079) *and another*

יְקוּם Peal impf. 3 m.s. (1110) *shall arise*

אַחֲרֵיהוֹן prep.-3 m.p. sf. *after them*

וְהוּא יִשְׁנֵא conj.-pers.pr. 3 m.s.-Peal impf. 3 m.s. (1116) *he shall be different*

מִן־קַדְמָיֵא prep.-adj. m.p.-def.art. (1110) *from the former ones*

וּתְלָתָה מַלְכִין conj.-n.f.s. (1118)-n.m.p. (1100) *and ... three kings*

יְהַשְׁפִּל Haphel impf. 3 m.s. (1117) *shall put down*

7:25

וּמִלִּין conj.-n.f.p. (1100) *(and) words*

לְצַד prep.-n.m.s. cstr. (1109) *against*

עִלָּיָא adj.-def.art. (1106) *the Most High*

יְמַלִּל Pael impf. 3 m.s. (1100) *he shall speak*

וּלְקַדִּישֵׁי conj.-prep.-adj. m.p. cstr. (1110) *the saints of*

עֶלְיוֹנִין adj. m.p. (1106) *the Most High*

יְבַלֵּא Pael impf. 3 m.s. (1084) *shall wear out*

וְיִסְבַּר conj.-Peal impf. 3 m.s. (1104) *and shall think*

לְהַשְׁנָיָה prep.-Haphel inf. (1116) *to change*

זִמְנִין וְדָת n.m.p. (1091)-conj.-n.f.s. (1089) *the times and the law*

וְיִתְיַהֲבוּן conj.-Hithpeal impf. 3 m.p. (1095) *and they shall be given*

בִּידֵהּ prep.-n.f.s.-3 m.s. sf. (1094) *into his hand*

עַד־עִדָּן prep.-n.m.s. (1105) *for a time*

וְעִדָּנִין conj.-n.m.p. (1105) *(two) times*

וּפְלַג conj.-n.m.s. cstr. (1108) *and half (of)*

עִדָּן n.m.s. (1105) *a time*

7:26

וְדִינָא conj.-n.m.s.-def.art. (1088) *but ... in judgment*

יִתִּב Peal impf. 3 m.s. (1096) *the court shall sit (will be given)*

וְשָׁלְטָנֵהּ conj.-n.m.s.-3 m.s. sf. (1115) *and his dominion*

יְהַעְדּוֹן Haphel impf. 3 m.p. (1105) *shall be taken away*

לְהַשְׁמָדָה prep.-Haphel inf. (1116) *to be consumed*

וּלְהוֹבָדָה conj.-prep.-Haphel inf. (1078) *and destroyed*

עַד־סוֹפָא prep.-n.m.s.-def.art. (1104) *to the end*

7:27

וּמַלְכוּתָה conj.-n.f.s.-def.art. (1100) *and the kingdom*

וְשָׁלְטָנָא conj.-n.m.s.-def.art. (1115) *and the dominion*

וּרְבוּתָא conj.-n.f.s.-def.art. (1112) *and the greatness*

דִּי מַלְכְוָת gen.-n.f.p. cstr. (1100) *of the kingdoms*

תְּחוֹת prep. (1117) *under*

כָּל־שְׁמַיָּא n.m.s. cstr. (1097)-n.m.p.-def.art. (1116) *the whole heaven*

יְהִיבַת Peil pf. 3 f.s. (1095) *shall be given*

לְעַם prep.-n.m.s. cstr. (1107) *to the people of*

קַדִּישֵׁי adj. m.p. cstr. (1110) *the saints of*

עֶלְיוֹנִין adj. m.p. (1106) *the Most High*

מַלְכוּתֵהּ n.f.s.-3 m.s. sf. (1100) *their kingdom*

מַלְכוּת n.f.s. cstr. (1100) *shall be a ... kingdom*

עָלַם n.m.s. (1106) *everlasting*

וְכֹל שָׁלְטָנַיָּא conj.-n.m.s. cstr. (1097)-n.m.p.-def.art. (1115) *and all dominion*

לֵהּ prep.-3 m.s. sf. *them*

יִפְלְחוּן Peal impf. 3 m.p. (1108) *shall serve*

וְיִשְׁתַּמְּעוּן conj.-Hithpeal impf. 3 m.p. (1116) *and obey*

7:28

עַד־כָּה conj.-adv. (1096) *here is*

סוֹפָא n.m.s.-def.art. (1104) *the end*

דִּי־מִלְּתָא gen.-n.f.s.-def.art. (1100) *of the matter*

אֲנָה דָנִיֵּאל pers.pr. 1 c.s. (1081)-pr.n. (1088) *as for me Daniel*

שַׂגִּיא adv. (1113) *greatly*

רַעְיוֹנַי n.m.p.-1 c.s. sf. (1113) *my thoughts*

יְבַהֲלֻנַּנִי Pael impf. 3 m.p.-1 c.s. sf. (1084) *alarmed me*

וְזִיוַי conj.-n.m.s.-1 c.s. sf. (1091) *and my color*

יִשְׁתַּנּוֹן Ithpeal impf. 3 m.p. (1116) *changed*

עֲלַי prep.-1 c.s. sf. *(upon me)*

וּמִלְּתָא conj.-n.f.s.-def.art. (1100) *but ... the matter*

בְּלִבִּי prep.-n.m.s.-1 c.s. sf. (1098) *in my mind*

נִטְרֵת Peal pf. 1 c.s. (1102) *I kept*

8:1

בִּשְׁנַת שָׁלוֹשׁ cf.1:1 prep.-n.f.s. cstr. (1040)-num. adj. m.s. (1025) *in the third year*

לְמַלְכוּת prep.-n.m.s. cstr. (574) *of the reign of*

בֵּלְאשַׁצַּר pr.n. (128) *Belshazzar*

הַמֶּלֶךְ def.art.-n.m.s. (I 572) *the king*

חָזוֹן n.m.s. (302) *a vision*

נִרְאָה Ni. pf. 3 m.s. (906) *appeared*

אֵלָי prep.-1 c.s. sf. *to me*

אֲנִי דָנִיֵּאל pers.pr. 1 c.s. (58)-pr.n. (193) *I Daniel*

אַחֲרֵי הַנִּרְאָה prep. (m.p. cstr. 29)-def.art.-Ni. ptc. (906) *after that which appeared*

אֵלָי v. supra *to me*

בַּתְּחִלָּה prep.-def.art.-n.f.s. (321) *at the first*

8:2

וָאֶרְאֶה consec.-Qal impf. 1 c.s. (906) *and I saw*

בֶּחָזוֹן prep.-def.art.-n.m.s. (302) *in the vision*

וַיְהִי consec.-Qal impf. 3 m.s. (224) *and*

בִּרְאֹתִי prep.-Qal inf.cstr.-1 c.s. sf. (906) *when I saw*

וַאֲנִי בְּשׁוּשַׁן conj.-pers.pr. 1 c.s. (58)-prep. -pr.n. (II 1007) *I was in Susa*

הַבִּירָה def.art.-n.f.s. (108) *the capital*

אֲשֶׁר בְּעֵילָם rel.-prep.-pr.n. (I 743) *which is in Elam*

הַמְּדִינָה def.art.-n.f.s. (193) *the province*

וָאֶרְאֶה בֶּחָזוֹן v.supra *and I saw in the vision*

וַאֲנִי הָיִיתִי conj.-pers.pr. 1 c.s. (58)-Qal pf. 1 c.s. (224) *and I was*

עַל־אוּבַל prep.-n.m.s. (385) *at the river*

אוּלָי pr.n. (I 19) *Ulai*

8:3

וָאֶשָּׂא consec.-Qal impf. 1 c.s. (669) *I raised*

עֵינַי n.f.p.-1 c.s. sf. (744) *my eyes*

וָאֶרְאֶה cf.8:2 consec.-Qal impf. 1 c.s. (906) *and saw*

וְהִנֵּה conj.-interj. (243) *and behold*

אַיִל אֶחָד n.m.s. (I 17)-num.adj. m.s. (25; GK 125b) *a ram*

עֹמֵד Qal act.ptc. (763) *standing*

לִפְנֵי הָאֻבָל prep.-n.m.p. cstr. (815)-def.art. -cf.8:2 n.m.s. (385) *on the bank of the river*

וְלוֹ קְרָנַיִם conj.-prep.-3 m.s. sf.-n.m. du. paus. (901; GK 93n) *it had two horns*

וְהַקְּרָנַיִם conj.-def.art.-n.m. du. (901) *and both horns*

גְּבֹהוֹת adj. p. (147) *were high*

וְהָאַחַת conj.-def.art.-num. f.s. (25) *but one*

גְּבֹהָה adj. f.s. (147) *was higher*

מִן־הַשֵּׁנִית prep.-def.art.-num.adj. f. (1041) *than the other*

וְהַגְּבֹהָה conj.-def.art.-v.supra *and the higher*

עֹלָה Qal act.ptc. f.s. (748) *came up*

בָּאַחֲרֹנָה prep.-def.art.-n.f.s. (30) *last*

8:4

רָאִיתִי אֶת־הָאַיִל Qal pf. 1 c.s. (906)-dir.obj. -def.art.-n.m.s. (I 17) *I saw the ram*

מְנַגֵּחַ יָמָּה Pi. ptc. (618)-n.m.s. -dir.he (410) *charging westward*

וְצָפוֹנָה וָנֶגְבָּה conj.-n.f.s.-dir.he (I 860)-conj. -n.m.s.-dir.he (616) *and northward and southward*

וְכָל־חַיּוֹת conj.-n.m.s. cstr. (481)-n.f.p. (I 312) *and ... beast*

לֹא־יַעַמְדוּ neg.-Qal impf. 3 m.p. (763) *no ... could stand*

לְפָנָיו prep.-n.m.p.-3 m.s. sf. (815) *before him*

וְאֵין מַצִּיל conj.-subst.cstr. (II 34)-Hi. ptc. (664) *and there was no one who could rescue*

מִיָּדוֹ prep.-n.f.s.-3 m.s. sf. (388) *from his power*

וְעָשָׂה conj.-Qal pf. 3 m.s. (I 793) *he did*

כִרְצֹנוֹ prep.-n.m.s.-1 c.s. sf. (953) *as he pleased*

וְהִגְדִּיל conj.-Hi. pf. 3 m.s. (152) *and magnified himself*

8:5

וַאֲנִי הָיִיתִי conj.-pers.pr. 1 c.s. (58)-Qal pf. 1 c.s. (224) *as I was*

מֵבִין Hi. ptc. (106) *considering*

וְהִנֵּה conj.-interj. (243) *behold*

צְפִיר־הָעִזִּים n.m.s. cstr. (862)-def.art.-n.f.p. (777) *a he-goat*

בָּא Qal pf. 3 m.s. (97) *came*

מִן־הַמַּעֲרָב prep.-def.art.-n.m.s. (II 788) *from the west*

עַל־פְּנֵי כָל־הָאָרֶץ prep.-n.m.p. cstr. (815)-n.m.s. cstr. (481)-def.art.-n.f.s. (75) *across the face of the whole earth*

וְאֵין נוֹגֵעַ conj.-subst.cstr. (II 34)-Qal act.ptc. (619) *without touching*

בָּאָרֶץ prep.-def.art.-n.f.s. (75) *the ground*

וְהַצָּפִיר conj.-def.art.-n.m.s. (862) *and the goat*

קֶרֶן חָזוּת n.f.s. (901)-adj. f.s. (303) *a conspicuous horn*

בֵּין עֵינָיו prep.-n.f.p.-3 m.s. sf. (744) *between his eyes*

8:6

וַיָּבֹא consec.-Qal impf. 3 m.s. (97) *he came*

עַד־הָאַיִל prep.-def.art.-n.m.s. (I 17) *to the ram*

בַּעַל הַקְּרָנַיִם n.m.s. cstr. (127)-def.art.-n.f. du. (901) *with the two horns*

אֲשֶׁר רָאִיתִי rel.-Qal pf. 1 c.s. (906) *which I had seen*

עֹמֵד Qal act.ptc. (763) *standing*

לִפְנֵי הָאֻבָל prep.-n.m.p. cstr. (815)-def.art. -n.m.s. (385) *on the bank of the river*

וַיָּרָץ consec.-Qal impf. 3 m.s. (930) *and he ran*

אֵלָיו prep.-3 m.s. sf. *at him*

בַּחֲמַת כֹּחוֹ prep.-n.f.s. cstr. (404)-n.m.s.-3 m.s. sf. (470) *in his mighty wrath*

8:7

וּרְאִיתִיו conj.-Qal pf. 1 c.s.-3 m.s. sf. (906) *I saw him*

מַגִּיעַ Hi. ptc. (619) *come close*

אֵצֶל הָאַיִל prep. (I 69)-def.art.-n.m.s. (II 17) *to the ram*

וַיִּתְמַרְמַר consec.-Hithpalpal impf. 3 m.s. (I 600) *and he was enraged*

אֵלָיו prep.-3 m.s. sf. *against him*

וַיַּךְ consec.-Hi. impf. 3 m.s. (645) *and struck*

אֶת־הָאַיִל dir.obj.-def.art.-n.m.s. (I 17) *the ram*

וַיְשַׁבֵּר consec.-Pi. impf. 3 m.s. (990) *and broke*

אֶת־שְׁתֵּי dir.obj.-num. m.p. cstr. (1040) *two*

קְרָנָיו n.f.p.-3 m.s. sf. (901) *his ... horns*

וְלֹא־הָיָה conj.-neg.-Qal pf. 3 m.s. (224) *and ... had no*

כֹּחַ n.m.s. (470) *power*

בָּאַיִל prep.-def.art.-n.m.s. (I 17) *the ram*

לַעֲמֹד prep.-Qal inf.cstr. (763) *to stand*

לְפָנָיו prep.-n.m.p.-3 m.s. sf. (815) *before him*

וַיַּשְׁלִיכֵהוּ consec.-Hi. impf. 3 m.s.-3 m.s. sf. (1020) *but he cast him down*

735

אַרְצָה n.f.s.-dir.he (75) *to the ground*

וַיִּרְמְסֵהוּ consec.-Qal impf. 3 m.s.-3 m.s. sf. (942) *and trampled upon him*

וְלֹא־הָיָה conj.-neg.-Qal pf. 3 m.s. (224) *and there was no one*

מַצִּיל Hi. ptc. (664) *could rescue*

לָאַיִל prep.-def.art.-n.m.s. (I 17) *the ram*

מִיָּדוֹ prep.-n.f.s.-3 m.s. sf. (388) *from his power*

8:8

וּצְפִיר הָעִזִּים cf.8:5 conj.-n.m.s. cstr. (862)-def.art.-n.f.p. (777) *then the he-goat*

הִגְדִּיל Hi. pf. 3 m.s. (152) *magnified himself*

עַד־מְאֹד adv. (III 723)-adv. (547) *exceedingly*

וּכְעָצְמוֹ conj.-prep.-Qal inf.cstr.-3 m.s. sf. (I 782) *but when he was strong*

נִשְׁבְּרָה Ni. pf. 3 f.s. (990) *was broken*

הַקֶּרֶן הַגְּדוֹלָה def.art.-n.f.s. (901)-def.art.-adj. f.s. (152) *the great horn*

וַתַּעֲלֶנָה consec.-Qal impf. 3 f.p. (748) *there came up*

חָזוּת אַרְבַּע adj. f.s. (303)-num.adj. (916) *four conspicuous horns*

תַּחְתֶּיהָ prep. (1065)-3 f.s. sf. *instead of it*

לְאַרְבַּע prep.-num.adj. (916) *toward the four*

רוּחוֹת n.f.p. cstr. (924) *winds of*

הַשָּׁמָיִם def.art.-n.m.p. (1029) *heaven*

8:9

וּמִן־הָאַחַת conj.-prep.-def.art.-n.f.s. (25) *out of one*

מֵהֶם prep.-3 m.p. sf. (GK 135o) *of them*

יָצָא Qal pf. 3 m.s. (422) *came forth*

קֶרֶן־אַחַת n.f.s. (901)-adj. f.s. (25) *a horn*

מִצְּעִירָה prep.-adj. f.s. (I 859) *little*

וַתִּגְדַּל־יֶתֶר consec.-Qal impf. 3 f.s. (152)-adv. (I 451) *which grew exceedingly great*

אֶל־הַנֶּגֶב prep.-def.art.-n.m.s. (616) *toward the south*

וְאֶל־הַמִּזְרָח conj.-prep.-def.art.-n.m.s. (280) *toward the east*

וְאֶל־הַצֶּבִי conj.-prep.-def.art.-n.m.s. (I 840) *and toward the glorious land*

8:10

וַתִּגְדַּל cf.8:9 consec.-Qal impf. 3 f.s. (152) *it grew great*

עַד־צְבָא prep. (III 723)-n.m.s. cstr. (838) *even to the host of*

הַשָּׁמָיִם def.art.-n.m.p. paus. (1029) *heaven*

וַתַּפֵּל consec.-Hi. impf. 3 f.s. (656) *it cast down*

אַרְצָה n.f.s.-dir.he (75) *to the ground*

מִן־הַצָּבָא prep.-def.art.-n.m.s. (838) *some of the host*

וּמִן־הַכּוֹכָבִים conj.-prep.-def.art.-n.m.p. (456) *of the stars*

וַתִּרְמְסֵם consec.-Qal impf. 3 f.s.-3 m.p. sf. (942) *and trampled upon them*

8:11

וְעַד שַׂר־ conj.-prep.-n.m.s. cstr. (978) *even up to the Prince of*

הַצָּבָא def.art.-n.m.s. (838) *the host*

הִגְדִּיל Hi. pf. 3 m.s. (152) *it magnified itself*

וּמִמֶּנּוּ conj.-prep.-3 m.s. sf. *and ... from him*

הֻרַם הַתָּמִיד Ho. pf. 3 m.s. (926; GK 72ee)-def.art.-n.m.s. (556) *the continual burnt offering was taken away*

וְהֻשְׁלַךְ conj.-Ho. pf. 3 m.s. (1020) *was overthrown*

מְכוֹן מִקְדָּשׁוֹ n.m.s. cstr. (467)-n.m.s.-3 m.s. sf. *the place of his sanctuary*

8:12

וְצָבָא conj.-n.f.s. (838) *and the host*

תִּנָּתֵן Ni. impf. 3 f.s. (678) *was given*

עַל־הַתָּמִיד prep.-def.art.-n.m.s. (556) *with the continual burnt offering*

בְּפָשַׁע prep.-n.m.s. paus. (833) *through transgression*

וְתַשְׁלֵךְ conj.-Hi. impf. 3 f.s. (1020) *and ... was cast down*

אֱמֶת n.f.s. (54) *truth*

אַרְצָה n.f.s.-dir.he (75) *to the ground*

וְעָשְׂתָה conj.-Qal pf. 3 f.s. (I 793) *and (the horn) acted*

וְהִצְלִיחָה conj.-Hi. pf. 3 f.s. (II 852) *and prospered*

8:13

וָאֶשְׁמְעָה consec.-Qal impf. 1 c.s.-vol.he (1033) *then I heard*

אֶחָד־קָדוֹשׁ n.m.s. (25)-adj. m.s. (872; GK 125b) *a holy one*

מְדַבֵּר Pi. ptc. (180) *speaking*

וַיֹּאמֶר consec.-Qal impf. 3 m.s. (55) *and ... said*

אֶחָד קָדוֹשׁ v.supra *another holy one*

לַפַּלְמוֹנִי prep.-def.art.-pron. (I 811) (פְּלֹנִי) *to that certain one*

הַמְדַבֵּר def.art.-Pi. ptc. (180) *that spoke*

עַד־מָתַי adv.-interr. (607) *for how long*

הֶחָזוֹן הַתָּמִיד def.art.-n.m.s. (302)-def.art.-n.m.s. (556; GK 127f) *the vision concerning the continual burnt offering*

וְהַפֶּשַׁע conj.-def.art.-n.m.s. (833) *the transgression*

שֹׁמֵם Qal act.ptc. (1030) *that makes desolate*

תֵּת Qal inf.cstr. (678) *the giving over*

וְקֹדֶשׁ וְצָבָא conj.-n.m.s. (871; GK 126z)-conj.-n.m.s. (838) *of the sanctuary and host*

מִרְמָס n.m.s. (942) *to be trampled under foot*

8:14

וַיֹּאמֶר אֵלַי consec.-Qal impf. 3 m.s. (55)-prep.-1 c.s. sf. *and he said to him (me)*

עַד עֶרֶב prep.-n.m.s. (787) *for ... evenings*

בֹּקֶר n.m.s. (133) *mornings*

אַלְפַּיִם n.m. du. (48) *two thousand*

וּשְׁלֹשׁ מֵאוֹת conj.-num.adj. cstr. (1025)-n.f.p. (547) *and three hundred*

וְנִצְדַּק conj.-Ni. pf. 3 m.s. (842) *then ... shall be restored to its rightful state*

קֹדֶשׁ n.m.s. (871) *the sanctuary*

8:15

וַיְהִי consec.-Qal impf. 3 m.s. (224)

בִּרְאֹתִי prep.-Qal inf.cstr.-1 c.s. sf. (906) *when I had seen*

אֲנִי דָנִיֵּאל pers.pr. 1 c.s. (58)-pr.n. (193) *I Daniel*

אֶת־הֶחָזוֹן dir.obj.-def.art.-n.m.s. (302) *the vision*

וָאֲבַקְשָׁה consec.-Pi. impf. 1 c.s.-coh.he (134) *I sought*

בִינָה n.f.s. (108) *to understand it*

וְהִנֵּה conj.-interj. (243) *and behold*

עֹמֵד לְנֶגְדִּי Qal act.ptc. (763)-prep.-prep. (617) -1 c.s. sf. *standing before me*

כְּמַרְאֵה־ prep.-n.m.s. cstr. (909) *one having the appearance of*

גָּבֶר n.m.s. paus. (149) *a man*

8:16

וָאֶשְׁמַע consec.-Qal impf. 1 c.s. (1033) *and I heard*

קוֹל־אָדָם n.m.s. cstr. (876)-n.m.s. (9) *a man's voice*

בֵּין אוּלָי prep.-pr.n. paus. (19) *between the banks of Ulai*

וַיִּקְרָא consec.-Qal impf. 3 m.s. (894) *and it called*

וַיֹּאמַר consec.-Qal impf. 3 m.s. (55) *(and said)*

גַּבְרִיאֵל pr.n. (150) *Gabriel*

הָבֵן Hi. impv. 2 m.s. (106) *make understand*

לְהַלָּז prep.-pr. c. (229) *this man*

אֶת־הַמַּרְאֶה dir.obj.-def.art.-n.m.s. (909) *the vision*

8:17

וַיָּבֹא consec.-Qal impf. 3 m.s. (97) *so he came*

אֵצֶל עָמְדִי prep. (I 69)-Qal inf.cstr.-1 c.s. sf. (763) *near where I stood*

וּבְבֹאוֹ conj.-prep.-Qal inf.cstr.-3 m.s. sf. (97) *and when he came*

נִבְעַתִּי Ni. pf. 1 c.s. (129) (בָּעַת) *I was frightened*

וָאֶפְּלָה consec.-Qal impf. 1 c.s.-dir.he (656) *and fell*

עַל־פָּנָי prep.-n.m.p.-1 c.s. sf. paus. (815) *upon my face*

וַיֹּאמֶר אֵלַי cf.8:14 *but he said to me*

הָבֵן cf.8:16 Hi. impv. 2 m.s. (106) *Understand*

בֶּן־אָדָם n.m.s. cstr. (119)-n.m.s. (9) *O son of man*

כִּי לְעֶת־קֵץ conj.-prep.-n.f.s. cstr. (773)-n.m.s. (893) *that for the time of the end*

הֶחָזוֹן def.art.-n.m.s. (302) *the vision*

8:18

וּבְדַבְּרוֹ conj.-prep.-Pi. inf.cstr.-3 m.s. sf. (180) *as he was speaking*

עִמִּי prep.-1 c.s. sf. *with me*

נִרְדַּמְתִּי Ni. pf. 1 c.s. (922) *I fell into a deep sleep*

עַל־פָּנַי cf.8:17 prep.-n.m.p.-1 c.s. sf. (815) *with my face*

אָרְצָה n.f.s.-dir.he (75) *to the ground*

וַיִּגַּע־בִּי consec.-Qal impf. 3 m.s. (619)-prep.-1 c.s. sf. *but he touched me*

וַיַּעֲמִידֵנִי consec.-Hi. impf. 3 m.s.-1 c.s. sf. (763) *and set me*

עַל־עָמְדִי prep.-n.m.s.-1 c.s. sf. (765) *on my feet*

8:19

וַיֹּאמֶר consec.-Qal impf. 3 m.s. (55) *He said*

הִנְנִי interj.-1 c.s. sf. (243) *Behold I*

מוֹדִיעֲךָ Hi. ptc.-2 m.s. sf. (393) *will make known to you*

אֵת אֲשֶׁר־יִהְיֶה dir.obj.-rel.-Qal impf. 3 m.s. (224) *what shall be*

בְּאַחֲרִית prep.-n.f.s. cstr. (31) *at the latter end of*

הַזַּעַם def.art.-n.m.s. paus. (276) *the indignation*

כִּי לְמוֹעֵד conj.-prep.-n.m.s. cstr. (417) *for it pertains to the appointed time of*

קֵץ n.m.s. (893) *the end*

8:20

הָאַיִל def.art.-n.m.s. (I 17) *as for the ram*

אֲשֶׁר־רָאִיתָ rel.-Qal pf. 2 m.s. (906) *which you saw*

בַּעַל n.m.s. cstr. (127) *with*

הַקְּרָנַיִם def.art.-n.f. du. paus. (901) *the two horns*
מַלְכֵי n.m.p. cstr. (I 572) *these are the kings of*
מָדַי pr.n. (552) *Media*
וּפָרָם conj.-pr.n. (828) *and Persia*

8:21

וְהַצָּפִיר הַשָּׂעִיר conj.-def.art.-n.m.s. (862)-def.
art.-n.m.s. (II 972) *and the he-goat*
מֶלֶךְ יָוָן n.m.s. cstr. (I 572)-pr.n. (402) *is the
king of Greece*
וְהַקֶּרֶן conj.-def.art.-n.f.s. (901) *and the ... horn*
הַגְּדוֹלָה def.art.-adj. f.s. (152) *great*
אֲשֶׁר בֵּין־עֵינָיו rel.-prep.-n.f.s.-3 m.p. sf. (744)
between the eyes
הוּא הַמֶּלֶךְ pers.pr. 3 m.s. (214)-def.art.-n.m.s. (I
572) *is the ... king*
הָרִאשׁוֹן def.art.-adj. m.s. (911) *first*

8:22

וְהַנִּשְׁבֶּרֶת conj.-def.art.-Ni. ptc. f.s. (990; GK
116w) *as for the horn that was broken*
וַתַּעֲמֹדְנָה consec.-Qal impf. 3 f.p. (763) *arose*
אַרְבַּע num. s. (916) *four others*
תַּחְתֶּיהָ prep.-3 f.s. sf. (1065) *in place of which*
אַרְבַּע מַלְכֻיּוֹת v.supra-n.f.p. (574; GK 87i, 95u)
four kingdoms
מִגּוֹי prep.-n.m.s. (156) *from his nation*
יַעֲמֹדְנָה Qal impf. 3 f.p. (763; GK 47k) *shall
arise*
וְלֹא בְכֹחוֹ conj.-neg.-prep.-n.m.s.-3 m.s. sf.
(470) *but not with his power*

8:23

וּבְאַחֲרִית conj.-adj. f.s. cstr. (31) *and at the latter
end of*
מַלְכוּתָם n.f.s.-3 m.p. sf. (574) *their rule*
כְּהָתֵם prep.-Hi. inf.cstr. (1070) *when ... have
reached their full measure*
הַפֹּשְׁעִים def.art.-Qal act.ptc. m.p. (833) *the
transgressors*
יַעֲמֹד Qal impf. 3 m.s. (763) *shall arise*
מֶלֶךְ n.m.s. (I 572) *a king*
עַז־פָּנִים adj. m.s. cstr. (738)-n.m.p. (815) *of bold
countenance*
וּמֵבִין conj.-Hi. ptc. m.s. cstr. (106) *one who
understands*
חִידוֹת n.f.p. (295) *riddles*

8:24

וְעָצַם כֹּחוֹ conj.-Qal pf. 3 m.s. (I 782)-n.m.s.-3
m.s. sf. (470) *His power shall be great*

וְלֹא בְכֹחוֹ conj.-neg.-prep.-v.supra (lit.-but not
with his power)
וְנִפְלָאוֹת conj.-Ni. ptc. f.p. (810) *and ... fearful*
יַשְׁחִית Hi. impf. 3 m.s. (1007) *he shall cause ...
destruction*
וְהִצְלִיחַ conj.-Hi. pf. 3 m.s. (II 852) *and he shall
succeed*
וְעָשָׂה conj.-Qal pf. 3 m.s. (I 793) *in what he
does*
וְהִשְׁחִית conj.-Hi. pf. 3 m.s. (1007) *and destroy*
עֲצוּמִים adj. m.p. (783) *mighty men*
וְעַם־ conj.-n.m.s. cstr. (I 766) *and the people of*
קְדֹשִׁים adj. m.p. (872) *the saints*

8:25

וְעַל־שִׂכְלוֹ conj.-prep.-n.m.s.-3 m.s. sf. (968) *and
by his cunning*
וְהִצְלִיחַ conj.-cf.8:24 Hi. pf. 3 m.s. (II 852) *he
shall make ... prosper*
מִרְמָה n.f.s. (941) *deceit*
בְּיָדוֹ prep.-n.f.s.-3 m.s. sf. (388) *under his hand*
וּבִלְבָבוֹ conj.-prep.-n.m.s.-3 m.s. sf. (523) *and in
his own mind*
יַגְדִּיל Hi. impf. 3 m.s. (152) *he shall magnify
himself*
וּבְשַׁלְוָה conj.-prep.-n.f.s. (1017) *without warning*
יַשְׁחִית Hi. impf. 3 m.s. (1007) *he shall destroy*
רַבִּים adj. m.p. (I 912) *many*
וְעַל־שַׂר־ conj.-prep.-n.m.s. cstr. (978) *and
against the Prince of*
שָׂרִים n.m.p. (978) *princes*
יַעֲמֹד cf.8:23 Qal impf. 3 m.s. (763) *he shall rise
up*
וּבְאֶפֶס יָד conj.-prep.-n.m.s. cstr. (67)-n.f.s. (388)
by no human hand
יִשָּׁבֵר Ni. impf. 3 m.s. (990) *he shall be broken*

8:26

וּמַרְאֵה conj.-n.m.s. cstr. (909) *the vision of*
הָעֶרֶב def.art.-n.m.s. (787) *the evenings*
וְהַבֹּקֶר conj.-def.art.-n.m.s. (133) *and the
mornings*
אֲשֶׁר נֶאֱמַר rel.-Ni. pf. 3 m.s. (55) *which has
been told*
אֱמֶת הוּא n.f.s. (54)-demons.adj. (214) *is true*
וְאַתָּה סְתֹם conj.-pers.pr. 2 m.s. (61)-Qal impv. 2
m.s. (711) *but seal up*
הֶחָזוֹן def.art.-n.m.s. (302) *the vision*
כִּי לְיָמִים conj.-prep.-n.m.p. (398) *for it pertains
to ... days hence*
רַבִּים adj. m.p. (I 912) *many*

8:27

וַאֲנִי conj.-pers.pr. 1 c.s. (58) *and I*

דָּנִיֵּאל pr.n. (193) *Daniel*

נִהְיֵיתִי Ni. pf. 1 c.s. (224) *was overcome*

וְנֶחֱלֵיתִי conj.-Ni. pf. 1 c.s. (I 317) *and lay sick*

יָמִים cf.8:26 n.m.p. (398; GK 139h) *for some days*

וָאָקוּם consec.-Qal impf. 1 c.s. (877) *then I rose*

וָאֶעֱשֶׂה consec.-Qal impf. 1 c.s. (I 793) *and went about*

אֶת־מְלֶאכֶת dir.obj.-n.f.s. cstr. (521) *the ... business*

הַמֶּלֶךְ def.art.-n.m.s. (I 572) *king's*

וָאֶשְׁתּוֹמֵם consec.-Hithpoel impf. 1 c.s. (1030) *but I was appalled*

עַל־הַמַּרְאֶה prep.-def.art.-n.m.s. (909) *by the vision*

וְאֵין מֵבִין conj.-subst. m.s. cstr. (II 34)-Hi. ptc. (106) *and did not understand it*

9:1

בִּשְׁנַת אַחַת prep.-n.f.s. cstr. (1040)-num.adj. f.s. (25) *in the first year*

לְדָרְיָוֶשׁ prep.-pr.n. (201) *of Darius*

בֶּן־אֲחַשְׁוֵרוֹשׁ n.m.s. cstr. (119)-pr.n. (31) *the son of Ahasuerus*

מִזֶּרַע מָדָי prep.-n.m.s. cstr. (282)-pr.n. (552) *by birth a Mede*

אֲשֶׁר הָמְלַךְ rel.-Ho. pf. 3 m.s. (573) *who became king*

עַל מַלְכוּת prep.-n.f.s. cstr. (574) *over the realm of*

כַּשְׂדִּים pr.n. (505) *Chaldeans*

9:2

בִּשְׁנַת אַחַת cf.9:1 *in the first year*

לְמָלְכוֹ prep.-Qal inf.cstr.-3 m.s. sf. (573) *of his reign*

אֲנִי דָנִיֵּאל cf.8:27 pers.pr. 1 c.s.-pr.n. (193) *I Daniel*

בִּינֹתִי Qal pf. 1 c.s. (106) *perceived*

בַּסְּפָרִים prep.-def.art.-n.m.p. (706) *in the books*

מִסְפַּר n.m.s. cstr. (708) *the number of*

הַשָּׁנִים def.art.-n.f.p. (1040) *years*

אֲשֶׁר הָיָה rel.-Qal pf. 3 m.s. (224) *which*

דְבַר־יְהוָה n.m.s. cstr. (182)-pr.n. (217) *according to the word of Yahweh*

אֶל־יִרְמְיָה prep.-pr.n. (941) *to Jeremiah*

הַנָּבִיא def.art.-n.m.s. (611) *the prophet*

לְמַלֹּאות prep.-Pi. inf.cstr. (569) *must pass before the end*

לְחָרְבוֹת prep.-n.f.p. cstr. (352) *of the desolations of*

יְרוּשָׁלָ͏ִם pr.n. (436) *Jerusalem*

שִׁבְעִים num.adj. p. (988) *seventy*

שָׁנָה n.f.s. (1040) *years*

9:3

וָאֶתְּנָה consec.-Qal impf. 1 c.s. (678) *then I turned*

אֶת־פָּנַי dir.obj.-n.m.p.-1 c.s. sf. (815) *my face*

אֶל־אֲדֹנָי prep.-n.m.p.-1 c.s. sf. (10) *to the Lord*

הָאֱלֹהִים def.art.-n.m.p. (43) *God*

לְבַקֵּשׁ prep.-Pi. inf.cstr. (134) *seeking him*

תְּפִלָּה n.f.s. (813) *by prayer*

וְתַחֲנוּנִים conj.-n.m.p. (337) *and supplications*

בְּצוֹם prep.-n.m.s. (847) *with fasting*

וְשַׂק conj.-n.m.s. (974) *and sackcloth*

וָאֵפֶר conj.-n.m.s. (68) *and ashes*

9:4

וָאֶתְפַּלְלָה consec.-Hith. impf. 1 c.s.-coh.he (813) *I prayed*

לַיהוָה prep.-pr.n. (217) *to Yahweh*

אֱלֹהָי n.m.p.-1 c.s. sf. (43) *my God*

וָאֶתְוַדֶּה consec.-Hith. impf. 1 c.s. (392) *and made confession*

וָאֹמְרָה consec.-Qal impf. 1 c.s.-coh.he (55) *saying*

אָנָּא אֲדֹנָי interj. (58)-n.m.p.-1 c.s. sf. (10) *O Lord*

הָאֵל הַגָּדוֹל def.art.-n.m.s. (42)-def.art.-adj. m.s. (152) *the great ... God*

וְהַנּוֹרָא conj.-def.art.-Ni. ptc. as adj. (431) *and terrible*

שֹׁמֵר הַבְּרִית Qal act.ptc. (1036)-def.art.-n.f.s. (136) *who keepest covenant*

וְהַחֶסֶד conj.-def.art.-n.m.s. (338) *and steadfast love*

לְאֹהֲבָיו prep.-Qal act.ptc. m.p.-3 m.s. sf. (12) *with those who love him*

וּלְשֹׁמְרֵי conj.-prep.-Qal act.ptc. m.p. cstr. (1036) *and keep*

מִצְוֹתָיו n.f.p.-3 m.s. sf. (846) *his commandments*

9:5

חָטָאנוּ Qal pf. 1 c.p. (306) *we have sinned*

וְעָוִינוּ conj.-Qal pf. 1 c.p. (731) *and done wrong*

וְהִרְשַׁעְנוּ conj.-Hi. pf. 1 c.p. (957) *and acted wickedly*

וּמָרָדְנוּ conj.-Qal pf. 1 c.p. (597) *and rebelled*

וְסוֹר conj.-Qal inf.abs. (693) *turning aside*

מִמִּצְוֹתֶךָ prep.-n.f.p.-2 m.s. sf. (846; GK 91n) *from thy commandments*

וּמִמִּשְׁפָּטֶיךָ conj.-prep.-n.m.p.-2 m.s. sf. (1048) *and ordinances*

9:6

וְלֹא שָׁמַעְנוּ conj.-neg.-Qal pf. 1 c.p. (1033) *we have not listened*

אֶל־עֲבָדֶיךָ prep.-n.m.p.-2 m.s. sf. (712) *to thy servants*

הַנְּבִיאִים def.art.-n.m.p. (611) *the prophets*

אֲשֶׁר דִּבְּרוּ rel.-Pi. pf. 3 c.p. (180) *who spoke*

בְּשִׁמְךָ prep.-n.m.s.-2 m.s. sf. (1027) *in thy name*

אֶל־מְלָכֵינוּ prep.-n.m.p.-1 c.p. sf. (I 572) *to our kings*

שָׂרֵינוּ n.m.p.-1 c.p. sf. (978) *our princes*

וַאֲבֹתֵינוּ conj.-n.m.p.-1 c.p. sf. (3) *and our fathers*

וְאֶל־כָּל־ conj.-prep.-n.m.s. cstr. (481) *to all*

עַם הָאָרֶץ n.m.s. cstr. (I 766)-def.art.-n.f.s. (75) *the people of the land*

9:7

לְךָ אֲדֹנָי prep.-2 m.s. sf.-n.m.p.-1 c.s. sf. (10) *to thee, O Lord*

הַצְּדָקָה def.art.-n.f.s. (842) *belongs righteousness*

וְלָנוּ בֹּשֶׁת הַפָּנִים conj.-prep.-1 c.p. sf.-n.f.s. cstr. (102)-def.art.-n.m.p. (815) *but to us confusion of face*

כַּיּוֹם הַזֶּה prep.-def.art.-n.m.s. (398)-def.art.-demons.adj. m.s. (260) *as at this day*

לְאִישׁ יְהוּדָה prep.-n.m.s. cstr. (35)-pr.n. (397) *to the men of Judah*

וּלְיוֹשְׁבֵי יְרוּשָׁלַםִ conj.-prep.-Qal act.ptc. m.p. cstr. (442)-pr.n. (436) *to the inhabitants of Jerusalem*

וּלְכָל־יִשְׂרָאֵל conj.-prep.-n.m.s. cstr. (481)-pr.n. (975) *and to all Israel*

הַקְּרֹבִים def.art.-adj. m.p. (898) *those that are near*

וְהָרְחֹקִים conj.-def.art.-adj. m.p. (935) *and those that are far away*

בְּכָל־הָאֲרָצוֹת prep.-n.m.s. cstr. (481)-def.art.-n.f.s. (75) *in all the lands*

אֲשֶׁר הִדַּחְתָּם rel.-Hi. pf. 2 m.s.-3 m.p. sf. (623) *to which thou hast driven them*

שָׁם adv. (1027) *(there)*

בְּמַעֲלָם prep.-n.m.s.-3 m.p. sf. (I 591) *because of the treachery*

אֲשֶׁר מָעֲלוּ־בָךְ rel.-Qal pf. 3 c.p. (591)-prep.-2 m.s. sf. *which they have committed against thee*

9:8

יְהוָה לָנוּ pr.n. (217)-prep.-1 c.p. sf. *to us, O Yahweh*

בֹּשֶׁת הַפָּנִים cf.9:7 n.f.s. cstr. (102)-def.art.-n.m.p. (815) *belongs confusion of face*

לִמְלָכֵינוּ prep.-n.m.p.-1 c.p. sf. (I 572) *to our kings*

לְשָׂרֵינוּ prep.-n.m.p.-1 c.p. sf. (978) *to our princes*

וְלַאֲבֹתֵינוּ conj.-prep.-n.m.p.-1 c.p. sf. (3) *and to our fathers*

אֲשֶׁר rel. *because*

חָטָאנוּ לָךְ Qal pf. 1 c.p. (306)-prep.-2 m.s. sf. paus. *we have sinned against thee.*

9:9

לַאדֹנָי אֱלֹהֵינוּ prep.-n.m.p.-1 c.s. sf. (10)-n.m.p.-1 c.p. sf. (43) *to the Lord our God*

הָרַחֲמִים def.art.-n.m.p. (933) *belong mercy*

וְהַסְּלִחוֹת conj.-def.art.-n.f.p. (699) *and forgiveness*

כִּי מָרַדְנוּ בּוֹ conj.-Qal pf. 1 c.p. (597)-prep.-3 m.s. sf. *because we have rebelled against him*

9:10

וְלֹא שָׁמַעְנוּ conj.-neg.-Qal pf. 1 c.p. (1033) *and have not obeyed*

בְּקוֹל יְהוָה prep.-n.m.s. cstr. (876)-pr.n. (217) *the voice of Yahweh*

אֱלֹהֵינוּ n.m.p.-1 c.p. sf. (43) *our God*

לָלֶכֶת prep.-Qal inf.cstr. (229) *by following*

בְּתוֹרֹתָיו prep.-n.f.p.-3 m.s. sf. (435) *his laws*

אֲשֶׁר נָתַן rel.-Qal pf. 3 m.s. (678) *which he set*

לְפָנֵינוּ prep.-n.m.p.-1 c.p. sf. (815) *before us*

בְּיַד עֲבָדָיו prep.-n.f.s. cstr. (388)-n.m.p.-3 m.s. sf. (712) *by his servants*

הַנְּבִיאִים def.art.-n.m.p. (611) *the prophets*

9:11

וְכָל־יִשְׂרָאֵל conj.-n.m.s. cstr. (481)-pr.n. (975) *all Israel*

עָבְרוּ Qal pf. 3 c.p. (716) *has transgressed*

אֶת־תּוֹרָתֶךָ dir.obj.-n.f.s.-2 m.s. sf. (435) *thy law*

וְסוֹר conj.-Qal inf.abs. (693) *and turned aside*

לְבִלְתִּי שְׁמוֹעַ prep.-neg. (116)-Qal inf.cstr. (1033) *refusing to obey*

בְּקֹלֶךָ prep.-n.m.s.-2 m.s. sf. paus. (876) *thy voice*

וַתִּתַּךְ עָלֵינוּ consec.-Qal impf. 3 f.s. (677)-prep.-1 c.p. sf. *has been poured out upon us*

הָאָלָה def.art.-n.f.s. (46) *the curse*

740

וְהַשְּׁבֻעָה conj.-def.art.-n.f.s. (989) *and the oath*

אֲשֶׁר כְּתוּבָה rel.-Qal pass.ptc. f.s. (507) *which are written*

בְּתוֹרַת מֹשֶׁה prep.-n.f.s. cstr. (435)-pr.n. (602) *in the law of Moses*

עֶבֶד־הָאֱלֹהִים n.m.s. cstr. (712)-def.art.-n.m.p. (43) *the servant of God*

כִּי חָטָאנוּ לוֹ conj.-Qal pf. 1 c.p. (306)-prep.-3 m.s. sf. *because we have sinned against him*

9:12

וַיָּקֶם consec.-Hi. impf. 3 m.s. (877) *he has confirmed*

אֶת־דְּבָרָיו dir.obj.-n.m.p.-3 m.s. sf. (182) *his words*

אֲשֶׁר דִּבֶּר rel.-Pi. pf. 3 m.s. (180) *which he spoke*

עָלֵינוּ prep.-1 c.p. sf. *against us*

וְעַל שֹׁפְטֵינוּ conj.-prep.-Qal act.ptc. m.p.-1 c.p. sf. (1047) *and against our rulers*

אֲשֶׁר שְׁפָטוּנוּ rel.-Qal pf. 3 c.p.-1 c.p. sf. (1047) *who ruled us*

לְהָבִיא prep.-Hi. inf.cstr. (97) *by bringing*

עָלֵינוּ prep.-1 c.p. sf. *upon us*

רָעָה גְדֹלָה n.f.s. (948)-adj. f.s. (152) *a great calamity*

אֲשֶׁר לֹא־נֶעֶשְׂתָה rel.-neg.-Ni. pf. 3 f.s. (I 793) *for there has not been done*

תַּחַת כָּל־ prep. (1065)-n.m.s. cstr. (481) *under the whole*

הַשָּׁמַיִם def.art.-n.m.p. (1029) *heaven*

כַּאֲשֶׁר נֶעֶשְׂתָה prep.-rel.-v.supra *the like of what has been done*

בִּירוּשָׁלָ͏ם prep.-pr.n. paus. (436) *against Jerusalem*

9:13

כַּאֲשֶׁר כָּתוּב prep.-rel.-Qal pass.ptc. (507) *as it is written*

בְּתוֹרַת prep.-n.f.s. cstr. (435) *in the law of*

מֹשֶׁה pr.n. (602) *Moses*

אֵת כָּל־ dir.obj. (GK 117m)-n.m.s. cstr. (481) *all*

הָרָעָה הַזֹּאת def.art.-n.f.s. (948)-def.art. -demons.adj. f.s. (260) *this calamity*

בָּאָה עָלֵינוּ Qal pf. 3 f.s. (97)-prep.-1 c.p. sf. *has come upon us*

וְלֹא־חִלִּינוּ conj.-neg.-Pi. pf. 1 c.p. (II 318) *yet we have not entreated*

אֶת־פְּנֵי dir.obj.-n.m.p. cstr. (815) *the favor of*

יהוה pr.n. (217) *Yahweh*

אֱלֹהֵינוּ n.m.p.-1 c.p. sf. (43) *our God*

לָשׁוּב prep.-Qal inf.cstr. (996) *turning*

מֵעֲוֹנֵנוּ prep.-n.f.s.-1 c.p. sf. (730) *from our iniquities*

וּלְהַשְׂכִּיל conj.-prep.-Hi. inf.cstr. (968) *and giving heed*

בַּאֲמִתֶּךָ prep.-n.f.s.-2 m.s. sf. (54) *to thy truth*

9:14

וַיִּשְׁקֹד consec.-Qal impf. 3 m.s. (1052) *therefore ... has kept ready*

יהוה pr.n. (217) *Yahweh*

עַל־הָרָעָה prep.-def.art.-n.f.s. (948) *the calamity*

וַיְבִיאֶהָ consec.-Hi. impf. 3 m.s.-3 f.s. sf. (97) *and has brought it*

עָלֵינוּ prep.-1 c.p. sf. *upon us*

כִּי־צַדִּיק conj.-adj. m.s. (843) *for ... is righteous*

יהוה אֱלֹהֵינוּ pr.n. (217)-n.m.p.-1 c.p. sf. (43) *Yahweh our God*

עַל־כָּל־ prep.-n.m.s. cstr. (481) *in all*

מַעֲשָׂיו n.m.p.-3 m.s. sf. (795) *the works*

אֲשֶׁר עָשָׂה rel.-Qal pf. 3 m.s. (I 793) *which he has done*

וְלֹא שָׁמַעְנוּ conj.-neg.-Qal pf. 1 c.p. (1033) *and we have not obeyed*

בְּקֹלוֹ prep.-n.m.s.-3 m.s. sf. (876) *his voice*

9:15

וְעַתָּה אֲדֹנָי conj.-adv. (773)-n.m.p.-1 c.s. sf. (10) *and now, O Lord*

אֱלֹהֵינוּ n.m.p.-1 c.p. sf. (43) *our God*

אֲשֶׁר הוֹצֵאתָ rel.-Hi. pf. 2 m.s. (422) *who didst bring*

אֶת־עַמְּךָ dir.obj.-n.m.s.-2 m.s. sf. (I 766) *thy people*

מֵאֶרֶץ מִצְרַיִם prep.-n.f.s. cstr. (75)-pr.n. (595) *out of the land of Egypt*

בְּיָד חֲזָקָה prep.-n.f.s. (388)-adj. f.s. (305) *with a mighty hand*

וַתַּעַשׂ־לְךָ consec.-Qal impf. 2 m.s. (I 793)-prep. -2 m.s. sf. *and has made thee*

שֵׁם n.m.s. (1027) *a name*

כַּיּוֹם הַזֶּה prep.-def.art.-n.m.s. (398)-def.art. -demons.adj. m.s. (260) *as at this day*

חָטָאנוּ cf.9:8,11 Qal pf. 1 c.p. (306) *we have sinned*

רָשָׁעְנוּ Qal pf. 1 c.p. (957) *we have done wickedly*

9:16

אֲדֹנָי n.m.p.-1 c.s. sf. (10) *O Lord*

כְּכָל־ prep.-n.m.s. cstr. (481) *according to all*

צִדְקֹתֶךָ n.f.p.-2 m.s. sf. (842) *thy righteous acts*

יָשֵׁב־נָא Qal impf. 3 m.s. (996)–part. of entreaty *let turn away*

אַפְּךָ n.m.s.-2 m.s. sf. (I 60) *thy anger*

וַחֲמָתְךָ conj.-n.f.s.-2 m.s. sf. (404) *and thy wrath*

מֵעִירְךָ prep.-n.f.s.-2 m.s. sf. (746) *from thy city*

יְרוּשָׁלַם pr.n. (436) *Jerusalem*

הַר־קָדְשֶׁךָ n.m.s. cstr. (249)–n.m.s.-2 m.s. sf. (871) *thy holy hill*

כִּי בַחֲטָאֵינוּ conj.-prep.-n.m.p.-1 c.p. sf. (307) *because for our sins*

וּבַעֲוֹנוֹת conj.-prep.-n.f.p. cstr. (730) *and for the iniquities of*

אֲבֹתֵינוּ n.m.p.-1 c.p. sf. (3) *our fathers*

יְרוּשָׁלַם וְעַמְּךָ pr.n. (436)–conj.-n.m.s.-2 m.s. sf. (I 766) *Jerusalem and thy people*

לְחֶרְפָּה prep.-n.f.s. (357) *have become a byword*

לְכָל־ prep.-n.m.s. cstr. (481) *among all*

סְבִיבֹתֵינוּ n.f.p.-1 c.p. sf. (686) *who are round about us*

9:17

וְעַתָּה שְׁמַע conj.-adv.-Qal impv. 2 m.s. (1033) *now therefore, hearken*

אֱלֹהֵינוּ n.m.p.-1 c.p. sf. (43) *O our God*

אֶל־תְּפִלַּת prep.-n.f.s. cstr. (813) *to the prayer of*

עַבְדְּךָ n.m.s.-2 m.s. sf. (712) *thy servant*

וְאֶל־תַּחֲנוּנָיו conj.-prep.-n.m.p.-3 m.s. sf. (337) *and to his supplications*

וְהָאֵר conj.-Hi. impv. 2 m.s. (21) *and cause ... to shine*

פָּנֶיךָ n.m.p.-2 m.s. sf. (815) *thy face*

עַל־מִקְדָּשְׁךָ prep.-n.m.s.-2 m.s. sf. (874) *upon thy sanctuary*

הַשָּׁמֵם def.art.-adj. m.s. (1031) *which is desolate*

לְמַעַן אֲדֹנָי prep. (775)–n.m.p.-1 c.s. sf. (10) *for thy own sake, O Lord*

9:18

הַטֵּה Hi. impv. 2 m.s. (639) *incline*

אֱלֹהַי n.m.p.-1 c.s. sf. (43) *O my God*

אָזְנְךָ n.f.s.-2 m.s. sf. (23) *thy ear*

וּשֲׁמָע conj.-Qal impv. 2 m.s. (1033) *and hear*

פְּקַחה Qal impv. 2 m.s. (824) *open*

עֵינֶיךָ n.f.p.-2 m.s. sf. (744) *thy eyes*

וּרְאֵה conj.-Qal impv. 2 m.s. (906) *and behold*

שֹׁמְמֹתֵינוּ n.f.p.-1 c.p. sf. (1031) *our desolations*

וְהָעִיר conj.-def.art.-n.f.s. (746) *and the city*

אֲשֶׁר־נִקְרָא rel.-Ni. pf. 3 m.s. (894) *which is called*

שִׁמְךָ עָלֶיהָ n.m.s.-2 m.s. sf. (1027)–prep.-3 f.s. sf. *by thy name*

כִּי לֹא conj.-neg. *for ... not*

עַל־צִדְקֹתֵינוּ prep.-n.f.p.-1 c.p. sf. (842) *on the grounds of our righteousness*

אֲנַחְנוּ pers.pr. 1 c.p. (59) *we*

מַפִּילִים Hi. ptc. m.p. (656) *present*

תַּחֲנוּנֵינוּ n.m.p.-1 c.p. sf. (337) *our supplications*

לְפָנֶיךָ prep.-n.m.p.-2 m.s. sf. (815) *before thee*

כִּי עַל־ conj.-prep. *on account of*

רַחֲמֶיךָ n.m.p.-2 m.p. sf. (933) *thy ... mercy*

הָרַבִּים def.art.-adj. m.p. (I 912) *great*

9:19

אֲדֹנָי n.m.p.-1 c.s. sf. (10) *O Lord*

שְׁמָעָה Qal impv. 2 m.s.-coh.he (1033; GK 48i) *hear*

אֲדֹנָי v.supra *O Lord*

סְלָחה Qal impv. 2 m.s.-coh.he (699) *forgive*

אֲדֹנָי v.supra *O Lord*

הַקְשִׁיבָה Hi. impv. 2 m.s.-coh.he (904) *give heed*

וַעֲשֵׂה conj.-Qal impv. 2 m.s. (I 793) *and act*

אַל־תְּאַחַר neg.-Pi. impv. 2 m.s. paus. (29) *delay not*

לְמַעֲנְךָ prep. (775)-2 m.s. sf. *for thy own sake*

אֱלֹהַי n.m.p.-1 c.s. sf. (43) *O my God*

כִּי־שִׁמְךָ conj.-n.m.s.-2 m.s. sf. (1027) *because by thy name*

נִקְרָא Ni. pf. 3 m.s. (894) *are called*

עַל־עִירְךָ prep.-n.f.s.-2 m.s. sf. (746) *thy city*

וְעַל־עַמֶּךָ conj.-prep.-n.m.s.-2 m.s. sf. (I 766) *and thy people*

9:20

וְעוֹד אֲנִי conj.-adv.-pers.pr. 1 c.s. (58) *while I was*

מְדַבֵּר Pi. ptc. (180) *speaking*

וּמִתְפַּלֵּל conj.-Hith. ptc. (813) *and praying*

וּמִתְוַדֶּה conj.-Hith. ptc. (392) *confessing*

חַטָּאתִי n.f.s.-1 c.s. sf. (308) *my sin*

וַחַטַּאת עַמִּי conj.-n.f.s. cstr. (308)-n.m.s.-1 c.s. sf. (I 766) *and the sin of my people*

יִשְׂרָאֵל pr.n. (975) *Israel*

וּמַפִּיל conj.-Hi. ptc. (656) *and presenting*

תְּחִנָּתִי n.f.s.-1 c.s. sf. (337) *my supplication*

לִפְנֵי יהוה prep.-n.m.p. cstr. (815)-pr.n. (217) *before Yahweh*

אֱלֹהַי n.m.p.-1 c.s. sf. (43) *my God*

עַל הַר־קֹדֶשׁ prep.-n.m.s. cstr. (249)-n.m.s. (871) *for the holy hill of*

אֱלֹהָי n.m.p.-1 c.s. sf. paus. (43) *my God*

9:21

וְעוֹד אֲנִי cf.9:20 *while I was*

מְדַבֵּר cf.9:20 *speaking*

742

בִּתְפִלָּה prep.-def.art.-n.f.s. (813) *in prayer*

וְהָאִישׁ conj.-def.art.-n.m.s. (35) *the man*

גַּבְרִיאֵל pr.n. (150) *Gabriel*

אֲשֶׁר רָאִיתִי rel.-Qal pf. 1 c.s. (906) *whom I had seen*

בֶחָזוֹן prep.-def.art.-n.m.s. (302) *in the vision*

בַּתְּחִלָּה prep.-def.art.-n.f.s. (321) *at the first*

מֻעָף Ho. ptc. (I 419) (יעף-wearied) *came*

בִּיעָף prep.-n.m.s. (419) *(with weariness) in swift flight*

נֹגֵעַ אֵלַי Qal act.ptc. (619)-prep.-1 c.s. sf. *came to me*

כְּעֵת prep.-n.f.s. cstr. (773) *at the time of*

מִנְחַת־עָרֶב n.f.s. cstr. (585)-n.m.s. paus. (787) *the evening sacrifice*

9:22

וַיָּבֶן consec.-Hi. impf. 3 m.s. (106; lit.-he made to understand) *he came* (LXX, S)

וַיְדַבֵּר consec.-Pi. impf. 3 m.s. (180) *and he said*

עִמִּי prep.-1 c.s. sf. *to me*

וַיֹּאמַר consec.-Qal impf. 3 m.s. (55)

דָּנִיֵּאל pr.n. (193) *Daniel*

עַתָּה יָצָאתִי adv.-Qal pf. 1 c.s. (422) *I have now come out*

לְהַשְׂכִּילְךָ prep.-Hi. inf.cstr.-2 m.s. sf. (968) *to give you wisdom*

בִינָה n.f.s. (108) *and understanding*

9:23

בִּתְחִלַּת prep.-n.f.s. cstr. (321) *at the beginning of*

תַּחֲנוּנֶיךָ n.m.p.-2 m.s. sf. (337) *your supplications*

יָצָא דָבָר Qal pf. 3 m.s. (422)-n.m.s. (182) *a word went forth*

וַאֲנִי בָּאתִי conj.-pers.pr. 1 c.s. (58)-Qal pf. 1 c.s. (97) *and I have come*

לְהַגִּיד prep.-Hi. inf.cstr. (616) *to tell it to you*

כִּי חֲמוּדוֹת conj.-n.f.p. (326; GK 124e) *for ... greatly beloved*

אָתָּה pers.pr. 2 m.s. (61) *you are*

וּבִין בַּדָּבָר conj.-Qal impv. 2 m.s. (106)-prep.-def.art.-n.m.s. (182) *therefore consider the word*

וְהָבֵן conj.-Hi. impv. 2 m.s. (106) *and understand*

בַּמַּרְאֶה prep.-def.art.-n.m.s. (909) *the vision*

9:24

שָׁבֻעִים שִׁבְעִים n.m.p. (988)-n.m.p. (988) *seventy weeks of years*

נֶחְתַּךְ Ni. pf. 3 m.s. (367) *are decreed*

עַל־עַמְּךָ prep.-n.m.s.-2 m.s. sf. (I 766) *concerning your people*

וְעַל־עִיר conj.-prep.-n.f.s. cstr. (746) *and ... city*

קָדְשֶׁךָ n.m.s.-2 m.s. sf. (871) *your holy*

לְכַלֵּא prep.-Pi. inf.cstr. (I 477) *to finish*

הַפֶּשַׁע def.art.-n.m.s. (833) *the transgression*

וּלְחָתֵם conj.-prep.-Qal inf.cstr. (367) *to put an end to*

חַטָּאות n.f.s. (308) *sin*

וּלְכַפֵּר conj.-prep.-Pi. inf.cstr. (497) *and to atone for*

עָוֹן n.m.s. (730) *iniquity*

וּלְהָבִיא conj.-prep.-Hi. inf.cstr. (97) *and to bring in*

צֶדֶק עֹלָמִים n.m.s. cstr. (841)-n.m.p. (761) *everlasting righteousness*

וְלַחְתֹּם v.supra conj.-prep.-Qal inf.cstr. (367) *to seal*

חָזוֹן וְנָבִיא n.m.s. (302)-conj.-n.m.s. (611) *both vision and prophet*

וְלִמְשֹׁחַ conj.-prep.-Qal inf.cstr. (602) *and to anoint*

קֹדֶשׁ קָדָשִׁים n.m.s. cstr. (871)-n.m.p. (871) *a most holy place*

9:25

וְתֵדַע conj.-Qal impf. 2 m.s. (393) *know therefore*

וְתַשְׂכֵּל conj.-Hi. impf. 2 m.s. (968) *and understand*

מִן־מֹצָא דָבָר prep.-n.m.s. cstr. (I 425)-n.m.s. (182) *from the going forth of the word*

לְהָשִׁיב prep.-Hi. inf.cstr. (996) *to restore*

וְלִבְנוֹת conj.-prep.-Qal inf.cstr. (124) *and build*

יְרוּשָׁלַם pr.n. (436) *Jerusalem*

עַד־מָשִׁיחַ prep.-n.m.s. (603) *to the coming of an anointed one*

נָגִיד n.m.s. (617) *a prince*

שָׁבֻעִים שִׁבְעָה cf.9:24 n.m.p. (988)-n.f.s. (988) *there shall be seven weeks*

וְשָׁבֻעִים conj.-v.supra *then for ... weeks*

שִׁשִּׁים וּשְׁנַיִם n.m.p. (995)-conj.-n.m. du. (1040) *sixty-two*

תָּשׁוּב וְנִבְנְתָה Qal impf. 3 f.s. (996)-conj.-Ni. pf. 3 f.s. (124) *it shall be built again*

רְחוֹב n.m.s. (I 932) *with squares*

וְחָרוּץ conj.-n.m.s. (III 358) *and moat*

וּבְצוֹק הָעִתִּים conj.-prep.-n.m.s. cstr. (848)-def.art.-n.m.p. (773) *but in a troubled time*

9:26

וְאַחֲרֵי conj.-prep. *and after*

הַשָּׁבֻעִים def.art.-cf.9:24,25 n.m.p. (988) *the ... weeks*

שִׁשִּׁים וּשְׁנַיִם cf.9:25 n.m.p. (995)-conj.-n.m. du. (1040) *sixty-two*

יִכָּרֵת מָשִׁיחַ Ni. impf. 3 m.s. (503)-cf.9:25 n.m.s. (603) *an anointed one shall be cut off*

וְאֵין לוֹ conj.-subst. cstr. (II 34)-prep.-3 m.s. sf. *and shall have nothing*

וְהָעִיר conj.-def.art.-n.f.s. (746) *the city*

וְהַקֹּדֶשׁ conj.-def.art.-n.m.s. (871) *and the sanctuary*

יַשְׁחִית Hi. impf. 3 m.s. (1007) *shall destroy*

עַם נָגִיד n.m.s. cstr. (I 766)-n.m.s. (617) *the people of the prince*

הַבָּא def.art.-Qal act.ptc. (97) *who is to come*

וְקִצּוֹ conj.-n.m.s.-3 m.s. sf. (893) *its end*

בַשֶּׁטֶף prep.-def.art.-n.m.s. (1009) *with a flood*

וְעַד קֵץ conj.-prep.-n.m.s. (893) *and unto the end*

מִלְחָמָה n.f.s. (536) *there shall be war*

נֶחֱרֶצֶת Ni. ptc. f. (I 358) *are decreed*

שֹׁמֵמוֹת Qal act.ptc. f.p. paus. (1030) *desolations*

9:27

וְהִגְבִּיר conj.-Hi. pf. 3 m.s. (149) *and he shall make ... strong ...*

בְּרִית n.f.s. (136) *a covenant*

לָרַבִּים prep.-def.art.-n.m.p. (I 912) *with many*

שָׁבוּעַ אֶחָד cf.9:24,25,26 n.m.s. (988)-num. m.s. (25) *for one week*

וַחֲצִי conj.-n.m.s. cstr. (345) *and for half of*

הַשָּׁבוּעַ def.art.-v.supra *the week*

יַשְׁבִּית Hi. impf. 3 m.s. (991) *he shall cause to cease*

זֶבַח n.m.s. (257) *sacrifice*

וּמִנְחָה conj.-n.f.s. (585) *and offering*

וְעַל כְּנַף conj.-prep.-n.f.s. cstr. (489) *and upon the wing of*

שִׁקּוּצִים n.m.p. (1055) *abominations*

מְשֹׁמֵם Poel ptc. (1030) *shall come one who makes desolate*

וְעַד־כָּלָה conj.-prep.-n.f.s. (478) *until the ... end*

וְנֶחֱרָצָה conj.-Ni. ptc. f.s. (I 358) *decreed*

תִּתַּךְ Qal impf. 3 f.s. (677) *is poured out*

עַל־שֹׁמֵם prep.-Qal act.ptc. (1030) *on the desolator*

10:1

בִּשְׁנַת שָׁלוֹשׁ prep.-n.f.s. cstr. (1040)-num. m.s. (1025) *in the third year*

לְכוֹרֶשׁ prep.-pr.n. (468) *of Cyrus*

מֶלֶךְ פָּרַס n.m.s. cstr. (I 572)-pr.n. (828) *king of Persia*

דָּבָר נִגְלָה n.m.s. (182)-Ni. pf. 3 m.s. (162) *a word was revealed*

לְדָנִיֵּאל prep.-pr.n. (193) *to Daniel*

אֲשֶׁר־נִקְרָא שְׁמוֹ rel.-Ni. pf. 3 m.s. (894)-n.m.s. -3 m.s. sf. (1027) *who was named*

בֵּלְטְשַׁאצַּר pr.n. (117) *Belteshazzar*

וֶאֱמֶת conj.-n.f.s. (54) *and ... was true*

הַדָּבָר def.art.-n.m.s. (182) *the word*

וְצָבָא גָדוֹל conj.-n.m.s. (838)-adj. m.s. (152) *and it was a great conflict*

וּבִין אֶת־הַדָּבָר conj.-Qal pf. 3 m.s. (106)-dir.obj. -def.art.-n.m.s. (182) *and he understood the word*

וּבִינָה לוֹ conj.-n.f.s. (108)-prep.-3 m.s. sf. *and had understanding*

בַּמַּרְאֶה prep.-def.art.-n.m.s. (909) *of the vision*

10:2

בַּיָּמִים הָהֵם prep.-def.art.-n.m.p. (398)-def.art. -demons. m.p. (241) *in those days*

אֲנִי דָנִיֵּאל pers.pr. 1 c.s. (58)-pr.n. (193) *I Daniel*

הָיִיתִי Qal pf. 1 c.s. (224) *was*

מִתְאַבֵּל Hith. ptc. (5) *mourning*

שְׁלֹשָׁה שָׁבֻעִים יָמִים num. f.s. (1025)-n.m.p. (988)-n.m.p. (398) *for three weeks*

10:3

לֶחֶם חֲמֻדוֹת n.m.s. cstr. (536)-n.f.p. (326) *delicacies*

לֹא אָכַלְתִּי neg.-Qal pf. 1 c.s. (37) *I ate no*

וּבָשָׂר וָיַיִן conj.-n.m.s. (142)-conj.-n.m.s. (406) *meat or wine*

לֹא־בָא neg.-Qal pf. 3 m.s. (97) *entered not*

אֶל־פִּי prep.-n.m.s.-1 c.s. sf. (804) *my mouth*

וְסוֹךְ לֹא־סָכְתִּי conj.-Qal inf.abs. (691)-neg. -Qal pf. 1 c.s. (I 691) *nor did I anoint myself at all*

עַד־מְלֹאת prep.-Qal inf.cstr. (569) *for the full*

שְׁלֹשֶׁת num. f.s. cstr. (1025) *three*

שָׁבֻעִים יָמִים cf.10:2 *weeks*

10:4

וּבְיוֹם conj.-prep.-n.m.s. cstr. (398) *and on ... day*

עֶשְׂרִים וְאַרְבָּעָה n.m.p. (797)-conj.-n.f.s. (916) *the twenty-fourth*

לַחֹדֶשׁ הָרִאשׁוֹן prep.-def.art.-n.m.s. (II 294) -def.art.-adj. m.s. (911) *of the first month*

וַאֲנִי הָיִיתִי conj.-pers.pr. 1 c.s. (58)-Qal pf. 1 c.s. (224) *as I was standing*

עַל יַד prep.-n.f.s. cstr. (388) *on the bank of*

הַנָּהָר הַגָּדוֹל def.art.-n.m.s. (625)-def.art.-adj. m.s. (152) *the great river*

הוּא חִדָּקֶל pers.pr. 3 m.s. (214)-pr.n. paus. (293) *that is, the Tigris*

10:5

וָאֶשָּׂא consec.-Qal impf. 1 c.s. (669) *I lifted up*

אֶת־עֵינַי dir.obj.-n.f.p.-1 c.s. sf. (744) *my eyes*

וָאֵרֶא consec.-Qal impf. 1 c.s. (906) *and looked*

וְהִנֵּה conj.-interj. (243) *and behold*

אִישׁ־אֶחָד n.m.s. (35)-adj.num. (25; GK 125b) *a man*

לָבוּשׁ Qal pass.ptc. (527) *clothed*

בַּדִּים n.m.p. (I 94) *in linen*

וּמָתְנָיו conj.-n.m. du.-3 m.s. sf. (608) *whose loins*

חֲגֻרִים Qal pass.ptc. m.p. (291) *were girded*

בְּכֶתֶם prep.-n.m.s. cstr. (508) *with gold of*

אוּפָז pr.n. (20) *Uphaz*

10:6

וּגְוִיָּתוֹ conj.-n.f.s.-3 m.s. sf. (156) *his body was*

כְתַרְשִׁישׁ prep.-n.m.s. (I 1076) *like beryl*

וּפָנָיו conj.-n.m.p.-3 m.s. sf. (815) *his face*

כְּמַרְאֵה בָרָק prep.-n.m.s. cstr. (909)-n.m.s. (140) *like the appearance of lightning*

וְעֵינָיו conj.-n.f.p.-3 m.s. sf. (744) *his eyes*

כְּלַפִּידֵי אֵשׁ prep.-n.m.p. cstr. (542)-n.f.s. (77) *like flaming torches*

וּזְרֹעֹתָיו conj.-n.f.p.-3 m.s. sf. (283) *his arms*

וּמַרְגְּלֹתָיו conj.-n.f.p.-3 m.s. sf. (920) *and his legs*

כְּעֵין prep.-n.f.s. cstr. (I 744) *like the gleam of*

נְחֹשֶׁת קָלָל n.f.s. (638)-adj. (887) *burnished bronze*

וְקוֹל conj.-n.m.s. cstr. (876) *and the sound of*

דְּבָרָיו n.m.p.-3 m.s. sf. (182) *his words*

כְּקוֹל prep.-v.supra *like the noise of*

הָמוֹן n.m.s. (242) *a multitude*

10:7

וְרָאִיתִי conj.-Qal pf. 1 c.s. (906) *and ... saw*

אֲנִי דָנִיֵּאל pers.pr. 1 c.s. (58)-pr.n. (193) *I Daniel*

לְבַדִּי prep.-n.m.s.-1 c.s. sf. (II 94) *alone*

אֶת־הַמַּרְאָה dir.obj.-def.art.-n.f.s. (I 909) *the vision*

וְהָאֲנָשִׁים conj.-def.art.-n.m.p. (60) *for the men*

אֲשֶׁר הָיוּ עִמִּי rel.-Qal pf. 3 c.p. (224)-prep.-1 c.s. sf. *who were with me*

לֹא רָאוּ neg.-Qal pf. 3 c.p. (906) *did not see*

אֶת־הַמַּרְאָה v.supra *the vision*

אֲבָל adv. (6) *but*

10:8

חֲרָדָה גְדֹלָה n.f.s. (I 353)-adj. f.s. (152) *a great trembling*

נָפְלָה Qal pf. 3 f.s. (656) *fell*

עֲלֵיהֶם prep.-3 m.p. sf. *upon them*

וַיִּבְרְחוּ consec.-Qal impf. 3 m.p. (137) *and they fled*

בְּהֵחָבֵא prep.-Ni. inf.cstr. (285) *to hide themselves*

10:8

וַאֲנִי conj.-pers.pr. 1 c.s. (58) *so I*

נִשְׁאַרְתִּי Ni. pf. 1 c.s. (983) *was left*

לְבַדִּי cf.10:7 prep.-n.m.s.-1 c.s. sf. (II 94) *alone*

וָאֶרְאֶה consec.-Qal impf. 1 c.s. (906) *and saw*

אֶת־הַמַּרְאָה dir.obj.-def.art.-n.f.s. (I 909) *vision*

הַגְּדֹלָה def.art.-adj. f.s. (152) *great*

הַזֹּאת def.art.-demons.adj. f.s. (260) *this*

וְלֹא־נִשְׁאַר־ conj.-neg.-Ni. pf. 3 m.s. (983) *and not left*

בִּי prep.-1 c.s. sf. *in me*

כֹּחַ n.m.s. (470) *strength*

וְהוֹדִי נֶהְפַּךְ conj.-n.m.s.-1 c.s. sf. (I 217)-Ni. pf. 3 m.s. (245) *and my radiant appearance was ... changed*

עָלַי לְמַשְׁחִית prep.-1 c.s. sf.-prep.-n.m.s. (1007) *fearfully*

וְלֹא עָצַרְתִּי conj.-neg.-Qal pf. 1 c.s. (783) *and I retained no*

כֹּחַ v.supra *strength*

10:9

וָאֶשְׁמַע consec.-Qal impf. 1 c.s. (1033) *then I heard*

אֶת־קוֹל dir.obj.-n.m.s. cstr. (876) *the sound of*

דְּבָרָיו n.m.p.-3 m.s. sf. (182) *his words*

וּכְשָׁמְעִי conj.-prep.-Qal inf.cstr.-1 c.s. sf. (1033) *and when I heard*

אֶת־קוֹל v.supra *the sound of*

דְּבָרָיו v.supra *his words*

וַאֲנִי הָיִיתִי conj.-pers.pr. 1 c.s. (58)-Qal pf. 1 c.s. (224) *I fell*

נִרְדָּם Ni. ptc. as subst. (922) *in a deep sleep*

עַל־פָּנַי prep.-n.m.p.-1 c.s. sf. (815) *on my face*

וּפָנַי conj.-v.supra *with my face*

אָרְצָה n.f.s.-dir.he (75) *to the ground*

10:10

וְהִנֵּה־יָד conj.-interj. (243)-n.f.s. (388) *and behold, a hand*

נָגְעָה בִּי Qal pf. 3 f.s. (619)-prep.-1 c.s. sf. *touched me*

745

וַתְּנִיעֵנִי consec.-Hi. impf. 3 f.s.-1 c.s. sf. (631) *and set me trembling*

עַל־בִּרְכַּי prep.-n.f.p.-1 c.s. sf. (139) *on my knees*

וְכַפּוֹת יָדָי conj.-n.f.p. cstr. (496)-n.f.p.-1 c.s. sf. (388) *and my hands*

10:11

וַיֹּאמֶר אֵלַי consec.-Qal impf. 3 m.s. (55)-prep. -1 c.s. sf. *and he said to me*

דָּנִיֵּאל pr.n. (193) *O Daniel*

אִישׁ־חֲמֻדוֹת n.m.s. cstr. (35)-cf. 10:3 n.f.p. (326) *man greatly beloved*

הָבֵן Hi. impv. 2 m.s. (106) *give heed*

בַּדְּבָרִים prep.-def.art.-n.m.p. (182) *to the words*

אֲשֶׁר אָנֹכִי rel.-pers.pr. 1 c.s. (58) *that I*

דֹּבֵר אֵלֶיךָ Qal act.ptc. (180)-prep.-2 m.s. sf. *speak to you*

וַעֲמֹד עַל־עָמְדֶךָ conj.-Qal impv. 2 m.s. (763) -prep.-n.m.s.-2 m.s. sf. (765) *and stand upright*

כִּי עַתָּה conj.-adv. *for now*

שֻׁלַּחְתִּי אֵלֶיךָ Pu. pf. 1 c.s. (1018)-prep.-2 m.s. sf. *I have been sent to you*

וּבְדַבְּרוֹ conj.-prep.-Pi. inf.cstr.-3 m.s. sf. *while he was speaking*

עִמִּי prep.-1 c.s. sf. *to me*

אֶת־הַדָּבָר הַזֶּה dir.obj.-def.art.-n.m.s. (182) -demons.adj. m.s. (260) *this word*

עָמַדְתִּי Qal pf. 1 c.s. (763) *I stood up*

מַרְעִיד Hi. ptc. (944) *trembling*

10:12

וַיֹּאמֶר אֵלַי cf.10:11 *then he said to me*

אַל־תִּירָא neg.-Qal impf. 2 m.s. (431) *fear not*

דָּנִיֵּאל pr.n. (193) *Daniel*

כִּי מִן־הַיּוֹם conj.-prep.-def.art.-n.m.s. (398) *for from the ... day*

הָרִאשׁוֹן def.art.-adj. m.s. (911) *first*

אֲשֶׁר נָתַתָּ rel.-Qal pf. 2 m.s. (678) *that you set*

אֶת־לִבְּךָ dir.obj.-n.m.s.-2 m.s. sf. (523) *your mind*

לְהָבִין prep.-Hi. inf.cstr. (106) *to understand*

וּלְהִתְעַנּוֹת conj.-prep.-Hith. inf.cstr. (III 776) *and humbled yourself*

לִפְנֵי אֱלֹהֶיךָ prep.-n.m.p. cstr. (815)-n.m.p.-2 m.s. sf. (43) *before your God*

נִשְׁמְעוּ Ni. pf. 3 c.p. (1033) *have been heard*

דְבָרֶיךָ n.m.p.-2 m.s. sf. (182) *your words*

וַאֲנִי־בָאתִי conj.-pers.pr. 1 c.s. (58)-Qal pf. 1 c.s. (97) *and I have come*

בִּדְבָרֶיךָ prep.-n.m.p.-2 m.s. sf. (182) *because of your words*

10:13

וְשַׂר conj.-n.m.s. cstr. (978) *the prince of*

מַלְכוּת פָּרַס n.f.s. cstr. (574)-pr.n. (828) *the kingdom of Persia*

עֹמֵד לְנֶגְדִּי Qal act.ptc. (763)-prep.-prep.-1 c.s. sf. (617) *withstood me*

עֶשְׂרִים n.m.p. (797) *twenty*

וְאֶחָד יוֹם conj.-num. m.s. (25)-n.m.s. (398) *one days*

וְהִנֵּה מִיכָאֵל conj.-interj. (243)-pr.n. (567) *but Michael*

אַחַד num. m.s. cstr. (25) *one of*

הַשָּׂרִים def.art.-n.m.p. (975) *the ... princes*

הָרִאשֹׁנִים def.art.-adj. m.p. (911) *chief*

בָּא Qal pf. 3 m.s. (97) *came*

לְעָזְרֵנִי prep.-Qal inf.cstr.-1 c.s. sf. (I 740) *to help me*

וַאֲנִי conj.-pers.pr. 1 c.s. (58) *so I*

נוֹתַרְתִּי שָׁם Ni. pf. 1 c.s. (451)-adv. (1027) *left him there*

אֵצֶל מַלְכֵי prep. (I 69)-n.m.p. cstr. (I 572) *with the prince of the kingdom of (the kings of)*

פָּרָס pr.n. (828) *Persia*

10:14

וּבָאתִי conj.-Qal pf. 1 c.s. (97) *and I came*

לַהֲבִינְךָ prep.-Hi. inf.cstr.-2 m.s. sf. (106) *to make you understand*

אֵת אֲשֶׁר־ dir.obj.-rel. *what is*

יִקְרָה Qal impf. 3 m.s. (899) *to befall*

לְעַמְּךָ prep.-n.m.s.-2 m.s. sf. (I 766) *your people*

בְּאַחֲרִית prep.-n.f.s. cstr. (31) *in the latter*

הַיָּמִים def.art.-n.m.p. (398) *days*

כִּי־עוֹד conj.-adv. *for ... yet*

חָזוֹן n.m.s. (302) *the vision is*

לַיָּמִים prep.-def.art.-v.supra *for days*

10:15

וּבְדַבְּרוֹ conj.-Pi. inf.cstr.-3 m.s. sf. (180) *when he had spoken*

עִמִּי prep.-1 c.s. sf. *to me*

כַּדְּבָרִים prep.-def.art.-n.m.p. (182) *according to ... words*

הָאֵלֶּה def.art.-demons.adj. m.p. (41) *these*

נָתַתִּי פָנַי Qal pf. 1 c.s. (678)-n.m.p.-1 c.s. sf. (815) *I turned my face*

אַרְצָה n.f.s.-dir.he (75) *toward the ground*

וְנֶאֱלָמְתִּי conj.-Ni. pf. 1 c.s. (47) *and was dumb*

10:16

וְהִנֵּה conj.-interj. (243) *and behold*

כִּדְמוּת prep.-n.f.s. cstr. (198) *one in the likeness of*

בְּנֵי אָדָם n.m.p. cstr. (119)-n.m.s. (9) *the sons of men*

נֹגֵעַ Qal act.ptc. (619) *touched*

עַל־שְׂפָתָי prep.-n.f.p.-1 c.s. sf. paus. (973) *my lips*

וָאֶפְתַּח־פִּי consec.-Qal impf. 1 c.s. (I 834)-n.m.s. -1 c.s. sf. (804) *then I opened my mouth*

וָאֲדַבְּרָה consec.-Pi. impf. 1 c.s.-coh.he (180) *and spoke*

וָאֹמְרָה consec.-Qal impf. 1 c.s.-coh.he (55) *I said*

אֶל־הָעֹמֵד prep.-def.art.-Qal act.ptc. (763) *to him who stood*

לְנֶגְדִּי prep.-prep. (617)-1 c.s. sf. *before me*

אֲדֹנִי n.m.s.-1 c.s. sf. (10) *O my Lord*

בַּמַּרְאָה prep.-def.art.-n.f.s. (I 909) *by reason of the vision*

נֶהֶפְכוּ צִירַי Ni. pf. 3 c.p. (245)-n.m.p.-1 c.s. sf. (IV 852) *pains have come*

עָלַי prep.-1 c.s. sf. *upon me*

וְלֹא עָצַרְתִּי conj.-neg.-Qal pf. 1 c.s. (783) *and I retain no*

כֹּחַ n.m.s. (470) *strength*

10:17

וְהֵיךְ conj.-adv. (228) *how*

יוּכַל Qal impf. 3 m.s. (407) *can*

עֶבֶד n.m.s. cstr. (712) *servant (of)*

אֲדֹנִי זֶה n.m.s.-1 c.s. sf. (10)-demons.adj. m.s. (260) *my lord's*

לְדַבֵּר prep.-Pi. inf.cstr. (180) *talk*

עִם־אֲדֹנִי זֶה prep.-n.m.s.-1 c.s. sf. (10)-demons. adj. m.s. (260) *with my lord*

וַאֲנִי מֵעַתָּה conj.-pers. pr. 1 c.s. (58)-prep.-adv. *for now*

לֹא־יַעֲמָד־בִּי neg.-Qal impf. 3 m.s. (763)-prep. -1 c.s. sf. *no ... remains in me*

כֹּחַ n.m.s. (470) *strength*

וּנְשָׁמָה conj.-n.f.s. (675) *and ... breath*

לֹא נִשְׁאֲרָה־בִי neg.-Ni. pf. 3 f.s. (983)-prep.-1 c.s. sf. *no ... is left in me*

10:18

וַיֹּסֶף consec.-Hi. impf. 3 m.s. (414) *again*

וַיִּגַּע־בִּי consec.-Qal impf. 3 m.s. (619)-prep.-1 c.s. sf. *touched me*

כְּמַרְאֵה אָדָם prep.-n.m.s. cstr. (909)-n.m.s. (9) *one having the appearance of a man*

וַיְחַזְּקֵנִי consec.-Pi. impf. 3 m.s.-1 c.s. sf. (304) *and strengthened me*

10:19

וַיֹּאמֶר consec.-Qal impf. 3 m.s. (55) *and he said*

אַל־תִּירָא neg.-Qal impf. 2 m.s. (431) *fear not*

אִישׁ־חֲמֻדוֹת cf.10:11 n.m.s. cstr. (35)-cf.10:3 n.f.p. (326) *O man greatly beloved*

שָׁלוֹם לָךְ n.m.s. (1022)-prep.-2 m.s. sf. paus. *Peace be with you*

חֲזַק וַחֲזָק Qal impv. 2 m.s. (304)-conj. Qal impv. 2 m.s. paus. (304) *be strong and of good courage*

וּכְדַבְּרוֹ conj.-prep.-Pi. inf.cstr.-3 m.s. sf. (180) *and when he spoke*

עִמִּי prep.-1 c.s. sf. *to me*

הִתְחַזַּקְתִּי Hith. pf. 1 c.s. (304) *I was strengthened*

וָאֹמְרָה consec.-Qal impf. 1 c.s.-coh.he (55) *and said*

יְדַבֵּר אֲדֹנִי Pi. impf. 3 m.s. (180)-n.m.s.-1 c.s. sf. (10) *let my lord speak*

כִּי חִזַּקְתָּנִי conj.-Pi. pf. 2 m.s.-1 c.s. sf. (304) *for you have strengthened me*

10:20

וַיֹּאמֶר consec.-Qal impf. 3 m.s. (55) *then he said*

הֲיָדַעְתָּ interr.-Qal pf. 2 m.s. (393) *do you know*

לָמָּה prep.-interr.pr. (552) *why*

בָּאתִי Qal pf. 1 c.s. (97) *I have come*

אֵלֶיךָ prep.-2 m.s. sf. *to you*

וְעַתָּה אָשׁוּב conj.-adv.-Qal impf. 1 c.s. (996) *but now I will return*

לְהִלָּחֵם prep.-Ni. inf.cstr. (535) *to fight*

עִם־שַׂר פָּרָס prep.-n.m.s. cstr. (978)-pr.n. (828) *against the prince of Persia*

וַאֲנִי conj.-pers.pr. 1 c.s. (58) *and when I*

יוֹצֵא Qal act.ptc. (422) *am through with him*

וְהִנֵּה conj.-interj. (243) *lo*

שַׂר־יָוָן n.m.s. cstr. (978)-pr.n. (402) *the prince of Greece*

בָּא Qal pf. 3 m.s. or act.ptc. (97) *will come*

10:21

אֲבָל cf.10:7 adv. *but*

אַגִּיד לְךָ Hi. impf. 1 c.s. (616)-prep.-2 m.s. sf. *I will tell you*

אֶת־הָרָשׁוּם dir.obj.-def.art.-Qal pass.ptc. (957) *what is inscribed*

בִּכְתָב אֱמֶת prep.-n.m.s. cstr. (508)-n.f.s. (54) *in the book of truth*

וְאֵין אֶחָד conj.-subst.cstr. (II 34)-adj. m.s. (25) *there is none*

מִתְחַזֵּק עִמִּי Hith. ptc. (304)-prep.-1 c.s. sf. *who contends by my side*

עַל־אֵלֶּה prep.-demons.adj. m.p. (41) *against these*

כִּי אִם־מִיכָאֵל conj.-hypoth.part. (474)-pr.n. (567) *except Michael*

שַׂרְכֶם n.m.s.-2 m.p. sf. (978) *your prince*

11:1

וַאֲנִי conj.-pers.pr. 1 c.s. (58) *and as for me*

בִּשְׁנַת אַחַת prep.-n.f.s. cstr. (1040)-num.adj. f.s. (25) *in the first year*

לְדָרְיָוֶשׁ prep.-pr.n. (201) *of Darius*

הַמָּדִי def.art.-gent. pr.n. (552) *the Mede*

עָמְדִי Qal inf.cstr.-1 c.s. sf. (763) *I stood up*

לְמַחֲזִיק prep.-Hi. ptc. (304) *to confirm*

וּלְמָעוֹז לוֹ conj.-prep.-n.m.s. (731)-prep.-3 m.s. sf. *and strengthen him*

11:2

וְעַתָּה cf.10:20 conj.-adv. *and now*

אֱמֶת אַגִּיד n.f.s. (54)-cf.10:21 Hi. impf. 1 c.s. (616) *I will show ... the truth*

לָךְ prep.-2 m.s. sf. paus. *you*

הִנֵּה־עוֹד interj. (243)-adv. *behold ... more*

שְׁלֹשָׁה num. f.s. (1025) *three*

מְלָכִים n.m.p. (I 572) *kings*

עֹמְדִים Qal act.ptc. m.p. (763) *shall arise*

לְפָרַס prep.-pr.n. (828) *in Persia*

וְהָרְבִיעִי conj.-def.art.-num.ord. (917) *and a fourth*

יַעֲשִׁיר Hi. impf. 3 m.s. (799) *shall be ... richer*

עֹשֶׁר־גָּדוֹל n.m.s. (799)-adj. m.s. (152) *far*

מִכֹּל prep.-n.m.s. (481) *than all of them*

וּכְחֶזְקָתוֹ conj.-prep.-n.f.s.-3 m.s. sf. (305) *and when he has become strong*

בְּעָשְׁרוֹ prep.-n.m.s.-3 m.s. sf. (799) *through his riches*

יָעִיר Hi. impf. 3 m.s. (I 734) *he shall stir up*

הַכֹּל def.art.-n.m.s. (481) *all*

אֵת מַלְכוּת יָוָן dir.obj.-n.f.s. (574)-pr.n. (402) *against the kingdom of Greece*

11:3

וְעָמַד conj.-Qal pf. 3 m.s. (763) *then ... shall arise*

מֶלֶךְ גִּבּוֹר n.m.s. (I 572)-adj. m.s. (150) *a mighty king*

וּמָשַׁל conj.-Qal pf. 3 m.s. (605) *who shall rule*

מִמְשָׁל רַב n.m.s. (606)-adj. m.s. (I 912) *with great dominion*

וְעָשָׂה conj.-Qal pf. 3 m.s. (I 793) *and do*

כִּרְצוֹנוֹ prep.-n.m.s.-3 m.s. sf. (953) *according to his will*

11:4

וּכְעָמְדוֹ conj.-prep.-Qal inf.cstr.-3 m.s. sf. (763) *and when he has arisen*

תִּשָּׁבֵר Ni. impf. 3 f.s. (990) *shall be broken*

מַלְכוּתוֹ n.f.s.-3 m.s. sf. (574) *his kingdom*

וְתֵחָץ conj.-Ni. impf. 3 f.s. apoc. (345 חָצָה) *and divided*

לְאַרְבַּע prep.-num. s. cstr. (916) *toward the four*

רוּחוֹת n.f.p. cstr. (924) *winds of*

הַשָּׁמָיִם def.art.-n.m.p. paus. (1029) *heaven*

וְלֹא לְאַחֲרִיתוֹ conj.-neg.-prep.-n.f.s.-3 m.s. sf. (31) *but not to his posterity*

וְלֹא כְמָשְׁלוֹ conj.-neg.-prep.-n.m.s.-3 m.s. sf. (II 606) *nor according to his dominion*

אֲשֶׁר מָשָׁל rel.-Qal pf. 3 m.s. paus. (605) *with which he ruled*

כִּי תִנָּתֵשׁ conj.-Ni. impf. 3 f.s. (נָתַשׁ 684) *for ... shall be plucked up*

מַלְכוּתוֹ v.supra *his kingdom*

וְלַאֲחֵרִים conj.-prep.-n.m.p. (29) *and go to others*

מִלְּבַד־אֵלֶּה prep.-prep.-n.m.s. (II 94)-demons. adj. m.p. (41) *besides these*

11:5

וְיֶחֱזַק conj.-Qal impf. 3 m.s. (304) *then ... shall be strong*

מֶלֶךְ־הַנֶּגֶב n.m.s. cstr. (I 572)-def.art.-n.m.s. (616) *the king of the south*

וּמִן־שָׂרָיו conj.-prep.-n.m.p.-3 m.s. sf. (978) *but one of his princes*

וְיֶחֱזַק v.supra *shall be stronger*

עָלָיו prep.-3 m.s. sf. *than he*

וּמָשָׁל conj.-Qal pf. 3 m.s. paus. (III 605) *shall be*

מִמְשָׁל רַב n.m.s. (606)-adj. m.s. (I 912) *a great dominion*

מֶמְשַׁלְתּוֹ n.f.s.-3 m.s. sf. (606) *his dominion*

11:6

וּלְקֵץ שָׁנִים conj.-prep.-n.m.s. cstr. (893)-n.f.p. (1040; GK 139h) *after some years*

יִתְחַבָּרוּ Hith. impf. 3 m.p. paus. (287) *they shall make an alliance*

וּבַת conj.-n.f.s. cstr. (I 123) *and the daughter of*

מֶלֶךְ־הַנֶּגֶב cf.11:5 n.m.s. cstr. (I 572)-def.art. -n.m.s. (616) *the king of the south*

תָּבוֹא Qal impf. 3 f.s. (97) *shall come*

אֶל־מֶלֶךְ prep.-n.m.s. cstr. (I 572) *to the king of*

הַצָּפוֹן def.art.-n.f.s. (860) *the north*

לַעֲשׂוֹת prep.-Qal inf.cstr. (I 793) *to make*

748

מֵישָׁרִים n.m.p. (449) *peace*

וְלֹא־תַעֲצֹר conj.-neg.-Qal impf. 3 f.s. (783) *but she shall not restrain*

כֹּחַ הַזְּרוֹעַ n.m.s. cstr. (470)-def.art.-n.f.s. (283) *the strength of her arm*

וְלֹא יַעֲמֹד conj.-neg.-Qal impf. 3 m.s. (763) *and he ... shall not endure*

וּזְרֹעוֹ conj.-n.f.s.-3 m.s. sf. (283) *and his offspring*

וְתִנָּתֵן הִיא conj.-Ni. impf. 3 f.s. (678)-pers.pr. 3 f.s. (214) *but she shall be given up*

וּמְבִיאֶיהָ conj.-Hi. ptc. m.p.-3 f.s. sf. (97) *and her attendants*

וְהַיֹּלְדָהּ conj.-def.art.-Qal act.ptc.-3 f.s. sf. (408; GK 116f, 127i) *her child*

וּמַחֲזִקָהּ conj.-Hi. ptc.-3 f.s. sf. (304) *and he who got possession of her*

בָּעִתִּים prep.-def.art.-n.m.p. (773) *in those times*

11:7

וְעָמַד conj.-Qal pf. 3 m.s. (763) *shall arise*

מִנֵּצֶר prep.-n.m.s. (666) *from (a branch)*

שָׁרָשֶׁיהָ n.m.p.-3 f.s. sf. (1057) *her roots*

כַּנּוֹ n.m.s.-3 m.s. sf. (III 487) *in his place*

וְיָבֹא conj.-Qal impf. 3 m.s. (97) *he shall come*

אֶל־הַחַיִל prep.-def.art.-n.m.s. (298) *against the army*

וְיָבֹא conj.-v.supra *and enter*

בְּמָעוֹז prep.-n.m.s. cstr. (731) *the fortress of*

מֶלֶךְ n.m.s. cstr. (I 572) *the king of*

הַצָּפוֹן def.art.-n.f.s. (860) *the north*

וְעָשָׂה conj.-Qal pf. 3 m.s. (I 793) *and he shall deal*

בָהֶם prep.-3 m.p. sf. *with them*

וְהֶחֱזִיק conj.-Hi. pf. 3 m.s. (304) *and shall prevail*

11:8

וְגַם אֱלֹהֵיהֶם conj.-adv.-n.m.p.-3 m.p. sf. (43) *also ... their gods*

עִם־נְסִכֵיהֶם prep.-n.m.p.-3 m.p. sf. (I 651) *with their molten images*

עִם־כְּלֵי prep.-n.m.p. cstr. (479) *with ... vessels*

חֶמְדָּתָם n.f.s.-3 m.p. sf. (326) *their precious*

כֶּסֶף n.m.s. (494) *of silver*

וְזָהָב conj.-n.m.s. (262) *and of gold*

בַּשְּׁבִי יָבִא prep.-def.art.-n.m.s. (985)-Hi. impf. 3 m.s. (97) *he shall carry off*

מִצְרָיִם pr.n. paus. (595) *Egypt*

וְהוּא conj.-pers.pr. 3 m.s. (214) *and ... he*

שָׁנִים n.f.p. (1040; GK 139h) *for some years*

יַעֲמֹד Qal impf. 3 m.s. (763) *shall refrain from attacking*

מִמֶּלֶךְ prep.-cf.11:7 n.m.s. cstr. (I 572) *the king of*

הַצָּפוֹן def.art.-n.f.s. (860) *the north*

11:9

וּבָא conj.-Qal pf. 3 m.s. (97) *then ... shall come*

בְּמַלְכוּת prep.-n.f.s. cstr. (574) *into the realm of*

מֶלֶךְ cf.11:5,6 n.m.s. cstr. (I 572) *the king of*

הַנֶּגֶב def.art.-n.m.s. (616) *the south*

וְשָׁב conj.-Qal pf. 3 m.s. (996) *but shall return*

אֶל־אַדְמָתוֹ prep.-n.f.s.-3 m.s. sf. (9) *into his own land*

11:10

וּבָנָו conj.-n.m.p.-3 m.s. sf. (119) *his sons*

יִתְגָּרוּ Hith. impf. 3 m.p. (גרה 173) *shall wage war*

וְאָסְפוּ conj.-Qal pf. 3 c.p. (62) *and assemble*

הֲמוֹן n.m.s. cstr. (242) *a multitude of*

חֲיָלִים רַבִּים n.m.p. (289)-adj. m.p. (I 912) *great forces*

וּבָא בֹא conj.-Qal pf. 3 m.s. (97)-Qal inf.cstr. (97) *which shall come on*

וְשָׁטַף conj.-Qal pf. 3 m.s. (1009) *and overthrow*

וְעָבָר conj.-Qal pf. 3 m.s. paus. (716) *and pass through*

וְיָשֹׁב conj.-Qal impf. 3 m.s. (שוב 996) *and again*

וְיִתְגָּרֶה conj.-Hith. impf. 3 m.s. (173) *shall carry the war*

עַד־מָעֻזֹּה prep.-n.m.s.-3 m.s. sf. (731) *as far as his fortress*

11:11

וְיִתְמַרְמַר conj.-Hithpalpel impf. 3 m.s. (I 600) *then ... moved with anger*

מֶלֶךְ הַנֶּגֶב cf.11:5,6,9 v.supra *the king of the south*

וְיָצָא conj.-Qal pf. 3 m.s. (422) *shall come out*

וְנִלְחַם עִמּוֹ conj.-Ni. pf. 3 m.s. (535)-prep.-3 m.s. sf. (GK 131n) *and fight*

עִם־מֶלֶךְ prep.-cf.11:7,8 n.m.s. cstr. (I 572) *with the king of*

הַצָּפוֹן def.art.-n.f.s. (860) *the north*

וְהֶעֱמִיד conj.-Hi. pf. 3 m.s. (763) *and he shall raise*

הָמוֹן רָב cf.11:10 n.m.s. (242)-adj. m.s. (I 912) *a great multitude*

וְנִתַּן conj.-Ni. pf. 3 m.s. (678) *but ... shall be given*

הֶהָמוֹן def.art.-v.supra *it*

בְּיָדוֹ prep.-n.f.s.-3 m.s. sf. (388) *into his hand*

11:12

וְנִשָּׂא conj.-Ni. pf. 3 m.s. (669) *and when ... is taken*

הֶהָמוֹן cf.11:11 def.art.-n.m.s. (242) *the multitude*

יָרוּם לְבָבוֹ ? Qere reads יָרֻם Qal impf. 3 m.s. (926)-n.m.s.-3 m.s. sf. (523) *his heart shall be exalted*

וְהִפִּיל conj.-Hi. pf. 3 m.s. (656) *and he shall cast down*

רִבֹּאוֹת n.f.p. (914) *tens of thousands*

וְלֹא יָעוֹז conj.-neg.-Qal impf. 3 m.s. (עזז 738) *but he shall not prevail*

11:13

וְשָׁב conj.-Qal pf. 3 m.s. (996) *again*

מֶלֶךְ הַצָּפוֹן cf.11:7,8,11 v.supra *the king of the north*

וְהֶעֱמִיד conj.-Hi. pf. 3 m.s. (763) *shall raise*

הָמוֹן cf.11:10,11,12 n.m.s. (242) *a multitude*

רַב מִן adj. m.s. (I 912)-prep. *greater than*

הָרִאשׁוֹן def.art.-adj. m.s. (911) *the former*

וּלְקֵץ cf.11:6 conj.-prep.-n.m.s. cstr. (893) *and after (at the end of)*

הָעִתִּים שָׁנִים def.art.-n.m.p. (773)-n.f.p. (1040) *some years* (times years)

יָבוֹא בוֹא Qal impf. 3 m.s. (97)-Qal inf.cstr. (97) *he shall come on*

בְּחַיִל גָּדוֹל prep.-n.m.s. (298)-adj. m.s. (152) *with a great army*

וּבִרְכוּשׁ רָב conj.-prep.-n.m.s. (940)-adj. m.s. paus. (I 912) *and abundant supplies*

11:14

וּבָעִתִּים conj.-prep.-def.art.-n.f.p. (773) *in ... days*

הָהֵם def.art.-demons.adj. (241) *those*

רַבִּים יַעַמְדוּ adj. m.p. (I 912)-Qal impf. 3 m.p. (763) *many shall rise*

עַל־מֶלֶךְ prep.-cf.11:5,6,9,11 n.m.s. cstr. (I 572) *against the king of*

הַנֶּגֶב def.art.-n.m.s. (616) *the south*

וּבְנֵי פָּרִיצֵי conj.-n.m.p. cstr. (119)-n.m.p. cstr. (829) *and the men of violence among*

עַמְּךָ n.m.s.-2 m.s. sf. (I 766) *your own people*

יִנַּשְּׂאוּ ?? Ni. impf. 3 m.p. (669) *shall lift themselves up*

לְהַעֲמִיד חָזוֹן prep.-Hi. inf.cstr. (763)-n.m.s. (302) *in order to fulfil the vision*

וְנִכְשָׁלוּ conj.-Ni. pf. 3 c.p. paus. (505) *but they shall fail*

11:15

וְיָבֹא conj.-Qal impf. 3 m.s. (97) *then ... shall come*

מֶלֶךְ הַצָּפוֹן cf.11:7,8,11,13 v.supra *the king of the north*

וְיִשְׁפֹּךְ conj.-Qal impf. 3 m.s. (1049) *and throw up*

סוֹלְלָה n.f.s. (700) *siegeworks*

וְלָכַד conj.-Qal pf. 3 m.s. (539) *and take*

עִיר n.f.s. cstr. (746) *a city*

מִבְצָרוֹת n.f.p. (131) *well-fortified*

וּזְרֹעוֹת conj.-n.f.p. cstr. (283) *and the forces of*

הַנֶּגֶב def.art.-n.m.s. (616) *the south*

לֹא יַעֲמֹדוּ neg.-Qal impf. 3 m.p. (763) *shall not stand*

וְעַם מִבְחָרָיו conj.-n.m. cstr. (I 766)-n.m.p.-3 m.s. sf. (104) *or even his picked troops*

וְאֵין כֹּחַ conj.-subst.cstr. (II 34)-n.m.s. (470) *for there shall be no strength*

לַעֲמֹד prep.-Qal inf.cstr. (763) *to stand*

11:16

וְיַעַשׂ conj.-Qal impf. 3 m.s. apoc. (I 793) *shall do*

הַבָּא אֵלָיו def.art.-Qal act.ptc. (97)-prep.-3 m.s. sf. *he who comes against him*

כִּרְצוֹנוֹ prep.-n.m.s.-3 m.s. sf. (753) *according to his own will*

וְאֵין עוֹמֵד conj.-subst.cstr. (II 34)-Qal act.ptc. (763) *and none shall stand*

לְפָנָיו prep.-n.m.p.-3 m.s. sf. (815) *before him*

וְיַעֲמֹד conj.-Qal impf. 3 m.s. (763) *and he shall stand*

בְּאֶרֶץ־הַצְּבִי prep.-n.f.s. cstr. (75)-def.art.-n.m.s. (840) *in the glorious land*

וְכָלָה conj.-Qal pf. 3 m.s. (I 477) *and it will be complete*

בְּיָדוֹ prep.-n.f.s.-3 m.s. sf. (388) *in his power*

11:17

וְיָשֵׂם conj.-Qal impf. 3 m.s. (I 962) *and he shall set*

פָּנָיו n.m.p.-3 m.s. sf. (815) *his face*

לָבוֹא prep.-Qal inf.cstr. (97) *to come*

בְּתֹקֶף prep.-n.m.s. cstr. (1076) *with the strength of*

כָּל־מַלְכוּתוֹ n.m.s. cstr. (481)-n.f.s.-3 m.s. sf. (574) *of his whole kingdom*

וִישָׁרִים conj.-adj. m.p. (449) *and ... terms of peace*

עִמּוֹ prep.-3 m.s. sf. *he shall bring*

וְעָשָׂה conj.-Qal pf. 3 m.s. (I 793) *and perform them*

וּבַת conj.-n.f.s. cstr. (I 123) *the daughter of*

הַנָּשִׁים def.art.-n.f.p. (61) *women*

יִתֶּן־לוֹ Qal impf. 3 m.s. (678)-prep.-3 m.s. sf. *he shall give him*

לְהַשְׁחִיתָהּ prep.-Hi. inf.cstr.-3 f.s. sf. (1007) *to destroy the kingdom*

וְלֹא תַעֲמֹד conj.-neg.-Qal impf. 3 f.s. (763) *but it shall not stand*

וְלֹא־לוֹ תִהְיֶה conj.-neg.-prep.-3 m.s. sf.-Qal impf. 3 f.s. (224) *or be to his advantage*

11:18

וְיָשֵׁב conj.-Hi. impf. 3 m.s. (996) *afterward he shall turn*

פָּנָיו n.m.p.-3 m.s. sf. (815) *his face*

לְאִיִּים prep.-n.m.p. (I 15) *to the coastlands*

וְלָכַד conj.-Qal pf. 3 m.s. (539) *and shall take*

רַבִּים adj. m.p. (I 912) *many of them*

וְהִשְׁבִּית conj.-Hi. pf. 3 m.s. (991) *but ... shall put to an end*

קָצִין n.m.s. (892) *a commander*

חֶרְפָּתוֹ לוֹ n.f.s.-3 m.s. sf. (357)-prep.-3 m.s. sf. *to his insolence*

בִּלְתִּי adv. (116) *indeed*

חֶרְפָּתוֹ v.supra *his insolence*

יָשִׁיב לוֹ Hi. impf. 3 m.s. (996)-prep.-3 m.s. sf. *he shall turn ... back upon him*

11:19

וְיָשֵׁב פָּנָיו cf.11:18 conj.-Hi. impf. 3 m.s. (996)-n.m.p.-3 m.s. sf. (815) *then he shall turn his face back*

לְמָעוּזֵּי prep.-cf.11:7,10 n.m.p. cstr. (731) *toward the fortresses of*

אַרְצוֹ n.f.s.-3 m.s. sf. (75) *his own land*

וְנִכְשַׁל conj.-Ni. pf. 3 m.s. (505) *but he shall stumble*

וְנָפַל conj.-Qal pf. 3 m.s. (656) *and fall*

וְלֹא יִמָּצֵא conj.-neg.-Ni. impf. 3 m.s. (592) *and shall not be found*

11:20

וְעָמַד conj.-Qal pf. 3 m.s. (763) *then shall arise*

עַל־כַּנּוֹ prep.-n.m.s.-3 m.s. sf. (III 47) *in his place*

מַעֲבִיר Hi. ptc. (716) *one who shall send*

נוֹגֵשׂ Qal act.ptc. (620) *an exactor*

הֶדֶר מַלְכוּת n.m.s. cstr. (214; GK 93dd)-n.f.s. (574) *through the glory of the kingdom*

וּבְיָמִים אֲחָדִים conj.-prep.-n.m.p. (398)-adj. m.p. (25) *but within a few days*

יִשָּׁבֵר Ni. impf. 3 m.s. (990) *he shall be broken*

וְלֹא בְאַפַּיִם conj.-neg.-prep.-n.m. du. (I 60) *neither in anger*

וְלֹא בְמִלְחָמָה conj.-neg. prep.-n.f.s. (536) *nor in battle*

11:21

וְעָמַד cf.11:20 conj.-Qal pf. 3 m.s. (763) *shall arise*

עַל־כַּנּוֹ prep.-n.m.s.-3 m.s. sf. (III 47) *in his place*

נִבְזֶה Ni. ptc. (102) *a contemptible person*

וְלֹא־נָתְנוּ conj.-neg.-Qal pf. 3 c.p. (678) *has not been given*

עָלָיו prep.-3 m.s. sf. *to whom*

הוֹד מַלְכוּת cf.10:8 n.m.s. cstr. (I 217)-n.f.s. (574) *royal majesty*

וּבָא conj.-Qal pf. 3 m.s. (97) *he shall come in*

בְשַׁלְוָה prep.-cf.8:25 n.f.s. (1017) *without warning*

וְהֶחֱזִיק conj.-Hi. pf. 3 m.s. (304) *and obtain*

מַלְכוּת v.supra *the kingdom*

בַּחֲלַקְלַקּוֹת prep.-n.f.p. (325) *by flatteries*

11:22

וּזְרֹעוֹת הַשֶּׁטֶף conj.-cf.11:15 n.f.p. cstr. (283)-def.art.-n.m.s. (1009) *armies shall be utterly*

יִשָּׁטְפוּ Ni. impf. 3 m.p. (1009) *swept away*

מִלְּפָנָיו prep.-prep.-n.m.p.-3 m.s. sf. (815) *before him*

וְיִשָּׁבֵרוּ conj.-Ni. impf. 3 m.p. paus. (990) *and broken*

וְגַם conj.-adv. *and also*

נְגִיד בְּרִית n.m.s. cstr. (617)-n.f.s. (136) *the prince of the covenant*

11:23

וּמִן־הִתְחַבְּרוּת conj.-prep.-Hith. inf.cstr. (Aramaic form; 287; GK 53 l, 54k) *and from the time that an alliance is made*

אֵלָיו prep.-3 m.s. sf. *with him*

יַעֲשֶׂה Qal impf. 3 m.s. (I 793) *he shall act*

מִרְמָה n.f.s. (941) *deceitfully*

וְעָלָה וְעָצַם conj.-Qal pf. 3 m.s. (748)-conj.-Qal pf. 3 m.s. (I 782) *he shall become strong*

בִּמְעַט־גּוֹי prep.-subst.cstr. (589)-n.m.s. (156) *with a small people*

11:24

בְּשַׁלְוָה cf.11:21 prep.-n.f.s. (1017) *without warning*

וּבְמִשְׁמַנֵּי conj.-prep.-n.m.p. cstr. (1032) *into the richest parts of*

מְדִינָה n.f.s. (193) *the province*

יָבוֹא Qal impf. 3 m.s. (97) *he shall come*

וְעָשָׂה conj.-Qal pf. 3 m.s. (I 793) *and he shall do*

אֲשֶׁר לֹא־עָשׂוּ rel.-neg.-Qal pf. 3 c.p. (I 793) *what neither ... have done*

אֲבֹתָיו n.m.p.-3 m.s. sf. (3) *his fathers*

וַאֲבוֹת אֲבֹתָיו conj.-n.m.p. cstr. (3)-v.supra *or his fathers' fathers*

בִּזָּה n.f.s. (103) *plunder*

וְשָׁלָל conj.-n.m.s. (1021) *spoil*

וּרְכוּשׁ conj.-n.m.s. (940) *and goods*

לָהֶם יִבְזוֹר prep.-3 m.p. sf.-Qal impf. 3 m.s. (103) *scattering among them*

וְעַל מִבְצָרִים conj.-prep.-n.m.p. (131) *against strongholds*

יְחַשֵּׁב Pi. impf. 3 m.s. (362) *he shall devise*

מַחְשְׁבֹתָיו n.f.p.-3 m.s. sf. (364) *plans*

וְעַד־עֵת conj.-prep.-n.f.s. (773) *but only for a time*

11:25

וְיָעֵר conj.-Hi. impf. 3 m.s. apoc. (734) *and he shall stir up*

כֹּחוֹ וּלְבָבוֹ n.m.s.-3 m.s. sf. (470)-conj.-n.m.s. -3 m.s. sf. (523) *his power and his courage*

עַל־מֶלֶךְ prep.-cf.11:4 n.m.s. cstr. (I 572) *against the king of*

הַנֶּגֶב def.art.-n.m.s. (616) *the south*

בְּחַיִל גָּדוֹל prep.-n.m.s. (298)-adj. m.s. (152) *with a great army*

וּמֶלֶךְ הַנֶּגֶב conj.-v.supra *and the king of the south*

יִתְגָּרֶה Hith. impf. 3 m.s. (173) *shall wage*

לַמִּלְחָמָה prep.-def.art.-n.f.s. (536) *war*

בְּחַיִל־גָּדוֹל v.supra-v.supra *with a great ... army*

וְעָצוּם conj.-adj. m.s. (783) *and mighty*

עַד־מְאֹד prep.-adv. (547) *exceedingly*

וְלֹא יַעֲמֹד conj.-neg.-Qal impf. 3 m.s. (763) *but he shall not stand*

כִּי־יַחְשְׁבוּ conj.-Qal impf. 3 m.p. (362) *for shall be devised*

עָלָיו prep.-3 m.s. sf. *against him*

מַחֲשָׁבוֹת n.f.p. (364) *plots*

11:26

וְאֹכְלֵי conj.-Qal act.ptc. m.p. cstr. (37) *even those who eat*

פַת־בָּגוֹ n.m.s.-3 m.s. sf. (cf.1:5,8,13,15,16; 834) *his rich food*

יִשְׁבְּרוּהוּ Qal impf. 3 m.p.-3 m.s. sf. (990) *shall be his undoing*

וְחֵילוֹ conj.-n.m.s.-3 m.s. sf. (298) *his army*

יִשְׁטוֹף Qal impf. 3 m.s. (1009) *shall be swept away*

וְנָפְלוּ conj.-Qal pf. 3 c.p. (656) *shall fall down*

חֲלָלִים רַבִּים n.m.p. (I 319)-adj. m.p. (I 912) *many slain*

11:27

וּשְׁנֵיהֶם conj.-num. m.p.-3 m.p. sf. (1040) *and as for ... two*

הַמְּלָכִים def.art.-n.m.p. (I 572) *the ... kings*

לְבָבָם n.m.s.-3 m.p. sf. (523) *their minds*

לְמֵרָע prep.-n.m.s. or Hi. ptc. (949) *shall be bent on mischief*

וְעַל־שֻׁלְחָן conj.-prep.-n.m.s. (1020) *at the ... table*

אֶחָד num.adj. m.s. (25) *same*

כָּזָב יְדַבֵּרוּ n.m.s. (469)-Pi. impf. 3 m.p. paus. (180) *they shall speak lies*

וְלֹא תִצְלָח conj.-neg.-Qal impf. 3 f.s. (II 852) *but to no avail*

כִּי־עוֹד conj.-adv. *for yet*

קֵץ לַמּוֹעֵד n.m.s. (893)-prep.-def.art.-n.m.s. (417) *the end is to be at the time appointed*

11:28

וְיָשֹׁב conj.-Qal impf. 3 m.s. (996) *and he shall return*

אַרְצוֹ n.f.s.-3 m.s. sf. (75) *to his land*

בִּרְכוּשׁ גָּדוֹל prep.-cf.11:24 n.m.s. (940)-adj. m.s. (152) *with great substance*

וּלְבָבוֹ conj.-n.m.s.-3 m.s. sf. (523) *and his heart shall be set*

עַל־בְּרִית prep.-n.f.s. cstr. (136) *against the ... covenant*

קֹדֶשׁ n.m.s. (871) *holy*

וְעָשָׂה conj.-Qal pf. 3 m.s. (I 793) *and he shall work his will*

וְשָׁב conj.-Qal pf. 3 m.s. (996) *and return*

לְאַרְצוֹ prep.-v.supra *to his own land*

11:29

לַמּוֹעֵד cf.11:27 prep.-def.art.-n.m.s. (417) *at the time appointed*

יָשׁוּב Qal impf. 3 m.s. (996) *he shall return*

וּבָא conj.-Qal pf. 3 m.s. (97) *(and enter)*

בַנֶּגֶב prep.-def.art.-n.m.s. (616) *into the south*

וְלֹא־תִהְיֶה conj.-neg.-Qal impf. 3 f.s. (224) *but it shall not be*

כָרִאשֹׁנָה prep.-def.art.-n.f.s. (911) *as before*

וּבְאַחֲרִיתָהּ conj.-prep.-def.art.-n.f.s. (30) *this time*

11:30

וּבָאוּ conj.-Qal pf. 3 c.p. (97) *for ... shall come*

בוֹ prep.-3 m.s. sf. *against him*

צִיִּים כִּתִּים n.m.p. (I 850)-pr.n. (508) *ships of Kittim*

וְנִכְאָה conj.-Ni. pf. 3 m.s. (456) *and he shall be afraid and withdraw*

וְשָׁב conj.-Qal pf. 3 m.s. (996) *and shall turn back*

וְזָעַם conj.-Qal pf. 3 m.s. (276) *and be enraged*

עַל־בְּרִית־ cf.11:28 prep.-n.f.s. cstr. (136) *against the ... covenant*

קוֹדֶשׁ n.m.s. (871) *holy*

וְעָשָׂה conj.-Qal pf. 3 m.s. (I 793) *and take action*

וְשָׁב v.supra *he shall turn back*

וְיָבֵן conj.-Qal impf. 3 m.s. (106) *and give heed*

עַל־עֹזְבֵי prep.-Qal act.ptc. m.p. cstr. (I 736) *to those who forsake*

בְּרִית קֹדֶשׁ v.supra-v.supra *the holy covenant*

11:31

וּזְרֹעִים conj.-n.f.p. (283) *forces*

מִמֶּנּוּ prep.-3 m.s. sf. *from him*

יַעֲמֹדוּ Qal impf. 3 m.p. paus. (763) *shall appear*

וְחִלְּלוּ conj.-Pi. pf. 3 c.p. (III 320) *and profane*

הַמִּקְדָּשׁ def.art.-n.m.s. (874) *the temple*

הַמָּעוֹז def.art.-n.m.s. (731) *and fortress*

וְהֵסִירוּ conj.-Hi. pf. 3 c.p. (693) *and shall take away*

הַתָּמִיד def.art.-n.m.s. (556) *the continual burnt offering*

וְנָתְנוּ conj.-Qal pf. 3 c.p. (678) *and they shall set up*

הַשִּׁקּוּץ def.art.-n.m.s. (1055) *the abomination*

מְשׁוֹמֵם Poel ptc. (1030; GK 126z) *that makes desolate*

11:32

וּמַרְשִׁיעֵי conj.-Hi. ptc. m.p. cstr. (957) *those who violate*

בְּרִית n.f.s. (136) *the covenant*

יַחֲנִיף Hi. impf. 3 m.s. (337) *he shall seduce*

בַּחֲלַקּוֹת prep.-n.f.p. (325) *with flattery*

וְעָם conj.-n.m.s. (I 766) *but the people*

יֹדְעֵי Qal act.ptc. m.p. cstr. (393) *who know*

אֱלֹהָיו n.m.p.-3 m.s. sf. (43) *their God*

יַחֲזִקוּ Hi. impf. 3 m.p. (304) *shall stand firm*

וְעָשׂוּ conj.-Qal pf. 3 c.p. (I 793) *and take action*

11:33

וּמַשְׂכִּילֵי conj.-Hi. ptc. m.p. cstr. (968) *and those ... who are wise*

עָם n.m.s. (I 766) *among the people*

יָבִינוּ Hi. impf. 3 m.p. (106) *shall make understand*

לָרַבִּים prep.-def.art.-n.m.p. (I 912) *many*

וְנִכְשְׁלוּ conj.-Ni. pf. 3 c.p. (505) *though they shall fall*

בְּחֶרֶב prep.-n.f.s. (352) *by sword*

וּבְלֶהָבָה conj.-prep.-n.f.s. (529) *and flame*

בִּשְׁבִי prep.-n.m.s. (985) *by captivity*

וּבְבִזָּה conj.-prep.-n.f.s. (103) *and plunder*

יָמִים n.m.p. (398) *for some days*

11:34

וּבְהִכָּשְׁלָם conj.-prep.-Ni. inf.cstr.-3 m.p. sf. (505) *when they fall*

יֵעָזְרוּ Ni. impf. 3 m.p. (740) *they shall receive*

עֵזֶר מְעָט n.m.s. (740)-adj. (589) *a little help*

וְנִלְווּ conj.-Ni. pf. 3 c.p. (I 530) *and ... shall join themselves*

עֲלֵיהֶם prep.-3 m.p. sf. *to them*

רַבִּים cf.11:33 n.m.p. (I 912) *many*

בַּחֲלַקְלַקּוֹת prep.-cf.11:21 n.f.p. (325) *with flattery*

11:35

וּמִן־הַמַּשְׂכִּילִים conj.-prep.-def.art.-Hi. ptc. m.p. (968) *and some of those who are wise*

יִכָּשְׁלוּ Ni. impf. 3 m.p. (505) *shall fall*

לִצְרוֹף prep.-Qal inf.cstr. (864) *to refine*

בָּהֶם prep.-3 m.p. sf. *them*

וּלְבָרֵר conj.-prep.-Pi. inf.cstr. (140) *and to cleanse*

וְלַלְבֵּן conj.-prep.-Hi. inf.cstr. (526; GK 53q) *and to make them white*

עַד־עֵת prep.-n.f.s. cstr. (773) *until the time of*

קֵץ n.m.s. (893) *the end*

כִּי־עוֹד conj.-adv. *for it is yet*

לַמּוֹעֵד prep.-def.art.-n.m.s. (417) *for the time appointed*

11:36

וְעָשָׂה conj.-Qal pf. 3 m.s. (I 793) *and ... shall do*

כִּרְצוֹנוֹ prep.-n.m.s.-3 m.s. sf. (953) *according to his will*

הַמֶּלֶךְ def.art.-n.m.s. (I 572) *the king*

וְיִתְרוֹמֵם conj.-Hithpolel impf. 3 m.s. (926) *he shall exalt himself*

וְיִתְגַּדֵּל conj.-Hith. impf. 3 m.s. (152) *and magnify himself*

753

עַל־כָּל־אֵל prep.-n.m.s. cstr. (481)-n.m.s. (42) *above every god*

וְעַל אֵל אֵלִים conj.-n.m.s. cstr. (42)-n.m.p. (42) *and against the God of gods*

יְדַבֵּר Pi. impf. 3 m.s. (180) *and shall speak*

נִפְלָאוֹת Ni. ptc. f.p. (810) *astonishing things*

וְהִצְלִיחַ conj.-Hi. pf. 3 m.s. (II 852) *he shall prosper*

עַד־כָּלָה זַעַם adv.-Qal pf. 3 m.s. (I 477)-n.m.s. (276) *till the indignation is accomplished*

כִּי נֶחֱרָצָה conj.-Ni. ptc. f.s. (I 358) *for what is determined*

נֶעֱשָׂתָה Ni. pf. 3 f.s. (I 793) *shall be done*

11:37

וְעַל־אֱלֹהֵי conj.-prep.-n.m.p. cstr. (43) *to the gods of*

אֲבֹתָיו n.m.p.-3 m.s. sf. (3) *his fathers*

לֹא יָבִין neg.-Qal impf. 3 m.s. (106) *he shall give no heed*

וְעַל־חֶמְדַּת conj.-prep.-n.f.s. cstr. (326) *or to the one beloved by*

נָשִׁים n.f.p. (61) *women*

וְעַל־כָּל־אֱלוֹהַּ conj.-prep.-n.m.s. cstr. (481)-n.m.s. (42) *to any other god*

לֹא יָבִין v.supra-v.supra *he shall not give heed*

כִּי עַל־כֹּל conj.-prep.-n.m.s. (481) *for ... above all*

יִתְגַּדָּל Hith. impf. 3 m.s. paus. (152) *he shall magnify himself*

11:38

וְלֶאֱלֹהַּ מָעֻזִּים conj.-prep.-n.m.s. cstr. (42)-n.m.p. (731) *the god of fortresses*

עַל־כַּנּוֹ prep.-cf.11:20,21 n.m.s.-3 m.s. sf. (487) *instead of these*

יְכַבֵּד Pi. impf. 3 m.s. (457) *he shall honor*

וְלֶאֱלֹהַּ v.supra *a god*

אֲשֶׁר לֹא־יְדָעֻהוּ rel.-neg.-Qal pf. 3 c.p.-3 m.s. sf. (393) *whom ... did not know*

אֲבֹתָיו n.m.p.-3 m.s. sf. (3) *his fathers*

יְכַבֵּד v.supra *he shall honor*

בְּזָהָב prep.-n.m.s. (262) *with gold*

וּבְכֶסֶף conj.-prep.-n.m.s. (494) *and silver*

וּבְאֶבֶן יְקָרָה conj.-prep.-n.f.s. (6)-adj. f.s. (429) *with precious stones*

וּבַחֲמֻדוֹת conj.-prep.-n.f.p. (326) *and costly gifts*

11:39

וְעָשָׂה conj.-Qal pf. 3 m.s. (I 793) *he shall deal*

לְמִבְצְרֵי prep.-n.m.p. cstr. (131) *with ... fortresses of*

מָעֻזִּים n.m.p. (731) *the strongest*

עִם־אֱלוֹהַּ נֵכָר prep.-n.m.s. (42)-n.m.s. (648) *by the help of a foreign god*

אֲשֶׁר הִכִּיר rel.-Hi. inf.cstr. (Qere-יַכִּיר-Hi. impf. 3 m.s.; I 647) *those who acknowledge him*

יַרְבֶּה Hi. impf. 3 m.s. (I 915) *he shall magnify*

כָּבוֹד n.m.s. (458) *with honor*

וְהִמְשִׁילָם conj.-Hi. pf. 3 m.s.-3 m.p. sf. (605) *he shall make them rulers*

בָּרַבִּים prep.-def.art.-n.m.p. (I 912) *over many*

וַאֲדָמָה conj.-n.f.s. (9) *and the land*

יְחַלֵּק conj.-Pi. pf. 3 m.s. (323) *he shall divide*

בִּמְחִיר prep.-n.m.s. (I 564) *for a price*

11:40

וּבְעֵת קֵץ conj.-prep.-n.f.s. cstr. (773)-n.m.s. (893) *at the time of the end*

יִתְנַגַּח Hith. impf. 3 m.s. (618) *shall attack*

עִמּוֹ prep.-3 m.s. sf. *him*

מֶלֶךְ הַנֶּגֶב n.m.s. cstr. (I 572)-def.art.-n.m.s. (616) *the king of the south*

וְיִשְׂתָּעֵר conj.-Hith. impf. 3 m.s. (שׂער II 973) *but ... shall rush like a whirlwind*

עָלָיו prep.-3 m.s. sf. *upon him*

מֶלֶךְ הַצָּפוֹן v.supra-def.art.-n.f.s. (860) *the king of the north*

בְּרֶכֶב prep.-n.m.s. (939) *with chariots*

וּבְפָרָשִׁים conj.-prep.-n.m.p. (832) *and horsemen*

וּבָאֳנִיּוֹת conj.-prep.-n.f.p. (58) *with ... ships*

רַבּוֹת adj. f.p. (I 912) *many*

וּבָא conj.-Qal pf. 3 m.s. (97) *and he shall come*

בַאֲרָצוֹת prep.-n.f.p. (75) *into countries*

וְשָׁטַף conj.-Qal pf. 3 m.s. (1009) *and shall overflow*

וְעָבָר conj.-Qal pf. 3 m.s. paus. (716) *and pass through*

11:41

וּבָא conj.-Qal pf. 3 m.s. (97) *he shall come*

בְּאֶרֶץ הַצְּבִי prep.-n.f.s. cstr. (75)-def.art. -n.m.s. (840) *into the glorious land*

וְרַבּוֹת conj.-adj. f.p. (I 912) *many*; or read רִבּוֹת n.f.p. (914) *tens of thousands*

יִכָּשֵׁלוּ Ni. impf. 3 m.p. paus. (505) *shall fall*

וְאֵלֶּה conj.-demons.adj. m.p. (41) *but these*

יִמָּלְטוּ Ni. impf. 3 m.p. (572) *shall be delivered*

מִיָּדוֹ prep.-n.f.s.-3 m.s. sf. (388) *from his hand*

אֱדוֹם pr.n. (10) *Edom*

וּמוֹאָב conj.-pr.n. (555) *and Moab*

וְרֵאשִׁית conj.-n.f.s. cstr. (912) *and the main part of*

בְּנֵי עַמּוֹן n.m.p. cstr. (119)-pr.n. (769) *the Ammonites*

11:42

וְיִשְׁלַח conj.-Qal impf. 3 m.s. (1018) *he shall stretch forth*

יָדוֹ n.f.s.-3 m.s. sf. (388) *his hand*

בַּאֲרָצוֹת prep.-n.f.p. (75) *against the countries*

וְאֶרֶץ conj.-n.f.s. cstr. (75) *and the land of*

מִצְרַיִם pr.n. (595) *Egypt*

לֹא תִהְיֶה neg.-Qal impf. 3 f.s. (224) *shall not*

לִפְלֵיטָה prep.-n.f.s. (812) *escape*

11:43

וּמָשַׁל conj.-Qal pf. 3 m.s. (605) *he shall become ruler*

בְּמִכְמַנֵּי prep.-n.m.p. cstr. (485) *of the treasures of*

הַזָּהָב def.art.-n.m.s. (262) *gold*

וְהַכֶּסֶף conj.-def.art.-n.m.s. (494) *and of silver*

וּבְכֹל conj.-prep.-n.m.s. cstr. (481) *and all*

חֲמֻדוֹת n.f.p. cstr. (326) *the precious things of*

מִצְרָיִם pr.n. paus. (595) *Egypt*

וְלֻבִים conj.-pr.n. (530) *and the Libyans*

וְכֻשִׁים conj.-pr.n. (I 469) *and the Ethiopians*

בְּמִצְעָדָיו prep.-n.m.p.-3 m.s. sf. (857) *shall follow in his train*

11:44

וּשְׁמֻעוֹת conj.-n.f.p. (1035) *but tidings*

יְבַהֲלֻהוּ Pi. impf. 3 m.p.-3 m.s. sf. (96) *shall alarm him*

מִמִּזְרָח prep.-n.m.s. (280) *from the east*

וּמִצָּפוֹן conj.-prep.-n.f.s. (860) *and the north*

וְיָצָא conj.-Qal pf. 3 m.s. (422) *and he shall go forth*

בְּחֵמָא גְדֹלָה prep.-n.f.s. (404; חֵמָה)-adj. f.s. (152) *with great fury*

לְהַשְׁמִיד prep.-Hi. inf.cstr. (1029) *to exterminate*

וּלְהַחֲרִים conj.-prep.-Hi. inf.cstr. (I 355) *and utterly destroy*

רַבִּים adj. m.p. (I 912) *many*

11:45

וְיִטַּע conj.-Qal impf. 3 m.s. (642) *and he shall pitch*

אָהֳלֵי n.m.p. cstr. (13) *... tents (of)*

אַפַּדְנוֹ n.m.s.-3 m.s. sf. (66) *his palatial*

בֵּין יַמִּים prep.-n.m.p. (410) *between the sea*

לְהַר־ prep.-n.m.s. cstr. (249) *and the ... mountain*

צְבִי־קֹדֶשׁ n.m.s. cstr. (840)-n.m.s. (871) *glorious holy*

וּבָא conj.-Qal pf. 3 m.s. (97) *yet he shall come*

עַד־קִצּוֹ prep.-n.m.s.-3 m.s. sf. (893) *to his end*

וְאֵין conj.-subst.cstr. (II 34) *with none*

עוֹזֵר לוֹ Qal act.ptc. (740)-prep.-3 m.s. sf. *to help him*

12:1

וּבָעֵת הַהִיא conj.-prep.-def.art.-n.f.s. (773)-def. art.-demons.adj. f.s. (214) *at that time*

יַעֲמֹד Qal impf. 3 m.s. (763) *shall arise*

מִיכָאֵל pr.n. (567) *Michael*

הַשַּׂר הַגָּדוֹל def.art.-n.m.s. (978)-def.art.-adj. m.s. (152) *the great prince*

הָעֹמֵד def.art.-Qal act.ptc. (763) *who has charge*

עַל־בְּנֵי עַמֶּךָ prep.-n.m.p. cstr. (119)-n.m.s.-2 m.s. sf. (I 766) *of your people*

וְהָיְתָה conj.-Qal pf. 3 f.s. (224) *and there shall be*

עֵת צָרָה n.f.s. cstr. (773)-n.f.s. (865) *a time of trouble*

אֲשֶׁר לֹא־נִהְיְתָה rel.-neg.-Ni. pf. 3 f.s. (224) *such as never has been*

מִהְיוֹת גּוֹי prep.-Qal inf.cstr. (224)-n.m.s. (156) *since there was a nation*

עַד הָעֵת הַהִיא prep.-def.art.-n.f.s. (773)-def. art.-demons.adj. f.s. (214) *till that time*

וּבָעֵת הַהִיא v.supra *but at that time*

יִמָּלֵט עַמְּךָ Ni. impf. 3 m.s. (572)-n.m.s.-2 m.s. sf. (I 766) *your people shall be delivered*

כָּל־הַנִּמְצָא n.m.s. cstr. (481)-def.art.-Ni. ptc. (592) *every one whose name shall be found*

כָּתוּב Qal pass.ptc. (507) *written*

בַּסֵּפֶר prep.-def.art.-n.m.s. (706) *in the book*

12:2

וְרַבִּים conj.-n.m.p. (I 912) *and many*

מִיְּשֵׁנֵי prep.-adj. m.p. cstr. (I 445; GK 102b) *of those who sleep*

אַדְמַת־עָפָר n.f.s. cstr. (9)-n.m.s. (779) *in the dust of the earth*

יָקִיצוּ Hi. impf. 3 m.p. (I 884) *shall awake*

אֵלֶּה demons.adj. m.p. (41) *some*

לְחַיֵּי עוֹלָם prep.-n.m.p. cstr. (313)-n.m.s. (761) *to everlasting life*

וְאֵלֶּה conj.-v.supra *and some*

לַחֲרָפוֹת prep.-n.f.p. (357; GK 124e) *to shame*

לְדִרְאוֹן עוֹלָם prep.-n.m.s. cstr. (201)-v.supra n.m.s. (761) *and everlasting contempt*

755

12:3

וְהַמַּשְׂכִּלִים conj.-def.art.-Hi. ptc. m.p. (968) *and those who are wise*

יַזְהִרוּ Hi. impf. 3 m.p. (I 263) *shall shine*

כְּזֹהַר הָרָקִיעַ prep.-n.m.s. cstr. (264)-def.art. -n.m.s. (956) *like the brightness of the firmament*

וּמַצְדִּיקֵי conj.-Hi. ptc. m.p. cstr. (842) *and those who turn ... to righteousness*

הָרַבִּים def.art.-adj. m.p. (I 912) *many*

כַּכּוֹכָבִים prep.-def.art.-n.m.p. (456) *like the stars*

לְעוֹלָם וָעֶד prep.-cf.12:2 n.m.s. (761)-conj.-n.m.s. (I 723) *for ever and ever*

12:4

וְאַתָּה דָנִיֵּאל conj.-pers.pr. 2 m.s. (61)-pr.n. (193) *but you, Daniel*

סְתֹם cf.8:26 Qal impv. 2 m.s. (711) *shut up*

הַדְּבָרִים def.art.-n.m.p. (182) *the words*

וַחֲתֹם conj.-Qal impv. 2 m.s. (367) *and seal*

הַסֵּפֶר def.art.-n.m.s. (706) *the book*

עַד־עֵת קֵץ prep.-n.f.s. cstr. (773)-n.m.s. (893) *until the time of the end*

יְשֹׁטְטוּ Polel impf. 3 m.p. (שׁוט 1001) *shall run to and fro*

רַבִּים n.m.p. (I 912) *many*

וְתִרְבֶּה conj.-Qal impf. 3 f.s. (I 915) *and ... shall increase*

הַדָּעַת def.art.-n.f.s. (395) *knowledge*

12:5

וְרָאִיתִי אֲנִי conj.-Qal pf. 1 c.s. (906)-pers.pr. 1 c.s. (58) *and I ... looked*

דָנִיֵּאל pr.n. (193) *Daniel*

וְהִנֵּה conj.-interj. (243) *and behold*

שְׁנַיִם אֲחֵרִים num. m.p. (1040)-adj. m.p. (29) *two others*

עֹמְדִים Qal act.ptc. m.p. (763) *stood*

אֶחָד הֵנָּה adj. num. (25)-pron. f.p. (241) *one*

לִשְׂפַת הַיְאֹר prep.-n.f.s. cstr. (973)-def.art. -n.m.s. (384) *on this bank of the stream*

וְאֶחָד הֵנָּה conj.-v.supra *and one*

לִשְׂפַת הַיְאֹר v.supra *on that bank of the stream*

12:6

וַיֹּאמֶר consec.-Qal impf. 3 m.s. (55) *and he (I) said*

לָאִישׁ prep.-def.art.-n.m.s. (35) *to the man*

לְבוּשׁ הַבַּדִּים Qal pass.ptc. m.s. cstr. (527)-def. art.-n.m.p. (I 94) *clothed in linen*

אֲשֶׁר מִמַּעַל rel.-prep.-adv. (751) *who was above*

לְמֵימֵי הַיְאֹר prep.-n.m.p. cstr. (565)-def.art. -n.m.s. (384) *the waters of the stream*

עַד־מָתַי prep.-interr.adv. (607) *till*

קֵץ הַפְּלָאוֹת n.m.s. cstr. (893)-def.art.-n.f.p. (810) *the end of these wonders*

12:7

וָאֶשְׁמַע consec.-Qal impf. 1 c.s. (1033) *and I heard*

אֶת־הָאִישׁ dir.obj.-def.art.-n.m.s. (35) *the man*

לְבוּשׁ הַבַּדִּים cf.12:6 Qal pass.ptc. m.s. cstr. (527) -def.art.-n.m.p. (I 94) *clothed in linen*

אֲשֶׁר מִמַּעַל cf.12:6 rel.-prep.-adv. (751) *who was above*

לְמֵימֵי הַיְאֹר cf.12:6 prep.-n.m.p. cstr. (565)-def. art.-n.m.s. (384) *the waters of the stream*

וַיָּרֶם consec.-Hi. impf. 3 m.s. (926) *raised*

יְמִינוֹ n.f.s.-3 m.s. sf. (411) *his right hand*

וּשְׂמֹאלוֹ conj.-n.m.s.-3 m.s. sf. (969) *and his left hand*

אֶל־הַשָּׁמַיִם prep.-def.art.-n.m.p. (1029) *toward heaven*

וַיִּשָּׁבַע consec.-Ni. impf. 3 m.s. (989) *swear*

בְּחֵי הָעוֹלָם prep.-adj. m.s. cstr. (I 311; GK 93aaN) -def.art.-n.m.s. (761) *by him who lives for ever*

כִּי conj. *that (it would be)*

לְמוֹעֵד prep.-n.m.s. (417) *for a time*

מוֹעֲדִים n.m.p. (417) *two times*

וָחֵצִי conj.-n.m.s. paus. (345) *and half a time*

וּכְכַלּוֹת conj.-prep.-Pi. inf.cstr. (477) *and that when ... comes to an end*

נַפֵּץ Pi. inf.cstr. (I 658) *the shattering of*

יַד־עַם־קֹדֶשׁ n.f.s. cstr. (388)-n.m.s. cstr. (I 766) -n.m.s. (871) *the power of the holy people*

תִּכְלֶינָה Qal impf. 3 f.p. (477) *would be accomplished*

כָּל־אֵלֶּה n.m.s. cstr. (481)-demons.adj. c.p. (41) *all these things*

12:8

וַאֲנִי שָׁמַעְתִּי conj.-pers.pr. 1 c.s. (58)-Qal pf. 1 c.s. (1033) *I heard*

וְלֹא אָבִין conj.-neg.-Qal impf. 1 c.s. (106) *but I did not understand*

וָאֹמְרָה consec.-Qal impf. 1 c.s.-coh.he (55) *then I said*

אֲדֹנִי n.m.s.-1 c.s. sf. (10) *O my lord*

מָה interr. (552) *what shall be*

אַחֲרִית אֵלֶּה n.f.s. cstr. (31)-demons.adj. c.p. (41) *the issue of these things*

756

12:9

וַיֹּאמֶר consec.-Qal impf. 3 m.s. (55) *he said*

לֵךְ Qal impv. 2 m.s. (229) *go your way*

דָּנִיֵאל pr.n. (193) *Daniel*

כִּי־סְתֻמִים conj.-Qal pass.ptc. m.p. (711) *are shut up*

וַחֲתֻמִים conj.-Qal pass. ptc. m.p. (367) *and sealed*

הַדְּבָרִים def.art.-n.m.p. (182) *the words*

עַד־עֵת קֵץ prep.-n.f.s. cstr. (773)-n.m.s. (893) *until the time of the end*

12:10

יִתְבָּרֲרוּ Hith. impf. 3 m.p. (140) *shall purify themselves*

וְיִתְלַבְּנוּ conj.-Hith. impf. 3 m.p. (526) *and make themselves white*

וְיִצָּרְפוּ conj.-Ni. impf. 3 m.p. (864) *and be refined*

רַבִּים n.m.p. (I 912) *many*

וְהִרְשִׁיעוּ conj.-Hi. pf. 3 c.p. (957) *but ... shall do wickedly*

רְשָׁעִים n.m.p. (957) *the wicked*

וְלֹא יָבִינוּ conj.-neg.-Qal impf. 3 m.p. (106) *and none ... shall understand*

כָּל־רְשָׁעִים n.m.s. cstr. (481)-v.supra *of the wicked*

וְהַמַּשְׂכִּלִים conj.-def.art.-Hi. ptc. m.p. (I 968) *but those who are wise*

יָבִינוּ v.supra *shall understand*

12:11

וּמֵעֵת conj.-prep.-n.f.s. cstr. (773) *and from the time that*

הוּסַר הַתָּמִיד Ho. inf.cstr. (693)-def.art.-n.m.s.

(556) *the continual burnt offering is taken away*

וְלָתֵת conj.-prep.-Qal inf.cstr. (678) *and ... is set up*

שִׁקּוּץ שֹׁמֵם n.m.s. (1055)-Qal act.ptc. (1030) *the abomination that makes desolate*

יָמִים n.m.p. (398; GK 134g) *days*

אֶלֶף num. m.s. (48) *a thousand*

מָאתַיִם num. f. du. (547) *two hundred*

וְתִשְׁעִים conj.-num. m.p. (1077) *and ninety*

12:12

אַשְׁרֵי n.m.p. cstr. (80) *blessed is*

הַמְחַכֶּה def.art.-Pi. ptc. (314) *he who waits*

וְיַגִּיע conj.-Hi. impf. 3 m.s. (619) *and comes*

לְיָמִים prep.-n.m.p. (398) *to the ... days*

אֶלֶף num. m.s. (48) *thousand*

שְׁלֹשׁ num. cstr. (1025) *three*

מֵאוֹת n.f.p. (547) *hundred*

שְׁלֹשִׁים num. m.p. (1025) *thirty*

וַחֲמִשָּׁה conj.-num. f.s. (331) *and five*

12:13

וְאַתָּה conj.-pers.pr. 2 m.s. (61) *but*

לֵךְ Qal impv. 2 m.s. (229) *go your way*

לַקֵּץ prep.-def.art.-n.m.s. (893) *till the end*

וְתָנוּחַ conj.-Qal impf. 2 m.s. (628) *and you shall rest*

וְתַעֲמֹד conj.-Qal impf. 2 m.s. (763) *and shall stand*

לְגֹרָלְךָ prep.-n.m.s.-2 m.s. sf. (174) *in your allotted place*

לְקֵץ הַיָּמִין prep.-n.m.s. cstr. (893)-def.art. -n.m.p. (Aramaic 398; GK 87e) *at the end of the days*

Hosea

1:1

דְּבַר־ n.m.s. cstr. (182) *the word of*

יהוה pr.n. (217) *Yahweh*

אֲשֶׁר הָיָה rel. (81)-Qal pf. 3 m.s. (224) *which was*

אֶל־הוֹשֵׁעַ prep.-pr.n. (448) *unto Hosea*

בֶּן־בְּאֵרִי n.m.s. cstr. (119)-pr.n. (92) *the son of Beeri*

בִּימֵי עֻזִּיָּה prep.-n.m.p. cstr. (398)-pr.n. (739) *in the days of Uzziah*

יוֹתָם אָחָז pr.n. (222)-pr.n. (28) *Jotham, Ahaz*

יְחִזְקִיָּה pr.n. (306) *Hezekiah*

מַלְכֵי יְהוּדָה n.m.p. cstr. (572)-pr.n. (397) *the kings of Judah*

וּבִימֵי יָרָבְעָם conj.-prep.-n.m.p. cstr. (398)-pr.n. (914) *and in the days of Jeroboam*

בֶּן־יוֹאָשׁ n.m.s. cstr. (119)-pr.n. (219) *the son of Joash*

מֶלֶךְ יִשְׂרָאֵל n.m.s. cstr. (572)-pr.n. (975) *the king of Israel*

1:2

תְּחִלַּת n.f.s. cstr. (321) *at the beginning of*

דִּבֶּר־ Pi. pf. 3 m.s. (דבר 180; GK 52o,130d, Pi. inf.abs.) *spoke*

יהוה בְּהוֹשֵׁעַ pr.n. (217)-prep.-pr.n.(448) *Yahweh by Hosea*

וַיֹּאמֶר יהוה consec.-Qal impf. 3 m.s. (55)-pr.n. (217) *and then Yahweh said*

אֶל־הוֹשֵׁעַ prep.-pr.n. (448) *unto Hosea*

לֵךְ Qal impv. 2 m.s. (הלך 229) *go*

קַח־לְךָ Qal impv. 2 m.s. (לקח 542)-prep.-2 m.s. sf. *take in marriage for yourself*

אֵשֶׁת n.f.s. cstr. (61) *a woman of*

זְנוּנִים n.m.p. (276) *whoredom*

וְיַלְדֵי זְנוּנִים conj.-n.m.p. cstr. (409)-v.supra *and children of whoredom*

כִּי conj. (471) *for*

זָנֹה תִזְנֶה Qal inf.abs. (275)-Qal impf. 3 f.s. (זנה 275) *has been habitually committing fornication*

הָאָרֶץ def.art.-n.f.s. (75) *the land*

מֵאַחֲרֵי יהוה prep.-prep. (29)-pr.n. (217) *from (following) after Yahweh*

1:3

וַיֵּלֶךְ consec.-Qal impf. 3 m.s. (הלך 229) *and so he went*

וַיִּקַּח consec.-Qal impf. 3 m.s. (לקח 542) *and so he took*

אֶת־גֹּמֶר dir.obj.-pr.n. (170) *Gomer*

759

בַּת־דִּבְלָיִם n.f.s. cstr. (123)-pr.n. (179) *the daughter of Diblaim*

וַתַּהַר consec.-Qal impf. 3 m.s. (הָרָה I 247) *and then she conceived*

וַתֵּלֶד־לוֹ consec.-Qal impf. 3 f.s. (יָלַד 408)-prep.-3 m.s. sf. *and then she bore to him*

בֵּן n.m.s. (119) *a son*

1:4

וַיֹּאמֶר יהוה consec.-Qal impf. 3 m.s. (55)-pr.n. (217) *and then Yahweh said*

אֵלָיו prep.-3 m.s. sf. (39) *unto him*

קְרָא שְׁמוֹ Qal impv. 2 m.s. (894)-n.m.s.-3 m.s. sf. (1027) *call his name*

יִזְרְעֶאל pr.n. (283) *Jezreel*

כִּי־עוֹד מְעַט conj.-adv. (728)-adv. (589) *for yet a little*

וּפָקַדְתִּי conj.-Qal pf. 1 c.s. (823) *and I will visit*

אֶת־דְּמֵי dir.obj.-n.m.p. cstr. (196) *blood of*

יִזְרְעֶאל v.supra *Jezreel*

עַל־בֵּית יֵהוּא prep.-n.m.s. cstr. (108)-pr.n. (219) *upon the house of Jehu*

וְהִשְׁבַּתִּי conj.-Hi. pf. 1 c.s. (991) *and I will destroy*

מַמְלְכוּת n.f.s. cstr. (575) *the dominion of*

בֵּית יִשְׂרָאֵל n.m.s. cstr. (108)-pr.n. (975) *the house of Israel*

1:5

וְהָיָה conj.-Qal pf. 3 m.s. (224) *and it will be*

בַּיּוֹם הַהוּא prep.-def.art.-n.m.s. (398)-def.art.-demons.adj. m.s. (214) *in that day*

וְשָׁבַרְתִּי conj.-Qal pf. 1 c.s. (990) *and I will break*

אֶת־קֶשֶׁת dir.obj.-n.f.s. cstr. (905) *the bow of*

יִשְׂרָאֵל pr.n. (975) *Israel*

בְּעֵמֶק prep.-n.m.s. cstr. (770) *in the valley of*

יִזְרְעֶאל pr.n. (283) *Jezreel*

1:6

וַתַּהַר עוֹד consec.-Qal impf. 3 f.s. (הָרָה 247)-adv. (728) *and she conceived again*

וַתֵּלֶד consec.-Qal impf. 3 f.s. (יָלַד 408) *and she bore*

בַּת n.f.s. (123) *a daughter*

וַיֹּאמֶר לוֹ consec.-Qal impf. 3 m.s. (אָמַר 55)-prep.-3 m.s. sf. *and he said to him*

קְרָא Qal impv. 2 m.s. (894) *call*

שְׁמָהּ n.m.s.-3 f.s. sf. (1027) *her name*

לֹא רֻחָמָה neg.-n.f.s. as pr.n. (520, 933; GK 152aN) *Lo' ruhamah*

כִּי conj. *for*

לֹא אוֹסִיף neg.-Hi. impf. 1 c.s. (יָסַף 414) *I shall not add*

עוֹד (728) *again*

אֲרַחֵם Pi. impf. 1 c.s. (933, 415; GK 120c,1b,2b) *I shall not have pity any more*

אֶת־בֵּית יִשְׂרָאֵל dir.obj.-n.m.s. cstr. (108)-pr.n. (975) *the house of Israel*

כִּי־ v.supra *for*

נָשֹׂא אֶשָּׂא Qal inf.abs. (669)-Qal impf. 1 c.s. (נָשָׂא 669) *I shall not forgive*

לָהֶם prep.-3 m.p. sf. *them*

1:7

וְאֶת־בֵּית יְהוּדָה conj.-dir.obj.-n.m.s. cstr. (108)-pr.n. (397) *the house of Judah*

אֲרַחֵם Pi. impf. 1 c.s. (רָחַם 933) *I shall have compassion*

וְהוֹשַׁעְתִּים conj.-Hi. pf. 1 c.s.-3 m.p. sf. (יָשַׁע 446) *and I shall deliver them*

בַּיהוה prep. (GK 119o)-pr.n. (217) *by Yahweh*

אֱלֹהֵיהֶם n.m.p.-3 m.p. sf. (43) *their God*

וְלֹא אוֹשִׁיעֵם conj.-neg.-Hi. impf. 1 c.s.-3 m.p. sf. (יָשַׁע 446) *and I shall not deliver them*

בְּקֶשֶׁת prep.-n.f.s. (905) *by a bow*

וּבְחֶרֶב conj.-n.f.s. (352) *or by sword*

וּבְמִלְחָמָה conj.-prep.-n.f.s. (536) *or by a battle*

בְּסוּסִים prep.-n.m.p. (692) *by horses*

וּבְפָרָשִׁים conj.-prep.-n.m.p. (832) *or by horsemen*

1:8

וַתִּגְמֹל consec.-Qal impf. 3 f.s. (גָּמַל 168) *and she weaned*

אֶת־לֹא רֻחָמָה dir.obj.-pr.n. (520) *Lo' ruhamah*

וַתַּהַר consec.-Qal impf. 3 f.s. (הָרָה 247) *and she conceived*

וַתֵּלֶד consec.-Qal impf. 3 f.s. (יָלַד 408) *and she bore*

בֵּן n.m.s. (119) *a son*

1:9

וַיֹּאמֶר consec.-Qal impf. 3 m.s. (55) *and he said*

קְרָא שְׁמוֹ Qal impv. 2 m.s. (קָרָא 894)-n.m.s.-3 m.s. sf. (1027) *call his name*

לֹא עַמִּי neg.-n.m.s.-1 c.s. sf. (766) *as pr.n. Lo' ammi*

כִּי אַתֶּם conj.-pers.pr. 2 m.p. *for you*

לֹא עַמִּי neg.-n.m.s.-1 c.s. sf. (520) *not my people*

וְאָנֹכִי conj.-pers.pr. 1 c.s. (59) *and I*

לֹא־אֶהְיֶה neg.-Qal impf. 1 c.s. (הָיָה 224) *and I shall not be*

לָכֶם prep.-2 m.p. sf. *to you*

2:1

וְהָיָה conj.-Qal pf. 3 m.s. (224) *and was*

מִסְפַּר n.m.s. cstr. (708) *the number of*

בְּנֵי־יִשְׂרָאֵל n.m.p. cstr. (119)-pr.n. (975) *the sons of Israel*

כְּחוֹל prep.-n.m.s. cstr. (297) *as the sand of*

הַיָּם def.art.-n.m.s. (410) *the sea*

אֲשֶׁר rel. (81) *which*

לֹא־יִמַּד neg.-Ni. impf. 3 m.s. (מָדַד 551) *may not be measured*

וְלֹא יִסָּפֵר conj.-neg.-Ni. impf. 3 m.s. (סָפַר 707) *and may not be counted*

וְהָיָה v.supra *and it shall be*

בִּמְקוֹם prep.-n.m.s. cstr. (879; GK 130c) *instead of*

אֲשֶׁר־ v.supra *which*

יֵאָמֵר Ni. impf. 3 m.s. (55) *its being said*

לָהֶם prep.-3 m.p. sf. *to them*

לֹא־עַמִּי neg.-n.m.s.-1 c.s. sf. (766) *not my people*

אַתֶּם pers.pr. 2 m.p. (61) *you*

יֵאָמֵר v.supra *it shall be said*

לָהֶם v.supra *to them*

בְּנֵי אֵל־חָי n.m.p. cstr. (119)-n.m.s. (42)-adj. m.s. paus. (311) *sons of the living God*

2:2

וְנִקְבְּצוּ conj.-Ni. pf. 3 c.p. (קָבַץ 867) *and shall be gathered*

בְּנֵי־יְהוּדָה n.m.p. cstr. (119)-pr.n. (397) *the sons of Judah*

וּבְנֵי־יִשְׂרָאֵל conj.-n.m.p. cstr. (119)-pr.n. (975) *and the sons of Israel*

יַחְדָּו adv. (403) *together*

וְשָׂמוּ conj.-Qal pf. 3 c.p. (שׂום 962) *and they shall set*

לָהֶם v.supra *for themselves*

רֹאשׁ אֶחָד n.m.s. (910)-adj.num. (25) *one head*

וְעָלוּ conj.-Qal pf. 3 c.p. (עָלָה 748) *and they shall go up*

מִן־הָאָרֶץ prep.-def.art.-n.f.s. (75) *from the earth*

כִּי conj. (471) *for*

גָדוֹל adj. m.s. (152) *shall be great*

יוֹם יִזְרְעֶאל n.m.s. cstr. (398)-pr.n. (283) *the day of Jezreel*

2:3

אִמְרוּ Qal impv. 2 m.p. (55) *say ye*

לַאֲחֵיכֶם prep.-n.m.p.-2 m.p. sf. (26) *to your brothers*

עַמִּי n.m.s.-1 c.s. sf. (766) *my people*

וְלַאֲחוֹתֵיכֶם conj.-prep.-n.f.p.-2 m.p. sf. (27; GK 96) *to your sisters*

רֻחָמָה Pu. pf. 3 f.s. (933) *she has been shown compassion*

2:4

רִיבוּ Qal impv. 2 m.p. (רִיב 936) *contend*

בְּאִמְּכֶם prep.-n.f.s.-2 m.p. sf. (51) *with your mother*

רִיבוּ v.supra *contend*

כִּי־הִיא conj. (471)-pers.pr. 3 f.s. (214) *for she is*

לֹא אִשְׁתִּי neg.-n.f.s.-1 c.s. sf. (61) *not my wife*

וְאָנֹכִי conj.-pers.pr. 1 c.s. (59) *and I (am)*

לֹא אִישָׁהּ neg.-n.m.s.-3 f.s. sf. (35) *not her husband*

וְתָסֵר conj.-Hi. impf. 3 f.s. (סוּר 693) *that she put away*

זְנוּנֶיהָ n.m.p.-3 f.s. sf. (276) *her harlotry*

מִפָּנֶיהָ prep.-n.m.p.-3 f.s. sf. (815) *from before her*

וְנַאֲפוּפֶיהָ conj.-n.m.p.-3 f.s. sf. (610) *and her adultery*

מִבֵּין prep.-prep. (107) *from between*

שָׁדֶיהָ n.m.s.-3 f.s. sf. (994) *her breasts*

2:5

פֶּן־ conj. *lest*

אַפְשִׁיטֶנָּה Hi. impf. 1 c.s.-3 f.s. sf. (832) *I strip her*

עֲרֻמָּה adj. f.s. (736) *naked*

וְהִצַּגְתִּיהָ conj.-Hi. pf. 1 c.s.-3 f.s. (יָצַג 426) *and I set her*

כְּיוֹם prep.-n.m.s. cstr. (398) *as the day of*

הִוָּלְדָהּ Ni. inf.cstr.-3 f.s. sf.(יָלַד 408) *her being born*

וְשַׂמְתִּיהָ conj.-Qal pf. 1 c.s.-3 f.s. sf. (שׂום 962) *and I set her*

כַּמִּדְבָּר prep.-def.art.-n.m.s. (184) *as the wilderness*

וְשַׁתִּהָ conj.-Qal pf. 1 c.s.-3 f.s. sf. (שִׁית 1011) *and I make her*

כְּאֶרֶץ prep.-n.f.s. (75) *as an earth*

צִיָּה n.f.s. (851) *desert*

וַהֲמִתִּיהָ conj.-Hi. pf. 1 c.s.-3 f.s. sf. (מוּת 559; GK 72w) *and I kill her*

בַּצָּמָא prep.-def.art.-n.m.s. (854) *with thirst*

2:6

וְאֶת־בָּנֶיהָ conj.-dir.obj.-n.m.p.-3 f.s. sf. (119) *and her sons*

לֹא אֲרַחֵם neg.-Pi. impf. 1 c.s. (933; GK 52n) *I will not love (have compassion)*

כִּי־ conj. (471) *for*

בְּנֵי זְנוּנִים n.m.p. cstr. (119)-n.m.p. (276) *sons of harlotry*

הֵמָּה pers.pr. 3 m.p. (241) *they*

2:7

כִּי זָנְתָה conj. (471)-Qal pf. 3 f.s. (275 זָנָה) *for … has committed adultery*

אִמָּם n.f.s.-3 m.p. sf. (51) *their mother*

הֹבִישָׁה Hi. pf. 3 f.s. (בוֹשׁ 101) *acted shamefully*

הוֹרָתָם Qal act.ptc. f.s.-3 m.p. sf. (הָרָה 247) *the one conceiving them*

כִּי אָמְרָה conj.-Qal pf. 3 f.s. (55) *for she said*

אֵלְכָה Qal impf. 1 c.s.-coh.he (הָלַךְ 229) *let me go*

אַחֲרֵי prep. (29) *after*

מְאַהֲבַי Pi. ptc. m.p.-1 c.s. sf. (12) *my lovers*

נֹתְנֵי Qal act.ptc. m.p. cstr. (678) *the givers of*

לַחְמִי n.m.s.-1 c.s. sf. (536) *my food*

וּמֵימַי conj.-n.m.p.-1 c.s. sf. (565) *and my waters*

צַמְרִי n.m.s.-1 c.s. sf. (856) *my wool*

וּפִשְׁתִּי conj.-n.f.s.-1 c.s. sf. (833) *and my flax (or linen)*

שַׁמְנִי n.m.s.-1 c.s. sf. (1032) *my oil*

וְשִׁקּוּיָי conj.-n.m.p.-1 c.s. sf. paus. (1052) *and my drinks*

2:8

לָכֵן adv. (486) *therefore*

הִנְנִי־ demons.part.-1 c.s. sf. (243) *behold me*

שָׂךְ Qal act.ptc. m.s. (שׂוּךְ 962) *the one hedging up*

אֶת־דַּרְכֵּךְ dir.obj.-n.m.s.-2 f.s. sf. (202) *your way*

בַּסִּירִים prep.-def.art.-n.m.p. (696) *with thorns*

וְגָדַרְתִּי conj.-Qal pf. 1 c.s. (154) *and I shall wall up*

אֶת־גְּדֵרָה dir.obj.-n.m.s.-3 f.s. sf. (154) *her wall*

וּנְתִיבוֹתֶיהָ conj.-n.f.p.-3 f.s. sf. (677) *and her paths*

לֹא תִמְצָא neg.-Qal impf. 3 f.s. (מָצָא 592) *she shall not find*

2:9

וְרִדְּפָה conj.-Pi. pf. 3 f.s. (922) *and she shall pursue*

אֶת־מְאַהֲבֶיהָ dir.obj.-Pi. ptc. m.p.-3 f.s. sf. (אָהֵב 12) *her lovers*

וְלֹא־תַשִּׂיג conj.-neg.-Hi. impf. 3 f.s. (נָשַׂג 673) *and she shall not reach*

אֹתָם dir.obj.-3 m.p. sf. *them*

וּבִקְשָׁתַם conj.-Pi. pf. 3 f.s.-3 m.p. sf. (בָּקַשׁ 134) *and she shall seek them*

וְלֹא תִמְצָא cf. 2:8 *but she shall not find*

וְאָמְרָה conj.-Qal pf. 3 f.s. (55) *and she shall say*

אֵלְכָה cf. 2:7 *I want to go*

וְאָשׁוּבָה conj.-Qal impf. 1 c.s.-coh.he (שׁוּב 996) *and I want to return*

אֶל־אִישִׁי prep.-n.m.s.-1 c.s. sf. (35) *unto my man*

הָרִאשׁוֹן def.art.-adj. m.s. (911) *the first*

כִּי טוֹב conj. (471)-adj. m.s. (373) *for good*

לִי אָז prep.-1 c.s. sf.-adv. (23) *to me then*

מֵעָתָּה prep.-adv. (773) *than now*

2:10

וְהִיא conj.-pers.pr. 3 f.s. (214) *and she*

לֹא יָדְעָה neg.-Qal pf. 3 f.s. (393) *knew not*

כִּי אָנֹכִי conj. (471)-pers.pr. 1 c.s. (59) *that I*

נָתַתִּי Qal pf. 1 c.s. (נָתַן 678) *gave*

לָהּ prep.-3 f.s. sf. *to her*

הַדָּגָן def.art.-n.m.s. (186) *the grain*

וְהַתִּירוֹשׁ conj.-def.art.-n.m.s. (440) *and the new wine*

וְהַיִּצְהָר conj.-def.art.-n.m.s. (844) *and the fresh oil*

וְכֶסֶף conj.-n.m.s. (494) *and silver*

הִרְבֵּיתִי Hi. pf. 1 c.s. (914) *I multiplied*

לָהּ prep.-3 f.s. sf. *to her*

וְזָהָב conj.-n.m.s. (262) *also gold*

עָשׂוּ Qal pf. 3 c.p. (עָשָׂה 793) *they made*

לַבָּעַל prep.-def.art.-pr.n. (127) *for Baal*

2:11

לָכֵן cf. 2:8 adv. *therefore*

אָשׁוּב Qal impf. 1 c.s. (996) *I will turn*

וְלָקַחְתִּי conj.-Qal pf. 1 c.s. (לָקַח 542; GK 120e) *and I will take*

דְּגָנִי n.m.s.-1 c.s. sf. (186) *my grain*

בְּעִתּוֹ prep.-n.f.s.-3 m.s. sf. (773) *in its time*

וְתִירוֹשִׁי conj.-n.m.s.-1 c.s. sf. (440) *and my new wine*

בְּמוֹעֲדוֹ prep.-n.m.s.-3 m.s. sf. (417) *in its season*

וְהִצַּלְתִּי conj.-Hi. pf. 1 c.s. (664; GK 120e) *and I will snatch away*

צַמְרִי cf. 2:7 *my wool*

וּפִשְׁתִּי conj.-n.f.s.-1 c.s. sf. (833) *and my flax*

לְכַסּוֹת prep.-Pi. inf.cstr. (בָּסָה 491) *to cover*

אֶת־עֶרְוָתָה dir.obj.-n.f.s.-3 f.s. sf. (788) *her nakedness*

2:12

וְעַתָּה conj.-adv. (773) *and now*

אֲגַלֶּה Pi. impf. 1 c.s. (162) *I will uncover*

אֶת־נַבְלֻתָהּ dir.obj.-n.f.s.-3 f.s. sf. (615) *her lewdness*

לְעֵינֵי prep.-n.f.p. cstr. (744) *to the eyes of*

מְאַהֲבֶיהָ Pi. ptc. m.p.-3 f.s. sf. (12) *her lovers*

וְאִישׁ conj.-n.m.s. (35) *and a man*

לֹא־יַצִּילֶנָּה neg.-Hi. impf. 3 m.s.-3 f.s. sf. (664) *will not deliver her*

מִיָּדִי prep.-n.f.s.-1 c.s. sf. (388) *from my hand*

2:13

וְהִשְׁבַּתִּי conj.-Hi. pf. 1 c.s. (שׁבת 991) *and I will cause to cease*

כָּל־מְשׂוֹשָׂהּ n.m.s. cstr. (481)-n.m.s.-3 f.s. sf. (965) *all of her exultation*

חַגָּהּ n.m.s.-3 f.s. sf. (290) *her feast*

חָדְשָׁהּ n.m.s.-3 f.s. sf. (294) *her new moons*

וְשַׁבַּתָּהּ conj.-n.f.s.-3 f.s. sf. (992) *and her sabbaths*

וְכֹל conj.-n.m.s. cstr. (481) *and all of*

מוֹעֲדָהּ n.m.s.-3 f.s. sf. (417) *her sacred seasons*

2:14

וַהֲשִׁמֹּתִי conj.-Hi. pf. 1 c.s. (שׁמם 1030) *and I will devastate*

גַּפְנָהּ n.f.s.-3 f.s. sf. (172) *her vine*

וּתְאֵנָתָהּ conj.-n.f.s.-3 f.s. sf. (1061) *and her fig-tree*

אֲשֶׁר rel. (81) *about which*

אָמְרָה Qal pf. 3 f.s. (55) *she said*

אֶתְנָה n.f.s. (1071) *a hire (of a harlot)*

הֵמָּה pers.pr. 3 m.p. (241) *they*

לִי prep.-1 c.s. sf. *to me*

אֲשֶׁר v.supra *which*

נָתְנוּ־ Qal pf. 3 c.p. (678) *gave*

לִי v.supra *to me*

מְאַהֲבָי Pi. ptc. m.p.-1 c.s. sf. paus. (12) *my lovers*

וְשַׂמְתִּים conj.-Qal pf. 1 c.s.-3 m.p. sf.(שׂום 962) *and I will make them*

לְיַעַר prep.-n.m.s. (420) *for a forest*

וַאֲכָלָתַם conj.-Qal pf. 3 f.s.-3 m.p. sf. (37) *and shall eat them*

חַיַּת n.f.s. cstr. (312) *the animal of*

הַשָּׂדֶה def.art.-n.m.s. (961) *the field*

2:15

וּפָקַדְתִּי conj.-Qal pf. 1 c.s. (823) *and I will visit (punish)*

עָלֶיהָ prep.-3 f.s. sf. (752) *upon her*

אֶת־יְמֵי dir.obj.-n.m.p. cstr. (398) *the days of*

הַבְּעָלִים def.art.-pr.n. m.p. (127) *the Baals*

אֲשֶׁר rel. (81) *unto which*

תַּקְטִיר Hi. impf. 3 f.s. (882) *she repeatedly offered incense*

לָהֶם prep.-3 m.p. sf. *to them*

וַתַּעַד consec.-Qal impf. 3 f.s. (725) *and so she decked herself with*

נִזְמָהּ n.m.s.-3 f.s. sf. (633) *her ring*

וְחֶלְיָתָהּ conj.-n.f.s.-3 f.s. sf. (318) *and her jewelry*

וַתֵּלֶךְ consec.-Qal impf. 3 f.s. (הלך 229) *and then she went*

אַחֲרֵי prep. (29) *after*

מְאַהֲבֶיהָ Pi. ptc. m.p.-3 f.s. sf. (12) *her lovers*

וְאֹתִי conj.-dir.obj.-1 c.s. sf. *but me*

שָׁכְחָה Qal pf. 3 f.s. (1013) *she had forgotten*

נְאֻם־ n.m.s. cstr. (610) *an utterance of*

יהוה pr.n. (217) *Yahweh*

2:16

לָכֵן adv. (486) *therefore*

הִנֵּה interj. (243) *behold*

אָנֹכִי pers.pr. 1 c.s. (59) *I*

מְפַתֶּיהָ Pi. ptc. m.s.-3 f.s. (834) *am persuading her*

וְהֹלַכְתִּיהָ conj.-Hi. pf. 1 c.s.-3 f.s. sf. (229) *and I will bring her*

הַמִּדְבָּר def.art.-n.m.s. (184) *into the wilderness*

וְדִבַּרְתִּי conj.-Pi. pf. 1 c.s. (180) *and I will speak*

עַל־לִבָּהּ prep.-n.m.s.-3 f.s. sf. (524) *unto her heart*

2:17

וְנָתַתִּי conj.-Qal pf. 1 c.s. (נתן 678) *and I will give*

לָהּ prep.-3 f.s. sf. *to her*

אֶת־כְּרָמֶיהָ dir.obj.-n.m.p.-3 f.s. sf. (501) *her vineyards*

מִשָּׁם prep.-adv. (1027) *from there*

וְאֶת־עֵמֶק conj.-dir.obj.-n.m.s. cstr. (770) *valley of*

עָכוֹר pr.n. (747) *Achor (trouble)*

לְפֶתַח prep.-n.m.s. cstr. (835) *for a door of*

תִּקְוָה n.f.s. (876) *hope*

וְעָנְתָה conj.-Qal pf. 3 f.s. (ענה 772) *and she will answer*

שָׁמָּה adv. (1027) *there*

כִּימֵי prep.-n.m.p. cstr. (398) *as the days of*

נְעוּרֶיהָ n.f.p.-3 f.s. sf. (655) *her youth*

וּכְיוֹם conj.-n.m.s. cstr. (398) *and as the days of*

עֲלֹתָהּ Qal inf.cstr.-3 f.s. sf. (עלה 748) *her going up*

מֵאֶרֶץ־ prep.-n.f.s. cstr. (75) *from the land of*

מִצְרָיִם pr.n. paus. (595) *Egypt*

2:18

וְהָיָה conj.-Qal pf. 3 m.s. (224) *and it shall be*

בַּיּוֹם־הַהוּא prep.-def.art.-n.m.s. (398)-def.art. -demons.adj. (216) *in that day*

נְאֻם־יהוה cf. 2:15 *an utterance of Yahweh*

תִּקְרְאִי Qal impf. 2 f.s. (894) *you will call*

אִישִׁי n.m.s.-1 c.s. sf. (35) *my husband*

וְלֹא־תִקְרְאִי־ conj.-neg.-Qal impf. 2 f.s. (894) *and you will not call*

לִי עוֹד prep.-1 c.s. sf.-adv. (728) *to me again*

בַּעְלִי n.m.s.-1 c.s. sf. (127) *my Baal*

2:19

וַהֲסִרֹתִי conj.-Hi. pf. 1 c.s. (693) *and I will remove*

אֶת־שְׁמוֹת dir.obj.-n.m.p. cstr. (1027) *the names of*

הַבְּעָלִים def.art.-n.m.p. (127) *the Baals*

מִפִּיהָ prep.-n.m.s.-3 f.s. sf. (804) *from her mouth*

וְלֹא־יִזָּכְרוּ conj.-neg.-Ni. impf. 3 m.p. (269) *and they shall not be remembered*

עוֹד adv. (728) *again*

בִּשְׁמָם prep.-n.m.s.-3 m.p. sf. (1027) *by their name*

2:20

וְכָרַתִּי conj.-Qal pf. 1 c.s. (503) *and I will cut out*

לָהֶם prep.-3 m.p. sf. *to them (some rd. with you)*

בְּרִית n.f.s. (136) *a covenant*

בַּיּוֹם הַהוּא cf. 2:18 *in that day*

עִם־חַיַּת prep. (767)-n.f.s. cstr. (312) *with the animals of*

הַשָּׂדֶה def.art.-n.m.s. (961) *the field*

וְעִם־עוֹף conj.-prep. (767)-n.m. coll. cstr. (733) *and with the birds of*

הַשָּׁמַיִם def.art.-n.m.p. (1029) *the heavens*

וְרֶמֶשׂ conj.-n.m. coll. cstr. (943) *and the creeping things of*

הָאֲדָמָה def.art.-n.f.s. (9) *the land*

וְקֶשֶׁת conj.-n.f.s. (905) *and bow*

וְחֶרֶב conj.-n.f.s. (352) *and sword*

וּמִלְחָמָה conj.-n.f.s. (536) *and battle*

אֶשְׁבּוֹר Qal impf. 1 c.s. (990) *I will break*

מִן־הָאָרֶץ prep.-def.art.-n.f.s. (75) *from the earth*

וְהִשְׁכַּבְתִּים conj.-Hi. pf. 1 c.s.-3 m.p. sf. (1011) *and I shall cause them to lie down*

לָבֶטַח prep.-n.m.s. (105) *securely*

2:21

וְאֵרַשְׂתִּיךְ conj.-Pi. pf. 1 c.s.-2 f.s. sf. (76) *and I will betroth thee*

לִי prep.-1 c.s. sf. *to me*

לְעוֹלָם prep.-n.m.s. (761) *to antiquity*

וְאֵרַשְׂתִּיךְ לִי v.supra (GK 133 l) *and I will betroth thee to me*

בְּצֶדֶק prep.-n.m.s. (841) *in righteousness*

וּבְמִשְׁפָּט conj.-prep.-n.m.s. (1048) *and in judgment (justice)*

וּבְחֶסֶד conj.-prep.-n.m.s. (338) *and in lovingkindness*

וּבְרַחֲמִים conj.-prep.-n.m.p. intens. (933) *and in compassion*

2:22

וְאֵרַשְׂתִּיךְ לִי v. 2:21 (GK 133 l) *and I will betroth thee to me*

בֶּאֱמוּנָה prep.-n.f.s. (53) *in faithfulness*

וְיָדַעַתְּ conj.-Qal pf. 2 f.s. (393) *and you shall know*

אֶת־יהוה dir.obj.-pr.n. (217) *Yahweh*

2:23

וְהָיָה conj.-Qal pf. 3 m.s. (224) *and it shall be*

בַּיּוֹם הַהוּא v. 2:18, 20 *in that day*

אֶעֱנֶה Qal impf. 1 c.s. (772) *I am about to answer*

נְאֻם־יהוה v. 2:18 *an utterance of Yahweh*

אֶעֱנֶה v.supra *I will answer*

אֶת־הַשָּׁמַיִם dir.obj.-def.art.-n.m.p. paus. (1029) *the heavens*

וְהֵם conj.-pers.pr. (241) *and they*

יַעֲנוּ Qal impf. 3 m.p. (עָנָה 772) *will answer*

אֶת־הָאָרֶץ dir.obj.-def.art.-n.f.s. (75) *the earth*

2:24

וְהָאָרֶץ conj.-def.art.-n.f.s. (75) *and the earth*

תַּעֲנֶה Qal impf. 3 f.s. (772) *will answer*

אֶת־הַדָּגָן dir.obj.-def.art.-n.m.s. (186) *the grain*

וְאֶת־הַתִּירוֹשׁ conj.-dir.obj.-def.art.-n.m.s. (440) *and the new wine*

וְאֶת־הַיִּצְהָר v.supra-def.art.-n.m.s. (844) *and the fresh oil*

וְהֵם יַעֲנוּ v. 2:23 *and they will answer*

אֶת־יִזְרְעֶאל dir.obj.-pr.n. (283) *Jezreel*

2:25

וּזְרַעְתִּיהָ conj.-Qal pf. 1 c.s.-3 f.s. sf. (281) *and I will sow her*

לִי prep.-1 c.s. sf. *to me*

בָּאָרֶץ prep.-def.art.-n.f.s. (75) *in the earth (land)*

וְרִחַמְתִּי conj.-Pi. pf. 1 c.s. (933) *and I will pity*

אֶת־לֹא רֻחָמָה v.1:16 dir.obj.-pr.n. (520; GK 152aN) *Lo' ruhamah*

וְאָמַרְתִּי conj.-Qal pf. 1 c.s. (55) *and I will say*

לְלֹא־עַמִּי v.1:19 prep.-pr.n. (521) *to Lo' 'ammi*

עַמִּי־אַתָּה n.m.s.-1 c.s. sf. (766)-pers.pr. 2 m.s. (61) *my people are you*

וְהוּא conj.-pers.pr. 3 m.s. (214) *and he*

יֹאמַר Qal impf. 3 m.s. (55) *will say*

אֱלֹהָי pr.n.-1 c.s. sf. paus. (43) *my God*

3:1

וַיֹּאמֶר consec.-Qal impf. 3 m.s. (55) *and then ... said*

יהוה pr.n. (217) *Yahweh*

אֵלַי prep.-1 c.s. sf. *unto me*

עוֹד adv. (728) *again*

לֵךְ Qal impv. 2 m.s. (הָלַךְ 229) *go*

אֱהַב־ Qal impv. 2 m.s. (12) *love*

אִשָּׁה n.f.s. (61; GK 125c) *a woman*

אֲהֻבַת Qal pass.ptc. f.s. cstr. (12) *one loved of*

רֵעַ n.m.s. (945) *a friend*

וּמְנָאָפֶת conj.-Pi. ptc. f.s. paus. (נָאַף 610) *an adulteress*

כְּאַהֲבַת prep.-n.f.s. cstr. (13) *as the love of*

יהוה pr.n. (217) *Yahweh*

אֶת־בְּנֵי יִשְׂרָאֵל dir.obj.-n.m.p. cstr. (119)-pr.n. (975) *the sons of Israel*

וְהֵם פֹּנִים conj.-pers.pr. 3 m.p. (241)-Qal act.ptc. m.p. (פָּנָה 815) *and they are turning*

אֶל־אֱלֹהִים prep.-n.m.p. (43) *unto gods*

אֲחֵרִים adj. m.p. (29) *other*

וְאֹהֲבֵי conj.-Qal act.ptc. m.p. cstr. (12) *and (are) lovers of*

אֲשִׁישֵׁי n.f.p. cstr. (84) *raisin-cakes of*

עֲנָבִים n.m.p. (772) *grapes*

3:2

וָאֶכְּרֶהָ consec.-Qal impf. 1 c.s.-3 f.s. sf. (כָּרָה II 500; GK 20h) *and I bought her*

לִי prep.-1 c.s. sf. *for myself*

בַּחֲמִשָּׁה עָשָׂר prep.-n.f.s. (331)-n.m.s. (797) *for fifteen*

כָּסֶף n.m.s. paus. (494) *pieces of silver*

וְחֹמֶר conj.-n.m.s. cstr. (330) *and a homer of*

שְׂעֹרִים n.f.p. (972) *barley*

וְלֵתֶךְ conj.-n.m.s. cstr. (547) *and a lethech of*

שְׂעֹרִים v.supra *barley*

3:3

וָאֹמַר consec.-Qal impf. 1 c.s. (אָמַר 55) *and then I said*

אֵלֶיהָ prep.-3 f.s. sf. *unto her*

יָמִים רַבִּים n.m.p. (398)-adj. m.p. (I 912) *many days*

תֵּשְׁבִי Qal impf. 2 f.s. (יָשַׁב 442) *you will dwell*

לִי prep.-1 c.s. sf. *with me*

לֹא תִזְנִי neg.-Qal impf. 2 f.s. (275) *you will not commit fornication*

וְלֹא תִהְיִי conj.-neg.-Qal impf. 2 f.s. (הָיָה 224) *and you shall not be*

לְאִישׁ prep.-n.m.s. (35) *to a man*

וְגַם־ conj.-adv. (168) *and also*

אֲנִי אֵלָיִךְ pers.pr. 1 c.s. (58)-prep.-2 f.s. sf. paus. *I unto you*

3:4

כִּי conj. *for*

יָמִים רַבִּים v. 3:3 n.m.p. (398)-adj. m.p. (912) *many days*

יֵשְׁבוּ Qal impf. 3 m.p. (442) *shall dwell*

בְּנֵי יִשְׂרָאֵל n.m.p. cstr. (119)-pr.n. (975) *the sons of Israel*

אֵין מֶלֶךְ neg.cstr. (II 34)-n.m.s. (572) *without a king*

וְאֵין שָׂר conj.-neg. cstr. (II 34)-n.m.s. paus. (978) *and without a prince*

וְאֵין זֶבַח v.supra-n.m.s. (257) *and without a sacrifice*

וְאֵין מַצֵּבָה v.supra-n.f.s. (663) *and without a pillar*

וְאֵין אֵפוֹד v.supra-n.m.s. (65) *and without an ephod*

וּתְרָפִים conj.-n.m.p. (1076) *or teraphim*

3:5

אַחַר adv. (29) *afterwards*

יָשֻׁבוּ Qal impf. 3 m.p. apoc. (996) *should return*

בְּנֵי יִשְׂרָאֵל v. 3:1,4 *the sons of Israel*

וּבִקְשׁוּ conj.-Pi. pf. 3 m.p. (134) *and seek*

אֶת־יהוה dir.obj.-pr.n. (217) *Yahweh*

אֱלֹהֵיהֶם n.m.p.-3 m.p. sf. (43) *their God*

וְאֵת דָּוִד conj.-dir.obj.-pr.n. (187; GK 2vN) *and David*

מַלְכָּם n.m.s.-3 m.p. sf. (572) *their king*

וּפָחֲדוּ conj.-Qal pf. 3 c.p. (808) *and they shall turn in dread*

אֶל־יהוה prep.-pr.n. *unto Yahweh*

וְאֶל־טוּבוֹ conj.-prep.-n.m.s.-3 m.s. sf. (375) *and unto his goodness*

בְּאַחֲרִית prep.-n.f.s. cstr. (31) *in the latter part of*

הַיָּמִים def.art.-n.m.p. (398) *the days*

4:1

שִׁמְעוּ Qal impv. 2 m.p. (1033) *hear*

דְּבַר־יְהוָה v.1:1 *the word of Yahweh*

בְּנֵי יִשְׂרָאֵל v. 3:1, 4, 5 *sons of Israel*

כִּי רִיב conj.-n.m.s. (936) *for a dispute*

לַיהוָה prep.-pr.n. (217) *to Yahweh*

עִם־יוֹשְׁבֵי prep.-Qal act.ptc. m.p. cstr. (442) *with the inhabitants of*

הָאָרֶץ def.art.-n.f.s. (75) *the earth*

כִּי אֵין conj.-n. cstr. as neg. (II 34) *there is no*

אֱמֶת n.f.s. (54) *faithfulness*

וְאֵין־חֶסֶד conj.-neg.-n.m.s. (I 338) *and there is no kindness*

וְאֵין־דַּעַת conj.-neg.-n.f.s. cstr. (395) *and there is no knowledge of*

אֱלֹהִים n.m.p. (43) *God*

בָּאָרֶץ prep.-def.art.-n.f.s. (75) *in the earth*

4:2

אָלֹה Qal inf.abs. (II 46) *swearing*

וְכַחֵשׁ conj.-Pi. inf.abs. (471) *and deceiving*

וְרָצֹחַ conj.-Qal inf.abs. (953) *and murdering*

וְגָנֹב conj.-Qal inf.abs. (170) *and stealing*

וְנָאֹף conj.-Qal inf.abs. (610; GK 113ff) *and committing adultery*

פָּרָצוּ Qal pf. 3 c.p. paus. (829) *they burst out*

וְדָמִים conj.-n.m.p. (196) *and bloods*

בְּדָמִים prep.-v.supra *unto bloods*

נָגָעוּ Qal pf. 3 c.p. paus. (619) *touch*

4:3

עַל־כֵּן prep.-adv. (485) *therefore*

תֶּאֱבַל Qal impf. 3 f.s. (5) *will mourn*

הָאָרֶץ def.art.-n.f.s. (75) *the earth*

וְאֻמְלַל conj.-Pulal pf. 3 m.s. (51) *and will languish*

כָּל־יוֹשֵׁב n.m.s. cstr. (481)-Qal act.ptc. (442) *all of inhabitants*

בָּהּ prep.-3 f.s. sf. *in it*

בְּחַיַּת prep.-n.f.s. cstr. (312; GK 119i) *with the animals of*

הַשָּׂדֶה def.art.-n.m.s. (961) *the field*

וּבְעוֹף conj.-prep.-n.m.s. coll. cstr. (733) *and with the fowl of*

הַשָּׁמַיִם def.art.-n.m.p. paus. (1029) *the heavens*

וְגַם־ conj.-adv. (168) *and also*

דְּגֵי n.m.p. cstr. (185) *the fishes of*

הַיָּם def.art.-n.m.s. (410) *the sea*

יֵאָסֵפוּ Ni. impf. 3 m.p. paus. (62) *they shall be gathered*

4:4

אַךְ אִישׁ adv. (36)-n.m.s. (35) *surely a man (anyone)*

אַל־יָרֵב neg.-Qal impf. 3 m.s. juss. (936) *let not (anyone) strive*

וְאַל־יוֹכַח conj.-neg.-Hi. impf. 3 m.s. juss. (406) *and let not reprove*

אִישׁ n.m.s. (35) *a man*

וְעַמְּךָ conj.-n.m.s.-2 m.s. sf. (766) *and your people*

כִּמְרִיבֵי prep.-Hi. ptc. m.p. cstr. (936) *as (those) displaying contention against*

כֹּהֵן n.m.s. (463) *a priest*

4:5

וְכָשַׁלְתָּ conj.-Qal pf. 2 m.s. (505) *and you will stumble*

הַיּוֹם def.art.-n.m.s. (398) *today*

וְכָשַׁל conj.-Qal pf. 3 m.s. (505) *and will stumble*

גַּם־נָבִיא adv. n.m.s. (611) *also a prophet*

עִמְּךָ prep.-2 m.s. sf. *with you*

לָיְלָה n.m.s. paus. (538) *(by) night*

וְדָמִיתִי conj.-Qal pf. 1 c.s. (II 198) *and I shall destroy*

אִמֶּךָ n.f.s.-2 m.s. sf. (51) *your mother*

4:6

נִדְמוּ Ni. pf. 3 c.p. (198) *have been destroyed*

עַמִּי n.m.s.-1 c.s. sf. (766) *my people*

מִבְּלִי prep.-neg. (115) *from the failure of*

הַדָּעַת def.art.-n.f.s. paus. (395) *the knowledge*

כִּי־אַתָּה conj.-pers.pr. 2 m.s. (61) *for you*

הַדַּעַת v.supra *the knowledge*

מָאַסְתָּ Qal pf. 2 m.s. (549) *have rejected*

וְאֶמְאָסְךָ conj.-Qal impf. 1 c.s. coh. (מאס 549)-2 m.s. sf. *and I will reject you*

מִכַּהֵן prep.-Pi. inf.cstr. (464) *from ministering as a priest*

לִי prep.-1 c.s. sf. *to me*

וַתִּשְׁכַּח consec.-Qal impf. 2 m.s. (1013) *and you forgot*

תּוֹרַת n.f.s. cstr. (435) *the instruction of*

אֱלֹהֶיךָ n.m.p.-2 m.s. sf. (43) *your God*

אֶשְׁכַּח Qal impf. 1 c.s. (1013) *I will forget*

בָּנֶיךָ n.m.p.-2 m.s. sf. (119) *your sons*

גַּם־אָנִי adv. (168)-pers.pr. 1 c.s. paus. (58) *also I*

4:7

כְּרֻבָּם prep.-Qal inf.cstr.-3 m.p. sf. (912) *as their becoming many*

כֵּן חָטְאוּ adv. (485)-Qal pf. 3 c.p. (306) *so they sinned*

לִי prep.-1 c.s. sf. *against me*

כְּבוֹדָם n.m.s.-3 m.p. sf. (458) *their glory*

בְּקָלוֹן prep.-n.m.s. (885) *into dishonor*

אָמִיר Hi. impf. 1 c.s. מוּר 558) *I shall change*

4:8

חַטַּאת n.f.s. cstr. (308) *the sin of*

עַמִּי n.m.s.-1 c.s. sf. (766) *my people*

יֹאכֵלוּ Qal impf. 3 m.p. paus. (37) *they eat*

וְאֶל־עֲוֹנָם conj.-prep. (39)-n.m.s.-3 m.p. sf. (730) *and upon their iniquity*

יִשְׂאוּ Qal impf. 3 m.p. (נָשָׂא 669) *they lift*

נַפְשׁוֹ n.f.s.-3 m.s. sf. (ca. 20 mss. have 3 m.p. sf.) (659; GK 145m) *his appetite*

4:9

וְהָיָה conj.-Qal pf. 3 m.s. (224) *and it shall be*

כָּעָם prep.-def.art.-n.m.s. (766) *like the people*

כַּכֹּהֵן prep.-def.art.-n.m.s. (463) *like the priest*

וּפָקַדְתִּי conj.-Qal pf. 1 c.s. (823) *and I shall visit*

עָלָיו prep.-3 m.s. sf. *against him (them)*

דְּרָכָיו n.m.p.-3 m.s. sf. (202) *his ways*

וּמַעֲלָלָיו conj.-n.m.p.-3 m.s. sf. (760) *and his (their) deeds*

אָשִׁיב Hi. impf. 1 c.s. (996) *I shall cause to turn*

לוֹ prep.-3 m.s. sf. *to him (them)*

4:10

וְאָכְלוּ conj.-Qal pf. 3 c.p. (37) *indeed they will eat*

וְלֹא יִשְׂבָּעוּ conj.-neg.-Qal impf. 3 m.p. paus. (959) *but they will not be sated*

הִזְנוּ Hi. pf. 3 c.p. (זָנָה 275) *they will commit fornication*

וְלֹא יִפְרֹצוּ conj.-neg.-Qal impf. 3 m.p. paus. (829) *but they will not break forth (from the womb)*

כִּי־אֶת־יהוה conj.-dir.obj.-pr.n. (217) *for Yahweh*

עָזְבוּ Qal pf. 3 c.p. (736) *they have forsaken*

לִשְׁמֹר prep.-Qal inf.cstr. (1036) *to keep (or wait for)*

4:11

זְנוּת n.f.s. (276) *fornication*

וְיַיִן conj.-n.m.s. (406) *and wine*

וְתִירוֹשׁ conj.-n.m.s. (440) *and new wine*

יִקַּח־ Qal impf. 3 m.s. (542) *take away*

לֵב n.m.s. (524) *heart (mind)*

4:12

עַמִּי n.m.s.-1 c.s. sf. (766) *my people*

בְּעֵצוֹ prep.-n.m.s.-3 m.s. sf. (781) *unto his tree*

יִשְׁאָל Qal impf. 3 m.s. paus. (981) *inquire*

וּמַקְלוֹ conj.-n.m.s.-3 m.s. sf. (596) *and his staff*

יַגִּיד Hi. impf. 3 m.s. (נָגַד 616) *declares*

לוֹ prep.-3 m.s. sf. *to him*

כִּי רוּחַ conj.-n.f.s. cstr. (924) *for a spirit of*

זְנוּנִים n.m.p. abstr.intens. (276) *fornication*

הִתְעָה Hi. pf. 3 m.s. (תָּעָה 1073) *caused to err (misled)*

וַיִּזְנוּ consec.-Qal impf. 3 m.p. (זָנָה 275) *so they committed fornication*

מִתַּחַת prep.-prep. (1065) *from beneath*

אֱלֹהֵיהֶם n.m.p.-3 m.p. sf. (43) *their God*

4:13

עַל־רָאשֵׁי prep.-n.m.p. cstr. (910) *upon the tops of*

הֶהָרִים def.art.-n.m.p. (249) *the mountains*

יְזַבֵּחוּ Pi. impf. 3 m.p. paus. (256) *they sacrifice*

וְעַל־הַגְּבָעוֹת conj.-prep.-def.art.-n.f.p. (148) *and upon the hills*

יְקַטֵּרוּ Pi. impf. 3 m.p. (882) *they offer incense*

תַּחַת אַלּוֹן prep.-n.m.s. (47) *beneath an oak*

וְלִבְנֶה conj.-n.m.s. (527) *and a poplar*

וְאֵלָה conj.-n.f.s. (18) *and a terebinth*

כִּי טוֹב conj.-adj. (373) *because good*

צִלָּהּ n.m.s.-3 f.s. sf. (853) *her shadow*

עַל־כֵּן prep.-adv. (487) *therefore*

תִּזְנֶינָה Qal impf. 3 f.p. (זָנָה 275) *commit fornication*

בְּנוֹתֵיכֶם n.f.p.-2 m.p. sf. (123) *your daughters*

וְכַלּוֹתֵיכֶם conj.-n.f.p.-2 m.p. sf. (483) *and your young wives*

תְּנָאַפְנָה Pi. impf. 3 f.p. (610) *commit adultery*

4:14

לֹא־אֶפְקוֹד neg.-Qal impf. 1 c.s. (823) *I shall not visit (punish)*

עַל־בְּנוֹתֵיכֶם prep.-n.f.p.-2 m.p. sf. (123) *upon your daughters*

כִּי תִזְנֶינָה conj.-Qal impf. 3 f.p. (275) *when they commit fornication*

וְעַל־כַּלּוֹתֵיכֶם conj.-prep.-n.f.p.-2 m.p. sf. (483) *or upon your young wives*

כִּי תְנָאַפְנָה conj.-Pi. impf. 3 f.p. (610) *when they commit adultery*

כִּי־הֵם conj.-pers.pr. 3 m.p. (241) *when they (the men)*

עִם־הַזֹּנוֹת prep.-def.art.-n.f.p. (Qal act.ptc. f.p. 275) *with the harlots*

יְפָרֵדוּ Pi. impf. 3 m.p. paus. (825) *go aside (separate)*

וְעִם־הַקְּדֵשׁוֹת conj.-prep.-def.art.-n.f.p. (873) *and with the temple-prostitutes*

יְזַבֵּחוּ Pi. impf. 3 m.p. (256) *they sacrifice*

וְעָם conj.-n.m.s. (766) *and a people*

לֹא־יָבִין neg.-Qal impf. 3 m.s. (106; GK 155f) *that does not discern*

יִלָּבֵט Ni. impf. 3 m.s. (526) *will be thrust down*

4:15

אִם־ hypoth.part. (49) *if (though)*

זֹנֶה Qal act.ptc. (275) *(are) committing fornication*

אַתָּה יִשְׂרָאֵל pers.pr. 2 m.s. (61)-pr.n. (975) *you Israel*

אַל־יֶאְשַׁם neg.coh.-Qal impf. 3 m.s. (79) *let not be guilty*

יְהוּדָה pr.n. (397) *Judah*

וְאַל־תָּבֹאוּ conj.-neg.coh.-Qal impf. 2 m.p. (בּוֹא 97) *and don't you come*

הַגִּלְגָּל def.art.-pr.n. (166) *Gilgal*

וְאַל־תַּעֲלוּ conj.-neg.coh.-Qal impf. 2 m.p. (עָלָה 748) *and don't go up*

בֵּית אָוֶן pr.n. (110) *Beth aven*

וְאַל־תִּשָּׁבֵעוּ conj.-neg.coh.-Ni. impf. 2 m.p. (989) *and don't swear*

חַי־יהוה adj. m.s. (311)-pr.n. (217) *As Yahweh lives (an oath formula)*

4:16

כִּי כְּפָרָה conj.-prep.-n.f.s. (831) *as a heifer*

סֹרֵרָה Qal act.ptc. f.s. (710) *is stubborn (rebellious)*

סָרַר Qal pf. 3 m.s. (710) *has been rebellious*

יִשְׂרָאֵל pr.n. (975) *Israel*

עַתָּה יִרְעֵם adv. (773)-Qal impf. 3 m.s.-3 m.p. sf. (944) *now will feed them*

יהוה pr.n. (217) *Yahweh*

כְּכֶבֶשׂ prep.-n.m.s. (461) *as a lamb*

בַּמֶּרְחָב prep.-def.art.-n.m.s. (932) *in the broad place*

4:17

חֲבוּר Qal pass.ptc. m.s. cstr. (287) *united to*

עֲצַבִּים n.m.p. (781) *idols*

אֶפְרָיִם pr.n. (68) *Ephraim*

הַנַּח־לוֹ Hi. impv. 2 m.s. (נוּחַ 628)-prep.-3 m.s. sf. *let him alone*

4:18

סָר Qal pf. 3 m.s. (סוּר 693) *has turned*

סָבְאָם n.m.s.-3 m.p. sf. (685) *their liquor*

הַזְנֵה הִזְנוּ Hi. inf.abs.-Hi. pf. 3 c.p. (זָנָה 275) *they really commit fornication*

אָהֲבוּ Qal pf. 3 c.p. (12) *they loved*

הָבוּ (?) for אָהֲבוּ Qal pf. 3 c.p. (12) emphasizing previous word (GK 55e)

קָלוֹן n.m.s. (885) *dishonor*

מָגִנֶּיהָ n.m.p.-3 f.s. sf. (171) *her shield*

4:19

צָרַר Qal pf. 3 m.s. (864) *has bound*

רוּחַ n.f.s. (924) *a wind*

אוֹתָהּ dir.obj.-3 f.s. sf. *her*

בִּכְנָפֶיהָ prep.-n.f.p.-3 f.s. sf.(489) *in her wings*

וְיֵבֹשׁוּ conj.-Qal impf. 3 m.p. (בּוֹשׁ 101) *so they may be ashamed*

מִזִּבְחוֹתָם prep.-n.f.p.-3 m.p. sf. (257) *of their sacrifices*

5:1

שִׁמְעוּ־ Qal impv. 2 m.p. (1033) *hear*

זֹאת demons.adj. f.s. (260) *this*

הַכֹּהֲנִים def.art.-n.m.p. (463) *O priests*

וְהַקְשִׁיבוּ conj.-Hi. impv. 2 m.p. (קָשַׁב 904) *and give attention*

בֵּית יִשְׂרָאֵל n.m.s. cstr. (108)-pr.n. (975) *O house of Israel*

וּבֵית הַמֶּלֶךְ conj.-n.m.s. cstr. (108)-def.art.-n.m.s. (572) *and O house of the king*

הַאֲזִינוּ Hi. impv. 2 m.p. (אָזַן 24) *give ear*

כִּי לָכֶם conj.-prep.-2 m.p. sf. *for to you*

הַמִּשְׁפָּט def.art.-n.m.s. (1048) *the judgment*

כִּי־פַח conj.-n.m.s. (809) *for a trap*

הֱיִיתֶם Qal pf. 2 m.p. (224) *you were*

לְמִצְפָּה prep.-pr.n. (859) *to Mizpah*

וְרֶשֶׁת conj.-n.f.s. (440) *and a net*

פְּרוּשָׂה Qal pass.ptc. f.s. (831) *spread out*

עַל־תָּבוֹר prep.-pr.n. (1061) *over Tabor*

5:2

וְשַׁחֲטָה conj.-n.f.s. (1006; GK 64a) *and slaughter*

שֵׂטִים n.m.p. (962) *revolters (swervers)*

הֶעְמִיקוּ Hi. pf. 3 m.p. (770) *have made deep*

וַאֲנִי conj.advers.-pers.pr. 1 c.s. (58) *but I (am)*

מוּסָר n.m.s. (416) *a correction*

לְכֻלָּם prep.-n.m.s.-3 m.p. sf. (481) *to all of them*

5:3

אֲנִי יָדַעְתִּי pers.pr. 1 c.s. (58)-Qal pf. 1 c.s. (393; GK 135a) *I know*

אֶפְרַיִם pr.n. (68) *Ephraim*

וְיִשְׂרָאֵל conj.-pr.n. (975) *and Israel*

לֹא נִכְחָד neg.-Ni. pf. 3 m.s. (470) *is not hidden*

מִמֶּנִּי prep.-1 c.s. sf. (577) *from me*

כִּי עַתָּה conj.-adv. (773) *for now*

הִזְנֵיתָ Hi. pf. 2 m.s. (275) *you have committed fornication*

אֶפְרַיִם pr.n. (68) *O Ephraim*

נִטְמָא Ni. pf. 3 m.s. (379) *is defiled*

יִשְׂרָאֵל pr.n. (975) *Israel*

5:4

לֹא יִתְּנוּ neg.-Qal impf. 3 m.p. (נָתַן 678) *do not set*

מַעַלְלֵיהֶם n.m.p.-3 m.p. sf. (760) *their deeds*

לָשׁוּב prep.-Qal inf.cstr. (996) *to return*

אֶל־אֱלֹהֵיהֶם prep.-n.m.p.-3 m.p. sf. (43) *unto their God*

כִּי רוּחַ conj.-n.f.s. cstr. (924) *for a spirit of*

זְנוּנִים n.m.p. abstr. (276) *fornication*

בְּקִרְבָּם prep.-n.m.s.-3 m.p. sf. (899) *in their midst*

וְאֶת־יְהוָה conj.-dir.obj.-pr.n. (217) *and Yahweh*

לֹא יָדָעוּ neg.-Qal pf. 3 c.p. paus. (393) *they know not*

5:5

וְעָנָה conj.-Qal pf. 3 m.s. (772) *and testifies*

גְאוֹן n.m.s. cstr. (144) *the exaltation of*

יִשְׂרָאֵל pr.n. (975) *Israel*

בְּפָנָיו prep.-n.m.p.-3 m.s. sf. (815) *unto his face*

וְיִשְׂרָאֵל conj.-v.supra *and Israel*

וְאֶפְרַיִם conj.-pr.n. (68) *and Ephraim*

יִכָּשְׁלוּ Ni. impf. 3 m.p. (505) *will be thrown down*

בַּעֲוֹנָם prep.-n.m.s.-3 m.p. sf. (730) *in their iniquity*

כָּשַׁל Qal pf. 3 m.s. (505) *will stumble*

גַּם־יְהוּדָה adv.-pr.n. (397) *also Judah*

עִמָּם prep. (767)-3 m.p. sf. *with them*

5:6

בְּצֹאנָם prep.-n.f. coll.-3 m.p. sf. (838) *with their flocks*

וּבִבְקָרָם conj.-prep.-n.m.s.-3 m.p. sf. (133) *and with their herd*

יֵלְכוּ Qal impf. 3 m.p. (229) *they walk (go)*

לְבַקֵּשׁ prep.-Pi. inf.cstr. (134) *to seek*

אֶת־יְהוָה dir.obj.-pr.n. (217) *Yahweh*

וְלֹא יִמְצָאוּ conj.-neg.-Qal impf. 3 m.p. paus. (592) *but they will not find (him)*

חָלַץ Qal pf. 3 m.s. (I 322) *he withdrew*

מֵהֶם prep.-3 m.p. sf. *from them*

5:7

בַּיהוָה prep.-pr.n. (217) *against Yahweh*

בָּגָדוּ Qal pf. 3 c.p. paus. (93) *they dealt treacherously*

כִּי־בָנִים conj.-n.m.p. (119) *for children*

זָרִים Qal act.ptc. m.p. as adj. (266) *strange (foreign)*

יָלָדוּ Qal pf. 3 c.p. paus. (408) *they bore*

עַתָּה יֹאכְלֵם adv. (773)-Qal impf. 3 m.s.-3 m.p. sf. (37) *now shall devour them*

חֹדֶשׁ n.m.s. (294) *new moon*

אֶת־חֶלְקֵיהֶם prep. (85)-n.m.p.-3 m.p. sf. (324) *with their portion*

5:8

תִּקְעוּ Qal impv. 2 m.p. (1075) *blow*

שׁוֹפָר n.m.s. (1051) *a horn*

בַּגִּבְעָה prep.-def.art.-n.m.s. (I 148) *on the hill* or pr.n. (149) *in Gibeah*

חֲצֹצְרָה n.f.s. (348) *a clarion*

בָּרָמָה prep.-def.art.-pr.n. (928) *in Ramah* (lit.-*on the height*)

הָרִיעוּ Hi. impv. 2 m.p. (929) *shout an alarm*

בֵּית אָוֶן pr.n. (110) *at Bethaven* (lit.-*house of iniquity*)

אַחֲרֶיךָ prep.-2 m.s. sf. (30; GK 147c) *after you* LXX-ἐξέστη

בִּנְיָמִין pr.n. (122) *Benjamin*

5:9

אֶפְרַיִם pr.n. (prb.f. here) (68) *Ephraim*

לְשַׁמָּה prep.-n.f.s. (1031) *for a waste*

תִהְיֶה Qal impf. 3 f.s. (הָיָה 224) *shall become*

בְּיוֹם prep.-n.m.s. cstr. (398) *in a day of*

תוֹכֵחָה n.f.s. (407) *rebuke*

בְּשִׁבְטֵי prep.-n.m.p. cstr. (986) *among the tribes of*

יִשְׂרָאֵל pr.n. (975) *Israel*

הוֹדַעְתִּי Hi. pf. 1 c.s. (393) *I shall cause to know*

נֶאֱמָנָה Ni. ptc. f.s. (52) *that which is sure*

5:10

הָיוּ שָׂרֵי Qal pf. 3 c.p. (224)-n.m.p. cstr. (978) *are the princes of*

יְהוּדָה pr.n. (397) *Judah*

כְּמַסִּיגֵי prep.-Hi. ptc. m.p. cstr. (690) *as ones who move back*

גְּבוּל n.m.s. (147) *a boundary*

עֲלֵיהֶם prep.-3 m.p. sf. *upon them*

אֶשְׁפּוֹךְ Qal impf. 1 c.s. (1049) *I shall pour out*

כַּמַּיִם prep.-def.art.-n.m.p. (565) *as waters*

עֶבְרָתִי n.f.s.-1 c.s. sf. (720) *my fury*

5:11

עָשׁוּק Qal pass.ptc. (798) *oppressed*

אֶפְרַיִם pr.n. (68) *Ephraim*

רְצוּץ Qal pass.ptc. cstr. (954) *crushed of*

מִשְׁפָּט n.m.s. (1048) *judgment*

כִּי הוֹאִיל conj.-Hi. pf. 3 m.s. (II 383; GK 120g) *because he determined*

הָלַךְ Qal pf. 3 m.s. (229) *he walked*

אַחֲרֵי־צָו prep. (30)-n.m.s. (846) *after a command* (some rd. *vanity*)

5:12

וַאֲנִי conj.-pers.pr. 1 c.s. (58) *and I*

כָעָשׁ prep.-def.art.-n.m.s. (799) *as the moth*

לְאֶפְרָיִם prep.-pr.n. (68) *to Ephraim*

וְכָרָקָב conj.-prep.-def.art.-n.m.s. (955) *as the rottenness*

לְבֵית prep.-n.m.s. cstr. (108) *to the house of*

יְהוּדָה pr.n. (397) *Judah*

5:13

וַיַּרְא consec.-Qal impf. 3 m.s. (906) *and ... will see*

אֶפְרַיִם pr.n. (68) *Ephraim*

אֶת־חָלְיוֹ dir.obj.-n.m.s.-3 m.s. sf. (318) *his sickness*

וִיהוּדָה conj.-pr.n. (397) *and Judah*

אֶת־מְזֹרוֹ dir.obj.-n.m.s.-3 m.s. sf. (267) *his wound*

וַיֵּלֶךְ consec.-Qal impf. 3 m.s. (229) *and then will go*

אֶפְרַיִם pr.n. (68) *Ephraim*

אֶל־אַשּׁוּר prep.-pr.n. (78) *unto Assyria*

וַיִּשְׁלַח consec.-Qal impf. 3 m.s. (1018) *and will send*

אֶל־מֶלֶךְ prep.-n.m.s. (572) *unto a king*

יָרֵב n.m. as epithet of Assyrian king (937) *one who contends*

וְהוּא conj.-pers.pr. 3 m.s. (214) *but he*

לֹא יוּכַל neg.-Qal impf. 3 m.s. (יָכֹל 407) *will not be able*

לִרְפֹּא prep.-Qal inf.cstr. (950) *to heal*

לָכֶם prep.-2 m.p. sf. *you*

וְלֹא־יִגְהֶה conj.-neg.-Qal impf. 3 m.s. (גָּהָה 155) *and will not depart*

מִכֶּם מָזוֹר prep.-2 m.p. sf.-n.m.s. (267) *from you a wound*

5:14

כִּי אָנֹכִי conj.-pers.pr. 1 c.s. (59) *for I*

כַשַּׁחַל prep.-def.art.-n.m.s. (1006) *as the lion*

לְאֶפְרַיִם prep.-pr.n. (68) *to Ephraim*

וְכַכְּפִיר conj.-prep.-def.art.-n.m.s. (498) *as the young lion*

לְבֵית prep.-n.m.s. cstr. (108) *to the house of*

יְהוּדָה pr.n. (397) *Judah*

אֲנִי אֲנִי pers.pr. 1 c.s. (58)-v.supra *I (even) I*

אֶטְרֹף Qal impf. 1 c.s. (382) *will tear*

וְאֵלֵךְ conj.-Qal impf. 1 c.s. (229) *and I (intend to) go away*

אֶשָּׂא Qal impf. 1 c.s. (נָשָׂא 669) *I shall carry off*

וְאֵין conj.-neg. cstr. (II 34) *and there is no*

מַצִּיל Hi. ptc. (נָצַל 664) *delivering*

5:15

אֵלֵךְ cf. 5:14 Qal impf. 1 c.s. (229) *I intend to go*

אָשׁוּבָה Qal impf. 1 c.s.-coh.he (996) *I intend to return*

אֶל־מְקוֹמִי prep.-n.m.s.-1 c.s. sf. (879) *unto my place*

עַד אֲשֶׁר־ prep. (III 723)-rel. (81) *until (the time) which*

יֶאְשְׁמוּ Qal impf. 3 m.p. (79) *they are held guilty*

וּבִקְשׁוּ conj.-Pi. pf. 3 c.p. (134) *and they seek*

פָנָי n.m.p.-1 c.s. sf. (815) *my face*

בַּצַּר prep.-def.art.-n.m.s. (865) *in the distress*

לָהֶם prep.-3 m.p. sf. *to them*

יְשַׁחֲרֻנְנִי Pi. impf. 3 m.p.-1 c.s. sf. (1007; GK 60e) *they will seek me eagerly*

6:1

לְכוּ Qal impv. 2 m.p. (229) *Come*

וְנָשׁוּבָה conj.-Qal impf. 1 c.p.-coh.he (996) *and let us return*

אֶל־יְהוָה prep.-pr.n. (217) *unto Yahweh*

כִּי הוּא conj.-pers.pr. 3 m.s. (214) *for he himself*

טָרָף Qal pf. 3 m.s. paus. (382) *has torn*

וְיִרְפָּאֵנוּ conj.-Qal impf. 3 m.s.-1 c.p. sf. (95) *that he may heal us*

יַךְ Hi. impf. 3 m.s. (נָכָה 645; GK 109k) *he has smitten*

וְיַחְבְּשֵׁנוּ conj.-Qal impf. 3 m.s.-1 c.p. sf. (289) *that he may bind us*

6:2

יְחַיֵּנוּ Pi. impf. 3 m.s.-1 c.p. sf. (חָיָה 310) *he will restore us to life*

מִיֹּמָיִם prep.-n.m. du. (398; GK 119yN) *after two days*

בַּיּוֹם prep.-def.art.-n.m.s. (398; GK 134s) *on the day*

הַשְּׁלִישִׁי def.art.-adj. m. num. (1026) *the third*

יְקִימֵנוּ Hi. impf. 3 m.s.-1 c.p. sf. (877) *he will raise us*

וְנִחְיֶה conj.-Qal impf. 1 c.p. (310) *that we may live*

לְפָנָיו prep.-n.m.p.-3 m.s. sf. (815) *before his face*

6:3

וְנֵדְעָה conj.-Qal impf. 1 c.p.-coh.he (393) *and let us know*

נִרְדְּפָה Qal impf. 1 c.p.-coh.he (רדף 922) *let us pursue*

לָדַעַת prep.-Qal inf.cstr. (ידע 393) *to know*

אֶת-יהוה dir.obj.-pr.n. (217) *Yahweh*

כְּשַׁחַר prep.-n.m.s. (1007; GK 155g) *as a dawn*

נָכוֹן Ni. ptc. (כון 465) *securely determined*

מוֹצָאוֹ n.m.s.-3 m.s. sf. (425) *his going forth*

וְיָבוֹא conj.-Qal impf. 3 m.s. (97) *that he may come*

כְּגֶשֶׁם prep.-def.art.-n.m.s. (177) *as the rain*

לָנוּ prep.-1 c.p. sf. *to us*

כְּמַלְקוֹשׁ prep.-n.m.s. (545) *as the spring rain*

יוֹרֶה Qal act.ptc. or Hi. impf. 3 m.s. or n.m.s. (434-5) *rains*

אָרֶץ n.f.s. paus. (75) *earth*

6:4

מָה interr. (552) *what*

אֶעֱשֶׂה-לְּךָ Qal impf. 1 c.s. (עשׂה 793)-prep.-2 m.s. sf. *may I do to you*

אֶפְרַיִם pr.n. (68) *O Ephraim*

מָה אֶעֱשֶׂה-לְּךָ v.supra *what may I do to you*

יְהוּדָה pr.n. (397) *O Judah*

וְחַסְדְּכֶם conj.-n.m.s.-2 m.p. sf. (338) *and your piety*

כַּעֲנַן prep.-n.m.s. cstr. (777) *as a cloud of*

בֹּקֶר n.m.s. (133) *a morning*

וְכַטַּל conj.-prep.-def.art.-n.m.s. (378) *as the dew*

מַשְׁכִּים Hi. ptc. (1014; GK 120g) *rising early*

הֹלֵךְ Qal act.ptc. (229) *goeth away*

6:5

עַל-כֵּן prep.-adv. (487) *therefore*

חָצַבְתִּי Qal pf. 1 c.s. (345) *I have hewn into pieces*

בַּנְּבִיאִים prep.-def.art.-n.m.p. (611) *by the prophets*

הֲרַגְתִּים Qal pf. 1 c.s.-3 m.p. sf. (246) *I have killed them*

בְּאִמְרֵי- prep.-n.m.p. cstr. (56) *by the words of*

פִי n.m.s.-1 c.s. sf. (804) *my mouth*

וּמִשְׁפָּטֶיךָ conj.-n.m.p.-2 m.s. sf. (1048) *and your judgments*

אוֹר n.m.s. (21) *light*

יֵצֵא Qal impf. 3 m.s. (יצא 422) *goes out*

6:6

כִּי חֶסֶד conj.-n.m.s. (338) *for lovingkindness*

חָפַצְתִּי Qal pf. 1 c.s. (342) *I delight in*

וְלֹא-זָבַח conj.-neg.-n.m.s. paus. (257) *and not sacrifice*

וְדַעַת conj.-n.f.s. cstr. (395) *and knowledge of*

אֱלֹהִים n.m.p. (43) *God*

מֵעֹלוֹת prep.-n.f.p. (750; GK 119w,133b) *instead of whole burnt offerings*

6:7

וְהֵמָּה conj.-pers.pr. 3 m.p. (241) *and they*

כְּאָדָם prep.-n.m.s. or pr.n. (9) *as (a man) Adam*

עָבְרוּ Qal pf. 3 c.p. (716) *transgressed*

בְּרִית n.f.s. (136) *a covenant*

שָׁם adv. (1027) *there*

בָּגְדוּ Qal pf. 3 c.p. (93) *they acted treacherously*

בִי prep.-1 c.s. sf. *against me*

6:8

גִּלְעָד pr.n. (166) *Gilead*

קִרְיַת n.f.s. cstr. (900) *a city of*

פֹּעֲלֵי Qal act.ptc. m.p. cstr. (821) *ones working (of)*

אָוֶן n.m.s. (19) *wickedness*

עֲקֻבָּה adj. f.s. (784) *foot-tracked*

מִדָּם prep.-n.m.s. (196) *with blood*

6:9

וּכְחַכֵּי conj.-prep.-Pi. inf.cstr. (314; GK 23 1, 75aa) *as waiting*

אִישׁ n.m.s. cstr. (35) *a man of*

גְּדוּדִים n.m.p. (151) *bands*

חֶבֶר כֹּהֲנִים n.m.s. cstr. (288)-n.m.p. (463) *a band of priests*

דֶּרֶךְ n.m.s. (202) *way (or road)*

יְרַצְּחוּ- Pi. impf. 3 m.p. (953) *they murder*

שֶׁכְמָה pr.n.-dir.he (1014; GK 93s) *toward Shechem*

כִּי זִמָּה conj.-n.f.s. (273) *yea, wickedness*

עָשׂוּ Qal pf. 3 c.p. (793) *they have done*

6:10

בְּבֵית prep.-n.m.s. cstr. (108) *in the house of*

יִשְׂרָאֵל pr.n. (975) *Israel*

רָאִיתִי Qal pf. 1 c.s. (906) *I have seen*

שַׁעֲרִירִיָּה n.f.s. (1045) *a horrible thing*

שָׁם adv. (1027) *there*

וְנֻת לְאֶפְרַיִם n.f. abstr. (276)-prep.-pr.n. (68) *fornication to Ephraim*

נִטְמָא Ni. pf. 3 m.s. (379) *is defiled*

יִשְׂרָאֵל v.supra *Israel*

6:11

גַּם־יְהוּדָה adv. (16)-pr.n. (397) *also Judah*

שָׁת קָצִיר Qal pf. 3 m.s. (1011)-n.m.s. (894) *is set a harvest*

לְךָ בְּשׁוּבִי prep.-2 m.s. sf.-prep.-Qal inf.cstr.-1 c.s. sf. (996) *for you in my turning*

שְׁבוּת n.f.s. cstr. (986) *the captivity of*

עַמִּי n.m.s.-1 c.s. sf. (766) *my people*

7:1

כְּרָפְאִי prep.-Qal inf.cstr.-1 c.s. sf. (950) *in my healing*

לְיִשְׂרָאֵל prep.-pr.n. (975) *of Israel*

וְנִגְלָה conj.-Ni. pf. 3 m.s. (162) *and is revealed*

עֲוֹן n.m.s. cstr. (730) *the iniquity of*

אֶפְרַיִם pr.n. (68) *Ephraim*

וְרָעוֹת conj.-n.f.p. cstr. (949) *and the evils of*

שֹׁמְרוֹן pr.n. (1037) *Samaria*

כִּי פָעֲלוּ conj.-Qal pf. 3 c.p. (821) *for they work*

שָׁקֶר n.m.s. paus. (1055) *falsehood*

וְגַנָּב conj.-n.m.s. (170) *and a thief*

יָבוֹא Qal impf. 3 m.s. (97) *will come*

פָּשַׁט Qal pf. 3 m.s. (832) *will raid*

גְּדוּד n.m.s. (I 151) *a band*

בַּחוּץ prep.-def.art.-n.m.s. (299) *on the outside*

7:2

וּבַל־יֹאמְרוּ conj.-neg. (115)-Qal impf. 3 m.p. (55) *and they shall not say*

לִלְבָבָם prep.-n.m.s.-3 m.p. sf. (523) *to their inner self*

כָּל־רָעָתָם n.m.s. cstr. (481)-n.f.s.-3 m.p. sf. (949; GK 157a) *all of their evil*

זָכָרְתִּי Qal pf. 1 c.s. paus. (269) *I remember*

עַתָּה סְבָבוּם adv. (773)-Qal pf. 3 c.p.-3 m.p. sf. (685) *now encompass them*

מַעַלְלֵיהֶם n.m.p.-3 m.p. sf. (760) *their deeds*

נֶגֶד פָּנַי prep. (617)-n.m.p.-1 c.s. sf. (815) *before my face*

הָיוּ Qal pf. 3 c.p. (224) *are*

7:3

בְּרָעָתָם prep.-n.f.s.-3 m.p. sf. (948) *by their evil*

יְשַׂמְּחוּ־ Pi. impf. 3 m.p. (970) *they make glad*

מֶלֶךְ n.m.s. (572) *a king*

7:4

כֻּלָּם n.m.s.-3 m.p. sf. (481) *all of them*

מְנָאֲפִים Pi. ptc. m.p. (610) *are adulterers*

כְּמוֹ תַנּוּר adv. (455)-n.m.s. (1072) *as a fire-pot* (heated oven)

בֹּעֵרָה Qal act.ptc. f. (128; GK 80k)-no reason for fem., so some read בֹּעֵר הֵם *burning*

מֵי אֹפֶה prep. (577)-Qal act.ptc. (66) *from (by) a baker*

יִשְׁבּוֹת Qal impf. 3 m.s. (991) *he will cease*

מֵעִיר Hi. ptc. (734) *stirring*

מִלּוּשׁ (לוּשׁ) prep.-Qal inf.cstr. (534) *from kneading*

בָּצֵק n.m.s. (130) *dough*

עַד־חֻמְצָתוֹ adv. (732)-Qal inf.cstr.-3 m.s. sf. (I 329) *until its being leavened*

7:5

יוֹם מַלְכֵּנוּ n.m.s. cstr. (398)-n.m.s.-1 c.p. sf. (572) *the day of our king*

הֶחֱלוּ (חָלָה) Hi. pf. 3 c.p. (I 317) *become sick*

שָׂרִים n.m.p. (978) *princes*

חֲמַת מִיָּיִן n.f.s. cstr. (404)-prep.-n.m.s. paus. (406) *heat from wine*

מָשַׁךְ Qal pf. 3 m.s. (604) *he draws (?)*

יָדוֹ n.f.s.-3 m.s. sf. (388) *from his hand*

אֶת־לֹצְצִים dir.obj.-Polel ptc. m.p. (539) *scorners*

7:6

כִּי־קֵרְבוּ conj.-Pi. pf. 3 c.p. (897) *for they brought near*

כַתַּנּוּר prep.-def.art.-n.m.s. (1072) *as the oven*

לִבָּם n.m.s.-3 m.p. sf. (524) *their heart*

בְּאָרְבָּם prep.-n.m.s.-3 m.p. sf. (70) *their intrigue*

כָּל־הַלַּיְלָה n.m.s. cstr. (481)-def.art.-n.f.s. (538) *all of the night*

יָשֵׁן Qal pf. 3 m.s. (445) *sleeps*

אֹפֵהֶם Qal act.ptc.-3 m.p. sf. (66; GK 91c, 93ss) *their baker*

בֹּקֶר n.m.s. (133) *morning*

הוּא בֹעֵר pers.pr. 3 m.s. (214)-Qal act.ptc. (128) *he burns*

כְּאֵשׁ לֶהָבָה prep.-n.f.s. (77)-n.f.s. (529) *like a flame*

7:7

כֻּלָּם n.m.s. cstr.-3 m.p. sf. (481) *all of them*

יֵחַמּוּ Qal impf. 3 m.p. (חָמַם 328) *grow warm*

כַּתַּנּוּר prep.-def.art.-n.m.s. (cf. 7:4, 6; 1072) *as the oven*

וְאָכְלוּ conj.-Qal pf. 3 c.p. (37) *and they eat*

אֶת־שֹׁפְטֵיהֶם dir.obj.-Qal act.ptc. m.p.-3 m.p. sf. (1047) *their judges*

כָּל־מַלְכֵיהֶם n.m.s. cstr. (481)-n.m.p.-3 m.p. sf. (572) *all of their kings*

נָפָלוּ Qal pf. 3 c.p. paus. (656) *fall*

אֵין־קֹרֵא neg. cstr. (II 34)-Qal act.ptc. (894) *there is no calling*

בָּהֶם אֵלָי prep.-3 m.p. sf.-prep.-1 c.s. sf. paus. *them unto me*

7:8

אֶפְרַיִם pr.n. (68) *Ephraim*

בָּעַמִּים prep.-def.art.-n.m.p. (766) *among the peoples*

הוּא יִתְבּוֹלָל pers.pr. 3 m.s.-Hithpo'el impf. 3 m.s. (117) *he mixes himself*

אֶפְרַיִם v.supra *Ephraim*

הָיָה Qal pf. 3 m.s. (224) *is*

עֻגָה n.f.s. (728) *a cake of bread*

בְּלִי הֲפוּכָה neg. (115)-Qal pass.ptc. f.s. (245) *not turned*

7:9

אָכְלוּ Qal pf. 3 c.p. (37) *eat*

זָרִים Qal act.ptc. m.p. (266) *strangers*

כֹּחוֹ n.m.s.-3 m.s. sf. (II 470) *his strength*

וְהוּא conj.-pers.pr. 3 m.s. (214) *and he*

לֹא יָדָע neg.-Qal pf. 3 m.s. paus. (393) *does not know*

גַּם־שֵׂיבָה adv. (16)-n.f.s. (966) *also grey hairs*

זָרְקָה Qal pf. 3 f.s. (284) *are profuse*

בּוֹ prep.-3 m.s. sf. *on him*

וְהוּא לֹא יָדָע v.supra-v.supra *and he does not know*

7:10

וְעָנָה conj.-Qal pf. 3 m.s. (I 772) *testifies*

גְאוֹן־יִשְׂרָאֵל n.m.s. cstr. (144)-pr.n. (975) *the pride of Israel*

בְּפָנָיו prep.-n.m.p.-3 m.s. sf. (815) *to his face*

וְלֹא־שָׁבוּ conj.-neg.-Qal pf. 3 c.p. (שׁוּב 996) *yet they have not returned*

אֶל־יהוה prep. (39)-pr.n. (217) *unto Yahweh*

אֱלֹהֵיהֶם n.m.p.-3 m.p. sf. (43) *their God*

וְלֹא בִקְשֻׁהוּ conj.-neg.-Pi. pf. 3 c.p.-3 m.s. sf. (134) *and they have not sought him*

בְּכָל־זֹאת prep.-n.m.s. cstr. (481)-demons.pr. (260) *in all of this*

7:11

וַיְהִי consec.-Qal impf. 3 m.s. (224) *and thus was*

אֶפְרַיִם pr.n. (68) *Ephraim*

כְיוֹנָה prep.-n.f.s. (401) *as a dove*

פוֹתָה Qal act.ptc. f.s. (834) *silly*

אֵין לֵב neg. cstr. (II 34)-n.m.s. (524) *an absence of heart* (heartless)

מִצְרַיִם pr.n. (595) *Egypt*

קָרָאוּ Qal pf. 3 c.p. paus. (894) *they called*

אַשּׁוּר pr.n. (78) *Assyria*

הָלָכוּ Qal pf. 3 c.p. paus. (229) *they have gone*

7:12

כַּאֲשֶׁר יֵלֵכוּ prep.-rel. (81)-Qal impf. 3 m.p. paus. (229) *as they go*

אֶפְרוֹשׂ Qal impf. 1 c.s. (831) *I shall spread*

עֲלֵיהֶם רִשְׁתִּי prep. (752)-3 m.p. sf.-n.f.s.-1 c.s. sf. (440) *over them my net*

כְּעוֹף prep.-n.m. coll. cstr. (733) *as the birds of*

הַשָּׁמַיִם def.art.-n.m.s. (1029) *the heavens*

אוֹרִידֵם Hi. impf. 1 c.s.-3 m.p. sf. (432) *I shall bring them down*

אִסְרֵם Hi. impf. 1 c.s.-3 m.p. sf. (יָסַר 415; GK 24f,70b) *I shall chasten them*

כְּשֵׁמַע prep.-n.m.s. (1034) *according to a report*

לַעֲדָתָם prep.-n.f.s. (417)-3 m.p. sf. *to (heard by) their congregation*

7:13

אוֹי לָהֶם interj. (17)-prep.-3 m.p. sf. *woe to them*

כִּי־נָדְדוּ conj.-Qal pf. 3 c.p. (622) *for they flee*

מִמֶּנִּי prep.-1 c.s. sf. (577) *from me*

שֹׁד n.m.s. (994) *devastation*

לָהֶם v.supra *to them*

כִּי־פָשְׁעוּ conj.-Qal pf. 3 c.p. (833) *for they rebelled*

בִי prep.-1 c.s. sf. *against me*

וְאָנֹכִי conj.-pers.pr. 1 c.s. (59) *and I*

אֶפְדֵּם Qal impf. 1 c.s.-3 m.p. sf. (804) *want to redeem them*

וְהֵמָּה conj.-pers.pr. 3 m.p. (241) *but they*

דִּבְּרוּ Pi. pf 3 c.p. (180) *have spoken*

עָלַי prep.-1 c.s. sf. (752) *against me*

כְּזָבִים n.m.p. (469) *lies*

7:14

וְלֹא־זָעֲקוּ conj.-neg.-Qal pf. 3 c.p. (277) *and they do not cry out*

אֵלַי prep.-1 c.s. sf. (39) *unto me*

בְּלִבָּם prep.-n.m.s.-3 m.p. sf. (524) *with their heart*

כִּי יְיֵלִילוּ conj. (473)-Hi. impf. 3 m.p. (410; GK 70d) *when they howl*

עַל־מִשְׁכְּבוֹתָם prep.-n.f.p.-3 m.p. sf. (1012) *upon their couches*

עַל־דָּגָן prep.-n.m.s. (186) *unto grain*

וְתִירוֹשׁ conj.-n.m.s. (440) *and new wine*

יִתְגּוֹרָרוּ Hithpolel impf. 3 m.p. (157) *they assemble themselves*

יָסוּרוּ Qal impf. 3 m.p. (693) *they turn aside*

בִּי prep.-1 c.s. sf. *from me*

7:15

וַאֲנִי conj.-pers.pr. 1 c.s. (58) *and I*

יִסַּרְתִּי Pi. pf. 1 c.s. (415) *chastened*

חִזַּקְתִּי Pi. pf. 1 c.s. (304) *I strengthened*

זְרוֹעֹתָם n.f.p.-3 m.p. sf. (283) *their arms*

וְאֵלַי conj.-prep. (39)-1 c.s. sf. *and unto (against) me*

יְחַשְּׁבוּ־ Pi. impf. 3 m.p. (362) *they planned*

רָע n.m.s. paus. (948) *evil*

7:16

יָשׁוּבוּ Qal impf. 3 m.p. (996) *they turn*

לֹא עַל neg.-n.m.s. (752) *not upward*

הָיוּ Qal pf. 3 c.p. (הָיָה 224) *they are*

כְּקֶשֶׁת prep.-n.f.s. (905) *as a bow*

רְמִיָּה n.f.s. (941) *treacherous*

יִפְּלוּ Qal impf. 3 m.p. (נָפַל 656) *shall fall (they)*

בַחֶרֶב prep.-def.art.-n.f.s. (352) *by the sword*

שָׂרֵיהֶם n.m.p.-3 m.p. sf. (978) *their princes*

מִזַּעַם prep.-n.m.s. cstr. (276) *on account of the indignation of*

לְשׁוֹנָם n.m.s.-3 m.p. sf. (546) *their tongue*

זוֹ demons. f. (זוֹ =זֶה 262; GK 34bN) *this*

לַעְגָּם n.m.s.-3 m.p. sf.(541) *their derision*

בְּאֶרֶץ prep.-n.f.s. cstr. (75) *in the land of*

מִצְרָיִם pr.n. paus. (595) *Egypt*

8:1

אֶל־חִכְּךָ prep. (39)-n.m.s.-2 m.s. sf. (335) *unto your gums (to thy lips)*

שֹׁפָר n.m.s. (1051) *a horn*

כַּנֶּשֶׁר prep.-def.art.-n.m.s. (676) *as the vulture*

עַל־בֵּית prep. (752)-n.m.s. cstr. (108) *over the house of*

יְהוָה pr.n. (217) *Yahweh*

יַעַן עָבְרוּ prep. (774)-Qal pf. 3 c.p. (716) *because they have transgressed*

בְּרִיתִי n.f.s.-1 c.s. sf. (136) *my covenant*

וְעַל־תּוֹרָתִי conj.-prep. (752)-n.f.s.-1 c.s. sf. (435) *and against my law*

פָּשָׁעוּ Qal pf. 3 c.p. paus. (833) *they rebelled*

8:2

לִי prep.-1 c.s. sf. *to me*

יִזְעָקוּ Qal impf. 3 m.p. paus. (277) *they cry out*

אֱלֹהַי n.m.p.-1 c.s. sf. (43) *my God*

יְדַעֲנוּךָ Qal pf. 1 c.p.-2 m.s. sf. (393) *we know thee*

יִשְׂרָאֵל pr.n. (975) *Israel*

8:3

זָנַח Qal pf. 3 m.s. (276) *has spurned*

יִשְׂרָאֵל pr.n. (975) *Israel*

טוֹב n.m.s. (375) *good*

אוֹיֵב Qal act.ptc. as n.m.s. (33) *an enemy*

יִרְדְּפוֹ Qal impf. 3 m.s.-3 m.s. sf. (922; GK 60d) *will pursue him*

8:4

הֵם הִמְלִיכוּ pers.pr. 3 m.p. (241)-Hi. pf. 3 m.p. (573) *they made king*

וְלֹא מִמֶּנִּי conj.-neg.-prep.-1 c.s. sf. (577) *but not from me*

הֵשִׂירוּ Hi. pf. 3 c.p. (שָׂרַר 979; GK 67v) *they made princes*

וְלֹא יָדָעְתִּי conj.-neg.-Qal pf. 1 c.s. paus. (393) *but I did not know*

כַּסְפָּם n.m.s.-3 m.p. sf. (494) *their silver*

וּזְהָבָם conj.-n.m.s.-3 m.p. sf. (262) *and their gold*

עָשׂוּ Qal pf. 3 c.p. (עָשָׂה 793) *they made*

לָהֶם prep.-3 m.p. sf. *for themselves*

עֲצַבִּים n.m.p. (781) *idols*

לְמַעַן conj. (775) *in order that*

יִכָּרֵת Ni. impf. 3 m.s. (503) *it may be cut off*

8:5

זָנַח Qal pf. 3 m.s. (276) cf. 8:3 *he has spurned*

עֶגְלֵךְ n.m.s.-2 f.s. sf. (722) *your calf*

שֹׁמְרוֹן pr.n. (1037) *Samaria*

חָרָה Qal pf. 3 m.s. (354) *burned*

אַפִּי n.m.s.-1 c.s. sf. (60) *my anger*

בָּם prep.-3 m.p. sf. *against them*

עַד־מָתַי prep. (724)-interr. (607) *until when? (how long?)*

לֹא יוּכְלוּ neg.-Qal impf. 3 m.p. (407) *will they endure*

נִקָּיֹן n.m.s. (667) *free from punishment*

8:6

כִּי מִיִּשְׂרָאֵל conj.-prep.-pr.n. (975) *for from Israel*
וְהוּא conj.-pers.pr. 3 m.s. (214) *and he*
חָרָשׁ n.m.s. (360) *a workman*
עָשָׂהוּ Qal pf. 3 m.s.-3 m.s. sf. (793) *made it*
וְלֹא אֱלֹהִים conj.-neg.-n.m.p. (43) *but not a God*
הוּא pers.pr. 3 m.s. (214) *it*
כִּי־שְׁבָבִים conj.-n.m.p. (985) ?? *splinters*
יִהְיֶה Qal impf. 3 m.s. (224) *will be*
עֵגֶל cf. 8:5 n.m.s. (722) *the calf of*
שֹׁמְרוֹן pr.n. (1037) *Samaria*

8:7

כִּי רוּחַ conj.-n.f.s. (924) *for a wind*
יִזְרָעוּ Qal impf. 3 m.p. paus. (281) *they sow*
וְסוּפָתָה conj.-n.f.s. with old acc. ending (693; GK 90f) *and a storm wind*
יִקְצֹרוּ Qal impf. 3 m.p. paus. (II 894) *they reap*
קָמָה n.f.s. (879) *standing-grain*
אֵין־לוֹ neg.cstr. (II 34)-prep.-3 m.s. sf. *there is not to him*
צֶמַח n.m.s. (855) *growth*
בְּלִי יַעֲשֶׂה־ neg. (115)-Qal impf. 3 m.s. (793) *it will not make*
קֶּמַח n.m.s. (887) *meal*
אוּלַי adv. (19) *if peradventure*
יַעֲשֶׂה Qal impf. 3 m.s. (793) *it produces*
זָרִים Qal act.ptc. m.p. (זוּר 266) *strangers*
יִבְלָעֻהוּ Qal impf. 3 m.p. paus.-3 m.s. sf. (118) *will swallow it*

8:8

נִבְלַע Ni. pf. 3 m.s. (118) *is swallowed up*
יִשְׂרָאֵל pr.n. (975) *Israel*
עַתָּה adv. (773) *now* (already)
הָיוּ Qal pf. 3 c.p. (224) *they are*
בַגּוֹיִם prep.-def.art.-n.m.p. (156) *among the nations*
כִּכְלִי prep.-n.m.s. (479) *as a vessel*
אֵין־חֵפֶץ בּוֹ neg. cstr. (II 34)-n.m.s.-3 m.s. sf. -prep.-3 m.s. sf. *there is no pleasure in it*

8:9

כִּי־הֵמָּה conj.-pers.pr. 3 m.p. (241) *for they*
עָלוּ Qal pf. 3 c.p. (עָלָה 748) *have gone up*
אַשּׁוּר pr.n. (78) (to) *Assyria*
פֶּרֶא n.m.s. (825) *a wild ass*
בּוֹדֵד Qal act.ptc. (94) *going along*
לוֹ אֶפְרַיִם prep.-3 m.s. sf.-pr.n. (68; GK 119s) *for itself Ephraim*
הִתְנוּ Hi. pf. 3 c.p. (תָּנָה 1071) *has hired*
אֲהָבִים n.m.p. (13) *lovers*

8:10

גַּם כִּי־ adv. (168)-conj. (473) *also when*
יִתְנוּ Qal impf. 3 m.p. (תָּנָה 1071) *they hire*
בַגּוֹיִם prep.-def.art.-n.m.p. (156) *among the nations*
עַתָּה אֲקַבְּצֵם conj. (773)-Pi. impf. 1 c.s.-3 m.p. sf. (867) *I shall gather them soon*
וַיָּחֵלּוּ consec.-Hi. impf. 3 m.p. (320 חָלַל; GK 111wN) *and then they will begin*
מְּעָט subst. (589; GK 20g) (as) *littleness*
מִמַּשָּׂא prep.-n.m.s. (II 672) *from burden*
מֶלֶךְ n.m.s. (572) *king*
שָׂרִים n.m.p. (978) *princes*

8:11

כִּי־הִרְבָּה conj.-Hi. pf. 3 m.s. (915) *because has multiplied*
אֶפְרַיִם pr.n. (68) *Ephraim*
מִזְבְּחֹת n.f.p. (258) *altars*
לַחֲטֹא prep.-Qal inf.cstr. (306) *for sinning*
הָיוּ־לוֹ Qal pf. 3 c.p. (הָיָה 224)-prep.-3 m.s. sf. *they have become to him*
מִזְבְּחוֹת לַחֲטֹא v.supra n.f.p. (258)-prep.-Qal inf.cstr. (306) *altars for sinning*

8:12

אֶכְתָּוב־ Qal impf. 1 c.s. (507) *Were I to write*
לוֹ prep.-3 m.s. sf. *for him*
רֻבֵּו v. רִבּוֹ n.f.s. cstr. (914) *myriad of*
תּוֹרָתִי n.f.s.-1 c.s. sf. (435) *my law*
כְּמוֹ־זָר adv. (455)-Qal act.ptc. (266) *as a strange thing*
נֶחְשָׁבוּ Ni. pf. 3 c.p. paus. (חָשַׁב 363) *they are accounted*

8:13

זִבְחֵי n.m.p. cstr. (257) *the sacrifices of*
הַבְהָבַי n.m.p.-1 c.s. sf. (396) *my gifts*
יִזְבְּחוּ Qal impf. 3 m.p. (256) *they sacrifice*
בָשָׂר n.m.s. (142) *flesh*
וַיֹּאכֵלוּ consec.-Qal impf. 3 m.p. paus. (37) *and so they eat*
יהוה pr.n. (217) *Yahweh*
לֹא רָצָם neg.-Qal pf. 3 m.s.-3 m.p. sf. (953) *does not accept them*
עַתָּה יִזְכֹּר adv. (773)-Qal impf. 3 m.s. (269) *now he shall remember*
עֲוֹנָם n.m.s.-3 m.p. sf. (730) *their iniquity*

וְיִפְקֹד conj.-Qal impf. 3 m.s. (823) *and he shall punish*

חַטֹּאותָם n.f.p.-3 m.p. sf. (308) *their sins*

הֵמָּה pers.pr. 3 m.p. (241) *they*

מִצְרַיִם pr.n. (595) *to Egypt*

יָשׁוּבוּ Qal impf. 3 m.p. (996) *they shall return*

8:14

וַיִּשְׁכַּח consec.-Qal impf. 3 m.s. (1013) *and has forgotten*

יִשְׂרָאֵל pr.n. (975) *Israel*

אֶת־עֹשֵׂהוּ dir.obj.-Qal act.ptc.-3 m.s. sf. (עשׂה 793) *his maker*

וַיִּבֶן consec.-Qal impf. 3 m.s. (בנה 124) *and built*

הֵיכָלוֹת n.m.p. (228) *palaces*

וִיהוּדָה conj.-pr.n. (397) *and Judah*

הִרְבָּה cf. 8:11 Hi. pf. 3 m.s. (915) *has multiplied*

עָרִים n.f.p. (746) *cities*

בְּצֻרוֹת Qal pass.ptc. f.p. (130) *fortified*

וְשִׁלַּחְתִּי־ conj.-Pi. pf. 1 c.s. (1018) *but I shall send*

אֵשׁ n.f.s. (77) *fire*

בְּעָרָיו prep.-n.f.p.-3 m.s. sf. (746) *upon his cities*

וְאָכְלָה conj.-Qal pf. 3 f.s. (37) *and it will devour*

אַרְמְנֹתֶיהָ n.m.p.-3 f.s. sf. (74) *her strongholds*

9:1

אַל־תִּשְׂמַח neg.-Qal impf. 2 m.s. (970) *Rejoice not*

יִשְׂרָאֵל pr.n. (975) *O Israel*

אֶל־גִּיל prep.-n.m.s. (I 162) *unto rejoicing*

כָּעַמִּים prep.-def.art.-n.m.p. (766) *as the peoples*

כִּי זָנִיתָ conj.-Qal pf. 2 m.s. (275) *for you have committed fornication*

מֵעַל אֱלֹהֶיךָ prep.-prep.-n.m.p.-2 m.s. sf. (43) *from after your God*

אָהַבְתָּ Qal pf. 2 m.s. (אהב 12) *you have loved*

אֶתְנָן n.f.s. (1071) *a harlot's hire*

עַל כָּל־גָּרְנוֹת prep.-n.m.s. cstr. (481)-n.m.p. cstr. (175) *upon all of threshings floors of*

דָּגָן n.m.s. (186) *grain*

9:2

גֹּרֶן n.m.s. (175) *threshing floor*

וָיֶקֶב conj.-n.m.s. (428) *and wine-vat*

לֹא יִרְעֵם neg.-Qal impf. 3 m.s.-3 m.p. sf. (רעה I 944) *will not feed them*

וְתִירוֹשׁ conj.-n.m.s. (440) *and new wine*

יְכַחֶשׁ Pi. impf. 3 m.s. (471) *shall deceive (shall deny)*

בָּהּ prep.-3 f.s. sf. *her*

9:3

לֹא יֵשְׁבוּ neg.-Qal impf. 3 m.p. (יָשַׁב 442) *they will not dwell*

בְּאֶרֶץ prep.-n.f.s. cstr. (75) *in the land of*

יְהוָה pr.n. (217) *Yahweh*

וְשָׁב conj.-Qal pf. 3 m.s. (שׁוּב 996) *and shall return*

אֶפְרַיִם pr.n. (68) *Ephraim*

מִצְרַיִם pr.n. (595) *Egypt*

וּבְאַשּׁוּר conj.-prep.-pr.n. (78) *and in Assyria*

טָמֵא adj. (379) *an unclean thing*

יֹאכֵלוּ Qal impf. 3 m.p. paus. (אכל 37) *they eat*

9:4

לֹא־יִסְּכוּ neg.-Qal impf. 3 m.p. (נָסַךְ 650) *they shall not pour out*

לַיהוָה prep.-pr.n. (217) *to Yahweh*

יַיִן n.m.s. (406) *wine*

וְלֹא יֶעֶרְבוּ conj.-neg.-Qal impf. 3 m.p. (II 787) *and they shall not please*

לוֹ prep.-3 m.s. sf. *him*

זִבְחֵיהֶם n.m.p.-3 m.p. sf. (257) *with their sacrifices*

כְּלֶחֶם prep.-n.m.s. cstr. (536) *as bread of*

אוֹנִים n.m.p. intens. (19) *mourning (trouble)*

לָהֶם prep.-3 m.p. sf. *to them*

כָּל־אֹכְלָיו n.m.s. cstr. (481)-Qal act.ptc. m.p.-3 m.s. sf. (37) *all of the ones eating of it*

יִטַּמָּאוּ Hith. impf. 3 m.p. (379) *will defile themselves*

כִּי־לַחְמָם conj.-n.m.s.-3 m.p. sf. (536) *for their bread*

לְנַפְשָׁם prep.-n.f.s.-3 m.p. sf. (659) *to their appetite*

לֹא יָבוֹא neg.-Qal impf. 3 m.s. (97) *it will not come*

בֵּית n.m.s. cstr. (108) *to the house of*

יְהוָה pr.n. (217) *Yahweh*

9:5

מַה־תַּעֲשׂוּ interr.-Qal impf. 3 m.p. (עָשָׂה 793) *what will you do*

לְיוֹם prep.-n.m.s. cstr. (398) *on a day of*

מוֹעֵד n.m.s. (417) *an appointed festival*

וּלְיוֹם conj.-prep.-v.supra *and on the day of*

חַג־יְהוָה n.m.s. cstr. (290)-pr.n. (217) *the feast of Yahweh*

9:6

כִּי־הִנֵּה conj.-demons.part. (243) *for behold*

הָלְכוּ Qal pf. 3 c.p. (229) *they walk*

מִשֹּׁד prep.-n.m.s. (994) *from devastation*

מִצְרַיִם pr.n. (595) *Egypt*

תְּקַבְּצֵם Pi. impf. 3 f.s.-3 m.p. sf. (867) *shall gather them*

מֹף pr.n. (592) *Memphis*

תְּקַבְּרֵם Pi. impf. 3 f.s.-3 m.p. sf. (868) *shall bury them*

מַחְמַד n.m.s. coll. (326; GK 130a) *precious things*

לְכַסְפָּם prep.-n.m.s.-3 m.p. sf. (494) *of their silver*

קִמּוֹשׂ n.m.s. coll. (888) *thistles*

יִירָשֵׁם Qal impf. 3 m.s.-3 m.p. sf. (439) *shall possess them*

חוֹחַ n.m.s. (296) *brier*

בְּאָהֳלֵיהֶם prep.-n.m.p.-3 m.p. sf. (13) *in their tents*

9:7

בָּאוּ Qal pf. 3 c.p. (97) *have come*

יְמֵי n.m.p. cstr. (398) *the days of*

הַפְּקֻדָּה def.art.-n.f.s. (824) *the visitation*

בָּאוּ v.supra *have come*

יְמֵי v.supra *the days of*

הַשִּׁלֻּם def.art.-n.m.s. (1024) *the retribution*

יֵדְעוּ Qal impf. 3 m.p. (393) *shall know*

יִשְׂרָאֵל pr.n. (975) *Israel*

אֱוִיל adj. m.s. (17) *is foolish*

הַנָּבִיא def.art.-n.m.s. (611) *the prophet*

מְשֻׁגָּע Pu. ptc. (993) *is mad*

אִישׁ n.m.s. cstr. (35) *the man of*

הָרוּחַ def.art.-n.f.s. (924) *the spirit*

עַל רֹב prep. (752)-n.m.s. cstr. (913) *on account of the multitude of*

עֲוֹנְךָ n.m.s.-2 m.s. sf. (730) *your iniquity*

וְרַבָּה conj.-adj. f.s. (913) *and great*

מַשְׂטֵמָה n.f.s. (966) *animosity*

9:8

צֹפֶה Qal act.ptc. as subst. (859) *a watchman*

אֶפְרַיִם pr.n. (68) *Ephraim*

עִם-אֱלֹהָי prep.-n.m.p.-1 c.s. sf. (43) *with my God*

נָבִיא n.m.s. (611) *a prophet*

פַּח n.m.s. cstr. (809) *a bird-trap of*

יָקוֹשׁ n.m.s. (430) *a bait-layer* (fowler)

עַל-כָּל prep.-n.m.s. cstr. (481) *upon all of*

דְּרָכָיו n.m.p.-3 m.s. sf. (202) *his ways*

מַשְׂטֵמָה cf. 9:7 n.f.s. (966) *animosity*

בְּבֵית prep.-n.m.s. cstr. (108) *in the house of*

אֱלֹהָיו n.m.p.-3 m.s. sf. (43) *his God*

9:9

הֶעְמִיקוּ- Hi. pf. 3 c.p. (770; GK 120g) *they made deep*

שִׁחֵתוּ Pi. pf. 3 c.p. paus. (1007) *they corrupted*

כִּימֵי prep.-n.m.p. cstr. (398) *as the days of*

הַגִּבְעָה def.art.-pr.n. (148) *Gibeah* or n.f.s.= the hill

יִזְכּוֹר Qal impf. 3 m.s. (269) *he will remember*

עֲוֹנָם n.m.s.-3 m.p. sf. (730) *their iniquity*

יִפְקוֹד Qal impf. 3 m.s. (823) *he will visit*

חַטֹּאותָם n.f.p.-3 m.p. sf. (308) *their sins*

9:10

כַּעֲנָבִים prep.-n.m.p. (772) *as grapes*

בַּמִּדְבָּר prep.-def.art.-n.m.s. (II 184) *in the wilderness*

מָצָאתִי Qal pf. 1 c.s. (591) *I found*

יִשְׂרָאֵל pr.n. (975) *Israel*

כְּבִכּוּרָה prep.-n.f.s. (114) *as an early fig*

בִתְאֵנָה prep.-n.f.s. (1061) *on a fig-tree*

בְּרֵאשִׁיתָהּ prep.-n.f.s.-3 f.s. sf. (912) *in its first* (season)

רָאִיתִי Qal pf. 1 c.s. (906) *I have seen*

אֲבוֹתֵיכֶם n.m.p.-2 m.p. sf. (3) *your fathers*

הֵמָּה בָּאוּ pers.pr. 3 m.p.-Qal pf. 3 c.p. (97) *they came*

בַּעַל-פְּעוֹר pr.n. (128) *Baal-peor*

וַיִּנָּזְרוּ consec.-Ni. impf. 3 m.p. (634) *and they consecrated themselves*

לַבֹּשֶׁת prep.-def.art.-n.f.s. (103) *to the shameful* (thing)

וַיִּהְיוּ consec.-Qal impf. 3 m.p. (224) *and they became*

שִׁקּוּצִים n.m.p. (1055) *detested things*

כְּאָהֳבָם prep.-n.m.s.-3 m.p. sf. (13) *as their loved object*

9:11

אֶפְרַיִם pr.n. (68) *Ephraim*

כָּעוֹף prep.-def.art.-n.m.s. coll. (733) *as the birds*

יִתְעוֹפֵף Hithpolel impf. 3 m.s. (733) *shall fly away*

כְּבוֹדָם n.m.s.-3 m.p. sf. (II 458) *their glory*

מִלֵּדָה prep.-Qal inf.cstr. (408; GK 69m) *from bearing*

וּמִבֶּטֶן conj.-prep.-n.f.s. (105) *and from birth*

וּמֵהֵרָיוֹן conj.-prep.-n.m.s. (248) *and from conception*

9:12

כִּי אִם- conj.-hypoth.part. (474; GK 159m) *but if*

יְנַדְּלוּ Pi. impf. 3 m.p. (152) *they bring up*

אֶת־בְּנֵיהֶם dir.obj.-n.m.p.-3 m.p. sf. (119) *their children*

וְשִׁכַּלְתִּים conj.-Pi. pf. 1 c.s.-3 m.p. sf. (1013) *also I shall make them childless*

מֵאָדָם prep.-n.m.s. (9) *from man*

כִּי־גַם־אוֹי conj.-adv.-interj. (17) *for also woe*

לָהֶם prep.-3 m.p. sf. *to them*

בְּשׂוּרִי prep.-Qal inf.cstr.-1 c.s. sf. (965, 693) *in my turning aside*

מֵהֶם prep.-3 m.p. sf. *from them*

9:13

אֶפְרַיִם pr.n. (68) *Ephraim*

כַּאֲשֶׁר־רָאִיתִי prep.-rel. (81)-Qal pf. 1 c.s. (רָאָה 906) *as I have seen*

לְצוֹר prep.-pr.n. (862) *to Tyre*

שְׁתוּלָה Qal pass.ptc. f.s. (1060) *transplanted*

בְּנָוֶה prep.-n.m.s. (627) *in a meadow*

וְאֶפְרַיִם conj.-pr.n. (68) *and Ephraim*

לְהוֹצִיא prep.-Hi. inf.cstr. (422) *to bring out*

אֶל־הֹרֵג prep.-Qal act.ptc. (246) *to slaughter*

בָּנָיו n.m.p.-3 m.s. sf. (119) *his sons*

9:14

תֵּן Qal impv. 2 m.s. (נָתַן 678) *give*

לָהֶם prep.-3 m.p. sf. *to them*

יְהוָה pr.n. (217) *O Yahweh*

מַה־תִּתֵּן interr.-Qal impf. 2 m.s. (נָתַן 678) *what will you give*

תֵּן־לָהֶם v.supra-v.supra *give to them*

רֶחֶם n.m.s. (933) *a womb*

מַשְׁכִּיל Hi. ptc. (1013) *miscarrying*

וְשָׁדַיִם conj.-n.m. du. (994) *and breasts*

צֹמְקִים Qal act.ptc. m.p. (855) *shrivelling*

9:15

כָּל־רָעָתָם n.m.s. cstr. (481)-n.f.s.-3 m.p. sf. (949) *all of their evil*

בַּגִּלְגָּל prep.-def.art.-pr.n. (166) *in Gilgal*

כִּי־שָׁם conj.-adv. (1027) *there*

שְׂנֵאתִים Qal pf. 1 c.s.-3 m.p. sf. (שָׂנֵא 971) *I hated them*

עַל רֹעַ prep.-n.m.s. cstr. (947) *on account of the evil of*

מַעַלְלֵיהֶם n.m.p.-3 m.p. sf. (760) *their deeds*

מִבֵּיתִי prep.-n.m.s.-1 c.s. sf. (108) *from my house*

אֲגָרְשֵׁם Pi. impf. 1 c.s.-3 m.p. sf. (176) *I shall drive them out*

לֹא אוֹסֵף neg.-Hi. impf. 1 c.s. vol. (415; GK 109d) *I do not intend to add*

אַהֲבָתָם Qal inf.cstr.-3 m.p. sf. (12) *to love them*

כָּל־שָׂרֵיהֶם n.m.s. cstr. (481)-n.m.p.-3 m.p. sf. (978) *all of their princes*

סֹרְרִים Qal act.ptc. m.p. (710) *are rebelling ones*

9:16

הֻכָּה Ho. pf. 3 m.s. (נָכָה 645) *is smitten*

אֶפְרַיִם pr.n. (68) *Ephraim*

שָׁרְשָׁם n.m.s.-3 m.p. sf. (1057) *their root*

יָבֵשׁ Qal pf. 3 m.s. (386) *is dried up*

פְּרִי n.m.s. (826) *fruit*

בְּלִי־יַעֲשׂוּן neg. (115)-Qal impf. 3 m.p. (793) *they will not produce*

גַּם כִּי יֵלֵדוּן adv.-conj.-Qal impf. 3 m.p. (408) *also when they bring forth*

וְהֵמַתִּי conj.-Hi. pf. 1 c.s. (מוּת 559) *indeed I shall slay*

מַחֲמַדֵּי n.m.p. cstr. (326) *the precious things of*

בִּטְנָם n.f.s.-3 m.p. sf. (105) *their womb*

9:17

יִמְאָסֵם Qal impf. 3 m.s.-3 m.p. sf. (549) *will reject them*

אֱלֹהַי n.m.p.-1 c.s. sf. (43) *my God*

כִּי conj. *for*

לֹא שָׁמְעוּ neg.-Qal pf. 3 c.p. (1033) *they have not hearkened*

לוֹ prep.-3 m.s. sf. *to him*

וְיִהְיוּ conj.-Qal impf. 3 m.p. (הָיָה 224) *and they shall be*

נֹדְדִים Qal act.ptc. m.p. (622) *fugitives*

בַּגּוֹיִם prep.-def.art.-n.m.p. (156) *among the nations*

10:1

גֶּפֶן n.f.s. (172) *a vine*

בּוֹקֵק Qal act.ptc. (I 132) *luxuriant*

יִשְׂרָאֵל pr.n. (975) *Israel*

פְּרִי n.m.s. (826) *fruit*

יְשַׁוֶּה־לוֹ Pi. impf. 3 m.s. (שָׁוָה II 1001) *will produce*

לוֹ prep.-3 m.s. sf. *for him*

כְּרֹב prep.-n.m.s. (913) *according to abundance*

לְפִרְיוֹ prep.-n.m.s.-3 m.s. sf. (826) *of his fruit*

הִרְבָּה Hi. pf. 3 m.s. (I 915) *he has multiplied*

לַמִּזְבְּחוֹת prep.-def.art.-n.m.p. (258) *altars*

כְּטוֹב prep.-n.m.s. (375) *according to welfare*

לְאַרְצוֹ prep.-n.f.s.-3 m.s. sf. (75) *of his land*

הֵיטִיבוּ Hi. pf. 3 c.p. (יָטַב 405) *they make glorious*

מַצֵּבוֹת n.f.p. (663) *pillars*

778

10:2

חָלָק Qal pf. 3 m.s. (II 325) *is slipping* (false)

לִבָּם n.m.s.-3 m.p. sf. (524) *their heart*

עַתָּה adv. (773) *now*

יֶאְשָׁמוּ Qal impf. 3 m.p. paus. (79) *they shall be held guilty*

הוּא יַעֲרֹף pers.pr. 3 m.s.-Qal impf. 3 m.s. (791) *he will break*

מִזְבְּחוֹתָם n.m.p.-3 m.p. sf. (258) *their altars*

יְשֹׁדֵד Po'el impf. 3 m.s. (994) *he will violently destroy*

מַצֵּבוֹתָם n.f.p.-3 m.p. sf. (663) *their pillars*

10:3

כִּי עַתָּה conj.-adv. (773) *for now*

יֹאמְרוּ Qal impf. 3 m.p. (55) *they will say*

אֵין מֶלֶךְ neg.cstr. (34)-n.m.s. (572) *there is no king*

לָנוּ prep.-1 c.p. sf. *to us*

כִּי לֹא יָרֵאנוּ conj.-neg.-Qal pf. 1 c.p. (431) *for we do not fear*

אֶת־יְהוָה dir.obj.-pr.n. (217) *Yahweh*

וְהַמֶּלֶךְ conj.-def.art.-n.m.s. (572) *and the king*

מַה־יַּעֲשֶׂה־ interr.-Qal impf. 3 m.s. (I 793) *what can he do*

לָנוּ prep.-1 c.p. sf. *for us*

10:4

דִּבְּרוּ Pi. pf. 3 c.p. (180) *they speak*

דְבָרִים n.m.p. (182) *words*

אָלוֹת n.f.p. cstr. (46) *oaths of*

שָׁוְא n.m.s. (996) *emptiness*

כָּרֹת Qal inf.abs. (503; GK 75n) *cutting*

בְּרִית n.f.s. (136) *a covenant*

וּפָרַח conj.-Qal pf. 3 m.s. (I 827) *and will sprout*

כָרֹאשׁ prep.-def.art.-n.m.s. (II 912) *as the poisonous herb*

מִשְׁפָּט n.m.s. (1048) *judgment*

עַל תַּלְמֵי prep.-n.m.p. cstr. (1068) *upon furrows of*

שָׂדָי n.m.s. paus. (961) *a field*

10:5

לְעֶגְלוֹת prep.-n.f.p. cstr. (722) *of the calves of*

בֵּית אָוֶן pr.n. (110) *Beth-aven*

יָגוּרוּ Qal impf. 3 m.p. (III 158) *are afraid*

שְׁכַן adj. m.s. cstr. (1015) *the inhabitant of*

שֹׁמְרוֹן pr.n. (1037) *Samaria*

כִּי־אָבַל conj.-Qal pf. 3 m.s. (5) *for mourn*

עָלָיו prep.-3 m.s. sf. *over it*

עַמּוֹ n.m.s.-3 m.s. sf. (766) *his people*

וּכְמָרָיו conj.-n.m.p.-3 m.s. sf. (485) *and his (idol-)priests*

עָלָיו v.supra *over it*

יָגִילוּ Qal impf. 3 m.p. (162) *they rejoice*

עַל־כְּבוֹדוֹ prep.-n.m.s.-3 m.s. sf. (II 458) *over his glory*

כִּי־גָלָה conj.-Qal pf. 3 m.s. (162) *for it departed*

מִמֶּנּוּ prep.-3 m.s. sf. *from him*

10:6

גַּם־אוֹתוֹ adv.-prep.-3 m.s. sf. (85) *also with him (it)*

לְאַשּׁוּר prep.-pr.n. (78; GK 121b) *to Assyria*

יוּבָל Ho. impf. 3 m.s. (384) *he will be borne along*

מִנְחָה n.f.s. (585) *a gift*

לְמֶלֶךְ prep.-n.m.s. (572) *to king*

יָרֵב n.m. epith. of Assyrian king (937) *one who contends*

בָּשְׁנָה n.f.s. (102) *shame*

אֶפְרַיִם pr.n. (68) *Ephraim*

יִקָּח Qal impf. 3 m.s. (לקח 542) *shall receive*

וְיֵבוֹשׁ Qal impf. 3 m.s. (בושׁ 101) *and shall be ashamed*

יִשְׂרָאֵל pr.n. (975) *Israel*

מֵעֲצָתוֹ prep.-n.f.s.-3 m.s. sf. (420) *of his counsel*

10:7

נִדְמֶה Ni. ptc. (II 198) *(shall) be cut off*

שֹׁמְרוֹן pr.n. (1037) *Samaria*

מַלְכָּהּ n.m.s.-3 f.s. sf. (572) *her king*

כְּקֶצֶף prep.-n.m.s. (II 893) *as a splinter*

עַל־פְּנֵי־ prep.-n.m.p. cstr. (815) *upon face of*

מָיִם n.m.p. paus. (565) *waters*

10:8

וְנִשְׁמְדוּ conj.-Ni. pf. 3 c.p. (1029) *and shall be destroyed*

בָּמוֹת n.f.p. cstr. (119) *high places of*

אָוֶן pr.n. (19) *Aven*

חַטַּאת n.f.s. cstr. (308) *the sin of*

יִשְׂרָאֵל pr.n. (975) *Israel*

קוֹץ n.m.s. (881) *thorn*

וְדַרְדַּר conj.-n.m.s. coll. (205) *and thistles*

יַעֲלֶה Qal impf. 3 m.s. (748) *will go up*

עַל־מִזְבְּחוֹתָם prep.-n.m.p.-3 m.p. sf. (258) *upon their altars*

וְאָמְרוּ conj.-Qal impf. 3 c.p. (55) *and they will say*

לֶהָרִים prep.-def.art.-n.m.p. (249) *to the mountains*

כַּסּוּנוּ Pi. impv. 2 m.p.-1 c.p. sf. (כָּסָה 491) *cover us*

וְלַגְּבָעוֹת conj.-prep.-def.art.-n.f.p. (148) *and to the hills*

נִפְלוּ Qal impv. 2 m.p. (656) *fall*

עָלֵינוּ prep.-1 c.p. sf. *upon us*

10:9

מִימֵי prep.-n.m.p. cstr. (398) *from the days of*

הַגִּבְעָה pr.n. (149) *Gibeah*

חָטָאתָ Qal pf. 2 m.s. (306) *you have sinned*

יִשְׂרָאֵל pr.n. (975) *Israel*

שָׁם עָמָדוּ adv. (1027)-Qal pf. 3 c.p. paus. (763) *there they stood*

לֹא־תַשִּׂיגֵם neg.-Hi. impf. 3 f.s.-3 m.p. sf. (נָשַׂג 673) *shall not overtake them*

בַּגִּבְעָה prep.-def.art.-v.supra *in Gibeah*

מִלְחָמָה n.f.s. (536) *war*

עַל־בְּנֵי prep.-n.m.p. cstr. (119) *upon sons of*

עַלְוָה (759) -- עֹלָה (732) *violent deeds or injustice*

10:10

בְּאַוָּתִי prep.-n.f.s.-1 c.s. sf. (16) *in my desire*

וְאֶסֳּרֵם conj.-Qal impf. 1 c.s.-3 m.p. sf. (יָסַר 415; GK 60a, 71) *and I will chasten them*

וְאֻסְּפוּ conj.-Pu. pf. 3 c.p. (62) *and shall be gathered*

עֲלֵיהֶם prep.-3 m.p. sf. *unto them*

עַמִּים n.m.p. (766) *nations*

בְּאָסְרָם prep.-Qal inf.cstr.-3 m.p. sf. (63) *in binding them*

לִשְׁתֵּי prep.-n.m.p. cstr. (1040) *to two of*

עִינֹתָם rd. as עֲוֹנֹתָם n.m.p.-3 m.p. sf. (730) *their iniquities*

10:11

וְאֶפְרַיִם conj.-pr.n. (68) *and Ephraim*

עֶגְלָה n.f.s. (722) *a heifer*

מְלֻמָּדָה Pu. ptc. f.s. (540) *trained*

אֹהַבְתִּי Qal act.ptc. f. (12; GK 90 l-early gen. ending) *loving*

לָדוּשׁ prep.-Qal inf.cstr. (190) *to tread*

וַאֲנִי עָבַרְתִּי conj.-pers.pr. 1 c.s.-Qal pf. 1 c.s. (716) *and I passed over*

עַל־טוּב prep.-n.m.s. cstr. (375) *upon the fairness of (beauty)*

צַוָּארָהּ n.m.s.-3 f.s. sf. (848) *her neck*

אַרְכִּיב Hi. impf. 1 c.s. (רָכַב 938) *I shall plough*

אֶפְרַיִם pr.n. (68) *Ephraim*

יַחֲרוֹשׁ Qal impf. 3 m.s. (I 360) *will plough*

יְהוּדָה pr.n. (397) *Judah*

יְשַׂדֶּד־ Pi. impf. 3 m.s. (961) *will harrow*

לוֹ יַעֲקֹב prep.-3 m.s. sf.-pr.n. (784) *for himself Jacob*

10:12

זִרְעוּ Qal impv. 2 m.p. (281) *sow*

לָכֶם לִצְדָקָה prep.-2 m.p. sf.-prep.-n.f.s. (842) *for yourselves righteousness*

קִצְרוּ Qal impv. 2 m.p. (II 894) *reap*

לְפִי־חֶסֶד prep.-n.m.s. cstr. (804)-n.m.s. (338) *according to steadfast love*

נִירוּ Qal impv. 2 m.p. (I 644) *break up*

לָכֶם v.supra *for yourselves*

נִיר n.m.s. (II 644) *fallow ground*

וְעֵת conj.-n.f.s. (773) *indeed a time*

לִדְרוֹשׁ prep.-Qal inf.cstr. (205) *to seek*

אֶת־יהוה dir.obj.-pr.n. (217) *Yahweh*

עַד־יָבוֹא adv.-Qal impf. 3 m.s. (בּוֹא 97) *until he will come*

וְיֹרֶה conj.-Hi. impf. 3 m.s. (יָרָה 434) *and he will rain*

צֶדֶק n.m.s. (841) *righteousness*

לָכֶם v.supra *on you*

10:13

חֲרַשְׁתֶּם־ Qal pf. 2 m.p. (I 360) *you have ploughed*

רֶשַׁע n.m.s. (957) *wickedness*

עַוְלָתָה cf. 10:9 n.f.s. (732) *injustice*

קְצַרְתֶּם Qal pf. 2 m.p. (II 894) *you have reaped*

אֲכַלְתֶּם Qal pf. 2 m.p. (37) *you have eaten*

פְּרִי־ n.m.s. cstr. (826) *fruit of*

כָחַשׁ n.m.s. paus. (471) *lies*

כִּי־בָטַחְתָּ conj.-Qal pf. 2 m.s. (105) *for you have trusted*

בְדַרְכְּךָ prep.-n.m.s.-2 m.s. sf. (202) *in your way*

בְּרֹב prep.-n.m.s. cstr. (913) *in the multitude of*

גִּבּוֹרֶיךָ n.m.p.-2 m.s. sf. (150) *your valiant men*

10:14

וְקָאם conj.-Qal pf. 3 m.s. (קוּם 877; GK 23g, 96) *and shall arise*

שָׁאוֹן n.m.s. (981) *crash of battle*

בְּעַמֶּךָ prep.-n.m.p.-2 m.s. sf. (766) *among your people*

וְכָל־ conj.-n.m.s. cstr. (481) *and all of*

מִבְצָרֶיךָ n.m.p.-2 m.s. sf. (131) *your fortresses*

יוּשַׁד Ho. impf. 3 m.s. (שָׁדַד 994; GK 53u) *will be devastated*

כְּשֹׁד prep.-n.m.s. cstr. (I 994) *as the devastation of*

שַׁלְמַן pr.n. (1025) *Shalman*

בֵּית אַרְבֵּאל pr.n. (111) *Beth-arbel*

בְּיוֹם prep.-n.m.s. cstr. (398) *in the day of*

מִלְחָמָה n.f.s. (536) *war*

אֵם n.f.s. (51) *a mother*

עַל־בָּנִים prep.-n.m.p. (119; GK 156c) *upon children*

רֻטָּשָׁה Pu. pf. 3 f.s. paus. (936) *dashed in pieces*

10:15

כָּכָה עָשָׂה adv. (462)-Qal pf. 3 m.s. (I 793) *thus he will do*

לָכֶם prep.-2 m.p. sf. *to you*

בֵּית־אֵל pr.n. (110) *Beth-el*

מִפְּנֵי prep.-n.m.p. cstr. as prep. (818) *because of*

רָעַת n.f.s. cstr. (949) *the evil of*

רָעַתְכֶם n.f.s.-2 m.p. sf. (949) *your evil*, i.e. your great evil

בַּשַּׁחַר prep.-def.art.-n.m.s. (1007) *in the dawn*

נִדְמֹה Ni. inf.abs. (II 198) *being cut off*

נִדְמָה Ni. pf. 3 m.s. (II 198) *will be cut off*

מֶלֶךְ n.m.s. cstr. (572) *the king of*

יִשְׂרָאֵל pr.n. (975) *Israel*

11:1

כִּי נַעַר adv.-n.m.s. (II 654) *when a lad*

יִשְׂרָאֵל pr.n. (975) *Israel*

וָאֹהֲבֵהוּ consec.-Qal impf. 1 c.s.-3 m.s. sf. (12; GK 68f) *then I loved him*

וּמִמִּצְרַיִם conj.-prep.-pr.n. (595) *and from Egypt*

קָרָאתִי Qal pf. 1 c.s. (894) *I called*

לִבְנִי prep.-n.m.s.-1 c.s. sf. (119) *my son*

11:2

קָרְאוּ Qal pf. 3 c.p. (894) *they called*

לָהֶם prep.-3 m.p. sf. *them*

כֵּן הָלְכוּ adv. (485)-Qal pf. 3 c.p. (229) *so they went*

מִפְּנֵיהֶם prep.-n.m.p.-3 m.p. sf. (815) *from them*

לַבְּעָלִים prep.-def.art.-n.m.p. (127) *to the Baals*

יְזַבֵּחוּ Pi. impf. 3 m.p. paus. (256) *they sacrificed*

וְלַפְּסִלִים conj.-prep.-def.art.-n.m.p. (820) *and to the idols*

יְקַטֵּרוּן Pi. impf. 3 m.p. paus. (882) *they burned incense*

11:3

וְאָנֹכִי conj.-pers.pr. 1 c.s. *and I*

תִרְגַּלְתִּי Tiphil pf. 1 c.s. (רָגַל 920; GK 55h) *I taught to walk*

לְאֶפְרַיִם prep.-pr.n. (68) *Ephraim*

קָחָם Qal pf. 3 m.s.-3 m.p. sf. (542; prb.rd. as Qal impf. 1 c.s.-3 m.p. sf. אֶקָּחֵם; GK 19i, 66g) *I took them*

עַל־זְרוֹעֹתָיו prep.-n.f.p.-3 m.s. sf. (283) *by his arms*

וְלֹא יָדְעוּ conj.-neg.-Qal pf. 3 c.p. (393) *but they did not know*

כִּי רְפָאתִים conj.-Qal pf. 1 c.s.-3 m.p. sf. (50) *I healed them*

11:4

בְּחַבְלֵי prep.-n.m.p. cstr. (I 286) *with cords of*

אָדָם n.m.s. (9) *man*

אֶמְשְׁכֵם Qal impf. 1 c.s.-3 m.p. sf. (604) *I drew them*

בַּעֲבֹתוֹת prep.-n.f.p. cstr. (721) *with ropes of*

אַהֲבָה n.f.s. (13) *love*

וָאֶהְיֶה consec.-Qal impf. 1 c.s. (224) *and thus I was*

לָהֶם prep.,-3 m.p. sf. *to them*

כִּמְרִימֵי prep.-Hi. ptc. m.p. cstr. (926) *as lifters of*

עֹל n.m.s. (760) *a yoke*

עַל לְחֵיהֶם prep.-n.m.p.-3 m.p. sf. (534) *their jaws*

וְאַט conj.-adv. (31) *and softly*

אֵלָיו prep.-3 m.s. sf. *to him*

אוֹכִיל Hi. impf. 1 c.s. (אָכַל 37; GK 68i) *I fed*

11:5

לֹא יָשׁוּב neg.-Qal impf. 3 m.s. (שׁוּב 996) *he will not return*

אֶל־אֶרֶץ prep.-n.f.s. cstr. (75) *unto the land of*

מִצְרַיִם pr.n. (595) *Egypt*

וְאַשּׁוּר conj.-pr.n. (78) *an Assyrian*

הוּא מַלְכּוֹ pers.pr. 3 m.s.-n.m.s.-3 m.s. sf. (572) *he his king*

כִּי מֵאֲנוּ conj.-Pi. pf. 3 c.p. (549) *because they refused*

לָשׁוּב prep.-Qal inf.cstr. (996) *to return*

11:6

וְחָלָה conj.-Qal pf. 3 f.s. (I 296) *and will whirl*

חֶרֶב n.f.s. (352) *a sword*

בְּעָרָיו prep.-n.f.p.-3 m.s. sf. (646) *in his cities*

וְכִלְּתָה conj.-Pi. pf. 3 f.s. (כָּלָה I 477) *and will make an end*

בַּדָּיו n.m.p.-3 m.s. sf. (94) *his bars*

וְאָכָלָה conj.-Qal pf. 3 f.s. paus. (37) *and consume*

מִמֹּעֲצוֹתֵיהֶם prep.-n.f.p.-3 m.p. sf. (420) *because of their counsels*

11:7

וְעַמִּי conj.-n.m.s.-1 c.s. sf. (766) *and my people*

תְלוּאִים Qal pass.ptc. m.p. (1067; GK 75rr) *hung up*

לִמְשׁוּבָתִי prep.-n.f.s.-1 c.s. sf. (1000) *to my apostasy*

וְאֶל־עָל conj.-prep.-subst. (752) *upwards*

יִקְרָאֻהוּ Qal impf. 3 m.p.-3 m.s. sf. (894) *they call it*

יַחַד adv. (403) *altogether*

לֹא יְרוֹמֵם neg.-Polel impf. 3 m.s. (רום 926) *he will not lift up*

11:8

אֵיךְ אֶתֶּנְךָ adv. (32)-Qal impf. 1 c.s.-2 m.s. sf. (678) *How can I give thee up*

אֶפְרַיִם pr.n. (68) *Ephraim*

אֲמַגֶּנְךָ Pi. impf. 1 c.s.-2 m.s. sf. (171) *can I deliver thee*

יִשְׂרָאֵל pr.n. (975) *Israel*

אֵיךְ אֶתֶּנְךָ v.supra-v.supra *How can I make thee*

כְאַדְמָה prep.-pr.n. (10) *as Admah*

אֲשִׂימְךָ Hi. impf. 1 c.s.-2 m.s. sf. (962) *can I set thee*

כִּצְבֹאיִם prep.-pr.n. (צְבֹיִם 840) *as Zeboiim*

נֶהְפַּךְ Ni. pf. 3 m.s. (הָפַךְ 245) *is turned*

עָלַי prep.-1 c.s. sf. *unto me*

לִבִּי n.m.s.-1 c.s. sf. (524) *my heart*

יַחַד adv. (403) *altogether*

נִכְמְרוּ Ni. pf. 3 c.p. (I 485) *have grown tender*

נִחוּמָי n.m.p.-1 c.s. sf. (637) *my compassions*

11:9

לֹא אֶעֱשֶׂה neg.-Qal impf. 1 c.s. (I 793) *I shall not do (execute)*

חֲרוֹן n.m.s. cstr. (354) *the anger of (heat of)*

אַפִּי n.m.s.-1 c.s. sf. (60) *my anger*

לֹא אָשׁוּב neg.-Qal impf. 1 c.s. (996) *I shall not return*

לְשַׁחֵת prep.-Pi. inf.cstr. (1007) *to destroy*

אֶפְרָיִם pr.n. (68) *Ephraim*

כִּי אֵל conj.-n.m.s. (II 42) *for God*

אָנֹכִי pers.pr. 1 c.s. (58) *I*

וְלֹא־אִישׁ conj.-neg.-n.m.s. (35) *and not a man*

בְּקִרְבְּךָ prep.-n.m.s.-2 m.s. sf. (899) *in your midst*

קָדוֹשׁ adj. m.s. (872) *Holy (One)*

וְלֹא אָבוֹא conj.-neg.-Qal impf. 1 c.s. (97) *and I shall not enter*

בְּעִיר prep.-n.f.s. (II 746) *in a city*

11:10

אַחֲרֵי יהוה prep. (30)-pr.n. (217) *after Yahweh*

יֵלְכוּ Qal impf. 3 m.p. (הָלַךְ 229) *they will walk*

כְּאַרְיֵה prep.-n.m.s. (71) *as a lion*

יִשְׁאָג Qal impf. 3 m.s. paus. (980) *he will roar*

כִּי־הוּא conj.-pers.pr. 3 m.s. (214) *when he*

יִשְׁאַג Qal impf. 3 m.s. (980) *will roar*

וְיֶחֶרְדוּ conj.-Qal impf. 3 m.p. (353) *even will tremble*

בָנִים n.m.p. (119) *children*

מִיָּם prep.-n.m.s. (410) *from sea (west)*

11:11

יֶחֶרְדוּ Qal impf. 3 m.p. (353) *they will tremble*

כְצִפּוֹר prep.-n.f.s. (861) *as a bird*

מִמִּצְרַיִם prep.-pr.n. (595) *from Egypt*

וּכְיוֹנָה conj.-prep.-n.f.s. (401) *and as a dove*

מֵאֶרֶץ prep.-n.f.s. cstr. (75) *from the land of*

אַשּׁוּר pr.n. (78) *Assyria*

וְהוֹשַׁבְתִּים conj.-Hi. pf. 1 c.s.-3 m.p. sf. (442) *and I shall cause them to dwell*

עַל־בָּתֵּיהֶם prep.-n.m.p.-3 m.p. sf. (108) *in their houses*

נְאֻם־יהוה n.m.s. cstr. (610)-pr.n. (217) *a declaration of Yahweh*

12:1

סְבָבֻנִי Qal pf. 3 c.p.-1 c.s. sf. (685) *have surrounded me*

בְּכַחַשׁ prep.-n.m.s. (471) *with lying*

אֶפְרַיִם pr.n. (68) *Ephraim*

וּבְמִרְמָה conj.-prep.-n.f.s. (I 941) *and with deceit*

בֵּית יִשְׂרָאֵל n.m.s. cstr. (108)-pr.n. (975) *house of Israel*

וִיהוּדָה conj.-pr.n. (397) *and Judah*

עֹד רָד adv. (728)-Qal pf. 3 m.s. (רוד 923) *yet wanders restlessly*

עִם־אֵל prep.-n.m.s. (II 42) *with God*

וְעִם־קְדוֹשִׁים conj.-prep.-n.m.p. (872; GK 124h) *and with holy ones (saints)*

נֶאֱמָן Ni. ptc. (אָמַן I 52) *(is) faithful*

12:2

אֶפְרַיִם pr.n. (68) *Ephraim*

רֹעֶה Qal act.ptc. (I 944) *feeding*

רוּחַ n.f.s. (924) *(on) wind*

וְרֹדֵף conj.-Qal act.ptc. (922) *and pursuing*

קָדִים n.m.s. (870) *east wind*

כָּל־הַיּוֹם n.m.s. cstr. (481)-def.art.-n.m.s. (398) *all of the day*

כָּזָב n.m.s. (469) *lie*

וָשֹׁד conj.-n.m.s. (994) *and violence*

יַרְבֶּה Hi. impf. 3 m.s. (I 915) *he multiplies*

וּבְרִית conj.-n.f.s. (136) *and a covenant*

עִם־אַשּׁוּר prep.-pr.n. (78) *with Assyria*

יִכְרֹתוּ Qal impf. 3 m.p. paus. (503) *they cut (make)*

וְשֶׁמֶן conj.-n.m.s. (1032) *and oil*

לְמִצְרַיִם prep.-pr.n. (595) *to Egypt*

יוּבָל Ho. impf. 3 m.s. paus. (384) *will be borne along*

12:3

וְרִיב conj.-n.m.s. (936) *and a controversy*

לַיהוָה prep.-pr.n. (217) *to Yahweh*

עִם־יְהוּדָה prep.-pr.n. (397) *with Judah*

וְלִפְקֹד conj.-prep.-Qal inf.cstr. (823) *and to visit (punish)*

עַל־יַעֲקֹב prep.-pr.n. (784) *upon Jacob*

כִּדְרָכָיו prep.-n.m.p.-3 m.s. sf. (202) *according to his ways*

כְּמַעֲלָלָיו prep.-n.m.p.-3 m.s. sf. (760) *according to his deeds*

יָשִׁיב Hi. impf. 3 m.s. (שׁוב 996) *he will recompense*

לוֹ prep.-3 m.s. sf. *to him*

12:4

בַּבֶּטֶן prep.-def.art.-n.f.s. (I 105) *in the womb*

עָקַב Qal pf. 3 m.s. (784) *he attacked*

אֶת־אָחִיו dir.obj.-n.m.s.-3 m.s. sf. (I 26) *his brother*

וּבְאוֹנוֹ conj.-prep.-n.m.s.-3 m.s. sf. (I 20) *and by his strength*

שָׂרָה Qal pf. 3 m.s. (I 975) *he persevered*

אֶת־אֱלֹהִים prep.-n.m.p. (43) *with God*

12:5

וַיָּשַׂר consec.-Qal impf. 3 m.s. (as from שׂור; I 975, rd. as וַיִּשַׂר) *and he persevered*

אֶל־מַלְאָךְ prep.-n.m.p. (521) *with an angel*

וַיֻּכָל consec.-Qal impf. 3 m.s. (יָכֹל 407) *and he prevailed*

בָּכָה Qal pf. 3 m.s. (113) *he wept*

וַיִּתְחַנֶּן־ consec.-Hith. impf. 3 m.s. (I 336) *and he sought favor*

לוֹ prep.-3 m.s. sf. *of him*

בֵּית־אֵל pr.n. (110) *(at) Beth-el*

יִמְצָאֶנּוּ Qal impf. 3 m.s.-3 m.s. sf. with epen. nun (592) *he found him*

וְשָׁם conj.-adv. (1027) *and there*

יְדַבֵּר Pi. impf. 3 m.s. (180) *he spoke*

עִמָּנוּ prep.-1 c.p. sf. *with us*

12:6

וַיהוָה conj.-pr.n. (217) *and Yahweh*

אֱלֹהֵי n.m.p. cstr. (43) *the God of*

הַצְּבָאוֹת def.art.-n.f.p. (838) *hosts*

יהוָה זִכְרוֹ pr.n. (217)-n.m.s.-3 m.s. sf. (271) *Yahweh his memorial*

12:7

וְאַתָּה conj.-pers.pr. 2 m.s. (61) *and you*

בֵּאלֹהֶיךָ prep.-n.m.p.-2 m.s. sf. (43) *unto your God*

תָשׁוּב Qal impf. 2 m.s. (שׁוב 996) *will return*

חֶסֶד n.m.s. (I 338) *lovingkindness*

וּמִשְׁפָּט conj.-n.m.s. (1048) *and judgment*

שְׁמֹר Qal impv. 2 m.s. (1036) *keep*

וְקַוֵּה conj.-Pi. impv. 2 m.s. (I 875) *and wait*

אֶל־אֱלֹהֶיךָ prep.-n.m.p.-2 m.s. sf. (43) *for your God*

תָּמִיד n.m.s. (556) *continuously*

12:8

כְּנַעַן n.m.s. (II 488) *a merchant*

בְּיָדוֹ prep.-n.f.s.-3 m.s. sf. (388) *in his hand*

מֹאזְנֵי n.m. du. cstr. (24) *scales of*

מִרְמָה n.f.s. (I 941) *deceit*

לַעֲשֹׁק prep.-Qal inf.cstr. (798) *to oppress*

אָהֵב Qal pf. 3 m.s. (12) *he loves*

12:9

וַיֹּאמֶר consec.-Qal impf. 3 m.s. (55) *and said*

אֶפְרַיִם pr.n. (68) *Ephraim*

אַךְ עָשַׁרְתִּי adv. (36)-Qal pf. 1 c.s. (799) *surely I am rich*

מָצָאתִי Qal pf. 1 c.s. (592) *I have found*

אוֹן לִי n.m.s. (I 20)-prep.-1 c.s. sf. *wealth for myself*

כָּל־יְגִיעַי n.m.s. cstr. (481)-n.m.p.-1 c.s. sf. (388) *(in) all of my toils*

לֹא יִמְצְאוּ־ neg.-Qal impf. 3 m.p. (592) *they do not find*

לִי prep.-1 c.s. sf. *to me*

עָוֹן n.m.s. (730) *iniquity*

אֲשֶׁר־חֵטְא rel. (81)-n.m.s. (307) *which (is) sin*

12:10

וְאָנֹכִי conj.-pers.pr. 1 c.s. (59) *and I*

יהוָה אֱלֹהֶיךָ pr.n. (217)-n.m.p.-2 m.s. sf. (43) *Yahweh your God*

מֵאֶרֶץ prep.-n.f.s. cstr. (75) *from the land of*

מִצְרָיִם pr.n. paus. (595) *Egypt*

עֹד אוֹשִׁיבְךָ adv.-Hi. impf. 1 c.s.-2 m.s. sf. (442) *yet I shall make you to dwell*

בָּאֳהָלִים prep.-n.m.p. (13) *in tents*

כִּימֵי prep.-n.m.p. cstr. (398) *as days of*

מוֹעֵד n.m.s. (417) *appointed feast*

12:11

וְדִבַּרְתִּי conj.-Pi. pf. 1 c.s. (180; GK 112dd) *and I have spoken*

עַל־הַנְּבִיאִים prep.-def.art.-n.m.p. (611) *by the prophets*

וְאָנֹכִי conj.-pers.pr. 1 c.s. (59) *and I*

חָזוֹן n.m.s. (302) *a vision*

הִרְבֵּיתִי Hi. pf. 1 c.s. paus. (I 915) *multiplied*

וּבְיַד conj.-prep.-n.f.s. cstr. (388) *and by the hand of*

הַנְּבִיאִים v.supra *the prophets*

אֲדַמֶּה Pi. impf. 1 c.s. (I 197) *used similitudes*

12:12

אִם־גִּלְעָד conj.-pr.n. (166) *if Gilead*

אָוֶן n.m.s. (19) *idolatry*

אַךְ־שָׁוְא adv. (36)-n.m.s. (996) *surely vanity*

הָיוּ Qal pf. 3 c.p. (הָיָה 224) *they are*

בַּגִּלְגָּל prep.-def.art.-pr.n. (166) *in Gilgal*

שְׁוָרִים n.m.p. (1004) *bullocks*

זִבֵּחוּ Pi. pf. 3 c.p. paus. (256) *they sacrificed*

גַּם מִזְבְּחוֹתָם adv. (168)-n.f.p.-3 m.p. sf. (258) *also their altars*

כְּגַלִּים prep.-n.m.p. (164) *as heaps*

עַל תַּלְמֵי prep.-n.m.p. cstr. (1068) *upon furrows of*

שָׂדָי n.m.s. paus. (961) *field*

12:13

וַיִּבְרַח consec.-Qal impf. 3 m.s. (137) *and fled*

יַעֲקֹב pr.n. (784) *Jacob*

שְׂדֵה n.m.s. cstr. (961) *field of*

אֲרָם pr.n. (74) *Aram (Syria)*

וַיַּעֲבֹד consec.-Qal impf. 3 m.s. (712) *and served*

יִשְׂרָאֵל pr.n. (975) *Israel*

בְּאִשָּׁה prep.-n.f.s. (61) *for a wife*

וּבְאִשָּׁה conj.-v.supra *and for a wife*

שָׁמָר Qal pf. 3 m.s. paus. (1036) *he kept*

12:14

וּבְנָבִיא conj.-prep.-n.m.s. (611) *and by a prophet*

הֶעֱלָה Hi. pf. 3 m.s. (748) *brought out*

יהוה pr.n. (217) *Yahweh*

אֶת־יִשְׂרָאֵל dir.obj.-pr.n. (975) *Israel*

מִמִּצְרַיִם prep.-pr.n. paus. (595) *from Egypt*

וּבְנָבִיא conj.-n.m.s. (611) *and by a prophet*

נִשְׁמָר Ni. pf. 3 m.s. paus. (1036) *he was preserved*

12:15

הִכְעִים Hi. pf. 3 m.s. (494) *provoked to anger*

אֶפְרַיִם pr.n. (68) *Ephraim*

תַּמְרוּרִים n.m.p. as adv. (601; GK 118q) *bitterly*

וְדָמָיו conj.-n.m.p.-3 m.s. sf. (196) *and his blood*

עָלָיו prep.-3 m.s. sf. *upon him*

יִטּוֹשׁ Qal impf. 3 m.s. (נָטַשׁ 643) *he shall leave*

וְחֶרְפָּתוֹ conj.-n.f.s.-3 m.s. sf. (357) *and his reproach*

יָשִׁיב Hi. impf. 3 m.s. (שׁוּב 996) *shall cause to return*

לוֹ prep.-3 m.s. sf. *to him*

אֲדֹנָיו n.m.p. intens.-3 m.s. sf. (10) *his Lord*

13:1

כְּדַבֵּר prep.-Pi. inf.cstr. (180) *when spake*

אֶפְרַיִם pr.n. (68) *Ephraim*

רְתֵת n.m.s. (958) *trembling*

נָשָׂא Qal pf. 3 m.s. (669) *lifted*

הוּא pers.pr. 3 m.s. (214) *he himself*

בְּיִשְׂרָאֵל prep.-pr.n. (975) *in Israel*

וַיֶּאְשַׁם consec.-Qal impf. 3 m.s. (79) *and he offended*

בַּבַּעַל prep.-def.art.-n.m.s. (I 127) *in Baal*

וַיָּמֹת consec.-Qal impf. 3 m.s. (מוּת 559) *and he died*

13:2

וְעַתָּה conj.-adv. (773) *and now*

יוֹסִפוּ Hi. impf. 3 m.p. (414) *they added*

לַחֲטֹא prep.-Qal inf.cstr. (306) *to sin*

וַיַּעֲשׂוּ consec.-Qal impf. 3 m.p. (I 793) *and they made*

לָהֶם prep.-3 m.p. sf. *for them*

מַסֵּכָה n.f.s. (I 651) *molten image*

מִכַּסְפָּם prep.-n.m.s.-3 m.p. sf. (494) *from their silver*

כִּתְבוּנָם prep.-n.f.s.-3 m.p. sf. (for כִּתְבוּנָתָם 108; GK 91e) *according to their understanding*

עֲצַבִּים n.m.p. (781) *idols*

מַעֲשֵׂה n.m.s. cstr. (795) *work of*

חָרָשִׁים n.m.p. (360; GK 128 l) *workmen (gravers)*

כֻּלֹּה n.m.s.-3 m.s. sf. (481) *all of it*

לָהֶם v.supra *of them*

הֵם pers.pr. 3 m.p. (241) *they*

אֹמְרִים Qal act.ptc. m.p. (55) *(are) saying*

זֹבְחֵי Qal act.ptc. m.p. cstr. (256) *ones sacrificing of*

אָדָם n.m.s (9) *man*

עֲגָלִים n.m.p. (722) *calves*

יִשָּׁקוּן Qal impf. 3 m.p. (נָשַׁק I 676) *let them kiss*

13:3

לָכֵן prep.-adv. (485) *therefore*

יִהְיוּ Qal impf. 3 m.p. (הָיָה 224) *they will be*

כַּעֲנַן prep.-n.m.s. cstr. (I 777) *as a cloud of*

בֹּקֶר n.m.s. (133) *morning*

וְכַטַּל conj.-prep.-def.art.-n.m.s. (378) *and as the dew*

מַשְׁכִּים Hi. ptc. (1014; GK 120g) *rising early*

הֹלֵךְ Qal act.ptc. (229) *going (away)*

כְּמֹץ prep.-n.m.s. (558) *as chaff*

יְסֹעֵר Po'el impf. 3 m.s. (704) *storm-driven*

מִגֹּרֶן prep.-n.m.s. (175) *from a threshing floor*

וּכְעָשָׁן conj.-prep.-n.m.s. (I 798) *and as smoke*

מֵאֲרֻבָּה prep.-n.f.s. (70) *from a latticed opening*

13:4

וְאָנֹכִי יהוה conj.-pers.pr. 1 c.s. (59)-pr.n. (217) *and I Yahweh*

אֱלֹהֶיךָ n.m.p.-2 m.s. sf. (43) *your God*

מֵאֶרֶץ prep.-n.f.s. cstr.(75) *from the land of*

מִצְרָיִם pr.n. paus. (595) *Egypt*

וֵאלֹהִים conj.-n.m.p. (43) *and God*

זוּלָתִי prep.-1 c.s. sf. (265) *besides me*

לֹא תֵדָע neg.-Qal impf. 2 m.s. (393) *you will not know*

וּמוֹשִׁיעַ conj.-Hi. ptc. (446) *and a savior*

אַיִן neg. (II 34) *there is not*

בִּלְתִּי adv.-1 c.s. sf. (116) *except me*

13:5

אֲנִי pers.pr. 1 c.s. (58) *I*

יְדַעְתִּיךָ Qal pf. 1 c.s.-2 m.s. sf. (393) *knew you*

בַּמִּדְבָּר prep.-def.art.-n.m.s. (II 184) *in the wilderness*

בְּאֶרֶץ prep.-n.f.s. cstr. (75) *in a land of*

תַּלְאֻבוֹת n.f.p. intens. (520) *drought*

13:6

כְּמַרְעִיתָם prep.-n.f.s.-3 m.p. sf. (945) *according to the pasturage*

וַיִּשְׂבָּעוּ consec.-Qal impf. 3 m.p. paus. (959) *so will they be sated*

שָׂבְעוּ Qal pf. 3 c.p. (959) *they were sated*

וַיָּרָם consec.-Qal impf. 3 m.s. (926) *and was exalted*

לִבָּם n.m.s.-3 m.p. sf. (524) *their heart*

עַל־כֵּן prep.-adv. (487) *therefore*

שְׁכֵחוּנִי Qal pf. 3 c.p.-1 c.s. sf. (1013) *they have forgotten me*

13:7

וָאֱהִי consec.-Qal impf. 1 c.s. (הָיָה 224) *and so I shall be*

לָהֶם prep.-3 m.p. sf. *to them*

כְּמוֹ־שַׁחַל adv. (455)-n.m.s. paus. (1006) *as a lion*

כְּנָמֵר prep.-n.m.s. (649) *as a leopard*

עַל־דֶּרֶךְ prep.-n.m.s. (202) *by the way*

אָשׁוּר Qal impf. 1 c.s. (II 1003) *I shall watch stealthily*

13:8

אֶפְגְּשֵׁם Qal impf. 1 c.s.-3 m.p. sf. (803) *I shall meet them*

כְּדֹב prep.-n.m.s. (179) *as a bear*

שַׁכּוּל adj. m.s. (1014; GK 122e) *bereaved*

וְאֶקְרַע conj.-Qal impf. 1 c.s. (902) *and I shall tear*

סְגוֹר n.m.s. cstr. (689) *the enclosure of*

לִבָּם n.m.s.-3 m.p. sf. (524) *their heart*

וְאֹכְלֵם conj.-Qal impf. 1 c.s.-3 m.p. sf. (37) *and I shall devour them*

שָׁם adv. (1027) *there*

כְּלָבִיא prep.-n.m.s. (522) *as a lion*

חַיַּת n.f.s. cstr. (I 312) *the animal of*

הַשָּׂדֶה def.art.-n.m.s. (961) *the field*

תְּבַקְּעֵם Pi. impf. 3 f.s.-3 m.p. sf. (בָּקַע 131) *shall rend them open*

13:9

שִׁחֶתְךָ Pi. pf. 3 m.s.-2 m.s. sf. (1007) *has destroyed you*

יִשְׂרָאֵל pr.n. (975) *Israel*

כִּי־בִי conj.-prep.-1 c.s. sf. (prb. rd. "who") *but in me*

בְעֶזְרֶךָ prep.-n.m.s.-2 m.s. sf. (740) *your help*

13:10

אֱהִי Qal impf. 1 c.s. apoc.vol. (הָיָה 224; GK 150 1) *I want to be*

מַלְכְּךָ n.m.s.-2 m.s. sf. (572) *your king*

אֵפוֹא encl.part. (66) *then*

וְיוֹשִׁיעֲךָ conj.-Hi. impf. 3 m.s.-2 m.s. sf. (446) *and he may save you*

בְּכָל־ prep.-n.m.s. cstr. (481) *in all of*

עָרֶיךָ n.f.p.-2 m.s. sf. (746) *your cities*

וְשֹׁפְטֶיךָ conj.-Qal act.ptc. m.p.-2 m.s. sf. (1047) *and your judges*

אֲשֶׁר rel. (81) *of whom*

אָמַרְתָּ Qal pf. 2 m.s. (55) *you said*

תְּנָה־ Qal impv. 2 m.s.-coh.he (נָתַן 678) *give*

לִי prep.-1 c.s. sf. *to me*

מֶלֶךְ n.m.s. (572) *a king*

וְשָׂרִים conj.-n.m.p. (978) *and princes*

13:11

אֶתֶּן־ Qal impf. 1 c.s. (נָתַן 678) *I shall give*

לְךָ prep.-2 m.s. sf. *to you*

מֶלֶךְ n.m.s. (572) *a king*

בְּאַפִּי prep.-n.m.s.-1 c.s. sf.(I 60) *in my wrath*

וְאֶקַּח conj.-Qal impf. 1 c.s. (לָקַח 542) *and I will take*

בְּעֶבְרָתִי prep.-n.f.s.-1 c.s. sf. (720) *in my fury*

13:12

צָרוּר Qal pass.ptc. (I 864) *bound up*

עֲוֹן n.m.s. cstr. (730) *the iniquity of*

אֶפְרָיִם pr.n. paus. (68) *Ephraim*

צְפוּנָה Qal pass.ptc. f.s. (860) *hidden*

חַטָּאתוֹ n.f.s.-3 m.s. sf. (308) *his sin*

13:13

חֶבְלֵי n.m.p. cstr. (286) *pains of*

יוֹלֵדָה Qal act.ptc. f.s. (408) *a travailing woman*

יָבֹאוּ Qal impf. 3 m.p. (97) *will come*

לוֹ prep.-3 m.s. sf. *to him*

הוּא־ pers.pr. 3 m.s. (214) *he*

בֵּן n.m.s. (119) *a son*

לֹא חָכָם neg.-n.m.s. (314) *not wise*

כִּי־עֵת conj.-n.f.s. (773) *for time*

לֹא־יַעֲמֹד neg.-Qal impf. 3 m.s. (763) *will not stand*

בְּמִשְׁבַּר prep.-n.m.s. cstr. (991) *in breaching of*

בָּנִים n.m.p. (119) *children*

13:14

מִיַּד prep.-n.f.s. cstr. (388) *from the hand of (power of)*

שְׁאוֹל n.m.s. (982) *Sheol*

אֶפְדֵּם Qal impf. 1 c.s.-3 m.p. sf. (פָּדָה 804) *I shall ransom them*

מִמָּוֶת prep.-n.m.s. (560) *from death*

אֶגְאָלֵם Qal impf. 1 c.s.-3 m.p. sf. (145) *I shall redeem them*

אֱהִי Qal impf. 1 c.s. apoc. (הָיָה 224) *I will be*

דְּבָרֶיךָ n.m.p.-2 m.s. sf. (184) *your plagues*

מָוֶת n.m.s. (560) *death*

אֱהִי v.supra *I will be*

קָטָבְךָ n.m.s.-2 m.s. sf. (881; GK 93q) *your destruction*

שְׁאוֹל v.supra *Sheol*

נֹחַם n.m.s. (637) *compassion*

יִסָּתֵר Ni. impf. 3 m.s. (711) *will be hidden*

מֵעֵינָי prep.-n.f.p.-1 c.s. sf. (744) *from your eyes*

13:15

כִּי הוּא conj.-pers.pr. 3 m.s. (214) *though he*

בֵּן n.m.s. cstr. (119) *a son of*

אַחִים n.m.p. (26) *brothers*

יַפְרִיא Hi. impf. 3 m.s. (פָּרָה I 825; see פָּרָה; GK 75rr) *may bear fruit*

יָבוֹא Qal impf. 3 m.s. (97) *will come*

קָדִים n.m.s. (870) *east wind*

רוּחַ n.f.s. cstr. (924) *the wind of*

יהוה pr.n. (217) *Yahweh*

מִמִּדְבָּר prep.-n.m.s. (184) *from a wilderness*

עֹלֶה Qal act.ptc. (748) *going up*

וְיֵבוֹשׁ conj.-Qal impf. 3 m.s. (101) *and will be ashamed* (BDB suggests יָבֵשׁ 386--"be dry")

מְקוֹרוֹ n.m.s.-3 m.s. sf. (881) *a fountain*

וְיֶחֱרַב conj.-Qal impf. 3 m.s. (I 351) *and will be dry*

מַעְיָנוֹ n.m.s.-3 m.s. sf. (745) *his spring*

הוּא יִשְׁסֶה pers.pr. 3 m.s.-Qal impf. 3 m.s. (1042) *he will spoil*

אוֹצַר n.m.s. cstr. (69) *treasure of*

כָּל־ n.m.s. cstr. (481) *all of*

כְּלִי n.m.s. cstr. (479) *vessels of*

חֶמְדָּה n.f.s. (326) *delight*

14:1

תֶּאְשַׁם Qal impf. 3 f.s. (79) *will be guilty*

שֹׁמְרוֹן pr.n. (1037) *Samaria*

כִּי מָרְתָה conj.-Qal pf. 3 f.s. (598) *she was rebellious*

בֵּאלֹהֶיהָ prep.-n.m.p.-3 f.s. sf. (43) *against her God*

בַּחֶרֶב prep.-def.art.-n.f.s. (352; GK 84a) *by the sword*

יִפֹּלוּ Qal impf. 3 m.p. paus. (נָפַל 656; GK 145u) *they will fall*

עֹלְלֵיהֶם n.m.p.-3 m.p. sf. (760) *their children*

יְרֻטָּשׁוּ Pu. impf. 3 m.p. (936) *will be dashed in pieces*

וְהָרִיּוֹתָיו conj.-adj. f.p.-3 m.s. sf. (248) *and his pregnant ones*

יְבֻקָּעוּ Pu. impf. 3 m.p. paus. (131) *will be ripped open*

14:2

שׁוּבָה Qal impv. 2 m.s.-coh.he (שׁוּב 996) *return*

יִשְׂרָאֵל pr.n. (975) *Israel*

עַד יהוה prep.-pr.n. (217) *unto Yahweh*

אֱלֹהֶיךָ n.m.p.-2 m.s. sf. (43) *your God*

כִּי כָשַׁלְתָּ conj.-Qal pf. 2 m.s. (505) *you have stumbled*

בַּעֲוֹנֶךָ prep.-n.m.s. paus.-2 m.s. sf. (730) *in your iniquity*

14:3

קְחוּ Qal impv. 2 m.p. (לָקַח 542) *take*

עִמָּכֶם prep.-2 m.p. sf. *with you*

דְּבָרִים n.m.p. (182) *words*

וְשׁוּבוּ conj.-Qal impv. 2 m.p. (996) *and return*

אֶל־יְהוָה prep.-pr.n. (217) *unto Yahweh*

אִמְרוּ Qal impv. 2 m.p. (55) *say*

אֵלָיו prep.-3 m.s. sf. *unto him*

כָּל־ n.m.s. cstr. (481) *all of* (difficult text; prb. out of order)

תִּשָּׂא Qal impf. 2 m.s. (669; GK 128e) *take away*

עָוֹן n.m.s. (730) *iniquity*

וְקַח־ conj.-Qal impv. 2 m.s. (לָקַח 542) *and take (accept)*

טוֹב Qal inf.abs. as adv. (I 373) *graciously*

וּנְשַׁלְּמָה conj.-Pi. impf. 1 c.p.-coh.he (1022) *and let us make good (pay)*

פָרִים n.m.p. (830) *bulls*

שְׂפָתֵינוּ n.f.p.-1 c.p. sf. (973) *our lips*

14:4

אַשּׁוּר pr.n. (78) *Assyria*

לֹא יוֹשִׁיעֵנוּ neg.-Hi. impf. 3 m.s.-1 c.p. sf. (יָשַׁע 446) *will not save us*

עַל־סוּס prep.-n.m.s. (692) *upon horse*

לֹא נִרְכָּב neg.-Qal impf. 1 c.p. paus. (938) *we shall not ride*

וְלֹא־נֹאמַר conj.-neg.-Qal impf. 1 c.p. (55) *and we shall not say*

עוֹד adv. (728) *again*

אֱלֹהֵינוּ n.m.p.-1 c.p. sf. (43) *our God*

לְמַעֲשֵׂה prep.-n.m.s. cstr. (795) *to the work of*

יָדֵינוּ n.f.p.-1 c.p. sf. (388) *our hands*

אֲשֶׁר־ rel. (81) *which*

בְּךָ prep.-2 m.s. sf. *in thee*

יְרֻחַם Pu. impf. 3 m.s. (933) *will be shown compassion*

יָתוֹם n.m.s. (450) *an orphan*

14:5

אֶרְפָּא Qal impf. 1 c.s. (950) *I shall heal*

מְשׁוּבָתָם n.f.s.-3 m.p. sf. (1000) *their apostasy*

אֹהֲבֵם Qal impf. 1 c.s.-3 m.p. sf. (12; GK 68f) *I shall love them*

נְדָבָה n.f.s. (621; GK 118q) *freely*

כִּי שָׁב conj.-Qal pf. 3 m.s. (996) *for will turn*

אַפִּי n.m.s.-1 c.s. sf. (60) *my anger*

מִמֶּנּוּ prep.-3 m.s. sf. *from them*

14:6

אֶהְיֶה Qal impf. 3 m.s. (224) *I shall be*

כַּטַּל prep.-def.art.-n.m.s. (378) *as the dew*

לְיִשְׂרָאֵל prep.-pr.n. (975) *to Israel*

יִפְרַח Qal impf. 3 m.s. (I 827) *he will sprout*

כַּשּׁוֹשַׁנָּה prep.-def.art.-n.f.s. (1004) *as the lily*

וְיַךְ conj.-Hi. impf. 3 m.s. (נָכָה 645) *and he shall strike*

שָׁרָשָׁיו n.m.p.-3 m.s. sf. (1057) *his roots*

כַּלְּבָנוֹן prep.-def.art.-pr.n. (526) *as Lebanon*

14:7

יֵלְכוּ Qal impf. 3 m.p. (229) *shall go*

יֹנְקוֹתָיו n.f.p.-3 m.s. sf. (413) *his young shoots*

וִיהִי conj.-Qal impf. 3 m.s. apoc. (הָיָה 224) *and shall be*

כַזַּיִת prep.-def.art.-n.m.s. (268) *as the olive*

הוֹדוֹ n.m.s.-3 m.s. sf. (I 217) *his splendor*

וְרֵיחַ conj.-n.m.s. (926) *and an odor*

לוֹ prep.-3 m.s. sf. *to him*

כַּלְּבָנוֹן cf. 14:6 *as Lebanon*

14:8

יָשֻׁבוּ Qal impf. 3 m.p. (שׁוּב 996) *shall return*

יֹשְׁבֵי Qal act.ptc. m.p. cstr. (יָשַׁב 442) *the dwellers*

בְצִלּוֹ prep.-n.m.s.-3 m.s. sf. (853) *in his shadow*

יְחַיּוּ Pi. impf. 3 m.p. (310) *they will revive*

דָגָן n.m.s. (186) *grain*

וְיִפְרְחוּ conj.-Qal impf. 3 m.p. (I 827) *and they will sprout*

כַגֶּפֶן prep.-def.art.-n.f.s. (172) *as the vine*

זִכְרוֹ n.m.s.-3 m.s. sf. (271) *his remembrance*

כְּיֵין לְבָנוֹן prep.-n.m.s. cstr. (406)-pr.n. (526) *as the wine of Lebanon*

14:9

אֶפְרַיִם pr.n. (68) *Ephraim*

מַה־לִּי interr. (552)-prep.-1 c.s. sf. *what to me*

עוֹד adv. (728) *yet*

לָעֲצַבִּים prep.-def.art.-n.m.p. (781) *to the idols*

אֲנִי pers.pr. 1 c.s. (58) *I*

עָנִיתִי Qal pf. 1 c.s. (עָנָה I 772) *have responded*

וַאֲשׁוּרֶנּוּ conj.-Qal impf. 1 c.s.-3 m.s. sf. (II 1003) *and I shall regard him*

אֲנִי v.supra *I*

כִּבְרוֹשׁ prep.-n.m.s. (141) *as a cypress*

רַעֲנָן adj. m.s. (947) *luxuriant*

מִמֶּנִּי prep.-1 c.s. sf. *from me*

פֶּרְיְךָ n.m.s.-2 m.s. sf. (826) *your fruit*

נִמְצָא Ni. pf. 3 m.s. or Ni. ptc. (592) *is found (secured)*

14:10

מִי חָכָם interr. (566)-n.m.s. (314) *who wise*

וְיָבֵן conj.-Qal impf. 3 m.s. apoc. (בִּין 106) *and let him understand*

אֵלֶּה נָבוֹן demons. (41)-Ni. ptc. (106) *these intelligent*

וְיֵדָעֵם conj.-Qal impf. 3 m.s.-3 m.p. sf. (יָדַע 393; GK 69b, 166aN) *and let him know them*

כִּי־יְשָׁרִים conj.-n.m.p. (449) *for (are) straight (right)*

דַּרְכֵי יהוה n.m.p. cstr. (202)-pr.n. (217) *the ways of Yahweh*

וְצַדִּקִים conj.-n.m.p. (843) *and righteous ones*

יֵלְכוּ Qal impf. 3 m.p. (הָלַךְ 229) *will walk*

בָם prep.-3 m.p. sf. *in them*

וּפֹשְׁעִים conj.-Qal act.ptc. m.p. (833) *and transgressors*

יִכָּשְׁלוּ Ni. impf. 3 m.p. (505) *will stumble*

בָם prep.-3 m.p. sf. *in them*

Joel

1:1

דְּבַר־ n.m.s. cstr. (182) *the word of*

יהוה pr.n. (217) *Yahweh*

אֲשֶׁר rel. (81) *which*

הָיָה Qal pf. 3 m.s. (224) *was*

אֶל־יוֹאֵל prep.-pr.n. (222) *unto Joel*

בֶּן־פְּתוּאֵל n.m.s. cstr. (119)-pr.n. (834) *son of Pethuel*

1:2

שִׁמְעוּ־ Qal impv. 2 m.p. (1033) *hear*

זֹאת demons.adj. f.s. (260) *this*

הַזְּקֵנִים def.art.-n.m.p. (278; GK 126e) *O elders*

וְהַאֲזִינוּ conj.-Hi. impv. 2 m.p. (אזן 24) *and give ear*

כֹּל n.m.s. cstr. (481) *all of*

יוֹשְׁבֵי Qal act.ptc. m.p. cstr. (442) *the inhabitants of*

הָאָרֶץ def.art.-n.f.s. (75) *the earth*

הֶהָיְתָה interr.part. (GK 150h)-Qal pf. 3 f.s. (224; GK 100u) *has been?*

זֹאת v.supra *this*

בִּימֵיכֶם prep.-n.m.p.-2 m.p. sf. (398) *in your days*

וְאִם conj.-interr.part. (50) *or*

בִּימֵי prep.-n.m.p. cstr. (398) *in the days of*

אֲבֹתֵיכֶם n.m.p.-2 m.p. sf. (3) *your fathers*

1:3

עָלֶיהָ prep.-3 f.s. sf. *about it*

לִבְנֵיכֶם prep.-n.m.p.-2 m.p. sf. (119) *to your sons*

סַפֵּרוּ Pi. impv. 2 m.p. paus. (707) *relate*

וּבְנֵיכֶם conj.-n.m.p.-2 m.p. sf. (119) *and your sons*

לִבְנֵיהֶם prep.-n.m.p.-3 m.p. sf. (119) *to their sons*

וּבְנֵיהֶם conj.-v.supra *and their sons*

לְדוֹר prep.-n.m.s. (189) *to a generation*

אַחֵר adj. m.s. (29) *another*

1:4

יֶתֶר n.m.s. cstr. (451) *the remainder of*

הַגָּזָם def.art.-n.m. coll. (160) *the locusts*

אָכַל Qal pf. 3 m.s. (37) *has eaten*

הָאַרְבֶּה def.art.-n.m.s. (916) *the locust-swarm*

וְיֶתֶר conj.-v.supra *and the remainder of*

הָאַרְבֶּה v.supra *the locust-swarm*

אָכַל v.supra *has eaten*

הַיֶּלֶק def.art.-n.m.s. paus. (410) *the (hopping) locust*

וְיֶתֶר v.supra *the remainder of*

הַיֶּלֶק v.supra *the (hopping) locust*

אָכַל v.supra *has eaten*

789

הֶחָסִיל def.art.-n.m.s. (340) *the (destroying) locust*

1:5

הָקִיצוּ Hi. impv. 2 m.p. (קיץ I 884) *awake*

שִׁכּוֹרִים adj. m.p. (1016; GK 126e) *drunken ones*

וּבְכוּ conj.-Qal impv. 2 m.p. (בָּכָה 113) *and weep*

וְהֵילִלוּ conj.-Hi. impv. 2 m.p. def. (יָלַל 410) *and howl*

כָּל־ n.m.s. cstr. (481) *all of*

שֹׁתֵי Qal act.ptc. m.p. cstr. (שָׁתָה 1059) *ones drinking of*

יָיִן n.m.s. paus. (406) *wine*

עַל־ prep. *because of*

עָסִיס n.m.s. (779) *sweet wine*

כִּי נִכְרַת conj.-Ni. pf. 3 m.s. (503) *for it has been cut off*

מִפִּיכֶם prep.-n.m.s.-2 m.p. sf. (804) *from your mouth*

1:6

כִּי־גוֹי conj.-n.m.s. (156) *for a nation*

עָלָה Qal pf. 3 m.s. (748) *has gone up*

עַל־אַרְצִי prep.-n.f.s.-1 c.s. sf. (75) *against my land*

עָצוּם adj. (783) *mighty*

וְאֵין conj.-neg.cstr. (II 34; GK 152v) *and there is no*

מִסְפָּר n.m.s. (708) *number*

שִׁנָּיו n.f.p.-3 m.s. sf. (I 1042) *his teeth*

שִׁנֵּי n.f.p. cstr. (I 1042) *teeth of*

אַרְיֵה n.m.s. (71) *a lion*

וּמְתַלְּעוֹת conj.-n.f.p. cstr. (1069) *and teeth (incisors) of*

לָבִיא n.m.s. (522) *a lion*

לוֹ prep.-3 m.s. sf. *to him*

1:7

שָׂם Qal pf. 3 m.s. (שׂוּם I 962) *he has made*

גַּפְנִי n.f.s.-1 c.s. sf. (172) *his vine*

לְשַׁמָּה prep.-n.f.s. (I 1031) *for waste*

וּתְאֵנָתִי conj.-n.f.s.-1 c.s. sf. (1061) *and my fig-tree*

לִקְצָפָה prep.-n.f.s. (893) *for splintering*

חָשֹׂף Qal inf.abs. (362; GK 113n) *stripping*

חֲשָׂפָהּ Qal pf. 3 m.s.-3 f.s. sf. (362) *he has stripped it*

וְהִשְׁלִיךְ conj.-Hi. pf. 3 m.s. (1020) *and he has thrown down*

הִלְבִּינוּ Hi. pf. 3 c.p. (526) *they make white*

שָׂרִיגֶיהָ n.m.p.-3 f.s. sf. (974) *their twigs*

1:8

אֱלִי Qal impv. 2 f.s. (אָלָה III 46; GK 63 l) *wail*

כִּבְתוּלָה prep.-n.f.s. (143) *as a virgin*

חֲגֻרַת־ Qal pass.ptc. f.p. cstr. (291; GK 116k) *girded of*

שָׂק n.m.s. (974) *sackcloth*

עַל־בַּעַל prep.-n.m.s. cstr. (I 127) *for the husband of*

נְעוּרֶיהָ n.m.p.-3 f.s. (655) *her youth*

1:9

הָכְרַת Ho. pf. 3 m.s. (503) *have been cut off*

מִנְחָה n.f.s. (585) *offering*

וָנֶסֶךְ conj.-n.m.s. (651) *and drink-offering*

מִבֵּית prep.-n.m.s. cstr. (108) *from the house of*

יהוה pr.n. (217) *Yahweh*

אָבְלוּ Qal. pf. 3 c.p. (5) *mourn*

הַכֹּהֲנִים def.art.-n.m.p. (463) *the priests*

מְשָׁרְתֵי Pi. ptc. m.p. cstr. (1058) *ministers of*

יהוה v.supra *Yahweh*

1:10

שֻׁדַּד Pu. pf. 3 m.s. (994) *is laid waste*

שָׂדֶה n.m.s. (961) *field*

אָבְלָה Qal pf. 3 f.s. (5) *mourns*

אֲדָמָה n.f.s. (9) *land*

כִּי שֻׁדַּד conj.-v.supra *for is destroyed*

דָּגָן n.m.s. (186) *grain*

הוֹבִישׁ Hi. pf. 3 m.s. (יָבֵשׁ 396) *has dried up*

תִּירוֹשׁ n.m.s. (440) *new wine*

אֻמְלַל Pulal pf. 3 m.s. (אָמַל 51) *languishes*

יִצְהָר n.m.s. (I 844) *fresh oil*

1:11

הֹבִישׁוּ Hi. pf. 3 m.p. (יָבֵשׁ 386) *be dried up* (rd. prb. from בּוֹשׁ 101--"be ashamed")

אִכָּרִים n.m.p. (38) *ploughmen*

הֵילִילוּ Hi. pf. 3 c.p. (יָלַל 410) *howl*

כֹּרְמִים Qal act.ptc. m.p. (501) *vinedressers*

עַל־חִטָּה prep.-n.f.s. (334) *for wheat*

וְעַל־שְׂעֹרָה conj.-prep.-n.f.s. (972) *and for barley*

כִּי אָבַד conj.-Qal pf. 3 m.s. (1) *for has perished*

קְצִיר n.m.s. cstr. (894) *harvest of*

שָׂדֶה n.m.s. (961) *field*

1:12

הַגֶּפֶן def.art.-n.f.s. (172) *the vine*

הוֹבִישָׁה Hi. pf. 3 f.s. (יָבֵשׁ 386) *is dried up*

וְהַתְּאֵנָה conj.-def.art.-n.f.s. (1061) *and the fig-tree*

אֻמְלָלָה Pulal pf. 3 f.s. paus. (51 אָמַל) *has languished*

רִמּוֹן n.m.s. (941) *pomegranate*

גַּם־תָּמָר adv.-n.m.s. (I 1071) *also date-palm*

וְתַפּוּחַ conj.-n.m.s. (I 656) *and apple-tree*

כָּל־עֲצֵי n.m.s. cstr. (481)-n.m.p. cstr. (781) *all of the trees of*

הַשָּׂדֶה def.art.-n.m.s. (961) *the field*

יָבֵשׁוּ Qal pf. 3 c.p. paus. (יָבֵשׁ 386) *are withered*

כִּי־הֹבִישׁ conj.-Hi. pf. 3 m.s. (יָבֵשׁ 386) *for has dried up*

שָׂשׂוֹן n.m.s. (965) *rejoicing*

מִן־בְּנֵי prep. (GK 102b)-n.m.p. cstr. (119) *from sons of*

אָדָם n.m.s. (9) *man*

1:13

חִגְרוּ Qal impv. 2 m.p. (291) *gird*

וְסִפְדוּ conj.-Qal impv. 2 m.p. (704) *and lament*

הַכֹּהֲנִים def.art.-n.m.p. (463; GK 126e) *O priests*

הֵילִילוּ Hi. impv. 2 m.p. (יָלַל 410) *wail*

מְשָׁרְתֵי Pi. ptc. m.p. cstr. (1058) *ministers of*

מִזְבֵּחַ n.m.s. (258) *altar*

בֹּאוּ Qal impv. 2 m.p. (97) *go in*

לִינוּ Qal impv. 2 m.p. (לוּן I 533) *pass the night*

בַּשַּׂקִּים prep.-def.art.-n.m.p. (974) *in sackcloth*

מְשָׁרְתֵי v.supra *ministers of*

אֱלֹהָי n.m.p.-1 c.s. sf. (43) *my God*

כִּי נִמְנַע conj.-Ni. pf. 3 m.s. (586) *because are withheld*

מִבֵּית prep.-n.m.s. cstr. (108) *from the house of*

אֱלֹהֵיכֶם n.m.p.-2 m.p. sf. (43) *your God*

מִנְחָה n.f.s. (585) *offering*

וָנֶסֶךְ conj.-n.m.s. paus. (651) *and drink-offering*

1:14

קַדְּשׁוּ־ Pi. impv. 2 m.p. (872) *sanctify*

צוֹם n.m.s. (847) *a fast*

קִרְאוּ Qal impv. 2 m.p. (894) *call*

עֲצָרָה n.f.s. (783) *an assembly*

אִסְפוּ Qal impv. 2 m.p. (62) *gather*

זְקֵנִים n.m.p. (278) *elders*

כֹּל n.m.s. cstr. (481) *all of*

יֹשְׁבֵי הָאָרֶץ Qal act.ptc. m.p. cstr. (יָשַׁב 442)-def.art.-n.f.s. (75) *the inhabitants of the earth*

בֵּית n.m.s. cstr. (108) *the house of*

יהוה pr.n. (217) *Yahweh*

אֱלֹהֵיכֶם cf. 1:13 *your God*

וְזַעֲקוּ conj.-Qal impv. 2 m.p. (277) *and cry*

אֶל־יהוה prep.-v.supra *unto Yahweh*

1:15

אֲהָהּ interj. (13) *alas*

לַיּוֹם prep.-def.art.-n.m.s. (398; GK 147d) *for the day*

כִּי קָרוֹב conj.-adj. m.s. (898) *for near (is)*

יוֹם יהוה n.m.s. (398)-pr.n. (217) *the day of Yahweh*

וּכְשֹׁד conj.-prep.-n.m.s. (994) *and as destruction*

מִשַּׁדַּי prep.-n.m.s. (994) *from Shaddai (Almighty)*

יָבוֹא Qal impf. 3 m.s. (בּוֹא 97) *will come*

1:16

הֲלוֹא interr.part.-neg. *has not?*

נֶגֶד עֵינֵינוּ prep. (617)-n.f.p.-1 c.p. sf. (746) *before our eyes*

אֹכֶל n.m.s. (38) *food*

נִכְרָת Ni. pf. 3 m.s. paus. (503) *been cut off*

מִבֵּית prep.-n.m.s. cstr. (108) *from the house of*

אֱלֹהֵינוּ n.m.p.-1 c.p. sf. (43) *our God*

שִׂמְחָה n.f.s. (970) *joy*

וָגִיל conj.-n.m.s. (I 162) *and rejoicing*

1:17

עָבְשׁוּ Qal pf. 3 c.p. (721) *shrivels*

פְּרֻדוֹת n.f.p. (825) *grain*

תַּחַת מֶגְרְפֹתֵיהֶם prep. (1065)-n.f.p.-3 m.p. sf. (175) *under their shovels (clods)*

נָשַׁמּוּ Ni. pf. 3 c.p. (שָׁמֵם 1030) *are ruined*

אֹצָרוֹת n.m.p. (69) *storehouses*

נֶהֶרְסוּ Ni. pf. 3 c.p. (248) *are broken down*

מַמְּגֻרוֹת n.f.p. (158; GK 20h) *granaries*

כִּי הֹבִישׁ conj.-Hi. pf. 3 m.s. (יָבֵשׁ 386) *because is dried up*

דָּגָן n.m.s. (186) *grain*

1:18

מַה־נֶּאֶנְחָה interr. (552; GK 148a)-Ni. pf. 3 f.s. (58) *how groaned*

בְּהֵמָה n.f.s. (96) *beast*

נָבֹכוּ Ni. pf. 3 c.p. (בּוּךְ 100) *are perplexed*

עֶדְרֵי n.m.p. cstr. (727) *herds of*

בָקָר n.m.s. (133) *cattle*

כִּי אֵין conj.-n.m.s. cstr. (II 34) *for there is no*

מִרְעֶה n.m.s. (945) *pasture*

לָהֶם prep.-3 m.p. sf. *for them*

גַּם־עֶדְרֵי adv. (168)-v.supra *even the flocks of*

הַצֹּאן def.art.-n.f.s. (838) *the sheep*

נֶאְשָׁמוּ Ni. pf. 3 c.p. paus. (79) *suffer punishment*

791

1:19

אֵלֶיךָ יְהוָה prep.-2 m.s. sf.-pr.n. (217) *unto you Yahweh*

אֶקְרָא Qal impf. 1 c.s. (894) *I cry*

כִּי אֵשׁ conj.-n.f.s. (77) *for fire*

אָכְלָה Qal pf. 3 f.s. (37) *has eaten*

נְאוֹת n.f.p. cstr. (נָוֶה II 627) *pastures of*

מִדְבָּר n.m.s. (184) *wilderness*

וְלֶהָבָה conj.-n.f.s. (529) *and flame*

לִהֲטָה Pi. pf. 3 f.s. (529) *has set ablaze*

כָּל־עֲצֵי n.m.s. cstr. (481)-n.m.s. cstr. (781) *all of the trees of*

הַשָּׂדֶה def.art.-n.m.s. (961) *the field*

1:20

גַּם־בַּהֲמוֹת adv. (168)-n.f.p. cstr. (96; GK 145k) *even beasts of*

שָׂדֶה cf. 1:19 *field*

תַּעֲרוֹג Qal impf. 3 f.s. (788) *cry out (long for)*

אֵלֶיךָ prep.-2 m.s. sf. *unto you*

כִּי יָבְשׁוּ conj.-Qal pf. 3 c.p. (יָבֵשׁ 386) *for are dried up*

אֲפִיקֵי מָיִם n.m.p. cstr. (67)-n.m.p. (565) *channels of water*

וְאֵשׁ conj.-cf. 1:19 n.f.s. (77) *and fire*

אָכְלָה cf. 1:19 *has eaten*

נְאוֹת cf. 1:19 *pastures of*

הַמִּדְבָּר def.art.-n.m.s. (184) *the wilderness*

2:1

תִּקְעוּ Qal impv. 2 m.p. (1075) *blow*

שׁוֹפָר n.m.s. (1051) *a trumpet*

בְּצִיּוֹן prep.-pr.n. (851) *in Zion*

וְהָרִיעוּ conj.-Hi. impv. 2 m.p. (רוּעַ 929) *and sound a signal*

בְּהַר prep.-n.m.s. cstr. (249) *on the mountain of*

קָדְשִׁי n.m.s.-1 c.s. sf. (871) *my holiness*

יִרְגְּזוּ Qal impf. 3 m.p. (919) *let tremble*

כֹּל יֹשְׁבֵי n.m.s. cstr. (481)-Qal act.ptc. m.p. cstr. (442) *all of the inhabitants of*

הָאָרֶץ def.art.-n.f.s. (75) *the earth*

כִּי־בָא conj.-Qal act.ptc. (בּוֹא 97) *for is coming*

יוֹם־ n.m.s. cstr. (398) *the day of*

יְהוָה pr.n. (217) *Yahweh*

כִּי קָרוֹב conj.-adj. m.s. (898) *for near*

2:2

יוֹם n.m.s. cstr. (398) *a day of*

חֹשֶׁךְ n.m.s. (365) *darkness*

וַאֲפֵלָה conj.-n.f.s. (66) *and gloom*

יוֹם v.supra *a day of*

עָנָן n.m.s. (777) *a cloud*

וַעֲרָפֶל conj.-n.m.s. (791) *and a heavy-cloud*

כְּשַׁחַר prep.-n.m.s. (1007) *as dawn (some rd. "as blackness"* כִּשְׁחֹר (1107))

פָּרֻשׂ Qal pass.ptc. (831) *spread*

עַל־הֶהָרִים prep.-def.art.-n.m.p. (249) *upon the mountains*

עַם רַב n.m.s. (I 766)-adj. m.s. (I 912) *a great people*

וְעָצוּם conj.-adj. m.s. (783) *and mighty*

כָּמֹהוּ prep.-3 m.s. sf. *like him*

לֹא נִהְיָה neg.-Ni. pf. 3 m.s. (הָיָה 224) *has not been*

מִן־הָעוֹלָם prep.-def.art.-n.m.s. (761) *from antiquity*

וְאַחֲרָיו conj.-prep.-3 m.s. sf. (29) *and after him (them)*

לֹא יוֹסֵף neg.-Hi. impf. 3 m.s. (414; GK 109d) *it will not add*

עַד־שְׁנֵי prep. (III 723)-n.f.p. cstr. (1040) *during years of*

דּוֹר וָדוֹר n.m.s. (189)-conj.-v.supra (189) *generation after generation*

2:3

לְפָנָיו prep.-n.m.p.-3 m.s. sf. (815) *before him (them)*

אָכְלָה Qal pf. 3 f.s. (37) *devours*

אֵשׁ n.f.s. (77) *fire*

וְאַחֲרָיו v. 2:2 *and behind them*

תְּלַהֵט Pi. impf. 3 f.s. (529) *sets ablaze*

לֶהָבָה n.f.s. (529) *flame*

כְּגַן־עֵדֶן prep.-n.m.s. cstr. (171)-pr.n. (726) *as a garden of Eden*

הָאָרֶץ def.art.-n.f.s. (75) *the earth*

לְפָנָיו v.supra *before them*

וְאַחֲרָיו v.supra *and behind them*

מִדְבָּר n.m.s. cstr. (II 184) *a wilderness of*

שְׁמָמָה n.f.s. (1031) *devastation*

וְגַם־פְּלֵיטָה conj.-adv. (168)-n.f.s. (812) *and also escape*

לֹא־הָיְתָה לּוֹ neg.-Qal pf. 3 f.s. (הָיָה 224)-prep.-3 m.s. sf. *is not to them*

2:4

כְּמַרְאֵה prep.-n.m.s. cstr. (909) *as appearance of*

סוּסִים n.m.p. (692; GK 126p) *horses*

מַרְאֵהוּ n.m.s.-3 m.s. sf. (909) *his (their) appearance*

וּכְפָרָשִׁים conj.-prep.-n.m.p. (832) *and as horses*

כֵּן יְרוּצוּן adv. (485)-Qal impf. 3 m.p. (930; GK 72u) *so they run*

2:5

בְּקוֹל prep.-n.m.s. cstr. (876) *as a sound of*

מַרְכָּבוֹת n.f.p. (939) *chariots*

עַל־רָאשֵׁי prep.-n.m.p. cstr. (910) *on the tops of*

הֶהָרִים def.art.-n.m.p. (249) *the mountains*

יְרַקֵּדוּן Pi. impf. 3 m.p. (955) *they leap*

כְּקוֹל v.supra *as a sound of*

לַהַב אֵשׁ n.m.s. cstr. (529)-n.f.s. (77) *a flame of fire*

אֹכְלָה Qal act.ptc. f.s. (37) *devouring*

קַשׁ n.m.s. paus. (905) *stubble*

כְּעַם prep.-n.m.s. (I 766) *as a people*

עָצוּם adj. m.s. (783) *mighty*

עֱרוּךְ Qal pass.ptc. m.s. cstr. (789) *drawn up for*

מִלְחָמָה n.f.s. (536) *battle*

2:6

מִפָּנָיו prep.-n.m.p.-3 m.s. sf. (815) *before them*

יָחִילוּ Qal impf. 3 m.p. (I 296) *writhe*

עַמִּים n.m.p. (I 766) *peoples*

כָּל־פָּנִים n.m.s. cstr. (481)-n.m.p. (815) *all of faces*

קִבְּצוּ Pi. pf. 3 c.p. (867) *gather*

פָּארוּר n.m.s. (802; GK 23d) *a glow*

2:7

כְּגִבּוֹרִים prep.-n.m.p. (150) *like warriors*

יְרֻצוּן Qal impf. 3 m.p. (930) *they charge*

כְּאַנְשֵׁי מִלְחָמָה prep.-n.m.p. cstr. (60)-n.f.s. (536; GK 126p) *like soldiers*

יַעֲלוּ Qal impf. 3 m.p. (748) *they scale*

חוֹמָה n.f.s. (327) *the wall*

וְאִישׁ conj.-n.m.s. (35) *each*

בִּדְרָכָיו prep.-n.m.p.-3 m.s. sf. (202) *on his way*

יֵלֵכוּן Qal impf. 3 m.p. (הָלַךְ 229) *they march*

וְלֹא יְעַבְּטוּן conj.-neg.-Pi. impf. 3 m.p. (716; GK 72u) *they do not swerve* (LXX, Syr., Vul.) (lit. Heb. *take a pledge*)

אֹרְחוֹתָם n.f.p.-3 m.p. sf. (73) *from their paths*

2:8

וְאִישׁ conj.-n.m.s. (35) *one*

אָחִיו n.m.s.-3 m.s. sf. (26) *another*

לֹא יִדְחָקוּן neg.-Qal impf. 3 m.p. (191) *they do not jostle*

גֶּבֶר n.m.s. (149) *each*

בִּמְסִלָּתוֹ prep.-n.f.s.-3 m.s. sf. (700) *in his path*

יֵלֵכוּן v. 2:7 Qal impf. 3 m.p. (229) *marches*

וּבְעַד conj.-prep. (126) *through*

הַשֶּׁלַח def.art.-n.m.s. (I 1019) *the weapons*

יִפֹּלוּ Qal impf. 3 m.p. (656) *they burst*

לֹא יִבְצָעוּ neg.-Qal impf. 3 m.p. paus. (130) *and are not halted*

2:9

בָּעִיר prep.-def.art.-n.f.s. (746) *upon the city*

יָשֹׁקּוּ Qal impf. 3 m.p. (שָׁקַק 1055) *they leap*

בַּחוֹמָה prep.-def.art.-n.f.s. (327) *upon the walls*

יְרֻצוּן Qal impf. 3 m.p. (930; GK 72u) *they run*

בַּבָּתִּים prep.-def.art.-n.m.p. (108) *into the houses*

יַעֲלוּ Qal impf. 3 m.p. (748) *they climb up*

בְּעַד prep. (126) *through*

הַחַלּוֹנִים def.art.-n.m.p. (319) *the windows*

יָבֹאוּ Qal impf. 3 m.p. (97) *they enter*

כַּגַּנָּב prep.-def.art.-n.m.s. paus. (170) *like a thief*

2:10

לְפָנָיו prep.-n.m.p.-3 m.s. sf. (815) *before them*

רָגְזָה Qal pf. 3 f.s. (919) *quakes*

אֶרֶץ n.f.s. (75) *the earth*

רָעֲשׁוּ Qal pf. 3 c.p. (950) *tremble*

שָׁמַיִם n.m.p. paus. (1029) *the heavens*

שֶׁמֶשׁ n.f.s. (1039) *the sun*

וְיָרֵחַ conj.-n.m.s. (437) *and the moon*

קָדָרוּ Qal pf. 3 c.p. paus. (871) *are darkened*

וְכוֹכָבִים conj.-n.m.p. (456) *and the stars*

אָסְפוּ Qal pf. 3 c.p. (62) *withdraw*

נָגְהָם n.m.s.-3 m.p. sf. (I 618) *their shining*

2:11

וַיהוָה נָתַן conj.-pr.n. (217)-Qal pf. 3 m.s. (678) *Yahweh utters*

קוֹלוֹ n.m.s.-3 m.s. sf. (876) *his voice*

לִפְנֵי חֵילוֹ prep.-n.m.p. cstr. (815)-n.m.s.-3 m.s. sf. (298) *before his army*

כִּי רַב מְאֹד conj.-n.m.s. (I 912)-adv. (547) *for is exceedingly great*

מַחֲנֵהוּ n.m.s.-3 m.s. sf. (334) *his host*

כִּי עָצוּם conj.-n.m.s. (783) *for is powerful*

עֹשֵׂה דְבָרוֹ Qal act.ptc. (I 793)-n.m.s.-3 m.s. sf. (182) *he that executes his word*

כִּי־גָדוֹל v.supra-adj. m.s. (152) *for is great*

יוֹם־יְהוָה n.m.s. cstr. (398)-pr.n. (217) *the day of Yahweh*

וְנוֹרָא מְאֹד conj.-Ni. ptc. (431)-adv. (547) *and very terrible*

וּמִי יְכִילֶנּוּ conj.-interr.-Hi. impf. 3 m.s.-3 m.s. sf. (465) *who can endure it?*

2:12

וְגַם־עַתָּה conj.-adv. (168)-adv. (773) *Yet even now*

נְאֻם־יְהוָה n.m.s. cstr. (610)-pr.n. (217) *says Yahweh*

שֻׁבוּ Qal impv. 2 m.p. (996) *return*

עָדַי prep.-1 c.s. sf. (III 723) *to me*

בְּכָל־לְבַבְכֶם prep.-n.m.s. cstr. (481)-n.m.s.-2 m.p. sf. (523) *with all your heart*

וּבְצוֹם conj.-prep.-n.m.s. (847) *with fasting*

וּבִבְכִי conj.-prep.-n.m.s. (113) *with weeping*

וּבְמִסְפֵּד conj.-prep.-n.m.s. (704) *and with mourning*

2:13

וְקִרְעוּ conj.-Qal impv. 2 m.p. (902) *and rend*

לְבַבְכֶם n.m.s.-2 m.p. sf. (523) *your hearts*

וְאַל־בִּגְדֵיכֶם conj.-neg.-n.m.p.-2 m.p. sf. (93) *and not your garments*

וְשׁוּבוּ conj.-Qal impf. 3 m.p. (996) *Return*

אֶל־יְהוָה prep.-pr.n. (217) *to Yahweh*

אֱלֹהֵיכֶם n.m.p.-2 m.p. sf. (43) *your God*

כִּי־חַנּוּן conj.-adj. (337) *for ... is gracious*

וְרַחוּם conj.-adj. (933) *and merciful*

הוּא pers.pr. 3 m.s. (214; GK 152g) *he*

אֶרֶךְ אַפַּיִם adj. m.s. cstr. (74)-n.m. du. (I 60) *slow to anger*

וְרַב־חֶסֶד conj.-adj. m.s. cstr. (I 912)-n.m.s. (338) *and abounding in steadfast love*

וְנִחָם conj.-Ni. ptc. (636) *and repents*

עַל־הָרָעָה prep.-def.art.-n.f.s. (948) *of evil*

2:14

מִי יוֹדֵעַ interr.-Qal act.ptc. (393) *Who knows*

יָשׁוּב Qal impf. 3 m.s. (996) *whether he will not turn*

וְנִחָם conj.-Ni. pf. 3 m.s. paus. (636) *and repent*

וְהִשְׁאִיר conj.-Hi. pf. 3 m.s. (983) *and leave*

אַחֲרָיו prep.-3 m.s. sf. (29) *behind him*

בְּרָכָה n.f.s. (139) *a blessing*

מִנְחָה n.f.s. (585) *a cereal offering*

וָנֶסֶךְ conj.-n.m.s. (651) *and a drink offering*

לַיהוָה אֱלֹהֵיכֶם prep.-pr.n. (217)-n.m.s.-2 m.p. sf. (43) *for Yahweh, your God*

2:15

תִּקְעוּ שׁוֹפָר Qal impv. 2 m.p. (1075)-n.m.s. (1051) *Blow the trumpet*

בְּצִיּוֹן prep.-pr.n. (851) *in Zion*

קַדְּשׁוּ־צוֹם Pi. impv. 2 m.p. (872)-n.m.s. (847) *sanctify a fast*

קִרְאוּ Qal impv. 2 m.p. (894) *call*

עֲצָרָה n.f.s. (783) *a solemn assembly*

2:16

אִסְפוּ־עָם Qal impv. 2 m.p. (62)-n.m.s. (I 766) *gather the people*

קַדְּשׁוּ קָהָל Pi. impv. 2 m.p. (872)-n.m.s. (874) *sanctify the congregation*

קִבְצוּ זְקֵנִים Qal impv. 2 m.p. (867)-n.m.p. (278) *assemble the elders*

אִסְפוּ עוֹלָלִים v.supra-n.m.p. (760) *gather the children*

וְיֹנְקֵי שָׁדָיִם conj.-Qal act.ptc. m.p. cstr. (413) -n.m. du. paus. (994) *even nursing infants*

יֵצֵא Qal impf. 3 m.s. (יָצָא 422) *let ... leave*

חָתָן n.m.s. (368) *the bridegroom*

מֵחֶדְרוֹ prep.-n.m.s.-3 m.s. sf. (293) *his room*

וְכַלָּה conj.-n.f.s. (483) *and the bride*

מֵחֻפָּתָהּ prep.-n.f.s.-3 f.s. sf. (342) *her chamber*

2:17

בֵּין הָאוּלָם prep.-def.art.-n.m.s. (17) *between the vestibule*

וְלַמִּזְבֵּחַ conj.-prep.-def.art.-n.m.s. (258) *and the altar*

יִבְכּוּ Qal impf. 3 m.p. (113) *let ... weep*

הַכֹּהֲנִים def.art.-n.m.p. (463) *the priests*

מְשָׁרְתֵי יְהוָה Pi. ptc. m.p. cstr. (1058)-pr.n. (217) *the ministers of Yahweh*

וְיֹאמְרוּ conj.-Qal impf. 3 m.p. (55) *and say*

חוּסָה Qal impv. 2 m.s.-coh.he (299) *spare*

יְהוָה pr.n. (217) *O Yahweh*

עַל־עַמֶּךָ prep.-n.m.s.-2 m.s. sf. (I 766) *thy people*

וְאַל־תִּתֵּן conj.-neg.-Qal impf. 2 m.s. (נָתַן 678) *and make not*

נַחֲלָתְךָ n.f.s.-2 m.s. sf. (635) *thy heritage*

לְחֶרְפָּה prep.-n.f.s. (357) *a reproach*

לִמְשָׁל־בָּם prep.-n.m.s. cstr. (605)-prep.-3 m.p. sf. *a byword among*

גּוֹיִם n.m.p. (156) *the nations*

לָמָּה יֹאמְרוּ interr. (552)-Qal impf. 3 m.p. (55) *why should they say*

בָעַמִּים prep.-def.art.-n.m.p. (I 766) *among the people*

אַיֵּה adv. (32; GK 150e) *where is*

אֱלֹהֵיהֶם n.m.p.-3 m.p. sf. (43) *their God?*

2:18

וַיְקַנֵּא יְהוָה consec.-Pi. impf. 3 m.s. (888)-pr.n. (217) *then Yahweh became jealous*

לְאַרְצוֹ prep.-n.f.s.-3 m.s. sf. (75) *for his land*

וַיַּחְמֹל consec.-Qal impf. 3 m.s. (328) *and had pity*

עַל־עַמּוֹ prep.-n.m.s.-3 m.s. sf. (I 766) *on his people*

2:19

וַיַּעַן יהוה consec.-Qal impf. 3 m.s. (I 772)-pr.n. (217) *Yahweh answered*

וַיֹּאמֶר לְעַמּוֹ consec.-Qal impf. 3 m.s. (55) -prep.-n.m.s.-3 m.s. sf. (I 766) *and said to his people*

הִנְנִי interj. (243)-1 c.s. sf. *Behold I*

שֹׁלֵחַ לָכֶם Qal act.ptc. (1018)-prep.-2 m.p. sf. *am sending to you*

אֶת־הַדָּגָן dir.obj.-def.art.-n.m.s. (186) *grain*

וְהַתִּירוֹשׁ conj.-def.art.-n.m.s. (440) *wine*

וְהַיִּצְהָר conj.-def.art.-n.m.s. (I 844) *and oil*

וּשְׂבַעְתֶּם אֹתוֹ conj.-Qal pf. 2 m.p. (959)-prep.-3 m.s. sf. (85) *and you will be satisfied*

וְלֹא־אֶתֵּן conj.-neg.-Qal impf. 1 c.s. (נָתַן 678) *and I will no ... make*

אֶתְכֶם עוֹד dir.obj.-2 m.p. sf.-adv. (728) *more ... you*

חֶרְפָּה n.f.s. (357) *a reproach*

בַּגּוֹיִם prep.-def.art.-n.m.p. (156) *among the nations*

2:20

וְאֶת־הַצְּפוֹנִי conj.-dir.obj.-def.art.-gen. n.m. (II 861) *the northerner*

אַרְחִיק Hi. impf. 1 c.s. (934) *I will remove far*

מֵעֲלֵיכֶם prep.-prep.-2 m.p. sf. *from you*

וְהִדַּחְתִּיו conj.-Hi. pf. 1 c.s.-3 m.s. sf. (נָדַח 623) *and drive him*

אֶל־אֶרֶץ prep.-n.f.s. cstr. (75) *into a land*

צִיָּה n.f.s. (851) *parched*

וּשְׁמָמָה conj.-n.f.s. (1031) *and desolate*

אֶת־פָּנָיו dir.obj.-n.m.p.-3 m.s. sf. (815) *his front*

אֶל־הַיָּם prep.-def.art.-n.m.s. (410) *into the sea*

הַקַּדְמֹנִי def.art.-adj. m.s. (I 970) *eastern*

וְסֹפוֹ conj.-n.m.s.-3 m.s. sf. (693) *and his rear*

אֶל־הַיָּם v. supra *into the sea*

הָאַחֲרוֹן def.art.-adj. m.s. (30) *western*

וְעָלָה conj.-Qal pf. 3 m.s. (748) *will rise*

בָּאְשׁוֹ n.m.s.-3 m.s. sf. (93) *the stench of him*

וְתַעַל צַחֲנָתוֹ conj.-Qal impf. 3 f.s. apoc. (748) -n.f.s.-3 m.s. sf. (850) *and foul smell of him*

כִּי הִגְדִּיל לַעֲשׂוֹת conj.-Hi. pf. 3 m.s. (152)-prep. -Qal inf.cstr. (I 793) *for he has done great things*

2:21

אַל־תִּירְאִי neg.-Qal impf. 2 f.s. (431) *Fear not*

אֲדָמָה n.f.s. (9) *O land*

גִּילִי Qal impv. 2 f.s. (162) *be glad*

וּשְׂמָחִי conj.-Qal impv. 2 f.s. (970; GK 46e) *and rejoice*

כִּי־הִגְדִּיל v. 2:20 conj.-Hi. pf. 3 m.s. (152) *for great things*

יהוה לַעֲשׂוֹת pr.n. (217)-prep.-Qal inf.cstr. (I 793 עָשָׂה) *Yahweh has done*

2:22

אַל־תִּירְאוּ neg.-Qal impf. 2 m.p. (431; GK 144a) *Fear not you*

בַּהֲמוֹת שָׂדָי n.f.p. cstr. (96)-n.m.s. (961) *beasts of the field*

כִּי דָשְׁאוּ conj.-Qal pf. 3 c.p. (205) *for ... are green*

נְאוֹת מִדְבָּר n.f.p. cstr. (627)-n.m.s. (184) *the pastures of the wilderness*

כִּי־עֵץ conj.-n.m.s. (781) *the tree*

נָשָׂא פִרְיוֹ Qal pf. 3 m.s. (669)-n.m.s.-3 m.s. sf. (826) *bears its fruit*

תְּאֵנָה וָגֶפֶן n.f.s. (1061)-conj.-n.f.s. (172) *the fig tree and vine*

נָתְנוּ חֵילָם Qal pf. 3 c.p. (נָתַן 678)-n.m.s.-3 m.p. sf. (298) *give their full yield*

2:23

וּבְנֵי צִיּוֹן conj.-n.m.p. cstr. (119)-pr.n. (851) *O sons of Zion*

גִּילוּ Qal impv. 2 m.p. (162) *Be glad*

וְשִׂמְחוּ Qal impv. 2 m.p. (970) *and rejoice*

בַּיהוה אֱלֹהֵיכֶם prep.-pr.n. (217)-n.m.p.-2 m.p. sf. (43) *in Yahweh, your God*

כִּי־נָתַן conj.-Qal pf. 3 m.s. (678) *for he has given*

לָכֶם prep.-2 m.p. sf. *(to you)*

אֶת־הַמּוֹרֶה dir.obj.-def.art.-n.m.s. (I 435) *the early rain*

לִצְדָקָה prep.-n.f.s. (842) *for your vindication*

וַיּוֹרֶד לָכֶם consec.-Hi. impf. 3 m.s. (יָרַד 432) -prep.-2 m.p. sf. *he has poured down for you*

גֶּשֶׁם n.m.s. (II 177) *abundant rain*

מוֹרֶה v.supra *the early (rain)*

וּמַלְקוֹשׁ conj.-n.m.s. (545) *and the latter rain*

בָּרִאשׁוֹן prep.-def.art.-adj. m.s. (911) *as before*

2:24

וּמָלְאוּ הַגֳּרָנוֹת conj.-Qal pf. 3 c.p. (569)-def. art.-n.f.p. (175; GK 93r) *the threshing floors shall be full of*

בָּר n.m.s. paus. (III 141) *grain*

795

וְהֵשִׁיקוּ הַיְקָבִים conj.-Hi. pf. 3 c.p. (שׁוּק II 1003) -def.art.-n.m.p. (428) *the vats shall overflow with*

תִּירוֹשׁ n.m.s. (440) *wine*

וְיִצְהָר conj.-n.m.s. (I 844) *and oil*

2:25

וְשִׁלַּמְתִּי לָכֶם conj.-Pi. pf. 1 c.s. (1023)-prep.-2 m.p. sf. *I will restore to you*

אֶת־הַשָּׁנִים dir.obj.-def.art.-n.f.p. (1040) *the years*

אֲשֶׁר אָכַל rel. (81)-Qal pf. 3 m.s. (37) *which ... has eaten*

הָאַרְבֶּה def.art.-n.m.s. (916) *the swarming locust*

הַיֶּלֶק def.art.-n.m.s. (410) *the hopper*

וְהֶחָסִיל conj.-def.art.-n.m.s. (340) *the destroyer*

וְהַגָּזָם conj.-def.art.-n.m.s. (160) *and the cutter*

חֵילִי הַגָּדוֹל n.m.s.-1 c.s. sf. (298)-def.art.-adj. m.s. (152) *my great army*

אֲשֶׁר rel. (81) *which*

שִׁלַּחְתִּי בָּכֶם Pi. pf. 1 c.s. (1018)-prep.-2 m.p. sf. *I sent among you*

2:26

וַאֲכַלְתֶּם conj.-Qal pf. 2 m.p. (37) *you shall eat*

אָכוֹל Qal inf.abs. (37) *in plenty*

וְשָׂבוֹעַ conj.-Qal inf.abs. (959) *and be satisfied*

וְהִלַּלְתֶּם conj.-Pi. pf. 2 m.p. (II 237) *and praise*

אֶת־שֵׁם dir.obj.-n.m.s. cstr. (1027) *the name of*

יהוה אֱלֹהֵיכֶם pr.n. (217)-n.m.p.-2 m.p. sf. (43) *Yahweh your God*

אֲשֶׁר־עָשָׂה rel. (81)-Qal pf. 3 m.s. (I 793) *who has dealt*

עִמָּכֶם prep.-2 m.p. sf. *with you*

לְהַפְלִיא prep. (GK 114o)-Hi. inf.cstr. (810) *wondrously*

וְלֹא־יֵבֹשׁוּ conj.-neg.-Qal impf. 3 m.p. (101) *and ... shall ... again be put to shame*

עַמִּי לְעוֹלָם n.m.s.-1 c.s. sf. (I 766)-prep.-n.m.s. (761) *my people ... never*

2:27

וִידַעְתֶּם conj.-Qal pf. 2 m.p. (393) *you shall know*

כִּי בְקֶרֶב יִשְׂרָאֵל conj.-prep.-n.m.s. cstr. (899) -pr.n. (975) *that ... in the midst of Israel*

אָנִי pers.pr. 1 c.s. (58) *I am*

וַאֲנִי יהוה אֱלֹהֵיכֶם conj.-pers.pr. 1 c.s. (58)-pr.n. (217)-n.m.p.-2 m.p. sf. (43) *and that I, Yahweh, am your God*

וְאֵין עוֹד conj.-neg.cstr. (II 34)-adv. (728) *and there is none else*

וְלֹא־יֵבֹשׁוּ conj.-neg.-Qal impf. 3 m.p. (101) *shall never be put to shame*

עַמִּי לְעוֹלָם n.m.s.-1 c.s. sf. (I 766)-n.m.s. (761) *and my people never again*

3:1

וְהָיָה conj.-Qal pf. 3 m.s. (224) *and it shall come to pass*

אַחֲרֵי־כֵן n.m.p. cstr. (29)-adv. (485) *afterward*

אֶשְׁפּוֹךְ Qal impf. 1 c.s. (1049) *that I will pour out*

אֶת־רוּחִי dir.obj.-n.f.s.-1 c.s. sf. (924) *my spirit*

עַל־כָּל־בָּשָׂר prep.-n.m.s. cstr. (481)-n.m.s. (142) *on all flesh*

וְנִבְּאוּ conj.-Ni. pf. 3 c.p. (612) *shall prophesy*

בְּנֵיכֶם n.m.p.-2 m.p. sf. (119) *your sons*

וּבְנוֹתֵיכֶם conj.-n.f.p.-2 m.p. sf. (I 123) *and your daughters*

זִקְנֵיכֶם n.m.p.-2 m.p. sf. (278) *your old men*

חֲלֹמוֹת n.f.p. (321) *dreams*

יַחֲלֹמוּן Qal impf. 3 m.p. (II 321) *shall dream*

בַּחוּרֵיכֶם n.m.p.-2 m.p. sf. (104) *and your young men*

חֶזְיֹנוֹת n.m.p. (303) *visions*

יִרְאוּ Qal impf. 3 m.p. (906) *shall see*

3:2

וְגַם conj.-adv. (168) *even*

עַל־הָעֲבָדִים prep.-def.art.-n.m.p. (712) *upon the menservants*

וְעַל־הַשְּׁפָחוֹת conj.-prep.-def.art.-n.f.p. (1046) *and maidservants*

בַּיָּמִים הָהֵמָּה prep.-def.art.-n.m.p. (398)-def.art.-demons.adj. m.p. (241) *in those days*

אֶשְׁפּוֹךְ Qal impf. 1 c.s. (1049) *I will pour out*

אֶת־רוּחִי dir.obj.-n.f.s.-1 c.s. sf. (924) *my spirit*

3:3

וְנָתַתִּי conj.-Qal pf. 1 c.s. (נָתַן 678) *and I will give*

מוֹפְתִים n.m.p. (68) *portents*

בַּשָּׁמַיִם prep.-def.art.-n.m.p. (1029) *in the heavens*

וּבָאָרֶץ conj.-prep.-def.art.-n.f.s. (75) *and on the earth*

דָּם וָאֵשׁ n.m.s. (196)-conj.-n.f.s. (77) *blood and fire*

וְתִימֲרוֹת עָשָׁן conj.-n.f.p. cstr. (1071)-n.m.s. (I 798) *and columns of smoke*

3:4

הַשֶּׁמֶשׁ def.art.-n.f.s. (1039) *the sun*

יֵהָפֵךְ Ni. impf. 3 m.s. (245) *shall be turned*

לְחֹשֶׁךְ prep.-n.m.s. (365) *to darkness*

וְהַיָּרֵחַ conj.-def.art.-n.m.s. (437) *and the moon*

לְדָם prep.-n.m.s. (196) *to blood*

לִפְנֵי prep.-n.m.p. cstr. (815) *before*

בּוֹא Qal inf.cstr. (בּוֹא 97) *... comes*

יוֹם יְהוָה n.m.s. cstr. (398)-pr.n. (217) *the day of Yahweh*

הַגָּדוֹל וְהַנּוֹרָא def.art.-adj. m.s. (152)-conj.-def. art.-adj. Ni. ptc. m.s. (431) *great and terrible*

3:5

וְהָיָה conj.-Qal pf. 3 m.s. (224) *and it shall come to pass*

כֹּל אֲשֶׁר־יִקְרָא n.m.s. (481)-rel.-Qal impf. 3 m.s. (894) *that all who call*

בְּשֵׁם יְהוָה prep.-n.m.s. cstr. (1027)-pr.n. (217) *upon the name of Yahweh*

יִמָּלֵט Ni. impf. 3 m.s. (572) *shall be delivered*

כִּי בְּהַר־צִיּוֹן conj.-prep.-n.m.s. cstr. (249)-pr.n. (851) *for in Mount Zion*

וּבִירוּשָׁלַ͏ִם conj.-prep.-pr.n. (436) *and in Jerusalem*

תִּהְיֶה פְלֵיטָה Qal impf. 3 f.s. (224)-n.f.s. (812) *there shall be those who escape*

כַּאֲשֶׁר אָמַר יְהוָה prep.-rel.-Qal pf. 3 m.s. (55) -pr.n. (217) *as Yahweh has said*

וּבַשְּׂרִידִים conj.-prep.-def.art.-n.m.p. (975) *and among the survivors*

אֲשֶׁר יְהוָה קֹרֵא rel. (81)-pr.n. (217)-Qal act.ptc. (894) *shall be those whom Yahweh calls*

4:1

כִּי הִנֵּה conj.-interj. (243) *for behold*

בַּיָּמִים הָהֵמָּה prep.-def.art.-n.m.p. (398)-def. art.-demons.adj. m.p. (241; GK 125k) *in those days*

וּבָעֵת הַהִיא conj.-prep.-def.art.-n.f.s. (773) -def.art.-demons.adj. f.s. (214) *and at that time*

אֲשֶׁר אָשׁוּב rel. (81)-Hi. impf. 1 c.s. (שׁוּב 996) *when I restore*

אֶת־שְׁבוּת dir.obj.-n.f.s. cstr. (986) *the fortunes of*

יְהוּדָה וִירוּשָׁלָ͏ִם pr.n. (397)-conj.-pr.n. (436) *Judah and Jerusalem*

4:2

וְקִבַּצְתִּי conj.-Pi. pf. 1 c.s. (867) *I will gather*

אֶת־כָּל־הַגּוֹיִם dir.obj.-n.m.s. cstr. (481)-def. art.-n.m.p. (156) *all the nations*

וְהוֹרַדְתִּים conj.-Hi. pf. 1 c.s.-3 m.p. sf. (יָרַד 432) *and bring them down*

אֶל־עֵמֶק prep.-n.m.s. cstr. (770) *to the valley of*

יְהוֹשָׁפָט pr.n. (221) *Jehoshaphat*

וְנִשְׁפַּטְתִּי conj.-Ni. pf. 1 c.s. (שָׁפַט 1047) *and I will enter into judgment*

עִמָּם שָׁם prep.-3 m.p. sf.-adv. (1027) *with them there*

עַל־עַמִּי prep.-n.m.s.-1 c.s. sf. (I 766) *on account of my people*

וְנַחֲלָתִי conj.-n.f.s.-1 c.s. sf. (635) *and my heritage*

יִשְׂרָאֵל pr.n. (975) *Israel*

אֲשֶׁר פִּזְּרוּ rel. (81)-Pi. pf. 3 c.p. (808) *because they have scattered them*

בַגּוֹיִם prep.-v.supra *among the nations*

וְאֶת־אַרְצִי conj.-dir.obj.-n.f.s.-1 c.s. sf. (75) *and ... my land*

חִלֵּקוּ Pi. pf. 3 c.p. paus. (323) *have divided*

4:3

וְאֶל־עַמִּי conj.-prep.-n.m.s.-1 c.s. sf. (I 766) *and ... for my people*

יַדּוּ גוֹרָל Qal pf. 3 c.p. (יָדַד I 391; GK 69u) -n.m.s. (174) *have cast lots*

וַיִּתְּנוּ consec.-Qal impf. 3 m.p. (נָתַן 678) *and have given*

הַיֶּלֶד def.art.-n.m.s. (409) *a boy*

בַּזּוֹנָה prep.-def.art.-n.f.s. or Qal act.ptc. f.s. (275) *for a harlot*

וְהַיַּלְדָּה conj.-def.art.-n.f.s. (409) *and ... a girl*

מָכְרוּ Qal pf. 3 c.p. (569) *have sold*

בַּיַּיִן prep.-def.art.-n.m.s. (406) *for wine*

וַיִּשְׁתּוּ consec.-Qal impf. 3 m.p. (1059) *and have drunk it*

4:4

וְגַם conj.-adv. (168) *(and also)*

מָה־אַתֶּם לִי interr. (552)-pers.pr. 2 m.p. (61) -prep.-1 c.s. sf. *what are you to me*

צֹר וְצִידוֹן pr.n. (I 862)-conj.-pr.n. (850) *O Tyre and Sidon*

וְכֹל גְּלִילוֹת conj.-n.m.s. cstr. (481)-n.f.p. cstr. (165) *and all the regions of*

פְּלָשֶׁת pr.n. paus. (814) *Philistia*

הַגְּמוּל אַתֶּם def.art.-n.m.s. (168)-pers.pr. 2 m.p. (61) *for something you*

מְשַׁלְּמִים עָלָי Pi. ptc. m.p. (1022)-prep.-1 c.s. sf. paus. *are ... paying me back*

וְאִם־גְּמֻלִים conj.-hypoth.part. (49)-Qal act.ptc. m.p. (168) *and if ... paying ... back*

אַתֶּם עָלַי pers.pr. (61)-prep.-1 c.s. sf. *you ... me*

קַל מְהֵרָה adj. as adv. (886)-n.f.s. as adv. (555) *swiftly and speedily*

אָשִׁיב Hi. impf. 1 c.s. (996) *I will requite*

גְּמֻלְכֶם n.m.s.-2 m.p. sf. (168) *your deed*

בְּרֹאשְׁכֶם prep.-n.m.s.-2 m.p. sf. (910) *upon your own head*

4:5

אֲשֶׁר־כַּסְפִּי rel. (81)-n.m.s.-1 c.s. sf. (494) *my silver*

וּזְהָבִי conj.-n.m.s.-1 c.s. sf. (262) *and my gold*

לְקַחְתֶּם Qal pf. 2 m.p. (542) *you have taken*

וּמַחֲמַדַּי conj.-n.m.p.-1 c.s. sf. (326) *my ... treasures*

הַטֹּבִים def.art.-adj. m.p. (I 373) *rich*

הֲבֵאתֶם Hi. pf. 2 m.p. (97) *you have carried*

לְהֵיכְלֵיכֶם prep.-n.m.p.-2 m.p. sf. (228) *into your temples*

4:6

וּבְנֵי יְהוּדָה conj.-n.m.p. cstr. (119)-pr.n. (397) *the people of Judah*

וּבְנֵי יְרוּשָׁלַם conj.-n.m.p. cstr. (119)-pr.n. (436) *and Jerusalem*

מְכַרְתֶּם Qal pf. 2 m.p. (569) *you have sold*

לִבְנֵי הַיְּוָנִים prep.-v.supra-def.art.-adj.gent. m.p. (402) *to the Greeks*

לְמַעַן הַרְחִיקָם prep. (775)-Hi. inf.cstr.-3 m.p. sf. (934) *removing them far*

מֵעַל גְּבוּלָם prep.-prep.-n.m.s.-3 m.p. sf. (147) *from their own border*

4:7

הִנְנִי interj.-1 c.s. sf. (243) *but now I*

מְעִירָם Hi. ptc.-3 m.p. sf. (I 734) *will stir them up*

מִן הַמָּקוֹם prep.-def.art.-n.m.s. (879) *from the place*

אֲשֶׁר־מְכַרְתֶּם rel. (81)-Qal pf. 2 m.p. (569) *to which you sold*

אֹתָם שָׁמָּה dir.obj.-3 m.p. sf.-adv.-dir.he (1027) *them*

וַהֲשִׁבֹתִי conj.-Hi. pf. 1 c.s. (שׁוּב 996) *and I will requite*

גְּמֻלְכֶם n.m.s.-2 m.p. sf. (168) *your deed*

בְּרֹאשְׁכֶם prep.-n.m.s.-2 m.p. sf. (910) *upon your head*

4:8

וּמָכַרְתִּי conj.-Qal pf. 1 c.s. (569) *I will sell*

אֶת־בְּנֵיכֶם dir.obj.-n.m.p.-2 m.p. sf. (119) *your sons*

וְאֶת־בְּנוֹתֵיכֶם conj.-dir.obj.-n.f.p.-2 m.p. sf. (I 123) *and your daughters*

בְּיַד בְּנֵי יְהוּדָה prep.-n.f.s. cstr. (388)-n.m.p. cstr. (119)-pr.n. (397) *into the hands of the sons of Judah*

וּמְכָרוּם conj.-Qal pf. 3 c.p.-3 m.p. sf. (569) *and they will sell them*

לִשְׁבָאִים prep.-adj.gent. m.p. (985) *to the Sabeans*

אֶל־גּוֹי רָחוֹק prep.-n.m.s. (156)-adj. (935) *to a nation far off*

כִּי יהוה דִּבֵּר conj.-pr.n. (217)-Pi. pf. 3 m.s. (180) *for Yahweh has spoken*

4:9

קִרְאוּ־זֹאת Qal impv. 2 m.p. (894)-demons.adj. f.s. (260) *proclaim this*

בַּגּוֹיִם prep.-def.art.-n.m.p. (156) *among the nations*

קַדְּשׁוּ Pi. impv. 2 m.p. (872) *prepare* (lit. sanctify)

מִלְחָמָה n.f.s. (536) *war*

הָעִירוּ הַגִּבּוֹרִים Hi. impv. 2 m.p. (I 734)-def. art.-n.m.p. (150) *stir up the mighty men*

יִגְּשׁוּ Qal impf. 3 m.p. (נָגַשׁ 620) *let ... draw near*

יַעֲלוּ Qal impf. 3 m.p. (עָלָה 748) *let them come up*

כֹּל אַנְשֵׁי n.m.s. cstr. (481)-n.m.p. cstr. (60) *all the men of*

הַמִּלְחָמָה def.art.-n.f.s. (536) *war*

4:10

כֹּתּוּ Qal impv. 2 m.p. (כָּתַת 510) *beat*

אִתֵּיכֶם n.m.p.-2 m.p. sf. (III 88) *your plowshares*

לַחֲרָבוֹת prep.-n.f.p. (352) *into swords*

וּמַזְמְרֹתֵיכֶם conj.-n.f.p.-2 m.p. sf. (275) *and your pruning hooks*

לִרְמָחִים prep.-n.m.p. (942) *into spears*

הַחַלָּשׁ def.art.-n.m.s. (325) *the weak*

יֹאמַר Qal impf. 3 m.s. (55) *let ... say*

גִּבּוֹר אָנִי n.m.s. (150)-pers.pr. 1 c.s. paus. (58) *I am a warrior*

4:11

עוּשׁוּ Qal impv. 2 m.p. (736) *hasten* (lit. lend aid)

וָבֹאוּ conj.-Qal impv. 2 m.p. (97) *and come*

כָּל־הַגּוֹיִם n.m.s. cstr. (481)-def.art.-n.m.p. (156)
all you nations

מִסָּבִיב prep.-adv. (686) round about

וְנִקְבְּצוּ conj.-Ni. pf. 3 c.p. paus. (867; GK 51o)
gather yourselves

שָׁמָּה adv.-loc.he (1027) there

הַנְחַת Hi. impv. 2 m.s. (נָחַת 639; GK 64h) bring
down

יהוה pr.n. (217) O Yahweh

גִּבּוֹרֶיךָ n.m.p.-2 m.s. sf. (150) thy warriors

4:12

יֵעוֹרוּ Ni. impf. 3 m.p. (עוּר I 734) let ... bestir
themselves

וְיַעֲלוּ conj.-Qal impf. 3 m.p. (748) and come up

הַגּוֹיִם def.art.-n.m.p. (156) the nations

אֶל־עֵמֶק prep.-n.m.s. cstr. (770) to the valley of

יְהוֹשָׁפָט pr.n. (221) Jehoshaphat

כִּי שָׁם conj.-adv. (1027) for there

אֵשֵׁב Qal impf. 1 c.s. (יָשַׁב 442) I will sit

לִשְׁפֹּט prep.-Qal inf.cstr. (1047) to judge

אֶת־כָּל־הַגּוֹיִם dir.obj.-n.m.s. cstr. (481)-v.supra
all the nations

מִסָּבִיב prep.-adv. (686) round about

4:13

שִׁלְחוּ Qal impv. 2 m.p. (1018) put in

מַגָּל n.m.s. (618) the sickle

כִּי בָשַׁל conj.-Qal pf. 3 m.s. (143) for ... is ripe

קָצִיר n.m.s. (894) the harvest

בֹּאוּ Qal impv. 2 m.p. (97) go in

רְדוּ Qal impv. 2 m.p. (922; cf. 432) tread

כִּי־מָלְאָה conj.-Qal pf. 3 f.s. (569) for ... is full

גַּת n.f.s. (I 387) the wine press

הֵשִׁיקוּ Hi. pf. 3 c.p. (II 1003) overflow

הַיְקָבִים def.art.-n.m.p. (428) the vats

כִּי רַבָּה conj.-adj. f.s. (I 912) for ... is great

רָעָתָם n.f.s.-3 m.p. sf. (948) their wickedness

4:14

הֲמוֹנִים הֲמוֹנִים n.m.p. (242; GK 123e)-v.supra
multitudes, multitudes

בְּעֵמֶק prep.-n.m.s. cstr. (770) in the valley of

הֶחָרוּץ def.art.-n.m.s. (II 358) decision

כִּי קָרוֹב conj.-adj. m.s. (898; GK 147c) for ... is
near

יוֹם יהוה n.m.s. cstr. (398)-pr.n. (217) the day of
Yahweh

בְּעֵמֶק הֶחָרוּץ v.supra-v.supra in the valley of
decision

4:15

שֶׁמֶשׁ וְיָרֵחַ n.f.s. (1039)-conj.-n.m.s. (437) the
sun and the moon

קָדָרוּ Qal pf. 3 c.p. paus. (871) are darkened

וְכוֹכָבִים conj.-n.m.p. (456) and the stars

אָסְפוּ Qal pf. 3 c.p. (62) withdraw

נָגְהָם n.f.s.-3 m.p. sf. (I 618) their shining

4:16

וַיהוָה מִצִּיּוֹן conj.-pr.n. (217)-prep.-pr.n. (851)
and Yahweh ... from Zion

יִשְׁאָג Qal impf. 3 m.s. (980) roars

וּמִירוּשָׁלַ͏ִם conj.-prep.-pr.n. (436) and ... from
Jerusalem

יִתֵּן קוֹלוֹ Qal impf. 3 m.s. (נָתַן 678)-n.m.s.-3 m.s.
sf. (876) utters his voice

וְרָעֲשׁוּ conj.-Qal pf. 3 c.p. (950) and ... shake

שָׁמַיִם וָאָרֶץ n.m.p. (1029)-conj.-n.f.s. paus. (75)
the heavens and the earth

וַיהוָה מַחֲסֶה conj.-pr.n. (217)-n.m.s. (340) but
Yahweh is a refuge

לְעַמּוֹ prep.-n.m.s.-3 m.s. sf. (I 766) to his people

וּמָעוֹז conj.-n.m.s. (731) a stronghold

לִבְנֵי יִשְׂרָאֵל prep.-n.m.p. cstr. (119)-pr.n. (975) to
the people of Israel

4:17

וִידַעְתֶּם conj.-Qal pf. 2 m.p. (393) so you shall
know

כִּי אֲנִי יהוה conj.-pers.pr. 1 c.s. (58)-pr.n. (217)
that I am Yahweh

אֱלֹהֵיכֶם n.m.p.-2 m.p. sf. (43) your God

שֹׁכֵן בְּצִיּוֹן Qal act.ptc. (1014)-prep.-pr.n. (851)
who dwell in Zion

הַר־קָדְשִׁי n.m.s. cstr. (249)-n.m.s.-1 c.s. sf. (871)
my holy mountain

וְהָיְתָה יְרוּשָׁלַ͏ִם conj.-Qal pf. 3 f.s. (224)-pr.n.
(436) and Jerusalem shall be

קֹדֶשׁ v.supra n.m.s. (871) holy

וְזָרִים conj.-Qal act.ptc. m.p. (I 266) and
strangers

לֹא־יַעַבְרוּ־בָהּ neg.-Qal impf. 3 m.p. (716)-prep.
-3 f.s. sf. shall never pass through it

עוֹד adv. (728) again

4:18

וְהָיָה conj.-Qal pf. 3 m.s. (224) and

בַּיּוֹם הַהוּא prep.-def.art.-n.m.s. (398)-def.art.
-demons.adj. m.s. (214) in that day

יִטְּפוּ Qal impf. 3 m.p. (נָטַף 642; GK 117z) shall
drip

הֶהָרִים def.art.-n.m.p. (249) the mountains

עֲסִיס n.m.s. (779) *sweet wine*

וְהַגְּבָעוֹת conj.-def.art.-n.f.p. (148) *and the hills*

תֵּלַכְנָה Qal impf. 3 f.p. (הָלַךְ 229) *shall flow*

חָלָב n.m.s. (316) *with milk*

וְכָל־אֲפִיקֵי conj.-n.m.s. cstr. (481)-n.m.p. cstr. (67) *all the stream beds of*

יְהוּדָה pr.n. (397) *Judah*

יֵלְכוּ מָיִם Qal impf. 3 m.p. (הָלַךְ 229)-n.m.p. paus. (565) *shall flow with water*

וּמַעְיָן conj.-n.m.s. (745) *and a fountain*

מִבֵּית יהוה prep.-n.m.s. cstr. (108)-pr.n. (217) *from the house of Yahweh*

יֵצֵא Qal impf. 3 m.s. (יצא 422) *shall come forth*

וְהִשְׁקָה conj.-Hi. pf. 3 m.s. (1052) *and water*

אֶת־נַחַל dir.obj.-n.m.s. cstr. (I 636) *the valley of*

הַשִּׁטִּים def.art.-pr.n. (1008) *Shittim*

4:19

מִצְרַיִם pr.n. (595) *Egypt*

לִשְׁמָמָה prep.-n.f.s. (1031) *a desolation*

תִהְיֶה Qal impf. 3 f.s. (הָיָה 224) *shall become*

וֶאֱדוֹם conj.-pr.n. (10) *and Edom*

לְמִדְבַּר שְׁמָמָה prep.-n.m.s. cstr. (184)-v.supra *a desolate wilderness*

תִהְיֶה v.supra *shall become*

מֵחֲמַס prep.-n.m.s. cstr. (329) *for the violence done*

בְּנֵי יְהוּדָה n.m.p. cstr. (119)-pr.n. (397) *to the people of Judah*

אֲשֶׁר־שָׁפְכוּ rel. (81)-Qal pf. 3 c.p. (1049) *because they have shed*

דָּם־נָקִיא n.m.s. (196)-adj. m.s. (667) *innocent blood*

בְּאַרְצָם prep.-n.f.s.-3 m.p. sf. (75) *in their land*

4:20

וִיהוּדָה לְעוֹלָם conj.-pr.n. (397)-prep.-n.m.s. (761) *but Judah ... for ever*

תֵּשֵׁב Qal impf. 3 f.s. (יָשַׁב 442) *shall be inhabited*

וִירוּשָׁלַםִ conj.-pr.n. (436) *and Jerusalem*

לְדוֹר וָדוֹר prep.-n.m.s. (189)-conj.-v.supra *to all generations*

4:21

וְנִקֵּיתִי conj.-Pi. pf. 1 c.s. (נָקָה 667; GK 49k, 75z) lit.-I will leave unpunished; LXX-καὶ ἐκδικήσω=וְנִקַּמְתִּי=*I will avenge*

דָּמָם n.m.s.-3 m.p. sf. (196) *their blood*

לֹא־נִקֵּיתִי neg.-v.supra (GK 75z) *and I will not clear*

וַיהוה conj.-pr.n. (217) *for Yahweh*

שֹׁכֵן Qal act.ptc. (1014) *dwells*

בְּצִיּוֹן prep.-pr.n. (851) *in Zion*

Amos

1:1

דִּבְרֵי n.m.p. cstr. (182) *the words of*

עָמוֹס pr.n. (770) *Amos*

אֲשֶׁר־הָיָה rel. (81)-Qal pf. 3 m.s. (224) *who was*

בַּנֹּקְדִים prep.-def.art.-n.m.p. (667) *among the shepherds*

מִתְּקוֹעַ prep.-pr.n. (1075) *of Tekoa*

אֲשֶׁר חָזָה rel. (81)-Qal pf. 3 m.s. (302) *which he saw*

עַל־יִשְׂרָאֵל prep.-pr.n. (975) *concerning Israel*

בִּימֵי prep.-n.m.p. cstr. (398) *in the days of*

עֻזִּיָּה pr.n. (739) *Uzziah*

מֶלֶךְ־יְהוּדָה n.m.s. cstr. (572)-pr.n. (397) *king of Judah*

וּבִימֵי conj.-v.supra *and in the days of*

יָרָבְעָם pr.n. (914) *Jeroboam*

בֶּן־יוֹאָשׁ n.m.s. cstr. (119)-pr.n. (219) *the son of Joash*

מֶלֶךְ יִשְׂרָאֵל v.supra-pr.n. (975) *king of Israel*

שְׁנָתַיִם n.f. du. (1040) *two years*

לִפְנֵי הָרַעַשׁ prep.-n.m.p. cstr. (815)-def.art.-n.m.s. (950) *before the earthquake*

1:2

וַיֹּאמַר consec.-Qal impf. 3 m.s. (55) *and he said*

יְהוָה pr.n. (217) *Yahweh*

מִצִּיּוֹן prep.-pr.n. (851) *from Zion*

יִשְׁאָג Qal impf. 3 m.s. paus. (שָׁאַג 980) *roars*

וּמִירוּשָׁלִַם conj.-prep.-pr.n. (436) *and from Jerusalem*

יִתֵּן Qal impf. 3 m.s. (נָתַן 678) *utters*

קוֹלוֹ n.m.s.-3 m.s. sf. (876) *his voice*

וְאָבְלוּ conj.-Qal pf. 3 c.p. (אָבַל 5) *and mourn*

נְאוֹת n.f.p. cstr. (627) *the pastures of*

הָרֹעִים def.art.-Qal act.ptc. m.p. (רָעָה 944) *the shepherds*

וְיָבֵשׁ conj.-Qal pf. 3 m.s. (386) *and withers*

רֹאשׁ הַכַּרְמֶל n.m.s. cstr. (910)-def.art.-pr.n. (II 502) *the top of Carmel*

1:3

כֹּה אָמַר adv. (462)-Qal pf. 3 m.s. (55) *thus says*

יְהוָה pr.n. (217) *Yahweh*

עַל־שְׁלֹשָׁה prep.-num. (1025; GK 134s, 158c) *for three*

פִּשְׁעֵי n.m.p. cstr. (833) *transgressions of*

דַּמֶּשֶׂק pr.n. (199) *Damascus*

וְעַל־אַרְבָּעָה conj.-prep.-num. (916; GK 158c) *and for four*

לֹא אֲשִׁיבֶנּוּ neg.-Hi. impf. 1 c.s.-3 m.s. sf. (שׁוּב 996) *I will not revoke it*

עַל־דּוּשָׁם prep.-Qal inf.cstr.-3 m.p. sf. (דּוּשׁ 190) *because they have threshed*

בַּחֲרֻצוֹת prep.-n.f.p. cstr. (358) *with threshing sledges of*

הַבַּרְזֶל def.art.-n.m.s. (137) *iron*

אֶת־הַגִּלְעָד dir.obj.-def.art.-pr.n. (166) *Gilead*

1:4

וְשִׁלַּחְתִּי conj.-Pi. pf. 1 c.s. (שׁלח 1018; GK 49m) *so I will send*

אֵשׁ n.f.s. (77) *fire*

בְּבֵית prep.-n.m.s. cstr. (108) *upon the house of*

חֲזָאֵל pr.n. (303) *Hazael*

וְאָכְלָה conj.-Qal pf. 3 f.s. (אכל 37) *and it shall devour*

אַרְמְנוֹת n.m.p. cstr. (74) *the strongholds of*

בֶּן־הֲדָד pr.n. (122) *Ben-hadad*

1:5

וְשָׁבַרְתִּי conj.-Qal pf. 1 c.s. (שׁבר 990) *and I will break*

בְּרִיחַ n.m.s. cstr. (138) *the bar of*

דַּמֶּשֶׂק pr.n. (199) *Damascus*

וְהִכְרַתִּי conj.-Hi. pf. 1 c.s. (כרת 503) *and cut off*

יוֹשֵׁב Qal act.ptc. m.s. (ישׁב 442) *the inhabitants*

מִבִּקְעַת prep.-n.f.s. cstr. (132) *from the Valley of*

אָוֶן pr.n. (19) *Aven* (some rd. *On*)

וְתוֹמֵךְ conj.-Qal act.ptc. (תמך 1069) *and him that holds*

שֵׁבֶט n.m.s. (986) *the scepter*

מִבֵּית עֶדֶן prep.-n.m.s. cstr. (108)-pr.n. (112) *from Beth-eden*

וְגָלוּ conj.-Qal pf. 3 c.p. (גלה 162) *and shall go into exile*

עַם־אֲרָם n.m.s. cstr. (766; GK 145c)-pr.n. (74) *the people of Syria*

קִירָה pr.n.-loc.he (885) *to Kir*

אָמַר יְהוָה Qal pf. 3 m.s. (55)-pr.n. (217) *says Yahweh*

1:6

כֹּה אָמַר adv. (462)-Qal pf. 3 m.s. (55) *thus says*

יְהוָה pr.n. (217) *Yahweh*

עַל־שְׁלֹשָׁה prep.-num. (1025) *for three*

פִּשְׁעֵי n.m.p. cstr. (833) *transgressions of*

עַזָּה pr.n. (738) *Gaza*

וְעַל־אַרְבָּעָה conj.-prep.-num. (916) *and for four*

לֹא אֲשִׁיבֶנּוּ neg.-Hi. impf. 1 c.s.-3 m.s. sf. (שׁוב 996) *I will not revoke it*

עַל־הַגְלוֹתָם prep.-Hi. inf.cstr.-3 m.p. sf. (גלה 162) *because they carried into exile*

גָּלוּת שְׁלֵמָה n.f.s. (163)-adj. f.s. (1023) *a whole people*

לְהַסְגִּיר prep.-Hi. inf.cstr. (סגר 688) *to deliver them up*

לֶאֱדוֹם prep.-pr.n. (10) *to Edom*

1:7

וְשִׁלַּחְתִּי conj.-Pi. pf. 1 c.s. (שׁלח 1018) *so I will send*

אֵשׁ n.f.s. (77) *a fire*

בְּחוֹמַת prep.-n.f.s. cstr. (327) *upon the wall of*

עַזָּה pr.n. (738) *Gaza*

וְאָכְלָה conj.-Qal pf. 3 f.s. (אכל 37) *and it shall devour*

אַרְמְנֹתֶיהָ n.m.p.-3 f.s. sf. (74) *her strongholds*

1:8

וְהִכְרַתִּי conj.-Hi. pf. 1 c.s. (כרת 503) *and I will cut off*

יוֹשֵׁב Qal act.ptc. (ישׁב 442) *the inhabitants*

מֵאַשְׁדּוֹד prep.-pr.n. (78) *from Ashdod*

וְתוֹמֵךְ conj.-Qal act.ptc. (תמך 1069) *and him that holds*

שֵׁבֶט n.m.s. (986) *the scepter*

מֵאַשְׁקְלוֹן prep.-pr.n. (80) *from Ashkelon*

וַהֲשִׁיבוֹתִי conj.-Hi. pf. 1 c.s. (שׁוב 996) *and I will turn*

יָדִי n.f.s.-1 c.s. sf. (388) *my hand*

עַל־עֶקְרוֹן prep.-pr.n. (785) *against Ekron*

וְאָבְדוּ conj.-Qal pf. 3 c.p. (אבד 1) *and shall perish*

שְׁאֵרִית n.f.s. cstr. (984; GK 145e) *the remnant of*

פְּלִשְׁתִּים pr.n. m.p. (814) *the Philistines*

אָמַר אֲדֹנָי Qal pf. 3 m.s. (55)-n.m.p.-1 c.s. sf. (10) *says the Lord*

יְהוָה pr.n. (217) *Yahweh*

1:9

כֹּה אָמַר adv. (462)-Qal pf. 3 m.s. (55) *thus says*

יְהוָה pr.n. (217) *Yahweh*

עַל־שְׁלֹשָׁה prep.-num. f. (1025) *for three*

פִּשְׁעֵי n.m.p. cstr. (833) *transgressions of*

צֹר pr.n. (862) *Tyre*

וְעַל־אַרְבָּעָה conj.-prep.-num. f. (916) *and for four*

לֹא אֲשִׁיבֶנּוּ neg.-Hi. impf. 1 c.s.-3 m.s. sf. (שׁוב 996) *I will not revoke it*

עַל־הַסְגִּירָם prep.-Hi. inf.cstr.-3 m.p. sf. (סגר 688; GK 158c) *because they delivered up*

גָּלוּת שְׁלֵמָה n.f.s. (163)-adj. f.s. (1023) *a whole people*

לֶאֱדוֹם prep.-pr.n. (10) *to Edom*

וְלֹא זָכְרוּ conj.-neg.-Qal pf. 3 c.p. (זָכַר 269; GK 114r) *and did not remember*

בְּרִית n.f.s. cstr. (136) *the covenant of*

אַחִים n.m.p. (26) *brotherhood*

1:10

וְשִׁלַּחְתִּי conj.-Pi. pf. 1 c.s. (שָׁלַח 1018) *so I will send*

אֵשׁ n.f.s. (75) *a fire*

בְּחוֹמַת prep.-n.f.s. cstr. (327) *upon the wall of*

צֹר pr.n. (862) *Tyre*

וְאָכְלָה conj.-Qal pf. 3 f.s. (אָכַל 37) *and it shall devour*

אַרְמְנֹתֶיהָ n.m.p.-3 f.s. sf. (74) *her strongholds*

1:11

כֹּה אָמַר adv. (462)-Qal pf. 3 m.s. (55) *thus says*

יהוה pr.n. (217) *Yahweh*

עַל־שְׁלֹשָׁה prep.-num. f. (1025) *for three*

פִּשְׁעֵי n.m.p. cstr. (833) *transgressions of*

אֱדוֹם pr.n. (10) *Edom*

וְעַל־אַרְבָּעָה conj.-prep.-num. f. (916) *and for four*

לֹא אֲשִׁיבֶנּוּ neg.-Hi. impf. 1 c.s.-3 m.s. sf. (שׁוּב 996) *I will not revoke it*

עַל־רָדְפוֹ prep.-Qal inf.cstr.-3 m.s. sf. (רָדַף 922; GK 112i, 114r) *because he pursued*

בַחֶרֶב prep.-def.art.-n.f.s. (352) *with the sword*

אָחִיו n.m.s.-3 m.s. sf. (26) *his brother*

וְשִׁחֵת conj.-Pi. pf. 3 m.s. (1007) *and cast off*

רַחֲמָיו n.m.p.-3 m.s. sf. (933) *all pity*

וַיִּטְרֹף consec.-Qal impf. 3 m.s. (טָרַף 382) *and tore*

לָעַד prep.-n.m.s. (723) *perpetually*

אַפּוֹ n.m.s.-3 m.s. sf. (60) *his anger*

וְעֶבְרָתוֹ conj.-n.f.s.-3 m.s. sf. (720) *and his wrath*

שְׁמָרָה Qal pf. 3 m.s.-3 f.s. sf. (שָׁמַר 1036; GK 58g) *he kept (it)*

נֶצַח n.m.s. (664) *for ever*

1:12

וְשִׁלַּחְתִּי conj.-Pi. pf. 1 c.s. (שָׁלַח 1018) *so I will send*

אֵשׁ n.f.s. (77) *a fire*

בְּתֵימָן prep.-pr.n. (412) *upon Teman*

וְאָכְלָה conj.-Qal pf. 3 f.s. (אָכַל 37) *and it shall devour*

אַרְמְנוֹת n.m.p. cstr. (74) *the strongholds of*

בָּצְרָה pr.n. (131) *Bozrah*

1:13

כֹּה אָמַר adv. (462)-Qal pf. 3 m.s. (55) *thus says*

יהוה pr.n. (217) *Yahweh*

עַל־שְׁלֹשָׁה prep.-num. f. (1025) *for three*

פִּשְׁעֵי n.m.p. cstr. (833) *transgressions of*

בְּנֵי־עַמּוֹן n.m.p. cstr. (119)-pr.n. (769) *the Ammonites*

וְעַל־אַרְבָּעָה conj.-prep.-num. f. (916) *and for four*

לֹא אֲשִׁיבֶנּוּ neg.-Hi. impf. 1 c.s.-3 m.s. sf. (שׁוּב 996) *I will not revoke it*

עַל־בִּקְעָם prep.-Qal inf.cstr.-3 m.p. sf. (בָּקַע 131) *because they have ripped up*

הָרוֹת adj. f.p. cstr. (248) *women with child in*

הַגִּלְעָד def.art.-pr.n. (166) *Gilead*

לְמַעַן prep. (775) *that*

הַרְחִיב Hi. inf.cstr. (רָחַב 931) *they may enlarge*

אֶת־גְּבוּלָם dir.obj.-n.m.s.-3 m.p. sf. (147) *their border*

1:14

וְהִצַּתִּי conj.-Hi. pf. 1 c.s. (יָצַת 428) *so I will kindle*

אֵשׁ n.f.s. (77) *a fire*

בְּחוֹמַת prep.-n.f.s. cstr. (327) *in the wall of*

רַבָּה pr.n. (913) *Rabbah*

וְאָכְלָה conj.-Qal pf. 3 f.s. (אָכַל 37) *and it shall devour*

אַרְמְנוֹתֶיהָ n.m.p.-3 f.s. sf. (74) *her strongholds*

בִּתְרוּעָה prep.-n.f.s. (929) *with shouting*

בְּיוֹם prep.-n.m.s. cstr. (398) *in the day of*

מִלְחָמָה n.f.s. (536) *battle*

בְּסַעַר prep.-n.m.s. (704) *with a tempest*

בְּיוֹם סוּפָה prep.-v.supra-n.f.s. (693) *in the day of the whirlwind*

1:15

וְהָלַךְ conj.-Qal pf. 3 m.s. (229) *and shall go*

מַלְכָּם n.m.s.-3 m.p. sf. (572) *their king*

בַּגּוֹלָה prep.-def.art.-n.f.s. (163) *into exile*

הוּא pers.pr. 3 m.s. (214) *he*

וְשָׂרָיו conj.-n.m.p.-3 m.s. sf. (978) *and his princes*

יַחְדָּו adv. (403) *together*

אָמַר יהוה Qal pf. 3 m.s. (55)-pr.n. (217) *says Yahweh*

2:1

כֹּה אָמַר adv. (462)-Qal pf. 3 m.s. (55) *thus says*

יהוה pr.n. (217) *Yahweh*

עַל־שְׁלֹשָׁה prep.-num. f. (1025) *for three*

פִּשְׁעֵי n.m.p. cstr. (833) *transgressions of*

מוֹאָב pr.n. (555) *Moab*

וְעַל־אַרְבָּעָה conj.-prep.-num. f. (916) *and for four*

לֹא אֲשִׁיבֶנּוּ neg.-Hi. impf. 1 c.s.-3 m.s. sf. (שוב 996) *I will not revoke it*

עַל־שָׂרְפוֹ prep.-Qal inf.cstr.-3 m.s. sf (שרף 976) *because he burned*

עַצְמוֹת n.f.p. cstr. (782) *the bones of*

מֶלֶךְ־אֱדוֹם n.m.s. cstr. (572)-pr.n. (10) *the king of Edom*

לַשִּׂיד prep.-def.art.-n.m.s. (966) *to lime*

2:2

וְשִׁלַּחְתִּי conj.-Pi. pf. 1 c.s. (שלח 1018) *so I will send*

אֵשׁ n.f.s. (77) *a fire*

בְּמוֹאָב prep.-pr.n. (555) *upon Moab*

וְאָכְלָה conj.-Qal pf. 3 f.s. (אכל 37) *and it shall devour*

אַרְמְנוֹת n.m.p. cstr. (74) *the strongholds of*

הַקְּרִיּוֹת def.art.-pr.n. (901) *Kerioth*

וּמֵת conj.-Qal pf. 3 m.s. (מות 559) *and shall die*

בְּשָׁאוֹן prep.-n.m.s. (981) *amid uproar*

מוֹאָב pr.n. (555) *Moab*

בִּתְרוּעָה prep.-n.f.s. (929) *amid shouting*

בְּקוֹל prep.-n.m.s. cstr. (876) *and the sound of*

שׁוֹפָר n.m.s. (1051) *the trumpet*

2:3

וְהִכְרַתִּי conj.-Hi. pf. 1 c.s. (כרת 503) *and I will cut off*

שׁוֹפֵט Qal act.ptc. (שפט 1047) *the ruler*

מִקִּרְבָּהּ prep.-n.m.s.-3 f.s. sf. (899) *from its midst*

וְכָל־שָׂרֶיהָ conj.-n.m.s. cstr. (481)-n.m.p.-3 f.s. sf. (978) *and all its princes*

אֶהֱרוֹג Qal impf. 1 c.s. (הרג 246) *I will slay*

עִמּוֹ prep.-3 m.s. sf. (767) *with him*

אָמַר יהוה Qal pf. 3 m.s. (55)-pr.n. (217) *says Yahweh*

2:4

כֹּה אָמַר adv. (462)-Qal pf. 3 m.s. (55) *thus says*

יהוה pr.n. (217) *Yahweh*

עַל־שְׁלֹשָׁה prep.-num. f. (1025) *for three*

פִּשְׁעֵי n.m.p. cstr. (833) *transgressions of*

יְהוּדָה pr.n. (397) *Judah*

וְעַל־אַרְבָּעָה conj.-prep.-num. f. (916) *and for four*

לֹא אֲשִׁיבֶנּוּ neg.-Hi. impf. 1 c.s.-3 m.s. sf. (שוב 996) *I will not revoke it*

עַל־מָאֳסָם prep.-Qal inf.cstr.-3 m.p. sf. (מאס 549) *because they have rejected*

אֶת־תּוֹרַת dir.obj.-n.f.s. cstr. (435) *the law of*

יהוה pr.n. (217) *Yahweh*

וְחֻקָּיו conj.-n.m.p.-3 m.s. sf. (349) *and his statutes*

לֹא שָׁמָרוּ neg.-Qal pf. 3 c.p. paus. (שמר 1036) *have not kept*

וַיַּתְעוּם consec.-Hi. impf. 3 m.p.-3 m.p. sf. (תעה 1073) *but have led them astray*

כִּזְבֵיהֶם n.m.p.-3 m.p. sf. (469) *their lies*

אֲשֶׁר־הָלְכוּ rel. (81)-Qal pf. 3 c.p. (הלך 229) *which walked*

אֲבוֹתָם n.m.p.-3 m.p. sf. (3) *their fathers*

אַחֲרֵיהֶם prep.-3 m.p. sf. (29) *after them*

2:5

וְשִׁלַּחְתִּי conj.-Pi. pf. 1 c.s. (שלח 1018) *so I will send*

אֵשׁ n.f.s. (77) *a fire*

בִּיהוּדָה prep.-pr.n. (397) *upon Judah*

וְאָכְלָה conj.-Qal pf. 3 f.s. (אכל 37) *and it shall devour*

אַרְמְנוֹת n.m.p. cstr. (74) *the strongholds of*

יְרוּשָׁלָ͏ִם pr.n. paus. (436) *Jerusalem*

2:6

כֹּה אָמַר adv. (462)-Qal pf. 3 m.s. (55) *thus says*

יהוה pr.n. (217) *Yahweh*

עַל־שְׁלֹשָׁה prep.-num. f. (1025) *for three*

פִּשְׁעֵי n.m.p. cstr. (833) *transgressions of*

יִשְׂרָאֵל pr.n. (975) *Israel*

וְעַל־אַרְבָּעָה conj.-prep.-num. f. (916) *and for four*

לֹא אֲשִׁיבֶנּוּ neg.-Hi. impv. 1 c.s.-3 m.s. sf. (שוב 996) *I will not revoke it*

עַל־מִכְרָם prep.-Qal inf.cstr.-3 m.p. sf. (מכר 569; GK 61b) *because they sell*

בַּכֶּסֶף prep.-def.art.-n.m.s. (494) *for silver*

צַדִּיק adj. m.s. (843) *the righteous*

וְאֶבְיוֹן conj.-adj. m.s. (2) *and the needy*

בַּעֲבוּר prep.-n.m.s. cstr. as prep. (721) *for*

נַעֲלָיִם n.f. du. paus. (653) *a pair of shoes*

2:7

הַשֹּׁאֲפִים def.art.-Qal act.ptc. m.p. (שאף 983; GK 126b) *they that trample*

עַל־עֲפַר prep.-n.m.s. cstr. (779) *into the dust of*

אֶרֶץ n.f.s. (75) *the earth*

בְּרֹאשׁ prep.-n.m.s. cstr. (910) *the head of*

דַּלִּים adj. m.p. (195) *the poor*

וְדֶרֶךְ conj.-n.m.s. cstr. (202) *and the way of*
עֲנָוִים n.m.p. (776) *the afflicted*
יַטּוּ Hi. impf. 3 m.p. (נָטָה 639) *they turn aside*
וְאִישׁ וְאָבִיו conj.-n.m.s. (35)-conj.-n.m.s.-3 m.s. sf. (3) *a man and his father*
יֵלְכוּ Qal impf. 3 m.p. (הָלַךְ 229) *go in*
אֶל-הַנַּעֲרָה prep.-def.art.-n.f.s. (655) *to the maiden*
לְמַעַן חַלֵּל prep.-prep. (775)-Pi. inf.cstr. (חָלַל III 320) *so that is profaned*
אֶת-שֵׁם קָדְשִׁי dir.obj.-n.m.s. cstr. (1027)-n.m.s.-1 c.s. sf. (871) *my holy name*

2:8

וְעַל-בְּגָדִים conj.-prep.-n.m.p. (93) *and beside garments*
חֲבֻלִים Qal pass.ptc. m.p. (חָבַל 286) *taken in pledge*
יַטּוּ Hi. impf. 3 m.p. (נָטָה 639) *they lay themselves down*
אֵצֶל כָּל- prep. (I 69)-n.m.s. cstr. (481) *beside every*
מִזְבֵּחַ n.m.s. (258) *altar*
וְיֵין conj.-n.m.s. cstr. (406) *and the wine of*
עֲנוּשִׁים Qal pass.ptc. m.p. (עָנַשׁ 778) *of those who have been fined*
יִשְׁתּוּ Qal impf. 3 m.p. (שָׁתָה 1059) *they drink*
בֵּית n.m.s. cstr. (108) *in the house of*
אֱלֹהֵיהֶם n.m.p.-3 m.p. sf. (43) *their God*

2:9

וְאָנֹכִי conj.-pers.pr. 1 c.s. (59) *yet I*
הִשְׁמַדְתִּי Hi. pf. 1 c.s. (שָׁמַד 1029) *destroyed*
אֶת-הָאֱמֹרִי dir.obj.-def.art.-adj.gent. (57) *the Amorite*
מִפְּנֵיהֶם prep.-n.m.p.-3 m.p. sf. (815) *before them*
אֲשֶׁר כְּגֹבַהּ rel. (81)-prep.-n.m.s. cstr. (147) *and like the height of*
אֲרָזִים n.m.p. (72) *the cedars*
גָּבְהוֹ n.m.s.-3 m.s. sf. (147) *whose height*
וְחָסֹן הוּא conj.-adj. (340)-pers.pr. 3 m.s. (214) *and he was strong*
כָּאַלּוֹנִים prep.-def.art.-n.m.p. (47) *as the oaks*
וָאַשְׁמִיד consec.-Hi. impf. 1 c.s. (שָׁמַד 1029; GK 53n) *I destroyed*
פִּרְיוֹ n.m.s.-3 m.s. sf. (826) *his fruit*
מִמַּעַל prep.-adv. (II 751) *above*
וְשָׁרָשָׁיו conj.-n.m.p.-3 m.s. sf. (1057) *and his roots*
מִתָּחַת prep.-adv. paus. (1065) *beneath*

2:10

וְאָנֹכִי conj.-pers.pr. 1 c.s. (59) *also I*
הֶעֱלֵיתִי Hi. pf. 1 c.s. (עָלָה 748) *brought up*
אֶתְכֶם dir.obj.-2 m.p. sf. *you*
מֵאֶרֶץ prep.-n.f.s. cstr. (75) *out of the land of*
מִצְרַיִם pr.n. paus. (595) *Egypt*
וָאוֹלֵךְ consec.-Hi. impf. 1 c.s. (הָלַךְ 229; GK 69x) *and led*
אֶתְכֶם v.supra *you*
בַּמִּדְבָּר prep.-def.art.-n.m.s. (184) *in the wilderness*
אַרְבָּעִים שָׁנָה num. p. (917)-n.f.s. (1040) *forty years*
לָרֶשֶׁת prep.-Qal inf.cstr. (יָרַשׁ 439) *to possess*
אֶת-אֶרֶץ dir.obj.-v.supra *the land of*
הָאֱמֹרִי def.art.-pr.n. gent. (57) *the Amorite*

2:11

וָאָקִים consec.-Hi. impf. 1 c.s. (קוּם 877) *and I raised up*
מִבְּנֵיכֶם prep.-n.m.p.-2 m.p. sf. (119) *some of your sons*
לִנְבִיאִים prep.-n.m.p. (611) *for prophets*
וּמִבַּחוּרֵיכֶם conj.-prep.-n.m.p.-2 m.p. sf. (104) *and some of your young men*
לִנְזִרִים prep.-n.m.p. (634) *for Nazirites*
הַאַף אֵין-זֹאת interr.-conj. (II 64)-subst. cstr. (II 34)-demons.adj. f.s. (260) *is it not indeed so*
בְּנֵי יִשְׂרָאֵל n.m.p. cstr. (119)-pr.n. (975) *O people of Israel*
נְאֻם-יְהוָה n.m.s. cstr. (610)-pr.n. (217) *says Yahweh*

2:12

וַתַּשְׁקוּ consec.-Hi. impf. 2 m.p. (שָׁקָה 1052) *but you made drink*
אֶת-הַנְּזִרִים dir.obj.-def.art.-n.m.p. (634) *the Nazirites*
יָיִן n.m.s. paus. (406) *wine*
וְעַל-הַנְּבִיאִים conj.-prep.-def.art.-n.m.p. (611) *and the prophets*
צִוִּיתֶם Pi. pf. 2 m.p. (צָוָה 845) *you commanded*
לֵאמֹר prep.-Qal inf.cstr. (55) *saying*
לֹא תִּנָּבְאוּ neg.-Ni. impf. 2 m.p. (נָבָא 612; GK 51n) *you shall not prophesy*

2:13

הִנֵּה אָנֹכִי demons.part. (243)-pers.pr. 1 c.s. (59) *behold, I*
מֵעִיק Hi. ptc. (עוּק 734) *will press down*
תַּחְתֵּיכֶם prep.-2 m.p. sf. (1065) *in your place*

בַּאֲשֶׁר תָּעִיק prep.-rel. (81)-Hi. impf. 3 f.s. (עוק 734) *as ... presses down*

הָעֲגָלָה def.art.-n.f.s. (722) *a cart*

הַמְלֵאָה לָהּ def.art.-adj. f.s. (570)-prep.-3 f.s. sf. *full of*

עָמִיר n.m.s. (771) *sheaves*

2:14

וְאָבַד conj.-Qal pf. 3 m.s. (1) *and shall perish*

מָנוֹס n.m.s. (631) *flight*

מִקָּל prep.-adj. m.s. (887) *from the swift*

וְחָזָק conj.-adj. m.s. (305) *and the strong*

לֹא־יְאַמֵּץ neg.-Pi. impf. 3 m.s. (אמץ 54) *shall not retain*

כֹּחוֹ n.m.s.-3 m.s. sf. (470) *his strength*

וְגִבּוֹר conj.-adj. m.s. (150) *nor the mighty*

לֹא־יְמַלֵּט neg.-Pi. impf. 3 m.s. (מלט 572) *shall (not) save*

נַפְשׁוֹ n.f.s.-3 m.s. sf. (659) *his life*

2:15

וְתֹפֵשׂ conj.-Qal act.ptc. m.s. cstr. (תפש 1074) *he who handles*

הַקֶּשֶׁת def.art.-n.f.s. (905) *the bow*

לֹא יַעֲמֹד neg.-Qal impf. 3 m.s. (עמד 763) *shall not stand*

וְקַל conj.-adj. m.s. (886) *and he who is swift*

בְּרַגְלָיו prep.-n.f. du.-3 m.s. sf. (919) *of foot*

לֹא יְמַלֵּט neg.-Pi. impf. 3 m.s. (מלט 572) *shall not save himself*

וְרֹכֵב conj.-Qal act.ptc. m.s. cstr. (רכב 938) *he who rides*

הַסּוּס def.art.-n.m.s. (692) *the horse*

לֹא יְמַלֵּט v.supra-v.supra *shall not save*

נַפְשׁוֹ n.f.s.-3 m.s. sf. (659) *his life*

2:16

וְאַמִּיץ conj.-adj. m.s. cstr. (55) *and he who is stout of*

לִבּוֹ n.m.s.-3 m.s. sf. (524) *heart*

בַּגִּבּוֹרִים prep.-def.art.-adj. m.p. (150) *among the mighty*

עָרוֹם adj. m.s. (736; GK 118n) *naked*

יָנוּס Qal impf. 3 m.s. (נום 630) *he shall flee away*

בַּיּוֹם־הַהוּא prep.-def.art.-n.m.s. (398)-def.art.-demons.adj. m.s. (214) *in that day*

נְאֻם־יהוה n.m.s. cstr. (610)-pr.n. (217) *says Yahweh*

3:1

שִׁמְעוּ Qal impv. 2 m.p. (שמע 1033) *hear*

אֶת־הַדָּבָר הַזֶּה dir.obj.-def.art.-n.m.s. (182)-def.art.-demons.adj. m.s. (260) *this word*

אֲשֶׁר דִּבֶּר rel. (81)-Pi. pf. 3 m.s. (דבר 180) *that has spoken*

יהוה pr.n. (217) *Yahweh*

עֲלֵיכֶם prep.-2 m.p. sf. *against you*

בְּנֵי n.m.p. cstr. (119) *O people of*

יִשְׂרָאֵל pr.n. (975) *Israel*

עַל־כָּל־ prep.-n.m.s. cstr. (481) *against the whole*

הַמִּשְׁפָּחָה def.art.-n.f.s. (1046) *family*

אֲשֶׁר הֶעֱלֵיתִי rel. (81)-Hi. pf. 1 c.s. (עלה 748) *which I brought up*

מֵאֶרֶץ prep.-n.f.s. cstr. (75) *out of the land of*

מִצְרַיִם pr.n. (595) *Egypt*

לֵאמֹר prep.-Qal inf.cstr. (55) *(saying)*

3:2

רַק adv. (956) *only*

אֶתְכֶם dir.obj.-2 m.p. sf. *you*

יָדַעְתִּי Qal pf. 1 c.s. (ידע 393) *have I known*

מִכֹּל prep.-n.m.s. cstr. (481) *of all*

מִשְׁפְּחוֹת n.f.p. (1046) *the families of*

הָאֲדָמָה def.art.-n.f.s. (9) *the earth*

עַל־כֵּן prep.-adv. (485) *therefore*

אֶפְקֹד Qal impf. 1 c.s. (פקד 823) *I will punish*

עֲלֵיכֶם prep.-2 m.p. sf. *you*

אֵת כָּל־ dir.obj.-n.m.s. cstr. (481) *for all*

עֲוֹנֹתֵיכֶם n.m.p.-2 m.p. sf. (730) *your iniquities*

3:3

הֲיֵלְכוּ interr.-Qal impf. 3 m.p. (הלך 229) *do walk?*

שְׁנַיִם num. (1040) *two*

יַחְדָּו adv. (403) *together*

בִּלְתִּי אִם־ neg. (116)-cond.part. (49) *unless*

נוֹעָדוּ Ni. pf. 3 c.p. paus. (יעד 416) *they have made an appointment*

3:4

הֲיִשְׁאַג interr.-Qal impf. 3 m.s. (שאג 980) *does roar?*

אַרְיֵה n.m.s. (71) *a lion*

בַּיַּעַר prep.-def.art.-n.m.s. (420) *in the forest*

וְטֶרֶף conj.-n.m.s. (383) *and prey*

אֵין לוֹ subst.cstr. (II 34)-prep.-3 m.s. sf. *there is not to him*

הֲיִתֵּן interr.-Qal impf. 3 m.s. (נתן 678) *does give forth?*

כְּפִיר n.m.s. (498) *a young lion*

קוֹלוֹ n.m.s.-3 m.s. sf. (876) *his voice*

מִמְּעֹנָתוֹ prep.-n.f.s.-3 m.s. sf. (733) *from his den*

בִּלְתִּי אִם־ neg. (116)-cond.part. (49; GK 163c) *unless*

לָכַד Qal pf. 3 m.s. paus. (לָכַד 539) *he has captured*

3:5

הֲתִפֹּל interr.-Qal impf. 3 f.s. (נָפַל 656) *does fall?*

צִפּוֹר n.f.s. (861) *a bird*

עַל־פַּח prep.-n.m.s. cstr. (809) *in a snare on*

הָאָרֶץ def.art.-n.f.s. (75) *the earth*

וּמוֹקֵשׁ conj.-n.m.s. (430) *and a trap*

אֵין לָהּ subst.cstr. (II 34)-prep.-3 f.s. sf. *there is not for it*

הֲיַעֲלֶה־ interr.-Qal impf. 3 m.s. (עָלָה 748) *does spring up?*

פַּח n.m.s. (809) *a snare*

מִן־הָאֲדָמָה prep.-def.art.-n.f.s. (9) *from the ground*

וְלָכוֹד לֹא יִלְכּוֹד conj.-Qal inf.abs. (לָכַד 539; GK 113q)-neg.-Qal impf. 3 m.s. (539) *when it has taken nothing*

3:6

אִם־יִתָּקַע conj. (49)-Ni. impf. 3 m.s. (תָּקַע 1075) *is blown*

שׁוֹפָר n.m.s. (1051) *a trumpet*

בְּעִיר prep.-n.f.s. (746) *in a city*

וְעָם conj.-n.m.s. (I 766) *and a people*

לֹא יֶחֱרָדוּ neg.-Qal impf. 3 m.p. paus. (חָרַד 353) *are not afraid*

אִם־תִּהְיֶה conj. (49)-Qal impf. 3 f.s. (הָיָה 224) *does befall*

רָעָה n.f.s. (949) *evil*

בְּעִיר v.supra *a city*

וַיהוָה conj.-pr.n. (217) *unless Yahweh*

לֹא עָשָׂה neg.-Qal pf. 3 m.s. (I 793) *has (not) done it*

3:7

כִּי לֹא יַעֲשֶׂה conj.-neg.-Qal impf. 3 m.s. (עָשָׂה I 793) *surely does not do*

אֲדֹנָי יהוה n.m.p.-1 c.s. sf. (10)-pr.n. (217) *the Lord Yahweh*

דָּבָר n.m.s. (182) *a thing*

כִּי אִם־ conj.-hypoth.part. (49; GK 163c) *without*

גָּלָה Qal pf. 3 m.s. (162) *revealing*

סוֹדוֹ n.m.s.-3 m.s. sf. (691) *his secret*

אֶל־עֲבָדָיו prep.-n.m.p.-3 m.s. sf. (713) *to his servants*

הַנְּבִיאִים def.art.-n.m.p. (611) *the prophets*

3:8

אַרְיֵה n.m.s. (71) *a lion*

שָׁאָג Qal pf. 3 m.s. paus. (שָׁאַג 980) *has roared*

מִי לֹא יִירָא interr. (566)-neg.-Qal impf. 3 m.s. (431 יָרֵא; GK 159h) *who will not fear?*

אֲדֹנָי יהוה n.m.p.-1 c.s. sf. (10)-pr.n. (217) *the Lord Yahweh*

דִּבֶּר Pi. pf. 3 m.s. (180) *has spoken*

מִי לֹא יִנָּבֵא v.supra-neg.-Ni. impf. 3 m.s. (נָבָא 612; GK 159h) *who can but prophesy?*

3:9

הַשְׁמִיעוּ Hi. impv. 2 m.p. (שָׁמַע 1033) *proclaim*

עַל־אַרְמְנוֹת prep.-n.m.p. (74) *to the strongholds*

בְּאַשְׁדּוֹד prep.-pr.n. (78) *in Ashdod* (LXX–*in Assyria*)

וְעַל־אַרְמְנוֹת conj.-v.supra-v.supra *and to the strongholds*

בְּאֶרֶץ prep.-n.f.s. cstr. (75) *in the land of*

מִצְרָיִם pr.n. paus. (595) *Egypt*

וְאִמְרוּ conj.-Qal impv. 2 m.p. (55) *and say*

הֵאָסְפוּ Ni. impv. 2 m.p. (אָסַף 62) *assemble yourselves*

עַל־הָרֵי prep.-n.m.p. cstr. (249) *upon the mountains of*

שֹׁמְרוֹן pr.n. (1037) *Samaria*

וּרְאוּ conj.-Qal impv. 2 m.p. (רָאָה 906) *and see*

מְהוּמֹת רַבּוֹת n.f.p. (223; GK 124e)-adj. f.p. (I 912) *the great tumults*

בְּתוֹכָהּ prep.-n.m.s.-3 f.s. sf. (1063) *within her*

וַעֲשׁוּקִים conj.-n.m.p. (799) *and oppressions*

בְּקִרְבָּהּ prep.-n.m.s.-3 f.s. sf. (899) *in her midst*

3:10

וְלֹא־יָדְעוּ conj.-neg.-Qal pf. 3 c.p. (יָדַע 393) *they do not know how*

עֲשׂוֹת־ Qal inf.cstr. (עָשָׂה I 793) *to do*

נְכֹחָה adj. f.s. (647) *right*

נְאֻם־יהוה n.m.s. cstr. (610)-pr.n. (217) *says Yahweh*

הָאוֹצְרִים def.art.-Qal act.ptc. m.p. (אָצַר 69) *those who store up*

חָמָס n.m.s. (329) *violence*

וָשֹׁד conj.-n.m.s. (994) *and robbery*

בְּאַרְמְנוֹתֵיהֶם prep.-n.m.p.-3 m.p. sf. (74) *in their strongholds*

3:11

לָכֵן כֹּה prep.-adv. (485)-adv. (462) *therefore thus*

אָמַר Qal pf. 3 m.s. (55) *says*

אֲדֹנָי יהוה n.m.p.-1 c.s. sf. (10)-pr.n. (217) *the Lord Yahweh*

צַר n.m.s. (III 865) *an adversary*

וּסְבִיב conj.-subst.cstr. (686) *shall surround*

הָאָרֶץ def.art.-n.f.s. (75) *the land*

וְהוֹרִד conj.-Hi. pf. 3 m.s. (יָרַד 432) *and bring down*

מִמֵּךְ prep.-2 f.s. sf. *from you*

עֻזֵּךְ n.m.s.-2 f.s. sf. (738) *your defenses*

וְנָבֹזּוּ conj.-Ni. pf. 3 c.p. (בָּזַז 102; GK 67t) *and shall be plundered*

אַרְמְנוֹתָיִךְ n.m.p.-2 f.s. sf. (74) *your strongholds*

3:12

כֹּה אָמַר adv. (462)-Qal pf. 3 m.s. (55) *thus says*

יהוה pr.n. (217) *Yahweh*

כַּאֲשֶׁר prep.-rel. (81) *as*

יַצִּיל Hi. impf. 3 m.s. (נָצַל 664) *rescues*

הָרֹעֶה def.art.-Qal act.ptc. (רָעָה I 944) *the shepherd*

מִפִּי prep.-n.m.s. cstr. (804) *from the mouth of*

הָאֲרִי def.art.-n.m.s. (71; GK 126r) *the lion*

שְׁתֵּי כְרָעַיִם num.cstr. (1040; GK 88f)-n.f.p. (502) *two legs*

אוֹ בְדַל־ conj. (14)-n.m.s. cstr. (95) *or a piece of*

אֹזֶן n.f.s. (23) *an ear*

כֵּן יִנָּצְלוּ adv. (485)-Ni. impf. 3 m.p. (נָצַל 664) *so shall be rescued*

בְּנֵי יִשְׂרָאֵל n.m.p. cstr. (119)-pr.n. (975) *the people of Israel*

הַיֹּשְׁבִים def.art.-Qal act.ptc. m.p. (יָשַׁב 442) *who dwell*

בְּשֹׁמְרוֹן prep.-pr.n. (1037) *in Samaria*

בִּפְאַת מִטָּה prep.-n.f.s. cstr. (802)-n.f.s. (641) *with the corner of a couch*

וּבִדְמֶשֶׁק עָרֶשׂ conj.-prep.-n.m.s. cstr. (200)-n.f.s. paus. (793) *and part (silk) of a bed*

3:13

שִׁמְעוּ Qal impv. 2 m.p. (שָׁמַע 1033) *hear*

וְהָעִידוּ conj.-Hi. impv. 2 m.p. (עוּד 729) *and testify*

בְּבֵית יַעֲקֹב prep.-n.m.s. cstr. (108)-pr.n. (784) *against the house of Jacob*

נְאֻם־אֲדֹנָי n.m.s. cstr. (610)-n.m.p.-1 c.s. sf. (10) *says the Lord*

יהוה pr.n. (217) *Yahweh*

אֱלֹהֵי n.m.p. cstr. (4; GK 125h) *the God of*

הַצְּבָאוֹת def.art.-pr.n. (838) *hosts*

3:14

כִּי בְּיוֹם conj.-prep.-n.m.s. cstr. (398) *that on the day*

פָּקְדִי Qal inf.cstr.-1 c.s. sf. (פָּקַד 823) *I punish*

פִּשְׁעֵי־ n.m.p. cstr. (833) *the transgressions of*

יִשְׂרָאֵל pr.n. (975) *Israel*

עָלָיו prep.-3 m.s. sf. *against him*

וּפָקַדְתִּי conj.-Qal pf. 1 c.s. (פָּקַד 823) *I will punish*

עַל־מִזְבְּחוֹת prep.-n.m.p. cstr. (258) *the altars of*

בֵּית־אֵל pr.n. (110) *Bethel*

וְנִגְדְּעוּ conj.-Ni. pf. 3 c.p. (גָּדַע 154) *and shall be cut off*

קַרְנוֹת n.f.p. cstr. (901) *the horns of*

הַמִּזְבֵּחַ def.art.-n.m.s. (258) *the altar*

וְנָפְלוּ conj.-Qal pf. 3 c.p. (656) *and fall*

לָאָרֶץ prep.-def.art.-n.f.s. paus. (75) *to the ground*

3:15

וְהִכֵּיתִי conj.-Hi. pf. 1 c.s. (נָכָה 645) *I will smite*

בֵּית־הַחֹרֶף n.m.s. cstr. (108)-def.art.-n.m.s. (358) *the winter house*

עַל־בֵּית הַקַּיִץ prep.-v.supra-def.art.-n.m.s. paus. (884) *with the summer house*

וְאָבְדוּ conj.-Qal pf. 3 c.p. (אָבַד 1) *and shall perish*

בָּתֵּי הַשֵּׁן n.m.p. cstr. (108)-def.art.-n.f.s. (I 1042) *the houses of ivory*

וְסָפוּ conj.-Qal pf. 3 c.p. (סוּף 692) *and shall come to an end*

בָּתִּים רַבִּים n.m.p. (108)-adj. m.pl. (I 912) *the great houses (many houses)*

נְאֻם־יהוה n.m.s. cstr. (610)-pr.n. (217) *says Yahweh*

4:1

שִׁמְעוּ Qal impv. 2 m.p. (שָׁמַע 1033; GK 144a) *hear*

הַדָּבָר הַזֶּה def.art.-n.m.s. (182)-def.art.-demons.adj. m.s. (260) *this word*

פָּרוֹת n.f.p. cstr. (831) *cows of*

הַבָּשָׁן def.art.-pr.n. (143) *Bashan*

אֲשֶׁר rel. (81) *who are*

בְּהַר שֹׁמְרוֹן prep.-n.m.s. cstr. (249)-pr.n. (1037) *in the mountain of Samaria*

הָעֹשְׁקוֹת def.art.-Qal act.ptc. f.p. (עָשַׁק 798) *who oppress*

דַּלִּים n.m.p. (195) *the poor*

הָרֹצְצוֹת def.art.-Qal act.ptc. f.p. (רָצַץ 954) *who crush*

אֶבְיוֹנִים n.m.p. (2) *the needy*

הָאֹמְרֹת def.art.-Qal act.ptc. f.p. אָמַר (55) *who say*

לַאֲדֹנֵיהֶם prep.-n.m.p.-3 m.p. sf. (10; GK 135o) *to their husbands*

הָבִיאָה Hi. impv. 2 m.s.-vol.he בּוֹא (97) *bring*

וְנִשְׁתֶּה conj.-Qal impf. 1 c.p. שָׁתָה 1059) *that we may drink*

4:2

נִשְׁבַּע Ni. pf. 3 m.s. שָׁבַע (989) *has sworn*

אֲדֹנָי יהוה n.m.p.-1 c.s. sf. (10)-pr.n. (217) *the Lord Yahweh*

בְּקָדְשׁוֹ prep.-n.m.s.-3 m.s. sf. (871) *by his holiness*

כִּי הִנֵּה conj.-demons.part. (243) *that behold*

יָמִים n.m.p. (398) *days*

בָּאִים Qal act.ptc. m.p. בּוֹא (97) *are coming*

עֲלֵיכֶם prep.-2 m.p. sf. *upon you*

וְנִשָּׂא conj.-Pi. pf. 3 m.s. נָשָׂא (669; GK 75oo, 112x) *and shall take*

אֶתְכֶם dir.obj.-2 m.p. sf. *you*

בְּצִנּוֹת prep.-n.f.p. (I 856) *with hooks*

וְאַחֲרִיתְכֶן conj.-n.f.s.-2 f.p. sf. (31) *even the last of you*

בְּסִירוֹת דּוּגָה prep.-n.m.p. cstr. (696)-n.f.s. (186) *with fishhooks*

4:3

וּפְרָצִים conj.-n.m.p. (I 829) *and breaches*

תֵּצֶאנָה Qal impf. 2 f.p. יָצָא (422) *you shall go out*

אִשָּׁה n.f.s. (61) *every one (f.)*

נֶגְדָּהּ prep.-3 f.s. sf. (617) *before her*

וְהִשְׁלַכְתֶּנָה conj.-Hi. pf. 2 f.p. שָׁלַךְ 1020; GK 44k) *and you shall be cast forth*

הַהַרְמוֹנָה def.art.-pr.n.-dir.he (248) *into Harmon*

נְאֻם־יהוה n.m.s. cstr. (610)-pr.n. (217) *says Yahweh*

4:4

בֹּאוּ Qal impv. 2 m.p. בּוֹא (97) *come*

בֵּית־אֵל pr.n. (110) *Bethel*

וּפִשְׁעוּ conj.-Qal impv. 2 m.p. פָּשַׁע (833) *and transgress*

הַגִּלְגָּל def.art.-pr.n. (II 166) *Gilgal*

הַרְבּוּ Hi. impv. 2 m.p. רָבָה (I 915) *multiply*

לִפְשֹׁעַ prep.-Qal inf.cstr. פָּשַׁע (833) *transgression*

וְהָבִיאוּ conj.-Hi. impv. 2 m.p. בּוֹא (97) *and bring*

לַבֹּקֶר prep.-def.art.-n.m.s. (133) *every morning*

זִבְחֵיכֶם n.m.p.-2 m.p. sf. (257) *your sacrifices*

לִשְׁלֹשֶׁת יָמִים prep.-num. f. cstr. (1025)-n.m.p. (398) *every three days*

מַעְשְׂרֹתֵיכֶם n.m.p.-2 m.p. sf. (798) *your tithes*

4:5

וְקַטֵּר conj.-Pi. impv. 2 m.s. קָטַר (882) *offer a sacrifice*

מֵחָמֵץ prep.-n.m.s. (329) *of that which is leavened*

תּוֹדָה n.f.s. (392) *thanksgiving*

וְקִרְאוּ conj.-Qal impv. 2 m.p. (894) *and proclaim*

נְדָבוֹת n.f.p. (621) *freewill offerings*

הַשְׁמִיעוּ Hi. impv. 2 m.p. שָׁמַע (1033) *publish them*

כִּי כֵן conj.-adv. (485) *for so*

אֲהַבְתֶּם Qal pf. 2 m.p. אָהַב (12) *you love*

בְּנֵי יִשְׂרָאֵל n.m.p. cstr. (119)-pr.n. (975) *O people of Israel*

נְאֻם n.m.s. cstr. (610) *says*

אֲדֹנָי יהוה n.m.p.-1 c.s. sf. (10)-pr.n. (217) *the Lord Yahweh*

4:6

וְגַם־אֲנִי conj.-adv. (168)-pers.pr. 1 c.s. (58) *and also I*

נָתַתִּי Qal pf. 1 c.s. נָתַן (678) *gave*

לָכֶם prep.-2 m.p. sf. *you*

נִקְיוֹן שִׁנַּיִם n.m.s. cstr. (667)-n.f. du. (I 1042) *cleanness of teeth*

בְּכָל־עָרֵיכֶם prep.-n.m.s. cstr. (481)-n.f.p.-2 m.p. sf. (746) *in all your cities*

וְחֹסֶר לֶחֶם conj.-n.m.s. cstr. (341)-n.m.s. (536) *and lack of bread*

בְּכֹל מְקוֹמֹתֵיכֶם prep.-n.m.s. cstr. (481)-n.m.p.-2 m.p. sf. (879) *in all your places*

וְלֹא־שַׁבְתֶּם conj.-neg.-Qal pf. 2 m.p. שׁוּב (996) *yet you did not return*

עָדַי prep.-1 c.s. sf. (III 723) *to me*

נְאֻם־יהוה n.m.s. cstr. (610)-pr.n. (217) *says Yahweh*

4:7

וְגַם אָנֹכִי cf. 4:6-pers.pr. 1 c.s. (59) *and I also*

מָנַעְתִּי Qal pf. 1 c.s. מָנַע (586) *withheld*

מִכֶּם prep.-2 m.p. sf. *from you*

אֶת־הַגֶּשֶׁם dir.obj.-def.art.-n.m.s. (II 177) *the rain*

בְּעוֹד prep.-adv. (728) *when there were yet*

שְׁלֹשָׁה חֳדָשִׁים num. f. (1025)-n.m.p. (II 294) *three months*

לַקָּצִיר prep.-def.art.-n.m.s. (894) *to the harvest*

וְהִמְטַרְתִּי conj.-Hi. pf. 1 c.s. מָטַר (565; GK 112hN) *I would send rain*

809

עַל־עִיר אֶחָת prep.-n.f.s. (746)-num.adj. f. paus. (25) *upon one city*

וְעַל־עִיר אַחַת conj.-prep.-n.f.s. (746)-num.adj. f. (25) *and upon another city*

לֹא אַמְטִיר neg.-Hi. impf. 1 c.s. (מטר 565; GK 144c) *I send no rain*

חֶלְקָה אַחַת n.f.s. (324)-num.adj. f. (25) *one field*

תִּמָּטֵר Ni. impf. 3 f.s. (מטר 565) *would be rained upon*

וְחֶלְקָה conj.-v.supra *and the field*

אֲשֶׁר־לֹא־תַמְטִיר עָלֶיהָ rel. (81)-neg.-Hi. impf. 3 f.s. (565)-prep.-3 f.s. sf. *on which it did not rain*

תִּיבָשׁ Qal impf. 3 f.s. paus. (יבש 386) *withered*

4:8

וְנָעוּ conj.-Qal pf. 3 c.p. (נוע 631) *so wandered*

שְׁתַּיִם num. du. (1040; GK 134s) *two*

שָׁלֹשׁ num. (1025) *three*

עָרִים n.f.p. (746) *cities*

אֶל־עִיר אַחַת prep.-n.f.s. (746)-num. f.s. (25) *to one city*

לִשְׁתּוֹת prep.-Qal inf.cstr. (שתה 1059) *to drink*

מַיִם n.m.p. (565) *water*

וְלֹא יִשְׂבָּעוּ conj.-neg.-Qal impf. 3 m.p. paus. (959 שבע) *and were not satisfied*

וְלֹא־שַׁבְתֶּם conj.-neg.-Qal pf. 2 m.p. (שוב 996) *yet you did not return*

עָדַי prep.-1 c.s. sf. (III 723) *to me*

נְאֻם־יְהוָה n.m.s. cstr. (610)-pr.n. (217) *says Yahweh*

4:9

הִכֵּיתִי Hi. pf. 1 c.s. (נכה 645) *I smote*

אֶתְכֶם dir.obj.-2 m.p. sf. *you*

בַּשִּׁדָּפוֹן prep.-def.art.-n.m.s. (995; GK 126n) *with blight*

וּבַיֵּרָקוֹן conj.-prep.-def.art.-n.m.s. (439; GK 126n) *and with mildew*

הַרְבּוֹת Hi. inf.cstr. (רבה I 915) *I laid waste (lit. making great)*

גַּנּוֹתֵיכֶם n.f.p.-2 m.p. sf. (171) *your gardens*

וְכַרְמֵיכֶם conj.-n.m.p.-2 m.p. sf. (501) *and your vineyards*

וּתְאֵנֵיכֶם conj.-n.f.p.-2 m.p. sf. (1061) *and your fig trees*

וְזֵיתֵיכֶם conj.-n.m.p.-2 m.p. sf. (268) *and your olive trees*

יֹאכַל Qal impf. 3 m.s. (37) *devoured*

הַגָּזָם def.art.-n.m.s. (160) *the locust*

וְלֹא־שַׁבְתֶּם conj.-neg.-Qal pf. 2 m.p. (שוב 996) *yet you did not return*

4:10

שִׁלַּחְתִּי Pi. pf. 1 c.s. (שלח 1018) *I sent*

בָכֶם prep.-2 m.p. sf. *among you*

דֶּבֶר n.m.s. (184) *pestilence*

בְּדֶרֶךְ prep.-n.m.s. cstr. (202) *after the manner of*

מִצְרַיִם pr.n. (595) *Egypt*

הָרַגְתִּי Qal pf. 1 c.s. (הרג 246) *I slew*

בַחֶרֶב prep.-def.art.-n.f.s. (352) *with the sword*

בַּחוּרֵיכֶם n.m.p.-2 m.p. sf. (104) *your young men*

עִם שְׁבִי prep. (767)-n.m.s. cstr. (985) *with the captivity of*

סוּסֵיכֶם n.m.p.-2 m.p. sf. (692) *your horses*

וָאַעֲלֶה consec.-Hi. impf. 1 c.s. (עלה 748) *and I made go up*

בְּאֹשׁ n.m.s. cstr. (93) *the stench of*

מַחֲנֵיכֶם n.m.p.-2 m.p. sf. (334) *your camp*

וּבְאַפְּכֶם conj.-prep.-n.m.s.-2 m.p. sf. (60; GK 154aN) *into your nostrils*

וְלֹא־שַׁבְתֶּם conj.-neg.-Qal pf. 2 m.p. (שוב 996) *yet you did not return*

עָדַי prep.-1 c.s. sf. (III 723) *to me*

נְאֻם־יְהוָה n.m.s. cstr. (610)-pr.n. (217) *says Yahweh*

4:11

הָפַכְתִּי Qal pf. 1 c.s. (245) *I overthrew*

בָכֶם prep.-2 m.p. sf. *some of you*

כְּמַהְפֵּכַת prep.-n.f.s. cstr. (246; GK 115d) *as when overthrew*

אֱלֹהִים n.m.p. (43) *God*

אֶת־סְדֹם dir.obj.-pr.n. loc. (690) *Sodom*

וְאֶת־עֲמֹרָה conj.-dir.obj.-pr.n. loc. (771) *and Gomorrah*

וַתִּהְיוּ consec.-Qal impf. 2 m.p. (היה 224) *and you were*

כְּאוּד prep.-n.m.s. (15) *as a brand*

מֻצָּל Ho. ptc. m.s. (נצל 664) *plucked*

מִשְּׂרֵפָה prep.-n.f.s. (977) *out of the burning*

וְלֹא־שַׁבְתֶּם conj.-neg.-Qal pf. 2 m.p. (שוב 996) *yet you did not return*

עָדַי cf. 4:6,8,9,10 *to me*

נְאֻם־יְהוָה v.supra *says Yahweh*

4:12

לָכֵן כֹּה adv. (485)-adv. (462) *therefore thus*

אֶעֱשֶׂה־ Qal impf. 1 c.s. (793) *I will do*

לָךְ prep.-2 m.s. sf. *to you*

יִשְׂרָאֵל pr.n. (975) *O Israel*

עֵקֶב כִּי־ adv. (784)-conj. (471) *because*

זֹאת demons.adj. f.s. (260) *this*

אֶעֱשֶׂה־ v.supra *I will do*

לָךְ prep.-2 m.s. sf. paus. *to you*

הִכּוֹן Ni. impv. 2 m.s. (465) *prepare*

לִקְרַאת־ prep.-Qal inf.cstr. (896) *to meet*

אֱלֹהֶיךָ n.m.p.-2 m.s. sf. (43) *your God*

יִשְׂרָאֵל pr.n. (975) *O Israel*

4:13

כִּי הִנֵּה conj.-demons.part. (243) *For lo*

יוֹצֵר Qal act.ptc. m.s. (427) *he who forms*

הָרִים n.m.p. (249) *the mountains*

וּבֹרֵא conj.-Qal act.ptc. m.s. (135; GK 29eN) *and creates*

רוּחַ n.f.s. (924) *the wind*

וּמַגִּיד conj.-Hi. ptc. m.s. (נגד 616) *and declares*

לְאָדָם prep.-n.m.s. (9) *to man*

מַה־שֵּׂחוֹ interr. (552)-n.m.s.-3 m.s. sf. (967) *what is his thought*

עֹשֵׂה Qal act.ptc. m.s. cstr. (793) *who makes*

שַׁחַר n.m.s. (1007) *the morning*

עֵיפָה n.f.s. (734; GK 116gN) *darkness*

וְדֹרֵךְ conj.-Qal act.ptc. m.s. (201) *and treads*

עַל־בָּמֳתֵי prep.-n.f.p. cstr. (119) *on the heights of*

אָרֶץ n.f.s. paus. (75) *the earth*

יְהוָה pr.n. (217) *Yahweh*

אֱלֹהֵי־ n.m.p. cstr. (43) *the God of*

צְבָאוֹת n.f.p. (838) *hosts*

שְׁמוֹ n.m.s.-3 m.s. sf. (1027) *is his name*

5:1

שִׁמְעוּ Qal impv. 2 m.p. (1033) *Hear*

אֶת־הַדָּבָר הַזֶּה dir.obj.-def.art.-n.m.s. (182)-def.art.-demons.adj. (260) *this word*

אֲשֶׁר אָנֹכִי rel. (81)-pers.pr. 1 c.s. (59) *which I*

נֹשֵׂא Qal act.ptc. m.s. (669) *take up*

עֲלֵיכֶם prep.-2 m.p. sf. *over you*

קִינָה n.f.s. (884) *in lamentation*

בֵּית יִשְׂרָאֵל n.m.s. cstr. (108)-pr.n. (975) *O house of Israel*

5:2

נָפְלָה Qal pf. 3 f.s. (656) *fallen*

לֹא־תוֹסִיף neg.-Hi. impf. 3 f.s. (יסף 414) *no more*

קוּם Qal inf.cstr. (877) *to rise*

בְּתוּלַת n.f.s. cstr. (143; GK 128k) *is the virgin*

יִשְׂרָאֵל pr.n. (975) *Israel*

נִטְּשָׁה Ni. pf. 3 f.s. (643) *forsaken*

עַל־אַדְמָתָה prep.-n.f.s.-3 f.s. sf. (9) *on her land*

אֵין neg. (34) *with none*

מְקִימָה Hi. ptc. m.s.-3 f.s. sf. (877) *to raise her up*

5:3

כִּי כֹה conj. (471)-adv. (462) *for thus*

אָמַר Qal pf. 3 m.s. (55) *says*

אֲדֹנָי n.m.p.-1 c.s. sf. (10) *the Lord*

יְהוָה pr.n. (217) *Yahweh*

הָעִיר def.art.-n.f.s. (746) *the city*

הַיֹּצֵאת def.art.-Qal act.ptc. f.s. (422; GK 117z) *that went forth*

אֶלֶף n.m.s. (48) *a thousand*

תַּשְׁאִיר Hi. impf. 2 m.s. (983) *shall have left*

מֵאָה n.f.s. (547) *a hundred*

וְהַיּוֹצֵאת conj.-v.supra *and that which went forth*

מֵאָה v.supra *a hundred*

תַּשְׁאִיר v.supra *shall have left*

עֲשָׂרָה n.f.s. (797) *ten*

לְבֵית־ prep.-n.m.s. cstr. (108; GK 129g) *to the house of*

יִשְׂרָאֵל pr.n. (975) *Israel*

5:4

כִּי כֹה אָמַר v.supra 5:3 *for thus says*

יְהוָה pr.n. (217) *Yahweh*

לְבֵית v.supra 5:3 *to the house of*

יִשְׂרָאֵל pr.n. (975) *Israel*

דִּרְשׁוּנִי Qal impv. 2 m.p.-1 c.s. sf. (205) *seek me*

וִחְיוּ conj.-Qal impv. 2 m.p. (310; GK 110f) *and live*

5:5

וְאַל־תִּדְרְשׁוּ conj.-neg.-Qal impf. 2 m.p. juss. (205) *but do not seek*

בֵּית־אֵל pr.n. (110) *Bethel*

וְהַגִּלְגָּל conj.-def.art.-pr.n. (II 166; GK 122h) *and ... into Gilgal*

לֹא תָבֹאוּ neg.-Qal impf. 2 m.p. juss. (97) *do not enter*

וּבְאֵר שֶׁבַע conj.-pr.n. (92) *or to Beersheba*

לֹא תַעֲבֹרוּ neg.-Qal impf. 2 m.p. juss. (716) *cross not over*

כִּי הַגִּלְגָּל conj.-def.art.-pr.n. (II 166) *for Gilgal*

גָּלֹה יִגְלֶה Qal inf.abs. (162)-Qal impf. 3 m.s. (162) *shall surely go into exile*

וּבֵית־אֵל conj.-pr.n. (110) *and Bethel*

יִהְיֶה לְאָוֶן Qal impf. 3 m.s. (224)-prep.-n.m.s. (19) *shall come to nought*

5:6

דִּרְשׁוּ Qal impv. 2 m.p. (205) *seek*

אֶת־יְהוָה dir.obj.-pr.n. (217) *Yahweh*

וִחְיוּ v.supra 5:4 (GK 110f) *and live*

פֶּן־יִצְלַח conj.-Qal impf. 3 m.s. (852) *lest he break out*

כָּאֵשׁ prep.-def.art.-n.f.s. (77) *like fire*

בֵּית יוֹסֵף n.m.s. cstr. (108)-pr.n. (415) *in the house of Joseph*

וְאָכְלָה conj.-Qal pf. 3 f.s. (37) *and it devour*

וְאֵין־מְכַבֶּה conj.-subst.cstr. (II 34)-Pi. ptc. m.s. (459) *with none to quench*

לְבֵית־אֵל prep.-pr.n. (110) *for Bethel*

5:7

הַהֹפְכִים def.art.-Qal act.ptc. m.p. (245; GK 126b) *O you who turn*

לְלַעֲנָה prep.-n.f.s. (542) *to wormwood*

מִשְׁפָּט n.m.s. (1048) *justice*

וּצְדָקָה conj.-n.f.s. (842) *and righteousness*

לָאָרֶץ prep.-def.art.-n.f.s. (75) *to the earth*

הִנִּיחוּ Hi. pf. 3 c.p. (נוח 628) *cast down*

5:8

עֹשֵׂה Qal act.ptc. cstr. (I 793) *he who made*

כִּימָה n.f.s. (465) *the Pleiades*

וּכְסִיל conj.-n.m.s. (493) *and Orion*

וְהֹפֵךְ conj.-Qal act.ptc. (הָפַךְ 245) *and turns*

לַבֹּקֶר prep.-def.art.-n.m.s. (133) *into the morning*

צַלְמָוֶת n.m.s. (853) *deep darkness*

וְיוֹם conj.-n.m.s. (398) *and the day*

לַיְלָה n.m.s. (538) *into night*

הֶחְשִׁיךְ Hi. pf. 3 m.s. (364; GK 117ii) *darkens*

הַקּוֹרֵא def.art.-Qal act.ptc. (894) *who calls*

לְמֵי־הַיָּם prep.-n.m.p. cstr. (565)-def.art.-n.m.s. (410) *for the waters of the sea*

וַיִּשְׁפְּכֵם consec.-Qal impf. 3 m.s.-3 m.p. sf. (1049; GK 111u) *and pours them out*

עַל־פְּנֵי prep.-n.m.p. cstr. (815) *upon the surface of*

הָאָרֶץ def.art.-n.f.s. (75) *the earth*

יְהוָה שְׁמוֹ pr.n. (217)-n.m.s.-3 m.s. sf. (1027) *Yahweh is his name*

5:9

הַמַּבְלִיג def.art.-Hi. ptc. (114) *who makes flash forth*

שֹׁד n.m.s. (994) *destruction*

עַל־עָז prep.-n.m.s. (738) *against the strong*

וְשֹׁד conj.-v.supra *so that destruction*

עַל־מִבְצָר prep.-n.m.s. (141) *upon the fortress*

יָבוֹא Qal impf. 3 m.s. (97) *comes*

5:10

שָׂנְאוּ Qal pf. 3 c.p. (971) *they hate*

בַשַּׁעַר prep.-def.art.-n.m.s. (1044) *in the gate*

מוֹכִיחַ Hi. ptc. (406) *him who reproves*

וְדֹבֵר conj.-Qal act.ptc. (180) *and him who speaks*

תָּמִים adj. m.s. (1071) *the truth*

יְתָעֵבוּ Pi. impf. 3 m.p. paus. (1073) *they abhor*

5:11

לָכֵן יַעַן adv. (485)-prep. (774) *therefore because*

בּוֹשַׁסְכֶם Po'el inf.cstr.-2 m.p. sf. (143; GK 61e) *you trample*

עַל־דָּל prep.-n.m.s. (195) *upon the poor*

וּמַשְׂאַת־ conj.-n.f.s. cstr. (673) *and exactions of*

בַּר n.m.s. (141) *wheat*

תִּקְחוּ Qal impf. 2 m.p. (542) *take*

מִמֶּנּוּ prep.-3 m.s. sf. (577) *from him*

בָּתֵּי גָזִית n.m.p. cstr. (108)-n.f.s. (159) *houses of stone*

בְּנִיתֶם Qal pf. 2 m.p. (124) *you have built*

וְלֹא־תֵשְׁבוּ conj.-neg.-Qal impf. 2 m.p. (442) *but you shall not dwell*

בָם prep.-3 m.p. sf. *in them*

כַּרְמֵי־חֶמֶד n.m.p. cstr. (501)-n.m.s. (326) *pleasant vineyards*

נְטַעְתֶּם Qal pf. 2 m.p. (642) *you have planted*

וְלֹא תִשְׁתּוּ conj.-neg.-Qal impf. 2 m.p. (1059) *but you shall not drink*

אֶת־יֵינָם dir.obj.-n.m.s.-3 m.p. sf. (406) *their wine*

5:12

כִּי יָדַעְתִּי conj.-Qal pf. 1 c.s. (393) *for I know*

רַבִּים adj. m.p. (912) *how many are*

פִּשְׁעֵיכֶם n.m.p.-2 m.p. sf. (833) *your transgressions*

וַעֲצֻמִים conj.-adj. m.p. (783) *and how great*

חַטֹּאתֵיכֶם n.f.p.-2 m.p. sf. (308) *your sins*

צֹרְרֵי Qal act.ptc. m.p. cstr. (865) *you who afflict*

צַדִּיק n.m.s. (843) *the righteous*

לֹקְחֵי Qal act.ptc. m.p. cstr. (542) *who take*

כֹפֶר n.m.s. (497) *a bribe*

וְאֶבְיוֹנִים conj.-n.m.p. (2) *and the needy*

בַּשַּׁעַר prep.-def.art.-n.m.s. (1044) *in the gate*

הִטּוּ Hi. pf. 3 c.p. (639) *turn aside*

5:13

לָכֵן adv. (485) *therefore*

הַמַּשְׂכִּיל def.art.-Hi. ptc. (968) *he who is prudent*

בְּעֵת prep.-def.art.-n.f.s. (773) *in a time*

הַהִיא def.art.-demons. f.s. (214) *such*

יִדֹּם Qal impf. 3 m.s. (198) *will keep silent*

כִּי עֵת conj.-v.supra *for an ... time*

רָעָה adj. f.s. (948) *evil*

הִיא demons. f.s. (214) *it is*

5:14

דִּרְשׁוּ־טוֹב Qal impv. 2 m.p. (205)-n.m.s. (373) *seek good*

וְאַל־רָע conj.-neg.-n.m.s. (948; GK 152g) *and not evil*

לְמַעַן תִּחְיוּ prep.-Qal impf. 2 m.p. (310) *that you may live*

וִיהִי־ conj.-Qal impf. 3 m.s. juss. (224; GK 109k) *and will be*

כֵּן adv. (485) *so*

יְהוָה pr.n. (217) *Yahweh*

אֱלֹהֵי־צְבָאוֹת n.m.p. cstr. (43)-n.f.p. (838) *the God of hosts*

אִתְּכֶם prep.-2 m.p. sf. (85) *with you*

כַּאֲשֶׁר אֲמַרְתֶּם prep.-rel.-Qal pf. 2 m.p. (55) *as you have said*

5:15

שִׂנְאוּ־רָע Qal impv. 2 m.p. (971)-v.supra 5:14 *hate evil*

וְאֶהֱבוּ טוֹב conj.-Qal impv. 2 m.p. (12)-v.supra *and love good*

וְהַצִּיגוּ conj.-Hi. impv. 2 m.p. (426) *and establish*

בַּשַּׁעַר prep.-def.art.-v.supra 5:12 *in the gate*

מִשְׁפָּט n.m.s. (1048) *justice*

אוּלַי adv. (19) *(perchance)*

יֶחֱנַן Qal impf. 3 m.s. (335; GK 67cc) *it may be that ... be gracious*

יְהוָה pr.n. (217) *Yahweh*

אֱלֹהֵי־צְבָאוֹת n.m.p. cstr. (43)-n.f.p. (838) cf. 5:14 *the God of hosts*

שְׁאֵרִית n.f.s. cstr. (984) *to the remnant of*

יוֹסֵף pr.n. (415) *Joseph*

5:16

לָכֵן prep.-adv. (485) *therefore*

כֹּה־אָמַר adv. (462)-Qal pf. 3 m.s. (55) *thus says*

יְהוָה pr.n. (217) *Yahweh*

אֱלֹהֵי צְבָאוֹת v.supra 5:15 *the God of hosts*

אֲדֹנָי n.m.p.-1 c.s. sf. (10) *the Lord*

בְּכָל־רְחֹבוֹת prep.-n.m.s. cstr. (481)-n.f.p. (932) *in all the squares*

מִסְפֵּד n.m.s. (704) *there shall be wailing*

וּבְכָל־ conj.-prep.-n.m.s. cstr. (481) *and in all*

חוּצוֹת n.f.p. (299) *the streets*

יֹאמְרוּ Qal impf. 3 m.p. (55) *they shall say*

הוֹ־הוֹ interj.-interj. (222) *alas! alas!*

וְקָרְאוּ conj.-Qal pf. 3 c.p. (894) *they shall call*

אִכָּר n.m.s. (38) *the farmers*

אֶל־אֵבֶל prep.-n.m.s. (5) *to mourning*

וּמִסְפֵּד conj.-v.supra *and wailing*

אֶל־יוֹדְעֵי prep.-Qal act.ptc. m.p. cstr. (393) *to those who are skilled*

נֶהִי n.m.s. (624) *in lamentation*

5:17

וּבְכָל־ cf. 5:16 *and in all*

כְּרָמִים n.m.p. (501) *vineyards*

מִסְפֵּד cf. 5:16 *there shall be wailing*

כִּי־אֶעֱבֹר conj.-Qal impf. 1 c.s. (716) *for I will pass*

בְּקִרְבְּךָ prep.-n.m.s.-2 m.s. sf. (899) *through the midst of you*

אָמַר יְהוָה Qal pf. 3 m.s. (55)-pr.n. (217) *says Yahweh*

5:18

הוֹי הַמִּתְאַוִּים interj. (222)-def.art.-Hith. ptc. m.p. (אוה 16) *woe to you who desire*

אֶת־יוֹם יְהוָה dir.obj.-n.m.s. cstr. (398)-pr.n. (217) *the day of Yahweh*

לָמָּה־זֶּה prep.-interr. (552)-demons.adj. m.s. (260) *why would you have this (lit.-what is this)*

לָכֶם prep.-2 m.p. sf. *to you*

יוֹם יְהוָה v.supra *the day of Yahweh*

הוּא־חֹשֶׁךְ pers.pr. 3 m.s. (214)-n.m.s. (365) *it is darkness*

וְלֹא־אוֹר conj.-neg.-n.m.s. (21; GK 152d) *and not light*

5:19

כַּאֲשֶׁר prep.-rel. (81) *as if*

יָנוּס Qal impf. 3 m.s. (630) *fled*

אִישׁ n.m.s. (35) *a man*

מִפְּנֵי הָאֲרִי prep.-n.m.p. cstr. (815)-def.art.-n.m.s. (71; GK 126r) *from the lion*

וּפְגָעוֹ conj.-Qal pf. 3 m.s.-3 m.s. sf. (803; GK 112u) *and ... met him*

הַדֹּב def.art.-n.m.s. (179) *the bear*

וּבָא הַבַּיִת conj.-Qal pf. 3 m.s. (97; GK 112m) -def.art.-n.m.s. (108) *or went into the house*

וְסָמַךְ conj.-Qal pf. 3 m.s. (701; GK 112m) *and leaned*

יָדוֹ n.f.s.-3 m.s. sf. (388) *with his hand*

עַל־הַקִּיר prep.-def.art.-n.m.s. (885) *against the wall*

וּנְשָׁכוֹ conj.-Qal pf. 3 m.s.-3 m.s. sf. (675) *and ... bit him*

הַנָּחָשׁ def.art.-n.m.s. (638) *the serpent*

5:20

הֲלֹא־חֹשֶׁךְ interr.-neg.-n.m.s. (365) *is not darkness*

יוֹם יְהוָה n.m.s. cstr. (398)-pr.n. (217) *the day of Yahweh*

וְלֹא־אוֹר conj.-neg.-n.m.s. (21) *and not light*

וְאָפֵל conj.-adj. (66) *and gloom*

וְלֹא־נֹגַהּ conj.-neg.-n.f.s. (618) *with no brightness*

לוֹ prep.-3 m.s. sf. *in it*

5:21

שָׂנֵאתִי Qal pf. 1 c.s. (971) *I hate*

מָאַסְתִּי Qal pf. 1 c.s. (549; GK 106g, 154aN) *I despise*

חַגֵּיכֶם n.m.p.-2 m.p. sf. (290) *your feasts*

וְלֹא אָרִיחַ conj.-neg.-Hi. impf. 1 c.s. (926) *and I will take no delight*

בְּעַצְּרֹתֵיכֶם prep.-n.f.p.-2 m.p. sf. (783; GK 20h) *in your solemn assemblies*

5:22

כִּי אִם־ conj.-hypoth.part. (49) *even though*

תַּעֲלוּ־לִי Qal impf. 2 m.p. (748)-prep.-1 c.s. sf. *you offer me*

עֹלוֹת n.f.p. (750) *burnt offerings*

וּמִנְחֹתֵיכֶם conj.-n.f.p.-2 m.p. sf. (585) *and your cereal offerings*

לֹא אֶרְצֶה neg.-Qal impf. 1 c.s. (953) *I will not accept them*

וְשֶׁלֶם conj.-n.m.s. cstr. (1023) *and the peace offerings of*

מְרִיאֵיכֶם n.m.p.-2 m.p. sf. (597) *your fatted beasts*

לֹא אַבִּיט neg.-Hi. impf. 1 c.s. (נבט 613) *I will not look upon*

5:23

הָסֵר Hi. impv. 2 m.s. (סור 693) *take away*

מֵעָלַי prep.-prep.-1 c.s. sf. (752) *from me*

הֲמוֹן n.m.s. cstr. (242) *the noise of*

שִׁרֶיךָ n.m.p.-2 m.s. sf. (1010) *your songs*

וְזִמְרַת conj.-n.f.s. cstr. (272) *and to the melody of*

נְבָלֶיךָ n.m.p.-2 m.s. sf. (614) *your harps*

לֹא אֶשְׁמָע neg.-Qal impf. 1 c.s. (1033) *I will not listen*

5:24

וְיִגַּל conj.-Ni. impf. 3 m.s. juss. (164) *but let ... roll down*

כַּמַּיִם prep.-def.art.-n.m.p. (565) *like the waters*

מִשְׁפָּט n.m.s. (1048) *justice*

וּצְדָקָה conj.-n.f.s. (842) *and righteousness*

כְּנַחַל prep.-n.m.s. (636) *like a stream*

אֵיתָן adj. (450) *ever-flowing*

5:25

הַזְּבָחִים def.art.-n.m.p. (257) *the sacrifices*

וּמִנְחָה conj.-n.f.s. (585) *and offerings*

הִגַּשְׁתֶּם־ Hi. pf. 2 m.p. (620) *did you bring*

לִי prep.-1 c.s. sf. *to me*

בַּמִּדְבָּר prep.-def.art.-n.m.s. (184) *in the wilderness*

אַרְבָּעִים שָׁנָה num. p. (917)-n.f.s. (1040) *the forty years*

בֵּית יִשְׂרָאֵל n.m.s. cstr. (108)-pr.n. (975) *O house of Israel*

5:26

וּנְשָׂאתֶם conj.-Qal pf. 2 m.p. (669; GK 112x, 112rr) *you shall take up*

אֵת סִכּוּת dir.obj.-pr.n. (696) *Sakkuth*

מַלְכְּכֶם n.m.s.-2 m.p. sf. (572) *your king*

וְאֵת כִּיּוּן conj.-dir.obj.-pr.n. (475) *and Kaiwan (Saturn)*

צַלְמֵיכֶם n.m.p.-2 m.p. sf. (853) *your images*

כּוֹכַב n.m.s. cstr. (456) *the star of*

אֱלֹהֵיכֶם n.m.p.-2 m.p. sf. (43) *your god*

אֲשֶׁר עֲשִׂיתֶם rel. (81)-Qal pf. 2 m.p. (793) *which you made*

לָכֶם prep.-2 m.p. sf. *for yourselves*

5:27

וְהִגְלֵיתִי conj.-Hi. pf. 1 c.s. (גלה 162) *therefore I will take ... into exile*

אֶתְכֶם dir.obj.-2 m.p. sf. *you*

מֵהָלְאָה לְדַמָּשֶׂק adv. (229)-prep.-pr.n. paus. (199) *beyond Damascus*

אָמַר יְהוָה Qal pf. 3 m.s. (55)-pr.n. (217) *says Yahweh*

אֱלֹהֵי־צְבָאוֹת n.m.p. cstr. (43)-n.f.p. (838) *the God of hosts*

שְׁמוֹ n.m.s.-3 m.s. sf. (1027) *his name*

6:1

הוֹי הַשַּׁאֲנַנִּים interj. (222)-def.art.-adj. m.p. (983) *woe to those at ease*

בְּצִיּוֹן prep.-pr.n. (851) *in Zion*

וְהַבֹּטְחִים conj.-def.art.-Qal act.ptc. m.p. (105) *and to those who feel secure*

בְּהַר שֹׁמְרוֹן prep.-n.m.s. cstr. (249)-pr.n. (1037) *on the mountain of Samaria*

נְקֻבֵי Qal pass.ptc. m.p. cstr. (666) *the notable men of*

רֵאשִׁית הַגּוֹיִם adj. f.s. cstr. (912)-def.art.-n.m.p. (156) *the first of the nations*

וּבָאוּ לָהֶם conj.-Qal pf. 3 c.p. (97; GK 112n) -prep.-3 m.p. sf. *and come to them*

בֵּית יִשְׂרָאֵל v. supra 5:25 n.m.s. cstr. (108)-pr.n. (975) *the house of Israel*

6:2

עִבְרוּ Qal impv. 2 m.p. (716) *pass over*

כַלְנֵה pr.n. (484) *to Calneh*

וּרְאוּ conj.-Qal impv. 2 m.p. (רָאָה 906) *and see*

וּלְכוּ conj.-Qal impv. 2 m.p. (הָלַךְ 229) *and go*

מִשָּׁם prep.-adv. (1027) *thence*

חֲמַת רַבָּה pr.n. (333)-adj. f.s. (912; GK 125h, 126y) *to Hamath the great*

וּרְדוּ conj.-Qal impv. 2 m.p. (432) *then go down*

גַת־פְּלִשְׁתִּים pr.n. (II 387)-pr.n. gent. (814; GK 125h) *to Gath of the Philistines*

הֲטוֹבִים interr.-adj. m.p. (373) *are they better*

מִן־הַמַּמְלָכוֹת prep.-def.art.-n.f.p. (575) *than ... kingdoms*

הָאֵלֶּה def.art.-demons.adj. c.p. (41) *these*

אִם־רַב conj. (49)-adj. m.s.(912) *or is ... greater*

גְּבוּלָם n.m.s.-3 m.p. sf. (147) *their territory*

מִגְּבֻלְכֶם prep.-n.m.s.-2 m.p. sf. (147) *than your territory*

6:3

הַמְנַדִּים def.art.-Pi. ptc. m.p. (622) *O you who put away*

לְיוֹם רָע prep.-n.m.s. cstr. (398)-n.m.s. (948) *the evil day*

וַתַּגִּישׁוּן consec.-Hi. impf. 2 m.p. (620) *and bring near*

שֶׁבֶת חָמָס n.f.s. cstr. (443)-n.m.s. (329) *seat of violence*

6:4

הַשֹּׁכְבִים def.art.-Qal act.ptc. m.p. (1011) *woe to those who lie*

עַל־מִטּוֹת שֵׁן prep.-n.f.p. cstr. (641)-n.f.s. (1042) *upon beds of ivory*

וּסְרֻחִים conj.-Qal pass.ptc. m.p. (710) *and stretch themselves*

עַל־עַרְשׂוֹתָם prep.-n.f.p.-3 m.p. sf. (793) *upon their couches*

וְאֹכְלִים conj.-Qal act.ptc. m.p. (37) *and eat*

כָּרִים n.m.p. (503) *lambs*

מִצֹּאן prep.-n.f.s. (838) *from flock*

וַעֲגָלִים conj.-n.m.p. (722) *and calves*

מִתּוֹךְ מַרְבֵּק prep.-n.m.s. (1063)-n.m.s. (918) *from the midst of a stall*

6:5

הַפֹּרְטִים def.art.-Qal act.ptc. m.p. (827) *who sing idle songs*

עַל־פִּי הַנָּבֶל prep.-n.m.s. cstr. (804)-def.art. -n.m.s. paus. (614) *to the sound of the harp*

כְּדָוִיד prep.-pr.n. (187) *like David*

חָשְׁבוּ Qal pf. 3 c.p. (362) *they invent*

לָהֶם prep.-3 m.p. sf. *for themselves*

כְּלֵי־ n.m.p. cstr. (479) *instruments of*

שִׁיר n.m.s. (1010) *music*

6:6

הַשֹּׁתִים def.art.-Qal act.ptc. m.p. (1059; GK 119mN) *who drink*

בְּמִזְרְקֵי יַיִן prep.-n.m.p. cstr. (284)-n.m.s. (406) *in bowls of wine*

וְרֵאשִׁית שְׁמָנִים conj.-adj. f.s. cstr. (912)-n.m.p. (1032) *and finest oils*

יִמְשָׁחוּ Qal impf. 3 m.p. paus. (602) *they anoint themselves*

וְלֹא נֶחְלוּ conj.-neg.-Ni. pf. 3 c.p. (317; GK 63e) *but are not grieved*

עַל־שֵׁבֶר יוֹסֵף prep.-n.m.s. cstr. (991; GK 93k) -pr.n. (415) *over the ruin of Joseph*

6:7

לָכֵן עַתָּה adv. (485)-adv. (773) *therefore now*

יִגְלוּ Qal impf. 3 m.p. (162) *they shall go into exile*

בְּרֹאשׁ גֹּלִים prep.-n.m.s. cstr. (910)-Qal act.ptc. m.p. (162) *with the first of those who go into exile*

וְסָר conj.-Qal pf. 3 m.s. (סוּר 693) *and ... shall pass away*

מִרְזַח סְרוּחִים n.m.s. cstr. (931)-Qal pass.ptc. m.p. (710) *revelry of those who stretch themselves*

6:8

נִשְׁבַּע Ni. pf. 3 m.s. (989) *has sworn*

אֲדֹנָי n.m.p.-1 c.s. sf. (10) *the Lord*

יהוה pr.n. (217) *Yahweh*

בְּנַפְשׁוֹ prep.-n.f.s.-3 m.s. sf. (659) *by himself*

נְאָם־יהוה subst.cstr. (610)-pr.n. (217) *says Yahweh*

אֱלֹהֵי צְבָאוֹת n.m.p. cstr. (43)-n.f.p. (838) *the God of hosts*

מְתָאֵב Pi. ptc. m.s. (1060; but rd. מְתָעֵב 1073) *abhor*

אָנֹכִי pers.pr. 1 c.s. (59) *I*

אֶת־גְּאוֹן יַעֲקֹב dir.obj.-n.m.s. cstr. (144)-pr.n. (785) *the pride of Jacob*

וְאַרְמְנֹתָיו conj.-n.f.p.-3 m.s. sf. (74) *and his strongholds*

שָׂנֵאתִי Qal pf. 1 c.s. (971) *I hate*

וְהִסְגַּרְתִּי conj.-Hi. pf. 1 c.s. (688) *and I will deliver up*

עִיר n.f.s. (746) *city*

וּמְלֹאָהּ conj.-n.m.s.-3 f.s. sf. (571) *and all that is in it*

6:9

וְהָיָה conj.-Qal pf. 3 m.s. (224) *and it shall be*

אִם־יִוָּתְרוּ hypoth.part. (49)-Ni. impf. 3 m.p. (451 יָתַר) *if remain*

עֲשָׂרָה אֲנָשִׁים num. (796)-n.m.p. (35) *ten men*

בְּבַיִת אֶחָד prep.-n.m.s. (108)-adj. m.s. (25) *in one house*

וָמֵתוּ conj.-Qal pf. 3 c.p. (מות 559) *they shall die*

6:10

וּנְשָׂאוֹ conj.-Qal pf. 3 m.s.-3 m.s. sf. (669; GK 145m) *and when ... shall take him up*

דּוֹדוֹ n.m.s.-3 m.s. sf. (187) *his kinsman*

וּמְסָרְפוֹ conj.-Pi. ptc. m.p.-3 m.s. sf. (976) *and he who burns him*

לְהוֹצִיא prep.-Hi. inf.cstr. (422) *to bring*

עֲצָמִים n.f.p. (782) *bones*

מִן־הַבַּיִת prep.-def.art.-n.m.s. (108) *out of the house*

וְאָמַר conj.-Qal pf. 3 m.s. (55) *and shall say*

לַאֲשֶׁר בְּיַרְכְּתֵי prep.-rel. (81)-prep.-n.m.p. cstr. (438) *to him who is in the innermost parts of*

הַבַּיִת def.art.-n.m.s. (108) *the house*

הַעוֹד interr.-adv. (728; GK 152s) *is there still any one*

עִמָּךְ prep.-2 m.s. paus. *with you*

וְאָמַר v.supra *he shall say*

אָפֶס neg. paus. (67) *no*

וְאָמַר v.supra *and he shall say*

הָס interj. (245) *hush*

כִּי לֹא לְהַזְכִּיר conj.-neg.-Hi. inf.cstr. (269; GK 1141) *for we must not mention*

בְּשֵׁם יהוה prep.-n.m.s. cstr. (1027)-pr.n. (217) *the name of Yahweh*

6:11

כִּי־הִנֵּה conj.-demons.part. (243) *for behold*

יהוה מְצַוֶּה pr.n. (217)-Pi. ptc. (845) *Yahweh commands*

וְהִכָּה conj.-Hi. pf. 3 m.s. (נכה 645) *and ... shall be smitten*

הַבַּיִת הַגָּדוֹל def.art.-n.m.s. (108)-def.art.-adj. m.s. (152) *the great house*

רְסִיסִים n.m.p. (944) *into fragments*

וְהַבַּיִת הַקָּטֹן conj.-v.supra-def.art.-adj. (882) *and the little house*

בְּקִעִים n.m.p. (132) *into bits*

6:12

הַיְרֻצוּן interr.-Qal impf. 3 m.p. (930) *do ... run*

בַּסֶּלַע prep.-def.art.-n.m.s. (700) *upon rocks*

סוּסִים n.m.p. (692) *horses*

אִם־יַחֲרוֹשׁ hypoth.part. (49)-Qal impf. 3 m.s. (360; GK 144d) *does one plow*

בַּבְּקָרִים prep.-def.art.-n.m.p. (133) *with cattle* (rd. prb. בַּבָּקָר יָם *the sea with oxen*; GK 123aN)

כִּי־הֲפַכְתֶּם conj.-Qal pf. 2 m.p. (245) *but you have turned*

לְרֹאשׁ prep.-n.m.s. (912) *into poison*

מִשְׁפָּט n.m.s. (1048) *justice*

וּפְרִי conj.-n.m.s. cstr. (826) *and the fruit of*

צְדָקָה n.f.s. (842) *righteousness*

לְלַעֲנָה prep.-n.f.s. (542) *into wormwood*

6:13

הַשְּׂמֵחִים def.art.-Qal act.ptc. m.p. (970) *you who rejoice*

לְלֹא דָבָר prep.-pr.n. (520; GK 152aN) *in Lo-debar*

הָאֹמְרִים def.art.-Qal act.ptc. m.p. (55) *who say*

הֲלוֹא interr.-neg. *... not?*

בְחָזְקֵנוּ prep.-n.m.s.-1 c.p. sf. (305) *by our own strength*

לָקַחְנוּ Qal pf. 1 c.p. (542) *have we ... taken*

לָנוּ prep.-1 c.p. sf. *for ourselves*

קַרְנָיִם pr.n. (902) *Karnaim*

6:14

כִּי הִנְנִי conj.-demons.part.-1 c.s. sf. (243) *for behold I*

מֵקִים Hi. ptc. m.s. (877) *will raise up*

עֲלֵיכֶם prep.-2 m.p. sf. *against you*

בֵּית יִשְׂרָאֵל n.m.s. cstr. (108)-pr.n. (975) *O house of Israel*

נְאֻם־יְהוָה subst. cstr. (610)-pr.n. (217) *says Yahweh*

אֱלֹהֵי הַצְּבָאוֹת n.m.p. cstr. (43)-def.art.-n.f.p. (838) *the God of hosts*

גּוֹי n.m.s. (156; GK 125c) *a nation*

וְלָחֲצוּ conj.-Qal pf. 3 c.p. (537) *and they shall oppress*

אֶתְכֶם dir.obj.-2 m.p. sf. *you*

מִלְּבוֹא prep.-prep.-Qal inf.cstr. (97) *from the entrance of*

חֲמָת pr.n. (333) *Hamath*

עַד־נַחַל prep.-n.m.s. cstr. (636) *to the brook of*

הָעֲרָבָה def.art.-pr.n. (787) *the Arabah*

7:1

כֹּה הִרְאַנִי adv. (462)-Hi. pf. 3 m.s.-1 c.s. sf. (906) *thus showed me*

אֲדֹנָי יְהוִה n.m.p.-1 c.s. sf. (10)-pr.n. (217) *the Lord Yahweh*

וְהִנֵּה conj.-demons.part. (243) *and behold*

יוֹצֵר Qal act.ptc. m.s. (427) *he was forming*

גֹּבַי n.m.s. (146; GK 86i) *locusts*

בִּתְחִלַּת prep.-n.f.s. cstr. (321) *in the beginning of*

עֲלוֹת Qal inf.cstr. (748) *the shooting up of*

הַלֶּקֶשׁ def.art.-n.m.s. paus. (545) *the latter growth*

וְהִנֵּה־ v.supra (GK 147b) *and lo*

לֶקֶשׁ v.supra *the latter growth*

אַחַר גִּזֵּי prep. (29)-n.m.p. cstr. (159) *after the mowings of*

הַמֶּלֶךְ def.art.-n.m.s. (572) *the king*

7:2

וְהָיָה conj.-Qal pf. 3 m.s. (224; GK 112uu) *and it was*

אִם־כִּלָּה hypoth.part. (49)-Pi. pf. 3 m.s. (477) *when they had finished*

לֶאֱכוֹל prep.-Qal inf.cstr. (37) *eating*

אֶת־עֵשֶׂב dir.obj.-n.m.s. cstr. (793) *the grass of*

הָאָרֶץ def.art.-n.f.s. (75) *the land*

וָאֹמַר consec.-Qal impf. 1 c.s. (55) *and I said*

אֲדֹנָי יְהוִה v.supra 7:1 *O Lord Yahweh*

סְלַח־נָא Qal impv. 2 m.s. (669)-part. of entreaty (609) *forgive, I beseech thee*

מִי יָקוּם interr. (566)-Qal impf. 3 m.s. (877) *how can ... stand*

יַעֲקֹב pr.n. (784) *Jacob*

כִּי קָטֹן הוּא conj.-n.m.s. (882)-pers.pr. 3 m.s. (214) *for he is so small*

7:3

נִחַם יְהוָה Ni. pf. 3 m.s. (636)-pr.n. (217) *Yahweh repented*

עַל־זֹאת prep.-demons.adj. f.s. (260) *concerning this*

לֹא תִהְיֶה neg.-Qal impf. 3 f.s. (224) *it shall not be*

אָמַר יְהוָה Qal pf. 3 m.s. (55)-pr.n. (217) *said Yahweh*

7:4

כֹּה הִרְאַנִי v.supra 7:1 *thus showed me*

אֲדֹנָי יְהוִה v.supra 7:1 *the Lord Yahweh*

וְהִנֵּה v.supra 7:1 *and behold*

קֹרֵא Qal act.ptc. (894) *was calling*

לָרִב prep.-def.art.-n.m.s. (936) *for a judgment*

בָּאֵשׁ prep.-def.art.-n.f.s. (77) *by fire*

אֲדֹנָי יְהוִה v.supra *the Lord Yahweh*

וַתֹּאכַל consec.-Qal impf. 3 f.s. (37) *and it devoured*

אֶת־תְּהוֹם רַבָּה dir.obj.-n.f.s. (1062)-adj. f.s. (912) *the great deep*

וְאָכְלָה conj.-Qal pf. 3 f.s. (37; GK 112tt) *and was eating up*

אֶת־הַחֵלֶק dir.obj.-def.art.-n.m.s. (324) *the land*

7:5

וָאֹמַר v.supra 7:2 *then I said*

אֲדֹנָי יְהוִה v.supra 7:2 *O Lord Yahweh*

חֲדַל־נָא Qal impv. 2 m.s. (292)-part. of entreaty (609) *cease, I beseech thee*

מִי יָקוּם v. supra 7:2 *how can ... stand*

יַעֲקֹב pr.n. (784) *Jacob*

כִּי קָטֹן הוּא v.supra 7:2 *He is so small*

7:6

נִחַם v.supra 7:3 *repented*

יְהוָה pr.n. (217) *Yahweh*

עַל־זֹאת prep.-demons.adj. f.s. (260) *concerning this*

גַּם־הִיא adv. (168)-demons. f.s. (214) *This also*

לֹא תִהְיֶה neg.-Qal impf. 3 f.s. (224) *shall not be*

אָמַר אֲדֹנָי Qal pf. 3 m.s. (55)-n.m.p.-1 c.s. sf. (10) *said the Lord*

יְהוִה pr.n. (217) *Yahweh*

7:7

בֹּה הִרְאַנִי adv. (462)-Hi. pf. 3 m.s.-1 c.s. sf. (906 רָאָה) thus he showed me

וְהִנֵּה conj.-demons.part. (243) behold

אֲדֹנָי v.supra 7:6 the Lord

נִצָּב Ni. ptc. (נָצַב 662) was standing

עַל־חוֹמַת prep.-n.f.s. cstr. (327) beside a wall built with

אֲנָךְ n.m.s. (59; GK 156b) a plumb line

וּבְיָדוֹ conj.-prep.-n.f.s.-3 m.s. sf. (388) and in his hand

אֲנָךְ v.supra a plumb line

7:8

וַיֹּאמֶר יהוה consec.-Qal impf. 3 m.s. (55)-pr.n. (217) and Yahweh said

אֵלַי prep.-1 c.s. sf. to me

מָה־אַתָּה interr. (552)-pers.pr. 2 m.s. (61) what do you

רֹאֶה Qal act.ptc. (906) see

עָמוֹס pr.n. (770) Amos

וָאֹמַר consec.-Qal impf. 1 c.s. (55) and I said

אֲנָךְ n.m.s. (59) a plumb line

וַיֹּאמֶר אֲדֹנָי consec.-Qal impf. 3 m.s. (55) -n.m.p.-1 c.s. sf. (10) then the Lord said

הִנְנִי demons.part.-1 c.s. sf. (243) behold, I

שָׂם Qal act.ptc. (שִׂים 962) am setting

אֲנָךְ v.supra a plumb line

בְּקֶרֶב prep.-n.m.s. cstr. (899) in the midst of

עַמִּי n.m.s.-1 c.s. sf. (766) my people

יִשְׂרָאֵל pr.n. (975) Israel

לֹא־אוֹסִיף neg.-Hi.impf. 1 c.s. (414) I will never

עוֹד adv. (728) again

עֲבוֹר לוֹ Qal inf.cstr. (716)-prep.-3 m.s. sf. pass by them

7:9

וְנָשַׁמּוּ conj.-Ni. pf. 3 c.p. (1030) and shall be made desolate

בָּמוֹת n.f.p. cstr. (119) the high places of

יִשְׂחָק pr.n. (850; 966) Isaac

וּמִקְדְּשֵׁי conj.-n.m.p. cstr. (874) and the sanctuaries of

יִשְׂרָאֵל pr.n. (975) Israel

יֶחֱרָבוּ Qal impf. 3 m.p. paus. (351) shall be laid waste

וְקַמְתִּי conj.-Qal pf. 1 c.s. (877) and I will rise

עַל־בֵּית prep.-n.m.s. cstr. (108) against the house of

יָרָבְעָם pr.n. (914) Jeroboam

בֶּחָרֶב prep.-def.art.-n.f.s. paus. (352) with the sword

7:10

וַיִּשְׁלַח consec.-Qal impf. 3 m.s. (1018) then sent

אֲמַצְיָה pr.n. (55) Amaziah

כֹּהֵן n.m.s. cstr. (463) the priest of

בֵּית־אֵל pr.n. (110) Bethel

אֶל־יָרָבְעָם prep.-pr.n. (914) to Jeroboam

מֶלֶךְ־ n.m.s. cstr. (572) king of

יִשְׂרָאֵל pr.n. (975) Israel

לֵאמֹר prep.-Qal inf.cstr. (55) saying

קָשַׁר Qal pf. 3 m.s. (905) has conspired

עָלֶיךָ prep.-2 m.s. sf. against you

עָמוֹס pr.n. (770) Amos

בְּקֶרֶב prep.-n.m.s. cstr. (899) in the midst of

בֵּית n.m.s. cstr. (108) the house of

יִשְׂרָאֵל pr.n. (975) Israel

לֹא־תוּכַל neg.-Qal impf. 3 f.s. (יָכֹל 406) is not able

הָאָרֶץ def.art.-n.f.s. (75) the land

לְהָכִיל prep.-Hi. inf.cstr. (כּוּל 465) to bear

אֶת־כָּל־דְּבָרָיו dir.obj.-n.m.s. cstr. (481)-n.m.p.-3 m.s. sf. (182) all his words

7:11

כִּי־כֹה conj.-adv. (462) for thus

אָמַר עָמוֹס Qal pf. 3 m.s. (55)-pr.n. (770) Amos has said

בַּחֶרֶב prep.-def.art.-n.f.s. (352) by the sword

יָמוּת Qal impf. 3 m.s. (מוּת 559) shall die

יָרָבְעָם pr.n. (914) Jeroboam

וְיִשְׂרָאֵל conj.-pr.n. (975) and Israel

גָּלֹה יִגְלֶה Qal inf.abs. (162)-Qal impf. 3 m.s. (162) must go into exile

מֵעַל אַדְמָתוֹ prep.-prep.-n.f.s.-3 m.s. sf. (9) away from his land

7:12

וַיֹּאמֶר consec.-Qal impf. 3 m.s. (55) and said

אֲמַצְיָה pr.n. (55) Amaziah

אֶל־עָמוֹס prep.-pr.n. (770) to Amos

חֹזֶה n.m.s. (302) O seer

לֵךְ Qal impv. 2 m.s. (הָלַךְ 229) go

בְּרַח־לְךָ Qal impv. 2 m.s. (137)-prep.-2 m.s. sf. flee away

אֶל־אֶרֶץ prep.-n.f.s. cstr. (75) to the land of

יְהוּדָה pr.n. (397) Judah

וֶאֱכָל־שָׁם conj.-Qal impv. 2 m.s. (37)-adv. (1027) and eat there

לֶחֶם n.m.s. (536) bread

וְשָׁם conj.-v.supra and there

תִּנָּבֵא Ni. impf. 2 m.s. (612) prophesy

818

7:13

וּבֵית־אֵל conj.-pr.n. (110) *but at Bethel*

לֹא־תוֹסִיף neg.-Hi. impf. 2 m.s. (יָסַף 414) *never*

עוֹד adv. (728) *again*

לְהִנָּבֵא prep.-Ni. inf.cstr. (612) *prophesy*

כִּי conj. *for*

מִקְדַּשׁ־מֶלֶךְ n.m.s. cstr. (874)-n.m.s. (572) *king's sanctuary*

הוּא pers.pr. 3 m.s. (214) *it is*

וּבֵית מַמְלָכָה conj.-n.m.s. cstr. (108)-n.f.s. (575) *a temple of the kingdom*

הוּא v.supra *it is*

7:14

וַיַּעַן עָמוֹס consec.-Qal impf. 3 m.s. (772)-pr.n. (770) *then Amos answered*

וַיֹּאמֶר consec.-Qal impf. 3 m.s. (55) *(and he said)*

אֶל־אֲמַצְיָה prep.-pr.n. (55) *to Amaziah*

לֹא־נָבִיא neg.-n.m.s. (611) *no prophet*

אָנֹכִי pers.pr. 1 c.s. (59) *I am*

וְלֹא בֶן conj.-neg.-n.m.s. cstr. (119; GK 128v) *nor a son of*

נָבִיא v.supra *a prophet*

אָנֹכִי v.supra *(am I)*

כִּי־בוֹקֵר conj.-n.m.s. (133) *but a herdsman*

אָנֹכִי v.supra *I am*

וּבוֹלֵס conj.-Qal act.ptc. m.s. cstr. (118) *and a dresser of*

שִׁקְמִים n.f.p. (1054) *sycomore trees*

7:15

וַיִּקָּחֵנִי יהוה consec.-Qal impf. 3 m.s. (לָקַח 542) -1 c.s. sf.-pr.n. (217) *and Yahweh took me*

מֵאַחֲרֵי prep.-prep.cstr. (29; GK 119b) *from following*

הַצֹּאן def.art.-n.f.s. (838) *the flock*

וַיֹּאמֶר אֵלַי consec.-Qal impf. 3 m.s. (55) -prep.-1 c.s. sf. *and said to me*

יהוה pr.n. (217) *Yahweh*

לֵךְ Qal impv. 2 m.s. (הָלַךְ 229) *Go*

הִנָּבֵא Ni. impv. 2 m.s. (612) *prophesy*

אֶל־עַמִּי prep.-n.m.s.-1 c.s. sf. (766) *to my people*

יִשְׂרָאֵל pr.n. (975) *Israel*

7:16

וְעַתָּה conj.-adv. (773) *now therefore*

שְׁמַע Qal impv. 2 m.s. (1033) *hear*

דְּבַר־ n.m.s. cstr. (182) *the word of*

יהוה pr.n. (217) *Yahweh*

אַתָּה אֹמֵר pers.pr. 2 m.s. (61)-Qal act.ptc. (55) *you say*

לֹא תִנָּבֵא neg.-Ni. impf. 2 m.s. (612) *do not prophesy*

עַל־יִשְׂרָאֵל prep.-pr.n. (975) *against Israel*

וְלֹא תַטִּיף conj.-neg.-Hi. impf. 2 m.s. (642) *and do not preach*

עַל־בֵּית prep.-n.m.s. cstr. (108) *against the house of*

יִשְׂחָק pr.n. (850, 966) *Isaac*

7:17

לָכֵן prep.-adv. (485) *therefore*

כֹּה־אָמַר adv. (462)-Qal pf. 3 m.s. (55) *thus saith*

יהוה pr.n. (217) *Yahweh*

אִשְׁתְּךָ n.f.s.-2 m.s. sf. (61) *your wife*

בָּעִיר prep.-def.art.-n.f.s. (746) *in the city*

תִּזְנֶה Qal impf. 3 f.s. (275) *shall be a harlot*

וּבָנֶיךָ conj.-n.m.p.-2 m.s. sf. (119) *and your sons*

וּבְנֹתֶיךָ conj.-n.f.p.-2 m.s. sf. (119) *and your daughters*

בַּחֶרֶב prep.-def.art.-n.f.s. (352) *by the sword*

יִפֹּלוּ Qal impf. 3 m.p. (נָפַל 656) *shall fall*

וְאַדְמָתְךָ conj.-n.f.s.-2 m.s. sf. (9) *and your land*

בַּחֶבֶל prep.-def.art.-n.m.s. (286) *by the line*

תְּחֻלָּק Pu. impf. 3 f.s. paus. (323) *shall be parceled*

וְאַתָּה conj.-pers.pr. 2 m.s. (61) *you yourself*

עַל־אֲדָמָה prep.-n.f.s. (9) *in an ... land*

טְמֵאָה adj. f.s. (379) *unclean*

תָּמוּת Qal impf. 2 m.s. (מוּת 559) *shall die*

וְיִשְׂרָאֵל conj.-pr.n. (975) *and Israel*

גָּלֹה יִגְלֶה cf. 7:11 Qal inf.abs. (162)-Qal impf. 3 m.s. (162) *shall surely go into exile*

מֵעַל אַדְמָתוֹ prep.-prep.-n.f.s.-3 m.s. sf. (9) *from its land*

8:1

כֹּה הִרְאַנִי adv. (462)-Hi. pf. 3 m.s.-1 c.s. sf. (רָאָה 906) *thus showed me*

אֲדֹנָי יהוה n.m.p.-1 c.s. sf. (10)-pr.n. (217) *the Lord Yahweh*

וְהִנֵּה conj.-demons.part. (243) *and behold*

כְּלוּב n.m.s. cstr. (477) *a basket of*

קָיִץ n.m.s. paus. (884) *summer fruit*

8:2

וַיֹּאמֶר consec.-Qal impf. 3 m.s. (55) *and he said*

מָה־אַתָּה interr. (552)-pers.pr. 2 m.s. (61) *what do you*

רֹאֶה Qal act.ptc. (906) *see*

עָמוֹס pr.n. (770) *Amos*

וָאֹמַר consec.-Qal impf. 1 c.s. (55) *and I said*

כְּלוּב v.supra *a basket of*

קָיִץ v.supra *summer fruit*

וַיֹּאמֶר יְהוָה consec.-Qal impf. 3 m.s. (55)-pr.n. (217) *then said Yahweh*

אֵלַי prep.-1 c.s. sf. *to me*

בָּא Qal pf. 3 m.s. (בּוֹא 97) *has come*

הַקֵּץ def.art.-n.m.s. (893) *the end*

אֶל־עַמִּי prep.-n.m.s.-1 c.s. sf. (766) *upon my people*

יִשְׂרָאֵל pr.n. (975) *Israel*

לֹא־אוֹסִיף neg.-Hi. impf. 1 c.s. (יסף 414) *I will never*

עוֹד adv. (728) *again*

עֲבוֹר לוֹ Qal inf.cstr. (716)-prep.-3 m.s. sf. *pass by them*

8:3

וְהֵילִילוּ conj.-Hi. pf. 3 c.p. (410) *and shall become wailing*

שִׁירוֹת n.f.p. cstr. (1010) *songs of*

הֵיכָל n.m.s. (228) *temple*

בַּיּוֹם הַהוּא prep.-def.art.-n.m.s. (398)-def.art.-demons.adj. m.s. (214) *in that day*

נְאֻם אֲדֹנָי subst.cstr. (610)-n.m.p.-1 c.s. sf. (10) *says the Lord*

יְהוָה pr.n. (217) *Yahweh*

רַב הַפֶּגֶר adj. (I 912)-def.art.-n.m.s. (803) *the dead bodies shall be many*

בְּכָל־מָקוֹם prep.-n.m.s. cstr. (481)-n.m.s. (819) *in every place*

הִשְׁלִיךְ Hi. pf. 3 m.s. (1020) *they shall be cast out*

הָס interj. (245) *in silence*

8:4

שִׁמְעוּ Qal impv. 2 m.p. (1033) *hear*

זֹאת demons.adj. (260) *this*

הַשֹּׁאֲפִים def.art.-Qal act.ptc. m.p. (983) *you who trample upon*

אֶבְיוֹן n.m.s. (2) *the needy*

וְלַשְׁבִּית conj.-prep.-Hi. inf.cstr. (שׁבת 991; GK 53q) *and bring to an end*

עֲנִוֵּי־אָרֶץ n.m.p. cstr. (776)-n.f.s. paus. (75) *poor of land*

8:5

לֵאמֹר prep.-Qal inf.cstr. (55) *saying*

מָתַי יַעֲבֹר interr. (607)-Qal impf. 3 m.s. (716) *when will be over*

הַחֹדֶשׁ def.art.-n.m.s. (294) *the new moon*

וְנַשְׁבִּירָה conj.-Hi. impf. 1 c.p.-vol.he (שׁבר 991) *that we may sell*

שֶׁבֶר n.m.s. (991) *grain*

וְהַשַּׁבָּת conj.-def.art.-n.f.s. (992) *and the sabbath*

וְנִפְתְּחָה conj.-Qal impf. 1 c.p.-vol.he (פתח 835) *that we may offer for sale*

בָּר n.m.s. (141) *wheat*

לְהַקְטִין prep.-Hi. inf.cstr. (קטן 882) *that we may make small*

אֵיפָה n.f.s. (35) *an ephah*

וּלְהַגְדִּיל conj.-prep.-Hi. inf.cstr. (152) *and make great*

שֶׁקֶל n.m.s. (1053) *a shekel*

וּלְעַוֵּת conj.-prep.-Pi. inf.cstr. (עות 736) *and deal deceitfully*

מֹאזְנֵי מִרְמָה n.m. du. cstr. (24)-n.f.s. (941) *with false balances*

8:6

לִקְנוֹת prep.-Qal inf.cstr. (קנה 888) *that we may buy*

בַּכֶּסֶף prep.-def.art.-n.m.s. (494) *for silver*

דַּלִּים n.m.p. (195) *poor*

וְאֶבְיוֹן conj.-n.m.s. (2) *and needy*

בַּעֲבוּר prep.-prep. (721) *for*

נַעֲלָיִם n.m. du. paus. (653) *a pair of sandals*

וּמַפַּל בַּר conj.-n.m.s. cstr. (658)-n.m.s. (141) *and refuse of wheat*

נַשְׁבִּיר Hi. impf. 1 c.p. (991) *sell*

8:7

נִשְׁבַּע Ni. pf. 3 m.s. (989) *has sworn*

יְהוָה pr.n. (217) *Yahweh*

בִּגְאוֹן prep.-n.m.s. cstr. (144) *by the pride of*

יַעֲקֹב pr.n. (784) *Jacob*

אִם־אֶשְׁכַּח hypoth.part. (49)-Qal impf. 1 c.s. (1013) *Sure I will not forget*

לָנֶצַח prep.-n.m.s. (664) *ever*

כָּל־מַעֲשֵׂיהֶם n.m.s. cstr. (481)-n.m.p.-3 m.p. sf. (793) *any of their deeds*

8:8

הַעַל זֹאת interr.part.-prep.-demons.adj. f.s. (260) *on this account*

לֹא־תִרְגַּז neg.-Qal impf. 3 f.s. (רגז 919) *shall not tremble*

הָאָרֶץ def.art.-n.f.s. (75) *the land*

וְאָבַל conj.-Qal pf. 3 m.s. (5) *and mourn*

כָּל־יוֹשֵׁב n.m.s. cstr. (481)-Qal act.ptc. (442) *every one who dwells*

בָּהּ prep.-3 f.s. sf. *in it*

וְעָלְתָה conj.-Qal pf. 3 f.s. (עלה 748) *and rise*

כָּאֹר prep.-def.art.-n.m.s. (384) *like the Nile*

כֻּלָּהּ n.m.s.-3 f.s. sf. (481) *all of it*

וְנִגְרְשָׁה conj.-Ni. pf. 3 f.s. (176) *and be tossed about*

וְנִשְׁקְעָה conj.-Ni. pf. 3 f.s. (שָׁקַע 1054; cf. 9:5 rd. prb. וְנִשְׁקְעָה) *and sink again*

כִּיאוֹר prep.-n.m.s. cstr. (385; GK 125e) *like the Nile of*

מִצְרָיִם pr.n. paus. (595) *Egypt*

8:9

וְהָיָה conj.-Qal pf. 3 m.s. (224) *and*

בַּיּוֹם הַהוּא prep.-def.art.-n.m.s. (398)-def.art. -demons.adj. m.s. (214) *on that day*

נְאֻם אֲדֹנָי subst.cstr. (610)-n.m.p.-1 c.s. sf. (10) *says the Lord*

יְהוִה pr.n. (217) *Yahweh*

וְהֵבֵאתִי conj.-Hi. pf. 1 c.s. (בּוֹא 97; GK 49 l) *and I will make go down*

הַשֶּׁמֶשׁ def.art.-n.f.s. (1039) *the sun*

בַּצָּהֳרָיִם prep.-def.art.-n.m. du. paus. (843) *at noon*

וְהַחֲשַׁכְתִּי conj.-Hi. pf. 1 c.s. (364) *and I will darken*

לָאָרֶץ prep.-def.art.-n.f.s. (75) *the earth*

בְּיוֹם אוֹר prep.-n.m.s. cstr. (398)-n.m.s. (21) *in broad daylight*

8:10

וְהָפַכְתִּי conj.-Qal pf. 1 c.s. (245) *and I will turn*

חַגֵּיכֶם n.m.p.-2 m.p. sf. (290) *your feasts*

לְאֵבֶל prep.-n.m.s. (5) *into mourning*

וְכָל־שִׁירֵיכֶם conj.-n.m.s. cstr. (481)-n.m.p.-2 m.p. sf. (1010) *and all your songs*

לְקִינָה prep.-n.f.s. (884) *into lamentation*

וְהַעֲלֵיתִי conj.-Hi. pf. 1 c.s. (748) *and I will bring up*

עַל־כָּל־מָתְנַיִם prep.-n.m.s. cstr. (481)-n.m. du. (608) *upon all loins*

שָׂק n.m.s. (974) *sackcloth*

וְעַל־כָּל־רֹאשׁ conj.-prep.-n.m.s. cstr. (481) -n.m.s. (910) *and on every head*

קָרְחָה n.f.s. (901) *baldness*

וְשַׂמְתִּיהָ conj.-Qal pf. 1 c.s.-3 f.s. sf. (שִׂים 962) *and I will make it*

כְּאֵבֶל יָחִיד prep.-n.m.s. cstr. (5)-adj. (402; GK 128h) *like mourning for an only son*

וְאַחֲרִיתָהּ conj.-n.f.s.-3 f.s. sf. (31; GK 135p) *and the end of it*

כְּיוֹם מָר prep.-n.m.s. cstr. (398)-adj. (600) *like a bitter day*

8:11

הִנֵּה demons.part. (243) *behold*

יָמִים n.m.p. (398) *days*

בָּאִים Qal act.ptc. m.p. (בּוֹא 97) *are coming*

נְאֻם אֲדֹנָי subst.cstr. (610)-n.m.p.-1 c.s. sf. (10) *says the Lord*

יְהוִה pr.n. (217) *Yahweh*

וְהִשְׁלַחְתִּי conj.-Hi. pf. 1 c.s. (1018) *when I will send*

רָעָב n.m.s. (944) *a famine*

בָּאָרֶץ prep.-def.art.-n.f.s. (75) *on the land*

לֹא־רָעָב neg.-n.m.s. (944) *not a famine*

לַלֶּחֶם prep.-def.art.-n.m.s. (536) *of bread*

וְלֹא־צָמָא conj.-neg.-n.m.s. (854) *nor a thirst*

לַמַּיִם prep.-def.art.-n.m. du. (565) *for water*

כִּי אִם־ conj. (471)-conj. (49) *but*

לִשְׁמֹעַ prep.-Qal inf.cstr. (1033) *of hearing*

אֵת דִּבְרֵי dir.obj.-n.m.p. cstr. (182) *the words of*

יְהוִה pr.n. (217) *Yahweh*

8:12

וְנָעוּ conj.-Qal pf. 3 c.p. (נוּע 631) *and they shall wander*

מִיָּם prep.-n.m.s. (410) *from sea*

עַד־יָם prep.-n.m.s. (410) *to sea*

וּמִצָּפוֹן conj.-prep.-n.f.s. (I 860) *and from north*

וְעַד־מִזְרָח conj.-prep.-n.m.s. (280) *to east*

יְשׁוֹטְטוּ Polel impf. 3 m.p. (שׁוּט 1001) *they shall run to and fro*

לְבַקֵּשׁ prep.-Pi. inf.cstr. (134) *to seek*

אֶת־דְּבַר־ dir.obj.-n.m.s. cstr. (182) *the word of*

יְהוִה pr.n. (217) *Yahweh*

וְלֹא יִמְצָאוּ conj.-neg.-Qal impf. 3 m.p. paus. (592) *but they shall not find*

8:13

בַּיּוֹם הַהוּא prep.-def.art.-n.m.s. (398)-def.art. -demons.adj. (214) *in that day*

תִּתְעַלַּפְנָה Hith. impf. 3 f.p. (763; GK 54k, 146g) *shall faint*

הַבְּתוּלֹת def.art.-n.f.p. (143) *the virgins*

הַיָּפוֹת def.art.-adj. f.p. (421) *fair*

וְהַבַּחוּרִים conj.-def.art.-n.m.p. (104) *and the young men*

בַּצָּמָא prep.-def.art.-n.m.s. (854) *for thirst*

8:14

הַנִּשְׁבָּעִים def.art.-Ni. ptc. m.p. (989) *those who swear*

בְּאַשְׁמַת prep.-n.f.s. cstr. (79) *by Ashimah of*

שֹׁמְרוֹן pr.n. (1037) *Samaria*

וְאָמְרוּ conj.-Qal pf. 3 c.p. (55) *and say*

חֵי adj. cstr. (311) *as lives*

אֱלֹהֶיךָ n.m.p.-2 m.s. sf. (43) *thy god*

דָּן pr.n. (192) *O Dan*

וְחֵי conj.-v.supra *and as lives*

דֶּרֶךְ n.m.s. cstr. (202) *the way of*

בְּאֵר־שֶׁבַע pr.n. paus. (92) *Beer-sheba*

וְנָפְלוּ conj.-Qal pf. 3 c.p. (656) *they shall fall*

וְלֹא־יָקוּמוּ conj.-neg.-Qal impf. 3 m.p. (877) *and never rise*

עוֹד adv. (728) *again*

9:1

רָאִיתִי Qal pf. 1 c.s. (רָאָה 906) *I saw*

אֶת־אֲדֹנָי dir.obj.-n.m.p.-1 c.s. sf. (10) *the Lord*

נִצָּב Ni. ptc. (נָצַב 662; GK 144e) *standing*

עַל־הַמִּזְבֵּחַ prep.-def.art.-n.m.s. (258) *beside the altar*

וַיֹּאמֶר consec.-Qal impf. 3 m.s. (55) *and he said*

הַךְ Hi. impv. 2 m.s. (נָכָה 645) *Smite*

הַכַּפְתּוֹר def.art.-n.m.s. (499) *the capitals*

וְיִרְעֲשׁוּ conj.-Qal impf. 3 m.p. (רָעַשׁ 950) *until ... shake*

הַסִּפִּים def.art.-n.m.p. (706) *the thresholds*

וּבְצַעַם conj.-Qal impv. 2 m.s.-3 m.p. sf. (בָּצַע 130; 61g) *and shatter them*

בְּרֹאשׁ prep.-n.m.s. cstr. (910) *on the heads of*

כֻּלָּם n.m.s.-3 m.p. sf. (481) *all of them*

וְאַחֲרִיתָם conj.-n.f.s.-3 m.p. sf. (31) *and what are left of them*

בַּחֶרֶב prep.-def.art.-n.f.s. (352) *with the sword*

אֶהֱרֹג Qal impf. 1 c.s. (הָרַג 246) *I will slay*

לֹא־יָנוּס neg.-Qal impf. 3 m.s. (נוּס 630) *shall not flee away*

לָהֶם prep.-3 m.p. sf. *of them*

נָס Qal act.ptc. (נוּס 630) *one (fleeing)*

וְלֹא־יִמָּלֵט conj.-neg.-Ni. impf. 3 m.s. (572) *and not shall escape*

לָהֶם v.supra *of them*

פָּלִיט n.m.s. (812) *one (fugitive)*

9:2

אִם־יַחְתְּרוּ hypoth.part. (49)-Qal impf. 3 m.p. (חָתַר 369) *though they dig*

בִשְׁאוֹל prep.-pr.n. (982) *into Sheol*

מִשָּׁם prep.-adv. (1027) *from there*

יָדִי n.f.s.-1 c.s. sf. (388) *my hand*

תִּקָּחֵם Qal impf. 3 f.s.-3 m.p. sf. (לָקַח 542) *shall take them*

וְאִם־ conj.-v.supra *and though*

יַעֲלוּ Qal impf. 3 m.p. (עָלָה 748) *they climb*

הַשָּׁמַיִם def.art.-n.m. du. (1029) *to heaven*

מִשָּׁם v.supra *from there*

אוֹרִידֵם Hi. impf. 1 c.s.-3 m.p. sf. (יָרַד 432) *I will bring them down*

9:3

וְאִם־ v.supra *and though*

יֵחָבְאוּ Ni. impf. 3 m.p. (חָבָא 285) *they hide themselves*

בְּרֹאשׁ prep.-n.m.s. cstr. (910) *on the top of*

הַכַּרְמֶל def.art.-pr.n. (II 502) *Carmel*

מִשָּׁם v.supra *from there*

אֲחַפֵּשׂ Pi. impf. 1 c.s. (344; GK 112p) *I will search out*

וּלְקַחְתִּים conj.-Qal pf. 1 c.s.-3 m.p. sf. (542) *and take them*

וְאִם־ v.supra *and though*

יִסָּתְרוּ Ni. impf. 3 m.p. (סָתַר 711) *they hide*

מִנֶּגֶד prep.-prep. (617) *from*

עֵינַי n.f.p.-1 c.s. sf. (744) *my sight*

בְּקַרְקַע prep.-n.m.s. cstr. (903) *at the bottom of*

הַיָּם def.art.-n.m.s. (410) *the sea*

מִשָּׁם v.supra *from there*

אֲצַוֶּה Pi. impf. 1 c.s. (צָוָה 845) *I will command*

אֶת־הַנָּחָשׁ dir.obj.-def.art.-n.m.s. (638) *the serpent*

וּנְשָׁכָם conj.-Qal pf. 3 m.s.-3 m.p. sf. (נָשַׁךְ 675) *and it shall bite them*

9:4

וְאִם־ v.supra *and though*

יֵלְכוּ Qal impf. 3 m.p. (הָלַךְ 229) *they go*

בַשְּׁבִי prep.-def.art.-n.m.s. (985) *into captivity*

לִפְנֵי prep.-n.m.p. cstr. (815) *before*

אֹיְבֵיהֶם Qal act.ptc. m.p.-3 m.p. sf. (אָיַב 33) *their enemies*

מִשָּׁם v.supra *from there*

אֲצַוֶּה Pi. impf. 1 c.s. (צָוָה 845) *I will command*

אֶת־הַחֶרֶב dir.obj.-def.art.-n.f.s. (352) *the sword*

וַהֲרָגָתַם conj.-Qal pf. 3 f.s.-3 m.p. sf. (הָרַג 246; GK 61g) *and it shall slay them*

וְשַׂמְתִּי conj.-Qal pf. 1 c.s. (שִׂים 962) *and I will set*

עֵינִי n.f.s.-1 c.s. sf. (744) *my eye*

עֲלֵיהֶם prep.-3 m.p. sf. *upon them*

לְרָעָה prep.-n.f.s. (948) *for evil*

וְלֹא לְטוֹבָה conj.-neg.-adj. f.s. (373) *and not for good*

9:5

וַאדֹנָי conj.-n.m.p.-1 c.s. sf. (10) *the Lord*

יהוה הַצְּבָאוֹת pr.n. (217)-def.art.-n.f.p. (838) *Yahweh of hosts*

הַנּוֹגֵעַ def.art.-Qal act.ptc. (נָגַע 619) *he who touches*

בָּאָרֶץ prep.-def.art.-n.f.s. (75) *the earth*

וַתָּמוֹג consec.-Qal impf. 3 f.s. (מוג 556) *and it melts*

וְאָבְלוּ conj.-Qal pf. 3 c.p. (אָבַל 5) *and mourn*

כָּל־יוֹשְׁבֵי n.m.s. cstr. (481)-Qal act.ptc. m.p. cstr. (יָשַׁב 442) *and who dwell*

בָּהּ prep.-3 f.s. sf. *in it*

וְעָלְתָה conj.-Qal pf. 3 f.s. (עָלָה 748) *and rises*

כַיְאֹר prep.-def.art.-n.m.s. (384) *like the Nile*

כֻּלָּהּ n.m.s.-3 f.s. sf. (481) *all of it*

וְשָׁקְעָה conj.-Qal pf. 3 f.s. (שָׁקַע 1054) *and sinks again*

כִּיאֹר prep.-n.m.s. cstr. (384) *like the Nile of*

מִצְרָיִם pr.n. paus. (595) *Egypt*

9:6

הַבּוֹנֶה def.art.-Qal act.ptc. (בָּנָה 124) *who builds*

בַשָּׁמַיִם prep.-def.art.-n.m. du. (1029) *in the heavens*

מַעֲלוֹתוֹ n.f.p.-3 m.s. sf. (752) *his upper chambers*

וַאֲגֻדָּתוֹ conj.-n.f.s.-3 m.s. sf. (8) *and his vault*

עַל־אֶרֶץ prep.-n.f.s. (75) *upon earth*

יְסָדָהּ Qal pf. 3 m.s.-3 f.s. sf. (יָסַד 413) *founds it*

הַקֹּרֵא def.art.-Qal act.ptc. (894) *who calls*

לְמֵי־הַיָּם prep.-n.m.p. cstr. (565)-def.art.-n.m.s. (410) *for the waters of the sea*

וַיִּשְׁפְּכֵם consec.-Qal impf. 3 m.s.-3 m.p. sf. (שָׁפַךְ 1049) *and pours them out*

עַל־פְּנֵי prep.-n.m.p. cstr. (815) *upon the surface of*

הָאָרֶץ def.art.-n.f.s. (75) *the earth*

יהוה שְׁמוֹ pr.n. (217)-n.m.s.-3 m.s. sf. (1027) *Yahweh is his name*

9:7

הֲלוֹא interr.part.-neg. (GK 150e) *are not?*

כִבְנֵי prep.-n.m.p. cstr. (119) *like the sons of*

כֻשִׁיִּים pr.n. gent. (469) *the Cushites*

אַתֶּם pers.pr. 2 m.p. (61) *you*

לִי prep.-1 c.s. sf. *to me*

בְּנֵי n.m.p. cstr. (119) *O people of*

יִשְׂרָאֵל pr.n. (975) *Israel*

נְאֻם־יהוה subst.cstr. (610)-pr.n. (217) *says Yahweh*

הֲלוֹא v.supra *did not?*

אֶת־יִשְׂרָאֵל dir.obj.-pr.n. (975) *Israel*

הֶעֱלֵיתִי Hi. pf. 1 c.s. (עָלָה 748) *I bring up*

מֵאֶרֶץ prep.-n.f.s. cstr. (75) *from the land of*

מִצְרַיִם pr.n. (595) *Egypt*

וּפְלִשְׁתִּיִּים conj.-pr.n. gent. m.p. (814) *and the Philistines*

מִכַּפְתּוֹר prep.-pr.n. (499) *from Caphtor*

וַאֲרָם conj.-pr.n. (74) *and the Syrians*

מִקִּיר prep.-pr.n. (885) *from Kir*

9:8

הִנֵּה demons.part. (243) *behold*

עֵינֵי n.f.p. cstr. (744) *the eyes of*

אֲדֹנָי יהוה n.m.p.-1 c.s. sf. (10)-pr.n. (217) *the Lord Yahweh*

בַּמַּמְלָכָה prep.-def.art.-n.f.s. (575) *upon the ... kingdom*

הַחַטָּאָה def.art.-adj. f.s. (307) *sinful*

וְהִשְׁמַדְתִּי conj.-Hi. pf. 1 c.s. (1029) *and I will destroy*

אֹתָהּ dir.obj.-3 f.s. sf. *it*

מֵעַל פְּנֵי prep.-prep.-n.m.p. cstr. (815) *from the surface of*

הָאֲדָמָה def.art.-n.f.s. (9) *the ground*

אֶפֶס כִּי adv. (67)-conj. *except that*

לֹא הַשְׁמֵיד אַשְׁמִיד neg.-Hi. inf.abs. (1029; GK 53k, 113n, 113v)-Hi. impf. 1 c.s. (1029) *I will not utterly destroy*

אֶת־בֵּית dir.obj.-n.m.s. cstr. (108) *the house of*

יַעֲקֹב pr.n. (784) *Jacob*

נְאֻם־יהוה subst.cstr. (610)-pr.n. (217) *says Yahweh*

9:9

כִּי־הִנֵּה conj.-demons.part. (243) *for lo*

אָנֹכִי מְצַוֶּה pers.pr. 1 c.s. (59)-Pi. ptc. (845) *I will command*

וַהֲנִעוֹתִי conj.-Hi. pf. 1 c.s. (נוע 631) *and shake*

בְכָל־הַגּוֹיִם prep.-n.m.s. cstr. (481)-def.art.-n.m.p. (156) *among all the nations*

אֶת־בֵּית dir.obj.-n.m.s. cstr. (108) *the house of*

יִשְׂרָאֵל pr.n. (975) *Israel*

כַּאֲשֶׁר prep.-rel. (81) *as*

יִנּוֹעַ Ni. impf. 3 m.s. (נוע 631) *one shakes*

בַּכְּבָרָה prep.-def.art.-n.f.s. (460) *with a sieve*

וְלֹא־יִפּוֹל conj.-neg.-Qal impf. 3 m.s. (656) *but shall not fall*

צְרוֹר n.m.s. (865) *a pebble*

אָרֶץ n.f.s. paus. (75) *upon the earth*

9:10

בַּחֶרֶב prep.-def.art.-n.f.s. (352) *by the sword*

יָמוּתוּ Qal impf. 3 m.p. (מות 559) *shall die*

כֹּל חַטָּאֵי n.m.s. cstr. (481)-n.m.p. cstr. (308) *all the sinners of*

עַמִּי n.m.s.-1 c.s. sf. (766) *my people*

הָאֹמְרִים def.art.-Qal act.ptc. m.p. (55) *who say*

823

לֹא־תַגִּישׁ neg.-Hi. impf. 3 f.s. (נגשׁ 620) *shall not overtake*

וְתִקְדִּים conj.-Hi. impf. 3 f.s. (קדם 869) *or meet*

בַּעֲדֵינוּ prep.-prep.-1 c.p. sf. (126) *us*

הָרָעָה def.art.-n.f.s. (948) *evil*

9:11

בַּיּוֹם הַהוּא prep.-def.art.-n.m.s. (398)-def. art.-demons.adj. m.s. (214) *in that day*

אָקִים Hi. impf. 1 c.s. (קום 877) *I will raise up*

אֶת־סֻכַּת dir.obj.-n.f.s. cstr. (697) *the booth of*

דָּוִיד pr.n. (187) *David*

הַנֹּפֶלֶת def.art.-Qal act.ptc. f.s. (נפל 656; GK 116d) *that is fallen*

וְגָדַרְתִּי conj.-Qal pf. 1 c.s. (154) *and repair*

אֶת־פִּרְצֵיהֶן dir.obj.-n.m.p.-3 f.p. sf. (829) *its breaches*

וַהֲרִסֹתָיו conj.-n.f.p.-3 m.s. sf. (249) *and its ruins*

אָקִים v.supra *I will raise up*

וּבְנִיתִיהָ conj.-Qal pf. 1 c.s.-3 f.s. sf. (בנה 124) *and rebuild it*

כִּימֵי prep.-n.m.p. cstr. (398; GK 118u) *as in the days of*

עוֹלָם n.m.s. (761) *old*

9:12

לְמַעַן prep.-prep. (775) *that*

יִירְשׁוּ Qal impf. 3 m.p. (ירשׁ 439) *they may possess*

אֶת־שְׁאֵרִית dir.obj.-n.f.s. cstr. (984) *the remnant of*

אֱדוֹם pr.n. (10) *Edom*

וְכָל־הַגּוֹיִם conj.-n.m.s. cstr. (481)-def.art.-n.m.p. (156) *and all the nations*

אֲשֶׁר־נִקְרָא rel. (81)-Ni. pf. 3 m.s. (894) *who are called*

שְׁמִי n.m.s.-1 c.s. sf. (1027) *by my name*

עֲלֵיהֶם prep.-3 m.p. sf. *(upon them)*

נְאֻם־יְהוָה subst.cstr. (610)-pr.n. (217) *says Yahweh*

עֹשֶׂה Qal act.ptc. (793) *who does*

זֹאת demons.adj. f.s. (260) *this*

9:13

הִנֵּה demons.part. (243) *behold*

יָמִים בָּאִים n.m.p. (398)-Qal act.ptc. m.p. (97) *the days are coming*

נְאֻם־יְהוָה subst.cstr. (610)-pr.n. (217) *says Yahweh*

וְנִגַּשׁ conj.-Ni. pf. 3 m.s. (נגשׁ 620) *when shall overtake*

חוֹרֵשׁ Qal act.ptc. m.s. (360) *the plowman*

בַּקֹּצֵר prep.-def.art.-Qal act.ptc. (894) *the reaper*

וְדֹרֵךְ conj.-Qal act.ptc. m.s. cstr. (201) *and the treader of*

עֲנָבִים n.m.p. (772) *grapes*

בְּמֹשֵׁךְ prep.-Qal act.ptc. (604) *him who sows*

הַזָּרַע def.art.-n.m.s. paus. (282) *the seed*

וְהִטִּיפוּ conj.-Hi. pf. 3 c.p. (נטף 642) *and shall drip*

הֶהָרִים def.art.-n.m.p. (249) *the mountains*

עָסִיס n.m.s. (779) *sweet wine*

וְכָל־הַגְּבָעוֹת conj.-n.m.s. cstr. (481)-def.art.-n.f.p. (148) *and all the hills*

תִּתְמוֹגַגְנָה Hithpolel impf. 3 f.p. (מוג 556; GK 54k) *shall flow with it*

9:14

וְשַׁבְתִּי conj.-Qal pf. 1 c.s. (שׁוב 996) *and I will restore*

אֶת־שְׁבוּת dir.obj.-n.f.s. cstr. (986) *the fortunes of*

עַמִּי n.m.s.-1 c.s. sf. (766) *my people*

יִשְׂרָאֵל pr.n. (975) *Israel*

וּבָנוּ conj.-Qal pf. 3 c.p. (בנה 124) *and they shall rebuild*

עָרִים n.f.p. (746) *cities*

נְשַׁמּוֹת Ni. ptc. f.p. (1030) *ruined*

וְיָשָׁבוּ conj.-Qal pf. 3 c.p. (ישׁב 442) *and inhabit them*

וְנָטְעוּ conj.-Qal pf. 3 c.p. (642) *and they shall plant*

כְרָמִים n.m.p. (501) *vineyards*

וְשָׁתוּ conj.-Qal pf. 3 c.p. (שׁתה 1059) *and drink*

אֶת־יֵינָם dir.obj.-n.m.s.-3 m.p. sf. (406) *their wine*

וְעָשׂוּ conj.-Qal pf. 3 c.p. (עשׂה 793) *and they shall make*

גַנּוֹת n.f.p. (171) *gardens*

וְאָכְלוּ conj.-Qal pf. 3 c.p. (37) *and eat*

אֶת־פְּרִיהֶם dir.obj.-n.m.s.-3 m.p. sf. (826) *their fruit*

9:15

וּנְטַעְתִּים conj.-Qal pf. 1 c.s.-3 m.p. sf. (642) *and I will plant them*

עַל־אַדְמָתָם prep.-n.f.s.-3 m.p. sf. (9) *upon their land*

וְלֹא יִנָּתְשׁוּ conj.-neg.-Ni. impf. 3 m.p. (684) *and they shall never be plucked up*

עוֹד adv. (728) *again*

מֵעַל אַדְמָתָם prep.-prep.-n.f.s.-3 m.p. sf. (9) *out of the land (their)*

אֲשֶׁר נָתַ֫תִּי rel. (81)-Qal pf. 1 c.s. (נָתַן 678) *which I have given*

לָהֶם prep.-3 m.p. sf. *them*

אָמַר Qal pf. 3 m.s. (55) *says*

יהוה pr.n. (217) *Yahweh*

אֱלֹהֶיךָ n.m.p.-2 m.s. sf. (43) *your God*

Obadiah

1:1

חֲזוֹן n.m.s. cstr. (302) *the vision of*

עֹבַדְיָה pr.n. (715) *Obadiah*

כֹּה־ adv. (462) *thus*

אָמַר Qal pf. 3 m.s. (55) *said*

אֲדֹנָי יהוה n.m.p.-1 c.s. sf. (10)-pr.n. (217) *the Lord Yahweh*

לֶאֱדוֹם prep.-pr.n. (10) *to Edom*

שְׁמוּעָה n.f.s. (1035) *a report*

שָׁמַעְנוּ Qal pf. 1 c.p. (1033) *we have heard*

מֵאֵת prep.-prep. (II 85) *from with*

יהוה pr.n. (217) *Yahweh*

וְצִיר conj.-n.m.s. (851) *and a messenger*

בַּגּוֹיִם prep.-def.art.-n.m.p. (156) *among the nations*

שֻׁלָּח Pu. pf. 3 m.s. paus. (1018) *has been sent*

קוּמוּ Qal impv. 2 m.p. (877) *rise up*

וְנָקוּמָה conj.-Qal impf. 1 c.p.-coh.he (877) *and let us rise up*

עָלֶיהָ prep.-3 f.s. sf. (752) *against her*

לַמִּלְחָמָה prep.-def.art.-n.f.s. (536) *for the battle*

1:2

הִנֵּה interj. (243) *behold*

קָטֹן adj. m.s. (882) *small (insignificant)*

נְתַתִּיךָ Qal pf. 1 c.s.-2 m.s. sf. (681) *I have made you*

בַּגּוֹיִם v. 1:1 *among the nations*

בָּזוּי Qal pass.ptc. (בָּזָה 102) *despised*

אַתָּה pers.pr. 2 m.s. (61) *you*

מְאֹד n.m.s. (547) *exceedingly*

1:3

זְדוֹן n.m.s. cstr. (268) *the insolence of*

לִבְּךָ n.m.s.-2 m.s. sf. (524) *your heart*

הִשִּׁיאֶךָ Hi. pf. 3 m.s.-2 m.s. sf. (נָשָׁא 674) *has beguiled you*

שֹׁכְנִי Qal act.ptc. (1014; GK 90m) *dweller*

בְּחַגְוֵי־ prep.-n.m.p. cstr. (291) *in clefts of*

סֶלַע n.m.s. (I 700) *a crag*

מְרוֹם n.m.s. cstr. (928) *the height of*

שִׁבְתּוֹ n.f.s.-3 m.s. sf. (I 443) *his dwelling*

אֹמֵר Qal act.ptc. (55) *saying*

בְּלִבּוֹ prep.-n.m.s.-3 m.s. sf. (524) *in his heart*

מִי interr. (566) *who*

יוֹרִדֵנִי Hi. impf. 3 m.s.-1 c.s. sf. (432) *will bring me down*

אָרֶץ n.f.s. paus. (75) *to earth*

1:4

אִם־ hypoth.part. (49) *though*

תַּגְבִּיהַּ Hi. impf. 2 m.s. (146) *you are high*

827

כַּנֶּשֶׁר prep.-def.art.-n.m.s. (676) *as the eagle*

וְאִם־ conj.-v.supra *and though*

בֵּין כּוֹכָבִים prep. (107)-n.m.p. (456) *between stars*

שִׂים Qal pass.ptc. (962) *is set*

קִנֶּךָ n.m.s.-2 m.s. sf. (890) *your nest*

מִשָּׁם prep.-adv. (1027) *from there*

אוֹרִידְךָ Hi. impf. 1 c.s.-2 m.s. sf. (יָרַד 432) *I shall bring you down*

נְאֻם־יְהוָה n.m.s. cstr. (610)-pr.n. (217) *an utterance of Yahweh*

1:5

אִם־ hypoth.part. (49) *though*

גַּנָּבִים n.m.p. (170) *thieves*

בָּאוּ־ Qal pf. 3 c.p. (בּוֹא 97) *have come*

לְךָ prep.-2 m.s. sf. *to you*

אִם־ v.supra *though*

שׁוֹדְדֵי Qal act.ptc. m.p. cstr. (994) *despoilers of*

לַיְלָה n.m.s. (538) *night*

אֵיךְ exclam.adv. (32) *how*

נִדְמֵיתָה Ni. pf. 2 m.s. (דָּמָה 198; GK 44g) *you have been destroyed*

הֲלוֹא interr.-adv. of neg. *would not*

יִגְנְבוּ Qal impf. 3 m.p. (170) *they steal*

דַּיָּם subst.-3 m.p. sf. (191) *their sufficiency*

אִם־ v.supra *though*

בֹּצְרִים Qal act.ptc. m.p. (בָּצַר 130) *grape gatherers*

בָּאוּ v.supra *have come*

לָךְ prep.-2 m.s. sf. paus. *to you*

הֲלוֹא v.supra *would not*

יַשְׁאִירוּ Hi. impf. 3 m.p. (983) *they leave*

עֹלֵלוֹת n.f.p. (760) *gleanings*

1:6

אֵיךְ exclam.adv. (32) *how*

נֶחְפְּשׂוּ Ni. pf. 3 c.p. (344) *they have been plundered*

עֵשָׂו pr.n. (796) *Esau*

נִבְעוּ Ni. pf. 3 c.p. (בָּעָה 126) *they have been searched out*

מַצְפֻּנָיו n.m.p. cstr.-3 m.s. sf. (861) *his treasures*

1:7

עַד־הַגְּבוּל prep.-def.art.-n.m.s. (147) *unto the border*

שִׁלְּחוּךָ Pi. pf. 3 c.p.-2 m.s. sf. (1018) *they have sent you*

כֹּל n.m.s. cstr. (481) *all of*

אַנְשֵׁי n.m.p. cstr. (60) *the men of*

בְּרִיתֶךָ n.f.s.-2 m.s. sf. paus. (136) *your covenant*

הִשִּׁיאוּךָ Hi. pf. 3 c.p.-2 m.s. sf. (נָשָׁא 674) *have deceived you*

יָכְלוּ Qal pf. 3 c.p. (יָכֹל 407) *have power*

לְךָ prep.-2 m.s. sf. *over you*

אַנְשֵׁי v.supra *the men of*

שְׁלֹמֶךָ n.m.s.-2 m.s. sf. paus. (1022) *your friendship*

לַחְמְךָ n.m.s.-2 m.s. sf. (536) *your bread*

יָשִׂימוּ Qal impf. 3 m.p. (962) *they set*

מָזוֹר n.m.s. (561) *a net*

תַּחְתֶּיךָ prep.-2 m.s. sf. (1065) *under you*

אֵין subst.cstr. (34) *there is no*

תְּבוּנָה n.f.s. (108) *understanding*

בּוֹ prep.-3 m.s. sf. *of it*

1:8

הֲלוֹא v.1:5 interr.neg. *will not*

בַּיּוֹם הַהוּא prep.-def.art.-n.m.s. (398)-def.art.-demons.adj. (214) *in that day*

נְאֻם־יְהוָה v.1:4 n.m.s. cstr. (610)-pr.n. (217) *an utterance of Yahweh*

וְהַאֲבַדְתִּי conj.-Hi. pf. 1 c.s. (1) *I destroy*

חֲכָמִים adj. m.s. (314) *wise men*

מֵאֱדוֹם prep.-pr.n. (10) *from Edom*

וּתְבוּנָה v.1:7 conj.-n.f.s. (108) *and understanding*

מֵהַר prep.-n.m.s. cstr. (249) *from the mountain of*

עֵשָׂו pr.n. (796) *Esau*

1:9

וְחַתּוּ conj.-Qal pf. 3 c.p. (369) *and they are shattered*

גִבּוֹרֶיךָ n.m.p.-2 m.s. sf. (150) *your mighty ones*

תֵּימָן pr.n. (II 412) *O Teman*

לְמַעַן prep.-prep. (775) *in order that*

יִכָּרֶת־ Ni. impf. 3 m.s. (503) *will be cut off*

אִישׁ n.m.s. (35) *a man* (each man)

מֵהַר עֵשָׂו v.1:8 *from the mountain of Esau*

מִקָּטֶל prep.-n.m.s. paus. (881) *by slaughter*

1:10

מֵחֲמַס prep.-n.m.s. cstr. (329) *on account of the violence of*

אָחִיךָ n.m.s.-2 m.s. sf. (26) *your brother*

יַעֲקֹב pr.n. (784) *Jacob*

תְּכַסְּךָ Pi. impf. 3 f.s.-2 m.s. sf. (491) *will cover you*

בוּשָׁה n.f.s. (102) *shame*

וְנִכְרַתָּ conj.-Ni. pf. 2 m.s. (503) *and you will be cut off*

לְעוֹלָם prep.-n.m.s. (761) *for ever*

1:11

בְּיוֹם prep.-n.m.s. cstr. (398) *in the day of*

עָמְדְךָ Qal inf.cstr.-2 m.s. sf. (763) *your standing*

מִנֶּגֶד prep.-subst. (617) *from the front (aloof)*

בְּיוֹם v.supra *in day of*

שְׁבוֹת Qal inf.cstr. (985) *capturing of*

זָרִים Qal act.ptc. m.p. (זור 266) *strangers*

חֵילוֹ n.m.s.-3 m.s. sf. (298) *his wealth*

וְנָכְרִים conj.-adj. m.p. (648) *and foreigners*

בָּאוּ Qal pf. 3 c.p. (97) *entered*

שְׁעָרָו n.m.p.-3 m.s. sf.defect. (1044) *his gates*

וְעַל־ conj.-prep. *and unto*

יְרוּשָׁלַ͏ִם pr.n. (436) *Jerusalem*

יַדּוּ Pi. impf. 3 m.p. (392) *they cast*

גוֹרָל n.m.s. (174) *lot(s)*

גַּם־ adv. *also*

אַתָּה pers.pr. 2 m.s. (61) *you*

כְּאַחַד prep.-adj. m. cstr. (25) *as one of*

מֵהֶם prep.-3 m.p. sf. *them*

1:12

וְאַל־תֵּרֶא conj.-neg.-Qal impf. 2 m.s. (רָאָה 906) *and you should not gloat*

בְּיוֹם־ prep.-n.m.s. cstr. (398) *in the day of*

אָחִיךָ n.m.s.-2 m.s. sf. (26) *your brother*

בְּיוֹם v.supra *in the day of*

נָכְרוֹ n.m.s.-3 m.s. sf. (648) *his calamity*

וְאַל־תִּשְׂמַח conj.-neg.-Qal impf. 2 m.s. (970) *and you should not rejoice*

לִבְנֵי־ prep.-n.m.p. cstr. (119) *to the sons of*

יְהוּדָה pr.n. (397) *Judah*

בְּיוֹם v.supra *in the day of*

אָבְדָם Qal inf.cstr.-3 m.p. sf. (1) *their destruction*

וְאַל־תַּגְדֵּל conj.-neg.juss.-Hi. impf. 2 m.s. apoc. (152) *and you should not make great*

פִּיךָ n.m.s.-2 m.s. sf. (804) *your mouth*

בְּיוֹם v.supra *in a day of*

צָרָה n.f.s. (865) *distress*

1:13

אַל־תָּבוֹא neg.juss.-Qal impf. 2 m.s. (97) *you should not have entered*

בְּשַׁעַר־ prep.-n.m.s. cstr. (1044) *in the gate of*

עַמִּי n.m.s.-1 c.s. sf. (I 766) *my people*

בְּיוֹם v.1:12 *in the day of*

אֵידָם n.m.s.-3 m.p. sf. (15) *their calamity*

אַל־תֵּרֶא v.1:12 *you should not gloat*

גַם־ adv. (168) *also*

אַתָּה pers.pr. 2 m.s. (61) *you*

בְּרָעָתוֹ prep.-n.f.s.-3 m.s. sf. (949) *over his misery*

בְּיוֹם v.supra *in the day of*

אֵידוֹ n.m.s.-3 m.s. sf. (15) *his calamity*

וְאַל־תִּשְׁלַחְנָה conj.-neg.-juss.-Qal impf. 2 f.p. (1018) *and you should not have stretched out*

בְחֵילוֹ v.1:11 prep.-n.m.s.-3 m.s. sf. (298) *against his wealth*

בְּיוֹם אֵידוֹ v.supra *in the day of his calamity*

1:14

וְאַל־תַּעֲמֹד conj.-neg.juss.-Qal impf. 2 m.s. (763) *and you should not have stood*

עַל־הַפֶּרֶק prep.-def.art.-n.m.s. (830) *upon the parting of ways*

לְהַכְרִית prep.-Hi. inf.cstr. (503) *to cut off*

אֶת־פְּלִיטָיו dir.obj.-n.m.p.-3 m.s. sf. (812) *his fugitives*

וְאַל־תַּסְגֵּר conj.-neg.juss.-Hi. impf. 2 m.s. apoc. (688) *and you should not deliver up*

שְׂרִידָיו n.m.p.-3 m.s. sf. (975) *his survivors*

בְּיוֹם prep.-n.m.s. cstr. (398) *in a day of*

צָרָה n.f.s. (865) *distress*

1:15

כִּי־קָרוֹב conj.-adv. (898) *for near (is)*

יוֹם־יְהוָה n.m.s. cstr. (398)-pr.n. (217) *the day of Yahweh*

עַל־כָּל־ prep.-n.m.s. cstr. (481) *upon all of*

הַגּוֹיִם def.art.-n.m.p. (156) *the nations*

כַּאֲשֶׁר prep.-rel. (81) *according to (just as)*

עָשִׂיתָ Qal pf. 2 m.s. (793) *you have done*

יֵעָשֶׂה Ni. impf. 3 m.s. (793) *it shall be done*

לָּךְ prep.-2 m.s. sf. paus. *to you*

גְּמֻלְךָ n.m.s.-2 m.s. sf. (168) *your recompense*

יָשׁוּב Qal impf. 3 m.s. (996) *will return*

בְּרֹאשֶׁךָ prep.-n.m.s.-2 m.s. sf. paus. (910) *on your head*

1:16

כִּי כַּאֲשֶׁר conj.-prep.-rel. (81) *for as*

שְׁתִיתֶם Qal pf. 2 m.p. (1059) *you have drunk*

עַל־הַר prep.-n.m.s. cstr. (249) *upon the mountain of*

קָדְשִׁי n.m.s.-1 c.s. sf. (871) *my holiness*

יִשְׁתּוּ Qal impf. 3 m.p. (1059) *will drink*

כָל־הַגּוֹיִם n.m.s. cstr. (481)-def.art.-n.m.p. (156) *all of the nations*

תָּמִיד n.m.s. as adv. (556) *continually*

וְשָׁתוּ conj.-Qal pf. 3 c.p. (1059) *and they will drink*

וְלָעוּ conj.-Qal pf. 3 c.p. (534; GK 67 R12) *and they will swallow*

וְהָיוּ conj.-Qal pf. 3 c.p. (224) *and they will be*

829

כְּלוֹא הָיוּ prep.-neg.-Qal pf. 3 c.p. (224) *as though they had not been*

1:17

וּבְהַר conj.-prep.-n.m.s. cstr. (249) *and in the mountain of*

צִיּוֹן pr.n. (851) *Zion*

תִּהְיֶה Qal impf. 3 f.s. (224) *will be*

פְלֵיטָה n.f.s. (812) *fugitive*

וְהָיָה conj.-Qal pf. 3 m.s. (224) *and it shall be*

קֹדֶשׁ n.m.s. (871) *holy*

וְיָרְשׁוּ conj.-Qal pf. 3 c.p. (439) *and will possess*

בֵּית n.m.s. cstr. (108) *the house of*

יַעֲקֹב pr.n. (784) *Jacob*

אֵת מוֹרָשֵׁיהֶם dir.obj.-n.m.p.-3 m.p. sf. (440) *their possessions*

1:18

וְהָיָה conj.-Qal pf. 3 m.s. (224) *and will be*

בֵית־יַעֲקֹב n.m.s. cstr. (108)-pr.n. (784) *the house of Jacob*

אֵשׁ n.f.s. (77) *a fire*

וּבֵית conj.-v.supra *and the house of*

יוֹסֵף pr.n. (415) *Joseph*

לֶהָבָה n.f.s. (529) *a flame*

וּבֵית v.supra *and the house of*

עֵשָׂו pr.n. (796) *Esau*

לְקַשׁ prep.-n.m.s. (905) *for stubble*

וְדָלְקוּ conj.-Qal pf. 3 c.p. (196) *and they will burn*

בָּהֶם prep.-3 m.p. sf. *them*

וַאֲכָלוּם conj.-Qal pf. 3 c.p.-3 m.p. sf. (37) *and they will comsume them*

וְלֹא־יְהְיֶה conj.-neg.-Qal impf. 3 m.s. (224) *and will not be*

שָׂרִיד n.m.s. (975) *a survivor*

לְבֵית עֵשָׂו prep.-v.supra *to the house of Esau*

כִּי יְהוָה conj.-pr.n. (217) *for Yahweh*

דִּבֵּר Pi. pf. 3 m.s. (180) *has spoken*

1:19

וְיָרְשׁוּ conj.-Qal pf. 3 c.p. (439) *and will possess*

הַנֶּגֶב def.art.-n.m.s. (616) *those of the Negev*

אֶת־הַר dir.obj.-n.m.s. cstr. (249) *the mountain of*

עֵשָׂו pr.n. (796) *Esau*

וְהַשְּׁפֵלָה conj.-def.art.-n.f.s. (1050) *and the Shephelah (lowland)*

אֶת־פְּלִשְׁתִּים dir.obj.-adj. p. gent. (814) *the Philistines*

וְיָרְשׁוּ v.supra *and they will possess*

אֶת־שְׂדֵה dir.obj.-n.m.s. cstr. (961) *the field of*

אֶפְרַיִם pr.n. (68) *Ephraim*

וְאֵת שְׂדֵה conj.-dir.obj.-v.supra *and the field of*

שֹׁמְרוֹן pr.n. (1037) *Samaria*

וּבִנְיָמִן conj.-pr.n. (122) *and Benjamin*

אֶת־הַגִּלְעָד dir.obj.-def.art.-pr.n. (166) *Gilead*

1:20

וְגָלֻת conj.-n.f.s. cstr. (163) *and the exiles of*

הַחֵל־הַזֶּה def.art.-n.m.s. (298)-def.art.-demons. adj. (260) *this fortress*

לִבְנֵי prep.-n.m.p. cstr. (119) *among the sons of*

יִשְׂרָאֵל pr.n. (975) *Israel*

אֲשֶׁר־ rel. (81) *who*

כְּנַעֲנִים n.m.p. gent. (489) *Canaanites*

עַד־צָרְפַת prep.-pr.n. (864) *unto Zarephath*

וְגָלֻת v.supra *and the exiles of*

יְרוּשָׁלַ͏ִם pr.n. (436) *Jerusalem*

אֲשֶׁר בִּסְפָרַד rel. (81)-prep.-pr.n. (709) *who in Sepharad*

יִרְשׁוּ Qal impf. 3 m.p. (439) *will possess*

אֵת עָרֵי dir.obj.-n.f.p. cstr. (746) *the cities of*

הַנֶּגֶב def.art.-pr.n. (616) *the Negev*

1:21

וְעָלוּ conj.-Qal pf. 3 c.p. (748) *and will go up*

מוֹשִׁעִים Hi. ptc. m.p. (446) *deliverers*

בְּהַר prep.-n.m.s. cstr. (249) *to the mountain of*

צִיּוֹן pr.n. (851) *Zion*

לִשְׁפֹּט prep.-Qal inf.cstr. (1047) *to judge*

אֶת־הַר dir.obj.-v.supra *the mountain of*

עֵשָׂו pr.n. (796) *Esau*

וְהָיְתָה conj.-Qal pf. 3 f.s. (224) *and will be*

לַיהוָה prep.-pr.n. (217) *to Yahweh*

הַמְּלוּכָה def.art.-n.f.s. (574) *the kingship*

Jonah

1:1

וַיְהִי consec.-Qal impf. 3 m.s. (224) *Now proceeded to come*

דְּבַר־יהוה n.m.s. cstr. (182)-pr.n. (217) *the word of Yahweh*

אֶל־יוֹנָה prep. (39)-pr.n. (402) *to Jonah*

בֶּן־אֲמִתַּי n.m.s. cstr. (119)-pr.n. (54) *son of Amittai*

לֵאמֹר prep.-Qal inf.cstr. (55) *saying*

1:2

קוּם Qal impv. 2 m.s. (877) *Arise*

לֵךְ Qal impv. 2 m.s. (הָלַךְ 229) *Go*

אֶל־נִינְוֵה prep.-pr.n. (644) *to Nineveh*

הָעִיר def.art.-n.f.s. (746) *that ... city*

הַגְּדוֹלָה def.art.-adj. f.s. (152) *great*

וּקְרָא conj.-Qal impv. 2 m.s. (894) *and cry*

עָלֶיהָ prep.-3 f.s. sf. (752) *against it*

כִּי־עָלְתָה conj.-Qal pf. 3 f.s. (743, 748) *for has come up*

רָעָתָם n.f.s.-3 m.p. sf. (949) *their wickedness*

לְפָנָי prep.-n.m.p. cstr.-1 c.s. sf. paus. (815) *before me*

1:3

וַיָּקָם consec.-Qal impf. 3 m.s. (877) *But rose*

יוֹנָה pr.n. (402) *Jonah*

לִבְרֹחַ prep.-Qal inf.cstr. (137) *to flee*

תַּרְשִׁישָׁה pr.n.-he dir. (1076f) *toward Tarshish*

מִלִּפְנֵי prep.-prep.-n.m.p. cstr. (815) *from the presence of*

יהוה pr.n. (217) *Yahweh*

וַיֵּרֶד consec.-Qal impf. 3 m.s. (יָרַד 432) *He went down*

יָפוֹ pr.n. loc. (421) *to Joppa*

וַיִּמְצָא consec.-Qal impf. 3 m.s. (592) *and found*

אֳנִיָּה n.f.s. (58) *a ship*

בָּאָה Qal act.ptc. f.s. (97) *going*

תַרְשִׁישׁ pr.n. (1076) *to Tarshish*

וַיִּתֵּן consec.-Qal impf. 3 m.s. (נָתַן 678) *so he paid*

שְׂכָרָהּ n.m.s.-3 f.s. sf. (969) *the fare*

וַיֵּרֶד consec.-Qal impf. 3 m.s. (יָרַד 432) *and went on board*

בָּהּ prep.-3 f.s. sf. (88)

לָבוֹא prep.-Qal inf.cstr. (97) *to go*

עִמָּהֶם prep.-3 m.p. sf. (767) *with them*

תַּרְשִׁישָׁה pr.n.-he dir. (1076) *toward Tarshish*

מִלִּפְנֵי prep.-prep.-n.m.p. cstr. (815) *away from the presence of*

יהוה pr.n. (217) *Yahweh*

1:4

וַיהוה conj.-pr.n. (217) *But Yahweh*

הֵטִיל Hi. pf. 3 m.s. (טול 376) *had hurled*

רוּחַ־גְּדוֹלָה n.f.s. (924)-adj. f.s. (152) *a great wind*

אֶל־הַיָּם prep. (39)-def.art.-n.m.s. (410) *upon the sea*

וַיְהִי consec.-Qal impf. 3 m.s. (הָיָה 224) *and there was*

סַעַר־גָּדוֹל n.m.s. (704)-adj. m.s. (152) *a mighty tempest*

בַּיָּם prep.-def.art.-n.m.s. (410) *on the sea*

וְהָאֳנִיָּה conj.-def.art.-n.f.s. (58) *so that the ship*

חִשְּׁבָה Pi. pf. 3 f.s. (362f) *threatened*

לְהִשָּׁבֵר prep.-Ni. inf.cstr. (990f) *to break up*

1:5

וַיִּירְאוּ consec.-Qal impf. 3 m.p. (יָרֵא 431) *Then were afraid*

הַמַּלָּחִים def.art.-n.m.p. (572) *the sailors*

וַיִּזְעֲקוּ consec.-Qal impf. 3 c.p. (277) *and cried out*

אִישׁ n.m.s. (35) *each*

אֶל־אֱלֹהָיו prep.-n.m.p.-3 m.s. sf. (43) *to his god(s)*

וַיָּטִלוּ consec.-Hi. impf. 3 m.p. (טול 376) *and they threw*

אֶת־הַכֵּלִים dir.obj.-def.art.-n.m.p. (479) *the wares*

אֲשֶׁר בָּאֳנִיָּה rel. (81)-prep.-def.art.-n.f.s. (58) *which in the ship*

אֶל־הַיָּם prep.-def.art.-n.m.s. (410) *into the sea*

לְהָקֵל prep.-Hi. inf.cstr. (886) *to lighten (it)*

מֵעֲלֵיהֶם prep.-prep.-3 m.p. sf. (758f) *for them*

וְיוֹנָה conj.-pr.n. (402) *but Jonah*

יָרַד Qal pf. 3 m.s. (432) *had gone down*

אֶל־יַרְכְּתֵי prep.-n.m.p. cstr. (438) *into the recesses of*

הַסְּפִינָה def.art.-n.f.s. (706) *the ship*

וַיִּשְׁכַּב consec.-Qal impf. 3 m.s. (1011f) *and had lain down*

וַיֵּרָדַם consec.-Ni. impf. 3 m.s. (רָדַם 922) *and was fast asleep*

1:6

וַיִּקְרַב consec.-Qal impf. 3 m.s. (897) *So came*

אֵלָיו prep.-3 m.s. sf. *to him*

רַב n.m.s. cstr. (913) *the captain* (the chief) of

הַחֹבֵל def.art.-n.m.s. (287) *the sailors*

וַיֹּאמֶר consec.-Qal impf. 3 m.s. (55) *and said*

לוֹ prep.-3 m.s. sf. *to him*

מַה־לְּךָ interr. (552)-prep.-2 m.s. sf. *what do you mean?*

נִרְדָּם Ni. ptc. m.s. (922) *you sleeper*

קוּם Qal impv. 2 m.s. (877) *arise*

קְרָא אֶל־ Qal impv. 2 m.s. (894)-prep. *call upon*

אֱלֹהֶיךָ n.m.p.-2 m.s. sf. (43) *your god(s)*

אוּלַי adv. (19) *Perhaps*

יִתְעַשֵּׁת Hith. impf. 3 m.s. (799) *will give a thought*

הָאֱלֹהִים def.art.-n.m.p. (43) *the God (gods)*

לָנוּ prep.-1 c.p. sf. *to us*

וְלֹא נֹאבֵד conj.-neg.-Qal impf. 1 c.p. (1) *that we do not perish*

1:7

וַיֹּאמְרוּ consec.-Qal impf. 3 m.p. (55) *and they said*

אִישׁ n.m.s. (35) *each*

אֶל־רֵעֵהוּ prep.-n.m.s.-3 m.s. sf. (945) *to one another*

לְכוּ Qal impv. 2 m.p. (229) *come*

וְנַפִּילָה conj.-Hi. impf. 1 c.p.-coh.he (656) *let us cast*

גּוֹרָלוֹת n.m.p. (174) *lots*

וְנֵדְעָה conj.-Qal impf. 1 c.p.-coh.he (393) *that we may know*

בְּשֶׁלְּמִי prep.-rel.-prep.-interr. (980) *on whose account*

הָרָעָה def.art.-n.f.s. (949) *evil*

הַזֹּאת def.art.-demons.adj. f.s. (260) *this*

לָנוּ prep.-1 c.p. sf. *has come upon us*

וַיַּפִּלוּ consec.-Hi. impf. 3 m.p. (נָפַל 656) *So they cast*

גּוֹרָלוֹת n.m.p. (174) *lots*

וַיִּפֹּל consec.-Qal impf. 3 m.s. (נָפַל 656) *and fell*

הַגּוֹרָל def.art.-n.m.s. (174) *the lot*

עַל־יוֹנָה prep.-pr.n. (402) *upon Jonah*

1:8

וַיֹּאמְרוּ consec.-Qal impf. 3 m.p. (55) *Then they said*

אֵלָיו prep.-3 m.s. sf. *to him*

הַגִּידָה־נָּא Hi. impv. 2 m.s.-vol.he (נגד 616) -part. of entreaty (609) *Tell, we pray thee*

לָנוּ prep.-1 c.p. sf. *us*

בַּאֲשֶׁר לְמִי prep.-rel. (81)-prep.-interr. (566) *on whose account* (lit. *by what for whom*)

הָרָעָה def.art.-n.f.s. (949) *evil*

הַזֹּאת def.art.-demons.adj. f.s. (260) *this*

לָנוּ v.supra *has come upon us*

מַה־ interr. (552) *what*

מְלַאכְתְּךָ n.f.s.-2 m.s. sf. (521) *your occupation*

וּמֵאַיִן conj.-prep.-adv. (32) *and whence*

תָּבוֹא Qal impf. 2 m.s. (97) *do you come*

מָה interr. (552) *what*

אַרְצֶךָ n.f.s.-2 m.s. sf. (75) *your country*

וְאֵי־ conj.-interr.adv. (32) *and*

מִזֶּה prep.-demons.adj. m.s. (260) *of what*

עַם n.m.s. (I 766) *people*

אָתָּה pers.pr. 2 m.s. paus. (61) *are you*

1:9

וַיֹּאמֶר consec.-Qal impf. 3 m.s. (55) *And he said*

אֲלֵיהֶם prep.-3 m.p. sf. (39) *to them*

עִבְרִי n.m.s. gent. (720) *a Hebrew*

אָנֹכִי pers.pr. 1 c.s. (59) *I am*

וְאֶת־יְהוָה conj.-dir.obj.-pr.n. (217) *and Yahweh*

אֱלֹהֵי n.m.p. cstr. (43) *the God of*

הַשָּׁמַיִם def.art.-n.m.p. (1029) *heaven*

אֲנִי pers.pr. 1 c.s. (I 58) *I*

יָרֵא Qal act.ptc. (431) *fear*

אֲשֶׁר־עָשָׂה rel. (81)-Qal pf. 3 m.s. (793) *who made*

אֶת־הַיָּם dir.obj.-def.art.-n.m.s. (410) *the sea*

וְאֶת־הַיַּבָּשָׁה conj.-dir.obj.-def.art.-n.f.s. (387) *and the dry land*

1:10

וַיִּירְאוּ consec.-Qal impf. 3 m.p. (יָרֵא 431) *then were afraid*

הָאֲנָשִׁים def.art.-n.m.p. (60) *the men*

יִרְאָה n.f.s. (432) *a fear*

גְדוֹלָה adj. f.s. (152) *great (exceedingly)*

וַיֹּאמְרוּ consec.-Qal impf. 3 m.p. (55) *and said*

אֵלָיו prep.-3 m.s. sf. *to him*

מַה־זֹּאת interr. (552)-demons.adj. f.s. (260) *what is this*

עָשִׂיתָ Qal pf. 2 m.s. (793) *you have done*

כִּי־יָדְעוּ conj.-Qal pf. 3 c.p. (393) *for ... knew*

הָאֲנָשִׁים def.art.-n.m.p. (60) *the men*

כִּי־מִלִּפְנֵי conj.-prep.-prep.-n.m.p. cstr. (815) *that from the presence of*

יְהוָה pr.n. (217) *Yahweh*

הוּא בֹרֵחַ pers.pr. 3 m.s. (214)-Qal act.ptc. (137) *he was fleeing*

כִּי הִגִּיד conj.-Hi. pf. 3 m.s. (616) *because he had told*

לָהֶם prep.-3 m.p. sf. *them*

1:11

וַיֹּאמְרוּ consec.-Qal impf. 3 m.p. (55) *Then they said*

אֵלָיו prep.-3 m.s. sf. *to him*

מַה־ interr. (552) *what*

נַעֲשֶׂה Qal impf. 1 c.p.-coh.he (793) *shall we do*

לָךְ prep.-2 m.s. sf. paus. *to you*

וְיִשְׁתֹּק conj.-Qal impf. 3 m.s. (1060) *that may quiet down*

הַיָּם def.art.-n.m.s. (410) *the sea*

מֵעָלֵינוּ prep.-prep.-1 c.p. sf. (752) *for us*

כִּי הַיָּם conj.-def.art.-n.m.s. (410) *for the sea*

הוֹלֵךְ Qal act.ptc. (229) *(walking)*

וְסֹעֵר conj.-Qal act.ptc. (704) *(and raging) grew more and more tempestuous*

1:12

וַיֹּאמֶר consec.-Qal impf. 3 m.s. (55) *He said*

אֲלֵיהֶם prep.-3 m.p. sf. *to them*

שָׂאוּנִי Qal impv. 2 m.p.-1 c.s. sf. (669) *Take me up*

וַהֲטִילֻנִי conj.-Hi. impv. 2 m.p.-1 c.s. sf. (טול 376) *and throw me*

אֶל־הַיָּם prep.-v.supra *into the sea*

וְיִשְׁתֹּק conj.-Qal impf. 3 m.s. (1060) *then may quiet down*

הַיָּם v.supra *the sea*

מֵעֲלֵיכֶם prep.-prep.-2 m.p. sf. *for you*

כִּי יוֹדֵעַ conj.-Qal act.ptc. (393) *for know*

אָנִי pers.pr. 1 c.s. (59) *I*

כִּי בְשֶׁלִּי conj.-prep.-rel.-prep.-1 c.s. sf. cf. 1:7 *that it is because of me*

הַסַּעַר def.art.-n.m.s. (704) *tempest*

הַגָּדוֹל def.art.-adj. m.s. (152) *great*

הַזֶּה def.art.-demons.adj. m.s. (260) *this*

עֲלֵיכֶם prep.-2 m.p. sf. *has come upon you*

1:13

וַיַּחְתְּרוּ consec.-Qal impf. 3 m.p. (369) *Nevertheless ... rowed hard*

הָאֲנָשִׁים v.supra def.art.-n.m.p. (60) *the men*

לְהָשִׁיב prep.-Hi. inf.cstr. (996) *to bring back*

אֶל־הַיַּבָּשָׁה prep.-def.art.-n.f.s. (3878) *to the land*

וְלֹא יָכֹלוּ conj.-neg.-Qal pf. 3 c.p. (407) *but they could not*

כִּי הַיָּם conj.-v.supra *for the sea*

הוֹלֵךְ וְסֹעֵר cf. 1:11 Qal act.ptc. (229)-conj.-Qal act.ptc. (704) *grew more and more tempestuous*

עֲלֵיהֶם prep.-3 m.p. sf. *against them*

1:14

וַיִּקְרְאוּ consec.-Qal impf. 3 m.p. (894) *Therefore they cried*

אֶל־יְהוָה prep.-pr.n. (217) *to Yahweh*

וַיֹּאמְרוּ consec.-Qal impf. 3 m.p. (55) *and said*

אָנָּה part. of entreaty (58) *we beseech thee*

יְהוָה pr.n. (217) *O Yahweh*

Jonah 1:15

אַל־נָא neg.-part. of entreaty (39) *not*

נֹאבְדָה Qal impf. 1 c.p.-coh.he (1) *let us ... perish*

בְּנֶפֶשׁ prep.-n.f.s. cstr. (659) *for the life of*

הָאִישׁ הַזֶּה def.art.-n.m.s. (35)-def.art.-demons. adj. m.s. (260) *this man*

וְאַל־תִּתֵּן conj.-neg.-Qal impf. 2 m.s. (678) *and lay not*

עָלֵינוּ prep.-1 c.p. sf. (752) *on us*

דָּם נָקִיא n.m.s. (196)-adj. m.s. (667) *innocent blood*

כִּי־אַתָּה conj.-pers.pr. 2 m.s. (61) *for thou*

יהוה pr.n. (217) *O Yahweh*

כַּאֲשֶׁר prep.-rel. (81) *as*

חָפַצְתָּ Qal pf. 2 m.s. (342) *it has pleased thee*

עָשִׂיתָ Qal pf. 2 m.s. (793) *thou hast done*

1:15

וַיִּשְׂאוּ consec.-Qal impf. 3 m.p. (669) *So they took up*

אֶת־יוֹנָה dir.obj.-pr.n. (402) *Jonah*

וַיְטִלֻהוּ consec.-Hi. impf. 3 m.p.-3 m.s. sf. (376) *and threw him*

אֶל־הַיָּם prep.-def.art.-n.m.s. (410) *into the sea*

וַיַּעֲמֹד consec.-Qal impf. 3 m.s. (763) *and ceased*

הַיָּם def.art.-n.m.s. (410) *the sea*

מִזַּעְפּוֹ prep.-n.m.s.-3 m.s. sf. (277) *from its raging*

1:16

וַיִּירְאוּ consec.-Qal impf. 3 m.p. (431) *Then ... feared*

הָאֲנָשִׁים def.art.-n.m.p. (60) *the men*

יִרְאָה n.f.s. (432) *exceedingly*

גְדוֹלָה adj. f.s. (1052) cf. v.10 *(great)*

אֶת־יהוה dir.obj.-pr.n. (217) *Yahweh*

וַיִּזְבְּחוּ־ consec.-Qal impf. 3 m.p. (256) *and they offered*

זֶבַח n.m.s. (257) *a sacrifice*

לַיהוה prep.-pr.n. (217) *to Yahweh*

וַיִּדְּרוּ consec.-Qal impf. 3 m.p. (נָדַר 623) *and made (vows)*

נְדָרִים n.m.p. (623) *vows*

2:1

וַיְמַן consec.-Pi. impf. 3 m.s. (מָנָה 584) *and ... appointed*

יהוה pr.n. (217) *Yahweh*

דָּג גָּדוֹל n.m.s. (185)-adj. m.s. (152) *a great fish*

לִבְלֹעַ prep.-Qal inf.cstr. (118) *to swallow up*

אֶת־יוֹנָה dir.obj.-pr.n. (402) *Jonah*

וַיְהִי consec.-Qal impf. 3 m.s. (הָיָה 224) *and ... was*

יוֹנָה v.supra *Jonah*

בִּמְעֵי prep.-n.m.p. cstr. (588) *in the belly of*

הַדָּג def.art.-n.m.s. (185) *the fish*

שְׁלֹשָׁה adj. num. (1025) *three*

יָמִים n.m.p. (398) *days*

וּשְׁלֹשָׁה conj.-v.supra *and three*

לֵילוֹת n.m.p. (538) *nights*

2:2

וַיִּתְפַּלֵּל consec.-Hith. impf. 3 m.s. (פָּלַל 813) *Then ... prayed*

יוֹנָה pr.n. (402) *Jonah*

אֶל־יהוה prep.-pr.n. (217) *to Yahweh*

אֱלֹהָיו n.m.p.-3 m.s. sf. (43) *his God*

מִמְּעֵי prep.-n.m.p. cstr. (588) *from the belly of*

הַדָּגָה def.art.-n.f.s. (185) *the fish*

2:3

וַיֹּאמֶר consec.-Qal impf. 3 m.s. (55) *saying*

קָרָאתִי Qal pf. 1 c.s. (894) *I called*

מִצָּרָה prep.-n.f.s. (865) *out of distress*

לִי prep.-1 c.s. sf. *my*

אֶל־יהוה prep.-pr.n. (217) *to Yahweh*

וַיַּעֲנֵנִי consec.-Qal impf. 3 m.s.-1 c.s. sf. (772) *and he answered me*

מִבֶּטֶן prep.-n.f.s. cstr. (105) *out of the belly of*

שְׁאוֹל n. loc. (982) *Sheol*

שִׁוַּעְתִּי Pi. pf. 1 c.s. (1002) *I cried*

שָׁמַעְתָּ Qal pf. 2 m.s. (1033) *and you did hear*

קוֹלִי n.m.s.-1 c.s. sf. (876) *my voice*

2:4

וַתַּשְׁלִיכֵנִי consec.-Hi. impf. 2 m.s.-1 c.s. sf. (1020) *for you did cast me*

מְצוּלָה n.f.s. (846) *into the deep*

בִּלְבַב prep.-n.m.s. cstr. (523) *into the heart of*

יַמִּים n.m.p. (410) *the seas*

וְנָהָר conj.-n.m.s. (625) *and the flood*

יְסֹבְבֵנִי Polel impf. 3 m.s.-1 c.s. sf. (685) *was round about me*

כָּל־מִשְׁבָּרֶיךָ n.m.s. cstr. (481)-n.m.p.-2 m.s. sf. (991) *all your waves*

וְגַלֶּיךָ conj.-n.m.p.-2 m.s. sf. (164) *and your billows*

עָלַי prep.-1 c.s. sf. (752) *over me*

עָבָרוּ Qal pf. 3 c.p. paus. (716) *passed*

2:5

וַאֲנִי conj.-pers.pr. 1 c.s. (58) *then I*

אָמַרְתִּי Qal pf. 1 c.s. (55) *said*

נִגְרַשְׁתִּי Ni. pf. 1 c.s. (176) *I am cast out*

מִנֶּגֶד prep.-prep. (617) *from (before)*

עֵינֶיךָ n.f.p. (744) *your presence (your eyes)*

אַךְ adv. (36) *how*

אוֹסִיף Hi. impf. 1 c.s. (414) *shall I again*

לְהַבִּיט Hi. inf.cstr. (613) *look*

אֶל־הֵיכַל prep.-n.m.s. cstr. (228) *upon ... temple*

קָדְשֶׁךָ n.m.s.-2 m.s. sf. (871) *your holy*

2:6

אֲפָפוּנִי Qal pf. 3 c.p.-1 c.s. sf. (67) *closed in (on me)*

מַיִם n.m.p. (565) *The waters*

עַד־נֶפֶשׁ prep. (723)-n.f.s. (659) *over me (lit. over life)*

תְּהוֹם n.m.s. (1062) *the deep*

יְסֹבְבֵנִי Polel impf. 3 m.s.-1 c.s. sf. (685) *was round about me*

סוּף n.m.s. (693) *weeds*

חָבוּשׁ Qal pass.ptc. (289) *were wrapped*

לְרֹאשִׁי prep.-n.m.s.-1 c.s. sf. (910) *about my head*

2:7

לְקִצְבֵי prep.-n.m.p. cstr. (891) *at the roots of*

הָרִים n.m.p. (249) *the mountains*

יָרַדְתִּי Qal pf. 1 c.s. (432) *I went down*

הָאָרֶץ def.art.-n.f.s. (75) *to the land*

בְּרִחֶיהָ n.m.p.-3 f.s. sf. (138) *whose bars (closed in)*

בַעֲדִי prep.-1 c.s. sf. (126) *upon me*

לְעוֹלָם prep.-n.m.s. (761) *for ever*

וַתַּעַל consec.-Hi. impf. 2 m.s. (748) *yet thou didst bring up*

מִשַּׁחַת prep.-n.f.s. (1001) *from the Pit*

חַיַּי n.m.p.-1 c.s. sf. (311) *my life*

יְהוָה pr.n. (217) *O Yahweh*

אֱלֹהָי n.m.p.-1 c.s. sf. paus. (43) *my God*

2:8

בְּהִתְעַטֵּף prep.-Hith. pf. 3 m.s. (742) *when ... fainted*

עָלַי prep.-1 c.s. sf. (752) *within me*

נַפְשִׁי n.f.s.-1 c.s. sf. (659) *my soul*

אֶת־יְהוָה dir.obj.-pr.n. (217) *Yahweh*

זָכָרְתִּי Qal pf. 1 c.s. paus. (269) *I remembered*

וַתָּבוֹא consec.-Qal impf. 3 f.s. (97) *and came*

אֵלֶיךָ prep.-2 m.s. sf. (39) *to thee*

תְּפִלָּתִי n.f.s.-1 c.s. sf. (813) *my prayer*

אֶל־הֵיכַל prep.-v.supra *into ... temple*

קָדְשֶׁךָ v.supra *thy holy*

2:9

מְשַׁמְּרִים Pi. ptc. m.p. (1036) *Those who pay regard to*

הַבְלֵי־ n.m.p. cstr. (211) *idols*

שָׁוְא n.m.s. (996) *vain*

חַסְדָּם n.m.s.-3 m.p. sf. (338) *their true loyalty*

יַעֲזֹבוּ Qal impf. 3 m.p. (736) *forsake*

2:10

וַאֲנִי conj.-pers.pr. 1 c.s. (58) *But I*

בְּקוֹל prep.-n.m.s. cstr. (876) *with the voice of*

תּוֹדָה n.f.s. (392) *thanksgiving*

אֶזְבְּחָה־ Qal impf. 1 c.s.-vol.he (256) *will sacrifice*

לָּךְ prep.-2 m.s. sf. paus. (510) *to thee*

אֲשֶׁר rel. (81) *what*

נָדַרְתִּי Qal pf. 1 c.s. (623) *I have vowed*

אֲשַׁלֵּמָה Pi. impf. 1 c.s.-vol.he (1022) *I will pay*

יְשׁוּעָתָה n.f.s. (447) *deliverance*

לַיהוָה prep.-pr.n. (217) *to Yahweh*

2:11

וַיֹּאמֶר consec.-Qal impf. 3 m.s. (55) *and ... spoke*

יהוה pr.n. (217) *Yahweh*

לַדָּג prep.-def.art.-n.m.s. (185) *to the fish*

וַיָּקֵא consec.-Qal impf. 3 m.s. (883) *and it vomited*

אֶת־יוֹנָה dir.obj.-pr.n. (402) *Jonah*

אֶל־הַיַּבָּשָׁה prep.-def.art.-n.f.s. (389) *upon the dry land*

3:1

וַיְהִי consec.-Qal impf. 3 m.s. (224) *then came*

דְּבַר־יְהוָה n.m.s. cstr. (182)-pr.n. (217) *the word of Yahweh*

אֶל־יוֹנָה prep.-pr.n. (402) *to Jonah*

שֵׁנִית adj. num.ord. (1041) *the second time*

לֵאמֹר prep.-Qal inf.cstr. (55) *saying*

3:2

קוּם Qal impv. 2 m.s. (877) *arise*

לֵךְ Qal impv. 2 m.s. (229) *go*

אֶל־נִינְוֵה prep.-pr.n. (644) *to Nineveh*

הָעִיר def.art.-n.f.s. (746) *the city*

הַגְּדוֹלָה def.art.-adj. f.s. (152) *great*

וּקְרָא conj.-Qal impv. 2 m.s. (894) *and proclaim*

אֵלֶיהָ prep.-3 f.s. sf. (39) *to it*

אֶת־הַקְּרִיאָה dir.obj.-def.art.-n.f.s. (896) *the message*

אֲשֶׁר אָנֹכִי rel. (81)-pers.pr. 1 c.s. (59) *that I*

דֹּבֵר Qal act.ptc. (180) *tell*

אֵלֶיךָ prep.-2 m.s. sf. (39) *you*

3:3

וַיָּקָם consec.-Qal impf. 3 m.s. (877) *so ... arose*

יוֹנָה pr.n. (402) *Jonah*

וַיֵּלֶךְ consec.-Qal impf. 3 m.s. (הָלַךְ 229) *and went*

אֶל־נִינְוֵה prep.-pr.n. (644) *to Nineveh*

כִּדְבַר prep.-n.m.s. cstr. (182) *according to the word of*

יהוה pr.n. (217) *Yahweh*

וְנִינְוֵה conj.-v.supra *Now Nineveh*

הָיְתָה Qal pf. 3 f.s. (224) *was*

עִיר־ n.f.s. (746) *a city*

גְּדוֹלָה adj. f.s. (152) *great*

לֵאלֹהִים prep.-n.m.p. (43) *exceedingly* (lit. *to God*)

מַהֲלַךְ n.m.s. cstr. (237) *a journey (of)*

שְׁלֹשֶׁת n.f.s. cstr. (1025) *three (of)*

יָמִים n.m.p. (398) *days*

3:4

וַיָּחֶל consec.-Hi. impf. 3 m.s. (חָלַל III 320; Hi.2) *and began*

יוֹנָה pr.n. (402) *Jonah*

לָבוֹא prep.-Qal inf.cstr. (97) *to go*

בָעִיר prep.-def.art.-n.f.s. (746) *into the city*

מַהֲלַךְ n.m.s. cstr. (237) *a journey of*

יוֹם אֶחָד n.m.s. (398)-adj. m.s. (25) *one day*

וַיִּקְרָא consec.-Qal impf. 3 m.s. (894) *and he cried*

וַיֹּאמַר consec.-Qal impf. 3 m.s. (55) *and said*

עוֹד subst. (728) *Yet*

אַרְבָּעִים n.m.p. (916) *forty*

יוֹם n.m.s. (398) *days*

וְנִינְוֵה conj.-pr.n. (644) *and Nineveh*

נֶהְפָּכֶת Ni. ptc. f.s. (245) *shall be overthrown*

3:5

וַיַּאֲמִינוּ consec.-Hi. impf. 3 m.p. (52) *and believed*

אַנְשֵׁי n.m.p. cstr. (60) *the people of*

נִינְוֵה pr.n. (644) *Nineveh*

בֵּאלֹהִים prep.-n.m.p. (43) *(in) God*

וַיִּקְרְאוּ־ consec.-Qal impf. 3 m.p. (894) *and they proclaimed*

צוֹם n.m.s. (847) *a fast*

וַיִּלְבְּשׁוּ consec.-Qal impf. 3 m.p. (527) *and put on*

שַׂקִּים n.m.p. (974) *sackcloth*

מִגְּדוֹלָם prep.-adj. m.s.-3 m.p. sf. (152) *from the greatest of them*

וְעַד־ conj.-prep. (723) *to*

קְטַנָּם adj. m.s.-3 m.p. sf. (882) *the least of them*

3:6

וַיִּגַּע consec.-Qal impf. 3 m.s. (619) *then reached*

הַדָּבָר def.art.-n.m.s. (182) *tidings*

אֶל־מֶלֶךְ prep.-n.m.s. cstr. (572) *the king of*

נִינְוֵה pr.n. (644) *Nineveh*

וַיָּקָם consec.-Qal impf. 3 m.s. (קוּם 877) *and he arose*

מִכִּסְאוֹ prep.-n.m.s.-3 m.s. sf. (490) *from his throne*

וַיַּעֲבֵר consec.-Hi. impf. 3 m.s. (716) *and removed*

אַדַּרְתּוֹ n.f.s.-3 m.s. sf. (12) *his robe*

מֵעָלָיו prep.-prep.-3 m.s. sf. (752) *(from upon him)*

וַיְכַס consec.-Pi. impf. 3 m.s. (491) *and covered himself*

שַׂק n.m.s. (974) *sackcloth*

וַיֵּשֶׁב consec.-Qal impf. 3 m.s. (442) *and sat*

עַל־הָאֵפֶר prep.-def.art.-n.m.s. (68) *in ashes*

3:7

וַיַּזְעֵק consec.-Hi. impf. 3 m.s. (277) *and he made proclamation*

וַיֹּאמֶר consec.-Qal impf. 3 m.s. (55) *and published*

בְּנִינְוֵה prep.-pr.n. (644) *through Nineveh*

מִטַּעַם prep.-n.m.s. cstr. (381) *by the decree of*

הַמֶּלֶךְ def.art.-n.m.s. (I 572) *the king*

וּגְדֹלָיו conj.-n.m.p.-3 m.s. sf. (152) *and his nobles*

לֵאמֹר prep.-Qal inf.cstr. (55) *(saying)*

הָאָדָם def.art.-n.m.s. (9) *man*

וְהַבְּהֵמָה conj.-n.f.s. (96) *nor beast*

הַבָּקָר def.art.-n.m.s. (133) *herd*

וְהַצֹּאן conj.-def.art.-n.f.s. (838) *nor flock*

אַל־יִטְעֲמוּ neg. (39)-Qal impf. 3 m.p. juss. (381) *let not taste*

מְאוּמָה indef.pron. (548) *anything*

אַל־יִרְעוּ neg.-Qal impf. 3 m.p. juss. (944) *let them not feed*

וּמַיִם conj.-n.m.p. (565) *or water*

אַל־יִשְׁתּוּ neg.-Qal impf. 3 m.p. juss. (1059) *let them not drink*

3:8

וְיִתְכַּסּוּ conj.-Hith. impf. 3 m.p. (491) *but let be covered with*

שַׂקִּים n.m.p. (974) *sackcloth*

הָאָדָם def.art.-n.m.s. (9) *man*

וְהַבְּהֵמָה conj.-def.art.-n.f.s. (96) *and beast*

וְיִקְרְאוּ conj.-Qal impf. 3 m.p. vol. (894) *and let them cry*

אֶל־אֱלֹהִים prep.-n.m.p. (43) *to God*

בְּחָזְקָה prep.-n.f.s. (306) *mightily*

וְיָשֻׁבוּ conj.-Qal impf. 3 m.s. apoc. (996) *yea, let everyone turn*

אִישׁ n.m.s. (35) *(each)*

מִדַּרְכּוֹ prep.-n.m.s.-3 m.s. sf. (202) *from his way*

הָרָעָה def.art.-n.f.s. (949) *evil*

וּמִן־הֶחָמָס conj.-prep. (577)-def.art.-n.m.s. (329) *and from the violence*

אֲשֶׁר rel. (81) *which*

בְּכַפֵּיהֶם prep.-n.f. du.-3 m.p. sf. (496) *in his hands*

3:9

מִי־ interr.pr. (566) *who*

יוֹדֵעַ Qal act.ptc. m.s. (393) *knows*

יָשׁוּב Qal impf. 3 m.s. (996) *may repent*

וְנִחַם conj.-Ni. pf. 3 m.s. (636) *and repent*

הָאֱלֹהִים def.art.-n.m.p. (43) *God*

וְשָׁב conj.-Qal pf. 3 m.s. (שוב 996) *and turn*

מֵחֲרוֹן prep.-n.m.s. cstr. (354) *from fierceness of*

אַפּוֹ n.m.s.-3 m.s. sf. (60) *his anger*

וְלֹא נֹאבֵד conj.-neg.-Qal impf. 1 c.p. (81) *that we perish not*

3:10

וַיַּרְא consec.-Qal impf. 3 m.s. (906) *when saw*

הָאֱלֹהִים def.art.-n.m.p. (43) *God*

אֶת־מַעֲשֵׂיהֶם dir.obj.-n.m.p.-3 m.p. sf. (795) *what they did*

כִּי־שָׁבוּ conj. (471)-Qal pf. 3 c.p. (996) *how they turned*

מִדַּרְכָּם prep.-n.m.s.-3 m.p. sf. (202) *from their way*

הָרָעָה def.art.-n.f.s. (949) *evil*

וַיִּנָּחֶם consec.-Ni. impf. 3 m.s. (636) *repented*

הָאֱלֹהִים def.art.-n.m.p. (43) *God*

עַל־הָרָעָה prep.-def.art.-n.f.s. (949) *of the evil*

אֲשֶׁר־דִּבֶּר rel. (81)-Pi. pf. 3 m.s. (180) *which he had said*

לַעֲשׂוֹת־ prep.-Qal inf.cstr. (793) *he would do*

לָהֶם prep.-3 m.p. sf. (510) *to them*

וְלֹא עָשָׂה conj.-neg.-Qal pf. 3 m.s. (793) *and he did not do it*

4:1

וַיֵּרַע consec.-Qal impf. 3 m.s. (949) *But it displeased*

אֶל־יוֹנָה prep.-pr.n. (402) *Jonah*

רָעָה גְדוֹלָה n.f.s. (949)-adj. f.s. (152) *exceedingly* (lit. *a great evil*)

וַיִּחַר לוֹ consec.-Qal impf. 3 m.s. (354)-prep.-3 m.s. *and he was angry* (lit. *and it began to burn to him*)

4:2

וַיִּתְפַּלֵּל consec.-Hith. impf. 3 m.s. (813) *and he prayed*

אֶל־יהוה prep.-pr.n. (217) *to Yahweh*

וַיֹּאמַר consec.-Qal impf. 3 m.s. (55) *and said*

אָנָּה interj. (58) *I pray thee*

יהוה pr.n. (217) *O Yahweh*

הֲלוֹא־זֶה interr.-neg. (518)-demons.pr. (260) *is not this?*

דְבָרִי n.m.s.-1 c.s. sf. (182) *my word*

עַד־הֱיוֹתִי prep. (723)-Qal inf.cstr.-1 c.s. sf. (224) *when I was yet*

עַל־אַדְמָתִי prep.-n.f.s.-1 c.s. sf. (9) *in my country*

עַל־כֵּן prep.-adv. (486) *that is why*

קִדַּמְתִּי Pi. pf. 1 c.s. (869) *I made haste*

לִבְרֹחַ prep.-Qal inf.cstr. (137) *to flee*

תַּרְשִׁישָׁה pr.n.-dir.he (1076) *toward Tarshish*

כִּי יָדַעְתִּי conj.-Qal pf. 1 c.s. (393) *for I knew*

כִּי אַתָּה conj.-pers.pr. 2 m.s. (61) *that thou art*

אֵל־חַנּוּן n.m.s. (42)-adj. m.s. (337) *a gracious God*

וְרַחוּם conj.-adj. (933) *and merciful*

אֶרֶךְ adj. m.s. cstr. (74) *slow to*

אַפַּיִם n.m. du. (60) *anger*

וְרַב־ conj.-adj. m.s. cstr. (912) *and abounding in*

חֶסֶד n.m.s. (338) *steadfast love*

וְנִחָם conj.-Ni. ptc. (636) *and repentest*

עַל־הָרָעָה prep.-def.art.-n.f.s. (948) *of evil*

4:3

וְעַתָּה conj.-adv. (773) *therefore now*

יהוה pr.n. (217) *O Yahweh*

קַח־נָא Qal impv. 2 m.s. (לקח 542)-part. of entreaty (609) *take I beseech thee*

אֶת־נַפְשִׁי dir.obj.-n.f.s.-1 c.s. sf. (659) *my life*

מִמֶּנִּי prep.-1 c.s. sf. (577) *from me*

כִּי טוֹב conj.-adj. (373) *for it is better*

מוֹתִי n.m.s.-1 c.s. sf. (560) *for me to die (my dying)*

מֵחַיָּי prep.-n.m.p.-1 c.s. sf. (313) *than to live (from my living)*

4:4

וַיֹּאמֶר consec.-Qal impf. 3 m.s. (55) *and said*

יהוה pr.n. (217) *Yahweh*

הַהֵיטֵב interr.-Hi. inf.abs. (405) *Do you well?*

חָרָה Qal pf. 3 m.s. (354) *angry?*

לָךְ prep.-2 m.s. sf. paus. (510) *to you?*

4:5

וַיֵּצֵא consec.-Qal impf. 3 m.s. (422) *then went out*

יוֹנָה pr.n. (402) *Jonah*

מִן־הָעִיר prep.-def.art.-n.f.s. (746) *of the city*

וַיֵּשֶׁב consec.-Qal impf. 3 m.s. (442) *and sat*

מִקֶּדֶם prep.-n.m.s. (869) *to the east*

לָעִיר prep.-def.art.-n.f.s. (746) *of the city*

וַיַּעַשׂ consec.-Qal impf. 3 m.s. (793) *and made*

לוֹ prep.-3 m.s. sf. (510) *for himself*

שָׁם adv. (1027) *there*

סֻכָּה n.f.s. (697) *a booth*

וַיֵּשֶׁב v.supra *and he sat*

תַּחְתֶּיהָ n.m.s.-3 f.s. sf. (1065) *under it*

בַּצֵּל prep.-n.m.s. (853) *in the shade*

עַד אֲשֶׁר prep. (723)-rel. (81) *till*

יִרְאֶה Qal impf. 3 m.s. (906) *he should see*

מַה־ interr. (552) *what*

יִהְיֶה Qal impf. 3 m.s. (224) *would become*

בָּעִיר prep.-def.art.-n.f.s. (746) *of the city*

4:6

וַיְמַן consec.-Pi. impf. 3 m.s. (584) *and appointed*

יהוה־ pr.n. (217) *Yahweh*

אֱלֹהִים n.m.p. (43) *God*

קִיקָיוֹן n.m.s. (884) *a plant*

וַיַּעַל consec.-Qal impf. 3 m.s. (748) *and made it come up*

מֵעַל prep.-prep. (752) *over*

לְיוֹנָה prep.-pr.n. (402) *Jonah*

לִהְיוֹת prep.-Qal inf.cstr. (224) *that it might be*

צֵל n.m.s. (853) *a shade*

עַל־רֹאשׁוֹ prep.-n.m.s.-3 m.s. sf. (910) *over his head*

לְהַצִּיל prep.-Hi. inf.cstr. (664) *to save*

לוֹ prep.-3 m.s. sf. *him*

מֵרָעָתוֹ prep.-n.m.s.-3 m.s. sf. (949) *from his discomfort*

וַיִּשְׂמַח consec.-Qal impf. 3 m.s. (970) *so was exceedingly glad*

יוֹנָה pr.n. (402) *Jonah*

עַל־הַקִּיקָיוֹן prep.-def.art.-n.m.s. (884) *because of the plant*

שִׂמְחָה n.f.s. (970) *(glad)*

גְדוֹלָה adj. f.s. (152) *(great)*

4:7

וַיְמַן consec.-Pi. impf. 3 m.s. (584) *but appointed*

הָאֱלֹהִים def.art.-n.m.p. (43) *God*

תּוֹלַעַת n.f.s. (1069) *a worm*

בַּעֲלוֹת prep.-Qal inf.cstr. (748) *when came up*

הַשַּׁחַר def.art.-n.m.s. (1007) *the dawn*

לַמָּחֳרָת prep.-def.art.-n.f.s. (564) *the next day*

וַתַּךְ consec.-Hi. impf. 3 f.s. (נכה 645) *which attacked*

אֶת־הַקִּיקָיוֹן dir.obj.-v.supra *the plant*

וַיִּיבָשׁ consec.-Qal impf. 3 m.s. (386) *so that it withered*

4:8

וַיְהִי consec.-Qal impf. 3 m.s. (224) *when*

כִּזְרֹחַ prep.-Qal inf.cstr. (280) *rose*

הַשֶּׁמֶשׁ def.art.-n.f.s. (1039) *the sun*

וַיְמַן consec.-Pi. impf. 3 m.s. (584) *appointed*

אֱלֹהִים n.m.p. (43) *God*

רוּחַ n.f.s. (924) *a wind*

קָדִים adj. m.s. (870) *east*

חֲרִישִׁית adj. f.s. (362) *sultry*

וַתַּךְ consec.-Hi. impf. 3 f.s. (נכה 645) *and beat*

הַשֶּׁמֶשׁ v.supra *the sun*

עַל־רֹאשׁ prep.-n.m.s. cstr. (910) *upon the head of*

יוֹנָה pr.n. (402) *Jonah*

וַיִּתְעַלָּף consec.-Hith. impf. 3 m.s. (763) *so that he was faint*

וַיִּשְׁאַל consec.-Qal impf. 3 m.s. (981) *and he asked*

אֶת־נַפְשׁוֹ dir.obj.-n.f.s.-3 m.s. sf. (659) *his life*

לָמוּת prep.-Qal inf.cstr. (559) *to die*

וַיֹּאמֶר consec.-Qal impf. 3 m.s. (55) *and said*

טוֹב adj. m.s. (373) cf. 4:3 *it is better*

מוֹתִי n.m.s.-1 c.s. sf. (560) *for me to die*

מֵחַיָּי prep.-n.m.p.-1 c.s. sf. (311) *than to live*

4:9

וַיֹּאמֶר consec.-Qal impf. 3 m.s. (55) *and said*

אֱלֹהִים n.m.p. (43) *God*

אֶל־יוֹנָה prep.-pr.n. (402) *to Jonah*

הַהֵיטֵב interr.-Hi. inf.abs. (405) *do you do well?*

חָרָה־לָךְ Qal pf. 3 m.s. (354)-prep.-2 m.s. sf. *to be angry*

עַל־הַקִּיקָיוֹן prep. (752)-def.art.-n.m.s. (884) *for the plant*

וַיֹּאמֶר v.supra *and he said*

הֵיטֵב Hi. inf.abs. (405) *do well*

חָרָה־לִי v.supra-prep.-1 c.s. sf. *I ... to be angry*

עַד־מָוֶת prep.-n.m.s. (560) *to die*

4:10

וַיֹּאמֶר consec.-Qal impf. 3 m.s. (55) *and said*

יְהוָה pr.n. (217) *Yahweh*

אַתָּה pers.pr. 2 m.s. (61) *you*

חַסְתָּ Qal pf. 2 m.s. (חום 299) *had pity*

עַל־הַקִּיקָיוֹן prep.-def.art.-n.m.s. (884) *for the plant*

אֲשֶׁר rel. (81) *which*

לֹא־עָמַלְתָּ neg.-Qal pf. 2 m.s. (765) *you did not labor*

בּוֹ prep.-3 m.s. sf. (88) *upon it*

וְלֹא גִדַּלְתּוֹ conj.-neg.-Pi. pf. 2 m.s.-3 m.s. sf. (152) *did you make it grow*

שֶׁבִּן־ rel. (81)-n.m.s. cstr. (119) *which came into being*

לַיְלָה n.m.s. (538) *in a night* (lit. *which was a son of night*)

הָיָה Qal pf. 3 m.s. (224) *was*

וּבִן־ conj.-v.supra *and in*

לַיְלָה v.supra *a night*

אָבָד Qal pf. 3 m.s. paus. (1) *perished*

4:11

וַאֲנִי conj.-pers.pr. 1 c.s. (58) *and I*

לֹא אָחוּם neg.-Qal impf. 1 c.s. (299) *should not pity*

עַל־נִינְוֵה prep.-pr.n. (644) *Nineveh*

הָעִיר הַגְּדוֹלָה def.art.-n.f.s. (746)-def.art.-adj. f.s. (152) *that great city*

אֲשֶׁר יֶשׁ־בָּהּ rel. (81)-subst. (441)-prep.-3 f.s. sf. *in which there are*

הַרְבֵּה Hi. inf.abs. (915) *more*

מִשְׁתֵּים־עֶשְׂרֵה prep.-n.f.s. cstr. (1040)-n.f.s. (798) *than twelve*

רִבּוֹ n.f.s. (914) *ten thousands*

אָדָם n.m.s. (9) *persons*

אֲשֶׁר לֹא יָדַע rel. (81)-neg.-Qal pf. 3 m.s. (393) *who do not know*

בֵּין־יְמִינוֹ prep. (107)-n.f.s.-3 m.s. sf. (411) *(between) their right hand*

לִשְׂמֹאלוֹ prep.-n.m.s.-3 m.s. sf. (969) *from their left*

וּבְהֵמָה רַבָּה conj.-n.f.s. (96)-adj. f.s. (912) *and much cattle*

Micah

1:1

דְּבַר־יהוה n.m.s. cstr. (182)-pr.n. (217) *The word of Yahweh*

אֲשֶׁר הָיָה rel. (81)-Qal pf. 3 m.s. (224) *which was*

אֶל־מִיכָה prep.-pr.n. (567) *unto Micah*

הַמֹּרַשְׁתִּי def.art.-adj.gent. (440) *of Moresheth*

בִּימֵי prep.-n.m.p. cstr. (398) *in the days of*

יוֹתָם pr.n. (222) *Jotham*

אָחָז pr.n. (28) *Ahaz*

יְחִזְקִיָּה pr.n. (306) *Hezekiah*

מַלְכֵי n.m.p. cstr. (572) *kings of*

יְהוּדָה pr.n. (397) *Judah*

אֲשֶׁר־חָזָה rel. (81)-Qal pf. 3 m.s. (302) *which he saw*

עַל־שֹׁמְרוֹן prep.-pr.n. (1037) *concerning Samaria*

וִירוּשָׁלָ͏ִם conj.-pr.n. paus. (436) *and Jerusalem*

1:2

שִׁמְעוּ Qal impv. 2 m.p. (1033) *hear*

עַמִּים n.m.p. (I 766) *O peoples*

כֻּלָּם n.m.s.-3 m.p. sf. (481; GK 135r) *all of them*

הַקְשִׁיבִי Hi. impv. 2 f.s. (904) *give attention*

אֶרֶץ n.f.s. (75) *O earth*

וּמְלֹאָהּ conj.-n.m.s.-3 f.s. sf. (571) *and its fulness*

1:3

וִיהִי conj.-Qal impf. 3 m.s. apoc.vol. (224; GK 109k, 144p) *and let be*

אֲדֹנָי יהוה n.m.p.-1 c.s. sf. (10)-pr.n. (217) *the Lord Yahweh*

בָּכֶם prep.-2 m.p. sf. *against you*

לְעֵד prep.-n.m.s. (729) *for a witness*

אֲדֹנָי v.supra *the Lord*

מֵהֵיכַל prep.-n.m.s. cstr. (228) *the temple of*

קָדְשׁוֹ n.m.s.-3 m.s. sf. (871) *his holiness*

1:3

כִּי־הִנֵּה conj.-interj. (243) *for behold*

יהוה pr.n. (217) *Yahweh*

יֹצֵא Qal act.ptc. (422) *going forth*

מִמְּקוֹמוֹ prep.-n.m.s.-3 m.s. sf. (879) *from his place*

וְיָרַד conj.-Qal pf. 3 m.s. (432) *and he will come down*

וְדָרַךְ conj.-Qal pf. 3 m.s. (201) *and will tread*

עַל־בָּמֳותֵי prep.-n.f.p. cstr. (119) *upon the high places of*

אָרֶץ n.f.s. paus. (75) *earth*

1:4

וְנָמַסּוּ conj.-Ni. pf. 3 c.p. (587) *and will be melted*

הֶהָרִים def.art.-n.m.p. (249) *the mountains*

תַּחְתָּיו prep. (1065)-3 m.s. sf. *under him*

וְהָעֲמָקִים conj.-def.art.-n.m.p. (770) *and the valleys*

יִתְבַּקָּעוּ Hith. impf. 3 m.p. paus. (131) *will be cleft*

כַּדּוֹנַג prep.-def.art.-n.m.s. (200) *as the wax*

מִפְּנֵי prep.-n.m.p. cstr. (815) *from the face of (from before)*

הָאֵשׁ def.art.-n.f.s. (77) *the fire*

כְּמַיִם prep.-n.m.p. (565) *as water*

מֻגָּרִים Ho. ptc. (620) *being poured*

בְּמוֹרָד prep.-n.m.s. (434) *on a slope*

1:5

בְּפֶשַׁע prep.-n.m.s. cstr. (833) *because of the transgression of*

יַעֲקֹב pr.n. (784) *Jacob*

כָּל־זֹאת n.m.s. cstr. (481)-demons.adj. f.s. (260) *all of this*

וּבְחַטֹּאות conj.-prep.-n.f.p. cstr. (308; GK 23c) *and because of the sins of*

בֵּית יִשְׂרָאֵל n.m.s. cstr. (108)-pr.n. (975) *the house of Israel*

מִי־פֶשַׁע interr. (566; GK 137a)-n.m.s. cstr. (833) *who is the transgression of*

יַעֲקֹב v.supra *Jacob*

הֲלוֹא שֹׁמְרוֹן interr.-neg.-pr.n. (1037) *is it not Samaria*

וּמִי בָּמוֹת conj.-interr. (566)-n.f.p. cstr. (119) *and who are the high places of*

יְהוּדָה pr.n. (397) *Judah*

הֲלוֹא יְרוּשָׁלַ͏ִם v.supra-pr.n. (436) *is it not Jerusalem?*

1:6

וְשַׂמְתִּי conj.-Qal pf. 1 c.s. (962) *and I shall make*

שֹׁמְרוֹן pr.n. (1037) *Samaria*

לְעִי prep.-n.m.s. cstr. (730) *for the heap (ruin) of*

הַשָּׂדֶה def.art.-n.m.s. (961) *the field*

לְמַטָּעֵי prep.-n.m.p. cstr. (642) *for places of planting of*

כָּרֶם n.m.s. (501) *a vineyard*

וְהִגַּרְתִּי conj.-Hi. pf. 1 c.s. (620) *and I shall hurl down*

לַגַּי prep.-def.art.-n.m.s. (161) *to the valley*

אֲבָנֶיהָ n.f.p.-2 m.s. sf. (6) *her stones*

וִיסֹדֶיהָ conj.-n.f.p.-3 f.s. sf. (414) *and her foundations*

אֲגַלֶּה Pi. pf. 1 c.s. (162) *I shall uncover*

1:7

וְכָל־ conj.-n.m.s. cstr. (481) *and all of*

פְּסִילֶיהָ n.m.p.-3 f.s. sf. (820) *her idols*

יֻכַּתּוּ Ho. impf. 3 m.p. (510; GK 67y) *will be crushed to ruins*

וְכָל־אֶתְנַנֶּיהָ v.supra-n.m.p.-3 f.s. sf. (1072) *and all of her harlot's hire*

יִשָּׂרְפוּ Ni. impf. 3 m.p. (976) *will be burned*

בָאֵשׁ prep.-def.art.-n.f.s. (77) *in the fire*

וְכָל־עֲצַבֶּיהָ v.supra-n.m.p.-3 f.s. sf. (781) *and all of her idols*

אָשִׂים Hi. impf. 1 c.s. (962; GK 117ii) *I shall make*

שְׁמָמָה n.f.s. (1031) *a waste*

כִּי מֵאֶתְנַן conj.-prep.-n.m.s. cstr. (1073) *for from a hire of*

זוֹנָה Qal act.ptc. f.s. (275) *a harlot*

קִבָּצָה Pi. pf. 3 f.s. paus. (867; GK 52,l) *she gathered*

וְעַד־ conj.-prep. *and unto*

אֶתְנַן זוֹנָה v.supra-v.supra *a hire of a harlot*

יָשׁוּבוּ Qal impf. 3 m.p. (996) *they will return*

1:8

עַל־זֹאת prep.-demons.adj. f.s. (260) *for this*

אֶסְפְּדָה Qal impf. 1 c.s.-coh.he (704) *let me wail*

וְאֵילִילָה conj.-Hi. impf. 1 c.s.-coh.he (410; GK 69bN) *and let me howl*

אֵילְכָה Qal impf. 1 c.s.-coh.he (229) *let me walk*

שׁוֹלָל rd.prb. שׁוֹלָל adj. as adv. (1021; GK 118n) *barefoot*

וְעָרוֹם conj.-adj. (736) *and naked*

אֶעֱשֶׂה Qal impf. 1 c.s. (I 793) *I shall make*

מִסְפֵּד n.m.s. (704) *a lamentation*

כַּתַּנִּים prep.-def.art.-n.m.p. (1072) *like the jackals*

וְאֵבֶל conj.-n.m.s. (5) *and mourning*

כִּבְנוֹת prep.-n.f.s. cstr. (123) *as daughters of*

יַעֲנָה n.f.s. (419) *greed i.e. ostriches*

1:9

כִּי אֲנוּשָׁה conj.-Qal pass.ptc. f.s. as adj. (I 60) *incurable*

מַכּוֹתֶיהָ n.f.p.-3 f.s. sf. (646) *her wounds*

כִּי־בָאָה conj.-Qal pf. 3 f.s. (97) *for it has come*

עַד־יְהוּדָה prep.-pr.n. (397) *unto Judah*

נָגַע Qal pf. 3 m.s. (619) *it has reached (touched)*

עַד־שַׁעַר prep.-n.m.s. cstr. (1044) *unto the gate of*

עַמִּי n.m.s.-1 c.s. sf. (I 766) *my people*

עַד־יְרוּשָׁלַ͏ִם prep.-pr.n. (436) *unto Jerusalem*

1:10

בְּגַת prep.-pr.n. (II 387) *in Gath*

אַל־תַּגִּידוּ neg.juss.-Hi. impf. 2 m.p. (616) *declare not*

בָּכוֹ אַל־תִּבְכּוּ Qal inf.abs. (113)-neg.juss.-Qal impf. 2 m.p. (113; GK 113v) *weep not*

בְּבֵית לְעַפְרָה prep.-pr.n. (112) *in Beth-leaphrah*

עָפָר n.m.s. (779) *dust*

הִתְפַּלָּשְׁתִּי rd.prb. הִתְפַּלָּשִׁי as Hith. impv. 2 f.s. or הִתְפַּלָּשׁוּ Hith. impv. 2 m.p. (814) *roll yourself in*

1:11

עִבְרִי Qal impv. 2 f.s. (716; GK 145m) *pass over*

לָכֶם prep.-2 m.p. sf. *to yourselves*

יוֹשֶׁבֶת Qal act.ptc. f.s. cstr. segh. (442) *inhabitant of*

שָׁפִיר pr.n. (1051) *Shaphir*

עֶרְיָה־ n.f.s. (789) *(in) nakedness*

בֹּשֶׁת n.f.s. (102; GK 131c) *(in) shame*

לֹא יָצְאָה neg.-Qal pf. 3 f.s. (422) *have not gone out*

יוֹשֶׁבֶת v.supra (GK 122s) *inhabitant of*

צַאֲנָן pr.n. (838) *Zaanan*

מִסְפַּר n.m.s. cstr. (704) *the wailing of*

בֵּית הָאֵצֶל pr.n. (111) *Beth-ezel*

יִקַּח Qal impf. 3 m.s. (542) *will take*

מִכֶּם prep.-2 m.p. sf. *from you*

עֶמְדָּתוֹ n.f.s.-3 m.s. sf. (765) *his standing-ground*

1:12

כִּי־חָלָה conj.-Qal pf. 3 f.s. (חול I 296) *are in anguish*

לְטוֹב prep.-adj. (373) *for good*

יוֹשֶׁבֶת v. 1:11 *inhabitant of*

מָרוֹת pr.n. (598) *Maroth*

כִּי־יָרַד conj.-Qal pf. 3 m.s. (432) *for has come down*

רָע n.m.s. (II 948) *evil*

מֵאֵת prep.-prep. (II 85) *from (with)*

יהוה pr.n. (217) *Yahweh*

לְשַׁעַר prep.-n.m.s. cstr. (1044) *to the gate of*

יְרוּשָׁלָ͏ִם pr.n. (436) *Jerusalem*

1:13

רְתֹם Qal impv. 2 m.s. (958; GK 110k) *bind (harness)*

הַמֶּרְכָּבָה def.art.-n.f.s. (939) *the chariot*

לָרֶכֶשׁ prep.-def.art.-n.m. coll. (940) *to the steeds*

יוֹשֶׁבֶת v. 1:11, 12 *inhabitant of*

1:14

לָכֵן prep.-adv. (486) *therefore*

תִּתְּנִי Qal impf. 2 f.s. (678) *you will give*

שִׁלּוּחִים n.m.p. (1019) *parting gifts*

עַל מוֹרֶשֶׁת גַּת prep.-pr.n. (440, 387) *unto Moresheth-gath*

בָּתֵּי n.m.p. cstr. (108) *houses of*

אַכְזִיב pr.n. (469) *Achzib*

לְאַכְזָב prep.-adj. (469) *for a deceptive thing*

לְמַלְכֵי prep.-n.m.p. cstr. (572) *to the kings of*

יִשְׂרָאֵל pr.n. (975) *Israel*

1:15

עֹד הַיֹּרֵשׁ adv.-def.art.-Qal act.ptc. (439) *again the possessor (captor)*

אָבִי לָךְ Hi. impf. 1 c.s. (בוא 97; GK 74k)-prep.-2 f.s. sf. *I shall bring upon you*

יוֹשֶׁבֶת Qal act.ptc. f.s. cstr. segh. (442) *inhabitant of*

מָרֵשָׁה pr.n. (601) *Mareshah*

עַד־עֲדֻלָּם prep.-pr.n. (726) *unto Adullam*

יָבוֹא Qal impf. 3 m.s. (97) *will come*

כְּבוֹד יִשְׂרָאֵל n.m.s. cstr. (458)-pr.n. (975) *the glory of Israel*

1:16

קָרְחִי Qal impv. 2 f.s. (I 901) *make a baldness*

וָגֹזִּי conj.-Qal impv. 2 f.s. (159) *and shear (the hair)*

עַל־בְּנֵי prep.-n.m.p. cstr. (119) *for the children of*

תַּעֲנוּגָיִךְ n.m.p.-2 f.s. sf. (772) *your daintiness*

הַרְחִבִי Hi. impv. 2 f.s. (931) *enlarge*

קָרְחָתֵךְ n.f.s.-2 f.s. sf. (901) *your baldness*

כַּנֶּשֶׁר prep.-def.art.-n.m.s. (676) *as the eagle*

כִּי גָלוּ conj.-Qal pf. 3 c.p. (162) *for they will go into exile*

מִמֵּךְ prep.-2 f.s. sf. *from you*

1:16

לָכִישׁ pr.n. (540) *Lachish*

רֵאשִׁית n.f.s. cstr. (912) *beginning of*

חַטָּאת n.f.s. (308) *sin*

הִיא pers.pr. 3 f.s. (214) *she*

לְבַת־צִיּוֹן prep.-n.f.s. cstr. (123)-pr.n. (851) *to the daughter of Zion*

כִּי־בָךְ conj.-prep.-2 f.s. sf. *for in you*

נִמְצְאוּ Ni. pf. 3 c.p. (592) *are found*

פִּשְׁעֵי n.m.p. cstr. (833) *the transgressions of*

יִשְׂרָאֵל pr.n. (975) *Israel*

2:1

הוֹי חֹשְׁבֵי־ interj. (222)-Qal act.ptc. m.p. cstr. (362) *Woe to ones devising*

אָוֶן n.m.s. (19) *wickedness*

וּפֹעֲלֵי conj.-Qal act.ptc. m.p. cstr. (821) *and ones working*

רָע n.m.s. (948) *evil*

עַל־מִשְׁכְּבוֹתָם prep.-n.f.p.-3 m.p. sf. (1012) *upon their beds*

בְּאוֹר prep.-n.m.s. cstr. (21) *in the light of*

הַבֹּקֶר def.art.-n.m.s. (133) *the morning*

יַעֲשׂוּהָ Qal impf. 3 m.p.-3 f.s. sf. (I 793) *they do it*

כִּי יֶשׁ־ conj.-subst. (441) *for there is*

לְאֵל יָדָם prep.-n.m.s. cstr. (II 42)-n.f.s.-3 m.p. sf. (388) *to the power of their hand*

2:2

וְחָמְדוּ conj.-Qal pf. 3 c.p. (326) *and they covet*

שָׂדוֹת n.m.p. (961) *fields*

וְגָזָלוּ conj.-Qal pf. 3 c.p. paus. (159) *and they tear away*

וּבָתִּים conj.-n.m.p. (108) *also houses*

וְנָשָׂאוּ conj.-Qal pf. 3 c.p. paus. (669) *and they take away*

וְעָשְׁקוּ conj.-Qal pf. 3 c.p. (798) *and they oppress*

גֶּבֶר n.m.s. (149) *a man*

וּבֵיתוֹ conj.-n.m.s.-3 m.s. sf. (108) *and his house*

וְאִישׁ conj.-n.m.s. (35) *and a man*

וְנַחֲלָתוֹ conj.-n.f.s.-3 m.s. sf. (635) *and his property*

2:3

לָכֵן כֹּה prep.-adv. (485)-demons.adv. (462) *therefore thus*

אָמַר יְהוָה Qal pf. 3 m.s. (55)-pr.n. (217) *said Yahweh*

הִנְנִי interj.-1 c.s. sf. (243) *behold me*

חֹשֵׁב Qal act.ptc. (362) *devising*

עַל־הַמִּשְׁפָּחָה prep.-def.art.-n.f.s. (1046) *against the clan*

הַזֹּאת def.art.-demons.adj. (260) *this*

רָעָה n.f.s. (949) *evil*

אֲשֶׁר rel. (81) *which*

לֹא־תָמִישׁוּ neg.-Hi. impf. 2 m.p. (מושׁ I 559) *you will not remove*

מִשָּׁם prep.-adv. (1027) *from there*

צַוְּארֹתֵיכֶם n.f.p.-2 m.p. sf. (848) *your necks*

וְלֹא תֵלְכוּ conj.-neg.-Qal impf. 2 m.p. (229) *and you will not walk*

רוֹמָה adv. (928; GK 118q) *haughtily*

כִּי עֵת conj.-n.f.s. (773) *for a time*

רָעָה n.f.s. (949) *evil*

הִיא pers.pr. 3 f.s. (214) *it*

2:4

בַּיּוֹם הַהוּא prep.-def.art.-n.m.s. (398)-def.art.-demons.adj. (214) *in that day*

יִשָּׂא Qal impf. 3 m.s. (669; GK 144d) *one will take up*

עֲלֵיכֶם prep.-2 m.p. sf. *against you*

מָשָׁל n.m.s. (II 605) *a parable*

וְנָהָה conj.-Qal pf. 3 m.s. (624) *and one will lament*

נְהִי n.m.s. (624) *a wailing*

נִהְיָה n.f.s. (624) *lamentation*

אָמַר Qal pf. 3 m.s. (55) *he will say*

שָׁדוֹד נְשַׁדֻּנוּ Qal inf.abs. (994)-Ni. impf. 1 c.p. (994; GK 67u) *we are utterly ruined*

חֵלֶק n.m.s. cstr. (324) *the portion of*

עַמִּי n.m.s.-1 c.s. sf. (I 766) *my people*

יָמִיר Hi. impf. 3 m.s. (מור 558) *he will change*

אֵיךְ exclam. (32; GK 148b) *how*

יָמִישׁ Hi. impf. 3 m.s. (מושׁ I 559) *he removes*

לִי prep.-1 c.s. sf. *to me*

לְשׁוֹבֵב prep.-adj. (1000) *to apostate* (rd.? שׁוֹבֵינוּ *our captives*)

שָׂדֵינוּ n.m.p.-1 c.p. sf. (961) *our fields*

יְחַלֵּק Pi. impf. 3 m.s. (323) *he will divide*

2:5

לָכֵן prep.-adv. (486) *therefore*

לֹא־יִהְיֶה neg.-Qal impf. 3 m.s. (224) *there will not be*

לְךָ prep.-2 m.s. sf. *to you*

מַשְׁלִיךְ Hi. ptc. (1020) *one casting*

חֶבֶל n.m.s. (286) *a line*

בְּגוֹרָל prep.-n.m.s. (174) *by lot*

בִּקְהַל prep.-n.m.s. cstr. (874) *in the congregation of*

יְהוָה pr.n. (217) *Yahweh*

2:6

אַל־תַּטִּפוּ neg.juss.-Hi. impf. 2 m.p. apoc. (643) *do not talk*

יַטִּיפוּן Hi. impf. 3 m.p. (643) *(so) they talk*

לֹא־יַטִּפוּ neg.-Hi. impf. 3 m.p. apoc. (643) *they should not talk*

לָאֵלֶּה prep.-demons.adj. m.p. (41) *concerning these*

לֹא יִסַּג neg.-Ni. impf. 3 m.s. (סוג I 690; GK 72dd, 145o) *will not turn back (cease)*

כְּלִמּוֹת n.f.p. (484) *reproaches*

2:7

הֶאָמוּר interr.-Qal pass.ptc. (55; GK 100n) *should it be said*

בֵּית־יַעֲקֹב n.m.s. cstr. (108)-pr.n. (784) *O house of Jacob*

הֲקָצַר interr.-Qal pf. 3 m.s. (894) *is shortened?*

רוּחַ יהוה n.f.s. cstr. (924)-pr.n. (217) *the spirit of Yahweh*

אִם־אֵלֶּה interr. (50)-demons.adj. (41) *are these?*

מַעֲלָלָיו n.m.p.-3 m.s. sf. (760) *his deeds*

הֲלוֹא interr.-neg. *do not?*

דְּבָרַי n.m.p.-1 c.s. sf. (182) *my words*

יֵיטִיבוּ Hi. impf. 3 m.p. (405) *do good*

עִם הַיָּשָׁר prep.-def.art.-n.m.s. (449) *with the upright*

הוֹלֵךְ Qal act.ptc. (229; GK 118n) *one walking*

2:8

וְאֶתְמוּל conj.-adv. (1069) *yesterday* (some rd. *and you* וְאַתֶּם)

עַמִּי n.m.s.-1 c.s. sf. (I 766) *my people*

לְאוֹיֵב prep.-Qal act.ptc. (33) *for (as) an enemy*

יְקוֹמֵם Polel impf. 3 m.s. (877) *will rise*

מִמּוּל prep.-prep. (557) *from the front of*

שַׂלְמָה n.f.s. (II 971) *a garment*

אֶדֶר n.m.s. (12) *a mantle*

תַּפְשִׁטוּן Hi. impf. 2 m.p. (832) *you strip off*

מֵעֹבְרִים prep.-Qal act.ptc. m.p. (716) *from ones passing over*

בֶּטַח adv. (105) *securely*

שׁוּבֵי Qal pass.ptc. m.p. cstr. (996) *the averse ones of* (having turned back)

מִלְחָמָה n.f.s. (536) *war*

2:9

נְשֵׁי n.f.p. cstr. (אשה 61) *the women of*

עַמִּי n.m.s.-1 c.s. sf. (I 766) *my people*

תְּגָרְשׁוּן Pi. impf. 2 m.p. (176) *you drive out*

מִבֵּית prep.-n.m.s. cstr. (108) *from the house of*

תַּעֲנֻגֶיהָ n.m.p.-3 f.s. sf. (772) *her daintiness*

מֵעַל prep.-prep. *from upon*

עֹלָלֶיהָ n.m.p.-3 f.s. sf. (760) *her children*

תִּקְחוּ Qal impf. 2 m.p. (542) *you take*

הֲדָרִי n.m.s.-1 c.s. sf. (214) *my glory*

לְעוֹלָם prep.-n.m.s. (761) *for ever*

2:10

קוּמוּ Qal impv. 2 m.p. (877) *arise*

וּלְכוּ conj.-Qal impv. 2 m.p. (229) *and go*

כִּי לֹא־זֹאת conj.-neg.-demons.adj. f.s. (260) *for not this*

הַמְּנוּחָה def.art.-n.f.s. (629) *the resting-place*

בַּעֲבוּר prep.-prep. (II 721) *on account of*

טָמְאָה n.f.s. (380) *uncleanness*

תְּחַבֵּל Pi. impf. 3 f.s. (II 287) *(that) destroys*

וְחֶבֶל conj.-n.m.s. (II 287) *and a destruction*

נִמְרָץ Ni. ptc. (599) *grievous* (lit. *made sick*)

2:11

לוּ־אִישׁ conj. (530)-n.m.s. (35) *if a man*

הֹלֵךְ Qal act.ptc. (229) *going about*

רוּחַ n.f.s. (924) *wind*

וָשֶׁקֶר conj.-n.m.s. (1055) *and deception*

כִּזֵּב Pi. pf. 3 m.s. (469) *he lies*

אַטִּף Hi. impf. 1 c.s. apoc. (642) *let me preach* (talk)

לְךָ prep.-2 m.s. sf. *to you*

לַיַּיִן prep.-def.art.-n.m.s. (406) *of the wine*

וְלַשֵּׁכָר conj.-prep.-def.art.-n.m.s. (1016) *and of the strong drink*

וְהָיָה conj.-Qal pf. 3 m.s. (224) *and he will be*

מַטִּיף Hi. ptc. cstr. (642) *a preacher of*

הָעָם הַזֶּה def.art.-n.m.s. (766)-def.art.-demons.adj. (260) *this people*

2:12

אָסֹף אֶאֱסֹף Qal inf.abs.-Qal impf. 1 c.s. (62) *I shall definitely gather*

יַעֲקֹב pr.n. (784) *Jacob*

כֻּלָּךְ n.m.s.-2 m.s. sf. paus. (481) *all of you*

קַבֵּץ אֲקַבֵּץ Pi. inf.abs.-Pi. impf. 1 c.s. (867) *I shall surely collect*

שְׁאֵרִית n.f.s. cstr. (984) *the remnant of*

יִשְׂרָאֵל pr.n. (975) *Israel*

יַחַד adv. (403) *together*

אֲשִׂימֶנּוּ Qal impf. 1 c.s.-3 m.s. sf. (962) *I shall set him*

כְּצֹאן prep.-n.f.s. cstr. (838) *as a flock of*

בָּצְרָה n.f.s. (I 131) *an enclosure (sheep-fold)*

כְּעֵדֶר prep.-n.m.s. (727) *as a flock*

בְּתוֹךְ prep.-n.m.s. cstr. (1063) *in the midst of*

הַדָּבְרוֹ def.art.-n.m.s.-3 m.s. sf. (184; GK 127i, 4b attaches waw as conj. to following word) *his pasture*

תְּהִימֶנָה Hi. impf. 3 f.p. (223; GK 72k) *they will murmur*

מֵאָדָם prep.-n.m.s. (9) *with man*

2:13

עָלָה Qal pf. 3 m.s. (748) *goes up*

הַפֹּרֵץ def.art.-Qal act.ptc. (I 829) *the one breaking through*

לִפְנֵיהֶם prep.-n.m.p.-3 m.p. sf. (815) *before them*

845

פָּרְצוּ Qal pf. 3 c.p. (I 829) *they have broken through*

וַיַּעֲבֹרוּ consec.-Qal impf. 3 m.p. paus. (716) *and they passed over*

שָׁעַר n.m.s. (1044) *a gate*

וַיֵּצֵאוּ consec.-Qal impf. 3 m.p. (422) *and they went out*

בּוֹ prep.-3 m.s. sf. *by it*

וַיַּעֲבֹר consec.-Qal impf. 3 m.s. (716) *and passed over*

מַלְכָּם n.m.s.-3 m.p. sf. (572) *their king*

לִפְנֵיהֶם v.supra *before them*

וַיהוָה conj.-pr.n. (217) *and Yahweh*

בְּרֹאשָׁם prep.-n.m.s.-3 m.p. sf. (910) *at their head*

3:1

וָאֹמַר consec.-Qal impf. 1 c.s. (55) *and I said*

שִׁמְעוּ־ Qal impv. 2 m.p. (1033) *hear*

נָא part. of entreaty (609) *I pray*

רָאשֵׁי יַעֲקֹב n.m.p. cstr. (I 910)-pr.n. (784) *heads of Jacob*

וּקְצִינֵי conj.-n.m.p. cstr. (892) *and chiefs of*

בֵּית יִשְׂרָאֵל n.m.s. cstr. (108)-pr.n. (975) *the house of Israel*

הֲלוֹא לָכֶם interr.-neg.-prep.-2 m.p. sf. (GK 114 l; 150e) *is it not for you?*

לָדַעַת prep.-Qal inf.cstr. (393) *to know*

אֶת־הַמִּשְׁפָּט dir.obj.-def.art.-n.m.s. (1048) *the justice*

3:2

שֹׂנְאֵי טוֹב Qal act.ptc. m.p. cstr. (971)-adj. (373) *haters of good*

וְאֹהֲבֵי רָעָה conj.-Qal act.ptc. m.p. cstr. (12) -n.f.s. (949) *and lovers of evil*

גֹּזְלֵי Qal act.ptc. m.p. cstr. (I 159) *ones tearing away of*

עוֹרָם n.m.s.-3 m.p. sf. (736) *their skin*

מֵעֲלֵיהֶם prep.-prep.-3 m.p. sf. *from upon them*

וּשְׁאֵרָם conj.-n.m.s.-3 m.p. sf. (984) *their flesh*

מֵעַל prep.-prep. *from off*

עַצְמוֹתָם n.f.p.-3 m.p. sf. (I 782) *their bones*

3:3

וַאֲשֶׁר אָכְלוּ conj.-rel. (81)-Qal pf. 3 c.p. (37) *and who eat*

שְׁאֵר עַמִּי n.m.s. cstr. (984)-n.m.s.-1 c.s. sf. (I 766) *the flesh of my people*

וְעוֹרָם conj.-v. 3:2 *their skin*

מֵעֲלֵיהֶם v. 3:2 *from upon them*

הִפְשִׁיטוּ Hi. pf. 3 c.p. (832) *they strip off*

וְאֶת־עַצְמֹתֵיהֶם conj.-dir.obj.-n.f.p.-3 m.p. sf. (I 782) *their bones*

פִּצֵּחוּ Pi. pf. 3 c.p. (822) *they break in pieces*

וּפָרְשׂוּ conj.-Qal pf. 3 c.p. (831) *and they spread out*

כַּאֲשֶׁר prep.-rel. (81) *just as*

בַּסִּיר prep.-def.art.-n.m.s. (I 696) *in the pot*

וּכְבָשָׂר conj.-prep.-n.m.s. (142) *and as flesh*

בְּתוֹךְ prep.-n.m.s. cstr. (1063) *in the midst of*

קַלָּחַת n.f.s. paus. (886) *a caldron*

3:4

אָז יִזְעֲקוּ adv.-Qal impf. 3 m.p. (277) *then they will cry out*

אֶל־יְהוָה prep.-pr.n. (217) *unto Yahweh*

וְלֹא יַעֲנֶה conj.-neg.-Qal impf. 3 m.s. (I 772) *and he will not answer*

אוֹתָם dir.obj.-3 m.p. sf. *them*

וְיַסְתֵּר conj.-Hi. impf. 3 m.s. apoc. (711; GK 109k) *and he will hide*

פָּנָיו n.m.p.-3 m.s. sf. (815) *his face*

מֵהֶם prep.-3 m.p. sf. *from them*

בָּעֵת הַהִיא prep.-def.art.-n.f.s. (773)-def.art. -demons.adj. f.s. (214) *in that time*

כַּאֲשֶׁר prep.-rel. (81) *according as*

הֵרֵעוּ Hi. pf. 3 c.p. (949) *they made evil*

מַעַלְלֵיהֶם n.m.p.-3 m.p. sf. (760) *their deeds*

3:5

כֹּה אָמַר demons.adv. (462)-Qal pf. 3 m.s. (55) *Thus said*

יְהוָה pr.n. (217) *Yahweh*

עַל־הַנְּבִיאִים prep.-def.art.-n.m.p. (611) *unto the prophets*

הַמַּתְעִים def.art.-Hi. ptc. m.p. (1073) *the ones misleading*

אֶת־עַמִּי dir.obj.-n.m.s.-1 c.s. sf. (I 766) *my people*

הַנֹּשְׁכִים def.art.-Qal act.ptc. m.p. (675) *the ones biting*

בְּשִׁנֵּיהֶם prep.-n.f. du.-3 m.p. sf. (I 1042) *with their teeth*

וְקָרְאוּ conj.-Qal pf. 3 c.p. (894) *and they call*

שָׁלוֹם n.m.s. (1022) *peace*

וַאֲשֶׁר conj.-rel. (81) *and whoever*

לֹא־יִתֵּן neg.-Qal impf. 3 m.s. (678) *does not put*

עַל־פִּיהֶם prep.-n.m.s.-3 m.p. sf. (804) *into their mouth*

וְקִדְּשׁוּ conj.-Pi. pf. 3 c.p. (872) *and they consecrate*

עָלָיו prep.-3 m.s. sf. *against them*

מִלְחָמָה n.f.s. (536) *war*

3:6

לָכֵן לַיְלָה prep.-adv. (485)-n.f.s. (538) *therefore night*

לָכֶם prep.-2 m.p. sf. *to you*

מֵחָזוֹן prep.-n.m.s. (302; GK 119w) *from vision*

וְחָשְׁכָה conj.-Qal pf. 3 f.s. (364; GK 144c) *and it will be dark*

v.supra לָכֶם *to you*

מִקְּסֹם prep.-Qal inf.cstr. (890; GK 119w) *from practising divination*

וּבָאָה conj.-Qal pf. 3 f.s. (97) *and will go down*

הַשֶּׁמֶשׁ def.art.-n.f.s. (1039) *the sun*

עַל־הַנְּבִיאִים prep.-def.art.-n.m.p. (611) *upon the prophets*

וְקָדַר conj.-Qal pf. 3 m.s. (871) *and will be dark*

עֲלֵיהֶם prep.-3 m.p. sf. *over them*

הַיּוֹם def.art.-n.m.s. (398) *the day*

3:7

וּבֹשׁוּ conj.-Qal pf. 3 c.p. (101) *and will be ashamed*

הַחֹזִים def.art.-n.m.p. (302) *the seers*

וְחָפְרוּ conj.-Qal pf. 3 c.p. (II 34) *and will be abashed*

הַקֹּסְמִים def.art.-Qal act.ptc. m.p. (890) *the diviners*

וְעָטוּ conj.-Qal pf. 3 m.p. (I 741) *and they will envelop themselves*

עַל־שָׂפָם prep.-n.m.s. (974) *upon a moustache*

כֻּלָּם n.m.s.-3 m.p. sf. (481) *all of them*

כִּי אֵין conj.-n.m.s. cstr. (34) *for there is no*

מַעֲנֵה n.m.s. cstr. (775) *answer of*

אֱלֹהִים n.m.p. (43) *God*

3:8

וְאוּלָם אָנֹכִי conj.-adv. (19)-pers.pr. 1 c.s. (59) *but indeed I*

מָלֵאתִי Qal pf. 1 c.s. (569) *am full of*

כֹּחַ n.m.s. (470) *power*

אֶת־רוּחַ prep. (II 85)-n.f.s. cstr. (924) *by the spirit of*

יְהוָה pr.n. (217) *Yahweh*

וּמִשְׁפָּט conj.-n.m.s. (1048) *and judgment*

וּגְבוּרָה conj.-n.f.s. (150) *and might*

לְהַגִּיד prep.-Hi. inf.cstr. (616) *to declare*

לְיַעֲקֹב prep.-pr.n. (784) *to Jacob*

פִּשְׁעוֹ n.m.s.-3 m.s. sf. (833) *his transgression*

וּלְיִשְׂרָאֵל conj.-prep.-pr.n. (975) *and to Israel*

חַטָּאתוֹ n.f.s.-3 m.s. sf. (308) *his sin*

3:9

שִׁמְעוּ־ Qal impv. 2 m.p. (1033) *hear*

נָא part. of entreaty (I 609) *I pray*

זֹאת demons.adj. f.s. (260) *this*

רָאשֵׁי בֵית n.m.p. cstr. (910)-n.m.s. cstr. (108) *chiefs of the house of*

יַעֲקֹב pr.n. (784) *Jacob*

וּקְצִינֵי conj.-n.m.p. cstr. (892) *and rulers of*

בֵּית יִשְׂרָאֵל v.supra-pr.n. (975) *the house of Israel*

הַמְתַעֲבִים def.art.-Pi. ptc. m.p. (1073) *the ones abhorring*

מִשְׁפָּט n.m.s. (1048) *judgment*

וְאֵת כָּל־ conj.-dir.obj.-n.m.s. cstr. (481) *and all of*

הַיְשָׁרָה def.art.-adj. f.s. (449) *the righteous*

יְעַקֵּשׁוּ Pi. impf. 3 m.p. paus. (786) *they pervert*

3:10

בֹּנֶה Qal act.ptc. (124) *building*

צִיּוֹן pr.n. (851) *Zion*

בְּדָמִים prep.-n.m.p. (196) *with blood*

וִירוּשָׁלַ͏ִם conj.-pr.n. (436) *and Jerusalem*

בְּעַוְלָה prep.-n.f.s. (732) *with injustice*

3:11

רָאשֶׁיהָ n.m.p.-3 f.s. sf. (910) *her chiefs*

בְּשֹׁחַד prep.-n.m.s. (1005) *for a bribe*

יִשְׁפֹּטוּ Qal impf. 3 m.p. paus. (1047) *judge*

וְכֹהֲנֶיהָ conj.-n.m.p.-3 f.s. sf. (463) *and her priests*

בִּמְחִיר prep.-n.m.s. (I 564) *for a price*

יוֹרוּ Hi. impf. 3 m.p. (434) *teach*

וּנְבִיאֶיהָ conj.-n.m.p.-3 f.s. sf. (611) *and her prophets*

בְּכֶסֶף prep.-n.m.s. (494) *for silver*

יִקְסֹמוּ Qal impf. 3 m.p. paus. (890) *divine*

וְעַל־יְהוָה conj.-prep.-pr.n. (217) *and unto Yahweh*

יִשָּׁעֵנוּ Ni. impf. 3 m.p. paus. (1043) *they lean*

לֵאמֹר prep.-Qal inf.cstr. (55) *saying*

הֲלוֹא יְהוָה interr.part.-neg.-pr.n. (217) *is it not Yahweh?*

בְּקִרְבֵּנוּ prep.-n.m.s.-1 c.p. sf. (899) *in our midst*

לֹא־תָבוֹא neg.-Qal impf. 3 f.s. (97) *will not come*

עָלֵינוּ prep.-1 c.p. sf. *upon us*

רָעָה n.f.s. (948) *evil*

3:12

לָכֵן prep.-adv. (485) *therefore*

847

בִּגְלַלְכֶם prep.-n.m.s.-2 m.p. sf. (I 164) *on your account*

צִיּוֹן pr.n. (851) *Zion*

שָׂדֶה n.m.s. (961) *(as) a field*

תֵּחָרֵשׁ Ni. impf. 3 f.s. (I 360) *will be plowed*

וִירוּשָׁלַ͏ִם conj.-pr.n. (436) *and Jerusalem*

עִיִּין n.m.p. Aramaic form (730; GK 87e, 121d) *heap of ruins*

תִּהְיֶה Qal impf. 3 f.s. (224) *will be*

וְהַר conj.-n.m.s. cstr. (249) *and the mountain of*

הַבַּיִת def.art.-n.m.s. (108) *the house*

לְבָמוֹת prep.-n.f.p. cstr. (119) *for a high place of*

יַעַר n.m.s. paus. (420) *a forest*

4:1

וְהָיָה conj.-Qal pf. 3 m.s. (224) *and it shall be*

בְּאַחֲרִית prep.-n.f.s. cstr. (31) *in the latter of*

הַיָּמִים def.art.-n.m.p. (398) *the days*

יִהְיֶה Qal impf. 3 m.s. (224) *will be*

הַר n.m.s. cstr. (249) *the mountain of*

בֵּית־יְהוָה n.m.s. cstr. (108)-pr.n. (217) *the house of Yahweh*

נָכוֹן Ni. ptc. (465) *established*

בְּרֹאשׁ prep.-n.m.s. cstr. (910) *on the top of*

הֶהָרִים def.art.-n.m.p. (249) *the mountains*

וְנִשָּׂא conj.-Ni. ptc. (669) *and raised up*

הוּא pers.pr. 3 m.s. *it*

מִגְּבָעוֹת prep. as comparative-n.f.p. (148) *(higher) than the hills*

וְנָהֲרוּ conj.-Qal pf. 3 c.p. (I 625) *and will flow*

עָלָיו prep.-3 m.s. sf. *unto it*

עַמִּים n.m.p. (I 766) *peoples*

4:2

וְהָלְכוּ conj.-Qal pf. 3 c.p. (229) *and will walk (come)*

גּוֹיִם n.m.p. (156) *nations*

רַבִּים adj. m.p. (I 912) *many*

וְאָמְרוּ conj.-Qal pf. 3 c.p. (55) *and will say*

לְכוּ Qal impv. 2 m.p. (229) *come*

וְנַעֲלֶה conj.-Qal impf. 1 c.p. (748) *and let us go up*

אֶל־הַר־ prep.-n.m.s. cstr. (249) *unto the mountain of*

יְהוָה pr.n. (217) *Yahweh*

וְאֶל־בֵּית conj.-prep.-n.m.s. cstr. (108) *and unto the house of*

אֱלֹהֵי n.m.p. cstr. (43) *the God of*

יַעֲקֹב pr.n. (784) *Jacob*

וְיֹרֵנוּ conj.-Hi. impf. 3 m.s.-1 c.p. sf. (434) *and let him teach us*

מִדְּרָכָיו prep.-n.m.p.-3 m.s. sf. (202) *of his ways*

וְנֵלְכָה conj.-Qal impf. 1 c.p.-coh.he (229) *and let us walk*

בְּאֹרְחֹתָיו prep.-n.f.p.-3 m.s. sf. (73) *in his paths*

כִּי מִצִּיּוֹן conj.-prep.-pr.n. (851) *for from Zion*

תֵּצֵא Qal impf. 3 f.s. (422) *will go forth*

תוֹרָה n.f.s. (435) *law (Torah)*

וּדְבַר־ conj.-n.m.s. cstr. (182) *and the word of*

יְהוָה pr.n. (217) *Yahweh*

מִירוּשָׁלָ͏ִם prep.-pr.n. paus. (436) *from Jerusalem*

4:3

וְשָׁפַט conj.-Qal pf. 3 m.s. (1047) *and he will judge*

בֵּין עַמִּים prep.-n.m.p. (I 766) *between peoples*

רַבִּים adj. m.p. (I 912) *many*

וְהוֹכִיחַ conj.-Hi. pf. 3 m.s. (406) *and he will decide*

לְגוֹיִם prep.-n.m.p. (156) *for nations*

עֲצֻמִים adj. m.p. (783) *mighty*

עַד־רָחוֹק prep.-n.m.s. (935) *unto afar (a distance)*

וְכִתְּתוּ conj.-Pi. pf. 3 c.p. (510) *and they will beat*

חַרְבֹתֵיהֶם n.f.p.-3 m.p. sf. (352; GK 91n) *their swords*

לְאִתִּים prep.-n.m.p. (III 88) *to ploughshares*

וַחֲנִיתֹתֵיהֶם conj.-n.f.p.-3 m.p. sf. (333; GK 91n) *and their spears*

לְמַזְמֵרוֹת prep.-n.f.p. (275) *to pruning-knives*

לֹא־יִשְׂאוּ neg.-Qal impf. 3 m.p. (669) *will not lift up*

גּוֹי n.m.s. (156; GK 145c) *nation*

אֶל־גּוֹי prep.-v.supra *unto a nation*

חֶרֶב n.f.s. (352) *a sword*

וְלֹא־יִלְמְדוּן conj.-neg.-Qal impf. 3 m.p.-archaic nun (540) *and they will not learn*

עוֹד adv. (728) *again*

מִלְחָמָה n.f.s. (536) *war*

4:4

וְיָשְׁבוּ conj.-Qal pf. 3 c.p. (442) *but they will sit*

אִישׁ n.m.s. (35) *a man (every man)*

תַּחַת גַּפְנוֹ prep. (1065)-n.f.s.-3 m.s. sf. (172) *under his vine*

וְתַחַת תְּאֵנָתוֹ conj.-v.supra-n.f.s.-3 m.s. sf. (1061) *and under his fig-tree*

וְאֵין מַחֲרִיד conj.-subst.cstr. (34)-Hi. ptc. (353) *and there is no causing to fear*

כִּי־פִי־ conj.-n.m.s. cstr. (804) *for the mouth of*

יְהוָה צְבָאוֹת pr.n. (217)-pr.n. (838) *Yahweh of hosts*

דִּבֵּר Pi. pf. 3 m.s. (180) *has spoken*

848

4:5

כִּי כָּל־ conj.-n.m.s. cstr. (481) *for all of*

הָעַמִּים def.art.-n.m.p. (I 766) *the peoples*

יֵלְכוּ Qal impf. 3 m.p. (229) *will walk*

אִישׁ n.m.s. (35) *a man (each)*

בְּשֵׁם prep.-n.m.s. cstr. (1027) *in the name of*

אֱלֹהָיו n.m.p.-3 m.s. sf. (43) *his god(s)*

וַאֲנַחְנוּ conj.-pers.pr. 1 c.p. *but we*

נֵלֵךְ Qal impf. 1 c.p. (229) *shall walk*

בְּשֵׁם־יְהוָה v.supra-pr.n. (217) *in the name of Yahweh*

אֱלֹהֵינוּ n.m.p.-1 c.p. sf. (43) *our God*

לְעוֹלָם prep.-n.m.s. (761) *for ever*

וָעֶד conj.-n.m.s. (I 723) *and ever*

4:6

בַּיּוֹם הַהוּא prep.-def.art.-n.m.s. (398)-def. art.-demons.adj. (214) *in that day*

נְאֻם־ n.m.s. cstr. (610) *an utterance of*

יְהוָה pr.n. (217) *Yahweh*

אֹסְפָה Qal impf. 1 c.s.-coh.he (62; GK 68h) *and let me gather*

הַצֹּלֵעָה def.art.-n.f.s. (II 854; GK 84(a)s, 122s) *the limp*

וְהַנִּדָּחָה conj.-def.art.-Ni. ptc. f.s. (623) *and the banished ones*

אֲקַבֵּצָה Hi. impf. 1 c.s.-coh.he (867) *let me gather*

וַאֲשֶׁר conj.-rel. (81) *and those whom*

הֲרֵעֹתִי Hi. pf. 1 c.s. (949) *I have afflicted*

4:7

וְשַׂמְתִּי conj.-Qal pf. 1 c.s. (962) *and I shall make*

אֶת־הַצֹּלֵעָה dir.obj.-def.art.-n.f.s. (II 854; GK 84(a)s, 122s) *the limp*

לִשְׁאֵרִית prep.-n.f.s. (984) *for a remnant*

וְהַנַּהֲלָאָה conj.-def.art.-Ni. ptc. (229) *and the far removed ones*

לְגוֹי עָצוּם prep.-n.m.s. (156)-adj. m.s. (783) *for a mighty nation*

וּמָלַךְ conj.-Qal pf. 3 m.s. (573) *and will rule*

יְהוָה pr.n. (217) *Yahweh*

עֲלֵיהֶם prep.-3 m.p. sf. *over them*

בְּהַר prep.-n.m.s. cstr. (249) *in the mountain of*

צִיּוֹן pr.n. (851) *Zion*

מֵעַתָּה prep.-adv. (773) *from now*

וְעַד־ conj.-prep. *and unto*

עוֹלָם n.m.s. (761) *for ever*

4:8

וְאַתָּה conj.-pers.pr. 2 m.s. (61) *and you*

מִגְדַּל־ n.m.s. cstr. (153) *tower of*

עֵדֶר n.m.s. (727) *a flock*

עֹפֶל n.m.s. cstr. (I 779) *hill of*

בַּת־צִיּוֹן n.f.s. cstr. (I 123)-pr.n. (851) *the daughter of Zion*

עָדֶיךָ prep.-2 m.s. sf. *unto you*

תֵּאתֶה Qal impf. 3 f.s. (87; GK 68f) *it will come*

וּבָאָה conj.-Qal pf. 3 f.s. (97) *and will come*

הַמֶּמְשָׁלָה def.art.-n.f.s. (606) *the dominion*

הָרִאשֹׁנָה def.art.-adj. f.s. (911) *the former*

מַמְלֶכֶת n.f.s. cstr. (575) *kingdom of*

לְבַת־ prep.-n.f.s. cstr. (I 123) *the daughter of*

יְרוּשָׁלָ͏ִם pr.n. paus. 436) *Jerusalem*

4:9

עַתָּה לָמָּה adv. (773)-prep.-interr. (554) *now why*

תָרִיעִי Hi. impf. 2 f.s. (929) *will you shout*

רֵעַ n.m.s. (I 929; GK 117q) *a shout*

הֲמֶלֶךְ interr.part.-n.m.s. (572) *a king?*

אֵין־ n.m.s. cstr. (34) *isn't there*

בָּךְ prep.-2 f.s. sf. *in you*

אִם־יֹועֲצֵךְ interr.-Qal act.ptc. m.p.-2 f.s. sf. (419) *your counsellors*

אָבַד Qal pf. 3 m.s. paus. *have perished?*

כִּי־הֶחֱזִיקֵךְ conj.-Hi. pf. 3 m.s.-2 f.s. sf. (304) *for has seized you*

חִיל n.m.s. (297) *anguish*

כַּיּוֹלֵדָה prep.-def.art.-Qal act.ptc. f.s. (408) *as a woman in childbirth*

4:10

חוּלִי Qal impv. 2 f.s. (I 296) *writhe*

וָגֹחִי conj.-Qal impv. 2 f.s. (161) *and bring forth*

בַּת־צִיּוֹן n.f.s. cstr. (I 123)-pr.n. (851) *daughter of Zion*

כַּיּוֹלֵדָה v.4:9 *as the woman in childbirth*

כִּי־עַתָּה conj.-adv. (773) *for now*

תֵצְאִי Qal impf. 2 f.s. (422) *you will go out*

מִקִּרְיָה prep.-n.f.s. (900) *from a city*

וְשָׁכַנְתְּ conj.-Qal pf. 2 m.s. (1014) *and you will dwell*

בַּשָּׂדֶה prep.-def.art.-n.m.s. (961) *in the field*

וּבָאת conj.-pf. 2 f.s. (97; GK 10k, 76g) *and you will come*

עַד־בָּבֶל prep.-pr.n. (93) *unto Babylon*

שָׁם adv. (1027) *there*

תִּנָּצֵלִי Ni. impf. 2 f.s. paus. (664) *you will be delivered*

שָׁם v.supra *there*

849

יִגְאָלֵךְ Qal impf. 3 m.s.-2 f.s. sf. (145) *will redeem thee*

יהוה pr.n. (217) *Yahweh*

מִכַּף prep.-n.f.s. cstr. (496) *from the hand of*

אֹיְבָיִךְ Qal act.ptc. m.p.-2 f.s. sf. paus. (33) *your enemies*

4:11

וְעַתָּה conj.-adv. (773) *and now*

נֶאֶסְפוּ Ni. pf. 3 c.p. (62; GK 119dd) *have assembled*

עָלַיִךְ prep.-2 f.s. sf. *against you*

גּוֹיִם n.m.p. (156) *nations*

רַבִּים adj. m.p. (I 912) *many*

הָאֹמְרִים def.art.-Qal act.ptc. m.p. (55) *the ones saying*

תֶּחֱנָף Qal impf. 3 f.s. (337) *let her be profaned*

וְתַחַז conj.-Qal impf. 3 f.s. (I 302; GK 145n) *and let look (gaze)*

בְּצִיּוֹן prep.-pr.n. (851) *upon Zion*

עֵינֵינוּ n.f. du.-1 c.p. sf. (744) *our eyes*

4:12

וְהֵמָּה conj.-pers.pr. 3 m.p. *and they*

לֹא יָדְעוּ neg.-Qal pf. 3 c.p. (393) *do not know*

מַחְשְׁבוֹת n.f.p. cstr. (364) *the thoughts of*

יהוה pr.n. (217) *Yahweh*

וְלֹא הֵבִינוּ conj.-neg.-Hi. pf. 3 c.p. (106) *and they do not discern*

עֲצָתוֹ n.f.s.-3 m.s. sf. (420) *his counsel*

כִּי קִבְּצָם conj.-Pi. pf. 3 m.s.-3 m.p. sf. (867) *for he has gathered them*

כֶּעָמִיר prep.-def.art.-n.m.s. (771) *as the row of fallen grain*

גֹּרְנָה n.f.s. (174; GK 90i) *(on) a threshing floor*

4:13

קוּמִי Qal impv. 2 f.s. (877) *arise*

וָדוֹשִׁי conj.-Qal impv. 2 f.s. (190; GK 72q) *and thresh*

בַּת־צִיּוֹן n.f.s. cstr. (I 123)-pr.n. (851) *daughter of Zion*

כִּי־קַרְנֵךְ conj.-n.f.s.-2 f.s. sf. (901) *for your horn*

אָשִׂים Qal impf. 1 c.s. (962; GK 117ii) *I shall make*

בַּרְזֶל n.m.s. (137) *iron*

וּפַרְסֹתַיִךְ conj.-n.f.p.-2 f.s. sf. (828) *and your hoofs*

אָשִׂים v.supra *I shall make*

נְחוּשָׁה n.f.s. (639) *bronze*

וַהֲדִקּוֹת conj.-Hi. pf. 2 f.s. (200) *and you will crush*

עַמִּים n.m.p. (I 766) *peoples*

רַבִּים adj. m.p. (I 912) *many*

וְהַחֲרַמְתִּי conj.-Hi. pf. 1 c.s. (I 355; GK 44h-2 f.s.) *and I shall devote (put to the ban)*

לַיהוה prep.-pr.n. (217) *to Yahweh*

בִּצְעָם n.m.s.-3 m.p. sf. (130) *their gain*

וְחֵילָם conj.-n.m.s.-3 m.p. sf. (298) *and their wealth*

לַאֲדוֹן prep.-n.m.s. cstr. (10) *to the Lord of*

כָּל־הָאָרֶץ n.m.s. cstr. (481)-def.art.-n.f.s. (75) *all of the earth*

4:14

עַתָּה adv. (773) *now*

הִתְגֹּדְדִי Hithpo'el impf. 2 f.s. (151) *you will gather yourselves in troops*

בַּת־גְּדוּד n.f.s. cstr. (123)-n.m.s. (151) *daughter of Zion*

מָצוֹר n.m.s. (848) *siege*

שָׂם Qal act.ptc. (962) *being set*

עָלֵינוּ prep.-1 c.p. sf. *against us*

בַּשֵּׁבֶט prep.-def.art.-n.m.s. (986; GK 119o) *with the rod*

יַכּוּ Hi. impf. 3 m.p. (נכה 645) *they will smite*

עַל־הַלְּחִי prep.-def.art.-n.m.s. (I 534) *upon the cheek*

אֵת שֹׁפֵט dir.obj.-Qal act.ptc. cstr. (1047) *the judge of*

יִשְׂרָאֵל pr.n. (975) *Israel*

5:1

וְאַתָּה conj.-pers.pr. 2 m.s. (61; GK 135g) *and you*

בֵּית־לֶחֶם pr.n. (111) *Bethlehem*

אֶפְרָתָה pr.n. (68) *Ephrathah*

צָעִיר adj. predicative (I 859) *(are) little*

לִהְיוֹת prep.-Qal inf.cstr. (224) *to be*

בְּאַלְפֵי prep.-n.m.p. cstr. (II 48; GK 142g) *among the thousands (clans) of*

יְהוּדָה pr.n. (397) *Judah*

מִמְּךָ prep.-2 m.s. sf. (GK 135g) *out of you*

לִי prep.-1 c.s. sf. *for me*

יֵצֵא Qal impf. 3 m.s. (422) *there will go forth*

לִהְיוֹת prep.-Qal inf.cstr. (224) *to be*

מוֹשֵׁל Qal act.ptc. (605) *a ruler*

בְּיִשְׂרָאֵל prep.-pr.n. (975) *in Israel*

וּמוֹצָאֹתָיו conj.-n.f.p.-3 m.s. sf. (426) *and his origin*

מִקֶּדֶם prep.-n.m.s. (869) *from*

מִימֵי prep.-n.m.p. cstr. (398) *from days of*

עוֹלָם n.m.s. (761) *antiquity*

5:2

לָכֵן prep.-adv. (485) *therefore*

יִתְּנֵם Qal impf. 3 m.s.-3 m.p. sf. (678) *he will give them up*

עַד־עֵת prep.-n.f.s. cstr. (773; GK 155 l) *until a time of*

יוֹלֵדָה Qal act.ptc. f.s. (408) *one bringing forth*

יָלָדָה Qal pf. 3 f.s. paus. (408; GK 106) *has brought forth*

וְיֶתֶר conj.-n.m.s. cstr. (451) *and the remainder of*

אֶחָיו n.m.p.-3 m.s. sf. (26) *his brothers*

יְשׁוּבוּן Qal impf. 3 m.p.-archaic nun (996) *will return*

עַל־בְּנֵי prep.-n.m.p. cstr. (119) *unto the sons of*

יִשְׂרָאֵל pr.n. (975) *Israel*

5:3

וְעָמַד conj.-Qal pf. 3 m.s. (763) *and he will stand*

וְרָעָה conj.-Qal pf. 3 m.s. (I 944) *and he will feed*

בְּעֹז יהוה prep.-n.m.s. cstr. (738)-pr.n. (217) *in the strength of Yahweh*

בִּגְאוֹן prep.-n.m.s. cstr. (144) *in the majesty of*

שֵׁם יהוה n.m.s. cstr. (1027)-pr.n. (217) *the name of Yahweh*

אֱלֹהָיו n.m.p. cstr.-3 m.s. sf. (43) *his God*

וְיָשָׁבוּ conj.-Qal pf. 3 c.p. paus. (442) *and they will dwell*

כִּי־עַתָּה conj.-adv. (773) *for now*

יִגְדַּל Qal impf. 3 m.s. (152) *he is great*

עַד־אַפְסֵי prep.-n.m.p. cstr. (67) *unto ends of*

אָרֶץ n.f.s. paus. (75) *earth*

5:4

וְהָיָה conj.-Qal pf. 3 m.s. (224) *and will be*

זֶה demons.adj. (260) *this*

שָׁלוֹם n.m.s. (1022) *peace*

אַשּׁוּר pr.n. (78) *Assyrian*

כִּי־יָבוֹא conj.-Qal impf. 3 m.s. (97) *when will come*

בְּאַרְצֵנוּ prep.-n.f.s.-1 c.p. sf. (75) *in our land*

וְכִי יִדְרֹךְ conj.-conj.-Qal impf. 3 m.s. (201) *when he will tread*

בְּאַרְמְנֹתֵינוּ prep.-n.f.p.-1 c.p. sf. (74) *upon our palaces*

וַהֲקֵמֹנוּ conj.-Hi. pf. 1 c.p. (877; GK 72i) *and we shall raise*

עָלָיו prep.-3 m.s. sf. *against him*

שִׁבְעָה num.adj. (988; GK 134s) *seven*

רֹעִים Qal act.ptc. m.p. (I 944) *shepherds*

וּשְׁמֹנָה conj.-num.adj. (1032; GK 134s) *and eight*

נְסִיכֵי n.m.p. cstr. (II 651; GK 128 l) *princes of*

אָדָם n.m.s. (9) *man*

5:5

וְרָעוּ conj.-Qal pf. 3 c.p. (I 944) *and they will tend* or (II 949) *and they will break*

אֶת־אֶרֶץ dir.obj.-n.f.s. cstr. (75) *the land of*

אַשּׁוּר pr.n. (78) *Assyria*

בַּחֶרֶב prep.-def.art.-n.f.s. (352) *by the sword*

וְאֶת־אֶרֶץ conj.-dir.obj.-v.supra *and the land of*

נִמְרֹד pr.n. (650) *Nimrod*

בִּפְתָחֶיהָ prep.-n.m.p.-3 f.s. sf. (835) *in his entrances*

וְהִצִּיל conj.-Hi. pf. 3 m.s. (664) *and he will deliver*

מֵאַשּׁוּר prep.-v.supra *from Assyria*

כִּי־יָבוֹא conj.-Qal impf. 3 m.s. (97) *when he will come*

בְאַרְצֵנוּ prep.-n.f.s.-1 c.p. sf. (75) *in our land*

וְכִי יִדְרֹךְ conj.-conj.-Qal impf. 3 m.s. (201) *and when he will tread*

בִּגְבוּלֵנוּ prep.-n.m.s.-1 c.p. sf. (147) *upon our borders*

5:6

וְהָיָה conj.-Qal pf. 3 m.s. (224) *and will be*

שְׁאֵרִית n.f.s. cstr. (984) *the remnant of*

יַעֲקֹב pr.n. (784) *Jacob*

בְּקֶרֶב prep.-n.m.s. cstr. (899) *in midst of*

עַמִּים רַבִּים n.m.p. (I 766)-adj. m.p. (912) *many peoples*

כְּטַל prep.-n.m.s. (378) *like dew*

מֵאֵת יהוה prep.-prep.-pr.n. (217) *from with Yahweh*

כִּרְבִיבִים prep.-n.m.p. (914) *like copious showers*

עֲלֵי־עֵשֶׂב prep. (full form of עַל)-n.m.s. (793) *upon grass*

אֲשֶׁר rel. (81) *which*

לֹא־יְקַוֶּה neg.-Pi. impf. 3 m.s. (I 875) *will not tarry*

לְאִישׁ prep.-n.m.s. (35) *for man*

וְלֹא יְיַחֵל conj.-neg.-Pi. impf. 3 m.s. (403) *and will not wait*

לִבְנֵי אָדָם prep.-n.m.p. cstr. (119)-n.m.s. (9) *for sons of man*

5:7

וְהָיָה v.5:6 *and will be*

שְׁאֵרִית יַעֲקֹב v. 5:6 *the remnant of Jacob*

בַּגּוֹיִם prep.-def.art.-n.m.p. (156) *among the nations*

בְּקֶרֶב v. 5:6 *in midst of*

עַמִּים רַבִּים v. 5:6 *many peoples*

כְּאַרְיֵה prep.-n.m.s. (71) *as a lion*

בְּבַהֲמוֹת prep.-n.f.p. cstr. (96) *among beasts of*

יַעַר n.m.s. (420) *a forest*

כִּכְפִיר prep.-n.m.s. (498) *as a young lion*

בְּעֶדְרֵי־ prep.-n.m.p. cstr. (727) *among flocks of*

צֹאן n.f.s. (838) *sheep*

אֲשֶׁר אִם־ rel. (81)-conj. *which when*

עָבַר Qal pf. 3 m.s. (716) *it passes over*

וְרָמַס conj.-Qal pf. 3 m.s. (942) *and will trample*

וְטָרַף conj.-Qal pf. 3 m.s. (382) *and will tear*

וְאֵין מַצִּיל conj.-subst. cstr. (II 34)-Hi. ptc. (664) *and there is no delivering*

5:8

תָּרֹם Qal impf. 2 m.s. or 3 f.s. (926) *you will raise (or your hand will rise)*

יָדְךָ n.f.s.-2 m.s. sf. (388) *your hand*

עַל־צָרֶיךָ prep.-n.m.p.-2 m.s. sf. (III 865) *against your enemies*

וְכָל־אֹיְבֶיךָ conj.-n.m.s. cstr. (481)-Qal act.ptc. m.p.-2 m.s. sf. (33) *and all of your enemies*

יִכָּרֵתוּ Ni. impf. 3 m.p. paus. (503) *will be cut off*

5:9

וְהָיָה conj.-Qal pf. 3 m.s. (224) *and it will be*

בַיּוֹם־הַהוּא prep.-def.art.-n.m.s. (398)-demons. adj. m.s. (214) *in that day*

נְאֻם־יהוה n.m.s. cstr. (610)-pr.n. (217) *an utterance of Yahweh*

וְהִכְרַתִּי conj.-Hi. pf. 1 c.s. (503) *and I shall cut off*

סוּסֶיךָ n.m.p.-2 m.s. sf. (692) *your horses*

מִקִּרְבֶּךָ prep.-n.m.s.-2 m.s. sf. paus. (899) *from your midst*

וְהַאֲבַדְתִּי conj.-Hi. pf. 1 c.s. (1) *and I shall destroy*

מַרְכְּבֹתֶיךָ n.f.p.-2 m.s. sf. (939) *your chariots*

5:10

וְהִכְרַתִּי v. 5:9 *and I shall cut off*

עָרֵי n.f.p. cstr. (746) *the cities of*

אַרְצֶךָ n.f.s.-2 m.s. sf. paus. (75) *your land*

וְהָרַסְתִּי conj.-Qal pf. 1 c.s. (248) *and I shall throw down*

כָּל־מִבְצָרֶיךָ n.m.s. cstr. (481)-n.m.p.-2 m.s. sf. (131) *all of your fortresses*

5:11

וְהִכְרַתִּי v. 5:9,10 *and I shall cut off*

כְשָׁפִים n.m.p. (506) *sorceries*

מִיָּדֶךָ prep.-n.f.s.-2 m.s. sf. paus. (388) *from your hand*

וּמְעוֹנְנִים conj.-Po'el ptc. m.p. as subst. (II 778) *and soothsayers*

לֹא־יִהְיוּ neg.-Qal impf. 3 m.p. (224) *will not be*

לָךְ prep.-2 m.s. sf. paus. *to you*

5:12

וְהִכְרַתִּי v. 5:9,10,11 *and I shall cut off*

פְסִילֶיךָ n.m.p.-2 m.s. sf. (820) *your idols*

וּמַצֵּבוֹתֶיךָ conj.-n.f.p.-2 m.s. sf. (663) *and your pillars*

מִקִּרְבֶּךָ v. 5:9 *from your midst*

וְלֹא־תִשְׁתַּחֲוֶה conj.-neg.-Hithpalel impf. 2 m.s. (1005) *and you will not bow down*

עוֹד adv. (728) *again*

לְמַעֲשֵׂה prep.-n.m.s. cstr. (795) *to the works of*

יָדֶיךָ n.f.p.-2 m.s. sf. (388) *your hands*

5:13

וְנָתַשְׁתִּי conj.-Qal pf. 1 c.s. (684) *and I shall root out*

אֲשֵׁירֶיךָ n.m.p.-2 m.s. sf. (81) *your Asherim*

מִקִּרְבֶּךָ v. 5:9,12 *from your midst*

וְהִשְׁמַדְתִּי conj.-Hi. pf. 1 c.s. (1029) *and I shall destroy*

עָרֶיךָ n.f.p.-2 m.s. sf. (746) *your cities*

5:14

וְעָשִׂיתִי conj.-Qal pf. 1 c.s. (I 793) *and I shall make*

בְּאַף prep.-n.m.s. (I 60) *in anger*

וּבְחֵמָה conj.-prep.-n.f.s. (404) *and in wrath*

נָקָם n.m.s. (668) *vengeance*

אֶת־הַגּוֹיִם prep. (II 85)-def.art.-n.m.p. (156) *upon the nations*

אֲשֶׁר rel. (81) *which*

לֹא שָׁמֵעוּ neg.-Qal pf. 3 c.p. paus. (1033) *have not listened*

6:1

שִׁמְעוּ־נָא Qal impv. 2 m.p. (1033)-part. of entreaty *hear, I pray*

אֵת אֲשֶׁר־ dir.obj.-rel. (81; GK 138e) *that which*

יהוה pr.n. (217) *Yahweh*

אֹמֵר Qal act.ptc. (55) *is saying*

קוּם Qal impv. 2 m.s. (877) *arise*

רִיב Qal impv. 2 m.s. (936) *contend*

אֶת־הֶהָרִים prep. (II 85)-def.art.-n.m.p. (249) *before the mountains*

וְתִשְׁמַעְנָה conj.-Qal impf. 3 f.p. (1033) *and let hear*

הַגְּבָעוֹת def.art.-n.f.p. (148) *the hills*

קוֹלֶךָ n.m.s.-2 m.s. sf. paus. (876) *your voice*

6:2

שִׁמְעוּ v. 6:1 *hear*

הָרִים n.m.p. (249) *O mountains*

אֶת־רִיב dir.obj.-n.m.s. cstr. (936) *the contention of*

יהוה pr.n. (217) *Yahweh*

וְהָאֵתָנִים conj.-def.art.-adj. m.p. (I 450) *and the permanent*

מֹסְדֵי n.m.p. cstr. (414) *foundations of*

אָרֶץ n.f.s. paus. (75) *earth*

כִּי רִיב conj.-n.m.s. (936) *for a contention*

לַיהוה prep.-pr.n. (217) *to Yahweh*

עִם־עַמּוֹ prep.-n.m.s.-3 m.s. sf. (I 766) *with his people*

וְעִם־יִשְׂרָאֵל conj.-prep.-pr.n. (975) *and with Israel*

יִתְוַכָּח Hith. impf. 3 m.s. paus. (406) *he will argue*

6:3

עַמִּי n.m.s.-1 c.s. sf. (I 766) *my people*

מֶה־עָשִׂיתִי interr. (552)-Qal pf. 1 c.s. (I 793; GK 163b) *what have I done*

לְךָ prep.-2 m.s. sf. *to you*

וּמָה הֶלְאֵתִיךָ conj.-interr. (552)-Hi. pf. 1 c.s.-2 m.s. sf. (521; GK 53p, 75ee) *and what have I wearied you*

עֲנֵה בִי Qal impv. 2 m.s. (I 772)-prep.-1 c.s. sf. *answer unto me*

6:4

כִּי הֶעֱלִתִיךָ conj.-Hi. pf. 1 c.s.-2 m.s. sf. (748) *for I have brought you up*

מֵאֶרֶץ מִצְרַיִם prep.-n.f.s. cstr. (75)-pr.n. (595) *from the land of Egypt*

וּמִבֵּית conj.-prep.-n.m.s. cstr. (108) *and from a house of*

עֲבָדִים n.m.p. (I 713) *slaves*

פְּדִיתִיךָ Qal pf. 1 c.s.-2 m.s. sf. (804) *I have ransomed you*

וָאֶשְׁלַח consec.-Qal impf. 1 c.s. (I 1018) *and I sent*

לְפָנֶיךָ prep.-n.m.p.-2 m.s. sf. (815) *before you*

אֶת־מֹשֶׁה dir.obj.-pr.n. (602) *Moses*

אַהֲרֹן pr.n. (14) *Aaron*

וּמִרְיָם conj.-pr.n. (599) *and Miriam*

6:5

עַמִּי n.m.s.-1 c.s. sf. (I 766) *my people*

זְכָר־נָא Qal impv. 2 m.s. (269)-part. of entreaty *remember, I pray*

מַה־יָּעַץ interr. (552)-Qal pf. 3 m.s. (419) *what advised*

בָּלָק מֶלֶךְ pr.n. (118)-n.m.s. cstr. (572) *Balak, king of*

מוֹאָב pr.n. (555) *Moab*

וּמֶה־ conj.-interr. (552) *and what*

עָנָה אֹתוֹ Qal pf. 3 m.s. (I 772; GK 117gg)-dir. obj.-3 m.s. sf. *answered him*

בִּלְעָם pr.n. (118) *Balaam*

בֶּן־בְּעוֹר n.m.s. cstr. (119)-pr.n. (129) *son of Beor*

מִן־הַשִּׁטִּים prep.-def.art.-pr.n. (1008) *from Shittim*

עַד־הַגִּלְגָּל prep.-def.art.-pr.n. (166) *unto Gilgal*

לְמַעַן דַּעַת prep.-prep. (775)-Qal inf.cstr. (393) *in order to know*

צִדְקוֹת n.f.p. cstr. (842) *the righteous acts of*

יהוה pr.n. (217) *Yahweh*

6:6

בַּמָּה prep.-def.art.-interr. (552) *with what*

אֲקַדֵּם Pi. impf. 1 c.s. (869) *shall I come before*

יהוה pr.n. (217) *Yahweh*

אִכַּף Ni. impf. 1 c.s. (496) *shall I bow myself*

לֵאלֹהֵי prep.-n.m.s. cstr. (43) *to God of*

מָרוֹם n.m.s. (928) *height*

הַאֲקַדְּמֶנּוּ interr.part.-Pi. impf. 1 c.s.-3 m.s. sf. (869) *shall I come before him*

בְעוֹלוֹת prep.-n.f.p. (750) *with burnt offerings*

בַּעֲגָלִים prep.-n.m.p. (722) *with calves*

בְּנֵי שָׁנָה n.m.p. cstr. (119)-n.f.s. (1040) *sons of a year (one year old)*

6:7

הֲיִרְצֶה interr.part.-Qal impf. 3 m.s. (953) *will be pleased?*

יהוה pr.n. (217) *Yahweh*

בְּאַלְפֵי prep.-n.m.p. cstr. (48) *with thousands of*

אֵילִים n.m.p. (I 17) *rams*

בְּרִבְבוֹת prep.-n.f.p. cstr. (914) *with ten thousands of*

נַחֲלֵי־ n.m.p. cstr. (636) *rivers of*

שָׁמֶן n.m.s. paus. (1032) *oil*

הַאֶתֵּן interr.part.-Qal impf. 1 c.s. (678) *shall I give*

בְּכוֹרִי n.m.s.-1 c.s. sf. (114) *my first-born*

פִּשְׁעִי n.m.s.-1 c.s. sf. (833) *(for) my transgression*

פְּרִי n.m.s. cstr. (826) *the fruit of*

בִּטְנִי n.f.s.-1 c.s. sf. (105) *my belly (womb)*

חַטַּאת n.f.s. cstr. (308) *(for) the sin of*

נַפְשִׁי n.f.s.-1 c.s. sf. (659) *my life*

6:8

הִגִּיד Hi. pf. 3 m.s. (616) *he has declared*

לְךָ prep.-2 m.s. sf. *to you*

אָדָם n.m.s. (9) *O man*

מַה־טּוֹב interr. (552)-adj. predicative (II 373) *what (is) good*

וּמָה־ conj.-interr. *and what*

יהוה pr.n. (217) *Yahweh*

דּוֹרֵשׁ Qal act.ptc. (205) *(is) seeking*

מִמְּךָ prep.-2 m.s. sf. *from you*

כִּי אִם־ part. (474; GK 163d) *surely or except*

עֲשׂוֹת מִשְׁפָּט Qal inf.cstr. (I 793)-n.m.s. (1048) *to do justice*

וְאַהֲבַת חֶסֶד conj.-Qal inf.cstr. (12)-n.m.s. (338) *and to love kindness (mercy)*

וְהַצְנֵעַ conj.-Hi. inf.abs. (857) *and a making humble*

לֶכֶת Qal inf.cstr. (הָלַךְ 229) *to walk*

עִם־אֱלֹהֶיךָ prep.-n.m.p.-2 m.s. sf. (43) *with your God*

6:9

קוֹל n.m.s. cstr. (876; GK 146b) *the voice of*

יהוה pr.n. (217) *Yahweh*

לָעִיר prep.-def.art.-n.f.s. (746) *to the city*

יִקְרָא Qal impf. 3 m.s. (894) *will call*

וְתוּשִׁיָּה conj.-n.f.s. (444) *and sound wisdom*

יִרְאֶה Qal impf. 3 m.s. (906) *will see* (LXX-לִירְאֵי -*to fearers of*)

שְׁמֶךָ n.m.s.-2 m.s. sf. paus. (1027) *your name*

שִׁמְעוּ Qal impv. 2 m.p. (1033) *hear*

מַטֶּה n.m.s. (641) *O tribe*

וּמִי conj.-interr. *and who*

יְעָדָהּ Qal pf. 3 m.s.-3 f.s. sf. (416) *appointed it*

6:10

עוֹד הַאִשׁ adv. (728)-interr.part.-subst. (78; GK 47bN) *yet is there?*

בֵּית n.m.s. cstr. (108; GK 118g) *house of*

רָשָׁע adj. (957) *wicked one*

אֹצְרוֹת n.m.p. cstr. (69) *treasures of*

רֶשַׁע n.m.s. (957) *wickedness*

וְאֵיפַת conj.-n.f.s. cstr. (35) *and measure (of ephah)*

רָזוֹן n.m.s. (I 931) *scantness*

זְעוּמָה Qal pass.ptc. f.s. (276) *being cursed*

6:11

הַאֶזְכֶּה interr.part.-Qal impf. 1 c.s. (269; GK 47bN) *shall I justify*

בְּמֹאזְנֵי prep.-n.m. du. cstr. (24) *one with scales of*

רֶשַׁע v. 6:10 *wickedness*

וּבְכִיס conj.-prep.-n.m.s. cstr. (476) *and with a bag of*

אַבְנֵי n.f.p. cstr. (6) *stones of*

מִרְמָה n.f.s. (941) *deceit*

6:12

אֲשֶׁר rel. (81) *whose*

עֲשִׁירֶיהָ n.m.p.-3 f.s. sf. (799) *her rich men*

מָלְאוּ Qal pf. 3 c.p. (569) *are full*

חָמָס n.m.s. (329) *of violence*

וְיֹשְׁבֶיהָ conj.-Qal act.ptc. m.p.-3 f.s. sf. (442) *and her inhabitants*

דִּבְּרוּ־ Pi. pf. 3 c.p. (180) *speak*

שָׁקֶר n.m.s. paus. (1055) *deception*

וּלְשׁוֹנָם conj.-n.m.s.-3 m.p. sf. (546) *and their tongue*

רְמִיָּה n.f.s. (I 941) *(is) deceitful*

בְּפִיהֶם prep.-n.m.s.-3 m.p. sf. (804) *in their mouth*

6:13

וְגַם־ conj.-adv. (168) *and also*

אֲנִי pers.pr. 1 c.s. (58) *I*

הֶחֱלֵיתִי Hi. pf. 1 c.s. (I 317) *have made sore*

הַכּוֹתֶךָ Hi. inf.cstr.-2 m.s. sf. paus. (645; GK 115c) *your smiting*

הַשְׁמֵם Hi. inf.abs. (1030) *devastating*

עַל־ prep. *on account of*

חַטֹּאתֶךָ n.f.p.-2 m.s. sf. (308) *your sins*

6:14

אַתָּה pers.pr. 2 m.s. (61) *you*

תֹאכַל Qal impf. 2 m.s. (37) *will eat*

וְלֹא תִשְׂבָּע conj.-neg.-Qal impf. 2 m.s. paus. (959) *but will not be satisfied*

וְיֶשְׁחֲךָ conj.-n.m.s.-2 m.s. sf. (445) *and your hunger*

בְּקִרְבֶּךָ prep.-n.m.s.-2 m.s. sf. (899) *in your midst*

וְתַסֵּג conj.-Hi. impf. 2 m.s. juss. (I 690) *and remove*

וְלֹא תַפְלִיט conj.-neg.-Hi. impf. 2 m.s. (812) *but you will not save*

וַאֲשֶׁר conj.-rel. (81) *and whatever*

תְּפַלֵּט Pi. impf. 2 m.s. (812) *you save*

לַחֶרֶב prep.-def.art.-n.f.s. (352) *to the sword*

אֶתֵּן Qal impf. 1 c.s. (678) *I shall give*

6:15

אַתָּה pers.pr. 2 m.s. (61) *you*

תִּזְרַע Qal impf. 2 m.s. (281) *will sow*

וְלֹא תִקְצוֹר conj.-neg.-Qal impf. 2 m.s. (II 894) *but you will not reap*

אַתָּה v.supra *you*

תִּדְרֹךְ Qal impf. 2 m.s. (201) *will tread*

זַיִת n.m.s. (268) *olives*

וְלֹא־תָסוּךְ conj.-neg.-Qal impf. 2 m.s. (I 691) *but you will not anoint yourself*

שֶׁמֶן n.m.s. (1032) *with oil*

וְתִירוֹשׁ conj.-n.m.s. (440) *and new wine*

וְלֹא תִשְׁתֶּה conj.-neg.-Qal impf. 2 m.s. (1059) *but you will not drink*

יָיִן n.m.s. paus. (406) *wine*

6:16

וְיִשְׁתַּמֵּר conj.-Hith. impf. 3 m.s. (1036) *and he will keep*

חֻקּוֹת עָמְרִי n.f.p. cstr. (349)-pr.n. (771) *statutes of Omri*

וְכֹל מַעֲשֵׂה conj.-n.m.s. cstr. (481)-n.m.s. cstr. (795) *and all of the work of*

בֵית־אַחְאָב n.m.s. cstr. (108)-pr.n. (26) *the house of Ahab*

וַתֵּלְכוּ consec.-Qal impf. 2 m.p. (229) *and you will walk*

בְּמֹעֲצוֹתָם prep.-n.f.p.-3 m.p. sf. (420) *in their counsels*

לְמַעַן prep.-subst. as prep. (775) *for the sake of*

תִּתִּי Qal inf.cstr.-1 c.s. sf. (נָתַן 678) *my making*

אֹתְךָ dir.obj.-2 m.s. sf. *you*

לְשַׁמָּה prep.-n.f.s. (I 1031) *for a waste*

וְיֹשְׁבֶיהָ conj.-Qal act.ptc. m.p.-3 f.s. sf. (442) *and her inhabitants*

לִשְׁרֵקָה prep.-n.f.s. (1056) *for hissing*

וְחֶרְפַּת conj.-n.f.s. cstr. (357) *and the reproach of*

עַמִּי n.m.s.-1 c.s. sf. (I 766) *my people*

תִּשָּׂאוּ Qal impf. 2 m.p. (669) *you will bear*

7:1

אַלְלַי לִי interj. (47)-prep.-1 c.s. sf. *Woe to me*

כִּי הָיִיתִי conj.-Qal pf. 1 c.s. (224) *for I am*

כְּאָסְפֵּי־ prep.-n.m.p. cstr. (63; GK 93p) *as gathering of*

קַיִץ n.m.s. (884) *summer-fruit*

כְּעֹלְלֹת prep.-n.f.p. intens. (760) *as gleaning of*

בָצִיר n.m.s. (131) *vintage*

אֵין־ n.m.s. cstr. (34) *there is no*

אֶשְׁכּוֹל n.m.s. (79) *cluster*

לֶאֱכוֹל prep.-Qal inf.cstr. (37) *to eat*

בִּכּוּרָה n.f.s. (114) *early fig*

אִוְּתָה Pi. pf. 3 f.s. (I 16) *desires*

נַפְשִׁי n.f.s.-1 c.s. sf. (659) *my soul*

7:2

אָבַד Qal pf. 3 m.s. (1) *has perished*

חָסִיד subst. m.s. (339) *a godly man*

מִן־הָאָרֶץ prep.-def.art.-n.f.s. paus. (75) *from the earth*

וְיָשָׁר conj.-subst. m.s. (449; GK 119i) *and an upright man*

בָּאָדָם prep.-def.art.-n.m.s. (9) *among the mankind*

אָיִן n.m.s. paus. (34; GK 152k) *there is none*

כֻּלָּם n.m.s.-3 m.p. sf. (481) *all of them*

לְדָמִים prep.-n.m.p. (196) *for blood*

יֶאֱרֹבוּ Qal impf. 3 m.p. paus. (70) *lie in wait*

אִישׁ n.m.s. (35) *a man (each)*

אֶת־אָחִיהוּ dir.obj.-n.m.s.-3 m.s. sf. (26) *his brother*

יָצוּדוּ Qal impf. 3 m.p. (I 844) *will hunt*

חֵרֶם n.m.s. (II 357; GK 117ff) *with a net*

7:3

עַל־הָרַע prep.-def.art.-n.m.s. (II 948) *upon the evil*

כַּפַּיִם n.f. du. (496) *hands*

לְהֵיטִיב prep.-Hi. inf.cstr. (405) *to do thoroughly*

הַשַּׂר def.art.-n.m.s. (978) *the prince*

שֹׁאֵל Qal act.ptc. (981) *asking*

וְהַשֹּׁפֵט conj.-def.art.-Qal act.ptc. (1047) *and the judge*

בַּשִּׁלּוּם prep.-def.art.-n.m.s. (1024) *for a bribe*

וְהַגָּדוֹל conj.-def.art.-n.m.s. (152) *and the great one*

דֹּבֵר Qal act.ptc. (180) *speaking*

הַוַּת n.f.s. cstr. (217) *the desire of*

נַפְשׁוֹ n.f.s.-3 m.s. sf. (659) *his soul*

הוּא pers.pr. 3 m.s. (214; GK 135f) *he*

וַיְעַבְּתוּהָ consec.-Pi. impf. 3 m.p.-3 f.s. sf. (721) *and so they weave it*

7:4

טוֹבָם adj.-3 m.p. sf. (II 373; GK 133g) *their good ones*

כְּחֵדֶק prep.-n.m.s. (293) *as a brier*

יָשָׁר n.m.s. (449) *upright*

מִמְּסוּכָה prep.-n.f.s. (692; GK 133e) lit. *from a hedge* (rd. these two words יְשָׁרָם מְסוּכָה= *their upright one is a hedge*)

יוֹם n.m.s. cstr. (398) *the day of*

מְצַפֶּיךָ Pi. ptc. m.p. as n.-2 m.s. sf. (859) *your watchman*

מִקְּדָתְךָ n.f.s.-2 m.s. sf. (824) *your punishment*
בָאָה Qal pf. 3 f.s. (97) *has come*
עַתָּה adv. (773) *now*
תִהְיֶה Qal impf. 3 f.s. (224) *will be*
מְבוּכָתָם n.f.s.-3 m.p. sf. (100) *their confusion*

7:5

אַל־תַּאֲמִינוּ neg.juss.-Hi. impf. 2 m.p. (52) *trust not*
בְרֵעַ prep.-n.m.s. (945) *in a companion*
אַל־תִּבְטְחוּ neg.juss.-Qal impf. 2 m.p. (105) *trust not*
בְּאַלּוּף prep.-n.m.s. (I 48) *in a friend*
מִשֹּׁכֶבֶת prep.-Qal act.ptc. f.s. (1011) *from her who lies on*
חֵיקֶךָ n.m.s.-2 m.s. sf. (300) *your bosom*
שְׁמֹר Qal impv. 2 m.s. (1036) *keep*
פִּתְחֵי־ n.m.p. cstr. (835) *the doorways of*
פִּיךָ n.m.s.-2 m.s. sf. (804) *your mouth*

7:6

כִּי־בֵן conj.-n.m.s. (119) *for a son*
מְנַבֵּל Pi. ptc. (II 614) *treats as a fool*
אָב n.m.s. (3) *a father*
בַּת n.f.s. (I 123) *a daughter*
קָמָה Qal act.ptc. f.s. (877) *rises up*
בְאִמָּהּ prep.-n.f.s.-3 f.s. sf. (51) *against her mother*
כַּלָּה n.f.s. (483) *a daughter-in-law*
בַּחֲמֹתָהּ prep.-n.f.s.-3 f.s. sf. (327) *against her husband's mother*
אֹיְבֵי Qal act.ptc. m.p. cstr. (33) *enemies of*
אִישׁ n.m.s. (35) *a man*
אַנְשֵׁי n.m.p. cstr. (35) *the men of*
בֵיתוֹ n.m.s.-3 m.s. sf. (108) *his house*

7:7

וַאֲנִי conj.-pers.pr. 1 c.s. (58) *and I*
בַּיהוָה prep.-pr.n. (217) *unto Yahweh*
אֲצַפֶּה Pi. impf. 1 c.s. (I 859) *I shall look*
אוֹחִילָה Hi. impf. 1 c.s.-coh.he (403) *I shall wait for*
לֵאלֹהֵי prep.-n.m.p. cstr. (43) *the God of*
יִשְׁעִי n.m.s.-1 c.s. sf. (447) *my salvation*
יִשְׁמָעֵנִי Qal impf. 3 m.s.-1 c.s. sf. (1033) *will hear me*
אֱלֹהָי n.m.p.-1 c.s. sf. (43) *my God*

7:8

אַל־תִּשְׂמְחִי neg.juss.-Qal impf. 2 f.s. (970) *rejoice not*

אֹיַבְתִּי Qal act.ptc. f.s.-1 c.s. sf. (33; GK 122s) *my enemy*
לִי prep.-1 c.s. sf. *over me*
כִּי נָפַלְתִּי conj.-Qal pf. 1 c.s. (656) *when I fall*
קָמְתִּי Qal pf. 1 c.s. (877) *I shall rise*
כִּי־אֵשֵׁב conj.-Qal impf. 1 c.s. (442) *when I sit*
בַּחֹשֶׁךְ prep.-def.art.-n.m.s. (365) *in the darkness*
יְהוָה pr.n. (217) *Yahweh*
אוֹר n.m.s. (21) *a light*
לִי prep.-1 c.s. sf. *to me*

7:9

זַעַף יְהוָה n.m.s. cstr. (277)-pr.n. (217) *the raging of Yahweh*
אֶשָּׂא Qal impf. 1 c.s. (נָשָׂא 669) *I shall bear*
כִּי חָטָאתִי conj.-Qal pf. 1 c.s. (306) *because I have sinned*
לוֹ prep.-3 m.s. sf. *against him*
עַד אֲשֶׁר adv.-rel. (81) *until which*
יָרִיב Qal impf. 3 m.s. (936) *he pleads*
רִיבִי n.m.s.-1 c.s. sf. (936) *my dispute*
וְעָשָׂה conj.-Qal pf. 3 m.s. (I 793) *and he executes*
מִשְׁפָּטִי n.m.s.-1 c.s. sf. (1048) *my judgment*
יוֹצִיאֵנִי Hi. impf. 3 m.s.-1 c.s. sf. (422) *he will bring me out*
לָאוֹר prep.-def.art.-n.m.s. (21) *to the light*
אֶרְאֶה Qal impf. 1 c.s. (906) *I shall look*
בְּצִדְקָתוֹ prep.-n.f.s.-3 m.s. sf. (842) *upon his righteousness*

7:10

וְתֵרֶא conj.-Qal impf. 3 f.s. juss. (906; GK 75p, 75hh) *and let see*
אֹיַבְתִּי Qal act.ptc. f.s.-1 c.s. sf. (33; GK 122s) *my enemy*
וּתְכַסֶּהָ conj.-Pi. impf. 3 f.s.-3 f.s. sf. (491) *and let cover her*
בּוּשָׁה n.f.s. (102) *shame*
הָאֹמְרָה def.art.-Qal act.ptc. f.s. (55) *the one (fem.) saying*
אֵלַי prep.-1 c.s. sf. *unto me*
אַיּוֹ interr.adv.-3 m.s. sf. (32) *where is he?*
יְהוָה pr.n. (217) *Yahweh*
אֱלֹהָיִךְ n.m.p.-2 m.s. sf. (43) *your God*
עֵינַי n.f.p.-1 c.s. sf. (744) *my eyes*
תִּרְאֶינָה Qal impf. 3 f.p. (906; GK 20i,75w,145n) *will look*
בָּהּ prep.-3 f.s. sf. *upon her*
עַתָּה תִהְיֶה adv. (773)-Qal impf. 3 f.s. (224) *now she will be*
לְמִרְמָס prep.-n.m.s. (942) *for a trampling*

כְּטִיט prep.-n.m.s. cstr. (376) *as mud of*
חוּצוֹת n.f.p. (299) *streets*

7:11

יוֹם n.m.s. (398) *a day*
לִבְנוֹת prep.-Qal inf.cstr. (124) *to build*
גְּדֵרָיִךְ n.m.p.-2 f.s. sf. paus. (154) *your walls*
יוֹם הַהוּא n.m.s. cstr. (398)-def.art.-demons.adj. (214; GK 126x,126aa) *the day of that*
יִרְחַק Qal impf. 3 m.s. (934) *will be far*
חֹק n.m.s. (349) *a boundary*

7:12

יוֹם n.m.s. (398) *day*
הוּא demons.adj. (214) *that*
וְעָדֶיךָ conj.-prep.-2 m.s. sf. *even unto you*
יָבוֹא Qal impf. 3 m.s. (97) *one will come*
לְמִנִּי prep.-prep. (583, 9b) *from*
אַשּׁוּר pr.n. (78) *Assyria*
וְעָרֵי conj.-n.f.p. cstr. (746) *and cities of*
מָצוֹר pr.n. (596) *Egypt*
וּלְמִנִּי conj.-v.supra *and from*
מָצוֹר v.supra *Egypt*
וְעַד־נָהָר conj.-prep.-n.m.s. (625) *and unto river*
וְיָם conj.-n.m.s. (410) *and sea*
מִיָּם prep.-n.m.s. (410) *from sea*
וְהַר conj.-n.m.s. cstr. (249) *and mountain of*
הָהָר def.art.-n.m.s. (249) *the mountain*

7:13

וְהָיְתָה conj.-Qal pf. 3 f.s. (224) *and will be*
הָאָרֶץ def.art.-n.f.s. (75) *the earth*
לִשְׁמָמָה prep.-n.f.s. (1031) *for desolation*
עַל־יֹשְׁבֶיהָ prep.-Qal act.ptc. m.p. as n.-3 f.s. sf. (442) *on account of her inhabitants*
מִפְּרִי prep.-n.m.s. cstr. (826) *from the fruit of*
מַעַלְלֵיהֶם n.m.p.-3 m.p. sf. (760) *their deeds*

7:14

רְעֵה Qal impv. 2 m.s. (I 944) *shepherd*
עַמְּךָ n.m.s.-2 m.s. sf. (I 766) *your people*
בְּשִׁבְטֶךָ prep.-n.m.s.-2 m.s. sf. paus. (986) *with your rod*
צֹאן n.f.s. cstr. (838) *the flock of*
נַחֲלָתֶךָ n.f.s.-2 m.s. sf. paus. (635) *your inheritance*
שֹׁכְנִי Qal act.ptc.-hireq compaginis (1014; GK 90m) *a dweller*
לְבָדָד prep.-n.m.s. (94) *solitarily (alone)*
יַעַר n.m.s. (420) *a forest*
בְּתוֹךְ prep.-n.m.s. cstr. (1063) *in midst of*
כַּרְמֶל n.m.s. (502) *a garden-land*

יִרְעוּ Qal impf. 3 m.p. juss. (I 944) *let them feed*
בָשָׁן pr.n. (143) *Bashan*
וְגִלְעָד conj.-pr.n. (166) *and Gilead*
כִּימֵי עוֹלָם prep.-n.m.p. cstr. (398)-n.m.s. (761) *as days of antiquity*

7:15

כִּימֵי v. 7:14 *as days of*
צֵאתְךָ Qal inf.cstr.-2 m.s. sf. (422) *your going out*
מֵאֶרֶץ prep.-n.f.s. cstr. (75) *from the land of*
מִצְרָיִם pr.n. paus. (595) *Egypt*
אַרְאֶנּוּ Hi. impf. 1 c.s.-3 m.s. sf. (906) *I shall cause him to see*
נִפְלָאוֹת Ni. ptc. f.p. as n. (810) *wonderful acts*

7:16

יִרְאוּ Qal impf. 3 m.p. (906) *will see*
גוֹיִם n.m.p. (156) *nations*
וְיֵבֹשׁוּ conj.-Qal impf. 3 m.p. (101) *and will be ashamed*
מִכֹּל prep.-n.m.s. cstr. (481) *of all of*
גְּבוּרָתָם n.f.s.-3 m.p. sf. (150) *their might*
יָשִׂימוּ Qal impf. 3 m.p. (962) *they will put*
יָד n.f.s. (388) *a hand*
עַל־פֶּה prep.-n.m.s. (804) *upon a mouth*
אָזְנֵיהֶם n.f. du.-3 m.p. sf. (23) *their ears*
תֶּחֱרַשְׁנָה Qal impf. 3 f.p. (II 361) *will be deaf*

7:17

יְלַחֲכוּ Pi. impf. 3 m.p. (535) *they will lick up*
עָפָר n.m.s. (779) *dust*
כַּנָּחָשׁ prep.-def.art.-n.m.s. (638) *as the serpent*
כְּזֹחֲלֵי prep.-Qal act.ptc. m.p. as n. (I 267; GK 116h) *as crawling animals of*
אֶרֶץ n.f.s. (75) *earth*
יִרְגְּזוּ Qal impf. 3 m.p. (919) *will quake*
מִמִּסְגְּרֹתֵיהֶם prep.-n.f.p.-3 m.p. sf. (689) *out of their fastnesses*
אֶל־יְהוָה prep.-pr.n. (217) *before Yahweh*
אֱלֹהֵינוּ n.m.p.-1 c.p. sf. (43) *our God*
יִפְחָדוּ Qal impf. 3 m.p. paus. (808) *they will be in dread*
וְיִרְאוּ conj.-Qal impf. 3 m.p. (431) *and they will fear*
מִמֶּךָ prep.-2 m.s. sf. *on account of you*

7:18

מִי־אֵל interr. (566)-n.m.s. (42; GK 148c) *who (is) a god*
כָּמוֹךָ prep.-2 m.s. sf. (453) *like you*
נֹשֵׂא Qal act.ptc. (669) *forgiving*

עָוֹן n.m.s. (730) *iniquity*

וְעֹבֵר conj.-Qal act.ptc. (716) *and passing*

עַל־פֶּשַׁע prep.-n.m.s. (833) *over transgression*

לִשְׁאֵרִית prep.-n.f.s. cstr. (984) *of the remnant of*

נַחֲלָתוֹ n.f.s.-3 m.s. sf. (635) *his inheritance*

לֹא־הֶחֱזִיק neg.-Hi. pf. 3 m.s. (304) *he does not retain*

לָעַד prep.-n.m.s. (I 723) *for ever*

אַפּוֹ n.m.s.-3 m.s. sf. (I 60) *his anger*

כִּי־חָפֵץ conj.-Qal pf. 3 m.s. (342) *for delights in*

חֶסֶד n.m.s. (I 338) *mercy*

הוּא pers.pr. 3 m.s. (214) *he*

7:19

יָשׁוּב Qal impf. 3 m.s. (996) *he will turn*

יְרַחֲמֵנוּ Pi. impf. 3 m.s.-1 c.p. sf. (933) *he will have compassion on us*

יִכְבֹּשׁ Qal impf. 3 m.s. (461) *he will subdue*

עֲוֹנֹתֵינוּ n.f.p.-1 c.p. sf. (730) *our iniquities*

וְתַשְׁלִיךְ conj.-Hi. impf. 2 m.s. (1020) *and you will cast*

בִּמְצֻלוֹת prep.-n.f.p. cstr. (846) *into depths of*

יָם n.m.s. (410) *sea*

כָּל־חַטֹּאותָם n.m.s. cstr. (481)-n.f.p.-3 m.p. sf. (308) *all of their sins*

7:20

תִּתֵּן Qal impf. 2 m.s. (678) *you will perform (give)*

אֱמֶת n.f.s. (54) *truth*

לְיַעֲקֹב prep.-pr.n. (784) *to Jacob*

חֶסֶד n.m.s. (I 338) *mercy*

לְאַבְרָהָם prep.-pr.n. (4) *to Abraham*

אֲשֶׁר־ rel. (81) *which*

נִשְׁבַּעְתָּ Ni. pf. 2 m.s. (989) *you swore*

לַאֲבֹתֵינוּ prep.-n.m.p.-1 c.p. sf. (3) *to our fathers*

מִימֵי prep.-n.m.p. cstr. (398) *from days of*

קֶדֶם n.m.s. (869) *ancient time*

Nahum

1:1

מַשָּׂא n.m.s. cstr. (III 672) *oracle of*

נִינְוֵה pr.n. (644) *Nineveh*

סֵפֶר n.m.s. cstr. (706) *the book of*

חֲזוֹן n.m.s. cstr. (302) *the vision of*

נַחוּם pr.n. (637) *Nahum*

הָאֶלְקֹשִׁי def.art.–adj.gent. (49) *the Elkoshite*

1:2

אֵל n.m.s. (42; GK 5h) *God*

קַנּוֹא adj. (888) *jealous*

וְנֹקֵם conj.–Qal act.ptc. (668) *and avenging*

יהוה pr.n. (217) *Yahweh*

נֹקֵם יהוה v.supra–v.supra *Yahweh (is) avenging*

וּבַעַל conj.–n.m.s. cstr. (127; GK 128u) *and one (a man) of*

חֵמָה n.f.s. (404) *anger (wrathful)*

נֹקֵם יהוה v.supra–v.supra *Yahweh (is) avenging*

לְצָרָיו prep.–n.m.p.–3 m.s. sf. (III 865) *to his enemies*

וְנוֹטֵר conj.–Qal act.ptc. (643) *and keeping (wrath)*

הוּא pers.pr. 3 m.s. (214) *he*

לְאֹיְבָיו prep.–Qal act.ptc. m.p.–3 m.s. sf. (33) *to his enemies*

1:3

יהוה pr.n. (217) *Yahweh*

אֶרֶךְ adj. m.s. cstr. (74) *long of*

אַפַּיִם n.m. du. (I 60) *anger*

וּגְדָל־ conj.–adj. m.s. cstr. (152) *and great of*

כֹּחַ n.m.s. (470) *power*

וְנַקֵּה conj.–Pi. inf.abs. (667) *holding innocent*

לֹא יְנַקֶּה neg.–Pi. impf. 3 m.s. (667; GK 75hh) *will not hold innocent*

יהוה pr.n. (217) *Yahweh*

בְּסוּפָה prep.–n.f.s. (I 693; GK 143a) *in storm-wind*

וּבִשְׂעָרָה conj.–prep.–n.f.s. (973) *and in storm*

דַּרְכּוֹ n.m.s.–3 m.s. sf. (202) *his way*

וְעָנָן conj.–n.m.s. (777) *and cloud*

אֲבַק n.m.s. cstr. (7) *the dust of*

רַגְלָיו n.f.p.–3 m.s. sf. (919) *his feet*

1:4

גּוֹעֵר Qal act.ptc. (172) *rebuking*

בַּיָּם prep.–def.art.–n.m.s. (410) *the sea*

וַיַּבְּשֵׁהוּ consec.–Pi. impf. 3 m.s.–3 m.s. sf. (I 386; GK 69u) *and he makes it dry*

וְכָל־ conj.–n.m.s. cstr. (481) *and all of*

הַנְּהָרוֹת def.art.–n.m.p. (625) *the rivers*

הֶחֱרִיב Hi. pf. 3 m.s. (I 351) *he dries up*

אֻמְלַל Pulal pf. 3 m.s. (51) *languish*

בָּשָׁן pr.n. (143) *Bashan*

וְכַרְמֶל conj.-pr.n. (502) *and Carmel*

וּפֶרַח conj.-n.m.s. cstr. (827) *and the sprout of*

לְבָנוֹן pr.n. (526) *Lebanon*

אֻמְלָל v.supra *languishes*

1:5

הָרִים n.m.p. (249; GK 126k) *mountains*

רָעֲשׁוּ Qal pf. 3 c.p. (950) *quake*

מִמֶּנּוּ prep.-3 m.s. sf. *from him*

וְהַגְּבָעוֹת conj.-def.art.-n.f.p. (148) *and the hills*

הִתְמֹגָגוּ Hithpolel pf. 3 c.p. (556) *melt*

וַתִּשָּׂא consec.-Qal impf. 3 f.s. (669) *lifts* (rd. prb. וַתִּשָּׂא from שָׁאָה = *is ruined*)

הָאָרֶץ def.art.-n.f.s. (75) *the earth*

מִפָּנָיו prep.-n.m.p.-3 m.s. sf. (815) *before him*

וְתֵבֵל conj.-n.f.s. (385) *and world*

וְכָל־ conj.-n.m.s. cstr. (481) *and all of*

יֹשְׁבֵי Qal act.ptc. m.p. cstr. (442) *the inhabitants*

בָהּ prep.-3 f.s. sf. *in it*

1:6

לִפְנֵי prep.-n.m.p. cstr. as prep. (815) *before*

זַעְמוֹ n.m.s.-3 m.s. sf. (276) *his indignation*

מִי interr. (566) *who*

יַעֲמוֹד Qal impf. 3 m.s. (763) *will stand*

וּמִי conj.-interr. (566) *and who*

יָקוּם Qal impf. 3 m.s. (877) *will arise*

בַּחֲרוֹן prep.-n.m.s. cstr. (354) *in the heat of*

אַפּוֹ n.m.s.-3 m.s. sf. (I 60) *his anger*

חֲמָתוֹ n.f.s.-3 m.s. sf. (404) *his wrath*

נִתְּכָה Ni. pf. 3 f.s. (677) *is poured out*

כָאֵשׁ prep.-def.art.-n.f.s. (77) *as the fire*

וְהַצֻּרִים conj.-def.art.-n.m.p. (849) *and the rocks*

נִתְּצוּ Ni. pf. 3 c.p. (683) *are broken*

מִמֶּנּוּ prep.-3 m.s. sf. *by him*

1:7

טוֹב adj. m.s. (II 373) *(is) good*

יְהוָה pr.n. (217) *Yahweh*

לְמָעוֹז prep.-n.m.s. (731) *a refuge*

בְּיוֹם prep.-n.m.s. cstr. (398) *in a day of*

צָרָה n.f.s. (865) *distress*

וְיֹדֵעַ conj.-Qal act.ptc. (393) *and knowing*

חֹסֵי Qal act.ptc. m.p. cstr. (340) *the ones seeking refuge*

בוֹ prep.-3 m.s. sf. *in him*

1:8

וּבְשֶׁטֶף conj.-prep.-n.m.s. (1009) *and in a flood*

עֹבֵר Qal act.ptc. (716) *overflowing*

כָּלָה n.f.s. (478) *a complete destruction*

יַעֲשֶׂה Qal impf. 3 m.s. (I 793) *he will make*

מְקוֹמָהּ n.m.s.-3 f.s. sf. (879) *her place*

וְאֹיְבָיו conj.-Qal act.ptc.-3 m.s. sf. (33) *and his enemies*

יְרַדֶּף־ Pi. impf. 3 m.s. (922) *he will pursue*

חֹשֶׁךְ n.m.s. (365) *(into) darkness*

1:9

מַה־ interr. (552) *what*

תְּחַשְּׁבוּן Pi. impf. 2 m.p.-archaic nun (362) *do you devise*

אֶל־יְהוָה prep.-pr.n. (217) *unto Yahweh*

כָּלָה n.f.s. (478) *a complete destruction*

הוּא pers.pr. 3 m.s. (214) *he*

עֹשֶׂה Qal act.ptc. (I 793) *is making*

לֹא־תָקוּם neg.-Qal impf. 3 f.s. (877) *will not arise*

פַּעֲמַיִם n.f. du. (821) *twice*

צָרָה n.f.s. (865) *distress*

1:10

כִּי conj. *for*

עַד־ prep. (III 723) *up to*

סִירִים n.m.p. (II 696) *thorns*

סְבֻכִים Qal pass.ptc. m.p. (687) *interwoven*

וּכְסָבְאָם conj.-prep.-n.m.s.-3 m.p. sf. (685) *and as their liquor*

סְבוּאִים Qal pass.ptc. m.p. (685) *being imbibed*

אֻכְּלוּ Pu. pf. 3 c.p. (37) *they are consumed*

כְּקַשׁ prep.-n.m.s. (905) *as stubble*

יָבֵשׁ adj. m.s. (386) *dried*

מָלֵא Qal act.ptc. as adj. (569) *fully*

1:11

מִמֵּךְ prep.-2 f.s. sf. *from you*

יָצָא Qal pf. 3 m.s. (422) *has gone out*

חֹשֵׁב Qal act.ptc. (362) *one devising*

עַל־יְהוָה prep.-pr.n. (217) *against Yahweh*

רָעָה n.f.s. (949) *evil*

יֹעֵץ Qal act.ptc. cstr. (419) *one counseling of*

בְּלִיָּעַל n.m.s. paus. (116) *ruin*

1:12

כֹּה adv. (462) *thus*

אָמַר Qal pf. 3 m.s. (55) *said*

יְהוָה pr.n. (217) *Yahweh*

אִם־ hypoth.part. *though*

שְׁלֵמִים adj. m.p. (I 1023) *complete*

וְכֵן conj.-adv. *and thus*

רַבִּים adj. m.p. (I 912) *many*

וְכֵן v.supra *and thus*

נָגֹזּוּ Ni. pf. 3 c.p. (159; GK 67t) *they are cut off*

וְעָבָר conj.-Qal pf. 3 m.s. paus. (716) *and he will pass away*

וְעִנִּתֵךְ conj.-Pi. pf. 1 c.s.-2 f.s. sf. (III 776) *and though I have afflicted you*

לֹא אֲעַנֵּךְ neg.-Pi. impf. 1 c.s.-2 f.s. sf. (III 776) *I will not afflict you*

עוֹד adv. *again*

1:13

וְעַתָּה conj.-adv. *and now*

אֶשְׁבֹּר Qal impf. 1 c.s. (990) *I shall break*

מֹטֵהוּ n.m.s.-3 m.s. sf. (557) *his yoke*

מֵעָלָיִךְ prep.-prep.-2 f.s. sf. paus. *from upon you*

וּמוֹסְרֹתַיִךְ conj.-n.m.p.-2 f.s. sf. (64) *and your bonds*

אֲנַתֵּק Pi. impf. 1 c.s. (683) *I shall burst asunder*

1:14

וְצִוָּה conj.-Pi. pf. 3 m.s. (845) *and has commanded*

עָלֶיךָ prep.-2 m.s. sf. *concerning you*

יְהוָה pr.n. (217) *Yahweh*

לֹא־יִזָּרַע neg.-Ni. impf. 3 m.s. (I 281) *there will not be sown*

מִשִּׁמְךָ prep.-n.m.s.-2 m.s. sf. (1027) *of your name*

עוֹד adv. (728) *again*

מִבֵּית prep.-n.m.s. cstr. (108) *from the house of*

אֱלֹהֶיךָ n.m.p.-2 m.s. sf. (43) *your God*

אַכְרִית Hi. impf. 1 c.s. (503) *I shall cut off*

פֶּסֶל n.m.s. (820) *idol*

וּמַסֵּכָה conj.-n.f.s. (I 651) *and molten image*

אָשִׂים Qal impf. 1 c.s. (962) *I shall make*

קִבְרֶךָ n.m.s.-2 m.s. sf. (868) *your grave*

כִּי conj. *for*

קַלּוֹתָ Qal pf. 2 m.s. (886) *you are trifling*

2:1

הִנֵּה demons.part. interj. (243) *behold*

עַל־הֶהָרִים prep.-def.art.-n.m.p. (249) *upon the mountains*

רַגְלֵי n.f.p. cstr. (919) *feet of*

מְבַשֵּׂר Pi. ptc. (142) *one bearing good tidings*

מַשְׁמִיעַ Hi. ptc. (1033) *one proclaiming*

שָׁלוֹם n.m.s. (1022) *peace*

חָגִּי Qal impv. 2 f.s. (290) *Observe*

יְהוּדָה pr.n. (397) *O Judah*

חַגַּיִךְ n.m.p.-2 f.s. sf. (290) *your feasts*

שַׁלְּמִי Pi. impv. 2 f.s. (1022) *make good*

נְדָרָיִךְ n.m.p.-2 f.s. sf. paus. (623) *your vows*

כִּי conj. *for*

לֹא יוֹסִיף neg.-Hi. impf. 3 m.s. (414) *will not add*

עוֹד adv. (728) *again*

לַעֲבוֹר prep.-Qal inf.cstr. (716) *to pass through*

בָּךְ prep.-2 f.s. sf. *you*

בְּלִיַּעַל n.m.s. (116) *worthlessness*

כֻּלֹּה n.m.s.-3 m.s. sf. (481) *all of him*

נִכְרָת Ni. pf. 3 m.s. paus. (503) *has been cut off*

2:2

עָלָה Qal pf. 3 m.s. (748) *has gone up*

מֵפִיץ n.m.s. (807) *a scatterer*

עַל־פָּנַיִךְ prep.-n.m.p.-2 f.s. sf. (815) *against you (lit. against your face)*

נָצוֹר Qal inf.abs. (I 665) *guard*

מְצֻרָה n.f.s. (849) *rampart*

צַפֵּה Pi. impv. 2 m.s. (I 859) *watch*

דֶּרֶךְ n.m.s. (202) *way*

חַזֵּק Pi. impv. 2 m.s. (304) *gird*

מָתְנַיִם n.m. du. (608) *loins*

אַמֵּץ Pi. impv. 2 m.s. (54) *make firm*

כֹּחַ n.m.s. (470) *strength*

מְאֹד adv. (547) *exceedingly*

2:3

כִּי conj. *for*

שָׁב Qal pf. 3 m.s. (996) *will turn*

יְהוָה pr.n. (217) *Yahweh*

אֶת־גְּאוֹן dir.obj.-n.m.s. cstr. (144) *the majesty of*

יַעֲקֹב pr.n. (784) *Jacob*

כִּגְאוֹן prep.-v.supra *as the majesty of*

יִשְׂרָאֵל pr.n. (975) *Israel*

כִּי בְקָקוּם conj.-Qal pf. 3 c.p.-3 m.p. sf. (II 132) *for have laid them waste*

בֹּקְקִים Qal act.ptc. m.p. (II 132) *plunderers*

וּזְמֹרֵיהֶם conj.-n.f.p.-3 m.p. sf. (274) *their branches*

שִׁחֵתוּ Pi. pf. 3 c.p. (1007) *they have destroyed*

2:4

מָגֵן n.m.s. cstr. (171) *the shield of*

גִּבֹּרֵיהוּ n.m.p.-3 m.s. sf. (150; GK 91,l) *his mighty men*

מְאָדָּם Pu. ptc. (10) *is reddened*

אַנְשֵׁי־ n.m.p. cstr. (35) *men of*

חַיִל n.m.s. (298) *army*

מְתֻלָּעִים Pu. ptc. m.p. (1069; GK 52q) *clad in scarlet*

בְּאֵשׁ־ prep.-n.f.s. (77) *in fire*
פְּלָדוֹת n.f.p. cstr. (811) *the steel (fittings) of*
הָרֶכֶב def.art.-n.m.s. (939) *the chariot*
בְּיוֹם prep.-n.m.s. cstr. (398) *in the day of*
הֲכִינוֹ Hi. inf.cstr.-3 m.s. sf. (I 465) *his battle preparation*
וְהַבְּרֹשִׁים conj.-def.art.-n.m.p. (141) *and the cypresses*
הָרְעָלוּ Ho. pf. 3 c.p. paus. (947) *are made to quiver*

2:5

בַּחוּצוֹת prep.-def.art.-n.m.p. (299) *in the streets*
יִתְהוֹלְלוּ Hithpo'el impf. 3 m.p. (II 237) *act madly*
הָרֶכֶב def.art.-n.m.s. (939) *the chariot(s)*
יִשְׁתַּקְשְׁקוּן Hithpalpel impf. 3 m.p.-archaic nun (1055; GK 55g) *they rush to and fro*
בָּרְחֹבוֹת prep.-def.art.-n.f.p. (932) *through the plazas*
מַרְאֵיהֶן n.m.s.-3 f.p. sf. (909; GK 93ss) *their appearance*
כַּלַּפִּידִם prep.-def.art.-n.m.p. (542) *as the torches*
כַּבְּרָקִים prep.-def.art.-n.m.p. (140) *like the lightnings*
יְרוֹצֵצוּ Polel impf. 3 m.p. paus. (930) *they run*

2:6

יִזְכֹּר Qal impf. 3 m.s. (269) *will remember*
אַדִּירָיו subst. m.p.-3 m.s. sf. (12) *his majestic ones*
יִכָּשְׁלוּ Ni. impf. 3 m.p. (505) *they stumble*
בַּהֲלִכוֹתָם prep.-n.f.s.-3 m.p. sf. (237) *in their going*
יְמַהֲרוּ Pi. impf. 3 m.p. (I 554) *they hasten*
חוֹמָתָהּ n.f.s.-3 f.s. sf. (327) *(to) her wall*
וְהֻכַן conj.-Ho. pf. 3 m.s. (I 465) *is prepared*
הַסֹּכֵךְ def.art.-n.m.s. (697) *the protector*

2:7

שַׁעֲרֵי n.m.p. cstr. (1044) *the gates of*
הַנְּהָרוֹת def.art.-n.m.p. (625) *the rivers*
נִפְתָּחוּ Ni. pf. 3 c.p. paus. (I 834) *are opened*
וְהַהֵיכָל conj.-def.art.-n.m.s. (228) *and the palace*
נָמוֹג Ni. pf. 3 m.s. (556) *is helpless*

2:8

וְהֻצַּב conj.-Ho. pf. 3 m.s. (662) *(difficult text) and it is determined*
גֻּלְּתָה Pu. pf. 3 f.s. (162) *she is uncovered (stripped)*

הֹעֲלָתָה Ho. pf. 3 f.s. (748; GK 63p) *she is carried away*
וְאַמְהֹתֶיהָ conj.-n.f.p.-3 f.s. sf. (51) *and her maidens*
מְנַהֲגוֹת Pi. ptc. f.p. (II 624) *lamenting*
כְּקוֹל prep.-n.m.s. cstr. (876) *as voice of*
יוֹנִים n.f.p. (401) *doves*
מְתֹפְפֹת Po'el ptc. f.p. (1074) *twittering*
עַל־לִבְבֵהֶן prep.-n.m.s.-3 f.p. sf. (523; GK 91c) *upon their heart*

2:9

וְנִינְוֵה conj.-pr.n. (644) *and Nineveh*
כִבְרֵכַת־ prep.-n.f.s. cstr. (140) *as a pool of*
מַיִם n.m.p. (565) *waters*
מִימֵי prep.-n.m.p. cstr. (398; 130dN) *from days*
הִיא pers.pr. 3 f.s. *she (was)*
וְהֵמָּה conj.-pers.pr. 3 m.p. (241) *and they*
נָסִים Qal act.ptc. m.p. (630) *are fleeing*
עִמְדוּ Qal impv. 2 m.p. (763) *stand (stop)*
עֲמֹדוּ Qal impv. 2 m.p. (763) *stop*
וְאֵין conj.-n.m.s. cstr. (II 34) *and there is none*
מַפְנֶה Hi. ptc. (815) *turning*

2:10

בֹּזּוּ Qal impv. 2 m.p. (102) *plunder*
כֶּסֶף n.m.s. (494) *silver*
בֹּזּוּ v.supra *plunder*
זָהָב n.m.s. (262) *gold*
וְאֵין conj.-n.m.s. cstr. (II 34) *and there is no*
קֵצֶה n.m.s. (892) *end*
לַתְּכוּנָה prep.-def.art.-n.f.s. (467) *to the preparation (things prepared)*
כָּבֹד n.m.s. (II 458) *riches*
מִכֹּל prep.-n.m.s. cstr. (481) *from all of*
כְּלִי n.m.s. cstr. (479) *vessel of*
חֶמְדָּה n.f.s. (326) *delight*

2:11

בּוּקָה n.f.s. (101; GK 133,l) *emptiness*
וּמְבוּקָה conj.-n.f.s. (101) *and void*
וּמְבֻלָּקָה conj.-Pu. ptc. f.s. (118) *and devastated*
וְלֵב conj.-n.m.s. (523) *and heart*
נָמֵס Ni. ptc. (587; GK 67t) *faint*
וּפִק conj.-n.m.s. cstr. (807) *and a tottering of*
בִּרְכַּיִם n.f. du. (139) *knees*
וְחַלְחָלָה conj.-n.f.s. (298) *and anguish*
בְּכָל־ prep.-n.m.s. cstr. (481) *in all of*
מָתְנַיִם n.m. du. (608) *loins*
וּפְנֵי conj.-n.m.p. cstr. (815) *and the faces of*
כֻלָּם n.m.s.-3 m.p. sf. (481) *all of them*
קִבְּצוּ Pi. pf. 3 c.p. (867) *gathered*

פָּארוּר n.m.s. (802) *a glow*

2:12

אַיֵּה interr.adv. (32) *where*

מְעוֹן n.m.s. cstr. (I 732) *den of*

אֲרָיוֹת n.m.p. (71) *lions*

וּמִרְעֶה conj.-n.m.s. (945) *and pasture*

הוּא pers.pr. 3 m.s. (214) *it*

לַכְּפִרִים prep.-def.art.-n.m.p. (498) *for the young lions*

אֲשֶׁר rel. (81) *which*

הָלַךְ Qal pf. 3 m.s. (229) *walked*

אַרְיֵה n.m.s. (71) *lion*

לָבִיא n.m.s. (522) *lion*

שָׁם adv. (1027) *there*

גּוּר n.m.s. cstr. (II 158) *whelps of*

אַרְיֵה v.supra *a lion*

וְאֵין conj.-n.m.s. cstr. (II 34) *and there is none*

מַחֲרִיד Hi. ptc. as subst. (353) *terrifying*

2:13

אַרְיֵה cf. 2:12 *lion*

טֹרֵף Qal act.ptc. (382) *tearing*

בְּדֵי prep.-subst. m.s. cstr. (191) *for the sufficiency of*

גֹרוֹתָיו n.m.p.-3 m.s. sf. (158) *his whelps*

וּמְחַנֵּק conj.-Pi. ptc. (338) *and strangling*

לְלִבְאֹתָיו prep.-n.f.p.-3 m.s. sf. (522) *for his lionesses*

וַיְמַלֵּא־ consec.-Pi. impf. 3 m.s. (569) *and will fill*

טֶרֶף n.m.s. (383) *prey*

חֹרָיו n.m.p.-3 m.s. sf. (III 359) *his dens (holes)*

וּמְעֹנֹתָיו conj.-n.f.p.-3 m.s. sf. (733) *and his dens*

טְרֵפָה n.f.s. (383) *(with) torn flesh*

2:14

הִנְנִי demons.part.-1 c.s. sf. (243) *behold me*

אֵלַיִךְ prep.-2 f.s. sf. *unto you*

נְאֻם n.m.s. cstr. (610) *an utterance of*

יהוה צְבָאוֹת pr.n. (217)-pr.n. (838) *Yahweh of hosts*

וְהִבְעַרְתִּי conj.-Hi. pf. 1 c.s. (128) *and I shall burn*

בֶעָשָׁן prep.-n.m.s. (I 798) *in smoke*

רִכְבָּהּ n.m.s. coll.-3 f.s. sf. (939) *her chariots*

וּכְפִירַיִךְ conj.-n.m.p.-2 f.s. sf. (498) *and your young lions*

תֹּאכַל Qal impf. 3 f.s. (37) *will devour*

חָרֶב n.f.s. paus. (352) *a sword*

וְהִכְרַתִּי conj.-Hi. pf. 1 c.s. (503) *and I shall cut off*

מֵאֶרֶץ prep.-n.f.s. (75) *from earth*

טַרְפֵּךְ n.m.s.-2 f.s. sf. (383) *your prey*

וְלֹא־יִשָּׁמַע conj.-neg.-Ni. impf. 3 m.s. (1033) *and will not be heard*

עוֹד adv. (728) *again*

קוֹל n.m.s. cstr. (876) *the voice of*

מַלְאָכֵכֵה n.m.p.-2 f.s. sf. (521) (GK 91 prb.error for מַלְאָכֵיךְ or dittography GK 91,1) *your messengers*

3:1

הוֹי interj. (222) *Ah*

עִיר n.f.s. cstr. (746) *city of*

דָּמִים n.m.p. (196) *bloods*

כֻּלָּהּ n.m.s.-3 f.s. sf. (481) *all of it*

כַּחַשׁ n.m.s. (471) *lying*

פֶּרֶק n.m.s. (830) *plunder*

מְלֵאָה adj. f.s. (570) *(is) full of*

לֹא יָמִישׁ neg.-Hi. impf. 3 m.s. (I 559) *will not leave its place*

טָרֶף n.m.s. paus. (383) *prey*

3:2

קוֹל n.m.s. cstr. (876) *sound of*

שׁוֹט n.m.s. (1002) *a whip*

וְקוֹל conj.-v.supra *and sound of*

רַעַשׁ n.m.s. cstr. (950) *shaking of*

אוֹפָן n.m.s. paus. (66) *wheel*

וְסוּס conj.-n.m.s. (692) *and horse*

דֹּהֵר Qal act.ptc. (187) *rushing*

וּמֶרְכָּבָה conj.-n.f.s. (939) *and a chariot*

מְרַקֵּדָה Pi. ptc. f.s. (955) *jolting*

3:3

פָּרָשׁ n.m.s. (II 832) *a horseman*

מַעֲלֶה Hi. ptc. (748) *bringing up (for a charge)*

וְלַהַב conj.-n.m.s. cstr. (529) *and a blade of*

חֶרֶב n.f.s. (352) *a sword*

וּבְרַק conj.-n.m.s. cstr. (140) *and lightning (flash) of*

חֲנִית n.f.s. (333) *a spear*

וְרֹב conj.-n.m.s. cstr. (913) *and an abundance of*

חָלָל n.m.s. coll. (I 319) *slain*

וְכֹבֶד conj.-n.m.s. cstr. (458) *and a mass of*

פָּגֶר n.m.s. coll. paus. (803) *corpses*

וְאֵין conj.-n.m.s. cstr. (34) *and there is no*

קֵצֶה n.m.s. (892) *end*

לַגְּוִיָּה prep.-def.art.-n.f.s. coll. (156) *to the dead bodies*

863

יְכָשְׁלוּ prb. וְכָשְׁלוּ conj.-Qal pf. 3 f.p. (505) *and they will stumble*

בִּגְוִיָּתָם prep.-n.f.s. coll.-3 m.p. sf. (156) *over the corpses*

3:4

מֵרֹב prep.-n.m.s. cstr. (913) *from an abundance of*

זְנוּנֵי n.m.p. cstr. (276) *harlotries of*

זוֹנָה Qal act.ptc. f.s. (275) *a harlot*

טוֹבַת adj. f.s. cstr. (II 373) *excellent of*

חֵן n.m.s. (I 336) *grace*

בַּעֲלַת n.f.s. cstr. (I 128) *mistress of*

כְּשָׁפִים n.m.p. (506) *sorceries*

הַמֹּכֶרֶת def.art.-Qal act.ptc. f.s. (569) *the one selling*

גּוֹיִם n.m.p. (156) *nations*

בִּזְנוּנֶיהָ prep.-n.m.p.-3 f.s. sf. (276) *with her harlotries*

וּמִשְׁפָּחוֹת conj.-n.f.p. (1046) *and clans*

בִּכְשָׁפֶיהָ prep.-n.m.p.-3 f.s. sf. (506) *with her sorceries*

3:5

הִנְנִי cf. 2:14 demons.part.-1 c.s. sf. (243) *behold me*

אֵלַיִךְ prep.-2 f.s. sf. *unto you*

נְאֻם n.m.s. cstr. (610) *an utterance of*

יהוה צְבָאוֹת pr.n. (217)-pr.n. (838) *Yahweh of hosts*

וְגִלֵּיתִי conj.-Pi. pf. 1 c.s. (162) *and I shall uncover*

שׁוּלַיִךְ n.m.p.-2 f.s. sf. (1002) *your skirts*

עַל-פָּנָיִךְ prep.-n.m.p.-2 f.s. sf. paus. (815) *over your face*

וְהַרְאֵיתִי conj.-Hi. pf. 1 c.s. (906; GK 53p) *and I shall cause to see*

גּוֹיִם n.m.p. (156) *nations*

מַעְרֵךְ n.m.s.-2 f.s. sf. (789) *your nakedness*

וּמַמְלָכוֹת conj.-n.f.p. (575) *and kingdoms*

קְלוֹנֵךְ n.m.s.-2 f.s. sf. (885) *your disgrace*

3:6

וְהִשְׁלַכְתִּי conj.-Hi. pf. 1 c.s. (1020) *and I shall throw*

עָלַיִךְ prep.-2 f.s. sf. *upon you*

שִׁקֻּצִים n.m.p. (1055) *filth (detested things)*

וְנִבַּלְתִּיךְ conj.-Pi. pf. 1 c.s.-2 f.s. sf. (II 614) *and I shall treat you with contempt*

וְשַׂמְתִּיךְ conj.-Qal pf. 1 c.s.-2 f.s. sf. (962) *and I shall make you*

כְּרֹאִי prep.-n.m.s. (909) *as a spectacle*

3:7

וְהָיָה conj.-Qal pf. 3 m.s. (224) *and it will be*

כָּל- n.m.s. cstr. (481) *all of*

רֹאַיִךְ Qal act.ptc. m.p.-2 f.s. sf. (906) *the ones looking on you*

יִדּוֹד Qal impf. 3 m.s. (I 622; GK 67cc) *will flee*

מִמֵּךְ prep.-2 f.s. sf. *from you*

וְאָמַר conj.-Qal pf. 3 m.s. (55) *and will say*

שָׁדְּדָה Pu. pf. 3 f.s. (994; GK 52q) *has been devastated*

נִינְוֵה pr.n. (644) *Nineveh*

מִי interr.pr. (566) *who*

יָנוּד Qal impf. 3 m.s. (626) *will lament*

לָהּ prep.-3 f.s. sf. *for her*

מֵאַיִן prep.-adv. (I 32) *whence*

אֲבַקֵּשׁ Pi. impf. 1 c.s. (134) *shall I seek*

מְנַחֲמִים Pi. ptc. m.p. (636) *comforters*

לָךְ prep.-2 f.s. sf. *for you*

3:8

הֲתֵיטְבִי interr.part.-Qal impf. 2 f.s. (405; GK 70e) *are you better placed*

מִנֹּא אָמוֹן prep. (GK 133b)-pr.n. (609) *than No amon*

הַיֹּשְׁבָה def.art.-Qal act.ptc. f.s. (442) *the one dwelling*

בַּיְאֹרִים prep.-def.art.-n.m.p. (384) *on the Nile-arms*

מַיִם n.m.p. (565) *waters*

סָבִיב prep. (686) *round about*

לָהּ prep.-3 f.s. sf. *her*

אֲשֶׁר- rel. (81) *whose*

חֵיל n.m.s. (298) *rampart*

יָם n.m.s. (410) *a sea*

מִיָּם prep.-n.m.s. (410) *from a sea* (poss. מַיִם *waters*)

חוֹמָתָהּ n.f.s.-3 f.s. sf. (327) *her wall*

3:9

כּוּשׁ pr.n. (468) *Cush*

עָצְמָה n.f.s. (782) *(has) might* (poss. עָצְמָה GK 91e *her strength*)

וּמִצְרַיִם conj.-pr.n. (595) *and Egypt*

וְאֵין cf.2:10; 3:3 conj.-n.m.s. cstr. (34) *and there is no*

קֵצֶה n.m.s. (892) *end*

פּוּט pr.n. (806) *Put*

וְלוּבִים conj.-pr.n. gent. (530) *and Libyans*

הָיוּ Qal pf. 3 c.p. (224) *were*

בְּעֶזְרָתֵךְ prep.-n.f.s.-2 f.s. sf. (I 740) *unto her assistance*

3:10

גַּם adv. *yet*

הִיא pers.pr. 3 f.s. (214) *she*

לַגֹּלָה prep.-def.art.-n.f.s. (163) *among the exiles*

הָלְכָה Qal pf. 3 f.s. (הָלַךְ 229) *went*

בַשֶּׁבִי prep.-def.art.-n.m.s. paus. (985) *into captivity*

גַּם adv. *also*

עֹלָלֶיהָ n.m.p.-3 f.s. sf. (760) *her children*

יְרֻטְּשׁוּ Pu. impf. 3 m.p. (936) *will be dashed in pieces*

בְּרֹאשׁ prep.-n.m.s. cstr. (910) *at head of*

כָּל־ n.m.s. cstr. (481) *all of*

חוּצוֹת n.m.p. (299) *streets*

וְעַל conj.-prep. *and upon*

נִכְבַּדֶּיהָ Ni. ptc. m.p.-3 f.s. sf. (457) *her honored ones*

יַדּוּ Qal pf. 3 c.p. (I 391; GK 69u) *they cast*

גוֹרָל n.m.s. (174) *a lot*

וְכָל conj.-n.m.s. cstr. (481) *and all of*

גְּדוֹלֶיהָ adj. m.p.-3 f.s. sf. (152) *her great ones*

רֻתְּקוּ Pu. pf. 3 c.p. (958) *were bound*

בַּזִּקִּים prep.-def.art.-n.m.p. (II 279) *in fetters*

3:11

גַּם־ adv. *also*

אַתְּ pers.pr. 2 f.s. (61) *you*

תִּשְׁכְּרִי Qal impf. 2 f.s. (I 1016) *will be drunken*

תְּהִי Qal impf. 2 f.s. (224; GK 145p) *you will become*

נַעֲלָמָה Ni. ptc. f.s. paus. (I 761) *obscured (swoon)*

גַּם־ v.supra *also*

אַתְּ v.supra *you*

תְּבַקְשִׁי Pi. impf. 2 f.s. (134) *will seek*

מָעוֹז n.m.s. (731) *protection*

מֵאוֹיֵב prep.-Qal act.ptc. (33) *from enemy*

3:12

כָּל־ n.m.s. cstr. (481) *all of*

מִבְצָרַיִךְ n.m.p.-2 f.s. sf. (131) *your fortifications*

תְּאֵנִים n.f.p. (1061) *(are) fig-trees*

עִם־ prep. *with*

בִּכּוּרִים n.m.p. (114) *first fruits*

אִם־ hypoth.part. (49) *if*

יִנּוֹעוּ Ni. impf. 3 m.p. (631) *they are shaken*

וְנָפְלוּ conj.-Qal pf. 3 c.p. (656) *indeed they fall*

עַל־פִּי prep.-n.m.s. cstr. (8804) *upon mouth of*

אוֹכֵל Qal act.ptc. (37) *an eater*

3:13

הִנֵּה demons.part. (243) *behold*

עַמֵּךְ n.m.s.-2 f.s. sf. (I 766) *your people*

נָשִׁים n.f.p. (61) *(are) women*

בְּקִרְבֵּךְ prep.-n.m.s.-2 f.s. sf. (899) *in your midst*

לְאֹיְבַיִךְ prep.-Qal act.ptc. m.p.-2 f.s. sf. (33) *to your enemies*

פָּתוֹחַ Qal inf.abs. (I 834) *opening (wide)*

נִפְתְּחוּ Ni. pf. 3 c.p. (I 834) *will be opened*

שַׁעֲרֵי n.m.p. cstr. (1044) *the gates of*

אַרְצֵךְ n.f.s.-2 f.s. sf. (75) *your land*

אָכְלָה Qal pf. 3 f.s. (37) *has eaten*

אֵשׁ n.f.s. (77) *fire*

בְּרִיחָיִךְ n.m.p.-2 f.s. sf. paus. (138) *your bars*

3:14

מֵי n.m.p. cstr. (565) *waters of*

מָצוֹר n.m.s. (I 848) *siege*

שַׁאֲבִי־ Qal impv. 2 f.s. (980) *draw*

לָךְ prep.-2 f.s. sf. *for yourself*

חַזְּקִי Pi. impv. 2 f.s. (304) *strengthen*

מִבְצָרָיִךְ n.m.p.-2 f.s. sf. (131) *your fortifications*

בֹּאִי Qal impv. 2 f.s. (97) *go*

בַטִּיט prep.-def.art.-n.m.s. (376) *into the mud*

וְרִמְסִי conj.-Qal impv. 2 f.s. (942) *and trample*

בַחֹמֶר prep.-def.art.-n.m.s. (I 330) *upon the clay*

הַחֲזִיקִי Hi. impv. 2 f.s. (304) *take hold of*

מַלְבֵּן n.m.s. (527) *brick-mold*

3:15

שָׁם adv. (1027) *there*

תֹּאכְלֵךְ Qal impf. 3 f.s.-2 f.s. sf. (37) *will devour you*

אֵשׁ n.f.s. (77) *fire*

תַּכְרִיתֵךְ Hi. impf. 3 f.s.-2 f.s. sf. (503) *will cut you off*

חֶרֶב n.f.s. (352) *a sword*

תֹּאכְלֵךְ v.supra *it will devour you*

כַּיֶּלֶק prep.-def.art.-n.m.s. paus. (410) *as the locust*

הִתְכַּבֵּד Hith. impv. 2 m.s. (457; GK 110a) *make yourself numerous*

כַּיֶּלֶק v.supra *as the locust*

הִתְכַּבְּדִי Hith. impv. 2 f.s. (457; GK 110k) *make yourself numerous*

כָּאַרְבֶּה prep.-def.art.-n.m.s. (916) *as the locust*

3:16

הִרְבֵּית Hi. pf. 2 f.s. (I 915) *you increased*

רֹכְלַיִךְ Qal act.ptc. m.p.-2 f.s. sf. (940) *your traders*

מִכּוֹכְבֵי prep.-n.m.p. cstr. (456) *(more than) from the stars of*

הַשָּׁמָיִם def.art.-n.m.p. paus. (1029) *the heavens*

יֶלֶק n.m.s. (410) *locust*

פָּשַׁט Qal pf. 3 m.s. (832) *stripped off (sheaths of wings)*

וַיָּעֹף consec.-Qal impf. 3 m.s. (I 733) *and fly*

3:17

מִנְּזָרַיִךְ n.m.p.-2 f.s. sf. (634; GK 20h) *your princes*

כָּאַרְבֶּה cf. 3:15 *as the locust*

וְטַפְסְרַיִךְ conj.-n.m.p.-2 f.s. sf. (381) *and your marshals*

כְּגוֹב prep.-n.m.s. cstr. (146) *as locusts of*

גֹּבָי n.m. coll. paus. (146) *locusts (swarm of locusts)*

הַחוֹנִים def.art.-Qal act.ptc. m.p. (333) *ones encamping*

בַּגְּדֵרוֹת prep.-def.art.-n.f.p. (I 155) *on the walls*

בְּיוֹם prep.-n.m.s. cstr. (398) *in a day of*

קָרָה n.f.s. (903) *cold*

שֶׁמֶשׁ n.f.s. (1039) *sun*

זָרְחָה Qal pf. 3 f.s. (280) *has risen*

וְנוֹדַד conj.-Po'al pf. 3 m.s. (I 622) *and (it) flies away*

וְלֹא־נוֹדַע conj.-neg.-Ni. pf. 3 m.s. (393) *and is not known*

מְקוֹמוֹ n.m.s.-3 m.s. sf. (879) *his place*

אַיָּם interr.adv.-3 m.p. sf. (32) *where are they*

3:18

נָמוּ Qal pf. 3 c.p. (630) *sleep*

רֹעֶיךָ Qal act.ptc. m.p.-2 m.s. sf. (I 944) *your shepherds*

מֶלֶךְ n.m.s. cstr. (572) *king of*

אַשּׁוּר pr.n. (78) *Assyria*

יִשְׁכְּנוּ Qal impf. 3 m.p. (1014) *abide (poss.* יְשֵׁנוּ *sleep)*

אַדִּירֶיךָ n.m.p.-2 m.s. sf. (12) *your majestic ones*

נָפֹשׁוּ Ni. pf. 3 c.p. (II 807) *are scattered*

עַמְּךָ n.m.s.-2 m.s. sf. (I 766) *your people*

עַל־הֶהָרִים prep.-def.art.-n.m.p. (249) *upon the mountains*

וְאֵין conj.-n.m.s. cstr. (34) *and there is no*

מְקַבֵּץ Pi. ptc. (867) *gathering*

3:19

אֵין־ n.m.s. cstr. (34) *there is no*

כֵּהָה n.f.s. (462) *alleviation*

לְשִׁבְרֶךָ prep.-n.m.s.-2 m.s. sf. paus. (991) *to your fracture*

נַחְלָה Ni. ptc. f.s. (I 317) *(is) severe*

מַכָּתֶךָ n.f.s.-2 m.s. sf. paus. (646) *your wound*

כֹּל n.m.s. cstr. (481) *all of*

שֹׁמְעֵי Qal act.ptc. m.p. cstr. (1033) *the hearers of*

שִׁמְעֲךָ n.m.s.-2 m.s. sf. (1034) *your report*

תָּקְעוּ Qal pf. 3 c.p. (1075) *clap*

כַף n.f.s. (496) *hand*

עָלֶיךָ prep.-2 m.s. sf. *over you*

כִּי conj. *for*

עַל־מִי prep.-interr.pr. (566) *upon whom*

לֹא־עָבְרָה neg.-Qal pf. 3 f.s. (716) *has not come*

רָעָתְךָ n.f.s.-2 m.s. sf. (949) *your evil*

תָּמִיד adv. (556) *continually*

Habakkuk

1:1

הַמַּשָּׂא def.art.-n.m.s. (III 672) *the oracle*

אֲשֶׁר rel. (81) *which*

חָזָה Qal pf. 3 m.s. (302) *saw*

חֲבַקּוּק pr.n. (287) *Habakkuk*

הַנָּבִיא def.art.-n.m.s. (611) *the prophet*

1:2

עַד־ prep. (III 724) *until*

אָנָה adv.-loc.he (33) *when (how long)*

יהוה pr.n. (217) *Yahweh*

שִׁוַּעְתִּי Pi. pf. 1 c.s. (1002) *shall I cry out for help*

וְלֹא תִשְׁמָע conj.-neg.-Qal impf. 2 m.s. paus. (1033) *and you will not hear*

אֶזְעַק Qal impf. 1 c.s. (277) *I cry out*

אֵלֶיךָ prep.-2 m.s. sf. *unto you*

חָמָס n.m.s. (329) *violence*

וְלֹא תוֹשִׁיעַ conj.-neg.-Hi. impf. 2 m.s. (446) *and you do not deliver*

1:3

לָמָּה prep.-interr.pr. (552) *why*

תַרְאֵנִי Hi. impf. 2 m.s.-1 c.s. sf. (906) *do you show me*

אָוֶן n.m.s. (19) *wickedness*

וְעָמָל conj.-n.m.s. (765) *and trouble*

תַּבִּיט Hi. impf. 2 m.s. (613) *you look upon*

וָשֹׁד conj.-n.m.s. (994) *ruin*

וְחָמָס conj.-n.m.s. (329) *and violence*

לְנֶגְדִּי prep.-prep.-1 c.s. sf. (617) *before me*

וַיְהִי consec.-Qal impf. 3 m.s. (224) *and there was*

רִיב n.m.s. (936) *strife*

וּמָדוֹן conj.-n.m.s. (I 193) *and contention*

יִשָּׂא Qal impf. 3 m.s. (669) *one will raise*

1:4

עַל־כֵּן prep.-adv. (I 485) *therefore*

תָּפוּג Qal impf. 3 f.s. (806) *is ineffective*

תּוֹרָה n.f.s. (435) *law*

וְלֹא־יֵצֵא conj.-neg.-Qal impf. 3 m.s. (422) *and will not go out*

לָנֶצַח prep.-n.m.s. (664) *for ever*

מִשְׁפָּט n.m.s. (1048) *justice*

כִּי conj. *for*

רָשָׁע n.m.s. (957) *wicked one*

מַכְתִּיר Hi. ptc. (509) *surrounding*

אֶת־הַצַּדִּיק dir.obj.-def.art.-n.m.s. (843) *the righteous*

עַל־כֵּן v.supra *therefore*

יֵצֵא v.supra *goes out*

867

מִשְׁפָּט v.supra *justice*

מְעֻקָּל Pu. ptc. (785) *crooked*

1:5

רְאוּ Qal impv. 2 m.p. (906) *look*

בַגּוֹיִם prep.-def.art.-n.m.p. (156) *among the nations*

וְהַבִּיטוּ conj.-Hi. impv. 2 m.p. (613) *and see*

וְהִתַּמְּהוּ conj.-Hith. impv. 2 m.p. (1069) *and astonish yourselves*

תְּמָהוּ Qal impv. 2 m.p. (1069) *be astounded*

כִּי־פֹעַל conj.-n.m.s. (821) *for a work*

פֹּעֵל Qal act.ptc. (821; GK 116s) *(is) working*

בִּימֵיכֶם prep.-n.m.p.-2 m.p. sf. (398) *in your days*

לֹא תַאֲמִינוּ neg.-Hi. impf. 2 m.p. (52) *you would not believe*

כִּי יְסֻפָּר conj.-Pu. impf. 3 m.s. (707) *when it would be told*

1:6

כִּי־הִנְנִי conj.-interj.-1 c.s. sf. (243) *for behold me*

מֵקִים Hi. ptc. (877) *raising*

אֶת־הַכַּשְׂדִּים dir.obj.-def.art.-pr.n. (505) *the Chaldeans*

הַגּוֹי def.art.-n.m.s. (156) *the ... nation*

הַמַּר def.art.-adj. m.s. (I 600) *bitter*

וְהַנִּמְהָר conj.-def.art.-Ni. ptc. (I 554) *and hasty*

הַהוֹלֵךְ def.art.-Qal act.ptc. (229) *the one going*

לְמֶרְחֲבֵי־ prep.-n.m.p. cstr. (932) *to expanses of*

אֶרֶץ n.f.s. (75) *earth*

לָרֶשֶׁת prep.-Qal inf.cstr. (439) *to possess*

מִשְׁכָּנוֹת n.f.p. (1015) *dwelling places*

לֹּא־לוֹ neg. (GK 13c,155e)-prep.-3 m.s. sf. *not to him*

1:7

אָיֹם adv. (33) *terrible*

וְנוֹרָא conj.-Ni. ptc. (431) *and dreadful*

הוּא pers.pr. 3 m.s. (214) *he (they)*

מִמֶּנּוּ prep.-3 m.s. sf. *from him (them)*

מִשְׁפָּטוֹ n.m.s.-3 m.s. sf. (1048) *his (their) justice*

וּשְׂאֵתוֹ conj.-n.f.s.-3 m.s. sf. (673) *and his (their) dignity*

יֵצֵא Qal impf. 3 m.s. (422) *will go forth*

1:8

וְקַלּוּ conj.-Qal pf. 3 c.p. (886; GK 67ee) *are swifter*

מִנְּמֵרִים prep.-n.m.p. (649) *from (than) leopards*

סוּסָיו n.m.p.-3 m.s. sf. (692) *their horses*

וְחַדּוּ conj.-Qal pf. 3 c.p. (292) *and are keener*

מִזְּאֵבֵי prep.-n.m.p. cstr. (255) *than wolves of*

עֶרֶב n.m.s. (787) *evening*

וּפָשׁוּ conj.-Qal pf. 3 c.p. (I 807) *and spring about*

פָּרָשָׁיו n.m.p.-3 m.s. sf. (832) *their horsemen*

וּפָרָשָׁיו conj.-v.supra *indeed their horsemen*

מֵרָחוֹק prep.-adv. (935) *from afar*

יָבֹאוּ Qal impf. 3 m.p. (97) *come*

יָעֻפוּ Qal impf. 3 m.p. (733) *they fly*

כְּנֶשֶׁר prep.-n.m.s. (676) *like a vulture*

חָשׁ Qal act.ptc. (I 301) *swift (making haste)*

לֶאֱכוֹל prep.-Qal inf.cstr. (37) *to devour*

1:9

כֻּלֹּה n.m.s.-3 m.s. sf. (481) *all of them*

לְחָמָס prep.-n.m.s. (329) *for violence*

יָבוֹא Qal impf. 3 m.s. (97) *come*

מְגַמַּת n.f.s. cstr. (169) *the assembling (?) of*

פְּנֵיהֶם n.m.p.-3 m.p. sf. (815) *their faces*

קָדִימָה n.m.s.-loc.he (870) *eastward, (forward)*

וַיֶּאֱסֹף consec.-Qal impf. 3 m.s. (62) *and will gather*

כַּחוֹל prep.-def.art.-n.m.s. (297) *as the sand*

שֶׁבִי n.m. coll. paus. (985) *captives*

1:10

וְהוּא conj.-pers.pr. 3 m.s. *and they*

בַּמְּלָכִים prep.-def.art.-n.m.p. (I 572) *at the kings*

יִתְקַלָּס Hith. impf. 3 m.s. paus. (887) *mock*

וְרוֹזְנִים conj.-Qal act.ptc. m.p. (931) *and rulers*

מִשְׂחָק n.m.s. (966) *an object of derision*

לוֹ prep.-3 m.s. sf. *to them*

הוּא pers.pr. 3 m.s. *they*

לְכָל־מִבְצָר prep.-n.m.s. cstr. (481)-n.m.s. (131) *at every fortification*

יִשְׂחָק Qal impf. 3 m.s. (965) *will laugh*

וַיִּצְבֹּר consec.-Qal impf. 3 m.s. (840) *and will heap up*

עָפָר n.m.s. (779) *dust*

וַיִּלְכְּדָהּ consec.-Qal impf. 3 m.s.-3 f.s. sf. (539) *and will take it*

1:11

אָז adv. (23) *then*

חָלַף Qal pf. 3 m.s. (322) *passes on*

רוּחַ n.f.s. (924) *a wind*

וַיַּעֲבֹר consec.-Qal impf. 3 m.s. (716) *and passes by*

וְאָשֵׁם conj.-Qal pf. 3 m.s. (79) *and is guilty*

זוּ demons.adj. (262; GK 138h) *this*

כֹחוֹ n.m.s.-3 m.s. sf. (470) *his strength*

לֵאלֹהוֹ prep.-n.m.s.-3 m.s. sf. (43) *to his god*

1:12

הֲלוֹא אַתָּה interr.-neg.-pers.pr. 2 m.s. *are not you*

מִקֶּדֶם prep.-n.m.s. (869) *from of old*

יהוה pr.n. (217) *Yahweh*

אֱלֹהַי n.m.p.-1 c.s. sf. (43) *my God*

קְדֹשִׁי adj.-1 c.s. sf. (872) *my holy One*

לֹא נָמוּת neg.-Qal impf. 1 c.p. (559) *we shall not die*

יהוה v.supra *Yahweh*

לְמִשְׁפָּט prep.-n.m.s. (1048) *for judgment*

שַׂמְתּוֹ Qal pf. 2 m.s.-3 m.s. sf. (I 962) *you set them*

וְצוּר conj.-n.m.s. (849) *and rock (O Rock)*

לְהוֹכִיחַ prep.-Hi. inf.cstr. (406) *for rebuking*

יְסַדְתּוֹ Qal pf. 2 m.s.-3 m.s. sf. (413) *you established them*

1:13

טְהוֹר n.m.s. cstr. (373) *clean of*

עֵינַיִם n.f. du. (744) *eyes*

מֵרְאוֹת prep.-Qal inf.cstr. (906) *from seeing*

רָע n.m.s. (948) *evil*

וְהַבִּיט conj.-Hi. inf.cstr. (613) *to look*

אֶל־עָמָל prep.-n.m.s. (765) *upon trouble*

לֹא תוּכָל neg.-Qal impf. 2 m.s. paus. (407) *you cannot*

לָמָּה interr.pron. (554) *why*

תַבִּיט Hi. impf. 2 m.s. (613) *do you look*

בּוֹגְדִים Qal act.ptc. m.p. (93) *(at) treacherous ones*

תַּחֲרִישׁ Hi. impf. 2 m.s. (II 361) *are you silent*

בְּבַלַּע prep.-Pi. inf.cstr. (118) *in (when) swallowing*

רָשָׁע n.m.s. (957) *a wicked one*

צַדִּיק n.m.s. (843) *a righteous man*

מִמֶּנּוּ prep.-3 m.s. sf. *from him (a man more righteous than he)*

1:14

וַתַּעֲשֶׂה consec.-Qal impf. 2 m.s. (I 793) *for you make*

אָדָם n.m.s. (9) *man*

כִּדְגֵי prep.-n.m.p. cstr. (185) *as the fish of*

הַיָּם def.art.-n.m.s. (410) *the sea*

כְּרֶמֶשׂ prep.-n.m.s. (943) *as creeping things*

לֹא־מֹשֵׁל neg. (GK 152u)-Qal act.ptc. (605) *no ruler*

בּוֹ prep.-3 m.s. sf. *over them*

1:15

כֻּלֹּה cf. 1:9 *all of them*

בְּחַכָּה prep.-n.f.s. (335) *with a hook*

הֵעֲלָה Hi. pf. 3 m.s. (748; GK 63p) *he brings up*

יְגֹרֵהוּ Qal impf. 3 m.s.-3 m.s. sf. (176) *he drags them*

בְּחֶרְמוֹ prep.-n.m.s.-3 m.s. sf. (II 357) *with his net*

וְיַאַסְפֵהוּ conj.-Qal impf. 3 m.s.-3 m.s. sf. (62) *and he gathers them*

בְּמִכְמַרְתּוֹ prep.-n.f.s.-3 m.s. sf. (485) *in his fishing-net*

עַל־כֵּן prep. *therefore*

יִשְׂמַח Qal impf. 3 m.s. (970) *he rejoices*

וְיָגִיל conj.-Qal impf. 3 m.s. (162) *and exults*

1:16

עַל־כֵּן v.supra *therefore*

יְזַבֵּחַ Pi. impf. 3 m.s. (256) *he sacrifices*

לְחֶרְמוֹ prep.-v.1:15 *to his net*

וִיקַטֵּר conj.-Pi. impf. 3 m.s. (882) *and he burns incense*

לְמִכְמַרְתּוֹ prep.-v.supra *to his fishing-net*

כִּי conj. *for*

בָּהֵמָּה prep.-pers.pr. 3 m.p. (241; GK 103g) *by them*

שָׁמֵן adj. (1032) *fat*

חֶלְקוֹ n.m.s.-3 m.s. sf. (324) *his portion*

וּמַאֲכָלוֹ conj.-n.m.s.-3 m.s. sf. (38) *and his food*

בְּרִאָה adj. (135) *fat*

1:17

הַעַל כֵּן interr.-prep.-adv. *is he then*

יָרִיק Hi. impf. 3 m.s. (937) *to keep on emptying*

חֶרְמוֹ v.1:15,16 *his net*

וְתָמִיד conj.-adv. (556) *and for ever*

לַהֲרֹג prep.-Qal inf.cstr. (246; GK 114k) *to kill*

גּוֹיִם n.m.p. (156) *nations*

לֹא יַחְמוֹל neg.-Qal impf. 3 m.s. (328; GK 156g) *he does not spare*

2:1

עַל־מִשְׁמַרְתִּי prep.-n.f.s.-1 c.s. sf. (1038) *upon my post of watch*

אֶעֱמֹדָה Qal impf. 1 c.s.-coh.he (763) *I will stand*

וְאֶתְיַצְּבָה conj.-Hith. impf. 1 c.s.-coh.he (426) *and will station myself*

עַל־מָצוֹר prep.-n.m.s. (848) *on a tower*

וַאֲצַפֶּה conj.-Pi. impf. 1 c.s. (I 859) *and I will look forth*

לִרְאוֹת prep.-Qal inf.cstr. (906) *to see*

מַה־ interr. (552; GK 37b) *what*

יְדַבֶּר־בִּי Pi. impf. 3 m.s. (180)-prep.-1 c.s. sf. *he will say to me*

וּמָה conj.-interr. *and what*

אָשִׁיב Hi. impf. 1 c.s. (996) *I will return*

עַל־תּוֹכַחְתִּי prep.-n.f.s.-1 c.s. sf. (407) *concerning my complaint*

2:2

וַיַּעֲנֵנִי consec.-Qal impf. 3 m.s.-1 c.s. sf. (I 772) *and answered me*

יְהוָה pr.n. (217) *Yahweh*

וַיֹּאמֶר consec.-Qal impf. 3 m.s. (55) *and said*

כְּתוֹב Qal impv. 2 m.s. (507) *write*

חָזוֹן n.m.s. (302) *a vision*

וּבָאֵר conj.-Pi. impv. 2 m.s. (91) *and make plain*

עַל־הַלֻּחוֹת prep.-def.art.-n.f.p. (531) *upon the tablets*

לְמַעַן prep. *so*

יָרוּץ Qal impf. 3 m.s. (930) *he may run*

קוֹרֵא Qal act.ptc. (894) *who reads*

בּוֹ prep.-3 m.s. sf. *it*

2:3

כִּי עוֹד conj.-adv. (728) *for still*

חָזוֹן v.2:2 *vision*

לַמּוֹעֵד prep.-def.art.-n.m.s. (417) *for the appointed time*

וְיָפֵחַ conj.-Hi. impf. 3 m.s. (806; GK 72dd) *panteth (hasteth)*

לַקֵּץ prep.-def.art.-n.m.s. (893) *towards the end*

וְלֹא יְכַזֵּב conj.-neg.-Pi. impf. 3 m.s. (469) *and it will not lie*

אִם־יִתְמַהְמָהּ hypoth.part.-Hithpalpel impf. 3 m.s. (554) *if it lingers*

חַכֵּה־לוֹ Pi. impv. 2 m.s. (314)-prep.-3 m.s. sf. *wait for it*

כִּי־בֹא יָבֹא conj.-Qal inf.abs.-Qal impf. 3 m.s. (97) *for it will surely come*

לֹא יְאַחֵר neg.-Pi. impf. 3 m.s. (29) *it will not delay*

2:4

הִנֵּה demons.part. (243) *behold*

עֻפְּלָה Pu. pf. 3 f.s. (I 779) *is swollen (puffed up)*

לֹא־יָשְׁרָה neg.-Qal pf. 3 f.s. (448) *is not upright*

נַפְשׁוֹ n.f.s.-3 m.s. sf. (659) *his soul*

בּוֹ prep.-3 m.s. sf. *in him*

וְצַדִּיק conj.-n.m.s. (843) *but a righteous man*

בֶּאֱמוּנָתוֹ prep.-n.f.s.-3 m.s. sf. (53) *by his faithfulness*

יִחְיֶה Qal impf. 3 m.s. (310) *shall live*

2:5

וְאַף כִּי conj.-conj. (II 64)-conj. *moreover*

הַיַּיִן def.art.-n.m.s. (406) *the wine*

בּוֹגֵד Qal act.ptc. (93) *is treacherous*

גֶּבֶר n.m.s. (149) *a man*

יָהִיר adj. m.s. (397) *haughty*

וְלֹא יִנְוֶה conj.-neg.-Qal impf. 3 m.s. (I 627) *shall not abide*

אֲשֶׁר rel. (81)

הִרְחִיב Hi. pf. 3 m.s. (931) *he enlarges (makes wide)*

כִּשְׁאוֹל prep.-pr.n. (982) *as Sheol*

נַפְשׁוֹ n.f.s.-3 m.s. sf. (659) *his appetite*

וְהוּא כַמָּוֶת conj.-pers.pr. 3 m.s.-prep.-def.art.-n.m.s. (560) *and he like death*

וְלֹא יִשְׂבָּע conj.-neg.-Qal impf. 3 m.s. paus. (959) *and he never has enough*

וַיֶּאֱסֹף consec.-Qal impf. 3 m.s. (62) *and he gathers*

אֵלָיו prep.-3 m.s. sf. *for himself*

כָּל־הַגּוֹיִם n.m.s. cstr. (481)-def.art.-n.m.p. (156) *all nations*

וַיִּקְבֹּץ consec.-Qal impf. 3 m.s. (867) *and collects*

אֵלָיו v.supra *as his own*

כָּל־הָעַמִּים v.supra-def.art.-n.m.p. (I 766) *all peoples*

2:6

הֲלוֹא־אֵלֶּה interr.-neg.-demons.adj. (41) *shall not these*

כֻּלָּם n.m.s. cstr.-3 m.p. sf. (481) *all of them*

עָלָיו prep.-3 m.s. sf. *against him*

מָשָׁל n.m.s. (605) *a taunt*

יִשָּׂאוּ Qal impf. 3 m.p. (669) *take up*

וּמְלִיצָה conj.-n.f.s. (539) *and a satire*

חִידוֹת n.f.p. (295, 2) *enigmatic (riddles)*

לוֹ prep.-3 m.s. sf. *of him*

וְיֹאמַר conj.-Qal impf. 3 m.s. (55) *and say*

הוֹי interj. (222) *woe*

הַמַּרְבֶּה def.art.-Hi. ptc. (I 915) *to him who heaps up*

לֹא־לוֹ neg.-prep.-3 m.s. sf. *what is not his own*

עַד־מָתַי prep.-interr.adv. (607; GK 147c) *for how long?*

וּמַכְבִּיד conj.-Hi. ptc. (457) *and loads*

עָלָיו prep.-3 m.s. sf. *himself*

עַבְטִיט n.m.s. intens. (716) *with pledges*

870

2:7

הֲלוֹא פֶתַע interr.-neg.-adv. (837) *will not suddenly*

יָקוּמוּ Qal impf. 3 m.p. (877) *arise*

נֹשְׁכֶיךָ Qal act.ptc. m.p.-2 m.p. sf. (675) *your debtors (those who give you interest)*

וְיִקְצוּ conj.-Qal impf. 3 m.p. (429) *and those awake*

מְזַעְזְעֶיךָ Pilpel ptc. m.p.-2 m.s. sf. (266) *who will make you tremble*

וְהָיִיתָ conj.-Qal pf. 2 m.s. (224) *then you will be*

לִמְשִׁסּוֹת prep.-n.f.p. (1042) *for booty*

לָמוֹ prep.-3 m.p. sf. *for them*

2:8

כִּי אַתָּה conj.-pers.pr. 2 m.s. (61) *because you*

שַׁלּוֹתָ Qal pf. 2 m.s. (II 1021) *have plundered*

גּוֹיִם רַבִּים n.m.p. (156)-adj. m.p. (I 912) *many nations*

יְשָׁלּוּךָ Qal impf. 3 m.p.-2 m.s. sf. (II 1021) *shall plunder you*

כָּל־יֶתֶר n.m.s. cstr. (481)-n.m.s. cstr. (451) *all of remainder of*

עַמִּים n.m.p. (I 766) *peoples*

מִדְּמֵי אָדָם prep.-n.m.p. cstr. (196)-n.m.s. (9) *for the blood of man*

וַחֲמַס־אֶרֶץ conj.-n.m.s. cstr. (329)-n.f.s. (75) *and violence to the earth*

קִרְיָה n.f.s. (900) *to cities*

וְכָל־יֹשְׁבֵי conj.-v.supra-Qal act.ptc. m.p. cstr. (442) *and all who dwell*

בָּהּ prep.-3 f.s. sf. *therein*

2:9

חוֹי (v.2:6 BHK rd. הוֹי) *woe*

בֹּצֵעַ Qal act.ptc. (130) *to him who gets gain*

בֶּצַע רָע n.m.s. (130)-adj. m.s. (948) *evil gain*

לְבֵיתוֹ prep.-n.m.s.-3 m.s. sf. (108) *for his house*

לָשׂוּם prep.-Qal inf.cstr. (I 962) *to set*

בַּמָּרוֹם prep.-def.art.-n.m.s. (928) *on high*

קִנּוֹ n.m.s.-3 m.s. sf. (890) *his nest*

לְהִנָּצֵל prep.-Ni. inf.cstr. (664) *to be safe*

מִכַּף־רָע prep.-n.f.s. cstr. (496)-n.m.s. (948) *from the reach of harm*

2:10

יָעַצְתָּ Qal pf. 2 m.s. (419) *you have devised*

בֹּשֶׁת n.f.s. (102) *shame*

לְבֵיתֶךָ prep.-n.m.s.-2 m.s. sf. (108) *to your house*

קְצוֹת־ Qal inf.cstr. (I 891) *by cutting off*

עַמִּים רַבִּים n.m.p. (I 766)-adj. m.p. (I 912) *many peoples*

וְחוֹטֵא conj. (GK 118p)-Qal act.ptc. cstr. (306; GK 118p) *and sinning of (LXX-you have forfeited)*

נַפְשֶׁךָ n.f.s.-2 m.s. sf. paus. (659) *your life*

2:11

כִּי־אֶבֶן conj.-n.f.s. (6) *for a stone*

מִקִּיר prep.-n.m.s. (885) *from a wall*

תִּזְעָק Qal impf. 3 f.s. (277) *will cry out*

וְכָפִיס conj.-n.m.s. (496) *and a beam (rafter)*

מֵעֵץ prep.-n.m.s. (781) *from the woodwork*

יַעֲנֶנָּה Qal impf. 3 m.s.-3 f.s. sf. (I 772) *respond*

2:12

חוֹי (v.2:6,9 BHK rd. הוֹי) *woe*

בֹּנֶה עִיר Qal act.ptc. (124)-n.f.s. (746) *to him who builds a town*

בְּדָמִים prep.-n.m.p. (196) *with blood*

וְכוֹנֵן conj.-Polel pf. 3 m.s. (465; GK 112n) *and founds*

קִרְיָה v.2:8 *a city*

בְּעַוְלָה prep.-n.f.s. (732) *on iniquity*

2:13

הֲלוֹא הִנֵּה interr.-neg.-interj. (243) *behold is it not*

מֵאֵת יהוה prep.-dir.obj.-pr.n. (217) *from Yahweh*

צְבָאוֹת pr.n. (n.f.p.)(838) *of hosts*

וְיִיגְעוּ conj.-Qal impf. 3 m.p. (388) *that labor*

עַמִּים v.2:10 *peoples*

בְּדֵי־אֵשׁ prep.-subst.cstr. (191)-n.f.s. (77) *only for fire*

וּלְאֻמִּים conj.-n.m.p. (522) *and nations*

בְּדֵי־רִיק v.supra-n.m.s. (938) *for nought*

יִעָפוּ Qal impf. 3 m.p. (I 419) *weary themselves*

2:14

כִּי תִּמָּלֵא conj.-Ni. impf. 3 f.s. (569) *for will be filled*

הָאָרֶץ def.art.-n.f.s. (75) *the earth*

לָדַעַת prep.-n.f.s. (or Qal inf.cstr.)(395; GK 116fN) *with the knowledge of*

אֶת־כְּבוֹד dir.obj.-n.m.s. cstr. (458) *the glory of*

יהוה pr.n. (217) *Yahweh*

כַּמַּיִם prep. (GK 155g)-def.art.-n.m.p. (565) *as the waters*

יְכַסּוּ Pi. impf. 3 m.p. (491) *cover*

עַל־יָם prep.-n.m.s. (410) *the sea*

2:15

הוֹי v.2:6,9,12 *woe*

871

מַשְׁקֵה Hi. ptc. m.s. cstr. (1052) *to him who makes ... drink*

רֵעֵהוּ n.m.s.-3 m.s. sf. (945) *his neighbors*

מְסַפֵּחַ Pi. ptc. (I 705) *joining to*

חֲמָתְךָ n.f.s.-2 m.s. sf. (404) *your wrath*

וְאַף conj.-n.m.s. (I 60) *and anger*

שַׁכֵּר Pi. inf.abs. (1016) *makes drunk*

לְמַעַן prep. (775) *in order to*

הַבִּיט Hi. inf.cstr. (613) *gaze*

עַל־מְעוֹרֵיהֶם prep.-n.m.p.-3 m.p. sf. (II 735) *on their nakedness*

2:16

שָׂבַעְתָּ Qal pf. 2 m.s. (959) *you will be sated*

קָלוֹן n.m.s. (885) *with contempt*

מִכָּבוֹד prep.-n.m.s. (458) *instead of glory*

שְׁתֵה Qal impv. 2 m.s. (1059) *drink*

גַּם־אַתָּה adv.-pers.pr. 2 m.s. (61) *yourself*

וְהֵעָרֵל conj.-Ni. impv. 2 m.s. (790) *and be uncircumcised*

תִּסּוֹב Qal impf. 3 f.s. (685) *will come around*

עָלֶיךָ prep.-2 m.s. sf. *to you*

כּוֹס n.f.s. cstr. (468) *the cup in*

יְמִין יְהוָה n.f.s. cstr. (411)-pr.n. (217) *the right hand of Yahweh*

וְקִיקָלוֹן conj.-n.m.s. (887) *and shame*

עַל־כְּבוֹדֶךָ prep.-n.m.s.-2 m.s. sf. (458) *upon your glory*

2:17

כִּי conj. *for*

חֲמַס לְבָנוֹן n.m.s. cstr. (329)-pr.n. 526) *the violence done to Lebanon*

יְכַסֶּךָּ Pi. impf. 3 m.s.-2 m.s. sf. (491) *will overwhelm you*

וְשֹׁד conj.-n.m.s. cstr. (994) *and destruction of*

בְּהֵמוֹת n.f.p. (96) *beasts*

יְחִיתַן Hi. impf. 3 m.s.-3 f.p. sf. (369; GK 20n,60d,67v) *will terrify them*

מִדְּמֵי אָדָם v.2:8b *for the blood of man*

וַחֲמַס־אֶרֶץ v.2:8b *and violence to the earth*

קִרְיָה v.2:8b *to cities*

וְכָל־יֹשְׁבֵי v.2:8b *and all who dwell*

בָהּ v.2:8b *therein*

2:18

מָה־הוֹעִיל interr.-Hi. pf. 3 m.s. (I 418) *what profit is*

פֶּסֶל n.m.s. (820) *an idol*

כִּי פְסָלוֹ conj.-Qal pf. 3 m.s.-3 m.s. sf. (820) *when has shaped it*

יֹצְרוֹ Qal act.ptc.-3 m.s. sf. (427) *its maker*

מַסֵּכָה n.f.s. (651) *a metal image*

וּמוֹרֶה שָּׁקֶר conj.-n.m.s. cstr. (II 435)-n.m.s. (1055) *and a teacher of lies*

כִּי בָטַח conj.-Qal pf. 3 m.s. (105) *for trusts*

יֹצֵר Qal act.ptc. (427) *a workman*

יִצְרוֹ n.m.s.-3 m.s. sf. (428) *his creation*

עָלָיו prep.-3 m.s. sf. *his own*

לַעֲשׂוֹת prep.-Qal inf.cstr. (I 793) *when he makes*

אֱלִילִים n.m.p. (47) *idols*

אִלְּמִים adj. m.p. (48) *dumb*

2:19

הוֹי v.2:6,9,12,15 *woe*

אֹמֵר Qal act.ptc. (55) *to him who says*

לָעֵץ prep.-def.art.-n.m.s. (781) *to a wooden thing*

הָקִיצָה Hi. impv. 2 m.s.-coh.he (I 884) *awake*

עוּרִי Qal impv. 2 f.s. (734) *arise*

לְאֶבֶן prep.-n.f.s. (6) *to a stone*

דּוּמָם n.m.s. (189) *dumb*

הוּא יוֹרֶה demons.adj. m.s. (214)-Hi. impf. 3 m.s. (434) *can this give revelation?*

הִנֵּה־הוּא interj. (243)-demons.adj. m.s. (214) *behold it*

תָּפוּשׂ Qal pass.ptc. (1074) *is overlaid*

זָהָב וָכֶסֶף n.m.s. (262)-conj.-n.m.s. (494) *with gold and silver*

וְכָל־רוּחַ conj.-n.m.s. cstr. (481)-n.f.s. (924) *and any breath*

אֵין בְּקִרְבּוֹ neg.-prep.-n.m.s.-3 m.s. sf. (899) *there is none at all in it*

2:20

וַיהוָה conj.-pr.n. (217) *and Yahweh*

בְּהֵיכַל prep.-n.m.s. cstr. (228) *in the temple of*

קָדְשׁוֹ adj. m.s.-3 m.s. sf. (872) *his holiness*

הַס interj. (245) *Hush (let keep silence)*

מִפָּנָיו prep.-n.m.p.-3 m.s. sf. (815) *before him*

כָּל־הָאָרֶץ n.m.s. cstr. (481)-def.art.-n.f.s. (75) *all the earth*

3:1

תְּפִלָּה n.f.s. (813) *a prayer*

לַחֲבַקּוּק prep.-pr.n. (287) *of Habakkuk*

הַנָּבִיא def.art.-n.m.s. (611) *the prophet*

עַל שִׁגְיֹנוֹת prep.-n.f.p. (993) *upon Shigionoth*

3:2

יְהוָה pr.n. (217) *Yahweh*

שָׁמַעְתִּי Qal pf. 1 c.s. (1033) *I have heard*

שִׁמְעֲךָ n.m.s.-2 m.s. sf. (1034) *the report of thee*

יָרֵאתִי Qal pf. 1 c.s. (431) *do I fear*

יְהוָה v.supra *Yahweh*

פָּעֳלְךָ n.m.s.-2 m.s. sf. (821) *thy work*

בְּקֶרֶב prep.-prep. (899) *in the midst of*

שָׁנִים n.f.p. (1040) *years*

חַיֵּיהוּ Pi. impv. 2 m.s.-3 m.s. sf. (310; GK 75mm) *renew it*

בְּקֶרֶב שָׁנִים v.supra-v.supra *in the midst of the years*

תּוֹדִיעַ Hi. impf. 2 m.s. (393) *make it known*

בְּרֹגֶז prep.-n.m.s. (919) *in wrath*

רַחֵם Pi. inf.abs. (933) *mercy*

תִּזְכּוֹר Qal impf. 2 m.s. (269) *remember*

3:3

אֱלוֹהַּ n.m.s. (42) *God*

מִתֵּימָן prep.-pr.n. (412) *from Teman*

יָבוֹא Qal impf. 3 m.s. (97) *came*

וְקָדוֹשׁ conj.-n.m.s. (871) *and the Holy One*

מֵהַר־פָּארָן prep.-n.m.s. cstr. (249)-pr.n. (803) *from Mount Paran*

סֶלָה interj. (699) *Selah*

כִּסָּה Pi. pf. 3 m.s. (491) *covered*

שָׁמַיִם n.m.p. (1029) *heavens*

הוֹדוֹ n.m.s.-3 m.s. sf. (I 217) *his glory*

וּתְהִלָּתוֹ conj.-n.f.s.-3 m.s. sf. (239) *and his praise*

מָלְאָה Qal pf. 3 f.s. (569) *was full of*

הָאָרֶץ def.art.-n.f.s. (75) *the earth*

3:4

וְנֹגַהּ conj.-n.f.s. (I 618) *brightness*

כָּאוֹר prep.-def.art.-n.m.s. (21) *like the light*

תִּהְיֶה Qal impf. 3 f.s. (224) *was*

קַרְנַיִם n.m. du. (901) *rays*

מִיָּדוֹ prep.-n.f.s.-3 m.s. sf. (388) *from his hand*

לוֹ prep.-3 m.s. sf. *(to him)*

וְשָׁם conj.-adv. (1027) *and there*

חֶבְיוֹן n.m.s. cstr. (285) *the veil of*

עֻזֹּה n.m.s.-3 m.s. sf. (738) *his power*

3:5

לְפָנָיו prep.-n.m.p.-3 m.s. sf. (815) *before him*

יֵלֶךְ Qal impf. 3 m.s. (229) *went*

דָּבֶר n.m.s. paus. (184) *pestilence*

וְיֵצֵא conj.-Qal impf. 3 m.s. (422) *followed*

רֶשֶׁף n.m.s. (958) *plague (firebolt)*

לְרַגְלָיו prep.-n.f.p.-3 m.s. sf. (919) *close behind (to his feet)*

3:6

עָמַד Qal pf. 3 m.s. (763) *he stood*

וַיְמֹדֶד consec.-Po'el impf. 3 m.s. (551) *and measured*

אֶרֶץ n.f.s. (75) *earth*

רָאָה Qal pf. 3 m.s. (906) *he looked*

וַיַּתֵּר consec.-Hi. impf. 3 m.s. (I 684) *and made start up*

גּוֹיִם n.m.p. (156) *nations*

וַיִּתְפֹּצְצוּ consec.-Hithpo'el impf. 3 m.p. (822, 1126) *and were scattered* (broken in pieces)

הַרְרֵי־עַד n.m.p. cstr. (249)-n.m.s. (I 723) *the eternal mountains*

שָׁחוּ Qal pf. 3 c.p. (1005; GK 67k,ee) *sank low*

גִּבְעוֹת עוֹלָם n.f.p. cstr. (148)-n.m.s. (761) *eternal hills*

הֲלִיכוֹת n.f.p. cstr. (237) *ways of*

עוֹלָם v.supra *antiquity*

לוֹ prep.-3 m.s. sf. *to him*

3:7

תַּחַת אָוֶן prep. (1065)-n.m.s. (19) *in affliction*

רָאִיתִי Qal pf. 1 c.s. (906) *I saw*

אָהֳלֵי כוּשָׁן n.m.p. cstr. (13)-pr.n. (469) *the tents of Cushan*

יִרְגְּזוּן Qal impf. 3 m.p. (919) *did tremble*

יְרִיעוֹת n.f.p. cstr. (438) *curtains of*

אֶרֶץ n.f.s. cstr. (75) *land of*

מִדְיָן pr.n. (193) *Midian*

3:8

הֲבִנְהָרִים interr.-prep.-n.m.p. (625) *against rivers?*

חָרָה Qal pf. 3 m.s. (354) *wrath was kindled*

יהוה pr.n. (217) *Yahweh*

אִם בַּנְּהָרִים interr.part. (50)-prep.-def.art.-n.m.p. (625) *was against the rivers*

אַפֶּךָ n.m.s.-2 m.s. sf. (I 60) *thy anger*

אִם־בַּיָּם v.supra-prep.-def.art.-n.m.s. (410) *against the sea?*

עֶבְרָתֶךָ n.f.s.-2 m.s. sf. (720) *thy indignation*

כִּי תִרְכַּב conj.-Qal impf. 2 m.s. (938) *when thou didst ride*

עַל־סוּסֶיךָ prep.-n.m.p.-2 m.p. sf. (692) *upon thy horses*

מַרְכְּבֹתֶיךָ n.f.p.-2 m.s. sf. (939) *thy chariots*

יְשׁוּעָה n.f.s. (447; GK 131r) *victory*

3:9

עֶרְיָה n.f.s. (789; GK 117q) *nakedness*

תֵעוֹר Ni. impf. 3 f.s. (II 735) *is laid bare*

קַשְׁתֶּךָ n.f.s.-2 m.s. sf. (905) *thy bow*

שְׁבֻעוֹת n.f.p. cstr. (989) *oaths of*

מַטּוֹת n.f.p. (641) *shafts*

אֹמֶר n.m.s. (56) *sworn are the rods of appointment*

סֶלָה v.3:3 *Selah*
נְהָרוֹת n.f.p. (625) *with rivers*
תְּבַקַּע Pi. impf. 2 m.s. (131) *thou didst cleave*
אָרֶץ n.f.s. paus. (75) *earth*

3:10

רָאוּךָ Qal pf. 3 c.p.-2 m.s. sf. (906) *saw thee*
יָחִילוּ Qal impf. 3 m.p. (I 296) *writhed*
הָרִים n.m.p. (249) *mountains*
זֶרֶם n.m.s. cstr. (281) *down-pour of*
מַיִם n.m.p. (565) *waters*
עָבָר Qal pf. 3 m.s. paus. (716) *swept on*
נָתַן Qal pf. 3 m.s. (678) *gave forth*
תְּהוֹם n.f.s. (1062) *deep*
קוֹלוֹ n.m.s.-3 m.s. sf. (876) *his voice*
רוֹם adv. (927) *on high*
יָדֵיהוּ n.f.p.-3 m.s. sf. (388; GK 91,l) *its hands*
נָשָׂא Qal pf. 3 m.s. (669) *it lifted*

3:11

שֶׁמֶשׁ n.f.s. (1039) *sun*
יָרֵחַ n.m.s. (437) *moon*
עָמַד Qal pf. 3 m.s. (763) *stood still*
זְבֻלָה n.f.s. (I 259) *lofty abode*
לְאוֹר prep.-n.m.s. cstr. (21) *at the light of*
חִצֶּיךָ n.m.p.-2 m.s. sf. (346) *thine arrows*
יְהַלֵּכוּ Pi. impf. 3 m.p. paus. (229) *as they sped*
לְנֹגַהּ prep.-v.3:4 cstr. *at the flash of*
בְּרַק n.m.s. cstr. (140) *lightning-flash of*
חֲנִיתֶךָ n.f.s.-2 m.s. sf. (333) *thy spear*

3:12

בְּזַעַם prep.-n.m.s. (276) *in fury*
תִּצְעַד־ Qal impf. 2 m.s. (I 857) *thou didst bestride (step, march)*
אָרֶץ n.f.s. paus. (75) *earth*
בְּאַף prep.-n.m.s. (I 60) *in anger*
תָּדוּשׁ Qal impf. 2 m.s. (190) *thou didst trample*
גּוֹיִם n.m.p. (156) *nations*

3:13

יָצָאתָ Qal pf. 2 m.s. (422) *thou wentest forth*
לְיֵשַׁע prep.-n.m.s. cstr. (447) *for the salvation of*
עַמֶּךָ n.m.s.-2 m.s. sf. (I 766) *thy people*
לְיֵשַׁע v.supra *for the salvation of*
אֶת־מְשִׁיחֶךָ dir.obj.-n.m.s.-2 m.s. sf. (603) *thy anointed*
מָחַצְתָּ Qal pf. 2 m.s. (563) *thou didst crush*
רֹאשׁ n.m.s. cstr. (910; GK 22s) *head of*
מִבֵּית רָשָׁע prep.-n.m.s. cstr. (108)-n.m.s. (957) *the wicked*

עָרוֹת Qal inf.abs. (788, GK 75n; or Pi. GK 75aa,113h) *bare*
יְסוֹד n.f.s. (414) *(foundation) from thigh*
עַד־צַוָּאר prep.-n.m.s. (848) *to neck*
סֶלָה v.3:3,9 *Selah*

3:14

נָקַבְתָּ Qal pf. 2 m.s. (I 666) *thou didst pierce*
בְמַטָּיו prep.-n.m.p.-3 m.s. sf. (641) *with his shafts*
רֹאשׁ n.m.s. cstr. (910) *head of*
פְּרָזָו txt. crpt., n.m.s. (826)-3 m.s. sf. ? *his warriors*
יִסְעֲרוּ Qal impf. 3 m.p. (704) *who came like a whirlwind*
לַהֲפִיצֵנִי prep.-Hi. inf.cstr.-1 c.s. sf. (806) *to scatter me*
עֲלִיצֻתָם n.f.s.-3 m.p. sf. (763) *their exultation was*
כְּמוֹ־לֶאֱכֹל adv. (455)-prep.-Qal inf.cstr. (37) *as if to devour*
עָנִי n.m.s. (776) *poor*
בַּמִּסְתָּר prep.-def.art.-n.m.s. (712) *in secret*

3:15

דָּרַכְתָּ Qal pf. 2 m.s. (201) *thou didst trample*
בַיָּם prep.-def. art.-n.m.s. (410) *the sea*
סוּסֶיךָ n.m.p.-2 m.s. sf. (692; GK 144m) *with thy horses*
חֹמֶר Qal act.ptc. cstr. (I 330) *the surging of*
מַיִם רַבִּים n.m.p. (565)-adj. m.p. (I 912) *mighty waters*

3:16

שָׁמַעְתִּי Qal pf. 1 c.s. (1033) *I hear*
וַתִּרְגַּז consec.-Qal impf. 3 f.s. (919) *and trembles*
בִּטְנִי n.f.s.-1 c.s. sf. (105) *my body*
לְקוֹל prep.-n.m.s. (876) *at the sound*
צָלֲלוּ Qal pf. 3 c.p. (I 852) *quiver*
שְׂפָתַי n.f. du.-1 c.s. sf. (973) *my lips*
יָבוֹא Qal impf. 3 m.s. (97) *enters*
רָקָב n.m.s. (955) *rottenness*
בַּעֲצָמַי prep.-n.f.p.-1 c.s. sf. (782) *into my bones*
וְתַחְתַּי conj.-prep.-1 c.s. sf. *and beneath me*
אֶרְגָּז Qal impf. 1 c.s. (919) *I tremble*
אֲשֶׁר rel. (81) *which*
אָנוּחַ Qal impf. 1 c.s. (628) *I will quietly wait*
לְיוֹם צָרָה prep.-n.m.s. cstr. (398)-n.f.s. (865) *for the day of trouble*

לַעֲלוֹת prep.-Qal inf.cstr. (748) *to come upon*

לְעָם prep.-n.m.s. (I 766) *people*

יְגוּדֶנּוּ Qal impf. 3 m.s.-1 c.p. sf. (156) *who invade us*

3:17

כִּי־תְאֵנָה conj.-n.f.s. (1061) *though a fig-tree*

לֹא־תִפְרָח neg.-Qal impf. 3 f.s. (II 827) *do not blossom*

וְאֵין יְבוּל conj.-neg.-n.m.s. (385) *nor fruit*

בַּגְּפָנִים prep.-def.art.-n.f.p. (172) *on the vines*

כִּחֵשׁ Pi. pf. 3 m.s. (471) *fail*

מַעֲשֵׂה־זַיִת n.m.s. cstr. (795)-n.m.s. (268) *the produce of the olive*

וּשְׁדֵמוֹת conj.-n.f.p. (995) *and the fields*

לֹא־עָשָׂה neg.-Qal pf. 3 m.s. (I 793; GK 145u) *yield no*

אֹכֶל n.m.s. (38) *food*

גָּזַר Qal pf. 3 m.s. (160) *be cut off*

מִמִּכְלָה prep.-n.m.s. (I 476) *from the fold*

צֹאן n.f.s. (838) *the flock*

וְאֵין בָּקָר conj.-neg.-n.m.s. (133) *and there be no herd*

בָּרְפָתִים prep.-def.art.-n.m.p. (952; GK 95f) *in the stalls*

3:18

וַאֲנִי conj.-pers.pr. 1 c.s. (58) *Yet I*

בַּיהוָה prep.-pr.n. (217) *in Yahweh*

אֶעֱלוֹזָה Qal impf. 1 c.s.-coh.he (759) *will rejoice*

אָגִילָה Qal impf. 1 c.s.-coh.he (162) *I will joy*

בֵּאלֹהֵי prep.-n.m.p. cstr. (43) *in the God of*

יִשְׁעִי n.m.s.-1 c.s. sf. (447) *my salvation*

3:19

יהוה אֲדֹנָי pr.n. (217)-n.m.p.-1 c.s. (10) *Yahweh, the Lord is*

חֵילִי n.m.s.-1 c.s. sf. (298) *my strength*

וַיָּשֶׂם consec.-Qal impf. 3 m.s. (I 962) *and he makes*

רַגְלַי n.f.p.-1 c.s. sf. (919) *my feet*

כָּאַיָּלוֹת prep.-def.art.-n.f.p. (19) *like hind's feet*

וְעַל־בָּמוֹתַי conj.-prep.-n.f.p.-1 c.s. sf. (119) *and upon my high places*

יַדְרִכֵנִי Hi. impf. 3 m.s.-1 c.s. sf. (201) *he makes me tread*

לַמְנַצֵּחַ prep.-Pi. ptc. (663) *to the choirmaster*

בִּנְגִינוֹתָי prep.-n.f.p.-1 c.s. sf. paus. (618; GK 86i) *with stringed instruments*

Zephaniah

1:1

דְּבַר־יהוה n.m.s. cstr. (182)-pr.n. (217) *the word of Yahweh*

אֲשֶׁר הָיָה rel. (81)-Qal pf. 3 m.s. (224) *which was*

אֶל־צְפַנְיָה prep.-pr.n. (861) *to Zephaniah*

בֶּן־כּוּשִׁי n.m.s. cstr. (119)-pr.n. (469) *the son of Cushi*

בֶּן־גְּדַלְיָה n.m.s. cstr. (119)-pr.n. (153) *the son of Gedaliah*

בֶּן־אֲמַרְיָה n.m.s. cstr. (119)-pr.n. (57) *the son of Amariah*

בֶּן־חִזְקִיָּה v.supra-pr.n. (306) *the son of Hezekiah*

בִּימֵי prep.-n.m.p. cstr. (398) *in the days of*

יֹאשִׁיָּהוּ pr.n. (78) *Josiah*

בֶּן־אָמוֹן v.supra-pr.n. (III 54) *the son of Amon*

מֶלֶךְ יְהוּדָה n.m.s. cstr. (572)-pr.n. (397) *the king of Judah*

1:2

אָסֹף אָסֵף Qal inf.abs. (62)-Hi. impf. 1 c.s. (סוּף 692; GK 72aa, 113wN, or Aram.inf. 'Aphel of סוּף 692) *I will utterly remove*

כֹּל n.m.s. (481) *everything*

מֵעַל prep.-prep. (752) *from upon*

פְּנֵי הָאֲדָמָה n.m.p. cstr. (815)-def.art.-n.f.s. (9) *the face of the land*

נְאֻם־יהוה n.m.s. cstr. (610)-pr.n. (217) *the utterance of Yahweh*

1:3

אָסֵף v.supra Hi. impf. 1 c.s. (סוּף 692) *I will sweep away*

אָדָם n.m.s. (9) *man*

וּבְהֵמָה conj.-n.f.s. (96) *and beast*

אָסֵף v.supra *I will sweep away*

עוֹף־הַשָּׁמַיִם n.m.s. cstr. (733)-def.art.-n.m.p. (1029) *the birds of the air (heavens)*

וּדְגֵי conj.-n.m.p. cstr. (185) *and the fish of*

הַיָּם def.art.-n.m.s. (410) *the sea*

וְהַמַּכְשֵׁלוֹת conj.-def.art.-n.f.p. (506) *I will overthrow (and the stumbling blocks)*

אֶת־הָרְשָׁעִים dir.obj.-def.art.-n.m.s. (957) *the wicked*

וְהִכְרַתִּי conj.-Hi. pf. 1 c.s. (כרת 503) *and I will cut off*

אֶת־הָאָדָם dir.obj.-def.art.-n.m.s. (9) *mankind*

מֵעַל prep.-prep. *from upon*

פְּנֵי הָאֲדָמָה n.m.p. cstr. (815)-def.art.-n.f.s. (9) *the face of the earth*

נְאֻם־יְהוָה n.m.s. cstr. (610)-pr.n. (217) *says Yahweh*

1:4

וְנָטִיתִי conj.-Qal pf. 1 c.s. (639) *and I will stretch out*

יָדִי n.f.s.-1 c.s. sf. (388) *my hand*

עַל־יְהוּדָה prep.-pr.n. (397) *against Judah*

וְעַל כָּל־יוֹשְׁבֵי conj.-prep.-n.m.s. cstr. (481)-Qal act.ptc. m.p. cstr. (442) *and against all the inhabitants of*

יְרוּשָׁלָ͏ִם pr.n. paus. (436) *Jerusalem*

וְהִכְרַתִּי conj.-Hi. pf. 1 c.s. (503) *and I will cut off*

מִן־הַמָּקוֹם הַזֶּה prep.-def.art.-n.m.s. (879)-def. art.-demons.adj. m.s. (260) *from this place*

אֶת־שְׁאָר הַבַּעַל dir.obj.-n.m.s. cstr. (984)-def. art.-pr.n. (127) *the remnant of Baal*

אֶת־שֵׁם הַכְּמָרִים dir.obj.-n.m.s. cstr. (1027)-def. art.-n.m.p. (485) (and) *the name of the idolatrous priests*

עִם־הַכֹּהֲנִים prep.-def.art.-n.m.p. (463) *with the priests*

1:5

וְאֶת־הַמִּשְׁתַּחֲוִים conj.-def.art.-Hith. ptc. m.p. (1005) *and those who bow down*

עַל־הַגַּגּוֹת prep.-def.art.-n.f.p. (150) *on the roofs*

לִצְבָא prep.-n.m.s. cstr. (838) *to the host of*

הַשָּׁמָיִם def.art.-n.m.p. paus. (1019) *the heavens*

וְאֶת־הַמִּשְׁתַּחֲוִים v.supra-v.supra *and those who bow down*

הַנִּשְׁבָּעִים def.art.-Ni. ptc. m.p. (989) *and (those who) swear*

לַיהוָה prep.-pr.n. (217) *to Yahweh*

וְהַנִּשְׁבָּעִים v.supra *and swear*

בְּמַלְכָּם n.m.s.-3 m.p. sf. (592)-some rd. prep.-pr.n. (575) *by Milcom*

1:6

וְאֶת־הַנְּסוֹגִים conj.-dir.obj.-def.art.-Ni. ptc. m.p. (690) *those who have turned back*

מֵאַחֲרֵי prep.-prep. (30) *from following after*

יְהוָה pr.n. (217) *Yahweh*

וַאֲשֶׁר לֹא־בִקְשׁוּ conj.-rel. (81)-neg.-Pi. pf. 3 c.p. (134) *who do not seek*

אֶת־יְהוָה dir.obj.-pr.n. (217) *Yahweh*

וְלֹא דְרָשֻׁהוּ conj.-neg.-Qal pf. 3 c.p.-3 m.s. sf. (205) *or inquire of him*

1:7

הַס interj. (245) *Be silent*

מִפְּנֵי אֲדֹנָי prep.-n.m.p. cstr. (815)-n.m.s.-1 c.s. sf. (10) *before the Lord*

יְהוָה pr.n. (217) *Yahweh*

כִּי קָרוֹב conj.-adj. (898) *for ... at hand*

יוֹם יְהוָה n.m.s. cstr. (398)-pr.n. (217) *the day of Yahweh*

כִּי־הֵכִין conj.-Hi. pf. 3 m.s. (465) *has prepared*

יְהוָה v.supra *Yahweh*

זֶבַח n.m.s. (257) *a sacrifice*

הִקְדִּישׁ Hi. pf. 3 m.s. (872) *and consecrated*

קְרֻאָיו Qal pass.ptc. m.p.-3 m.s. sf. (894) *his guests (called ones)*

1:8

וְהָיָה conj.-Qal pf. 3 m.s. (224) *and (it shall be)*

בְּיוֹם זֶבַח prep.-n.m.s. cstr. (398)-n.m.s. cstr. (257) *on the day of the sacrifice of*

יְהוָה pr.n. (217) *Yahweh*

וּפָקַדְתִּי conj.-Qal pf. 1 c.s. (823) *and I will punish (visit)*

עַל־הַשָּׂרִים prep.-def.art.-n.m.p. (978) *the officials*

וְעַל־בְּנֵי הַמֶּלֶךְ conj.-prep.-n.m.p. cstr. (119)-def. art.-n.m.s. (572) *and the king's sons*

וְעַל כָּל־ conj.-prep.-n.m.s. cstr. (481) *and all*

הַלֹּבְשִׁים def.art.-Qal act.ptc. m.p. (527) *who array themselves in*

מַלְבּוּשׁ n.m.s. (528) *attire (garment)*

נָכְרִי adj. m.s. (648) *foreign*

1:9

וּפָקַדְתִּי v.1:8 conj.-Qal pf. 1 c.s. (823) *and I will punish*

עַל כָּל־ prep.-n.m.s. cstr. (481) *every one*

הַדּוֹלֵג def.art.-Qal act.ptc. m.s. (194) *who leaps*

עַל־הַמִּפְתָּן prep.-def.art.-n.m.s. (837) *over the threshold*

בַּיּוֹם הַהוּא prep.-def.art.-n.m.s. (398)-def. art.-demons.adj. m.s. (214) *on that day*

הַמְמַלְאִים def.art.-Pi. ptc. m.p. (569) *and those who fill*

בֵּית אֲדֹנֵיהֶם n.m.s. cstr. (108)-n.m.p.-3 m.p. sf. (10) *their master's house*

חָמָס n.m.s. (329) *with violence*

וּמִרְמָה conj.-n.f.s. (941) *and fraud*

1:10

וְהָיָה conj.-Qal pf. 3 m.s. (224) *and it shall be*

בַיּוֹם הַהוּא prep.-def.art.-n.m.s. (398)-def. art.-demons.adj. m.s. (214) *on that day*

נְאֻם־יְהוָה n.m.s. cstr. (610)-pr.n. (217) *says Yahweh*

קוֹל n.m.s. cstr. (876) *a cry of*

צְעָקָה n.f.s. (858) *distress*

מִשַּׁעַר הַדָּגִים prep.-n.m.s. cstr. (1044)-def.art.-n.m.p. (185) *from the Fish Gate*

וִילָלָה conj.-n.f.s. (410) *and a wail*

מִן־הַמִּשְׁנֶה prep.-def.art.-n.m.s. (1041) *from the Second Quarter*

וְשֶׁבֶר גָּדוֹל conj.-n.m.s. (991)-adj. m.s. (152) *and a loud crash*

מֵהַגְּבָעוֹת prep.-def.art.-n.f.p. (148) *from the hills*

1:11

הֵילִילוּ Hi. impv. 2 m.p. (410) *Wail*

יֹשְׁבֵי Qal act.ptc. m.p. cstr. (442) *O inhabitants of*

הַמַּכְתֵּשׁ def.art.-pr.n. (509) *the Mortar*

כִּי נִדְמָה conj.-Ni. pf. 3 m.s. (198) *for are no more (are destroyed)*

כָּל־עַם n.m.s. cstr. (481)-n.m.s. cstr. (766) *all of the people of*

כְּנַעַן pr.n. (489) *(Canaan) the traders*

נִכְרְתוּ Ni. pf. 3 c.p. (503) *are cut off*

כָּל־נְטִילֵי n.m.s. cstr. (481)-adj. m.p. cstr. (642) *all who weigh out (those laden)*

כָּסֶף n.m.s. paus. (494) *silver*

1:12

וְהָיָה conj.-Qal pf. 3 m.s. (224) *and it shall be*

בָּעֵת הַהִיא prep.-def.art.-n.f.s. (773)-def.art.-demons.adj. f.s. (214) *at that time*

אֲחַפֵּשׂ Pi. impf. 1 c.s. (344) *I will search*

אֶת־יְרוּשָׁלַםִ dir.obj.-pr.n. (436) *Jerusalem*

בַּנֵּרוֹת prep.-def.art.-n.m.p. (632) *with lamps*

וּפָקַדְתִּי conj.-Qal pf. 1 c.s. (823) *and I will punish*

עַל־הָאֲנָשִׁים prep.-def.art.-n.m.p. (60) *the men*

הַקֹּפְאִים def.art.-Qal act.ptc. m.p. (891) *who are thickening*

עַל־שִׁמְרֵיהֶם prep.-n.m.p.-3 m.p. sf. (1038) *upon their lees*

הָאֹמְרִים def.art.-Qal act.ptc. m.p. (55) *those who say*

בִּלְבָבָם prep.-n.m.s.-3 m.p. sf. (523) *in their hearts*

לֹא־יֵיטִיב neg.-Hi. pf. 3 m.s. (405) *will not do good*

יְהוָה pr.n. (217) *Yahweh*

וְלֹא יָרֵעַ conj.-neg.-Hi. impf. 3 m.s. (949) *nor will he do ill*

1:13

וְהָיָה conj.-Qal pf. 3 m.s. (224) *and it shall be*

חֵילָם n.m.s.-3 m.p. sf. (298) *their goods (wealth)*

לִמְשִׁסָּה prep.-n.f.s. (1042) *shall be plundered (for booty)*

וּבָתֵּיהֶם conj.-n.m.p.-3 m.p. sf. (108) *and their houses*

לִשְׁמָמָה prep.-n.f.s. (1031) *laid waste (for devastation)*

וּבָנוּ conj.-Qal pf. 3 c.p. (124) *though they build*

בָּתִּים n.m.p. (108) *houses*

וְלֹא יֵשֵׁבוּ conj.-neg.-Qal impf. 3 m.p. paus. (442) *they shall not inhabit them*

וְנָטְעוּ conj.-Qal pf. 3 c.p. (642) *though they plant*

כְּרָמִים n.m.p. (501) *vineyards*

וְלֹא יִשְׁתּוּ conj.-neg.-Qal impf. 3 m.p. (1059) *they shall not drink*

אֶת־יֵינָם dir.obj.-n.m.s.-3 m.p. sf. (406) *their wine*

1:14

קָרוֹב adj. (898) *near*

יוֹם־יְהוָה n.m.s. cstr. (398)-pr.n. (217) *the ... day of Yahweh*

הַגָּדוֹל def.art.-adj. m.s. (152) *great*

קָרוֹב v.supra *near*

וּמַהֵר conj.-adj. (555; GK 52s) *and hastening*

מְאֹד adv. (547) *fast*

קוֹל n.m.s. cstr. (876) *the sound of*

יוֹם יְהוָה v.supra *the day of Yahweh*

מַר adj. m.s. (600) *is bitter*

צֹרֵחַ Qal act.ptc. m.s. (863) *cries aloud*

שָׁם adv. (1027) *there*

גִּבּוֹר n.m.s. (150) *the mighty man*

1:15

יוֹם עֶבְרָה n.m.s. cstr. (398)-n.f.s. (720) *a day of wrath*

הַיּוֹם הַהוּא def.art.-n.m.s. (398)-def.art.-adj. m.s. (214) *is that day*

יוֹם צָרָה n.m.s. cstr. (398)-n.f.s. (865) *a day of distress*

וּמְצוּקָה conj.-n.f.s. (848) *and anguish*

יוֹם שֹׁאָה v.supra-n.f.s. (996) *a day of ruin*

וּמְשׁוֹאָה conj.-n.f.s. (996) *and devastation*

יוֹם חֹשֶׁךְ v.supra-n.m.s. (365) *a day of darkness*

וַאֲפֵלָה conj.-n.f.s. (66) *and gloom*

יוֹם עָנָן v.supra-n.m.s. (777) *a day of clouds*

וַעֲרָפֶל conj.-n.m.s. (791) *and thick darkness*

1:16

יוֹם שׁוֹפָר v.supra-n.m.s. (1051) *a day of trumpet blast*

וּתְרוּעָה conj.-n.f.s. (929) *and battle cry*

עַל הֶעָרִים prep.-def.art.-n.f.p. (746) *against the ... cities*

הַבְּצֻרוֹת def.art.-Qal pass.ptc. f.p. (130) *fortified*

וְעַל הַפִּנּוֹת conj.-prep.-def.art.-n.f.p. (819) *and against the ... battlements*

הַגְּבֹהוֹת def.art.-adj. f.p. (147) *lofty*

1:17

וַהֲצֵרֹתִי conj.-Hi. pf. 1 c.s. (צָרַר I 864) *I will bring distress*

לָאָדָם prep.-def.art.-n.m.s. (9) *on men*

וְהָלְכוּ conj.-Qal pf. 3 c.p. (229) *so that they shall walk*

כַּעִוְרִים prep.-def.art.-n.m.p. (734) *like the blind*

כִּי לַיהוה conj.-prep.-pr.n. (217) *because against Yahweh*

חָטָאוּ Qal pf. 3 c.p. paus. (חָטָא 306) *they have sinned*

וְשֻׁפַּךְ conj.-Pu. pf. 3 m.s. (שָׁפַךְ 1049) *and shall be poured out*

דָּמָם n.m.s.-3 m.p. sf. (196) *their blood*

כֶּעָפָר prep.-def.art.-n.m.s. (779) *like dust*

וּלְחֻמָם conj.-n.m.s.-3 m.p. sf. (535) *and their bowels*

כַּגְּלָלִים prep.-def.art.-n.m.p. (II 165) *like dung*

1:18

גַּם בַּסְפָּם adv. (168)-n.m.s.-3 m.p. sf. (494) *neither their silver*

גַּם זְהָבָם v.supra-n.m.s.-3 m.p. sf. (262) *nor their gold*

לֹא יוּכַל neg.-Qal impf. 3 m.s. (יָכֹל 407) *shall be able*

לְהַצִּילָם prep.-Hi. inf.cstr.-3 m.p. sf. (נָצַל 664) *to deliver them*

בְּיוֹם prep.-n.m.s. cstr. (398) *on the day of*

עֶבְרַת n.f.s. cstr. (720) *the wrath of*

יהוה pr.n. (217) *Yahweh*

וּבְאֵשׁ conj.-prep.-n.f.s. cstr. (77) *and in the fire of*

קִנְאָתוֹ n.f.s.-3 m.s. sf. (888) *his jealous wrath*

תֵּאָכֵל Ni. impf. 3 f.s. (אָכַל 37) *shall be consumed*

כָּל הָאָרֶץ n.m.s. cstr. (481)-def.art.-n.f.s. (75) *all the earth*

כִּי כָלָה conj.-n.f.s. (478) *for a full end*

אַךְ נִבְהָלָה adv. (36)-Ni. ptc. f.s. (בָּהַל 96) as adj. *yea, sudden*

יַעֲשֶׂה Qal impf. 3 m.s. (עָשָׂה I 793) *he will make*

אֵת כָּל dir.obj.-n.m.s. cstr. (481) *of all*

יֹשְׁבֵי Qal act.ptc. m.p. cstr. (יָשַׁב 442) *the inhabitants of*

הָאָרֶץ def.art.-n.f.s. (75) *the earth*

2:1

הִתְקוֹשְׁשׁוּ Hithpo'el impv. 2 m.p. (קָשַׁשׁ II 905) *come together*

וָקוֹשּׁוּ conj.-Qal impv. 2 m.p. (קָשַׁשׁ II 905) *and hold assembly*

הַגּוֹי def.art.-n.m.s. (156) *O nation*

לֹא נִכְסָף neg.-Ni. pf. 3 m.s. paus. (כָּסַף 493) *shameless (not turning pale)*

2:2

בְּטֶרֶם לֶדֶת prep.-adv. (382)-Qal inf.cstr. (יָלַד 408) *before is born*

חֹק n.m.s. (349) *a decree*

כְּמֹץ prep.-n.m.s. (558) *like chaff*

עָבַר יוֹם Qal pf. 3 m.s. (716)-n.m.s. (398) *a day has passed away*

בְּטֶרֶם לֹא יָבוֹא v.supra-neg.-Qal impf. 3 m.s. (97 בּוֹא; GK 152y) *before there comes*

עֲלֵיכֶם prep.-2 m.p. sf. *upon you*

חֲרוֹן n.m.s. cstr. (354) *the fierceness of*

אַף יהוה n.m.s. cstr. (I 60)-pr.n. (217) *the anger of Yahweh*

בְּטֶרֶם לֹא יָבוֹא v.supra-v.supra-v.supra (GK 152y) *before there comes*

עֲלֵיכֶם v.supra *upon you*

יוֹם אַף יהוה n.m.s. cstr. (398)-v.supra-v.supra *the day of the wrath of Yahweh*

2:3

בַּקְּשׁוּ Pi. impv. 2 m.p. (134) *seek*

אֶת יהוה dir.obj.-pr.n. (217) *Yahweh*

כָּל עַנְוֵי n.m.s. cstr. (481)-n.f.p. cstr. (776) *all humble of*

הָאָרֶץ def.art.-n.f.s. (75) *the earth*

אֲשֶׁר מִשְׁפָּטוֹ rel. (81)-n.m.s.-3 m.s. sf. (1048) *who his commands*

פָּעָלוּ Qal pf. 3 c.p. paus. (פָּעַל 821) *they do*

בַּקְּשׁוּ v.supra *seek*

צֶדֶק n.m.s. (841) *righteousness*

בַּקְּשׁוּ v.supra *seek*

עֲנָוָה n.f.s. (776) *humility*

אוּלַי adv. (II 19) *perhaps*

תִּסָּתְרוּ Ni. impf. 2 m.p. (סָתַר 711) *you may be hidden*

בְּיוֹם prep.-n.m.s. cstr. (398) *on the day of*

אַף יהוה n.m.s. cstr. (I 60)-pr.n. (217) *the wrath of Yahweh*

880

2:4

כִּי עַזָּה conj.-pr.n. (738) *for Gaza*

עֲזוּבָה Qal pass.ptc. f.s. (עָזַב I 736) *deserted*

תִּהְיֶה Qal impf. 3 f.s. (הָיָה 224) *shall be*

וְאַשְׁקְלוֹן conj.-pr.n. (80) *and Ashkelon*

לִשְׁמָמָה prep.-n.f.s. (1031) *a desolation*

אַשְׁדּוֹד pr.n. (78) *Ashdod*

בַּצָּהֳרַיִם prep.-def.art.-n.m.p. (843) *at noon*

יְגָרְשׁוּהָ Pi. impf. 3 m.p.-3 f.s. sf. (גָּרַשׁ 176) *they shall drive her out*

וְעֶקְרוֹן conj.-pr.n. (785) *and Ekron*

תֵּעָקֵר Ni. impf. 3 f.s. (עָקַר 785) *shall be uprooted*

2:5

הוֹי interj. (222) *woe*

יֹשְׁבֵי Qal act.ptc. m.p. cstr. (יָשַׁב 442) *to the inhabitants of*

חֶבֶל הַיָּם n.m.s. cstr. (286)-def.art.-n.m.s. (410) *the seacoast*

גּוֹי כְּרֵתִים n.m.s. cstr. (156)-adj.gent. p. (504) *nation of Cherethites*

דְּבַר־יְהוָה n.m.s. cstr. (182)-pr.n. (217) *the word of Yahweh*

עֲלֵיכֶם prep.-2 m.p. sf. *against you*

כְּנַעַן pr.n. (488) *O Canaan*

אֶרֶץ n.f.s. cstr. (75) *land of*

פְּלִשְׁתִּים pr.n. gent. p. (814) *the Philistines*

וְהַאֲבַדְתִּיךְ conj.-Hi. pf. 1 c.s.-2 f.s. sf. (אָבַד 1) *and I will destroy you*

מֵאֵין יוֹשֵׁב prep.-subst. cstr. (II 34)-Qal act.ptc. (יָשַׁב 442) *till no inhabitant is left*

2:6

וְהָיְתָה conj.-Qal pf. 3 f.s. (הָיָה 224) *and shall be*

חֶבֶל הַיָּם n.f.s. cstr. (286)-def.art.-n.m.s. (410) *the seacoast*

נְוֹת n.f.p. cstr. (II 627) *pastures of (=with)*

כְּרֹת n.f.p. cstr. (500) *wells of*

רֹעִים Qal act.ptc. m.p. (רָעָה I 944) *shepherds*

וְגִדְרוֹת צֹאן conj.-n.f.p. cstr. (I 155)-n.f.s. (838) *and folds for flocks*

2:7

וְהָיָה חֶבֶל conj.-Qal pf. 3 m.s. (224)-n.m.s (286) *and the seacoast shall become the possession*

לִשְׁאֵרִית prep.-n.f.s. cstr. (984) *of the remnant of*

בֵּית יְהוּדָה n.m.s. cstr. (108)-pr.n. (397) *the house of Judah*

עֲלֵיהֶם prep.-3 m.p. sf. (GK 135p) *on which*

יִרְעוּן Qal impf. 3 m.p. (רָעָה I 944) *they shall pasture*

בְּבָתֵּי prep.-n.m.p. cstr. (108) *and in the houses of*

אַשְׁקְלוֹן pr.n. (80) *Ashkelon*

בָּעֶרֶב prep.-def.art.-n.m.s. (787) *at evening*

יִרְבָּצוּן Qal impf. 3 m.p. paus. (רָבַץ 918) *they shall lie down*

כִּי יִפְקְדֵם conj.-Qal impf. 3 m.s.-3 m.p. sf. (פָּקַד 823) *for will be mindful of them*

יהוה אֱלֹהֵיהֶם pr.n. (217)-n.m.p.-3 m.p. sf. (43) *Yahweh their God*

וְשָׁב conj.-Qal pf. 3 m.s. (שׁוּב 996) *and restore*

שְׁבוּתָם n.f.s.-3 m.p. sf. (986) *their fortunes*

2:8

שָׁמַעְתִּי Qal pf. 1 c.s. (1033) *I have heard*

חֶרְפַּת מוֹאָב n.f.s. cstr. (357)-pr.n. (555) *the taunts of Moab*

וְגִדּוּפֵי conj.-n.m.p. cstr. (154) *and the revilings of*

בְּנֵי עַמּוֹן n.m.p. cstr (119)-pr.n. (769) *the Ammonites*

אֲשֶׁר חֵרְפוּ rel. (81)-Pi. pf. 3 c.p. (חָרַף 357) *how they have taunted*

אֶת־עַמִּי dir.obj.-n.m.s.-1 c.s. sf. (I 766) *my people*

וַיַּגְדִּילוּ consec.-Hi. impf. 3 m.p. (גָּדַל 152) *and made boasts*

עַל־גְּבוּלָם prep.-n.m.s.-3 m.p. sf. (147) *against their territory*

2:9

לָכֵן prep.-adv. (485) *therefore*

חַי־אָנִי adj. (I 311)-pers.pr. 1 c.s. (58) *as I live*

נְאֻם יהוה צְבָאוֹת n.m.s. cstr. (610)-pr.n. (217) -pr.n. (838) *says Yahweh of hosts*

אֱלֹהֵי יִשְׂרָאֵל n.m.p. cstr. (43)-pr.n. (975) *the God of Israel*

כִּי־מוֹאָב conj.-pr.n. (555) *Moab*

כִּסְדֹם prep.-pr.n. (690) *like Sodom*

תִּהְיֶה Qal impf. 3 f.s. (הָיָה 224) *shall become*

וּבְנֵי עַמּוֹן conj.-n.m.p. cstr. (119)-pr.n. (769) *and the Ammonites*

כַּעֲמֹרָה prep.-pr.n. (771) *like Gomorrah*

מִמְשַׁק n.m.s. cstr. (606) *a place possessed by*

חָרוּל n.m.s. (355) *nettles (chickpea)*

וּמִכְרֵה־מֶלַח conj.-n.m.s. cstr. (500)-n.m.s. (571) *and salt pits*

וּשְׁמָמָה conj.-n.f.s. (1031) *and a waste*

עַד־עוֹלָם prep. (III 723)-n.m.s. (761) *for ever*

שְׁאֵרִית n.f.s. cstr. (894) *the remnant of*

עַמִּי n.m.s.-1 c.s. sf. (I 766) *my people*

יְבָזּוּם Qal impf. 3 m.p.-3 m.p. sf. (בָּזַז 102) *shall plunder them*

וְיֶתֶר conj.-n.m.s. cstr. (451) *and the survivors of*

גּוֹיִ n.m.s.-1 c.s. sf. (156; GK 8k) *my nation*

יִנְחָלוּם Qal impf. 3 m.p.-3 m.p. sf. (נָחַל 635) *shall possess them*

2:10

זֹאת לָהֶם demons.adj. f.s. (260)-prep.-3 m.p. sf. *this shall be their lot*

תַּחַת גְּאוֹנָם prep. (1065)-n.m.s.-3 m.p. sf. (144) *in return for their pride*

כִּי חֵרְפוּ conj.-Pi. pf. 3 c.p. (חָרַף 357) *because they scoffed*

וַיַּגְדִּלוּ consec.-Hi. impf. 3 m.p. (גָּדַל 152) *and boasted*

עַל־עַם prep.-n.m.s. cstr. (I 766) *against the people of*

יהוה צְבָאוֹת pr.n. (217)-pr.n. (838) *Yahweh of hosts*

2:11

נוֹרָא Ni. ptc. (יָרֵא 431) *terrible*

יהוה pr.n. (217) *Yahweh*

עֲלֵיהֶם prep.-3 m.p. sf. *against them*

כִּי רָזָה conj.-Qal pf. 3 m.s. (930) *yea, he will famish*

אֶת־כָּל־ dir.obj.-n.m.s. cstr. (481) *all*

אֱלֹהֵי הָאָרֶץ n.m.p. cstr. (43)-def.art.-n.f.s. (75) *the gods of the earth*

וְיִשְׁתַּחֲווּ־לוֹ conj.-Hithpalel impf. 3 m.p. (שָׁחָה 1005)-prep.-3 m.s. sf. *and to him shall bow down*

אִישׁ מִמְּקוֹמוֹ n.m.s. (35)-prep.-n.m.s.-3 m.s. sf. (879) *each in its place*

כֹּל אִיֵּי n.m.s. cstr. (481)-n.m.p. cstr. (I 15) *all the lands of*

הַגּוֹיִם def.art.-n.m.p. (156) *the nations*

2:12

גַּם־אַתֶּם adv. (168)-pers.pr. 2 m.p. (61) *you also*

כּוּשִׁים pr.n. p. (I 469) *O Ethiopians*

חַלְלֵי חַרְבִּי n.m.p. cstr. (I 319)-n.f.s.-1 c.s. sf. (352) *slain by my sword*

הֵמָּה pers.pr. 3 m.p. (241) *they*

2:13

וְיֵט conj.-Qal impf. 3 m.s. juss. (נָטָה 639) *and he will stretch out*

יָדוֹ n.f.s.-3 m.s. sf. (388) *his hand*

עַל־צָפוֹן prep.-n.f.s. (860) *against the north*

וִיאַבֵּד conj.-Pi. impf. 3 m.s. (אָבַד 1) *and destroy*

אֶת־אַשּׁוּר dir.obj.-pr.n. (78) *Assyria*

וְיָשֵׂם conj.-Qal impf. 3 m.s. juss. (שׂוּם 962) *and he will make*

אֶת־נִינְוֵה dir.obj.-pr.n. (644) *Nineveh*

לִשְׁמָמָה prep.-n.f.s. (1031) *a desolation*

צִיָּה n.f.s. (851) *a dry waste*

כַּמִּדְבָּר prep.-def.art.-n.m.s. (184) *like the desert*

2:14

וְרָבְצוּ conj.-Qal pf. 3 c.p. (רָבַץ 918) *and shall lie down*

בְתוֹכָהּ prep.-n.m.s.-3 f.s. sf. (1063) *in the midst of her*

עֲדָרִים n.m.p. (727) *herds*

כָּל־חַיְתוֹ־ n.m.s. cstr. (481)-n.f.s. cstr. (I 312, GK 90o) *all the beasts of*

גוֹי n.m.s. (156) *the nation*

גַּם־קָאַת adv. (168)-n.f.s. (866) *the vulture (pelican)*

גַּם־קִפֹּד v.supra-n.m.s. (891) *and hedgehog*

בְּכַפְתֹּרֶיהָ prep.-n.m.p.-3 f.s. sf. (I 499) *in her capitals*

יָלִינוּ Qal impf. 3 m.p. (לוּן 533) *they shall lodge*

קוֹל n.m.s. (876) *the owl* (lit. *voice*)

יְשׁוֹרֵר Polel impf. 3 m.s. (שִׁיר 1010) *shall hoot*

בַּחַלּוֹן prep.-def.art.-n.m.s. (319) *in the window*

חֹרֶב n.m.s. (II 351) *the raven* (lit. *desolation*)

בַּסַּף prep.-def.art.-n.m.s. (II 706) *on the threshold*

כִּי אַרְזָה conj.-n.f. coll. (72) *for cedar work*

עֵרָה Pi. pf. 3 m.s. (עָרָה 788) *will be laid bare*

2:15

זֹאת demons.adj. f.s. (260) *this is*

הָעִיר הָעַלִּיזָה def.art.-n.f.s. (746)-def.art.-adj. f.s. (759) *the exultant city*

הַיּוֹשֶׁבֶת def.art.-Qal act.ptc. f.s. (יָשַׁב 442) *that dwelt*

לָבֶטַח prep.-n.m.s. (105) *secure*

הָאֹמְרָה def.art.-Qal act.ptc. f.s. (אָמַר 55) *that said*

בִּלְבָבָהּ prep.-n.m.s.-3 f.s. sf. (523) *to herself*

אֲנִי pers.pr. 1 c.s. (58) *I am*

וְאַפְסִי עוֹד conj.-n.m.s. (67, GK 152a)-adv. (728) *and there is none else*

אֵיךְ הָיְתָה adv. (32)-Qal pf. 3 f.s. (הָיָה 224) *what she has become*

לְשַׁמָּה prep.-n.f.s. (I 1031) *a desolation*

מַרְבֵּץ n.m.s. (918) *a lair*

לַחַיָּה prep.-def.art.-n.f.s. (I 312) *for wild beasts*

כֹּל עוֹבֵר n.m.s. (481)-Qal act.ptc. (עָבַר 716) every one who passes

עָלֶיהָ prep.-3 f.s. sf. by her

יִשְׁרֹק Qal impf. 3 m.s. (שָׁרַק 1056) hisses

יָנִיעַ Hi. impf. 3 m.s. (נוּעַ 631) and shakes

יָדוֹ n.f.s.-3 m.s. sf. (388) his fist

3:1

הוֹי interj. (17) woe to

מֹרְאָה Qal act.ptc. f.s. (מָרָה 598, GK 75rr) her that is rebellious

וְנִגְאָלָה conj.-Ni. ptc. f.s. (II 146) and defiled

הָעִיר def.art.-n.f.s. (746) the ... city

הַיּוֹנָה def.art.-Qal act.ptc. f.s. as adj. (יָנָה 413) oppressing

3:2

לֹא שָׁמְעָה neg.-Qal pf. 3 f.s. (1033) she listens not

בְּקוֹל prep.-n.m.s. (876) to a voice

לֹא לָקְחָה neg.-Qal pf. 3 f.s. (542) she does not accept

מוּסָר n.m.s. (416) correction

בַּיהוָה prep.-pr.n. (217) in Yahweh

לֹא בָטָחָה neg.-Qal pf. 3 f.s. paus. (105) she does not trust

אֶל־אֱלֹהֶיהָ prep.-n.m.p.-3 f.s. sf. (43) to her God

לֹא קָרֵבָה neg.-Qal pf. 3 f.s. paus. (I 897) she does not draw near

3:3

שָׂרֶיהָ n.m.p.-3 f.s. sf. (978) her officials

בְקִרְבָּהּ prep.-n.m.s.-3 f.s. sf. (899) within her

אֲרָיוֹת n.m.p. (71) are lions

שֹׁאֲגִים Qal act.ptc. m.p. (שָׁאַג 980) roaring

שֹׁפְטֶיהָ Qal act.ptc. m.p.-3 f.s. sf. (שָׁפַט 1047) her judges

זְאֵבֵי עֶרֶב n.m.p. cstr. (I 255)-n.m.s. (787) evening wolves

לֹא גָרְמוּ neg.-Qal pf. 3 c.p. (I 175) that leave nothing

לַבֹּקֶר prep.-def.art.-n.m.s. (133) till the morning

3:4

נְבִיאֶיהָ n.m.p.-3 f.s. sf. (611) her prophets

פֹּחֲזִים Qal act.ptc. m.p. (פָּחַז 808) wanton

אַנְשֵׁי בֹּגְדוֹת n.m.p. cstr. (35)-Qal act.ptc. f.p. (93) faithless men

כֹּהֲנֶיהָ n.m.p.-3 f.s. sf. (463) her priests

חִלְּלוּ Pi. pf. 3 c.p. (חָלַל III 320) profane

קֹדֶשׁ n.m.s. (871) what is sacred

חָמְסוּ Qal pf. 3 c.p. (חָמַס 329) they do violence to

תּוֹרָה n.f.s. (435) the law

3:5

יְהוָה pr.n. (217) Yahweh

צַדִּיק adj. (843) is righteous

בְּקִרְבָּהּ prep.-n.m.s.-3 f.s. sf. (899) within her

לֹא יַעֲשֶׂה neg.-Qal impf. 3 m.s. (I 793) he does no

עַוְלָה n.f.s. (732) wrong

בַּבֹּקֶר בַּבֹּקֶר prep.-def.art.-n.m.s. (133)-v.supra every morning

מִשְׁפָּטוֹ n.m.s.-3 m.s. sf. (1048) his justice

יִתֵּן Qal impf. 3 m.s. (נָתַן 678) he shows forth

לָאוֹר prep.-def.art.-n.m.s. (21) each dawn

לֹא נֶעְדָּר neg.-Ni. pf. 3 m.s. (עָדַר III 727) he does not fail

וְלֹא־יוֹדֵעַ conj.-neg.-Qal act.ptc. (393) but knows not

עַוָּל n.m.s. (732) the unjust

בֹּשֶׁת n.f.s. (102) shame

3:6

הִכְרַתִּי Hi. pf. 1 c.s. (כָּרַת 503) I have cut off

גוֹיִם n.m.p. (156) nations

נָשַׁמּוּ Ni. pf. 3 c.p. (שָׁמֵם 1030) are in ruins

פִּנּוֹתָם n.f.p.-3 m.p. sf. (819) their battlements

הֶחֱרַבְתִּי Hi. pf. 1 c.s. (חָרַב II 351) I have laid waste

חוּצוֹתָם n.m.p.-3 m.p. sf. (299) their streets

מִבְּלִי עוֹבֵר prep.-adv. of neg. (115)-Qal act.ptc. (716) so that none walks in them

נִצְדּוּ Ni. pf. 3 c.p. (צָדָה II 841) have been made desolate

עָרֵיהֶם n.f.p.-3 m.p. sf. (746) their cities

מִבְּלִי־אִישׁ v.supra-n.m.s. (35) without a man

מֵאֵין יוֹשֵׁב prep.-subst.cstr. (II 34)-Qal act.ptc. (442) without an inhabitant

3:7

אָמַרְתִּי Qal pf. 1 c.s. (55) I said

אַךְ־תִּירְאִי adv. (36)-Qal impf. 2 f.s. (יָרֵא 431) surely she (you) will fear

אוֹתִי dir.obj.-1 c.s. sf. me

תִּקְחִי Qal impf. 2 f.s. (לָקַח 542) she (you) will accept

מוּסָר n.m.s. (416) correction

וְלֹא־יִכָּרֵת conj.-neg.-Ni. impf. 3 m.s. (כָּרַת 503) and will not be cut off

מְעוֹנָהּ n.m.s.-3 f.s. sf. (I 732) her dwelling

כֹּל אֲשֶׁר n.m.s. (481)-rel. (81) of all that

883

פָּקַדְתִּי Qal pf. 1 c.s. (פָּקַד 823) *I have enjoined*
עָלֶיהָ prep.-3 f.s. sf. *upon her*
אָכֵן הִשְׁכִּימוּ adv. (38)-Hi. pf. 3 c.p. (שָׁכַם 1014, GK 120g) *but all the more they were eager*
הִשְׁחִיתוּ Hi. pf. 3 c.p. (שָׁחַת 1007) *they made corrupt*
כֹּל עֲלִילוֹתָם n.m.s. cstr. (481)-n.f.p.-3 m.p. sf. (760) *all their deeds*

3:8

לָכֵן prep.-adv. (485) *therefore*
חַכּוּ־לִי Pi. impv. 2 m.p. (חָכָה 314)-prep.-1 c.s. sf. *wait for me*
נְאֻם־יהוה n.m.s. cstr. (610)-pr.n. (217) *says Yahweh*
לְיוֹם prep.-n.m.s. cstr. (398) *for the day when*
קוּמִי Qal inf.cstr.-1 c.s. sf. (קוּם 877) *I arise*
לְעַד prep.-n.m.s. (729) *as a witness*
כִּי מִשְׁפָּטִי conj.-n.m.s.-1 c.s. sf. (1048) *for my decision*
לֶאֱסֹף גּוֹיִם prep.-Qal inf.cstr. (אָסַף 62)-n.m.p. (156) *to gather nations*
לְקָבְצִי prep.-Qal inf.cstr.-1 c.s. sf. (קָבַץ 867) *to assemble*
מַמְלָכוֹת n.f.p. (575) *kingdoms*
לִשְׁפֹּךְ prep.-Qal inf.cstr. (שָׁפַךְ 1049) *to pour out*
עֲלֵיהֶם prep.-3 m.p. sf. *upon them*
זַעְמִי n.m.s.-1 c.s. sf. (276) *my indignation*
כֹּל חֲרוֹן n.m.s. cstr. (481)-n.m.s. cstr. (354) *all the heat of*
אַפִּי n.m.s.-1 c.s. sf. (I 60) *my anger*
כִּי בְּאֵשׁ conj.-prep.-n.f.s. cstr. (77) *for in the fire of*
קִנְאָתִי n.f.s.-1 c.s. sf. (888) *my jealous wrath*
תֵּאָכֵל Ni. impf. 3 f.s. (אָכַל 37) *shall be consumed*
כָּל־הָאָרֶץ n.m.s. cstr. (481)-def.art.-n.f.s. (75) *all the earth*

3:9

כִּי־אָז conj.-adv. (23) *yea, at that time*
אֶהְפֹּךְ Qal impf. 1 c.s. (הָפַךְ 245) *I will change*
אֶל־עַמִּים prep.-n.m.p. (I 766) *of peoples*
שָׂפָה n.f.s. (973) *speech*
בְרוּרָה Qal pass.ptc. f.s. (בָּרַר 140) *pure*
לִקְרֹא כֻלָּם prep.-Qal inf.cstr. (894)-n.m.s.-3 m.p. sf. (481) *that all of them may call*
בְּשֵׁם prep.-n.m.s. cstr. (1027) *on the name of*
יהוה pr.n. (217) *Yahweh*
לְעָבְדוֹ prep.-Qal inf.cstr.-3 m.s. sf. (עָבַד 712) *and serve him*

שְׁכֶם אֶחָד n.m.s. (I 1014)-num.adj. (25) *with one accord (shoulder)*

3:10

מֵעֵבֶר prep.-n.m.s. (I 719) *from beyond*
לְנַהֲרֵי־כוּשׁ prep.-n.m.p. cstr. (625)-pr.n. (I 468) *the rivers of Ethiopia*
עֲתָרַי n.m.p.-1 c.s. sf. (801) *my suppliants*
בַּת־פּוּצַי n.f.s. cstr. (I 123)-Qal pass.ptc. m.p.-1 c.s. sf. (פּוּץ I 806) *the daughter of my dispersed ones*
יוֹבִלוּן Hi. impf. 3 m.p. (יָבַל 384) *shall bring*
מִנְחָתִי n.f.s.-1 c.s. sf. (585) *my offering*

3:11

בַּיּוֹם הַהוּא prep.-def.art.-n.m.s. (398)-def. art.-demons.adj. m.s. (214) *on that day*
לֹא תֵבוֹשִׁי neg.-Qal impf. 2 f.s. (בּוּשׁ 101) *you shall not be put to shame*
מִכֹּל prep.-n.m.s. cstr. (481) *because of all*
עֲלִילֹתַיִךְ n.f.p.-2 f.s. sf. (760) *your deeds*
אֲשֶׁר פָּשַׁעַתְּ rel. (81)-Qal pf. 2 f.s. (833) *which you have rebelled*
בִּי prep.-1 c.s. sf. *against me*
כִּי־אָז conj.-adv. (23) *for then*
אָסִיר Hi. impf. 1 c.s. (סוּר 693) *I will remove*
מִקִּרְבֵּךְ prep.-n.m.s.-2 f.s. sf. (899) *from your midst*
עַלִּיזֵי גַּאֲוָתֵךְ adj. m.p. cstr. (759)-n.f.s.-2 f.s. sf. (144, GK 135n) *your proudly exultant ones*
וְלֹא־תוֹסִפִי conj.-neg.-Hi. impf. 2 f.s. (יָסַף 414) *and you shall not add (again)*
לְגָבְהָה prep.-Qal inf.cstr. (f.s.) (גָּבַה 146) *be haughty*
עוֹד adv. (728) *longer*
בְּהַר קָדְשִׁי prep.-n.m.s. cstr. (249)-n.m.s.-1 c.s. sf. (871) *in my holy mountain*

3:12

וְהִשְׁאַרְתִּי conj.-Hi. pf. 1 c.s. (שָׁאַר 983) *for I will leave*
בְּקִרְבֵּךְ prep.-n.m.s.-2 f.s. sf. (899) *in the midst of you*
עַם n.m.s. (I 766) *a people*
עָנִי adj. m.s. (776) *humble*
וָדָל conj.-adj. m.s. (195) *and lowly*
וְחָסוּ conj.-Qal pf. 3 c.p. (חָסָה 340) *and they shall seek refuge*
בְּשֵׁם יהוה prep.-n.m.s. cstr. (1027)-pr.n. (217) *in the name of Yahweh*

3:13

שְׁאֵרִית n.f.s. cstr. (984) *those who are left in*
יִשְׂרָאֵל pr.n. (975) *Israel*
לֹא־יַעֲשׂוּ neg.-Qal impf. 3 m.p. (עשׂה I 793) *they shall do no*
עַוְלָה n.f.s. (732) *wrong*
וְלֹא־יְדַבְּרוּ conj.-neg.-Pi. impf. 3 m.p. (דבר 180) *and utter no*
כָזָב n.m.s. (469) *lies*
וְלֹא־יִמָּצֵא conj.-neg.-Ni. impf. 3 m.s. (מצא 592) *nor shall there be found*
בְּפִיהֶם prep.-n.m.s.-3 m.p. sf. (804) *in their mouth*
לְשׁוֹן תַּרְמִית n.f.s. cstr. (546)-n.f.s. (941) *a deceitful tongue*
כִּי־הֵמָּה יִרְעוּ conj.-pers.pr. 3 m.p. (241)-Qal impf. 3 m.p. (רעה I944) *for they shall pasture*
וְרָבְצוּ conj.-Qal pf. 3 c.p. (רבץ 918) *and lie down*
וְאֵין מַחֲרִיד conj.-subst.cstr. (II 34)-Hi. ptc. (353 חרד) *and none shall make them afraid*

3:14

רָנִּי Qal impv. 2 f.s. (רנן 943) *sing aloud*
בַּת־צִיּוֹן n.f.s. cstr. (I 123)-pr.n. (851) *O daughter of Zion*
הָרִיעוּ Hi. impv. 2 m.p. (רוע 929) *shout*
יִשְׂרָאֵל pr.n. (975) *O Israel*
שִׂמְחִי Qal impv. 2 f.s. (שׂמח 970) *rejoice*
וְעָלְזִי conj.-Qal impv. 2 f.s. (עלז 759) *and exult*
בְּכָל־לֵב prep.-n.m.s. cstr. (481)-n.m.s. (524) *with all your heart*
בַּת יְרוּשָׁלָםִ v.supra-pr.n. paus. (436) *O daughter of Jerusalem*

3:15

הֵסִיר Hi. pf. 3 m.s. (סור 693) *has taken away*
יהוה pr.n. (217) *Yahweh*
מִשְׁפָּטַיִךְ n.m.p.-2 f.s. sf. (1048) *the judgments against you*
פִּנָּה Pi. pf. 3 m.s. (פנה 815) *he has cast out*
אֹיְבֵךְ Qal act.ptc.-2 f.s. sf. (איב 33) *your enemies*
מֶלֶךְ n.m.s. cstr. (I 572) *the king of*
יִשְׂרָאֵל pr.n. (975) *Israel*
יהוה pr.n. (217) *Yahweh*
בְּקִרְבֵּךְ prep.-n.m.s.-2 f.s. sf. (899) *in your midst*
לֹא־תִירְאִי neg.-Qal impf. 2 f.s. (ירא 431) *you shall not fear*
רָע n.m.s. (949) *evil*
עוֹד adv. (728) *any more*

3:16

בַּיּוֹם הַהוּא prep.-def.art.-n.m.s. (398)-def.art.-demons.adj. m.s. (214) *on that day*
יֵאָמֵר Ni. impf. 3 m.s. (אמר 55) *it shall be said*
לִירוּשָׁלַםִ prep.-pr.n. (436) *to Jerusalem*
אַל־תִּירָאִי neg.-Qal impf. 2 f.s. paus. (ירא 431) *do not fear*
צִיּוֹן pr.n. (851) *O Zion*
אַל־יִרְפּוּ neg.-Qal impf. 3 m.p. (רפה 951, GK 145p) *let not grow weak*
יָדָיִךְ n.f. du.-2 f.s. sf. paus. (388) *your hands*

3:17

יהוה pr.n. (217) *Yahweh*
אֱלֹהַיִךְ n.m.p.-2 f.s. sf. (43) *your God*
בְּקִרְבֵּךְ prep.-n.m.s.-2 f.s. sf. (899) *in your midst*
גִּבּוֹר adj. (150) *a warrior*
יוֹשִׁיעַ Hi. impf. 3 m.s. (ישׁע 446) *who gives victory*
יָשִׂישׂ Qal impf. 3 m.s. (שׂושׂ 965) *he will rejoice*
עָלַיִךְ prep.-2 f.s. sf. *over you*
בְּשִׂמְחָה prep.-n.f.s. (970) *with gladness*
יַחֲרִישׁ Hi. impf. 3 m.s. (חרשׁ II 361) *he will renew you* (lit.-*he will be silent*)
בְּאַהֲבָתוֹ prep.-n.f.s.-3 m.s. sf. (13) *in his love*
יָגִיל Qal impf. 3 m.s. (גיל 162) *he will exult*
עָלַיִךְ v.supra *over you*
בְּרִנָּה prep.-n.f.s. (943) *with loud singing*

3:18

נוּגֵי Ni. ptc. m.p. cstr. (יגה I 387; GK 69t, 130a) *on a day of* (lit.-*grieved of*)
מִמּוֹעֵד prep.-n.m.s. (417) *festival*
אָסַפְתִּי Qal pf. 1 c.s. (אסף 62) *I will remove*
מִמֵּךְ prep.-2 f.s. sf. *from you*
הָיוּ Qal pf. 3 c.p. (היה 224) *disaster* (lit.-*they were*)
מַשְׂאֵת n.f.s. (673) *a burden*
עָלֶיהָ prep.-3 f.s. sf. *for it*
חֶרְפָּה n.f.s. (357) *a reproach*

3:19

הִנְנִי demons.part.-1 c.s. sf. (243) *behold, I*
עֹשֶׂה Qal act.ptc. (I 793) *will deal*
אֶת־כָּל־מְעַנַּיִךְ dir.obj.-n.m.s. cstr. (481)-Pi. ptc. m.p.-2 f.s. sf. (ענה III 776) *with all your oppressors*
בָּעֵת הַהִיא prep.-def.art.-n.f.s. (773)-def.art.-demons.adj. f.s. (214) *at that time*

885

וְהוֹשַׁעְתִּי conj.-Hi. pf. 1 c.s. (יָשַׁע 446) *and I will save*

אֶת־הַצֹּלֵעָה dir.obj.-def.art.-Qal act.ptc. f.s. (II 854 צָלַע) *the lame*

וְהַנִּדָּחָה conj.-def.art.-Ni. ptc. f.s. (נָדַח 623) *and the outcast*

אֲקַבֵּץ Pi. impf. 1 c.s. (קָבַץ 867) *I will gather*

וְשַׂמְתִּים conj.-Qal pf. 1 c.s.-3 m.p. sf. (שׂוּם 962) *and I will change them*

לִתְהִלָּה prep.-n.f.s. (239) *into praise*

וּלְשֵׁם conj.-prep.-n.m.s. (1027) *and renown*

בְּכָל־הָאָרֶץ prep.-n.m.s. cstr. (481)-def.art.-n.f.s. (75) *in all the earth*

בָּשְׁתָּם n.f.s.-3 m.p. sf. (102) *their shame*

3:20

בָּעֵת הַהִיא prep.-def.art.-n.f.s. (773)-def.art.-demons.adj. f.s. (214) *at that time*

אָבִיא Hi. impf. 1 c.s. (בּוֹא 97) *I will bring home*

אֶתְכֶם dir.obj.-2 m.p. sf. *you*

וּבָעֵת conj.-v.supra *and at the time*

קַבְּצִי Pi. inf.cstr.-1 c.s. sf. (קָבַץ 867) *when I gather together*

אֶתְכֶם v.supra *you*

כִּי־אֶתֵּן conj.-Qal impf. 1 c.s. (נָתַן 678) *yea, I will make*

אֶתְכֶם v.supra *you*

לְשֵׁם prep.-n.m.s. (1027) *renowned*

וְלִתְהִלָּה conj.-prep.-n.f.s. (239) *and praised*

בְּכֹל עַמֵּי prep.-n.m.s. cstr. (481)-n.m.p. cstr. (I 766) *among all the peoples of*

הָאָרֶץ def.art.-n.f.s. (75) *the earth*

בְּשׁוּבִי prep.-Qal inf.cstr.-1 c.s. sf. (שׁוּב 996) *when I restore*

אֶת־שְׁבוּתֵיכֶם dir.obj.-n.f.p.-2 m.p. sf. (986, GK 91 l) *your fortunes*

לְעֵינֵיכֶם prep.-n.f. du.-2 m.p. sf. (744) *before your eyes*

אָמַר יהוה Qal pf. 3 m.s. (55)-pr.n. (217) *says Yahweh*

Haggai

1:1

בִּשְׁנַת prep.-n.f.s. cstr. (1040) *in the year of*

שְׁתַּיִם n.f.s. (1040) *two*

לְדָרְיָוֶשׁ prep.-pr.n. (201, GK 129f) *to Darius*

הַמֶּלֶךְ def.art.-n.m.s. (572) *the king*

בַּחֹדֶשׁ prep.-def.art.-n.m.s. (II 294) *in the month*

הַשִּׁשִּׁי def.art.-adj. m. (995) *the sixth*

בְּיוֹם prep.-n.m.s. (398) *on a day*

אֶחָד adj. m.s. (25) *one*

לַחֹדֶשׁ prep.-def.art.-n.m.s. (II 294) *to the month*

הָיָה Qal pf. 3 m.s. (224) *was*

דְּבַר־יהוה n.m.s. cstr. (182)-pr.n. (217) *the word of Yahweh*

בְּיַד־חַגַּי prep.-n.m.s. cstr. (388)-pr.n. (291) *by the hand of Haggai*

הַנָּבִיא def.art.-n.m.s. (611) *the prophet*

אֶל־זְרֻבָּבֶל prep.-pr.n. (279) *unto Zerubbabel*

בֶּן־שְׁאַלְתִּיאֵל n.m.s. cstr. (119)-pr.n. (982) *son of Shealtiel*

פַּחַת יְהוּדָה n.m.s. cstr. (808)-pr.n. (397) *the governor of Judah*

וְאֶל־יְהוֹשֻׁעַ conj.-prep.-pr.n. (221) *and unto Joshua*

בֶּן־יְהוֹצָדָק v.supra-pr.n. (221) *son of Jehozadak*

הַכֹּהֵן def.art.-n.m.s. (463) *the priest*

הַגָּדוֹל def.art.-adj. m.s. (152) *the great*

1:2

כֹּה אָמַר adv. (462)-Qal pf. 3 m.s. (55) *thus said*

יהוה צְבָאוֹת pr.n. (217)-pr.n. (838) *Yahweh of hosts*

לֵאמֹר v.1:1 prep.-Qal inf.cstr. (55) *saying*

הָעָם הַזֶּה def.art.-n.m.s. (766)-def.art.-demons. adj. (260) *this people*

אָמְרוּ Qal pf. 3 c.p. (55) *have said*

לֹא עֶת־ neg.-n.m.s. (773) *not time* (rd.prb. עַתָּ *now*)

בֹּא Qal inf.cstr. (97) *come* (rd. prb. בָּא LXX Qal pf. 3 m.s. *has come*)

עֶת־ v.supra *time*

בֵּית יהוה n.m.s. cstr. (108)-pr.n. (217) *the house of Yahweh*

לְהִבָּנוֹת prep.-Ni. inf.cstr. (124) *to be built*

1:3

וַיְהִי consec.-Qal impf. 3 m.s. (224) *and was*

דְּבַר־יהוה n.m.s. cstr. (182)-pr.n. (217) *the word of Yahweh*

בְּיַד־חַגַּי prep.-n.f.s. cstr. (388)-pr.n. (291) *by the hand of Haggai*

הַנָּבִיא def.art.-n.m.s. (611) *the prophet*

לֵאמֹר prep.-Qal inf.cstr. (55) *saying*

1:4

הָעֵת interr.part.-n.m.s. (773) *is it time?*

לָכֶם אַתֶּם prep.-2 m.p. sf.-pers.pr. 2 m.p. (61; GK 135g) *for you yourselves*

לָשֶׁבֶת prep.-Qal inf.cstr. (יָשַׁב 442) *to dwell*

בְּבָתֵּיכֶם prep.-n.m.p.-2 m.p. sf. (108) *in your houses*

סְפוּנִים Qal pass.ptc. m.p. as adj. (706; GK 126z, 131hN) *panelled*

וְהַבַּיִת conj.-def.art.-n.m.s. (108) *while the house*

הַזֶּה def.art.-demons.adj. (260) *this*

חָרֵב adj. predicative (351) *is desolate*

1:5

וְעַתָּה conj.-adv. (773) *and now*

כֹּה אָמַר v. 1:2 *thus said*

יהוה צְבָאוֹת v. 1:2 *Yahweh of hosts*

שִׂימוּ Qal impv. 2 m.p. (962) *set*

לְבַבְכֶם n.m.s.-2 m.p. sf. (523) *your heart*

עַל־דַּרְכֵיכֶם prep.-n.m.p.-2 m.p. sf. (202) *upon your ways*

1:6

זְרַעְתֶּם Qal pf. 2 m.p. (281) *you have sown*

הַרְבֵּה Hi. inf.abs. as adv. (915) *exceedingly*

וְהָבֵא conj.-Hi. inf.abs. (97; GK 113z) *and harvest*

מְעָט subst.paus. (589) *little*

אָכוֹל Qal inf.abs. (37; GK 113z) *eating*

וְאֵין־לְשָׂבְעָה conj.-n.m.s. cstr. (34)-prep.-Qal inf.cstr. (959) *and there is no satisfaction*

שָׁתוֹ Qal inf.abs. (for שָׁתֹה 1059; GK 113z) *drinking*

וְאֵין־לְשָׁכְרָה v.supra-prep.-Qal inf.cstr. (1016) *and there is no becoming drunken*

לָבוֹשׁ Qal inf.abs. (527; GK 113z) *putting on clothes*

וְאֵין־לְחֹם v.supra-prep.-Qal inf.cstr. (328) *and there is no warming*

לוֹ prep.-3 m.s. sf. *to him*

וְהַמִּשְׂתַּכֵּר conj.-def.art.-Hi. ptc. as subst. (שָׂכַר 969) *and the earning wages*

מִשְׂתַּכֵּר Hith. ptc. (שָׂכַר 969) *earning wages*

אֶל־צְרוֹר prep.-n.m.s. (865) *unto a bag*

נָקוּב Qal pass.ptc. (666) *pierced*

1:7

כֹּה אָמַר v.1:2 *thus said*

יהוה צְבָאוֹת v.1:2 *Yahweh of hosts*

שִׂימוּ לְבַבְכֶם v.supra 1:5 *set your hearts*

עַל־דַּרְכֵיכֶם v.supra 1:5 *upon your ways*

1:8

עֲלוּ Qal impv. 2 m.p. (748) *go up*

הָהָר def.art.-n.m.s. (249) *the mountain*

וַהֲבֵאתֶם conj.-Hi. pf. 2 m.p. (97) *and bring*

עֵץ n.m.s. (781) *wood*

וּבְנוּ conj.-Qal impv. 2 m.p. (124) *and build*

הַבָּיִת def.art.-n.m.s. paus. (108) *the house*

וְאֶרְצֶה־ conj.-Qal impf. 1 c.s. (953) *and let me be pleased*

בּוֹ prep.-3 m.s. sf. *with it*

וְאֶכָּבֵד conj.-Ni. impv. 1 c.s. (Qere וְאֶכָּבְדָה 457) *and let me be honored*

אָמַר יהוה v.1:2 *said Yahweh*

1:9

פָּנֹה Qal inf.abs. (815) *looking*

אֶל־הַרְבֵּה prep.-v.supra 1:6 *unto (for) much*

וְהִנֵּה conj.-demons.part. (243) *and behold*

לִמְעָט prep.-subst.paus. (589) *for little*

וַהֲבֵאתֶם v.1:8 conj.-Hi. pf. 2 m.p. (בּוֹא 97) *and you brought*

הַבַּיִת def.art.-n.m.s. (108) *(into) the house*

וְנָפַחְתִּי conj.-Qal pf. 1 c.s. (655) *and I shall blow*

בּוֹ prep.-3 m.s. sf. *on it*

יַעַן מֶה conj. (774)-interr. (552; GK 37f) *on account of what*

נְאֻם n.m.s. cstr. (610) *an utterance of*

יהוה צְבָאוֹת pr.n. (217)-pr.n. (838) *Yahweh of hosts*

יַעַן בֵּיתִי v.supra-n.m.s.-1 c.s. sf. (108) *on account of my house*

אֲשֶׁר־הוּא rel. (81)-pers.pr. 3 m.s. (214) *which it*

חָרֵב v.1:4 adj. predicative (351) *(is) desolate*

וְאַתֶּם conj.-pers.pr. 2 m.p. (61) *and you*

רָצִים Qal act.ptc. m.p. (רוּץ 930) *running*

אִישׁ n.m.s. (35) *(each) a man*

לְבֵיתוֹ prep.-n.m.s.-3 m.s. sf. (108) *to his house*

1:10

עַל־כֵּן prep.-adv. (487) *therefore*

עֲלֵיכֶם prep.-2 m.p. sf. *upon you*

כָּלְאוּ Qal pf. 3 c.p. (476) *have withheld*

שָׁמַיִם n.m. du. (1029) *heavens*

מִטָּל prep.-n.m.s. (378) *from dew*

וְהָאָרֶץ conj.-def.art.-n.f.s. paus. (75) *and the earth*

כָּלְאָה Qal pf. 3 f.s. (476) *has withheld*

יְבוּלָהּ n.m.s.-3 f.s. sf. (385) *its produce*

1:11

וָאֶקְרָא consec.-Qal impf. 1 c.s. (894) *and I called*

חֹרֶב n.m.s. (351) *a drought*

עַל־הָאָרֶץ prep.-def.art.-n.f.s. paus. (75) *upon the earth*

וְעַל־הֶהָרִים conj.-prep.-def.art.-n.m.p. (249) *and upon the mountains*

וְעַל־הַדָּגָן conj.-prep.-def.art.-n.m.s. (186) *and upon the grain*

וְעַל־הַתִּירוֹשׁ conj.-prep.-def.art.-n.m.s. (440) *and upon the new wine*

וְעַל־הַיִּצְהָר conj.-prep.-def.art.-n.m.s. (844) *and upon the fresh oil*

וְעַל אֲשֶׁר v.supra-rel. (81) *and upon that which*

תּוֹצִיא Hi. impf. 3 f.s. (424) *brings forth*

הָאֲדָמָה def.art.-n.f.s. (9) *the ground*

וְעַל־הָאָדָם v.supra-def.art.-n.m.s. (9) *and upon man*

וְעַל־הַבְּהֵמָה v.supra-def.art.-n.f.s. (96) *and upon beast*

וְעַל כָּל־ v.supra-n.m.s. cstr. (481) *and upon all of*

יְגִיעַ n.m.s. cstr. (388) *produce of*

כַּפָּיִם n.f. du. (496) *hands*

1:12

וַיִּשְׁמַע consec.-Qal impf. 3 m.s. (1033) *and hearkened*

זְרֻבָּבֶל pr.n. (279) *Zerubbabel*

בֶּן־שַׁלְתִּיאֵל n.m.s. cstr. (119)-pr.n. (1027) *son of Shealtiel*

וִיהוֹשֻׁעַ conj.-pr.n. (221) *and Joshua*

בֶּן־יְהוֹצָדָק v.supra-pr.n. (221) *son of Jehozadak*

הַכֹּהֵן def.art.-n.m.s. (463) *the ...priest*

הַגָּדוֹל def.art.-adj. m.s. (152) *great*

וְכֹל conj.-n.m.s. cstr. (481) *and all of*

שְׁאֵרִית n.f.s. cstr. (984) *the remnant of*

הָעָם def.art.-n.m.s. (766) *the people*

בְּקוֹל prep.-n.m.s. cstr. (876) *unto the voice of*

יְהוָה pr.n. (217) *Yahweh*

אֱלֹהֵיהֶם n.m.p.-3 m.p. sf. (43) *their God*

וְעַל־דִּבְרֵי conj.-prep.-n.m.p. cstr. (182) *and unto the words of*

חַגַּי הַנָּבִיא pr.n. (291)-def.art.-n.m.s. (611) *Haggai the prophet*

כַּאֲשֶׁר prep.-rel. (81) *just as*

שְׁלָחוֹ Qal pf. 3 m.s.-3 m.s. sf. (1018) *had sent him*

יְהוָה אֱלֹהֵיהֶם v.supra *Yahweh their God*

וַיִּירְאוּ consec.-Qal impf. 3 m.p. (431) *and feared*

הָעָם def.art.-n.m.s. (766) *the people*

1:13

מִפְּנֵי יְהוָה prep.-n.m.p. cstr. (815)-pr.n. (217) *from before Yahweh*

וַיֹּאמֶר consec.-Qal impf. 3 m.s. (55) *and said*

חַגַּי pr.n. (291) *Haggai*

מַלְאַךְ יְהוָה n.m.s. cstr. (521)-pr.n. (217) *the messenger of Yahweh*

בְּמַלְאֲכוּת prep.-n.f.s. cstr. (522) *in the message of*

יְהוָה pr.n. (217) *Yahweh*

לָעָם prep.-def.art.-n.m.s. (766) *to the people*

לֵאמֹר prep.-Qal inf.cstr. (55) *saying*

אֲנִי אִתְּכֶם pers.pr. 1 c.s. (58)-prep.-2 m.p. sf. (85) *I with you*

נְאֻם־יְהוָה n.m.s. cstr. (610)-pr.n. (217) *an utterance of Yahweh*

1:14

וַיָּעַר consec.-Hi. impf. 3 m.s. (עור 734) *and (he) stirred up*

יְהוָה pr.n. (217) *Yahweh*

אֶת־רוּחַ dir.obj.-n.f.s. cstr. (924) *the spirit of*

זְרֻבָּבֶל pr.n. (279) *Zerubbabel*

בֶּן־שַׁלְתִּיאֵל v.1:12 *son of Shealtiel*

פַּחַת יְהוּדָה v.1:1 n.m.s. cstr. (808)-pr.n. (397) *the governor of Judah*

וְאֶת־רוּחַ conj.-v.supra *and the spirit of*

יְהוֹשֻׁעַ pr.n. (221) *Joshua*

בֶּן־יְהוֹצָדָק v.1:12 *son of Jehozadak*

הַכֹּהֵן הַגָּדוֹל v.1:12 *the great priest*

וְאֶת־רוּחַ v.supra *and the spirit of*

כֹּל שְׁאֵרִית v.1:12 *all of the remnant of*

הָעָם v.1:12 *the people*

וַיָּבֹאוּ consec.-Qal impf. 3 m.p. (97) *and they came*

וַיַּעֲשׂוּ consec.-Qal impf. 3 m.p. (793) *and they did*

מְלָאכָה n.f.s. (521) *work*

בְּבֵית־ prep.-n.m.s. cstr. (108) *in the house of*

יְהוָה צְבָאוֹת v.supra *Yahweh of hosts*

אֱלֹהֵיהֶם n.m.p.-3 m.p. sf. (43) *their God*

1:15

בְּיוֹם prep.-n.m.s. cstr. (398) *in the day of*

עֶשְׂרִים num. p. (797) *twenty*

וְאַרְבָּעָה conj.-num. f.s. (916) *and four*

לַחֹדֶשׁ prep.-def.art.-n.m.s. (294) *to the month*

בַּשִּׁשִּׁי v.1:1 prep.-def.art.-adj. m.s. (995) *in the sixth*

בִּשְׁנַת v.1:1 prep.-n.f.s. cstr. (1040) *in the year of*

שְׁתַּיִם num. f. du. (1040) *two*

לְדָרְיָ֫וֶשׁ prep.-pr.n. (201) *of Darius*

הַמֶּ֫לֶךְ def.art.-n.m.s. (572) *the king*

2:1

בַּשְּׁבִיעִי prep.-def.art.-adj. num. (988) *in the seventh*

בְּעֶשְׂרִים v.1:15 prep.-n.m.p. (797) *in twenty*

וְאֶחָד conj.-adj. num. (25) *and one*

לַחֹ֫דֶשׁ prep.-def.art.-n.m.s. (294) *to the month*

הָיָה Qal pf. 3 m.s. (224) *was*

דְּבַר־יהוה n.m.s. cstr. (182)-pr.n. (217) *the word of Yahweh*

בְּיַד־חַגַּי prep.-n.f.s. cstr. (388)-pr.n. (291) *by the hand of Haggai*

הַנָּבִיא def.art.-n.m.s. (611) *the prophet*

לֵאמֹר prep.-Qal inf.cstr. (55) *saying*

2:2

אֱמָר־נָא Qal impv. 2 m.s. (55)-part. of entreaty (609) *say, I pray*

אֶל־זְרֻבָּבֶל prep.-pr.n. (279) *unto Zerubbabel*

בֶּן־שְׁאַלְתִּיאֵל v.1:12,14 *son of Shealtiel*

פַּחַת יְהוּדָה v.1:14 *the governor of Judah*

וְאֶל־יְהוֹשֻׁעַ conj.-prep.-pr.n. (221) *and unto Joshua*

בֶּן־יְהוֹצָדָק v.1:12,14 *son of Jehozadak*

הַכֹּהֵן הַגָּדוֹל v.1:12,14 *the great priest*

וְאֶל־שְׁאֵרִית conj.-prep.-n.f.s cstr. (984) *and unto the remnant of*

הָעָם def.art.-n.m.s. (766) *the people*

לֵאמֹר prep.-Qal inf.cstr. (55) *saying*

2:3

מִי interr.pr. (566) *who*

בָּכֶם prep.-2 m.p. sf. *among you*

הַנִּשְׁאָר def.art.-Ni. ptc. (984) *being left*

אֲשֶׁר רָאָה rel. (81)-Qal pf. 3 m.s. (906) *who saw*

אֶת־הַבַּ֫יִת הַזֶּה dir.obj.-def.art.-n.m.s. (108)-def.art.-demons.adj. (260) *this house*

בִּכְבוֹדוֹ prep.-n.m.s.-3 m.s. sf. (458) *in its ... glory*

הָרִאשׁוֹן def.art.-adj. s. (911) *former*

וּמָה conj.-interr.pr. (552) *and how*

אַתֶּם רֹאִים pers.pr. 2 m.p. (61)-Qal act.ptc. m.p. (906) *you seeing*

אֹתוֹ עַתָּה dir.obj.-3 m.s. sf.-adv. (773) *it now*

הֲלוֹא interr.-neg. *is it not*

כָּמֹ֫הוּ prep. (454)-3 m.s. sf. *the like of it*

כְּאַ֫יִן prep.-neg. (34) *as nothing*

בְּעֵינֵיכֶם prep.-n.f.p.-2 m.p. sf. (744) *in your eyes*

2:4

וְעַתָּה conj.-adv. (773) *and now*

חֲזַק Qal impv. 2 m.s. (304) *be strong*

זְרֻבָּבֶל pr.n. (279) *Zerubbabel*

נְאֻם־יהוה n.m.s. cstr. (610)-pr.n. (217) *utterance of Yahweh*

וַחֲזַק conj.-v.supra *and be strong*

יְהוֹשֻׁעַ pr.n. (221) *Joshua*

בֶּן־יְהוֹצָדָק v.1:12,14; 2:2 *son of Jehozadak*

הַכֹּהֵן הַגָּדוֹל v.1:12,14; 2:2 *the great priest*

וַחֲזַק v.supra *and be strong*

כָּל־עַם n.m.s. cstr. (481)-n.m.s. cstr. (766) *all of the people of*

הָאָ֫רֶץ def.art.-n.f.s. (75) *the earth*

נְאֻם־יהוה n.m.s. cstr. (610)-pr.n. (217) *says Yahweh*

וַעֲשׂוּ conj.-Qal impv. 2 m.s. (793) *and work*

כִּי־אֲנִי conj.-pers.pr. 1 c.s. (58) *and I*

אִתְּכֶם prep.-2 m.p. sf. *with you*

נְאֻם יהוה v.supra *says Yahweh*

צְבָאוֹת n.f.p. (838) *of hosts*

2:5

אֶת־הַדָּבָר dir.obj.-def.art.-n.m.s. (182) *the word*

אֲשֶׁר־כָּרַ֫תִּי rel. (81)-Qal pf. 1 c.s. (503; GK 44o) *which I have covenanted*

אִתְּכֶם prep.-2 m.p. sf. *with you*

בְּצֵאתְכֶם prep.-Qal inf.cstr.-2 m.p. sf. (422) *in your going out*

מִמִּצְרַ֫יִם prep.-pr.n. (595; GK 117,l) *from Egypt*

וְרוּחִי conj.-n.f.s.-1 c.s. sf. (924) *and my spirit*

עֹמֶ֫דֶת Qal act.ptc. f.s. (763) *abiding*

בְּתוֹכְכֶם prep.-n.m.s.-2 m.p. sf. (1063) *in your midst*

אַל־תִּירָ֫אוּ neg.-Qal impf. 2 m.p. paus. juss. (431) *fear not*

2:6

כִּי כֹה conj.-adv. (462) *for thus*

אָמַר Qal pf. 3 m.s. (55) *said*

יהוה צְבָאוֹת pr.n. (217) n.f.p. (838) *Yahweh of hosts*

עוֹד אַחַת adv. (728)-adj. f. (25) *yet once*

מְעַט subst. (589) *a little (while)*

הִיא demons. f.s. (214) *it*

וַאֲנִי conj.-pers.pr. 1 c.s. (58) *and I*

מַרְעִישׁ Hi. ptc. (950) *causing to shake*

אֶת־הַשָּׁמַ֫יִם dir.obj.-def.art.-n.m. du. (1029) *the heavens*

וְאֶת־הָאָ֫רֶץ conj.-dir.obj.-def.art.-n.f.s. (75) *and the earth*

וְאֶת־הַיָּם conj.-dir.obj.-def.art.-n.m.s. (410) *and the sea*

וְאֶת־הֶחָרָבָה conj.-dir.obj.-def.art.-n.f.s. paus. (351) *and the dry ground*

2:7

וְהִרְעַשְׁתִּי conj.-Hi. pf. 1 c.s. (950) *and I shall cause to shake*

אֶת־כָּל dir.obj.-n.m.s. cstr. (481) *all of*

הַגּוֹיִם def.art.-n.m.p. (156) *the nations*

וּבָאוּ conj.-Qal pf. 3 c.p. (97) *and they will come*

חֶמְדַּת n.f.s. cstr. (326; GK 145c) *the desire of*

כָּל־הַגּוֹיִם v.supra *all of the nations*

וּמִלֵּאתִי conj.-Pi. pf. 1 c.s. (569) *and I shall fill*

אֶת־הַבַּיִת הַזֶּה v.2:3 *this house*

כָּבוֹד n.m.s. (II 458) *glory*

אָמַר v.2:6 Qal pf. 3 m.s. (55) *said*

יהוה צְבָאוֹת pr.n. (217)-n.f.p. (838) *Yahweh of hosts*

2:8

לִי prep.-1 c.s. sf. *to me*

הַכֶּסֶף def.art.-n.m.s. (494) *the silver*

וְלִי conj.-v.supra *and to me*

הַזָּהָב def.art.-n.m.s. (262) *the gold*

נְאֻם n.m.s. cstr. (610) *says*

יהוה צְבָאוֹת v.2:7 *Yahweh of hosts*

2:9

גָּדוֹל adj. (152) *great(er)*

יִהְיֶה Qal impf. 3 m.s. (224) *will be*

כְּבוֹד n.m.s. cstr. (458) *the glory of*

הַבַּיִת הַזֶּה v.2:3,7 *this house*

הָאַחֲרוֹן def.art.-adj. s. (30) *the latter*

מִן־הָרִאשׁוֹן prep.-def.art.-adj. s. (911) *from (than) the former*

אָמַר Qal pf. 3 m.s. (55) *said*

יהוה צְבָאוֹת v.supra *Yahweh of hosts*

וּבַמָּקוֹם conj.-prep.-def.art.-n.m.s. (879) *and in ... place*

הַזֶּה v.supra *this*

אֶתֵּן Qal impf. 1 c.s. (678) *I shall give*

שָׁלוֹם n.m.s. (1022) *peace*

נְאֻם יהוה צְבָאוֹת v. 2:8 *says Yahweh of hosts*

2:10

בְּעֶשְׂרִים prep.-n.m.p. (797) *on twenty*

וְאַרְבָּעָה v.1:15 *and four*

לַתְּשִׁיעִי prep.-def.art.-adj. m. (1077) *to the ninth (month)*

בִּשְׁנַת v.1:15 prep.-n.f.s. cstr. (1040) *in the year of*

שְׁתַּיִם n.f. du. (1040) *two*

לְדָרְיָוֶשׁ prep.-pr.n. (201) *to Darius*

הָיָה Qal pf. 3 m.s. (224) *was*

דְּבַר־יהוה n.m.s. cstr. (182)-pr.n. (217) *the word of Yahweh*

אֶל־חַגַּי prep.-pr.n. (291) *unto Haggai*

הַנָּבִיא def.art.-n.m.s. (611) *the prophet*

לֵאמֹר prep.-Qal inf.cstr. (55) *saying*

2:11

כֹּה אָמַר adv. (462)-Qal pf. 3 m.s. (55) *thus said*

יהוה צְבָאוֹת pr.n. (217)-n.f.p. (838) *Yahweh of hosts*

שְׁאַל־נָא Qal impv. 2 m.s. (981)-part. of entreaty (609) *ask, I pray*

אֶת־הַכֹּהֲנִים dir.obj.-def.art.-n.m.p. (463) *the priests*

תּוֹרָה n.f.s. (435) *direction*

לֵאמֹר v.2:10 *saying*

2:12

הֵן hypoth.part. (243; GK 159w) *if*

יִשָּׂא־אִישׁ Qal impf. 3 m.s. (669)-n.m.s. (35) *a man (one) will bear*

בְּשַׂר־ n.m.s. cstr. (142) *a flesh of*

קֹדֶשׁ n.m.s. (871) *holiness*

בִּכְנַף prep.-n.f.s. cstr. (489) *in the skirt of*

בִּגְדוֹ n.m.s.-3 m.s. sf. (93) *his garment*

וְנָגַע conj.-Qal pf. 3 m.s. (619) *and he will touch*

בִּכְנָפוֹ prep.-n.f.s.-3 m.s. sf. (489) *with his skirt*

אֶל־הַלֶּחֶם prep.-def.art.-n.m.s. (536) *the bread*

וְאֶל־הַנָּזִיד conj.-prep.-def.art.-n.m.s. (268) *and the pottage*

וְאֶל־הַיַּיִן conj.-prep.-def.art.-n.m.s. (406) *and the wine*

וְאֶל־שֶׁמֶן conj.-prep.-n.m.s. (1032) *and oil*

וְאֶל־כָּל־ conj.-prep.-n.m.s. cstr. (481) *and all of*

מַאֲכָל n.m.s. (38) *food*

הֲיִקְדָּשׁ interr.part.-Qal impf. 3 m.s. paus. (872) *shall it be holy?*

וַיַּעֲנוּ consec.-Qal impf. 3 m.p. (I 722) *and answered*

הַכֹּהֲנִים def.art.-n.m.p. (463) *the priests*

וַיֹּאמְרוּ consec.-Qal impf. 3 m.p. (55) *and they said*

לֹא neg. *no*

2:13

וַיֹּאמֶר consec.-Qal impf. 3 m.s. (55) *and said*

חַגַּי pr.n. (291) *Haggai*

אִם־יִגַּע hypoth.part.-Qal impf. 3 m.s. (נגע 619) *if will touch*

טְמֵא־ adj. s. cstr. (II 379) *unclean of*

נֶפֶשׁ n.f.s. (659) *a (dead) person*

בְּכָל־אֵלֶּה prep.-n.m.s. cstr. (481)-demons. m.p. (41) *on all (any) of these*

הֲיִטְמָא interr.part.-Qal impf. 3 m.s. (379) *will he be unclean?*

וַיַּעֲנוּ v.2:12 *and answered*

הַכֹּהֲנִים v.2:12 *the priests*

וַיֹּאמְרוּ v.2:12 *and they said*

יִטְמָא Qal impf. 3 m.s. (379) *he will be unclean*

2:14

וַיַּעַן consec.-Qal impf. 3 m.s. (I 722) *and then answered*

חַגַּי pr.n. (291) *Haggai*

וַיֹּאמֶר consec.-Qal impf. 3 m.s. (55) *and he said*

כֵּן adv. (485) *so*

הָעָם־הַזֶּה def.art.-n.m.s. (876)-def.art.-demons. adj. (260) *this people*

וְכֵן־ conj.-adv. (485) *and so*

הַגּוֹי הַזֶּה def.art.-n.m.s. (156)-def.art.-demons. adv. *this nation*

לְפָנַי prep.-n.m.p.-1 c.s. sf. (815) *before me*

נְאֻם־יְהוָה v.2:8,9 *says Yahweh*

וְכֵן v.supra *and so*

כָּל־מַעֲשֵׂה n.m.s. cstr. (481)-n.m.s. cstr. (795) *all of the work of*

יְדֵיהֶם n.f.p.-3 m.p. sf. (388) *their hands*

וַאֲשֶׁר conj.-rel. (81) *and that which*

יַקְרִיבוּ Hi. impf. 3 m.p. (893) *they bring near (offer)*

שָׁם adv. (1027) *there*

טָמֵא adj. m.s. (II 379) *unclean*

הוּא pers.pr. 3 m.s. (214) *it*

2:15

וְעַתָּה conj.-adv. (773) *and now*

שִׂימוּ־נָא Qal impv. 2 m.p. (962)-part. of entreaty (609) *set, I pray*

לְבַבְכֶם n.m.s.-2 m.p. sf. (523) *your heart*

מִן־הַיּוֹם הַזֶּה prep.-def.art.-n.m.s. (398)-def. art.-demons.adj. (260) *from this day*

וָמָעְלָה conj.-adv.-loc.he paus. (II 751) *and onwards*

מִטֶּרֶם prep.-adv. of time (382) *from before*

שׂוּם־ Qal inf.cstr. (962) *setting*

אֶבֶן n.f.s. (6) *stone*

אֶל־אֶבֶן prep.-v.supra *upon stone*

בְּהֵיכַל prep.-n.m.s. cstr. (228) *in the temple of*

יְהוָה pr.n. (217) *Yahweh*

2:16

מִהְיוֹתָם prep.-Qal inf.cstr.-3 m.p. sf. (224) *from their being*

בָּא Qal pf. 3 m.s. (בּוֹא 97) *one came*

אֶל־עֲרֵמַת prep.-n.f.s. cstr. (790) *unto a heap of*

עֶשְׂרִים n.m.p. (797) *twenty*

וְהָיְתָה conj.-Qal pf. 3 f.s. (224) *and it was*

עֲשָׂרָה n.f.s. (796) *ten*

בָּא v.supra *it became*

אֶל־הַיֶּקֶב prep.-def.art.-n.m.s. (428) *unto the wine-vat*

לַחְשֹׂף prep.-Qal inf.cstr. (362) *to draw out*

חֲמִשִּׁים n.m.p. (332) *fifty*

פּוּרָה n.f.s. (807) *wine-press (measure)*

וְהָיְתָה v.supra *and it became*

עֶשְׂרִים v.supra *twenty*

2:17

הִכֵּיתִי Hi. pf. 1 c.s. (645) *I smote*

אֶתְכֶם dir.obj.-2 m.p. sf. *you*

בַּשִּׁדָּפוֹן prep.-def.art.-n.m.s. (995) *with the blight*

וּבַיֵּרָקוֹן conj.-prep.-def.art.-n.m.s. (439) *and with the mildew*

וּבַבָּרָד conj.-prep.-def.art.-n.m.s. (135) *and with the hail*

אֵת כָּל־ dir.obj.-n.m.s. cstr. (481) *all of*

מַעֲשֵׂה n.m.s. cstr. (795) *the work of*

יְדֵיכֶם n.f.p.-2 m.p. sf. (388) *your hands*

וְאֵין־ conj.-neg. cstr. (34; GK 152n) *and there is not*

אֶתְכֶם dir.obj.-2 m.p. sf. (GK 117mN) *you*

אֵלַי prep.-1 c.s. sf. *unto me*

נְאֻם־יְהוָה n.m.s. cstr. (610)-pr.n. (217) *an utterance of Yahweh*

2:18

שִׂימוּ־ Qal impv. 2 m.p. (962) *set*

נָא part. of entreaty (962) *I pray*

לְבַבְכֶם n.m.s.-2 m.p. sf. (523) *your heart*

מִן־הַיּוֹם הַזֶּה prep.-def.art.-n.m.s. (398)-def. art.-demons.adj. (260) *this day*

וָמַעְלָה conj.-adv.-loc.he (751) *and onward*

מִיּוֹם prep.-n.m.s. cstr. (398) *from the day of*

עֶשְׂרִים v.2:16 *twenty*

וְאַרְבָּעָה conj.-num. f.s. (I 916) *and four*

לַתְּשִׁיעִי v.2:10 prep.-def.art.-adj. m. (1077) *to the ninth (month)*

לְמִן־הַיּוֹם prep.-prep. (583 9b)-def.art.-n.m.s. (398) *since the day*

אֲשֶׁר־ rel. (81) *which*

יֻסַּד Pu. pf. 3 m.s. (יָסַד 413) *was founded*

הֵיכַל־יְהוָה n.m.s. cstr. (228)-pr.n. (217) *the temple of Yahweh*

שִׂימוּ v.supra *set*

לְבַבְכֶם v.supra *your heart*

2:19

הַעוֹד interr.part.-adv. (728) *is yet?*

הַזֶּרַע def.art.-n.m.s. (282) *the seed*

בַּמְּגוּרָה prep.-def.art.-n.f.s. (158) *in the store-house*

וְעַד־הַגֶּפֶן conj.-adv. (723)-def.art.-n.f.s. (172) *and even the vine*

וְהַתְּאֵנָה conj.-def.art.-n.f.s. (1061) *and the fig-tree*

וְהָרִמּוֹן conj.-def.art.-n.m.s. (941) *and the pomegranate*

וְעֵץ conj.-n.m.s. cstr. (781) *and the tree of*

הַזַּיִת def.art.-n.m.s. (268) *olive*

לֹא נָשָׂא neg.-Qal pf. 3 m.s. (669) *has not borne*

מִן־הַיּוֹם הַזֶּה v. 2:18 *from this day*

אֲבָרֵךְ Pi. impf. 1 c.s. (138) *I shall bless*

2:20

וַיְהִי v.1:3 consec.-Qal impf. 3 m.s. (224) *and was*

דְּבַר־יְהוָה v.1:3 n.m.s. cstr. (182)-pr.n. (217) *the word of Yahweh*

שֵׁנִית num. f. (1041) *a second time*

אֶל־חַגַּי prep.-pr.n. (291) *unto Haggai*

בְּעֶשְׂרִים v.1:15; 2:10 prep.-n.m.p. (797) *on twenty*

וְאַרְבָּעָה conj.-n.f.s. (916) *and four*

לַחֹדֶשׁ v.1:15 prep.-def.art.-n.m.s. (294) *to the month*

לֵאמֹר prep.-Qal inf.cstr. (55) *saying*

2:21

אֱמֹר Qal impv. 2 m.s. (55) *say*

אֶל־זְרֻבָּבֶל prep.-pr.n. (279) *unto Zerubbabel*

פַּחַת־יְהוּדָה v.1:14; 2:2 n.m.s. cstr. (808)-pr.n. (397) *the governor of Judah*

לֵאמֹר prep.-Qal inf.cstr. (55) *saying*

אֲנִי pers.pr. 1 c.s. (58) *I*

מַרְעִישׁ Hi. ptc. (950) *am causing to shake*

אֶת־הַשָּׁמַיִם dir.obj.-def.art.-n.m.p. (1029) *the heavens*

וְאֶת־הָאָרֶץ conj.-dir.obj.-def.art.-n.f.s. (75) *and the earth*

2:22

וְהָפַכְתִּי conj.-Qal pf. 1 c.s. (הָפַךְ 245) *and I shall overthrow*

כִּסֵּא n.m.s. cstr. (490) *throne of*

מַמְלָכוֹת n.f.p. (575) *kingdoms*

וְהִשְׁמַדְתִּי conj.-Hi. pf. 1 c.s. (1029) *and I shall destroy*

חֹזֶק n.m.s. cstr. (305) *the strength of*

מַמְלְכוֹת n.f.p. cstr. (575) *the kingdoms of*

הַגּוֹיִם def.art.-n.m.p. (156) *the nations*

וְהָפַכְתִּי v.supra *and I shall overthrow*

מֶרְכָּבָה n.f.s. (939) *chariot*

וְרֹכְבֶיהָ conj.-Qal act.ptc. m.p.-3 f.s. sf. (939) *and her riders*

וְיָרְדוּ conj.-Qal pf. 3 c.p. (432) *and will go down*

סוּסִים n.m.p. (692) *horses*

וְרֹכְבֵיהֶם conj.-Qal act.ptc. m.p. (939)-3 m.p. sf. *and their riders*

אִישׁ n.m.s. (35) *a man (each)*

בְּחֶרֶב prep.-n.f.s. cstr. (352) *by the sword of*

אָחִיו n.m.s.-3 m.s. sf. (26) *his brother*

2:23

בַּיּוֹם הַהוּא prep.-def.art.-n.m.s. (398)-def.art.-demons.adj. (214) *in that day*

נְאֻם־ n.m.s. cstr. (610) *an utterance of*

יְהוָה צְבָאוֹת pr.n. (217)-n.f.p. (838) *Yahweh of hosts*

אֶקָּחֲךָ Qal impf. 1 c.s.-2 m.s. sf. (542) *I shall take you*

זְרֻבָּבֶל pr.n. (279) *Zerubbabel*

בֶּן־שְׁאַלְתִּיאֵל n.m.s. cstr. (119)-pr.n. (982) *son of Shealtiel*

עַבְדִּי n.m.s.-1 c.s. sf. (713) *my servant*

נְאֻם־יְהוָה v.supra *an utterance of Yahweh*

וְשַׂמְתִּיךָ conj.-Qal pf. 1 c.s.-2 m.s. sf. (שׂוּם 962) *and I shall make you*

כַּחוֹתָם prep.-def.art.-n.m.s. (368) *as the signet-ring*

כִּי־בְךָ conj.-prep.-2 m.s. sf. *for you*

בָחַרְתִּי Qal pf. 1 c.s. (103) *I have chosen*

נְאֻם v.supra *an utterance of*

יְהוָה צְבָאוֹת v.supra *Yahweh of hosts*

Zechariah

1:1

בַּחֹדֶשׁ prep.-def.art.-n.m.s. (II 294) *in the month*

הַשְּׁמִינִי def.art.-adj. num. (1033) *the eighth*

בִּשְׁנַת prep.-n.f.s. cstr. (1040) *in year of*

שְׁתַּיִם n.m. du. (1040) *second*

לְדָרְיָוֶשׁ prep.-pr.n. (201) *of Darius*

הָיָה Qal pf. 3 m.s. (224) *was*

דְּבַר־יְהוָה n.m.s. cstr. (182)-pr.n. (217) *the word of Yahweh*

אֶל־זְכַרְיָה prep.-pr.n. (272) *unto Zechariah*

בֶּן־בֶּרֶכְיָה n.m.s. cstr. (119)-pr.n. (140) *son of Berechiah*

בֶּן־עִדּוֹ v.supra-pr.n. (723) *son of Iddo*

הַנָּבִיא def.art.-n.m.s. (611) *the prophet*

לֵאמֹר prep.-Qal inf.cstr. (55) *saying*

1:2

קָצַף Qal pf. 3 m.s. (893) *was angry*

יְהוָה pr.n. (217) *Yahweh*

עַל־אֲבוֹתֵיכֶם prep.-n.m.p.-2 m.p. sf. (3) *with your fathers*

קָצֶף n.m.s. (I 893; GK 117q) *wrath*

1:3

וְאָמַרְתָּ conj.-Qal pf. 2 m.s. (55) *therefore you say*

1:4 (right column)

אֲלֵהֶם prep.-3 m.p. sf. *to them*

כֹּה אָמַר adv. (462)-Qal pf. 3 m.s. (55) *thus says*

יְהוָה צְבָאוֹת pr.n. (217)-n.f.p. (838) *Yahweh of hosts*

שׁוּבוּ אֵלַי Qal impv. 2 m.p. (996)-prep.-1 c.s. sf. *return to me*

נְאֻם n.m.s. cstr. (610) *the utterance of*

יְהוָה צְבָאוֹת v.supra *Yahweh of hosts*

וְאָשׁוּב conj.-Qal impf. 1 c.s. (996) *and I will return*

אֲלֵיכֶם prep.-2 m.p. sf. *to you*

אָמַר יְהוָה צְבָאוֹת Qal pf 3 m.s. (55)-v.supra *says Yahweh of hosts*

1:4

אַל־תִּהְיוּ neg.-Qal impf. 2 m.p. (224) *be not*

כַּאֲבֹתֵיכֶם prep.-n.m.p.-2 m.p. sf. (3) *like your fathers*

אֲשֶׁר rel. (81) *to whom*

קָרְאוּ־אֲלֵיהֶם Qal pf. 3 c.p. (894)-prep.-3 m.p. sf. *cried out (to them)*

הַנְּבִיאִים def.art.-n.m.p. (611) *the ... prophets*

הָרִאשֹׁנִים def.art.-adj. m.p. (911) *former*

לֵאמֹר v.1:1 prep.-Qal inf.cstr. (55) *saying*

כֹּה אָמַר v.1:3 *thus says*

יְהוָה צְבָאוֹת v.1:3 *Yahweh of hosts*

שׁוּבוּ נָא v.1:3 Qal impv. 2 m.p. (996)-part. of entreaty (609) *return, I pray*

מִדַּרְכֵיכֶם prep.-n.m.p.-2 m.p. sf. (202) *from your ... ways*

הָרָעִים def.art.-n.m.p. (948) *evil*

וּמַעַלְלֵיכֶם conj.-n.m.p.-2 m.p. sf. (760) *and your ... deeds*

הָרָעִים v.supra *evil*

וְלֹא שָׁמְעוּ conj.-neg.-Qal pf. 3 c.p. (1033) *but they did not hear*

וְלֹא־הִקְשִׁיבוּ conj.-neg.-Hi. pf. 3 c.p. (904) *or heed*

אֵלַי prep.-1 c.s. sf. *me*

נְאֻם־יְהוָה v.1:3 *says Yahweh*

1:5

אֲבוֹתֵיכֶם v.1:4 n.m.p.-2 m.p. sf. (3) *your fathers*

אַיֵּה־הֵם interr.adv. (32)-pers.pr. 3 m.p. *where are they?*

וְהַנְּבִאִים v.1:4 conj.-def.art.-n.m.p. (611) *and the prophets*

הַלְעוֹלָם יִחְיוּ interr.part.-prep.-n.m.s. (761)-Qal impf. 3 m.p. (310) *do they live for ever?*

1:6

אַךְ דְּבָרַי adv. (34)-n.m.p.-1 c.s. sf. (182) *but my words*

וְחֻקַּי conj.-n.m.p.-1 c.s. sf. (349) *and my statutes*

אֲשֶׁר צִוִּיתִי rel. (81)-Pi. pf. 1 c.s. (845) *which I commanded*

אֶת־עֲבָדַי dir.obj.-n.m.p.-1 c.s. sf. (712) *my servants*

הַנְּבִיאִים v.1:4,5 def.art.-n.m.p. (611) *the prophets*

הֲלוֹא הִשִּׂיגוּ interr.part.-neg.-Hi. pf. 3 c.p. (673) *did they not overtake*

אֲבֹתֵיכֶם v.1:4,5 n.m.p.-2 m.p. sf. (3) *your fathers*

וַיָּשׁוּבוּ consec.-Qal impf. 3 m.p. (996) *so they repented*

וַיֹּאמְרוּ consec.-Qal impf. 3 m.p. (55) *and said*

כַּאֲשֶׁר זָמַם prep.-rel. (81)-Qal pf. 3 m.s. (273) *as purposed*

יהוה צְבָאוֹת v.1:3,4 *Yahweh of hosts*

לַעֲשׂוֹת לָנוּ prep.-Qal inf.cstr. (I 793)-prep.-1 c.p. sf. *to deal with us*

כִּדְרָכֵינוּ prep.-n.m.p.-1 c.p. sf. (202) *for our ways*

וּכְמַעֲלָלֵינוּ conj.-prep.-n.m.p.-1 c.p. sf. (760) *and deeds*

כֵּן עָשָׂה adv. (I 485)-Qal pf. 3 m.s. (I 793) *so has he dealt*

אִתָּנוּ prep. (II 85)-1 c.p. sf. *with us*

1:7

בְּיוֹם prep.-n.m.s. (398) *on the day*

עֶשְׂרִים n.m.p. (797) *twenty*

וְאַרְבָּעָה conj.-n.f.s. (916) *and four*

לְעַשְׁתֵּי־עָשָׂר prep.-n. num. (799)-num. (797) *of the eleventh*

חֹדֶשׁ n.m.s. (II 294) *month*

הוּא־חֹדֶשׁ demons. m.s. (214)-v.supra *which (is) the month*

שְׁבָט pr.n. (987) *Shebat*

בִּשְׁנַת prep.-n.f.s. cstr. (1040) *in the year*

שְׁתַּיִם n.f. du. (1040) *two*

לְדָרְיָוֶשׁ prep.-pr.n. (201) *of Darius*

הָיָה Qal pf. 3 m.s. (224) *came*

דְּבַר־יְהוָה n.m.s. cstr. (182)-pr.n. (217) *the word of Yahweh*

אֶל־זְכַרְיָה prep.-pr.n. (272) *unto Zechariah*

בֶּן־בֶּרֶכְיָהוּ v.1:1 *son of Berechiah*

בֶּן־עִדּוֹא v.1:1 *son of Iddo*

הַנָּבִיא לֵאמֹר v.1:1 *the prophet saying*

1:8

רָאִיתִי Qal pf. 1 c.s. (906) *I saw*

הַלַּיְלָה def.art.-n.m.s. (538) *(in) the night*

וְהִנֵּה־אִישׁ conj.-interj. (243)-n.m.s. (35) *and behold a man*

רֹכֵב Qal act.ptc. (938) *riding*

עַל־סוּס prep.-n.m.s. (692) *upon a horse*

אָדֹם adj. m.s. (10) *red*

וְהוּא עֹמֵד conj.-pers.pr. 3 m.s.-Qal act.ptc. (763) *he was standing*

בֵּין הַהֲדַסִּים prep.-def.art.-n.m.p. (213) *among the myrtle-trees*

אֲשֶׁר rel. (81)

בַּמְּצֻלָה prep.-def.art.-n.f.s. (847) *in the glen*

וְאַחֲרָיו conj.-prep.-3 m.s. sf. (29) *and behind him*

סוּסִים n.m.p. (692; GK 132d) *horses*

אֲדֻמִּים adj. m.p. (10) *red*

שְׂרֻקִּים adj. m.p. (977) *sorrel*

וּלְבָנִים conj.-adj. m.p. (526) *and white*

1:9

וָאֹמַר consec.-Qal impf. 1 c.s. (55) *then I said*

מָה־אֵלֶּה interr. (552)-demons.adj. m.p. (41) *what are these*

אֲדֹנִי n.m.s.-1 c.s. sf. (10) *my lord*

וַיֹּאמֶר אֵלַי consec.-Qal impf. 3 m.s. (55) -prep.-1 c.s. sf. *and said to me*

הַמַּלְאָךְ def.art.-n.m.s. (521) *the angel*

הַדֹּבֵר בִּי def.art.-Qal act.ptc. (180)-prep.-1 c.s. sf. *who talked with me*

אֲנִי אַרְאֶךָ pers.pr. 1 c.s.-Hi. impf. 1 c.s.-2 m.s. sf. (906) *I will show you*

מָה־הֵמָּה interr. (552)-pers.pr. 3 m.p. (241) *what they*

אֵלֶּה demons.adj. (41) *these*

1:10

וַיַּעַן consec.-Qal impf. 3 m.s. (I 772) *so answered*

הָאִישׁ def.art.-n.m.s. (35) *the man*

הָעֹמֵד def.art.-Qal act.ptc. (763) *who was standing*

בֵּין־הַהֲדַסִּים v.1:8 *among the myrtle-trees*

וַיֹּאמַר consec.-Qal impf. 3 m.s. (55) *and he said*

אֵלֶּה v.1:9 *these*

אֲשֶׁר rel. (81) *are they whom*

שָׁלַח יהוה Qal pf. 3 m.s. (1018)-pr.n. (217) *Yahweh sent*

לְהִתְהַלֵּךְ prep.-Hith. inf.cstr. (229) *to patrol*

בָּאָרֶץ prep.-def.art.-n.f.s. (75) *the earth*

1:11

וַיַּעֲנוּ consec.-Qal impf. 3 m.p. (I 772) *and they answered*

אֶת־מַלְאַךְ dir.obj.-n.m.s. cstr. (521) *the angel of*

יהוה pr.n. (217) *Yahweh*

הָעֹמֵד def.art.-Qal act.ptc. (763) *who was standing*

בֵּין הַהֲדַסִּים v.1:8,10 *among the myrtle-trees*

וַיֹּאמְרוּ consec.-Qal impf. 3 m.p. (55) *and said*

הִתְהַלַּכְנוּ Hith. pf. 1 c.p. (229) *we have patrolled*

בָאָרֶץ v.1:10 *the earth*

וְהִנֵּה conj.-interj. (243) *and behold*

כָל־הָאָרֶץ n.m.s. cstr. (481)-def.art.-n.f.s. (75) *all of the earth*

יֹשֶׁבֶת Qal act.ptc. f.s. (442) *sitting*

וְשֹׁקָטֶת conj.-Qal act.ptc. f.s. (1053) *at rest*

1:12

וַיַּעַן v.1:10 consec.-Qal impf. 3 m.s. (I 772) *then said*

מַלְאַךְ־יהוה v.1:11 *the angel of Yahweh*

וַיֹּאמַר v.1:10 *and said*

יהוה צְבָאוֹת v.1:3 *Yahweh of hosts*

עַד־מָתַי prep.-adv. (III 723; 607) *how long*

אַתָּה pers.pr. 2 m.s. (61) *you*

לֹא־תְרַחֵם neg.-Pi. impf. 2 m.s. (933) *will have no mercy*

אֶת־יְרוּשָׁלַםִ dir.obj.-pr.n. (436) *on Jerusalem*

וְאֵת עָרֵי conj.-dir.obj.-n.f.p. cstr. (746) *and the cities of*

יְהוּדָה pr.n. (397) *Judah*

אֲשֶׁר rel. (81) *against which*

זָעַמְתָּה Qal pf. 2 m.s. (276) *thou hast had indignation*

זֶה demons.adj. m.s. (260) *these*

שִׁבְעִים num. p. (988) *seventy*

שָׁנָה n.f.s. (1040) *years*

1:13

וַיַּעַן v.1:10,12 *and answered*

יהוה pr.n. (217) *Yahweh*

אֶת־הַמַּלְאָךְ v.1:11 dir.obj.-def.art.-n.m.s. (521) *the angel*

הַדֹּבֵר בִּי def.art.-Qal act.ptc. (180)-prep.-1 c.s. sf. *who talked with me*

דְּבָרִים n.m.p. (182) *words*

טוֹבִים adj. m.p. (I 373) *gracious (good)*

דְּבָרִים v.supra (GK 131c) *words*

נִחֻמִים adj. m.p. (637) *comforting*

1:14

וַיֹּאמֶר אֵלַי consec.-Qal impf. 3 m.s. (55) -prep.-1 c.s. sf. *so said to me*

הַמַּלְאָךְ v.1:11,13 def.art.-n.m.s. (521) *the angel*

הַדֹּבֵר בִּי v.1:14 *who talked with me*

קְרָא Qal impv. 2 m.s. (894) *cry out*

לֵאמֹר v.1:1,7 prep.-Qal inf.cstr. (55) *(saying)*

כֹּה אָמַר adv. (462)-Qal pf. 3 m.s. (55) *thus says*

יהוה צְבָאוֹת v.1:3,4,6 *Yahweh of hosts*

קִנֵּאתִי Pi. pf. 1 c.s. (888) *I am exceedingly jealous*

לִירוּשָׁלַםִ prep.-pr.n. (436) *for Jerusalem*

וּלְצִיּוֹן conj.-prep.-pr.n. (851) *and for Zion*

קִנְאָה n.f.s. (888) *jealousy*

גְּדוֹלָה adj. f.s. (152) *great*

1:15

וְקֶצֶף conj.-n.m.s. (893) *and a ... anger*

גָּדוֹל adj. m.s. (152) *great*

אֲנִי קֹצֵף pers.pr. 1 c.s.-Qal act.ptc. (893) *I am very angry*

עַל־הַגּוֹיִם prep.-def.art.-n.m.p. (156) *with the nations*

הַשַּׁאֲנַנִּים def.art.-adj. m.p. (983) *that are at ease*

אֲשֶׁר אֲנִי rel. (81)-pers.pr. 1 c.s. (58) *for I*

קָצַפְתִּי Qal pf. 1 c.s. (893) *was angry*

מְעָט subst. (589) *but a little*

וְהֵמָּה conj.-pers.pr. 3 m.p. (241) *they*

עָזְרוּ Qal pf. 3 c.p. (740) *furthered*

לְרָעָה prep.-n.f.s. (948) *the disaster*

1:16

לָכֵן prep.-adv. (486) *therefore*

כֹּה־אָמַר יְהוָה v.1:14 *thus says Yahweh*

שַׁבְתִּי Qal pf. 1 c.s. (שׁוּב 996) *I have returned*

לִירוּשָׁלַם prep.-pr.n. (436) *to Jerusalem*

בְּרַחֲמִים prep.-def.art.-n.m.p. (933) *with compassion*

בֵּיתִי n.m.s.-1 c.s. sf. (108) *my house*

יִבָּנֶה Ni. impf. 3 m.s. (124) *shall be built*

בָּהּ prep.-3 f.s. sf. *in it*

נְאֻם v.1:3,4 n.m.s. cstr. (61) *says*

יְהוָה צְבָאוֹת v.1:14 *Yahweh of hosts*

וְקָו conj. (rd. וְקָו-n.m.s. 876) *and measuring line*

יִנָּטֶה Ni. impf. 3 m.s. (639) *shall be stretched*

עַל־יְרוּשָׁלָם prep.-pr.n. (436) *over Jerusalem*

1:17

עוֹד adv. (728) *again*

קְרָא Qal impv. 2 m.s. (894) *cry*

לֵאמֹר prep.-Qal inf.cstr. (55) *saying*

כֹּה אָמַר v.1:14,16 *thus says*

יְהוָה צְבָאוֹת v.1:14,16 *Yahweh of hosts*

עוֹד v.supra *again*

תְּפוּצֶינָה Qal impf. 3 f.p. (806; GK 72k) *shall overflow*

עָרַי n.f.p.-1 c.s. sf. (746) *my cities*

מִטּוֹב prep.-n.m.s. (373) *with prosperity*

וְנִחַם conj.-Pi. pf. 3 m.s. (636) *and will comfort*

יְהוָה pr.n. (217) *Yahweh*

עוֹד v.supra *again*

אֶת־צִיּוֹן dir.obj.-pr.n. (851) *Zion*

וּבָחַר עוֹד conj.-Qal pf. 3 m.s. (103)-adv. *and again choose*

בִּירוּשָׁלָם prep.-pr.n. paus. (436) *Jerusalem*

2:1

וָאֶשָּׂא consec.-Qal impf. 1 c.s. (669) *and I lifted*

אֶת־עֵינַי dir.obj.-n.f. du.-1 c.s. sf. (744) *my eyes*

וָאֵרֶא consec.-Qal impf. 1 c.s. (906) *and saw*

וְהִנֵּה conj.-interj. (243) *and behold*

אַרְבַּע num. (916) *four*

קְרָנוֹת n.f.p. (901) *horns*

2:2

וָאֹמַר consec.-Qal impf. 1 c.s. (55) *and I said*

אֶל־הַמַּלְאָךְ v.1:9 prep.-def.art.-n.m.s. (521) *to the angel*

הַדֹּבֵר בִּי v.1:9 def.art.-Qal act.ptc. (180)-prep.-1 c.s. sf. *who talked with me*

מָה־אֵלֶּה v.1:9 interr. (552)-demons. m.p. (41) *what are these?*

וַיֹּאמֶר consec.-Qal impf. 3 m.s. (55) *and he answered*

אֵלַי prep.-1 c.s. sf. *me*

אֵלֶּה v.supra *these*

הַקְּרָנוֹת v.2:1 def.art.-n.f.p. (901) *(are) the horns*

אֲשֶׁר rel. (81) *which*

זֵרוּ Pi. pf. 3 c.p. (279) *have scattered*

אֶת־יְהוּדָה dir.obj.-pr.n. (397) *Judah*

אֶת־יִשְׂרָאֵל dir.obj.-pr.n. (975) *Israel*

וִירוּשָׁלָם conj.-pr.n. (436) *and Jerusalem*

2:3

וַיַּרְאֵנִי consec.-Hi. impf. 3 m.s.-1 c.s. sf. (906) *then showed me*

יְהוָה pr.n. (217) *Yahweh*

אַרְבָּעָה num. f.s. (916) *four*

חָרָשִׁים n.m.p. (360) *smiths*

2:4

וָאֹמַר v.2:2 consec.-Qal impf. 1 c.s. (55) *and I said*

מָה אֵלֶּה v.2:2 interr.-demons. *what (are) these*

בָּאִים Qal act.ptc. m.p. (97) *coming*

לַעֲשׂוֹת prep.-Qal inf.cstr. (I 793) *to do*

וַיֹּאמֶר v.2:2 *and he said*

לֵאמֹר v.1:17 prep.-Qal inf.cstr. (55) *saying*

אֵלֶּה v.2:2 *these (are)*

הַקְּרָנוֹת v.2:2 *the horns*

אֲשֶׁר־זֵרוּ v.2:2 *which scattered*

אֶת־יְהוּדָה dir.obj.-pr.n. (397) *Judah*

כְּפִי־אִישׁ prep.-n.m.s. cstr. (805)-n.m.s. (35) *(in such proportion) so that a man*

לֹא־נָשָׂא neg.-Qal pf. 3 m.s. (669) *did not raise*

רֹאשׁוֹ n.m.s.-3 m.s. sf. (910) *his head*

וַיָּבֹאוּ consec.-Qal impf. 3 m.p. (97) *and have come*

אֵלֶּה v.supra *these*

לְהַחֲרִיד prep.-Hi. inf.cstr. (353) *to terrify*

אֹתָם dir.obj.-3 m.p. sf. *them*

לְיַדּוֹת prep.-Pi. inf.cstr. (392) *to cast down*

אֶת־קַרְנוֹת dir.obj.-n.f.p. cstr. (901) *the horns of*

הַגּוֹיִם def.art.-n.m.p. (156) *the nations*

הַנֹּשְׂאִים def.art.-Qal act.ptc. m.p. (669) *who lifted up*

קֶרֶן n.m.s. (901) *horn*

אֶל־אֶרֶץ prep.-n.f.s. cstr. (75) *against the land of*

יְהוּדָה pr.n. (397) *Judah*

לְזָרוֹתָהּ prep.-Pi. inf.cstr.-3 f.s. sf. (279) *to scatter it*

2:5

וָאֶשָּׂא consec.-Qal impf. 1 c.s. (669) *and I lifted*

עֵינַי n.f.p.-1 c.s. sf. (744) *my eyes*

וָאֵרֶא consec.-Qal impf. 1 c.s. (906) *and saw*

וְהִנֵּה־אִישׁ conj.-interj. (243)-n.m.s. (35) *and behold a man*

וּבְיָדוֹ conj.-prep.-n.f.s.-3 m.s. sf. (388) *in his hand*

חֶבֶל n.m.s. cstr. (286) *a line of*

מִדָּה n.f.s. (551) *measuring*

2:6

וָאֹמַר consec.-Qal impf. 1 c.s. (55) *then I said*

אָנָה adv.-loc.he (33) *where*

אַתָּה pers.pr. 2 m.s. (61) *you*

הֹלֵךְ Qal act.ptc. (229) *going*

וַיֹּאמֶר consec.-Qal impf. 3 m.s. (55) *and he said*

אֵלַי prep.-1 c.s. sf. *to me*

לָמֹד prep.-Qal inf.cstr. (551) *to measure*

אֶת־יְרוּשָׁלַם dir.obj.-pr.n. (436) *Jerusalem*

לִרְאוֹת prep.-Qal inf.cstr. (906) *to see*

כַּמָּה־ prep.-def.art.-interr. (552; 4c) *what (the like of what?)*

רָחְבָּהּ n.m.s.-3 f.s. sf. (931) *its breadth*

וְכַמָּה v.supra *and what*

אָרְכָּהּ n.m.s.-3 f.s. sf. (73) *its length*

2:7

וְהִנֵּה v.2:5 *and behold*

הַמַּלְאָךְ v.2:2 *the angel*

הַדֹּבֵר בִּי v.2:2 *who talked with me*

יֹצֵא Qal act.ptc. (422) *came forward*

וּמַלְאָךְ conj.-v.supra *and angel*

אַחֵר adj. m.s. (29) *another*

יֹצֵא v.supra *came forward*

לִקְרָאתוֹ prep.-Qal inf.cstr.-3 m.s. sf. (894) *to meet him*

2:8

וַיֹּאמֶר v.2:6 *and said*

אֵלָו prep.-3 m.s. sf. *to him*

רֻץ Qal impv. 2 m.s. (930) *run*

דַּבֵּר Pi. impv. 2 m.s. (180) *say*

אֶל־הַנַּעַר prep.-def.art.-n.m.s. (654) *to ... young man*

הַלָּז def.art.-pron. c. (229) *that*

לֵאמֹר prep.-Qal inf.cstr. (55) *saying*

פְּרָזוֹת n.f.p. (826) *as villages*

תֵּשֵׁב יְרוּשָׁלַם Qal impf. 2 m.s. (442)-pr.n. (436) *you shall inhabit Jerusalem*

מֵרֹב אָדָם prep. (GK 118r)-n.m.s. cstr. (913)-n.m.s. (9) *because of the multitude of men*

וּבְהֵמָה conj.-n.f.s. (96) *and cattle*

בְּתוֹכָהּ prep.-n.m.s.-3 f.s. sf. (1063) *in it*

2:9

וַאֲנִי conj.-pers.pr. 1 c.s. (58) *for I*

אֶהְיֶה־לָּהּ Qal impf. 1 c.s. (224)-prep.-3 f.s. sf. *I will be to her*

נְאֻם־יְהוָה v.1:3,4 n.m.s. cstr. (610)-pr.n. (217) *says Yahweh*

חוֹמַת אֵשׁ n.f.s. cstr. (327)-n.f.s. (77) *a wall of fire*

סָבִיב adv. (686) *round about*

וּלְכָבוֹד conj.-prep.-n.m.s. (458) *glory*

אֶהְיֶה v.supra *I will be*

בְתוֹכָהּ v.2:8 *within her*

2:10

הוֹי הוֹי interj. (222) *Ho! Ho!*

וְנֻסוּ conj. (GK 154b)-Qal impv. 2 m.p. (630) *flee*

מֵאֶרֶץ prep.-n.f.s. cstr. (75) *from land of*

צָפוֹן n.f.s. (860) *north*

נְאֻם־יְהוָה v.2:9 *says Yahweh*

כִּי conj. *for*

כְּאַרְבַּע prep.-n.m.s. cstr. (916) *as the four of*

רוּחוֹת n.f.p. cstr. (924) *the winds of*

הַשָּׁמַיִם def.art.-n.m.p. (1029) *the heavens*

פֵּרַשְׂתִּי Pi. pf. 1 c.s. (831) *I have spread abroad*

אֶתְכֶם dir.obj.-2 m.p. sf. *you*

נְאֻם־יְהוָה v.supra *says Yahweh*

2:11

הוֹי interj. v.2:10 *Ho!*

צִיּוֹן pr.n. (851) *to Zion*

הִמָּלְטִי Ni. impv. 2 f.s. (572; GK 29oN) *Escape*

יוֹשֶׁבֶת Qal act.ptc. f.s. (442) *you who dwell with*

בַּת־בָּבֶל n.f.s. cstr. (123)-pr.n. (93) *daughter of Babylon*

2:12

כִּי conj. *for*

כֹּה אָמַר v.1:3,4 adv.-Qal pf. 3 m.s. (55) *thus says*

יְהוָה צְבָאוֹת v.1:3,4 *Yahweh of hosts*

אַחַר prep. (29) *after*

כָּבוֹד n.m.s. (458) *his glory*

שְׁלָחַנִי Qal pf. 3 m.s.-1 c.s. sf. (1018) *sent me*

אֶל־הַגּוֹיִם prep.-def.art.-n.m.p. (156) *to the nations*

הַשֹּׁלְלִים def.art.-Qal act.ptc. m.p. (1021) *who plundered*

אֶתְכֶם dir.obj.-2 m.p. sf. *you*

כִּי conj. *for*

הַנֹּגֵעַ def.art.-Qal act.ptc. (619) *he who touches*

בָּכֶם prep.-2 m.p. sf. *you*

נֹגֵעַ Qal act.ptc. (619) *touches*

בְּבָבַת prep.-n.f.s. cstr. (93) *the apple of*

עֵינוֹ n.f.s.-3 m.s. sf. (744) *his eye*

2:13

כִּי הִנְנִי conj.-interj.-1 c.s. sf. (243) *behold I*

מֵנִיף Hi. ptc. (I 631) *will shake*

אֶת־יָדִי dir.obj.-n.f.s.-1 c.s. sf. (388) *my hand*

עֲלֵיהֶם prep.-3 m.p. sf. *over them*

וְהָיוּ conj.-Qal pf. 3 c.p. (224) *and they shall become*

שָׁלָל n.m.s. (1021) *plunder*

לְעַבְדֵיהֶם prep.-n.m.p.-3 m.p. sf. (712) *for those who served them*

וִידַעְתֶּם conj.-Qal pf. 2 m.p. (393) *then you will know*

כִּי־יהוה צְבָאוֹת conj.-pr.n. (217)-n.f.p. (838) *that Yahweh of hosts*

שְׁלָחָנִי v.2:12 Qal pf. 3 m.s.-1 c.s. sf. paus. (1018) *has sent me*

2:14

רָנִּי Qal impv. 2 f.s. (943) *Sing*

וְשִׂמְחִי conj.-Qal impv. 2 f.s. (970) *and rejoice*

בַּת־צִיּוֹן n.f.s. cstr. (123)-pr.n. (851) *O daughter of Zion*

כִּי הִנְנִי־בָא conj.-interj.-1 c.s. sf. (243)-Qal act. ptc. (97) *for lo, I come*

וְשָׁכַנְתִּי conj.-Qal pf. 1 c.s. (1014) *and I will dwell*

בְּתוֹכֵךְ prep.-n.m.s.-2 f.s. sf. (1063) *in the midst of you*

נְאֻם־יהוה v.2:9,10 *says Yahweh*

2:15

וְנִלְווּ conj.-Ni. pf. 3 c.p. (I 530) *shall join themselves*

גּוֹיִם רַבִּים n.m.p. (156)-adj. m.p. (I 912) *many nations*

אֶל־יהוה prep.-pr.n. (217) *to Yahweh*

בַּיּוֹם הַהוּא prep.-def.art.-n.m.s. (398)-def. art.-demons.adj. (214) *in that day*

וְהָיוּ conj.-Qal pf. 3 c.p. (224) *and shall be*

לִי לְעָם prep.-1 c.s. sf.-prep.-n.m.s. (I 766) *my people*

וְשָׁכַנְתִּי v.2:14 *and I will dwell*

בְּתוֹכֵךְ v.2:14 *in the midst of you*

וְיָדַעַתְּ conj.-Qal pf. 2 f.s. (393) *and you shall know*

כִּי־יהוה צְבָאוֹת v.2:12,13 *that Yahweh of hosts*

שְׁלָחָנִי v.2:13 *has sent me*

אֵלַיִךְ prep.-2 f.s. sf. paus. *to you*

2:16

וְנָחַל conj.-Qal pf. 3 m.s. (635) *and ... will inherit*

יהוה pr.n. (217) *Yahweh*

אֶת־יְהוּדָה dir.obj.-pr.n. (397) *Judah*

חֶלְקוֹ n.m.s.-3 m.s. sf. (324) *as his portion*

עַל אַדְמַת prep.-n.f.s. cstr. (9) *in the land of*

הַקֹּדֶשׁ def.art.-n.m.s. (871) *holiness*

וּבָחַר conj.-Qal pf. 3 m.s. (103) *and will choose*

עוֹד בִּירוּשָׁלָ͏ִם adv. (728)-prep.-pr.n. paus. *again Jerusalem*

2:17

הַס interj. (245) *be silent*

כָּל־בָּשָׂר n.m.s. cstr. (481)-n.m.s. (142) *all flesh*

מִפְּנֵי יהוה prep.-n.m.p. cstr. (815)-pr.n. *before Yahweh*

כִּי נֵעוֹר conj.-Ni. pf. 3 m.s. (I 734; GK 72v,ee) *for he has roused himself*

מִמְּעוֹן prep.-n.m.s. cstr. (I 732) *from dwelling of*

קָדְשׁוֹ n.m.s.-3 m.s. sf. (871) *his holiness*

3:1

וַיַּרְאֵנִי consec.-Hi. impf. 3 m.s.-1 c.s. sf. (906) *and he showed me*

אֶת־יְהוֹשֻׁעַ dir.obj.-pr.n. (221) *Joshua*

הַכֹּהֵן הַגָּדוֹל def.art.-n.m.s. (463)-def.art.-adj. m.s. (152) *the high priest*

עֹמֵד Qal act.ptc. (763) *standing*

לִפְנֵי prep.-n.m.p. cstr. as prep. (815) *before*

מַלְאַךְ יהוה n.m.s. cstr. (521)-pr.n. (217) *the angel of Yahweh*

וְהַשָּׂטָן conj.-def.art.-n.m.s. (966) *and the adversary*

עֹמֵד v.supra *standing*

עַל־יְמִינוֹ prep.-n.f.s.-3 m.s. sf. (411) *at his right hand*

לְשִׂטְנוֹ prep.-Qal inf.cstr.-3 m.s. sf. (411; GK 61b,115c) *to accuse him*

3:2

וַיֹּאמֶר יהוה consec.-Qal impf. 3 m.s. (55)-pr.n. (217) *and Yahweh said*

אֶל־הַשָּׂטָן prep.-v.3:1 *to the adversary*

יִגְעַר Qal impf. 3 m.s. (172) *rebuke*

יהוה pr.n. (217) *Yahweh*

בְּךָ prep.-2 m.s. sf. *you*

הַשָּׂטָן v.supra *O adversary*

וְיִגְעַר יהוה conj.-v.supra-v.supra *Yahweh rebuke*

בְּךָ v. supra *you*

הַבֹּחֵר def.art.-Qal act.ptc. (103) *who has chosen*

בִּירוּשָׁלָ͏ִם prep.-pr.n. paus. (436) *Jerusalem*

הֲלוֹא interr.-neg. *is not?*

זֶה demons. (260) *this*

אוּד n.m.s. (15) *a brand*

מֻצָּל Ho. ptc. (664) *plucked*

מֵאֵשׁ prep.-n.f.s. (77) *from the fire*

3:3

וִיהוֹשֻׁעַ conj.-pr.n. (221) *Now Joshua*

הָיָה Qal pf. 3 m.s. (224) *was*

לָבֻשׁ Qal pass.ptc. (527) *clothed*

בְּגָדִים n.m.p. (93) *with garments*

צוֹאִים adj. m.p. (844) *filthy*

וְעֹמֵד conj.-Qal act.ptc. (763) *standing*

לִפְנֵי v.3:1 *before*

הַמַּלְאָךְ v.3:1 def.art.-n.m.s. paus. (521) *the angel*

3:4

וַיַּעַן consec.-Qal impf. 3 m.s. (I 772) *and he answered*

וַיֹּאמֶר consec.-Qal impf. 3 m.s. (55) *and said*

אֶל־הָעֹמְדִים prep.-def.art.-Qal act.ptc. m.p. (763) *to those who were standing*

לְפָנָיו prep.-n.m.p.-3 m.p. sf. (815) *before him*

לֵאמֹר prep.-Qal inf.cstr. (55) *saying*

הָסִירוּ Hi. impv. 2 m.p. (693) *remove*

הַבְּגָדִים v. 3:3 def.art.-n.m.p. (93) *the garments*

הַצֹּאִים v.3:3 def.art.-adj. m.p. (844) *filthy*

מֵעָלָיו prep.-prep.-3 m.s. sf. *from him*

וַיֹּאמֶר v.supra *and he said*

אֵלָיו prep.-3 m.s. sf. *to him*

רְאֵה Qal impv. 2 m.s. (906) *behold*

הֶעֱבַרְתִּי Hi. pf. 1 c.s. (716) *I have taken away*

מֵעָלֶיךָ prep.-prep.-2 m.s. sf. *from you*

עֲוֹנֶךָ n.m.s.-2 m.s. sf. (730) *your iniquity*

וְהַלְבֵּשׁ conj.-Hi. inf.abs. (527; GK 113z) *and I will clothe*

אֹתְךָ dir.obj.-2 m.s. sf. *you*

מַחֲלָצוֹת n.f.p. (323) *with rich apparel*

3:5

וָאֹמַר consec.-Qal impf. 1 c.s. (55) *and I said*

יָשִׂימוּ Qal impf. 3 m.p. (I 962) *let them put*

צָנִיף n.m.s. (857) *a turban*

טָהוֹר adj. m.s. (373) *clean*

עַל־רֹאשׁוֹ prep.-n.m.s.-3 m.s. sf. (910) *on his head*

וַיָּשִׂימוּ consec.-Qal impf. 3 m.p. (I 962) *so they put*

הַצָּנִיף def.art.-n.m.s. (857) *the turban*

הַטָּהוֹר def.art.-adj. m.s. (373) *clean*

עַל־רֹאשׁוֹ v.supra *on his head*

וַיַּלְבִּשֻׁהוּ consec.-Hi. impf. 3 m.p.-3 m.s. sf. (527) *and clothed him*

בְּגָדִים v.3:4 n.m.p. (93) *with garments*

וּמַלְאַךְ יהוה conj.-v.3:1 *and the angel of Yahweh*

עֹמֵד v.3:1,3 Qal act.ptc. (763) *was standing by*

3:6

וַיָּעַד consec.-Hi. impf. 3 m.s. (729) *and enjoined*

מַלְאַךְ יהוה v.3:5 *the angel of Yahweh*

בִּיהוֹשֻׁעַ v.3:1,3 prep.-pr.n. (221) *Joshua*

לֵאמֹר v.3:4 prep.-Qal inf.cstr. (55) *saying*

3:7

כֹּה־אָמַר v.2:12 adv.-Qal pf. 3 m.s. (55) *thus says*

יהוה צְבָאוֹת v.2:12 *Yahweh of hosts*

אִם־בִּדְרָכַי hypoth.part.-prep.-n.m.p.-1 c.s. sf. (202) *if in my ways*

תֵּלֵךְ Qal impf. 2 m.s. (229) *you will walk*

וְאִם conj.-hypoth.part. *and if*

אֶת־מִשְׁמַרְתִּי dir.obj.-n.f.s.-1 c.s. sf. (1038) *my charge*

תִּשְׁמֹר Qal impf. 2 m.s. (1036) *keep*

וְגַם־אַתָּה conj.-adv. (168)-pers.pr. 2 m.s. *then you*

תָּדִין Qal impf. 2 m.s. (192) *shall rule*

אֶת־בֵּיתִי dir.obj.-n.m.s.-1 c.s. sf. (108) *my house*

וְגַם v.supra *and*

תִּשְׁמֹר v.supra *have charge*

אֶת־חֲצֵרָי dir.obj.-n.m.p.-1 c.s. sf. (I 346) *of my courts*

וְנָתַתִּי conj.-Qal pf. 1 c.s. (678) *and I will give*

לְךָ prep.-2 m.s. sf. *you*

מַהְלְכִים n.m.s. (237; GK 53o) *the right of access*

בֵּין הָעֹמְדִים prep.-def.art.-Qal act.ptc. m.p. (763) *among ... who are standing*

הָאֵלֶּה def.art.-demons. m.p. (41) *these*

3:8

שְׁמַע־נָא Qal impv. 2 m.s. (1033)-part. of entreaty *hear now*

יְהוֹשֻׁעַ v.3:1 pr.n. (221) *Joshua*

הַכֹּהֵן הַגָּדוֹל v.3:1 def.art. (GK 126e)-n.m.s. (463)-def.art.-adj. m.s. (152) *the high priest*

אַתָּה pers.pr. 2 m.s. *you*

וְרֵעֶיךָ conj.-n.m.p.-2 m.s. sf. (945) *and your friends*

הַיֹּשְׁבִים def.art.-Qal act.ptc. m.p. (442) *who sit*

לְפָנֶיךָ prep.-n.m.p.-2 m.s. sf. (815) *before you*

כִּי־אַנְשֵׁי conj.-n.m.p. cstr. (35) *for men of*

מוֹפֵת n.m.s. (68) *good omen*

הֵמָּה pers.pr. 3 m.p. *they*

כִּי־הִנְנִי v.2:13 conj.-interj.-1 c.s. sf. (243) *behold I*

מֵבִיא Hi. ptc. (97) *will bring*

אֶת־עַבְדִּי dir.obj.-n.m.s.-1 c.s. sf. (712) *my servant*

צֶמַח n.m.s. (855) *the Branch (sprout)*

3:9

כִּי הִנֵּה conj.-interj. (243) *for behold*

הָאֶבֶן def.art.-n.f.s. (6) *upon the stone*

אֲשֶׁר נָתַתִּי v.3:6 rel. (81)-Qal pf. 1 c.s. (678) *which I have set*

לִפְנֵי יְהוֹשֻׁעַ prep.-n.m.p. cstr. (815)-pr.n. (221) *before Joshua*

עַל־אֶבֶן prep.-n.f.s. (6) *upon a ... stone*

אַחַת adj. num. f.s. (25) *single*

שִׁבְעָה num. adj. f.s. (988; GK 97c) *with seven*

עֵינַיִם n.m. du. paus. (744; GK 88f,122n) *facets*

הִנְנִי v.3:8 interj.-1 c.s. sf. (243) *I*

מְפַתֵּחַ Pi. ptc. (II 836) *will engrave*

פִּתֻּחָהּ n.m.s.-3 f.s. sf. (836) *its inscription*

נְאֻם יְהוָה v.1:3,16; 2:9,10 *says Yahweh of*

צְבָאוֹת v.2:15 n.f.p. (838) *hosts*

וּמַשְׁתִּי conj.-Qal pf. 1 c.s. (I 559) *and I will remove*

אֶת־עֲוֹן dir.obj.-n.m.s. cstr. (730) *the iniquity of*

הָאָרֶץ־הַהִיא def.art.-n.f.s. (75)-def.art.-demons. adj. (214) *this land*

בְּיוֹם אֶחָד prep.-n.m.s. (398)-num.adj. (25) *in a single day*

3:10

בַּיּוֹם הַהוּא prep.-def.art.-n.m.s. (398)-def. art.-demons.adj. m.s. (214) *in that day*

נְאֻם יְהוָה v.3:9 *says Yahweh of*

צְבָאוֹת v.3:9 n.f.p. (838) *hosts*

תִּקְרְאוּ Qal impf. 2 m.p. (894) *you will invite*

אִישׁ n.m.s. (35) *every one*

לְרֵעֵהוּ prep.-n.m.s.-3 m.s. sf. (945) *of his neighbor*

אֶל־תַּחַת prep.-prep. (1066) *under*

גֶּפֶן n.f.s. (172) *his vine*

וְאֶל־תַּחַת conj.-v.supra *and under*

תְּאֵנָה n.f.s. (1061) *his fig-tree*

4:1

וַיָּשָׁב consec.-Qal impf. 3 m.s. (996) *and came again*

הַמַּלְאָךְ v.2:2,7 def.art.-n.m.s. (521) *the angel*

הַדֹּבֵר בִּי v.2:2 def.art.-Qal act.ptc. (180)-prep.-1 c.s. sf. *who talked with me*

וַיְעִירֵנִי consec.-Hi. impf. 3 m.s.-1 c.s. sf. (I 734) *and waked me*

כְּאִישׁ prep.-n.m.s. (35) *as a man*

אֲשֶׁר־יֵעוֹר rel. (81)-Ni. impf. 3 m.s. (I 734) *that is wakened*

מִשְּׁנָתוֹ prep.-n.f.s.-3 m.s. sf. (446) *out of his sleep*

4:2

וַיֹּאמֶר אֵלַי consec.-Qal impf. 3 m.s. (55) -prep.-1 c.s. sf. *and he said to me*

מָה אַתָּה interr. (552)-pers.pr. 2 m.s. *what do you*

רֹאֶה Qal act.ptc. (906) *see*

וָיֹאמַר consec.-Qal impf. 3 m.s. or 1 c.s. (55) *and I said*

רָאִיתִי Qal pf. 1 c.s. (906) *I see*

וְהִנֵּה conj.-interj. (243) *and behold*

מְנוֹרַת n.f.s. cstr. (633) *a lampstand of*

זָהָב n.m.s. (262) *gold*

כֻּלָּהּ n.m.s.-3 f.s. sf. (481) *all of it*

וְגֻלָּהּ conj.-n.m.s.-3 f.s. sf. (prb.rd. וְגֻלָּה 165; GK 91e) *with a bowl*

עַל־רֹאשָׁהּ prep.-n.m.s.-3 f.s. sf. (910) *on top of it*

וְשִׁבְעָה conj.-num. f.s. (988) *and seven*

נֵרֹתֶיהָ n.m.p.-3 f.s. sf. (I 632; GK 97c) *lamps*

עָלֶיהָ prep.-3 f.s. sf. *on it*

שִׁבְעָה וְשִׁבְעָה v.supra *with seven .... on each*

מוּצָקוֹת n.f.p. (427) *lips (pipe)*

לַנֵּרוֹת prep.-def.art.-v.supra n.m.p. (I 632) *of the lamps*

אֲשֶׁר rel. (81) *which*

עַל־רֹאשָׁהּ v.supra *on top of it*

4:3

וּשְׁנַיִם conj.-num. m. du. (1040) *and two*

זֵיתִים n.m.p. (628) *olive trees*

עָלֶיהָ prep.-3 f.s. sf. *by it*

אֶחָד num. m.s. (25) *one*

מִימִין prep.-n.f.s. cstr. (411) *on the right of*

הַגֻּלָּה def.art.-n.f.s. (165) *the bowl*

וְאֶחָד conj.-v. supra *and the other (one)*

עַל־שְׂמֹאלָהּ prep.-n.m.s.-3 f.s. sf. (969) *on its left*

4:4

וָאַעַן consec.-Qal impf. 1 c.s. (I 772) *and I answered*

וָאֹמַר consec.-Qal impf. 1 c.s. (55) *and I said*

אֶל־הַמַּלְאָךְ v.4:1 prep.-def.art.-n.m.s. (521) *to the angel*

הַדֹּבֵר בִּי v.4:1 def.art.-Qal act.ptc. (180)-prep.-1 c.s. sf. *who talked with me*

לֵאמֹר prep.-Qal inf.cstr. (55) *saying*

מָה־אֵלֶּה v.1:9; 2:2,4 interr. (552)-demons.adj. m.p. (41) *what are these*

אֲדֹנִי n.m.s.-1 c.s. sf. (10) *my Lord*

4:5

וַיַּעַן consec.-Qal impf. 3 m.s. (I 772) *then ... answered*

הַמַּלְאָךְ v.4:4 *the angel*

הַדֹּבֵר בִּי v.4:4 *who talked with me*

וַיֹּאמֶר אֵלַי consec.-Qal impf. 3 m.s. (55) -prep.-1 c.s. sf. *and said to me*

הֲלוֹא יָדַעְתָּ interr.-neg.-Qal pf. 2 m.s. (393) *Do you not know?*

מָה־הֵמָּה v.1:9 interr. (552)-pr. 3 m.p. *what they*

אֵלֶּה v.1:9 demons.adj. (41) *these*

וָאֹמַר consec.-Qal impf. 1 c.s. (55) *I said*

לֹא אֲדֹנִי neg.-n.m.s.-1 c.s. sf. (10) *No, my lord*

4:6

וַיַּעַן v.4:5 consec.-Qal impf. 3 m.s. (I 772) *and he answered*

וַיֹּאמֶר אֵלַי v.3:4 consec.-Qal impf. 3 m.s. (55) -prep.-1 c.s. sf. *then he said to me*

לֵאמֹר v.4:4 prep.-Qal inf.cstr. (55) *saying*

זֶה demons.adj. m.s. (260) *this is*

דְּבַר־יְהוָה n.m.s. cstr. (182)-pr.n. (217) *the word of Yahweh*

אֶל־זְרֻבָּבֶל prep.-pr.n. (279) *to Zerubbabel*

לֵאמֹר v.supra *saying*

לֹא בְחַיִל neg.-prep.-n.m.s. (298) *not by might*

וְלֹא בְכֹחַ conj.-neg.-prep.-n.m.s. (470) *nor by power*

כִּי אִם־בְּרוּחִי conj.-hypoth.part. (474)-prep. -n.f.s.-1 c.s. sf. (924) *but by my Spirit*

אָמַר יהוה צְבָאוֹת v.3:7 Qal pf. 3 m.s. (55)-pr.n. (217)-n.f.p. (838) *says Yahweh of hosts*

4:7

מִי־אַתָּה interr. (566)-pers.pr. 2 m.s. (61) *what are you*

הַר־הַגָּדוֹל n.m.s. cstr. (249; GK 126x)-def.art. -adj. m.s. (152) *O great mountain*

לִפְנֵי זְרֻבָּבֶל prep.-pr.n. (279) *before Zerubbabel (you shall become)*

לְמִישֹׁר prep.-n.m.s. (449) *a plain*

וְהוֹצִיא conj.-Hi. pf. 3 m.s. (422) *and he shall bring forward*

אֶת־הָאֶבֶן dir.obj.-def.art.-n.f.s. (6) *the stone*

הָרֹאשָׁה def.art.-adj. f.s. (910) *top*

תְּשֻׁאוֹת n.f.p. cstr. as adv.acc. (996) *amid shouts of*

חֵן חֵן n.m.s. (336)-v.supra *Grace, grace*

לָהּ prep.-3 f.s. sf. *to it*

4:8

וַיְהִי consec.-Qal impf. 3 m.s. (224) *moreover ... came*

דְּבַר־יְהוָה v.4:6 *the word of Yahweh*

אֵלַי prep.-1 c.s. sf. *to me*

לֵאמֹר v. 4:4,6 *saying*

4:9

יְדֵי זְרֻבָּבֶל n.f. du. cstr. (388)-pr.n. (279) *the hands of Zerubbabel*

יִסְּדוּ Pi. pf. 3 c.p. (413) *have laid the foundation of*

הַבַּיִת הַזֶּה def.art.-n.m.s. (108)-def.art.-demons. adj. m.s. (260) *this house*

וְיָדָיו conj.-n.f. du.-3 m.s. sf. (388) *his hands also*

תְּבַצַּעְנָה Pi. impf. 3 f.p. (130) *shall complete it*

וְיָדַעְתָּ conj.-v.4:5 Qal pf. 2 m.s. (393) *then you will know*

כִּי־יהוה צְבָאוֹת conj.-pr.n. (217)-n.f.p. (838) *that Yahweh of hosts*

שְׁלָחַנִי Qal pf. 3 m.s.-1 c.s. sf. (1018) *has sent me*

אֲלֵיכֶם prep.-2 m.p. sf. *to you*

4:10

כִּי מִי בַז conj.-interr. (566)-Qal pf. 3 m.s. (100; GK 72dd) *for whoever has despised*

לְיוֹם prep.-n.m.s. cstr. (398) *the day of*

קְטַנּוֹת n.f.p. (881) *small things*

וְשָׂמְחוּ conj.-Qal pf. 3 c.p. (970) *shall rejoice*

וְרָאוּ conj.-Qal pf. 3 c.p. (906) *and shall see*

אֶת־הָאֶבֶן v.4:7 dir.obj.-def.art.-n.f.s. (6) *the (stone)*

הַבְּדִיל def.art.-n.m.s. (95; GK 127h) *plummet*

בְּיַד זְרֻבָּבֶל prep.-n.f.s. cstr. (388)-pr.n. (279) *in the hands of Zerubbabel*

שִׁבְעָה־אֵלֶּה num. f.s. (988)-demons. m.p. (41) *these seven are*

עֵינֵי יהוה n.f. du. cstr. (744)-pr.n. (217) *the eyes of Yahweh*

הֵמָּה pers.pr. 3 m.p. (241) *which*

מְשׁוֹטְטִים Polel ptc. m.p. (1001) *range*

בְּכָל־הָאָרֶץ prep.-n.m.s. cstr. (481)-def.art.-n.f.s. (75) *through the whole earth*

4:11

וָאַעַן v.4:4 consec.-Qal impf. 1 c.s. (I 772) *and I answered*

וָאֹמַר v.4:4 consec.-Qal impf. 1 c.s. (55) *then I said*

אֵלָיו prep.-3 m.s. sf. *to him*

מַה־שְּׁנֵי interr. (552)-num. m. du. cstr. (1040) *what ... two*

הַזֵּיתִים הָאֵלֶּה def.art.-n.m.p. (268)-def.art. -demons.adj. m.p. (41) *these olive trees*

עַל־יְמִין prep.-n.f.s. cstr. (411) *on the right of*

הַמְּנוֹרָה def.art.-n.f.s. (633) *the lampstand*

וְעַל־שְׂמֹאולָהּ conj.-prep.-n.m.s.-3 f.s. sf. (969) *and on its left*

4:12

וָאַעַן v.4:4,11 *and I answered*

שֵׁנִית num.ord. f.s. (1041) *a second time*

וָאֹמַר v.4:4,11 consec.-Qal impf. 1 c.s. (55) *then I said*

אֵלָיו v.4:11 *to him*

מַה־שְׁתֵּי interr. (552)-num. f.p. cstr. (1040) *what are two of*

שִׁבֲּלֵי n.f.p. cstr. (987; GK 10g) *branches of (ears of)*

הַזֵּיתִים def.art.-n.m.p. (268) *the olive trees*

אֲשֶׁר בְּיַד rel. (81)-prep.-n.f.s. cstr. (388) *which are beside*

שְׁנֵי צַנְתְּרוֹת num.adj. m.p. cstr. (1040)-n.m.p. cstr. (857) *the two pipes of*

הַזָּהָב def.art.-n.m.s. (262) *gold*

הַמְּרִיקִים def.art.-Hi. ptc. m.p. (937) *is poured out*

מֵעֲלֵיהֶם prep.-prep.-3 m.p. sf. *from which*

הַזָּהָב v.supra *oil (Heb. gold)*

4:13

וַיֹּאמֶר אֵלַי v.4:2 *he said to me*

לֵאמֹר v.4:4,6,8 *(saying)*

הֲלוֹא יָדַעְתָּ v.4:5 interr.-neg.-Qal pf. 2 m.s. (393) *do you not know?*

מָה־אֵלֶּה v.4:4 interr. (552)-demons.adj. m.p. (41) *what these are*

וָאֹמַר v.4:5 consec.-Qal impf. 1 c.s. (55) *I said*

לֹא אֲדֹנִי neg.-n.m.s.-1 c.s. sf. (10) *No, my lord*

4:14

וַיֹּאמֶר v.4:13 *then he said*

אֵלֶּה demons.adj. c.p. (41) *these are*

שְׁנֵי v.4:12 num. m.p. cstr. (1040) *two of*

בְנֵי־הַיִּצְהָר n.m.p. cstr. (119)-def.art.-n.m.s. (I 844) *the anointed* (lit. *the sons of fresh oil*)

הָעֹמְדִים def.art.-Qal act.ptc. m.p. (763) *who stand*

עַל־אֲדוֹן prep.-n.m.s. cstr. (10) *by the lord of*

כָּל־הָאָרֶץ n.m.s. cstr. (481)-def.art.-n.f.s. paus. (75) *the whole earth*

5:1

וָאָשׁוּב consec.-Qal impf. 1 c.s. (996) *and I turned*

וָאֶשָּׂא consec.-Qal impf. 1 c.s. (669) *and I lifted up*

עֵינַי n.f. du.-1 c.s. sf. (744) *my eyes*

וָאֶרְאֶה consec.-Qal impf. 1 c.s. (906) *and saw*

וְהִנֵּה conj.-interj. (243) *and behold*

מְגִלָּה עָפָה n.f.s. (166)-Qal act.ptc. f.s. (I 733) *a flying scroll*

5:2

וַיֹּאמֶר אֵלַי v.4:13 *and he said to me*

מָה אַתָּה interr. (552)-pers.pr. 2 m.s. (61) *what do you*

רֹאֶה Qal act.ptc. (906) *see*

וָאֹמַר v.4:13 *I answered*

אֲנִי רֹאֶה pers.pr. 1 c.s. (58)-v.supra *I see*

מְגִלָּה עָפָה v.5:1 *a flying scroll*

אָרְכָּהּ n.m.s.-3 f.s. sf. (73) *its length*

עֶשְׂרִים num. m.p. (797) *twenty*

בָּאַמָּה prep.-def.art.-n.f.s. (52; GK 134n) *cubits*

וְרָחְבָּהּ conj.-n.m.s.-3 f.s. sf. (931) *and its breadth*

עֶשֶׂר num. m.s. (796) *ten*

בָּאַמָּה v.supra *cubits*

5:3

וַיֹּאמֶר אֵלַי v.5:2 *then he said to me*

זֹאת הָאֵלֶּה demons.adj. f.s. (260)-def.art.-n.f.s. (46) *this is the curse*

הַיּוֹצֵאת def.art.-Qal act.ptc. f.s. (422) *that goes out*

עַל־פְּנֵי prep.-n.m.p. cstr. (815) *over the face of*

כָל־הָאָרֶץ n.m.s. cstr. (481)-def.art.-n.f.s.(75) *the whole land*

כִּי כָל־הַגֹּנֵב conj.-v.supra-def.art.-Qal act.ptc. (170) *for every one who steals*

מִזֶּה prep.-demons. (260) *henceforth*

כָּמוֹהָ prep. (453)-3 f.s. sf. *according to it*

נִקָּה Ni. pf. 3 m.s. (667) *shall be cut off*

וְכָל־הַנִּשְׁבָּע conj.-v.supra-def.art.-Ni. ptc. (989) *and every one who swears falsely*

מִזֶּה כָּמוֹהָ v.supra *henceforth according to it*

נִקָּה v.supra *shall be cut off*

5:4

הוֹצֵאתִיהָ Hi. pf. 1 c.s.-3 f.s. sf. (422) *I will send it forth*

נְאֻם יהוה צְבָאוֹת v.3:9,10 *says Yahweh of hosts*

וּבָאָה conj.-Qal pf. 3 f.s. (97) *and it shall enter*

אֶל־בֵּית הַגַּנָּב prep.-n.m.s. cstr. (108)-def.art.
-n.m.s. (170) *the house of the thief*

וְאֶל־בֵּית conj.-v.supra *and the house of*

הַנִּשְׁבָּע v.5:3 *him who swears*

בִּשְׁמִי prep.-n.m.s.-1 c.s. sf. (1027) *by my name*

לַשָּׁקֶר prep.-def.art.-n.m.s. (1055) *falsely*

וְלָנֶה conj.-Qal pf. 3 f.s. (I 533; GK 73d,80i) *and
it shall abide*

בְּתוֹךְ בֵּיתוֹ prep.-n.m.s. cstr. (1063)-n.m.s.-3 m.s.
sf. (108) *in his house*

וְכִלַּתּוּ conj.-Pi. pf. 3 f.s.-3 m.s. sf. (477; GK
75mm) *and consume it*

וְאֶת־עֵצָיו conj.-dir.obj.-n.m.p.-3 m.s. sf. (781)
both timber

וְאֶת־אֲבָנָיו conj.-dir.obj.-n.f.p.-3 m.s. sf. (6) *and
stones*

5:5

וַיֵּצֵא consec.-Qal impf. 3 m.s. (422) *came
forward*

הַמַּלְאָךְ v.4:1,5 *the angel*

הַדֹּבֵר בִּי v.4:1,5 *who talked with me*

וַיֹּאמֶר אֵלַי v.5:2,3 *and said to me*

שָׂא נָא Qal impv. 2 m.s. (669)-part. of entreaty
(609) *lift*

עֵינֶיךָ n.f. du.-2 m.s. sf. (744) *your eyes*

וּרְאֵה conj.-Qal impv. 2 m.s. (906) *and see*

מָה interr. (552) *what*

הַיּוֹצֵאת הַזֹּאת v.5:3 def.art.-Qal act.ptc. f.s.
(422)-def.art.-demons.adj. f.s. (260) *this is
that goeth forth*

5:6

וָאֹמַר v.4:11 consec.-Qal impf. 1 c.s. (55) *and I
said*

מַה־הִיא interr. (552)-demons. f.s. *what is it?*

וַיֹּאמֶר consec.-Qal impf. 3 m.s. (55) *he said*

זֹאת הָאֵיפָה demons.adj. f.s. (260)-def.art.-n.f.s.
(35) *this is the ephah*

הַיּוֹצֵאת def.art.-Qal act.ptc. f.s. (422) *that goes
forth*

וַיֹּאמֶר v.supra *and he said*

זֹאת v.supra *this (is)*

עֵינָם n.f.s.-3 m.p. sf. (744) *their eye* (others rd.
iniquity עֲוֹנָם)

בְּכָל־הָאָרֶץ prep.-n.m.s. cstr. (481)-def.art.-n.f.s.
(75) *in all the land*

5:7

וְהִנֵּה conj.-interj. (243) *and behold*

כִּכַּר עֹפֶרֶת n.f.s. cstr. (503)-n.m.s. (780) *leaden
cover*

נִשֵּׂאת Ni. ptc. f. (669, GK 74i,76b) *was lifted*

וְזֹאת conj.-v.5:6 demons.adj. f.s. (260; GK 136d)
and there was

אִשָּׁה אַחַת n.f.s. (61)-num. f.s. (25) *a woman*

יוֹשֶׁבֶת Qal act.ptc. f.s. (442) *sitting*

בְּתוֹךְ prep.-n.m.s. cstr. (1063) *in*

הָאֵיפָה v.5:6 def.art.-n.f.s. (35) *the ephah*

5:8

וַיֹּאמֶר זֹאת v.5:6 *and he said, this (is)*

הָרִשְׁעָה def.art.-n.f.s. (958) *wickedness*

וַיַּשְׁלֵךְ consec.-Hi. impf. 3 m.s. (1020) *and he
thrust back*

אֹתָהּ dir.obj.-3 f.s. sf. *her*

אֶל־תּוֹךְ prep.-v.5:7 n.m.s. cstr. (1063) *into*

הָאֵיפָה def.art.-v.5:7 n.f.s. (35) *the ephah*

וַיַּשְׁלֵךְ v.supra *and thrust down*

אֶת־אֶבֶן dir.obj.-n.f.s. cstr. (6) *the weight of*

הָעֹפֶרֶת v.5:7 def.art.-n.f.s. (780) *lead*

אֶל־פִּיהָ prep.-n.m.s.-3 f.s. sf. (804) *upon its
mouth*

5:9

וָאֶשָּׂא consec.-Qal impf. 1 c.s. (669) *then I lifted*

עֵינַי n.f.du.-1 c.s. sf. (744) *my eyes*

וָאֵרֶא consec.-Qal impf. 1 c.s. (906) *and saw*

וְהִנֵּה conj.-interj. (243) *and behold*

שְׁתַּיִם נָשִׁים num. f. du. (1040)-n.f.p. (61) *two
women*

יוֹצְאוֹת Qal act.ptc. f.p. (422) *coming forward*

וְרוּחַ conj.-n.f.s. (924) *and wind (was)*

בְּכַנְפֵיהֶם prep.-n.f.p.-3 m.p. sf. (489) *in their
wings*

וְלָהֵנָּה conj.-prep.-pers.pr. 3 f.p. (241) *they had*

כְּנָפַיִם n.f. du. (489) *wings*

כְּכַנְפֵי prep.-n.f. du. cstr. (489) *like the wings of*

הַחֲסִידָה def.art.-n.f.s. (339) *the stork*

וַתִּשֶּׂאנָה consec.-Qal impf. 3 f.p. (669; GK 74k)
and they lifted up

אֶת־הָאֵיפָה v.5:7,8 dir.obj.-def.art.-n.f.s. (35) *the
ephah*

בֵּין הָאָרֶץ prep.-def.art.-n.f.s. (75) *between earth*

וּבֵין הַשָּׁמַיִם conj.-prep.-def.art.-n.m.p. paus.
(1029) *and heaven*

5:10

וָאֹמַר v.5:6 *then I said*

אֶל־הַמַּלְאָךְ v.5:5 *unto the angel*

הַדֹּבֵר בִּי v.5:5 *who talked with me*

אָנָה adv.-loc.he (33) *where*

הֵמָּה pers.pr. 3 m.p. (241; GK 32n) *are they*

מוֹלִכוֹת Hi. ptc. f.p. (הָלַךְ 229) *taking*

אֶת־הָאֵיפָה dir.obj.-v.5:9 *the ephah*

5:11

וַיֹּאמֶר אֵלַי v.5:2,3 *he said to me*

לִבְנוֹת־לָהּ prep.-Qal inf.cstr. (124)-prep.-3 f.s. sf. (לָהּ; GK 23k,103g) *to build for it*

בַּיִת n.m.s. (108) *a house*

בְּאֶרֶץ שִׁנְעָר prep.-n.f.s. cstr. (75)-pr.n. (1042) *to the land of Shinar*

וְהוּכַן conj.-Ho. pf. 3 m.s. (I 465) *and when this is prepared*

וְהֻנִּיחָה conj.-Ho. pf. 3 f.s. (628; GK 72ee) *and they will set (the ephah)*

שָׁם adv. (1027) *there*

עַל־מְכֻנָתָהּ prep.-n.f.s.-3 f.s. sf. (467, GK 27,3,r1) *on its base*

6:1

וָאָשֻׁב v.5:1 consec.-Qal impf. 1 c.s. (996) *and again*

וָאֶשָּׂא v.5:1 consec.-Qal impf. 1 c.s. (669) *I lifted*

עֵינַי v.5:1 n.f. du.-1 c.s. sf. (744) *my eyes*

וָאֶרְאֶה v.5:1 consec.-Qal impf. 1 c.s. (906) *and saw*

וְהִנֵּה v.5:1 *and behold*

אַרְבַּע num. m.s. (916) *four*

מַרְכָּבוֹת n.f.p. (939) *chariots*

יֹצְאוֹת Qal act.ptc. f.p. (422) *came out*

מִבֵּין prep.-prep. (107) *from between*

שְׁנֵי הֶהָרִים num. m.p. cstr. (1040)-def.art.-n.m.p. (249) *two mountains*

וְהֶהָרִים conj.-v.supra *and the mountains (were)*

הָרֵי n.m.p. cstr. (249) *mountains of*

נְחֹשֶׁת n.f.s. (638) *bronze*

6:2

בַּמֶּרְכָּבָה prep.-def.art.-n.f.s. (939) *the chariot*

הָרִאשֹׁנָה def.art.-ord.adj. f.s. (911) *first (had)*

סוּסִים n.m.p. (692) *horses*

אֲדֻמִּים adj. m.p. (10) *red*

וּבַמֶּרְכָּבָה conj.-v.supra *and the chariot*

הַשֵּׁנִית def.art.-ord.adj. f.s. (1041) *second*

סוּסִים v.supra *horses*

שְׁחֹרִים adj. m.p. (1007) *black*

6:3

וּבַמֶּרְכָּבָה v.6:2 *and in the chariot*

הַשְּׁלִשִׁית def.art.-num. ord.adj. f.s. (1026) *the third*

סוּסִים v.6:2 *horses*

לְבָנִים adj. m.p. (526) *white*

וּבַמֶּרְכָּבָה v.supra *and the ... chariot*

הָרְבִעִית def.art.-num. ord.adj. f.s. (917) *fourth*

סוּסִים v.supra *horses*

בְּרֻדִּים adj. m.p. (136) *dappled*

אֲמֻצִּים adj. m.p. (55) *gray (strong)*

6:4

וָאַעַן וָאֹמַר v.5:4,12 consec.-Qal impf. 1 c.s. (I 772)-consec.-Qal impf. 1 c.s. (55) *then I said*

אֶל־הַמַּלְאָךְ v.5:10 prep.-def.art.-n.m.s. (521) *to the angel*

הַדֹּבֵר בִּי v.5:10 def.art.-Qal act.ptc. (180) -prep.-1 c.s. sf. *who talked with me*

מָה־אֵלֶּה v.4:4,13 interr. (552)-demons.adj. m.p. (41) *what are these?*

אֲדֹנִי v.4:4 n.m.s.-1 c.s. sf. (10) *my lord*

6:5

וַיַּעַן הַמַּלְאָךְ v.4:5 consec.-Qal impf. 3 m.s. (I 772)-def.art.-n.m.s. (521) *and the angel answered*

וַיֹּאמֶר אֵלַי v.4:5 consec.-Qal impf. 3 m.s. (55) -prep.-1 c.s. sf. paus. *me*

אֵלֶּה v.6:4 demons. (41) *these (are)*

אַרְבַּע num. m.s. (916) *four*

רֻחוֹת n.f.p. cstr. (924) *winds of*

הַשָּׁמַיִם def.art.-n.m.p. (1029) *the heavens*

יוֹצְאוֹת v.5:9 Qal act.ptc. f.p. (422) *going forth*

מֵהִתְיַצֵּב prep.-Hith. inf.cstr. (426) *after presenting themselves*

עַל־אֲדוֹן prep.-n.m.s. cstr. (10) *before the Lord of*

כָּל־הָאָרֶץ n.m.s. cstr. (481)-def.art.-n.f.s. (75) *all the earth*

6:6

אֲשֶׁר־בָּהּ rel. (81)-prep.-3 f.s. sf. *which in it*

הַסּוּסִים def.art.-n.m.p. (692) *the horses*

הַשְּׁחֹרִים def.art.-v.6:2 adj. m.p. (1007) *black*

יֹצְאִים Qal act.ptc. m.p. (422) *go*

אֶל־אֶרֶץ prep.-n.f.s. (75) *toward the country*

צָפוֹן adj. f.s. (860) *north*

וְהַלְּבָנִים conj.-def.art.-v.6:3 adj. m.p. (526) *the white ones*

יָצְאוּ Qal pf. 3 c.p. (422) *go*

אֶל־אַחֲרֵיהֶם prep.-prep. (29)-3 m.p. sf. *(after them) toward the west country*

וְהַבְּרֻדִּים conj.-def.art.-v.6:3 adj. m.p. (136) *and the dappled ones*

יָצְאוּ v.supra *go*

אֶל־אֶרֶץ v.supra *toward the country*

הַתֵּימָן def.art.-n.f.s. (I 412) *south*

6:7

וְהָאֲמֻצִּים conj.-def.art.-v.6:3 adj. m.p. (55) *when the steeds*

יָצְאוּ v.6:6 *came out*

וַיְבַקְשׁוּ consec.-Pi. impf. 3 m.p. (134) *they were impatient*

לָלֶכֶת prep.-Qal inf.cstr. (229) *to get off*

לְהִתְהַלֵּךְ prep.-Hith. inf.cstr. (229) *and patrol*

בָּאָרֶץ prep.-def.art.-n.f.s. (75) *the earth*

וַיֹּאמֶר consec.-Qal impf. 3 m.s. (55) *and he said*

לְכוּ Qal impv. 2 m.p. (הָלַךְ 229) *go*

הִתְהַלְּכוּ Hith. impv. 2 m.p. (229) *patrol*

בָאָרֶץ v.supra *the earth*

וַתִּתְהַלַּכְנָה consec.-Hith. impf. 3 f.p. (229; GK 54k) *so they patrolled*

בָּאָרֶץ v.supra *the earth*

6:8

וַיַּזְעֵק consec.-Hi. impf. 3 m.s. (277) *then he cried*

אֹתִי dir.obj.-1 c.s. sf. *to me*

וַיְדַבֵּר consec.-Pi. impf. 3 m.s. (180) *and he said*

אֵלַי prep.-1 c.s. sf. *unto me*

לֵאמֹר prep.-Qal inf.cstr. (55) *saying*

רְאֵה Qal impv. 2 m.s. (906) *behold*

הַיּוֹצְאִים def.art.-Qal act.ptc. m.p. (422) *those who go*

אֶל־אֶרֶץ צָפוֹן v.6:6 *toward the north country*

הֵנִיחוּ Hi. pf. 3 c.p. (628) *have set at rest*

אֶת־רוּחִי dir.obj.-n.f.s.-1 c.s. sf. (924) *my Spirit*

בְּאֶרֶץ צָפוֹן prep.-v.supra *in the north country*

6:9

וַיְהִי consec.-Qal impf. 3 m.s. (224) *and came*

דְבַר־יְהוָה n.m.s. cstr. (182)-pr.n. (217) *the word of Yahweh*

אֵלַי v.6:8 *to me*

לֵאמֹר v.6:8 *saying*

6:10

לָקוֹחַ Qal inf.abs. (542) *take*

מֵאֵת הַגּוֹלָה prep.-prep. (II 85)-def.art.-n.f.s. (163) *from the exiles*

מֵחֶלְדַּי prep.-pr.n. (317) *Heldai*

וּמֵאֵת טוֹבִיָּה conj.-prep.-prep. (II 85)-pr.n. (375) *Tobijah*

וּמֵאֵת יְדַעְיָה conj.-prep.-prep. (II 85)-pr.n. (396) *and Jedaiah*

וּבָאתָ אַתָּה conj.-Qal pf. 2 m.s. (97; GK 49,l) -pers.pr. 2 m.s. (61) *and go*

בַּיּוֹם הַהוּא prep.-def.art.-n.m.s. (398)-def.art. -demons.adj. m.s. (214) *the same day*

וּבָאתָ v.supra *(and go)*

בֵּית יֹאשִׁיָּה n.m.s. cstr. (108)-pr.n. (78) *to the house of Josiah*

בֶּן־צְפַנְיָה n.m.s. cstr. (119)-pr.n. (861) *the son of Zephaniah*

אֲשֶׁר־בָּאוּ rel. (81)-Qal pf. 3 c.p. (97) *who have arrived*

מִבָּבֶל prep.-pr.n. (93) *from Babylon*

6:11

וְלָקַחְתָּ conj.-Qal pf. 2 m.s. (542) *take from them*

כֶּסֶף־וְזָהָב n.m.s. (494)-conj.-n.m.s. (262) *silver and gold*

וְעָשִׂיתָ conj.-Qal pf. 2 m.s. (I 793) *and make*

עֲטָרוֹת n.f.p. (742) *crowns*

וְשַׂמְתָּ conj.-Qal pf. 2 m.s. (I 962) *and set it*

בְּרֹאשׁ יְהוֹשֻׁעַ prep.-n.m.s. cstr. (910)-pr.n. (221) *upon the head of Joshua*

בֶּן־יְהוֹצָדָק n.m.s. cstr. (119)-pr.n. (221) *the son of Jehozadak*

הַכֹּהֵן הַגָּדוֹל def.art.-n.m.s. (463)-def.art.-adj. m.s. (152) *the high priest*

6:12

וְאָמַרְתָּ אֵלָיו conj.-Qal pf. 2 m.s. (55)-prep.-3 m.s. sf. *and say to him*

לֵאמֹר prep.-Qal inf.cstr. (55) *saying*

כֹּה אָמַר v.2:12, 3:7 adv. (462)-Qal pf. 3 m.s. (55) *thus says*

יְהוָה צְבָאוֹת v.2:12, 3:7 pr.n. (217)-n.f.p. (838) *Yahweh of hosts*

לֵאמֹר v.supra *saying*

הִנֵּה־אִישׁ interj. (243)-n.m.s. (35) *behold, the man*

צֶמַח n.m.s. (855; GK 155e) *the Branch*

שְׁמוֹ n.m.s.-3 m.s. sf. (1027) *whose name*

וּמִתַּחְתָּיו conj.-prep.-prep. (1065)-3 m.s. sf. *and (instead of him) in his place*

יִצְמָח Qal impf. 3 m.s. paus. (855) *he shall grow up*

וּבָנָה conj.-Qal pf. 3 m.s. (124) *and he shall build*

אֶת־הֵיכַל dir.obj.-n.m.s. cstr. (228) *the temple of*

יְהוָה pr.n. (217) *Yahweh*

6:13

וְהוּא יִבְנֶה conj.-pers.pr. 3 m.s. (214)-Qal impf. 3 m.s. (124) *it is he who shall build*

אֶת־הֵיכַל יְהוָה v.6:12 *the temple of Yahweh*

וְהוּא־יִשָּׂא v.supra-Qal impf. 3 m.s. (669) *and shall bear*

הוֹד n.m.s. (I 217) *royal honor*

וְיָשַׁב conj.-Qal pf. 3 m.s. (442) *and shall sit*

וּמָשַׁל conj.-Qal pf. 3 m.s. (605) *and shall rule*

עַל־כִּסְאוֹ prep.-n.m.s.-3 m.s. sf. (490) *upon his throne*

וְהָיָה conj.-Qal pf. 3 m.s. (224) *and there shall be*

כֹּהֵן n.m.s. (463) *a priest*

עַל־כִּסְאוֹ v.supra *upon his throne*

וַעֲצַת שָׁלוֹם conj.-n.f.s. cstr. (420)-n.m.s. (1022) *and peaceful understanding*

תִּהְיֶה Qal impf. 3 f.s. (224) *shall be*

בֵּין שְׁנֵיהֶם prep. (107)-n.m.p.-3 m.p. sf. (1040) *between them both*

6:14

וְהָעֲטָרֹת conj.-def.art.-n.f.p. (I 742) *and the crown(s)*

תִּהְיֶה v.6:13 Qal impf. 3 f.s. (224) *shall be*

לְחֵלֶם prep.-pr.n. (321) *to Heldai (Helem)*

וּלְטוֹבִיָּה conj.-prep.-v.6:16 pr.n. (375) *Tobijah*

וְלִידַעְיָה conj.-prep.-v.6:10 pr.n. (396) *Jedaiah*

וּלְחֵן conj.-prep.-v.6:10 pr.n. (336) *and Josiah (Hen)*

בֶּן־צְפַנְיָה v.6:10 n.m.s. cstr. (119)-pr.n. (861) *the son of Zephaniah*

לְזִכָּרוֹן prep.-n.m.s. (272) *as a reminder*

בְּהֵיכַל יהוה prep.-v.6:12,13 n.m.s. cstr. (228)-pr.n. (217) *in the temple of Yahweh*

6:15

וּרְחוֹקִים conj.-adj. m.p. (935) *and those who are far off*

יָבֹאוּ Qal impf. 3 m.p. (97) *shall come*

וּבָנוּ conj.-Qal pf. 3 c.p. (124) *and help to build*

בְּהֵיכַל יהוה v.6:14 *the temple of Yahweh*

וִידַעְתֶּם conj.-Qal pf. 2 m.p. (393) *and you shall know*

כִּי־יהוה צְבָאוֹת conj.-pr.n. (217)-n.f.p. (838) *that Yahweh of hosts*

שְׁלָחַנִי Qal pf. 3 m.s.-1 c.s. sf. (1018) *has sent me*

אֲלֵיכֶם prep.-2 m.p. sf. *to you*

וְהָיָה conj.-Qal pf. 3 m.s. (224) *and this shall come to pass*

אִם־שָׁמוֹעַ hypoth.part. (49)-Qal inf.abs. (1033) *if diligently*

תִּשְׁמְעוּן Qal impf. 2 m.p. (1033) *you will obey*

בְּקוֹל יהוה prep.-n.m.s. cstr. (876)-pr.n. (217) *the voice of Yahweh*

אֱלֹהֵיכֶם n.m.p.-2 m.p. sf. (43) *your God*

7:1

וַיְהִי v.6:9 consec.-Qal impf. 3 m.s. (224) *(and it proceeded to be)*

בִּשְׁנַת אַרְבַּע prep.-n.f.s. cstr. (1040)-num.adj. (916) *in the fourth year*

לְדָרְיָוֶשׁ prep.-pr.n. (201) *of Darius*

הַמֶּלֶךְ def.art.-n.m.s. (I 572) *king*

הָיָה Qal pf. 3 m.s. (224) *came*

דְּבַר־יהוה v.6:9 n.m.s. cstr. (182)-pr.n. (217) *the word of Yahweh*

אֶל־זְכַרְיָה prep.-pr.n. (272) *to Zechariah*

בְּאַרְבָּעָה prep.-num. f.s. (916; GK 134p) *in the fourth day*

לַחֹדֶשׁ הַתְּשִׁעִי prep.-def.art.-n.m.s. (I 294)-def.art.-num.adj. m.s. (1077) *of the ninth month*

בְּכִסְלֵו prep.-pr.n. (493) *which is Kislev*

7:2

וַיִּשְׁלַח consec.-Qal impf. 3 m.s. (1018) *now had sent*

בֵּית־אֵל pr.n. (110) *the people of Bethel*

שַׂר־אֶצֶר pr.n. (974) *Sarezer*

וְרֶגֶם מֶלֶךְ conj.-pr.n. (920) *and Regemmelech*

וַאֲנָשָׁיו conj.-n.m.p.-3 m.s. sf. (60) *and their men*

לְחַלּוֹת prep.-Pi. inf.cstr. (II 318) *to entreat the favor of*

אֶת־פְּנֵי יהוה dir.obj.-n.m.p. cstr. (815)-pr.n. (217) *Yahweh*

7:3

לֵאמֹר v.6:9,12 prep.-Qal inf.cstr. (55) *and to ask*

אֶל־הַכֹּהֲנִים prep.-def.art.-n.m.p. (463) *the priests*

אֲשֶׁר לְבֵית־יהוה rel. (81)-prep.-n.m.s. cstr. (108)-pr.n. (217) *of the house of Yahweh*

צְבָאוֹת n.f.p. (838) *of hosts*

וְאֶל־הַנְּבִיאִים conj.-prep.-def.art.-n.m.p. (611) *and the prophets*

לֵאמֹר v.6:12 v.supra *saying*

הַאֶבְכֶּה interr.-Qal impf. 1 c.s. (113) *should I mourn?*

בַּחֹדֶשׁ הַחֲמִשִׁי prep.-def.art.-n.m.s. (I 294)-def.art.-num.adj. m.s. (332) *in the fifth month*

הִנָּזֵר Ni. inf.abs. (634) *and fast*

כַּאֲשֶׁר עָשִׂיתִי prep.-rel. (81)-Qal pf. 1 c.s. (I 793) *as I have done*

זֶה כַּמֶּה demons. m.s. (260)-prep.-interr. (552) *now how many*

שָׁנִים n.f.p. (1040) *years*

7:4

וַיְהִי דְּבַר־ v.6:9 consec.-Qal impf. 3 m.s. (224)
-n.m.s. cstr. (182) *then the word of ... came*

יהוה צְבָאוֹת pr.n. (217)-n.f.p. (838) *Yahweh of hosts*

אֵלַי לֵאמֹר prep.-1 c.s. sf.-v.6:9 prep.-Qal inf.
cstr. (55) *to me*

7:5

אֱמֹר Qal impv. 2 m.s. (55) *say*

אֶל־כָּל־עַם prep.-n.m.s. cstr. (481)-n.m.s. cstr. (I
766) *to all the people of*

הָאָרֶץ def.art.-n.f.s. (75) *the land*

וְאֶל־הַכֹּהֲנִים conj.-prep.-n.m.p. (463) *and the priests*

לֵאמֹר v.7:4 prep.-Qal inf.cstr. (55) *saying*

כִּי־צַמְתֶּם conj.-Qal pf. 2 m.p. (847) *when you fasted*

וְסָפוֹד conj.-Qal inf.abs. (704; GK 113z) *and mourned*

בַּחֲמִישִׁי prep.-def.art.-num.adj. m.s. (332) *in the fifth month*

וּבַשְּׁבִיעִי conj.-prep.-def.art.-num.adj. m. (988)
and in the seventh

וְזֶה שִׁבְעִים conj.-demons. m.s. (260)-num.adj.
m.p. (988) *for these seventy*

שָׁנָה n.f.s. (1040) *years*

הֲצוֹם צַמְתֻּנִי interr.-Qal inf.abs.-Qal pf. 2 m.p.-1
c.s. sf. (847; GK 59a,117x) *that you fasted
for me*

אָנִי pers.pr. 1 c.s. paus. (58; GK 135e) *was it for
me*

7:6

וְכִי תֹאכְלוּ conj.-conj.-Qal impf. 2 m.p. (37) *and
when you eat*

וְכִי תִשְׁתּוּ conj.-conj.-Qal impf. 2 m.p. (1059)
and when you drink

הֲלוֹא אַתֶּם interr.-neg.-pers.pr. 2 m.p. (61) *do
you not for yourselves*

הָאֹכְלִים def.art.-Qal act.ptc. m.p. (37) *eat*

וְאַתֶּם conj.-v.supra *and you*

הַשֹּׁתִים def.art.-Qal act.ptc. m.p. (1059) *drink*

7:7

הֲלוֹא interr.-neg. *were not these*

אֶת־הַדְּבָרִים dir.obj.-def.art.-n.m.p. (182) *the
words*

אֲשֶׁר קָרָא יהוה rel. (81)-Qal pf. 3 m.s. (894)-pr.n.
(217) *which Yahweh proclaimed*

בְּיַד הַנְּבִיאִים prep.-n.f.s. cstr. (388)-def.art.
-n.m.p. (611) *by the ... prophets*

הָרִאשֹׁנִים def.art.-adj. m.p. (911) *former*

בִּהְיוֹת יְרוּשָׁלַם prep.-Qal inf.cstr. (224)-pr.n.
(436) *when Jerusalem was*

יֹשֶׁבֶת Qal act.ptc. f.s. (442) *inhabited*

וּשְׁלֵוָה conj.-n.f.s. (1017; GK 117,l) *and in
prosperity*

וְעָרֶיהָ conj.-n.f.p.-3 f.s. sf. (746) *with her cities*

סְבִיבֹתֶיהָ subst. f.p.-3 f.s. sf. (686) *about her*

וְהַנֶּגֶב conj.-def.art.-pr.n. (616) *and the South*

וְהַשְּׁפֵלָה conj.-def.art.-n.f.s. (1050) *and the
lowland*

יֹשֵׁב Qal act.ptc. (442) *were inhabited*

7:8

וַיְהִי v.6:9, 7:4 consec.-Qal impf. 3 m.s. (224) *and
... came*

דְּבַר־יהוה n.m.s. cstr. (182)-pr.n. (217) *the word
of Yahweh*

אֶל־זְכַרְיָה v.7:1 prep.-pr.n. (272) *to Zechariah*

לֵאמֹר prep.-Qal inf.cstr. (55) *saying*

7:9

כֹּה אָמַר v.6:12 adv. (462)-Qal pf. 3 m.s. (55)
thus says

יהוה צְבָאוֹת pr.n. (217)-n.f.p. (838) *Yahweh of
hosts*

לֵאמֹר v.6:12 prep.-Qal inf.cstr. (55) *saying*

מִשְׁפַּט אֱמֶת n.m.s. cstr. (1048)-n.f.s. (54) *true
judgments*

שְׁפֹטוּ Qal impv. 2 m.p. paus. (1047) *render*

וְחֶסֶד conj.-n.m.s. (338) *and kindness*

וְרַחֲמִים conj.-n.m.p. (933) *and mercy*

עֲשׂוּ Qal impv. 2 m.p. (I 793) *show*

אִישׁ אֶת־אָחִיו n.m.s. (35)-prep. (II 85)-n.m.s.-3
m.s. sf. (26) *each to his brother*

7:10

וְאַלְמָנָה conj.-n.f.s. (48) *the widow*

וְיָתוֹם conj.-n.m.s. (450) *and the fatherless*

גֵּר n.m.s. (158) *the sojourner*

וְעָנִי conj.-n.m.s. (776) *or the poor*

אַל־תַּעֲשֹׁקוּ neg.-Qal impf. 2 m.p. paus. (798) *do
not oppress*

וְרָעַת אִישׁ conj.-n.f.s. cstr. (949)-n.m.s. (35; GK
139c) *evil of a man*

אָחִיו v.7:9 n.m.s.-3 m.s. sf. (26) *against his
brother*

אַל־תַּחְשְׁבוּ neg.-Qal impf. 2 m.p. (362) *let none
devise*

בִּלְבַבְכֶם prep.-n.m.s.-2 m.p. sf. (523) *in your
heart*

7:11

וַיְמָאֲנוּ consec.-Pi. impf. 3 m.p. (549) *but they refused*

לְהַקְשִׁיב prep.-Hi. inf.cstr. (904) *to hearken*

וַיִּתְּנוּ consec.-Qal impf. 3 m.p. (678) *and turned*

כָּתֵף n.f.s. (509) *a shoulder*

סֹרָרֶת Qal act.ptc. f.s. paus. (710) *stubborn*

וְאָזְנֵיהֶם conj.-n.f. du.-3 m.p. sf. (23) *and their ears*

הִכְבִּידוּ Hi. pf. 3 c.p. (457) *they stopped*

מִשְּׁמוֹעַ prep.-Qal inf.cstr. (1033) *that they might not hear*

7:12

וְלִבָּם conj.-n.m.s.-3 m.p. sf. (523) *and their hearts*

שָׂמוּ Qal pf. 3 c.p. (I 962) *they made*

שָׁמִיר n.m.s. (I 1038) *like adamant*

מִשְּׁמוֹעַ 7:11 prep.-Qal inf.cstr. (1033) *lest they should hear*

אֶת־הַתּוֹרָה dir.obj.-def.art.-n.f.s. (435) *the law*

וְאֶת־הַדְּבָרִים conj.-dir.obj.-def.art.-n.m.p. (182) *and the words*

אֲשֶׁר שָׁלַח rel. (81)-Qal pf. 3 m.s. (1018) *had sent*

יהוה צְבָאוֹת pr.n. (217)-n.f.p. (838) *Yahweh of hosts*

בְּרוּחוֹ prep.-n.f.s.-3 m.s. sf. (924) *by his spirit*

בְּיַד הַנְּבִיאִים v.7:7 prep.-n.f.s. cstr. (388)-def.art.-n.m.p. (611) *through the ... prophets*

הָרִאשֹׁנִים v.7:7 def.art.-adj. m.p. (911) *former*

וַיְהִי v.7:8 consec.-Qal impf. 3 m.s. (224) *therefore ... came*

קֶצֶף גָּדוֹל n.m.s. (893)-adj. m.s. (152) *great wrath*

מֵאֵת prep.-prep. *from*

יהוה צְבָאוֹת v.supra-v.supra *Yahweh of hosts*

7:13

וַיְהִי v.7:12 consec.-Qal impf. 3 m.s. (224) *and it was*

כַּאֲשֶׁר־קָרָא prep.-rel. (81)-Qal pf. 3 m.s. (894) *as one (I) called*

וְלֹא שָׁמֵעוּ conj.-neg.-Qal pf. 3 c.p. paus. (1033) *and they would not hear*

כֵּן יִקְרְאוּ adv. (485)-Qal impf. 3 m.p. (894) *so they called*

וְלֹא אֶשְׁמָע conj.-neg.-Qal impf. 1 c.s. (1033) *and I would not hear*

אָמַר v.7:9 Qal pf. 3 m.s. (55) *says*

יהוה צְבָאוֹת v.7:12 *Yahweh of hosts*

7:14

וְאֵסָעֲרֵם conj.-Pi. impf. 1 c.s.-3 m.p. sf. (705, GK 23h,52n) *and I scattered them with a whirlwind*

עַל כָּל־הַגּוֹיִם prep.-n.m.s. cstr. (481)-def.art.-n.m.p. (156) *among all the nations*

אֲשֶׁר לֹא־יְדָעוּם rel. (81)-neg.-Qal pf. 3 c.p.-3 m.p. sf. (393) *which they had not known*

וְהָאָרֶץ conj.-def.art.-n.f.s. (75) *thus the land*

נָשַׁמָּה Ni. pf. 3 f.s. (1030) *was desolate*

אַחֲרֵיהֶם prep.-3 m.p. sf. (29) *they left*

מֵעֹבֵר וּמִשָּׁב prep.-Qal act.ptc. (716)-conj.-prep.-Qal act.ptc. (996) *so that no one went to and fro*

וַיָּשִׂימוּ consec.-Qal impf. 3 m.p. (I 962) *and was made*

אֶרֶץ־חֶמְדָּה n.f.s. (75)-adj. f.s. (326) *the pleasant land*

לְשַׁמָּה prep.-n.f.s. (I 1031) *desolate*

8:1

וַיְהִי v.6:9, 7:4 consec.-Qal impf. 3 m.s. (224) *and ... came*

דְּבַר־יהוה צְבָאוֹת v.6:9, 7:4 n.m.s. cstr. (182)-pr.n. (217)-n.f.p. (838) *the word of Yahweh of hosts*

לֵאמֹר v.6:9, 7:4 prep.-Qal inf.cstr. (55) *saying*

8:2

כֹּה אָמַר v.7:9 adv. (462)-Qal pf. 3 m.s. (55) *thus says*

יהוה צְבָאוֹת v.7:9 pr.n. (217)-n.f.p. (838) *Yahweh of hosts*

קִנֵּאתִי Pi. pf. 1 c.s. (888) *I am jealous*

לְצִיּוֹן prep.-pr.n. (851) *for Zion*

קִנְאָה גְדוֹלָה n.f.s. (888)-adj. f.s. (152) *with great jealousy*

וְחֵמָה גְדוֹלָה conj.-n.f.s. (404; GK 117q)-adj. f.s. (152) *with great wrath*

קִנֵּאתִי v.supra *I am jealous*

לָהּ prep.-3 f.s. sf. *for her*

8:3

כֹּה אָמַר v.7:9, 8:2 *thus says*

יהוה pr.n. (217) *Yahweh*

שַׁבְתִּי Qal pf. 1 c.s. (שׁוּב 996) *I will return*

אֶל־צִיּוֹן prep.-pr.n. (851) *to Zion*

וְשָׁכַנְתִּי conj.-Qal pf. 1 c.s. (1014) *and will dwell*

בְּתוֹךְ יְרוּשָׁלָ͏ִם prep.-n.m.s. cstr. (1063)-pr.n. paus. (436) *in the midst of Jerusalem*

וְנִקְרְאָה conj.-Ni. pf. 3 f.s. (894) *and shall be called*

910

יְרוּשָׁלָ͏ם pr.n. (436) *Jerusalem*

עִיר־הָאֱמֶת n.f.s. cstr. (746)-def.art.-n.f.s. (54) *the faithful city*

וְהַר־יהוה צְבָאוֹת conj.-n.m.s. cstr. (249)-pr.n. (217)-n.f.p. (838) *and the mountain of Yahweh of hosts*

הַר הַקֹּדֶשׁ n.m.s. cstr. (249)-def.art.-n.m.s. (871) *the holy mountain*

8:4

כֹּה אָמַר v.8:2,3 *thus says*

יהוה צְבָאוֹת pr.n. (217)-n.f.p. (838) *Yahweh of hosts*

עֹד יֵשְׁבוּ adv. (728)-Qal impf. 3 m.p. (442) *shall again sit*

זְקֵנִים n.m.p. (278) *old men*

וּזְקֵנוֹת conj.-n.f.p. (278) *and old women*

בִּרְחֹבוֹת יְרוּשָׁלָ͏ם prep.-n.f.p. cstr. (I 932)-pr.n. (436) *in the streets of Jerusalem*

וְאִישׁ conj.-n.m.s. (35) *each*

מִשְׁעַנְתּוֹ n.f.s.-3 m.s. sf. (1044) *with his staff*

בְּיָדוֹ prep.-n.f.s.-3 m.s. sf. (388) *in his hand*

מֵרֹב יָמִים prep.-n.m.s. cstr. (913)-n.m.p. (398) *for very age*

8:5

וּרְחֹבוֹת הָעִיר conj.-v.8:4 n.f.p. cstr. (I 932)-def.art.-n.f.s. (746) *and the streets of the city*

יִמָּלְאוּ Ni. impf. 3 m.p. (569) *shall be full of*

יְלָדִים n.m.p. (409) *boys*

וִילָדוֹת conj.-n.f.p. (409) *and girls*

מְשַׂחֲקִים Pi. ptc. m.p. (965; GK 132d) *playing*

בִּרְחֹבֹתֶיהָ v.supra prep.-n.f.p. (I 932)-3 f.s. sf. *in its streets*

8:6

כֹּה אָמַר v.8:2,3,4 *thus says*

יהוה צְבָאוֹת pr.n. (217)-n.f.p. (838) *Yahweh of hosts*

כִּי יִפָּלֵא conj. (I 471; GK 150a)-Ni. impf. 3 m.s. (810) *if it is marvelous*

בְּעֵינֵי שְׁאֵרִית prep.-n.f.p. cstr. (744)-n.f.p. cstr. (984) *in the sight of the remnant of*

הָעָם הַזֶּה def.art.-n.m.s. (I 766)-def.art.-demons. adj. m.s. (260) *this people*

בַּיָּמִים הָהֵם prep.-def.art.-n.m.p. (398)-def.art.-demons.adj. m.p. (214) *in these days*

גַּם־בְּעֵינַי adv. (168)-prep.-n.f.p.-1 c.s. sf. (744) *also in my sight*

יִפָּלֵא v.supra *should it be marvelous*

נְאֻם n.m.s. cstr. (610) *says*

יהוה צְבָאוֹת pr.n. (217)-n.f.p. (838) *Yahweh of hosts*

8:7

כֹּה אָמַר v.8:2,3,4,6 *thus says*

יהוה צְבָאוֹת pr.n. (217)-n.f.p. (838) *Yahweh of hosts*

הִנְנִי interj.-1 c.s. sf. (243) *Behold, I*

מוֹשִׁיעַ Hi. ptc. (446) *will save*

אֶת־עַמִּי dir.obj.-n.m.s.-1 c.s. sf. (I 766) *my people*

מֵאֶרֶץ מִזְרָח prep.-n.f.s. cstr. (75)-n.m.s. (280) *from the east country*

וּמֵאֶרֶץ מְבוֹא conj.-prep.-n.f.s. cstr. (75)-n.m.s. cstr. (99) *and from the west country (entering of)*

הַשָּׁמֶשׁ def.art.-n.f.s. paus. (1039) *(the sun)*

8:8

וְהֵבֵאתִי conj.-Hi. pf. 1 c.s. (97) *and I will bring*

אֹתָם dir.obj.-3 m.p. sf. *them*

וְשָׁכְנוּ conj.-Qal pf. 3 c.p. (1014) *to dwell*

בְּתוֹךְ יְרוּשָׁלָ͏ם prep.-n.m.s. cstr. (1063)-pr.n. paus. (436) *in the midst of Jerusalem*

וְהָיוּ־לִי לְעָם conj.-Qal pf. 3 c.p. (224)-prep.-1 c.s. sf.-prep.-n.f.s. (I 766) *and they shall be my people*

וַאֲנִי אֶהְיֶה conj.-pers.pr. 1 c.s. (58)-Qal impf. 1 c.s. (224) *and I will be*

לָהֶם לֵאלֹהִים prep.-3 m.p. sf.-prep.-n.m.p. (43) *their God*

בֶּאֱמֶת prep.-n.f.s. (54) *in faithfulness*

וּבִצְדָקָה conj.-prep.-n.f.s. (842) *and in righteousness*

8:9

כֹּה אָמַר v.8:2,3,4,6,7 *thus says*

יהוה צְבָאוֹת pr.n. (217)-n.f.p. (838) *Yahweh of hosts*

תֶּחֱזַקְנָה Qal impf. 3 f.p. (304) *let be strong*

יְדֵיכֶם n.f.p.-2 m.p. sf. (388) *your hands*

הַשֹּׁמְעִים def.art.-Qal act.ptc. m.p. (1033) *who have been hearing*

בַּיָּמִים הָאֵלֶּה prep.-def.art.-n.m.p. (398)-def.art.-demons.adj. m.p. (41) *in these days*

אֵת הַדְּבָרִים הָאֵלֶּה dir.obj.-def.art.-n.m.p. (182)-def.art.-demons.adj. m.p. (41) *these words*

מִפִּי הַנְּבִיאִים prep.-n.m.s. cstr. (804)-def.art.-n.m.p. (611) *from the mouth of the prophets*

אֲשֶׁר בְּיוֹם rel. (81)-prep.-n.m.s. (398) *since the day that*

יֻסַּד Pu. pf. 3 m.s. (413) *was laid a foundation*

911

בֵּית־יְהוָה צְבָאוֹת n.m.s. cstr. (108)-v.supra
-v.supra *the house of Yahweh of hosts*

הַהֵיכָל def.art.-n.m.s. (228) *that the temple*

לְהִבָּנוֹת prep.-Ni. inf.cstr. (124) *might be built*

8:10

כִּי לִפְנֵי conj.-prep.-n.m.p. cstr. (815) *for before*

הַיָּמִים הָהֵם v.8:6 def.art.-n.m.p. (398)-def.art.
-demons.adj. m.p. (214) *those days*

שְׂכַר הָאָדָם n.m.s. cstr. (I 969)-def.art.-n.m.s. (9)
a wage for man

לֹא נִהְיָה neg.-Ni. pf. 3 m.s. (224) *there was not*

וּשְׂכַר הַבְּהֵמָה conj.-v.supra-def.art.-n.f.s. (96) *or
any wage for beast*

אֵינֶנָּה subst. cstr. (II 34)-3 f.s. sf. *there was not*

וְלַיּוֹצֵא conj.-prep.-def.art.-Qal act.ptc. (422) *for
him who went out*

וְלַבָּא conj.-prep.-def.art.-Qal act.ptc. (97) *or
came in*

אֵין־שָׁלוֹם subst. cstr. (II 34)-n.m.s. (1022)
neither was there any safety

מִן־הַצָּר prep.-def.art.-n.m.s. (III 865) *from the
foe*

וַאֲשַׁלַּח conj.-Pi. impf. 1 c.s. (1018) *for I set*

אֶת־כָּל־הָאָדָם dir.obj.-n.m.s.cstr. (481)-def.art.
-n.m.s. (9) *every man*

אִישׁ n.m.s. (35) *each*

בְּרֵעֵהוּ prep.-n.m.s.-3 m.s. sf. (945) *against his
fellow*

8:11

וְעַתָּה conj.-adv. (773) *but now*

לֹא כַיָּמִים neg.-prep.-def.art.-n.m.p. (398) *not as
the ... days*

הָרִאשֹׁנִים def.art.-n.m.p. (911) *former*

אֲנִי pers.pr. 1 c.s. (58) *I*

לִשְׁאֵרִית prep.-v.8:6 n.f.s. cstr. (984) *with the
remnant of*

הָעָם הַזֶּה v.8:6 def.art.-n.m.s. (I 766)-def.art.
-demons.adj. m.s. (260) *this people*

נְאֻם v.8:6 n.m.s. cstr. (610) *says*

יְהוָה צְבָאוֹת v.8:6 pr.n. (217)-n.f.p. (838) *Yahweh
of hosts*

8:12

כִּי־זֶרַע conj. (471)-n.m.s. cstr. (2823) *for a
sowing of*

הַשָּׁלוֹם def.art.-n.m.s. (1022) *peace*

הַגֶּפֶן def.art.-n.f.s. (172) *the vine*

תִּתֵּן Qal impf. 3 f.s. (נתן 678) *shall yield*

פִּרְיָהּ n.m.s.-3 f.s. sf. (826) *its fruit*

וְהָאָרֶץ conj.-def.art.-n.f.s. (75) *and the ground*

תִּתֵּן v.supra *shall give*

אֶת־יְבוּלָהּ dir.obj.-n.m.s.-3 f.s. sf. (385) *its
increase*

וְהַשָּׁמַיִם conj.-def.art.-n.m.p. (1029) *and the
heavens*

יִתְּנוּ Qal impf. 3 m.p. (נתן 678) *shall give*

טַלָּם n.m.s.-3 m.p. sf. *(378) their dew*

וְהִנְחַלְתִּי conj.-Hi. pf. 1 c.s. (635) *and I will
cause to possess*

אֶת־שְׁאֵרִית v.8:6,11 dir.obj.-n.f.s. cstr. (984) *the
remnant of*

הָעָם הַזֶּה v.8:6,11 def.art.-n.m.s. (I 766)-def.
art.-demons.adj. m.s. (260) *this people*

אֶת־כָּל־אֵלֶּה dir.obj.-n.m.s. cstr. (481)-demons.
adj. m.p. (41) *all these things*

8:13

וְהָיָה conj.-Qal pf. 3 m.s. (224) *and*

כַּאֲשֶׁר הֱיִיתֶם prep.-rel. (81)-Qal pf. 2 m.p. (224)
as you have been

קְלָלָה n.f.s. (887) *a byword of cursing*

בַּגּוֹיִם prep.-def.art.-n.m.p. (156) *among the
nations*

בֵּית יְהוּדָה n.m.s. cstr. (108)-pr.n. (397) *O house
of Judah*

וּבֵית יִשְׂרָאֵל conj.-n.m.s. cstr. (108)-pr.n. (975)
and house of Israel

כֵּן אוֹשִׁיעַ adv. (I 485)-Hi. impf. 1 c.s. (446) *so
will I save*

אֶתְכֶם dir.obj.-2 m.p. sf. *you*

וִהְיִיתֶם conj.-Qal pf. 2 m.p. (224) *and you shall
be*

בְּרָכָה n.f.s. (139) *a blessing*

אַל־תִּירָאוּ neg.-Qal impf. 2 m.p. (431) *fear not*

תֶּחֱזַקְנָה v.8:9 Qal impf. 3 f.p. (304) *but let be
strong*

יְדֵיכֶם n.f.p.-2 m.p. sf. (388) *your hands*

8:14

כִּי כֹה אָמַר conj.-v.8:9 *for thus says*

יְהוָה צְבָאוֹת pr.n. (217)-n.f.p. (838) *Yahweh of
hosts*

כַּאֲשֶׁר זָמַמְתִּי v.8:13 prep.-rel. (81)-Qal pf. 1 c.s.
(273) *as I purposed*

לְהָרַע לָכֶם prep.-Hi. inf.cstr. (949)-prep.-2 m.p.
sf. *to do evil to you*

בְּהַקְצִיף prep.-Hi. inf.cstr. (893) *when ...
provoked*

אֲבֹתֵיכֶם n.m.p.-2 m.p. sf. (3) *your fathers*

אֹתִי dir.obj.-1 c.s. sf. *me*

אָמַר יְהוָה צְבָאוֹת v.supra-v.supra-v.supra *says
Yahweh of hosts*

912

וְלֹא נִחַמְתִּי conj.-neg.-Ni. pf. 1 c.s. (636) *and I did not relent*

8:15

כֵּן שַׁבְתִּי adv. (I 485)-Qal pf. 1 c.s. (996) *so again*

זָמַמְתִּי v.8:14 Qal pf. 1 c.s. (273) *have I purposed*

בַּיָּמִים הָאֵלֶּה v.8:9 prep.-def.art.-n.m.p. (398)-def.art.-demons.adj. m.p. (41) *in these days*

לְהֵיטִיב prep.-Hi. inf.cstr. (405) *to do good to*

אֶת־יְרוּשָׁלַ͏ִם dir.obj.-pr.n. (436) *Jerusalem*

וְאֶת־בֵּית יְהוּדָה conj.-dir.obj.-n.m.s. cstr. (108)-pr.n. (397) *and (to) the house of Judah*

אַל־תִּירָאוּ v.8:13 neg.-Qal impf. 2 m.p. (431) *fear not*

8:16

אֵלֶּה demons.adj. m.p. (41) *these are*

הַדְּבָרִים def.art.-n.m.p. (182) *the things*

אֲשֶׁר תַּעֲשׂוּ rel. (81)-Qal impf. 2 m.p. (I 793) *that you shall do*

דַּבְּרוּ אֱמֶת Pi. impv. 2 m.p. (180)-n.f.s. (54) *speak the truth*

אִישׁ אֶת־רֵעֵהוּ n.m.s. (35)-prep.-n.m.s.-3 m.s. sf. (945) *to one another*

אֱמֶת v.supra *truth*

וּמִשְׁפַּט שָׁלוֹם conj.-n.m.s. cstr. (1048)-n.m.s. (1022) *judgments that make for peace*

שִׁפְטוּ Qal impv. 2 m.p. (1047) *render*

בְּשַׁעֲרֵיכֶם prep.-n.m.p.-2 m.p. sf. (1044) *in your gates*

8:17

וְאִישׁ conj.-n.m.s. (35) *and each*

אֶת־רָעַת רֵעֵהוּ dir.obj.-n.f.s. cstr. (949)-n.m.s.-3 m.s. sf. (945) *evil against one another*

אַל־תַּחְשְׁבוּ neg.-Qal impf. 2 m.p. (362) *do not devise*

בִּלְבַבְכֶם prep.-n.m.s.-2 m.p. sf. (523) *in your hearts*

וּשְׁבֻעַת שֶׁקֶר conj.-n.f.s. cstr. (989)-n.m.s. (1055) *false oath*

אַל־תֶּאֱהָבוּ neg.-Qal impf. 2 m.p. (12) *love not*

כִּי אֶת־כָּל־אֵלֶּה conj.-v.8:12 dir.obj.-n.m.s. cstr. (481)-demons.adj. m.p. (41) *for all these things*

אֲשֶׁר שָׂנֵאתִי rel. (81; GK 117,l)-Qal pf. 1 c.s. (971) *I hate*

נְאֻם־יְהוָה v.8:6,11 n.m.s. cstr. (610)-pr.n. (217) *says Yahweh*

8:18

וַיְהִי v.8:8 consec.-Qal impf. 3 m.s. (224) *and came*

דְּבַר־ v.8:8 n.m.s. cstr. (182) *the word of*

יְהוָה צְבָאוֹת pr.n. (217)-n.f.p. (838) *Yahweh of hosts*

אֵלַי prep.-1 c.s. sf. *to me*

לֵאמֹר v.8:8 prep.-Qal inf.cstr. (55) *saying*

8:19

כֹּה־אָמַר v.8:2,3,4,6,7,9,14 *thus says*

יְהוָה צְבָאוֹת v.supra *Yahweh of hosts*

צוֹם n.m.s. cstr. (847) *the fast of*

הָרְבִיעִי def.art.-num.adj. f.s. (917) *the fourth month*

וְצוֹם conj.-v.supra *and the fast of*

הַחֲמִישִׁי def.art.-num.adj. f.s. (332) *the fifth month*

וְצוֹם הַשְּׁבִיעִי v.supra-def.art.-num.adj. f.s. (988) *and the fast of the seventh month*

וְצוֹם הָעֲשִׂירִי v.supra-def.art.-num.adj. f.s. (798) *and the fast of the tenth month*

יִהְיֶה Qal impf. 3 m.s. (224) *shall be*

לְבֵית־יְהוּדָה prep.-v.8:13 n.m.s. cstr. (108)-pr.n. (297) *to the house of Judah*

לְשָׂשׂוֹן prep.-n.m.s. (965) *seasons of joy*

וּלְשִׂמְחָה conj.-prep.-n.f.s. (970) *and gladness*

וּלְמֹעֲדִים טוֹבִים conj.-prep.-n.m.p. (417)-adj. m.p. (I 373) *and cheerful feasts*

וְהָאֱמֶת conj.-def.art.-n.f.s. (54) *truth*

וְהַשָּׁלוֹם conj.-def.art.-n.m.s. (1022) *and peace*

אֱהָבוּ Qal impv. 2 m.p. (12) *love*

8:20

כֹּה אָמַר v.8:2,3,4,6,7,9,14,19 *thus says*

יְהוָה צְבָאוֹת v.supra *Yahweh of hosts*

עֹד v.8:4 adv. (728) *yet*

אֲשֶׁר יָבֹאוּ rel. (81)-Qal impf. 3 m.p. (97) *shall come*

עַמִּים n.m.p. (I 766) *peoples*

וְיֹשְׁבֵי עָרִים conj.-Qal act.ptc. m.p. cstr. (442)-n.f.p. (746) *even the inhabitants of ... cities*

רַבּוֹת adj. f.p. (I 912) *many*

8:21

וְהָלְכוּ conj.-Qal pf. 3 c.p. (229) *shall go*

יֹשְׁבֵי אַחַת Qal act.ptc. m.p. cstr. (442)-num.adj. f.s. (25) *the inhabitants of one city*

אֶל־אַחַת prep.-v.supra *to another*

לֵאמֹר prep.-Qal inf.cstr. (55) *saying*

נֵלְכָה Qal impf. 1 c.p.-coh.he (229) *let us go*

הָלוֹךְ Qal inf.abs. (229) *at once*

913

לְחַלּוֹת prep.-Pi. inf.cstr. (II 318) *to entreat the favor of*

אֶת־פְּנֵי יהוה dir.obj.-n.m.p. cstr. (815)-pr.n. (217) *Yahweh*

וּלְבַקֵּשׁ conj.-prep.-Pi. inf.cstr. (134) *and to seek*

אֶת־יהוה צְבָאוֹת dir.obj.-pr.n. (217)-n.f.p. (838) *Yahweh of hosts*

אֵלְכָה Qal impf. 1 c.s.-coh.he (229) *am going*

גַּם־אָנִי adv. (168)-pers.pr. 1 c.s. (58) *even I*

8:22

וּבָאוּ conj.-Qal pf. 3 c.p. (97) *shall come*

עַמִּים רַבִּים n.m.p. (I 766)-adj. m.p. (I 912) *many peoples*

וְגוֹיִם conj.-n.m.p. (156) *and ... nations*

עֲצוּמִים adj. m.p. (783) *strong*

לְבַקֵּשׁ prep.-Pi. inf.cstr. (134) *to seek*

אֶת־יהוה צְבָאוֹת dir.obj.-v.supra *Yahweh of hosts*

בִּירוּשָׁלָ͏ם prep.-pr.n. paus. (436) *in Jerusalem*

וּלְחַלּוֹת v.8:21 conj.-prep.-Pi. inf.cstr. (II 318) *and to entreat the favor of*

אֶת־פְּנֵי יהוה dir.obj.-n.m.p. cstr. (815)-pr.n. (217) *Yahweh*

8:23

כֹּה־אָמַר v.8:2,3,4,6,7,9,14,19,20 *thus says*

יהוה צְבָאוֹת pr.n. (217)-n.f.p. (838) *Yahweh of hosts*

בַּיָּמִים v.8:6 prep.-def.art.-n.m.p. (398) *in ... days*

הָהֵמָּה def.art.-demons.adj. m.p. (241) *those*

אֲשֶׁר יַחֲזִיקוּ rel. (81)-Hi. impf. 3 m.p. (304) *shall take hold*

עֲשָׂרָה אֲנָשִׁים num. f.s. (796)-n.m.p. (60) *ten men*

מִכֹּל לְשֹׁנוֹת prep.-n.m.s. cstr. (481)-n.f.p. cstr. (546) *from ... of every tongue*

הַגּוֹיִם def.art.-n.m.p. (156) *the nations*

וְהֶחֱזִיקוּ conj.-Hi. pf. 3 c.p. (304) *and they shall take hold*

בִּכְנַף prep.-n.m.s. cstr. (489) *of the robe of*

אִישׁ יְהוּדִי n.m.s. cstr. (35)-gent. pr.n. (397) *a Jew*

לֵאמֹר prep.-Qal inf.cstr. (55) *saying*

נֵלְכָה Qal impf. 1 c.p.-coh.he (229) *let us go*

עִמָּכֶם prep.-2 m.p. sf. *with you*

כִּי שָׁמַעְנוּ conj. (471)-Qal pf. 1 c.p. (1033) *for we have heard*

אֱלֹהִים n.m.p. (43; GK 157a) *God*

עִמָּכֶם v.supra *with you*

9:1

מַשָּׂא n.m.s. (672) *an oracle*

דְּבַר־יהוה n.m.s. cstr. (182)-pr.n. (217) *the word of Yahweh*

בְּאֶרֶץ חַדְרָךְ prep.-n.f.s. cstr. (75)-pr.n. (293) *is against the land of Hadrach*

וְדַמֶּשֶׂק conj.-pr.n. (199) *and upon Damascus*

מְנֻחָתוֹ n.f.s.-3 m.s. sf. (629) *will rest*

כִּי לַיהוה conj.-prep.-pr.n. (217) *for to Yahweh*

עֵין אָדָם n.f.s. cstr. (744)-n.m.s. (9) some rd. אֲרָם (lit.-*eye of man*) *belong the cities of Aram*

וְכֹל שִׁבְטֵי conj.-n.m.s. cstr. (481)-n.m.p. cstr. (986) *even as all the tribes of*

יִשְׂרָאֵל pr.n. (975) *Israel*

9:2

וְגַם־חֲמָת conj.-adv. (168)-pr.n. (333) *Hamath also which*

תִּגְבָּל־בָּהּ Qal impf. 3 f.s. (148)-prep.-3 f.s. sf. *borders thereon*

צֹר וְצִידוֹן pr.n. (I 862)-conj.-pr.n. (850) *Tyre and Sidon*

כִּי conj. *though*

חָכְמָה מְאֹד Qal pf. 3 f.s. (314)-adv. (547) *they are very wise*

9:3

וַתִּבֶן צֹר consec.-Qal impf. 3 f.s. (124)-pr.n. (862) *Tyre has built*

מָצוֹר לָהּ n.m.s. (848)-prep.-3 f.s. sf. *herself a rampart*

וַתִּצְבָּר־ consec.-Qal impf. 3 f.s. (840) *and heaped up*

כֶּסֶף כֶּעָפָר n.m.s. (494)-prep.-def.art.-n.m.s. (779) *silver like dust*

וְחָרוּץ conj.-n.m.s. (359) *and gold*

כְּטִיט חוּצוֹת prep.-n.m.s. cstr. (376)-n.f.p. (299) *like the dirt of the streets*

9:4

הִנֵּה interj. (243) *but lo*

אֲדֹנָי n.m.p.-1 c.s. sf. (10) *the Lord*

יוֹרִשֶׁנָּה Hi. impf. 3 m.s.-3 f.s. sf. (439) *will strip her*

וְהִכָּה conj.-Hi. pf. 3 m.s. (645) *and hurl*

בַּיָּם חֵילָהּ prep.-def.art.-n.m.s. (410)-n.f.s.-3 f.s. sf. (298) *into the sea her wealth*

וְהִיא conj.-pers.pr. 3 f.s. (214) *and she*

בָּאֵשׁ prep.-def.art.-n.f.s. (77) *by fire*

תֵּאָכֵל Ni. impf. 3 f.s. (37) *shall be devoured*

9:5

תֵּרֶא Qal impf. 3 f.s. (רָאָה 906; GK 75p,hh) *shall see*

אַשְׁקְלוֹן pr.n. (80) *Ashkelon*

וְתִירָא conj.-Qal impf. 3 f.s. (יָרֵא 431) *and be afraid*

וְעַזָּה conj.-pr.n. (738) *Gaza too*

וְתָחִיל מְאֹד conj.-Qal impf. 3 f.s. (I 296)-adv. (547) *and shall writhe in anguish*

וְעֶקְרוֹן conj.-pr.n. (785) *Ekron also*

כִּי־הֹבִישׁ conj.-Hi. pf. 3 m.s. (101) *because ... are confounded*

מֶבָּטָהּ n.m.s.-3 f.s. sf. (613) *its hopes*

וְאָבַד מֶלֶךְ conj.-Qal pf. 3 m.s. (1)-n.m.s. (I 572) *the king shall perish*

מֵעַזָּה prep.-v.supra *from Gaza*

וְאַשְׁקְלוֹן conj.-v.supra *Ashkelon*

לֹא תֵשֵׁב neg.-Qal impf. 3 f.s. (יָשַׁב 442) *shall be uninhabited*

9:6

וְיָשַׁב conj.-Qal pf. 3 m.s. (442) *shall dwell*

מַמְזֵר n.m.s. (561) *a mongrel people*

בְּאַשְׁדּוֹד prep.-pr.n. (78) *in Ashdod*

וְהִכְרַתִּי conj.-Hi. pf. 1 c.s. (503) *and I will make an end of*

גְּאוֹן n.m.s. cstr. (144) *the pride of*

פְּלִשְׁתִּים pr.n. m.p. (814) *Philistia*

9:7

וַהֲסִרֹתִי conj.-Hi. pf. 1 c.s. (693) *I will take away*

דָּמָיו n.m.p.-3 m.s. sf. (196) *its blood*

מִפִּיו prep.-n.m.s.-3 m.s. sf. (804) *from its mouth*

וְשִׁקֻּצָיו conj.-n.m.p.-3 m.s. sf. (1055) *and its abominations*

מִבֵּין שִׁנָּיו prep.-prep.-n.f.p.-3 m.s. sf. (1042) *from between its teeth*

וְנִשְׁאַר conj.-Ni. pf. 3 m.s. (983) *shall be a remnant*

גַּם־הוּא adv. (168)-pers.pr. 3 m.s. (214) *it too*

לֵאלֹהֵינוּ prep.-n.m.p.-1 c.p. sf. (43) *for our God*

וְהָיָה conj.-Qal pf. 3 m.s. (224) *it shall be*

כְּאַלֻּף prep.-n.m.s. (II 49) *like a clan*

בִּיהוּדָה prep.-pr.n. (397) *in Judah*

וְעֶקְרוֹן conj.-pr.n. (785) *and Ekron*

כִּיבוּסִי prep.-pr.n. (101) *like the Jebusites*

9:8

וְחָנִיתִי conj.-Qal pf. 1 c.s. (333) *then I will encamp*

לְבֵיתִי prep.-n.m.s.-1 c.s. sf. (108) *at my house*

מִצָּבָה n.f.s. (663) *as a guard*

מֵעֹבֵר prep.-Qal act.ptc. (716) *so that none shall march to*

וּמִשָּׁב conj.-prep.-Qal act.ptc. (שׁוּב 996) *and fro*

וְלֹא־יַעֲבֹר conj.-neg.-Qal impf. 3 m.s. (716) *no ... shall overrun*

עֲלֵיהֶם עוֹד prep.-3 m.p. sf.-adv. (728) *them again*

נֹגֵשׂ Qal act.ptc. m.s. (620) *oppressor*

כִּי עַתָּה conj.-adv. (773) *for now*

רָאִיתִי Qal pf. 1 c.s. (906) *I see*

בְּעֵינָי prep.-n.f.p.-1 c.s. sf. paus. (744) *with my own eyes*

9:9

גִּילִי מְאֹד Qal impv. 2 f.s. (162; GK 72s)-adv. (547) *rejoice greatly*

בַּת־צִיּוֹן n.f.s. cstr. (I 123)-pr.n. (851) *O daughter of Zion*

הָרִיעִי Hi. impv. 2 f.s. (929) *shout aloud*

בַּת יְרוּשָׁלַ͏ִם v.supra-pr.n. (436) *O daughter of Jerusalem*

הִנֵּה מַלְכֵּךְ interj. (243)-n.m.s.-2 f.s. sf. (I 572) *Lo, your king*

יָבוֹא לָךְ Qal impf. 3 m.s. (97)-prep.-2 f.s. sf. *comes to you*

צַדִּיק adj. m.s. (843) *triumphant*

וְנוֹשָׁע הוּא conj. (GK 154aN)-Ni. ptc. (446) -pers.pr. 3 m.s. (214) *and victorious is he*

עָנִי n.m.s. (776) *humble*

וְרֹכֵב conj.-Qal act.ptc. (938) *and riding*

עַל־חֲמוֹר prep.-n.m.s. (331) *on an ass*

וְעַל־עַיִר conj.-prep.-n.m.s. (747) *on a colt*

בֶּן־אֲתֹנוֹת n.m.s. cstr. (119)-n.f.p. (87; GK 124o) *the foal of an ass*

9:10

וְהִכְרַתִּי־ v.9:6 conj.-Hi. pf. 1 c.s. (503) *and I will cut off*

רֶכֶב n.m.s. (939) *the chariot*

מֵאֶפְרַיִם prep.-pr.n. (68) *from Ephraim*

וְסוּס conj.-n.m.s. (692) *and the war horse*

מִירוּשָׁלַ͏ִם prep.-pr.n. (436) *from Jerusalem*

וְנִכְרְתָה conj.-Ni. pf. 3 f.s. (503) *and ... shall be cut off*

קֶשֶׁת מִלְחָמָה n.f.s. cstr. (905)-n.f.s. (536) *the battle bow*

וְדִבֶּר conj.-Pi. pf. 3 m.s. (180) *and he shall command*

שָׁלוֹם n.m.s. (1022) *peace*

לַגּוֹיִם prep.-def.art.-n.m.p. (156) *to the nations*

וּמָשְׁלוֹ conj.-n.m.s.-3 m.s. sf. (II 606) *and his dominion*

מִיָּם עַד־יָם prep.-n.m.s. (410)-prep.-n.m.s. (410) *from sea to sea*

וּמִנָּהָר conj.-prep.-n.m.s. (625) *and from the River*

עַד־אַפְסֵי־אָרֶץ prep.-n.m.p. cstr. (67)-n.f.s. (75) *to the ends of the earth*

9:11

גַּם־אַתְּ adv. (168)-pers.pr. 2 f.s. (61; GK 135f) *as for you also*

בְּדַם־בְּרִיתֵךְ prep.-n.m.s. cstr. (196)-n.f.s.-2 f.s. sf. (136) *because of the blood of my covenant with you*

שִׁלַּחְתִּי Pi. pf. 1 c.s. (1018) *I will set free*

אֲסִירַיִךְ n.m.p.-2 f.s. sf. (64) *your captives*

מִבּוֹר prep.-n.m.s. (92) *from the ... pit*

אֵין מַיִם בּוֹ subst. cstr. (II 34; GK 152u)-n.m.p. (565)-prep.-3 f.s. sf. *waterless*

9:12

שׁוּבוּ Qal impv. 2 m.p. (996) *return*

לְבִצָּרוֹן prep.-n.m.s. (131) *to your stronghold*

אֲסִירֵי n.m.p. cstr. (64) *O prisoners of*

הַתִּקְוָה def.art.-n.f.s. (876) *hope*

גַּם־הַיּוֹם adv. (168)-def.art.-n.m.s. (398) *today*

מַגִּיד Hi. ptc. (616; GK 116s) *I declare*

מִשְׁנֶה n.m.s. (1041) *double*

אָשִׁיב לָךְ Hi. impf. 1 c.s. (996)-prep.-2 m.s. sf. paus. (or 2 f.s. sf.) *I will restore to you*

9:13

כִּי־דָרַכְתִּי conj.-Qal pf. 1 c.s. (201) *for I have bent* (tread as bow)

לִי יְהוּדָה קֶשֶׁת prep.-1 c.s. sf.-pr.n. (397)-n.f.s. (905) *Judah as my bow*

מִלֵּאתִי Pi. pf. 1 c.s. (569) *I have made its arrow* (filled)

אֶפְרַיִם pr.n. (68) *Ephraim*

וְעוֹרַרְתִּי conj.-Polel pf. 1 c.s. (I 734) *and I will brandish*

בָנַיִךְ n.m.p.-2 f.s. sf. (119) *your sons*

צִיּוֹן pr.n. (851) *O Zion*

עַל־בָּנַיִךְ prep.-v.supra n.m.p.-2 f.s. sf. (119) *over your sons*

יָוָן pr.n. (402) *O Greece*

וְשַׂמְתִּיךְ conj.-Qal pf. 1 c.s.-2 f.s. sf. (I 962) *and wield you*

כְּחֶרֶב גִּבּוֹר prep.-n.f.s. cstr. (352)-n.m.s. (150) *like a warrior's sword*

9:14

וַיהוָה conj.-pr.n. (217) *then Yahweh*

עֲלֵיהֶם prep.-3 m.p. sf. *over them*

יֵרָאֶה Ni. impf. 3 m.s. (906) *will appear*

וְיָצָא conj.-Qal pf. 3 m.s. (422) *and go forth*

כַּבָּרָק prep.-def.art.-n.m.s. (140) *like lightning*

חִצּוֹ n.m.s.-3 m.s. sf. (346) *his arrow*

וַאדֹנָי יהוה conj.-n.m.p.-1 c.s. sf. (10)-pr.n. (217) *the Lord Yahweh*

בַּשּׁוֹפָר prep.-def.art.-n.m.s. (1051) *the trumpet*

יִתְקָע Qal impf. 3 m.s. (1075) *will sound*

וְהָלַךְ conj.-Qal pf. 3 m.s. (229) *and march forth*

בְּסַעֲרוֹת prep.-n.f.p. (704) *in the whirlwinds of*

תֵּימָן pr.n. (I 412) *the south*

9:15

יהוה צְבָאוֹת pr.n. (217)-n.f.p. (838) *Yahweh of hosts*

יָגֵן Hi. impf. 3 m.s. (170) *will protect*

עֲלֵיהֶם prep.-3 m.p. sf. *them*

וְאָכְלוּ conj.-Qal pf. 3 c.p. (37) *and they shall devour*

וְכָבְשׁוּ conj.-Qal pf. 3 c.p. (461) *and tread down*

אַבְנֵי־קֶלַע n.f.p. cstr. (6)-n.m.s. (I 887) *the slingers* (slingstones)

וְשָׁתוּ conj.-Qal pf. 3 c.p. (1059) *and they shall drink*

הָמוּ Qal pf. 3 c.p. (242) (lit.-be turbulent)

כְּמוֹ־יָיִן subst. (455)-n.m.s. (406) *like wine*

וּמָלְאוּ conj.-Qal pf. 3 c.p. (569) *and be full*

כַּמִּזְרָק prep.-def.art.-n.m.s. (284) *like a bowl*

כְּזָוִיּוֹת prep.-n.f.p. cstr. (265) *like the corners of*

מִזְבֵּחַ n.m.s. (258) *the altar*

9:16

וְהוֹשִׁיעָם conj.-Hi. pf. 3 m.s.-3 m.p. sf. (446) *will save them*

יהוה אֱלֹהֵיהֶם pr.n. (217)-n.m.s.-3 m.p. sf. (43) *Yahweh their God*

בַּיּוֹם הַהוּא prep.-def.art.-n.m.s. (398)-def.art.-demons.adj. m.s. (214) *on that day*

כְּצֹאן עַמּוֹ prep.-n.f.s. cstr. (838)-n.m.s.-1 c.s. sf. (I 766) *for they are the flock of his people*

כִּי אַבְנֵי־נֵזֶר conj.-n.f.p. cstr. (6)-n.m.s. (634) *for like the jewels of a crown*

מִתְנוֹסְסוֹת Hithpo'el ptc. f.p. (II 651) *they shall shine*

עַל־אַדְמָתוֹ prep.-n.f.s.-3 m.s. sf. (9) *on his land*

9:17

כִּי מַה־טּוּבוֹ conj.-interr. (552)-n.m.s.-3 m.s. sf. (375) *Yea, how good*

וּמַה־יָּפְיוֹ conj.-interr. (552)-n.f.s.-3 m.s. sf. (421) *and how fair it shall be*

דָּגָן n.m.s. (186) *grain*

בַּחוּרִים n.m.p. (104) *the young men*

וְתִירוֹשׁ conj.-n.m.s. (440) *and new wine*

יְנוֹבֵב Polel impf. 3 m.s. (626) *shall make flourish*

בְּתֻלוֹת n.f.p. (143) *the maidens*

10:1

שַׁאֲלוּ Qal impv. 2 m.p. (981) *ask*

מֵיהוָה prep.-pr.n. (217) *from Yahweh*

מָטָר n.m.s. (564) *rain*

בְּעֵת מַלְקוֹשׁ prep.-n.f.s. cstr. (773)-n.m.s. (545) *in the season of the spring rain*

יְהוָה עֹשֶׂה pr.n. (217)-Qal act.ptc. (I 793) *from Yahweh who makes*

חֲזִיזִים n.m.p. (304) *the storm-clouds*

וּמְטַר־גֶּשֶׁם conj.-n.m.s. cstr. (564)-n.m.s. (II 177) *and showers of rain*

יִתֵּן לָהֶם Qal impf. 3 m.s. (678)-prep.-3 m.p. sf. *who gives men*

לְאִישׁ prep.-n.m.s. (35) *to everyone*

עֵשֶׂב n.m.s. (793) *the vegetation*

בַּשָּׂדֶה prep.-def.art.-n.m.s. (961) *in the field*

10:2

כִּי הַתְּרָפִים conj.-def.art.-n.m.p. (1076; GK 124h) *for the teraphim*

דִּבְּרוּ־אָוֶן Pi. pf. 3 c.p. (180)-n.m.s. (19) *utter nonsense*

וְהַקּוֹסְמִים conj.-def.art.-Qal act.ptc. m.p. (890) *and the diviners*

חָזוּ שֶׁקֶר Qal pf. 3 c.p. (302)-n.m.s. (1055) *see lies*

וַחֲלֹמוֹת conj.-n.m.p. cstr. (321) *dreams*

הַשָּׁוְא def.art.-n.m.s. (996) *false*

יְדַבֵּרוּ Pi. impf. 3 m.p. paus. (180) *tell*

הֶבֶל n.m.s. (I 210) *empty*

יְנַחֵמוּן Pi. impf. 3 m.p. (636) *give consolation*

עַל־כֵּן prep.-adv. (485) *therefore*

נָסְעוּ Qal pf. 3 c.p. (I 652) *the people wander (?)*

כְמוֹ־צֹאן prep.-n.f.s. (838) *like sheep*

יַעֲנוּ Qal impf. 3 m.p. (III 776) *they are afflicted*

כִּי־אֵין conj.-subst.cstr. (II 34) *for want of*

רֹעֶה Qal act.ptc. (I 944) *a shepherd*

10:3

עַל־הָרֹעִים prep.-def.art.-Qal act.ptc. m.p. (I 944) *against the shepherds*

חָרָה Qal pf. 3 m.s. (354) *is hot*

אַפִּי n.m.s.-1 c.s. sf. (I 60) *my anger*

וְעַל־הָעַתּוּדִים conj.-prep.-def.art.-n.m.p. (800) *and ... the leaders* (he-goats)

אֶפְקוֹד Qal impf. 3 m.s. (823) *I will punish*

כִּי־פָקַד conj.-Qal pf. 3 m.s. (823) *for ... cares for*

יְהוָה צְבָאוֹת pr.n. (217)-n.f.p. (838) *Yahweh of hosts*

אֶת־עֶדְרוֹ dir.obj.-n.m.s.-3 m.s. sf. (727) *his flock*

אֶת־בֵּית יְהוּדָה dir.obj.-n.m.s. cstr. (108)-pr.n. (397) *the house of Judah*

וְשָׂם אוֹתָם conj.-Qal pf. 3 m.s. (I 962)-dir.obj. -3 m.p. sf. *and will make them*

כְּסוּס הוֹדוֹ prep.-n.m.s. cstr. (692)-n.m.s.-3 m.s. sf. (I 217) *like his proud steed*

בַּמִּלְחָמָה prep.-def.art.-n.f.s. (536) *in battle*

10:4

מִמֶּנּוּ prep.-3 m.s. sf. *out of them*

פִנָּה n.f.s. (819) *the cornerstones*

מִמֶּנּוּ v.supra *out of them*

יָתֵד n.f.s. (450) *the tent-peg*

מִמֶּנּוּ v.supra *out of them*

קֶשֶׁת מִלְחָמָה n.f.s. cstr. (905)-n.f.s. (536) *the battle bow*

מִמֶּנּוּ v.supra *out of them*

יֵצֵא Qal impf. 3 m.s. (422) *shall come*

כָל־נוֹגֵשׂ n.m.s. cstr. (481)-Qal act.ptc. (620) *every ruler*

יַחְדָּו adv. (403) *together*

10:5

וְהָיוּ conj.-Qal pf. 3 c.p. (224) *they shall be*

כְּגִבֹּרִים prep.-n.m.p. (150) *like mighty men*

בֹּוסִים Qal act.ptc. m.p. (100; GK 72p) *trampling*

בְּטִיט חוּצוֹת v.9:3 prep.-n.m.s. cstr. (376)-n.f.p. (299) *in the mud of the streets*

בַּמִּלְחָמָה prep.-def.art.-n.f.s. (536) *in battle*

וְנִלְחֲמוּ conj.-Ni. pf. 3 c.p. (535) *they shall fight*

כִּי יְהוָה עִמָּם conj.-pr.n. (217)-prep.-3 m.p. sf. *because Yahweh is with them*

וְהֹבִישׁוּ conj.-Hi. pf. 3 c.p. (101) *and they shall confound*

רֹכְבֵי סוּסִים Qal act.ptc. m.p. cstr. (938)-n.m.p. (692) *the riders on horses*

10:6

וְגִבַּרְתִּי conj.-Pi. pf. 1 c.s. (149) *I will strengthen*

אֶת־בֵּית יְהוּדָה dir.obj.-n.m.s. cstr. (108)-pr.n. (397) *the house of Judah*

וְאֶת־בֵּית יוֹסֵף conj.-dir.obj.-n.m.s. cstr. (108) -pr.n. (415) *and ... the house of Joseph*

917

אוֹשִׁיעַ Hi. impf. 1 c.s. (447) *I will save*

וְהוֹשְׁבוֹתִים conj.-Hi. pf. 1 c.s.-3 m.p. sf. (996; GK 72x) *I will bring them back*

כִּי רִחַמְתִּים conj.-Pi. pf. 1 c.s.-3 m.p. sf. (933) *because I have compassion on them*

וְהָיוּ v.10:5 conj.-Qal pf. 3 c.p. (224) *and they shall be*

כַּאֲשֶׁר prep.-rel. (81) *as though*

לֹא־זְנַחְתִּים neg.-Qal pf. 1 c.s.-3 m.p. sf. (I 276) *I had not rejected them*

כִּי אֲנִי conj.-pers.pr. 1 c.s. (58) *for I am*

יהוה אֱלֹהֵיהֶם pr.n. (217)-n.m.p.-3 m.p. sf. (43) *Yahweh their God*

וְאֶעֱנֵם Qal impf. 1 c.s.-3 m.p. sf. (I 772, GK 63f) *and I will answer them*

10:7

וְהָיוּ v.9:5,6 conj.-Qal pf. 3 c.p. (224) *then shall become*

כְגִבּוֹר v.9:5 prep.-n.m.s. (150) *like a mighty warrior*

אֶפְרַיִם pr.n. (68) *Ephraim*

וְשָׂמַח conj.-Qal pf. 3 m.s. (970) *and ... shall be glad*

לִבָּם n.m.s.-3 m.p. sf. (523) *their hearts*

כְּמוֹ־יָיִן prep.-n.m.s. paus. (406) *as with wine*

וּבְנֵיהֶם conj.-n.m.p.-3 m.p. sf. (119) *their children*

יִרְאוּ Qal impf. 3 m.p. (906) *shall see (it)*

וְשָׂמֵחוּ conj.-Qal pf. 3 c.p. paus. (970) *and rejoice*

יָגֵל Qal impf. 3 m.s. (162) *shall exalt*

לִבָּם v.supra *their hearts*

בַּיהוה prep.-pr.n. (217) *in Yahweh*

10:8

אֶשְׁרְקָה Qal impf. 1 c.s.-coh.he (1056) *I will signal*

לָהֶם prep.-3 m.p. sf *for them*

וַאֲקַבְּצֵם conj.-Pi. impf. 1 c.s.-3 m.p. sf. (867) *and gather them in*

כִּי פְדִיתִים conj.-Qal pf. 1 c.s.-3 m.p. sf. (804) *for I have redeemed them*

וְרָבוּ conj.-Qal pf. 3 c.p. (I 915) *and they shall be many*

כְּמוֹ רָבוּ prep.-v.supra *as of old*

10:9

וְאֶזְרָעֵם conj.-Qal impf. 1 c.s.-3 m.p. sf. (281) *though I scattered them*

בָּעַמִּים prep.-def.art.-n.m.p. (I 766) *among the nations*

וּבַמֶּרְחַקִּים conj.-prep.-def.art.-n.m.p. (935) *yet in far countries*

יִזְכְּרוּנִי Qal impf. 3 m.p.-1 c.s. sf. (269) *they shall remember me*

וְחָיוּ conj.-Qal pf. 3 c.p. (310) *and they shall live*

אֶת־בְּנֵיהֶם prep.-v.10:7 n.m.p.-3 m.p. sf. (119) *with their children*

וְשָׁבוּ conj.-Qal pf. 3 c.p. (996) *and return*

10:10

וַהֲשִׁבוֹתִים v.10:6 conj.-Hi. pf. 1 c.s.-3 m.p. sf. (996) *I will bring them home*

מֵאֶרֶץ מִצְרַיִם prep.-n.f.s. cstr. (75)-pr.n. (595) *from the land of Egypt*

וּמֵאַשּׁוּר conj.-prep.-pr.n. (78) *and from Assyria*

אֲקַבְּצֵם v.10:8 Pi. impf. 1 c.s.-3 m.p. sf. (867) *gather them*

וְאֶל־אֶרֶץ conj.-prep.-n.f.s. cstr. (75) *to the land of*

גִּלְעָד וּלְבָנוֹן pr.n. (166)-pr.n. (526) *Gilead and Lebanon*

אֲבִיאֵם Hi. impf. 1 c.s.-3 m.p. sf. (97) *I will bring them*

וְלֹא יִמָּצֵא conj.-neg.-Ni. impv. 3 m.s. (592) *till there is no room (lit.-and it shall not be found)*

לָהֶם prep.-3 m.p. sf. *for them*

10:11

וְעָבַר conj.-Qal pf. 3 m.s. (716) *they shall pass*

בַּיָּם prep.-def.art.-n.m.s. (410) *through the sea*

צָרָה n.f.s. (865) *(distress) of Egypt*

וְהִכָּה conj.-Hi. pf. 3 m.s. (645) *shall be smitten*

בַּיָּם v.supra *of the sea*

גַּלִּים n.m.p. (164) *waves*

וְהֹבִישׁוּ conj.-Hi. pf. 3 c.p. (I 386) *and dried up*

כֹּל מְצוּלוֹת n.m.s. cstr. (481)-n.f.p. cstr. (846) *all the depths of*

יְאֹר pr.n. (384) *the Nile*

וְהוּרַד conj.-Ho. pf. 3 m.s. (432) *shall be laid low*

גְּאוֹן אַשּׁוּר n.m.s. cstr. (144)-pr.n. (78) *the pride of Assyria*

וְשֵׁבֶט מִצְרַיִם conj.-n.m.s. cstr. (986)-pr.n. (595) *and the scepter of Egypt*

יָסוּר Qal impf. 3 m.s. (693) *shall depart*

10:12

וְגִבַּרְתִּים v.10:6 conj.-Pi. pf. 1 c.s.-3 m.p. sf. (149) *I will make them strong*

בַּיהוה prep.-pr.n. (217) *in Yahweh*

וּבִשְׁמוֹ conj.-prep.-n.m.s.-3 m.s. sf. (1027) *and in his name*

יִתְהַלָּכוּ Hith. impf. 3 m.p. (229) *they shall glory* (walk)

נְאֻם יהוה n.m.s. cstr. (610)-pr.n. (217) *says Yahweh*

11:1

פְּתַח Qal impv. 2 m.s. (I 834) *open*

לְבָנוֹן pr.n. (526) *O Lebanon*

דְּלָתֶיךָ n.f.p.-2 m.s. sf. (195) *your doors*

וְתֹאכַל conj.-Qal impf. 3 f.s. (37) *that ... may devour*

אֵשׁ n.f.s. (77) *fire*

בַּאֲרָזֶיךָ prep.-n.m.p.-2 m.s. sf. (72) *your cedars*

11:2

הֵילֵל Hi. impv. 2 m.s. (410) *wail*

בְּרוֹשׁ n.m.s. (141) *O cypress*

כִּי-נָפַל conj.-Qal pf. 3 m.s. (656) *for ... has fallen*

אֶרֶז n.m.s. (72) *the cedar*

אֲשֶׁר אַדִּרִים rel. (81)-n.m.p. (12) *for the glorious trees*

שֻׁדָּדוּ Pu. pf. 3 c.p. paus. (994) *are ruined*

הֵילִילוּ v.supra Hi. impv. 2 m.p. (410) *wail*

אַלּוֹנֵי n.m.p. cstr. (47) *oaks of*

בָּשָׁן pr.n. (143) *Bashan*

כִּי יָרַד conj.-Qal pf. 3 m.s. (432) *for ... has been filled*

יַעַר n.m.s. (420) *forest*

הַבָּצוּר def.art. (GK 126w)-n.m.s. (131) *the thick* (vintage)

11:3

קוֹל n.m.s. cstr. (876; GK 126w) *hark*

יִלְלַת הָרֹעִים n.f.s. cstr. (410)-def.art.-Qal act. ptc. m.p. (I 944) *the wail of the shepherds*

כִּי שֻׁדְּדָה conj.-Pu. pf. 3 f.s. (994) *for ... is despoiled*

אַדַּרְתָּם n.f.s.-3 m.p. sf. (12) *their glory*

קוֹל v.supra *hark*

שַׁאֲגַת n.f.s. cstr. (980) *the roar of*

כְּפִירִים n.m.p. (498) *the lions*

כִּי שֻׁדַּד conj.-Pu. pf. 3 m.s. (994) *for ... is laid waste*

גְּאוֹן הַיַּרְדֵּן n.m.s. cstr. (144)-def.art.-pr.n. (434) *the jungle of the Jordan*

11:4

כֹּה אָמַר adv. (462)-Qal pf. 3 m.s. (55) *thus said*

יהוה אֱלֹהָי pr.n. (217)-n.m.p.-1 c.s. sf. (43) *Yahweh my God*

רְעֵה Qal impv. 2 m.s. (I 944) *become a shepherd*

אֶת-צֹאן dir.obj.-n.f.s. cstr. (838) *of the flock*

הַהֲרֵנָה def.art.-n.f.s. (247) *doomed to slaughter*

11:5

אֲשֶׁר קֹנֵיהֶן rel. (81)-Qal act.ptc. m.p.-3 f.p. sf. (888) *those who buy them*

יַהֲרְגֻן Qal impf. 3 m.p. (246) *slay them*

וְלֹא יֶאְשָׁמוּ conj.-neg.-Qal impf. 3 m.p. (79) *and go unpunished*

וּמֹכְרֵיהֶן conj.-Qal act.ptc. m.p.-3 f.p. sf. (569) *and those who sell them*

יֹאמַר Qal impf. 3 m.s. (55) *say*

בָּרוּךְ יהוה Qal pass.ptc. (138)-pr.n. (217) *Blessed be Yahweh*

וַאעְשִׁר conj.-Hi. impf 1 c.s. (799; GK 19k) *I have become rich*

וְרֹעֵיהֶם conj.-Qal act.ptc. m.p.-3 m.p. sf. (I 944) *and their own shepherds*

לֹא יַחְמוֹל neg.-Qal impf. 3 m.s. (328) *have no pity*

עֲלֵיהֶן prep.-3 f.p. sf. *on them*

11:6

כִּי לֹא אֶחְמוֹל conj.-neg.-Qal impf. 1 c.s. (328) *I will no ... have pity*

עוֹד adv. (728) *longer*

עַל-יֹשְׁבֵי prep.-Qal act.ptc. m.p. cstr. (442) *on the inhabitants of*

הָאָרֶץ def.art.-n.f.s. (75) *this land*

נְאֻם-יהוה n.m.s. cstr. (610)-pr.n. (217) *says Yahweh*

וְהִנֵּה conj.-interj. (243) *Lo*

אָנֹכִי מַמְצִיא pers.pr.1 c.s. (58)-Hi. ptc. (592) *I will cause to fall*

אֶת-הָאָדָם dir.obj.-def.art.-n.m.s. (9) *men*

אִישׁ n.m.s. (35) *each*

בְּיַד-רֵעֵהוּ prep.-n.f.s. cstr. (388)-n.m.s.-3 m.s. sf. (945) *into the hand of his friend*

וּבְיַד מַלְכּוֹ conj.-prep.-n.f.s. cstr. (388)-n.m.s.-3 m.s. sf. (I 572) *and into the hand of his king*

וְכִתְּתוּ conj.-Pi. pf. 3 c.p. (510) *and they shall crush*

אֶת-הָאָרֶץ dir.obj.-def.art.-n.f.s. (75) *the earth*

וְלֹא אַצִּיל conj.-neg.-Hi. impf. 1 c.s. (664) *and I will deliver none*

מִיָּדָם prep.-n.f.s.-3 m.p. sf. (388) *from their hand*

11:7

וָאֶרְעֶה consec.-Qal impf. 1 c.s. (I 944) *so I became the shepherd*

אֶת־צֹאן v.11:4 dir.obj.-n.f.s. cstr. (838) *of the flock*

הַהֲרֵנָה v.11:4 def.art.-n.f.s. (247) *doomed to be slain*

לָכֵן prep.-adv. (485) *for those who*

עֲנִיֵּי adj. m.p. cstr. (776; GK 132c) *trafficked*

הַצֹּאן def.art.-n.f.s. (838) *in the sheep*

וָאֶקַּח־ consec.-Qal impf. 1 c.s. (542) *and I took*

לִי prep.-1 c.s. sf. *(for myself)*

שְׁנֵי מַקְלוֹת num.adj. m.p. cstr. (1040)-n.m.p. (596) *two staffs*

לְאַחַד prep.-num. m.s. (25; GK 96,130g) *one*

קָרָאתִי Qal pf. 1 c.s. (894) *I called*

נֹעַם n.m.s. (653) *Grace*

וּלְאַחַד conj. (GK 133h)-v.supra *the other*

קָרָאתִי v.supra *I called*

חֹבְלִים n.m.p. (287) *Union*

וָאֶרְעֶה v.supra *and I tended*

אֶת־הַצֹּאן dir.obj.-def.art.-v.supra *the sheep*

11:8

וָאַכְחִד consec.-Hi. impf. 1 c.s. (470) *I destroyed*

אֶת־שְׁלֹשֶׁת dir.obj.-num. f.s. cstr. (1025) *the three*

הָרֹעִים def.art.-Qal act.ptc. m.p. (I 944) *shepherds*

בְּיֶרַח אֶחָד prep.-n.m.s. (I 437)-num.adj. m.s. (25) *in one month*

וַתִּקְצַר consec.-Qal impf. 3 f.s. (894) *became impatient*

נַפְשִׁי n.f.s.-1 c.s. sf. (659) *I*

בָּהֶם prep.-3 m.p. sf. *with them*

וְגַם־נַפְשָׁם conj.-adv.-n.f.s.-3 m.p. sf. (659) *and they also*

בָּחֲלָה Qal pf. 3 f.s. (103) *detested*

בִי prep.-1 c.s. sf. *me*

11:9

וָאֹמַר consec.-Qal impf. 1 c.s. (55) *so I said*

לֹא אֶרְעֶה neg.-v.11:7 Qal impf. 1 c.s. (I 944) *I will not be a shepherd*

אֶתְכֶם dir.obj.-2 m.p. sf. *you*

הַמֵּתָה def.art.-Qal act.ptc. f.s. (559) *what is to die*

תָּמוּת Qal impf. 3 f.s. (559) *let it die*

וְהַנִּכְחֶדֶת conj.-def.art.-Ni. ptc. f.s. (470) *what is to be destroyed*

תִּכָּחֵד Ni. impf. 3 f.s. (470) *let it be destroyed*

וְהַנִּשְׁאָרוֹת conj.-def.art.-Ni. ptc. f.p. (983) *and those that are left*

תֹּאכַלְנָה Qal impf. 3 f.p. (37) *let ... devour*

אִשָּׁה n.f.s. (61) *each*

אֶת־בְּשַׂר dir.obj.-n.m.s. cstr. (142) *the flesh of*

רְעוּתָהּ n.f.s.-3 f.s. sf. (I 946) *one another*

11:10

וָאֶקַּח v.11:7 consec.-Qal impf. 1 c.s. (542) *and I took*

אֶת־מַקְלִי dir.obj.-n.m.s.-1 c.s. sf. (596) *my staff*

אֶת־נֹעַם dir.obj.-n.m.s. (653) *Grace*

וָאֶגְדַּע אֹתוֹ consec.-Qal impf. 3 m.s. (154)-dir.obj.-3 m.s. sf. *and I broke it*

לְהָפֵיר prep.-Hi. inf.cstr. (I 830; GK 67w) *annulling*

אֶת־בְּרִיתִי dir.obj.-n.f.s.-1 c.s. sf. (136) *the covenant*

אֲשֶׁר כָּרַתִּי rel. (81)-Qal pf. 1 c.s. (503) *which I made*

אֶת־כָּל־הָעַמִּים prep.-n.m.s. cstr. (481)-def.art.-n.m.p. (I 766) *with all the peoples*

11:11

וַתֻּפַר consec.-Ho. impf. 3 f.s. (I 830) *so it was annulled*

בַּיּוֹם הַהוּא prep.-def.art.-n.m.s. (398)-def.art.-demons.adj. m.s. (214) *in that day*

וַיֵּדְעוּ consec.-Qal impf. 3 m.p. (393) *knew*

כֵן עֲנִיֵּי v.11:7 adv. (485)-adj. m.p. cstr. (776) *the traffickers in*

הַצֹּאן def.art.-n.f.s. (838) *the sheep*

הַשֹּׁמְרִים def.art.-Qal act.ptc. m.p. (1036) *who were watching*

אֹתִי dir.obj.-1 c.s. sf. *me*

כִּי דְבַר־יְהוָה conj.-n.m.s. cstr. (182)-pr.n. (217) *that ... the word of Yahweh*

הוּא demons.adj. m.s. (214) *it was*

11:12

וָאֹמַר אֲלֵיהֶם consec.-v.11:9 Qal impf. 1 c.s. (55)-prep.-3 m.p. sf. *then I said to them*

אִם־טוֹב hypoth.part.-adj. m.s. (373) *if it seems right*

בְּעֵינֵיכֶם prep.-n.f.p.-2 m.p. sf. (744) *to you*

הָבוּ Qal impv. 2 m.p. (396) *give*

שְׂכָרִי n.m.s.-1 c.s. sf. (I 969) *my wages*

וְאִם־לֹא conj.-hypoth.part.-neg. *and if not*

חֲדָלוּ Qal impv. 2 m.p. (292) *keep them*

וַיִּשְׁקְלוּ consec.-Qal impf. 3 m.p. (1053) *and they weighed out*

אֶת־שְׂכָרִי dir.obj.-v.supra *my wages*

שְׁלֹשִׁים num. m.p. (1026) *thirty shekels of*

כָּסֶף n.m.s. paus. (494) *silver*

11:13

וַיֹּאמֶר יהוה consec.-Qal impf. 3 m.s. (55)-pr.n. (217) *then Yahweh said*

אֵלַי prep.-1 c.s. sf. *to me*

הַשְׁלִיכֵהוּ Hi. impv. 2 m.s.-3 m.s. sf. (1020) *cast it*

אֶל־הַיּוֹצֵר prep.-def.art.-Qal act.ptc. (427) *into the treasury* (potter)

אֶדֶר הַיְקָר n.m.s. cstr. (12)-def.art.-n.m.s. (429) *the lordly price*

אֲשֶׁר יָקַרְתִּי rel. (81)-Qal pf. 1 c.s. (429) *at which I was paid off*

מֵעֲלֵיהֶם prep.-prep.-3 m.p. sf. *by them*

וָאֶקְחָה consec.-Qal impf. 1 c.s.-coh.he (542) *so I took*

שְׁלֹשִׁים v.11:12 *thirty shekels of*

הַכֶּסֶף def.art.-n.m.s. (494) *silver*

וָאַשְׁלִיךְ אֹתוֹ consec.-Hi. impf. 1 c.s. (1020)-dir. obj.-3 m.s. sf. *and cast them*

בֵּית יהוה n.m.s. cstr. (108)-pr.n. (217) *in the house of Yahweh*

אֶל־הַיּוֹצֵר v.supra *into the treasury*

11:14

וָאֶגְדַּע v.11:10 consec.-Qal impf. 1 c.s. (154) *then I broke*

אֶת־מַקְלִי v.11:10 dir.obj.-n.m.s.-1 c.s. sf. (596) *my ... staff*

הַשֵּׁנִי def.art.-num.ord. m.s. (1041) *second*

אֶת הַחֹבְלִים v.11:7 dir.obj.-def.art.-n.m.p. (287) *Union*

לְהָפֵר v.11:10 prep.-Hi. inf.cstr. (I 830) *annulling*

אֶת־הָאַחֲוָה dir.obj.-def.art.-n.f.s. (27) *the brotherhood*

בֵּין יְהוּדָה prep.-pr.n. (397) *between Judah*

וּבֵין יִשְׂרָאֵל conj.-prep.-pr.n. (975) *and Israel*

11:15

וַיֹּאמֶר יהוה אֵלַי v.11:13 *then Yahweh said to me*

עוֹד קַח־לְךָ adv. (728)-Qal impv. 2 m.s. (542) -prep.-2 m.s. sf. *take once more*

כְּלִי n.m.s. cstr. (479) *the implements of*

רֹעֶה אֱוִלִי Qal act.ptc. (I 944)-adj. m.s. (17) *a worthless shepherd*

11:16

כִּי הִנֵּה־אָנֹכִי conj.-interj. (243)-pers.pr. 1 c.s. (58) *for lo, I*

מֵקִים Hi. ptc. (877) *am raising up*

רֹעֶה v.11:15 Qal act.ptc. (I 944) *a shepherd*

בָּאָרֶץ prep.-def.art.-n.f.s. (75) *in the land*

הַנִּכְחָדוֹת v.11:9 def.art.-Ni. ptc. f.p. (470) *the perishing*

לֹא־יִפְקֹד neg.-Qal impf. 3 m.s. (823) *who does not care for*

הַנַּעַר def.art.-n.m.s. (654) *the wandering (youth)* cf. LXX, Vg.

לֹא־יְבַקֵּשׁ neg.-Pi. impf. 3 m.s. (134) *or (does not) seek*

וְהַנִּשְׁבֶּרֶת conj.-def.art.-Ni. ptc. f.s. (990) *or the maimed*

לֹא יְרַפֵּא neg.-Pi. impf. 3 m.s. (950) *(does not) heal*

הַנִּצָּבָה def.art.-Ni. ptc. f.s. (662) *the sound*

לֹא יְכַלְכֵּל neg.-Pilpel impf. 3 m.s. (465) *nourish*

וּבְשַׂר conj.-v.11:9 n.m.s. cstr. (142) *but the flesh of*

הַבְּרִיאָה def.art.-adj. f.s. (135) *the fat ones*

יֹאכַל Qal impf. 3 m.s. (37) *devours*

וּפַרְסֵיהֶן conj.-n.f.p.-3 f.p. sf. (828) *even their hoofs*

יְפָרֵק Ni. impf. 3 m.s. (825) *tearing off*

11:17

הוֹי רֹעִי interj. (222)-Qal act.ptc.-1 c.s. sf. (I 944) *woe to my shepherd*

הָאֱלִיל def.art.-n.m.s. (47) *worthless*

עֹזְבֵי הַצֹּאן Qal act.ptc.-1 c.s. sf. (I 736; GK 90,l)-def.art.-n.f.s. (838) *who deserts (of me) the flock*

חֶרֶב n.f.s. (352) *may the sword smite*

עַל־זְרוֹעוֹ prep.-n.f.s.-3 m.s. sf. (283) *his arm*

וְעַל־עֵין יְמִינוֹ conj.-prep.-n.f.s. cstr. (744) -n.f.s.-3 m.s. sf. (411) *and his right eye*

זְרֹעוֹ v.supra *let his arm*

יָבוֹשׁ תִּיבָשׁ Qal inf.abs. (I 386)-Qal impf. 3 f.s. (I 386) *be wholly withered*

וְעֵין יְמִינוֹ conj.-v.supra *and his right eye*

כָּהֹה תִכְהֶה Qal inf.abs. (I 462)-Qal impf. 3 f.s. (I 462) *be utterly blinded*

12:1

מַשָּׂא v.9:1 n.m.s. (cstr.)(672) *an oracle (of)*

דְּבַר־יהוה v.9:1 n.m.s. cstr. (182)-pr.n. (217) *the word of Yahweh*

עַל־יִשְׂרָאֵל prep.-pr.n. (975) *concerning Israel*

נְאֻם־יהוה n.m.s. cstr. (610)-pr.n. (217) *says Yahweh*

נֹטֶה שָׁמַיִם Qal act.ptc. (639)-n.m.p. (1029) *who stretched out the heavens*

וְיֹסֵד אָרֶץ conj.-Qal act.ptc. (413)-n.f.s. (75) *and founded the earth*

וְיֹצֵר conj.-Qal act.ptc. (427) *and formed*

רוּחַ־אָדָם n.f.s. cstr. (924)-n.m.s. (9) *the spirit of man*

בְּקִרְבּוֹ prep.-n.m.s.-3 m.s. sf. (899) *within him*

12:2

הִנֵּה אָנֹכִי v.11:16 interj. (243)-pers.pr. 1 c.s. (58) *lo I*

שָׂם אֶת־יְרוּשָׁלַ͏ִם Qal act.ptc. (I 962)-dir.obj. -pr.n. (436) *am about to make Jerusalem*

סַף־רַעַל n.m.s. cstr. (I 706)-n.m.s. (947) *a cup of reeling*

לְכָל־הָעַמִּים prep.-n.m.s. cstr. (481)-def.art. -n.m.p. (I 766) *to all the peoples*

סָבִיב adv. (686) *round about*

וְגַם עַל־יְהוּדָה conj.-adv.-prep.-pr.n. (397) *also against Judah*

יִהְיֶה Qal impf. 3 m.s. (224) *it will be*

בַּמָּצוֹר prep.-def.art.-n.m.s. (848) *in the siege*

עַל־יְרוּשָׁלָ͏ִם prep.-pr.n. paus. (436) *against Jerusalem*

12:3

וְהָיָה conj.-Qal pf. 3 m.s. (224) *and*

בַּיּוֹם־הַהוּא v.11:11 prep.-def.art.-n.m.s. (398)-def. art.-demons.adj. m.s. *on that day*

אָשִׂים Qal impf. 1 c.s. (I 962) *I will make*

אֶת־יְרוּשָׁלַ͏ִם dir.obj.-pr.n. (436) *Jerusalem*

אֶבֶן מַעֲמָסָה n.f.s. (6)-adj. f.s. (770) *a heavy stone*

לְכָל־הָעַמִּים v.12:2 *for all the peoples*

כָּל־עֹמְסֶיהָ n.m.s. cstr. (481)-Qal act.ptc. m.p.-3 f.s. sf. (770) *all who lift it*

שָׂרוֹט יִשָּׂרֵטוּ Qal inf.abs. (976)-Ni. impf. 3 m.p. paus. (976) *shall grievously hurt themselves*

וְנֶאֶסְפוּ conj.-Ni. pf. 3 c.p. (62) *shall come together*

עָלֶיהָ prep.-3 f.s. sf. *against it*

כֹּל גּוֹיֵי n.m.s. (481)-n.m.p. cstr. (156) *all the nations of*

הָאָרֶץ def.art.-n.f.s. paus. (75) *the earth*

12:4

בַּיּוֹם הַהוּא v. 12:3 *on that day*

נְאֻם־יְהוָה v.12:1 n.m.s. cstr. (610)-pr.n. (217) *says Yahweh*

אַכֶּה Hi. impf. 1 c.s. (645) *I will strike*

כָל־סוּס n.m.s. cstr. (481)-n.m.s. (692) *every horse*

בַּתִּמָּהוֹן prep.-def.art.-n.m.s. (1069) *with panic*

וְרֹכְבוֹ conj.-Qal act.ptc.-3 m.s. sf. (938) *and its rider*

בַּשִּׁגָּעוֹן prep.-def.art.-n.m.s. (993) *with madness*

וְעַל־בֵּית יְהוּדָה conj.-prep.-n.m.s. cstr. (108)-pr.n. (397) *but on the house of Judah*

אֶפְקַח Qal impf. 1 c.s. (824) *I will open*

אֶת־עֵינַי dir.obj.-n.f.s.-1 c.s. sf. (744) *my eyes*

וְכֹל סוּס conj.-n.m.s. cstr. (481)-n.m.s. cstr. (692) *when every horse of*

הָעַמִּים v.12:3 def.art.-n.m.p. (766) *the peoples*

אַכֶּה Hi. impf. 1 c.s. (645) *I strike*

בַּעִוָּרוֹן prep.-def.art.-n.m.s. (734) *with blindness*

12:5

וְאָמְרוּ conj.-Qal pf. 3 c.p. (55) *then shall say*

אַלֻּפֵי יְהוּדָה n.m.p. cstr. (II 49)-pr.n. (397) *the clans of Judah*

בְּלִבָּם prep.-n.m.s.-3 m.p. sf. (523) *to themselves*

אַמְצָה n.f.s. (55) *strength*

לִי prep.-1 c.s. sf. *(to me)*

יֹשְׁבֵי יְרוּשָׁלַ͏ִם Qal act.ptc. m.p. (442)-pr.n. (436) *the inhabitants of Jerusalem*

בַּיהוָה צְבָאוֹת prep.-pr.n.-n.f.p. *through Yahweh of hosts*

אֱלֹהֵיהֶם n.m.p.-3 m.p. sf. (43) *their God*

12:6

בַּיּוֹם הַהוּא v.12:3,4 *on that day*

אָשִׂים v.12:3 Qal impf. 1 c.s. (I 962) *I will make*

אֶת־אַלֻּפֵי יְהוּדָה dir.obj.-cf.12:5 v.supra *the clans of Judah*

כְּכִיּוֹר אֵשׁ prep.-n.m.s. cstr. (468)-n.f.s. (77) *like a blazing pot*

בְּעֵצִים prep.-n.m.p. (781) *in the midst of wood*

וּכְלַפִּיד אֵשׁ conj.-prep.-n.m.s. cstr. (542)-v.supra *like a flaming torch*

בְּעָמִיר prep.-n.m.s. (771) *among sheaves*

וְאָכְלוּ conj.-Qal pf. 3 c.p. (37) *and they shall devour*

עַל־יָמִין prep.-n.f.s. (411) *to the right*

וְעַל־שְׂמֹאל conj.-prep.-n.m.s. (969) *and to the left*

אֶת־כָּל־הָעַמִּים v.11:10, 12:2 dir.obj.-n.m.s. cstr. (481)-def.art.-n.m.p. (I 766) *all the peoples*

סָבִיב v.12:2 adv. (686) *round about*

וְיָשְׁבָה conj.-Qal pf. 3 f.s. (442) *while ... shall be inhabited*

יְרוּשָׁלַ͏ִם עוֹד pr.n. (436)-adv. (728) *Jerusalem still*

תַּחְתֶּיהָ prep. (1065)-3 f.s. sf. *in its place*

בִּירוּשָׁלָ͏ִם prep.-pr.n. paus. (436) *in Jerusalem*

12:7

וְהוֹשִׁיעַ יְהוָה conj.-Hi. pf. 3 m.s. (446)-pr.n. (217) *and Yahweh will give victory*

אֶת־אָהֳלֵי יְהוּדָה dir.obj.-n.m.p. cstr. (13)-pr.n. (397) *to the tents of Judah*

בָּרִאשֹׁנָה prep.-def.art.-n.f.s. (911) *first*

לְמַעַן prep.-prep. (775) *that*

לֹא־תִגְדַּל neg.-Qal impf. 3 f.s. (152) *may not be exalted*

תִּפְאֶרֶת n.f.s. cstr. (802) *the glory of*

בֵּית־דָּוִיד n.m.s. cstr. (108)-pr.n. (187) *the house of David*

וְתִפְאֶרֶת conj.-v.supra *and the glory of*

יֹשֵׁב יְרוּשָׁלַם Qal act.ptc. m.s. cstr. (442)-pr.n. (436) *the inhabitants of Jerusalem*

עַל־יְהוּדָה prep.-pr.n. (397) *over that of Judah*

12:8

בַּיּוֹם הַהוּא v.12:6 *on that day*

יָגֵן v.9:15 Hi. impf. 3 m.s. (170) *will put a shield*

יְהוָה pr.n. (217) *Yahweh*

בְּעַד יוֹשֵׁב subst.cstr. (126)-Qal act.ptc. m.s. cstr. (442) *about the inhabitants of*

יְרוּשָׁלַם pr.n. (436) *Jerusalem*

וְהָיָה conj.-Qal pf. 3 m.s. (224) *so that shall be*

הַנִּכְשָׁל def.art.-Ni. ptc. (505) *the feeblest*

בָּהֶם prep.-3 m.p. sf. *among them*

בַּיּוֹם הַהוּא v.supra *on that day*

כְּדָוִיד prep.-pr.n. (187) *like David*

וּבֵית דָּוִיד conj.-n.m.s. cstr. (108)-pr.n. (187) *and the house of David*

כֵּאלֹהִים prep.-n.m.p. (43) *like God*

כְּמַלְאַךְ יְהוָה prep.-n.m.s. cstr. (521)-pr.n. (217) *like the angel of Yahweh*

לִפְנֵיהֶם prep.-n.m.p.-3 m.p. sf. (815) *at their head*

12:9

וְהָיָה v.12:8 conj.-Qal pf. 3 m.s. (224) *and*

בַּיּוֹם הַהוּא v. 12:8 *on that day*

אֲבַקֵּשׁ Pi. impf. 1 c.s. (134) *I will seek*

לְהַשְׁמִיד prep.-Hi. inf.cstr. (1029) *to destroy*

אֶת־כָּל־הַגּוֹיִם dir.obj.-n.m.s. cstr. (481)-def.art.-n.m.p. (156) *all the nations*

הַבָּאִים def.art.-Qal act.ptc. m.p. (97) *that come*

עַל־יְרוּשָׁלָ͏ִם prep.-pr.n. paus. (436) *against Jerusalem*

12:10

וְשָׁפַכְתִּי conj.-Qal pf. 1 c.s. (1049) *and I will pour out*

עַל־בֵּית דָּוִיד prep.-n.m.s. cstr. (108)-pr.n. (187) *on the house of David*

וְעַל יוֹשֵׁב conj.-prep.-Qal act.ptc. cstr. (442) *and on the inhabitants of*

יְרוּשָׁלַם pr.n. (436) *Jerusalem*

רוּחַ חֵן n.f.s. cstr. (924)-n.m.s. (336) *a spirit of compassion*

וְתַחֲנוּנִים conj.-n.m.p. (337) *and supplication*

וְהִבִּיטוּ conj.-Hi. pf. 3 c.p. (נבט 613) *so that when they look*

אֵלַי prep.-1 c.s. sf. *on him* (lit. *on me* GK 138eN)

אֵת אֲשֶׁר־דָּקָרוּ dir.obj.-rel. (81)-Qal pf. 3 c.p. paus. (201) *whom they have pierced*

וְסָפְדוּ conj.-Qal pf. 3 c.p. (704) *they shall mourn*

עָלָיו prep.-3 m.s. sf. *for him*

כְּמִסְפֵּד prep.-n.m.s. (704) *as one mourns*

עַל־הַיָּחִיד prep.-def.art.-subst. m.s. (402) *for an only child*

וְהָמֵר conj.-Hi. inf.abs. (I 600) *and weep bitterly*

עָלָיו v.supra *over him*

כְּהָמֵר prep.-v.supra *as one weeps*

עַל־הַבְּכוֹר prep.-def.art.-n.m.s. (114) *over a first-born*

12:11

בַּיּוֹם הַהוּא v.12:8,9 *on that day*

יִגְדַּל Qal impf. 3 m.s. (152) *will be as great*

הַמִּסְפֵּד v.12:10 def.art.-n.m.s. (704) *the mourning*

בִּירוּשָׁלַם prep.-pr.n. (436) *in Jerusalem*

כְּמִסְפַּד prep.-n.m.s. cstr. (704) *as the mourning for*

הֲדַד־רִמּוֹן pr.n. (213) *Hadad-rimmon*

בְּבִקְעַת prep.-n.f.s. cstr. (132) *in the plain of*

מְגִדּוֹן pr.n. (151) *Megiddo*

12:12

וְסָפְדָה conj.-Qal pf. 3 f.s. (704) *and shall mourn*

הָאָרֶץ def.art.-n.f.s. (75) *the land*

מִשְׁפָּחוֹת n.f.p. (1046) *each family*

מִשְׁפָּחוֹת v.supra

לְבָד prep.-n.m.s. (II 94; GK 123d) *by itself*

מִשְׁפַּחַת v.supra n.f.s. cstr. (1046) *the family of*

בֵּית־דָּוִיד v.12:8 *the house of David*

לְבָד v.supra *by itself*

וּנְשֵׁיהֶם conj.-n.f.p.-3 m.p. sf. (61) *and their wives*

לְבָד v.supra *by themselves*

מִשְׁפַּחַת v.supra *the family of*

בֵּית־נָתָן n.m.s. cstr. (108)-pr.n. (681) *the house of Nathan*

לְבָד v.supra *by itself*

וּנְשֵׁיהֶם לְבָד v.supra-v.supra *and their wives by themselves*

12:13

מִשְׁפַּחַת v.12:12 *the family of*

בֵּית־לֵוִי n.m.s. cstr. (108)-pr.n. (I 532) *the house of Levi*

לְבָד v.12:12 *by itself*

וּנְשֵׁיהֶם לְבָד v.12:12 *and their wives by themselves*

מִשְׁפַּחַת v.supra *the family of*

הַשִּׁמְעִי def.art.-pr.n. (II 1035) *the Shimeites*

לְבָד v.supra *by itself*

וּנְשֵׁיהֶם לְבָד v.supra-v.supra *and their wives by themselves*

12:14

כֹּל הַמִּשְׁפָּחוֹת n.m.s. cstr. (481)-def.art.-n.f.p. (1046) *and all the families*

הַנִּשְׁאָרוֹת def.art.-Ni. ptc. f.p. (983) *that are left*

מִשְׁפָּחֹת v.supra

מִשְׁפָּחֹת v.supra

לְבָד v.supra *each by itself*

וּנְשֵׁיהֶם לְבָד v.supra-v.supra *and their wives by themselves*

13:1

בַּיּוֹם הַהוּא v.12:8,9,11 *on that day*

יִהְיֶה מָקוֹר Qal impf. 3 m.s. (224)-n.m.s. (881) *a fountain*

נִפְתָּח Ni. ptc. (I 834) *there shall be opened*

לְבֵית דָּוִד prep.-n.m.s. cstr. (108)-pr.n. (187) *for the house of David*

וּלְיֹשְׁבֵי יְרוּשָׁלַ͏ִם conj.-prep.-Qal act.ptc. m.p. cstr. (442)-pr.n. paus. (436) *and the inhabitants of Jerusalem*

לְחַטֹּאת prep.-n.f.s. (308) *to cleanse them from sin*

וּלְנִדָּה conj.-prep.-n.f.s. (622) *and uncleanness*

13:2

וְהָיָה v.12:9 conj.-Qal pf. 3 m.s. (224) *and*

בַּיּוֹם הַהוּא v.12:8,9,11; 13:1 *on that day*

נְאֻם n.m.s. cstr. (610) *says*

יְהוָה צְבָאוֹת pr.n. (217)-n.f.p. (838) *Yahweh of hosts*

אַכְרִית Hi. impf. 1 c.s. (503) *I will cut off*

אֶת־שְׁמוֹת dir.obj.-n.m.p. cstr. (I 1027) *the names of*

הָעֲצַבִּים def.art.-n.m.p. (781) *the idols*

מִן־הָאָרֶץ prep.-def.art.-n.f.s. (75) *from the land*

וְלֹא יִזָּכְרוּ עוֹד conj.-neg.-Ni. impf. 3 m.p. (269) -adv. (728) *so that they shall be remembered no more*

וְגַם אֶת־הַנְּבִיאִים conj.-adv.-dir.obj.-def.art. -n.m.p. (611) *and also ... the prophets*

וְאֶת־רוּחַ הַטֻּמְאָה conj.-dir.obj.-n.f.s. cstr. (924) -def.art.-n.f.s. (380) *and the unclean spirit*

אַעֲבִיר Hi. impf. 1 c.s. (716) *I will remove*

מִן־הָאָרֶץ v.supra *from the land*

13:3

וְהָיָה v.13:2 *and*

כִּי־יִנָּבֵא conj.-Ni. impf. 3 m.s. (612) *if ... appears as a prophet*

אִישׁ עוֹד n.m.s. (35)-adv. (728) *anyone again*

וְאָמְרוּ אֵלָיו conj.-Qal pf. 3 c.p. (55)-prep.-3 m.s. sf. *will say to him*

אָבִיו וְאִמּוֹ n.m.s-3 m.s. sf. (3)-conj.-n.f.s.-3 m.s. sf. (51) *his father and his mother*

יֹלְדָיו Qal act.ptc. m.p.-3 m.s. sf. (408) *who bore him*

לֹא תִחְיֶה neg.-Qal impf. 2 m.s. (310) *You shall not live*

כִּי שֶׁקֶר conj.-n.m.s. (1055) *for ... lies*

דִּבַּרְתָּ Pi. pf. 2 m.s. (180) *you speak*

בְּשֵׁם יְהוָה prep.-n.m.s. cstr. (I 1027)-pr.n. (217) *in the name of Yahweh*

וּדְקָרֻהוּ conj.-Qal pf. 3 c.p.-3 m.s. sf. (201) *and ... shall pierce him through*

אָבִיהוּ וְאִמּוֹ v.supra-v.supra *his father and his mother*

יֹלְדָיו v.supra *who bore him*

בְּהִנָּבְאוֹ prep.-Ni. inf.cstr.-3 m.s. sf. (612) *when he prophesies*

13:4

וְהָיָה v.13:2 *and*

בַּיּוֹם הַהוּא v.13:2 *on that day*

יֵבֹשׁוּ Qal impf. 3 m.p. (101) *will be ashamed*

הַנְּבִיאִים def.art.-n.m.p. (611) *prophets*

אִישׁ מֵחֶזְיֹנוֹ n.m.s. (35)-prep.-n.m.s.-3 m.s. sf. (303) *each ... of his vision*

בְּהִנָּבְאֹתוֹ prep.-Ni. inf.cstr. f.p.-3 m.s. sf. (612) *when he prophesies*

וְלֹא יִלְבְּשׁוּ conj.-neg.-Qal impf. 3 m.p. (527) *he will not put on*

אַדֶּרֶת שֵׂעָר n.f.s. cstr. (12)-n.m.s. (972) *a hairy mantle*

לְמַעַן כַּחֵשׁ prep. (775)-Pi. inf.cstr. (471) *in order to deceive*

13:5

וְאָמַר conj.-Qal pf. 3 m.s. (55) *but he will say*

לֹא נָבִיא neg.-n.m.s. (611) *no prophet*

אָנֹכִי pers.pr. 1 c.s. (58) *I am*

אִישׁ־עֹבֵד n.m.s. (35)-Qal act.ptc. cstr. (712) *a tiller of*

924

אֲדָמָה n.f.s. (9) *the soil*

אָנֹכִי v.supra *I am*

כִּי אָדָם conj.-n.m.s. (9) *for the land (man)*

הִקְנַנִי Hi. pf. 3 m.s.-1 c.s. sf. (888) *my possession (has caused me to possess)*

מִנְּעוּרָי prep.-n.m.p.-1 c.s. sf. paus. (655) *since my youth*

13:6

וְאָמַר אֵלָיו conj.-Qal pf. 3 m.s. (55)-prep.-3 m.s. sf. *and if one asks him*

מָה הַמַּכּוֹת interr. (552)-def.art.-n.f.p. (646) *what are ... wounds*

הָאֵלֶּה def.art.-demons.adj. c.p. (41) *these*

בֵּין יָדֶיךָ prep.-n.f.p.-2 m.s. sf. (388) *on your back (hands)*

וְאָמַר v.supra *he will say*

אֲשֶׁר הֻכֵּיתִי rel. (81)-Ho. pf. 1 c.s. (645) *the wounds I received*

בֵּית מְאַהֲבָי n.m.s. cstr. (108)-Pi. ptc. m.p.-1 c.s. sf. (12) *in the house of my friends*

13:7

חֶרֶב n.f.s. (352) *O sword*

עוּרִי Qal impv. 2 f.s. (734; GK 72s,144a) *awake*

עַל־רֹעִי prep.-Qal act.ptc. m.s.-1 c.s. sf. (I 944; GK 110k) *against my shepherd*

וְעַל־גֶּבֶר conj.-prep.-n.m.s. (149) *and against the man*

עֲמִיתִי n.m.s.-1 c.s. sf. (765) *who stands next to me*

נְאֻם v.13:2 n.m.s. cstr. (610) *says*

יהוה צְבָאוֹת v.13:2 *Yahweh of hosts*

הַךְ אֶת־הָרֹעֶה Hi. impv. 2 m.s. (645)-dir.obj. -def.art.-Qal act.ptc. (I 944) *strike the shepherd*

וּתְפוּצֶיןָ conj.-Qal impf. 3 f.p. (I 806) *that ... may be scattered*

הַצֹּאן def.art.-n.f.s. (838) *the sheep*

וַהֲשִׁבֹתִי conj.-Hi. pf. 1 c.s. (996) *I will turn*

יָדִי n.f.s.-1 c.s. sf. (388) *my hand*

עַל־הַצֹּעֲרִים prep.-def.art.-Qal act.ptc. m.p. (858) *against the little ones*

13:8

וְהָיָה v.13:2,3,4 conj.-Qal pf. 3 m.s. (224) *and*

בְּכָל־הָאָרֶץ prep.-n.m.s. cstr. (481)-def.art.-n.f.s. (75) *in the whole land*

נְאֻם־יְהוָה v.13:2,7 n.m.s. cstr. (610)-pr.n. (217) *says Yahweh*

פִּי־שְׁנַיִם n.m.s. cstr. (804)-num. m. (1040) *two thirds (double portion)*

בָּהּ prep.-3 f.s. sf.

יִכָּרְתוּ Ni. impf. 3 m.p. (503) *shall be cut off*

יִגְוָעוּ Qal impf. 3 m.p. paus. (157) *and perish*

וְהַשְּׁלִשִׁית conj.-def.art.-num.adj. f. (1026) *and one third*

יִוָּתֶר בָּהּ Ni. impf. 3 m.s. (451)-prep.-3 f.s. sf. *shall be left alive*

13:9

וְהֵבֵאתִי conj.-Hi. pf. 1 c.s. (97) *and I will put*

אֶת־הַשְּׁלִשִׁית dir.obj.-v.13:8 def.art.-num.adj. f. (1026) *this third*

בָּאֵשׁ prep.-def.art.-n.f.s. (77) *into the fire*

וּצְרַפְתִּים conj.-Qal pf. 1 c.s.-3 m.p. sf. (864) *and refine them*

כִּצְרֹף prep.-Qal inf.cstr. (864) *as one refines*

אֶת־הַכֶּסֶף dir.obj.-def.art.-n.m.s. (494) *silver*

וּבְחַנְתִּים conj.-Qal pf. 1 c.s.-3 m.p. sf. (103) *and test them*

כִּבְחֹן prep.-Qal inf.cstr. (103) *as ... is tested*

אֶת־הַזָּהָב dir.obj.-def.art.-n.m.s. (262) *gold*

הוּא יִקְרָא pers. pr. 3 m.s. (214)-Qal impf. 3 m.s. (894) *they will call*

בִשְׁמִי prep.-n.m.s.-1 c.s. sf. (1027) *on my name*

וַאֲנִי אֶעֱנֶה conj.-pers.pr. 1 c.s. (58)-Qal impf. 1 c.s. (I 772) *and I will answer*

אֹתוֹ dir.obj.-3 m.s. sf. *them*

אָמַרְתִּי Qal pf. 1 c.s. (55) *I will say*

עַמִּי הוּא n.m.s.-1 c.s. sf. (I 766)-pers.pr. 3 m.s. (214) *they are my people*

וְהוּא יֹאמַר conj.-pers.pr. 3 m.s. (214)-Qal impf. 3 m.s. (55) *and they will say*

יְהוָה אֱלֹהָי pr.n. (217)-n.m.p.-1 c.s. sf. (43) *Yahweh is my God*

14:1

הִנֵּה יוֹם־בָּא interj. (243)-n.m.s. (398)-Qal act. ptc. (or pf. 3 m.s.) (97) *behold, a day is coming*

לַיהוָה prep.-pr.n. (217) *of Yahweh*

וְחֻלַּק conj.-Pu. pf. 3 m.s. (323) *when ... will be divided*

שְׁלָלֵךְ n.m.s.-2 f.s. sf. (1021) *the spoil taken from you*

בְּקִרְבֵּךְ prep.-n.m.s.-2 f.s. sf. (899) *in the midst of you*

14:2

וְאָסַפְתִּי conj.-Qal pf. 1 c.s. (62) *for I will gather*

אֶת־כָּל־הַגּוֹיִם dir.obj.-n.m.s. cstr. (481)-def.art. -n.m.p. (156) *all the nations*

אֶל־יְרוּשָׁלַם prep.-pr.n. (436) *against Jerusalem*

לַמִּלְחָמָה prep.-def.art.-n.f.s. (536) *to battle*

וְנִלְכְּדָה conj.-Ni. pf. 3 f.s. (539) *and ... shall be taken*

הָעִיר def.art.-n.f.s. (746) *the city*

וְנָשַׁסּוּ conj.-Ni. pf. 3 c.p. (1042) *and ... plundered*

הַבָּתִּים def.art.-n.m.p. (108) *the houses*

וְהַנָּשִׁים conj.-def.art.-n.f.p. (61) *and the women*

תִּשָּׁגַלְנָה Ni. impf. 3 f.p. (993) *ravished*

וְיָצָא conj.-Qal pf. 3 m.s. (422) *shall go*

חֲצִי הָעִיר n.m.s. cstr. (345)-def.art.-n.f.s. (746) *half of the city*

בַּגּוֹלָה prep.-def.art.-n.f.s. (163) *into exile*

וְיֶתֶר הָעָם conj.-n.m.s. cstr. (451)-def.art.-n.m.s. (I 766) *but the rest of the people*

לֹא יִכָּרֵת neg.-Ni. impf. 3 m.s. (503) *shall not be cut off*

מִן־הָעִיר prep.-def.art.-n.f.s. (746) *from the city*

14:3

וְיָצָא v.14:2 conj.-Qal pf. 3 m.s. (422) *then ... will go forth*

יהוה pr.n. (217) *Yahweh*

וְנִלְחַם conj.-Ni. pf. 3 m.s. (535) *and fight*

בַּגּוֹיִם הָהֵם prep.-def.art.-n.m.p. (156)-def.art.-demons.adj. m.p. (241) *against those nations*

כְּיוֹם הִלָּחֲמוֹ prep.-n.m.s. cstr. (398)-Ni. inf. cstr.-3 m.s. sf. (535) *as when he fights*

בְּיוֹם קְרָב prep.-n.m.s. cstr. (398)-n.m.s. (898) *on a day of battle*

14:4

וְעָמְדוּ conj.-Qal pf. 3 c.p. (763) *shall stand*

רַגְלָיו n.f.p.-3 m.s. sf. (919) *his feet*

בַּיּוֹם־הַהוּא v.12:8,9,11 prep.-def.art.-n.m.s. (398)-def.art.-demons.adj. m.s. (214) *on that day*

עַל־הַר הַזֵּתִים prep.-n.m.s. cstr. (249)-def.art.-n.m.p. (268) *on the Mount of Olives*

אֲשֶׁר עַל־פְּנֵי rel. (81)-n.m.p. cstr. (815) *which lies before*

יְרוּשָׁלַם pr.n. (436) *Jerusalem*

מִקֶּדֶם prep.-n.m.s. (869) *on the east*

וְנִבְקַע conj.-Ni. pf. 3 m.s. (131) *and ... shall be split*

הַר הַזֵּתִים v. supra *the Mount of Olives*

מֵחֶצְיוֹ prep.-n.m.s.-3 m.s. sf. (345) *in two*

מִזְרָחָה n.m.s.-dir.he (280) *from east*

וָיָמָּה conj.-n.m.s.-dir.he (410) *to west*

גֵּיא גְּדוֹלָה n.f.s. (161; GK 93v,128wN)-adj. f.s. (152) *a ... wide valley*

מְאֹד adv. (547) *very*

וּמָשׁ conj.-Qal pf. 3 m.s. (I 559) *and ... shall withdraw*

חֲצִי הָהָר n.m.s. cstr. (345)-def.art.-n.m.s. (249) *one half of the Mount*

צָפוֹנָה n.f.s.-dir.he (I 860) *northward*

וְחֶצְיוֹ־נֶגְבָּה conj.-v.supra n.m.s.-3 m.s. sf. (345)-n.m.s.-dir.he (616) *and the other half southward*

14:5

וְנַסְתֶּם conj.-Qal pf. 2 m.p. (630) *(and you shall flee) shall be stopped*

גֵּיא־הָרַי v.14:4 n.m.s. cstr. (161)-n.m.p.-1 c.s. sf. (249) *the valley of my mountains*

כִּי־יַגִּיעַ conj.-Hi. impf. 3 m.s. (נגע 619) *for shall touch*

גֵּי־הָרִים n.m.s. cstr. (161)-n.m.p. (249) *the valley of the mountains*

אֶל־אָצַל prep.-subst. (I 69; or pr.n. paus. II 69) *the side of it*

וְנַסְתֶּם v.supra *and you shall flee*

כַּאֲשֶׁר נַסְתֶּם prep.-rel. (81)-v.supra *as you fled*

מִפְּנֵי הָרַעַשׁ prep.-n.m.p. cstr. (815)-def.art.-n.m.s. (950) *from the earthquake*

בִּימֵי עֻזִּיָּה prep.-n.m.p. cstr. (398)-pr.n. (739) *in the days of Uzziah*

מֶלֶךְ־יְהוּדָה n.m.s. cstr. (I 572)-pr.n. (397) *king of Judah*

וּבָא יהוה conj.-Qal pf. 3 m.s. (בוא 97)-pr.n. (217) *then Yahweh ... will come*

אֱלֹהַי n.m.p.-1 c.s. sf. (43) *your (my) God*

כָּל־קְדֹשִׁים n.m.s. cstr. (481)-n.m.p. (872) *and all the holy ones*

עִמָּךְ prep.-2 f.s. sf. *with him (you)*

14:6

וְהָיָה v.13:2,3,4 conj.-Qal pf. 3 m.s. (224) *and*

בַּיּוֹם הַהוּא v.14:4 *on that day*

לֹא־יִהְיֶה neg.-Qal impf. 3 m.s. (224) *there shall be neither*

אוֹר n.m.s. (21) *cold (light)*

יְקָרוֹת n.f.p. (429) *nor frost (precious things)*

יִקְפָּאוּן Qal impf. 3 m.s. (891) *(shall contract) dwindle*

14:7

וְהָיָה v.14:6 conj.-Qal pf. 3 m.s. (224) *shall be*

יוֹם־אֶחָד n.m.s. (398)-num. m.s. (25) *continuous day*

הוּא יִוָּדַע pers.pr. 3 m.s. (214)-Ni. impf. 3 m.s. (393) *it is known*

לַיהוה prep.-pr.n. (217) *to Yahweh*

לֹא־יוֹם neg.-n.m.s. (398) *not day*

וְלֹא־לַיְלָה conj.-neg.-n.m.s. paus. (538) *and not night*

וְהָיָה v.supra *for*

לְעֵת־עֶרֶב prep.-n.f.s. cstr. (773)-n.m.s. (787) *at evening time*

יִהְיֶה־אוֹר Qal impf. 3 m.s. (224)-n.m.s. (21) *there shall be light*

14:8

וְהָיָה v.14:6,7 conj.-Qal pf. 3 m.s. (224) *and*

בַּיּוֹם הַהוּא v.14:6 *on that day*

יֵצְאוּ Qal impf. 3 m.p. (422) *shall flow out*

מַיִם־חַיִּים n.m.p. (565)-adj. m.p. (311) *living waters*

מִירוּשָׁלַםִ prep.-pr.n. (436) *from Jerusalem*

חֶצְיָם v.14:4 n.m.s.-3 m.p. sf. (345) *half of them*

אֶל־הַיָּם prep.-def.art.-n.m.s. (410) *to the ... sea*

הַקַּדְמוֹנִי def.art.-adj. m.s. (I 870) *eastern*

וְחֶצְיָם conj.-v.supra *and half of them*

אֶל־הַיָּם v.supra-v.supra *to the ... sea*

הָאַחֲרוֹן def.art.-adj. m.s. (30) *western*

בַּקַּיִץ prep.-def.art.-n.m.s. (884) *in summer*

וּבַחֹרֶף conj.-prep.-def.art.-n.m.s. (358) *as in winter*

יִהְיֶה Qal impf. 3 m.s. (224) *it shall continue*

14:9

וְהָיָה יְהוָה v.14:8 conj.-Qal pf. 3 m.s. (224)-pr.n. (217) *and Yahweh will become*

לְמֶלֶךְ prep.-n.m.s. (I 572) *king*

עַל־כָּל־הָאָרֶץ prep.-n.m.s. cstr. (481)-def.art.-n.f.s. (75) *over all the earth*

בַּיּוֹם הַהוּא v.14:8 *on that day*

יִהְיֶה יְהוָה Qal impf. 3 m.s. (224)-pr.n. (217) *Yahweh will be*

אֶחָד num.adj. (25) *one*

וּשְׁמוֹ conj.-n.m.s.-3 m.s. sf. (1027) *and his name*

אֶחָד v.supra *one*

14:10

יִסּוֹב Qal impf. 3 m.s. (685) *shall be turned*

כָּל־הָאָרֶץ v.14:9 *the whole land*

כָּעֲרָבָה prep.-def.art.-n.f.s. (I 787) *into a plain*

מִגֶּבַע prep.-pr.n. (148) *from Geba*

לְרִמּוֹן prep.-pr.n. (IV 942) *to Rimmon*

נֶגֶב יְרוּשָׁלָםִ n.m.s. cstr. (616)-pr.n. paus. (436) *south of Jerusalem*

וְרָאֲמָה conj.-Qal pf. 3 f.s. (926; GK 72p) *and shall remain aloft*

וְיָשְׁבָה conj.-Qal pf. 3 f.s. (442) *(shall remain)*

תַחְתֶּיהָ prep.-3 f.s. sf. (1065) *upon its site*

לְמִשַּׁעַר prep.-prep.-n.m.s. cstr. (1044) *from the gate of*

בִּנְיָמִן pr.n. (122) *Benjamin*

עַד־מְקוֹם prep. (III 723)-n.m.s. cstr. (879) *to the place of*

שַׁעַר הָרִאשׁוֹן v.supra n.m.s. cstr. (1044)-def.art. (GK 126w)-adj. m.s. (911) *the former gate*

עַד־שַׁעַר הַפִּנִּים prep. (III 723)-n.m.s. cstr. (1044)-def.art.-n.f.p. (819) *to the Corner Gate*

וּמִגְדַּל חֲנַנְאֵל conj.-n.m.s. cstr. (153)-pr.n. (337) *and from the Tower of Hananel*

עַד יִקְבֵי הַמֶּלֶךְ prep.-n.m.p. cstr. (428)-def.art.-n.m.s. (I 572) *to the king's wine presses*

14:11

וְיָשְׁבוּ conj.-Qal pf. 3 c.p. (442) *and it shall be inhabited*

בָהּ prep.-3 f.s. sf. *(in it)*

וְחֵרֶם conj.-n.m.s. (356) *curse*

לֹא יִהְיֶה־עוֹד neg.-Qal impf. 3 m.s. (224)-adv. (728) *there shall be no more*

וְיָשְׁבָה conj.-Qal pf. 3 f.s. (442) *and shall dwell*

יְרוּשָׁלַםִ pr.n. (436) *Jerusalem*

לָבֶטַח prep.-n.m.s. (105) *in security*

14:12

וְזֹאת תִּהְיֶה conj.-demons.adj. f.s. (260)-Qal impf. 3 f.s. (224) *and this shall be*

הַמַּגֵּפָה def.art.-n.f.s. (620) *the plague*

אֲשֶׁר יִגֹּף rel. (81)-Qal impf. 3 m.s. (619) *with which ... will smite*

יְהוָה pr.n. (217) *Yahweh*

אֶת־כָּל־הָעַמִּים dir.obj.-n.m.s. cstr. (481)-def.art.-n.m.p. (I 766) *all the peoples*

אֲשֶׁר צָבְאוּ rel. (81)-Qal pf. 3 c.p. (838) *that wage war*

עַל־יְרוּשָׁלַםִ prep.-pr.n. paus. (436) *against Jerusalem*

הָמֵק Hi. inf.abs. (מקק 596) *shall rot*

בְּשָׂרוֹ n.m.s.-3 m.s. sf. (142) *his flesh*

וְהוּא עֹמֵד conj.-pers.pr. 3 m.s. (214)-Qal act.ptc. (763) *while they are still standing*

עַל־רַגְלָיו prep.-n.f.p.-3 m.s. sf. (919; GK 145m) *on their feet*

וְעֵינָיו conj.-n.f.p.-3 m.s. sf. (744) *and their eyes*

תִּמַּקְנָה Ni. impf. 3 f.p. (596; GK 67dd) *shall rot*

בְּחֹרֵיהֶן prep.-n.m.p.-3 f.p. sf. (III 359) *in their sockets*

וּלְשׁוֹנוֹ conj.-n.f.s.-3 m.s. sf. (546) *and their tongues*

תִּמַּק Ni. impf. 3 f.s. (מקק 596) *shall rot*

927

בְּפִיהֶם prep.-n.m.s.-3 m.p. sf. (804) *in their mouths*

14:13

וְהָיָה v.14:9 conj.-Qal pf. 3 m.s. (224) *and*

בַּיּוֹם הַהוּא v.14:9 *on that day*

תִּהְיֶה Qal impf. 3 f.s. (224) *shall fall*

מְהוּמַת־יהוה n.f.s. cstr. (223)-pr.n. (217) *a ... panic from Yahweh*

רַבָּה adj. f.s. (I 912) *great*

בָּהֶם prep.-3 m.p. sf. *on them*

וְהֶחֱזִיקוּ conj.-Hi. pf. 3 c.p. (304) *so that ... will lay hold on*

אִישׁ n.m.s. (35) *each*

יַד רֵעֵהוּ n.f.s. cstr. (388)-n.m.s.-3 m.s. sf. (945) *the hand of his fellow*

וְעָלְתָה conj.-Qal pf. 3 f.s. (748) *will be raised*

יָדוֹ n.f.s.-3 m.s. sf. (388) *his hand*

עַל־יַד רֵעֵהוּ prep.-v.supra-v.supra *against the hand of the other*

14:14

וְגַם־יְהוּדָה conj.-adv. (168)-pr.n. (397) *even Judah*

תִּלָּחֵם Ni. impf. 3 f.s. (535) *will fight*

בִּירוּשָׁלָ͏ִם prep.-pr.n. paus. (436) *against Jerusalem*

וְאֻסַּף conj.-Pu. pf. 3 m.s. (62) *and ... shall be collected*

חֵיל כָּל־הַגּוֹיִם n.m.s. cstr. (298)-n.m.s. cstr. (481)-def.art.-n.m.p. (156) *the wealth of all the nations*

סָבִיב adv. (686) *round about*

זָהָב n.m.s. (262) *gold*

וָכֶסֶף conj.-n.m.s. (494) *and silver*

וּבְגָדִים conj.-n.m.p. (93) *and garments*

לָרֹב מְאֹד prep.-n.m.s. (913)-adv. (547) *in great abundance*

14:15

וְכֵן תִּהְיֶה conj.-adv. (485)-Qal impf. 3 f.s. (224) *and shall fall*

מַגֵּפַת הַסּוּס n.f.s. cstr. (620)-def.art.-n.m.s. (692) *a plague ... on the horses*

הַפֶּרֶד def.art.-n.m.s. (825) *the mules*

הַגָּמָל def.art.-n.m.s. (168) *the camels*

וְהַחֲמוֹר conj.-def.art.-n.m.s. (331) *the asses*

וְכָל־הַבְּהֵמָה conj.-n.m.s. cstr. (481)-def.art.-n.f.s. (96) *and whatever beasts*

אֲשֶׁר יִהְיֶה rel. (81)-Qal impf. 3 m.s. (224) *may be*

בַּמַּחֲנוֹת הָהֵמָּה prep.-def.art.-n.m.p. (334)-def.art.-demons.adj. m.p. (241) *in those camps*

כַּמַּגֵּפָה הַזֹּאת prep.-def.art.-n.f.s. (620)-def.art.-demons.adj. f.s. (260) *like this plague*

14:16

וְהָיָה v.14:13 conj.-Qal pf. 3 m.s. (224) *then*

כָּל־הַנּוֹתָר n.m.s. cstr. (481)-def.art.-Ni. ptc. (451) *everyone that survives*

מִכָּל־הַגּוֹיִם prep.-n.m.s. cstr. (481)-def.art.-n.m.p. (156) *of all the nations*

הַבָּאִים def.art.-Qal act.ptc. m.p. (97) *that have come*

עַל־יְרוּשָׁלָ͏ִם prep.-pr.n. paus. (436) *against Jerusalem*

וְעָלוּ conj.-Qal pf. 3 c.p. (עלה 748) *shall go up*

מִדֵּי שָׁנָה prep.-subst. (191)-n.f.s. (1040) *year*

בְשָׁנָה prep.-v.supra *after year*

לְהִשְׁתַּחֲוֺת prep.-Hithpalel inf.cstr. (1005) *to worship*

לְמֶלֶךְ prep.-n.m.s. (I 572) *the King*

יהוה צְבָאוֹת pr.n. (217)-n.f.p. (838) *Yahweh of hosts*

וְלָחֹג conj.-prep.-Qal inf.cstr. (290) *and to keep*

אֶת־חַג הַסֻּכּוֹת dir.obj.-n.m.s. cstr. (290)-def.art.-n.f.p. (697) *the feast of booths*

14:17

וְהָיָה v.14:16 conj.-Qal pf. 3 m.s. (224) *and*

אֲשֶׁר לֹא־יַעֲלֶה rel. (81)-neg.-Qal impf. 3 m.s. (עלה 748) *if ... do not go up*

מֵאֵת מִשְׁפְּחוֹת prep.-prep. (II 85)-v.12:12, 13, 14 n.f.p. cstr. (1046) *any of the families of*

הָאָרֶץ def.art.-n.f.s. (75) *the earth*

אֶל־יְרוּשָׁלַ͏ִם prep.-pr.n. (436) *to Jerusalem*

לְהִשְׁתַּחֲוֺת v.14:16 prep.-Hithpalel inf.cstr. (1005) *to worship*

לְמֶלֶךְ v. 14:16 prep.-n.m.s. (I 572) *the King*

יהוה צְבָאוֹת v.14:16 pr.n. (217)-n.f.p. (838) *Yahweh of hosts*

וְלֹא עֲלֵיהֶם conj.-neg.-prep.-3 m.p. sf. *and not upon them*

יִהְיֶה הַגָּשֶׁם Qal impf. 3 m.s. (224)-def.art.-n.m.s. paus. (II 177) *there will be rain*

14:18

וְאִם־מִשְׁפַּחַת conj.-hypoth.part. (49)-n.f.s. cstr. (1046) *and if the family of*

מִצְרַיִם pr.n. (595) *Egypt*

לֹא־תַעֲלֶה neg.-Qal impf. 3 f.s. (748) *do not go up*

928

וְלֹא בָאָה conj.-neg.-Qal pf. 3 f.s. (בּוֹא 97) *and (not) present themselves*

וְלֹא עֲלֵיהֶם conj.-neg.-prep.-3 m.p. sf. *then not upon them*

תִּהְיֶה הַמַּגֵּפָה Qal impf. 3 f.s. (224)-def.art. -n.f.s. (620) *shall come the plague*

אֲשֶׁר יִגֹּף rel. (81)-Qal impf. 3 m.s. (619) *with which ... afflicts*

יהוה pr.n. (217) *Yahweh*

אֶת־הַגּוֹיִם dir.obj.-def.art.-n.m.p. (156) *the nations*

אֲשֶׁר לֹא יַעֲלוּ rel. (81)-neg.-Qal impf. 3 m.p. (748) (עָלָה) *that do not go up*

לָחֹג v.14:16 prep.-Qal inf.cstr. (290) *to keep*

אֶת־חַג הַסֻּכּוֹת v.14:16 dir.obj.-n.m.s. cstr. (290) -def.art.-n.f.p. (697) *the feast of booths*

14:19

זֹאת תִּהְיֶה demons.adj. f.s. (260)-Qal impf. 3 f.s. (224) *this shall be*

חַטַּאת מִצְרָיִם n.f.s. cstr. (308)-pr.n. (595) *the punishment of Egypt*

וְחַטַּאת כָּל־הַגּוֹיִם conj.-v.supra-n.m.s. cstr. (481) -def.art.-n.m.p. (156) *and the punishment to all the nations*

אֲשֶׁר לֹא יַעֲלוּ v.14:18 rel. (81)-neg.-Qal impf. 3 m.p. (עָלָה) 748) *that do not go up*

לָחֹג v.14:18 *to keep*

אֶת־חַג הַסֻּכּוֹת v.14:18 *the feast of booths*

14:20

בַּיּוֹם הַהוּא v.14:13 *on that day*

יִהְיֶה Qal impf. 3 m.s. (224) *shall be inscribed*

עַל־מְצִלּוֹת prep.-n.f.p. (853) *on the bells of*

הַסּוּס def.art.-n.m.s. (692) *the horses*

קֹדֶשׁ לַיהוה n.m.s. (871)-prep.-pr.n. (217) *Holy to Yahweh*

וְהָיָה conj.-Qal pf. 3 m.s. (224) *and ... shall be*

הַסִּירוֹת def.art.-n.f.p. (I 696) *the pots*

בְּבֵית יהוה prep.-n.m.s. cstr. (108)-pr.n. (217) *in the house of Yahweh*

כַּמִּזְרָקִים prep.-def.art.-n.m.p. (284) *as the bowls*

לִפְנֵי הַמִּזְבֵּחַ prep.-n.m.p. cstr. (815)-def.art. -n.m.s. (258) *before the altar*

14:21

וְהָיָה v.14:20 conj.-Qal pf. 3 m.s. (224) *and ... shall be*

כָּל־סִיר n.m.s. cstr. (481)-n.m.s. (I 696) *every pot*

בִּירוּשָׁלַ͏ם prep.-pr.n. (436) *in Jerusalem*

וּבִיהוּדָה conj.-prep.-pr.n. (397) *and Judah*

קֹדֶשׁ לַיהוה v.14:20 n.m.s. (871)-prep.-pr.n. (217) *sacred to Yahweh*

צְבָאוֹת n.f.p. (838) *of hosts*

וּבָאוּ conj.-Qal pf. 3 c.p. (97) *so that ... may come*

כָּל־הַזֹּבְחִים n.m.s. cstr. (481)-def.art.-Qal act. ptc. m.p. (256) *all who sacrifice*

וְלָקְחוּ conj.-Qal pf. 3 c.p. (542) *and take*

מֵהֶם prep.-3 m.p. sf. *of them*

וּבִשְּׁלוּ conj.-Pi. pf. 3 c.p. (143) *and boil*

בָּהֶם prep.-3 m.p. sf. *in them*

וְלֹא־יִהְיֶה conj.-neg.-Qal impf. 3 m.s. (224) *and there shall be no*

כְנַעֲנִי עוֹד n.m.s. (II 489)-adv. (728) *longer a trader*

בְּבֵית־יהוה צְבָאוֹת v.14:20 prep.-n.m.s. cstr. (108)-pr.n. (217)-n.f.p. (838) *in the house of Yahweh of hosts*

בַּיּוֹם הַהוּא v.14:20 *on that day*

Malachi

1:1

מַשָּׂא n.m.s. cstr. (672) *the oracle of*

דְּבַר־יהוה n.m.s. cstr. (182)-pr.n. (217) *the word of Yahweh*

אֶל־יִשְׂרָאֵל prep. (39)-pr.n. gent. (975) *unto Israel*

בְּיַד prep.-n.f.s. cstr. (388) *by the hand of*

מַלְאָכִי pr.n. (522; or n.m.s.-1 c.s. sf. 521) *Malachi (or my messenger)*

1:2

אָהַבְתִּי Qal pf. 1 c.s. (אהב 12) *I have loved*

אֶתְכֶם dir.obj.-2 m.p. sf. *you*

אָמַר Qal pf. 3 m.s. (55) *said*

יהוה pr.n. (217) *Yahweh*

וַאֲמַרְתֶּם conj.-Qal pf. 2 m.p. (55) *and you have said*

בַּמָּה prep.-def.art.-interr.pron. (553) *wherein*

אֲהַבְתָּנוּ Qal pf. 2 m.s.-1 c.p. sf. (12) *have you loved us*

הֲלוֹא־ interr.-adv. of neg. *(was) not*

אָח n.m.s. (26) *a brother*

עֵשָׂו pr.n. (796) *Esau*

לְיַעֲקֹב prep.-pr.n. (784) *to Jacob*

נְאֻם־יהוה n.m.s. cstr. (610)-v.supra *an utterance of Yahweh*

וָאֹהַב consec.-Qal impf. 1 c.s. (אהב 12; GK 68f) *and then I loved*

אֶת־יַעֲקֹב dir.obj.-pr.n. (784) *Jacob*

1:3

וְאֶת־עֵשָׂו conj.-dir.obj.-pr.n. (796) *and Esau*

שָׂנֵאתִי Qal pf. 1 c.s. (971) *I hated*

וָאָשִׂים consec.-Qal impf. 1 c.s. (שׂים 962) *and then I made*

אֶת־הָרָיו dir.obj.-n.m.p.-3 m.s. sf. (249) *his mountain*

שְׁמָמָה n.f.s. (1031) *a waste*

וְאֶת־נַחֲלָתוֹ conj.-dir.obj.-n.f.s.-3 f.s. sf. (635) *and his property*

לְתַנּוֹת prep.-n.f.p. cstr. (1072) *to jackals of*

מִדְבָּר n.m.s. (184) *a wilderness*

1:4

כִּי־תֹאמַר conj. (473)-Qal impf. 3 f.s. (55) *when ... shall say*

אֱדוֹם pr.n. f.gent. (10) *Edom (i.e. Edomites)*

רֻשַּׁשְׁנוּ Pu. pf. 1 c.p. (958) *we have been beaten down*

וְנָשׁוּב conj.advers.-Qal impf. 1 c.p. (שׁוב 996) *but we intend to return*

931

וְנִבְנֶה conj.-Qal impf. 1 c.p. (124) *and we intend to build*

חֳרָבוֹת n.f.p. (352) *ruins*

כֹּה אָמַר demons.adv. (462)-Qal pf. 3 m.s. (55) *thus said*

יהוה צְבָאוֹת pr.n. (217)-n.f.p. (838) *Yahweh of hosts*

הֵמָּה יִבְנוּ pers.pr. 3 m.p. (241)-Qal impf. 3 m.p. (בָּנָה 124) *they may build*

וַאֲנִי conj.advers.-pers.pr. 1 c.p. (58) *but I*

אֶהֱרוֹס Qal impf. 1 c.s. (248) *will break down*

וְקָרְאוּ conj.-Qal pf. 3 c.p. (894) *and they call*

לָהֶם prep.-3 m.p. sf. *to them*

גְּבוּל n.m.s. cstr. (147) *a border of*

רִשְׁעָה n.f.s. (958) *wickedness*

וְהָעָם conj.-def.art.-n.m.s. (I 766) *and the people*

אֲשֶׁר־ rel. (81) *which*

זָעַם Qal pf. 3 m.s. (276) *denounced*

יהוה pr.n. (217) *Yahweh*

עַד־עוֹלָם prep. (III 723)-n.m.s. (III 761) *until long duration*

1:5

וְעֵינֵיכֶם conj.-n.f.p.-2 m.p. sf. (I 744) *and your eyes*

תִּרְאֶינָה Qal impf. 3 f.p. (רָאָה 906) *shall see*

וְאַתֶּם conj.-pers.pr. 2 m.p. (61) *and you*

תֹּאמְרוּ Qal impf. 2 m.p. (55) *shall say*

יִגְדַּל Qal impf. 3 m.s. (152) *let be magnified*

יהוה pr.n. (217) *Yahweh*

מֵעַל prep.-prep. (751) *higher than (from above)*

לִגְבוּל v.1:4 prep.-n.m.s. cstr. (147) *the border of*

יִשְׂרָאֵל pr.n. gent. (975) *Israel*

1:6

בֵּן n.m.s. (119) *a son*

יְכַבֵּד Pi. impf. 3 m.s. (457) *regularly honors*

אָב n.m.s. (3) *a father*

וְעֶבֶד conj.-n.m.s. (713) *a slave*

אֲדֹנָיו n.m.p.-3 m.s. sf. (11; p. of intensity or rank) *his lord*

וְאִם־ conj.-hypoth.part. (49) *and if*

אָב v.supra *a father*

אָנִי pers.pr. 1 c.s. (58; GK 32c) *I*

אַיֵּה interr.adv. (32) *where*

כְּבוֹדִי n.m.s.-1 c.s. sf. (458) *my glory*

וְאִם־ v.supra *and if*

אֲדוֹנִים n.m.p. (11) *a lord*

אָנִי pers.pr. 1 c.s. (58; GK 32c) *I*

אַיֵּה interr.adv. (32) *where*

מוֹרָאִי n.m.s.-1 c.s. sf. (432) *my fear (reverence)*

אָמַר Qal pf. 3 m.s. (55) *said*

יהוה צְבָאוֹת v.1:4 pr.n. (217)-n.f.p. (838) *Yahweh of hosts*

לָכֶם prep.-2 m.p. sf. *to you*

הַכֹּהֲנִים def.art.-n.m.p. (463) *priests*

בּוֹזֵי Qal act.ptc. m.p. cstr. (בָּזָה 102) *the ones despising (of)*

שְׁמִי n.m.s.-1 c.s. sf. (1027) *my name*

וַאֲמַרְתֶּם v.1:2 conj.-Qal pf. 2 m.p. (55) *yet you said*

בַּמֶּה v.1:2 prep.-def.art.-interr. pr. (553) *wherein*

בָזִינוּ Qal pf. 1 c.p. (102) *have we despised*

אֶת־שְׁמֶךָ dir.obj.-n.m.s.-2 m.s. sf. paus. (1027) *your name*

1:7

מַגִּישִׁים Hi. ptc. m.p. (נָגַשׁ 620) *ones bringing near*

עַל־מִזְבְּחִי prep.-n.m.s.-1 c.s. sf. (258) *upon my altar*

לֶחֶם מְגֹאָל n.m.s. (536)-Pu. ptc. m.s. (II 146) *polluted bread*

וַאֲמַרְתֶּם v.1:2,6 conj.-Qal pf. 2 m.p. (55) *yet you said*

בַּמֶּה v.1:2,6 prep.-def.art.-interr.pr. (553) *wherein*

גֵאַלְנוּךָ Pi. pf. 1 c.p.-2 m.s. sf. (II 146) *have we defiled you*

בֶּאֱמָרְכֶם prep.-Qal inf.cstr.-2 m.p. sf. (55) *in your saying*

שֻׁלְחַן n.m.s. cstr. (1020) *the table of*

יהוה pr.n. (217) *Yahweh*

נִבְזֶה Ni. ptc. (102) *despicable*

הוּא pr. 3 m.s. (214) *(it is)*

1:8

וְכִי־ conj.-temp.conj. (473) *and when*

תַגִּשׁוּן Hi. impf. 2 m.p. (620) *you bring near*

עִוֵּר n.m.s. (734) *a blind (animal)*

לִזְבֹּחַ prep.-Qal inf.cstr. (256) *to sacrifice*

אֵין רָע subst.cstr. (34)-n.m.s. paus. (948) *there is nought of evil*

וְכִי v.supra *and when*

תַגִּישׁוּ v.supra Hi. impf. 2 m.p. (620) *you bring near*

פִּסֵּחַ n.m.s. (820) *a lame (animal)*

וְחֹלֶה conj.-Qal act.ptc. (I 317) *and sick*

אֵין רָע v.supra *there is no evil*

הַקְרִיבֵהוּ Hi. impv. 2 m.s.-3 m.s. sf. (897) *bring it near*

נָא part. of entreaty (609) *I pray*

לְפֶחָתֶךָ prep.-n.m.s.-2 m.s. sf. (808) *to your governor*

הֲיִרְצְךָ interr.-Qal impf. 3 m.s.-2 m.s. sf. (רצה 953) *will he accept you favorably*

אוֹ conj. (14; GK 150g) *or*

הֲיִשָּׂא interr.-Qal impf. 3 m.s. (נשא 669) *will he lift up*

פָּנֶיךָ n.m.p.-2 m.s. sf. (815) *your face*

אָמַר יהוה צְבָאוֹת v.1:4,6 *said Yahweh of hosts*

1:9

וְעַתָּה conj.-adv. of time (773) *and now*

חַלּוּ־נָא Pi. impv. 2 m.p. (II 318)-part. of entreaty (609) *entreat the favor, I pray*

פְּנֵי־אֵל n.m.p. cstr. (815)-n.m.s. (II 42) *the face of God*

וִיחָנֵּנוּ conj.-Qal impf. 3 m.s.-1 c.p. sf. (I 335) *that he may be gracious to us*

מִיֶּדְכֶם prep.-n.f.s.-2 m.p. sf. (388) *from your hand*

הָיְתָה Qal pf. 3 f.s. (היה 224) *was (has been)*

זֹּאת demons. f.s. (260) *this*

הֲיִשָּׂא v.1:8 interr.-Qal impf. 3 m.s. (נשא 669) *will he lift up*

מִכֶּם prep.-2 m.p. sf. *from you*

פָּנִים n.m.p. (815) *face*

אָמַר יהוה צְבָאוֹת v.1:4,6,8 *said Yahweh of hosts*

1:10

מִי interr. (566) *who*

גַּם־ adv. (168; GK 153) *moreover*

בָּכֶם prep.-2 m.p. sf. *among you* (GK 151a-- *would that one were among you*)

וְיִסְגֹּר conj.-Qal impf. 3 m.s. (688) *let him shut*

דְּלָתַיִם n.m. du. (195) *doors*

וְלֹא־ conj.-neg. *and not*

תָּאִירוּ Hi. impf. 2 m.p. (21) *cause to light*

מִזְבְּחִי n.m.s.-1 c.s. sf. (258) *my altar (fire)*

חִנָּם adv. (336) *for no purpose (in vain)*

אֵין־לִי neg. cstr. (II 34)-prep.-1 c.s. sf. *there is not to me*

חֵפֶץ n.m.s. (343) *pleasure*

בָּכֶם prep.-2 m.p. sf. *in you*

אָמַר יהוה צְבָאוֹת v.1:4,6,8,9 *said Yahweh of hosts*

וּמִנְחָה conj.-n.f.s. (585) *and an offering*

לֹא־אֶרְצֶה neg.-Qal impf. 1 c.s. (953) *I will not accept*

מִיֶּדְכֶם prep.-n.f.s.-2 m.p. sf. (388) *from your hand*

1:11

כִּי conj. *for*

מִמִּזְרַח prep.-n.m.s. cstr. (280) *from the rising of*

שֶׁמֶשׁ n.f.s. (1039) *the sun*

וְעַד־ conj.-adv. (723) *and until*

מְבוֹאוֹ n.m.s.-3 m.s. sf. (99) *his entrance*

גָּדוֹל adj. m.s. (152) *great*

שְׁמִי n.m.s.-1 c.s. sf. (1027) *my name*

בַּגּוֹיִם prep.-def.art.-n.m.p. (156) *among the nations*

וּבְכָל־ conj.-prep.-n.m.s. cstr. (481) *and in every*

מָקוֹם n.m.s. (879) *place*

מֻקְטָר n.m.s. (883) *incense*

מֻגָּשׁ Ho. ptc. (620) *being offered*

לִשְׁמִי prep.-n.m.s.-1 c.s. (1027) *to my name*

וּמִנְחָה conj.-n.f.s. (585) *and an offering*

טְהוֹרָה adj. f.s. (373) *clean*

כִּי conj. *for*

גָּדוֹל שְׁמִי בַּגּוֹיִם v.supra *great my name among the nations*

אָמַר יהוה צְבָאוֹת v.1:8 *said Yahweh of hosts*

1:12

וְאַתֶּם conj.-pers.pr. 2 m.p. (61) *and you*

מְחַלְּלִים Pi. ptc. m.p. (III 320) *(are) defiling*

אוֹתוֹ dir.obj.-3 m.s. sf. *him (it)*

בֶּאֱמָרְכֶם prep.-Qal inf.cstr.-2 m.p. sf. (55) *in your saying*

שֻׁלְחַן n.m.s. cstr. (1020) *the table of*

אֲדֹנָי n.m.p.-1 c.s. sf. (10) *my Lord*

מְגֹאָל Pu. ptc. (II 146) *polluted*

הוּא pr. 3 m.s. (214) *it*

וְנִיבוֹ conj.-n.m.s.-3 m.s. sf. (626) *and its fruit*

נִבְזֶה Ni. ptc. (102) *contemptible*

אָכְלוֹ n.m.s.-3 m.s. sf. (38) *his food*

1:13

וַאֲמַרְתֶּם v.1:2,6,7 conj.-Qal pf. 2 m.p. (55) *yet you say*

הִנֵּה demons.interj. (243) *behold*

מַתְּלָאָה interr.pr. (552, GK 37c, 147c)-n.f.s. (521) *what a weariness*

וְהִפַּחְתֶּם conj.-Hi. pf. 2 m.p. (נפח 655) *and you have sniffed*

אוֹתוֹ dir.obj.-3 m.s. sf. *it*

אָמַר יהוה צְבָאוֹת v.1:11 *said Yahweh of hosts*

וַהֲבֵאתֶם conj.-Hi. pf. 2 m.p. (97) *and you bring*

גָּזוּל Qal pass.ptc. (159) *torn*

וְאֶת־הַפִּסֵּחַ conj.-dir.obj.-def.art.-adj. m.s. (820) *and the lame*

וְאֶת־הַחוֹלֶה conj.-dir.obj.-def.art.-Qal act.ptc. (I 317) *and the sick*

וַהֲבֵאתֶם conj.-Hi. pf. 2 m.p. (97) *and you bring*

אֶת־הַמִּנְחָה dir.obj.-def.art.-n.f.s. (585) *the offering*

הָאֶרְצֶה interr.-Qal impf. 1 c.s. (953) *shall I accept*

אוֹתָהּ dir.obj.-3 f.s. sf. *it*

מִיֶּדְכֶם prep.-n.f.s.-2 m.p. sf. (388) *from your hand*

אָמַר יהוה v.1:4,6,8,9,10,11,13 *said Yahweh*

1:14

וְאָרוּר conj.-Qal pass.ptc. (76) *and cursed*

נוֹכֵל Qal act.ptc. (647) *a deceiver*

וְיֵשׁ conj.-subst. (441) *and there is*

בְּעֶדְרוֹ prep.-n.m.s.-3 m.s. sf. (727) *in his flock*

זָכָר n.m.s. (271) *a male*

וְנֹדֵר conj.-Qal act.ptc. (623) *and vowing*

וְזֹבֵחַ conj.-Qal act.ptc. (256) *and sacrificing*

מָשְׁחָת Ho. ptc. (1007) *a spoiled thing*

לַאדֹנָי prep.-n.m.p.-1 c.s. sf. (10) *to the Lord*

כִּי conj. *for*

מֶלֶךְ n.m.s. (572) *a king*

גָּדוֹל adj. m.s. (152) *great*

אָנִי pers.pr. 1 c.s. (58) *I*

אָמַר יהוה צְבָאוֹת v.1:4,6,8,9,10,11,13 *said Yahweh of hosts*

וּשְׁמִי conj.-n.m.s.-1 c.s. sf.(1027) *and my name*

נוֹרָא Ni. ptc. (431) *dreadful*

בַגּוֹיִם prep.-def.art.-n.m.p. (156) *among the nations*

2:1

וְעַתָּה conj.-adv. (773) *and now*

אֲלֵיכֶם prep.-2 m.p. sf. *unto you*

הַמִּצְוָה הַזֹּאת def.art.-n.f.s. (846)-def.art.-demons.adj. (260) *this commandment*

הַכֹּהֲנִים def.art.-n.m.p. (463) *O priests*

2:2

אִם־ hypoth.part. (49) *if*

לֹא תִשְׁמְעוּ neg.-Qal impf. 2 m.p. (1033) *you do not hear*

וְאִם־ conj.-v.supra *and if*

לֹא תָשִׂימוּ neg.-Hi. impf. 2 m.p. (962) *you do not set*

עַל־לֵב prep.-n.m.s. (524) *unto heart*

לָתֵת prep.-Qal inf.cstr. (נתן 678) *to give*

כָּבוֹד n.m.s. (458) *glory*

לִשְׁמִי prep.-n.m.s.-1 c.s. sf. (1027) *to my name*

אָמַר יהוה צְבָאוֹת v.1:13,14 *said Yahweh of hosts*

וְשִׁלַּחְתִּי conj.-Pi. impf. 1 c.s. (1018) *and I shall send*

בָכֶם prep.-2 m.p. sf. *upon you*

אֶת־הַמְּאֵרָה dir.obj.-def.art.-n.f.s. (76) *the curse*

וְאָרוֹתִי conj.-Qal pf. 1 c.s. (אָרַר 76) *and I have cursed*

אֶת־בִּרְכוֹתֵיכֶם dir.obj.-n.f.p.-2 m.p. sf. (139) *your blessings*

וְגַם conj.-adv. (168) *indeed also*

אָרוֹתִיהָ Qal pf. 1 c.s.-3 f.s. sf. (אָרַר 76) *I have cursed it*

כִּי conj. *because*

אֵינְכֶם subst. (II 34)-2 m.p. sf. *there is not to you*

שָׂמִים Qal act.ptc. m.p. (שׂוּם 962) *setting*

עַל־לֵב v.supra *unto heart*

2:3

הִנְנִי interj.-1 c.s. sf. (243) *behold me*

גֹּעֵר Qal act.ptc. (172) *rebuking*

לָכֶם prep.-2 m.p. sf. *to you*

אֶת־הַזֶּרַע dir.obj.-def.art.-n.m.s. (282) *the seed*

וְזֵרִיתִי conj.-Pi. pf. 1 c.s. (זָרָה 279) *and I shall scatter*

פֶרֶשׁ n.m.s. (831) *dung*

עַל־פְּנֵיכֶם prep.-n.m.p.-2 m.p. sf. (815) *upon your faces*

פֶרֶשׁ v.supra cstr. *dung of*

חַגֵּיכֶם n.m.p.-2 m.p. sf. (290) *your feasts*

וְנָשָׂא conj.-Qal pf. 3 m.s. (669) *and (one) will take*

אֶתְכֶם dir.obj.-2 m.p. sf. *you*

אֵלָיו prep.-3 m.s. sf. *unto it*

2:4

וִידַעְתֶּם conj.-Qal pf. 2 m.p. (יָדַע 393) *and you will know*

כִּי conj. *that*

שִׁלַּחְתִּי v.2:2 Pi. pf. 1 c.s. (1018) *I sent*

אֲלֵיכֶם prep.-2 m.p. sf. *unto you*

אֵת הַמִּצְוָה הַזֹּאת dir.obj.-v.2:1 *this commandment*

לִהְיוֹת prep.-Qal inf.cstr. (הָיָה 224) *to be*

בְּרִיתִי n.f.s.-1 c.s. sf. (136) *my covenant*

אֶת־לֵוִי prep. (II 85)-pr.n. (532) *with Levi*

אָמַר יהוה צְבָאוֹת v.1:13,14, 2:1 *said Yahweh of hosts*

2:5

בְּרִיתִי n.f.s.-1 c.s. sf. (136) *my covenant*

הָיְתָה Qal pf. 3 f.s. (הָיָה 224) *was*

אִתּוֹ prep. (II 85)-3 m.s. sf. *with him*

הַחַיִּים def.art.-adj. m.p. (311) *the living*

וְהַשָּׁלוֹם conj.-def.art.-n.m.s. (1022) *and the peace*

וָאֶתְּנֶם־לֹו consec.-Qal impf. 1 c.s.-3 m.p. sf. (678)-prep.-3 m.s. sf. *and I gave them to him*

מֹורָא n.m.s. (432) *an object of reverence*

וַיִּירָאֵנִי consec.-Qal impf. 3 m.s.-1 c.s. sf. (431) *and he feared me*

וּמִפְּנֵי conj.-prep.-n.m.p. cstr. (815) *and before*

שְׁמִי n.m.s.-1 c.s. sf. (1027) *my name*

נָחַת Ni. pf. 3 m.s. (369; GK 67u) *is put in awe*

הוּא pers.pr. 3 m.s. (214) *he*

2:6

תֹּורַת n.f.s. cstr. (435) *law of*

אֱמֶת n.f.s. (54) *truth*

הָיְתָה Qal pf. 3 f.s. (224) *was*

בְּפִיהוּ prep.-n.m.s.-3 m.s. sf. (804) *in his mouth*

וְעַוְלָה conj.-n.f.s. (732) *and injustice*

לֹא־נִמְצָא neg.-Ni. pf. 3 m.s. (592) *was not found*

בִשְׂפָתָיו prep.-n.f. du.-3 m.s. sf. (973) *on his lips*

בְּשָׁלֹום prep.-n.m.s. (1022) *in peace*

וּבְמִישֹׁור conj.-prep.-n.m.s. (449) *and in uprightness*

הָלַךְ Qal pf. 3 m.s. (229) *he walked*

אִתִּי prep.-1 c.s. sf. (II 85) *with me*

וְרַבִּים conj.-adj. m.p. (912) *and many*

הֵשִׁיב Hi. pf. 3 m.s. (שׁוב 962) *he turned*

מֵעָוֹן prep.-n.m.s. (730) *from iniquity*

2:7

כִּי־ *for*

שִׂפְתֵי n.f. du. (973) *lips of*

כֹהֵן n.m.s. (463) *a priest*

יִשְׁמְרוּ־ Qal impf. 3 m.p. (1036) *will keep*

דַעַת n.f.s. (395) *knowledge*

וְתֹורָה conj.-n.f.s. (435) *and law*

יְבַקְשׁוּ Pi. impf. 3 m.p. (134) *they will seek*

מִפִּיהוּ prep.-n.m.s.-3 m.s. sf. (804) *from his mouth*

כִּי conj. *for*

מַלְאַךְ n.m.s. cstr. (521) *the messenger of*

יְהוָה־צְבָאֹות v.supra *Yahweh of hosts*

הוּא pers.pr. 3 m.s. (214) *he*

2:8

וְאַתֶּם conj.-pers.pr. 2 m.p. (61) *and you*

סַרְתֶּם Qal pf. 2 m.p. (693) *have turned aside*

מִן־הַדֶּרֶךְ prep.-def.art.-n.m.s. (202) *from the way*

הִכְשַׁלְתֶּם Hi. pf. 2 m.p. (505) *you have caused to stumble*

רַבִּים adj. m.p. (I 912) *many*

בַּתֹּורָה prep.-def.art.-n.f.s. (435) *in the law*

שִׁחַתֶּם Pi. pf. 2 m.p. (1007) *you have corrupted*

בְּרִית n.f.s. cstr. (136) *the covenant of*

הַלֵּוִי def.art.-pr.n. (I 532) *Levi*

אָמַר יְהוָה צְבָאֹות v.2:1,4 *said Yahweh of hosts*

2:9

וְגַם־ conj.-adv. (168) *and also*

אֲנִי pers.pr. 1 c.s. (58) *I*

נָתַתִּי Qal pf. 1 c.s. (נתן 678) *have set (made)*

אֶתְכֶם dir.obj.-2 m.p. sf. *you*

נִבְזִים Ni. ptc. m.p. (102) *being despised*

וּשְׁפָלִים conj.-adj. m.p. (1050) *and humiliated*

לְכָל־ prep.-n.m.s. cstr. (481) *to all of*

הָעָם def.art.-n.m.s. (I 766) *the people*

כְּפִי אֲשֶׁר prep.-n.m.s. cstr. (805)-rel. (81) used as conj. *according as* (lit-according to mouth of which)

אֵינְכֶם neg.subst. cstr. (II 34)-2 m.p. sf. *there is not of you*

שֹׁמְרִים Qal act.ptc. m.p. (1036) *keeping*

אֶת־דְּרָכַי dir.obj.-n.m.p.-1 c.s. sf. (202) *my ways*

וְנֹשְׂאִים conj.-Qal act.ptc. m.p. (669) *and lifting*

פָּנִים n.m.p. (815) *faces*

בַּתֹּורָה v.2:8 *in the law*

2:10

הֲלֹוא interr.-adv. of neg. *is there not?*

אָב n.m.s. (3) *father*

אֶחָד adj. m.s. (25) *one*

לְכֻלָּנוּ prep.-n.m.s.-1 c.p. sf. (481) *to all of us*

הֲלֹוא v.supra *has not?*

אֵל אֶחָד n.m.s. (42)-v.supra *one God*

בְּרָאָנוּ Qal pf. 3 m.s.-1 c.p. sf. (135) *created us*

מַדּוּעַ adv. (396) *wherefore*

נִבְגַּד Qal impf. 1 c.p. (93) *do we deal treacherously*

אִישׁ n.m.s. (35) *a man*

בְּאָחִיו prep.-n.m.s.-3 m.s. sf. (26) *with his brother*

לְחַלֵּל prep.-Pi. inf.cstr. (III 320) *to profane*

בְּרִית v.2:8 n.f.s. cstr. (136) *the covenant of*

אֲבֹתֵינוּ n.m.p.-1 c.p. sf. (3) *our fathers*

2:11

בָּגְדָה Qal pf. 3 f.s. (93) *has dealt treacherously*

יְהוּדָה pr.n. (397) *Judah*

וְתֹועֵבָה conj.-n.f.s. (1072) *and an abomination*

נֶעֶשְׂתָה Ni. pf. 3 f.s. (עשׂה I 793) *has been done*

בְיִשְׂרָאֵל prep.-pr.n. (975) *in Israel*

וּבִירוּשָׁלָ͏ִם conj.-prep.-pr.n. paus. (436) *and in Jerusalem*

כִּי conj. *for*

חִלֵּל Pi. pf. 3 m.s. (III 320) *has profaned*

יְהוּדָה pr.n. (397) *Judah*

קֹדֶשׁ n.m.s. cstr. (871) *the sanctuary of*

יְהוָה pr.n. (217) *Yahweh*

אֲשֶׁר rel. (81) *which*

אָהֵב Qal pf. 3 m.s. (12) *he loved*

וּבָעַל conj.-Qal pf. 3 m.s. (127) *and he married*

בַּת־ n.f.s. cstr. (I 123) *a daughter of*

אֵל נֵכָר n.m.s. (42)-n.m.s. (648) *a foreign god*

2:12

יַכְרֵת Hi. impf. 3 m.s. (503) *will cut off*

יְהוָה pr.n. (217) *Yahweh*

לָאִישׁ prep.-def.art.-n.m.s. (35) *(to) the man*

אֲשֶׁר rel. (81) *who*

יַעֲשֶׂנָּה Qal impf. 3 m.s.-3 f.s. sf. (I 793) *does it*

עֵר Qal act.ptc. (I 734) *one awaking* (prb.rd. עֵד 729 "a witness" cf. 3:5)

וְעֹנֶה conj.-Qal act.ptc. (I 772) *one responding*

מֵאָהֳלֵי prep.-n.m.p. cstr. (13) *from the tents of*

יַעֲקֹב pr.n. (784) *Jacob*

וּמַגִּישׁ conj.-Hi. ptc. (נגש 620) *and bringing*

מִנְחָה n.f.s. (585) *a gift*

לַיהוָה צְבָאוֹת prep.-pr.n. (217)-n.f.p. (838) *to Yahweh of hosts*

2:13

וְזֹאת conj.-demons. f.s. (260) *and this*

שֵׁנִית adj. f.s. (1041) *a second time*

תַּעֲשׂוּ Qal impf. 2 m.p. (עשה I 793) *you do*

כַּסּוֹת Pi. inf.cstr. (כָּסָה 491) *to cover*

דִּמְעָה n.f. coll. (199) *with tears*

אֶת־מִזְבַּח dir.obj.-n.m.s. cstr. (258) *the altar of*

יְהוָה pr.n. (217) *Yahweh*

בְּכִי n.m.s. (113) *weeping*

וַאֲנָקָה conj.-n.f.s. (60) *and groaning*

מֵאֵין prep.-neg.cstr. (II 34) *so that there is no*

עוֹד adv. (728) *more*

פְּנוֹת Qal inf.cstr. (פָּנָה 815) *looking*

אֶל־הַמִּנְחָה prep.-def.art.-n.f.s. (585) *unto the offering*

וְלָקַחַת conj.-prep.-Qal inf.cstr. (542) *or taking*

רָצוֹן n.m.s. (953) *pleasure*

מִיֶּדְכֶם v.1:9,10 prep.-n.f.s.-2 m.p. sf. (388) *from your hand*

2:14

וַאֲמַרְתֶּם v.1:2,6,7,13 conj.-Qal pf. 2 m.p. (55) *yet you say*

עַל־מָה prep.-interr. (554) *wherefore?*

עַל כִּי־ prep.-conj. (758) *because (that)*

יְהוָה pr.n. (217) *Yahweh*

הֵעִיד Hi. pf. 3 m.s. (עוד 729) *has borne witness*

בֵּינְךָ prep. (107)-2 m.s. sf. *between you*

וּבֵין conj.-prep. (107) *and between*

אֵשֶׁת n.f.s. cstr. (61) *the wife of*

נְעוּרֶיךָ n.m.p.-2 m.s. sf. (655) *your youth*

אֲשֶׁר rel. (81) *whom*

אַתָּה pers.pr. 2 m.s. (61) *you*

בָּגַדְתָּה Qal pf. 2 m.s. (93) *acted treacherously*

בָּהּ prep.-3 f.s. sf. *against her*

וְהִיא conj.-pers.pr. 3 f.s. (214) *and she*

חֲבֶרְתְּךָ n.f.s.-2 m.s. sf. (289; GK 95k) *your consort (wife)*

וְאֵשֶׁת conj.-n.f.s. cstr. (61) *and the wife of*

בְּרִיתֶךָ n.f.s. paus.-2 m.s. sf. (136) *your covenant*

2:15

וְלֹא־אֶחָד conj.-neg.-n.m.s. (25) *and not one*

עָשָׂה Qal pf. 3 m.s. (I 793) *he has made*

וּשְׁאָר conj.-n.m.s. cstr. (984) *and remainder of*

רוּחַ n.f.s. (924) *spirit*

לוֹ prep.-3 m.s. sf. *to him*

וּמָה conj.-interr. (552) *and what? (wherefore)*

הָאֶחָד def.art.-n.m.s. (25) *the one*

מְבַקֵּשׁ Pi. ptc. (134) *seeking*

זֶרַע n.m.s. cstr. (282) *a seed of*

אֱלֹהִים n.m.p. (43) *God*

וְנִשְׁמַרְתֶּם conj.-Ni. pf. 2 m.p. (1036) *now you take heed*

בְּרוּחֲכֶם prep.-n.f.s.-2 m.p. sf. (924) *of your spirit (or on peril of your spirit)*

וּבְאֵשֶׁת conj.-prep.-n.f.s. cstr. (61) *and against the wife of*

נְעוּרֶיךָ n.m.p.-2 m.s. sf. (655) *your youth*

אַל־יִבְגֹּד neg.-Qal impf. 3 m.s. (93; GK 144p) *let one not act treacherously*

2:16

כִּי conj. *for*

שָׂנֵא Qal pf. 3 m.s. (971; GK 116s) *he hated* (some rd. *I hate*)

שַׁלַּח Pi. inf.cstr. (I 1018) *putting away*

אָמַר יְהוָה Qal pf. 3 m.s. (55)-pr.n. (217) *said Yahweh*

אֱלֹהֵי יִשְׂרָאֵל n.m.p. cstr. (43)-pr.n. (975) *the God of Israel*

וְכִסָּה conj.-Pi. pf. 3 m.s. (491; GK 155n) *and he covered*

חָמָס n.m.s. (329) *violence*

עַל־לְבוּשׁוֹ prep.-n.m.s.-3 m.s. sf. (528) *with his garment*

אָמַר יהוה צְבָאוֹת v.1:4,6,8,9,10,11,13,14; 2:2,4,6 *said Yahweh of hosts*

וְנִשְׁמַרְתֶּם v.2:15 conj.-Ni. pf. 2 m.p. (1036) *and you take heed*

בְּרוּחֲכֶם v.2:15 prep.-n.f.s.-2 m.p. sf. (924) *of your spirit*

וְלֹא תִבְגֹּדוּ conj.-neg.-Qal impf. 2 m.p. paus. (93) *and don't you act treacherously*

2:17

הוֹגַעְתֶּם Hi. pf. 2 m.p. (יָגַע 388) *you have wearied*

יהוה pr.n. (217) *Yahweh*

בְּדִבְרֵיכֶם prep.-n.m.p.-2 m.p. sf. (182) *by your words*

וַאֲמַרְתֶּם v.1:2,6,7,13; 2:14 conj.-Qal pf. 2 m.p. (55) *and you say*

בַּמָּה prep.-def.art.-interr. (553) *wherein?*

הוֹגָעְנוּ Hi. pf. 1 c.p. paus. (388) *have we wearied*

בֶּאֱמָרְכֶם v.1:7,12 prep.-Qal inf.cstr.-2 m.p. sf. (55) *in your saying*

כָּל־ n.m.s. cstr. (481) *every*

עֹשֵׂה Qal act.ptc. (I 793) *one doing*

רַע n.m.s. (948) *evil*

טוֹב adj. m. or Qal pf. 3 m.s. (373) *is pleasing*

בְּעֵינֵי prep.-n.f.p. cstr. (744) *in the eyes of*

יהוה pr.n. (217) *Yahweh*

וּבָהֶם conj.-prep.-3 m.p. sf. *and in them*

הוּא חָפֵץ pers.pr. 3 m.s. (214)-Qal pf. 3 m.s. (342) *he delights*

אוֹ אַיֵּה conj. (14)-interr.adv. (32) *or where*

אֱלֹהֵי n.m.p. cstr. (43) *the God of*

הַמִּשְׁפָּט def.art.-n.m.s. (1048) *judgment*

3:1

הִנְנִי demons.part. as interj.-1 c.s. sf. (243) *behold me*

שֹׁלֵחַ Qal act.ptc. (I 1018) *one sending*

מַלְאָכִי v.1:1 n.m.s.-1 c.s. sf. (521) *Malachi or my messenger*

וּפִנָּה conj.-Pi. pf. 3 m.s. (815) *and he will make clear*

דֶּרֶךְ n.m.s. (202) *way*

לְפָנָי prep.-n.m.p.-1 c.s. sf. paus. (815) *before me*

וּפִתְאֹם conj.-adv. (837) *and suddenly*

יָבוֹא Qal impf. 3 m.s. (97) *will come*

אֶל־הֵיכָלוֹ prep.-n.m.s.-3 m.s. sf. (228) *unto his temple*

הָאָדוֹן def.art.-n.m.s. (10) *the Lord*

אֲשֶׁר־ rel. (81) *whom*

אַתֶּם pers.pr. 2 m.p. (61) *you*

מְבַקְשִׁים Pi. ptc. m.p. (134) *seeking*

וּמַלְאַךְ conj.-n.m.s. cstr. (521) *and the messenger of*

הַבְּרִית def.art.-n.f.s. (136) *the covenant*

אֲשֶׁר־ rel. (81) *whom*

אַתֶּם v.supra *you*

חֲפֵצִים Qal act.ptc. m.p. (342) *delighting*

הִנֵּה interj. (243) *behold*

בָא Qal pf. 3 m.s. or Qal act.ptc. (97) *he has come*

אָמַר יהוה צְבָאוֹת v.2:8,16 *said Yahweh of hosts*

3:2

וּמִי conj.-interr.pron. (566) *and who*

מְכַלְכֵּל Pilpel ptc. (כּוּל 465; GK 126k) *is enduring*

אֶת־יוֹם dir.obj.-n.m.s. cstr. (398) *the day of*

בּוֹאוֹ Qal inf.cstr.-3 m.s. sf. (97) *his coming*

וּמִי v.supra conj.-interr. *and who*

הָעֹמֵד def.art.-Qal act.ptc. (763; GK 126k) *the one standing*

בְּהֵרָאוֹתוֹ prep.-Ni. inf.cstr.-3 m.s. sf. (רָאָה 906) *in his appearing*

כִּי־ conj. *for*

הוּא pers.pr. 3 m.s. (214) *he*

כְּאֵשׁ prep.-n.f.s. cstr. (77) *as a fire of*

מְצָרֵף Pi. ptc. (864) *a refiner*

וּכְבֹרִית conj.-prep.-n.f.s. cstr. (141) *and as soap of*

מְכַבְּסִים Pi. ptc. m.p. (460) *fullers*

3:3

וְיָשַׁב conj.-Qal pf. 3 m.s. (442) *and he will sit*

מְצָרֵף v.3:2 Pi. ptc. (864) *a refiner*

וּמְטַהֵר conj.-Pi. ptc. cstr. (372) *and a purifier of*

כֶּסֶף n.m.s. (494) *silver*

וְטִהַר conj.-Pi. pf. 3 m.s. (372) *and he will purify*

אֶת־בְּנֵי dir.obj.-n.m.p. cstr. (119) *the sons of*

לֵוִי pr.n. (532) *Levi*

וְזִקַּק conj.-Pi. pf. 3 m.s. (I 279) *and he will refine*

אֹתָם dir.obj.-3 m.p. sf. *them*

כַּזָּהָב prep.-def.art.-n.m.s. (262) *as the gold*

וְכַכָּסֶף conj.-prep.-n.m.s. (494) *and as the silver*

וְהָיוּ conj.-Qal pf. 3 c.p. (224) *and they will be*

לַיהוה prep.-pr.n. (217) *to Yahweh*

מַגִּישֵׁי Hi. ptc. m.p. cstr. (נָגַשׁ 620) *ones bringing near*

מִנְחָה n.f.s. (585) *an offering*

בִּצְדָקָה prep.-n.f.s. (842) *in righteousness*

3:4

וְעָרְבָה conj.-Qal pf. 3 f.s. (III 787) *and was pleasing*

לַיהוָה prep.-pr.n. (217) *to Yahweh*

מִנְחַת n.f.s. cstr. (585) *the offering of*

יְהוּדָה pr.n. (397) *Judah*

וִירוּשָׁלָ͏ִם conj.-pr.n. paus. (436) *and Jerusalem*

כִּימֵי prep.-n.m.p. cstr. (398) *as days of*

עוֹלָם n.m.s. (761) *antiquity*

וּכְשָׁנִים conj.-prep.-n.f.p. (1040) *and as years*

קַדְמֹנִיּוֹת adj. f.p. (870) *former*

3:5

וְקָרַבְתִּי conj.-Qal pf. 1 c.s. (I 897) *and I shall approach*

אֲלֵיכֶם prep.-2 m.p. sf. *unto you*

לַמִּשְׁפָּט prep.-def.art.-n.m.s. (1048) *to judgment*

וְהָיִיתִי conj.-Qal pf. 1 c.s. (224) *and I shall be*

עֵד n.m.s. (729) *a witness*

מְמַהֵר Pi. ptc. m.s. (I 554) *swift*

בַּמְכַשְּׁפִים prep.-def.art.-Pi. ptc. m.p. as subst. (506) *upon the sorcerers*

וּבַמְנָאֲפִים conj.-prep.-def.art.-Pi. ptc. m.p. as subst. (610) *and upon the adulterers*

וּבַנִּשְׁבָּעִים conj.-prep.-def.art.-Ni. ptc. m.p. (989) *and upon the ones swearing*

לַשָּׁקֶר prep.-def.art.-n.m.s. paus. (1055) *to falsehood*

וּבְעֹשְׁקֵי conj.-prep.-Qal act.ptc. m.p. cstr. (798) *and upon the ones oppressing (extorting)*

שְׂכַר־ n.m.s. cstr. (969) *wages of*

שָׂכִיר adj. (969) *hireling*

אַלְמָנָה n.f.s. (48) *a widow*

וְיָתוֹם conj.-n.m.s. (450) *and an orphan*

וּמַטֵּי conj.-Hi. ptc. m.p. cstr. (נָטָה 639) *and ones turning aside*

גֵּר n.m.s. (158) *a sojourner*

וְלֹא יְרֵאוּנִי conj.-neg.-Qal pf. 3 c.p.-1 c.s. sf. (431 יָרֵא) *and they do not fear me*

אָמַר יְהוָה צְבָאוֹת v.3:1 *said Yahweh of hosts*

3:6

כִּי conj. *for*

אֲנִי pers.pr. 1 c.s. (58) *I*

יְהוָה pr.n. (217) *Yahweh*

לֹא שָׁנִיתִי neg.-Qal pf. 1 c.s. (שָׁנָה I 1039) *have not changed*

וְאַתֶּם conj.-pers.pr. 2 m.p. (61) *and you*

בְּנֵי־יַעֲקֹב n.m.p. cstr. (119)-pr.n. (784) *sons of Jacob*

לֹא כְלִיתֶם neg.-Qal pf. 2 m.p. (כָּלָה I 477) *are not destroyed*

3:7

לְמִימֵי prep.-prep.-n.m.p. cstr. (401) *since the days of*

אֲבֹתֵיכֶם n.m.p.-2 m.p. sf. (3) *your fathers*

סַרְתֶּם Qal pf. 2 m.p. (סוּר 693) *you have turned away*

מֵחֻקַּי prep.-n.m.p.-1 c.s. sf. (349) *from my statutes*

וְלֹא שְׁמַרְתֶּם conj.-neg.-Qal pf. 2 m.p. (1036) *and you have not kept*

שׁוּבוּ Qal impv. 2 m.p. (996) *turn*

אֵלַי prep.-1 c.s. sf. *unto me*

וְאָשׁוּבָה conj.-Qal impf. 1 c.s.-coh.he (996) *and let me turn*

אֲלֵיכֶם prep.-2 m.p. sf. *unto you*

אָמַר יְהוָה צְבָאוֹת v.3:5 *said Yahweh of hosts*

וַאֲמַרְתֶּם v.2:17 conj.-Qal pf. 2 m.p. *yet you say*

בַּמֶּה prep.-def.art.-interr. (552) *wherein?*

נָשׁוּב Qal impf. 1 c.p. (996) *shall we turn*

3:8

הֲיִקְבַּע interr.-Qal impf. 3 m.s. (867) *will rob?*

אָדָם n.m.s. (9) *man (mankind)*

אֱלֹהִים n.m.p. (43) *God*

כִּי אַתֶּם conj.-pers.pr. 2 m.p. (61) *yet you*

קֹבְעִים Qal act.ptc. m.p. (967) *(are) robbing*

אֹתִי dir.obj.-1 c.s. sf. *me*

וַאֲמַרְתֶּם v.3:7 conj.-Qal pf. 2 m.p. (55) *yet you say*

בַּמֶּה v.3:7 prep.-def.art.-interr. (552) *wherein*

קְבַעֲנוּךָ Qal pf. 1 c.p.-2 m.s. sf. (867) *have we robbed you*

הַמַּעֲשֵׂר def.art.-n.m.s. (798) *the tithe*

וְהַתְּרוּמָה conj.-def.art.-n.f.s. (929) *and the offering*

3:9

בַּמְּאֵרָה prep.-def.art.-n.f.s. (76) *with the curse*

אַתֶּם pers.pr. 2 m.p. (61) *you*

נֵאָרִים Ni. ptc. m.p. (אָרַר 76; GK 67u) *being cursed*

וְאֹתִי conj.-dir.obj.-1 c.s. sf. *and me*

אַתֶּם v.supra *you*

קֹבְעִים Qal act.ptc. m.p. (867) *robbing*

הַגּוֹי def.art.-n.m.s. (156) *the nation*

כֻּלּוֹ n.m.s.-3 m.s. sf. (481; GK 144p) *all of it*

3:10

הָבִיאוּ Hi. impv. 2 m.p. (בּוֹא 97) *bring*

אֶת־כָּל־ dir.obj.-n.m.s. cstr. (481) *all of*

הַמַּעֲשֵׂר def.art.-n.m.s. (798) *the tithe*

אֶל־בֵּית prep.-n.m.s. cstr. (108) *unto the house of*

הָאוֹצָר def.art.-n.m.s. (69) *the treasure*

וִיהִי conj.-Qal impf. 3 m.s. apoc. (הָיָה 224) *and let there be*

טֶרֶף n.m.s. (383) *food*

בְּבֵיתִי prep.-n.m.s.-1 c.s. sf. (108) *in my house*

וּבְחָנוּנִי נָא conj.-Qal impv. 2 m.p.-1 c.s. sf. (בָּחַן 103)-part. of entreaty *and test me*

בָּזֹאת prep.-demons.adj. f.s. paus. (260) *in this*

אָמַר יהוה צְבָאוֹת v.3:1,5,7 *said Yahweh of hosts*

אִם־לֹא hypoth.part.-neg. as emphatic affirmative (50) *surely*

אֶפְתַּח Qal impf. 1 c.s. (I 834) *I shall open*

לָכֶם prep.-2 m.p. sf. *to you*

אֵת אֲרֻבּוֹת dir.obj.-n.f.p. cstr. (70) *the windows of*

הַשָּׁמַיִם def.art.-n.m.p. (1029) *the heavens*

וַהֲרִיקֹתִי conj.-Hi. pf. 1 c.s. (רִיק 937) *and I shall pour out*

לָכֶם v.supra *upon you*

בְּרָכָה n.f.s. (139) *blessing*

עַד prep. (723) *until*

בְּלִי־ neg. (115) *there be no*

דָי subst.paus. (191) *sufficiency*

3:11

וְגָעַרְתִּי conj.-Qal pf. 1 c.s. (172) *and I shall rebuke*

לָכֶם prep.-2 m.p. sf. *for you*

בָּאֹכֵל prep.-def.art.-Qal act.ptc. (37) *the devourer*

וְלֹא־יַשְׁחִת conj.-neg.-Hi. impf. 3 m.s. (1007) *and he will not destroy*

לָכֶם v.supra *for you*

אֶת־פְּרִי dir.obj.-n.m.s. cstr. (826) *the fruit of*

הָאֲדָמָה def.art.-n.f.s. (9) *the ground*

וְלֹא־תְשַׁכֵּל conj.-neg.-Pi. impf. 3 f.s. (1013) *and will not abort*

לָכֶם v.supra *to you*

הַגֶּפֶן def.art.-n.f.s. (172) *the vine*

בַּשָּׂדֶה prep.-def.art.-n.m.s. (961) *in the field*

אָמַר יהוה צְבָאוֹת v.3:10 *said Yahweh of hosts*

3:12

וְאִשְּׁרוּ conj.-Pi. pf. 3 c.p. (80) *and will call blessed*

אֶתְכֶם dir.obj.-2 m.p. sf. *you*

כָּל־ n.m.s. cstr. (481) *all of*

הַגּוֹיִם def.art.-n.m.p. (156) *the nations*

כִּי conj. *for*

תִהְיוּ Qal impf. 2 m.p. (הָיָה 224) *will be*

אַתֶּם pers.pr. 2 m.p. (61) *you*

אֶרֶץ n.f.s. cstr. (75) *a land of*

חֵפֶץ n.m.s. (343) *delight*

אָמַר יהוה צְבָאוֹת v.3:10,11 *said Yahweh of hosts*

3:13

חָזְקוּ Qal pf. 3 c.p. (304) *have been strong*

עָלַי prep.-1 c.s. sf. *against me*

דִּבְרֵיכֶם n.m.p.-2 m.p. sf. (182) *your words*

אָמַר יהוה Qal pf. 3 m.s. (55)-pr.n. (217) *said Yahweh*

וַאֲמַרְתֶּם v.3:7,8 conj.-Qal pf. 2 m.p. (55) *yet you say*

מַה־נִּדְבַּרְנוּ interr. (552)-Ni. pf. 1 c.p. (180) *what have we spoken*

עָלֶיךָ prep.-2 m.s. sf. *against you*

3:14

אֲמַרְתֶּם Qal pf. 2 m.p. (55) *you have said*

שָׁוְא n.m.s. (996) *(is) nothingness (vanity)*

עֲבֹד Qal inf.cstr. (712) *the serving of*

אֱלֹהִים n.m.p. (43) *God*

וּמַה־בֶּצַע conj.-interr. (552)-n.m.s. (130) *and what profit*

כִּי conj. *when*

שָׁמַרְנוּ Qal pf. 1 c.p. (1036) *we have kept*

מִשְׁמַרְתּוֹ n.f.s.-3 m.s. sf. (1038) *his functions*

וְכִי conj.-conj. *and when*

הָלַכְנוּ Qal pf. 1 c.p. (229) *we have walked*

קְדֹרַנִּית adv. (871; GK 100g) *as mourners*

מִפְּנֵי prep.-n.m.p. cstr. (815) *before*

יהוה צְבָאוֹת pr.n. (217)-n.f.p. (838) *Yahweh of hosts*

3:15

וְעַתָּה conj.-adv. (773) *and now*

אֲנַחְנוּ pers.pr. 1 c.p. (59) *we*

מְאַשְּׁרִים Pi. ptc. m.p. (80) *calling blessed*

זֵדִים adj. m.p. (267) *insolent ones*

גַּם־ adv. *also*

נִבְנוּ Ni. pf. 3 c.p. (בָּנָה 124) *are built*

עֹשֵׂי Qal act.ptc. m.p. cstr. (עָשָׂה I 793) *doers of*

רִשְׁעָה n.f.s. (958) *wickedness*

גַּם adv. *also*

בָּחֲנוּ Qal pf. 3 c.p. (103) *they tested*

אֱלֹהִים n.m.p. (43) *God*

וַיִּמָּלֵטוּ consec.-Ni. impf. 3 m.p. paus. (572) *and they escaped*

3:16

אָז adv. (23) *then*

נִדְבְּרוּ Ni. pf. 3 c.p. (180) *speak*

יִרְאֵי Qal act.ptc. m.p. cstr. (431) *the fearers of*

יהוה pr.n. (217) *Yahweh*

אִישׁ n.m.s. (35) *each (man)*

אֶת־רֵעֵהוּ prep.-n.m.s.-3 m.s. sf. (945) *with his friend*

וַיַּקְשֵׁב consec.-Hi. impf. 3 m.s. (904) *and gave attention*

יהוה v.supra *Yahweh*

וַיִּשְׁמָע consec.-Qal impf. 3 m.s. paus. (1033) *and he heard*

וַיִּכָּתֵב consec.-Ni. impf. 3 m.s. (507) *and was written*

סֵפֶר n.m.s. cstr. (706) *a writing of*

זִכָּרוֹן n.m.s. (272) *remembrance*

לְפָנָיו prep.-n.m.p.-3 m.s. sf. (815) *before him*

לְיִרְאֵי prep.-Qal act.ptc. m.p. cstr. (431) *for the fearers of*

יהוה v.supra *Yahweh*

וּלְחֹשְׁבֵי conj.-prep.-Qal act.ptc. m.p. cstr. (362) *and for the ones thinking of*

שְׁמוֹ n.m.s.-3 m.s. sf. (1027) *his name*

3:17

וְהָיוּ conj.-Qal pf. 3 c.p. (224) *and they shall be*

לִי prep.-1 c.s. sf. *mine*

אָמַר יהוה צְבָאוֹת v.3:11 *said Yahweh of hosts*

לַיּוֹם prep.-def.art.-n.m.s. (398) *to the day*

אֲשֶׁר rel. (81) *which*

אֲנִי pers.pr. 1 c.s. (58) *I*

עֹשֶׂה Qal act.ptc. (I 793) *making*

סְגֻלָּה n.f.s. (688) *valued property*

וְחָמַלְתִּי conj.-Qal pf. 1 c.s. (328) *and I shall spare*

עֲלֵיהֶם prep.-3 m.p. sf. *them*

כַּאֲשֶׁר prep.-rel. (81) *as*

יַחְמֹל Qal impf. 3 m.s. (328) *will spare*

אִישׁ n.m.s. (35) *a man*

עַל־בְּנוֹ prep.-n.m.s.-3 m.s. sf. (119) *his son*

הָעֹבֵד def.art.-Qal act.ptc. (712) *the one serving*

אֹתוֹ dir.obj.-3 m.s. sf. *him*

3:18

וְשַׁבְתֶּם conj.-Qal pf. 2 m.p. (שׁוב 996) *and you will return*

וּרְאִיתֶם conj.-Qal pf. 2 m.p. (רָאָה 906) *and you will discern*

בֵּין prep. (107) *between*

צַדִּיק n.m.s. (843) *righteous*

לְרָשָׁע prep.-n.m.s. (957) *to wicked*

בֵּין v.supra *between*

עֹבֵד Qal act.ptc. (712) *one serving*

אֱלֹהִים n.m.p. (43) *God*

לַאֲשֶׁר לֹא prep.-rel. (81)-neg. *to one not*

עֲבָדוֹ n.m.s.-3 m.s. sf. (I 713) *his servant*

3:19

כִּי־ conj. *for*

הִנֵּה demons. (243) *behold*

הַיּוֹם def.art.-n.m.s. (398) *the day*

בָּא Qal act.ptc. (בּוא 97) *coming*

בֹּעֵר Qal act.ptc. (128) *burning*

כַּתַּנּוּר prep.-def.art.-n.m.s. (1072) *as the oven*

וְהָיוּ conj.-Qal pf. 3 c.p. (224) *and will be*

כָּל־זֵדִים n.m.s. cstr. (481)-adj. m.p. (267) *all of insolent ones*

וְכָל־עֹשֵׂה conj.-n.m.s. cstr. (481)-Qal act.ptc. m.s. cstr. (I 793) *and every one doing*

רִשְׁעָה n.f.s. (958) *wickedness*

קַשׁ n.m.s. (905) *stubble*

וְלִהַט conj.-Pi. pf. 3 m.s. (529) *and will set ablaze*

אֹתָם dir.obj.-3 m.p. sf. *them*

הַיּוֹם v.supra *the day*

הַבָּא def.art.-Qal act.ptc. (בּוא 97) *coming*

אָמַר יהוה צְבָאוֹת v.3:17 *said Yahweh of hosts*

אֲשֶׁר rel. (81) *which*

לֹא־יַעֲזֹב neg.-Qal impf. 3 m.s. (I 736) *will not leave*

לָהֶם prep.-3 m.p. sf. *to them*

שֹׁרֶשׁ n.m.s. (1057) *root*

וְעָנָף conj.-n.m.s. coll. (778) *and branches*

3:20

וְזָרְחָה conj.-Qal pf. 3 f.s. (280) *and will rise*

לָכֶם prep.-2 m.p. sf. *for you*

יִרְאֵי Qal act.ptc. m.p. cstr. (431) *fearers of*

שְׁמִי n.m.s.-1 c.s. sf. (1027) *my name*

שֶׁמֶשׁ n.f.s. cstr. (1039) *sun of*

צְדָקָה n.f.s. (842) *righteousness*

וּמַרְפֵּא conj.-n.m.s. (951) *and healing*

בִּכְנָפֶיהָ prep.-n.f.p.-3 f.s. sf. (489) *in its wings*

וִיצָאתֶם conj.-Qal pf. 2 m.p. (יָצָא 422) *and you will go out*

וּפִשְׁתֶּם conj.-Qal pf. 2 m.p. (פּוש I 807; GK 44d) *and you will spring about*

כְּעֶגְלֵי prep.-n.m.p. cstr. (722) *as calves of*

מַרְבֵּק n.m.s. (918) *a stall*

3:21

וְעַסּוֹתֶם conj.-Qal pf. 2 m.p. (עָסַס 779) *and you will tread down*

רְשָׁעִים adj. m.p. (957) *wicked ones*

כִּי־ conj. *for*

יִהְיוּ Qal impf. 3 m.p. (הָיָה 224) *they will be*

אֵפֶר n.m.s. (68) *ashes*

תַּחַת prep. (1065) *under*

כַּפּוֹת n.f.p. cstr. (496) *the soles of*

רַגְלֵיכֶם n.f. du.-2 m.p. sf. (919) *your feet*

בַּיּוֹם prep.-def.art.-n.m.s. (398) *in the day*

אֲשֶׁר rel. (81) *which*

אֲנִי pers.pr. 1 c.s. (58) *I*

עֹשֶׂה Qal act.ptc. (I 793) *(am) doing*

אָמַר יהוה צְבָאוֹת v.3:19 *said Yahweh of hosts*

3:22

זִכְרוּ Qal impv. 2 m.p. (269) *remember*

תּוֹרַת n.f.s. cstr. (435) *the law of*

מֹשֶׁה pr.n. (602) *Moses*

עַבְדִּי n.m.s.-1 c.s. sf. (712) *my servant*

אֲשֶׁר rel. (81) *which*

צִוִּיתִי Pi. pf. 1 c.s. (צוה 845) *I commanded*

אוֹתוֹ dir.obj.-3 m.s. sf. *him*

בְחֹרֵב prep.-pr.n. (352) *in Horeb*

עַל־כָּל־ prep.-n.m.s. cstr. (481) *unto all of*

יִשְׂרָאֵל pr.n. (975) *Israel*

חֻקִּים n.m.p. (349) *statutes*

וּמִשְׁפָּטִים conj.-n.m.p. (1048) *and judgments*

3:23

הִנֵּה interj.demons. (243) *behold*

אָנֹכִי pers.pr. 1 c.s. (59) *I*

שֹׁלֵחַ Qal act.ptc. (I 1018) *sending*

לָכֶם prep.-2 m.p. sf. *to you*

אֵת אֵלִיָּה dir.obj.-pr.n. (45) *Elijah*

הַנָּבִיא def.art.-n.m.s. (611) *the prophet*

לִפְנֵי prep.-n.m.p. cstr. (816) *before*

בּוֹא Qal inf.cstr. (97) *the coming of*

יוֹם n.m.s. cstr. (398) *the day of*

יהוה pr.n. (217) *Yahweh*

הַגָּדוֹל def.art.-adj.m.s. (152) *the great*

וְהַנּוֹרָא conj.-def.art.-Ni. ptc. (ירא 431) *and the dreadful*

3:24

וְהֵשִׁיב conj.-Hi. pf. 3 m.s. (שוב 996) *and he will turn*

לֵב־ n.m.s. cstr. (523) *heart of*

אָבוֹת n.m.p. (3) *fathers*

עַל־בָּנִים prep.-n.m.p. (119) *unto sons*

וְלֵב conj.-v.supra *and heart of*

בָּנִים v.supra *sons*

עַל־אֲבוֹתָם prep.-n.m.p.-3 m.p. sf. (3) *unto their fathers*

פֶּן־ conj. (814) *lest*

אָבוֹא Qal impf. 1 c.s. (97) *I shall come*

וְהִכֵּיתִי conj.-Hi. pf. 1 c.s. (נכה 645) *and I shall smite*

אֶת־הָאָרֶץ dir.obj.-def.art.-n.f.s. (75) *the earth*

חֵרֶם n.m.s. (I 356) *(with) a ban*

Withdrawn / Retiré

ÉCHÉANCE DATE DUE

Withdrawn / Retiré

Please return to the University of Sudbury
Prière de remettre à l'Université de Sudbury